Meincke/Hannes/Holtz

Erbschaftsteuer- und Schenkungsteuergesetz

Erbschaftsteuer- und Schenkungsteuergesetz

Kommentar

von

Prof. Dr. Frank Hannes

Rechtsanwalt, Fachanwalt für Steuerrecht, Steuerberater

Dr. Michael Holtz

Rechtsanwalt, Fachanwalt für Erbrecht, Fachanwalt für Steuerrecht

Bis zur 16. Auflage verfasst von

Prof. Dr. Jens Peter Meincke

17., neubearbeitete Auflage

2018

C.H.BECK

Zitiervorschlag: Meincke/Hannes/Holtz, ErbStG, § 1 Anm. 1

www.beck.de

ISBN 978 3 406 69486 8

Wilhelmstraße 9, 80801 München
Druck und Bindung: Druckerei C. H. Beck Nördlingen
(Adresse wie Verlag)

Satz: Jung Crossmedia Publishing GmbH
Gewerbestraße 17, 35633 Lahnau
Umschlaggestaltung: Druckerei C. H. Beck Nördlingen

Gedruckt auf säurefreiem, alterungsbeständigem Papier
(hergestellt aus chlorfrei gebleichtem Zellstoff)

Vorwort

Seit der Begründung dieses Kommentars durch Heinrich Megow im Jahre 1937 und somit über eine Zeitspanne von 80 Jahren haben gerade einmal drei Autoren an ihm mitgewirkt: zunächst bis zur fünften Auflage der Rechtsanwalt und Steuerberater Heinrich Megow, sodann, anfangs noch mit Megow, ab der vierten bis zur achten Auflage aus der Finanzverwaltung der Oberamtsrat im seinerzeit Bonner Finanzministerium Theodor Michel und ab der siebten Auflage, also teils zusammen mit Michel, aus der Wissenschaft der Universitätsprofessor Jens Peter Meincke. Die ersten drei Auflagen (Megow), die sechste (Michel) und die neunte bis 16. Auflage (Meincke) stammten zudem „aus einer Feder". Beides, die Kontinuität der Autorenschaft und die Kommentierung aus einer Hand, ist eine Seltenheit, die es zu Beginn der 17. Auflage noch einmal besonders hervorzuheben gilt. Denn ab der 17. Auflage hat der Kommentar wieder zwei Autoren und – der eine oder andere Leser mag dies mit Sorge sehen – gleich zwei neue.

Jens Peter Meincke, der seit 1981 für den Kommentar verantwortlich zeichnete, zunächst für die Grundlagenparagraphen 1 bis 9 und ab 1991 für das gesamte ErbStG, und der mit „seinem" Kommentar in den letzten drei Jahrzehnten das deutsche Erbschaftsteuerrecht ganz wesentlich geprägt hat, hat nach der 16. Auflage sein Werk, wie es Moench (FS Meincke, S. 237) formulierte, aus der Hand gegeben und an der Kommentierung der 17. Auflage nicht mehr mitgewirkt. Wir bedauern dies, wie sicherlich zahlreiche andere „Stammleser", sehr. Als langjährige Nutzer seines Kommentars, der, solange wir uns mit dem Erbschaftsteuerrecht beschäftigen, nur „Meincke" hieß, danken wir Jens Peter Meincke für zehn Auflagen kluger Kommentierungen. Er hat uns und einer ganzen Generation von Erbschaftsteuerrechtlern in methodischer Stringenz und verständlicher Sprache das Erbschaftsteuerrecht in einer Weise näher gebracht, die ihresgleichen sucht.

Als „Nachfolger" danken wir für seine Risikobereitschaft, die Fortführung seines Kommentars durch uns zugelassen zu haben.

Es war uns ein Anliegen, möglichst viel von dem zu erhalten, was Jens Peter Meincke in über drei Jahrzehnten geschaffen hat. Die Aktivitäten des Gesetzgebers, neue Entwicklungen in der Rechtsprechung, aber auch neuere Erkenntnisse in der Finanzverwaltung und im Schrifttum haben allerdings an zahlreichen Stellen eine Überarbeitung erforderlich gemacht. Die grundlegende Neuregelung der Verschonungsvorschriften für den Erwerb unternehmerischen Vermögens mit der Erbschaftsteuerreform 2016 machte eine Neukommentierung der §§ 13a und 13b notwendig, neu hinzugekommen sind die §§ 13c und 28a.

Ungeachtet dieser Notwendigkeiten aber soll der „Meincke" möglichst das bleiben, was er war: zivilrechtlich geprägt, wissenschaftlich fundiert, historisch gegründet, unabhängig und ein „Kurzkommentar". Diesem Anspruch gerecht zu werden, kann sich der kommentierende Praktiker freilich nur bemühen, weshalb wir die zwar sicherlich wohlgesonnene, aber eben Meincke-verwöhnte Leserschaft bereits an dieser Stelle um Nachsicht bitten. Kritik und Anregungen sind uns dennoch stets willkommen (frank.hannes@fgs.de; michael.holtz@fgs.de).

Es war für uns ein großes Glück, dass wir mit dem „Meincke" auch dessen langjährigen Lektor, Hans Theismann, „übernehmen" durften. Er war uns eine große Hilfe. Wir danken ihm für seine Unterstützung und die stets angenehme Zusammenarbeit.

Vorwort

Während der Zeit des Kommentierens fehlten wir unseren Familien (und diese freilich auch uns). Doch alle Familienmitglieder haben dies klaglos und verständnisvoll hingenommen. Hierfür herzlichen Dank!

Bonn, im Dezember 2017

Frank Hannes Michael Holtz

Inhaltsverzeichnis

Abschnitt 4. Steuerfestsetzung und Erhebung

Abschnitt 5. Ermächtigungs- und Schlußvorschriften

Anhang

Abkürzungsverzeichnis

*Verzeichnis der Abkürzungen und der abgekürzt zitierten Literatur**

aA (AA)	anderer Ansicht
aaO	am angegebenen Ort
ABl	Amtsblatt
abl	ablehnend
ABlKR	Amtsblatt des Kontrollrats in Deutschland
Abs	Absatz
abw	abweichend
AcP	Archiv für die civilistische Praxis (Zeitschrift)
AdV	Aussetzung der Vollziehung
aE	am Ende
AEAO	Anwendungserlass zur Abgabenordnung
AEErbSt 2017	Koordinierte Ländererlasse vom 22.6.2017 zur Anwendung der geänderten Vorschriften des Erbschaftsteuer- und Schenkungsteuergesetzes, BStBl I 17, 902
AEUV	Vertrag über die Arbeitsweise der Europäischen Union
aF	alte(r) Fassung
AfA	Absetzung für Abnutzung
AG	Aktiengesellschaft; auch: Zeitschrift „Die Aktiengesellschaft“; mit Ortsbezeichnung: Amtsgericht
AktG	Aktiengesetz
Allg (allg)	Allgemein(es)/allgemein(en) (er)
aM	anderer Meinung
AmtlSlg	Amtliche Sammlung
Anl	Anlage
Anm	Anmerkung
AO	Abgabenordnung
Art	Artikel
AStG	Außensteuergesetz
Aufl	Auflage
ausl	ausländisch
AVG	Angestelltenversicherungsgesetz
Az	Aktenzeichen
Bad-Württ	Baden-Württemberg
BAnz	Bundesanzeiger
Bay, bay	Bayern, bayerisch
BayLfSt	Bayerisches Landesamt für Steuern
BayObLG	Bayerisches Oberstes Landesgericht
BB	Betriebs-Berater (Zeitschrift)
BBG	Bundesbeamtengesetz
Bbg	Brandenburg
Bd	Band
BdF	siehe BMF
BEG	Bundesentschädigungsgesetz
Begr	Begründung

* Weitere Literatur und Nachweise s in der Einführung Anm 23, 24.

BeitrRL-UmsG	Beitreibungsrichtlinie-Umsetzungsgesetz
Berl	Berlin
betr	betrifft, betreffend
BewÄndG	Bewertungsänderungsgesetz
BewG	Bewertungsgesetz
BewDV	Durchführungsverordnung zum Bewertungsgesetz
BewRGr	Richtlinien für die Bewertung des Grundvermögens
BezG	Bezirksgericht
BF(in)	Beschwerdeführer(in)
BFH	Bundesfinanzhof
BFHE	Sammlung von Entscheidungen des Bundesfinanzhofs
BFH/NV	Sammlung amtlich nicht veröffentlichter Entscheidungen des BFH (Zeitschrift)
BFinBl	Amtsblatt des Bundesfinanzministeriums
BFuP	Betriebswirtschaftliche Forschung und Praxis (Zeitschrift)
BGB	Bürgerliches Gesetzbuch
BGBl I/II	Bundesgesetzblatt Teil I/Teil II
BGBl III	Bereinigte Sammlung des Bundesrechts, abgeschlossen am 28.12.1968 (in Nachweisform fortgeführt durch FNA)
BGH	Bundesgerichtshof
BGHZ	Sammlung von Entscheidungen des Bundesgerichtshofs in Zivilsachen
BMF	Bundesminister(ium) der Finanzen
Bp	Betriebsprüfung
BR	Bundesrat
BRD	Bundesrepublik Deutschland
BRDrs	Bundesratsdrucksache
Bre	Bremen
Bsp	Beispiel
BStBl I/II/III	Bundessteuerblatt Teil I/Teil II/(Teil III – erschienen bis 1967)
BTDrs	Bundestagsdrucksache
BTProt	Bundestagsprotokoll
Buchst	Buchstabe
BV	Betriebsvermögen
BVerfG	Bundesverfassungsgericht
BVerfGE	Sammlung von Entscheidungen des Bundesverfassungsgerichts
BVerfGG	Bundesverfassungsgerichtsgesetz
BVG	Bundesversorgungsgesetz
BW	siehe Bad-Württ
BWNotZ	Zeitschrift für das Notariat in Baden-Württemberg
bzw	beziehungsweise
CTA	Contractual Trust Investment (Pensionstreuhand)
Daragan/(Bearbeiter)	Daragan/Halaczinsky/Riedel, ErbSt und BewG (Kommentar)
DB	Der Betrieb (Zeitschrift)
DBA	Abkommen zur Vermeidung der Doppelbesteuerung
DDR	Deutsche Demokratische Republik
dh	das heißt
Dig	Digesten
Diss	Dissertation
DJT	Deutscher Juristentag
DJZ	Deutsche Juristenzeitung
DM	Deutsche Mark
DNotZ	Deutsche Notar-Zeitschrift

DR . . . . Deutsches Recht (Zeitschrift)
DRiZ . . . . Deutsche Richterzeitung
Drs . . . . Drucksache
DS . . . . Der Sachverständige (Zeitschrift)
DStJG . . . . Deutsche Steuerjuristische Gesellschaft e. V.
DStR . . . . Deutsches Steuerrecht (Zeitschrift)
DStRE . . . . DStR Entscheidungsdienst (Zeitschrift)
DStZ . . . . Deutsche Steuerzeitung
DStZ/A . . . . Deutsche Steuerzeitung Ausgabe A
DStZ/E, DStZ/B . . Deutsche Steuerzeitung/Eildienst
DV, DVO . . . . Durchführungsverordnung
DVR . . . . Deutsche Verkehrsteuer-Rundschau

EFG . . . . Entscheidungen der Finanzgerichte (Zeitschrift)
EG . . . . Europäische Gemeinschaft(en)
EGAO . . . . Einführungsgesetz zur AO 1977
EGBGB . . . . Einführungsgesetz zum Bürgerlichen Gesetzbuch
EGV . . . . Vertrag über die Gründung der Europäischen Gemeinschaft (EG-Vertrag)
Einf . . . . Einführung
Einl . . . . Einleitung
einschr . . . . einschränkend
ErbbauRG . . . . Gesetz über das Erbbaurecht
ErbbauVO . . . . Verordnung über das Erbbaurecht, s jetzt ErbbauRG
ErbBstg . . . . Erbfolgebesteuerung (Zeitschrift)
ErbR . . . . Erbrecht; Zeitschrift für die gesamte erbrechtliche Praxis (Zeitschrift)
ErbSt . . . . Erbschaftsteuer
ErbStÄndG . . . . . . Erbschaftsteueränderungsgesetz
ErbStB . . . . Der Erbschaftsteuerberater (Zeitschrift)
ErbStDV . . . . Erbschaftsteuer-Durchführungsverordnung
ErbStErl . . . . Erlass betreffend Zweifelsfragen bei Anwendung des neuen Erbschaftsteuer- und Schenkungsteuergesetzes (gleich lautender Ländererlass vom 20.12.1974, BStBl I 75, 42, sowie vom 10.3.1976, BStBl I 76, 145)
ErbStG . . . . Erbschaftsteuer- und Schenkungsteuergesetz
ErbStH . . . . Hinweise zu den Erbschaftsteuer-Richtlinien vom 19.12.2011, BStBl I Sondernr 1/11, 117
ErbStR . . . . Allgemeine Verwaltungsvorschrift zur Anwendung des Erbschaftsteuer- und Schenkungsteuerrechts (Erbschaftsteuer-Richtlinien) vom 19.12.2011, BStBl I Sondernr 1/11, 2
ErbStRecht . . . . . . Erbschaftsteuerrecht
ErbStRG 2009 . . . . Gesetz zur Reform des Erbschaftsteuer- und Bewertungsrechts vom 24.12.2008 (Erbschaftsteuerreformgesetz), BGBl I 08, 3018
ErbStRG 2016 . . . . Gesetz zur Anpassung des Erbschaftsteuer- und Schenkungsteuergesetzes an die Rechtsprechung des Bundesverfassungsgerichts vom 4.11.2016, BGBl I 16, 2464
ErbStVA . . . . Allgemeine Verwaltungsanweisung für die Erbschaft- und Schenkungsteuer vom 21.6.2012, BGBl I 12, 712 mit nachfolgenden Änderungen
Erl . . . . Erlass
ESt . . . . Einkommensteuer
EStDV . . . . Einkommensteuer-Durchführungsverordnung
EStG . . . . Einkommensteuergesetz
EStH . . . . Einkommensteuer-Hinweise
EStR . . . . Einkommensteuer-Richtlinien
EStRecht . . . . Einkommensteuerrecht

etc	et cetera (und so weiter)
EU	Europäische Union
EU-ErbVO	Verordnung (EU) Nr. 650/2012 vom 4.7.2012 über die Zuständigkeit, das anzuwendende Recht, die Anerkennung und Vollstreckung von Entscheidungen und die Annahme und Vollstreckung öffentlicher Urkunden in Erbsachen sowie zur Einführung eines Europäischen Nachlasszeugnisses, ABl EU vom 27.7.2012 (L 201/107)
EuGH	Europäischer Gerichtshof (Gerichtshof der Europäischen Union)
EW	Einheitswert
EWG	Europäische Wirtschaftsgemeinschaft
EWR	Europäischer Wirtschaftsraum
EWS	Europäisches Wirtschafts- und Steuerrecht (Zeitschrift)
f, ff	(fort)folgend(e)
F	Fach
FA/FÄ	Finanzamt (Finanzämter)
FA (BT)	Finanzausschuss des Bundestages
FamFG	Gesetz über das Verfahren in Familiensachen vom 17.12.2008 (BGBl I 08, 2586)
FamRZ	Zeitschrift für das gesamte Familienrecht
FG	Finanzgericht
FGB-DDR	Familiengesetzbuch der Deutschen Demokratischen Republik
FGO	Finanzgerichtsordnung
FinArch	Finanzarchiv
FinBeh	Finanzbehörde
Finger	Kommentar zum Erbschaftsteuergesetz (4. Aufl 1932)
FinMin	Finanzministerium, Finanzminister
FinSen	Finanzsenator
FinVerw	Finanzverwaltung
Fischer/(Bearbeiter)	Fischer/Pahlke/Wachter, Erbschaft- und Schenkungsteuergesetz (Kommentar)
Fn	Fußnote
FNA	Bundesgesetzblatt Teil I, Fundstellennachweis A (Bundesrecht ohne völkerrechtliche Vereinbarungen)
FR	Finanz-Rundschau (Zeitschrift)
FS	Festschrift
FSt	(Institut) Finanzen und Steuern
G, Ges	Gesetz
GBl	Gesetzblatt
GBO	Grundbuchordnung
GbR	Gesellschaft des bürgerlichen Rechts
gem	gemäß
GemVO	Gemeinnützigkeits-Verordnung
GesSt	Gesellschaftsteuer
GewSt	Gewerbesteuer
GG	Grundgesetz
ggf	gegebenenfalls
GmbH	Gesellschaft mit beschränkter Haftung
GmbHG	Gesetz betreffend die GmbH
GmbHR	GmbH-Rundschau
GrESt	Grunderwerbsteuer
GrEStG	Grunderwerbsteuergesetz
GrS	Großer Senat

GrSt	Grundsteuer
GrStG	Grundsteuergesetz
G/S/(Bearbeiter)	Gürsching/Stenger, Bewertungsgesetz, Erbschaftsteuergesetz, Kommentar (Loseblatt)
GVBl, GVOBl	Gesetz- und Verordnungsblatt
Hbg	Hamburg
Hdb	Handbuch
Hess, hess	Hessen, hessisch
HFR	Höchstrichterliche Finanzrechtsprechung (Zeitschrift)
HGA	Hypothekengewinnabgabe
HGB	Handelsgesetzbuch
hM	herrschende Meinung
HöfeO	Höfeordnung
HRR	Höchstrichterliche Rechtsprechung (Zeitschrift)
hrsg	herausgegeben
Hs	Halbsatz
ibid	ibidem (= an gleicher Stelle)
idF	in der Fassung
idR	in der Regel
idS	in diesem Sinne
ieS	im engeren Sinne
ImmoWertV	Immobilienwertermittlungsverordnung
Inf	Die Information über Steuer und Wirtschaft (Zeitschrift)
insb	insbesondere
InsO	Insolvenzordnung
Intertax	European Tax Review/Europäische Steuerzeitung/La Fiscalité du Marché Commun, Deventer/Bonn
IPR	Internationales Privatrecht
iRd (v)	im Rahmen des (von)
iSd (v)	im Sinne des (von)
ISR	Internationales Steuerrecht (Zeitschrift)
IStR	Internationales Steuerrecht (Zeitschrift)
iV (m)	in Verbindung (mit)
IWB	Internationale Wirtschaftsbriefe (Zeitschrift)
iwS	im weiteren Sinne
Jauernig	Jauernig, Kommentar zum Bürgerlichen Gesetzbuch, 16. Aufl. 2015
JbDStJG	Jahrbuch der Deutschen Steuerjuristischen Gesellschaft
JbdStR	Jahrbuch des Steuerrechts
JbFfSt	Jahrbuch der Fachanwälte für Steuerrecht
Jg(e)	Jahrgang (Jahrgänge)
JR	Juristische Rundschau
JStG	Jahressteuergesetz
jur	juristisch
JuS	Juristische Schulung (Zeitschrift)
JW	Juristische Wochenschrift
JZ	Juristenzeitung
KapErtragSt	Kapitalertragsteuer
Kapp/(Bearbeiter)	Kapp/Ebeling, Erbschaftsteuer- und Schenkungsteuergesetz, Kommentar (Loseblatt)
KBV	Kleinbetragsverordnung

KG	Kammergericht, Kommanditgesellschaft
KGaA	Kommanditgesellschaft auf Aktien
Kipp	Kipp, Kommentar zum Erbschaftsteuergesetz 1925 (1927)
KiSt	Kirchensteuer
KO	Konkursordnung
KÖSDI	Kölner Steuerdialog (Zeitschrift)
Kreutziger/ (Bearbeiter)	Kreutziger/Schaffner/Stephany, Bewertungsgesetz, Kommentar (3. Aufl. 2013)
KRG	Kontrollratsgesetz
KSt	Körperschaftsteuer
KStG	Körperschaftsteuergesetz
KVSt	Kapitalverkehrsteuer
KVStG	Kapitalverkehrsteuergesetz
LAG	Lastenausgleichsgesetz
lfd	laufend
Lfg	Lieferung
LG	Landgericht
LM	Lindenmaier-Möhring, Nachschlagewerk des BGH
LPartG	Gesetz über die Eingetragene Lebenspartnerschaft
LSt	Lohnsteuer
lt	laut
luf	land- und forstwirtschaftlich
M	Mark
MA	Musterabkommen
Maunz/Dürig	Maunz/Dürig, Kommentar zum Grundgesetz (Loseblatt)
maW	mit anderen Worten
MdF	Minister der Finanzen
MDR	Monatsschrift für Deutsches Recht (Zeitschrift)
MinBl	Ministerialblatt
Mirre	Kommentar zum ErbStG (2. Aufl 1923)
MittBayNotK	Mitteilungen der Bayerischen Notarkammer (Zeitschrift)
MittRhNotK	Mitteilungen der Rheinischen Notarkammer (Zeitschrift)
Moench/(Bearbeiter)	Moench/Weinmann, Erbschaft- und Schenkungsteuergesetz mit Bewertungsgesetz, Kommentar unter Mitarbeit von Kien-Hümbert, Roscher, Wiegand (Loseblatt)
MünchKomm, MK	Münchener Kommentar zum BGB
M-Vorp	Mecklenburg-Vorpommern
mwN	mit weiteren Nachweisen
mWv	mit Wirkung vom/von
Nds, nds	Niedersachsen, niedersächsisch
NEhelG	Gesetz über die rechtliche Stellung der nichtehelichen Kinder
nF	neue(r) Fassung, neue(r) Folge
NJW(-RR)	Neue Juristische Wochenschrift(-Rechtsprechungs-Report)
Nr(n)	Nummer(n)
NRW, NW	Nordrhein-Westfalen
NSt	Neues Steuerrecht (Zeitschrift)
nv	nicht (im Druck) veröffentlicht
Nw	Nachweise
NWB	Neue Wirtschaftsbriefe (Zeitschrift)

OECD	Organisation for Economic Co-operation and Development (Organisation für wirtschaftliche Zusammenarbeit und Entwicklung)
OECD-MA	OECD-Musterabkommen
OFD	Oberfinanzdirektion
OGHZ	Entscheidungen des Obersten Gerichtshofes für die Britische Zone in Zivilsachen (1.1949–4.1950)
OHG	offene Handelsgesellschaft
OLG	Oberlandesgericht
OLGZ	Entscheidungen der Oberlandesgerichte in Zivilsachen
ÖsterrJurBlätter	Österreichische Juristische Blätter
OWiG	Ordnungswidrigkeitengesetz
pa	per annum (pro Jahr)
Palandt/(Bearbeiter)	Palandt, Kommentar zum Bürgerlichen Gesetzbuch
ParteiG	Parteiengesetz
PersGes	Personengesellschaft(en)
Petzoldt	Petzoldt, Kommentar zum Erbschaftsteuer- und Schenkungsteuergesetz (2. Aufl 1986)
preuß	preußisch
PreußAG	Preußisches Ausführungsgesetz zum BGB
PStR	Praxis Steuerstrafrecht (Zeitschrift)
R	Recht; Einzelrichtlinie der EStR bzw ErbStR (E zum ErbStG; B zum BewG)
RA	Rechtsanwalt(-anwälte)
RAO	Reichsabgabenordnung
RdErl	Runderlass
RdF	Reichsminister der Finanzen
Rdnr, Rn	Randnummer
RdVfg	Rundverfügung
RFH	Reichsfinanzhof
RFHE	Sammlung der Entscheidungen des Reichsfinanzhofs
RG	Reichsgericht
RGBl	Reichsgesetzblatt
RGRK	Das Bürgerliche Gesetzbuch, Kommentar herausgegeben von Mitgliedern des BGH (12. Aufl 1974ff)
RGZ	Sammlung von Entscheidungen des Reichsgerichts in Zivilsachen
Rh-Pf	Rheinland-Pfalz
RIW	Recht der internationalen Wirtschaft (Zeitschrift)
RL	Richtlinie
Rössler/(Bearbeiter)	Rössler/Troll, Bewertungsgesetz, Kommentar (Loseblatt)
ROW	Recht in Ost und West (Zeitschrift)
Rs	Rechtssache (EuGH)
Rspr	Rechtsprechung
RStBl	Reichssteuerblatt
RTDrs	Reichstagsdrucksache
RVO	Reichsversicherungsordnung; Rechtsverordnung
RWP	Rechts- und Wirtschaftspraxis (Loseblattsammlung)
Rz	Randziffer
S, s	Satz; Seite; siehe
Saarl	Saarland
SAM	Steueranwaltsmagazin (Zeitschrift)
S-Anh	Sachsen Anhalt

sc	scilicet (= nämlich)
Schachian	Kommentar zum ErbStG (1921)
Schl-H	Schleswig-Holstein
Schmidt/(Bearbeiter)	Schmidt, Kommentar zum Einkommensteuergesetz (36. Aufl. 2017)
SchR	Schenkungsrecht
SchSt(R)	Schenkungsteuer(recht)
SGB VI	Sozialgesetzbuch, Sechstes Buch, Gesetzliche Rentenversicherung
SGB XI	Sozialgesetzbuch, Elftes Buch, Soziale Pflegeversicherung
sog	sogenannt(e)
Sp	Spalte
St	Steuer
StÄndG	Steueränderungsgesetz
StandOG	Standortsicherungsgesetz
StAnpG	Steueranpassungsgesetz
Staudinger/ (Bearbeiter)	Staudinger, Kommentar zum Bürgerlichen Gesetzbuch
StBerG	Steuerberatungsgesetz
Stbg	Die Steuerberatung (Zeitschrift)
StbJb	Steuerberater-Jahrbuch
StbKRep	Steuerberaterkongress-Report (ab 1977)
StBp	Die steuerliche Betriebsprüfung (Zeitschrift)
StED	Steuereildienst (Zeitschrift)
StEK	Steuererlasse in Karteiform, hrsg von Felix
StEntlG	Steuerentlastungsgesetz
SteuerStud	Steuer und Studium (Zeitschrift)
StKl	Steuerklasse
StKRep	Steuerkongress-Report (bis 1976)
StMBG	Missbrauchsbekämpfungs- und Steuerbereinigungsgesetz
Stölzle	Stölzle, Kommentar zum ErbStG (2. Aufl 1932)
StPfl, Stpfl, stpfl	Steuerpflicht(iger), steuerpflichtig
str	streitig
StR	Steuerrecht
StRefG	Steuerreformgesetz
StRK	Steuerrechtsprechung in Karteiform, hrsg von Felix
StRK Anm	Anmerkungen zur Steuerrechtsprechung in Karteiform
StUmgBG	Gesetz zur Bekämpfung der Steuerumgehung und zur Änderung weiterer steuerlicher Vorschriften (Steuerumgehungsbekämpfungsgesetz) vom 23.6.2017, BGBl I 17, 1682
StuW	Steuer und Wirtschaft (Zeitschrift)
StVj	Steuerliche Vierteljahresschrift (Zeitschrift)
StW	Die Steuerwarte (Zeitschrift)
StZBl	Steuer- und Zollblatt
T	Tausend
Tiedtke/(Bearbeiter)	Erbschaftsteuer- und Schenkungsteuergesetz (Kommentar)
Troll/(Bearbeiter)	Troll/Gebel/Jülicher/Gottschalk, Erbschaftsteuer- und Schenkungsteuergesetz, Kommentar (Loseblatt)
Tz	Textziffer
u	und
ua	unter anderem
uÄ	und Ähnliche(s)
uE	unseres Erachtens
UmwStG	Umwandlungssteuergesetz

UrkSt .... Urkundensteuer
USt .... Umsatzsteuer
UStAE .... Umsatzsteuer-Anwendungserlass
UStG .... Umsatzsteuergesetz
usw .... und so weiter
uU .... unter Umständen
UVR .... Umsatzsteuer- und Verkehrsteuer-Recht (Zeitschrift)

VerfGH .... Verfassungsgerichtshof
VerschG .... Verschollenheitsgesetz
VersAusglG ...... Versorgungsausgleichsgesetz
VerwAuff .... Verwaltungsauffassung
Vfg .... Verfügung
vgl .... vergleiche
vH .... vom Hundert
Viskorf/(Bearbeiter) Viskorf/Schuck/Wälzholz, Erbschaftsteuer- und Schenkungsteuergesetz (Kommentar; 5. Aufl. 2017)
VO .... Verordnung
von Oertzen/
(Bearbeiter) ...... von Oertzen/Loose, Erbschaftsteuer- und Schenkungsteuergesetz, Kommentar, 2017
Vorb .... Vorbemerkung
VSt .... Vermögensteuer
VStG .... Vermögensteuergesetz
VStR .... Vermögensteuer-Richtlinien
VStRecht .... Vermögensteuerrecht
vT .... vom Tausend
VVG .... Gesetz über den Versicherungsvertrag
VwZG .... Verwaltungszustellungsgesetz
VZ .... Veranlagungszeitraum

wistra .... Zeitschrift für Wirtschafts- und Steuerstrafrecht
W/J/(Bearbeiter) . . . Wilms/Jochum, Erbschaft- und Schenkungsteuergesetz, Kommentar (Loseblatt)
WM .... Wertpapiermitteilungen (Zeitschrift)
WPg .... Die Wirtschaftsprüfung (Zeitschrift)
WpHG .... Wertpapierhandelsgesetz
WpÜG .... Wertpapiererwerbs- und Übernahmegesetz
WÜD .... Wiener Übereinkommen über diplomatische Beziehungen
WÜK .... Wiener Übereinkommen über konsularische Beziehungen

zB .... zum Beispiel
ZDG .... Zivildienstgesetz
ZErb .... Zeitschrift für die Steuer- und Erbrechtspraxis
ZEV .... Zeitschrift für Erbrecht und Vermögensnachfolge
ZGB .... Zivilgesetzbuch (der DDR)
ZGR .... Zeitschrift für Unternehmens- und Gesellschaftsrecht
ZHR .... Zeitschrift für das gesamte Handelsrecht und Wirtschaftsrecht
Ziff .... Ziffer
ZIP .... Zeitschrift für Wirtschaftsrecht und Insolvenzpraxis
ZivilR .... Zivilrecht
ZNotP .... Zeitschrift für die Notarpraxis
ZPO .... Zivilprozessordnung
ZRP .... Zeitschrift für Rechtspolitik

Abkürzungen

zT	zum Teil
zust	zustimmend
zZ (zZt)	zurzeit

Erbschaftsteuer- und Schenkungsteuergesetz (ErbStG)

In der Fassung der Bekanntmachung vom 27. Februar 1997 (BGBl I 97, 378)

BGBl. III/FNA 611-8-2-2

Geändert durch Art 10 Steuerentlastungsgesetz 1999/2000/2002 vom 24.3.1999 (BGBl I 99, 402), Art 6 Gesetz zur weiteren steuerlichen Förderung von Stiftungen vom 14.7.2000 (BGBl I 00, 1034), Art 19 Steuer-Euroglättungsgesetz vom 19.12.2000 (BGBl I 00, 1790), Art 16 Steueränderungsgesetz 2001 vom 20.12.2001 (BGBl I 01, 3794), Art 2 Gesetz zur Modernisierung des Stiftungsrechts vom 15.7.2002 (BGBl I 02, 2634), Art 27 Drittes Gesetz zur Änderung verwaltungsverfahrensrechtlicher Vorschriften vom 21.8.2002 (BGBl I 02, 3322), Art 13 Haushaltsbegleitgesetz 2004 vom 29.12.2003 (BGBl I 03, 3076), Art 8 Gesetz zur weiteren Stärkung des bürgerschaftlichen Engagements vom 10.10.2007 (BGBl I 07, 2332), Art 1 Erbschaftsteuerreformgesetz vom 24.12.2008 (BGBl I 08, 3018), Art. 6 Gesetz zur Beschleunigung des Wirtschaftswachstums (Wachstumsbeschleunigungsgesetz) vom 22.12.2009 (BGBl I 09, 3950), Art 14 Jahressteuergesetz 2010 vom 8.12.2010 (BGBl I 10, 1768), Art 8 Steuervereinfachungsgesetz 2011 vom 1.11.2011 (BGBl I 11, 2131), Art. 11 Gesetz zur Umsetzung der Beitreibungsrichtlinie sowie zur Änderung steuerlicher Vorschriften vom 7.12.2011 (BGBl I 11, 2592), Art 5 Gesetz zu dem Abkommen vom 4. Februar 2010 zwischen der Bundesrepublik Deutschland und der Französischen Republik über den Güterstand der Wahl-Zugewinngemeinschaft vom 15.3.2012 (BGBl II 12, 178), Art 30 Gesetz zur Umsetzung der Amtshilferichtlinie sowie zur Änderung steuerlicher Vorschriften vom 26.6.2013 (BGBl I 13, 1809), BVerfG Beschl vom 17.12.2014 – 1 BvL 21/12 – (BGBl I 15, 4), Art 17 Gesetz zum Internationalen Erbrecht und zur Änderung von Vorschriften zum Erbschein sowie zur Änderung sonstiger Vorschriften vom 29.6.2015 (BGBl I 15, 1042), Art 10 Steueränderungsgesetz 2015 vom 2.11.2015 (BGBl I 15, 1834), Art 8 Gesetz zur Neuregelung des Kulturgutschutzrechts vom 31.7.2016 (BGBl I 16, 1914), Art 1 Gesetz zur Anpassung des Erbschaftsteuer- und Schenkungsteuergesetzes an die Rechtsprechung des Bundesverfassungsgerichts vom 4.11.2016 (BGBl I 16, 2464), Art 4 Gesetz zur Bekämpfung der Steuerumgehung und zur Änderung weiterer steuerlicher Vorschriften vom 23.6.2017 (BGBl I 17, 1682), Art 6 Gesetz zum Ausschluss verfassungsfeindlicher Parteien von der Parteienfinanzierung vom 18.7.2017 (BGBl I 17, 2730)

Erbschaftsteuer-Durchführungsverordnung (ErbStDV)

Vom 8. September 1998 (BGBl I 98, 2658)

FNA 611-8-2-2-1

Geändert durch Art 20 Steuer-Euroglättungsgesetz vom 19.12.2000 (BGBl I 00, 1790), Art 3 Gesetz zur Modernisierung des Stiftungsrechts vom 15.7.2002 (BGBl I 02, 2634), Art 34 Drittes Gesetz zur Änderung verwaltungsverfahrensrechtlicher Vorschriften vom 21.8.2002 (BGBl I 02, 3322), Art 1 Verordnung zur Änderung der Erbschaftsteuer-Durchführungsverordnung vom 2.11.2005 (BGBl I 05, 3126), Art 3 Abs 2 Gesetz zur Reform des Personenstandsrechts vom 19.2.2007 (BGBl I 07, 122), Art 5 Verordnung zur Änderung steuerlicher Verordnungen vom 17.11.2010 (BGBl I 10, 1544), Art 27 Jahressteuergesetz 2010 vom 8.12.2010 (BGBl I 10, 1768), Art 16 Gesetz zur Anpassung steuerlicher Regelungen an die Rechtsprechung des Bundesverfassungsgerichts vom 18.7.2014 (BGBl I 14, 1042), Art 2 Verordnung zur Änderung steuerlicher Verordnungen und weiterer Vorschriften vom 22.12.2014 (BGBl I 14, 2392), Art 18 Gesetz zum Internationalen Erbrecht und zur Änderung von Vorschriften zum Erbschein sowie zur Änderung sonstiger Vorschriften vom 29.6.2015 (BGBl I 15, 1042)

Erbschaftsteuer-Richtlinien 2011 (ErbStR 2011)

Vom 19. Dezember 2011 (BStBl I 11, Sondernummer 1, 2)

Erbschaftsteuer-Hinweise 2011

Gleich lautender Ländererlass vom 19. 12. 2011 (BStBl I Sondernummer 1, 117)

Geändert durch gleich lautende Ländererlasse vom 4. 6. 2014 (BStBl I 14, 891), vom 5. 6. 2014 (BStBl I 14, 893), vom 23. 3. 2015 (BStBl I 15, 258), vom 8. 1. 2016 (BStBl I 16, 173)

Anwendungserlasse zu §§ 13a–13 c, 28 und 28a (AEErbSt 2017)

Koordinierte Ländererlasse vom 22. 6. 2017 (BStBl I 17, 902)

Einführung

Übersicht

I. Die ErbSt im Steuersystem

Schrifttum: *Tipke,* Die Steuerrechtsordnung II, 2. Aufl 2003, 869; *Meincke,* Zur Abstimmung von ESt und ErbSt, FS Tipke, 1995, 391; vgl ferner die in *Birk* (Hrsg), Steuern auf Erbschaft und Vermögen, DStJG 22, 1999, zusammengestellten Beiträge von *Meincke, Crezelius* und *Mellinghoff* und die Überlegungen zur Zukunft der Erbschaft- und Schenkungsteuer des Wissenschaftlichen Arbeitskreises Steuerrecht des Deutschen wissenschaftlichen Instituts der Steuerberater, 2015; *J. Lang,* Das verfassungsrechtliche Scheitern der Erb- und SchSt, StuW 08, 189; *Crezelius,* Das neue Erbschaft- und Schenkungsteuerrecht im Rechtssystem, ZEV 09, 1; *Seer,* Die Erbschaft- und Schenkungsteuer im System der Besteuerung nach der wirtschaftlichen Leistungsfähigkeit, GmbHR 09, 225; *Wachter,* Überlegungen zur Reform des geltenden Erbschaft- und Schenkungsteuerrechts, DStR-Beih 14, 90; *Bäuml,* Eckpunkte für eine verfassungskonforme Ausgestaltung des Erbschaftsteuerrechts im bestehenden System, FR 15, 73; *Krauß,* ErbStG – quo vadis?, ZNotP 15, 90; *Friz,* Das Verhältnis der Erbschaft- und Schenkungsteuer zur Einkommensteuer, DStR 15, 2409; *Kirchhof,* Verfassungsrechtliche Grenzen der Erbschaftsteuerreform und eine auf Leistungsfähigkeit ausgerichtete „Bedürfnisprüfung", DStR 15, 451; *Kirchdörfer/Layer/Seemann,* Überlegungen zur Neuregelung des Erbschaft- und Schenkungsteuerrechts, FuS 15, 43; *Moes,* Die Erbschaftsteuer zwischen Politik- und Verfassungsrecht – eine Revue, JZ 17, 858; – Eindrucksvolle Überlegungen zum gegenwärtigen und künftigen ErbStRecht finden sich bei *Kirchhof,* Bundessteuergesetzbuch, 2011, 581ff.

Einführung

1. Überblick

1 Die ErbSt hat zwei StGegenstände. Sie besteuert zum einen den Vermögensanfall, der sich von Todes wegen oder durch Schenkung unter Lebenden vollzieht (einschließlich des Quasi-Erwerbs, den eine sog Zweckzuwendung bewirkt), und sie erfasst zum zweiten in periodischen Abständen das Vermögen von Familienstiftungen und Familienvereinen. Als St auf den Vermögenserwerb wird die ErbSt den St auf das Einkommen iwS zugerechnet (*Tipke/Seer* § 13 Rn 103), als VerkehrSt (BFH BStBl II 08, 258; 10, 74; 363, allerdings ohne jede Auseinandersetzung mit den abweichenden Entscheidungen BFH BStBl II 71, 269; 73, 329, 349; 84, 27, 28) oder als SubstanzSt (*Rose,* Die Substanzsteuern, 8. Aufl 1991, 151) eingeordnet. Sie ist beim Vergleich mit den indirekten St zu den direkten, beim Vergleich mit den RealSt zu den PersonenSt (BFH BStBl II 84, 27; BStBl II 11, 680) und beim Vergleich mit den periodisch anfallenden zu den nichtperiodischen St zu zählen. Die St erfasst im Vergleich zu den regelmäßig anfallenden Einkünften einen außerordentlichen Vermögenszugang. Nach Auffassung des BVerfG (BStBl II 84, 608, 613) will das ErbStG „den wirtschaftlichen Vorgang des Substanzübergangs" besteuern. Diese und andere Äußerungen zeigen: die ErbSt hat ein **Doppelgesicht.** Sie knüpft an Rechtsverkehrsvorgänge (= bestimmte zivilrechtlich bezeichnete Erwerbsvorgänge) an und will doch damit wirtschaftliche Vorgänge erfassen, die sich in diesen Rechtsverkehrsvorgängen nicht immer klar genug widerspiegeln. Sie steht der ESt nahe, verfolgt dabei jedoch das Ziel einer Substanzbesteuerung, das mit einer Ertragsteuerkonzeption nur schwer vereinbar ist. Mit manchen aus dieser Doppelgesichtigkeit der St herrührenden Inkonsistenzen bleibt das ErbStRecht auch nach der Neuregelung belastet.

2. Kritik und Rechtfertigung der ErbSt

2 Die Berechtigung des Staates, ErbSt zu erheben, wird immer wieder in Zweifel gezogen. **Kritisiert** wird vornehmlich, dass die ErbSt, wie es heißt,

- zu einer Doppelbesteuerung führt, weil sie bereits versteuertes Vermögen erneut der Besteuerung unterwirft und die mit dem Nachlass transferierte latente ESt nicht ausreichend berücksichtigt, so dass der Effekt einer St auf St entsteht;
- die Eigentums- und Testierfreiheit der Erblasser beeinträchtigt;
- den Leistungswillen der Erblasser schwächt;
- auf Bewertungen angewiesen ist und sich damit von unsicheren Prognosen abhängig macht;
- gestaltungsabhängig ist und so keine Belastungsgleichheit verwirklichen kann;
- den Übergang von Betriebsvermögen im Erbgang beeinträchtigt und damit Familienunternehmen und Arbeitsplätze gefährdet;
- keine Rücksicht auf die vermögensmäßigen Verhältnisse der Erwerber nimmt;
- in der gesetzlichen Ausgestaltung zu kompliziert ist und zu hohe StSätze zum Einsatz bringt;
- unverhältnismäßige Verwaltungskosten verursacht;
- die Kapitalflucht fördert und so „wirtschaftspolitisch verfehlt" und „fiskalisch unsinnig" ist (*J. Lang,* Süddeutsche Zeitung Nr 106/2008, 20);
- im internationalen Vergleich ein Auslaufmodell darstellt und demnächst einen Standortnachteil für Deutschland abgeben wird;
- keine ausreichende Ermächtigungsgrundlage für eine bundeseinheitliche Regelung vorweisen kann (dazu Anm 7).
- Insgesamt soll die Erhebung der ErbSt verfassungswidrig sein (*J. Lang,* StuW 08, 189).

Demgegenüber wird zur **Rechtfertigung** der StErhebung angeführt, dass

- der Staat durch seine Einrichtungen die Bildung und Sicherung der Vermögen erst ermöglicht, die im Erbgang übergehen, und dass von ihm dafür eine Gegenleistung in der Form der ErbSt verlangt werden kann (Äquivalenzgedanke);

- das Wirtschaftssystem so angelegt ist, dass es ungleiche Vermögensentwicklungen begünstigt, die im Interesse des sozialen Ausgleichs im Erbfall korrigiert werden sollten (Restributions- oder Umverteilungsgedanke);
- bei dieser Steuer „der Zuwachs an wirtschaftlicher Leistungsfähigkeit, die der Erwerber erfährt, Ziel und Rechtfertigung der Besteuerung ist" (Begründung zur Reform des ErbStG 1974, BTDrs 6/3418, 1974, 59) (Leistungsfähigkeitsgedanke);
- erarbeitete Vermögenszuflüsse besteuert werden und dass daher ohne Arbeit erworbene Zuflüsse nicht unbesteuert bleiben dürfen (Gleichbehandlungsgedanke).
- Insgesamt soll die Erhebung der ErbSt durch die Verfassung geboten sein (*v. Waldenfels,* Der Gleichheitssatz im Erbschaft- und Schenkungsteuerrecht, 2008, 93 ff; *Eckert,* FS Spiegelberger, 2009, 79 ff).

3. ErbSt und ESt

Als St auf den Zuwachs an wirtschaftlicher Leistungsfähigkeit erfasst die ErbSt Einkommen iwS. Sie könnte daher dem EStG inkorporiert werden (s *Schneider,* StuW 79, 38, 40 Fn 7; *Timm,* FinArch 42, 1984, 553, 561 ff; *Seer,* GmbHR 02, 873, 878), wenn es nicht aus praktischen Gründen wegen mancher Sonderentwicklungen im ErbSt-Recht (StKlassen, Freibeträge, Bewertungsgrundsätze), wegen ihrer besonderen Grundrechtsrelevanz im Hinblick auf die Art 6 und 14 GG (*Fischer,* DB 03, 9) oder aus grundsätzlichen Erwägungen (Gutachten d StReformkommission 1971 VII Rz 155) angezeigt erschiene, die Besteuerung der Erwerbe von Todes wegen getrennt vom EStG zu regeln. Nach der geltenden Fassung des EStG werden die Erwerbe, die von Todes wegen oder durch Schenkung unter Lebenden anfallen, zwar nicht ausdrücklich von der ESt ausgeschlossen (so noch § 12 Nr 1 EStG 1920, § 6 III EStG 1925). Doch beschränkt sich das EStG (und mit ihm das KStG: § 8 I KStG, BFH BStBl II 70, 470) auf die Besteuerung bestimmter Einkunftsarten und den zu ihnen gehörenden Fällen „erzielten" Einkommens, zu denen die im ErbStG genannten Erwerbe regelmäßig nicht gehören (BFH BStBl II 93, 298, 299; 00, 82, 84). Ihr Ausschluss erschien dem Gesetzgeber daher entbehrlich (Begr zum EStG 1934, RStBl 35, 33, 35). Einmalige Vermögenszuflüsse, die innerhalb eines Gewerbebetriebs anfallen, waren allerdings auch schon unter der Geltung des § 6 III EStG 1925 als gewerbliches Einkommen stpfl. Daran hat sich nichts geändert. Unentgeltliche Zuwendungen in das Betriebsvermögen von Gewerbetreibenden (Kapitalgesellschaften) lösen daher neben der ErbSt/SchSt auch ESt/KSt aus (vgl BFH BStBl II 90, 1028; 06, 650), soweit das EStG keine Sonderregelung vorsieht, die die Zuwendung von der Besteuerung ausnimmt. Solche Sonderregelungen liegen insb in den Vorschriften über die Gewinn-Neutralität von Einlagen (§ 4 I 1 EStG) vor. Zu den Einlagen werden bei Kapitalgesellschaften die Zuwendungen von Gesellschaftern und von den Gesellschaftern nahestehenden Personen gerechnet (RFH RStBl 36, 951: Forderungsverzicht des Aktionärs-Vaters). Daher kann auch der Erwerb, der einer GmbH von einem verstorbenen Gesellschafter-Geschäftsführer auf Grund letztwilliger Verfügung zufließt, als Einlage gewinnneutral zu behandeln sein (BFH BStBl III 56, 154), wodurch die Doppelbelastung mit ErbSt und ESt für diesen Fall vermieden wird (BFH BStBl II 93, 799; *Thiel/Eversberg,* DStR 93, 1881). Es kann im Übrigen nicht nur bei Zuwendungen in das Betriebsvermögen von Gewerbetreibenden, sondern auch dann zur Überschneidung beider StArten kommen, wenn wiederkehrende Bezüge iSd § 22 Nr 1 EStG freigebig gewährt werden. Wenn der RFH hier zwei verschiedene Tatbestände sehen will, weil „das eine Mal die unentgeltliche Zuwendung und das andere Mal die äußere Form in wiederkehrenden Bezügen" besteuert wird (RFH RStBl 41, 418, 420), so ist daran zwar richtig, dass die beiden St an verschiedene Merkmale anknüpfen. Doch kann nicht zweifelhaft sein, dass „die von beiden St erfassten Sachverhältnisse dieselben sind" (RFH RStBl 33, 457, 458). Daher spricht viel dafür, bei einem durch wiederkehrende Leistungen abzugeltenden Pflichtteilsanspruch die wiederkehrenden Be- 3 züge allenfalls in Höhe des Zinsanteils der ESt zu unterwerfen (BFH BStBl II 00, 82; NV 10, 1793). Im wirtschaftlichen Ergebnis kann eine Doppelbelastung mit ErbSt und ESt auch daraus folgen, dass eine Realisierung von Todes wegen erworbener Vermögensposten ESt auslöst. Dazu gehören insb. Veräußerungsgewinne iSd §§ 14, 16, 17 und 18 III EStG sowie Forderungen aus einer betrieblichen Tätigkeit des Erblassers im Fall der Gewinnermittlung nach § 4 III EStG, die als nachträgliche Betriebseinnahmen den Erben zufließen, aber auch zB Einnahmen aus rückständigen Mietforderungen (sorgfältige Übersicht über die einschlägigen Fälle bei *Kirchhof/Söhn/Mellinghoff/Keß,* EStG, Stand Mai 2011, § 35b EStG A 38ff).

4 Im Hinblick auf die **Doppelbelastung mit ErbSt und ESt** hat die Rspr wiederholt hervorgehoben, dass die ErbSt/SchSt und die ESt einander grundsätzlich nicht ausschließen (RFH RStBl 33, 457; BFH BStBl III 56, 85; II 77, 420; 10, 641; 11, 680) und dass der Gesetzgeber eine mögliche Doppelbelastung durch ESt und ErbSt „bewusst in Kauf genommen" hat (FG Bad-Württ DStRE 05, 243, 244). Das mag auf Grund der Gesetzeslage so sein. Doch fehlt die innere Rechtfertigung für diesen Gesetzeszustand, die auch nicht aus einem behaupteten Redistributionszweck der ErbSt hergeleitet werden kann. „Dass ein aus versteuertem Einkommen gebildetes Vermögen beim Übergang von Todes wegen oder bei der Schenkung auch mit ErbSt belastet wird" (BTDrs 7/2180, 21), ist nicht unbedenklich, wird aber weithin akzeptiert. Dass erbstpflichtig aber auch solche Beträge sein sollen, die dem Erwerber gar nicht verbleiben, sondern die er als (nachgeholte) ESt an das FA zu zahlen haben wird, ist nur schwer einzusehen. Daher bleibt die Anerkennung der Doppelbelastung im Ergebnis unbefriedigend (*Meincke,* FS Tipke, 391ff). Die Doppelbelastung würde allerdings beim Erwerb von Renten, wiederkehrenden Nutzungen oder Leistungen gemildert, wenn der Erwerber eines Rentenrechts die Jahresversteuerung wählen und nach einer jahrzehntealten Praxis die Jahresbeträge der ErbSt-Zahlungen bei der ESt als dauernde Last (§ 10 I Nr 1a, jetzt Abs 1a EStG) zum Abzug bringen könnte (BFH RStBl 35, 1496, BFH BStBl II 94, 690). Doch wird dieser Sonderausgabenabzug nicht mehr anerkannt (BFH BStBl II 11, 680; § 23 Anm 12). Bisweilen geht auch der BFH wie selbstverständlich davon aus, dass sich eine Doppelbelastung mit ESt und ErbSt verbietet, so wenn er ein Testamentsvollstreckerhonorar nur insoweit zum erbstpfl Vermächtniserwerb rechnen will, als es nicht zu den Einkünften iSd EStG gehört. Dass das Honorar von beiden Steuern erfasst sein könnte, schließt das Gericht damit ohne Weiteres aus (BFH BStBl II 05, 489, 490). § 35 EStG aF sah im Übrigen eine EStErmäßigung für doppelt belastete Erwerbe vor, die aber nur für das Zusammentreffen von ErbSt und ESt galt, für das Zusammentreffen von SchSt und ESt dagegen keine Regelung vorsah und auch Körperschaften nicht zugute kam (BFH BStBl II 95, 207). Diese Regelung ist ab 2009 durch den neuen § 35b EStG reaktiviert worden. In der Entscheidung BFH BStBl II 87, 175, 177 erneuert der BFH noch einmal seine These, dass ErbSt und ESt „auf verschiedenen Ebenen" liegen und grundsätzlich nicht „saldierfähig" (BFH/NV 93, 371) sind. Denn die ESt treffe den Stpfl nicht in seiner Eigenschaft als Erwerber des Vermögensanfalls von Todes wegen oder durch Schenkung unter Lebenden, sondern „nach Maßgabe seiner persönlichen Verhältnisse und seines Einkommens". „Erbschaftsteuer und Einkommensteuer greifen auf verschiedene StObjekte zu und folgen dabei ihrer jeweiligen Sachgerechtigkeit", betont der BFH in der Entscheidung BStBl II 10, 641, 643 (ähnlich FG Köln EFG 10, 343). Das klingt so, als sei eine Doppelbelastung desselben StGegenstandes in Wahrheit gar nicht vorhanden. Das ist in der Tat die Ansicht des FG Nürnberg (EFG 11, 361, 363), das betont: „Das Gericht ist der Auffassung, dass zwei verschiedene StGegenstände gegeben sind und eine verfassungswidrige Doppelbesteuerung daher nicht vorliegt". Doch kann das schwerlich richtig sein. Der BFH spricht denn auch wiederholt von einer Doppelbelastung, meint aber, dass ihm die Hände gebunden seien, weil der Gesetzgeber die Doppelbelastung einschließlich der mit ihr verbundenen Härten in Kauf genommen habe (BStBl II 10, 641; 17, 324). Es

spreche nichts für einen Willen des Gesetzgebers, die Doppelbelastung auf der Ebene der ErbSt zu beseitigen. Das sei entscheidend. Denn ein Verfassungsrechtssatz, dass alle St zur Vermeidung von Mehrfachbelastungen aufeinander abgestimmt werden müssten, existiere nicht (BVerfG BStBl II 99, 152). *Kirchhof* (oben vor Anm 1) spricht sich in § 6 seines Gesetzentwurfs für einen Abzug der latenten ESt im Fall ihrer Realisierung von der ErbSt aus. Vgl auch § 10 Anm 44.

4. ErbSt und GrESt

Unter dem Aspekt der VerkehrSt steht die ErbSt der GrESt besonders nahe. Die 5
Doppelbelastung bei Grundstücksübertragungen durch ErbSt und GrESt wird dadurch ausgeschaltet, dass § 3 Nr 2 GrEStG die Grundstückserwerbe von Todes wegen und durch Schenkung unter Lebenden ausdrücklich von der GrEStPfl ausnimmt. Außerdem sieht § 3 Nr 3 GrEStG die GrEStFreiheit für den Grundstückserwerb im Wege der Nachlassverteilung vor. GrESt wird erhoben, wenn der Schuldner eines von Todes wegen anfallenden Geldanspruchs (Vermächtnis, Pflichtteil) seiner Leistungspflicht durch Grundstücksübertragung an Erfüllungs statt gem § 364 BGB nachkommt (RFH RStBl 36, 198; BFH BStBl III 56, 7; s auch BStBl II 71, 462; 74, 40). Doch kann die GrEStPfl schon durch eine leicht veränderte Vertragsgestaltung vermieden werden, wenn nämlich der Erbe das Grundstück als Abfindung für den Verzicht auf den Pflichtteil oder für die Ausschlagung des Vermächtnisses überträgt und damit die Grundstücksübertragung zu einem Erwerb von Todes wegen macht (§ 3 II Nr 4). GrESt fällt im Übrigen nach Maßgabe des Wertes an, in dem der Beschenkte bei der gemischten Schenkung zur Gegenleistung, bei einer Schenkung unter Auflage zur Vollziehung der Auflage verpflichtet ist (§ 3 Nr 2 S 2 GrEStG) Das BVerfG (BStBl II 84, 608, 613f) hat in diesem Zusammenhang einen gesetzessystematischen Vorrang, „eine **Prävalenz der ErbSt gegenüber der GrESt**“ anerkannt und daraus gefolgert, dass § 3 Nr 2 S 2 GrEStG bei verfassungskonformer Auslegung eine Doppelbelastung des Erwerbers eines Vermögensgegenstandes mit ErbSt/SchSt und GrESt ausschließt. Zum Stichwort Doppelbelastung mit GrESt und ErbSt vgl auch *G. Hofmann* (DStR 02, 1519) und *Halaczinsky* (ZEV 03, 97).

II. ErbSt und Verfassung

1. Die verfassungsrechtliche Dimension

Im ErbStRecht wie im StRecht überhaupt spielt die verfassungsrechtliche Dimen- 6
sion der einschlägigen Probleme eine große Rolle. Für die meisten Steuerrechtler gilt derzeit, was über den Münchener Doppelbesteuerungsspezialisten *Klaus Vogel* gesagt worden ist: Das Steuerrecht (war) für ihn immer zuallererst Verfassungsrecht (*Leisner-Egensperger*, NJW 08, 277). Jede wichtigere steuerrechtliche Frage wird als ein verfassungsrechtliches Problem behandelt, so als wenn das Verfassungsrecht Grund und nicht Grenze des StRechts wäre. Der Bundesfinanzhof entdeckt in den ihm vorgelegten Fällen immer häufiger Verfassungsprobleme und legt die Fälle dem Verfassungsgericht vor, statt sie als strechtliche Fragen selbst zu entscheiden. Die Berufung auf entgegenstehendes Verfassungsrecht wirkt wie ein Hebel, mit dessen Hilfe sich die Trennung von geltendem und künftigem Recht überwinden lässt, ein Hebel, der es erlaubt, das künftige, rechtspolitisch wünschbare Recht als im Verfassungsrecht schon angelegt und als schon geltendes Recht zu behandeln. Ja, man gewinnt den Eindruck, dass über der Sorge für die Einhaltung der verfassungsrechtlichen Vorgaben der konkrete Fall, der zur Entscheidung steht, zu Unrecht gelegentlich fast in den Hintergrund tritt. So kritisiert der BFH in einem Beitrittsbeschluss v 5.10.2011 zur Vorbereitung einer Vorlage an das BVerfG (BStBl II 12, 29) die geltenden §§ 13a und 13b

anhand von Sachverhaltsgestaltungen, die „in der Praxis so wohl kaum vorkommen" (*Flick/v. Oertzen,* FAZ Nr 272/2011, 20), denen gegenüber erst noch geprüft werden muss, ob es sich um ein verfassungsrechtlich relevantes Massenphänomen oder um seltene Ausnahmefälle handelt (*Hannes,* ZEV 11, 672, 676), und die jedenfalls in dem zur Entscheidung stehenden Fall gar keine Rolle spielen (*Wachter,* DStR 11, 2331, 2332). Und es wird sich auch kaum bestreiten lassen, dass der Fall, der dem II. Senat des BFH den Anlass für den Vorlagebeschluss an das BVerfG gegeben hat, um dort das ErbStRecht insgesamt auf den Prüfstand zu stellen (BFH BStBl II 02, 598; dazu *Meincke,* ZEV 02, 493), vom BFH im Ergebnis ganz unbefriedigend entschieden worden ist (BFH DStRE 07, 1382).

2. Europarechtliche Einflüsse

7 Auch die europarechtliche Dimension des ErbStRechts gewinnt zunehmend an Bedeutung. Zwar fällt die Ausgestaltung der direkten St (zu denen die ErbSt und das mit ihr verbundene Bewertungsrecht gehört) nach dem Recht der EU in die Zuständigkeit der Mitgliedstaaten. Diese müssen jedoch, wie der EuGH betont, ihre Befugnisse unter Wahrung des Unionsrechts ausüben. Dass auch das Unionsrecht unter Wahrung der Zuständigkeiten der Mitgliedstaaten angewandt werden muss, bleibt dabei unerwähnt. Vornehmlich unter der Devise des Schutzes der Kapitalverkehrsfreiheit nimmt der EuGH vielmehr unter breiter Zustimmung der Fachöffentlichkeit auch auf den Inhalt der direkten St Einfluss (kritisch dazu *Meincke,* ZEV 04, 353). So mehren sich denn auch die Vorlagebeschlüsse zum Bewertungs- und ErbStRecht an den EuGH (BFH BStBl II 06, 627; FG Hbg DStRE 07, 232; BFH BStBl II 08, 623; 11, 221; FG Düsseldorf EFG 09, 205; BFH BStBl II 15, 232; 15, 497; FG Düsseldorf DStR 16, 1360). In der Rs *Jäger* (C-256/06, DStRE 08, 174) hat denn auch der EuGH zum deutschen ErbStRecht Stellung genommen und ausgesprochen, dass Bewertungsregelungen und Befreiungstatbestände, die inländisches vor ausländischem Vermögen (im Bereich der EU) begünstigen, mit dem Unionsrecht unvereinbar sind. Dagegen hat der EuGH in der Rs *Block* (C-67/08, DStR 09, 373) die Nichtanrechnung ausländischer ErbSt nach § 21 I iVm § 121 BewG als unionrechtskonform angesehen und betont, dass keine Pflicht der Mitgliedstaaten zur Vereinheitlichung oder Harmonisierung zum Zwecke der Beseitigung von Doppelbesteuerungstatbeständen bestehe (§ 21 Anm 31). Ebenfalls unionsrechtlich abgesegnet hat der EuGH die Nichtbegünstigung von Drittlandskapitalgesellschaften (Rs *Marianne Scheunemann* C-31/11, DStR 12, 1508; § 13b Anm 3). In der Rs *Mattner* (C-510/08, DStR 10, 861) hat der EuGH festgestellt, dass sich verminderte Freibeträge für Schenkungen bei beschränkter StPfl mit dem Unionsrecht nicht vereinbaren lassen. Zu § 16 folgten die Entscheidungen in der Rs *Welte* (C-181/12, DStR 13, 2269) zu einem Drittstaatenfall und in der Rs *Hünnebeck* (C-479/14, DStR 16, 1360) zum Optionsrecht nach § 2 III (§ 16 Anm 15). Die EU-Kommission hat wegen der Gewährung des Versorgungsfreibetrages nur bei unbeschränkter StPfl ein Vertragsverletzungsverfahren gegen Deutschland eingeleitet (§ 17 Anm 14). In der Rs *Feilen* (C-123/15, DStRE 16, 1175) wurde in der Beschränkung der StErmäßigung des § 27 auf inländische Vorerwerbe kein Verstoß gegen die Kapitalverkehrsfreiheit gesehen (§ 27 Anm 11). Zur Anzeigepflicht nach § 33 entschied der EuGH in der Rs *Sparkasse Allgäu* (C-522/14, BStBl II 17, 421), dass diese auch ausländische unselbstständige Niederlassungen von inländischen Kreditinstituten trifft, auch wenn in dem ausländischen Mitgliedsstaat eine solche Anzeigepflicht nicht besteht oder sogar dem strafbewehrten Bankgeheimnis unterliegt (§ 33 Anm 8). Im Schrifttum wird die Unionsrechtswidrigkeit der erweitert unbeschränkten ErbStPfl des § 2 I Nr 1 Buchst b (*Schaumburg,* Internationales Steuerrecht, Rz 7.24) und des nur für inländische Stiftungen geltende StKlassenprivileg des § 15 II 1 vertreten (*Hey,* DStR 11, 1156; *Gierhake,* ZErb 16, 163). Schließlich wird im Zusammengang mit den §§ 13a ff die Qualifikation als eu-

roparechtswidrige Beihilfe (Art 107ff AEUV) diskutiert (*Bäuml/Vogel,* BB 15, 736; *Wachter,* DB 16, 1273).

3. Die Gesetzgebungshoheit

Ein einheitliches deutsches Reichs- (später Bundes-)ErbStRecht gibt es seit 1906. **8**
Die Gesetzgebungszuständigkeit des Bundes für die ErbSt ist lange Zeit unbeanstandet geblieben. Aus Anlass der jüngsten StReformen wurde jedoch auch diese Frage problematisiert. Die Bundeskompetenz setzt voraus, dass die Herstellung gleichwertiger Lebensverhältnisse im Bundesgebiet oder die Wahrung der Rechts- oder Wirtschaftseinheit im gesamtstaatlichen Interesse eine bundesgesetzliche Regelung erforderlich macht (Art 72 II GG). Das BVerfG selbst hat nach der Grundgesetzänderung von 1994 (BGBl I, 94, 3146) hohe Anforderungen an die Erfüllung dieser Merkmale gestellt (BVerfGE 106, 62, 135ff). Daher gibt es Stimmen, die die Bundeskompetenz verneinen (Näheres dazu bei *Wernsmann/Spernath,* FR 07, 829; *Korte,* Die konkurrierende StGesetzgebung im Bereich der Finanzverfassung, 2008, 128ff; *Rüfner,* Privatgutachten, Universität zu Köln 2008). Der Gesetzgeber hat jedoch bisher keinen Anlass gesehen, diesen Stimmen zu folgen (vgl auch FG Köln, DStRE 11, 811).

4. Der verfassungsrechtliche Rahmen

Das BVerfG betont in ständiger Rspr (Nachweise in der Entscheidung BVerfG **9**
DStR 10, 1721, 1722), dass der Gesetzgeber im Bereich des StRechts einen weitreichenden Entscheidungsspielraum hat, der sowohl die Auswahl des StGegenstandes als auch die Bestimmung des StSatzes betrifft. Die Freiheit des Gesetzgebers im ErbStRecht werde jedoch durch zwei Leitlinien begrenzt, nämlich durch das Gebot der Ausrichtung der StLast am Prinzip der finanziellen Leistungsfähigkeit und durch das Gebot der Folgerichtigkeit. Beide Gebote dürfen indes nicht missverstanden werden. Dass die ErbStLast an der finanziellen Leistungsfähigkeit des Stpfl auszurichten sei, trifft nicht zu. Die **finanzielle Leistungsfähigkeit** des Stpfl spielt bei der Bestimmung der StLast regelmäßig gar keine Rolle. Wie leistungsfähig ein Erwerber ist, wird nicht geprüft. Der Arme und der Reiche werden für denselben Erwerb mit derselben St belegt. Es geht immer nur um die Frage, welchen Zuwachs an Leistungsfähigkeit der Erwerber erfährt, weil das Gesetz nur die aus dem Erwerb „resultierende Steigerung der wirtschaftlichen Leistungsfähigkeit des Erwerbers" erfassen will (BVerfG DStR 10, 1721, 1724). Auch das so verstandene Prinzip kommt im Übrigen im ErbStRecht nur mit vielen Einschränkungen zum Tragen, die sich nicht zuletzt aus dem für das ErbStRecht bedeutsamen Familienprinzip ergeben. In wichtigen Einzelfällen, nämlich bei der Besteuerung des Schenkers, knüpft die StLast sogar an eine Minderung der Leistungsfähigkeit des Stpfl an. Das ist vom Verfassungsgericht bisher trotz aller grundsätzlichen Erklärungen noch unbeanstandet geblieben. Auch das **Prinzip der Folgerichtigkeit** bedarf einer Konkretisierung. Denn es kann ganz sicher nicht so sein, dass der Gesetzgeber an eine einmal getroffene Belastungsentscheidung in der Weise gebunden sein könnte, dass er sie folgerichtig fortentwickeln muss und sie nicht jederzeit neu justieren, an anderen Prämissen orientieren oder auch von ihr abweichen kann. Kein Parlament kann gezwungen sein, in der Gesetzgebung dauerhaft folgerichtig zu handeln. Wechselnde Mehrheiten können wechselnde Prioritätensetzungen nach sich ziehen und neue Erkenntnisse fruchtbar machen. Dem Parlament muss es möglich sein, heute dies und morgen das zu beschließen. Folgerichtigkeit kann daher nur unter der Voraussetzung gelten, dass der Gesetzgeber selbst erkennbar an der einmal getroffenen grundsätzlichen Belastungsentscheidung festhalten will, sich also im Fall einer Abweichung von seinen eigenen unverändert fortgeltenden Prämissen entfernt. Man kann bezweifeln, dass diese notwendige Einschrän-

kung des Folgerichtigkeitsprinzips in der verfassungsrechtlichen Diskussion immer ausreichend beachtet wird.

5. Artikel 3 GG

10 Verfassungsrechtliche Grenzen der ErbSt können insb aus Art 3 GG folgen. So hat das BVerfG (BStBl II 84, 608) § 25 I unter dem Gesichtspunkt des Art 3 I GG überprüft. Verfassungsrechtlich ungeklärt war vor 1995 lange Zeit die Vereinbarkeit der Grundbesitzbewertung mit der Bewertung anderen Vermögens. Das BVerfG war einer Entscheidung mehrfach ausgewichen (vgl BFH BStBl II 73, 329 und BVerfG BStBl II 76, 311; BFH BStBl II 78, 446 und BVerfG BStBl II 84, 20; vgl ferner BVerfG BStBl II 87, 240 und BStBl II 94, 133). 1995 hat das BVerfG (BStBl II 95, 671, 673) dann jedoch entschieden, dass die Vorschriften des ErbStG insofern mit Art 3 I GG nicht vereinbar sind, als sie die Bemessungsgrundlage für Grundbesitz auf der Grundlage von zum 1. Januar 1964 festgestellten Einheitswerten, für Kapitalvermögen jedoch zu Gegenwartswerten ansetzen. Auf Vorlagebeschluss des BFH (BStBl II 02, 598) hat das BVerfG diese Linie elf Jahre später fortgeführt und in seiner Entscheidung v 7.11.2006 (BStBl II 07, 192) hervorgehoben, dass der Gesetzgeber mit der ErbSt in ihrer derzeitigen Ausgestaltung das Ziel verfolgt, den anfallenden Vermögenszuwachs jeweils gemäß seinem Wert zu erfassen, wobei die gleichmäßige Belastung der StPfl verlangt, auf Bemessungsgrundlagen zurückzugreifen, die die Werte der anfallenden Posten in ihrer Relation realitätsgerecht abbilden. Dazu ist es nach Auffassung des Gerichts erforderlich, die Geldrechnung des Erwerbs auf der Bewertungsebene durchgehend am gemeinen Wert als dem maßgeblichen Bewertungsziel zu orientieren. Mit dieser Begründung hat das Gericht die bisherigen Vorschriften über die Bewertung des Betriebsvermögens, der Gesellschaftsanteile und des Grundbesitzes für verfassungswidrig erklärt. Unter Hinweis auf Art 3 I GG hat das Gericht in jüngster Zeit ferner die stliche Begünstigung von Zuwendungen an politische Parteien auf kommunale Wählervereinigungen ausgedehnt (DStRE 08, 1206) und die Begünstigung von Eheleuten auf eingetragene Lebenspartner übertragen (DStR 10, 1721). In seinem Beschluss v 29.9.2012 (BStBl II 12, 899) zur Überprüfung des ErbStG durch das BVerfG hat der BFH angesichts der Verschonungsregelungen der §§ 13a, 13b die Möglichkeit, durch bloße Rechtsformwahl StVergünstigungen zu erreichen, problematisiert und beanstandet, dass der Gesetzgeber durch kurzfristig vorgenommene Änderungen der StSätze in StKl II Geschwister bei im Übrigen gleichliegendem Erwerb in kurz aufeinander folgenden Zeiträumen ganz unterschiedlich behandelt hat. Unter Gleichbehandlungsgesichtspunkten wird schließlich auch noch darüber diskutiert, ob es vertretbar sein kann, dass der Gesetzgeber unter den in § 13a VIII genannten Voraussetzungen das Unternehmensvermögen von der ErbSt völlig freistellt, obwohl der große Wohlstand vermögender Kreise doch vielfach gerade aus vererbtem Unternehmensvermögen herrührt.

6. Artikel 14 GG

11 Art 14 GG gewährleistet das Eigentum und das Erbrecht. Inwieweit schon das Eigentumsgrundrecht des Erwerbers der Besteuerung Schranken zieht, ist zweifelhaft. Denn da die ErbSt zugleich mit dem Erwerb entsteht (§ 9), lässt sich die Auffassung vertreten, dass der Vermögensanfall erst als Nettoerwerb nach Abzug der St zu Eigentum iSd Gewährleistung wird. Die ErbSt berührt jedoch das Eigentum des Veräußerers, sofern man die Veräußerungs- und Testierfreiheit zum Inhalt des Eigentums des Veräußerers zählt (*Stöcker,* WM 79, 214, 220). Außerdem nennt Art 14 GG neben dem Eigentum das Erbrecht und bezieht damit schon die Aussicht, Eigentum aus dem Nachlass zu gewinnen, in den verfassungsrechtlichen Schutz ein. Die Gewährleistung der Testierfreiheit und des Erbrechts liefe leer, wenn der Staat den Erwerb durch Erb-

anfall zu 100% wegsteuern dürfte. Aus Art 14 GG müssen daher verfassungsrechtliche Schranken der Erbschaftsbesteuerung folgen. Bei welcher Höhe des StSatzes die Grenzziehung vorgenommen werden kann, in welchem Umfang die Testierfreiheit, in welchem Umfang das Recht auf Nachlassteilhabe der Angehörigen bei dieser Grenzziehung Beachtung verdient und ob der Schutz des Erbrechts sich als Schutz der vorweggenommenen Erbfolge auch auf die Schenkungen unter Lebenden erstreckt (vgl dazu *Pabst,* JuS 01, 1145), war bisher umstritten. Dazu hat das BVerfG (BStBl II 95, 671, 673) jedoch festgestellt: „Die Ausgestaltung und Bemessung der ErbSt muss den grundlegenden Gehalt der Erbrechtsgarantie wahren, zu dem die Testierfreiheit und das Prinzip des Verwandtenerbrechts gehört; sie darf Sinn und Funktion des Erbrechts als Rechtseinrichtung und Individualgrundrecht nicht zunichte oder wertlos machen". Die Erbrechtsgarantie schützt nicht nur den Erblasser, sondern auch die Hinterbliebenen. Denn „andernfalls würde der Grundrechtsschutz mit dem Tod des Erblassers erlöschen und damit weitgehend entwertet werden".

7. Sonstige Grundrechtsbestimmungen

Neben Art 3 und Art 14 GG können noch andere Grundrechte Grenzen der Erb- **12** schaftsbesteuerung markieren. So hat das BVerfG in seiner Entscheidung v 22.6.1995 (BStBl II 95, 671) hervorgehoben, der Gesetzgeber müsse den erbstlichen Zugriff bei den nächsten Familienangehörigen derart mäßigen, dass jedem dieser StPfl sein Erwerb von Todes wegen – je nach Größe – zumindest zum deutlich überwiegenden Teil oder, bei kleineren Vermögen, völlig stfrei zugutekomme. In Bezug auf einen darüber hinaus gehenden Vermögenszuwachs sei der erbstliche Zugriff so zu beschränken, dass die Erbschaft für den Ehegatten noch Ergebnis der ehelichen Erwerbsgemeinschaft bleibe und dass auch eine im Erbrecht angelegte Mitberechtigung der Kinder am Familiengut nicht verloren gehe. Damit wird das in Art 6 GG verankerte Prinzip des Schutzes von Ehe und Familie für die ErbSt bedeutsam. Unter dem Gesichtspunkt des Familienschutzes war schon früher vom BFH (BStBl II 79, 244) die Frage aufgeworfen worden, ob die Regelung des Versorgungsfreibetrages in § 17 II mit den Art 3, 6 und 20 I GG vereinbar ist. Das BVerfG hat es abgelehnt, in der ungleichen Behandlung von Eheleuten und nichtehelichen Partnern einen Verstoß gegen Art 3 und 6 GG zu sehen (BStBl II 83, 779; 90, 103, 764). Es hat schließlich auch verneint, dass in der Einführung der ErsatzErbSt mit Wirkung auch auf sog Altstiftungen ein Verstoß gegen das aus Art 20 GG herzuleitende Prinzip des Vertrauensschutzes gesehen werden kann (BVerfG BStBl II 83, 779, 784).

III. ErbSt und Zivilrecht, Auslegungsgrundsätze

1. Enge Verbindung zum Zivilrecht

Das ErbStG nimmt in verschiedenen Bestimmungen ausdrücklich auf das BGB **13** Bezug. So enthalten § 3 I Nrn 1 u 2, § 4, § 5, § 7 I Nrn 4–6, § 15 III, § 20 III, § 29 I Nrn 2 u 3 Verweisungen auf das BGB. Mit Rücksicht auf die hier zutage tretende **enge Verbindung des ErbStRechts zum ZivilR** wird von einem Prinzip der Maßgeblichkeit des ZivilR für das ErbStRecht gesprochen (*Crezelius,* ErbSt u SchSt in zivilrechtl Sicht, 1979, 37). Daran ist richtig, dass das ErbStRecht die StFolgen an einen Vermögensanfall anschließt, dessen Voraussetzungen es nicht selbst bestimmt, sondern dem ZivilR entnimmt. Das ErbStRecht ist also hinsichtlich der Voraussetzungen des Vermögenserwerbs an das ZivilR gebunden, ist „bürgerlich-rechtlich geprägt" (BFH BStBl II 87, 175). Hierauf bezieht sich der vielzitierte Satz: „Es gibt keine Erbschaft im wirtschaftlichen Sinn" (BFH BStBl III 60, 348, 349). Hierauf verweist auch das BFH-Urteil BStBl II 83, 179, 180. Dort heißt es nämlich, dass die Regelung über das wirtschaftliche Eigentum in § 39 II Nr 1 AO Ausdruck der wirtschaftlichen Betrachtungsweise sei und daher naturgemäß auf StArten, welche an bürgerlich-rechtliche Vorgänge anknüpfen, nicht oder nur nach Sachlage des Einzelfalles passe: „Das gilt auch für die ErbSt". Der BFH (BStBl III 60, 348) hat denn auch unmissverständlich festgestellt: „Im ErbStRecht ist die wirtschaftliche Betrachtungsweise regelmäßig ausgeschlossen". Demgegenüber hat jedoch das BVerfG (BStBl II 84, 608, 612f) betont, dass das ErbStG zu den Steuergesetzen gehöre „die die StPfl an bestimmte wirtschaftliche Lebenssachverhalte knüpfen", wobei der Gesetzgeber mit der Belastung des Erwerbs von Todes wegen oder durch Schenkung unter Lebenden nach Auffassung des Gerichts „den wirtschaftlichen Vorgang des Substanzübergangs besteuern will". Gelegentlich verwendet das ErbStRecht denn auch schon zur Umschreibung des Vermögensanfalls eigenständige Begriffe („freigebige Zuwendung": § 7 I Nr 1). Auch hat sich im Bereich der Grundstücksschenkung eine eigenständige stliche Betrachtungsweise hinsichtlich des Zeitpunktes der Ausführung der Vermögenszuwendung durchgesetzt (§ 9 Anm 50). Im Übrigen endet die Bindung des ErbStRechts an das ZivilR spätestens dort, wo es um die nähere Einordnung des Vermögensanfalls geht. So kann das ErbStRecht einen Erwerb durch Rechtsgeschäft unter Lebenden als Erwerb von Todes wegen qualifizieren (§§ 3 I Nr 4, 4 II 1), einen Erwerb vom Erben als Erwerb vom Erblasser (§ 3 II Nr 4) oder einen Erwerb vom Erblasser als Erwerb vom Erben behandeln (§ 6 II 1), einen Vermächtniserwerb als Erwerb aus selbstständiger Arbeit qualifizieren (BFH BStBl II 05, 489), eine Verwandtschaft auch dort zugrunde legen, wo die Verwandtschaft bürgerlich-rechtlich erloschen ist (§ 15 Ia), und einen womöglich längst verstorbenen Stifter bei Auflösung der Stiftung noch nachträglich zum Schenker des Vermögens ernennen, das jetzt an die in der Satzung benannten Personen fällt (§ 15 II 2). Soweit es nicht um die Voraussetzungen des Vermögenserwerbs geht, besteht also keine strikte Abhängigkeit des ErbStRechts vom ZivilR. Doch sollte der Gesetzgeber auch hier eine vom ZivilR abweichende Beurteilung der Vermögensbeziehungen nur aus triftigen Gründen vornehmen (BVerfGE 13, 331, 340; 24, 112, 117f). Die These des BVerfG, dass es im StRecht keine Vermutung dafür gäbe, dass zivilrechtlich geprägte Begriffe im Zweifel im zivilrechtlichen Sinn zu verstehen seien, geht auf jeden Fall zu weit (BVerfG BStBl II 92, 212; dagegen *Meincke* StuW 92, 188; *Moench/Weinmann,* Einführung Rz 75). Die Rspr des BFH schwankt. Meist folgt das Gericht dem ZivilR, meint gelegentlich sogar, die strikte Übernahme der zivilrechtlichen Rspr ohne selbstständige zivilrechtliche Argumentation sei der Gesetzesbindung bei der Anwendung des StRechts geschuldet (BStBl II 07, 783, 785!). In anderen Fällen sieht das Gericht dagegen keine Bedenken, sich über zivilrechtliche Auffassungen hinwegzusetzen (BStBl II 89, 524; 95, 81; 01, 605 – die zuletzt genannte Entscheidung jetzt aber korrigiert durch BFH BStBl II 08, 982).

2. Zur Auslegung des ErbStG

14 Die herkömmliche, auf die Rspr des BVerfG (BVerfGE 13, 318, 328; wieder aufgenommen in BVerfG NJW 85, 1891) zurückgehende Interpretationslehre bringt der BFH in der Entscheidung BStBl II 69, 550 zum Ausdruck. Danach ist es dem Gesetzgeber vorbehalten, den Kreis der stbaren Tatbestände und deren Umfang zu bestimmen. Wegen dieses Vorbehalts ist es nicht statthaft, stbegründende Normen über den möglichen Wortsinn hinaus auszulegen. Begünstigende Normen können dagegen ausdehnend, stbegründende Normen restriktiv interpretiert werden, soweit die befürwortete Auslegung den Rahmen der Gesetzmäßigkeit der Besteuerung nicht verlässt (BFH BStBl II 95, 656, 657). Auf der Linie dieser **herkömmlichen Interpretationslehre** liegt der Kommentar, wenn er darauf beharrt, dass der Gesetzeswortlaut bei der Rechtsanwendung nicht unberücksichtigt bleiben darf, und sich gegen eine Auslegung wendet, die die Auseinandersetzung mit dem Gesetzeswortlaut einfach

überspringt und das Ergebnis ohne Versuch der Legitimation an dem im verfassungsmäßigen Verfahren fixierten Normtext direkt aus angeblichen oder wirklichen Sachgesetzlichkeiten, Gesetzeszwecken oder dem Gesetz zugrunde liegenden Prinzipien oder Wertungen entnimmt. Richtig ist, dass nur ein vages Kriterium angibt, wer die Auslegung am „möglichen Wortsinn" des Gesetzes enden lässt. Denn gerade über die Grenzen des möglichen Wortsinns können begründete Zweifel bestehen. Richtig ist auch, dass die Unterscheidung zwischen begünstigenden Normen, die eine analoge Anwendung zulassen, und belastenden Normen, deren Anwendung regelmäßig am Wortsinn endet, sich nicht immer zuverlässig durchführen lässt und dass der BFH gelegentlich doch einer belastenden Analogie das Wort geredet hat (BStBl II 84, 221; 07, 621; besonders wenig überzeugend in BStBl II 92, 925, 928; vgl dazu § 7 Anm 158). Dennoch besteht kein Anlass zu einer grundsätzlichen Wende in der Gesetzesinterpretation. Immer geht es darum, den Blick zugleich auf das Sachproblem und auf den auf dieses Problem bezogenen Gesetzeswortlaut zu richten und das eine nicht über dem anderen aus dem Auge zu verlieren. Wer die Auseinandersetzung mit dem vom Gesetzgeber vorgegebenen Normtext für zweitrangig hält, unterschätzt die ordnende, begrenzende, die juristische Argumentation strukturierende Funktion des Gesetzeswortlauts. Vor Übertreibungen in jeder Richtung ist zu warnen. Wer den Sinn des Gesetzes in den Vordergrund stellt, muss bedenken, dass schon der Sinn des Gesetzes selbst nicht ohne Rückgriff auf den Gesetzeswortlaut erschlossen werden kann (vgl auch § 7 Anm 158). Zur richtigen Einordnung des Normtextes gehört im Übrigen auch die Beachtung der Gesetzesüberschrift (BFH BStBl II 84, 327) und des systematischen Standorts der Norm (BFH BStBl II 93, 238), wobei eine Auslegung, die einer anderen Norm desselben Gesetzeszusammenhangs „keinen Raum" lässt (vgl jedoch noch BFH BStBl II 82, 83), nach der jetzigen RsprLinie des BFH (BStBl II 07, 472, 478) die Grenzen der richterlichen Auslegungsbefugnis überschreiten würde. Bei der Auslegung ist nicht zuletzt auch die Entstehungsgeschichte der gesetzlichen Regelung zu beachten. Bei RsprÄnderungen sollte ferner die Auseinandersetzung mit den tragenden Gründen der bisherigen RsprLinie und die Auseinandersetzung mit den wichtigsten in der Literatur vertretenen Meinungen zu den selbstverständlichen Anforderungen an eine höchstrichterliche Rspr gehören (vgl *Meincke,* ZEV 94, 17, 22f). Die Entscheidungen des II. Senats des BFH könnten die Bereitschaft zur Förderung der wissenschaftlichen Diskussion durch Auseinandersetzung mit den in der Literatur geäußerten Ansichten noch deutlicher erkennen lassen (kritisch dazu *Meincke,* ZEV 02, 493).

IV. Rückblick und Ausblick

1. Entwicklung bis 1973

Die ErbSt ist eine alte Abgabe. Sie war schon im antiken Rom bekannt (*Meincke,* **15**
StuW 78, 352), trat aber in der Spätantike zurück und wurde erst im späteren Mittelalter in einigen italienischen Stadtstaaten wieder erhoben (grundlegend *Schanz,* FinArch 1900, 1; 1901, 553). Veranlasst durch den zunehmenden staatlichen Finanzbedarf gingen auch die deutschen Länder in der Zeit zwischen dem 17. und 19. Jahrhundert zur Einführung der ErbSt über. Schon in diesen einzelstaatlichen Rechten wurden wichtige Entscheidungen getroffen, die noch im geltenden Recht wirksam sind. Eine Übersicht über die zum Anfang des 20. Jahrhunderts geltenden Landesgesetze und -verordnungen findet sich bei *F. W. R. Zimmermann,* Reichserbschaftsteuergesetz, 1906, 19. Ihren Abschluss fand die von der Landesgesetzgebung ausgelöste Entwicklung nach der Vereinheitlichung des Zivilrechts im Reich durch das BGB im Erlass des RErbStG 1906 (RGBl 06, 654; dazu *Meincke,* ZEV 06, 285). Das ErbStG 1906 wurde später durch das ErbStG 1919 (RGBl 19, 1543), dieses wieder durch das

ErbStG 1925 (RGBl I 25, 320) abgelöst, das in unterschiedlichen Fassungen (ua RGBl I 34, 1056; BGBl I 51, 764; 59, 187; 70, 1856) bis zum 31.12.1973 in Geltung war (Überblick bei *Crezelius,* FR 07, 613).

2. Das ErbStG 1974

16 Mit Gesetz v 17.4.1974 (BGBl I 74, 933) wurde nach langen Vorarbeiten rückwirkend zum 1.1.1974 ein neues ErbStG in Kraft gesetzt, dessen Bestimmungen noch heute den wesentlichen Bestand des geltenden ErbStRechts bilden. Ziel der Neuregelung war es, die StGerechtigkeit zu fördern und zu einer Vereinfachung der Besteuerungspraxis zu führen. Größere StGerechtigkeit wurde vornehmlich auf drei Wegen erstrebt. Zum einen sollten kleinere Erwerbe im Familienkreis durch zusätzliche Freibeträge entlastet, größere Erwerbe außerhalb der engeren Familie durch höhere StSätze dagegen belastet werden. Zum Zweiten diente die Ersetzung der unrealistisch gewordenen Einheitswerte aus dem Jahr 1935 durch die Einheitswerte aus dem Jahr 1964 mit einem Zuschlag von 40% dazu, Vergünstigungen für den Erwerb von Grundvermögen abzubauen, von denen zweifelhaft geworden war, ob sie sich aus der Sicht des Verfassungsrechts noch verantworten ließen (vgl BFH BStBl II 73, 329; BVerfG BStBl II 76, 311). Zum Dritten war es das Ziel der Reform, „Schlupflöcher" des bisherigen Rechts zu schließen. Zu diesem Zweck wurde die vom FinAusschuss (BT) entwickelte ErsatzErbSt auf Familienstiftungen und -vereine in das Gesetz übernommen (§ 1 I Nr 4), wurde der Abzug von Nutzungs- und Rentenrechten in bestimmten Fällen des Substanzerwerbs ausgeschlossen (§ 25) und der Anwendungsbereich des Gesetzes auf „St-Flüchtlinge" ausgedehnt (sog erweiterte unbeschränkte StPfl: § 2 I Nr 1 Buchst b). Dem Ziel der Vereinfachung des StVerfahrens versuchte der Gesetzgeber mit einer übersichtlicheren Fassung des Gesetzes Rechnung zu tragen.

3. Reformschritte 1990, 1992, 1996

17 Bis 1990 hatte das ErbStG der Bundesrepublik nur in den alten Bundesländern gegolten. Erwerbe, die auf das Gebiet der DDR entfielen, hatte § 2 III aF von der Besteuerung durch dieses Gesetz ausgenommen. Im Zuge der Vereinigung wurde zunächst § 2 III mWv **1.7.1990** aufgehoben (BGBl II 90, 518). Sodann wurde mWv 1.1.1991 auch für den Bereich der ErbSt ein einheitliches Rechtsgebiet hergestellt (BGBl II 90, 885, 985): die Geltung des ErbStG wurde auf das Beitrittsgebiet erstreckt. Dazu wurde eine Übergangsregelung in § 37a geschaffen, die allerdings nicht ohne Kritik geblieben ist (vgl § 37a Anm 2). Anschließend wurde das ErbStG unter dem 19.2.1991 (BGBl I 91, 468) neu bekannt gemacht. **1992** kam es durch das StÄndG 1992 (BGBl I 92, 146) zu einer Neuregelung der Betriebsvermögensbewertung, die zugleich deutlich machte, dass wichtige Änderungen des ErbStRechts ohne Eingriff in den Text des ErbStG allein durch Änderungen im BewG verwirklicht werden können. An die Stelle der Werte für die Vermögensaufstellung wurden damals die Bilanzsteuerwerte gesetzt (§ 12 V iVm §§ 95 I, 109 I BewG). Damit wurde eine Vereinfachung des Rechnungswesens, aber zugleich auch eine deutliche Entlastung des Betriebsvermögens angestrebt. Ein weiterer wichtiger Reformschritt ist mit dem Jahr **1996** verbunden. Eine Entscheidung des BVerfG v 22.6.1995 (BStBl II 95, 671) hatte die ungleiche Bewertung von Grundbesitz und Kapitalvermögen im ErbStRecht beanstandet. Dem Gesetzgeber war für die (auf den 1.1.1996 rückwirkende) Neufassung des Gesetzes eine Zeitgrenze bis zum 31.12.1996 gesetzt. Diese Zeitgrenze hat der Gesetzgeber mit der Änderung des ErbStG durch das JStG 1997 v 20.12.1996 (BGBl I 96, 2049, 2055) eingehalten. Die Neuregelung ersetzte die bisherigen vier StTarife durch drei und reduzierte dabei die Zahl der StStufen. Sie vergrößerte die Freibeträge für nahe Angehörige und führte in den §§ 13a und 19a

wichtige Verschonungsregelungen für den Erwerb von Betriebsvermögen ein. Zugleich wurde durch Neufassung des BewG die Grundbesitzbewertung für die Zwecke der ErbSt neu geordnet. An die Stelle der niedrigen Einheitswerte von 1964 (mit einem Zuschlag von 40%) wurden in den neu eingefügten §§ 138ff BewG deutlich angehobene Bedarfswerte gesetzt. Die Neuregelung wollte nicht nur der Kritik des BVerfG Rechnung tragen, sondern auch das StAufkommen um ca 60% erhöhen, freilich bei Nichterhebung der VermögenSt, die vom BVerfG in der Parallelentscheidung v 22.6.1995 (BStBl II 95, 655) für verfassungswidrig erklärt worden war. Die Steigerung des StAufkommens ist in der Folgezeit gelungen.

4. Neue Anstöße zu einer ErbStReform im Jahr 2006

Die die Regierung tragenden Parteien hatten sich 2005 in einem Koalitionsvertrag darauf verständigt, zum 1.1.2007 ein Gesetz zur Erleichterung der Unternehmensnachfolge in Kraft zu setzen. In diesem Gesetz sollten die bestehenden Vergünstigungen für den Betriebsübergang in den §§ 13a, 19a zugunsten der mittelständischen Wirtschaft erweitert werden. Ein entsprechender Gesetzentwurf wurde im Herbst 2006 vorgelegt, blieb jedoch zunächst noch außerhalb der parlamentarischen Beratung. Denn der BFH hatte schon im Mai 2002 das BVerfG zur verfassungsrechtlichen Prüfung des ErbStG angerufen (BFH BStBl II 02, 598, dazu *Meincke,* ZEV 02, 493) und die Entscheidung des BVerfG stand noch aus. Kurze Zeit später, am 7. 11. 06, erging die Entscheidung (BVerfG BStBl II 07, 192 = NJW 07, 573 mit Anm *Meincke*). Sie verwarf die bisherigen Bewertungsvorschriften für Betriebsvermögen, Gesellschaftsanteile, Grundbesitz und luf Vermögen, verlangte eine klare Trennung von Bewertungs- und Verschonungsregelungen, forderte, dass alle Bewertungsvorschriften sich an dem Ziel, den gemeinen Wert der Güter zu ermitteln, ausrichten müssten und setzte dem Gesetzgeber eine Frist zur Neuregelung des ErbStG bis zum 31.12.2008. Damit war der Gesetzgeber aufgefordert, noch im Laufe des Jahres 2008 ein Reformgesetz zu verabschieden, das den beiden Reformzielen, der Entlastung der mittelständischen Wirtschaft und der Umsetzung der verfassungsgerichtlichen Vorgaben, entsprach. **18**

5. Erbschaftsteuerreform 2009

Mit Erlass des **ErbStRG v 24.12.2008** (BGBl I 08, 3018) hat der Gesetzgeber dieser Aufforderung entsprochen. Vorangegangen waren heftige Diskussionen, die vor allem anderen die Gesetzgebungskompetenz des Bundes, Einzelheiten der vom Bund geplanten Verschonungsregelungen für Grundbesitz, Betriebsvermögen, Gesellschaftsanteile und luf Vermögen und ihre Gegenfinanzierung durch Belastung von Mitgliedern der weiteren Familie und durch exorbitant hohe StSätze für alle nicht in StKlasse I eingeordneten Erwerber in Frage stellten. Die Diskussionen entzündeten sich am Text eines Gesetzentwurfs, den die Bundesregierung am 7.11.2007, ein Jahr nach der Verfassungsgerichtsentscheidung vorgelegt hatte. Es verging ein weiteres Jahr, bis aufgrund einer Koalitionsvereinbarung v 6.11.2008 umfangreiche Änderungsanträge zu einer Neufassung des Entwurfs führten, der dann der Bundestag am 27.11.2008 und der Bundesrat am 5.12.2008 zustimmen konnten. **19**

6. Erbschaftsteuerreform 2016

Nach dem Wechsel der Parlamentsmehrheit im Herbst 2009 ist zum Jahreswechsel 2009/2010 ein WachstumsbeschleunigungsG (BGBl I 09, 3950) verabschiedet worden, das zwar vornehmlich durch die Entlastung des Hotelgewerbes im UStRecht in die Schlagzeilen geriet, das aber auch Änderungen des ErbStG mit sich gebracht hat. So wurden die Voraussetzungen, unter denen die Verschonung nach § 13a erreicht **20** werden kann, erleichtert und die StSätze der (für Geschwister bedeutsamen) StKlasse II neu gefasst. Das JahresStG 2010 (BGBl I 10, 1768) hat sodann den eingetragenen Lebenspartner dem Ehepartner uneingeschränkt gleichgestellt und Detail-Änderungen zu der Verschonungsregelung des § 13b hinzugefügt. Ergänzungen der §§ 13a und 13b waren auch Gegenstand einer Neuregelung im StVereinfachungsG 2011 (BGBl I 11, 2131), während das Beitreibungsrichtlinie-UmsetzungsG (BGBl I 2011, 2592) die §§ 2 und 16 geändert hat, um sie europarechtskonform auszugestalten, und die §§ 7 und 15 durch neue Absätze ergänzt hat, um die Besteuerung von Leistungen von Kapitalgesellschaften in ihrer steuerlichen Bedeutung besser zu erfassen. Der **BFH** hat in einem **Vorlagebeschluss v 27.9.2012** seine Zweifel an der Verfassungsmäßigkeit auch des seit 2009 geltenden ErbStRechts zum Ausdruck gebracht (BStBl II 12, 899, ZEV 12, 599 m Anm *Hannes*). Grundlegende Kritikpunkte waren dabei eine verglichen mit anderen Vermögensarten weiterhin bestehende Überprivilegierung von betrieblichem Vermögen und ein Begünstigungsüberhang, da die StVerschonung auch an sich nicht begünstigtes Vermögen mitumfasste (näher § 13a Anm 15f.).

Das **BVerfG** hat mit der **Entscheidung v 17.12.2014** (BStBl II 15, 50) die §§ 13a und 13b jeweils iVm § 19 I als mit Art 3 GG unvereinbar erklärt und dem Gesetzgeber aufgegeben, bis zum 30.6.2016 eine verfassungskonforme Neuregelung zu schaffen. Dabei wurden verschiedene Einzelregelungen beanstandet, unter anderem das sog „Alles-oder-Nichts-Prinzip" des seinerzeitigen Verwaltungsvermögenstests, wonach bis zu einer bestimmten Verwaltungsvermögensquote auch das in der unternehmerischen Einheit enthaltene Verwaltungsvermögen mitbegünstigt war, bei Überschreiten dieser Quote hingegen auch begünstigungswürdiges Vermögen unverschont blieb, was sich in Holdingstrukturen nochmals verschärfte, sowie die Verschonung von „Großvermögen" ohne eine zusätzliche, verfassungsrechtlich gebotene Rechtfertigung (näher § 13a Anm 17ff.).

21 Daraufhin legte die Bundesregierung am 6.7.2015 einen **Gesetzentwurf zur Reform des ErbStG** vor (BTDrs 18/5923; hierzu *Stalleiken/Kotzenberg,* GmbHR 15, 673). Dem wurde ein Länderentwurf gegenübergestellt (BRDrs 353/15 v 25.9.2015). Die unterschiedlichen Vorstellungen über die Ausgestaltung der Begünstigungen für Unternehmensvermögen wurden im Februar 2016 in einem „Einigungspapier" zwischen den Koalitionsspitzen zu einem – wie man dachte – konsensfähigen Modell zusammengeführt. Dieses wurde jedoch bereits wenige Tage später von der bayerischen Landesregierung wieder in Frage gestellt, die weitere Anpassungen forderte. Es folgte eine Beschlussempfehlung des Finanzausschusses des Bundestages (BTDrs 18/8911 v 22.6.2016), die am 24.6.2016 vom Bundestag verabschiedet wurde (BRDrs 344/16), der der Bundesrat jedoch am 8.7.2016 seine Zustimmung verweigerte. Der daraufhin angerufene Vermittlungsausschuss stand unter einem gewissen Druck, da zwischenzeitlich das BVerfG nach Verstreichenlassen seiner bis zum 30.6.2016 gesetzten Frist damit gedroht hatte, sich Ende September nochmals mit direkten Eingriffsmöglichkeiten in das verfassungswidrige ErbStG zu beschäftigen (Pressemitteilung Nr 41/16 v 14.7.2016). Der zwischen allen Beteiligten konsensfähige Einigungsvorschlag des Vermittlungsausschusses (BTDrs 18/9690 v 22.9.2016) wurde in Form des **ErbStRG 2016** vom Bundestag am 29.9.2016 und vom Bundesrat am 14.10.2016 verabschiedet und ist rückwirkend für alle Erwerbe ab dem 1.7.2016 in Kraft getreten (zur rückwirkenden Anwendung *Crezelius,* ZEV 16, 367; *Reich,* DStR 16, 1459). Damit wurde die erbstliche Verschonung für unternehmerisches Vermögen in wesentlichen Teilen geändert (hierzu § 13a Anm 23ff). Mit koordinierten Ländererlassen v 22.6.2017 (BStBl I 17, 902 – **AEErbSt 2017**) hat die FinVerw zur Auslegung und Anwendung dieser Neuregelungen Stellung genommen. Bayern hat sich diesen Erlassen formell nicht angeschlossen. Das **BayLfSt** hat am 14.11.2017 verfügt, dass sich jeder Stpfl auf die AEErbSt 2017 berufen kann und es hat dabei zwei von den Erlassen zu Gunsten der Stpfl abweichende Rechtspositionen vorgegeben, nämlich zum jungen Verwaltungsvermögen im Verbund und zur

Berücksichtigung der ErbSt-/SchStBelastung bei der Ermittlung des verfügbaren Vermögens iRv § 28a (DStR 17, 2554). Eine Anpassung der ErbStR ist bislang nicht erfolgt.

7. Weitere Änderungen/Ausblick

Mit dem **StUmgBG** (BGBl I 17, 1682) hat der Gesetzgeber auf die Entscheidungen des EuGH zum Optionsrecht nach § 2 III und dem persönlichen Freibetrag (§ 16 II) sowie der EU-Kommission zum Versorgungsfreibetrag (§ 17 ErbStG) jeweils bei beschränkter Steuerpflicht reagiert (§ 2 Anm 26f, § 16 Anm 8, 14 u § 17 Anm 16). Dabei wurde durch Ergänzung des § 3 II Nr 4 eine Besteuerungslücke geschlossen, die sich aus der BFH-Rspr zur Besteuerung von Abfindungen zwischen mehreren Erbprätendenten ergeben hat (§ 3 Anm 116). Schließlich wurde § 13 I Nr 18 Buchst a mit **Gesetz v 18.7.2017** (BGBl I 17, 2730) angepasst (§ 13 Anm 80). 22

Diskutiert wird, ob die erweitert unbeschränkte ErbStPfl des § 2 I Nr 1 Buchst b (*Schaumburg,* Internationales Steuerrecht, Rz 7.24) und das nur für inländische Stiftungen geltende StKlassenprivileg des § 15 II 1(*Hey,* DStR 11, 1156; *Gierhake,* ZErb 16, 163) unionsrechtswidrig sind. Im Zusammengang mit den §§ 13a ff wird eine Qualifikation als unionsrechtswidrige Beihilfe erörtert (*Bäuml/Vogel,* BB 15, 736; *Wachter,* DB 16, 1273). Die Verfassungsmäßigkeit der StFreiheit des Familienheims (§ 13 I Nr 4 Buchst a–c) wird bezweifelt (*Meßbacher-Hönsch,* ZEV 15, 382). Eine Beschränkung des stfreien Zugewinnausgleichs war in der Empfehlung der BR-Ausschüsse zur ErbStReform 2016 vorgesehen (BRDrs 353/1/15 v 15.9.2015), wurde aber bereits in der Stellungnahme des Bundesrates v 25.9.2015 (BRDrs 353/15) nicht übernommen. Diese Stellungnahme beinhaltete eine Ergänzung von § 30 um einen Abs 5 (Qualifikation der Anzeige als Steuererklärung iSd AO). Auch dies wurde nicht umgesetzt.

V. Literatur

1. Kommentare

a) zu älteren Gesetzesfassungen: zum **ErbStG 1906** von *A. Hoffmann* (1907), *U. Hoffmann* (2. Aufl 1911), *Josewski* (1906), *Wunsch* (2. Aufl 1915), *E. Zimmermann* (1907), *F. W. R. Zimmermann* (2. Aufl 1911); zum **ErbStG 1919** von *Berolzheimer* (1921), *Breit* (1921), *Ehm* (1921), *Hoffmann/Henckel* (1920), *Schachian* (1921), *Zimmermann/Mühe* (1919); zum **ErbStG 1922** von *Mirre* (2. Aufl 1923), *Wunsch* (3. Aufl m Nachtrag 1923), *Zimmermann/Ludewig* (4. Aufl 1925); zum **ErbStG 1925** von *Groener* (1928), *Kipp* (1927), *Marcus* (6. Aufl 1926); zum **ErbStG 1931** von *Finger* (4. Aufl 1932), *Stölzle* (2. Aufl 1932); zum **ErbStG 1934** von *Brecht* (1942); vgl ferner die ersten Auflagen des Kommentars von *Megow* zum ErbStG 1934 (1. Aufl 1937, 2. Aufl 1941), zum ErbStG 1954 (3. Aufl 1955) und zum ErbStG 1959 (4. Aufl 1959, 5. Aufl 1969 m Nachtrag 1970). 23

b) zum **ErbStG 1974 und zum geltenden Recht** von *Daragan/Halaczinsky/Riedel* (3. Aufl 2017, zitiert: Daragan/Bearbeiter), *Esskandari* (1. Aufl 2013), *Fischer/Pahlke/Wachter* (6. Aufl 2017, zitiert: Fischer/Bearbeiter), *Gürsching/Stenger* (Loseblatt, Stand September 2017, zitiert: G/S/Bearbeiter), *Kapp/Ebeling* (Loseblatt, Stand August 2017, zitiert: Kapp/Bearbeiter), *Moench/Weinmann* (Loseblatt, Stand März 2017, zitiert: Moench/Bearbeiter), *Petzoldt* (2. Aufl 1986), *Tiedtke* (2009, zitiert Tiedtke/Bearbeiter), *Troll/Gebel/Jülicher/Gottschalk* (Loseblatt, Stand Juni 2017, zitiert: Troll/Bearbeiter), *Viskorf/Schuck/Wälzholz* (5. Aufl 2017, zitiert: Viskorf/Bearbeiter), *von Oertzen/Loose* (1. Aufl 2017, zitiert: von Oertzen/Bearbeiter), *Wilms/Jochum* (Loseblatt, Stand August 2017, zitiert: W/J/Bearbeiter). Vgl ferner die Vorauflagen dieses

Kommentars ab 1974: *Megow/Michel* (6. Aufl 1974), *Meincke/Michel* (7. Aufl 1981; 8. Aufl 1987), *Meincke* (9. Aufl 1992; 10. Aufl 1994; 11. Aufl 1997; 12. Aufl 1999; 13. Aufl 2002; 14. Aufl 2004; 15. Aufl 2009; 16. Aufl 2012).

2. Studium und Praxis

24 *Brüggemann/Stirnberg,* Erbschaftsteuer, Schenkungsteuer, 10. Aufl 2017; *Handzik,* Erbschaft- und Schenkungsteuer, 9. Aufl 2017; *Moench/Hübner,* Erbschaftsteuerrecht, 3. Aufl 2012; *Weinmann/Revenstorff/Offerhaus/Erkis,* Erbschaft- und Schenkungsteuerrecht, 4. Aufl 2017.

Erbschaftsteuer- und Schenkungsteuergesetz (ErbStG)

In der Fassung der Bekanntmachung vom 27. Februar 1997 (BGBl I 97, 378)

zuletzt geändert durch G vom 18.7.2017 (BGBl I 17, 2730)

BGBl. III/FNA 611-8-2-2

Abschnitt 1. Steuerpflicht

§ 1 Steuerpflichtige Vorgänge

(1) **Der Erbschaftsteuer (Schenkungsteuer) unterliegen**

1. **der Erwerb von Todes wegen;**
2. **die Schenkungen unter Lebenden;**
3. **die Zweckzuwendungen;**
4. **das Vermögen einer Stiftung, sofern sie wesentlich im Interesse einer Familie oder bestimmter Familien errichtet ist, und eines Vereins, dessen Zweck wesentlich im Interesse einer Familie oder bestimmter Familien auf die Bindung von Vermögen gerichtet ist, in Zeitabständen von je 30 Jahren seit dem in § 9 Abs. 1 Nr. 4 bestimmten Zeitpunkt.**

(2) **Soweit nichts anderes bestimmt ist, gelten die Vorschriften dieses Gesetzes über die Erwerbe von Todes wegen auch für Schenkungen und Zweckzuwendungen, die Vorschriften über Schenkungen auch für Zweckzuwendungen unter Lebenden.**

Erbschaftsteuer-Richtlinien 2011: R E 1.1, 1.2/H E 1.1, 1.2

Übersicht

Schrifttum: *Naarmann,* Das Verhältnis der Erbschaftsteuer zur Schenkungsteuer, 1985; *Wachter,* Überlegungen zur Reform des geltenden Erbschaft- und Schenkungsteuerrechts, DStR-Beih 14, 90 (hierzu auch *Scherer,* DStR 14, 2276); *Holtz,* Vorweggenommene Erbfolge – Schenken oder vererben?, Jahrbuch für Erbrecht und Schenkungsrecht 2015, 1.

Schrifttum zu Abs 1 Nr 4 (Ersatzerbschaftsteuer) vor Anm 14.

I. Allgemeines

1. Steuerpflichtige Vorgänge

1 Abs 1 benennt die vier vom Gesetz für stpfl erklärten Vorgänge. „Vorgänge" im Wortsinn sind jedoch nur in den Fällen des Abs 1 Nrn 1–3 erkennbar. Nr 4 regelt dagegen eine Vermögensbesteuerung, die nicht von einem bestimmten „Vorgang" abhängig ist. Mit der Bestimmung der stpfl Vorgänge eröffnet § 1 den Abschn I des Gesetzes. Zu diesem Abschn gehören noch die §§ 2–9, die § 1 ergänzen. Nach dem Gesetzesplan, wie er zB in § 30 I zum Ausdruck kommt, regelt § 1 I die Grundlage der StPfl, während die §§ 3–8 die in § 1 I genannten stpfl Vorgänge näher erläutern, § 2 das Ausmaß der StPfl in Fällen mit Auslandsberührung und § 9 den Zeitpunkt der Entstehung der St betrifft. Abs 2 erläutert den abgekürzten Sprachgebrauch, mit dem der Gesetzgeber nur von Erwerben von Todes wegen spricht, wenn er auch Schenkungen unter Lebenden und Zweckzuwendungen bezeichnen will, und nur die Schenkungen unter Lebenden erwähnt, wenn eine Regelung sich auch auf die Zweckzuwendungen unter Lebenden erstrecken soll.

2. Erbschaftsteuer und Schenkungsteuer

2 In der Gesetzesüberschrift wird zwischen ErbSt und SchSt getrennt. Diese Trennung hat keine praktische Bedeutung. Das zeigt schon der Klammerzusatz in der Gesetzesüberschrift, der für beide Steuern die Abkürzung ErbStG vorsieht. Es besteht denn auch kein Zweifel, dass die 1996 in das BewG eingefügten „Vorschriften für die Bewertung von Grundbesitz für die Erbschaftsteuer" (§§ 138ff BewG) auch für die SchSt gelten sollten und dass die neuen §§ 157ff BewG (Geltung ab 1.1.2009) sich zugleich auch auf die SchSt beziehen. Weil es steuerliche Regelungen gibt, die nur für Erwerbe von Todes wegen oder nur für Erwerbe durch Schenkung unter Lebenden gelten, ist die Unterscheidung der beiden Erwerbswege für die Besteuerung sehr bedeutsam. Steht jedoch fest, dass für einen Erwerb von Todes wegen oder unter Lebenden eine St verwirklicht ist, kann offen bleiben, ob die daraus resultierende St den Namen der ErbSt oder der SchSt verdient. Es ist dann auch unschädlich, dass das Gesetz dort, wo es nur die ErbSt erwähnt, auch die SchSt mitmeint (zB § 10 VIII, § 21 I, § 30 I). Auch kann dahinstehen, ob und unter welchen Voraussetzungen die St auf Zweckzuwendungen und auf das Vermögen einer Familienstiftung oder eines Familienvereins der ErbSt oder der SchSt zugerechnet werden muss, solange nur sichergestellt ist, dass sie unter einer dieser Bezeichnungen mitgemeint sein soll (vgl § 29 I Nr 4 S 4).

II. Vermögensanfall, Erwerber (Abs 1)

1. Vermögensanfall

Als stpfl Vorgänge iSd Abs 1 Nrn 1 und 2 bezeichnet das Gesetz Erwerbe von Todes wegen und Erwerbe durch Schenkung unter Lebenden. In beiden Fällen werden Übertragungsvorgänge oder Vorgänge der Rechtsbegründung angesprochen, die beim Empfänger zu einem „Vermögensanfall" (§ 2 I Nr 1) führen. Der Vermögensanfall kann auf Gesetz oder Vertrag beruhen, in dem Erwerb eines Anspruchs, in dem Erwerb von Sachwerten oder auch in der bloßen Werterhöhung eines bereits innegehabten Gesellschaftsanteils (§ 7 VII 2) bestehen und einzelne Vermögensposten, einen Vermögensbestand (Erwerb des Alleinerben) oder Anteile an einem Vermögensbestand oder an den zu einem Vermögensbestand gehörenden Posten (Erwerb der Miterben) umfassen. Der Vermögensanfall wird sich im Zweifel nach bürgerlich-rechtlichen Regeln vollziehen. Im Hinblick darauf bezeichnet der BFH das ErbStRecht als „bürgerlich-rechtlich geprägt" (BFH BStBl II 87, 175, 176). Doch können auch dem öffentlichen Recht zugehörende Vererbungs- und Zuwendungsvorgänge eine StPfl nach dem ErbStG auslösen. So kann es zB zu einer stpfl Nachfolge in öffentlich-rechtliche Erstattungsforderungen kommen. Auch Zuwendungen der öffentlichen Hand können, wenn die Voraussetzungen eines StTatbestandes erfüllt sind, der Besteuerung unterliegen. 3

2. Bereicherung

Der Vermögensanfall interessiert das ErbStRecht nur unter der Voraussetzung, dass er sich für den Empfänger wirtschaftlich günstig auswirkt, ihm einen Vermögensvorteil (§ 14 I 1), eine Bereicherung, verschafft. Das zeigt § 10 I 1. Im Hinblick auf diese Vorschrift wird denn auch von einem **Bereicherungsprinzip des ErbStRechts** gesprochen (BFH BStBl II 81, 411, 412; 83, 179, 180; 04, 429, 430; 12, 790, 792; 14, 896, 898; 16, 477, 478). Die SchSt wird als eine „BereicherungsSt" bezeichnet (BFH BStBl II 84, 27, 28). Der BFH ist sogar noch einen Schritt weiter gegangen und hat das „Prinzip der ErbSt, die unentgeltliche Bereicherung – und nur diese – zu erfassen", betont (BFH BStBl II 73, 329, 334). „Wie mehrfach entschieden (Hinweis auf BFH BStBl II 73, 329) unterliegt nur die für den Erwerber unentgeltliche Bereicherung der ErbSt" (BFH BStBl II 84, 37, 38). Zur Klarstellung hat das Gericht (BFH BStBl II 85, 59, 60) für den Bereich der Erwerbe von Todes wegen jedoch alsbald hinzugefügt: „Der Erwerb von Todes wegen iSd § 2 I Nr 1 ErbStG 1959 (= § 3 I ErbStG 1974) setzt grundsätzlich nicht voraus, dass die Zuwendung ohne Gegenleistung geschieht". 4

3. Erwerber

Das Gesetz geht davon aus, dass die StPfl jeden trifft, der von Todes wegen oder durch Schenkung unter Lebenden erwirbt (§ 20 I), so dass auch der Bund, die Länder und die Gemeinden als Erwerber stpfl wären, wenn das Gesetz die Freistellung nicht ausdrücklich angeordnet hätte (§ 13 I Nr 15). Auch gegenüber Körperschaften des öffentlichen Rechts (vgl BFH BStBl II 05, 311; 06, 557, 632, 720) und gegenüber ausländischen Staaten, die durch Schenkung oder von Todes wegen erwerben, wird ein Besteuerungsrecht in Anspruch genommen (BFH BStBl II 77, 213). 5

4. OHG und KG

6 OHG und KG, die in der **frühen Rspr des RFH** (RFHE 1, 197; 7, 192; StuW 1922 Nr 1055) noch als mögliche Erwerber/Schenker angesprochen worden waren, wurden in der Folgezeit unter Hinweis auf die Vorschriften der §§ 80 II RAO und 11 Nr 5 StAnpG aus dem Kreis der StPfl nach dem ErbStG ausgegrenzt (RFH RStBl 28, 270 = RFHE 23, 282; BFH BStBl III 60, 358); statt der Gesamthand sollten danach die Gesellschafter anteilig als Schenker/Erwerber gelten. Anschließend war der BFH zeitweise (BStBl II 89, 237) wieder zu der ursprünglichen Judikatur zurückgekehrt und hatte sich damit dem hier in den Vorauflagen vertretenen ablehnenden Standpunkt angeschlossen. Der II. Senat des BFH betonte in dieser Entscheidung die vermögensrechtliche Selbstständigkeit der PersGes, wie sie in § 124 HGB (jetzt auch in §§ 14 I, 1059a II BGB) zum Ausdruck kommt; OHG und KG gelten nach der im ZivilR vorherrschenden – wenngleich nicht unumstrittenen (*Flume,* Die Personengesellschaft, 1977, 107) – Meinung insb auch als erbfähig (*Palandt/Weidlich* § 1923 Rz 7). OHG und KG können damit die wichtigsten der zivilrechtlichen Tatbestände, an die das ErbStG in den §§ 3 und 7 die Besteuerung knüpft, als eine im Rechtsverkehr verselbstständigte Einheit verwirklichen. Als Beleg für die selbstständige StPfl der Personengesellschaften führte der BFH (BStBl II 89, 237, 238) ferner die Vorschrift des § 2 I Nr 1 Buchst d ErbStG an, die die unbeschränkte StPfl inländischer Personenvereinigungen regelt. Auch § 35 II Nr 1 konnte genannt werden, wo von Personenvereinigungen als Erwerbern die Rede ist. Schließlich hob der BFH (BStBl II 89, 237, 239) zutreffend hervor, dass die Vorschriften des § 39 II Nr 2 AO und des § 3 BewG, die an die Stelle der früheren §§ 80 II RAO und 11 Nr 5 StAnpG getreten sind, nicht selbst eine Entscheidung über eine eigenständige StPfl der Gesamthandsgemeinschaft treffen, sondern eine entsprechende Regelung in den EinzelStGesetzen voraussetzen und daher nicht – wie es die ältere Rspr wollte – als Argument gegen eine StPfl der PersGes nach dem ErbStG dienen können.

7 Inzwischen hat der BFH (BStBl II 95, 81; JZ 95, 1074 mit Anm *Meincke;* BStBl II 98, 630; 10, 504) wiederum eine Wendung gemacht. Danach heißt es nunmehr erneut: Fällt einer Gesamthandsgemeinschaft von Todes wegen oder durch Schenkung unter Lebenden Vermögen zu oder wird von einer Gesamthandsgemeinschaft eine freigebige Zuwendung bewirkt, so sind unabhängig von dem Willen der Beteiligten, wer Schenker oder Erwerber sein soll und wer daher **zivilrechtlich Schenker oder Erwerber ist,** für die ErbSt stets nur die Einzelnen an der Gesamthand beteiligten Gesellschafter anteilig als Schenker oder Erwerber anzusehen, weil die Gesamthand der Gesellschafter **erbschaftsteuerrechtlich nicht Schenker oder Erwerber sein kann** (zustimmend *Tipke/Seer* § 13 Rn 135). Es wird damit zwischen dem, der zivilrechtlich schenkt oder erwirbt und dem, der steuerlich als Erwerber einzustufen ist, unterschieden. Steuerlich sollen nur die Gesamthänder als Erwerber gelten, weil sie angeblich zivilrechtlich allein bereichert sind und weil damit angeblich das ZivilR selbst für eine Abkehr von der zivilrechtlichen Betrachtungsweise spricht. Weil das einer Gesamthand zugewandte Vermögen „stets gesamthänderisches Vermögen der Gesamthänder" wird, sind es nach Auffassung des Senats allein die Gesamthänder, die die durch den Vermögensübergang ausgelöste Bereicherung trifft.

8 Damit werden jedoch die Gesellschaft und die Gesellschafter in einen durch den Zusammenhang so nicht gebotenen Gegensatz gebracht. Wenn zwischen der Gesamthand und den Gesamthändern unterschieden wird, geht es nur darum, die Gesellschaftergesamtheit als Rechts- und Pflichtenträger von ihren einzelnen Mitgliedern und deren Rechten und Pflichten getrennt zu verstehen (*Wiedemann,* Rechtsverhältnisse der BGB-Gesellschaften zu Dritten, WM Sonderbeilage 4/1994, 1 ff, 7). Wer die Erwerbereigenschaft der Gesamthand verneint, vertritt damit die These, dass die Gesellschafter außerhalb des Gesamthandverbandes je einzeln anteilig bereichert worden sind. Zivilrechtlich kann dieser Argumentationsgang schwerlich

einleuchten (zustimmend *Moench/Weinmann,* § 2 Rz 10). Umso gewichtiger sind allerdings die im Hintergrund stehenden **steuerlichen Überlegungen** zu nehmen, die mit den nicht auf Gesamthandsgemeinschaften ausgerichteten Freibeträgen und StSätzen zusammenhängen. So ist denn auch nicht zu leugnen, dass die neue Rspr-Linie zu einer Vereinfachung der StAnwendung führt. Sie hat zur Konsequenz, dass Zuwendungen von einer Gesamthand und an eine Gesamthand in Teilzuwendungen von den Gesamthändern persönlich und an die Gesamthänder persönlich aufgespalten werden, dass Zuwendungen von und an die Gesamthand mit Zuwendungen von den Gesellschaftern persönlich und an die Gesellschafter persönlich iRd § 14 zusammengerechnet werden können und dass Zuwendungen an eine OHG oder KG nicht zu StSchulden der Gesellschaft, sondern nur zu persönlichen StSchulden der Gesellschafter führen, so dass die St nicht aus dem Gesellschaftsvermögen beigetrieben werden kann. Aus Zuwendungen in das Gesellschaftsvermögen kann der Kommanditist neuerdings über seine Haftsumme hinaus steuerlich verpflichtet werden. Ähnliches gilt hinsichtlich der St des Schenkers, wenn sich eine OHG oder KG zu Schenkungen aus dem Gesellschaftsvermögen entschließt. Auch wenn der Kommanditist an diesen Schenkungen nicht mitgewirkt hat und auch wenn ihm diese Schenkungen nicht zugutekommen, muss er dennoch als (Teil-)Schenker einen Teil der StLast persönlich übernehmen. Das alles vermag aus der Sicht des Zivilrechts nicht zu überzeugen. Auch aus strechtlicher Sicht wird die Haltung der Rspr nachdrücklich kritisiert (*U. Lehmann,* Gesellschaftsrechtliche Gestaltungen im Erbschaft- und Schenkungsteuerrecht, 2009, 35ff). Das FG Münster (EFG 07, 1037) hat auch bereits ausgesprochen, dass die neuere RsprLinie jedenfalls auf den nichtrechtsfähigen Verein nicht übertragbar ist.

III. Erwerb von Todes wegen (Abs 1 Nr 1)

Abs 1 Nr 1 begründet die StPfl für Erwerbe von Todes wegen. Die Bestimmung 9
zeigt, dass die St entgegen ihrer traditionellen Bezeichnung als „Erbschaft"-St nicht die Erbschaft (= Nachlass) als solche ergreift, sondern die **Vermögenserwerbe aus Anlass des Todes** der Besteuerung unterwirft. Diese Erwerbe aus Anlass des Todes, deren Voraussetzungen das Gesetz in den §§ 3 und 4 zusammenstellt, können mit der Erbschaft zusammenhängen. So ist der Erwerb der Erben durch Erbanfall unmittelbar auf die Erbschaft bezogen. Der Vermächtniserwerb erfasst im Regelfall Werte, die gegenständlich aus der Erbschaft stammen, und der Erwerb durch Pflichtteil ist zumindest rechnerisch aus der Erbschaft abgeleitet. Dagegen werden mit den Vermögensvorteilen des § 3 I Nr 4 Posten der StPfl unterworfen, die außerhalb der Erbschaft anfallen, und § 4 II 2 erklärt sogar den Übergang eines Gesamtgutanteils zum Erwerb von Todes wegen, den § 1490 BGB aus dem Erbschaftserwerb herausnimmt. Die der ErbSt unterliegenden Erwerbe haben daher mit der Erbschaft im zivilrechtlichen Sinn nicht immer etwas zu tun. Weil jedoch als wichtigster Erwerb von Todes wegen der Erwerb durch Erbanfall gilt, wird die St auf den Erwerb von Todes wegen nach dem Vorbild des ErbStG 1919 als **„ErbanfallSt"** bezeichnet und der im geltenden Recht nicht verwirklichten **„NachlassSt"** als einer auf die Erbschaft gelegten letzten VSt gegenübergestellt.

Zur **Begründung der StPfl** für Erwerbe von Todes wegen ist auf den Zuwachs 10
an wirtschaftlicher Leistungsfähigkeit zu verweisen, den der Vermögensanfall für den Erwerber mit sich bringt (*Meincke,* DStJG 22, 1999, 39), auch wenn es für den hinterbliebenen Ehepartner makaber klingen mag, wenn man ihm verständlich zu machen sucht, dass er durch den Tod seines Partners bereichert worden ist. Über das, was er bisher mit dem Verstorbenen geteilt hat, kann er nun allein verfügen. Das bringt ihn – rein ökonomisch betrachtet – einen Zuwachs an wirtschaftlicher Leistungsfähigkeit. Und in einem StSystem, in dem die Zunahme an Leistungsfähigkeit auch

sonst als ausreichendes Kriterium für eine zusätzliche stliche Belastung gilt, kann der Erwerb von Todes wegen nicht ausgeklammert bleiben (so wörtlich auch: Gutachten StReformkommission, 1991, Rz 205).

IV. Schenkungen unter Lebenden (Abs 1 Nr 2)

11 Schenkungen unter Lebenden sind ursprünglich in die StPfl einbezogen worden, um ein Ausweichen vor den stpfl Vermögensübertragungen von Todes wegen in stfreie Rechtsgeschäfte unter Lebenden auszuschließen (vgl amtl Begründung zum ErbStG 1906, RTDrs Nr 10 Anl 5, 1905/06, 1060). Inzwischen hat die SchSt jedoch längst eigenständige Bedeutung gewonnen. Heute kann man daher mit demselben Recht die ErbSt als Instrument zur Vermeidung einer Umgehung der SchSt bezeichnen, mit dem sich die SchSt als Instrument zur Vermeidung einer Umgehung der ErbSt einstufen lässt. Dennoch spielt die These, dass die SchSt der Bekämpfung der StUmgehung dient, in der Rspr nach wie vor eine gewisse Rolle (zB BVerfG BStBl II 83, 779, 783; BFH/NV 86, 96, 98). Aus ihr soll ua folgen, dass der Gesetzgeber die Besteuerung von Zuwendungen unter Lebenden anders als die von Zuwendungen von Todes wegen ausgestalten kann. Denn bei „Vorschriften, die die Umgehung des Grundtatbestandes verhindern sollen, ist es nicht von Verfassungs wegen erforderlich, dass eine völlige Gleichstellung mit den Grundtatbeständen erreicht wird" (BFH/NV 86, 96, 98). Demgegenüber bleibt hervorzuheben, dass beide St auf derselben gedanklichen Konzeption beruhen, von vergleichbaren wirtschaftlichen Sachverhalten ausgehen und einander ergänzen. Daher lassen sich unterschiedliche Belastungswirkungen der beiden St nur schwer rechtfertigen. Die Rspr des BVerfG (BStBl II 95, 671), die verfassungsrechtliche Schranken der ErbSt aus der Erbrechtsgarantie des GG ableitet und daher unmittelbar nur für die ErbSt gilt, muss für die SchSt entsprechend herangezogen werden. § 1 I nennt im Übrigen als stpfl Vorgänge den Erwerb von Todes wegen und Schenkungen unter Lebenden. Warum das Gesetz im ersten Fall die Einzahl und im zweiten Fall den Plural wählt, ist unbekannt. Dass nicht vom schenkweisen Erwerb unter Lebenden, sondern von Schenkungen unter Lebenden die Rede ist, dürfte damit zusammenhängen, dass im Fall der Schenkung unter Lebenden nicht nur der schenkweise Erwerb, sondern (sinnwidrig) auch die schenkweise Fortgabe des Vermögens der Besteuerung unterliegen soll, wie sich daran zeigt, dass § 20 I auch den Schenker als StSchuldner nennt (§ 20 Anm 10). Das Gesetz spricht im Übrigen unter Übernahme eines aus dem römischen Recht stammenden Ausdrucks (Institutionen Iustinians 2,7,1: donatio inter vivos) von Schenkungen unter Lebenden in Gegenüberstellung zu der Schenkung auf den Todesfall, die nach § 3 I Nr 2 zum Erwerb von Todes wegen zählt. Darauf, dass der Schenker oder Beschenkte im Zeitpunkt der Zuwendung im Wortsinne „lebt", kommt es nicht an. Auch juristische Personen können daher eine Schenkung „unter Lebenden" abschließen (BFH BStBl II 11, 732). Zu den Schenkungen unter Lebenden iSd Abs 1 Nr 2 gehört in erster Linie der Erwerb auf Grund einer Schenkung des BGB, der jedoch nicht mehr gesondert genannt, sondern als Unterfall der freigebigen Zuwendung besteuert wird (§ 7 Anm 3).

V. Zweckzuwendungen (Abs 1 Nr 3)

12 Die Zweckzuwendung ist ein der Zweckauflage des § 2193 BGB verwandtes Institut, das die Rspr (RGZ 75, 378; RFH RStBl 19, 230, 295; 22, 191) unter der Herrschaft der ErbStG von 1906 und 1919 in Anlehnung an das preuß ErbStRecht entwickelt hat und das erstmals mit dem ErbStG 1922 unter die stpfl Vorgänge aufgenommen wurde. Mit der Besteuerung der Zweckzuwendungen sollen Zuwen-

dungen erfasst werden, die weder dem Geber noch dem Empfänger noch bestimmten dritten Personen zugutekommen, die als Erwerber zur StZahlung herangezogen werden könnten. Den Ausgangsfall in der Rspr bildete der Tod einer märkischen Gutsherrin, die ihrem Sohn ein Geldvermächtnis mit der Auflage zugewendet hatte, die Zinsen zur Fortführung des Gutskindergartens zu verwenden (RGZ 75, 378). Der Fall zeigt die für Zweckzuwendungen charakteristische **zweistufige Struktur der Vermögensverschiebung.** Es wird eine Zuwendung an eine bestimmte Person mit der Anordnung verbunden, einen Teil des Empfangenen zu einem bestimmten, mit den Interessen des Empfängers nicht identischen, unpersönlichen Zweck zu verwenden. Vorausgesetzt wird, dass der Empfänger der Zuwendung (der Sohn) den zur Zweckerfüllung (Fortführung des Kindergartens) gewidmeten Betrag bei der Besteuerung des eigenen Vermögenserwerbs (Geldvermächtnis) in Abzug bringen kann, weil er insoweit nicht bereichert ist (§ 10 V Nr 2), so dass dieser Betrag unversteuert bliebe, wenn er nicht als Zweckzuwendung erfasst würde. Der Fall zeigt zugleich, dass man die Besteuerung wesentlich einfacher regeln könnte, indem nur die Abzugsfähigkeit der Zweckauflage eingeschränkt würde.

Die **theoretische Begründung** der Besteuerung der Zweckzuwendung ist un- **13**
klar, weil, wo eine bestimmte Person als Erwerber fehlt, auch nicht von einer Bereicherung die Rede sein kann, die die Voraussetzung der Besteuerung bildet (§ 10 I 1). Der Gesetzgeber hilft sich mit der Anordnung, dass bei der Zweckzuwendung an die Stelle des Vermögensanfalls die Verpflichtung des Beschwerten tritt (§ 10 I 5). Doch ist damit eine Rechtfertigung dieser Anordnung noch nicht gegeben. Die Rspr (RFHE 11, 257, 258) bezeichnet den Zweck als bereichert, was schwerlich zu überzeugen vermag, da die Zunahme an Leistungsfähigkeit, die die Grundlage der Besteuerung bildet, nicht auf einen Zweck bezogen werden kann. Die praktische Bedeutung der Regelung ist gering, zumal § 13 I Nrn 15 und 17 die Freistellung der Zuwendungen vorsieht, die kirchlichen, gemeinnützigen oder mildtätigen Zwecken gewidmet sind. Einzelheiten der Zweckzuwendung regelt § 8.

VI. Ersatzerbschaftsteuer (Abs 1 Nr 4)

Schrifttum: *Meincke,* ErbersatzSt und Gleichheitssatz, StuW 82, 169; *Binz/Sorg,* Aktuelle ErbSt-Probleme der Familienstiftung, DStR 94, 229; *Jülicher,* Die Familienstiftung im Sinne des § 1 Abs 1 Nr 4 ErbStG, StuW 95, 71; *Meincke,* Rechtfertigung der ErbSt und SchSt, DStJG 22, 1999, 39, 52; *Thömmes/Stockmann,* Familienstiftung und Unionsrecht, IStR 99, 261; *Jülicher,* Brennpunkte der Besteuerung der inländischen Familienstiftung im ErbStG, StuW 99, 363; *Gebel,* Die ErbSt bei der Stiftung von Todes wegen, BB 01, 2554; *Carlé/Strahl,* Stiftungen bei der Erbfolgegestaltung, KÖSDI 02, 13471; *Schiffer,* Stiftungen und Familienstiftungen in der Unternehmensnachfolge, FS DVEV, 2005, 153; *Schiffer/Fries,* Ersatzerbschaftsteuer und „sale and lease back", ZErb 06, 115; *Löwe/Droege,* Ist die Erbersatzsteuer bei Familienstiftungen reformbedürftig?, ZEV 06, 530; *Werner,* Stiftungen als Instrument der Unternehmens- und Vermögensnachfolge, ZEV 06, 539; *Wachter,* Erbersatzsteuer für Familienstiftungen, in: *Richter/Wachter;* Handbuch des internationalen Stiftungsrechts, 2007, 541; *Seidel,* Stiftung und Stiftungsteuerrecht, ErbStB 10, 204; *Haas,* Die Besteuerung der Destinatäre der Familienstiftung, DStR 10, 1011; *Piltz,* Erbschaftsteuerliche Neuorientierung bei Familienstiftungen, ZEV 11, 236; *Heuser/Frye,* Die deutsche Familienstiftung – steuerrechtliche Gestaltung für Familienvermögen, BB 11, 983; *von Oertzen,* Vorbereitung für den großen Ersatzerbschaftsteuertermin zum 1. Januar 2014, DStR-Beih 11/2012; *Blumers,* Die Familienstiftung als Instrument der Nachfolgeregelung, DStR 12, 1; *Hübner/Currle/Schenk,* Die nichtrechtsfähige Stiftung als Familienstiftung, DStR 13, 1966; *van Randenborgh,* Unterliegt eine nicht-rechtsfähige Familienstiftung der Erbersatzsteuer?, BB 13, 2780; *Theuffel-Werhahn,* Unterliegen unselbstständige Familienstiftungen der Erbersatzsteuer? Zugleich eine Betrachtung des Begriffs „Stiftung" im Steuerrecht, ZEV 14, 14; *Werder/Wystrcil,* Familienstiftung in der Unternehmensnachfolge, BB 16, 1558; *Niemann,* Ersatzerbschaftsteuer bei unselbstständigen Familienstiftungen? – Zugleich Anmerkung zum Urteil des FG Köln v. 25.5.2016 – 7 K 291/16, DStR 16, 2888; *Oppel,* Unterliegen unselbstständige Stiftungen der Ersatzerbschaftsteuer?, ZEV 17, 22; *Daragan,* Die Stiftung und die Familienstiftung des Erbschaftsteuergesetzes, ZErb 17, 1.

1. Grundgedanke

14 Die 1974 neu eingeführte St auf das Vermögen von Familienstiftungen und -vereinen wird ErbersatzSt (*Zeitel,* BTProt 7/4117; BVerfG ZEV 12, 51) oder Ersatz-ErbSt (BFH BStBl II 81, 581; DStR 17, 597; BVerfG BStBl II 83, 779) genannt, weil sie das Ziel verfolgt, „Vermögen, die in Stiftungen verwaltet werden, künftig erbstlich ähnlich wie Vermögen, das in anderen Formen behalten und organisiert wird", zu belasten (*Porzner,* BTProt 7/4121). Den Materialien (BTDrs 7/1333, 3) zufolge geht das ErbStG davon aus, „dass **Vermögen im Generationswechsel einmal der ErbSt unterworfen** werden". Durch die Einbringung in eine Stiftung könne das Vermögen dagegen „über viele Generationen hinweg vererbt werden, ohne dass auch nur ein Pfennig ErbSt gezahlt werden muss" (*Huonker,* BTProt 7/4115). Diese Privilegierung der Familienstiftungen im ErbStRecht bewirke einen deutlichen Systembruch (*Huonker,* aaO, 4116), es entstehe eine Lücke im ErbStRecht (BTDrs 7/1333, 3), die durch die ErsatzErbSt auszufüllen sei.

2. Kritik

15 Die im Gesetzgebungsverfahren vorgetragene These von der Privilegierung der Familienstiftungen im ErbStRecht, die noch das BVerfG beeindruckt hat (vgl BStBl II 83, 779, 785, wo die bisherige stliche Behandlung der Familienstiftung als „Ausnahme von der Regel" bezeichnet wird), ist im Wesentlichen unrichtig (*Meincke,* StuW 82, 169). Nicht die Stiftung wurde privilegiert, sondern die hinter der Stiftung stehenden natürlichen Personen konnten mit Hilfe der Stiftung Vorteile erlangen. Wenn der Gesetzgeber diese Vorteile für unangemessen hielt, hätte er bei der Besteuerung der natürlichen Personen ansetzen sollen (idS auch *Marx,* StuW 90, 151, 158ff). Stattdessen hat er die Stiftung mit einer St überzogen. Mit der Besteuerung der Stiftung wollte er nicht die Stiftung selbst, sondern die hinter der Stiftung stehenden Personen in einer Art **„Durchgriff"** treffen, weil ohne die St „Familienmitglieder der Gründer-Familie steuerlich in einer gegen Art 3 GG verstoßenden Weise bevorzugt wären" (Hess FG EFG 94, 493, 495). Auch liegt der Verdacht nicht völlig entfernt, dass der Gesetzgeber mit Hilfe der St zumindest die großen Familienstiftungen zur Auflösung zwingen wollte (*Flämig,* DStZ 86, 11, 15). Die Regelung des § 1 I Nr 4 fällt aus dem Besteuerungskonzept des ErbStG vollkommen heraus. Sie schließt nicht eine Lücke im ErbStRecht, das den von den Familienstiftungen angeblich durchlöcherten Grundsatz, alles Vermögen unabhängig von seinem Träger im Generationswechsel einmal der St zu unterwerfen, gar nicht kennt. Die Neuregelung kombiniert die St auf Erwerbe von Todes wegen und durch Schenkung unter Lebenden mit einer St auf die Innehabung von Vermögen, die nur einzelne Vermögensträger trifft. Sie beseitigt damit nicht einen Systembruch innerhalb des geltenden Rechts, sondern führt ihn erst herbei. Die St wird von dem Gedanken getragen, dass das Vermögen der Stiftung zum Besteuerungszeitpunkt auf zwei Personen übergeht. Das soll den Vermögensübergang auf zwei Kinder im Rahmen der natürlichen Erbfolge nachahmen. Wollte man diesen Gedanken konsequent durchführen, müssten allerdings zum nächsten Besteuerungszeitpunkt zwei (halbe) Vermögen auf nun insgesamt vier Personen übergehen. Davon ist jedoch keine Rede (Kritik bei *von Löwe/du Roi Droege,* ZEV 06, 530).

16 Die **Verfassungsmäßigkeit der Neuregelung** wurde schon während der Gesetzesberatungen in Zweifel gezogen (BRDrs 759/2/73, 5; *Klein,* DB 73, 2323) und anschließend von einem umfangreichen Schrifttum infrage gestellt (ältere Nachweise

bei *Meincke,* StuW 82, 169, 170 Fn 8; ausführliche Darstellung jetzt bei *Wachter,* vor Anm 14, 598 ff). Das BVerfG (BStBl II 83, 779) hat die ErsatzErbSt jedoch für verfassungsgemäß erklärt, soweit sie die Familienstiftungen betrifft. Wie der Gesetzgeber so hat auch das BVerfG die Stiftung rein instrumental gesehen und das Stiftungsvermögen als Vermögen betrachtet, das trotz der Verselbstständigung der Stiftung nach wie vor von der hinter der Stiftung stehenden Familie gehalten wird. Die Entscheidung hat wichtige der erhobenen verfassungsrechtlichen Bedenken nicht ausgeräumt (so auch *Sorg,* BB 83, 1620), doch wird es trotz mancher, für die Argumentationsweise des BVerfG bedeutsamer Neuregelungen wohl kaum zu einem neuen Verfahren kommen. 2011 hat das BVerfG eine diesbezügliche Verfassungsbeschwerde nicht zur Entscheidung angenommen, da die verfassungsrechtliche Zulässigkeit geklärt sei (ZEV 12, 51). In dem Steuergesetzbuchentwurf von *Kirchhof* (S 591 ff) wird die ErsatzErbSt ausdrücklich abgelehnt.

3. Familienstiftung

Die St trifft das Vermögen von Stiftungen, die **im Interesse einer Familie** oder 17
von bestimmten Familien errichtet sind und ihre Geschäftsleitung oder ihren Sitz im Inland haben (§ 2 I Nr 2). Stiftungen mit Sitz und Geschäftsleitung im Ausland unterliegen nicht der ErsatzErbSt, auch nicht hinsichtlich ihres inländischen Vermögens. Als Stiftung wird hier das nach § 80 BGB **rechtsfähige Zweckvermögen** bezeichnet. Die nichtrechtsfähige Stiftung ist nicht erfasst (BFH DStR 17, 597; anders noch die Vorinstanz FG Köln DStRE 16, 1304). Unter Familie wird der Kreis der durch Abstammung, Heirat oder häusliche Gemeinschaft verbundenen Angehörigen iSd § 15 AO verstanden (*Petzoldt* § 1 Rz 10; aM *Flämig,* DStZ 86, 11, 14, der den Familienbegriff auf die aus Eltern und Kindern bestehende Kernfamilie begrenzen will). Es muss sich um die Familie des Stifters handeln. Mit Interessen sind Vermögensinteressen gemeint. Dazu gehören alle Vermögensvorteile, die die begünstigte Familie und ihre Mitglieder aus dem Stiftungsvermögen ziehen. Es genügt, dass die Stiftung den Interessen eines einzelnen Familienangehörigen dient (vgl RFH RStBl 34, 75). Die Stiftung ist im Familieninteresse errichtet, wenn sie den Familieninteressen nach dem in der Satzung festgelegten Stiftungszweck dienen soll. Die nachträgliche Zweckänderung einer bereits errichteten Stiftung, die nunmehr zur Förderung von Familieninteressen verpflichtet wird, erfüllt im Wortsinn die Voraussetzungen des Abs 1 Nr 4 nur, wenn man in der Zweckänderung zugleich eine Auflösung und Neuerrichtung der Stiftung sieht, mag aber bei teleologischer Auslegung auch sonst noch unter den StTatbestand fallen (*Meyer zu Hörste,* BB 74, 1633). Es kommt demnach zumindest auf die satzungsmäßige Zwecksetzung der Stiftung zu dem gem § 9 I Nr 4 für die StEntstehung maßgeblichen Zeitpunkt an. Weitergehend will der BFH (BStBl II 98, 114; zustimmend *Viskorf* § 1 Rn 23) den ganzen Dreißigjahreszeitraum, auf den sich die Besteuerung bezieht, für maßgeblich halten. Die Stiftung soll die Voraussetzungen der Besteuerung nur erfüllen, wenn die in § 1 I Nr 4 genannten Merkmale über den gesamten Zeitraum hinweg vorgelegen haben. Die Stiftung dient im Übrigen den Interessen der Familienangehörigen dann, wenn ihnen das Vermögen der Stiftung zugutekommt. Das Stiftungsvermögen kann den Familienangehörigen über unternehmerische Einflussmöglichkeiten, über die Duldung der Nutzung von Vermögensgegenständen oder der Inanspruchnahme von Personal, über laufende Ausschüttungen von Kapitalerträgen an Destinatäre oder über den Vermögensanfall bei Auflösung der Stiftung zugutekommen, wobei die **Nutzungschance genügt;** ob sie ausgenutzt wird, ist nicht entscheidend.

4. Wesentliches Interesse

18 Die Stiftung dient den Interessen der Familie wesentlich, wenn die **Familienangehörigen in hohem Maße gefördert** werden. Ausschließlichkeit der Förderung der Familieninteressen wird nicht verlangt. Bei den Gesetzesberatungen wurde eine Konzeption der Familienstiftung zugrunde gelegt, nach der das Stiftungsvermögen trotz der Verselbstständigung der Stiftung weiterhin im Besitz der Familie bleibt, von dieser weiterhin behalten und von der Stiftung nur verwaltet wird. So hatte der Vertreter des BMF zur Begründung der ErsatzErbSt vorgetragen, dass „rund 4 Milliarden DM, also 80% des in Familienstiftungen verwalteten Vermögens, ... im Besitz von 20 Familien" sind. Es sollten „Vermögen, die in Stiftungen verwaltet werden, künftig erbstlich ähnlich wie Vermögen, das in anderer Form behalten und organisiert wird, behandelt werden" (*Porzner,* BTProt 7/4121). Es war davon die Rede, dass das in die Familienstiftungen eingebrachte Vermögen „über viele Generationen hinweg vererbt" werde (*Huonker,* BTProt 7/4115) und dass die Nichtbesteuerung des Stiftungsvermögens im ErbStRecht systemwidrig sei (BTDrs 7/1333, 3). Diese Äußerungen zeigen, dass an einen ganz engen Bezug des Stiftungsvermögens zur Familie gedacht war, der die Einbringung des Familienvermögens in die Stiftung als eine mehr formale Ausgliederung erscheinen lässt, die bei wirtschaftlicher Betrachtung zu vernachlässigen ist. Danach kann es nicht genügen, dass die Stiftung nur in erheblichem Umfang Familieninteressen fördert.

19 Die **FinVerw** sieht bei einer hälftigen Anfalls- und Bezugsberechtigung eine Familienstiftung als stets gegeben an. Ausreichend sei auch, wenn die Destinatäre zu mehr als einem Viertel bezugs- oder anfallsberechtigt sind und zusätzliche Merkmale ein „wesentliches Familieninteresse" (Vermögensinteressen im weitesten Sinne) belegen, insb die Familie wesentlichen Einfluss auf die Geschäftsführung der Stiftung hat (R E 1.2 II, III ErbStR). Das erscheint angesichts der Grundkonzeption der Vorschrift als nicht unbedenklich. „Was überwiegt, ist als wesentlich anzusehen" (*Viskorf* § 1 Rn 19). Das spricht dafür, dass das Stiftungsvermögen den Familieninteressen überwiegend, wenn nicht ganz überwiegend zugutekommen sollte. Der Einfluss auf die Geschäftsführung der Stiftung kann einen geringen Anteil der Destinatäre an den Ausschüttungen nicht ausgleichen.

20 Aus der Sicht des **BFH** (BStBl II 98, 114, 116) dient die Stiftung Familieninteressen dann **wesentlich,** wenn nach der Satzung und ggf dem Stiftungsgeschäft ihr Wesen darin besteht, es den Familienangehörigen zu ermöglichen, das Stiftungsvermögen zu nutzen und die Stiftungserträge an sich zu ziehen. Dabei sei auf die Einflussnahme der Familienmitglieder auf die Geschäftsführung und auf die Quote der an die Familiendestinatäre ausgeschütteten Beträge abzustellen. Im entschiedenen Fall (BStBl II 98, 114) erachtete der BFH eine Ausschüttungsquote von 85% als ausreichend. Zudem bestand ein erheblicher Einfluss der Familienmitglieder. Offenbar wird ein strengerer Maßstab als von der FinVerw angelegt. Umfasst der Stiftungskatalog unterschiedliche Zwecke, so ist ihre tatsächliche Bedeutung für die Stiftung im Rückblick auf die letzten bis zu 30 Jahre vor dem StEntstehungsdatum zu würdigen. Das FG Bln-Bbg (EFG 08, 470) hat verlangt, dass die Stiftung im Übrigen den Familieninteressen unmittelbar dienen müsse, mit der Folge, dass eine Stiftung, die sich auf die Förderung eines Familienunternehmens konzentriert, selbst dann keine Familienstiftung sei, wenn das Unternehmen im Interesse der Familienangehörigen betrieben wird. Der BFH hat im anschließenden Revisionsverfahren jedoch anders entschieden. Zu den weit zu fassenden Vermögensinteressen gehören danach alle unmittelbaren oder **mittelbaren,** nicht notwendig in Geld bezifferbaren Vermögensvorteile, welche die begünstigte Familie aus dem Stiftungsvermögen zieht (BFH/NV 2010, 898).

5. Familienverein

Die StPfl nach Abs 1 Nr 4 trifft auch das Vermögen von Familienvereinen. Entsprechend der BFH-Rspr zur nichtrechtsfähigen Stiftung (DStR 17, 597) ist nur der **rechtsfähige Verein** erfasst. Die Gesetzesmaterialien vermerken dazu, dass Familienvereine bisher stlich begünstigt wurden. „Dies hat vereinzelt dazu geführt, dass große Vermögen in einem Verein gebunden worden sind. Solche Vereine entsprechen der Stiftung. Es erscheint daher aus Gründen der StGerechtigkeit geboten, sie … erbstlich den Stiftungen gleichzustellen“ (BTDrs VI/3418, 64). Nach *Moench/Weinmann* (§ 1 Rz 19) ist die Zahl der Vereine sehr gering, die die Merkmale des Abs 1 Nr 4 erfüllen. Die Bestimmung kann nur Vereine im Auge haben, deren **Mitgliedschaft unvererblich** ist (§ 38 BGB), weil andernfalls (vgl § 40 BGB) die zum Vereinsvermögen gehörenden Werte nicht, wie es die Parallele zum Stiftungsrecht voraussetzt, durch zivilrechtliche Konstruktion der Erbfolge entzogen wären (zustimmend *Viskorf* § 1 Rn 24). Die Thesaurierung von Vermögen muss Zweck des Vereins sein, sich also als Zielsetzung aus der Satzung ergeben (§ 57 I BGB). Es genügt, dass der Verein derzeit die Bindung von Vermögen anstrebt, auch wenn der Vereinszweck bei der Gründung anders lautete. Denkbar wäre es, von einem Thesaurierungszweck bereits dann auszugehen, wenn das Vereinsvermögen, gemessen an der Mitgliederzahl und an den Erfordernissen anderer, satzungsmäßiger Vereinszwecke, einen unverhältnismäßig großen Umfang hat; doch wird dieses Kriterium wohl nur als Indiz für eine Anwendung der §§ 41 II, 42 AO dienen können. Wie die Familienstiftung, so wird auch der Familienverein dadurch charakterisiert, dass er den Zweck wesentlich im Familieninteresse verfolgt. Die Verfassungsmäßigkeit der ErsatzErbSt auf das Vermögen von Familienvereinen ist noch nicht explizit geklärt, da das BVerfG seine Entscheidungen (BStBl II 83, 779; ZEV 12, 51) auf die Besteuerung der Familienstiftungen beschränkt hat. 21

6. Steuerfolgen

In Zeitabständen von 30 Jahren, das entspricht nach den Vorstellungen des Gesetzgebers einer Generation, entsteht die StPfl (§ 9 I Nr 4). Der Lauf der 30-Jahres-Frist beginnt mit dem ersten Übergang von Vermögen auf die Stiftung oder auf den Verein. Die St wurde erstmals zum 1.1.1984 erhoben (§ 9 I Nr 4 S 2). Sie erfasst das gesamte zum Stichtag vorhandene Vermögen der Stiftung oder des Vereins (§ 10 I 5), nicht nur die Vermögensposten, die schon seit 30 Jahren zum Stiftungs- oder Vereinsvermögen gehören. Leistungen an die nach der Stiftungsurkunde oder Vereinssatzung Berechtigten sind nicht abzugsfähig (§ 10 VII). Bei der Besteuerung wird es so angesehen, als sei das Stiftungsvermögen im maßgeblichen Zeitpunkt vom Vater auf zwei Kinder vererbt worden (BFH BStBl II 98, 114, 115). Es wird also die StKlasse I zugrunde gelegt. Zwei Kinderfreibeträge werden eingeräumt. Die Befreiungstatbestände in § 13 – zB § 13 I Nr 2 Buchst b für Kulturgüter (BFH BStBl II 98, 114, 116) – sind zu beachten. Für das Betriebsvermögen bestehende Vergünstigungen können in Anspruch genommen werden (vgl § 13a I). Die St wird nach dem Prozentsatz berechnet, der für die Hälfte des stpfl Vermögens gilt (§ 15 II 3). StSchuldner ist die Stiftung oder der Verein (§ 20 I). Der StSchuldner kann die St auf 30 gleiche Jahresbeträge verteilen lassen (§ 24), womit sich eine der früheren VSt weitgehend vergleichbare jährliche StBelastung ergibt. 22

7. Sonstige Steuertatbestände

Neben der ErsatzErbSt trifft die Familienstiftungen noch eine ErbSt- oder SchStBelastung aus Anlass der **Errichtung der Stiftung** (§ 3 II Nr 1, § 7 I Nr 8); die StKlasse richtet sich dabei nach dem Verwandtschaftsverhältnis des Stifters zu dem entferntest Bezugs-/Anfallsberechtigten, § 15 II 1. Der StPfl unterliegen ferner frei- 23 gebige Zuwendungen unter Lebenden **(„Zustiftungen“),** selbst wenn sie aus dem Kreis der durch die Stiftung begünstigten Familienangehörigen stammen oder wenn der Zuwendende zugleich der einzige Begünstigte der Stiftung ist (BFH BStBl II 10, 363). Stpfl sind auch die der Stiftung nach ihrer Errichtung zufallenden **Erwerbe von Todes wegen** (§ 3 I Nrn 1, 2, 4, § 7 I Nr 1); zur Abgrenzung von dem mit der Errichtung zusammenhängenden Erwerb vgl § 7 Anm 121. Auch der **Vermögensübergang bei Auflösung** der Stiftung wird besteuert (§ 7 I Nr 9), doch trifft die StPfl hier in erster Linie die Erwerber. Nach Auffassung der FinVerw (R E 1.2 IV 1 ErbStR) soll die **Änderung des Stiftungscharakters** durch Satzungsänderung als Aufhebung der Familienstiftung und Errichtung einer neuen Stiftung gelten. Die gleiche Beurteilung soll auch dann Platz greifen, wenn ein Wechsel der Destinatäre zur Besteuerung der Stiftungserstausstattung nach einer ungünstigeren StKlasse führen müsste (R E 1.2 IV 2 ErbStR; zustimmend *G/S/Esskandari* § 1 Rn 37). Zur Begründung wird auf die allerdings wenig aussagekräftigen Entscheidungen RFH Mrozek-Kartei ErbStG 1919 § 40 II Nr 5 = StuW 1923 Sp 310 = JbdStR 1923, 196 und RFH RStBl 1939, 789 verwiesen. Aus diesen Entscheidungen wird eine StPfl für das gesamte bei der Umwandlung vorhandene Stiftungsvermögen nach § 7 I Nr 9 abgeleitet, soweit die umgewandelte Stiftung nicht nunmehr einen gemeinnützigen Charakter trägt (§ 13 I Nr 16 Buchst b). *Meyer-Arndt* (BB 84, 1542) wollte aus diesem Erlass sogar die Anordnung einer doppelten StPfl (bei Auflösung der alten und bei Errichtung der neuen Stiftung) herauslesen. Auch wenn das ErbStG in § 7 I Nrn 8 und 9 zwei Regelungen kennt, so begründet doch der Übergang des Vermögens von einer aufgelösten auf eine neu errichtete Stiftung nur einen StFall. Etwas anderes will auch die FinVerw nicht statuieren (R E 1.2 IV 5 ErbStR). Fraglich kann daher nur sein, ob es bei der Änderung des Stiftungszwecks zu der von der FinVerw angenommenen einfachen Besteuerung des Stiftungsvermögens kommt. Die FinVerw will mit ihrer These verhindern, dass StPfl, die Unternehmensstiftungen gründen wollen, das Vermögen zunächst stgünstig auf eine Familienstiftung übertragen, um die Stiftung dann stneutral in eine Unternehmensstiftung umzuwandeln. Gegen eine solche Praxis hilft aber schon eine entsprechende Auslegung des § 15 II 1 (eine nur vorübergehend den Familieninteressen dienstbare Stiftung ist keine Familienstiftung). Sonst müsste § 42 AO herangezogen werden. Die Haltung der FinVerw kann im Einzelfall wirtschaftlich sinnvolle Umorganisationen verhindern oder wesentlich erschweren. Sie wirkt weit über die gedachten Missbrauchsfälle hinaus und ist daher auch aus ökonomischer Sicht abzulehnen. Die Annahme einer Stiftungsauflösung bei Änderung des Stiftungszwecks überzeugt nicht. Solange es nicht zu einem Wechsel des Rechtsträgers kommt, fehlt der Erwerbstatbestand, der allein die Besteuerung zu rechtfertigen vermag und der von der FinVerw nicht erfunden werden kann. Auch die Umwandlung eines Familienvereins in eine Kapitalgesellschaft löste bisher keine SchSt aus (FG Düsseldorf EFG 06, 57, 1084; BFH BStBl II 07, 621; FinVerw ZEV 07, 548 unter Aufhebung eines entgegenstehenden Erlasses: DStR 00, 2189). Ein Zusatz in § 7 I Nr 9 (S 3, ergänzt zum 1.1.2009) hat jedoch den Erwerbstatbestand für diesen Fall ausdrücklich geschaffen (§ 7 Anm 124).

VII. Erbschaftsteuer und Schenkungsteuer (Abs 2)

1. Grundsatz

24 Abs 2 lässt die Vorschriften über Erwerbe von Todes wegen im Zweifel auch für **Schenkungen unter Lebenden,** die Vorschriften für Schenkungen unter Lebenden im Zweifel auch für Zweckzuwendungen unter Lebenden gelten. Gemeint sind nicht die Vorschriften, die den stpfl Vorgang regeln, sondern die Bestimmungen, die die StFolgen der Erwerbe betreffen. Erwerbe durch Schenkung unter Lebenden werden

damit den Erwerben von Todes wegen in den StFolgen **weitgehend gleichgestellt.** Diese Aussage hat grundsätzlichen Charakter. Sie will nicht nur den Sprachgebrauch des ErbStG erleichtern, das sich auf die Erwähnung der Erwerbe von Todes wegen beschränken kann, wenn es auch die Schenkungen unter Lebenden bezeichnen will. Abs 2 bringt darüber hinaus auch den Willen des Gesetzgebers zum Ausdruck, dass er die StFolgen aus Erwerben von Todes wegen und aus Schenkungen unter Lebenden im Zweifel gleichbehandelt wissen möchte. Da die ErbSt und die SchSt auf einer vergleichbaren gedanklichen Konzeption beruhen und an vergleichbare wirtschaftliche Sachverhalte anknüpfen, sollen auch die aus diesen St resultierenden Belastungswirkungen im Zweifel gleich sein. Für Schenkungen unter Lebenden sollen alle Bestimmungen des ErbStG gelten, die nicht Sachverhalte betreffen, die allein bei Erwerben von Todes wegen vorkommen (BFH BStBl II 04, 234). Ausnahmen bedürfen besonderer Begründung. Abs 2 statuiert in diesem Zusammenhang einen **Begründungszwang.**

2. Gleichstellung

Abs 2 bezieht sich nur auf Vorschriften dieses Gesetzes, gilt daher nur für **Bestimmungen des ErbStG** (RFH RStBl 35, 629) und kann also nicht ohne Weiteres zur Interpretation der DBA für Erwerbe von Todes wegen herangezogen werden. Die in Abs 2 angeordneten Konsequenzen gelten für die Vorschriften über die Erwerbe von Todes wegen. Das sind alle Bestimmungen des ErbStG, die auf Erwerbe von Todes wegen Bezug nehmen und nicht so neutral gefasst sind, dass sie schon ohne weitere gesetzliche Anordnung für Erwerbe von Todes wegen und für Schenkungen unter Lebenden gelten (Bsp für solche neutralen Anordnungen: § 10 III, § 13 I Nr 2, § 20 I 1). Vorschriften über die Erwerbe von Todes wegen sind zB Bestimmungen, die die Merkmale „Erblasser" (§ 13 I Nrn 5 u 9, hierzu *Moench/Kien-Hümbert,* DVR 87, 130f), „Erbschaftsteuer" (§ 10 VIII, § 21 I), „Nachlass" (§ 10 IV), „Nachlassverbindlichkeit" (§ 10 V), Rückfall „von Todes wegen" (§ 13 I Nr 10) enthalten. Die Vorschriften über die Erwerbe von Todes wegen sollen auch für die Schenkungen unter Lebenden gelten. Daraus folgt ua, dass § 10 VIII nicht nur die eigene ErbSt beim Erwerb von Todes wegen, sondern auch die eigene SchSt beim Erwerb durch Schenkung unter Lebenden vom Abzug ausschließt, und dass § 10 IV die Anwartschaft eines Nacherben nicht nur aus dem stpfl Erwerb von Todes wegen, sondern auch aus dem Erwerb durch Schenkung unter Lebenden herausnimmt. Durch Abs 2 wird ferner klargestellt, dass die Vorschrift des § 9 I Nr 1 Buchst a, die bei aufschiebend bedingten Erwerben von Todes wegen den Besteuerungszeitpunkt auf das Datum des Bedingungseintritts verschiebt, auch auf Schenkungen angewandt werden kann (BFH BStBl II 09, 606), und dass § 21 neben der Anrechnung ausländischer ErbSt auch die Anrechnung ausländischer SchSt erlaubt. Welcher Sinn in der Anordnung liegt, dass die Vorschriften über Schenkungen auch für Zweckzuwendungen unter Lebenden gelten sollen, bleibt unklar. Durch diese Bestimmung wird jedenfalls im Umfang der Zweckwidmung niemand zu einem Schenker oder Beschenkten gemacht und damit der StPfl des Schenkers oder Beschenkten unterworfen. Auch eine Zusammenrechnung mehrerer Zweckzuwendungen desselben Gebers dürfte sich nicht aus § 1 II herleiten lassen. 25

3. Grenzen der Gleichstellung

Die SchSt wird in ihren StFolgen der ErbSt nur insoweit gleichgestellt, als nichts anderes bestimmt ist. Dieser Ausnahmevorbehalt ist einerseits selbstverständlich, weil keine Regel ohne Ausnahme gilt. Er ist zum anderen jedoch problematisch, weil das Gesetz, indem es die Ausnahmemöglichkeiten betont, damit zugleich die Tragweite 26 der allg Regel selbst infrage stellt. Abs 2 sollte demgegenüber zunächst in seiner Regelbedeutung ernst genommen werden. Der Gesetzgeber legt auf die Gleichstellung der StFolgen mit guten Gründen Gewicht. Sie soll nur ausnahmsweise nicht gelten, wenn der Gesetzgeber den Regelsatz selbst durch eine besondere Bestimmung durchbrochen hat. Die Behauptung einer **Ausnahmeregelung,** bei der die in Abs 2 vorgesehene Gleichstellung versagt, bedarf nach allem besonderer Begründung. Wird ein Befreiungstatbestand nicht gleichmäßig auf Erwerbe von Todes wegen und auf Schenkungen unter Lebenden zur Anwendung gebracht, dann reicht es zur Begründung nicht aus, auf den Wortlaut der Befreiungsvorschrift zu verweisen, die nur von Erwerben von Todes wegen spricht, und daraus zu folgern: „Der Befreiungstatbestand wird also auf einen bestimmten Lebenssachverhalt beschränkt und erfasst nicht schlechthin jeden Rückfall von Vermögensgegenständen" (FG München EFG 84, 76, 77). Denn dieses Wortlaut-Argument wird durch die Regelung des Abs 2 in seiner Tragweite gerade in Frage gestellt. Zu dem Wortlaut müssen vielmehr weitere Argumente aus der Entstehungsgeschichte (Beispiel: BFH BStBl II 97, 625) oder aus dem systematischen Zusammenhang des Gesetzes hinzutreten, um die Regelung als eine Ausnahmebestimmung gegenüber Abs 2 zu kennzeichnen. Angesichts der grundsätzlichen Entscheidung des Gesetzgebers für die Gleichbehandlung von Erwerben von Todes wegen und von Schenkungen unter Lebenden müssen die Argumente, die für eine unterschiedliche Behandlung sprechen sollen, besonderes Gewicht haben, um Anerkennung zu finden. Für die Sonderstellung der Vorschrift gegenüber § 1 II sollte sich allerdings auch ein Anhaltspunkt im Wortlaut der Ausnahmevorschrift finden. Demgegenüber lässt die Entscheidung RFH RStBl 41, 564 es genügen, dass Sinn und Zweck einer lediglich für Erwerbe von Todes wegen getroffenen Vorschrift ihre Anwendung auf Schenkungen unter Lebenden verbieten, um die Gleichstellung der StFolgen durch § 1 II auszuschließen.

4. Ausnahmebestimmungen

27 Nicht auf Schenkungen angewendet wird der Pauschbetrag für Erwerbskosten nach § 10 V Nr 3 S 2 (FG Nürnberg EFG 93, 729), der Erwerb eines Familienheims von Todes wegen (§ 13 I Nr 4b), die Haftungsregelung für Kreditinstitute in § 20 VI 2 (§ 20 Anm 31) und die StKlassenregelung des § 15 I StKlasse I Nr 4 sowie die Stundungsmöglichkeit nach § 28 I (idF v 1.7.2016). Der BFH (BStBl II 86, 622) hat ferner die Anwendung des § 13 I Nr 10 auf Rückerwerbe durch Schenkung ausgeschlossen. Auch die in § 27 geregelte StErmäßigung bei mehrfachem Erwerb desselben Vermögens soll auf den Fall beschränkt bleiben, dass der letzte Erwerb von Todes wegen anfällt (BFH BStBl II 87, 785; 97, 625; näher dazu § 27 Anm 4). Als unumstritten galt es lange Zeit, dass der Versorgungsfreibetrag, den § 17 dem überlebenden Ehegatten einräumt, nur auf Erwerbe von Todes wegen zur Anwendung gelangt, für Schenkungen dagegen nicht gilt. Dann hat jedoch das FG Nürnberg (EFG 90, 65, 67) die These entwickelt, dass der Versorgungsfreibetrag uU auch bei der Besteuerung einer Abfindung für einen Erb- oder Pflichtteilsverzicht eingreifen kann, obwohl § 7 I Nr 5 diesen Erwerb den Schenkungen unter Lebenden zuordnet (vgl auch R E 1.1 Nr 6 ErbStR). Hieran anknüpfend empfiehlt sich auch in Bezug auf andere Vorschriften, die bisher nur auf Erwerbe von Todes wegen angewendet werden, eine nochmalige besondere Prüfung, ob die in diesen Fällen angenommene Ausnahmebestimmung gegenüber § 1 II einer Einschränkung für den Erwerb einer Abfindung gem § 7 I Nr 5 bedarf. Denn die Abfindung für einen Erb- oder Pflichtteilsverzicht wird besteuert, weil sie ein Surrogat für den wegen des Verzichts ausbleibenden Vermögensübergang von Todes wegen bildet, und steht den Erwerben von Todes wegen insofern besonders nahe. Der BFH (BFH/NV 01, 705) hat sogar Erwerbe durch freigebige Zuwendung (§ 7 I Nr 1) der StKlasse für einen Erwerb vom Erblasser unterworfen und sie damit in die Nähe der Erwerbe von Todes wegen gerückt.

Abzulehnen ist im Übrigen die vom BFH BStBl II 82, 83, 85 im Zusammenhang mit der **gemischten Schenkung** (§ 7 Anm 30ff) entwickelte und von der FinVerw (vgl noch R E 1.1 Nr 1 ErbStR) zunächst übernommene These, dass auch die Regelung des § 10 I 2 über die Berechnung der Bereicherung aus Erwerben von Todes wegen eine Ausnahmebestimmung gegenüber § 1 II darstellen soll. § 10 I 2 befasst sich mit der Frage, wie der Geldbetrag zu ermitteln ist, der als Bereicherung iSv § 10 I 1 die Bemessungsgrundlage der Besteuerung bildet. Der BFH erwägt in der zitierten Entscheidung, ob diese Bestimmung aus dem Kreis der Wertermittlungsvorschriften zur Abgrenzung des stpfl Vorgangs iSv § 7 I 1 entsprechend herangezogen werden kann und verneint dies. Damit wird jedoch über die direkte Anwendbarkeit des § 10 I 2 bei der Wertermittlung von Schenkungen überhaupt nichts ausgesagt. Der BFH hat denn auch inzwischen (BStBl II 01, 454; 04, 234) ausdrücklich anerkannt, dass auch beim schenkweisen Erwerb mit dem Erwerb verbundene Verpflichtungslagen im Rahmen der Wertermittlung abgezogen werden können und dass insoweit die Vorschriften über Nachlassverbindlichkeiten (§ 10 V) auch für Erwerbsschmälerungen im Schenkungsfall gelten. Damit ist die Anwendbarkeit des § 10 I 2 auch auf Schenkungen im Ergebnis bejaht. Bedeutsam bleibt nur, dass bei gemischten Schenkungen die Gegenleistung nach der Rspr des BFH nicht in ausreichender Verbindung zur freigebigen Zuwendung gesehen wird, aus diesem Grunde nicht als Nachlassverbindlichkeit gelten kann und daher auch nicht den Tatbestand des § 10 I 2 erfüllt. Trotz dieser Besonderheit bleibt aber die grundsätzliche Anwendbarkeit des § 10 I 2 auf den Schenkungsfall unberührt. Dies wird jetzt auch von der FinVerw ausdrücklich anerkannt (vgl R E 7.4 I ErbStR). 28

5. Umkehrung des Abs 2

Abs 2 gleicht die StFolgen der Schenkung denen der Erwerbe von Todes wegen an, sieht aber nicht umgekehrt die Übernahme der StFolgen der Schenkung auf die Erwerbe von Todes wegen vor. Das leuchtet dort unmittelbar ein, wo die StFolgen der Schenkung wegen der Fortexistenz des Schenkers von den StFolgen der Erwerbe von Todes wegen abweichen. So kann das Gesetz zwar den Schenker (§ 20 I), aber nicht den Erblasser für die StSchuld des Erwerbers haften lassen. Auch kann nur der Schenker, nicht der Erblasser, die Entrichtung der vom Erwerber geschuldeten St selbst übernehmen (§ 10 II). Dagegen ist weniger leicht verständlich, warum die StFreiheit des erbrechtlichen Erwerbs des Familienwohnheims bisher nicht einfach unter Hinweis auf § 13 I Nr 4a, die StFreiheit von Unterhalts- und Ausbildungszuwendungen von Todes wegen nicht unter Hinweis auf § 13 I Nr 12 (RFH RStBl 38, 571) und die StFreiheit kleiner Vermögenszuwendungen von Todes wegen nicht unter Bezugnahme auf die StFreiheit üblicher Gelegenheitsgeschenke nach § 13 I Nr 14 begründet werden durfte. Auch vermag die Beschränkung des Anwendungsbereichs der Bewertungsregelung des § 7 V auf Schenkungen unter Lebenden nicht ohne Weiteres zu überzeugen. Die hM begnügt sich mit dem Hinweis auf den Wortlaut des § 1 II, der eine Übernahme der StFolgen von Schenkungen unter Lebenden auf die Erwerbe von Todes wegen nicht kennt. Angesichts des dem § 1 zugrunde liegenden Gleichstellungsprinzips ist dieses Wortlaut-Argument jedoch nur von begrenzter Überzeugungskraft. Bei der Auslegung der Vorschriften des ErbStG sollte jedenfalls Gewicht darauf gelegt werden, dass die Rechtswirkungen der beiden St möglichst ähnlich bleiben, soweit der Gesetzestext nicht selbst deutliche Differenzierungen bringt (vgl dazu BFH/NV 86, 96, 98). 29

§ 2 Persönliche Steuerpflicht

(1) Die Steuerpflicht tritt ein

1. in den Fällen des § 1 Abs. 1 Nr. 1 bis 3, wenn der Erblasser zur Zeit seines Todes, der Schenker zur Zeit der Ausführung der Schenkung oder der Erwerber zur Zeit der Entstehung der Steuer (§ 9) ein Inländer ist, für den gesamten Vermögensanfall (unbeschränkte Steuerpflicht). [2]Als Inländer gelten
   a) natürliche Personen, die im Inland einen Wohnsitz oder ihren gewöhnlichen Aufenthalt haben,
   b) deutsche Staatsangehörige, die sich nicht länger als fünf Jahre dauernd im Ausland aufgehalten haben, ohne im Inland einen Wohnsitz zu haben,
   c) unabhängig von der Fünfjahresfrist nach Buchstabe b deutsche Staatsangehörige, die
      aa) im Inland weder einen Wohnsitz noch ihren gewöhnlichen Aufenthalt haben und
      bb) zu einer inländischen juristischen Person des öffentlichen Rechts in einem Dienstverhältnis stehen und dafür Arbeitslohn aus einer inländischen öffentlichen Kasse beziehen,

      sowie zu ihrem Haushalt gehörende Angehörige, die die deutsche Staatsangehörigkeit besitzen. [2]Dies gilt nur für Personen, deren Nachlaß oder Erwerb in dem Staat, in dem sie ihren Wohnsitz oder ihren gewöhnlichen Aufenthalt haben, lediglich in einem der Steuerpflicht nach Nummer 3 ähnlichen Umfang zu einer Nachlaß- oder Erbanfallsteuer herangezogen wird,
   d) Körperschaften, Personenvereinigungen und Vermögensmassen, die ihre Geschäftsleitung oder ihren Sitz im Inland haben;
2. in den Fällen des § 1 Abs. 1 Nr. 4, wenn die Stiftung oder der Verein die Geschäftsleitung oder den Sitz im Inland hat;
3. in allen anderen Fällen *(vorbehaltlich des Absatzes 3)* für den Vermögensanfall, der in Inlandsvermögen im Sinne des § 121 des Bewertungsgesetzes besteht (beschränkte Steuerpflicht). [2]Bei Inlandsvermögen im Sinne des § 121 Nr. 4 des Bewertungsgesetzes ist es ausreichend, wenn der Erblasser zur Zeit seines Todes oder der Schenker zur Zeit der Ausführung der Schenkung entsprechend der Vorschrift am Grund- oder Stammkapital der inländischen Kapitalgesellschaft beteiligt ist. [3]Wird nur ein Teil einer solchen Beteiligung durch Schenkung zugewendet, gelten die weiteren Erwerbe aus der Beteiligung, soweit die Voraussetzungen des § 14 erfüllt sind, auch dann als Erwerb von Inlandsvermögen, wenn im Zeitpunkt ihres Erwerbs die Beteiligung des Erblassers oder Schenkers weniger als ein Zehntel des Grund- oder Stammkapitals der Gesellschaft beträgt.

(2) Zum Inland im Sinne dieses Gesetzes gehört auch der der Bundesrepublik Deutschland zustehende Anteil am Festlandsockel, soweit dort Naturschätze des Meeresgrundes und des Meeresuntergrundes erforscht oder ausgebeutet werden.

(3) [1]Auf Antrag des Erwerbers wird ein Vermögensanfall, zu dem Inlandsvermögen im Sinne des § 121 des Bewertungsgesetzes gehört (Absatz 1 Nummer 3), insgesamt als unbeschränkt steuerpflichtig behandelt, wenn der Erblasser zur Zeit seines Todes, der Schenker zur Zeit der Ausführung der Schenkung oder der Erwerber zur Zeit der Entstehung der Steuer (§ 9) seinen Wohnsitz in einem Mitgliedstaat der Europäischen Union oder einem Staat hat, auf den das Abkommen über den Europäischen Wirtschaftsraum anwendbar ist. [2]In diesem Fall sind auch mehrere innerhalb von zehn Jah-

ren vor dem Vermögensanfall und innerhalb von zehn Jahren nach dem Vermögensanfall von derselben Person anfallende Erwerbe als unbeschränkt steuerpflichtig zu behandeln und nach Maßgabe des § 14 zusammenzurechnen. [3]Die Festsetzungsfrist für die Steuer endet im Fall des Satzes 2 Nummer 1 nicht vor Ablauf des vierten Jahres, nachdem die Finanzbehörde von dem Antrag Kenntnis erlangt.

Erbschaftsteuer-Richtlinien 2011: R E 2.1–2.2

Übersicht

Schrifttum: *Crezelius,* Erbschaft- und Schenkungsteuer aus zivilrechtlicher Sicht, 1979; *Schindhelm/Stein,* Der Trust im deutschen Erbschaft- und Schenkungsteuerrecht, StuW 99, 31; *Meincke,* Ist das deutsche Erbschaftsteuerrecht EU-konform?, ZEV 04, 353; *Scheffler/Zinser,* Internationale Doppelbesteuerungen bei der Erbschaftsteuer, StuW 05, 216; *Wachter,* Erweitert unbeschränkte Erbschaftsteuerpflicht und Europarecht, ErbStB 05, 357; Ettinger, Erbschaft- und Schenkungsteuer beim Wegzug ins Ausland und danach, ZErb 06, 41; *Jülicher,* Ausländische Familienstiftungen und trusts, ZErb 07, 361; *Knauf,* Determinanten und Gestaltungsansätze der internationalen Nachfolgeplanung, 2008; *Gahleitner/Fugger,* Das neue österreichische Schenkungsmeldegesetz, ZEV 08, 405;

Bürgin/Ludwig/Schmidt/Schwind, Erbschaft-/Schenkungsteuer in der Schweiz und in Deutschland, ZErb 09, 49; *Frenz,* Erbschaftsteuer und Europäische Grundfreiheiten, DStZ 09, 334; *Gottschalk,* Internationale Unternehmensnachfolge, ZEV 09, 157; *Strunk/Kaminski,* Internationale Aspekte des neuen Erbschaftsteuerrechts, Stbg 09, 158; *Werz,* Gestaltungsmöglichkeiten bei beschränkter Erbschaftsteuerpflicht, FS Spiegelberger, 2009, 584; *Dehmer,* Einmal erben, mehrfach zahlen – Gestaltungsansätze zur Vermeidung doppelter Erbschaftsteuerbelastung, IStR 09, 454; *Falting,* Die Vermeidung der Doppelbesteuerung im internationalen Erbschaftsteuerrecht, 2010; *Watrin/Kappenberg,* Internationale Besteuerung von Erbfällen, IStR 10, 546; *Werkmüller,* Der Fall „Mattner", ZEV 10, 360; *Watrin/Kappenberg,* Internationale Besteuerung von Vermögensnachfolgen, ZEV 11, 105; *Rosner,* Erbschaft und Schenkung von Grundvermögen nach dem DBA-Frankreich, IStR 12, 252; *Kaminski,* Methoden zur Vermeidung der Doppelbesteuerung bei internationalen Erbschaftsteuerfällen, Stbg 13, 10; *Ley,* Das Erbschaftsteuerrecht in der EU, FamRZ 14, 345; *Jülicher,* Praxisprobleme im internationalen Erbschaftsteuerrecht, BB 14, 1367; *Schienke-Ohletz/Kühn,* Die steuerlichen Folgen beim Ausscheiden aus Truststrukturen, ZEV 15, 150; *Schmidt/Cortez,* Überblick über das internationale deutsche Erbschaftsteuerrecht, PiStB 15, 167; *Kaminski,* Doppelbesteuerung in der Erbschaftsteuer, ErbR 16, 183; *Sarburg/Mengwasser,* Auswirkungen der Hünnebeck-Entscheidung auf fakultative Regelungen des deutschen (Erbschaft-)Steuerrechts, DStR 16, 2777; *Heurung/Fröhr/Buhrandt,* Unionsrechtswidrigkeit von § 2 Abs. 3 ErbStG hinsichtlich des zwanzigjährigen Berücksichtigungszeitraums bei Schenkungen unter Gebietsfremden, ZErb 16, 283; *Schaumburg,* Internationales Steuerrecht, 4. Aufl 2017; *Halaczinsky,* Aktuelle Entwicklungen bei der beschränkten Erbschaft-/Schenkungsteuerpflicht, ErbStB 17, 142; *Schmidt,* Erbschaftsteuerrechtliche Fallstricke beim Erbanfall mit Auslandsberührung, MittBayNot 17, 455.

I. Allgemeines

1. Normzweck

1 § 2 wird eine doppelte Zielsetzung zugeschrieben. Es geht hier zum einen um den **Umfang des Erwerbs, der von der StPfl erfasst wird.** § 2 bezieht sich dabei auf Fälle mit Auslandsberührung und bestimmt, dass die StPfl nur dann den gesamten Vermögensanfall erfasst, wenn der Geber oder der Empfänger des Vermögens Inländer ist. Ist weder der Vermögensgeber (Erblasser/Schenker) noch der Vermögensempfänger (Erwerber) Inländer, soll es nur zu einer auf den Inlandserwerb beschränkten StPfl kommen. Wird im zuletzt genannten Fall nur Auslandsvermögen transferiert, soll die deutsche StPfl ganz entfallen. Weil damit die Inländereigenschaft des Erblassers/Schenkers oder des Erwerbers für die StPfl bedeutsam ist und weil die Inländereigenschaft wiederum von persönlichen Merkmalen (Wohnsitz, Aufenthaltsort, Staatsangehörigkeit) abhängt, behandelt § 2 Fragen der **persönlichen StPfl.**

2 § 2 wird im Übrigen noch eine zweite Zielsetzung zugeschrieben. Und zwar soll § 2 den **Kreis der potentiell stpfl Personen umschreiben** (*Wohlschlegel,* ZEV 95, 94). Weil Gesamthandgemeinschaften in § 2 nicht genannt werden, sollen sie nicht stpfl werden können. Auch unter dieser Perspektive, wenn man sie denn teilt (ablehnend *Viskorf/Richter* § 2 Rz 1), behandelt § 2, indem diese Bestimmung den möglichen Adressatenkreis der StPfl umschreibt, Fragen der persönlichen (= personenbezogenen) StPfl.

2. Internationales Erbschaftsteuerrecht

3 Soweit § 2 eine Regelung für die Anwendung des Gesetzes in Fallen mit Auslandsberührung trifft, behandelt die Vorschrift Fragen des deutschen Internationalen Erbschaftsteuerrechts. Die Grundsatznorm des § 1 ist zunächst ganz ohne räumlichen Bezug abgefasst. Die Vorschrift könnte so verstanden werden, als sollten alle irgendwo auf der Welt vorkommenden Vererbungs- und Schenkungsvorgänge der deutschen StPfl unterworfen werden. § 2 beschränkt die aus § 1 folgende umfassende Aussage

auf solche Erwerbe, die mit dem Inland in Verbindung stehen. Die Masse der weltweit vorkommenden Vermögensübertragungen wird nicht erfasst, auch wenn sie den Merkmalen des § 1 genügen, weil an ihnen kein Inländer beteiligt ist (§ 2 I Nr 1) und weil sie sich auch nicht auf Inlandsvermögen beziehen (§ 2 I Nr 3). Unter den mit dem Inland verbundenen und daher von der deutschen StPfl erfassten Vorgängen unterscheidet § 2 Erwerbe, die eine StPfl für den gesamten Vermögensanfall auslösen (Abs 1 Nr 1), von solchen Vorgängen, die zu einer StPfl nur für den Erwerb von Inlandsvermögen führen (Abs 1 Nr 3). Erwerbe von Todes wegen oder durch Schenkung unter Lebenden, an denen kein Inländer als Erblasser/Schenker oder Erwerber beteiligt ist und die sich auch nicht auf Inlandsvermögen beziehen, bleiben von der deutschen ErbStPfl frei. Das gilt auch dann, wenn alle an den Erwerbsvorgängen Beteiligten deutsche Staatsangehörige sind, wenn das transferierte Vermögen aus Deutschland stammt oder in Deutschland oder unter maßgeblicher deutscher Initiative erwirtschaftet worden ist oder wenn sich die Erwerbsvorgänge nach deutschem ZivilR auf Grund von Rechtsgeschäften vollziehen, die in Deutschland abgeschlossen oder beurkundet worden sind. Diese Abgrenzung der deutschen ErbStPfl ist nicht selbstverständlich und bedarf noch weiterer Diskussion.

3. Unbeschränkte/beschränkte ErbStPfl

Die StPfl hinsichtlich des gesamten Vermögensanfalls, für die das ErbStG in allen seinen Bestimmungen zur Anwendung kommt, wird als **unbeschränkte ErbStPfl** bezeichnet. Die StPfl, die nur für den Erwerb von Inlandsvermögen gilt und auf die nicht ohne weiteres alle Bestimmungen des ErbStG anwendbar sind (zB nicht die Freibeträge des § 16 I), wird traditionell und nun auch von Gesetzes wegen **beschränkte ErbStPfl** genannt. Grundsätzlich können alle in § 1 genannten stpfl Vorgänge entweder der beschränkten oder der unbeschränkten StPfl unterliegen. Das Halten von Vermögen durch eine Familienstiftung nach § 1 I Nr 4 wird jedoch nur erfasst, wenn die Stiftung oder der Verein die Geschäftsleitung oder den Sitz im Inland hat (§ 2 I Nr 2). Daher kommt für diesen Vorgang nur die unbeschränkte StPfl in Betracht. Zwischen der unbeschränkten und der beschränkten StPfl kann es im Übrigen **Zwischenstufen** geben. So können Vermögensgegenstände durch DBA der unbeschränkten StPfl entzogen sein (§ 19 II). Die **unbeschränkte StPfl** wird damit **gegenständlich begrenzt.** Umgekehrt erstreckt § 4 I AStG die beschränkte StPfl über das „normale Inlandsvermögen" nach § 121 BewG hinaus auf alle Teile des Erwerbs, deren Erträge bei unbeschränkter EStPfl nicht zum Kreis der ausländischen Einkünfte iSd § 34c EStG gehörten. Im ersten Fall kann man von einer **unbeschränkten begrenzten,** im zweiten Fall von einer **beschränkten erweiterten** StPfl sprechen. Darüber hinaus können Vorschriften eines DBA aber auch den nur der beschränkten StPfl unterliegenden Erwerb weiter begrenzen. Als **erweiterte unbeschränkte** StPfl wird schließlich die 1974 eingeführte StPfl nach § 2 I Nr 1 Buchst b bezeichnet. 4

II. Unbeschränkte Steuerpflicht (Abs 1 Nrn 1 und 2)

1. Steuerpflichtiger Vorgang nach § 1

§ 2 I Nr 1 lässt die nicht auf das Inlandsvermögen beschränkte und daher sog unbeschränkte StPfl „in den Fällen des § 1 I Nrn 1–3" eintreten. Vorausgesetzt wird also, dass es zu einem stpfl Vorgang nach § 1 gekommen ist. Sofern es um einen Vermögensanfall im Ausland geht, der nach deutschem IPR ausländischem Privatrecht unterliegt, bedarf dieses Merkmal besonderer Aufmerksamkeit. Denn zur näheren Bestimmung des § 1 gelten die §§ 3 bis 9, die in einzelnen Vorschriften ausdrücklich auf das deutsche BGB verweisen (§ 3 I Nrn 1 und 2, II Nr 7). Angesichts dieser Gesetzesfassung liegt die Annahme nahe, dass die StPfl nur die dem deutschen BGB unterlie- 5 genden Erwerbe treffen soll. Schon der RFH hat jedoch keine Bedenken gesehen, auch Erwerbe, die dem ausländischen Recht unterliegen, als stpfl Vorgänge iSd § 1 I zu werten (RFH RStBl 31, 122; 35, 1366; 38, 717), und der BFH ist dieser Linie gefolgt (BStBl III 57, 211; 58, 79; 61, 312; 64, 408; II 72, 462; 77, 425; 79, 438; 86, 615). Eine überzeugende Auseinandersetzung mit dem Text der auf das BGB verweisenden erbstlichen Bestimmungen fehlt allerdings in der Rspr nach wie vor. Aus § 2 selbst lässt sich jedenfalls keine Antwort auf die Frage gewinnen, wann die hier vorausgesetzten „Fälle des § 1 I Nrn 1–3" gegeben sind.

2. Qualifikation ausländischer Erwerbe

6 Die Einordnung der ausländischem Recht unterliegenden Erwerbe unter § 1 I Nrn 1 bis 3 gelingt nicht ohne Schwierigkeiten. Für die Lösung des Qualifikationsproblems, dh der Frage, nach welchen Kriterien ein ausländischem Recht unterliegender Vorgang als Erwerb durch Erbfolge, Vermächtnis, Pflichtteil usw beurteilt werden kann, ist noch keine überzeugende Formel gefunden. Nach der Rspr (BFH BStBl II 72, 462) ist folgender Weg einzuschlagen: Zunächst ist ein **Vergleich der Privatrechtsinstitutionen** vorzunehmen. Ergibt dieser Vergleich, dass das ausländische Rechtsinstitut dem deutschen entspricht, ist die Besteuerung unproblematisch. Liegt ein dem ausländischen Recht entsprechendes deutsches Institut nicht vor, kann dennoch eine Besteuerung in Betracht kommen. Erforderlich ist dann eine Anpassung der Rechtsposition des potentiell StPfl an das deutsche Recht (BFH BStBl II 86, 615, 617 betr den Zeitpunkt des stpfl Erwerbs eines Anwartschaftsberechtigten an einem amerikanischen Trust-Vermögen vor Verabschiedung der §§ 3 II Nr 1 S 2 und 7 I Nr 9 S 2). Maßgebend ist dabei nicht die **formale Gestaltung** des ausländischen Rechts, sondern die **wirtschaftliche Bedeutung** dessen, was das ausländische Recht für den Einzelfall vorschreibt. Nur insoweit als der Vermögensanfall in seiner wirtschaftlichen Bedeutung einem durch das deutsche ErbStG erfassten Erwerb gleichkommt, sind die Voraussetzungen für eine Besteuerung gegeben. Sieht das deutsche bürgerliche Recht mehrere Strukturen vor, die dem nach ausländischem Recht verwirklichten Sachverhalt in ihrem wirtschaftlichen Gehalt gleichkommen, muss die jeweils mildere Besteuerung Platz greifen, da nur für diesen Mindestgehalt die deutsche Besteuerung eindeutig vorgeschrieben ist (vgl BFH BStBl II 72, 462, allerdings nur bezogen auf die Anwendung der günstigeren StKlasse).

7 Zu Recht mahnt *Jülicher* (*Troll/Jülicher* § 2 Rz 93), bei einer solchen, auf wirtschaftliche Vergleichsmerkmale abstellenden Qualifikation darauf zu achten, dass übergreifende Grundsätze des deutschen ErbStG nicht zugunsten einer rein wirtschaftlich geprägten BereicherungsSt ausgehebelt werden (eine stärkere Berücksichtigung zivilrechtlicher Maßstäbe fordern auch *Crezelius,* 62ff und *Schindhelm/Stein,* StuW 99, 31). Der BFH (BStBl II 12, 782) hat diese Grundsätze zwar jüngst zumindest dahingehend ergänzt, dass die StBarkeit nicht allein auf eine wirtschaftliche Betrachtungsweise gestützt werden könne, vielmehr darüber hinaus auch eine **zivilrechtliche Analyse** des nach ausländischem Recht erfolgten Erwerbs vorzunehmen sei. Dem ist zur Sicherstellung der Tatbestandsmäßigkeit der Besteuerung nur zuzustimmen. Allerdings soll es nach dem BFH hiernach nur darauf ankommen, dass neben dem wirtschaftlichen Ergebnis auch die „Rechtsfolge" des Erwerbs einem inländischen Besteuerungstatbestand entspricht. Demgegenüber sei es unerheblich, wie das ausländische Recht den Erwerb zivilrechtlich qualifiziert. Entsprechend behandelt der BFH den Erwerb kraft einer – iRd französischen Güterstands der Gütergemeinschaft – ehevertraglich vereinbarten Anwachsungsklausel auf den Todesfall als Erbanfall iSd § 3 I Nr 1 ErbStG. Denn die durch die Anwachsungsklausel nach französischem Recht bewirkte partielle Gesamtrechtsnachfolge des überlebenden Ehegatten entspreche in ihren rechtlichen und wirtschaftlichen Folgen einem Erbanfall. Dass die Gesamtrechtsnachfolge nur eine partielle war und der Erwerb seinen Rechtsgrund im

Güterrecht und nicht im Erbrecht hatte, gehört offenbar aus Sicht des BFH zu den unerheblichen Teilen der zivilrechtlichen Analyse, die sich damit aber von einer rein wirtschaftlichen Betrachtungsweise kaum unterscheidet (zu Recht kritisch *Jülicher,* BB 14, 1367; *Fischer,* MittBayNot 13, 269).

3. Inländereigenschaft

Abs 1 Nr 1 knüpft die unbeschränkte StPfl an die Inländereigenschaft **eines der Beteiligten.** Wer hier lebt und von Todes wegen oder durch Schenkung unter Lebenden Vermögen erwirbt, soll für diesen Erwerb hier St zahlen. Das leuchtet unmittelbar ein. Aber auch, wer hier nicht lebt, Deutschland weder durch Wohnsitz/gewöhnlichen Aufenthalt noch durch Staatsangehörigkeit, Herkommen, Sprache oder Kultur verbunden ist, soll hier St zahlen, wenn der Erblasser/Schenker hier lebt oder bis zu seinem Tode gelebt hat. Das ist deutlich weniger plausibel. Im Grunde regelt das Gesetz an dieser Stelle eine Ausdehnung der beschränkten, auf das Inlandsvermögen bezogenen StPfl in den Bereich der unbeschränkten StPfl hinein. Denn die Inländereigenschaft des Erblassers/Schenkers beeinflusst nicht die Stellung des Erwerbers, wohl aber den Charakter des transferierten Vermögens, das wegen der Inlandszugehörigkeit des bisherigen Vermögensträgers mit dem Inland verbunden ist. Der zugrunde liegende Inlandsbegriff wird im Übrigen im Gesetz nicht definiert. Abs 2 stellt (bisher wohl ohne praktische Bedeutung) nur ergänzend fest, dass der der Bundesrepublik Deutschland zustehende Anteil am (vom offenen Meer bedeckten) Festlandsockel, soweit dort Naturschätze des Meeresgrundes erforscht oder ausgebeutet werden, zum Inland iS dieses Gesetzes gehört. 8

4. Beteiligte

Die unbeschränkte StPfl ist im ErbStRecht **steuerobjektbezogen** ausgestaltet. Sie fragt nicht, ob der Erwerber unbeschränkt stpfl ist, sondern ob der Erwerb der unbeschränkten StPfl unterliegt. Der Erwerb kann auch dann der unbeschränkten StPfl unterfallen, wenn der Erwerber keinerlei Verbindungen zum Inland hat und auch das transferierte Vermögen in keinerlei Verbindung zum Inland steht. Denn es genügt, dass der Vermögensgeber (Erblasser/Schenker) zum Kreis der Inländer gehört (Anm 8). Im ErbStRecht kommt es also zu einer Umdeutung des Merkmals der unbeschränkten StPfl von einem Merkmal zur Qualifikation des Erwerbers zu einem von den Verhältnissen des Erwerbers gelösten Merkmal des Erwerbs, das für die unbeschränkte StPfl auch die Verhältnisse anderer Personen als des Steuerschuldners maßgeblich sein lässt. Ob diese Umdeutung wirklich sinnvoll sein kann, ist zu bezweifeln (kritisch *Tipke/Seer* § 13 Rn 139). 9

Inländer sind die Bürger, gleichgültig welcher Staatsangehörigkeit, die im Inland einen Wohnsitz oder ihren gewöhnlichen Aufenthaltsort haben (Abs 1 Nr 1 Buchst a), sowie die Körperschaften, Personenvereinigungen und Vermögensmassen, deren Geschäftsleitung oder Sitz sich im Inland befindet (Abs 1 Nr 1 Buchst d). Die Einzelheiten ergeben sich aus den §§ 8–11 AO). 10

Einen **Wohnsitz** hat jemand dort, wo er einen Wohnraum zur Verfügung hat, den er nutzen kann und wird. Eine dauernde Nutzung ist nicht erforderlich. Auch der in Abständen immer wieder genutzte Zweitwohnsitz gilt als Wohnsitz iSv **§ 8 AO.** Die Rspr geht in der Bejahung eines Wohnsitzes sehr weit. Zwar wird der Ort einer nur gelegentlich genutzten Ferienwohnung noch nicht als Wohnsitz behandelt. Doch kann am Ort einer dem Erben gehörenden Doppelhaushälfte schon dann ein Wohnsitz bestehen, wenn der Erbe sie zweimal jährlich zu bestimmten Zeiten über mehrere Wochen hinweg zu Jagdzwecken genutzt hat (BFH BStBl II 89, 182; BVerfG BStBl II 90, 103). Auch wenn der Hauptwohnsitz im Ausland liegt, steht dies der Annahme eines weiteren inländischen Wohnsitzes nicht entgegen (BFH/NV 87, 301). Wenn 11 die im Ausland lebende Erblasserin im Inland eine möblierte Wohnung gemietet hatte, die ihr als Unterkunft bei Inlandsaufenthalten diente, so kann dadurch ein inländischer Wohnsitz begründet sein (FG Hbg EFG 88, 424). Auch eine Ausländerin, die seit Jahrzehnten im Ausland lebt, aber im Inland eine Wohnung besitzt, die sie mit einer gewissen Regelmäßigkeit zum Besuch ihrer Ärzte aufsucht, soll als Inländerin zu behandeln sein (FG München UVR 93, 148). Soweit die Wohnung in objektiver Hinsicht nach ihrer Ausstattung und Größe ein Verweilen in den Räumen als eine „zumindest bescheidene Bleibe" gestattet und in subjektiver Hinsicht für einen jederzeitigen Wohnaufenthalt bestimmt ist, ist ein Wohnsitz auch dann anzunehmen, wenn die konkrete Nutzung über ein bloßes Übernachten nicht hinausgeht (BFH/NV 13, 1909 und 14, 1046).

12 Der **gewöhnliche Aufenthalt** einer Person bestimmt sich auch ohne ausdrücklichen gesetzlichen Verweis nach **§ 9 AO** und ist hiernach dort, wo die Person nicht nur vorübergehend verweilen will. Das ist stets anzunehmen bei einem zeitlich zusammenhängenden Aufenthalt von mindestens sechs Monaten. Erfolgt der Aufenthalt allerdings lediglich zu Besuchs-, Erholungs-, Kur- oder ähnlichen privaten Zwecken, ist eine solche Annahme erst bei einem Aufenthalt von länger als einem Jahr zu treffen. Den gewöhnlichen Aufenthalt kann eine Person somit, anders als einen Wohnsitz, immer nur in einem Staat haben. Der Begriff des gewöhnlichen Aufenthalts des ErbStG muss damit nicht mit dem der EU-ErbVO übereinstimmen. Diese gilt ausdrücklich nicht für steuerrechtliche Zwecke (Art 1 I 2 EU-ErbVO). Die Bestimmung des anwendbaren Erbrechts und der deutschen unbeschränkten ErbStPfl erfolgt daher auch nach Verabschiedung der EU-ErbVO nach wie vor unabhängig voneinander nach jeweils eigenständigen Kriterien.

13 Körperschaften, Personenvereinigungen und Vermögensmassen gelten als Inländer, wenn sie ihre **Geschäftsführung (§ 10 AO)** oder ihren **Sitz (§ 11 AO)** im Inland haben. Während sich der Sitz aufgrund Bestimmung im Gesetz, dem Gesellschaftsvertrag, der Satzung oder dem Stiftungsgeschäft idR eindeutig ermitteln lässt, hängt der Ort der Geschäftsleitung von den tatsächlichen Verhältnissen im Zeitpunkt der StEntstehung ab. Er ist dort, wo der Mittelpunkt der geschäftlichen Oberleitung liegt. Diese ist wiederum dort anzunehmen, wo sich der für die Geschäftsführung maßgebende Wille bildet, die bedeutenderen Entscheidungen im Rahmen der laufenden Geschäftsführung getroffen werden und das Tagesgeschäft abgewickelt wird (BFH BStBl II 98, 86; NV 02, 1411).

14 Als Inländer gelten darüber hinaus auch die Bürger, die zwar im Inland weder einen Wohnsitz noch ihren gewöhnlichen Aufenthaltsort haben, dem Inland aber zum einen durch die deutsche Staatsangehörigkeit und zum anderen dadurch verbunden sind, dass sie sich erst seit relativ kurzer Zeit (weniger als 5 Jahre) dauernd im Ausland aufhalten **(Abs 1 Nr 1 Buchst b: erweitert unbeschränkte StPfl).** Erfasst sind damit vor allem **deutsche Wegzügler.** Doch auch wer bereits über Jahrzehnte ausschließlich im Ausland lebte, begründet mit einer auch nur kurzfristigen Wohnsitznahme die unbeschränkte StPfl und setzt, sofern er (auch) deutscher Staatsangehöriger ist, die 5-Jahres-Frist wieder in Gang. Für ausschließlich deutsche Wegzügler in die USA hat der deutsche Gesetzgeber die 5-Jahres-Frist auf 10 Jahre verlängert (Art 3 Zustimmungsgesetz v 15.9.2000 zum Ergänzungsprotokoll zum DBA USA, BGBl II 00, 1170). Die erweitert unbeschränkte StPfl ist verfassungsrechtlich (*Tipke/Seer* § 15 Rz 3 sieht einen Verstoß gegen Art 3 I GG; dagegen BFH BStBl II 13, 746) und europarechtlich (*Schaumburg,* Internationales Steuerrecht, Rz 7.24: Verstoß gegen die Kapitalverkehrs- u Niederlassungsfreiheit) umstritten. Der EuGH hat in der Rs *van Hilten* (v 23.2.2006, IStR 06, 309) im Grundsatz keinen Verstoß gegen EU-Recht gesehen, wenn die Doppelbesteuerung durch ein System von StVorschriften vermieden werden könne. Die geringe Anzahl der ErbSt-DBA und die nur partiell vermeidende Regelung des § 21 sprechen dagegen. In der Rs *Block* (v 12.2.2009; DStR 09, 326) hat der EuGH aber eine Pflicht der betroffenen Staaten zur Vermei-

dung von Doppelbesteuerungen verneint. Das EU-Recht garantiere keine stneutrale Wohnsitzverlegung in einen anderen Mitgliedstaat.

Schließlich gilt als Inländer auch, wer zu einer inländischen juristischen Person des öffentlichen Rechts in einem Dienstverhältnis steht und dafür Arbeitslohn aus einer inländischen öffentlichen Kasse bezieht **(Abs 1 Nr 1 Buchst c).** Gedacht ist im Fall des Abs 1 Nr 1 Buchst c vornehmlich an Auslandsbeamte. Sie werden zusammen mit den in ihrem Haushalt lebenden deutschen Angehörigen auch dann als Inländer behandelt, wenn sie sich schon mehr als 5 Jahre dauernd im Ausland aufhalten. Doch soll das nur gelten, wenn sich das Gastland, in dem sie leben, seinerseits auf eine Besteuerung im Umfang des Abs 1 Nr 3 beschränkt. Die Auslandsbediensteten und ihre Angehörigen sollen also eine unbeschränkte deutsche ErbStPfl dann nicht auslösen, wenn sie für den infrage stehenden Erwerb schon in dem Gastland, in dem sie wohnen, der unbeschränkten StPfl unterliegen. Diese Bestimmung macht deutlich, dass jemand zugleich im Ausland und im Inland als Inländer gelten und hier wie dort der unbeschränkten StPfl unterliegen kann. Nur im Fall des Abs 1 Nr 1 Buchst c soll dann die deutsche unbeschränkte StPfl zurücktreten. Diese Ausnahmeregelung ist für Auslandsbeamte von praktischem Gewicht, da bei Auslandsbeamten im Regelfall davon ausgegangen werden kann, dass sie im ausländischen Wohnsitzstaat unbeschränkt stpfl sind. Die Erstreckung der inländischen unbeschränkten StPfl auf die den Auslandsbeamten zufallenden Erwerbe wegen der in Abs 1 Nr 1 Buchst c getroffenen Ausnahmeregelung bleibt damit ohne größere praktische Bedeutung. 15

5. Maßgeblicher Zeitpunkt

Die Inländereigenschaft eines der Beteiligten führt zur unbeschränkten StPfl, wenn der Erblasser zZ seines Todes, der Schenker zZ der Ausführung der Schenkung oder der Erwerber zZ der Entstehung der St (§ 9) Inländer ist. Da die SchSt mit der Ausführung der Zuwendung entsteht (§ 9 I Nr 2), stimmen bei einer Schenkung der für den Schenker und für den Erwerber geltende Zeitpunkt überein. Auch bei Erwerben von Todes wegen fallen der Zeitpunkt des Todes des Erblassers und der Zeitpunkt der Entstehung der St regelmäßig zusammen (§ 9 I Nr 1). Doch sieht § 9 I Nr 1 Buchst a–j auch spätere Entstehungszeitpunkte vor. Dann bleibt die von der Person des Erwerbers abhängige Frage nach dem Eingreifen der unbeschränkten StPfl zunächst in der Schwebe. Der Erwerber kann gegebenenfalls noch selbst darauf hinwirken, dass er zum maßgeblichen Zeitpunkt die Merkmale eines Inländers (nicht) erfüllt (zustimmend *Viskorf/Richter* § 2 Rn 6). Im Fall der auf den Tod des Vorerben gestellten Nacherbfolge gilt der Vorerbe auch dann als Erblasser des Nacherben, wenn der Nacherbe nach § 6 II 2 beantragt, der Besteuerung sein Verhältnis zum zivilrechtlichen Erblasser zugrunde zu legen (aA *Kapp/Eisele* § 2 Rz 4.1; *Viskorf/Philipp* § 6 Rz 21; *Troll/Gottschalk* § 6 Rz 31). Denn auch in diesem Fall handelt es sich um einen einheitlichen Erwerb vom Vorerben, bei dem nur für die Berechnung der St die in § 6 II 3 bis 5 vorgesehenen Modifikationen zu berücksichtigen sind (BFH BStBl II 99, 235; 11, 123). Ist der Nacherbe Ausländer, so kommt es also auf die Inländereigenschaft des Vorerben zZ seines Todes, nicht auf die Inländereigenschaft des Erblassers beim Erbfall an. 16

6. Wirkungen der unbeschränkten Steuerpflicht

Die unbeschränkte StPfl zieht auch die stpfl Vorgänge, die nicht das Inlandsvermögen iSd Abs 1 Nr 3 betreffen, in den Anwendungsbereich des ErbStG. Sie gilt **„für den gesamten Vermögensanfall“** (Abs 1 Nr 1), gleichgültig, wo er sich verwirklicht. Ist bei einem Erbfall der Erblasser Inländer, so erfasst die unbeschränkte StPfl alle Erwerbe von Todes wegen, die § 1 I Nr 1 iVm §§ 3 und 4 auf den Erblasser zurückführt. Ist dagegen der Erblasser nicht Inländer, so gilt die unbeschränkte StPfl nur für den Erwerb der Personen, die nach § 2 I Nr 1 zu den Inländern gehören. Der „gesamte Vermö- 17 gensanfall“ (Abs 1 Nr 1) hat daher in beiden Fällen unterschiedlichen Umfang. Die unbeschränkte StPfl kennt keine Beschränkungen der Besteuerung und wirkt sich unter diesem Aspekt für den Stpfl nachteilig aus. Mit ihr sind jedoch auch keine Beschränkungen der StEntlastung verbunden, was für den Stpfl günstig sein kann (§ 10 VI 2, § 16 I, § 21 I). Vererbt zB ein ausländischer Staatsbürger seinem Sohn ein im Inland belegenes Grundstück und überschuldeten Nachlass im Ausland, so ist es jedenfalls aus dem Blickwinkel des bisherigen deutschen ErbStRechts für die Besteuerung günstiger, wenn einer der Beteiligten seinen Wohnsitz im Inland hat. Der Sohn kann die Auslandsschulden mit dem positiven Inlandserwerb nicht verrechnen (§ 10 VI 2). Die theoretische Begründung des vom deutschen Gesetzgeber beanspruchten Besteuerungsrechts über die Grenzen hinaus fällt schwer. Insbesondere scheint es mit dem Charakter der St als einer BereicherungsSt, die nicht die Veräußerung, sondern den Erwerb mit einer Abgabe belegt, nicht recht zusammenzustimmen, dass sich der Anwendungsbereich des deutschen ErbStRechts nach der Inländereigenschaft des Erblassers oder Schenkers richten soll. Diese Anknüpfung würde dann eher überzeugen, wenn die ErbSt als NachlassSt (= letzte VermögenSt des Erblassers) ausgestaltet wäre oder wenn die SchSt (wie im US-amerikanischen BundesR) die Minderung des Schenkervermögens und nicht den Erwerb des Beschenkten als stpfl Vorgang erfassen würde, Konzeptionen, die dem deutschen Recht jedoch fremd sind. Die praktische Bedeutung der Ausdehnung der deutschen StPfl auf Auslandserwerbe erhält angesichts der internationalen Verflechtung der Wirtschaft immer größeres Gewicht und führt dazu, dass in spektakulären Einzelfällen die Inländereigenschaft durch Wegzug aus Deutschland aufgegeben wird, um so im Ausland nicht besteuertes ausländisches Vermögen im Erbgang vor der deutschen ErbSt abzuschirmen.

7. Unbeschränkte Ersatzerbschaftsteuerpflicht

18 **Abs 1 Nr 2** regelt die ErsatzErbStPfl für **inländische Familienstiftungen und -vereine.** Ausdrücklich wird nur festgehalten, dass die StPfl eintritt, wenn die Stiftung oder der Verein die Geschäftsleitung oder den Sitz im Inland hat. Über den Umfang der StPfl wird nichts ausgesagt. Somit bleibt offen, ob die StPfl nur das Inlands- oder auch das Auslandsvermögen der Stiftung oder des Vereins erfassen soll. Doch scheint der Zusammenhang der Regelung mit Abs 1 Nr 1 und die Gegenüberstellung beider Fälle zum Abs 1 Nr 3 darauf hinzudeuten, dass das Gesetz die StPfl der Stiftungen und Vereine als unbeschränkte StPfl versteht. Dies würde dafür sprechen, dass in Anlehnung an Abs 1 Nr 1 das gesamte Vermögen, also auch das Auslandsvermögen, der ErsatzErbSt unterliegen soll. Es gilt danach eine unbeschränkte ErsatzErbStPfl inländischer Familienstiftungen und -vereine. Demgegenüber sieht Abs 1 Nr 2 eine beschränkte ErsatzErbStPfl ausländischer Familienstiftungen und -vereine nicht vor (zustimmend *Moench/Weinmann* § 2 Rz 19; *Kapp/Eisele* § 2 Rz 15). Sie kann auch nicht aus Abs 1 Nr 3 entnommen werden, obwohl Abs 1 Nr 3 „alle anderen Fälle“ anspricht. Denn nach Abs 1 Nr 3 soll nur ein „Vermögensanfall“ zur beschränkten StPfl führen, während die ErsatzErbSt das Vermögen selbst zum Besteuerungsgegenstand erklärt. Das Inlandsvermögen ausländischer Familienstiftungen und -vereine bleibt daher von der deutschen ErsatzErbSt freigestellt.

III. Beschränkte Steuerpflicht (Abs 1 Nr 3)

1. Gesetzliche Grundlage

19 Die auf den Erwerb von Inlandsvermögen beschränkte StPfl greift „in allen anderen Fällen“ ein, also immer dann, wenn keiner der am stpfl Vorgang Beteiligten zu

den Inländern (Abs 1 Nr 1) gehört. Zur näheren Erläuterung des **Begriffs des Inlandsvermögens** wird auf § 121 BewG verwiesen.

§ 121 BewG lautet:

Zum Inlandsvermögen gehören:
1. das inländische land- und forstwirtschaftliche Vermögen;
2. das inländische Grundvermögen;
3. das inländische Betriebsvermögen. Als solches gilt das Vermögen, das einem im Inland betriebenen Gewerbe dient, wenn hierfür im Inland eine Betriebsstätte unterhalten wird oder ein ständiger Vertreter bestellt ist;
4. Anteile an einer Kapitalgesellschaft, wenn die Gesellschaft Sitz oder Geschäftsleitung im Inland hat und der Gesellschafter entweder allein oder zusammen mit anderen ihm nahe stehenden Personen im Sinne des § 1 Abs 2 des Außensteuergesetzes in der jeweils geltenden Fassung am Grund- oder Stammkapital der Gesellschaft mindestens zu einem Zehntel unmittelbar oder mittelbar beteiligt ist;
5. nicht unter Nummer 3 fallende Erfindungen, Gebrauchsmuster und Topographien, die in ein inländisches Buch oder Register eingetragen sind;
6. Wirtschaftsgüter, die nicht unter die Nummern 1, 2 und 5 fallen und einem inländischen Gewerbebetrieb überlassen, insbesondere an diesen vermietet oder verpachtet sind;
7. Hypotheken, Grundschulden, Rentenschulden und andere Forderungen oder Rechte, wenn sie durch inländischen Grundbesitz, durch inländische grundstücksgleiche Rechte oder durch Schiffe, die in ein inländisches Schiffsregister eingetragen sind, unmittelbar oder mittelbar gesichert sind. Ausgenommen sind Anleihen und Forderungen, über die Teilschuldverschreibungen ausgegeben sind;
8. Forderungen aus der Beteiligung an einem Handelsgewerbe als stiller Gesellschafter und aus partiarischen Darlehen, wenn der Schuldner Wohnsitz oder gewöhnlichen Aufenthalt, Sitz oder Geschäftsleitung im Inland hat;
9. Nutzungsrechte an einem der in den Nummern 1 bis 8 genannten Vermögensgegenstände.

2. Inlandsvermögen

§ 121 BewG nennt einzelne Vermögensgegenstände, die mit dem Inland beson- 20
ders verbunden sind. Die Vorschrift enthält jedoch **keine Generalklausel für alles im Inland belegene Vermögen.** Anteile an inländischen Kapitalgesellschaften, die den in § 121 Nr 4 BewG genannten Umfang nicht erreichen, Wertpapiere, Bankguthaben, ungesicherte Geldforderungen gegen sonstige inländische Schuldner, Hausrat, Schmuck usw (vgl die Erläuterungen zu § 4 AStG in Anm 29), gelten selbst dann nicht als Inlandsvermögen, wenn sie sich im Inland befinden oder im Inland geltend zu machen sind, sofern sie nicht zum Grundvermögen, zum luf Vermögen oder zum Betriebsvermögen (dazu FG Saarland DStRE 11, 937; BFH BStBl II 12, 782) zählen. Das Inlandsvermögen des § 121 BewG kann daher nicht mit dem im Inland befindlichen Vermögen gleichgesetzt werden (BFH HFR 66, 401). Da ein ungesicherter Geldanspruch nicht zum Inlandsvermögen gehört, wird zB der Pflichtteilsanspruch des mit seinem Vater in Mallorca lebenden, von ihm enterbten Sohnes nicht besteuert. Dabei spielt es keine Rolle, dass die zur Alleinerbin eingesetzte Tochter in Deutschland lebt und dass der Nachlass, aus dem der Pflichtteil berechnet werden muss, ausschließlich aus Inlandsvermögen besteht. Auch bleibt das einem ausländischen Vermächtnisnehmer von einem ausländischen Erblasser eingeräumte Geldvermächtnis stfrei, selbst wenn das Vermächtnis aus einem Nachlass aufzubringen ist, der ausschließlich aus Inlandsvermögen besteht (FG Bremen EFG 55, 336).

Unterschiedliche Auffassungen werden zu der Frage vertreten, ob **Sachleistungs-** 21
ansprüche, die auf die Übertragung von Inlandsvermögen gerichtet sind, auch selbst als Inlandsvermögen zu qualifizieren sind und ihr Erwerb der beschränkten StPfl un-

terliegt. Derartige Sachleistungsansprüche können zufällig zum Nachlass gehören, etwa wenn der Erblasser vor Erfüllung des noch lebzeitig abgeschlossenen Verpflichtungsgeschäfts verstirbt oder wenn ein Gegenstand von einer anderen Person als Treuhänder gehalten wurde und lediglich der Herausgabeanspruch des Treugebers in den Nachlass fällt. Genauso aber kann auch ein Erwerb bewusst als Sachleistungsanspruch gestaltet werden, wie zB durch Anordnung eines Vermächtnisses, durch Abschluss eines echten Vertrags zugunsten Dritter oder durch die bewusste Begründung einer Treugeberposition vor einer Schenkung. Dies eröffnet StAusländern auch Gestaltungsspielräume zur Vermeidung einer beschränkten StPfl. Tatsächlich wird man fragen können, ob es dem Gesetzessinn entspricht, wenn inländisches Grundvermögen relativ einfach dadurch der beschränkten StPfl entzogen werden kann, indem man es zum Gegenstand einer Vermächtnisanordnung macht. In der Vorauflage wurde deshalb zur Vermeidung sachlich ungerechtfertigter Differenzierungen vorgeschlagen, eine Gleichstellung in der Zuordnung zu Vermögensgruppen ernstlich zu erwägen. Für eine solche Gleichstellung würde sprechen, dass der Erwerber eines (werthaltigen) Sachleistungsanspruchs nicht minder bereichert ist als der Erwerber der Sache selbst. Entsprechend wird auch im Anwendungsbereich der unbeschränkten StPfl nicht zwischen dem Erwerb der Sache (zB durch den Erben) und dem Erwerb des Anspruchs (zB durch den Vermächtnisnehmer) differenziert. *Krumm* (IStR 11, 615) will deshalb – mit historischer und teleologischer Begründung – soweit gehen und Abs 1 Nr 2 iVm § 121 BewG extensiv dahingehend auslegen, dass auch Sachleistungsansprüche, die auf die Übereignung oder Abtretung von Gegenständen iSd § 121 BewG gerichtet sind, zum Inlandsvermögen gehören. Dies sei noch vom Wortlaut gedeckt, da § 121 BewG nichts darüber sage, in welcher rechtlichen Beziehung ein Erwerber zu den aufgeführten Vermögensgegenständen stehen muss. Dem kann nicht gefolgt werden. Vielmehr ist mit der Verwendung der Begriffe Grundvermögen, Wirtschaftsgüter, Forderungen, Nutzungsrechten uÄ auch gleichzeitig diese rechtliche Beziehung beschrieben. Mit der hM ist daher eine Erweiterung des Begriffs des Inlandsvermögens auch auf Sachleistungsansprüche abzulehnen (*Fischer/Konrad* § 2 Rz 94; *Kapp/Eisele* § 2 Rz 43.1; *Troll/Jülicher* § 2 Rz 68; *Viskorf/Richter* § 2 Rz 27; *von Oertzen/Schienke-Ohletz* § 2 Rz 59; *W/J/Meßbacher-Hönsch* § 2 Rz 154). Der BFH hatte bereits 1958 (BStBl III 59, 22) die Inlandsvermögenseigenschaft von Sachleistungsansprüchen verneint und eine analoge Anwendung (des § 77 II BewG 1934 als Vorgängervorschrift des § 121 BewG) zu Lasten des Stpfl abgelehnt. Eine solche Erweiterung wäre vielmehr Aufgabe des Gesetzgebers. Der Gesetzgeber hätte angesichts dieser eindeutigen Aussagen des BFH in den letzten fast 60 Jahren durchaus Gelegenheit gehabt, den Katalog des § 121 BewG auf Sachleistungsansprüche zu erweitern. Dass er eine solche Initiative bisher nicht ergriffen hat, spricht nochmals für eine wortlautgetreue Anwendung der Vorschrift. *Eisele* (in *Rössler/Troll* § 121 Rz 5) und *Kreutziger* (§ 121 Rz 11) wollen zwar am Wortlaut grundsätzlich festhalten, jedoch dem beschränkt stpfl Erwerber die Sache selbst und damit Inlandsvermögen zurechnen, wenn er als Sachleistungsberechtigter bereits als wirtschaftlicher Eigentümer der Sache zu qualifizieren ist. Auch hierfür fehlt es jedoch an der notwendigen Anknüpfung im Gesetz, das wie nahezu durchweg im ErbStRecht für eine wirtschaftliche Betrachtungsweise keinen Raum lässt. Eine Ausnahme hiervon bildet lediglich die Nr 3 mit dem Begriff des Betriebsvermögens. Hierzu gehören alle Teile eines Gewerbebetriebs iSd § 15 I und II EStG, die bei der steuerlichen Gewinnermittlung zum Betriebsvermögen gehören. Im Rahmen der steuerlichen Gewinnermittlung aber sind Wirtschaftsgüter auch dann dem Betriebsvermögen des Erwerbers zuzurechnen, wenn sie nicht in seinem rechtlichen, sondern in seinem wirtschaftlichen Eigentum stehen. Hiernach kommt es auch in Betracht, den Herausgabeanspruch eines Treugebers als Betriebsvermögen und damit Inlandsvermögen iSd § 121 Nr 3 BewG zu qualifizieren, wenn dieser sich auf eine mitunternehmerische Beteiligung bezieht und der Treugeber als Mitunternehmer zu qualifizieren ist (*Moench/Weinmann*

§ 2 Rz 35); entsprechend wird ein solcher als Mitunternehmeranteil zu qualifizierender Herausgabeanspruch auch als verschontes Vermögen iSd § 13b I Nr 2 behandelt (FG Nds EFG 10, 1805; BayFinMin DStR 10, 2084, 13, 708; *Hannes/Otto,* ZEV 05, 464; *Wälzholz,* ZEV 07, 369). Ohne einen solchen konkreten Anknüpfungspunkt im Gesetzeswortlaut ist aber für ein Abstellen auf das wirtschaftliche Eigentum zur Qualifizierung von Inlandsvermögen kein Raum.

Abs 1 Nr 3 Sätze 2 und 3 ergänzen § 121 Nr 4 BewG. Dieser zählt Anteile an 22 inländischen Kapitalgesellschaften zum Inlandsvermögen, wenn der Gesellschafter alleine oder zusammen mit ihm nahestehenden Personen iSd § 1 II AStG am Grund- oder Stammkapital der Gesellschaft mindestens zu einem Zehntel unmittelbar oder mittelbar beteiligt ist. Nach Abs 1 Nr 3 S 2 genügt es, wenn der Erblasser oder Schenker zum StEntstehungszeitpunkt die Mindestbeteiligung hält. Der Erwerber kann sowohl vor als auch nach der Zuwendung geringer beteiligt sein. Abs 1 Nr 3 S 3 verweist für den Fall, dass durch Schenkung eines Teilanteils die Beteiligung des Schenkers unter 10% sinkt, für die Folgeerwerbe zur Berechnung der Mindestbeteiligung auf § 14. Der zum StEntstehungszeitpunkt bestehenden Beteiligung sind somit für die Ermittlung der Mindestbeteiligung die innerhalb der letzten zehn Jahre verschenkten Beteiligungen hinzuzuzählen. Da die Vorschrift lediglich auf die Beteiligung des Abgebenden abstellt, soll nach Auffassung der FinVerw (R E 2.2 III 2 ErbStR) eine Zusammenrechnung auch dann vorzunehmen sein, wenn die Teilübertragungen an unterschiedliche Erwerber (zB die erste an den Sohn, die zweite an die Tochter) erfolgen. Dies würde allerdings voraussetzen, dass sich die Verweisung auf § 14 nur auf den 10-Jahres-Zeitraum bezieht und nicht, wie der Wortlaut („soweit die Voraussetzungen des § 14 erfüllt sind") nahelegt, auf sämtliche Tatbestandsmerkmale des § 14. Da § 14 aus Erwerbersicht formuliert ist, ist aber Voraussetzung seiner Anwendung, dass ein und demselben Erwerber von derselben Person mehrere Vermögensvorteile anfallen. Vor dem Hintergrund der mit Abs 1 Nr 3 S 3 angestrebten Missbrauchsvermeidung erscheint eine Zusammenfassung von Teilanteilsübertragungen auf unterschiedliche Erwerber zwar naheliegend, sie ist angesichts des Wortlauts aber dennoch sehr zweifelhaft (ablehnend deshalb *Streck/Schwedhelm/Olbing,* DStR 94, 1441, 1442). Abs 1 Nr 3 S 3 setzt für die Anwendung des § 14 weiterhin eine Zuwendung „durch Schenkung" voraus, so dass vorherige entgeltliche Teilübertragungen unberücksichtigt bleiben, auch wenn sie an den späteren Erwerber erfolgten.

3. Einzelheiten

Im Fall der beschränkten StPfl sind bei der Feststellung der Bereicherung nach § 10 23 von den zum Inlandsvermögen gehörenden Gegenständen nur die damit in wirtschaftlichem Zusammenhang stehenden **Schulden und Lasten** abzugsfähig (§ 10 VI 2). Umfasst der Erwerb also Inlands- und Nichtinlandsvermögen, so müssen die zum Nichtinlandsvermögen gehörenden Schulden und Lasten unberücksichtigt bleiben. Mit dem Inlandsvermögen können auch solche Schulden in Zusammenhang stehen, die als Forderung nicht den Charakter von Inlandsvermögen haben. So sind ESt-Schulden eines Erblassers bei der Ermittlung des Inlandsvermögens abzuziehen, wenn die ESt durch den Besitz des Inlandsvermögens ausgelöst worden ist, wobei es die Steuerforderungen des Erblassers vorweg zu saldieren gilt. Der beschränkt stpfl Erbe kann auch solche Vermächtnis- und Pflichtteilsschulden abziehen, die den inländischen Nachlass belasten, aber für den ausländischen Vermächtnis- oder Pflichtteilsgläubiger keinen Erwerb von Inlandsvermögen darstellen (vgl dazu BFH BStBl II 73, 3).

Die sachlichen **StBefreiungen des § 13** gelten auch hinsichtlich der beschränkten 24 StPfl, sofern sie ihren Voraussetzungen nach passen (vgl dazu BFH BStBl II 84, 9). Auch der **Freibetrag nach § 5** wird vom Gesetz ohne Sonderregelung und somit in vollem Umfang für Fälle der beschränkten StPfl gewährt (aM *Moench/Weinmann* § 5 Rz 15; hier § 5 Anm 38).

25 Das Gesetz sieht Sonderregeln für die **Freibeträge des § 16 und des § 17** vor, wenn nur eine beschränkte StPfl besteht. Für Erwerbe ab dem 25.6.2017 wird in diesen Fällen zwar der steuerklassenabhängige Freibetrag des § 16 I gewährt, dieser aber gekürzt (§ 16 II, s dort Anm 16). Der Versorgungsfreibetrag steht bei beschränkter StPfl unter der besonderen Voraussetzung, dass Amtshilfe geleistet wird, um Auskünfte von ausländischen Behörden über anzurechnende Versorgungsbezüge zu erlangen (§ 17 III, s dort Anm 15). Diese durch das StUmgBG (BGBl I 17, 1682) eingeführten Bestimmungen sind Folge der aus Brüssel gerügten Europarechtswidrigkeit der vorherigen Gesetzeslage (s § 16 Anm 14f, § 17 Anm 14 und hier Anm 26).

4. Option zur unbeschränkten Steuerpflicht (Abs 3 aF)

26 § 2 III wurde durch das **StUmgBG** (BGBl I 17, 1682) zum 25.6.2017 **aufgehoben.** Die Einführung der dortigen Option zur unbeschränkten StPfl durch das BeitrRLUmsG (BGBl I 11, 2592) war der erste Versuch, eine EU-konforme Rechtslage herzustellen. Die Notwendigkeit hatte sich infolge der EuGH-Entscheidung in der Rs *Mattner* (DStR 10, 861) ergeben. Verminderte Freibeträge für Schenkungen unter Gebietsfremden wurden damit für nichtkonform mit dem EU-Recht erklärt (Verstoß gegen Art 63, 65 AEUV – Kapitalverkehrsfreiheit). Erneuter Handlungsbedarf ergab sich, nachdem der EuGH auch § 2 III wegen der Beschränkung auf EU/EWR-Sachverhalte und (wohl auch) des Wahlrechtscharakters (die Unionsrechtskonformität könne nicht durch eine fakultative Regelung hergestellt werden) sowie der Zusammenfassung der Erwerbe in einem 20-Jahres-Zeitraum für unionsrechtswidrig erklärt hat (Rs *Hünnebeck,* DStR 16, 1360). Die nachfolgenden Erläuterungen haben insofern nur noch Bedeutung für **Altfälle,** nämlich Erwerbe vom 14.12.2011 (einschließlich früherer Erwerbe, soweit der StBescheid materiell-rechtlich noch nicht bestandskräftig war, § 37 VII) bis zum 24.6.2017 (§ 37 XIV).

27 Regelungsidee des § 2 III war, dass der Erwerber bei Vorliegen der beschränkten StPfl beantragen konnte, dass sein Erwerb insgesamt als unbeschränkt stpfl behandelt wird. Dafür musste der Erblasser zZ seines Todes, der Schenker zZ der Ausführung der Schenkung oder der Erwerber zZ der Entstehung der St seinen Wohnsitz in der **EU** oder dem **EWR** haben **(S 1).** Dann konnte der Erwerber sich für die Vorteile der unbeschränkten StPfl entscheiden, dies jedoch nur unter Hinnahme des Nachteils, dass alles von dem Erwerb umfasste Vermögen (Weltvermögen) der Besteuerung unterworfen wird. Um sicherzustellen, dass die für unbeschränkt stpfl Erwerbe geltenden Vorschriften nicht durch Aufteilung einer zugedachten Zuwendung in mehrere Erwerbe umgangen werden können, wurde die Option nach **S 2** auf alle Erwerbe erstreckt, die zehn Jahre vor und zehn Jahre nach dem Erwerb vorgekommen sind. Alle in dieser **Zeitspanne von insgesamt 20 Jahren** erfolgten und noch erfolgenden Erwerbe wurden somit unabhängig von der Belegenheit der erworbenen Vermögensgegenstände besteuert. **Antragsberechtigt war allein der Erwerber.** Obwohl der Schenker neben dem Beschenkten als Gesamtschuldner für die SchSt haftet (§ 20 I 1), hatte er weder ein eigenes Antragsrecht, noch stand das Antragsrecht des Erwerbers unter dem Vorbehalt seiner Zustimmung. Nach **S 3** endete die **Festsetzungsfrist** für die in den 10 Jahren vor dem Vermögensanfall erfolgten Erwerbe nicht vor Ablauf des vierten Jahres, nachdem die Finanzbehörde von dem Antrag Kenntnis erlangt hat. Bis zur materiellen Bestandskraft der StFestsetzung konnte der Erwerber den Antrag widerrufen (FinVerw BStBl I 12, 328).

28 Die durch den Antrag rückwirkend entstehenden und sich voraussichtlich zukünftig ergebenden StBelastungen waren vor Ausübung der Option sorgfältig zu ermitteln und den erreichbaren Vorteilen gegenüberzustellen. Zu diesen **Vorteilen** gehörte neben dem Zugang zu den erhöhten persönlichen Freibeträgen des § 16 I aF und zum Versorgungsfreibetrag nach § 17 aF vor allem der ungekürzte Abzug von Schulden (§ 10 VI 2) und die Anrechnung von ausländischen Steuern (§ 21 I). Die Anrech-

nungsmöglichkeiten konnten dabei sogar weitreichender sein als bei einer echten unbeschränkten StPfl, zumindest wenn sich diese aufgrund der Inländereigenschaft des Erblassers ergeben würde. Denn mit der Option nach Abs 3 wurde der Erblasser nicht zum Inländer, so dass iRd § 21 sämtliche ausländische St anrechenbar waren, die auf Vermögensgegenstände entfielen, welche nicht als Inlandsvermögen qualifizierten (§ 21 II Nr 2, sog weiter Auslandsvermögensbegriff). Andererseits konnte in DBA-Fällen, in denen keine Anrechnung nach § 21 erfolgt, der Progressionsvorbehalt des § 19 II auch zu höheren Belastungen führen. Die Option entfaltete hingegen keine unmittelbare abkommensrechtliche Wirkung. Sie konnte auch nicht gleich einer echten Wohnsitznahme eine persönliche Abkommensberechtigung – und damit Abkommensschutz – begründen. Diese hätten sich vielmehr aus einer Ansässigkeit des Erblassers oder Schenkers im jeweils anderen Vertragsstaat ergeben müssen. Wenn etwa aufgrund Ansässigkeit im anderen Vertragsstaat das Abkommen griff, war mangels Ansässigkeit in Deutschland eine umfassendere Besteuerung zu befürchten. Deutschland standen auch dann nur die Besteuerungsrechte als Belegenheitsstaat zu (*Dürrschmidt,* IStR 12, 572, 575f; *Lüdicke/Schulz,* IStR 12, 417, 420). Die Abwägung der Vor- und Nachteile legte in den meisten Fällen den Verzicht auf eine Optionsausübung nahe. Dies auch vor dem Hintergrund, dass sich bereits mit den Entscheidungen des EuGH und den im Anschluss hieran ergangenen FG-Urteilen (Anm 26) zumindest der Freibetragsvorteil erheblich relativiert hatte.

5. Exkurs: Erweiterte beschränkte Steuerpflicht nach § 4 AStG

Mit der **erweiterten beschränkten StPfl** des § 4 AStG wird die sich aus § 2 I Nr 3 ergebende beschränkte StPfl über das Inlandsvermögen des § 121 BewG hinaus auf weitere Vermögensposten erstreckt. Der **Anwendungserlass** des BMF zum AStG v 14.5.2004 (BStBl I Sondernummer 1/2004, 3, 17) nennt: 29

1. Kapitalforderungen gegen Schuldner im Inland;
2. Spareinlagen und Bankguthaben bei Geldinstituten im Inland;
3. Aktien und Anteile an Kapitalgesellschaften, Investmentfonds und offene Immobilienfonds sowie Geschäftsguthaben bei Genossenschaften im Inland;
4. Ansprüche auf Renten und andere wiederkehrende Leistungen gegen Schuldner im Inland sowie Nießbrauchs- und Nutzungsrechte an Vermögensgegenständen im Inland;
5. Erfindungen und Urheberrechte, die im Inland verwertet werden;
6. Versicherungsansprüche gegen Versicherungsunternehmen im Inland;
7. beweglichen Wirtschaftsgüter, die sich im Inland befinden;
8. Vermögen, dessen Erträge nach § 5 AStG der erweiterten beschränkten Steuerpflicht unterliegen;
9. Vermögen, das nach § 15 AStG dem erweitert beschränkt Steuerpflichtigen zuzurechnen ist.

§ 4 AStG kommt nur zum Zuge, wenn weder der Erblasser/Schenker noch der Erwerber Inländer ist, der Erblasser oder Schenker aber früher Inländer war, auch jetzt noch wesentliche wirtschaftliche Interessen im Inland hat, seinen Wohnsitz und dauernden Aufenthalt jedoch vor mindestens 5 Jahren (sonst würde er nach § 2 I Nr 1 Buchst b noch als Inländer gelten) und höchstens 10 Jahren in ein Niedrigsteuerland verlegt hat, wo weniger als 30% der deutschen ErbSt erhoben werden. Vorausgesetzt wird, dass der Erblasser/Schenker früher als Inländer deutscher Staatsangehöriger war und mindestens 5 Jahre der unbeschränkten EStPfl unterlegen hat. Hat der Erblasser/Schenker zugleich mit dem Wohnsitzwechsel die deutsche Staatsangehörigkeit aufgegeben, greift § 2 I Nr 1 Buchst b nicht ein, so dass die erweiterte beschränkte StPfl des § 4 AStG schon gleich mit dem Wohnsitzwechsel und nicht erst 5 Jahre nach Wohnsitzverlegung zur Anwendung kommt. Die Einzelheiten ergeben die Kommentare zum AStG. Die FinVerw (BStBl I 12, 328) gewährt auch im Fall der erweiterten beschränkten StPfl das Antragsrecht nach Abs 3. 30

IV. Anhang: Doppelbesteuerungsabkommen

1. Doppelbesteuerung im ErbStRecht

31 **a) Allgemeines.** Das deutsche ErbStRecht kennt drei Anknüpfungspunkte, die in Fällen mit Auslandsberührung zur deutschen ErbStPfl führen. Sie werden in Abs 1 benannt. Danach greift die deutsche StPfl ein, wenn der Erblasser/Schenker Inländer ist, wenn der Erwerber zum Kreis der Inländer gehört oder wenn der Erwerb aus Inlandsvermögen besteht. Da andere Länder ihre StHoheit ähnlich abgrenzen, kann ein einziger Erbfall eine StPfl in drei Ländern auslösen (Bsp: Erblasser Staat A, Erbe Staat B, Vermögen Staat C). Auch ohne besondere Abkommen würde allerdings die StLast für den Erwerber nicht einfach kumulieren, wenn man die auf ausländische Erwerbe entfallenden ausländischen St abweichend von der üblichen Interpretation des § 10 VIII als Kosten, die dem Erwerber unmittelbar im Zusammenhang mit der Erlangung des Erwerbs entstehen, zum Abzug von der Bemessungsgrundlage der inländischen St zuließe (§ 10 Anm 71). Darüber hinausgehend besteht nach deutschem Recht die Möglichkeit, die an das Ausland für den Erwerb von Auslandsvermögen gezahlte St unter den strengen Voraussetzungen des § 21 (s dort Anm 1 ff) auf die inländische St anzurechnen. Auch ein solcher Abzug von der StSchuld kann jedoch die Doppelbesteuerung vieler internationaler ErbStFälle nicht oder nur teilweise vermeiden, da die speziellen Anrechnungsvorschriften der verschiedenen Länder nicht aufeinander abgestimmt sind. So besteht zwar in vielen Staaten Einverständnis darüber, dass die ausl ErbSt, die für Auslandsvermögen (im Quellenstaat) erhoben wird, im jeweiligen Inland (Wohnsitzstaat) auf die StSchuld eines unbeschränkt Stpfl angerechnet werden soll. Dennoch werden Doppelbesteuerungen auch zwischen diesen Staaten ohne Doppelbesteuerungsabkommen (DBA) insoweit nicht verhindert werden können, als die jeweiligen Definitionen des „Auslandsvermögens" und „Inlandsvermögens" in den verschiedenen Staaten nicht übereinstimmen. Die von der Bundesrepublik abgeschlossenen DBA können allerdings ebenfalls nicht jede bestehende Gefahr einer doppelten Besteuerung von Erbfällen und Schenkungen vermeiden. Soweit jedoch der Anwendungsbereich eines DBA betroffen ist, geht dieses in nationales Recht transformierte völkerrechtliche Abkommen den allg Regeln des ErbStG als lex specialis vor (§ 2 AO). Die DBA wirken als Beschränkung der nationalen Besteuerungsrechte. Sehen sie für bestimmte Probleme keine Regelung vor, bleibt es bei der Geltung des jeweiligen nationalen ErbStRechts (vgl allg zur Stellung der DBA im Verhältnis zum sonstigen nationalen Recht: *Wassermeyer,* StuW 90, 404, 410 f).

32 **b) Überblick über den Stand der deutschen ErbSt-DBA.** Die Bundesrepublik hat zur Vermeidung einer internationalen Doppelbesteuerung bei Erwerben von Todes wegen folgende DBA abgeschlossen, die aktuell von Bedeutung sind (s auch OFD Frankfurt ZEV 17, 598): DBA **Dänemark** v 22.11.1995 (BGBl II 96, 2565; 97, 728); DBA **Frankreich** v 12.10.2006/3.4.2009 (BGBl II 07, 1402; 09, 596); DBA **Griechenland** v 18.11./1.12.1910 (RGBl 12, 173; BGBl II 53, 525); DBA **Schweiz** v 30.11.1978 (BGBl II 80, 594; 80, 1341); DBA **USA** v 21.12.2000 (BGBl II 00, 1170; 01, 62). Des Weiteren hat die Bundesregierung mit den Regierungen der Niederlande, Italiens, Dänemarks sowie mit einzelnen Kantonen der Schweiz vereinbart, Zuwendungen an gemeinnützige oder mildtätige Organisationen auch bei grenzüberschreitenden Erbschaften und Schenkungen bilateral von der ErbSt zu befreien, sofern nur der Erwerb in einem der beiden „Staaten" stfrei ist. Durch die Neufassung des § 13 I Nr 16 Buchst c ist fraglich, ob diese **Gegenseitigkeitserklärungen** weiterhin anzuwenden sind (s § 13 Anm 75). Verhandelt wird zZ über Abkommen mit Finnland und Italien (zum Stand: BMF BStBl I 17, 140). Begonnene Verhandlungen mit den Niederlanden und Großbritannien werden derzeit nicht weiterverfolgt. Das

ErbSt-DBA mit **Griechenland** wird im Folgenden nicht weiter berücksichtigt. Es stellt kein umfassendes ErbSt-DBA dar, sondern ist lediglich eine Vereinbarung über die Besteuerung des beweglichen Nachlassvermögens. Hiernach kann das bewegliche Vermögen eines Erblassers grundsätzlich nur von seinem Wohnsitzstaat besteuert werden. Lediglich soweit der Erbe in dem jeweils anderen Staat ansässig ist, kann auch dieser Erben-Wohnsitzstaat auf das bewegliche Vermögen des ausländischen Erblassers Zugriff nehmen. Ein Abkommen mit **Israel,** das erst am 20.1.1984 ratifiziert wurde, hat nur eine rückwirkende Geltung vom 1.1.1968 bis zum 31.3.1981 erlangt, da Israel mWv 1.4.1981 die ErbSt abgeschafft hat. In **Österreich** ist die dortige ErbSt durch Entscheidungen des Verfassungsgerichtshofes vom 7. 3. und 15.6.2007 mit einer Anpassungsfrist bis zum 31.7.2008 für verfassungswidrig erklärt worden. An eine Anpassung wurde nicht gedacht. Das österreichische ErbStG ist daher seit dem 1.8.2008 nicht mehr in Kraft. Diese Entwicklung hat Deutschland zum Anlass genommen, das bis dahin bestehende DBA mit Österreich v 4.10.1954 (BGBl II 55, 755) zum 31.12.2007 zu kündigen (BStBl I 07, 821). In Österreich ist an die Stelle des ErbStG ein Schenkungsmeldegesetz getreten (*Gahleitner/Fugger,* ZEV 08, 405). Das DBA **Schweden** v 8.6.1994 (BGBl II 94, 686; 95, 29) ist praktisch nicht mehr von Bedeutung, nachdem dort die ErbSt zum 1.1.2005 abgeschafft wurde. Das Abkommen (hierzu die Vorauflage Anm 25) wurde bisher aber nicht aufgehoben.

2. Grundstrukturen der Doppelbesteuerungsabkommen

a) Einführung. Zunächst sollen anhand des OECD-Musterabkommens zur Vermeidung der Doppelbesteuerung von Nachlässen und Erbschaften von 1966/1982 (amtlicher Abdruck: *BMF,* Musterabkommen zur Vermeidung der Doppelbesteuerung der Nachlässe, Erbschaften und Schenkungen mit Bericht des Fiskalausschusses der OECD 1982, Herne/Berlin 1987) die Grundstrukturen der DBA und des Musterabkommens dargelegt werden. Soweit die einzelnen Abkommen, die aktuell von Bedeutung sind (DBA Dänemark, Frankreich, Schweiz und USA) in wesentlichen Punkten von dem OECD-MA („OECD-MA") abweichen, werden sie im Anschluss an diese allg Darlegungen im Einzelnen erläutert (Anm 43ff). 33

b) Geltungsbereich. Der **sachliche Geltungsbereich** war zunächst auf Erwerbe von Todes wegen beschränkt und erfasst keine Schenkungen unter Lebenden (Art 2 II OECD-MA). Dadurch ergab sich die Gefahr einer Kumulierung von Schenkung- und NachlassSt, wenn ein Staat die Schenkung schon zum Zeitpunkt der Ausführung und der andere Staat sie erst zum Zeitpunkt des Todes des Schenkers rückwirkend erbstlich erfasst hätte. Bei den in der Folgezeit verhandelten DBA wurden deshalb idR auch Schenkungen unter Lebenden mit einbezogen, weshalb sie auch später von der OECD in das MA 1982 aufgenommen wurden, welches jedoch keine Schenkungsbesteuerung, sondern lediglich Meldepflichten bei unentgeltlichen Vermögensübertragungen ab einem relevanten gemeinen Wert (zwischen Angehörigen 50.000 EUR und zwischen sonstigen Personen 15.000 EUR innerhalb eines Jahres) vorsieht. Ein Verstoß gegen die Meldepflichten kann allerdings zu Geldstrafen bis zu 10% des Wertes des übertragenen Vermögens führen. Eine weitere österreichische Besonderheit ist die Stiftungseingangssteuer, die grds 2,5% vom Verkehrswert beträgt und bei einem Vermögenstransfer auf in- und ausländische Stiftungen anfallen kann. Grundstückszuwendungen sind allerdings mit dem 1.1.2012 von der Stiftungseingangssteuer befreit und unterliegen nur noch – und nur soweit in Österreich belegen – der Grunderwerbsteuer (*Fugger,* ZEV 12, 201). 34

In **persönlicher Hinsicht** knüpft das Abkommen an den Wohnsitz (Art 4 I OECD-MA) des Erblassers und Schenkers an. Nur wenn dieser im Zeitpunkt des Todes bzw der Schenkung in mindestens einem Vertragsstaat lag, findet das Abkommen Anwendung. Die Staatsangehörigkeit und die Ansässigkeit des Erwerbers spielen für 35 die Frage der Geltung des Abkommens hingegen keine Rolle. Damit bleiben Doppelbesteuerungen, die dadurch entstehen, dass einzelne Staaten die Besteuerung an der Staatsangehörigkeit (USA) oder (auch) der Ansässigkeit des Erwerbers (Deutschland) festmachen, ungeregelt.

36 **c) Methoden zur Vermeidung der Doppelbesteuerung.** Kernpunkt der DBA ist die Verhinderung bzw. Verringerung der internationalen Doppelbesteuerung wahlweise durch die sog **Freistellungs-** oder die sog **Anrechnungsmethode.** Entweder verpflichten sich die Staaten dazu, bestimmte Vermögensgegenstände ganz aus der eigenen Besteuerung herauszunehmen (Freistellungs-/Befreiungsmethode) oder sie erklären sich dazu bereit, die bei uneingeschränkter Besteuerungskompetenz verbleibende Doppelbesteuerung durch Anrechnung der AuslandsSt auf die inländische StSchuld zu verhindern. Es muss dann festgelegt werden, welchem Staat das vorrangige Besteuerungsrecht zukommen soll und welcher Staat dementsprechend verpflichtet ist, die im anderen Vertragsstaat erhobene ErbSt zum Abzug von der inländischen ErbStSchuld zuzulassen. Typischerweise ist danach der Erblasser-Wohnsitzstaat zur Freistellung oder Anrechnung der Steuern, die an den primär stberechtigten Belegenheitsstaat gezahlt werden, verpflichtet. Das OECD-MA trifft keine Entscheidung zwischen Freistellungs- und Anrechnungsmethode, sondern hält in Art 9 A/9 B für beide Formen Abkommensvorschläge bereit, so dass diese auch miteinander kombiniert werden können. Die Befreiung und Anrechnung erstreckt sich grds auch auf Vorschenkungen, sofern diese, wie zB im deutschen § 14 in die Besteuerung einbezogen werden (Art 9 A/9 B II 1 OECD-MA); etwa erstmalig nach Überschreiten eines Freibetrags oder bei der Ermittlung des StSatzes. Dies gilt ausnahmsweise dann nicht, wenn der Wohnsitzstaat die Vorschenkung als Belegenheitsstaat besteuern konnte (Art 9 A/9 B II 2 OECD-MA). Wird die Befreiungsmethode angewendet, kommt ein dem § 19 II ErbStG entsprechender Progressionsvorbehalt zur Geltung (Art 9 A III OECD-MA). Im Rahmen der Anrechnungsmethode wird – ähnlich wie bei § 21 I 2 – der Anrechnungsbetrag der Höhe nach begrenzt: es kann nur angerechnet werden, was ohne Anrechnung an St auf die Vermögensgegenstände entfällt, für welche die Anrechnung gewährt wird (Art 9 B III OECD-MA).

37 **d) Wohnsitz.** Systematischer Ausgangspunkt der stbegrenzenden DBA-Regeln ist das sog (Erblasser-)Wohnsitzprinzip. Danach soll das **primäre Besteuerungsrecht** im Sinne einer unbeschränkten StPfl grundsätzlich dem Staat zukommen, in dem der Erblasser zum Zeitpunkt seines Todes einen Wohnsitz hatte (Art 8 OECD-MA). Die Problematik einer Doppelbesteuerung wegen mehrfachen Wohnsitzes wird im Vergleich zum deutschen Recht (vgl § 2 I Nr 1) insoweit verringert, als lediglich der Erblasser-Wohnsitz den Anknüpfungspunkt für eine StPfl des Vermögensübergangs bildet und nicht auch der Erwerber-Wohnsitz; dem deutschen StR würde allerdings eine Konzentration auf den Erwerber-Wohnsitz eher entsprechen (s Anm 17). Bei einem Erblasser-Wohnsitz in beiden Vertragsstaaten („doppelter Wohnsitz") behilft man sich darüber hinaus mit einer schrittweisen Einengung der Wohnsitzdefinition, so dass jenes Land, das als einziges noch die strengeren Kriterien erfüllt, als der primär stberechtigte Wohnsitzstaat gilt. Zunächst wird hierbei auf die ständige Wohnstätte des Erblassers abgestellt. Besteht eine solche ebenfalls in beiden Staaten, soll der Mittelpunkt der Lebensinteressen ausschlaggebend sein. Ist auch dies nicht zu klären, greift als nächstes Kriterium der gewöhnliche Aufenthalt ein und zuletzt die Staatsangehörigkeit des Erblassers (Art 4 II Buchst a–c OECD-MA, sog tie-breaker-rule). Führen auch diese Kriterien zu keinem Ergebnis, haben sich die Staaten im Rahmen eines Verständigungsverfahrens (Art 11 OECD-MA) darauf zu einigen, welcher von beiden „Wohnsitzstaat" sein soll (Art 4 II Buchst d OECD-MA).

38 **e) Beschränkte Steuerpflicht.** Erhebliche Einschränkungen erfährt das Wohnsitzprinzip aber dadurch, dass auf Grund des sog Quellenstaatsprinzips der beschränk-

ten StPfl des Belegenheitsstaates in zwei Fällen der Vorrang gegeben wird mit der Folge, dass der dieses Vermögen ebenfalls besteuernde Wohnsitzstaat entweder zur Freistellung oder zur Anrechnung verpflichtet ist. Nach dem aus dem Quellenstaatsprinzip abgeleiteten sog **Belegenheitsprinzip** (Art 5 OECD-MA) unterfällt das unbewegliche Vermögen, wozu auch Inventar, Zubehör und Nutzungsrechte an Immobilien zählen (Art 5 II 2 OECD-MA), der vorrangigen Besteuerungskompetenz desjenigen Landes, in dem sich das betreffende Vermögen befindet. Das Gleiche gilt gem dem sog **Betriebsstättenprinzip** (Art 6 OECD-MA) im Hinblick auf das gewerbliche, einer Betriebsstätte zugehörige Vermögen für das Land, in dem die Betriebsstätte belegen ist. Da die meisten Staaten wesentlich mehr inländische Vermögensgegenstände als Immobilien oder Betriebsstättenvermögen in die beschränkte StPfl einbeziehen, ist mit dieser Regelung eine erhebliche Erleichterung für den Stpfl verbunden.

f) Abgrenzungsfragen. Die genaue **Definition des Belegenheits- und Betriebsstättenvermögens** bereitet zum Teil erhebliche Probleme. Was zum unbeweglichen Vermögen gehört, bestimmt sich nach dem nationalen Recht des Belegenheitsstaates (Art 5 II 1 OECD-MA). Die Zuordnung zum unbeweglichen Vermögen hat Vorrang gegenüber sonstigen Zuordnungen, so dass die Regelungen des Art 5 I u II OECD-MA insb auch dann Anwendung finden, wenn das unbewegliche Vermögen zu einem Unternehmen gehört. Die Konkretisierung des Begriffs der Betriebsstätte und damit die Zuordnung des beweglichen Vermögens zu dieser weist das Abkommen hingegen nicht einem der beiden Vertragsstaaten zu. Vielmehr erfolgt dies entsprechend dem allg Grundsatz des Art 3 II OECD-MA durch jeden Staat nach seinem eigenen innerstaatlichen Recht. Allerdings hat sich die Auslegung an der Systematik des Abkommens und dem Telos der abkommensrechtlichen Regelungen zu orientieren, so dass die innerstaatlichen Begriffsbestimmungen nicht unreflektiert übernommen werden dürfen. So wird zB eine gewerblich geprägte Personengesellschaft iSd § 15 III Nr 2 EStG, die tatsächlich vermögensverwaltend tätig ist und nur aufgrund ihrer Rechtsform kraft gesetzlicher Anerkennung gewerbliche Einkünfte erzielt und ihr Vermögen im steuerlichen Betriebsvermögen hält, abkommensrechtlich nicht als unternehmerisches Vermögen qualifiziert. Ähnliche Auslegungsschwierigkeiten können sich auch bei anderen Spezialbegriffen des deutschen StRechts, wie etwa der Betriebsaufspaltung, der Betriebsverpachtung oder dem Sonderbetriebsvermögen ergeben (*Troll/Jülicher* § 2 Rz 169). Doch auch wenn das Abkommensrecht kein vom nationalen Recht abweichendes Verständnis verlangt, kann das abkommensrechtliche innerstaatliche Begriffsverständnis des jeweils anderen Vertragsstaates wiederum ein ganz anderes sein. Es kommt zu Qualifikationskonflikten, die nur im Wege eines Verständigungsverfahrens gelöst werden können. 39

g) Verbindlichkeiten. Der **Schuldenabzug** wird so gehandhabt, dass die mit dem unbeweglichen oder Betriebsstättenvermögen zusammenhängenden Verbindlichkeiten zunächst von diesem Vermögen jeweils gesondert abgezogen werden (Art 8 I u II OECD-MA) und dass die übrigen Schulden dann vom Wert des restlichen, nach dem Wohnsitzprinzip besteuerten Vermögens abzuziehen sind (Art 8 III OECD-MA), und zwar sowohl die Schulden, die mit dem übrigen Vermögen zusammenhängen, als auch ein Überhang von mit dem unbeweglichen Vermögen und dem Betriebsvermögen zusammenhängenden Schulden (Art 8 IV OECD-MA) sowie schließlich Schulden, die keinen Zusammenhang zu einem Vermögen aufweisen wie zB Vermächtnisse oder Beerdigungskosten. Übersteigen die in einem Vertragsstaat insgesamt abzugsfähigen Schulden den Wert des in diesem Land stbaren Vermögens, so kürzt der Negativsaldo den Wert des Vermögens, das in dem anderen Staat besteuert wird (Art 8 V OECD-MA). 40

41 **h) Verständigungsverfahren und Informationsaustausch.** Die DBA enthalten eine Bestimmung über **Verständigungsverfahren** (Art 11 OECD-MA). Hiernach steht dem Stpfl nicht nur der normale Rechtsweg gegen den jeweils St erhebenden Staat offen, sondern ihm soll auch die FinBeh seines Ansässigkeitsstaates zu Hilfe kommen, wenn die ausl StBehörde seinen Fall unter Verstoß gegen das DBA entscheiden will. Die zuständige Behörde des Ansässigkeitsstaates soll sich bemühen, ein Verständigungsverfahren mit der zuständigen FinBeh des anderen Staates einzuleiten. Auch Fälle von Doppelbesteuerungen, die nicht im Abkommen behandelt sind, können hier berücksichtigt werden (Art 11 III OECD-MA). Der in Deutschland ansässige Stpfl hat insoweit einen Anspruch auf ermessensfehlerfreie Entscheidung der zuständigen FinBeh. Hält diese ein Verständigungsverfahren mit dem anderen Staat allerdings begründeterweise für zwecklos, besteht kein Anspruch auf Einleitung eines solchen Verfahrens.

42 Art 12 OECD-MA regelt den **Austausch von Informationen** zwischen den Behörden der beiden Vertragsstaaten. Dabei geht es um alle Informationen, die zur Anwendung des Abkommens oder auch des nationalen Rechts erforderlich sind, Art 12 I OECD-MA (sog großer Auskunftsaustausch, während sich der sog kleine Auskunftstausch, wie er zB im DBA Schweiz vorgesehen ist, nur auf abkommensrelevante Informationen bezieht). Die ausgetauschten Informationen sind geheim zu halten, weshalb ein im innerstaatlichen Recht angeordnetes StGeheimnis einer Informationserteilung nicht entgegensteht. Im Übrigen sind die Informationen aber nur zu erteilen, wenn dies und auch bereits die Informationsbeschaffung mit nationalem Recht vereinbar ist.

3. Die einzelnen Doppelbesteuerungsabkommen

43 **a) DBA Dänemark.** Das DBA mit Dänemark (v 25.11.1995, BGBl II 96, 2566; dazu *Krabbe,* ZEV 97, 146) ist Teil eines umfassenderen DBA, das neben der Besteuerung von Nachlässen, Erbschaften und Schenkungen auch die Besteuerung des Einkommens und Vermögens anspricht. Es gilt für Erwerbe von Todes wegen oder durch Schenkung unter Lebenden, wenn der Erblasser zur Zeit seines Todes oder der Schenker zur Zeit der Schenkung in einem der beiden Vertragsstaaten ansässig war. Eine Sonderregelung ist für Personen vorgesehen, die von einem in den anderen Vertragsstaat wechseln. Wer so umgezogen ist, wird noch für weitere fünf Jahre dem früheren Wohnsitzstaat zugerechnet. Das Besteuerungsrecht liegt grundsätzlich beim Wohnsitzstaat. Doch hat bei unbeweglichem Vermögen und bei dem Betriebsvermögen einer Betriebsstätte auch der Belegenheitsstaat ein Besteuerungsrecht. Der Doppelbesteuerung wird durch Anrechnung entgegengewirkt.

44 **b) DBA Frankreich.** Das Abkommen v 12.10.2006 (BGBl II 07, 1402), das am 3.4.2009 in Kraft getreten ist, wird durch ein Protokoll ergänzt, dessen Regelungen Bestandteil des Abkommens sind. Abkommen und Protokoll sind abgedruckt bei *Troll/Jülicher* § 2 Rz 281 ff. Das Abkommen betrifft Erwerbe von Todes wegen und durch Schenkung unter Lebenden und gilt für die französischen Abgaben vom unentgeltlichen Vermögensübergang (droits de mutation à titre gratuit) und für das deutsche ErbStG. Vorausgesetzt wird, dass der Erblasser oder Schenker in einem der beiden Vertragsstaaten zum Besteuerungszeitpunkt seinen Wohnsitz hatte und dass es um Vermögen geht, das einer der Vertragsstaaten im Rahmen der genannten St in Anspruch nimmt. Das Abkommen äußert sich ausführlich zu den Merkmalen des Wohnsitzbegriffs. Nach Nr 2 des Protokolls gilt auch ein in Deutschland erweitert unbeschränkt stpfl Erblasser oder Schenker als dort ansässig. Auch werden Personen mit Wohnsitz in beiden Vertragsstaaten der Staatsangehörigkeit nur eines Vertragsstaates als im Staatsangehörigkeitsstaat ansässig behandelt, wenn sie innerhalb der letzten sieben Jahre weniger als fünf Jahre im anderen Staat ihren Wohnsitz haben und zusätzlich die

Absicht haben, dies nicht auf Dauer beizubehalten. Das Besteuerungsrecht wird grundsätzlich dem Ansässigkeitsstaat des Erblassers oder Schenkers zugewiesen. Doch steht auch dem Belegenheitsstaat dann, wenn es um unbewegliches Vermögen geht oder wenn bestimmte bewegliche Vermögensposten transferiert werden (wie zB Betriebsstättenvermögen), ein Besteuerungsrecht zu. Zugunsten Frankreichs enthält das Abkommen zwei Transparenzfiktionen: So gelten als unbewegliches Vermögen auch Aktien, Anteile und Rechte an Gesellschaften oder juristischen Personen, die in ihrem Vermögen unmittelbar oder mittelbar mehr als 50% in einem Vertragsstaat belegene Immobilien halten. Weiterhin zählt hierzu – anteilig – Immobilienvermögen einer Gesellschaft, die zu mehr als zur Hälfte vom Erblasser oder Schenker gemeinsam mit seinem Ehegatten, Verwandten gerader Linie oder Geschwistern unmittelbar oder mittelbar gehalten wird. Die Doppelbesteuerung wird durch Anrechnung der im anderen Staat erhobenen St vermieden, wobei verschiedene Anrechnungshöchstgrenzen zu beachten sind. Zuwendungen an gemeinnützige Körperschaften, die in einem Vertragsstaat befreit sind, sind auch im jeweils anderen Staat befreit (Art 12 I iVm Art 21 VII des Zusatzabkommens zum ESt-Abkommen, BStBl I 90, 413).

c) DBA Schweiz. Allgemeines. Das für seit dem 25.4.1980 erlangte Erbschaften geltende Abkommen erfasst insb die in der Schweiz bedeutsamen kantonalen ErbSt. Das allgemeine Verständigungsverfahren des Art 12 DBA ist ua auch vorgesehen für Beratungen der zuständigen Behörden der Vertragsstaaten über die Frage, wie eine Doppelbesteuerung in den nicht vom Abkommen erfassten Fällen – also zB in Schenkungsfällen – einvernehmlich vermieden werden kann. Es besteht schon heute die Vereinbarung, dass die Regelungen des Abkommens auch für die Schenkung von Geschäftsbetrieben anwendbar sein sollen (BMF v 7.4.1988, DB 88, 938). 45

Methodik. Auch nach dem DBA Schweiz gilt bei Immobilien (Art 5 DBA) und dem Betriebsstättenvermögen (Art 6 DBA) der Vorrang des Quellenstaates vor dem Wohnsitzstaat (Art 8 DBA). Ist die Bundesrepublik der (Erblasser-)Wohnsitzstaat, kommt grds gem Art 10 I Buchst b DBA die Anrechnungsmethode zur Anwendung. Von der deutschen St unter Progressionsvorbehalt freigestellt wird jedoch das schweizerische Immobiliarvermögen eines Schweizer Staatsbürgers (Art 10 I Buchst a DBA). Für die Schweiz als Wohnsitzstaat gilt hingegen ausschließlich das Freistellungsprinzip mit Progressionsvorbehalt (Art 10 II DBA). Die gesamte Regelung im Verhältnis zur Schweiz ist deshalb recht kompliziert, weil Freistellungs- und Anrechnungsmethode miteinander kombiniert werden und mehrere Ausnahmeregelungen geschaffen worden sind, die die verschiedenen Interessen der Vertragspartner besonders berücksichtigen. Von deutscher Seite wurde beispielsweise besonderer Wert darauf gelegt, die unbeschränkte deutsche ErbStPfl auch bei in die Schweiz ausgewanderten Erblassern ausdrücklich aufrechtzuerhalten, um der Gefahr einer StFlucht zu begegnen. 46

Der **Verbindlichkeitenabzug** erfolgt ebenfalls nach zwei verschiedenen, miteinander kombinierten Methoden. Soweit die Verbindlichkeiten in einem konkreten wirtschaftlichen Zusammenhang mit bestimmten Vermögensgegenständen stehen, werden sie vom Wert dieser Gegenstände abgezogen (Art 9 I DBA). Bei grundpfandrechtlich gesicherten Forderungen kann ein wirtschaftlicher Zusammenhang mit dem belasteten Grundstück vermutet werden. Die anderen Schulden werden im Wohnsitzland abgezogen (Art 9 II 1 DBA), mit Ausnahme der Verbindlichkeiten, die auf das von der Bundesrepublik nach Art 4 IV DBA zu besteuernde Vermögen entfallen, da diese gem Art 9 II 3 DBA pro rata auf beide Vertragsstaaten aufgeteilt werden. 47

Vorbehaltsklauseln. In concreto sind der Bundesrepublik folgende, über das OECD-MA (ErbSt) hinausgehende Besteuerungskompetenzen verblieben: Die Bundesrepublik darf ihre unbeschränkte StPfl weiterhin an den Erwerberwohnsitz anknüpfen, soweit der Erwerber über eine ständige Wohnstätte oder einen gewöhnlichen Aufenthalt im Inland verfügt (Art 8 II 1 DBA). Darüber hinaus kann sie die unbeschränkte StPfl selbst dann beibehalten, wenn der Erblasser, der sowohl in der 48

Bundesrepublik als auch in der Schweiz über einen Wohnsitz verfügte, den Mittelpunkt seiner Lebensinteressen in die Schweiz verlagert hatte (Art 4 III 1 DBA). Schließlich kann die Bundesrepublik ihre unbeschränkte StPfl um effektiv 6 Jahre verlängern, nachdem der Erblasser seinen Wohnsitz in Deutschland aufgegeben hat (Art 4 IV 1 DBA). In allen diesen Fällen ist jedoch die Bundesrepublik verpflichtet, eine dadurch verursachte Doppelbesteuerung im Wege der Anrechnung der schweizerischen ErbSt zu beheben. Im Ergebnis kommt es in diesen Fällen aufgrund des Vorrangs der unbeschränkten StPfl der Schweiz zu einer „überdachenden Besteuerung". Darüber hinaus setzt das Bestehenbleiben der unbeschränkten deutschen ErbStPfl in den genannten Fällen immer voraus, dass nicht schweizerische Interessen berührt werden. Die unbeschränkte deutsche StPfl ist demnach auch in den oben genannten Fällen ausgeschlossen, wenn Erblasser und Erwerber schweizerische Staatsangehörige waren (Art 8 II 4 DBA), oder die Wohnsitzverlagerung in die Schweiz entweder von einem Schweizer Staatsbürger vorgenommen wurde, oder nur deshalb stattgefunden hatte, weil der Erblasser in der Schweiz für einen dortigen Arbeitgeber tätig war oder mit einem schweizerischen Staatsangehörigen die Ehe einging (Art 4 IV 2 DBA). Hat der Erwerber sich für estliche Zwecke auf einen Wohnsitz im Inland berufen, kann er ohne Verstoß gegen Treu und Glauben nicht für Zwecke der ErbSt behaupten, dieser Wohnsitz habe nicht bestanden (FG München UVR 96, 247).

49 **d) DBA USA.** Der **sachliche Geltungsbereich** des Abkommens bezieht sich nicht nur auf Erbschaften, sondern auch auf Schenkungen, wenn der Erblasser/Schenker zZ seines Todes bzw der Schenkung einen Wohnsitz in zumindest einem der Vertragsstaaten hatte (Art 1DBA). Auf amerikanischer Seite ist neben der normalen federal estate tax (ErbSt) und der federal gift tax (SchSt) auch die generation-skipping transfer tax (St auf Generationen überspringende Vermögenstransfers) erfasst (Art 2 I Buchst a DBA). Allerdings gilt das DBA prinzipiell nicht auch für die in den USA sehr wichtigen Erb/SchSt der verschiedenen Einzelstaaten (vgl Art 2 I Buchst a DBA), die schon nach inneramerikanischem Recht auf die BundesErbSt angerechnet werden und so das Anrechnungspotential an BundesErbSt vermindern. Dennoch ist vereinbart, dass die St der Einzelstaaten bei einer Anrechnung durch die Bundesrepublik mit berücksichtigt werden (Art 11 IV), und dass bei Fehlen der Anrechnungsvoraussetzungen ein Verständigungsverfahren eingeleitet werden kann. Nicht vom Abkommen erfasst ist eine in den USA anfallende St auf Auszahlungen aus einer Lebensversicherung (federal income tax withheld), mit der bei Einzahlung unversteuert gebliebene Einnahmen nachversteuert werden und die deshalb nicht als ErbSt qualifiziert werden (BFH DStRE 16, 1506).

50 Der **zeitliche Geltungsbereich** des Abkommens beginnt für Schenkungen und Erbfälle mit dem 1.1.1979 (Art 17 II DBA). Für Erbfälle zwischen dem 1.1.1974 und dem 1.1.1979 können die Staaten gem Art 17 III DBA gemeinsam darüber beraten, ob und wie sie die auch bei Ausnutzung der innerstaatlichen Anrechnungsmöglichkeiten verbliebene Doppelbesteuerung verhindern. Das Abkommen v 3.12.1980 (BGBl II 82, 847; BStBl I 82, 765; 86, 478) wurde durch ein **Änderungsprotokoll** (BGBl II 00, 1170; 01, 62) ergänzt, das Änderungen insb für die Besteuerung des überlebenden Ehegatten im Erbfall gebracht hat (hierzu näher Anm 55). Eine kurze Übersicht über die wichtigsten Neuregelungen findet sich bei *Moench/Weinmann* § 2 Rz 48.

51 Das Abkommen verzichtet auf eine gegenseitige StFreistellung durch den Wohnsitzstaat und beseitigt die Doppelbesteuerung mittels einer im Verhältnis zum nationalen Recht **erweiterten Anrechnung.** Hieraus folgt, dass weder die USA gehindert werden, weiterhin ihre unbeschränkte StPfl an die Staatsangehörigkeit des Erblassers (Art 11 I Buchst a DBA) anzuknüpfen, noch dass es der Bundesrepublik versagt wird, dieselbe mit dem Wohnsitz des Erwerbers (Art 11 I Buchst b DBA) zu verbinden. Allerdings ist die unbeschränkte StPfl, die lediglich auf diesen Tatbestandsmerkmalen

basiert, nachrangig im Verhältnis zu dem normalen Belegenheits-, Betriebsstätten- oder Erblasser-Wohnsitzprinzip (Art 5–9 DBA), so dass der gem Art 11 I Buchst a oder b Steuern erhebende Staat (zB Deutschland, wenn Erblasser/Schenker in den USA, der Erwerber in Deutschland) hier zur vollständigen Anrechnung der ausländischen St verpflichtet ist (Art 11 II Buchst b, III Buchst b DBA), sofern er nicht selbst der nach Art 5, 6 oder 8 stberechtigte Belegenheitsstaat ist. Die von ihm als Belegenheitsstaat erhobene St würde wiederum vom eigentlichen Wohnsitzstaat (im Bsp den USA) angerechnet. In die Anrechnung miteinbezogen werden jeweils alle versteuerten Schenkungen des Erblassers aus früheren Zeiten, soweit das betreffende Vermögen später auch zum stpfl Nachlass gehört (Art 11 V Buchst a DBA). Eine damals schon erfolgte Berücksichtigung der ausländischen St muss bei einer späteren Anrechnung aber auch zum Nachteil des Stpfl berücksichtigt werden, um eine doppelte Anrechnung zu vermeiden (vgl Art 11 V Buchst b DBA).

Im Verhältnis zum früheren Recht besteht die wohl bedeutendste StErleichterung, 52
die das Abkommen für deutsch-amerikanische Erbfälle und Schenkungen mit sich bringt, darin, dass beide Vertragsstaaten den **Umfang ihrer beschränkten StPfl** entsprechend dem OECD-MA (s Anm 38) auf das Immobiliar- und das Betriebsstättenvermögen eingrenzen (Art 9 DBA). In dieser Hinsicht, also nur für den Bereich der beschränkten StPfl, hat das Abkommen eine Freistellung von der jeweiligen StPfl zur Folge. Unterfällt der Erwerb demnach nur in Deutschland der unbeschränkten StPfl, so wird der Stpfl von Seiten der USA nicht mehr mit Steuern auf amerikanische Aktien, Wertpapiere oder sonstiges bewegliches Vermögen belastet. Umgekehrt unterfällt ein lediglich in den USA unbeschränkt stpfl Erwerb in der Bundesrepublik nicht mehr der beschränkten StPfl nach § 2 I Nr 3 ErbStG iVm § 121 BewG, soweit es sich dabei nicht um Immobiliar- oder Betriebsstättenvermögen handelt. Insbesondere die wesentlichen Beteiligungen an bundesdeutschen Kapitalgesellschaften und deutsche Patentrechte werden dann in Deutschland nicht mehr besteuert.

Im Übrigen bleibt anzumerken, dass das Wohnsitzprinzip des Art 9 DBA auch für 53
Seeschiffe und Luftfahrzeuge gilt (Art 7 DBA) und das Belegenheitsprinzip des Art 5 DBA sich auf **gewerblich genutzte Immobilien** erstreckt (Art 5 III DBA). Für Beteiligungen an **Personengesellschaften** besteht in Art 8 DBA eine Sonderregelung, wonach diese entsprechend ihrem im Ausland belegenen Vermögensanteil vorrangig nach dem Belegenheits- oder dem Betriebsstättenprinzip behandelt werden. Das **Betriebsstättenvermögen** wird im Übrigen in Art 6 II DBA sehr detailliert definiert. Der **Verbindlichkeitenabzug** wird in Art 10 I DBA nur in Form eines Mindestabzugs geregelt, wobei die mit einem Grundstück oder einer Betriebsstätte konkret in Zusammenhang stehenden Schulden auch vom Belegenheitsstaat abzuziehen sind (Art 10 I Buchst a, b, c DBA). Für den darüber hinausgehenden Abzug der Verbindlichkeiten gilt das nationale Recht der Vertragsstaaten.

In Art 10 II DBA werden verschiedene Arten von **gemeinnützigen Organisa-** 54
tionen, Körperschaften etc in beiden Vertragsstaaten von der St befreit, soweit die Übertragung des Vermögens an eine solche Organisation in einem der beiden Staaten stfrei wäre. Dasselbe soll nach Art 10 III DBA grds auch für Sozialversicherungsrenten und ähnliche staatliche Ruhegehälter gelten, soweit sie – für den Fall, dass der Erblasser dort seinen Wohnsitz hatte – in einem Vertragsstaat stfrei wären. Die so befreiten Beträge können jedoch auf den Versorgungsfreibetrag nach § 17 ErbStG angerechnet werden (Art 10 III 2 DBA).

Eine wichtige StVergünstigung gewähren beide Vertragsstaaten für den **Vermö-** 55
gensübergang zwischen Ehegatten. Gem Art 10 IV 1 DBA wird das auf den Ehegatten übergegangene Vermögen, das lediglich auf Grund des Belegenheits- oder Betriebsstättenprinzips in dem Nichtwohnsitzstaat besteuert werden kann, nur zum halben Wert in die StBemessungsgrundlage desjenigen Staates einbezogen, in dem der Erwerb der beschränkten StPfl unterliegt. Die genannte StVergünstigung des Erwerbs zwischen Ehegatten darf jedoch nicht dazu führen, dass der Stpfl bei beschränk-

ter StPfl im Belegenheitsstaat höhere Vergünstigungen erhält, als sie ihm dort bei unbeschränkter StPfl gewährt würden (Art 10 IV 2 DBA). Zu beachten bleibt allerdings, dass in den USA eine mögliche Kollision zwischen völkerrechtlichen Abkommen und innerstaatlicher Gesetzgebung nicht eindeutig zugunsten der zwischenstaatlichen Abkommen entschieden wird. Es besteht daher die Gefahr, dass im innerstaatlichen Recht der USA auch solche Normen nach Inkrafttreten eines DBA geändert werden, die zur Grundlage des Vertragswerks gemacht worden waren (sog „treaty overriding"). So sind im Verlauf der Änderung des US-amerikanischen ErbStRechts für StAusländer durch das „TAMRA"-Gesetz von 1988 vorher bestehende StVergünstigungen für Ehegatten für den Fall gestrichen worden, dass der überlebende Ehegatte nicht ebenfalls in den USA ansässig ist. Hier greift nunmehr das Änderungsprotokoll ein, das einen begrenzten Ehegattenfreibetrag gewährt (Einzelheiten bei *Eimermann,* ZEV 00, 496; *Schmidt/Dendorfer,* IStR 01, 206).

56 In Art 12 DBA wird die Problematik einer bundesdeutschen ErbSt für **amerikanische Trusts** bzw für die jeweiligen Zwischennutzungsberechtigten und den endgültig Begünstigten angesprochen. Diese Bestimmung war auf die bis 4.3.1999 in Deutschland geltende Trust-Besteuerung fixiert und dürfte mit der Neuregelung der Besteuerung durch § 3 II Nr 1, § 7 I Nrn 9 und 10 ab 5.3.1999 ihre wesentliche Bedeutung verloren haben.

57 In Hinblick auf den in Art 14 DBA geregelten **Informationsaustausch** zwischen den Behörden bleibt schließlich anzumerken, dass im Unterschied zu der Vorschrift des Art 13 I OECD-MA (ErbSt), die einen Informationsaustausch nur im Hinblick auf die vom Abkommen betroffenen Steuern vorsieht, hier eine sog „große Auskunftsklausel" vereinbart wurde, die auch Informationen betrifft, welche generell für die Durchführung des innerstaatlichen Rechts der Vertragsstaaten erforderlich sind.

§ 3 Erwerb von Todes wegen

(1) **Als Erwerb von Todes wegen gilt**

1. **der Erwerb durch Erbanfall (§ 1922 des Bürgerlichen Gesetzbuchs), durch Vermächtnis (§§ 2147 ff. des Bürgerlichen Gesetzbuchs) oder auf Grund eines geltend gemachten Pflichtteilsanspruchs (§§ 2303 ff. des Bürgerlichen Gesetzbuchs);**
2. **der Erwerb durch Schenkung auf den Todesfall (§ 2301 des Bürgerlichen Gesetzbuchs). [2]Als Schenkung auf den Todesfall gilt auch der auf dem Ausscheiden eines Gesellschafters beruhende Übergang des Anteils oder des Teils eines Anteils eines Gesellschafters einer Personengesellschaft oder Kapitalgesellschaft bei dessen Tod auf die anderen Gesellschafter oder die Gesellschaft, soweit der Wert, der sich für seinen Anteil zur Zeit seines Todes nach § 12 ergibt, Abfindungsansprüche Dritter übersteigt. [3]Wird auf Grund einer Regelung im Gesellschaftsvertrag einer Gesellschaft mit beschränkter Haftung der Geschäftsanteil eines Gesellschafters bei dessen Tod eingezogen und übersteigt der sich nach § 12 ergebende Wert seines Anteils zur Zeit seines Todes Abfindungsansprüche Dritter, gilt die insoweit bewirkte Werterhöhung der Geschäftsanteile der verbleibenden Gesellschafter als Schenkung auf den Todesfall;**
3. **die sonstigen Erwerbe, auf die die für Vermächtnisse geltenden Vorschriften des bürgerlichen Rechts Anwendung finden;**
4. **jeder Vermögensvorteil, der auf Grund eines vom Erblasser geschlossenen Vertrags bei dessen Tode von einem Dritten unmittelbar erworben wird.**

(2) **Als vom Erblasser zugewendet gilt auch**

1. **der Übergang von Vermögen auf eine vom Erblasser angeordnete Stiftung. [2]Dem steht gleich die vom Erblasser angeordnete Bildung oder**

Ausstattung einer Vermögensmasse ausländischen Rechts, deren Zweck auf die Bindung von Vermögen gerichtet ist;

2. was jemand infolge Vollziehung einer vom Erblasser angeordneten Auflage oder infolge Erfüllung einer vom Erblasser gesetzten Bedingung erwirbt, es sei denn, daß eine einheitliche Zweckzuwendung vorliegt;

3. was jemand dadurch erlangt, daß bei Genehmigung einer Zuwendung des Erblassers Leistungen an andere Personen angeordnet oder zur Erlangung der Genehmigung freiwillig übernommen werden;

4. was als Abfindung für einen Verzicht auf den entstandenen Pflichtteilsanspruch oder für die Ausschlagung einer Erbschaft, eines Erbersatzanspruchs oder eines Vermächtnisses oder für die Zurückweisung eines Rechts aus einem Vertrag des Erblassers zugunsten Dritter auf den Todesfall oder anstelle eines anderen in Absatz 1 genannten Erwerbs oder dafür gewährt wird, dass eine Rechtsstellung, insbesondere eine Erbenstellung, oder ein Recht oder ein Anspruch, die zu einem Erwerb nach Absatz 1 führen würden, nicht mehr oder nur noch teilweise geltend gemacht werden;

5. was als Abfindung für ein aufschiebend bedingtes, betagtes oder befristetes Vermächtnis, für das die Ausschlagungsfrist abgelaufen ist, vor dem Zeitpunkt des Eintritts der Bedingung oder des Ereignisses gewährt wird;

6. was als Entgelt für die Übertragung der Anwartschaft eines Nacherben gewährt wird;

7. was der Vertragserbe oder der Schlusserbe eines gemeinschaftlichen Testaments oder der Vermächtnisnehmer wegen beeinträchtigender Schenkungen des Erblassers (§§ 2287, 2288 Abs. 2 des Bürgerlichen Gesetzbuchs) von dem Beschenkten nach den Vorschriften über die ungerechtfertigte Bereicherung erlangt.

Erbschaftsteuer-Richtlinien 2011: R E 3.1–3.7/H E 3.1–3.7

Übersicht

Schrifttum:
Schrifttum zu Abs 1 Nr 1 (Erwerb durch Erbanfall) vor Anm 13
Schrifttum zu Abs 1 Nr 1 (Vermächtnis) vor Anm 44
Schrifttum zu Abs 1 Nr 1 (Pflichtteil) vor Anm 54
Schrifttum zu Abs 1 Nr 2 S 2 und 3 (Anteilsübergang im Gesellschaftsrecht) vor Anm 72
Schrifttum zu Abs 1 Nr 4 (Vertrag zugunsten Dritter) vor Anm 83
Schrifttum zu Abs 2 (Sonstige Zuwendungen des Erblassers) vor Anm 107.

I. Allgemeines

1. Zusammenhang mit § 1

1 Nach § 1 I Nr 1 unterliegt der Erwerb von Todes wegen der ErbSt. Als Erwerb von Todes wegen hatte § 1369 BGB aF für den Bereich des Zivilrechts den Erwerb „durch Erbfolge, durch Vermächtnis oder als Pflichtteil" definiert. § 3 geht über diese Begriffsbestimmung hinaus und erläutert, was als Erwerb von Todes wegen iSd § 1 I Nr 1 gelten soll. Der Zusammenhang des § 3 mit § 1 I Nr 1 wird in § 3 I schon durch den Wortlaut klargestellt. Zum Verständnis des § 3 II ist dagegen aus der Überschrift hinzuzusetzen, dass die hier aufgeführten Zuwendungen nicht nur als Zuwendungen des Erblassers gelten sollen, sondern dass sie auf der Seite des Empfängers auch den Charakter eines Erwerbs von Todes wegen haben. Die den Erwerb von Todes wegen begründenden Akte werden Zuwendungen von Todes wegen genannt (§ 8).

2. Entstehungsgeschichte

2 Die 1974 leicht veränderte Bestimmung entspricht weitgehend dem § 2 früherer Gesetzesfassungen. 1992 wurde § 3 II Nr 7 angefügt. 1999 wurde § 3 I Nr 2 S 2 neu gefasst und durch einen S 3 ergänzt. Zugleich wurde in § 3 II Nr 1 S 2 eine Neuregelung zur Trust-Besteuerung eingefügt. Das ErbStRG 2009 hat den im Zivilrecht entfallenen Erbersatzanspruch aus der Zahl der stpfl Tatbestände herausgelöst, hat den in Abs 2 Nr 4 genannten Kreis von Abfindungen erweitert und verdeutlicht, dass nach Abs 2 Nr 7 auch die Bereicherung eines Schlusserben und eines Vermächtnisnehmers stpfl sein soll.

3. Tod des Erblassers

3 Der Erwerb von Todes wegen setzt den **Tod** des bisherigen Vermögensinhabers voraus. Dem Tod steht die Todesvermutung gleich, die durch die **Todeserklärung eines Verschollenen** begründet wird (§ 9 VerschG, § 49 AO, BFH BStBl III 54, 78). Nehmen die Angehörigen, ohne die Todeserklärung zu beantragen, das Vermögen eines Verschollenen in Besitz, so wird damit ein Erwerb von Todes wegen noch nicht verwirklicht (aM *Kipp* § 2 Anm 2). Das FA könnte allerdings die Staatsanwaltschaft veranlassen, gem § 16 II Buchst a VerschG das Aufgebotsverfahren zur Todeserklärung zu beantragen, um durch einen stattgebenden Beschluss die StPfl auszulösen. Doch kommt die Todeserklärung auf Antrag der Staatsanwaltschaft in der Praxis kaum vor.

4 Der Tod des Erblassers bildet den **Erbfall** (§ 1922 I BGB), dessen zeitliche Fixierung für die Bestimmung der Erwerber von Todes wegen bedeutsam ist. Denn Erbe, Vermächtnisnehmer, Pflichtteilsberechtigter oder Beschenkter auf den Todesfall kann nur werden, wer zZ des Erbfalls lebt (§§ 1923 I, 2160, 2301 BGB) oder als juristische Person (s § 2101 II BGB) existent ist. Diese sog Überlebensbedingung hat zum Inhalt, dass der Erwerber, der vor dem Erbfall gelebt hat, zZ des Erbfalls noch gelebt haben muss. Sie bedeutet nicht notwendig, dass der Erwerber, der vor dem Erbfall noch nicht

lebte, zZ des Erbfalls schon gelebt haben muss. Vielmehr kennt das BGB Sonderregeln für Erwerber, die erst nach dem Erbfall geboren werden oder zur Entstehung gelangen und trotzdem Erbe (§§ 84, 1923 II BGB), Nacherbe (§ 2101 I BGB) oder Vermächtnisnehmer (§§ 2162ff BGB) werden. ZZt des Erbfalls lebt, wer vor dem Erbfall oder gleichzeitig mit ihm geboren wurde und nicht vor dem Erbfall oder gleichzeitig mit ihm gestorben ist. Ist nicht zu beweisen, dass von mehreren Menschen der eine den anderen überlebt hat, wie es für Eltern und ihre Kinder, die im Konzentrationslager umgebracht wurden (BGHZ 62, 112), und für Eheleute gilt, die bei einem Flugzeugabsturz ums Leben gekommen sind (BGHZ 72, 85), so wird vermutet, dass sie gleichzeitig gestorben sind (§ 11 VerschG: **Kommorientenvermutung**), so dass eine Erbfolge untereinander (mit der Konsequenz des Nachrückens des Erbeserben in die durch Erbfolge verstärkte Stellung seines Vormannes) ausscheidet.

5 Nach § 49 AO gilt für die Besteuerung nicht das in der **Todeserklärung** genannte Datum, sondern der Tag als Todestag, mit dessen Ablauf der Beschluss über die Todeserklärung rechtskräftig geworden ist. Damit will die AO weder einen Erwerb von Todes wegen fingieren, der sich zivilrechtlich gar nicht verwirklicht hat, noch umgekehrt einen zivilrechtlich gegebenen Erwerb für das ErbStRecht negieren. Ist daher im Fall der Todeserklärung des Erblassers ein Erbe zwischen dem in der Erklärung bezeichneten Datum und dem Tag der Rechtskraft des Beschlusses gestorben, so wird er durch § 49 AO nicht aus dem Kreis der Erben ausgeschieden (*Kipp* § 2 Anm 4). Im Fall der Todeserklärung des Erben bleibt trotz § 49 AO das in der Todeserklärung genannte Datum maßgeblich für die Entscheidung, ob der für tot erklärte Erbe zZ des Erbfalls noch gelebt hat (BFH BStBl III 56, 373).

4. Abschließender Katalog der Erwerbsgründe

6 Zum stpfl Erwerb von Todes wegen gehört **nur** (BFH BStBl II 91, 412; 11, 725; 17, 128), was in **§ 3** (mit Einschränkungen durch § 5 und Ergänzungen durch die §§ 4, 6) als stpfl Erwerb bezeichnet ist. Hier nicht genannte Vorteile, die mit dem Tod des Erblassers erworben werden, bleiben, sofern nicht § 7 eingreift, stfrei.

7 **Stfrei** sind gesetzliche Renten- und Pensionsansprüche von Hinterbliebenen sowie solche vertraglichen Witwenrenten, für die der BFH keine Besteuerungsgrundlage in § 3 I Nr 4 erkennt (Anm 95ff). Nicht von der Besteuerung erfasst wird auch die gesetzliche Mietvertragsübernahme nach §§ 563ff BGB. Auch Schadensersatzansprüche enttäuschter Erben wegen pflichtwidriger Vereitelung einer durch den Erblasser geplanten wirksamen Erbeinsetzung (vgl BGH JZ 66, 141; NJW 79, 2033; ZEV 14, 378; dazu *Hüftle,* Schadensersatz wegen entgangener Erbschaft, 2008) und Schadensersatzansprüche der Angehörigen wegen Tötung des Erblassers (§ 844 BGB) sowie Ansprüche der Erben aus einer gesetzlichen Luftunfall-Pflichtversicherung, mit der pauschal ohne Nachweis eines Schadens Ansprüche wegen Tötung des Erblassers abgegolten werden (BFH BStBl II 79, 115), bleiben stfrei (anders bei der KFZ-Insassenunfallversicherung, § 10 Anm 12). Unversteuert bleibt der Vorteil aus dem Wegfall einer Verbindlichkeit oder einer dinglichen Belastung mit dem Tod des Berechtigten, wenn das Recht (zB Leibrente, Nießbrauch) seinem Inhalt nach von vornherein auf die Lebenszeit des Inhabers begrenzt war. Denn das, was auf Grund einer Bedingung oder Befristung beim Tod des Erblassers erlischt, gehört nicht zum Erwerb durch Erbanfall. Keinen Erwerb bildet weiterhin der Wegfall eines Gesamtgläubigers durch Tod, auch wenn damit zugleich die vor dem Tod bestehende Ausgleichspflicht des Überlebenden entfällt. An einem stbaren Erwerb fehlt es schließlich, soweit die Nachlassgegenstände bereits vor dem Tode des Erblassers strechtlich der Person zuzurechnen waren, die auf Grund des Erbfalls die zivilrechtliche Berechtigung daran erwirbt; hier ist namentlich an den Fall zu denken, dass der mit einem Grundstück Beschenkte, für dessen Erwerb bereits SchSt entstanden war, noch vor dem Eigentumswechsel das Grundstück durch Erbanfall erwirbt, oder dass der Treu-

geber den Treuhänder beerbt und dabei im Wege des Erwerbs durch Erbanfall Vermögen übernimmt, das ihm schon vor dem Erbfall zuzurechnen war, ein Fall, für dessen Vorliegen allerdings der Erwerber die objektive Beweislast trägt (FG München EFG 90, 406).

Es wird weiterhin darüber gestritten, ob der in § 3 nicht ausdrücklich erwähnte Pflichtteilsergänzungsanspruch nach **§ 2325 BGB** unter dem Tatbestandsmerkmal des geltend gemachten Pflichtteilsanspruchs (§ 3 Nr 1) besteuert werden kann oder nicht (hierzu Anm 64). Nicht geregelt war lange Zeit die Besteuerung des Anspruchs, der dem in einem Erbvertrag eingesetzten oder in einem gemeinschaftlichen Testament bedachten Erben nach **§ 2287 BGB** wegen eines ihn beeinträchtigenden Geschenks zusteht. Diese Besteuerungslücke hat der Gesetzgeber 1992 (ergänzt iRd ErbStRG 2009) durch Einfügung des Abs 2 Nr 7 geschlossen. Durch Ergänzung des Abs 2 Nr 4 durch das ErbStRG 2009 wurden **Abfindungsleistungen** erfasst, die an die Stelle eines stpfl Erwerbs von Todes wegen treten, wie die Abfindung für die Zurückweisung eines Erwerbs nach § 3 I Nr 4, vorher aber nicht unter die Regelung des Abs 2 Nr 4 oder 5 fallen und auch nicht als Schenkung unter Lebenden stpfl sind. Schließlich hat das StUmgBG durch erneute Ergänzung des Abs 2 Nr 4 die bei Abfindungen an weichende **Erbprätendenten** bestehende Besteuerungslücke (BFH BStBl II 11, 725) geschlossen (dazu Anm 116). 8

5. Erwerb von Todes wegen (§ 3) und steuerpflichtiger Erwerb (§ 10)

Die §§ 1 und 3 beschreiben den stpfl Vorgang „Erwerb von Todes wegen", an den der Gesetzgeber den StZugriff knüpft. Die St bemisst sich jedoch nach der Bereicherung (§ 10), die dem Erwerber aus diesem Vorgang zufließt. Zu den Merkmalen des stpfl Vorganges „Erwerb von Todes wegen" gehört es daher, dass der Vorgang dem Erwerber eine Bereicherung verschafft. Folgt aus dem Erwerb von Todes wegen für den Empfänger unter den Umständen des Einzelfalls keine Bereicherung, entsteht auch keine StPfl. Als **Bereicherung** gilt nach § 10 I 1 und 2 der Differenzbetrag, der sich nach Abzug der persönlichen und sachlichen StBefreiungen (§§ 5, 13, 13a, 13d, 16, 17, 18) zwischen dem nach § 12 ermittelten StWert des Erwerbs von Todes wegen und den in § 10 III–IX zum Abzug zugelassenen Nachlassverbindlichkeiten ergibt. § 3 ist daher in engem Zusammenhang mit den Abs 3 bis 9 des § 10 zu sehen. In Einzelfällen ergänzt § 10 den § 3 auch dadurch, dass er den Gegenstand des Erwerbs näher umschreibt. So liegt es bei dem mit dem ErbStRG 2009 eingefügten § 10 X, der unter den dort genannten Voraussetzungen einen Abfindungsanspruch an Stelle eines Gesellschaftsanteils als Gegenstand des Erwerbs bestimmt. Das die SchSt beherrschende Prinzip, „die unentgeltliche Bereicherung – und nur diese – zu erfassen" (BFH BStBl II 73, 329, 334), kann nicht ohne Weiteres auch auf die Besteuerung der Erwerbe von Todes wegen übertragen werden. Im Bereich der von § 3 bezeichneten Vorgänge sind vielmehr auch entgeltliche Vermögenszuflüsse stpfl, soweit nicht der Wortlaut oder Sinnzusammenhang der einzelnen Gesetzesbestimmungen ergibt, dass nur die unentgeltliche Zuwendung besteuert werden soll, wie es zB durch die Verweisung auf das SchR in Abs 1 Nr 2 geschieht. § 3 II Nr 6 erhebt sogar ausdrücklich das Entgelt für die Übertragung einer Nacherbenanwartschaft zum StGegenstand. Insbesondere ist auch der Erwerb durch Erbanfall oder Vermächtnis nicht schon deswegen von der St freigestellt, weil er auf entgeltlicher Grundlage beruht (BFH BStBl II 85, 59, 60; zum **erbrechtlichen Erwerb auf entgeltlicher Grundlage** vgl im Übrigen BGHZ 36, 65; *v. Tuhr,* Allg Teil des BGB II 2, 1918, 143; *Meincke,* in *Schulze-Osterloh,* Rechtsnachfolge im StR, JbDStJG Nr 10, 1987, 19, 24; *Gebel,* UVR 95, 105). Doch würde es dem Bereicherungsgedanken des § 10 I 1 widersprechen, wenn das für den Vermögensanfall aufgewendete Entgelt nicht zur Minderung des stpfl Erwerbs herangezogen werden dürfte. Der BFH lässt daher zu Recht (BFH 9

BStBl II 84, 37) die Zuwendung, die der Erbe zu Lebzeiten des Erblassers an diesen als Gegenleistung für eine vertraglich vereinbarte Erbeinsetzung erbracht hat, zum Abzug zu (anders noch RFH RStBl 35, 154; 37, 1302; Nds FG EFG 80, 190). Die Zuwendung von Dienstleistungen soll allerdings nach wie vor keine abzugsfähigen Kosten begründen (BFH BStBl II 85, 137, 139; § 10 Anm 49).

10 Von dem erbrechtlichen Erwerb auf entgeltlicher Grundlage ist im Übrigen der **entgeltliche Erwerb** zu unterscheiden, der **außerhalb der erbrechtlichen Zuwendungen** steht und in einem Testament nur noch einmal bestätigt wird. Er unterliegt nicht der ErbSt. Die Erwähnung im Testament ändert daran nichts (BFH BStBl III 65, 706; II 85, 137; FG München, UVR 93, 27). Das gilt erst recht, wenn das Testament unwirksam ist (BFH BStBl III 66, 279). Es gilt auch dann, wenn der Erblasser, der sich zB der Existenz eines schuldrechtlichen Anspruchs des Bedachten nicht bewusst ist, diesem ein Vermächtnis in entsprechendem Umfang zuwendet (vgl BFH/NV 87, 302), es sei denn, die Auslegung ergibt, dass das Vermächtnis kumulativ neben dem anderweitigen Anspruch zugewendet sein soll, und wenn auch in diesem Fall der für das Vermächtnisrecht charakteristische Vermögensvorteil (§ 1939 BGB) bejaht werden kann. Zur Abgrenzung vgl auch BFH BStBl II 86, 609 sowie FG Düsseldorf EFG 97, 1247. Umgekehrt kommt es nicht auf die Bezeichnung eines Vertrages als entgeltliches Geschäft unter Lebenden an, wenn nach dem Inhalt der (formgerechten) Vereinbarung eine wechselseitige Vermächtnisanordnung gegeben ist (vgl FG Hamburg EFG 87, 625). Ebenso kann eine testamentarisch zugewendete überhöhte Testamentsvollstreckervergütung als Vermächtniserwerb zu werten sein (vgl aber BFH BStBl II 05, 357; Anm 53) oder ein als Darlehensrückzahlung bezeichneter Betrag, wenn ein Darlehen in Wahrheit nicht bestand (FG München EFG 91, 545).

6. Änderung des Erwerbs

11 Wird der Inhalt des Erwerbs nachträglich geändert, so dass an die Stelle des zunächst erworbenen Vermögensanfalls ein anderer Inhalt des Erwerbs tritt, so ist zu unterscheiden. Bisweilen hat die Änderung **steuerliche Bedeutung.** Das gilt zB dann, wenn der ursprünglich angefallene Erwerb mit Rückwirkung wegfällt und an seine Stelle ein anderer Erwerb tritt, wie es zB im Fall der Erbausschlagung oder des Pflichtteilsverzichts der Fall ist, wenn an die Stelle des ausgeschlagenen Erbes oder Pflichtteils ein Abfindungserwerb tritt (Abs 2 Nr 4; Anm 111 ff). Eine Änderung des Erwerbsinhalts, die zu steuerlichen Konsequenzen führt, wird auch dann angenommen, wenn bei Ungewissheit oder Streit über die Rechtslage ein Vergleich zwischen den Beteiligten geschlossen wird, wobei dann nicht mehr der ursprüngliche Inhalt des Vermögensanfalls, sondern der durch diesen Vergleich modifizierte Erwerbsinhalt den Gegenstand der Besteuerung bilden soll (Anm 26 f). Eine nachträgliche Inhaltsänderung, die ohne Rückwirkung erfolgt und für die auch nicht die Rspr zur Maßgeblichkeit vergleichsweiser Regelung streitiger Erbverhältnisse in Anspruch genommen werden kann, ist dagegen **steuerlich bedeutungslos,** gleichgültig ob sie auf Gesetz beruht (zB § 281 BGB: ein Sachleistungsanspruch wird in eine Geldforderung umgestellt) oder durch freie Vereinbarung der Beteiligten herbeigeführt wird. Dies gilt insb für **Leistungen an Erfüllungs statt.** Von seiner früheren Rspr (BFH BStBl II 82, 350), nach der der Geldpflichtteil bei Vereinbarung einer Grundstücksübertragung an Erfüllungs statt als Sachleistungsanspruch zu besteuern sein kann, ist das Gericht in der Zwischenzeit wieder abgerückt (BFH BStBl II 99, 23).

7. Übertragung des Erwerbs

12 Erwerber von Todes wegen iSd § 3 ist nur, wer als Erbe, Vermächtnisnehmer, Pflichtteilsgläubiger usw unmittelbar mit dem Erbfall von Todes wegen erwirbt, nicht wer als Außenstehender durch Rechtsgeschäft unter Lebenden in die Stellung des Er-

ben, Vermächtnisnehmers, Pflichtteilsgläubigers usw einrückt. Stirbt der Vermächtnisnehmer oder Pflichtteilsgläubiger gleich nach dem Erbfall, wird der Vermächtnis- oder Pflichtteilsanspruch zweimal besteuert, einmal beim Vermächtnis- oder Pflichtteilsgläubiger und einmal bei dessen Erben, die den Vermächtnis- oder Pflichtteilsanspruch als Teil ihres Erwerbs durch Erbanfall übernehmen. Die **doppelte Besteuerung** wird aber dadurch gemildert, dass die beim ersten Erbfall ausgelöste St beim zweiten Erbfall als Nachlassverbindlichkeit abgezogen werden kann. Auch kommt eine Milderung nach § 27 in Betracht. Inwieweit im Fall der Übertragung unter Lebenden der Übernehmer zusätzlich zu dem Veräußerer die StPfl mitübernimmt, richtet sich nicht nach § 3, sondern nach den vertraglichen Beziehungen zwischen dem Veräußerer und dem Übernehmer, im Fall des Erbschafts- oder Erbteilskaufs nach § 2381 I 1 BGB, bei unentgeltlicher Zuwendung des Erwerbs nach § 20 V. Der Veräußerer wird jedenfalls durch die Übertragung seines Erwerbs von der StPfl nicht frei (vgl FG Nürnberg EFG 67, 354, zur Abtretung eines Erwerbs gem Abs 1 Nr 4; ähnlich FG Rh-Pf EFG 86, 456). Der Veräußerer bleibt StSchuldner auch dann, wenn die StSchuld erst nach der Veräußerung entsteht, weil erst jetzt die Bedingung eintritt, von der der Erwerb abhängt (§ 9 I Nr 1 Buchst a), oder weil der Anspruch erst jetzt mit der Folge der StPfl geltend gemacht wird (§ 9 I Nr 1 Buchst b). Eine kaum ausreichend durchdachte Sonderregelung findet sich nur in § 3 II Nr 6. Denn wenn hier das Entgelt für die Übertragung der Anwartschaft eines Nacherben der StPfl unterworfen wird, soll offenbar im Fall des Eintritts der Nacherbfolge die StPfl für den Erbschaftserwerb nicht den Veräußerer, sondern nur den Erwerber der Anwartschaft treffen (Anm 116).

II. Erwerb durch Erbanfall (Abs 1 Nr 1)

Schrifttum: *Wachter,* ErbSt-Optimierung nach Eintritt des Erbfalls, ErbStB 04, 218, 256; *Fischer,* Nachlassteilung durch Teilungsanordnung, Vermächtnis, Auflage, ErbStB 04, 395; *Benne,* ErbSt-Folgen des Erbvergleichs, FR 04, 1102; *Selbherr,* Der erbrechtliche Auslegungsvertrag, ZErb 05, 10; *Schuhmann,* Teilungsanordnung oder Vorausvermächtnis?, UVR 05, 375; *Kirnberger,* Erbengemeinschaft: Teilungsanordnung oder Vorausvermächtnis?, ErbStB 06, 291; *Reich,* Die ertragsteuerliche Behandlung der Ausschlagung einer Erbschaft durch den Alleinerben gegen wiederkehrende Leistung, DStR 11, 2030; *Spiegelberger,* Auslegungsvertrag und Erbvergleich, ErbR 12, 165; *Roth,* Erbauseinandersetzung und Pflichtteilsanspruch im Erbschaftsteuerrecht, RNotZ 13, 556; *Pauli,* Gestaltungsmöglichkeiten zur Vermeidung der Aufdeckung stiller Reserven im Erbfall, SteuK 13, 467; *Bruschke,* Der Erwerb von Todes wegen, ErbStB 13, 158; *Brüggemann,* Erbvergleiche im Einkommensteuer- und Erbschaftsteuerrecht, ErbBstg 14, 101; *Herbst/Friedrich-Büttner,* Postmortale Gestaltungsmöglichkeiten im Erb(schaftsteuer)recht: Alternativen zur Ausschlagung, ZEV 14, 593; *Holler,* Erbschaftsteuerliche Überlegung zum gemeinschaftlichen Ehegattentestament, ErbR 15, 495; *Wälzholz,* Aktuelle erbschaftsteuerliche Gestaltungsprobleme der Erbauseinandersetzung, insbesondere nach der Erbschaftsteuerreform 2016, ZEV 17, 135.

1. Die zum Erbanfall gehörenden Erwerbe

§ 3 Abs 1 Nr 1 nennt unter den Erwerben von Todes wegen an erster Stelle den **Erwerb durch Erbanfall.** § 3 Abs 1 Nr 1 bezieht sich dabei ausdrücklich auf § 1922 BGB, doch ist als Erwerb durch Erbanfall auch der Erwerb des Nacherben gem § 2139 BGB anzusehen sowie der Erwerb des Dritten, der die Nacherbenanwartschaft durch Rechtsgeschäft vom Nacherben erworben hat und beim Nacherbfall gem § 2139 BGB erwirbt (BFH BStBl II 93, 158); § 6 bringt nur ergänzende Bestimmungen. Zum Erwerb durch Erbanfall rechnet die Rspr ferner die Beteiligung der weichenden Erben im Höferecht (§ 12 HöfeO, BFH BStBl II 92, 669; vgl Anm 23, 82) und den Erwerb, der dem durch eine qualifizierte Nachfolgeklausel von der 13

Nachfolge in einen Personengesellschaftsanteil ausgeschlossenen Miterben hinsichtlich des Gesellschaftsvermögens zufällt (BFH BStBl II 83, 329; dazu Anm 22f; weitere Einzelheiten zum Erbschaftserwerb § 10 Anm 13). Ferner gilt der Erwerb auf Grund eines über die Erbfolge geschlossenen Vergleichs (Anm 31f) und der Erwerb, den ein unwirksam eingesetzter Erbe mit Rücksicht auf die unwirksame Verfügung von Todes wegen erhält (Anm 33f), als Erwerb durch Erbanfall. Zum Erwerb durch Erbanfall ist auch der Erwerb auf Grund ausländischen Erbrechts zu zählen, der in seinen Rechtswirkungen der Erbfolge des BGB entspricht (Anm 35).

14 Wer als Erbe in welchem Umfang durch Erbanfall erwirbt, bestimmt sich nach der in Abs 1 Nr 1 in Bezug genommenen zivilrechtlichen Lage. Zu ihr gehört seit 2001 auch das LPartG. Zu ihr gehört ferner die Vermutungswirkung, die sich hinsichtlich der Erbfolge aus einem vom Nachlassgericht ausgestellten **Erbschein** ergibt (§ 2365 BGB). Diese Vermutung bindet die StBehörden (Hess FG EFG 90, 368; FG München EFG 91, 5). Für Abweichungen vom Erbscheinsinhalt müssen gewichtige Gründe gegeben sein (FG Rh-Pf UVR 93, 373). Liegen sie vor, müssen die Finanzbehörden und -gerichte das Erbrecht und – bei Miterben – die Erbteile selbstständig ermitteln (BFH BStBl II 96, 242). Die Vorlage eines anderen Erbscheins mit geändertem Inhalt kann nicht verlangt werden (*Mößlang,* UVR 96, 155). Der StPfl kann die Vermutung, soweit sie ihm nachteilig ist, nur durch den Beweis entgegenstehender Tatsachen, nicht schon durch eine abweichende Auslegung des die Erbfolge bestimmenden Testaments entkräften (RFH RStBl 38, 929; BFH BStBl III 62, 444; FG Bad-Württ EFG 76, 138).

2. Gewillkürte Erbfolge

15 Die Erbfolge richtet sich in erster Linie nach dem im **Testament** (§§ 1937, 2064ff BGB) oder **Erbvertrag** (§§ 1941, 2274ff BGB) niedergelegten Willen des Erblassers. Ggf ist durch Auslegung der Verfügung des Erblassers zu ermitteln, wer in welchem Umfang bedacht sein soll (Auslegungsregeln in den §§ 2066ff BGB), und wer das ihm Zugewendete als Erbe (und nicht als Vermächtnisnehmer) erhält. Hat der Erblasser sein Vermögen oder einen Bruchteil seines Vermögens dem Bedachten zugewendet, so ist die Verfügung als Erbeinsetzung anzusehen, auch wenn der Bedachte nicht als Erbe bezeichnet ist, während umgekehrt im Zweifel nicht anzunehmen ist, dass der Bedachte Erbe sein soll, auch wenn er als Erbe bezeichnet ist, sofern ihm nur einzelne Gegenstände zugewendet wurden (§ 2087 BGB). Der Erblasser kann im Übrigen im Wege der Erbeinsetzung Ersatzerben benennen, die nur dann zur Erbfolge gelangen, wenn der in erster Linie Bedachte nicht Erbe wird (§ 2096 BGB), oder bestimmen, dass jemand als Vorerbe nur vorübergehend Erbe sein soll, bis ihn ein Nacherbe in der Erbenstellung ablöst (§ 2100 BGB).

3. Gesetzliche Erbfolge

16 Hat der Erblasser niemanden wirksam zum Erben eingesetzt, hat er durch wirksame Einsetzung nicht über den gesamten Nachlass disponiert oder den eingesetzten Erben zum Vorerben oder Nacherben bestimmt, ohne zugleich anzugeben, wer vor oder nach ihm Erbe sein soll (§§ 2104f BGB), so kommt es zur gesetzlichen Erbfolge, die neben oder an die Stelle der gewillkürten Erbfolge tritt. Zu gesetzlichen Erben sind die **Verwandten** und der **Ehegatte** des Verstorbenen sowie der **Partner aus einer eingetragenen Lebensgemeinschaft** berufen. Die nähere Bestimmung der Verwandten, die zur Erbfolge gelangen, erfolgt nach Ordnungen (Parentelen, von parens = Elternteil). Jeder Verwandte, der einer vorangehenden Ordnung zugerechnet wird, schließt die Verwandten nachrangiger Ordnungen von der Erbfolge aus (§ 1930 BGB). Auch innerhalb der einzelnen Ordnungen werden nach einem für die Ordnungen unterschiedlichen Schlüssel nähere von entfernteren Verwandten unterschie-

den, wobei der nähere dem entfernteren vorgeht (zB § 1924 II BGB), gleich nahe aber zu gleichen Teilen berufen sind (§ 1924 IV BGB). Zur ersten Ordnung gehören die Abkömmlinge des Erblassers (§ 1924 BGB), zur zweiten die Eltern (§ 1925 BGB), zur dritten die Großeltern (§ 1926 BGB), zur vierten die Urgroßeltern (§ 1928 BGB), zur fünften Ordnung und zu ferneren Ordnungen die entfernteren Voreltern des Erblassers (§ 1929 BGB), jeweils mit ihren Abkömmlingen, soweit sie nicht schon in vorangehenden Ordnungen berücksichtigt worden sind. Der Ehegatte erhält neben Verwandten der ersten und zweiten Ordnung und neben Großeltern einen Teil des Nachlasses (§ 1931 I, III, IV BGB), entferntere Verwandte schließt er von der Erbfolge aus (§ 1931 II BGB). Vergleichbares gilt für den Partner einer eingetragenen Lebenspartnerschaft (§ 10 I, II LPartG). Ist weder ein Verwandter noch ein Ehegatte noch ein eingetragener Lebenspartner des Erblassers vorhanden, erbt der Fiskus (§ 1936 BGB).

4. Vonselbsterwerb, Ausschlagung

Der Erwerb durch Erbanfall verwirklicht sich unmittelbar mit dem Erbfall, ohne 17
dass es einer Erwerbshandlung des Erben bedarf (Vonselbsterwerb: **§§ 1922 I, 1942 I BGB,** hM; aM *v. Lübtow,* ErbR II, 651 ff: Antrittserwerb). Mit der Annahme der Erbschaft (§ 1943 BGB) erklärt der Erbe daher nur, die Erbschaft, die er schon hat, behalten zu wollen. Statt die Erbschaft anzunehmen, kann der Erbe jedoch die Erbschaft oder den auf ihn entfallenden Erbteil (§ 1922 II BGB) durch Erklärung gegenüber dem Nachlassgericht ausschlagen (§§ 1942, 1945 BGB). Die Ausschlagungsfrist beträgt 6 Wochen (§ 1944 I BGB; in Fällen mit Auslandsberührung 6 Monate: § 1944 III BGB), gerechnet von dem Zeitpunkt an, in welchem der Erbe von dem Anfall und dem Grund der Berufung Kenntnis erlangt (§ 1944 II 1 BGB). Ist der Erbe durch Verfügung von Todes wegen berufen, so beginnt die Frist nicht vor der Verkündung der Verfügung (§ 1944 II 2 BGB). Der Erbe, der zum Verkündungstermin geladen wird (§ 348 II 1 FamFG), kann sich, nimmt man das Gesetz beim Wort, zum Verkündungstermin ins Ausland begeben, um statt der 6-Wochen-Frist die 6-Monats-Frist in Lauf zu setzen (§ 1944 III BGB).

5. Wirkung der Ausschlagung

Wird die Erbschaft ausgeschlagen, so gilt der Anfall an den Ausschlagenden als 18
nicht erfolgt **(§ 1953 I BGB).** Auch die StPfl entfällt. An die Stelle des Ausschlagenden tritt rückwirkend auf den Erbfall der Erbe, der berufen wäre, wenn der Ausschlagende zZ des Erbfalls nicht gelebt hätte (§ 1953 II BGB). Im Bereich der gewillkürten Erbfolge ist dies der vom Erblasser bestimmte Ersatzerbe (§ 2096 BGB). Schlägt im Rahmen der Vor- und Nacherbfolge der Vorerbe aus, tritt im Zweifel der Nacherbe an seine Stelle (§ 2102 BGB), schlägt der Nacherbe aus, verbleibt die Erbschaft im Zweifel dem Vorerben (§ 2142 II BGB). Wer infolge der Erbausschlagung an die Stelle des Erben tritt, den trifft damit auch die StPfl. Stirbt der Erbe während des Laufs der Ausschlagungsfrist, so geht das Ausschlagungsrecht als Teil seines Nachlasses auf den Erbeserben über (§ 1952 I BGB), der es zur stgünstigen Nachlassgestaltung einsetzen kann. So können die Kinder beim Tod der Mutter, die von dem kurz vorher verstorbenen Vater zur Alleinerbin eingesetzt worden war, den auf die Mutter übergegangenen Nachlass des Vaters als Erben der Mutter ausschlagen und als Erben des Vaters annehmen, dadurch die von den Eltern stammenden Vermögen trennen, eine zweimalige Besteuerung des vom Vater herrührenden Erwerbs vermeiden, die StProgression mindern und die Freibeträge sowohl nach dem Vater als auch nach der Mutter in Anspruch nehmen (FG Düsseldorf EFG 65, 183).

Die Ausschlagung, bei der es sich gem § 1947 BGB um ein bedingungsfeindliches 19
Rechtsgeschäft handelt, kann **nicht zugunsten einer bestimmten Person** erfol-

gen, sondern führt zum Anfall der Erbschaft bzw des Erbteils bei den kraft Gesetzes oder auf Grund letztwilliger Verfügung Nächstberufenen (vgl auch BFH BStBl II 91, 467, 468). *Troll* (BB 88, 2153, 2154) und *Kapp* (BB 80, 117, 119) halten es allerdings für möglich, eine zivilrechtlich unwirksame Ausschlagung zugunsten einer Person, die ohnehin nicht oder nicht allein nächstberufen ist, gem § 41 AO der Besteuerung zugrunde zu legen, wenn der Erbfall tatsächlich in dieser Weise abgewickelt wird. Ob dieser Auffassung zu folgen ist, erscheint zweifelhaft, weil die Unwirksamkeit der zugunsten einer bestimmten Person erklärten Ausschlagung gerade aus den mit dieser Gestaltungserklärung bezweckten Rechtsfolgen resultiert, die das Gesetz so nicht kennt. Privatrechtlich nicht vorgesehene Rechtsfolgen sollten indessen auch mittels § 41 AO nicht zur Grundlage der steuerrechtlichen Beurteilung gemacht werden. Entsprechende Überlegungen gelten für eine nach § 1950 BGB unwirksame **Teilausschlagung** (dazu *Troll,* BB 88, 2153, 2155 Fn 9).

6. Gegenstand des Erbschaftserwerbs

20 Der Erwerb durch Erbanfall vermittelt dem Erben die dingliche Teilhabe am Nachlass des Verstorbenen, dessen Rechts- und Schuldnachfolger der Erbe nach §§ 1922, 1967 BGB wird **(Gesamtrechtsnachfolge).** Das Vermögen geht in dem Zustand und in der Zusammensetzung auf den Erben über, die es im Zeitpunkt des Erbfalls aufweist. Absprachen zwischen Erblasser und Erben über die Verwendung des Nachlasses, etwa über den Kauf eines Grundstückes aus Mitteln der Erbschaft, sind für die Bestimmung dessen, was Gegenstand des Erwerbs durch Erbanfall ist, unbeachtlich. Die Grundsätze, die der BFH zur sog mittelbaren Grundstücksschenkung entwickelt hat (§ 7 Anm 19ff), lassen sich auf den kraft Gesetzes eintretenden Erwerb durch Erbanfall nicht übertragen (BFH BStBl II 91, 310). Das gilt selbst dann, wenn der Erblasser dem Erben den Erwerb des Grundstücks zur Auflage gemacht hat. Fällt ein GmbH-Anteil in den Nachlass, so ist str, ob dem Anteil noch ein anteiliger Gewinnanspruch für das bis zum Erbfall abgelaufene Jahr hinzugerechnet werden muss (so RFH RStBl 43, 589, 851; FG Hamburg EFG 91, 544; aM für den Erwerb durch Schenkung: BFH/NV 92, 250; vgl auch § 7 Anm 82). Die FinVerw (R E 12.3 I ErbStR) unterscheidet nunmehr danach, ob der Gewinnverwendungsbeschluss noch vor oder erst nach dem Datum der StEntstehung gefasst worden ist. Der Gewinnanspruch ist gesondert als Kapitalforderung zu erfassen, wenn der Gewinnverwendungsbeschluss schon vor dem Erbfall gefasst worden war. Andernfalls wird angenommen, dass sich der Gewinn im Vermögenswert der Kapitalgesellschaft niederschlägt und nicht gesondert neben dem Anteilswert als Kapitalforderung zu erfassen ist. Zum Erbschaftserwerb gehören auch die Nachlassgegenstände, die der Erblasser durch Vermächtnis, Auflage oder Schenkung auf den Todesfall einem anderen zugewandt hat, die der Erbe also auf Anordnung des Erblassers aus dem Nachlass an den Begünstigten weiterleiten muss. Doch kann der Erbe bei der Ermittlung seiner Bereicherung die vom Erblasser begründete Verbindlichkeit zum Abzug bringen (§ 10 V Nr 2). Anders liegt es bei den Gegenständen, die der Erblasser bereits verkauft, aber noch nicht übereignet hatte, weil hier zusätzlich der Kaufpreisanspruch oder der bereits gezahlte Kaufpreis zu beachten ist, wobei sich die Übereignungspflicht des Erblassers und der ihm zustehende Kaufpreis oder Kaufpreisanspruch neutralisieren, so dass der Erbe den verkauften wie einen nichtverkauften Gegenstand erwirbt, dafür aber auch den Erwerb des Kaufpreises oder Kaufpreisanspruchs nicht versteuern muss.

21 **Miterben** erwerben mit dem Erbfall nicht einzelne zum Nachlass gehörende Gegenstände, auch nicht Anteile an den einzelnen zum Nachlass gehörenden Posten, sondern einen Anteil am Nachlass als gemeinschaftlichem Vermögen zur gesamten Hand (§§ 2032f BGB). Besteuert werden die Miterben nach § 39 II Nr 2 AO allerdings so, als wenn ihnen Bruchteile an den einzelnen Nachlassgegenständen zugefallen wären. Der StBerechnung wird daher nicht der Wert des Nachlassanteils, sondern

der anteilige Wert der zum Nachlass gehörenden Wirtschaftsgüter (abzüglich der Nachlassverbindlichkeiten: § 10 V) zugrunde gelegt.

7. Nachfolgeklausel im Personengesellschaftsrecht

Besonderheiten gelten für die Vererbung eines Gesellschaftsanteils an einer OHG 22 oder KG. Ein OHG-Gesellschafter scheidet nach dem Gesetz durch Tod aus der Gesellschaft aus (§ 131 III Nr 1 HGB). Die Erben erhalten einen schuldrechtlichen Abfindungsanspruch, der sich nach dem Verkehrswert des Anteils bemisst. Für den Komplementär gilt dies über § 161 II HGB. Stirbt hingegen ein Kommanditist, wird die Gesellschaft nach § 177 HGB mit den Erben fortgesetzt. Diese gesetzlichen Regelungen zu den Folgen des Todes eines Personengesellschafters sind dispositiv. Durch eine **erbrechtliche Nachfolgeklausel** (§ 139 HGB) können OHG- und Komplementär-Beteiligungen vererblich gestellt werden. Bei Vererblichkeit fällt der Anteil nicht in das gemeinschaftliche Vermögen der Miterben, sondern spaltet sich auf. Jeder Miterbe erwirbt im Wege der Einzelrechtsnachfolge mit dem Erbfall einen seinem Erbteil entsprechenden selbstständigen Gesellschaftsanteil. Diese von der Rspr (BGHZ 22, 186, 191; 68, 225, 237) entwickelte **Sondererbfolge** weicht von § 2032 I BGB ab, stimmt aber mit der aus § 39 II Nr 2 AO folgenden steuerlichen Beurteilung weitgehend überein. Sind dagegen nach dem Gesellschaftsvertrag nur einzelne der Miterben zur Nachfolge in den Gesellschaftsanteil vorgesehen **(qualifizierte Nachfolgeklausel),** so geht der Anteil des verstorbenen Gesellschafters nach der Rspr (BGHZ 68, 225, 237) unter Ausschluss der übrigen allein auf den oder die zur Nachfolge berufenen Erben über. Dieser Übergang wird als mit dem Erbfall vollzogene Teilungsanordnung mit unmittelbarer dinglicher Wirkung verstanden, woraus ein Anspruch der Miterben, die nicht nachfolgeberechtigt sind, auf erbrechtlichen Ausgleich der Wertdifferenz folgen kann, wenn der Erblasser nicht durch Vorausvermächtnisse etwas anderes anordnet (*MK/Schmidt* § 139 HGB Rz 20). Wenn die Gesellschaft beim Tod eines Gesellschafters unter den übrigen Gesellschaftern fortgesetzt wird, weil der Gesellschaftsvertrag eine solche **Fortsetzungsklausel** vorsieht oder diese Folge kraft Gesetzes (§ 131 III Nr 1 HGB) eintritt, wächst die Beteiligung den übrigen Gesellschaftern an. Dem Erben oder der Erbengemeinschaft steht ein gesellschaftsrechtlicher Abfindungsanspruch gegen die Gesellschaft zu. Schließlich kann der Gesellschaftsvertrag auch vorsehen, dass ein schuldrechtlicher Anspruch auf Eintritt in diese Gesellschaft besteht **(Eintrittsklausel).**

Mit der unterschiedlichen rechtlichen Einordnung gehen verschiedene **erbstliche** 23 **Folgen** einher: In Fällen des § 177 HGB oder bei erbrechtlicher Nachfolgeklausel wird der **Gesellschaftsanteil** durch Erbanfall erworben (§ 3 I Nr 1). In Ausscheidungsfällen ist die **Abfindung** der Gegenstand des Erwerbs. Bei gesellschaftsvertraglich vereinbarten Minderabfindungen ist der Vermögenszuwachs bei den Altgesellschaftern nach § 3 II Nr 2 S 2 stpfl (Anm 72 ff). Die Abfindung ist auch anzusetzen, wenn der Erbe den zunächst erworbenen Anteil aufgrund gesellschaftsvertraglicher Vorgaben übertragen muss (§ 10 X 1). Aus einer **qualifizierten Nachfolgeklausel** müsste an sich folgen, dass der Gesellschaftsanteil den nicht zur Gesellschafternachfolge zugelassenen Miterben auch nicht anteilig zugerechnet werden kann. Für sie müsste vielmehr an die Stelle des Gesellschaftsanteils der Anspruch auf Wertausgleich gegen die zur Nachfolge zugelassenen Erben treten. Da der Wert des Ausgleichsanspruchs den anteiligen StWert des Gesellschaftsanteils jedoch deutlich übersteigen kann, birgt diese Behandlung das Risiko einer steuerlichen Benachteiligung der ausgleichsberechtigten Erben in sich (*Ebeling,* DStZ/A 77, 445). Einer solchen Praxis ist der BFH mit seiner Entscheidung v 10. 11. 1982 entgegengetreten. Nach Auffassung des Gerichts ist der „Fall der qualifizierten Nachfolge in einen Gesellschaftsanteil als ein gesellschaftsrechtlich besonders ausgestalteter **Unterfall einer bloßen Teilungsanordnung** (anzusehen), die für die Erbschaftsbesteuerung ohne Bedeutung ist“

(BStBl II 83, 329, 331). Daraus soll folgen, dass die ausgleichsberechtigten Miterben nicht mehr als den anteiligen StWert des Gesellschaftanteils, von dessen Erwerb sie ausgeschlossen sind, versteuern müssen. *Flume* (DB 83, 2271) hat die Entscheidung mit Nachdruck bekämpft. Für ihn steht fest, dass die von der Gesellschafternachfolge ausgeschlossenen Miterben die ihnen zufallenden Ausgleichsansprüche mit dem gemeinen Wert versteuern müssen. Der BFH hat in der Entscheidung BStBl II 92, 669 die für die qualifizierte Nachfolgeklausel entwickelten Grundsätze aber noch einmal bestätigt und auf den Fall der Sondererbfolge gem § 4 S 1 HöfeO (Hofnachfolge) übertragen (vgl dazu auch schon BFH BStBl II 87, 561). Auch wenn der Hof bei entsprechender Anordnung des Erblassers ohne vorherigen Zwischenerwerb der Erbengemeinschaft im Wege der Sondererbfolge allein dem Hoferben zufalle, so sei er doch zum Nachlass zu zählen. Daraus folge, dass alle Miterben beim Erbfall (für eine gedankliche Sekunde) eine Beteiligung am Nachlass (einschließlich des Hofs) innehatten, dass aber, „gewissermaßen durch eine kraft Gesetzes sogleich mit dem Erbfall sich vollziehende (Teil-)Auseinandersetzung" dann doch allein der Hoferbe den Hof erlangt. Die Sondernachfolge des Hoferben sei „als gleichsam dinglich wirkende Teilungsanordnung zu begreifen", die wie eine normale, schuldrechtlich wirkende Teilungsanordnung (Anm 23ff) bei der Besteuerung unbeachtet bleiben müsse, weil § 3 I Nr 1 den Erwerb „durch Erbanfall" und nicht den Erwerb „auf Grund" eines Erbanfalls der Besteuerung unterwirft (BFH/NV 92, 676). Auch die Rspr zum EStRecht (BFH BStBl II 92, 512, 514) sieht die Sonderrechtsnachfolge auf Grund einer qualifizierten Nachfolgeklausel „als eine mit dem Erbfall vollzogene Teilungsanordnung mit unmittelbarer dinglicher Wirkung" an, verlegt jedoch den Wirkungszeitpunkt der Klausel vor den Erbschaftserwerb und kommt daher zu dem Ergebnis, dass die nichtbegünstigten Erben zu keinem Zeitpunkt (auch nicht für eine gedankliche Sekunde) Gesellschafter geworden sind. Der Erwerb unter Wahrnehmung einer **Eintrittsklausel** wird erbstlich unterschiedlich beurteilt. Zivilrechtlich erfolgt ein zweistufiger Übergang. Erbschaftsteuerlich wird zwischen § 3 I Nr 4 und Nr 1 sowie der Abfindung (erste Stufe) und dem Gesellschaftsanteil (zweite Stufe nach Ausübung und Umsetzung des Eintrittsrechts) als Erwerbsgegenstand differenziert (vgl *Moench/Weinmann* § 3 Rz 79; *Troll/Gottschalk* § 3 Rz 148). A 13b.1 II 2 AEErbSt 2017 geht vom Erwerb des Gesellschaftsanteils aus.

8. Auseinandersetzung unter Miterben

24 Miterben werden die im Nachlass zusammengefassten Wirtschaftsgüter gem § 3 I Nr 1 iVm § 39 II Nr 2 AO anteilig als Erwerb von Todes wegen zugerechnet (vgl Anm 20). Die Verteilung der Nachlassposten bei der Erbauseinandersetzung unter den Miterben ist für die Besteuerung regelmäßig belanglos (RFH RStBl 37, 6; 40, 417; BFH BStBl III 60, 348; II 83, 329; 92, 669). Die Erben werden mit dem besteuert, was sie beim Erbfall erhalten, nicht mit dem, was als Ergebnis der Abwicklung des Erbfalls im Zuge der Auseinandersetzung in ihr Vermögen endgültig übergeht. Dieser Grundsatz erfährt jedoch verschiedene Ausnahmen, die unternehmerisches Vermögen (§ 13a V, § 13c II 1, § 28a I 3, 4 sowie § 19a II), das Familienheim (§ 13 I Nrn 4b, 4c) sowie zu Wohnzwecken vermietete Grundstücke (§ 13d II) betreffen. Begünstigungen sollen dort „ankommen", wo auch die vom Gesetzgeber als begünstigungswürdig anerkannte Tätigkeit ausgeübt und das als begünstigungswürdig qualifizierte Vermögen tatsächlich gehalten wird. Auch nach diesen Vorschriften bleibt es jedoch dabei, dass allein der Anteil am Nachlass zum Erbfall den Umfang des Erwerbs des Erben bestimmt und dass der Erwerb durch Erbanfall nicht deswegen unterschiedlich hoch ausfällt, weil im Rahmen der Auseinandersetzung Gegenstände von unterschiedlichem steuerlichen Wert auf die einzelnen Erben übertragen werden. Im Übrigen ist schon bei der Ermittlung dessen, was die Erben beim Erbfall erhalten, die Verschiebung der Nachlassquoten durch die Miterbenausgleichung zu beachten

(Anm 23f). Zu fragen ist ferner, inwieweit Teilungsanordnungen des Erblassers bei der Ermittlung des Erwerbs von Miterben durch Erbanfall zu berücksichtigen sind (Anm 25ff). Nach der herrschenden Besteuerungspraxis wirkt es sich schließlich auf die Besteuerung aus, wenn die Erben einen Streit über die Auseinandersetzung durch Vergleich beilegen (Anm 30f) oder aus Pietät gegenüber dem Erblasserwillen eine unwirksam angeordnete Erbeinsetzung bei der Auseinandersetzung als wirksam behandeln (Anm 32f).

9. Miterbenausgleichung

Für die anteilige Zurechnung der Nachlassposten, die § 39 II Nr 2 AO vorschreibt, **25**
sah § 11 Nr 5 StAnpG zwei verschiedene Maßstäbe vor, und zwar konnten die Anteile entweder nach dem Verhältnis der Beteiligung am fortgeführten Vermögen (Vermögensanteil) oder nach dem Verhältnis dessen berechnet werden, was den Beteiligten bei Auflösung der Vermögenseinheit zufallen würde (Liquidations- oder Teilungsanteil). Für die Erbengemeinschaft war der Teilungsanteil als der verbindliche Zurechnungsmaßstab anerkannt. Obwohl § 39 AO heute die beiden Maßstäbe nicht mehr ausdrücklich nennt, ist nach wie vor davon auszugehen, dass für die Zurechnung der Nachlassposten an die Miterben der Teilungsanteil maßgeblich ist. Der Teilungsanteil wird aber bei der Erbengemeinschaft unter den Voraussetzungen der **§§ 2050ff BGB** durch die Regeln über die Miterbenausgleichung gegenüber dem Vermögensanteil modifiziert (dazu *Meincke,* Das Recht der Nachlassbewertung im BGB, 1973, 37f, näher ausgeführt in ArchZivPraxis 178, 1978, 45, dem folgend BGHZ 96, 174, 179). Hat nämlich der Erblasser vor dem Erbfall einem seiner Kinder eine Ausstattung zugewandt, übermäßige Aufwendungen für die Berufsvorbildung erbracht, übermäßige als Einkünfte zu verwendende Zuschüsse geleistet oder bei sonstigen Zuwendungen angeordnet, dass sie als Vorempfang beim Erbfall auszugleichen seien, so wird die ausgleichungspflichtige Zuwendung ihrem Empfänger bei der Auseinandersetzung unter den zur gesetzlichen Erbfolge gelangenden Kindern gem den §§ 2055ff BGB in Rechnung gestellt. Die Regeln über die Ausgleichung begründen nicht Leistungspflichten unter den Erben, die wie die Pflichten aus einer Teilungsanordnung (dazu Anm 27ff) oder aus einem Vorausvermächtnis (dazu Anm 50) schuldrechtlich auf die Auseinandersetzung einwirken, sondern laufen auf eine vom Vermögensanteil abweichende Berechnung der Teilungsquoten hinaus (BGHZ 96, 174, 179). Diese Teilungsquoten sind der Besteuerung zugrundezulegen (RFHE 29, 137, 160; FG Nds EFG 15, 2187; R E 3.1 V ErbStR). Die Miterbenausgleichung ist daher steuerlich relevant.

Beispiel: Nachlasswert 300. Gesetzliche Erben sind die Kinder A, B und C zu je ⅓. Ihr Erbteil **26**
(Vermögensanteil) beträgt also je 100. A hat eine Zuwendung von 60 zur Ausgleichung zu bringen. Bei der Auseinandersetzung wird die Zuwendung dem Nachlasswert hinzugerechnet (300 + 60 = 360), aus der Summe werden die Anteile neu berechnet (Anteile je 120), A wird die Zuwendung auf seinen Anteil angerechnete (120 ./. 60 = 60). Der Nachlasswert von 300 wird also bei der Auseinandersetzung nicht nach dem Verhältnis 100 zu 100 zu 100 (Vermögensanteil), sondern nach dem Verhältnis 60 zu 120 zu 120 (Teilungsanteil) verteilt. Dieser Teilungsanteil bestimmt die Quote, mit der die Nachlassposten den Miterben gem § 39 II Nr 2 AO zuzurechnen sind (vgl RFH RStBl 30, 817; 31, 559 = RFHE 29, 137). Der BFH (BStBl II 83, 329, 330) hat die Frage offen gelassen, „ob trotz der Unabänderlichkeit der Erbquote in einem solchen Fall (des Ausgleichs von Vorempfängen) aus erbstrechtlichen Gründen (vgl auch § 13 ErbStG 1959) die Abrechnung (§§ 2055, 2056 BGB) bei der Besteuerung des Erbanfalls zu berücksichtigen wäre".

10. Teilungsanordnung

27 Der Erblasser kann durch letztwillige Verfügung Anordnungen für die Auseinandersetzung treffen und dabei eine Verteilung der Nachlassgegenstände unter den Miterben mit der Wirkung vorschreiben, dass jeder der Erben einen Anspruch gegen die Miterben auf eine entsprechende Auseinandersetzung gewinnt **(§ 2048 BGB).** Eine **reine Teilungsanordnung** verändert grundsätzlich nicht die Höhe des Erbteils. Vielmehr sind die den einzelnen Miterben zugewiesenen Nachlassgegenstände und Verbindlichkeiten auf deren Erbteil anzurechnen. Es kommt zu keiner Wertverschiebung (BGHZ 82, 274, 279), so dass ein Anspruch auf Wertausgleich bestehen kann, wenn die in der Teilungsanordnung vorgenommene Zuweisung der Nachlassgegenstände dazu führt, dass ein Erbe mit einem höheren Wert als seinem Erbteil am Nachlass beteiligt ist. Begünstigungen einzelner Erben muss der Erblasser im Wege von Vorausvermächtnissen (§ 2150 BGB) zuweisen (*MK/Ann* § 2048 BGB Rz 17).

28 Derartige Teilungsanordnungen, die nicht die Stellung des Erben beim Erbfall verändern, sondern lediglich in die Erbauseinandersetzung eingreifen, hatte die Rspr zunächst für **erbstlich nicht maßgebend** erklärt (BFH BStBl III 60, 348). Später wurde jedoch anerkannt, dass eine Teilungsanordnung, die einen Nachlassgegenstand einem Miterben bei der Auseinandersetzung unmittelbar zuweist, für die erbstliche Bemessung des Vermögensanfalls an diesen Erben zu berücksichtigen ist (BFH BStBl II 77, 640). Die FinVerw sah diese RsprÄnderung mit Skepsis. Durch einen abgestimmten Ländererlass (FinMin NRW DB 78, 819) wurde daher den Miterben grundsätzlich ein Wahlrecht eingeräumt, ob sie die Teilungsanordnung berücksichtigen wollten oder nicht. Lehnten die Miterben die Anwendung des BFH-Urteils BStBl II 77, 640 ab oder erklärten sie sich nicht ausdrücklich für die Anwendung dieses Urteils, so blieb die Teilungsanordnung unberücksichtigt. Diesen merkwürdigen Zustand hat der BFH (BStBl II 83, 329) aber dann durch eine erneute RsprÄnderung beendet. Mit ihr wurde die in dem Urteil BFH BStBl II 77, 640 niedergelegte Rechtsauffassung ausdrücklich aufgegeben. Nunmehr sind wieder wie früher Teilungsanordnungen des Erblassers für die Bemessung des Erwerbs durch Erbanfall der einzelnen Miterben ohne Bedeutung (BFH BStBl II 92, 669; NV 93, 100), was bei der Besteuerung des Erwerbs von Miterben (FinVerw BStBl I 94, 905, 906) und nach einer Entscheidung des FG München (UVR 94, 56) auch dann zu beachten ist, wenn es um die Besteuerung des Erbschaftserwerbs eines Alleinerben geht, zu dessen Erwerb ein in den Nachlass fallender Miterbenanteil des Erblassers (mit Teilungsanordnung) gehört.

29 Mit der vorübergehenden Anerkennung der Teilungsanordnungen als Einflussfaktoren für die Berechnung des stpfl Erwerbs hatte der BFH die Teilungsanordnungen wie Vermächtnisse behandelt, die den einzelnen Erben über ihren Erbteil hinaus zugewiesen sind (§ 2150 BGB: Vorausvermächtnis, dazu Anm 50). Während das Gesetz aber den Erwerb durch Vermächtnis ausdrücklich erwähnt, hat es eine StPfl für den Erwerb durch Teilungsanordnung nicht vorgeschrieben. Aus der Sicht des Erbrechts ist der Erwerb auf Grund einer Teilungsanordnung ein integraler Bestandteil des Erwerbs durch Erbanfall, während der Erwerb durch Vorausvermächtnis nicht zu dem Erwerb durch Erbanfall gehört, sondern einen eigenständigen (zB selbstständig ausschlagbaren) Erwerbsgrund darstellt. Der BFH hatte also nicht nur praktische Gründe auf seiner Seite, als er mit der Entscheidung BFH BStBl II 83, 329 zu der älteren Rspr zurückkehrte, die den Erwerb durch Teilungsanordnung und durch Vorausvermächtnis strikt unterschieden hatte.

30 Von der erbstlichen Behandlung der reinen Teilungsanordnung (vgl auch R E 3.1 I ErbStR) ist die Behandlung von Anordnungen des Erblassers zu trennen, die eine Teilungsanordnung mit einer **Erbquotenbestimmung** verbinden. Nach den Erbquoten richtet sich der Anteil des Miterben am Nachlass zum Erbfallszeitpunkt. Die Bestimmung der Erbquoten ist daher stlich konstitutiv. Stlich beachtlich sind daher auch Teilungsanordnungen, die zu einer genaueren Eingrenzung der Erbquoten führen.

Hat der Erblasser bestimmte Vermögensgegenstände oder -gruppen verschiedenen Beteiligten zugewiesen, so kann darin entgegen der Auslegungsregel des § 2087 II BGB eine Erbeinsetzung liegen, vor allem dann, wenn die auf diese Weise verteilten Gegenstände den Nachlass weitgehend erschöpfen oder doch zZ der Testamentserrichtung das wesentliche Erblasservermögen darstellen und wenn kein Wertausgleich zwischen den Erben vorgesehen ist. In einem solchen Fall bestimmen sich die Erbquoten idR nach dem Verhältnis der Verkehrswerte der zugewendeten Gegenstände zueinander. In der Zuweisung der Gegenstände liegt in diesem Fall eine Erbquotenbestimmung; zugleich wird eine Teilungsanordnung anzunehmen sein, die auf diese Weise mittelbar durch die Beeinflussung der Erbquoten (dazu BGH FamRZ 90, 396, 398) auch für die erbstliche Beurteilung Bedeutung gewinnt (Nds FG EFG 89, 464; FG München EFG 91, 28; UVR 98, 440; FG Münster EFG 07, 1534; R E 3.1 II ErbStR). Liegen allerdings nach der Auslegung der letztwilligen Verfügung die Erbquoten fest, so kann einem Miterben ein darüber hinausgehender Vermögensvorteil nur durch Vorausvermächtnis (Anm 50), nicht durch eine sog wertverschiebende Teilungsanordnung zugewendet werden (Anm 25). In der Praxis kommen im Übrigen nicht selten Anordnungen vor, die eine Teilungsanordnung mit einem Vorausvermächtnis verbinden. Dann ist die einheitliche Verfügung des Erblassers für die Zwecke des ErbStRechts in zwei getrennte Anordnungen zu zerlegen.

11. Erbvergleich

In Fortführung einer schon vom Reichsgericht (RGZ 48, 304; 69, 321) begründeten Rspr hat der RFH (RFHE 1, 1; 16, 95; 18, 291; RStBl 38, 857; 42, 1063) wiederholt ausgesprochen, dass das Ergebnis eines ernsthaft gemeinten Vergleichs, der die gütliche Regelung streitiger Erbverhältnisse zum Ziel hat, der Erbschaftsbesteuerung zugrundezulegen ist, da das, was die Beteiligten im Vergleichswege erhalten, seinen letzten Rechtsgrund in ihrem Erbrecht hat (RFH RStBl 35, 1485). Noch allgemeiner wurde anerkannt, dass **bei ernsthafter Zweifelhaftigkeit der Erbrechtslage** diejenige Gestaltung, zu der sich alle Beteiligten ernstlich bekennen, regelmäßig auch für die erbstliche Behandlung zu übernehmen ist (RFH RStBl 38, 929). Beruht die Erbfolge daher auf einem nach § 2078 BGB anfechtbaren Testament, so können die Beteiligten auch ohne förmliche Anfechtung im allseitigen Einverständnis steuerlich bindend das Ergebnis herstellen, das eine Anfechtung gehabt hätte (RFH RStBl 39, 935). Wird allerdings durch den Vergleich nur die Änderung unzweifelhafter Rechtsfolgen bezweckt, so bleibt der Vergleich steuerlich einflusslos (RFH RStBl 31, 560; 40, 417). Diese Rspr hat der BFH fortgeführt (BFH BStBl III 57, 447; 61, 49) und mit dem Grundsatz der ErbSt, die wirkliche Bereicherung und nur diese zu erfassen, begründet (BFH BStBl II 72, 886). Entscheidend ist dabei, dass der Vergleich seinen Rechtsgrund im Erbrecht und nicht in Zweifeln über die außererbrechtliche Lage hat (BFH/NV 99, 313; 01, 163, 601; BStBl II 08, 625). Die Abfindung, die bei einem Streit unter Erbprätendenten der eine vom anderen dafür bekommt, dass er die Erbenstellung des anderen nicht mehr bestreitet, hat ihre Grundlage nach gewandelter Auffassung des BFH, der damit die Linie früherer Entscheidungen (RFHE 1, 1; BFH BStBl III 61, 133) verlässt, nicht mehr im Erbrecht und kann daher nicht nach § 3 I Nr 1 besteuert (BFH BStBl II 11, 725), aber als Nachlassverbindlichkeit abgezogen werden (BFH BStBl II 17, 128). Die sich aus dieser BFH-Rspr ergebende Besteuerungslücke wurde durch das StUmgBG durch Ergänzung des § 3 II Nr 4 zum 25.6.2017 geschlossen (näher Anm 116). Ein Vergleich unter Miterben und unter Erben und anderen Nachlassbeteiligten, der bei eindeutiger Beteiligungsquote nur die Modalitäten der Auseinandersetzung regeln soll, gehört nicht hierher (FG München EFG 06, 1337). Auch auf einen Vergleich, den Miterben mit einem außenstehenden Dritten über Grund und Höhe möglicher Nachlassforderungen schließen, ist die Rspr zum Erbvergleich nicht anwendbar (BFH BStBl II 08, 629). Dagegen ist ein 31

Erbvergleich, der die Kürzung eines Vermächtnisanspruchs mit Blick auf § 2318 BGB betrifft, der Besteuerung zugrunde zu legen (FG München EFG 07, 270). Bei ernstlichen Zweifeln über die Rechtslage ist ein Erbvergleich für die Besteuerung nicht nur dann maßgeblich, wenn die Beteiligten einer mehrdeutigen letztwilligen Verfügung einverständlich einen bestimmten, rechtlich möglichen Inhalt unterlegen (BFH BStBl III 66, 507; zum **Begriff des „Auslegungsvertrages"** vgl BGH NJW 86, 1812, 1813; FG München ZEV 17, 735 zur Beschränkung auf den Umfang und Wert des erbstl Erwerbs), sondern auch dann, wenn sie eine Auseinandersetzung vereinbaren, die jedenfalls so im Testament nicht vorgesehen ist und daher auch nicht Inhalt eines zivilgerichtlichen Urteils sein könnte (BFH BStBl II 72, 886). Ist der Vergleich ernsthaft geschlossen, so bleibt er für die Besteuerung auch dann verbindlich, wenn die Beteiligten bei seiner Durchführung von ihm abweichen (FG Düsseldorf EFG 66, 127). Für die Anerkennung einer im Vergleichswege vereinbarten Zahlung als Erwerb durch Erbanfall kommt es nicht darauf an, ob die Zahlung aus dem Nachlass oder aus sonstigem nachlassfreiem Vermögen des Erben erfolgen soll (BFH BStBl III 61, 133). Der BFH (BFH/NV 99, 313) hat diese RsprLinie, die ursprünglich für den Streit unter Erbprätendenten entwickelt worden war und die im Ergebnis zu einer Auswechselung des Erwerbsinhalts mit stlichen Wirkungen führt (vgl schon Anm 11), neuerdings auch auf den Streit zwischen einem Erben und einem vom Erblasser Beschenkten übertragen, bei dem im Vergleichswege an die Stelle eines Grundstücksübereignungsanspruchs eine Geldforderung getreten ist. Und das FG Köln (EFG 99, 300) hat die Grundsätze über die Maßgeblichkeit des Vergleichs auch auf die vergleichsweise Beilegung eines Streits über einzelne Nachlassposten (Eigentum? Übereignungsanspruch? Geldforderung?) zur Anwendung gebracht. Die Lehre von der Bindung der StPraxis an ernst gemeinte Vergleiche unter Nachlassbeteiligten hat *Bettermann,* FS Fritz Baur, 1981, 273, 277 ff, kritisch durchleuchtet. Er beschreibt die argumentativen Schwierigkeiten, mit denen diese Lehre zu kämpfen hat, und weist insb darauf hin, dass die Qualifikation der ErbSt als „BereicherungsSt" nicht ausreicht, um eine Bindung des Fiskus an Urteile oder Vergleiche unter den Nachlassbeteiligten zu erzwingen.

32 Ist nach den soeben dargestellten Grundsätzen der Erbvergleich der steuerlichen Beurteilung zugrunde zu legen, so richtet sich auch der **Umfang der Besteuerung** nach dem Inhalt der Vereinbarung und nicht etwa nach der von dem einzelnen Beteiligten geltend gemachten, strittigen Rechtsposition. Soll eine Position zB durch die Übertragung eines Grundstücks abgegolten werden, so bildet dieses Grundstück den erbstlichen Erwerb (FG München EFG 89, 642), obwohl derselbe Beteiligte als Miterbe einen Anteil am gesamten Nachlass hätte versteuern müssen (vgl Anm 24). Ist allerdings ein Beteiligter unstreitig Miterbe geworden, so dass der Vergleich lediglich Zweifel hinsichtlich des Umfangs der Nachlassbeteiligung ausräumt, so bleibt ein Anteil am Nachlass Gegenstand des Erwerbs; die auf den Beteiligten entfallende Quote ist in diesem Fall aus dem (Verkehrs-)Wertverhältnis der ihm zugewiesenen Vermögensgegenstände zu dem übrigen Nachlass abzuleiten. Wird im Vergleichswege an die Stelle eines Grundstücksübereignungsanspruchs eine Geldzahlungsleistung gesetzt, dann muss sich der Erwerber die Besteuerung dieser Geldforderung mit dem Nennwert gefallen lassen (BFH/NV 99, 313; Köln EFG 99, 300; FG Rh-Pf EFG 13, 2030: Zahlung einer Geldsumme zur Erfüllung eines Sachvermächtnisses). Kommt der Vergleich erst nach dem Tode eines Beteiligten durch Mitwirkung der Erben zustande, so ändert der Vergleichsschluss nichts daran, dass der Erwerb dieser „Erbeserben" einem doppelten StZugriff – Vermögensübergang auf den verstorbenen Beteiligten und sodann auf dessen Erben – unterliegt (vgl FG München EFG 89, 641). Ein Erbvergleich ist ein rückwirkendes Ereignis gem § 175 I 1 Nr 2 AO (BFH BStBl II 08, 629; FG München EFG 15, 1955).

12. Unwirksame Verfügung von Todes wegen

§ 14 ErbStG 1925 hatte vorgesehen: „Erfüllt der Erbe eine wegen Formmangels nichtige Verfügung von Todes wegen, so ist nur die St zu erheben, die bei Gültigkeit der Verfügung des Erblassers zu entrichten gewesen wäre". Diese Bestimmung wurde durch das ErbStÄndG 1951 unter Hinweis darauf gestrichen, dass der dieser Vorschrift zugrunde liegende Gedanke nunmehr in § 5 III StAnpG (§ 41 I AO) enthalten sei (BTDrs 1/1575, 14). Die Regelung gilt daher trotz der Herausnahme aus dem ErbStG weiter (BFH BStBl II 70, 119; 74, 340), jetzt aber in einer dem Wortlaut des § 41 I AO entsprechenden, erweiterten Fassung. Danach ist heute **jede Unwirksamkeit** einer Verfügung für die Besteuerung unerheblich, soweit die Beteiligten das wirtschaftliche Ergebnis der Verfügung gleichwohl eintreten und bestehen lassen. Es kommt also nicht mehr darauf an, dass die Verfügung gerade wegen eines Formmangels unwirksam ist (so schon BFH BStBl III 54, 159 zu § 5 III StAnpG). Auch ein wegen fehlender Testierfähigkeit (§§ 2229, 2247 IV BGB) oder fehlender Testierfreiheit (§§ 2271 II, 2289 I 2 BGB: BFH BStBl II 82, 28) unwirksames Testament ist im Fall seiner Verwirklichung stlich zu beachten. Das Gleiche gilt für eine nicht mit dem Vertragspartner abgesprochene Änderung der Bezugsberechtigung aus einem Vertrag zugunsten Dritter auf den Todesfall, die wegen Nichterfüllung der Merkmale des § 332 BGB unwirksam ist (FG Düsseldorf, EFG 83, 135; hier lag es allerdings näher, an eine wirksame Vermächtnisanordnung zu denken). Die Unwirksamkeit ist nach § 41 I AO unerheblich, „soweit" die Beteiligten die Verfügung verwirklichen. „Soweit" bedeutet „in dem Maße wie" (FG Bad-Württ EFG 76, 138, 139), so dass die unwirksame Verfügung bei nur teilweiser Durchführung in dem Umfang, in dem sie durchgeführt worden ist, steuerlich berücksichtigt werden muss (BFH BStBl II 82, 28; NV 11, 261). So können zB nur einzelne in einem unwirksamen Testament ausgesetzte Vermächtnisse oder ein Vermächtnis auch nur teilweise erfüllt werden. Zu den „Beteiligten", die die wirtschaftlichen Folgen des unwirksamen Rechtsgeschäfts eintreten und bestehen lassen (§ 41 I AO), gehören bei einer einseitigen testamentarischen Anordnung auch diejenigen, die durch Begünstigung oder Belastung an den Wirkungen des unwirksamen Rechtsgeschäfts irgendwie beteiligt werden (BFH BStBl II 82, 28, 29). 33

Vorausgesetzt wird allerdings, dass überhaupt eine, wenn auch unwirksame Verfügung von Todes wegen getroffen worden ist und dass der in der unwirksamen Verfügung zum Ausdruck kommende Erblasserwille von den Hinterbliebenen mindestens teilweise (vgl § 41 AO: „soweit") vollzogen wird (BFH BStBl II 00, 588). Als Verfügung kommt dabei die **mündliche Erklärung** des Erblassers in Frage, mit der er Anordnungen für den Fall seines Todes vorsieht (RFH RStBl 42, 587; 1116; BFH BStBl II 07, 461; NV 11, 261), selbst wenn der Erblasser sich der Unwirksamkeit seiner Verfügung bewusst war (BFH BStBl II 70, 119). Der Rückgriff auf § 41 I AO bewirkt in einem solchen Fall, dass der in § 3 näher fixierte StTatbestand durch § 41 I AO ergänzt wird, so dass der StTatbestand nicht schon mit den in § 3 niedergelegten Merkmalen, sondern erst dann verwirklicht ist, wenn es zur Verwirklichung der unwirksamen Verfügung etwa durch Auskehrung eines unwirksam angeordneten Vermächtnisses kommt (BFH BStBl II 07, 461). Eine steuerlich zu beachtende, von den Hinterbliebenen verwirklichte Verfügung kann auch in der mündlichen Änderung oder dem mündlichen Widerruf einer wirksamen testamentarischen Anordnung liegen (BFH BStBl II 74, 340; aM BFH DB 53, 636), so dass es über § 41 AO trotz Vorliegens eines wirksamen Testaments zur Besteuerung nach der gesetzlichen Erbfolge kommen kann. Stliche Beachtung kann auch eine mündliche Äußerung des Erblassers finden, mit der er einem Erwerber nach § 3 I Nr 4 Ausgleichszahlungen an die Geschwister auferlegt (FG München EFG 01, 641; aM FG Schl-H EFG 07, 780, doch ist diese Entscheidung nicht rechtskräftig geworden: BFH/NV 08, 572). Eine Verfügung fehlt dagegen, wenn der Erblasser nur in Aussicht gestellt hat, in bestimm- 34 ter Weise zu testieren, oder sich auf unverbindliche Wünsche beschränkt (RFH RStBl 31, 974); ausführlich zu dieser Abgrenzungsfrage *Schuhmann,* UVR 89, 230. Von der Fallgruppe der unwirksamen, aber tatsächlich durchgeführten Verfügung zu unterscheiden ist die irrtümliche Annahme einer unzutreffenden erbrechtlichen Lage, die erst später auf Grund nachträglich bekannt gewordener Tatsachen richtiggestellt werden kann.

13. Auslandserwerb

35 Nach st Rspr (BFH BStBl II 72, 462; 77, 425; 79, 438; 86, 615; 12, 782) kann ein Erwerb durch Erbanfall auch in einem Erwerb gefunden werden, der sich nach ausländischem Recht vollzieht. Denn in der Verweisung auf die Erbfolge nach § 1922 BGB soll zugleich eine Bezugnahme auf das der deutschen Erbfolge vergleichbare ausländische ErbR liegen, soweit das deutsche IPR das ausländische Recht für anwendbar erklärt und der Erwerber der deutschen StPfl nach § 2 unterliegt (§ 2 Anm 6f). Für alle Erbfälle ab dem 17.8.2015 gilt die **EU-ErbVO.** Die Rechtsnachfolge von Todes wegen unterliegt danach vorrangig dem Recht des Staates, in dem der Erblasser zum Zeitpunkt des Erbfalls seinen gewöhnlichen Aufenthalt hatte (Art 21 I EU-ErbVO). Die vorher zur Bestimmung des Erbstatuts maßgebliche Staatsangehörigkeit (Art 25 I EGBGB) ermöglicht nur noch die Möglichkeit, das Heimatrecht in Form einer Verfügung von Todes wegen zu wählen (Art 22 EU-ErbVO). Bei ausländischem Erbschaftserwerb, zB infolge einer Rechtswahl, ist nicht selten der Zeitpunkt der Entstehung der St problematisch; Einzelheiten dazu § 9 Anm 26ff.

14. Erbauseinandersetzung und Einkommensteuer

36 Die Gestaltung von Nachfolgeregelungen, vor allem im unternehmerischen Bereich, hat nicht nur auf die zivilrechtliche Ausgangslage und auf die StFolgen nach dem ErbStG, sondern auch auf mögliche Konsequenzen für die **EStBelastung** der am Erbfall Beteiligten Rücksicht zu nehmen. Der erbrechtliche Vermögensübergang als solcher unterliegt zwar nicht der ESt, doch können im Zuge der Abwicklung des Erbfalls estlich relevante Entnahme- oder Veräußerungsgewinne entstehen, wenn Vermögensgegenstände aus einem Betriebsvermögen in ein Privatvermögen gelangen, wenn Betriebe liquidiert oder veräußert werden oder wenn die durch Beteiligung an einer Personengesellschaft oder durch die gesamthänderische Mitberechtigung im Rahmen einer Erbengemeinschaft begründete Mitunternehmerstellung zum Gegenstand eines Übertragungsgeschäfts gemacht wird. Gewinne aus der Veräußerung von Privatvermögen bringen demgegenüber nur in Sonderfällen (wesentliche Beteiligung an einer Kapitalgesellschaft iSd § 17 EStG oder § 20 III EStG, private Veräußerungsgeschäfte gem § 23 EStG, einbringungsgeborene Anteile iSd § 21 UmwStG aF, Anteile nach einer Buchwerteinbringung iSd § 22 UmwStG nF) eine EStBelastung mit sich.

37 Lange Zeit war die Rspr des BFH von einer **Einheitsbetrachtung des Erbfalls und der Erbauseinandersetzung** ausgegangen, auf Grund deren alles, was ein Miterbe im Zuge der Auseinandersetzung erwirbt, mit dem Erbfall als einem privaten, dh estlich irrelevanten Vorgang in Verbindung gebracht wird und folglich keine estlichen Folgen nach sich zieht, so dass zB ein Miterbe, der gegen eine Abfindungszahlung seinen Erbteil auf einen anderen Miterben überträgt, keinen estpfl Veräußerungsgewinn erzielt, der übernehmende Miterbe allerdings auch keine estlich berücksichtigungsfähigen Anschaffungskosten hat. Von diesem Standpunkt ist der BFH, beginnend mit der Entscheidung des IX. Senats BFH BStBl II 85, 722, zunächst für den Bereich des Privatvermögens abgerückt. Mit Beschluss v 5.7.1990 hat der Große Senat des BFH (BStBl II 90, 837) auch hinsichtlich der Erbauseinandersetzung über Betriebsvermö-

gen die vorhin beschriebene Einheitsbetrachtung **aufgegeben** und die estliche Beurteilung der Erbauseinandersetzung insgesamt auf eine neue Grundlage gestellt (*Meincke,* NJW 89, 3251; 91, 198; 93, 976). Die FinVerw ist dem mit entsprechenden Anwendungsschreiben gefolgt (BStBl I 93, 62; 02, 1392; 06, 253; dazu *Hannes,* ZEV 06, 164).

Nach den Grundsätzen des Beschlusses des Großen Senats bleibt es estneutral, **38** wenn ein Miterbe in der Auseinandersetzung so viel Vermögen erhält, wie ihm nach seiner Erbquote zusteht (sog **Realteilung** – diese strechtliche Begriffsbildung weicht von der zivilrechtlichen Definition der Naturalteilung gem § 752 BGB ab). Der Miterbe führt in diesem Fall die Buchwerte übernommenen Betriebsvermögens und die StWerte von Gegenständen des Privatvermögens unverändert so fort, wie sie zuletzt vom Erblasser bzw von der Erbengemeinschaft anzusetzen waren. Diese Rechtsfolge tritt ein unabhängig davon, inwieweit sich der Nachlass aus Betriebs- oder Privatvermögen zusammensetzt, und auch dann, wenn einer der Miterben zB das gesamte Betriebsvermögen erhält, solange nur der durch die Auseinandersetzung den einzelnen Miterben zugewiesene Nachlassanteil wertmäßig ihrer jeweiligen Erbquote entspricht. Wird einem Miterben dagegen weniger als seine Quote zugeteilt oder überträgt er seinen Erbanteil und erhält er eine **Abfindung,** so handelt es sich um einen Veräußerungserlös; dieser führt zu einem estpfl Veräußerungsgewinn, wenn er die vorher vom Erblasser bzw von der Erbengemeinschaft für die abgefundenen Vermögensgegenstände angesetzten Werte übersteigt und wenn überdies die Vermögensteile, auf die sich die Abfindung bezieht, zu einem Betriebsvermögen gehören oder die Voraussetzungen der §§ 17 oder 23 EStG oder des § 21 UmwStG erfüllen. Dem Veräußerungsgewinn bei dem weichenden Miterben stehen Anschaffungskosten bei dem oder den übernehmenden Miterben gegenüber.

Besteht der Nachlass ganz oder überwiegend aus **Privatvermögen,** so wirkt sich **39** die neue Rspr idR estlich günstig aus, weil Abfindungen für den übernehmenden Teil Anschaffungskosten und damit zusätzliche Abschreibungsmöglichkeiten begründen, während der weichende Miterbe den Veräußerungsgewinn, soweit Privatvermögen betroffen ist, in den meisten Fällen nicht der ESt zu unterwerfen braucht. Werden demgegenüber im Zuge der Abfindungsvereinbarung in größerem Umfang stille Reserven bei Gegenständen eines **Betriebsvermögens** aufgedeckt, so wird die dadurch ausgelöste EStMehrbelastung oftmals unerwünscht sein, auch wenn dieser Mehrbelastung ein Entlastungseffekt bei einem späteren nochmaligen Veräußerungsgeschäft gegenübersteht.

Gestaltungsmodelle zur Vermeidung einer Realisation stiller Reserven stützen **40** sich zum einen auf Ausgleichsregelungen mittels Erbfallschulden, wie Vermächtnis- und Pflichtteilsverbindlichkeiten, die im Unterschied zu vertraglichen Abfindungsvereinbarungen nicht zu einem estlich relevanten Veräußerungsvorgang führen. Nach dieser Konzeption wird zB einer der Vermögensnachfolger als Alleinerbe eingesetzt und mit Vermächtnissen zugunsten der anderen Beteiligten belastet, oder Miterben werden zu unterschiedlichen Quoten entsprechend dem Wert der ihnen durch Teilungsanordnung zugewiesenen Nachlassgegenstände eingesetzt, ergänzt durch Vorausvermächtnisse zum Zwecke des Wertausgleichs in Geld. Andere Modelle zielen auf eine Umstrukturierung der zur Verteilung gelangenden Vermögenskomplexe innerhalb des Nachlasses. Soll etwa der eine Miterbe das Betriebsvermögen, der andere das Privatvermögen erhalten und weist das Betriebsvermögen den höheren Wert auf, so wird der Ausgleich nicht durch eine Abfindung, sondern im Wege einer Barentnahme noch vor Durchführung der Auseinandersetzung bewirkt. Bei allen diesen Gestaltungen ist allerdings zu bedenken, dass der übernehmende Miterbe, wenn die stillen Reserven nicht aufgedeckt werden, die auf dem Nachlass ruhende latente EStBelastung zu tragen hat. Im Übrigen kann es stets – auch im Fall der sog Realteilung – zu einem estpfl Entnahmegewinn kommen, wenn Wirtschaftsgüter aus einem Betriebsvermögen in den privaten Bereich überführt werden.

III. Erbersatzanspruch (Abs 1 Nr 1 aF)

41 Nach **§ 1589 II BGB aF** galten das nichteheliche Kind und sein Vater als nicht verwandt. Beim Tod des Vaters war das Kind, beim Tod des Kindes war der Vater nicht zur Erbfolge berufen. Dieser Rechtszustand wurde durch das NEhelG v 19.8.1969 (BGBl I 69, 1243) geändert. § 1589 II BGB aF wurde – zunächst nur für die ab 1.7.1949 geborenen Kinder, nach der Entscheidung des Europäischen Gerichtshofs für Menschenrechte (EGMR 3545/04 v 28.5.2009, ZEV 09, 510), wenn der Erbfall nach dem 29.5.2009 eingetreten ist, für alle Kinder – aufgehoben. Das nichteheliche Kind gehört daher nunmehr uneingeschränkt wie ein eheliches Kind zu den gesetzlichen Erben erster Ordnung nach dem Vater (§ 1924 BGB), der Vater zu den Erben zweiter Ordnung nach dem Kind (§ 1925 BGB). Zur Vermeidung von Konflikten sollte das nichteheliche Kind jedoch nach der bisherigen Fassung des BGB nicht in die Erbengemeinschaft der engeren ehelichen Familie aufgenommen werden. Daher wurde das ErbR des nichtehelichen Kindes nach seinem Vater (und des Vaters nach seinem Kind) unter den Voraussetzungen des § 1934a BGB aF durch einen Geldanspruch gegen die Erben in Höhe des vollen Wertes des Erbteils ersetzt. Dieser Erbersatzanspruch trat an die Stelle der dinglichen Nachlassbeteiligung des nichtehelichen Kindes oder seines Vaters, wenn das Kind neben ehelichen Abkömmlingen oder neben dem überlebenden Ehegatten des Vaters zur Erbfolge gelangte oder wenn der Vater neben der Mutter und ihren ehelichen Abkömmlingen oder neben dem überlebenden Ehegatten des nichtehelichen Kindes zur Erbfolge nach dem nichtehelichen Kind berufen war.

42 „Der Grundgedanke der Neuregelung des gesetzlichen Erbrechts im Verhältnis des nichtehelichen Kindes zu seinem Vater geht dahin, das Kind wirtschaftlich in gleichem Umfang am väterlichen Nachlass zu beteiligen wie ein eheliches Kind“ (BVerfGE 44, 3). Diesem Grundgedanken wurde die **Besteuerung** nicht gerecht. Denn als Geldanspruch unterlag der Erbersatzanspruch mit seinem Nennwert der ErbSt, während die Nachlassbeteiligung des ehelichen Kindes beim Ansatz niedriger StWerte und bei Berücksichtigung sachlicher StBefreiungen (§ 13) wesentlich günstiger besteuert wurde. Die Rspr hat dennoch keinen Anlass gesehen, die Ungleichbehandlung zu beanstanden oder ihr im Billigkeitswege abzuhelfen (FG München EFG 06, 1446).

43 Inzwischen haben die Bestimmungen über die stliche Behandlung des Erbersatzanspruchs ihre aktuelle Bedeutung verloren. Denn durch das **Erbrechtsgleichstellungsgesetz** v 16.12.1997 (BGBl I 97, 2968) wurden die §§ 1934a ff BGB aufgehoben. Die seit dem 1.7.1949 geborenen nichtehelichen Kinder werden nunmehr **bei Erbfällen nach dem 31.3.1998** den ehelichen Kindern erbrechtlich gleichgestellt (zu einem vor dem 1.7.1949 geborenen Kind EGMR 29762/10 v 17.1.2017; hierzu *Magnus,* FamRZ 17, 8). Das ErbStRG 2009 hat daraus die Konsequenzen gezogen und die StPfl des Erbersatzanspruchs in Abs 1 Nr 1 gestrichen.

IV. Vermächtnis (Abs 1 Nr 1)

Schrifttum: *Piltz,* Steuerliche Flexibilität nach dem Tod durch offene Vermächtnisse, ZEV 05, 469; *Wachter,* Unternehmensvermächtnisse in der ErbSt, ErbStB 05, 322; *Engler,* Handlungsbedarf bei Sachvermächtnissen, NJW 06, 649; *Kamps* Nicht erfüllbare Vermächtnisse – Lösen sie eine Erbschaftsteuer aus? ErbStB 08, 267; *Steiner,* Die Versteuerung von Vermächtnissen unbestimmten Inhalts, ErbStB 11, 144; *Zehentmeier,* Die Ausschlagung von Vermächtnissen durch den überlebenden Ehegatten – Steueroptimierte Gestaltung im Erbrecht, NWB 11, 1473; *Geck,* Der „doppelte Freibetrag“ beim Vermächtnis mit unzureichendem Nachlass, ZEV 14, 630; *Keim,*

„Super" oder „(super) falsch"? – Das „Supervermächtnis" zur Erbschaftsteuerersparnis beim Berliner Testament, ZEV 16, 5.

1. Grundlagen

Durch Vermächtnis wird nach § 2174 BGB eine Forderung gegen den Beschwerten auf Leistung des vermachten Gegenstandes erworben. Die Forderung kann auch der Abwehr dienen und einem Vertragspartner des Erblassers erlauben, die ungestörte Fortsetzung eines ihm günstigen Vertrages zu verlangen (FG München EFG 07, 779). Schuldner des Vermächtnisses ist im Zweifel der Erbe (§ 2147 S 2 BGB), doch kann auch ein Vermächtnisnehmer beschwert sein (§ 2186 BGB: **Untervermächtnis;** § 2191 BGB: **Nachvermächtnis,** dazu auch § 6 IV). Als Gläubiger des Vermächtnisses kommt neben anderen auch ein Erbe in Betracht (§ 2150 BGB: **Vorausvermächtnis**). Mit dem Vermächtnis wendet der Erblasser dem Bedachten einen Vermögensvorteil zu (§ 1939 BGB). Ist der Erbe beschwert, so ist im Zweifel ein Gegenstand aus dem Nachlass zu leisten. Doch kann der Erblasser dem Erben auch aufgeben, dem Vermächtnisnehmer einen nachlassfremden Gegenstand zu besorgen (§ 2170 BGB: **Verschaffungsvermächtnis**). Inhalt des Vermächtnisses kann ferner sein, dass der Vermächtnisnehmer nur gegen Entgeltzahlung einen Anspruch gegen den Erben gewinnt **(Kaufrechtsvermächtnis).** Vermächtnis iSv § 3 I Nr 1 ist das, was zivilrechtlich als Vermächtnis gilt. Ein Rechtssatz, nach dem Zuwendungen, die zivilrechtlich als Vermächtnis zu qualifizieren sind, aus der Besteuerung herausfallen, weil ihnen, wie es heißt, das Merkmal der Unentgeltlichkeit erbstrechtlich fehlt, existiert nicht (aM FG Nürnberg DStRE 11, 227, 229). Das Vermächtnis setzt zu seiner zivilrechtlichen Wirksamkeit eine schriftliche Anordnung des Erblassers im Testament oder Erbvertrag voraus. Erbstlich kann jedoch auch eine zivilrechtlich unwirksame (BFH BStBl II 00, 588; 09, 957; Anm 34) Vermächtnisanordnung beachtlich sein, wenn der Beschwerte das dem Vermächtnisnehmer zugedachte Vermögen tatsächlich überträgt. Der Vermächtnisnehmer kann das Vermächtnis durch formlose Erklärung gegenüber dem Beschwerten ausschlagen. In dem Verzicht auf das Vermächtnis ist im Zweifel eine solche Ausschlagung zu sehen (aM FG Berlin EFG 86, 26). Eine Frist für die **Ausschlagung** besteht nicht (Ausnahme: § 2307 II 1 BGB). Doch ist die Ausschlagung ausgeschlossen, wenn der Vermächtnisnehmer das Vermächtnis – sei es auch nur durch schlüssiges Verhalten – angenommen hat (§ 2180 BGB). Wird das Vermächtnis wirksam ausgeschlagen oder ist es als ausgeschlagen zu behandeln (§ 2307 II 2 BGB), gilt der Anfall des Vermächtnisses als nicht erfolgt. Die StPfl entfällt mit Rückwirkung (§ 175 I 1 Nr 2 AO). 44

2. Gegenstand des Vermächtniserwerbs

Das Vermächtnis verschafft dem Begünstigten einen **Vermögensvorteil (§ 1939 BGB).** An dem Vermögensvorteil fehlt es, wenn der Erwerber durch Testament lediglich das zugesprochen erhält, worauf er bereits ohne die Anordnung des Erblassers einen Anspruch hat. In diesem Fall liegt genau genommen gar kein Vermächtnis vor; auf jeden Fall ist die Zuwendung nicht als Vermächtnis steuerbar. Das gilt zB, wenn ein Arbeitgeber in seinem Testament einen auf Grund des Arbeitsverhältnisses begründeten Ruhegehaltsanspruch bestätigt (FG München UVR 96, 54). Das Vermächtnis verschafft dem Begünstigten nur eine **Forderung gegen den Erben** (oder Hauptvermächtnisnehmer) – nicht, wie der Erwerb durch Erbfolge, eine dingliche Beteiligung am Nachlass. Gegenstand des Erwerbs durch Vermächtnis kann daher zum Erbfallszeitpunkt auch nur ein Sachleistungsanspruch sein (so jetzt auch in Abweichung von der dortigen Vorauflage *Viskorf/Wälzholz* § 3 Rn 23. Zu Unrecht wird dort allerdings die Problematisierung dieses Ergebnisses in der Vorauflage dieses Kommentars vermisst; vgl demgegenüber § 3 Anm 40, § 9 Anm 13 der 15. Aufl). Dennoch stellte die 45 bewertungsrechtliche Rspr bisher den Forderungserwerb des Vermächtnisnehmers der Nachlassbeteiligung des Erben insofern gleich, als sie den StWert der Sachleistungsforderung des Vermächtnisnehmers nach dem StWert des Gegenstandes bestimmte, den der Vermächtnisnehmer aus dem Nachlass zu beanspruchen hat (BFH BStBl II 97, 820; NV 06, 1480). Sie folgte damit der langjährigen erbstlichen Praxis, die die Vorschriften über den Erwerb bestimmter Gegenstände, für bewegliche Sachen oder Grundstücke, stets auch auf das Vermächtnis solcher Gegenstände anwandte. Denn, so hatte schon *Kipp* (§ 2 Anm 29) formuliert: „Dass der Anfall in einer Forderung ... besteht, darf nicht dazu verführen, jene Vorschriften außer Anwendung zu lassen, weil sie nur für die bewegliche Sache oder das Grundstück selbst, nicht für Forderungen gegeben wären". Obwohl sich das Gericht mit seiner Rspr also eigentlich problemlos in einer jahrzehntelangen Tradition bewegte, war es in der letzten Zeit doch schwankend geworden (BFH BStBl II 04, 1039; 07, 461; vgl auch NV 08, 1379), hatte die Mahnung *Kipps* (§ 2 Anm 29: Der Wert bemisst sich nach dem Wert des vermachten Gegenstandes) unbeachtet gelassen und für das Kaufrechtsvermächtnis (BStBl II 01, 605; 08, 892) und für das Verschaffungsvermächtnis (BStBl II 07, 461) statt an den Wert des Anspruchsgegenstandes an den nach ganz anderen Grundsätzen ermittelten Wert des Sachleistungsanspruchs angeknüpft. Nach dieser neueren Rspr des BFH sollte der vermächtnisweise Erwerb einer Forderung auf Grundstücksübertragung ganz unterschiedlich bewertet werden, je nachdem, ob das Vermächtnis als einfaches Vermächtnis (StWert des Grundstücks) oder als Verschaffungsvermächtnis (gemeiner Wert des Sachleistungsanspruchs) ausgestaltet war, ob das Grundstück, das der Vermächtnisnehmer beanspruchen konnte, vom Erblasser stammte oder erst vom Erben zum Nachlass erworben worden war. Eine solche Gesetzeshandhabung konnte keinesfalls überzeugen. Das ErbStRG 2009 hat den gemeinen Wert eines Grundstücks und den gemeinen Wert eines Grundstücksübertragungsanspruchs einander angeglichen und damit die Problematik der unterschiedlichen Behandlung von Eigentumserwerb und Forderungserwerb zum Glück deutlich entschärft.

46 Hat der Erblasser dem Vermächtnisnehmer einen bestimmten **Gegenstand aus dem Nachlass** (zB ein Grundstück) als Vermächtnis zugewandt, so ist dieser Gegenstand mindestens dreimal stlich zu erfassen. Er wird zunächst vom Erben als Teil seines Erwerbs durch Erbfolge erworben. Er bildet den Gegenstand der Vermächtnisverbindlichkeit des Erben, die nach § 10 V zum Abzug zu bringen ist. Schließlich erscheint der Gegenstand drittens als stpfl Erwerb des Vermächtnisnehmers. Dabei gewährleistet das erbstliche Korrespondenzprinzip die stliche Gleichbehandlung. Ein Vermögensgegenstand ist bei unterschiedlichen, mit dem Erbfall verbundenen Erwerbsvorgängen nicht mit unterschiedlichen Wertansätzen zu erfassen. Der Erwerb des Erben, die diesen Erwerb neutralisierende Vermächtnisverbindlichkeit des Erben und der Erwerb des Vermächtnisnehmers sind mit dem StWert des Vermächtnisgegenstandes anzusetzen (BFH BStBl II 96, 97; 00, 588).

47 Dagegen hat der Erbe beim **Verschaffungsvermächtnis** (Anm 44) den Gegenstand der Vermächtnisforderung nicht aus dem Nachlass zu leisten. Er erhält vielmehr vom Erblasser nur die Mittel, um den vermachten Gegenstand zu besorgen. Das Korrespondenzprinzip könnte hier an der fehlenden Nachlasszugehörigkeit des Vermächtnisgegenstands scheitern. Der Erblasser hinterlässt zB Bankguthaben, mit deren Hilfe der Erbe dem Vermächtnisnehmer ein Grundstück verschaffen soll. In diesem Fall besteht der Erwerb des Erben in Geld. Auch die den Erben belastende Vermächtnisverbindlichkeit wird üblicherweise nach dem Umfang der Geldmittel berechnet, die der Erbe zur Erfüllung des Vermächtnisses einsetzen muss (FG Rh-Pf BB 93, 1725; *Moench/Weinmann* § 3 Rz 105). Der Vermächtnisnehmer erwirbt demgegenüber eine Forderung auf Grundstücksübereignung und damit einen Sachleistungsanspruch, für den der Ansatz des StWerts des Grundstücks in Betracht kommt. Der BFH entscheidet aber auch hier für eine mit der Beschwertenseite korrespondierende Bewertung, weil ein auf denselben Gegenstand bezogener Anspruch nicht anders be-

wertet werden sollte als die ihm gegenüberstehende Verpflichtung (BStBl II 07, 461). Kann der Erbe das Vermächtnis nicht erfüllen, weil es ihm nicht gelingt, das Grundstück zu beschaffen, so ist er zum Wertausgleich verpflichtet (§ 2170 II BGB). Im Falle eines solchen Wertausgleichs hat der Vermächtnisnehmer diesen Geldbetrag zu versteuern (HessFG EFG 03, 1400). Eine dem Verschaffungsvermächtnis ähnliche Rechtslage ergibt sich auch dann, wenn der Erblasser, ohne entsprechende Geldmittel zu hinterlassen, ein **Geldvermächtnis** ausgesetzt hat. Besteht der Nachlass zB ausschließlich in Sachwerten (zB Grundstücken), hat der Erbe dem Vermächtnisnehmer aber Geld auszuzahlen, dann muss sich der Erbe das Geld im Zweifel durch Veräußerung von Sachwerten verschaffen. Der Erwerb des Erben besteht dann in den Sachwerten (Grundbesitz), der Erwerb des Vermächtnisnehmers im Anspruch auf Geldzahlung. Zweifelhaft bleibt aber, wie die Vermächtnisschuld des Erben beurteilt werden soll. Die Parallele zur Behandlung des Verschaffungsvermächtnisses könnte einen Abzug der Vermächtnisverbindlichkeit im Umfang des für den Gelderwerb eingesetzten Grundstückswertes nahelegen. In der Praxis wird jedoch der Abzug im Umfang des geschuldeten Geldbetrages für unbedenklich gehalten. Kein Verschaffungsvermächtnis liegt vor, wenn der Erblasser dem Vermächtnisnehmer Geld zuwendet, damit dieser mit Hilfe des Geldes ein Grundstück erwirbt. Auch die Grundsätze über die mittelbare Grundstücksschenkung gelten hier nicht (§ 7 Anm 19ff), so dass das Geld und nicht das Grundstück den Vermächtnisgegenstand bildet (BFH/NV 03, 1583). Vom **Geldsummenvermächtnis,** dessen Höhe der Erblasser in Zahlen festgelegt hat, ist im Übrigen das **Geldwertvermächtnis** zu unterscheiden, dessen Höhe der Erblasser dadurch bestimmt, dass er dem Erben die Geldzahlung in Höhe des Wertes eines bestimmten Gegenstandes aufgibt (FG Rh-Pf UVR 93, 373).

Soweit trotz der Angleichung der Wertmaßstäbe durch das ErbStRG 2009 das **48** Grundstücksvermächtnis im Vergleich zum Geldvermächtnis steuerlich Vorteile bringt, kann der Vermächtnisnehmer bei einem Geldvermächtnis die Besteuerung für sich dadurch günstiger gestalten, dass er das Vermächtnis ausschlägt und sich als Abfindung für die Ausschlagung von dem Erben ein Grundstück übereignen lässt. Dann bildet nämlich nach Abs 2 Nr 4 das abfindungshalber übertragene Grundstück den Erwerb des mit dem Vermächtnis Bedachten, so dass ihm der günstigere Grundbesitzwert zugutekommt. Ob der Vermächtnisnehmer auch ohne Ausschlagung nach dem Grundstückswert zu besteuern ist, wenn ihm der Erbe ein Grundstück zur **Abgeltung** seines Geldanspruchs **an Erfüllungs statt** übertragen hat, erschien mit Rücksicht auf die Grundsätze der BFH-Entscheidung zum Pflichtteilsrecht (BFH BStBl II 82, 350) lange Zeit zweifelhaft. Denn in dieser Entscheidung hatte der BFH der Übertragung an Erfüllungs statt für den Bereich des Steuerrechts rückwirkende Bedeutung beigelegt. Inzwischen hat der BFH diese Linie – zunächst für den Bereich des Vermächtnisrechts – ausdrücklich aufgegeben (BFH BStBl II 96, 97). Der Senat hat sodann entschieden, dass er auch an seinem zum Pflichtteilsrecht ergangenen Urteil nicht weiter festhalten will (BStBl II 99, 23). Wird daher ein Geldvermächtnis durch Übertragung von Grundstücken erfüllt, so bleibt doch der Wert der Geldforderung für die Besteuerung entscheidend. Das muss erst recht gelten, wenn der Geldvermächtnisnehmer vom Erben ein Grundstück kauft und den Kaufpreis durch Aufrechnung mit der Vermächtnisforderung tilgt (BFH BStBl II 95, 783).

Auch beim **Kaufrechtsvermächtnis,** das einem Vermächtnisnehmer den An- **49** spruch auf einen Nachlassgegenstand gegen Zahlung eines meist unter dem Verkehrswert liegenden Geldbetrags zuweist (Beispiele in BFH BStBl II 93, 765; 01, 605; 08, 892; 09, 245; 11, 873), stimmen der Erwerb des Erben, seine Vermächtnisverbindlichkeit und der Erwerb des Vermächtnisnehmers nicht ohne Weiteres überein. Bei der Frage der Bewertung eines solchen Kaufrechtsvermächtnisses geht die Rspr inzwischen davon aus, dass **Besteuerungs- und Bewertungsgegenstand** beim Kaufrechtsvermächtnis ein **aufschiebend bedingtes Forderungsrecht** sind (BFH BStBl II 08, 982). Dieser Beurteilung ist eine volatile Vorgeschichte vorausgegangen. Der stpfl Erwerb des Erben richtet sich – folgt man der ursprünglichen Linie von Rspr (RFH RStBl 29, 562), FinVerw (DB 79, 769) und Literatur (vgl 10. Aufl Anm 44) – nach dem Wert des Gegenstandes, auf den der Vermächtnisnehmer einen Anspruch erhält (FG München EFG 82, 310), während als Vermächtnisverbindlichkeit nur die Belastung abgesetzt werden darf, die sich für den Erben aus der Weiterleitung des vermachten Gegenstandes unter Abzug des vom Vermächtnisnehmer an den Erben zu zahlenden Kaufpreises ergibt. Da der Kaufpreis für den Erben nicht zum Erwerb durch Erbanfall oder zu einem sonstigen stpfl Erwerb gehört (BFH BStBl II 72, 886), konnte er nach dieser RsprLinie nur den Abzugsbetrag für die Vermächtnisleistung kürzen und damit die Vermächtnisschuld als Nachlassverbindlichkeit schmälern. Der im Fall eines niedrigen StWerts des Vermächtnisgegenstandes die Höhe der Vermächtnisschuld übersteigende Entgeltanteil fiel dann dem Erben ohne stliche Belastung zu. Der Vermächtnisnehmer erhielt den Anspruch auf Abschluss eines Kaufvertrags. Dieser Anspruch war mit dem StWert des Kaufgegenstandes abzüglich des Kaufpreises zum Ansatz zu bringen (RFH RStBl 29, 562), so dass sich für den Vermächtnisnehmer keine StPfl ergab, wenn der Kaufpreis höher als der StWert des vermachten Gegenstandes lag. Seit den neunziger Jahren hat die FinVerw (DStR 93, 608) und in ihrer Folge auch die Rspr des BFH (BStBl II 01, 605) dann aber eine neuere Linie eingeschlagen. Gegenstand des Vermächtniserwerbs sollte jetzt nicht mehr der Sachleistungsanspruch abzüglich der Kaufpreisverpflichtung sein. Sondern nun wurde als Gegenstand des Vermächtniserwerbs das Erwerbsrecht angesehen, dessen Wert sich nach dem gemeinen Wert des zu erwerbenden Gegenstandes abzüglich der Kaufpreisverpflichtung zu richten hat. Das Kaufrechtsvermächtnis galt nun als Sonderfall des Vermächtnisses eines Übernahmerechts (FG Bad-Württ EFG 07, 530; aufgeh durch BFH BStBl II 08, 982), dessen Besonderheit darin besteht, dass es mit einer Entgeltverpflichtung verbunden ist. Für beide Vermächtnisformen wurde angenommen, dass der Vermächtnisnehmer nicht einen Leistungsanspruch, sondern ein Gestaltungsrecht zugewiesen erhält. Diese neuere Rspr benachteiligte (im Vergleich zum Erwerb eines Vermächtnisses ohne Entgeltverpflichtung) den Vermächtnisnehmer, der wegen der Entgeltverpflichtung nunmehr höher besteuert wurde als ohne diese. Denn ihm wurde ein Erwerb zugerechnet, der nach dem gemeinen Wert des Vermächtnisgegenstandes berechnet war, während der normale Vermächtnisnehmer auf den StWert des Vermächtnisgegenstandes verweisen konnte. Die aktuelle Rspr wird durch die Entscheidung BFH BStBl II 08, 892 repräsentiert. Dort ist der Gedanke, Gegenstand des Kaufrechtsvermächtnisses sei ein Gestaltungsrecht, wieder aufgegeben worden. Der BFH kehrt zu der früheren Auffassung zurück, dass als Vermächtnisgegenstand der mit einer Entgeltverpflichtung verbundene Sachleistungsanspruch anzusehen ist. Doch soll im Unterschied zur älteren RsprLinie nun nicht mehr der niedrigere StWert, sondern der gemeine Wert des Anspruchsgegenstandes den Wert des Vermächtniserwerbs bestimmen. Die Entscheidung ist vor 2009 und damit noch unter Geltung der niedrigen StWerte für Grundstücke ergangen. Sie führte bei einem StWert des Grundstücks von 200, einem gemeinen Wert des Sachleistungsanspruchs von 400 und einem Entgelt von 100 dazu, dass der Vermächtnisnehmer 300 zu versteuern hatte, wenn ihm die Entgeltverpflichtung auferlegt war, aber nur 200 versteuern musste, wenn ihm das Grundstück ohne Entgeltverpflichtung zugewiesen war. Wie soll man eine derartige Unterscheidung einem Außenstehenden verständlich machen? Durch das ErbStRG 2009 und den dort verfolgten Ansatz aller Vermögensgegenstände mit dem gemeinen Wert hat sich diese Problematik jedoch nahezu erledigt.

3. Vorausvermächtnis

50 Stpfl ist auch das Vorausvermächtnis, das ein Erbe neben seinem Erbteil erwirbt (§ 2150 BGB). Im ZivilR ist die Abgrenzung des Vorausvermächtnisses von der Teilungsanordnung (§ 2048 BGB) wiederholt Gegenstand gerichtlicher Entscheidungen

gewesen (RGZ 170, 163; OGHZ 1, 161; BGHZ 36, 115; BGH LM Nrn 5 und 5a zu § 2048 BGB; BGH NJW 85, 51; FamRZ 85, 62; FamRZ 87, 475; FamRZ 90, 396), weil nach allg Auffassung die Bindungswirkung eines gemeinschaftlichen Testaments oder Erbvertrages sich zwar auf Vermächtnisse, nicht aber auf Teilungsanordnungen erstreckt (§§ 2270 III, 2278 II BGB). Für die Abgrenzung der beiden Institute ist nach dieser Rspr der Begünstigungswille des Erblassers entscheidend. Nur wenn der Erblasser dem Erben durch seine Anordnung gegenüber den Miterben einen zusätzlichen Vermögensvorteil verschaffen will, liegt ein Vorausvermächtnis, sonst eine Teilungsanordnung vor. Auch im ErbStRecht muss die **Abgrenzung zur Teilungsanordnung** beachtet werden, weil § 3 nur den Erwerb durch Erbanfall und den Forderungserwerb durch Vermächtnis, aber nicht den Forderungserwerb durch Teilungsanordnung als stpfl Tatbestand nennt. Die Rspr (BFH BStBl II 83, 329; NV 05, 2114) hat diesen Befund dadurch unterstrichen, dass sie Teilungsanordnungen für die Besteuerung von Miterben, soweit es um den Umfang ihres Erwerbs durch Erbanfall geht, keine Bedeutung zuerkennt. Zur Abgrenzung des Vorausvermächtnisses von der Teilungsanordnung ist auch im StRecht zu fragen, ob das Zugewiesene iRd Erwerbs durch Erbanfall zufällt oder den Gegenstand eines selbstständigen, auch selbstständig ausschlagungsfähigen Erwerbs bildet und dem Miterben einen über seinen Erbanteil hinausgehenden Vorteil verschafft. Ein solcher Vorteil ist nicht gegeben, wenn jedem der Miterben gleichmäßig die Chance eingeräumt wird, einen Nachlassgegenstand bei einer Versteigerung günstig zu erwerben (FG München EFG 06, 1075).

4. Nießbrauchsvermächtnis

Wendet der Erblasser dem Bedachten durch ein Nießbrauchs- oder Leibrentenvermächtnis Vorteile zu, die mit dem Tod des Vermächtnisnehmers erlöschen, so dass der Erbe durch das Vermächtnis nur vorübergehend bis zum Tod des Vermächtnisnehmers belastet wird, dann kann der Erbe auch ein solches Vermächtnis mit dem **Kapitalwert** von seinem Erwerb zum Abzug bringen. Besonderheiten galten bisher, wenn der Ehepartner des Erblassers als Vermächtnisnehmer bedacht worden war. Für diesen Fall schloss § 25 I 1 den Abzug der Vermächtnisverbindlichkeit beim Erben aus. Doch hat das ErbStRG 2009 § 25 aufgehoben. Für den Vermächtnisnehmer gilt: er hat im Fall des Nießbrauchsvermächtnisses den Kapitalwert seines Nießbrauchs- oder Rentenrechts zu versteuern, kann die St jedoch statt in einmaliger Zahlung jährlich im Voraus vom Jahreswert des Nießbrauchs- oder Rentenrechts entrichten (§ 23). **51**

5. Wahlvermächtnis

Ein **Wahlvermächtnis** (§ 2154 BGB) richtet sich nach Auffassung des BFH (BStBl II 01, 725) bereits vom Erbfall an ausschließlich auf den Gegenstand, für den sich der Bedachte später entscheidet. Gegenstand eines Vermächtnisses kann auch der **Anspruch auf eine Abfindung** sein, wenn dem Begünstigten eine Option auf die Abfindung anstelle einer anderen Zuwendung zustehen soll (vgl FG München EFG 87, 308). **52**

6. Einkommensteuerpflichtiger Vermächtniserwerb

Das Zivilrecht sieht in einer überhöhten Testamentsvollstreckervergütung ein Vermächtnis. Die unangemessene Vergütung wird in einen Vergütungsteil und ein durch die Annahme des Amtes bedingtes Vermächtnis aufgespalten (*Palandt/Weidlich* § 2221 Rz 2). Mit dieser Fiktion wird eine Aushöhlung von Pflichtteilsrechten (Vermächtnisse schmälern – anders als eine TV-Vergütung – den pflichtteilsrelevaten Nachlass nicht) und eine unzutreffende Gläubigerbefriedigung in der Nachlassinsolvenz (Vermächtnisse – § 327 I Nr 2 InsO – sind gegenüber der TV-Vergütung – § 324 I Nr 6 **53**

InsO – nachrangig) verhindert. Erbstlich erfolgt nach dem BFH jedoch keine Aufteilung. Die Vergütung unterliegt in vollem Umfang der ESt und grds nicht der ErbSt (BStBl II 05, 489). Eine Doppelbelastung desselben Erwerbs mit ESt und ErbSt wäre verfehlt. Die Überlegung des FG Nürnberg (DStRE 11, 227, 229), dass hier gar kein Vermächtnis im erbstlichen Sinn vorliege, überzeugt nicht (Anm 44). Dennoch muss die ErbSt hier zurücktreten (*Meincke,* FS Tipke, 1995, 391, 399). Wenn eine erbstliche Erfassung gewünscht ist, muss der Erblasser die Zuwendung als Vermächtnis ausgestalten und von der Vergütung abkoppeln.

V. Pflichtteil (Abs 1 Nr 1)

Schrifttum: *Piltz,* Die Unternehmensbewertung in der Rechtsprechung, 3. Aufl 1994; *Crezelius,* ErbSt-Probleme im Pflichtteilsrecht, ZErb 02, 142; *Meincke,* Zum normativen Konzept der Nachlassbewertung im Pflichtteilsrecht, FS Wiedemann, 2002, 105; *Meincke,* Die steuerlichen Rahmenbedingungen von Verwandtschaftsunterhalt und Pflichtteil, Verh des 64. DJT 2002, Bd II/1, L 89; *Meincke,* Zum Geltendmachen des Pflichtteils, ZErb 04, 1; *Müller/Grund,* Pflichtteilsklausel und einvernehmliche Geltendmachung des Pflichtteils aus erbschaftsteuerlichen Gründen, ZErb 07, 205; *Wälzholz,* Die (zeitliche) Geltendmachung von Pflichtteilsansprüchen, ZEV 07, 162; *Seer/Krumm,* Der Pfllichtteilsanspruch im System der erbschaftsteuerlichen Vermögensanfallbesteuerung, ZEV 10, 57; *Lohr/Görges,* Die Behandlung des Pflichtteils in der Einkommensteuer, DStR 11, 1890; *Lohr/Görges,* Die Behandlung des Pflichtteils in der Erbschaftsteuer, DStR 11, 1939; *Brüggemann,* Mit welchen steuerlichen Folgen bei der Stundung des Pflichtteils zu rechnen ist, ErbBstg 11, 19; *Brüggemann,* Geltendmachung des Pflichtteils durch den Alleinerben nach dem Tod beider Eltern, ErbBstg 13, 103; *Tölle,* Erbschaftsteuerliche Optimierung durch Pflichtteilsgestaltung, NWB 13, 227; *Klümpen-Neusel/Kaiser,* Berücksichtigung von Pflichtteilsansprüchen im Erbschaftsteuerrecht – BFH v. 19.2.2013 II R 47/11, ErbStB 13, 184; *Roth,* Erbauseinandersetzung und Pflichtteilsanspruch im Erbschaftsteuerrecht, RNotZ 13, 556; *Geck,* Erleichterung beim Berliner Testament: Geltendmachung des Pflichtteils nach dem Tod des Verpflichteten durch dessen Alleinerben, DStR 13, 1368; *Billig,* Zur erbschaftsteuer- und schenkungsteuerrechtlichen Bedeutung des Pflichtteilsanspruchs, UVR 14, 314; *Dahlkamp,* Die Pflichtteilslast in der notariellen Praxis, RNotZ 14, 257; *Holler,* Besteuerung der Abfindung für den Verzicht auf einen zukünftigen Pflichtteilsanspruch, ErbR 14, 21; *Jülicher,* Pflichtteilsansprüche im EStG und ErbStG – steuersparende Überlegungen vor und nach dem Erbfall, ZErb 14, 126; *Krüger,* Der Pflichtteilsanspruch im Erbschaftsteuerrecht, ZErb 14, 102; *Holler,* Pflichtteil im Erbschaftsteuerrecht – allgemeiner Überblick mit Gestaltungsempfehlungen, ZNotP 15, 202; *Riedel,* Zur Abzugsfähigkeit von Pflichtteilslasten bei der Erbschaftsteuer – zugleich Anmerkung zum Urteil des BFH v. 22.7.2015, II R 15/14, MittBayNot 16, 207; *Hülsmann,* Besteuerung eines durch Erbanfall erworbenen Pflichtteilsanspruchs, NWB 17, 1803; *Brüggemann,* Pflichtteilsanspruch und Einrede der Verjährung in der erbschaftsteuerlichen Beurteilung, ErbBstg 17, 150; *Wachter,* Neues zum Pflichtteilsverzicht gegen Abfindung, DB 17, 2500.

1. Grundlagen

54 Als Pflichtteil wird ein **Geldanspruch** von den Abkömmlingen, den Eltern und dem Ehegatten oder dem eingetragenen Lebenspartner des Erblassers erworben, wenn sie nach der gesetzlichen Ordnung zur Erbfolge berufen wären, aber durch Verfügung von Todes wegen vom Erwerb durch Erbanfall ausgeschlossen sind (§ 2303 BGB). Einen Zusatzpflichtteil oder Pflichtteilsrestanspruch können die genannten **nahen Angehörigen** auch dann geltend machen, wenn sie zwar zur Erbfolge gelangen, der Wert ihres Erbteils jedoch geringer ist als die Hälfte des Wertes des gesetzlichen Erbteils (§ 2305 BGB). Das Gleiche gilt, wenn sie lediglich mit einem Vermächtnis bedacht sind, dessen Wert unterhalb dieser Grenze bleibt (§ 2307 I 2 BGB). Ist ein als Erbe berufener Pflichtteilsberechtigter durch die Einsetzung eines Vor- oder

Nacherben, durch die Ernennung eines Testamentsvollstreckers oder durch eine Teilungsanordnung beschränkt oder ist er mit einem Vermächtnis oder einer Auflage beschwert, so kann er den Erbteil ausschlagen und den Pflichtteil verlangen, obwohl es in diesem Fall nicht auf einer Verfügung von Todes wegen, sondern auf der Ausschlagung beruht, dass er von der Erbfolge ausgeschlossen ist (§ 2306 BGB). Auch der überlebende Ehegatte, der mit dem Erblasser im Güterstand der Zugewinngemeinschaft gelebt hat (§ 1371 III BGB), und der lediglich mit einem Vermächtnis (gleich welchen Umfangs) bedachte Pflichtteilsberechtigte (§ 2307 I 1 BGB) kann den (vollen) Pflichtteil verlangen, wenn er die Erbfolge oder das Vermächtnis ausschlägt. Ähnliches gilt für den eingetragenen Lebenspartner (§ 10 LPartG).

2. Die maßgebliche Erbquote

Der Pflichtteil bemisst sich nach der Hälfte des Wertes des gesetzlichen Erbteils 55
(§ 2303 BGB). Dabei ist ein dem Berechtigten hinterlassener geringer Erbteil (§ 2305 BGB) sowie ein Vermächtnis anzurechnen, das der Pflichtteilsgläubiger vom Erblasser erhalten hat (§ 2307 I 1 BGB). Auch ist die Veränderung der Erbquoten zu beachten, die sich im Fall der sog erbrechtlichen Lösung des Zugewinnausgleichs (§ 5 Anm 4) durch Erhöhung des Erbteils des überlebenden Ehegatten (§§ 1371 I, 1931 III BGB) und entsprechende Kürzung der Nachlassbeteiligung der Verwandten ergibt. Der aus dem erhöhten Erbteil berechnete Pflichtteil des überlebenden Ehegatten wird als „großer" Pflichtteil dem nach § 1931 I, II BGB ermittelten „kleinen" Pflichtteil gegenübergestellt. Schlägt der überlebende Ehegatte den ihm zugewandten Erbteil aus, um nach § 1371 III BGB neben dem Pflichtteil den güterrechtlichen Zugewinnausgleich zu verlangen, so kann er nur den kleinen Pflichtteil in Anspruch nehmen. Diese Regelungen gelten für den eingetragenen Lebenspartner entsprechend. Weitere Verschiebungen der für die Pflichtteilsberechnung maßgeblichen Erbquoten können sich aus der Ausgleichungspflicht unter Abkömmlingen (§ 2316 BGB) und aus einer Bestimmung des Erblassers ergeben, nach der ein Vorempfang des Pflichtteilsberechtigten auf seinen Pflichtteil angerechnet werden soll (§ 2315 BGB). Die Pflichtteilsberechnung knüpft an den Wert des Erbteils und damit an den Wert des Nachlasses zZ des Erbfalls an (§ 2311 BGB). Zum Nachlass werden bei der Pflichtteilsberechnung Posten hinzugerechnet, die der Erblasser zum Nachteil des Pflichtteilsberechtigten an Dritte verschenkt hat (vgl § 2325 BGB). Dieser sog Pflichtteilsergänzungsanspruch, der zivilrechtlich als selbstständiger Anspruch behandelt wird, aber steuerrechtlich doch zum Pflichtteil iSv § 3 I Nr 1 gehört (Anm 64), verändert im Regelfall nur die Nachlassverteilung zwischen Pflichtteilsberechtigtem und Erben. Was dem Pflichtteilsberechtigten mehr zukommt, muss der Erbe aus dem ihm verbleibenden Nachlass aufbringen. Nur soweit der Erbe zur Ergänzung des Pflichtteils trotz der Schenkung ausnahmsweise nicht verpflichtet ist, kann der Pflichtteilsberechtigte die Ergänzung direkt vom Beschenkten verlangen (§ 2329 BGB).

3. Der maßgebliche Nachlasswert

Zur Berechnung des Pflichtteils wird der Bestand und Wert des Nachlasses zur Zeit 56
des Erbfalls zugrunde gelegt (§ 2311 I 1 BGB). Der Nachlasswert ist als Reinnachlass zu ermitteln. Daher sind die Nachlassschulden zum Abzug zu bringen. Zu den **Nachlassaktiva** gehören alle im Wege der Universalsukzession auf den Erben übergegangenen Vermögensposten. Einschränkungen aus stlichen Rücksichten gelten hier nicht. Daher sind für die Berechnung des Pflichtteils auch die von der St befreiten (§§ 13, 13a) oder für beschränkt stpfl Erben von der Besteuerung ausgenommenen (§ 2 I Nr 3) Nachlassposten heranzuziehen. Als **Schuldposten** sind alle Schulden des Erblassers, die schon vor seinem Tod bestanden haben (Erblasserschulden), sowie die Schulden abzuziehen, deren Rechtsgrund und Notwendigkeit auf den Erbfall zu-

rückzuführen ist (Erbfallschulden). Dazu gehört die Forderung des überlebenden Ehegatten auf Zugewinnausgleich in den Fällen des § 1371 II, III BGB (sog güterrechtliche Lösung des Zugewinnausgleichs) sowie die latente Einkommensteuerlast, die den Wert der Nachlassposten in der Hand des Erben mindert (zum Streitstand *Staudinger/Herzog* § 2311 Rz 128; *Schmid,* ZErb 2015, 133; s auch BGH NJW 72, 1269 für die Berücksichtigung iRd Bewertung bei tatsächlicher Veräußerung; *Meincke,* FS Tipke, 1995, 391, 400). Ferner können die Kosten der standesgemäßen Beerdigung des Erblassers sowie in begrenztem Umfang Kosten der Nachlasssicherung, Nachlassverwaltung und Testamentsvollstreckung abzugsfähig sein. Nicht abzugsfähig sind die Pflichtteilsansprüche anderer Gläubiger, weil sie mit dem zur Berechnung stehenden Anspruch gleichrangig sind, die Ansprüche der Vermächtnisnehmer, weil sie dem Pflichtteilsrecht nachgehen (§ 327 I InsO), und die ErbStSchuld des Erben, weil die Pflichtteilslast bei der Bemessung dieser ErbStSchuld berücksichtigt wird (§ 10 V Nr 2) und weil den Pflichtteilsgläubiger eine eigene StPfl trifft.

57 Der **Wert der Aktivposten und Schulden** ist nach zivilrechtlichen Bewertungsgrundsätzen zu ermitteln (dazu *Meincke,* Das Recht der Nachlassbewertung im BGB, 1973; *Piltz,* s vor Anm 54). Der Pflichtteilsberechtigte soll in Geld so gestellt werden, als hätte er die Hälfte des gesetzlichen Erbteils erhalten (BVerfG NJW 88, 2723, 2724). Daher ist bei der Pflichtteilsberechnung der tatsächliche Wert des Erbteils maßgeblich und im Rahmen der Schätzung somit der tatsächliche Wert des Nachlasses zu ermitteln. Das ist der Wert, der sich bei Verkauf des Nachlassgegenstandes auf dem Markt erzielen lässt. Entsprechend ist eine Schätzung des Wertes nicht erforderlich, wenn zeitnah zum Erbfall auf dem Markt für den Nachlassgegenstand ein Verkaufserlös erzielt wird (BGH NJW 11, 1004). Für Landgüter kann der Ertragswert heranzuziehen sein (§ 2312 BGB und dazu näher BGHZ 98, 375 u 382 sowie BVerfG NJW 88, 2723).

58 Die Grundsätze, die für die Bewertung von **Beteiligungen mit Abfindungsklauseln** gelten sollen, sind umstritten (vgl zum Meinungsbild *MK/Lange* § 2311 Rz 51; *Staudinger/Herzog* § 2311 Rz 146). Eine verbreitete Meinung neigt zum Ansatz des sog Vollwertes, der die Abfindungsklausel unberücksichtigt lässt, andere suchen nach mittleren Lösungen. Versteht man das Pflichtteilsrecht als eine Teilhabe an dem Geldbetrag, der sich in der Hand der Erben realisieren ließe, wenn der Nachlass zum Erbfallszeitpunkt von den Erben in Geld umgesetzt würde (diese Deutung des Pflichtteilsrechts legt auch die Entscheidung BGH WM 91, 1352, 1353 zugrunde), dann kann der Pflichtteilsgläubiger keinen Anteil an solchen Vorteilen beanspruchen, die für den Erben im Erbfallszeitpunkt nicht realisierbar sind. Kann der Erbe daher bei einem Ausscheiden aus der Gesellschaft nur einen Teilbetrag des Vollwertes als Abfindung beanspruchen und kann er den Anteil auch nicht durch Veräußerung zu einem höheren Betrag realisieren, dann erscheint nur der Ansatz des Abfindungswertes sachgerecht (*Meincke* aaO 220 ff; vgl auch BGHZ 75, 195 zu § 1376 BGB; OLG Köln ZEV 14, 660 aber gegen eine Berücksichtigung von gesellschaftsvertraglichen Vorgaben). Die abweichenden Auffassungen, die den Vollwert zur Geltung bringen wollen (zu ihnen *Piltz/Wissmann,* NJW 85, 2673, 2681 ff), nehmen, soweit sie sich überhaupt zu § 2311 BGB äußern, den **auf eine Veräußerung zum Erbfall** gerichteten Charakter der hier angeordneten Bewertung nicht ernst (vgl dazu *Meincke,* FS Wiedemann, 2002, 105). Der Veräußerungscharakter in dem hier angenommenen Sinn hindert nicht die Bewertung wirtschaftlicher Einheiten als Einheiten, zielt nicht auf die Zerschlagung von Unternehmen und den Notverkauf von Einzelposten ab, sondern besagt nur, dass mit der Bewertung eine Versilberung zum Bewertungsstichtag zu unterstellen ist, wobei eine Versilberung auch nur auf den Wegen unterstellt werden darf, die zum Bewertungsstichtag tatsächlich offen stehen. Ist daher ein Anteil unveräußerlich, so darf die Bewertung nicht mit einer gedachten Veräußerung operieren. Die Bewertung muss vielmehr auf den Geldbetrag abzielen, der sich auf den jetzt gangbaren Wegen für den Erben bei einer Versilberung erzielen lässt. Dass der Erbe später mit dem ihm verbleibenden Gesellschaftsanteil zusätzliche Vorteile erzie-

len kann, darf so wenig zu einer Erhöhung des Pflichtteilsbetrages führen, wie der Umstand, dass der Pflichtteilsberechtigte sein Geld viel günstiger anlegen kann, als es die Bindung des Betrages im Gesellschaftsvermögen zuließe, zu einer Herabsetzung der Pflichtteilssumme Anlass gibt.

4. Besteuerung des Pflichtteils

Besteuert wird – trotz des abweichenden Gesetzeswortlauts – schon der Erwerb **59** des Pflichtteilsanspruchs, nicht erst der Gelderwerb, der dem Pflichtteilsgläubiger auf Grund des Anspruchs zufließt (FG München EFG 05, 1887). Um den Pflichtteilsgläubiger nicht zu einer Realisierung seines Anspruchs aus stlichen Rücksichten zu drängen, entsteht die StPfl aber erst dann, wenn und **soweit** der Anspruch **geltend gemacht** ist (Näheres zu den Merkmalen des Geltendmachens § 9 Anm 33ff). Der Anspruch kann auch teilweise geltend gemacht werden. Die St entsteht dann „begrenzt durch die Höhe, in der dieser (Anspruch) geltend gemacht worden ist“ (BFH BStBl II 73, 798, 800; DStZ 15, 817). Der nicht geltend gemachte Teil ist nicht stbar. Eine freigebige Zuwendung des Berechtigten scheidet aus, was § 13 Nr 11 für den Verzicht vor Geltendmachung klarstellt. Abfindungszahlungen unterwirft § 3 Abs 2 Nr 4 der Besteuerung (Anm 111). Dagegen kann der **Verzicht** auf einen geltend gemachten Pflichtteilsanspruch eine freigebige Zuwendung darstellen (BFH BStBl II 06, 718; DStZ 15, 817, auch zur vergleichsweisen Einigung auf eine niedrigere Zahlung als ursprünglich geltend gemacht). Vor dem Erbfall kann der Pflichtteilsberechtigte durch Vertrag mit dem Erblasser auf sein Pflichtteilsrecht verzichten oder den Anspruch modifizieren, zB hinsichtlich der Bewertung des Nachlasses (§ 2346 BGB). Ein solcher Pflichtteilsverzicht ist weder als freigebige Zuwendung gegenüber dem Erblasser noch gegenüber demjenigen anzusehen, der später dem Pflichtteilsanspruch ausgesetzt wäre (BFH BStBl II 76, 17). Abfindungszahlungen des künftigen Erblassers gelten nach § 7 I Nr 5 als Schenkung unter Lebenden. Eine Abfindung, die von einem Dritten für einen Verzicht auf einen künftigen Pflichtteilsanspruch gezahlt wird (Erbschaftsvertrag nach § 311b V BGB), wird – in Abweichung von der bisherigen Rspr (BFH BStBl II 01, 456; 13, 922) – nicht mehr als freigebige Zuwendung nach § 7 I Nr 1 im Verhältnis des Zuwendungsempfängers (Verzichtender) zum künftigen Erblasser sondern zum Abfindungszahlenden besteuert (BFH DStR 17, 1817).

Der Anspruch kann noch nach Ablauf der dreijährigen Verjährungsfrist (§§ 195, **60** 199 BGB) geltend gemacht werden, sofern der Erbe von der Berufung auf die Einrede der **Verjährung** absieht und den Anspruch trotz Ablauf der Verjährungsfrist anerkennt (*Troll/Gottschalk* § 3 Rz 232; *Moench,* DStR 87, 139, 144).

Beim **Tod des Verpflichteten** geht die Pflichtteilslast auf dessen Erben über, auch **61** soweit der Anspruch noch nicht geltend gemacht wurde. Wenn der Pflichtteilsberechtigte selbst als Erbe berufen ist, erlöschen der Pflichtteilsanspruch und auch die entsprechende Verbindlichkeit zwar zivilrechtlich (Konfusion), für Zwecke der ErbSt wird deren Bestehen aber nach § 10 III fingiert. Kinder, die den Freibetrag für einen Erwerb vom Vater ausnutzen und das Elternvermögen steuergünstig aufspalten wollen, können den Pflichtteilsanspruch gegen die vom Vater zur Alleinerbin eingesetzte Mutter auch dann noch geltend machen, wenn sie nach dem Tod der Mutter deren Erben geworden sind. Nach dem BFH gilt dies jedenfalls dann, wenn der Pflichtteilsanspruch zum Zeitpunkt der Mitteilung an das FA noch nicht verjährt ist (BFH BStBl II 13, 332). Das Kriterium der wirtschaftlichen Belastung des Erblassers beim Abzug von Nachlassverbindlichkeiten, sei aufgrund der Rückwirkung der Geltendmachung des Pflichtteils auf den ersten Erbfall, nicht entscheidend (so auch BFH BStBl II 16, 477 in Abgrenzung zur Abziehbarkeit von EStSchulden in Hinerziehungsfällen). Ob auch die **Geltendmachung eines verjährten Pflichtteilsanspruchs** durch den Pflichtteilsberechtigten gegenüber sich selbst zu einer abzugsfähigen Nachlassverbindlichkeit führt, wurde vom FG Hessen verneint (ZEV 16, 168 – Rev II R 1/16), aber vom FG Schl-H bejaht (DStR 16, 1443 – Rev II R 17/16); für einen Abzug *Muscheler,* ZEV 01, 384; *Geck,* DStR 12, 1368, 1369.

62 Beim **Tod des Berechtigten** ist der nicht geltend gemachte Pflichtteilsanspruch (nach § 2317 II BGB vererblich) von seinem Erben als Erwerb durch Erbanfall (§ 3 I Nr 1 Alt 1) zu versteuern (BFH DStR 17, 724). Der Erbe wird damit abweichend vom Pflichtteilsberechtigten behandelt. Um eine Anspruchsrealisierung nicht durch eine unmittelbar entstehende StPfl herauszufordern, besteht beim Pflichtteilsberechtigten das Erfordernis der Geltendmachung (§ 9 I Buchst b). Die Entschließungsfreiheit zu Lebzeiten des Pflichtteilsberechtigten, dass er den Pflichtteilsanspruch zwar nicht ausschlagen aber über dessen Geltendmachung oder Erlass (§ 397 BGB) entscheiden kann, muss nach dem BFH Vererbung nicht mehr respektiert werden. Das Pflichtteilsrecht verliere seine Verbindung mit der Person des Pflichtteilsberechtigten. Aus den gleichen Gründen unterliegt auch ein in den Nachlass fallender Pflichtteilsanspruch der Verwaltungsbefugnis des Testamentsvollstreckers (BGH NJW 15, 59). Um eine Besteuerung beim Tod des Berechtigten zu vermeiden, muss dieser zu Lebzeiten den entstandenen Pflichtteilsanspruch zum Erlöschen bringen, ggf nur bedingt auf den eigenen Tod. Das bloße Nichtgeltendmachen reicht nach dem BFH nicht aus.

63 Da als Pflichtteil der Geldbetrag besteuert wird, der sich als Anteil des Pflichtteilsberechtigten an dem nach zivilrechtlichen Grundsätzen festgestellten und bewerteten Nachlass ergibt, kann sich für den Pflichtteilsgläubiger eine gegenüber der Besteuerung des Erben nachhaltig erhöhte StBelastung ergeben. Denn dem **Pflichtteilsgläubiger kommen die Verschonungsregelungen nicht zugute,** die beim Erben zu einer weitgehenden StFreistellung führen. Wird ein Unternehmensvermögen im Umfang von 20 Mio EUR, für das sich nach § 13a X eine 100%-StFreistellung erreichen lässt, vom verwitweten Erblasser auf eines seiner beiden Kinder vererbt, während das andere sich mit dem Pflichtteil (Quote von 1/4) begnügen muss, dann kann der Erblasser damit vor St eine Verteilung des Nachlasswerte im Verhältnis von 15 zu 5 oder von 3 zu 1 erreichen. Nach St verbleiben dem Erben jedoch unverändert 15 Mio, während der Pflichtteilsberechtigte nach Abzug einer StSchuld von 950.000 Mio EUR nur 4,05 Mio behält, so dass sich ein Verhältnis von 15 zu 4,05 oder von nahezu 4 zu 1 ergibt. Sieht man das Pflichtteilsrecht der Kinder als eine grundsätzlich unentziehbare wirtschaftliche Mindestbeteiligung am Nachlass des Erblassers an, das von der Erbrechtsgarantie des Art 14 GG gewährleistet wird (BVerfG NJW 05, 1561), ist diese unterschiedliche Besteuerung nicht unproblematisch. Denn sie verschiebt die Quote am Nachlasswert, die dem Pflichtteilsberechtigten von Verfassungs wegen garantiert werden soll. Problematisch war auch, dass die FinVerw die Abzugsfähigkeit der Pflichtteilsschuld in dem Umfang verneint, in dem sie aus dem Wert stfrei erworbener Nachlassposten abgeleitet ist, während eine entsprechende Aufteilung des Anspruchs beim Pflichtteilsgläubiger offenbar nicht stattfinden darf. Die Pflichtteilsschuld sollte nach **§ 10 VI 4** stets anteilig zu kürzen sein, weil sie in wirtschaftlichem Zusammenhang „zu allen Vermögensgegenständen" stünde (zuletzt Bay FinMin ZEV 15, 67). Der BFH ist der Annahme eines immer bestehenden Zusammenhangs aber nunmehr entgegengetreten (BStBl II 16, 230; dazu Bay FinMin DStR 16, 1750). Soweit die ungünstige Behandlung der Pflichtteilsgläubiger darauf beruhte, dass ihnen besonders niedrige StWerte (zB für den Grundbesitz) nicht zugute kamen, ließ sich die StLast der Pflichtteilsgläubiger bisher dadurch begrenzen, dass sie auf den noch nicht geltend gemachten Pflichtteil verzichteten und für den Verzicht eine **günstiger besteuerte Abfindungsleistung** entgegennahmen. Wenn als Abfindung vom Erblasser stammendes begünstigtes Vermögen übertragen wird, kommt eine Verschonung der Abfindungsleistung nach §§ 13a, 13b in Betracht (A 13b.1 I Nr 7 AEErbSt 2017). Dagegen bleiben Übertragungen an Erfüllungs statt unverschont (BFH BStBl II 14, 581; A 13b.1 IV AEErbSt 2017).

64 Immer noch wird darüber diskutiert, ob der **Pflichtteilsergänzungsanspruch** (§ 2325 BGB), der zivilrechtlich als eigener Anspruch behandelt wird, von der Be-

steuerung „des geltend gemachten Pflichtteilsanspruchs (§ 2303 ff BGB)" miterfasst werden kann oder ob dieser Anspruch ohne besondere gesetzliche Regelung nicht besteuert werden darf. Gegen die Besteuerung haben sich insb *Geck* (in *Kapp/Ebeling* § 3 Rz 226) und *Fischer* (§ 3 Rz 424) ausgesprochen. Doch gehört auch der Ergänzungsanspruch in den Bereich des Pflichtteils hinein. Gleiches gilt für den Zusatzpflichtteil nach § 2305 BGB. Die Verweisung auf die §§ 2303 ff BGB umfasst auch diese Ansprüche. Es sollte eher überlegt werden, ob die zivilrechtliche Einordnung als selbstständiger Anspruch wirklich sachgerecht sein kann. Eine so weitgehende Verselbstständigung dieses Anspruchs, dass er nicht mehr zu dem Bereich des in § 3 I Nr 1 angesprochenen Pflichtteilsanspruchs nach den §§ 2303 ff BGB gerechnet werden dürfte, kann jedenfalls nicht anerkannt werden (für StPfl ausdrücklich auch *Kipp* § 2 Anm 60; *Moench/Weinmann* § 3 Rz 117; *Troll/Gottschalk* § 3 Rz 223).

VI. Schenkung auf den Todesfall (Abs 1 Nr 2 S 1)

1. Gestaltungsformen

Als Schenkung auf den Todesfall regelt **§ 2301 BGB** das schenkweise erteilte Leistungsversprechen, das seinem Inhalt nach nur wirksam sein soll, wenn der Beschenkte den Schenker überlebt. § 2301 BGB unterscheidet zwei Fälle: Wird die Schenkung durch Leistung des zugewendeten Gegenstandes noch vor dem Tode des Schenkers vollzogen, so gilt das SchRecht (§ 2301 II BGB), andernfalls finden die Vorschriften über Verfügungen von Todes wegen Anwendung (§ 2301 I 1 BGB). Da § 2 I Nr 2 aF den Erwerb durch Schenkung auf den Todesfall zusammen mit dem Erwerb geregelt hatte, auf den die für Vermächtnisse geltenden Vorschriften des BGB Anwendung finden, diese aber nach § 2301 BGB nur auf **das zu Lebzeiten des Erblassers noch nicht vollzogene Versprechen** zur Anwendung gelangen, wurde auch nur dieses noch nicht vollzogene Versprechen als stpfl Schenkung auf den Todesfall angesehen (*Kipp* § 2 Anm 72, 74; RFH RStBl 31, 559 = RFHE 29, 137, 152; BFH BStBl III 61, 234). Doch war diese allein auf den Wortzusammenhang bezogene Argumentation noch nie sehr überzeugend (*Kegel,* Zur Schenkung von Todes wegen, 1972, 10). Sie hat nach der Neufassung des § 3 weiter an Zugkraft verloren. 65

Auch **das zu Lebzeiten des Erblassers vollzogene Versprechen** bleibt wegen der fortwirkenden Überlebensbedingung eine Schenkung auf den Todesfall iSd § 2301 BGB (*Staudinger/Boehmer,* 11. Aufl 1954, Einl § 26 Anm 14 vor § 1922 BGB), wird also von dem Wortlaut des § 3 I Nr 2 S 1 erfasst. Aus der Gegenüberstellung der Abs 1 und 2 in § 2301 BGB unmittelbar eine Aussage über die stliche Behandlung der vollzogenen Schenkung herzuleiten, erscheint bedenklich. Denn die Unterscheidung, die § 2301 in seinen beiden Absätzen trifft, bezieht sich auf die Qualifikation des Rechtsgeschäfts als Schenkung oder Verfügung von Todes wegen, während es hier um die Qualifikation des Erwerbs als Erwerb durch Schenkung oder als Erwerb von Todes wegen mit jeweils unterschiedlichen StFolgen geht. Über die Angemessenheit derartiger StFolgen sagt die zivilrechtliche Unterscheidung nichts aus. 66

Wenn der in Frage stehende Vermögenstransfer allerdings zugleich die Merkmale einer **unter Lebenden ausgeführten freigebigen Zuwendung** iSd §§ 7 I Nr 1, 9 I Nr 2 aufweist, kommt auch eine Zuordnung zu den Erwerben unter Lebenden in Betracht. Doch setzen die Vorschriften § 7 I Nr 1 und § 9 I Nr 2 mit dem Tatbestandselement „unter Lebenden" gerade eine Abgrenzung zu den in § 3 geregelten Erwerben von Todes wegen voraus und deuten auf einen Vorrang der in § 3 normierten Erwerbstatbestände hin (zustimmend FG Hbg EFG 05, 793, 794). Nach einer Entscheidung des BFH (BStBl II 91, 181, 182) zu dieser Frage ist eine Schenkung auf den Todesfall iSd § 3 I Nr 2 S 1 zwar auch dann gegeben, wenn sich der Erwerb des Bedachten mit dem Tode des Erblassers ipso iure vollzieht, der Erblasser also zu Leb- 67 zeiten alles Erforderliche getan hatte, um mit seinem Tode den Rechtsübergang auf den Bedachten eintreten zu lassen. Ist der Rechtsübergang dagegen noch zu Lebzeiten des Erblassers bewirkt, aber unter die **auflösende Bedingung** des Vorversterbens des Bedachten gestellt worden, so hält der BFH § 7 für einschlägig.

2. Charakteristische Merkmale

68 Zu den Voraussetzungen der Schenkung auf den Todesfall iSd § 2301 BGB gehört, dass ein Schenkungsversprechen iSd BGB-Schuldrechts (§ 518 I BGB) oder ein ihm gleichstehendes schenkweise erteiltes abstraktes Schuldversprechen/Schuldanerkenntnis (§ 2301 I 2 BGB) vorliegt, also ein Vertrag, der neben der Einigung über die vom Schenker zugesagte Leistung auch die Übereinkunft der Vertragspartner über die Unentgeltlichkeit der Zuwendung enthält (§ 516 I BGB; Näheres dazu Anm 69f). Unter Nr 2 S 1 fallen nur Verträge, die auf unmittelbare Zuwendungen gerichtet sind. Schenkungen auf den Todesfall durch Vertrag zugunsten Dritter werden durch § 3 I Nr 4 erfasst (FG Hbg EFG 05, 793). Ferner müssen die Vertragspartner vereinbart haben, dass das **Schenkungsversprechen unter einer Überlebensbedingung** stehen soll. Die Überlebensbedingung fasst drei Voraussetzungen für die Wirksamkeit des Schenkungsversprechens in sich zusammen. Sie bestimmt zum einen, dass die Wirksamkeit des Versprechens bis zum Tod des Erstversterbenden, des Schenkers oder des Beschenkten, in der Schwebe sein soll, sie besagt zum zweiten, dass das Versprechen beim Vorversterben des Beschenkten unwirksam wird, und sie stellt zum dritten fest, dass das Versprechen mit dem Vorversterben des Schenkers endgültig wirksam werden soll. Ob die Bedingung als aufschiebende oder als auflösende formuliert ist, macht dabei aus zivilrechtlicher Sicht keinen Unterschied. Doch kann § 3 I Nr 2 S 1 auf eine unter Lebenden ausgeführte, auflösend bedingte Zuwendung keine oder jedenfalls keine uneingeschränkte Anwendung finden; insoweit haben die §§ 7 und 9 II Vorrang (BFH BStBl II 91, 181 und Anm 67). Die versprochene Leistung ist danach im Zweifel erst von den Erben des Schenkers und nur an den Beschenkten selbst, nicht an die Erben des Beschenkten, zu erbringen; hat der Schenker das Versprechen noch zu Lebzeiten erfüllt, so bedeutet dies, dass die Erben des Beschenkten, wenn dieser vor dem Schenker verstirbt, zur Rückgewähr verpflichtet sind. Ein Schenkungsversprechen, das auf jeden Fall wirksam werden soll, allerdings erst mit dem Tod des Schenkers, ist ein befristetes Versprechen und steht als solches nicht unter der Überlebensbedingung, die in § 2301 BGB vorausgesetzt wird. Es erfüllt nicht die Merkmale einer Schenkung auf den Todesfall (FG München EFG 04, 437; 04, 663). Zur Abgrenzung zwischen Schenkung unter Überlebensbedingung und auf den Tod des Schenkers befristeter Schenkung vgl ferner BGHZ 99, 97. Wenn von zwei Gesamtgläubigern, die bis zum Tod des Längstlebenden zusammen monatlich 11.600 DM von einer Kirchengemeinde verlangen konnten, der eine stirbt, so dass die Rente nunmehr dem anderen allein zusteht, so ist der Tod des Erstverstorbenen zwar mit einem Vorteil für den Längstlebenden verbunden, dieser ist ihm auch beim Tod des Erstverstorbenen unentgeltlich zugefallen, dennoch kann man nicht annehmen, dass der Vorteil dem Längstlebenden von dem Erstverstorbenen durch Schenkung auf den Todesfall zugewandt worden ist (BFH BStBl II 01, 245).

3. Bereicherungswille

69 Da zum Schenkungsversprechen iSd § 2301 BGB die Übereinkunft der Vertragspartner über die Unentgeltlichkeit der Zuwendung gehört, kann es ohne den **Willen des Zuwendenden,** eine **unentgeltliche Zuwendung** vorzunehmen, ein Schenkungsversprechen iSd § 2301 BGB nicht geben. Dieser Zusammenhang ist von der Rspr des RFH (RStBl 31, 559 = RFHE 29, 137) und des BFH (BStBl III 61, 234) lange Zeit verkannt worden, wenn es dort hieß, dass ein Bereicherungswille des Zuwendenden bei der Schenkung auf den Todesfall nicht erforderlich sein soll. Der RFH hatte seine Auffassung damit begründet, dass § 2301 I BGB auf das nichtvollzogene Schenkungsversprechen auf den Todesfall die Vorschriften über Verfügungen von Todes wegen zur Anwendung kommen lasse. Damit werde die Schenkung auf den Todesfall einer Erbeinsetzung oder einem Vermächtnis und damit einem kraft Gesetzes unentgeltlichen Erwerb gleichgestellt, bei dem es auf den Willen des Zuwendenden nicht ankommt. Aus den Rechtsfolgen, die sich nach § 2301 BGB ergeben, kann jedoch nicht auf die Voraussetzungen zurückgeschlossen werden, unter denen der Tatbestand einer Schenkung auf den Todesfall verwirklicht ist.

Nachdem die instanzgerichtliche Judikatur schon seit einiger Zeit begonnen hatte, **70** sich von den wenig überzeugenden höchstrichterlichen Präjudizien zu lösen (vgl FG Münster als Vorinstanz zu BFH BStBl II 85, 59; FG Münster EFG 90, 321; aM Nds FG EFG 89, 296, 297), hat der **BFH** sodann durch Urteil v 5.12.1990 (BStBl II 91, 181) seine **Rspr geändert** und entschieden: Die Schenkung auf den Todesfall iSv § 3 I Nr 2 S 1 ErbStG setzt voraus, dass die Zuwendung zu einer Bereicherung führt, was nach bürgerlich-rechtlichen Maßstäben zu beurteilen ist, und dass die Beteiligten sich über die Unentgeltlichkeit der Zuwendung einig sind (zustimmend FG Düsseldorf EFG 06, 1447).

Als Folge dieser RsprÄnderung könnte man daran denken, die vom BFH zur Be- **71** steuerung der **gemischten Schenkung und der Schenkung unter Auflage** entwickelten Grundsätze (s § 7 Anm 30ff) auch auf die Schenkung auf den Todesfall anzuwenden (*Rid,* DStR 91, 377; *Troll/Gottschalk* § 3 Rz 245). *Moench/Weinmann* (§ 3 Rz 132) verweist demgegenüber auf § 10 I 2, wobei er die Rspr zur gemischten Schenkung als Abweichung von der durch § 10 I 2 vorgesehenen uneingeschränkten Abzugsfähigkeit der Nachlassverbindlichkeiten versteht. Doch kann man der Rspr auch einen anderen Sinn beilegen. Sie weicht nicht von § 10 I 2 ab, sondern betrifft nur die Auslegung des § 7. Und zwar beschränkt sie bei der Auslegung des § 7 die freigebige Zuwendung auf den unentgeltlichen Geschäftsteil des gemischten Geschäfts. Diesem unentgeltlichen Geschäftsteil steht dann keine Nachlassverbindlichkeit gegenüber. Weil das Entgelt bei dieser Auslegung nicht mit der freigebigen Zuwendung zusammengehört, hat es auch nicht den Charakter einer Erwerbsschmälerung und ist daher von vornherein nicht abzugsfähig. Die Rspr des BFH zur gemischten Schenkung stellt bei dieser Interpretation keine Abweichung von § 10 I 2 dar. So kann sie auch bei Erwerben von Todes wegen, die keine Abweichung von § 10 I 2 erlauben, zur Anwendung kommen (so auch die FinVerw in R E 3.3 S 2 ErbStR).

VII. Anteilsübergang im Gesellschaftsrecht (Abs 1 Nr 2 Sätze 2 und 3)

Schrifttum: *Hübner,* Die (dis)qualifizierte Nachfolgeklausel, ZErb 04, 34; *Hübner,* Die Eintrittsklausel im Einkommen- und ErbSt-Recht, ErbStB 05, 17; *Groß,* Gesellschaftsrechtliche Abfindungsklauseln im Lichte der ErbSt-Reform, ErbStB 09, 154; *Götzenberger,* Konsequenzen des neuen Erbschaftsteuer- und Bewertungsrechts bei Ausscheiden eines Gesellschafters aus einer Personen- oder Kapitalgesellschaft, BB 09, 131; *Hübner/Maurer,* Erbschaft-/schenkungsteuerliche Folgen gesellschaftsvertraglicher Abfindungsbeschränkungen für die verbleibenden Gesellschafter, ZEV 09, 361, 428; *Riedel,* Zur erbschaftsteuerlichen Behandlung von Einziehungs- und Zwangsabtretungsklauseln bei Kapitalgesellschaften, ZErb 09, 113; *Wangler,* Einfluss des neuen Bewertungs- und ErbSt-Rechts auf Abfindungsregelungen in Gesellschaftsverträgen, DStR 09, 1501; *Levedag,* Nachfolge in Personengesellschaften von Todes wegen am Beispiel der GmbH & Co. KG, GmbHR 10, 629; *Riedel,* Nachfolge von Todes wegen in der GmbH & Co. KG, GmbH-StB 13, 178.

1. Anteilsübergang im Personengesellschaftsrecht

72 Die im Anschluss an einen Vorschlag der StReformkommission (Gutachten 1971 VII Rz 224) in das Gesetz eingefügte Bestimmung will den Vorteil besteuern, der den verbleibenden Gesellschaftern oder der Gesellschaft zufällt, wenn ein Gesellschafter von Todes wegen ohne vollwertige Abfindung aus der Gesellschaft ausscheidet. Die Vorschrift befasst sich nicht mit der Besteuerung des Abfindungserwerbs, sondern regelt die Besteuerung derjenigen, die dadurch begünstigt werden, dass eine nichtvollwertige Abfindung an die Stelle des Gesellschaftsanteils tritt. Zum Ausscheiden eines Gesellschafters von Todes wegen und zur **Umwandlung seiner Gesellschaftsbeteiligung in einen Abfindungsanspruch** kommt es dann, wenn die Beteiligung nicht vererblich gestellt ist, sondern beim Tod des Gesellschafters auf die anderen Gesellschafter oder auf die Gesellschaft übergehen soll. Gedacht ist dabei zunächst an das Personengesellschaftsrecht. Das Personengesellschaftsrecht kennt allerdings keinen Erwerb eigener Anteile durch die Gesellschaft. Einen Übergang des Anteils auf die Gesellschaft kann es daher hier nicht geben. Auch ein Übergang des Anteils auf die anderen Gesellschafter kommt im Wortsinn nicht in Betracht, da kein Gesellschafter zu seinem Anteil allein oder mit anderen einen weiteren selbstständigen Anteil an der Gesellschaft erwerben kann. Doch entspricht dem Übergang des Anteils in den Wirkungen die Ausdehnung der Rechtsstellung der übrigen Gesellschafter, die sich beim Tod eines Mitgesellschafters durch Anwachsung ergibt (§ 738 I 1 BGB), wenn gesetzlich oder vertraglich eine Fortsetzung der Gesellschaft unter den verbleibenden Gesellschaftern vorgesehen ist und der Anteil nicht durch eine Nachfolgeklausel in den Erbgang gelangt. Die Anwachsung bewirkt eine Ausdehnung der dem Anteil der verbleibenden Gesellschafter zugeordneten Vermögenssubstanz, so dass sie als Anteilsübergang iSd Abs 1 Nr 2 S 2 gedeutet werden kann.

73 Zur Anwachsung des Anteils eines verstorbenen Gesellschafters kommt es in einer **zweigliedrigen Gesellschaft** auch dann, wenn der Gesellschaftsvertrag für den Fall des Todes eine **Übernahmeklausel** enthält, nach der dem überlebenden Gesellschafter das Gesellschaftsvermögen nunmehr allein zustehen soll. Auf einen solchen Fall nehmen auch die Gesetzesmaterialien Bezug (BTDrs 6/3418, 62, unter Hinweis auf RFH RStBl 35, 1061). Im Fall der Übernahmeklausel wird die Gesellschaft jedoch mit dem Tod des Gesellschafters beendet (vgl BFH BStBl II 81, 293), während Abs 1 Nr 2 S 2 eine Regelung für den Anteilsübergang auf die Gesellschaft oder auf Gesellschafter trifft, also mit dem Fortbestehen der Gesellschaft zu rechnen scheint. Im Übrigen kommt es bei einer Anwachsung auf Grund der Übernahmeklausel auch nicht zu einem Erwerb durch „die anderen Gesellschafter" (Plural!), so dass Abs 1 Nr 2 S 2 jedenfalls der Textfassung nach nicht genau passt. Dennoch hat der BFH (BStBl II 92, 925, 928) zu der Parallelvorschrift des § 7 VII entschieden, dass die Bestimmung auch im Fall der Übernahmeklausel bei zweigliedriger Gesellschaft zur Anwendung zu bringen ist (§ 7 Anm 158), was auch bei der Auslegung des § 3 I Nr 2 S 2 beachtet werden muss.

74 Dass ein **Anteilsübergang** nach § 3 I Nr 2 S 2 **auf die Personengesellschaft selbst ausgeschlossen** ist, verdient besondere Hervorhebung. Ein Erwerb durch die Personengesellschaft selbst kann im Fall des § 3 I Nr 2 S 2 auch nicht damit begründet werden, die Gesellschaft sei Schuldnerin des Abfindungsanspruchs der Erben des verstorbenen Gesellschafters gem § 738 I 2 BGB, so dass ein Ausschluss oder eine Beschränkung dieses Anspruchs (s Anm 76) das Gesamthandsvermögen der Gesellschaft, nicht aber die einzelnen Gesellschafter bereichere. Das Ausscheiden des verstorbenen Gesellschafters – hieran und nicht an den Abschluss des die Abfindung beschränkenden Gesellschaftsvertrages knüpft der StTatbestand an – bewirkt nämlich keine Veränderung des Gesellschaftsvermögens, insb wird die Gesellschaft nicht (ganz oder teilweise) von einer Abfindungsverbindlichkeit befreit, da ein (vollwertiger) Abfindungsanspruch im Fall des § 3 I Nr 2 S 2 erst gar nicht zur Entstehung gelangt. Der

Umstand, dass eine Belastung nicht (in voller Höhe) eintritt, kann aber nicht mit einem Erwerb gleichgesetzt werden. Einer Veränderung unterliegt lediglich der Anteil der verbleibenden Gesellschafter am Gesellschaftsvermögen, der sich durch Anwachsung gem § 738 I 1 BGB erhöht. Dass der einzelne Gesellschafter über den ihm angewachsenen Vermögensvorteil nicht ohne weiteres verfügen (§ 719 I BGB) und dass er diesen Vermögensvorteil auf Grund der gesellschaftsvertraglichen Abfindungsbeschränkung wieder verlieren kann, wenn er selbst ausscheidet, ändert nichts daran, dass zunächst eine stbare Bereicherung des durch die Anwachsung begünstigten Gesellschafters gegeben ist (vgl §§ 9 II 3 u III, 5 I 1 BewG).

2. Anteilsübergang im Recht der GmbH

Schon die ältere Fassung des Abs 1 Nr 2 S 2, die uneingeschränkt von Gesellschaft, Gesellschaftern und Gesellschaftsvertrag sprach und die die Möglichkeit eines Erwerbs von Gesellschaftsanteilen durch die Gesellschaft selbst ins Auge fasste, deutete daraufhin, dass auch der Anteilsübergang im Recht der GmbH von dieser Regelung umfasst sein sollte. Allerdings geht im Recht der GmbH der Geschäftsanteil des Gesellschafters bei dessen Tod notwendig zunächst auf die Erben über (§ 15 I GmbHG). Ein direkter Übergang auf die nicht zu den Erben gehörenden Gesellschafter oder auf die Gesellschaft kommt hier nicht in Betracht. Die Vererblichkeit von Geschäftsanteilen kann gesellschaftsvertraglich auch nicht ausgeschlossen werden. Daher gab es Anwendungszweifel. Diese Zweifel sind durch die Neufassung des Satzes 2 durch das StEntlG 1999/2000/2002 (BGBl I 99, 402) beseitigt worden. Die FinVerw (R E 3.4 III ErbStR) verdeutlicht, dass sich S 2 im Recht der Kapitalgesellschaften auf gesellschaftsvertragliche Vereinbarungen bezieht, durch die die Erben verpflichtet werden, den durch Erbanfall erworbenen Geschäftsanteil auf die Gesellschafter oder die Gesellschaft gegen eine Abfindung zu übertragen, die geringer ist als der sich nach § 12 I und II ergebende steuerliche Wert des Anteils. Zugleich ist in dem **neu eingefügten S 3** der Fall einer **Einziehung des Geschäftsanteils** beim Tod des Gesellschafters gegen unterwertige Abfindung noch einmal ausdrücklich genannt. Weil umstritten war, ob die Gesellschaft oder ob die Gesellschafter durch eine solche Einziehung bedacht würden, wird jetzt ausdrücklich die Werterhöhung der Geschäftsanteile der Gesellschafter als stpfl Vorgang charakterisiert. **75**

3. Abfindungsbeschränkung

Besteuert wird der Anteilsübergang nur insoweit, als der StWert des Anteils, der sich nach § 12 ergibt, Abfindungsansprüche Dritter übersteigt. Abfindungsansprüche Dritter, gemeint sind die Gesellschafter-Erben, entstehen nach § 738 I 1 BGB an sich in Höhe des vollen Wertes der Gesellschaftsbeteiligung. In der Praxis sind jedoch Vertragsklauseln verbreitet, die die Höhe der Abfindung begrenzen. Das Gesetz gibt zu erkennen, dass solche Klauseln, selbst wenn sie den Abfindungsbetrag unter den StWert des Anteils drücken, für wirksam gehalten werden können (vgl auch § 7 V). Die Regelung geht von dem Bestehen von Abfindungsansprüchen aus. Ihre Anwendung wird aber auch für den Fall befürwortet, dass die Zahlung einer Abfindung durch den Gesellschaftsvertrag ganz ausgeschlossen wurde. Die Vorschrift ist unabhängig davon anwendbar, ob die Abfindungsbeschränkung ausschließlich für den Todesfall oder auch für den Fall des Ausscheidens des Gesellschafters zu dessen Lebzeiten, zB durch Kündigung, vereinbart ist (FG München EFG 90, 433). Die Besteuerung soll nur eingreifen, wenn die Abfindungsansprüche den Wert des Anteils nicht erreichen, so dass sich eine Wertdifferenz zugunsten der Anteilserwerber ergibt. Dabei sollte nach der ursprünglichen Konzeption der Vorschrift nicht die ganze Wertdifferenz zwischen dem Anteilswert und der Höhe der Abfindungsansprüche steuerlich erfasst werden. Vielmehr ging der Gesetzgeber davon aus, dass der StWert des Anteils deutlich unter **76** dem Verkehrswert des Anteils liegt. Die Abfindungsansprüche konnten daher den Verkehrswert des Anteils nachhaltig unterschreiten, ohne eine Besteuerung auszulösen. Erst wenn die Abfindungsansprüche nicht nur unter dem Verkehrswert, sondern auch noch unter dem StWert des Anteils lagen, sollte es zu einer Besteuerung kommen. Und es sollte dann auch nur die Differenz zwischen dem Wert des Abfindungsanspruchs und dem StWert des Anteils der Besteuerung unterliegen. Nunmehr hat das ErbStRG 2009 die StWerte dem Verkehrswert angeglichen. Damit ist eine in den Text des § 3 I Nr 2 S 2 eingebaute Beschränkung des StZugriffs entfallen. Soweit es keine Differenz zwischen dem Verkehrswert und dem StWert des Anteils mehr gibt, wird nun die volle Differenz zwischen dem Abfindungsanspruch und dem Verkehrswert des Anteils steuerlich erfasst. Damit ist es auch an dieser Stelle zu einer verdeckten Ausweitung des Besteuerungsprogramms gekommen, zu dessen Rechtfertigung der Gesetzgeber allerdings leider keine Begründung mitgeliefert hat.

77 Die Bestimmung greift nur ein, wenn der StWert des Anteils den Abfindungsbetrag übersteigt. Bei der **Ermittlung des StWerts** ist zu beachten, dass § 7 V 2 zu einer Berichtigung der Bewertung bei einer geschenkten Beteiligung im Personengesellschaftsrecht nötigen kann (§ 7 Anm 141). § 7 V gilt jedoch nur für Anteile, die durch Schenkung unter Lebenden erworben wurden, und passt nicht auf die Weitergabe von Anteilen, die dem Gesellschafter nach § 3 I Nr 2 S 2 zugewachsen sind. Wird daher bei einem Gesellschaftsvertrag mit allseitiger Abfindungsbeschränkung der beim ersten Todesfall von einem Gesellschafter nach § 3 I Nr 2 S 2 erworbene Anteil bei dessen Tod an die anderen Gesellschafter weitergegeben, so ist der Wert des weitergegebenen Anteils nicht nach § 7 V 2 zu korrigieren.

4. Bewusstsein und Wille des Zuwendenden

78 Die Schenkung auf den Todesfall setzt das Bewusstsein und den Willen des Schenkers zur unentgeltlichen Zuwendung voraus (Anm 69 ff). Nach Abs 1 Nr 2 S 2 gilt der Anteilsübergang als Schenkung auf den Todesfall. Fraglich ist, ob damit auch für die Besteuerung des Anteilsübergangs das Bewusstsein und der Wille zur unentgeltlichen Zuwendung geprüft werden muss. Folgt man den Gesetzesmaterialien (BTDrs 6/3418, 62), so wollte der Gesetzgeber mit der neuen Bestimmung nur zu der Rspr des RFH (RStBl 35, 1061) zurückkehren, die den Anteilsübergang unter dem Gesichtspunkt der Schenkung auf den Todesfall gewürdigt hatte, während der BFH (BStBl III 53, 199) den Gesichtspunkt der Schenkung unter Lebenden für sachgerechter hielt. Die neue Bestimmung sollte damit nur zu einer Streitfrage aus dem Bereich des SchRechts Stellung nehmen, ohne den Rahmen des SchRechts zu verlassen. Der Gesetzgeber interessierte sich für die schenkungsrechtliche Systematik, weil er davon ausging, dass als Gegenstand der Schenkung unter Lebenden nur die schwer abschätzbare Bereicherung gelten kann, die den anderen Gesellschaftern oder der Gesellschaft beim Abschluss des Gesellschafts- und Schenkungsvertrages als Chance eines künftigen Erwerbs zufällt, während als Gegenstand der Schenkung auf den Todesfall relativ einfach die Bereicherung zu ermitteln ist, die mit dem Tod auf die anderen Gesellschafter oder die Gesellschaft tatsächlich übergeht.

5. Zuordnung zum Schenkungsrecht

79 Dass der Gesetzgeber mit der Neuregelung den schenkungsrechtlichen Rahmen nicht verlassen und damit auch die für jede Schenkung konstitutiven Merkmale des Bewusstseins und des Willens zur unentgeltlichen Zuwendung nicht aus den Besteuerungsvoraussetzungen herauslösen wollte, lässt sich an der Bemerkung aus den Gesetzesmaterialien ablesen, dass in dem nunmehr ausdrücklich angeordneten Sinn „bereits auf Grund der Rspr des RFH zu verfahren“ war (BTDrs 6/3418, 62). Denn auf Grund der Rspr des RFH war der Anteilsübergang nur unter den Voraussetzungen des § 2301 BGB stpfl, und das in der Gesetzesbegründung herangezogene Urteil (RStBl 35, 1061) hatte denn auch – unter Hinweis auf das abweichende Gutachten des RFH RStBl 31, 559 – neben der Bereicherung den Willen zur unentgeltlichen Zuwendung als Merkmal des Schenkungstatbestandes ausführlich geprüft.

6. Die Rechtsprechungslinie des BFH

Ohne Auseinandersetzung mit dem erbstlichen Schrifttum hat der BFH jedoch entschieden, dass **das subjektive Merkmal des Bewusstseins der Unentgeltlichkeit nicht zum Tatbestand des § 3 I Nr 2 S 2 gehört** (BFH BStBl II 92, 912; NV 93, 101). Die Begründung dieser Entscheidung ist knapp. Zwar wirke die gesellschaftsvertragliche Vereinbarung wie ein Schenkungsversprechen. Die gesellschaftsrechtliche Einkleidung der Zuwendung schließe es jedoch aus, sie unmittelbar dem SchR zuzuordnen. Das Gesetz stelle den Anteilsübergang nur im Wege der Fiktion der Schenkung auf den Todesfall gleich. Daraus folge, dass das Bewusstsein der Unentgeltlichkeit nicht notwendig zum Tatbestand des § 3 I Nr 2 S 2 gehört. Das Gericht beschränkt sich im Übrigen auf die Abwehr von Gegenargumenten: Der Sinnzusammenhang der Regelung stehe der neuen Interpretation nicht in einer Weise entgegen, dass diese nicht vertretbar wäre. Dem Gesetzgeber sei es nicht verwehrt gewesen, eine Regelung im Sinne der neuen Interpretation zu schaffen. Vergebens sucht man nach Gründen, die positiv für die neue Linie sprechen. Zweifellos hat das Gericht einen klaren und einfachen Weg zur Handhabung der Regelung mit seiner Rspr gefunden. Die Frage bleibt nur, ob denn auch die Richtung dieses einfachen und klaren Weges stimmt. **80**

VIII. Vermächtnisgleicher Erwerb (Abs 1 Nr 3)

Zu den Erwerben, auf die die für Vermächtnisse geltenden Vorschriften des BGB Anwendung finden und die in der zivilrechtlichen Nomenklatur üblicherweise unter der Bezeichnung **„gesetzliches Vermächtnis"** zusammengefasst werden, zählt das Recht des überlebenden Ehepartners, die zum ehelichen Haushalt gehörenden Gegenstände zu übernehmen (§ 1932 BGB; sog **Voraus;** im Regelfall stfrei nach § 13 I Nr 1), das der Rechtsstellung des überlebenden Ehegatten angeglichene Recht auf den Voraus des überlebenden eingetragenen Lebenspartners (§ 10 I LPartG), der Anspruch auf Kost und Logis, den die im Haushalt lebenden Familienmitglieder in den ersten 30 Tagen nach dem Erbfall gegen den Erben geltend machen können (§ 1969 BGB; sog **Dreißigster;** nach § 13 I Nr 4 stfrei), sowie der seltene Anspruch aus einer letztwilligen Verfügung im Bereich der fortgesetzten Gütergemeinschaft gem **§ 1514 BGB.** Ob auch der Anspruch auf Ausbildungsmittel, der den durch den Zugewinnausgleich benachteiligten Stiefabkömmlingen nach § 1371 IV BGB zusteht, als gesetzliches Vermächtnis gedeutet werden kann, obwohl § 1371 IV BGB nicht ausdrücklich auf die Vorschriften des Vermächtnisrechts verweist, erscheint eher zweifelhaft. **81**

Im **Höferecht** qualifiziert der BFH (BStBl II 77, 79; 16, 104) den Abfindungsergänzungsanspruch eines Miterben gegen den Hoferben, der den Hof innerhalb von 20 Jahren nach dem Erwerb durch Erbfolge veräußert (§ 13 I HöfeO), als gesetzliches Vermächtnis. Der Abfindungsanspruch selbst, der im Höferecht den weichenden Erben zusteht, die von der Hoferbfolge ausgeschlossen sind, beurteilt der BFH (BStBl II 92, 669) dagegen nicht als selbstständig stpfl Erwerb. Vielmehr werden die Miterben mit einem Anteil am Nachlass erfasst. Zum Nachlass wird auch der Hof gerechnet. Die Zuweisung des Hofes an den Hoferben wird wie eine sich kraft Gesetzes vollziehende Teilungsanordnung eingestuft, die erbstlich bedeutungslos ist. **82**

IX. Erwerb durch Vertrag zugunsten Dritter (Abs 1 Nr 4)

Schrifttum: *Lehmann,* Die Erbschaftbesteuerung von Versicherungsverträgen, ZEV 04, 398; *Götz,* Erbschaftsteuerliche Behandlung der Witwenrenten von Gesellschafter-Geschäftsführern, INF 05, 225; *Gebel,* Mittelbare Schenkung einer Versicherungssumme durch unentgeltliche Einräumung eines Bezugsrechts aus einer Kapitallebensversicherung, ZEV 05, 236; *Fuhrmann/Demuth,* Bezugsrecht von Kapitallebensversicherungen zugunsten naher Angehöriger, ErbStB 05, 355; 06, 13; *Vorwold,* Der Vertrag zgg Dritter auf den Todesfall, ErbStB 06, 22; *Worgulla,* Die Übertragung von Lebensversicherungen, ErbStB 08, 234; *Bredemeyer,* Lebensversicherung vor und nach dem Todesfall, ZEV 10, 288; *Wall,* Wider die herrschende Meinung: Forderungsvermächtnis statt Schenkung im Valutaverhältnis des Vertrags zugunsten Dritter auf den Todesfall, ZEV 11, 3; *Piltz,* Erbschaftsteuerliche Neuorientierung bei Familienstiftungen?, ZEV 11, 236; *Bredemeyer,* Das Sparbuch im Erbfall, ZEV 13, 185.

1. Vertraglicher Erwerb

83 Abs 1 Nr 4 erfasst als eigener Erwerbstatbestand die Erwerbe aufgrund eines vom Erblasser geschlossenen (echten oder unechten) Vertrags zugunsten Dritter. Entscheidend ist, dass der Dritte außerhalb des Nachlasses erwirbt, denn nach Abs 1 Nr 4 wird nur der Vermögensvorteil erworben, der dem Begünstigten **nicht schon durch Erbanfall** (Erbfolge oder Vermächtnis) zufällt. Ein Erwerb nach Abs 1 Nr 4 ist daher nicht vorhanden, wenn jemand auf der Grundlage eines Erbvertrags einen Vermögensvorteil als Erbe oder Vermächtnisnehmer erhält. Nach Nr 1 und nicht nach Nr 4 richtet sich die Besteuerung auch dann, wenn der Anspruch auf die Versicherungsleistung aus einem Lebensversicherungsvertrag, für die ein Bezugsberechtigter nicht benannt war, im Wege der Erbfolge auf die Erben übergeht (vgl BFH BStBl III 60, 54; BGHZ 32, 44), wenn der Anspruch auf Auskehrung der vom Versicherungsnehmer eingezogenen Versicherungssumme in der Insassen-Unfallversicherung in den Nachlass des Verunglückten fällt (BFH BStBl III 63, 187; BStBl II 94, 36; aA BFH BStBl II 79, 115 – keine ErbStPfl) oder wenn der Erbe eines Handelsvertreters mit dessen Tod im Wege der Erbfolge einen Ausgleichsanspruch gegen den Unternehmer gem § 89b HGB gewinnt (BFH BStBl III 62, 335). Zur Erbfolge und nicht zum Erwerb auf Grund eines vom Erblasser geschlossenen Vertrages gehört ferner der Abfindungsanspruch, der den Erben eines mit dem Tod ausscheidenden Personengesellschafters gegen die anderen Gesellschafter gem § 738 BGB zusteht. Der Wertausgleichsanspruch, den die Rspr (BGHZ 68, 225, 238; vgl auch BFH BStBl II 81, 614) den nicht zur Gesellschafternachfolge zugelassenen Miterben im Fall der sog qualifizierten Nachfolgeklausel im Personengesellschaftsrecht zuerkennt, ist überhaupt kein selbstständiger stpfl Erwerb. Sein Wert wird vielmehr in dem den Miterben zuzurechnenden Nachlassanteil ohne weiteres miterfasst und fällt daher in den Erwerb durch Erbanfall (Anm 22).

84 Dagegen ist nicht ausgeschlossen, dass ein Erbe **neben dem Erwerb durch Erbfolge** noch einen weiteren, nach Abs 1 Nr 4 stpfl Erwerb erhält (RFH RStBl 31, 824; 33, 1087). Ein derartiger, außerhalb der Erbfolge stehender Erwerb liegt zB vor, wenn im Gesellschaftsvertrag einer KG für die Witwe eines Komplementärs eine Witwenrente festgesetzt ist (BFH BStBl II 77, 420; 86, 265), wenn der Übernehmer eines OHG-Gesellschaftsanteils auf Grund des Übernahmevertrages eine Rente an die Witwe des früheren OHG-Gesellschafters zu leisten hat (BFH BStBl II 83, 775) oder wenn der Erblasser in einem Lebensversicherungsvertrag als Bezugsberechtigte „die Erben" benannt hat, weil das Bezugsrecht den Erben unabhängig von der Annahme oder Ausschlagung der Erbschaft zufällt (§ 160 II 2 VVG). Immer muss jedoch ein Vertrag des Erblassers zugrunde liegen. Ein einseitiges Rechtsgeschäft des Erblassers erfüllt den Tatbestand des § 3 I Nr 4 nicht (aM FG Bremen DStRE 11, 361, 362). Abzugrenzen ist der Erwerb nach Abs 1 Nr 4 im Übrigen auch von dem auf öffentlich-rechtlichen Gesetzesnormen beruhenden, nicht stbaren Erwerb von Leistungsansprüchen gegen die Träger der Sozialversicherung, namentlich von Ansprüchen auf Hinterbliebenenrente (näher Anm 94ff).

2. Erwerb beim Tod des Erblassers

Zu den Vermögensvorteilen, die erst beim Tod des Erblassers erworben werden, 85
rechnet die Rspr den Anspruch aus einer vom Erblasser abgeschlossenen Lebensversicherung auf den Todesfall auch dann, wenn der Begünstigte schon vor dem Tod des Versicherungsnehmers **unwiderruflich** zum **Bezugsberechtigten** benannt war (RFH RStBl 42, 555; BFH BStBl III 52, 240; NV 00, 190), weil die Versicherungssumme, die der Erblasser dem Begünstigten zuwenden wollte, erst mit dem Todeszeitpunkt verlangt werden kann. Mit einer vergleichbaren Begründung wird die Bezugsberechtigung aus einer Todesfallversicherung selbst dann dem Erwerb nach Abs 1 Nr 4 zugezählt, wenn der Versicherungsnehmer noch zu seinen Lebzeiten die Rechte aus dem Versicherungsvertrag **an den Begünstigten abgetreten** hatte, aber durch eigene Prämienzahlungen weiterhin dafür sorgte, dass dem Begünstigten beim Eintritt des Versicherungsfalls die ganze Versicherungssumme zufiel (BFH BStBl III 53, 247 gegen RFH RStBl 43, 251).

Ein steuerbarer Erwerb scheidet dagegen aus, wenn die **Versicherungssumme** 86
an den Versicherungsnehmer (= Versprechensempfänger) ausgezahlt wird, mag dieser auch die Versicherung auf das Leben einer anderen Person genommen haben. Steuergünstig ist es daher, wenn die Person, die wirtschaftlich sichergestellt werden soll, selbst als Versicherungsnehmer auftritt, während derjenige, dessen Einkommenswegfall abzusichern ist, Versicherter wird. Im Einzelfall kann allerdings ein Gestaltungsmissbrauch (§ 42 AO) zu prüfen sein, wenn der Versicherte dem Versicherungsnehmer die Mittel zur Prämienzahlung zur Verfügung stellt (*Kottke,* DB 90, 2446, 2447). Unter Ehegatten dürfte jedoch auch eine solche Gestaltung anzuerkennen sein, soweit sie sich im Rahmen einer unterhaltsrechtlich geschuldeten angemessenen Vorsorge (vgl Anm 96) hält. Dabei ist zu berücksichtigen, dass hier im Unterschied zum Vertrag zugunsten Dritter auf den Todesfall der unterhaltsverpflichtete Ehegatte bereits zu seinen Lebzeiten ein endgültiges Vermögensopfer erbringt, beide Gestaltungsformen sich also nicht nur rechtlich, sondern auch in der wirtschaftlichen Zielrichtung voneinander zu unterscheiden.

Zwecks **Abdeckung zu erwartender hoher ErbStVerbindlichkeiten** wird der 87
Abschluss einer Lebensversicherung durch den zukünftigen Erben als Versicherungsnehmer auf das Leben des Erblassers als Versicherter empfohlen (*Kleeberg,* BB 89, 2448, 2451). Soll zur Entlastung eines künftigen Erben finanzielle **Vorsorge für Abfindungszahlungen** an weichende Miterben getroffen werden, so kommt neben dem vorgenannten Modell auch der Abschluss einer Versicherung durch den Erblasser selbst zugunsten des übernehmenden Miterben in Betracht, da der aus dem Zufluss der Versicherungssumme resultierende zusätzliche stpfl Erwerb durch die Belastung mit abzugsfähigen Abfindungsverbindlichkeiten neutralisiert wird.

Bei einer sog **Versicherung auf verbundene Leben,** bei der zwei oder mehr 88
Personen – idR ein Ehepaar – sich gemeinschaftlich in der Weise versichern, dass die Versicherungssumme beim Tod des Erstversterbenden fällig wird, fehlt es insoweit an einem stbaren Erwerb, als der überlebende Teil im Innenverhältnis die Prämienzahlung getragen hat; unter Ehegatten ist dabei grundsätzlich von einer Halbteilung auszugehen (R E 3.6 III ErbStR).

Als **Vermögensvorteil** ist dem Wortlaut nach jedes Wirtschaftsgut stpfl, das unter 89
den Voraussetzungen des Abs 1 Nr 4 an den Erwerber gelangt. Dabei ist vornehmlich an den Anspruch zu denken, den der Begünstigte aus einem berechtigenden (echten) Vertrag zugunsten Dritter auf den Todesfall gem § 331 BGB erwirbt. Die FinVerw

(DB 93, 2160) rechnet jedoch auch Leistungen hierher, die vom Begünstigten ohne Rechtsanspruch erworben werden. Nach Auffassung des RFH war uU auch die nicht durch einen Rechtsanspruch abgesicherte Begünstigung aus einem unechten Vertrag zugunsten Dritter als Vermögensvorteil iSd Abs 1 Nr 4 zu werten, wenn sich aus ihr eine im wirtschaftlichen Ergebnis vergleichbare Position ergab (RFH RStBl 41, 222). Demgegenüber sollen jedoch nach der Rspr des BFH „wiederkehrende Bezüge nur dann von dieser Vorschrift erfasst werden, wenn unmittelbar mit dem Tode des Erblassers ein Anspruch auf die künftigen Bezüge entsteht" (BFH BStBl II 77, 420, 421).

3. Freigebigkeit im Valutaverhältnis

90 Die Reichweite des in § 3 I Nr 4 normierten Besteuerungstatbestandes hängt nicht unwesentlich von der Frage ab, welche Bedeutung dem **Valutaverhältnis** zukommt, auf dem die Zuwendung des Erblassers (Versprechensempfängers) an den vertraglich begünstigten Dritten beruht. Seit dem Gutachten des RFH vom 21.5.1931 (RFHE 29, 137, 153f) galt es lange Zeit als unbestritten, dass eine Besteuerung gem § 3 I Nr 4 nur dann greift, wenn es sich im Verhältnis zwischen dem Erblasser und dem Dritten um eine freigebige Zuwendung handelt (BFH BStBl II 14, 261; FG Rh-Pf EFG 81, 246; FG München EFG 83, 71).

91 Dieser Linie folgend handelt es sich nicht um einen stbaren Vorgang, wenn der Erblasser die **Lebensversicherungssumme** einem Gläubiger zum Zwecke der **Schuldentilgung** zuwendet. An einer stbaren Zuwendung fehlt es auch dann, wenn die Mittel, aus denen die Prämien für einen Lebensversicherungsvertrag gezahlt werden, nicht vom Erblasser, sondern von dem begünstigten Dritten stammen, dessen Bereicherung folglich das Erblasservermögen nicht belastet hat (RFH RStBl 31, 359). Das FG Rh-Pf (EFG 94, 665) hat nachdrücklich festgestellt, dass der Bezug der Versicherungssumme nach dem Tod des Versicherungsnehmers nicht der ErbSt unterliegt, wenn der Bezugsberechtigte die Versicherungsprämien selbst gezahlt hat. Stammen die Mittel sowohl vom Erblasser als auch vom begünstigten Dritten, ist eine Teilung entsprechend den Grundsätzen über die gemischte Schenkung der ausgezahlten Summe in einen der ErbSt unterliegenden und einen nicht der ErbSt unterliegenden Teil vorzunehmen (BFH BStBl II 14, 261). Diese Sichtweise setzt allerdings voraus, dass die **Prämienzahlung durch den Begünstigten** einerseits und die Zuwendung der Versicherungssumme andererseits nicht als zwei voneinander getrennte Vorgänge (Hin- und Rückschenkung) behandelt werden (Hess FG EFG 89, 518; ähnlich Nds FG EFG 99, 1141). Eine Verkopplung zu einem einheitlichen Gesamtvorgang wird idR bei Vereinbarung einer unwiderruflichen Bezugsberechtigung des Dritten für den Erlebens- und Todesfall anzunehmen sein. Hat der Bezugsberechtigte Gegenleistungen zu erbringen oder Leistungsauflagen zu erfüllen, so ist sein Erwerb nach den Grundsätzen einer gemischten Schenkung zu beurteilen (FG Rh-Pf UVR 94, 117). Die bisherige Rspr zur gemischten Schenkung wird üblicherweise als einschränkende Interpretation des § 10 I 2 verstanden. *Moench/Weinmann* (§ 3 Rz 152) lehnt daher die Anwendung dieser Grundsätze iRd § 3 Nr 4 unter Hinweis auf § 10 I 2 ab. Richtigerweise geht es jedoch bei den von der Rspr entwickelten Grundsätzen zur gemischten Schenkung nicht um eine Frage der Wertermittlung (§ 10), sondern um eine Frage der Interpretation des stpfl Vorgangs (hier: § 3 I Nr 4). Wird daher die Leistung an den Dritten mit einem Entgelt des Dritten verknüpft, so ist nur der unentgeltliche Leistungsteil „Vermögensvorteil" iSv § 3 I Nr 4 (vgl schon Anm 71 sowie § 7 Anm 30ff und *Raudszus,* ZEV 99, 179). Es ist daher für die Besteuerung nicht „unerheblich, wer Prämienzahlungen geleistet hat" (aM Nds FG EFG 06, 910, 911; dagegen wie hier FG München EFG 06, 1921). Mangels Freigebigkeit im Valutaverhältnis wird eine stbare Zuwendung ferner dann verneint, wenn in Vollzug einer **Scheidungsvereinbarung** zugunsten des unterhaltsberechtigten Ehegatten ein Le-

bensversicherungsvertrag geschlossen wird, so dass diese Zuwendung sich als Erfüllung der nachehelichen Unterhaltspflicht darstellt (vgl BFH BStBl II 68, 239; 71, 184).

Die **Rechtsprechung des BFH** zu diesem Fragenkreis ließ längere Zeit keine völlig klare Linie erkennen. Im Zusammenhang mit der Besteuerung privatrechtlicher Hinterbliebenenbezüge hatte der BFH (BStBl II 86, 265, 266; bestätigt BStBl II 90, 322, 323 und 90, 325, 326) den Umstand hervorgehoben, dass der Erwerb durch Vertrag zugunsten Dritter auf den Todesfall im ErbStRecht den Erwerben von Todes wegen zugeordnet wird. Mit Rücksicht hierauf schränkte die Entscheidung die Bedeutung des Valutaverhältnisses für den Tatbestand des § 3 I Nr 4 ein. Die Tendenz der Entscheidung ging dahin, ähnlich wie bei anderen Erwerben von Todes wegen (vgl Anm 10), die Zuwendung nur dann als nicht steuerbar einzustufen, wenn dem Empfänger bereits auf Grund eines anderweitigen Rechtsverhältnisses ein Anspruch auf den Gegenstand der Zuwendung zusteht. Noch deutlicher kam dies in der Entscheidung BFH/NV 86, 96, 97 zum Ausdruck, die von einer Anwendung des § 3 I Nr 4 nur dann absehen wollte, wenn „eindeutig ein vermögensrechtlicher Leistungsaustausch" vorliegt, und auf die Abgrenzung des Erwerbs von Todes wegen bei deklaratorischen testamentarischen Anordnungen Bezug nimmt. Nachdem der BFH (BStBl II 91, 181) anerkannt hatte, dass für den Tatbestand des § 3 I Nr 2 S 1 die allg Schenkungsmerkmale gegeben sein müssen (Anm 68f), konnte man auch hinsichtlich des Valutaverhältnisses iRd § 3 I Nr 4 wieder eine Angleichung an die allg Beurteilungsgrundsätze für freigebige Zuwendungen erwarten. Und diese Entscheidung ist wenig später ergangen (BFH/NV 98, 1485). In ihr hat der BFH unter ausdrücklicher Bezugnahme auf den Schenkungstatbestand hervorgehoben, dass auch beim Erwerb nach § 3 I Nr 4 die **Bereicherung** des Begünstigten **aus dem Vermögen des Erblassers herrühren** muss. Wenn die Bereicherung daher nicht aus dem Vermögen des Erblassers, sondern aus dem des Vertragspartners des Erblassers stammt, der mit dem Tode des Erblassers selbst eine freigebige Zuwendung an den Dritten bewirkt, oder wenn der Vermögensvorteil im Ergebnis von dem Dritten selbst erwirtschaftet wurde, so dass er aus dem Vermögen des Dritten stammt, liegt der Tatbestand des § 3 I Nr 4 nicht vor (so auch FG Rh-Pf EFG 94, 665; vgl dazu Anm 91; Nds FG EFG 99, 1141; aM Hess FG EFG 89, 518; vgl auch R E 3.7 II ErbStR). Inzwischen hat der BFH (BStBl II 02, 15; NV 08, 572) anerkannt, dass die Zuwendung an den Dritten im Verhältnis zum Erblasser **alle objektiven und subjektiven Merkmale einer freigebigen Zuwendung** aufweisen muss (zustimmend FG Hbg EFG 05, 793; FG Bremen DStRE 11, 361). 92

Ist dem Versprechensempfänger ein **Widerruf der Drittbegünstigung** vorbehalten (§ 328 II BGB), so muss der Widerruf gegenüber dem Versprechensgeber erklärt werden, um den Rechtserwerb des Dritten zu verhindern. Ein Widerruf gegenüber dem Drittbegünstigten selbst kann allerdings bewirken, dass kein Valutaverhältnis zwischen dem Dritten und dem Versprechensempfänger zustandekommt, so dass der Dritte rechtsgrundlos erwirbt und gem §§ 812ff BGB zur Herausgabe an die Erben des Versprechensempfängers verpflichtet ist. Ein solcher Widerruf kann auch noch nach dem Tode des Versprechensempfängers durch dessen Erben oder Testamentsvollstrecker ausgesprochen werden. Das gilt allerdings nicht, wenn der Versprechensempfänger noch zu seinen Lebzeiten dem Dritten ein Zuwendungsangebot gemacht und dieser das Angebot angenommen hat; Zugang und Annahme des Angebots können dabei auch nach dem Tode des Versprechensempfängers erfolgen, es sei denn, den Dritten erreicht noch vor dem Angebot des Versprechensempfängers ein von dessen Erben erklärter Widerruf (BGH NJW 75, 382). Fehlt es infolge wirksamen Widerrufs an einem Rechtsgrund für den Erwerb des Dritten und kommt dieser seiner Herausgabepflicht gem §§ 812ff BGB nach, so ist schon zweifelhaft, ob eine St zur Entstehung gelangt (vgl § 7 Anm 64); jedenfalls würde eine etwa entstandene St gem § 29 I Nr 1 rückwirkend erlöschen. Für einen ähnlichen Sachverhalt im Ergebnis 93 übereinstimmend, jedoch mit einer unnötig komplizierten Begründung über § 41 AO FG Düsseldorf EFG 88, 581.

4. Versorgungsansprüche Hinterbliebener

94 Besondere Probleme wirft die Auslegung des Abs 1 Nr 4 im Hinblick auf vertraglich begründete Versorgungsansprüche Hinterbliebener auf. Da die im **Beamtenverhältnis** und in der **gesetzlichen Rentenversicherung** (einschließlich freiwilliger Höher- oder Weiterversicherung) begründeten Hinterbliebenenrenten nicht auf vertraglicher Grundlage, sondern auf gesetzlicher Bestimmung beruhen, werden sie **erbschaftstfrei** bezogen. ErbStFreiheit wird ferner für die Versorgungsansprüche von Hinterbliebenen freiberuflich Tätiger angenommen, die aus gesetzlich vorgeschriebenen berufsständischen Zwangsversicherungen stammen. Ebenfalls erbschaftstfrei sind die Versorgungsbezüge der Hinterbliebenen von Abgeordneten auf Grund der **Diätengesetze des Bundes und der Länder.** Einen vertraglichen Erwerb iSv § 3 I Nr 4 verneinen der BFH (BStBl II 81, 715) und die FinVerw (R E 3.5 II ErbStR) ferner dann, wenn der Versorgungsanspruch auf einem **kollektiv geprägten** arbeitsrechtlichen **Rechtsinstitut,** wie Tarifvertrag, Betriebsordnung, Betriebsvereinbarung, betrieblicher Übung oder auf dem Gleichbehandlungsgrundsatz beruht. Alle Bezüge, die auf ein Dienstverhältnis des Erblassers (§ 1 I LStDV) zurückzuführen sind, werden hierher gerechnet, gleichgültig, ob sie vom Arbeitgeber, von einer Pensions- oder Unterstützungskasse, auf Grund einer Direktversicherung des Arbeitgebers oder auf Grund einer anderen Rechtsgrundlage gezahlt werden. Die StPfl von Hinterbliebenenbezügen, die auf einem **Einzelvertrag** beruhen, ist dagegen nach Abs 1 Nr 4 zu beurteilen (dazu Anm 96 ff).

95 Die durch einen Einzelvertrag zugunsten Dritter auf den Todesfall begründeten Versorgungsansprüche lassen sich auch nicht deshalb generell aus dem Bereich der stbaren Zuwendungen ausgrenzen, weil ihnen ein besonderes **familienrechtliches Valutaverhältnis** zwischen dem Erblasser (Versprechensempfänger) und den begünstigten Familienangehörigen zugrunde liegt. Denn aus dem Unterhaltsrecht kann sich zwar unter Ehegatten eine Verpflichtung zum Aufbau einer angemessenen Alters- und Hinterbliebenensicherung ergeben (BGHZ 32, 246, 248 f; BGH NJW 72, 580; vgl auch BFH BStBl II 78, 400; 79, 244; FG Rh-Pf EFG 81, 246; FG München EFG 83, 71), doch folgt daraus kein unterhaltsrechtlicher Anspruch auf Verwirklichung solcher Vorsorge in einer bestimmten Form. Könnte die unterhaltsrechtlich gebotene Vorsorge mithin auch durch bloße Vermögensansammlung geschehen, die dem überlebenden Ehegatten im Wege eines stbaren erbrechtlichen Transfers zugute käme, so genügt das der vertraglichen Begünstigung des überlebenden Ehegatten zugrunde liegende familienrechtliche Verhältnis nicht den gesteigerten Anforderungen, die der BFH (BStBl II 86, 265, 266; NV 86, 96, 97) bisher an eine die Besteuerung nach § 3 I Nr 4 ausschließende entgeltliche Kausalbeziehung stellt (vgl Anm 92; FG Hbg EFG 05, 794). So hat denn auch der BFH (BStBl II 02, 153; dazu *Viskorf,* FR 02, 350; *Gebel* ZEV 02, 120) bestätigt, dass die eheliche Unterhaltsvorsorgepflicht den Willen zur Freigebigkeit bei Zuwendung von Lebensversicherungsleistungen nicht ausschließt. Nicht ganz unproblematisch erscheint es im Übrigen, wenn der BFH (NV 86, 672) bei der Beurteilung der aus einer **eheähnlichen Lebensgemeinschaft** resultierenden Rechtsbeziehungen im Hinblick auf Mitarbeit oder Pflegeleistungen des überlebenden Partners unter erleichterten Voraussetzungen zur Annahme einer entgeltlichen Zuwendung von Versorgungswerten gelangt; doch rechtfertigt sich diese großzügigere Betrachtungsweise insofern, als sie einen gewissen Ausgleich für die hohe erbstliche Belastung der eheähnlichen Lebensgemeinschaft durch die Besteuerung nach StKlasse III schafft. Eine Parallele findet diese Rspr zudem in der estrechtlichen Behandlung der eheähnlichen Lebensgemeinschaft; danach „ist bei einem Leistungsaustausch zwischen Partnern einer nichtehelichen Lebensgemeinschaft nicht in

dem gleichen Umfang wie bei Partnern einer ehelichen Lebensgemeinschaft damit zu rechnen, dass er auf privater Veranlassung beruht" (BFH GrS BStBl II 90, 160, 166).

Die **Ungleichbehandlung steuerbarer vertraglich und nichtsteuerbarer gesetzlich begründeter Versorgungsbezüge** galt schon unter dem ErbStG aF als Problem und ist bis in die jüngste Zeit hinein in der Diskussion geblieben. **96**

Es gab bereits nach **altem Recht vor 1974** verschiedene Versuche, zumindest die mit dem Arbeitsverhältnis des Erblassers zusammenhängenden Versorgungsrenten aus der Besteuerung nach Abs 1 Nr 4 herauszulösen. So hatte der RFH angenommen, dass der Anfall einer vom Arbeitgeber zu zahlenden Hinterbliebenenrente deswegen nicht erbstpfl sei, weil eine solche Rente zu den Einkünften aus nichtselbstständiger Arbeit iSd EStRechts zählt (RStBl 44, 205). Bei dieser Betrachtung wird jedoch die Beziehung zwischen dem Arbeitgeber und dem Erblasser, die die Besteuerung nach dem EStG rechtfertigt (Deckungsverhältnis), und die Beziehung zwischen dem Erblasser und den Hinterbliebenen, die nach Abs 1 Nr 4 zu beurteilen ist (Valutaverhältnis), nicht ausreichend getrennt. Das FG Rh-Pf (EFG 66, 22) war denn auch dieser Linie nicht gefolgt, hatte jedoch mit Rücksicht auf die Besteuerung von Hinterbliebenenbezügen die dem Abs 1 Nr 4 entsprechende Bestimmung des ErbStG 1959 für partiell verfassungswidrig erklärt. Der BFH (BStBl II 75, 539) war schließlich einen dritten Weg gegangen und hatte die StFreiheit betriebsbezogener Hinterbliebenenbezüge mit ausführlicher historischer Begründung aus § 18 I Nr 16 ErbStG 1959 zu rechtfertigen versucht. **97**

Das **ErbStG 1974** hatte, wie es schien, der Rspr des BFH zum ErbStG 1959 den Boden entzogen. Denn § 18 I Nr 16 ErbStG 1959 war in das neue Recht nicht übernommen worden. Dafür hatte der Gesetzgeber den zusätzlichen Freibetrag des § 17 eingeführt, der eine Anrechnung der stfreien Versorgungsbezüge verlangt und mit dieser Anrechnung eine indirekte Besteuerung der stfreien Versorgungsbezüge bewirkt. Der Gesetzgeber hatte sich damit, so schien es, nicht für eine Fortführung der von der Rspr angenommenen StFreiheit vertraglicher, sondern für eine (indirekte) Besteuerung gesetzlicher Versorgungsbezüge entschieden. **98**

Dieser Auffassung ist der **BFH** jedoch mit seiner aufsehenerregenden **Entscheidung vom 20.5.1981** (BStBl II 81, 715) entgegengetreten. Die dort festgehaltenen Grundsätze sind noch heute bei der Frage nach der Besteuerung von mit dem Arbeitsverhältnis des Erblassers zusammenhängenden Versorgungsrenten **aktuell** (BFH BStBl II 14, 323). Danach fallen vertragliche Hinterbliebenenbezüge aus einem Arbeitsverhältnis nicht unter Abs 1 Nr 4. Ihr Erwerb bildet keinen stpfl Vorgang. Sie können daher auch nach geltendem Recht stfrei bezogen werden. Der BFH hat diese Interpretation auf eine am Gleichheitssatz unter Berücksichtigung der historischen Entwicklung orientierte Auslegung zurückgeführt und mit dem Gesichtspunkt einer teleologischen Reduktion (= einschränkenden Interpretation nach dem Zweck der Norm) begründet. Das BVerfG (BStBl II 89, 938, 943) hat die weitreichende Auslegung des BFH zum ErbStG 1959 im Rahmen zulässiger richterlicher Rechtsfortbildung für verfassungsrechtlich unbedenklich erklärt, hat jedoch eine ausdrückliche Stellungnahme zu der Interpretation, die der BFH dem § 3 I Nr 4 ErbStG 1974 gegeben hat, in seiner Entscheidung vermieden. Bemerkenswert ist in diesem Zusammenhang auch, dass der BFH seine restriktive Auslegung des § 3 Abs 1 Nr 4 ErbStG 1974 zunächst nur in den Entscheidungen BFH BStBl II 81, 715 und 82, 27 entwickelt hat, während die übrigen einschlägigen Urteile des BFH lange Zeit ausschließlich auf den Vorschriften des ErbStG 1959 beruhten. Inzwischen geht das Gericht jedoch unter Hinweis auf die Entscheidung BFH BStBl II 90, 322 von einer ständigen Rspr auch zum ErbStG 1974 aus (NV 99, 311; BStBl II 02, 153). **99**

Außerdem gilt die vom BFH aus einer teleologischen Reduktion des § 3 I Nr 4 gewonnene StFreiheit der Hinterbliebenenbezüge aus einem Arbeitsverhältnis für Leistungen auf Grund **einzelvertraglicher Ruhegeldvereinbarung** nur, soweit die Bezüge ein **angemessenes Maß** nicht überschreiten. Als angemessen gilt in An- **100** lehnung an das Beamtenversorgungsrecht jedenfalls eine Witwenrente bis zur Höhe von 45% der letzten Aktivbezüge des verstorbenen Arbeitnehmers (BFH BStBl II 81, 715). Ob und inwieweit dieser Grenzwert überschritten werden darf, ist noch offen; die FinVerw legt im Interesse einer gleichmäßigen praktischen Handhabung eine Obergrenze von 45% zugrunde und unterwirft darüber hinausgehende Beträge der ErbSt (R E 3.5 III ErbStR). Wird die Hinterbliebenenversorgung nicht in Form wiederkehrender Bezüge, sondern als einmalige Kapitalleistung gewährt, so empfiehlt es sich, beim Vergleich mit den Aktivbezügen des verstorbenen Arbeitnehmers in Anlehnung an die inzwischen aufgehobene Vorschrift des § 104 XI BewG aF den zehnten Teil der Kapitalsumme als Jahreswert der Versorgung anzusetzen (*von der Thüsen,* Versicherungswirtschaft 89, 986). Hinterbliebenenversorgungen, die auf Tarifvertrag, Betriebsvereinbarung, betrieblicher Übung oder arbeitsrechtlicher Gleichbehandlung beruhen, fallen generell aus dem Anwendungsbereich des § 3 I Nr 4 heraus (Anm 94) und unterliegen folglich auch keiner Angemessenheitsprüfung.

101 Allerdings ist zu beachten, dass der Anfall von ErbSt in Betracht kommt, wenn der Bezugsberechtigte zwar eine mit dem Arbeitsverhältnis des Erblassers zusammenhängende Versorgungsleistung erhält, allerdings selbst nicht die in **§§ 46 bis 48 SGB VI bestimmten persönlichen Voraussetzungen** für den Bezug einer Rente aus der gesetzlichen Rentenversicherung des Erblassers erfüllt (BFH BStBl II 14, 323). Die StFreiheit setzt also voraus, dass die vertraglichen Leistungen solchen Personen zugutekommen, die auch nach gesetzlichem Rentenversicherungs- und Beamtenversorgungsrecht zum **Kreis der Hinterbliebenen** zählen, also dem überlebenden Ehegatten und den Kindern des Arbeitnehmers, nicht dagegen zB seinem Bruder (BFH BStBl II 14, 323; FG Münster EFG 87, 570).

102 Besondere Bedeutung hat die Frage gewonnen, unter welchen Voraussetzungen die vertragliche Versorgung der Hinterbliebenen von **Gesellschafter-Geschäftsführern** stfrei bleibt. Die Rspr hat sich lange Zeit an der estlichen Beurteilung orientiert und dementsprechend im Fall des Gesellschafter-Geschäftsführers einer GmbH eine stfreie Arbeitnehmer-Hinterbliebenenversorgung angenommen (BFH BStBl II 81, 715), wohingegen die im Gesellschaftsvertrag einer Personengesellschaft – auch Freiberufler-Sozietät (BFH BStBl II 90, 325; NV 86, 96) – vorgesehene Versorgung der Hinterbliebenen eines persönlich haftenden Gesellschafters ausnahmslos der Besteuerung nach § 3 I Nr 4 unterworfen wurde (BFH BStBl II 86, 265), ebenso eine Rente, die der Erwerber eines Anteils an einer Personengesellschaft an die Hinterbliebenen des veräußernden Gesellschafters zu zahlen hat (BFH BStBl II 83, 775). Auf Verfassungsbeschwerde hin hat das BVerfG (BStBl II 89, 938, 943ff) diese Rspr für gleichheitswidrig erklärt, weil ein schematisches Abstellen auf die Rechtsform der Gesellschaft, der der verstorbene Gesellschafter angehörte, die unterschiedliche erbstliche Behandlung nicht rechtfertigen könne. Mit drei Entscheidungen v 13.12.1989 hat der BFH (BStBl II 90, 322ff) diesen Gleichheitsverstoß in der Weise korrigiert, dass die Versorgung der Hinterbliebenen eines geschäftsführenden Gesellschafters nunmehr ohne Rücksicht auf die Rechtsform immer dann, aber auch nur dann stfrei bleiben soll, wenn der Verstorbene in der Gesellschaft eine **arbeitnehmerähnliche Stellung** innehatte. Diese Rspr-Änderung bedeutet einerseits eine wesentliche Einschränkung der bisherigen generellen StFreiheit der Hinterbliebenenversorgung beim Gesellschafter-Geschäftsführer einer GmbH, während andererseits der persönlich haftende Gesellschafter einer Personengesellschaft nur in Ausnahmefällen einer so weitgehenden Bindung im Innenverhältnis unterliegen wird, dass seine Stellung als arbeitnehmerähnlich qualifiziert werden und die von ihm erdiente Hinterbliebenenversorgung stfrei bleiben könnte (BFH/NV 99, 311). Auf eine erneute Verfassungsbeschwerde hat das BVerfG (BStBl II 94, 547) die Linie des BFH bestätigt.

103 Die FinVerw (BStBl I 91, 141; vgl jetzt auch R E 3.5 III ErbStR) hat die Kriterien präzisiert, die nach der neuen Rspr des BFH für die erbstliche Beurteilung der Hinterbliebenenversorgung bei einem GmbH-Gesellschafter maßgeblich sind. Ein **be-**

herrschender Einfluss des Gesellschafter-Geschäftsführers, der die Annahme einer arbeitnehmerähnlichen Stellung ausschließt und zur ErbStPfl der Hinterbliebenenbezüge führt, ist danach ua gegeben, wenn der Gesellschafter mittels einer 50%igen Kapitalbeteiligung oder auf Grund besonderer Bestimmungen im Gesellschaftsvertrag Beschlussfassungen gegen seine Stimme verhindern kann (so auch FG Münster EFG 02, 627), wenn er eine solche Position im Zusammenwirken mit anderen je für sich allein nicht herrschenden Gesellschafter-Geschäftsführern erreicht (FG Bad-Württ EFG 10, 1144) oder wenn er die Gesellschaft als Großgläubiger oder auf Grund überragender Branchenkenntnisse faktisch beherrscht; darüber hinaus soll auch bereits die Befreiung vom Selbstkontrahierungsverbot (§ 181 BGB) eine faktische Beherrschung begründen. Für die Frage der Beherrschungsposition ist der Zeitpunkt der Vereinbarung der Hinterbliebenenversorgung maßgebend.

Nicht unzweifelhaft war längere Zeit neben der Hinterbliebenenversorgung im 104
gesellschaftsrechtlichen Bereich auch die erbstliche Behandlung von Leistungen aus einer nach früherem Recht zur Befreiung von der Versicherungspflicht in der gesetzlichen Rentenversicherung abgeschlossenen Lebensversicherung. Bisher werden Leistungen aus einer **befreienden Lebensversicherung** in vollem Umfang der Besteuerung nach § 3 I Nr 4 unterworfen. Hiergegen hatte sich das Nds FG (EFG 00, 507, 509) gewandt und auf die StFreiheit der gesetzlichen Pflichtversicherungsrenten verwiesen, an deren Stelle die Lebensversicherung tritt (zustimmend *Wilms,* UVR 00, 249). Der BFH (BStBl II 02, 153) ist diesen Überlegungen jedoch entgegengetreten und hat die StPfl aus § 3 I Nr 4 bejaht (so auch BStBl II 13, 210).

StFreiheit als StNachteil. Mit der Anerkennung der StFreiheit hat der BFH die 105
aus einem Arbeitsverhältnis stammenden Hinterbliebenenbezüge im Übrigen nicht generell für erbstlich irrelevant erklärt. Er hat sie vielmehr in den Kreis der Versorgungsbezüge eingeordnet, die den Freibetrag nach § 17 kürzen. Der BFH hat ferner ausgesprochen, dass sich die StFreiheit der Renten auch nachteilig auf die Berechnung des Freibetrags aus § 5 (Zugewinnausgleichsfreibetrag) auswirken muss (BFH BStBl II 82, 27). Diese nachteiligen Folgen der StFreiheit im Recht der Freibeträge sind so gravierend, dass sie die Vorteile aus der StFreiheit nicht selten überwiegen (*Meincke,* FamRZ 83, 13, 16). Die FinVerw trägt dem durch einschränkende Interpretation des § 17 Rechnung (§ 5 Anm 26, § 17 Anm 6).

5. Zurückweisung des Erwerbs

Der begünstigte Dritte kann das Recht, das er auf Grund des zwischen anderen 106
Personen geschlossenen Vertrages erwirbt, durch Erklärung gegenüber dem versprechenden Teil gem **§ 333 BGB** zurückweisen mit der Folge, dass das Recht als nicht erworben gilt und damit auch keine Besteuerung eingreift (*von Oertzen/Loose* § 3 Rz 92 mit Verweis auf *Palandt/Grüneberg* § 333 Rz 3). Verzichtet der Begünstigte allerdings zugunsten einer bestimmten Person, so kann darin die Annahme und Weiterübertragung des Erwerbs liegen und einen doppelten StZugriff bei dem vertraglich begünstigten Dritten (gem § 3 I Nr 4) und bei dem von diesem bestimmten Zuwendungsempfänger (gem § 7 I Nr 1) auslösen. Die Auslegung der Verzichtserklärung kann aber auch ergeben, dass die Benennung einer vierten Person, der der Erwerb zufallen soll, bloßes rechtlich unbeachtliches Motiv für die Zurückweisung ist, namentlich dann, wenn diese Person als Folge der Zurückweisung ohnehin (zB als Erbe des Versprechensempfängers) in die Position des Erwerbers einrückt (BFH BStBl II 90, 467). Die Zurückweisung des Erwerbs wird in den Fällen **empfohlen,** in denen der Erblasser auf Anraten des Kreditinstituts einem von mehreren Erben, statt ihm Bankvollmacht zu erteilen, seine Bankguthaben und Depots durch Vertrag zugunsten Dritter auf den Todesfall zugewiesen hat. Will der Bedachte dann das Buchgeld und die Wertpapiere unter den Miterben verteilen, läuft er Gefahr, dass diese Ausgleichsleistung nun einer eigenständigen Besteuerung als freigebige Zuwendung unterliegt

(vgl FG Saarland EFG 96, 447), eine StFolge, der er nur durch Zurückweisung des Erwerbs und der damit verbundenen Überleitung des Erwerbs in den Nachlass entgehen kann. Steht fest, dass der Erblasser mit der Begünstigung eines zum Testamentsvollstrecker berufenen Miterben nur die sofortige Auszahlung der diesem durch Vertrag zugunsten Dritter auf den Todesfall zugewiesenen Mittel an die anderen Miterben erreichen wollte, so geht das FG München (EFG 99, 341) davon aus, dass die Mittel nach Zurückweisung des Erwerbs in den Nachlass gefallen sind.

X. Sonstige Zuwendungen vom Erblasser (Abs 2)

Schrifttum: *Schindhelm/Stein,* Der trust im deutschen Erbschaft- und Schenkungsteuerrecht, FR 99, 880; *Klein,* Trustbesteuerung nach deutschem Erbschaftsteuerrecht, IStR 99, 377; *Meincke,* Abfindungsleistungen aus erbschaftsteuerlicher Sicht, ZEV 00, 214; *Crezelius,* Pflichtteilsabfindung und Erbschaftsteuer, BB 00, 2333; *Flick,* Die Erbausschlagung als Instrument zur nachträglichen Gestaltung als Instrument zur nachträglichen Gestaltung einer verunglückten Erbfolge, DStR 00, 1816; *Zimmermann,* Einkommensteuerliche Risiken aus der Erbausschlagung gegen Abfindung, ZEV 01, 5; *Heiliger,* Einkommensteuerliche Risiken aus der Erbausschlagung gegen Abfindung, ZEV 01, 432; *Gebel,* ErbSt bei der Stiftung von Todes wegen, BB 01, 2554; *Wälzholz,* Die Ausschlagung gegen Abfindung, NWB 10, 1360; *Piltz,* Erbschaftsteuerliche Neuorientierung bei Familienstiftungen?, ZEV 11, 236; *Zensus/Schmitz,* Die Familienstiftung als Gestaltungsinstrument zur Vermögensübertragung und -sicherung, NJW 12, 1312; *Blumers,* Die Familienstiftung als Instrument der Nachfolgeplanung, DStR 12, 1; *Stein/Stein,* Erbschaftsteuerliche Gestaltung nach dem Tod: Die Ausschlagung gegen Abfindung, ErbBstg 13, 41; *von Oertzen/Fritz,* Steuerliche Fragen der neuen (Familien-)Verbrauchsstiftung nach dem „Gesetz zur Stärkung des Ehrenamtes", BB 14, 78; *von Oertzen/Lemmer,* Der US-Estate im deutschen Steuerrecht, IStR 15, 952; *Schienke-Ohletz/Kühn,* Die steuerlichen Folgen beim Ausscheiden aus Truststrukturen, ZEV 15, 150; *Werder/Wystrcil,* Steuerliches „Zuzugsverbot" für Begünstigte eines trusts in Deutschland?, BB 15, 412; *Leidel,* Abfindungszahlungen an weichende Erbprätendenten nach geltendem und künftigem Erbschaftsteuerrecht, ZEV 17, 357; *Hülsmann,* Die Besteuerung von Abfindungsvergleichen nach dem ErbStG: Legislatorische und judikatorische Neuerungen, DStR 17, 2513.

1. Vermögensübergang auf eine Stiftung oder Vermögensmasse (Abs 2 Nr 1)

107 **Nr 1 S 1** scheint keine selbstständige Bedeutung zu haben, soweit in ihr der Übergang von Vermögen auf eine vom Erblasser **von Todes wegen errichtete Stiftung** für stpfl erklärt wird. Denn die Vermögensausstattung einer von Todes wegen errichteten Stiftung erfolgt durch Erbeinsetzung, Vermächtnis oder Auflage, ist also an sich schon nach Abs 1 Nr 1 oder Abs 2 Nr 2 stpfl. Der BFH (BStBl II 96, 99) sieht in der Regelung des Abs 2 Nr 1 jedoch eine Sondervorschrift, die alle Fälle des Vermögensübergangs auf eine vom Erblasser angeordnete oder errichtete Stiftung umfasst. Als eine vom Erblasser angeordnete Stiftung kann im Übrigen auch die Stiftung zu verstehen sein, die ein Erbe oder Vermächtnisnehmer durch Stiftungsgeschäft unter Lebenden auf Grund einer testamentarischen Anordnung des Erblassers vornimmt (*Kipp* § 2 Anm 92; *Troll/Gottschalk* § 3 Rz 320). Ist dieser Auslegung zu folgen (so BFH BStBl II 96, 99), so liegt die Bedeutung dieser Bestimmung darin, dass sie das auf Anordnung des Erblassers vorgenommene Stiftungsgeschäft unter Lebenden aus der Schenkungsbesteuerung (§ 7 I Nr 8) in die Erbschaftsbesteuerung verlegt und die Vermögensausstattung der Stiftung als Zuwendung des Erblassers versteht. Die Zuwendung ist stfrei, soweit die Stiftung nach dem Stiftungsgeschäft ausschließlich und unmittelbar kirchlichen, gemeinnützigen oder mildtätigen Zwecken dienen soll (§ 13 I Nr 16 Buchst b). Der Übergang von Vermögen auf eine beim Erbfall bereits bestehende Stif-

tung, die der Erblasser oder ein anderer Stifter errichtet hat, soll dagegen nicht Abs 2 Nr 1, sondern Abs 1 Nr 1 oder Abs 2 Nr 2 unterfallen (*Moench/Weinmann* § 3 Rz 197).

Die mit StEntlG 1999/2000/2002 (BGBl I 99, 402) hinzugefügte Bestimmung **Nr 1 S 2** will verhindern, dass sich durch Einfügung von Vermögen in einen nach ausländischem Recht errichteten **Trust** das Entstehen der ErbSt auf einen Zeitpunkt nach dem Todesfall verschieben lässt. Durch diese Verschiebung kann es aus der Sicht der FinVerw zu positiven oder negativen Wirkungen kommen. Positive Wirkungen hatten sich in einem vom RFH 1935 entschiedenen Fall gezeigt (RStBl 1935, 1366). Der RFH hatte damals die Auffassung entwickelt, dass die StPfl des Substanzerben erst mit Beendigung der Trust-Verwaltung eintritt und dass für die Annahme, die Zwischennutzungsberechtigten könnten schon als Vorerben stpfl sein, regelmäßig ein ausreichender Anhaltspunkt fehle. Diese Entscheidung kam damals dem Fiskus zugute, weil der Erwerb des Substanzerben bei Beendigung der Trust-Verwaltung der ErbSt unterlag, der Erbschaftserwerb zu einem früheren Zeitpunkt dagegen noch stfrei gewesen wäre. Als der BFH jedoch gut fünfzig Jahre später ähnlich entschied, sah der Gesetzgeber vornehmlich die für den Fiskus negativen Konsequenzen, die sich auf Grund der Verschiebung des StEntstehungsdatums ergeben konnten. Der BFH (BStBl 86, 615) hatte 1986 entschieden: „Ist das Vermögen eines verstorbenen US-Bürgers durch eine nach dem Recht des Staates New York errichtete letztwillige Verfügung auf einen Trust übergegangen mit der Maßgabe, dass das Trust-Vermögen mit dem Tod seiner Witwe und seiner Tochter, denen Zwischennutzungsrechte eingeräumt wurden, auf die Abkömmlinge seiner Tochter übergehen solle, soweit diese diesen Zeitpunkt erlebten, so tritt ein der deutschen ErbSt unterliegender Erwerb erst mit dem Erlöschen der Zwischennutzungsrechte ein." Mit dem Erlöschen der Zwischennutzungsrechte und der Beendigung des Trusts gehe das Vermögen auf den zur Erbfolge bestimmten Remainderman über, der die Stellung eines aufschiebend bedingt eingesetzten Erben einnehme und beim Eintritt der Bedingung erwerbe. Der Zwischenerwerb des Trustees wurde nicht als stpfl angesehen. Da der Erblasser 1949 verstorben war und der Remainderman das Vermögen erst 1969 erlangte, kam es über zwanzig Jahre nicht zu einem Eingreifen der deutschen StPfl. Dieser Rechtsfolge soll Abs 2 Nr 1 S 2 dadurch abhelfen, dass nunmehr schon der **Übergang des Vermögens auf den Trustee** besteuert wird, wobei der Trust selbst als Erwerber und StSchuldner gelten soll (§ 20 I 2). Interessant ist, dass auch unter Geltung dieser Neuregelung der damalige Fall gar nicht anders zu entscheiden gewesen wäre. Denn da der Fall unter StAusländern spielte, kam aus deutscher Sicht nur die beschränkte StPfl in Betracht. Und weil das in Frage stehende Vermögen, das 1969 zum Inlandsvermögen gehörte, 1949 noch gar nicht den Charakter von Inlandsvermögen gehabt hatte, wäre auch die jetzt eingefügte Neuregelung 1949 ins Leere gelaufen. Bemerkenswert ist weiterhin, dass der Erwerb des remainderman, den der BFH bisher als Erwerb durch Erbfolge qualifiziert hatte, nun als Erwerb durch Schenkung unter Lebenden (§ 7 I Nr 9 S 2) gedeutet werden soll, womit der Kreis der auf diesen Erwerb anwendbaren Bestimmungen unversehens verändert wird. Offen bleibt bei allem, ob der Trust, der selbst als Erwerber gedacht wird (§ 20 I 2), die aufschiebend bedingte oder befristete Pflicht, den Erwerb an den Remaindermann weiterzugeben, von seinem Erwerb als Nachlassverbindlichkeit zum Abzug bringen kann. Denkbar wäre auch, dass die Bestimmung des § 6 III 2 entsprechend herangezogen werden kann, die es dem Enderwerber ermöglicht, die von dem Vormann gezahlte St auf die eigene St anzurechnen. 108

2. Erwerb bei Vollziehung einer Auflage oder Erfüllung einer Bedingung (Abs 2 Nr 2)

Unter einer vom Erblasser angeordneten Auflage ist die **erbrechtliche Auflage** 109
nach den **§§ 1940, 2192 ff BGB** zu verstehen. Sie unterscheidet sich vom Vermächtnis (Abs 1 Nr 1) in zweierlei Hinsicht. Zum einen erwirbt der Begünstigte durch die

Auflage keinen Anspruch auf die zugedachte Leistung (§ 1940 im Unterschied zu § 2174 BGB). Der Begünstigte wird daher nicht schon unmittelbar mit dem Erbfall durch einen Anspruchserwerb, sondern erst infolge der Vollziehung der Auflage bereichert (BFH HFR 62, 83). Die St entsteht daher auch nicht wie beim Vermächtnis schon mit dem Erbfall, sondern erst mit der Vollziehung der Auflage (§ 9 I Nr 1 Buchst d). Zum anderen kann die Auflage im Gegensatz zum Vermächtnis ausschließlich einem unbestimmten Personenkreis oder einem sachlichen Zweck zugutekommen. Dann fehlt es an einem Begünstigten, der infolge der Vollziehung der Auflage erwirbt. Abs 2 Nr 2 kommt in diesem Fall nicht zum Zuge. Vielmehr ist dann die StPfl unter dem Gesichtspunkt der Zweckzuwendung gem § 1 I Nr 3, § 8 zu prüfen. Abs 2 Nr 2 hebt diese Möglichkeit ausdrücklich hervor, wenn die Bestimmung am Schluss auf die Besteuerung der Zweckzuwendungen verweist. Abs 2 Nr 2 will als Auflage nur die für den Erben oder für den Vermächtnisnehmer verbindliche Anordnung des Erblassers bezeichnen, die den Erben oder Vermächtnisnehmer zur Ausführung verpflichtet. Im Einzelfall kann es schwierig sein, die verbindliche Anordnung des Erblassers von unverbindlichen Wünschen oder Ratschlägen des Erblassers zu unterscheiden. Folgt der Erbe solchen Wünschen oder Ratschlägen, richtet sich der Erwerb des Begünstigten nicht nach Abs 2 Nr 2, vielmehr ist er unter dem Gesichtspunkt der freigebigen Zuwendung nach § 7 I Nr 1 zu würdigen. Begünstigt eine Auflage den Beschwerten selbst, ist eine StPfl nach Abs 2 Nr 2 ebenfalls nicht gegeben (vgl § 10 IX).

110 Der **Erwerb infolge Erfüllung einer vom Erblasser gesetzten Bedingung** ist von dem Erwerb zu unterscheiden, der dem unter einer Bedingung zum Erben oder Vermächtnisnehmer Eingesetzten zufällt. Wendet zB der Erblasser ein Grundstück seinem Neffen unter der Bedingung zu, dass der Neffe sein Studium erfolgreich abgeschlossen hat, dann entsteht die StPfl mit dem Eintritt der Bedingung und richtet sich nach § 3 I Nr 1 iVm § 9 I Nr 1 Buchst a, nicht nach § 3 II Nr 2 iVm § 9 I Nr 1 Buchst d. Gedacht ist in § 3 II Nr 2 an Fälle, in denen der Erblasser eine Zuwendung von der aufschiebenden Bedingung abhängig gemacht hat, dass der Bedachte seinerseits eine Leistung an einen Dritten erbringt. Abs 2 Nr 2 regelt nicht die StPfl des Bedachten, sondern des Dritten. Der Dritte ist nicht Erbe oder Vermächtnisnehmer, nicht ihm wird die Erfüllung der Bedingung anheimgegeben (unklar BFH HFR 62, 304), sondern dem Erben oder Vermächtnisnehmer, der unter der Bedingung bedacht worden ist. Der Dritte gewinnt mit dem Erbfall nur eine zunächst unsichere Aussicht auf einen Erwerb, die aber mit der Erfüllung der Bedingung zu einer stpfl Bereicherung des Dritten führt (sog *mortis causa capio*).

3. Erwerb bei Genehmigung einer Zuwendung (Abs 2 Nr 3)

111 Die Vorschrift knüpft an die durch Art 86 EGBGB (mit Einschränkungen durch die Gesetze v 5.3.1953, BGBl I 53, 33 und v 2.4.1964, BGBl I 64, 248) fortgeführten Genehmigungsvorbehalte einzelner Bundesländer an, die für juristische Personen mit Sitz im Ausland außerhalb des EU-Bereichs beim Erwerb über eine bestimmte Wertgrenze hinaus gelten. Die Bestimmung setzt voraus, dass die Genehmigung von der Erfüllung von Leistungen abhängig gemacht werden darf, die dann bei den Empfängern als Erwerb von Todes wegen der Besteuerung unterliegen. Eine praktische Bedeutung dieser Regelung ist nicht erkennbar.

4. Abfindung für einen Verzicht auf den entstandenen Pflichtteilsanspruch (Abs 2 Nr 4 Fall 1)

112 Abs 2 Nr 4 unterwirft die Abfindung für den Verzicht auf den entstandenen Pflichtteilsanspruch der Besteuerung. Als Verzicht auf den entstandenen Pflichtteilsanspruch ist das Rechtsgeschäft gemeint, durch das der Pflichtteilsgläubiger nach dem Erbfall, aber vor dem Geltendmachen seines Anspruchs dem Erben die Schuld erlässt. Der Kern des Geschäfts liegt aus steuerlicher Sicht nicht so sehr in dem Erlass des Anspruchs, sondern primär in dem Verzicht auf das Geltendmachen des mit dem Erbfall entstandenen Pflichtteilsrechts. Auf jeden Fall handelt es sich um einen Verzicht nach dem Erbfall. Den Pflichtteilsverzicht gegen Abfindung vor dem Erbfall regelt § 7 I Nr 5 (Verzicht gegenüber dem Erblasser) oder § 7 I Nr 1 (Verzicht gegenüber einem künftigen Erben: BFH BStBl II 01, 456). Den Pflichtteilsverzicht gegen Abfindung nach dem Geltendmachen des Anspruchs lässt der Gesetzgeber ungeregelt. Die mit dem Geltendmachen des Anspruchs einmal entstandene StPfl erlischt nämlich nicht nachträglich durch einen Schulderlass des Pflichtteilsgläubigers (FG München EFG 05, 1887). Die Abfindung für den Verzicht auf den bereits geltend gemachten Pflichtteil tritt daher aus stlicher Sicht für den Erwerber nicht an die Stelle seines ursprünglichen Anspruchs, so dass auch kein Anlass besteht, die Abfindung als Erwerb von Todes wegen zu besteuern. Der Verzicht auf das Geltendmachen des Anspruchs gegen Abfindung ist nicht deswegen unmöglich, weil in dem Aushandeln der Abfindung stets schon ein Geltendmachen des Pflichtteils liegt. Der Verzicht gegen Abfindung ist von dem Geltendmachen des Anspruchs durch Vereinbarung einer Leistung an Erfüllungs statt zu unterscheiden. Die Unterscheidung ist deswegen wichtig, weil im ersteren Fall der Umfang der StPfl nach dem Wert des Abfindungsobjekts bemessen wird, während im letzteren Fall der Nennwert der Pflichtteilsforderung der StBemessung zugrunde liegt (FG Köln EFG 01, 765). Der Verzicht kann auch als **Teilverzicht** vorkommen. Als Verzicht auf den entstandenen Pflichtteilsanspruch iSv Abs 2 Nr 4 hat der BFH (BStBl II 81, 473) auch den Fall gedeutet, dass der als Nacherbe Eingesetzte auf den Pflichtteilsanspruch verzichtet, obwohl § 2306 BGB für diesen Fall bestimmt, dass der Pflichtteilsberechtigte den Pflichtteil erst verlangen kann, wenn er die Nacherbschaft ausschlägt. Der BFH konnte jedoch auf die ZivilRspr des Reichsgerichts (RG JW 31, 1354) verweisen, die angenommen hatte, dass auch im Fall des § 2306 II BGB aF der Pflichtteilsanspruch schon mit dem Erbfall entsteht, wobei § 2306 II BGB aF bis zur Ausschlagung der Nacherbschaft nur ein Hindernis für das Geltendmachen des Pflichtteils aufrichtet (auf einer ähnlichen Konzeption beruht vermutlich die wenig durchsichtig formulierte Entscheidung des FG Berlin, EFG 86, 270). **Zahlt der Erbe** für den Verzicht auf den entstandenen, aber noch nicht geltend gemachten Pflichtteil eine Abfindung, kann er sie von seinem Erwerb zum Abzug bringen (BFH BStBl II 81, 473). Soll die Abfindungsleistung erst beim Tod des Erben fällig sein, verneint der BFH (BStBl II 07, 651) die Abzugsmöglichkeit, weil die Abfindungsverpflichtung für den Erben keine wirtschaftliche Belastung darstelle. Doch vermag diese Auffassung nicht zu überzeugen. Denn auch Schulden, die erst beim Tod des Schuldners fällig werden, belasten den Schuldner. Bei einem Vermögensstatus müssten sie denn auch unter entsprechender Abzinsung jederzeit berücksichtigt werden. Wird ein Grundstück als Abfindung übertragen, bemisst sich die Abfindung nach dem StWert des Grundstücks, was sich bisher angesichts der niedrigen Grundstückswerte zum Vorteil des Pflichtteilsgläubigers auswirken konnte (vgl BFH/NV 01, 1406; kritisch *Viskorf*, FR 01, 967). **Zahlt ein Dritter,** kann der Erbe den Abfindungsbetrag ebenfalls zum Abzug bringen, wenn in der Zahlung des Dritten an den Abfindungsempfänger eine Schenkung des Dritten an den Erben gesehen wird (vgl Anm 114; skeptisch hinsichtlich der Abzugsmöglichkeit in diesem Fall *Petzoldt* § 3 Rz 183). Immerhin liegt es zivilrechtlich noch näher, in der Zahlung des Dritten an den Pflichtteilsgläubiger eine Schenkung an den Erben zu sehen, als in der Zahlung an einen Miterben, der durch die Zahlung zur Ausschlagung veranlasst wird. Denn die Ausschlagung bedeutet nur einen Verzicht auf Vermögenserwerb und enthält keine Leistung an den Erben, dem die Ausschlagung zugutekommt, während in dem Verzicht auf den Pflichtteilsanspruch eine Leistung liegt, die beim Erben zu einer Schuldbefreiung führt. Bei der Abfindungsleistung für den Verzicht auf den Pflichtteil könnte daher eine mittelbare Schenkung des Außenstehenden an den Erben denkbar sein.

5. Abfindung für die Ausschlagung einer Erbschaft, eines Erbersatzanspruchs oder eines Vermächtnisses (Abs 2 Nr 4 Fall 2)

113 Abs 2 Nr 4 unterwirft neben der Abfindung für den Verzicht auf den enstandenen Pflichtteil (Anm 112) die Abfindung für die Ausschlagung einer Erbschaft, eines Erbersatzanspruches oder eines Vermächtnisses der Besteuerung. Die §§ 1942 und 2176 BGB räumen den Erben und Vermächtnisnehmern das Recht ein, den ihnen zugefallenen Erwerb nach dem Erbfall (§§ 1946, 2180) mit der Wirkung auszuschlagen, dass der Anfall an den Ausschlagenden als nicht erfolgt gilt (§§ 1953, 2180 BGB). Das führt dazu, dass auch eine StPfl wegen des zurückgewiesenen Erwerbs für den Ausschlagenden nicht entsteht. Dafür erweitert sich der stpfl Erwerb derjenigen, denen die Ausschlagung zugutekommt. Es bleibt also auch im Fall der Ausschlagung kein Teil des vom Erblasser stammenden Vermögens unversteuert. Dennoch wollte der Gesetzgeber auf eine **StPfl der Ausschlagenden** nicht verzichten, wenn ihnen an Stelle des ausgeschlagenen Erwerbs eine Abfindung zufällt. Diese Abfindung wird als Surrogat des ausgeschlagenen Erwerbs behandelt und nach Abs 2 Nr 4 als Erwerb vom Erblasser besteuert. Gegenstand der Besteuerung ist das, was als Abfindung gewährt wird, dh der Abfindungserwerb selbst, nicht der Erwerb des Anspruchs auf Abfindung. *Kipp* (§ 2 Anm 106) hielt diese Interpretation zwar für fraglich. Er kannte aber die neuere Rspr noch nicht, die Bewertungsvergünstigungen nur für den Gegenstand selbst, nicht für den Anspruch auf Leistung des Gegenstandes gelten ließ und die damit den Blick für den Unterschied auch von Abfindung und Abfindungsanspruch geschärft hat. Diese Rspr zwingt dazu, den Wortlaut des § 3 II Nr 4 ernst zu nehmen und den Abfindungserwerb selbst zum Besteuerungsgegenstand zu erklären (*Moench/Weinmann* § 3 Rz 213 unter Hinweis auf BFH/NV 01, 1406 = ZEV 01, 374). Nach § 3 II gilt die Abfindung als vom Erblasser zugewendet. Schlägt der Nacherbe gegen Abfindung durch den Vorerben aus, ist jedoch zu fragen, ob der Empfänger die Abfindung nicht auch als Erwerb vom Vorerben behandeln kann (§§ 6 II, 7 II). Insgesamt wird der Umfang des stpfl Erwerbs durch die Besteuerung der Abfindungszahlung nicht erweitert, da der Erbe oder derjenige, dem die Ausschlagung zugutekommt, den von ihm gezahlten Abfindungsbetrag als Erwerbskosten (§ 10 V) von dem ihm zufallenden Erwerb zum Abzug bringen kann. Mit der Ausschlagung gegen Abfindungsleistung kann der Erwerber den Inhalt seines Erwerbs verändern und zB an die Stelle eines Geldvermächtnisses eine Grundstücksabfindung treten lassen. Auch der Zeitpunkt des Erwerbs kann im Interesse einer stgünstigeren Gestaltung herausgeschoben werden, wenn an die Stelle des schon zum Erbfall stpfl Vermächtnisanspruchs erst später der Anspruch auf Abfindungsleistung tritt (vgl §§ 9, 14). Aus der Sicht des Erben konnte es bisher günstig sein, wenn der Vermächtnisnehmer das beim Erben ausnahmsweise nicht abzugsfähige Vermächtnis (§ 25 aF) ausschlägt und an dessen Stelle eine abzugsfähige Leistung entgegen nimmt. Doch hat dieser Gestaltungsvorschlag mit dem Wegfall des § 25 seine Bedeutung verloren. Wichtig ist, dass das Ausschlagungsrecht mit der Annahme der Erbschaft oder des Vermächtnisses verlorengeht. Der Annahme steht im Fall des Erwerbs durch Erbanfall das Versäumen der Ausschlagungsfrist gleich (§ 1943 BGB). Wer sich das Ausschlagungsrecht hinsichtlich eines Vermächtnisses zB über zwei Jahre hinweg erhalten will, um dann die Ausschlagung gegen Abfindung zu vollziehen und dann erst mit seinem Abfindungserwerb stpfl zu werden, darf also nichts tun, was auf eine Annahme des Vermächtnisses hinausläuft, die auch durch schlüssiges Verhalten erfolgen kann (vgl die Kommentare zu § 2180 BGB). In der ErbStZahlung darf für sich genommen noch keine Annahme des Vermächtnisses gesehen werden, weil der Vermächtnisnehmer zu ihr ohne Rücksicht auf die Annahme des Vermächtnisses verpflichtet ist. Wird die Abfindungsvereinbarung erst nach der Annahme der Erbschaft/des Vermächtnisses abgeschlossen, bleibt die StPfl des primären Erwerbs bestehen, so dass die Abfindung in diesem Fall nicht der ErbSt unterliegt. Als Ausschlagung eines Vermächtnisses ist auch der Fall zu behandeln, dass Nachvermächtnisnehmer gegenüber den Vorvermächtnisnehmern auf ihre Rechte aus dem Nachvermächtnis verzichten. Hatten die Nachvermächtnisnehmer das Nachvermächtnis allerdings zum Zeitpunkt des Verzichts bereits angenommen, kommt eine StPfl der Abfindung nach Abs 2 Nr 5 in Betracht; demgegenüber wendet die Entscheidung BFH BStBl II 89, 623 im Anschluss an FG Berlin EFG 86, 26 den Tatbestand des Abs 2 Nr 6 an. Abs 2 Nr 4 erwähnt im Zusammenhang mit der Ausschlagung einer Erbschaft oder eines Vermächtnisses auch die Abfindung, die für die Ausschlagung eines Erbersatzanspruchs gewährt wird. Dieser Anspruch hat inzwischen seine aktuelle Bedeutung verloren (vgl Anm 41 ff).

Problematisch ist die Frage, wie die Abfindungsleistung behandelt werden soll, **114** wenn die **Abfindung von einem Außenstehenden aufgebracht** wird, dem die Ausschlagung nicht zugutekommt. Hat der Erblasser zB seine beiden Kinder A und B unter Ausschluss der gesetzlichen Erbfolge zu Erben eingesetzt, dann kommt die Ausschlagung des B dem A zugute, der mit der Ausschlagung des B die Stellung eines Alleinerben erhält (§ 2094 BGB). Wird dem B für die Ausschlagung eine Abfindung von der Ehefrau des Erblassers gezahlt, dann liegt in diesem Vorgang nach der Auffassung des RFH (RFHE 29, 303 = RStBl 31, 971; zustimmend *Troll/Gottschalk* § 3 Rz 338), der sich bei dieser These auf *Mirre* (ErbStG 1919 § 20 Anm 14) stützt, eine Schenkung der Mutter an A. A muss folglich nicht nur den vollen Nachlass als Erbschaftserwerb vom Vater, sondern auch noch den Abfindungsbetrag als Erwerb durch freigebige Zuwendung der Mutter versteuern. Dafür soll er den Abfindungsbetrag als Erwerbskosten von seinem Erbschaftserwerb abziehen können, während gleichzeitig B den Abfindungsbetrag als Erwerb nach Abs 2 Nr 4 zu versteuern hat. Es wird also so angesehen, als hätte die Mutter den Abfindungsbetrag über den Sohn A an den Sohn B geleitet, wobei der Abfindungsbetrag zunächst von A als Erwerb von der Mutter (dagegen nachdrücklich *Breit,* ErbSt u SchSt, 1922, 136 ff) und dann von B als Erwerb vom Erblasser zu versteuern ist. Näher scheint es allerdings zu liegen, die Abfindungszahlung nur bei B zu erfassen und sie bei A weder als Abzugsposten (so auch *Petzoldt* § 3 Rz 183) noch als Erwerb zu berücksichtigen, zumal die zivilrechtliche Einordnung der Abfindungszahlung als Schenkung des Abfindungsleistenden an den durch die Ausschlagung Begünstigten durchaus zweifelhaft erscheint.

6. Abfindung für die Zurückweisung eines Rechts oder gewährt anstelle eines anderen Erwerbs (Abs 2 Nr 4 Fälle 3 und 4)

§ 3 II hat bis zum **ErbStRG 2009** mit den bisher behandelten Ausschlagungs- und **115** Verzichtsfällen der Nr 4 (Anm 112 ff) und der in Nr 5 geregelten Abfindung für bedingte, betagte oder befristete Vermächtniserwerbe (Anm 117) nur einzelne Fälle der Abfindungsleistung zu stpfl Vorgängen erklärt, ohne eine Gesamtregelung anzustreben. So konnte durch Zurückweisung eines durch Vertrag zugunsten Dritter auf den Todesfall zugewandten Erwerbs die StPfl nach Abs 1 Nr 4 vermieden werden, weil auch im Fall dieser Zurückweisung wie in den Fällen der Ausschlagung das zugefallene Recht als nicht erworben gilt (§ 333 BGB; s auch Anm 106). Wird eine Abfindung für die Zurückweisung dieses Erwerbs von dem durch die Zurückweisung Begünstigten gewährt, so fehlte ein dem Abs 2 Nr 4 entsprechender Besteuerungstatbestand. Unter Schließung dieser Lücke durch das ErbStRG 2009 wurde die Abfindung für die Zurückweisung eines Rechts aus einem Vertrag des Erblassers zugunsten Dritter sowie auch andere Abfindungsleistungen, die an die Stelle eines der in Abs 1 genannten Erwerbe treten, für stpfl erklärt.

7. Abfindung für die Nichtgeltendmachung (Abs 2 Nr 4 Fall 5)

Entgegen der bisherigen Rspr (RFHE 1, 1; BFH DStZ 62, 226; BFH/NV 01, **116** 601) hat der BFH in seinem Urteil v 4.5.2011 keinen Besteuerungstatbestand für eine Abfindung erkannt, die gewährt wird, weil der andere eine erbrechtliche Position nicht weiter verfolgt (BStBl II 11, 725). Der weichende Erbprätendent erhalte die Abfindung lediglich im Zusammenhang mit einem Erbfall aber nicht als Erwerb durch Erbanfall (§ 3 I Nr 1). Auch ein Tatbestand aus dem Katalog des Abs 2 sei nicht einschlägig. Nachdem der BFH dann auch die Abziehbarkeit des Abfindungsbetrags als Nachlassverbindlichkeit trotz fehlender StBarkeit der Abfindung zugelassen hat (BStBl II 17, 128), wurde die Besteuerungslücke mit dem **StUmgBG** (BGBl I 17, 1682) zum 25.6.2017 geschlossen. Abs 2 Nr 4 wurde um Abfindungen, die dafür gewährt werden, dass eine Rechtsstellung, insb eine Erbenstellung, oder ein Recht oder ein Anspruch, die zu einem Erwerb nach Abs 1 führen würden, nicht mehr oder nur noch teilweise geltend gemacht werden, ergänzt. Da die St auf die Abfindung mit dem Zeitpunkt der Erklärung über das Nichtgeltendmachen entsteht (§ 9 I Nr 1 Buchst f), kann die alte Rechtslage auch nicht mehr für Erbfälle vor dem 25.6.2017 genutzt werden.

8. Abfindung für ein bedingtes, betagtes oder befristetes Vermächtnis (Abs 2 Nr 5)

117 Die Vorschrift geht von dem Fall eines aufschiebend bedingten, betagten oder befristeten Vermächtnisses aus, das nicht mehr ausgeschlagen werden kann, weil es bereits angenommen worden ist (eine Ausschlagungsfrist, von der das Gesetz spricht, kennt das Vermächtnisrecht nur in dem Sonderfall des § 2307 II BGB; auch hier handelt es sich im Grunde eher um eine Annahme- als um eine Ausschlagungsfrist). Für einen solchen Vermächtniserwerb entsteht die StPfl erst dann, wenn durch Eintritt der Bedingung oder des Ereignisses aus dem bedingten, betagten oder befristeten Anspruch eine unbedingte, unbetagte oder unbefristete Forderung geworden ist (§ 9 I Nr 1 Buchst a). Der Vermächtnisnehmer hat es damit noch nach der Annahme des Vermächtnisses in der Hand, durch Verzicht auf seine Forderung zu verhindern, dass jemals ein unbedingter, unbetagter oder unbefristeter Anspruch entsteht. Die StPfl bleibt also auch nach der Annahme des Vermächtnisses in der Schwebe und entfällt, wenn der Anspruch vor Eintritt des Ereignisses durch Schulderlass erlischt. Daher wird für diesen Fall der Erwerb der Abfindung bei einem Schulderlass nach Annahme des Vermächtnisses dem Erwerb der Abfindung bei Ausschlagung des Vermächtnisses gleichgestellt. Der Gesetzgeber folgt in dieser Bestimmung einer Entscheidung des RFH (RStBl 35, 1304), die den Erwerb schon nach dem ErbStG aF für stpfl erklärt hatte. Die Regelung lässt sich als Sonderfall der allgemeiner gefassten Bestimmung des § 7 I Nr 10 interpretieren (dazu § 7 Anm 129f). Verzichten Nachvermächtnisnehmer auf ein vor dem Nachvermächtnisfall bereits angenommenes Nachvermächtnis, dann erlassen sie eine Forderung, die als bedingtes und/oder befristetes Recht die Voraussetzungen des Abs 2 Nr 5 erfüllte. Dies gilt auch dann, wenn das Nachvermächtnis mit dem Tod des Vorvermächtnisnehmers zugewendet sein sollte. Zwar bestimmt § 6 IV iVm § 6 III 1 für diesen Fall, dass der Erwerb des Nachvermächtnisnehmers als unbedingter Erwerb vom Vorvermächtnisnehmer zu behandeln ist. Dennoch bleibt der Erwerb des Nachvermächtnisnehmers auch aus erbstlicher Sicht ein befristeter Erwerb, der schon mit dem Erbfall als befristeter Erwerb entsteht und schon vor dem Tod des Vorvermächtnisnehmers angenommen oder ausgeschlagen werden kann. Damit bleibt auch Abs 2 Nr 5 anwendbar, nur dass als Erblasser iSd Abs 2 Nr 5 der Vorvermächtnisnehmer anzusehen ist (aM FG Berlin, EFG 86, 26, das Abs 2 Nr 6 zur Anwendung bringen will; der BFH – BStBl II 89, 623 – hat die Entscheidung des FG Berlin im Ergebnis bestätigt, ohne jedoch zur Anwendbarkeit des Abs 2 Nr 5 Stellung zu nehmen).

9. Entgelt für die Übertragung einer Nacherbenanwartschaft (Abs 2 Nr 6)

Unter der Anwartschaft eines Nacherben wird die Rechtsstellung des unter einer 118
aufschiebenden Bedingung oder Befristung eingesetzten Erben in der Zeit zwischen dem Erbfall und dem Eintritt der Bedingung oder des Ereignisses verstanden. Die ZivilRspr (RGZ 101, 185) hatte die Anwartschaft 1920 für übertragbar erklärt. Daraufhin unterwarf erstmals das ErbStG 1922 das für die Übertragung gewährte Entgelt der StPfl. Diese Bestimmung ist noch in das geltende Recht übernommen worden, obwohl die zugrunde liegende gedankliche Konzeption angreifbar ist (Anm 12). Es wird offenbar angenommen, dass der Nacherbe durch die Übertragung der Anwartschaft die (bis zum Eintritt der Bedingung oder des Ereignisses noch ausgesetzte: § 9 I Nr 1 Buchst h) StPfl für die Nacherbschaft auch dann von sich abwenden kann, wenn später mit Eintritt des Nacherbfalls die Anwartschaft in das Vollrecht übergeht (so jetzt auch BFH BStBl II 93, 158; Hess FG EFG 05, 965). Nur unter dieser Voraussetzung rechtfertigt es sich, für die Zwecke der Besteuerung das Entgelt an die Stelle der Anwartschaft treten zu lassen. Die StPfl für die Nacherbschaft soll dann beim Nacherbfall den **Übernehmer der Anwartschaft** (bei Weiterveräußerung den Zweiterwerber) treffen, der das gezahlte Entgelt als Erwerbskosten nach § 10 V Nr 3 von seinem Erwerb absetzen kann (BFH BStBl II 93, 158, 160; Hess FG EFG 05, 965). Abs 2 Nr 6 findet auch Anwendung, wenn der Nacherbe seine Anwartschaft auf den Vorerben überträgt (BFH BStBl II 80, 46). Besteht das Entgelt in diesem Fall in der Hingabe eines Grundstücks, ist das Entgelt nach dem StWert des Grundstücks zu bemessen (BFH/NV 01, 1406). Die Möglichkeit des Abzugs des Entgelts von seinem Erwerb wird dem Vorerben in diesem Fall vom BFH dagegen nicht zugestanden (BFH BStBl II 96, 137 gegen FG Düsseldorf EFG 93, 44; vgl § 6 Anm 9). Durch die Veräußerung wird der Anwartschaftserwerber im Übrigen nicht „Nacherbe" iSd BGB. Er ist aber derjenige, auf den beim Eintritt des Nacherbfalls das Vermögen übergeht. Da § 6 II, III ohne weitere Unterscheidung vom Vermögensübernehmer oder vom Nacherben spricht und beim Nacherbfall dessen Verhältnis zum Vorerben oder Erblasser der Besteuerung zugrundelegt, wird durch die Textfassung nicht deutlich, ob sich die Besteuerung nach dem Verhältnis des Veräußerers (= Nacherben) oder des Erwerbers (= Vermögensübernehmers) zum Vorerben oder Erblasser richten soll. Für die erstgenannte Auffassung ließ sich anführen, dass die für den Erwerb der Nacherbschaft maßgeblichen stlichen Merkmale durch die Veräußerung nicht beeinflusst werden können. Der BFH (BStBl II 93, 158) hat sich jedoch (im Anschluss an *Kipp* § 2 Anm 112) für die Person des Erwerbers entschieden. Die Rspr (BFH BStBl II 89, 623 im Anschluss an FG Berlin EFG 86, 26) sieht im Übrigen in dem Verzicht des Nachvermächtnisnehmers auf sein Recht gegen Abfindung einen Fall der Anwartschaftsübertragung gegen Entgelt iSd Abs 2 Nr 6.

10. Herausgabeanspruch des Vertragserben (Abs 2 Nr 7)

Wer durch Erbvertrag (§§ 2274ff BGB) zum Erben eingesetzt worden ist, hat eine 119
Position erlangt, die ihm der Erblasser zu seinen Lebzeiten nicht mehr einseitig entziehen kann (Ausnahmen: §§ 2293 bis 2295 BGB). Als Vertragserbe gebührt dem Eingesetzten jedoch nur das, was beim Tod des Erblassers noch vorhanden ist. Der Erblasser bleibt zu Lebzeiten in seinen Verfügungsmöglichkeiten frei (§ 2286 BGB). Er kann daher den Vertragserben dadurch beeinträchtigen, dass er noch zu Lebzeiten sein Vermögen durch Schenkungen vermindert. Um hier einen gewissen Schutz des Vertragserben zu garantieren, sieht § 2287 BGB nach dem Erbfall einen Anspruch des beeinträchtigten Vertragserben gegen den vom Erblasser Beschenkten vor. Für die Besteuerung dieses Anspruchs gab es lange Zeit keine Rechtsgrundlage (BFH BStBl II 91, 412; Anm 8). Dann hat das StÄndG 1992 mit Abs 2 Nr 7 die bisher fehlende

gesetzliche Basis für die Besteuerung geschaffen. Besteuert wird der Anspruch des Vertragserben, sobald er geltend gemacht ist (vgl § 9 I Nr 1 Buchst j; zum Zeitpunkt des Geltendmachens vgl § 9 Anm 33ff). Neben dem Anspruch des Vertragserben wird auch der dem Anspruch des Vertragserben im Zivilrecht gleichgestellte Anspruch des Vertragsvermächtnisnehmers nach § 2288 II 2 BGB erfasst. Der Anspruch nach § 2287 BGB setzt eine Schenkung voraus, zu der die ZivilRspr an dieser Stelle auch die unbenannte Zuwendung zählt (BGHZ 116, 167). Ob die im Zivilrecht (BGHZ 82, 274) übliche analoge Anwendung des § 2287 BGB auf den Schlusserben aus dem Berliner Testament zur Anwendung des Abs 2 Nr 7 führt, war lange Zeit ungeklärt. StTatbestände sollten zwar nicht durch Analogie ausgedehnt werden. Hier geht es jedoch nicht um eine Erweiterung des StZugriffs durch Analogie, sondern hier geht es um die **Interpretation der Steuernorm,** die auf § 2287 BGB verweist und die Frage aufwirft, ob § 2287 BGB durch diese Verweisung in seinem ursprünglichen oder in seinem seit bald 100 Jahren durch Analogie erweiterten Anwendungsbereich herangezogen werden soll. Manches sprach dafür, dass die Verweisung auf § 2287 BGB diese Rechtsnorm in ihrem durch die ZivilRspr festgelegten Anwendungsbereich heranziehen sollte. Damit war die Besteuerung auch des durch ein gemeinschaftliches Testament geschützten Erben schon nach bisherigem Recht zu bejahen (BFH BStBl II 00, 587; FG München EFG 07, 370). Das ErbStRG 2009 hat diese Auslegung durch eine klarstellende Neufassung des StTatbestands jetzt ausdrücklich bestätigt und hat den Vermächtnisnehmer als möglichen Erwerber hinzugefügt. Der Anspruch richtet sich gegen den Beschenkten oder dessen Rechtsnachfolger, gegebenenfalls auch gegen den, an den der Beschenkte das Geschenk weiterverschenkt hat (§ 822 BGB). Nach § 3 II gilt der Anspruch jedoch als vom Erblasser zugewendet, so dass sich die Besteuerung nach dem Verhältnis des Erben/Vermächtnisnehmers zum Erblasser und nicht zum Beschenkten richtet. Der Anspruch setzt neben der Beeinträchtigungsabsicht des Erblassers, die nur bei Schenkungen nach Abschluss des Erbvertrages bejaht werden kann, eine tatsächliche Beeinträchtigung des Vertragserben voraus. Die Beeinträchtigungsabsicht des Erblassers fehlt im Fall einer Schenkung, die durch ein anerkennenswertes lebzeitiges Eigeninteresse des Schenkers veranlasst worden ist (BGHZ 66, 8, 15). Eine Beeinträchtigung des Erben ist nicht vorhanden, wenn der Erblasser als Schenker frei war, weil er die verschenkten Gegenstände trotz der erbvertraglichen Bindung auch durch Verfügung von Todes wegen hätte weiterleiten können (BGHZ 82, 278). Der Anspruch geht auf Herausgabe des Geschenkes in Natur, hilfsweise auf Geldausgleich (§ 818 II BGB; FG München EFG 07, 370); in beiden Fällen kann der Anspruchsschuldner sich wegen der von ihm getragenen SchStPfl nicht auf § 29 I Nr 1 berufen, wenn er den geltend gemachten Anspruch erfüllt. Er kann seine Leistung jedoch nach § 10 V iVm § 1 II noch nachträglich bei der Besteuerung der Schenkung erwerbsmindernd geltend machen und damit seine SchSt-Schuld noch nachträglich kürzen (BFH BStBl II 04, 234; *Meincke* ZEV 04, 126). Der Beschenkte braucht den Anspruch nur in dem Umfang zu erfüllen, zu dem er noch bereichert ist (§ 818 III BGB). Der Einwand des Wegfalls der Bereicherung ist ihm unter den Voraussetzungen der §§ 818 IV, 819 BGB (insb ab Kenntnis der Herausgabeverpflichtung und ab Rechtshängigkeit des Anspruchs) allerdings versagt.

§ 4 Fortgesetzte Gütergemeinschaft

(1) **Wird die Gütergemeinschaft beim Tod eines Ehegatten oder beim Tod eines Lebenspartners fortgesetzt (§§ 1483 ff. des Bürgerlichen Gesetzbuchs), wird dessen Anteil am Gesamtgut so behandelt, als wäre er ausschließlich den anteilsberechtigten Abkömmlingen angefallen.**

(2) [1]**Beim Tode eines anteilsberechtigten Abkömmlings gehört dessen Anteil am Gesamtgut zu seinem Nachlaß.** [2]**Als Erwerber des Anteils gelten diejenigen, denen der Anteil nach § 1490 Satz 2 und 3 des Bürgerlichen Gesetzbuchs zufällt.**

Übersicht

I. Allgemeines

1 Die auf das ErbStG 1922 zurückgehende Vorschrift entspricht mit geringfügigen redaktionellen Änderungen dem § 5 ErbStG aF. Die Bestimmung soll die Bereicherung erfassen, die den gemeinschaftlichen Abkömmlingen und ihren Nachfolgern in der fortgesetzten Gütergemeinschaft gem den §§ 1483 ff BGB zufällt. Der Hinweis auf Art 200 EGBGB, den die Gesetzesfassung bis 2008 enthielt, war bedeutungslos geworden, da mit Gütergemeinschaften, die vor dem 1.1.1900 begründet worden sind (RFH RStBl 35, 885), nicht mehr zu rechnen ist. Das ErbStRG 2009 hat ihn daher gestrichen. Auf Gütergemeinschaften ausländischen Rechts wird § 4 nicht angewandt (RFHE 54, 58).

II. Steuerpflicht beim Tod des Ehegatten (Abs 1)

1. Grundlagen

2 Ehegatten (verschiedenen oder gleichen Geschlechts, vgl § 1353 I 1 BGB in der ab 1.10.2017 geltenden Fassung, BGBl I 17, 2787) können durch Ehevertrag den Güterstand der Gütergemeinschaft vereinbaren. Dasselbe Recht steht den Partnern einer **eingetragenen Lebenspartnerschaft (§§ 6, 7 LPartG)** zu. Sie werden nach der Neufassung des § 4 I durch das ErbStRG 2009 nunmehr ausdrücklich erwähnt, und alles, was im Folgenden für Ehegatten gesagt wird, gilt auch für eingetragene Lebenspartner. Haben die Ehegatten den Güterstand der Gütergemeinschaft vereinbart, so haben sie damit den wesentlichen Teil ihres vor der Ehe vorhandenen und während der Ehe erworbenen Vermögens in einer gemeinschaftlichen Vermögensmasse, dem Gesamtgut (§ 1416 I 1 BGB), zusammengefasst. Stirbt einer der Ehegatten, so wird im Regelfall die Gütergemeinschaft beendet. Der Anteil des Verstorbenen am gemeinschaftlichen Vermögen fällt in seinen Nachlass (§ 1482 I 1 BGB). Der Verstorbene wird nach den allg Vorschriften beerbt (§ 1482 I 2 BGB). Die Ehegatten können allerdings auch Abwei-

chendes vereinbaren. Sie können nämlich bestimmen, dass die Gütergemeinschaft beim Tod eines Ehegatten nicht beendet, sondern mit den gemeinschaftlichen Abkömmlingen fortgesetzt werden soll (Fortgesetzte Gütergemeinschaft: §§ 1483ff BGB). Dann treten die Abkömmlinge beim Tod des Ehegatten an dessen Stelle in die Gesamthandsgemeinschaft hinsichtlich des Gesamtguts ein (§ 1483 I BGB). Dieser Vorgang lässt sich schon zivilrechtlich so charakterisieren, dass der Anteil des verstorbenen Ehegatten am Gesamtgut den gemeinschaftlichen und damit anteilsberechtigten Abkömmlingen anfällt (*Kipp* § 5 Anm 5). Abs 1 soll denn auch nicht diese zivilrechtliche Regelung wiederholen, sondern zum Ausdruck bringen, dass der Anfall (in Abweichung von der bis 1919 geltenden Rechtslage) als stpfl Erwerb von Todes wegen gilt (vgl zur Entstehungsgeschichte die Nachweise bei *Zimmermann-Ludewig* § 5 Anm 1). Auf diese Aussage legt das Gesetz angesichts des § 1483 I 3 BGB Gewicht (dazu Anm 3).

2. Der Anteilsübergang als Erwerb von Todes wegen

3 Nach § 1483 I 3 BGB gehört der Anteil des Verstorbenen am Gesamtgut im Verhältnis zu den gemeinschaftlichen Abkömmlingen nicht zu seinem Nachlass. Das bedeutet: Mit der Vereinbarung der Fortsetzung der Gütergemeinschaft über den Tod eines der Ehegatten hinaus wird der Anteil des Erstversterbenden nicht vererblich gestellt. Er wird vielmehr aus dem Erblasservermögen, das bei dessen Tod im Wege der Erbfolge auf die Erben übergeht (§ 1922 I BGB), ausgegliedert. Die Abkömmlinge, die beim Tod des Ehegatten an dessen Stelle in die Gütergemeinschaft eintreten, erwerben den Anteil nicht im Wege der Erbfolge, sondern kraft Güterrechts. § 4 I stellt demgegenüber klar, dass der Erwerb der Abkömmlinge für die Zwecke der Besteuerung zum Erwerb von Todes wegen zählt. Der RFH (RStBl 32, 855) hat darüber hinausgehend gemeint, der Erwerb der Abkömmlinge werde von § 4 I nicht nur als Erwerb von Todes wegen, sondern auch als Erwerb durch Erbfolge charakterisiert. Auch *Moench/Weinmann* (§ 4 Rz 7) geht davon aus, dass das Gesetz die Abkömmlinge im Fall des § 4 I so besteuern wolle wie bei der nicht fortgesetzten Gütergemeinschaft, bei der der Anteil des Verstorbenen in den Nachlass fällt (§ 1482 I 1 BGB). Daher werde von § 4 I im Gegensatz zum bürgerlichen Recht eine eigene Erbfolge angenommen. Von einer Erbfolge sagt § 4 I allerdings nichts. Doch kann die Entscheidung dahinstehen, da es ohne praktische Bedeutung sein dürfte, ob der Anteilserwerber als Erbe oder als sonstiger Erwerber von Todes wegen angesehen wird.

3. Der Anteilsübergang als güterrechtlicher Erwerb

4 Die Regelung des Abs 1 ändert nichts daran, dass der Anteilsübergang, soweit es auf das Zivilrecht ankommt, den familienrechtlichen und nicht den erbrechtlichen Vorschriften des BGB unterliegt (BFH BStBl III 54, 159). Das muss auch dann berücksichtigt werden, wenn es um den Umfang der beim Anteilserwerb nach Abs 1 abzugsfähigen **Bestattungskosten** geht. Nach dem Urteil des RFH (RStBl 29, 515) sollen die anteilsberechtigten Abkömmlinge die Bestattungskosten zur Hälfte absetzen können, weil der auf die Abkömmlinge übergehende Gesamtgutsanteil die Hälfte des gemeinschaftlichen Vermögens der Ehegatten umfasst. Dabei ist vorausgesetzt, dass die Abkömmlinge zumindest einen Teil der Bestattungskosten zu tragen haben. Denn nach § 10 V Nr 3 kann nur abzugsberechtigt sein, wer die Bestattungskosten trägt. Die Bestattungskosten trägt nach § 1968 BGB, wer zivilrechtlich Erbe ist. § 4 I macht die Abkömmlinge nicht zu Erben iSd § 1968 BGB. Als Anteilserwerber haben die Abkömmlinge die Bestattungskosten daher überhaupt nicht zu tragen. Immerhin können die Abkömmlinge als Erwerber sonstigen Vermögens des Verstorbenen Erbe sein. Doch wird insoweit nicht das Gesamtgut belastet, so dass die Pflicht zur Kostentragung die Abkömmlinge dann vollen Umfangs und nicht nur zur Hälfte trifft. Nur soweit der überlebende Ehegatte Erbe ist und seine Verpflichtung als Gesamtgutsver-

bindlichkeit (§ 1488 BGB) auch den Anteil der Abkömmlinge mindert, ist an einen hälftigen Abzug beim Erwerb der Abkömmlinge zu denken. Doch bleibt auch dann noch zu überlegen, ob die Verbindlichkeit nicht im Innenverhältnis allein dem überlebenden Ehegatten zugerechnet werden muss (§ 1499 Nr 1 BGB). Die Entscheidung des RFH vermag daher nicht zu überzeugen (zustimmend *Moench/Weinmann* § 4 Rz 13).

Vorempfänge, die die anteilsberechtigten Abkömmlinge vom Verstorbenen erhalten haben, werden nach § 1503 II BGB zivilrechtlich erst bei der Auseinandersetzung des Gesamtgutes nach Beendigung der fortgesetzten Gütergemeinschaft gem den §§ 2050ff BGB zur Ausgleichung gebracht. Da der Erwerb im Zuge der Auseinandersetzung des Gesamtgutes jedoch nicht selbst stpfl ist, müssen sie zum Zweck der Besteuerung schon bei der Ermittlung der nach Abs 1 zufallenden Anteile berücksichtigt werden (RFH RStBl 32, 855 = RFHE 31, 226). Sind die Vorempfänge aus dem Gesamtgut bewirkt, so gilt nur die Hälfte des Vorempfangs als ausgleichspflichtige Zuwendung des Verstorbenen (RFH RStBl 23, 341; 33, 1342). 5

4. Ausschließlichkeit des Erwerbs

Wenn der Anteil des Verstorbenen am Gesamtgut nach Abs 1 so behandelt werden soll, als wäre er **ausschließlich den anteilsberechtigten Abkömmlingen angefallen,** so wird damit im Anschluss an eine Entscheidung des RFH (StuW 23 Nr 302) und in Übereinstimmung mit dem Zivilrecht zunächst nur klargestellt, dass der überlebende Ehegatte nicht zu den Erwerbern des Anteils gehört, dass also im Verhältnis zum überlebenden Ehegatten ausschließlich die gemeinschaftlichen Abkömmlinge von dem Anteilsübergang profitieren. Die Vorschrift geht dabei vom gesetzlichen Regelfall (vgl § 1503 I 1 BGB) aus, dass den gemeinschaftlichen Abkömmlingen der vorher dem verstorbenen Ehegatten zustehende hälftige Anteil am Gesamtgut zufällt. Sie bedarf daher der einschränkenden Auslegung für den Fall, dass gem § 1514 iVm §§ 1512, 1513 I BGB dem überlebenden Ehegatten ein über die ihm bereits zustehende Hälfte hinausgehender Anteil am Gesamtgut zugewendet worden ist (zustimmend *Moench/Weinmann* § 4 Rz 10). 6

Problematisch ist das **Verhältnis der gemeinschaftlichen Abkömmlinge zu den nichtgemeinschaftlichen Abkömmlingen** des Verstorbenen (dessen Kindern aus erster Ehe), wenn die nichtgemeinschaftlichen Abkömmlinge zu den Erben des Verstorbenen gehören. Schon die zivilrechtliche Lage ist undurchsichtig. § 1483 BGB trifft nämlich für diesen Fall zwei im Grunde miteinander unvereinbare Aussagen. Zum einen wird festgelegt, dass den Gesamtgutsanteil nur die gemeinschaftlichen Abkömmlinge übernehmen. Zum anderen wird jedoch bestimmt, dass die Rechtsstellung der nichtgemeinschaftlichen Abkömmlinge so beurteilt werden soll, als wäre fortgesetzte Gütergemeinschaft nicht eingetreten, der Gesamtgutsanteil also allen Abkömmlingen zugefallen. Die Rechtslage ähnelt dem Rechtszustand bei Vereinbarung einer qualifizierten Nachfolgeklausel im Personengesellschaftsrecht (§ 3 Anm 22). Die nichtgemeinschaftlichen Abkömmlinge können von den Anteilserwerbern zumindest einen Wertausgleich verlangen, der sie so stellt, als wäre der Anteil auch ihnen zugefallen. Ob sie noch weitergehende Rechte geltend machen, zB Naturalteilung verlangen oder gar Teilungsversteigerung beantragen können, bleibt unklar. § 4 I will jedenfalls die Rechtsstellung der gemeinschaftlichen Abkömmlinge nicht für die Zwecke der Besteuerung auf Kosten der Rechtsstellung der nichtgemeinschaftlichen Abkömmlinge ausdehnen. Die Beteiligung der nichtgemeinschaftlichen Abkömmlinge am Gesamtgutsanteil des Verstorbenen, die sich daraus ergibt, dass sich nach § 1483 II BGB das Erbrecht der nichtgemeinschaftlichen Abkömmlinge so bestimmt, wie wenn fortgesetzte Gütergemeinschaft nicht eingetreten wäre, bleibt daher trotz des zumindest missverständlich gefassten Wortlauts von § 4 I unberührt (*Stölzle* § 5 Anm 49ff). Bei der Berechnung des Anteilswerts, den die gemein- 7 schaftlichen Abkömmlinge erwerben, sind daher die Beteiligungsrechte der nichtgemeinschaftlichen Abkömmlinge zu beachten. Für die nichtgemeinschaftlichen Abkömmlinge bildet die aus § 1483 II BGB folgende Beteiligung einen stpfl Erwerb gem § 3 I Nr 1. Soweit dieser Erwerb als Ausgleichsanspruch verstanden wird, sollten bei seiner Berechnung für Zwecke der Besteuerung die Grundsätze zur Anwendung gelangen, die der BFH BStBl II 83, 329 für die von der Gesellschafternachfolge ausgeschlossenen Erben bei einer qualifizierten Nachfolgeklausel entwickelt hat (§ 3 Anm 22).

III. Steuerpflicht beim Tod eines Abkömmlings (Abs 2)

8 So wie der Übergang des Gesamtgutsanteils vom erstversterbenden Ehegatten auf die gemeinschaftlichen Abkömmlinge zivilrechtlich nicht als ein Übergang durch Erbfall, sondern als ein güterrechtlicher Wechsel in der Gesamtgutsberechtigung gedeutet wird (§ 1483 I 3 BGB; Anm 3), so richtet sich auch das weitere Schicksal des Anteils bis zur Beendigung der fortgesetzten Gütergemeinschaft zivilrechtlich nicht nach den Regeln des Erbrechts, sondern nach denen des Ehegüterrechts. Um dies festzulegen, bestimmt § 1490 S 1 BGB: „Stirbt ein anteilsberechtigter Abkömmling, so gehört sein Anteil an dem Gesamtgut nicht zu seinem Nachlass". § 4 I weicht schon bei der Beurteilung des Anteilsübergangs vom erstversterbenden Ehegatten auf die gemeinschaftlichen Abkömmlinge von der zivilrechtlichen Einschätzung der Rechtslage ab. Abs 2 führt diese Linie fort und bestimmt für den Anteilsübergang beim Tod eines Abkömmlings, dass dessen **Anteil am Gesamtgut zu seinem Nachlass gerechnet** werden soll. Daraus folgt, dass der Erwerb des Anteils vom Abkömmling als ein Erwerb aus dem Nachlass und damit als ein Erwerb durch Erbanfall iSd § 3 I Nr 1 zu versteuern ist. § 1490 Sätze 2 und 3 BGB nennen die Erwerber, denen der Anteil des Verstorbenen bei seinem Tod kraft Güterrechts anfällt. Es sind dies seine Kinder, die schon gleich beim Tod des erstverstorbenen Ehegatten in die Gütergemeinschaft eingetreten wären, wenn sie der jetzt verstorbene Abkömmling nicht als näher Berechtigter von dem Eintritt in die Gütergemeinschaft ausgeschlossen hätte. Hilfsweise fällt der Anteil den bisher schon in der Gütergemeinschaft vertretenen Abkömmlingen zu. War der verstorbene Abkömmling neben dem überlebenden Ehegatten der einzige Beteiligte der fortgesetzten Gütergemeinschaft, so fällt sein Anteil hilfsweise dem überlebenden Ehegatten zu, der damit Alleineigentümer des Gesamtguts wird. Diese Regeln übernimmt § 4 II 2 auch für die Zwecke der Besteuerung. Der **Verzicht eines Abkömmlings** auf seinen Anteil am Gesamtgut führt nach den §§ 1491 IV, 1490 S 3 BGB zu der gleichen Anwachsungsfolge, wie wenn der Verzichtende kinderlos gestorben wäre. Das ErbStRecht übernimmt diese zivilrechtliche Fiktion jedoch nicht. § 4 II findet keine Anwendung, da es im Fall des Verzichts an einem „Nachlass" des Abkömmlings fehlt. Allerdings kann der Vorgang als freigebige Zuwendung gem § 7 I Nr 1 zu würdigen sein (vgl RFH RStBl 32, 1029 = RFHE 32, 41). § 517 BGB steht dem nicht entgegen, da der Gesamtgutsanteil des Verzichtenden ein von diesem bereits endgültig erworbenes Recht darstellt; § 1491 IV BGB lässt denn auch die Anwachsungsfolge nicht rückwirkend, sondern „zur Zeit des Verzichts" eintreten. Handelt es sich um einen (voll-)entgeltlichen Verzicht, so kann weder die Anwachsung des Gesamtgutsanteils bei den anderen Abkömmlingen – mangels freigebiger Zuwendung – noch der Zufluss der Abfindung beim Verzichtenden – in Ermangelung eines dem § 3 II Nr 4 entsprechenden StTatbestands – besteuert werden.

IV. Der überlebende Ehegatte als Steuerschuldner

Der überlebende Ehegatte ist nur ausnahmsweise unter den Voraussetzungen der §§ 1490 S 3 BGB, 4 II 2 ErbStG, ferner im Fall einer Zuwendung gem § 1514 BGB (Anm 7), selbst Anteilserwerber. Dennoch ordnet **§ 20 II** an, dass der Ehegatte in allen Fällen des § 4 für den gesamten Betrag StSchuldner ist. Damit soll die Zugriffsmöglichkeit auf das Gesamtgut sichergestellt werden. Denn nach § 1488 BGB haftet das Gesamtgut für die Verbindlichkeiten des überlebenden Ehegatten. Neben dem überlebenden Ehegatten sind auch die anteilserwerbenden Abkömmlinge StSchuldner (§ 20 II). Im Hinblick auf die Verpflichtung des Ehegatten bestimmt **§ 31 III,** dass das FA die StErklärung allein von dem überlebenden Ehegatten verlangen kann. Ob damit gesagt werden soll, dass das FA die StErklärung nur von dem überlebenden Ehegatten verlangen kann oder ob dem FA eine Wahlmöglichkeit zugestanden werden soll, die Erklärung entweder allein von dem Ehegatten oder von allen Beteiligten zu verlangen, bleibt undeutlich (vgl § 31 Anm 10). 9

V. Sonstige Erwerbe

§ 4 betrifft nur die Besteuerung der Erwerber, denen beim Tod des erstversterbenden Ehegatten oder beim Tod eines die Gütergemeinschaft fortsetzenden Abkömmlings ein Anteil am Gesamtgut zufällt, und spricht sich nur über die Beurteilung dieses Anteilserwerbes aus. Die Rechtsstellung der nichtanteilsberechtigten Erwerber bleibt von § 4 unberührt (Anm 7). Auch der Erwerb, der den anteilsberechtigten und nichtanteilsberechtigten Abkömmlingen, dem überlebenden Ehegatten oder sonstigen Personen **kraft Erbrechts** aus dem nicht zum Gesamtgut gehörenden Vermögen des Erblassers (§§ 1417f BGB) zufällt, wird von § 4 nicht erfasst, sondern folgt den allg Regeln des § 3. Der überlebende Ehegatte haftet daher nach § 20 II nicht für die StSchuld der Abkömmlinge, die solche nicht aus dem Gesamtgut stammenden Erwerbe betrifft. Umgekehrt können auch die anteilsberechtigten Abkömmlinge nicht für die Erwerbe als StSchuldner herangezogen werden, die dem überlebenden Ehegatten aus dem gesamtgutsfreien Vermögen des erstversterbenden Partners zukommen. Dies gilt, obwohl das Vermögen, das der überlebende Ehegatte aus dem Nachlass des verstorbenen Partners erwirbt, gem § 1485 I BGB in das Gesamtgut fällt und so den anteilsberechtigten Abkömmlingen anteilig zugutekommt. Der Erwerb, der den anteilsberechtigten Abkömmlingen, dem überlebenden Ehegatten oder dessen Erben in der Auseinandersetzung der fortgesetzten Gütergemeinschaft (§§ 1492ff, 1497ff BGB) zufällt, bewirkt im Zweifel keine selbstständige Bereicherung und unterliegt damit nicht der StPfl. Endet die fortgesetzte Gütergemeinschaft durch den Tod des überlebenden Ehegatten (§ 1494 BGB), so fällt allerdings dessen Gesamtgutsanteil in seinen Nachlass und bildet für den Erben des zweitverstorbenen Ehegatten einen stpfl Erwerb iSd § 3 I Nr 1. 10

§ 5 Zugewinngemeinschaft

(1) [1]Wird der Güterstand der Zugewinngemeinschaft (§ 1363 des Bürgerlichen Gesetzbuchs, § 6 des Lebenspartnerschaftsgesetzes) durch den Tod eines Ehegatten oder den Tod eines Lebenspartners beendet und der Zugewinn nicht nach § 1371 Abs. 2 des Bürgerlichen Gesetzbuchs ausgeglichen, gilt beim überlebenden Ehegatten oder beim überlebenden Lebenspartner der Betrag, den er nach Maßgabe des § 1371 Abs. 2 des Bürgerlichen Gesetzbuchs als Ausgleichsforderung geltend machen könnte, nicht als Erwerb im

Sinne des § 3. [2]Bei der Berechnung dieses Betrags bleiben von den Vorschriften der §§ 1373 bis 1383 und 1390 des Bürgerlichen Gesetzbuchs abweichende güterrechtliche Vereinbarungen unberücksichtigt. [3]Die Vermutung des § 1377 Abs. 3 des Bürgerlichen Gesetzbuchs findet keine Anwendung. [4]Wird der Güterstand der Zugewinngemeinschaft durch Ehevertrag oder Lebenspartnerschaftsvertrag vereinbart, gilt als Zeitpunkt des Eintritts des Güterstandes (§ 1374 Abs. 1 des Bürgerlichen Gesetzbuchs) der Tag des Vertragsabschlusses. [5]Soweit das Endvermögen des Erblassers bei der Ermittlung des als Ausgleichsforderung steuerfreien Betrags mit einem höheren Wert als dem nach den steuerlichen Bewertungsgrundsätzen maßgebenden Wert angesetzt worden ist, gilt höchstens der dem Steuerwert des Endvermögens entsprechende Betrag nicht als Erwerb im Sinne des § 3.

(2) **Wird der Güterstand der Zugewinngemeinschaft in anderer Weise als durch den Tod eines Ehegatten oder eines Lebenspartners beendet oder wird der Zugewinn nach § 1371 Abs. 2 des Bürgerlichen Gesetzbuchs ausgeglichen, gehört die Ausgleichsforderung (§ 1378 des Bürgerlichen Gesetzbuchs) nicht zum Erwerb im Sinne der §§ 3 und 7.**

(3) **Wird der Güterstand der Wahl-Zugewinngemeinschaft (§ 1519 des Bürgerlichen Gesetzbuchs) beendet und der Zugewinn ausgeglichen, so gehört die Ausgleichsforderung (Artikel 12 Absatz 1 des Abkommens vom 4. Februar 2010 zwischen der Bundesrepublik Deutschland und der Französischen Republik über den Güterstand der Wahl-Zugewinngemeinschaft) nicht zum Erwerb im Sinne der §§ 3 und 7.**

Erbschaftsteuer-Richtlinien 2011: R E 5.1, 5.2/H E 5.1, 5.2

Übersicht

Schrifttum: *Meincke,* Fiktiver Zugewinnausgleich im Todesfall und Inflation, FS Wacke, 2001, 267; *Götz,* Die Wahl des Güterstandes unter erbschaftsteuerlichen Gesichtspunkten, Inf 01, 417, 460; *Jülicher,* Beendigung der Zugewinngemeinschaft oder nicht?, ZErb 03, 10; *Geck,* Gestaltungen im Rahmen des Güterstands der Zugewinngemeinschaft – Chancen und Risiken, ZErb 04, 21; *von Oertzen/Cornelius,* Güterstandsschaukeln, ErbStB 05, 349; *Ebeling,* Rechnerische Ermittlung der erbschaftsteuerfreien Zugewinnausgleichsforderung, ZEV 06, 19; *Schlünder/Geißler,* Güterrechtlicher Neustart um Mitternacht, NJW 07, 482; *Münch,* Kompensation ist keine Schenkung, DStR 08, 26; *Büte,* Die Reform des Zugewinnausgleichsrechts, NJW 09, 2776; *Kogel,* Die Indexierung von negativem Anfangsvermögen nach der Güterrechtsnovelle, NJW 10, 2025; *Szczesny/Tiedtke,* Erbschaft- und schenkungsteuerliche Behandlung des Zugewinnausgleichs, FRP 12, 107; *Münch,* Die steuerrechtliche Qualifikation familienrechtlicher Kompensationsvereinbarungen, FRP 12, 302; *Stein,* Vermeidung von Veräußerungsgewinn bei Beendigung der Zugewinngemeinschaft – Vorteile eines gegenstandsbezogenen Zugewinnausgleichs durch Ehevertrag, DStR 12, 1063; *Ramb,* Steuerfreistellung des Zugewinnausgleichs bei der Erbschaftsteuer (§ 5 ErbStG), StW 13, 25; *Götz,* Steuernachteile bei der Übertragung von begünstigtem Unternehmensvermögen infolge Kürzung des Zugewinnausgleichsfreibetrags gemäß § 5 Abs. 1 ErbStG, ZEV 13, 74; *Bruschke,* Zugewinnausgleich im Erbschaftsteuerrecht – Steuerfreiheit der Ausgleichsleistung, ErbStB 14, 343; *Bruschke,* Der Zugewinnausgleich in der Erbschaft- und Schenkungsteuer, ErbStB 15, 44; *Holtz,* Der Zugewinnausgleich in der Erbschaft- und Schenkungsteuer, SAM 15, 99; *Bruschke,* Zugewinnausgleich – Berücksichtigung latenter Steuern bei der Berechnung der Ausgleichsleistung, ErbStB 16, 80; *Gelhaar,* Die Zugewinngemeinschaft im Erbschaftsteuerrecht, ZErb 16, 10; *Geck,* Eheliches Güterrecht und Steuerrecht, KÖSDI 17, 20242.

I. Allgemeines

1. Grundgedanke

§ 5 begrenzt die StPfl für den Erwerb, der einem Ehegatten (verschiedenen oder gleichen Geschlechts, vgl § 1353 I 1 BGB in der ab dem 1.10.2017 geltenden Fassung, BGBl I 17, 2787) von seinem Partner bei der Beendigung des Güterstandes der Zugewinngemeinschaft zufällt. § 5 unterscheidet zwei Fälle der Beendigung des Güterstandes. **Abs 1** geht von dem Fall aus, dass der Güterstand durch den Tod eines der Partner beendet wird, wobei der überlebende Ehegatte als Erbe oder Vermächtnisnehmer Vermögen des Verstorbenen übernimmt. § 5 I bestimmt für diesen Fall, dass das Vermögen, das der überlebende Ehegatte von seinem Partner von Todes wegen erwirbt, im Umfang des Betrages, den der überlebende Ehegatte im Fall der Scheidung hätte als Zugewinnausgleich beanspruchen können – im Umfang also dieser sog **fiktiven Zugewinnausgleichsforderung,** die unter den Voraussetzungen des § 5 I gar nicht besteht, aber im Scheidungsfall bestanden hätte (Näheres dazu Anm 14) –, „nicht als Erwerb iSd § 3" gilt und damit auch nicht nach § 1 I stpfl ist. Da § 5 keinerlei Hinweis darauf gibt, wie „der Betrag", der „nicht als Erwerb iSd § 3" gilt, gegenständlich aus dem Erwerb von Todes wegen ausgegliedert werden könnte, ist § 5 I 1 als **Freibetragsregelung** zu verstehen, nach der der Erwerb (entgegen dem Gesetzeswortlaut) 1 uneingeschränkt als Erwerb iSv § 3 gilt, aber durch einen Abzugsposten bei der Wertermittlung im Umfang des genannten Betrages für die Besteuerung neutralisiert werden kann. Der Erwerb des überlebenden Ehegatten wird in dem angegebenen Umfang von der StPfl freigestellt, weil in dem erbrechtlichen Erwerb des überlebenden Partners nach der zugrunde liegenden zivilrechtlichen Konzeption des Zugewinnausgleichs ein Stück selbst erarbeitetes, von dem überlebenden Ehegatten mitverdientes Vermögen steckt, für das er im Fall der Scheidung einen Ausgleich hätte verlangen können, was auch im Fall der Beendigung des Güterstandes durch Tod beachtet werden muss. Denn im Scheidungsfall hätte der überlebende Ehegatte den Ausgleich stfrei bezogen, weil „keine Zweifel darüber bestehen, dass es sich bei der Ausgleichsforderung nicht um eine unentgeltliche Zuwendung iSd ErbStG handeln kann" (BTDrs III/598, 6). Weil mit dem Erwerb der Ausgleichsforderung im Scheidungsfall keine unentgeltliche Zuwendung verbunden wäre, soll auch der erbrechtliche Erwerb, der an die Stelle dieser Ausgleichsforderung tritt, von der StPfl freigestellt sein. Es bedurfte dieser Anordnung in § 5 I, weil der erbrechtliche Erwerb, der dem Partner mitverdientes, im Grunde anteilig selbst erarbeitetes Vermögen transferiert, nicht schon nach allg Grundsätzen von der ErbSt ausgenommen ist.

2 **Abs 2** betrifft demgegenüber den Fall, dass der Güterstand zu Lebzeiten der Eheleute beendet wird oder dass der überlebende Ehegatte im Fall der Beendigung des Güterstandes durch Tod weder Erbe noch Vermächtnisnehmer des Verstorbenen geworden ist. In diesem Fall wird die unterschiedliche Entwicklung der Vermögen der Eheleute während der Ehe durch den **Geldanspruch nach § 1378 BGB** ausgeglichen. Abs 2 stellt in diesem Zusammenhang klar (BTDrs III/598, 6), dass der Erwerb des Ausgleichsanspruchs oder der durch den Ausgleichsanspruch vermittelten Geldzahlung die Merkmale eines stpfl Erwerbs von Todes wegen oder durch Schenkung unter Lebenden nach den §§ 1, 3, 7 nicht erfüllt und daher **nicht steuerbar** ist. § 5 I nimmt nach allem einen an sich stpfl Erwerb von der Besteuerung aus und regelt damit eine StBefreiung, den sog Zugewinnausgleichsfreibetrag. § 5 II hat demgegenüber mit einer Freibetragsregelung nichts zu tun, sondern stellt nur klar, dass es für den Anspruchserwerb in den §§ 1, 3, 7 keinen Besteuerungstatbestand gibt.

2. Entstehungsgeschichte

3 § 5 geht auf die Bestimmung des § 6 ErbStG 1959 zurück, die das ErbStRecht an den mit dem Gleichberechtigungsgesetz neu eingeführten gesetzlichen Güterstand der Zugewinngemeinschaft angepasst hatte. Abs 1 wurde 1974 nach dem Leitziel größerer StGerechtigkeit (BTDrs VI/3418, 63) neu gefasst. Während § 6 I aF den Erwerb des überlebenden Ehegatten beim Tod des Partners im Anschluss an den Wortlaut des § 1371 I BGB pauschal in Höhe eines Viertels des Reinnachlasses stfrei ließ, wurde nunmehr die StFreiheit des Erwerbs an die Höhe der (fiktiven) Ausgleichsforderung unter Berücksichtigung des StWertes des Nachlasses angepasst. Abs 2 entspricht dem früheren Abs 2 S 1. § 6 II 2 ErbStG 1959 wurde in § 29 I Nr 3 übernommen. Zum Jahresende 1993 ist es sodann durch das StMBG v 21.12.1993 (BGBl I 93, 2310) zu einer bedeutsamen Änderung des Abs 1 gekommen. Und zwar wurden nunmehr – neben einer geringfügigen Änderung des Abs 1 S 1 – die Sätze 2 bis 4 in den Gesetzeszusammenhang eingefügt, um so den Umfang des Freibetrages auf den gesetzlichen Umfang des Ausgleichsanspruchs zu begrenzen und vertraglichen Absprachen zur Ausdehnung der Freibetragshöhe entgegenzutreten. Der bisherige Abs 1 S 2 wurde dabei zu S 5 umgestellt. Das ErbStRG 2009 hat die zunächst nur für Eheleute konzipierte Bestimmung auf die Partner einer **eingetragenen Lebenspartnerschaft** erstreckt. Wenn in den einleitenden und nachfolgenden Erläuterungen von Ehepartnern (verschiedenen oder gleichen Geschlechts) die Rede ist, sind daher stets auch die Partner einer eingetragenen Lebenspartnerschaft (vgl § 20a LPartG zur Umwandlung einer Lebenspartnerschaft in eine Ehe) mitgemeint.

3. Ausgleichsmodalitäten

4 Zum Zugewinnausgleich kann es nach der Regelung des BGB auf zwei Wegen kommen. Bei der sog **güterrechtlichen Lösung** (§ 1371 II, §§ 1373ff BGB) wird das Endvermögen jedes der Ehegatten mit dem Anfangsvermögen verglichen, das ihm beim Eintritt des Güterstandes zustand. Der Betrag, um den das Endvermögen das Anfangsvermögen übersteigt, bildet den Zugewinn. Der Ehegatte, der den höheren Zugewinn erzielt hat, muss dem anderen Partner die Hälfte des überschießenden Betrages in Geld vergüten (§ 1378 I BGB). Zu diesem konkret zu berechnenden und in Geld zu erfüllenden Zugewinnausgleich kommt es bei Beendigung der Zugewinngemeinschaft durch Scheidung oder Aufhebung der Ehe, bei einer einvernehmlichen Beendigung durch ehevertragliche Vereinbarung (Güterstandswechsel) und beim Tod eines Ehegatten, wenn der Überlebende letztwillig nicht bedacht wird oder alle Zuwendungen ausschlägt (§ 1372 II BGB). Für diese Beendigungstatbestände gilt **§ 5 II.**

5 Unter den Voraussetzungen der **erbrechtlichen Lösung** beim Tod eines Ehegatten (§ 1371 I BGB) wird der Ausgleich demgegenüber pauschal dadurch verwirklicht, dass sich der gesetzliche Erbteil des überlebenden Ehegatten um ein Viertel erhöht. Dabei ist unerheblich, ob die Ehegatten im Einzelfall einen Zugewinn erzielt hatten. Von der güterrechtlichen Lösung des Zugewinnausgleichs kann je nach der Rechtslage jeder der beiden Partner profitieren. Die erbrechtliche Lösung des Zugewinnausgleichs, für die **§ 5 I** gilt, kommt immer nur dem überlebenden Ehepartner, nicht den Erben des erstverstorbenen Partners zugute.

4. Güterstand der Zugewinngemeinschaft

6 Im Güterstand der Zugewinngemeinschaft (§§ 1363ff BGB), dem der Güterstand der Ausgleichsgemeinschaft nach § 6 LPartG nachgebildet ist, leben die Ehegatten, deren Güterstand sich nach dem Recht des BGB richtet und die nicht durch Ehevertrag einen anderen Güterstand vereinbart haben. Der Güterstand gilt auch für die Ehegatten, die ihre Ehe vor dem 1.7.1958, dem Datum der Einführung der Zugewinngemeinschaft als gesetzlicher Güterstand, geschlossen hatten, für die bis zum 30.6.1958 der gesetzliche Güterstand galt und die einer Überführung des früheren gesetzlichen Güterstandes in die Zugewinngemeinschaft nicht widersprochen hatten. In der Zugewinngemeinschaft bleibt das Vermögen des Mannes und das Vermögen der Frau getrennt. Auch der Zugewinn, den die Ehegatten während der Ehe erzielen, fällt nicht beiden Ehegatten gemeinschaftlich zu. Weil der Vermögenserwerb eines Ehegatten in der Regel unmittelbar oder mittelbar von dem anderen Ehepartner während der Ehe unterstützt worden ist (BGH FamRZ 81, 239, 240), oder weil der im Haushalt tätige Partner eine Teilhabe als Entschädigung für Erwerbsverzicht beanspruchen kann (vgl *Lieb,* Die Ehegattenmitarbeit, 1970, 174ff), wird der Zugewinn ausgeglichen, wenn die Zugewinngemeinschaft endet (§ 1363 II BGB). Das Gesetz geht dabei von der optimistischen Erwartung aus, dass beide Partner während der Ehe einen Gewinn erzielt haben werden, wobei sich eine Gewinndifferenz (§ 1378 I BGB) zugunsten eines der Partner ergibt. Zum Zugewinnaugleich kommt es auch dann, wenn nur einer der Partner mit einem positiven Ergebnis bezogen auf die Ehezeit abschließt. Beenden dagegen beide Partner die Ehezeit mit Verlusten, kommt ein Ausgleich nicht in Frage. Ein (nicht schon im Gewinnausgleich erfasster) Verlustausgleich findet zwischen den Ehegatten nicht statt.

7 In Zugewinngemeinschaft leben seit dem 3.10.1990 auch die Ehegatten, für die bis zu diesem Zeitpunkt die Eigentums- und Vermögensgemeinschaft **(Errungenschaftsgemeinschaft)** iSd §§ 13ff, 39ff des **Familiengesetzbuchs der DDR** als gesetzlicher Güterstand gegolten hatte. Diese automatische Überleitung des gesetzlichen Güterstandes ist in Art 234 § 4 I EGBGB geregelt; Abs 2 derselben Vorschrift

gab allerdings jedem der Ehegatten die Möglichkeit, durch eine innerhalb von zwei Jahren abzugebende einseitige Erklärung für die Beibehaltung des früheren Güterstandes zu optieren. Geschah dies, so fand die Überleitung in die Zugewinngemeinschaft nicht statt, so dass kein Raum für die Anwendung des § 5 ErbStG eröffnet wurde. Haben die Ehegatten für die Beibehaltung des früheren Güterstandes optiert und kommt es dann – insb beim Tod eines Ehegatten oder bei Ehescheidung – zur Auseinandersetzung der Eigentums- und Vermögensgemeinschaft nach den §§ 39ff FGB-DDR, so gehört das dem einzelnen Ehegatten im Rahmen dieser Auseinandersetzung zugeteilte Vermögen nicht zum stpfl Erwerb iSd §§ 3 oder 7 ErbStG. Die FinVerw (BStBl I 91, 142, Tz 2.1.2) schränkt diese Aussage mit dem Hinweis auf den gesetzlichen Vermögensanteil gem § 39 FGB-DDR ein. Dabei wird man aber auch einen über 50% hinausgehenden Anteil als gesetzlichen und damit steuerfreien Erwerb ansehen müssen, sofern die ungleichmäßige Vermögensverteilung auf einer gerichtlichen Entscheidung gem § 39 II FGB-DDR beruht. Zu Einzelheiten der rechtlichen Auswirkungen der Überleitung des gesetzlichen Ehegüterrechts der DDR in die Zugewinngemeinschaft vgl 10. Aufl Anm 7.

8 § 5 gilt auch für die **modifizierte Zugewinngemeinschaft.** Es wird aber diskutiert, ob durch ehevertragliche Modifikationen eine Denaturierung des Güterstands eintreten kann. Dies wird zu Recht überwiegend abgelehnt (*Grund,* MittBayNot 08, 19, 21). Ein Rest der Zugewinngemeinschaft sollte aber verbleiben, um dem Risiko der Annahme einer faktischen Gütertrennung (ohne Anwendung von § 5) zu begegnen.

9 Das BGB (§ 1519) und das ErbStG (§ 5 III) wurden zum 1.5.2013 um Bestimmungen zur **deutsch-französischen Wahl-Zugewinngemeinschaft** (Abkommen v 4.2.2010) ergänzt (BGBl II 12, 178) Durch den neuen Wahlgüterstand sollten güterrechtliche Verwerfungen bei deutsch-französischen Ehen vermieden werden. Er kann aber auch bei rein deutschen Sachverhalten gewählt werden (näher Anm 53).

5. Anwendbarkeit bei beschränkter Steuerpflicht

10 Die persönlichen Freibeträge des § 16 I sind nur auf Erwerbe bezogen, für die eine unbeschränkte, mit dem Inlandsvermögen auch das Nichtinlandsvermögen ergreifende StPfl besteht (§ 2 I Nr 1 iVm § 16 I). § 5 sieht eine entsprechende Einschränkung nicht vor. Das hängt damit zusammen, dass § 5 I im Wesentlichen dieselben Rechtsfolgen wie § 5 II zu verwirklichen sucht. § 5 II macht darauf aufmerksam, dass es für die Zugewinnausgleichsforderung und einen durch sie vermittelten Erwerb keinen Steuertatbestand im ErbStG gibt. Diese Aussage gilt unabhängig von der Eigenschaft der Eheleute als Inländer oder Ausländer. Auch wenn Steuerausländer einen Zugewinnausgleichsanspruch nach deutschem Eherecht erhalten – zB weil sie als deutsche Staatsangehörige, die im Ausland leben, dem deutschen Ehegüterrecht unterliegen (Art 14, 15 EGBGB) –, ist der Erwerb dieses Anspruchs nach den §§ 1, 3, 7 nicht steuerbar. Daher liegt es in der Konsequenz der Anknüpfung des Abs 1 an Abs 2, dass auch der Zugewinnausgleichsfreibetrag unabhängig davon gewährt werden muss, ob beschränkte oder unbeschränkte StPfl eingreift. Eine andere Frage ist, ob bei beschränkter StPfl der Freibetrag nach Abs 1 **in voller Höhe** oder nur anteilig in dem Umfang gewährt werden kann, in dem der Ausgleichsanspruch sich auf vom Verstorbenen während der Ehezeit hinzuerworbenes Inlandsvermögen bezieht. In dieser Frage gehen die Meinungen auseinander. Doch deutet auch hier die Anknüpfung des Abs 1 an Abs 2 darauf hin, dass der Freibetragsumfang unabhängig von der Qualifikation des hinzuerworbenen Vermögens als Inlands- oder Nichtinlandsvermögen gewährt werden muss, weil der Ausgleichsanspruch, auch soweit er sich auf Zugewinn im Auslandsvermögen bezieht, kraft Gesetzes entsteht, nicht auf einer Freigebigkeit beruht und daher auch nicht stpfl ist (Näheres dazu Anm 38).

II. Steuerfreiheit beim erbrechtlichen Zugewinnausgleich (Abs 1 S 1)

1. Beendigung des Güterstandes durch Tod

Der Zugewinnausgleichsfreibetrag nach Abs 1 S 1 kann nur in Anspruch genommen werden, wenn die Eheleute im Güterstand der Zugewinngemeinschaft gelebt haben und wenn der Güterstand durch den **Tod eines der Partner** beendet worden ist. Der Güterstand ist nur dann durch den Tod beendet worden, wenn die Eheleute noch zum Todeszeitpunkt in Zugewinngemeinschaft gelebt haben. Der Güterstand darf daher nicht schon vor dem Tod durch Scheidung oder durch einverständliche Änderung des Güterstandes beendet worden sein (eine einseitige Abwahl des Güterstandes gibt es nicht). Dabei ist zu beachten, dass der Güterstand im Fall der Scheidung erst mit der Auflösung der Ehe beendet wird, wobei § 1564 S 2 BGB die Auflösung der Ehe mit der Rechtskraft des Scheidungsurteils verbindet. Verunglückt also einer der Partner nach Ausspruch der Scheidung, aber vor Rechtskraft des Urteils, wird der Güterstand nicht durch die Scheidung, sondern durch den Tod beendet, so dass § 5 I eingreift. § 5 I billigt den Freibetrag dann zu, wenn der Güterstand durch den Tod eines Ehegatten beendet wird. Fraglich ist, wie die Rechtslage beurteilt werden soll, wenn beide Ehegatten **gleichzeitig verunglücken.** In diesem Fall ist zunächst zu unterscheiden: Hat einer der Partner den anderen – wenn auch nur für kurze Zeit – überlebt, wird der Güterstand durch den Tod des früher versterbenden Partners beendet. Es gelten keine Besonderheiten. Sind jedoch beide Partner im selben Moment gestorben oder ist nach § 11 Verschollenheitsgesetz anzunehmen, dass sie beide gleichzeitig gestorben sind, weil sich nicht beweisen lässt, dass der eine den anderen überlebt hat, verneint die Rspr des BGH (BGHZ 72, 85) die Anwendbarkeit des Zugewinnausgleichsrechts. Die Frage ist jedoch im Zivilrecht durchaus umstritten (Nachweis bei *MK/Koch* § 1372 BGB Rz 9). Es ist nicht anzunehmen, dass § 5 zu dieser Streitfrage Stellung beziehen will. § 5 I 1 geht von dem Überleben eines der Partner aus und kommt daher bei gleichzeitigem Versterben der Partner nicht zum Zuge. Sollte es jedoch im Zivilrecht zu einer veränderten Beurteilung kommen, nach der auch die Erben gleichzeitig verstorbener Partner einen Zugewinnausgleich unter sich beanspruchen können, wird sich das ErbStRecht dieser Beurteilung iRd § 5 II nicht verschließen. **11**

2. Zugewinnausgleich nach Erbrecht

Abs 1 S 1 gewährt den Zugewinnausgleichsfreibetrag nur für den Fall, dass der Zugewinn **nicht nach § 1371 II BGB** ausgeglichen wird. § 1371 II BGB sieht vor, dass der überlebende Ehegatte im Fall der Beendigung des Güterstandes durch Tod den Zugewinnausgleich nach den Vorschriften der §§ 1373 ff BGB, also nach der güterrechtlichen Lösung, verlangen kann, wenn er weder Erbe noch Vermächtnisnehmer seines verstorbenen Partners geworden ist. Die Regelung wird so interpretiert, dass der überlebende Ehegatte in diesem von § 1371 II BGB umschriebenen Fall nur den güterrechtlichen Ausgleich verlangen kann und dass ihm der Ausgleich nach Erbrecht in diesem Fall nicht offen steht (obwohl über das Pflichtteilsrecht auch in diesem Fall durchaus ein erbrechtlicher Ausgleich möglich wäre). Weil § 1371 II BGB den überlebenden Ehegatten also auf den güterrechtlichen Ausgleich verweist und weil dieser güterrechtliche Ausgleich schon nach allg Grundsätzen, die § 5 II noch einmal bekräftigt, stfrei erworben wird, soll der Zugewinnausgleichsfreibetrag nach Abs 1 S 1 nur in den nicht durch § 1371 II BGB erfassten Fällen gelten. Das sind die Fälle, für die **§ 1371 I BGB** die **erbrechtliche Lösung** des Zugewinnausgleichs vorsieht. **12**

3. Wirkungen des erbrechtlichen Zugewinnausgleichs

13 Zum erbrechtlichen Zugewinnausgleich kommt es nur, wenn der überlebende Ehegatte Erbe oder Vermächtnisnehmer des Verstorbenen geworden ist (vgl § 1371 II BGB). § 1371 I BGB verändert dann die gesetzliche Erbquote des überlebenden Ehegatten mit Wirkung für die gesetzliche Erbfolge und für das Pflichtteilsrecht. Und zwar erhöht sich der Nachlassanteil des überlebenden Ehegatten um ein Viertel, wenn er als gesetzlicher Erbe neben anderen gesetzlichen Erben zur Erbfolge gelangt. Die Anteile der anderen gesetzlichen Erben werden entsprechend gekürzt. Ist der überlebende Ehegatte dagegen als gesetzlicher Erbe neben Erben berufen, die durch Testament oder Erbvertrag eingesetzt worden sind, ist er selbst durch Testament oder Erbvertrag als Erbe eingesetzt worden oder ist ihm nur ein Vermächtnis zugewandt, dann ändert der Zugewinnausgleich nicht die unmittelbaren Nachlassanteile, sondern beeinflusst lediglich die pflichtteilsrechtliche Lage. Das bedeutet: Der Umfang der für die Pflichtteilsberechnung maßgeblichen Erbquote des überlebenden Ehegatten erhöht sich mit der Folge, dass der Ehegatte ggf neben seinem Erbteil oder Vermächtnis einen Zusatzpflichtteil verlangen kann (§§ 2305, 2307 BGB). Zugleich vermindern sich die für die Pflichtteilsberechtigung maßgeblichen Quoten anderer Nachlassbeteiligter, so dass die Belastung des zum Erben eingesetzten Ehegatten durch Pflichtteilsansprüche enterbter Kinder oder Eltern infolge des Zugewinnausgleichs verringert wird.

4. Die Anknüpfung des Freibetrages

14 Führt man sich die Wirkungen des erbrechtlichen Zugewinnausgleichs vor Augen, so wird deutlich, dass es keine glückliche Lösung war, wenn das ErbStG bis 1974 den Erwerb des überlebenden Ehegatten generell im Umfang eines Viertels des Reinnachlasses stfrei gelassen hatte. Denn nur unter den Voraussetzungen der gesetzlichen Erbfolge wird der Erwerb des Ehegatten durch den Zugewinnausgleich tatsächlich um ein Viertel des Nachlasswerts erhöht. In allen anderen Fällen bewirkt der Ausgleich dagegen lediglich eine Änderung des Pflichtteilsrechts, das aus der Hälfte des gesetzlichen Erbteils berechnet wird (§ 2303 BGB), so dass der Ausgleich dem Ehegatten regelmäßig nur Vorteile im Umfang eines Achtels des Nachlasswerts verschafft. Die frühere Regelung beruhte daher auf einem Missverständnis des § 1371 I BGB, wenn sie generell ein Viertel des Nachlasses für den überlebenden Ehegatten stfrei hielt. Es war jedoch nicht diese Überlegung, die den Gesetzgeber 1974 zu einer Neukonzeption der einschlägigen Bestimmungen veranlasste. Vielmehr nahm er daran Anstoß, dass die erbrechtliche Lösung für den überlebenden Partner zu Vorteilen führen kann, die ihm im Fall des güterrechtlichen Ausgleichs nicht zustünden. Denn § 1371 I BGB sieht die Erhöhung des Erbteils unabhängig davon vor, ob bei dem überlebenden Ehegatten überhaupt ein Zugewinndefizit in entsprechender Höhe vorlag. Auch der Partner, der im Fall der Scheidung ausgleichspflichtig gewesen wäre, kann im Fall seines Überlebens von der erbrechtlichen Lösung des Zugewinnausgleichs profitieren. Im Übrigen zielt die erbrechtliche Lösung nicht nur auf eine Teilhabe am Zugewinn, sondern erfasst mit der Erhöhung der Erbquote das ganze Vermögen des Verstorbenen, also auch den Teil des Nachlasses, der nicht während der Ehe erwirtschaftet wurde, sondern Anfangsvermögen ist. Obwohl der Gesetzgeber beim Erlass des § 1371 I BGB keine Bedenken gesehen hatte, den Angehörigen, insb den einseitigen Abkömmlingen (Kindern aus erster Ehe) des verstorbenen Partners, diese harte, möglicherweise sogar verfassungswidrige (*Leipold,* NJW 11, 1179) Regelung zuzumuten, erschien ihm nun, wo es um die Interessen des Fiskus ging, die Pauschallösung des § 1371 I BGB nicht länger sachgerecht. Er wollte eine Verkürzung des StAufkommens durch einen nach dem zusätzlichen Viertel des § 1371 I BGB berechneten Freibetrag in den Fällen nicht mehr hinnehmen, in denen dem überlebenden Ehegatten – wäre der Ausgleich nach der güterrechtlichen Lösung vollzogen worden – ein Anspruch in der von § 1371 I

BGB gekennzeichneten Höhe nicht zustand. Daher wurde die Anknüpfung des Freibetrags an das durch § 1371 I BGB zusätzlich gewährte Viertel des Nachlasses des Verstorbenen 1974 aufgegeben. Dafür wurde dem überlebenden Partner ein Freibetrag in Höhe des Betrages eingeräumt, „den er im Fall des § 1371 II BGB als Ausgleichsforderung geltend machen könnte", der ihm also zustände, wenn der Ausgleich nach der güterrechtlichen Lösung verwirklicht worden wäre. Der Freibetrag ist daher nunmehr nach der **fiktiven Ausgleichsforderung** zu bemessen, die zivilrechtlich unter den Voraussetzungen der erbrechtlichen Lösung des Zugewinnausgleichs gerade nicht besteht, die aber bestünde, wenn es zu der erbrechtlichen Lösung nicht gekommen wäre. Der Gesetzgeber hat in Kauf genommen, dass es durch diese Neuregelung nicht nur zu einer Einschränkung, sondern im Einzelfall auch zu einer Ausdehnung der Entlastung des überlebenden Ehegatten kommen kann. Dies gilt insb dann, wenn der Verstorbene im Wesentlichen ausgleichspflichtiges Vermögen hinterlassen hat. Die Freibetragsregelung ist denn auch von großer wirtschaftlicher Bedeutung. Sie ist in ihrem Umfang nicht durch einen Höchstbetrag begrenzt und kann im Einzelfall zugunsten des überlebenden Ehegatten Vermögen in Millionenumfang von der St freistellen. Bis zur Hälfte des Nachlasses kann durch § 5 I von der St befreit sein.

III. Berechnung des Freibetrages (Abs 1 Sätze 1 bis 4)

1. Grundzüge – zivilrechtliche Ausgleichsberechnung

Die Berechnung des Freibetrages kann unterbleiben, wenn abzusehen ist, dass der Erwerb des überlebenden Ehegatten unter Einrechnung von Vorerwerben (§ 14) die persönlichen Freibeträge (§§ 16, 17) nicht überschreiten wird (R E 5.1 I 2 ErbStR). In allen anderen Fällen ist zur Berechnung des Freibetrages der Umfang der Ausgleichsforderung zu ermitteln, die dem überlebenden Ehegatten unter den Voraussetzungen des § 1371 II BGB zustünde. § 1371 II BGB verweist auf die **§§ 1373 bis 1383 und 1390 BGB.** Nach diesen Vorschriften ist also der Anspruchsumfang zu bestimmen. Als Zentralvorschrift kann dabei § 1378 I BGB gelten. Nach ihr kann der Ehegatte, der in der Ehe den geringeren Zugewinn erzielt hat, von seinem Partner einen Ausgleich in Höhe der Hälfte der Zugewinndifferenz verlangen. Um die Zugewinndifferenz (§ 1378 I BGB: „Überschuss") zu ermitteln, muss zunächst der Zugewinn jedes der Ehepartner berechnet werden. Zu diesem Zweck sind das Anfangsvermögen und das Endvermögen der Eheleute in Geldbeträgen nach Verkehrswerten einander gegenüberzustellen. Als Anfangsvermögen gilt das Reinvermögen jedes Ehegatten beim Eintritt des Güterstandes (also im Zweifel zum Zeitpunkt der Eheschließung). Endvermögen ist das Reinvermögen, das ein Ehegatte bei Beendigung des Güterstandes hat. Der Betrag, um den das Endvermögen eines Ehegatten sein Anfangsvermögen übersteigt, ist sein Zugewinn. War ein Ehegatte bei Eingehung der Ehe überschuldet, ist auch der Abbau der Überschuldung während der Ehe als Zugewinn anzusehen. Auf jeden Fall kann jedoch nur eine positive Vermögensentwicklung als Zugewinn berücksichtigt werden. Einen negativen Zugewinn gibt es nicht. Hat daher der überlebende Ehegatte während der Ehe ohne Ausgleich durch entsprechenden Zuerwerb einen Teil seines Anfangsvermögens verloren, wird durch diesen Verlust der Umfang der ihm zustehenden Ausgleichsforderung nicht erhöht. Zeigt ein Vergleich der Zugewinnberechnung für beide Eheleute, dass ein Ehepartner einen höheren Zugewinn erzielt hat als der andere, ist der Ehepartner, bei dem sich der höhere Zugewinn feststellen lässt, dem anderen Ehegatten ausgleichspflichtig. Und zwar hat er seinem Partner die Hälfte des Überschusses, der sich zu seinen Gunsten bei einem Vergleich der Zugewinnbeträge ergibt, in Geld auszuzahlen. 15

Die Probleme, die diese **Anspruchsberechnung im Zivilrecht** aufwirft, liegen auf zwei Ebenen. Zum einen geht es um die Trennung der beiden in der Ehe vielfach 16 verbundenen Vermögen der Eheleute (Wem gehört das Silber?), um die Ermittlung des Bestandes des Endvermögens unter Abzug der auf jeden Ehegatten entfallenden Schulden, um die Zuordnung von Vermögensposten zum Anfangsvermögen und um die Beachtung der komplizierten gesetzlichen Bestimmungen, die nachträglich erworbene Posten noch zum Anfangsvermögen erklären **(§ 1374 BGB)** oder zwischenzeitlich fortgegebene Güter noch als Endvermögen führen **(§ 1375 BGB).** Von besonderer Bedeutung sind unentgeltliche Zuwendungen des Erblassers, die nach § 1375 II Nr 1 BGB sein Endvermögen und damit den Freibetrag (§ 5 I) im Erbfall erhöhen, obwohl die fortgegebenen Güter mangels Nachlasszugehörigkeit nicht der ErbSt unterliegen. Keine Hinzurechnung erfolgt nach **§ 1375 III BGB,** wenn seit der Zuwendung 10 Jahre vergangen sind oder der Ehegatte mit der unentgeltlichen Zuwendung einverstanden gewesen ist. Das Einverständnis kann stillschweigend erfolgen. Die bloße Duldung reicht aber nicht aus (*Palandt/Brudermüller* § 1376 Rz 29). Da es sich bei § 1375 III BGB um eine Ausnahme vom Regelfall der Hinzurechnung handelt, liegt die Feststellungslast für diese steuererhöhende Tatsache beim FA. Zum Zweiten entstehen nicht selten schwierige **Bewertungsprobleme.** Denn für die Zugewinnermittlung muss das ganze (Privat- und Geschäfts-)Vermögen der Eheleute in Geld umgerechnet werden. Da das BGB den Bewertungsfragen keine größere Aufmerksamkeit zuwendet (vgl immerhin § 1376 BGB), muss sich die Praxis, so gut es geht, behelfen. Wegen der Einzelheiten sei auf die Kommentare zu § 1376 BGB verwiesen.

17 Besondere Erwähnung verdient hierbei allerdings die Frage des **Inflationsausgleichs** im Rahmen der Zugewinnermittlung. Um den unechten, lediglich auf allg Geldentwertung beruhenden Zugewinn aus der Berechnung der Ausgleichsforderung zu eliminieren, ist nach der ZivilRspr (BGHZ 61, 385, 393; 101, 65, 67) das Anfangsvermögen der Ehegatten mit dem Verbraucherpreisindex zZ der Beendigung des Güterstandes zu multiplizieren und durch die für den Zeitpunkt des Beginns des Güterstandes geltende Indexzahl zu dividieren. Durch diese Rechenoperation erhöht sich der Ansatz des Anfangsvermögens, und die Zugewinne beider Ehegatten sowie die Ausgleichsforderung können je nach dem Umfang des beiderseitigen Anfangsvermögens entsprechend niedriger ausfallen. Der niedrigere Zugewinn könnte wiederum eine Verminderung (niedrigerer Zugewinn des Ausgleichspflichtigen) oder eine Erhöhung (niedrigerer Zugewinn des Ausgleichsberechtigten) der Ausgleichspflicht und des Freibetrages zur Folge haben. Aus Vereinfachungsgründen gestattete die FinVerw dem überlebenden Ehegatten früher, die fiktive Ausgleichsforderung wahlweise mit oder ohne Anwendung dieses Inflationsausgleichs zu berechnen; dabei musste der Zugewinn beider Ehegatten nach dem gleichen Verfahren ermittelt werden. Dieses durch die FinVerw geschaffene Wahlrecht eröffnete insb nach langjähriger Ehedauer ein beträchtliches StSparpotential und erschien deshalb unter dem Gesichtspunkt der Gesetzmäßigkeit der Besteuerung bedenklich. Nunmehr lässt die FinVerw das Wahlrecht nicht mehr gelten, sondern bestimmt ultimativ: Die infolge des Kaufkraftschwundes nur **nominelle Wertsteigerung des Anfangsvermögens** eines Ehegatten während der Ehe **stellt keinen Zugewinn dar** (R E 5.1 II 5 ErbStR; BMF BStBl I 17, 434). Damit wird der Freibetrag in seinem Umfang bei langdauernden Ehen beachtlich eingeschränkt. Bemerkenswert ist insb dies: Nach der ZivilRspr wird nicht etwa jede nominelle Wertsteigerung aus der Zugewinnausgleichsberechnung eliminiert. Nur gerade die Wertsteigerung des Anfangsvermögens wird unter dem Gesichtspunkt des zwischenzeitlichen Kaufkraftverlustes korrigiert. Hat der Ehemann wenige Tage nach der Eheschließung Vermögen erworben und dieses bis zum Ausgleichszeitpunkt in Besitz gehabt, so ist die Wertsteigerung dieses Vermögens vollen Umfangs (einschließlich der nominellen Komponente) Zugewinn, da es nicht zum Anfangsvermögen gehört und daher auch nicht der vom BGH geforderten Korrekturrechnung unterliegt. Nicht zum Anfangsvermögen gehören auch die Beträge, die nach § 1375 II BGB dem Endvermögen hinzuzurechnen sind. Auch für sie kommt nach der RsprLinie des BGH eine Berücksichtigung des Kaufkraftschwundes nicht in Frage (aM H E 5.1 II 3

ErbStH). Man sieht aus allem, dass die Rspr des BGH, die kein allgemeines Prinzip verfolgt, sondern nur punktuell den Zugewinn aus Wertsteigerungen des Anfangsvermögens begrenzt, nicht die innere Autorität beanspruchen kann, die ihr die FinVerw jetzt zubilligen will. Aus Gründen, die an anderer Stelle ausführlich dargelegt wurden (*Meincke,* FS Wacke, 267), ist das Konzept des BGH zur Inflationsbereinigung des Zugewinnausgleichs schon für das Zivilrecht abzulehnen. Die auf diesem Konzept aufbauende Praxis der FinVerw verdient ebenfalls keine Zustimmung. Der BFH (BStBl II 08, 631) hat jedoch keine Bedenken gesehen, die aus fiskalischer Sicht günstige ZivilRspr uneingeschränkt in das ErbStRecht zu integrieren.

Über die Schwierigkeiten hinaus, die sich schon bei der zivilrechtlichen Anspruchsberechnung ergeben, sind bei der Freibetragsberechnung noch weitere, **aus dem steuerlichen Zusammenhang folgende Problemkreise** zu beachten. Sie lassen sich in der Frage zusammenfassen, ob § 5 I 1 mit der Verweisung auf § 1371 II BGB die dort in Bezug genommenen zivilrechtlichen Bestimmungen (§§ 1373–1383, 1390) wirklich ausnahmslos für die Berechnung des StFreibetrags für anwendbar erklären will. Zwar war es das Ziel der Neuregelung nach den Gesetzesmaterialien, „das Ausmaß der Vergünstigung nach Abs 1… dem nach Abs 2" gleichzustellen (BTDrs VI/3418, 63), also den stfreien Betrag beim erbrechtlichen Ausgleich nach denselben Grundsätzen zu berechnen, die für die Ermittlung der Ausgleichsforderung beim güterrechtlichen Ausgleich bestimmend sind. Doch kann bei der Auslegung der unterschiedliche Zusammenhang, in den die Absätze 1 und 2 gehören, nicht ganz unberücksichtigt bleiben. So muss bei der Ausgleichsberechnung beachtet werden, dass der Anspruchsumfang auf den Todeszeitpunkt zu ermitteln ist. Werte, die zum Endvermögen gehören würden, wenn es zur Beendigung des Güterstandes unter Lebenden gekommen wäre (zB ein wertvolles Nießbrauchsrecht), die aber im Todeszeitpunkt erlöschen, müssen außerhalb der Rechnung bleiben. Auch bedarf die Anwendbarkeit der §§ 1377 III, 1380, 1381 und 1587 III BGB aF bei der Freibetragsberechnung besonderer Prüfung. 18

2. Keine Anwendung der Vermutung des § 1377 BGB

Die Ausgleichsforderung wird unter Gegenüberstellung des Anfangs- und Endvermögens der Ehegatten berechnet (§ 1373 BGB). Fehlt ein Verzeichnis des Anfangsvermögens, so gilt nach **§ 1377 III BGB** die Vermutung, dass das Endvermögen jedes der Ehegatten während der Ehe erwirtschaftet wurde und ausgleichspflichtig ist. Diese Bestimmung geht von dem natürlichen Interessengegensatz der Partner aus und vertraut darauf, dass jeder Ehegatte seine eigenen Interessen wahren und die Vermutung, soweit sie ihm nachteilig ist, widerlegen wird. Die Ehegatten (oder ihre Erben) können daher die zu ihren Ungunsten sprechende Vermutung entkräften. Gehen sie jedoch übereinstimmend von der Vermutung aus und berechnen sie die Ausgleichsforderung entsprechend, so ist ihr Vorgehen für die Besteuerung beim güterrechtlichen Zugewinnausgleich verbindlich. Denn der nach § 1377 III BGB berechnete Ausgleich ist zivilrechtlich in voller Höhe Zugewinnausgleich, und für einen Erwerb, der zivilrechtlich Zugewinnausgleich darstellt, fehlt in den §§ 3, 7 ein Besteuerungstatbestand. Anders liegt es dagegen bei der Berechnung des Freibetrages **im erbrechtlichen Zugewinnausgleich.** Hier besteht der von § 1377 III BGB vorausgesetzte Interessengegensatz nicht zwischen dem überlebenden Ehegatten und den anderen Nachlassbeteiligten, denen es gleichgültig sein kann, ob der Nachlass vollen Umfangs aus Zugewinn besteht, sondern zwischen dem überlebenden Ehegatten und der FinVerw. Daher muss auch, soll die Vermutungsregelung funktionieren, der FinVerw die Befugnis zugestanden werden, die dem Fiskus nachteilige Vermutung zu entkräften und den Freibetrag nach den tatsächlichen Gegebenheiten zu ermitteln. Daher wird in **Abs 1 S 3** ausdrücklich festgestellt, dass die Vermutung des § 1377 III bei der Freibetragsberechnung nach Abs 1 (*nicht:* bei der Berechnung der stfreien Ausgleichsforderung nach Abs 2!) **keine Anwendung** finden kann. 19

3. Anrechnung von Schenkungen nach § 1380 BGB

20 Schenkungen untereinander wollen die Ehegatten im Zweifel für den Fall, dass der Beschenkte bei Beendigung des Güterstandes ausgleichsberechtigt ist, als Vorauszahlung auf die Ausgleichsforderung gewertet wissen. Von dieser Vermutung geht § 1380 I 2 BGB aus. Danach wird das verschenkte Vermögen bei der Berechnung des Ausgleichsanspruches durch Subtraktion beim Endvermögen des Empfängers und Addition beim Endvermögen des Gebers grds so behandelt, als wenn es noch dem Schenker gehörte (§ 1380 II BGB; näher BGHZ 82, 227, 234f; 101, 65, 70f), zugleich aber auf die um den Betrag des Geschenkes erhöhte Ausgleichsforderung angerechnet (§ 1380 I 1 BGB). Diese Regelung hat für die Besteuerung die Konsequenz, dass die Schenkung, die sich nun als **Vorausleistung auf den Zugewinnausgleichsanspruch** erweist, in die StFreiheit des Ausgleichsanspruchs einbezogen werden muss. **§ 29 I Nr 3** sah bisher die nachträgliche Freistellung der nach § 1380 BGB angerechneten Schenkung nur für den Fall des güterrechtlichen Zugewinnausgleichs nach § 5 II vor. Eine entsprechende Regelung für die StBerechnung beim erbrechtlichen Zugewinnausgleich fehlte lange Zeit. Doch wurde von der FinVerw anerkannt, dass die Freistellung der Schenkung auch bei der Einrechnung in die Freibetragsregelung des § 5 I 1 zur Anwendung kommen muss (so auch FG Hbg EFG 87, 191, 193). Das ErbStRG 2009 hat dies nun durch eine entsprechende Erweiterung des § 29 I Nr 3 ausdrücklich geregelt (s § 29 Anm 12ff).

21 Nach § 1380 I BGB hat der Zuwendende die Möglichkeit, im Zusammenhang mit der Zuwendung eine Bestimmung darüber zu treffen, ob die Zuwendung auf die Ausgleichsforderung angerechnet werden soll oder nicht. Eine Anrechnung kann auch später einvernehmlich zwischen den Ehegatten vereinbart werden (*MK/Koch* § 1380 Rz 4; *Palandt/Brudermüller* § 1380 Rz 7: ehevertraglich oder notariell beurkundet nach § 1378 III 2 BGB; *Staudinger/Thiele* § 1380 Rz 16: formlos). Im erbstlichen Schrifttum wird erwogen, ob durch den **Ausschluss der Anrechnung** in bestimmten Fällen eine StErsparnis erreicht werden kann (*Troll/Jülicher* § 29 Rz 90; *Moench/Weinmann* § 29 Rz 13 mwN).

22 Beim güterrechtlichen Zugewinnausgleich kann der Schuldner wegen **grober Unbilligkeit gem § 1381 BGB** die Erfüllung der Ausgleichsforderung verweigern. Der erbrechtliche Zugewinnausgleich kennt keine entsprechende Regelung. Sie kann trotz der Verweisung des § 5 I 1 auf § 1371 II BGB auch bei der Freibetragsberechnung nicht gelten. Denn der Staat, der den Kindern des Erstverstorbenen im Rahmen der erbrechtlichen Lösung des Zugewinnausgleichs die Berufung auf grobe Unbilligkeit versagt, kann sich nicht selbst im Interesse einer Begrenzung des Freibetrags die Berufung auf die Unbilligkeit des Ausgleichs vorbehalten.

4. Versorgungsleistungen und § 2 III VersAusglG (= § 1587 III BGB aF)

23 Ein güterrechtlicher Ausgleich findet nach § 2 III Versorgungsausgleichsgesetz (VersAusglG) für Anrechte iS dieses Gesetzes nicht statt. Zu den Anrechten iS dieses Gesetzes gehören nach § 2 I VersAusglG Anwartschaften auf Versorgung und Ansprüche auf laufende Versorgungen aus der gesetzlichen Rentenversicherung oder aus anderen Regelsicherungssystemen. Sie sind also aus dem Zugewinnausgleich herauszunehmen. Fraglich ist, ob dies auch für den Zugewinnausgleich im Todesfall gilt und ob § 2 III VersAusglG damit die Berücksichtigung der Versorgungswerte bei der Freibetragsberechnung verhindert. Nach seinem Sinngehalt will § 2 III VersAusglG ausschließen, dass Versorgungswerte sowohl vom Zugewinnausgleich als auch vom Versorgungsausgleich erfasst werden. Es soll **kein Nebeneinander der beiden Ausgleichssysteme** geben. Vielmehr wird dem Versorgungsausgleich der Vorrang vor dem Ausgleich des Zugewinns eingeräumt.

Diese Zielsetzung passt im Todesfall nicht. Denn weil es keinen Versorgungsausgleich von Todes wegen gibt, ist ein Nebeneinander der beiden Ausgleichsregelungen beim Tod von vornherein ausgeschlossen. Für den Todesfall trifft § 2 III VersAusglG bei näherem Betrachten keine Aussage. Daher lässt sich die Meinung vertreten, dass die Sperrwirkung, die sich aus § 2 III VersAusglG oder aus § 1587 III BGB aF ergibt, im Todesfall nicht zur Anwendung zu bringen ist (*Meincke,* DStR 77, 363, 369; FamRZ 83, 13, 17). Fraglich ist allerdings, ob eine Sperrwirkung für die in § 2 III VersAusglG genannten Anrechte bei der Freibetragsberechnung aus anderen Gründen folgt. Der BFH (BStBl II 10, 923) hat die **Sperrwirkung auch für den Todesfall** bejaht. Nach Auffassung des Gerichts muss der Pensionsanspruch, den die Witwe eines Personengesellschafters bei dessen Tod gegen die Gesellschaft erwirbt, bei der Freibetragsberechnung unberücksichtigt bleiben. Zur Begründung hat der BFH auf § 1587 III BGB aF (= § 2 III VersAusglG) verwiesen. Das überzeugt aus den eben genannten Gründen nicht. Das Ergebnis, zu dem das Gericht gelangt, dürfte jedoch aus anderen Gründen gerechtfertigt sein. Denn einen Ausgleich kann der überlebende Ehegatte nur für die Werte verlangen, die ihm ohne den Ausgleich entgehen. Der überlebende Ehegatte hat den Pensionsanspruch, um dessen Ausgleich es geht, jedoch mit dem Tod des bisherigen Vermögensinhabers erlangt. Es liefe auf eine doppelte Begünstigung des überlebenden Ehepartners hinaus, wenn er zusätzlich zu dem Pensionsanspruch auch noch einen Ausgleich für das in den Pensionsanspruch investierte Vermögen beanspruchen könnte. Daher kann der Zugewinnausgleich den Pensionsanspruch nicht umfassen. Folglich muss der Anspruch auch bei der Freibetragsberechnung unberücksichtigt bleiben. 24

5. Witwenrente und Freibetrag

Bevor der BFH die Einrechnung von Witwenrenten in den Freibetrag unter Hinweis auf § 1587 III BGB aF ausgeschlossen hatte (Anm 23), war die Rspr des Gerichts (BFH BStBl II 82, 27) von der These ausgegangen, dass stpfl erworbene Witwenpensionen aus privater Lebensversicherung oder aus gesellschaftsrechtlicher Versorgungszusage den Zugewinnausgleichsfreibetrag im Umfang der Hälfte ihres Kapitalwertes erhöhen. Dasselbe sollte für das Bezugsrecht aus einer Kapitallebensversicherung gelten (FG Rh-Pf UVR 95, 186). Diese Handhabung beruhte auf folgender Überlegung: Als Ausgangspunkt der Argumentation gilt, dass das von der Witwe erworbene Rentenstammrecht aus dem Vermögen ihres Mannes stammt und daher als Teil seines Endvermögens angesehen werden muss. Zugleich wird angenommen, dass das Rentenstammrecht als Erwerb von Todes wegen auf die Witwe übergeht, also zu einem Zeitpunkt, der gedanklich nach dem Stichtag zur Ermittlung der beiderseitigen Endvermögen liegt, so dass der Übergang des Stammrechts auf die Witwe weder das Endvermögen des Mannes schmälert noch das Endvermögen der Witwe erhöht. Aus diesen Überlegungen folgt, dass der Kapitalwert der Rente nur auf der Seite des Mannes zu erfassen ist. Er erhöht dort das Endvermögen, den Zugewinn und den zu seinen Lasten festgestellten Zugewinnüberschuss. Da sich der Ausgleichsanspruch an der Hälfte des Zugewinnüberschusses orientiert (§ 1378 I BGB), folgt aus der Erhöhung des Zugewinnüberschusses um den vollen Kapitalwert der Rente, dass die Ausgleichsforderung um die Hälfte des Rentenkapitalwertes heraufgesetzt wird. Diese Begründung hatte dazu geführt, dass im gesetzlichen Güterstand im Ergebnis jede stpfl erworbene Witwenrente durch § 5 I zur Hälfte von der Besteuerung freigestellt worden ist. Der BFH (BStBl II 10, 923) erkennt nun unter Hinweis auf § 1587 III BGB aF diese Freistellung nicht mehr an (Anm 23). Die FinVerw (R E 5.1 IV ErbStR) hält jedoch den Ausgangspunkt der bisherigen Praxis fest, allerdings mit der bemerkenswerten Einschränkung, dass eine Hinzurechnung der Erwerbe des überlebenden Ehegatten insoweit unterbleiben muss, als es sich um Ansprüche handelt, die zivilrechtlich dem Versorgungsausgleich unterliegen. Damit wird ein Widerspruch zur BFH-Praxis vermieden. 25

26 Bevor sich der BFH zum Ausschluss der stpfl erworbenen Witwenrenten aus der Freibetragsberechnung entschied, hatte das Gericht schon festgestellt (BStBl II 82, 27), dass **steuerfrei erworbene Renten** die Freibetragshöhe nicht beeinflussen können. Stfrei erworbene Renten – dazu zählen insb auch angemessene Versorgungsbezüge aus einem Arbeitsverhältnis (§ 3 Anm 97 ff) – sollen also bei der Freibetragsberechnung nach § 5 I unberücksichtigt bleiben. Zugleich unterliegen diese stfreien Bezüge einer indirekten stlichen Belastung, wenn sie gem § 17 I 2 auf den dem überlebenden Ehegatten zustehenden Versorgungsfreibetrag angerechnet werden. Das Zusammentreffen dieser beiden Belastungsfaktoren – Kürzung des Versorgungsfreibetrages und fehlende Einrechnung in den Zugewinnausgleichsfreibetrag – würde zur Folge haben, dass Versorgungsbezüge bei StFreiheit nicht selten ungünstiger behandelt werden als bei StPfl. Um diese **Benachteiligung steuerfreier Bezüge** zu vermeiden, ließ sich daran denken, diese Bezüge entgegen der Grundlinie des BFH insoweit bei der Freibetragsberechnung zu berücksichtigen, als sie zu einer Kürzung des Versorgungsfreibetrages geführt haben. Die FinVerw hat sich jedoch dafür ausgesprochen, die Kürzung durch § 17 entfallen zu lassen (§ 17 Anm 6).

27 Die neuere BFH-Rspr hat, wie aus dem Hinweis auf § 1587 III BGB aF deutlich wird, die Argumentation zu § 5 I zu Recht in eine Richtung gelenkt, in der **zivilrechtliche Überlegungen** eine maßgebliche Rolle spielen. Noch kann man jedoch über die zutreffende zivilrechtliche Beurteilung streiten. Daher wird weiter darüber nachzudenken sein, wie Leistungen auf Grund eines Vertrags des Erblassers, die von Todes wegen erworben werden, im güterrechtlichen Zugewinnausgleich beurteilt werden sollen. In diesem Punkt bleibt in der Rspr (und in der zivilrechtlichen Kommentarliteratur!) bisher unverändert noch ein deutliches **Begründungsdefizit.**

6. Keine Veränderung des Freibetrages durch Ehevertrag (Abs 1 S 2)

28 Die Ehegatten können durch Ehevertrag (§ 1408 BGB) den Umfang der Zugewinnausgleichsforderung modifizieren. **Abs 1 S 2** bestimmt, dass bei der Berechnung des Freibetrages nur von den gesetzlichen Bestimmungen auszugehen ist und abweichende **güterrechtliche Vereinbarungen unberücksichtigt** bleiben müssen. Das heißt: die Ehegatten können den Zugewinnausgleichsanspruch unter den gesetzlichen Umfang herabdrücken oder sogar – zB für den Scheidungsfall – ganz ausschließen (sofern sie nur gewisse Wirkungen, zB die Verfügungsbeschränkung, des gesetzlichen Güterstandes dennoch bestehen lassen, so dass nicht Gütertrennung eintritt; Anm 8), ohne dass dies Auswirkungen auf die Freibetragsberechnung hat. Erhöhungen der Ausgleichsforderung über den gesetzlichen Umfang hinaus beeinflussen die Freibetragsberechnung ebenfalls nicht.

29 Einen Sonderfall der vertraglich modifizierten Zugewinngemeinschaft stellt auch die (fälschlich bezeichnet als) **rückwirkend vereinbarte Zugewinngemeinschaft** dar, bei der Ehegatten, die zunächst in Gütertrennung gelebt haben, vertraglich zum gesetzlichen Güterstand übergehen und hierbei den während der gesamten Ehedauer – nicht lediglich den seit Abschluss des Änderungsvertrages – erzielten Vermögenszuwachs dem Zugewinnausgleich unterwerfen. Eine solche Vereinbarung ist zivilrechtlich zulässig (BGH NJW 98, 1857). Der zivilrechtliche Gehalt einer solchen Vereinbarung zielt auf eine vertragliche Festlegung des Anfangsvermögens ab, die von der gesetzlichen Begriffsbestimmung – Vermögen beim Eintritt des Güterstandes, § 1374 I BGB – abweicht und statt dessen das Vermögen bei Eingehung der Ehe für maßgebend erklärt (*Meincke,* DStR 91, 515, 549, 552; missverständlich insoweit die Entscheidungen BFH BStBl II 89, 897 und FG Düsseldorf EFG 89, 581, die von einer Rückwirkung sprechen, sowie die Entscheidung FG Berlin EFG 91, 545, die Rückwirkung der Zugewinngemeinschaft einerseits und Festlegung des Anfangsvermögens andererseits als zwei unterschiedliche Gestaltungsvarianten nebeneinander stellt). Richtig ist, dass eine Rückwirkung bezogen auf den gesamten Güterstand

wegen der in der Vergangenheit nicht beachteten Verfügungsbeschränkungen (§§ 1365, 1369 BGB) nicht zulässig ist. Die Wirkung darf aber nicht allein auf § 1374 I BGB beschränkt werden. Der Zugewinn ist vielmehr unter Berücksichtigung der Vereinbarung zum Anfangsvermögen nach den allg Regeln zu berechnen (einschließlich der Anwendung von § 1380 BGB, dazu auch § 29 Anm 14).

Die **Rspr** hatte in den genannten Entscheidungen (BFH BStBl II 89, 897; FG 30
Düsseldorf EFG 89, 581; FG Berlin EFG 91, 545; BFH BStBl II 93, 739) die vertragliche Vorverlegung des Zeitpunkts für die Bestimmung des Anfangsvermögens im Grundsatz auch auf die Ermittlung des erbstlichen Zugewinnausgleichsfreibetrages durchschlagen lassen. Die **FinVerw** lehnte diese Interpretation des § 5 I 1 ErbStG jedoch von Anfang an ab, weil sie in den zur Beurteilung stehenden Fallgestaltungen von einer Rückwirkung der Vereinbarungen auf abgeschlossene Verhältnisse ausging, die steuerlich unbeachtlich bleiben müsse.

Auf ihr Betreiben kam es 1993 zur Einfügung des neuen **Abs 1 S 4** in den Geset- 31
zestext, wonach mit Wirkung für Erbfälle ab dem 1.1.1994 die Einbeziehung von Vermögenserwerben vor dem Zeitpunkt der Vereinbarung der Zugewinngemeinschaft für die Freibetragsberechnung ohne Auswirkung ist. Da es sich bei der sog rückwirkend vereinbarten Zugewinngemeinschaft in Wahrheit um nichts anderes als um eine Zugewinngemeinschaft mit einer von den Vorschriften des § 1374 BGB abweichenden güterrechtlichen Vereinbarung handelt, hat Abs 1 S 4 gegenüber Abs 1 S 2 keine selbstständige Bedeutung. Wie die Regelung des Abs 1 S 2 gilt auch Abs 1 S 4 nur für die Freibetragsberechnung und wirkt sich auf die Höhe der nach Abs 2 steuerfreien Zugewinnausgleichsforderung nicht aus! Dass Abs 1 S 4 dennoch gesondert aufgenommen wurde, hängt mit dem Nachdruck zusammen, mit dem die FinVerw gerade in dieser Frage die gerichtliche Praxis bekämpfte. Sie hat sich in der Frage der Beurteilung von Eheverträgen, die bei nachträglicher Vereinbarung der Zugewinngemeinschaft den Ausgleich auf die ganze Ehezeit bezogen, von Anfang an für Gegenargumente nicht zugänglich gezeigt. Das fiskalische Interesse dominierte. Ob zu recht, kann man bezweifeln. Denn in den Fällen, in denen wesentliche Vermögenswerte in Frage stehen, die gerade nur durch eine auf die gesamte Ehezeit bezogene Ausgleichsregelung der Besteuerung entzogen werden können, wird man nun den Weg des güterrechtlichen Ausgleichs nach den §§ 1371 II, 1373ff BGB wählen und so das gewünschte Ergebnis auf einem Umweg im Wesentlichen doch erreichen. § 5 II bestimmt nicht, dass güterrechtliche Modifikationen und auch rückwirkende Vereinbarungen unberücksichtigt bleiben müssen (dazu Anm 40ff).

IV. Grenzen der Steuerfreiheit (Abs 1 S 5)

1. Der Steuerwert des Endvermögens als Freibetragsgrenze

Abs 1 S 5 begrenzt die Freistellung des Erwerbs des überlebenden Ehepartners auf 32
den dem Endvermögen des Erblassers entsprechenden Betrag. Die Gesetzesmaterialien lassen eine Begründung für diese Regelung nicht erkennen. Ein in der Literatur bekannt gewordener Rechtfertigungsversuch verweist darauf, dass „der Zugewinnausgleich … gem § 1371 I BGB durch eine dingliche Beteiligung des überlebenden Ehegatten am Nachlass“ erfolgt, die für die Zwecke der Besteuerung nach den steuerlichen Bewertungsgrundsätzen ermittelt wird. Es sei aber offenkundig, dass „nicht einerseits der Erwerb nach den Vorschriften des BewG bewertet werden kann, während andererseits bei der Ermittlung des stfreien Erwerbs die Verkehrswerte zugrunde gelegt werden. § 5 I 5 stellt deshalb sicher, dass ebenso wie bei der Bewertung des Erwerbs selbst auch bei der Ermittlung der steuerfreien Ausgleichsforderung die erbstlichen Wertmaßstäbe maßgeblich sind“ (*Bopp,* DB 75, 1000f). Dieser Begründungslinie hat sich der BFH (BStBl II 93, 510, 511f) mit den Worten angeschlossen: „Die Ermitt-

lung der Ausgleichsforderung basiert damit auf anderen Bewertungsregelungen, als sie für die Ermittlung des stpfl Erwerbs nach dem ErbStG vorgeschrieben sind".

2. Kritik

33 Der Hinweis darauf, dass sich die zivilrechtlichen Bewertungsregelungen und die steuerlichen Bewertungsgrundsätze unterscheiden, hat nach der Angleichung der stlichen an die zivilrechtlichen, am Verkehrswert orientierten Bewertungsprinzipien inzwischen deutlich an Gewicht verloren. Schon aus diesem Grund liegt die Empfehlung nahe, die Bestimmung des Abs 1 S 5 wieder zu streichen (*Meincke,* NJW 07, 586). Hinzu kommt jedoch, dass die Vorschrift auch in sich nicht stimmig ist. Denn die Feststellung des BFH, dass die Ermittlung der Ausgleichsforderung auf anderen Bewertungsregelungen basiert als die Ermittlung des stpfl Erwerbs und deswegen korrigiert werden muss, trifft in dieser Allgemeinheit nicht zu. Das wird deutlich, wenn der überlebende Ehegatte mit einem geringen Erbteil oder mit einem Vermächtnis bedacht ist und dann den Zusatzpflichtteil (§§ 2305, 2307 BGB) verlangt. Der erbrechtliche Zugewinnausgleich erfolgt in diesem Fall durch Erhöhung des Pflichtteilsanspruchs, und der so erhöhte Zusatzpflichtteil wird genau wie die Ausgleichsforderung nach zivilrechtlichen Grundsätzen bewertet. Die Bewertungsdifferenz, die der BFH benennt, kommt hier also gar nicht zum Tragen. Ähnliches gilt, wenn man an einen mit Vermächtnissen beschwerten Erwerb des überlebenden Ehegatten denkt. Die Vermächtnisse bilden im Rahmen des Erbschaftserwerbs einen durchlaufenden Posten, wobei sich der Vermächtniserwerb und die Vermächtnisverbindlichkeit gegenseitig neutralisieren. Das gilt unabhängig davon, wie der Erwerb und die entsprechende Verbindlichkeit zivilrechtlich oder stlich zu bewerten sind. Günstige stliche Bewertungsgrundsätze wirken sich in dieser Konstellation für den Erben bei der Besteuerung seines Erwerbs überhaupt nicht aus. Daher besteht auch kein Grund, den nach zivilrechtlichen Gesichtspunkten berechneten Ausgleichsanspruch unter Hinweis auf die stliche Bewertungsgrundsätze zu korrigieren. Schließlich ist noch festzuhalten, dass die in Abs 1 S 5 vorgesehene Freibetragsbegrenzung durch die Interpretation dieser Vorschrift in der Praxis einen Regelungsinhalt bekommt, der ihrem Wortlaut nicht entspricht. Auch das verdient Kritik (s Anm 34).

3. Der dem Steuerwert entsprechende Betrag

34 § 5 I 5 bestimmt, dass „höchstens der dem Steuerwert des Endvermögens (des Erblassers) entsprechende Betrag nicht als Erwerb iSd § 3" gelten soll. Als Freibetragsgrenze wird also der StWert des Endvermögens des Erblassers genannt. Bei einem angenommenen Verkehrswert des Endvermögens des Erblassers von 3 Mio EUR, einem StWert von 1 Mio EUR und einer Ausgleichsforderung des überlebenden Partners, der ohne eigenen Zugewinn geblieben war, in Höhe von 1,5 Mio EUR müsste also der Freibetrag auf 1 Mio EUR festgelegt werden. Denn dieser Betrag entspricht dem StWert des Endvermögens des Erblassers. In der Praxis wird der Freibetrag jedoch auf 0,5 Mio EUR reduziert. Eine Auseinandersetzung mit dem Wortlaut der Vorschrift findet nicht statt.

4. Die Umrechnung der Ausgleichsforderung durch Finanzverwaltung und Rechtsprechung

35 Aus der Sicht der FinVerw (R E 5.1 V ErbStR) ist die Ausgleichsforderung nicht nach dem Betrag zu begrenzen, der dem StWert des Endvermögens des Erblassers entspricht, sondern nach dem Betrag, der sich ergibt, wenn die Ausgleichsforderung im Verhältnis von StWert und Verkehrswert des Erblasser-Endvermögens herabgesetzt wird. So steht es jedoch nicht im Gesetz. In dem oben (Anm 34) genannten Beispiel beträgt das Ver-

hältnis von StWert und Verkehrswert des Erblasserendvermögens 1:3. In diesem Verhältnis soll daher auch die Ausgleichsforderung gekürzt werden. Daher soll der Freibetrag nicht 1 Mio, sondern nur 0,5 Mio EUR betragen. Die Rspr (BFH BStBl II 93, 510; NV 97, 29; BStBl II 05, 873; FG München UVR 96, 56) hat sich dem Standpunkt der FinVerw ohne Bedenken angeschlossen mit der wenig aussagekräftigen Begründung, dass jede andere Interpretation „dem erbstlichen Charakter dieser Regelung" widerspricht (FG München UVR 96, 56, 57). Auch im Schrifttum wird die Linie der FinVerw durchweg akzeptiert. Angesichts des Wortlauts der Vorschrift und des in sich nicht stimmigen Sinngehalts der Bestimmung kann die herrschende Interpretation jedoch so schnell keinen unbefangenen Leser des Gesetzestextes überzeugen.

5. Die Ermittlung des als Ausgleichsforderung steuerfreien Betrages

Sind bei der Ermittlung des Zugewinnausgleichsfreibetrages **anrechenbare Schenkungen unter den Ehegatten** zu berücksichtigen, so ist der Wert der Zuwendung für die Bestimmung der Ausgleichsforderung zunächst gedanklich aus dem Zugewinn des Empfänger-Ehegatten herauszulösen und wieder in den Zugewinn des zuwendenden Ehegatten einzurechnen (Anm 20). In welcher Reihenfolge die im Anschluss daran erforderlichen Rechenoperationen vorzunehmen sind, ist – auch wenn man der Auslegung des § 5 I 5 durch die FinVerw und die BFH-Rspr (Anm 35) folgt – umstritten. Nach Ansicht des FG Hamburg (EFG 87, 191, 193) sind zuerst die durch das ZivilR vorgesehenen Rechenschritte zu komplettieren. Das bedeutet: die Zuwendung ist mit ihrem Verkehrswert auf die Ausgleichsforderung anzurechnen, während die Umrechnung der so reduzierten Ausgleichsforderung im Verhältnis des StWerts zum Verkehrswert des Endvermögens den letzten Rechnungsvorgang bildet. *Raudszus* (DStR 87, 323) tritt demgegenüber dafür ein, die Umrechnung nach dem Verhältnis von StWert und Verkehrswert vorzuziehen; diese Verhältnisrechnung bezieht *Raudszus* auf das gem § 1380 II BGB um den Wert der Zuwendung erhöhte Endvermögen des verstorbenen Ehegatten. Erst zum Schluss ist nach *Raudszus* die Zuwendung auf die verhältnismäßig gekürzte Ausgleichsforderung anzurechnen, und zwar abweichend von § 1380 I 1 BGB mit ihrem StWert. Der Rechnungsmodus des FG Hamburg entspricht dem Aufbau des § 5 I insofern besser, als er die zivilrechtlichen Vorschriften konsequent zum Ausgangspunkt für die Bestimmung der fiktiven Ausgleichsforderung nimmt, führt jedoch, wie *Raudszus* anschaulich darlegt, zu inkonsistenten Ergebnissen. **36**

Aber auch die von *Raudszus* auf induktiver Basis entwickelte Berechnungsmethode (kritisch *Anderegg,* DB 91, 2619, 2620; gegen ihn wiederum *Raudszus,* DB 92, 2312), kann sich nicht auf ein schlüssiges Gesamtkonzept stützen, sondern führt mitunter zu sinnwidrigen Ergebnissen, wie folgendes **Beispiel** zeigt: **37**

Anfangsvermögen hatte keiner der Ehegatten (M und F). Das Endvermögen des verstorbenen M hat einen Verkehrswert von 500 und einen StWert von 300, das Endvermögen von F beträgt 400 (Verkehrswert). M hatte F eine Zuwendung gemacht, deren Verkehrswert 300 und deren StWert 100 beträgt. Das gem § 1380 II BGB korrigierte Endvermögen beläuft sich für M auf 500 + 300 = 800 und für F auf 400 – 300 = 100 (jeweils Verkehrswerte in Tausend EUR).

Nach zivilrechtlichen Wertmaßstäben, jedoch vor Anrechnung der Zuwendung, hat F eine (vorläufige) Ausgleichsforderung in Höhe der halben Differenz des beiderseitigen Zugewinns (= Endvermögen, da Anfangsvermögen 0). Diese Differenz beträgt 800 – 100 = 700, die vorläufige Ausgleichsforderung vor Anrechnung der Zuwendung mithin 350. Hieran schließt sich die Umrechnung gem § 5 I 5 ErbStG an. Dazu ist zunächst bei M der StWert des gem § 1380 II BGB korrigierten Endvermögens zu bestimmen: StWert des tatsächlichen Endvermögens (300) + StWert der Zuwendung (100) = 400. StWert (400) und Verkehrswert (800) des korrigierten Endvermögens verhalten sich wie 1 : 2. Die so gefundene Verhältniszahl von 0,5 ist auf die oben ermittelte vorläufige Ausgleichsforderung von 350 anzuwenden und ergibt eine herabgesetzte vorläufige Ausgleichsforderung von 175. Hierauf ist schließlich noch der StWert der Vorzuwendung (100) anzurechnen, so dass der Zugewinnausgleichsfreibetrag gem § 5 I ErbStG 75 beträgt. Zum Vergleich: Die zivilrechtliche Ausgleichsforderung erhält man aus der vorläufigen Ausgleichsforderung (350) ohne verhältnismäßige Kürzung, jedoch unter Abzug des Verkehrswerts der Zuwendung (300). Sie beträgt mithin 50. Somit würde in diesem Fall die Anwendung des § 5 I 5 ErbStG in dem von *Raudszus* vorgeschlagenen Sinne den erbstlichen Zugewinnausgleichsfreibetrag gegenüber der fiktiven güterrechtlichen Ausgleichsforderung nicht herabsetzen, sondern erhöhen, so dass auf die Umrechnung nach § 5 I 5 wohl verzichtet werden müsste. Insgesamt zeigt die Problematik der Anrechnung von Vorzuwendungen gem § 1380 BGB erneut, dass die aus § 5 I 5 hergeleitete Verhältnisrechnung die Konzeption der Vorschrift schwerlich zutreffend zu erfassen vermag (zust *Anderegg,* DB 91, 2619; kritisch auch *Viskorf/Richter* § 5 Rz 41, der jedoch „die Frage für die Praxis als entschieden" ansieht).

38 Im Fall **beschränkter StPfl** des verstorbenen Ehegatten soll (so *Moench/Weinmann* § 5 Rz 15) nur der Teilbetrag der fiktiven Ausgleichforderung abzugsfähig sein, der dem Anteil des Inlandsvermögens am gesamten Endvermögen des verstorbenen Ehegatten entspricht. *Moench/Weinmann* (aaO) beruft sich zur Begründung dieser These auf den Rechtsgedanken des § 10 VI. Allerdings geht es bei der letztgenannten Vorschrift um den Umfang des Abzugs einer den Erwerb mindernden wirtschaftlichen Last, während der Abzug nach § 5 I einen Teil des dem überlebenden Ehegatten zufallenden positiven Erwerbs von der StPfl ausnimmt. Außerdem ist der Zusammenhang des Abs 1 mit der Regelung des Abs 2 auch hier zu beachten. Die güterrechtliche Zugewinnausgleichsforderung wird ohne jede Einschränkung von der StPfl ausgenommen (BFH BStBl II 05, 843). Es ist nicht zu verstehen, warum die FinVerw darauf dringt, die Unterschiede zwischen der erbrechtlichen und der güterrechtlichen Lösung des Zugewinnausgleichs im ErbStRecht möglichst zu vertiefen, statt die unvermeidlichen Unterschiede, so weit es geht, zu nivellieren! Für einen vollen Abzug des vom gesamten in- und ausländischen Vermögen berechneten Zugewinnausgleichsfreibetrages treten auch *Schaumburg* (DB 86, 1948, 1949), *Kapp/Ebeling* (§ 5 Rz 92), *von Oertzen* (ZEV 94, 93) und *Troll/Gottschalk* (§ 5 Rz 215) ein.

39 Bei der Ermittlung des als Ausgleichsforderung stfreien Betrages sind alle Nachlassbestandteile einzubeziehen. Ein **stfreier Erwerb,** sei es aufgrund Auslandsbezuges (keine deutsche ErbSt wegen eines DBA oder beschränkter StPfl) oder Steuerbefreiungen des ErbStG (§§ 13, 13a, 13b, 13c), ist dabei unerheblich (BFH BStBl II 93, 510; NV 97, 29). § 5 I 5 stellt allein auf stliche Bewertungsgrundsätze und nicht auch auf stliche Befreiungsvorschriften ab. Eine solche Ergänzung war in der Empfehlung der BR-Ausschüsse v 15.9.2015 zur ErbStReform 2016 vorgesehen (BRDrs 353/1/15), wurde aber bereits in der Stellungnahme des BR v 25.9.2015 nicht übernommen.

V. Steuerfreiheit beim güterrechtlichen Zugewinnausgleich (Abs 2)

1. Grundlagen

40 Abs 2 hat **keine selbstständige Bedeutung,** sondern stellt nur klar, was allerdings auch ohne diese Bestimmung keinem Zweifel unterliegen konnte (BTDrs III/598, 6), dass nämlich der Erwerb der Ausgleichsforderung durch den ausgleichsberechtigten Partner im güterrechtlichen Zugewinnausgleich die Merkmale eines stpfl Vorgangs nach den §§ 1, 3 und 7 nicht erfüllt, so dass der Ausgleichsanspruch stfrei erworben wird (BFH BStBl II 93, 510; 05, 843; 07, 785, 787). Abs 2 regelt im Unterschied zu Abs 1 keinen Freibetrag, so dass auch nicht sinnvoll gefragt werden kann, ob sich

die StFreiheit der Ausgleichsforderung auf eine für den Ausgleichsanspruch gewährte Abfindung oder auf die Übertragung von Gegenständen unter Anrechnung auf die Ausgleichsforderung erstreckt. Vielmehr geht es allein um die Frage, ob der Erwerb der Abfindungsleistung oder ob die Übertragung der Gegenstände einen stpfl Vorgang iSd §§ 1, 3 oder 7 bildet. Dies wird im Zweifel zu verneinen sein.

2. Vereinbarter Zugewinnausgleich

Abs 2 behandelt ausdrücklich nur den gesetzlichen Ausgleichsanspruch, der bei 41
Beendigung des Güterstandes entsteht. Kraft Vereinbarung kann jedoch auch schon während des bestehenden Güterstandes ein Zugewinnausgleich erfolgen. Unter bestimmten Voraussetzungen kann ein solcher vorzeitiger Zugewinnausgleich auch ohne entsprechende Vereinbarung erzwungen werden (§§ 1385, 1386 BGB). Die FinVerw (R E 5.2 III ErbStR) legt Gewicht darauf, dass Abs 2 nicht anwendbar ist, wenn Ehegatten durch Ehevertrag den entstandenen Zugewinn ausgleichen, dabei aber diesen Güterstand selbst nicht beendigen **(sog fliegender Zugewinnausgleich).** Zwei Gründe sind es, die ihre ablehnende Haltung begründen. Zum einen wird darauf verwiesen, dass die Absprache, den Zugewinn auszugleichen, ohne den Güterstand zu beenden, keinen gesetzlichen Ausgleichsanspruch entstehen lässt (R E 5.2 III ErbStR). Es bedarf jedoch keines gesetzlichen Ausgleichsanspruchs, um den vereinbarten Ausgleich aus dem Kreis der Schenkungen herauszuheben. Sodann übernimmt die FinVerw eine Argumentation des BFH (H E 5.2 ErbStH unter Hinweis auf BFH BStBl II 94, 366, 367), wonach die Vorschrift des § 29 I Nr 3 ihren Sinn verliere, wenn man den vereinbarten Zugewinnausgleich für nicht stbar halten würde. Aber auch diese Argumentation überzeugt nicht. § 1380 I BGB, auf den § 29 I Nr 3 verweist, hat Schenkungen im Sinn, die freigebig gewährt werden und die nur, falls der Bedachte später ausgleichsberechtigt sein sollte, dann auf die Ausgleichsforderung anzurechnen sind. Solche Schenkungen sind etwas vollkommen anderes als ein jetzt vollzogener Zugewinnausgleich, der nicht als Schenkung gewährt wird, der nicht wegen groben Undanks widerrufen werden kann und der unabhängig davon Bestand haben soll, ob sich bei Beendigung des Güterstandes wirklich ein Ausgleichsanspruch für den Empfänger der Zuwendung ergeben sollte. § 29 I Nr 3 hat daher mit dem vereinbarten Zugewinnausgleich überhaupt nichts zu tun. Als Argument begegnet in Rspr und Literatur auch noch die These, dass § 5 II auf den Fall des vereinbarten Zugewinnausgleichs nicht passe. Doch wird bei diesen Überlegungen § 5 II zu Unrecht konstitutive Bedeutung beigemessen. So verfahren die Rspr (FG Köln EFG 02, 1254, 1256) und die Literatur (*Geck,* ZErb 04, 21, 25; *Mayer,* DStR 11/04, XVII), wenn sie die Tatbestandsvoraussetzungen des § 5 II im Einzelnen prüfen und Entscheidungen aus der Feststellung ableiten, dass der „klare Wortlaut des § 5 II" nicht erfüllt sei. Wenn § 5 II dagegen keine selbstständige Bedeutung hat, fehlt solchen Argumentationsweisen der greifbare Gehalt. Maßgeblich ist dann allein, ob es für den während des fortbestehenden Güterstandes vollzogenen Ausgleich einen Steuertatbestand gibt. Wenn es keinen Steuertatbestand für den „fliegenden Ausgleich" (vgl *Moench,* DStR 99, 301, 304) gibt, dann kann dahinstehen, ob dieser Ausgleich den Tatbestandsvoraussetzungen des § 5 II entspricht oder nicht. Eine StPfl für den vereinbarten Zugewinnausgleich kann sich nur aus § 7 I Nr 1 ergeben. Dann muss in dem Ausgleich eine freigebige Zuwendung liegen. Güterrechtliche Vereinbarungen zwischen den Eheleuten erfolgen mit Rücksicht auf die Ehe, genau so wie gesellschaftsrechtliche Vereinbarungen ihre Grundlage in einer causa societatis haben. Sie fördern einen Gemeinschaftszweck und werden damit nicht unentgeltlich gewährt. In ihnen ist daher im Zweifel auch keine freigebige Zuwendung zu sehen (FG Nürnberg EFG 05, 1711; s aber nachfolgend BFH BStBl II 07, 785). Die Rspr des BFH (BStBl II 94, 366), die die Ehe als Gemeinschaft in diesem Zusammenhang nicht anerkennt und die ehebezogene Ausgleichsleistungen unterschiedslos der Besteuerung

unterwirft, weist jedoch in eine andere Richtung. Die Eheleute können zwar jederzeit ihren Güterstand wechseln, von der Zugewinngemeinschaft auf die Gütertrennung übergehen, auch wenn sie anschließend alsbald zur Zugewinngemeinschaft zurückkehren wollen, und bei Beendigung der Zugewinngemeinschaft den Ausgleich stfrei vollziehen (BFH BStBl II 05, 843). Ohne Wechsel des Güterstandes während fortbestehender Zugewinngemeinschaft hat der Ausgleich jedoch nach Auffassung des BFH (NV 06, 63; BStBl II 07, 785) als freigebige Zuwendung zu gelten. Das überzeugt nicht.

3. Grenzen der Steuerfreiheit

42 Der Anspruchserwerb ist nur in der Hand des ausgleichsberechtigten Partners steuerunschädlich. Geht der Anspruch kraft Erbfolge auf die Erben des ausgleichsberechtigten Partners über, bildet der Anspruchserwerb für sie einen stpfl Tatbestand (§ 3 I Nr 1). Nicht nur der Ausgleichsanspruch gegen den ausgleichsverpflichteten Partner oder dessen Erben, sondern auch der Anspruch, der sich unter den Voraussetzungen des § 1390 BGB gegen außenstehende Dritte richtet, wird von dem ausgleichsberechtigten Partner stfrei erlangt.

4. Ausgleichsanspruch und Ehevertrag

43 Die durch Abs 2 bestätigte StFreiheit gilt auch für den durch Ehevertrag (§ 1408 BGB) oder Vereinbarung anlässlich der Ehescheidung (§ 1378 III 2 BGB) modifizierten Ausgleichsbetrag, sofern sich nicht die Bemessung der Ausgleichsforderung zugunsten des Ausgleichsberechtigten bewusst so weit von dem gesetzlichen Ausgleichsmodell entfernt, dass in ihr eine teilweise freigebige Zuwendung gefunden werden muss (idS auch BFH BStBl II 89, 897, 898; vgl ferner BStBl III 64, 202; 66, 521). Doch wird eine **freigebige Zuwendung nur in Ausnahmefällen** angenommen werden können, da die Eheleute mit dem Ehevertrag oder mit der Scheidungsvereinbarung im Zweifel nur güterrechtliche Regelungen treffen wollen. Und die FinVerw (R E 5.2 II ErbStR) erkennt an, dass nur solche Vereinbarungen, die sich in erster Linie auf erbrechtliche und nicht auf güterrechtliche Wirkungen richten, stpfl sind. Die Zielrichtung der Vereinbarung, in erster Linie güterrechtliche Wirkungen herbeizuführen, hat danach als das entscheidende Kriterium zu gelten, das die Ausgleichsleistungen auch dann, wenn sie von den gesetzlichen Vorgaben abweichen, aus dem Kreis der Schenkungen unter Lebenden und der Schenkungen auf den Todesfall herauslöst. Die Rspr (BFH BStBl II 05, 843; FG Düsseldorf EFG 06, 1447) bestätigt diese Linie, wenn es heißt, dass der Ausgleich in der zivilrechtlich vereinbarten Höhe im Zweifel güterrechtlichen Charakter hat und keine freigebige Zuwendung darstellt.

44 Die FinVerw hatte die Verschaffung einer erhöhten Ausgleichsforderung durch die **rückwirkende Vereinbarung einer Zugewinngemeinschaft** als freigebige Zuwendung gewertet (R 12 II 2 ErbStR 2003). Gegenteilige Rspr hat jedoch zur Aufgabe dieser Einordnung geführt (FG Düsseldorf EFG 06, 1447; BayLfSt DStR 07, 26; R E 5.2 II 4 ErbStR). Allein aus der rückwirkenden Vereinbarung ergibt sich keine erhöhte Ausgleichsforderung (anders, wenn zB über die Rückwirkung auf den Beginn der Eheschließung hinaus ein abweichendes Anfangsvermögen vereinbart wird, vgl R E 5.2 II 3, 5 ff ErbStR). Damit kann iRv § 5 II (zu § 5 I s Anm 29 ff) nachträglich ein Zugewinnausgleich für die gesamte Ehedauer erreicht werden (BFH BStBl II 05, 843; FG Hessen EFG 17, 871; *Gelhaar,* ZErb 16, 10, 17).

5. Verzicht auf den Ausgleich

Bleibt die vertragliche Festsetzung der Ausgleichsforderung zum Nachteil des Ausgleichsberechtigten hinter dem gesetzlich geschuldeten Betrag zurück, so kommt eine freigebige Zuwendung an den ausgleichsverpflichteten Partner nur dann in Betracht, wenn die Ausgleichsforderung vor der Vereinbarung entstanden war (zu diesem Fall R E 5.2 I 2 ErbStR). Denn der Verzicht auf ein noch nicht endgültig erworbenes Recht enthält keine Schenkung **(§ 517 BGB).** Da die Ausgleichsforderung erst mit der Beendigung des Güterstandes, also mit der Rechtskraft des Scheidungsurteils oder mit dem Tod des erstversterbenden Partners, entsteht (§ 1378 III 1 BGB), schließen **vor Entstehung getroffene Absprachen** eine freigebige Zuwendung an den ausgleichsverpflichteten Partner aus (BFH BStBl II 07, 785). Gleiches gilt, wenn der später ausgleichsberechtigte Partner Schenkungen des ausgleichsverpflichteten Partners zustimmt und damit darauf verzichtet, dass der Betrag des verschenkten Vermögens die spätere Ausgleichsforderung erhöht (§ 1375 II Nr 1, III BGB). In der Zustimmung liegt eine Freigebigkeit weder gegenüber dem Schenker noch gegenüber dem Beschenkten, weil auch insoweit § 517 BGB zu beachten ist (FG Münster EFG 62, 356). 45

Bei einem **Güterstandswechsel unter Verzicht auf den Ausgleich** des Zugewinns, indem die Eheleute durch Ehevertrag von der Zugewinngemeinschaft auf die Gütertrennung übergehen, kommt der Ausgleichsanspruch in der vom Gesetz vorgesehenen Höhe ebenfalls niemals zur Entstehung. Der Verzicht bildet daher auch in diesem Fall keinen Besteuerungstatbestand. Im Übrigen wird es sich gerade bei einem Verzicht vor Entstehen der Ausgleichsforderung regelmäßig um eine ohne den Willen zur Freigebigkeit geschlossene güterrechtliche Vereinbarung handeln. Weil der Ausgleichsanspruch vor der Beendigung des Güterstandes noch nicht endgültig erworben ist, liegt in dem Verzicht auf den Anspruch auch noch keine Zuwendung, die besteuert werden kann (vgl § 517 BGB). Das FG Hessen hat eine modifizierte Ausgleichsberechnung (Festlegung der jeweiligen Anfangs- und Endvermögen) mit anschließender Beendigung der Zugewinngemeinschaft in einer notariellen Urkunde nicht, einem in der gleichen Urkunde und ebenfalls vor der Vereinbarung der Gütertrennung erklärten Teilverzicht auf den berechneten Ausgleichsanspruch aber als freigebige Zuwendung qualifiziert (EFG 17, 871). Diese Differenzierung kann nicht überzeugen. Der Anspruch hätte nur durch eine modifizierte Berechnung stfrei auf die gewünschte Höhe reduziert werden können. Um StFolgen zu vermeiden, sollte unter Vermeidung eines formalen Verzichts entsprechend vorgegangen werden. Der sichere Weg ist dabei, den Anspruch zunächst ehevertraglich zu modifizieren (zB durch Vereinbarung der gewünschten Höchstgrenze) und erst dann in gesonderter Urkunde die Zugewinngemeinschaft zu beenden. Die höheren Kosten für zwei Beurkundungen sind dann hinzunehmen. 46

Ob der Verzicht dennoch eine Leistung enthält, die ggf als **Gegenleistung** beachtet werden muss, war lange Zeit nicht ausreichend geklärt (zB ehevertraglicher Verzicht auf Leistungen im Scheidungsfall gegen eine sofortige **Kompensationszahlung**). Nunmehr hat der BFH (BStBl II 07, 785) entschieden, dass der Verzicht zwar als Gegenleistung angesehen werden kann, dass er aber dennoch stlich nicht beachtet werden darf, weil er nicht in Geld veranschlagt werden kann (§ 7 III). Ob etwas in Geld veranschlagt werden kann, ist ein Bewertungsproblem, das kurz vor Beendigung der Ehe anders als zu einem früheren Zeitpunkt beurteilt werden mag. Die konkreten Umstände des Falles sollten daher bei dieser Einschätzung nicht außer Betracht bleiben (vgl auch § 7 Anm 133). Der BFH hat im entschiedenen Fall der Sofortabfindung eine freigebige Zuwendung angenommen. Davon ist die Vereinbarung von **Leistungen erst im Scheidungsfall** zu unterscheiden. Wenn ein Ehevertrag mit dem Ergebnis verhandelt wird, dass einer auf gesetzliche Scheidungsfolgen (Zugewinnausgleich oder auch nachehelicher Unterhalt) verzichtet und dafür erst und nur im 47

Scheidungsfall eine Zahlung erhält, fehlt es an einer freigebigen Zuwendung, da sich der Verzicht dann objektiv („in Geld veranschlagbar") realisiert. Dabei ist sogar unerheblich, ob ein gesetzlicher Anspruch bestanden hätte. Ein vergleichsweise vereinbarter pauschaler Zugewinnausgleich stellt aus Sicht der Beteiligten ein wirtschaftliches Risiko dar, je nachdem, wie hoch die tatsächliche Ausgleichsforderung bei Beendigung der Ehe wäre. Ein solches Risikogeschäft stellt keine freigebige Zuwendung dar (FG München DStRE 98, 600). Ein Vergleich, der durch gegenseitiges Nachgeben zu einer ausgewogenen Interessenverteilung führt, erfolgt nicht unentgeltlich (BGH NJW-RR 07, 263). Subjektiv gilt, dass Geschiedene und Getrenntlebende sich im Regelfall nichts (mehr) zu schenken pflegen (BFH BStBl II 03, 282; *Troll/Gebel* § 7 Rz 290). Gleiches gilt bei Abschluss eines Ehevertrages, der Leistungen für den Scheidungsfall vorsieht (*Münch*, FPR 12, 302).

48 Verzichtet der ausgleichsberechtigte Ehegatte auf die bereits entstandene Ausgleichforderung gegen eine **Abfindung** oder Leistung an Erfüllungs statt, so bleibt diese wie die Ausgleichsforderung selbst steuerlich außer Betracht. Wird der Berechtigte allerdings durch Vermögenswerte abgefunden, die den Betrag der Ausgleichsforderung deutlich übersteigen, so kann darin eine gemischte freigebige Zuwendung liegen.

49 Wechselt ein Ehepaar vom Güterstand der Zugewinngemeinschaft zur Gütertrennung und wird ein Ausgleich der bis dahin entstandenen Zugewinndifferenz ausgeschlossen, so gelangt eine Ausgleichsforderung nicht zur Entstehung (Anm 44). Erhält der Ehegatte mit dem geringeren Zugewinn eine Abfindung und liegt deren Wert über dem Betrag der halben Zugewinndifferenz zZ des Güterstandswechsels, dann wird gleichwohl eine gemischte Schenkung nicht ohne Weiteres angenommen werden können, weil die Abfindung auch im Hinblick auf den Ausschluss des Ausgleichs zukünftiger Zugewinndifferenzen gewährt wird. Eine **Aufteilung der Abfindungsleistung,** weil diese nicht nur den Verzicht auf den Zugewinnausgleich, sondern auch einen Verzicht auf Pflichtteilsrechte abgelte und daher teilweise einer Besteuerung nach § 3 II Nr 4 unterliege, kommt nur im Fall des § 1371 II BGB in Betracht, wenn der überlebende Ehegatte von den Erben des verstorbenen Partners für Zugewinnausgleich und kleinen Pflichtteil abgefunden wird (BFH/NV 13, 938). Verzichtet ein Ehegatte dagegen zu Lebzeiten seines Partners auf Zugewinnausgleich, sei es im Scheidungsfall oder während bestehender Ehe anlässlich einer Änderung des Güterstandes, so scheidet eine (Teil-)Besteuerung nach § 3 II Nr 4 aus, weil diese Vorschrift nur den Verzicht auf den bereits entstandenen Pflichtteilsanspruch erfasst; auch der Tatbestand des § 7 I Nr 5, der sich nur auf die dort genannten erbrechtlichen Verträge bezieht, ist nicht erfüllt.

50 Wenn die Zugewinngemeinschaft zu Lebzeiten beider Partner, insb durch vertraglichen Güterstandswechsel, beendet wird, kann es den Interessen der Ehegatten entsprechen, die Ausgleichsforderung bis zum Tode des verpflichteten Teils **zinslos zu stunden;** auch bei dieser Gestaltung bleibt der Erwerb der auf diese Weise modifizierten Ausgleichsforderung ein solcher iSd § 5 II. Die nachträgliche Stundung eines entstandenen Anspruchs kann jedoch eine freigebige Zuwendung darstellen (BFH/NV 12, 229; OFD Rheinland v 29.3.2012, Kurzinfo ESt 15/2012).

51 Abs 2 kennt **keine Begrenzung der StFreiheit** des Erwerbs auf einen aus dem StWert des Endvermögens abgeleiteten Betrag, wie sie Abs 1 S 5 für den Fall des erbrechtlichen Zugewinnausgleichs vorschreibt. Abs 2 sieht auch keine Begrenzung der Abzugsfähigkeit der Ausgleichsforderung als Nachlassverbindlichkeit des Erben vor. Das „Ausmaß der Vergünstigung nach Abs 2", von dem die Gesetzesmaterialien (in Verkennung der Funktion des Abs 2) sprechen (BTDrs VI/3418, 63), kann daher das Maß der StFreiheit beim erbrechtlichen Zugewinnausgleich deutlich übersteigen. Ob sich dies mit dem in der Gesetzesbegründung genannten Leitziel größerer StGerechtigkeit verträgt, mag zweifelhaft sein. Doch ist zu beachten, dass der überlebende Ehegatte im Fall der Beendigung des Güterstandes durch den Tod eines der Partner bei einer rein ökonomisch orientierten Betrachtungsweise zwischen den beiden Ausgleichsmodalitäten wählen kann. Er kann nämlich statt der pauschalen erbrechtlichen Abgeltung den güterrechtlichen Ausgleich in Anspruch nehmen, wenn er sich entschließt, durch Ausschlagung des erbrechtlichen Erwerbs selbst dafür zu sorgen, dass er weder Erbe noch Vermächtnisnehmer des Verstorbenen wird (§ 1371 II BGB). Bei der Entscheidung über die Annahme oder Ausschlagung des erbrechtlichen Erwerbs, bei der neben dem Gesichtspunkt der Pietät gegenüber dem Verstorbenen vornehmlich die zivilrechtlichen Folgen bedacht zu werden pflegen, sollten daher auch die unterschiedlichen StFolgen nach Abs 1 oder Abs 2 nicht unbeachtet bleiben.

6. Erfüllung des Ausgleichs an Erfüllungs statt

Ertragstliche Auswirkungen sind zu prüfen, wenn die Erfüllung der Ausgleichsforderung nicht in Geld (wie vom Gesetz vorgesehen), sondern **an Erfüllungs statt** durch Hingabe anderer Vermögenswerte erfolgt. Dies stellt ein entgeltliches Geschäft dar. Der eine Ehegatte veräußert das in Erfüllung des Zugewinnausgleichs hingegebene Wirtschaftsgut, der andere erwirbt es entgeltlich (BFH BStBl II 03, 282; NV 06, 1280; OFD Frankfurt FR 01, 322; OFD München DStR 01, 1298; *Stein,* DStR 12, 1063 mit Gestaltungsvorschlägen). 52

VI. Wahl-Zugewinngemeinschaft (Abs 3)

Das BGB (§ 1519) und das ErbStG (§ 5 III) wurden zum 1.5.2013 um Bestimmungen zur **deutsch-französischen Wahl-Zugewinngemeinschaft** (Abkommen v 4.2.2010) ergänzt (BGBl II 12, 178). Dieser Wahlgüterstand sieht ausschließlich einen güterrechtlichen Zugewinnausgleich vor, der im Todesfall auch erfolgt, wenn der überlebende Ehegatte als Erbe oder Vermächtnisnehmer berufen ist. Eine Erbteilserhöhung nach § 1371 I BGB erfolgt nicht. Entsprechend wurde Abs 3 dem Abs 2 nachgebildet. Nach *Troll/Gottschalk* kann aber Abs 1 in Anspruch genommen werden, wenn der Ausgleich für den Todesfall ehevertraglich abbedungen wurde (§ 5 Rz 265). 53

VII. Steuerfreiheit beim Versorgungsausgleich

Abs 2 bestätigt nur, dass die Ausgleichsleistungen, die iRd Zugewinnausgleichs erbracht werden, erbstfrei erfolgen können. Dasselbe hat jedoch für die Vermögensübertragungen zu gelten, die unter den Eheleuten zum Zweck der Durchführung des Versorgungsausgleichs stattfinden können (§§ 1587ff BGB; *Meincke,* DStR 77, 363, 369; *Moench/Weinmann* § 5 Rz 69a). 54

§ 6 Vor- und Nacherbschaft

(1) **Der Vorerbe gilt als Erbe.**

(2) **[1]Bei Eintritt der Nacherbfolge haben diejenigen, auf die das Vermögen übergeht, den Erwerb als vom Vorerben stammend zu versteuern. [2]Auf Antrag ist der Versteuerung das Verhältnis des Nacherben zum Erblasser zugrunde zu legen. [3]Geht in diesem Fall auch eigenes Vermögen des Vorerben auf den Nacherben über, sind beide Vermögensanfälle hinsichtlich der Steuerklasse getrennt zu behandeln. [4]Für das eigene Vermögen des Vorerben kann ein Freibetrag jedoch nur gewährt werden, soweit der Freibetrag für das der Nacherbfolge unterliegende Vermögen nicht verbraucht ist. [5]Die**

Steuer ist für jeden Erwerb jeweils nach dem Steuersatz zu erheben, der für den gesamten Erwerb gelten würde.

(3) [1]**Tritt die Nacherbfolge nicht durch den Tod des Vorerben ein, gilt die Vorerbfolge als auflösend bedingter, die Nacherbfolge als aufschiebend bedingter Anfall.** [2]**In diesem Fall ist dem Nacherben die vom Vorerben entrichtete Steuer abzüglich desjenigen Steuerbetrags anzurechnen, welcher der tatsächlichen Bereicherung des Vorerben entspricht.**

(4) **Nachvermächtnisse und beim Tod des Beschwerten fällige Vermächtnisse oder Auflagen stehen den Nacherbschaften gleich.**

Erbschaftsteuer-Richtlinien 2011: R E 6

Übersicht

Schrifttum: *Jülicher,* Erbschaftsteuerliche Gestaltungsüberlegungen im Vergleich, ZEV 03, 350; *Riedel,* Nießbrauchsvermächtnis als Alternative zur Vor- und Nacherbschaft, ZErb 03, 44; *Meincke,* Rechtsgestaltung zwischen Vorerbfall und Nacherbfall, FS Korn, 2006, 573; *Carlé,* Die Vor- und Nacherbschaft, ErbStB 06, 257; *Heeg,* Alternativen zur Nacherbeneinsetzung, DStR 07, 89; *Reimann,* Die vorweggenommene Nacherbfolge, DNotZ 07, 579; *Siebert,* Die Erbschaftbesteuerung bei Vor- und Nacherbschaft, BB 10, 1252; *Klöters,* Der Nacherbenvermerk in der Wertermittlung, DS 16, 50; *Jandl/Kraus,* Haftung für die Erbschaftsteuer im Vor- und Nacherbfall, DStR 16, 2265.

I. Allgemeines

1. Entstehungsgeschichte

1 § 6 ergänzt § 3 I Nr 1 für den Fall der Vor- und Nacherbfolge (Abs 1–3) und des Nachvermächtnisses (Abs 4). Die Bestimmung geht im Wesentlichen auf das ErbStG

1922 zurück. 1974 wurden in Abs 2 zur Klarstellung (BTDrs 6/3418, 63) die Sätze 3–5 eingefügt. Das ErbStRG 2009 hat die Anordnung des Abs 4 auf Auflagen erstreckt. Der frühere Abs 5, der sich auf die Verhältnisse bei einem ländlichen Anerbengut bezog und unter den geltenden Anerbengesetzen keinen deutlich erkennbaren Anwendungsbereich hatte, wurde gestrichen.

2. Vor- und Nacherbfolge (§§ 2100ff BGB)

Im Fall der Vor- und Nacherbfolge (§§ 2100ff BGB) teilen sich zwei (oder mehrere) Erben in der Weise den Nachlass, dass sie nicht gleichzeitig, sondern nacheinander Erben werden. Mit dem Erbfall geht das Vermögen des Erblassers zunächst auf den Vorerben über (§ 1922 I BGB). Mit dem Nacherbfall hört der Vorerbe jedoch auf, Erbe zu sein, und fällt die Erbschaft dem Nacherben an (§ 2139 BGB). Der Vorerbe ist also **Erbe auf Zeit.** Seine Erbenstellung dauert nur bis zum Nacherbfall. Dabei kann der Nacherbfall bedingt oder befristet angeordnet sein. Im Fall der Befristung (Bsp: Nacherbfall beim Tod des Vorerben) steht fest, dass es zum Nacherbfall kommt, der Vorerbe damit seine Erbenstellung verliert. Im Fall der Bedingung (Bsp: Nacherbfall bei Wiederheirat des Vorerben) ist es dagegen nicht sicher, ob der Nacherbfall eintritt. Fällt die Bedingung aus, wird aus dem Vorerben ein Vollerbe, der nun den Nachlass ohne zeitliche Beschränkung innehat. Der auflösend bedingt eingesetzte Vorerbe ist daher nur solange „Erbe auf Zeit", bis die Bedingung ausfällt und er zum Erben ohne zeitliche Beschränkung wird. Als (vorläufiger) Erbe auf Zeit unterliegt der Vorerbe gewissen Beschränkungen, die den Erwerb des Nacherben sichern sollen. So hat der Vorerbe den Nachlass ordnungsgemäß zu verwalten und für sorgfaltswidriges Verhalten beim Eintritt des Nacherbfalls einzustehen (§§ 2130f BGB). Eigennützig verwendete Gegenstände muss der Vorerbe beim Eintritt des Nacherbfalls dem Nacherben ersetzen (§ 2134 BGB). Über Grundstücke kann er nicht ohne Zustimmung des Nacherben über den Nacherbfall hinaus wirksam verfügen (§ 2113 I BGB). Auch sind Schenkungen des Vorerben aus dem Nachlass beim Eintritt des Nacherbfalls unwirksam (§ 2113 II BGB). Von den meisten dieser Beschränkungen kann der Erblasser den Vorerben befreien (§ 2136 BGB). Die Freiheit, den Nachlass durch Schenkungen zu vermindern, kann er dem Vorerben dagegen nicht vermitteln. 2

II. Die Besteuerung des Vorerben (Abs 1)

1. Besteuerung als Vollerbe

Der Vorerbe ist **Gesamtrechtsnachfolger des Erblassers** und damit Erbe (§§ 2100, 1922 I BGB). Dass er auch im ErbStRecht als Erbe gelten soll, brauchte nicht gesondert hervorgehoben zu werden. Die aus dem ErbStG 1922 stammende Vorschrift des § 6 I erklärt sich vor dem Hintergrund, dass die §§ 27 ErbStG 1906 und 23 ErbStG 1919 für den Fall der nicht befreiten Vorerbschaft angeordnet hatten: „Bei der Einsetzung eines Nacherben (§§ 2100ff BGB) wird der Vorerbe als Nießbraucher … behandelt". Demgegenüber stellt die geltende Fassung des § 6 I den Anschluss an das ZivilR wieder her. Sie ist auch dann zu beachten, wenn der Erblasser die Stellung des Vorerben im Einzelfall wirtschaftlich mehr der eines Nießbrauchers als der eines Erben angenähert hat (RFH RStBl 31, 241; vgl auch FG München UVR 97, 437; EFG 00, 279). 3

Der Vorerbe wird als **Vollerbe** (= unbeschränkt zur Erbfolge berufener Erbe) besteuert. Das folgt zwar noch nicht aus § 6 I, wohl aber aus § 6 II 1 einerseits und aus den §§ 6 III, 12 I iVm den §§ 5, 9 BewG andererseits. Hat der Erblasser nämlich den Nacherbfall mit dem Tod des Vorerben verknüpft, so sieht das Gesetz den Erwerb des 4

Nacherben „als vom Vorerben stammend" an (§ 6 II 1). Dem Vorerben wird damit die nur auflösend befristet zugewandte Vorerbschaft wie ein unbefristet erworbenes, frei vererbbares Vermögen zugerechnet, das von ihm, nicht vom Erblasser, auf den Nacherben übergeht. Soll die Nacherbfolge dagegen nicht beim Tod des Vorerben eintreten, so gilt der Erwerb des Vorerben als auflösend bedingter Erwerb (§ 6 III 1). Für auflösend bedingt erworbene Wirtschaftsgüter bestimmt aber der über § 12 I anwendbare § 5 I BewG, dass sie wie unbedingt erworbene zu behandeln sind. Tritt der Nacherbfall ein, so wäre allerdings nach § 5 II BewG an eine Berichtigung der StFestsetzung gegen den Vorerben zu denken. Doch greift hier die Sonderregelung des § 6 III 2 ein. Aus ihr folgt: Eine Berichtigung der StFestsetzung gegen den Vorerben findet nicht statt. Dafür wird dem Nacherben die vom Vorerben entrichtete St abzüglich des Betrages, der der Bereicherung des Vorerben entspricht, auf die eigene StSchuld angerechnet.

5 Die Verfügungsbeschränkungen des Vorerben bleiben nach § 9 II 3, III BewG bei der **Bewertung** außer Betracht (FG Düsseldorf EFG 17, 138 zum Vorvermächtnis). Weder das BewG noch das ErbStG selbst sieht einen Ansatz vor. Denkbar ist aber eine Berücksichtigung bei einer Sachverständigenbewertung (vgl FG Nürnberg ErbStB 14, 299 zur Grundstücksbewertung nach der ImmoWertV).

2. Entlastung des Vorerben durch § 20 IV

6 Der Vorerbe ist nach § 3 I Nr 1 stpfl. Er ist nach **§ 20 I StSchuldner** und haftet auch mit seinem Privatvermögen für die StSchuld (RFH RStBl 35, 1509; BFH BStBl II 16, 746). Im wirtschaftlichen Ergebnis ist aber nicht der Vorerbe, sondern der Nacherbe der Träger der StLast, auf den der Vorerbe seine StLast überwälzen kann. Denn der Vorerbe kann die **St aus den Mitteln der Vorerbschaft entrichten** (§ 20 IV iVm § 2126 BGB), also die auf den Nacherben übergehende Erbschaft entsprechend kürzen, ggf auch Aufwendungsersatz für die zunächst aus persönlichen Mitteln entrichtete St verlangen (§ 2124 II BGB), so dass damit den Nacherben die durch die Vorerbschaft ausgelöste stliche Belastung trifft. Besteht die Vorerbschaft vornehmlich aus Grundvermögen, so kann der Vorerbe vom Nacherben die Zustimmung zur Verfügung über ein Nachlassgrundstück verlangen (§ 2120 BGB), wenn die ErbSt nicht aus den sonstigen Mitteln der Vorerbschaft aufzubringen ist (aM wohl BFH BStBl II 77, 640, 642 aE). Erwirbt der Vorerbe mit der Vorerbschaft zugleich nacherbschaftsfreies Vermögen vom Erblasser, so braucht er nur die auf das freie Vermögen entfallende St persönlich zu tragen. Er kann daher das auf den Nacherben übergehende Vermögen auch mit dem StMehrbetrag belasten, der sich aus der Zusammenrechnung der Vorerbschaft mit dem nacherbschaftsfreien Vermögen ergibt (Stellungnahme des RdF in: RFH RStBl 35, 1509). Ob der Vorerbe auch den **Steuermehrbetrag** aus der Vorerbschaft entnehmen darf, der sich aus der Zusammenrechnung des Vorerbschaftserwerbs mit früheren Schenkungen des Erblassers an den Vorerben nach **§ 14** ergibt, ist noch nicht ausreichend geklärt. Zu fragen ist, ob der Mehrbetrag zu der „durch die Vorerbschaft veranlassten St" gehört. Dagegen spricht § 2126 S 1 BGB. Danach werden dem Nacherben die Lasten auferlegt, die „als auf den Stammwert der Erbschaftsgegenstände gelegt anzusehen sind", wozu nicht die aus § 14 folgende StBelastung gehört. Die Mehrbelastung würde hiernach allein den Vorerben treffen. Sachgerechter wäre, dass der Vorerbe entsprechend § 14 I 2 nur die „fiktive" auf den Vorerwerb entfallende St (vgl § 14 Anm 11) zu tragen hat. Ein anderes Ergebnis kann der Erblasser testamentarisch anordnen und den Vorerben zur Entnahme auch des sich aus § 14 ergebenden StMehrbetrags berechtigen (vgl *Roth/Hannes/Mielke,* Vor- und Nacherbschaft, § 20 Rz 198ff).

7 Bildet der Tod des Vorerben den Nacherbfall und gehört der Nacherbe nicht zu den Erben des Vorerben (hinsichtlich des Vermögens, das der Vorerbe außerhalb der Vorerbschaft hat), so stellt sich die Frage nach der **Vererbung der Vorerbensteuer-**

last: Haftet der Erbe des Vorerben oder der Nacherbe für die noch ausstehende ErbSt auf die Vorerbschaft? Der RFH (RStBl 35, 1509) und das Hess FG (EFG 14, 2059) haben den Erben des Vorerben für stpfl erklärt. Das FG Hamburg (EFG 68, 382) hat die StPfl des Nacherben verneint. Der BFH hat im Rev-Verfahren zur Entscheidung des Hess FG der alleinigen Zuordnung zum Vorerben widersprochen (BFH BStBl II 16, 746). Der Erbe des Vorerben und der Nacherbe haften danach gesamtschuldnerisch für die Vorerbfall-ErbSt, wobei nur ausnahmsweise eine Festsetzung gegen den Erben des Vorerben erfolgen kann. Dies ist sachgerecht (wie hier auch schon vorher vertreten). Der vorherigen Rspr fehlte die Auseinandersetzung mit der Bestimmung des (jetzigen) § 6 II 1, die den Nacherben hinsichtlich des Vorerbschaftsvermögens als Erben des Vorerben behandelt. Als Erben des Vorerben könnte ihn auch die auf das Vorerbschaftsvermögen entfallende St treffen. Aus § 20 IV ergibt sich, dass die St des Vorerben aus den Mitteln der Vorerbschaft entnommen werden soll. Diese Mittel stehen dem Erben des Vorerben nicht zur Verfügung. Beim Tod eines Vorvermächtnisnehmers kann der Nachvermächtnisnehmer jedoch mangels Gesamtrechtsnachfolge nicht für die Vorvermächtnis-ErbSt herangezogen werden (FG Düsseldorf EFG 17, 138). Zivilrechtlich wurde der Erbe des Vorerben bereits durch den Anspruch auf Erstattung/Freistellung nach den §§ 2126, 2124 BGB geschützt (OLG Frankfurt ZEV 16, 271; LG Bonn ZEV 12, 321, 322). Bildet dagegen der Tod des Vorerben nicht den Nacherbfall, so geht das der Vor- und Nacherbfolge unterliegende Vermögen nach § 1922 I BGB auf die Erben des Vorerben über (RG Das Recht 28, 78 Nr 298; vgl auch BGHZ 44, 152). Die Erben des Vorerben werden dann erneut die Substanz der Vorerbschaft zu versteuern haben, diesmal aber als Erben (des Vorerben), nicht als Vorerben, daher auch ohne Anrechnungsmöglichkeit auf die Vorerbschaft (§ 20 IV), mit der Konsequenz, dass sie beim Eintritt des Nacherbfalls gem § 5 II BewG eine Berichtigung der StFestsetzung verlangen können (aM *Petzoldt* § 6 Rz 26; vgl Anm 24).

3. Umwandlung der Vorerbschaft in Vollerbschaft

Erlangt der Vorerbe zivilrechtlich die Stellung eines Vollerben, weil die Bedingung **8**
ausfällt, an die der Erblasser die Nacherbfolge geknüpft hatte (vgl dazu § 10 Anm 36), weil der Nacherbe sein Nacherbenrecht zugunsten des Vorerben ausschlägt, es auf den Vorerben überträgt oder zugunsten des Vorerben auf sein Nacherbenrecht verzichtet oder weil der Vorerbe den Nacherben beerbt, so vermittelt dieses Ereignis dem Vorerben **keinen zusätzlichen stpfl Erwerb.**

Dennoch sollten die **Kosten,** die der Vorerbe im Zusammenhang mit dem Erwerb **9**
des Vollrechts übernimmt, zum Abzug zugelassen werden. Denn durch die Umwandlung der Vorerbschaft in eine Vollerbschaft wird der Fiskus entlastet, weil nun bei einem weiteren Erbfall die Verrechnungsmöglichkeit des § 6 III 2 nicht mehr besteht. Auch kann die Umwandlung der Vorerbschaft in die Vollerbschaft für den bisherigen Nacherben, der sein Anwartschaftsrecht gegen Abfindung ausschlägt oder gegen Entgelt auf den Vorerben überträgt, einen selbstständigen StTatbestand bilden (§ 3 II Nr 4, 6; vgl § 3 Anm 115, 118), der dem Fiskus zusätzlich St einbringt. Macht der Vorerbe daher Aufwendungen, um den Ausfall der Bedingung herbeizuführen, lässt er sich vom Nacherben gegen Entgelt dessen Anwartschaft übertragen oder zahlt er dem Nacherben eine Abfindung dafür, dass der Nacherbe zugunsten des Vorerben sein Nacherbenrecht ausschlägt, spräche manches dafür, dass diese Aufwendungen als Kosten anzuerkennen sind, die unmittelbar im Zusammenhang mit der Erlangung des Vollrechts stehen und daher beim Vorerben gem § 10 V Nr 3 S 1 zum Abzug zugelassen werden müssen (FG Düsseldorf EFG 93, 44). Der BFH (BStBl II 96, 137) hat jedoch anders entschieden. Das Gericht beschränkt die Abzugsfähigkeit auf Aufwendungen, die sich unmittelbar auf den stpfl Erwerb beziehen. Hier seien die Aufwendungen auf die Erweiterung der durch Erbanfall erworbenen Erbenstellung bezogen. Diese Erweiterung der Erbenstellung sei nicht stpfl. Die Abzugsfähigkeit der Aufwen-

dungen sei daher zu verneinen (vgl auch § 10 Anm 60). Erlangt der Vorerbe den Verzicht des Nacherben auf sein Nacherbschaftsrecht gegen Herausgabe von Nachlassgegenständen, dann soll der Vorerbe seine Aufwendungen schon deshalb nicht zum Abzug bringen können, weil der Verzicht nicht als Gegenleistung anerkannt werden kann (FG München EFG 03, 552). Denn die Herausgabe von Nachlassgegenständen werde vom Gesetz als eine Vorwegnahme des Nacherbfalls angesehen. Gegenüber der Vorwegnahme des Nacherbfalls könne aber der Verzicht auf die Nacherbfolge keine Rolle spielen.

III. Besteuerung des Nacherben

1. Rechtslage vor dem Nacherbfall

10 Für den Nacherben besteht vor dem Eintritt des Nacherbfalls **grundsätzlich noch keine StPfl,** auch wenn er schon mit dem Erbfall eine Anwartschaft auf den späteren Erwerb erhält, die veräußerlich und vererblich sein kann und damit Vermögenswert hat. Stirbt der Nacherbe vor Eintritt des Nacherbfalls, so geht sein Recht, sofern es vererblich ist (§ 2108 II 1 BGB), unversteuert auf seine Erben über (§ 10 IV). Auch die Schenkung der Nacherbenanwartschaft führt zu keinem stpfl Erwerb des Beschenkten (§§ 1 II, 10 IV; BFH BStBl II 93, 158). Veräußert der Nacherbe dagegen die ihm zugefallene Anwartschaft oder verzichtet er zugunsten des Vorerben auf sein Nacherbenrecht gegen Entgelt, so wird das Entgelt nach § 3 II Nr 6 der Besteuerung unterworfen (vgl Anm 8). Der Nacherbe wird ferner nach § 3 II Nr 4 dann stpfl, wenn er sein Nacherbenrecht gegen Abfindung ausschlägt, was schon vor dem Eintritt des Nacherbfalls geschehen kann (§ 2142 I BGB). Eine StPfl des Nacherben vor dem Nacherbfall entsteht nach § 7 I Nr 7 auch dann, wenn ihm der Vorerbe mit Rücksicht auf die angeordnete Nacherbfolge vor dem Nacherbfall Nachlassgegenstände herausgibt. Der Verzicht auf das Nacherbenanwartschaftsrecht wird nicht als eine den Schenkungstatbestand ausschließende Gegenleistung anerkannt (FG München EFG 03, 552; Anm 8).

2. Eintritt des Nacherbfalls

11 Mit Eintritt des Nacherbfalls fällt die Erbschaft dem Nacherben (§ 2139 BGB) oder demjenigen an, der mit der Übertragung der Nacherbenanwartschaft in die Rechtsstellung des Nacherben eingetreten ist. Der Vermögensübergang beim Nacherbfall entspricht in den Wirkungen der Gesamtrechtsnachfolge des § 1922 I BGB (RGZ 65, 142, 144) und ist daher nach § 3 I Nr 1 stpfl (BFH BStBl II 72, 765; 93, 158, 159; § 3 Anm 19). § 6 I will nicht besagen, dass im ErbStRecht nur der Vorerbe als Erbe gilt. Gemeint ist vielmehr, dass neben dem Nacherben auch der Vorerbe als Erbe zu gelten hat. Die Erbenstellung des Nacherben war dem Gesetzgeber selbstverständlich. § 6 II und III begründen daher nicht die StPfl des Nacherben, sondern fügen dem § 3 I Nr 1 nur Ergänzungen hinzu, wobei Abs 2 die Nacherbfolge beim Tod und Abs 3 die Nacherbfolge zu Lebzeiten des Vorerben betrifft.

IV. Nacherbfolge beim Tod des Vorerben (Abs 2)

1. Der Tod des Vorerben als Nacherbfall

12 Welches Ereignis oder welches Datum den Nacherbfall bilden soll, bestimmt der Erblasser. Hat der Erblasser nichts bestimmt, gilt der Tod des Vorerben als Nacherbfall **(§ 2106 I BGB).** Ist die Nacherbfolge durch Anordnung des Erblassers oder des Gesetzes mit dem Tod des Vorerben verknüpft, so ist die Nacherbfolge im Zweifel von

einer Befristung abhängig gemacht. Denn der Tod des Vorerben ist gewiss. Es kann jedoch auch eine Bedingung, also die Anknüpfung an ein ungewisses Ereignis vorliegen, wenn der Erblasser von einer der in der Praxis gebräuchlichen Klauseln Gebrauch gemacht und bestimmt hatte, dass der Nacherbfall beim Tod des überlebenden Ehegatten eintreten soll, aber nur, wenn der überlebende Ehegatte bis dahin nicht wieder geheiratet hat, oder nur, wenn er den als Nacherben Eingesetzten nicht seinerseits zum Alleinerben eingesetzt hat, oder nur, wenn er nicht anderweitig über den Nachlass verfügt hat. Auch in diesen Fällen der bedingten Vor- und Nacherbfolge tritt die Nacherbfolge, wenn es zu ihr kommt, „durch den Tod des Vorerben ein". Daher muss auch für diese Fälle die Regelung des Abs 2, die für den Nacherbfall beim Tod des Vorerben gilt, anwendbar sein.

2. Die Beteiligten des Vermögenstransfers

Abs 2 S 1 bestimmt, dass das beim Nacherbfall übergehende Vermögen als vom **13**
Vorerben stammend zu versteuern ist. Diese Regelung bringt eine bewusste **Abweichung vom Zivilrecht,** das den Nacherben als Erben des Erblassers, nicht als Erben des Vorerben ansieht (§ 2100 BGB). Der Anwendungsbereich dieser Bestimmung ist jedoch begrenzt. Denn auch das ErbStRecht geht nicht so weit, einen Erbfall nach dem Vorerben schon zu Lebzeiten des Vorerben zu fingieren. Als vom Vorerben stammend ist der Erwerb des Nacherben daher nur dann zu behandeln, wenn der Nacherbfall mit dem Tod des Vorerben eintritt. Ist der Nacherbfall dagegen nicht mit dem Tod des Vorerben verknüpft, so gilt der Erwerb des Nacherben als aufschiebend bedingter Erwerb vom Erblasser (Abs 3 S 1), so dass in diesem Fall der Erwerb als vom Erblasser stammend (RFH RStBl 39, 726; BFH BStBl II 72, 765) zu versteuern ist. Hat der vom Erblasser zum Nacherben Bestimmte seine Nacherbenanwartschaft vor dem Nacherbfall auf einen Dritten übertragen (vgl Anm 10), so ist die Frage, ob die St beim Eintritt der Nacherbfolge aus dem Verhältnis des Vorerben/Erblassers zum Nacherben oder zu dem die Nacherbschaft erwerbenden Dritten berechnet werden soll, im Gesetz nicht eindeutig geklärt (vgl § 3 Anm 116). Der BFH (BStBl II 93, 158) hat sich für eine Berechnung der St nach dem Verhältnis des Dritten zum Erblasser oder Vorerben entschieden.

3. Erwerb vom Vorerben stammend (Abs 2 S 1)

Wenn Abs 2 S 1 den Erwerb des Nacherben vom Vorerben stammen lässt, so liegt **14**
darin die Aussage, dass der **Vorerbe wie ein unbeschränkt eingesetzter Vollerbe** behandelt wird, der das Vorerbschaftsvermögen als sein Vermögen beim Tod an den Nacherben weitergibt. Der Zusammenhang, den der Erblasser zwischen dem Vorerbfall und dem Nacherbfall hergestellt hatte, wird ignoriert. Der Umstand, dass der Vorerbe über das in der Vorerbschaft gebundene Vermögen zivilrechtlich nicht von Todes wegen verfügen kann, so dass das Vermögen kraft Anordnung des Erblassers und nicht kraft Anordnung des Vorerben auf den Nacherben übergeht, bleibt unberücksichtigt. Jeder der beiden Erbfälle (Eintritt des Vorerbfalls, Eintritt des Nacherbfalls) bildet für sich einen selbstständigen stpfl Erwerb. Eine Berichtigung oder Verrechnung der St des Vorerben gibt es beim Nacherbfall nicht (zur indirekten Verrechnung über § 20 IV vgl Anm 29f). Aus der Anordnung des Abs 2 S 1 folgt ferner, dass der Nacherbe Nachteile hinsichtlich der Freibeträge und der StProgression hinnehmen muss, wenn er zugleich mit der Nacherbschaft freies Vermögen des Vorerben erwirbt, wie es bei der Einsetzung der Kinder als Nacherben nach der Ehefrau des Erblassers als Vorerbin regelmäßig der Fall sein wird. Einzelheiten dazu Anm 20f.

4. Antragsrecht (Abs 2 S 2)

15 Während die Nacherbschaft nach S 1 als vom Vorerben stammend versteuert werden soll, räumt S 2 dem Nacherben das Recht ein, eine Versteuerung nach dem **Verhältnis des Nacherben zum Erblasser** zu verlangen. Geht mit der Nacherbschaft zugleich freies Vermögen des Vorerben auf den Nacherben über, so liegt nach Auffassung des BFH (BStBl II 99, 235; NV 07, 919) ein einheitlicher Erwerb des Nacherben vor, weil alles Vermögen, was der Nacherbe übernimmt, einheitlich vom Vorerben stammt. Dennoch sind zwei Teile dieses einheitlichen Erwerbs zu unterscheiden. Denn der Antrag nach S 2 kann nur wegen der Nacherbschaft, also wegen eines Teils des Erwerbs, geltend gemacht werden. Für den Umfang und die Zusammensetzung des Vermögens, für das der Antrag nach S 2 gestellt werden soll, trägt der Nacherbe die Beweislast (Hess FG EFG 07, 205; BFH/NV 07, 919). Mit der Bestimmung des Satzes 2 scheint – bezogen auf die Nacherbschaft – die Anordnung des Satzes 1 zur Disposition des Nacherben zu stehen, der nach seiner Wahl die Nacherbschaft als vom Vorerben oder vom Erblasser stammend behandeln kann. Doch hat sich die Rspr schon früh für eine Begrenzung des Aussagegehalts des Satzes 2 ausgesprochen, und der Gesetzgeber ist ihr 1974 mit der Einfügung der Sätze 3–5 auf diesem Wege gefolgt. Danach bezieht sich der Ausdruck „Verhältnis" in S 2 nur auf das Angehörigkeitsverhältnis des Nacherben zum Erblasser, nicht etwa auf Beziehungen jeder Art. Der Antrag ist nur zulässig, wenn der Nacherbe zum Erblasser in einem engeren Angehörigkeitsverhältnis steht als zum Vorerben (RFH RStBl 29, 145, RFHE 24, 246; Bsp nach *Troll/Gottschalk* § 6 Rz 29: Vorerbe Kind, Nacherbe Ehefrau; Vorerbe Ehefrau, Nacherbe Bruder des Erblassers; Vorerbe Sohn A, Nacherbe Sohn B). Ist das Angehörigkeitsverhältnis des Nacherben zum Vorerben das Gleiche wie zum Erblasser, ist der Antrag gem § 6 II 2 gegenstandslos (RFH RStBl 39, 726; *Moench,* DStR 87, 139, 141).

16 Der Erwerb des Nacherben bleibt trotz des Antrags nach S 2 ein Erwerb vom Vorerben. Der **Antrag bewirkt,** dass die für den Erwerb des Nacherben maßgebliche StKlasse **(§ 15)** nach dem Verhältnis des Nacherben zum Erblasser statt nach dem Verhältnis des Nacherben zum Vorerben bestimmt wird (§ 15 Anm 4). Die StKlasse wieder wirkt sich auf den Umfang sachlicher StBefreiungen **(§ 13 I Nrn 1, 6 und 10),** auf den persönlichen Freibetrag (**§ 16;** dazu RFH RStBl 37, 109; 39, 726), auf den StSatz (**§ 19;** dazu RFH RStBl 42, 935) und auf die StErmäßigung bei mehrfachem Erwerb desselben Vermögens aus **(§ 27).** Durch Auslegung soll den §§ 5 I, 17 zu entnehmen sein, dass der zum Nacherben eingesetzte Ehegatte unabhängig von dem Antrag nach S 2 stets die StFreiheit des dem Zugewinnausgleichsanspruch entsprechenden Betrages und den Versorgungsfreibetrag geltend machen kann (vgl *Troll,* DStZ/A 79, 403; zustimmend *Moench/Weinmann* § 6 Rz 19; aM *Troll/Gottschalk* § 6 Rz 50; *Viskorf/Philipp* § 6 Rz 22), obwohl diese Freibeträge an sich voraussetzen, dass der freizustellende Erwerb vom verstorbenen Ehegatten als Erblasser und nicht vom Vorerben stammt.

17 Der Antrag nach S 2 hat **im Übrigen keine Wirkungen.** Trotz des Antrags gilt, dass das Gesetz den Nacherben „abgesehen von der Anwendung der günstigeren StKlasse steuerlich so behandelt, als ob er das Nacherbschaftsvermögen vom Vorerben geerbt hätte" (RFH RStBl 39, 726, 727; zustimmend BFH BStBl II 99, 235; 11, 123; *Moench/Weinmann* § 6 Rz 17), so dass der Vorerbe bei der Bestimmung der persönlichen StPfl des Nacherben nach § 2 (RFH RStBl 29, 67), bei der Anwendung von Doppelbesteuerungsabkommen und bei der Anrechnung ausländischer ErbSt nach § 21 als Erblasser des Nacherben gilt. Auch bei der Zusammenrechnung nach § 14 ist zu beachten, dass das Gesetz den Erwerb des Nacherben auf den Vorerben und nicht auf den Erblasser zurückführt (RFH RStBl 37, 974). Das FG Düsseldorf hatte dieser Linie zwar widersprochen (EFG 10, 156), jedoch ohne sich mit irgendwelchen Gegenargumenten auseinander zu setzen. Der BFH (BStBl II 11, 123) hat die Argu-

mentation des FG Düsseldorf denn auch zurückgewiesen (aA *Troll/Gottschalk* § 6 Rz 32ff).

§ 6 II 2 kommt bei **mehrfach gestufter Nacherbfolge** auch dem Nach-Nacherben zugute: RFH RStBl 35, 1485. Zweifelhaft ist, ob § 6 II 2 (ggf iVm Abs 4) entsprechend herangezogen werden kann, wenn nicht zwei Erben (Abs 2) oder zwei Vermächtnisnehmer (Abs 4) nacheinander zum Zuge kommen sollen, sondern wenn eine Schenkung mit einem Vermächtnis in der Weise verbunden ist, dass der Beschenkte einen Teil des Erwerbs durch Vermächtnis weitergeben soll. Kann hier der Vermächtnisnehmer die Besteuerung nach dem das Vermächtnis veranlassenden Schenker wählen? Das Nds FG (EFG 89, 463) hat die entsprechende Anwendung des § 6 II 2 verneint und gemeint, die Besteuerung des Vermächtnisnehmers nach seinem Verhältnis zum Schenker könne unmittelbar aus § 7 I Nr 2 hergeleitet werden. Der Vermächtniserwerb sei in einem solchen Fall als Erwerb durch Schenkung unter Lebenden zu deuten, da der Beschenkte verpflichtet gewesen sei, das Vermächtnis vorzusehen. Bei dieser Argumentation wird jedoch die Unwirksamkeitsanordnung des § 2302 BGB verkannt, die eine wirksame Verpflichtung zur Vermächtnisanordnung (und damit die Grundkonzeption einer Schenkung unter Auflage) ausschließt. 18

5. Zusätzlicher Übergang von nacherbschaftsfreiem Vermögen (Abs 2 S 3)

Der Antrag nach S 2 trennt den eigentlich einheitlichen Vermögensanfall vom Vorerben (Eigenvermögen und Vorerbmasse). Abs 2 S 3 bestätigt indirekt, dass sich der Antrag nur auf die Bestimmung der StKlasse auswirken soll. Denn wenn neben dem der Vor- und Nacherbfolge unterliegenden Vermögen beim Tod des Vorerben auch nacherbschaftsfreies Vermögen des Vorerben auf den Nacherben übergeht, wird die **Trennung der beiden Erwerbe nur hinsichtlich der StKlasse** angeordnet. Ob dies, wie die Gesetzesmaterialien darlegen (BTDrs 6/3418, 63), lediglich eine Klarstellung gegenüber dem früheren Recht bedeutet oder ob das ErbStG 1974 damit, wie der BFH annimmt (BFHE 119, 492, 495), die einschlägigen Fragen gegenüber früher „in einem anderen Sinne entschieden hat", kann hier dahinstehen. Deutlich ist jedenfalls, dass der Gesetzgeber die RFH-Rspr übernehmen wollte, die dem Antrag nach S 2 Wirkungen nur hinsichtlich der StKlasse zusprach (Anm 16). Dieser Gesetzesplan hat in S 3 hinreichenden Ausdruck gefunden und ist daher für die Auslegung verbindlich. Die Erwerbe werden damit nur hinsichtlich der StKlasse getrennt, im Übrigen aber als Einheit behandelt (s auch FG München EFG 16, 1962 im Zusammenhang mit der Aufteilung des Betriebsvermögensfreibetrags). 19

6. Zwei abhängige Freibeträge (Abs 2 S 4)

Fällt einem Erben von verschiedenen Erblassern Vermögen im Wege der Erbfolge zu, so kann er gegenüber jedem der Erwerbe den Freibetrag nach § 16 geltend machen. Dem Nacherben, auf den beim Tod des Vorerben Vermögen des Erblassers und Vermögen des Vorerben übergeht, stünde der Freibetrag nach § 16 daher an sich zweimal zu. Wenn das Gesetz jedoch in Abs 2 S 1 den Erwerb des Nacherben einheitlich auf den Vorerben zurückführt, gleich ob der Erwerb aus dem der Nacherbfolge unterliegenden oder aus freiem Vermögen des Vorerben stammt, schneidet es damit dem Erwerber zunächst einen Freibetrag ab, da auf einen einheitlichen Erwerb auch nur ein Freibetrag zur Anwendung kommen kann (so noch RFH RStBl 39, 726). In diesen Zusammenhang gehört S 4. Nach S 4 in der Interpretation, die dieser Vorschrift jetzt der zuständige BFH-Senat gibt (BFH BStBl II 99, 235), kann sich der Erwerber dadurch, dass er nach S 2 die Versteuerung nach dem Verhältnis zum Erblasser wählt und damit iSv S 3 die beiden Vermögensfälle voneinander trennt, doch wieder 20

zwei Freibeträge verschaffen. Allerdings sind die beiden Freibeträge **in Abhängigkeit voneinander** zu sehen. Für das Nacherbschaftsvermögen gilt der aus dem Verhältnis des Nacherben zum Erblasser berechnete Freibetrag. Für das nacherbschaftsfreie Vermögen, das zeitgleich mit der Nacherbschaft vom Vorerben auf den Nacherben übergeht, gilt der aus dem Verhältnis vom Nacherben zum Vorerben berechnete Freibetrag. Dieser letztere Freibetrag kommt jedoch nur zum Zuge, wenn der für das Nacherbschaftsvermögen vorgesehene Freibetrag nicht voll verbraucht werden konnte. Und sein Umfang wird in doppelter Weise, zum einen durch den Betrag, den § 16 im Verhältnis den Nacherben zum Vorerben freistellt, zum anderen durch den beim Nacherbschaftsvermögen noch unverbrauchten Freibetragsrest begrenzt. Demgegenüber war früher in diesem Kommentar (zustimmend FG Rh-Pf EFG 97, 1319) die Auffassung vertreten worden, dass der beim Nacherbschaftsvermögen nicht verbrauchte Freibetragsrest ohne weitere Beschränkung für das außerhalb der Nacherbschaft erworbene Vermögen eingesetzt werden kann, weil Abs 2 S 4 ausdrücklich und ohne weitere Einschränkung bestimmt, dass für das außerhalb der Nacherbschaft erworbene Vermögen eine Entlastung erfolgen kann, „soweit (= in dem Umfang wie) der Freibetrag nicht verbraucht ist". Der BFH will dagegen den unverbrauchten Freibetragsrest nicht in vollem Umfang zum Einsatz bringen.

Beispiel (jeweils in Tausend EUR): Der Nacherbe, der beim Nacherbfall 500 erwirbt, wobei 250 vom Erblasser (Vater) und 250 vom Vorerben (Bruder) stammen, kann nach der Rechnung des BFH Freibeträge im Umfang von 250 für das Nacherbschaftsvermögen und 20 für das nacherbschaftsfreie Vermögen verwenden, während nach der abweichenden Rechnung der volle aus dem Verhältnis der Nacherben zum Erblasser abgeleitete Freibetrag von 400 zum Abzug käme.

Moench (DVR 88, 2) hatte die jetzt vom BFH befürwortete Lösung als „sehr kleinlich" bezeichnet. Dieses Verdikt hat die Richter offenbar nicht irritiert.

7. Progressionsvorbehalt (Abs 2 S 5)

21 Erwirbt der Nacherbe mit der Nacherbschaft zugleich freies Vermögen des Vorerben und stellt er den Antrag nach S 2, so sind die beiden Erwerbe in verschiedene StKlassen einzuordnen und für die Bestimmung des StTarifs zu trennen. Dagegen soll sich bei der Bestimmung der StStufe mit Rücksicht auf die StProgression doch wieder das Prinzip der einheitlichen Vererbung vom Vorerben durchsetzen (so schon RFH RStBl 42, 935). In jeder der StKlassen ist der Erwerb daher nach dem StSatz zu besteuern, der für den gesamten Erwerb gelten würde. Es gilt ein der Regelung des § 32b EStG vergleichbarer **Progressionsvorbehalt.**

Beispiel: Erhält der Nacherbe (nach Abzug der Freibeträge) 1 Mio EUR, wovon 500.000 EUR vom Erblasser (Vater) und 500.000 EUR von der Vorerbin (Lebenspartnerin des Vaters) stammen, dann braucht er nicht 1 Mio EUR nach StKl III zu versteuern (StSatz 30%). Er kann vielmehr 500.000 EUR nach StKl I und 500.000 EUR nach StKl III versteuern. Doch sind die StSätze in beiden StKlassen nicht nach einem Erwerb von 500.000 EUR (15 bzw 30%); sondern nach einem Erwerb von 1 Mio EUR (19 bzw 30%) zu bestimmen. Dennoch bleibt der Vorteil, dass ein Teil des Erwerbs in Höhe von 500.000 EUR nicht mit 30%, sondern nur mit 19% versteuert werden muss.

V. Nacherbfolge zu Lebzeiten des Vorerben (Abs 3)

22 Die Vorschrift ist nicht glücklich formuliert. Der Kern der Aussage wird erst in der Gegenüberstellung zu Abs 2 S 1 erkennbar. Als Anfall zu Lebzeiten des Vorerben kann der Erbschaftserwerb des Nacherben nämlich nur **vom Erblasser stammen** (RFH RStBl 39, 726, 727; BFH BStBl II 72, 765), während das Gesetz den Erwerb

des Nacherben unter den Voraussetzungen des Abs 2 vom Vorerben stammen lässt. **Abs 3 S 1** kehrt damit zu der zivilrechtlichen Einordnung der Nacherbfolge zurück. Das Gesetz räumt dem Nacherben kein dem Abs 2 S 2 vergleichbares Wahlrecht ein, mit dem er die Versteuerung nach seinem Verhältnis zum Vorerben verlangen kann.

Gibt der Vorerbe die Vorerbschaft **vorzeitig** heraus, so gilt dies als Schenkung des Vorerben an den Nacherben (§ 7 I Nr 7), für die allein das Verhältnis des Nacherben zum Vorerben maßgeblich ist, sofern nicht der Nacherbe die Versteuerung nach seinem Verhältnis zum Erblasser wählt (§ 7 II). § 7 I Nr 7 unterscheidet nicht zwischen den beiden in § 6 II und III einander gegenübergestellten Fällen und sieht daher auch nicht die in § 6 III 2 geregelte StAnrechnung vor, so dass die vorzeitige Herausgabe von Nacherbschaftsvermögen im Fall einer Nacherbfolge nach § 6 III mit StNachteilen verbunden sein kann. **23**

Auch **Abs 3 S 2** lässt den Kern der gesetzlichen Aussage nicht deutlich erkennen. **24** Weil der Vorerbe seinen Erwerb auflösend bedingt erworben hatte und weil die Bedingung mit dem Nacherbfall eingetreten ist, wäre die auf den Vorerben entfallende St an sich nach § 5 II BewG zu berichtigen. Die Berichtigung müsste dem Vorerben zugutekommen. Diese Rechtsfolge wird durch § 6 III 2 ausgeschlossen. Dafür wird die StPfl des Nacherben durch Verrechnung gekürzt. Das Gesetz berücksichtigt den Bedingungseintritt also nicht bei der Bemessung der StSchuld des Vorerben, sondern bei der des Nacherben. Denn der Vorerbe hat die auf ihn entfallende St zu Lasten des Nacherben gezahlt (§ 20 IV). Also muss dem Nacherben der Betrag zugutekommen, der bei einer Berichtigung der Besteuerung des Vorerben zu erstatten gewesen wäre. Dies gilt jedenfalls dann, wenn der Vorerbe die auf ihn entfallende St beim Nacherbfall bereits entrichtet hatte. Steht die StZahlung beim Nacherbfall dagegen noch aus, dann bleibt fraglich, ob der Vorerbe wirklich erst den vollen Betrag aufbringen muss oder ob es nicht dem Gesetzesplan besser entspricht, dass der Vorerbe in einem solchen Fall gleich nur den nach § 5 II BewG gekürzten Betrag dem Nachlass belasten darf. Durch die Anrechnung der St des Vorerben wird im Übrigen die Bemessungsgrundlage der St des Nacherben nicht verändert. Der Anrechnungsbetrag darf der Bemessungsgrundlage nicht hinzugerechnet werden. Die Kürzung des Nachlasses durch den Abzug der St des Vorerben wird mit der Anrechnung nicht zurückgenommen. Vielmehr wird nur eine besondere Berechnungsmodalität für die auf den Nacherben entfallende St eingeführt (BFH BStBl II 72, 765). Die aus der Bemessungsgrundlage abgeleitete tarifliche St des Nacherben wird um den **Anrechnungsbetrag** herabgesetzt. Es liegt nicht anders als bei der Anrechnung von Auslandssteuern auf die im Inland verwirkte StSchuld (§ 21). Im Ergebnis wird, soweit die Anrechnung reicht, die viel beklagte Doppelbelastung des Nachlasses im Fall der Vor- und Nacherbfolge auf eine einfache Belastung zurückgeführt.

Die StSchuld des Nacherben wird um die vom Vorerben entrichtete St abzüglich **25** desjenigen StBetrags, welcher der tatsächlichen Bereicherung des Vorerben entspricht, gekürzt. Ausgangspunkt für die **Kürzung** ist die vom Vorerben vor oder nach dem Nacherbfall an den Fiskus entrichtete St, die daher auf dem Weg über § 20 IV den Nacherben bereits belastet hat. Anzurechnen ist nur die St, die der Vorerbe gezahlt hat, nicht die St, die von den Erben des Vorerben für ihren (die Vorerbschaft enthaltenden) Erwerb entrichtet worden ist. Denn für die Erben des Vorerben ist die Vorerbschaft nur ein auflösend bedingter Teil ihres normalen Erbschaftserwerbes, für den sie nach Eintritt des Nacherbfalles eine Berichtigung der Besteuerung nach § 5 II BewG verlangen können (aM *Petzoldt* § 6 Rz 26). Nicht zur Anrechnung zugelassen wird die St, die auf die tatsächliche Bereicherung des Vorerben entfällt. Hierzu ist der Kapitalwert der Nutzungen und Erträge zu ermitteln. Da es auch bei der Ermittlung dieses Betrags um eine Modalität der StBerechnung des Nacherben geht, ist er aus der Sicht des Nacherbfalls, nicht aus der Sicht des Erbfalls zu bestimmen (aM *Petzoldt* § 6 Rz 24).

VI. Nachvermächtnisse und beim Tod des Beschwerten fällige Vermächtnisse oder Auflagen (Abs 4)

26 Nach Abs 4 stehen Nachvermächtnisse und beim Tod des Beschwerten fällige Vermächtnisse oder Auflagen den Nacherbschaften gleich. Für lebzeitige und Nachvermächtnisse, die mit dem Tod des Vorvermächtnisnehmers eintreten, gilt **§ 6 II.** Ist der Nachvermächtnisfall ein anderes Ereignis, ist **§ 6 III** anzuwenden.

27 Das **Nachvermächtnis** ist ein Untervermächtnis, mit dem der Erblasser dem Vermächtnisnehmer aufgibt, den Vermächtnisgegenstand nach einer Zeit der eigenen Innehabung an den Nachvermächtnisnehmer weiterzuleiten (§ 2191 I BGB; *Bengel,* NJW 90, 1826). Vom Nachvermächtnis ist das Ersatzvermächtnis (§ 2190 BGB) zu unterscheiden, bei dem nicht ein zweiter Vermächtnisnehmer dem ersten nachfolgt, sondern bei dem ein ersatzweise benannter erster Vermächtnisnehmer an die Stelle des in erster Linie benannten, aber ausfallenden ersten Vermächtnisnehmers tritt (BFH/NV 91, 746). Das Nachvermächtnis unterscheidet sich von dem beim Tod des Beschwerten fälligen Vermächtnis dadurch, dass beim Nachvermächtnis nicht erst die Fälligkeit, sondern schon der Anfall des Vermächtnisses (= das Entstehen des Vermächtnisanspruchs) – im Zweifel bis zum Tod des Beschwerten (§ 2191 II BGB) – hinausgeschoben ist. Außerdem ist das Nachvermächtnis notwendig ein Untervermächtnis. Beschwert vom Nachvermächtnis ist nicht der Erbe, sondern der Vorvermächtnisnehmer, während das beim Tod des Beschwerten fällige Vermächtnis im Regelfall den Erben belastet. Vom normalen Untervermächtnis wird das Nachvermächtnis dadurch abgehoben, dass es den Vermächtnisnehmer verpflichtet, nicht irgendeinen Gegenstand oder eine Geldzahlung, sondern gerade den Gegenstand, den der Vorvermächtnisnehmer selbst erhalten hat, an den Nachvermächtnisnehmer zu leisten. Ein Nachvermächtnis liegt zB vor, wenn der Erblasser das Familienhausgrundstück als einzelnen Vermögensgegenstand zunächst seiner Frau und nach deren Tod seinem Sohn zuwendet (BGHZ 114, 16). Im Nachvermächtnisfall wird der Gegenstand des Nachvermächtnisses nicht unmittelbar auf den Nachvermächtnisnehmer übergeleitet. Vielmehr gewinnt der Nachvermächtnisnehmer nur einen Anspruch gegen den Vorvermächtnisnehmer oder dessen Erben, der ihm den Gegenstand des Vermächtnisses übertragen soll. Trotz dieses Unterschieds zur Vor- und Nacherbfolge wird das Nachvermächtnis schon im bürgerlichen Recht in gewissen Beziehungen der Nacherbschaft gleichgestellt (§ 2191 II BGB). Es soll zusammen mit dem beim Tod des Beschwerten fälligen Vermächtnis auch strechtlich den Regeln über die Nacherbschaft folgen.

28 Ein **Beispiel** für die Anwendung des § 6 IV findet sich in einer Entscheidung des BFH BStBl II 89, 623 (Vorinstanz FG Berlin EFG 86, 26). Hier hatte der Erblasser zwei seiner testamentarischen Erbinnen ein Grundstück ohne Anrechnung auf die Erbteile als Vorvermächtnis zugewendet und die Klägerin und ihre Schwester nach dem Tod der letztüberlebenden Erbin zu gleichen Teilen als Nachvermächtnisnehmerinnen bestimmt. Gegen Abfindungszahlung verzichteten die Nachvermächtnisnehmerinnen gegenüber den Vorvermächtnisnehmerinnen auf ihre Rechte aus dem Nachvermächtnis. Unter Berufung auf § 6 IV sah der BFH in diesem Verzicht gegen Abfindung eine entgeltliche Veräußerung der aus dem Nachvermächtnis folgenden Anwartschaftspositionen, die gem § 3 II Nr 6 stpfl sei. Näher hätte es gelegen, an eine Besteuerung nach § 3 II Nr 4, 5 zu denken (vgl § 3 Anm 111, 115, 116). Besteuerungsgrundlage ist das konkret erhaltene Entgelt, nicht ein entsprechender Teil des (früher mit dem Einheitswert zu bemessenden) Grundstücks (BFH BStBl II 89, 623). Einen weiteren Beispielsfall behandelt die Entscheidung FG München EFG 87, 254; dort auch zur Abgrenzung des Nachvermächtnisses vom Nießbrauchsvermächtnis (vgl § 3 Anm 51). Zu § 6 IV sind im Übrigen bisher nur vereinzelt Entscheidungen bekannt geworden (RFH RStBl 31, 395; RFH StuW 32 Nr 489; FG Hbg EFG 70, 226).

Aus der **Gleichstellung mit der Nacherbschaft** soll nach Auffassung der FinVerw (R E 6 ErbStR) folgen, dass Nachvermächtnisse abweichend vom Zivilrecht steuerlich als Erwerb vom Vorvermächtnisnehmer zu behandeln sind. Das gilt jedoch nur für Nachvermächtnisse, die beim Tod des Vorvermächtnisnehmers anfallen. Hat der Erblasser ein anderes Ereignis als Nachvermächtnisfall bestimmt, bleibt es nach § 6 IV iVm § 6 III bei der zivilrechtlichen Lage mit der Folge, dass der Nachvermächtnisnehmer vom Erblasser erwirbt, dass der Vorvermächtnisnehmer das Nachvermächtnis um die auf ihn entfallende St kürzen kann (§ 20 IV) und dass dem Nachvermächtnisnehmer die St des Vorvermächtnisnehmers abzüglich des StBetrags anzurechnen ist, der der tatsächlichen Bereicherung des Vorvermächtnisnehmers entspricht (§ 6 III 2). 29

Das **beim Tod des Beschwerten fällige Vermächtnis,** das das BGB in § 2181 erwähnt, ist kein Nachvermächtnis, weil bei dieser Gestaltung kein zweiter Vermächtnisnehmer einem ersten folgt und weil nicht der Anfall des Vermächtnisses hinausgeschoben ist. Es ist vielmehr ein normales Vermächtnis mit einer über den Erbfall bis zum Tod des Beschwerten hinausgeschobenen Fälligkeit. Für ein normales Vermächtnis gelten zwei Rechtswirkungen. Zum einen gilt der Vermächtniserwerb „als vom Erblasser zugewendet" (§ 3 II mit einer Formulierung – „auch" –, die die Erwerbe nach § 3 I und damit auch den Vermächtniserwerb einbezieht). Zum Zweiten mindert die Vermächtnislast den Erwerb, den der Beschwerte seinerseits zu versteuern hat (§ 10 V Nr 2). Diese beiden Rechtswirkungen ändert § 6 IV ab. Weil das beim Tod des Beschwerten fällige Vermächtnis den Nacherbschaften gleichstehen soll, kommt § 6 II 1 zur Anwendung mit der Folge, dass der Vermächtniserwerb als Erwerb vom Beschwerten und nicht als Erwerb vom Erblasser gilt. Weil der Vermächtniserwerb als Erwerb vom Beschwerten gilt, wird er so behandelt, als hätte der Beschwerte selbst und nicht der Erblasser das Vermächtnis angeordnet. Ein von ihm selbst angeordnetes Vermächtnis kann der Erbe nicht bei dem ihm vom Erblasser zugefallenen Nachlass bereicherungsmindernd geltend machen. Das Vermächtnis wird daher durch die Anordnung des § 6 IV aus dem Kreis der Posten, die noch den Nachlass des Erstverstorbenen mindern, herausverlagert. 30

Das hat Bedeutung insbesondere im Rahmen der sog **Jastrowschen Klausel** beim Berliner Ehegattentestament (vgl dazu *Seubert,* Die Jastrowsche Klausel, Diss. Greifswald 1998; sowie R E 6 ErbStR). Um den Kindern einen Anteil am Nachlass des Erstversterbenden zu sichern, aber zugleich den Überlebenden noch nicht zu belasten, werden den Kindern beim Tod des überlebenden Partners fällige Vermächtnisse ausgesetzt. § 6 IV verhindert, dass sich auf diesem Wege mit Wirkung für die ErbSt eine Beteiligung am Nachlass des Erstverstorbenen erreichen lässt. Da zivilrechtlich gute Gründe für die Einfügung der Jastrowschen Klausel sprechen, ist der Gerechtigkeitsgehalt der dieser Klausel entgegenlaufenden Bestimmung des § 6 IV zumindest zweifelhaft. Dennoch hat der BFH (BStBl II 07, 651) den Rechtsgedanken dieser Bestimmung auch auf den beim Tod des überlebenden Ehegatten fälligen Abfindungsanspruch erstreckt, der sich auf der Basis eines Berliner Testaments beim **Pflichtteilsverzicht gegen Abfindung** für den Schlusserben ergibt. Der Schlusserbe soll den auf ihn übergehenden Nachlass des überlebenden Ehegatten nicht um den erst beim Tod des Überlebenden fälligen Anspruch kürzen dürfen, weil dieser Anspruch für den überlebenden Ehegatten keine wirtschaftliche Belastung gebildet habe. Dabei wird jedoch der objektive Charakter einer wirtschaftlichen Belastung verkannt. Auch die erst beim Tod des Vermögensträgers fälligen Verbindlichkeiten belasten doch schon zu Lebzeiten sein Vermögen. Die Belastung ließe sich durch eine Abzinsung jederzeit aufdecken. Weil der Gerechtigkeitsgehalt des § 6 IV zumindest zweifelhaft ist, muss man Verständnis dafür haben, dass über Wege nachgedacht wird, die Anordnung des § 6 IV zu umschiffen. So wird überlegt, ob eine Klausel, die das Vermächtnis nicht „beim Tod" des Beschwerten, sondern vierzehn Tage später fällig werden lässt, die Rechtswirkung des § 6 IV vermeiden kann. Auch wird erwo- 31 gen, den Vermächtniserwerb von einer Bedingung abhängig zu machen, deren Eintritt vom Vermächtnisnehmer, zeitgleich mit dem Tod des Beschwerten oder später, jederzeit herbeigeführt werden kann.

32 Das beim Tod des Beschwerten fällige Vermächtnis ist im Übrigen ein **betagtes Vermächtnis.** § 6 IV bestätigt mit seinem Verweis auf die Regeln der Nacherbfolge, dass das betagte Vermächtnis mit unbestimmtem Fälligkeitsdatum erst zum Fälligkeitszeitpunkt, hier: beim Tod des Beschwerten, stpfl wird. Das entspricht der Regelung, die § 9 I Nr 1 Buchst a für die StEntstehung bei betagten Vermächtnissen vorsieht (vgl auch § 9 Anm 22f).

33 Schließlich war noch empfohlen worden, an die Stelle von Vermächtnissen beim Tod des Beschwerten fällige **Auflagen** vorzusehen, deren Durchsetzung von den zugleich als Testamentsvollstrecker eingesetzten Kindern jederzeit erzwungen werden kann (*Daragan,* DStR 99, 393). Dieser Weg wurde nun durch eine Ergänzung des § 6 IV im Zuge des ErbStRG 2009 versperrt.

34 **Aufschiebend bedingte Vermächtnisse,** die nicht mit dem Tod des Beschenkten eintreten, werden in § 6 IV nicht genannt und unterliegen damit der Besteuerung ohne Anwendung von § 6 III (*Fischer/Kobor* § 6 Rz 46; *Kapp/Geck* § 6 Rz 52; *Troll/Gottschalk* § 6 Rz 140; *von Oertzen/Reich* § 6 Rz 64). Beim ersten Vermächtnisnehmer kommt es zur Korrektur der ursprünglichen Veranlagung. Zuviel gezahlte St wird erstattet (§ 5 II 1 BewG) und es erfolgt nicht nur eine Anrechnung. Hier können sich Unterschiede zwischen der verwendeten Begrifflichkeit (Nachvermächtnis oder aufschiebend bedingtes Vermächtnis) ergeben. Wie bei § 29 II stellt sich auch nach Korrektur der ursprünglich auf die Substanz erhobenen St die Frage, ob bei der Besteuerung von Betriebsvermögen „wie ein Nießbraucher" §§ 13a, 13b zur Anwendung kommen (s § 29 Anm 25ff). Dagegen ist § 6 III 2 allein eine Vorschrift zur Berechnung der vom Nachvermächtnisnehmer geschuldeten St (BFH BStBl II 72, 765). Es bleibt bei einer Substanzbesteuerung (sowohl beim Vor- als auch beim Nachvermächtnisnehmer).

VII. Zusammenfassende Würdigung

35 Die Besteuerung der Vor- und Nacherbfolge wird nicht selten mit großer Entschiedenheit kritisiert. Sie soll nach *Gerken* (ZErb 03, 72) mit der Verfassung, nach *Crezelius* (ErbSt und SchSt in zivilrechtlicher Sicht, 1979, 102ff) mit der inneren Systematik des ErbStRechts unvereinbar sein, nach *Kirchhof* (Bundessteuergesetzbuch, 2011, 663) soll sie dem Bereicherungsprinzip widersprechen. Mit dem Bereicherungsprinzip soll die Behandlung des (nicht befreiten) **Vorerben** kollidieren, weil er als Vollerbe in Anspruch genommen wird, obwohl er nur die Stellung eines Nutzungsberechtigten hat. Aus der Behandlung als Vollerbe erwächst dem Vorerben jedoch kein Nachteil, weil er nach § 20 IV den Nachlass um die auf ihn entfallende St kürzen und damit seine StLast auf den Nacherben überwälzen kann. Daher wird in erster Linie der Nacherbe durch die beim Vorerbfall anfallende St belastet. Den Vorerben trifft die St nur insoweit, als der Abzug der St den Nachlass kürzt und damit die dem Vorerben zufließenden Erträge und sonstigen Nutzungen schmälert. Darin, dass dem Vorerben nur ein um die St gekürzter Nachlass verbleibt, liegt aber kein Verstoß gegen das Bereicherungsprinzip. Denn der Vorerbe hat ja tatsächlich etwas erlangt. Daher wäre es unsachgerecht, ihn von jeder Belastung freizustellen. Die Besteuerung des Vorerben rechtfertigt daher keine Bedenken (BFH/NV 01, 798; 03, 1185; BStBl II 16, 746; FG Düsseldorf EFG 17, 138 zum Vorvermächtnis). Die Kritik an der Besteuerung des **Nacherben** richtet sich gegen die Regelung des Abs 2 S 1, nach der der Nacherbe das Vermögen als vom Vorerben stammend zu versteuern hat, und gegen die Regelung des Abs 3 S 2, nach der das Gesetz statt der Berichtigung der Besteuerung des Vorerben nur eine Anrechnung auf die St des Nacherben kennt. Wenn

das Zivilrecht den Erwerb des Nacherben vom Erblasser stammen lässt, so ist dies ein Kunstgriff, mit dem gerechtfertigt werden kann, dass noch der Erblasser über den Vermögensübergang auf den Nacherben entscheidet. Diesem Kunstgriff braucht das ErbStRecht nicht zu folgen. Es kann vielmehr berücksichtigen, dass die Nacherbschaft bis zum Nacherbfall dem Vorerben und anschließend dem Nacherben zusteht, so dass bei unvoreingenommener Betrachtung tatsächlich ein Vermögenswechsel zwischen dem Vorerben und dem Nacherben stattfindet. Allerdings ist der Vorerbe wegen der zur Sicherung des Nacherben angeordneten Verfügungsbeschränkungen nicht freier Herr des in der Vorerbschaft gebundenen Vermögens. Doch wird diesem Umstand dadurch Rechnung getragen, dass die vom Vorerben gezahlte St die Nacherbschaft trifft, damit den Vorerben selbst nur geringfügig belastet und zugleich die Bemessungsgrundlage für die St des Nacherben kürzt. Die hieraus folgende indirekte Verrechnung der vom Vorerben gezahlten St muss auch beachtet werden, wenn man es für bedenklich erklärt, dass bei der Nacherbfolge zu Lebzeiten des Vorerben kein Erstattungsanspruch entsteht, sofern die nach Abs 3 S 2 anzurechnende St die St des Nacherben übersteigt. Da die vom Vorerben gezahlte St zusätzlich zu der Anrechnung nach Abs 3 S 2 schon bei der Ermittlung der Bemessungsgrundlage der St des Nacherben berücksichtigt worden ist, kann der Erstattungsanspruch ohne schwerwiegende Bedenken entfallen. Insgesamt rechtfertigt daher die Regelung des § 6 die im Schrifttum geäußerte Kritik nicht.

Richtig bleibt, dass das ErbStRecht dem Zivilrecht folgend den Vorerben nicht als bloßen Treuhänder oder Nutzungsberechtigten, sondern als Vermögensinhaber ansieht und besteuert. Richtig bleibt auch, dass sich im ErbStRecht ein deutlicher Unterschied zwischen der Besteuerung eines Nutzungsberechtigten **(Nießbrauchers)** und der eines Vermögensinhabers ergibt. Will ein Ehegatte daher dem überlebenden Partner nicht mehr als die Stellung eines bloßen Nutzungsberechtigten einräumen, ist es im Hinblick auf die auf den Nacherben entfallende Gesamtbelastung regelmäßig günstiger, ihm den Nießbrauch am Nachlass und nicht die Vorerbschaft zuzuweisen. In den ErbStG 1906 und 1919 war vorgesehen, den Vorerben im Regelfall als Nießbraucher zu besteuern. Das käme auch heute manchen Kritikern entgegen. Wenn der Vorerbe nur als Nießbraucher anzusprechen war, musste jedoch ein anderer als Vermögensinhaber behandelt werden, und das war der Nacherbe, der schon beim Erbfall als ein mit einem Nutzungsrecht belasteter Erbe zur Besteuerung herangezogen wurde (§ 23 I ErbStG 1919; *F. W. R. Zimmermann,* Reichserbschaftsteuergesetz 1919, 3. Aufl 1921, § 23 Anm 4), und zu dieser Regelung will heute sicher niemand zurückkehren. 36

Dieser **Belastungsunterschied** folgt jedoch nicht aus § 6, sondern ergibt sich aus dem **Bewertungsrecht,** das zwischen der Position des Vollrechtsinhabers und der des Nutzungsberechtigten klar unterscheidet, das den Wert eines Vermögens durch Verfügungsbeschränkungen des Inhabers nicht gemindert sieht (§ 9 II, III BewG) und das eine (zu günstige?) Bewertung des Nießbrauchs festlegt, die von der Substanzbewertung deutlich abweicht. Bei einer zusammenfassenden Würdigung dürfen auch diese Vorschriften nicht außerhalb der Betrachtung bleiben. 37

§ 7 Schenkungen unter Lebenden

(1) **Als Schenkungen unter Lebenden gelten**

1. **jede freigebige Zuwendung unter Lebenden, soweit der Bedachte durch sie auf Kosten des Zuwendenden bereichert wird;**
2. **was infolge Vollziehung einer von dem Schenker angeordneten Auflage oder infolge Erfüllung einer einem Rechtsgeschäft unter Lebenden beigefügten Bedingung ohne entsprechende Gegenleistung erlangt wird, es sei denn, daß eine einheitliche Zweckzuwendung vorliegt;**

3. was jemand dadurch erlangt, daß bei Genehmigung einer Schenkung Leistungen an andere Personen angeordnet oder zur Erlangung der Genehmigung freiwillig übernommen werden;
4. die Bereicherung, die ein Ehegatte oder ein Lebenspartner bei Vereinbarung der Gütergemeinschaft (§ 1415 des Bürgerlichen Gesetzbuchs) erfährt;
5. was als Abfindung für einen Erbverzicht (§§ 2346 und 2352 des Bürgerlichen Gesetzbuchs) gewährt wird;
6. *(aufgehoben)*
7. was ein Vorerbe dem Nacherben mit Rücksicht auf die angeordnete Nacherbschaft vor ihrem Eintritt herausgibt;
8. der Übergang von Vermögen auf Grund eines Stiftungsgeschäfts unter Lebenden. [2]Dem steht gleich die Bildung oder Ausstattung einer Vermögensmasse ausländischen Rechts, deren Zweck auf die Bindung von Vermögen gerichtet ist;
9. was bei Aufhebung einer Stiftung oder bei Auflösung eines Vereins, dessen Zweck auf die Bindung von Vermögen gerichtet ist, erworben wird. [2]Dem steht gleich der Erwerb bei Auflösung einer Vermögensmasse ausländischen Rechts, deren Zweck auf die Bindung von Vermögen gerichtet ist, sowie der Erwerb durch Zwischenberechtigte während des Bestehens der Vermögensmasse. [3]Wie eine Auflösung wird auch der Formwechsel eines rechtsfähigen Vereins, dessen Zweck wesentlich im Interesse einer Familie oder bestimmter Familien auf die Bindung von Vermögen gerichtet ist, in eine Kapitalgesellschaft behandelt;
10. was als Abfindung für aufschiebend bedingt, betagt oder befristet erworbene Ansprüche, soweit es sich nicht um einen Fall des § 3 Abs. 2 Nr. 5 handelt, vor dem Zeitpunkt des Eintritts der Bedingung oder des Ereignisses gewährt wird.

(2) [1]Im Fall des Absatzes 1 Nr. 7 ist der Versteuerung auf Antrag das Verhältnis des Nacherben zum Erblasser zugrunde zu legen. [2]§ 6 Abs. 2 Satz 3 bis 5 gilt entsprechend.

(3) Gegenleistungen, die nicht in Geld veranschlagt werden können, werden bei der Feststellung, ob eine Bereicherung vorliegt, nicht berücksichtigt.

(4) Die Steuerpflicht einer Schenkung wird nicht dadurch ausgeschlossen, daß sie zur Belohnung oder unter einer Auflage gemacht oder in die Form eines lästigen Vertrags gekleidet wird.

(5) [1]Ist Gegenstand der Schenkung eine Beteiligung an einer Personengesellschaft, in deren Gesellschaftsvertrag bestimmt ist, daß der neue Gesellschafter bei Auflösung der Gesellschaft oder im Fall eines vorherigen Ausscheidens nur den Buchwert seines Kapitalanteils erhält, werden diese Bestimmungen bei der Feststellung der Bereicherung nicht berücksichtigt. [2]Soweit die Bereicherung den Buchwert des Kapitalanteils übersteigt, gilt sie als auflösend bedingt erworben.

(6) Wird eine Beteiligung an einer Personengesellschaft mit einer Gewinnbeteiligung ausgestattet, die insbesondere der Kapitaleinlage, der Arbeits- oder der sonstigen Leistung des Gesellschafters für die Gesellschaft nicht entspricht oder die einem fremden Dritten üblicherweise nicht eingeräumt würde, gilt das Übermaß an Gewinnbeteiligung als selbständige Schenkung, die mit dem Kapitalwert anzusetzen ist.

(7) [1]Als Schenkung gilt auch der auf dem Ausscheiden eines Gesellschafters beruhende Übergang des Anteils oder des Teils eines Anteils eines Gesellschafters einer Personengesellschaft oder Kapitalgesellschaft auf die anderen Gesell-

schafter oder die Gesellschaft, soweit der Wert, der sich für seinen Anteil zur Zeit seines Ausscheidens nach § 12 ergibt, den Abfindungsanspruch übersteigt. [2]Wird auf Grund einer Regelung im Gesellschaftsvertrag einer Gesellschaft mit beschränkter Haftung der Geschäftsanteil eines Gesellschafters bei dessen Ausscheiden eingezogen und übersteigt der sich nach § 12 ergebende Wert seines Anteils zur Zeit seines Ausscheidens den Abfindungsanspruch, gilt die insoweit bewirkte Werterhöhung der Anteile der verbleibenden Gesellschafter als Schenkung des ausgeschiedenen Gesellschafters. [3]Bei Übertragungen im Sinne des § 10 Abs. 10 gelten die Sätze 1 und 2 sinngemäß.

(8) **[1]Als Schenkung gilt auch die Werterhöhung von Anteilen an einer Kapitalgesellschaft, die eine an der Gesellschaft unmittelbar oder mittelbar beteiligte natürliche Person oder Stiftung (Bedachte) durch die Leistung einer anderen Person (Zuwendender) an die Gesellschaft erlangt. [2]Freigebig sind auch Zuwendungen zwischen Kapitalgesellschaften, soweit sie in der Absicht getätigt werden, Gesellschafter zu bereichern und soweit an diesen Gesellschaften nicht unmittelbar oder mittelbar dieselben Gesellschafter zu gleichen Anteilen beteiligt sind. [3]Die Sätze 1 und 2 gelten außer für Kapitalgesellschaften auch für Genossenschaften.**

Erbschaftsteuer-Richtlinien 2011: R E 7.1–7.8/H E 7.1–7.9

Übersicht

Schrifttum: *Meincke,* Brennpunkte der Schenkungsbesteuerung, Harzburger Steuerprotokoll 1995, 111; *Gebel,* Gegenleistungen bei lebzeitigen und letztwilligen Zuwendungen, ZErb 04, 53; *Daragan,* Die Anwartschaftsrechte des Grundstückskäufers im Erbschaftsteuerrecht, DB 05, 634; *Schlitt,* Die Gewährung freien Wohnraums als pflichtteilsrelevante Schenkung?, ZEV 06, 394; *Cornelius/Loleit,* Die Wohnleihe – Unentgeltliche Versorgung von Angehörigen und nahestehenden Personen mit Wohnraum, ErbStB 14, 223.

Schrifttum zum Zuwendungsgegenstand vor Anm 15
Schrifttum zur Zuwendungsbereicherung vor Anm 52
Schrifttum zum Freigebigkeitswillen vor Anm 83
Schrifttum zu Abs 1 Nr 4 (Gütergemeinschaftsvereinbarung) vor Anm 108
Schrifttum zu Abs 5 (Buchwertklausel) vor Anm 135
Schrifttum zu Abs 6 (Gewinnübermaß-Schenkung) vor Anm 147
Schrifttum zu Abs 7 (Anteilsübertragung im Gesellschaftsrecht) vor Anm 157
Schrifttum zu Abs 8 (Leistungen an Kapitalgesellschaften) vor Anm 168.

I. Allgemeines

1. Zusammenhang mit § 1

1 Nach § 1 I Nr 2 unterliegen der SchSt die Schenkungen unter Lebenden. § 7 I Nrn 1 bis 10 erläutert, welche Tatbestände als Schenkungen unter Lebenden iSd § 1 I Nr 2 gelten sollen. Drei weitere Fälle der Schenkung unter Lebenden werden in den Abs 6 bis 8 aufgeführt. Die Abs 2 bis 5 enthalten ergänzende Bestimmungen, wobei die SchStPfl durchweg bereits vorausgesetzt wird.

2. Entstehungsgeschichte

2 § 7 geht auf die Bestimmung des § 3 ErbStG aF zurück, die 1974 durch die Einfügung von drei neuen StTatbeständen in Abs 1 Nr 4 und 10 sowie in Abs 7 ergänzt und durch die Ausdehnung der StPfl auf den Erwerb von Vereinsvermögen in Abs 1 Nr 9 erweitert worden ist. Abs 1 Nrn 1 und 2 aF wurden zu Abs 1 Nr 1 zusammengezogen und neugefasst. In Abs 2 S 2 wurde ein Hinweis auf die neuformulierten Sätze 3–5 des § 6 II eingefügt. In Abs 5 wurde eine Bewertungsvorschrift und in Abs 6 eine Bestimmung zur Zerlegung einer Schenkung in zwei selbstständige Teile aufgenommen. Die Bestimmung des Abs 5 aF, die die StFreiheit von Ausstattungen geregelt hatte, wurde gestrichen, da die StFreiheit dem Gesetzgeber im Hinblick auf die erhöhten persönlichen Freibeträge für Kinder und die erhöhten sachlichen Freibeträge für Hausrat und andere bewegliche Gegenstände (§ 13 I Nr 1, § 16 I) nicht mehr gerechtfertigt erschien. Änderungen zu Abs 1 Nrn 4 und 9 hat das ErbStRG 2009 gebracht. Das BeitrRLUmsG v 7. 12. 2011 (BGBl I 11, 2592) hat dem § 7 den neuen Abs 8 angefügt.

3. Schenkung iSd § 7 und Schenkung iSd BGB

3 Die SchStPfl ist von der Besteuerung der bürgerlich-rechtlichen Schenkung ausgegangen (§ 55 I ErbStG 1906). Der Schenkung wurden andere schenkungsähnliche Vorgänge gleichgestellt (§ 55 II, III ErbStG 1906). Später wurde der Katalog der stpfl Schenkungen unter Lebenden weiter ausgedehnt. Zugleich wurde die freigebige Zuwendung für stpfl erklärt (§ 40 I 2 ErbStG 1919). Mit dem ErbStG 1922 wurde der StTatbestand wiederum neu formuliert. Es hieß nun in § 3 I Nr 2, dass neben der Schenkung „jede andere" freigebige Zuwendung stpfl ist. Damit wurde der Begriff der **freigebigen Zuwendung als Oberbegriff** interpretiert, der sowohl die Schenkung als auch andere als freigebig eingestufte Zuwendungen umfasst. Dieses neue Verständnis ließ es als überflüssig erscheinen, dass das Gesetz die Schenkung iSd BGB überhaupt noch erwähnt. Daher wurde der Hinweis auf die Schenkung iSd BGB im Zuge der ErbStReform 1974 aus dem Gesetzestext getilgt. Nach wie vor hat aber die Schenkung iSd BGB als Grundmodell der Schenkung unter Lebenden iSd § 7 zu gelten.

4. Schenkung iSd § 7 und vorweggenommene Erbfolge

4 Zum Bereich der Schenkung iSd BGB gehört auch der Erwerb durch vorweggenommene Erbfolge und durch Übergabevertrag. Von **vorweggenommener Erbfolge** (vgl § 593a BGB) ist die Rede, wenn ein Vermögensinhaber Teile seines Vermögens mit Rücksicht auf die künftige Erbfolge schon zu Lebzeiten auf Angehörige überträgt. Der Begriff bezeichnet keinen selbstständigen Vertragstyp, der als solcher die Grundlage für einen eigenen stpfl Vorgang iSv § 1 ErbStG bilden könnte, sondern versucht nur, die Zielrichtung, den Zweckzusammenhang einer vertraglichen Übergaberegelung deutlich zu machen, die als Schenkung, gemischte Schenkung oder Schenkung unter Auflage einzuordnen ist und als solche der Besteuerung nach § 7 I

Nr 1 oder 2 unterliegt. Der Umstand, dass der Erwerber, der eine Leistung im Wege der vorweggenommenen Erbfolge erhält, mit der Entgegennahme der Leistung zugleich seine Aussicht auf späteren Erwerb aus dem Nachlass schmälert, beeinflusst den Schenkungscharakter der Zuwendung nicht. Auch BFH/NV 94, 373 hebt hervor: Das auf die vorweggenommene Erbfolge gerichtete Rechtsgeschäft enthält typischerweise eine Schenkung. Zeitweise (vom 1.1.1994 bis 22.12.2001) war der Erwerb „im Wege der vorweggenommenen Erbfolge" Voraussetzung für die Inanspruchnahme der Begünstigung für den Erwerb betrieblichen Vermögens (vgl § 13a II 1 Nr 2 idF des StandOG und § 13a I Nr 2 idF des JStG 1996). Nach insoweit restriktiver Auffassung des BFH (BStBl II 01, 414; großzügiger die FinVerw in R 56 ErbStR 2003) musste ein Erwerb im Wege der vorweggenommenen Erbfolge einem Erbschaftserwerb „materiell vergleichbar" sein, sollte daher auf eine endgültige Entäußerung der fortgegebenen Vermögenswerte aus der Sphäre des bisherigen Vermögensinhabers abzielen und sollte keine Modalitäten eines Vermögensrückfalls an den Schenker enthalten. Im Regelfall wird die vorweggenommene Erbfolge in der Form einer Schenkung oder eines teilentgeltlichen Geschäfts erfolgen. Doch kann ausnahmsweise auch ein vollentgeltlicher Vertrag zur vorweggenommenen Erbfolge gehören, wenn nämlich das Entgelt nicht dem Vertragspartner des Erwerbers zufließt oder wenn es keinen Vermögenswert hat und daher dem Vertragspartner des Erwerbers kein Surrogat für die fortgegebenen Vermögenswerte verschafft. Ähnliches gilt für den **Übergabevertrag** (vgl §§ 330 S 2, 593a BGB; unten § 13 I Nr 10), der einen Betrieb oder Betriebsteil schon zu Lebzeiten des Unternehmers auf einen Nachfolger überleitet. Weil der Übergabevertrag regelmäßig Verpflichtungen zu Ausgleichs- oder Abfindungsleistungen enthält, ist er im Zweifel als gemischte Schenkung oder als Auflagenschenkung einzustufen. Er kann aber auch den Charakter eines vollentgeltlichen Geschäfts annehmen und fällt dann aus dem Anwendungsbereich des ErbStG heraus. Zu den Merkmalen des Vermögensübergabevertrages im Zusammenhang mit der estlichen Behandlung von wiederkehrenden Leistungen vgl auch BMF BStBl I 10, 227.

5. Schenkung iSd § 7 und stpfl Erwerb iSd § 10

Wie in jedem Fall der StPfl so ist auch bei der StPfl wegen Schenkung unter Lebenden zwischen dem stpfl Vorgang, wie ihn der 1. Abschnitt des Gesetzes in § 1 I Nr 2 und § 7 umschreibt, und dem aus diesem Vorgang resultierenden stpfl Erwerb, wie ihn der 2. Gesetzesabschnitt in § 10 anspricht, zu unterscheiden. Die Unterscheidung wird allerdings dadurch erschwert, dass das Gesetz in beiden Zusammenhängen ohne deutliche Trennung von „Bereicherung" spricht, obwohl die Bereicherung des § 10 sich als Saldo aus anderen Posten ergibt und nach anderen Maßstäben zu ermitteln ist als die Bereicherung nach § 7. Die gedankliche Prüfung folgt der Reihenfolge der gesetzlichen Bestimmungen. Zunächst ist die Bereicherung iSd § 7 zu ermitteln. Soweit dabei eine Schenkung iSd BGB infrage steht, ist also zunächst zu klären, ob die unentgeltliche Zuwendung zu einer Bereicherung des Empfängers iSd §§ 516 I BGB, 7 I Nr 1 ErbStG geführt hat. 5

a) Vorrang des § 7. Weil die Prüfung von § 7 auszugehen hat und zur Anwendung des § 10 nur fortschreiten darf, wenn die Merkmale des § 7 erfüllt sind und ein stpfl Vorgang iSd § 1, dh ein steuerbarer Vorgang iS der sonst im StRecht üblichen Terminologie, bejaht werden kann, ergibt sich ein Vorrang des § 7 vor § 10. Dieser Vorrang wirkt sich dahin aus, dass bei der Feststellung der StBarkeitsvoraussetzungen des § 7 die Bestimmungen der §§ 10ff, die die StBemessungsgrundlage regeln, zunächst noch unberücksichtigt zu lassen sind. Dies gilt auch für den **Begriff der Bereicherung,** den § 7 verwendet. Bei der Prüfung der Frage, ob eine Schenkung unter Lebenden vorgekommen ist, durch die der Erwerber im Wege der freigebigen Zuwendung auf Kosten des Zuwendenden bereichert worden ist, sind daher als Teil des Erwerbs auch solche Posten be- 6 reicherungsmehrend zu berücksichtigen, die § 10 I 1 iVm § 13 als **stbefreite Gegenstände** aus der dort vorgeschriebenen Rechnung ausschließt. Denn auch die unentgeltliche Zuwendung stbefreiter Gegenstände ist zivilrechtlich Schenkung und bildet als solche einen stbaren Vorgang iSd § 7 I Nr 1. Auch setzt § 13 den Erwerb der stbefreiten Gegenstände durch Vermögensanfall von Todes wegen oder durch Schenkung unter Lebenden voraus und kann daher der Qualifikation des Erwerbs als Erwerb durch Schenkung unter Lebenden nicht im Wege stehen. Aus denselben Gründen ist die Zuwendung einer **Nacherbenanwartschaft** zur Bereicherung iSd § 7 zu rechnen, auch wenn sich aus § 10 IV iVm § 1 II ergibt, dass die Zuwendung bei der Feststellung der Bereicherung iSd § 10 nicht beachtet werden darf. Andererseits sind bei der Prüfung des § 7 alle Posten und nur die Posten bereicherungsmindernd zu berücksichtigen, die schon die aus dem stbaren Vorgang resultierende Bereicherung kürzen. So müssen **die in § 10 VI 1 genannten Belastungen** bei der Prüfung der Frage, ob überhaupt ein steuerbarer Vorgang durch freigebige Zuwendung vorgekommen ist, zum Abzug gebracht werden. Das Abzugsverbot des § 10 VI 1 gilt hier nicht. Ob mit der Schenkung verbundene **Auflagen** bei der Feststellung der Bereicherung nach § 7 abzugsfähig sind, hängt nach der Rspr des BFH (BStBl II 89, 524) von der Art der vereinbarten Auflage ab (näher Anm 9 und 36ff). Die dem Empfänger entstehenden **Kosten des Erwerbs** mindern den Umfang der Schenkung nicht. Als Maßstab, anhand dessen die Bereicherung iSd § 7 zu ermitteln ist, haben die bürgerlich-rechtlichen Bewertungsgrundsätze zu gelten (RFHE 29, 137, 155). Die Bewertungsregelung des § 12 kommt hier nicht zum Zuge. Nach den bürgerlich-rechtlichen Bewertungsgrundsätzen sind die Güter im Zweifel mit ihrem **Verkehrswert** zum Ansatz zu bringen (R E 7.1 II ErbStR). Im Fall eines Leistungsaustausches liegt daher eine gemischte Schenkung nicht vor, wenn sich bei einem Vergleich der Verkehrswerte kein deutlicher Vorteil für einen der Vertragspartner ergibt. Der Umstand, dass die StWerte der Leistungen voneinander abweichen, was nach der ErbStReform 2009 seltener vorkommt, aber keineswegs ausgeschlossen ist, bleibt in diesem Stadium der Prüfung bedeutungslos.

7 **b) Nachrang des § 10.** Hat die Prüfung des § 7 ergeben, dass ein stbarer Vorgang iSd Bestimmung bejaht werden kann, dann ist in einem zweiten Prüfungsschritt zu fragen, ob sich aus diesem stbaren Vorgang ein stpfl Erwerb iSd § 10 ergibt. Zur Beantwortung dieser Frage ist der Bereicherungssaldo des § 7 wieder in seine Einzelposten zum Zweck erneuter Bewertung aufzulösen. Nunmehr sind die stbefreiten Posten (§ 10 I 1) einschließlich der Nacherbenanwartschaft (§ 10 IV, § 1 II) aus der Berechnung des Erwerbs herauszunehmen. Auch sind die vom Abzug ausgeschlossenen Verbindlichkeiten (zB § 10 VI) unberücksichtigt zu lassen. Andererseits ist erst hier als bereichernder Posten der Betrag einzuführen, der bei der Übernahme der SchStSchuld nach § 10 II als zusätzlicher Erwerb gilt. Auch sind hier neu die Belastungen zum Abzug zu bringen, die zwar noch nicht den Umfang der freigebigen Zuwendung kürzen, wohl aber bei der Ermittlung der stpfl Bereicherung nach § 10 beachtet werden müssen (Bsp: Erwerbsnebenkosten: § 10 V Nr 3 iVm § 1 II; s zur Behandlung von Erwerbsnebenkosten sowie StBeratungskosten und Rechtsberatungskosten im Zusammenhang mit einer Schenkung durch die FinVerw Ländererlass BStBl I 12, 338, geändert BStBl I 14, 893). Der Maßstab, anhand dessen die Bereicherung iSd § 10 ermittelt werden muss, folgt aus § 12. Es sind also hier die **StWerte** heranzuziehen, auch wenn sie ausnahmsweise von den bürgerlich-rechtlichen Bewertungsgrundsätzen abweichen. Unter Berücksichtigung dieser Werte ist dann der Saldo zu ermitteln, der nach Abzug der dort aufgezählten Befreiungen den stpfl Erwerb iSd § 10 ergibt.

8 **c) Die Rspr zur gemischten Schenkung und zur Auflagenschenkung.** Etwa seit Beginn der achtziger Jahre hat die Rspr des BFH (BStBl II 80, 260; 82, 83; 82, 714; BFH/NV 94, 373) eine Wende in der Beurteilung der gemischten Schenkung vollzogen. Um den Abzug der in das SchR eingebundenen Gegenleistungen iRd § 10 I 2, V zu vermeiden (was seinerzeit durch die niedrigen StWerte veranlasst

war), hat sie die Gegenleistungen einem entgeltlichen Leistungsteil zugeordnet und damit aus dem stpfl Schenkungsvorgang ausgegliedert. Die Rspr hat damit den § 7 aus der Sicht des § 10 heraus interpretiert. An dem oben beschriebenen systematischen Vorrang des § 7 vor § 10 hat sie jedoch nichts geändert (Näheres Anm 30ff).

Nach anfänglichem Schwanken (BFH BStBl II 82, 83, 85) hat der BFH seine RsprLinie zur gemischten Schenkung auf die **Schenkung unter Leistungsauflage** ausgedehnt (BFH BStBl II 89, 524; Anm 33ff) und auch diese als Teilschenkung interpretiert, bei der die Auflageverpflichtung nicht als Teil der freigebigen Zuwendung aufgefasst werden darf, sondern mit einem stlich nicht relevanten entgeltlichen Leistungsteil verbunden ist und daher als Abzugsposten iRd § 10 ignoriert werden kann. Auch diese RsprÄnderung ist von dem Blick auf § 10 ausgegangen. Der systematische Vorrang des § 7 vor § 10 ist jedoch unverändert geblieben. 9

II. Freigebige Zuwendung (Abs 1 Nr 1)

1. Freigebige Zuwendung und Schenkung iSd BGB

Abs 1 Nr 1 nennt als Grundform der Schenkung unter Lebenden nicht die Schenkung iSd BGB, sondern die freigebige Zuwendung, um zugleich mit der Schenkung iSd BGB noch weitere schenkungsähnliche Zuwendungen der StPfl zu unterwerfen. Das Gesetz löst sich an dieser Stelle von der Terminologie des BGB, um die Besteuerung wirtschaftlich gleicher Sachverhalte nicht von einer unterschiedlichen zivilrechtlichen Qualifikation abhängig zu machen. Erfasst werden **über das SchR des BGB hinaus** Zuwendungen, die zwar die Voraussetzungen des § 516 I BGB erfüllen, aber aus besonderen Gründen im Zivilrecht nicht als Schenkungen gelten. So sah § 3 V aF eine Befreiungsvorschrift für **Ausstattungen** vor. Die Bestimmung wurde 1974 gestrichen. Damit sollen nun auch Ausstattungen uneingeschränkt stpfl sein (vgl § 30 IV Nr 4), obwohl § 1624 BGB sie dem Bereich zivilrechtlicher Schenkungen entzieht. Ähnliches gilt, wenn Dienstbarkeiten, wie zB ein Nießbrauch, unentgeltlich zugewandt werden. Zwar gilt die unentgeltliche Bestellung von Dienstbarkeiten überwiegend als Schenkung, doch gibt es im Zivilrecht auch Stimmen, die den Schenkungscharakter eines solchen Abschlusses verneinen, weil die Schenkung nach der Systematik des BGB zu den Veräußerungsgeschäften gehört und die Einräumung von Nutzungsrechten nicht als (Teil-)Veräußerung qualifiziert werden kann (*Pruskowski,* Das Merkmal der Zuwendung im Tatbestand der Schenkung, Diss Köln 1987, 102ff mwN). Dieser Streit kann für die stliche Beurteilung auf sich beruhen, da in der **Bestellung dinglicher Nutzungsrechte** eine freigebige Zuwendung gesehen werden muss. Als freigebige Zuwendung kann uU auch die langfristige unentgeltliche Wohnraumüberlassung gelten, die der BGH früher zeitweise dem SchR zugeordnet hatte (NJW 70, 941), jetzt aber nur noch als Leihvertrag gelten lassen will (BGHZ 82, 354). Doch soll die nur vorübergehende Überlassung von Wohnraum zur Benutzung oder Mitbenutzung die Anforderungen einer freigebigen Zuwendung nicht erfüllen (FG Rh-Pf DStRE 02, 1078; FG München EFG 05, 1727; 06, 1263; vgl auch BFH BStBl II 84, 371). Unentgeltliche Dienstleistungen, wie sie als Hilfsdienste in der Familie, unter Nachbarn und im ehrenamtlichen Bereich in großem Umfang vorkommen, entfernen sich dagegen zu weit vom SchR, als dass sie noch den freigebigen Zuwendungen zugeordnet werden könnten. Auch würde die Bejahung der StPfl angesichts der Milliardenwerte derartiger Leistungen die Steuerlandschaft grundlegend verändern, was schwerlich in der Konzeption des Gesetzgebers gelegen haben kann. Die **unbenannte Zuwendung,** die als familienrechtliches Rechtsinstitut (BGHZ 116, 167, 170) nicht dem SchR unterfällt, soll dagegen nach Auffassung des BFH als freigebige Zuwendung stpfl sein (BFH BStBl II 94, 366; BFH/NV 14, 537 überträgt diesen Grundsatz auch auf die nichteheliche Lebensgemeinschaft). Auch hindert der Um- 10 stand, dass das BGB das **unverzinsliche Darlehen** als besonderen Vertragstyp außerhalb des Schenkungsrechts geregelt hat, die Besteuerung der durch das Darlehen vermittelten Bereicherung unter dem Gesichtspunkt der freigebigen Zuwendung nicht (FG Düsseldorf EFG 78, 336). Daher kommt es angesichts der Gesetzesfassung im Ergebnis nicht darauf an, ob in dem unverzinslichen Darlehen eine Schenkung iSd BGB gesehen werden kann (so im Ergebnis BFH BStBl II 79, 631) oder nicht (BFH/NV 14, 537 und NV 15, 993, der es im Anschluss an BFH BStBl II 11, 134, als unerheblich ansieht, dass zivilrechtlich in der bloßen vorübergehenden Gebrauchsüberlassung einer Sache keine das Vermögen mindernde Zuwendung liegt, wie es aber für eine Schenkung gem § 516 I BGB erforderlich wäre). Immer muss aber eine Zuwendung und damit ein aktives Tun bejaht werden können. **In dem bloßen Unterlassen liegt keine Zuwendung.** Wer ein Recht, das ihm zusteht, lediglich nicht ausübt oder nicht geltend macht, wendet dadurch dem von ihm Begünstigten nichts zu. Es muss schon ein Tun, zB ein Verzicht auf das Geltendmachen (vgl § 13 I Nr 11), bejaht werden können, um zu einer StPfl zu gelangen.

2. Keine wesentlichen Unterschiede in den objektiven Merkmalen

11 Die neben der Schenkung des BGB stbaren anderen freigebigen Zuwendungen sind also in Zuwendungen zu sehen, die die Merkmale des § 516 I BGB in ihren Grundzügen erfüllen, aber aus besonderen, dem PrivatR eigentümlichen Gründen doch nicht als Schenkung iSd BGB gelten können. Fraglich ist, ob darüber hinaus auch Zuwendungen, die den Merkmalen des § 516 I BGB nicht entsprechen, als freigebige Zuwendung iSd § 7 I Nr 1 eingeordnet werden können. Es müsste sich dann um Zuwendungen handeln, die entweder in der objektiven oder in der subjektiven Sphäre hinter den Anforderungen des § 516 I BGB zurückbleiben. Nach allg Meinung sind die objektiven Voraussetzungen der Schenkung des BGB und der weiteren, durch § 7 I Nr 1 erfassten freigebigen Zuwendungen im Wesentlichen gleich. Der BFH (BStBl II 08, 258, 259) betont: „Für eine freigebige Zuwendung kommt es ausschließlich auf die Zivilrechtslage … an". Wenn es in § 7 I Nr 1 heißt, dass die Zuwendung „auf Kosten" des Zuwendenden erfolgen muss, während § 516 I BGB davon spricht, dass der Schenker den Beschenkten „aus seinem Vermögen" bereichert (zum zinslosen Darlehen Anm 10), so wird durch die Textfassung des § 7 I Nr 1 nur deutlicher, als es der BGB-Text zum Ausdruck bringt, hervorgehoben, dass auch mittelbare Schenkungen zum Kreis der freigebigen Zuwendungen gehören, bei denen das Zuwendungsobjekt nicht unmittelbar „aus" dem Vermögen des Zuwendenden stammt (Anm 19). Ein wesentlicher Unterschied zur Schenkung des BGB wird damit aber nicht festgestellt.

3. Unterschiede in der subjektiven Sphäre

12 Während zur Schenkung gem § 516 I BGB die Einigung der Vertragspartner über die Unentgeltlichkeit der Zuwendung gehört, lässt Abs 1 Nr 1 die **Freigebigkeit der Zuwendung** genügen, worunter die Rspr und Literatur den einseitigen Willen des Gebers versteht, dem Empfänger die Bereicherung schenkweise zu verschaffen (RFH RStBl 31, 559 = RFHE 29, 137, 148; BFH BStBl III 53, 308; 55, 231; 57, 449; 61, 234; II 82, 714; NV 89, 168). Auf den Willen des Empfängers, die bereichernde Zuwendung unentgeltlich entgegenzunehmen, soll es also im Unterschied zum Schenkungsrecht des BGB nicht ankommen (R E 7.1 I ErbStR). Die praktische Bedeutung dieser Verkürzung der subjektiven Anforderungen gegenüber dem Schenkungsrecht ist allerdings gering und steht in keinem Verhältnis zur Fülle der Interpretationsversuche, die die Aufnahme der freigebigen Zuwendung in den StTatbestand ausgelöst hat. Denn im Fall der Schenkung ist der dem Geber zustimmende Wille des Empfängers regelmäßig unproblematisch. Davon gehen auch die §§ 151, 516 II BGB aus. Stimmt der Empfänger dagegen mit dem Geber im Einzelfall ein-

deutig nicht überein, weil er die als Schenkung gedachte Zuwendung als Darlehen entgegen nimmt, dann liegt keine freigebige Zuwendung vor und eine Besteuerung scheidet aus. Die These der FinVerw (R E 7.1 I ErbStR), „dass eine Einigung zwischen Schenker und Beschenktem über die Unentgeltlichkeit nicht erforderlich ist", geht zu weit. Richtig ist jedoch, dass die Willensrichtung des Beschenkten regelmäßig nicht weiter nachgewiesen werden muss, weil sie vermutet werden kann. Allerdings zeigt sich schon seit längerer Zeit in der Rspr des BFH eine Tendenz, vor allem bei der gemischten Schenkung die Anforderungen auch an den Nachweis der Kenntnisse und des Willens des Zuwendenden herabzusetzen und auf diese Weise eine „objektivierte" freigebige Zuwendung für das SchStRecht zu entwickeln (*Meincke,* ZEV 94, 17ff mwN). So hat denn auch der BFH in seiner Rspr zur StPfl der unbenannten Zuwendung (BFH BStBl II 94, 366) die Anforderungen an die subjektive Seite der freigebigen Zuwendungen gegenüber dem SchenkungsR des BGB deutlich vermindert (Anm 93f). Die Rspr begibt sich damit auf die bedenkliche Linie, mit einer Ausdehnung des Anwendungsbereichs der freigebigen Zuwendungen das SchStR vom SchenkungsR des BGB abzulösen und in ein Recht der **Besteuerung von objektiv ermittelten Bereicherungen** zu überführen. Demgegenüber bleibt die Feststellung des FG Köln (EFG 01, 767) wichtig: „Die SchSt ist kein Auffangtatbestand für ungeklärte Vermögenszuwächse".

4. Grundvoraussetzungen der StPfl

Nach den vorstehenden Überlegungen (Anm 10–12) lassen sich die Merkmale der freigebigen Zuwendung im Vergleich mit dem SchenkungsR des BGB in **zwei Aussagen** zusammenfassen. Um eine freigebige Zuwendung anzunehmen, müssen erstens die objektiven Voraussetzungen vorliegen, die § 516 I BGB als Merkmale der Schenkung nennt. Es muss sich also um eine Zuwendung unter Lebenden handeln, durch die der Geber auf Kosten seines Vermögens den Empfänger bereichert (= bereichernde Zuwendung). Diese bereichernde Zuwendung muss zweitens von dem Willen des Gebers getragen sein, dem Empfänger die Bereicherung unentgeltlich zu vermitteln, so dass sich die Zuwendung aus der Sicht des Gebers als eine freigebige Leistung darstellt (= Wille zur Freigebigkeit). Die Rspr behält sich allerdings vor, mit Vermutungen zu arbeiten, durch die der Nachweis des Willens zur Freigebigkeit im Einzelfall entbehrlich wird. 13

5. Überblick

An die beiden soeben genannten Grundvoraussetzungen der StBarkeit nach § 7 I Nr 1 schließt der Aufbau der nachstehenden Kommentierung an. Zunächst werden die **objektiven Merkmale** der bereichernden Zuwendung dargestellt. Dazu ist insbesondere der **Gegenstand der Zuwendung** näher zu bestimmen (Anm 15–51). Auch sind Probleme zu erörtern, die die aus der Zuwendung folgende **Bereicherung** betreffen (Anm 52–82). Den Abschluss der Erläuterungen zu Abs 1 Nr 1 bilden sodann Überlegungen, die die Anforderungen an den **Willen zur Freigebigkeit** sowie die dabei von der Rspr vorgenommenen Unterstellungen zu charakterisieren suchen und die damit die **subjektiven Merkmale** der freigebigen Zuwendung vor Augen führen (Anm 83–101). Das für die Schenkung unter Lebenden charakteristische Kriterium der Unentgeltlichkeit wird in diesem Kommentar unter den subjektiven Merkmalen der freigebigen Zuwendung erörtert. Eine **„objektive Unentgeltlichkeit"** der Leistung, die im zivilrechtlichen Schrifttum (zurückhaltend aber jetzt *Jauernig/Mansel,* BGB, 15. Aufl 2015, § 516 Rn 8f) als Merkmal des Schenkungsbegriffs genannt wird, die die FinVerw (R E 7.2 ErbStR) zu den Voraussetzungen des § 7 I Nr 1 erklärt und die sich als objektives Merkmal losgelöst von den Vorstellungen des Zuwendenden auffinden ließe, **gibt es** nach der hier vertretenen Meinung **nicht.** 14

Diese Ansicht stimmt überein mit der Linie des Gesetzgebers des BGB, wie sie in den Protokollen der 2. Kommission zum Ausdruck kommt. Die Protokolle anerkennen nur zwei Bestandteile der Schenkung, „einen objektiven, das dingliche Übereignungsgeschäft, dessen Inhalt sich nach dem Gegenstand der Übertragung bestimmt, und einen subjektiven, das Einverständnis der Parteien, dass die durch den dinglichen Übertragungsakt erzeugte Vermögensverschiebung unentgeltlich zum Zwecke der Bereicherung, also schenkweise erfolgen soll“ (*Mugdan,* Die gesamten Materialien des BGB II, 1899, 738). Ähnlich formuliert es der BFH (BStBl II 11, 134, 136): Der „Schenkungsteuertatbestand setzt objektiv eine Vermögensverschiebung voraus, dh eine Vermögensminderung auf der Seite des Zuwendenden und eine Vermögensmehrung auf der Seite des Bedachten, subjektiv den Willen des Zuwendenden zur Freigebigkeit“. Die Frage der Unentgeltlichkeit ist damit dem subjektiven Bereich der Schenkung zugewiesen. Ob eine Zuwendung unentgeltlich erfolgt, richtet sich denn auch danach, ob zu ihr ein Entgelt hinzugehört. Und diese Zugehörigkeit wiederum bestimmt sich nach den Vorstellungen der Parteien, die einen Wert, der als Entgelt in Frage kommt, mit der Zuwendung verbinden oder nicht. „Damit ist vor allem das Ergebnis gewonnen, dass nicht objektive Gründe, sondern allein die Absicht der Parteien für die Entgeltlichkeit oder Unentgeltlichkeit maßgebend ist“ (*Liebisch,* Das Wesen der unentgeltlichen Zuwendungen unter Lebenden, 1927, 50; zustimmend: *Enneccerus/Lehmann,* Schuldrecht, 15. Aufl. 1958, 488).

III. Der Gegenstand der Zuwendung

Schrifttum: *Meincke,* Wandlungen in der Rechtsprechung des BFH zur gemischten Schenkung, ZEV 94, 17; *Hartmann,* Der Gegenstand der Zuwendung bei gemischten Schenkungen, UVR 00, 91; *Söffing,* Mittelbare Schenkung bei grundstücksbezogenen Zuwendungen, ZErb 04, 39; *Gebel,* Einsatz von Erträgen aus hingegebenen Vermögensmitteln für eine mittelbare freigebige Zuwendung, DStR 05, 368; *Gebel,* Mittelbare Schenkung einer Versicherungssumme, ZEV 05, 236; *Hartmann,* Mittelbare Grundstücksschenkung oder Geldschenkung?, ErbStB 05, 224; *Weinhardt,* Aktueller Überblick zur mittelbaren Grundstücksschenkung, INF 05, 267; *Billig,* Erweiterung des Anwendungsbereichs einer mittelbaren Grundstücksschenkung, UVR 05, 210; *Carlé,* Widerrufs- und Rückfallklauseln, EStB 06, 72; *Steiner,* Unentgeltliche Nutzungsüberlassung, ErbStB 07, 110; *Hartmann,* Schenkungsteuerbare Zuwendungen durch Forderungsverzicht, ErbStB 08, 9; *Lasa,* Die stille Beteiligung als Gestaltungsmittel der Vermögensnachfolge, ZEV 10, 433; *Mutschler/Thiex,* Schenkung und Vermögensübertragung mit Rentenversicherungen gegen Einmalbetrag, ZEV 14, 351.

1. Bedeutung des Zuwendungsobjekts für die Besteuerung

15 Die Bestimmung des Zuwendungsobjekts ist deswegen für das SchStRecht von besonderem Interesse, weil die Bemessungsgrundlage der St gem den §§ 10, 12 durch die Bewertung des Zuwendungsobjekts ermittelt wird. § 12 sieht aber iVm den Regelungen des Bewertungsgesetzes für die einzelnen Objekte unterschiedliche Methoden zur Bestimmung ihrer Werte vor. Zum Beispiel wird ein Grundstück anders bewertet als ein Geldbetrag. Auch kann sich eine unterschiedliche Bemessungsgrundlage für die St ergeben je nachdem, ob ein ganzes Grundstück abzüglich einer Geldverpflichtung oder ob ein unbelasteter Grundstücksteil als Zuwendungsobjekt zu gelten hat. Ferner wird im Recht der sachlichen Steuerbefreiungen (§§ 13, 13a–13c, 13d) zwischen unterschiedlichen Zuwendungsobjekten differenziert; Barmittel, die zur Anschaffung von Haushaltsgegenständen zugewendet werden, sind nach § 13 I Nr 1 Buchst a nur dann befreit, wenn in der Hingabe der Barmittel eine Zuwendung der Haushaltsgegenstände gesehen werden kann. Für ererbte Vermögensgegenstände kann die Vergünstigung der §§ 13a–13d nur dann ausgenutzt werden, wenn sie zum dort begünstigten Vermögen gehören. Schließlich lässt sich das Datum der StEntstehung mit Ausführung der Zuwendung nur ermitteln, wenn man weiß, was Gegenstand der Zuwendung ist.

2. Kriterien zur Bestimmung des Zuwendungsobjekts

Die Bestimmung des Zuwendungsobjekts richtet sich nach dem bürgerlichen 16
Recht und bildet so für das StR eine bürgerlich-rechtliche Vorfrage (BGH BStBl II 86, 460, 461). „Denn dieses, nicht das StR, verfügt über den Inhalt eines sich nach bürgerlichem Recht vollziehenden Erwerbs" (BFH BStBl II 85, 73 unter Hinweis auf BFH BStBl II 73, 329; 76, 632). Im bürgerlichen Recht ist auf den Parteiwillen zurückzugreifen (BFH BStBl II 79, 201; BGH NJW 72, 247), wobei für die stlichen Zwecke die Feststellung des Willens des Zuwendenden genügt (BFH BStBl III 59, 417). Zu fragen ist also, was dem Empfänger nach dem Willen des Gebers durch die Zuwendung verschafft werden soll (BFH BStBl II 85, 382, 383), sofern der Wille des Gebers tatsächlich vollzogen worden ist (BFH BStBl II 88, 1025; 95, 83; 03, 273). Der **Wille des Gebers** ist ggf durch **Auslegung unter Berücksichtigung der StFolgen** zu ermitteln („steuersparende" Auslegung: *Lüderitz,* Auslegung von Rechtsgeschäften, 1966, 351; aus der Rspr zB BGHZ 67, 334, 337f und BGH FamRZ 90, 600, 602). Es zeigt sich an dieser Stelle, dass sich die objektiven und subjektiven Kriterien zur Ermittlung des Tatbestandes einer freigebigen Zuwendung gegenseitig durchdringen und dass auch die objektiven Merkmale einer freigebigen Zuwendung nicht ohne Rückgriff auf den Willen der Beteiligten zu ermitteln sind.

Der Parteiwille ist jedoch nur insoweit beachtlich, als er auch in die Tat umgesetzt 17
und ausgeführt wird (BFH BStBl II 85, 380, 382). Dabei kommt es nicht allein darauf an, was der Empfänger nach dem Willen des Zuwendenden schließlich erhält (so noch RG JW 28, 894). Vielmehr ist auch zu beachten, **ob und wie der Zuwendende dem Empfänger den Erwerb verschafft** (RGZ 167, 199, 203; BFH BStBl II 76, 632), in welcher Form sich die Bereicherung im Vermögen des Beschenkten in dem Zeitpunkt niederschlägt, in dem „die Vermögensverfügung endgültig ist, der Bedachte also im Verhältnis zum Schenker über das Zugewendete tatsächlich und rechtlich (frei) verfügen kann" (BFH BStBl II 91, 32, 33 mwN). Für die Bestimmung des Schenkungsobjekts sollte bisher nicht das Versprechen der Zuwendung, sondern die Zuwendung selbst entscheidend sein (BFH BStBl II 05, 83). Von dieser Auffassung ist der BFH (BStBl II 05, 188, 190) aber wieder abgerückt. Die Parteien können im Übrigen wohl kaum eine Sache zum Gegenstand der Zuwendung erklären, die der Empfänger schon unabhängig von der Zuwendung hat (BFH BStBl II 77, 731; einschränkend BStBl II 85, 382, 383). Sie können jedoch eine Zuwendung auch mit Hilfe eines gesetzlichen Erwerbs durchführen. Daher können Eltern ihrem Kind ein Haus auch in der Weise schenken, dass sie auf dem Grundstück des Kindes das Haus errichten (BFH BStBl II 88, 1025). Auf jeden Fall dürfte es aber nicht genügen, dass der Schenker erst nachträglich erklärt, die Anschaffungskosten eines vom Empfänger bereits erworbenen und bezahlten Gegenstandes zu übernehmen, um den Gegenstand selbst zum Zuwendungsobjekt zu erheben (*Troll,* BB 79, 1489; in dieser Richtung auch BFH/NV 90, 506, 507; vgl aber auch Anm 27 aE). Fraglich ist, ob das Zuwendungsobjekt als Sache, Recht, Sach- oder Rechtsbruchteil selbstständig zuwendungsfähig sein muss. Der BFH (BStBl II 79, 201; 80, 260; 82, 83; 82, 714) verneint dies mit Rücksicht auf die von ihm vorgenommene Beurteilung der gemischten Schenkung (zu ihr Anm 30ff). Der Gesetzgeber (§ 7 VII 2, VIII) geht im Übrigen entgegen der vom BFH (BStBl II 10, 566) vertretenen Auffassung davon aus, dass Gegenstand einer Zuwendung auch die bloße **Werterhöhung** von Anteilen sein kann, die dem Gesellschafter schon vor der Zuwendung zustanden.

Im Übrigen ist der eingangs (Anm 5ff) skizzierte zweistufige Aufbau des SchStTat- 18
bestandes auch bei der Ermittlung des Zuwendungsgegenstandes zu beachten. Auch wenn nach den iRd § 7 bedeutsamen zivilrechtlichen Maßstäben und in der Vorstel-

lung der Parteien nur **ein Zuwendungsobjekt** gegeben ist, kann dieser einheitliche Zuwendungsgegenstand zur Ermittlung des stpfl Erwerbs iSd §§ 10ff doch aus Gründen des steuerlichen Bewertungsrechts in **zwei Bewertungsobjekte** (oder in zwei getrennt zu bewertende Teile desselben Objekts) zerfallen. So wurde früher lange Zeit ein mit einem Erbbaurecht belastetes Grundstück in zwei selbstständig zu behandelnde Objekte, das Grundstück und den mit dem Grundstück verbundenen Erbbauzinsanspruch, aufgeteilt (§ 92 V BewG aF, dazu 9. Aufl 1992, § 12 aF Anm 122), obwohl der Erbbauzinsanspruch zivilrechtlich als Bestandteil des einheitlich zu behandelnden Grundstücks gilt (§ 96 BGB iVm § 9 ErbbauRG). Und so wird noch heute ein bebautes Grundstück, obwohl es zivilrechtlich nur ein Objekt darstellt, im Sach- und im Ertragswertverfahren in zwei Bewertungsgegenstände, das Gebäude und den Grund und Boden, zerlegt (Näheres siehe § 12).

3. Probleme der mittelbaren Schenkung

19 **a) Mittelbare Schenkung.** Das Zuwendungsobjekt muss nicht unmittelbar aus dem Vermögen des Zuwendenden stammen. Als Gegenstand der Zuwendung kommen daher auch Posten infrage, die niemals zum Vermögen des Zuwendenden gehört haben, aber **dem Empfänger auf Kosten des Vermögens des Zuwendenden verschafft** worden sind (mittelbare Schenkung). Lässt der Schenker dem Beschenkten Geld zukommen, so ist zunächst an eine Geldschenkung zu denken. Soll das Geld aber nach dem übereinstimmenden Parteiwillen zum Erwerb eines bestimmten Gegenstandes, zB eines Grundstücks, eingesetzt werden, so lässt die Rspr auch die Annahme einer Grundstücksschenkung zu, eine Annahme, die nicht zuletzt wegen der zumindest bis zur ErbStReform 2009 relevanten Bewertungsunterschiede und zuweilen wegen der unterschiedlichen Zeitpunkte der StEntstehung im Vergleich zur Geldschenkung für den Erwerber regelmäßig günstiger war und im Einzelfall auch noch künftig sein wird. Umgekehrt kann der Schenker dem Beschenkten aber auch einen Gegenstand zuwenden, der nach den Vorstellungen beider alsbald veräußert werden soll. In diesem Fall kann unter der im Folgenden noch darzustellenden Voraussetzung in der Sachzuwendung auch eine mittelbare Geldschenkung gesehen werden (BFH BStBl II, 12, 712 und BStBl II 17, 751 zur Zuwendung von Gesellschaftsanteilen, über welche der Zuwendungsempfänger bis zum geplanten Verkauf nicht frei verfügen konnte). Voraussetzung für die Annahme einer mittelbaren Schenkung ist allerdings, dass der **mittelbar zugewendete Vermögensgegenstand Zuwendungsobjekt iSd § 7 I Nr 1** sein kann. Wird hingegen durch die Zuwendung lediglich mittelbar eine Werterhöhung im Vermögen des Erwerbers bewirkt, scheidet eine Anwendung der Grundsätze zur mittelbaren Schenkung aus. Aus diesem Grund hat der BFH (BStBl II 15, 239) die Übernahme von Versicherungsprämien durch den Schenker für eine vom (insoweit beschenkten) Versicherungsnehmer abgeschlossene Lebensversicherung nicht als mittelbare Schenkung des Versicherungsanspruchs behandelt und klargestellt, dass die sich aus der Zahlung der Versicherungsprämien ergebenden Werterhöhungen des Versicherungsanspruchs nicht Zuwendungsgegenstand iSd § 7 I Nr 1 sein können.

20 **b) Wege einer mittelbaren Zuwendung.** Um einen bestimmten Gegenstand im Wege der mittelbaren Schenkung an den Empfänger zu übertragen, kann der Zuwendende den Vertrag mit einem Dritten schließen, der das Zuwendungsobjekt an den Empfänger übertragen soll (Zuwendung durch Vertrag zugunsten Dritter). Er kann aber auch dem Empfänger den Vertragsschluss überlassen und das aus diesem Vertrag fällige Entgelt für den Empfänger übernehmen oder bei gemeinsamem Vertragsschluss den auf beide entfallenden Kaufpreis allein zur Verfügung stellen (FG Münster EFG 93, 588). Er kann dem Empfänger ferner die Mittel zur Verfügung stellen, mit denen dieser das Objekt der Schenkung selbst erwerben und bezahlen soll.

Möglicherweise kann er dem Empfänger sogar die Auswahl des Zuwendungsgegenstandes in der Weise überlassen, dass er ihm Mittel zur Verfügung stellt, mit deren Hilfe der Empfänger einen Gegenstand seiner Wahl aus zwei oder drei Objekten aussuchen und erwerben kann (aM FinVerw R E 7.3 I ErbStR: die Schenkung muss ein bestimmtes Grundstück oder Gebäude betreffen; vgl Anm 22), sofern nur die Parteien darüber einig sind, dass nicht das Geld, sondern ein mit dem Geld zu erwerbender bestimmter (oder mindestens bestimmbarer) Gegenstand das Schenkungsobjekt bilden soll. Die Rspr des BFH (BStBl II 86, 460; 91, 310) legt Gewicht darauf, dass die Annahme einer Grundstücksschenkung durch Hingabe einer Geldsumme zur Voraussetzung hat, dass der Bedachte im Verhältnis zum Schenker nicht schon über das ihm übergebene Geld, sondern erst über das Grundstück frei verfügen kann. Entscheidend ist, **in welcher Gestalt sich im Ergebnis die Vermögensmehrung beim Bedachten darstellt.** Die bloße Verstärkung der Finanzkraft des Empfängers reicht jedenfalls nicht aus, wenn es der Entscheidung des Empfängers überlassen bleibt, ob er überhaupt irgendeinen Gegenstand, der als Schenkungsobjekt infrage kommt, mit den zugeführten Mitteln erwerben wird. Auch die schenkweise Abtretung des Übereignungsanspruchs aus einem Grundstückskaufvertrag oder die Zuwendung von Mitteln zum Erwerb eines solchen Anspruchs kann als mittelbare Grundstücksschenkung zu werten sein (BFH BStBl II 05, 188). Eine mittelbare Schenkung kann nach Auffassung der FinVerw nur angenommen werden, wenn beim Erwerb des Objekts eine Zusage zur Geldhingabe bereits bestand. Übernimmt der Schenker nachträglich die Erfüllung der Kaufpreisverpflichtung des Erwerbers, wird dies als mittelbare Schenkung des käuflich erworbenen Objekts von der FinVerw nicht mehr anerkannt (R E 7.3 I ErbStR). **Wichtig ist:** Auch die mittelbare Schenkung wird stlich nur relevant, wenn die Zuwendung eine nach StWerten berechnete Bereicherung zur Folge hat (§ 10 I 1). Die Bereicherung kann auf dem Wege vom Geber zum Empfänger verlorengehen und ist dann steuerlich nicht zu beachten. Nimmt B zB auf seinem Grundstück mit von A für den Bau zugewandten Mitteln Investitionen vor, die den Grundstückswert aus stlicher Sicht nicht erhöhen, dann ist eine steuerlich relevante Schenkung nicht vorhanden, auch wenn in diesem Zusammenhang Geld von beträchtlichem Wert unentgeltlich transferiert worden ist.

c) Gesellschaftsanteil als Zuwendungsobjekt. Die Rspr hat sich verschiedent- 21
lich mit der Frage befasst, ob ein Geldbetrag oder ein Gesellschaftsanteil den Gegenstand der Zuwendung bildet (BFH BStBl II 71, 269; 76, 632; FG Münster EFG 02, 338; vgl. auch BFH BStBl II 05, 411). Dabei kommt es nach den Grundsätzen der mittelbaren Schenkung nicht darauf an, dass dem Schenker der verschenkte Gesellschaftsanteil vor der Schenkung selbst zustand. Eine mittelbare Schenkung kann **auch dann** vorliegen, **wenn der Anteil in der Hand des Beschenkten neu entsteht,** weil der Schenker dem Beschenkten die Beteiligung an einer BGB-Gesellschaft gegen eine Einlage ermöglicht, die hinter dem Wert der übernommenen Beteiligung zurückbleibt (FG Münster EFG 10, 1236). Entscheidend ist das, was dem Beschenkten nach dem Willen des Schenkers zugewandt sein soll (BFH BStBl II 76, 632; 06, 36) und worüber er im Verhältnis zum Schenker endgültig tatsächlich und rechtlich frei verfügen kann (BFH BStBl II 08, 631). Maßgeblich ist, was der Beschenkte durch die Zuwendung erhält, nicht was er sich unter Einsatz der Zuwendung anschließend aus freien Stücken verschafft. Überträgt ein Vater seinen Kindern GmbH-Anteile und beschließen die GmbH-Gesellschafter nach offenbar vorgefasstem Plan noch am selben Tag die Umwandlung der GmbH in eine GbR, dann bleiben doch die GmbH-Anteile Zuwendungsobjekt (BFH BStBl II 84, 772; vgl. auch BStBl II 12, 712, der die Übertragung von Gesellschaftsanteilen aufgrund eines bereits geplanten Anteilsverkaufs als mittelbare Schenkung des Verkaufserlöses qualifiziert). Eine Gesellschaftsbeteiligung kann auch dann das Zuwendungsobjekt bilden, wenn sie erstmals in der Person des Zuwendungsempfängers entsteht, so etwa wenn Schenker und Beschenkter einen Ge-

sellschaftsvertrag schließen, auf Grund dessen dem Beschenkten ein bestimmter Anteil am Vermögen der neu gegründeten Gesellschaft zusteht, der Beschenkte jedoch keine oder keine vollwertige Einlage erbringt (vgl BGH NJW 90, 2616, 2617 für eine KG und BFH/NV 90, 235 für eine GmbH; zurückhaltend gegenüber dieser Entscheidung BFH BStBl II 96, 616, 618). Allerdings setzt nach Auffassung des BFH (§ 13b Anm 4) die StBegünstigung nach § 13a voraus, dass das erworbene Betriebsvermögen bereits beim Schenker als begünstigungsfähiges Betriebsvermögen qualifizierte. Daher gewährte die Rspr bei einer mittelbaren Schenkung von Betriebsvermögen iSd § 13b I Nr 2 die Verschonung für den Erwerb unternehmerischen Vermögens nur, wenn der Beschenkte sich mit dem erhaltenen Geldbetrag entsprechend der Schenkungsauflage am Betriebsvermögen des Schenkers beteiligt (FG Hessen EFG 16, 1277 – Rev II R 18/16; so auch die FinVerw in A 13b.2 II AEErbSt 2017).

22 **d) Grundstücks- oder Geldschenkung?** Wegen der noch bis 2008 ins Auge fallenden Wertdifferenzen zwischen den Grundbesitzwerten und dem Nennwert von Geld stand bis zur ErbStReform 2009 die Abgrenzung der Grundstücks- von der Geldschenkung in der Rspr im Vordergrund. Mit Rücksicht auf die günstigen Grundbesitzwerte (bis 1995 Einheitswerte, danach pauschal ermittelte Bedarfswerte) neigte die Rspr in diesem Bereich dazu, den Bereich der Grundstücksschenkung weit auszudehnen (BFH BStBl III 59, 417; II 77, 663; 79, 201; 85, 382; 86, 460; 88, 1025). Die FinVerw ist dieser Rspr weitgehend gefolgt und hat die für die Praxis maßgebenden und auch noch heute geltenden Rechtsgrundsätze bundeseinheitlich zusammengefasst (R E 7.3 ErbStR). Danach ist strikt zwischen der mittelbaren Grundstücksschenkung und der Geldschenkung mit der Auflage, ein Grundstück zu erwerben, zu unterscheiden. Wesentlich für die Anerkennung einer Grundstücksschenkung – im Unterschied zur Annahme einer Geldschenkung – ist es danach, dass in der Schenkungsabrede **ein bestimmtes Objekt** als Gegenstand der Zuwendung festgehalten wird. Die FinVerw stützt dieses Abgrenzungskriterium auf die Entscheidung BFH BStBl II 79, 533, 534. Damit sind allerdings die Grenzen dessen, was dem Bedachten an Dispositionsfreiheit eingeräumt werden kann, ohne der Zuwendung den Charakter als Grundstücksschenkung zu nehmen, noch nicht in den Einzelheiten ausgelotet. Unerheblich ist jedenfalls, ob im Vorfeld des Zuwendungsvorgangs der Schenker oder der Beschenkte die Auswahl des betreffenden Grundstücks getroffen hat (*Troll/Gebel* § 7 Rz 97). Ferner dürfte es für die Annahme einer mittelbaren Grundstückszuwendung ausreichen, wenn Mittel zum Erwerb eines Grundstücks aus einem abgegrenzten Kreis von Objekten hingegeben werden (Bestimmbarkeit; vgl *Moench/Weinmann* § 7 Rz 33). Unschädlich ist dabei auch die Verwendung des Begriffs „Auflage", wenn dennoch ein Grundstück als Zuwendungsgegenstand hinreichend individualisiert ist (BFH BStBl II 86, 460). Demgegenüber kann ein größerer zeitlicher Abstand zwischen Überlassung der Geldmittel und Erwerb des Grundstücks auf Geld als Objekt der Zuwendung hindeuten (BFH BStBl II 85, 159, 160). Wichtig ist auch sonst der **zeitliche Zusammenhang** zwischen der Zusage der Mittel, ihrer Zuwendung an den Beschenkten und dem Grundstückserwerb. Denn nach der Rspr des BFH sind die Voraussetzungen der mittelbaren Schenkung nur erfüllt, wenn der Schenker dem Bedachten den für den Grundstückskauf bestimmten Geldbetrag bis zum Zeitpunkt des Grundstückserwerbs zugesagt und bis zur Erfüllung der Kaufpreisschuld zur Verfügung gestellt hat. Werden die Geldmittel von dem Schenker erst nach dem Erwerb des Grundstücks durch den Beschenkten zugesagt oder erhält der Bedachte die Mittel erst nach Bezahlung des Kaufpreises, scheidet eine mittelbare Grundstücksschenkung aus (BFH BStBl II 05, 188). Als „Erwerb" sieht die Rspr in diesem Zusammenhang bereits den Abschluss des Kaufvertrages an (BFH BStBl II 05, 531). Stehen auf der Empfängerseite einer mittelbaren Grundstückszuwendung mehrere Personen, so wird sich das Bestimmtheitserfordernis auch auf die Festlegung der Miteigentumsanteile oder der sonstigen Mitberechtigung erstrecken müssen

(*Wiedemann/Heinemann,* DB 90, 1649, 1651). Die mittelbare Grundstücksschenkung kann auch **zweistufig** erfolgen, wenn eine Eigentumswohnung mit der Bestimmung geschenkt wird, die Wohnung zu veräußern und den Verkaufserlös zum Erwerb eines bestimmten Hauses einzusetzen (FG München EFG 99, 1193).

Ob eine mittelbare Grundstücksschenkung auch dann vorliegen kann, wenn der Schenker dem Beschenkten **Zinsvorteile** aus der Gewährung eines unverzinslichen oder niedrig verzinslichen Darlehens für den Erwerb eines Grundstücks zukommen lässt, war umstritten (dafür FG München EFG 00, 83; dagegen FG Bad-Württ DStRE 04, 474). Der BFH (BStBl II 05, 800; dazu *Meincke,* ZEV 05, 492; BFH/NV 06, 1300) hat sich der ablehnenden Ansicht angeschlossen. Eine mittelbare Grundstücksschenkung kann dagegen auch nach Ansicht des BFH (BStBl II 05, 188) dann vorliegen, wenn der Schenker einen von ihm erworbenen **Grundstücksübereignungsanspruch** an den Beschenkten abtritt (so schon FG München UVR 98, 205; aM FG Bad-Württ EFG 01, 378), sofern sich der Beschenkte dem Schenker gegenüber verpflichtet, den Anspruch geltend zu machen und nicht anderweitig über ihn zu verfügen (BFH/NV 01, 1401), wenn der Schenker die **Rechtsposition eines Grundstückserwerbers** zwischen Auflassung und Eintragung an den Beschwerten überträgt (FG Bad-Württ EFG 01, 376) oder wenn der Schenker den **Kaufpreis für das Grundstück** anstelle des Beschenkten zahlt (BFH BStBl II 77, 663) oder diesem die erforderlichen Mittel zur Verfügung stellt. Der Schenker kann den Kaufpreis voll oder zum Teil übernehmen; ein vergleichsweise nur unbedeutender Beitrag des Schenkers (bis etwa 10%) wird von der FinVerw allerdings als Geldzuwendung interpretiert (R E 7.3 III ErbStR; aM Hess FG UVR 94, 248). Bei der Ermittlung des Gesamtkaufpreises sind übernommene (insb grundpfandrechtlich gesicherte) Verbindlichkeiten mit zu berücksichtigen. Keinen Einfluss auf die Ermittlung des Gesamtkaufpreises hat dagegen die Belastung mit einem Nießbrauch oder einer anderen Dienstbarkeit, die lediglich den Wert des erworbenen Grundstückseigentums mindert, aber nicht als Gegenleistung aufgefasst werden kann: Entsprechendes gilt für die Erwerbsnebenkosten (Notar- und Grundbuchkosten). Wie bei einer direkten Grundstücksschenkung mindern sie auch bei der mittelbaren Grundstücksschenkung die Bereicherung und damit den stpfl Erwerb (§ 10 V Nr 3 iVm § 1 II). Bei der Ermittlung des Gesamtkaufpreises und der Prüfung, ob der Wert der Zuwendung diesem entspricht, bleiben sie hingegen ebenfalls außer Betracht (näher hierzu Ländererlasse BStBl I 12, 338 und BStBl I 14, 893). Bei anteiliger Kaufpreistragung durch den Schenker ist ein entsprechender Grundstücksteil als geschenkt anzusehen. Auch die Erwerbsnebenkosten sind dann nur anteilig abziehbar. Steuern mehrere Personen Geldbeträge zum Kaufpreis bei, so kann jeder von ihnen als Schenker eines Grundstücksteils gelten, der dem Verhältnis des jeweils zugewendeten Betrages zum Gesamtkaufpreis entspricht. 23

Weil eine Zuwendung nicht nur durch rechtsgeschäftlichen, sondern auch durch gesetzlichen Erwerb bewirkt werden kann und weil der Gegenstand der Zuwendung im Vermögen des Bedachten seine Selbstständigkeit nicht zu behalten braucht, kommt eine mittelbare Schenkung auch im Zusammenhang mit der Übernahme der **Kosten für die Errichtung eines Gebäudes** in Betracht. Denn da das Gebäude Teil des einheitlichen Objekts bebautes Grundstück ist, hat eine Schenkung des Gebäudes den Charakter der Schenkung eines Grundstücksteils. Auch die Schenkung eines Gebäudeteils kann als Grundstücksteilschenkung angesprochen werden. Eine Grundstückszuwendung durch Übernahme der Kosten für die Errichtung eines Gebäudes kommt zunächst in Betracht für den Fall, dass der Schenker die Anschaffungskosten für ein unbebautes oder im Zustand der Bebauung befindliches Grundstück sowie die Kosten der anschließenden Errichtung oder Fertigstellung des Gebäudes ganz oder teilweise trägt; die Zuwendung ist hier mit dem StWert des bebauten Grundstücks oder mit einem Teil hiervon anzusetzen, der dem Anteil des Schenkers an den Gesamtkosten für Grundstückserwerb und Gebäudeerrichtung/-fertigstellung entspricht. Hierher gehört aber auch der Fall, dass der Schenker für die Baukosten eines 24

Gebäudes aufkommt, das auf einem vom Beschenkten noch zu erwerbenden (BFH BStBl II 85, 382) oder ihm bereits gehörenden (so BFH BStBl II 88, 1025 unter Aufgabe der abweichenden Entscheidung BStBl II 77, 731) Grundstück oder sogar auf fremdem Grund und Boden (vgl auch FG München EFG 98, 890; ablehnend offenbar BFH/NV 98, 1378) errichtet wird. Übernimmt der Schenker die **Finanzierung eines Hausbaus auf dem Grundstück des Beschenkten,** dann wendet er ihm einen Grundstücksteil zu, dessen Wert sich aus der Differenz zwischen dem Wert des bebauten und des unbebauten Grundstücks ergibt. Den Herstellungsaufwand übersteigende Finanzierungsbeiträge bilden eine Geldschenkung. Der nicht in die Herstellungskosten eingehende Vorteil aus einer vorzeitigen zinslosen Kapitalüberlassung bildet eine gesonderte freigebige Zuwendung (BFH BStBl II 03, 273), die nach der durch den BFH (BStBl II 05, 800) bestätigten Meinung des FG Bad-Württ (DStRE 04, 474) auch dann nicht als mittelbare Grundstücksschenkung gewertet werden dürfte, wenn sie in die Finanzierungskosten des Hausbaus einkalkuliert wäre (aM FG München DStRE 00, 256). Bei allem setzt auch die Anerkennung einer mittelbaren Gebäudeschenkung nach Auffassung der FinVerw (R E 7.3 I ErbStR; Anm 20) voraus, dass zum Zeitpunkt des Erwerbs des Grundstücks oder des Beginns der Baumaßnahme die Geldhingabe oder eine Zusage zur Geldhingabe bereits vorlag. Bei Baumaßnahmen wird eine mittelbare Grundstücksschenkung nur anerkannt, wenn die Schenkungsabrede sich auf ein hinreichend konkretisiertes Bauvorhaben bezieht. Hierfür eine detaillierte Planung zu fordern (in dieser Richtung *Weinmann,* UVR 90, 108, 109), erscheint zwar als zu weitgehend, doch wird man in der Kautelarpraxis wie stets so auch in diesem Punkt eher Vorsicht walten lassen und im Zweifel schriftliche Planungsunterlagen heranziehen (vgl *Neufang,* Inf 90, 540, 541).

25 Die Übernahme der Kosten für **An-, Aus- oder Umbauten** sowie für **Reparatur- oder Modernisierungsmaßnahmen** wollte die FinVerw (BStBl I 89, 443, Tz 3) zunächst nur dann als mittelbare Sachschenkung gelten lassen, wenn sie mit der Zuwendung des Grundstücks oder doch des Gebäudes insgesamt einhergeht. Dieser restriktive Standpunkt hatte sicher das Argument der Rechtsklarheit für sich (dazu *Weinmann,* UVR 90, 108, 112); auch wird nicht jede beliebig kleine Reparatur eine substantielle Verbesserung des Grundstücks oder Gebäudes bewirken, die als Objekt einer mittelbaren Sachzuwendung greifbar wäre (idS *Moench,* DStR 90, 335, 336). Bei größeren Baumaßnahmen wird man aber letzten Endes kaum einen qualitativen Unterschied finden, der eine grundlegend andere Beurteilung im Vergleich zur Errichtung eines Gebäudes rechtfertigen könnte (so im Ergebnis auch *Troll,* DB 90, 2233). Zumindest in Fällen, in denen die Baumaßnahme etwas Neues, bisher nicht Vorhandenes schafft und deshalb in der estlichen Beurteilung zu Herstellungsaufwand führt, ist daher eine mittelbare Sachzuwendung möglich. Diese Linie hat der BFH (BStBl II 96, 548) inzwischen für grundstücksbezogene Verwendungen (zB den Anbau an ein bereits vorhandenes Gebäude des Beschenkten) bestätigt (ähnlich: BFH/NV 96, 792).

26 Noch nicht abschließend geklärt ist die Behandlung einiger Sachverhaltsgestaltungen, bei denen **Darlehen** zum Grundstückserwerb oder zur Baufinanzierung gewährt worden sind. Der unentgeltliche Erlass eines solchen Darlehens ist in der Rspr als mittelbare Sachschenkung beurteilt worden, wobei im einen Falle (FG Düsseldorf EFG 88, 314) die Zuwendung noch vor Abschluss der finanzierten Bauarbeiten erfolgte, während im anderen Falle (Nds FG EFG 89, 187) die Darlehensgewährung dazu diente, die Einhaltung der Zweckbestimmung der überlassenen Mittel zu sichern, der spätere Erlass also von vornherein geplant, wenn auch nicht ausdrücklich vereinbart war. Ist der Verzicht auf die Rückzahlung eines Baudarlehens erst neunzehn Monate nach Fertigstellung des Hauses erfolgt, soll demgegenüber keine Grundstücksschenkung vorliegen (Hess FG EFG 95, 77; vgl auch FG Bad-Württ DStRE 04, 474). Als mittelbare Grundstücksschenkung hat das FG Rh-Pf (EFG 93, 43) auch die nachträgliche Tilgung eines von Banken aufgenommenen Baudarlehens

gewertet, wenn die Tilgung schon vor der Gebäudeerrichtung zugesagt worden war. Keine mittelbare Sachschenkung sieht dagegen das FG Rh-Pf (UVR 90, 23, 24 mit Anm *Dürr*) in der Gewährung eines zinslosen Darlehens zur Baufinanzierung, weil die durch die Zuwendung vermittelte Ersparnis an Zinsaufwendungen nicht in die – vorher erfolgte – Zahlung der Baukosten eingegangen ist. Die Entscheidungsbegründung erscheint insofern nicht ganz konsistent, als sie Aufwendungsersparnis und (Kapital-)Nutzungsvorteil nebeneinander als Zuwendungsobjekt der zinslosen Darlehensgewährung nennt; der Fall wäre wohl auch im Ergebnis anders zu entscheiden, wenn man bei der unverzinslichen Kapitalüberlassung mit der hier (Anm 50) vertretenen Ansicht einen Teilbetrag des Kapitals als Gegenstand der Zuwendung begreift. Doch auch der BFH (BStBl II 05, 800 mit Anm *Meincke,* ZEV 05, 492; NV 06, 1300) sieht als Gegenstand der Zuwendung allein die Kapitalnutzungsmöglichkeit und nicht (mittelbar) das Grundstück (s dazu Anm 23).

Eine nach der Parteivereinbarung gewollte **Grundstücksschenkung scheitert, wenn sie tatsächlich nicht vollzogen** und stattdessen Geld zugewendet wird. 27
Geldschenkungen hat die Rspr daher angenommen, wenn der Beschenkte zu keiner Zeit das Eigentum oder die iRd § 9 I Nr 2 dem Eigentumserwerb gleichgestellte Position eines Erwerbsberechtigten am Grundstück erlangt hatte (Hess FG EFG 03, 870), wenn der Schenker zwar die Zuwendung eines Miteigentumsanteils an einem Grundstück verspricht, gleichzeitig aber das Grundstück verkauft und den Beschenkten auf den ihm zustehenden Anteil am Kaufpreis verweist (BFH BStBl II 85, 380), und ebenso, wenn anlässlich des Verkaufs eines Grundstücks einer der bisherigen Miteigentümer dem anderen seinen Erlösanteil überlässt, selbst wenn die Schenkungsabrede sich ihrem Wortlaut nach auf den Miteigentumsanteil bezogen haben sollte (BFH BStBl II 91, 32). In diesen Fällen ist der wirkliche (durch die anderslautende Abrede nur versteckte) Parteiwille auf die Zuwendung des Erlösanteils gerichtet. Zweifelhaft ist schließlich die Rechtslage, wenn überlassene Geldmittel zwar zur Finanzierung eines Grundstückserwerbs bestimmt sind, jedoch tatsächlich erst kurze Zeit nach bereits erfolgtem Grundstückskauf zur Verfügung gestellt werden und daher nurmehr zur Ablösung einer anderweitigen Überbrückungsfinanzierung eingesetzt werden können (skeptisch gegenüber Grundstücksschenkung BFH/NV 90, 506, 507, allerdings in einer eher beiläufigen Hilfserwägung; unentschieden *Moench,* DStR 91, 169, 206, 208). Im Unterschied zu den beiden vorher erwähnten Fällen richtet sich der Parteiwille hier auf die Zuwendung des Grundstücks; der Grundstückserwerb ist auch nicht unabhängig von der Mittelüberlassung erfolgt (vgl Anm 22), sondern wirtschaftlich durch diese ermöglicht oder doch erleichtert worden. Im Ergebnis sollte dies zivilrechtlich wie schenkungstlich die Annahme einer Grundstücksschenkung tragen. Das FG Münster (EFG 00, 987) sieht die Geldhingabe für ein bereits gekauftes und übereignetes Grundstück denn auch solange noch als Grundstücksschenkung an, als der Kaufvertrag noch nicht durch Kaufpreiszahlung vollen Umfangs erfüllt worden ist.

Die **Grundstücksübertragung zum Zweck der Geldbeschaffung** kann 28
Geldschenkung sein, wenn die Vertragspartner das Geld als Gegenstand der Zuwendung ansehen. Doch wird ein solcher Parteiwille unter Berücksichtigung der StFolgen (vgl Anm 16) nur selten anzunehmen sein. Dass die Geldbeschaffung Motiv der Grundstücksschenkung war, reicht für sich genommen nicht aus, um die Zuwendung als Geldschenkung zu qualifizieren (BFH BStBl II 74, 521; FG Hbg EFG 76, 512). Dies gilt auch dann, wenn der Beschenkte noch vor Eigentumsumschreibung im Grundbuch und in unmittelbarer zeitlicher Nähe zum Abschluss des Schenkungsvertrages das Grundstück weiterveräußert, ohne jedoch hierzu gegenüber dem Schenker verpflichtet zu sein (BFH BStBl II 74, 521; NV 90, 506; BStBl II 91, 320, 322). Zur Annahme einer Geldschenkung kann es allerdings wiederum führen, wenn der Beschenkte sich schon zZ der Schenkung in einer Zwangslage befindet, die ihn zur Weiterveräußerung des Grundstücks veranlasst (BFH BStBl II 91, 320, 322). Hierfür ge-

nügt aber noch nicht ein Erwartungsdruck, der sich aus familiären Bindungen zwischen Schenker und Beschenktem sowie aus vom Schenker bereits geführten Vorverhandlungen über den Weiterverkauf ergibt. Als Schenkung einer Kaufpreisforderung und nicht als Grundstücksschenkung hat es der BFH (NV 94, 102) angesehen, wenn der Beschenkte über das ihm im Schenkungsvertrag zugedachte Grundstück zu keiner Zeit frei verfügen kann, weil er das Grundstück schon in derselben Verhandlung vor dem den Schenkungsvertrag beurkundenden Notar an einen Käufer weiterveräußert hat, für den alsbald eine Auflassungsvormerkung eingetragen wird und der anschließend unmittelbar nach dem Schenker als Erwerber des Grundstücks im Grundbuch eingetragen wird. Soll der Beschenkte, dem eine Eigentumswohnung unentgeltlich übertragen wurde, die Wohnung verkaufen und aus dem Erlös den Bau eines Hauses finanzieren, so ist die Wohnung, nicht das Haus Gegenstand des schenkweisen Erwerbs (FG München UVR 96, 272). Die Zuwendung von Geld zum Erwerb eines Dauerwohnrechts ist Geldschenkung (FG Düsseldorf EFG 96, 992).

29 Die unterschiedliche Einordnung einer Zuwendung als Grundstücks- oder Geldschenkung wirkt sich nicht nur im Rahmen der Bewertung des Erwerbs, sondern auch auf den **Steuerentstehungszeitpunkt** aus. Die Geldschenkung gilt mit der Geldhingabe als ausgeführt. Eine Grundstücksschenkung gilt dagegen erst als ausgeführt, wenn die für die Rechtsänderung im Grundbuch erforderlichen Erklärungen abgegeben wurden oder im Zeitpunkt der Bezugsfertigkeit des geschenkten Gebäudes (R E 9.1 II ErbStR). Wird weniger Geld hingegeben, als für den Erwerb des Grundstücks oder Gebäudes benötigt wird, kann die Schenkung eines Grundstücks- oder Gebäudeteils vorliegen. Wird mehr Geld hingegeben, als für die vereinbarte Errichtung eines Gebäudes auf dem geschenkten Grundstück erforderlich ist, so liegt neben der Grundstücksschenkung auch noch eine **überschießende Geldschenkung** vor, deren Umfang allerdings erst mit der Bezugsfertigkeit des Gebäudes nach Abzug in der Bauphase erzielter Kapitalerträge, Kursgewinne und Vorsteuererstattungen feststeht, so dass unter diesen Umständen ausnahmsweise ein einheitliches Steuerentstehungsdatum für beide Zuwendungen anzunehmen ist (BFH BStBl II 03, 273). Die Rechtsfigur der mittelbaren Grundstücksschenkung wurde gern als ein **Steuersparmodell** angepriesen. Und es war in der Tat regelmäßig günstiger, ein Grundstück als den dem Grundstücksverkehrswert entsprechenden Geldbetrag zu verschenken. Nach der Anhebung der StWerte auf Verkehrswertniveau im Zuge der ErbStReform 2009 werden sich allerdings relevante Spareffekte nur noch ausnahmsweise erzielen lassen. Statt einer mittelbaren Grundstücksschenkung kann der Schenker freilich auch den Weg einer unmittelbaren Grundstücksschenkung wählen, das Grundstück selbst erwerben und auf den Beschenkten übertragen oder das Grundstück des Beschenkten (mit dessen Zustimmung) selbst bebauen und ihm so zu dem Eigentum am Haus verhelfen. Im Vergleich zu diesem Weg ist mit der mittelbaren Schenkung – abgesehen von den bei der zweiten Übertragung zusätzlich entstehenden Erwerbsnebenkosten – im Zweifel kein besonderer Vorteil verbunden.

4. Gemischte Schenkung

30 **a) Das Zuwendungsobjekt bei der gemischten Schenkung.** Von einer gemischten Schenkung wird gesprochen, wenn ein Gegenstand **teils entgeltlich und teils unentgeltlich** hingegeben wird, wobei der unentgeltliche Leistungsteil den entgeltlichen nicht überwiegen muss (BGH NJW 12, 605; allerdings ist ein solches Überwiegen des unentgeltlichen Teils Voraussetzung, um aufgrund eines Herausgabeanspruches die vollständige Herausgabe des Geschenks gegen Rückgewähr der Gegenleistung verlangen zu können, BGH NJW 53, 501; 72, 247; NJW-RR 88, 584). Eine gemischte Schenkung liegt zB vor, wenn ein Grundstück im (Verkehrs-) Wert von 6 Mio EUR gegen Zahlung von 1,5 Mio EUR den Eigentümer wechselt

und beide Vertragspartner darüber einig sind, dass das Grundstück teilweise unentgeltlich zugewandt sein soll (vgl Nds FG DVR 77, 154). Als gemischte Schenkung wird es auch angesehen, wenn der Beschenkte im Zusammenhang mit der Schenkung auf einen Ausgleichsanspruch gegen den Schenker verzichtet (BGH NJW 92, 2566; *Hartmann,* DStR 01, 1545) oder wenn der Beschenkte eine im Zusammenhang mit der Schenkung den Schenker treffende ausländische St übernimmt (FG Rh-Pf EFG 00, 86). Die Behandlung der gemischten Schenkung ist im ZivilR und StR umstritten. Im ZivilR überwiegt die These, dass sich die Probleme der gemischten Schenkung nicht von einem einzigen Ansatzpunkt aus lösen lassen, sondern dass nach dem Normzusammenhang unterschieden werden muss (vgl *Pruskowski,* Das Merkmal der Zuwendung im Tatbestand der Schenkung, Diss Köln 1987, 144ff). Aus diesem Standpunkt folgt ohne Weiteres, dass es eine für das StR verbindliche zivilrechtliche Aussage über die Behandlung der gemischten Schenkung nicht gibt. Auch innerhalb des StR ist ein einheitlicher Ansatzpunkt bisher nicht gefunden worden und wird sich wohl auch kaum finden lassen. Das wichtigste Problem, um das es bei der Behandlung der gemischten Schenkung im SchStR geht, ist das der zutreffenden Erfassung des Zuwendungsobjekts. Dazu treten neuerdings auch noch die von der Rspr problematisierten Fragen des Nachweises der Kenntnisse und des Willens des Zuwendenden hinzu (dazu unten Anm 98 ff).

Zur **Bestimmung des Zuwendungsobjekts** bei der gemischten Schenkung werden verschiedenartige Überlegungen angeboten (Übersicht bei *Pruskowski,* Anm 30, 144ff). Wenig Zustimmung finden heute die Thesen, die das Zuwendungsobjekt in einem Nachlass der Kaufpreisschuld, in dem Angebot zum Abschluss eines günstigen Kaufvertrages (vgl *Kipp* § 3 Anm 108) oder in dem von dem Kaufpreis nicht gedeckten Mehrwert des Kaufobjekts, dem den Kaufpreis „überschießenden Betrag“ (RGZ 163, 257, 261), sehen wollen. Dafür stehen sich zwei weitere Deutungen in bis heute aktuellen Konzeptionen gegenüber. Die früher unangefochtene herkömmliche Auffassung betonte den einheitlichen, aus unentgeltlichen und entgeltlichen Elementen gemischten Charakter des insgesamt zum SchenkungsR gehörenden Geschäfts, sah – im Fall der gemischten Grundstücksschenkung – **das Grundstück als Gegenstand der Zuwendung** an, erfasste die Gegenleistung erst im Rahmen der Wertermittlung und behandelte sie dort als bereicherungsmindernden Abzugsposten. So gelangte sie im Anschluss an *Kipp* (§ 3 Anm 109) zu der These, dass im Beispiel **das ganze Grundstück** das Zuwendungsobjekt bildet (so auch im Ergebnis BFH HFR 65, 269; Nds FG DVR 77, 154). 31

Diese bis zum Ende der siebziger Jahre vorherrschende herkömmliche Betrachtungsweise wurde durch die neuere Rspr des **BFH** abgelöst (BFH BStBl II 80, 260; 82, 83; 82, 714; 89, 524; 03, 162; 06, 475). Auch wenn sie weiterhin von einer „gemischten Schenkung“ spricht, will sie doch eine gemischte freigebige Zuwendung nicht mehr anerkennen, betont vielmehr die Notwendigkeit, **den gemischten Vertrag in seine Elemente** zu **zerlegen** und aus ihm eine ungemischte freigebige Zuwendung herauszulösen. Nur die reine, von Gegenleistungspflichten freie Zuwendung soll die Merkmale der freigebigen Zuwendung iSd § 7 I Nr 1 erfüllen. **Den Gegenstand der Zuwendung bildet** nach dieser Auffassung bei der gemischten Grundstücksschenkung **ein Grundstücksteil,** der aus dem Vergleich des Verkehrswerts des Grundstücks zum Wert der Gegenleistung ermittelt wird. Haben die Parteien daher zB die Übertragung eines Grundstücks im Verkehrswert von 6 Mio EUR gegen Zahlung eines Kaufpreises von 1,5 Mio EUR vereinbart und waren sich die Parteien darüber einig, dass das Grundstück teilweise unentgeltlich übertragen sein soll, so wird angenommen, dass ein Viertel des Grundstücks im Wege eines Kaufs und drei Viertel des Grundstücks durch freigebige Zuwendung erworben sind. Zur Abstützung ihrer These im Gesetzestext beruft sich die Rspr (vgl BFH BStBl II 89, 524, 526; NV 93, 298) auf den „soweit“-Satzteil im Tatbestand des § 7 I Nr 1, wonach eine freigebige Zuwendung nur dann (unter den Begriff der Schenkung unter 32

Lebenden fällt und damit nach § 1 I Nr 2) stpfl ist, „soweit der Bedachte durch sie auf Kosten des Zuwendenden bereichert wird". Denn soweit er eine Gegenleistung erbringen müsse, fehle es an der Bereicherung des Bedachten.

33 **b) Folgerungen.** Vergleicht man die in den Anm 31 und 32 genannten Auffassungen zur Beurteilung der gemischten Schenkung unter dem Gesichtspunkt der freigebigen Zuwendung nach § 7 I Nr 1, so betreffen sie zwar die Auslegung des § 7, wirken sich jedoch bei der Prüfung dieser Vorschrift auf das für die Besteuerung bedeutsame Zwischenergebnis zunächst noch nicht aus. Denn nach jeder der beiden Auffassungen liegt in dem als Beispiel genommenen Fall (Anm 30f) eine freigebige Zuwendung vor, die die Voraussetzungen des § 7 I Nr 1 erfüllt und dem Empfänger eine Bereicherung von 4,5 Mio EUR verschafft. Mit der Bestimmung des Zuwendungsobjekts iSd § 7 wurde jedoch zugleich eine wichtige **Weichenstellung für die Wertermittlung iSd § 10** vorgenommen. Erst bei der Anwendung des § 10 zeigen sich denn auch die Resultate der unterschiedlichen Konzeption. Die Unterschiede sind vor allem dort relevant, wo der StWert des Schenkungsgegenstandes deutlich unter seinem Verkehrswert liegt. Bis zur Ablösung der zunächst insb für Immobilien maßgeblichen Einheitswerte durch pauschal ermittelte Bedarfswerte in 1996, aber auch noch in der Zeit danach und bis zur ErbStReform 2009, die vor allem eine Bewertungsreform war, waren diese Wertunterschiede und die sich hieraus ergebenden Effekte ganz erheblich. Betrachtet man nämlich als stpfl Erwerb das Grundstück abzüglich der Gegenleistung und betrug im Beispiel der nach § 12 maßgebliche Steuerwert des Grundstücks zB nur 0,3 Mio EUR (bei einem Verkehrswert von 6 Mio EUR, was seinerzeit häufig vorkam) so ergab sich nach Abzug der Gegenleistung von 1,5 Mio EUR sogar ein negativer Wert, der eine Besteuerung ausschloss. Bildete dagegen nach dem Verständnis des BFH der aus dem Verhältnis des Verkehrswerts zur Gegenleistung ermittelter Grundstücksteil (also drei Viertel) den stpfl Erwerb, wobei dieser Grundstücksteil als gegenleistungsfrei erworben angesehen wurde, so betrug der stpfl Erwerb drei Viertel des Grundstückssteuerwerts von 0,3 Mio EUR, also 0,225 Mio EUR. Das Ergebnis, zu dem die Rspr des BFH gelangte, wäre allerdings auch unter Anwendung der herkömmlichen Interpretationslinie erreichbar gewesen, wenn man die Gegenleistung nicht voll zum Abzug zugelassen, sondern sie im Verhältnis von Steuerwert und Verkehrswert des ganzen Grundsücks (0,3 : 6 = 1 : 20) gekürzt hätte (1 : 20 bezogen auf 1,5 Mio = 75.000). Der Schenkung des ganzen Grundstücks (0,3 Mio) hätte dann eine abzugsfähige Gegenleistung von 0,075 Mio gegenübergestanden. Auch bei dieser Berechnungsmethode hätte sich ein stpfl Erwerb von 0,225 Mio ergeben. Beim Blick auf die Auswirkungen der Rspr des BFH ist es daher nicht falsch, wenn man die gegenwärtige RsprLinie als eine Praxis zur Begrenzung des Abzugs der Gegenleistung versteht und ihren argumentativen Kern darin sieht, dass „die Gegenleistung nicht vollen Umfangs, sondern nur entsprechend ihrem Anteil am Verkehrswert der Leistung des Zuwendenden von deren Steuerwert abzuziehen" ist (BFH BStBl II 02, 25, 26) oder dass die Gegenleistung iE „nur zu dem Prozentsatz abgezogen werden darf, welcher dem Verhältnis des Steuerwerts zum Verkehrswert des zugewandten WG entspricht" (*Fumi,* EFG 03, 554). Die **Abzugssperre,** die § 10 VI auch heute noch nur für den Bereich von StBefreiungen vorsieht, **wurde** so für das Recht der freigebigen Zuwendungen im Ergebnis **auf** den Bereich von **Bewertungsvergünstigungen erstreckt.** Der Wertabschlag, den ein niedrigerer StWert für das Zuwendungsobjekt bewirkt, wurde auf die Gegenleistung des Beschenkten übertragen.

34 **c) Kritik.** Dem BFH gelang es jedoch nicht, den Schwerpunkt seiner Argumentation deutlich festzuhalten. Dessen Kern lag vielmehr in der Neubestimmung des Zuwendungsobjekts (Zuwendung eines von Gegenleistungspflichten freien, unselbstständigen Grundstücksteils statt eines ganzen Grundstücks abzüglich Gegenleistung), und damit der dem Gesetz entsprechenden Abgrenzung des stpfl Vorgangs (§ 7). Immer wieder begegnen jedoch auch Formulierungen, die das Problem als ein

Problem der Wertermittlung charakterisieren (BFH BStBl II 02, 25, 26; Anm 33). So hat der BFH gemeint, seine Rspr durch eine **Neuinterpretation von Wertermittlungsvorschriften** abstützen zu sollen. Nach BFH BStBl II 82, 83, 85 soll die Wertermittlungsvorschrift des § 10 I 2 auf gemischte Schenkungen nicht anwendbar sein. Das kann nicht überzeugen, wenn es gar nicht um ein Problem der Wertermittlung geht. § 10 I 2 ist denn auch nach der allein zutreffenden Ansicht auf gemischte Schenkungen uneingeschränkt anwendbar – nur dass die Gegenleistung im Bereich der gemischten Schenkung keine Erwerbsschmälerung der Schenkung darstellt, sondern zu einem entgeltlichen Leistungsteil gehört und daher den Begriff der Nachlassverbindlichkeit nicht erfüllt.

Noch gewichtiger ist der Nachteil der Rspr des BFH zu nehmen, der darin liegt, 35
dass sie erhebliche Ungleichbehandlungen zur Folge hatte. Denn der Ansatz der Argumentation beim stpfl Vorgang führte dazu, dass die Rspr ihr Ziel, für mehr StGerechtigkeit durch Begrenzung von „überproportionalen Verrechnungsmöglichkeiten" zu sorgen, im Wesentlichen nur im Bereich der freigebigen Zuwendungen erreichen konnte. Nur dort (und bei der Schenkung auf den Todesfall) kann man nämlich einen schenkungstrelevanten unentgeltlichen von einem steuerunerheblichen entgeltlichen Vorgang unterscheiden, und nur dort kann man Verbindlichkeiten, die auf den Erwerber entfallen, mit der Begründung vom Abzug ausschließen, dass sie nicht auf einem freigebigen Vorgang beruhen und daher auch nicht in den Kreis der abzugsfähigen Nachlassverbindlichkeiten gehören. Die Rspr zur gemischten Schenkung hatte daher – entgegen der Grundlinie des § 1 II – eine **Ungleichbehandlung** von Erwerben von Todes wegen und von Erwerben durch Schenkung unter Lebenden zur Konsequenz. Sie musste sogar innerhalb der freigebigen Zuwendungen noch zwischen solchen, die eine Aufspaltung in einen entgeltlichen und einen unentgeltlichen Geschäftsteil erlauben, und solchen, für die eine solche Aufspaltung nicht in Frage kommt (vgl BFH BStBl II 04, 234), unterscheiden.

d) Neue Weichenstellung durch die Erbschaftsteuerreform 2009. Mit 36
Beschluss v 7.11.2006 hat das BVerfG (BStBl II 07, 192) das ErbStG für verfassungswidrig erklärt und einen Verstoß gegen den Gleichheitssatz insb darin gesehen, dass die seinerzeit für wesentliche Gruppen von Vermögensgegenständen – neben Immobilien waren dies insb Einzelunternehmen und Beteiligungen an Personengesellschaften, Anteile an Kapitalgesellschaften und luf Vermögen – geltenden Bewertungsvorschriften zu nicht realitätsgerechten Werten führten. Es verpflichtete den Gesetzgeber, die Bewertungsregeln belastungsgleich und folgerichtig auszugestalten und verlangte, hierzu alle Vermögensgegenstände mit einem „Annäherungswert an den gemeinen Wert" zu erfassen. Diesen Auftrag hat der Gesetzgeber mit der ErbSt-Reform 2009 in der Weise erfüllt, dass er für alle Vermögensgegenstände als Bewertungsziel den gemeinen Wert formuliert und die dorthin führenden Bewertungsregeln neu gefasst hat. So beruht zB das neue Konzept zur Bewertung von Immobilien auf der über viele Jahre am Markt zur Verkehrswertermittlung anerkannten WertermittlungsV (BGBl I 88, 2209 und 97, 2081, jetzt ImmowertV, BGBl I 10, 639). Zwar können auch die neuen erbstlichen Bewertungsregeln nicht gänzlich auf Typisierungen und Pauschalierungen verzichten, so dass es in der Praxis immer noch zu Abweichungen des hiernach ermittelten StWerts vom tatsächlichen Verkehrswert kommen kann (§ 198 BewG gestattet deshalb dem Stpfl den sachverständigen Nachweis eines niedrigeren gemeinen Werts). Nach dem gesetzlichen Regelungsziel des seit 1.1.2009 geltenden Bewertungsrechts aber ist der StWert mit dem Verkehrswert identisch und überproportionale Verrechnungsmöglichkeiten im Rahmen gemischter Schenkungen sind nicht mehr zu besorgen. Die vom BFH hierzu entwickelte Aufspaltungsmethode hat damit ihre praktische Rechtfertigung verloren.

Die **FinVerw,** die der Rspr des BFH bisher uneingeschränkt gefolgt war, hat dies 37
bereits zum Anlass genommen, zu der früheren Behandlung vor 1980 zurückzukeh-

ren. Es heißt jetzt (R E 7.4 I ErbStR) zur Besteuerung der gemischten Schenkung: „Die Bereicherung wird ermittelt, indem von dem nach § 12 ErbStG zu ermittelnden Steuerwert der Leistung die Gegenleistungen des Beschenkten … mit ihrem nach § 12 ErbStG ermittelten Wert abgezogen werden". So war man auch vor 1980 verfahren.

38 Mit dem geänderten Text der ErbStR wird zweierlei ausgesagt. **Zum Ersten:** Die Gegenleistung gehört als Abzugsposten wieder zum stpfl Erwerb. Die freigebige Zuwendung umfasst bei der gemischten Schenkung auch die Gegenleistung. Bei der gemischten Grundstücksschenkung ist daher das ganze Grundstück unter Berücksichtigung der Gegenleistung Gegenstand der Zuwendung, nicht nur ein aus dem Verkehrswert von Leistung und Gegenleistung ermittelter Grundstücksteil. Die Gegenleistung ist nicht einem entgeltlichen Erwerb zuzuordnen, der außerhalb der freigebigen Zuwendung steht. Sie ist vielmehr Bestandteil des Erwerbs durch freigebige Zuwendung und ist daher im Rahmen der Wertermittlung nach § 10 als Nachlassverbindlichkeit zum Abzug zu bringen. **Zum Zweiten:** Die Gegenleistung kann in voller Höhe ihres StWerts von dem StWert der Leistung abgezogen werden. Nur soweit die Voraussetzungen des § 10 VI vorliegen, ist der Abzug eingeschränkt oder ausgeschlossen.

39 Der **BFH** hatte bisher noch keine Gelegenheit, sich zur Bestimmung des Zuwendungsobjekts bei der gemischten Schenkung neu zu positionieren. Es wird ihm allerdings nicht leicht fallen, der neuen Linie der FinVerw zu folgen, weil er seine Rspr seinerzeit auf eine unverändert mögliche Interpretation des § 7 I Nr 1 gestützt und sein eigentliches Anliegen, nämlich die bisher bestehenden überproportionalen Verrechnungsmöglichkeiten zu verhindern, unerörtert gelassen hat. Man darf dennoch hoffen, dass das Gericht einen Weg finden wird, um seine bisherige Linie zu überprüfen und sich der neuen Linie der FinVerw anzuschließen.

5. Schenkung unter Auflage

40 Der gemischten Schenkung hatte der BFH zunächst (BStBl II 82, 83, 85) die **Schenkung unter Auflage** gegenübergestellt, auf die die neue Konzeption des Zuwendungsgegenstandes nicht übertragen werden sollte. Mit dieser anfänglichen Einschränkung seiner neuen Rspr lehnte sich der BFH an die zivilrechtliche Sicht der Auflagenschenkung an, nach der die Schenkung unter Auflage in vollem Umfang Schenkung ist und nicht in einen unentgeltlichen und einen entgeltlichen Teil zerlegt werden kann (BGHZ 30, 120); einen einheitlichen unentgeltlichen Vorgang erblickt das Zivilrecht insb auch in der Schenkung unter Übernahme einer bestehenden (nicht erst vom Beschenkten zu bestellenden) dinglichen Belastung – gleich ob Dienstbarkeit oder Pfandrecht –, die nicht einmal als Auflage, sondern als bloße Wertminderung des Geschenks gilt (BGHZ 107, 156, 159; für Auflagenschenkung dagegen BFH/NV 90, 809; zum Ganzen auch *Reiff,* BB 90, 968, 970f). Gleichwohl bestimmte die FinVerw mit Erlass v 10.2.1983 (BStBl I 83, 238, Tz 2), dass auch Auflagenschenkungen unterschiedslos nach den vom BFH für die gemischte Schenkung entwickelten Grundsätzen behandelt werden sollten.

41 Mit drei Entscheidungen vom April 1989 hat der BFH (BStBl II 89, 524; NV 90, 373 u 506; bestätigt durch NV 93, 298; 94, 371) den von der FinVerw eingenommenen Standpunkt korrigiert und eine neue **Differenzierung** eingeführt. Handelt es sich um eine sog **Nutzungs- oder Duldungsauflage,** bei der dem Beschenkten lediglich ein Teil der mit dem Eigentum an dem geschenkten Gegenstand im Zeitablauf verbundenen Nutzungen vorenthalten und dem Schenker oder einer dritten Person zugewiesen wird, so folgt das SchStRecht der zivilrechtlichen Betrachtungsweise und sieht das Geschenk insgesamt als Objekt einer einheitlichen freigebigen Zuwendung. Die durch diese Zuwendung vermittelte Bereicherung wird als Saldo aus dem Bruttowert des Geschenks abzüglich des Werts der vom Beschenkten zu tragenden

Nutzungseinschränkung berechnet, sofern § 10 VI 6 den Abzug der Duldungsauflage nicht ausschließt, weil sich das Nutzungsrecht bereits bei der Grundstücksbewertung wertmindernd ausgewirkt hat. Dieser Fallgruppe stellt der BFH die sog **Leistungsauflage** gegenüber, die den Beschenkten über eine bloße Duldung hinsichtlich der Nutzung des zugewendeten Gegenstandes hinausgehend mit der Verpflichtung zu Geld- oder Sachleistungen oder zur Befreiung von dem Zuwendenden obliegenden Geld- oder Sachleistungen belastet und die ggf auch aus dem sonstigen Vermögen des Bedachten zu erbringen sind. Zuwendungen unter Leistungsauflage sind wie gemischte Schenkungen (dazu Anm 30ff) in einen unentgeltlichen und einen entgeltlichen (nicht der SchSt unterliegenden) Geschäftsteil zu zerlegen; Zuwendungsobjekt ist demnach ein Teil des auf den Beschenkten übertragenen Gegenstandes entsprechend dem Verhältnis der Verkehrswerte der Zuwendung mit und ohne Abzug des Werts der Leistungsauflage. Der hiernach freigebig zugewendete Objektanteil wird der Ermittlung der stpfl Bereicherung nach § 10 zugrunde gelegt. Er ist durch keine Auflageverpflichtung belastet. Ein Abzug der Leistungsauflage von diesem Teil der Zuwendung im Rahmen der Berechnung nach § 10 ist daher von vornherein ausgeschlossen. Der andere Teil der Zuwendung ist entgeltlich zugewandt und scheidet daher zusammen mit der Auflageverpflichtung aus der Berücksichtigung nach den §§ 7, 10 vollkommen aus (s auch noch BFH BStBl II 11, 730).

Die neuere Rspr hatte zwar die Unterscheidung von gemischten Schenkungen und Schenkungen unter Leistungsauflage iRd § 7 I überflüssig gemacht. Sie führte aber dazu, dass nun die **Grenzziehung zwischen Leistungs- und Duldungsauflagen** Probleme aufwarf. Eine Leistungsauflage ist nach der Rspr immer dann anzunehmen, wenn der Belastete zu Leistungen verpflichtet wird, die er **unabhängig vom Innehaben des auf ihn übergegangenen Gegenstandes** auch aus seinem persönlichen Vermögen erbringen kann oder soweit er den Zuwendenden von diesem obliegenden Leistungspflichten (zumindest im Innenverhältnis) zu befreien hat, selbst wenn sich die Leistungspflicht nach den Erträgnissen bestimmt, die aus dem geschenkten Gegenstand gezogen werden können. Eine Leistungsauflage ist auch im Fall **obligatorischer Nutzungsrechte** wie eines Gewinnbezugsrechts anzunehmen, das bei Übertragung von Gesellschaftsanteilen eingeräumt wird (BFH BStBl II 11, 730). Mit der Duldungsauflage wird dem Beschenkten hingegen nur der **zeitlich begrenzte Verzicht auf die Nutzungen des Zuwendungsgegenstandes** zugemutet, indem ihm der Schenker auferlegt, im Zuge der Schenkung ein Nutzungsrecht zugunsten des Schenkers oder eines Dritten zu bestellen, das die Nutzungen zeitlich befristet dem Schenker oder dem Dritten zuweist (BFH BStBl II 89, 524). Die Duldungsauflage sollte daher – anders als bei Vereinbarung einer Leistungsauflage – den Zuwendungsgegenstand ungeteilt lassen mit der Folge, dass der Auflagewert bei der Ermittlung des stpfl Erwerbs nach § 10 I 2 vom Wert des Zuwendungsgegenstandes abgezogen werden kann. Mit Erlassen v 9.11.1989 (BStBl I 89, 445) war die FinVerw der neuen Rspr des BFH gefolgt. Probleme ergaben sich in diesem Zusammenhang insb dann, wenn die Schenkung **sowohl unter Leistungs- als auch unter Duldungsauflage** stand. Fraglich war, ob die Zuwendung zunächst im Wege der Verhältnisrechnung in einen entgeltlichen und einen unentgeltlichen Teil zerlegt werden sollte, um dann die Duldungsauflage in voller Höhe beim unentgeltlichen Teil der Zuwendung abzuziehen (so die Linie des Erlasses v 9. 11. 89), ob nur der anteilige Kapitalwert der Duldungsauflage von dem freigebigen Teil der Zuwendung zum Abzug zu bringen sei (so BFH BStBl II 96, 243; 02, 25; R 17 IV ErbStR 2003) oder ob der Kapitalwert der Duldungsauflage schon in den Verkehrswertvergleich zur Bestimmung des entgeltlichen und unentgeltlichen Teils der Zuwendung Eingang finden müsse (*Meilicke,* DStZ 98, 785). 42

Die mit der Abgrenzung von Leistungs- und Duldungsauflage und mit dem Zusammentreffen der beiden Auflagen verbundenen Probleme haben jedoch nun durch die **Änderung der Haltung der FinVerw** ihre Bedeutung verloren. Die Neukon- 43 zeption der Behandlung der gemischten Schenkung (R E 7.4 I ErbStR; Anm 37f) wirkt sich auch auf die Schenkung unter Auflage aus. Denn der Rspr ging es darum, die Schenkung unter Leistungsauflage der gemischten Schenkung in ihren steuerlichen Wirkungen anzugleichen. Diesen Gedanken hatte die FinVerw übernommen. Hält man an ihm fest, so muss die Neukonzeption der StFolgen der gemischten Schenkung auch zur **Neuausrichtung der StFolgen der Schenkung unter Leistungsauflage** führen. Die Konsequenz dieser Neuausrichtung ist: Die Aufteilung des Zuwendungsgegenstandes in einen unentgeltlich und einen entgeltlich zugewandten Teil unterbleibt. **Leistungsauflagen sind** (wie bisher schon die Duldungsauflagen) **mit ihrem vollen StWert** vom StWert des Zuwendungsgegenstandes **abzuziehen.** Damit ist zugleich die Grenzziehung zwischen Leistungs- und Duldungsauflagen obsolet geworden. Eine Reaktion des BFH auf die Änderung der Haltung der FinVerw in dieser Frage steht noch aus.

6. Schenkungsversprechen

44 **a) Versprechen einer Schenkung.** Das formlose Schenkungsversprechen begründet keine Forderung des Versprechensempfängers gegen den Versprechenden. Mit ihm wird dem Empfänger daher noch keine Bereicherung verschafft. Anders liegt es dagegen beim formwirksamen Schenkungsversprechen, aus dem der Empfänger anspruchsberechtigt wird (§ 518 I BGB). Doch wertet das Gesetz auch die Anspruchsbegründung durch formwirksames Schenkungsversprechen noch nicht als Zuwendung, die der Besteuerung unterliegt (RFH RStBl 21, 157 = RFHE 4, 243; BFH BStBl II 68, 239; 371; 72, 43; 07, 472, 476). Das stimmt im Regelfall mit dem Parteiwillen überein, weil die Partner des Versprechensvertrages im Zweifel nicht die Forderung, sondern die in der Forderung in Bezug genommene Leistung als Gegenstand der Schenkung ansehen (Versprechen einer Schenkung).

45 Die **Freistellung des Versprechens von der StPfl** folgt aus dem Wortlaut der §§ 7 I Nr 1, 9 I Nr 2 noch nicht zwingend. Doch hatte das ErbStG 1919 in § 40 III 2 bestimmt: „Bei einem Schenkungsversprechen tritt die StPfl erst ein, wenn und soweit es vollzogen ist“. Aus dieser Vorschrift wurde 1922 die heutige Gesetzesfassung entwickelt, wobei die Worte „Ausführung der Zuwendung“ im (heutigen) § 9 I Nr 2 nach kontroverser Diskussion gerade zu dem Zweck eingeführt worden sind, um an der StFreiheit des Schenkungsversprechens im Ergebnis festzuhalten (RTDrs 1/4856, 7, 16; *Zimmermann-Ludewig* § 18 Anm 2; Näheres zur Gesetzgebungsgeschichte bei *C. Wiegand,* Das Schenkungsversprechen im ErbSt- und SchStRecht, 2011, 22ff). Die Gesetzesmaterialien äußern sich nicht zum Sinn der Freistellung des Schenkungsversprechens von der SchSt. Der RFH hatte diesen Sinn in der Erwägung gesehen, „dass in nicht seltenen Fällen eine Vollziehung der Schenkung unterbleibt“ (RFHE 9, 276, 278), „wodurch insofern einstweilen eine gewisse Unsicherheit der wirtschaftlichen Lage des Schenkungsgläubigers entsteht“ (RFH RStBl 36, 1218, 1220). Die trotz des Forderungserwerbs zunächst noch wenig gefestigte Stellung des Erwerbers soll also entscheidend sein. Richtiger erscheint es, die Freistellung damit zu begründen, dass der Beschenkte mit dem Forderungserwerb noch nicht das erhalten hat, was ihm nach den Absprachen der Vertragspartner zugewandt werden soll. Der Versprechensvertrag enthält nur das Versprechen der Zuwendung, aber noch nicht die Zuwendung selbst. Daher fehlt es an einem Merkmal, das zum Tatbestand des § 7 I Nr 1 dazu gehört.

46 Wenn das Gesetz die Forderungsbegründung durch Schenkungsversprechen noch nicht als steuerbare Zuwendung wertet, so bedeutet dies nicht, dass das Schenkungsversprechen als solches im ErbStRecht überhaupt keine Auswirkungen hat. Denn das wirksam begründete Versprechen kann beim Tod des Versprechenden als Nachlassverbindlichkeit zum Abzug gelangen. Auch kann der Inhalt des Versprechens im Fall seiner späteren Ausführung zur Bestimmung der Person des Schenkers beitragen

(BFH BStBl II 83, 19) und als vorweggenommene Einigung über den Gegenstand (BFH BStBl II 05, 188, 190; aM noch BFH BStBl II 95, 83) und die Unentgeltlichkeit der Zuwendung (BFH BStBl II 68, 371; 05, 188, 190) bedeutsam sein.

b) Freigebige Zuwendung einer Forderung. Dass das Schenkungsversprechen nicht als stbare Zuwendung gilt, lässt sich nicht dahin verallgemeinern, dass jede schenkweise Begründung einer Forderung gegen den Schenker erst mit der Erfüllung der Forderung steuerlich Bedeutung gewinnt. Die Bereicherung durch Forderungsbegründung kann vielmehr nur dann vernachlässigt werden, wenn nicht die Forderungsbegründung, sondern die durch die Forderungsbegründung versprochene Leistung **nach dem Parteiwillen den Gegenstand der freigebigen Zuwendung bilden soll.** 47

Wird daher dem Beschenkten schenkweise eine wirksame Darlehnsforderung gegen den Schenker eingeräumt (RFH RStBl 29, 497 = RFHE 25, 250) oder wird eine Schenkung dadurch vorgenommen, dass der Schenker eine Kaufpreisforderung des Beschenkten, die sich gegen den Schenker richtet, ohne rechtliche Notwendigkeit erhöht (BFH/NV 85, 84), dann wird die Zuwendung schon mit dem Vertragsschluss vollzogen, auch wenn der Beschenkte aus dem Vertrag zunächst nicht mehr als eine Forderung gegen den Schenker gewinnt. Werden wiederkehrende Leistungen schenkweise zugesagt, dann kommt eine Ausführung des Versprechens vor Ausführung der Einzelleistungen dann in Betracht, wenn ein **Stammrecht** zugewendet wurde, das unabhängig vom Leistungsversprechen schon für sich genommen Bestand hat und aus dem die Pflicht zur Leistung der jeweils fälligen Raten auch ohne Rückgriff auf das Schenkungsversprechen fließt, wie es bei der Zuwendung einer Rentenschuld oder einer Leibrente der Fall sein kann (BFH BStBl II 07, 472, 476). Als vollzogene Schenkung und nicht mehr als bloßes Schenkungsversprechen ist auch der Abschluss zu werten, mit dem der Schenker dem Beschenkten einen Geldbetrag zuweist, den er sich gleich anschließend als Darlehn wieder zurückgewähren lässt. In dem Vorgang ist zivilrechtlich die **schenkweise Einräumung einer Darlehnsforderung** zu sehen (OLG Hamm OLGZ 78, 422; vgl auch *Pruskowski,* Das Merkmal der Zuwendung im Tatbestand der Schenkung, Diss Köln 1987, 124ff, der eine Geldschenkung unter Auflage annehmen will). Der Umstand, dass die FinVerw (BMF v 1. 12. 1992, BStBl I 92, 792) im Anschluss an die Entscheidungen BFH BStBl II 91, 291; 391; 581; 838; 882; 911 und 92, 468 eine derartige Vertragsgestaltung im EStRecht nicht als vollzogene Schenkung anerkennen will, kann das SchStRecht nicht binden (BFH BStBl II 96, 11), wenn auch die abweichende Beurteilung in den verschiedenen stlichen Zusammenhängen durchaus unbefriedigend bleiben muss (vgl auch § 9 Anm 44). Eine Forderungsschenkung liegt ferner dann vor, wenn ein Vater seinem Kind unentgeltlich eine Darlehnsforderung gegen die Personengesellschaft zuweist, an der er als Gesellschafter beteiligt ist (BFH BStBl II 82, 351). Als vollzogene Forderungsschenkung sieht der BFH im Zweifel den Anspruchserwerb an, der sich für den Drittbegünstigten im Zusammenhang mit einer Schenkung unter Auflage ergibt (Anm 104). Manches spricht dafür, als Forderungsschenkung auch die Übernahme einer **abstrakten Verbindlichkeit** durch den Schenker zu beurteilen. Denn die abstrakte Forderungsbegründung deutet darauf hin, dass die Vertragspartner die Forderung von dem Schenkungsgrund ablösen wollen. Der BFH (BStBl II 08, 631) verweist demgegenüber darauf, dass das BGB das Schenkungsversprechen und das abstrakte Schuldversprechen hinsichtlich eines Formmangels gleich behandelt und für beide Versprechen in § 518 BGB vorsieht, dass der Formmangel erst mit dem Bewirken der versprochenen Leistung geheilt werden soll. Aber diese Aussage zur Heilung eines Formmangels lässt nicht ohne Weiteres einen Schluss auf die stlichen Konsequenzen des abstrakten Versprechens zu. Der BFH sieht im Übrigen wie in einem abstrakten Schuldversprechen so auch in der Einräumung einer typischen **Unterbeteiligung** noch keine freigebige Zuwendung (FG Rh-Pf EFG 13, 835 sieht allerdings in 48 der Einräumung mitgliedschaftlicher Rechte bereits vollzugsbegründete Merkmale, auch wenn diese die Unterbeteilung nicht zur „atypischen" machen). Im Fall der Zuwendung einer atypischen Unterbeteiligung wird dagegen nach Auffassung des Gerichts (BStBl II 08, 631) die Schenkung bereits mit Abschluss des Gesellschaftsvertrages (so nun auch BGH ZEV 12, 167; bestätigt durch BFH DStR 14, 2111, der die Grundsätze zur atypischen Unterbeteiligung auch auf eine atypische stille Beteiligung erstreckt), spätestens mit Einbuchung der atypischen Unterbeteiligung vollzogen.

7. Unverzinsliche Kapitalgewährung

49 **a) Freigebige Zuwendung im Hinblick auf Zinsen.** Übernimmt jemand die Zinszahlung für ein dem Darlehensnehmer von dritter Seite gewährtes **verzinsliches Darlehen,** so besteht kein Zweifel, dass er dem Darlehensnehmer durch die Freistellung von der Zinspflicht ein stbares Zuwendungsobjekt verschafft. Gleiches gilt, wenn der Schenker sich von vornherein anstelle des Darlehensnehmers zur Zinszahlung verpflichtet, so dass eine Zinsschuld des Darlehensnehmers gar nicht erst entsteht, der Darlehensnehmer das Darlehen also unverzinslich erhält. Dagegen war umstritten, ob eine steuerbare Zuwendung auch dann angenommen werden kann, wenn der Darlehensgeber selbst den Kapitalbetrag unverzinslich als Darlehen zur Verfügung stellt. Zivilrechtlich wird man das **unverzinsliche Darlehen** kaum dem SchR zuordnen können, weil das BGB das zinslose Darlehen als besonderen, neben der Schenkung stehenden Vertragstyp ausgestaltet hat. An diese Wertung ist das StR aber nicht gebunden (Anm 10). Der BFH hat sich denn auch im Anschluss an die Rspr-Linie des RFH (RStBl 43, 419 mwN) mit gutem Grund für die StPfl entschieden und ausgesprochen, dass die unentgeltliche Überlassung einer Kapitalsumme auf Zeit der SchSt unterliegt (BStBl II 79, 631, 740; 99, 25; 03, 273; 05, 800; 10, 806). Die Vermögensmehrung beim Beschenkten sieht der BFH in dem Nutzungsvorteil, den dieser durch das ihm zinslos gewährte Darlehen erhält. Die Vermögensminderung beim Schenker liegt in dem Verzicht auf den Zinsertrag, den er bei verkehrsüblichem Verhalten gezogen hätte. Der Wert des Erwerbs ergibt sich aus der Kapitalisierung des Nutzungsvorteils. Fehlt es an der Vereinbarung einer festen Laufzeit, so ist im Zweifel der Wert des Nutzungsvorteils mit dem Neunfachen seines Jahreswerts anzusetzen, wobei im Fall eines vorzeitigen Endes der Kapitalüberlassung eine Berichtigung der Besteuerung erfolgen kann. Der Jahreswert des Nutzungsvorteils beträgt nach § 15 BewG 5,5% des Darlehensbetrages. Dies gilt jedoch nur, wenn kein anderer Wert feststeht (§ 15 I BewG). Da seit ca 2002 die Zinsen deutlich unter den gesetzlichen Zins von 5,5% gesunken sind, wird dies aber regelmäßig der Fall sein. Eine stpfl freigebige Zuwendung kann auch in der **zinsfreien Stundung** eines unverzinslichen Anspruchs wie zB des Anspruchs auf Zugewinnausgleich (BGH ZEV 12, 119) oder des Pflichtteilsanspruchs liegen – allerdings nur, wenn der Pflichtteilsanspruch schon geltend gemacht ist (BFH BStBl II 10, 806; anders noch FG Münster EFG 09, 1042). Doch kann eine freigebige Zuwendung regelmäßig nicht allein aus dem Umstand abgeleitet werden, dass ein Verkäufer den Kaufpreisanspruch vorübergehend zinslos gestundet hat (BFH BStBl II 94, 580; allerdings soll bei einer zinslosen Kaufpreisstundung von insb mehr als einem Jahr im Kaufpreis auch ein Zinsanteil stecken, der nach § 20 I Nr 7 EStG der ESt unterliegt, selbst wenn der Verkauf selbst nicht stbar war, BFH/NV 15, 200 mwN). Werden Wertpapiere schenkweise übertragen, so bilden neben den Papieren die beim Schenker bereits angefallenen, aber noch nicht fälligen Zinsen **(Stückzinsen)** den Gegenstand einer freigebigen Zuwendung des alten an den neuen Gläubiger (BFH BStBl II 85, 73). Wird für einen Darlehensanspruch eine **überdurchschnittliche Verzinsung** vereinbart, mit deren Verwirklichung der Gläubiger über längere Zeit (mindestens vier Jahre) zuverlässig rechnen kann, dann kann in dieser Vereinbarung eine freigebige Zuwendung des Schuldners an den Gläubiger liegen, sofern der Schuldner sich den Kredit an anderer Stelle hätte günstiger

verschaffen können. Wird allerdings ein zeitgleich schenkweise eingeräumter Darlehensanspruch mit einer überdurchschnittlichen Verzinsung ausgestattet, dann wirkt sich die Verzinsung nur bei der Bewertung der Forderungsschenkung aus (BFH BStBl II 82, 351). Denn nur bei der übermäßigen Gewinnausstattung eines Personengesellschaftsanteils sieht das Gesetz die Zuwendung des Gewinnübermaßes als selbstständige Schenkung an (§ 7 Abs 6; dazu Anm 147 ff).

b) Gegenstand der Zuwendung. Wird eine Kapitalsumme unverzinslich über- **50**
lassen, so sieht der BFH (BStBl II 79, 631; NV 95, 70; BStBl II 99, 25; 03, 273; 05, 800; 10, 806; kritisch *Meincke,* ZEV 05, 494) den Gegenstand der Zuwendung in der unentgeltlichen Gewährung des Rechts, das als Darlehen überlassene Kapital zu nutzen. Gegen diese Betrachtungsweise bestehen jedoch Bedenken. Denn der Darlehensnehmer wird (beim Bardarlehen, das hier als Prototyp des Darlehens genommen wird) mit der Überlassung der Valuta Eigentümer des Kapitals. Die Nutzungsmöglichkeit folgt damit schon aus seiner Eigentümerposition und bildet für ihn kein selbstständiges Gut, das ihm neben der Eigentümerposition noch gesondert zugewiesen werden könnte. Der BFH (BStBl II 05, 800, 801) stimmt dem zu, bemerkt jedoch: „Es trifft zwar zu, dass der Darlehensnehmer Eigentümer des Kapitals und damit schon aus dieser Position heraus nutzungsberechtigt wird. Entscheidend ist aber nicht die Einräumung der Nutzungsberechtigung als solche, sondern die gleichzeitige Vereinbarung der Zinslosigkeit“. Entscheidend für die Besteuerung soll also nicht die Einräumung der Nutzungsberechtigung sein. Dennoch heißt es im Leitsatz dieser Entscheidung: „Bei einem zinslosen Darlehen ist Gegenstand der Zuwendung die unentgeltliche Gewährung des Rechts, das als Darlehen überlassene Kapital zu nutzen“. Und in der Begründung der Entscheidung ist ausdrücklich von dem Zuwendungsgegenstand „Kapitalnutzungsmöglichkeit“ die Rede (S 801). Außerdem verneint die Entscheidung die Entreicherung des Darlehensgebers durch die Vereinbarung der Zinslosigkeit, hebt jedoch zugleich hervor, dass der Darlehensnehmer aus dem Vermögen des Darlehensgebers bereichert worden sei. Angesichts dieser Undeutlichkeiten und Widersprüche kann die bisherige Rspr schwerlich überzeugen. Statt der Kapitalnutzungsmöglichkeit sollte als Gegenstand der Zuwendung der Teilbetrag des Kapitals gelten, dessen Zuwendung nicht durch die (abgezinste) Rückzahlungspflicht ausgeglichen wird. Bestimmt man den Zuwendungsgegenstand in dieser Weise, so besteht kein Zweifel, dass die Bereicherung des Darlehensnehmers aus dem Vermögen des Darlehensgebers stammt, der das Kapital gegen einen geringerwertigen Rückforderungsanspruch hingegeben hat. Diese Betrachtungsweise gilt auch außerhalb des Darlehensbereichs. Wird daher Geld zum Hausbau zinslos überlassen, das erst längere Zeit später eingesetzt werden soll, so wird – berücksichtigt man die in der Zwischenzeit erzielbaren Zinsen – mehr Geld als erforderlich zugewandt. Der zum Hausbau erforderliche Betrag stellt eine mittelbare Grundstücksschenkung dar. Der Vorteil, der mit der vorzeitigen Überlassung des Kapitals dem Beschenkten zusätzlich verschafft wird, besteht in dem Teilbetrag des Kapitals, der zum Hausbau nicht benötigt worden wäre, wenn der Beschenkte das Geld zwischenzeitlich verzinslich angelegt hätte. Der BFH hat jedoch an seiner RsprLinie, den Gegenstand der Zuwendung in dem kapitalisierten Nutzungsvorteil zu sehen, festgehalten (BFH/NV 15, 993; 14, 537; BStBl II 11, 134), so dass insoweit von einer gefestigten Rspr ausgegangen werden kann.

Jedoch kann nur eine Betrachtungsweise, die den Gegenstand der Zuwendung in **51**
Fällen der zinslosen Kapitalüberlassung darin sieht, dass dem Empfänger ein **Teilbetrag des überlassenen Kapitals** unentgeltlich zugewandt wird, zugleich deutlich machen, dass die Zuwendung schon mit der Kapitalhingabe vollzogen, nicht nur versprochen ist (BFH BStBl II 79, 631). Dies entspricht auch der stlichen Behandlung durch Abzinsung nach § 6 I Nr 3 EStG (vgl dazu FG Köln EFG 10, 343 und zur Bestimmung eines Zinsanteils bei zinslos gestundeter Kaufpreisforderung BFH/NV 15, 200), und macht deutlich, dass jedenfalls der objektive Tatbestand der freigebigen Zu-

wendung auch dann verwirklicht ist, wenn das Erheben von Zinsen in den Kreisen, zu denen der Darlehensgeber und der Darlehensnehmer gehören, nicht üblich ist (FG Münster EFG 92, 468; FG Berlin EFG 92, 285; vgl auch BFH/NV 95, 70: zinsloses Darlehen unter Ehegatten). Regelmäßig ist also nach der hier vertretenen Auffassung als Zuwendungsgegenstand ein Teil der Kapitalleistung anzusehen. Ausnahmsweise kann jedoch auch der Teil eines Grundstücks als Zuwendungsgegenstand gelten, wenn der Zinsvorteil den Kauf oder Bau eines Hauses erleichtern soll (FG München EFG 00, 83; aM FG Bad-Württ DStRE 04, 474). Erlässt der Gläubiger des unverzinslichen Darlehens dem Darlehensnehmer später schenkweise die Rückzahlung des Kapitals, dann ist auch dieser Erlass unter Abzinsung der Rückzahlungsforderung zu bewerten. Dennoch kann es wegen der zwischenzeitlichen Rückführung der Abzinsung dazu kommen, dass die Summe der Werte, die sich bei einer Zusammenrechnung der Zuwendungen bei Hingabe des Darlehens und beim Verzicht auf die Darlehensrückzahlung ergeben, den Betrag übersteigt, der als stpfl Erwerb anzusetzen gewesen wäre, wenn der Darlehensgeber von Anfang an den ganzen Kapitalbetrag geschenkt hätte. Nach einer früheren Auffassung des BFH (BStBl II 79, 740) durfte bei der Zusammenrechnung von Zinsschenkung und Forderungserlass iRd § 14 kein höherer Betrag zum Ansatz gelangen, als wenn von vornherein das ganze Kapital schenkweise erworben worden wäre. Doch hat der BFH (BStBl II 99, 25) diese RsprLinie inzwischen wieder aufgegeben. In der zuletzt genannten Entscheidung hat der BFH zugleich ausgesprochen, dass der Vorteil aus einem auf fünf Jahre gewährten unverzinslichen Darlehen mit Rücksicht auf § 10 III auch dann ungeschmälert erhalten bleibt, wenn der Darlehensnehmer den Darlehensgeber nach vier Jahren beerbt. Weil die Zuwendung des Zinsvorteils schon mit der Kapitalhingabe vollzogen ist, spielt es für die Besteuerung keine Rolle, ob der Schenker die unverzinsliche oder besonders niedrig verzinsliche Kapitalforderung nachträglich abtritt (FG Bremen EFG 98, 675). Wird im Übrigen ein Darlehensanspruch mit einer überdurchschnittlich hohen Verzinsung ausgestattet, so dürfte der Gegenstand der Zuwendung in diesem Fall in dem Betrag der Zinsforderung liegen, der die übliche Verzinsung übersteigt. Auch im Fall der Einräumung eines überhöhten Zinsforderungsrechts wird die freigebige Zuwendung schon in der Begründung des Zinsforderungsrechts gesehen werden müssen, so dass die Zuwendung mit der Forderungsbegründung ausgeführt worden ist.

IV. Die aus der Zuwendung folgende Bereicherung

Schrifttum: *Gottschalk,* Leistungen in das Gesellschaftsvermögen einer GmbH als freigebige Zuwendung gem § 7 Abs 1 Nr 1 ErbStG, 2001; *Hübner,* Altes und Neues zu disquotalen Gesellschafts- und Gesellschafterleistungen, DStR 07, 1747; *Eggers,* SchSt bei Zuwendungen an Vereine, DStR 07, 1752; *Crezelius,* Verdeckte Gewinnausschüttungen zwischen Zivilrecht, Ertragsteuerrecht und Schenkungsteuerrecht, ZEV 08, 278; *Hübner,* Disquotale Gewinnausschüttungen und Einlagen im Schenkungsteuerrecht, DStR 08, 1357; *Perwein,* Einbringung eines Einzelunternehmens im Wege der Kapitalerhöhung – Schenkung an die Mitgesellschafter der GmbH?, GmbHR 10, 133; *Tolksdorf,* Schenkungsteuer bei disquotalen Einlagen und Gewinnausschüttungen, DStR 10, 423; *Christ,* Auswirkungen von unentgeltlichen Leistungen bei Kapitalgesellschaften auf Gesellschafter, Mitgesellschafter sowie nahestehende Personen, ZEV 11, 10; *Birnbaum,* Die verdeckte Gewinnausschüttung wird schenkungsteuerpflichtig, DStR 11, 252; *Crezelius,* Disquotale Einlagen und verdeckte Gewinnausschüttungen, ZEV 11, 393; *Götz,* Oder-Konten als Schenkungsteuerfalle, ZEV 11, 408; *Korezkij,* Schenkungen unter Beteiligung von Kapitalgesellschaften, DStR 11, 1454, 1496; *Daragan,* Wer ist der Schenker bei Zuwendungen von Kapitalgesellschaften an nahe stehende Personen?, DStR 11, 2079; *Binnewies,* Schenkungsteuerliche Behandlung von Zuwendungen zwischen Kapitalgesellschaft und Gesellschafter, GmbHR 11, 1022; *Schienke-Ohletz,* Begründung eines Oder-Kontos als Schenkung unte Ehegatten: Entwarnung durch den

BFH?, DStR 12, 1265; *Pauli,* Unternehmensnachfolge unter Vorbehalt von Rückforderungsrechten, ZEV 13, 289; *Halaczinsky,* Steuerbare Schenkungen von Kapitalgesellschaften, ZErb 13, 165; *Dorn,* Quo vadis Schenkungsteuerpflicht der vGA?, ZEV 13, 488; *Loose,* Schenkung mittels verdeckter Gewinnausschüttung?, DB 13, 1080; *Taplan/G. Baumgartner/E. Baumgartner,* Zur steuerlichen Behandlung von Kettenschenkungen, DStR 14, 2153; *Götz,* Zuwendungen an Kapitalgesellschaften, ZEV 15, 624; *Erkis,* Schenkungsteuer und vGA bei Zuwendungen an eine dem Gesellschafter nahestehende Person: eine unendliche Geschichte?, DStR 16, 350.

1. Erwerb bedingter oder unter Vorbehalt stehender Rechte; Verschiedenes

a) Bereicherung bei Erwerb bedingter Rechte. Voraussetzung jeder freigebigen Zuwendung ist, dass der Empfänger durch sie objektiv bereichert wird (RFH RStBl 41, 222; BFH BStBl II 91, 181; 01, 245). Wie immer bei der Prüfung einer freigebigen Zuwendung ist die Bereicherung **zunächst nach zivilrechtlichen Grundsätzen** zu ermitteln (Anm 5 f). Das kann bei aufschiebend bedingten Rechten (Bsp: Schenkung eines unter Eigentumsvorbehalt stehenden Objekts) zur Bejahung der Bereicherung führen. So geht § 1986 II 2 BGB unbedenklich davon aus, dass eine aufschiebend bedingte Forderung einen gegenwärtigen Vermögenswert hat, der ihr nur dann fehlen soll, wenn der Eintritt der Bedingung ganz entfernt liegt (vgl dazu *Meincke,* Das Recht der Nachlassbewertung im BGB, 1973, S 227 ff). Auch hat der BGH (BGHZ 87, 367) § 1376 BGB dahin interpretiert, dass aufschiebend erworbene Rechte und Lasten nach zivilrechtlichen Grundsätzen mit dem Stichtagswert anzusetzen sind, also für den Vermögensinhaber bereits einen Vermögenswert repräsentieren. Doch ist mit dieser Feststellung bei der Besteuerung der freigebigen Zuwendung im Ergebnis wenig gewonnen, weil das **StRecht anders entscheidet** und die zivilrechtliche Bereicherung daher mit keiner StPfl verknüpft. Denn im StRecht vermittelt die Zuwendung eines aufschiebend bedingten Rechts noch keine Bereicherung (*Kipp* § 3 Anm 15). In diesem Sinn hatte § 48 S 1 ErbStG 1919 bestimmt: „Vermögen, dessen Erwerb von dem Eintritt einer aufschiebenden Bedingung abhängt, unterliegt der Besteuerung erst bei Eintritt der Bedingung". Der Satz wird heute durch §§ 3 II Nr 5, 7 I Nr 10, 9 I Nr 1 Buchst a und h sowie durch § 4 BewG anerkannt. Er gilt für Rechte, die der Zuwendende bedingt überträgt, und auch für solche, die schon dem Zuwendenden nur aufschiebend bedingt zustanden und die er ohne Hinzufügen einer weiteren Bedingung unentgeltlich weitergibt. Die zivilrechtliche Einschätzung, dass auch die Zuwendung eines aufschiebend bedingten Rechts beim Erwerber eine Bereicherung bewirkt, bleibt nach allem ohne stliche Konsequenzen. **Stlich bedeutsam** ist es dagegen, wenn schon das **Zivilrecht eine Bereicherung verneint.** Denn mangels zivilrechtlicher Bereicherung kann es zu einer weiteren stlichen Prüfung nicht mehr kommen. Stlich bedeutsam ist daher die Regelung des § 517 BGB, die eine Bereicherung desjenigen verneint, dem es zugute kommt, dass ein anderer einen Vermögenserwerb unterlässt oder auf ein angefallenes, noch nicht endgültig erworbenes Recht verzichtet oder eine Erbschaft oder ein Vermächtnis ausschlägt. Weil schon das Zivilrecht in solchen Fällen die Bereicherung verneint, kann die stliche Beurteilung bei der Prüfung der Voraussetzungen des § 7 I Nr 1 nicht zu abweichenden Ergebnissen führen (Anm 6). Von dem aufschiebend bedingten Recht ist im Übrigen das unbedingte Recht zu unterscheiden, dessen Erwerb auf einer **aufschiebend bedingten schuldrechtlichen Schenkungsabrede** beruht und das nicht nur wegen fehlender Bereicherung, sondern darüber hinaus wegen des noch nicht uneingeschränkt erklärten Zuwendungswillens bis zum Eintritt der Bedingung unversteuert bleibt (vgl RFH RStBl 30, 555). 52

b) Bereicherung beim Erwerb unter Widerrufsvorbehalt. Nach Art 894 code civil gehört zum Begriff der Schenkung, dass der Schenker den Gegenstand der 53

Zuwendung unwiderruflich aus seinem Vermögen entlässt. Das deutsche Recht kennt kein vergleichbares Schenkungsmerkmal. Daher gilt die Zulässigkeit einer Widerrufsvereinbarung bei der Schenkung im ZivilR nicht als Problem. In der schstlichen Literatur war demgegenüber umstritten, ob von einer Bereicherung die Rede sein kann, wenn sich der Schenker den – soweit gesetzlich möglich – freien Widerruf der Schenkung vorbehält. Insbesondere *Knobbe-Keuk* (FS *Flume* II, 1978, 149, 155; Bilanz- und UnternehmensStR, 9. Aufl 1993, 989; aM *Pruskowski,* Das Merkmal der Zuwendung im Tatbestand der Schenkung, Diss Köln 1987, 135 ff) hatte unter Hinweis auf das EStRecht die These entwickelt, dass in der Zuwendung unter freiem Widerrufsvorbehalt ein der SchSt unterliegender Vorgang noch nicht zu sehen ist. Demgegenüber sprach jedoch schon immer vieles dafür, auch in dieser Frage den Gleichklang mit dem ZivilR zu wahren, das die Zuwendung unter Widerrufsvorbehalt als Schenkung ansieht (Nw bei *Pruskowski* aaO 137 Fn 11). Denn auch ein wirksam vereinbartes freies Widerrufsrecht schließt die Bereicherung des Erwerbers nicht aus. So erwirbt bei der Sachschenkung der Beschenkte das Eigentum an dem Gegenstand der Zuwendung; ihm steht die Verfügung über sein Eigentum dinglich unbeschränkbar frei. Es würde auch zu einem merkwürdigen Ergebnis führen, wenn die Besteuerung einer freigebigen Zuwendung durch Vereinbarung eines bloßen Widerrufsvorbehalts ausgeschaltet werden könnte.

54 Die **Rechtsprechung,** die eine Zeit lang der These *Knobbe-Keuks* zuneigte (BFH BStBl II 85, 159, 160; FG Rh-Pf EFG 86, 456), hat sich dann jedoch der hier vertretenen Auffassung angeschlossen (BFH BStBl II 89, 1034; 07, 669, 672; FinVerw StEK ErbStG § 9 Nr 11). Weder der Vorbehalt eines freien Widerrufs durch den Schenker noch eine dem Schenker eingeräumte unwiderrufliche Vollmacht zur dinglichen Rückübertragung des zugewendeten Gegenstandes schließen nach der zuletzt zitierten Entscheidung die Bereicherung des Beschenkten aus; der unwiderruflichen Rückübertragungsvollmacht steht eine Verfügungsermächtigung iSd § 185 I BGB zugunsten des Schenkers gleich. Ein bedingter Rückübereignungsanspruch des Schenkers in Bezug auf ein zugewendetes Grundstück kann durch Rückauflassungsvormerkung oder auch durch die Belastung mit einer (nicht valutierten) Grundschuld abgesichert werden; die hierdurch im wirtschaftlichen Ergebnis bewirkte Einschränkung der Verfügungsmöglichkeit des Beschenkten steht der Annahme einer Bereicherung ebenfalls nicht entgegen (vgl FG Hbg EFG 89, 298 – im dort entschiedenen Fall war der Rückübertragungsanspruch allerdings an einen näher spezifizierten Tatbestand geknüpft).

55 **c) Bereicherung beim Erwerb unter Nießbrauchsvorbehalt.** So wie durch einen Widerrufsvorbehalt werden die Merkmale der freigebigen Zuwendung auch nicht schon ohne Weiteres dadurch ausgeschlossen, dass sich der Schenker bei der Übertragung des Eigentums den Nießbrauch und mit ihm das wirtschaftliche Eigentum an dem verschenkten Gegenstand vorbehält (BFH BStBl II 83, 179; § 9 Anm 43). Erlischt der Nießbrauch beim Tod des Nießbrauchers oder zu dem sonst vorgesehenen Ereignis oder Termin und geht damit nach dem rechtlichen nun auch das wirtschaftliche Eigentum auf den Bedachten über, so liegt darin keine erneute bereichernde Zuwendung unter Lebenden oder von Todes wegen. Denn mit dem Wegfall der dinglichen Belastung verwirklicht sich lediglich eine in der früheren Zuwendung bereits angelegte Vervollständigung der Rechtsposition des Beschenkten, die noch zum Inhalt der früheren Zuwendung gehört. Der vorzeitige unentgeltliche Verzicht auf ein vorbehaltenes Nießbrauchsrecht soll dagegen nach Auffassung des BFH (BStBl II 04, 429; 14, 896, soweit ein Teil des StWerts des Nießbrauchsrechts nach § 10 VI nicht zum Abzug zugelassen wurde, wird er mit seinem Wert im Zeitpunkt des Verzichts von dem Wert des Verzichts abgezogen; s auch OFD NRW DB 15, 649) die Merkmale der unentgeltlichen Zuwendung erfüllen, weil er mit dem vorzeitigen Erlöschen des Nießbrauchs dem Eigentümer eine Bereicherung vermittelt, die in seiner Rechtsposition bisher so noch nicht angelegt war. Ein selbstständiges Zuwendungs- und Bereicherungsobjekt können im Übrigen auch die dem Nießbraucher zustehenden **Nutzungen** bilden. Wendet der Vorbehaltsnießbraucher ihm gebührende Nutzungen (zB Gewinnanteile aus einer Gesellschaftsbeteiligung) dem Eigentümer bzw Rechtsinhaber unter Lebenden zu, wird damit eine Bereicherung verschafft (BFH/NV 90, 373, 374; *Petzoldt,* DNotZ 91, 706, 708).

d) Verschiedenes. Als Bereicherung kommt im Übrigen jede Vermehrung der Aktiva und Verminderung der Passiva, die zu dem Erwerb gehören, in Frage (R E 7.1 II ErbStR). Auch der Verzicht auf eine wertlose Forderung bewirkt eine Verminderung der Passiva des Schuldners und damit eine Bereicherung des durch den Verzicht Begünstigten und eine Entreicherung des Verzichtenden (RFH RStBl 38, 749; nach FG Rh-Pf EFG 05, 1890, jedoch anders bei Vereinbarung einer Besserungsabrede). Weil jede Verminderung der Passiva des Schuldners als Bereicherung angesehen wird, kann in der Bezahlung fremder Schulden selbst dann eine freigebige Zuwendung an den Schuldner liegen, wenn dieser zahlungsunfähig ist, so dass seine wirtschaftliche Position durch den Wegfall der Verbindlichkeit unmittelbar gar nicht verbessert wird (RFH RStBl 37, 1303). Doch spricht mehr für die These, dass der Wegfall von Verbindlichkeiten, der bei objektiver Betrachtung unmittelbar keine wirtschaftliche Entlastung bewirkt, jedenfalls solange nicht als bereicherungsmehrend eingeschätzt werden darf, solange die Begründung von Verbindlichkeiten, die keine wirtschaftliche Belastung mit sich bringen, vom Abzug ausgeschlossen bleibt (vgl § 10 Anm 40). Der Empfänger muss über das Zugewendete im Verhältnis zum Leistenden tatsächlich und rechtlich frei verfügen können (BFH BStBl II 07, 669). Die Einräumung einer Zugriffsposition auf das Vermögen des Zuwendenden wie die Begründung eines Pfandrechts durch den Schuldner für den Gläubiger führt nicht ohne weiteres zu einer Vermehrung der Aktiva des Bedachten. 56

In diesen Zusammenhang gehört auch die Errichtung eines **Oder-Kontos** zugunsten des Ehepartners. Bei Oder-Konten sind die Eheleute Gesamtgläubiger iSv § 430 BGB. Daraus könnte folgen, dass sie im Innenverhältnis zu gleichen Anteilen berechtigt sind. Zahlt einer der beiden Eheleute größere Beträge auf das Oder-Konto ein, so könnte das bedeuten, dass er damit eine freigebige Zuwendung an den anderen Partner bewirkt, weil die Einzahlung den Wert des Anteils am Kontoguthaben des anderen Partners erhöht. Das kann es bedeuten, muss es aber nicht. Denn die gesetzliche Regel, die zu gleichen Anteilen führt, gilt nur, soweit nicht von den Eheleuten ein anderes bestimmt ist. Und das wird häufig der Fall sein. Der BFH (BStBl II 08, 28) hat denn auch zu Recht auf eine Entscheidung des BGH (NJW 90, 705; vgl auch NJW-RR 93, 2) verwiesen, die die gesetzliche Regel gleicher Anteilsberechtigung für Oder-Konten von Eheleuten während intakter Ehe zur Ausnahme erklärt. Im Innenverhältnis zwischen ihnen ist im Zweifel „ein anderes bestimmt" (§ 426 I 1 BGB). Denn es entspricht ihren Vorstellungen eher, dass nur einem von ihnen der Kontobetrag zustehen soll, während dem anderen nicht mehr als ein Zugriffsrecht zugebilligt wird, das von ihm in bestimmtem Rahmen ausgenutzt werden darf. Unter dieser Prämisse überzeugt es nicht, wenn das FG Nürnberg (DStRE 11, 690) eine freigebige Zuwendung des einzahlenden Ehemannes annimmt, obwohl die Ehefrau ihre Position als Gesamtgläubigerin nur zur Bestreitung der gemeinsamen Lebensführung ausgenutzt hat und, wie das Gericht selbst einräumt, sich „nur um die tägliche Lebensführung einschließlich der hierfür erforderlichen Geldmittel gekümmert" hat (DStRE 11, 691), so dass die Position des Ehemannes als Einzahler und maßgeblicher Gläubiger des Kontoguthabens im Übrigen unangetastet blieb. Gestaltet ein Ehepartner sein Gehaltskonto als Oder-Konto aus, dann kann schwerlich angenommen werden, dass jeder Geldeingang mit einer stpfl Zuwendung an den anderen Partner verbunden sein soll. Der BFH (BStBl II 12, 473) hat zutreffend ausgeführt, dass maßgeblich zunächst schriftliche oder auch mündliche Vereinbarungen der Eheleute 57 über das Innenverhältnis sind. Soweit solche fehlen, komme es darauf an, wie die Eheleute das Oder-Konto tatsächlich nutzten. Soweit auch der nicht einzahlende Ehegatte häufiger auf das Oder-Konto zugegriffen habe, könne dies dafür sprechen, dass er über einen hälftigen Anteil am Kontoguthaben frei verfügen konnte. Soweit derartige objektive Anhaltspunkte eine hälftige Beteiligung der Eheleute am Kontoguthaben nahelegten, trage der Steuerpflichtige die Feststellungslast für eine abweichende Regelung im Innenverhältnis. Ohne solche deutlichen Anhaltspunkte hingegen läge die Feststellungslast für eine freigebige Zuwendung beim Finanzamt (s auch BFH BStBl II 16, 865 zur Feststellungslast für die Tatsache, dass bei Überweisung vom Einzelkonto des einen Ehegatten auf das Einzelkonto des anderen diesem das Guthaben bereits vollständig oder hälftig zuzurechnen war; zum Ganzen *Götz* ZEV 17, 77; zu „Reparaturmöglichkeiten" *Blusz* ZEV 16, 626; *Schienke-Ohletz* DStR 12, 1265; *Demuth/Schreiber* ZEV 12, 405).

58 **Schuldtilgung, Sicherheitsleistung** oder Verstärkung der Sicherheit im Wege des **Rangrücktritts** durch einen Dritten kann je nach den Umständen ohne bereichernde Auswirkung bleiben oder den Gläubiger oder den Schuldner bereichern (RFH RStBl 37, 1303). Das FG Nürnberg (EFG 97, 894) vertritt die These, dass schon in der **Bürgschaftsübernahme,** jedenfalls aber in der Zahlung des Bürgen an den Gläubiger eine freigebige Zuwendung an den Schuldner liegt, wenn der Regressanspruch des Bürgen gegen den Schuldner wertlos ist. Doch bleibt dann zu prüfen, inwieweit die Auswechselung des Gläubigers, die die Zahlung des Bürgen bewirkt, wirklich zu einer Bereicherung des Schuldners führt. Der BFH (BStBl II 00, 596) will dies nur in Ausnahmefällen anerkennen, wenn nämlich nach den objektiven Umständen der Schuldner von dem Bürgen „endgültig" von der gegen ihn weiter bestehenden Forderung befreit werden sollte. Allein die Möglichkeit des Bürgen, in Anspruch genommen zu werden und mit dem übergegangenen Anspruch gegen den Schuldner auszufallen, genügt für die Annahme einer freigebigen Zuwendung hingegen nicht. In der Aufgabe einer Sicherheit kann eine Bereicherung des Sicherungsgebers (KG JW 37, 2597), im Schulderlass oder der befreienden Schuldübernahme eine Bereicherung des Schuldners liegen. An einer Bereicherung fehlt es nach Auffassung des BFH (BStBl II 01, 245) aber, wenn einer von zwei Gesamtgläubigern ersatzlos wegfällt und damit auch die Ausgleichspflicht zwischen den Gesamtgläubigern hinfällig wird. Durch ein den Eltern eingeräumtes Rentenstammrecht wird ein Elternteil nur insoweit bereichert, als er über die eingehenden Zahlungen im Innenverhältnis endgültig frei verfügen kann (BFH BStBl II 08, 28).

59 Soweit das StRecht einen Erwerb noch nicht für stbar erklärt, **liegt in der Aufgabe dieses noch nicht für stbar erklärten Erwerbs keine stpfl Bereicherung** dessen, dem die Aufgabe zugutekommt. So wird der Erwerb des Pflichtteilsrechts erst mit dem Geltendmachen besteuert (§ 9 I Nr 1 Buchst b). Der Verzicht auf den nicht geltend gemachten Pflichtteilsanspruch bewirkt daher beim Erben keine stpfl Bereicherung. Dies wird in § 13 I Nr 11 durch ausdrückliche Anordnung klargestellt. So wie der Verzicht auf den noch nicht geltend gemachten Pflichtteilsanspruch keine stbare Bereicherung bewirkt, so muss auch der Erlass der Forderung aus einem Schenkungsversprechensvertrag stfrei bleiben, weil das StRecht, das in dem unentgeltlichen Forderungserwerb noch keine stlich relevante Wertbewegung sieht, den unentgeltlichen Erlass dieser stfrei erworbenen Forderung schwerlich zu einem stbaren Vorgang erklären kann. Die Schenkung wird erst mit Ausführung der Zuwendung zu einem stlich beachtlichen Vorgang. In dem Verzicht auf die Rechte aus einem noch nicht ausgeführten Schenkungsvertrag liegt daher keine stlich relevante freigebige Zuwendung (FG M-Vorp DStRE 02, 107). Da die Erb- oder Vermächtnisausschlagung die StPfl des Ausschlagenden aufhebt und ihn zivilrechtlich so stellt, als sei ihm der ausgeschlagene Erwerb niemals angefallen, liegt auch in dem Erwerb desjenigen, der an die Stelle des Ausschlagenden tritt, keine auf Kosten des Ausschlagenden erlangte Bereicherung. Wird für die Ausschlagung eine Abfindung von einem Außenstehenden gezahlt, so ist zumindest

zweifelhaft, ob in der Abfindungszahlung eine freigebige Zuwendung des Gebers an den durch die Ausschlagung Begünstigten gesehen werden kann (§ 3 Anm 114). In der Übernahme der SchSt durch den Schenker sieht das Gesetz ebenfalls keine selbstständig zu besteuernde Bereicherung, sondern nur eine Werterhöhung des Geschenks, auf das die St entfällt (§ 10 II; BFH BStBl II 78, 220, 223).

2. Bereicherungsmindernde Posten

a) Lasten und Verbindlichkeiten. Zur Feststellung der Bereicherung, die aus der Zuwendung resultiert, sind neben den bereichernden auch entreichernde Posten zu beachten. Hierher gehören nicht nur die Rechte, die den Gegenstand der Zuwendung als solchen belasten, wie das vorbehaltene oder einem Dritten zustehende dingliche Nutzungsrecht an dem durch Zuwendung übertragenen Objekt. Vielmehr sind auch die Verbindlichkeiten zu berücksichtigen, die den Empfänger im Zusammenhang mit der Zuwendung treffen, wie die die Bereicherung neutralisierende Pflicht zur Verwaltung und Rückgabe beim **Treuhanderwerb** (dazu *Jülicher,* DStR 01, 2177). Es reicht jedoch noch nicht, um einen treuhänderischen Erwerb anzunehmen, wenn mit der Zuwendung von Vermögen an die Ehefrau nur der Wunsch verbunden wird, den Töchtern bei Bedarf Geld auszuzahlen (FG Hbg EFG 10, 340). Im Übrigen sind hier auch die Gegenleistungen zu berücksichtigen, die der Empfänger für den Erhalt der Zuwendung aufzubringen hat, sofern sie in Geld veranschlagt werden können (Abs 3) und nicht schon das Zuwendungsobjekt als solches kürzen, wie es die Rspr für den Fall der gemischten Schenkung und der Schenkung unter Auflage annimmt (Anm 30ff). 60

b) Wegfall von Aktivposten. Der Erwerb kann nicht nur zur Begründung bereicherungsmindernder Lasten und Verbindlichkeiten führen (Anm 60), sondern er kann auch das Erlöschen von Rechten des Erwerbers bewirken, das bei der Feststellung der aus dem Erwerb resultierenden Bereicherung des Erwerbers beachtet werden muss. So neutralisiert bei den Leistungen zur **Erfüllung eines Anspruchs** beim Empfänger das Erlöschen des Anspruchs den durch die Leistung bewirkten Vermögenserwerb, so dass die Erfüllung eines Anspruchs selbst dann keine stbare Bereicherung bewirkt, wenn der Anspruch wegen der finanziellen Schwäche des Schuldners vor der Erfüllung nicht als vollwertig erschien. Etwas anderes gilt nur dann, wenn der Anspruch selbst ausnahmsweise vermögensneutral erworben war, wie es für den Anspruch aus einem formwirksamen Schenkungsversprechen gilt. Weil der Anspruchserwerb in derartigen Fällen für das SchStRecht noch nicht als Bereicherung gilt, kann auch das Erlöschen des Anspruchs nicht bereicherungsmindernd berücksichtigt werden, so dass aus der Sicht des SchStRechts mit der Erfüllung des Schenkungsversprechens beim Gläubiger eine Bereicherung eintritt (BFH DVR 64, 101). Zu einer Bereicherung führen auch die Leistungen, die im Wege der **vorweggenommenen Erbfolge** an die Angehörigen gelangen, selbst wenn diese Leistungen den späteren Erwerb durch Erbanfall kürzen, weil kein Anspruch auf den Erwerb durch Erbanfall bestand, der mit den Leistungen zur vorweggenommenen Erbfolge in Fortfall käme und weil der Erwerb im Wege der vorweggenommenen Erbfolge an die Stelle des Erbschaftserwerbs tritt, der seinerseits der Besteuerung nach dem ErbStG unterliegt. Diese Argumentation wird durch Abs 1 Nr 5 für den Fall des Verzichts auf den künftigen Pflichtteilsanspruch bestätigt. Denn hier wird der Gesamtbetrag der Abfindung für stbar erklärt, ohne dass ein Abzug in Höhe des Wertes des Verzichts zugelassen wird (BFH BStBl III 53, 59). Bereicherungsmindernd wirkt dagegen der **Wegfall künftiger Ansprüche** des Zuwendungsempfängers gegen den Zuwendenden, wenn deren spätere Erfüllung keinen StTatbestand verwirklichen würde, so früher beim Verzicht des Kindes auf Unterhalt vom Vater gegen angemessene Abfindung gem § 1615e BGB aF. Nach diesen Grundsätzen ließe sich auch der Vorwegerfüllung 61 des Zugewinnausgleichsanspruchs die bereichernde Wirkung (abgesehen von Vorfälligkeitszinsen) absprechen (vgl dazu aber § 5 Anm 41).

62 Als ein die Bereicherung neutralisierender Posten kommt grds auch die Herausgabepflicht des Empfängers einer **unwirksamen Zuwendung,** insb gem §§ 812ff BGB, in Frage, wenn keine Anhaltspunkte dafür gegeben sind, dass die Beteiligten die unwirksame Zuwendung in ihrem wirtschaftlichen Ergebnis bestehen lassen wollen (§ 41 I AO). Würde man ohne derartige Anhaltspunkte die Rückgewährpflicht von der Berücksichtigung als entreichernder Posten ausschließen, so liefe das auf eine undifferenzierte Besteuerung rechtsgrundloser wie unentgeltlicher Zuwendungen hinaus. Hiervon zu unterscheiden ist die gem §§ 119, 120, 123 BGB **anfechtbare,** aber noch nicht angefochtene **Zuwendung,** bei der es erst mit der Anfechtung zum dinglichen Rückfall des Zuwendungsgegenstandes oder zur Entstehung eines Rückgewähranspruchs und damit bei Herausgabe des Geschenks zum Erlöschen der St nach § 29 I Nr 1 kommt. Dieser Fallgruppe steht in ihren StFolgen gleich die vollstreckungsrechtliche Anfechtung der Zuwendung auf Grund des AnfechtungsG oder im Insolvenzverfahren. Hierher gehören ferner die Fälle, in denen der Schenker nach Ausübung eines gesetzlichen oder vertraglich vorbehaltenen **Widerrufsrechts** oder wegen Wegfalls der Geschäftsgrundlage einen Rückforderungsanspruch geltend macht.

63 Welche stlichen Auswirkungen eintreten, wenn der Zuwendungsgeber dem Empfänger auf Grund eines vertraglichen Vorbehalts **nachträglich eine Gegenleistungsverpflichtung** auferlegt (vgl BFH FamRZ 85, 696, 697f) oder wenn die Parteien sich im Nachhinein auf eine Vergütung oder deren Erhöhung einigen (vgl BGH FamRZ 89, 732, 733), so dass die Bereicherung des Zuwendungsempfängers ganz oder teilweise wegfällt, nachdem zuvor bereits der StTatbestand verwirklicht war (vgl auch BFH/NV 90, 809, 810), ist noch nicht ausreichend geklärt. Die St entfällt zumindest dann, wenn die Entgeltvereinbarung noch in engem zeitlichen und sachlichen Zusammenhang mit der Zuwendung erfolgt, so dass von vornherein ein entgeltliches, nicht stbares Geschäft angenommen werden kann (vgl zB BFH/NV 90, 506, 507: Zeitabstand von etwa vier Wochen). Nach Meinung des RFH (RStBl 32, 855 = RFHE 31, 231, 236) wird die einmal entstandene St nicht davon berührt, dass die Einigung über die Unentgeltlichkeit in eine Kaufabrede umgewandelt wird. Aber wie soll dann das auf Grund dieser Abrede gezahlte Entgelt behandelt werden? Soll es stlich als freigebige Zuwendung gelten (weil die Leistung, die diesem Entgelt gegenübersteht, als Gegenleistung nicht anerkannt wird)? Der BFH (BStBl II 08, 260, 261) hält es offenbar nicht von vornherein für undenkbar, dass auch eine nachträgliche Entgeltabrede stliche Bedeutung gewinnt (aM FG Köln EFG 06, 912, 913 als Vorinstanz; nach BGHZ 171, 136 steht zumindest eine nachträgliche Entgeltabrede einem Pflichtteilsergänzungsanspruch wegen der ursprünglichen Schenkung entgegen). Der Problemkreis bedarf noch weiterer Diskussion (vgl auch § 29 Anm 1).

64 Erfüllt der Beschenkte einen Rückgewähranspruch des Schenkers, so bewirkt diese **Rückübertragung** keine Bereicherung in umgekehrter Richtung (so für Herausgabe bei Wegfall der Geschäftsgrundlage FG München EFG 87, 571; FG Münster FamRZ 90, 324; vgl ferner *Kapp,* FR 88, 352ff, dort auch zu der Frage, inwieweit eine Fehleinschätzung der StFolgen einer zivilrechtlichen Gestaltung die Geschäftsgrundlage berühren kann; dies bejahend FG Rh-Pf DStRE 01, 765). Gibt der Beschenkte das Geschenk dagegen freiwillig heraus, so bewendet es nicht nur bei der schstlichen Erfassung der ursprünglichen Zuwendung (FG Berlin EFG 89, 415, 416), sondern darüber hinaus kommt grds die Besteuerung einer Rückschenkung des vormals Beschenkten an den vormaligen Schenker in Betracht (kritisch *Sosnitza,* UVR 92, 342, 348: § 29 Anm 6). Die Feststellungslast bezüglich des Rechtsgrundes für die Rückgabe des Geschenks wird von der Rspr (BFH/NV 90, 234; FG Bbg DStRE 08, 1339) dem Stpfl auferlegt. Hat der Schenker (zB wegen Wegfalls der Geschäftsgrundlage) einen Rückforderungsanspruch gegen den Beschenkten erlangt, diesen An-

spruch jedoch dem Beschenkten erlassen, so bewirkt dieser Verzicht auf die Rückforderung keine über die ursprüngliche, schstlich bereits erfasste Zuwendung hinausgehende Bereicherung (aM anscheinend *Kapp,* FR 88, 352, 354).

3. Abzugsverbote für bereicherungsmindernde Posten

a) Abzugsverbote mit zivil- und steuerrechtlicher Wirkung. Aus den schon in Anm 5ff getroffenen Feststellungen folgt, dass strikt zwischen der Bereicherung, die die Schenkung konstituiert (§ 7 I Nr 1), und der Bereicherung, die § 10 zur Bemessungsgrundlage der St erklärt, unterschieden werden muss. Einige vermögensmindernde Posten sind in beiden Rechnungen vom Abzug ausgeschlossen. Dies gilt für die vom Erwerber geschuldete **eigene SchSt.** Denn die Zuwendung ist auch in dem Umfang, in dem sie zur Erfüllung der StSchuld eingesetzt werden muss, Geschenk. Die St kürzt daher die Bereicherung iSd § 7 nicht. Im Rahmen des § 10 schließt aber der über § 1 II auch für den Erwerb durch Schenkung anwendbare § 10 VIII den Abzug aus. 65

b) Auf das Zivilrecht begrenzte Abzugsverbote. Einige Posten sind bei der Feststellung des Vermögensanfalls iSv § 7 nicht abzugsfähig, dagegen im Zusammenhang des § 10 zum Abzug zugelassen. Dies gilt zB für die **Erwerbskosten,** die den Umfang des Geschenks nicht mindern (vgl Anm 5; FG München EFG 91, 546), aber dennoch den Umfang des stpfl Erwerbs kürzen. Hat der Schenker die Erwerbskosten getragen, so liegt hierin eine über das eigentliche Geschenk hinausgehende Bereicherung iSd § 7. Diese führt jedoch nicht zu einem zusätzlichen stpfl Erwerb iSd § 10 I (aM *Kien-Hümbert,* DStR 89, 734, 737f), sondern lediglich zum Wegfall des Abzugs nach § 10 V Nr 3 beim Erwerber; wollte man anders entscheiden, so würde die mit der Übernahme der Erwerbskosten durch den Schenker dem Erwerber vermittelte Bereicherung zu dessen Lasten doppelt schstlich erfasst. 66

c) Abzugsverbote mit ausschließlich steuerlicher Wirkung. Schließlich gibt es auch Posten, die die Bereicherung iSv § 7 kürzen oder ausschließen, dagegen im Zusammenhang des § 10 nicht berücksichtigt werden dürfen. Zu diesen Posten sind **die in § 10 VI unter Abzugsverbot gestellten Verbindlichkeiten** zu zählen, soweit die genannten Vorschriften nach der bisherigen Rspr des BFH zur gemischten Schenkung und zur Schenkung unter Auflage (Anm 9, 30ff) auf freigebige Zuwendungen Anwendung finden. Denn § 10 VI geht von dem Vorliegen von Erwerbsschmälerungen aus, die den Charakter von Nachlassverbindlichkeiten haben. Soweit Verbindlichkeiten daher im Fall einer gemischten Schenkung oder einer Schenkung unter Auflage dem Kaufteil des Geschäfts zugeordnet werden und den Schenkungsteil des Geschäfts gar nicht belasten, stellen sie keine Nachlassverbindlichkeiten dar und unterliegen daher auch nicht dem in § 10 VI angeordneten Abzugsverbot. 67

4. Bereicherung bei Weiterleitung des Erwerbs

a) Allgemeines. Nicht selten entspricht es den Wünschen des Schenkers, dass der Beschenkte seinen Erwerb oder Teile seines Erwerbs unmittelbar nach dem Empfang oder nach einer Zeit der eigenen Innehabung an einen Dritten weitergibt. Hierzu kann der Schenker unverbindliche Erwartungen äußern oder für den Beschenkten verbindliche Anordnungen treffen. Wird der Beschenkte wirksam verpflichtet, seinen Erwerb alsbald nach dem Empfang ganz oder teilweise an einen Dritten weiterzuleiten, liegt eine **Schenkung unter Auflage** vor (dazu Anm 37ff, 102ff). Der Erwerb des Dritten beruht in diesem Fall nicht auf einer freigebigen Zuwendung des Beschenkten, sondern auf der Anordnung des Schenkers und gilt daher als Erwerb vom Schenker. Soll der Beschenkte den Erwerb oder Teile des Erwerbs erst nach einer längeren Zeit der eigenen Innehabung und Nutzung in die Hände eines Nachfolgers 68 geben, ist von einer **Schenkung mit Weiterschenkklausel** die Rede. Der Erwerb des Endbegünstigten gilt in diesem Fall als Erwerb vom Beschenkten. Der Schenkung mit Weiterschenkklausel steht die **Schenkung mit Vererbungsklausel** nahe, nach der das Geschenk dem Beschenkten bis zum Tod verbleiben soll, dann jedoch nicht an die Erben des Beschenkten, sondern an einen vom Schenker ausgesuchten Dritten weiterzugeben ist. Diese Vererbungsklausel kann durch Einfügung einer auflösenden Bedingung so ausgestaltet werden, dass der Beschenkte den Zuwendungsgegenstand verliert, wenn er ihn nicht als eigene Zuwendung durch Erbeinsetzung oder Vermächtnis an den vom Schenker benannten Dritten von Todes wegen weitergibt. Es kann auch mit Hilfe einer auflösenden Befristung vorgesehen sein, dass das Geschenk beim Tod des Beschenkten aus seinem Vermögen ausscheidet und an den vom Schenker benannten Dritten, der jetzt auf Grund einer Zuwendung des Schenkers erwirbt, herausgegeben werden muss. Schließlich ist es auch denkbar, dass der Schenker keine verbindlichen Anordnungen hinsichtlich der Weiterleitung des Erwerbs trifft, sondern nur unverbindliche Erwartungen erkennen lässt, die den Freiraum des Beschenkten zu eigenen Gestaltungen bei der Verwendung des Geschenks weder rechtlich noch tatsächlich einengen, so dass die Weiterleitung des Geschenks im Ergebnis zwar mit den Wünschen des Schenkers übereinstimmt, aber doch nicht auf einer Entscheidung des Schenkers, sondern auf dem Entschluss des Beschenkten beruht. Nur in diesem letzteren Fall, der zu zwei aufeinander folgenden Zuwendungen des Schenkers an den Beschenkten und des Beschenkten an den Drittbegünstigten führt, sollte im Hinblick auf die aufeinander folgenden Zuwendungen von **Kettenschenkungen** die Rede sein. Doch ist der Sprachgebrauch leider uneinheitlich. Der BFH spricht von Kettenschenkungen auch da, wo eine Durchgangsperson zur Weitergabe des Erlangten verpflichtet ist (BStBl II 08, 46, 48), wo die Durchgangsperson im Umfang dessen, was weitergeleitet werden soll, gar nicht bereichert ist, also eine Kette aufeinander folgender Schenkungen nach der bisherigen Rspr des BFH zur Auflagenschenkung insoweit gar nicht angenommen werden kann. Das erscheint wenig zweckmäßig. In allen genannten Fällen geht es im Übrigen immer um die Weiterleitung eines Erwerbs (oder eines Erwerbsteils) an einen Dritten. Wird Vermögen direkt von dem Geber an den Empfänger transferiert und wird dabei nur bemerkt, dass dieser Transfer „auf Veranlassung" eines anderen erfolge (der in Wahrheit niemals Vermögensinhaber gewesen ist), kann von einer Weiterleitung des Erwerbs keine Rede sein (BFH BStBl II 05, 412).

69 **b) Bereicherung bei Kettenschenkungen.** Wendet der Bedachte den Gegenstand der Zuwendung alsbald nach dem Erwerb unentgeltlich einem Dritten zu, wobei er damit zwar den Wünschen des Schenkers entspricht, aber ohne rechtliche oder tatsächliche Verpflichtung zur Weiterleitung des Erwerbs im Ergebnis auf Grund eines eigenen Entschlusses tätig wird (gesetzliches Beispiel: § 20 V!), dann bleibt dieser Vorgang ohne Einfluss auf die dem Bedachten zugefallene Bereicherung. Vielmehr sind zwei aufeinander folgende, voneinander unabhängige Schenkungen anzunehmen, durch die zunächst der Bedachte vom Schenker und anschließend der Dritte vom Bedachten bereichert wird. Diese Einsicht lässt sich zur stgünstigen Geschäftsplanung nutzbar machen. Will zB der Schwiegervater seinem Schwiegersohn eine Zuwendung machen, so kann er das Vermögen an die Tochter übertragen, die es anschließend dem Ehemann überschreibt. Damit wird die Transaktion aus der StKl II (Schwiegervater/Schwiegersohn) in die StKl I verlegt (Vater/Tochter/Ehefrau/Ehemann). Wollte ein Vater seiner Tochter unter der Geltung der alten Kinderfreibeträge von 205.000 EUR 400.000 EUR steuerfrei zukommen lassen, konnte er ihr 200.000 EUR direkt zuweisen und 200.000 EUR über seine Ehefrau an die Tochter leiten (vgl FG Münster EFG 91, 737; aufgehoben durch BFH BStBl II 94, 128). Die Rspr stand derartigen Kettenschenkungen früher unter dem Gesichtspunkt des Gestaltungsmissbrauchs (§ 42 AO) skeptisch gegenüber (BFH BStBl III 55, 395; 61, 21) und wollte in Anlehnung an die

für die Schenkung unter Auflage getroffene Regelung (§ 7 I Nr 2) den weitergeleiteten Erwerb beim Erstempfänger zum Abzug bringen und beim Zweitempfänger als vom Erstschenker stammend besteuern. Nach der einschränkenden Entscheidung BFH BStBl III 62, 206 sollte zu diesem „Durchgriff" eine Willensäußerung des Schenkers erforderlich sein, durch die der Erstempfänger zur Weitergabe der Zuwendung an den Zweitempfänger veranlasst wird.

Doch ging auch diese Rspr noch zu weit. Das entscheidende Kriterium ist vielmehr, ob dem Erstempfänger nach den getroffenen Vereinbarungen ein **eigener Entscheidungsspielraum über die Weitergabe** des Vermögens verbleibt, ob also der Zwischenerwerber eine eigene Dispositionsmöglichkeit hat (Hess FG EFG 04, 148; 08, 472 sowie jüngst BFH BStBl II 13, 934). Bei einem Geflecht zeitgleich abgeschlossener Verträge kann zwar auch ein von allen Beteiligten getragener **Gesamtplan** eine Rolle spielen (*Moench/Weinmann* § 7 Rz 150 unter Hinweis auf die Entscheidung des Hess FG EFG 08, 472, und auf eine unveröffentlichte Entscheidung des FG München 4 K 1272/06). Doch nur wenn der Erstempfänger vom Schenker derart festgelegt wird, dass er sich auch ohne bindende rechtliche Verpflichtung der Weitergabe des Vermögens faktisch nicht entziehen kann, liegt keine Kette aufeinander folgender Schenkungen, sondern eine Schenkung unter Auflage vor. Der Erstempfänger wird nur als Durchgangs- oder Mittelsperson eingesetzt. Ihm wird keine eigene, zu seiner Disposition verbleibende Bereicherung zugewandt. In diesen Fällen ist der „Durchgriff" durch den Erstempfänger überzeugend. Einen derartigen Fall hat der BFH in BStBl II 94, 128 entschieden. In den Fällen, in denen dem Erstempfänger ein eigener Entscheidungsspielraum für die Weitergabe des Vermögens verbleibt, sind dagegen die aufeinander folgenden Schenkungen getrennt zu besteuern (vgl BFH BStBl II 05, 412; 13, 934; NV 15, 1412). Denn die Beteiligten können ihre Rechtsgeschäfte, ohne den Vorwurf des Missbrauchs auf sich zu ziehen, stgünstig gestalten (BFH BStBl II 13, 934). Neben dem Entscheidungsspielraum des Beschenkten kann auch gewürdigt werden, ob die Erstzuwendung oder die Zweitzuwendung **auf besonderen Zielsetzungen beruhen,** die es ausschließen, den Erwerb des Dritten unmittelbar auf den Schenker der Erstzuwendung zurückzuführen (FG Rh-Pf EFG 99, 618). 70

c) Bereicherung bei Schenkungen mit Weiterschenkklausel. Der BFH hatte früher angenommen, dass im Fall von Schenkungen mit Weiterschenkklausel (dazu Anm 68) jedenfalls dann, wenn es dem Beschenkten freigestellt blieb, den Zeitpunkt der Weiterübertragung des geschenkten Vermögens frei zu bestimmen, von zwei hintereinander geschalteten Schenkungen auszugehen sei: der Beschenkte durfte die Weiterleitungsverpflichtung nicht bereicherungsmindernd geltend machen, konnte aber zugleich den Erwerb als sein Geschenk an den Dritten weitergeben (BFH BStBl II 82, 736). Diese Rspr hat der BFH aufgegeben (BFH BStBl II 93, 523; dazu *Jülicher,* DStR 94, 926). Er will nunmehr die Schenkung mit Weiterschenkklausel wie eine Schenkung unter Auflage behandeln, die Weiterleitungsverpflichtung beim Ersterwerber zum Abzug zulassen und den Erwerb des Zweiterwerbers als Erwerb vom Schenker und nicht als Erwerb vom Ersterwerber behandeln. Das soll (in Abweichung von der Entscheidung des FG Hbg EFG 90, 639) selbst dann gelten, wenn der Ersterwerber das Geschenk schon zu einem Zeitpunkt weitergegeben hat, zu dem für ihn eine Verpflichtung zur Weiterleitung des Erwerbs noch nicht bestand. „Denn auch die (Vorweg-)Erfüllung eines noch aufschiebend bedingten Anspruchs erfolgt nicht freigebig" (BFH BStBl II 93, 523, 525). Eine Auseinandersetzung mit der Regelung des § 7 I Nr 7 fehlt in diesem Zusammenhang. 71

5. Probleme der Bereicherung im Gesellschaftsrecht

72 **a) Bereicherung durch Aufnahme in eine Personengesellschaft.** Wird jemand ohne Verpflichtung zur Einlage eigenen Vermögens als Teilhaber in eine OHG aufgenommen, so wächst ihm zwar eine Beteiligung am Gesellschaftsvermögen zu, zugleich wird er aber mit der Pflicht zur Geschäftsführung und mit der persönlichen Haftung für die Gesellschaftsschulden belastet. Diese Belastungen schließen nach der im ZivilR lange Zeit vorherrschenden Ansicht die Annahme einer Bereicherung im Allgemeinen aus (BGH LM Nr 3 zu § 516 BGB; BGH WM 65, 359; *Fischer* in Großkomm HGB, 3. Aufl 1973, § 105 Anm 56; *Soergel-Mühl,* 11. Aufl 1980, § 516 BGB Rz 19; aM *A. Hueck,* DB 66, 1043, 1044; *Wiedemann/Heinemann,* DB 90, 1649; 1651; einschr auch BGH WM 81, 623). Dagegen wird nach Auffassung des RFH (RStBl 41, 854) die Geschäftsführungspflicht und das Haftungsrisiko durch die Gewinnbeteiligung abgegolten, so dass eine Bereicherung in Höhe des Betrages vorliegt, den der Gesellschafter bei einer gleich nach dem Beitritt vollzogenen Auflösung der Gesellschaft aus dem Gesellschaftsvermögen zu beanspruchen gehabt hätte. Der BFH (HFR 64, 120; ähnlich jetzt auch BStBl II 92, 923; NV 93, 54; BStBl II 96, 546) unterscheidet zwischen der Aufnahme in die Gesellschaft, durch die für den Beitretenden die gesellschaftsrechtlichen Pflichten und Risiken begründet werden, und der Übertragung des Kapitalanteils an den bereits aufgenommenen Gesellschafter, die ohne Gegenleistung erfolgt und daher stets zu einer Bereicherung führt. Doch wird man die beiden Vorgänge für die Feststellung der Bereicherung zumindest dann nicht trennen können, wenn der Gesellschafter nur im Hinblick auf die zugesagte Übertragung des Kapitalanteils der Gesellschaft beitritt.

73 Die Frage der Bereicherung wird sich daher nicht grundsätzlich, sondern nur nach den **Umständen des Einzelfalls** entscheiden lassen. Bei einer mit geringem Vermögen ausgestatteten, arbeits- und haftungsintensiven OHG kann die Geschäftsführungspflicht und das Haftungsrisiko die Bereicherung ausschließen, in anderen Fällen kann es dagegen trotz der Geschäftsführungspflicht und des Haftungsrisikos zu einer Bereicherung kommen (BGH WM 81, 623). Doch wird auch in diesen Fällen im Zweifel nur eine gemischte freigebige Zuwendung vorliegen, bei der der Wille zur freigebigen Zuwendung angesichts einer unbeschränkten Haftung, der Tragung des Verlustrisikos sowie der Verpflichtung zur betrieblichen Tätigkeit des Beschenkten einer „besonders vorsichtigen Prüfung" bedarf (FG Düsseldorf EFG 83, 133; ähnlich *Ulmer* in *Staub,* HGB, 4. Aufl 1989, § 105 RdNr 176). Immerhin zeigt Abs 5, eine Bestimmung, die gerade auch für OHG-Anteile aufgenommen worden ist, dass der Gesetzgeber ohne Bedenken von der Möglichkeit der Schenkung einer OHG-Beteiligung ausgegangen ist. Er konnte sich dabei auf eine Entscheidung des BFH aus dem Jahre 1969 stützen (BFH BStBl II 69, 653), die ebenfalls ohne Bedenken die Möglichkeit der Schenkung eines OHG-Anteils zugrunde gelegt hatte (vgl BTDrs 6/3418, 65). Unproblematisch ist im Übrigen der Schenkungscharakter der unentgeltlichen oder teilentgeltlichen Zuwendung eines Gesellschaftsanteils, bei dem strukturell die kapitalmäßige Beteiligung im Vordergrund steht, so im Fall einer **Kommanditbeteiligung** (BGH NJW 90, 2616, 2617) und im Fall eines **GmbH-Anteils** (BFH/NV 90, 235; BStBl II 05, 845). Unproblematisch ist die Bereicherung auch dann, wenn der Erwerber schon unabhängig von der Zuwendung Gesellschafter ist, weil die **Aufstockung der Beteiligung** den Umfang der Außenhaftung und im Zweifel auch den Umfang des internen Pflichtenkreises nicht erhöht.

74 **b) Schenkung an die Gesellschaft durch Zuwendungen ihrer Gesellschafter?** Vornehmlich für den Bereich der **Kapitalgesellschaften** wird die schstliche Behandlung von Zuwendungen der Gesellschafter an ihre Gesellschaft diskutiert. Als juristische Personen und damit als selbstständige Rechtsträger können die Kapitalgesellschaften zweifellos Empfänger einer freigebigen Zuwendung sein. Leistungen von

Außenstehenden, die unentgeltlich und mit dem Willen erfolgen, die Gesellschaft zu bereichern, sind daher unbedenklich als Schenkungen an die Gesellschaft anzusehen. Fraglich ist dagegen, ob auch Zuwendungen der Gesellschafter an ihre Gesellschaft die Voraussetzungen einer Schenkung erfüllen. Zur Beantwortung dieser Frage hatte sich zunächst die These herausgebildet, dass Zuwendungen der Gesellschafter an die Gesellschaft, wenn sie in ihrem jeweiligen Umfang dem Beteiligungsverhältnis der einzelnen Gesellschafter zueinander entsprechen, keine stbare Bereicherung der Gesellschaft bewirken (RFH RStBl 43, 589; *Petzoldt* § 7 Rz 168; *Meier,* DVR 86, 135, 146, 149; *Maier,* DVR 87, 50). Zwar werde die Gesellschaft durch die Zuwendungen bereichert; in entsprechendem Maße gewinne jedoch die Beteiligung des einzelnen Gesellschafters und die Gesamtheit der Gesellschafterrechte an Wert, so dass die Bereicherung der Gesellschaft sich nicht auf Kosten der Gesellschafter vollziehe und somit nicht den Tatbestand des § 7 I Nr 1 erfülle. Umgekehrt wurden auch Vermögenstransfers von der Gesellschaft auf die Gesellschafter entsprechend der jeweiligen Beteiligungsquote deshalb nicht als schstbar angesehen, weil der Vermögenszuwachs beim Gesellschafter durch eine Bereicherungsminderung kompensiert werde, die durch die Weggabe von Vermögen seitens der Gesellschaft und den damit einhergehenden Wertverlust der Mitgliedschaftsrechte zustande kommt (RFH RStBl 43, 589; *Petzoldt* § 7 Rz 168). Für den Sonderfall der **Ein-Mann-Gesellschaft** ließ sich diese Auffassung zusätzlich mit dem Hinweis auf die schadensrechtliche Rspr des BGH stützen, nach der ein bei der Gesellschaft eingetretener Vermögensverlust als Schaden des Alleingesellschafters gewertet werden kann (BGHZ 61, 380; BGH LM BGB § 249 (D) Nr 15; NJW-RR 89, 684). Die Kritik, die im Schrifttum an dieser Judikatur geübt wurde (vgl *Kowalski,* Der Ersatz von Gesellschafts- und Gesellschafterschaden, 1989, 95 ff mwN), nährte allerdings zugleich Zweifel zumindest an der Begründung, mit der im einen Fall eine Vermögenseinbuße, im anderen Fall eine Bereicherung der Gesellschafter verneint wird. Denn der Wert einer Beteiligung wird von komplexen Faktoren, insb vom Substanz- und vom Ertragswert des Gesellschaftsunternehmens, beeinflusst, so dass sich eine Änderung des Gesellschaftsvermögens nicht ohne Weiteres exakt spiegelbildlich in einer Veränderung des Wertes der Gesellschafterrechte niederschlägt (*Kowalski,* aaO, 100 ff; einschr auch bereits RFHE 11, 112, 113).

Einen anderen Weg zur Begründung der These, dass Zuwendungen der Gesell- 75
schafter an ihre Gesellschaft keine Schenkungen sein können, hatten *Kipp* (§ 3 Anm 71 f), der RFH (RStBl 43, 589) und der BFH (BStBl II 74, 470, 471) im Begriff des sog **„automatischen Entgelts“** gesucht. Danach erhält ein Gesellschafter, der eine Zuwendung in das Gesellschaftsvermögen tätigt, mit dem gleichzeitigen Wertzuwachs seiner Beteiligung ein den Schenkungscharakter ganz oder teilweise ausschließendes Entgelt. Dieser Sichtweise steht jedoch das Bedenken entgegen, dass die Gesellschaft als Zuwendungsempfängerin nicht mit irgendeiner Art von Gegenleistungsverpflichtung belastet wird, es sei denn, man wollte auf den erst bei einer etwaigen Auflösung der Gesellschaft entstehenden Anspruch auf Auskehrung des Liquidationsanteils (vgl § 72 GmbHG) rekurrieren. *Kipp* (§ 3 Anm 71), auf den die Begriffsbildung zurückgeht, hatte bereits erkannt, dass sich der bei dem Gesellschafter eintretende Bereicherungsreflex nicht ohne Weiteres mit einem Entgelt gleichsetzen lässt, und seine Aussage dahingehend eingeschränkt, die dem Schenker aus der Zuwendung erwachsenden Vorteile seien „jedenfalls als eine Minderung dessen anzusehen …, was sie ihren Urheber kostet“, und minderten deshalb den Betrag der stpfl Schenkung. Damit wird die Argumentation wieder auf die Schenkungsmerkmale der Be- und Entreicherung zurückgeführt. Bleibt es aber bei einer Vermögensminderung auf Seiten des Gesellschafters, weil der Wertzuwachs seiner Beteiligung den mit der Zuwendung an die Gesellschaft verbundenen unmittelbaren Vermögensabfluss nicht vollständig ausgleichen kann, so lautet ein weiterer möglicher Einwand: „Auf den Grad des Ärmerwerdens des Schenkers kommt es nicht an: Die Schenkungsteuer richtet sich nach der Bereicherung des Beschenkten …“ (RFHE 11, 112, 117). Für

dieses Gegenargument kann man ergänzend auf die Fallgruppe der mittelbaren Schenkung (vgl Anm 19ff) verweisen: Auch dort wird die stpfl Bereicherung aus dem Wert des mittelbar zugewendeten Gegenstandes abgeleitet, selbst wenn im Einzelfall die Aufwendungen des Schenkers zur Bewerkstelligung dieser mittelbaren Zuwendung hinter dem Wert des Zuwendungsobjekts zurückbleiben sollten. Ein **dritter Argumentationsstrang** zur Begründung der These, dass in der Zuwendung eines Gesellschafters an seine Gesellschaft zumindest im Fall der Ein-Mann-Gesellschaft keine Schenkung gesehen werden darf, könnte so lauten, dass der Alleingesellschafter zB einer GmbH mit der Übertragung des Vermögens auf seine Gesellschaft nur eine Umorganisation in seinem eigenen Rechtskreis vornimmt, da er aus seiner Position als Alleingesellschafter und Geschäftsführer der GmbH heraus das Hingegebene jederzeit wieder zurückholen kann. Doch hat der Rechtskreis einer GmbH seine eigenen Gesetze, die eine Rückübertragung ausschließen oder erschweren können. Außerdem wird die Bereicherung eines Erwerbers nicht schon dadurch ausgeschlossen, dass die Möglichkeit besteht, Rückgaberechte zu aktivieren (vgl Anm 53f).

76 Obgleich demnach der Schenkungscharakter von **Zuwendungen eines Gesellschafters an seine Gesellschaft** nicht ohne Weiteres wegen fehlender Bereicherung des Empfängers oder fehlender Entreicherung des Gebers negiert werden kann, erscheint es vom Ergebnis her doch vorzugswürdig, Vermögensbewegungen zwischen den Gesellschaftern und ihrer Gesellschaft als Einlagen, zwischen der Gesellschaft und ihren Gesellschaftern als Gewinnausschüttungen oder Kapitalrückzahlungen zu qualifizieren (so auch RFH RStBl 43, 589; BFH BStBl II 94, 366) und diesen Vermögensbewegungen damit das für die stliche Beurteilung kennzeichnende zusätzliche **Merkmal der Freigebigkeit abzusprechen.** Das Merkmal der Freigebigkeit lässt sich nicht bejahen, denn im Gesellschaftsrecht – anders beurteilt der BFH BStBl II 94, 366 das Eherecht! (daher der Versuch, durch Konstruktion einer Ehegatten-Innengesellschaft die gesellschaftsrechliche Beurteilung auf Umwegen in das Eherecht hinein zu tragen: Anm 94) – wird die Freigebigkeit der Zuwendung regelmäßig bereits dann ausgeschlossen, wenn die Zuwendung in rechtlichem Zusammenhang mit dem die Gesellschafter verbindenden Zweck steht (BFH BStBl II 08, 381; NV 16, 848; vgl auch FG Bbg EFG 04, 835). Dieser Zusammenhang ist nur ausnahmsweise zu verneinen, zB dann, wenn die Leistung des Gesellschafters der Erfüllung einer Vermächtnisanordnung dient, was zu einem stbaren Erwerb der Kapitalgesellschaft von Todes wegen führt (BFH BStBl II 96, 454; zur Erbschaft einer Kapitalgesellschaft und zur Frage, ob diese zusätzlich zur ErbSt auch mit KSt belastet sein kann, BFH BStBl II 17, 324).

77 In der Leistung eines Gesellschafters an seine Gesellschaft liegt also im Zweifel keine freigebige Zuwendung an die Gesellschaft. In ihr liegt im Zweifel auch keine **Zuwendung des Gesellschafters an die anderen Gesellschafter,** in einer Zwei-Mann-Gesellschaft an den Mitgesellschafter, der von der Zuwendung durch Werterhöhung seines Anteils profitiert. Denn diese Werterhöhung ist nur ein Reflex der Bereicherung der Gesellschaft. Und es ist nicht denkbar, dass eine im Ergebnis der Gesellschaft zugedachte Zuwendung zugleich eine Schenkung an den anderen Gesellschafter darstellt. Möglich erscheint jedoch, dass die Zuwendung zwar an die Gesellschaft erfolgt, aber im Ergebnis nicht ihr, sondern dem Mitgesellschafter zugedacht ist, dass die Leistung in das Gesellschaftsvermögen nicht der Stärkung der Finanzkraft der Gesellschaft und damit eigenen Interessen des Zuwendenden hinsichtlich seiner Beteiligung dienen soll, sondern dass sie auf die Förderung des Mitgesellschafters abzielt, wie es insb unter Angehörigen als Gesellschaftern der Fall sein kann. Eine Schenkung darf sich nicht dadurch verschleiern lassen, dass die Bereicherung auf dem Umweg über eine gemeinsame Gesellschaft an den anderen Gesellschafter gelangt. Bejaht man diesen Gedanken, dann muss man allerdings in der Werterhöhung des Gesellschaftsanteils, die die unentgeltliche Leistung an eine Zwei-Mann-Gesellschaft bewirkt, den möglichen Gegenstand einer Zuwendung an den anderen Gesellschafter sehen. Und man muss einräumen, dass zur Annahme einer freigebigen Zu-

wendung mehr als die unentgeltliche Leistung, nämlich noch auch der Wille zur Bereicherung des Bedachten gehört, der erst durch diese Willensrichtung zum Beschenkten wird. Beides verneint der BFH. Das Gericht hat ausgesprochen, dass in der Werterhöhung von Anteilen der Mitgesellschafter keine substantielle Vermögensverschiebung liegt und die Werterhöhung damit auch kein geeigneter Zuwendungsgegenstand ist (BStBl II 96, 160; 616; 10, 566 zur Sachkapitalerhöhung), und es hat entschieden, dass der Wille, einen anderen zu bereichern, nicht zum Willen zur Freigebigkeit hinzugehört (BStBl II 94, 366).

Die **Zuwendung eines Gesellschafters an den oder die Mitgesellschafter** 78 wird insb in Fällen einer **Kapitalerhöhung** diskutiert. Der BFH (BStBl II 01, 454; dazu *Albrecht,* ZEV 01, 375; *Gottschalk,* DStR 02, 377) bejaht eine freigebige Zuwendung der Altgesellschafter an mit der Kapitalerhöhung eintretende Neugesellschafter einer GmbH, wenn der gemeine Wert der Geschäftsanteile die jeweils zu leistenden Einlagen übersteigt und wenn im Verhältnis zwischen Altgesellschaftern und Neugesellschaftern die Freigebigkeit bejaht werden kann (vgl ferner BFH/NV 02, 26; 1030; FG Münster EFG 07, 860; 08, 313). Es liegt dann nicht wesentlich anders, als wenn ein Einzelunternehmer im Fall der **Neugründung einer GmbH** mit einem Angehörigen sein Unternehmen zu Buchwerten in die GmbH einbringt. Auch darin kann eine freigebige Zuwendung an den Angehörigen liegen (BFH BStBl II 05, 845), Damit ist allerdings noch keine Aussage darüber getroffen, wie Kapitalerhöhungen in einem unverändert bleibenden Gesellschafterkreis beurteilt werden sollen, wenn im Zuge der Kapitalerhöhung die Beteiligung an stillen Reserven unter den Gesellschaftern verändert wird, wenn ein Gesellschafter Vermögen in eine GmbH einbringt, ohne dafür eine entsprechende Gegenleistung zu erhalten oder wenn bei der Kapitalerhöhung einer GmbH die neu entstehende Stammeinlage durch eine Sacheinlage erbracht wird und diese Einlage mehr wert ist als die übernommene neue Stammeinlage. Dies ist das Problem der **Schenkung durch disquotale Einlagen,** von Einlagen, die nicht dem Beteiligungsverhältnis des Leistenden entsprechen. Der BFH (BStBl II 10, 566) verneint die Zuwendung an den oder die Mitgesellschafter, weil es aus der Sicht des BFH an einer zivilrechtlichen Vermögensverschiebung zwischen den Gesellschaftern fehlt. Den Gegenstandpunkt haben ua *Groh* (DStR 99, 1050), *Gottschalk* (in seiner Dissertation, oben vor Anm 52, 319ff) und *Birnbaum* (ZEV 09, 125; vgl auch DStR 11, 252) entwickelt. Die FinVerw hatte lange Zeit einen Gegenstandpunkt zur Rspr eingenommen (R 18 ErbStR 2003), hatte sich dann aber der RsprLinie angeschlossen (zunächst BStBl I 10, 1207 Tz 1.1 ersetzt durch BStBl I 12, 331). Nunmehr spricht die Neuregelung in § 7 VIII dafür, dass der frühere Verwaltungsstandpunkt erneut Beachtung verlangt. Der Gesetzgeber erfasst derartige Bereicherungen aufgrund reflexiver Werterhöhungen durch Fiktionstatbestände und damit unter bewusstem Verzicht auf den ansonsten der freigebigen Zuwendung innewohnenden subjektiven Tatbestand. § 7 VII 2 hatte schon bisher die bloße Werterhöhung eines Anteils als Gegenstand einer Schenkung angesehen und auf das Erfordernis eines Willens zur Freigebigkeit verzichtet. Auch der neue § 7 VIII qualifiziert die Werterhöhung des Gesellschaftsanteils als Zuwendungsgegenstand und verlangt nur im Sonderfall der Zuwendung zwischen Kapitalgesellschaften als subjektives Element eine Bereicherungsabsicht. Im Grundfall der (verdeckten) Einlage aber wird auf einen Willen zur Freigebigkeit als zentrales Element freigebiger Zuwendungen verzichtet.

Soweit ein **Außenstehender (Nicht-Gesellschafter)** einer GmbH etwas zu- 79 wendet, kann dies eine freigebige Zuwendung sein, muss es aber nicht. In der Regel wird man sogar davon ausgehen können, dass die jeweilige Leistung durch das Gesellschaftsverhältnis veranlasst oder geschäftlich motiviert sein wird. Bei anzunehmender Freigebigkeit dürfte sich der Bereicherungswille des Zuwendenden allerdings nicht auf die Gesellschaft, sondern die Gesellschafter beziehen. Jedoch verneinte auch hier die Rspr die Qualifikation der Werterhöhung als Zuwendungsgegenstand. Nach ihrer Auffassung hat die mit der Zuwendung einhergehende Erhöhung des Werts der Geschäftsanteile der Gesellschafter ihren Rechtsgrund allein in der in ihrem Geschäftsanteil verkörperten Mitgliedschaft an der Gesellschaft, weshalb in der Leistung keine Zuwendung an die Gesellschafter der GmbH gesehen werden könne (BFH BStBl II 96, 160; 616; FG Münster EFG 08, 313). Der Gesetzgeber besteuert jedoch nunmehr derartige Werterhöhungen beim Gesellschafter über § 7 VIII. Dies jedoch, obwohl nach dessen Wortlaut jeder Dritte, also insbesondere auch der fremde, keine eigenen Interessen verfolgende Geschäftspartner Zuwendender sein kann, ohne dass es eines Willens zur Freigebigkeit bedarf.

80 Demgegenüber beurteilen sich **Zuwendungen der Kapitalgesellschaft an ihre Gesellschafter** allein nach § 7 I Nr 1, der aber für eine Besteuerung einen Willen zur Freigebigkeit voraussetzt. Die FinVerw sieht in solchen, ertragsteuerlich als verdeckte Gewinnausschüttungen zu qualifizierenden Leistungen der Gesellschaft an den Gesellschafter eine freigebige Zuwendung (Erlasse v 14.3.2012, BStBl I 12, 331). Entsprechendes soll auch bei derartigen Leistungen an nahestehende Personen gelten, die ebenfalls als verdeckte Gewinnausschüttungen der ErtragSt unterworfen werden. Eine Doppelbelastung mit einerseits SchSt und andererseits ErtragSt sei insoweit hinzunehmen. Die FinVerw meint sich hierbei auf die Entscheidung des BFH BStBl II 08, 346 berufen zu können, welche eine verdeckte Gewinnausschüttung an eine nahestehende Person und damit ein Dreiecksverhältnis betraf. Für dieses hatte der BFH im konkreten Fall entschieden, dass zwar keine Schenkung im Verhältnis des Gesellschafters an die ihm nahestehende Person (seine Ehefrau) vorliege, weiterhin aber in einem obiter dictum ergänzt, dass eine freigebige Zuwendung im Verhältnis der GmbH zur nahestehenden Person gegeben sein könne. Bereits mit Entscheidung v 30.1.2013 (BStBl II 13, 930) hat der BFH der Erlassaussage der FinVerw jedoch widersprochen (nach *Viskorf,* ZEV 12, 442, 446 handelte es sich um eine „Über- oder Fehlinterpretation" des obiter dictums durch die FinVerw) und klargestellt, dass es im Verhältnis einer Kapitalgesellschaft zu ihren Gesellschaftern – und auch zu den Gesellschaftern einer an ihr beteiligten Kapitalgesellschaft – neben betrieblich veranlassten Rechtsbeziehungen lediglich offene und verdeckte Gewinnausschüttungen sowie Kapitalrückzahlungen, nicht aber freigebige Zuwendungen geben könne. Vielmehr seien derartige Zuwendungen immer durch das Gesellschaftsverhältnis veranlasst. Die FinVerw hatte hierauf zwar mit einem Nichtanwendungserlass reagiert (BStBl I 13, 1465; hierzu *van Lishaut,* FR 13, 891). Jedoch hat der BFH (NV 15, 1586) seine Auffassung nochmals ausdrücklich bestätigt und eine Nichtzulassungsbeschwerde der FinVerw deshalb als unbegründet zurückgewiesen, weil die Revisionszulassung nicht für die Rechtsfortbildung notwendig sei. Beide Entscheidungen betrafen allerdings Leistungen der Gesellschaft an einen Gesellschafter und keine Dreieckskonstellation. Das FG Münster (EFG 16, 232) hat sich der Rspr des BFH auch für den Fall der überhöhten Leistung an eine dem Gesellschafter nahestehende Person angeschlossen und das Vorliegen einer gemischten Schenkung durch die Kapitalgesellschaft gegenüber der nahestehenden Person ausdrücklich verneint (kritisch hierzu *Erkis,* DStR 16, 53; zustimmend hingegen *St. Viskorf/Löcherbach,* DStR 16, 789). Demgegenüber vertritt das FG Düsseldorf (EFG 17, 237 – Rev II R 42/16) die gegenteilige Auffassung, wobei für das FG offenbar entscheidungserheblich war, dass es im konkreten Fall zu keiner Doppelbelastung eines Stpfl mit ESt und SchSt kam. Angesichts der bisherigen Äußerungen des BFH steht zu erwarten, dass er eine freigebige Zuwendung der Gesellschaft an die nahestehende Person ablehnt. Damit ist aber noch nicht darüber entschieden, ob dennoch im Verhältnis des Gesellschafters zu der ihm nahestehenden Person eine freigebige Zuwendung erblickt werden kann. Während eine freigebige Zuwendung im Verhältnis der Gesellschafter untereinander für den BFH zu Recht wohl schon deshalb nicht in Betracht kommt, weil die Leistung als verdeckte Gewinnausschüttung bereits der ErtragSt unterliegt und, wie der BFH in mehreren Entscheidungen betont (BStBl II 15, 249; NV 12, 229; 14, 511; 15, 1586; im Ergebnis auch BFH/NV 14, 1945; aA hingegen BStBl II 17, 324), ein und derselbe Lebens-

sachverhalt nicht gleichzeitig der ESt und auch der SchSt unterliegen können soll, kann bei verdeckten Gewinnausschüttungen an nahestehende Personen nicht ohne Weiteres von einer doppelten Besteuerung ein und desselben Rechtsvorgangs ausgegangen werden. Dass es sich vielmehr um zwei möglicherweise getrennt zu besteuernde Rechtsvorgänge handelt, wird deutlich, wenn man den im Dreiecksverhältnis abgekürzten Zahlungsweg (Gesellschafter an nahestehende Person) wieder aufteilt in eine (verdeckte) Gewinnausschüttung an den Gesellschafter und eine Zuwendung von diesem an die ihm nahestehende Person. In diesem Fall würde der ErtragSt der Vermögensvorteil unterworfen, den die Gesellschaft dem Gesellschafter zukommen lässt (im abgekürzten Zahlungsweg, indem sie an die ihm nahestehende Person leistet). Der SchStPflicht aber könnte in diesem Fall die „Weitergabe“ dieses Vermögensvorteils an die nahestehende Person unterliegen (*Loose,* DB 13, 1080, 1083). Freilich würde dies im Verhältnis des Gesellschafters zur nahestehenden Person auch einen Willen zur Freigebigkeit voraussetzen.

einstweilen frei **81**

c) Bereicherung beim Gesellschafterwechsel. Wird ein GmbH-Anteil **82** schenkweise übertragen, so soll aus der Sicht des FG München (EFG 91, 546; UVR 92, 116) in dem Verzicht des Schenkers auf einen zeitanteiligen Gewinnanspruch für das laufende Jahr der Übertragung ein werterhöhendes Merkmal der Anteilsübertragung oder eine zusätzliche Schenkung liegen, was aber nur richtig sein kann, wenn ein Gewinnanspruch des Schenkers für das laufende Jahr, auf den er verzichten konnte, überhaupt bestand, was entgegen der Auffassung des FG München aus § 101 BGB nicht ohne Weiteres abgeleitet werden kann (dazu *Meincke,* StBKR 1991, 49, 59ff). Gegen die Auffassung des FG München hat sich auch der BFH (NV 92, 250) ausgesprochen. Die **FinVerw** (R E 12.3 III ErbStR) hat die Ausgangsüberlegungen des FG München erneut aufgegriffen. Sie will die Bestimmung des § 101 Nr 2 HS 2 BGB, die sich ihrem Wortlaut nach gar nicht auf noch nicht festgestellte „Gewinne“ des laufenden Geschäftsjahrs bezieht, dennoch auch auf Gewinne des Wirtschaftsjahrs, in das die Schenkung fällt, anwenden und die Gewinne zwischen Schenker und Beschenktem aufteilen. Allerdings wird der Wert des verschenkten Geschäftsanteils im Umfang des Ausgleichsanspruchs des Beschenkten gemindert. Ein Verzicht auf den Ausgleichsanspruch soll auch aus der Sicht der FinVerw keinen selbstständigen StTatbestand bilden (R E 12.3 ErbStR).

V. Wille zur Freigebigkeit

Schrifttum: *Petzoldt,* Zur subjektiven Seite bei freigebigen Zuwendungen, FS Felix, 1989, 331; *Klein-Blenkers,* Die Bedeutung subjektiver Merkmale im ErbSt- und SchStRecht, 1992; *Schulze-Osterloh,* Der „Bereicherungswille“ bei der freigebigen Zuwendung im SchStR, StuW 77, 122; *Klein-Blenkers,* Zu den subjektiven Voraussetzungen des § 7 Abs 1 Nr 1 ErbStG, ZEV 94, 221; *Meincke,* Urteilsanmerkung, JZ 95, 55; *Meincke,* 25 Jahre „unbenannte“ Zuwendungen, ZEV 95, 81; *Albrecht,* Die Schenkungsteuerpflicht unbenannter Zuwendungen zwischen Ehegatten, WPg 96, 16; *Mößlang,* Keine SchSt im geschäftlichen Bereich?, UVR 98, 13; *Viskorf,* Aktuelle Rechtsentwicklung im SchStRecht, Stbg 98, 337; *Gebel,* SchSt bei Vermögensverschiebungen zwischen Eheleuten, BB 00, 2017; *Heine,* Die Bedeutung von Vorstellungen und Willenserklärungen der Parteien für die Auslegung von Verträgen bei der Grunderwerbsteuer und Schenkungsteuer, UVR 04, 401; *Schlünder/Geißler,* Schenkungsteuerfreie Zuwendungen zwischen Ehegatten, ZEV 05, 505; *Schlünder/Geißler,* Schenkungsteuer bei der Immobilienfinanzierung durch nichteheliche Lebenspartner?, ZEV 07, 64 (mit Replik von *Weimer,* ZEV 07, 316); *Wälzholz,* Aktuelle Probleme von lebzeitigen Ehegattenzuwendungen im ErbStG, FR 07, 638; *Viskorf,* Der Wille zur Unentgeltlichkeit, DStR 07, Beihefter zu Heft 39, 25; *Billig,* Konsequenzen der finanziellen Absicherung des Ehegatten durch ein lebenslanges Nießbrauchsrecht bei Gesamtgläubigerschaft, UVR 08, 62; *Mäscher,* Freigebige Zuwendungen im Geschäftsverkehr, DStR 15, 193.

1. Freigebigkeit

83 Die Bereicherung muss „freigebig" zugewandt werden. Freigebigkeit – das Wort nimmt auf den alten Begriff der liberalitas Bezug – bedeutet nicht ein willkürliches, beliebiges, von jedem äußeren Anlass losgelöstes Handeln, sondern ein Geben, das ohne Verpflichtung zur Leistung und frei von einer Gegenleistung erfolgt und das dem Empfänger nach dem Inhalt des Geschäfts (weitergehende äußere Motivationen bleiben unberücksichtigt) die mit der Gabe verbundene Bereicherung frei von sonstigen Bestimmungsgründen allein „um der Bereicherung willen" (vgl *Windscheid/Kipp,* Pandektenrecht, 9. Aufl 1906, § 365 Fn 4) verschafft. Kennzeichnend für die Freigebigkeit ist damit der Wille des Zuwendenden, den Empfänger unentgeltlich zu bereichern. Dieser Bereicherungswille wurde im ErbStG 1919 noch ausdrücklich erwähnt, wenn es dort hieß: „Schenkungen stehen gleich freigebige Zuwendungen unter Lebenden, soweit der Bedachte durch sie auf Kosten des Zuwendenden *mit dessen Willen bereichert* wird" (§ 40 I 2 ErbStG 1919). Ein ausdrücklicher Hinweis auf den Willen des Zuwendenden fehlt seit 1922 im Gesetz. Doch hat der RFH mit großem Nachdruck ausgesprochen, dass das Erfordernis des Bereicherungswillens des Zuwendenden schon aus dem Begriff der freigebigen Zuwendung abzuleiten ist (RFHE 29, 137, 148). Es muss daher nach wie vor die bereichernde Zuwendung vom Bewusstsein und Willen des Zuwendenden umfasst sein, um die StPfl nach Abs 1 Nr 1 auszulösen, nur dass der BFH dieses subjektive Merkmal neuerdings nicht mehr Bereicherungswille, sondern Wille zur Freigebigkeit nennt (BFH BStBl II 79, 631, 632; 82, 714, 715; 87, 80, 81; NV 89, 168, 169).

84 Die **Bedeutung der tradierten subjektiven Komponente** im SchStTatbestand verdient Hervorhebung gerade auch gegenüber neueren Gesetzgebungs- und Interpretationsvorschlägen, nach denen der Grundsatz der Gleichmäßigkeit der Besteuerung die Berücksichtigung subjektiver Vorstellungen der an der Verwirklichung des StTatbestandes Beteiligten weitgehend ausschließen soll (*Schulze-Osterloh,* StuW 77, 122, 128f) und nach denen das Prinzip der Besteuerung nach der wirtschaftlichen Leistungsfähigkeit am besten verwirklicht wird, wenn Besteuerungstatbestände generell nur an objektive Sachverhalte anknüpfen (*Kirchhof,* NJW 87, 3217, 3222f; aM *Meincke,* DB 88, 1869, 1870). Diese Thesen werden dem Zusammenspiel des StR mit dem ZivilR, das im Rahmen der Privatautonomie den Vorstellungen und dem Willen der Beteiligten weitgehenden Einfluss einräumen muss, nicht gerecht. Das Vertrauen in die Unparteilichkeit der Justiz zwischen Fiskus und Stpfl wird beeinträchtigt, wenn die FinRspr dazu übergeht, an die Stelle der im Normtext genannten subjektiv gefärbten zivilrechtlichen Begriffe rein objektiv konzipierte Merkmale zu setzen, was stets allein im Interesse des Fiskus liegt (weitere Einzelheiten in der Dissertation von *Klein-Blenkers,* vor Anm 83, S 86ff).

2. Kriterien und Abgrenzungsmerkmale

85 **a) Wille zur Unentgeltlichkeit.** Fragt man nach den Kriterien des Willens zur Freigebigkeit, so kommt es aus der Sicht der FinVerw (R E 7.1 I ErbStR) maßgeblich auf den Willen zur Unentgeltlichkeit an. Auch der BFH (BStBl II 94, 366, 369) betont, dass zur Verwirklichung des subjektiven Tatbestands der freigebigen Zuwendung der Wille des Zuwendenden zur Unentgeltlichkeit genügt. Daran ist richtig, dass der Wille, eine unentgeltliche Zuwendung zu erbringen, zweifellos ein zentrales Merkmal des Willens zur Freigebigkeit darstellt. Nach Auffassung von Rspr und FinVerw soll sich aber der Wille zur Freigebigkeit im Willen zur Unentgeltlichkeit erschöpfen. Das überzeugt nicht. Wenn jemand, wie es § 7 I Nr 2 formuliert, etwas infolge Erfüllung einer einem Rechtsgeschäft unter Lebenden beigefügten Bedingung ohne entsprechende Gegenleistung erwirbt, dann erwirbt er unentgeltlich. Derjenige, der ihm, um die Bedingung zu erfüllen, den Erwerb verschafft, handelt dem Erwerber gegenüber mit dem Willen zur Unentgeltlichkeit. Dennoch ist er nicht der Schenker, weil er keinen Willen zur Freigebigkeit hat und den Erwerber nicht aus ei-

genem Antrieb heraus bereichern will. Der Wille zur unentgeltlichen Leistung ist also zwar unverzichtbar, in ihm steckt jedoch der Wille zur Freigebigkeit noch nicht drin. Das zeigen auch die in der Rspr entschiedenen Fälle, die deutlich machen, dass die herrschende Interpretationslinie durch das Spektrum der tatsächlich getroffenen Entscheidungen nicht ausreichend bestätigt wird. Im Übrigen liegt die Frage nahe: Soll etwa der unter dem Druck der Öffentlichkeit ausgesprochene Verzicht auf vorteilhafte Vertragspositionen bei vom Staat mit StGeldern am Leben erhaltenen Unternehmen deswegen, weil er unentgeltlich erfolgt, stbar sein?

Auch wenn der **Wille zur Unentgeltlichkeit** die Merkmale des Willens zur Freige- 86
bigkeit noch nicht erschöpft, so besteht doch Einmütigkeit darüber, dass der Wille zur Unentgeltlichkeit ein **zentrales Kriterium** für den Willen zur Freigebigkeit bildet. Der Wille zur Unentgeltlichkeit soll nach Auffassung von Rspr und FinVerw immer dann vorliegen, wenn der Zuwendende in dem Bewusstsein handelt, dass er zu der Vermögenshingabe rechtlich nicht verpflichtet ist, er also seine Leistung ohne rechtlichen Zusammenhang mit einer Gegenleistung erbringt, und wenn auch der Zusammenhang mit einem Gemeinschaftszweck fehlt (BFH BStBl II 79, 631; 92, 921; 04, 366; 07, 472, 478; R E 7.1 III ErbStR). Bei Prüfung des Willens zur Unentgeltlichkeit sind Gegenleistungen ohne Geldeswert nach der neueren Auffassung des BFH (BStBl II 07, 785; anders früher BStBl III 53, 199; II 68, 239; 72, 43) nicht zu beachten. Zur Begründung wird auf § 7 III verwiesen, obwohl diese Bestimmung ihrem Wortlaut nach Gegenleistungen ohne Geldeswert nur bei der Feststellung der Bereicherung, nicht aber schon bei der Feststellung des Willens zur Unentgeltlichkeit ausschließt (Näheres Anm 132). Da der Verzicht auf eine Erwerbschance nach § 517 BGB keine schenkweise Leistung enthält, wird er auch als Gegenleistung nicht anerkannt (BFH BStBl II 01, 456).

Der Wille zur Unentgeltlichkeit **fehlt,** wenn der Zuwendende zur Erfüllung einer 87
Rechtspflicht gehandelt hat, mit der Zuwendung also das Erlöschen eines gegen ihn gerichteten Anspruchs herbeiführen wollte, auch wenn der Anspruch in Wirklichkeit nicht bestand (BFH BStBl III 52, 45; 57, 449) oder nicht gerichtlich durchsetzbar war (RFHE 15, 72, 78). Der Wille zur Unentgeltlichkeit fehlt ferner, wenn der Zuwendende sich zu der Zuwendung aus den Umständen heraus gedrängt fühlte, zB bei einem weit unter dem üblichen Preis liegenden Notverkauf oder dann, wenn ein Arbeitnehmer nur zu einem weit unter der üblichen Vergütung liegenden Entgelt gearbeitet hat, um überhaupt eine Arbeit zu finden (Bsp bei *Hartmann,* ErbStB 08, 292) oder dann, wenn es sich um ein „Gegengeschenk" handelt, mit dem der Geber nur den Empfang eines eigenen Geschenks ausgleichen will (BFH BStBl II 69, 173). Der Wille zur Unentgeltlichkeit fehlt auch, wenn die Zuwendung im Vergleichswege erfolgt, insb der Erledigung anhängiger gerichtlicher Verfahren dient (BFH BStBl II 80, 607). Die Motive des Zuwendenden sagen dagegen, so heißt es (*Viskorf,* vor Anm 83, S 25), über die Entgeltlichkeit nichts aus. Zuwendungen, die durch eine sittliche Pflicht oder durch eine auf den Anstand zu nehmende Rücksicht motiviert sind, schließen daher den Willen zur Unentgeltlichkeit nicht aus (RFH RStBl 34, 923; BFH BStBl III 57, 449). Um diese Linie beizubehalten, aber im Einzelfall doch zu akzeptablen Ergebnissen zu gelangen, neigt die Rspr (BFH HFR 64, 83; FG Bad-Württ EFG 99, 80) dazu, das Problem auf der Ebene der Wertermittlung zu lösen und auf Grund sittlicher Pflichten entsprechende Abzugsposten anzuerkennen (§ 10 Anm 39).

b) Wille zur Bereicherung. Früher hatte es als selbstverständlich gegolten, dass 88
eine Zuwendung nur dann schenkweise erfolgt, wenn sie „unentgeltlich zum Zweck der Bereicherung" vorgenommen wird (*Mugdan,* Die gesamten Materialien zum BGB II, 1898, 738), dass somit der Wille zur Freigebigkeit neben dem Willen, ohne Entgelt zu leisten, auch noch den **Willen zur Bereicherung** des Empfängers der Zuwendung verlangt (Gutachten des RFH RStBl 31, 559; BFH BStBl III 53, 308; 61, 234). So hatte es noch in der Begründung zum ErbStG 1974 geheißen, dass das ErbStG als freigebige Zuwendung die objektive Bereicherung erfassen will, „die jemand einer anderen Per-

son zu Lasten seines eigenen Vermögens in der Absicht gewährt, diese andere Person zu bereichern“ (BTDrs 6/3418, 64). Ohne sich zu dieser traditionellen Linie zu äußern, hat der BFH jedoch Ende der achtziger Jahre statuiert, dass zu den Voraussetzungen einer freigebigen Zuwendung ein auf die Bereicherung des Empfängers gerichteter Wille nicht gehört (BFH BStBl II 87, 80, 81) und diese Ansicht schon wenig später als „gesicherte Rspr“ bezeichnet (BFH BStBl II 92, 921, 923) und unter Zustimmung der FinVerw (R E 7.1 III ErbStR) formelhaft wiederholt (zB BStBl II 94, 366, 369; *Viskorf,* aaO, S 25). Irgendeine Begründung, die das Abweichen von der traditionellen Linie gerechtfertigt hätte, wurde zu keiner Zeit genannt.

89 Hingegen erscheint es zutreffend, nicht eine **Bereicherungsabsicht** iS einer einseitigen Ausrichtung der Zuwendung nur gerade auf die Förderung des Bedachten zu verlangen. Die Zuwendung verliert ihren Charakter als freigebig nicht dadurch, dass der Geber mit der Bereicherung des Empfängers auch eigene Interessen fördern will. Die Schenkung aus „lebzeitigem Eigeninteresse“ ist eine dem Zivilrecht im Zusammenhang mit § 2287 BGB durchaus vertraute Rechtsfigur. Wer von einem Bereicherungswillen spricht, meint nicht, dass der Geber uneigennützig handeln und selbstlose Ziele verfolgen müsse. Eine Bereicherungsabsicht iS eines über den Geschäftsinhalt hinausgehenden selbstlosen Endziels, einer außerhalb des Geschäfts liegenden selbstlosen Motivation, eines dem Empfänger gegenüber wohlwollenden Beweggrundes, ist für den Willen zur Freigebigkeit irrelevant (RFH RStBl 42, 803). Dennoch überzeugt der Gedanke nicht, dass der Wille zur Freigebigkeit sich notwendig in dem Willen zur Unentgeltlichkeit erschöpfen muss. Die Rspr des BFH krankt daran, dass sie die irrelevante Bereicherungsabsicht („animus donandi“) und den relevanten Bereicherungswillen nicht klar voneinander trennt (zB BFH BStBl II 77, 159; 97, 832; 05, 845, 847). Die Bedeutung, die dem Bewusstsein und dem Willen des Gebers zukommt, den Empfänger zu bereichern, zeigt schon ein Blick auf die Praxis von Rspr und FinVerw. So setzt die ZivilRspr voraus, dass bei einer gemischten Schenkung „die Parteiabsicht dahin gehen (muss), ihn (den Beschenkten) zu bereichern und ihm den Wertunterschied der beiden Leistungen schenkweise zukommen zu lassen“ (RGZ 163, 257, 259). Und der BFH sieht die gemischte Schenkung deswegen als Teilschenkung des Vertragsobjekts an, weil bei ihr hinsichtlich des entgeltlichen Vertragsteils der Wille zur freigebigen Bereicherung fehlt (BFH BStBl II 82, 714, 715). Im Geschäftsleben soll die Feststellung des Willens zur Unentgeltlichkeit dann noch nicht genügen, um das Merkmal der Freigebigkeit zu erfüllen, wenn es dem Geber vornehmlich um eigene Interessen und nicht um die Bereicherung des Empfängers ging (BFH BStBl II 97, 832). Der Wille zur Bereicherung des Bedachten soll also doch eine Rolle spielen. Im Zivilrecht steht denn auch für den BGH (BGHZ 129, 259, 263) fest, dass eine Schenkung den Willen des Zuwendenden zur Bereicherung des Empfängers verlangt.

90 **c) Wille zur schenkweisen Zuwendung.** Als eigenständiger Vertragstyp verfolgt die Schenkung des BGB auch einen selbstständigen Vertragszweck, und zwar den der Verwirklichung einer Freigebigkeit, die die für das SchR charakteristische Dankbarkeitsbeziehung begründet, auf die bei einer Rückforderung wegen groben Undanks oder wegen Verarmung des Schenkers zurückgegriffen werden kann. Weil somit der Schenkungsbegriff „über die zu blasse Unentgeltlichkeitsabrede hinaus erst dann Konturen (erhält), wenn man ihn durch den Vertragszweck Freigebigkeit als gekennzeichnet ansieht“ (*Langenfeld,* Handbuch der Eheverträge und Scheidungsvereinbarungen, 2. Aufl 1989, 114), muss zu der Unentgeltlichkeitsabrede noch ein weiteres, den Vertragszweck charakterisierendes Merkmal hinzutreten, um den Schenkungsbegriff des BGB zu konstituieren. Dieses Merkmal hat dieser Kommentar mit dem Ausdruck „Wille zur schenkweisen Zuwendung“ oder **„Wille zur Bereicherung um der Bereicherung willen“** zu charakterisieren versucht.

91 Der BFH hat sich in der Entscheidung BStBl II 94, 366 mit dem Merkmal des Willens zur schenkweisen Zuwendung und mit der in diesem Kommentar vertretenen Gesetzes-

interpretation auseinandergesetzt. Das Gericht hat anerkannt, dass der Wille zur schenkweisen Zuwendung als Merkmal einer Schenkungsofferte iSd BGB zu gelten hat. Für das StRecht will der BFH dieses Merkmal jedoch nicht anerkennen. Im SchStRecht soll der Wille zur Unentgeltlichkeit genügen. Die Praxis des Gerichts zeigt allerdings, dass sich diese Linie nicht konsequent durchhalten lässt. Jedenfalls lassen sich Entscheidungen über Zuwendungen auf dem Gebiet des Familienrechts (Anm 92–94), Zuwendungen im Zusammenhang mit dem Gesellschaftsrecht (Anm 95), Zuwendungen von Stiftungen, aus öffentlichen Kassen und unter Körperschaften des öffentlichen Rechts (Anm 96), Zuwendungen auf dem Gebiet des Geschäftslebens (Anm 97) und Zuwendungen für politische Zwecke (Anm 96) leichter erklären, wenn man neben dem Willen zur Unentgeltlichkeit auch noch den Willen zur Bereicherung, und zwar zur Bereicherung um der Bereicherung willen (= zur schenkweisen Zuwendung) für erforderlich hält. Dem hatte sich schon früher *Petzoldt* (FS Felix, 89, 331, 342) angeschlossen. Nunmehr hat *Fischer* (§7 Rz 300ff) die hier vertretenen Überlegungen aufgegriffen, mit eigenen Argumenten bestätigt und näher ausgeführt.

3. Zuwendungen auf dem Gebiet des Familienrechts

Nimmt man an, dass der Wille des Zuwendenden auf die Bereicherung um der 92
Bereicherung willen gerichtet sein muss, dann wird verständlich, warum die Rspr bei unentgeltlichen Zuwendungen die StPfl dann verneint, wenn sie um der rechtlichen Ordnung der ehelichen Lebensgemeinschaft willen (RFH RStBl 42, 580; BFH BStBl III 64, 202; 66, 521), als letzte Regelung zur Beendigung einer ehelichen Lebensgemeinschaft (BFH BStBl II 68, 239; 71, 184; 72, 43) oder zur Erhaltung des Familienbesitzes (RFH RStBl 34, 41; 35, 206) verschafft worden sind. Dabei betont die Rspr zugleich, dass eine Gesamtbeurteilung stattzufinden hat und dass nicht einzelne Leistungselemente aus dem einheitlichen Leistungsverhältnis herausgelöst und isoliert betrachtet werden können (FG Rh-Pf EFG 00, 1020).

Der BFH hatte zeitweise die ZivilRspr übernommen, nach der **ehebezogene („un-** 93
benannte") Zuwendungen unter Eheleuten idR keine Schenkung sind (BGHZ 87, 145, 146) und auch nicht als freigebige Zuwendungen eingestuft werden können (BFH BStBl II 85, 159). Denn sie werden nicht zum Zweck der Vorteilsgewährung, also auch nicht um der Bereicherung willen, sondern um der Ehe willen als Beitrag zur Verwirklichung oder Ausgestaltung, Erhaltung oder Sicherung der ehelichen Lebensgemeinschaft erbracht und stützen sich damit nicht auf eine schenkungsrechtliche, sondern eine familienrechtliche causa. Diese Rspr stimmte mit den bei Anm 92 angeführten Entscheidungen auf dem Gebiet des Familienrechts überein. Das Gericht hat sich von seiner Entscheidung zu den ehebezogenen Zuwendungen jedoch alsbald wieder abgewandt (BFH BStBl II 94, 366) und hat die ehebezogenen Zuwendungen für stpfl erklärt. Dabei hat sich das Gericht allerdings nicht mit seiner bisherigen familienrechtsbezogenen Rspr auseinander gesetzt. Es hat auch den naheliegenden Einwand unberücksichtigt gelassen, dass bei ehebezogenen Zuwendungen Bedenken schon gegen das Merkmal des Willens zur Unentgeltlichkeit bestehen. Denn dieser Wille soll nach der maßgeblichen Entscheidung des BFH (BStBl II 94, 366, 369) nur dann vorliegen, wenn sich der Zuwendende bewusst ist, dass er seine Leistung ohne rechtlichen Zusammenhang mit einem Gemeinschaftszweck erbringt. Bei den ehebezogenen Zuwendungen steht jedoch der Gemeinschaftszweck Ehe ganz eindeutig im Vordergrund.

Die gegenwärtige Rspr des BFH, die den Bezug der unbenannten Zuwendungen 94
auf die Ehe unberücksichtigt lässt, den familienrechtlichen Charakter dieser Zuwendungen verneint, die Zuwendungen vielmehr in den Bereich der Freigebigkeit verlagert und damit den – dringend erwünschten – Ausgleich des gemeinsam Erarbeiteten in der Ehe stlich belastet, vernachlässigt nicht nur wichtige Elemente des Freigebigkeitsbegriffs, sondern **widerspricht** zugleich **dem Partnerschaftsgedanken in der Ehe** und vermag daher nicht zu überzeugen. An dieser grundsätzlichen

Kritik ändert auch der Umstand nichts, dass das BVerfG (UVR 98, 57) die Linie des BFH für verfassungsrechtlich unbedenklich erklärt hat, dass nicht erwartet werden kann, dass der II. Senat des BFH seine Linie in naher Zukunft noch einmal überdenken wird (vgl BFH/NV 97, 444; BStBl II 05, 188, 190; 08, 256), dass die FinVerw (R E 7.2 ErbStR) auf das StAufkommen aus unbenannten Zuwendungen keinesfalls verzichten will und dass sich der Gesetzgeber inzwischen sogar zu einem gesetzlichen Eingreifen veranlasst sah und Zuwendungen, die das Familienheim betreffen, als typischen Fall unbenannter Zuwendungen ausdrücklich von der St freigestellt hat (§ 13 I Nr 4a). Immerhin sind in der Rspr gelegentlich (FG Rh-Pf ZEV 99, 243; FG München EFG 06, 686) Stimmen erkennbar, die die Sonderstellung kleiner ehebezogener Zuwendungen unverändert betonen. Doch gibt es auch immer wieder Entscheidungen, die der grundsätzlichen Linie des BFH uneingeschränkt folgen und zB in der Vermögensübertragung vom Vater auf die Kinder unter Einräumung eines Rentenrechts an die Eltern als Gesamtgläubiger ohne Bedenken eine freigebige Zuwendung des Vaters an die Mutter sehen (FG Münster EFG 06, 1184; einschränkend dazu aber BFH BStBl II 08, 28). Außerdem gibt es Bestrebungen, einen stfreien Vermögenstransfer unter Eheleuten jetzt über die Konstruktion einer Ehegatteninnengesellschaft zu ermöglichen, die den Vermögensaufbau als konkludent vereinbarten gemeinsamen Zweck verfolgt, auf gleiche Vermögensbeteiligung abzielt und den Ausgleich einer unterschiedlichen Vermögensentwicklung durch nicht stbare gesellschaftsrechtliche Erfolgsbeiträge zu erreichen sucht (dazu BFH/NV 87, 302).

4. Durch ein Gesellschaftsverhältnis veranlasste Zuwendungen

95 Im **Bereich des Gesellschaftsrechts** hat es der BFH immer für selbstverständlich gehalten, dass Leistungen, die dem Gesellschaftszweck dienen und ihren Rechtsgrund in der gesellschaftsrechtlichen Förderungspflicht haben, nicht freigebig erfolgen (BFH BStBl II 92, 921, 924/25). Schon der RFH hatte die StPfl unentgeltlicher Zuwendungen, die mit einem Gesellschaftsverhältnis im Zusammenhang stehen, verneint (RFH RStBl 28, 101; 33, 1087). Da der Wille zur Freigebigkeit sich nicht in dem Willen zur Unentgeltlichkeit erschöpft, ließ sich die Bereicherung, die den verbleibenden Gesellschaftern beim Ausscheiden eines Partners gegen nicht vollwertige Abfindung zuwächst, nicht schon ohne Weiteres als freigebige Zuwendung besteuern (BFH BStBl III 53, 199; FG Hbg EFG 81, 187; BFH/NV 93, 101, 102), so dass der Gesetzgeber auf die Einführung eines zusätzlichen StTatbestandes in Abs 7 angewiesen war. Entsprechendes galt für disquotale Einlagen in Kapitalgesellschaften, die zu einer Werterhöhung der Anteile der übrigen Gesellschafter führen, nach Auffassung des BFH (BStBl II 10, 566) aber allein der Förderung der Gesellschafterzwecke dienen und nicht gleichzeitig eine freigebige Zuwendung an die Mitgesellschafter darstellen (so aber bei einem – bei Angehörigen idR zu unterstellenden – Willen zur Freigebigkeit die FinVerw noch in R 18 III ErbStR 2003). Die Reaktion des Gesetzgebers war die Neuschaffung des § 7 VIII. Im Bereich des Gesellschaftsrechts anerkennt somit das Gericht, dass die Leistungen, auch wenn sie unentgeltlich erfolgen, doch nicht auf der Grundlage einer schenkungsrechtlichen causa, sondern causa societatis erfolgen (BFH BStBl II 96, 454; 08, 381). Damit wird das besondere, über die Unentgeltlichkeit der Leistung hinausgehende Merkmal der schenkungsrechtlichen causa indirekt anerkannt.

5. Zuwendungen von Stiftungen, Trägern der öffentlichen Verwaltung und für politische Zwecke

96 Unentgeltliche Zuwendungen aus dem Vermögen von Stiftungen, Zuschüsse aus öffentlichen Kassen und Vermögenstransfers durch öffentlich-rechtliche Körperschaften sind keine freigebigen Zuwendungen, sofern sie den Rechtsvorschriften folgen, die für die Stiftungen, Kassen und Körperschaften maßgeblich sind. Dies gilt für die **satzungs-**

mäßigen Zuwendungen aus dem Vermögen von Stiftungen, die dem Bedachten zwar unentgeltlich zufallen, aber dennoch stfrei erworben werden. Der RFH (StuW 22 Nr 640 = JW 22, 1066) hatte dazu festgestellt: „Soweit eine Stiftung ihrer Satzung gemäß handelt, liegt eine freigebige Zuwendung nicht vor". Die Unentgeltlichkeit der Zuwendung wird dabei nicht in Frage gestellt. Der BFH (BStBl II 11, 417) sieht in den Zahlungen einer Familienstiftung an Familienangehörige Einkünfte aus Kapitalvermögen. Dass die unentgeltlich erfolgenden Zahlungen auch eine schstlich relevante Komponente haben könnten, wird vom Gericht zu Recht nicht diskutiert, eben weil offenbar aus der Sicht des Gerichts es an einer wegen der internen Verpflichtung der Stiftungsorgane Freigebigkeit fehlt. In seinem Beschluss v 21.7.2014 (NV 14, 1554) stellt der BFH klar, dass satzungsgemäße Zuwendungen einer (inländischen) Stiftung an ihre Berechtigten nach ganz hM nicht steuerbar sind, weil es eben insoweit an einer Freigebigkeit der Zuwendung fehle, ohne auch nur andeutungsweise diese hM in Frage zu stellen. Ähnliches gilt für die unentgeltlich gewährten **Zuschüsse aus öffentlichen Kassen,** die nicht freigebig erfolgen sollen, weil sie auf Rechtsvorschriften beruhen, die für die Kassen verbindlich sind. Schließlich heißt es ganz allgemein: Wenn Träger der öffentlichen Verwaltung in Wahrnehmung der ihnen obliegenden Aufgaben Grundstücke unentgeltlich übertragen, handeln sie nicht freigebig. So enthält nach Auffassung des RFH (RStBl 28, 201) ein Vertrag, durch den eine Stadtgemeinde ein ihr gehöriges Kasernengrundstück an den Reichswehrfiskus ohne weiteres Entgelt veräußert, keine Schenkung. Dies gilt auch nach Auffassung des BFH (BStBl II 05, 311; 06, 632; 10, 363; 11, 732; NV 14, 579), selbst wenn die Beteiligten ihren Vertragsschluss ausdrücklich als Schenkung bezeichnen (BStBl II 06, 557), weil sie durch staatliches Recht gehindert werden, freigebige Zuwendungen zu erbringen (BStBl II 06, 720) und weil die Übertragung auf einer internen haushaltsrechtlichen Verpflichtung beruht (FinVerw DStR 05, 196). Die interne Verpflichtung kann die Zuwendung im Verhältnis zum Empfänger natürlich nicht zu einer entgeltlichen machen. Das zeigt, dass für die Annahme einer Freigebigkeit mehr als der Wille zur Unentgeltlichkeit (bezogen auf das Rechtsgeschäft mit dem Zuwendungsempfänger) gefordert werden muss.

Zuwendungen für politische Zwecke, die Parteien ihren Abgeordneten oder Kandidaten gewähren, unterliegen nicht der SchSt (FinVerw DStR 86, 412), da es auch hier an dem Willen zur schenkweisen Zuwendung fehlt. Zuwendungen von dritter Seite sollen dagegen ohne Rücksicht auf die etwa hinter ihnen stehenden kaufmännischen Überlegungen als freigebig eingestuft werden können. Doch sind die Beiträge an einen Berufsverband, der mit diesen Zahlungen politische Parteien fördern will, nicht als freigebig anzusehen (FG Köln EFG 00, 1260).

6. Zuwendungen auf dem Gebiet des Geschäftslebens

Hinsichtlich der Zuwendungen auf dem Gebiet des Geschäftslebens verneint die Rspr den Willen zur Freigebigkeit, wenn die Zuwendung im Hinblick auf ein Arbeitsverhältnis gewährt worden ist (zB bei Zuwendungen aus Anlass eines Jubiläums oder Geburtstags: BFH BStBl II 77, 181; 80, 705) oder wenn sich die Zuwendung als geschäftlicher Vorgang im kaufmännischen Rechtsverkehr darstellt (zB Werbegeschenke, Kulanzleistungen). Denn **„Kaufleute pflegen sich nichts zu schenken"** (RFH RStBl 43, 93, 94; ähnlich schon RStBl 35, 730, 731). Der BFH (BStBl II 97, 832; NV 98, 394; zustimmend FG Thüringen EFG 05, 63; FG Düsseldorf EFG 05, 1451) trägt dem Merkmal des Willens zur schenkweisen Zuwendung, das er als solches nicht anerkennt, im Geschäftsleben dadurch Rechnung, dass er dort, wo geschäftliche Zwecke verfolgt werden, den Willen zur Unentgeltlichkeit verneint und die These vertritt, dass die Verfolgung geschäftlicher Interessen für den Zuwendenden das Bewusstsein von der Unentgeltlichkeit seiner Leistung verdrängt (zur Pflicht des Stpfl, die Verfolgung geschäftlicher Zwecke darzulegen, BFH/NV 08, 1811). *Moench/Weinmann* (§ 7 Rz 116) sieht nicht ohne Grund in dieser RsprLinie „das verdeckte Eingeständnis, dass die Beschrän- 97 kung auf den Willen zur Unentgeltlichkeit zu kurz greift und zur Freistellung besteuerungsunwürdiger Vorfälle letztlich doch auf eine Bereicherungsabsicht oder – im Sinne der Unterscheidung von *Meincke* – auf den Willen zur schenkweisen Zuwendung zurückgegriffen werden muss". Selbst *Viskorf,* ehemals Vorsitzender des zur Entscheidung erbschaftsteuerlicher Fragen berufenen II. Senats des BFH (aaO, S 26), räumt ein, dass der BFH seine „harte Linie" bei Vorgängen aus dem Geschäfts- oder Wirtschaftsleben nicht durchgehalten habe. Und er verweist dabei auf die ohne rechtsgeschäftliche Verpflichtung erfolgten Zahlungen der Deutschen Bank an die vom *Schneider*-Konkurs betroffenen Handwerksbetriebe, die ebenfalls nicht als freigebige Zuwendung gewürdigt worden seien (dazu *Hartmann,* UVR 96, 39; 97, 153).

7. Feststellung des Willens zur Freigebigkeit

98 Der Wille zur Freigebigkeit muss im Streitfall nachgewiesen werden, um die StPfl zu begründen (BFH BStBl III 64, 202; 67, 490). Dabei kommt es auf die Feststellung des konkreten Willens des Zuwendenden an. Steht fest, dass dem Zuwendenden der Wille fehlte, die Bereicherung unentgeltlich zuzuwenden, muss eine Besteuerung nach § 7 I Nr 1 unterbleiben. Das gilt auch bei Kapitalüberlassungen an nahe Angehörige, wenn streitig ist, ob die Kapitalüberlassung als Darlehensgewährung oder als freigebige Geldzuwendung erfolgt ist (FG Rh-Pf UVR 95, 24). Demgegenüber hat *Schulze-Osterloh* (StuW 77, 122) vorgeschlagen, nicht den konkreten Willen des Zuwendenden für maßgeblich zu erklären, sondern den Willen, der dem Zuwendenden nach dem Maßstab einer durchschnittlichen Verkehrsauffassung zuzurechnen ist. Hinter diesem Vorschlag steht das Bedenken: Könnten persönliche Vorstellungen des Zuwendenden über die StPfl entscheiden, werde es dem Zuwendenden ein Leichtes sein zu behaupten, er habe die Zuwendung entgeltlich gemeint, mit der Folge, dass dann schon wegen dieser Behauptung die StPfl entfiele. Dieser sog **objektivierenden Theorie** (*Moench/Weinmann* § 7 Rz 118) hat sich der BFH ohne weitere Begründung mit dem Bemerken angeschlossen, dass der Wille zur Freigebigkeit auf der Grundlage der dem Zuwendenden bekannten Umstände nach den Maßstäben des allg Verkehrsüblichen bestimmbar sei (BFH BStBl II 79, 631, 632; BFH/NV 89, 168, 169; BStBl II 94, 366, 369). Die FinVerw (R E 7.1 III ErbStR) folgt dieser für sie günstigen Linie.

99 In der von der Rspr aufgenommenen These *Schulze-Osterlohs* (Anm 98) treffen verfahrensrechtliche und materiellrechtliche Erwägungen zusammen. In der Praxis interessiert vornehmlich die verfahrensrechtliche Frage, unter welchen Voraussetzungen der Nachweis des Willens zur Freigebigkeit als geführt gelten kann und welche Behauptungen des Stpfl den Nachweis infrage stellen. Nur diesem verfahrensrechtlichen Problem gelten, soweit ersichtlich, die Entscheidungen des BFH, die sich mit der Frage auseinandersetzen, wie der Wille zur Freigebigkeit des Zuwendenden bestimmt oder ermittelt werden kann (Anm 98). Wie *Weinmann* zu Recht hervorhebt, gilt es übersteigerte Anforderungen an den Nachweis des Bereicherungswillens zu vermeiden, weil sonst die StPfl von der Ehrlichkeit des Schenkers abhinge (*Moench/Weinmann* § 7 Rz 118). Wichtig ist daher der Hinweis, dass es im Bereich der subjektiven Merkmale **neben der Feststellungslast der Finanzbehörde** auch eine **objektive Beweislast des Stpfl** geben kann (BFH BStBl II 80, 402), der der Stpfl mit bloßen Behauptungen über die Entgeltlichkeit der Zuwendung (BFH BStBl II 69, 173) noch nicht genügt. Daher lässt sich auch die Auffassung vertreten, dass den Empfänger einer Geldleistung, für die keine Gegenleistung in Frage steht, eine objektive Beweislast dafür trifft, dass hinsichtlich des von ihm empfangenen und für eigene Rechnung verwendeten Geldes an eine den Bereicherungswillen ausschließende Rückzahlungspflicht gedacht werden muss (FG Köln EFG 98, 1345). Nicht zu akzeptieren ist dagegen die vom FG Münster (EFG 98, 673, 674) vertretene These, dass es bei Zuwendungen zwischen untereinander erbberechtigten Personen eines Nachweises der subjektiven Merkmale der freigebigen Zuwendung überhaupt nicht bedarf. Daher ist auch mit der Einzahlung eines Geldbetrages auf das Konto des zunächst nichtehelichen, dann ehelichen Partners nicht ohne Weiteres eine freigebige Zuwendung gegeben (BFH ZEV 99, 118). Der BFH hat in seiner Entscheidung v 23.11.2011 (BStBl II 12, 473) zu Zahlungen eines Ehegatten auf ein gemeinsames Oder-Konto seine Auffassung zur Beweislastverteilung weiter konkretisiert (hierzu bereits Anm 57).

Der BFH geht im Übrigen bei der **Abgrenzung der gemischten Schenkung,** 100
bei der die Feststellung des Willens zur Freigebigkeit besondere Schwierigkeiten macht, von einer **Dreistufenlehre** aus. Auf der **ersten Stufe** ist zu prüfen, ob eine deutliche Wertdifferenz, ein auffälliges Missverhältnis von Leistung und Gegenleistung besteht, wobei schon eine Wertdifferenz von 51% als auffällig gelten soll (FG München EFG 01, 701). Steht die Wertdifferenz fest, so ist auf der **zweiten Stufe** nunmehr zu prüfen, ob der Zuwendende zZ der Zuwendung das Missverhältnis von Leistung und Gegenleistung kannte. Bei dieser Prüfung leitet der BFH aus der Lebenserfahrung die Vermutung ab, dass ein bestehendes Missverhältnis dem Zuwendenden bekannt gewesen sein dürfte, weist aber ausdrücklich darauf hin, dass diese Vermutung durch weitere Feststellungen des Gerichts bzw durch konkreten Vortrag des Stpfl entkräftet werden kann (BFH BStBl II 87, 80; 91, 181, 183; FG Düsseldorf EFG 03, 1635; FG München EFG 06, 1082). War dem Zuwendenden das Missverhältnis von Leistung und Gegenleistung bei der Zuwendung bekannt, dann geht der BFH auf der **dritten Stufe** seiner Überlegungen davon aus, dass der das Missverhältnis begründende, die Gegenleistung übersteigende Leistungsteil dem Zuwendungsempfänger schenkweise zugewandt worden ist. Dabei deuten einzelne Formulierungen der Rspr (BFH/NV 88, 568) in eine Richtung, als sollte es auf dieser dritten Stufe der Prüfung keine Möglichkeit zur Entkräftung der für eine Schenkung sprechenden Vermutung geben. In der Entscheidung BFH BStBl II 91, 181, 183 wird jedoch auch im Hinblick auf diese Schenkungsvermutung betont, dass sie nur prima facie und damit nach den Regeln des Anscheinsbeweises gilt und folglich widerlegbar ist.

Unbeschadet verfahrensrechtlicher Beweiserleichterungen, die zur Wahrung einer 101
gleichmäßigen SchBesteuerung unabweisbar sind, sollte es im Übrigen bei dem materiellrechtlichen Ausgangspunkt bleiben, dass es bei der Feststellung des Willens zur Freigebigkeit um die **Ermittlung des wirklichen konkreten Willens** des Zuwendenden geht. Ob eine Zuwendung Schenkung ist, bestimmt sich nach dem Inhalt des Rechtsgeschäfts, und über den Inhalt entscheidet der konkrete Wille der Parteien. Die Unentgeltlichkeit lässt sich daher im Bereich des Schenkungsrechts des BGB und der an dieses Recht anknüpfenden SchSt nicht unabhängig vom Parteiwillen aus der Wirklichkeit deduzieren. Richtig ist, dass es nicht allein auf die Qualifikation des Rechtsgeschäfts durch den Zuwendenden ankommen kann. Es geht daher bei der Feststellung des Schenkungswillens auch nicht darum, ob der Zuwendende die Zuwendung für sich und andere als entgeltlich oder unentgeltlich ausgibt oder sie in die Form eines freigebigen oder lästigen Vertrages kleidet (Abs 4). Soll aber gegenüber dieser Behauptung oder Einkleidung auf die „Wirklichkeit" zurückgegriffen werden, so ist diese doch wieder nur in dem Vertragsinhalt und in dem diesen Vertragsinhalt bestimmenden „wirklichen" Willen des Zuwendenden zu finden. Ohne einen konkreten Willen zur schenkweisen Zuwendung gibt es keine Freigebigkeit.

VI. Schenkung unter Auflage, Bedingung oder aufgrund Genehmigung (Abs 1 Nrn 2 u 3)

1. Schenkung unter Auflage (Abs 1 Nr 2)

Die Schenkung unter Auflage verknüpft eine Zuwendung des Schenkers an den Be- 102
schenkten mit einer Leistungspflicht des Beschenkten (meist einer Pflicht zur Weitergabe eines gegenständlichen oder wertmäßigen Teils des Geschenks). Die Schenkung unter

Auflage verpflichtet den Beschenkten zur Leistung an einen Dritten, der diese Leistung im Ergebnis vom Schenker (und nicht als Zuwendung des Beschenkten) erhält, weil nur der Schenker den Willen zur Freigebigkeit ihm gegenüber hat. Die Schenkung unter Auflage ist zu unterscheiden von der gemischten Schenkung, bei der die Leistung des Beschenkten als (Teil-)Entgelt für die erhaltene Zuwendung angesehen werden muss (Anm 30ff), von der Schenkung mit Weiterschenkklausel, bei der der Dritte die Leistung als Zuwendung des Beschenkten (und nicht des Schenkers) erhält (Anm 68) und von der sog Kettenschenkung (Anm 69), die dasselbe Objekt nacheinander durch zwei (oder mehr) Hände schenkweise laufen lässt, ohne dass sich eine (rechtliche oder tatsächliche) Verpflichtung zur Weitergabe des Geschenks ermitteln lässt.

103 Die Schenkung unter Auflage verbindet also zwei freigebige Zuwendungen, die Erstschenkung und die Zweitschenkung, miteinander und führt daher regelmäßig auch zu einer zweifachen StPfl. Und zwar steht die **Erstschenkung,** durch die der Beschenkte das Vermögen vom Schenker erhält, der **Zweitschenkung** gegenüber, mit der der Beschenkte das Vermögen, soweit die Auflagenanordnung reicht, an den aus der Auflage begünstigten Dritten weitergibt. Mit der **Besteuerung der Erstschenkung,** also der unter der Auflage stehenden freigebigen Zuwendung des Schenkers an den Beschenkten, **befasst sich Abs 1 Nr 2 nicht.** Die StPfl des Auflagebeschwerten wegen der Erstschenkung folgt vielmehr aus Abs 1 Nr 1. Zugrunde liegt hier eine normale freigebige Zuwendung, die nur die Besonderheit aufweist, dass sie unter einer Auflage steht und daher den Beschenkten nicht nur begünstigt, sondern auch belastet, weil er durch die Vereinbarung der Schenkung zur Vollziehung der Auflage verpflichtet wird. Nachdem die Rspr des BFH früher der zivilrechtlichen Linie gefolgt war und die Erstschenkung – wie es die Bezeichnung Schenkung unter Auflage nahe legt und auch der Regelung des § 7 IV entspricht – als Vollschenkung des ganzen an den Beschenkten gelangenden Erwerbs verbunden mit einer Auflagenverpflichtung gedeutet hatte, neigt sie seit Beginn der achtziger Jahre dazu, **zwei Typen der Erstschenkung** zu unterscheiden, für die Schenkung unter Duldungsauflage die bisherige Linie fortzuführen, die Schenkung unter Leistungsauflage dagegen als Teilschenkung anzusehen, die in einen auf die Auflage bezogenen entgeltlichen Geschäftsteil und in einen nicht unter der Auflageverpflichtung stehenden unentgeltlichen Geschäftsteil zerlegt werden muss (Näheres dazu Anm 8ff, 37ff).

2. Erwerb infolge Vollziehung einer Auflage

104 Abs 1 Nr 2 befasst sich also nicht mit der Besteuerung der Erstschenkung, durch die der Auflagebeschwerte das Vermögen vom Schenker erhält, sondern regelt die **StPfl des Dritten,** die sich aus der Zweitschenkung, also der Vollziehung der Auflage ergibt. Auch im Hinblick auf die StPfl des Dritten enthält Abs 1 Nr 2 kein vollständiges Regelungsprogramm. Denn nach Auffassung des BFH (BStBl II 81, 78; 93, 523; 03, 162) soll sich auch die StPfl des Dritten im Regelfall schon aus Abs 1 Nr 1 ergeben, sofern er nämlich aus der Anordnung des Schenkers einen Anspruch auf Vollzug der Auflage gegen den Beschenkten gewinnt, was nach den einschlägigen zivilrechtlichen Bestimmungen (§ 330 S 2 BGB) im Zweifel anzunehmen ist. Nur dann, wenn der auflagebegünstigte **Dritte** aus der Auflagenanordnung ausnahmsweise **nicht unmittelbar selbstständig berechtigt** wird, soll sich die StPfl des Erwerbers aus Abs 1 Nr 2 ergeben, was iVm § 9 Abs 1 Nr 2 zur Folge hat, dass die StPfl des Dritten in diesem Fall nicht schon mit dem Anspruchserwerb, der vom BFH als Ausführung der Schenkung gedeutet wird, sondern erst mit der Vollziehung der Auflage durch Zuwendung des in der Auflageanordnung bezeichneten Objekts an den Dritten entsteht. Der BFH behandelt also die Zweitschenkung im Zweifel als Forderungsschenkung an den Dritten, für die die StPfl bereits im Zeitpunkt der Ausführung der Erstschenkung entsteht. Nur dann, wenn eine Forderung für den Dritten nicht begründet wurde, sieht der BFH die Zweitschenkung als Schenkung des an

den Dritten zu leistenden Gegenstandes an, die erst mit der Übertragung dieses Gegenstandes an den begünstigten Dritten stpfl wird.

Weder in Abs 1 Nr 1 noch in Abs 1 Nr 2 wird die für die Besteuerung des auflagebegünstigten Dritten wichtige Frage behandelt, von wem der Dritte das ihm zufließende Vermögen erwirbt, wer also als **Schenker der Zweitschenkung** zu gelten hat. Bei der Schenkung unter Auflage gelangt das Vermögen, das den Gegenstand der Auflagenanordnung bildet, vom Schenker über den Beschenkten an den Dritten. Es ist also der Beschenkte der Erstschenkung, der dem Dritten – zB durch Eigentumsübertragung – den in der Auflage bezeichneten Erwerb verschafft. Der Beschenkte der Erstschenkung handelt dabei jedoch auf verbindliche Weisung des Schenkers, was diesen als den eigentlichen Urheber der Zuwendung an den Dritten erscheinen lässt. Auch dann, wenn man den Erwerb des Dritten bereits mit dem Forderungserwerb gegen den Beschenkten der Erstschenkung verwirklicht sieht, ist es der Schenker der Erstschenkung, der diesen Forderungserwerb begründet und dem auflagebegünstigten Dritten die Stellung als Forderungsgläubiger verschafft. Bei der **Schenkung** unter Auflage ist danach der Schenker der Erstschenkung mit dem Schenker der Zweitschenkung identisch, während bei der Schenkung mit **Weiterschenkklausel** (Anm 68 ff) dem Beschenkten der Erstschenkung die Stellung als Schenker der Zweitschenkung zufallen soll. Der BFH neigt jedoch gegenwärtig dazu, den Bereich der Schenkung unter Auflage auch auf Fallgestaltungen auszudehnen, die früher (BFH BStBl II 82, 736; FG Hbg EFG 90, 639) dem Bereich der Schenkung mit Weiterschenkklausel zugeordnet wurden, so dass für die Schenkung mit Weiterschenkklausel gegenwärtig nach der Rspr gar kein klar definierter Anwendungsbereich erkennbar ist (BFH BStBl II 93, 523). Das Nds FG (EFG 89, 463) will sogar die **Schenkung mit Weiterleitungsanordnung von Todes wegen** den Regeln der Schenkung unter Auflage unterstellen und auch hier die Besteuerung des Dritten nach seinem Verhältnis zum Erstschenker vornehmen. Doch dürfte sich demgegenüber im Zweifel die Anordnung des § 3, nach denen Erwerbe von Todes wegen auf den Erblasser zurückgeführt werden sollen, durchsetzen. 105

3. Erwerb infolge Erfüllung einer Bedingung

Beim Erwerb infolge Erfüllung einer Bedingung wird wie beim Erwerb infolge Vollziehung einer Auflage ein Dreiecksverhältnis zugrunde gelegt, an dem der Schenker, der Geschäftspartner des Schenkers und der durch eine Leistung des Geschäftspartners begünstigte Dritte beteiligt sind. Im Unterschied zur Auflagenschenkung wird hier im Verhältnis zwischen dem Schenker und dem Geschäftspartner keine Schenkung, sondern nur irgendein Rechtsgeschäft unter Lebenden vorausgesetzt. Auch wird der Geschäftspartner des Schenkers zur Leistung an den Dritten nicht verpflichtet. Doch ist sein Erwerb von der Leistung an den Dritten abhängig gemacht, so dass im wirtschaftlichen Ergebnis eine Zuwendung des Schenkers an den Dritten auch in diesem Fall besteht. Abs 1 Nr 2 befasst sich auch hier nur mit der **Besteuerung des Dritten.** Ist auch das von der Bedingung abhängig gemachte Rechtsgeschäft zwischen dem Schenker und dem Geschäftspartner Schenkung, dann richtet sich die Besteuerung dieses Geschäfts wiederum nach Abs 1 Nr 1. IdR wird es sich dabei im Verhältnis zwischen Schenker und Geschäftspartner um eine gemischte Schenkung handeln, weil die durch die Bedingung geschaffene Verknüpfung zwischen der Leistung des Schenkers an den Geschäftspartner und dessen Leistung an den Dritten eine (Teil-)Entgeltlichkeitsbeziehung darstellt. Der Geschäftspartner erwirbt allerdings nach zivilrechtlichen Grundsätzen in vollem Umfang unentgeltlich, wenn das, was dem Dritten auf Grund der vom Schenker gesetzten Bedingung zukommen soll, lediglich eine Einschränkung des Erwerbs der Mittelsperson bedeutet (vgl Anm 37). Seine steuerliche Behandlung als Beschenkter iSd Abs 1 Nr 1 bestimmt sich nach den oben (Anm 38 ff) dargestellten Grundsätzen. 106

4. Schenkung aufgrund staatlicher Genehmigung (Abs 1 Nr 3)

107 **Abs 1 Nr 3** hat bisher noch keine praktische Bedeutung erlangt. Der Regelung liegt offenbar die Vorstellung zugrunde, dass ein Erwerb nicht auf dem Willen des Schenkers, sondern der staatlichen Genehmigung beruhen könne.

VII. Vereinbarung der Gütergemeinschaft (Abs 1 Nr 4)

Schrifttum: *Felix,* SchStGestaltungen bei Vereinbarung der Gütergemeinschaft (§ 7 I Nr 4 ErbStG), KÖSDI 81, 4282; *Meincke,* Güterstandsvereinbarungen aus einkommen- und erbschaftsteuerlicher Sicht, DStR 86, 135; *Berger,* Gütergemeinschaft und SchSt, DVR 86, 34; *Voss,* Eheverträge in steuerlicher Sicht, DB 88, 1034; *Behmer,* Ist die Gütergemeinschaft als Wahlgüterstand „obsolet"?, FamRZ 88, 339; *Moench,* Eheliche Güterstände und ErbSt, DStR 89, 299, 344; *Bruschke,* Die fortgesetzte Gütergemeinschaft – Zivil- und erbschaftsteuerliche Behandlung, ErbStB 14, 22.

1. Grundlagen

108 Abs 1 Nr 4 ist durch das ErbStG 1974 eingeführt worden, um die Besteuerung der durch die Vereinbarung der Gütergemeinschaft zugewandten Bereicherung auch für den Fall sicherzustellen, dass durch die Vereinbarung in erster Linie güterrechtliche Wirkungen herbeigeführt werden sollten. Für diesen Fall hatte der BFH früher (BFH BStBl III 64, 202; 66, 521) die Anwendbarkeit des SchStRechts verneint, da auch das Zivilrecht in diesem Fall regelmäßig nicht von einer Schenkung spricht (BGHZ 116, 178 mwN). Dem Gesetzgeber erschien diese Auslegung unbefriedigend. Er meinte – so jedenfalls ergeben es die Gesetzesmaterialien (BTDrs 6/3418, 64) –, dass diese Rspr die Praxis überfordere und sachlich nicht gerechtfertigt sei. Es sei vielmehr folgerichtig, diese Bereicherung – wie jede andere Bereicherung unter Ehegatten – ausnahmslos zur SchSt heranzuziehen. Als vorübergehend nicht mehr jede andere Bereicherung unter Ehegatten ausnahmslos zur SchSt herangezogen wurde (BFH BStBl II 85, 159), ja sich gerade die Erkenntnis Bahn brach, dass Zuwendungen unter Ehegatten idR keine Schenkungen sind (BGHZ 87, 145, 146; 116, 167, 169), erschien die Gesetzesbegründung schon bald erstaunlich antiquiert. Nachdem der BFH aber insb die unbenannten Zuwendungen wieder besteuert (Anm 93 ff), sind sie durchaus wieder aktuell.

2. Vereinbarung der Gütergemeinschaft

109 Abs 1 Nr 4 besteuert die Bereicherung, die ein Ehegatte bei Vereinbarung der Gütergemeinschaft (§ 1415 BGB) durch die Vergemeinschaftung der beiderseitigen Vermögen zum Gesamtgut (§ 1416 BGB) erfährt. Dem Ehegatten wird der Partner einer eingetragenen Lebensgemeinschaft seit dem ErbStRG 2009 gleichgestellt. Wenn im Folgenden von der Ehe oder von dem Ehegatten die Rede ist, ist immer auch die **eingetragene Lebensgemeinschaft** und der Lebenspartner mitgemeint. Es kommt nicht darauf an, ob die Vereinbarung der Gütergemeinschaft gleich mit der Eheschließung oder erst nachträglich getroffen worden ist. Besteuert wird jedoch nur die **Bereicherung bei Begründung der Gütergemeinschaft** und damit der Vermögensvorteil, der sich für einen der Ehepartner als unmittelbare Folge aus der Vereinbarung der Gütergemeinschaft ergibt. Dies wird durch den Hinweis auf § 1415 BGB noch ausdrücklich klargestellt. Auch die Anzeigepflicht nach § 34 II Nr 3 ist nur auf die Vereinbarung der Gütergemeinschaft bezogen. Änderungen der Vermögensverteilung unter den Ehegatten während bestehender Gütergemeinschaft durch Überfüh-

rung von Vorbehaltsgut eines Ehegatten in das gemeinschaftliche Vermögen (FG Stuttgart EFG 70, 24) oder Überführung von Posten aus dem Gesamtgut in das Vorbehaltsgut eines Partners, also Vermögensübertragungen unter den Ehegatten, die zu einer **Bereicherung nach Begründung der Gütergemeinschaft** führen, können zwar einen Zuwachs im Vermögen und damit die Bereicherung eines Partners bewirken, sind aber nicht nach Abs 1 Nr 4, sondern allenfalls unter den dort genannten Voraussetzungen nach Abs 1 Nr 1 stbar (vgl FG München EFG 07, 54, das allerdings die Merkmale des § 7 I Nr 1 in diesen Fällen unbedenklich für gegeben hält).

Mehrungen des Gesamtguts unterliegen ebenfalls nicht der Besteuerung nach Abs 1 Nr 4. Insbesondere wenn dritte Personen einem der Ehegatten ein Geschenk machen, das in das Gesamtgut fällt, bleibt der kraft Gesetzes eintretende Erwerb der Mitberechtigung durch den anderen Ehegatten unbesteuert. Die beiden Ehegatten gelten nicht allein wegen der zwischen ihnen bestehenden Gütergemeinschaft jeweils beide als beschenkt (R E 7.6 III ErbStR). 110

Auf den Willen, die Bereicherung um der Bereicherung willen zu verschaffen, soll es nach der in der Gesetzesbegründung dargelegten Konzeption nicht ankommen (BTDrs 6/3418, 64). Auch der Wortlaut der Vorschrift setzt **keinen Willen zur Freigebigkeit** voraus. Die Besteuerung ist daher unabhängig von der Überlegung durchzuführen, ob die Eheleute mit der Vereinbarung in erster Linie güterrechtliche Wirkungen herbeiführen wollten. 111

Wirkt sich die Vergemeinschaftung des Vermögens lediglich dahin aus, dass dem Partner eine **Mitberechtigung am Familienwohnheim** zufällt, dann ist § 13 I Nr 4a zu beachten, der den Vermögenszuwachs insoweit stfrei stellt. Wechseln die Eheleute vom Güterstand der Zugewinngemeinschaft in die Gütergemeinschaft, so erwächst dem Ehegatten, der den geringeren Zugewinn erzielt hat, mit der Beendigung des gesetzlichen Güterstandes eine nach § 5 II steuerfreie Ausgleichsforderung, die er in das Gesamtgut der Gütergemeinschaft einbringt (BGH FamRZ 90, 256) und die auf diese Weise die durch Vereinbarung der Gütergemeinschaft vermittelte Bereicherung mindern kann (*Moench,* DStR 89, 299, 304; FG Münster EFG 93, 587). 112

3. Umfang der Bereicherung

Abs 1 Nr 4 besteuert die Bereicherung, die ein Ehegatte bei Eintritt des Güterstandes der Gütergemeinschaft erfährt. Zur Ermittlung der Bereicherung sind die von beiden Ehepartnern in das Gesamtgut überführten Vermögenswerte zu vergleichen. Für den Partner, der Vermögen von geringerem Wert in das Gesamtgut eingebracht hat, kann sich eine Bereicherung bis zur Höhe der Hälfte des vom anderen Partner eingebrachten Mehrwertes ergeben. Dabei ist jedoch das Zusammenspiel der §§ 7 und 10 zu beachten (vgl Anm 5ff). So ist zunächst anhand einer Gegenüberstellung der Verkehrswerte des eingebrachten Vermögens zu ermitteln, ob sich für einen der Partner eine Bereicherung ergibt, die zu einem stbaren Vorgang nach § 7 I Nr 4 führt. Sodann ist durch eine Gegenüberstellung der StWerte unter Ausscheiden der stbefreiten Posten, Berücksichtigung persönlicher StBefreiungen und unter Abzug der in § 10 genannten oder zugelassenen Erwerbsminderungen zu klären, ob für den zivilrechtlich bereicherten Partner auch ein stpfl Erwerb festgestellt werden kann. 113

Der stpfl Erwerb iSd § 10 ist aus der zivilrechtlich festgestellten Bereicherung iSd § 7 zu entwickeln und findet in dieser zugleich seine **Obergrenze** (so auch *Felix,* KÖSDI 81, 4280, 4283; *Petzoldt* § 7 Rz 120). Hat daher (Bsp von *Bopp,* FamRZ 75, 245, 247) der Ehemann Gegenstände im Verkehrswert von 1,5 Mio EUR und die Ehefrau Gegenstände im Verkehrswert von 1,6 Mio EUR in das Gesamtgut eingebracht, dann kann sich eine StPfl nur für den Ehemann ergeben, auch wenn, was allerdings eher selten der Fall sein wird, der Wert des von der Frau eingebrachten Vermögens nach stlichen Bewertungsgrundsätzen niedriger als der des Mannesvermögens zu veranschlagen ist. Der stpfl Erwerb des Mannes kann 50.000 EUR nicht über- 114 schreiten, auch wenn die Bereicherung des Mannes bei Ansatz der StWerte ausnahmsweise höher liegen sollte.

115 Zum **Wegfall** der durch die Gütergemeinschaft vermittelten Bereicherung kommt es, wenn im Fall der Ehescheidung der Wert des eingebrachten Vermögens gem § 1478 BGB aus dem Gesamtgut zurückzuerstatten ist; für diese Fälle erscheint eine analoge Anwendung des § 29 angebracht (*Meincke,* DStR 77, 363, 366f; *Moench,* DStR 89, 344).

VIII. Einzelfälle der Schenkung (Abs 1 Nrn 5–10)

1. Erb-, Pflichtteils- und Vermächtnisverzicht (Abs 1 Nr 5)

116 Erb-, Pflichtteils- und Vermächtnisverzicht iSd §§ 2346, 2352 BGB sind Rechtsgeschäfte, durch die der Erblasser **vor dem Erbfall** – zur Erbausschlagung und zum Pflichtteils- und Vermächtnisverzicht nach dem Erbfall vgl § 3 II Nr 4 u 5 – die Erbaussicht des künftigen Erben, Pflichtteilsberechtigten oder Vermächtnisgläubigers mit dessen Mitwirkung kürzt oder ausschließt. Der Erbe, Pflichtteilsberechtigte oder Vermächtnisgläubiger wird sich zur Mitwirkung an diesem Verzicht regelmäßig nur dann bereit finden, wenn er als Ausgleich für den Verzicht eine Abfindung erhält. Das Gesetz lässt diese Abfindung an die Stelle der ausgefallenen Erwerbsaussicht treten, unterwirft sie aber nicht erst mit dem Erbfall, sondern schon im Zeitpunkt ihrer Gewährung (§ 9 Anm 58) der StPfl. Weil das Gesetz die Frage offen halten wollte, ob der Verzicht als Entgelt für die Abfindung gewertet werden kann (*Rheinbay,* ZEV 00, 278; vgl auch *Loritz,* BB 01, 236) oder ob die Abfindungsleistung als Surrogat des Verzichtsgegenstandes eingestuft werden muss, als solche unentgeltlich erfolgt und damit schon wesentliche Merkmale der freigebigen Zuwendung nach Abs 1 Nr 1 erfüllt (so FG Bad-Württ EFG 00, 1396), wurde der Sondertatbestand des § 7 I Nr 5 geschaffen.

Wie ein Verzicht des Erben auf den Anspruch aus § 2287 BGB zu behandeln ist, wenn er vor dem Erbfall gegen Abfindung erfolgt, wird in Abs 1 Nr 5 nicht geregelt. Auch die Abfindung, die auf der Grundlage eines Verzichtsvertrages geschuldet wird, den der **künftige Erbe oder Pflichtteilsberechtigte mit einem anderen künftigen Erben oder Pflichtteilsberechtigten** gem § 311b BGB abschließt, wird von Abs 1 Nr 5 nicht erfasst (FG München ZEV 98, 237). Doch soll in diesen Fällen eine Besteuerung nach **§ 7 I Nr 1** zulässig sein (BFH BStBl II 01, 456). Dabei sollte sich jedoch nach der eigentümlichen, nur aus der Anwendung des Gedankens der §§ 7 I Nr 5 und 3 II Nr 4 erklärbaren Auffassung des BFH die StKlasse nach dem Verhältnis des Erwerbers zum künftigen Erblasser bestimmen (BFH BStBl II 13, 922; FG Münster EFG 11, 1267), obwohl die Zuwendung nicht vom Erblasser stammt, sondern den Charakter einer Zuwendung des zukünftigen Erben hat. Nach diesem Verhältnis sollten sich nach FG Münster (EFG 15, 1108) auch die an die Regelungen zur StKlasse anknüpfenden Freibeträge bestimmen, wohingegen Vorerwerbe vom Erblasser wiederum unberücksichtigt bleiben sollten, da auch nach Wertung des BFH Leistender der künftige Erbe blieb und damit für § 14 allein das Verhältnis von leistendem und verzichtendem Erben maßgeblich war. Mit Urteil v 10.5.2017 (DStR 17, 1817) hat der BFH jedoch seine Auffassung, dass sich auch in diesen Fällen die StKlasse im Verhältnis zum Erblasser zu bestimmen habe, ausdrücklich aufgegeben. Stattdessen erfolgt die **Besteuerung** insgesamt (StKlasse, Freibeträge, Vorerwerbe) **im Verhältnis des verzichtenden zum anderen künftigen Erben.**

Als freigebige Zuwendung hat der RFH (RStBl 41, 509) auch die Abfindung gewertet, die für die einverständliche Aufhebung einer erbvertraglichen Erbeinsetzung gezahlt worden ist. Das RG (RGZ 95, 12) und der RFH (RStBl 41, 564) haben in der vorzeitigen Erfüllung eines in einem Erbvertrag ausgesetzten Vermächtnisses durch den überlebenden Ehegatten eine freigebige Zuwendung des Vermächtnisgegenstandes an den Vermächtnisnehmer gesehen.

Die **Abfindung** kann von dem Erblasser oder von einem Dritten gewährt werden, dem im Erbfall der Verzicht zugutekommt. Auch wenn der Abfindungsbetrag von dem Dritten stammt, sieht das Gesetz den Erwerb der Abfindungsleistung als Schenkung von Seiten des Erblassers an (BFH BStBl II 77, 733; aM noch BFH BStBl III 53, 59; *Kipp* § 3 Anm 183). Für diese Einordnung spricht die Parallele zu den Abfindungsleistungen nach § 3 II Nr 4, die als Erwerb vom Erblasser gelten, auch wenn sie von dritter Seite gewährt werden. Die Zuordnung der Abfindung zu den schenkweisen Erwerben vom Erblasser kann in die Steuerplanung einbezogen werden, indem zB Zuwendungen unter Geschwistern als Abfindung für einen Erbverzicht gegenüber den Eltern ausgestaltet werden; hierdurch wird einerseits der Erwerb in die StKlasse I verlagert, andererseits sind die Eltern nicht gehindert, den verzichtenden Abkömmling gleichwohl von Todes wegen zu bedenken (*Troll/Gebel* § 7 Rz 319). Soll die Abfindung nach einer Vereinbarung zwischen Erblasser und Verzichtendem nicht dem Verzichtenden, sondern einem Dritten zugutekommen, so liegt dennoch im Verhältnis zwischen dem Erblasser und dem Verzichtenden eine Schenkung vor. Erlangt der Dritte die Abfindung unentgeltlich, kann eine weitere Schenkung zwischen dem Verzichtenden und dem Dritten anzunehmen sein (*Kipp* § 4 Anm 22). **117**

Nach FG Bad-Württ (BeckRS 98, 30856216 unter Verweis auf BFH v 29. 11. 1978 – II R 104/75 nv und RFH RStBl 37, 1152) kommt es bei der Schenkung nach Abs 1 Nr 5 nicht auf das Bewusstsein der Unentgeltlichkeit an. Das leuchtet ein, wenn man die Auffassung vertritt, dass die Besteuerung in Abs 1 Nr 5 gar nicht ein unentgeltliches, sondern ein **entgeltliches Geschäft** erfasst (aM allerdings nunmehr BGHZ 113, 393, BFH BStBl II 92, 809 zum Pflichtteilsverzicht gegen Abfindung; ausdrücklich offen gelassen in BFH BStBl II 00, 82), das besteuert wird, weil der Erwerb der Abfindung als Surrogat des durch Verzicht entgehenden unentgeltlichen Erwerbs verstanden werden kann. Auf die Abfindungsleistung sollen die Grundsätze über mittelbare Schenkungen (Anm 19 ff) anwendbar sein (FG Bad-Württ EFG 00, 1396). Werden mit der Abfindung neben dem Erbverzicht weitere Gegenleistungen des Erben entgolten, so ist eine entsprechende Aufteilung des Gesamtbetrages erforderlich. Eine als Abfindung geleistete Zuwendung ist auch insoweit nicht stpfl, als der Empfänger diese bereits unabhängig von der Abfindungsvereinbarung aus einem anderen Rechtsgrund zu beanspruchen hat. Aus der unterhaltsrechtlichen Verpflichtung unter Ehegatten zum Aufbau einer angemessenen Altersvorsorge soll sich jedoch kein konkreter Rechtsanspruch idS ergeben, da der unterhaltsverpflichtete Teil in der Ausgestaltung dieser Vorsorge frei ist (FG Nürnberg EFG 90, 65, 66 f im Anschluss an BFH BStBl II 86, 265, 266 f). Gewährt daher der Erblasser seinem Erbverzicht leistenden Ehegatten eine auf den Todesfall befristete Abfindung, die zugleich zu dessen Alterssicherung bestimmt ist, so bleibt die Zuwendung stbar nach Abs 1 Nr 5; es kommt aber eine analoge Anwendung des Versorgungsfreibetrags nach § 17 in Betracht (FG Nürnberg EFG 90, 65, 67). **118**

2. Vorzeitiger Erbausgleich (Abs 1 Nr 6 aF)

Der durch das NEhelG 1969 eingeführte **vorzeitige Erbausgleich** (§§ 1934 d, 1934 e BGB aF) sollte dem nichtehelichen Kind zum Start in die selbstständige berufliche Existenz den finanziellen Rückhalt verschaffen, den das eheliche Kind regelmäßig in der Vaterfamilie findet (Bericht zu BTDrs 5/4179, 6). Inzwischen **wurde** die zivilrechtliche Regelung über den vorzeitigen Erbausgleich durch das Erbrechtsgleichstellungsgesetz v 16. 12. 1997 (BGBl I 97, 2968) **aufgehoben.** Dem hat sich das ErbStRG 2009 angeschlossen. **119**

3. Vorzeitige Herausgabe der Nacherbschaft (Abs 1 Nr 7)

120 Unter den **Voraussetzungen der Vor- und Nacherbfolge** geht der Nachlass zunächst auf den Vorerben und dann beim Nacherbfall auf den Nacherben über. Der Zeitpunkt des Nacherbfalls bestimmt sich nach der Anordnung des Erblassers. Ist nichts anderes angeordnet, gilt der Tod des Vorerben als Nacherbfall (§ 2106 I BGB). Der Vorerbe kann nicht nach eigenem Gutdünken den Nacherbfall herbeiführen, sofern ihm nicht der Erblasser dieses Recht eingeräumt hat, was zulässig ist (RGZ 95, 278). Er kann jedoch das der Vor- und Nacherbfolge unterliegende Vermögen vorzeitig auf den Nacherben übertragen. Dabei kann er das Vermögen um die ihn als Vorerben treffende Steuer kürzen. Bei der Herausgabe des gesamten Vermögens sollte er ausreichende Mittel zurückhalten, um sich eine Deckung für die ihn als Schenker treffende St zu sichern. Die vorzeitige Übertragung eines Teils des Vermögens kann unter Ausnutzung der Zehnjahresfrist des § 14 zur steuergünstigen Aufteilung des Nachlasses führen. Soll nicht der Tod des Vorerben den Nacherbfall bilden, kann der Vorerbe durch vorzeitige Herausgabe von Nachlassgegenständen erreichen, dass sich die Besteuerung des Nacherben für die herausgegebenen Gegenstände nach dem Verhältnis zum Vorerben bestimmt, während der Vermögensübergang beim Nacherbfall zu Lebzeiten des Vorerben immer ein solcher vom Erblasser ist (§ 6 III 1). Mit der vorzeitigen Übertragung von Nachlassgegenständen schenkt der Vorerbe dem Nacherben nicht „nur die Nutzungen der Zwischenzeit" (offen gelassen in BFH BStBl II 90, 504, 506). Denn vor dem Eintritt des Nacherbfalls ist der Vorerbe Erbe, also Vermögensträger und nicht Nutzungsberechtigter an fremdem Vermögen. Der Vorerbe bereichert den Nacherben also um die vorzeitig zugewendete Vermögenssubstanz, so dass die Zuwendung schon nach Abs 1 Nr 1 stpfl wäre, wenn das Gesetz die StPfl in Nr 7 nicht noch gesondert angeordnet hätte. Dabei soll sich der Tatbestand in Nr 7 von dem Tatbestand der freigebigen Zuwendung durch geringere Anforderungen an das Bewusstsein der Unentgeltlichkeit unterscheiden (FG Nürnberg EFG 03, 353; zur Abgrenzung beider Tatbestände vgl auch BFH BStBl II 90, 504, 506). Die vom BFH (BStBl II 93, 523, 525) in anderem Zusammenhang apodiktisch geäußerte These: „Die (Vorweg-)Erfüllung eines noch aufschiebend bedingten Anspruchs erfolgt nicht freigebig", passt auf Ansprüche nicht, deren Erfüllung zu einem stpfl Erwerb unter Lebenden oder von Todes wegen führt. Dennoch bleibt zu beachten, dass Abs 1 Nr 7 wie Abs 1 Nr 1 nur die unentgeltliche Herausgabe von Nachlassgegenständen stpfl machen will. Im Fall einer geringerwertigen Gegenleistung ist nach den Grundsätzen über gemischte Schenkungen zu verfahren (FG Nürnberg aaO). Der Verzicht auf das Nacherbenanwartschaftsrecht gegen Herausgabe von Nachlassgegenständen wird nicht als Gegenleistung anerkannt (FG München EFG 03, 552). Nach Abs 2 kann der Beschenkte beantragen, dass der Versteuerung das Verhältnis des Beschenkten zum Erblasser zugrunde zu legen ist. Aus dem Hinweis auf die Sätze 3–5 des § 6 II folgt, dass dieser Antrag nur eine eingeschränkte Bedeutung hat. Der Erwerb des Nacherben bleibt ein solcher vom Vorerben. Der Antrag nach Abs 2 bewirkt lediglich, dass sich die StKlasse nach dem Verhältnis des Beschenkten zum Erblasser bestimmt. Für die Zusammenrechnung nach § 14 ist der Antrag dagegen bedeutungslos (BFH BStBl II 11, 123; Anm 130; § 6 Anm 16; aM noch FG Düsseldorf EFG 10, 156). Wird daher dem Nacherben das der Nacherbschaft unterliegende Vermögen in zwei Zuwendungen übertragen, so kann der Nacherbe nicht dadurch, dass er für die erste Schenkung den Antrag nach Abs 2 stellt, für die zweite dagegen unterlässt, die Zusammenrechnung der Schenkungen nach § 14 vermeiden. Auch die vorzeitige Herausgabe des gesamten, der Vorerbfolge unterliegenden Vermögens führt noch nicht zum Nacherbfall. War daher der Nacherbfall nicht mit dem Tod des Vorerben verknüpft, fragt sich trotzdem, ob der Nacherbe schon beim Empfang von Nachlassgegenständen die nach § 6 III 2 vorgesehene Anrechnung auf seine St vornehmen kann.

4. Erstausstattung der Stiftung (Abs 1 Nr 8)

Im **Recht der rechtsfähigen Stiftung** (§§ 80ff BGB) sind folgende steuererhebliche Vorgänge zu unterscheiden: Die Erstausstattung der Stiftung mit Vermögen, spätere Zuwendungen an die bereits errichtete Stiftung von Seiten des Stifters oder anderer Personen, das Halten des Vermögens durch die Stiftung, die satzungsgemäße ordentliche Ausschüttung von Stiftungsmitteln an die Destinatäre, außerordentliche Kapitalzuwendungen aus dem Stiftungsvermögen und der Vermögensübergang auf die erwerbsberechtigten Personen beim Erlöschen der Stiftung. **Abs 1 Nr 8 betrifft die Erstausstattung der Stiftung,** die auch als ausländische Stiftung errichtet sein kann (FG Rh-Pf EFG 98, 1021). Doch greift nach Auffassung des BFH (BStBl II 07, 669; so auch FG Münster EFG 15, 736 – Rev II R 9/15, und FG Düsseldorf EFG 17, 581) Abs 1 Nr 8 zumindest bei ausländischen Stiftungen nur ein, wenn die Stiftung über das ihr anvertraute Vermögen im Verhältnis zum Stifter tatsächlich und rechtlich frei verfügen kann, andernfalls kommt es zu (noch) keiner Schenkungsbesteuerung. Entsprechendes gilt, wenn schon das Stiftungsgeschäft zivilrechtlich wegen missbräuchlicher Gründung und Verwendung der Stiftung, insb zum Zweck der StHinterziehung, nicht anerkannt werden kann (FG Düsseldorf EFG 17, 581; EFG 14, 855 und FG Münster EFG 15, 736 jeweils mit Verweis auf OLG Düsseldorf ZEV 10, 528). Eine Stiftung kann auch von einer anderen Stiftung gegründet und mit Vermögen ausgestattet werden. Auch dieser Vorgang unterliegt der St nach Abs 1 Nr. 8 (BFH BStBl II 11, 732). Soweit die Ausstattung jedoch durch einen Träger öffentlicher Verwaltung erfolgt, ist zu beachten, dass dieser aufgrund seiner Bindung an Gesetz und Recht regelmäßig nicht freigebig handelt (s bereits Anm 96), weshalb in diesen Fällen auch Abs 1 Nr 8 keine Anwendung findet. Nach FG Münster (EFG 17, 1360 unter Berufung auf BFH BStBl II 11, 732; 10, 363) gelten für eine StBarkeit nach Abs 1 Nr 8 die gleichen Voraussetzungen wie bei Abs 1 Nr 1, so dass auch eine Besteuerung nach Abs 1 Nr 8 nur bei freigebigen Zuwendungen in Betracht kommt. Entsprechend hat auch der BFH in einer zur GrESt ergangenen Entscheidung (NV 14, 579 insb zur Frage der Befreiung nach § 3 Nr 2 GrEStG) eine StBarkeit nach Abs 1 Nr 8 wegen fehlender Freigebigkeit des Trägers öffentlicher Verwaltung verneint. Als Übergang von Vermögen auf Grund eines Stiftungsgeschäfts wird hier der Vermögensübergang auf die Stiftung besteuert, der sich auf Grund des Stiftungsgeschäfts unter Lebenden mit der Anerkennung der Stiftung als rechtsfähig gem § 82 S 2 BGB von selbst vollzieht, oder zu dem der Stifter gem § 82 S 1 BGB mit der Anerkennung der Stiftung gegenüber verpflichtet wird. Der stpfl Vorgang liegt noch nicht in der Begründung der Übertragungspflicht, sondern erst in dem Vermögensübergang, der auf der Verpflichtung beruht, wobei der Vermögensübergang, obwohl er eine Verpflichtung erfüllt, dennoch – wie bei der Erfüllung eines Schenkungsversprechens – den Charakter einer unentgeltlichen Zuwendung hat. Der Vermögensübergang auf Grund des Stiftungsgeschäfts von Todes wegen wird durch § 3 II Nr 1 erfasst. Die nicht mit der Stiftungserrichtung gekoppelten Zuwendungen unter Lebenden und von Todes wegen an eine bereits errichtete Stiftung („Zustiftungen") unterliegen als freigebige Zuwendung nach § 7 I Nr 1 (RFH RStBl 31, 539) oder als Erbeinsetzung, Vermächtnis oder Erwerb durch Schenkung auf den Todesfall gem § 3 I Nrn 1, 2 und 4 der StPfl. Zustiftungen an eine Familienstiftung sind auch dann stpfl, wenn der Zuwendende von der Zustiftung selbst profitiert (BFH BStBl II 10, 363). Kann die Stiftung allerdings im Verhältnis zum Zuwendenden über das zugewendete Vermögen nicht frei verfügen, so liegt eine stpfl Zustiftung gar nicht vor (BFH BStBl II 07, 669). Die StPfl der Stiftung schließt eine StPfl der Begünstigten der Stiftung als Folge der Zustiftungen aus (BFH BStBl II 10, 74). Hat der Stifter im Stiftungsgeschäft die (hinreichend konkretisierte) Verpflichtung zu weiteren Zuwendungen an die Stiftung übernommen, so handelt es sich bei der Erfüllung dieser Verpflichtung noch um einen Erwerbsvorgang iSd § 7 I Nr 8; dies kann vor allem bei Fa- 121 milienstiftungen iRd § 15 II für die Einordnung in die StKlasse III oder in eine günstigere StKlasse Bedeutung gewinnen. Das Halten des Vermögens wird durch § 1 I Nr 4 besteuert. Die ordentlichen Ausschüttungen an die Destinatäre sind nach § 7 I Nr 1 zu beurteilen, woraus sich nach bisher allg Meinung die StFreiheit der Ausschüttungen ergibt (vgl Anm 96). Außerordentliche Kapitalzuwendungen sind ebenfalls an § 7 I Nr 1 zu messen. Hier wird im Zweifel eine StPfl in Frage kommen (RFH RStBl 39, 789). Für den Vermögensübergang beim Erlöschen der Stiftung sieht Abs 1 Nr 9 die Besteuerung vor. Abs 1 Nr 8 unterscheidet nicht zwischen gemeinnützigen und nicht gemeinnützigen Stiftungen. Doch stellt § 13 I Nr 16 Buchst b den Vermögensübergang auf eine als gemeinnützig anerkannte Stiftung von der StPfl frei, so dass sich aus § 7 I Nr 8 iVm § 10 I 1 ein stpfl Erwerb nur für die nicht gemeinnützigen Stiftungen ergibt.

122 Der mit StEntlG 1999/2000/2002 (BGBl I 99, 402) neu eingefügte **S 2,** der die Besteuerung auf die **Bildung oder Ausstattung einer Vermögensmasse ausländischen Rechts** durch Rechtsgeschäft unter Lebenden erstreckt, dient der Ergänzung des § 3 II Nr 1 S 2. Gedacht ist an einen Trust nach anglo-amerikanischem Recht. Der Trust gilt nach § 20 I 2 selbst als Erwerber und StSchuldner. Die Fiktion ist notwendig, weil der Trust zivilrechtlich nach wie vor keine Anerkennung als eigenständiges Rechtssubjekt findet. Die Besteuerung erfolgt in StKlasse III, da der erbstlich als Erwerber und Steuerschuldner geltende Trust mit dem Settlor nicht verwandt ist und als ausländische Vermögensmasse auch nicht nach § 15 II 1 privilegiert ist. Auch hier kommt eine Besteuerung nur in Betracht, wenn der Settlor sich tatsächlich entreichert hat und der Trustee tatsächlich und rechtlich frei über das in den Trust eingebrachte Vermögen verfügen kann (vgl die Rspr-Nachweise zur ausländischen Stiftung bei Anm 121). Soll das Vermögen, wie üblich, nur vorübergehend in die Trust-Verwaltung eingestellt sein, um dann an einen Enderwerber weitergeleitet zu werden, so fragt sich, ob die Weiterleitungspflicht bei der Bewertung des Zwischenerwerbs oder – entsprechend § 6 III 2 – bei der Besteuerung des Enderwerbs berücksichtigt werden kann (vgl schon § 3 Anm 107).

5. Auflösung von Stiftung, Verein, Trust (Abs 1 Nr 9)

123 **a) Stiftung. Stiftungen** können durch Zeitablauf, Zweckerreichung, Eintritt einer auflösenden Bedingung des Stiftungsgeschäfts, durch Eröffnung des Insolvenzverfahrens (§§ 86, 42 BGB), Beschluss der zuständigen Stiftungsorgane und durch Aufhebung seitens der zuständigen Behörde (§ 87 I BGB) **erlöschen.** Abs 1 Nr 9 regelt seinem Wortlaut nach nur den Erwerb, der bei Aufhebung einer Stiftung anfällt. Doch dürfte damit jeder Fall des Erlöschens der Stiftung in Bezug genommen sein. Art 7 ErbStRG 1974 setzt jedenfalls voraus, dass auch die Auflösung durch Beschluss der Stiftungsorgane zur StPfl nach § 7 Abs 1 Nr 9 führt. Mit dem Erlöschen der Stiftung fällt das Vermögen an die in der Stiftungsverfassung bestimmten Personen (§ 88 BGB). Nach § 15 II 2 gilt in den Fällen des § 7 I Nr 9 als Schenker der Stifter. Entgegen diesem Wortlaut hat der BFH (BStBl II 93, 238; 10, 237) entschieden, dass nicht der Stifter, sondern die Stiftung als Schenker zu gelten hat, weil § 15 II 2 nach seiner systematischen Stellung keine Aussage über den Schenker, sondern nur eine Aussage über die für den Erwerb von Stiftungsvermögen maßgebliche StKlasse treffen will. Die Folge dieser These ist, dass auch der Stifter stpfl wird, wenn an ihn bei Auflösung der Stiftung Vermögen zurückgelangt, und dass nur ein Erwerb durch Schenkung unter Lebenden verwirklicht ist, auch wenn die Stiftung durch zwei Stifter gegründet und ausgestaltet worden ist, wobei für diesen Fall an die Anwendung unterschiedlicher StKlassen unter entsprechender Berücksichtigung des § 6 II 3 zu denken sein soll. Ob dieses Ergebnis wirklich angesichts von Gesetzeswortlaut, -sinn und Billigkeit (vgl zur Besteuerung des Vermögensrückfalls an den Schenker § 29 Anm 7 mit Hinweis auf *Sosnitza,* UVR 92, 342, 348) überzeugen kann, sei hier dahingestellt. Schon vor der Wende der Rspr

in der Frage der Interpretation des § 15 II 2 war im Übrigen anerkannt, dass § 7 I Nr 9 (und damit auch § 15 II 2) nicht zur Anwendung kommt, wenn ohne Auflösung der Stiftung lediglich Teile des Stiftungsvermögens auf den Stifter zurückübertragen werden. Es ist dann, soweit dies nicht satzungsmäßig erfolgt (s Anm 96 und 121), eine Besteuerung als freigebige Zuwendung nach StKlasse III in Betracht zu ziehen. Der Fiskus als Anfallberechtigter ist gem § 13 I Nr 15 von der St freigestellt.

b) Verein. Unklar ist, was bei Auflösung eines auf die Bindung von Vermögen gerichteten **Vereins** (§ 1 Anm 14 und zum Familienverein Anm 21) der Besteuerung unterliegen soll, wenn das Vereinsvermögen bestimmungsgemäß den Vereinsmitgliedern im Umfang ihrer Vereinsbeteiligung zufällt. Das Gesetz bestimmt als Besteuerungsgegenstand das, „was … erworben wird". Nach dem Zusammenhang des Gesetzes dürfte jedoch als Erwerb nur der Vermögensanfall anzusehen sein, der bei einer Bewertung nach bürgerlich-rechtlichen Bewertungsgrundsätzen zu einer Bereicherung des Erwerbers führt. Wird daher bei Auflösung des Vereins das Vereinsvermögen auf die Mitglieder transferiert, die für den Vermögenserwerb ihre Anteile am Vereinsvermögen einbüßen, so bewirkt der Vermögenstransfer zumindest nicht in vollem Umfang eine Bereicherung der Erwerber (vgl Anm 74); eine uneingeschränkte StPfl des Vermögensanfalls ließe sich nur mit der Erwägung begründen, wegen der vom Gesetzgeber intendierten Gleichstellung des Vereins mit einer Stiftung sei der in der Vereinsmitgliedschaft liegende Vermögenswert zu ignorieren (so *Moench/Weinmann* § 7 Rz 223). Die Besteuerung des Vermögensanfalls ist, wie der BFH BStBl II 95, 609, 610 hervorhebt, „aus Gründen der Steuergerechtigkeit" auf den Fall der Vereinsauflösung ausgedehnt worden. Das Gericht will die Vorschrift auch beim Anfall an Vereinsmitglieder zur Anwendung bringen, ohne die Gerechtigkeitserwägungen dieser Praxis zu verdeutlichen und unter Berufung auf den Wortlaut den gesamten Erwerb besteuern. Die Umwandlung des Vereins in eine AG sollte nach Auffassung der FinVerw (DStR 00, 2189) als Auflösung des Vereins zu behandeln sein. Dem hatte die Rspr (FG Düsseldorf EFG 06, 57; 1084; BFH BStBl II 07, 621) widersprochen. Daraufhin hatte die FinVerw ihre Weisung zurückgezogen (ZEV 07, 548). Das ErbStRG 2009 hat aber nun die frühere Verwaltungsmeinung bestätigt und durch einen in § 7 I Nr 9 eingefügten Zusatz ausdrücklich anerkannt. 124

c) Aufhebung der alten und Errichtung einer neuen Stiftung. Wird eine Stiftung durch Beschluss aufgehoben und ihr Vermögen einer anderen neu gegründeten Stiftung als Erstausstattung zugewiesen oder wird der Charakter einer Stiftung durch Satzungsänderung so tiefgreifend neu bestimmt, dass von der **Aufhebung der alten und der Errichtung einer neuen Stiftung** ausgegangen werden muss – nach abzulehnender (vgl § 1 Anm 23) Auffassung der FinVerw soll dies stets anzunehmen sein, wenn eine Stiftung durch Satzungsänderung ihren Charakter als Familienstiftung verliert –, dann treffen die beiden StTatbestände der Nr 8 und Nr 9 in einem Vorgang zusammen. Dennoch kann es in diesem Fall nur eine einfache und nicht eine doppelte StPfl geben. Weil Abs 1 Nr 9 von einem Vorgang ausgeht, der als ein Erwerb qualifiziert werden kann, sollte die Vorschrift nur zur Anwendung gelangen, wenn es zu einem Rechtsträgerwechsel hinsichtlich des Vermögens kommt. An einem Rechtsträgerwechsel fehlt es, wenn die Stiftung trotz Satzungsänderung identisch bleibt oder wenn ein Familienverein ohne Rechtsträgerwechsel in eine GmbH oder in eine AG (*Petersen* BB 97, 1981; so auch BFH BStBl II 07, 621) umgewandelt wird. Dennoch hat in dem zuletzt genannten Fall nach der entsprechenden Änderung des Gesetzes, nämlich der Hinzufügung des Satzes 3 in Nr 9, nunmehr eine Besteuerung stattzufinden. 125

d) Vermögensmasse ausländischen Rechts. Mit StEntlG 1999/2000/2002 (BGBl I 99, 402) wurde Abs 1 Nr 9 durch einen **neuen S 2** ergänzt. Diese Bestimmung bildet die Folgeregelung zu den neuen Vorschriften des § 3 II Nr 1 S 2 und § 7 I Nr 8 S 2, die die Einbringung von Vermögen in einen ausländischen Trust für stpfl 126 erklären. Die StPfl besteht nur, wenn der Trust auf die Bindung von Vermögen gerichtet ist. Dies dürfte bei einem revocable trust aufgrund der vorgesehenen Widerrufsmöglichkeit zumindest zweifelhaft sein (aA *Habammer,* DStR 02, 425, 430). Wenn der Trust selbst als Erwerber des Vermögens gilt, dann ist die Weiterleitung des Vermögens aus dem Trust an den Enderwerber ein selbstständiger stpfl Vorgang, der mit der Ausstattung des Trusts nur mittelbar zusammenhängt und – unabhängig von der Art der Ausstattung des Trusts – stets den Charakter einer Zuwendung unter Lebenden hat. Bei einem testamentarischen Trust wird der Vermögensanfall an den Enderwerber bei Beendigung des Trusts als Erwerb durch Schenkung unter Lebenden aus dem Trust behandelt, wobei § 15 II 2 dafür sorgt, dass die Besteuerung des Enderwerbers sich nach dem Verhältnis zum Erblasser bestimmt. Der **Erwerb durch Zwischenberechtigte** wird ausdrücklich der Besteuerung unterworfen. Als Zwischenberechtigte hatte der BFH in der Entscheidung BStBl II 86, 615, 617 die Personen bezeichnet, denen sog life interests oder future interests zustanden und die aus der Sicht des Senats wie Nutzungsberechtigte zu behandeln waren. In einer jüngeren Entscheidung zählt der BFH (BStBl II 13, 84) mit Ausnahme des Trust-Errichters all diejenigen Personen zu den Zwischenberechtigten, die während des Bestehens des Trusts Auszahlungen aus dem Trust-Vermögen, sei es aus der Vermögenssubstanz oder sei es aus den erzielten Erträgen, erhalten. Ihre Besteuerung kommt bei Steuerausländern nur in Betracht, wenn die Zwischenrechte zum Inlandsvermögen gehören, sofern eine beschränkte StPfl in Frage steht (§ 2 Anm 19). Es bleibt die Aufgabe der Gesetzesinterpretation, die Erwerbe des Trust, des Zwischenberechtigten und des Enderwerbers in ein angemessenes Verhältnis zueinander zu bringen. Indem das Gesetz schon den Trust selbst als Erwerber behandelt, zielt es darauf ab, die StPfl vorzuverlegen und sie nicht bis zur Übernahme des Vermögens durch den Enderwerber offen zu halten. Das Ziel ist jedoch nicht, den einheitlichen Vermögensübergang mehrfach zu erfassen. Daher bleibt zu prüfen, ob die St, die der Trust aufzubringen hatte, schon gleich unter Berücksichtigung der späteren Weiterleitungspflicht an die Zwischen- oder Enderwerber bemessen werden kann oder ob es denkbar ist, nach dem Vorbild des § 6 III 2 die St des Trusts auf die St des Enderwerbers anzurechnen.

127 Das FG Bad-Württ (EFG 15, 1461 – Rev II R 6/16) will auch **ausländische Stiftungen** unter den Begriff der „Vermögensmasse ausländischen Rechts" fassen und Auszahlungen an die Destinatäre als Erwerbe durch Zwischenberechtigte auch dann der SchSt unterwerfen, wenn sie satzungsentsprechend erfolgen. Anders als bei inländischen Stiftungen, deren satzungsgemäße Zuwendungen, wie auch das FG anerkennt, mangels Freigebigkeit gerade keine Schenkungsbesteuerung auslösen, unterliegt das Vermögen ausländischer Stiftungen nämlich nicht der ErsatzErbSt (§ 1 I Nr 4), weshalb es gerechtfertigt sei, die Zuwendungen nach § 7 I Nr 9 S 2 beim inländischen Zuwendungsempfänger zu erfassen. Anders als das Hess FG (EFG 14, 1014) sieht es daher in einer solchen Besteuerung auch keine Benachteiligung der ausländischen Stiftung und von deren inländischen Destinatären gegenüber inländischen Stiftungen und deren Destinatären, insb keinen Verstoß gegen die Kapitalverkehrsfreiheit (Art 63 und 65 AEUV). Da satzungsmäßige Zuwendungen an Stiftungsbegünstigte regelmäßig als Einkünfte aus Kapitalvermögen der ESt unterliegen, was insb auch dann gilt, wenn es sich um Ausschüttungen einer ausländischen Stiftung handelt (§ 20 I Nr 9 S 2 EStG), hätte die Auffassung des FG Bad-Württ damit eine echte **Doppelbelastung** mit ESt und SchSt zur Folge. Der BFH (NV 14, 1554) hatte bereits in seinem Beschluss im AdV-Verfahren des Hess FG (EFG 14, 1014) zu Recht ernstliche Zweifel daran geäußert, dass der Begriff der ausländischen Vermögensmasse auch eine Stiftung ausländischen Rechts erfassen soll. Gegen eine solch weite Auslegung des § 7 I Nr 9 spricht neben der Doppelbelastung desselben Rechtsvorgangs mit ESt und SchSt, die es nach Auffassung der überwiegenden Anzahl der Senate des BFH zu vermeiden gilt (Anm 80), vor allem die Entstehungsgeschichte der Norm (es ging um die Gleichstellung ausländischer Vermögensmassen gerade mit Stiftungen, ohne dass zwischen inländischen und ausländischen Stiftungen differenziert wurde), ihr Wortlaut (§ 7 I Nr 9 unterscheidet ausdrücklich zwischen einerseits „Stiftungen" als eigene Rechtspersönlichkeit und andererseits „Vermögensmassen ausländischen Rechts") und die Gesetzessystematik (ausführlich hierzu *Jülicher,* ZErb 15, 357; *Werner,* ZEV 16, 133).

einstweilen frei 128

6. Abfindung für aufschiebend bedingte/befristete Ansprüche (Abs 1 Nr 10)

Die wenig deutlich gefasste Bestimmung geht davon aus, dass ein **Anspruch** unter 129
Voraussetzungen **erworben** wurde, die eine StPfl nach den §§ 3 und 7 auslösen würden, wenn der Anspruch dem Erwerber unbedingt, unbetagt oder unbefristet zugefallen wäre. Infolge der Bedingung, Betagung oder Befristung (zu diesen Begriffen und den mit ihnen verbundenen Auslegungsproblemen vgl § 9 Anm 21 ff) fehlt es vor Eintritt des Ereignisses oder des Termins, von dem die Bedingung, Betagung oder Befristung abhängt, an einem stpfl Erwerb (Anm 52, § 9 Anm 20, 49; BFH BStBl II 99, 742; ZEV 04, 35). Dies gilt auch dann, wenn nicht der Erblasser oder Schenker die Bedingung, Betagung oder Befristung gesetzt hatte, sondern wenn der Anspruch schon dem Erblasser oder Schenker selbst nur bedingt, betagt oder befristet zustand und von ihm ohne weitere Einschränkung an den Erwerber weitergegeben wurde. Da erst der Erwerb des unbedingten, unbetagten oder unbefristeten Anspruchs besteuert wird, hat es der Erwerber in der Hand, durch Verzicht auf seine Forderung zu verhindern, dass es jemals zum Erwerb des unbedingten, unbefristeten oder unbetagten Anspruchs kommt. Vor Eintritt des Ereignisses oder des Termins kann sich der Erwerber daher durch Verzicht auf seinen Anspruch der StPfl entziehen. Würde die für den Verzicht gewährte Abfindung als entgeltliche Leistung stfrei bleiben, so könnte der Erwerber den Wert seines Rechts durch Verzicht gegen Abfindungsleistung stfrei in sein Vermögen überführen. Dies soll die 1974 neu eingeführte Bestimmung des Abs 1 Nr 10 verhindern, indem sie anstelle des Anspruchs die Abfindung für steuerbar erklärt. Dabei ist ausdrücklich nur von Ansprüchen die Rede, also von dem Recht, eine Leistung zu fordern (§ 194 BGB). Doch sollen wohl auch absolute Rechte wie das Eigentum in Bezug genommen sein (BT Drs 6/3418, 66). Der Verzicht auf Ausübung eines Optionsrechts (zum günstigen Erwerb einer Gesellschafterstellung) kann unter § 7 I Nr 10 fallen (*Hartmann,* UVR 01, 93). Auch die Nichtbesteuerung der unentgeltlichen Einräumung des Bezugsrechts aus einer Kapitallebensversicherung bringt der BFH (BStBl II 99, 742) mit § 7 I Nr 10 in Verbindung. Die Sondervorschrift für bedingt usw erworbene Vermächtnisse in § 3 II Nr 5 geht der Regelung des § 7 I Nr 10 vor. Nicht unter Abs 1 Nr 10 fällt die Abfindung, die für den Verzicht auf bloße Erwerbsaussichten gezahlt wird, wie für den Verzicht auf das gesetzliche Erbrecht und das Pflichtteilsrecht (*Troll/Gebel* § 7 Rz 351; FG München ZEV 98, 237). Auch auf die Zurückweisung des Erwerbs aus einem Vertrag zugunsten Dritter (§ 333 BGB) ist Abs 1 Nr 10 nicht unmittelbar gemünzt.

IX. Ergänzende Bestimmungen (Abs 2 bis 4)

1. Vorzeitige Herausgabe von Nacherbschaftsvermögen (Abs 2)

Abs 2 ergänzt die Regelung des Abs 1 Nr 7, nach der als Schenkung unter Leben- 130
den gilt, was ein Vorerbe dem Nacherben mit Rücksicht auf die angeordnete Nacherbschaft vor Eintritt des Nacherbfalls herausgibt. Die Herausgabe gilt als Schenkung des Vorerben, nicht als Erwerb vom Erblasser. Der Nacherbe – mit Rücksicht auf die subsidiäre StPfl des Schenkers nach § 20 I auch der Vorerbe? – kann jedoch beantra-

gen, dass der Versteuerung das Verhältnis des Nacherben zum Erblasser zugrunde gelegt wird, um die stlichen Wirkungen der Herausgabe den StFolgen des Vermögensübergangs beim Nacherbfall anzugleichen. Was die StFolgen des Vermögensübergangs beim Nacherbfall betrifft, so unterscheidet § 6 zwei Fälle der Nacherbfolge, je nachdem ob der Tod des Vorerben (§ 6 II) oder ob ein Ereignis zu Lebzeiten des Vorerben (§ 6 III) den Nacherbfall herbeiführen soll. Im ersten Fall wird der Erwerb des Nacherben als Erwerb vom Vorerben, im zweiten Fall als Erwerb vom Erblasser behandelt. Diese Unterscheidung greift § 7 I Nr 7 für den Fall der vorzeitigen Herausgabe von Nacherbschaftsvermögen nicht auf. Die vorzeitige Herausgabe von Nacherbschaftsvermögen soll vielmehr immer als Schenkung des Vorerben und damit aus der Sicht des Nacherben als Erwerb vom Vorerben gelten. Daher kann § 7 II 2 für beide Fälle der Nacherbfolge einheitlich auf § 6 II verweisen, weil in beiden Fällen der Nacherbfolge die vorzeitige Herausgabe von Nacherbschaftsvermögen zu der in § 6 II geregelten Rechtsfolge führt, dass der Erwerb des Nacherben als Erwerb vom Vorerben gilt. Der Antrag nach § 7 II 1 hat zur Folge, dass sich die StKlasse und mit ihr der für den Erwerber anwendbare Freibetrag und StTarif nach dem Verhältnis des Nacherben zum Erblasser bestimmt. Der Antrag bewirkt nicht, dass der Erwerb des Nacherben nunmehr als Erwerb vom Erblasser gilt, dass aus dem Erwerb durch Schenkung unter Lebenden ein Erwerb von Todes wegen wird, dass die aus § 20 I folgende StPfl des Vorerben als Schenker entfällt oder dass der Erwerb aus der Zusammenrechnung mit anderen vom Vorerben stammenden Erwerben herauszunehmen ist (vgl § 6 Anm 16 und hier Anm 120; aM FG Düsseldorf EFG 10, 156, wie hier BFH BStBl II 11, 123).

131 Mit dem Hinweis auf die Sätze 3–5 des § 6 II wird eine Regelung für den Fall getroffen, dass der Vorerbe **zugleich** mit dem der Nacherbfolge unterliegenden Vermögen auch **nacherbschaftsfreies Vermögen** schenkweise herausgibt und der Nacherbe den Antrag stellt, die Besteuerung nach seinem Verhältnis zum Erblasser durchzuführen. Da dieser Antrag nur Wirkungen für das der Nacherbfolge unterliegende Vermögen haben kann, muss, soweit die Wirkungen des Antrages reichen, zwischen zwei Erwerben des Nacherben unterschieden werden. Die Erwerbe sind hinsichtlich der StKlasse getrennt zu behandeln (§ 6 II 3). Das bedeutet aus der Sicht des BFH (BStBl II 99, 235; § 6 Anm 20), dass der Nacherbe nach Stellen des Antrages zweimal den Freibetrag nach § 16 geltend machen kann. Doch kommt der aus dem Verhältnis zum Vorerben berechnete Freibetrag für das nacherbschaftsfreie Vermögen nur im Rahmen der Betragsgrenze nach § 16 und insoweit zum Zuge, als der nach dem Verhältnis zum Erblasser berechnete Freibetrag durch den Erwerb nach Abs 1 Nr 7 noch nicht verbraucht ist (§ 6 II 4). Durch die Aufteilung der Erwerbe und die Anwendung von zwei verschiedenen StKlassen soll dem Erwerber kein Progressionsvorteil entstehen. Daher ist die St für jeden der beiden Erwerbe in der für ihn maßgeblichen StKlasse nach dem StSatz zu erheben, der für den gesamten Erwerb gelten würde (§ 6 II 5).

2. Gegenleistungen (Abs 3)

132 Eine zufrieden stellende Interpretation der Vorschrift ist nicht leicht zu finden. Entweder ist die Bestimmung ihrem Wortlaut entsprechend nur auf die Feststellung der Bereicherung zu beziehen (BFH BStBl III 53, 199; II 68, 239; 72, 43). Dann ist ihre Aussage unergiebig. Denn dass bei der Feststellung der Bereicherung, die den stpfl Vorgang begründet, nur geldwerte Posten berücksichtigt werden können, versteht sich von selbst. Oder die Vorschrift wird entgegen ihrem Wortlaut auf die Unentgeltlichkeit der Zuwendung bezogen. Dann bringt sie zum Ausdruck, dass auch entgeltliche Leistungen der StPfl unterliegen sollen, wenn die Gegenleistung nicht in Geld veranschlagt werden kann (so jetzt BFH BStBl II 01, 456; 07, 795). Das Gericht hatte allerdings früher anders entschieden und festgestellt, das Merkmal der Freigebig-

keit sei „nicht allein deshalb zu bejahen, weil der Zuwendung keine geldwerte Gegenleistung gegenüber steht und die Beteiligten das wissen“ (BFH BStBl II 68, 239, 241). Es hatte ausdrücklich ausgesprochen, dass bei der Prüfung der Unentgeltlichkeit auch Gegenleistungen zu berücksichtigen sind, die keinen Geldeswert haben (BFH BStBl II 72, 43, 44). Aber wie so häufig ist der BFH auch in dieser Frage von seiner älteren Rspr abgewichen, ohne sich mit ihren Gründen auseinander zu setzen. Diese Auseinandersetzung wäre auch gar nicht so einfach gewesen. Denn ein Grund dafür, dass jetzt entgeltliche Zuwendungen dann, wenn ein Geldwert der Gegenleistung fehlt, als unentgeltliche Zuwendungen besteuert werden sollen, lässt sich nicht leicht finden. Eines zeigt die Vorschrift jedenfalls klar: Der Gesetzgeber hat angenommen, dass Gegenleistungen, die in Geld veranschlagt werden können, bei der Berechnung der Bereicherung nach § 7 zu berücksichtigen sind. Er ist damit von einer Konzeption ausgegangen, nach der Gegenleistungen bei der gemischten Schenkung nicht das Schenkungsobjekt verkürzen, sondern bei der Ermittlung der aus der Zuwendung entstehenden Bereicherung zum Abzug zu bringen sind. Mit dieser Konzeption stimmt die neuere Rspr des BFH zur gemischten Schenkung nicht überein (vgl Anm 32).

Die neue Rspr des BFH zu § 7 III macht darauf aufmerksam, dass über die Frage, 133
wann eine Gegenleistung nicht in Geld veranschlagt werden kann, noch intensiver nachgedacht werden muss. Der BFH rechnet den Verzicht auf zukünftigen Zugewinnausgleich (BStBl II 07, 785) und auf zukünftigen nachehelichen Unterhalt (BStBl II 08, 256) hierher. Das kann jedoch zu Beginn der Ehe und kurz vor ihrem Scheitern unterschiedlich zu beurteilen sein. Jedenfalls ist nicht zu erkennen, warum ein zukünftiger Zugewinnausgleichsanspruch nicht kurz vor dem Ende der Ehe einen greifbaren Wert darstellen soll. In der Rspr der Finanzgerichte wird als nicht bewertbar angesehen: die Übernahme der dinglichen Haftung für die auf einem Grundstück lastenden Grundschulden (FG Nürnberg EFG 07, 1185), ein Schuldbeitritt oder eine befreiende Schuldübernahme, wenn sie mit Absprachen einher geht, nach denen der Erstschuldner im Innenverhältnis doch unverändert die Zinsen und Tilgungen der Kredite tragen soll (FG München EFG 07, 270), der Verzicht eines Kindes auf Unterhaltsansprüche gegen seine Mutter (FG München EFG 06, 1082), die Übernahme einer Verpflichtung, zu eigenem Nutzen tätig zu werden (FG München EFG 06, 1685), und die Einräumung eines Vorkaufsrechts für ein Grundstück (FG Düsseldorf EFG 04, 1164). Gerade die letztgenannte Entscheidung zeigt, dass über die Frage, was in Geld veranschlagt werden kann, noch weitere Diskussionen notwendig sind. Soll ein Vorkaufsrecht wirklich keinen Wert verkörpern?

3. Schenkung zur Belohnung, unter Auflage oder in Form eines lästigen Vertrags (Abs 4)

Die Vorschrift ist wenig glücklich gefasst. Denn dass jede Schenkung stpfl ist, folgt 134
schon aus Abs 1. Es besteht daher kein Anlass, die StPfl auch der Schenkung zu betonen, die zur Belohnung gemacht oder in die Form eines lästigen Vertrages gekleidet ist. Von Interesse ist vielmehr allein die Frage, inwieweit durch den Willen zur Belohnung oder durch die Einkleidung in einen lästigen (dh entgeltlichen: RFH RStBl 31, 283) Vertrag die Annahme einer Schenkung ausgeschlossen wird. Zur Lösung dieser Problematik lässt sich aus Abs 4 nur soviel entnehmen, dass der Belohnungs- (nicht: Entlohnungs-)Wille mit dem bei einer freigebigen Zuwendung vorausgesetzten Willen zur Freigebigkeit vereinbar sein kann und dass es für die Annahme einer freigebigen Zuwendung nicht auf die Form („Einkleidung“), sondern nur auf den Inhalt des infrage stehenden Geschäfts ankommen soll (RFH RStBl 31, 971). Der Hinweis auf die Auflage zeigt, dass auch die unter einer Auflage gemachte Schenkung vollen Umfangs Schenkung bleibt und einen entsprechenden stpfl Vorgang iSd § 7 bildet. Mit dieser Regelung stimmt die Rspr des BFH nicht überein, die im Fall der sog Leis-

tungsauflage in der Auflagenanordnung eine Verkürzung des Zuwendungsgegenstandes der zugrunde liegenden Schenkung sieht (Anm 41). Unrichtig wäre es jedoch, wenn man aus Abs 4 eine Aussage des Inhalts herauslesen wollte, dass der Teil des Erwerbs, der zur Vollziehung der Auflage eingesetzt werden muss, einen stpfl Erwerb des Beschenkten iSd § 10 bilden soll. Denn im Umfang des an den Auflagebegünstigten weiterzugebenden Erwerbs fehlt es für den Beschenkten an einer Bereicherung iSd § 10, wie sich aus § 1 II iV mit § 10 V oder mit einem Umkehrschluss aus § 10 IX ergibt.

X. Gesellschaftsanteil mit Buchwertklausel (Abs 5)

Schrifttum: *Schulz,* Schenkung einer Beteiligung an einer Personengesellschaft, insbesondere einer Beteiligung mit Buchwertabfindungsklausel (§ 7 V ErbStG), in: *Schlutius* (Hrsg), Gesellschaften und Gesellschafter im StR, FS Fachhochschule Steuern und Finanzen Nordkirchen, 1986, 221; *Schulze zur Wiesche,* Übertragung von Gewerbebetrieben und Anteilen an Personengesellschaften aus erbstl und schstl Sicht, DStZ 87, 339; *Moench,* SchSt und ErbSt bei der Unternehmensnachfolge, DStR 89, 594; *Troll,* Zur Wertermittlung von OHG- und KG-Anteilen bei der ErbSt, BB 90, 674.

1. Systematischer Zusammenhang

135 Die 1974 neu eingeführte Bestimmung ist falsch platziert. Denn sie regelt nicht die StPfl, mit der sich das Gesetz in den §§ 1–9 befasst, sondern die Wertermittlung, die in den Zusammenhang der §§ 10 ff gehört. Zwar ist auch im Zusammenhang des § 7 eine Wertermittlung insoweit vorzunehmen, als es um die nach bürgerlich-rechtlichen Bewertungsgrundsätzen (vgl Anm 5 ff) zu beurteilende Frage geht, ob die Zuwendung zu einer Bereicherung des Empfängers geführt hat, die die Annahme einer Schenkung unter Lebenden rechtfertigt. Doch geht Abs 5 von dem Vorliegen einer Schenkung unter Lebenden ohne Weiteres aus, so dass die hier angesprochene Feststellung der Bereicherung nicht die Voraussetzungen der Schenkung, sondern nur die von ihr ausgelösten StFolgen betreffen kann.

136 Denkbar wäre allenfalls, dass § 7 V den Fall der gemischten Schenkung einer Beteiligung mit Buchwertklausel ins Auge fasst und eine Bewertungsregelung für die nach Verkehrswerten aufzustellende Verhältnisrechnung bringt, die zur Abgrenzung des Zuwendungsobjekts vom BFH für erforderlich gehalten wird (Anm 30 ff). Doch war diese erst Ende der 70-er Jahre entwickelte Auffassung des BFH zur gemischten Schenkung dem Gesetzgeber 1974 noch nicht bekannt, so dass § 7 V schwerlich auf sie bezogen sein kann.

2. Anwendungsbereich

137 Abs 5 geht also von dem Vorliegen einer Schenkung aus. Als Schenkung wird hier nicht die Schenkung iSd BGB, sondern die Schenkung unter Lebenden iSd § 7 angesprochen. Die Bestimmung gilt daher für jeden Fall der Schenkung iSd Abs 1 Nr 1–10. Dagegen bestehen Bedenken, auch den Fall als Schenkung iSd Abs 5 zu werten, der nach **Abs 7** als Schenkung gilt. Denn Abs 7 regelt einen Fall der Schenkung, bei dem die Beteiligung „auf die anderen Gesellschafter" (oder auf die Gesellschaft) übergeht, also einen Beteiligungswechsel innerhalb des bisherigen Gesellschafterbestandes, während Abs 5 sich nur auf den Fall bezieht, dass die Beteiligung durch Schenkung an einen „neuen" Gesellschafter gelangt, also ein bisher Außenstehender in den Kreis der Gesellschafter aufgenommen wird. Abs 5 behandelt die Schenkung einer ganzen Beteiligung, während Abs 7 nur die Zuwendung des Unterschiedsbetrags zwischen dem StWert des Anteils und dem Abfindungsanspruch betrifft. Abs 5

geht von der vorläufigen Schenkung der stillen Reserven aus und sieht eine Korrektur der Besteuerung für den Fall vor, dass der Beschenkte die stillen Reserven im Ergebnis nicht realisieren kann. Abs 7 geht dagegen von der endgültigen Zuweisung der stillen Reserven an die verbleibenden Gesellschafter aus. Der Anteilsübergang nach Abs 7 kann daher nicht als Beteiligungsschenkung unter Abs 5 subsumiert werden.

Nicht zum Beteiligungserwerb durch Schenkung iSd Abs 5 gehört auch der Erwerb von Todes wegen einschließlich des Erwerbs durch **Schenkung auf den Todesfall,** obwohl die Beschränkung auf den Erwerb durch Schenkung unter Lebenden nicht ohne Weiteres naheliegt. Der Kontext der Vorschrift als Teilregelung des § 7 unter einer Überschrift, die auf die Schenkungen unter Lebenden verweist, und der Zusammenhang mit anderen Bestimmungen, die zweifelsfrei nur für das Recht der Schenkung unter Lebenden gelten, legen jedoch die Interpretation nahe, dass Abs 5 für die Erwerbe von Todes wegen nicht gelten soll. **138**

Abs 5 regelt StFolgen für den Fall, dass die **Beteiligung an einer Personengesellschaft** (vgl Anm 148) den Gegenstand einer Schenkung gebildet hat. Abs 5 setzt damit die Möglichkeit der Schenkung von Personengesellschaftsbeteiligungen voraus, eine Möglichkeit, die jedenfalls für OHG-Beteiligungen nicht völlig außer Zweifel steht (vgl Anm 72f). Die Schenkung von Kapitalgesellschaftsanteilen wird nicht erfasst. Es muss gerade die Gesellschaftsbeteiligung selbst den Gegenstand der schenkweisen Zuwendung bilden. Wird Geld zum Erwerb einer Gesellschaftsbeteiligung überlassen, ist nach dem Parteiwillen zu bestimmen, ob das Geld oder die Beteiligung den Gegenstand der Schenkung bilden soll (BFH BStBl II 76, 632; Anm 21). Überträgt der Vater seinen Kindern GmbH-Anteile, um die GmbH mit den Kindern gleich anschließend in eine GbR umzuwandeln, dann gelten GmbH-Anteile und nicht Personengesellschaftsanteile als geschenkt (BFH BStBl II 84, 772). **139**

Die zwischenzeitliche Rspr des BFH (BStBl II 89, 237), derzufolge auch Personengesellschaften Erwerber oder Schenker iSd ErbStG sein können, wurde wieder aufgegeben (BStBl II 95, 81). Seither sind für die ErbSt als Erwerber die Gesamthänder anzusehen (oben § 1 Anm 6 u 7). Doch auch die frühere Rspr hatte bei der Beteiligungsschenkung gem § 7 V im Regelfall keine Bedeutung (aM *Ebeling,* BB 89, 1865, 1869). Das galt nicht nur für den Fall der Abtretung eines Gesellschaftsanteils von einem Alt-Gesellschafter an den neuen Gesellschafter, sondern auch dann, wenn der neue Gesellschafter ohne Vereinbarung eines Rechtsnachfolgeverhältnisses unentgeltlich in die Gesellschaft aufgenommen wurde. Die hierdurch bewirkte Bereicherung des Aufgenommenen vollzieht sich nicht auf Kosten der Gesellschaft, sondern auf Kosten der übrigen Gesellschafter. Zwar wird das Gesamthandsvermögen durch die Aufnahme des neuen Gesellschafters mit Sozialverbindlichkeiten (Gewinn- und Liquidationsanteil) belastet, doch vermindert sich im Gegenzug der Anteil der bisherigen Gesellschafter an dem insgesamt zur Verfügung stehenden Ausschüttungsvolumen entsprechend. **Schenker** sind daher in jedem Fall entweder einzelne oder alle Alt-Gesellschafter; die Vorstellung, dass die Personengesellschaft einen Anteil an sich selbst auf den Neu-Gesellschafter überträgt, verträgt sich nicht mit der Struktur der Gesamthand. Lediglich wenn die PersGes an einer anderen Gesamthand beteiligt ist, hätte sie nach der früheren Rspr hinsichtlich dieser Beteiligung als Schenker auftreten können. **140**

3. Buchwertklausel

Im Gesellschaftsvertrag muss sich die Bestimmung finden, dass der neue Gesellschafter bei Auflösung der Gesellschaft oder im Fall seines vorherigen Ausscheidens nur den Buchwert seines Kapitalanteils erhält (Buchwertklausel). Das Gesetz spricht von Klauseln, die für den Ausscheidens- *oder* Auflösungsfall gelten, weil der Gesellschafter nur auf die eine oder auf die andere Weise den Gesellschafterverband verlassen kann. Die Klausel kann jedoch beide Fälle bedenken, und Abs 5 ist denn **141** auch gerade auf Klauseln gemünzt, die in diesem Sinne für den Ausscheidens- *und* Auflösungsfall vorgesehen sind. Die Klausel muss als Abfindungsbetrag, der für den ausscheidenden Gesellschafter vorgesehen wird, den Buchwert seines Kapitalanteils bestimmen. Als Buchwert des Kapitalanteils hat der Betrag zu gelten, der dem Gesellschafter nach dem Verhältnis der Einlagehöhe (dem Kapitalanteil) in den Büchern der Gesellschaft nach Handelsrecht gutzuschreiben ist oder gutzuschreiben wäre, wenn die Buchführungsvorschriften des Handelsrechts zur Anwendung kämen. Buchwert ist damit der anteilige Handelsbilanzwert, der namentlich die stillen Reserven und einen selbst geschaffenen Firmenwert nicht erfasst. Durch eine Buchwertklausel wird der ausscheidende Gesellschafter folglich auf seinen Kapitalanteil, seine stehen gebliebenen Gewinne und seinen Anteil an den offenen Rücklagen beschränkt (*Kellermann,* StbJb 86/87, 403, 408). Abs 5 greift ein, wenn der Gesellschafter nach den vertraglichen Bestimmungen „nur den Buchwert seines Kapitalanteils erhält". Trotz dieser Gesetzesfassung will *Moench/Weinmann* (§ 7 Rz 232) Abs 5 immer dann zur Anwendung bringen, wenn der Beschenkte im Fall seines Ausscheidens oder der Auflösung der Gesellschaft weniger als den vollen Wert seines Gesellschaftsanteils erhält, weil sich sonst durch eine geringe Abweichung vom Buchwert die Anwendung der Vorschrift zu leicht vermeiden ließe. Doch wird man die vom Gesetzgeber gewählte Gesetzesfassung auch an dieser Stelle ernst nehmen müssen. Allenfalls ließe sich erwägen, ob Klauseln, die ausgehend vom Buchwert den Abfindungsbetrag mit Hilfe eines Zu- oder Abschlages bestimmen, noch als Buchwertklauseln gelten können. Klauseln, die den Abfindungsbetrag dagegen aus ganz anderen Berechnungsgrundlagen ableiten oder den Abfindungsanspruch vollständig ausschließen, können demgegenüber beim besten Willen nicht mehr als Buchwertklauseln bezeichnet werden. Abs 5 dürfte im Übrigen für die typische Stille Gesellschaft nicht gelten, weil diese den Gesellschafter schon von Gesetzes wegen auf die Rückforderung des Einlagebuchwertes beschränkt (§ 235 I HGB). Abs 5 zeigt im Übrigen, dass Buchwertabfindungsklauseln aus der Sicht des Gesetzgebers wirksam sein können. Die Vorschrift kann allerdings auch bei unwirksamer Klausel über § 41 AO Bedeutung gewinnen (*Moench/Weinmann* § 7 Rz 232).

4. Rechtswirkungen des Abs 5 S 1

142 Die Bestimmung des Gesellschaftsvertrages, die die Buchwertabfindung vorschreibt, **wird bei der Feststellung der Bereicherung nicht berücksichtigt.** Das bedeutet: Der stpfl Erwerb iSd § 10 I 1 wird so berechnet, als ob der Gesellschaftsvertrag für den neu eintretenden Gesellschafter eine Abfindungsregelung nicht enthielte. In diesem Sinne wurde schon nach früherem Recht verfahren, wenn die Abfindungsklausel lediglich den Fall des Ausscheidens des Gesellschafters betraf (BFH BStBl III 59, 155). Sollte der Gesellschafter dagegen sowohl für den Fall des Ausscheidens als auch für den Auflösungsfall von den über den Buchwert hinausgehenden stillen Reserven ausgeschlossen sein, wurde die Klausel gelegentlich bereicherungsmindernd anerkannt (BFH BStBl III 52, 176). Dem ist der Gesetzgeber mit der Begründung entgegengetreten, der Gesellschafter könne an den stillen Reserven nicht nur über den Abfindungsanspruch und das Auseinandersetzungsguthaben, sondern auch mittels seiner Gewinnbeteiligung partizipieren. Über die Gewinnbeteiligung könnten ihm nämlich die durch Veräußerung aufgelösten stillen Reserven zufließen, so dass sich eine Berücksichtigung der Abfindungsklausel bei der Bewertung verbiete (BTDrs 6/3418, 65).

143 Die **praktische Tragweite** der Regelung des Abs 5 S 1 konnte früher schon deshalb fraglich erscheinen, weil eine zum BewertungsR ergangene und auch für das SchStR bedeutsame Entscheidung des BFH (BStBl II 71, 678) die Nichtberücksichtigung der Buchwertklausel schon für das bisherige Recht vorgeschrieben hatte. Erst recht galt dies, nachdem der Gesetzgeber durch Änderung des § 109 BewG den stlichen Anteilswert so nahe an den Buchwert herangeführt hatte, dass dem von Abs 5 S 1 vorausgesetzten Fall eines den Buchwert übersteigenden StWerts keine größere praktische Bedeutung mehr zukam. Der Grundsatz der Maßgeblichkeit der StBilanz für die erbstliche Vermögensaufstellung wurde lediglich hinsichtlich der zum Betriebsvermögen gehörenden Immobilien und Anteilen an Kapitalgesellschaften durchbrochen. Mit der ErbStReform 2009 hat sich dies jedoch grundlegend geändert. Entsprechend der Forderung des BVerfG, Bewertungsregeln zu schaffen, die als Bewertungsziel zumindest einen Annäherungswert an den Verkehrswert haben, bestimmt sich nunmehr auch der Wert von Anteilen an Personengesellschaften im Regelfall nach der auch sachverständig anerkannten Ertragswertmethode, der letztlich auch das Vereinfachte Ertragswertverfahren nachgebildet ist (vgl die Hierarchie der Bewertungsmethoden in § 11 II BewG, die in den praktisch meisten Fällen zu einer Bewertung „unter Berücksichtigung der Ertragsaussichten" führt). Die StBilanzwerte, insb das buchmäßige Eigenkapital, spielen hingegen keine Rolle mehr. Der StWert des Anteils und der Buchwert können damit deutlich auseinanderfallen, wodurch Abs 5 größere praktische Bedeutung erlangen wird.

5. Rechtswirkungen des Abs 5 S 2

Die den Buchwert des Kapitalanteils übersteigende Bereicherung gilt als auflösend bedingt erworben. Das bedeutet: Der Erwerber kann gem § 5 II BewG eine **Berichtigung der StFestsetzung** nach dem tatsächlichen Wert des Erwerbs beantragen, wenn die Bedingung eintritt und sich mit ihrem Eintritt herausstellt, dass er die den Buchwert des Kapitalanteils übersteigende Bereicherung nicht für sich realisieren kann, so dass ihm ihr Wert „tatsächlich" nicht zur Verfügung steht. Das Gesetz sagt nicht, welches Ereignis als Bedingungseintritt gewertet werden soll. Da die Abfindungsklausel für den Ausscheidens- oder Auflösungsfall gilt, liegt es nahe, das Ausscheiden des Gesellschafters oder die Auflösung der Gesellschaft als maßgebliches Ereignis anzusehen. Veräußert der Gesellschafter seine Beteiligung in vertraglich zugelassener Weise, so verlässt er damit zwar den fortbestehenden Gesellschafterverband. Dennoch kann dieser Vorgang nicht zur Anwendung des Abs 5 S 2 führen. Denn ein Gesellschafter, der seinen Anteil verkauft oder verschenkt, verfügt damit über die stillen Reserven als Teil seines Vermögens und kann sich daher nicht auf den Standpunkt stellen, dass er diese Reserven „tatsächlich" nicht erworben habe, so dass ihm der StBetrag, der auf den Erwerb dieser Reserven entfällt, erstattet werden müsste. Kommt es zum Bedingungseintritt iSd Abs 5 S 2, so ist die StFestsetzung **auf Antrag** entsprechend dem Betrag zu korrigieren, um den der tatsächliche Wert der Beteiligung von dem bei der StFestsetzung angenommenen Wert abweicht. Zur Ermittlung des tatsächlichen Werts der Beteiligung ist vom Buchwert des Kapitalanteils zZ der Schenkung auszugehen. Dieser Buchwert ist mit dem bei der StFestsetzung zugrunde gelegten StWert zZ der Schenkung zu vergleichen. 144

6. Berücksichtigung von erhaltenen stillen Reserven

Die StFestsetzung kann allerdings nicht ohne Weiteres um den vollen Unterschiedsbetrag zwischen dem Buchwert und dem StWert der Beteiligung zZ der Schenkung korrigiert werden, da der Gesetzgeber auch die dem Gesellschafter vor Bedingungseintritt über die Gewinnbeteiligung zugeflossenen stillen Reserven besteuern will. Die St für diese über die Gewinnbeteiligung zugeflossenen stillen Reserven darf also nach der gesetzlichen Konzeption nicht erstattet werden. Um den „tatsächlichen Wert" iSd § 5 II BewG zu ermitteln, ist daher dem Buchwert der Beteiligung zZ der Schenkung der Wert der stillen Reserven hinzuzurechnen, die nach der Schenkung aber vor dem Bedingungseintritt aufgelöst und dem Gesellschafter über seine Gewinnbeteiligung zugewendet wurden. Ein plausibles Verfahren, 145 diese über die Gewinnverteilung zugewandten stillen Reserven abzuschätzen, hat der Gesetzgeber nicht genannt. Die FinVerw (ErbStErl 1976 Tz 3.2; ablehnend *Troll,* BB 90, 674, 679) hilft sich mit einer Berechnungsweise, die den auf anderen Gründen beruhenden Aufbau und Abbau von stillen Reserven während der Zeit der Beteiligung des Gesellschafters ignoriert und unterstellt, dass die stillen Reserven dem Gesellschafter über die Gewinnbeteiligung zugeflossen sein werden, soweit der **StWert der Beteiligung zZ des Ausscheidens (der Auflösung) unter dem StWert zZ der Schenkung** liegt.

146 Aus der Berücksichtigung der Gewinnbeteiligung folgt: Eine StErstattung wird nur vorgenommen, wenn auch zZ des Ausscheidens oder der Auflösung der Buchwert von dem StWert der Beteiligung abweicht. Die Erstattung umfasst die St, die auf den Unterschiedsbetrag zwischen Buchwert und StWert zZ der Schenkung, höchstens jedoch auf den Unterschiedsbetrag zwischen Buchwert und StWert zZ des Ausscheidens entfällt. Dabei wird der StWert zZ des Ausscheidens nach denselben Grundsätzen wie der StWert zZ der Schenkung, also ohne Berücksichtigung der Abfindungsklausel, errechnet.

XI. Gewinnübermaß-Schenkung (Abs 6)

Schrifttum: *Moench,* SchSt und ErbSt bei der Unternehmensnachfolge, DStR 89, 594; *Troll,* Zur Wertermittlung von OHG- und KG-Anteilen bei der ErbSt, BB 90, 674; *Birnbaum/Escher,* Inkongruente Gewinnverteilung bei Kapital- und Personengesellschaften, DStR 14, 1413.

1. Normzweck

147 Die 1974 neu eingeführte Bestimmung bildet das Beispiel einer wenig geglückten Gesetzesreform, weil sie, statt durch eine einfache Regelung die StGerechtigkeit spürbar zu fördern, eine praktisch wenig bedeutsame Änderung mit einer komplizierten Regelung zu verwirklichen versucht. Ausweislich der Gesetzesmaterialien (BTDrs 6/3418, 65) sollten mit der neuen Vorschrift StVorteile ausgeschlossen werden, die durch die Schenkung eines Gesellschaftsanteils mit überhöhter Gewinnbeteiligung erlangt werden konnten. Doch hatte die ErtragStRspr des BFH (BStBl II 73, 5; 489) den steuerlichen Anreiz, Gesellschaftsanteile mit einer überhöhten Gewinnbeteiligung auszustatten, schon vor der Gesetzesreform weitgehend beseitigt, womit auch die schstliche Behandlung derartiger Gesellschaftsanteile an Gewicht verlor. Die Neuregelung sollte ferner die StVerwaltung gegenüber der bisherigen, durch die Rspr bestimmten Praxis erleichtern. Doch wurde auch dieses Ziel nicht erreicht, da die Bestimmung die Praxis im Ergebnis vor dieselben Schwierigkeiten wie die bisherige Rspr stellt.

148 Abs 6 trifft eine Regelung für **Personengesellschaften,** zu denen neben der BGB-Gesellschaft, der OHG, der KG, der atypischen Stillen Gesellschaft und der Partenreederei auch die typische Stille Gesellschaft gehört (*Troll/Gebel* § 7 Rz 388). Abs 6 setzt voraus, dass die Personengesellschaft einem ihrer Gesellschafter ein Übermaß an Gewinnbeteiligung bietet. Die Regelung bestätigt, dass aus der Sicht des Gesetzgebers übermäßige Gewinnanteile wirksam vereinbart werden können. Abs 6 denkt dabei nicht an eine Beteiligung, aus der dem Gesellschafter besonders hohe, aus der Sicht eines statistischen Durchschnittsverdienstes übermäßige Gewinne zufließen, sondern an eine Beteiligung, die dem Gesellschafter im Verhältnis zu seinen Mitgesellschaftern übermäßige Gewinne verschafft und ihm durch die erhöhte Gewinnbeteiligung zu Lasten des sie gewährenden Gesellschafters eine bevorzugte Kapitalbildung ermöglicht (BTDrs 6/3418, 60). Es kommt also auf den für den Gesellschafter besonders günstigen **Gewinnverteilungsschlüssel,** nicht auf die absolute Höhe der ihm zufallenden Gewinne an. Ein besonders günstiger, ein Übermaß an Gewinn vermittelnder

Verteilungsschlüssel wird dann angenommen, wenn das Gewinnbezugsrecht der Kapitaleinlage der Arbeits- oder sonstigen Leistung des Gesellschafters für die Gesellschaft nicht entspricht oder einem fremden Dritten üblicherweise nicht eingeräumt würde. Diese Formeln so zu präzisieren, dass aus ihnen eine Entscheidung über das Vorliegen und den Umfang des Gewinnübermaßes abgeleitet werden kann, ist schwer.

2. Bestimmung des Gewinnübermaßes

Wegen der in Anm 148 genannten Schwierigkeiten der Bestimmung des Gewinnübermaßes hat die FinVerw (ErbStErl 1976 Tz 3.3, R E 7.8 I ErbStR) vorgeschlagen, an die vom BFH entwickelten ertragstlichen Beurteilungsgrundsätze anzuknüpfen. Die FinVerw verweist auf die **ertragsteuerlichen Grundsätze** aber nur für den Fall, dass bei den ErtragSt bereits eine Entscheidung über das Vorliegen und den Umfang eines überhöhten Gewinnanteils getroffen worden ist. In anderen Fällen soll das Gewinnübermaß dagegen selbstständig zu ermitteln sein. Wenn eine bereits getroffene ertragstliche Entscheidung maßgeblich ist, dann muss sich jedoch auch die Ermittlung in anderen Fällen nach den ertragstlichen Kriterien richten, da auf die Einheitlichkeit des Beurteilungsmaßstabes keinesfalls verzichtet werden kann. Im ErtragStRecht gilt nach einem Beschluss des Großen Senats des BFH (BStBl II 73, 5) eine Gewinnbeteiligung, die ein Vater seinem **nicht mitarbeitenden Kind** bei der Schenkung einer Gesellschaftsbeteiligung schenkweise gewährt, insoweit als übermäßig, als sie auf längere Sicht zu einer Verzinsung von **mehr als 15 %** des gemeinen Werts des Gesellschaftsanteils führt. Von diesem Satz ist somit zur Beurteilung des Gewinnübermaßes auszugehen, soweit nicht die Umstände des Einzelfalls für eine andere Grenzziehung sprechen. Der gemeine Wert des Gesellschaftsanteils ist auch für diese Zwecke nach § 97 Ia BewG zu bestimmen. Danach aber hat seit dem 1.1.2009 die Aufteilung des gemeinen Wertes der Gesellschaft auf die einzelnen Gesellschafter nach Zurechnung der individuellen Kapitalkonten entsprechend dem Gewinnverteilungsschlüssel zu erfolgen. Soweit also ein von den Beteiligungsquoten abweichender Gewinnverteilungsschlüssel eine höhere Gewinnbeteiligung vermittelt, kann dies für sich zu keinem Gewinnübermaß iSd § 7 VI führen, da es ansonsten zu einer doppelten Besteuerung käme. Vielmehr ist ein Gewinnübermaß iSd § 7 VI erst dann gegeben, wenn und nur insoweit nach ertragstlichen Grundsätzen eine übermäßige Verzinsung des bei disquotaler Gewinnverteilungsabrede bereits nach § 97 Ia Nr 1 Buchst b erhöhten Anteilswerts erfolgt. Eine disquotale Gewinnverteilungsabrede kann damit für sich noch nicht zu einer Übermaßschenkung nach Abs 6 führen. 149

3. Die Zuwendung des Gewinnübermaßes

Nach Abs 6 gilt das Übermaß der Gewinnbeteiligung als selbstständige Schenkung, wenn die Beteiligung an einer Personengesellschaft mit einer übermäßigen Gewinnbeteiligung ausgestattet wird. Diese Formulierung lässt nicht klar erkennen, welcher Vorgang als Schenkung gewertet werden soll. Unstreitig ist, dass die unentgeltliche Zuwendung der übermäßig ausgestatteten Beteiligung die Voraussetzungen des Abs 6 erfüllt, wenn die Beteiligung erst im Zeitpunkt der Schenkung mit dem übermäßigen Gewinnbezugsrecht ausgestattet wird. Als unproblematisch kann auch noch der Fall gelten, dass eine schon früher mit einem übermäßigen Gewinnbezugsrecht versehene Beteiligung schenkweise übertragen wird. Problematisch sind dagegen die Fälle, in denen eine Beteiligung gegen Entgelt oder gegen Einlage erworben wird, das Entgelt oder die Einlage jedoch das übermäßige Gewinnbezugsrecht nicht abdeckt, so dass insoweit von einer gemischten Schenkung gesprochen werden kann. 150

Schließlich ist noch der Fall zu erwähnen, dass einem Gesellschafter **nach Aufnahme in die Gesellschaft durch Änderung des Gewinnverteilungsschlüssels** 151 eine übermäßige Gewinnbeteiligung zugewiesen wird; sei es, dass eine bisher nicht überhöhte Gewinnbeteiligung nachträglich zu einer überhöhten Gewinnbeteiligung aufgestockt wird, sei es, dass eine bereits überhöhte Gewinnbeteiligung nachträglich noch weiter angehoben wird. Wer Abs 6 auch in diesen Fällen anwenden will, gerät mit dem Wortlaut der Bestimmung in Kollision. Denn nach Abs 6 soll das Übermaß der Gewinnbeteiligung (gemeint ist: die Zuwendung des übermäßigen Gewinnanteils) als selbstständige Schenkung gelten. Dabei liegt der Ton auf dem Merkmal der Selbstständigkeit. Es wird also ein anderes Geschäft vorausgesetzt, gegenüber dem die schenkweise Zuwendung des Gewinnübermaßes unselbstständig sein könnte, wenn das Gesetz die Selbstständigkeit nicht ausdrücklich festlegte. Unselbstständig kann eine Schenkung aber nur gegenüber einer anderen Schenkung sein. Schon nach dem Wortlaut des Gesetzes muss man also eine andere Schenkung voraussetzen, mit der die schenkweise Zuwendung des überhöhten Gewinnbezugsrechts verbunden ist. In dieselbe Richtung deutet auch der in den Gesetzesmaterialien dokumentierte Gesetzessinn. Denn in der Gesetzesbegründung wird auf die ältere Rspr des RFH verwiesen, die vom BFH (BStBl III 62, 323) aufgegeben worden sei und die schon früher das Übermaß an Gewinnbeteiligung als selbstständige Schenkung behandelt habe. Demgegenüber erfasse der BFH zurzeit (BStBl II 69, 653) das Gewinnübermaß bei der Bewertung der Kapitalbeteiligung als deren Bestandteil, was kompliziert und schwer praktizierbar sei. Die in Bezug genommenen Entscheidungen betreffen ausnahmslos Fälle, in denen es um die Schenkung einer Beteiligung ging. Nur diese Fälle wollte der Gesetzgeber, soweit der Gesetzessinn aus den Materialien erschließbar ist, erfassen. Als Anwendungsfall des § 7 VI kann daher nur die Zuwendung des Gewinnübermaßes im Zusammenhang mit der schenkweisen Zuwendung des mit dem Gewinnübermaß ausgestatteten Gesellschaftsanteils gelten, die das Gesetz unter Wiederaufnahme der Rspr des RFH (RStBl 35, 1155) und unter Ablehnung der abweichenden Rspr des BFH (BStBl III 62, 232; II 69, 653; 73, 14) in eine Schenkung der Beteiligung mit normaler Gewinnausstattung und in eine selbstständige Schenkung des Gewinnübermaßes zerlegt. Nachträgliche Änderungen des Gewinnverteilungsschlüssels ohne Änderung der Beteiligung sind nicht anhand des § 7 VI, sondern anhand des § 7 I 1 zu prüfen.

4. Zerlegungsanordnung

152 Die Interpretation nach Gesetzeswortlaut und Gesetzessinn (Anm 150f) führt also zu dem Ergebnis, dass Abs 6 eine einheitliche Schenkung zugrunde legt, die die Zuwendung der Beteiligung und die Zuwendung des Gewinnübermaßes als unselbstständige Geschäftsteile umfasst (*Schulze-Osterloh,* StuW 77, 122, 139). Diese aus zwei unselbstständigen Geschäftsteilen zusammengesetzte einheitliche Zuwendung wird dann für die Zwecke der Besteuerung durch Abs 6 in zwei selbstständige Schenkungen zerlegt. Bei diesem Verständnis des Abs 6 als einer **Zerlegungsvorschrift** wird ohne Weiteres deutlich, dass Abs 6 auf Schenkungen, die keine unselbstständigen Teile in sich enthalten, wie zB auf die Schenkung einer überhöhten Gewinnbeteiligung durch nachträgliche Aufstockung des Gewinnbezugsrechts, nicht zur Anwendung gelangen kann. Es besteht auch kein Bedürfnis, den Abs 6 in einem solchen Fall heranzuziehen, weil in einem solchen Fall gar nicht zweifelhaft sein kann, dass die Zuwendung des Gewinnübermaßes als selbstständige Schenkung zu behandeln ist. So dürften auch freigebige Zuwendungen, die nicht gesellschaftsvertraglich als Gewinnbeteiligung, sondern in Form **überhöhter Sondervergütungen** (Gehälter, Darlehens-, Miet- oder Pachtzinsen) gewährt werden, bereits unabhängig von § 7 VI als im Verhältnis zur Zuwendung der Beteiligung selbstständige Schenkung anzusehen sein (vgl *Schulze zur Wiesche,* DStZ 87, 339, 343). Ähnlich wie Abs 5 unterwirft auch Abs 6 nicht einen Vorgang, der bisher unversteuert blieb, einer neuen StPfl. Die Vorschrift erweitert nicht den Kreis der stpfl Vorgänge – auch die Einräumung einer

ungewöhnlich hohen Gewinnbeteiligung kann sich im Einzelfall als entgeltliches Geschäft darstellen (vgl BFH BStBl III 67, 490) –, sondern setzt das Vorliegen eines stpfl Vorgangs iSd § 7 Abs 1 voraus und regelt nur die besondere Behandlung dieses Vorgangs durch Zerlegung in zwei selbstständig zu behandelnde Teile. Abs 6 spricht im Übrigen im Hinblick auf die Übermaß-Schenkung von Konditionen, die einem fremden Dritten üblicherweise nicht eingeräumt würden. Daraus folgt, dass der Gesetzgeber bei der Schaffung der Vorschrift vornehmlich an Familiengesellschaften gedacht haben wird.

Abs 6 zerlegt die Gewinnbeteiligung in einen normalen und einen überhöhten Teil 153
und behandelt das Recht, Gewinne zu beziehen, die über die 15%-Marge hinausgehen (vgl Anm 149), als Wirtschaftsgut, dessen Zuwendung eine **selbstständige Schenkung** darstellt. Gegenstand dieser Schenkung ist das Übermaß an Gewinnbeteiligung, also die gegenüber den anderen Gesellschaftern bevorzugte Stellung, die dem Beschenkten mit der Übertragung des privilegierten Gesellschaftsanteils verschafft wird (*Rüßmann,* Diss Heidelberg 1977, 97; aM *Teichmann,* ZGR 75, 156, 164; *Crezelius,* BB 80, 1481, 1484, die die jährlichen überhöhten Gewinnanteile als Gegenstand der Schenkung ansehen). Als Schenker des Gewinnübermaßes ist der Schenker der Gesellschaftsbeteiligung anzusehen. Die Übermaß-Schenkung ist mit der Übertragung des Gesellschaftsanteils ausgeführt (§ 9 Anm 59).

Die vom Gesetz angeordnete gesonderte Erfassung der Gewinnübermaßschen- 154
kung hat zwei Konsequenzen. Zum einen wird damit sichergestellt, dass das Gewinnübermaß bei der Berechnung des stpfl Erwerbs nicht unberücksichtigt bleibt, sondern als bereichernder Posten die StPfl erhöht. Zum anderen kann das Gesetz so den **Kapitalwert als selbstständigen Bewertungsmaßstab** für das Gewinnübermaß einführen. Das Gesetz sagt allerdings nicht, wie der Kapitalwert ermittelt werden soll. Die FinVerw (R E 7.8 I 4 ErbStR) geht von der Annahme aus, dass der überhöhte Gewinnanteil dem Bedachten auf unbestimmte Zeit in gleichbleibender Höhe zufließen wird und leitet daraus unter Bezugnahme auf § 13 II BewG einen Kapitalwert in Höhe des 9,3-fachen des Jahreswerts ab. Darin liegt eine deutliche Verschärfung der bisherigen Praxis, die von einer Laufzeit von nur 5 Jahren und von einem Kapitalisierungsfaktor von 4,505 ausgegangen war (11. Aufl § 7 Anm 140).

5. Folgerungen

Da die FinVerw die Gewinnübermaßschenkung ertragstlich nicht anerkennt, er- 155
gibt sich für den Beschenkten der StVorteil, dass er die überhöhten Gewinne estfrei bezieht, weil der Schenker diese Gewinne weiterhin als eigenes Einkommen versteuern muss. Dieser zusätzliche Vorteil kann weder bei der Besteuerung nach Abs 6 berücksichtigt werden, noch bildet er den Gegenstand einer freigebigen Zuwendung iSd Abs 1 Nr 1 (so auch *Moench/Weinmann* § 7 Anm 242). Denn er ist nicht unmittelbar auf Kosten des Vermögens des Schenkers erlangt. Auch steht dem Schenker kein Ausgleichsanspruch gem § 812 BGB gegen den Beschenkten wegen der ertragstlichen Auswirkungen der Schenkung zu, dessen Nichtrealisierung als freigebige Zuwendung iSd Abs 1 Nr 1 gewertet werden könnte (aM *Crezelius,* BB 80, 1481, 1485).

Für die **Steuergestaltung** kann sich die Frage stellen, ob die Schenkung eines 156
größeren Gesellschaftsanteils der Zuwendung eines Gewinnübermaßes vorzuziehen ist. In die Vergleichsbetrachtung sind vor allem die estlichen Folgewirkungen hinsichtlich der Zurechnung der Gewinneinkünfte einzubeziehen. Aber auch zivilrechtliche Implikationen in Bezug auf Stimmrechte und Auseinandersetzungsguthaben dürfen nicht außer Betracht bleiben, so dass sich eine allgemeine Leitlinie kaum ziehen lässt (*Petzoldt* § 7 Rz 208ff).

XII. Anteilsübergang im Gesellschaftsrecht (Abs 7)

Schrifttum: *Felix,* Vergleichsweises Ausscheiden unter StWert aus Gesellschaften – kein Fall des § 7 Abs 7 ErbStG, DStZ 91, 275; *Klein-Blenkers,* Zur Besteuerung nach den §§ 7 Abs 7, 3 Abs 1 Nr 2 ErbStG, DStR 92, 1577; *Gebel,* Gesellschafternachfolge im Schenkung- und ErbStRecht, 2. Aufl 1997; *Ostermayer/Erhart,* Schenkungsteuer ohne objektive Bereicherung? BB 05, 2044; *Hübner/Maurer,* Erbschaft- und schenkungsteuerliche Folgen gesellschaftsvertraglicher Abfindungsbeschränkungen für die verbleibenden Gesellschafter, ZEV 09, 361; 428; *Wangler,* Einfluss des neuen Bewertungs- und Erbschaftsteuerrechts auf Abfindungsregelungen in Gesellschaftsverträgen, DStR 09, 1501; *Neumayer/Imschweiler,* Schenkungsteuer beim Ausscheiden eines Gesellschafters auf Basis gesellschaftsvertraglicher Abfindungsklauseln, DStR 10, 201; *Kotzenberg/Maetz,* Die Anwendbarkeit des § 7 Abs 7 ErbStG beim Ausscheiden eines Gesellschafters „auf Zeit", BB 13, 2391; *Hasbach,* Gesellschaftsvertragliche Abfindungsklauseln in der Erbschaft- und Schenkungsteuer – § 3 Abs 1 Nr. 2 Sätze 2, 3 ErbStG und § 7 Abs 7 ErbStG, Diss. Köln 2014; *Daragan,* Freigebige Zuwendungen an und von Personengesellschaften im Erbschaft- und Schenkungsteuerrecht, FS Meincke 2015, 89.

1. Grundlagen

157 Abs 7 rechnet die Bereicherung, die den anderen Gesellschaftern oder der Gesellschaft beim Ausscheiden eines Gesellschafters gegen nicht vollwertige Abfindung zufällt, zum Erwerb durch Schenkung unter Lebenden. Die Bedeutung der Vorschrift gegenüber Abs 1 Nr 1 liegt darin, dass sie auf das subjektive Tatbestandselement des Abs 1 Nr 1, den Willen des Ausscheidenden zur Freigebigkeit, verzichtet und insb die Einbettung des Anteilsübergangs in die gesellschaftsrechtlichen Beziehungen der Partner unberücksichtigt lässt (Anm 166). Abs 7 S 1 ist im Zusammenhang mit § 3 I Nr 2 S 2 zu sehen. Während § 3 I Nr 2 S 2 eine Regelung für den Übergang des Anteils eines Gesellschafters bei dessen Tod trifft, regelt Abs 7 S 1 die StFolgen des Übergangs des Anteils eines Gesellschafters bei dessen Ausscheiden, wobei der Vergleich mit § 3 ergibt, dass hier das Ausscheiden aus anderen Gründen als durch Tod gemeint sein soll. Abs 7 S 1 setzt Abfindungsklauseln voraus, die zu einem unter dem StWert der Beteiligung liegenden Abfindungsbetrag führen (Anm 163f). Im Hinblick auf dieses Merkmal hat sich die Ausgangslage seit der Einführung der Vorschrift im Jahre 1974 in verschiedener Hinsicht geändert. So hat die ZivilRspr die Anforderungen an die Wirksamkeit derartiger Klauseln erhöht (zB BGH DB 93, 1614), was nicht ohne Rückwirkung auf die Vertragspraxis geblieben ist. Dann hatte zwischenzeitlich das StÄndG 1992 die stlichen Regelungen für die Betriebsvermögensbewertung den handelsrechtlichen Grundsätzen angepasst, den StWert der Beteiligungen damit nachhaltig abgesenkt und auf die Höhe der bilanzstlichen Buchwerte gebracht. Die Folge war, dass nur noch Klauseln, die den Abfindungsbetrag unter den Buchwert der Beteiligung drückten, zur Anwendung des § 7 VII führen konnten. Für die Praxis hatte damit die Vorschrift drastisch an Bedeutung verloren. Das ErbStRG 2009 hatte dann aber den StWert der Beteiligung wieder deutlich angehoben und in die Nähe des Verkehrswertes der Beteiligung gebracht. Damit erlangte die Vorschrift wieder große praktische Bedeutung, die sie immer noch hat. Denn der überwiegende Teil der Gesellschaftsverträge insb von Familiengesellschaften enthält abfindungsbeschränkende Klauseln (§ 13a IX fördert dies sogar), so dass bei einem Ausscheiden gegen Abfindung § 7 VII in der Regel ausgelöst wird.

2. Ausscheiden eines Gesellschafters

158 Abs 7 S 1 setzt das Bestehen einer Personen- oder Kapitalgesellschaft voraus, deren Gesellschaftsvertrag zulässt, dass ein Gesellschafter aus der Gesellschaft gegen Abfin-

dung ausscheiden kann. Unter Ausscheiden ist das Verlassen der im Übrigen fortbestehenden Gesellschaft zu verstehen (vgl § 738 BGB), ein Vorgang, durch den die Gesellschaftsbeteiligung des ausscheidenden Gesellschafters untergeht oder auf die verbleibenden Gesellschafter oder die Gesellschaft übertragen wird. Das Ausscheiden steht im **Gegensatz zur Auflösung der Gesellschaft,** die die Liquidation des Gesellschaftsvermögens und die Beendigung des Gesellschaftsverbandes bewirkt (vgl die Gegenüberstellung der beiden Begriffe in Abs 5). Wird eine GmbH & Co KG in der Weise in eine GmbH umgewandelt, dass alle Kommanditisten die KG verlassen und die GmbH das Gesellschaftsvermögen durch Anwachsung übernimmt, handelt es sich nicht um ein Ausscheiden von Gesellschaftern, sondern um die Auflösung der KG, so dass Abs 7 seinem Wortlaut nach von vornherein nicht zur Anwendung kommt (abweichend allerdings BFH BStBl II 92, 925, 927; dazu sogleich). Das Ausscheiden ist auch vom Übergang der Gesellschafterstellung durch gesellschaftsvertraglich zugelassene **Übertragung der Beteiligung** zu unterscheiden, bei welcher der Erwerber an die Stelle des die Gesellschaft verlassenden Gesellschafters tritt (zustimmend bereits *Felix,* DStZ 83, 165). Denn Abs 7 zielt auf das Ausscheiden gegen Abfindung ab, also auf einen Vorgang, bei dem für den Ausscheidenden eine Abfindung an die Stelle der aufgegebenen Mitgliedschaft tritt. Diese Konstellation ist bei der Übertragung der Mitgliedschaft, sei es an Außenstehende, an Mitgesellschafter oder auch an die Gesellschaft, gerade nicht gegeben (vgl Anm 161). Da das Ausscheiden die Zahl der Gesellschafter verringert (sofern die Gesellschaft nicht im Zuge des Ausscheidens eigene Anteile erwirbt und dadurch als neuer Gesellschafter einrückt), die Gesellschaft aber trotz des Ausscheidens fortbestehen soll, passt § 7 VII **auf zweigliedrige Personengesellschaften und auf Ein-Mann-Kapitalgesellschaften nicht.** Denn aus diesen Gesellschaften kann niemand ausscheiden, ohne zugleich den Gesellschaftsverband aufzuheben (zustimmend *Klaas,* WPg 91, 537, 539). Bei einer zweigliedrigen Personengesellschaft kann daher nicht davon die Rede sein, dass der Anteil des Ausscheidenden „auf die anderen Gesellschafter" übergeht, weil der Plural hier von vornherein nicht passt und weil derjenige, der das Gesellschaftsvermögen im Wege der Anwachsung übernimmt, mit dem Ausscheiden seines Partners kein „Gesellschafter" mehr ist, so dass der Anteil auch nicht auf ihn als Gesellschafter übergehen kann. Der BFH (BStBl II 92, 925, 928) räumt ein, „dass § 7 Abs 7 ErbStG 1974 – jedenfalls in erster Linie – auf den Fall der Anwachsung nach § 738 I 1 BGB als Folge des Ausscheidens eines Gesellschafters abzielt und dass die zuletzt genannte Bestimmung vom Regelfall des Fortbestehens der Gesellschaft und nicht von deren Beendigung und Auflösung ausgeht, die bei der Vereinigung aller Gesellschaftsanteile in einer Hand zwingend ist". Dennoch will das Gericht § 7 VII auch im Fall einer zweigliedrigen Personengesellschaft (zB einer GmbH & Co KG) anwenden, wenn eine Übernahmeklausel vereinbart wurde, nach der bei Auflösung der Gesellschaft das Gesellschaftsvermögen einem der bisherigen Partner (zB der GmbH) anwächst. Denn: „In diesem Fall erfolgt der Übergang des Anteils des ausscheidenden auf den anderen Gesellschafter nach den gleichen Regeln wie bei der mehrgliedrigen Personengesellschaft analog § 142 HGB, § 738 I 1 BGB. Eine Differenzierung zwischen mehr- und zweigliedrigen Personengesellschaften ist danach nicht gerechtfertigt" (BFH aaO). Der Gang dieser Argumentation, in der nach wie vor vom „ausscheidenden Gesellschafter" und dem „anderen Gesellschafter" die Rede ist, verdeckt, dass hier eine gesetzliche Regelung für den Ausscheidensfall auf den Fall der Auflösung der Gesellschaft übertragen wird. Die Differenzierung zwischen den beiden Fällen, die das Gesetz auch sonst unterscheidet (vgl § 7 V), soll deswegen nicht gerechtfertigt sein, weil sich in beiden Fällen die Vermögensverschiebung durch Anwachsung vollzieht. Als wenn gerade die Rechtsfigur der Anwachsung das entscheidende Merkmal für die Anknüpfung der StPfl bildete! Der Sache nach wird durch diese Rspr eine im Zivilrecht unbedenkliche Analogie ohne zwingende Begründung zur Ausweitung des Steuertatbestandes eingesetzt (für eine analoge Anwendung *Hasbach* aaO S 130).

159 Um auch die Vorteile nach Abs 7 zu erfassen, die Gesellschaftern bei der sukzessiven Verringerung des Anteils eines ihrer Partner zuwachsen können, will die FinVerw (DStR 87, 205) auch Fälle der **Verminderung des Umfangs der Beteiligung** gegen Abfindung als Fälle des (teilweisen) Ausscheidens werten. Dabei wird nicht übersehen, dass § 7 VII „nach dem Wortlaut dieser Vorschrift … nur bei einem völligen Ausscheiden eines Gesellschafters anzuwenden" ist (Stbg 84, 321). Doch soll diese Praxis dem Sinn der Vorschrift entsprechen (FinVerw DStR 87, 205; *Nolte,* JbFfSt 83/84, 273, 297). Will man aber die Fixierung eines bestimmten Gesetzestextes nicht überhaupt für überflüssig erklären und nur noch aus dem Sinn der Gesetzgebung argumentieren, dann kann man den Gesetzessinn nur iVm dem Gesetzeswortlaut zur Anwendung bringen. Man muss jeweils eine Andeutung für den Gesetzessinn in dem Gesetzeswortlaut auffinden. Diese Brücke vom Gesetzessinn über den Gesetzwortlaut zum Regelungsinhalt wird von der FinVerw, wie *Moench/Weinmann* (§ 7 Rz 250) berichtet, darin gesehen, dass Abs 7 S 1 auch vom Übergang des „Teils eines Anteils" spricht. Dies ändert aber nichts daran, dass es weiterhin an der Erfüllung des weiteren Tatbestandsmerkmals des „Ausscheidens" fehlt. Daher fehlt dieser Argumentation bisher noch die ausreichende Überzeugungskraft (so auch bereits *Troll,* BB 90, 674, 682; *Autenrieth/Breucha-Schmidberger,* DStZ 88, 589, 591; ebenso *Viskorf/Schuck* § 7 Rz 250).

160 Das Ausscheiden führt zum **Übergang des Gesellschaftsanteils** auch dann, wenn die anderen Gesellschafter von dem Ausscheiden nicht durch Anteilsübertragung, sondern durch Anwachsung der Gesellschafterrechte profitieren (BFH BStBl II 92, 925; § 3 Anm 73). Das Ausscheiden und der Anteilsübergang beim Tod eines Gesellschafters wird nicht durch § 7 VII, sondern durch § 3 I Nr 2 S 2 erfasst. Zum Anteilsübergang beim Tod ist auch der Fall zu rechnen, dass der Anteil zunächst im Wege der Erbfolge auf die Erben übergeht, aber alsdann auf Grund einer durch den Gesellschaftsvertrag begründeten Verpflichtung von den Erben an die Gesellschafter oder an die Gesellschaft übertragen werden muss (§ 3 Anm 75). Aus der in den Gesetzesmaterialien (BTDrs 6/3418, 65) hervorgehobenen Parallelität von Anteilsübergang beim Tod und Anteilsübergang beim sonstigen Ausscheiden folgt hingegen nicht zwingend, dass Abs 7 nur bei einem dem Ausscheiden durch Tod vergleichbaren zwangsweisen Verlassen der Gesellschaft durch Kündigung oder Ausschlussklage der Mitgesellschafter zur Anwendung gebracht werden kann (aM *Schulze-Osterloh,* StuW 77, 122, 141; wie hier *Moench/Weinmann* § 7 Rz 249).

161 Allerdings muss der Anteilsübergang **auf Gesetz oder auf dem Gesellschaftsvertrag beruhen,** auch wenn der Wortlaut des Abs 7 diese Einschränkung zurzeit nicht mehr deutlich zum Ausdruck bringt (so auch *Moench/Weinmann* § 7 Rz 249). Die separat vereinbarte Übertragung des Anteils auf einen einzelnen Mitgesellschafter lässt sich daher regelmäßig nicht unter § 7 VII subsumieren (so schon FG Düsseldorf EFG 89, 642 und BFH/NV 90, 675; s auch FinVerw DStR 87, 205), sondern ist nach § 7 I Nr 1 zu beurteilen. Dieser Auffassung ist der BFH (BStBl II 92, 921) unter Hinweis darauf gefolgt, dass die zur Anteilsübertragung erforderliche Zustimmung der Gesellschafter nicht die Beurteilung zulässt, dass die den Gesellschafterwechsel begründenden Rechtsbeziehungen zwischen Anteilsveräußerer und Anteilserwerber gesellschaftsvertraglicher Art seien oder auf dem Gesellschaftsvertrag iSd § 7 VII beruhen, was auch zu gelten hat, wenn die Zustimmung bereits im Gesellschaftsvertrag erteilt ist. Im Urteilstext fand sich allerdings auch noch die zusätzliche Bemerkung, dass der Senat offen lasse, „ob im Rahmen des Anwendungsbereichs des § 7 VII ErbStG in besonders gelagerten Fällen eine andere Beurteilung Platz greifen könnte" (S 923). Doch ist nicht erkennbar,welche besonders gelagerten Fälle hierzu in Betracht kommen könnten. In seiner Entscheidung v 20.1.2016 hat denn auch der BFH (BStBl II 16, 292) seine Auffassung nochmals bestätigt und auf einen entsprechenden Ausnahmevorbehalt verzichtet. Stattdessen hat er betont, dass das Gesetz klar vom „Ausscheiden eines Gesellschafters" und vom „Abfindungsanspruch" spre-

che, worunter sich eine rechtsgeschäftliche Übertragung eben nicht subsumieren lasse. Die Streichung der Worte „auf einem Gesellschaftsvertrag beruhende" aus dem Gesetzestext ändere daran nichts. Vielmehr sei dies lediglich zur Angleichung an die Parallelvorschrift des § 3 I Nr 2 erfolgt, dessen Anpassung an die geänderten handelsrechtlichen Bestimmungen (Ausscheiden statt Auflösung bei Ausscheiden aus Personenhandelsgesellschaften) notwendig geworden war. Zurecht weist der BFH darauf hin, dass die Gesetzesbegründung keinerlei Anhaltspunkte dafür enthält, dass damit gleichzeitig auch eine Erweiterung des Schenkungstatbestandes auf rechtsgeschäftliche Übertragungen gewollt war. Er widerspricht deshalb ausdrücklich der Auffassung der FinVerw, die nach wie vor in der Veräußerung eines Gesellschaftsanteils unter Wert eine Schenkung nach § 7 VII sehen will (Erlass v 14.3.2012, BStBl I 12, 331, Abschn 2.4.1 für Geschäftsanteile an Kapitalgesellschaften; wie der BFH aber FG München EFG 17, 1027; FG Düsseldorf ZEV 17, 466).

Die grundsätzliche Haltung der Rspr zum Anwendungsbereich des § 7 VII hat im **162**
Übrigen Konsequenzen für die Ermittlung des Zuwendungsobjekts und des stpfl Erwerbs: Bei Anwendung des Abs 7 unterliegt die Wertdifferenz zwischen übergegangenem Anteil und Abfindung der Besteuerung, die Bereicherung wird demnach als Saldo bestimmt. Wird dagegen ein Anteil auf einen einzelnen Mitgesellschafter oder auf einen Außenstehenden übertragen und leistet dieser nur ein unter dem StWert des Anteils liegendes Entgelt, so kann es sich um eine gemischte Schenkung (Anm 30ff) handeln, die als freigebige Zuwendung nach Abs 1 Nr 1 entsprechend dem Verhältnis der Buchwertabfindung zum Verkehrswert des Gesellschaftsanteils in einen entgeltlichen und einen unentgeltlichen Geschäftsteil zerlegt werden muss.

3. Ausscheiden gegen nicht vollwertige Abfindung

Die mit dem Anteilsübergang verbundene Bereicherung wird von der Besteue- **163**
rung in dem Umfang erfasst, in dem der nach § 12 berechnete StWert des Anteils den Abfindungsanspruch übersteigt, der für den Ausscheidenden an die Stelle der früheren Gesellschaftsbeteiligung tritt. Da dem aus einer Personengesellschaft ausscheidenden Gesellschafter ohne besondere vertragliche Absprache ein vollwertiger Abfindungsanspruch zusteht (vgl § 738 I 2 BGB), wird eine wirksame – oder nach § 41 AO als wirksam zu behandelnde – Vereinbarung vorausgesetzt, die den Abfindungsbetrag unter den StWert des Anteils drückt. Nach der durch das ErbStRG 2009 geänderten Rechtslage, die den StWert an den Verkehrswert des Anteils herangeführt hat, gehören hierzu jegliche abfindungsbeschränkende Klauseln (bspw solche mit Verweis auf den Buchwert oder den Wert nach „altem" Stuttgarter Verfahren). Auch schlichte gesellschaftsvertraglich angeordnete Abschläge vom sachverständig zu ermittelnden Anteilswert führen zur Anwendung des Abs 7. Die Regelung des Abs 7 bestätigt gleichzeitig, dass gesellschaftsvertragliche Abreden, die zu einer Abfindung unter dem StWert (idR gleich Verkehrswert) des Anteils führen, nach Auffassung des Gesetzgebers wirksam sein können. Die Wirksamkeit muss jedoch, soweit nicht § 41 AO eingreift (BFH BStBl II 92, 925, 929), im Einzelfall unter Berücksichtigung der zunehmend skeptischen ZivilRspr (zB BGH NJW 85, 192; 89, 2685; 92, 892; 93, 2101; 3193) überprüft werden. Abs 7 geht vom Bestehen eines Abfindungsanspruchs aus. Die Anwendung des Abs 7 wird aber auch für den Fall empfohlen (vgl *Hofmann,* DStZ/A 79, 230), dass der Abfindungsanspruch vertraglich ganz ausgeschlossen worden ist. Soweit allerdings schon kraft Gesetzes kein Abfindungsanspruch besteht (§§ 21 GmbHG, 64 AktG), sollte Abs 7 nicht zur Anwendung gelangen.

4. Nicht vollwertige Beteiligung

164 Abs 7 greift nur ein, wenn der Wert, der sich für den Gesellschaftsanteil zur Zeit des Ausscheidens des Gesellschafters nach § 12 ergibt, den Abfindungsanspruch übersteigt. Der Abfindungsbetrag muss also unter dem StWert des Anteils nach § 12 liegen. Abs 7 unterstellt, dass es mit dem Übergang des Anteils beim Ausscheiden des Gesellschafters in Höhe der Differenz zwischen StWert der Beteiligung und Abfindungsbetrag zu einer Vermögensumschichtung zwischen dem Ausscheidenden und den verbleibenden Gesellschaftern oder der Gesellschaft kommt. Nach einer verbreiteten Auffassung soll es an dieser Voraussetzung fehlen, wenn dem ausscheidenden Gesellschafter schon bei seiner Aufnahme in die Gesellschaft eine nicht vollwertige Beteiligung eingeräumt worden ist (vgl *Rüßmann,* Diss Heidelberg 1977, 147 Fn 406 mwN). Abs 7 soll in diesem Fall nicht anwendbar sein. Doch vermag diese Auffassung in solcher Allgemeinheit nicht zu überzeugen. Abs 7 setzt voraus, dass der StWert des Anteils über dem Abfindungsbetrag liegt, dem ausscheidenden Gesellschafter also nach stlichen Bewertungsgrundsätzen ein gegenüber dem Abfindungsbetrag höherwertiger Anteil zustand. War der Anteil des Ausscheidenden nicht vollwertig, so kommt es allein darauf an, ob sich diese Wertminderung in dem StWert des Anteils niederschlägt. Ist dies der Fall, so wird sie iRd Abs 7 ohne Weiteres berücksichtigt. Andernfalls aber muss sie bei wortlautentsprechender Anwendung unberücksichtigt bleiben. Allerdings sollte bei der Ermittlung des StWertes der Rechtsgedanke des **Abs 5** nicht unberücksichtigt bleiben. Nach ihr gilt – freilich dem Wortlaut nach nur bei Personengesellschaften, einer Buchwertklausel und Vorliegen der übrigen dort genannten Voraussetzungen – die den Abfindungsbetrag übersteigende Vermögensbeteiligung als auflösend bedingt erworben. Der StWert ist beim Ausscheiden des Gesellschafters zu berichtigen. Nur an diesen im Rahmen einer teleologischen Reduktion generell zu berichtigenden StWert sollte dann auch die Prüfung des Abs 7 anknüpfen. Denn eine Besteuerung des nicht durch die Abfindung abgedeckten Mehrwerts würde voraussetzen, dass sich der Übergang dieses Mehrwerts auf die verbleibenden Gesellschafter als Zuwendung aus dem Vermögen des Ausscheidenden darstellt; hieran fehlt es aber, wenn dessen Erwerb von vornherein als auflösend bedingt und damit bloß vorläufig anzusehen war (vgl *Schulze-Osterloh,* StuW 77, 122, 141 Fn 190). Mit einer ähnlichen Argumentation wird von Teilen des Schrifttums auch eine Anwendung des § 7 VII bei sog Manager- und Mitarbeiterbeteiligungsmodellen abgelehnt. Im Rahmen solcher Modelle werden Mitarbeiter ohne oder gegen geringes Entgelt in die Gesellschaft aufgenommen. Gleichzeitig steht aber schon bei Eintritt in die Gesellschaft fest, dass sie mit Beendigung der Tätigkeit wieder ohne oder gegen reduzierte Abfindung aus der Gesellschaft ausscheiden müssen. Sie sind damit von vornherein nicht objektiv bereichert. Der mit der Abfindungsbeschränkung insoweit verbundene Verzicht auf eine substanzielle Bereicherung steht damit einer auch von § 7 VII vorausgesetzten Vermögensverschiebung entgegen. Die Abfindungsbeschränkung wird stattdessen als Teil der Gesamtvergütung des Mitarbeiters anzusehen sein, weshalb das Ausscheiden des Mitarbeiters im Rahmen solcher Modelle schon objektiv nicht unentgeltlich erfolgt (*Kotzenberg/Maetz,* DB 13, 2391; *Fischer/Fischer* § 7 Rz 542; *Kapp/Geck* § 7 Rz 199; *Kreutziger* ZEV 13, 252; ähnlich auch *Troll/Gottschalk* § 3 Rz 257; so auch zum Erwerb eines Geschäftsanteils zum Nennbetrag durch einen Pooltreuhänder, der den erworbenen Geschäftsanteil treuhänderisch bis zur Aufnahme eines neuen Gesellschafters zu halten hatte, FG Düsseldorf EFG 17, 1388 – Rev II R 34/17).

5. Einziehung eines Geschäftsanteils (Satz 2)

Wird ein GmbH-Geschäftsanteil beim Ausscheiden des Gesellschafters auf Grund einer Regelung im Gesellschaftsvertrag durch Einziehung aufgehoben und wird die Aufhebung mit einer Abfindung verbunden, die unter dem StWert des Anteils liegt, so wurde dieser Vorgang schon bisher als stpfl Vorgang iSd § 7 Abs 7 gedeutet. Allerdings war nicht ganz sicher, wer in diesem Fall als Schenker und wer als Beschenkter zu gelten hat. Der mit StEntlG 1999/2000/2002 (BGBl I 99, 402) eingefügte S 2 stellt klar, dass in diesem Fall von einer Schenkung des ausgeschiedenen Gesellschafters an die verbleibenden Gesellschafter auszugehen ist. 165

6. Wille zur Freigebigkeit?

Die Bereicherung, die sich für die verbleibenden Gesellschafter beim Ausscheiden eines Mitgesellschafters gegen Abfindungszahlung ergibt, kann nicht ohne Weiteres als freigebige Zuwendung iSd Abs 1 Nr 1 erfasst werden. Denn regelmäßig wird diese Vermögensumschichtung im Gesellschafterverband auf einer vertraglichen Grundlage beruhen, die nicht die Bereicherung der verbleibenden Gesellschafter um der Bereicherung willen anstrebt, sondern die der Förderung des gemeinsamen Zwecks im Rahmen der Gesellschaftsbeziehungen dient (BFH BStBl III 53, 199; FG Hbg EFG 81, 187). Der Gesetzgeber wollte die Bereicherung dennoch der StPfl unterwerfen. Die gesellschaftsvertragliche Einbettung der Vermögensumschichtung sollte also kein Argument gegen die StPfl sein. Auch sollte erst der Anteilsübergang und nicht schon die vertragliche Vereinbarung des späteren Anteilsübergangs als Schenkung gewertet werden, um die gegen den Schenkungscharakter sprechenden Argumente der „Wagnisrechtsprechung" (vgl § 3 Anm 78 ff) auszuschalten. Es sollten also iRd § 7 VII in jedem Fall nicht dieselben Anforderungen für den Willen zur Freigebigkeit wie iRd § 7 I Nr 1 gelten. Darüber bestand und besteht weithin Einigkeit. Dagegen lag es erkennbar nicht in der Zielsetzung der Gesetzesverfasser, iRd § 7 VII eine entgeltlich erlangte Bereicherung für stpfl zu erklären, wie schon die Einordnung des StTatbestandes unter die Schenkungen unter Lebenden erweist. Die Unentgeltlichkeit des Vermögenserwerbs spielt daher auch in diesem Zusammenhang eine Rolle. Ist daher das Ausscheiden gegen Abfindung Teil einer als Vergleich getroffenen Regelung, die insgesamt als entgeltliches Geschäft beurteilt werden muss, kommt eine Besteuerung der mit dem Anteilsübergang vermittelten Bereicherung auf die verbleibenden Gesellschafter nicht in Betracht (so schon *Felix,* DStZ 91, 275, 276; *Klaas,* WPg 91, 537, 540). Weil über die Entgeltlichkeit oder Unentgeltlichkeit des Anteilsübergangs nicht ohne Berücksichtigung der zugrunde liegenden Vertragsgestaltungen und daher auch nicht ohne Rücksicht auf den Willen der Vertragspartner entschieden werden kann, liegt es nahe, auch das Bewusstsein und den Willen des ausscheidenden Gesellschafters vorauszusetzen, dass sein Ausscheiden zu einer unentgeltlichen Bereicherung der verbleibenden Gesellschafter führen wird. Der BFH ist dieser Rechtsansicht jedoch mit Nachdruck entgegengetreten (BFH BStBl II 92, 925). Danach **gehört das subjektive Merkmal des Bewusstseins der Unentgeltlichkeit nicht zum gesetzlichen Tatbestand des § 7 VII.** Zur Begründung verweist der BFH vornehmlich darauf, dass eine andere Entscheidung durch den Gesetzeswortlaut und -sinn nicht erzwungen wird, ohne dass damit allerdings schon eine überzeugende innere Rechtfertigung für die eigene RsprLinie gefunden ist. 166

7. Erwerb bei Anteilsübertragung (Satz 3)

167 Der mit dem ErbStRG 2009 eingefügte § 10 X beschäftigt sich wie § 7 VII mit der Rechtslage, die sich ergibt, wenn an die Stelle einer Gesellschaftsbeteiligung ein unterwertiger Abfindungsanspruch tritt. Nur hat § 10 X nicht die Stellung der Anteilserwerber, sondern die Stellung des Abfindungsberechtigten im Sinn. Obwohl der Abfindungsberechtigte nach den in § 10 X genannten Voraussetzungen zunächst eine Gesellschaftsbeteiligung erwirbt, soll ihm doch nur der niedrigere Abfindungsanspruch als Erwerb zugerechnet werden. Diese Vorschrift braucht eine Ergänzung im Hinblick auf diejenigen, die die Abfindung aufbringen und dafür dann die höherwertige Gesellschaftsbeteiligung erwerben. Ihnen soll die Wertdifferenz zwischen Abfindungsanspruch und Gesellschaftsbeteiligung als stpfl Vermögensanfall zugerechnet werden. Das will S 3 mit der Anordnung einer sinngemäßen Anwendung der Sätze 1 und 2 besagen. Auch in diesem Zusammenhang wird die Praxis das Bewusstsein und den Willen zur Unentgeltlichkeit nicht zu den Merkmalen des gesetzlichen Tatbestandes rechnen.

XIII. Leistungen an Kapitalgesellschaften in Sonderfällen (Abs 8)

Schrifttum: *van Lishaut/Ebber/Schmitz,* Die Schenkung- und ertragsteuerliche Behandlung disquotaler Einlagen und disquotaler Gewinnausschüttungen, Ubg 12, 1; *Milatz/Herbst,* Disquotale Einlagen gemäß § 7 Abs. 8 ErbStG, ZEV 12, 21; *Riedel,* GmbH und Schenkungsteuer: § 7 Abs. 8 ErbStG, ErbStB 12, 302; *Fischer,* Die Neuregelung des § 7 Abs. 8 ErbStG durch das BeitrRLUmsG, ZEV 12, 77; *Korezkij,* Schenkungen unter Beteiligung von Kapitalgesellschaften nach den Ländererlassen vom 14.3.2012, ZEV 12, 303; *Binnewies,* Zuwendungen zwischen Gesellschafter und Gesellschaft – ertrag- und schenkungsteuerliche Aspekte, GmbH-StB 12, 343; *H.-U. Viskorf,* Schenkungsteuer bei Leistungen zwischen einer Kapitalgesellschaft und ihren Gesellschaftern oder Dritten, ZEV 12, 442; *Friz/Grünwald;* Disquotale Gesellschafts- und Gesellschafterleistungen im Schenkungsteuerrecht – quo vadis?, FR 12, 911; *St. Viskorf/Haag/Kerstan,* Verdeckte Einlagen und verdeckte Gewinnausschüttungen im Schenkungsteuerrecht, NWB 12, 927; *Kahlert/Schmidt,* Löst ein Forderungsverzicht zu Sanierungszwecken nach § 7 Abs. 8 ErbStG Schenkungsteuer aus?, DStR 12, 1208; *Milatz/Bockhoff,* Mögliche Gestaltungen zur Vermeidung der Schenkungsfiktion des § 7 Abs. 8 Satz 1 ErbStG, ErbStB 13, 15; *Schulte/Petschulat,* Die subjektive Seite der disquotalen Einlage im Schenkungsteuerrecht – § 7 Abs. 8 S. 1 ErbStG, BB 13, 471; *Loose,* Schenkungen unter Beteiligung von Kapitalgesellschaften (§ 7 Abs. 8 ErbStG), GmbHR 13, 561; *Niesse/Hemme,* Minderheitenschutz bei freiwilligen Zuzahlungen in die Kapitalrücklage im Lichte des § 7 Abs. 8 ErbStG, GmbHR 14, 293; *Förster/Walla,* Disquotale Einlagen bei personenbezogenen Kapitalgesellschaften FR 15, 961; *Holthusen,* Streitfragen im Rahmen der Neuregelung des § 7 Abs. 8 ErbStG, ZEV 16, 311.

1. Allgemeines

168 Abs 8 ist durch das Beitreibungsrichtlinie-Umsetzungsgesetz (BeitrRLUmsG) v 7.12.2011 (BGBl I 11, 2592) für Erwerbstatbestände ab dem 14.12.2011 eingeführt worden. Die Regelung erfasst die durch Zuwendungen eines Gesellschafters oder eines Dritten an die Kapitalgesellschaft eintretende Werterhöhung in den Anteilen weiterer unmittelbar oder mittelbar beteiligter Gesellschafter dieser Kapitalgesellschaft als Schenkung. Die Vorschrift lässt sich als Reaktion auf die Rspr des BFH verstehen, die insb die aufgrund „disquotaler" Einlagen eintretende reflexartige Bereicherung der übrigen Gesellschafter der Kapitalgesellschaft nicht als schstpfl freigebige Zuwendung ansieht (BFH BStBl II 10, 566; *Birnbaum,* ZEV 09, 125). Die Regelung zielt daher in erster Linie darauf ab, die auf disquotalen Einlagen beruhenden Wert-

erhöhungen in den Anteilen der nicht einlegenden Gesellschafter einer Kapitalgesellschaft zu besteuern, und soll ausweislich der Gesetzesbegründung (BTDrs 17/7524, 20) damit die aus der vorgenannten BFH-Rspr resultierende vermeintliche Besteuerungslücke schließen. Nach S 1 der Regelung gilt als Schenkung die Werterhöhung von Anteilen an einer Kapitalgesellschaft, die eine an der Gesellschaft unmittelbar oder mittelbar beteiligte natürliche Person oder Stiftung durch die Leistung einer anderen Person (Zuwendender) an die Gesellschaft erlangt. Nach S 2 der Regelung soll dies grds auch für Zuwendungen zwischen Kapitalgesellschaften gelten, wodurch im Grundsatz auch Einlagevorgänge innerhalb eines unter einheitlicher Leitung stehenden Konzernverbundes schstpfl Zuwendungen begründen können. Zuwendungen zwischen Kapitalgesellschaften nach S 2 sind jedoch nur freigebig, soweit sie in der Absicht getätigt werden, Gesellschafter zu bereichern, und soweit an diesen Gesellschaften nicht unmittelbar oder mittelbar dieselben Gesellschafter zu gleichen Anteilen beteiligt sind. Gem S 3 der Regelung sind Sätze 1 und 2 auch auf Genossenschaften anzuwenden.

Gleichzeitig mit § 7 VIII ErbStG wurde die Regelung des § 15 IV ErbStG mit **169** dem BeitrRLUmsG v 7.12.2011 (BGBl I 11, 2592) eingeführt. Beide Regelungen stehen in Zusammenhang. Nach § 15 IV ErbStG ist für die Steuerklasse nicht das Verhältnis zwischen dem Zuwendenden und/oder dem Bedachten zur zwischengeschalteten Kapitalgesellschaft, sondern zwischen Zuwendendem und Bedachtem maßgebend. Die FinVerw hat sich mit Erlass v 14.3.2012 (BStBl I 12, 331) zum Anwendungsbereich des § 7 VIII ErbStG geäußert.

Die Steuerbefreiungen für Betriebsvermögen nach den §§ 13a, 13b ErbStG fin- **170** den bei nach § 7 VIII stpfl Vorgängen grds keine Anwendung (so die FinVerw BStBl I 12, 331, Rz 3.5). Es wird vertreten, dass in Fällen der disquotalen Einlage eines in den Anwendungsbereich der Befreiungsvorschriften fallenden Gesellschaftsanteils anderes gelten könne (so wohl *von Oertzen/Loose* § 7 Rz 576), wenn und soweit der eingelegte Geschäftsanteil seinerseits bei direkter (anteiliger) Zuwendung begünstigt wäre. Die Rspr zur Zuwendung im Rahmen einer Kapitalerhöhung (BFH BStBl II 15, 241) wird man hierzu jedoch nicht heranziehen können, da der „bereicherte" Gesellschafter in diesen Fällen, anders als im Rahmen des § 7 VIII ErbStG, gerade „neue" Geschäftsanteile erhält und nicht lediglich reflexartig eine Bereicherung seiner bisherigen Beteiligung erfährt.

2. Zuwendungen an natürliche Personen (Satz 1)

S 1 verlangt eine Leistung durch eine Person (Zuwendender) an die Gesellschaft. **171** Nach dem Wortlaut der Regelung kann jede rechtsfähige Person Zuwendender sein. Eine Beteiligung des Zuwendenden an der die Zuwendung empfangenden Gesellschaft ist nicht erforderlich. Die Norm ist damit deutlich **zu weit gefasst.** Denn danach fallen etwa auch günstige Anschaffungsvorgänge durch die Kapitalgesellschaft, wie der günstige Einkauf von Waren, in den Anwendungsbereich. Nach dem Wortlaut sind sämtliche Leistungsbeziehungen der Kapitalgesellschaft darauf zu überprüfen, ob daraus eine Werterhöhung der Anteile an der Gesellschaft resultiert. Zu Recht wird im Schrifttum daher eine einschränkende Auslegung des Begriffs des Zuwendenden gefordert, da die Anwendung der Norm in der Praxis andernfalls völlig unberechenbar wäre (*Loose,* GmbHR 13, 562, 563). Die FinVerw hat es versäumt, sich in den Erlassen v 14.3.2012 (BStBl I 12, 331) dazu eindeutig zu äußern. Jedoch begrenzt auch sie etwa den Anwendungsbereich der Norm entgegen dem Wortlaut, indem sie etwa für das Vorliegen einer disquotalen Leistung eine Gesamtbetrachtung anstellt (BStBl I 12, 331, Rz 3.3.3) und für das Vorliegen einer Werterhöhung auf die Erkenntnismöglichkeiten und Wertvorstellungen der Gesellschafter auf den Zeitpunkt abstellt, in dem die Leistung bewirkt wird (Rz 3.3.3). Letzteres bedeutet nichts anderes als die – zumindest partielle – Anerkennung eines ungeschriebenen, im Wortlaut des S 1 nicht verankerten subjektiven Tatbestandsmerkmals. Unklar bleibt aber, ob die FinVerw damit auch bereit ist, solche Fälle aus dem Anwendungsbereich des S 1 auszunehmen, in denen die Gesellschaft in dem Wissen um ein gutes Geschäft von einem Dritten eine Zuwendung erhält und dadurch die Anteile der Gesellschafter notwendigerweise eine objektive Werterhöhung erfahren. Die Ausführungen der FinVerw tragen daher nicht wirklich zu einer Beseitigung bestehender Rechtsunsicherheiten bei. Letztlich wird sich der ausufernde Anwendungsbereich des Abs 8 S 1 nur begrenzen lassen, indem man im Rahmen einer teleologischen Auslegung einen Willen zur Freigebigkeit als ungeschriebenes Tatbestandsmerkmal erkennt.

172 Als Zuwendung kommt mangels einer Eingrenzung **jede Form der Leistung** an die Kapitalgesellschaft in Betracht, so dass neben offenen und verdeckten Einlagen auch Umwandlungsvorgänge und der Verzicht auf Forderungen tatbestandsauslösend wirken können. Die FinVerw vertritt die Ansicht, dass sowohl Sach- als auch Nutzungseinlagen Leistungen iSd S 1 sein können und dürfte damit auf der Linie der BFH-Rspr liegen (vgl BFH BStBl II 96, 160; aA *Fischer,* ZEV 12, 77, 81).

173 Die Leistung durch den Zuwendenden muss schließlich eine **Werterhöhung der Anteile** an der Kapitalgesellschaft bewirkt haben. Nach der FinVerw ist der auch insoweit viel zu weit geratene Wortlaut mittels der bereits angesprochenen Gesamtbetrachtung einzugrenzen (vgl Anm 171), wonach S 1 nicht erfüllt sein soll, wenn die in einem zeitlichen und sachlichen Zusammenhang erbrachten Leistungen aller Gesellschafter an die Gesellschaft als „gleichwertig" erscheinen. Danach ist S 1 nicht erfüllt, wenn die Gesellschafter vereinbaren, dass disquotale Leistungen eine Ausgleichspflicht der nicht leistenden Gesellschafter auslösen. Wann aber die Ausgleichspflicht erfüllt werden muss, um innerhalb des von der FinVerw geforderten zeitlichen Zusammenhangs zu bleiben, ist unklar.

174 Besondere Brisanz erfährt die Regelung in sog **„Sanierungsfällen".** Verzichtet ein Gesellschafter zur Rettung der Gesellschaft auf seine in solchen Fällen meist wertlose Forderung gegen diese, führt dies bei der Gesellschaft dennoch zu einem Gewinn und zur Mehrung des Eigenkapitals. Der Tatbestand des S 1 ist nach dem Wortlaut erfüllt. Die FinVerw geht ebenfalls von einem schstpfl Vorgang aus, räumt aber Möglichkeiten ein, um den Tatbestand auszuschließen (BStBl I 12, 331, Rz 3.3.6 u 3.3.7). Praktikabel erscheint insoweit vor allem der Forderungsverzicht gegen Besserungsschein.

3. Zuwendungen zwischen Kapitalgesellschaften (Satz 2)

175 S 2 erfasst Zuwendungen zwischen Kapitalgesellschaften, soweit sie in der Absicht getätigt werden, Gesellschafter zu bereichern und soweit an beiden Gesellschaften unmittelbar oder mittelbar nicht dieselben Personen beteiligt sind. Um konzerninterne Vorgänge von der Besteuerung nach S 2 auszunehmen, hat die Leistung der Kapitalgesellschaft an die empfangende Gesellschaft in **Bereicherungsabsicht** zu erfolgen. Ein stpfl Erwerb besteht nur insoweit, wie die Beteiligungsverhältnisse an den beteiligten Kapitalgesellschaften voneinander abweichen (so auch FinVerw BStBl I 12, 331, Rz 4.1).

§8 Zweckzuwendungen

Zweckzuwendungen sind Zuwendungen von Todes wegen oder freigebige Zuwendungen unter Lebenden, die mit der Auflage verbunden sind, zugunsten eines bestimmten Zwecks verwendet zu werden, oder die von der Verwendung zugunsten eines bestimmten Zwecks abhängig sind, soweit hierdurch die Bereicherung des Erwerbers gemindert wird.

Übersicht

Schrifttum: *Meincke,* Zweckzuwendungen unter Lebenden, FS Zehn Jahre DVEV, 2005, 89; *Götz,* Erbschaftsteuerliche Risiken bei testamentarischen Auflagen, die Haustiere des Erblassers zu pflegen, ZEV 12, 649; *Söffing/Krogol,* Einzelfragen zu Zweckzuwendung im Sinne des §8 ErbStG, SAM 14, 165; *Bruschke,* Zweckzuwendungen im Erbschaft- und Schenkungsteuerrecht, ErbStB 14, 73; *Halaczinsky,* Erbschaftsbesteuerung einer Zweckzuwendung an in Not geratene Arbeitnehmer, UVR 14, 232; *Steiner,* Letztwillige Verfügung für die Versorgung von Tieren, ErbStB 15, 183.

I. Allgemeines

§8 erläutert den in §1 I Nr3 genannten **Begriff der Zweckzuwendung.** Zur Geschichte des Rechtsinstituts vgl Näheres §1 Anm 12, 13. In der Zweckzuwendung treffen **zwei stpfl Vorgänge** zusammen, eine Zuwendung und eine Zweckauflage. Die StPfl der **Zuwendung** richtet sich nach §1 I Nr1 oder Nr2, je nachdem, ob sie einen Erwerb von Todes wegen oder einen Erwerb durch Schenkung unter Lebenden begründet. §1 I Nr3 iVm §8 befasst sich nicht mit der Besteuerung dieser Zuwendung, sondern mit der Besteuerung der mit dieser Zuwendung verbundenen **Zweckauflage.** Der Auflage gleichgestellt ist die Belastung des Zuwendungsempfängers mit gewissen Leistungen, die dieser aufbringen muss, um eine mit der Zuwendung verknüpfte Erwerbsbedingung zu erfüllen. Das Gesetz spricht von Zweckzuwendung, weil es in der Leistung des Zuwendungsempfängers zur Erfüllung der Auflage oder der Bedingung eine mit der Hauptzuwendung gekoppelte zweite Zuwendung sieht (vgl §20 I), die ohne bestimmten Adressaten nur der Zweckerfüllung dient. Um das Institut deutlicher zu charakterisieren, würde es besser als Zweckauflage statt als Zweckzuwendung bezeichnet. 1

1. Normzweck

Das Institut der Zweckzuwendung dient dem Ziel, Entlastungswirkungen bei der stpfl Zuwendung zu neutralisieren. Ist eine Zuwendung nämlich mit der Auflage verbunden, den Erwerb oder einen Teil des Erwerbs zugunsten eines bestimmten, mit den eigenen Interessen des Erwerbers nicht identischen Zwecks zu verwenden, ist 2 die stpfl Bereicherung des Erwerbers insoweit gemindert, als ihm die Zuwendung in Höhe des zur Zweckerfüllung erforderlichen Betrags nicht zugutekommt. Der Erwerber braucht bei Erwerben von Todes wegen den eigenen Erwerb nur abzüglich des zur Erfüllung der Zweckauflage erforderlichen Betrags zu versteuern (§ 10 V Nr 2). Beim Erwerb unter Lebenden wird das Zuwendungsobjekt nach der Rspr des BFH zur gemischten Schenkung im Verhältnis des Werts der Zweckauflage zum Wert der Leistung des Zuwendenden gekürzt. Als Folge dieser Kürzung wird auch die StPfl des Bedachten entspechend herabgesetzt. Damit der bei der Besteuerung der Zuwendung wegen der Zweckauflage unversteuert bleibende Betrag im Ergebnis dennoch zur St herangezogen werden kann, wird er durch § 1 I Nr 3 iVm § 8 der Besteuerung als „Zweckzuwendung" unterworfen (§ 1 Anm 12).

2. Arten der Zweckzuwendung

3 § 8 stellt Zwecksetzungen, die mit einer Verfügung von Todes wegen verbunden sind (Zweckzuwendungen von Todes wegen), solchen gegenüber, die eine freigebige Zuwendung einschränken (Zweckzuwendungen unter Lebenden). § 8 unterscheidet ferner zwischen Zweckbestimmungen, die als Auflage eine Verpflichtung des Bedachten begründen, und solchen, die den Erwerb des Beschwerten von einer Bedingung abhängig machen.

3. Aufbau

4 Charakteristisch für die Zweckzuwendung ist der **zweistufige Aufbau** des Steuertatbestandes. Immer wird eine Zuwendung von Todes wegen oder eine freigebige Zuwendung unter Lebenden vorausgesetzt, die ihrerseits einen stpfl Vorgang iSv § 1 Nr 1 oder Nr 2 begründet (BFH BStBl III 53, 144). Nur solche Zuwendungen können, wenn sie mit einer Zweckauflage verbunden sind, eine StPfl nach § 1 I Nr 3 iVm § 8 auslösen. Eine Zweckzuwendung kommt daher nicht in Betracht, wenn der Zuwendende, statt den Weg einer Zuwendung unter Auflage zu wählen, einen gegenseitigen Vertrag abschließt und zB mit einem Gebirgsverein vereinbart, dass dieser gegen Zahlung von 15.000 EUR die Ausbesserung eines Wanderweges übernimmt (BFH BStBl II 87, 861). Eine Zweckzuwendung scheidet ferner dann aus, wenn das Versprechen einer Geldleistung von 5000 EUR an denjenigen, der die lebenslange Pflege einer Katze übernimmt (aM FG Düsseldorf EFG 98, 1274), nicht als schenkweise Zuwendung mit einer Zweckauflage, sondern als eine nicht steuerbare Auslobung einzuordnen ist. Eine Zweckzuwendung liegt auch dann nicht vor, wenn der Erblasser einen Dritten durch einen Geschäftsbesorgungsvertrag zur späteren Grabpflege verpflichtet (BFH BStBl II 87, 861). Erfolgt die Grabpflege freiwillig ohne Belastung durch eine Erwerbsbedingung, liegt eine Zweckzuwendung schon mangels Auflage nicht vor (FG Hamburg EFG 88, 584).

II. Zweckwidmung

5 Soll mit der Aufnahme der Zweckzuwendung unter die stpfl Vorgänge eine Lücke in der Besteuerung geschlossen werden, die sich ergeben könnte, falls der dem Zweck gewidmete Teil der Zuwendung unversteuert bliebe (Anm 2), so kann § 8 nicht zum Zuge kommen, wenn der dem Zweck gewidmete Betrag schon unabhängig von dieser Bestimmung stpfl ist. Eine StPfl ergibt sich bereits aus **§ 3 II Nr 2** oder aus **§ 7 I Nr 2,** wenn mit der Zweckwidmung bestimmte Personen begünstigt werden, die als Erwerber des von der Zweckwidmung erfassten Vermögens angesehen werden können. In diesen Fällen greift daher § 8 nicht ein. Zwar hat der Gesetzgeber in den §§ 3 II Nr 2 und 7 I Nr 2 eine aus dem ErbStG 1922 stammende Formulierung übernom-

men, die an einen Vorrang der Zweckzuwendung denken lässt. Doch war es entgegen dieser Textfassung das Ziel der Bestimmung, die Zweckzuwendung bei der Begünstigung bestimmter Personen zurücktreten zu lassen. So heißt es in den Gesetzesmaterialien zum ErbStG 1922 (RTDrs 1/4856, 13), immer müsse „durch den Zweck nicht eine bestimmte Person, sondern ein unbestimmter Personenkreis oder etwas Unpersönliches begünstigt werden". An dieser durch die Rspr wiederholt bestätigten Zielsetzung (RFH RStBl 19, 230; 22, 191; 23, 130; 36, 544; BFH BStBl III 58, 79; II 87, 861; 93, 161) hat sich bis heute nichts geändert. Die abweichenden Entscheidungen RFH RStBl 23, 212 (kritisch dazu *Kipp* § 4 Anm 28) und RFH RStBl 39, 729 (bei ausbleibender Genehmigung einer Stiftung soll der der Stiftung zugedachte Erwerb vorläufig als Zweckzuwendung versteuert werden können) verdienen keine Zustimmung.

Bei der Entscheidung der Frage, ob die Auflage bestimmten Personen oder einem **6** unbestimmten Personenkreis zugutekommt, ist nicht der Standpunkt des Erblassers/Schenkers einzunehmen, sondern es ist von dem **Standpunkt eines Beobachters** auszugehen, der die Ausführung der Auflageverpflichtung verfolgt. Die Begünstigten dürfen weder namentlich identifizierbar sein noch von dem Beschwerten auf Grund eines eigenen Bestimmungsrechts konkretisiert werden können (FG Münster EFG 14, 946). Dies wirkt sich bei der Beurteilung von Zuwendungen an politische Fördergesellschaften aus. *Moench/Weinmann* (§ 7 Rz 160) will in Übereinstimmung mit der Auffassung der FinVerw (DB 86, 621; BB 86, 250) die StPfl derartiger Zuwendungen bejahen und unterscheidet: Soll die Fördergesellschaft die erhaltenen Mittel an zuvor bestimmte Abgeordnete weiterleiten, werden diese Abgeordneten begünstigt, sie trifft daher die StPfl. Soll die Fördergesellschaft dagegen die Verteilung an einzelne Abgeordnete nach eigenem Ermessen vornehmen, soll eine Zweckzuwendung vorliegen, die die Fördergesellschaft zu versteuern hat. Auch im letzteren Fall lassen sich jedoch bestimmte Abgeordnete als Erwerber ermitteln, so dass die Besteuerung bei ihnen einsetzen kann. Fehlt es an bestimmten Erwerbern, wird regelmäßig § 10 IX den Abzug der weitergegebenen Mittel ausschließen, so dass die in § 8 vorausgesetzte Bereicherungsminderung nicht bejaht werden kann. Eine Zweckzuwendung ist daher nicht anzunehmen.

Kein Erblasser oder Schenker wird eine Zweckauflage vorsehen, wenn ihm nicht **7** an der Erfüllung dieser Auflage liegt. Die innere Anteilnahme, das Interesse des Gebers an der Zweckerfüllung wird daher in § 8 immer vorausgesetzt und hindert die Annahme einer Zweckzuwendung nicht. Die weitergehende Frage, ob die Zuwendung mit der Auflage, einen **ausschließlich im Interesse des Gebers** liegenden Zweck zu erfüllen – wie die Zuwendung einer Geldsumme zur Verwendung für die Grabpflege oder das Seelenheil des Gebers –, eine Zweckwidmung iSv § 8 enthält, hat der BFH (BStBl II 87, 861) zunächst offengelassen. Die FinVerw (StEK § 8 Nr 4; DStR 88, 617; DStR 90, 250; H E 10.7 ErbStH) neigt dazu, die Frage zu verneinen. Dabei gilt es **stets zu unterscheiden: (1.)** Ist der für die Erfüllung der Auflage einzusetzende Betrag beim Empfänger der Zuwendung abzugsfähig? **(2.)** Unterliegt der zum Abzug gebrachte Betrag der Besteuerung als Zweckzuwendung? Wird die Abzugsfähigkeit der Auflage verneint, entfällt die Besteuerung der Zweckzuwendung ohne weitere Begründung. Problematisch ist daher die Besteuerung der Auflage nur dann, wenn sie bei der Besteuerung der Zuwendung zum Abzug zugelassen wird. Dem Grundgedanken der Besteuerung der Zweckzuwendung zufolge müsste eigentlich jede die Besteuerung der Zuwendung kürzende und nicht bei einem bestimmten Empfänger als solche stpfl Auflage den Anforderungen des § 8 genügen. Denn Gründe dafür, die Auflage, die ausschließlich zugunsten des Gebers wirkt, aus der Besteuerung auszunehmen, sind nur schwer erkennbar. Die Entscheidung BFH BStBl II 87, 861 deutet jedoch darauf hin, dass die **Auflage zur Grabpflege,** die nach § 10 V Nr 2 beim Auflageverpflichteten abzugsfähig ist, im Interesse des Erblassers selbst liegt und daher keine Zweckzuwendung begründet, so dass der zur Auflageerfüllung bestimmte Betrag im Ergebnis unversteuert bleibt. Diese Rechtsansicht wird nun durch die Entscheidung BFH BStBl II 93, 161 bestätigt.

III. Minderung der Bereicherung

1. Auflagen im Interesse des Beschwerten

8 Eine Zweckzuwendung ist nur gegeben, wenn die Zweckbindung zu einer Minderung der Bereicherung des Erwerbers (oder zu einer Kürzung seines Erwerbs nach den Regeln, die die Rspr des BFH zur gemischten Schenkung und zur Schenkung unter Auflage entwickelt hat) führt. An der Minderung der Bereicherung fehlt es, wenn die Auflage den Bedachten nicht wirtschaftlich fühlbar beschwert, weil sie nicht verbindlich angeordnet ist, wie es bei der Anordnung, einen hinterlassenen Hund zu pflegen, nach Auffassung des II. Senats des BFH der Fall sein kann (BFH/NV 09, 1655; BStBl II 93, 161 gegen FG Bremen EFG 89, 414). An einer Minderung der Bereicherung fehlt es auch dann, wenn die Erfüllung des Zwecks im eigenen Interesse des Beschwerten liegt. Denn § 10 IX sieht ausdrücklich vor, dass Auflagen, die dem Beschwerten selbst zugutekommen, nicht abzugsfähig sind. Bei einer juristischen Person gilt die Auflage, das Empfangene satzungsgemäß zu verwenden, als Auflage, die der juristischen Person selbst zugutekommt. Daher mindert die Auflage gegenüber einer Stiftung, das ihr Zugewandte satzungsgemäß zu verwenden, die Bereicherung der Stiftung nicht (RFH RStBl 31, 539; BFH BStBl II 02, 303). Dieser Rechtsgedanke muss auch dann durchschlagen, wenn Zuwendungen an einen Berufsverband vorgenommen werden, der hinsichtlich der Zuwendung als Empfänger zu behandeln ist (FG Köln EFG 00, 1260). Daraus folgt, dass Zuwendungen an sog Öko-Fonds der Partei der Grünen nicht nach den Regeln über die Zweckzuwendungen beurteilt werden können (aM *Felix,* FR 87, 105, 106; *Winands,* ZRP 87, 185, 187). Denn entweder kommen die Öko-Fonds wegen mangelnder rechtlicher Selbstständigkeit nicht als Empfänger der ihnen zufließenden Zuwendungen in Betracht. Dann können sie auch nicht als Auflageverpflichtete beurteilt werden. Oder die Öko-Fonds sind Empfänger der Zuwendungen und als solche stpfl. Dann kommt die mit der Zuwendung verbundene Auflage den Öko-Fonds selbst zugute, so dass ihre Bereicherung nicht gemindert ist. Werden einer Stiftung Mittel zugewandt, die sie zu satzungsfremden Zwecken verwenden soll, ist eine Zweckzuwendung anzunehmen (BFH BStBl II 02, 303). Dies muss auch bei Zuwendungen an einen Verein gelten (*Meincke,* aaO, S 95). Der BFH (BStBl II 07, 472, 479) hat diesen Gesichtspunkt jedoch trotz entsprechender Hinweise im Schrifttum unberücksichtigt gelassen. Der Rechtsgedanke des § 10 IX – keine Minderung der Bereicherung durch Auflagen, die dem Erwerber selbst zugutekommen – muss im Übrigen auch dann gelten, wenn die Zuwendung nicht unter einer Auflage steht, aber von einer Bedingung abhängig ist, deren Erfüllung im eigenen Interesse des Empfängers liegt.

2. Auflage ohne steuerpflichtigen Erwerb

9 Eine Minderung der Bereicherung des Erwerbers ist auch dann nicht gegeben, wenn die Zuwendung, falls sie dem Beschwerten verbliebe, unter Anwendung eines **persönlichen Freibetrags** steuerfrei wäre (aM *Troll/Gottschalk* § 8 Rz 12; *Moench/Weinmann* § 8 Rz 10). Denn die Bereicherung, deren Minderung § 8 ins Auge fasst, ist die Bereicherung, die nach § 10 den stpfl Erwerb des Bedachten bildet und beim Bedachten steuerlich erfasst werden könnte, wenn die Zweckauflage nicht zu beachten wäre. Diese Bereicherung ist aber gem § 10 I 1 unter Abzug des Freibetrages zu ermitteln. Lässt die Anwendung des Freibetrags schon vor Abzug der Auflage die Bereicherung entfallen, kann sich der Abzug der Auflage nicht mehr bereicherungsmin-

dernd auswirken. Es bleibt also wegen des Abzugs der Auflage kein Betrag stfrei, der durch § 8 erfasst werden müsste. Folglich greift § 8 nicht ein.

IV. Besteuerung der Zweckzuwendung

Bemessungsgrundlage für die Besteuerung der „Zweckzuwendung" ist nach § 10 I 1 der **Wert der Verpflichtung** des Beschwerten, also des Erwerbers des mit der Zweckzuwendung belasteten Vermögens. Zweckzuwendungen gehören nach § 15 I zur **StKl III** (Freibetrag von 20.000 EUR und Steuersatz von 30% oder 50%). **StEntstehungszeitpunkt** ist der Eintritt der Verpflichtung des Beschwerten (§ 9 I Nr 3). 10

StSchuldner ist bei der Zweckzuwendung der mit der Ausführung der Zuwendung **Beschwerte** (§ 20 I). Der Geber der Zuwendung ist im Umfang der Zweckauflage nicht stpfl. Die Regelung des § 20 I geht von der Annahme aus, dass der Beschwerte den zur Zweckerfüllung aufzuwendenden Betrag um die StSchuld kürzen darf. Diese Annahme konnte sich früher auf eine gesetzliche Grundlage stützen (§ 8 II preuß ErbStG 1873) und ist heute durch Auslegung der Zwecksetzung zu entnehmen. Soll der Beschwerte nach dem Willen des Erblassers oder Schenkers die StSchuld zusätzlich zu der Zweckerfüllung tragen, so ist nach *Moench/Weinmann* (§ 8 Rz 16) die Bestimmung des § 10 II zur Anwendung zu bringen mit der Folge, dass sich die St auf die Zweckzuwendung nach dem Ausmaß der vom Erwerber zu tragenden St erhöht. Doch ist angesichts der Textfassung des § 10 II, die auf Zweckzuwendungen nicht passt, zweifelhaft, ob der Auffassung von *Moench/Weinmann* gefolgt werden kann. 11

§ 9 Entstehung der Steuer

(1) **Die Steuer entsteht**

1. **bei Erwerben von Todes wegen mit dem Tode des Erblassers, jedoch**
   a) **für den Erwerb des unter einer aufschiebenden Bedingung, unter einer Betagung oder Befristung Bedachten sowie für zu einem Erwerb gehörende aufschiebend bedingte, betagte oder befristete Ansprüche mit dem Zeitpunkt des Eintritts der Bedingung oder des Ereignisses,**
   b) **für den Erwerb eines geltend gemachten Pflichtteilsanspruchs mit dem Zeitpunkt der Geltendmachung,**
   c) **im Fall des § 3 Abs. 2 Nr. 1 Satz 1 mit dem Zeitpunkt der Anerkennung der Stiftung als rechtsfähig und im Fall des § 3 Abs. 2 Nr. 1 Satz 2 mit dem Zeitpunkt der Bildung oder Ausstattung der Vermögensmasse,**
   d) **in den Fällen des § 3 Abs. 2 Nr. 2 mit dem Zeitpunkt der Vollziehung der Auflage oder der Erfüllung der Bedingung,**
   e) **in den Fällen des § 3 Abs. 2 Nr. 3 mit dem Zeitpunkt der Genehmigung,**
   f) **in den Fällen des § 3 Absatz 2 Nummer 4 mit dem Zeitpunkt des Verzichts, der Ausschlagung, der Zurückweisung oder der Erklärung über das Nichtgeltendmachen,**
   g) **im Fall des § 3 Abs. 2 Nr. 5 mit dem Zeitpunkt der Vereinbarung über die Abfindung,**
   h) **für den Erwerb des Nacherben mit dem Zeitpunkt des Eintritts der Nacherbfolge,**
   i) **im Fall des § 3 Abs. 2 Nr. 6 mit dem Zeitpunkt der Übertragung der Anwartschaft,**

j) im Fall des § 3 Abs. 2 Nr. 7 mit dem Zeitpunkt der Geltendmachung des Anspruchs;

2. bei Schenkungen unter Lebenden mit dem Zeitpunkt der Ausführung der Zuwendung;

3. bei Zweckzuwendungen mit dem Zeitpunkt des Eintritts der Verpflichtung des Beschwerten;

4. in den Fällen des § 1 Abs. 1 Nr. 4 in Zeitabständen von je 30 Jahren seit dem Zeitpunkt des ersten Übergangs von Vermögen auf die Stiftung oder auf den Verein. [2]Fällt bei Stiftungen oder Vereinen der Zeitpunkt des ersten Übergangs von Vermögen auf den 1. Januar 1954 oder auf einen früheren Zeitpunkt, entsteht die Steuer erstmals am 1. Januar 1984. [3]Bei Stiftungen und Vereinen, bei denen die Steuer erstmals am 1. Januar 1984 entsteht, richtet sich der Zeitraum von 30 Jahren nach diesem Zeitpunkt.

(2) **In den Fällen der Aussetzung der Versteuerung nach § 25 Abs. 1 Buchstabe a gilt die Steuer für den Erwerb des belasteten Vermögens als mit dem Zeitpunkt des Erlöschens der Belastung entstanden.**

Erbschaftsteuer-Richtlinien 2011: R E 9.1/H E 9.1–9.3

Übersicht

I. Allgemeines

Schrifttum: *Klein-Blenkers,* StEntstehung und Verfügungsmöglichkeiten im ErbSt- und SchStRecht, DStR 91, 1549, 1581; *Kapp,* Inkonsequente Rechtsprechung zur Stichtagsbewertung im ErbStRecht, DStZ 91, 556; *Moench,* Grundstücke bei Erbschaft und Schenkung, DStR 91, 169, 206; *Brandmüller,* Die Ausführung einer Grundstücksschenkung im Sinne von § 9 Abs 1 Nr 2 ErbStG, BB 95, 2244; *Muscheler,* Kindespflichtteil und ErbSt beim Berliner Testament, ZEV 01, 377; *Wachter,* Die Rückwirkung von Genehmigungen im StRecht, ZErb 02, 334; *Meincke,* Zum Geltendmachen des Pflichtteils, ZErb 04, 1; *Meincke,* Erlass der ErbSt aus Billigkeitsgründen, DStR 04, 573; *Halaczinsky,* Wann entsteht die Erbschaft- bzw die Schenkungsteuer? ErbStB 07, 384; 08, 20; *Müller/Grund,* Pflichtteilsklausel und einvernehmliche Geltendmachung des Pflichtteils, ZErb 07, 205; *Wälzholz,* Die (zeitliche) Geltendmachung von Pflichtteilsansprüchen, ZEV 07, 162; *Hannes,* Testamentarisches Auffangnetz zur Verschonung unternehmerischen Vermögens, FS Schaumburg, 2009, 1005; *Stein,* Das aufschiebend bedingte Vermächtnis: Eine Möglichkeit zur mehrfachen Nutzung der Steuerfreibeträge und zur Steueroptimierung, ZEV 11, 572; *Schmid,* Das Stichtagsprinzip im Erbschaftsteuer- und Schenkungsteuerrecht, ZEV 15, 387; *Wachter,* Entstehung der Steuerschuld, FS Meincke, 2015, 373.

Schrifttum zur Verjährung der StSchuld vor Anm 64.

1. Entstehen der Steuer

1 Die AO unterscheidet zwischen Entstehen (§ 38 AO) und Fälligkeit (§ 220 AO), Begründung und inhaltlicher Ausrichtung der StSchuld. Diese Unterscheidung gilt auch für die ErbSt. Schon mit dem Entstehen „der Steuer" (= des staatlichen StAnspruchs) wird die StSchuld dem Grunde und der Höhe nach fixiert; der spätere StBescheid hat nur feststellenden, nicht rechtsbegründenden Charakter. Die entstandene Schuld ist ihrem Inhalt nach aber nicht auf sofortige Zahlung ausgerichtet, sondern auf Zahlung zu dem im StBescheid angegebenen Termin. Erst mit diesem Datum, je-

denfalls nicht vor Bekanntgabe des StBescheids (§ 220 II 2 AO), wird die StSchuld fällig. Fälligkeit der StSchuld bedeutet, dass sie nunmehr von der FinVerw eingefordert werden kann und von dem Stpfl, um Rechtsnachteile zu vermeiden, bezahlt werden muss.

2. Grundgedanke

2 Nach § 38 AO entsteht die StSchuld, sobald der Tatbestand „verwirklicht" ist, an den das Gesetz die Leistungspflicht knüpft. Maßgeblich ist damit das Datum der **Erfüllung des gesetzlichen Tatbestands,** nicht der Zeitpunkt der Beurteilung des Tatbestands und der Festsetzung der St durch die FinVerw oder der Entscheidung über die StPfl durch ein Gericht. Die St entsteht (oder: „tritt ein", § 2 I) bei Verwirklichung des gesetzlichen Tatbestandes unabhängig von der Kenntnis der Beteiligten, sofern nicht das Gesetz selbst die Kenntnis zur Voraussetzung der StEntstehung erhebt. Die Tatbestände, an die das Gesetz die Leistungspflicht knüpft, sind für den Bereich der ErbSt/SchSt in den §§ 1 bis 8 genannt. Wenn aus den hier erwähnten Vorgängen eine Bereicherung iSd § 10 resultiert, entsteht die StPfl. § 9 schafft keinen zusätzlichen Verpflichtungstatbestand (BFH BStBl II 76, 17, 19), sondern stellt nur klar, wann die Voraussetzungen der §§ 1 bis 8 iVm § 10 nach dem Sprachgebrauch der AO „verwirklicht" sind. Zum Verständnis der dem § 9 zugrunde liegenden Konzeption ist von folgender Überlegung auszugehen: Mit der ErbSt/SchSt verschafft sich der Staat eine Teilhabe an dem dem Bedachten zufallenden Erwerb. Diese Teilhabe kann der Staat als Geldzahlung verlangen, weil der Bedachte den Erwerb, auch soweit er nicht in Geld besteht, jedenfalls in Geld umsetzen kann. Die Besteuerung soll nun nicht früher einsetzen, als dem Bedachten der Erwerb in Geld oder in Geld umsetzbar zur Verfügung steht und der Bedachte die St somit aus dem Erwerb aufbringen kann. Die St soll allerdings auch nicht später als zu diesem Termin entstehen, weil sich andernfalls ein Freiraum auftäte, innerhalb dessen der Stpfl Verfügungen treffen könnte, die den Vermögenserwerb und mit ihm den StAnspruch kürzen.

3. Folgerungen

3 Mit dem in Anm 2 entwickelten Grundgedanken hängt es zusammen, dass das ErbStG erst „den tatsächlichen Erwerb …, aber nicht schon eine unbestimmte Hoffnung, Anwartschaft" besteuern will (RFH RStBl 35, 1366, 1368), dass „eine ErbStPfl jedenfalls solange nicht eintreten kann, als der Nachlassbegünstigte weder irgendeinen Anspruch auf die Substanz oder auf Nutzungen daran noch eine sonstige Verfügungsmacht darüber hat" (BFH BStBl III 64, 408, 409), dass eine Schenkung erst stpfl wird, wenn „der Beschenkte im Verhältnis zum Schenker frei über das Zugewendete verfügen kann" (BFH BStBl II 85, 382, 383; II 91, 310, 311 mwN; anders dagegen beim Erwerb von Todes wegen: BFH/NV 91, 243, 244; FG Nürnberg EFG 91, 548), und dass bei der Fassung des Gesetzes „entscheidendes Gewicht … auf den Eintritt der wirtschaftlichen Bereicherung, nicht aber auf den Eintritt der rechtlichen Bereicherung gelegt worden" ist (RTDrs 3/798, 15). Der in Geld umsetzbare, tatsächlich verfügbare Erwerb, die wirtschaftliche Bereicherung, fällt dem Bedachten nach der Konzeption des § 9 bei der Schenkung unter Lebenden mit ihrer Ausführung (Abs 1 Nr 2), beim Erwerb von Todes wegen mit dem Tod des Erblassers zu (Abs 1 Nr 1). Doch wird in Abs 1 Nr 1 Buchst a bis j anerkannt, dass der Erwerb von Todes wegen sich in Sonderfällen auch erst nach dem Erbfall verwirklichen kann. Zusätzliche Bestimmungen sind ferner für die St auf Zweckzuwendungen (Abs 1 Nr 3) und für die ErsatzErbSt (Abs 1 Nr 4) vorgesehen. Abs 2 nimmt auf den früheren § 25 aF (ErbStG 1974) Bezug und hat daher nur noch als Übergangsbestimmung Bedeutung.

4. Stichtagsprinzip

Da der Entstehungszeitpunkt die StSchuld dem Grund und der Höhe nach fixiert, sind sämtliche für die StBerechnung bedeutsamen Merkmale aus der Sicht dieses Zeitpunktes zu beurteilen, soweit das Gesetz nicht ausnahmsweise nachträglich getroffenen Entscheidungen des Stpfl Einfluss auf die StBerechnung zumisst (zB §§ 6 II 2, 7 II 1, 23; dazu *Rose,* StbJb 79/80, 49). Der S, dass alle Merkmale des StTatbestands einheitlich aus der Sicht des in § 9 genannten Datums zu beurteilen sind, wird gelegentlich als Stichtagsprinzip zu den tragenden Grundsätzen des ErbStRechts gezählt (*Kapp,* StbJb 60/61, 291, 310: „fundamentaler Grundsatz"). Doch hat *Kapp* selbst in zahlreichen Beiträgen (BB 83, 1048; DStR 85, 174, 405; DStR 86, 30) vor einer Überbetonung des Stichtagsgedankens insb bei der Bewertung (vgl § 11 Anm 3) gewarnt. Unter diesen Umständen erscheint es richtiger, die Regeln über die StEntstehung und über die für jede Bewertung unausweichliche Anknüpfung an ein bestimmtes zeitliches Datum gar nicht erst zu einem fundamentalen Prinzip des ErbStRechts zu stilisieren. 4

5. Bedeutung des Stichtages

Der Stichtag hat ua Bedeutung für die Merkmale der persönlichen StPfl (§ 2), der Wertermittlung (§ 11) und der StKlasse (§ 15), für die Anrechnung ausländischer ErbSt (§ 21), für die StErmäßigung bei mehrfachem Erwerb desselben Vermögens (§ 27), für den Beginn der Frist zur Übertragung von Vermögen auf eine Stiftung (§ 29 I Nr 4) und für die Übergangsregelungen beim Wechsel gesetzlicher Bestimmungen (§ 37). Bei mehreren Zuwendungen zwischen denselben Personen wird mit dem Entstehen der StSchuld der einzelne Erwerb von späteren abgegrenzt, was wegen des Verbots der Verrechnung positiver und negativer Erwerbe (§ 14 I 5) bedeutsam sein kann. Der Stichtag ist zudem maßgeblicher Zeitpunkt für die Erfüllung von Voraussetzungen von StBefreiungen des § 13 (auch § 13d, BFH BStBl II 15, 340), der Verschonung unternehmerischen Vermögens (§§ 13a IX 4, 5; 13b I 1 Nr 3, IV Nr 5 S 2, V, VIII; 28a II) und – auch ohne ausdrückliche Regelung – für die Bestimmung des begünstigungsfähigen Vermögens, der Aufteilung in begünstigtes und nicht begünstigtes Vermögen, die 20%-Quote des § 13a X 2 und die 90%-Quote des § 13b II 2, damit zusammenhängender Wohlverhaltensfristen (§§ 13 I Nr 2 S 2, Nr 3 S 2, Nr 13 S 3 und Nr 16 Buchst b 2; 13a VI, IX 5; 19a V) und Lohnsummenvorgaben (§ 13a III 2). Die einmal entstandene StSchuld geht beim Tod des Stpfl auf dessen Erben über (§ 45 AO). Sie erlischt bei nachträglicher Veränderung der die StPfl begründenden Merkmale nur kraft ausdrücklicher gesetzlicher Anordnung (Bsp § 29: Widerruf einer Schenkung) oder dann, wenn eine rückwirkende Änderung der rechtlichen Verhältnisse der StPfl den Boden entzieht (§ 175 I 1 Nr 2 AO; Bsp § 1953 I BGB: Erbausschlagung). 5

6. Zusammentreffen und Auseinanderfallen von Stichtagen

Ist ein stpfl Vorgang in der Weise mit zwei Personen verknüpft, dass er der einen Person einen Erwerb, der anderen einen Abzugsposten verschafft, dann wird der Vorgang auf der Seite beider Stpfl regelmäßig unter demselben zeitlichen Blickwinkel beurteilt werden. Entsteht die St für beide Stpfl zum selben Zeitpunkt, kann die Beurteilung des Vorgangs nur einheitlich ausfallen. Stimmen die Zeitpunkte für die StEntstehung dagegen nicht überein, kommt eine unterschiedliche Beurteilung des Vorgangs für die Zwecke der Besteuerung der beiden Personen infrage. Hat zB der Erblasser A dem Erben B auferlegt, Wertpapiere aus dem Nachlass an den Vermächtnisnehmer C zu übereignen, dann entsteht die St des Erben und die des Vermächtnisnehmers mit dem Tod des A (§ 9 I Nr 1). B und C haben folglich übereinstimmend die Papiere mit dem Wert zum Todeszeitpunkt des A in ihre StBerechnung einzufü- 6 gen. Die Bewertungsstichtage für B und C konvergieren. Hat A dagegen dem C das Vermächtnis unter einer Bedingung zugewandt, dann ist die Vermächtnisverpflichtung des B im Fall des Bedingungseintritts nach den Gegebenheiten des Erbfalls, die Vermächtnisforderung des C dagegen nach den Verhältnissen beim Bedingungseintritt zu beurteilen (BFH BStBl II 77, 211). Die Stichtage – und mit ihnen die Bewertungsergebnisse – divergieren (näher Anm 28). Auch bei der Beurteilung eines erst geraume Zeit nach dem Erbfall geltend gemachten Pflichtteils sind unterschiedliche Stichtage zugrunde zu legen (FG Hamburg EFG 77, 269; vgl auch BFH BStBl II 04, 234). Im Übrigen muss nach Auffassung des BFH (BStBl II 08, 626) auch nicht für jeden Erwerb ein einheitlicher Stichtag bestehen. Vielmehr können für verschiedene Teile eines Erwerbs auch verschiedene Stichtage gelten.

7. Entstehungsgeschichte

7 § 9 geht im Wesentlichen auf die 1974 neugefasste Regelung des § 14 ErbStG 1925 zurück, die erstmals eine breite Aufzählung an die Stelle der älteren, knapper gefassten Bestimmungen gesetzt hatte, ohne damit allerdings zugleich wesentlich neue Ergebnisse herbeizuführen (*Kipp* § 14 Anm 1). Der Text des § 9 wurde 1992 (BGBl I 92, 297), 1999 (BGBl I 99, 402) und 2002 (BGBl I 02, 2634), durch das ErbStRG 2009 und zuletzt 2017 durch das StUmgBG (Ergänzung des Abs 1 Nr 1 Buchst f) angepasst.

II. Erwerb von Todes wegen (Abs 1 Nr 1)

1. Grundlagen

8 Bei Erwerben von Todes wegen entsteht die StSchuld grundsätzlich mit dem Tod des Erblassers. Dies gilt für den Erwerb durch Erbanfall und durch Vermächtnis (§ 3 I Nr 1), für den Erwerb durch Schenkung auf den Todesfall (§ 3 I Nr 2), für die sonstigen Erwerbe, auf die die für Vermächtnisse geltenden Vorschriften des BGB Anwendung finden (§ 3 I Nr 3) und für den Vermögensvorteil, der auf Grund eines vom Erblasser geschlossenen Vertrages bei dessen Tod unmittelbar erworben wird (§ 3 I Nr 4). Die St entsteht **mit dem Tod des Erblassers,** ohne dass noch weitere Umstände hinzutreten müssten. Insbesondere die Kenntnis und Billigung des Erwerbs durch den Erwerber wird regelmäßig nicht vorausgesetzt (Ausnahme: Schenkung auf den Todesfall, § 3 I Nr 2 S 1; hier wird der Erwerber als Partner des Schenkungsvertrages gedacht). Dafür geht das Gesetz davon aus, dass der Erwerber durch Zurückweisung (§ 333 BGB) oder Ausschlagung (§§ 1942ff, 2180 BGB) des Erwerbs die bereits entstandene StSchuld noch von sich abwenden kann (§§ 1953 I BGB, 175 I 1 Nr 2 AO). Der Tag des Todes bestimmt sich nach der Sterbeurkunde, im Fall des § 11 VerschG (es kann nicht bewiesen werden, dass von mehreren gestorbenen Menschen der eine den anderen überlebt hat) nach gesetzlicher Vermutung, unter den Voraussetzungen der Todesfeststellung (§ 39 VerschG) nach dem festgestellten Datum (BFH BStBl III 53, 237) und im Fall der Todeserklärung (§§ 9 VerschG, 49 AO) nach der Rechtskraft des Gerichtsbeschlusses, der die Todesvermutung begründet hat (vgl dazu § 3 Anm 5). Die StEntstehung mit dem Tod des Erblassers ist für die Erwerbe von Todes wegen (§ 3 I) der Grundsatz. Für bedingte, betagte oder befristete Erwerbe (§ 9 I Nr 1 Buchst a) und den Pflichtteilsanspruch (§ 9 I Nr 1 Buchst b) ist eine StEntstehung abweichend vom Erbfall vorgesehen.

2. Erwerb durch Erbanfall

Wenn das Gesetz die StSchuld für den Erwerb durch Erbanfall mit dem Todeszeitpunkt entstehen lässt, folgt es der überwiegenden zivilrechtlichen Lehre, die aus den §§ 1922 I, 1942 I BGB den **Grundsatz des Vonselbsterwerbs** entnimmt, nach dem das Erblasservermögen schon mit dem Erbfall und nicht erst mit der Annahme der Erbschaft auf den (die) Erben übergeht (aM aber *von Lübtow,* Erbrecht II, 1971, 651 ff). Allerdings erlangt der Erbe nicht immer gleich mit dem Erbfall die uneingeschränkte rechtliche Verfügungsmacht über die ihm zufallenden Nachlassposten, weil Mitspracherechte von Miterben oder Nacherben bestehen können oder weil Testamentsvollstreckung angeordnet oder Nachlassverwaltung eingerichtet sein kann. Auch können tatsächliche Hindernisse Verfügungen über den Erwerb durch Erbanfall gleich nach dem Tod des Erblassers erschweren. Doch geben die hieraus folgenden Einschränkungen der Stellung des Erben keinen Grund, die StEntstehung auf einen Zeitpunkt nach dem Erbfall zu verschieben (RFH RStBl 31, 122). Vielmehr hat die Rspr (BFH/NV 91, 243; FG Köln EFG 89, 236; FG Nürnberg EFG 91, 548; zust *Klein-Blenkers,* DStR 91, 1549, 1550; aA *Kapp,* DStZ 89, 146; DStZ 91, 556) immer wieder nachdrücklich betont, dass der entscheidende Zeitpunkt für die StEntstehung bei Erwerben von Todes wegen der Tod des Erblassers und nicht der Zeitpunkt der erstmaligen Verfügungsmöglichkeit des Erwerbers ist. 9

Schranken der Rechtsmacht des Erben, die sich aus dem Vorhandensein von Miterben ergeben, sind für die StEntstehung deswegen irrelevant, weil ein Miterbe jederzeit die Auseinandersetzung betreiben (§ 2042 I BGB) und sich damit eine uneingeschränkte Rechtsposition verschaffen kann. Ist die Auseinandersetzung ausnahmsweise ausgeschlossen (§ 2044 I BGB), kann er verlangen, dass die auf ihn entfallende ErbStSchuld wie eine Nachlassverbindlichkeit (§ 20 III) unter Anrechnung auf seinen Erbteil aus dem Nachlass beglichen wird (§ 2046 II BGB). Auch kann er über seinen Nachlassanteil als solchen verfügen (§ 2033 I 1 BGB) und sich auf diesem Wege die Mittel zur Erfüllung der StSchuld verschaffen. Der Vorerbe ist zwar zum Schutze des Nacherben in der Verfügung über Grundstücke beschränkt (§ 2113 I BGB). Doch darf er kraft ausdrücklicher gesetzlicher Bestimmung die durch die Vorerbschaft veranlasste St aus den Mitteln der Vorerbschaft entrichten (§ 20 IV). Daraus folgt, dass der Vorerbe vom Nacherben zur Begleichung der ErbSt notfalls auch die Zustimmung zur Verfügung über ein Nachlassgrundstück verlangen kann (vgl § 2120 BGB). Die durch Testamentsvollstreckung und Nachlassverwaltung begründeten Verfügungsbeschränkungen können schließlich deswegen vernachlässigt werden, weil die Vollstrecker und Verwalter selbst dafür zu sorgen haben, dass die StSchuld des Erben aus dem Nachlass beglichen wird (§ 32 I 2), so dass ihre Verfügungsbefugnis über den Nachlass dem Erben hinsichtlich der StEntstehung zugerechnet werden kann. 10

Wichtiger als die Schranken der Rechtsmacht (Anm 10) sind die **tatsächlichen Hindernisse** zu nehmen, die einer Verfügung des Erben über die ihm zugefallenen Nachlassposten gleich nach dem Erbfall entgegenstehen (s auch § 11 Anm 6). So kann die StEntstehung zum Zeitpunkt des Erbfalls insb bei verspätetem Auffinden des für die Erbfolge maßgeblichen Testaments (RFH RStBl 39, 271), bei einer späten Erteilung des Erbscheins (FG Berlin EFG 90, 323), beim schwer zugänglichen Auslandserwerb (vgl BFH BStBl II 77, 425) und beim rückwirkenden Erwerb nach Erbausschlagung eines Vormannes (§ 1953 II BGB), nach Testamentsanfechtung (§§ 2078 f, 142 BGB), beim Erbvergleich oder nach einer Erbunwürdigkeitserklärung (§ 2344 BGB) zu unbefriedigenden Ergebnissen führen, wenn der endgültige Erbe oder Vermächtnisnehmer sich zum Erbfall Werte anrechnen lassen muss, die er wegen ungünstiger (zB Kurs-)Entwicklung gleich nach dem Erbfall in dieser Höhe niemals realisieren konnte. Unbefriedigend ist es auch, wenn der Erbe die Frist des § 29 I Nr 4 nicht einhalten konnte, weil ihm der Erbschein erst drei Jahre nach dem Erbfall erteilt worden ist (§ 29 Anm 17). Die Übertragung der privatrechtlichen Rückwirkung des Erwerbs 11 in das StRecht führt zu Konsequenzen, die in der Rückwirkungsanordnung nicht mitbedacht sind und daher von ihr auch nicht gedeckt werden. Die Stichtagsproblematik wurde aus Anlass eines Vermächtniserwerbs dem BVerfG zur Entscheidung vorgelegt. Das Gericht hat die Beschwerdeführerin auf den Weg eines Billigkeitserlasses (§ 163 AO) verwiesen (BVerfG BStBl II 95, 671). FinVerw und Gerichte (BFH BStBl II 98, 1376; NV 17, 1611; FG Köln EFG 98, 1603; FG München EFG 02, 1493; FG Hessen EFG 07, 1534; FG Düsseldorf EFG 10, 847; FG Bad-Württ ErbStB 17, 199; FG Münster DStRE 17, 375) sind hierbei aber sehr zurückhaltend (s auch *Meincke,* DStR 04, 573 und § 11 Anm 6f).

12 Da das Gesetz die StEntstehung mit dem Erbfall verbindet, sind auch die **Anteile von Miterben** so zu ermitteln, wie sie sich bei einer gedachten Auseinandersetzung zum Zeitpunkt des Erbfalls ergeben hätten. Die Verschiebung der Nachlassquoten, zu der das Eingreifen von Ausgleichungsregeln unter gesetzlichen Miterben bei der späteren Auseinandersetzung führt (§§ 2050ff BGB), ist daher schon zum Erbfall zu berücksichtigen (§ 3 Anm 25). Auch der zwischen (möglichen) Miterben nachträglich abgeschlossene Vergleich ist auf den Erbfall zurückzubeziehen (BFH BStBl III 61, 133; FG München EFG 88, 32).

3. Erwerb durch Vermächtnis

13 Das Vermächtnis begründet für den Erwerber eine **Forderung (§ 2174 BGB),** die mit dem Tod des Erblassers entsteht (§ 2176 BGB) und im Zweifel sofort fällig ist (§ 271 I BGB). **§ 3 I Nr 1** sieht schon diesen Forderungserwerb als stpfl Vorgang an. Daher ist es nur konsequent, dass die StPfl für das Vermächtnis mit dem Tod des Erblassers entsteht. Mit dem Erwerb der Forderung ist allerdings noch nicht gesichert, dass der Vermächtnisnehmer auch die Leistung, auf die der Vermächtnisanspruch abzielt, in der vom Erblasser vorgesehenen Weise erhält. Das führt zu Problemen, wenn der Vermächtnisnehmer den Vermächtnisgegenstand im Ergebnis gar nicht erhält oder wenn der Vermächtnisgegenstand in der Zeit zwischen Erbfall und Vermächtnisleistung deutlich an Wert verliert. Diese Probleme haben *Kirchhof* (Bundessteuergesetzbuch, 2011, 657) veranlasst, zum künftigen Recht für den Zeitpunkt der Auslieferung des Vermächtnisgegenstandes an den Vermächtnisnehmer als Besteuerungszeitpunkt zu plädieren. Im geltenden Recht dagegen entsteht die St schon mit dem Erbfall, und zwar auch dann, wenn der Erbe sich zunächst weigert, das Vermächtnis freizugeben (BFH/NV 91, 243) oder wenn der Vermächtnisnehmer im Ergebnis leer ausgeht, weil der Vermächtnisgegenstand nach dem Erbfall noch in der Hand des Erben ohne Verschulden eines der Beteiligten untergeht, so dass der Vermächtnisanspruch (§ 275 I BGB), nicht aber die StSchuld erlischt. Wird in derartigen Fällen zur Entlastung des Vermächtnisnehmers die Billigkeitsregelung des § 163 AO herangezogen, so dass der Vermächtnisnehmer nichts zu zahlen braucht, sollte dem Erben der Abzug der Vermächtnisverbindlichkeit dennoch unverändert erhalten bleiben. Denn ihm kann der Billigkeitserlass nicht zum Nachteil gereichen. Der Erbfall gilt als Entstehungsdatum dann nicht, wenn ein unwirksames Vermächtnis ausgeführt wird. Denn erst mit der Ausführung des Vermächtnisses wird in diesem Fall unter Berücksichtigung des § 41 I AO der Steuertatbestand erfüllt (BFH BStBl II 07, 461; § 3 Anm 34). Im Übrigen bleibt der Erbfall aber als Stichtag auch dann entscheidend, wenn der Gläubiger im Fall eines Rentenvermächtnisses die Entrichtung der St nach dem Jahreswert wählt (§ 23 I 1; BFH BStBl III 51, 142; II 79, 562) oder wenn der Schuldner nachträglich von besonderen, das Vermächtnis betreffenden Kürzungsmöglichkeiten Gebrauch macht (§§ 1990ff, 2187f, 2318, 2322ff BGB, 325f InsO). Denn diese Kürzungsbefugnisse haben ihre Grundlage in den Verhältnissen zum Zeitpunkt des Erbfalls, so dass sie bei der StBerechnung beachtet werden können, auch wenn sich der Vermächtnisschuldner erst nach dem Erbfall auf sie beruft. Verliert die Vermächtnisforderung dagegen aus Gründen an Wert, die erst nach dem Erbfall ein-

treten, so müssen diese Umstände bei der StBerechnung unberücksichtigt bleiben (RFH RStBl 38, 857).

4. Erwerb durch Schenkung auf den Todesfall

Wenn das Gesetz die unter der Überlebensbedingung stehende **Schenkung des § 2301 BGB (§ 3 I Nr 2)** *erst* mit dem Tod des Schenkers besteuert, so geht es davon aus, dass die Überlebensbedingung im Zweifel als aufschiebende Bedingung ausgestaltet sein wird, so dass die Besteuerung des Erwerbs nach dem Rechtsgedanken des Abs 1 Nr 1 Buchst a von dem Eintritt der Bedingung abhängt. Wenn das Versprechen auf den Todesfall *schon* mit dem Tod des Schenkers, das Schenkungsversprechen unter Lebenden aber *erst* mit der Ausführung der versprochenen Zuwendung besteuert wird, so hängt dies damit zusammen, dass das Gesetz im Schenkungsversprechen nur das Versprechen einer Zuwendung, nicht aber schon die Zuwendung selbst erblickt. Es sieht daher den aus dem Versprechensvertrag folgenden Anspruch auch bei formwirksamer Begründung nicht als freigebig zugewendet an (§ 7 Anm 44 ff). Für die erst gegen die Erben des Schenkers wirksam entstehende Forderung aus dem Versprechen auf den Todesfall soll dies nicht gelten. Die Forderung wird vielmehr schon mit dem Erbfall als Gegenstand einer freigebigen Zuwendung gewertet. Allerdings müsste in Fortführung dieses Gedankens auch das formwirksam begründete Schenkungsversprechen unter Lebenden zumindest mit dem Tod des Schenkers zum Gegenstand einer freigebigen Zuwendung werden. Insofern bleibt ein Bruch in der gesetzlichen Konzeption. 14

5. Erwerb durch Vertrag zugunsten Dritter

Auch für die **Vermögensvorteile,** die nach **§ 3 I Nr 4** stpfl sind, entsteht die St mit dem Erbfall. Da die Rspr als Vorteil iSd § 3 I Nr 4 auch die Rechtsstellung ansieht, die aus der schon vor dem Tod unwiderruflich eingeräumten Bezugsberechtigung hinsichtlich eines Lebensversicherungsvertrages folgt oder die durch Abtretung der Rechte aus einem Lebensversicherungsvertrag schon vor dem Erbfall erworben ist, sofern nur der Abtretende die weitere Prämienzahlung bis zu seinem Tode übernommen hat (§ 3 Anm 85), wird in diesen Fällen der Zeitpunkt der StEntstehung relativ weit hinausgeschoben. 15

III. Sonderregelung für bedingte Erwerbe (Abs 1 Nr 1 Buchst a)

1. Bedingte, betagte oder befristete Erwerbe (Hs 1)

Entgegen der Grundregel des Abs 1 Nr 1 entsteht die St bei Erwerben von Todes wegen erst nach dem Erbfall, wenn der Erwerber nur eingeschränkt bedacht ist oder soweit zu seinem Erwerb unter Einschränkungen stehende Ansprüche gehören. Als beachtliche Einschränkungen nennt das Gesetz die aufschiebende Bedingung, die Betagung und die Befristung. Diese Bestimmung ist aus zwei Gründen eingeführt worden (vgl RTDrs 3/798, 15). Zum einen soll sie dokumentieren, dass nicht schon die rechtliche, sondern erst die wirtschaftliche Bereicherung zum Entstehen der St führt. Zum anderen ist die Vorschrift im Zusammenhang mit den **§§ 4, 8 BewG** zu sehen und soll nicht zuletzt die StVerwaltung erleichtern. Nach den §§ 4, 8 BewG wird nämlich der aufschiebend bedingte oder befristete Erwerb bewertungsrechtlich erst mit dem Eintritt des Ereignisses erfasst, von dem die Bedingung oder Befristung abhängt. Würde nun die St auch für diese Erwerbe schon mit dem Erbfall entstehen, so könnte sie doch erst beim späteren Eintritt des Ereignisses berechnet werden, wäre dann aber noch auf die Verhältnisse und die Gesetzeslage beim Erbfall zurückzubezie- 16 hen. Als das ErbStG im Lauf der 1920er Jahre in kurzer Zeit mehrfach geändert worden war, erschien es zweckmäßig, der FinVerw die Befugnis einzuräumen, die Besteuerung des aufschiebend bedingten oder befristeten Erwerbs ohne Rücksicht auf veraltete Gesetze nach den Verhältnissen beim Eintritt des Ereignisses vorzunehmen. So wurde das Datum der StEntstehung für aufschiebend bedingte oder befristete Erwerbe mit dem ErbStG 1925 auf den Zeitpunkt der Bedingung oder des Ereignisses verlegt.

17 Ein aufschiebend bedingter, betagter oder befristeter Erwerb, bei dem die St nach § 9 I 1 Nr 1 Buchst a Hs 1 abweichend vom Erbfall entsteht, ist ein **selbstständiger Erwerbsvorgang** und eigener ErbStFall (BFH/NV 06, 1480). Dies hat zur Folge, dass mehrere Erwerbe nicht in einer einheitlichen StFestsetzung zu saldieren sind, sondern eine Zusammenrechnung nach § 14 I 1 erfolgt, die negative Erwerbe unberücksichtigt lässt (§ 14 I 5). Dies soll nach dem FG Münster selbst dann gelten, wenn dieselbe Person als Erbe und (aufschiebend bedingt) als Vorausvermächtnisnehmer erwirbt (EFG 17, 1181 – Rev II R 29/17; so auch *Troll/Gottschalk* § 3 Rz 5). Der negative Erwerb durch Erbanfall sei nicht mit dem positiven Vermächtniserwerb zu saldieren, was beim Stpfl dazu führen kann, dass durch den Erbfall bei ihm verbleibende Schulden der ErbSt unterworfen werden. Gesetzgeberisches Ziel ist aber die Besteuerung der durch einen Erbfall vermittelten Bereicherung (vgl BVerfG BStBl II 07, 192). ErbSt auf einen Erwerb mit Verkehrswert null oder minus ist verfassungswidrig. Trotz der auch zivilrechtlichen Trennung von Erbschaft und Vorausvermächtnis in einzelne Erwerbe (zB auch hinsichtlich der getrennten Ausschlagung) hat sich die Besteuerung daran zu messen.

2. Bedingte Posten eines unbedingten Erwerbs (Hs 2)

18 Die bis 1974 geltende Gesetzesfassung hatte ihrem Wortlaut nach nur den Fall erfasst, dass der Erwerb des Erben, Vermächtnisnehmers usw unter einer vom Erblasser gesetzten Bedingung oder Befristung stand (BFH BStBl II 76, 17). Sie hatte nicht auch den Fall einbezogen, dass der Erbe, Vermächtnisnehmer usw unbedingt oder unbefristet zum Zuge kam, dass aber zu seinem unbedingten Erwerb auch solche Posten gehören, die dem Erblasser selbst nur bedingt oder befristet zugestanden hatten. Nach den §§ 4, 8 BewG ist die Bewertung aber auch für solche Wirtschaftsgüter erst zum Eintritt der Bedingung oder des Ereignisses vorzunehmen, die schon dem Erblasser nur bedingt oder befristet zustanden und mit dieser Einschränkung auf den Erwerber übergegangen sind. Um auch in diesen Fällen die St für den bedingten oder befristeten Erwerb erst mit dem Zeitpunkt der Bedingung oder des Ereignisses entstehen zu lassen, wurde mit dem **ErbStG 1974** im Anschluss an zwei Entscheidungen des RFH (RStBl 35, 1304; 36, 1218) der Geltungsbereich der Nr 1 Buchst a auf **zu einem unbedingten Erwerb gehörende aufschiebend bedingte, betagte oder befristete Ansprüche** erstreckt. Der BFH (BStBl II 08, 626) legt mit Blick auf § 14 Gewicht darauf, dass das Gesetz beim Erwerb eines aufschiebend bedingten Anspruchs nicht den Erwerbszeitpunkt, sondern lediglich den Zeitpunkt der StEntstehung verschiebt. Hier besteht ein Unterschied zu aufschiebend bedingten, betagten oder befristeten Erwerbsgründen nach § 9 I 1 Nr 1 Buchst a Hs 1 (Anm 17).

19 Unter dem Begriff **„Anspruch"** wird üblicherweise nur das Recht, eine Leistung zu fordern, verstanden (§ 194 I BGB). Ausweislich der Gesetzesmaterialien (BTDrs 6/3418, 66) sollte jedoch im Anschluss an § 4 BewG eine Regelung für aufschiebend bedingte Vermögensgegenstände jeder Art getroffen werden, also auch für absolute Rechte wie das Eigentum, das daher dem Gesetzeszweck entsprechend auch zu den „Ansprüchen" iSd § 9 I Nr 1 Buchst a gerechnet werden mag. Wird ein noch vom Erblasser abgeschlossener, aber bis zur Erteilung einer behördlichen Genehmigung zunächst noch schwebend unwirksamer Kaufvertrag über ein dem Erblasser gehörendes Grundstück nach dem Tod des Erblassers genehmigt, so äußert die Genehmigung nicht als aufschiebende Bedingung Rechtswirkungen erst für die Zukunft. Vielmehr wirkt die Genehmigung mangels anderer Vereinbarungen der Vertragspartner entsprechend § 184 I BGB auf den Zeitpunkt des Kaufvertragsschlusses zurück, so dass im Zeitpunkt des Todes des Erblassers ein wirksamer, wenn auch noch nicht erfüllter Kaufvertrag bestand.

3. Rechtfertigung

Über die innere Berechtigung der in den §§ 4, 8 BewG getroffenen Regelung und der Verknüpfung dieser Bestimmungen mit dem Entstehen der StPfl lässt sich streiten. Denn wenn hiernach „der Erwerb von aufschiebend bedingtem oder befristetem Vermögen erst im Augenblick des Eintritts der Bedingung oder des Ereignisses berücksichtigt wird, weil der Erwerber erst in diesem Augenblick ein Recht erhält, das Rechtswirkungen äußert und damit auch wirtschaftliche Vorteile abwirft" (RFH RStBl 31, 895), so ist damit kaum ausreichend anerkannt, dass die vor Bedingungseintritt erworbene Anwartschaft schon einen Vermögenswert darstellt und verwertbar ist. Das Gesetz hat denn auch für Sonderfälle der Verwertung dieser zunächst unversteuert erworbenen Anwartschaft den späten StEntstehungstermin in den Nrn 1 Buchst g und 1 Buchst i wieder vorverlegt. Kein Streit kann aber über den engen Zusammenhang zwischen den §§ 4, 8 BewG und § 9 I Nr 1 Buchst a bestehen. Dieser Zusammenhang ist für die Auslegung des § 9 I Nr 1 Buchst a nicht ohne Bedeutung. 20

4. Aufschiebende Bedingung und Befristung

Aufschiebende Bedingungen und Befristungen begründen zunächst einen Zustand der **Ungewissheit.** Sie machen die Wirkungen eines Rechtsgeschäfts von einer künftigen Entwicklung abhängig, bei der entweder der Eintritt eines bestimmten Ereignisses (= Bedingung) oder aber der Zeitpunkt des Eintritts eines bestimmten Ereignisses (= Befristung) ungewiss ist (vgl §§ 158, 163 BGB). Erst wenn dieser Schwebezustand beseitigt ist, treten die Wirkungen (zB der Anfall des Vermächtnisses) und damit die Steuerfolgen ein. Vorher besteht lediglich ein Anwartschaftsrecht, welches aus Sicht des ErbStG (noch) kein tauglicher Erwerbs- oder Zuwendungsgegenstand sein kann (vgl BFH BStBl II 99, 742 zur Einräumung eines unwiderruflichen Bezugsrechts aus einer Kapitallebensversicherung; *Troll/Gebel* § 7 Rz 350, § 9 Rz 27). 21

Mit der Einfügung einer **Bedingung** wird der Erwerb von dem **Eintritt eines zukünftigen ungewissen Ereignisses,** ggf auch von der freien Entscheidung eines Beteiligten (RFH RStBl 31, 972), abhängig gemacht (§ 158 BGB). Die Bedingung hat aufschiebende Wirkung, wenn der Erwerb erst mit dem Eintritt des Ereignisses wirksam werden soll. Im ZivilR ist streitig, ob es zum Begriff der Bedingung gehört, dass sich der Erwerb mit Eintritt des Ereignisses ohne (dingliche) Rückwirkung vollzieht. So gehen die Meinungen darüber auseinander, ob die Ersatzerbeinsetzung (§ 2096 BGB), die ggf mit Rückwirkung zum Erbfall wirksam wird, als aufschiebend bedingte Erbeinsetzung angesprochen werden kann. § 4 BewG setzt jedoch Bedingungen ohne Rückwirkung voraus. § 9 I Nr 1 Buchst a passt daher auf die Ersatzerbeinsetzung nicht (vgl RFH RStBl 39, 729). 22

Der Unterschied der **Befristung** zur Bedingung besteht darin, dass bei der Bedingung der Eintritt des Ereignisses ungewiss, bei der Befristung dagegen gewiss ist (§ 163 BGB). Hier ist lediglich der **Zeitpunkt des Eintritts ungewiss.** Die Befristung kann wie die Bedingung auch als auflösende vereinbart werden, bei der der zunächst wirksame Erwerb mit dem Eintritt des Ereignisses (Endtermin) seine Wirksamkeit verliert. Doch wird dieser letztere Fall von § 4 BewG nicht erfasst. Daher empfiehlt sich eine den § 9 I Nr 1 Buchst a einschränkende Interpretation. Unter Be- 23 fristung ist nur die aufschiebende Befristung unter Festlegung eines Anfangstermins zu verstehen.

5. Betagung

24 Neben der Bedingung und Befristung wird die Betagung als dritte Einschränkung genannt. Unter einer betagten Schuld versteht § 813 II BGB die bereits entstandene, aber – zB wegen einer Stundung – **noch nicht fällige Forderung.** Das Fälligkeitsdatum (Ende der Stundung) kann zum Erbfall feststehen oder noch unbestimmt sein. Der RFH (RStBl 31, 895) hatte für beide Fallgestaltungen angenommen, dass der Forderungserwerb schon zum Erbfall zu besteuern sei, weil nicht angenommen werden könne, dass der Gesetzgeber den Besteuerungszeitpunkt für bereits entstandene Ansprüche vom Erbfall auf das Fälligkeitsdatum habe verschieben wollen. Der RFH hatte daher einen besonderen erbstlichen Begriff der Betagung entwickelt, der die bereits entstandene, aber noch nicht fällige Forderung im Gegensatz zum ZivilR nicht umfasste (zustimmend FinVerw DB 98, 1841).

Die Auslegung des Begriffs „Betagung" durch den RFH und die FinVerw konnte nicht überzeugen, weil sie darauf hinaus lief, die Sonderregelung für betagte Ansprüche aus dem Tatbestand des § 9 I Nr 1 Buchst a ganz zu entfernen. Der BFH (BStBl II 03, 921; ZEV 04, 35 mit Anm *Meincke;* BStBl II 08, 626; NV 10, 891; FamRZ 14, 1633) hat sich daher nunmehr einer mittleren Linie angeschlossen. Betagte Ansprüche iSd § 9 I Nr 1 Buchst a sollen nur noch dann vorliegen, wenn das Ereignis, das die Fälligkeit herbeiführt, zum Erbfall **zeitlich noch nicht klar fixiert** werden kann, wenn der Zeitpunkt des Eintritts des zur Fälligkeit führenden Ereignisses zum Erbfall unbestimmt ist. Zur Begründung kann man auf das Wort „Ereignis" verweisen, von dem die StEntstehung abhängig sein soll. Denn es lässt sich die Auffassung vertreten, dass bei einem von vornherein festliegenden Fälligkeitsdatum die Fälligkeit nicht von einem „Ereignis" abhängig gemacht ist (vgl schon *Kipp* § 14 Anm 5). Im Übrigen wird nach § 8 BewG auch bei der Befristung zwischen Zeiträumen mit bestimmtem und mit unbestimmtem Endtermin unterschieden (vgl § 12 Anm 16).

6. Bedingte Erbeinsetzung

25 Obwohl die Vorschrift des Abs 1 Nr 1 Buchst a ihrem Wortlaut nach jeden aufschiebend bedingten, betagten oder befristeten Erwerb von Todes wegen erfasst, kommt sie bei inländischen Erbeinsetzungen nicht zum Zuge. Denn der Erbschaftserwerb ist nicht Forderungsbegründung, sondern Rechtsnachfolge und kann daher nicht unter einer Betagung stehen. Und in der aufschiebend bedingten oder befristeten Erbeinsetzung liegt nach § 2100 BGB die **Anordnung einer Vor- und Nacherbfolge,** die das Gesetz in **Nr 1 Buchst h** gesondert aufführt. Nach ausländischem Recht kann eine Erbeinsetzung jedoch aufschiebend bedingt oder befristet vorgenommen sein, ohne dass für die Zeit des Schwebezustandes ein Vorerbe eintritt (BFH BStBl II 86, 615, 617f), so dass der aufschiebend bedingt oder befristet eingesetzte Erbe auch nicht die Position eines (dem Vorerben nachfolgenden) Nacherben erhält. Bei Auslandserwerben kann Nr 1 Buchst a daher auch für den Erwerb durch Erbanfall eine Rolle spielen, wobei diese Bestimmung noch dadurch zusätzliches Gewicht erhält, dass nach einer vom BFH fortgeführten Rspr des RFH bei Auslandserwerben nicht eine strikt dem ZivilR folgende Beurteilung, sondern eine den wirtschaftlichen Gegebenheiten entsprechende Betrachtungsweise unter Berücksichtigung des Grundsatzes der Gleichmäßigkeit der Besteuerung darüber entscheiden soll, ob ein aufschiebend bedingter oder befristeter Erwerb anzunehmen ist (RFH RStBl 35, 1366; BFH BStBl III 61, 312).

7. Ausländischer Erwerb

Bei wirtschaftlicher Betrachtung hat nach der Rspr des RFH der Erwerb aus einem bei einer New Yorker Bank **hinterlegten Vermögen,** das bis zum Tod der Wirtschafterin des Erblassers weder der Nutzung noch der Verfügungsmacht der Erben unterlag, als aufschiebend befristet (betagt) zu gelten (RFH StuW 29 Nr 996). Einen aufschiebend bedingten Erwerb hat der RFH auch dann angenommen, wenn das von einem US-Amerikaner hinterlassene Vermögen zunächst einem **Trust** zufiel, aus dem die Witwe und nach ihrem Tod der Sohn des Erblassers Zinsen erhielten, während das in dem Trust gebundene Vermögen erst nach dem Tod des Sohnes aufzulösen und an die dann vorhandenen gesetzlichen Erben zu verteilen war (RFH RStBl 35, 1366). Der BFH hat später allgemeiner ausgesprochen: Die Erbeinsetzung mit Zwischenschaltung eines Trustee nach amerikanischem Recht ist aufschiebend bedingt (BStBl III 61, 312; im Ergebnis übereinstimmend: BFH BStBl II 72, 462; 79, 438; 86, 615, 617; BFH/NV 90, 235), und: Hat der Trustee eines englischen Nachlasses erst 21 Jahre nach dem Tode des Erblassers innerhalb eines abgegrenzten Personenkreises die Nachlassbegünstigten und ihre Anteile zu bestimmen und ihnen die Substanz des Nachlasses zu übertragen, so liegt der Fall einer aufschiebenden Bedingung vor (BFH BStBl III 58, 79). Mit der Annahme eines bedingten Erwerbs war zugleich eine Lücke in der Besteuerung verbunden. Denn in dem Zeitraum zwischen Erbfall und Eintritt der Bedingung blieb der Nachlass unversteuert, da das Trust-Recht einen dem deutschen Vorerben vergleichbaren vorläufigen Rechtsträger nicht kennt. Um diese Lücke zu schließen, wurde inzwischen die Neuregelung des § 3 II Nr 1 S 2 eingefügt. Aus ihr (iVm den Bestimmungen § 7 I Nr 9 S 2 und § 20 I 2) ergibt sich, dass nunmehr schon der **Anfall an den Trust** als (unbedingter) Erwerb von Todes wegen gilt und dass die Weiterleitung des Vermögens aus dem Trust an die endgültigen Erben diesen nach der neueren Gesetzeslage nicht mehr einen aufschiebend bedingten Erwerb von Todes wegen, sondern einen unbedingten Erwerb unter Lebenden verschafft. Die Rspr hat im Übrigen schon immer einen unbedingten (unbefristeten) Erwerb im Fall des nach amerikanischem Recht bestellten **executors** oder **administrators** (RFH RStBl 31, 122; 38, 717; BFH BStBl III 57, 211; II 77, 425; II 88, 808; FG München UVR 96, 22) angenommen; dies soll mit Rücksicht auf § 2207 S 1 BGB auch dann gelten, wenn dem executor durch Testament erweiterte Befugnisse eingeräumt sind (BFH BStBl II 88, 808 gegen FG Bad-Württ EFG 83, 260 und unter Aufgabe von BFH BStBl III 64, 408; zust FinVerw Berlin StEK § 9 Nr 4). Der Erbschaftserwerb nach **schwedischem Recht** ist nicht deshalb aufschiebend bedingt, weil auf Antrag Nachlassverwaltung nach schwedischem Recht angeordnet worden ist (Nds FG EFG 92, 144). 26

In der Rspr zum Erbschaftserwerb nach ausländischem Recht ist bisher noch keine klare Linie zu der Frage zu finden, welche **Bedeutung dem Eigentumserwerb** des Erben für die Entstehung der St zukommen soll. Während der RFH zunächst betont hatte, dass die StPfl des Erben jedenfalls nicht eintritt, solange er nicht Eigentümer des Nachlasses geworden ist (RStBl 35, 1366), wurde dieser Standpunkt später verlassen (RFH RStBl 38, 717; BFH BStBl III 57, 211), anschließend vom BFH jedoch erneut in Erinnerung gebracht (BStBl III 61, 312), um wenige Jahre darauf wieder zu betonen, dass der Zeitpunkt der Verschaffung des Eigentums an den Nachlassgegenständen für die Entstehung der StSchuld unerheblich ist (BFH BStBl III 64, 408). In der Entscheidung BStBl II 77, 425 hat es der BFH für entscheidend angesehen, dass der Nachlass nach dem Recht von Louisiana durch Gesamtrechtsnachfolge auf die Erben übergegangen war, auch wenn eine administration bestand und die Erben durch Gerichtsbeschluss in den Besitz des Nachlasses eingewiesen werden mussten. In der Entscheidung BFH BStBl II 88, 808 hat das Gericht schließlich eine „materielle Berechtigung“ als Voraussetzung für den unbedingten (unbefristeten) Erwerb benannt. Soll danach doch wieder der durch die Gesamtrechtsnachfolge vermittelte Eigentumserwerb ausschlaggebend sein? 27

8. Bedingter Vermächtniserwerb

28 Durch ein aufschiebend bedingtes Vermächtnis kann der **Zeitpunkt der StEntstehung verschoben** werden. Maßgeblich für die stliche Beurteilung des Vermächtniserwerbs und damit auch für etwaige StBefreiungen (Anm 5) ist der Zeitpunkt des Bedingungseintritts. Dagegen unterliegt der Erwerb des Erben mit dem Erbfall (§ 9 I Nr 1) der ErbSt. Korrespondierend zur Besteuerung des aufschiebend bedingten Vermächtnisses bleibt die Vermächtnislast als Nachlassverbindlichkeit (§ 10 V Nr 2) zunächst außer Ansatz (§ 12 I; § 6 I BewG) und ist erst mit dem Bedingungseintritt zu berücksichtigen (R B 4 II 2 ErbStR). Erst dann kommt es beim Erben auf Antrag zu einer Korrektur der ursprünglichen Veranlagung (§ 6 II BewG iVm § 5 II BewG). Wenn für die Bewertung der Vermächtnislast der Bedingungseintritt maßgeblich wäre, könnte es bei **Wertveränderungen** auf Ebene des Erben zu Divergenzen kommen. Ist der Wert des Vermächtnisgegenstands gefallen, würde dem Erwerb des Erben keine Abzugsposition in gleicher Höhe gegenüberstehen. Bei einer zwischenzeitlichen Wertsteigerung wäre ein Abzugsüberhang gegeben. Maßgeblich für die Bewertung der aufschiebend bedingten Vermächtnisverpflichtung ist jedoch der Zeitpunkt des Erbfalls (BFH BStBl II 77, 211; *Troll/Gebel* § 9 Rz 37, § 10 Rz 178). Die BFH-Entscheidung v 27.6.2006 (BFH/NV 06, 1845) weicht davon nicht ab. Hier gehörte die aufschiebend bedingte Last (Übernahme einer Darlehensverbindlichkeit) nicht zum ursprünglichen Erwerb. Hier gibt es – anders als beim Erwerb und späterer Weitergabe eines Gegenstands in Vermächtniserfüllung – keinen bereits erfassten StWert für den Zeitpunkt der zu berichtigenden StFestsetzung. Im Fall der gegenständlichen Vermächtniserfüllung kann auch **keine Abzinsung** der Vermächtnislast erfolgen, da hier die Last abweichend von § 12 III 1 BewG nicht aus einer unverzinslichen Kapitalforderung besteht. Zudem verbleibt beim Erben keine Bereicherung, die Grundlage für eine Abzinsung sein könnte. Wenn ihm ein Vorteil erhalten bleibt (zB zwischenzeitliche Erträge), ist dies durch die StKorrektur „nach dem tatsächlichen Wert des Erwerbs“ (§ 5 II BewG) zu berücksichtigen. Für eine Abzinsung der Vermächtnislast ist kein Raum.

9. Einzelfälle

29 Ein aufschiebend bedingter (befristeter) Erwerb durch Vermächtnis kann **mit einem auflösend bedingten oder unbedingten Erwerb zusammentreffen,** wenn der Erblasser mehreren Bedachten zu gleichen Teilen den Nießbrauch eingeräumt und angeordnet hat, dass im Fall des Todes eines Bedachten sein Nießbrauchsanteil dem überlebenden Bedachten zufallen soll (RFH RStBl 31, 540), wenn dem Vermächtnisnehmer zunächst Zahlungen aus einem Kapital, mit dem Eintritt des Ereignisses aber das Kapital selbst zugewandt ist (RFH RStBl 41, 438) oder wenn dem Stpfl zunächst der Nießbrauch am halben Nachlass und für den Fall des Eintritts der Bedingung die Auskehrung des halben Nachlasswertes unter Wegfall des Nießbrauchs vermacht ist (BFH BStBl III 66, 593). Es sind dann jeweils zwei verschiedene Erwerbe vorhanden, von denen der eine mit dem Erbfall, der andere beim Eintritt der Bedingung stpfl wird, wobei eine Zusammenrechnung nach § 14 zu erfolgen hat.

30 **Bestimmungsvermächtnisse** (§ 2151 BGB) stellen aufschiebend bedingte Vermächtnisse dar (BFH BStBl II 1971, 481 zum Fall der Vereinbarung eines Optionsrechts; *Troll/Gebel* § 9 Rz 34; *Stein,* ZEV 11, 572, 574). Ein aufschiebend bedingtes **Vorausvermächtnis** (§ 2150 BGB) ist in der Anordnung gesehen worden, dass einem Miterben nach Vollendung seines 25. Lebensjahres ein zum Nachlass gehörendes Rittergut zufallen soll (RFH RStBl 33, 582). Als aufschiebend bedingtes **gesetzliches Vermächtnis** wird der Anspruch der durch den Zugewinnausgleich benachteiligten Stiefabkömmlinge gem § 1371 IV BGB gedeutet. Hat der Erblasser dagegen angeordnet, dass ein Teil des Nachlasses zur Sicherung von Rentenvermächtnissen in

einem Bankdepot verbleiben und dem Erben erst beim Tod der Vermächtnisnehmer zur freien Verfügung stehen soll, dann ist dem Erben damit kein aufschiebend bedingtes Vermächtnis zugewandt, weil er die zunächst gebundenen Vermögenswerte schon mit dem Erbfall als Erbe erwirbt (RFH RStBl 31, 621). Einen Fall des aufschiebend bedingten oder befristeten **Untervermächtnisses** stellt an sich auch das Nachvermächtnis (§ 2191 BGB) dar, das § 6 IV jedoch zusammen mit dem beim Tod des Beschwerten fälligen Vermächtnis der Nacherbschaft gleichstellt, so dass insoweit Abs 1 Nr 1 Buchst h zur Anwendung gelangt. Zu den mit einem unbedingten Erbschaftserwerb verbundenen aufschiebend bedingten Ansprüchen rechnet das FG Hbg (EFG 91, 544) die Ansprüche des Erben auf Gewinnausschüttungen einer GmbH vor Feststellung des Jahresabschlusses.

Ein bedingter Erwerb durch **Schenkung auf den Todesfall** wird für den Fall an- 31
genommen, dass der Anteil des Gesellschafters einer GmbH nach einer Bestimmung des Gesellschaftsvertrages bei seinem Tod gegen eine unter dem StWert des Anteils liegende Abfindung auf die Gesellschaft (oder die anderen Gesellschafter) übergehen soll (§ 3 I Nr 2 S 2). Da das Kapitalgesellschaftsrecht einen Übergang des Anteils ohne förmlichen Übertragungsakt außerhalb der Gesamtrechtsnachfolge nicht kennt, erwirbt die Gesellschaft mit dem Tod zunächst nur einen Anspruch gegen die Erben, auf Grund dessen sie die Übertragung des Anteils verlangen kann. Dies kann als ein (durch die Geltendmachung des Anspruchs) aufschiebend bedingter Erwerb gedeutet werden (*Schild,* ErbSt u ErbStPolitik, 1980, 82).

IV. Pflichtteil (Abs 1 Nr 1 Buchst b)

1. Grundgedanke

Abs 1 Nr 1 Buchst b trifft Regelungen für den Pflichtteil. Der Pflichtteilsanspruch 32
wird erst mit dem Geltendmachen zu einem stpfl Erwerb (§ 3 I Nr 1). Daher kann das Gesetz, wenn auch missverständlich, von dem stpfl Erwerb eines geltend gemachten Pflichtteilsanspruchs sprechen. Das Gesetz sieht einen stpfl Erwerb erst in dem geltend gemachten Anspruch, weil es die Gründe respektiert, die den Gläubiger im Interesse des Erben und aus Pietät gegenüber dem Erblasserwillen veranlassen können, von dem Einfordern des Anspruchs abzusehen. Wenn der Gläubiger daher auf die Durchsetzung seines Rechts verzichtet, soll nicht trotz dieses Verzichts ErbSt und zusätzlich noch wegen dieses Verzichts SchSt entstehen (vgl dazu früher RGZ 77, 238; RFH StuW 22 Sp 477). Das Entstehen der St wird mit dem Geltendmachen durch den Gläubiger verknüpft, weil der Anspruch im Zweifel nur auf Verlangen des Gläubigers erfüllt werden wird. Doch kann die Initiative zur Erfüllung des Anspruchs auch vom Schuldner ausgehen. Dann kommt es mit der Leistung des Schuldners auch ohne besonderes Verlangen des Gläubigers zu einem stpfl (und damit für den Pflichtteilsschuldner abzugsfähigen: § 10 V Nr 2) Erwerb (RFH RStBl 36, 1131; BFH BStBl III 58, 134).

2. Geltendmachen

Wenn das Gesetz das Entstehen der StPfl mit dem Geltendmachen des Anspruchs 33
verbindet, verlangt es dem Gläubiger eine Entscheidung darüber ab, ob er die ihm geschuldete Leistung in Anspruch nehmen will. Solange der Gläubiger noch unentschieden ist, sich nicht festlegen will, nur das Verzichtleisten auf den Anspruch verweigert, entsteht die St noch nicht (RFHE 25, 121 gegen RFH StuW 22 Nr 749). Die Entscheidung, mit der der Gläubiger den Anspruch geltend macht, entspricht der Aufforderung, mit der der Gläubiger eines sog „verhaltenen“ Anspruchs (Beispiel: § 546 II BGB) diesen zum Entstehen bringt (RGZ 156, 150, 153). Sie muss unmittel-

bar auf die Verwirklichung seines Rechts abzielen. Es braucht sich zwar nicht schon um die Einleitung gerichtlicher Schritte zu handeln, wie sie für die Herstellung der Pfändbarkeit des Pflichtteils (§ 852 I ZPO) oder für die Hemmung der Verjährung durch Rechtsverfolgung erforderlich sind (§ 204 BGB). Doch geht es um eine ihrem Inhalt nach weitergehende Entscheidung, als sie der Vermächtnisgläubiger mit der Annahme des Vermächtnisses trifft (§ 2180 BGB). Denn mit der Annahme des Vermächtnisses verlangt der Vermächtnisnehmer noch nicht die Erfüllung seines Anspruchs, sondern erklärt nur, die ihm zugefallene Forderung behalten und nicht ausschlagen zu wollen. Im Insolvenzverfahren des Bedachten trifft denn auch die Entscheidung über die Annahme oder Ausschlagung noch der Bedachte (§ 83 InsO), während das Geltendmachen des Anspruchs allein Sache des Insolvenzverwalters ist (§ 80 InsO).

3. Geltendmachen eines Teilanspruchs

34 Der Pflichtteilsberechtigte kann das Geltendmachen auf einen Teil seines Anspruchs beschränken. Die St entsteht dann „begrenzt durch die Höhe, in der dieser (Anspruch) geltend gemacht worden ist“ (BFH BStBl II 73, 798, 800; DStZ 15, 817; s auch FG Hbg EFG 78, 555). Zwar hat der RFH (RStBl 40, 3) früher abweichend entschieden. Die Entscheidung beruhte jedoch auf einer Fassung des heutigen § 13 I Nr 11, die noch den Verzicht auf den geltend gemachten Pflichtteil stfrei ließ (*Stölzle* § 2 Anm 24), während das Gesetz seit 1974 nur noch den Verzicht auf den nicht geltend gemachten Anspruch von der StPfl freistellt. Heute würde daher die Entscheidung des RFH dazu führen, dass bei einer Teilinanspruchnahme für den Teil, auf dessen Einfordern verzichtet wird, zugleich ErbSt und SchSt entsteht, ein Ergebnis, das nach dem Gesetzeszweck gerade vermieden werden soll. Die Rspr zum Geltendmachen eines Teilanspruchs lässt den Rückschluss zu, dass erst dann ein Geltendmachen angenommen werden kann, wenn erkennbar ist, in welcher Höhe der Anspruch eingefordert wird. Im Fall der **Stufenklage** (§ 254 ZPO) wird erst bei Bezifferung des Leistungsantrages über die Höhe des eingeforderten Betrags entschieden. In der Erhebung der Stufenklage mit zunächst noch unbeziffertem Leistungsantrag wird daher noch kein Geltendmachen des Pflichtteils zu sehen sein (*Meincke,* ZErb 04, 1; aM FG Rh-Pf DStRE 02, 459). Die Bezifferung des Anspruchs spielt allerdings dann für die Besteuerung keine Rolle, wenn der Gläubiger den Anspruchsumfang, den er geltend macht, bereits auf andere Weise verdeutlicht, zB dadurch, dass er uneingeschränkt den vollen Pflichtteil verlangt (FG Köln EFG 05, 1137; BFH BStBl II 06, 718).

4. Merkmale des Geltendmachens

35 Zum Geltendmachen ist es erforderlich, dass der Gläubiger für den Schuldner erkennbar ernstlich auf der Erfüllung seines Anspruchs besteht (RFH RStBl 29, 515; Hess FG EFG 90, 587; FG München EFG 03, 248). Ernstlich ist das Verlangen nicht schon dann, wenn die Diskussion über die Auszahlung des Pflichtteils im Familienkreis gerade erst beginnt, so entschieden die Forderungen bei dieser Diskussion auch vertreten werden mögen. Denn das Geltendmachen hat unwiderrufliche Konsequenzen. Es begründet die StPfl und führt dazu, dass ein späterer Verzicht auf das Einfordern des Anspruchs unter dem Gesichtspunkt der freigebigen Zuwendung eine weitere StPfl auslöst. Daher ist das Merkmal des Geltendmachens restriktiv auszulegen (FG Rh-Pf DStRE 02, 459, 460) und kann ein Geltendmachen nur angenommen werden, wenn die Entscheidung für das Einfordern des Pflichtteils nicht nur vorläufig erwogen, sondern endgültig gefallen ist. Tritt der Gläubiger nach **Ablauf der Verjährungsfrist** (§ 2332 I BGB: 3 Jahre nach Kenntnis von Erbfall und beeinträchtigender Verfügung) mit dem Verlangen der Pflichtteilszahlung an den Schuldner heran, ist zu unterscheiden. Beruft sich der Schuldner auf die Einrede der Verjährung

(§ 222 BGB), so ist der Anspruch entweder nicht wirksam geltend gemacht oder als geltend gemachter Anspruch wertlos; ein stpfl Erwerb ist so und so zu verneinen. Verzichtet der Schuldner dagegen auf die Erhebung der Einrede der Verjährung, stehen dem Geltendmachen keine Hindernisse entgegen. Der Schuldner kann den Pflichtteil dann noch nachträglich in seine StBerechnung als Abzugsposten einführen und ggf eine Steuererstattung beantragen (*Moench,* DStR 87, 139, 144 mwN). Verlangt der Gläubiger die Auszahlung des Pflichtteils und erlangt der Schuldner gegen den Willen des Gläubigers eine **Stundung** des Anspruchs durch das Nachlassgericht gem § 2331 a BGB, dann hat der Gläubiger mit dem Geltendmachen nur einen betagten Anspruch erworben, so dass es naheliegt, unter Hinweis auf § 9 I Nr 1 Buchst a das Datum der StEntstehung auf den Ablauf der Stundungsfrist zu verschieben. Gewährt dagegen der Gläubiger selbst die Stundung des geltend gemachten Anspruchs, ist die StPfl mit dem Geltendmachen entstanden. In der Stundungsvereinbarung selbst muss noch kein Geltendmachen liegen (BFH BStBl II 10, 806, 808). *Moench* (DStR 87, 139, 143) empfiehlt aus der Sicht der FinVerw für das Geltendmachen klare Verhältnisse: „Denn das Finanzamt wird die gewünschten steuerlichen Folgerungen nur dann ziehen, wenn ihm nachgewiesen oder zumindest glaubhaft gemacht wird, dass der Pflichtteil – ganz oder zum Teil – geltend gemacht worden ist. Die größte Sicherheit bringt dabei der Weg zum Notar, der den Pflichtteilsanspruch in einer Urkunde vollstreckbar machen und ihn dinglich absichern kann. Notwendig ist dieser mit Kosten verbundene Weg allerdings nicht; in jedem Fall sollten die Beteiligten eine schriftliche Vereinbarung treffen". Ein **Geltendmachen liegt im Übrigen** dann vor, wenn der Gläubiger die ihm geschuldete Zahlung ohne weitere Aufforderung erhält und akzeptiert (RFH RStBl 36, 1131; BFH BStBl III 58, 134), sowie in der Abrede, statt des geschuldeten Geldbetrages eine anderweitige Leistung an Erfüllungs statt anzunehmen (vgl dazu BFH BStBl II 82, 350). Ein Geltendmachen liegt dagegen nicht in der Absprache, eine Abfindung für den Verzicht auf den entstandenen Pflichtteil (§ 3 II Nr 4) entgegenzunehmen (BFH BStBl II 73, 798). Es sollte auch noch nicht in der **Abtretung** des Pflichtteilsanspruchs gesehen werden (*Kipp* § 2 Anm 58; anders jedoch *Troll/Gottschalk* § 3 Rz 230, nach dem die Abtretung nur „ausnahmsweise noch nicht als Geltendmachung zu werten" ist), auch wenn der Gläubiger mit der Abtretung schon zu erkennen gibt, dass er in der Zukunft „die Geltendmachung wolle oder jedenfalls mit der Geltendmachung einverstanden sei" (Protokolle zum BGB V, 526) und auch wenn schon in der Abtretung ein Vorgang gesehen wird, der den Pflichtteilsanspruch pfändbar macht (§ 852 I ZPO). Der Anspruch ist vielmehr erst geltend gemacht, wenn der neue Gläubiger vom Schuldner die Zahlung verlangt, wobei dann allerdings die StPfl noch den ursprünglichen Anspruchsinhaber trifft (§ 3 Anm 12; Hess FG EFG 90, 587). Zur Geltendmachung eines Pflichtteils nach dem Vater, wenn das Kind nach dem Tod der Mutter **schon selbst Alleininhaber** des vom Vater auf die Mutter vererbten Vermögens geworden ist, s § 3 Anm 61. Zur Besteuerung eines vererbten, nicht geltend gemachtn Pflichtteils s § 3 Anm 62.

Der BFH hatte früher (BStBl II 01, 605) im Fall des **Kaufrechtsvermächtnisses** 36
den Erwerb eines Gestaltungsrechts angenommen, das in Anlehnung an die Regelung des Abs 1 Nr 1 Buchst b erst dann stpfl werden sollte, wenn es vom Vermächtnisnehmer geltend gemacht war. Inzwischen hat das Gericht anerkannt, dass es sich um den Erwerb eines bedingten Vermächtnisanspruchs handelt, der stpfl wird, wenn die Bedingung eintritt, weil der Vermächtnisnehmer das vorgesehene Entgelt zahlt oder sich zur Zahlung des vorgesehenen Entgelts bereit erklärt (BFH BStBl II 08, 892; § 3 Anm 49). Das Entstehen der StPfl ist beim Kaufrechtsvermächtnis daher nicht mehr nach Abs 1 Nr 1 Buchst b, sondern nach Abs 1 Nr 1 Buchst a zu beurteilen.

V. Sonstige Erwerbe von Todes wegen (Abs 1 Nr 1 Buchst c–j)

1. Vermögensübergang auf Stiftung/Trust (Abs 1 Nr 1 Buchst c)

37 Der Übergang von Vermögen auf eine vom Erblasser von Todes wegen angeordnete Stiftung (§ 3 II Nr 1) erfolgt im Zweifel durch Erbeinsetzung oder durch Vermächtnis. Um die für diese Verfügungen erforderliche Voraussetzung zu schaffen, dass der Bedachte zZ des Erbfalls lebt (§ 1923 II BGB), stattet das BGB das Stiftungsgeschäft von Todes wegen mit Rückwirkung aus: Wird die Stiftung nach dem Tod des Stifters als rechtsfähig anerkannt, so gilt sie für die Zuwendungen des Stifters als schon vor dessen Tod entstanden (§ 84 BGB). Damit könnte auch die St schon zum Erbfall entstehen. Doch berücksichtigt das Gesetz hier (anders als in anderen Fällen der Rückwirkung: vgl Anm 11), dass die Rückwirkung als rechtlicher Kunstgriff nicht auch die wirtschaftliche Bereicherung zurückverlegt (vgl OFD Koblenz DStR 89, 581). Daher soll die StPfl erst mit dem **Zeitpunkt der Anerkennung der Stiftung** eintreten (vgl RFH RStBl 38, 403). Die unterschiedliche Behandlung des rückwirkenden Erwerbs durch eine Stiftung und durch eine natürliche Person führt allerdings dann zu einem schwer auflösbaren Wertungswiderspruch, wenn über die Anerkennung der Stiftung erst neun Jahre nach dem Erbfall entschieden wird. Denn eine zustimmende Entscheidung lässt dann die St für die Stiftung mit der Anerkennung entstehen, während bei einer ablehnenden Entscheidung die St für den Ersatzerben über neun Jahre rückwirkend auf den Erbfall bezogen wird (vgl RFH RStBl 39, 729). Dem Fall der Anerkennung der Stiftung wird in dem mit StEntlG 1999/2000/2002 (BGBl I 99, 402) neu geschaffenen zweiten Halbsatz der **Zeitpunkt der Bildung oder Ausstattung einer Vermögensmasse** ausländischen Rechts hinzugefügt, doch ist nicht ganz klar, inwieweit mit dieser Regelung wirklich ein vom Zeitpunkt des Todes abweichender Steuerentstehungszeitpunkt beschrieben werden soll.

2. Erwerb auf Grund Auflage oder Bedingung (Abs 1 Nr 1 Buchst d)

38 Der Erblasser kann eine Zuwendung mit der Bedingung versehen, dass die Zuwendung nur wirksam werden soll, wenn der Bedachte eine Leistung an einen Dritten erbringt. Durch eine solche Anordnung wird der Bedachte zur Leistung an den Dritten nicht verpflichtet, doch wird ein Druck auf ihn ausgeübt, da er das ihm Zugewendete nur erhält, wenn er die Bedingung erfüllt. Der Erblasser kann statt der Bedingung auch eine Auflage anordnen, die den Bedachten zur Leistung an den Dritten verpflichtet, ohne seinen Erwerb von der Erfüllung der Auflage abhängig zu machen. Die Rechtswirkungen beider Anordnungen für den Bedachten sind verschieden. Gemeinsam ist jedoch beiden Fällen, dass der Dritte aus der Bedingung oder Auflage ein Recht auf die Leistung gegen den Bedachten nicht erhält. Mit dem Tod des Erblassers fällt ihm vielmehr nur eine Erwerbschance zu, aus der sich erst durch die **Vollziehung der Auflage** oder durch die **Erfüllung der Bedingung** eine Bereicherung ergibt, die das Entstehen der St (§ 3 II Nr 2) rechtfertigen kann (BFH HFR 62, 83).

3. Erwerb auf Grund stattlicher Genehmigung (Abs 1 Nr 1 Buchst e)

39 Die Vorschrift knüpft an den bisher praktisch bedeutungslos gebliebenen Fall an, dass Zuwendungen des Erblassers auf Grund von Genehmigungsvorbehalten einzelner Bundesländer zu ihrer Wirksamkeit einer behördlichen Genehmigung bedürfen (§ 3 Anm 111). Für denkbar wird hier weiterhin gehalten, dass diese Genehmigung davon abhängig gemacht werden darf, dass der Empfänger der Zuwendung Leistun-

gen an Dritte erbringt. Die in Bezug genommene Vorschrift des § 3 II Nr 3 befasst sich nur mit der Besteuerung des Dritten und bestimmt, dass der Erwerb des Dritten als Erwerb vom Erblasser behandelt werden soll. Abs 1 Nr 1 Buchst e fügt hinzu, dass die St für den Erwerb des Dritten mit der Genehmigung entsteht. Dabei muss gleichgültig bleiben, ob der Genehmigung Rückwirkung zukommt oder nicht, weil sich die Rückwirkung auf den Erwerb des Dritten in keinem Fall auswirken kann. Wird die Leistung an den Dritten im Hinblick auf die Erteilung der Genehmigung schon vor der behördlichen Entscheidung ausgeführt, soll die StPfl dennoch erst mit der Erteilung der Genehmigung entstehen, weil die Leistung nämlich, wenn die Genehmigung nicht erteilt würde, wegen Zweckverfehlung kondiziert werden kann. Die St entsteht mit dem Zeitpunkt der Bekanntgabe (vgl BFH BStBl III 52, 157) der Genehmigung, wenn dem Stpfl spätestens mit diesem Datum ein Anspruch auf die Leistung zufällt. Wird ein solcher Anspruch dagegen mit der Genehmigung noch nicht begründet, kann der Erwerb unter Berücksichtigung des Abs 1 Nr 1 Buchst d erst mit der Vollziehung der Leistung stpfl sein, weil für den Erwerber vorher noch keine wirtschaftliche Bereicherung begründet ist (*Kipp* § 14 Rz 21).

4. Erwerb auf Grund Verzicht/Ausschlagung/Zurückweisung/ Nichtgeltendmachung (Abs 1 Nr 1 Buchst f und g)

Abs 1 Nr 1 Buchst f und g regeln die StEntstehung für die Abfindungserwerbe des § 3 II Nrn 4 und 5. Die Abfindung wird für die Aufgabe einer Erwerbsposition durch Verzicht, Ausschlagung, Zurückweisung oder Nichtgeltendmachung (s § 3 Anm 112ff) gewährt. Das Gesetz geht von der Vorstellung aus (RFH RStBl 34, 444), dass die **Aufgabehandlung** auf einer vorweg getroffenen Abfindungsabrede beruht. Die St für den Abfindungserwerb soll dann mit der Ausschlagung, dem Verzicht, der Zurückweisung oder der Nichtgeltendmachung entstehen. Zu diesem Zeitpunkt ist die Vereinbarung jedoch im Zweifel noch nicht ausgeführt, der „Aufgebende" hat die Abfindung, deren Erwerb besteuert werden soll, noch nicht erhalten. Wie kann es dann zu diesem Zeitpunkt schon zu einer StEntstehung kommen? Die Regelung wäre verständlich, wenn man im Anschluss an RFH RStBl 38, 857 als Gegenstand des Erwerbs den aus der Vereinbarung herrührenden Anspruch auf die Abfindung ansehen wollte. Denn dieser Anspruch ist zur Zeit der Aufgabehandlung im Zweifel bereits erworben. Für den Anspruchserwerb kann die St daher schon dann entstehen. Als früherer Kommentator des § 9 im Kommentar von *G/S* (Stand August 2008) hat *Daragan* (§ 9 Rz 48) jedoch zu Recht darauf aufmerksam gemacht, dass § 9 I Nr 1 Buchst f und g an § 3 II Nrn 4 und 5 anknüpfen und eine Regelung für den dortigen Erwerb vorsehen. Und dort wird nicht der Anspruch auf die Abfindung, sondern die Abfindung selbst der StPfl unterworfen. StPfl ist nach diesen Bestimmungen, was „als Abfindung … gewährt wird". Und gewährt wird als Abfindung ein Anspruch nur dann, wenn gerade der Anspruchserwerb selbst die Abfindung bilden soll (vgl auch § 3 Anm 113). *Daragan* (aaO) tritt dafür ein, den StEntstehungstatbestand „dahin zu reduzieren, dass die St erst entsteht, wenn die Abfindung gewährt wurde, also dem Empfänger zugeflossen ist". Diese Interpretation würde einen in sich konsistenten Lösungsansatz bieten. Doch ist sie mit dem Gesetzestext nur schwer vereinbar, der die StEntstehung mit der Aufgabehandlung und eben nicht mit dem Erwerb der Abfindung verknüpft. Das genaue Verständnis der Vorschrift bedarf daher noch weiterer Diskussion. 40

5. Nacherbfolge, Anwartschaftsübertragung, Anspruch nach § 2287 BGB (Abs 1 Nr 1 Buchst h, i und j)

Nacherben werden unter den Voraussetzungen des § 6 II 1, III 1 als Erben des Vorerben oder als aufschiebend bedingt eingesetzte Erben des Erblassers behandelt. 41

Die in Nr 1 Buchst h angeordnete Rechtsfolge würde sich daher schon aus Nr 1 oder aus Nr 1 Buchst a ergeben, wenn sie nicht in Nr 1 Buchst h noch gesondert aufgeführt würde. Im Fall der entgeltlichen Übertragung der Nacherbenanwartschaft vor Eintritt des Nacherbfalls soll das Entgelt oder die Forderung auf das Entgelt nach Nr 1 Buchst i schon mit der **Anwartschaftsübertragung** die StPfl auslösen, weil das Entgelt dem Veräußerer schon jetzt eine uneingeschränkte Bereicherung vermittelt, auch wenn die als Gegenleistung hingegebene Anwartschaft erst später stpfl wird. Im Fall des Eintritts der Nacherbfolge trifft dann anstelle des Veräußerers den Anwartschaftserwerber die St auf den Erwerb aus Erbanfall. Mit dem StÄndG 1992 ist Abs 1 Nr 1 Buchst j eingeführt worden. Die Bestimmung stellt klar, dass die Neuregelung des § 3 II Nr 7 schon die **Geltendmachung des Anspruchs aus §§ 2287, 2288 II BGB** und nicht erst die Anspruchserfüllung besteuert, dass der Anspruchserwerb aber erst dann als stpfl Vorgang eingestuft werden soll, wenn der Anspruch geltend gemacht ist. Zum Zeitpunkt des Geltendmachens vgl Anm 33 ff zum Pflichtteilsrecht.

6. Anwendbarkeit der Bestimmungen in Abs 1 Nr 1 Buchst a bis j

42 Die **Bestimmungen sind nebeneinander anwendbar.** So entsteht die St für den Vermögenserwerb einer von Todes wegen errichteten Stiftung gem Nr 1 Buchst c mit der Anerkennung der Stiftung als rechtsfähig. Ist die Vermögensausstattung jedoch durch Nacherbeinsetzung vorgenommen, dann muss gem Nr 1 Buchst h der Zeitpunkt des Eintritts der Nacherbfolge abgewartet werden (*Kipp* § 14 Anm 18). Die StPfl des Auflagebegünstigten entsteht gem Nr 1 Buchst d mit der Vollziehung der Auflage. Ist jedoch Inhalt der durch die Auflage bestimmten Leistung, dass der Beschwerte dem Begünstigten einen aufschiebend bedingten, befristeten oder betagten Anspruch verschaffen soll, so entsteht die St nach Nr 1 Buchst a erst mit dem Eintritt des Ereignisses oder der Bedingung (vgl demgegenüber BFH HFR 62, 83). Ähnliches gilt bei bedingten oder befristeten Abfindungsleistungen für den Verzicht auf den Pflichtteil (vgl *Kipp* § 14 Anm 22), für die Vermächtnisausschlagung (RFH RStBl 36, 1218) oder für den Verzicht auf die Forderung aus einem bereits angenommenen bedingten oder befristeten Vermächtniserwerb.

VI. Erwerb durch Schenkung (Abs 1 Nr 2)

43 Die in § 7 näher umschriebene **Schenkung unter Lebenden** wird stpfl mit der Ausführung der Zuwendung. Eine Zuwendung ist ausgeführt, wenn der Bedachte das erhalten hat, was ihm im Schenkwege verschafft werden soll (BFH BStBl II 05, 892; 06, 786). Was dem Bedachten verschafft werden soll und was damit als Gegenstand der Zuwendung anzusehen ist, richtet sich nach dem Parteiwillen (§ 7 Anm 15). Wird zB Geld zum Grundstückserwerb hingegeben, so ist auf die Ausführung der Zuwendung des Geldes zu achten, wenn eine Geldschenkung infrage steht. Dagegen kommt es auf die Ausführung der Zuwendung des Grundstücks an, wenn eine Grundstücksschenkung verwirklicht werden soll (BFH BStBl II 06, 786). Lässt der Schenker dem Beschenkten **laufende Zahlungen** zukommen, so kann sich die Schenkung auf die einzelnen Zahlungen beziehen. Mit jeder einzelnen Zahlung ist dann eine auf diesen Betrag beschränkte schenkweise Zuwendung ausgeführt (RFH RStBl 41, 766). Es kann jedoch auch ein Stammrecht auf die Zahlungen den Gegenstand der schenkweisen Zuwendung bilden. Dann entsteht die St schon mit der Einräumung dieses Stammrechts (RFH RStBl 21, 157; 22, 312; BFH BStBl II 68, 239). In vergleichbarer Weise ist zu unterscheiden, wenn der Schenker dem Beschenkten eine durch **Widerrufsvorbehalt** eingeschränkte Rechtsstellung verschafft. Soll der Beschenkte nach dem Inhalt der Schenkungsabrede eine endgültig gesicherte Rechtsposition hinsichtlich seines Erwerbs erhalten, dann ist die Zuwendung wegen des vor-

läufig vorbehaltenen Widerrufs noch nicht ausgeführt. Ist dagegen die Einräumung der widerruflichen Stellung selbst Gegenstand der Zuwendung, hat der Beschenkte bereits erhalten, was ihm verschafft werden soll. Damit ist die Zuwendung ausgeführt (vgl BGH NJW 75, 1360). Der BFH (BStBl II 89, 1034) hat sich der hier vertretenen Linie angeschlossen (vgl § 7 Anm 53 ff). Nach einer von der FinVerw früher vertretenen Auffassung konnte von der Ausführung einer Schenkung solange nicht die Rede sein, als sich der Schenker den Nießbrauch an dem verschenkten Gegenstand und zugleich den jederzeitigen Widerruf der Schenkung vorbehielt. Der BFH hatte demgegenüber ausgesprochen, dass der Vorbehalt des Nießbrauchs auch dann kein Argument gegen die Ausführung einer Grundstücksschenkung durch Eigentumsübertragung darstellt, wenn der Nießbraucher im EStRecht als wirtschaftlicher Eigentümer des Grundstücks gilt (BFH BStBl II 83, 179). Mit der Rspr des BFH zum Widerrufsvorbehalt (BFH BStBl II 89, 1034) ist der früheren Auffassung der FinVerw sodann endgültig der Boden entzogen worden (ebenso *Moench/Weinmann* § 9 Rz 34).

1. Versprechen der Zuwendung

Wenn § 9 I Nr 2 die StPfl mit der Ausführung der Zuwendung verbindet, so soll damit zum Ausdruck gebracht werden, dass das Versprechen der Zuwendung **noch kein stpfl Vorgang** ist (§ 7 Anm 45). Die Forderungsbegründung durch formwirksames Schenkungsversprechen (§ 518 I BGB) gilt in diesem Zusammenhang nicht als Ausführung der Zuwendung einer Forderungsschenkung (Schenkung eines Versprechens), sondern als (noch unausgeführtes) Versprechen, die in der Forderung bezeichnete Leistung schenkweise zu erbringen (Versprechen einer Schenkung). Der Abschluss des Schenkungsversprechensvertrages führt daher noch nicht zum Entstehen einer StPfl (RFH RStBl 21, 157 = RFHE 4, 243; BFH BStBl II 68, 239, 371; 72, 43). 44

Dies lässt sich aber nicht dahin verallgemeinern, dass jede schenkweise Begründung einer Forderung gegen den Schenker für den Beginn der StPfl unbeachtet bleiben muss. Die Forderungsbegründung kann vielmehr nur dann vernachlässigt werden, wenn „die Anschauungen des Verkehrs das Verhältnis zwischen dem Gläubiger und dem Schuldner noch als von den Vorschriften über die Schenkung beherrscht ansehen und deshalb eine Einziehung wider den Willen des Schuldners und eine Abtretung missbilligen" (RFHE 9, 276, 278). Wird daher dem Beschenkten schenkweise eine wirksame Darlehnsforderung gegen den Schenker eingeräumt (RFH RStBl 29, 497 = RFHE 25, 250), wird eine Schenkung dadurch vorgenommen, dass der Schenker eine Kaufpreisforderung des Beschenkten, die sich gegen den Schenker richtet, ohne rechtliche Notwendigkeit erhöht (BFH DVR 86, 6), oder wird dem Beschenkten schenkweise die Einlage eines stillen Gesellschafters (RFH RStBl 23, 401) oder eine Unterbeteiligung zugewandt (RFH RStBl 23, 130; BFH BStBl III 62, 502), dann wird der Beschenkte schon durch den zwischen den Parteien abgeschlossenen Vertrag bereichert, auch wenn der Beschenkte aus dem Vertrag zunächst nicht viel mehr als eine Forderung gegen den Schenker gewinnt, sofern nur diese Forderung nicht mehr besonderen aus der Schenkung folgenden Rücksichten unterliegt (vgl aber auch BFH BStBl II 93, 289). Bei diesen Zuwendungen ist ein **dinglicher Vollzugsakt nicht erforderlich.** Als vollzogene Schenkung behandelt der BFH auch den schenkweisen Forderungserwerb, der sich für den Auflagebegünstigten aus einer Schenkung unter Auflage ergibt (BFH BStBl II 03, 162; § 7 Anm 104). Eine vollzogene schenkweise Einräumung einer Darlehnsforderung dürfte auch in dem Vertrag liegen, mit dem der Schenker dem Beschenkten einen Geldbetrag zuweist, den er sich gleich anschließend wieder als Darlehen zurückgewähren lässt (OLG Hamm OLGZ 78, 422; vgl auch § 7 Anm 48). Zwar hat der BFH (BStBl II 92, 468) für den Fall, dass eine Abhängigkeit von Geldzuwendung und Darlehenshingabe besteht, unter Hinweis auf die Entscheidung BFH BStBl II 84, 705 von einer Gestaltung gesprochen, die dem rechtlichen und wirtschaftlichen Gehalt nach als Schenkungsversprechen anzusehen ist. Und die 45

FinVerw (BStBl I 92, 729, 730) geht davon aus, dass unter den genannten Voraussetzungen „der Vollzug der Schenkung bis zur Rückzahlung des sog Darlehens aufgeschoben … ist“. Aber warum soll der Empfänger bei dieser Gestaltung von der SchStPfl zunächst entlastet sein? Aus der Rspr zum EStRecht lässt sich solange kein begründeter Schluss auf die Behandlung im SchStRecht ziehen, wie die Rspr keine Anstalten macht, die StFolgen im SchStRecht in ihren Entscheidungen mitzubedenken. Im SchStRecht ist in diesen Fällen denn auch von einer vollzogenen Schenkung auszugehen (BFH BStBl II 96, 11). Forderungsschenkung und nicht nur das Versprechen einer Schenkung liegt ferner dann vor, wenn ein Vater seinem Kind unentgeltlich eine Darlehnsforderung gegen die Personengesellschaft zuweist, an der er als Gesellschafter beteiligt ist (BFH BStBl II 82, 351). Als Zuwendung iSd Abs 1 Nr 2 sollte dagegen nicht die Verpflichtung des Schenkers zur Übernahme der SchStSchuld angesehen werden (vgl FG Münster EFG 78, 602), weil die Stellung des § 10 II unter den Wertermittlungsvorschriften ergibt, dass das Gesetz die Übernahme der SchStSchuld nicht als einen zusätzlichen stpfl Vorgang, sondern als werterhöhenden Umstand einstuft (BFH BStBl II 78, 220, 223), dessen Voraussetzungen mit der Ausführung der zugrundeliegenden Zuwendung ohne Weiteres verwirklicht sind.

2. Ausführung der Zuwendung

46 Die Zuwendung ist ausgeführt, wenn der Beschenkte erhalten hat, was ihm nach der Schenkungsabrede verschafft werden soll (BFH BStBl II 85, 382, 383). Dazu müssen die Schenkungsabrede und das **Zuwendungsgeschäft wirksam** sein oder von den Parteien als wirksam behandelt werden (§ 41 AO; RFH RStBl 31, 541). Zur Ausführung einer Sachschenkung muss der Beschenkte daher das Eigentum, bei der Schenkung eines beschränkt dinglichen Rechts (zB Nießbrauch) die Berechtigung, bei einer Forderungsschenkung die Gläubigerstellung (BFH BStBl II 81, 78), bei der unentgeltlichen Kapitalüberlassung das Kapital (BFH BStBl II 79, 631, 740) und bei der Schenkung des Erlöses aus einem Verkauf die Erlösgutschrift auf seinem Bankkonto (Hess FG EFG 60, 64) erlangt haben. Daraus folgt weiterhin, dass die Schenkung eines Grundstücksübereignungsanspruchs bereits mit der Anspruchsabtretung und nicht erst mit der Erfüllung des Anspruchs durch Übereignung des Grundstücks ausgeführt worden ist (BFH/NV 01, 1404) – sofern man in der schenkweise zugesagten Anspruchsübertragung nicht statt der Anspruchsschenkung eine Grundstücksschenkung sieht (Anm 50). Wird die Schenkungsabrede nicht deckungsgleich vollzogen, ist entscheidend, was der Bedachte endgültig erhält (BFH BStBl II 95, 83). Maßgebend ist, wie sich die Vermögensmehrung im Zeitpunkt der Zuwendung beim Bedachten darstellt (BFH BStBl II 91, 310). Bei einer Geldschenkung im Wege der Überweisung ist der Tag der Ausführung des Überweisungsauftrages maßgeblich (FG Münster EFG 14, 779).

47 Ist die Wirksamkeit der Schenkungsabrede wegen einer aufschiebenden Bedingung noch in der Schwebe, oder ist die Zuwendung von einer **aufschiebenden Bedingung** abhängig gemacht, so sind noch nicht alle Voraussetzungen der StPfl erfüllt. Der RFH hat denn auch angenommen, dass die Zuwendung eines Grundstücks auf der Grundlage einer aufschiebend bedingten Schenkung nicht vor dem Eintritt der Bedingung ausgeführt ist (RStBl 30, 555), dass die Werte, die Eltern ihrem Kind als Aussteuer überschreiben, erst mit der Eheschließung zugewandt sind (RStBl 37, 357) und dass eine schenkweise Zuwendung unter künftigen Ehegatten kurz vor dem Heiratstermin erst mit der Eheschließung und dem durch sie bewirkten Wechsel des Beschenkten in StKlasse I wirksam wird (RFH RStBl 40, 615). Dem hat sich der BFH (BStBl II 09, 606) angeschlossen. Hierher gehört auch die Schenkung einer **Forderung mit Besserungsabrede,** gleich ob sie als Schenkung einer bedingten Forderung (FG Saarl EFG 08, 393) oder als Schenkung einer mit einem ungewissen Enddatum gestundeten Forderung (vgl BFH BStBl II 09, 606) verstanden wird (Aus-

führung erst mit Eintritt des Besserungsfalles). Tritt nach dem Verkauf einer Forderung mit Besserungsschein zum Verkehrswert der Besserungsfall ein, verwandelt sich der Verkauf nicht in eine freigebige Zuwendung (BFH/NV 13, 846). Stellt der Ehemann **Geldmittel zum Bau eines Hauses** auf einem Grundstück der Schwiegereltern zur Verfügung und soll das Grundstück nach Fertigstellung des Gebäudes auf die Ehefrau übertragen werden, dann ist die Schenkung mit Fertigstellung des Gebäudes und Übertragung des Grundstücks ausgeführt (BFH BStBl II 85, 382, 383f). Wird ein noch zu sanierendes und zu renovierendes Hausgrundstück geschenkt, ist die Schenkung erst ausgeführt, wenn die Sanierung und Renovierung beendet ist (FG Düsseldorf EFG 01, 150). Wird ein Grundstück mit einem noch zu errichtenden oder fertigzustellenden Gebäude geschenkt, ist die Zuwendung erst mit der Bezugsfertigkeit des Gebäudes ausgeführt (BFH BStBl II 03, 273).

Wenn die Wirksamkeit der Schenkungsabrede oder des Zuwendungsgeschäfts von einer **Genehmigung** abhängig ist, der das Gesetz Rückwirkung beilegt, und war die Erteilung der Genehmigung von den Vertragspartnern nicht zum Inhalt einer Wirksamkeitsbedingung gemacht worden, so sollte die Steuer nach einer früheren Auffassung der FinVerw (R 23 III ErbStR 1998) rückwirkend entstehen (ebenfalls grds für eine einheitliche Orientierung an der zivilrechtlichen Rückwirkung *Troll/Gottschalk* § 9 Rz 44; *von Oertzen/Fumi* § 9 Rz 113). Nunmehr heißt es jedoch in den R E 9.1 III ErbStR: „Bei einer Grundstücksschenkung, die von einer behördlichen oder privatrechtlichen Genehmigung abhängig ist, tritt die zivilrechtliche Wirksamkeit des Vertrags und der Auflassung erst mit der Erteilung der Genehmigung ein. Die Genehmigung wirkt zwar zivilrechtlich auf den Tag des Vertragsschlusses zurück (§ 184 BGB). Die zivilrechtliche Rückwirkung einer Genehmigung ist jedoch strechtlich unbeachtlich. Ist der Vertrag oder die Auflassung von einer **behördlichen** Genehmigung abhängig, ist aber von deren Wirksamkeit auszugehen, wenn die Beteiligten alles getan haben, um die Genehmigung herbeizuführen, insb die erforderlichen Erklärungen in gehöriger Form abgegeben haben. Ist der Vertrag oder die Auflassung von einer **privatrechtlichen** Genehmigung abhängig, tritt die für die Ausführung der Schenkung erforderliche Bindung aller Vertragsparteien zueinander jedoch erst im Zeitpunkt der Genehmigung ein, so dass dann auch der Tatbestand der Schenkung verwirklicht sein kann (vgl § 38 AO)". Auch die Rspr spricht privatrechtlichen Genehmigungen keine stliche Rückwirkung zu (BFH/NV 06, 551; Nds FG EFG 07, 1258; kritisch FG Rh-Pf ZEV 98, 279). Das FG S-Anh hat offengelassen, ob die Genehmigung eines Ergänzungspflegers zurückwirkt, „wenn die Genehmigung unverzüglich nach Abschluss des Vertrages beantragt und in angemessener Frist erteilt wird" (v 28.8.2002 – 2 K 111/02). Die gerichtliche Bestellung des Ergänzungspflegers spricht für eine Rückwirkung. Als „behördlich" ist auch eine familiengerichtliche Genehmigung einzustufen. 48

Noch nicht ausreichend geklärt ist die Rechtslage, die sich ergibt, wenn die **Ausführung in Teilschritten** erfolgt. Geht es um eine **teilbare Leistung** (zB Geldzahlung), ist die Lösung unproblematisch. Das einheitliche Geschäft wird zum Zweck der Besteuerung in **Teilschenkungen** aufgespalten. Hinsichtlich jeder einzelnen Teilleistung entsteht eine gesonderte St mit der Ausführung. Anders dagegen bei **unteilbaren Leistungen.** Wird dem Beschenkten zunächst eine vorläufige Rechtsstellung, zB ein **Anwartschaftsrecht** eingeräumt, so hat der Beschenkte zwar schon einen wirtschaftlichen Wert in der Hand, der besteuert werden könnte. Doch wächst ihm erst mit dem Vollrecht die Rechtsposition zu, die den Gegenstand der Schenkung bildet. Immerhin könnte auch hier an eine Aufspaltung der Schenkung gedacht werden, wonach zunächst der Erwerb der vorläufigen Rechtsstellung und später der zusätzliche Erwerb durch Erlangen des Vollrechts besteuert wird. In § 9 I Nr 1 Buchst a und h hat sich das Gesetz jedoch für den Fall der aufschiebenden Bedingung, Betagung oder Befristung beim Erwerb von Todes wegen für ein „Alles-oder-nichts-Prinzip" entschieden. Solange das Ergebnis noch nicht eingetreten ist, das Vollrecht noch 49 nicht verschafft wurde, soll auch die Anwartschaft unversteuert bleiben. Ähnlich liegt es beim Schenkungsversprechen, das vor der Ausführung noch keinerlei StPfl auslöst, und bei der unwiderruflichen Begünstigung aus einem Lebensversicherungsvertrag, die erst mit Eintritt des Versicherungsfalles zum stpfl Erwerb gerechnet wird (BFH BStBl III 52, 240; BStBl II 99, 742).

3. Grundstücksschenkung

50 Auch bei der Grundstücksschenkung ist nach dem natürlichen Wortsinn eine Ausführung der Zuwendung dann anzunehmen, wenn der Leistungserfolg eingetreten und der Beschenkte Eigentümer des geschenkten Grundstücks geworden ist (BFH BStBl II 83, 19, 20). Dies muss auch bei der mittelbaren Grundstücksschenkung gelten, bei der der Bedachte zunächst Geld zum Grundstückserwerb erhält, für deren Ausführung jedoch ebenfalls der Grundstückserwerb bedeutsam ist. Nur bei der mittelbaren Schenkung von Grundstücksteilen, bei der Hingabe von Geld zur Errichtung eines Gebäudes oder zur Durchführung von Um-, Aus- oder Anbauten an einem Gebäude, kann der Zeitpunkt des sukzessiven Eigentumserwerbs an den eingebauten Gebäudeteilen von vornherein für die Besteuerung nicht maßgeblich sein. Hier muss vielmehr das Datum der Bezugsfertigkeit der fertiggestellten Räume entscheiden (R E 9.1 II ErbStR). Im Übrigen müsste jedoch an sich der Zeitpunkt der Ausführung der Grundstücksschenkung mit dem Zeitpunkt des Eigentumserwerbs zusammenfallen (vgl FG Rh-Pf ZEV 98, 279; Anm 53). Weil bei der Übertragung von Grundstückseigentum der Eintritt des Leistungserfolges wegen der Eintragungsbedürftigkeit des Eigentumswechsels im Grundbuch der Mitwirkung des Grundbuchamtes bedarf und die Parteien nur einen begrenzten Einfluss auf den Fortgang der Tätigkeit des Grundbuchamtes haben, hat die **Rspr** jedoch im Gegensatz zu der durch den natürlichen Wortsinn gebotenen Auslegung seit jeher die Auffassung vertreten, dass die Ausführung der Zuwendung bei der Grundstücksschenkung schon **vor dem Eigentumswechsel** zum Abschluss gelangt. In der Entscheidung BFH BStBl II 83, 19 (ferner: BFH BStBl II 88, 741; 90, 504; 02, 781; 05, 892) werden zwei Kriterien genannt: **(1.)** Es muss eine Auflassung (= formgerecht erklärte Einigung über den Eigentumsübergang: § 925 BGB) vorliegen; die Erteilung von Vollmachten zur Vornahme der Auflassung reicht noch nicht aus. **(2.)** Die Vertragspartner müssen die für die Eintragung der Rechtsänderung im Grundbuch erforderlichen Erklärungen in gehöriger Form abgegeben haben, so dass der Beschenkte auf Grund dieser Erklärungen in der Lage ist, beim Grundbuchamt die Eintragung der Rechtsänderung zu beantragen. Ob zusätzlich noch zu fordern ist, dass der Beschenkte durch Stellung des Eintragungsantrages die schützenden Wirkungen des § 17 GBO (Vorrang dieses Antrags vor später eingehenden Anträgen) erlangt hat, so dass ihm ein Anwartschaftsrecht auf den Eigentumserwerb zugebilligt werden kann, hatte der BFH zunächst offen gelassen. Dann hat das Gericht jedoch entschieden, dass es dieses weiteren Merkmals nicht bedarf. Die beiden oben genannten Kriterien seien ausreichend (BFH BStBl II 91, 320). Haben sich die Vertragspartner allerdings übereinstimmend auf ein späteres Datum geeinigt (BFH/NV 00, 1095; BStBl II 05, 312) oder hat sich der Beschenkte verpflichtet, von einer vorliegenden Eintragungsbewilligung vorerst noch keinen Gebrauch zu machen, dann ist die Zuwendung noch nicht ausgeführt (Nds FG EFG 00, 386). Diese Grundsätze zum Zeitpunkt der Ausführung einer Grundstücksschenkung sind nicht auf Erwerbe von Todes wegen übertragbar (BFH BStBl II 07, 461). Die **FinVerw** ist der Linie der Rspr gefolgt (R E 9.1 I ErbStR). Sie verlangt die Abgabe der für die Eintragung der Rechtsänderung in das Grundbuch erforderlichen Erklärungen in gehöriger Form (Auflassung und Eintragungsbewilligung). Die Erteilung einer Auflassungsvollmacht genügt noch nicht. Die Herbeiführung der schützenden Wirkungen des § 17 GBO ist nicht erforderlich. Haben beide Vertragspartner einen Dritten bevollmächtigt, die zur Rechtsänderung erfor-

derlichen Erklärungen abzugeben und entgegenzunehmen, wird zusätzlich zu der Erklärung der Auflassung auch noch die Besitzverschaffung des Grundstücks sowie der Übergang der Nutzungen und Lasten auf den Beschenkten verlangt. Für eine ähnliche Vorverlagerung des Zeitpunkts der Ausführung der Zuwendung hat sich das FG Nürnberg (EFG 08, 395) auch bei der schenkweisen Abtretung zukünftiger GmbH-Geschäftsanteile ausgesprochen, wurde aber durch den BFH korrigiert, der auf die Eintragung der Kapitalerhöhung ins Handelsregister abstellt (BStBl II 10, 463).

4. Ältere Begründungen

Zur Begründung der vom natürlichen Wortsinn des Begriffs „Ausführung der Zuwendung" abweichenden Rspr hatte der RFH ursprünglich auf **§ 80 I RAO** verwiesen, wo es hieß: „Wer einen Gegenstand als ihm gehörend besitzt, wird iSd StGesetzes wie ein Eigentümer behandelt" (RFH RStBl 28, 138). Doch musste es auch schon damals als zweifelhaft erscheinen, ob einer Regelung über die Stellung des sog wirtschaftlichen Eigentümers eine Aussage über den Zeitpunkt der Ausführung einer freigebigen Zuwendung entnommen werden kann. Der BFH hatte im Übrigen vorübergehend auch die Wortfassung des (jetzigen) § 9 I Nr 2 zum Beleg dafür herangezogen, dass der Gesetzgeber mit der Wahl des Ausdrucks „Ausführung der Zuwendung" die auf der wirtschaftlichen Betrachtungsweise basierende Rspr des RFH zur Grundstücksschenkung bestätigt habe (BFH BStBl III 62, 204). In den Gesetzesmaterialien lässt sich aber kein deutlicher Nachweis für diese These finden. **51**

5. Die Parallele zu § 518 II BGB

In zwei weiteren einschlägigen Entscheidungen hat der BFH Gewicht darauf gelegt, dass die von ihm vertretene Rechtsauffassung zur Ausführung der Grundstücksschenkung im Einklang steht mit der Rspr des BGH zu der Frage, wann eine versprochene Schenkung iSd § 518 II BGB bewirkt worden ist (BFH BStBl II 79, 642; 80, 307). Doch muss man schon zweifeln, ob der BFH in diesem Zusammenhang die ZivilRspr zu § 518 II BGB zutreffend erfasst. Denn die in Bezug genommenen Urteile BGHZ 26, 274 und 59, 210 sind gar nicht zu § 518 II BGB ergangen, und das formlos erteilte Grundstücksschenkungsversprechen kann schon nach § 311b BGB nicht vor der Eintragung des Eigentumsübergangs im Grundbuch wirksam sein. Hinzu kommt, dass sich die Anknüpfung an § 518 II BGB aus dem Zweck des § 9 I Nr 2 nicht ausreichend legitimieren lässt. Denn § 518 II BGB regelt den Zeitpunkt, zu dem ein zunächst formunwirksames Schenkungsversprechen wirksam wird. Im Zusammenhang des § 9 I Nr 2 spielt jedoch die Formwirksamkeit oder -unwirksamkeit des Schenkungsversprechens gar keine Rolle. **52**

6. Die Bedeutung der Parteihandlungen

Weit größere Bedeutung kommt demgegenüber der weiteren Überlegung der Rspr zu, dass man nämlich bei der Ausführung der Zuwendung durch Grundstücksübereignung zwischen den zur Übereignung erforderlichen Handlungen der Vertragspartner und dem Tätigwerden des Grundbuchamtes unterscheiden müsse. Haben die Vertragspartner die für die Eintragung der Rechtsänderung in das Grundbuch erforderlichen Erklärungen in gehöriger Form abgegeben (BFH BStBl II 83, 19) und ist der Eintragungsantrag beim Grundbuchamt gestellt, dann haben sie alles getan, was zur Ausführung der Zuwendung aus ihrer Sicht nötig und möglich erschien. In der Logik dieser Argumentation würde es liegen, auch noch den Eintragungsantrag beim Grundbuchamt durch den Grundstückserwerber zu verlangen. Denn erst mit diesem Antrag sind alle den Vertragspartnern zukommenden Ausführungshandlungen been- **53** det. Die Rspr hat sich jedoch inzwischen dafür entschieden, den Eintragungsantrag für bedeutungslos zu halten (Anm 50). Damit wird das Ausführungsdatum der Schenkung im Ablauf der Eigentumsübertragung noch weiter nach vorn verlegt. Die ganze Linie der Rspr ist auf dem Hintergrund von Entscheidungen zu verstehen, die sich mit vor dem Eigentumswechsel wirksam gewordenen Besteuerungsverschärfungen beschäftigen und die dem Stpfl durch **Vorverlegung des Steuerentstehungsdatums** den Vorteil der bisher günstigeren Besteuerung erhalten wollen. Dabei wird die Zweischneidigkeit jeder Gesetzesinterpretation nicht ausreichend bedacht, die auch zu gravierenden Benachteiligungen von Stpfl führen kann, wenn zB der Schenkungsvertrag noch vor dem Eigentumswechsel wieder aufgehoben wird, was aber dann die bereits entstandene Steuer nicht wieder ohne Weiteres entfallen lassen kann. Der ganzen Linie der bisherigen Rspr steht denn auch eine neuere Entscheidung des FG Rh-Pf (ZEV 98, 279) mit beachtlichen Gründen skeptisch gegenüber. Der BFH (BStBl II 02, 781 = ZEV 02, 518 mit Anm *Kollhosser*) hat dieser Skepsis dadurch Rechnung zu tragen versucht, dass er die **schenkungsteuerlichen Wirkungen wieder entfallen** lässt, wenn es zu dem geplanten Eigentumswechsel tatsächlich nicht kommt. Diese Rspr (fortgeführt in BFH BStBl II 05, 892), der auch die FinVerw folgt (R E 9.1 I 9 ErbStR), wirft allerdings ihrerseits erhebliche Probleme auf (vgl *Hartmann,* UVR 03, 98).

7. Ausführung und Parteiwille

54 Die Parteien haben es in der Hand, die Zuwendung so auszugestalten, dass ihre Ausführung früher oder später liegt. Sie können zB die Schenkung eines Hausgrundstücks so vereinbaren, dass das Grundstück nicht in dem Zustand, den es gegenwärtig hat, sondern in saniertem und renoviertem Zusatand geschenkt sein soll. Dann ist die Schenkung noch nicht mit der Übertragung des Eigentums, sondern erst mit der anschließenden Sanierung und Renovierung ausgeführt (BFH/NV 2005, 213). Auch mit der Einfügung anderer Modalitäten, die mit der Schenkung oder mit der Ausführungshandlung verbunden werden, lässt sich ein sehr später Ausführungszeitpunkt erreichen. So ist eine Grundstücksschenkung noch nicht ausgeführt, wenn der Beschenkte von der Eintragungsbewilligung erst zu einem späteren Zeitpunkt Gebrauch machen darf (BFH BStBl II 05, 312). Umgekehrt kann das Ausführungsdatum auch vorverlegt werden, wenn man zB nicht die Sache selbst, sondern den Anspruch auf Lieferung der Sache zum Schenkungsgegenstand erklärt, was allerdings bisher bewertungsrechtlich ungünstige Folgen haben konnte (BFH/NV 01, 1404). Die Parteien können damit den Beginn der StPfl nach ihren Interessen festlegen. Ist die Schenkung jedoch einmal ausgeführt, so sind die Parteien an dieses Datum gebunden. Die vom tatsächlichen Vollzug abweichende vertragliche Vor- oder Rückdatierung des Ausführungszeitpunktes ist für das Entstehen der St bedeutungslos (RFH RStBl 34, 955; vgl auch BFH BStBl III 62, 323). Auch wird die entstandene St nicht davon berührt, dass nach der Ausführung der Schenkung das verschenkte Grundstück rückaufgelassen wird (RFH RStBl 28, 270). Besondere Anforderungen an das Kenntlichmachen der Ausführungshandlung kennt das SchStRecht nicht. Für eine besondere „steuerliche Anerkennung" von Schenkungen (BFH BStBl II 79, 768) ist im SchStRecht kein Raum. Die für das EStRecht bedeutsamen Erwägungen über klare Verhältnisse, die insb unter Angehörigen geschaffen werden müssen (BFH BStBl II 75, 141), finden im SchStRecht keine Stütze. Immerhin kann der „Druck der ertragsteuerlichen Rspr" (*Ebeling,* BB 76, 1073) die Beteiligten zu besonderer Sorgfalt veranlassen. Auch wird man dem Stpfl, dem wegen einer bevorstehenden Gesetzesänderung oder im Hinblick auf die erneute Ausnutzung des Freibetrages nach 10 Jahren (§ 14 I 1) an einem frühen StEntstehungstermin liegt, im eigenen Interesse empfehlen, für eine ausreichende Verdeutlichung der Ausführungshandlung zu sorgen (vgl BFH BStBl III 52, 262; 54, 319). Der Vermerk in den Geschäftsbüchern eines Kaufmanns, verbunden mit der Mitteilung an den Beschenkten, kann zur Kenntlichmachung genü-

gen (RFH RStBl 25, 202; 26, 126; 33, 796). Wird dagegen in den Privatbüchern lediglich die Erteilung eines Schenkungsversprechens vermerkt, so fehlt es noch an der Ausführung des Versprechens, so dass auch die Eintragung nicht weiterhilft (RFH RStBl 29, 497 = RFHE 25, 250).

8. Sonderregelungen

Während das Gesetz in Nr 1 Buchst a–j für Erwerbe von Todes wegen zahlreiche 55
Ausnahmeregelungen vorsieht, die den Beginn der StPfl vom Erbfall auf ein späteres Datum verlegen, kennt es für die **Schenkung unter Lebenden** keinen vergleichbaren Katalog, der die Bestimmung der Nr 2 ergänzen würde. Die unterschiedliche Regelungstechnik erklärt sich aus der Sicht des Stpfl, wenn man unterstellt, dass ihm im Zweifel an einem späten Entstehungstermin gelegen sein wird. Mit der Ausführung der Zuwendung hat das Gesetz nämlich bereits das spätestmögliche Datum gewählt, das keine weitere Hinausschiebung verträgt. Die Praxis zeigt allerdings, dass das Interesse des Stpfl auch darauf gerichtet sein kann, den Beginn der StPfl früh anzusetzen, weil zB ein neues Gesetz mit verschärften Bestimmungen die Erwerbe nicht erfasst, für die die St bei Inkrafttreten des Gesetzes bereits entstanden war (§ 37). Daher hätte an Ausnahmeregelungen gedacht werden können, die das Entstehen der St vom Ausführungszeitpunkt vorverlegen, insb klären, unter welchen Voraussetzungen schon der Forderungserwerb als Ausführung der Zuwendung gewertet werden kann. Auch hätte der Ausführungszeitpunkt für die einzelnen Erwerbe des § 7 näher umschrieben werden können. Diese nähere Bestimmung ist nun unter Berücksichtigung der Textfassung des § 7 durch Auslegung zu ermitteln.

9. Schenkung unter Auflage (§ 7 I Nr 2)

Fällt dem Auflagebegünstigten kein frei verfügbarer (sondern zB nur ein aufschie- 56
bend bedingter) Leistungsanspruch zu, erwirbt er erst das, was infolge der Vollziehung der Auflage oder infolge der Erfüllung der Bedingung an ihn gelangt. Die StPfl tritt dann erst mit dem Vollzug der Auflage oder der Erfüllung der Bedingung ein (BFH BStBl II 93, 523; 05, 408, 410). Wird von dem Auflagebegünstigten dagegen gleich mit dem Vertragsschluss zwischen Schenker und dem Auflagebeschwerten ein frei verfügbarer Anspruch gegen den Beschwerten erworben, dann will der BFH, indem er die Schenkung durch berechtigenden Vertrag zugunsten Dritter als Schenkung einer Forderung gegen den Auflagebeschwerten interpretiert (BFH BStBl II 81, 78), die StEntstehung auf den Zeitpunkt der Forderungsbegründung vorverlegen. Bei einer schenkweisen Forderungsbegründung durch Vertrag zu Gunsten Dritter sieht der BFH die **Forderungsbegründung** bereits **als Ausführung der Zuwendung** an (BFH BStBl II 05, 408). Diese Neuinterpretation kann sich darauf berufen, dass schon die Forderungsbegründung eine Bereicherung für den Begünstigten mit sich bringt. Dem klaren Gesetzeswortlaut des § 7 I Nr 2 (= § 3 I Nr 3 ErbStG aF) wird diese Änderung der Rspr allerdings schwerlich gerecht. Auch erscheint erstaunlich, dass der BFH an dieser Stelle den Gegenstand der Zuwendung ganz ohne Rückgriff auf den Willen des Zuwendenden bestimmt. Soll die StPfl für den Auflagebegünstigten schon mit dem Anspruchserwerb beginnen, bedarf es keiner dinglichen Sicherung des Anspruchs, um den Voraussetzungen des Abs 1 Nr 2 zu genügen. Soll dagegen erst die Erfüllung des Anspruchs die StPfl auslösen, kann die dingliche Anspruchssicherung nicht ausreichen, um von einer Vollziehung der Auflage zu sprechen (aM RFH RStBl 29, 145 = RFHE 24, 356).

10. Sonstige Schenkungen (§ 7 I Nrn 3 bis 10)

57 Der **Erwerb anlässlich der Genehmigung einer Schenkung (§ 7 I Nr 3)** ist nicht schon mit der Genehmigung, sondern erst mit der Ausführung der Zuwendung erlangt (abw Abs 1 Nr 1 Buchst e; *Petzoldt* § 7 Rz 113). Die einem Ehegatten oder Lebenspartner **bei der Vereinbarung der Gütergemeinschaft zufallende Bereicherung (§ 7 I Nr 4)** verwirklicht sich mit dem Entstehen des Gesamtgutes im Wege der Universalsukzession (*MK/Kanzleiter* § 1416 BGB Rz 17). Das Gesamtgut entsteht mit dem Abschluss des Ehevertrages (§ 1408 I BGB), beim Abschluss unter Verlobten mit der Eheschließung, bei aufschiebend bedingtem oder befristetem Abschluss mit dem Eintritt der Bedingung oder des Ereignisses. Besonderer Handlungen zur Ausführung der Zuwendung bedarf es nicht.

58 Die St auf die **Abfindung für einen Erbverzicht (§ 7 I Nr 5)** oder **für aufschiebend bedingt, betagt oder befristet erworbene Ansprüche (§ 7 I Nr 10)** setzt das Gewähren der Abfindung voraus (aA *Troll/Gottschalk* § 9 Rz 110: Zeitpunkt des Vertragsabschlusses). Der RFH (RStBl 34, 444, 445) hat in diesem Zusammenhang ausgesprochen, dass „unter den Begriff der Gewährung einer Leistung, namentlich bei Renten und wiederkehrenden Leistungen anderer Art, auch die rechtswirksame Begründung einer Leistungspflicht fallen" dürfte. Die Einräumung eines Stammrechts auf wiederkehrende Bezüge kann daher schon als Ausführung der Zuwendung iSd Abs 1 Nr 2 bei der Abfindungsleistung gelten. Die Zuwendung, die darin liegt, dass der Vorerbe dem Nacherben mit Rücksicht auf die angeordnete **Nacherbfolge vor ihrem Eintritt** etwas herausgibt **(§ 7 I Nr 7),** wird dagegen erst mit der Herausgabe, dh mit Rechtsverschaffung, stpfl. Auch der **Vermögensübergang bei Gründung einer Stiftung (§ 7 I Nr 8)** ist erst mit der Übertragung des zugesagten Vermögens auf die Stiftung (*Kipp* § 3 Anm 185), die **Zuwendung des Vermögens bei Aufhebung der Stiftung (§ 7 I Nr 9)** erst mit der Übertragung des Vermögens auf den Begünstigten ausgeführt.

11. Die Fälle des § 7 VI, VII und VIII

59 Die selbstständige Schenkung, die in der Ausstattung eines Gesellschaftsanteils mit einer **überhöhten Gewinnbeteiligung** liegt **(§ 7 VI),** lässt die St schon mit der Übertragung des privilegierten Gesellschaftsanteils entstehen. Die jährliche Beschlussfassung über die Gewinnverteilung oder die Verwirklichung der Gewinnbeteiligung durch Geldzahlung wird also nicht vorausgesetzt, sofern man den Gegenstand der Schenkung dem Gesetzeswortlaut folgend in der einmaligen Einräumung des Gewinnübermaßes und nicht in jährlichen Zuwendungen überhöhter Gewinnanteile sieht (§ 7 Anm 153). Dagegen ist die Zuwendung, die in dem **Übergang des Gesellschaftsanteils** unter den in **§ 7 VII** genannten Voraussetzungen liegt, erst mit dem Übergang, dh der Anwachsung oder Übertragung des Anteils, verwirklicht. Die im Kapitalgesellschaftsrecht bedeutsame Begründung eines Anspruchs auf die Anteilsübertragung reicht für die Begründung der StPfl noch nicht aus. Die in **§ 7 VIII** geregelten StTatbestände – **Leistungen an eine Kapitalgesellschaft** (S 1) **oder zwischen verbundenen Körperschaften** (S 2) – sind mit Leistungserbringung ausgeführt.

VII. Zweckzuwendung, ErsatzErbSt (Abs 1 Nrn 3 und 4)

1. Zweckzuwendung (Abs 1 Nr 3)

60 Die St auf Zweckzuwendungen soll den stpfl Betrag nicht nach der Ausführung der Zuwendung bei einem (gedachten) Erwerber, sondern vor der Ausführung beim

Beschwerten erfassen. Der Beschwerte wird aber zur Ausführung der Zuwendung im Zweifel nicht eher verpflichtet sein, als bis ihm die Mittel zur Ausführung zur Verfügung stehen. Daher verknüpft das Gesetz den Beginn der StPfl mit dem Eintritt der Verpflichtung. Soweit die Zweckzuwendung keine Verpflichtung des Beschwerten kennt, muss allerdings der Zeitpunkt der Ausführung der Zweckzuwendung entscheiden (*Kipp* § 14 Anm 28).

2. Ersatzerbschaftsteuer (Abs 1 Nr 4)

Familienstiftungen und Familienvereine unterliegen mit ihrem Vermögen im Turnus von 30 Jahren der 1974 neu eingeführten und seit 1984 erhobenen ErsatzErbSt nach § 1 I Nr 4. Die St entsteht **erstmals zum 1. 1. 1984** oder zu dem späteren Datum, das **30 Jahre nach dem ersten Übergang von Vermögen** auf die Stiftung oder den Verein liegt. Der hier genannte Zeitpunkt des ersten Übergangs von Vermögen entspricht dem Datum, das seinerzeit nach den §§ 3 II Nr 1, 7 I Nr 8 iVm § 9 I Nr 1 Buchst e und Nr 2 bei der Stiftung oder beim Verein eine ErbSt oder SchSt ausgelöst hat. Die ErsatzErbSt entsteht jedoch nicht nur für den damals zugeflossenen Erwerb, sondern erfasst das ganze Vermögen der Stiftung oder des Vereins. Eine StErmäßigung für erst kurz vor dem Stichtag erworbene und versteuerte Vermögensteile kennt das Gesetz nicht. Besteuert wird das Vermögen in der Zusammensetzung, die es am Stichtag hat. Das wurde unter Geltung der bisherigen Bewertungsvorschriften in der Praxis gelegentlich für stgünstige Gestaltungen ausgenutzt. Da das Datum der StEntstehung langfristig vorher bekannt ist, konnte die Stiftung ihr Vermögen zum maßgeblichen Zeitpunkt umschichten, Geldbeträge abgeben und dafür vorübergehend günstig bewerteten Grundbesitz (zB das Rathaus einer bekannten Großstadt) eintauschen, anschließend dann das Grundstück zurück übertragen und den so erwirtschafteten StVorteil mit dem bisherigen und künftigen Grundstückseigentümer teilen. Die Stiftung oder der Verein kann verlangen, dass die St in bis zu 30 gleiche jährliche Teilbeträge (Jahresbeträge) aufgeteilt wird (§ 24). Die StSchuld für alle Teilbeträge ist dann schon mit dem in § 9 I Nr 4 genannten Datum entstanden. Über die Fälligkeit der StSchuld sagt § 9 nichts aus. Daher kann auch nicht aus § 9 I Nr 4 entnommen werden, ob der erste Jahresbetrag der in Teilbeträge aufgeteilten St schon zu dem in § 9 I Nr 4 genannten Datum (vorschüssige Zahlungsweise) oder erst ein Jahr später zu zahlen ist. 61

VIII. Aussetzung der Versteuerung (Abs 2)

Unter den Voraussetzungen des **§ 25 I** idF bis 1980 konnte der Erwerber eines mit fremden Nutzungsrechten oder mit Ansprüchen auf wiederkehrende Leistungen belasteten Vermögens nach seiner Wahl die Versteuerung sofort durchführen oder bis zum Erlöschen der Belastung aussetzen lassen. Im Fall der Aussetzung der Versteuerung wurde das belastete Vermögen so behandelt, als sei es erst mit dem Erlöschen der Belastung dem Erwerber zugefallen. Die St sollte daher auch erst mit dem Erlöschen der Belastung entstehen. 62

Neuregelung 1980. Diese in der Erstfassung des § 25 I getroffene Regelung führte aus der Sicht der FinVerw wegen der uU jahrzehntelangen Überwachung von Einzelfällen zu einem nicht vertretbaren Arbeitsaufwand (BTDrs 8/3688, 23). Mit Gesetz v 18. 8. 1980 (BGBl I 80, 1537) wurde daher das Recht zur Wahl der Aussetzung der Versteuerung durch eine Neufassung des § 25 abgeschafft. Inzwischen hat das ErbStRG 2009 auch diese Neufassung aufgehoben. Für ältere Erwerber bleibt jedoch die bis 1980 geltende Regelung zur Aussetzung der Versteuerung mit der aus § 9 II abzuleitenden Folge der Verschiebung des StEntstehungstermins nach § 37 II 1 erhalten. 63

IX. Verjährung der Steuerschuld

Schrifttum: *Jung,* Bestimmung der Festsetzungsverjährung in Schenkungsfällen, UVR 93, 234; *Stegmaier,* Zur Festsetzungsverjährung im Erb- und SchStR, DStZ 96, 83; *Jung,* Verjährungsprobleme im Zusammenhang mit der ErbSt-Festsetzung, UVR 98, 143; *Theml,* Unterschiedlicher Beginn der Festsetzungsfrist, DStR 98, 1118; *Hartmann,* § 30 Abs. 3 ErbStG eine problematische Rechtsvorschrift insb hinsichtlich der Festsetzungsverjährung, UVR 00, 169; *Alvermann/Fraedrich,* Zur Festsetzungsverjährung bei der Schenkungsteuer, DStR 08, 393; *Demme,* Der Beginn der Festsetzungsverjährung in der Erbschaftsteuer, ZEV 08, 222; *Esskandari/Bick,* Wann beginnt die Verjährung bei der Hinterziehung von Erbschaft- und Schenkungsteuer?, ErbStB 12, 108; *Kamps,* Festsetzungsverjährung sowie Anzeige- und Erklärungspflichten in Schenkung- und Erbschaftsteuerfällen, ErbR 14, 16.

64 Das in § 9 geregelte Datum der StEntstehung ist für die Ermittlung der Verjährungsfrist bedeutsam, nach deren Ablauf die St nicht mehr festgesetzt werden darf (§ 169 II Nr 2 AO: **Festsetzungsverjährung**). Die Frist beträgt **vier Jahre,** im Fall der leichtfertigen Steuerverkürzung fünf, im Fall der StHinterziehung zehn Jahre (§ 169 II AO). Für den Fristbeginn ist das Datum der StEntstehung bedeutsam. Denn die Verjährungsfrist beginnt nach § 170 I AO grundsätzlich mit dem Ablauf des Kalenderjahrs, in dem die StErklärung (§ 31) eingereicht wird, spätestens jedoch mit Ablauf des dritten Kalenderjahrs, das auf das Kalenderjahr folgt, in dem die St entstanden ist (§ 170 II 1 AO; BFH BStBl II 93, 580; § 31 Anm 2).

65 Ergänzend heißt es hierzu in § 170 V AO: Für die ErbSt (SchSt) beginnt die Festsetzungsfrist: **(1.)** bei einem Erwerb von Todes wegen nicht vor Ablauf des Kalenderjahrs, in dem der Erwerber Kenntnis von dem Erwerb erlangt hat, **(2.)** bei einer Schenkung nicht vor Ablauf des Kalenderjahrs, in dem der Schenker gestorben ist oder die Finanzbehörde von der vollzogenen Schenkung Kenntnis erlangt hat, **(3.)** bei einer Zweckzuwendung unter Lebenden nicht vor Ablauf des Kalenderjahrs, in dem die Verpflichtung erfüllt worden ist. Damit wird für die Zwecke der ErbSt und SchSt eine besondere **Anlaufhemmung** vorgesehen. Die Anlaufhemmung bewirkt, dass die Verjährungsfrist, solange die Hemmung besteht, noch nicht zu laufen beginnt. Dabei unterscheidet das Gesetz zwischen Erwerben von Todes wegen, Schenkungen und Zweckzuwendungen (§ 170 V Nrn 1–3 AO).

66 Soweit es bei der Anlaufhemmung im Falle des **Erwerbs von Todes wegen** nach § 170 V Nr 1 AO auf die Kenntnis des Erwerbers von seinem Erwerb ankommt, hat das Nds FG (EFG 86, 27; ferner FG Hamburg EFG 87, 572) „wegen der grundsätzlichen Maßgeblichkeit des Erbrechts des BGB für das ErbStG" angenommen, dass der Kenntnisbegriff der gleiche ist wie der von der ZivilRspr für die im Erbrecht bedeutsamen Ausschlagungsfristen entwickelte Kenntnisbegriff. Danach setzt Kenntnis ein zuverlässiges Erfahren der in Betracht kommenden Umstände voraus, auf Grund dessen ein Handeln von dem Betroffenen erwartet werden kann. Ernstliche Zweifel an dem Bestand der letztwilligen Verfügung oder an dem Bestand des Erbfalls dürfen nicht vorliegen (BFH BStBl II 88, 818). Weil immer noch möglich bleibt, dass der Erblasser in letzter Minute testiert oder ein Testament geändert oder widerrufen hat, erlangt der Erbe idR erst mit der förmlichen Eröffnung durch das Nachlassgericht Kenntnis von seiner Erbeinsetzung (Nds FG EFG 86, 27 unter Hinweis auf BFH BStBl II 82, 276). Im Einzelfall kann Kenntnis erst bei Erteilung des Erbscheins vorliegen (BFH/NV 90, 444). Wird zur Vermeidung von Streitigkeiten ein Erbvergleich geschlossen, ist der Anspruch zwar mit dem Erbfall entstanden (vgl Anm 12); die Verjährung soll nach Auffassung des FG München (EFG 88, 32) jedoch frühestens mit dem Abschluss des Erbvergleichs beginnen.

67 Im Fall der **Schenkung** nach § 170 V Nr 2 AO beginnt die Festsetzungsfrist erst zu laufen, wenn der Schenker gestorben ist (weil es dann dem FA im Zweifel möglich

sein wird, auf Grund der ErbSt-Erklärung Schenkungen an dritte Personen aufzudecken) oder wenn das FA schon vorher von dem Schenkungsfall (bezogen auf den einzelnen Schenkungsgegenstand, BFH BStBl II 17, 1163) Kenntnis erlangt hat (zur Kenntnis bei einer mittelbaren Schenkung BFH BStBl II 17, 751). Auf die Kenntniserlangung des FA nach dem Tod des Schenkers kommt es nicht mehr an (FG Köln EFG 98, 1171). Im Hinblick auf die bei einer Schenkung bedeutsame Kenntnis der Finanzbehörde hat der BFH (BStBl II 03, 502) entschieden, dass maßgeblich die für die Festsetzung der SchSt organisatorisch zuständige Stelle in dem für die Verwaltung der SchSt zuständigen FA ist. Dort muss die Kenntnis vorliegen (vgl auch BFH BStBl II 98, 647). Die Kenntnis kann sich aus einer Anzeige nach § 30, aber auch durch erforderliche Informationserlangung in sonstiger Weise ergeben (BFH BStBl II 17, 1163).

Bei **Zweckzuwendungen** unter Lebenden nach § 170 V Nr 3 AO beginnt die **68**
Festsetzungsverjährung nicht vor Ablauf des Kalenderjahrs, in dem die Verpflichtung erfüllt worden ist.

Neben der Anlaufhemmung, die den Fristbeginn über den normalen Anfangster- **69**
min hinaus verschiebt (Anm 64), kennt die AO auch eine **Ablaufhemmung,** die das Fristende auf einen späteren Zeitpunkt verlagert und damit ebenfalls zu einer Verlängerung des Fristenlaufes führt. So endet nach § 171 XII AO die Festsetzungsfrist nicht vor dem Ablauf von sechs Monaten nach dem Zeitpunkt, in dem die Erbschaft von den Erben angenommen oder das Insolvenzverfahren über den Nachlass eröffnet wird oder von dem an die St gegen einen Vertreter festgesetzt werden kann, wenn sich die St gegen einen Nachlass richtet. Das ist für die St der am Erbfall Beteiligten bis zur Auseinandersetzung des Nachlasses der Fall (§ 20 III, s dort Anm 20).

Abschnitt 2. Wertermittlung

§ 10 Steuerpflichtiger Erwerb

(1) [1]Als steuerpflichtiger Erwerb gilt die Bereicherung des Erwerbers, soweit sie nicht steuerfrei ist (§§ 5, 13, 13a, 13c, 13d, 16, 17 und 18). [2]In den Fällen des § 3 gilt unbeschadet Absatz 10 als Bereicherung der Betrag, der sich ergibt, wenn von dem nach § 12 zu ermittelnden Wert des gesamten Vermögensanfalls, soweit er der Besteuerung nach diesem Gesetz unterliegt, die nach den Absätzen 3 bis 9 abzugsfähigen Nachlassverbindlichkeiten mit ihrem nach § 12 zu ermittelnden Wert abgezogen werden. [3]Steuererstattungsansprüche des Erblassers sind zu berücksichtigen, wenn sie rechtlich entstanden sind (§ 37 Abs. 2 der Abgabenordnung). [4]Der unmittelbare oder mittelbare Erwerb einer Beteiligung an einer Personengesellschaft oder einer anderen Gesamthandsgemeinschaft, die nicht unter § 97 Abs. 1 Satz 1 Nr. 5 des Bewertungsgesetzes fällt, gilt als Erwerb der anteiligen Wirtschaftsgüter; die dabei übergehenden Schulden und Lasten der Gesellschaft sind bei der Ermittlung der Bereicherung des Erwerbers wie eine Gegenleistung zu behandeln. [5]Bei der Zweckzuwendung tritt an die Stelle des Vermögensanfalls die Verpflichtung des Beschwerten. [6]Der steuerpflichtige Erwerb wird auf volle 100 Euro nach unten abgerundet. [7]In den Fällen des § 1 Abs. 1 Nr. 4 tritt an die Stelle des Vermögensanfalls das Vermögen der Stiftung oder des Vereins.

(2) Hat der Erblasser die Entrichtung der von dem Erwerber geschuldeten Steuer einem anderen auferlegt oder hat der Schenker die Entrichtung der vom Beschenkten geschuldeten Steuer selbst übernommen oder einem anderen auferlegt, gilt als Erwerb der Betrag, der sich bei einer Zusammenrechnung des Erwerbs nach Absatz 1 mit der aus ihm errechneten Steuer ergibt.

(3) Die infolge des Anfalls durch Vereinigung von Recht und Verbindlichkeit oder von Recht und Belastung erloschenen Rechtsverhältnisse gelten als nicht erloschen.

(4) Die Anwartschaft eines Nacherben gehört nicht zu seinem Nachlaß.

(5) Von dem Erwerb sind, soweit sich nicht aus den Absätzen 6 bis 9 etwas anderes ergibt, als Nachlaßverbindlichkeiten abzugsfähig

1. die vom Erblasser herrührenden Schulden, soweit sie nicht mit einem zum Erwerb gehörenden Gewerbebetrieb, Anteil an einem Gewerbebetrieb, Betrieb der Land- und Forstwirtschaft oder Anteil an einem Betrieb der Land- und Forstwirtschaft in wirtschaftlichem Zusammenhang stehen und bereits bei der Bewertung der wirtschaftlichen Einheit berücksichtigt worden sind;
2. Verbindlichkeiten aus Vermächtnissen, Auflagen und geltend gemachten Pflichtteilen und Erbersatzansprüchen;
3. die Kosten der Bestattung des Erblassers, die Kosten für ein angemessenes Grabdenkmal, die Kosten für die übliche Grabpflege mit ihrem Kapitalwert für eine unbestimmte Dauer sowie die Kosten, die dem Erwerber unmittelbar im Zusammenhang mit der Abwicklung, Regelung oder Verteilung des Nachlasses oder mit der Erlangung des Erwerbs entstehen. [2]Für diese Kosten wird insgesamt ein Betrag von 10 300 Euro ohne Nachweis abgezogen. [3]Kosten für die Verwaltung des Nachlasses sind nicht abzugsfähig.

(6) [1]**Nicht abzugsfähig sind Schulden und Lasten, soweit sie in wirtschaftlichem Zusammenhang mit Vermögensgegenständen stehen, die nicht der Besteuerung nach diesem Gesetz unterliegen.** [2]**Beschränkt sich die Besteuerung auf einzelne Vermögensgegenstände (§ 2 Abs. 1 Nr. 3, § 19 Abs. 2), sind nur die damit in wirtschaftlichem Zusammenhang stehenden Schulden und Lasten abzugsfähig.** [3]**Schulden und Lasten, die mit teilweise befreiten Vermögensgegenständen in wirtschaftlichem Zusammenhang stehen, sind nur mit dem Betrag abzugsfähig, der dem steuerpflichtigen Teil entspricht.** [4]**Schulden und Lasten, die mit nach den §§ 13 a und 13 c befreitem Vermögen in wirtschaftlichem Zusammenhang stehen, sind nur mit dem Betrag abzugsfähig, der dem Verhältnis des nach Anwendung der §§ 13 a und 13 c anzusetzenden Werts dieses Vermögens zu dem Wert vor Anwendung der §§ 13 a und 13 c entspricht.** [5]**Schulden und Lasten, die mit nach § 13 d befreitem Vermögen in wirtschaftlichem Zusammenhang stehen, sind nur mit dem Betrag abzugsfähig, der dem Verhältnis des nach Anwendung des § 13 d anzusetzenden Werts dieses Vermögens zu dem Wert vor Anwendung des § 13 d entspricht.** [6]**Haben sich Nutzungsrechte als Grundstücksbelastungen bei der Ermittlung des gemeinen Werts einer wirtschaftlichen Einheit des Grundbesitzes ausgewirkt, ist deren Abzug bei der Erbschaftsteuer ausgeschlossen.**

(7) **In den Fällen des § 1 Abs. 1 Nr. 4 sind Leistungen an die nach der Stiftungsurkunde oder nach der Vereinssatzung Berechtigten nicht abzugsfähig.**

(8) **Die von dem Erwerber zu entrichtende eigene Erbschaftsteuer ist nicht abzugsfähig.**

(9) **Auflagen, die dem Beschwerten selbst zugute kommen, sind nicht abzugsfähig.**

(10) [1]**Überträgt ein Erbe ein auf ihn von Todes wegen übergegangenes Mitgliedschaftsrecht an einer Personengesellschaft unverzüglich nach dessen Erwerb auf Grund einer im Zeitpunkt des Todes des Erblassers bestehenden Regelung im Gesellschaftsvertrag an die Mitgesellschafter und ist der Wert, der sich für seinen Anteil zur Zeit des Todes des Erblassers nach § 12 ergibt, höher als der gesellschaftsvertraglich festgelegte Abfindungsanspruch, so gehört nur der Abfindungsanspruch zum Vermögensanfall im Sinne des Absatzes 1 Satz 2.** [2]**Überträgt ein Erbe einen auf ihn von Todes wegen übergegangenen Geschäftsanteil an einer Gesellschaft mit beschränkter Haftung unverzüglich nach dessen Erwerb auf Grund einer im Zeitpunkt des Todes des Erblassers bestehenden Regelung im Gesellschaftsvertrag an die Mitgesellschafter oder wird der Geschäftsanteil auf Grund einer im Zeitpunkt des Todes des Erblassers bestehenden Regelung im Gesellschaftsvertrag von der Gesellschaft eingezogen und ist der Wert, der sich für seinen Anteil zur Zeit des Todes des Erblassers nach § 12 ergibt, höher als der gesellschaftsvertraglich festgelegte Abfindungsanspruch, so gehört nur der Abfindungsanspruch zum Vermögensanfall im Sinne des Absatzes 1 Satz 2.**

Erbschaftsteuer-Richtlinien 2011: R E 10.1–10.13/H E 10.1–10.13

Übersicht

Schrifttum: *Kien-Hümbert,* Erwerbsnebenkosten bei der gemischten Grundstücksschenkung, DStR 89, 734; *Buciek,* Gestaltungsüberlegungen zu § 10 II ErbStG, DStR 90, 228; *Moench,* Trost aus Schulden, DStR 92; 1185; *Jülicher,* Kaskadeneffekt bei Schenkung unter Übernahme der SchSt, IStR 98, 599; *Piltz,* Schuldenabzug bei internationalen Erbfällen, ZEV 98, 461; *Gebel,* StMinderung durch StSchulden, BB 99, 135; *Müller,* Die Kosten der Bestattung im Zivil- und Steuerrecht, DStZ 00, 329; *Meincke,* Die steuerlichen Rahmenbedingungen für Verwandtenunterhalt und Pflichtteil, Verh 64. DJT, 2002, Bd II/1, L 89; *Stempel,* Übernahme der Steuer nach § 10 II ErbStG, UVR 02, 313; *G. Hofmann,* Berücksichtigung der Last aus einem Kaufrechtsvermächtnis als Nachlassverbindlichkeit, DStR 02, 1519; *Meincke,* Urteilsanmerkung, ZEV 04, 124; *Koblenzer/Groß,* Latente Steuern im Erbschaftsteuerrecht, ErbStB 04, 344; *Meincke,* Zur Abzugsfähigkeit von Pflichtteilsschulden, ZEV 06, 199; *Billig,* Erst mit dem Tod des Erblassers fällig gewordene Schulden nicht als Nachlassverbindlichkeiten abzugsfähig?, UVR 07, 346; *Groß,* Gesellschaftsvertragliche Abfindungsklauseln im Licht der Erbschaftsteuerreform, ErbStB 09, 154; *Riedel,* Zur erbschaftsteuerrechtlichen Behandlung von Einziehungs- und Zwangsabtretungsklauseln bei Kapitalgesellschaften, ZErb 09, 113; *Hübner/Maurer,* Erbschaft- und schenkungsteuerliche Folgen gesellschaftsvertraglicher Abfindungsbeschränkungen für die verbleibenden Gesellschafter, ZEV 09, 361, 428; *Wälzholz,* Die Optimierung des Schuldenabzugs und Schuldenzusammenhangs nach der Erbschaftsteuerreform, ZEV 09, 435; *Wangler,* Einfluss des neuen Bewertungs- und Erbschaftsteuerrechts auf Abfindungsregelungen in Gesellschaftsverträgen, DStR 09, 1501; *Götz,* Abzug von Nachlassverbindlichkeiten gem § 10 V Nr 3 ErbStG, ZEV 10, 561; *Halaczinsky,* Beerdigungs- und Grabpflegekosten, Grabdenkmal und Kosten der Nachlassregelung bei der Erbschaftsteuer, ZErb 11, 147; *Kämper/Milatz,* Erbschaftsteuerliche Berücksichtigung von Einkommensteuerzahlungen im Todesjahr als Nachlassverbindlichkeit im Sinne des § 10 V Nr 1 ErbStG, ZEV 11, 459; *Knepel/Milatz,* Vom Erblasser herrührende Steuerschulden für das Todesjahr sind Nachlassverbindlichkeiten, DStR 12, 2527; *Scholl/Riedel,* Die ESt-Schuld des Erblassers als Nachlassverbindlichkeit, DB 12, 1236; *Kobor,* Einkommensteuerschulden des Erblassers als Nachlassverbindlichkeiten gem § 10 V Nr 1 ErbStG, FR 12, 1075; *Bruschke,* Gutachterkosten als Nachlassverbindlichkeit im Erbschaftsteuerrecht, ErbStB 14, 133; *Halaczinsky,* Wohnrecht als bereicherungsmindernde Auflage im Sinne des § 10 I 1 ErbStG, ErbStB 15, 320; *Deimel,* Zur Berücksichtigung latenter Schäden als Nachlassverbindlichkeit, EFG 15, 1465; *Birnbaum,* Begünstigtes Betriebsvermögen und Nachlassverbindlichkeiten, ZEV, 15, 333; *Loose,* Abzug von Vermächtnissen, Pflichtteils- und Zugewinnausgleichsansprüchen als Nachlassverbindlichkeiten bei der Erbschaftsteuer bei Erwerb steuerbegünstigtem Vermögen, ErbR 16, 136; *Loose,* Abzug der Einkommensteuerschuld des Erblassers als Nachlassverbindlichkeit bei der Erbschaftsteuer, ErbR 16, 316; *Bruschke,* Die beschränkte Abziehbarkeit von Schulden und Lasten nach § 10 VI ErbStG, UVR 16, 19; *Riedel,* Latente Verpflichtung als vom Erblasser herrührende Schulden nach § 10 V Nr 1 ErbStG?, FR 16, 310; *Riedel,* Zur Abzugsfähigkeit von Pflichtteilslasten bei der Erbschaftsteuer, MittBayNot 16, 207; *Piltz,* Auch nach der Erbschaftsteuerreform 2016: Die Schuldenfalle bei begünstigtem Vermögen im ErbStG, ZEV 17, 255; *Billig,* Abzugsfähigkeit von Rechtsverfolgungskosten für einen verlorenen Prozess hinsichtlich der Erlangung von Nachlassbestandteilen, UVR 17, 60; *Kowanda,* Steuerberatungskosten im Ertrag- und Erbschaft-/Schenkungsteuerrecht, ErbStB 17, 318.

I. Allgemeines

1. Steuerpflichtiger Erwerb

1 Mit § 10 beginnt der zweite Abschnitt des Gesetzes. Er umfasst die §§ 10 bis 13d. Die vorangehenden Bestimmungen des ersten Abschnitts (§§ 1 bis 9) haben den Gegenstand der Besteuerung hervorgehoben und im Zusammenhang damit die Merkmale der in § 1 aufgezählten stpfl Vorgänge näher umschrieben. Mit den stpfl Vorgängen wurde auch bereits der aus diesen Vorgängen an den Erwerber gelangte Bruttovermögenszuwachs, der Vermögensanfall (§ 10 I 2), von außerhalb der StPfl liegenden Erwerben abgegrenzt. Im zweiten Abschnitt geht es nun darum, ausgehend von diesem Vermögensanfall die **Bemessungsgrundlage** der St, den stpfl Erwerb, zu bestimmen. Als stpfl Erwerb bezeichnet das Gesetz den aus dem stpfl Vorgang stammenden, in Geld umgerechneten, um Erwerbsschmälerungen und Freibeträge gekürzten Betrag, um den der Stpfl bereichert ist, auf den der StSatz zur Anwendung kommt und der für die Höhe der St durch Festlegung der StStufe (vgl dazu § 19 I) maßgeblich ist.

2. Wertermittlung

2 Zur Ermittlung des stpfl Erwerbs wird der aus dem stpfl Vorgang stammende Vermögensanfall näher eingegrenzt und bewertet. Außerdem werden die vom Gesetz anerkannten Erwerbsschmälerungen erfasst, bewertet und mit dem Vermögensanfall zur Verrechnung gebracht. Auf diese Weise wird aus dem Bruttovermögensanfall ein erster Nettobetrag, der Nettobetrag I oder die Bereicherung (§ 10 I 1), ermittelt. Die Bereicherung gilt nach § 10 I 1 jedoch nur in dem Umfang als stpfl Erwerb, soweit sie nicht stfrei ist. Der Nettobetrag I muss daher noch um stfreie Beträge gekürzt werden. Als Ergebnis dieser Kürzung liegt dann ein zweiter Nettobetrag vor (Nettobetrag II), der als stpfl Erwerb die Bemessungsgrundlage für die tarifliche St abgibt. Die **Rechnungsschritte,** die ausgehend von dem Vermögensanfall zur Bestimmung des stpfl Erwerbs führen, nennt das Gesetz in einer der Komplexität des Vorgangs nicht voll gerecht werdenden Terminologie Wertermittlung. Da sich der zweite Abschnitt des Gesetzes mit den einzelnen Stufen dieses Rechnungsverfahrens näher befasst, ist er mit der Bezeichnung „Wertermittlung“ überschrieben.

3. Überblick

3 Im Rahmen des zweiten Gesetzesabschnitts verfolgt § 10 **drei Regelungsziele:** Zunächst gibt § 10 I die Grundsätze an, nach denen der stpfl Erwerb ermittelt werden soll. Dazu wird in § 10 I 1 auf den Nettobetrag II verwiesen, der sich nach Abzug der Freibeträge ergibt. Die Freibeträge werden jedoch im weiteren Text des § 10 nicht mehr berührt. Aus Gründen der Sachnähe zu anderen dort geregelten Themen sind der Zugewinnausgleichs-Freibetrag (§ 5 I) und die persönlichen Freibeträge (§§ 16, 17) sogar außerhalb des zweiten Abschnitts in den Gesetzeszusammenhang eingestellt. § 10 kommt dafür ausführlicher auf die Bereicherung des Stpfl, den Nettobetrag I, zu sprechen. Dabei behandelt Abs 1 mit Ergänzungen in den Abs 2, 3, 4 und 10 Sonderfragen der Eingrenzung und Bewertung des Vermögensanfalls, der in der Übersicht über das erworbene Vermögen für die Zwecke der ErbSt zum Ansatz gebracht werden muss, während sich die Abs 5 bis 9 mit den vom Gesetz anerkannten Abzugsposten befassen.

4. Entstehungsgeschichte

§ 10 entspricht in den Grundzügen noch weitgehend der Fassung des Gesetzes v 17.4.1974. Doch wurden Details mehrfach geändert. So wurde Abs 1 um die Sätze 3 und 4 erweitert, in Abs 5 wurde der Pauschbetrag für die mit dem Erbfall zusammenhängenden Kosten zweimal aufgestockt. Mit dem ErbStRG 2009 wurde Abs 10 hinzugefügt und in Abs 6 ein Hinweis auf § 13a und § 13c aF eingefügt, der durch das ErbStRG 2016 redaktionell aktualisiert wurde. 4

II. Steuerpflichtiger Erwerb (Abs 1 S 1)

1. Nettorechnung

Die ErbSt wird erhoben, weil und soweit der aus dem stpfl Vorgang stammende Vermögensanfall dem Erwerber einen Zuwachs an wirtschaftlicher Leistungsfähigkeit vermittelt (§ 1 Anm 10). Von einem Zuwachs an wirtschaftlicher Leistungsfähigkeit kann nur dann die Rede sein, wenn der Vermögensanfall sich für den Empfänger wirtschaftlich günstig auswirkt, ihm einen in Geld quantifizierbaren Vermögensvorteil (vgl § 14 I 1) verschafft. Um die günstigen Auswirkungen zu ermitteln, bedarf es einer Saldierung aller aus dem Vermögensanfall stammenden Vor- und Nachteile auf der Empfängerebene. Wie im EStRecht gilt auch im ErbStRecht ein **objektives Nettoprinzip,** nach dem nur der von dem Vermögensanfall ausgelöste Nettovermögenszuwachs als Bemessungsgrundlage der St herangezogen werden darf. 5

2. Bereicherung

Den Gedanken der Nettorechnung verwirklicht § 10 I 1, wenn diese Bestimmung die Bereicherung des Erwerbers zur Ausgangsgröße für die Ermittlung der Bemessungsgrundlage erklärt. Die Bereicherung des Erwerbers wird damit in den Rang eines **Zentralbegriffs des ErbStRechts** gehoben. Im Hinblick auf § 10 I 1 wird von einem Bereicherungsprinzip des ErbStRechts gesprochen (BFH BStBl II 81, 411, 412; 83, 179, 180; 04, 429, 430; 12, 790, 792; 14, 896, 898; 16, 477, 478). Die SchSt wird als eine BereicherungsSt bezeichnet (BFH BStBl II 84, 27, 28). Der Gedanke der Nettorechnung, der die Anknüpfung der St an die Bereicherung des Erwerbers beherrscht, wird zu den grundlegenden Ordnungsprinzipien des ErbStRechts gezählt. 6

3. Arten der Bereicherung

Die Bereicherung, die § 10 anspricht, bezeichnet den nach den Grundsätzen des § 10 ermittelten **Nettovermögenszuwachs beim Erwerber.** Sie ist klar zu trennen von der Bereicherung, die § 7 I Nr 1 zur Voraussetzung der freigebigen Zuwendung zählt. Geht es um die Besteuerung einer freigebigen Zuwendung, so sind zunächst die Merkmale des § 7 I Nr 1 zu überprüfen. In diesem Zusammenhang ist zu fragen, ob der Bedachte durch die Zuwendung iSv § 7 I Nr 1 „bereichert" ist. Die Frage ist unter Heranziehung bürgerlich-rechtlicher Bewertungsgrundsätze zu klären (RFHE 29, 137, 155). Auch die Frage der berücksichtigungsfähigen Abzugsposten ist nach bürgerlich-rechtlichen Gesichtspunkten zu entscheiden. Ist nach dieser Prüfung eine Bereicherung iSv § 7 I Nr 1 zu bejahen und liegen auch die weiteren Merkmale der freigebigen Zuwendung vor, dann ist in einem zweiten, von dem ersten strikt zu trennenden Schritt nunmehr die Bereicherung iSv § 10 I 1 zu ermitteln. Dazu sind die Vor- und Nachteile, die mit der Zuwendung für den Empfänger verbunden waren, wiederum gesondert aufzulisten und nunmehr nach den steuerlichen Bewertungsgrundsätzen des § 12 zu bewerten. Auch die Addition berücksichtigungspflich- 7 tiger Hinzurechnungsposten und die Subtraktion berücksichtigungsfähiger Abzugsposten zu dem Rechnungsergebnis ist allein nach steuerlichen Gesichtspunkten vorzunehmen. Wegen der besonderen Berechnungsgrundsätze des § 10 kann es ohne Weiteres dazu kommen, dass zwar angenommen werden muss, dass der Bedachte durch die Zuwendung iSv § 7 I Nr 1 bereichert worden ist, dass es aber dennoch an einer Bereicherung iSv § 10 I 1 fehlt, so dass ein aus der Schenkung stammender stpfl Erwerb nicht vorhanden ist (zum Verhältnis von § 7 und § 10 vgl auch § 7 Anm 5 ff).

4. Positiver Erwerb

8 Während zu den Gewinnen des EStRechts auch Verluste zählen und der Begriff der Einkünfte iSd EStG auch negative Einkünfte umfasst, wird als Bereicherung iSd § 10 I 1 nur der für den Erwerber **positive Zuflusssaldo** verstanden. Überwiegen die Abzugsbeträge den Wert des Vermögensanfalls, so ist ein stpfl Erwerb nicht vorhanden. Die früher gegebene Möglichkeit, negative Erwerbe zu fixieren, um sie als Verrechnungspotential für spätere Erwerbe festzuhalten, wird seit der Einfügung des heutigen § 14 I 5 im Jahr 1974 nicht mehr anerkannt. Das geltende Recht berücksichtigt zwar noch negative Teile eines einheitlichen Vermögensanfalls. Sie kürzen die Bemessungsgrundlage und können sie bis auf den Betrag von null EUR zurückführen. Eine negative Bemessungsgrundlage, ein negativer stpfl Erwerb ist dem Gesetz dagegen in der geltenden Fassung unbekannt.

5. Abzug der StBefreiungen

9 § 10 I 1 unterscheidet zwischen der Bereicherung des Erwerbers (dem „Nettobetrag I“; vgl Anm 2) und dem um die stfreien Beträge gekürzten stpfl Erwerb („Nettobetrag II“). Die Formulierung des § 10 I 2 macht deutlich, dass zwischen zwei Arten von StBefreiungen unterschieden werden muss. Die einen kürzen bereits den „gesamten Vermögensanfall“, weil dieser nach Abs 1 S 2 nur in dem Umfang berücksichtigt werden soll, „soweit er der Besteuerung nach diesem Gesetz unterliegt“. Die Befreiungen, die dazu führen, dass der Vermögensanfall der Besteuerung nicht unterliegt, sind daher schon bei der Ermittlung des Nettobetrags I und damit vor dem Abzug der Nachlassverbindlichkeiten zu beachten. Die FinVerw (R E 10.1 ErbStR) rechnet die Befreiungen nach den §§ 13, 13a und 13c aF (= § 13d nF) hierher und zählt – trotz des insoweit irreführenden Wortlauts in Abs 1 S 1 – nur die Befreiungen nach den §§ 5 I, 16 und 17 zu den Posten, die nach dem Abzug der Nachlassverbindlichkeiten und damit bei der Ermittlung des Nettobetrages II zum Abzug zu bringen sind.

6. Einheitlicher Erwerb

10 Jede aus einem stpfl Vorgang stammende Bereicherung bildet einen stpfl Erwerb. Jeder stpfl Erwerb bildet einen „einzelnen Steuerfall“ (§ 22). Der stpfl Erwerb fasst alle aus demselben stpfl Vorgang stammenden, an denselben Erwerber gelangenden Erwerbe in sich zusammen. Ist ein Hinterbliebener zugleich Erbe, Vermächtnisnehmer und Begünstigter aus einem Vertrag zugunsten Dritter auf den Todesfall, so macht der Erwerber mit dem Empfang dieser Vorteile einen stpfl Erwerb. Fallen ihm diese Erwerbe dagegen nicht zeitgleich zu, weil der Vermächtnisanspruch zB unter einer aufschiebenden Bedingung zugewandt ist, so dass die St für ihn erst bei Eintritt der Bedingung entsteht (§ 9 I Nr 1 Buchst a), liegen zwei stpfl Erwerbe vor. Der BFH (BStBl II 08, 626) vertritt mit Blick auf § 14 die Auffassung, dass auch Vermögenstransfers, die den Erwerber zu unterschiedlichen Zeitpunkten erreichen, so dass die St für sie zu unterschiedlichen Zeitpunkten entsteht, dennoch einen einheitlichen Erwerb bilden können. Das Gericht unterscheidet an dieser Stelle zwischen bedingten

(noch nicht zugefallenen) und betagten (bereits zugefallenen, aber noch nicht fälligen) Erwerben. Aufschiebend bedingte Erwerbe führen bei Eintritt der Bedingung zu einem selbstständigen Erwerb. Betagte Erwerbe, die zu einem unbestimmten Zeitpunkt fällig werden, so dass die StEntstehung bis zum Eintritt der Fälligkeit herausgeschoben ist, bilden dagegen zusammen mit dem zum Erbfall zu besteuernden Vermögen einen einheitlichen Erwerb. Bei betagten Erwerben mit bestimmtem Fälligkeitsdatum, die schon zum Erbfall zu besteuern sind, stellt sich die Frage eines selbstständigen Erwerbs von vornherein nicht. Der Umstand, dass verschiedene Erwerbe in einem StBescheid zusammengefasst werden, beseitigt die Selbstständigkeit der einzelnen Erwerbe nicht (BFH/NV 93, 298). Mehrere stpfl Erwerbe sind auch dann anzunehmen, wenn die Vermögensvorteile zwar zeitgleich, aber von verschiedenen Erblassern/Schenkern an den Erwerber gelangen oder wenn zeitgleich zwei Vermögensvorteile vom selben Erblasser/Schenker beim Erwerber eintreffen, von denen jedoch der eine zum Erwerb von Todes wegen und der andere zum Erwerb durch Schenkung unter Lebenden gehört. Die Unterscheidung zwischen einem und mehreren stpfl Erwerben im Verhältnis zwischen demselben Erblasser/Schenker und demselben Erwerber ist wegen der Anordnung der Zusammenrechnung gem § 14 I 1 für den Regelfall ohne steuerliche Konsequenz. Bedeutsam wird die Unterscheidung dagegen dann, wenn die Ermittlung der Bereicherung iSv § 10 I 1 zu einem negativen Ergebnis führt. Handelt es sich um zwei Teile eines einheitlichen Erwerbs, kann das negative Ergebnis des einen mit dem positiven Ergebnis des anderen verrechnet werden. Liegen dagegen zwei selbstständige stpfl Erwerbe vor, ist die Zusammenrechnung nach § 14 I 5 ausgeschlossen, so dass das Verrechnungspotential der Zuwendung mit negativem Wert dem Stpfl verloren geht (FG Münster EFG 17, 1181 – Rev II R 29/17). Im Einzelfall kann daher die Zusammenführung verschiedener stpfl Zuwendungen zu einem einzigen stpfl Erwerb für den Stpfl vorteilhaft sein. Zur Bedeutung der Einheitlichkeit des Erwerbs für die Feststellung der Mindestbeteiligung an Kapitalgesellschaftsanteilen vgl § 13b Anm 20. Zum Erwerb als Erbe und aufschiebend bedingter Vorausvermächtnisnehmer vgl § 9 Anm 17.

III. Erwerb von Todes wegen (Abs 1 S 2)

1. Überblick

„In den Fällen des § 3", dh beim Erwerb von Todes wegen, wird die Bereicherung 11
nach den Grundsätzen ermittelt, die § 10 I 2 festlegt. § 10 I 2 sieht ein **Berechnungsschema** vor, das **fünf Rechenschritte** umfasst: **(1.)** Der aus dem stpfl Vorgang stammende gesamte (aktive) Vermögensanfall wird erfasst und von gleichzeitig zufallenden, aber nicht stpfl Vermögenszugängen abgegrenzt. **(2.)** Unter Berücksichtigung der Bewertungsgrundsätze, die § 12 aufstellt, wird der Wert des gesamten Vermögensanfalls ermittelt. **(3.)** Dem Vermögensanfall werden die Passiva, die abzugsfähigen Nachlassverbindlichkeiten als Erwerbslasten gegenübergestellt. **(4.)** Auch die Nachlassverbindlichkeiten werden unter Berücksichtigung der Grundsätze des § 12 bewertet. **(5.)** Der durch die Bewertung gewonnene Geldbetrag des Vermögensanfalls wird mit dem Geldbetrag der Nachlassverbindlichkeiten verrechnet, wobei sich als Saldobetrag die Bereicherung ergibt.

2. Gesamter Vermögensanfall

Zu dem gesamten Vermögensanfall, von dem die Berechnung auszugehen hat, ge- 12
hören alle mit dem stpfl Vorgang zusammenhängenden Vermögensvorteile, die dem Erwerber als **Teil seines einheitlichen Erwerbs** (vgl Anm 10) zufallen. Beim Erwerb des Alleinerben gehört dazu der gesamte Nachlass unabhängig von den Abspra-

chen, die der Erblasser mit dem Erben über die Verwendung der Nachlassposten im Interesse des Erben getroffen hatte (BFH BStBl II 91, 310; DStR 17, 724). Es gehört dazu der beim Tod eines Handelsvertreters dem Erben zustehende Ausgleichsanspruch (BFH BStBl III 62, 335) sowie die Todesfallentschädigung aus einer zugunsten des Erblassers eingreifenden KFZ-Insassenunfallversicherung (Nds FG EFG 92, 540; BFH BStBl II 94, 36), auch wenn die Entschädigung aus einer Luftunfallversicherung von der Rspr des BFH (BStBl II 79, 115; § 3 Anm 6) für stfrei gehalten wird. Zum Erbschaftserwerb gehören auch „Und"- oder **„Oder"-Konten** des Erblassers, die dem Ehepartner Mitverfügungsbefugnisse einräumen, wenn das Kontoguthaben aus dem Vermögensbereich des Erblassers stammt (Hess FG EFG 92, 142) und wenn der überlebende Ehepartner bei Inanspruchnahme des Kontos vor dem Erbfall dem Erblasser ausgleichspflichtig gewesen wäre. Die Bankpraxis sieht in der Begründung von „Oder"-Konten im Zweifel nicht nur die Begründung einer Mitverfügungsberechtigung, sondern die Einräumung der vollen Position eines Gesamtgläubigers (*Werkmüller,* ZEV 00, 440). Wird diese Einschätzung übernommen, dann liegt in der Einräumung der Mitberechtigung am Oder-Konto bereits eine freigebige Zuwendung (Hess FG EFG 02, 34; FG Nürnberg DStRE 11, 690) mit der Folge, dass der ohne Ausgleichspflicht mitberechtigte Ehegatte schon bei der Einzahlung auf das Oder-Konto stpfl wird, dass ihm aber anschließend die Kontoforderung zur Hälfte gehört, so dass er auch nur die Hälfte der Forderung beim Tod seines Partners erwirbt (FG Rh-Pf EFG 95, 125; FG Düsseldorf EFG 96, 242). Die Entscheidung BFH BStBl II 08, 28 mahnt jedoch zur Vorsicht. Wird dem Ehepartner die Mitberechtigung nur zu dem Zweck eingeräumt, dass er von dem Konto die Lasten des gemeinschaftlichen täglichen Lebens bestreiten kann, bleibt er im Zweifel bei anderen Inanspruchnahmen ausgleichspflichtig. Das zeigt, dass ihm das Kontoguthaben noch nicht zur freien Verfügung zustehen sollte, so dass es an der uneingeschränkten Mitberechtigung des von der Einzahlung begünstigten Ehepartners im Innenverhältnis fehlt (zur Beweislastverteilung BFH BStBl II 12, 473). Unter diesen Umständen fällt ihm das Kontoguthaben vollen Umfangs erst im Erbfall zu (vgl § 7 Anm 57).

3. Bestandteile des Vermögensanfalls

13 Zum Vermögensanfall gehören auch Ansprüche auf Rückübertragung oder auf Entschädigung nach dem Vermögensgesetz (BGBl I 05, 205; dazu ausführlich R E 10.2 ErbStR). Nicht zum Erbschaftserwerb gehören dagegen Posten, die zwar einen Bestandteil des Nachlasses bilden, deren Vermögenswert aber unabhängig vom Erbfall dem Erben gebührt, wie es zB für Bauten zutreffen kann, die der Erbe in Erwartung des Erbfalls auf dem Grundstück des Erblassers für sich errichtet hat (BFH BStBl II 08, 876). Nicht zum Erbschaftserwerb gehört auch das Guthaben auf einem Sparkonto, das der Erblasser auf den Namen eines Dritten mit Kündigungsfrist von 12 Monaten eingerichtet hat, wenn auf dem Kontoantrag vermerkt ist, dass der Dritte Gläubiger der Sparforderung sein soll, auch wenn der Erblasser das Sparbuch bis zu seinem Tod in den Händen hatte (Nds FG EFG 92, 143). Nicht zum Erbschaftserwerb gehören ferner vom Erblasser verschenkte Vermögensposten, für die bereits vor dem Erbfall zu Lasten des Erben SchSt entstanden war, die aber zivilrechtlich noch zum Erblasservermögen gehörten. Denn es ist nicht denkbar, dass der Beschenkte als Erbe für den Erwerb desselben Postens vom Erblasser nacheinander erst SchSt und dann ErbSt zu zahlen hat. Der Erwerb des Miterben richtet sich nach seinem Nachlassanteil, nicht danach, was er bei der Auseinandersetzung endgültig bekommt (§ 3 Anm 24). Einschränkungen des Erbschaftserwerbs unter dem Gesichtspunkt der Miterbenausgleichung (§ 3 Anm 25) sind regelmäßig beachtlich, Teilungsanordnungen des Erblassers sind regelmäßig unbeachtlich (§ 3 Anm 27 ff). Beim Erwerb von Erben und Miterben bleiben die Forderungen und Verbindlichkeiten aus einem noch vom Erblasser geschlossenen, bisher von keiner Seite erfüllten Kaufvertrag, soweit sie sich bei einer Bewertung zum gemeinen Wert decken, unberücksichtigt (vgl BFH BStBl II 90, 434; 504). Beim Erwerb auf Grund eines Erbvergleichs richtet sich der Vermögensanfall nach dem Inhalt der Vereinbarung, nicht nach der von dem einzelnen Erbprätendenten geltend gemachten, strittigen Rechtsposition. Wird daher im Erbvergleich ein Erbprätendent durch die Übertragung eines Grundstücks abgefunden, so bildet dieses Grundstück seinen steuerlich erheblichen Vermögenserwerb, auch wenn derselbe Beteiligte nach der von ihm behaupteten Rechtsposition als Miterbe einen Anteil am gesamten Nachlass hätte versteuern müssen (FG München EFG 89, 642).

4. Bereinigung des Vermögensanfalls um StBefreiungen

Soweit StBefreiungstatbestände gegenständlich bezeichnete Vermögensvorteile von der StPfl ausgrenzen, werden diese schon bei der Zusammenstellung des gesamten Vermögensanfalls nicht erfasst. Denn nach § 10 I 2 ist der **Vermögensanfall** nur in dem Umfang zu ermitteln, **„soweit er der Besteuerung nach diesem Gesetz unterliegt“.** Daher sind die gegenständlich befreiten Posten schon bei der Auflistung des gesamten Vermögensanfalls – also in der ersten Stufe des Rechnungsschemas (oben Anm 9) – aus den zum Erwerb zählenden Posten auszuscheiden. Dies gilt für die Befreiungen nach § 13, § 13a und § 13d. Vom gesamten Vermögensanfall sind auch die Vermögensposten auszunehmen, die durch die Freistellungsregelung eines DBA (dazu § 2 Anm 31ff) nicht dem inländischen Besteuerungsrecht unterfallen. Bei Ermittlung des gesamten Vermögensanfalls sind schließlich noch die Freistellungen zu beachten, die durch Sonderregeln für Diplomaten und Konsularbeamte geschaffen sind (§ 13 Anm 84). Führt die Berücksichtigung der Freistellungsregelungen dazu, dass kein steuerlich beachtlicher Vermögenserwerb verbleibt, weil zB der gesamte einer Gebietskörperschaft oder politischen Partei zufließende Vermögensanfall durch die Freistellung von der Besteuerung ausgenommen wird, so endet die Ermittlung des stpfl Erwerbs an dieser Stelle. Die Gebietskörperschaft oder die politische Partei hat zwar durch einen stpfl Vorgang erworben. Der aus diesem Vorgang stammende Vermögenserwerb ist jedoch stlich irrelevant, so dass sich kein stpfl Erwerb iSv § 10 I 1 ergibt. Wird dagegen nicht der ganze Erwerb freigestellt, so ist nunmehr der um die StBefreiungen bereinigte Vermögensanfall zu bewerten. 14

Die **Bewertung des Vermögensanfalls** erfolgt nach den Grundsätzen, die § 12 zusammenstellt. Neben § 12 ist auch § 11 für die Bewertung heranzuziehen. Stehen Nutzungsrechte zur Bewertung, kann zusätzlich § 23 für die Bewertung Bedeutung gewinnen. Die zentrale Bewertungsvorschrift enthält § 9 BewG. Auf sie wird in § 12 I verwiesen. Danach ist der Verkehrswert des Vermögensanfalls zu ermitteln. Gemeint ist der Verkaufswert, der im StRecht traditionell als gemeiner Wert bezeichnet wird. Das BVerfG (BStBl II 07, 192) sieht im gemeinen Wert das maßgebliche Bewertungsziel. Ziel der Bewertung ist es jedoch, den dem Vermögensanfall entsprechenden Geldbetrag zu ermitteln. Dabei hat der gemeine Wert eine zentrale Bedeutung, sofern er den dem Vermögensanfall entsprechenden Geldbetrag zutreffend bezeichnet. Das ist jedoch nicht durchgehend der Fall. Daher sind auch andere Werte, zB der Nennwert von Geldforderungen, zu beachten. Außerdem sind die unterschiedlichen Bewertungsverfahren zu berücksichtigen, die im Ergebnis auf die Ermittlung des gemeinen Werts abzielen. Auf sie wird in den Abs 2 bis 7 des § 12 verwiesen. Ist der Vermögensanfall nach diesen Vorschriften bewertet, liegt der Geldbetrag vor, der das Ergebnis des zweiten Rechenschrittes (Anm 11) bildet. 15

Die rechtliche Struktur der zum Vermögensanfall gehörenden Posten ist für die Bewertung, aber auch für Verschonungsregelungen wie die §§ 13, 13a von entscheidender Bedeutung. Die ErbStR betonen: „Die grundsätzliche Anknüpfung an das Zivilrecht gilt nicht nur hinsichtlich des Erbrechts selbst, sondern auch hinsichtlich der Frage, was zum stpfl Erwerb von Todes wegen gehört“ (R E 12.2 II ErbStR). So 16 mag dem Treugeber nach § 39 II Nr 1 AO das wirtschaftliche Eigentum am Treugut zuzusprechen sein. Das ErbStG folgt jedoch nicht dieser wirtschaftlichen Betrachtungsweise (BFH BStBl II 07, 319). Aus seiner Sicht ist der Treugeber nicht Eigentümer, sondern Gläubiger eines Herausgabeanspruchs (§ 667 BGB). Dieser Anspruch ist Gegenstand des Vermögensanfalls. Die steuerliche Beurteilung orientiert sich aber daran, auf welchen Gegenstand sich der Herausgabeanspruch bezieht. Wenn es sich beim Treugut um begünstigtes Vermögen handelt, kann die StBefreiung in Anspruch genommen werden (FinMin Bayern DStR 10, 2084 – sog 3. Treuhand-Erlass; s auch BayLfSt DStR 13, 708; FG Nds EFG 10, 1805). Der Erbe des Treugebers, der seinen Betrieb einem Treuhänder überlassen hat, erwirbt beim Tod des Treugebers Betriebsvermögen. Er kann daher von der Begünstigung des § 13a profitieren (aA noch die FinVerw in den Treuhand-Erlassen 1 und 2: FinMin Bayern DStR 05, 1231; DStR 08, 508).

5. Nachlassverbindlichkeiten

17 Dem Vermögensanfall stehen die Nachlassverbindlichkeiten gegenüber. Nachlassverbindlichkeit nennt das Gesetz die Erwerbslasten, die den mit dem Erwerb verbundenen Vermögensvorteilen korrespondieren und die den Erwerb aus der Sicht des Stpfl schmälern. Der Ausdruck „Nachlassverbindlichkeit" ist nicht glücklich gewählt, weil es sich bei den zum Abzug zugelassenen Erwerbsschmälerungen nicht nur um Verbindlichkeiten handelt (§ 10 VI 1 spricht selbst von „Schulden und Lasten"). Ferner werden unter dem Ausdruck „Nachlassverbindlichkeiten" nach alter bürgerlichrechtlicher Tradition nur Schulden des Erben verstanden, die eine Vollstreckung in den Nachlass erlauben, während § 10 auch Schulden zu den Nachlassverbindlichkeiten zählt, die sich nicht gegen den Erben – sondern zB gegen den Vermächtnisnehmer (vgl BFH BStBl II 93, 161, 163) – richten oder aus denen der Gläubiger im Fall der Haftungsbeschränkung auf den Nachlass nur in das Privatvermögen, aber nicht in den Nachlass vollstrecken kann. Schließlich sind unter Berücksichtigung des § 1 II auch Verpflichtungslagen, die mit Schenkungen zusammenhängen, zu den „Nachlassverbindlichkeiten" zu zählen (BFH BStBl II 04, 234 unter Hinweis auf BFH BStBl II 01, 454). Das Gesetz zählt die zum Abzug zugelassenen Nachlassverbindlichkeiten in § 10 V auf. Die Absätze 6 bis 9 enthalten Abzugsverbote, die den Anwendungsbereich des § 10 V begrenzen. Die Absätze 3 und 4 enthalten Regelungen, aus denen ebenfalls Aussagen über Nachlassverbindlichkeiten abgeleitet werden können. So bestimmt § 10 I 2, dass die nach den Absätzen 3 bis 9 abzugsfähigen Nachlassverbindlichkeiten zu berücksichtigen sind. Die Anordnung ist allerdings unvollständig. Denn auch aus sonstigen Vorschriften können sich Anordnungen über die Berücksichtigungsfähigkeit oder Nichtberücksichtigungsfähigkeit von Nachlassverbindlichkeiten ergeben. So enthält § 12 I iVm § 6 BewG ein Abzugsverbot für aufschiebend bedingte Lasten. Auch regelt § 21 ein weiteres Abzugsverbot. Denn wenn hier die Anrechnung der AuslandsSt gewählt wird, ist damit zugleich ausgeschlossen, dass die zur Anrechnung kommende St zusätzlich auch noch unter den Erwerbskosten nach § 10 V Nr 3 abgezogen werden kann, was sich nicht schon ohne Weiteres aus § 10 VIII ergibt (Anm 73).

6. Bewertung der Nachlassverbindlichkeiten

18 Ist der Kreis der berücksichtigungsfähigen Nachlassverbindlichkeiten abgesteckt, hat auch hier eine Bewertung nach den Grundsätzen des **§ 12** zu erfolgen. Regelmäßig werden allerdings die Verbindlichkeiten schon auf Geldbeträge lauten. Dann kann der Geldbetrag als Nennwert übernommen werden. Bei unverzinslichen, langfristig gestundeten Verbindlichkeiten hat jedoch eine Abzinsung zu erfolgen. Lauten die Verbindlichkeiten nicht auf einen Geldbetrag, ist ihr Wert zu ermitteln. Die Einzelheiten werden in den Erläuterungen zu § 12 aufgeführt. Als Ergebnis der Bewer-

tung wird die Summe der Erwerbslasten in einem einheitlichen Geldbetrag festgestellt.

7. Feststellung des Bereicherungssaldos

Durch Abzug des Geldwerts der Verbindlichkeiten vom Wert des gesamten Vermögensanfalls ergibt sich die Bereicherung des Erwerbers (Nettobetrag I), aus der nach Abzug der persönlichen und sachlichen Freibeträge sowie des Zugewinnausgleichsfreibetrages dann als Nettobetrag II der stpfl Erwerb ermittelt wird. 19

IV. Erwerb durch Schenkung unter Lebenden

1. Regelungslücke

Während § 10 I 2 die Ermittlung der Bereicherung „in den Fällen des § 3" regelt 20
(gemeint sind die Fälle des § 1 I Nr 1), fehlt eine Vorschrift, die angibt, wie die Bereicherung in den Fällen des § 1 I Nr 2, also beim Erwerb durch Schenkung unter Lebenden, ermittelt werden soll. Ungeregelt ist zum einen die **Bemessungsgrundlage,** die **für den Schenker** gilt. Der Schenker macht keinen Erwerb, ihm fällt keine Bereicherung zu. Seine StPfl, die ihren Grund in der schenkweisen Fortgabe des Vermögens hat, könnte sich nach der bei ihm eintretenden Entreicherung bemessen. Man würde dann in Anlehnung an die Regelung des Abs 1 S 4 seine „Bereicherung" nach dem Umfang der ihn treffenden Belastung bestimmen. Näher liegt es jedoch, die Besteuerung des Schenkers an der Besteuerung des Beschenkten auszurichten und den Schenker also nicht wegen seiner eigenen Entreicherung oder Belastung, sondern wegen der für ihn fremden Bereicherung des Beschenkten zur StPfl heranzuziehen. Daraus folgt dann, dass der Schenker gegenüber seiner StPfl zB alle Erwerbskosten des Beschenkten zum Abzug bringen kann (vgl auch § 20 Anm 10). Es fehlt aber nicht nur eine Regelung, die die Bemessungsgrundlage für den Schenker fixiert, sondern auch über die Ermittlung der **Bemessungsgrundlage des Beschenkten** wird in § 10 I nichts ausdrücklich ausgesagt. Eine solche Regelung erschien dem Gesetzgeber deswegen entbehrlich, weil § 1 II die Vorschriften über die Erwerbe von Todes wegen auch für Erwerbe durch Schenkung unter Lebenden gelten lässt. Danach muss § 10 I 2 ohne Weiteres auch auf Schenkungen unter Lebenden anwendbar sein. Dem ist allerdings der BFH (BStBl II 82, 83, 85) für den Bereich der gemischten Schenkungen entgegengetreten. Aus der Sicht des Gerichts ist § 10 I 2 auf gemischte Schenkungen unter Lebenden nicht anwendbar. Denn bei den freigebigen Zuwendungen werde die Bereicherung des Empfängers schon als ein Merkmal des stpfl Vorgangs genannt. Daher sei „eine weitere Vorschrift des Inhalts, was als Bereicherung iSv § 7 I Nr 1 ErbStG 1974 gelte … nicht erforderlich und nicht geboten". In dieser Argumentation tritt jedoch nicht deutlich genug hervor, dass es bei der Bereicherung iSv § 10 I 1 nicht um die „Bereicherung iSv § 7 I Nr 1 ErbStG 1974" geht, sondern dass zwei verschiedene Nettobeträge einander gegenüberstehen, die nach unterschiedlichen Maßstäben ermittelt werden und denen nur der Ausdruck „Bereicherung" gemeinsam ist (zu den Unterschieden vgl Anm 7).

2. Übernahme der Bereicherung aus § 7 I Nr 1?

Bei unbefangener Lektüre der Entscheidung BFH BStBl II 82, 83 könnte man es 21
für möglich halten, dass das Gericht die Bereicherung iSv § 10 I 1 mit der Bereicherung iSv § 7 I Nr 1 für identisch erklären will. Das ist jedoch aus den Anm 7 genannten Gründen sicher nicht gemeint. Auch für den Bereich der Schenkungen unter Lebenden ist daher – auf der Grundlage der Regelung des § 10 I 2 – ein besonderer

steuerlicher Bereicherungsbegriff zu entwickeln. In ihm muss zB berücksichtigt werden, dass die Bereicherung durch eine freigebige Zuwendung, die bei der Prüfung des § 7 I 1 festgestellt wird, der SchSt nur insoweit unterliegt, soweit die anzuwendenden Bewertungsvorschriften (§ 12 ErbStG) eine **steuerlich quantifizierbare Bereicherung** ergeben.

3. Ermittlung der Bereicherung gemäß § 10 I 2

22 Der steuerliche Bereicherungsbegriff für den Fall der Schenkung muss im Wesentlichen nach den Grundsätzen ermittelt werden, die § 10 I 2 für den Erwerb von Todes wegen nennt. Denn auch im Fall der Schenkung ist der Wert des durch die Schenkung vermittelten Vermögensanfalls von anderen Vermögenszugängen abzugrenzen, nach Ausscheiden der vollständig befreiten Vermögenserwerbe unter Berücksichtigung des § 12 zu bewerten und das Bewertungsergebnis anschließend um steuerbefreite Geldbeträge zu korrigieren. Auch bei der Schenkung sind Erwerbslasten als Abzugsposten berücksichtigungsfähig. Die Erwerbsschmälerungen sind, auch wenn es um die Besteuerung von Schenkungen geht, nach § 12 zu bewerten, wobei sich dann aus der Gegenüberstellung von Vermögensanfall und Abzugsposten die steuerliche Bereicherung ergibt. Der BFH (BStBl II 01, 454, 456) spricht denn auch neuerdings wieder davon, dass bei freigebigen Zuwendungen „Erwerbsaufwand gemäß § 10 Abs 5 Nr 3 ErbStG 1974" zum Abzug zu bringen ist und dass Zahlungen des Beschenkten „gemäß § 10 Abs 5 Nr 2 iVm § 1 Abs 2 ErbStG bei der Besteuerung der Schenkung erwerbsmindernd berücksichtigt werden" (BFH BStBl II 04, 234 = ZEV 04, 124, 125 mit Anm *Meincke*), womit er die Regeln über den Abzug von Nachlassverbindlichkeiten jetzt wieder uneingeschränkt für den Erwerb durch Schenkung unter Lebenden gelten lässt. Das Berechnungsschema folgt also auch im Fall der Schenkung ganz der durch § 10 I 2 vorgezeichneten Linie.

4. Besonderheiten bei der gemischten Schenkung

23 Allerdings gilt nach der Rspr des BFH bisher eine Besonderheit, die bei der Anwendung des § 10 I 2 auf Schenkungserwerbe beachtet werden muss. Bei gemischten Schenkungen und bei Schenkungen unter einer Leistungsauflage wird nach Auffassung des BFH das Zuwendungsobjekt in einer durch § 10 I 2 nicht mehr korrigierbaren Weise eingegrenzt. Das zugrunde liegende Rechtsgeschäft wird aufgespalten. Der entgeltliche oder durch eine Leistungsauflage in die Nähe der Entgeltlichkeit gerückte Geschäftsteil wird aus dem steuerlichen Kontext herausgelöst. Er bleibt iRd § 7 und auch iRd § 10 außerhalb der Betrachtung. Damit wird zugleich auch das Entgelt und die Leistungsauflage von der stlichen Berücksichtigung ausgeschieden. § 7 I Nr 1 wird insoweit eine Sperrwirkung im Hinblick auf § 10 I 2 zugeschrieben. Eine solche Sperrwirkung kennt § 10 I 2 für Erwerbe von Todes wegen nicht. Im Hinblick auf die Feststellung des gesamten Vermögensanfalls wird bei Erwerben von Todes wegen eine **Bruttomethode** angewandt. Vermögensanfall ist hier der Wert der aktiven Wirtschaftsgüter vor Abzug der Verbindlichkeiten und Lasten. Bei Erwerben aus gemischten Schenkungen oder Schenkungen unter Leistungsauflage wird dagegen vom BFH bisher eine **Nettomethode** zugrunde gelegt. Vermögensanfall ist hier der um Verbindlichkeiten und Lasten bereits gekürzte Wert der Aktivposten. Bei der Bruttomethode liegt der Wert des Vermögensanfalls höher. Die Begünstigung des Vermögensanfalls durch vorteilhafte Bewertungsregelungen wirkt sich auf diese Weise stärker aus. Im Fall der Nettomethode ist der (um die Verbindlichkeiten bereits gekürzte) Vermögensanfall geringer. Günstige Bewertungsregelungen haben daher hier tendenziell geringeres Gewicht. Die Rspr des BFH zur gemischten Schenkung und zur Schenkung unter Leistungsauflage (BFH BStBl II 82, 83; II 89, 524) zielt auf eine Änderung des Ergebnisses der Wertermittlung (Verringerung der Bewertungs-

vorteile) ab, bewirkt diese Änderung jedoch nicht durch eine Korrektur der Wertermittlung, sondern durch eine Neuinterpretation des stpfl Vorgangs, nach der im Fall der gemischten Schenkung und der Auflagenschenkung nur noch der Nettoerwerb freigebig zugewandt sein soll. Obwohl diese Rspr (gelegentlich auch vom BFH selbst: BFH BStBl 02, 25, 26) als eine Rspr zur Wertermittlung verstanden wird (zB *Moench/Weinmann* § 7 Rz 65), betrifft sie doch in ihrem Kern die Abgrenzung des stpfl Vorgangs, nicht die Wertermittlung, die sie lediglich präjudiziert. Die Rspr und die von ihr abweichende Linie der FinVerw sind daher an anderer Stelle (§ 7 Anm 30ff) näher zu betrachten.

V. Sonderfragen der Bereicherung (Abs 1 Sätze 3 bis 7)

1. Steuererstattungsansprüche (Abs 1 S 3)

Das für den Erwerb durch Erbanfall maßgebliche, in § 1922 I BGB statuierte Prinzip der Gesamtrechtsnachfolge beschränkt sich nicht auf den Bereich des ZivilR. Es erstreckt sich vielmehr auch auf den Bereich des StRechts, für das denn auch § 45 I 1 AO bestimmt, dass die Forderungen aus dem StSchuldverhältnis mit dem Erbfall auf den Rechtsnachfolger übergehen. (Private) StErstattungsansprüche des Erblassers sind daher Bestandteil seines Nachlasses und des Erwerbs durch Erbanfall, soweit sie **zum Besteuerungszeitpunkt entstanden** sind. Auf die Durchsetzbarkeit zu diesem Zeitpunkt kommt es nicht an. Auch wenn eine entgegenstehende StFestsetzung zum Erbfallszeitpunkt noch verhindert, dass der Erstattungsanspruch unmittelbar geltend gemacht werden kann, hat der Anspruch doch schon Vermögenswert und ist daher zum Vermögensanfall zu zählen. Dies hatte der BFH (BStBl II 97, 696) im Hinblick auf die VermögenSt früher anders gesehen. Und während der Vorbereitungen zum Gesetzentwurf der BReg zum ErbStRG 2009 war eine sehr sorgfältig begründete Entscheidung des FG Hbg (EFG 06, 1076 mit zustimmender Anm von *Fumi*) bekannt geworden, die gegen die Linie der FinVerw die Rechtsauffassung des BFH aus dem Jahr 1997 auch für das ErbStRecht in Anspruch nahm. Offenbar hat diese Entscheidung die Entwurfsverfasser veranlasst, den Abs 1 S 3 in den Gesetzentwurf einzufügen, um so der abweichenden Rechtsmeinung der FinVerw zum Erfolg zu verhelfen. Die Einfügung war jedoch überflüssig, da der BFH (BStBl II 08, 626) noch während der Gesetzesberatungen der Entscheidung des FG Hbg entgegen getreten war und sich der Auffassung der FinVerw angeschlossen hatte. Es lag also bereits eine höchstrichterliche Entscheidung iSd neuen Abs 1 S 3 vor, als das **ErbStRG 2009** verabschiedet wurde. Dennoch hat der Gesetzgeber auf die Einfügung der neuen Bestimmung nicht verzichtet. Die Entscheidung des BFH verweist im Übrigen darauf, dass ESt-Erstattungsansprüche für das Todesjahr erst am Jahresende entstehen und daher regelmäßig nicht zum Erbschaftserwerb gehören (so schon FG Münster EFG 07, 1457; vgl auch R E 10.3 ErbStR). Zu StSchulden als Nachlassverbindlichkeit s Anm 42. 24

2. Erwerb eines Personengesellschaftsanteils (Abs 1 S 4)

Auch die Zielsetzung des neugefassten S 4 (bisher S 3) war schon zur Zeit der Verabschiedung des ErbStRG 2009 überholt. Mit der Anordnung, dass die mit dem Personengesellschaftsanteil (vermögensverwaltend) oder mit der Beteiligung an einer Gesamthandsgemeinschaft (zB einer Erbengemeinschaft) auf den Erwerber übergehenden Schulden und Lasten wie eine Gegenleistung zu behandeln sind (und nicht als negative Elemente des einheitlich gedachten Anteils ungekürzt in die Bewertung der Beteiligung einfließen), sollte klargestellt werden, dass die vom BFH entwickelten Grundsätze zur gemischten Schenkung auf diese Schulden und Lasten Anwendung finden. Die Rspr zur gemischten Schenkung (Anm 30 und § 7 Anm 23ff) wollte die 25 unterschiedlichen Wertansätze für Sachgüter und Verbindlichkeiten, die zu unproportionalen Verrechnungsmöglichkeiten führten, dadurch in ihren Auswirkungen begrenzen, dass sie Gegenleistungen „nicht vollen Umfangs, sondern nur entsprechend ihrem Anteil am Verkehrswert der Leistung" (BFH BStBl II 02, 25, 26) zum Abzug zuließ. Das mit dem ErbStRG 2009 in Kraft gesetzte neue Bewertungsrecht führt aber gerade dazu, dass die vom BFH beanstandeten Bewertungsunterschiede von Sachgütern und Verbindlichkeiten und mit ihnen die bisher bestehenden unproportionalen Verrechnungsmöglichkeiten entfallen, so dass in Konsequenz der Neuregelung auch die Rspr zur gemischten Schenkung früher oder später aufgegeben werden wird (§ 7 Anm 39). Es ist schwer zu verstehen, dass der Gesetzgeber (s auch FinVerw R E 10.4 ErbStR) dennoch, um den Anwendungsbereich dieser Rspr entgegen einer Linie des BFH (BStBl II 96, 546) zu sichern und auszubauen, auf die Fortführung und Ergänzung des S 4 Gewicht gelegt hat.

3. Zweckzuwendung (Abs 1 S 5)

26 Nach § 10 I 1 wird die St auf der Basis der Bereicherung des Erwerbers ermittelt. Diese Aussage passt für die Besteuerung der Zweckzuwendung nicht unmittelbar. Denn in Höhe des der Zweckerfüllung gewidmeten Geldbetrages, der hier besteuert werden soll, fehlt es gerade an der Bereicherung eines Erwerbers (vgl dazu oben § 1 Anm 12f, § 8 Anm 1ff). Daher tritt bei der Zweckzuwendung an die Stelle des Vermögensanfalls die Verpflichtung des Beschwerten. Die St soll also nach dem Geldbetrag ermittelt werden, den der Erblasser/Schenker zur Zweckerfüllung bestimmt und der bei dem Erwerber nur deswegen nicht zu einer Bereicherung führt, weil ihn die Verpflichtung zur Zweckerfüllung trifft. Mit dem Hinweis auf den Vermögensanfall nimmt Abs 1 S 5 im Übrigen auf das Berechnungsschema für die Bereicherung nach Abs 1 S 2 Bezug. Die St ist also nicht unmittelbar aus dem Verpflichtungsumfang (abzüglich des Freibetrages nach StKlasse III: § 15 I) abzuleiten. Vielmehr ist der Verpflichtungsumfang zunächst um die sachlichen StBefreiungen zu kürzen (§ 13 I Nr 17). Dann sind auch hier Erwerbsschmälerungen zu beachten, wie sie zB in Aufwendungen liegen können, die zur Zweckerfüllung unumgänglich sind. Bei einer Zweckzuwendung von Todes wegen, die den gesamten Nachlass umfasst, so dass der Beschwerte die Bestattungskosten zu tragen hat, kann zur Abgeltung dieser Kosten der hierfür geltende Pauschbetrag von 10.300 EUR in Anspruch genommen werden. Ob daneben auch ein weiterer persönlicher Freibetrag geltend gemacht werden kann, wird in der Literatur unterschiedlich gesehen (bejahend *Fischer/Konrad* § 10 Rz 53; krit im Hinblick auf die fehlende Person des Zuwendungsempfängers *von Oertzen/Fumi* § 10 Rz 36). Erst nach Bewertung des zur Zweckerfüllung einzusetzenden Vermögenserwerbs und nach Bewertung der berücksichtigungsfähigen Erwerbsschmälerungen ergibt sich der Reinwert der Zweckzuwendung, der der Bereicherung iSd § 10 I 1 entspricht.

4. Abrundung (Abs 1 S 6)

27 Um die StBerechnung zu vereinfachen, ist der stpfl Erwerb nach Abs 1 S 6 **auf volle 100 EUR nach unten** abzurunden. Nach *Viskorf/Schuck* (§ 10 Rz 33) greift die Abrundung schon gegenüber der Bereicherung vor Abzug von Freibeträgen ein, so dass Erwerbe, die höher sind als die Freibeträge, dann stfrei bleiben, wenn der Mehrwert des Erwerbs gegenüber dem Freibetrag 100 EUR nicht erreicht. Die Abrundungsregelung gilt trotz der Voranstellung im Gesetz auch für die erst anschließend angesprochene ErsatzErbSt, hier allerdings mit einer bemerkenswerten Modifikation. Da das Gesetz nämlich bei der ErsatzErbSt zwei Erwerbe unterstellt (vgl § 15 II 3; Anm 28), ist auch die Abrundung hier zweimal vorzunehmen. Beträgt also das

Stiftungsvermögen 800.990 EUR, so sind zwei Erwerbe von je 400.400 EUR (= zusammengefasst 800.800 EUR) zugrunde zu legen.

5. Familienstiftungen und Vereine (Abs 1 S 7)

Die **ErsatzErbSt,** die nach § 1 I Nr 4 die Familienstiftungen und Familienvereine in Zeitabständen von 30 Jahren trifft, wird nach dem Vermögen der Stiftung oder des Vereins ermittelt. Nach Abs 1 S 7 tritt daher bei der Berechnung der ErsatzErbSt an die Stelle des Vermögensanfalls das Vermögen der Stiftung oder des Vereins. Im Übrigen wird jedoch die ErsatzErbSt wie eine ErbSt behandelt. Daher ist auch das Berechnungsschema für die Berechnung der ErbSt auf die ErsatzErbSt anwendbar. Das Vermögen der Stiftung oder des Vereins ist daher um sachlich stbefreite Posten zu kürzen (zB § 13 I Nr 2). Auch § 13a wird zur Anwendung gebracht (§ 13a XI). Da das Gesetz einen Vermögensübergang auf zwei Personen fingiert (§ 15 II 3), ist der persönliche Freibetrag zweimal zu gewähren. Auch bei der ErsatzErbSt sind (fiktive) Erwerbsschmälerungen absetzbar. So soll sogar für fiktive Bestattungskosten der Pauschbetrag von 10.300 EUR gewährt werden können (*Michel,* 8. Aufl dieses Kommentars § 10 Anm 15). Leistungen an die nach der Stiftungsurkunde oder nach der Vereinssatzung Berechtigten werden dagegen in § 10 VII für nicht abziehbar erklärt. 28

VI. Zuwendung des Steuerbetrages (Abs 2)

1. Erwerb durch Schenkung

Im Fall der Schenkung wird in erster Linie der Beschenkte zur StZahlung herangezogen. Ihn trifft nicht nur im Außenverhältnis zur FinVerw, sondern auch im Innenverhältnis zum Schenker die StLast. Zwar sind der Schenker und der Beschenkte aus der Sicht des StRechts Gesamtschuldner. Dennoch kann der Beschenkte die StLast nicht, auch nicht anteilig, auf den Schenker verlagern, weil im Schenkungsvertrag im Zweifel „ein anderes bestimmt ist" (§ 426 I 1 BGB). Dem Beschenkten verbleibt daher nach der StZahlung regelmäßig nur ein Teilbetrag dessen, was ihm zugewandt ist. Der Bruttobetrag der Zuwendung (vor StZahlung) und der **Nettobetrag (nach StZahlung)** differieren. Übernimmt der Schenker die StZahlung, dann entlastet er den Beschenkten. Der Beschenkte kann den Erwerb ungekürzt behalten. Der Bruttobetrag (vor StZahlung) und der Nettobetrag (nach StZahlung) stimmen für den Beschenkten überein. Dadurch erhöht sich der Wert seines Erwerbs. Von dieser Vorstellung geht § 10 II aus und bestimmt, dass bei der Besteuerung des Schenkers die StErsparnis des Beschenkten dem Wert des Geschenks hinzugerechnet werden muss. Sind 100 zugewendet, auf deren Erwerb ein StBetrag von 19 entfällt, dann soll der Empfänger so behandelt werden, als hätte er 119 erworben. Dieser Gedankengang erscheint auf den ersten Blick einleuchtend. Macht man sich jedoch klar, dass das Gesetz die St normalerweise gerade nicht als Erwerbsschmälerung akzeptiert und die St, wenn sie vom Beschenkten gezahlt wird, für nicht abzugsfähig erklärt (Abs 8), dann ist schwer verständlich, warum die St, wenn sie vom Beschenkten nicht gezahlt wird, einen Hinzurechnungsposten zu seinem Erwerb rechtfertigen kann. 29

2. Der Hinzurechnungsbetrag

§ 10 II verlangt nur die Hinzurechnung der St, die auf den Erwerb entfällt. Die Entlastung, die die Steuerübernahme dem Beschenkten bringt, ist jedoch im Grunde höher, als es die Hinzurechnung dieses Betrages erkennen lässt. Stellt nämlich der Schenker den Beschenkten von allen ihn treffenden steuerlichen Verpflichtungen frei, dann entlastet er ihn damit nicht nur von der St, die auf den Erwerb entfällt, son- 30 dern auch von der erhöhten St, die erst durch die Entlastung ausgelöst wird. Und wird der Beschenkte auch von dieser erhöhten St ohne entsprechende Gegenleistung freigestellt, dann liegt in dieser Freistellung eine weitergehende Begünstigung, die konsequenterweise zu einer erneuten StErhöhung führen müsste, von der der Erwerber dann ebenfalls wieder freizustellen wäre, was eine weitere StErhöhung zur Folge hätte usw. Zusammen mit der Entlastung des Erwerbs umfasst also die Freistellung noch weitere Entlastungen, die die Freistellung von der zum Erwerb hinzutretenden St betreffen und die – folgt man dem Grundgedanken des Gesetzes – zusätzliche Mehrsteuern auslösen müssten. Diese zusätzlichen Entlastungen und die in ihnen liegenden Begünstigungen sollen nach § 10 II jedoch unberücksichtigt bleiben. **Nur die Steuer, die auf den ursprünglichen Erwerb** entfällt, wird hinzugerechnet. Die Vorschrift erhöht daher den auf den Erwerb entfallenden StBetrag und begrenzt die Erhöhung zugleich. Im Ergebnis ist es für den Schenker regelmäßig günstiger, die St zu übernehmen, als dem Beschenkten das Geschenk und die darauf entfallende St zuzuleiten.

Beispiel: Will A dem B 10 Mio frei von Stn zukommen lassen, muss A dem B bei einem StSatz von 50% (StKl III) 20 Mio zuweisen, damit B nach Abzug der St 10 Mio zurückbehält. Will A seinerseits die StZahlung übernehmen, soll die Ersparnis des B nicht 50% von 20 Mio, sondern nur 50% von 10 Mio betragen. Denn nur 10 Mio beträgt der „Erwerb nach Abs 1", der bei der Besteuerung des Schenkers nach Abs 2 berücksichtigt werden muss. Die St des Schenkers ist daher aus 10 plus 5 = 15 Mio abzuleiten und beträgt bei einem StSatz von 50% 7,5 Mio. Weil also der Schenker dem Beschenkten nicht den Bruttobetrag zukommen lässt, der es dem Beschenkten erlaubt, die St ohne Schmälerung des für ihn bestimmten Erwerbs selbst zu zahlen, sondern weil er dem Beschenkten den Nettobetrag zuwendet und die St selbst übernimmt, spart der Schenker (ohne Berücksichtigung der Freibeträge) im Ergebnis 2,5 Mio.

3. Anforderungen an die Steuerübernahme

31 Der Schenker übernimmt die Entrichtung der vom Beschenkten geschuldeten St, wenn er sich dem Beschenkten und der FinVerw gegenüber **ernsthaft** (vgl demgegenüber FG Düsseldorf EFG 08, 961; Einzelheiten bei *Meincke,* FS Lang, 2010, 825) zur StZahlung bereit erklärt. Der Schenker kann auch auf seine eigene StSchuld zahlen. Unter diesen Umständen greift § 10 II nicht ein. Doch kann dann in dem Verzicht auf den Gesamtschuldnerausgleich eine zusätzliche freigebige Zuwendung liegen. In der Erklärung des Schenkers, die St des Beschenkten zu übernehmen, liegt zivilrechtlich die Erklärung der Kostenübernahme durch den Schenker. Es handelt sich dabei nicht um ein selbstständiges Schenkungsversprechen, sondern um eine vom Normaltyp abweichende Gestaltung des Schenkungsvertrages, dessen Ausführung mit der Zuwendung der schenkweise versprochenen Leistung an den Beschenkten erfolgt. Die Schenkung ist daher bereits ausgeführt und die SchSt entstanden, wenn der Beschenkte die Zuwendung erhalten hat. Eine besondere Form für die StÜbernahmeerklärung wird nicht verlangt. Die FinVerw wird sich im Fall der StÜbernahme an den Schenker halten. Zahlt er nicht, kann auch der Beschenkte in Anspruch genommen werden. Doch kann er dann nicht für den vollen, aus § 10 II folgenden Betrag in Anspruch genommen werden, weil ihm der Vorteil der StÜbernahme nicht zugutekommt. Daher muss es bei der Regelbesteuerung verbleiben. § 10 II kommt auch dann zum Zuge, wenn nicht der Schenker selbst, sondern ein **Dritter** sich zur Übernahme der St bereit erklärt. Denn auch in diesem Fall wird der Beschenkte von der St entlastet. Doch wird der Dritte durch das Bereiterklären nicht zum StSchuldner. StSchuldner bleibt vielmehr der Beschenkte, der seinerseits den Betrag aus § 10 II aufbringen muss, wenn ihm der Dritte den StBetrag zur Verfügung stellt. Solange der Dritte nicht zahlt, ist die erhöhte StPfl aus § 10 II für den Beschenkten noch nicht entstanden. Denn das Bereiterklären des Dritten muss als ein Schen-

kungsversprechen gedeutet werden, das steuerlich erst dann beachtet werden kann, wenn es ausgeführt ist. Gehört der Dritte selbst zum Kreis der Beschenkten, so hat die Anordnung der StÜbernahme für ihn den Charakter einer Leistungsauflage, die seinen Erwerb begrenzt.

4. Erwerb von Todes wegen

Die Zusammenrechnung des Erwerbs mit der aus ihm errechneten St soll nach Abs 2 auch beim Erwerb von Todes wegen erfolgen, wenn ein anderer als der Erwerber die StLast zu tragen hat. Demgegenüber hatte der bis 1974 geltende § 12 ErbStG 1959 die Zusammenrechnung bei Erwerben von Todes wegen ausgeschlossen. Die Besonderheit bei Erwerben von Todes wegen liegt darin, dass nach § 20 I 1 allein der Erwerber StSchuldner ist und auch derjenige, der die St für den Erwerber übernimmt, damit nicht zum StSchuldner an Stelle des Erwerbers wird. Die Anordnung der StÜbernahme kann sich daher zunächst nur im Innenverhältnis zwischen dem Übernehmer und dem Erwerber auswirken. Allerdings führt auch beim Erwerb von Todes wegen die StÜbernahme zu einer Entlastung des Erwerbers. Daher kann man an die **Übertragung der Regelung des Abs 2** auf Erwerbe von Todes wegen denken. Doch gibt es eine zweite Besonderheit, die bei Erwerben von Todes wegen zu beachten ist, der Umstand nämlich, dass die Erwerbe in ihrer Berechnung im Zweifel voneinander abhängig sind. Hat zB der Erbe die StSchuld des Vermächtnisnehmers zu tragen, so erhöht diese Anordnung den Vermächtniswert. Zugleich erhöht sie jedoch auch den Betrag, den der Erbe als Vermächtnisschuldner von seinem Erwerb durch Erbanfall als Nachlassverbindlichkeit abziehen kann. Das Abzugsverbot des Abs 8 greift hier nicht. Dem Staat entgeht daher kein wesentlicher StBetrag, wenn er die Verteilung der St unter den Hinterbliebenen vernachlässigt. Diese Argumentation gilt auch für Schenkungen, wenn der Schenker die StLast unter verschiedenen Beschenkten unterschiedlich verteilt. Sie gilt jedoch nicht, wenn der Schenker selbst die St übernimmt, weil die Übernahme der St durch den Schenker bei ihm keinen eigenen stpfl Erwerb kürzt. Diese Besonderheiten der StÜbernahme durch den Schenker hat der Gesetzgeber 1974 verkannt, als er die Regelung für die StÜbernahme durch den Schenker auch auf die StÜbernahme durch andere Beschenkte oder durch Erwerber von Todes wegen mit dem Argument erstreckte, die neue Gesetzesfassung habe die unterschiedliche Behandlung grundsätzlich gleicher Fälle aufgegeben. Die nun gleich behandelten Fälle waren und sind eben gerade nicht gleich. Die Neuregelung setzt voraus, dass die Anordnung der StÜbernahme durch den Erblasser wirksam ist. Unwirksam wäre eine solche Anordnung zB, wenn sie mit dem (weithin zwingenden) Pflichtteilsrecht kollidiert. So könnte der Erblasser weder dem Pflichtteilsgläubiger die StLast für den Erben auferlegen, noch könnte er einem Erben die StLast für einen anderen übertragen, wenn er nicht riskieren will, dass der belastete Erbe den Erbteil ausschlägt, um seinen Pflichtteil zu sichern (§ 2306 I BGB). 32

VII. Konfusion, Konsolidation (Abs 3)

1. Zielsetzung

Abs 3 verbindet zwei Aussagen miteinander. Zum einen will die Vorschrift darauf aufmerksam machen, dass das Erlöschen von Forderungen und Verbindlichkeiten im Erbgang durch das Zusammentreffen der Gläubiger- und Schuldnerstellung in einer Person **(Konfusion)** oder durch das Erlöschen von Recht und Belastung durch die Vereinigung von beschränktem dinglichen Recht mit dem Eigentum in einer Hand **(Konsolidation)** bei der Ermittlung des stpfl Erwerbs nicht unberücksichtigt bleiben darf. Das wäre jedoch auch schon ohne besondere Anordnung selbstverständlich. 33

Denn der Schuldner, der im Erbgang von seiner Verbindlichkeit befreit wird, weil er Erbe des Gläubigers geworden ist, muss diese Befreiung seinem Erwerb hinzuzählen, weil sie ihm durch den Erwerb durch Erbanfall vermittelt ist. Abs 3 belässt es denn auch nicht bei dem Hinweis auf die Folgen des Erlöschens, sondern ordnet an, dass die von der Konfusion oder Konsolidation betroffenen Rechtsverhältnisse „als nicht erloschen" gelten.

34 Der Sinn dieser Anordnung erschließt sich nicht leicht. **Drei Zielsetzungen** sind denkbar. Zum einen nimmt das Gesetz hier möglicherweise auf den Umstand Rücksicht, dass § 10 V die abzugsfähigen Erwerbsschmälerungen als Nachlassverbindlichkeiten charakterisiert, so dass für einen berücksichtigungsfähigen Abzugsposten immer eine Verbindlichkeit gesucht werden muss. Wird der Gläubiger Erbe seines Schuldners, dann entzieht ihm der Erbgang seine Forderung, so dass der Forderungsverlust seinen Erwerb schmälert. Der Forderungsverlust ist aber keine Verbindlichkeit, so dass seine Berücksichtigung im Rahmen des § 10 V zweifelhaft sein könnte. Diesen Zweifeln begegnet § 10 III mit der Anordnung, dass die Forderung des Erben gegen den Erblasser als nicht erloschen gilt und daher ohne Bedenken als Nachlassverbindlichkeit behandelt werden kann. Auf eine zweite Überlegung macht *Kipp* (§ 23 Anm 37) aufmerksam. Beerbt der mittellose B den mittellosen A, dem B 100.000 EUR schuldet, dann läge es nahe, die Befreiung des B mit 100.000 EUR zu bewerten, obwohl B im Ergebnis nichts bekommt. Wird B dagegen nach Abs 3 als Forderungsgläubiger in Nachfolge des A eingestuft, dann ist klar, dass die Forderung als wertloser Posten ihm keinen steuerlich beachtlichen Erwerb verschafft. Einen dritten Gesichtspunkt hat schließlich noch der BFH (BStBl II 99, 25) genannt: Wird ein zinsloses Darlehen auf bestimmte Zeit gewährt und wird der Darlehensgeber während der Laufzeit des Darlehens von dem Darlehensnehmer beerbt, soll der Zinsvorteil wegen § 10 III ungeschmälert erhalten bleiben. Eine Korrektur der Zinsschenkung nach § 14 II BewG bei geringer tatsächlicher Laufzeit mit der Folge einer geringeren Hinzurechnung iRd § 14 komme wegen der Fiktion des § 10 III nicht in Betracht. Mit dieser Feststellung wird allerdings der Aussagegehalt des § 10 III überdehnt (so auch FG Münster EFG 16, 45 – Rev II R 51/15). Die Vorschenkung wird als eigenständiger Vorgang nicht von § 10 III erfasst. Eine Korrektur nach § 14 II BewG ist nicht gehindert (s auch § 14 Anm 22).

2. Anwendungsbereich

35 § 10 III ist auch dann **anwendbar,** wenn ein Miterbe vom Erlöschen einer Darlehensforderung des Erblassers profitiert (BFH BStBl III 52, 80) oder wenn es zum Wegfall eines Rechts durch Beerbung des Verpflichteten kommt (RFH RStBl 30, 383). Erwirbt der Nießbrauchsberechtigte im Erbgang das belastete Eigentum, so kann er die Nießbrauchslast mit ihrem Kapitalwert gem seinem Lebensalter im Zeitpunkt des Vermögensanfalls von seinem Erwerb abziehen. § 10 III ist **nicht anwendbar,** wenn es zu einem Erlöschen des Rechts oder der Verbindlichkeit nicht gerade durch die Vereinigung, sondern aus anderen Gründen kommt. So ist § 10 III nicht anzuwenden, soweit eine Leibrente oder ein Nutzungsrecht des Erblassers mit dessen Tod erlischt (vgl RFH RStBl 30, 383). § 10 III bleibt ferner dann ohne Auswirkungen, wenn der Schuldner den Bürgen beerbt. Denn die Bürgschaftsverpflichtung hat neben seiner Schuldnerverpflichtung keinen selbstständigen Wert, und der Rückgriffsanspruch des Bürgen gegen den Schuldner kann nach dem Erbfall auch keine Bedeutung mehr gewinnen, weil er nur nach einer Leistung auf die Bürgschaftsschuld entsteht, es zu einer solchen Leistung nach dem Erbgang aber nicht mehr kommen kann (vgl RFH RStBl 36, 199). Nach Auffassung des FG München (EFG 91, 199) soll § 10 III schließlich auch auf Pflichtteilsschulden des Erblassers nicht anwendbar sein, die vor dem Erbfall noch nicht geltend gemacht waren, was jedoch nicht überzeugen kann und auch vom BFH für den Fall, dass der Pflichtteilsanspruch noch nicht verjährt ist, abweichend entschieden wurde (BStBl II 13, 332; § 3 Anm 61).

VIII. Anwartschaft eines Nacherben (Abs 4)

1. Unmittelbarer Anwendungsbereich

Im Fall der Vor- und Nacherbfolge (§§ 2100ff BGB) teilen sich zwei (oder mehrere) Erben in der Weise in den Nachlass, dass sie nicht gleichzeitig, sondern nacheinander Erbe werden. Mit dem Erbfall geht das Erblasservermögen zunächst auf den Vorerben über (§ 1922 I BGB). Mit dem Nacherbfall hört der Vorerbe jedoch auf, Erbe zu sein, und fällt die Erbschaft dem Nacherben an (§ 2139 BGB). § 10 IV fasst den Fall ins Auge, dass der **Nacherbe in der Zeit zwischen dem Erbfall und dem Nacherbfall stirbt.** Stirbt der Nacherbe vor dem Nacherbfall, erlischt in bestimmten Fällen seine Rechtsposition (§§ 2108 II, 2074 BGB). Dann steht von vornherein fest, dass er im Hinblick auf die Nacherbfolge nichts vererbt und dass auch nichts im Hinblick auf die Nacherbfolge zu seinem Nachlass gehört. Hat der Erblasser zB die Ehefrau als Vorerbin unter einer Wiederverheiratungsklausel und das Kind als Nacherben bestimmt und stirbt das Kind vor seiner Mutter, so geht die Nacherbenposition beim Tod des Kindes unter, die Rechtsstellung der Mutter erweitert sich zur Vollerbschaft, ohne dass diese Erweiterung der Rechtsstellung einen selbstständigen stpfl Vorgang bewirkte (§ 6 Anm 8), und die Anordnung des § 10 IV geht für diesen Fall ins Leere. Hat der Erblasser dagegen die Vorerbschaft nicht unter eine auflösende Bedingung gestellt, so erwirbt der Nacherbe mit dem Erbfall ein Anwartschaftsrecht auf den späteren Erwerb, das vererblich ist. Weil die Besteuerung des Nacherben aber erst mit dem Nacherbfall erfolgt, bildet der Erwerb des Anwartschaftsrechts durch den Nacherben noch keinen StFall. Dasselbe soll nach Abs 4 für den Erwerb des Erben des Nacherben gelten. 36

2. § 10 IV als allgemeiner Rechtsgrundsatz?

§ 10 IV gilt nicht nur für den dort unmittelbar angesprochenen Fall. Vielmehr ist diese Regelung unter Berücksichtigung des § 1 II auch auf den Fall der **Schenkung des Anwartschaftsrechts** anzuwenden (BFH BStBl II 93, 158). Fraglich ist, ob der Grundgedanke, der § 10 IV zugrunde liegt, dass nämlich die unentgeltliche Weiterleitung zunächst noch unversteuert erworbener Posten für den Zweiterwerber keinen stpfl Erwerb darstellt, ob dieser Grundgedanke auch in anderen Fällen zur Anwendung gebracht werden kann. Eine Ausprägung dieses Gedankens hatte sich früher auch in § 25 II aF (bis 1980) gefunden, wenn dort die Vererbung von Vermögen, für dessen Erwerb durch den Erblasser die Besteuerung ausgesetzt worden war, aus der Besteuerung herausgenommen wurde. Nicht geregelt ist bisher der Fall, dass der Gläubiger seine Forderung aus einem Schenkungsversprechensvertrag vererbt oder verschenkt. Soll dann der Erbe oder Beschenkte einer doppelten StPfl unterliegen, falls es zur Erfüllung des Versprechens kommt, nämlich einmal wegen der Ausführung der Schenkung und zum zweiten wegen der unentgeltlichen Weitergabe der Beschenktenposition? Oder kann der Rechtsgedanke des § 10 IV herangezogen werden? In ihrer Kölner Dissertation zum Thema: Das Schenkungsversprechen im Erbschaftsteuer- und Schenkungsteuerrecht, 2011, 136ff setzt sich *Chr. Wiegand* mit dieser Fragestellung auseinander, verneint aber im Ergebnis die entsprechende Anwendung des § 10 IV und plädiert dafür, die Forderung zwar im Erbfall als Nachlassbestandteil uneingeschränkt anzuerkennen, dann aber die St, die mit der späteren Erfüllung der Versprechensforderung entsteht, noch nachträglich als Nachlassverbindlichkeit anzurechnen. Damit werden zwei stpfl Erwerbe, der Erwerb der Forderung im Erbfall und der Erwerb des Schenkungsgegenstands bei der Erfüllung der Forderung, als zwei selbstständige Erwerbe nebeneinander anerkannt, wenn es auch zu einer Verrechnung der St für den Zweiterwerb kommen soll. Näher liegt es da- 37 gegen anzunehmen, dass die Versprechensforderung keinen zusätzlichen Erwerb zu dem Erwerb des Schenkungsgegenstands bilden kann. Wer erst eine Forderung über 200 und dann in Erfüllung der Forderung den versprochenen Geldbetrag von 200 bekommt, erwirbt nicht 400, sondern eben nur 200. Denn die Forderung fällt weg, wenn der Schenkungsgegenstand geleistet wird. Daher empfiehlt es sich, den Forderungserwerb im Erbfall wie einen auflösend bedingten Erwerb anzusehen und die Forderung im Fall ihrer Erfüllung nachträglich wieder aus dem Nachlass zu eliminieren. Eine solche Behandlung läuft dann aber doch auf die Anwendung des in § 10 IV zum Ausdruck kommenden Gedankens hinaus, dass nämlich die Erwerbsaussicht und der anschließend verwirklichte Erwerb nicht als zwei Erwerbe zusammen gerechnet werden können, sondern dass die Erwerbsaussicht als selbstständiger Erwerb ausscheiden muss. Ähnliche Erwägungen liegen im Übrigen nahe, wenn der Bezugsberechtigte aus einem Lebensversicherungsvertrag seine Bezugsberechtigung vor Eintritt des Versicherungsfalls unentgeltlich weitergibt oder wenn zu einem Erwerb von Todes wegen ein aufschiebend bedingter Posten gehört, der auch noch als aufschiebend bedingter Posten auf den Erbeserben übergeht. Tritt anschließend die Bedingung ein, so dürfte sich auch in diesem Fall die Beschränkung auf nur eine Besteuerung empfehlen (vgl § 12 Anm 12).

IX. Nachlassverbindlichkeiten (Abs 5)

1. Grundgedanke

38 Nach dem Nettoprinzip, das der Besteuerung des Erwerbs zugrunde liegt (Anm 5ff), ist nur der Saldo zwischen dem Wert des Vermögensanfalls und dem Wert der mit dem Erwerb verbundenen Erwerbsschmälerungen als Bereicherung des Erwerbers anzusehen (§ 10 I 2). Abs 5 knüpft an diese Gegenüberstellung von Vermögensanfall und Nachlassverbindlichkeiten in Abs 1 S 2 an und erläutert, was unter den dort genannten Nachlassverbindlichkeiten zu verstehen ist (vgl auch schon Anm 17). Immer muss es sich um mit dem Erwerb verbundene Schulden oder Lasten handeln. Diese Verbindung fehlt nach der Rspr (BFH BStBl II 82, 83; 89, 524) bei den Gegenleistungspflichten des Beschenkten im Fall der gemischten Schenkung. Die Gegenleistungspflichten des Beschenkten werden vielmehr einem entgeltlichen Geschäftsteil zugeordnet und damit von der Schenkung gelöst (Anm 23, § 7 Anm 33ff). Sie sind wegen dieser fehlenden Verbindung zur Schenkung keine Nachlassverbindlichkeiten. Aber auch unter den mit dem Erwerb in Verbindung stehenden Schulden und Lasten ist noch zu unterscheiden. Sie können unselbstständige negative Bestandteile des Vermögensanfalls oder selbstständig berücksichtigungsfähige Abzugsposten sein. Nur für die Letzteren gilt Abs 5 und gelten die Abzugsverbote der Absätze 6 bis 9. Unselbstständige negative Bestandteile des Vermögensanfalls und damit keine Nachlassverbindlichkeiten iSv Abs 5 sind zB die Betriebsschulden, die ein Betriebsvermögen kürzen, oder die Nießbrauchslasten, die den gemeinen Wert eines Grundstücks vermindern, sofern es nach dem Gesetzeszusammenhang möglich erscheint, sie schon zur Bestimmung des gemeinen Grundstückswerts heranzuziehen (Abs 6 S 6).

2. Erwerbsschmälerungen

39 Nachlassverbindlichkeiten werden zum Abzug zugelassen, weil sie den Erwerb und die aus ihm folgende Bereicherung schmälern. § 10 V zählt die berücksichtigungsfähigen Erwerbsschmälerungen auf. Die Aufzählung hat jedoch keinen abschließenden Charakter (aM FG Bbg EFG 97, 688), da die Durchsetzung des Nettoprinzips den Abzug aller mit dem Erwerb in Verbindung stehenden entreichernden

Posten unabhängig von ihrer Anerkennung in § 10 V verlangt. Zu den Nachlassverbindlichkeiten können auch **Naturalobligationen** gehören, die zwar rechtlich verbindliche Schulden darstellen, deren Durchsetzung vom Gläubiger aber gegen den Widerstand des Schuldners nicht erzwungen werden kann. Auch verjährte Schulden können als Nachlassverbindlichkeiten abzugsfähig sein, wenn sich der Schuldner ihrer Erfüllung nicht entziehen kann. Dasselbe gilt für **sittliche Verpflichtungen,** deren Erfüllung sich der Schuldner nicht entziehen kann (BFH HFR 64, 83). So kann sich möglicherweise der Begünstigte aus einem Lebensversicherungsvertrag der Verpflichtung nicht entziehen, den Bürgen des hochverschuldeten Erblassers aus seiner Haftung auszulösen (FG Bad-Württ EFG 99, 80). Ähnliches gilt für den Erben eines vermögenden Erblassers, der Unterstützungsleistungen für ein in Not geratenes Kind des Erblassers übernimmt, das im Rechtssinne nicht als Kind des Erblassers gilt und daher auch nicht erbberechtigt ist. Abs 5 regelt die Nachlassverbindlichkeiten, die **abzugsfähig** sind, dh deren Abzug steuerlich anerkannt werden kann. Ein Abzugsgebot für diese Nachlassverbindlichkeiten besteht nicht, dh es bleibt dem Stpfl überlassen, ob er die Nachlassverbindlichkeiten zum Abzug bringen will oder nicht. Im Anschluss an Abs 5 regeln die Absätze 6 bis 9 Verbindlichkeiten, die **nicht abzugsfähig** sind, dh deren Abzug steuerlich nicht anerkannt werden kann. Man spricht in diesem Zusammenhang auch von **Abzugsverboten,** die den Anwendungsbereich des § 10 V begrenzen. Auch die Regelung der Abzugsverbote ist nicht als vollständig anzusehen. Sie wird zB durch weitere, aus dem Gesetzeszusammenhang zu erschließende Abzugsverbote ergänzt (vgl etwa § 21 Anm 19 zum Abzugsverbot im Fall der Anrechnung ausländischer St). Erwerbsschmälerungen sind nicht nur beim Erwerb von Todes wegen, sondern auch im Fall des **Erwerbs durch Schenkung unter Lebenden** zu beachten (BFH BStBl II 04, 234, 236; Anm 22). Zu berücksichtigen sind hier zB die Erwerbsnebenkosten, die der Beschenkte aufzubringen hat (*Kien-Hümbert,* DStR 89, 734). Ob man die Abzugsfähigkeit dieser Kosten aus § 10 V iVm § 1 II oder unmittelbar aus § 10 I 1 ableiten will, bleibt sich im Grunde gleich. Bringt man § 10 V zur Anwendung, so zeigt sich auch aus dieser Perspektive, dass der Ausdruck „Nachlassverbindlichkeiten" für die Erwerbsschmälerungen nicht als glücklich bezeichnet werden kann.

3. Wirtschaftliche Last

Die Rspr geht davon aus, dass eine zivilrechtlich bestehende Verpflichtung als **40**
Nachlassverbindlichkeit nur dann abgezogen werden kann, wenn sie eine wirtschaftliche Last für den Schuldner darstellt (RFH RStBl 36, 543; 37, 603; 38, 620; 39, 496; BFH BStBl III 58, 134; NV 99, 1339; BStBl II 07, 651; 10, 806; 12, 790). Das rechtfertigt sich aus einer wirtschaftlichen Betrachtungsweise, die in diesem Punkt allerdings vom Zivilrecht abweicht (BFH BStBl II 07, 651) und für die bisher eine klare gesetzliche Grundlage fehlt. Keine wirtschaftliche Last in diesem Sinn bilden Verbindlichkeiten, mit deren Durchsetzung nicht gerechnet werden muss (RFH RStBl 29, 266; 34, 94; 36, 543). Dasselbe soll für StSchulden gelten, mit deren Erfassung zu Lebzeiten des Erblassers nicht zu rechnen war (BFH BStBl II 16, 477; NV 99, 1339). Doch gilt es zu unterscheiden: Nachlassverbindlichkeiten, mit deren Durchsetzung nur vorläufig oder nur zu Lebzeiten des Schuldners nicht gerechnet werden muss (BFH BStBl II 10, 806), bilden trotzdem einen negativen Vermögensbestandteil und sollten daher abzugsfähig sein. Sie wären in einem Vermögensstatus des Schuldners abgezinst oder zu einem Schätzwert zu berücksichtigen und würden auch die Kreditfähigkeit des Schuldners beeinträchtigen. Auch als Nachlassverbindlichkeit sind Verpflichtungen aus einem gegenseitigen Vertrag anzusetzen, selbst wenn beim Erblasser keine Fälligkeit bestand (BFH/NV 11, 1147). Ein nach dem Tod des Verpflichteten geltend gemachter Pflichtteil wirkt auf den Eintritt des ursprünglichen Erbfalls zurück und kann daher auch ohne wirtschaftliche Belastung beim Verpflichteten abgezogen

werden (BFH BStBl II 13, 332; s auch § 3 Anm 61). Es wird grundsätzlich bezweifelt, ob aus Erbfallschulden (Abs 5 Nr 2) eine wirtschaftliche Belastung des verpflichteten Erwerbers resultieren muss, da hier eine gesetzlich anerkannte Wechselbeziehung zwischen der Leistung des Verpflichteten und dem Erwerb des Berechtigten bestehe, die zu einer Aufteilung der aus dem Erbfall erwachsenen Gesamtsteuerlast führe, was zur Vermeidung einer doppelten steuerlichen Erfassung auch ohne wirtschaftliche Belastung angezeigt sei (*Troll/Gottschalk* § 10 Rz 173).

4. Erblasserschulden

41 Erblasserschulden (Abs 5 Nr 1) können grundsätzlich nur die Erben zum Abzug bringen, weil nur die Erben mit dem Erbfall in die Verpflichtungen des Erblassers eintreten (§ 1967 BGB). Der Abzug von Nachlassverbindlichkeiten ist aber nicht auf bestimmte Erwerbsvorgänge des § 3 beschränkt (§ 10 I 2) und kommt auch bei Erwerben von „Nichterben" in Betracht (BFH/NV 16, 1837 zu § 3 I Nr 4, abweichend von BFH/NV 01, 39). Erblasserschulden sind:

42 **a) Schulden, die schon zu Lebzeiten des Erblassers entstanden waren.** Dazu gehören die **StSchulden,** die nach § 45 AO auf den Erben übergehen, auch dann, wenn die StFestsetzung erst nach dem Erbfall erfolgt (FG Hbg EFG 91, 130). Aus der Sicht des FG Münster (EFG 03, 1182 unter Hinweis auf BFH/NV 90, 643) ist zweifelhaft, ob eine noch aus der Sphäre des Erblassers stammende, aber erst von Erben realisierte ESt-Last zu den Erblasserschulden gerechnet werden kann. In diesem Zusammenhang war lange Zeit insb die Behandlung der **ESt für das Todesjahr des Erblassers** umstritten. Das FG Nds (EFG 11, 1342) hat die Abzugsfähigkeit verneint, weil die St erst zum Ende des Kalenderjahrs entstehe (kritisch dazu *Zimmermann,* EFG 11, 1343). Auch die FinVerw (R E 10.8 III ErbStR) rechnete ESt-Schulden aus Veranlagungszeiträumen vor dem Todeszeitpunkt des Erblassers zu den Nachlassverbindlichkeiten, verneinte aber die Abzugsfähigkeit der ESt des Todesjahrs, „da der Abzug einer vom Erblasser herrührenden Schuld deren rechtliches Bestehen im Todeszeitpunkt des Erblassers voraussetzt", was aber durch abweichende BFH-Rspr inzwischen überholt ist. Gegen den Ansatz als Nachlassverbindlichkeit wurde eine logische Parallele zwischen § 10 I 3 und § 10 V 1 konstruiert. Mangels Entstehung der ESt des Todesjahres zum Zeitpunkt des Erbfalles wird ein sich darauf ergebender StErstattungsanspruchs beim stpfl Erwerb nicht berücksichtigt (Anm 24). Aus dem Stichtagsprinzip folge, dass daher auch kein Ansatz als Nachlassverbindlichkeit erfolgen könne. Dieses Verständnis wurde auch wegen des unterschiedlichen Wortlauts von Abs 1 S 3 („entstanden") und Abs 5 Nr 1 („herrühren") kritisiert (s bereits die Vorauflage). Dem folgend hat sich nun auch der BFH für die Abzugsfähigkeit entschieden (BStBl II 12, 790, was das FG Münster auf EStVorauszahlungen für einen Zeitraum nach dem Erbfall übertragen hat (EFG 17, 1746 – NZB II B 107/17). Jedoch ist nach dem BFH auch hier das Merkmal einer wirtschaftlichen Belastung zu berücksichtigen (Anm 40). Daran soll es in Hinterziehungsfällen bezüglich der hinterzogenen StSchuld fehlen (BFH BStBl II 16, 477; aA FinVerw ZEV 03, 25). Dagegen sollen nach dem Erbfall festgesetzte Hinterziehungszinsen, die sich aus einer StHinterziehung des Erblassers ergeben, abzugsfähig sein (BFH BStBl II 92, 9; FG München EFG 06, 1922). War die vor dem Erbfall entstandene St nach **§ 25 aF** (bis 2008) zinslos gestundet, ist die St beim Erben mit ihrem Barwert abzugsfähig. Schulden aus schwebenden, noch von keiner Seite erfüllten Kaufverträgen bleiben regelmäßig außer Betracht. Mietzinsschulden sind, soweit sie auf die Zeit nach dem Erbfall entfallen, nur bis zum ersten Kündigungstermin abzugsfähig. Schulden, die tatsächlich und wirtschaftlich keine Belastung darstellen, weil ihre Erfüllung nicht verlangt werden kann oder verlangt werden wird oder weil sich die aus ihnen (Krankheitskosten) herrührende Belastung auf andere (Beihilfeträger) verlagern lässt (vgl FG Düsseldorf EFG 93, 391), sind ebenfalls unberücksichtigt zu lassen (RFH RStBl 36, 543; 37, 603; 39, 496). Bei der Prü-

fung von Darlehensschulden des Erblassers gegenüber Angehörigen sind die estlichen Grundsätze des sog Fremdvergleichs nicht anwendbar (BFH BStBl II 96, 11). Doch hat die Rspr (FG München UVR 98, 26) Bedenken, Darlehensschulden für abzugsfähig zu erklären, deren Erfüllung in das Belieben des Schuldners gestellt war und die nur beim Vorversterben des Schuldners voll wirksam werden sollten.

b) Schulden, die erst mit dem Erbfall entstehen, in ihrer Grundlage aber noch vom Erblasser herrühren. Dies gilt für die **Zugewinnausgleichsforderung des überlebenden Ehegatten,** die nach § 1371 II BGB entsteht, wenn der überlebende Ehegatte weder Erbe noch Vermächtnisnehmer seines Partners wird und ihm gegenüber ein Zugewinndefizit zu verzeichnen hat, sofern damit zu rechnen ist, dass die Forderung geltend gemacht werden wird (nach *Moench,* DStR 92, 1185, 1186 darf nur der bereits geltend gemachte Anspruch abgezogen werden, was aber nicht leicht zu begründen ist). Die Ausgleichsforderung wird als Erblasserschuld berücksichtigt, obwohl sie zu Lebzeiten des Erblassers noch nicht entstanden war. Doch rührt sie aus einem Dauerschuldverhältnis her, in dem der Erblasser zu seinen Lebzeiten stand und von dem man sagen kann, dass es sich im Zeitpunkt seines Todes zur Ausgleichsforderung verdichtet hat (BFH BStBl II 93, 368; 08, 874). Auch die auf den Erben **übergehende Unterhaltsverpflichtung** gegenüber dem geschiedenen Ehepartner (§ 1586b BGB) sowie der Ausgleichsanspruch, der einem nichtehelichen Lebenspartner auf Grund einer Innengesellschaft zustehen kann (FG Münster EFG 08, 1646), gehören hierher. Der RFH (RStBl 32, 951) hatte zeitweise gestattet, dass eine Ehefrau, die ohne Lohn im Betrieb des Erblassers mitgearbeitet hatte, einen der Arbeit und der Dienstzeit angemessenen Betrag als Nachlassverbindlichkeit zum Abzug bringen kann. Das Gericht ist von dieser Auffassung jedoch schon bald wieder abgerückt (RStBl 35, 887). Dafür hat der BFH (BStBl II 95, 62) ausgesprochen, dass das Versprechen des Erblassers, jemanden als Entgelt für Dienstleistungen durch eine letztwillige Verfügung zu bedenken, Erlasserschulden zur Folge hat und nach Abs 5 Nr 1 vom Erwerb abgezogen werden kann, wenn der Erwerb bürgerlich-rechtlich als Dienstleistungsvergütung zu beurteilen ist. 43

c) Schulden, die nach dem Erbfall entstehen, für die aber schon zu Lebzeiten des Erblassers der Grund gelegt war. Ein Beispiel bilden die Schadensersatzansprüche, die aus einer Vertragsverletzung oder aus einem Delikt des Erblassers herrühren, wenn die Vertragsverletzung oder das Delikt erst nach dem Erbfall zu einem Schaden geführt hat. ZZt des Erbfalls liegt dann bereits eine latente Schadensersatzpflicht vor, die als Erblasserschuld zu berücksichtigen ist. Zu diesem Kreis von Erblasserschulden müsste an sich auch die **latente Ertragsteuerbelastung** zählen, die noch aus der Sphäre des Erblassers stammt, aber erst nach dem Tod des Erblassers realisiert wird, so wenn es zB beim Einzug der offenen Honorarforderung eines Anwalts zur Belastung des eingezogenen Betrages mit ESt kommt. Der BFH (BStBl II 10, 641) steht allerdings auf dem Standpunkt, dass kein Abzug der auf geerbten Forderungen ruhenden latenten ESt-Last des Erben als Nachlassverbindlichkeit möglich ist. Das Gericht nennt dafür drei Gründe. Zum einen verweist es auf die Art der Berechnung der ESt, die sich nicht nach Merkmalen des Erblassers, sondern nach Merkmalen des Erben richtet. Die Art der Berechnung der ESt hat jedoch mit der Frage ihrer Abzugsfähigkeit beim Erwerb durch Erbanfall nicht unmittelbar etwas zu tun. Zum zweiten vertritt das Gericht die These, dass nur die beim Erbfall bereits entstandenen Verbindlichkeiten abzugsfähig sein können. Das soll aus dem Stichtagsprinzip folgen (so schon FG München DStR 10, 479). Dieses Prinzip besagt jedoch nur, dass der Bestand und Wert des Nachlasses zum Besteuerungszeitpunkt ermittelt werden muss. Ob in der Entwicklung befindliche Posten den Bestand und Wert des Nachlasses zum Besteuerungszeitpunkt bereits beeinflussen, darüber sagt das Stichtagsprinzip nichts aus. Das erkennt auch die FinVerw an, wenn sie Rückstellungen bei der Ermittlung des Substanzwertes von Unternehmen zum Abzug zulässt (R B 11.3 III ErbStR) oder den Abzug zum Stichtag ungewisser Verbindlichkeiten bei nicht bilan- 44 zierenden Gewerbetreibenden für möglich hält (R B 103.2 III ErbStR). Im Zivilrecht gilt bei der Zugewinnausgleichs- (BGH DStR 11, 581; 1683) und Pflichtteilsberechnung (BGH NJW 72, 1269) die Berücksichtigung in der Entwicklung befindlicher Posten – außerhalb der Sonderregelung des § 2313 BGB – als unproblematisch. Und der BFH selbst hat mit Blick auf das Pflichtteilsrecht die Beachtung einer „potentiellen Verpflichtungslage" für mit dem Stichtagsprinzip vereinbar erklärt (BStBl II 04, 234, 236). Der BFH macht im Übrigen drittens darauf aufmerksam, dass der Gesetzgeber selbst durch Einfügung des § 35b EStG sich gegen eine Berücksichtigung latenter ESt-Lasten bei der ErbSt ausgesprochen habe. Der Gesetzgeber hat sich an dieser Stelle jedoch nur über die Berechnung der ESt ausgesprochen. Ob aus dieser Vorschrift wirklich ein zwingender Schluss auf die auf einen früheren Stichtag bezogene ErbSt-Berechnung gezogen werden kann, erscheint durchaus zweifelhaft.

45 **d) Schuldähnliche Posten, die vom Erblasser herrühren.** Der Erbe kann den Teilbetrag vom Erblasser vorweg eingezogener Mietzinsen, der auf die Zeit nach dem Erbfall fällt, als Nachlassverbindlichkeit (Quasi-Darlehen des Mieters) abziehen (BFH BStBl II 77, 732). Nicht berücksichtigungsfähig ist dagegen ein zZt des Erblassers aufgestauter **Gebäudereparaturaufwand** (BFH/NV 91, 97) sowie die Erwartung, dass mit künftigen Kanalisationsanschlusskosten gerechnet werden konnte (FG München EFG 89, 188). Wenn aber noch zu Lebzeiten des Erblassers ernstlich mit einer Inanspruchnahme, etwa wegen einer geänderten Gemeindesatzung, zu rechnen war, soll ein Abzug denkbar sein (FG Nürnberg EFG 15, 670). Der BFH (DStR 17, 2479) verneint einen Abzug von Schäden, deren Ursache vom Erblasser gesetzt wurde, die aber erst nach dessen Tod in Erscheinung treten. Auch für den nachträglichen Ansatz von Miet- und Kostschulden des Erblassers dürfte regelmäßig die zivilrechtliche Basis fehlen (vgl FG München, UVR 91, 337; 96, 155). Demgegenüber wird von der FinVerw (R E 10.6 ErbStR) bei **unter Denkmalschutz** stehenden Schlössern, Burgen und Herrenhäusern ein Abzug des Kapitalwerts der durch zusätzliche Instandhaltungskosten gebildeten wirtschaftlichen Überlast als Nachlassverbindlichkeit anerkannt. Auch für Patrizierhäuser, Bürgerhäuser, Wohn- und Geschäftsgebäude wird bei Einzelnachweis eine entsprechende Überlast als Abzugsposten anerkannt.

46 Erblasserschulden sind auch die Verbindlichkeiten, die aus **Schuldanerkenntnissen** folgen, wenn das Anerkenntnis wirksam abgegeben war. Unwirksam ist das Anerkenntnis zB dann, wenn es schenkweise auf den Todesfall erteilt worden ist, jedoch nicht den Formerfordernissen einer Verfügung von Todes wegen genügt (§ 2301 I 2 BGB; vgl auch FG München EFG 90, 69). Ein vom Erblasser wirksam erteiltes Schuldanerkenntnis ist iRd § 10 V Nr 1 zu beachten. Dabei ist jedoch zugleich zu bedenken: War das Anerkenntnis rechtsgrundlos eingeräumt, wird es wirtschaftlich durch den Bereicherungseinwand (§ 821 BGB) entwertet. Hatte der Erblasser das Anerkenntnis schenkweise abgegeben, liegt in der Erfüllung des Anerkenntnisses durch den Erben die Ausführung der Schenkung, die stpfl ist. Wird das Anerkenntnis nicht realisiert, liegt in dem Verzicht auf die Auszahlung des anerkannten Betrags eine Schenkung, die von dem Erben des Anerkennenden versteuert werden muss.

47 **Nicht berücksichtigungsfähig** sind die Erblasserschulden, die mit einem zum Erwerb gehörenden gewerblichen Betrieb oder mit dem Anteil an einem solchen Betrieb in wirtschaftlichem Zusammenhang stehen und die als unselbstständige negative Bestandteile des Vermögensanfalls (Anm 38) bereits nach § 12 V und VI berücksichtigt worden sind, um so die doppelte Berücksichtigung derselben Verbindlichkeit zu vermeiden. Dasselbe muss gelten, wenn einer von mehreren Miterben stirbt und wenn der dem Erbeserben anfallende Anteil am Nachlass bereits unter Berücksichtigung der den Erblasser treffenden Nachlassverbindlichkeiten bewertet worden ist. Die Nachlassverbindlichkeiten, für die bereits der Erblasser Schuldner war, können dann nicht noch einmal gesondert vom Erben geltend gemacht werden. Zum Grundstücksnießbrauch als negativer Bestandteil des gemeinen Grundstückswerts vgl Anm 38 und nunmehr Abs 6 S 6.

Im Fall einer Schenkung sind den Erblasserschulden die Verbindlichkeiten vergleichbar, die den Schenker treffen, aber wegen des Erwerbs auch gegen den Beschenkten geltend gemacht werden können. Ein Beispiel bietet die StSchuld des Schenkers, die nach § 20 V vom Beschenkten beigetrieben werden kann. Allerdings kann der Beschenkte im Innenverhältnis die Schuld auf den Schenker verlagern und so die wirtschaftliche Belastung aus seiner Schuld neutralisieren. Ist der Rückgriff jedoch aus tatsächlichen Gründen ausgeschlossen, bleibt die Belastung an dem Beschenkten hängen, so dass sie zum Abzug vom Wert des schenkweise zugewandten Erwerbs zugelassen werden muss. 48

5. Erbfallschulden

Zu den Erbfallschulden (Abs 5 Nr 2) gehören neben den Vermächtnissen und Auflagen die **Pflichtteilsansprüche.** Bei Pflichtteilen lässt das Gesetz den Abzug nur dann zu, wenn die Ansprüche tatsächlich geltend gemacht worden sind (weil auch erst dann der Anspruch beim Berechtigten nach § 3 I Nr 1 besteuert werden kann). Das soll nicht nur für die in § 10 V Nr 2 ausdrücklich genannten Pflichtteilsschulden gelten, die den zur Besteuerung stehenden Erwerb durch Erbanfall belasten, sondern auch für Pflichtteilsschulden, die sich bereits gegen den Erblasser gerichtet hatten und nun als Erblasserschulden nach § 10 V Nr 1 zu beurteilen sind (BFH BStBl III 58, 134; § 3 Anm 62), obwohl für diese Schulden eine entsprechende gesetzliche Klarstellung fehlt. Erst die Geltendmachung führt dazu, dass der Verpflichtete den Pflichtteil als Nachlassverbindlichkeit abziehen kann (BFH DStR 17, 724). Auch ein verjährter Pflichteilsanspruch kann noch geltend gemacht werden. Nach Auffassung des FG München (EFG 91, 199; UVR 92, 216; 93, 55) ist das Geltendmachen des Pflichtteils jedoch ausgeschlossen, sobald der Pflichtteilsgläubiger Erbe des Pflichtteilsschuldners geworden ist, weil dann das Geltendmachen keine wirtschaftliche Belastung des Pflichtteilsschuldners mehr auslösen kann. Das FG Schl-H (DStR 16, 1443 – Rev II R 17/16) hat den Abzug trotz Verjährung (zum unverjährten Pflichtteil in dieser Konstellation BFH BStBl II 13, 332) bejaht, das FG Hessen (ZEV 16, 168 – Rev II R 1/16) aber verneint (Anm 34 und § 3 Anm 61). Der Pflichtteil begründet für den Erben **Geldleistungsschulden** und ist daher im Regelfall mit dem Nennbetrag zu bewerten. Beim Pflichtteilsanspruch ließ es die Rspr zeitweise zu, dass statt der Geldleistung ein anderer Leistungsinhalt (insbesondere eine Grundstücksübertragung) an Erfüllungs statt vereinbart wird, der dann den Wert des Anspruchs und der ihm korrespondierenden Verpflichtung bestimmte (BFH BStBl II 82, 350). Von dieser RsprLinie ist das Gericht jedoch in der Zwischenzeit wieder abgerückt (BFH BStBl II 99, 23). Es bleibt daher bei der Bewertung der Verbindlichkeit mit dem Nennbetrag. Doch wird nicht immer der volle Nennbetrag der Pflichtteilsschuld zum Abzug zugelassen, wenn wegen der im Nachlass befindlichen befreiten Posten ein Abzugsverbot angenommen wird (R E 10.10 II ErbStR; Anm 69). Der 64. DJT (Verh II/1, 2002, L 118) hat empfohlen: „Der Pflichtteilsanspruch sollte beim Berechtigten nur in der Höhe erfasst werden, in der er als Verbindlichkeit beim Erben abgezogen werden kann". Verzichtet der Pflichtteilsberechtigte gegen Abfindung auf den entstandenen, aber noch nicht geltend gemachten Pflichtteil, so kann der Erbe die Abfindungsleistung wie den Pflichtteil als Erbfallschuld abziehen (BFH BStBl II 81, 473), auch wenn ein Dritter die Abfindungsleistung aufgebracht hat (vgl § 3 Anm 112). 49

Zu den Erbfallschulden gehört auch der **Vermächtnisanspruch,** der nicht nur den Erben, sondern auch einen Vermächtnisnehmer belasten kann; der Vermächtnisnehmer als Vermächtnisschuldner kann dann seinen Erwerb um die ihn treffende Vermächtnisschuld (Untervermächtnis) kürzen. Schlägt der Vermächtnisnehmer das Vermächtnis gegen Abfindung aus, kann der Erbe den Abfindungsbetrag wie ein Vermächtnis abziehen. Der Vermächtnisanspruch besteht im Zweifel in dem Umfang, in dem ihn der Erblasser schriftlich wirksam angeordnet hat. Erfüllt der Erbe 50 ein mündlich unwirksam angeordnetes Vermächtnis, wird dies ebenfalls zum Abzug zugelassen (BFH BStBl II 00, 588; FG Nürnberg ZEV 16, 227; s auch § 3 Anm 34). Unter den Voraussetzungen des § 2318 BGB kann der Erbe das Vermächtnis kürzen; nimmt der Erbe diese Kürzungsmöglichkeit wahr, ist auch die Abzugsfähigkeit nach § 10 V Nr 2 entsprechend begrenzt. Erhöht der Erbe ein Vermächtnis zu Lasten einer vom Erblasser angeordneten Auflage, so ist auch der Erhöhungsbetrag in dem Umfang abziehbar, in dem der Betrag der abzugsfähigen Auflageverbindlichkeit herabgesetzt wird (FG München EFG 91, 547). Im Übrigen hat die Vermächtnisschuld den Umfang, der mit dem Erbfall begründet worden ist. Entfällt die Vermächtnisschuld später, weil der Vermächtnisgegenstand unverschuldet untergeht (§ 275 I BGB), bleibt die Abzugsmöglichkeit für den Erben dennoch erhalten.

51 **Kaufrechtsvermächtnis.** Inhalt eines Vermächtnisanspruchs kann sein, dass der Vermächtnisnehmer einen Anspruch gegen den Erben auf Leistung eines Nachlassgegenstandes gegen Entgelt gewinnt (§ 3 Anm 49). Mit dem Kaufrechtsvermächtnis wird dem Vermächtnisnehmer ein bedingter Sachleistungsanspruch zugewandt (BFH BStBl II 08, 892), der dem Vermächtnisnehmer nach Auffassung des BFH eine Bereicherung in Höhe des Vermächtnisgegenstands abzüglich der Gegenleistung verschafft. Bezogen auf die Vermächtnisverbindlichkeit des Erben bedeutet dies, dass der Erbe, dem der Vermächtnisgegenstand als Teil seines Vermögensanfalls zufällt, diesem Erwerb eine der Bereicherung des Vermächtnisnehmers entsprechende Verbindlichkeit gegenüberstellen kann. Das Entgelt, das der Vermächtnisnehmer aufbringt, ist danach nicht Teil des Erwerbs des Erben. Aber es kürzt die Verbindlichkeit, die der Erbe nach § 10 V Nr 2 zum Abzug bringen kann. Die Rspr des BFH, die sich beim normalen Vermächtnis am StWert, beim Kaufrechtsvermächtnis dagegen am Verkehrswert des Vermächtnisgegenstandes orientierte, konnte bis Ende 2008 zu bedenklichen Ergebnissen führen. Das ErbStRG 2009 hat diese Problematik durch Angleichung der StWerte an die Verkehrswerte jedoch weitgehend entschärft.

52 Zu den Erbfallschulden nach § 10 V Nr 2 gehören auch die Verpflichtungen aus **Auflagen,** die der Erblasser angeordnet hat. Einer Geltendmachung der Auflage bedarf es zur Abzugsfähigkeit nicht. Eine Auflage kann zB die Grabpflege betreffen und den Umfang der Grabpflege in der vom Erblasser gewünschten Weise regeln. Der Erbe kann die Grabpflegekosten dann in voller Höhe des durch die Auflage umschriebenen Verpflichtungsumfangs abziehen und ist nicht auf den Abzug der Kosten einer üblichen Grabpflege iSv § 10 V Nr 3 beschränkt. Macht der Erbe allerdings den höheren Verpflichtungsumfang geltend, kann er nicht daneben auch noch den Pauschbetrag des Abs 5 Nr 3 S 2 in Anspruch nehmen (aA FinVerw H E 10.7 ErbStH; Anm 55). Die Entscheidung BFH BStBl II 87, 861 sieht in dieser Auflage keine Zweckzuwendung, so dass eine zusätzliche Besteuerung des Erben wegen des der Grabpflege gewidmeten Betrages nicht eingreift (vgl auch § 8 Anm 6 und BFH BStBl II 93, 161). Kosten für die Grabpflege anderer Gräber als des Erblassers selbst sind nur dann als Nachlassverbindlichkeit abzugsfähig, wenn die Verpflichtung zur Grabpflege dem Erben testamentarisch auferlegt worden ist (FG Bbg EFG 97, 688).

53 **Nicht zu den Erbfallschulden** iSv § 10 V Nr 2 gehören die Verpflichtungen der Erben, die sich für sie aus einer **Teilungsanordnung** (§ 2048 BGB) des Erblassers ergeben, obwohl die Teilungsanordnung dem Vorausvermächtnis an einzelne Erben (§ 2150 BGB) nahesteht, dessen Abzug nach § 10 V Nr 2 unproblematisch ist. Mit der Entscheidung BFH BStBl II 77, 640 war das Gericht kurzfristig von der bisherigen Rspr (BFH BStBl III 60, 348) abgewichen und hatte Teilungsanordnungen bei der Besteuerung der Miterben für beachtlich erklärt. Schon die Entscheidung BFH BStBl II 83, 329 hat diese Abweichung jedoch zurückgenommen und ist damit zu der alten RsprLinie zurückgekehrt (Kritik dazu bei *Flume,* DB 83, 227; Näheres § 3 Anm 27 ff). Nicht zu den Erbfallschulden gehört auch die in §§ 2050 ff BGB geregelte **Ausgleichungspflicht,** die in Wahrheit keinen Pflichtcharakter hat und damit nicht wie Teilungsanordnungen und Vorausvermächtnisse schuldrechtlich auf die Aus-

einandersetzung unter den Miterben einwirkt, sondern nur die Berechnung der bei der Auseinandersetzung maßgeblichen Teilungsquote verschiebt (vgl § 3 Anm 25 f).

Wird ein **Beschenkter** nach § 2329 BGB als Pflichtteilsschuldner in Anspruch genommen oder wird von dem Beschenkten nach § 2287 BGB die Herausgabe des Geschenks an den Vertragserben verlangt, dann ist § 29 anwendbar, wenn das Geschenk tatsächlich herausgegeben wird. Wird dagegen im Fall des § 2329 BGB eine Geldleistung an den Pflichtteilsgläubiger zur Abwendung der Vollstreckung in das Geschenk in Höhe eines Teilbetrages des Geschenks erbracht, dann hat der BFH (BStBl II 04, 234, ZEV 04, 124 mit Anm *Meincke*) geklärt, dass § 29 nicht eingreift, sondern dass der Beschenkte die Berichtigung der ursprünglichen StFestsetzung wegen einer abzugsfähigen Verbindlichkeit entsprechend § 10 V Nr 2 verlangen kann. **54**

6. Sonstige Nachlassverbindlichkeiten

Zu den sonstigen Nachlassverbindlichkeiten (Abs 5 Nr 3) gehören die **Kosten für die Bestattung des Erblassers** (einschließlich der Kosten für ein angemessenes Grabdenkmal und für die übliche Grabpflege). Bezogen auf diese Kosten wird ein **Pauschbetrag von 10.300 EUR** gewährt (Nr 3 S 2). Das bedeutet: Der Erbe, der die Bestattungskosten trägt (§ 1968 BGB), oder derjenige, der an seiner Stelle zur Kostenübernahme rechtlich oder sittlich verpflichtet ist (R E 10.9 II ErbStR), kann Kosten iHv 10.300 EUR ohne Nachweis zum Abzug bringen. Will er höhere Kosten geltend machen, muss er entsprechende Belege vorbringen. Der Pauschbetrag wird für jeden Erbfall einmal gewährt (BFH BStBl II 10, 491). Er wird ungekürzt anerkannt, auch wenn zum Nachlass nicht der Besteuerung unterliegendes Vermögen gehört. Miterben steht der Pauschbetrag anteilig zu (FG Bad-Württ EFG 08, 1906). Der Anteil bemisst sich – unabhängig davon, wer welche Kosten trägt – nach den Erbquoten. Zwei Miterben, die zu gleichen Teilen berufen sind, können daher jeder (nur) einen Pauschbetrag von 5150 EUR geltend machen. Der anteilige Pauschbetrag kann auch von dem Miterben geltend gemacht werden, dem keine Kosten entstanden sind. Hat ein Miterbe jedoch schon nach der Höhe seines persönlichen Freibetrages keine Steuerlast zu tragen, so dass der Ansatz des Pauschbetrages für ihn bedeutungslos sein muss, sollte man ihm gestatten, auf seinen Betragsanteil zu verzichten, so dass der Pauschbetrag beim anderen Erben uneingeschränkt zum Ansatz kommen kann. Verunglückt ein Ehepaar tödlich, so stehen dem einzigen Kind als Erben zwei Pauschbeträge zu, weil es um zwei Erbfälle geht, auch wenn es zu einer gemeinsamen Bestattung kommt. Im Fall der Vor- und Nacherbfolge wird der Pauschbetrag nur dem Vorerben zugestanden (*Moench/Weinmann* § 10 Rz 90). Neben dem Pauschbetrag können keine Bestattungskosten geltend gemacht werden. Auch ein Abzug der Grabpflegekosten wegen einer entsprechenden Auflage des Erblassers nach § 10 V Nr 2 (oben Anm 52) kommt neben dem Abzug des Pauschbetrages nicht in Betracht. Sind Bestattungskosten von mehr als 10.300 EUR angefallen, werden solche höheren Kosten nicht zusätzlich zu dem Pauschbetrag in Abzug gebracht. Vielmehr tritt in diesem Fall die Einzelabrechnung an die Stelle der pauschalen Kostenabgeltung. Der Pauschbetrag kann aber selbst dann in Anspruch genommen werden, wenn Bestattungskosten gar nicht in Frage stehen, weil der tödlich verunglückte Erblasser nicht aufgefunden werden kann oder weil der Erblasser als Verschollener für tot erklärt worden ist. Der Pauschbetrag gilt seinem Zweck entsprechend nur für Erbfälle und kann im Fall von Schenkungen nicht entsprechend herangezogen werden (FG Nürnberg EFG 93, 729). **55**

Beim **Abzug der Bestattungskosten durch Einzelnachweis** sind neben den Kosten der Beerdigung oder Feuerbestattung insbesondere folgende Kosten berücksichtigungsfähig: Todesanzeigen, Fahrtkosten für Verwandte, die auf Kosten des Erben zur Beerdigung anreisen, Trauerkleidung, Überführungskosten, kirchliche oder weltliche Trauerfeier, Danksagungen, Herrichtung der Grabstelle, Grabdenkmal, **56**

Grabpflege. **Steuerlich am günstigsten** ist es, wenn der Erblasser die Grabpflege noch zu Lebzeiten vertraglich mit einer Gärtnerei abspricht und das entsprechende Entgelt noch selbst bezahlt. Diese Leistung brauchen sich die Erben auf den Pauschbetrag (Anm 55) nicht anrechnen zu lassen, da sie zur Grabpflege nicht gesetzlich verpflichtet sind. Die Bestattungskosten haben sie dagegen kraft Gesetzes zu tragen (§ 1968 BGB). Hat der Erblasser daher auch schon seine Bestattung zu Lebzeiten geregelt und bezahlt, erwächst den Erben ein Leistungsanspruch gegen den Bestattungsunternehmer, der nicht zu ihrem Erwerb durch Erbanfall gerechnet wird und den Pauschbetrag für die Bestattungskosten unberührt lässt (*Moench/Weinmann* § 10 Rz 69). Hat der Erblasser seine Bestattung bereits zu Lebzeiten verbindlich geregelt, aber noch nicht bezahlt, dann ist die Vergütungsforderung des Beerdigungsunternehmens Nachlassverbindlichkeit nach Abs 5 Nr 1. Beerdigungskosten iSd Abs 5 Nr 3 fallen nicht an. Nr 3 S 2 bleibt unberührt (H E 10.7 Nr 1.2 ErbStH). Beim Einzelnachweis werden die **Kosten der üblichen Grabpflege** als Abzugsposten anerkannt, auch wenn sie nicht zu den Beerdigungskosten iSd § 1968 BGB gehören und keine rechtliche Verpflichtung zur Grabpflege besteht. Doch sind drei Anforderungen einzuhalten. Die Kosten müssen nur tatsächlich entstanden sein und künftig entstehen. Es kann nur der Kapitalwert für eine unbestimmte Dauer der Belastung abgezogen werden, dh das 9,3fache der Jahreskosten (§ 12 I ErbStG iVm § 13 II BewG), auch wenn die tatsächliche Pflegezeit deutlich länger ist (BFH BStBl II 82, 2). Und es können nur die üblichen Kosten erstattet werden. Zu den Anforderungen an die Üblichkeit von Grabpflegekosten hat sich das FG Thüringen (EFG 10, 1332) ausführlich geäußert. Eine **Übersicht über die Behandlung von Grabpflegekosten** bieten die ErbStH (H E 10.7).

57 Zu den sonstigen Nachlassverbindlichkeiten iSd Abs 5 Nr 3 gehören auch die **Nachlassabwicklungskosten;** das sind die Kosten, die dem Erwerber unmittelbar im Zusammenhang mit der Abwicklung, Regelung oder Verteilung des Nachlasses entstehen. Auch für diese Kosten gilt die **Pauschbetragsregelung** des Abs 5 Nr 3 S 2. Sie können also nur dann gesondert abgezogen werden, wenn der Pauschbetrag nicht in Anspruch genommen wird. Der Begriff der Nachlassabwicklungskosten wird weit ausgelegt. Er umfasst die Kosten einer Todeserklärung, der Eröffnung des Testaments, des Erbscheins, der tatsächlichen und rechtlichen Feststellung des Nachlasses und seiner Bewertung, die Kosten, die aufgewendet werden müssen, um die Erben in den Besitz der Nachlassgegenstände zu setzen oder die Umschreibung im Grundbuch zu erreichen (BFH BStBl III 61, 102), die Kosten der Erbauseinandersetzung (FG München UVR 96, 248) einschließlich der St, die aus Anlass der Veräußerung von Nachlassposten zum Zweck der Teilung aufgebracht werden muss, die Kosten, die dem Erben im Zusammenhang mit der Erfüllung eines vom Erblasser angeordneten Vermächtnisses entstehen (BFH BStBl II 95, 786), die Kosten des Nachlassinventars (§§ 1993ff BGB) sowie angemessene Kosten (vgl dazu Hess FG EFG 91, 332) für den Testamentsvollstrecker, der die Nachlassabwicklung vornimmt (RFH RStBl 38, 517; *Noll,* DStR 93, 1437). Auch Kosten der Wertermittlung von Nachlassposten (Verkehrswertgutachten für Grundbesitz) sind abzugsfähig, wenn sie zu den Kosten der **Erbauseinandersetzung** gehören (BFH BStBl II 10, 489). Nicht abzugsfähig sind dagegen Verluste, die bei der Versilberung von Nachlassgegenständen hingenommen werden müssen, und zwar auch dann, wenn die Versilberung erforderlich ist, um vom Erblasser angeordnete Geldvermächtnisse zu erfüllen (RFH RStBl 37, 459; FG Rh-Pf BB 93, 1725).

58 Umstritten war lange Zeit die Abzugsfähigkeit der **Kosten für die ErbStErklärung,** insbesondere der **StBeratungskosten.** Die FinVerw lehnte die Berücksichtigung ab, während es im Schrifttum gewichtige Stimmen gab, die für die Abzugsfähigkeit plädierten (*Petzoldt* § 10 Rz 67; *Felix,* KÖSDI 87, 6783). Zu entscheiden war, ob die Kosten eher in die Nähe der Erwerbsschmälerungen gehören, die § 10 V für abzugsfähig erklärt, oder ob sie eher dem Bereich der ErbStZahlung zuzuordnen sind,

der nach § 10 VIII vom Abzug ausgeschlossen ist. Nunmehr hat die FinVerw unter Hinweis auf eine unveröffentlichte Entscheidung des FG Münster ihren Standpunkt geändert. Waren schon bisher die StBeratungskosten für die Anfertigung der ErbStErklärung dann für abzugsfähig gehalten worden, wenn der Erwerber im Ausland wohnt und ein inländischer Bevollmächtigter im engen Zusammenhang mit der Nachlassregulierung die ErbStErklärung anfertigt (BFH BStBl III 61, 102) oder wenn ein Testamentsvollstrecker einen StBerater mit der Erstellung der Erklärung beauftragt hat (FG München EFG 83, 243), werden nun allg die StBeratungskosten für die Erstellung der ErbStErklärung als Nachlassregulierungskosten iSd § 10 V Nr 3 anerkannt. Die Kosten, die im Zuge eines sich an die Steuerfestsetzung oder Wertfeststellung anschließenden Rechtsbehelfsverfahrens oder eines finanzgerichtlichen Verfahrens für den Erwerber anfallen, werden von der FinVerw dagegen nicht zum Abzug zugelassen (H E 10.7 ErbStH).

Den Nachlassabwicklungskosten entspricht **im Fall der Schenkung** der Kostenbetrag, der bei einer Schenkung an mehrere Erwerber zur Aufteilung und Weiterleitung des Erwerbs aufgebracht werden muss. Die StBeratungskosten sind auch im Fall der Schenkung für abzugsfähig zu halten, wenn man ihre Abzugsfähigkeit im Bereich der Erwerbe von Todes wegen bejaht (Anm 58; FinVerw DStR 94, 975). **59**

Als sonstige, nach § 10 V Nr 3 abziehbare Nachlassverbindlichkeiten hebt das Gesetz schließlich die **Erwerbskosten** hervor, das sind die Kosten, die dem Erwerber unmittelbar im Zusammenhang mit dem Erwerb entstehen. Der Wortlaut des § 10 V Nr 3 S 2 spricht dafür, den Pauschbetrag auch auf diese Kosten zu beziehen. Die FinVerw (R E 10.9 IV ErbStR) lässt jedoch den Abzug der Erwerbskosten **neben dem Pauschbetrag** zu. Abzugsfähig sind die Erwerbskosten nur, wenn ein unmittelbarer Zusammenhang gerade mit dem in Frage stehenden Erwerb bejaht werden kann (FG Köln ErbStB 09, 142). Aufwendungen, die ein Erbe macht, um zunächst die Erbeinsetzung und um dann erst später auf der Grundlage dieser Erbeinsetzung den Erwerb durch Erbanfall zu erreichen, sind nach Auffassung des RFH (RStBl 35, 154) nicht abzugsfähig. Verpflichtet der Schenker den Beschenkten im Zusammenhang mit dem Ersterwerb, einen Zweiterwerb mit der Schwester zu teilen, dann steht diese Verpflichtung nach Auffassung des FG Münster (EFG 87, 309) nicht in unmittelbarem Zusammenhang mit dem Zweiterwerb und kann daher bei diesem nicht abgezogen werden. **60**

Zu den Erwerbskosten gehören **Erbenermittlungskosten** (FinVerw DB 93, 1011), **Prozesskosten,** um den Erwerb an sich zu ziehen und zu sichern (vgl aber FG Nürnberg EFG 99, 661), **Beratungskosten** im Hinblick auf die Erlangung und Sicherung des Erwerbs einschließlich der StBeratungskosten, soweit sie nicht schon zu den Nachlassabwicklungskosten gehören (oben Anm 58) sowie **Abfindungsleistungen,** die der Erwerber aufwenden muss, um in die Position des Erwerbers einzurücken, so die Abfindung, die der Ersatzerbe an den Erben zahlt, um diesen zur Ausschlagung der Erbschaft zugunsten des Ersatzerben zu veranlassen, die Abfindung für einen entsprechenden Erbverzicht usw (§ 3 Anm 113f, § 7 Anm 116). Abziehbar sind auch Abfindungszahlungen zur Beendigung eines Rechtstreits zur Klärung der Erbenfrage (BFH BStBl II 17, 128). Das FG Bad-Württ (ZEV 17, 479 – Rev II R 29/16) und das FG Düsseldorf (EFG 17, 584 – Rev II R 6/17) haben **vergebliche Rechtsverfolgungskosten** zur Erlangung des Erwerbs als nach § 10 V Nr 3 abziehbare Nachlassverbindlichkeiten qualifiziert. Auch das **Entgelt,** das der Erwerber einer **Nacherbenanwartschaft** an den Nacherben zahlt (vgl § 3 II Nr 6 und dort Anm 119), oder die **Abfindung,** die ein Sohn seinem Bruder für einen mit ihm abgesprochenen **Erbverzicht** zahlt (BFH BStBl II 01, 456, 458), gehört zu den Kosten, die ihm unmittelbar im Zusammenhang mit dem späteren Erbschaftserwerb entstehen (BFH BStBl II 93, 158, 160). Auch Zuwendungen, die der Erbe zu Lebzeiten des Erblassers an diesen als Gegenleistung für eine vertraglich vereinbarte Erbeinsetzung erbracht hat, sind als Erwerbskosten anzuerkennen (BFH BStBl II 84, 37). Da- **61** gegen werden die Kosten, die ein Vorerbe aufwendet, um die Nacherbschaft abzulösen, vom BFH nicht zum Abzug zugelassen (BFH BStBl II 96, 137; vgl dazu auch *Meincke,* ZEV 00, 214, 216).

62 Von besonderem Interesse ist die Frage, ob **Pflegeleistungen,** die der Vertragserbe als Gegenleistung für die Erbeinsetzung an den Erblasser erbracht hat, zu den Erwerbskosten gehören. Die Rspr hatte früher Gegenleistungen, die der Erbe dem Erblasser für die Erbeinsetzung zu dessen Lebzeiten zugewandt hatte, für nicht abzugsfähig erklärt (RFH RStBl 35, 154; 37, 1302; Nds FG EFG 80, 190). Eine Neuorientierung brachte dann die Entscheidung BFH BStBl II 84, 37, die Zuwendungen, die der Erbe zu Lebzeiten des Erblassers an diesen als Gegenleistung für eine vertraglich vereinbarte Erbeinsetzung erbracht hat, als Erwerbskosten behandelte und zum Abzug zuließ. Nunmehr sind im Hinblick auf Pflegeleistungen **drei Fragen** zu unterscheiden: **1.** ist zu fragen, ob die Freibetragsbegrenzung nach § 13 I Nr 9 auf 20.000 EUR dem Abzug eines höheren Betrages im Rahmen des § 10 Abs 5 entgegensteht. Diese Frage wird allseits verneint (vgl zB *Moench,* DStR 92, 1185, 1189); **2.** geht es um das Problem, unter welchen Voraussetzungen eine Vergütung für Pflegeleistungen des Erben als Erblasserschuld nach § 10 V Nr 1 abgezogen werden kann. Der BFH (BStBl II 85, 137, 139; 88, 1006; vgl auch BFH/NV 92, 40) hat die Grenzen eng gezogen und den Nachweis eines ernsthaft vereinbarten und durchgeführten entgeltlichen Vertrages verlangt, der einen eindeutigen vertraglichen Bindungswillen erkennen lässt (BFH BStBl II 95, 62), ein Nachweis, der von den Hinterbliebenen häufig nicht geführt werden kann; **3.** bleibt dann die Frage, ob im Hinblick auf die Pflegeleistungen ein Erwerbskostenabzug nach Abs 5 Nr 3 möglich ist. Die Rspr billigt diese Abzugsmöglichkeit bisher nur dem Vertragserben zu, wenn er die Pflegeleistungen nach Abschluss des Erbvertrags (FG München EFG 95, 752) als Gegenleistung für die ihm fest eingeräumte Erbeinsetzung erbracht hat (BFH BStBl II 84, 37), soweit nicht sogar jede Abzugsmöglichkeit verneint wird, weil es sich bei Dienstleistungen, die als Eigenleistungen erbracht werden, nicht um „Kosten" handele (FG Nürnberg EFG 95, 127). Auf jeden Fall wird die Abzugsmöglichkeit nur dem Erbvertragserben zuerkannt (FG München UVR 95, 116). Dem Testamentserben soll dagegen eine entsprechende Abzugsmöglichkeit nicht zuzuerkennen sein, weil hinsichtlich seiner Leistungen der unmittelbare Zusammenhang mit der Erlangung des Erwerbs fehlt, da der Erblasser an seine Einsetzung nicht gebunden ist. Die Begründung erscheint noch nicht voll überzeugend.

63 **Erwerbskosten** sind auch im Fall der **Schenkung** berücksichtigungsfähig (FG München EFG 91, 546; FG Nürnberg EFG 93, 729; FinVerw DStR 94, 975; *Moench,* DStR 94, 967; jetzt auch BFH BStBl II 01, 454), so die Kosten für die Beurkundung des Vertrages, für das Grundbuch und das Handelsregister (R E 7.4 IV ErbStR). Dagegen werden Steuerberatungskosten und Rechtsberatungskosten im Vorfeld einer Schenkung von der FinVerw als abzugsfähig nicht mehr anerkannt (R E 7.4 IV 2 ErbStR; Erlasse v 3.3.2015, BStBl I 15, 264; anders noch DStR 94, 975). Kosten eines Zivilprozesses können im Schenkungsfall zu berücksichtigen sein, wenn es um die Durchsetzung des Erwerbs gegen den Erben des Schenkers oder um die Sicherung des Erwerbs gegen außenstehende Prätendenten geht. Selbst Kosten zur Abwendung der Ausübung eines Rückforderungsrechts können zu den Erwerbskosten gehören. Der BFH hat die Einlageverpflichtung von Neugesellschaftern einer GmbH, denen von den Altgesellschaftern höherwertige Geschäftsanteile zugewandt werden (BStBl II 01, 454), als Erwerbskosten qualifiziert. Der Pauschbetrag nach Abs 5 Nr 3 S 2 steht dem Beschenkten nicht zu (FG Nürnberg EFG 93, 729; Anm 55). Wird der Schenker als StSchuldner in Anspruch genommen, so kann er nur die Erwerbskosten des Beschenkten, nicht aber seine eigenen „Veräußerungskosten" zum Abzug bringen, da es im Schenkungsfall nur eine einheitliche Bemessungsgrundlage für den Schenker und den Beschenkten gibt (Anm 20).

X. Abzugsverbote (Abs 5 bis 9)

1. Allgemeines

Abzugsverbote (vgl dazu auch schon Anm 17, 38) bilden das Gegenstück zu den gegenständlichen StBefreiungen. Wie diese nehmen sie Vermögensposten von der Besteuerung aus, nur dass die StBefreiungen als Ausnahmen vom Ansatzgebot wirken und Aktivposten aus der Feststellung des Erwerbs ausklammern, während Abzugsverbote sich auf Passivposten beziehen und Schulden und Lasten bei der Ermittlung der Bereicherung unberücksichtigt lassen. Abzugsverboten kann durch Unterlassen des Abzugs, aber auch durch Hinzurechnung eines dem Passivposten entsprechenden Geldbetrages Rechnung getragen werden. Die Abzugsverbote lassen sich daher auch als Hinzurechnungsgebote deuten. Das ErbStG kennt nur Abzugsverbote, die den gegenständlichen StBefreiungen entsprechen. Auch Abzugsverbote, die der teilweisen Befreiung von Vermögensposten gleichkommen, sind bekannt (§ 10 VI 3–5). Hinzurechnungsgebote, die iS eines negativen persönlichen Freibetrags nach der StKlasse gestaffelte Beträge dem Erwerb hinzuaddieren, kennt das ErbStG dagegen nicht. Abzugsverbote lassen sich wie StBefreiungen nicht ohne Weiteres aus einem einheitlichen Gesichtspunkt heraus begründen. Schon unter den StBefreiungen gibt es jedoch Posten, bei denen die Anordnung der StBefreiung eher der Klarstellung dessen gilt, was sich auch ohne gesetzliche Anordnung ohne Weiteres aus allg Prinzipien ableiten ließe. So haben auch die Abzugsverbote der Abs 5 bis 9 eher **klarstellenden Charakter.** Sie wollen nicht Erwerbsaufwendungen von der Berücksichtigung ausschließen. Das wäre mit dem Nettoprinzip, das das ErbStRecht beherrscht, nicht gut vereinbar. Sie weisen vielmehr darauf hin, dass der Abzug der in den Abs 5 bis 9 genannten Posten durch das Nettoprinzip nicht gefordert wird, weil diese Posten nicht schon den Erwerb, sondern erst die weitere Verwendung des Erwerbs mindern, oder weil sie mit steuerbefreiten Vermögensposten in Verbindung stehen und mit den steuerbefreiten Posten von der Besteuerung ausgenommen sind. Der **BFH** hat mit seiner bisherigen **Rspr zur gemischten Schenkung** (§ 7 Anm 30ff) eine Linie eingeschlagen, die in ihren Auswirkungen die Abzugsverbote und Abzugsbeschränkungen bei Steuerbefreiungen durch Abzugsbeschränkungen bei Bewertungsvergünstigungen ergänzt. Er hat im Übrigen die Geltung der Abzugsverbote bei Erwerben durch Schenkung unter Lebenden zunächst ungewollt dadurch in Frage gestellt, dass er die Anwendbarkeit des § 10 I 2 auf Schenkungen unter Lebenden verneinte (BStBl II 82, 83, 85), obwohl diese Bestimmung mit der Verweisung auf die Abs 3 bis 9 den Obersatz enthält, der den Abzugsverboten erst ihre Bedeutung gibt. Inzwischen hat der BFH anerkannt, dass der Abzug von Nachlassverbindlichkeiten auch bei (nicht gemischten) Schenkungen gilt (BStBl II 04, 234; ZEV 04, 124 mit Anm *Meincke*). Damit ist auch der Weg zu den Abzugsverboten wieder offen. Soweit das Gesetz Verbindlichkeiten durch Abzugsverbote von der steuerlichen Berücksichtigung ausnimmt, sollte der Wegfall der Verbindlichkeiten nicht erwerbserhöhend wirken, der Verzicht auf die Forderung keine steuerlich bedeutsame Bereicherung im Rahmen einer freigebigen Zuwendung bewirken (vgl aber BFH BStBl II 04, 429; dazu § 25 Anm 14f). 64

2. Nachlassverwaltungskosten (Abs 5 Nr 3 S 3)

Wie im EStRecht, so kann man auch im Bereich der ErbSt zwischen der Erwerbserlangung und der Erwerbsverwendung unterscheiden. Abzugsfähig sind nur die Schulden und die den Erwerb schmälernden Posten, die schon mit der Erlangung des Erwerbs in Verbindung stehen, die den Betrag dessen mindern, was dem Erwerber mit dem Erwerb an Vermögensvorteilen zufällt. Nicht abzugsfähig sind dagegen die Posten, die mit dem weiteren Schicksal des Erwerbs in der Hand des Erwerbers 65 zusammenhängen, die sich aus der **Verwendung des Erwerbs** als nachteilige Entwicklungen für den Erwerber ergeben. So wird der Erwerb des Erben mit dem Erbfall, der Erwerb des Schenkers mit der Ausführung der Schenkung stpfl. Das weitere Schicksal, das den Erwerb nach diesem Zeitpunkt trifft, die Wertänderungen im Bestand des übernommenen Vermögens, die Aufwendungen, die zur Erhaltung und Fortentwicklung des Erwerbs in der Hand des Erwerbers erforderlich werden oder die bei der Verwertung der Nachlassposten anfallen (Nds FG EFG 92, 141), interessieren nur dann, wenn sie sich auf den Erwerbszeitpunkt und auf den Erwerbsvorgang zurückbeziehen lassen. Andernfalls müssen sie unberücksichtigt bleiben. Das Letztere gilt für die Nachlassverwaltungskosten, die nicht mehr den Erwerb berühren, sondern die Verwendung des Erwerbs in der Hand des Erben betreffen. Verwaltungskosten sind zB die Kosten für die Anlage des ererbten Vermögens, die Reparatur und den Ausbau eines ererbten Hauses, die laufenden Gebühren, die für Nachlassgegenstände zu zahlen sind, die Kosten einer Dauertestamentsvollstreckung und die Kosten der Nachlassauflösung (FG Leipzig EFG 93, 591). Das Abzugsverbot aus Abs 5 Nr 3 S 3 ist sinngemäß auch auf die Kosten der Verwaltung des schenkweise zugewandten Vermögens zu erstrecken.

3. „Steuerfreie" Schulden und Lasten (Abs 6)

66 Das Abzugsverbot des § 10 VI entspricht dem Abzugsverbot, das § 3 c I EStG für den Bereich des EStRechts vorsieht. Soweit Vermögensposten bei der Ermittlung des Erwerbs unberücksichtigt bleiben, können auch die mit ihnen zusammenhängenden Schulden und Lasten nicht berücksichtigt werden. Von der StFreiheit (= steuerlichen Unbeachtlichkeit) der Vermögensvorteile werden auch die mit ihnen zusammenhängenden Vermögensnachteile erfasst. Die Anordnung des § 10 VI gilt selbst dann, wenn die Nachteile die Vorteile überwiegen, die Verbindlichkeiten den Wert des mit ihnen verbundenen Erwerbs übersteigen (BFH BStBl II 69, 717; II 70, 397; RFH RStBl 43, 567), so dass dem Erwerber wegen der „StFreiheit" der Schulden und Lasten ein Verrechnungspotential entgeht, mit dem er den positiven Wert anderer Erwerbsteile hätte mindern können. Dies wurde insb im Zusammenhang mit der StBefreiung für Kulturgüter nach § 13 I Nr 2 und für öffentlich zugänglich gemachten Grundbesitz nach § 13 I Nr 3 als misslich empfunden und hat den Gesetzgeber dazu gebracht, mW v 1. 1. 1986 einen Verzicht auf die genannten StBefreiungen vorzusehen (§ 13 III 2). Mit dem Verzicht kann die ungünstige Wirkung des Abzugsverbots vermieden werden, was aber auch bei anderen StBefreiungen notwendig sein kann (§ 13 Anm 83 f).

4. Wirtschaftlicher Zusammenhang

67 Die Abzugsverbote des § 10 VI 1–5 verlangen als **Rechtfertigung für die verweigerte Abzugsmöglichkeit** der Schuld einen wirtschaftlichen Zusammenhang zu dem nicht der Besteuerung unterliegenden Vermögensgegenstand. Ein solcher Zusammenhang wird angenommen, wenn die Entstehung der Schuld ursächlich und unmittelbar auf Vorgängen beruht, die diesen Vermögensgegenstand betreffen (BFH BStBl II 16, 230). Durch die Verpfändung des Vermögensgegenstands allein wird noch kein wirtschaftlicher Zusammenhang der Schuld mit dem für die Schuld verpfändeten Gegenstand geschaffen (RFH RStBl 35, 1465; BFH BStBl III 66, 483). Vielmehr muss, wie es heißt, die Schuld den betreffenden Vermögensgegenstand tatsächlich belasten (BFH BStBl III 67, 596; *Michel,* DVR 62, 49). Liegt keine derartige Belastung des konkreten Erwerbsgegenstands durch die Verpflichtung vor, ist es auch unerheblich, ob der Erwerb des mit einem Vermächtnis Beschwerten begünstigt ist (BFH BStBl II 16, 228). Die zur Interpretation angegebenen Formeln sind, wie sich zeigt, wenig ergiebig. Der wirtschaftliche Zusammenhang kann bejaht werden zwischen dem Vermögensgegenstand und der Restkaufpreisforderung des Veräußerers,

den Prozesskosten, die den Vermögensgegenstand betreffen, den Reisekosten und Transportaufwendungen, um sich in den Besitz dieses Gegenstands zu setzen, den rückständigen Reparaturkosten, die vom Erblasser zur Sicherung und Erhaltung des Objekts aufgewandt waren. Der wirtschaftliche Zusammenhang muss bereits **am Bewertungsstichtag** bestanden haben. Nach Auffassung des RFH (RStBl 41, 731; vgl auch BFH BStBl III 62, 535) darf er nicht erst durch den Erbfall oder durch die Schenkung herbeigeführt worden sein. Aber diese Interpretation überzeugt nicht. Hat der Erbe steuerfrei ein Grundstück erworben, das er an einen Vermächtnisnehmer weiterleiten muss, so erscheint es ausgeschlossen, dass der Erbe die Vermächtnisverbindlichkeit von seinem Erwerb abziehen kann, auch wenn die Vermächtnisverbindlichkeit erst durch den Erbfall begründet ist. Vielmehr muss die StFreiheit des Grundstückserwerbs auch auf die Vermächtnisverbindlichkeit durchschlagen und die Vermächtnisschuld wie den Vermächtnisgegenstand beim Erben von der steuerlichen Berücksichtigung ausschließen. Hat der Erbe dagegen ein Geldvermächtnis zu erfüllen, dann muss die Vermächtnisverbindlichkeit abzugsfähig bleiben, auch wenn es sich um ein Quotenvermächtnis handelt, dessen Umfang unter Einschluss des steuerfreien Erwerbs zu ermitteln ist. Denn der bloße Berechnungsmodus schafft noch nicht den wirtschaftlichen Zusammenhang.

Zu **Pflichtteils-** (R E 10.10 II 1 ErbStR; FG Rh-Pf EFG 04, 1467; *Stempel,* UVR 01, 136) und **Zugewinnausgleichsansprüchen** (OFD NRW ZEV 15, 127) wird vertreten, dass diese in wirtschaftlichem Zusammenhang mit der gesamten Erbschaft stehen. Soweit der Anspruch aus steuerfreien Vermögensgegenständen ermittelt ist, soll die Pflichtteils- bzw Zugewinnausgleichsschuld nicht abzugsfähig sein. Diese Ansicht überzeugt nicht (vgl bereits die Vorauflage und *Meincke,* ZEV 06, 199). Beide Ansprüche sind nicht gegenständlich konkretisiert in Bezug auf den Nachlass oder auf einzelne Wirtschaftsgüter des Nachlasses (BStBl II 1994, 619). Falsch ist auch die Auffassung, dass der volle Abzug des Pflichtteils dem Erben einen doppelten StVorteil verschaffe. Denn der Abzug von Nachlassverbindlichkeiten ist kein StVorteil. Das Wesen der ErbSt als einer BereicherungsSt wird in diesen Äußerungen verkannt. Falsch ist ferner die Annahme, dass die StFreiheit von Nachlassgegenständen dem Erben notwendig zugute gekommen sein muss. Denn wie soeben für das Vermächtnis gezeigt, kann die StFreiheit des (in die Pflichtteilsberechnung eingehenden) Vermächtnisgegenstandes durch ein Abzugsverbot neutralisiert worden sein, so dass kein Anlass besteht, dem Erben nicht nur den Abzug der Vermächtnisschuld, sondern auch noch den anteiligen Abzug der aus dem Vermächtnisgegenstand errechneten Pflichtteilsverbindlichkeit zu versagen. Der BFH hat sich lange Zeit auf die Aussage beschränkt, dass der Pflichtteilsanspruch bei beschränkter StPfl in wirtschaftlichem Zusammenhang mit dem Inlandsvermögen stehe, aus dem er errechnet worden ist (BFH BStBl II 73, 3). Nunmehr hat der BFH aber einen unbeschränkten Abzug von Pflichtteils- und Zugewinnausgleichsansprüchen (BStBl II 16, 230; NV 15, 1584; s auch FinMin Bay DStR 16, 1750 zum Zugewinnausgleich) zugelassen. Die Entscheidungen beziehen sich auf die StBefreiung des § 13a. Die Begründungen hierzu sind aber auf alle StBefreiungen übertragbar (so auch *Riedel,* MittBayNot 16, 207, 210). Gleiches gilt auch bei **Vermächtnislasten** (BFH BStBl II 16, 228). 68

5. Steuerbefreiung einzelner Gegenstände (Abs 6 S 1)

Abs 6 S 1 erklärt Schulden und Lasten, die mit Vermögensgegenständen in wirtschaftlichem Zusammenhang (s Anm 67 f) stehen, die **nicht der Besteuerung nach diesem Gesetz unterliegen,** also entweder von vornherein nicht zum stbaren Erwerb gehören oder durch eine sachliche StBefreiung aus der Besteuerung herausgenommen wurden, für nicht abzugsfähig. Die Schulden und Lasten müssen zum Kreis der grundsätzlich abzugsfähigen Posten gehören. Andernfalls hätte die Verbotsanordnung keinen Sinn. Die mit einer gemischten Schenkung verbundenen Schulden be- 69 lasten nach der Rspr des BFH nicht den unentgeltlichen, sondern nur den entgeltlichen Teil des Geschäfts und sind daher gegenüber der freigebigen Zuwendung nicht abzugsfähig. § 10 VI gilt für sie, folgt man der Linie der Rspr, nicht. Nicht zum stbaren Erwerb gehören zB die Schulden und Lasten, die die vererbte, gem § 10 IV aus der Besteuerung herausgenommene Nacherbenanwartschaft betreffen. Auch Lasten, die mit einem aufschiebend bedingten Erwerb zusammenhängen, sind hier zu nennen (vgl § 12 Anm 13). Gegenständlich steuerbefreit sind zB die Erwerbe von Kulturgütern nach § 13 I Nr 2, von öffentlich zugänglich gemachtem Grundbesitz nach § 13 I Nr 3, aber auch von Vermögensgegenständen, die an Eltern nach § 13 I Nr 10 zurückfallen. Für diesen letzteren Fall sieht § 13 III 2 keinen Verzicht auf die StBefreiung vor, auch wenn das Kind zu seinen Lebzeiten die Vermögensgegenstände über ihren Wert hinaus belastet hatte, so dass die StBefreiung für die Eltern im Ergebnis nachteilig ist. § 13 III 2 sollte daher allgemeiner gefasst werden. Weder aus dem steuerbaren Erwerb ausgenommen noch gegenständlich steuerbefreit sind solche Posten, im Hinblick auf die das Gesetz einen Freibetrag gewährt. So bewirkt die Anordnung des § 5 I 1 entgegen dem Wortlaut dieser Bestimmung nicht die Herauslösung eines Betrages aus dem steuerbaren Erwerb, sondern stellt lediglich einen Freibetrag zur Verfügung. Als iSd Abs 6 unschädliche Freibetragsregelung gilt auch die Anordnung der StFreiheit für Hausrat, Kunstgegenstände, Sammlungen und andere bewegliche Posten nach § 13 I Nr 1 (R E 10.10 III ErbStR), so dass die Kosten, die dem Erben zur Auflösung des Haushalts des Erblassers entstehen, durch Abs 6 S 1 nicht von der Berücksichtigung ausgeschlossen sind.

6. Abzugsverbot bei beschränkter Steuerpflicht (Abs 6 S 2)

70 Im Fall der beschränkten StPfl von Ausländern (§ 2 I Nr 3) und in den Fällen, in denen die unbeschränkte StPfl durch ein **DBA** eingeschränkt ist (§ 19 II), sind nur diejenigen Schulden und Lasten zum Abzug zugelassen, die mit den der inländischen Besteuerung tatsächlich unterliegenden Vermögensgegenständen in wirtschaftlichem Zusammenhang stehen. Das Abzugsverbot gilt nur für Erwerber, die der beschränkten StPfl unterliegen. Haben unbeschränkt stpfl Erwerber Leistungen zu erbringen, die bei den Empfängern dieser Leistungen nicht der deutschen Besteuerung unterliegen, greift keine Einschränkung der Abzugsfähigkeit ein. Die zur Alleinerbin bestimmte unbeschränkt stpfl Tochter eines im Ausland lebenden Erblassers, die ihrem ebenfalls im Ausland lebenden enterbten Bruder den Pflichtteil auszahlen muss, kann diese Schuld also voll absetzen, obwohl der Bruder mit seinem Anspruch unbesteuert bleibt (§ 2 Anm 23). Das erscheint wenig konsequent. S 2 unterscheidet sich von der Regelung des S 1 in charakteristischer Weise. Während S 1 bestimmte Schulden vom Abzug ausschließt, werden in S 2 umgekehrt nur bestimmte Schulden und Lasten zum Abzug anerkannt. Alle zu demselben Erwerb gehörenden Schulden und Lasten, die sich nicht gerade dem Inlandsvermögen zuordnen lassen, scheiden für die steuerliche Berücksichtigung aus. Die Vereinbarkeit dieser Regelung mit den Grundfreiheiten des EU-Vertrags wird bezweifelt (*Schnitger,* FR 04, 185, 195). § 10 VI 2 beschränkt die Abzugsmöglichkeit auf bestimmte Verbindlichkeiten, sagt aber nicht, dass diese Verbindlichkeiten in jedem Fall tatsächlich abgezogen werden können. Voraussetzung der Abzugsmöglichkeit ist nämlich, dass die Schulden und Lasten den Charakter von Erwerbsschmälerungen haben und aus diesem Grund zu den „Nachlassverbindlichkeiten" des Abs 5 gehören. Im Übrigen sind neben § 10 VI 2 andere Abzugsverbote zu beachten, insbesondere § 10 VI 1. Stehen die Verbindlichkeiten also zwar mit Inlandsvermögen oder dem durch DBA für die inländische Besteuerung freigegebenen Vermögen in wirtschaftlichem Zusammenhang, handelt es sich aber bei dem in wirtschaftlichem Zusammenhang stehenden Vermögen um zB nach § 13 I Nr 2 oder 3 steuerbefreite Posten, so können die Verbindlichkeiten gem § 10 VI 1 nur dann zum Abzug gelangen, wenn der Erwerber den Verzicht auf die StBefreiung erklärt (§ 13 III 2). Soweit ein DBA den Schuldenabzug abweichend von § 10 VI 2 regelt, gehen dessen Regelungen dem ErbStG vor.

7. Teilweise Steuerbefreiung (Abs 6 Sätze 3–6)

Zu den **teilweise befreiten Vermögensgegenständen** iSd **Abs 6 S 3** gehören die 71 nach § 13 I Nr 2 Buchst a in Höhe von 60% ihres Werts befreiten Posten. Schulden und Lasten, die mit diesen Gegenständen in Verbindung stehen, werden weder voll zum Abzug zugelassen noch voll von der Berücksichtigung ausgeschlossen. Vielmehr sind die Schulden und Lasten, sofern der Erwerber nicht auf die StBefreiung verzichtet, mit 60% vom Abzug ausgeschlossen und daher nur mit 40% berücksichtigungsfähig. **Der Teilbefreiung** von Vermögensgegenständen **steht es gleich,** wenn Schulden und Lasten mit verschiedenen Vermögensgegenständen in wirtschaftlichem Zusammenhang stehen, von denen die einen von der StPfl ausgenommen sind, während die anderen der StPfl unterliegen. Auch in diesem Fall ist eine Aufteilung des Schuldbetrages vorzunehmen, um den vom Abzug ausgeschlossenen Teilbetrag der Schulden oder Lasten zu ermitteln. Zu den in diesem Sinn aufteilungsbedürftigen Passivposten werden nach **Abs 6 S 4** auch die Schulden und Lasten gerechnet, die mit nach § 13a befreitem Vermögen in wirtschaftlichem Zusammenhang stehen. Sie sind nur mit dem Teilbetrag abzugsfähig, der dem Verhältnis des nach Anwendung der §§ 13a und 13c anzusetzenden Werts dieses Vermögens zu dem Wert vor Anwendung der §§ 13a und 13c entspricht. Bei Anwendung der §§ 13a und 13c kommt es daher zu einer **entlastungsabhängigen Kürzung des Schuldenabzugs,** so dass eine Freistellung des Vermögens im Umfang von 85% bewirkt, dass auch die Schulden zu 85% unberücksichtigt bleiben müssen und nur zu 15% abgezogen werden können. Zu beachten bleibt allerdings, dass die Kürzungsregelung hier nur für die Schulden gelten kann, die Nachlassverbindlichkeiten bilden und daher an sich voll abgezogen werden können. Betriebsschulden, die zu einem Gewerbe- oder luf Betrieb oder zu einem Anteil an einem Gewerbe- oder luf Betrieb gehören, stehen zwar sogar in besonders engem wirtschaftlichen Zusammenhang mit dem begünstigen Vermögen. Sie werden jedoch bereits bei der Bewertung der wirtschaftlichen Einheit erfasst (Abs 5 Nr 1) und werden daher im Umfang der Begünstigung des Vermögens unmittelbar gekürzt. Für beide Schuldarten gilt im Übrigen, dass sie mit dem Wegfall der Begünstigung nach § 13a VI wieder voll berücksichtigungsfähig werden. Der Erlass nach § 28a ist hier ohne Relevanz, da dieser auf Ebene der Erhebung und damit nach vollständiger Schuldenberücksichtigung stattfindet. Was in S 4 für Verbindlichkeiten gesagt wird, die mit nach den §§ 13a und 13c begünstigtem Vermögen in Zusammenhang stehen, gilt nach **Abs 6 S 5** auch für Schulden und Lasten, die mit den nach § 13d begünstigten, zu Wohnzwecken vermieteten Grundstücken zusammenhängen. Auch hier soll aus der teilweisen Freistellung des Vermögensanfalls folgen, dass die mit dem Vermögensanfall zusammenhängenden Verbindlichkeiten nur teilweise berücksichtigt werden können. **Abs 6 S 6** macht schließlich darauf aufmerksam, dass Nutzungsrechte (wie Betriebsschulden) nicht zweimal berücksichtigt werden dürfen. Haben sie sich bereits bei der Bewertung des Vermögensanfalls ausgewirkt, können sie nicht noch einmal als Nachlassverbindlichkeiten abgezogen werden. Diese Aussage ist eine Selbstverständlichkeit, die nur deswegen in das Gesetz aufgenommen worden ist, weil Nutzungsrechte zwar bei der Bewertung des Grundvermögens nach § 179 und §§ 182 bis 197 BewG unberücksichtigt bleiben, bei der Bewertung nach den Grundsätzen des Baugesetzbuchs und der ImmobilienwertermittlungsVO jedoch zu beachten sind. Auch der niedrigere gemeine Werts nach § 198 BewG wird im Zweifel, wie die ErbStR (R E 10.10 VI) hervorheben, unter Einrechnung der auf dem Objekt lastenden Nutzungsrechte ermittelt. Haben die Nutzungsrechte sich bereits bei der Bewertung des belasteten Objekts ausgewirkt, scheidet ihre Berücksichtigung als Nachlassverbindlichkeit aus. Damit läuft auch das Abzugsverbot des Abs 6 ins Leere.

8. Abzugsverbot bei Familienstiftungen (Abs 7)

72 Das **Abzugsverbot nach Abs 7** bezieht sich auf die Anordnung des Abs 1 S 5, nach der Familienstiftungen und Familienvereine mit dem Reinwert ihres Vermögens der ErbSt unterliegen. Leistungen an die nach der Stiftungsurkunde oder nach der Vereinssatzung Berechtigten werden zum Abzug nicht zugelassen, weil sie als Vermögensverwendungen einzustufen sind (vgl auch Abs 9). Bei den Berechtigten stellen die Erwerbe keinen unter das ErbStG fallenden Erwerb dar (§ 7 Anm 96).

9. Abzugsverbot für die eigene Erbschaftsteuer (Abs 8)

73 Die **eigene ErbSt,** für die **Abs 8** ein Abzugsverbot vorsieht, ist eine Nachlassverbindlichkeit im bürgerlich-rechtlichen Sinn (vgl dazu § 20 Anm 3ff), so dass sie ohne das Abzugsverbot ohne Weiteres als Abzugsposten berücksichtigt werden müsste. Ein Abzug der St wäre auch nicht unsinnig, weil die St sich nach der Höhe des stpfl Erwerbs bemisst und kein Posten bei der Ermittlung dieses Erwerbs sein kann. Das mehr technische Problem des Rechenverfahrens lässt sich, wie das Beispiel der GewSt gezeigt hat, ohne größere Schwierigkeiten lösen. Und inhaltlich wäre es gar nicht verfehlt, wenn die Anwendung der StSätze auf einen schon nach Abzug der St berechneten Erwerb deutlich machte, wie hoch der Staatsanteil tatsächlich ist, dass also der Erwerber in StKlasse III, dem nach Abzug der St 30 Mio EUR verbleiben, knapp 100% dieses Nettoerwerbs an den Staat als St abzuführen hat. Die StTechnik, die in Abs 8 zum Ausdruck kommt, ist nicht selbstverständlich. Der Stpfl wird wegen eines Erwerbs besteuert, der ihm gar nicht verbleibt, ihm wird eine Steigerung der Leistungsfähigkeit unterstellt, die er nach Abzug der St für sich gar nicht realisieren kann. Der Staat zwingt den Stpfl zum Teilen eines Erwerbs, der ihm bei der Besteuerung noch voll und ungeteilt als eigener zugerechnet wird. Die Anordnung des Abs 8 beruht auf der Unterscheidung von Erwerb und Erwerbsverwendung und rechnet die StZahlung (einschließlich der Rechtsverfolgungskosten: BFH BStBl II 07, 722) dem Bereich der Erwerbsverwendung zu. Abs 8 will den Abzug nur gerade der St von der Bemessungsgrundlage ausschließen, die die Grundlage für die StBerechnung abgibt. Abs 8 gilt daher für den **Abzug ausländischer St** nur insoweit, als es um die Ermittlung der Bemessungsgrundlage der ausländischen St geht. Soweit dagegen die Bemessungsgrundlage der inländischen St in Frage steht, kann ein Abzugsverbot für die ausländische St nicht aus Abs 8 abgeleitet werden kann (zustimmend *Viskorf/Schuck* § 10 Rn 155; aM aber die FinVerw H E 10.11 ErbStH; *Troll/Gebel* § 10 Rz 268 mwN). Vielmehr ist insoweit der Sinnzusammenhang des Anrechnungsverfahrens maßgeblich, der den Abzug aber nur bei Vorliegen der Voraussetzungen der Anrechnung und bei Wahl der Anrechnungsmethode ausschließt (§ 21 Anm 2). Abs 8 gilt **nur für die eigene ErbSt und SchSt** (§ 1 II). Soweit auf den Erben ErbStSchulden des Erblassers übergehen (BFH/NV 07, 395) oder soweit er die StSchulden anderer Beteiligter zu tragen hat oder soweit der Beschenkte in StSchulden des Schenkers eintritt (§ 20 V), greift das Abzugsverbot nicht ein. Die St des Schenkers gilt in diesem Zusammenhang als eigene St, obwohl sie aus der St des Beschenkten abgeleitet ist (§ 15 Anm 4, § 20 Anm 10). Für die kanadische capital gains tax gilt das Abzugsverbot des Abs 8 nicht (BFH BStBl II 95, 540). Als Nachlassverbindlichkeit kann auch die in den USA auf eine Versicherungsleistung gezahlte Quellensteuer („Federal income tax withheld") abziehbar sein (BFH DStRE 16, 1506).

10. Abzugsverbot für begünstigende Auflagen (Abs 9)

74 Das **Abzugsverbot für Auflagen (Abs 9),** die dem Beschwerten selbst zugutekommen, trägt dem Umstand Rechnung, dass durch solche Auflagen zwar die Dispositionsmöglichkeiten des Erwerbers im Hinblick auf seinen Erwerb eingeschränkt

werden, dass die wirtschaftliche Bereicherung aber durch solche Auflagen regelmäßig nicht beeinflusst wird. Dies gilt zB, wenn der Erblasser dem Erben die Renovierung des vererbten Hauses zur Auflage macht (BFH BStBl II 95, 786) oder wenn sonst der Erbe zur Instandhaltung von Nachlassgegenständen verpflichtet wird (RFH RStBl 40, 1052). Auch die dem Erwerber auferlegte Verpflichtung, den erworbenen Gegenstand in eine Personengesellschaft einzubringen, an der er beteiligt ist und wo der Gegenstand seinem Darlehenskonto gutgeschrieben wird (BFH BStBl II 10, 504), sowie die den Erben gemachte Auflage, Nachlassgegenstände in eine von den Erben gemeinsam betriebene Kapitalgesellschaft einzubringen, kann als Auflage in eigenem Interesse der Erwerber verstanden werden. Das hätte zur Konsequenz, dass die Auflage nicht abzugsfähig wäre, dass dann aber auch der Erwerb der Kapitalgesellschaft nicht als Erwerb vom Erblasser stpfl sein könnte. Die Einzelheiten hierzu sind noch nicht ausreichend geklärt. Ausnahmsweise kann jedoch eine andere Beurteilung geboten sein, die dann auch die Anwendbarkeit des Abs 9 in Frage stellt. Hat der Erblasser dem Erben zB Geld mit der Auflage hinterlassen, es in ein riskantes Unternehmen zu investieren, so wird man nach wirtschaftlichen Erwägungen abschätzen müssen, ob diese Auflage wirklich dem Erwerber zugutekommt. Ist dies wegen des hohen Risikos zu verneinen, wird man einen Abzug vom Erwerb zulassen müssen. Ähnlich liegt es, wenn die Auflage den Erwerber dazu zwingt, den Erwerb zur Instandsetzung eines dem Erwerber gehörenden Kulturguts zu verwenden, ohne dass das Kulturgut durch die Instandsetzung an Wert gewinnt. Generell lässt sich wohl formulieren, dass jede Anordnung, die dem Erwerber eine Verwendung seines Erwerbs auferlegt, die den Erwerb aufzehrt, ohne ihm damit zugleich wertentsprechende Vorteile zukommen zu lassen, ihm nicht iSd Abs 9 zugutekommt und damit auch abzugsfähig sein muss (vorsichtig zustimmend FG München UVR 97, 23, 24). Sind juristische Personen als Erwerber vorgesehen, so liegen Auflagen, den Erwerb zu satzungsmäßigen Zwecken zu verwenden, im eigenen Interesse des Erwerbers, so dass das Abzugsverbot des Abs 9 eingreift (RFH RStBl 31, 539). Soll der Erwerb zu satzungswidrigen Zwecken verwendet werden (einem Amateurfußballklub werden Gelder zur Bezahlung seiner Spieler zugewandt), liegen die Voraussetzungen des Abs 9 nicht vor, das Abzugsverbot kommt nicht zum Zuge (BFH BStBl II 02, 303, 304).

XI. Abfindung statt Beteiligung (Abs 10)

Mit der vom ErbStRG 2009 eingeführten Regelung des Abs 10 kehrt das Gesetz 75
noch einmal zur **Bestimmung des Vermögensanfalls** zurück (so schon Abs 1 bis 4). Bei Familienunternehmen sehen die zugrunde liegenden Gesellschaftsverträge nicht selten vor, dass nur bestimmte Familienmitglieder zu den Gesellschaftern gehören dürfen. Geht eine Beteiligung auf Erben über, die nicht zu den gesellschaftsvertraglich benannten Personen gehören, sind die Erben verpflichtet, die Beteiligung gegen Abfindung an Mitgesellschafter zu übertragen oder im Fall von Kapitalgesellschaften die Einziehung gegen Abfindung hinzunehmen. Liegt der Abfindungsbetrag unter dem Wert der Beteiligung, dann soll es im Interesse des Erben so angesehen werden, als hätte der Erbe von vornherein nur die Abfindung und nicht die Gesellschaftsbeteiligung erworben. Betrachtet man die Situation genauer, so hat der Erbe im Erbfall eine Beteiligung erworben, die mit einer Weiterübertragungsverpflichtung verbunden ist und die ihm im Fall der Weiterübertragung einen Abfindungserwerb zuweist. Der Erbe ist in derselben Lage, in der sich der Erbe befindet, den die Verpflichtung zur Erfüllung eines Kaufrechtsvermächtnisses trifft. Noch niemand hat bisher die These vertreten, dass der Erbe im Fall des Kaufrechtsvermächtnisses das Entgelt von Todes wegen erwirbt. Vielmehr erwirbt der Erbe den Vermächtnisgegenstand, dem jedoch die Weiterleitungsverpflichtung als Abzugsposten gegenüber steht. Das Entgelt, das der Vermächtnisnehmer aufzubringen hat, ist nicht Teil des Erwerbs des Erben, aber es kürzt

die Weiterleitungsverpflichtung, die nicht uneingeschränkt, sondern nur unter Abzug des Entgelts dem Erwerb gegenüber gestellt werden kann. Das Entgelt ist also nicht auf der Aktivseite, sondern auf der Passivseite der Vermögensübersicht des Erben zu erfassen. Es bildet keinen Erwerb, sondern kürzt eine Erwerbsschmälerung (Anm 51). So wäre auch im Fall des Abs 10 zu verfahren gewesen, wenn sich der Gesetzgeber nicht, ohne dies weiter zu begründen, für die nun eingeführte Neuregelung entschieden hätte. Auf den Abfindungsanspruch, der nach Abs 10 zum Vermögensanfall gehört, sind die §§ 13a, 13b und 19a nicht anwendbar. Die Bereicherung der Mitgesellschafter, deren Gesellschafterstellung durch die Übertragung des Mitgliedschaftsrechts gegen geringerwertige Abfindung verstärkt wird, unterliegt nach § 7 VII der Besteuerung. Die Mitgesellschafter können ihrerseits für ihren Erwerb die Verschonungsregelungen der §§ 13a, 19a in Anspruch nehmen.

§ 11 Bewertungsstichtag

Für die Wertermittlung ist, soweit in diesem Gesetz nichts anderes bestimmt ist, der Zeitpunkt der Entstehung der Steuer maßgebend.

Erbschaftsteuer-Richtlinien 2011: R E 11/H E 11

Übersicht

Schrifttum: *Wendt,* Die Bewertung nichtnotierter Anteile an Kapitalgesellschaften und das Stichtagsprinzip im ErbStRecht, StuW 87, 18; *Michel,* § 11 ErbStG zwischen Rechtssicherheit und Einzelfallgerechtigkeit, UVR 00, 49; *Schuhmann,* Nochmals: Zum Stichtagsprinzip bei der ErbSt, UVR 00, 450; *Schwarz,* Der Zeitaspekt bei der Schenkung von Unternehmensvermögen, ZEV 01, 57; *Naujok,* Stichtagsbewertung und Billigkeitserlass im Erbschaftsteuerrecht, ZEV 03, 94; *Meincke,* Erlass der ErbSt aus Billigkeitsgründen, DStR 04, 573; *Geck,* Das Stichtagsprinzip des Erbschaftsteuerrechts, FR 07, 631; *Schmid,* Das Stichtagsprinzip im Erbschaftsteuer- und Schenkungsteuerrecht, ZEV 15, 387.

1. Wertermittlung

1 § 11 regelt mit dem Bewertungsstichtag den Zeitpunkt, der für die **Wertermittlung** maßgebend ist. Unter Wertermittlung wird hier – wie auch sonst im zweiten Abschnitt des Gesetzes – das ganze Programm der Rechenschritte verstanden, die nach § 10 I zur Ermittlung der StBemessungsgrundlage führen. Zur Wertermittlung gehört also die Feststellung des Vermögensanfalls unter Berücksichtigung stbefreiter Vermögensposten, die Ermittlung des StWerts des Vermögensanfalls, die Feststellung der Nachlassverbindlichkeiten unter Berücksichtigung von Abzugsverboten, die Ermittlung des StWerts der Verbindlichkeiten und die Bemessung der Freibeträge, die die Bereicherung des Erwerbers kürzen. Dass § 11 sich auch auf die Bemessung der persönlichen Freibeträge bezieht, zeigt § 17 II 4, wo ausdrücklich § 11 in Bezug genommen wird.

2. Zivilrechtliche Bewertung

Von der steuerrechtlichen Wertermittlung ist die **zivilrechtliche Bewertung** zu unterscheiden. Der zivilrechtliche Umfang des Pflichtteilsanspruchs richtet sich nach den Verhältnissen zum Erbfall (§ 2311 I BGB). Die steuerliche Wertermittlung nimmt dagegen auf die Verhältnisse beim Geltendmachen des Pflichtteils Bezug (§ 11 iVm § 9 I Nr 1 Buchst b). Die beiden Zeitpunkte können Jahre auseinanderliegen. Hat sich der Nachlasswert (= die Bemessungsgrundlage des Pflichtteilsanspruchs im ZivilR), in dieser Zeit verändert, so beeinflusst das den Pflichtteilsumfang und damit die Bemessungsgrundlage des StAnspruchs nicht. Die Besteuerung richtet sich nach der Höhe des Pflichtteilsanspruchs, und die Höhe des Pflichtteilsanspruchs wird durch nachträgliche Veränderungen des Nachlasswertes nicht modifiziert. Die Besteuerung passt sich daher Veränderungen der Bemessungsgrundlage des Pflichtteilsanspruchs im ZivilR nicht an. Hat dagegen der in ursprünglicher Höhe festgestellte Anspruch in der Zeit zwischen Erbfall und Geltendmachen des Pflichtteils zB wegen Zahlungsschwierigkeiten des Erben an Wert verloren, so beeinflusst das den Umfang des Pflichtteilsanspruchs im ZivilR nicht, denn der richtet sich unverändert nach den Verhältnissen des Nachlasses zum Erbfall. Dagegen ist die auf den Pflichtteil entfallende StLast nach den Verhältnissen beim Geltendmachen des Anspruchs zu beurteilen. Daher ist der Wertverlust des Pflichtteilsanspruchs in der Zeit zwischen Erbfall und Geltendmachen für die steuerliche Beurteilung von Gewicht. 2

3. Funktion des Bewertungsstichtags

Der **Bewertungsstichtag** hat die Funktion, die für die Wertermittlung maßgebenden, für sich genommen aber einer dauernden Veränderung unterliegenden Verhältnisse zeitlich zu fixieren. Der Bewertungsstichtag entscheidet über das persönliche Verhältnis zwischen Erblasser/Schenker und Erwerber, das die StKlasseneinteilung (§ 15 I) und damit die Höhe der Freibeträge präjudiziert. Anhand des Bewertungsstichtages werden die Wertfaktoren, die sich im Kräftespiel von Angebot und Nachfrage immer wieder neu bilden (wie zB die Börsenkurse), in bestimmter Höhe festgestellt. Bezogen auf den Bewertungsstichtag sind die tatsächlichen Zustände, die rechtlichen Beziehungen und die wirtschaftlich erheblichen Eigenschaften des jeweiligen Objekts zu würdigen. Aus der Sicht des Bewertungsstichtages werden die für die Bewertung typischen Prognoseentscheidungen getroffen. Der Bewertungsstichtag ist von dem **Bewertungstag** zu unterscheiden, an dem die Bewertung tatsächlich erfolgt und der regelmäßig erheblich später liegt. Wegen der Zeitdifferenz zwischen dem Bewertungsstichtag und dem Bewertungstag ist derjenige, der die Bewertung vornimmt, häufig gezwungen, sich für die Zwecke der Bewertung in frühere Verhältnisse zurückzuversetzen, ehemalige Börsenkurse zu studieren, zwischenzeitliche Veränderungen des Objekts gedanklich wieder zurückzunehmen, die frühere Rechtslage in Betracht zu ziehen, Realisierungschancen für die Bewertungsobjekte aus der Sicht der damaligen Erkenntnisse und Erwartungen zu würdigen usw. Diesen Anforderungen wird die Entscheidung des BFH (BStBl II 01, 606) nicht gerecht, wenn sie für einen Ende 1989 angefallenen Erwerb in Mark der DDR einen Umtauschkurs in DM zur Anwendung bringt, der sich zur Zeit des Erbfalls schwerlich erzielen ließ und der erst Monate später amtlich festgesetzt worden ist. 3

4. Kenntnisstand

Problematisch ist, inwieweit bei der Bewertung der spätere **Kenntnisstand zur Zeit des Bewertungstages** auf die Verhältnisse am Bewertungsstichtag zurückbezogen werden kann, inwieweit zB bei der Beurteilung damaliger Risiken die Erkenntnis verwertet werden darf, dass die Risiken sich verwirklicht haben oder nicht eingetreten 4 sind. Das Problem wird im EStRecht unter dem Stichwort der **wertaufhellenden Umstände** diskutiert. Für den Bereich des EStRechts hat der BFH die wertaufhellenden Umstände als Tatsachen beschrieben, die die Verhältnisse am Stichtag nachträglich so zeigen, wie sie sich am Stichtag tatsächlich (objektiv) dargestellt haben (BFH BStBl II 73, 485). Ist zB ein Grundstück, das bei der Pflichtteilsberechnung mit seinem Verkehrswert zum Zeitpunkt des Erbfalls anzusetzen war, nach dem Erbfall verkauft worden, so weist der Kaufpreis im Zweifel auf den Verkehrswert (gemeinen Wert) zum Stichtag hin (BGH WM 91, 1352). Konnten zweifelhafte Forderungen nach dem Stichtag in vollem Umfang realisiert werden, so deutet dies darauf hin, dass die Forderungen schon zum Stichtag uneingeschränkt werthaltig waren. So hat der BFH (DStRE 97, 587) die Auffassung des FG Hbg (EFG 94, 737) zurückgewiesen, dass ein Rechtsstreit über den Pflichtteil eine unter dem Nennwert liegende Bewertung des Pflichtteilsanspruchs rechtfertigen kann. Vielmehr ist nach Meinung des BFH der Pflichtteil unter Berücksichtigung des späteren Ergebnisses des Rechtsstreits zu bewerten. Andererseits ist aber auch denkbar, dass es sich bei den nachträglich bekannt werdenden Faktoren um nachträgliche **wertbeeinflussende** (= wertändernde) **Umstände** handelt, um Umstände also, die den Forderungen erst nach dem Stichtag zu ihrem vollen Wert verholfen haben, wenn der Schuldner zB durch einen Lottogewinn nachträglich zu Geld gekommen ist. Als nachträglicher wertändernder Umstand gilt es auch, wenn ein von der FinVerw nicht anerkannter StErstattungsanspruch erst nach dem Todestag des Erblassers durch Änderung der Rspr Durchsetzungschancen erhält (BFH BStBl II 00, 588). Die Berücksichtigung solcher nachträglicher wertbeeinflussender Faktoren erlaubt das Stichtagsprinzip nicht.

5. Zeitpunkt der Steuerentstehung

5 § 11 ordnet an, dass als Bewertungsstichtag der **Zeitpunkt der Entstehung der St** zu gelten hat. Dieser Zeitpunkt wird auch der Besteuerungszeitpunkt genannt (§ 138 I 1 BewG). Mit ihm wird auf § 9 verwiesen. Die St entsteht bei Erwerben von Todes wegen regelmäßig mit dem Erbfall, bei Schenkungen unter Lebenden mit der Ausführung der Zuwendung. Ausnahmsweise (§ 9 I Nr 1 Hs 2) entsteht die St bei Erwerben von Todes wegen erst nach dem Erbfall. Dann kann auch noch ein erst nach dem Erbfall eingetretener Vermögenszuwachs zum Erwerb von Todes wegen gehören, wie es der BFH (BStBl II 96, 99) bei Errichtung und Erbeinsetzung einer Stiftung von Todes wegen für den Zeitraum zwischen Erbfall und Anerkennung der Stiftung annimmt. Maßgeblich ist das Datum der StEntstehung für den ganzen Erwerb. Werden einzelne zum Erwerb gehörende Posten erst später in den Erwerb einbezogen – wie die Pflichtteilsverbindlichkeit, die erst dann als Abzugsposten berücksichtigt werden kann, wenn der Pflichtteil geltend gemacht worden ist –, so ist die Bewertung der Pflichtteilsschuld doch auf den Erbfall als Entstehungszeitpunkt für den ganzen Erwerb zurückzubeziehen. Denn während der Pflichtteilserwerb für den Gläubiger einen selbstständigen stpfl Vorgang bildet, der nach den §§ 9, 11 auf den Zeitpunkt der Geltendmachung des Anspruchs zu bewerten ist, bildet der Anspruch für den Pflichtteilsschuldner einen unselbstständigen Abzugsposten im Rahmen seines Erwerbs durch Erbanfall und ist mit diesem Erwerb durch Erbanfall auf den Zeitpunkt des Erbfalls zu bewerten. § 11 zeigt im Übrigen, dass der Entstehungszeitpunkt die StSchuld nicht nur dem Grunde, sondern auch schon der Höhe nach fixiert, so dass sämtliche für die StBerechnung bedeutsamen Merkmale aus der Sicht dieses Zeitpunkts beurteilt werden müssen, sofern nicht das Gesetz ausnahmsweise nachträglich getroffenen Entscheidungen des Stpfl Einfluss auf die StBerechnung zumisst (wie es zB im Rahmen des § 6 II und des § 23 I der Fall ist). Selbstverständlich ist diese Konzeption des Gesetzes nicht. Man könnte an sich die StSchuld auch zunächst nur dem Grunde nach entstehen lassen und die Höhe der St nach den Verhältnissen eines späteren Stichtages bestimmen. Die §§ 9, 11 gehen jedoch von einer anderen Betrachtungsweise aus. Sie kann zu Härten führen.

6. Härtefälle

Härten des in § 11 fixierten Stichtagsprinzips ergeben sich aus zweierlei Richtung. 6
Zum einen ist das **StEntstehungsdatum mit dem Erbfall sehr weit vorverlegt.** Der Erwerber wird regelmäßig zu diesem Zeitpunkt noch keine tatsächlichen Verfügungsmöglichkeiten über das Objekt haben, nicht selten ist aber auch seine rechtliche Eingriffsmöglichkeit noch begrenzt. Steht zB der Kurswert von Aktien zum Zeitpunkt des Erbfalls bei 940 TDM und bekommt sie der Vermächtnisnehmer erst in die Hand, wenn der Kurswert auf 500 TDM gefallen ist, dann erscheint es unangemessen, den Vermächtnisnehmer mit einer St zu überziehen, die nach Verhältnissen berechnet ist, auf die er keinen Einfluss nehmen konnte. Musste der Vermächtnisnehmer zB in der damaligen StKlasse IV 48% oder 440 TDM auf seinen Erwerb von jetzt 500 TDM zahlen, wird damit fast der gesamte ihm jemals effektiv zugekommene Erwerb weggesteuert. Das kann schwerlich richtig sein. Das BVerfG (BStBl II 95, 671) hat denn auch in einem solchen Fall einen **Billigkeitserlass** nahegelegt. Doch ist das FG Köln (EFG 98, 1603) diesem Hinweis nicht gefolgt. Im Zuge des daraufhin betriebenen Revisionsverfahrens haben sich die Parteien außergerichtlich geeinigt (*Schuhmann,* UVR 00, 450), so dass die Überprüfung dieser Entscheidung durch den BFH unterblieben ist. Doch hat der BFH alsbald in einer anderen Sache einen ebenfalls sehr rigiden Standpunkt eingenommen und betont, dass der Senat an der „strikten Beachtung des Stichtagsprinzips" auch für den Fall festhält, dass der Stichtag beim Erwerb eines Wertpapierdepots von Todes wegen elf Monate vor der Freigabe des Depots liegt (BFH/NV 00, 320). In Fällen wie dem vom FG Köln entschiedenen wäre der Billigkeitserlass sicher dann unsachgerecht, wenn doch schon ab dem Erbfall ausreichende Einwirkungsmöglichkeiten für den Vermächtnisnehmer bestanden, um Nachteile aus der ungünstigen Kursentwicklung zu vermeiden. Er wäre auch dann unsachgerecht, wenn der Vermächtnisnehmer wegen der Nachteile aus der verzögerten Erfüllung des Vermächtnisanspruchs einen Schadensausgleich vom Erben verlangen könnte. Das FG Köln hat im Übrigen auch den Umstand, dass nahezu der gesamte Erwerb von der Besteuerung aufgezehrt wurde, dass der Stpfl durch seine Verfassungsbeschwerde den Anlass für die Neuordnung des ErbSt-Rechts gegeben hatte und dass das Verfassungsgericht seine Inanspruchnahme in voller Höhe ausdrücklich als verfassungswidrig ansah, nicht als ausreichend angesehen, um einen Billigkeitserlass zu akzeptieren, was verwundern muss, zumal es durchaus eine „Verfassungspflicht zum Billigkeitserlass" (BVerfG BStBl II 99, 194) geben kann. Eine ausführliche Auseinandersetzung mit der Entscheidung hat *Michel* (UVR 00, 49) vorgelegt. Das FG Köln hält inzwischen in Fortführung seiner Linie an einer strikten Interpretation des Stichtages fest (EFG 01, 769; ähnlich strikt FG München EFG 01, 303; FG Hbg EFG 02, 418; FG Hessen EFG 07, 1534; FG Bad-Württ ErbStB 17, 199). Das FG Münster hat die Maßgeblichkeit des Stichtagsprinzips auch bei nicht aus Börsenschwankungen resultierenden Abweichungen hervorgehoben (DStRE 17, 375). Das FG Düsseldorf sieht dagegen eine Notwendigkeit zur Billigkeitskorrektur, wenn die zum Stichtag ermittelte ErbSt die tatsächliche Bereicherung übersteigt (EFG 10, 847). Sehr klar hat sich hierzu jüngst der BFH positioniert, der einen SchStErlass aus sachlichen Billigkeitsgründen wegen Wertminderungen nach StEntstehung generell ablehnt (BFH/NV 17, 1611). Zur Wertermittlung, wenn der Erblasser durch Brandzerstörung seines Hauses verstirbt, s BFH/NV 06, 1480.

Wertschwankungen nach dem Erbfall bilden also nach der Rspr selbst dann kei- 7
nen Anlass für Billigkeitsmaßnahmen, wenn es zu erheblichen Wertänderungen gekommen ist. So werden Kurs- und Währungsgewinne nach dem Erbfall bei der Steuerberechnung unberücksichtigt gelassen (BFH BStBl II 77, 425; BFH/NV 90, 643; BFH/NV 00, 320) und auch Wertverluste werden regelmäßig nicht beachtet (vgl FG Köln EFG 89, 236; FG Berlin EFG 90, 323; FinVerw DB 72, 1413). Nach den einleuchtenden Überlegungen von *Moench/Weinmann* (§ 11 Rz 11) dürfte allerdings eine Billigkeitsmaßnahme nahe liegen, wenn die nach dem Stichtagswert berechnete

Steuer, bezogen auf das ausgekehrte Vermögen, eine Besteuerungsquote ergibt, die den Höchststeuersatz der anzuwendenden StKlasse oder den StSatz der nächsthöheren StKlasse übersteigt. Das FG Köln (EFG 98, 1603) hat ebenfalls eine bemerkenswerte Linie für Billigkeitsüberlegungen entwickelt. Ist das erworbene Vermögen kurz nach dem Erwerb ohne Eingriffsmöglichkeiten des Erwerbers erheblich geschmälert worden, dann kommen aus der Sicht des Gerichts Billigkeitsmaßnahmen in Frage, wenn das nach dem Verlust verbleibende Vermögen weniger als die Hälfte des Vermögens beträgt, das der Gesetzgeber dem Erwerber nach Abzug der Steuer bezogen auf den Zeitpunkt des Erbfalls belassen wollte. Eine besondere Härte kann im Übrigen auch dann vorliegen, wenn der Erwerber nur gerade aus Gründen der StZahlung gezwungen wird, Nachlassposten zu versilbern und damit die – zunächst nur als Buchverluste verzeichneten – Kursrückgänge zu realisieren. Zumindest dort, wo der Staat die Ablösung der St durch Hingabe von Kunstwerken erlaubt (§ 224 a AO), sollte überlegt werden, ob der Stpfl nicht dem Staat die Wertermittlung zumuten kann, die er sich selbst zumuten lassen muss, so dass die Kunstwerke auch bei nachträglichem Wertverfall mit dem Wert nach § 11 anzusetzen sind. Im Falle eines kompletten **Forderungsausfalls nach dem Erbfall** kann jedoch iRv § 23 auch nach der strikten Handhabung des BFH ein Billigkeitserlass in Betracht kommen, wenn der Ausfall seine Ursache in Gründen findet, welche der Stpfl nicht zu vertreten hat (BStBl II 15, 237). Hier hatte der zu einer Rentenzahlung Verpflichtete wegen Insolvenz keine Zahlung mehr an den Berechtigten geleistet und der Berechtigte diese lebenslange Rente bereits zuvor versteuert (§ 23 Anm 11). Der BFH lehnt eine Übertragung dieses Gedankens auf Wertminderung nach der StEntstehung ausdrücklich ab (BFH/NV 17, 1611).

7. Abweichende Bestimmungen

8 Der Zeitpunkt der StEntstehung soll nach § 11 nur insoweit als Bewertungsstichtag gelten, **soweit in diesem Gesetz nichts anderes bestimmt ist.** Eine **Sonderregelung** zu § 11 findet sich in § 14 I 1, wenn hier der für die StErmittlung im Hinblick auf den letzten Erwerb maßgebende Zusammenrechnungsbetrag aus der Hinzurechnung der früheren Erwerbe mit ihrem früheren Wert ermittelt wird. Eine nicht ausdrücklich ausgesprochene Abweichung von dem Grundsatz des § 11 ergibt sich auch dann, wenn eine Schenkung nach dem Tod des Schenkers von dessen Erben ausgeführt wird oder wenn ein Erwerb von Todes wegen nicht mit dem Erbfall, sondern nach dem Tod des Erblassers erfolgt. Immer wird dann das persönliche Verhältnis des Erwerbers zum Erblasser/Schenker iSv § 15 I nicht nach den Verhältnissen beim Erwerb (da bestand dieses Verhältnis nicht mehr), sondern nach den Gegebenheiten beim Tod des Erblassers/Schenkers beurteilt. Abgesehen von solchen Sonderregeln sind **nach dem Zeitpunkt der Steuerentstehung liegende Vorgänge** für die Wertermittlung regelmäßig bedeutungslos. Das gilt auch für die nach dem Zeitpunkt der Steuerentstehung beschlossene **Umwandlung von Gesellschaften.** Auch wenn § 2 I UmwStG der Umwandlung für die Zwecke des ErtragStRechts eine Rückwirkung über den für das ErbStRecht bedeutsamen StEntstehungszeitpunkt hinaus beimisst, bleibt es doch für die Beurteilung der ErbSt oder SchSt bei der nach den tatsächlichen Verhältnissen zum Zeitpunkt der StEntstehung maßgeblichen Lage (R E 11 ErbStR).

8. Zwingende Regelung

9 Die Regelung des § 11 ist **zwingend.** Die an einem stpfl Vorgang Beteiligten können sich nicht über die Regelung des § 11 hinwegsetzen. Die Partner eines Schenkungsvertrags haben es allerdings in der Hand, das Datum der Ausführung der Zuwendung nach ihren Vorstellungen festzulegen und damit das Datum der StEntstehung und den Bewertungsstichtag in ihrem Sinne zu beeinflussen. Man muss je-

doch zwischen dem Vorgang der Ausführung der Zuwendung und der Qualifikation dieses Vorgangs als Zuwendungsausführung unterscheiden.

Ob die Parteien zur Ausführung einer Zuwendung Geld transferieren oder das Geld zunächst noch zurückhalten, liegt in ihrer Hand. Ob der Transfer des Geldes die Ausführung der Zuwendung (und damit das Entstehen der St) bewirkt, das ist nach stlichen Kriterien – möglicherweise abweichend vom Willen der Parteien – zu entscheiden. Nach **steuerlichen** Kriterien entscheidet sich insbesondere auch, **wann** eine Zuwendung ausgeführt worden ist. Die Parteien können daher nicht durch vereinbarte **Rückdatierung** ihres Vertrages das Datum der StEntstehung und mit ihm den Bewertungsstichtag beliebig zurückverlegen (RFH RStBl 34, 955). Das gilt auch für gesellschaftsvertragliche Absprachen, die eine freigebige Zuwendung enthalten (BFH BStBl III 63, 443). Im Zusammenhang mit § 11 ist im Übrigen gern von **strikter Anwendung** der Gesetzesvorschrift die Rede. Das aus § 11 entnommene Stichtagsprinzip ist nach Auffassung von Rspr (BFH BStBl II 92, 298) und FinVerw (OFD Hannover UVR 03, 248) strikt anzuwenden. Das soll aus dem klaren Wortlaut des § 11 folgen (*Fischer/Pahlke* § 11 Rz 20). Der Wortlaut ist aber an dieser Stelle nicht klarer als in anderen Bereichen des Gesetzes. Der Normtext verlangt daher für die Beachtung dieser Bestimmung auch nicht mehr Stringenz als für die Beachtung anderer Vorschriften. Der Hinweis auf die Notwendigkeit strikter Anwendung erlaubt es nicht, Gesichtspunkte, die im Einzelfall für eine großzügigere Handhabung des Bewertungszeitpunktes sprechen könnten, ohne inhaltliche Begründung abzuweisen. Insgesamt kann man der gern gebrauchten Formel von der Notwendigkeit strikter Anwendung nur mit Skepsis begegnen.

§ 12 Bewertung

(1) **Die Bewertung richtet sich, soweit nicht in den Absätzen 2 bis 7 etwas anderes bestimmt ist, nach den Vorschriften des Ersten Teils des Bewertungsgesetzes (Allgemeine Bewertungsvorschriften) in der Fassung der Bekanntmachung vom 1. Februar 1991 (BGBl. I S. 230), zuletzt geändert durch Artikel 2 des Gesetzes vom 24. Dezember 2008 (BGBl. I S. 3018), in der jeweils geltenden Fassung.**

(2) **Anteile an Kapitalgesellschaften, für die ein Wert nach § 151 Abs. 1 Satz 1 Nr. 3 des Bewertungsgesetzes festzustellen ist, sind mit dem auf den Bewertungsstichtag (§ 11) festgestellten Wert anzusetzen.**

(3) **Grundbesitz (§ 19 Abs. 1 des Bewertungsgesetzes) ist mit dem nach § 151 Abs. 1 Satz 1 Nr. 1 des Bewertungsgesetzes auf den Bewertungsstichtag (§ 11) festgestellten Wert anzusetzen.**

(4) **Bodenschätze, die nicht zum Betriebsvermögen gehören, werden angesetzt, wenn für sie Absetzungen für Substanzverringerung bei der Einkunftsermittlung vorzunehmen sind; sie werden mit ihren ertragsteuerlichen Werten angesetzt.**

(5) **Inländisches Betriebsvermögen, für das ein Wert nach § 151 Abs. 1 Satz 1 Nr. 2 des Bewertungsgesetzes festzustellen ist, ist mit dem auf den Bewertungsstichtag (§ 11) festgestellten Wert anzusetzen.**

(6) **Gehört zum Erwerb ein Anteil an Wirtschaftsgütern und Schulden, für die ein Wert nach § 151 Abs. 1 Satz 1 Nr. 4 des Bewertungsgesetzes festzustellen ist, ist der darauf entfallende Teilbetrag des auf den Bewertungsstichtag (§ 11) festgestellten Werts anzusetzen.**

(7) **Ausländischer Grundbesitz und ausländisches Betriebsvermögen werden nach § 31 des Bewertungsgesetzes bewertet.**

Erbschaftsteuer-Richtlinien 2011: R E 12.1–12.3/H E 12.1–12.3, R B 4–203

Übersicht

Schrifttum: *Drosdzol,* Die Bewertung und Besteuerung des Erwerbs von Grundvermögen, ZEV 09, 7; *Hannes/Onderka,* Die Übertragung von Betriebsvermögen nach dem neuen ErbStG, ZEV 09, 10; *Hutmacher,* Die Bewertung und Besteuerung des Erwerbs von LuF-Vermögen, ZEV 09, 22; *Halaczinsky,* Bewertung des Betriebsvermögens für erb- und schenkungsteuerliche Zwecke, ErbStB 09, 29; *Hannes/Onderka,* Bewertung und Verschonung des Betriebsvermögens, ZEV 09, 421; *Hecht/von Cölln,* Auswirkungen des Erbschaftsteuerreformgesetzes auf die Bewertung von ausländischem Grundbesitz, BB 09, 1212; *Riedel,* Bewertung von Kapitalgesellschaftsanteilen für Zwecke der Erbschaft- und Schenkungsteuer, GmbHR 09, 743; *Piltz,* Erbschaftsteuer-Bewertungserlass, DStR 09, 1829; *Neufang,* Bewertung des Betriebsvermögens und von Anteilen an Kapitalgesellschaften, BB 09, 2004; *Götz,* Die Bedeutung des § 14 Abs. 2 BewG bei Zuwendungen unter Nießbrauchsvorbehalt, DStR 09, 2233; *Tremel,* Die neue Erlasslage zur Bewertung des Grundvermögens, ZEV 09, 445; *Kohl,* Überblick zum und Würdigung des vereinfachten Ertragswertverfahrens nach dem neuen Bewertungsrecht, ZEV 09, 554; *H-U Viskorf,* Das Rechtsstaatsprinzip und der Wettstreit um den „richtigen" gemeinen Wert beim Betriebsvermögen, ZEV 09, 591; *Mannek,* Vereinfachtes Ertragswertverfahren zur Bewertung betrieblichen Vermögens, ErbStB 09, 312; *Gerber/König,* Vereinfachtes Ertragswertverfahren: Die Konsequenzen des vom BMF festgelegten Basiszinssatzes, BB 10, 348; *Wassermann,* Mittelständische Unternehmensbewertung im neuen Erbschaftsteuerrecht, DStR 10, 183; *Möllmann,* Erbschaft- und schenkungsteuerliche Unternehmensbewertung anhand von Börsenkursen und stichtagsnahen Veräußerungsfällen, BB 10, 407; *Gottschalk,* Internationale Unternehmensnachfolge: Ausgewählte Probleme der Steuerbefreiung des Produktivvermögens bei Auslandsberührung, ZEV 2010, 493; *Grootens,* Bewertung des Betriebsvermögens anhand von branchenspezifischen Bewertungsmethoden, ErbStB 13, 188; *Lüdicke,* Gleichheitsgerechte Bewertung für die Erbschaftsteuer, FR 13, 107; *Jacobs/Jacobs,* Ausgewählte praktische Probleme bei der erbschaft-/schenkungsteuerlichen Bewertung kleiner und mittlerer Unternehmen, DB 13, 2401; *Grootens,* Praxisfragen der Öffnungsklausel des § 198 BewG, ErbStB 13, 287; *Grootens,* Einzelfragen zur Öffnungsklausel gem. § 198 BewG, ErbStB 14, 279; *Eisele,* Erbschaftsteuerliche Immobilienbewertung: Aktuelle Entwicklungen beim Verkehrswertnachweis durch Gutachten und Kaufpreis, ZEV 14, 295; *Rüttenauer,* Aktuelle Praxisfragen bei der Anwendung des vereinfachten Ertragswertverfahrens – Umfang und Ermittlung beim Übergang von Betriebsvermögen, ErbStB 14, 102; *Rüttenauer,* Die Bewertung von vermögensverwaltenden Gesellschaften, ErbStB 14, 265; *Rüttenauer,* Das Substanzwertverfahren beim Übergang von Betriebsvermögen, ErbStB 14, 49; *Behrens/Halaczinsky,* Steueränderungsgesetz 2015, Änderungen bei der GrESt, der ErbSt sowie bei der Bewertung, UVR 15, 371; *Eisele,* Steueränderungsgesetz: Änderung des erbschaftsteuerlichen Bewertungsrechts, NWB 15, 3751; *Drosdzol,* Änderung des Sachwertverfahrens nach den §§ 189ff. BewG bei der Grundbesitzbewertung, ZEV 15,

687; *Popp/Schwind,* Die Berücksichtigung latenter Steuern bei der Substanzwertermittlung, DStR 15, 2565; *Krumm,* Bewertung und Verschonung von sog. großen (Familien-) Unternehmen nach der Entscheidung des BVerfG v. 17. 12. 14 zur ErbSt, FR 15, 481; *Grootens,* Das neue Sachwertverfahren zur Grundbesitzbewertung ab dem 1.1.2016, ErbStB 16, 22; *Grootens,* Anwendungserlasse zum neuen Sachwertverfahren zur Grundbesitzbewertung ab dem 1.1.2016, ErbStB 16, 111; *Hannes,* Erbschaftsteuerreform 2016: Neuregelungen zur Bewertung und zum Umfang der Verschonung, ZEV 16, 554; *Buck,* Nicht betriebsnotwendiges negatives Vermögen in der Unternehmensbewertung, DStR 16, 1178; *Bruschke,* Formelle und materielle Anforderungen an ein Verkehrswertgutachten für Zwecke der Erbschaft- und Schenkungsteuer, ErbStB 16, 31; *Kowanda,* Vereinfachtes Ertragswertverfahren, 2017; *Eisele,* Unternehmensbewertung im vereinfachten Ertragswertverfahren nach der Erbschaftsteuerreform 2016, NWB 17, 1948; *Müller/Woltery,* Das vereinfachte Ertragswertverfahren: Anwendungsprobleme bei ausländischen Gesellschaften und Unternehmen mit langen Geschäftszyklen, DB 17, 1461; *Kummer/Wangler,* Wahl der Unternehmensbewertungsmethode nach der Erbschaftsteuerreform 2016, DB 17, 1917.

I. Allgemeines

1. Bewertung

1 Das ErbStG **unterscheidet** zwischen **Wertermittlung und Bewertung.** Unter dem Begriff Wertermittlung, der dem zweiten Gesetzesabschnitt als Überschrift dient und auch in § 11 angesprochen wird, ist die Gesamtheit der Rechenschritte zu verstehen, die von der Feststellung des Vermögensanfalls zur Ermittlung des stpfl Erwerbs führen. Sie werden in § 10 I 1 und 2 im Einzelnen aufgezählt (vgl § 10 Anm 2, § 11 Anm 1). Der Begriff der Bewertung, den § 12 verwendet, bezeichnet demgegenüber die beiden Teilschritte aus diesem umfassenderen Programm, die auf die Feststellung des Werts des gesamten Vermögensanfalls und des Werts der abzugsfähigen Nachlassverbindlichkeiten abzielen. Da für die Feststellung des Werts unterschiedliche Regelungen je nach der Qualifikation der verschiedenen Vermögensposten zB als Betriebsvermögen, als unbebaute oder bebaute Grundstücke usw heranzuziehen sind, umfasst der Vorgang der Bewertung auch die für die Bewertung bedeutsame Wirtschaftsgutsqualifikation einschließlich der Abgrenzung der zu bewertenden wirtschaftlichen Einheiten (R E 12.1 ErbStR). Im Übrigen ist Bewertung in diesem engeren Sinn das Verfahren, um Aktiv- und Passivposten in Geld zu quantifizieren und so den Ausgangspunkt für die Verrechnung dieser Posten und für die Ermittlung des Saldobetrages als Basis für die StBemessungsgrundlage zu gewinnen. Wenn das ErbStG daher von dem „Wert nach § 12“ spricht (§ 3 I Nr 2 S 2, § 7 VII, § 10 I 2) oder den „nach den steuerlichen Bewertungsgrundsätzen maßgebenden Wert“ erwähnt (§ 5 I 5), dann ist damit der Wert *vor* Abzug von Freibeträgen und Wertabschlägen und *nicht nach* Abzug dieser Posten gemeint.

2. Feststellung des Werts

2 Um zu brauchbaren Ergebnissen zu führen, muss die Umrechnung von Vermögensposten in Geld anhand eines sachgerechten Maßstabs erfolgen. Der Maßstab, an dem sich die Umrechnung orientiert, ist der **Wert** der Aktiv- und Passivposten. Als Maßstab der Bewertung ist der Wert (ohne Zusatz oder in Wortverbindungen wie: gemeiner Wert, Teilwert, Einheitswert, Kapitalwert, Jahreswert, Kurswert usw) der Bewertung, wie es § 9 I BewG ausdrückt, „zu Grunde zu legen“. Im Unterschied zu diesem Sprachgebrauch bezeichnet das ErbStG, wenn es von Wert (mit oder ohne besonderen Zusatz) in einer Art abgekürzten Diktion spricht, nicht den Bewertungsmaßstab, sondern das Ergebnis der Bewertung, also den Geldbetrag, der mit Hilfe des Bewertungsmaßstabes für die Aktiv- oder Passivposten ermittelt worden ist. So

kann denn auch in § 31 II im Hinblick auf die Bewertung von einer Feststellung des Werts (= Feststellung des Geldbetrages, der den Gütern nach ihrem Wert zuzuordnen ist) die Rede sein. In dem Ausdruck **Feststellung** des Werts kommt noch ein weiteres wichtiges Moment der Bewertungskonzeption des ErbStG zum Tragen. Aus der Sicht des ErbStG ist die Bewertung ein Feststellungsverfahren, nicht ein Entscheidungsprozess. Bei der Bewertung iSd § 12 geht es in der Zielsetzung um ein Ergebnis, das mit richtig oder falsch bezeichnet werden kann. Nicht selten traf man früher auf die Vorstellung, dass sich der Wert des stpfl Vermögens „ziemlich genau ermitteln" lässt (*Troll,* ErbStG, 2. Aufl 1975, S 26). Heute herrscht dagegen die Vorstellung vor, dass sich zumindest für den gemeinen Wert nicht mehr als ein „Korridor vertretbarer Verkehrswerte" (BVerfG BStBl II 07, 192, 207) erwarten lässt, also eine Bandbreite innerhalb deren jeder Geldbetrag den gemeinen Wert des Gutes repräsentiert. Daher können verschiedene Bewertungsverfahren, die zu unterschiedlichen Ergebnissen führen, dennoch übereinstimmend auf den gemeinen Wert von Unternehmen und Beteiligungen abzielen, sofern nur eines der Verfahren nach den Umständen nicht zu „offensichtlich unzutreffenden Ergebnissen führt" (§ 199 II BewG).

3. Steuerliche Bewertungsgrundsätze

§ 12 regelt die stlichen Bewertungsgrundsätze. Ihnen stehen die bürgerlich-recht- 3
lichen Bewertungsgrundsätze gegenüber, deren Bedeutung für das ErbStRecht der RFH hervorgehoben hat (RFHE 29, 137, 155). Die bürgerlich-rechtlichen Bewertungsgrundsätze sind für den zivilrechtlichen Erwerb bedeutsam, an den das ErbSt-Recht seine Rechtsfolgen anknüpft. So bemisst sich der Pflichtteil nach den bürgerlich-rechtlichen Grundsätzen über die Nachlassbewertung (dazu *Meincke,* Das Recht der Nachlassbewertung im BGB, 1973; *Piltz,* Die Unternehmensbewertung in der Rspr, 3. Aufl 1994). Auch als Maßstab, anhand dessen die Bereicherung iSv § 7 I Nr 1 zu ermitteln ist, haben die bürgerlich-rechtlichen Bewertungsgrundsätze zu gelten (RFH aaO). Sie führen zu den „objektiven Wertverhältnissen", die bei der Prüfung der Merkmale des § 7 I Nr 1 allein maßgeblich sind (BFH BStBl II 87, 80, 81; 15, 241). Nach den bürgerlich-rechtlichen Bewertungsgrundsätzen sind die Güter im Zweifel mit ihrem Verkehrswert zum Ansatz zu bringen. Bis zur ErbStReform 2009 wichen die steuerlichen Bewertungsgrundsätze aus Praktikabilitätsgründen, aber auch in dem Wunsch, steuerliche Vergünstigungen schon durch Bewertungsregelungen zu realisieren, von den zivilrechtlichen Grundsätzen zum Teil sehr weitgehend ab. Inzwischen hat das BVerfG (BStBl II 07, 192) den Gesetzgeber auf den gemeinen Wert (Verkehrswert) als zentralen Umrechnungsmaßstab verpflichtet. Es hat damit die steuerlichen Bewertungsgrundsätze eng an die zivilrechtliche Praxis herangeführt (*Meincke,* NJW 07, 586). Dem ist der Gesetzgeber mit der Neuordnung des Bewertungsrechts gefolgt.

Ein **selbstständiger Regelungsgehalt des § 12** scheint auf den ersten Blick zu 4
fehlen. Die Abs 1 bis 3, 5 und 6 verweisen auf Bestimmungen, die ihrerseits das ErbStG in Bezug nehmen, die daher für die Bewertung auch dann heranzuziehen wären, wenn es die Verweisung in § 12 nicht gäbe. Dasselbe gilt für Abs 7, wenn man erkennt, dass die dort genannte Vorschrift des § 31 BewG eine Weiterverweisung auf § 9 BewG enthält und § 9 BewG schon durch § 1 I BewG mit dem ErbStG verknüpft wird. Nur die wenig bedeutsame Vorschrift des § 12 IV hat konstitutiven Charakter. Der entscheidende Aussagegehalt des § 12 liegt aber nicht in den in Abs 1 bis 7 getroffenen überwiegend inhaltsleeren Anordnungen, sondern in dem für das Verständnis des ErbStRechts zentralen Hinweis, dass die Vorschriften zur Bewertung aus dem ErbStG herausverlagert und in das BewG eingestellt worden sind. Obwohl die sachgerechte Bewertung des Erwerbs das Zentralproblem des ErbStRechts darstellt, spricht sich das ErbStG selbst zu Fragen der Bewertung praktisch nicht aus. Das ist so wenig selbstverständlich, dass es in § 12 ausdrücklich hervorgehoben werden musste.

4. Die Verantwortlichkeit für die Bewertung

5 Das ErbStG geht im Grundsatz davon aus, dass es der Stpfl selbst ist, der den stpfl Vorgang identifizieren muss, der den aus dem Vorgang resultierenden Vermögensanfall und die mit ihm verbundenen Nachlassverbindlichkeiten auflisten soll und der diese Auflistung dann auch mit den erforderlichen Wertangaben zu versehen hat. Der Stpfl soll den Wert des Erwerbs sogar schon in der Anzeige benennen, mit der er die FinVerw erstmals von dem stpfl Vorgang informiert (§ 30 IV Nr 3). Notare, die Schenkungen beurkunden, haben die Beteiligten über den Wert der Zuwendung zu befragen (§ 8 I 3 ErbStDV). Auch damit wird die Wertfeststellung im Ergebnis als Aufgabe des Stpfl definiert. Kosten, die dem Stpfl durch die Wertermittlung entstehen, sind zumindest in den Fällen, in denen ein enger räumlicher und zeitlicher Zusammenhang mit dem Erbfall besteht, als Nachlassverbindlichkeiten abziehbar (BFH BStBl II 13, 738; aA FG Nürnberg DStRE 03, 677). Schon die Bestimmung über die StErklärung drückt sich jedoch vorsichtiger aus. Danach werden von dem Stpfl nicht die Wertzahlen als solche, sondern nur die für die Feststellung des Werts des Erwerbs erforderlichen Angaben verlangt (§ 31 II). Diese Einschränkung ist erforderlich, weil die Wertfeststellung in den praktisch wichtigsten Fällen eben doch nicht vom Stpfl erwartet wird, sondern dem FA zugewiesen ist. So sind die Grundbesitzwerte, die Werte des Betriebsvermögens oder von Anteilen am Betriebsvermögen sowie die Werte von Kapitalgesellschaftsanteilen und von Vermögensposten, die mehreren Personen zustehen, von der FinVerw festzustellen. Die FinVerw wird zu eigenständigen Erhebungen über die Bewertungsgrundlagen ermächtigt (§§ 157 I 2, 29 II BewG). Für die Feststellung wird ein besonderes Verfahren vorgesehen, das mit einem Feststellungsbescheid endet und den Wert damit für die Beteiligten verbindlich festlegt (§§ 179ff AO, 151ff BewG). Die FinVerw hat die Bemessungsgrundlage der ErbSt als steuerbegründende Tatsache nachzuweisen. Sie trägt daher auch die Feststellungslast für den StWert (*Kirchhof,* Bundessteuergesetzbuch, 2011, 681). Die damit vorgeschriebene amtliche Wertfeststellung muss jedoch nicht das letzte Wort bleiben. Dem Stpfl wird vielmehr in einzelnen Bestimmungen die Möglichkeit eingeräumt, die Wertfeststellung des FA durch eine eigene Wertfeststellung zu korrigieren (§§ 165 III, 198 BewG). Die Nachweislast für den niedrigeren gemeinen Wert ist in diesen Fällen dem Stpfl zugewiesen. Zu einer Prüfung des niedrigeren gemeinen Werts von Amts wegen kommt es nicht. Das wird für verfassungsrechtlich unbedenklich gehalten (FG Bad-Württ DStRE 10, 417). Die Gutachterkosten für die von ihm selbst zu treffenden Feststellungen wird der Stpfl dann auch selbst zu tragen haben.

6 Das **Ziel der Bewertung** ist ein Doppeltes. Zum einen soll durch die Bewertung das Gelderwerbspotential, das in den einzelnen, zur Bewertung stehenden Gütern steckt, aufgedeckt werden. Die Bewertung soll den Gütern Geldbeträge zuordnen, die sich bei einem gedachten Einsatz im Wirtschaftsverkehr realisieren lassen. Unter diesem Gesichtspunkt wird jeder selbstständig bewertungsfähige Teil des Erwerbs für sich betrachtet und mit einem möglichst realistischen Geldbetrag versehen. Die Bewertung soll aber nicht nur das in den Gütern steckende Gelderwerbspotential in Zahlen wiedergeben und damit das Verhältnis von Gut zu Geld deutlich machen, sondern sie soll auch die verschiedenen Güter gleichmäßig behandeln und damit das Verhältnis von Gut zu Gut in vergleichbaren Zahlen zum Ausdruck bringen. Die Bewertung soll nicht nur die Einzelposten des Erwerbs jeden für sich adäquat erfassen, sondern sie soll die zum Erwerb gehörenden Güter auch in ihrer Relation zueinander realitätsgerecht abbilden (BVerfG BStBl II 07, 192, 203). Weil das BVerfG diesem zuletzt genannten Gedanken besondere Bedeutung beimisst, legt es auf einen einheitlichen Wertmaßstab Gewicht und erklärt den **gemeinen Wert** (Verkaufswert, Verkehrswert) zum „maßgeblichen Bewertungsziel“. Damit schießt das Gericht jedoch über das Ziel hinaus. Denn in Einzelfällen vermag der Verkaufswert das in den Gütern steckende Gelderwerbspotential nicht ausreichend plausibel zu machen. Und wo das

der Verkaufswert nicht leisten kann, eignet er sich auch nicht, um die Relation der Güter zueinander sachgerecht zu beschreiben. Ein Beispiel bilden Kapitalforderungen, die sich durch Einziehung realisieren lassen. Kapitalforderungen lassen sich bei einem Verkauf im Zweifel nur mit einem Abschlag in Geld umsetzen. Diesen Abschlag einzurechnen, wäre jedoch verfehlt. § 12 I 1 BewG bestimmt daher zu Recht, dass Kapitalforderungen, wenn nicht besondere Umstände einen höheren oder niedrigeren Wert begründen, unabhängig von ihrem Verkaufswert mit dem Nennwert anzusetzen sind. Abtretungsverbote, die ein Verkaufshindernis bilden würden, können daher unbeachtet bleiben. Eine Bewertung mit dem gemeinen Wert scheidet für Kapitalforderungen aus (RFH RStBl 34, 647; BFH BStBl II 68, 768, 769). Damit werden die Anforderungen des BVerfG nicht unterlaufen.

5. Überblick

§ 12 verweist in Abs 1 auf die Allgemeinen Bewertungsvorschriften des Ersten Teils **7**
des BewG. Nach diesen Vorschriften werden alle Teile des Erwerbs bewertet, für die nicht in den nachfolgenden Absätzen Sonderregelungen genannt werden. Die Sonderregeln gelten für nichtnotierte Anteile an Kapitalgesellschaften (Abs 2), für Grundbesitz (Abs 3), für Bodenschätze (Abs 4), für inländisches Betriebsvermögen einschließlich der Anteile an diesem Betriebsvermögen (Abs 5), für Anteile an Wirtschaftsgütern und Schulden, die mehreren gemeinsam zustehen (Abs 6), sowie für ausländischen Grundbesitz und ausländisches Betriebsvermögen (Abs 7). Die Kommentierung folgt diesem Gesetzesaufbau.

II. Die Bewertung nach den einleitenden Vorschriften des Bewertungsgesetzes (Abs 1 iVm §§ 1 bis 8 BewG)

1. Die Allgemeinen Bewertungsvorschriften

§ 12 I bestimmt, dass sich die Bewertung für erbschaftsteuerliche Zwecke nach den **8**
Allgemeinen Bewertungsvorschriften des Ersten Teils des BewG (§§ 1–16 BewG) richten soll, soweit nicht in den anschließenden Absätzen des § 12 etwas anderes bestimmt ist. Die Allgemeinen Bewertungsvorschriften des BewG lassen sich in drei Gruppen von Vorschriften gliedern. Die einleitenden Bestimmungen (§§ 1–8 BewG) beginnen mit Vorschriften geringerer Bedeutung, die sich ua zur Behandlung schwebender Posten vor Bedingungseintritt äußern. Im Mittelpunkt stehen sodann die Vorschriften der §§ 9, 11 BewG, die den gemeinen Wert (Verkehrswert, Verkaufswert) als den maßgeblichen Wertmaßstab bestimmen und Regelungen für die Ermittlung des gemeinen Werts von Kapitalgesellschaftsanteilen bereithalten. Eine dritte Gruppe von Vorschriften (§§ 12–16 BewG) stellt schließlich Bestimmungen für die Bewertung von Kapitalforderungen und Schulden sowie für die Bewertung wiederkehrender Nutzungen und Leistungen zur Verfügung. Die an zweiter Stelle genannte Vorschriftengruppe umfasst die Bestimmung des § 11 BewG, die vorsieht, dass der gemeine Wert auch für Anteile an Kapitalgesellschaften gelten soll, wobei der gemeine Wert von an der Börse notierten Anteilen aus dem Kurswert abgelesen werden soll (§ 11 I BewG). Der gemeine Wert von nichtnotierten Anteilen ist dagegen aus zeitnahen Verkäufen unter fremden Dritten abzuleiten oder zu schätzen. Die Einzelheiten dieser Schätzung, die gem §§ 157 V, 199 II BewG auch für die Bewertung des Betriebsvermögens und der Anteile am Betriebsvermögen bedeutsam sind, werden im Zusammenhang mit den Bestimmungen des § 12 II und des § 12 V (Anm 38 ff, 76 ff) dargestellt.

2. Die Bedeutung der §§ 1, 2 BewG

9 Die Verweisung, die § 12 I auf § 1 I BewG vorsieht, ist ohne praktische Bedeutung, weil § 1 BewG sich darauf beschränkt, den Geltungsbereich der §§ 1 ff BewG aus der Sicht des Bewertungsrechts festzulegen, eine Festlegung, die für den Bereich des ErbStRechts § 12 I selbst vornimmt. Der Vorbehalt des § 1 II BewG muss gegenwärtig aus der Sicht des ErbStRechts zumindest als missverständlich bezeichnet werden. Die Allgemeinen Vorschriften, heißt es dort, sollen gegenüber besonderen Bewertungsvorschriften zurücktreten. Nachdem das BVerfG (BStBl II 07, 192) jedoch der Regelung des § 9 BewG für den Bereich der ErbSt praktisch Verfassungsrang zugesprochen hat, kann zumindest diese Bestimmung einfachem Gesetz nicht mehr weichen. Die besonderen Vorschriften, die § 1 II BewG nennt, haben daher aus der Sicht des ErbStRechts vornehmlich ergänzende, nicht ersetzende Funktionen. Bedeutsam bleibt aber zB, dass die Regeln über die Betriebsvermögensbewertung den Regeln über die Bewertung zum Nennwert und Kapitalwert (§§ 12 bis 16 BewG) vorgehen und dass daher Ansprüche auf lebenslängliche Leistungen, die als Sonderbetriebsvermögen eines Gesellschafters zu gelten haben, beim Erbschaftserwerb der Witwe nicht nach § 14 BewG, sondern nach den Grundsätzen der Betriebsvermögensbewertung zu bewerten sind (BFH BStBl II 10, 923, unter Hinweis auf BMF BStBl I 08, 317). Auch die Verweisung auf § 2 BewG spielt im Rahmen des § 12 I keine größere Rolle. Nach § 2 I 1 BewG ist jede wirtschaftliche Einheit für sich zu bewerten. Es sind also die Vermögensgegenstände, die eine selbstständige wirtschaftliche Einheit bilden, für die Zwecke der Bewertung zu einem einheitlichen Objekt zusammenzufassen. Ihr Wert ist, unabhängig davon, aus wie vielen Einzelgegenständen sich die wirtschaftliche Einheit zusammensetzt, im Ganzen festzustellen (§ 2 I 2 BewG). Der Nachlass als solcher bildet keine wirtschaftliche Einheit in diesem Sinn. Eine Einheit kann jedoch bei einer Sammlung von Kunstgegenständen oder einem Aktienpaket vorliegen. Bedeutung kommt § 2 BewG in erster Linie für die wirtschaftlichen Einheiten des Grundbesitzes und für das Betriebsvermögen zu, also für diejenigen Vermögensgegenstände, für die das ErbStG in § 12 Abs 3–5 einen bereits festgestellten Wert übernimmt oder eine besondere Wertermittlung vorschreibt. Für die durch die Verweisung in § 12 I unmittelbar angesprochenen Fälle bleibt die Bedeutung von § 2 BewG dagegen gering.

3. Bewertung bei mehreren Beteiligten (§ 3 BewG)

10 Die Bewertung erfasst Wirtschaftsgüter oder Vermögensgegenstände, nicht aber Gegenstände der Außenwelt oder Rechtsobjekte. Denn Gegenstände der Außenwelt oder Rechtsobjekte haben als solche keinen Wert. Sie sind für sich genommen wirtschaftlich ohne Interesse. Dagegen interessieren die rechtlichen oder tatsächlichen Einwirkungs-, Nutzungs- oder Verfügungsmöglichkeiten, die im Hinblick auf diese Objekte bestehen und die sie erst mit dem Vermögen in Verbindung bringen. Nur diese rechtlichen oder tatsächlichen Einwirkungs-, Nutzungs- oder Verfügungsmöglichkeiten konstituieren den Begriff des Wirtschaftsguts. Nur sie haben einen Wert. Nur im Hinblick auf sie kann bei ihrem Erwerb von einem Leistungsfähigkeitszuwachs die Rede sein, der den Grund für die Besteuerung abgibt. Wenn das Bewertungsrecht daher von bestimmten Objekten (zB Grundstücken) spricht, so sind doch nicht die Objekte selbst gemeint, sondern es sind die im Hinblick auf diese Objekte bestehenden Einwirkungs-, Nutzungs- oder Verfügungsmöglichkeiten Gegenstand der Bewertung. Dabei geht das Bewertungsrecht von der Rechtsstellung des Alleinberechtigten aus. Der Grundstückswert ist der Wert, den die Alleinberechtigung an diesem Objekt für den Berechtigten hat. Denkbar ist jedoch auch, dass nicht die Alleinberechtigung, sondern die Mitberechtigung eines von mehreren Bruchteils- oder Gesamthandsberechtigten an dem Objekt zur Bewertung steht. Mit diesem Fall be-

schäftigt sich § 3 BewG. Einzelheiten dazu werden unten bei § 12 VI (Anm 99ff) dargestellt.

4. Bewertung bedingter und befristeter Erwerbe (§§ 4 bis 8 BewG)

Mit der Einfügung einer Bedingung in den Erwerbstatbestand wird der Erwerb von dem Eintritt eines zukünftigen ungewissen Ereignisses abhängig gemacht (§ 158 BGB). Die Bedingung hat aufschiebende Wirkung, wenn der Erwerb erst mit dem Eintritt des Ereignisses wirksam werden soll. Wirtschaftsgüter, deren Erwerb vom Eintritt einer aufschiebenden Bedingung abhängt, können im ErbStRecht in zweierlei Zusammenhang vorkommen. Zum einen kann der Erwerb von Todes wegen oder durch Schenkung unter Lebenden unter einer aufschiebenden Bedingung stehen. Denkbar ist aber auch zweitens, dass der Erwerb von Todes wegen oder durch Schenkung unter Lebenden unbedingt erfolgt, dass aber zu dem unbedingten Erwerb Vermögensposten gehören, die dem Erblasser/Schenker selbst aufschiebend bedingt zustanden. **§ 4 BewG setzt die Bewertung** in beiden Fällen für die unter der aufschiebenden Bedingung stehenden Posten bis zum Eintritt der Bedingung **aus.** Dem folgt § 9 Abs 1 Nr 1 Buchst a und lässt auch die St bei aufschiebend bedingten Erwerben von Todes wegen erst mit dem Eintritt der Bedingung entstehen. Bei Schenkungen unter Lebenden gilt die Schenkung nicht vor dem Eintritt der Bedingung als ausgeführt, so dass auch hier die St nicht vor dem Eintritt der Bedingung entsteht (RFH RStBl 30, 555). Tritt die Bedingung später ein, so kommt es dann zu einem Erwerb, der nunmehr nach normalen Bewertungsgrundsätzen bewertet wird und für den die St dann mit dem Eintritt der Bedingung entsteht. Gehört ein aufschiebend bedingter Posten zu einem im Übrigen unbedingt zugefallenen Erwerb von Todes wegen, so wird der Erwerb mit Blick auf die StEntstehung aufgeteilt, und zwar wird der aufschiebend bedingte Posten zunächst unberücksichtigt gelassen. Beim Eintritt der Bedingung bildet er einen unselbstständigen Teil des einheitlichen Erwerbs von Todes wegen, keinen selbstständigen Erwerb (BFH BStBl II 08, 626), was für die Anwendung des § 14 I 5 von Bedeutung sein kann. 11

5. Problemfelder des aufschiebend bedingten Erwerbs

§ 4 BewG sieht die Aussetzung der Bewertung für die aufschiebend bedingt erworbenen Posten ohne Einschränkung vor. Es muss bezweifelt werden, dass diese Regelung mit der Forderung des BVerfG vereinbart werden kann, alle Posten mit Verkehrswerten anzusetzen. Denn auch aufschiebend bedingte Posten können schon einen Verkehrswert haben. Das zeigt § 1986 II 2 BGB für den Bereich des Erbrechts. Hier wird nur solchen unter einer Bedingung stehenden Forderungen ein gegenwärtiger Wert abgesprochen, bei denen die Möglichkeit des Eintritts der Bedingung fernliegt. Auch im Recht des Zugewinnausgleichs wird nicht generell jeder Wert von bedingten Rechten verneint. Vielmehr ist der Stichtagswert zu schätzen (BGH FamRZ 83, 882, 884; 92, 1155, 1157). Der BGH lehnt es unter Zustimmung des Schrifttums (*Meincke,* Das Recht der Nachlassbewertung im BGB, 1973, 230; *D. Schwab,* Familienrecht, 16. Aufl 2008, 129) ab, die Sonderregelung des § 2313 BGB, die als Vorbild für § 4 BewG gedient haben mag, auf andere Bereiche des Zivilrechts zu übertragen. Denn sie durchbricht das Stichtagsprinzip, das den jeweiligen Bewertungen zugrunde liegt. Sie ist auch mit der modernen Theorie des Anwartschaftsrechts nicht vereinbar. Nach dieser Theorie geht nämlich mit dem aufschiebend bedingten Vollrechtserwerb ein auflösend bedingter Anwartschaftsrechtserwerb Hand in Hand. Diese Anwartschaft soll nach den §§ 2313 BGB, 4 BewG zunächst ignoriert werden. Das ist auf der Grundlage einer Verkehrswertermittlung nicht akzeptabel. Richtig ist allerdings, dass das ErbStRecht bisher durchgehend von einer anderen Konzeption ausgeht. Das zeigt die Regelung des § 6, die dem Nacherben vor dem Nacherbfall noch keinen Er- 12 werb zuspricht. Eine Überprüfung der §§ 4ff BewG anhand der BVerfG-Entscheidung müsste daher das ErbStRecht einer grundlegenden Revision unterziehen. Das ist im Augenblick kein Ziel gesetzgeberischer Aktivitäten. Ist im Übrigen ein aufschiebend bedingter Erwerb vom Erblasser auf den Erben und vom Erben auf den Erbeserben übergegangen und ist erst dann die Bedingung eingetreten, dann fragt sich, ob der Erbeserbe den Erwerb nun einmal oder zweimal versteuern muss. Wäre die Bedingung vor dem zweiten Erbfall eingetreten, hätte der erste Erbe den Erwerb versteuern müssen, beim Übergang auf den zweiten Erben wäre dann eine erneute Versteuerung zum Zuge gekommen. Nun ist die Bedingung aber erst nach dem zweiten Erbfall eingetreten. Manches spricht dafür, in Anlehnung an die Regelung des § 10 IV es in diesem Fall bei *einer* Versteuerung zu belassen (vgl auch § 10 Anm 37).

13 **Für aufschiebend bedingte Lasten** sieht § 6 BewG ein Abzugsverbot vor. Als aufschiebend bedingte Last hat das FG Hbg (EFG 10, 23) auch die unbedingte Verpflichtung aus einer Schuldübernahme im Zusammenhang mit einer Grundstücksschenkung unter Nießbrauchsvorbehalt angesehen, aus der der Beschenkte nach den Umständen des Falles erst beim Tod des Nießbrauchers zu dem dann noch offenen Betrag in Anspruch genommen werden wird. Das Abzugsverbot entspricht dem Gebot der Aussetzung der Bewertung (und der Versteuerung) bei aufschiebend bedingten Erwerben. Seine Berechtigung ist dennoch umstritten (vgl *Moench,* DStR 81, 58). Dem Abzugsverbot des § 6 BewG dürfte ein **Abzugsverbot für unbedingte Lasten** an die Seite zu stellen sein, das dann gelten muss, wenn unbedingte Lasten mit einem aufschiebend bedingten Erwerb in unmittelbarem wirtschaftlichen Zusammenhang stehen. Denn der aufschiebend bedingte Erwerb unterliegt iSd § 10 VI 1 während der Schwebezeit nicht der Besteuerung, so dass sich das Abzugsverbot für korrespondierende Lasten aus § 10 VI 1 herleiten lässt (vgl § 10 Anm 69).

6. Eintritt der aufschiebenden Bedingung

14 Tritt im Fall eines aufschiebend bedingten Erwerbs die Bedingung nachträglich ein, kommt es nun zum Erwerb und zu seiner Bewertung und Besteuerung, so als wenn sich jetzt ein selbstständiger Erwerb vollendet hätte. Fällt die Bedingung aus, dann ist damit eine Erwerbsvoraussetzung vereitelt, zu einem Erwerb, zu einer Bewertung und zu einer Besteuerung kommt es hinsichtlich des bisher bedingten Postens nicht. Tritt im Fall der aufschiebend bedingten Last die Bedingung ein, so entfällt damit die Abzugssperre, die § 6 I BewG vorgesehen hatte. Die Last wird also abzugsfähig (sofern nicht ein Abzugsverbot unter anderem Gesichtspunkt – vgl § 10 VI bis IX – zu berücksichtigen ist). Ist die Besteuerung des Erwerbs bereits durchgeführt, so stellt sich mit dem Wegfall der Abzugssperre für die aufschiebend bedingte Last nunmehr heraus, dass der Erwerb zu hoch besteuert wurde, weil die nunmehr unbedingt gewordene Last nicht berücksichtigt ist. Der Stpfl kann nach § 6 II iVm § 5 II BewG binnen eines Jahres den Antrag stellen, dass die StFestsetzung unter Berücksichtigung der Last berichtigt wird.

7. Auflösend bedingte Erwerbe und Lasten

15 Die Einfügung einer auflösenden Bedingung in den Erwerbstatbestand hindert den Erwerb nicht. Mit dem Eintritt der auflösenden Bedingung endet jedoch die Wirkung des Erwerbs und es tritt der frühere Rechtszustand vor dem Erwerb wieder ein (§ 158 II BGB). Dieser zivilrechtlichen Beurteilung folgt das StRecht, wenn es die auflösende Bedingung bei der Bewertung zunächst ignoriert. Auflösend bedingte Erwerbe sind wie unbedingte Erwerbe (§ 5 I BewG), auflösend bedingte Lasten wie unbedingte Lasten zu bewerten (§ 7 I BewG). Tritt die Bedingung ein, dann zeigt sich, dass der unter der Bedingung stehende Erwerb dem Erwerber in Wahrheit nur für eine begrenzte Zeit (nämlich bis zum Eintritt der Bedingung) und nicht unbegrenzt zur Verfügung stand. Seine Bereicherung war in Wahrheit geringer als angenommen. Die zwischenzeitlich etwa schon erfolgte StFestsetzung ist daher entsprechend zu korrigieren (§ 5 II BewG). Im Fall des Bedingungseintritts auflösend bedingter Lasten zeigt sich, dass die Last den Erwerber nur für eine begrenzte Zeit beschwerte. Ihr Wert war geringer als angenommen. Es kann eine Berichtigung der Besteuerung von Amts wegen erfolgen (§ 7 II BewG).

Der Fall der **Befristung** (§ 8 BewG) unterscheidet sich von dem Fall der Bedin- **16**
gung nur in einem Merkmal: Im Fall der Befristung ist der Eintritt des Ereignisses gewiss, im Fall der Bedingung ungewiss (auf den Grad der Wahrscheinlichkeit des Eintritts des Ereignisses kommt es dabei nicht an: R B 4 II ErbStR). Die Befristung kann wie die Bedingung als aufschiebende oder als auflösende vorkommen. Im Übrigen lässt sich noch eine weitere Unterscheidung vornehmen, an die § 8 BewG anknüpft. Das Ereignis (der Termin), mit dem die Befristung verbunden ist, kann nämlich in seinem Zeitpunkt bestimmt oder unbestimmt sein. Immer muss der Eintritt des Termins gewiss sein, sonst liegt gar keine Befristung, sondern eine Bedingung vor. Auch bei einem Termin, dessen Eintritt gewiss ist (Tod eines Menschen), kann jedoch der genaue Zeitpunkt des Eintritts dieses Termins unbestimmt sein. Nur für diese Fälle der Befristung **mit unbestimmtem Termin** sieht § 8 BewG die Gleichbehandlung der Befristung mit der Bedingung vor. Ist der Zeitpunkt der Befristung dagegen von vornherein bestimmt, kann die Bewertung darauf Rücksicht nehmen, ohne dass es des Einsatzes der Regelungen der §§ 4ff BewG bedarf.

III. Die Bewertung zum gemeinen Wert, Teilwert, Kurswert (Abs 1 iVm §§ 9 bis 11 Abs 1 BewG)

1. Allgemeines

Mit der Verweisung des § 12 I auf die Allgemeinen Bewertungsvorschriften des **17**
BewG wird auch § 9 BewG in Bezug genommen. § 9 BewG schreibt die Bewertung mit dem gemeinen Wert vor und bestimmt, dass mit dem Ansatz des gemeinen Werts der Betrag herangezogen werden soll, der bei einer Veräußerung im gewöhnlichen Geschäftsverkehr für das Gut zu erzielen wäre. Diese Bestimmung galt bisher nur, „soweit nichts anderes vorgeschrieben ist". Die damit getroffene Einschränkung kann jedoch nicht mehr gelten. Denn das BVerfG (BStBl II 07, 192) hat den **gemeinen Wert** zum **zentralen,** durch Verfassungsrecht gesicherten **Wertansatz** im ErbStRecht erklärt. Dieser Wertansatz muss daher durchgehend beachtet werden und kann durch einfaches Gesetz nicht mehr beiseitegeschoben werden. Dennoch hat es der Gesetzgeber nicht bei der Bestimmung des § 9 BewG belassen und einfach nur den Vorbehalt anderweitiger Regelung herausgestrichen. Er hat vielmehr zahlreiche weitere Vorschriften des BewG bestehen gelassen oder neu hinzugefügt. Diese Vorschriften können nun im Kern nicht mehr als Abweichungen, sondern nur noch als Ausprägungen des § 9 BewG verstanden werden. Sie ergänzen § 9 BewG durch Detailregelungen darüber, wie sich der Gesetzgeber die Ermittlung des gemeinen Werts im Einzelfall denkt, oder regeln mit dem Teilwert oder Kurswert Modalitäten, die bei der Ermittlung des gemeinen Werts aus der Sicht des Gesetzgebers beachtet werden sollen. Trotz dieser Bestimmungen bleibt es jedoch dabei, dass der gemeine Wert im Mittelpunkt aller Bewertungsüberlegungen steht. Dort, wo die vom Gesetzgeber benannten besonderen Ausprägungen des gemeinen Werts vom Verkaufswert iSd § 9 BewG abweichen, muss es dem Stpfl daher freistehen, auf den verfassungsrechtlich allein maßgeblichen Wert des § 9 BewG zurückzugreifen.

2. Unmittelbarer Anwendungsbereich des § 9 BewG

18 Zu den Vermögensgegenständen, die unmittelbar auf Grund des § 9 BewG mit dem gemeinen Wert anzusetzen sind, gehören insb **Schmuck,** Hausrat, Wäsche, Kleidung, **Kunstgegenstände, Sammlungen,** Münzen, Edelmetalle, Edelsteine, Perlen und alle sonstigen beweglichen körperlichen Gegenstände, sofern sich eine Bewertung dieser Gegenstände nicht im Hinblick auf deren Befreiung erübrigt (s § 13 I Nr. 1 u 2). Mit dem gemeinen Wert anzusetzen sind des Weiteren **Urheberrechte** und **Patente,** sofern sie nicht zu einem Betriebsvermögen gehören und dort zu erfassen sind.

3. Begriff

19 Als gemeiner Wert gilt der Preis, der im gewöhnlichen Geschäftsverkehr nach der Beschaffenheit des Wirtschaftsguts bei einer Veräußerung zu erzielen wäre. Dabei sind alle Umstände, die den Preis beeinflussen, zu berücksichtigen. Ungewöhnliche oder persönliche Verhältnisse sind nicht zu berücksichtigen. Als Preis muss alles angesehen werden, was der Verkäufer aus dem Verkauf erlangen könnte. Soweit der Verkäufer Verkaufskosten zu tragen hätte, müssen diese eingerechnet werden. Preise erzielt der Verkäufer. Der gemeine Wert ist daher der **Verkaufs- oder Verkehrswert,** dh der Wert des Objekts, den der Erwerber, wenn man sich ihn als (Weiter-)Verkäufer denkt, bei einer Weiterveräußerung erzielen kann. Es ist nicht der Wert, den das Objekt für den Stpfl ohne Veräußerung haben kann oder der sich für ihn bei einer Weiterveräußerung zusammen mit seinem sonstigen Vermögen, das er unabhängig vom Erbfall hat, erzielen lässt. Ist der Erwerber Eigentümer einer Sammlung, zu der ihm seltene Stücke fehlen, die nun durch Erbfall an ihn gelangen, so kann sich der Wert seiner Sammlung durch diese Stücke wesentlich erhöhen. Der Wertzuwachs der Sammlung tritt jedoch in dem Vermögen ein, das er unabhängig vom Erbfall hatte und bleibt daher unberücksichtigt (im Ergebnis ähnlich: R B 11.6 VII ErbStR). Auch der besondere Wert, den gerade die erworbenen Stücke für den Stpfl deshalb haben, weil er bereits über andere Stücke der Sammlung verfügt, kann stlich nicht erfasst werden, weil die Bewertung nur auf den Einzelverkaufspreis der jetzt hinzu erworbenen Stücke abzielt, also unterstellt, dass der Stpfl die Stücke nicht behält, sondern – getrennt von seinem sonstigen Vermögen – weitergibt (vgl auch Anm 27). Bei der Ermittlung des Verkaufswerts wird im Übrigen unmittelbar auf die Verkäuferseite abgehoben. § 11 II 2 BewG schreibt demgegenüber die Anwendung einer Methode vor, die ein Erwerber der Bemessung des Kaufpreises zugrunde legen würde, geht also von der Käuferseite aus. Die unterschiedliche Akzentuierung erscheint auf den ersten Blick wenig bedeutungsvoll. Denn der Verkäufer kann nur den Preis erzielen, den der Käufer zu zahlen bereit ist. Und der Käufer kann seine Aufwendungen nur auf den Betrag beschränken, zu dem der Verkäufer bereit ist, ihm das Gut zu übertragen. Beide müssen sich einigen. Der Verkaufspreis ist daher aus der Sicht beider Beteiligter zu bestimmen. Dennoch bleibt die Betonung der Verkäuferseite bedeutsam. Nur das, was der Verkäufer bekommt, kann als Preis gelten. Was der Käufer seinerseits aufwenden muss, um das Gut zu erhalten, ist für den Verkäufer nicht Preisbestandteil und erhöht den gemeinen Wert aus seiner Sicht nicht.

4. Die Bezugsebene des gemeinen Werts

20 Der gemeine Wert ist auf den Zeitpunkt des Erwerbs vor dem Beginn der Nutzung des Objekts durch den als Verkäufer gedachten Erwerber zu ermitteln. Maßgeblich ist nicht der Preis, den der Erblasser/Schenker bei der Veräußerung an einen Dritten hätte erzielen können, sondern der Preis, den jedermann in der Position des Erwerbers bei einer Veräußerung erwirtschaften kann. Der Wertesprung, der sich aus

dem Wechsel der Handelsstufe bei Auslieferung des Schenkungsobjekts an den Erwerber ergibt, ist daher nicht unberücksichtigt zu lassen. Der Erwerber wird als Verkäufer gedacht. Zu ermitteln ist der Wert der Verkaufschance, die ihm mit dem Erwerb des Gutes zugefallen ist. Der Wert ist auf den Zeitpunkt zu beziehen, zu dem der Erwerber die Verkaufschance erstmals realisieren kann. Das ist zum Besteuerungszeitpunkt regelmäßig noch nicht der Fall. Trotzdem kann typisierend der Wert zum Besteuerungszeitpunkt herangezogen werden, weil unterstellt werden darf, dass die zur Beurteilung stehenden Verkaufsaussichten in kurzen Zeiträumen regelmäßig nur geringfügigen Schwankungen unterliegen. Daher kann der Wert auch aus **Verkaufspreisen** abgeleitet werden, die vor dem Besteuerungszeitpunkt erzielt wurden, sofern es sich um zeitnahe Verkäufe handelt (vgl auch RFH RStBl 38, 716; 1106; BFH BStBl II 69, 226; 70, 610). Eine Ableitung des gemeinen Wertes aus dem Ladenpreis des Gegenstandes ist grundsätzlich nicht sachgerecht, wenn der Ladenpreis Preisbestandteile enthält, die sich vom Erwerber bei einer Weiterveräußerung nicht erzielen lassen. Das gilt insb auch für **Schmuckgegenstände,** deren gemeiner Wert sich somit ausschließlich nach dem Verkaufspreis bestimmt, den jedermann bei der Veräußerung im gewöhnlichen Geschäftsverkehr erzielen kann (s RFH RStBl 29, 496). Sofern keine Verkaufspreise vorliegen, die eine Wertableitung ermöglichen, muss der **gemeine Wert frei geschätzt** werden.

5. Kunstgegenstände

Bei wertvolleren Kunstwerken wird eine Schätzung durch Sachverständige regelmäßig erforderlich sein (BFH DStRE 02, 460; dazu: *Wachter,* ZEV 02, 333; *Heuer,* DStR 02, 840; *Viskorf,* DStZ 02, 881; *Scherer/Lehmann,* ZErb 03, 69). Die FinVerw (R B 9.3 ErbStR) akzeptiert in diesem Zusammenhang ein **Vorsichtsprinzip,** nach dem der Wert von Kunstgegenständen und Sammlungen unter Berücksichtigung der schwierigen Verwertungsaussichten vorsichtig zu ermitteln ist. Aus den Anschaffungskosten lässt sich nicht ohne Weiteres der gemeine Wert des Kunstwerks ableiten. Doch mögen zeitnahe Anschaffungskosten im Einzelfall eine sachgerechte Ausgangsgröße für die Wertermittlung bilden. Der BFH (DStRE 02, 460) betont im Übrigen, dass zur Ermittlung des gemeinen Werts ein Verkauf zu einem bestimmten Stichtag zu fingieren ist. Gehört daher zum Nachlass eines Künstlers ein größerer Bestand selbstgeschaffener Werke, die, vorsichtig auf den Markt gebracht, Stück für Stück für 10.000 EUR verkauft werden könnten, die aber zusammengefasst veräußert nur je 2000 EUR erbringen würden, dann ist dieser niedrigere Wert zu Grunde zu legen, weil der Erwerber im Zweifel nur diesen Geldbetrag zum Stichtag als Verkaufspreis realisieren kann. 21

6. Urheber- und Patentrechte

Die Ermittlung des gemeinen Werts eines **Urheberrechts** kann nicht wie eine wiederkehrende Nutzung (s Anm 88 ff) erfolgen; jedoch kann der kapitalisierte Reinertrag als Anhalt für die Bewertung dienen (s BFH BStBl III 66, 348; s auch RFH RStBl 33, 125). Ein noch nicht ausgenutztes Patent hat nur bei sicheren Verwertungsaussichten am Bewertungsstichtag einen ansetzbaren Wert (RFH RStBl 34, 578). IdR wird der gemeine Wert eines Urheberrechts/Patentrechts in der Weise ermittelt, dass der Anspruch auf die in wiederkehrenden Zahlungen bestehende Gegenleistung, die für die Ausnutzung des Rechts aufgebracht werden muss, unter Berücksichtigung des marktüblichen Zinssatzes kapitalisiert wird. Dabei ist von einer Laufzeit der Zahlungen von acht Jahren auszugehen (R B 9.2 ErbStR). 22

Der gemeine Wert **einseitiger Sachleistungsansprüche,** wie der Vermächtnisforderung (§ 3 Anm 45 f), richtet sich, sofern nicht besondere Risiken hinsichtlich der Einforderung bestehen, nach dem gemeinen Wert des Gegenstandes, der geleistet 23 werden soll. Bis einschließlich 2008 war umstritten, ob der Vermächtnisanspruch nicht in sachgerechter Weise mit dem niedrigeren StWert des Vermächtnisgegenstandes angesetzt werden muss, weil kaum denkbar ist, dass der Anspruch auf Leistung eines Gegenstandes höher bewertet werden kann als der zu leistende Gegenstand selbst (Überblick über die kontroverse Diskussion in der 14. Aufl Anm 23). Die FinVerw (R B 9.1 II ErbStR) spricht sich unverändert für den niedrigeren Ansatz aus und bestimmt: „Sachvermächtnisse sind mit dem Steuerwert des Vermächtnisgegenstandes anzusetzen". Die FinVerw folgt in dieser Frage der Rspr des BFH (BStBl II 97, 820; ZEV 06, 373), doch hatte das Gericht in der letzten Zeit wiederholt Zweifel geäußert, ob an dieser Linie auch künftig festgehalten werden kann (BFH BStBl II 04, 1039; 07, 461). Für Verschaffungs- und Kaufrechtsvermächtnisse hatte es die frühere Linie bereits verlassen (BFH BStBl II 07, 461; 08, 982). Schließlich hatte das Gericht die Fortführung seiner bisherigen Rspr nur noch bis zum Ende 2008 bestätigen wollen (BFH/NV 08, 1379). Mit dem ErbStRG 2009 und der Abschaffung der niedrigen StWerte hat diese Kontroverse jedoch nunmehr ihre frühere Brisanz verloren. Der Vermächtnisgegenstand und die Vermächtnisforderung sind mit dem gemeinen Wert des Gegenstandes zu bewerten. Nur eine Besonderheit wird vermutlich bleiben: Gehört der Vermächtnisgegenstand zum Nachlass, wird die Vermächtnisforderung mit dem Wert bewertet werden müssen, der nach den Abs 2, 3, 5 und 6 gesondert festgestellt worden ist. Gehört der Vermächtnisgegenstand dagegen wie im Fall des Verschaffungsvermächtnisses nicht zum Nachlass, wird es an einem gesondert festgestellten Wert fehlen, so dass der gemeine Wert der Vermächtnisforderung freihändig bestimmt werden muss. Dabei sollte die Erkenntnis berücksichtigt werden, die der RFH (RStBl 29, 562; vgl auch RStBl 40, 363) von *Enno Becker* übernommen hat: „Das Recht, einen Gegenstand zu erwerben, kann grundsätzlich keinen höheren Wert haben als der Gegenstand selbst. Wenn die Steuergesetze eine bestimmte Bewertung für den Gegenstand vorschreiben, so ist diese Bewertung auch maßgebend für das Recht, den Gegenstand zu erwerben" (so im Ergebnis auch R B 103.2 V ErbStR im Hinblick auf einseitige Sachleistungsansprüche).

24 Den gemeinen Wert von **Sachleistungsansprüchen und -verpflichtungen im Gegenseitigkeitsverhältnis** hatte die Rspr des BFH (BFH BStBl II 91, 620; 749; 97, 820) schon früher nach dem Wert der Gegenleistung und damit nach dem gemeinen Wert des Anspruchsgegenstandes bestimmt. Die Rspr ging dabei davon aus, dass die beiderseitigen Ansprüche aus einem noch von keiner Seite erfüllten Kaufvertrag sich wertmäßig decken, was nicht der Fall wäre, wenn dem Nennwert des Geldleistungsanspruchs der von dem niedrigen StWert des Sachleistungsgegenstandes berechnete Sachleistungsanspruch gegenübergestellt würde (vgl BFH BStBl II 92, 248 zu Forderungen und Schulden aus einem Mähdrescherkauf im Bereich der LuF). Wenn der Wert des Sachleistungsanspruchs aus dem Wert der Gegenleistung abgeleitet wird, gleichen sich Forderung und Verbindlichkeit regelmäßig aus. Zwar wird der Begriff des schwebenden Geschäfts als Bezeichnung für ein einheitliches Wirtschaftsgut (BFH BStBl II 91, 620) außerhalb des betrieblichen Bereichs bisher nicht anerkannt (BFH BStBl II 92, 248, 249). Doch führt die Gegenüberstellung und Verrechnung der Kaufpreisforderung und der Sachleistungsverpflichtung im Fall des Kaufs dazu, dass sich beide Posten gegenseitig neutralisieren, so dass sie wie im Fall der Anerkennung eines schwebenden Geschäfts im Ergebnis nicht berücksichtigt werden müssen. Diese Linie hat die Rspr auch auf Sachleistungsansprüche ausgedehnt, die aus einer einseitig bereits erfüllten Gegenseitigkeitsbeziehung stammen (BFH BStBl II 91, 620; 97, 820; FG München UVR 00, 68).

25 Bei der Ermittlung des gemeinen Werts sind nach § 9 II 3 BewG **ungewöhnliche oder persönliche Verhältnisse** (einschließlich Verfügungsbeschränkungen) unberücksichtigt zu lassen. Bei Verfügungsbeschränkungen gilt dies sowohl für solche auf gesetzlicher als auch für solche auf rechtsgeschäftlicher Grundlage, sofern sie in der Person des Stpfl oder seines Rechtsvorgängers begründet sind. Außer den in § 9 III

BewG besonders angeführten testamentarischen Verfügungsbeschränkungen sind in diesem Zusammenhang insb zu nennen: persönliche Verkaufsbeschränkungen bei Aktien und GmbH-Anteilen (RFH RStBl 40, 953; BFH BStBl II 72, 313), Pfandrechte (RFH RStBl 39, 404; 40, 642), Verfügungsbeschränkungen wegen Geschäftsunfähigkeit, Eröffnung des Insolvenzverfahrens, Anordnung der Nachlassverwaltung, Ernennung eines Testamentsvollstreckers, Einsetzung eines Nacherben, Beschlagnahme auf Grund des Zwangsversteigerungsgesetzes. Zu berücksichtigen sind dagegen **nachbarrechtliche Verfügungsbeschränkungen** (§§ 906ff BGB), denn sie haben keinen persönlichen Charakter. Das Lebensalter des Erwerbers ist zwar ein persönliches Verhältnis, kann aber bei der Bewertung von Leibrenten dennoch beachtet werden. Die herrschende Auffassung zählt hierzu aber auch gesellschaftsvertragliche Beschränkungen (hierzu BFH BStBl III 59, 155) und zwar unabhängig davon, ob sie personenbezogen sind oder als zur Mitgliedschaft gehörend auch von jedem Erwerber mitzuübernehmen sind. Vor dem Hintergrund, dass nach Auffassung des BVerfG als Bewertungsziel ein Annäherungswert zum Verkehrswert verfassungsrechtlich geboten ist, erscheint es jedoch im Rahmen verfassungskonformer Auslegung angezeigt, nur solche persönlichen und ungewöhnlichen Verhältnisse und insb nur solche Verfügungsbeschränkungen und gesellschaftsvertraglichen Sonderrechte unberücksichtigt zu lassen, die höchstpersönlich sind und nicht im Rahmen des Erwerbs automatisch auf den Käufer übergehen. Jegliche mit dem Erwerb des Wirtschaftsguts, bei einer Gesellschaftsbeteiligung somit mit Erwerb der Mitgliedschaft, vom Käufer mitzuerwerbenden Rechte und Pflichten beeinflussen hingegen den am Markt erzielbaren Preis und sind daher bei der Bewertung zu berücksichtigen.

7. Teilwert

Der Teilwert stellt eine besondere Ausprägung des gemeinen Werts dar. Auch der Teilwert ist ein Verkaufswert. Er gilt für Wirtschaftsgüter des Betriebsvermögens und unterstellt, dass der Stpfl, der das ganze Unternehmen, zu dem das zu bewertende Wirtschaftsgut gehört, von Todes wegen oder durch Schenkung unter Lebenden erworben hat, es nach dem Erwerb verkauft. Bei dem im Bewertungsverfahren unterstellten Verkauf soll beachtet werden, dass sich für das einzelne Wirtschaftsgut wegen seiner Zugehörigkeit zum Unternehmen ein höherer Preis erzielen lässt, als wenn es isoliert verkauft würde. Dieser Mehrwert soll im Teilwert berücksichtigt werden. Obwohl es um einen Verkaufspreis geht, soll der Teilwert sich doch an dem Betrag orientieren, den der Käufer (nicht der Verkäufer!) des Unternehmens für das Wirtschaftsgut ansetzen würde. Das stimmt mit der Konzeption des § 9 BewG nicht voll überein. § 10 BewG sah früher vor, dass Wirtschaftsgüter, die einem Unternehmen dienen, „in der Regel“ mit dem Teilwert anzusetzen sind. Der Teilwert hatte damit für das Betriebsvermögen den Charakter eines tragenden Bewertungsprinzips. Seit dem StReformG 1992 sollte der Teilwert für die Wirtschaftsgüter des Betriebsvermögens jedoch nur noch dann herangezogen werden, wenn und „soweit nichts anderes vorgeschrieben ist“. Da zugleich § 109 BewG die Steuerbilanzwerte oder die ertragsteuerlichen Werte für maßgeblich erklärte, die regelmäßig aus den Kostenwerten abgeleitet sind, und in diesem Sinne etwas anderes vorgeschrieben hatte, kam der Teilwert seit 1992 nur noch ausnahmsweise zum Zuge. Nach den erneuten Reformschritten durch das ErbStRG 2009 steht nunmehr die Gesamtbewertung des Unternehmens nach Ertragswertgesichtspunkten im Vordergrund. Der Wert der einzelnen Wirtschaftsgüter des Betriebs ist regelmäßig gar nicht mehr zu erfassen. Nur iRd § 11 II 3 BewG, nämlich dann, wenn der Substanzwert des Betriebsvermögens als Untergrenze der Bewertung aufgesucht werden soll, kommt es auf den Wert der Einzelwirtschaftsgüter an. Für diese Bewertung schreibt § 11 II 3 BewG aber nunmehr den Ansatz des gemeinen Werts und nicht des Teilwerts vor. Damit hat die Vorschrift, soweit ersichtlich, ihren Anwendungsbereich weitgehend verloren. 26

8. Kurswert

27 Börsennotierte Wertpapiere, insb **Aktien,** sowie Schuldbuchforderungen sind nach § 11 I BewG mit dem Kurswert anzusetzen. Als Kurswert gilt der jeweils niedrigste am Stichtag im regulierten Markt notierte Kurs. Entsprechendes gilt für den Freiverkehr. Fraglich ist, unter welchen Umständen vom Börsenkurs am Stichtag abgewichen werden kann. Nach § 11 III BewG wird für **Aktienpakete** der Ansatz des höheren gemeinen Werts vorgeschrieben. Damit wird der Weg zu einem **(Paket-) Zuschlag** eröffnet. In der Praxis wird im Allgemeinen bei Beteiligungen zwischen 25 und 50% des Nennkapitals ein Zuschlag von 5 bis 10%, bei Beteiligungen zwischen 50 und 75% ein Zuschlag von 10 bis 20% und bei Beteiligungen über 75% ein Zuschlag von 25% vorgenommen. Welcher Zuschlag im Einzelfall angemessen ist, richtet sich nach den Umständen dieses Falles (Einzelheiten zum Paketzuschlag in R B 11.6 ErbStR; Kritik Anm 47). Ein Paketzuschlag kann nur berücksichtigt werden, wenn der Stpfl das Aktienpaket durch den stpfl Vorgang selbst erworben hatte. Sind ihm Aktien zugefallen, die sich erst in seiner Hand zu einem Aktienpaket verdichten, so werden zwar durch den Erwerb seine Aktien, die er schon vor dem Erwerb hatte, werthaltiger. Dieser Wertzuwachs ist jedoch nicht Teil seines Erwerbs durch Erbanfall oder durch Schenkung und muss daher stlich unberücksichtigt bleiben. Auch der besondere Wert, den die hinzu erworbenen Aktien dadurch haben, dass sie in der Hand des Stpfl Teil eines Aktienpakets werden, wird in der Bewertung nicht erfasst (vgl Anm 19 und R B 11.6 VII ErbStR). Der Ansatz eines niedrigeren gemeinen Werts und damit eines **(Paket)-Abschlages** ist nicht vorgesehen, obwohl sich schon mehrfach gezeigt hat, dass die Börsenkurse beim gebündelten Angebot eines größeren Aktienbestandes (zB Angebot von Telekom-Aktien durch die Deutsche Bank) sogleich nachhaltig nachgeben. Der unabhängig von einem solchen Angebot errechnete Börsenkurs auf den Bewertungsstichtag wäre daher in Wahrheit nicht zu erzielen gewesen. Der BFH (ZEV 02, 331, 332) betont, dass „zur Ermittlung des gemeinen Werts … ein Verkauf auf einen bestimmten Stichtag zu fingieren" ist, und zwar der gleichzeitige Verkauf aller zum Erwerb gehörenden, mit dem Verkaufswert zu bewertenden Posten. Es fragt sich daher, ob die im gemeinen Wert unterstellte Verkaufssituation nicht auch bei der Ermittlung der Kurswerte mitbedacht werden muss (vgl *Meincke,* FS Wiedemann, 2002, 105; vgl ferner für den Verkaufswert von Kunstwerken Anm 21). Nach der Rspr konnte im Übrigen ursprünglich von solchen Kursen abgewichen werden, die durch außergewöhnliche Umstände so beeinflusst waren, dass sie unter Berücksichtigung der jeweiligen Börsensituation und aller speziell für die Aktien der Gesellschaft geltenden Gesichtspunkte irreal und ohne jede Beziehung zum inneren Wert der Aktien waren (RFH RStBl 35, 1485; 37, 625; BFH BStBl III 65, 732). Diese grundsätzliche Linie ist durch die Entscheidung des BFH BStBl II 77, 427 eingeschränkt worden. Danach soll ein Abweichen vom Börsenkurs nur noch in Frage kommen, wenn die vorgenannten Gründe so schwerwiegend waren, dass sie die Voraussetzungen für eine Streichung des Börsenkurses erfüllten (s auch BFH BStBl II 74, 656). Nunmehr muss diese RsprLinie erneut überprüft werden. Denn der Börsenkurs kann als Bewertungsmaßstab nach der Entscheidung des BVerfG (BStBl II 07, 192) nur noch dann akzeptiert werden, wenn er sich als Ausprägung des gemeinen Werts darstellt. Der gemeine Wert ist ein Verkaufswert. Der Erwerber wird als Verkäufer gedacht. Es geht um den Kaufpreis, den er unter den gegebenen Bedingungen erzielen kann. Ein Erwerber kann die Wertpapiere regelmäßig nicht schon zum Besteuerungszeitpunkt verkaufen. Denn er muss die Verkaufssituation nach dem Erwerb erst herstellen, die Bank von seinen Verkaufsabsichten unterrichten usw. Der Erwerber kann daher den Kurswert zum Besteuerungszeitpunkt regelmäßig nicht erzielen. Wenn der Kurswert zum Besteuerungszeitpunkt trotzdem als Ausdruck des gemeinen Werts herangezogen werden darf, denn deshalb, weil im Zweifel eine relativ gleichmäßige Kursentwicklung unterstellt werden kann, so dass der Kurs-

wert zum Besteuerungszeitpunkt auch den Wert der Verkaufschance widerspiegelt, die dem Stpfl mit dem Wertpapiererwerb zugefallen ist. Bei stark schwankenden Kursen passt diese Annahme jedoch nicht. Hier muss deshalb bei Berücksichtigung der verfassungsrechtlichen Vorgaben entgegen der bisher vorherrschenden Auffassung auf den Kurswert abgestellt werden, den der Stpfl nach seinem Erwerb selbst hätte realisieren können. Anteile oder Aktien, die Rechte an einem Investmentvermögen iSd Kapitalanlagegesetzbuchs verbriefen, sind im Übrigen nach § 11 IV BewG mit dem Rücknahmepreis anzusetzen (R B 11.1 V ErbStR; Anm 53).

IV. Die Bewertung zum Nennwert oder Kapitalwert (Abs 1 iVm §§ 12 bis 16 BewG)

Kapitalforderungen (§ 12 BewG) sind Geldzahlungsansprüche, die auf einmalige Leistung oder auf Ratenzahlung als Teilleistung für einen bestimmten, von vornherein feststehenden Geldbetrag gerichtet sind. Sie sind zu unterscheiden von den **Sachleistungsansprüchen,** die nicht auf Geldzahlung, sondern auf die Übereignung anderer, beweglicher oder unbeweglicher Objekte gerichtet sind und deren Wert sich nach dem Wert des Anspruchsgegenstandes richtet (Anm 23). Daher gilt für Sachleistungsansprüche auch nicht § 12 III BewG (näher § 9 Anm 28). Kapitalforderungen sind auch von den **Rentenforderungen** zu unterscheiden, für die die Bewertung in den §§ 13ff BewG geregelt ist. Rentenforderungen sind wie Kapitalforderungen auf Geldzahlung gerichtet. Im Vordergrund steht aber das Rentenstammrecht, aus dem die wiederkehrenden Bezüge folgen, und nicht der insgesamt zu zahlende, möglicherweise in Teilleistungen (Raten) aufzubringende Geldbetrag. Ratenkapitalforderungen und in der Laufzeit sehr beschränkte Zeitrenten stehen sich allerdings in der Praxis sehr nahe. Zu den Kapitalforderungen iSd § 12 BewG werden auch typische **stille Beteiligungen** und **Unterbeteiligungen** gerechnet. **Schulden** iSd § 12 BewG sind die den Kapitalforderungen entsprechenden, auf einmalige Leistung oder auf Ratenzahlung gerichteten Geldleistungspflichten. 28

1. Bewertung zum Nennwert

Kapitalforderungen und Schulden sind nach § 12 I BewG mit dem Nennwert anzusetzen. Nennwert ist der Einlösungsbetrag, dessen Zahlung der Gläubiger bei Fälligkeit der Forderung ohne Berücksichtigung ausstehender Zinsen verlangen kann. Auch langfristig gebundene Forderungen, deren Einlösung also erst zu einem wesentlich späteren Zeitpunkt verlangt werden kann, sind zum Nennwert zu berücksichtigen (BFH BStBl III 59, 262), sofern der Nachteil der langfristigen Bindung durch entsprechende Zinszahlungen ausgeglichen wird. Denn beim Nennwertansatz wird eine übliche Verzinsung unterstellt. Als üblich gilt bei längeren Laufzeiten eine Verzinsung zwischen 3 und 9%. Erst wenn diese Marken unter- oder überschritten werden, kommt ein Abweichen vom Nennwert in Betracht. Zum Nennwert wird auch der Betrag gerechnet, den der Schuldner, statt ihn an den Gläubiger auszuzahlen, im Fall des Quellenabzugs der St an das FA zu zahlen hat. Weil der StBetrag als Teil des Nennwerts gilt, kommt es bei der Bewertung von Kapitalforderungen mit dem Nennwert in Fällen des Quellenabzugs zu einer St auf die St, was, soweit diese Doppelbesteuerung nicht durch § 35b EStG verhindert wird, aus steuersystematischen Gründen nur widerstrebend akzeptiert werden kann. An die Stelle des Nennwerts tritt bei noch nicht fälligen **Ansprüchen aus Lebens-, Kapital- oder Rentenversicherungen** nach § 12 IV 1 BewG der **Rückkaufswert,** der dem Rücknahmepreis für Anteile an Kapitalanlagegesellschaften entspricht (Anm 27) und den auch der BGH (ZEV 10, 305) bei der Berechnung des Pflichtteilsergänzungsanspruchs nach 29

§ 2325 BGB als Ausdruck des Verkehrswerts der noch beim Erblasser erfassten und daher noch nicht fälligen Lebensversicherung ansieht.

30 Eine **Bewertung über dem Nennwert** ist bei Forderungen oder Schulden geboten, deren Zinssatz über 9% hinausgeht, wenn die Zinsleistung noch für mindestens vier Jahre verlangt werden kann und wenn der Forderung keine wirtschaftlichen Nachteile gegenüber stehen (R B 12.1 II ErbStR). In einem solchen Fall ist dem Nennwert der Kapitalwert der über 9% hinausgehenden Jahreszinsen hinzuzurechnen. Eine **Bewertung unter dem Nennwert** kommt bei Forderungen und Schulden in Betracht, die für mindestens vier Jahre unkündbar sind und für die keine oder weniger als 3% Zinsen gezahlt werden. Eine Bewertung unter dem Nennwert ist auch dann gerechtfertigt, wenn die Durchsetzbarkeit der Forderung – wie im Fall der Verjährung – zweifelhaft ist. Verjährte Forderungen, mit deren Begleichung gleichwohl zu rechnen ist, sind zum Nennwert anzusetzen, verjährte Schulden, die vom Erben beglichen werden, sind uneingeschränkt abzugsfähig. Uneinbringliche Forderungen bleiben ganz außer Ansatz (§ 12 II BewG). Das kann aber für Forderungen nicht gelten, mit deren Erfüllung nicht gerechnet werden kann, die aber unverändert die Basis für Zinszahlungen bieten und von daher doch einen Geldwert verkörpern. Unverzinsliche Forderungen und Schulden werden abgezinst, weil man mit dem Anspruch, später einen bestimmten Geldbetrag zu erhalten, weniger anfangen kann, als wenn man den Nennwert der Forderung jetzt zur Verfügung hätte. Forderungen und Schulden werden mit einem Zinssatz von 5,5% unter Berücksichtigung von Zinseszinsen abgezinst (§ 12 III 2 BewG; BFH BStBl II 92, 990). Dabei ist der Kapitalwert der jährlichen Zinsersparnis vom Nennwert abzuziehen. Die Abzinsung führt zu einem Gegenwartswert, der bei langfristig unverzinslichen Forderungen weit unter dem Nennwert liegen kann, schon bei einer Laufzeit von 13 Jahren weniger als die Hälfte des Nennwertes umfasst und zB bei einer Laufzeit von 44 Jahren unter ein Zehntel des Nennwertes zusammenschmilzt.

31 **Wiederkehrende Nutzungen oder Leistungen** sind nach den §§ 13 bis 16 BewG mit dem **Kapitalwert** zu bewerten. Unter Kapitalwert wird der Gegenwartswert der zukünftigen Nutzungen oder Leistungen zum Bewertungsstichtag verstanden. Als Nutzungen oder Leistungen werden Rechte benannt, die den Charakter eines Stammrechts haben, aus dem für den Rechtsinhaber die Befugnis fließt, den Gegenstand eines anderen zu nutzen oder von dem anderen wiederkehrende Leistungen, insb Geldzahlungen, zu verlangen. Das Stammrecht kann dinglichen oder schuldrechtlichen Charakter haben. Zur Ermittlung des Kapitalwerts dieser Stammrechte unterscheidet § 13 BewG Nutzungen oder Leistungen, die auf bestimmte Zeit beschränkt eingeräumt wurden, deren Enddatum damit sicher und bestimmt ist (Abs 1), von Nutzungen oder Leistungen von unbestimmter Dauer, deren Enddatum sicher, aber unbestimmt ist (Abs 2). Einen Sonderfall der Nutzungen oder Leistungen von unbestimmter Dauer bilden die auf die Lebenszeit des Berechtigten oder Verpflichteten gestellten Nutzungen oder Leistungen (§ 14 BewG). Ihnen stehen die immerwährenden Nutzungen oder Leistungen gegenüber, deren Enddatum (jedenfalls für absehbare Zeit) ungewiss und unsicher ist (BFH BStBl II 70, 591). Der Kapitalwert des Stammrechts wird mit einem Vielfachen des Jahreswerts der Nutzungen oder Leistungen festgestellt. Der Ausgangswert für die Ermittlung des Kapitalwerts ist daher der Jahreswert, zu dessen Ermittlung § 15 BewG Regelungen vorbringt. Die Berechnung des Kapitalwerts eines zu Nutzungen berechtigenden Stammrechts nach dem Vielfachen des Jahreswerts könnte dazu führen, dass der Wert des Nutzungsrechts in ein unangemessenes Verhältnis zum Wert des genutzten Objekts gerät, wenn für das genutzte Objekt ein besonders niedriger Wertansatz vorgesehen ist. Um dies zu verhindern, sieht § 16 BewG eine Begrenzung des Jahreswerts von Nutzungen vor, der eine Rendite des genutzten Objekts von ca 5,5% nicht übersteigen soll. Nach der vom Verfassungsrecht vorgeschriebenen einheitlichen Orientierung der Bewertung am gemeinen Wert muss die Rechtfertigung dieser Begrenzung neu durchdacht werden (dazu Anm 37).

Der Kapitalwert wird aus dem **Jahreswert** des Stammrechts (§ 15 BewG) abgeleitet. Man unterscheidet den aus Geldbeträgen zu summierenden Jahreswert (gebildet zB aus der Summe der Rentenleistungen eines Jahres) von dem durch Bewertung zu ermittelnden Jahreswert und dem durch die Höchstwertberechnung des § 16 BewG gesetzlich eingeschränkten Jahreswert. Der zuerst genannte Jahreswert wird aus dem Reinwert der dem Berechtigten zufließenden Zahlungen ermittelt. Dabei sind St, die in der Person des Berechtigten entstehen, bei der Ermittlung des Jahreswerts nicht abzugsfähig (BFH BStBl II 87, 175; FG Münster EFG 02, 627). Das gilt auch für einbehaltene St mit Quellenabzug (BFH BStBl II 68, 338, 340; 79, 562; 84, 539). Als Jahreswert eines Nießbrauchs gilt der erzielbare Reinertrag (RFH RStBl 30, 591, 764) nach Abzug der vom Nießbraucher zu tragenden Kosten (RFH RStBl 30, 448). Diese Kosten können ganz erheblich sein und dürfen daher keinesfalls vernachlässigt werden. Denn der Nießbraucher hat für die Erhaltung des Gegenstandes in seinem Bestand zu sorgen, er hat die gewöhnlichen Unterhaltungskosten zu übernehmen, den zur Nutzung überlassenen Gegenstand zu versichern und die auf ihm ruhenden gewöhnlichen Lasten (einschließlich des Kapitaldienstes!) zu tragen (§§ 1041, 1045, 1047 BGB). Der Jahreswert eines Nießbrauchs am Gesellschaftsanteil ist regelmäßig auf der Basis der Betriebsergebnisse der drei Vorjahre zu ermitteln und aus dem entnahmefähigen Teil des Gewinns abzuleiten. Sind in den Vorjahren Gewinnausschüttungen unterlassen worden, ist darauf abzustellen, welche Erträge bei ordnungsmäßiger Verwaltung der Geschäftsanteile in den kommenden drei Jahren voraussichtlich erwirtschaftet werden können (FG Düsseldorf EFG 07, 1968). Der Jahreswert eines Rechts auf nicht in Geld bestehende Nutzungen oder Leistungen ist durch Bewertung zu ermitteln. Beispiele bilden ein Wohnrecht oder ein Altenteil. Sie sind nach § 15 II BewG mit den üblichen Mittelpreisen des Verbrauchsorts anzusetzen. Bei einem Altenteil bedeutet dies, dass der Betrag aufzufinden ist, den der Verpflichtete nach den örtlichen Marktverhältnissen aufbringen muss, um seine Leistungspflicht zu erfüllen. Als Jahreswert einer Nutzung oder Leistung, die in ihrem Umfang ungewiss ist oder Schwankungen unterliegt, ist der Betrag anzusetzen, der aus der Sicht des Stichtages im Durchschnitt voraussichtlich wird erzielt werden können. Bei der Prognose dieses Durschnittswerts können aus der Sicht der FinVerw (R B 13 ErbStR) ausnahmsweise auch Ereignisse berücksichtigt werden, die in nicht allzu langer Zeit nach dem Bewertungsstichtag eingetreten sind. 32

Der Kapitalwert eines Rechts auf wiederkehrende, **zeitlich begrenzte Nutzungen oder Leistungen** ist mit einem nach der Laufzeit des Rechts gestaffelten Vielfachen des Jahreswerts anzusetzen. Als Laufzeit des Rechts ist der mit dem Besteuerungsstichtag einsetzende Zeitraum der noch laufenden Bezugsberechtigung gemeint. Eine Tabelle der Vervielfacher enthält die Anlage 9a zum BewG, auf die § 13 I 1 BewG verweist. Zu Einzelfragen nimmt die FinVerw in gleichlautenden Ländererlassen Stellung (BStBl I 10, 810). § 13 I 2 BewG nennt als Unterfall des Rechts auf zeitlich begrenzte Nutzungen oder Leistungen auch ein Recht, das zugleich zeitlich begrenzt und vom Leben einer oder mehrerer Personen abhängig gemacht ist. Bei ihrer Bewertung darf der Kapitalwert von Leibrenten nach § 14 BewG nicht überschritten werden. Man unterscheidet in diesem Zusammenhang Höchst- und Mindestzeitrenten. Die **Höchstzeitrente** (abgekürzte Leibrente) wird bis zum Tod des Berechtigten, höchstens aber bis zum Ablauf der bestimmten Frist gewährt. Mit dem Tod des Berechtigten erlischt die Rente in jedem Fall. Der frühzeitige Tod des Berechtigten kann die Laufzeit der Rente abkürzen. Die **Mindestzeitrente** (verlängerte Leibrente) wird ebenfalls bis zum Tod des Berechtigten gewährt. Der frühzeitige Tod des Berechtigten führt jedoch nicht zur Abkürzung der vertraglich bestimmten Laufzeit. Ggf ist daher die Rente auch über den Tod des Berechtigten hinaus an seine Hinterbliebenen zu gewähren. Im Fall der Höchstzeitrente wird der nach § 13 I BewG ermittelte Kapitalwert durch den Kapitalwert nach § 14 BewG begrenzt. Dies gilt auch für den Fall, dass eine Rente, die für eine bestimmte Zeit vereinbart ist, beim Tod des letzten Mitglieds einer Familie erlöschen soll. Die Rente ist dann mit dem sich nach § 13 I 1 BewG ergebenden Kapital- 33 wert, höchstens jedoch mit dem Wert anzusetzen, der sich für das Lebensalter des betreffenden Familienmitglieds nach § 14 BewG ergibt (BFH BStBl II 72, 665). Im Fall der Mindestzeitrente ist der jeweils höhere Vervielfältiger der Tabelle zu § 13 I BewG (Anlage 9a zum BewG) oder der vom BMF zu § 14 I BewG im BStBl I (für Bewertungsstichtage im Jahre 2017 BMF BStBl I 16, 1166) veröffentlichten Tabelle anzuwenden (vgl BFH BStBl II 82, 11).

34 Der Kapitalwert eines Rechts auf wiederkehrende, **zeitlich nicht begrenzte Nutzungen oder Leistungen,** deren Ende zwar absehbar ist, aber zeitlich nicht klar fixiert werden kann, ist nach § 13 II BewG mit dem 9,3fachen des Jahreswerts zu bewerten. Damit wird eine Laufzeit des Rechts von ungefähr 13 Jahren zugrunde gelegt. Für das Recht auf **immerwährende Nutzungen oder Leistungen,** deren Ende nicht abgesehen werden kann, wird das 18,6fache des Jahreswerts vorgesehen. Dem Stammrecht wird damit ein Wert zugeschrieben, für den der Jahreswert eine Verzinsung von ca 5,5% zum Ausdruck bringt.

35 Der Kapitalwert eines Rechts auf **lebenslängliche Nutzungen oder Leistungen** ist nach § 14 BewG durch Vervielfältigung des Jahreswerts unter Berücksichtigung des Lebensalters der Person (des Gläubigers oder des Schuldners) zu ermitteln, von dessen Leben die Dauer der Nutzung oder Leistung abhängen soll. Der maßgebliche Vervielfältiger wird vom BMF im BStBl I (Anm 33) veröffentlicht. § 14 I 3 BewG schreibt zusätzlich vor, dass der Kapitalwert unter Berücksichtigung von Zwischenzinsen und Zinseszinsen mit einem Zinssatz von 5,5% als Mittelwert zwischen dem Kapitalwert für jährlich vorschüssige und jährlich nachschüssige Zahlungsweise zu berechnen ist.

2. Sonderregeln

36 Das Recht auf lebenslängliche Nutzungen oder Leistungen wird mit einem hohen Wert angesetzt, wenn derjenige, von dessen Lebenszeit die Dauer des Rechts abhängt, zum Stichtag jung ist. Ihm wird eine lange Lebenszeit und damit ein großer Umfang der ihm zufließenden Nutzungen oder Leistungen zugerechnet. Stirbt er weit vor dem prognostizierten Termin, so zeigt sich, dass das Recht zu hoch bewertet worden war. § 14 II BewG sieht für diese Fälle eine nach dem Alter abgestufte Korrekturmöglichkeit vor. Dieselbe Korrekturmöglichkeit gibt es bei Nutzungen oder Leistungen, deren Dauer von einem anderen Ereignis als der Lebenszeit eines Beteiligten abhängt, nicht. Ist eine lange Dauer aus der Sicht des Stichtages geschätzt worden und trifft diese Prognose nicht zu, dann wird der Gedanke des § 14 II BewG nicht entsprechend herangezogen. Doch erlauben § 13 III und § 14 IV BewG den Rückgriff auf den niedrigeren gemeinen Wert aus anderen Gründen, zB wenn der Rentenschuldner in Insolvenz gerät. Dieser Rückgriff gilt gegenüber dem Kapitalwert des Rentenrechts. Ob er auch dann zum Zuge kommen kann, wenn der Stpfl statt der Versteuerung nach dem Kapitalwert die Versteuerung nach dem Jahreswert gewählt hat (§ 23 ErbStG), wird bezweifelt (FG Münster EFG 08, 1813).

3. Begrenzung des Jahreswerts von Nutzungen (§ 16 BewG)

37 Der Wert des Rechts, Nutzungen aus einem Gegenstand zu ziehen, soll stets in einem angemessenen Verhältnis zu dem Wert des Gegenstandes selbst stehen. Um dieses Verhältnis zu wahren, wird der Jahreswert von Nutzungen begrenzt. Er darf nicht mehr als 5,5% des Werts des Gegenstandes ausmachen. Eine entsprechende Begrenzung des Werts von Leistungen gibt es nicht, weil bei den Leistungen die Beziehung zu dem Wert eines Gegenstandes fehlt. 5,5% ergeben sich, wenn man den Wert des Gegenstandes mit 100% ansetzt und diesen Wert durch 18,6 teilt. So kommt die Regelung des § 16 BewG zustande. § 16 BewG war nach früherer Auffassung bei der Ermittlung des Verkehrswerts von Nutzungen nicht anzuwenden, weil sich § 16

BewG auf den StWert des genutzten Wirtschaftsguts bezieht, sich damit vom Verkehrswert entfernte und aus diesem Grund als eine bewertungsrechtliche Sonderregelung verstanden werden musste (BFH BStBl II 11, 363; R 17 V 3 ErbStR 2003). Das BVerfG (BStBl II 07, 192, 203) verlangt jedoch für den Bereich des geltenden Rechts, dass sich die Bewertung am gemeinen Wert und damit am Verkehrswert orientiert. Das gilt auch für die Bewertung von Nutzungen. Wenn also die Begrenzung des Jahreswerts unter Anwendung des § 16 BewG auf einen dem Verkehrswert angeglichenen gemeinen Wert der Nutzungen nicht passt, dann fragt sich, ob diese Regelung auch nach der Entscheidung des Verfassungsgerichts unverändert beibehalten werden kann. Fraglich ist auch, ob der Grundgedanke der Vorschrift, dass nämlich das Nutzungsrecht an einem Wirtschaftsgut stets weniger wert sein muss als das Eigentum daran, ausnahmslos zutrifft. Dem Nutzungsberechtigten fehlt das Verwertungsrecht. Dafür treffen ihn aber ggf Lasten nicht, die der Eigentümer zu tragen hat. Im Einzelfall kann das Nutzungsrecht daher gegenüber dem Eigentum durchaus Vorteile aufweisen. Auch deswegen ist die generelle Norm des § 16 BewG nicht unbedenklich. Entgegen dem NdsFG (EFG 12, 2305), welches im Rahmen verfassungskonformer Auslegung § 16 BewG nur auf die vor der ErbStReform 2009 geltenden Bewertungsvorschriften anwenden wollte und im seitdem geltenden Bewertungsrecht hierfür keinen Raum mehr sah, hat jedoch der BFH (BStBl II 14, 554) entschieden, dass auch im neuen Recht die Jahreswertbegrenzung Anwendung zu finden hat. § 16 solle gewährleisten, dass der Kapitalwert der Nutzungen eines Wirtschaftsguts nicht höher angesetzt werde als das genutzte Wirtschaftsgut selbst. Diese Zielsetzung sei auch sachgerecht und folgerichtig und werde durch § 16 BewG verfassungskonform verwirklicht. Eine Ausnahme macht das Gericht lediglich für den Fall, dass das Nutzungsrecht bereits beim sachverständigen Nachweis eines niedrigeren als sich nach den bewertungsrechtlichen Vorschriften ergebenden Wertes berücksichtigt wurde (§ 198 BewG), was im neuen Recht möglich ist (Argument aus § 198 S 2 BewG und § 10 VI 6). § 16 BewG sei vielmehr eine Sonderregelung zur Ermittlung des „Steuerwerts“ einer Nutzung.

V. Die Bewertung nicht notierter Anteile an Kapitalgesellschaften (Abs 2 iVm § 11 Abs 2 BewG)

1. Nicht notierte Anteile an Kapitalgesellschaften

§ 12 II bringt eine Regelung für Anteile an Kapitalgesellschaften, für die ein Wert **38**
nach § 151 I 1 Nr 3 BewG festzustellen ist. § 151 I 1 Nr 3 BewG verweist weiter auf § 11 II BewG. § 11 BewG unterscheidet zwischen Anteilen an Kapitalgesellschaften, die in Wertpapieren verbrieft und an einer deutschen Börse zum Handel zugelassen sind (Abs 1 S 1), von solchen Anteilen, die nicht unter Abs 1 fallen (Abs 2 S 1). Die unter § 11 I BewG fallenden börsengängigen Anteile sind mit dem Kurswert anzusetzen. Die unter § 11 II BewG fallenden, nicht notierten Anteile, auf die die Verweisung in § 12 II sich im Ergebnis bezieht, werden mit dem gemeinen Wert angesetzt. Der Prototyp für die Wertpapiere, die unter § 11 I BewG fallen, sind die Aktien. Als Prototyp der von § 12 II angesprochenen Anteile nach § 11 II BewG werden im Folgenden die **GmbH-Anteile** behandelt. Nur von ihnen ist in den nachstehenden Anmerkungen die Rede.

GmbH-Anteile sind nach § 11 II 1 BewG mit dem **gemeinen Wert** anzusetzen. **39**
Das ist nach der BVerfG-Entscheidung (BStBl II 07, 192), die nur noch den gemeinen Wert zur Bewertung akzeptiert, im Grunde selbstverständlich und brauchte auch angesichts des § 9 BewG nicht ausdrücklich ausgesprochen zu werden. Der Hinweis ist dennoch bedeutsam. Denn er zeigt den Rahmen auf, in den sich die anschließend aufgeführten Wertermittlungsmethoden einfügen müssen. Wird der gemeine Wert

durch sie verfehlt, sind Korrekturen angebracht. Der Einwand, dass der gemeine Wert mit den vorgesehenen Methoden im Einzelfall nicht erreicht werden kann, ist in jedem Fall zu beachten.

40 Der Wert erworbener GmbH-Anteile wird im Ergebnis nicht durch den Stpfl, sondern **durch die FinVerw festgestellt.** Das bestimmt § 151 I 1 Nr 3 BewG. Dem Stpfl kann daher in der Anzeige seines Erwerbs entgegen § 30 IV Nr 3 keine abschließende Wertangabe hinsichtlich des ihm zugefallenen Anteils zugemutet werden. Für die Bewertung bedeutsame Feststellungserklärungen dürfen nicht vom Stpfl, sondern nur von der GmbH verlangt werden (§ 153 III BewG). Die maßgebliche Bewertungsentscheidung trifft die FinVerw. Die Bewertungsentscheidung gilt für den jeweiligen Einzelfall, kann aber einer innerhalb einer Jahresfrist folgenden Wertfeststellung für denselben Anteil unverändert zugrunde gelegt werden, wenn sich die für die erste Bewertung maßgeblichen Stichtagsverhältnisse nicht wesentlich geändert haben (§ 151 III 1 BewG). Die Wertfeststellung wird unabhängig vom StBescheid getroffen und ist mit Rechtsbehelfen selbstständig angreifbar (§ 155 BewG). Weil es die FinVerw ist, die die Bewertungsentscheidung endgültig trifft, richten sich die Vorschriften § 11 II BewG über die Methoden der Bewertung vornehmlich an sie.

41 § 11 II BewG nennt **vier Methoden** zur Ermittlung des gemeinen Werts der Anteile. Der Wert kann **(1.)** aus zeitnahen Verkäufen unter fremden Dritten abgeleitet werden. Er kann **(2.)** unter Berücksichtigung der Ertragsaussichten der Gesellschaft festgestellt werden; dies erfolgt grundsätzlich sachverständig, jedoch kann der Stpfl auch das sog vereinfachte Ertragswertverfahren wählen, wenn dies nicht zu offensichtlich unzutreffenden Ergebnissen führt. Daneben werden **(3.)** andere, im gewöhnlichen Geschäftsverkehr für nichtsteuerliche Zwecke übliche Methoden anerkannt, die insb maßgeblich werden, wenn ein Erwerber (= Käufer) sie der Bemessung des Kaufpreises zugrunde legen würde. Schließlich wird **(4.)** auch noch auf die Wertermittlungsmethode verwiesen, die die Summe der Werte der zum Betriebsvermögen gehörenden Wirtschaftsgüter und aktiven Ansätze ermittelt und diese Summe um die Summe der zum Betriebsvermögen gehörenden Schulden und sonstige Abzüge kürzt. Während die zunächst genannten Methoden auf die Ermittlung eines Ertragswerts abzielen, wird mit der zuletzt genannten Methode ein Substanzwert erfasst. Der Substanzwert wird allerdings nicht gleichrangig herangezogen. Er soll vielmehr nur die Untergrenze bilden, unter den die Bewertung nicht herabsinken darf.

2. Wertableitung aus Verkäufen

42 Nur vom Bewertungsstichtag aus gesehen zeitnahe Verkäufe erlauben die Wertableitung. Als zeitnah sind nur solche Verkäufe anzusehen, die weniger als ein Jahr zurückliegen (§ 11 II 2 BewG). Maßgebend ist dabei der Zeitpunkt der Einigung über den Kaufpreis (BFH BStBl II 76, 280). Immer müssen die zur Wertableitung herangezogenen Verkäufe **vor dem Bewertungsstichtag** liegen (FG Rh-Pf EFG 97, 49). Vor dem Tag der Bewertung, aber nach dem Stichtag liegende Verkäufe werden nicht als aussagekräftig anerkannt. Das ist schwer einsichtig und bedarf der Überprüfung. Zumindest in Sonderfällen sollten auch nach dem Stichtag vollzogene Kaufabschlüsse berücksichtigt werden können (FG Nürnberg DStRE 09, 91). Der BFH lässt es ausreichen, wenn im StEntstehungszeitpunkt zwar noch kein Verkauf stattgefunden hat, aber die Parteien sich bereits auf einen Mindestkaufpreis verständigt hatten. Eine eher pragmatische Lösung, die sich aber mit § 9 BewG und der verfassungsrechtlichen Zielvorgabe eines Annäherungswertes an den Verkehrswert durchaus vereinbaren lässt. Immer muss es sich bei den zur Wertableitung herangezogenen Verkäufen um Geschäfte handeln, die Anteile derselben Gesellschaft zum Gegenstand haben. Der Wert des Anteils an einer GmbH kann nicht aus dem Wert des Anteils einer anderen GmbH abgeleitet werden, selbst wenn die andere GmbH ähnlich strukturiert und in derselben Branche tätig ist (BFH BStBl III 67, 82). Die Veräußerungserlöse müssen im gewöhnlichen Geschäftsverkehr erzielt worden sein. Es muss sich bei ihnen also um echte Marktpreise handeln (BFH BStBl II 77, 626; 79, 618). Soweit hiernach eine Wertableitung aus Verkäufen in Frage kommt, kann bei unveränderter Marktlage der Verkaufspreis unmittelbar als gemeiner Wert angesprochen werden; bei seither veränderter Marktlage ist der Verkaufspreis entsprechend zu korrigieren. § 11 II 2 BewG spricht von Verkäufen. Es genügt jedoch ein Verkauf, sofern dieser nicht nur einen Zwerganteil zum Gegenstand hat (BFH BStBl II 86, 591). Die Ausgabe neuer Geschäftsanteile an einer GmbH im Rahmen einer Kapitalerhöhung zur Aufnahme eines neuen Gesellschafters kann aus der Sicht der FinVerw (R B 11.2 I ErbStR) als Verkauf iSd § 11 II 2 BewG zur Ableitung des gemeinen Werts der GmbH-Anteile herangezogen werden.

3. Wertableitung aus dem Unternehmenswert

Lässt sich der Anteilswert nicht aus zeitnahen Verkäufen ableiten, ist er nach § 11 II **43**
2 BewG unter Berücksichtigung der Ertragsaussichten der Kapitalgesellschaft zu ermitteln. Bei dieser Ermittlung – bis zur Neufassung des § 11 II BewG durch das ErbStRG 2009 war in diesem Zusammenhang stets von Schätzung die Rede – kann nach § 11 II 4 und § 199 I BewG das vereinfachte Ertragswertverfahren herangezogen werden. Das vereinfachte Ertragswertverfahren wird zur Unternehmensbewertung eingesetzt. Die Verweisung auf dieses Verfahren zeigt, dass der Anteilswert aus dem Unternehmenswert abgeleitet werden soll. In dieselbe Richtung weist § 97 Ib BewG, wenn dort festgelegt wird, dass der gemeine Wert eines Kapitalgesellschaftanteils nach dem Verhältnis des Anteils am Nennkapital der Gesellschaft zum gemeinen Wert des Betriebsvermögens zu ermitteln ist. Auch damit wird deutlich gemacht, dass die vom Gesetz vorgesehenen Methoden zur Bestimmung des Anteilswerts den Unternehmenswert oder den Wert des Betriebsvermögens der Gesellschaft zum Ausgangspunkt nehmen. Während die Summe der Anteilswerte börsengängiger Unternehmen den Betriebsvermögenswert des Unternehmens über- oder unterschreiten kann, werden für nicht börsengängige Unternehmen Anteilswerte angestrebt, die in ihrer Summe den Unternehmenswert widerspiegeln. Seit dem 1.1.2016 sind bei der Aufteilung des Gesamtwerts auf die Anteilswerte allerdings auch Regelungen zu berücksichtigen, die sich auf den Wert des jeweiligen Anteils auswirken. Der insoweit ergänzte § 97 Ib BewG nennt als Regelbeispiel eine vom Verhältnis des Anteils am Nennkapital abweichende Gewinnverteilung.

4. Unternehmenswert vor Anteilswert

Wenn der Anteilswert aus dem Unternehmenswert abgeleitet werden soll, dann **44**
muss die Feststellung des Unternehmenswerts vor der Feststellung des Anteilswerts liegen. Die Vorschriften über die Unternehmensbewertung haben gegenüber den Vorschriften über die Anteilsbewertung Priorität. Das ErbStG geht jedoch den umgekehrten Weg und stellt die Vorschriften über die Ermittlung des Anteilswerts (§ 12 II) vor die Regelungen, die die Ermittlung des Unternehmenswerts betreffen (§ 12 V). Auch das BewG rückt nicht, wie man erwarten sollte, die Unternehmensbewertung in den Mittelpunkt, sondern dreht das Verhältnis von Anteilsbewertung und Unternehmensbewertung um und verweist für die Unternehmensbewertung auf die Vorschriften zur Anteilsbewertung (§ 109 I 2 BewG). Das macht das Gesetz unübersichtlich und vermag auch gedanklich nicht zu überzeugen. Dem Kommentar bleibt nichts übrig, als an dieser Stelle auf die Erläuterungen zu § 12 V (Anm 76ff) zu verweisen.

5. Anwendung anderer Methoden

45 Die Ableitung des Anteilswerts aus einem Unternehmenswert, der unter Berücksichtigung der Ertragsaussichten der Gesellschaft ermittelt ist, legt für die Bestimmung des Unternehmenswerts die Ertragswertmethode zugrunde. Die Ertragswertmethode, so heißt es in der Gesetzesbegründung (BTDrs 16/7918, 38), geht von der Frage aus, welches Kapital ein gedachter Investor einsetzen würde, um aus seinem Investment eine angemessene Rendite zu erzielen. Als Unternehmenswert hat danach der Betrag zu gelten, im Verhältnis zu dem der durchschnittliche Jahresertrag eine angemessene Rendite abgibt. Die Gesetzesbegründung anerkennt, dass die Ertragswertmethode nicht für die Bewertung jedes Unternehmens geeignet ist und lässt daher den Rückgriff auf andere gebräuchliche Bewertungsmethoden zu. Als alternative Methoden werden ohne weitere Erläuterung vergleichswertorientierte Methoden und Multiplikatorenmethoden genannt. Die Einzelheiten werden in den Kommentaren zum BewG erläutert. Das BayLfSt (ZEV 13, 104) hat die am Markt gängigen branchenspezifischen Bewertungsmethoden in einem Schreiben beispielhaft zusammengestellt. Wichtig ist an dieser Stelle vor allem anderen, dass die Ertragswertmethode im Rahmen der Anteilsbewertung nicht notwendig zur Anwendung gelangen muss, sondern durch andere anerkannte und im gewöhnlichen Geschäftsverkehr für nichtstliche Zwecke in der Praxis übliche Methoden ersetzt werden kann. Die Gesetzesbegründung will die Feststellungslast, ob eine derartige Methode anstelle der Ertragswertmethode zur Anwendung kommen soll, dem sich jeweils darauf Berufenden zuweisen, wobei sie vermutlich in erster Linie an den Stpfl als den sich Berufenden denkt. Die FinVerw wird jedoch die Ertragswertmethode in den Fällen, in denen sie nicht geeignet ist, von vornherein nicht zur Anwendung bringen dürfen, so dass es einer besonderen Berufung auf andere Methoden in diesen Fällen überhaupt nicht bedarf. Ansonsten bestimmt sich die Frage, ob das Ertragswertverfahren oder eine andere branchenübliche Methode Anwendung findet, danach, welche Methode ein Erwerber zur Bemessung des Kaufpreises zugrundelegen würde. Da ein Erwerber ein Interesse hat, einen möglichst geringen Kaufpreis zu zahlen, wird der sich regelmäßig für diejenige Bewertungsmethode entscheiden, die zum niedrigeren Wert führt. Es handelt sich hier also – anders als bei der Option zum vereinfachten Ertragswertverfahren – um kein echtes Wahlrecht. In jedem Fall soll der Substanzwert als Wertuntergrenze gelten (§ 11 II 3 BewG; Anm 98).

6. Bewertung aus der Sicht des Erwerbers

46 Nach § 11 II 3 BewG ist die Bewertungsmethode anzuwenden, die ein Erwerber der Bemessung des Kaufpreises zugrunde legen würde. Die Ausdrucksweise ist missverständlich, weil sowohl der am gedachten Verkauf beteiligte Verkäufer als auch der Käufer als Erwerber bezeichnet werden kann. Der Verkäufer ist Erwerber, weil er den zu bewertenden Gegenstand durch einen stpfl Transfer erworben hat. Der Käufer ist Erwerber, weil ihm das Bewertungsobjekt im Zuge des gedachten Verkaufs übertragen worden ist. Die Gesetzesbegründung (BTDrs 16/7918, 38), die statt vom Erwerber vom Käufer spricht, macht deutlich, wen das Gesetz an dieser Stelle als Erwerber bezeichnen will. Die in § 11 II 3 BewG zugrunde gelegte, vom Käufer ausgehende Sichtweise entspricht der bei der Bewertung bevorzugten Ertragswertmethode, die sich auch sonst auf den Standpunkt des Käufers stellt, wenn sie fragt, wie der Kaufpreis für ein Objekt zu bemessen ist, dessen Durchschnittsertrag als angemessene Rendite für den Käufer angesehen werden kann. Die Sichtweise einseitig vom Käufer her entspricht an sich nicht der Konzeption eines Verkaufspreises, der gemeinsam von beiden Vertragspartnern festgelegt werden muss, berücksichtigt aber den Umstand, dass es zwischen Verkäufer und Käufer im Zweifel unterschiedliche Vorstellungen über den angemessenen Kaufpreis gibt, dass die Vorstellungen beider Seiten übereinstimmend

noch in den „Wertkorridor" des gemeinen Werts fallen können, dass der Käufer im Zweifel von niedrigeren Zahlen ausgehen dürfte und dass die Anwendung dieser niedrigeren Zahlen dem als Verkäufer gedachten Stpfl zugutekommen wird. Eine solche dem Stpfl günstige Betrachtungsweise wird sicher manche Streitfrage entschärfen.

7. Verhältnis zu § 9 BewG

Die FinVerw sieht § 11 II BewG als lex specialis zu § 9 BewG. Nachdem jedoch das BVerfG es als sogar verfassungsrechtlich geboten angesehen hat, jedem Wirtschaftsgut und insb auch jeder unternehmerischen Beteiligung einen Wert beizumessen, der zumindest annähernd dem Verkehrswert, also dem am Markt erzielbaren Preis entspricht, können auch bei Anwendung der bewertungsrechtlichen Spezialregelungen die Grundaussagen des § 9 BewG nicht ausgeblendet werden. Praktisch wird dieses unterschiedliche Verständnis neben der Berücksichtigung von gesellschaftsvertraglichen Beschränkungen und Sonderrechten in vor allem Familiengesellschaften insb auch bei der **Bewertung von Anteilen an gemeinnützigen Kapitalgesellschaften.** Der Wert von Anteilen an Kapitalgesellschaften wurde früher, nämlich bis zum 31.12.2008, aus dem Ertrag und dem Vermögen der Gesellschaft abgeleitet. Die FinVerw ging hierzu entsprechend dem in den ErbStR (zuletzt ErbStR 2003) niedergelegten Stuttgarter Verfahren vor. Da damals wie heute jedem klar war, dass sich für Anteile an gemeinnützigen Kapitalgesellschaften am Markt nicht derselbe Preis erzielen lässt wie für Kapitalgesellschaften, die keinerlei gemeinnützigkeitsrechtlichen Restriktionen unterliegen, sah das Stuttgarter Verfahren vor, dass der Wertansatz lediglich mit dem um einen Abschlag von 30% zu kürzenden Vermögenswert erfolgen sollte. Als Vermögenswert wurde maximal der Nennwert angesetzt. Die Ertragswertkomponente blieb unberücksichtigt. Da aber seit der ErbStReform 2009 § 11 BewG eine Bewertung nur noch unter Berücksichtigung der Ertragsaussichten vorsieht, war unklar, wie Anteile an gemeinnützigen Kapitalgesellschaften zu bewerten sind. 47

Die **FinVerw** äußert sich hierzu im Erlass v 9.10.2013 (BStBl I 13, 1362). Sie löst das Problem, indem sie zunächst die Anteile an der gemeinnützigen Kapitalgesellschaft „normal" bewertet, also bei der Bewertung die gemeinnützigkeitsrechtlichen Bindungen und damit die Bewertungsgrundsätze des § 9 unberücksichtigt lässt, wonach der gemeine Wert durch den Preis bestimmt wird, der im gewöhnlichen Geschäftsverkehr bei einer Veräußerung zu erzielen wäre, und alle Umstände, die den Preis beeinflussen, zu berücksichtigen sind. Stattdessen berücksichtigt sie die gemeinnützigkeitsrechtlichen Bindungen im Rahmen der Ermittlung der Bemessungsgrundlage nach § 10 I ErbStG als **auflösend bedingte Last.** Deren Höhe bestimmt sich nach der Differenz zwischen dem gemeinen Wert, wie er sich ohne Berücksichtigung der gemeinnützigkeitsrechtlichen Bindungen ergibt, und dem Betrag, den der Erwerber der Anteile bei seinem Ausscheiden oder bei Auflösung oder Aufhebung der Körperschaft ohne Verstoß gegen gemeinnützigkeitsrechtliche Bindungen zurückerhalten kann. Bedingung ist, ohne dass dies im Erlass ausdrücklich ausgesprochen wird, offenbar ein späterer Mehrerhalt und eine Aufhebung der gemeinnützigkeitsrechtlichen Bindung. Der Erlass nennt hierzu einige Beispiele. 48

Tatsächlich erscheint es aber **zweifelhaft,** gemeinnützigkeitsrechtliche Bindungen als „Last" zu qualifizieren. Angemessener und auch dogmatisch angezeigt wäre stattdessen eine Berücksichtigung im Rahmen der Bewertung. Der Aussage, dass § 11 BewG als lex specialis § 9 BewG ausschließe und insb der Substanzwert als Mindestwert auch dann anzusetzen sei (§ 11 BewG), wenn feststeht, dass sich der Anteil an der gemeinnützigen Kapitalgesellschaft zu diesem Preis nicht am Markt veräußern lässt (so Nr 3 des Erlasses; zustimmend *Mannek,* NWB 13, 3449, 3450), steht die Notwendigkeit einer verfassungskonformen Auslegung der Bewertungsvorschriften entge- 49 gen. Das BVerfG hat es als verfassungsrechtlich geboten angesehen, alle Wirtschaftsgüter zumindest mit einem Annäherungswert an den Verkehrswert anzusetzen. Der Verkehrswert – in der Terminologie des BewG der gemeine Wert – aber wird „durch den Preis bestimmt, der im gewöhnlichen Geschäftsverkehr nach der Beschaffenheit des Wirtschaftsgutes bei einer Veräußerung zu erzielen wäre“ (§ 9 BewG). Dabei versteht es sich von selbst, dass „alle Umstände, die den Preis beeinflussen, zu berücksichtigen“ sind. Lediglich ungewöhnliche und persönliche Verhältnisse, die also nicht dem zu bewertenden Wirtschaftsgut anhaften und damit von einem Käufer nicht übernommen würden (gesetzliches Beispiel ist die Belastung mit einer Testamentsvollstreckung), bleiben nach § 9 BewG unberücksichtigt. Wenn im Rahmen des § 11 BewG nicht alle den Preis beeinflussenden Umstände berücksichtigt werden können, so muss, um einen verfassungskonformen Wertansatz zu erhalten, auf die Generalnorm des § 9 BewG zurückgegriffen werden können.

50 Hauptsächlicher Grund für die Einordnung des § 11 BewG als lex specialis und den für gemeinnützige Kapitalgesellschaften eingeschlagenen Lösungsweg der FinVerw ist denn auch offenbar ein anderer: die **Angst vor Missbrauch.** Dies machen insb die den Erlass kommentierenden Ausführungen von *Mannek* (NWB 13, 3449) deutlich. Auch für ihn ist es unzweifelhaft, dass es einem Erwerber der Anteile der gemeinnützigen Kapitalgesellschaft „nicht gelingt, den gemeinen Wert der Anteile an der Kapitalgesellschaft zu realisieren“. Der „gemeine Wert“, nicht die sich nach Minderung um die auflösend bedingte Last ergebende Bemessungsgrundlage, liegt also ganz offenbar unter dem Substanzwert. Dennoch dürfe „keineswegs die nicht nur theoretisch existierende Möglichkeit übersehen werden, dass sich der Gesellschafter dazu entschließt, die Satzung unter Gefährdung der Gemeinnützigkeit zu ändern oder unter Verstoß gegen die Satzung das gemeinnützigkeitsrechtlich gebundene Vermögen zweckfremd zu verwenden“. Die FinVerw hat den Weg über die auflösend bedingte Last somit offenbar gewählt, um später korrigieren zu können, falls durch die Beseitigung der gemeinnützigkeitsrechtlichen Bedingungen die Anteile wieder werthaltiger werden sollten.

51 Eine ähnliche Scheu hat die FinVerw auch bei der Berücksichtigung gesellschaftsvertraglicher Beschränkungen „normaler“ Gesellschaften. Tatsächlich lassen sich **Anteile an Familiengesellschaften,** die zahlreichen Kautelen unterliegen, häufig am Markt nicht zum gleichen Preis wie freie Anteile veräußern. Sofern diese Kautelen nicht personen-, sondern anteilsbezogen sind, also von einem potentiellen Erwerber übernommen werden müssen, würde eine verfassungskonforme Anwendung der §§ 9ff BewG es gebieten, auch derartige preisbildende Faktoren bei der Bestimmung des gemeinen Wertes zu berücksichtigen (hierzu bereits Anm 25). Die Sorge, dass Familiengesellschafter kurz nach der Übertragung die gesellschaftsvertraglichen Kautelen wieder aufheben, ist zum einen nach der Rechtswirklichkeit unbegründet und kann zum anderen nicht zum Maßstab der Gesetzesanwendung werden. Ansonsten erkauft man sich die Missbrauchsvermeidung durch eine falsche, vorliegend nämlich nicht verfassungskonforme Gesetzesanwendung, die auch alle diejenigen trifft, bei denen kein Missbrauch erfolgt oder auch nur zu befürchten ist. Die Schaffung von Korrekturmöglichkeiten zur Missbrauchsvermeidung kann aber letztlich nur Aufgabe des Gesetzgebers sein. Für gemeinnützige Körperschaften hat er dies in § 13 I Nr 16 Buchst b in Bezug auf die StBefreiung getan, begrenzt auf einen Zeitraum von zehn Jahren. Im Bereich der Bewertung sind solche aber derzeit nicht vorgesehen. Maßgeblich sind vielmehr die Verhältnisse zum Stichtag, ohne spätere Anpassungsmöglichkeiten zu Lasten oder zu Gunsten des Stpfl. Hieran etwas zu ändern, wäre allein Sache des Gesetzgebers.

8. Paketzuschlag

52 § 11 III BewG geht von der Vorstellung aus, dass ein Erwerber im Zuge des stpfl Transfers mehrere Anteile an derselben Gesellschaft übernimmt. Würde jeder Anteil einzeln bewertet, käme die Besonderheit nicht zum Ausdruck, die darin liegt, dass

die Anteile zusammengefasst besondere Einflussmöglichkeiten in der Gesellschaft repräsentieren. Während jeder einzelne Anteil nur geringe Einwirkungsmöglichkeiten auf die Geschicke der Gesellschaft erlaubt, können die Anteile in ihrer Gesamtheit zur Beherrschung der Gesellschaft führen. Diese Überlegung rechtfertigt nach § 11 III BewG einen Paketzuschlag, und zwar auch dann, wenn das Anteilspaket nicht an einen Erwerber gelangt, sondern auf eine Erbengemeinschaft übergeht, die das Paket im Zuge der Nachlassauseinandersetzung alsbald wieder auflösen wird, so dass jeder einzelne Erwerber die Vorteile des Einflusses auf die Geschäftsführung für sich nicht realisieren kann. Denn die Bewertung stellt auf einen Zeitpunkt vor der Auseinandersetzung ab und will den Wert erfassen, den die Erwerbermehrheit bei einer Veräußerung erzielen könnte. Daher kann nur der Gesamtwert des Anteilserwerbs berücksichtigt werden (BFH BStBl II 91, 725). Die Überlegungen, die § 11 III BewG zugrunde liegen, sind für Anteile, die zum Kurswert bewertet werden, plausibel, sind es aber im Fall der Anwendung auf nichtnotierte Anteile nicht. Denn die §§ 11 II, 97 Ib BewG verstehen den Anteilswert als Bruchteil des Unternehmenswerts. Diese Betrachtungsweise erlaubt es nicht, den beherrschenden Einfluss als zusätzlichen Wertfaktor bei der Anteilsbewertung einzubringen. Die Summe der Anteile müsste dann nämlich unter Hinzurechnung eines Paketzuschlages entweder den Unternehmenswert übersteigen oder es müsste für die anderen Anteile ein Wertabschlag vorgesehen sein, was beides im Gesetz nicht deutlich genug vorgesehen ist. Die Hinzurechnung eines Paketzuschlages, die für börsennotierte Anteile mit unabhängig vom Unternehmenswert ermittelten Werten sinnvoll ist, erweist sich daher für aus dem Unternehmenswert abgeleitete Anteile als nicht angebracht. Jedenfalls für solche Anteile müsste gelten, was der RFH 1932 seinerzeit für den Erwerb von Aktien festgehalten hatte (RStBl 32, 1147): „Aktienpakete können für die ErbSt nicht abweichend von der Summe der Werte der einzelnen Aktien bewertet werden". *Piltz* (DStR 09, 1829, 1832) will dennoch § 11 III BewG auch bei nicht börsennotierten Anteilen zur Anwendung bringen und dabei die Regelungen der §§ 11 II, 97 Ib BewG zurücktreten lassen. Er hat dabei den Wortlaut des § 11 III BewG auf seiner Seite. Mit ihm hält auch die FinVerw (R B 11.6 ErbStR) an dem Paketzuschlag für nichtnotierte Anteile fest.

Anteilsscheine von Kapitalanlagegesellschaften oder sonstigen Fonds sind **53**
nach § 11 IV BewG mit dem Rücknahmepreis anzusetzen, dh mit dem Betrag, den die Gesellschaft nach den Vertragsbedingungen gegen Rückgabe des Anteils zu zahlen hat. Der Rückgabepreis ist kein Wert, der sich zum Stichtag durch Angebot und Nachfrage am Markt frei bildet, ist daher mit dem Verkaufswert nicht ohne weiteres vergleichbar. Die Regelung geht vermutlich davon aus, dass der Anteilserwerber über den Rücknahmepreis hinaus kein Geld durch Verwertung des Anteils erzielen kann, so dass dieser Preis zur Bewertung herangezogen werden darf.

VI. Die Bewertung des Grundbesitzes (Abs 3 iVm §§ 157 bis 198 BewG)

1. Abgrenzung des Grundbesitzes

Die Bezeichnung **Grundbesitz iSd § 19 I BewG** umfasst das luf Vermögen, die **54**
Betriebsgrundstücke und das Grundvermögen. Die Betriebsgrundstücke werden nach den Regeln für das luf Vermögen bewertet, soweit sie, losgelöst von ihrer Zugehörigkeit zu dem Gewerbebetrieb, einen Betrieb der LuF bilden würden (§§ 157 II, 99 I Nr 2 BewG). Sie werden nach den Regeln für das Grundvermögen bewertet, soweit sie, losgelöst von ihrer Zugehörigkeit zu dem Gewerbebetrieb, dem Grundvermögen zugerechnet werden müssten (§ 157 III 1, 99 I Nr 1 BewG). Die zentrale Unterscheidung verläuft daher zwischen dem luf Grundbesitz und dem Grundbesitz, der zum Grundvermögen gehört.

2. Land- und forstwirtschaftlicher Grundbesitz (§§ 158–175 BewG)

55 Maßgeblich für die Zurechnung von Grundbesitz zur LuF ist die Nutzung der Flächen und Gebäude. Es kommt darauf an, dass die Grundstücke und Gebäude einem Betrieb der LuF dauernd zu dienen bestimmt sind. Ist anzunehmen, dass die Flächen in absehbarer Zeit anderen Zwecken, insb als Bauland, Industrieland oder Land für Verkehrszwecke, dienen werden oder sind sie bereits in einem Bebauungsplan als Bauland festgesetzt, sind sie dem Grundvermögen zuzurechnen (§ 159 I, III BewG).

56 **a) Der Ansatz des Wirtschaftswerts.** Das luf Vermögen umfasst den Wirtschaftsteil, die Betriebswohnungen und den Wohnteil (§ 160 I BewG). Der Grundbesitzwert eines Betriebes der LuF besteht dementspechend aus dem Wert des Wirtschaftsteils, dem Reinwert der Betriebswohnungen und dem Reinwert des Wohnteils (jeweils nach Abzug von Verbindlichkeiten: § 168 I BewG). Die **Bewertung der Betriebswohnungen und des Wohnteils** richtet sich nach den Vorschriften über die Bewertung von Wohngrundstücken im Grundvermögen (§ 167 I BewG). Besondere Aufmerksamkeit verdient dagegen die Bewertung des **Wirtschaftsteils.** Nach den verfassungsrechtlichen Vorgaben (BStBl II 07, 192) ist der Wirtschaftsteil wie jeder andere erworbene Posten mit dem **gemeinen Wert** in Geld umzurechnen. Diese Verpflichtung nimmt der Gesetzestext auf (§ 162 I 1 BewG) und setzt sie bei der Regelung des Wirtschaftswerts um (§ 163 BewG). Der gemeine Wert wird auch hier als Verkaufswert verstanden, aber aus der Sicht eines Käufers interpretiert, der den Betrieb nicht zerschlagen, sondern fortführen will (§ 162 I 2 BewG) und der daher den Kaufpreis nach der Ertragsfähigkeit des zum Verkauf stehenden Vermögens bemisst. Die Werterermittlung läuft somit auf die Ermittlung eines Ertragswerts hinaus.

57 Um den Wirtschaftswert als **Ertragswert** zu ermitteln, wird die nachhaltige Ertragsfähigkeit des Betriebes als Ausgangspunkt gewählt, die aus dem Durchschnittsertrag der letzten fünf Jahre abgeleitet werden soll (§ 163 II 3 BewG). Dabei wird zwischen der luf Nutzung, den Nebenbetrieben, dem Abbau-, dem Geringst- und dem Unland unterschieden (§ 162 I 3 BewG). Kleinbetriebe mit einer europäischen Größeneinheit (EGE) unter 40, Mittelbetriebe mit einer Größeneinheit unter 100 und Großbetriebe werden einander gegenüber gestellt (§ 163 III 4 BewG). Zur Abgrenzung dieser Betriebsgrößen werden unterschiedliche Standarddeckungsbeiträge herangezogen, die sich nach Umsatzreinerlösen je Flächen- oder Tiereinheit bestimmen. 38 Regionen mit unterschiedlicher Agrarstruktur werden unterschieden. Nach der Betriebsform werden Betriebe mit dem Schwergewicht auf planzlicher Erzeugung (Ackerbau), Betriebe der Viehhaltung und gemischte Betriebe von einander getrennt. Für die verschiedenen Nutzungen dieser Betriebsarten werden in dem Gesetz angefügten Tabellen Reingewinnübersichten festgehalten. Es wird davon ausgegangen, dass ein Käufer eine Verzinsung des Kaufpreises von 5,5% anstreben wird. Daher ist der Reingewinn mit dem Kapitalisierungsfaktor 18,6 zu vervielfältigen (§ 163 XI BewG). Die Einzelheiten dieser Bewertung sind in den Kommentaren zum BewG ausführlicher zu erläutern. Die Einzelheiten sind nicht nur nach dem Urteil landwirtschaftlicher Laien, sondern auch nach dem Urteil sachverständiger Beobachter schwer verständlich geregelt, von Verbandsinteressen beeinflusst und im Ergebnis schwerlich geeignet, einen realistischen Ertragswert zu präsentieren (*Moench/Hübner,* ErbSt, 3. Aufl 2012, Rz 706f).

58 **b) Mindestbewertung.** Weil das von § 163 BewG vorgeschriebene Bewertungsverfahren unter vielfältigen Einwirkungen auf den Gesetzgeber so konzipiert worden ist, dass es notwendig zu sehr niedrigen Zahlen führen muss, hat der Gesetzgeber in § 164 BewG mit der Regelung einer Mindestbewertung eine Untergrenze eingezogen, unter die die Bewertung nicht herabgehen darf. Diese Mindestbewertung wird voraussichtlich in der großen Zahl der Bewertungsfälle berücksichtigt werden müssen und so den Maßstab für die praxisrelevante Bewertung abgeben. Auch die Mindest-

bewertung knüpft nicht an den Wert an, der den zu bewertenden Objekten bei einer Einzelveräußerung zuzuweisen wäre. Vielmehr wird der Wert herangezogen, der sich mit Blick auf die Ertragsfähigkeit der Posten im Rahmen der Betriebszugehörigkeit ergibt. Auch bei dieser Mindestbewertung wird kein Liquidationswert herangezogen, sondern es wird die Fortführung des Betriebes unterstellt (§ 164 IV 2 BewG). Im Rahmen der Mindestbewertung soll es dann aber nicht auf die Ertragsfähigkeit des ganzen Betriebes, sondern auf die Ertragsfähigkeit der einzelnen zum Betrieb gehörenden Wirtschaftsgüter ankommen. Dabei wird der Wert von Grund und Boden nach Pachtpreisen berechnet, die in Anlagen zum BewG aufgelistet sind (§ 164 II BewG). Der Wert für die übrigen Wirtschaftsgüter, die § 164 IV 1 BewG zusammenfassend das **Besatzkapital** nennt und zu dem die Wirtschaftsgebäude und die Betriebsmittel gehören, ist ebenfalls nach Ertragsgesichtspunkten zu ermitteln. Auch bei der Mindestbewertung wird zur Kapitalisierung aller Wirtschaftsgüter ein Faktor von 18,6 benannt (§ 164 V BewG). Von dem kapitalisierten Wert für den Grund und Boden und dem kapitalisierten Wert für die übrigen Wirtschaftsgüter sind dann noch die damit in wirtschaftlichem Zusammenhang stehenden Verbindlichkeiten zum Abzug zu bringen (§ 164 VI 1 BewG). Es ist bezeichnend für die Erwartungen, die der Gesetzgeber in die durch die Mindestbewertung ermittelten Zahlen setzt, dass er sich veranlasst sieht, ausdrücklich darauf hinzuweisen, dass ein so ermittelter Mindestwert nicht weniger als 0 EUR betragen darf (§ 164 VI 2 BewG).

3. Grundvermögen (§§ 176–198 BewG)

Neben den luf Grundbesitzwerten bilden die Grundstückswerte für das Grundver- **59**
mögen und für Betriebsgrundstücke (§ 99 I Nr 1 BewG) die zweite große Gruppe von Grundbesitzwerten, die bei der ErbSt zu beachten sind. Ihr Transfer ist – im Unterschied zum luf Vermögen, das zum ErbSt-Aufkommen nur in verschwindend geringem Umfang beiträgt – von größter Bedeutung für die ErbSt. In einer verwaltungsinternen Statistik, aus der *Moench/Hübner* (ErbSt, 3. Aufl 2012, Rz 607) zitieren, werden mehr als 27 Mio Grundstücke in Deutschland genannt, von denen knapp 1 Mio jährlich verschenkt oder vererbt werden dürften. Man rechnet damit, dass der Anteil des ErbSt-Aufkommens, der auf den Transfer von Grundstücken entfällt, etwa 30% ausmacht. Der Anteil am SchSt-Aufkommen wird sogar auf etwa 40% geschätzt. Zum Grundvermögen rechnen gem § 176 BewG der Grund und Boden, die Gebäude sowie die sonstigen Bestandteile und das Zubehör des Grundstücks, ferner das Erbbaurecht sowie das Wohnungseigentum, das Teileigentum, das Wohnungserbbaurecht und das Teilerbbaurecht nach dem Wohnungseigentumsgesetz, soweit es sich nicht um luf Vermögen handelt. Betriebsgrundstücke, die, losgelöst von ihrer Zugehörigkeit zu dem Gewerbebetrieb, zum Grundvermögen gehören würden, werden bewertungsrechtlich wie Grundvermögen behandelt (§§ 157 III 1, 99 I Nr 1 BewG). Bei der Bewertung des Grundvermögens wird danach unterschieden, ob es sich um unbebaute Grundstücke (§§ 178, 179 BewG), um bebaute Grundstücke (§§ 180–191 BewG) oder um Sonderfälle handelt (§§ 192–197 BewG). Zu den Sonderfällen werden insb die Erbbaugrundstücke und die Grundstücke im Zustand der Bebauung gezählt.

a) Unbebaute Grundstücke (§§ 178, 179 BewG). Als unbebaut gelten nicht **60**
nur leerstehende Flächen. Zu den unbebauten Grundstücken rechnen vielmehr auch Grundstücke mit aufstehenden Gebäuden, wenn die Gebäude nicht mehr benutzbar sind oder wenn in den Gebäuden wegen Zerstörung oder Verfalls auf Dauer kein benutzbarer Raum mehr vorhanden ist (§ 178 I, II BewG). Grundstücke mit Gebäuden, die nur einer unbedeutenden Nutzung zugeführt werden können, galten bisher ebenfalls als unbebaut (§ 145 II 1 BewG), werden aber jetzt gem § 146 I BewG wohl eher den bebauten Grundstücken zugeordnet. Zu den bebauten Grundstücken gehö-

ren auch solche Grundstücke, deren Gebäude wegen baulicher Mängel vorübergehend keine Nutzung zulassen. Die Gleichstellung von leeren Grundflächen und von Flächen mit nicht mehr benutzbaren Gebäuden ist im Übrigen wenig glücklich. Es kann schon sprachlich nicht überzeugen, ein bebautes Grundstück nur deswegen, weil der Bau nicht benutzbar ist, als unbebaut zu bezeichnen. Und die Juristensprache sollte sich, wenn möglich, von der Alltagssprache nicht allzu weit entfernen. Außerdem sind unbenutzbare Bauten oder Bauteile wertmindernde Posten, die irgendwann kostenträchtig entfernt werden müssen. Sie dürfen bei der Bewertung nicht unberücksichtigt bleiben. Im Rahmen der Bewertung müssen die Grundstücke mit nicht nutzbaren Gebäuden daher doch gesondert erfasst und den Grundstücken ohne Gebäude gegenübergestellt werden. Wichtig ist im Übrigen, zwischen den nicht (mehr) und den noch nicht benutzbaren Gebäuden zu unterscheiden. Grundstücke mit nicht mehr benutzbaren Gebäuden gelten als unbebaut, Grundstücke mit noch nicht benutzbaren Gebäuden werden dagegen als Grundstücke im Zustand der Bebauung angesprochen und als (teil-)bebaute Grundstücke in einer Sonderregelung erfasst (§ 196 BewG). Die FinVerw (R B 178 III, 196.2 II ErbStR) rechnet mit Rücksicht auf § 178 I 1 BewG die Grundstücke im Zustand der Bebauung dann, wenn sich auf dem Grundstück kein schon bezugsfertiges Gebäude befindet, zu den unbebauten Grundstücken, obwohl nach § 196 II BewG bei der Wertermittlung die noch unfertigen Gebäude als Wertfaktor zu berücksichtigen und dem Grundstückswert hinzuzufügen sind, so dass in dieser Bestimmung doch von einem Grundstück mit einer für die Bewertung bedeutsamen (Teil-)Bebauung ausgegangen wird.

61 Die **Bewertung unbebauter Grundstücke** war lange Zeit besonders günstig ausgestaltet. Vor 1996 lag ihr Ansatz im Schnitt deutlich unter 10% des Verkehrswertes. Die Neuregelung 1996 hat dann eine Anhebung des Wertniveaus auf ca 70% der Verkehrswerte mit sich gebracht. Nunmehr soll der volle Verkehrswert angestrebt werden. Daher war beabsichtigt, den bisherigen 20%igen Abschlag von den Bodenrichtwerten (§ 145 III 1 BewG) zu streichen. Das wird kritisiert, weil auch die um 20% ermäßigten Werte noch innerhalb des Wertkorridors gemeiner Wert gelegen hätten und nur den Unwägbarkeiten beim Zustandekommen der Bodenrichtwerte Rechnung tragen sollten (*Hübner,* ErbStReform 2009, 518). Zur Streitvermeidung dürfte die Neuregelung jedenfalls nicht beitragen. Die Bewertung knüpft an die von den Gutachterausschüssen nach § 196 BauGB festgestellten Bodenrichtwerte an. Die Richtwerte sind aus tatsächlich vorgekommenen Verkäufen abgeleitete Orientierungshilfen. Art 4 des ErbStRG 2009 hat die Vorschriften des BauGB entsprechend den neuen stlichen Bedürfnissen angepasst. Für den Fall, dass sich von den Gutachterausschüssen kein Bodenrichtwert ermitteln lässt, sieht § 179 S 4 BewG die Ableitung des Bodenwerts aus dem Wert vergleichbarer Flächen vor. Wenn die Gutachterausschüsse mangels entsprechender Verkaufsfälle keinen Bodenrichtwert feststellen können, dürfte sich aber auch der Wert vergleichbarer Flächen nur schwer ermitteln lassen.

62 **b) Öffnungsklausel.** § 179 S 2 BewG bestimmt, dass die Bodenrichtwerte von den Gutachterausschüssen zu ermitteln und den FÄ (nicht: den Steuerpflichtigen!) mitzuteilen sind. Das zeigt erneut (vgl schon Anm 5), dass der Gesetzgeber die Bewertung der Grundstücke in erster Linie nicht als Aufgabe der Eigentümer, sondern als Aufgabe der Finanzämter ansieht. Dem Stpfl wird jedoch nach § 198 BewG der Nachweis eines niedrigeren gemeinen Werts zugestanden. Der Nachweis wird im Zweifel durch das Gutachten eines Bausachverständigen erbracht, kann aber auch unter Hinweis auf einen Verkaufsfall geführt werden, der bei gleich bleibenden Verhältnissen sogar noch mehrere Jahre nach dem stpfl Transfer aussagekräftig sein kann (BFH BStBl II 04, 703, bestätigt in BFH/NV 17, 1153). Nach Ansicht des BFH (BStBl II 14, 363) sind als Gutachter neben dem örtlich zuständigen Gutachterausschuss nur öffentlich bestellte und vereidigte Sachverständige geeignet. Der FinVerw genügt ein „Sachverständiger", sie akzeptiert insb auch mängelfreie Gutachten von

nach DIN EN ISO/JEC 17024 zertifizierten Sachverständigen (BStBl I 14, 808; BFH/NV 17, 1153 spricht aber ebenfalls nur noch von „Sachverständigen"). Ist der Nachweis geführt, so ist der niedrigere Wert für die FinVerw verbindlich (§ 198 S 1 BewG).

c) Bebaute Grundstücke (§§ 180–191 BewG). Als bebaute Grundstücke werden Grundflächen bezeichnet, auf denen ein **benutzbares Gebäude** steht. Ist ein Gebäude nicht wesentlicher Bestandteil der Grundfläche oder ist es als wesentlicher Bestandteil dennoch nicht dem Eigentümer der Grundfläche zuzurechnen, so stellt das Gebäude für sich genommen bewertungsrechtlich ein bebautes Grundstück dar (§ 180 II BewG). Damit ein Grundstück als bebautes Grundstück gelten kann, muss das aufstehende Gebäude benutzbar sein. Die Benutzbarkeit beginnt mit dem Zeitpunkt der Bezugsfertigkeit (§ 178 I 2 BewG). Bezugsfertig ist ein Gebäude, wenn den Nutzern die Benutzung zugemutet werden kann, wobei die Anforderungen an die Zumutbarkeit je nach Gebäudeart und je nach den Ansprüchen der vorgesehenen Nutzer unterschiedlich ausfallen können. Ein teilfertiges Gebäude kann in den Bauteilen, in denen der Bauvorgang bereits abgeschlossen wurde, bezugsfertig sein (§ 180 I 2 BewG). 63

§ 182 BewG unterscheidet für die Zwecke der Bewertung **drei Grundstücksarten:** Vergleichswertgrundstücke, Ertragswertgrundstücke und Sachwertgrundstücke. Zu den **Vergleichswertgrundstücken** gehören die Grundstücke, für die sich typischerweise andere Grundstücke mit hinreichend vergleichbaren Merkmalen auffinden lassen. Das sind die mit Ein- oder Zweifamilienhäusern bebauten oder die in Wohnungseigentum oder Teileigentum aufgeteilten Grundstücke (§ 182 II BewG). Denn insb die Eigentumswohnungen in größeren Wohnanlagen sind ähnlich geschnitten und lassen sich gut miteinander vergleichen. Zu den **Ertragswertgrundstücken** werden die Grundstücke gezählt, die typischerweise zur Ertragserzielung dienen, wie Mietwohngrundstücke und Geschäftsgrundstücke (§ 182 III BewG). Die dritte Gruppe bilden die **Sachwertgrundstücke,** für deren Wertermittlung weder ein Vergleichswert noch ein Ertragswert herangezogen werden kann, weil sich kein Vergleichswert findet oder weil der Ansatz eines Ertragswerts die Werthaltigkeit des Grundstücks nicht angemessen widerspiegeln würde (§ 182 IV BewG). Wie bei unbebauten Grundstücken (Anm 62) lässt § 198 BewG auch bei bebauten Grundstücken den **Nachweis des niedrigeren gemeinen Werts** zu. Nach Auffassung der FinVerw wird durch § 198 BewG dem Stpfl nicht eine bloße Darlegungslast zugemutet. Vielmehr muss er den vollen Nachweis für den niedrigeren gemeinen Wert führen. Er muss ein entsprechendes Gutachten vorlegen, das dann der Würdigung durch die FinVerw unterliegt. Auch die Vorlage eines Kaufvertrages über das Grundstück wird als Wertnachweis zugelassen. Bei allem wird die FinVerw zu beachten haben, dass die Berücksichtigung des gemeinen Werts durch das Verfassungsgericht vorgeschrieben ist. Wenn ernsthafte Zweifel bestehen, ob ein Wert getroffen wurde, der noch den Anforderungen des gemeinen Werts entspricht, wird sich die FinVerw nicht unter Hinweis auf die Nachweispflicht des Stpfl bei dem zweifelhaften Ergebnis beruhigen dürfen. 64

Zur Bewertung der **Vergleichswertgrundstücke** werden Kaufpreise herangezogen, die für den Erwerb von Vergleichsgrundstücken vereinbart und bezahlt worden sind (§ 183 I 1 BewG). Diese **Vergleichspreise** müssen hinsichtlich der ihren Wert beeinflussenden Merkmale mit dem zu bewertenden Grundstück hinreichend übereinstimmen. Die Anforderungen an die Übereinstimmung dürfen nicht überspannt werden. Sicher gibt es auch in der Kategorie Einfamilienhaus gleichgeschnittene, nahe beieinander liegende Bodenflächen, die mit Fertighäusern derselben Art bebaut sind. Doch dürfte ein Einfamilienhaus nur selten in allen wesentlichen Merkmalen einem anderen gleichen. Wenn Einfamilienhäuser dennoch mit Vergleichspreisen bewertet werden sollen, dann zeigt sich, dass aus der Sicht des Gesetzgebers schon eine 65

Reihe bedeutsamer Merkmale hinreichen, um die Vergleichbarkeit zu erlauben, selbst wenn in anderen Merkmalen Unterschiede bestehen. Statt der Vergleichspreise können auch **Vergleichsfaktoren** zur Bewertung herangezogen werden (§ 183 II BewG). Vergleichsfaktoren können zB die Durchschnittspreise für Wohnflächen dieses Baujahrs in dieser Lage angeben, die dann im Zuge der Bewertung auf das zu bewertende Grundstück übertragen werden. Wenn die Vergleichsfaktoren sich nur auf das Gebäude beziehen, ist für den Grund und Boden ein zusätzlicher Wertansatz erforderlich. Dieser Wertansatz kann allerdings nicht einfach, wie der Gesetzeswortlaut (§ 183 II 2 BewG) suggeriert, der Wertansatz für ein unbebautes Grundstück sein. Denn die Bodenfläche ist ja bebaut und kann daher nicht den Wert einer freien, unbebauten Fläche repräsentieren. Die Vergleichsfaktoren können von den Gutachterausschüssen abgefragt werden. Bisher haben die Gutachterausschüsse nur selten Vergleichsfaktoren benannt. Das Bewertungsverfahren unter Berücksichtigung von Vergleichsfaktoren wird sich daher erst noch einspielen müssen. *Moench/Hübner* (ErbSt, 3. Aufl 2012, Rz 649) prognostizieren, dass die Bewertung nach Vergleichsfaktoren künftig dominieren wird, während *Fliedner/Halaczinsky*, ErbStB 09, 59, 62, befürchten, dass die Praxis von diesem Verfahren nur wenig Gebrauch machen dürfte.

66 Die **Bewertung der Ertragswertgrundstücke** ist in den §§ **184 bis 188 BewG** geregelt. Bei diesem Bewertungsverfahren werden Bodenwert und Gebäudewert getrennt erfasst (§ 184 I BewG). Das ist neu. Bisher wurde ein einheitlicher Ertragswert für Grund und Boden und Gebäude zusammengefasst ermittelt. Als Bodenwert wird der Wert für unbebaute Grundstücke herangezogen (§ 179 BewG), was nicht unbedenklich ist, weil es sich bei dem bebauten Grundstück ja eben gerade nicht um eine unbebaute Bodenfläche handelt. Dem Bodenwert wird der Gebäudewert hinzugezählt. Zur Festlegung des Gebäudewerts ist zunächst der Reinertrag des Grundstücks zu ermitteln, den das Gesetz als Saldo zwischen dem Grundstücksrohertrag (§ 186 BewG) und den Bewirtschaftungskosten (§ 187 BewG) versteht. Der Grundstücksrohertrag wird maßgeblich durch den Mietzins bestimmt, der nach den vertraglichen Vereinbarungen für den Jahreszeitraum zu zahlen ist. Für ungenutzte oder eigengenutzte Grundstücke ist anstelle der Jahresmiete eine übliche Miete heranzuziehen. Die Anlage 23 zum BewG enthält Prozentsätze der Jahresmiete oder üblichen Miete, die aus Vereinfachungsgründen neben den Betriebskosten als Bewirtschaftungskosten pauschal abgesetzt werden können, um so aus dem Rohertrag den Reinertrag des Grundstücks zu gewinnen. In einem zweiten Schritt ist dann aus dem Reinertrag des Grundstücks der Gebäudereinertrag zu entwickeln. Als Reinertrag des Gebäudes wird nur der Betrag verstanden, der eine angemessene Verzinsung des in den Grund und Boden investierten Kapitals übersteigt. Also muss der Grundstücksreinertrag um den Betrag vermindert werden, der als angemessene Bodenverzinsung zu gelten hat. Der Zinssatz, der zu einer angemessenen Bodenverzinsung führt, wird als Liegenschaftszinssatz bezeichnet. § 188 BewG benennt Zinssätze, die bei unterschiedlicher Nutzung des Bodens den Liegenschaftszinssatz bilden. Der Liegenschaftszinssatz und die Restnutzungsdauer des Gebäudes sind maßgeblich für den Vervielfältiger (§ 185 III BewG), mit dem der Gebäudereinertrag zu multiplizieren ist und der sich aus Anlage 21 zum BewG ergibt. Die Errechnung des Gebäudeertragswerts kann im Einzelfall zu einem negativen Ergebnis führen, wenn die Jahresmiete gering ausfällt, die Bewirtschaftungskosten dagegen erheblich sind und der Grundstücksreinertrag die angemessene Verzinsung des Bodenwerts nicht erreicht. In diesem Fall darf der Gebäudeertragswert den Bodenwert nicht kürzen. Vielmehr ist dann für das bebaute Grundstück mindestens der Bodenwert anzusetzen (§ 184 III 2 BewG).

67 Zur **Bewertung der Sachwertgrundstücke** nehmen die **§§ 189–191 BewG** Stellung. Zu den Sachwertgrundstücken werden die Grundstücke gerechnet, für die an sich das Vergleichswertverfahren vorgesehen ist, für die aber kein Vergleichswert vorliegt. Als Sachwertgrundstücke gelten ferner Geschäftsgrundstücke und gemischt genutzte Grundstücke, für die sich eine ortsübliche Miete nicht ermitteln lässt, sowie

alle sonstigen bebauten Grundstücke. Wie beim Ertragswertverfahren ist auch beim Sachwertverfahren der Gebäudewert getrennt vom Bodenwert zu ermitteln (§ 189 I 1 BewG). Auch hier wird als Bodenwert der Wert des unbebauten Grundstücks eingesetzt (§ 189 II BewG). Der Gebäudewert wird aber hier nicht nach Ertragsgesichtspunkten, sondern nach den gewöhnlichen Herstellungskosten ermittelt. Diese gewöhnlichen oder Regel-Herstellungskosten, für die die Anlage 24 zum BewG Quadratmeterpreise nennt, werden mit der Bruttogrundfläche des Gebäudes multipliziert. Das Ergebnis ist dann noch um eine Alterswertminderung zu kürzen (§ 190 IV 1 BewG), deren Abzug allerdings nicht über 40% des Gebäude-Regel-Herstellungswerts hinausgehen darf (§ 190 IV 5 BewG). Durch Zusammenfassung von Bodenwert und Gebäudesachwert wird zunächst nur ein vorläufiger Grundstückssachwert erreicht (§ 189 III BewG). Dieser vorläufige Wert wird dann noch durch Multiplikation mit einer Wertzahl, die zwischen 0,5 und 1,5 liegen kann und für die sich in der Anlage 25 zum BewG entsprechende Zahlen finden, an den gemeinen Wert angeglichen (§ 191 BewG).

d) Sonderfälle der Bewertung (§§ 192–197 BewG). Zu den Sonderfällen der Bewertung gehören die Bewertung von Erbbaurechten und Erbbaurechtsgrundstücken (§§ 192–194 BewG), die Bewertung von Gebäuden auf fremdem Grund und Boden (§ 195 BewG), die Bewertung von Grundstücken im Zustand der Bebauung (§ 196 BewG) und die Bewertung von Gebäuden und Gebäudeteilen für den Zivilschutz (§ 197 BewG). 68

Das **Erbbaurecht (§§ 192–194 BewG)** hat im Zivilrecht eine Doppelfunktion. 69 Es ist zum einen ein Nutzungsrecht, das das Grundstück belastet und dem Berechtigten die Befugnis gibt, auf dem Grundstück zu bauen oder ein Gebäude zu haben, die Grundfläche also mit einem Gebäude zu bedecken. Zum anderen wird das Erbbaurecht im Zivilrecht wie eine Folie behandelt, die über dem Grundstück liegt, auf der das Gebäude steht und deren Teil das Gebäude wird. Weil das Gebäude als ein Teil des Erbbaurechts angesehen wird, gehört es demjenigen, dem das Erbbaurecht gehört. Das Erbbaurecht vermittelt also ein Nutzungsrecht an dem belasteten Grundstück und das Eigentum an dem auf dem Grundstück stehenden Gebäude. Das Eigentum am Grundstück und das Eigentum an dem Gebäude werden mit dem Erbbaurecht voneinander getrennt. Das Erbbaurecht hebt die wirtschaftliche Einheit „bebautes Grundstück" auf. Das Erbbaurecht (mit dem in ihm enthaltenen Gebäudeeigentum) und das belastete Grundstück bilden je eine selbstständige wirtschaftliche Einheit (§ 192 BewG).

Der **Wert des Erbbaurechts** wird nach den Vorschriften über bebaute Grundstü- 70 cke, und zwar nach den Vorschriften über Vergleichswertgrundstücke (§ 183 BewG) ermittelt. Liegen keine Vergleichspreise oder aus Kaufpreisen abgeleitete Vergleichsfaktoren vor, wird der Wert des Erbbaurechts aus einem Bodenwertanteil und und einem Gebäudewertanteil berechnet. Da dem Erbbauberechtigten das Grundstück nicht gehört, kann der Bodenwertanteil nur den Wert des Nutzungsrechts am Boden widerspiegeln. Der Wert des Nutzungsrechts entspricht nach § 193 III BewG dem Betrag der Zinsen des Kapitals, das man für den Erwerb des Grundstücks einsetzen müsste (Liegenschaftszins), abzüglich der Zinsen, die der Erbbauberechtigte an den Grundstückseigentümer für die Belastung des Grundstücks jährlich zu zahlen hat (Erbbauzins). Der Unterschiedsbetrag zwischen Liegenschaftszins und Erbbauzins wird für die Restlaufzeit des Erbbaurechts unter Einsatz eines Vervielfältigers, der sich aus Anlage 21 zum BewG ergibt, kapitalisiert. Damit ist dann der Bodenwertanteil des Erbbaurechts erreicht. Er muss um den Gebäudewertanteil ergänzt werden. Denn zum Erbbaurecht gehört ja auch das Gebäudeeigentum. Der Gebäudewertanteil ist aus dem Gebäudeertragswert oder aus dem Gebäudesachwert nach den §§ 185, 190 BewG zu ermitteln. Das Erbbaurecht besteht im Zweifel nur zeitlich begrenzt. Mit dem Erlöschen des Erbbaurechts endet das Nutzungsrecht, und das Eigentum am Gebäude fällt dem Grundstückseigentümer zu. Der Erbbauberechtigte hat daher im Zweifel nur ein Eigentum auf Zeit an dem Gebäude. Diese zeitliche Begrenzung seines Eigentums muss bei der Berechnung des Gebäudesachwerts berücksichtigt werden. Sie kann unberücksichtigt bleiben, wenn beim Erlöschen des Erbbaurechts ein wertgleicher Entschädigungsanspruch an die Stelle des Eigentums tritt. Sonst ist der Gebäudewertanteil im Hinblick auf den Zeitablauf entsprechend zu mindern (§ 193 V 2 BewG).

71 Das **Erbbaugrundstück** umfasst das Eigentum am Grund und Boden verbunden mit dem Recht, Zinszahlungen für die Belastung des Grundstücks mit dem Erbbaurecht von dem Erbbauberechtigten zu verlangen (Erbbauzins). Zum Erbbaugrundstück gehört nicht das Gebäude, wohl aber die Aussicht, das Gebäudeeigentum beim Erlöschen des Erbbaurechts mit oder ohne Entschädigung zu erwerben. Der Wert des Erbbaugrundstücks soll nach § 194 I BewG wie der Wert des Erbbaurechts vorrangig im Vergleichswertverfahren ermittelt werden. Doch wird es nicht leicht sein, Vergleichswerte zu finden. Daher dürfte das von § 194 BewG an zweiter Stelle genannte Bewertungsverfahren größere Bedeutung erlangen. Es geht vom Bodenwert aus und rechnet einen Gebäudewertanteil hinzu. Der Gebäudewertanteil repräsentiert die Aussicht, später das Gebäude zu erwerben. Als Zukunftswert muss er abgezinst und um die beim Gebäudeerwerb fälligen Entschädigungsleistungen gekürzt werden (§ 194 IV BewG). Da der Grund und Boden vom Eigentümer während des Bestehens des Erbbaurechts nicht genutzt werden kann, gilt er auch als Zukunftswert und ist auf die Restlaufzeit des Erbbaurechts abzuzinsen. An die Stelle der Bodennutzung tritt für den Eigentümer der Erbbauzins, der denn auch über die Laufzeit des Erbbaurechts zu kapitalisieren und dem abgezinsten Bodenwert hinzuzurechnen ist (§ 194 III BewG).

72 **Gebäude auf fremdem Grund und Boden** werden nach **§ 195 BewG** ähnlich wie Erbbaurechte behandelt. Auch hier sind zwei wirtschaftliche Einheiten, die Einheit des Gebäudes und die Einheit des belasteten Grundstücks, zu unterscheiden. Das Gebäude ist mit dem Gebäudeertragswert oder mit dem Gebäudesachwert zu bewerten. Ist das Recht zur Gebäudenutzung zeitlich begrenzt, ist die Begrenzung bei der Feststellung des Gebäudewerts zu beachten. Der Grundstückswert wird wie beim Erbbaurechtsgrundstück aus dem abgezinsten Bodenwert und dem Kapitalwert des vom Nutzer zu zahlenden Entgelts zusammengesetzt.

73 **Grundstücke im Zustand der Bebauung (§ 196 BewG).** Im Zustand der (weiteren) Bebauung können sich bisher unbebaute und bebaute Grundstücke befinden. Grundstücke im Zustand der Bebauung verkörpern einen dem Grad der Fertigstellung des Gebäudes entsprechenden zusätzlichen Wertanteil, der dem Wert des bisher unbebauten oder bebauten Grundstücks hinzugefügt werden muss. Der Zeitraum der Bebauung wird von dem Beginn der Abgrabungsarbeiten (Ausschachten der Baugrube) an oder von dem Einbringen von Baustoffen an bis zur Bezugsfertigkeit des neu errichteten Gebäudes oder Gebäudeteils hin gerechnet. Der zusätzliche Wertanteil der unfertigen Bauten wird durch die bis zum Bewertungsstichtag aufgewandten Herstellungskosten repräsentiert (§ 196 II BewG).

74 **Gebäude oder Gebäudeteile für den Zivilschutz** bleiben nach **§ 197 BewG** bei der Ermittlung des Grundbesitzwerts außer Ansatz. Die Regelung wird als eine StBefreiung eingestuft (R B 197 I 5 ErbStR), die dem Erwerber eine Vergünstigung verschafft. Dass die Gebäude oder Gebäudeteile den Grundstückswert kürzen, also als Negativposten durchaus in Betracht gezogen werden müssen, weil sie die Grundfläche bedecken und damit für eine andersartige Bebauung unbenutzbar machen, ist als Möglichkeit einzuräumen. Als Negativposten können sie entgegen dem Wortlaut des § 197 BewG dennoch berücksichtigt werden.

VII. Die Bewertung der Bodenschätze (Abs 4)

Bis 1992 wurde für das Recht zur Gewinnung von Bodenschätzen (Mineralgewinnungsrecht) ein besonderer Einheitswert festgestellt. Dieser Wertansatz wurde zum 1.1.1993 verlassen. An die Stelle der Mineralgewinnungsrechte wurden die Bodenschätze selbst gesetzt. Bodenschätze gehören regelmäßig zum Bereich eines Betriebsvermögens und werden dann bei der Bewertung des Betriebsvermögens miterfasst. Abs 4 behandelt nur den Ausnahmefall, dass die Bodenschätze außerhalb eines Betriebsvermögens stehen. Eine solche Einordnung kann zB bei verpachteten Lehm-, Sand- oder Kiesvorkommen sachgerecht sein. Die Bewertung nach Abs 4 setzt voraus, dass bei der Einkünfteermittlung Absetzungen für Substanzverringerung nach § 7 VI EStG „vorzunehmen sind". § 7 VI EStG erklärt Absetzungen für Substanzverringerung unter den dort genannten Voraussetzungen für zulässig, nicht für verpflichtend. Die Formulierung in Abs 4 erscheint daher nicht ganz glücklich. Absetzungen für Substanzverringerung kommen nur bei einem abschreibungsfähigen Wirtschaftsgut in Betracht. Daher sind Bodenschätze erst dann zu berücksichtigen, wenn sie hinreichend verselbstständigt sind und nicht mehr untrennbar mit dem Boden zusammenhängen. Die Verselbstständigung kann schon angenommen werden, wenn die gedachte Ausbeute ausreichend konkretisiert wurde und eine Abbaugenehmigung erreicht worden ist. Ertragstlich werden die Bodenschätze mit den Anschaffungskosten angesetzt. Dieser ertragstliche Wert ist für die ErbSt maßgeblich. Wie dieser Ansatz sich für das ErbSt-Recht mit der Forderung des Verfassungsgerichts nach Ansatz des Verkaufswertes vereinbaren lässt, muss als das Geheimnis des Gesetzgebers betrachtet werden. 75

VIII. Die Bewertung des inländischen Betriebsvermögens (Abs 5 iVm §§ 11 II, 157 V, 199 bis 203 BewG)

1. Allgemeines

Die Bewertung des Betriebsvermögens ist durch das ErbStRG 2009 zum wiederholten Male umgestellt worden. Bis 1992 galten im Bewertungsrecht und mit ihm im ErbStRecht für die Bewertung des Betriebsvermögens besondere, von der bilanzsteuerrechtlichen Bewertung der Wirtschaftsgüter im Betriebsvermögensvergleich (§ 6 EStG) abweichende Grundsätze. Und zwar wurde sowohl der Kreis der bei der Bewertung berücksichtigungsfähigen Posten (Frage der Bilanzierung) als auch die Höhe der diesen Posten zuzuordnenden Geldbeträge (Frage der Bewertung) im Bewertungsrecht unabhängig vom Bilanzsteuerrecht geregelt. Das führte dazu, dass von den Stpfl zwei Rechenwerke nach unterschiedlichen Grundsätzen zu erstellen waren: die Bilanz für die Zwecke der Einkommen-, Körperschaft- und GewerbeertragSt und die Vermögensaufstellung für die Zwecke der Gewerbekapital-, Vermögen- und ErbSt. Die Ertragskraft der Unternehmen spielte bei diesen Rechenwerken kaum eine Rolle. Aber auch der Substanzwert des Betriebsvermögens wurde nicht ausreichend erfasst (umfangreiche Nachweise in der intensiv geschriebenen Dissertation von *Spitzbart,* Das Betriebsvermögen im ErbStRecht, 2000). 76

2. Die Umstellung der Bewertung im Jahr 1992

Die mit dem StÄndG 1992 verwirklichte nahezu vollständige Übernahme der Steuerbilanzwerte in die für die ErbSt bedeutsame Vermögensaufstellung (= Gegenüberstellung der Aktiva und Passiva des stpfl Erwerbs) sollte nach dem Bericht der Gesetzesmaterialien (BTDrs 12/1108, 72) eine eigenständige Wertermittlung im Rahmen der Vermögensaufstellung entbehrlich machen und damit zu einer deutlichen 77

Vereinfachung des StRechts beitragen. Mit dieser Vereinfachung sollte die Arbeit der Unternehmer, ihrer Berater, aber auch der FinVerw erleichtert werden. Neben der Vereinfachung des Steuerrechts wurde mit der Reform zugleich eine Entlastung des Betriebsvermögens von ertragsunabhängigen Steuern angestrebt. Das Ziel der Neuregelung lag daher auch in einer Herabsetzung der Bemessungsgrundlage für die ErbSt, soweit sie den Erwerb von Betriebsvermögen erfasste. Mit dieser Zielsetzung kam der Gesetzgeber Forderungen nach einer unterschiedlichen Behandlung von Betriebsvermögen und anderem Vermögen bei der ErbSt entgegen, die von der mittelständischen Wirtschaft propagiert und vom BVerfG 1995 für bedeutsam erklärt worden waren (BStBl II 95, 671). Die Umsetzung der Neuregelung wurde 1992 im Wesentlichen durch die Neufassung der §§ 95 und 109 BewG erreicht, also praktisch ohne Eingriff in das ErbStG verwirklicht. Dass es möglich ist, das ErbStRecht grundlegend zu reformieren, ohne den Wortlaut des ErbStG insofern zu verändern, ist auch bei der neuesten Bewertungsumstellung 2009 wieder deutlich geworden.

3. Zur Kritik an der Neuregelung 1992

78 Die Erleichterungen, die die Bewertungsumstellung 1992 mit sich gebracht hatten, wurden vielfach begrüßt. Doch wurde zugleich kritisch vermerkt, dass die Neuregelungen verschiedenen Betriebsvermögenserwerbern in ganz unterschiedlichem Umfang Vorteile brachten (*Spitzbart,* Anm 76, 256). Diese Kritik hat der BFH in seinem Vorlagebeschluss an das BVerfG v 22.5.2002 (BStBl II 02, 598, 607) aufgegriffen und vertieft. Die StBilanzwerte dienten nur dazu, die Ergebnisse verschiedener Rechnungsperioden voneinander abzugrenzen und seien daher zur Ermittlung stichtagsbezogener Substanzwerte ungeeignet. Die Übernahme der StBilanzwerte führe zu keiner zielgerichteten und gleichmäßig wirkenden StEntlastung, sondern zu einem von Zufallsmomenten abhängigen, nicht kontrollierbaren und damit willkürlich eintretenden Begünstigungseffekt. Die Übernahme der StBilanzwerte sei keine vereinfachte Bewertung, sondern stelle bei näherem Betrachten den Verzicht auf eine Bewertung an sich dar. Das BVerfG ist in seinem Beschluss v 7.11.2006 (BStBl II 07, 192, 204ff) dieser Einschätzung des BFH im Wesentlichen gefolgt. Aus der Sicht des BVerfG muss sich die erbstliche Bewertung durchgehend am gemeinen Wert orientieren. Die Übernahme der StBilanzwerte verhindere jedoch strukturell eine Annäherung an den gemeinen Wert. Den StBilanzwerten liege der Grundsatz der Einzelbewertung zugrunde, während der gemeine Wert des Betriebsvermögens in der Praxis üblicherweise auf der Grundlage einer Gesamtbewertung ermittelt werde. Weil das StBilanzrecht ein Aktivierungsverbot für nicht entgeltlich erworbene immaterielle Wirtschaftsgüter enthalte, würden die Gewinnaussichten der Unternehmen in der Bewertung nicht erfasst. Das führe dazu, dass der Steuerwert von ertragsstarken Unternehmen weit hinter dem gemeinen Wert zurückbleibe. Durch den Ansatz der StBilanzwerte werde im Übrigen die erbstliche Bemessungsgrundlage davon abhängig gemacht, ob und in welchem Umfang der Erblasser oder Schenker bilanzpolitische Maßnahmen ergriffen hat. Tendenziell werde durch die Übernahme der StBilanzwerte der Übergang gerade von solchen Unternehmen gefördert, die der Entlastung am wenigsten bedürfen. Weil ein Nachversteuerungsvorbehalt fehle, könnten auch Erwerber in den Genuss der günstigen Bewertung kommen, die eine Fortführung des Unternehmens von vornherein gar nicht beabsichtigten.

4. Die erneute Bewertungsumstellung 2009

79 Auf die BVerfG-Entscheidung v 7.11.2006 (Anm 78) hat der Gesetzgeber reagiert. Mit dem ErbStRG 2009 hat er das BewG erneut geändert und damit zugleich eine tiefgreifende Änderung des ErbStRechts bewirkt. Die Neuregelung schlägt sich insb in den §§ 11 II, 109, und 157 V BewG nieder. Aus § 157 V 2 BewG folgt, dass der Betriebsvermögenswert unter Anwendung der §§ 109 und 11 II BewG ermittelt werden soll. § 109 BewG bestimmt, dass das Betriebsvermögen mit dem gemeinen Wert anzusetzen ist. Und der für Kapitalgesellschaftsanteile konzipierte, aber durch § 157 V 2 BewG auch für die Betriebsvermögensbewertung anwendbar gemachte § 11 II BewG fügt hinzu, dass der Wert des Betriebsvermögens unter Berücksichtigung der Ertragsaussichten ermittelt werden soll und dass die Summe der gemeinen Werte der einzelnen Wirtschaftsgüter abzüglich der Schulden als Mindestwert beachtet werden muss. Damit sind die **vier wichtigsten Weichenstellungen** des neuen Bewertungsrechts bezeichnet. **(1.)** An die Stelle der Steuerbilanzwerte tritt der **gemeine Wert. (2.)** Dieser gemeine Wert ist nicht mehr aus der Summe der einzelnen Wirtschaftsgüter abzüglich der Schulden und damit aus einer Einzelbewertung abzuleiten. Vielmehr soll der Wert durch eine **Gesamtbewertung** des Vermögens entwickelt werden. **(3.)** Bei der Gesamtbewertung soll es nicht um die Ermittlung des Substanzwertes, sondern um den **Ertragswert** des Unternehmens gehen. **(4.)** Der Wert des Betriebsvermögens von Einzelunternehmen und Personengesellschaften wird nach den Regeln über den Wert des Vermögens von (nicht an der Börse notierten) Kapitalgesellschaften behandelt, so dass der Wert des Betriebsvermögens und der Anteile daran, sieht man von den börsennotierten Anteilen ab, im Ergebnis **rechtsformneutral** ermittelt wird.

5. Die Ausgliederung der Bewertung aus dem ErbStG

Das ErbStG selbst enthält keinerlei Hinweise, die Einzelheiten der Bewertung des Betriebsvermögens erläutern. Das Gesetz beschränkt sich auf die Verweisung in § 12 V, die bei genauerer Betrachtung aber auch nur einen deklaratorischen Charakter aufweist. Denn dass das Betriebsvermögen für die Zwecke der ErbSt nach den Vorschriften des BewG zu bewerten ist, sagt schon das BewG selbst. Die Neuerungen zur Bewertung des Betriebsvermögens sind denn auch nicht Neuerungen des ErbSt-Rechts, sondern Neuerungen des Bewertungsrechts. Diese Neuerungen im Einzelnen zu kommentieren, muss den bewertungsrechtlichen Kommentaren überlassen bleiben. Hier kann nur eine Übersicht erfolgen. Sie beschränkt sich im Folgenden auf die Darstellung der Bewertungsregelungen für inländisches Betriebsvermögen und deren Anteile. Denn das ausländische Betriebsvermögen wird erst in den Erläuterungen zu Abs 6 (Anm 105f) angesprochen. Zum Wert von börsennotierten Anteilen wurde bereits oben (Anm 38ff) Stellung genommen. 80

6. Begriff und Umfang des Betriebsvermögens

Die Regelung des § 12 V gilt für den Bestand und die Bewertung von Betriebsvermögen als Sachgesamtheit, kann aber auch zur Bewertung einzelner Wirtschaftsgüter des Betriebsvermögens herangezogen werden (FG Münster EFG 10, 246). Betriebsvermögen ist das einem Gewerbebetrieb gewidmete Vermögen (§ 95 I BewG). Es umfasst alle Teile eines Gewerbebetriebs, die bei der stlichen Gewinnermittlung nach § 15 I und II EStG zum Betriebsvermögen gehören. Bei bilanzierenden Gewerbetreibenden sind es die Posten, die in der StBilanz aufzuführen sind. Man kann daher von einer Gleichförmigkeit der Erfassung der zugehörigen Posten in der StBilanz und bei der Abgrenzung des bewertungsrechtlichen Betriebsvermögens sprechen. Dagegen ist es missverständlich, von einer Identität zwischen der StBilanz und dem bewertungsrechtlichen Betriebsvermögen auszugehen (so aber R B 95 II ErbStR), da die Bewertungsgrundsätze ganz unterschiedlich sind. Außerdem wird die Gleichförmigkeit der Zuordnung der Posten zum Betriebsvermögen auch in mehreren Fällen, insb bei Rücklagen und Rückstellungen, durchbrochen. Die Einzelheiten werden in R B 95 II ErbStR aufgeführt. Zum Betriebsvermögen gehört auch das bei der Ausübung eines freien Berufes eingesetzte Vermögen (§ 96 BewG) sowie das Vermögen, 81 das juristischen Personen des Privatrechts gehört (§ 97 BewG). Das zur LuF bestimmte Vermögen gehört nicht hierher (§ 95 II BewG), es sei denn, dass es zugleich das Vermögen einer Kapitalgesellschaft darstellt (§ 97 BewG). Zum Betriebsvermögen gehören auch Schulden und sonstige Abzüge, wenn sie mit der Gesamtheit oder einzelnen Teilen des Betriebsvermögens in wirtschaftlichem Zusammenhang stehen (§ 103 I BewG). Dieser Zusammenhang ist zu bejahen, wenn die Entstehung der Schuld ursächlich und unmittelbar auf Vorgängen beruht, die das Betriebsvermögen betreffen. Die Schuld muss noch nicht fällig sein, aber doch eine wirtschaftliche Belastung bilden, weil damit gerechnet werden muss, dass der Gläubiger Erfüllung verlangt. An einer wirtschaftlichen Belastung kann es bei Schulden gegenüber nahen Verwandten fehlen. Umsatzsteuerschulden und Grundsteuerschulden können abzugsfähig sein. Einkommensteuerschulden sind dagegen nicht abzugsfähig, weil sie den Betrieb nicht belasten.

82 Die Regelung des § 12 V wird auch für **Anteile am Betriebsvermögen** herangezogen, auch wenn § 12 V diese Anteile nicht ausdrücklich nennt. Denn während das Zivilrecht die Personengesellschaften nach der neueren Rspr des BGH (BGHZ 146, 341) in die Nähe der Kapitalgesellschaften gerückt hat, mit der Folge, dass sich zwischen die Gesellschafter und das Gesellschaftsvermögen die Ebene der Gesellschaft schiebt, die nun als Träger des Vermögens verstanden werden soll, während die Gesellschafter auf die Innehabung von Gesellschaftsanteilen beschränkt werden, hält das EStRecht und das in dieser Frage an das EStRecht anknüpfende ErbStRecht (BFH BStBl II 95, 81; JZ 95, 1074 mit Anm *Meincke;* BStBl II 98, 630; § 1 Anm 7) bisher noch an der überkommenen Vorstellung fest, dass die Gesellschafter in ihrer gesamthänderischen Verbundenheit selbst Träger des Gesellschaftsvermögens sind. Das Gesellschaftsvermögen ist das Betriebsvermögen der Gesellschafter. Ihnen werden die zum Betriebsvermögen gehörenden Wirtschaftsgüter unmittelbar zugerechnet (§ 39 II 2 AO). Ihnen gebührt daher anteilig auch der Ertragswert des Betriebsvermögens. Daraus folgt, dass sich der Wert der Anteile unmittelbar aus der Betriebsvermögensbewertung ergibt und nichts anderes sein kann als ein Bruchteil des gemeinschaftlich innegehabten Vermögenswerts. Für die Bestimmung des dem jeweiligen Gesellschafter zukommenden Teils des Betriebsvermögenswerts sieht § 97 Ia BewG eine Regelung vor. Danach werden den Gesellschaftern zunächst die Kapitalkonten aus der Gesamthandsbilanz zugerechnet. Der verbleibende Wert ist dann nach dem Gewinnverteilungsschlüssel auf die Gesellschafter aufzuteilen. Der so ermittelte Anteil am Gesamthandsvermögen wird schließlich noch durch den gesondert zugerechneten Wert des dem jeweiligen Gesellschafter zustehenden Sonderbetriebsvermögens aufgestockt.

83 Für die Feststellung des **Werts des Betriebsvermögens** sieht **§ 11 II 2 BewG** insgesamt **sechs Bewertungsverfahren** vor. Der Wert kann **(1.)** aus zeitnahen Verkäufen abgeleitet werden. Möglich ist es sodann **(2.),** den Wert im normalen Ertragswertverfahren zu ermitteln. Zu dem normalen Ertragswertverfahren tritt **(3.)** das vereinfachte Ertragswertverfahren nach den §§ 199ff BewG hinzu. Das Gesetz verweist weiterhin **(4.)** auf andere für nichtstliche Zwecke übliche Methoden. Als Mindestwert sieht es **(5.)** den Substanzwert vor, der unter Gegenüberstellung der aktiven und passiven Wirtschaftsgüter ermittelt werden soll. Und schließlich verweist die Gesetzesbegründung zu § 11 II (BTDrs 16/7918, 38) auch noch **(6.)** auf den Liquidationswert als Untergrenze der Bewertung für den Fall, dass das Unternehmen nicht weiter betrieben werden soll. Diese Einschränkung zeigt zugleich, dass in allen anderen Fällen von einer Fortführung des Unternehmens ausgegangen werden soll, ein Gedanke, der bei der Bewertung des Wirtschaftsteils im Bereich der LuF ausdrücklich hervorgehoben wird (§ 162 I 2 BewG), dessen Hervorhebung jedoch im Zusammenhang mit der Betriebsvermögensbewertung fehlt. Alle Bewertungsmethoden zielen übereinstimmend darauf ab, den gemeinen Wert des Betriebsvermögens anzugeben (§§ 11 II 1, 109 I 1, II BewG). Gegenüber jeder der Bewertungsmethoden kann da-

her geltend gemacht werden, dass sie unter den gegebenen Umständen den gemeinen Wert nicht erreicht, ihn über- oder unterschreitet, und deshalb korrigiert werden muss. Es muss für den Unternehmer immer eine **Escape-Klausel** in dem Sinne geben, dass er die Möglichkeit zum Nachweis eines niedrigeren gemeinen Werts erhält, wenn die vom Gesetz vorgesehenen Bewertungsmethoden den gemeinen Wert unter den gegebenen Umständen verfehlen. Denn der Ansatz des Betriebsvermögens mit dem gemeinen Wert hat Verfassungsrang (Anm 9). Vorschriften der einfachen Gesetzgebung wie § 11 II BewG können daran nichts ändern. Geht es dagegen nur darum darzutun, dass nicht nur der mit den gesetzlich vorgeschriebenen Methoden ermittelte Wert in den Bereich des gemeinen Werts fällt, sondern dass auch noch ein niedrigerer Wert dem Spektrum des gemeinen Werts zugeordnet werden könnte, dann wird der Unternehmer mit dieser Begründung nicht gehört. Insofern haben dann die gesetzlich vorgeschriebenen Methoden den Vorrang.

Geht es um die Bewertung des Betriebsvermögens, so ist der Wert in erster Linie 84
aus **zeitnahen Verkäufen** abzuleiten (Einzelheiten dazu schon Anm 42). Diese Bewertungsmethode hat gem § 11 II 2 BewG Vorrang vor dem erst in zweiter Linie genannten Ertragswertverfahren. Geht es um die Ermittlung des Kaufpreises aus zeitnahen Verkäufen, so dürfen nach § 11 II 2 BewG nur Verkäufe berücksichtigt werden, die vor dem Stichtag vorgekommen sind und die **zum Stichtag weniger als ein Jahr zurückliegen.** Trotz dieser gesetzlichen Vorgaben erscheint es an sich nicht undenkbar, auch einem Verkauf nach dem Bewertungsstichtag Bedeutung für die Ermittlung des gemeinen Werts beizumessen (Anm 85). Verkauft jedoch der Erbe oder Beschenkte, dann fehlt es an dem Merkmal des Verkaufs unter fremden Dritten. Daher wird ein nach dem Stichtag liegender Verkauf ausnahmsweise nur dann berücksichtigt werden können, wenn das Betriebsvermögen kurz nach dem Erbfall durch mehrere Hände gegangen ist. Bedenkt man das Merkmal des Verkaufs unter fremden Dritten, dann ist auch zweifelhaft, ob ein Unternehmen, das der Erblasser neun Monate vor seinem Tod käuflich erworben hatte, bei der Bewertung des Erwerbs durch Erbanfall zum damaligen Kaufpreis angesetzt werden kann. Denn, so könnte man argumentieren, der Erblasser ist für den Erben kein fremder Dritter. Doch kann man die Dinge auch anders sehen. Es geht ja um den Verkaufswert des Erbschaftserwerbs, also um eine Bewertung, bei der der Erbe als Verkäufer gedacht wird, der sich gegen entsprechendes Entgelt zur Übertragung seines Erwerbs verpflichtet. Sieht man in den beiden an diesem gedachten Verkauf Beteiligten den Ersten und Zweiten, dann ist jeder, der nicht zu den Verkaufsparteien gehört, ein Dritter. Und er ist zugleich ein fremder Dritter, wenn er Konditionen ohne Rücksicht auf den in der Bewertung unterstellten Verkauf vereinbart hat. Legt man diese Interpretation zugrunde, dann ist der Erblasser, der neun Monate vor dem Erbfall und ohne Blick auf das Ergebnis der späteren Bewertung einen Kaufpreis für das Unternehmen festgelegt hat, ein fremder Dritter. Der von ihm vereinbarte Kaufpreis kann unter dieser Perspektive bei der Bewertung herangezogen werden.

Nach **§ 199 I BewG** darf das vereinfachte Ertragswertverfahren dann nicht ange- 85
wendet werden, wenn es zu **offensichtlich unzutreffenden Ergebnissen** führt. Diese Einschränkung wird nur für das vereinfachte Ertragswertverfahren genannt, hat aber für alle Bewertungsverfahren zu gelten. Können sie unter den gegebenen Umständen den gemeinen Wert offensichtlich nicht erreichen, scheidet ihre Anwendung aus. Man könnte diesem Passus den weitergehenden Sinn geben, dass unzutreffende Bewertungsergebnisse hingenommen werden müssen, sofern sie nicht offensichtlich unzutreffend sind. Diese Interpretation dürfte dann aber nur für das vereinfachte Ertragswertverfahren gelten. Problematisch ist im Übrigen, wie das „offensichtlich unzutreffende Ergebnis" festgestellt werden kann. Am nächsten liegt es, auf Wertansätze zu verweisen, die nach dem Bewertungsstichtag im Rahmen der Erbauseinandersetzung oder von zeitnahen Verkäufen gewonnen wurden (R B 199.1 V ErbStR). Eine solche Interpretation verdeutlicht zugleich, dass auch Erkenntnisse, die nach dem

Stichtag erworben wurden, für die Bewertung bedeutsam sein können (so schon Anm 84). Doch bleiben in jedem Einzelfall Zweifel, ob die neuen Erkenntnisse wirklich das Ergebnis der Bewertung in Frage stellen oder ob sie vielmehr nachträgliche Wertentwicklungen dokumentieren.

86 Die einschlägigen Gesetzesvorschriften **(§§ 200 ff BewG)** konzentrieren sich im Übrigen auf **vier Punkte.** Zunächst werden **(1.)** die „betriebsneutralen" Wirtschaftsgüter (und die mit ihnen im Zusammenhang stehenden Passivposten) aus dem Betriebsvermögen ausgegliedert. Sodann wird **(2.)** der zukünftig nachhaltig zu erzielende Jahresertrag des um die neutralen Wirtschaftsgüter bereinigten Betriebsvermögens ermittelt. Anschließend wird in einem weiteren Schritt **(3.)** ein Kapitalisierungsfaktor herangezogen, um durch Anwendung dieses Faktors auf den nachhaltig zu erzielenden Jahresertrag den Ertragswert des bereinigten Betriebsvermögens zu gewinnen. Diesem Ertragswert wird schließlich **(4.)** der gemeine Wert der im ersten Schritt ausgesonderten Wirtschaftsgüter hinzugerechnet. Damit ist dann der vereinfachte Ertragswert erreicht.

87 **(1.)** Zunächst wird das **nichtbetriebsnotwendige Vermögen** ausgeschlossen. Dabei handelt es sich nach **§ 200 II BewG** um die aktiven und passiven Vermögensteile, um die das Betriebsvermögen vermindert werden kann, ohne die eigentliche Unternehmenstätigkeit zu beeinträchtigen, also um das nichtbetriebsnotwendige Vermögen. Was die „eigentliche Unternehmenstätigkeit" ist und was für sie als notwendig gelten muss, bestimmt das Unternehmensziel. Dieses Unternehmensziel steht nicht ein für alle Mal fest. Mit dem Unternehmensziel kann auch die Auffassung darüber, was betriebsnotwendig ist und als eigentliche Unternehmenstätigkeit gedacht werden muss, sich wandeln. Auch hierfür ist der Bewertungsstichtag von Bedeutung. So ist die eigentliche Unternehmenstätigkeit aus der Sicht des Erbfalls zu bestimmen. Auch wenn der Erbe als Betriebsnachfolger andere Akzente setzen möchte, muss doch das Unternehmensziel noch aus der Sicht des Erblassers betrachtet werden. Branchenfremde Beteiligungen, Vorratsflächen für die noch keine betriebsbezogenen Nutzungspläne entwickelt wurden, Mietwohngrundstücke im Gelände von Produktionsunternehmen, überdimensionierte PKW, überschüssige liquide Mittel, Kunstwerke können zum nichtbetriebsnotwendigen Vermögen gehören.

88 Zusätzlich zum nichtbetriebsnotwendigen Vermögen sind noch weitere Posten aus der Ertragsberechnung herauszunehmen. Das gilt nach **§ 200 III BewG** für alle anderen im Betriebsvermögen gehaltenen **Gesellschaftsbeteiligungen.** Sie sollen bei der Errechnung des Unternehmensertrages nicht berücksichtigt werden. Diese Regelung ist insb im Hinblick auf Beteiligungen an Kapitalgesellschaften vorgesehen. Denn diese Gesellschaften können ihre Gewinne thesaurieren. Ihre Berücksichtigung könnte damit nach Auffassung des Gesetzgebers den Durchschnittsertrag für die Ertragswertberechnung verzerren. Schließlich wurde im Zuge der Gesetzesformulierung auch noch bedacht, dass in den letzten zwei Jahren vor dem Stichtag in das Betriebsvermögen eingelegte Wirtschaftsgüter einen hohen gemeinen Wert bei relativ geringer Rendite haben können und – mitberücksichtigt – den Ertragswert verzerren würden. Um Missbräuche zu verhindern, sollen daher solche **Zwei-Jahres-Objekte** (Wirtschaftsgüter und die mit ihnen in Zusammenhang stehenden Schulden, die in den letzten zwei Jahren vor dem Stichtag eingelegt worden sind), aus der Ertragswertberechnung herausfallen (§ 200 IV BewG). Nur für eingelegte, nicht für angeschaffte oder hergestellte Objekte ist dies vorgeschrieben. Es genügt daher nicht, dass die Wirtschaftsgüter dem Betrieb zum Stichtag weniger als zwei Jahre zuzurechnen waren. Die Wirtschaftsgüter müssen vielmehr Gegenstand einer Einlage gewesen, also dem Betrieb vom Stpfl im Laufe des Wirtschaftsjahrs zugeführt worden sein (§ 4 I 7 EStG). Nur dann sollen sie aus der Ertragsberechnung herausfallen.

89 **(2.)** Der **nachhaltig zu erzielende Jahresertrag,** der die Grundlage für die Bewertung bildet, ist nach den Vorgaben der **§§ 201 f BewG** zu ermitteln. Ausgangspunkt sind die Betriebsergebnisse der letzten drei vor dem Bewertungsstichtag liegen-

den Wirtschaftsjahre. Aus ihnen wird ein Durchschnittsertrag errechnet, der dann die Beurteilungsgrundlage für den nachhaltig zu erzielenden Jahresertrag bietet. Dabei geht das Gesetz von der Annahme aus, dass der Ertrag, der in den vergangenen Jahren zu erzielen war, auch in den künftigen Jahren erreicht werden wird. Statt der Zukunftsprognose steht die Vergangenheitsanalyse im Mittelpunkt. Ein linearer Verlauf der Ertragserzielung wird unterstellt. Es gibt jedoch Unternehmen mit stark schwankenden Erträgen. Kurzfristige Schwankungen werden durch den Drei-Jahres-Durchschnittsbetrag aufgefangen. Längerfristigen, tiefgreifenden Schwankungen wird jedoch durch einen Drei-Jahres-Durchschnittswert nicht immer ausreichend Rechnung getragen. Außerdem kann sich nicht nur das Unternehmen und die Akzeptanz seiner Leistungen verändern, sondern auch das Umfeld, in dem das Unternehmen tätig ist, kann sich vollständig wandeln. Eine Krise der Automobilindustrie stürzt auch die Zuliefererfirmen in Schwierigkeiten. Die Ableitung der zukünftigen Ertragserwartungen aus den Erträgen der vergangenen drei Jahre ist daher mit vielfältigen Unsicherheitsfaktoren belastet.

Das Gesetz berücksichtigt die **Unsicherheit der Ertragsentwicklung** unter drei 90
Aspekten. Es erlaubt, anstelle des drittletzten abgelaufenen Wirtschaftsjahrs das Betriebsergebnis des am Bewertungsstichtag noch nicht abgelaufenen Wirtschaftsjahrs zu berücksichtigen, wenn dies aussagekräftiger ist (§ 201 II 2 BewG). Es erlaubt ferner, für die Ermittlung des Durchschnittsertrags einen verkürzten Ermittlungszeitraum zugrunde zu legen, wenn sich im Dreijahreszeitraum der Charakter des Unternehmens nachhaltig verändert hat oder wenn das Unternehmen in diesem Zeitraum neu entstanden ist (§ 201 III 1 BewG). Es erlaubt schließlich, bei Unternehmen, deren Rechtsform geändert wurde und bei denen zur Ermittlung des Durchschnittsertrages von den früheren Betriebsergebnissen auszugehen ist, die früheren Betriebsergebnisse entsprechend zu korrigieren, soweit sich die Änderung der Rechtsform auf den Jahresertrag ausgewirkt hat (§ 201 III 3 BewG). Das Gesetz reagiert damit auf Rechtsänderungen, die die Ermittlung des Jahresertrags beeinflusst haben können. Änderungen in der Personalausstattung und der Akzeptanz der Leistungen des Unternehmens, die durch neue Erfindungen, durch Verlagerung von Produktionen ins Ausland oder durch eine Krise am Absatzmarkt herbeigeführt sein können und womöglich zum Bewertungsstichtag nur noch deutlich herabgesetzte Ertragserwartungen zu rechtfertigen vermögen, nennt das Gesetz an dieser Stelle nicht. Ihnen muss durch Zurückhaltung bei der Berechnung der Betriebsergebnisse und des aus ihnen folgenden Durchschnittsertrages Rechnung getragen werden. In allen einschlägigen Fällen bleibt im Übrigen noch zu überlegen, ob die veränderten Umstände Zweifel an dem zutreffenden Ergebnis des vereinfachten Ertragswertverfahrens erlauben, so dass mit der Möglichkeit eines offensichtlich unzutreffenden Ergebnisses gerechnet werden muss, was dann eine Voraussetzung dieses Verfahrens überhaupt entfallen lässt (vgl dazu R B 199.1 VI ErbStR).

Der zu erzielende Jahresertrag wird auf der Basis der **Betriebsergebnisse** der letz- 91
ten drei Jahre bestimmt. Ausgangspunkt für die Ermittlung des jeweiligen Betriebsergebnisses ist nach **§ 202 I 1 BewG** die EStBilanz des § 4 I 1 EStG. Bei Personengesellschaften bleiben Sonderbilanzen und Ergänzungsbilanzen unberücksichtigt. Der Steuerbilanzgewinn wird durch Hinzurechnungen und Abrechnungen verändert, um Zahlen zu gewinnen, die für die Ertragskraft des Unternehmens aussagekräftig sind. Nicht aussagekräfte Vermögensminderungen oder -erhöhungen sind daher aus dem Jahresgewinn zu eliminieren (§ 202 I Nr 3 BewG). Im Einzelnen sind nach § 202 I Nr 1 BewG hinzuzurechnen Beträge, die im Bilanzgewinn nicht erscheinen, obwohl sie als Ausdruck der Ertragskraft des Unternehmens angesprochen werden müssen, wie durch Sonderabschreibungen, erhöhte Absetzungen oder Absetzungen auf den Geschäfts- oder Firmenwert aufgezehrte Beträge, Erträge, die durch Bewertungsabschläge, durch Zuführung zu steuerfreien Rücklagen oder durch Teilwertabschreibungen für den Jahresgewinn neutralisiert worden sind, oder Gewinne, denen

einmalige Veräußerungsverluste und außerordentliche Aufwendungen oder denen Aufwendungen im Zusammenhang mit betriebsneutralem Vermögen die Erfolgswirksamkeit genommen haben. Aus dem Bilanzgewinn herauszulösen sind dagegen nach § 202 I Nr 2 BewG die Posten, die nicht eine normale Ertragsfähigkeit repräsentieren, wie die gewinnerhöhende Auflösung von Rücklagen, wie Teilwertzuschreibungen, einmalige Veräußerungsgewinne, außerordentliche Erträge und Erträge, die im Zusammenhang stehen mit nicht in die Ertragsberechnung eingeführten Posten. Auch Erträge, die bei wirtschaftlicher Betrachtungsweise neutralisiert werden müssten, weil sie das Äquivalent für einen angemessenen Unternehmerlohn oder für einen angemessenen Lohn unentgeltlich tätiger Familienangehöriger bilden, sind aus dem Bilanzgewinn auszugliedern.

92 Was die **Ertragsteuern des Unternehmens** (KSt, ZuschlagSt und GewSt) angeht, so sollen diese nicht mit den tatsächlich angefallenen Beträgen, sondern mit einem Pauschsatz berücksichtigt werden. Der ErtragStAufwand wird daher hinzugerechnet, die Erträge aus der Erstattung von ErtragSt werden aus dem Bilanzgewinn herausgelöst. Zur Abgeltung des ErtragStAufwands wird dann das Betriebsergebnis insgesamt um 30% gemindert (§ 202 III BewG). Die ESt des oder der Vermögensträger gehört nicht zum Betriebsergebnis und wird daher an dieser Stelle überhaupt nicht erfasst.

93 **(3.)** Sodann muss die **Kapitalisierung** des Jahresertrages erfolgen. Der aus den Betriebsergebnissen der letzten drei Jahre vor dem Bewertungsstichtag errechnete durchschnittliche Jahresertrag wird in einem dritten Schritt der Ertragswertberechnung kapitalisiert. Der Kapitalisierungsfaktor gem § 203 I BewG war Gegenstand der gesetzlichen Anpassung im Jahre 2016. Setzte sich der Kapitalisierungsfaktor vor dem ErbStRG 2016 noch aus einen jährlich variierenden Basiszins und einem Risikozuschlag von 4,5% zusammen, bestimmt **§ 203 BewG nF** einen **einheitlichen Kapitalisierungsfaktor iHv 13,75,** mit dem der Durchschnittsertrag multipliziert werden soll, um den Ertragswert des Unternehmens zu erhalten.

94 Durch diese Neuregelung sollen die Defizite, welche der alte § 203 I BewG mit sich brachte, beseitigt werden. Nach altem Recht ergab sich der Kapitalisierungsfaktor aus einem Basiszinssatz, der aus der langfristig erzielbaren Rendite öffentlicher Anleihen abgeleitet wurde. Hierzu wurde auf einen Zinssatz abgestellt, den die Deutsche Bundesbank auf den ersten Börsentag eines Jahres errechnete, und galt dann für das ganze Jahr. Sodann wurde der Basiszins pauschal um einen Risikozuschlag von 4,5% erhöht. Während der Basiszins noch in 2011 bei 3,43% lag, fiel er in 2015 auf 0,99% und lag in 2016 bei 1,1%. Da der Risikozuschlag unverändert blieb, lag der Kapitalisierungszinssatz somit zuletzt in einer Größenordnung von 5,6%, was einem Kapitalisierungsfaktor als Kehrwert des Kapitalisierungszinssatzes von zuletzt 17,857 entsprach. Nach Auffassung des Gesetzgebers führte dies offenbar zu allzu hohen Werten. Tatsächlich erschien es gerade in den letzten Jahren zweifelhaft, ob mit einem Risikozuschlag von 4,5% die Risiken, denen heute ein Unternehmen ausgesetzt ist, ausreichend abgebildet sind. Andererseits konnte am Markt auch festgestellt werden, dass angesichts fehlender Renditen in herkömmlichen Kapitalanlagen zunehmend höhere Kaufpreise für Unternehmen gezahlt wurden. Mit seiner Reform 2016 hat der Gesetzgeber sich dennoch für eine Anpassung entschieden und – offenbar ohne Rekurrierung auf empirische Daten – in § 203 I BewG einen einheitlichen Kapitalisierungsfaktor von 13,75 festgelegt. Für das Jahr 2016 bedeutet dies, dass sich die nach dem vereinfachten Ertragswertverfahren zu bestimmenden Unternehmenswerte um fast ein Viertel reduzieren (*Hannes,* ZEV 16, 554). In § 203 Abs 2 BewG wird das BMF ermächtigt, durch Rechtsverordnung mit Zustimmung des Bundesrates den Kapitalisierungsfaktor an künftige Entwicklungen anzupassen. Bereits zu dem der jetzigen Regelung vorangegangenen Entwurf, in dem eine Deckelung des Basiszinses auf mindestens 3,5% und höchstens 5,5% vorgesehen war, wurden verfassungsrechtliche Bedenken angemeldet. Solange aber das vereinfachte Ertragswertverfahren nur dann An-

wendung findet, wenn es nicht zu offensichtlich unzutreffenden Ergebnissen führt und zudem dem Stpfl der Ansatz eines sachverständig ermittelten Wertes gestattet bleibt, dürfte auch ein einheitlicher Kapitalisierungsfaktor verfassungskonform sein. Soweit allerdings das BMF künftig einer Anpassung des Kapitalisierungsfaktors an die Entwicklung der Zinsstrukturdaten nur unzureichend nachkommt, dürfte das Risiko der Annahme eines offensichtlich unzutreffenden Ergebnisses steigen.

Aus verfassungsrechtlicher Sicht weitaus problematischer ist hingegen die **Anwendungsregelung** zum neugefassten § 203 BewG. Während das neue Verschonungssystem rückwirkend zum 1.7.2016 eingeführt wurde, gilt der mit Anpassung des § 203 I BewG neu eingeführte einheitliche Kapitalisierungsfaktor von 13,75 ab dem 1.1.2016 (§ 205 XI BewG). Die mit der Neuregelung bewirkte Reduzierung der nach vereinfachtem Ertragswertverfahren ermittelten Unternehmenswerte um fast ein Viertel führt aber notwendigerweise zu einer rückwirkenden Veränderung der **Verwaltungsvermögensquote.** Diese bestimmte sich nach dem alten Verschonungssystem nämlich nach dem Verhältnis des Wertes des Verwaltungsvermögens zum Gesamtwert des Unternehmens. Eine sicher geglaubte Verschonung kann so nachträglich verloren gehen. Die Anwendungsvorschrift des § 205 XI BewG begründet damit eine verfassungswidrige „echte" Rückwirkung zum Nachteil des Stpfl. Die Obersten Finanzbehörden der Länder versuchen dieses Problem pragmatisch zu lösen. Laut Erlass v 11.5.2017 (BStBl I 17, 751) soll zwar in allen noch nicht bestandskräftig veranlagten Feststellungen der gemeine Wert des Betriebsvermögens (sog unmittelbare Folge der rückwirkenden Anwendung) unter Anwendung des neuen Kapitalisierungsfaktors von 13,75 festgestellt und der Besteuerung zugrunde gelegt werden. Soweit sich der nach der Neuregelung festgestellte Wert jedoch zum Nachteil des Erwerbers auswirkt, kann dieser beantragen, dass der Berechnung zur Prüfung der Grenze von 50% bzw. 10% bei der Quote des Verwaltungsvermögens und der Berechnung des Sockelbetrags für die Finanzmittel im vereinfachten Ertragswertverfahren der „alte" Kapitalisierungsfaktor von 17,8571 zugrunde gelegt wird. Der alte Kapitalisierungsfaktor bleibt damit maßgeblich für die Frage, ob die Verschonung, sei es in Form der Regel- oder der Vollverschonung, in Anspruch genommen werden kann (sog mittelbare Folge der rückwirkenden Anwendung). Der Antrag soll sich also offenbar nur auf die Feststellung der Verwaltungsvermögensquote beziehen, nicht aber die Bemessungsgrundlage für die Besteuerung ändern. Einer Benachteiligung des Stpfl durch die angeordnete Rückwirkung ist damit wirksam vorgebeugt. 95

(4.) Nach der Anwendung des Kapitalisierungsfaktors auf den durchschnittlichen Jahresertrag werden dem so gewonnenen Rechnungsergebnis noch die **Werte der aus der Ertragsberechnung ausgeschiedenen Wirtschaftsgüter** (Anm 87 f) hinzugesetzt. Die Wirtschaftsgüter sind mit dem gemeinen Wert zu erfassen. Mit dieser Hinzurechnung wird dann das Endergebnis des Ertragswertverfahrens erreicht. 96

Neben dem normalen und dem vereinfachten Ertragswertverfahren verweist § 11 II BewG noch auf andere anerkannte, auch im gewöhnlichen Geschäftsverkehr für nichtsteuerliche Zwecke übliche Bewertungsmethoden. Auch diese branchenspezifischen **nichtsteuerlichen Methoden** wollen die Vorteile erfassen, die für die Kaufpreisbemessung bestimmend sind, knüpfen dazu jedoch nicht unmittelbar an den Jahresertrag an, sondern orientieren sich – zB bei der Bewertung von Steuerberaterpraxen – an der Umsatzerwartung, wobei sie unterstellen, dass der Ertrag typischerweise in einem Prozentsatz des Umsatzes liegt. Andere Methoden verbinden eine Ertrags- und Substanzwertausrichtung miteinander, wie sie zB das früher gebräuchliche Stuttgarter Verfahren der Unternehmensbewertung vorgesehen hatte (Einzelheiten dazu in § 12 Anm 42 ff der 14. Aufl). Die Gesetzesbegründung (BTDrs 16/7918, 38) nennt in diesem Zusammenhang weiter vergleichsorientierte Methoden und Multiplikatorenmethoden. 97

Als Mindestwert wird in **§ 11 II 3 BewG** schließich der **Substanzwert** genannt, der unter Berücksichtigung der §§ 99 und 101 BewG ermittelt werden soll und sich 98 aus der Zusammenrechnung der Werte der zum Betriebsvermögen gehörenden Wirtschaftsgüter und sonstigen aktiven Ansätze unter Abzug der Schulden und schuldgleichen Posten ergibt. Dieser Substanzwert ähnelt weitgehend dem Wert, der bis Ende 2008 für das Betriebsvermögen anzusetzen war und der in der 14. Aufl (§ 12 Anm 134ff) ausführlich beschrieben worden ist. Eine ins Gewicht fallende Neuerung liegt allerdings nun darin, dass nicht die StBilanzwerte, sondern die gemeinen Werte zusammengerechnet werden sollen. Der Substanzwert bekommt damit eine Tageswertorientierung. Das die StBilanzwerte beherrschende Vorsichtsprinzip wird verlassen. Die Stichtagsabhängigkeit des Wertes bekommt noch größeres Gewicht. Das kann bei stark schwankenden Tageswerten zu erheblichen Problemen führen. Ein hoher Substanzwert zum Erbfall darf nicht unterschritten werden, auch wenn der Unternehmenswert schon wenige Tage später deutlich gefallen ist. Weil der Substanzwert nicht an die StBilanzwerte anknüpft, sind auch Wirtschaftsgüter zu berücksichtigen, für die ein stliches Aktivierungs- oder Passivierungsverbot besteht. In den Substanzwert sind auch selbst geschaffene immaterielle Wirtschaftsgüter einzurechnen. Das gilt aber nicht für den Firmen- oder Geschäftswert. Nach Auffassung der FinVerw können Wirtschaftsgüter des beweglichen abnutzbaren Anlagevermögens aus Vereinfachungsgründen mit einem Prozentsatz der Anschaffungs- oder Herstellungskosten angesetzt werden, der nicht unter 30% liegen sollte. Von dem in § 11 II 3 BewG genannten Substanzwert, der eine Fortführung des Unternehmens voraussetzt, ist der **Liquidationswert** zu unterscheiden, der nach der Gesetzesbegründung (BTDrs 16/7918, 38) als besondere Ausprägung des Substanzwertes dann als Untergrenze der Bewertung angesetzt werden soll, wenn das Unternehmen nicht weiter betrieben werden soll.

IX. Die Bewertung von Anteilen an Wirtschaftsgütern und Schulden (Abs 6 iVm §§ 3, 151 I 1 Nr 4 BewG)

1. Bruchteilsberechtigung

99 Ein Objekt kann mehreren Personen in Bruchteils- oder Gesamthandsberechtigung zustehen. Im Fall der Bruchteilsberechtigung gilt jedes einzelne Objekt als ideell geteilt. Die Höhe der Anteile (der Bruchteilsberechtigung) steht fest. Nach § 3 iVm § 151 I 1 Nr 4 BewG ist dann zunächst der Wert der Alleinberechtigung gesondert festzustellen. Anschließend ist der so gefundene Geldbetrag entsprechend der Quote der Bruchteilsberechtigung aufzuteilen. Um Bruchteilsberechtigungen geht es zB im Fall des Miteigentums, das § 13 I 1 Nr 4a S 1 erwähnt, also dann, wenn der Schenker zusammen mit seinem Ehepartner Eigentümer des Familienhauses war und seinen Anteil auf den Ehepartner überträgt. Bruchteilseigentum wird im Zweifel dann begründet, wenn mehrere nicht durch ein gesellschaftsrechtliches Band miteinander verbundene Personen gemeinsam Eigentum erwerben.

2. Gesamthandsberechtigung

100 Von der Bruchteilsberechtigung ist die Gesamthandsberechtigung zu unterscheiden, wie sie den Mitgliedern einer Gesamthand zusteht. Gesamthandsgemeinschaften sind die Gütergemeinschaft (§ 1416 BGB), die fortgesetzte Gütergemeinschaft (§§ 1483, 1485 BGB), die Erbengemeinschaft (§§ 2032ff BGB), die GbR (§§ 705ff BGB), die OHG (§§ 105ff HGB), die KG (§§ 161ff HGB) und die Partnerschaftsgesellschaft (§§ 1ff PartGG). Bei der Gesamthandsgemeinschaft ist die Frage, ob die Berechtigung hinsichtlich der einzelnen Objekte als geteilt gilt, ob also bei ihr Anteile an Wirtschaftsgütern und Schulden bestehen, im Zivilrecht umstritten. Jedenfalls gibt es keine festen Anteile hinsichtlich der einzelnen Objekte. Dafür gibt es aber einen Anteil an dem ganzen, der Gesamthandsbindung unterliegenden Vermögen.

3. Anteilige Zurechnung der Vermögensposten

Zur Behandlung des Gesamthandsvermögens bestimmt § 39 II Nr 2 AO: „Wirtschaftsgüter, die mehreren zur gesamten Hand zustehen, werden den Beteiligten anteilig zugerechnet, soweit eine getrennte Zurechnung für die Besteuerung erforderlich ist". Die FinVerw versteht diese Aussage so, dass der Erwerb eines Anteils an einer Gesamthandsgemeinschaft als „Erwerb der anteiligen Wirtschaftsgüter" gilt (§ 10 I 4 ErbStG). Das bedeutet: Der Erwerber übernimmt nicht einen Anteil am Vermögen, das sich als Reinwert nach Saldierung von Aktiv- und Passivposten darstellt, sondern er übernimmt Anteile an den Aktiv- und Passivposten vor ihrer Saldierung zum Reinvermögen, er übernimmt daher anteilig neben Eigentumsrechten und Forderungen auch Schulden, so dass eine Abzugsbeschränkung oder ein Abzugsverbot zum Nachteil des Erwerbers wirksam werden kann. Stellt das Gesamthandsvermögen dagegen Betriebsvermögen dar, werden die Schulden „bereits bei der Bewertung der wirtschaftlichen Einheit berücksichtigt" (§ 10 V Nr 1). Der Erwerber übernimmt in diesem Fall nicht die anteiligen Wirtschaftsgüter und Schulden (vor Saldierung), sondern einen einheitlichen Vermögensanteil (nach Saldierung). Das hat zur Folge, dass seinem Erwerb (nach Saldierung) keine Schulden mehr gegenüberstehen, so dass Abzugsbeschränkungen oder den Abzugsbeschränkungen nahe kommende Interpretationen, wie sie die Rspr zur gemischten Schenkung entwickelt hat (§ 7 Anm 30), zu seinen Lasten nicht wirksam werden können (§ 10 Anm 25). Maßgeblich für die Bewertung des Anteils eines Gesamthänders ist in beiden Fällen der aus der Alleinberechtigung am Gesamthandsvermögen abgeleitete Bruchteils- oder **Quotenwert.** Ein von diesem Quotenwert abweichender selbstständiger Wert des Anteils **(Anteilswert),** wie er bei Anteilen an einer Kapitalgesellschaft nach § 11 I BewG als Kurswert zu ermitteln ist, wird im Bereich der Gesamthandsgemeinschaften nicht anerkannt. **101**

Aufteilung des Gesamthandsvermögens. Der Quotenwert einer Gesamthandsberechtigung wird durch Aufteilung des Werts des gemeinschaftlichen Vermögens für die einzelnen Gesamthänder ermittelt. Zur Aufteilung des Vermögens von Personengesellschaften sieht **§ 97 Ia BewG** ein dreistufiges Vorgehen vor (vgl Anm 82). In einem ersten Schritt ist dem jeweiligen Gesellschafter sein Kapitalkonto aus der Gesamthandsbilanz zuzurechnen. Sodann ist dem Gesellschafter in einem zweiten Schritt sein Anteil an dem verbleibenden Wert des Gesamthandvermögens nach dem für die Gesellschaft maßgeblichen Gewinnverteilungsschlüssel zuzuweisen. Schließlich wird noch der so errechnete Anteil des Gesellschafters am Gesamthandsvermögen um den gemeinen Wert der Wirtschaftsgüter und Schulden seines Sonderbetriebsvermögens aufgestockt. Die Summe aus anteiligem Gesamthandsvermögen und Sonderbetriebsvermögen ergibt dann den ihm zustehenden Anteilswert. **102**

X. Die Bewertung von ausländischem Grundbesitz und ausländischem Betriebsvermögen (Abs 7 iVm § 31 BewG)

1. Ausländischer Grundbesitz

Wenn § 151 I 1 Nr 1 BewG die gesonderte Feststellung von Grundbesitzwerten vorschreibt und wenn die §§ 157 ff BewG besondere Vorschriften für die Bewertung von Grundbesitz für die ErbSt vorsehen, dann ist damit jeweils nur der inländische Grundbesitz gemeint. Die Bewertung von ausländischem Grundbesitz richtet sich dagegen nach den §§ 31 und 9 BewG. Die unterschiedlichen Vorschriftengruppen **103** führten früher zu deutlichen Bewertungsabweichungen. Der inländische Grundbesitz wurde bevorzugt. Das war mit dem EU-Recht nicht vereinbar (EuGH v 17.1.2008, DStRE 08, 174). Die FinVerw (DStR 08, 1537) wandte daher § 31 BewG auf Auslandsgrundstücke nicht mehr an, sondern bewertete die Auslandsgrundstücke nach einem dem Inlandsvermögen vergleichbaren Wert. Diese Praxis hat mit dem ErbStRG 2009 ihre Bedeutung verloren. Denn nun wird auch für den inländischen Grundbesitz der gemeine Wert für maßgeblich erklärt (§§ 162 I 1, 177 BewG). Die verbleibenden Unterschiede sind im Wesentlichen Unterschiede des Verfahrens. Der gemeine Wert von Auslandsgrundbesitz kann freier geschätzt werden. Seine Ermittlung ist nicht an die Einhaltung der §§ 151 ff, 158 ff BewG gebunden. Damit wird eine Begünstigung des inländischen Grundbesitzes nicht mehr bewirkt. Seit Anfang 2009 bestehen daher keine Bedenken mehr dagegen, § 31 BewG wieder wie früher auf den ausländischen Grundbesitz zur Anwendung zu bringen.

104 Ausländischer Grundbesitz ist **im Ausland belegener Grundbesitz.** Nicht entscheidend ist, wem der Grundbesitz gehört oder wer ihn bewirtschaftet. Weil keine Werte für den Grundbesitz gesondert festgestellt werden, ist nicht das LageFA für die Wertermittlung zuständig, sondern der Wert für den ausländischen Grundbesitz wird von dem nach § 35 zuständigen FA miterfasst. Auch wenn keine Bindung an die §§ 158 ff BewG besteht, so werden die dortigen Vorschriften doch, soweit möglich, berücksichtigt werden können. Bodenrichtwerte wird man im Ausland nicht antreffen. Doch wird man durch die Orientierung an tatsächlich vorgekommenen Verkäufen für Vergleichsgrundstücke in die Nähe der Bodenrichtwerte für unbebaute Grundstücke kommen. Für ausländische Ein- und Zweifamilienhäuser wird genau wie für entsprechende inländische Grundstücke ein Vergleichswert gesucht werden. Für Mietwohngrundstücke im Ausland wird der Ertragswert, für Geschäftsgrundstücke der Sachwert eine große Rolle spielen. Ein wesentlicher Unterschied der Bewertung dürfte allerdings darin liegen, dass die Bewertung des inländischen Grundbesitzes in der Hand des Finanzamts liegt, während die Mitwirkungspflichten des Stpfl bei ausländischem Grundbesitz wesentlich höher liegen dürften. Im Zweifel wird er das Wertgutachten eines einheimischen Grundstückssachverständigen heranziehen müssen. Die hier genannten Wertangaben werden vom Inland aus wesentlich schwerer als die Wertangaben für vergleichbaren inländischen Grundbesitz überprüft werden können. Die Kosten eines Wertgutachtens fallen im Zweifel dem Stpfl zur Last (vgl Anm 5). Nach Abs 2 sind, in Anlehnung an die zivilrechtliche Ausgangsregelung, bei der Bewertung von ausländischem Grundbesitz die Bestandteile des Grundstücks sowie das Zubehör zu berücksichtigen. Andere Werte als diese, wie Zahlungsmittel, Wertpapiere, Geldforderungen und -schulden, sind daher richtigerweise nicht miteinzubeziehen.

2. Ausländisches Betriebsvermögen

105 Auch für ausländisches Betriebsvermögen wird unter Berücksichtigung der §§ 31 und 9 BewG der Ansatz zum **gemeinen Wert** vorgeschrieben. Da nunmehr auch für inländisches Betriebsvermögen nach § 109 I 1 BewG der gemeine Wert zum Zuge kommen soll, ist auch dieser Regelungsunterschied nur noch von begrenzter Bedeutung. Als ausländisches Betriebsvermögen hat jedes Betriebsvermögen zu gelten, das nicht die Kriterien des inländischen Betriebsvermögens nach § 121 Nr 3 BewG erfüllt. Die Kriterien des § 121 Nr 3 BewG stellen darauf ab, wo das Gewerbe betrieben wird. Ein ausländisches Unternehmen, das im Inland tätig wird, hat für sein inländisches Wirken eine inländische Betriebsstätte, so dass Inlandsvermögen eingesetzt wird. Ein inländisches Unternehmen, das im Ausland tätig wird, verwendet für die Auslandstätigkeit ausländisches Betriebsvermögen. Auch ein ausländisches Unternehmen, das im Ausland inländische Grundstücke verpachtet, setzt für seinen Geschäftsbetrieb ausländisches Betriebsvermögen ein.

Ausländisches Betriebsvermögen wird im Zweifel wie inländisches Betriebsvermögen mit dem **Ertragswert** bewertet werden. Denn es geht bei der Ermittlung des gemeinen Werts, der für das ausländische Betriebsvermögen gelten soll, um den gedachten Kaufpreis, der nicht ohne Berücksichtigung der Renditeerwartungen des gedachten Käufers ermittelt werden kann. Aber auch die Ermittlung aus zeitnahen Verkaufspreisen, aus dem Substanzwert oder aus dem unter Ertragserwartungen korrigierten Substanzwert ist nicht ausgeschlossen. Ein gesonderter Wert wird vom FA nicht festgestellt. Wie beim ausländischen Grundbesitz werden den Erwerber ausländischen Betriebsvermögens größere Mitwirkungspflichten treffen als den Erwerber inländischen Betriebsvermögens. Mangels eigener Erkenntnisse wird das ErbSt-FA den Erwerber verstärkt um Auskünfte bitten. Die Erfassung der Werte ist schwieriger, daher wird der „Wertkorridor" des gemeinen Werts (= der Bereich, in dem unterschiedliche Zahlen noch mit derselben Überzeugungskraft als gemeiner Wert angesprochen werden können) größer anzusetzen sein als bei inländischem Betriebsvermögen. 106

§ 13 Steuerbefreiungen

(1) [1]**Steuerfrei bleiben**

1. a) Hausrat einschließlich Wäsche und Kleidungsstücke beim Erwerb durch Personen der Steuerklasse I, soweit der Wert insgesamt 41 000 Euro nicht übersteigt,

b) andere bewegliche körperliche Gegenstände, die nicht nach Nummer 2 befreit sind, beim Erwerb durch Personen der Steuerklasse I, soweit der Wert insgesamt 12 000 Euro nicht übersteigt,

c) Hausrat einschließlich Wäsche und Kleidungsstücke und andere bewegliche körperliche Gegenstände, die nicht nach Nummer 2 befreit sind, beim Erwerb durch Personen der Steuerklassen II und III, soweit der Wert insgesamt 12 000 Euro nicht übersteigt.

[2]**Die Befreiung gilt nicht für Gegenstände, die zum land- und forstwirtschaftlichen Vermögen, zum Grundvermögen oder zum Betriebsvermögen gehören, für Zahlungsmittel, Wertpapiere, Münzen, Edelmetalle, Edelsteine und Perlen;**

2. Grundbesitz oder Teile von Grundbesitz, Kunstgegenstände, Kunstsammlungen, wissenschaftliche Sammlungen, Bibliotheken und Archive

a) mit 60 Prozent ihres Werts, jedoch Grundbesitz und Teile von Grundbesitz mit 85 Prozent ihres Werts, wenn die Erhaltung dieser Gegenstände wegen ihrer Bedeutung für Kunst, Geschichte oder Wissenschaft im öffentlichen Interesse liegt, die jährlichen Kosten in der Regel die erzielten Einnahmen übersteigen und die Gegenstände in einem den Verhältnissen entsprechenden Umfang den Zwecken der Forschung oder der Volksbildung nutzbar gemacht sind oder werden,

b) in vollem Umfang, wenn die Voraussetzungen des Buchstabens a erfüllt sind und ferner

aa) der Steuerpflichtige bereit ist, die Gegenstände den geltenden Bestimmungen der Denkmalspflege zu unterstellen,

bb) die Gegenstände sich seit mindestens 20 Jahren im Besitz der Familie befinden oder in ein Verzeichnis national wertvollen Kulturgutes nach § 7 Absatz 1 des Kulturgutschutzgesetzes vom 31. Juli 2016 (BGBl. I S. 1914) in der jeweils geltenden Fassung eingetragen sind.

[2]**Die Steuerbefreiung fällt mit Wirkung für die Vergangenheit weg, wenn die Gegenstände innerhalb von zehn Jahren nach dem Erwerb veräußert**

werden oder die Voraussetzungen für die Steuerbefreiung innerhalb dieses Zeitraums entfallen;

3. Grundbesitz oder Teile von Grundbesitz, der für Zwecke der Volkswohlfahrt der Allgemeinheit ohne gesetzliche Verpflichtung zur Benutzung zugänglich gemacht ist und dessen Erhaltung im öffentlichen Interesse liegt, wenn die jährlichen Kosten in der Regel die erzielten Einnahmen übersteigen. [2]Die Steuerbefreiung fällt mit Wirkung für die Vergangenheit weg, wenn der Grundbesitz oder Teile des Grundbesitzes innerhalb von zehn Jahren nach dem Erwerb veräußert werden oder die Voraussetzungen für die Steuerbefreiung innerhalb dieses Zeitraums entfallen;

4. ein Erwerb nach § 1969 des Bürgerlichen Gesetzbuchs;

4a. Zuwendungen unter Lebenden, mit denen ein Ehegatte dem anderen Ehegatten Eigentum oder Miteigentum an einem im Inland oder in einem Mitgliedstaat der Europäischen Union oder einem Staat des Europäischen Wirtschaftsraums belegenen bebauten Grundstück im Sinne des § 181 Abs. 1 Nr. 1 bis 5 des Bewertungsgesetzes verschafft, soweit darin eine Wohnung zu eigenen Wohnzwecken genutzt wird (Familienheim), oder den anderen Ehegatten von eingegangenen Verpflichtungen im Zusammenhang mit der Anschaffung oder der Herstellung des Familienheims freistellt. [2]Entsprechendes gilt, wenn ein Ehegatte nachträglichen Herstellungs- oder Erhaltungsaufwand für ein Familienheim trägt, das im gemeinsamen Eigentum der Ehegatten oder im Eigentum des anderen Ehegatten steht. [3]Die Sätze 1 und 2 gelten für Zuwendungen zwischen Lebenspartnern entsprechend;

4b. der Erwerb von Todes wegen des Eigentums oder Miteigentums an einem im Inland oder in einem Mitgliedstaat der Europäischen Union oder einem Staat des Europäischen Wirtschaftsraums belegenen bebauten Grundstück im Sinne des § 181 Abs. 1 Nr. 1 bis 5 des Bewertungsgesetzes durch den überlebenden Ehegatten oder den überlebenden Lebenspartner, soweit der Erblasser darin bis zum Erbfall eine Wohnung zu eigenen Wohnzwecken genutzt hat oder bei der er aus zwingenden Gründen an einer Selbstnutzung zu eigenen Wohnzwecken gehindert war und die beim Erwerber unverzüglich zur Selbstnutzung zu eigenen Wohnzwecken bestimmt ist (Familienheim). [2]Ein Erwerber kann die Steuerbefreiung nicht in Anspruch nehmen, soweit er das begünstigte Vermögen auf Grund einer letztwilligen Verfügung des Erblassers oder einer rechtsgeschäftlichen Verfügung des Erblassers auf einen Dritten übertragen muss. [3]Gleiches gilt, wenn ein Erbe im Rahmen der Teilung des Nachlasses begünstigtes Vermögen auf einen Miterben überträgt. [4]Überträgt ein Erbe erworbenes begünstigtes Vermögen im Rahmen der Teilung des Nachlasses auf einen Dritten und gibt der Dritte dabei diesem Erwerber nicht begünstigtes Vermögen hin, das er vom Erblasser erworben hat, erhöht sich insoweit der Wert des begünstigten Vermögens des Dritten um den Wert des hingegebenen Vermögens, höchstens jedoch um den Wert des übertragenen Vermögens. [5]Die Steuerbefreiung fällt mit Wirkung für die Vergangenheit weg, wenn der Erwerber das Familienheim innerhalb von zehn Jahren nach dem Erwerb nicht mehr zu Wohnzwecken selbst nutzt, es sei denn, er ist aus zwingenden Gründen an einer Selbstnutzung zu eigenen Wohnzwecken gehindert;

4c. der Erwerb von Todes wegen des Eigentums oder Miteigentums an einem im Inland oder in einem Mitgliedstaat der Europäischen Union oder einem Staat des Europäischen Wirtschaftsraums belegenen bebauten Grundstück im Sinne des § 181 Abs. 1 Nr. 1 bis 5 des Bewertungsgesetzes durch Kinder im Sinne der Steuerklasse I Nr. 2 und der Kinder verstorbener Kinder im Sinne der Steuerklasse I Nr. 2, soweit der Erblasser darin bis zum Erbfall eine Wohnung zu eigenen Wohnzwecken genutzt hat oder bei der er aus zwingenden Gründen an einer Selbstnutzung zu eigenen Wohnzwecken gehindert war, die beim Erwerber unverzüglich zur Selbstnutzung zu eigenen Wohnzwecken bestimmt ist (Familienheim) und soweit die Wohnfläche der Wohnung 200 Quadratmeter nicht übersteigt. [2]Ein Erwerber kann die Steuerbefreiung nicht in Anspruch nehmen, soweit er das begünstigte Vermögen auf Grund einer letztwilligen Verfügung des Erblassers oder einer rechtsgeschäftlichen Verfügung des Erblassers auf einen Dritten übertragen muss. [3]Gleiches gilt, wenn ein Erbe im Rahmen der Teilung des Nachlasses begünstigtes Vermögen auf einen Miterben überträgt. [4]Überträgt ein Erbe erworbenes begünstiges Vermögen im Rahmen der Teilung des Nachlasses auf einen Dritten und gibt der Dritte dabei diesem Erwerber nicht begünstigtes Vermögen hin, das er vom Erblasser erworben hat, erhöht sich insoweit der Wert des begünstigten Vermögens des Dritten um den Wert des hingegebenen Vermögens, höchstens jedoch um den Wert des übertragenen Vermögens. [5]Die Steuerbefreiung fällt mit Wirkung für die Vergangenheit weg, wenn der Erwerber das Familienheim innerhalb von zehn Jahren nach dem Erwerb nicht mehr zu Wohnzwecken selbst nutzt, es sei denn, er ist aus zwingenden Gründen an einer Selbstnutzung zu eigenen Wohnzwecken gehindert;

5. die Befreiung von einer Schuld gegenüber dem Erblasser, sofern die Schuld durch Gewährung von Mitteln zum Zweck des angemessenen Unterhalts oder zur Ausbildung des Bedachten begründet worden ist oder der Erblasser die Befreiung mit Rücksicht auf die Notlage des Schuldners angeordnet hat und diese auch durch die Zuwendung nicht beseitigt wird. [2]Die Steuerbefreiung entfällt, soweit die Steuer aus der Hälfte einer neben der erlassenen Schuld dem Bedachten anfallenden Zuwendung gedeckt werden kann;
6. ein Erwerb, der Eltern, Adoptiveltern, Stiefeltern oder Großeltern des Erblassers anfällt, sofern der Erwerb zusammen mit dem übrigen Vermögen des Erwerbers 41 000 Euro nicht übersteigt und der Erwerber infolge körperlicher oder geistiger Gebrechen und unter Berücksichtigung seiner bisherigen Lebensstellung als erwerbsunfähig anzusehen ist oder durch die Führung eines gemeinsamen Hausstands mit erwerbsunfähigen oder in der Ausbildung befindlichen Abkömmlingen an der Ausübung einer Erwerbstätigkeit gehindert ist. [2]Übersteigt der Wert des Erwerbs zusammen mit dem übrigen Vermögen des Erwerbers den Betrag von 41 000 Euro, wird die Steuer nur insoweit erhoben, als sie aus der Hälfte des die Wertgrenze übersteigenden Betrags gedeckt werden kann;
7. Ansprüche nach den folgenden Gesetzen in der jeweils geltenden Fassung:
   a) Lastenausgleichsgesetz,
   b) Flüchtlingshilfegesetz in der Fassung der Bekanntmachung vom 15. Mai 1971 (BGBl. I S. 681), zuletzt geändert durch Artikel 6a des Gesetzes vom 21. Juli 2004 (BGBl. I S. 1742),
   c) Allgemeines Kriegsfolgengesetz in der im Bundesgesetzblatt Teil III, Gliederungsnummer 653-1, veröffentlichten bereinigten Fassung, zuletzt geändert durch Artikel 127 der Verordnung vom 31. Oktober 2006 (BGBl. I S. 2407),
   d) Gesetz zur Regelung der Verbindlichkeiten nationalsozialistischer Einrichtungen und der Rechtsverhältnisse an deren Vermögen vom

17. März 1965 (BGBl. I S. 79), zuletzt geändert durch Artikel 2 Abs. 17 des Gesetzes vom 12. August 2005 (BGBl. I S. 2354),
   e) Häftlingshilfegesetz, Strafrechtliches Rehabilitierungsgesetz sowie Bundesvertriebenengesetz,
   f) Vertriebenenzuwendungsgesetz vom 27. September 1994 (BGBl. I S. 2624, 2635), zuletzt geändert durch Artikel 4 Abs. 43 des Gesetzes vom 22. September 2005 (BGBl. I S. 2809),
   g) Verwaltungsrechtliches Rehabiltierungsgesetz in der Fassung der Bekanntmachung vom 1. Juli 1997 (BGBl. I S. 1620), zuletzt geändert durch Artikel 2 des Gesetzes vom 21. August 2007 (BGBl. I S. 2118), und
   h) Berufliches Rehabilitierungsgesetz in der Fassung der Bekanntmachung vom 1. Juli 1997 (BGBl. I S. 1625), zuletzt geändert durch Artikel 3 des Gesetzes vom 21. August 2007 (BGBl I S. 2118);
8. Ansprüche auf Entschädigungsleistungen nach den folgenden Gesetzen in der jeweils geltenden Fassung:
   a) Bundesentschädigungsgesetz in der im Bundesgesetzblatt Teil III, Gliederungsnummer 251-1, veröffentlichten bereinigten Fassung, zuletzt geändert durch Artikel 7 Abs. 4 des Gesetzes vom 26. März 2007 (BGBl. I S. 358), sowie
   b) Gesetz über Entschädigungen für Opfer des Nationalsozialismus im Beitrittsgebiet vom 22. April 1992 (BGBl. I S. 906);
9. ein steuerpflichtiger Erwerb bis zu 20 000 Euro, der Personen anfällt, die dem Erblasser unentgeltlich oder gegen unzureichendes Entgelt Pflege oder Unterhalt gewährt haben, soweit das Zugewendete als angemessenes Entgelt anzusehen ist;

9a. Geldzuwendungen unter Lebenden, die eine Pflegeperson für Leistungen zur Grundpflege oder hauswirtschaftlichen Versorgung vom Pflegebedürftigen erhält, bis zur Höhe des nach § 37 des Elften Buches Sozialgesetzbuch gewährten Pflegegeldes oder eines entsprechenden Pflegegeldes aus privaten Versicherungsverträgen nach den Vorgaben des Elften Buches Sozialgesetzbuch (private Pflegepflichtversicherung) oder einer Pauschalbeihilfe nach den Beihilfevorschriften für häusliche Pflege;

10. Vermögensgegenstände, die Eltern oder Voreltern ihren Abkömmlingen durch Schenkung oder Übergabevertrag zugewandt hatten und die an diese Personen von Todes wegen zurückfallen;
11. der Verzicht auf die Geltendmachung des Pflichtteilsanspruchs oder des Erbersatzanspruchs;
12. Zuwendungen unter Lebenden zum Zwecke des angemessenen Unterhalts oder zur Ausbildung des Bedachten;
13. Zuwendungen an Pensions- und Unterstützungskassen im Sinne des § 5 Abs. 1 Nr. 3 des Körperschaftsteuergesetzes, wenn sie die für eine Befreiung von der Körperschaftsteuer erforderlichen Voraussetzungen erfüllen. [2]Ist eine Kasse nach § 6 des Körperschaftsteuergesetzes teilweise steuerpflichtig, ist auch die Zuwendung im gleichen Verhältnis steuerpflichtig. [3]Die Befreiung fällt mit Wirkung für die Vergangenheit weg, wenn die Voraussetzungen des § 5 Abs. 1 Nr. 3 des Körperschaftsteuergesetzes innerhalb von zehn Jahren nach der Zuwendung entfallen;
14. die üblichen Gelegenheitsgeschenke;
15. Anfälle an den Bund, ein Land oder eine inländische Gemeinde (Gemeindeverband) sowie solche Anfälle, die ausschließlich Zwecken des Bundes, eines Landes oder einer inländischen Gemeinde (Gemeindeverband) dienen;

16. **Zuwendungen**
    a) an inländische Religionsgesellschaften des öffentlichen Rechts oder an inländische jüdische Kultusgemeinden,
    b) an inländische Körperschaften, Personenvereinigungen und Vermögensmassen, die nach der Satzung, dem Stiftungsgeschäft oder der sonstigen Verfassung und nach ihrer tatsächlichen Geschäftsführung ausschließlich und unmittelbar kirchlichen, gemeinnützigen oder mildtätigen Zwecken im Sinne der §§ 52 bis 54 der Abgabenordnung dienen. [2]Die Befreiung fällt mit Wirkung für die Vergangenheit weg, wenn die Voraussetzungen für die Anerkennung der Körperschaft, Personenvereinigung oder Vermögensmasse als kirchliche, gemeinnützige oder mildtätige Institution innerhalb von zehn Jahren nach der Zuwendung entfallen und das Vermögen nicht begünstigten Zwecken zugeführt wird,
    c) an ausländische Religionsgesellschaften, Körperschaften, Personenvereinigungen und Vermögensmassen der in den Buchstaben a und b bezeichneten Art, die nach § 5 Absatz 1 Nummer 9 des Körperschaftsteuergesetzes in Verbindung mit § 5 Absatz 2 Nummer 2 zweiter Halbsatz des Körperschaftsteuergesetzes steuerbefreit wären, wenn sie inländische Einkünfte erzielen würden, und wenn durch die Staaten, in denen die Zuwendungsempfänger belegen sind, Amtshilfe und Unterstützung bei der Beitreibung geleistet werden. [2]Amtshilfe ist der Auskunftsaustausch im Sinne oder entsprechend der Amtshilferichtlinie gemäß § 2 Absatz 11 des EU-Amtshilfegesetzes in der für den jeweiligen Stichtag der Steuerentstehung geltenden Fassung oder eines entsprechenden Nachfolgerechtsaktes. [3]Beitreibung ist die gegenseitige Unterstützung bei der Beitreibung von Forderungen im Sinne oder entsprechend der Beitreibungsrichtlinie einschließlich der in diesem Zusammenhang anzuwendenden Durchführungsbestimmungen in den für den jeweiligen Stichtag der Steuerentstehung geltenden Fassungen oder eines entsprechenden Nachfolgerechtsaktes. [4]Werden die steuerbegünstigten Zwecke des Zuwendungsempfängers im Sinne des Satzes 1 nur im Ausland verwirklicht, ist für die Steuerbefreiung Voraussetzung, dass natürliche Personen, die ihren Wohnsitz oder ihren gewöhnlichen Aufenthalt im Geltungsbereich dieses Gesetzes haben, gefördert werden oder dass die Tätigkeit dieses Zuwendungsempfängers neben der Verwirklichung der steuerbegünstigten Zwecke auch zum Ansehen der Bundesrepublik Deutschland beitragen kann. [5]Buchstabe b S 2 gilt entsprechend;
17. **Zuwendungen, die ausschließlich kirchlichen, gemeinnützigen oder mildtätigen Zwecken gewidmet sind, sofern die Verwendung zu dem bestimmten Zweck gesichert ist;**
18. **Zuwendungen an**
    a) politische Parteien im Sinne des § 2 des Parteiengesetzes, sofern die jeweilige Partei nicht gemäß § 18 Absatz 7 des Parteiengesetzes von der staatlichen Teilfinanzierung ausgeschlossen ist,
    b) Vereine ohne Parteicharakter, wenn
       aa) der Zweck des Vereins ausschließlich darauf gerichtet ist, durch Teilnahme mit eigenen Wahlvorschlägen an Wahlen auf Bundes-, Landes- oder Kommunalebene bei der politischen Willensbildung mitzuwirken, und
       bb) der Verein auf Bundes-, Landes- oder Kommunalebene bei der jeweils letzten Wahl wenigstens ein Mandat errungen oder der zuständigen Wahlbehörde oder dem zuständigen Wahlorgan ange-

zeigt hat, dass er mit eigenen Wahlvorschlägen auf Bundes-, Landes- oder Kommunalebene an der jeweils nächsten Wahl teilnehmen will.

[2]Die Steuerbefreiung fällt mit Wirkung für die Vergangenheit weg, wenn der Verein an der jeweils nächsten Wahl nach der Zuwendung nicht teilnimmt, es sei denn, dass der Verein sich ernsthaft um eine Teilnahme bemüht hat.

(2) **[1]Angemessen im Sinne des Absatzes 1 Nr. 5 und 12 ist eine Zuwendung, die den Vermögensverhältnissen und der Lebensstellung des Bedachten entspricht. [2]Eine dieses Maß übersteigende Zuwendung ist in vollem Umfang steuerpflichtig.**

(3) **[1]Jede Befreiungsvorschrift ist für sich anzuwenden. [2]In den Fällen des Absatzes 1 Nr. 2 und 3 kann der Erwerber der Finanzbehörde bis zur Unanfechtbarkeit der Steuerfestsetzung erklären, daß er auf die Steuerbefreiung verzichtet.**

Erbschaftsteuer-Richtlinien 2011: R E 13.1–13.11/H E 13.2–13.10

Übersicht

Schrifttum: *Söffing/Thoma,* Steuerliche Konsequenzen der Einsetzung einer gemeinnützigen Stiftung als Vorerbin, BB 04, 855; *Steiner,* Der Sponsor in der Schenkungsteuerfalle?, ErbStB 07, 204; *Wenhardt,* Steuerfreier Rückerwerb von Vermögensgegenständen, ErbStB 07, 25; *Eggers,* Schenkungsteuer bei Zuwendungen an Vereine, DStR 07, 1752; *Hartmann,* Schenkungsteuerbare Zuwendungen durch Forderungsverzicht, ErbStB 08, 9; *Halaczinsky,* Erbschaftsteuer und Spenden, UVR 10, 85; *Tack/Stein,* Die (mittelbare) Hausratsschenkung als Gestaltungsmittel, ZEV 13, 180; *Halaczinsky,* Die Steuerbefreiungen nach § 13 ErbStG – Aktuelle Entwicklungen, UVR 13, 265; *Halaczinsky,* Steuerbefreiung bei Zuwendungen an steuerbegünstigte Körperschaften, ErbStB 14, 170, 192; *Stoklassa/Feldner,* „Kleine Geschenke erhalten die Freundschaft", ErbStB 14, 69; *Grootens,* Pflegeleistung in der Erbschaft- und Schenkungsteuer, ErbStB 15, 114; *Christ,* Erbschaftsteuerlicher Pflegefreibetrag als Anerkennung für freiwillige Pflege, FamRB 16, 165; *Herbst,* Erbschaft- und schenkungsteuerbefreite Zuwendungen ins Ausland nach § 13 I Nr 16 Buchst c ErbStG, SteuK 16, 405; *Erle,* Der PKW als Hausrat, ZEV 16, 240; *Schmid,* BFH weitet Anwendungsbereich des „Pflegefreibetrags" iSd § 13 Abs 1 Nr 9 ErbStG erheblich aus, ZErb 17, 309.

Schrifttum zu Abs 1 Nr 2 (Kulturgüter) vor Anm 8.
Schrifttum zu Abs 1 Nrn 4a–4c (Familienheim) vor Anm 20.

I. Allgemeines

1 § 13 sieht für bestimmte Vermögensanfälle eine Befreiung, Teilbefreiung oder betragsmäßige Freistellung aus in der Sache des Erwerbs liegenden Gründen vor. Die Befreiungen sind, sofern sie nicht von vornherein zu einer völligen Freistellung des Erwerbs führen (wie die des Abs 1 Nrn 4a–4c, 11–18), bei der Ermittlung des steuerbar bleibenden Erwerbs als Abzugsposten zu berücksichtigen (§ 10 I 1). Dabei ist jede Befreiungsvorschrift für sich anzuwenden (Abs 3). Die Befreiungen sind ohne Antrag des Stpfl von Amts wegen zu beachten und kommen auch bei beschränkter StPfl in Betracht. Sie beziehen sich auf stpfl Vorgänge iSv § 1, also auf Erwerbe (oder auf die den Erwerben korrespondierenden Zuwendungen) sowie auf das Halten von Vermögen durch Stiftungen und Vereine (§ 1 I Nr 4). Die Bezugnahme auf die jeweiligen stpfl Vorgänge, insb auf Erwerbe, gilt auch dann, wenn das Gesetz in abgekürzter Diktion von der Freistellung von Gegenständen, zB von Grundbesitz (§ 13 I Nr 3) oder von Ansprüchen (§ 13 I Nrn 7, 8), ohne Bezugnahme auf einen bestimmten Erwerbsvorgang spricht. Die Befreiungen sind im Zweifel bei stpfl Vorgängen jeder Art zu beachten, sofern nicht der Gesetzeswortlaut eine klare Einschränkung (zB auf Erwerbe von Todes wegen: § 13 I Nr 10) bringt. Die Befreiungsregelungen wirken sich nicht nur auf den Ansatz des Erwerbs, sondern auch auf den Abzug der mit dem Erwerb

verbundenen Nachlassverbindlichkeiten aus, weil die mit § 13 korrespondierende Regelung des § 10 VI Abzugsverbote für Verbindlichkeiten vorsieht. Die Befreiungsregelung hat daher für den Stpfl nicht nur günstige, sondern auch ungünstige Folgen. Die ungünstigen Folgen können im Einzelfall überwiegen. Daher sieht § 13 III 2 unter bestimmten Voraussetzungen einen Verzicht auf die Befreiung vor, der jedoch nur auf einzelne StBefreiungen beschränkt ist.

II. Hausrat und andere Gegenstände (Abs 1 Nr 1)

2 Die StBefreiung nach Abs 1 Nr 1 ist eine **Freibetragsregelung.** Sie erlaubt es Personen der StKlasse I, Hausrat und andere bewegliche körperliche Gegenstände im Gesamtwert von 53.000 EUR stfrei zu übernehmen (Buchst a und b). Personen der StKlasse II und III werden noch bis zum Wert von 12.000 EUR begünstigt (Buchst c). Die Freibeträge beziehen sich auf den einzelnen Erwerb. Sie stehen daher jedem einzelnen Erwerber, dem ein entsprechender Wert an Hausrat und anderen beweglichen körperlichen Gegenständen zufällt, in voller Höhe zu (*Moench/Kien-Hümbert* § 13 Rz 2). Die Freistellung der genannten Gegenstände ist aus diesem Grund umso höher, auf je mehr Personen die Gegenstände übergehen. Wird ein Erblasser von seiner Frau und vier Kindern beerbt, dann können für Hausrat und andere bewegliche Gegenstände von den Hinterbliebenen vorab insgesamt 265.000 EUR stfrei geltend gemacht werden. Hätte der Erblasser zwei seiner Kinder vor dem Erbfall gegen Erbverzicht abgefunden, dann könnten die verbleibenden drei Erben nur Hausrat und andere bewegliche Gegenstände im Wert von 159.000 EUR stfrei übernehmen. Die StFreiheit für Hausrat und andere bewegliche Gegenstände steht nicht nur dem Erben, sondern auch dem Vermächtnisnehmer zu (*Viskorf* § 13 Rz 17). Das ist nicht selbstverständlich, weil der Vermächtnisnehmer mit dem Erbfall nicht den Vermächtnisgegenstand selbst, sondern nur einen Anspruch auf Übertragung des Vermächtnisgegenstandes erwirbt und weil der BFH in anderen Zusammenhängen großes Gewicht darauf legt, dass Vergünstigungen, die das Gesetz für den Erwerb des Eigentums vorsieht, nicht auch für den Erwerb des Anspruchs auf Eigentumsübertragung gelten (BFH BStBl II 02, 598; NV 07, 1663). Auch die Zuordnung des Eigentums zum Inlandsvermögen soll nicht für den Vermächtnisanspruch auf Eigentumsübertragung herangezogen werden dürfen (BFH BStBl III 59, 22). Doch wird diese Linie bei Betrachtung der StBefreiungen nicht durchgehalten. Steht nur einem der Erben der Hausrat als Vermächtnis zu (§ 1932 BGB) oder ist der Hausrat einem Außenstehenden als Vermächtnis zugedacht, dann kommt im Ergebnis nur ihm die Befreiungsregelung zugute, weil sich die StFreiheit beim Erwerb durch Erbanfall wegen der Vermächtnisverbindlichkeit, die nur im Umfang des Erwerbs zum Abzug zugelassen wird (§ 10 VI 1), nicht auswirken kann (FG München EFG 87, 410).

3 **Hausrat** wird zugunsten der Erwerber in StKlasse I durch Abs 1 Nr 1 Buchst a, zugunsten der Erwerber in StKlasse II und III durch Abs 1 Nr 1 Buchst c in Höhe der dort genannten Beträge stfrei gestellt. Hausrat (vgl zu dem Begriff auch die frühere HausratsVO v 21. 10. 44, BGBl III 404-3) bezeichnet die Summe der Haushaltsgegenstände (§ 1361 a BGB, § 206 FamFG), unter denen die **Gegenstände des privaten Wohnumfelds** verstanden werden, wie die Wohnungseinrichtung einschließlich der Reinigungs- und Pflegegeräte für Wohnung und Garten, Gegenstände der Unterhaltung und Bildung wie Fernseh- und Videoapparat, Computer, Spiele, Bilder, Bücher, Musikinstrumente. Auch Tiere und der nicht vorwiegend beruflich genutzte **PKW** (zustimmend *Kapp/Geck* § 13 Rz 4; *Troll/Jülicher* § 13 Rz 8; *Viskorf* § 13 Rz 13; OLG Frankfurt NJW 15, 2346 zu § 1361 a BGB; *Erle,* ZEV 16, 240). *Moench/Kien-Hümbert* (§ 13 Rz 11) will den PKW dagegen den anderen beweglichen körperlichen Gegenständen iSv Nr 1 Buchst b zurechnen, was wegen der unterschiedlichen Freibetragshöhe für Erwerber der StKlasse I nachteilig sein kann.

Fraglich ist, ob § 13 Nr 1 mit dem Begriff des Hausrats nur solche Gegenstände bezeichnen will, die schon vor dem Erwerb als Hausrat genutzt wurden, ob unter die Befreiungsregelung auch neu angeschaffte Gegenstände fallen, die erst in der Hand des Erwerbers zu Hausrat werden, oder **ob die bloße Eignung der Gegenstände als Hausrat** – unabhängig von ihrer bisherigen oder zukünftigen Nutzung – für die Begünstigung **genügt.** Die Freistellung des Hausrats war ursprünglich auf den Erbfall gemünzt (§ 11 Nr 4 ErbStG 1906), hatte sich auf Gegenstände aus dem Nachlass bezogen (§§ 7, 37 Nr 1 ErbStG 1919), sollte diese schwer verwertbaren Gegenstände der Familie erhalten und hatte mit dieser Zielrichtung im Wesentlichen nur bereits gebrauchte, als Hausrat genutzte Gegenstände umfasst (so noch *Megow/Michel,* ErbStG, 6. Aufl 1974, § 13 Anm 2). Später wurde jedoch diese Interpretation fallen gelassen. Es sollte jetzt nur noch die „Art des Erwerbsgegenstandes" und nicht „sein Gebrauchszustand" entscheiden (*Petzoldt,* ErbStG, 1978, § 13 Rz 11). Diese Überlegungen hat in letzter Zeit besonders pointiert *Viskorf* (*Viskorf* § 13 Rz 9) fortgeführt, wenn nach ihm die objektive Eignung von Gegenständen zur privaten Haushalts- und Lebensführung genügt, um sie als Hausrat zu bezeichnen. „Diese objektive Sicht schließt es aus, der konkreten Zweckbestimmung und Verwendung eines Gegenstands durch den Erblasser/Schenker oder beim Erwerber Bedeutung zukommen zu lassen" (*Viskorf* aaO). Nach dieser neuen Sicht hat Abs 1 Nr 1 nicht einen bestimmten Hausrat (den des Erblassers oder Schenkers; so aber noch *Finger* § 18 Rz 4) vor Augen, will auch kein Gewicht auf eine bestimmte Nutzung durch den Erwerber legen, sondern will einfach nur den Transfer von möglichen Gegenständen des privaten Wohnumfelds erleichtern. Diese objektive Deutung des Merkmals Hausrat ist wenig befriedigend, weil sie den Grund der Befreiung nicht deutlich macht, erlaubt aber eine einfache Handhabung der Bestimmung und stimmt auch gut mit der Regelung des Abs 1 Nr 1 Buchst b überein, die ihrerseits keinen Bezug zur Nutzung der anderen beweglichen körperlichen Gegenstände durch den Erblasser/Schenker oder durch den Erwerber erkennen lässt. Folgt man dieser neueren Interpretation, dann ist damit nunmehr jeder Gegenstand, der als Hausrat genutzt werden könnte, von der Befreiungsregelung umfasst. Auf den Lebenszuschnitt des Zuwenders oder darauf, dass die Gegenstände konkret in der Wohnung des Erblassers oder Schenkers genutzt worden sind, kommt es dann iRd Abs 1 Nr 1 nicht mehr an. 4

Kunstgegenstände und Sammlungen wurden bis 1997 in **Abs 1 Nr 1 Buchst a** 5
neben dem Hausrat ausdrücklich genannt. Diese besondere Hervorhebung wurde durch das JStG 1997 gestrichen. Soweit die Kunstgegenstände und Sammlungen sich jedoch als Gegenstände des privaten Wohnumfelds deuten lassen, können sie trotz der Streichung der auf sie bezogenen Worte unverändert durch Abs 1 Nr 1 Buchst a – nunmehr als Hausrat – begünstigt sein. Werke von ernsthaftem künstlerischen Gewicht schließen es allerdings aus, sie als Hausrat in die Nähe einfacher Gebrauchsgegenstände zu rücken. Sie können daher nur nach Abs 1 Nr 1 Buchst b oder nach Abs 1 Nr 2 begünstigt sein. Die beiden zuletzt genannten Befreiungsvorschriften kommen ggf auch nebeneinander zum Zuge. Denn soweit Abs 1 Nr 2 nur eine Teilbefreiung vorsieht, kann diese Teilbefreiung durch eine weitere Teilbefreiung nach Abs 1 Nr 1 Buchst b bis zur Grenze der Vollbefreiung hin verstärkt werden. Dass Abs 1 Nr 1 Buchst b seinen Anwendungsbereich auf Gegenstände beschränkt, die „nicht nach Nummer 2 befreit sind", soll nur besagen, dass die Befreiung nach Nr 2 zunächst zu prüfen ist und dass es einer Befreiung nach Nr 1 Buchst b nicht bedarf, wenn die Befreiung schon nach Nr 2 eintritt. Bleibt jedoch im Fall einer Teilbefreiung nach Nr 2 ein nicht befreiter Betrag übrig, kann diesen Abs 1 Nr 1 Buchst b freistellen, weil nach Abs 3 S 1 jede Befreiungsvorschrift für sich anzuwenden ist.

Andere bewegliche körperliche Gegenstände sind nach **Abs 1 Nr 1 Buchst b** 6
für Personen der StKlasse I bis zum Wert von 12.000 EUR stfrei. Von Personen der StKlasse II und III kann nach **Abs 1 Nr 1 Buchst c** ein Freibetrag von ebenfalls 12.000 EUR zusammengefasst für Hausrat und für andere bewegliche körperliche Gegenstände in Anspruch genommen werden. Die Gegenstände müssen nicht un-

mittelbar dem persönlichen und alltäglichen Gebrauch des Erblassers gedient haben (FG Düsseldorf EFG 17, 679). Der Grund für diese Befreiungsregelung liegt nicht auf der Hand. Hinsichtlich der Art und dem Zuschnitt der begünstigten Gegenstände macht das Gesetz zunächst keine Einschränkung. Eine bestimmte Nutzung durch den Erblasser/Schenker oder durch den Erwerber wird jedenfalls nicht vorausgesetzt. Jeder Erwerb eines beweglichen körperlichen Gegenstands, sei es als Einzelposten, sei es zusammen mit anderen Gegenständen, sei es als Teil des gemeinschaftlichen Nachlasses genügt. Eine **gewichtige Einschränkung** bringt dann allerdings doch Abs 1 Nr 1 S 2. Gegenstände, die zum luf Vermögen, zum Grundvermögen oder zum Betriebsvermögen gehören, sind von der Befreiung ausgenommen. Dasselbe gilt für Zahlungsmittel, Wertpapiere, Münzen, Edelmetalle, Edelsteine und Perlen. In diesem Zusammenhang ist jedoch auch eine bedeutsame Gegenausnahme zu beachten. Die Hingabe von Zahlungsmitteln kann nämlich dann begünstigt sein, wenn mit ihrer Hilfe Gegenstände des Hausrats oder andere bewegliche körperliche Gegenstände erworben werden sollen. Jedenfalls werden die **Rechtsprechungsgrundsätze zur mittelbaren Schenkung** (§ 7 Anm 30ff) auch iRd § 13 I Nr 1 zur Anwendung gebracht (*Moench/Kien-Hümbert* § 13 Rz 4; *Troll/Jülicher* § 13 Rz 16; aM RFH RStBl 29, 601). Ob auch der Vermächtnisanspruch auf Erwerb von Haushaltsgegenständen begünstigt werden kann, die der Erbe im Nachlass nicht vorfindet, sondern dem Vermächtnisnehmer mit Mitteln des Nachlasses verschaffen soll, ist noch nicht ausreichend geklärt (vgl dazu *Troll/Jülicher* § 13 Rz 17).

7 Die Befreiung nach Abs 1 Nr 1 gilt nach dem Gesetzeswortlaut nur für den Eigentumserwerb solcher Gegenstände oder für einen den Eigentumserwerb vorbereitenden Forderungserwerb, so dass ein vermachter **Nießbrauch** oder ein **anderes Nutzungsrecht** an solchen Gegenständen grundsätzlich stpfl wäre (s auch BFH BStBl III 57, 242). Im Hinblick auf den Sinn und Zweck der Vorschrift (s *Henckel* DStZ/A 51, 333 u den dort angef RdF-Erl v 2.2.1921) erscheint es geboten, den Nießbrauch oder ein sonstiges Nutzungsrecht an den Gegenständen ebenso stfrei zu lassen wie den Erwerb der Gegenstände (so auch *Troll/Jülicher* § 13 Rz 18; aA *Kapp/Geck* § 13 Rz 7). Im Übrigen würde eine Besteuerung (zB bei einem Wohnungsrecht, das mit dem Nießbrauch an der Wohnungseinrichtung gekoppelt ist) auch an den praktischen Schwierigkeiten scheitern müssen, die sich bei der Wertermittlung zur Anwendung der Höchstwertregelung des § 16 BewG ergeben.

III. Kulturgüter (Abs 1 Nr 2)

Schrifttum: *Leisner,* Die steuerfreie Übertragung von Kunstgegenständen, ZEV 03, 436; *Hoheisel/Graf Nesselrode,* Kunst im Betriebsvermögen und ErbSt, DStR 11, 441; *Heuer/von Cube,* Ordnung als Leitmotiv – Der erbschaftsteuerrechtliche Sammlungsbegriff, ZEV 13, 641; *Kosner/Willmann,* Kunstgegenstände als Steuerobjekt in der Substanzsteuer, BB 13, 1309; *Crezelius,* Kunst im Nachlass – Ertrag- und erbschaftsteuerrechtliche Probleme, ZEV 14, 637; *Reich/von Oertzen,* Neues Risiko für die Kunstsammlung des Unternehmers durch die Unternehmenserbschaftsteuerreform, BB 15, 356; *von Oertzen/Reich,* Erbschaftsteuerbefreiung für Kunstsammlungen, DB 15, 2353; *Lindenau,* Steuersparmodell Kunstsammlung, ZErb 15, 245; *Heuer/von Cube,* Schenkungsteuerfreiheit einer Kunstsammlung – zugleich Anmerkung zu FG Münster vom 24.9.2014 – 3 K 2906/12 Erb, DStR 15, 682; *Boll,* Die Kunst als Instrument schenkungsteuerrechtlicher Gestaltung, DStR 16, 1137; *Halaczinsky,* Steuersparen mit Kunstwerken bei der Erbschaft- und Schenkungsteuer, UVR 16, 309; *von Oertzen,* Aktuelle Gestaltungsfragen bei der Erbschaftsteuerplanung für Kunstsammler, ZEV 16, 561; *Reich,* Die Erbschaft- und Schenkungsteuerbefreiung für Kunstsammlungen nach dem BFH-Urteil vom 12.5.2016, BB 16, 2908; *Werner,* Kunstgegenstände und Kunstsammlungen im Erbschaft- und Schenkungsteuerrecht, ErbR 16, 438; *Heuer/von Cube,* Die steuerliche Behandlung von Kunstsammlungen im Licht der jüngsten BFH-Rechtsprechung, DStR 17, 129; *Kugelmüller-Pugh,* Erbschaftsteuerliche Befreiung einer Kunstsammlung, ErbR 17, 15.

Die **Voll- oder Teilbefreiung des Erwerbs von Kulturgütern** geht auf die vor 1974 geltenden §§ 18 I Nrn 2 und 3 sowie 23 VII ErbStG zurück. In § 18 I Nr 2 ErbStG aF war der Erwerb von Kunstgegenständen und Sammlungen nur dann von der St befreit, wenn sie nicht zu einem Betriebsvermögen gehören. Dieser Vorbehalt wurde 1974 in den Text der Neufassung des ErbStG nicht übernommen. Auch ist die Einschränkung, die sich noch in Abs 1 Nr 1 S 2 findet, dass nämlich die Befreiung nicht für Gegenstände gilt, die zum luf Vermögen, zum Grundvermögen oder zum Betriebsvermögen gehören, in Abs 1 Nr 2 nicht enthalten. Daher wird angenommen, dass die Befreiung der Nr 2 auch für Kulturgüter gilt, die zu einem Betriebsvermögen gehören (*Viskorf* § 13 Rz 22). Der Erwerb eines Betriebsvermögens gilt jedoch – anders als der Erwerb eines Gesellschaftsanteils: § 10 I 4 – nicht als Erwerb der zu ihm gehörenden Wirtschaftsgüter, sondern als Erwerb der wirtschaftlichen Einheit selbst (vgl § 10 V Nr 1). Beim Erwerb von Betriebsvermögen kommt es daher – abgesehen von dem Ausnahmefall der Substanzbewertung nach § 11 II 3 BewG – nicht zu dem selbstständigen Erwerb und zu der selbstständigen Bewertung der Güter, die in § 13 von der Besteuerung freigestellt werden sollen. Die Anwendung der Vorschrift auf Posten, die unselbstständige Bestandteile des Wirtschaftsguts Betriebsvermögen bilden, muss daher überraschen. Dennoch dürfte diese Anwendung im Gesetzesplan liegen. Denn die Vorschrift erwähnt auch Teile von Grundbesitz. Und als Teile von Grundbesitz werden nicht nur die zum Grundbesitz gehörenden wirtschaftlichen Einheiten, sondern auch die unselbstständigen Teile solcher Einheiten verstanden, wie zB das Schloss oder die Burg, die zu einem landwirtschaftlichen Betrieb gehören (R E 13.2 I ErbStR). Unter diesen Umständen sollte die Befreiungsregelung auch auf Wirtschaftsgüter des Betriebsvermögens anwendbar sein. 8

Nach Auffassung der FinVerw (R E 13.2 I ErbStR) kommt die Befreiung nur für Gegenstände in Betracht, die sich im **Inland,** in einem Mitgliedstaat der EU oder in einem Staat des Europäischen Wirtschaftsraums befinden und für mindestens zehn Jahre dort verbleiben. Diese Einschränkung hängt mit der Vorstellung zusammen, dass es Ziel der Vorschrift sei, zu verhindern, dass Gegenstände wegen der ErbSt-Belastung ins Ausland verkauft werden müssen (*Moench/Kien-Hümbert* § 13 Rz 14). Diese Intention des Gesetzgebers, wenn sie bestand, hat jedoch keinen Ausdruck im Gesetzestext gefunden. Der Text der Vorschrift legt es denn auch näher, nicht auf den Standort der Gegenstände, sondern auf das Interesse an der Erhaltung der Gegenstände zu blicken. Es wird ein öffentliches Interesse vorausgesetzt, und dieses Interesse ist aus der Sicht der deutschen Öffentlichkeit zu definieren. Sofern es daher im deutschen öffentlichen Interesse liegt, dass im Ausland – und zwar auch außerhalb der EU oder des EWR, zB in der Schweiz – befindliche Gegenstände erhalten bleiben (Nachlass Thomas Manns!), sollte der Anwendung der Befreiungsregelung nichts entgegenstehen. Im Inland befindliche Gegenstände, für deren Erhaltung ein öffentliches Interesse nur in Korea festgestellt werden kann, dürften dagegen dem Schutzbereich des § 13 I Nr 2 nicht unterliegen. 9

Zu den nach Abs 1 Nr 2 **befreiten oder teilbefreiten Gegenständen und Sachgesamtheiten** gehören Grundbesitz oder Teile von Grundbesitz, Kunstgegenstände, Kunstsammlungen, wissenschaftliche Sammlungen, Bibliotheken und Archive. Ebenfalls von geschichtlichem, kunstgeschichtlichem oder wissenschaftlichem Wert und daher von der Befreiung erfasst dürften Objekte geschichtlicher oder kunstgeschichtlicher Erinnerung einschl der Kulturgeschichte und Geschichte sonstiger Wissensdisziplinen sein. Jedoch sind Gegenstände, die lediglich eine familiengeschichtliche Bedeutung haben, nicht stbefreit, es sei denn, dass die Familie Gegenstand eines besonderen geschichtlichen Interesses ist. 10

Für dieses begünstigungsfähige Vermögen wird eine **Teilbefreiung** mit **60%** des Werts – Grundbesitz(teile) **85%** – nach **Abs 1 Nr 2 Buchst a** gewährt, wenn drei Voraussetzungen gegeben sind: öffentliches Erhaltungsinteresse (s Anm 12), Unrentabilität (s Anm 13) und Nutzbarmachung für Forschung oder Volksbildung (s Anm 14). 11

12 Das **öffentliche Erhaltungsinteresse** ist in Zweifelsfällen durch ein Gutachten der mit der Denkmalspflege betrauten Landesbehörde zu belegen. Bei Grundstücken kann es zweckmäßig sein, dass sich das FA mit der Gemeinde in Verbindung setzt, da diese ein Gutachten meist schon für Zwecke des Grundsteuererlasses nach § 32 GrStG eingeholt haben wird. Bei Denkmälern, die in die Denkmalliste oder ein entsprechendes Verzeichnis eingetragen sind, gilt der Nachweis, dass die Erhaltung im öffentlichen Interesse liegt, als erbracht (R E 13.2 III ErbStR).

13 Die jährlichen Kosten müssen „in der Regel" die erzielten Einnahmen übersteigen, was bedeutet, dass die **Unrentabilität** grundsätzlich ein **Dauerzustand** sein muss. Bei der Prüfung der Rentabilität von Grundbesitz wird der Mietwert der eigenen Wohnung als Einnahme, werden die jährlichen Absetzungen für Abnutzung als Kosten gewertet. Kalkulatorische Eigenkapitalzinsen bilden keinen in diesem Zusammenhang bedeutsamen Kostenfaktor (R E 13.2 V ErbStR). Ob die Voraussetzung der Unrentabilität von Grundbesitz gegeben ist, wird im Übrigen regelmäßig ohne Schwierigkeiten nachgewiesen werden können, weil unter den gleichen Voraussetzungen für den privilegierten Grundbesitz bereits alljährlich Grundsteuererlass gem § 32 GrStG gewährt worden sein müsste. Kunstbesitz ist regelmäßig (weitgehend) ertragslos, aber kostenintensiv (Lagerung, Versicherung etc). Auch erhebliche Einnahmen können bei der Veräußerung erzielt werden. Bei Kunstsammlungen führt der Veräußerungserlös eines Gegenstandes (für diesen fällt die Steuerbefreiung nach S 2 weg) aber nicht zur Rentabilität der Restsammlung (BFH DStR 16, 1804, 1809).

14 Ein Gegenstand ist „in einem den Verhältnissen entsprechenden Umfang den Zwecken der Forschung oder der Volksbildung **nutzbar gemacht**", wenn er für wissenschaftliche Untersuchungen oder für Besichtigungen usw zur Verfügung gestellt wird. Der Gegenstand braucht also nicht etwa in einem Museum untergebracht zu werden. Bei Schlössern, Burgen, Herrenhäusern, Parkanlagen (soweit Letztere nicht unter Abs 1 Nr 3 fallen) wird es genügen, dass sie der Bevölkerung zu gewissen Zeiten zur Besichtigung freigegeben werden. Ein Kooperationsvertrag, der einem fachlich einschlägigen Museum ein jederzeitiges Zugriffsrecht für wechselnde Ausstellungen einräumt, genügt, auch wenn die Kunstsammlung im Privathaus verwahrt wird (BFH DStR 16, 1804, 1807 f). Die Nutzbarmachung kann auch nach dem Erwerb erfolgen (BFH DStR 16, 1807: Vorbereitungszeit von 6 Monaten nach dem Erwerb).

15 Für eine **Vollbefreiung** mit **100%** des Werts nach **Abs 1 Nr 2 Buchst b** kommt als weiteres Erfordernis hinzu, dass der Erwerber bereit sein muss, den Gegenstand (die Gegenstände) den geltenden Bestimmungen der **Denkmalspflege** zu unterstellen (hierzu BFH DStR 16, 1806: keine hoheitliche Maßnahme erforderlich; subjektives Tatbestandsmerkmal, welches nicht nur durch Bekundung verobjektiviert werden kann; Indizien können ausreichen). Zudem ist die Vollbefreiung von einer 20 Jahre langen Besitzdauer in der Familie oder einer Eintragung im Kulturgüterverzeichnis abhängig. Die **20-jährige Besitzdauer** muss nach dem Gesetzeswortlaut bei dem einzelnen Gegenstand erfüllt sein; offen war bisher, ob bei einer Sammlung genügt, dass diese seit mindestens 20 Jahren besteht. Der BFH hatte zunächst den Fall entschieden, dass einzelne Gegenstände aus einer Sammlung erworben werden. Dann muss der übertragene Kunstgegenstand selbst, nicht nur die Sammlung, zu der er gehört, die Anforderungen der 20-jährigen Besitzdauer erfüllen (BFH/NV 02, 28). Gleiches gilt nach dem BFH auch, wenn die gesamte Sammlung erworben wird (DStR 16, 1804). Die Vollbefreiung soll nur für die Gegenstände mit der geforderten Besitzdauer zu gewähren sein, auch wenn die (ausreichend alte) Sammlung den Erwerbsgegenstand darstellt (kritisch *Heuer/von Cube,* DStR 17, 129, 131). *Wachter* (ZEV 02, 333) meint, bei moderner Kunst müsse es genügen, dass das Kunstwerk seit seiner Erschaffung im Familienbesitz ist.

16 Man wird erwägen, auf die **Befreiung zu verzichten** (s Abs 3 S 2), wenn der privilegierte Vermögensgegenstand mit Schulden belastet ist, die den StWert desselben übersteigen; denn nach § 10 VI sind mit den vollbefreiten Vermögensgegenständen

in wirtschaftlichem Zusammenhang stehende Schulden und Lasten nicht und die mit teilbefreiten Gegenständen in wirtschaftlichem Zusammenhang stehenden Schulden und Lasten nur mit dem entsprechenden Anteil abzugsfähig. Praktische Bedeutung kann diese Frage insb beim Grundbesitz erlangen (Anm 83f).

Rechtsgrundlage für die Nacherhebung der ErbSt/SchSt beim rückwirkenden **Wegfall der Befreiung** wegen Veräußerung oder wegen Wegfall der Befreiungsvoraussetzungen innerhalb von 10 Jahren nach dem Erwerb **(Abs 1 Nr 2 S 2)** ist § 175 I 1 Nr 2 AO. Wegfall der Voll- bzw Teilbefreiung „mit Wirkung für die Vergangenheit" bedeutet, dass die St nach dem seinerzeitigen Wert nachzuentrichten ist. Zinszahlungen werden nicht verlangt. Der Vorteil einer StStundung verbleibt dem Erwerber daher erhalten. Die Nachentrichtungspflicht dürfte nur den Erwerber treffen, weil nur er auf die Veräußerung Einfluss hat, also nicht den Schenker der befreiten Gegenstände (§ 20 Anm 10f). Bei der nachträglichen StFestsetzung bleiben die eventuellen Wertsteigerungen, die bei dem befreiten oder teilbefreiten Vermögensgegenstand nach dem Zeitpunkt des Todes des Erblassers bzw dem Zeitpunkt der Ausführung der Schenkung eingetreten sind, unberücksichtigt. Das Gleiche gilt allerdings umgekehrt auch für Wertminderungen. Die StBefreiung nach Abs 1 Nr 2 fällt auch dann mit Wirkung für die Vergangenheit weg, wenn der Erbeserbe den Gegenstand innerhalb von 10 Jahren nach dem begünstigten Erbfall veräußert. Unter Veräußerung ist die entgeltliche Weiterübertragung zu verstehen. Der Eigentumsübergang durch Erbfall, auf Grund einer Schenkung oder zur Erbauseinandersetzung oder Vermächtniserfüllung ist keine Veräußerung in diesem Sinn. Der Grund der Veräußerung soll keine Rolle spielen. Der Wegfall der Befreiung gilt auch bei einem Zwangsverkauf. Der Nachversteuerung steht es daher ebenfalls nicht entgegen, dass der Stpfl durch eine drohende Enteignung zur Veräußerung bestimmt wurde (BFH BStBl III 66, 314). Veräußert der Erbeserbe den befreiten/teilbefreiten Gegenstand innerhalb der für den Vorerwerber noch nicht abgelaufenen 10-Jahresfrist oder bringt er die Voraussetzungen für die Befreiung/Teilbefreiung innerhalb dieser Frist zum Wegfall, so hat er nicht nur – als Gesamtrechtsnachfolger – dessen St nachzuentrichten; es fällt auch bei ihm selbst der Befreiungs-/Teilbefreiungsgrund weg (weil der Wegfallgrund ja auch innerhalb seiner 10-Jahresfrist eingetreten ist). Zugleich mindert sich jedoch sein Erwerb durch Erbanfall, weil der erhöhte StBetrag, der nach dem Wegfall der Befreiung auf den Erblasser entfällt, den stpfl Erwerb des Erben kürzt. Nach **§ 224a AO** kann der Stpfl, der ErbSt schuldet, die St statt durch Geldzahlung durch Hingabe von Kunstgegenständen an Zahlungs statt tilgen. § 224a I 2 AO legt hierbei fest, dass die Übertragung des Eigentums zum Zweck der StTilgung nicht als Veräußerung iSv § 13 I Nr 2 S 2 zu gelten hat. 17

IV. Grundbesitz, der Erholungszwecken dient (Abs 1 Nr 3)

Die Beschränkung der Befreiung für Grundbesitz, der „ohne gesetzliche Verpflichtung" der Allgemeinheit zur Benutzung zugänglich gemacht worden ist, hat den Sinn, keine Befreiung für Grundbesitz zu gewähren, der auf Grund gesetzlicher Regelung ohnehin der Öffentlichkeit zugänglich ist, wie dies beim sog Erholungswald iSd § 13 Bundeswaldgesetz und den entsprechenden Landesgesetzen zutrifft. Es ist nach Abs 1 Nr 3 somit nur Grundbesitz befreit, der **freiwillig der Öffentlichkeit zugänglich** gemacht ist oder wird, sofern seine Erhaltung im öffentlichen Interesse liegt und die jährlichen Kosten in der Regel die erzielten Einnahmen übersteigen (s Anm 13). Begünstigt sind insb Park- und Gartenanlagen sowie die nach § 32 I Nr 2 GrStG privilegierten öffentlichen Grünanlagen, Spiel- und Sportplätze. Park- und Gartenanlagen von geschichtlichem Wert können sowohl unter Abs 1 Nr 3 als auch unter Abs 1 Nr 2 (s Anm 14) fallen. Von praktischer Bedeutung ist die Einordnung dann, wenn es dabei um die Frage der Voll- oder Teilbefreiung geht. So sind Park- und Gartenanlagen iSd 18

Abs 1 Nr 2 nur mit 85% ihres Wertes befreit, während sie in vollem Umfang stfrei sind, wenn sie unter Abs 1 Nr 3 fallen. Man wird davon auszugehen haben, dass eine Vollbefreiung nach Abs 1 Nr 3 in Betracht kommt, wenn der Park (die Gartenanlage) der Allgemeinheit vorbehaltlos zur Benutzung zugänglich gemacht ist, wobei eine nächtliche Sperrung unschädlich ist. Wird der Park (die Gartenanlage) nur an bestimmten Tagen oder zwar täglich, aber nur zu bestimmten Stunden der Öffentlichkeit zugänglich gemacht, so wird nur eine Teilbefreiung nach Abs 1 Nr 2 Buchst a in Betracht kommen können. – Wegen der StNacherhebung bei vorzeitigem Wegfall der Befreiung (Abs 1 Nr 3 S 2) s Anm 17 und der Verzichtsmöglichkeit s Anm 16.

V. Recht des „Dreißigsten" (Abs 1 Nr 4)

19 Nach Abs 1 Nr 4 ist der Anspruch von zum Erblasser-Haushalt gehörenden Familienangehörigen aus **§ 1969 BGB** auf Weitergewährung von Unterhalt durch den Erben und Benutzung der Erblasser-Wohnung für die ersten 30 Tage nach dem Tode des Erblassers stfrei. Der Erbe kann eine entsprechende Vermächtnislast von seinem Erwerb abziehen. Der Anspruch aus § 1969 BGB steht nur Familienangehörigen des Erblassers, nicht auch anderen Haushaltsangehörigen zu. Der eingetragene Lebenspartner des Erblassers gilt als sein Familienangehöriger (§ 11 I LPartG). Der Umfang des zu gewährenden Unterhalts usw muss der gleiche sein, wie er vom Erblasser gewährt wurde, jedoch braucht nicht dieselbe Form gewählt zu werden. Beim Berechtigten steuerfrei und beim Erben abzugsfähig ist also auch eine Geldzahlung des Erben zur Abgeltung des Anspruchs. Ein Anspruch nach § 1969 BGB besteht nicht, wenn der Erblasser ihn testamentarisch ausgeschlossen hat. Hat der Erblasser den Anspruch testamentarisch erweitert, so handelt es sich um ein normales Vermächtnis iSd § 2147 BGB, für das die Befreiung nach Abs 1 Nr 4 nicht gilt.

VI. Der Familienheimerwerb unter Lebenden (Abs 1 Nr 4a)

Schrifttum: *Hardt,* Ungelöste Probleme bei der Zuwendung des Familienwohnheims, ZEV 04, 408; *Schlünder/Geißler,* Übertragung des Familienwohnheims, DStR 06, 262; *Schumann,* ErbSt-Befreiung für Familienheime, DStR 09, 197; *Steiner,* Begünstigung des Familienheims, ErbStB 09, 123; *Jülicher,* Neue Gestaltungen rund um das eigengenutzte Familienheim, ZErb 09, 222; *Mayer,* Neuregelung der Steuerbefreiung für das Familienheim durch die ErbSt-Reform, ZEV 09, 439; *Halaczinsky,* Das Familienheim, UVR 09, 339, 371; *Tiedtke/Schmitt,* Die Zuwendung eines Familienheims, NJW 09, 2632; *Brüggemann,* Zuwendung des Familienheims unter Lebenden, ErbBstg 10, 210; *Steiner,* Zwischenruf – Steuerbefreiung des Eigenheims verstößt gegen Art. 3 Abs. 1 GG, ZRP 10, 130; *Reimann,* 15 Ratschläge zum Umgang mit dem Familienheim, ZEV 10, 174; *Haar,* Steuerbefreiung bei Erwerb von Todes wegen bei bisher selbstgenutztem Wohnraum, SteuK 10, 162; *Steiner,* Problemfälle beim Familienheim, ErbStB 11, 350; *Ihle,* Das Einfamilienhaus und § 13 ErbStG, FPR 12, 315; *Brüggemann,* Steuerbefreiung von Wohnimmobilien und Einräumung von Nutzungsrechten, ErbBstg 12, 75; *Brüggemann,* Unverzüglichkeit der Selbstnutzung eines Familienheims, ErbBstg 13, 176; *Hutmacher,* Die Erbschaftsteuerbefreiung der Zuwendungen und Erwerb von selbstgenutzen Familienheimen, ZNotP 13, 46; *Reich,* Schenkungsteuer bei Übertragung einer Ferien-/Zweitimmobilie unter Ehegatten, NZM 14, 67; *Wachter,* Steuerbefreiung des selbstgenutzten Familienheims, ZEV 14, 191; *Meßbacher-Hönsch,* Die Steuerbefreiung für Familienheime nach § 13 Abs. 1 Nr. 4a bis 4c ErbStG: Ein großzügiges Geschenk des Gesetzgebers, ZEV 15, 382; *Mensch,* Steuerliche Auswirkungen der Erbauseinandersetzung bei Vorliegen eines Familienheims oder eines zu Wohnzwecken vermieteten Grundstücks, ZEV 16, 75; *Holtz/Thimm,* Die Begünstigung des Familienheims im ErbStG – Voraussetzungen, aktuelle Rechtsprechung und Gestaltungsmöglichkeiten, SAM 16, 9; *Kamps/Zapf,* Die Steuerfreistellung von Familienheimen nach § 13 Abs. 1 Nr. 4b ErbStG beim Erwerb eines Anwartschaftsrechts, FR 16, 939; *Paus,* Steuerfreie Zuwendung mit Familienheimen, ErbStB 16, 189; *Halaczinsky,* Das Familienheim im Erbfall: Steuerbefreiung bei Erwerb durch Kinder, UVR 16, 216; *Mensch,* Steuerliche Auswirkungen der Erbauseinandersetzung bei Vorliegen eines Familienheims oder eines zu Wohnzwecken vermieteten Grundstücks, ZEV 16, 75; *Ziegler,* Steuerfreiheit von Familienheimen im Erbschaft- und Schenkungsteuerrecht, MittBayNot 17, 354.

1. Grundlagen

Die Befreiungsregelung des § 13 I Nr 4a, die als direkte StBefreiung nicht nur einen Freibetrag gewährt, sondern den **Zuwendungsgegenstand** selbst aus der Besteuerung des Erwerbs ausnimmt, wurde durch das JStG 1996 (BGBl I 96, 1250) mit Rückwirkung zum 30.5.1994 (§ 37 XII aF) in das Gesetz eingefügt. Sie sollte nach der Änderung der Rspr des BFH zu den sog unbenannten Zuwendungen unter Ehegatten (BFH BStBl II 94, 366) die Freistellung von Familienheimzuwendungen unter Ehegatten in dem Umfang fortführen, in dem die Steuerfreiheit dieser Zuwendungen bis 1994 von der FinVerw anerkannt worden war (BStBl I 88, 513). Der BFH hatte in seiner älteren Rspr Zuwendungen unter Ehegatten, die dem Ziel dienten, das gemeinsam Erarbeitete angemessen unter den Eheleuten zu verteilen, nicht als stpfl angesehen (BFH BStBl II 85, 159). Der entschiedene Fall betraf eine Zuwendung zum Erwerb des Familienwohnheims. In der Absicht, die Auswirkungen der Rspr des BFH so weit wie möglich zu begrenzen, hatte die FinVerw die Steuerfreiheit der Ausgleichszuwendungen unter Ehegatten gerade nur für den Fall der Familienheimzuwendung anerkannt. Als der BFH sodann seine Rspr änderte und die Ausgleichszuwendungen nunmehr wieder als voll stpfl Zuwendungen ansah, hätte es an sich nahegelegen, nunmehr auch die Steuerbefreiung für den Erwerb des Familienwohnheims aufzugeben. Die FinVerw hielt jedoch an der einmal eingeschlagenen Linie fest und ihr gelang es wenig später, der bisher nur durch Erlass anerkannten Befreiungsregelung in Abs 1 Nr 4a eine gesetzliche Grundlage zu geben. Das ErbStRG 2009 hat die Bestimmung mWv 2009 im Wesentlichen unangetastet gelassen. Doch wurde das Familienwohnheim in Familienheim umgetauft. Die bisher vorgesehene Beschränkung auf inländische Familienheime wurde fallen gelassen. Mit einer Neuformulierung des begünstigten Familienheims unter Anknüpfung an die in § 181 BewG genannten Grundstücksarten wurde verdeutlicht, dass auch Immobilien, die nur teilweise zu eigenen Wohnzwecken genutzt werden, unter die StFreistellung fallen. Zudem wurde die Vergünstigung auch für Zuwendungen unter eingetragenen Lebenspartnern anwendbar gemacht. **20**

2. Kritik

Dass Ausgleichszuwendungen, mit denen die Eheleute das gemeinsam Erarbeitete angemessen unter sich verteilen, nicht der SchSt unterliegen, ließ sich gut begründen. Denn es fehlt derartigen Zuwendungen, die nicht nur in die Form eines familienrechtlichen Vertrages eingekleidet sind (so aber BFH BStBl II 94, 366, 370), sondern die auch ihrem Inhalt nach einen familienrechtlichen Vertrag eigener Art darstellen (BGHZ 84, 361, 364; 116, 167, 170), das Merkmal der Freigebigkeit, das trotz aller Verobjektivierungstendenzen in der Rspr ein essentielles Merkmal der freigebigen Zuwendung bleiben muss (§ 7 Anm 92ff). Außerdem hat das BVerfG nachdrücklich betont, dass der erbstliche Zugriff so zu beschränken ist, dass der Vermögenstransfer noch Ergebnis der ehelichen Erwerbsgemeinschaft bleibt (BVerfG BStBl II 95, 671, 674). Es hätte daher nahegelegen, an der StFreiheit von Ausgleichszuwendungen festzuhalten. Nachdem der BFH sich aber nun einmal gegen die StFreiheit entschieden hat, erscheint es wenig überzeugend, die StFreiheit nur für einen bestimmten Bereich, den Bereich des Familienheimtransfers, aufrechtzuerhalten, im Übrigen aber aufzugeben. Damit wird einer Bevölkerungsgruppe, den Hauseigentümern, der Vorteil eines stfreien Vermögenstransfers gewährt, der anderen vorenthalten bleibt. **21**

Außerdem wird der Vorteil auch auf Transfervorgänge, wie die Zuwendung von Anfangsvermögen, bezogen, die zweifelsfrei Schenkungen sind. Bei der Neufassung der Bestimmung im ErbStRG 2009 hat der Gesetzgeber erkennbar keinen Gedanken auf die Rechtfertigung der Bestimmung gewandt. Er konnte darauf verweisen, dass auch sonst in der Literatur kaum irgendeine Kritik der Befreiungsregelung bekannt geworden ist. Der BFH hat aber in seinem Urteil v 18.6.2013 (BStBl II 13, 1051) Zweifel geäußert, ob § 13 I Nr 4a verfassungskonform ist, da kein hinreichender sachlicher Grund für diese weitreichende StBefreiung von Immobilienvermögen bestehe. Die Diskussion wurde damit neu belebt (*Meßbacher-Hönsch,* ZEV 15, 382; *Wachter,* FR 15, 193, 212f). Die kritische Haltung des BFH zeigt sich aktuell in einer restriktiven Auslegung der Vorschrift.

3. Zuwendungen unter Lebenden

22 Begünstigt wird in Abs 1 Nr 4a der Vermögenstransfer durch Zuwendung unter Lebenden. Es muss sich um eine stpfl Zuwendung handeln, weil andernfalls die Zubilligung einer StBefreiung ohne Sinn wäre. Es kommen also freigebige Zuwendungen und andere Zuwendungsvorgänge iSv § 7 in Betracht. Immer muss es sich um eine Zuwendung unter den **Ehegatten** oder unter den im Folgenden stets mitgemeinten **eingetragenen Lebenspartnern** handeln (s S 3). Die Ehe muss zum Zeitpunkt der Ausführung der Zuwendung (noch) bestehen. Hat der Vater dem Ehemann das Familienwohnheim geschenkt mit der Bestimmung, dass der Ehemann einen Miteigentumsanteil an dem Haus an die Ehefrau weiterleiten soll, dann kommt es darauf an, ob eine Schenkung mit Auflage vorliegt. In diesem Fall würde die Ehefrau vom Schwiegervater ohne Begünstigung erwerben. Es könnte jedoch auch eine Schenkung mit Weiterschenkklausel gegeben sein. Dann würde es an einer begünstigten Zuwendung unter den Eheleuten nicht fehlen (zu den hier maßgeblichen Unterscheidungen vgl § 7 Anm 68ff). Zu den begünstigten Zuwendungen zählt auch die Abfindungsleistung gegen einen Erb- oder Pflichtteilsverzicht (§ 7 I Nr 5) sowie die Übertragung des Familienheims, das zum Nachlass des Schwiegervaters gehört, vom Sohn des Erblassers als Vorerben auf die Schwiegertochter als Nacherben (§ 7 I Nr 7) – und zwar unabhängig davon, ob die Nacherbin wegen anderer, ihr vom Vorerben zugewandter Gegenstände die Versteuerung nach dem Verhältnis zum Erblasser wählt. Ob der Übergang des Gesamthandseigentums am Familienwohnheim bei Vereinbarung der Gütergemeinschaft als begünstigt gelten kann (*Moench/Kien-Hümbert* § 13 Rz 30), hängt damit zusammen, ob man unter „Miteigentum" iSd Nr 4a auch das Gesamthandseigentum mitverstehen kann.

4. Familienheim

23 Als Familienheim wurde bis 2008 das zu eigenen Wohnzwecken genutzte Haus oder die zu eigenen Wohnzwecken genutzte Eigentumswohnung bezeichnet. Das ErbStRG 2009 hat diese Umschreibung mWv 2009 präzisiert: Eigentum oder Miteigentum an einem in **Inland, EU oder EWR** (für Einbeziehung von Immobilien in Drittstaaten *Hey,* DStR 11, 1149, 1155) belegenen und bebauten Grundstück iSd § 181 I Nrn 1 bis 5 BewG, soweit darin eine Wohnung zu eigenen Wohnzwecken genutzt wird. Die Erstreckung der Begünstigung über das Inland hinaus soll der Rspr des EuGH Rechnung tragen, die die Kapitalverkehrsfreiheit des EU-Vertrags beeinträchtigt sieht, wenn ein nationaler Gesetzgeber Objekte im Inland stärker fördert als Objekte im sonstigen Unionsgebiet. Die Zuwendung des Familienheims ist jedoch ein Vorgang des innerfamiliären Vermögensausgleichs und keine unter rein wirtschaftlichen Gesichtspunkten getroffene Investition. Es fällt daher schwer, für diese Zuwendung den Gesichtspunkt der Kapitalverkehrsfreiheit ins Feld zu führen und sie damit zu den unter rein wirtschaftlichen Gesichtspunkten getroffenen Dispositionen zu zählen.

Durch den **Verweis auf § 181 I Nrn 1 bis 5 BewG** kann das Familienheim ein Ein- oder Zweifamilienhaus, ein Mietwohngrundstück, ein Wohnungs- oder Teileigentum, ein Geschäftsgrundstück oder ein gemischt genutztes Grundstück sein. Es überrascht, dass auch bei einem Geschäftsgrundstück oder bei einem Teileigentum von einem Familienheim die Rede sein kann. Denn wie soll in Räumen, die nicht Wohnzwecken dienen (§ 1 III WEG), ein Familienheim gedacht werden? Die neue Begriffsbestimmung des Familienheims zeigt jedoch klar, dass es genügt, dass in einem bebauten Grundstück, das nicht gerade zu den „sonstigen bebauten Grundstücken" (§ 181 I Nr 6 BewG) gehört, eine Wohnung zu eigenen Wohnzwecken genutzt wird. Es ist also nicht erforderlich, dass das Haus, in dem sich die Wohnung befindet, ganz oder auch nur überwiegend Wohnzwecken dient. Bei **gemischt genutzten Grundstücken** erstreckt sich die StBefreiung nur auf die zu eigenen Wohnzwecken genutzte Wohnung (R E 13.3 II 7 ErbStR). Innerhalb der Wohnung ist eine Nutzung zu anderen Zwecken (zB als Arbeitszimmer) unschädlich, wenn dieser Nutzung eine untergeordnete Bedeutung beizumessen ist (R E 13.3 II 9f, 13 ErbStR). **Garagen und sonstige Nebenräume** nehmen an der StBefreiung teil, wenn sich diese auf dem Grundstück befinden und ein Nutzungszusammenhang zwischen den Wohn- und Nebenräumen besteht (R E 13.3 II 8 ErbStR). Allein die grundbuchrechtliche Einteilung in **mehrere rechtlich selbstständige Grundstücke** kann nicht über den Umfang der StBefreiung entscheiden. Maßgeblich ist die wirtschaftliche Betrachtung, ob ein unmittelbarer Nutzungszusammenhang besteht. Dann gibt es keinen Grund, zB den selbstbenutzten Garten von der StBefreiung auszuschließen, weil dieser eine eigene Grundbuchparzelle darstellt. Eine Mischnutzung ist dann gerade nicht gegeben. 24

Mit der StBefreiung soll der Eigentumserwerb am familiären Lebensraum begünstigt werden. In der Wohnung muss sich daher der **Mittelpunkt des familiären Lebens** befinden (R E 13.3 II 4 ErbStR). Zweit-, Ferien- und Wochenendwohnungen sind nicht begünstigt (R E 13.3 II 5 ErbStR). Es muss sich um den **Hauptwohnsitz** der Ehegatten handeln (BFH BStBl II 13, 1051). Insofern besteht ein Unterschied zur EStBegünstigung des § 23 I Nr 1 S 3 EStG. Die dort vorausgesetzte Nutzung zu eigenen Wohnzwecken kann auch bei nur zeitweiligem Bewohnen gegeben sein (BFH BStBl II 17, 1192). 25

5. Nutzung zu eigenen Wohnzwecken

Für die StBefreiung kommt es auf die tatsächliche Nutzung im **Zeitpunkt der Steuerentstehung** gem § 9 an. Im Augenblick der Zuwendung muss die Nutzung zu eigenen Wohnzwecken mit Fortführungsabsicht bestehen, kann aber dann später auf Grund eines nachträglich gefassten Entschlusses ohne Nachteil im Rahmen der Besteuerung aufgegeben werden. Ob auch eine geplante Nutzung zu eigenen Wohnzwecken ausreicht, kann dann fraglich sein, wenn der eine Partner dem anderen zunächst ein unbebautes Grundstück verschafft, auf dem später das Familienheim errichtet werden soll. Sicherer ist es wohl, zunächst einen Kaufvertrag abzuschließen und die Kaufpreisschuld erst später im Zusammenhang mit der Errichtung des Gebäudes und dem Beginn der Nutzung als Familienheim zu erlassen. 26

Die Vorschrift geht von dem Fall aus, dass die Eheleute zusammenleben und auf dem bebauten Grundstück allein oder zusammen mit ihren Kindern wohnen. Das ergibt sich aus dem Ausdruck „Familienheim". Die Vorschrift dürfte jedoch auch dann eingreifen, wenn der Ehemann zB von Frau und Kindern **getrennt lebt,** weil auch dann noch von dem Haus, in dem die Ehefrau mit den Kindern wohnt, als von einem Familienheim gesprochen werden kann. Kann auch die nach der Trennung allein lebende Ehefrau oder der nach der Trennung allein lebende Ehemann (oder eingetragene Lebenspartner) noch ein Familienheim bewohnen? Zweifelfrei nutzt er die Wohnung zu eigenen Wohnzwecken. Aber kann bei der von einem Ehepartner allein bewohnten Wohnung noch von einem Familienheim die Rede sein? Die Frage kann 27 man bejahen, wenn man es für den Familienbezug genügen lässt, dass die Eheleute die Wohnung vor ihrer Trennung gemeinsam bewohnt haben. Denn auch Abs 1 Nr 4b anerkennt ein Familienheim schon dann, wenn der bisherige Eigentümer die Wohnung, die nun seinem Ehegatten oder Partner zugefallen ist, früher zu eigenen Wohnzwecken genutzt hat (s auch BFH BStBl II 09, 480, 482; FG Berlin DStRE 04, 217). Kann das, was für getrennt lebende Partner gesagt wurde, auch noch für den Fall der **Scheidung** gelten? Die früheren Partner sind dann keine Eheleute (eingetragene Lebenspartner) mehr. Daher wird man, um die StFreiheit der Zuwendung ausnutzen zu können, die Zuwendung vor der Rechtskraft des Scheidungsausspruchs vornehmen müssen.

6. Sonstige Zuwendungen

28 Die StBefreiung beschränkt sich nicht auf die Übertragung des Familienheims. Als stfreie Zuwendungen unter Lebenden sind auch die Fälle erfasst, wenn der andere Ehegatte von eingegangenen Verpflichtungen im Zusammenhang mit der Anschaffung oder der Herstellung des Familienheims freigestellt wird und ein Ehegatte nachträglichen **Herstellungs- oder Erhaltungsaufwand** für ein Familienheim trägt, das im gemeinsamen Eigentum der Ehegatten oder im Eigentum des anderen Ehegatten steht **(S 1 aE und S 2).** In R E 13.3 IV ErbStR ist ein Katalog der stfreien Gestaltungen zu finden.

29 Aufgrund des Transparenzprinzips und dem anteiligen Erwerb der Wirtschaftsgüter eines Gesamthandsvermögens bei Anteilserwerb sollte es keinen Unterschied machen, ob ein Ehegatte einen Miteigentumsanteil am Familienheim oder einen **Anteil an einer GbR** erwirbt, deren einziges Vermögen das selbstgenutzte Familienheim ist (*von Oertzen/Schienke-Ohletz* § 13 Rz 33; *Wachter,* ZEV 14, 191, 192; *Reimann,* ZEV 10, 174, 176). Im Erbfall erfolgt ein Anwachsungserwerb erbstlich von Todes wegen (§ 3 I Nr 2 S 2), auch wenn zivilrechtlich ein Erwerb unter Lebenden vorliegt (§ 738 I BGB).

30 Die Zuwendung eines bloßen **Wohnrechts** am Familienheim (auch bei dinglicher Absicherung) ist wegen des geforderten Eigentumsbezugs **nicht begünstigt** (BFH BStBl II 14, 806).

7. Wirkung der Steuerbefreiung

31 Die Zuwendung unter den Eheleuten bleibt stfrei. Sie wird auch nicht in die Zusammenrechnung nach § 14 einbezogen. Kommt es daher zu **wiederholten Zuwendungen,** die durch Nr 4a begünstigt sind, weil der Ehemann zB zunächst einen Miteigentumsanteil, dann einen weiteren Miteigentumsanteil auf seine Frau überträgt und anschließend auch noch Herstellungs- und Erhaltungsaufwand für das nunmehr seiner Frau gehörende Haus übernimmt, dann sind alle diese Zuwendungen stfrei. Dasselbe gilt, wenn eine Ehefrau ihrem Mann zunächst das bisher gemeinsam bewohnte Haus überträgt, dann ein neues Haus finanziert und nach dem Umzug das neue Familienheim wiederum dem Ehemann überschreibt. Im Schenkungsvertrag können Wohn- oder Nießbrauchsrechte (*Ihle* FPR 12, 315, 316) und auch Widerrufsmöglichkeiten (zB für den Trennungsfall) vorbehalten werden. Das Gesetz kennt keine Betragsgrenze hinsichtlich der durch Nr 4a ausgesprochenen Begünstigung (R E 13.3 II 2f ErbStR). Selbst Luxushäuser können mit Hilfe dieser Begünstigung stfrei übertragen werden. Es gibt auch keinen der Eigenheimförderung vergleichbaren „Objektverbrauch". Die stfreie Zuwendung des Familienheims kann danach beliebig oft wiederholt werden. Grenzen ergeben sich allein aus § 42 AO. Eine Pflicht, die Nutzung als Familienheim über den Erwerbszeitpunkt hinaus beizubehalten, besteht aus Sicht der FinVerw nicht (R E 13.3 V 4ff ErbStR). Doch betont das FG Rh-Pf (EFG 99, 619), dass der Begriff des Familienheims eine Zweckbestimmung voraus-

setzt, die vom Erwerber übernommen werden muss, „was aber bei Objekten, die bereits kurze Zeit nach der Zuwendung anderen Nutzungen zugeführt werden, idR nicht der Fall sein wird“.

VII. Der Familienheimerwerb von Todes wegen (Abs 1 Nrn 4b und 4c)

1. Erwerb durch den überlebenden Ehegatten/Lebenspartner (Nr 4b)

Der Erwerb des Familienheims von Todes wegen durch den Ehegatten oder Lebenspartner wird nach Abs 1 Nr 4b gefördert. Diese durch das **ErbStRG 2009** nach langen Diskussionen eingeführte Vorschrift ist nach dem Vorbild des Abs 1 Nr 4a ausgestaltet worden und soll dazu dienen, den gemeinsamen familiären Lebensraum zu schützen und das Familiengebrauchsvermögen krisenfest zu erhalten. Der hier herangezogene Begriff des Gebrauchsvermögens ist durch das BVerfG in seinem Vermögensteuerbeschluss (BVerfG BStBl II 95, 655, 662) eingeführt worden. Das Gericht versteht in diesem Beschluss, auf den der zeitgleich erlassene Erbschaftsteuerbeschluss (BVerfG BStBl II 95, 671, 674) verweist, unter dem Gebrauchsvermögen die Wirtschaftsgüter, die der persönlichen Lebensführung des Stpfl und seiner Familie dienen, die ihm einen Freiheitsraum für die eigenverantwortliche Gestaltung seines persönlichen Lebensbereichs und damit die Grundlage persönlicher Lebensführung verschaffen, die für ihn zusammengefasst die ökonomische Basis individueller Freiheit bilden. Dieses Gebrauchsvermögen, so heißt es in der Entscheidung des BVerfG, genießt einen besonderen Schutz. Jeder Stpfl hat einen verfassungsrechtlichen Anspruch auf steuerliche Freistellung des der persönlichen Lebensgestaltung dienenden Vermögens. Will der Gesetzgeber den Umfang dieses Vermögens bemessen, so „liegt es nahe, dass er sich … an den Werten durchschnittlicher Einfamilienhäuser orientiert. Er muss freilich Grundeigentümer und Inhaber anderer Vermögenswerte in einem gleichen Individualbedarf stlich freistellen“ (BStBl II 95, 662). An diese Ausführungen hat der Gesetzgeber angeknüpft, als er zum Schutz des familiären Gebrauchsvermögens den Familienheimtransfer von Todes wegen zugunsten des überlebenden Ehegatten oder Lebenspartners für stfrei erklärte. Er hat dabei allerdings den wörtlich wiedergegebenen Satz übersehen, nach dem sich die Freistellung an dem Wert durchschnittlicher Einfamilienhäuser zu orientieren hat. Denn in Abs 1 Nr 4b ist keine auf den Durchschnitt bezogene Wertgrenze eingebaut. Außerdem hat es der Gesetzgeber versäumt, die Grundeigentümer und die Inhaber anderer Vermögenswerte in einem gleichen Individualbedarf stlich freizustellen. Das muss als ein ins Gewicht fallender Einwand gegen die neue StFreiheit hervorgehoben werden. 32

Die Anforderungen des Abs 1 Nr 4b an das **Familienheim** entsprechen denen des Abs 1 Nr 4a (Anm 23ff). Begünstigt wird der **(Mit)Eigentumserwerb** von Todes wegen durch den überlebenden Ehegatten oder Lebenspartner. Ob eine StBefreiung mangels zivilrechtlichen Eigentums abgelehnt werden kann, obwohl der Erblasser bereits wirtschaftlicher Eigentümer war und ein Eigentumsanwartschaftsrecht besteht und lediglich die Grundbucheintragung nicht mehr zu Lebzeiten erfolgt (so FG München EFG 16, 1015 – Rev II R 14/16) erscheint zweifelhaft, da die stliche Beurteilung damit von Zufälligkeiten abhängt (hier die Bearbeitungsdauer beim Grundbuchamt). Eine Schenkung des Grundstücks gilt in diesem Stadium auch bereits als ausgeführt (R E 9.1 I 1 ErbStR; § 9 Anm 50). 33

Während für die Familienheimzuwendung nach Abs 1 Nr 4a nach der hier vertretenen Auffassung (Anm 27) nicht verlangt werden kann, dass es der bisherige Eigentümer ist, der das Heim zur Zeit des Transfers zu eigenen Wohnzwecken nutzt, dass es 34 vielmehr genügen sollte, wenn der Erwerber mit oder ohne gemeinsame Kinder in der ihm als Familienheim zugewandten Wohnung lebt, verlangt Abs 1 Nr 4b S 1 ausdrücklich, dass die Wohnung **vom Erblasser bis zum Erbfall zu eigenen Wohnzwecken genutzt** worden ist. Die Wohnung muss den Mittelpunkt des (familiären) Lebens des Erblassers darstellen (FG München EFG 15, 238; FG Köln EFG 16, 584). Häufige Besuche, ständig zur Verfügung stehender Wohnraum und eine starke soziale Einbindung in das Familienleben sollen nicht ausreichend sein, wenn sich der Hauptwohnsitz nicht dort befindet (FG München EFG 17, 229). In Sonderfällen kann allerdings auch eine vor dem Erbfall leerstehende oder vorübergehend an Dritte vermietete Wohnung die Anforderungen eines Familienheims erfüllen. Und zwar gilt das dann, wenn der Erblasser aus zwingenden Gründen an einer Selbstnutzung zu eigenen Wohnzwecken gehindert war, weil er zB in einer Seniorenresidenz oder in einem Pflegeheim untergebracht werden musste (R E 13.4 II 2f ErbStR). Der Charakter des Familienheims, der bis zum Auszug des Erblassers bestand, soll dann bis zum Erbfall transferiert werden. Eine Wohnung, die bis zum Erbfall überhaupt nie vom Erblasser bewohnt wurde, ist dagegen nicht begünstigungsfähig, auch wenn die feste Absicht zur Selbstnutzung in nächster Zukunft bestand (FG München EFG 16, 731).

35 Vom **Erwerber** wird dagegen in Abs 1 Nr 4b S 1 nur gesagt, dass die Wohnung bei ihm **unverzüglich zu eigenen Wohnzwecken bestimmt** sein muss. Von ihm wird also nicht erwartet, dass er schon vor dem Transfer in der Wohnung gelebt hat. Er muss sie nur nach dem Transfer „unverzüglich", also ohne schuldhaftes Zögern (vgl § 121 S 1 BGB) zur Selbstnutzung zu eigenen Wohnzwecken bestimmen. Es genügt in diesem Zusammenhang nicht, dass der Erblasser eine Bestimmung über die Nutzung des Heims durch den Erwerber getroffen hat. Denn das Gesetz denkt an den Erwerber als denjenigen, der die Bestimmung trifft. Die Bestimmung soll nämlich unverzüglich erfolgen. Unverzüglich kann nur unverzüglich nach dem Erbfall bedeuten. Und zu diesem Zeitpunkt kann der Erblasser nichts mehr bestimmen. Also muss das Gesetz den Erben als den Bestimmenden im Auge haben. Der Erwerber muss bestimmen, dh er muss sich entschließen und den Entschluss auch in die Tat umsetzen, das Familienheim zu bewohnen. Dabei kann er zögern. Er kann zunächst die Ausschlagungsfrist (§ 1946 BGB) abwarten. Es bleibt ihm aber auch noch die Zeit, die er braucht, um seinen eigenen Hausstand aufzulösen und in das Familienheim umzuziehen. Wenn er allerdings mehr als ein halbes Jahr nach dem Erbfall noch keine Anstalten zum Umzug trifft, wird er eine besondere Begründung vorbringen müssen, um in den Genuss der Vergünstigung zu gelangen. Denn ohne eine solche Begründung wird man an ein schuldhaftes Zögern denken. Wenn der Ehegatte/Lebenspartner bereits mit dem Erblasser zusammenlebt, erfolgt dies durch schlichte Weiternutzung. Größere Bedeutung hat diese Vorgabe beim **Erwerb durch Kinder,** die von Abs 1 Nr 4c S 1 in gleicher Weise verpflichtet werden. Die nachfolgend zitierte Rspr ist hierzu ergangen. Als angemessene Frist hat der BFH einen Zeitraum von grundsätzlich sechs Monaten angesehen, im Einzelfall aber auch einen späteren Einzug zugelassen, wenn Gründe außerhalb des Einflussbereichs des Erwerbers, zB eine Verzögerung durch eine Erbauseinandersetzung, hierfür vorliegen (BStBl II 16, 225; FG Münster EFG 16, 2079 – Rev II R 37/16). Eine 14 Monate nach dem Erbfall erfolgende Nutzung als Hauptwohnsitz soll regelmäßig nicht ausreichend sein, wenn keine solange Verzögerung durch eine umfassende Sanierung bzw Renovierung nachgewiesen werden kann (FG Hessen ErbStB 16, 1). Eine unentgeltliche Nutzungsüberlassung des Familienheims (auch an nahe Angehörige) schließt eine Selbstnutzung aus (BFH BStBl II 17, 130). Wenn der Erwerber von vornherein an einer Selbstnutzung gehindert ist, scheidet eine StBefreiung aus, ohne dass es auf die Gründe hierfür ankommt (BFH BStBl II 16, 223). Nach der FinVerw ist eine fehlende Selbstnutzung dagegen unschädlich, wenn der Erwerber aus objektiv zwingenden Gründen daran gehindert ist (R E 13.4 II 5f, VII 4f; s auch Ländererlass v 3.3.2016, ZEV 16, 229). Das physisch erhaltene Familienheim des Erblassers muss selbst genutzt werden (FG München EFG 15, 236 zur Nutzung eines Neubaus nach Abriss des Altbaus wegen Baufälligkeit). Zur unverzüglichen Selbstnutzung auch OFD Rheinland DStR 12, 2082.

Der überlebende Ehegatte/Lebenspartner kann als **Alleinerbe, Mitglied einer Erbengemeinschaft oder Vermächtnisnehmer** erwerben. Im Fall der Erbengemeinschaft kommt der Vorteil der Freistellung zunächst allen Miterben zugute, wenn alle Miterben die Voraussetzungen für die StBefreiung erfüllen, also zum begünstigten Erwerberkreis (Ehegatten, Lebenspartner, Kinder) gehören und eine Nutzung zu eigenen Wohnzwecken erfolgt. Es handelt sich um eine sachliche StBefreiung, die aber an persönliche Merkmale auf Erwerberseite anknüpft. Ein Miterbe, der diese Voraussetzungen nicht erfüllt (zB: mehrere Kinder erben, aber nur eines zieht in das Famlienheim ein, oder die Schwester des Erblassers und sein Kind werden Miterben), erhält für seinen anteiligen Erwerb keine StBefreiung. Daher kann sich iRd Erbauseinandersetzung eine Zuordnung zu begünstigungsfähigen Erwerbern anbieten. 36

Wie sich die Übertragung des Familienheims durch die Erben nach dem Erbfall auswirkt, ob die Begünstigung den abgebenden Erben verloren geht und ob sie dem Empfänger zugutekommt (sog **Begünstigungstransfer**), dazu äußern sich die Sätze 2 bis 4. **S 2** fasst den Fall ins Auge, dass der Erbe das Familienheim auf Grund einer letztwilligen oder rechtsgeschäftlichen Verfügung des Erblassers übertragen muss, gilt also, wenn das Familienheim dem Ehegatten/Lebenspartner als Vermächtnisnehmer zugewiesen ist. Dann geht den abgebenden Erben die Begünstigung mit der Übertragung des Heims an den Vermächtnisnehmer verloren. Das bringt ihnen aber keinen Nachteil, weil sie das, was sie auf der Verschonungsebene verlieren, auf der Bewertungsebene durch Abzug der Vermächtnisschuld als Nachlassverbindlichkeit ausgleichen können. Der Vermächtnisnehmer wird die StFreiheit an Stelle der Erben ausnutzen können (R E 13.4 V ErbStR), auch wenn das Gesetz dies nicht ausdrücklich sagt. **S 3** regelt den Fall, dass dem Ehegatten/Lebenspartner das Familienheim im Zuge der Miterbenauseinandersetzung übertragen wird. In diesem Fall soll „das Gleiche" wie im Fall der Vermächtnisanordnung gelten. Die abgebenden Miterben sollen also die Begünstigung verlieren. Ob sie diesen Verlust wie im Fall der Vermächtnisleistung durch Abzug der Auseinandersetzungsverbindlichkeit von ihrem Erwerb ausgleichen können, wird nicht gesagt. Doch deuten die Worte „das Gleiche" darauf hin. Dem erwerbenden Ehegatten/Lebenspartner ist die Begünstigung nach **S 4** nun vollen Umfangs zuzusprechen (R E 13.4 V 5ff ErbStR), unabhängig davon, ob die Erbauseinandersetzung zeitnah erfolgt (BFH BStBl II 16, 225 entgegen R E 13.4 V 11 ErbStR; s auch Ländererl v 3.3.2016, ZEV 16, 229). 37

2. Erwerb durch die Kinder (Nr 4c)

Beim Erwerb des Familienheims durch Kinder (Abs 1 Nr 4c) kann auf die vorstehenden Ausführungen zu den Anforderungen an das Familienheim (Anm 23ff), die Selbstnutzung durch Erblasser (Anm 34) und Erwerber (Anm 35) sowie den Begünstigungstransfer (Anm 36) verwiesen werden. Eine Besonderheit besteht hier durch eine **Begrenzung** auf eine **Wohnfläche von 200 m²**. „Soweit" die Wohnfläche 200 m² übersteigt, greift die Vergünstigung nicht ein. Diese Einschränkung bedeutet nicht, dass die Vergünstigung für ein Einfamilienhaus mit einer Wohnfläche von 300 qm von vornherein ausscheidet. Doch kann das erbende Kind, dass eine über 200 m² reichende Wohnfläche in Anspruch nimmt, die Vergünstigung nur anteilig, dh hier zu zwei Dritteln des Grundstückswerts, ausnutzen. Im Übrigen wird es wohl kaum verhindert werden können, das Grundstück so umzugestalten, dass die eigengenutzte Wohnfläche nicht mehr als 200 m² umfasst. Es wird ihm daher überlassen bleiben, den 200 m² übersteigenden Wohnraum abzuteilen, die abgeteilte Fläche als Wohnraum an andere zu vermieten oder sie in Geschäfts- oder Lagerraum umzuwandeln, ohne dass es dadurch zu einem Wegfall der StBefreiung nach S 5 kommt. 38

39 Wenn **mehrere Kinder** das Familienheim erwerben, können sie dieses gemeinsam bewohnen. Auch bei mehreren Miterben/Vermächtnisnehmern bleibt es bei der Begünstigung nur von 200 m² Wohnfläche. Die Wohnflächenbegrenzung ist **objektbezogen** und nicht personal (so noch die 15. Aufl) zu verstehen. Die Miterben können das Familienheim im Rahmen der Nachlassteilung auf einen von ihnen übertragen, der es zu eigenen Wohnzwecken nutzt. Die abgebenden Miterben können in diesem Fall von der Befreiung nicht profitieren. Dem erwerbenden Miterben kommt die Verschonung uneingeschränkt zugute.

3. Wegfall der Steuerbefreiung (Nr 4b S 5 und Nr 4c S 5)

40 Die Steuerbefreiung fällt **mit Wirkung für die Vergangenheit** weg, wenn der Erwerber die Eigennutzung vor dem Ablauf von zehn Jahren aufgibt (sofern er nicht aus zwingenden Gründen an der weiteren Nutzung gehindert ist). Diese Behaltensfrist gilt für die Erwerbe von Todes wegen. Der Erwerber (Ehegatte, Lebenspartner oder Kind) muss das Familienheim während der ersten zehn Jahre nach dem Erwerb zu eigenen Wohnzwecken selbst nutzen, damit ihm die StBefreiung erhalten bleibt. Eine Ausnahme von dem Erfordernis der Selbstnutzung gilt allerdings dann, wenn der Erwerber aus zwingenden Gründen an einer Selbstnutzung zu eigenen Wohnzwecken gehindert ist. Wie beim Erblasser, so wird man auch hier in erster Linie an die Fallgestaltung denken, dass der Erwerber hilfsbedürftig wird, in einer Seniorenresidenz oder in einem Pflegeheim untergebracht werden muss und die bisher innegehabte Wohnung daher nicht mehr weiter bewohnen kann (FG Hessen ErbStB 16, 302 äußert aber: … „das selbstständige Führen eines Haushalts [ist] dem Erwerber schlechthin und nicht nur in dem konkreten sich im Nachlass befindlichen Familienheim unmöglich"). Zwingende Gründe können sich aber auch aus finanziellen Gesichtspunkten ergeben. Hat der Erwerber ein Haus übernommen, dessen Unterhaltung seine Kräfte übersteigt, muss er sich von der Wohnung trennen. Nach dem Wortlaut von jeweils S 5 sollte ihm die StBefreiung des Erwerbs dennoch verbleiben. Im Übrigen bildet auch der Tod des Erwerbers einen zwingenden Grund, der eine weitere Selbstnutzung ausschließt (so auch R E 13.4 VI 9 ErbStR). Dagegen soll eine Übertragung des Familienheims gegen Nutzungsvorbehalt, also bei unveränderter Nutzung zu eigenen Wohnzwecken, mangels Beibehaltung der Eigentümerstellung schädlich sein (R E 13.4 VI 2 ErbStR), selbst wenn eine Übertragung auf die eigenen Kinder erfolgt (FG Hessen EFG 16, 735; FG Münster EFG 16, 2077 – Rev II R 38/16).

41 **Fristbeginn** ist der Zeitpunkt des Erwerbs. Dies gilt auch bei einer erst später erfolgenden Erbauseinandersetzung (*Troll/Jülicher* § 13 Rz 71). Die Aufgabe der Selbstnutzung stellt ein **rückwirkendes Ereignis** dar (§ 175 I 1 Nr 2 AO). Der ErbStBescheid ist entsprechend zu ändern (R E 13.4 VI 5 ErbStR).

VIII. Schuldbefreiung (Abs 1 Nr 5)

42 Nach Abs 1 Nr 5 sind **zwei Arten von Schuldbefreiung** steuerfrei, und zwar

1. der Erlass einer Schuld, die dadurch begründet worden ist, dass der Erblasser dem Schuldner darlehensweise Geldbeträge zum Zweck des angemessenen (vgl Abs 2) Unterhalts und/oder zur Ausbildung gegeben hat oder dass er den Unterhalt und/oder die Ausbildung unmittelbar aus eigenen Mitteln darlehensweise für den Schuldner bestritten hat. Sind die Zahlungen ohne Begründung eines Darlehensverhältnisses geleistet worden, so ergibt sich ihre StFreiheit aus Abs 1 Nr 12;
2. der Erlass einer aus anderen Gründen zustande gekommenen Schuld, sofern der Schulderlass mit Rücksicht auf die Notlage des Schuldners erfolgt und diese auch durch die Befreiung von der Schuld nicht beseitigt wird.

In welche StKlasse der Schuldner (Erwerber) fällt, ist ohne Bedeutung. Abs 1 Nr 5 gilt gem § 1 II auch für Schulderlasse unter Lebenden.

Wendet der Erblasser (Schenker) dem Schuldner außer dem Schulderlass noch weiteres Vermögen zu, so **entfällt die Befreiung,** soweit die St aus der Hälfte der neben der erlassenen Schuld gemachten Zuwendung gedeckt werden kann **(Abs 1 Nr 5 S 2).** Dass die Befreiung „entfällt", soll heißen, dass eine betragsmäßige Begrenzung der Befreiung bei Zuwendung weiteren Vermögens Bedeutung gewinnt. Die betragsmäßige Begrenzung der Befreiung wird nur dann bedeutsam, wenn es zu einer neben der erlassenen Schuld dem Bedachten anfallenden Zuwendung gekommen ist. „Neben" der erlassenen Schuld fällt dem Schuldner eine Zuwendung an, wenn der Schulderlass und die weitere Zuwendung zusammen einen einheitlichen Erwerb iSd § 10 I 1 bilden. Dazu müssen der Schulderlass und die Zuwendung gleichzeitig erfolgen. Wird erst die Schuld erlassen und später eine zusätzliche Zuwendung gemacht, bleibt es bei der einmal eingetretenen Befreiung, die nicht etwa nachträglich entfällt, wie es der Wortlaut anzudeuten scheint (vgl *Kipp* § 18 Rz 50). **43**

Der Erlass eines **Darlehens für Ausbildungszwecke** ist unabhängig davon befreit, ob die Ausbildung angemessen war. Es fallen also auch unangemessen hohe Ausbildungsschulden unter die Befreiung. Auch ist gleichgültig, wodurch die Schuld im Einzelnen entstanden ist, ob durch Hergabe von Barmitteln oder durch entgeltliche Übernahme von Ausbildungskosten. **44**

Ein Schulderlass mit Rücksicht auf die **Notlage des Schuldners** liegt vor, wenn deren Minderung das Motiv für den Schulderlass war. Eine Notlage setzt einen nicht nur auf vorübergehender Geldverlegenheit beruhenden wirtschaftlichen Notstand voraus, der nicht notwendigerweise mit dem völligen Mangel an Kredit- und Zahlungsmitteln zusammenzufallen braucht, der aber den Schuldner in eine finanziell und wirtschaftlich bedrängte Zwangslage versetzt, von der er sich bei seinen Einkommens- und Vermögensverhältnissen ohne Inanspruchnahme fremder Hilfe nicht befreien kann (RFH RStBl 38, 749). Keine Notlage idS wäre somit bei einer Überschuldung gegeben, aus der der Schuldner sich auf Grund seiner Einkommensverhältnisse selbst befreien kann. Da ein Schulderlass nur bei Fortbestehen der Notlage befreit ist, gilt die Befreiung im praktischen Ergebnis nur für den Erlass einer im Zeitpunkt des Schulderlasses aus der Sicht des Gläubigers ohnehin **wertlosen Forderung** (s RFH aaO sowie für den Verzicht auf ein Rückgriffsrecht aus einer Bürgschaftsschuld RFH RStBl 31, 677). Beim Schuldner führt der Verzicht dennoch zu einer Bereicherung. Die Befreiung nach Abs 1 Nr 5 gilt auch für juristische Personen. Befreit nach Abs 1 Nr 5 ist nur der Erlass einer Schuld durch den Gläubiger, nicht auch eine Zuwendung zur Beseitigung einer Überschuldung. Soweit daher zB einem gewerblichen Betrieb im Rahmen einer Sanierung nicht nur Schulden erlassen, sondern weitere Zuwendungen zur Wiederherstellung seiner Wirtschaftlichkeit gemacht werden, sind diese nur steuerfrei, soweit sie keine freigebige Zuwendung iSd § 7 I Nr 1 darstellen (s RFH RStBl 28, 101; 42, 803). Dies dürfte unter Fremden im Regelfall zutreffen. Dagegen stellen sie eine freigebige Zuwendung iSd § 7 I Nr 1 dar, wenn verwandtschaftliche Beziehungen das Motiv für den Sanierungsbeitrag waren und der Empfänger objektiv auf Kosten des Gebers bereichert wird. **45**

IX. Erwerbe erwerbsunfähiger Eltern/Großeltern (Abs 1 Nr 6)

Die Befreiung ist für Erwerbe von Todes wegen, die den leiblichen Eltern/Voreltern oder den Adoptiveltern/Voreltern anfallen, gegenstandslos, da diesen Erwerbern bereits ein Freibetrag von 100.000 EUR zusteht. Die Vorschrift hat nur noch für Erwerbe von Todes wegen von Stiefeltern und für **Schenkungen unter Lebenden,** für die sie ebenfalls gilt (s § 1 II), praktische Bedeutung. Hier jedoch dürfte es sich, wenn der Unterhalt der Eltern/Großeltern sichergestellt werden soll, regelmäßig empfeh- **46** len, dies über laufende Zuwendungen zu tun, die nach Abs 1 Nr 12 stfrei sind. Bei Schenkungen von **Einmalbeträgen** dürfte es sich empfehlen, sie nur im Rahmen der für jeden Elternteil (Großelternteil) geltenden Freigrenze von 41.000 EUR auszuführen, da bei höheren Schenkungen StPfl eintritt. Als „Vermögen" des Erwerbers wird nur sein steuerbares Vermögen iSd bisherigen VermögenStRechts anzusehen sein. „Erwerbsunfähigkeit" ist auch bei Gebrechlichkeit wegen Alters gegeben.

X. Ansprüche nach dem LAG, dem BEG und sonstigen Entschädigungsgesetzen (Abs 1 Nrn 7 und 8)

47 **Abs 1 Nr 7** ist durch das ErbStRG 2009 neugefasst worden. Dabei wurden einige (warum nicht alle?) Hinweise auf die jeweils geltende Gesetzesfassung gestrichen. Ansprüche nach dem Währungsausgleichsgesetz, dem Altsparergesetz und nach dem Reparationsschädengesetz werden in Abs 1 Nr 7 nun nicht mehr genannt. Dafür sind jetzt zusätzlich Ansprüche nach dem Beruflichen Rehabilitierungsgesetz aufgeführt. Abs 1 Nr 7 wird von der Rspr traditionell sehr eng interpretiert. Die StFreiheit wird jeweils nur auf den Anspruchsübergang durch Erwerb von Todes wegen oder auf Grund einer Schenkung unter Lebenden bezogen. Sie soll nur für den Anspruchsübergang selbst, nicht für den Übergang des Vermögens gelten, das mit der Realisierung des Anspruchs erworben worden ist (BFH BStBl II 83, 118). Begünstigt ist danach nur der Übergang des verfahrensrechtlichen Anspruchs, den der Berechtigte auf Grund der genannten Gesetze erworben hat. Auch wenn der Berechtigte zur Erfüllung seines Anspruchs auf Hauptentschädigung Schuldverschreibungen des Ausgleichsfonds entgegengenommen hat, ist der Übergang dieser Schuldverschreibungen nach Auffassung der Rspr dennoch nicht von der Steuerbefreiung umfasst (BFH BStBl II 83, 226).

48 Auch **Abs 1 Nr 8** wurde durch das ErbStRG 2009 neugefasst, wenn auch nur in der Anordnung des Textes, nicht in seinem Inhalt. Auch zu dieser Vorschrift hat sich der BFH restriktiv geäußert. Nachdem das Gericht die Befreiungsregelung früher (BStBl III 64, 246; II 68, 495) auch auf Entschädigungsleistungen bezogen hatte, soweit solche im Nachlass des Berechtigten noch vorhanden waren, hat der BFH später (BStBl II 96, 456; vgl *Meincke,* ZEV 96, 316) diese Rspr ausdrücklich aufgegeben und entschieden, dass die Steuerbefreiung nur Ansprüche auf Entschädigungsleistungen nach dem BEG, nicht jedoch aus Erfüllung dieser Ansprüche herrührendes Kapitalvermögen erfasst (ähnlich: BFH/NV 96, 288).

XI. Erwerbe mit Bezug auf Pflege oder Unterhaltsgewährung (Abs 1 Nrn 9 und 9a)

49 Vor dem 1.1.1974 waren Erwerbe nach Abs 1 Nr 9 bei „Angemessenheit" in vollem Umfang steuerfrei. Durch das ErbStG 1974 war die Befreiung zunächst auf **stpfl Erwerbe** (s § 10 Anm 1) „bis zu 2000 DM" beschränkt worden. Durch das JStG 1997 wurde der Betrag auf 10.000 DM, ab 1.1.2002 5200 EUR, und durch das ErbStRG 2009 auf **20.000 EUR** erhöht. Die mit Abs 1 Nr 9 nach wie vor verbundene betragsmäßige Beschränkung ist verfassungsgemäß (BVerfG HFR 84, 436). Mit ihr hat der Gesetzgeber die Möglichkeit einer missbräuchlichen Ausnutzung der Vorschrift durch Beantragung hoher Beträge für die idR nur bedingt nachprüfbaren Pflegedienste oder Unterhaltsleistungen auf ein vernünftiges Maß einschränken wollen (s BTDrs 7/1333). Für die Begrenzung wird im Übrigen geltend gemacht, dass die ErbSt für diese Erwerbe einen angemessenen Ersatz für die hier nicht anfallende, bei einem entsprechenden Pflege-/Dienstvertrag aber gegebene LStPfl darstellt. Stpfl Er-

werb iSd Abs 1 Nr 9 ist der vor Anwendung der Vorschrift sich ergebende stpfl Erwerb iSd § 10 I. Befreiung „bis zu 20.000 EUR" kann nach dem Sinn und Zweck des Abs 1 Nr 9 nicht bedeuten, dass nur stpfl Erwerbe unterhalb dieses Betrages steuerfrei bleiben, darüber hinausgehende stpfl Erwerbe aber in vollem Umfang stpfl sind. Eine solche Auslegung würde infolge der unterschiedlich hohen Freibeträge nach § 16 zu sinnwidrigen Ergebnissen führen. Bei einer zweckentsprechenden Auslegung kann Abs 1 Nr 9 nur als echte **Freibetragsregelung** anzusehen sein, so dass bei einer tatsächlichen Pflege/Unterhaltsgewährung von mehr als 20.000 EUR stets dieser Betrag, bei geringerer Pflege/Unterhaltsgewährung der der tatsächlichen Leistung angemessene (niedrigere) Betrag vom Erwerb abzuziehen ist.

Der Freibetrag nach Abs 1 Nr 9 gilt gem § 1 II auch für Zuwendungen unter Leben- 50
den (RFH RStBl 35, 1000). Er kann auch von juristischen Personen und auch dann in Anspruch genommen werden, wenn die Verpflegung des Erblassers durch Erbvertrag gesichert war. Er steht auch einem nur beschränkt stpfl Erwerber zu (BFH BStBl III 57, 427). Der Freibetrag kann auch in Anspruch genommen werden, wenn eine **gesetzliche Unterhaltsverpflichtung** (§§ 1353, 1360, 1601 ff BGB; §§ 2, 5 LPartG) besteht (BFH BStBl II 17, 1069; aA RFH RStBl 31, 675; R E 13.5 I ErbStR; s aber Erlass v 25.10.2017, BStBl I 17, 1436). Die Vorinstanz (FG Nds ZEV 15, 723) hatte darauf abgestellt, dass eine gesetzliche Unterhaltsverpflichtung nur bei Bedürftigkeit des Verwandten (§ 1602 II BGB) besteht und bei eigenem Vermögen des Gepflegten die Berücksichtigung des Pflegefreibetrags nicht allein dadurch ausgeschlossen sei, dass der Erwerber zum Kreis der gesetzlich Unterhaltsverpflichteten (§ 1601 BGB) gehört (FG Nds EFG 12, 1952 – Revision zurückgenommen, OFD Nds v 21.2.2014 zur Nichtanwendung des FG-Urteils; FG B-Bbg v 23.4.2015 – 14 K 14213/14). Nach dem BFH hindert sogar eine konkrete Unterhaltspflicht die Gewährung des Freibetrages nicht. Zu Fällen der beschränkten StPfl BFH BStBl III 57, 427.

Der Freibetrag ist nur für **unentgeltliche oder teilunentgeltliche Pflegeleis-** 51
tungen gedacht (R E 13.5 I ErbStR). Er kommt daher bei entgeltlichen Pflegeleistungen nicht in Betracht. Steht das Entgelt noch aus, so ist ein Abzug des Entgelts als Nachlassverbindlichkeit nach § 10 I Nr 5 vorzunehmen. Die Prüfung des § 10 I Nr 5 ist daher vorrangig gegenüber der Prüfung des § 13 I Nr 9 (BFH BStBl II 95, 62). Sollte das Entgelt mit dem Erwerb von Todes wegen geleistet werden, so anerkennt die FinVerw die Neutralisierung des Erwerbs von Todes wegen durch Abzug einer Nachlassverbindlichkeit nur dann, wenn ein wirksames Dienstleistungsverhältnis (§ 611 BGB) nachgewiesen wird (R E 13.5 II ErbStR). Misslingt der Nachweis, müsste dann aber § 13 I Nr 9 anwendbar sein. **„Pflege gewähren"** bedeutet, einem infolge Krankheit, Behinderung, Alter oder aus einem sonstigen Grunde hilfsbedürftigen Menschen die erforderliche Fürsorge für sein körperliches und seelisches Wohlbefinden zuzuwenden (RFH Bd 6, 252). Diese Voraussetzungen sind idR nur erfüllt, wenn der Erwerber solche Dienstleistungen mit einer gewissen **Regelmäßigkeit** und über eine **längere Dauer** erbracht hat. Unterhalt ist die Leistung von Mitteln für Beköstigung einschließlich Unterkunft, Kleidung usw. Die Unterhaltsgewährung kann in natura oder durch Hergabe entsprechender Geldbeträge erfolgen. Wird mit einer freigebigen **Zuwendung unter Lebenden** ua auch das Entgelt für Unterhalts- und Pflegeleistungen abgegolten, dann ist die Zuwendung nach den Grundsätzen, die für eine gemischte Schenkung gelten, in einen unentgeltlichen und einen entgeltlichen Teil aufzuspalten. Da die Leistungen des Bedachten durch den entgeltlichen Teil der Zuwendung abgegolten werden, kommt die Anwendung der Freibetragsregelung gegenüber dem unentgeltlichen Teil der Zuwendung nicht in Betracht.

Pflegebezogene Erwerbe unter Lebenden (Nr 9 a). Gedacht ist bei der durch 52
JStG 1996 v 11.10.1995 (BGBl I 95, 1250) eingefügten Bestimmung an Angehörige, die als Pflegepersonen in der häuslichen Umgebung des Pflegebedürftigen unentgeltlich zeitlich ins Gewicht fallende Pflege- oder Versorgungsleistungen erbracht haben oder erbringen und an die zum Ausgleich dafür unentgeltliche Geldzuwendungen

des Pflegebedürftigen erfolgen. Stellt die Zuwendung ein Entgelt dar, ist die StFreiheit von vornherein unproblematisch, weil in der Entgeltleistung kein stpfl Vorgang (§§ 1, 7) liegt. Die StFreiheit wird nur für Zuwendungen unter Lebenden gewährt. Wer die zur Zuwendung bestimmten Beträge aufspart, um sie im Todesfall durch Erbfolge oder Vermächtnis weiterzugeben, verschenkt den Vorteil der Nr 9a. Nr 9a zieht betragsmäßige Grenzen der StFreiheit, die je nach dem Grad der Pflegebedürftigkeit variieren und die ab 2017: 316, 545, 728 oder 901 EUR monatlich (§ 37 SGB XI) betragen können. Ist eine private Pflegepflichtversicherung abgeschlossen, bestimmt sich die Höhe der StFreiheit nach der Höhe der vertraglich vereinbarten Pflegegelder. Werden an den Pflegebedürftigen Beihilfeleistungen nach beamtenrechtlichen Grundsätzen erbracht, können Zuwendungen in Höhe der für Pflegeleistungen gedachten Pauschalbeihilfe von Pflegebedürftigen stfrei erbracht werden. Auch wenn sich die in Nr 9a genannten Betragsgrenzen an Monatsbeträgen orientieren, werden doch auch aus mehreren Monatsbeträgen zusammengefasste Geldzuwendungen begünstigt (*Troll/Jülicher* § 13 Rz 112). Die Zuwendungen können auch Vorauszahlungen für künftige oder Nachzahlungen für frühere Pflegeleistungen sein.

XII. Vermögensrückfall an Eltern und Voreltern (Abs 1 Nr 10)

53 Mit dem ErbStG 1974 ist die ehemals auch für Rückschenkungen geltende Befreiung des Abs 1 Nr 10 (s RFH RStBl 27, 102) auf Vermögensrückfälle **„von Todes wegen“** beschränkt worden; außerdem ist der frühere Begriff „Vermögen“ durch den Begriff „Vermögensgegenstände“ ersetzt worden. Der Ausschluss der Rückschenkungen von der Befreiung wurde damit begründet, dass es nicht gerechtfertigt sei, eine Korrektur der im Wege der Schenkung vorweggenommenen Erbfolge unter Geschwistern und Geschwisterkindern stlich zu begünstigen, wenn sie über eine Rückschenkung des empfangenen Vermögens an die Eltern (Großeltern) erfolgt. Eine Befreiung der Rückschenkungen sei insb deshalb nicht zu vertreten, „weil Korrekturen der Erbfolge, die Geschwister oder/und Geschwisterkinder im Rahmen der Erbauseinandersetzung vornehmen, auch nur im Wege unmittelbarer Zuwendungen mit entsprechender SchStPfl vorgenommen werden können“ (BTDrs VI/3418, 68). Man könnte demgegenüber durchaus die These vertreten, dass im Fall der Rückgabe des geschenkten Vermögens unter Lebenden sogar die ursprüngliche StPfl korrigiert werden muss (vgl *Sosnitza,* UVR 92, 342, 348 unter Hinweis auf § 16 GrEStG; vgl § 29 Anm 7), auf jeden Fall aber eine Doppelbesteuerung des geschenkten Vermögens aus Anlass der Hin- und Rückgabe zu vermeiden ist. Unter diesem Gesichtspunkt hätte der Gesetzgeber die Regelung des Abs 1 Nr 10 ausdehnen und nicht einschränken sollen. Der Gesetzgeber hat sich jedoch anders entschieden und durch die Wahl des Wortlauts deutlich gemacht, dass die Vorschrift nicht über § 1 II auf Rückschenkungen angewandt werden kann (s BFH BStBl II 86, 622; R E 13.6 I ErbStR). Erfasst wird nur der **Rückfall im Rahmen eines fehlgeschlagenen Generationenübergangs,** also von beschenkten Abkömmlingen zurück auf Eltern/Voreltern, aber nicht (auch nicht in analoger Anwendung) die umgekehrte Richtung (FG M-Vorp EFG 17, 1283 – Revision zurückgenommen). Nicht betroffen von der Vorschrift ist der Rückfall einer Schenkung wegen Eintritts einer auflösenden Bedingung oder auf Grund eines Rückforderungsrechts, der beim Beschenkten einen Anspruch auf StErstattung begründet (s § 29 sowie FG Rh-Pf EFG 86, 456). Denn die Rückgabe des Geschenks ist in diesem Fall kein stbarer Vorgang, so dass es auch einer Befreiungsregelung nicht bedarf. Man kann daher die Begrenzung der Freistellung in § 13 I Nr 10 jederzeit dadurch vermeiden, dass man mit der Schenkung oder mit dem Übergabevertrag eine auflösende Bedingung oder eine Widerrufsklausel verbindet.

1. Vermögensgegenstände, Begriff

Mit der Ersetzung des Begriffs „Vermögen" durch „Vermögensgegenstände" ist die Befreiung lediglich der Rspr angepasst worden, die den Begriff idS ausgelegt hat (s RFH RStBl 31, 297; BFH BStBl III 66, 356). Ein befreiter Rückfall ursprünglich zugewendeter Gegenstände wurde lange Zeit auch dann angenommen, wenn zwar nicht diese Gegenstände in natura zurückfallen, sondern ersatzweise angeschaffte Gegenstände **(Surrogate),** die bei wirtschaftlicher Betrachtungsweise noch als dieselben Vermögensgegenstände anzusehen sind. Nunmehr hat der BFH (BStBl II 94, 656, ZEV 94, 320 mit Anm *Meincke*) entschieden, dass Identität des zugewandten mit dem zurückfallenden Gegenstand vorausgesetzt wird. Objekte, die im Austausch der zugewandten Gegenstände in das Vermögen des Beschenkten gelangt waren, werden nicht begünstigt. Das soll auch für die Enteignungsentschädigung gelten, die sich anstelle des enteigneten Objekts im Vermögen des Erblassers befand. Auch wird die Begünstigung nicht auf die Früchte des zugewandten Gegenstandes bezogen (BFH BStBl II 94, 759). Die FinVerw (R E 13.6 II ErbStR) hebt mit Blick auf die Entscheidung BFH BStBl II 94, 656 hervor, dass eine Identität zwischen den zugewandten und zurückfallenden Gegenständen dann nicht verlangt werden muss, wenn zwischen den Gegenständen bei objektiver Betrachtung **Art- und Funktionsgleichheit** besteht. 54

Wertsteigerungen des geschenkten Vermögens stehen der StFreiheit des ganzen Rückfalls nicht entgegen, wenn sie ausschließlich auf der wirtschaftlichen Entwicklung beruhen. Hat der Bedachte aber den Wert des Vermögens durch eigene Aufwendungen von Geld oder Arbeit oder durch Stehenlassen von Gewinnen (vgl dazu *Wolf,* DStR 88, 563) vermehrt, so unterliegt dieser Mehrwert der ErbSt (RFH RStBl 40, 614; FG Münster EFG 1990, 332). Der StPfl unterliegen ferner die aus dem zugewendeten Vermögensgegenstand gezogenen **Früchte** (Erzeugnisse sowie Erträge, die mit Hilfe des Gegenstandes erwirtschaftet worden sind: § 99 BGB) sowie die im Austausch gegen solche Früchte erworbenen Gegenstände, wenn sie an den Geber zurückfallen (BFH BStBl II 94, 759; R E 13.6 II ErbStR). 55

2. Befreit ist nur Rückfall an den Schenker

Ein Vermögensrückfall iSd Abs 1 Nr 10 liegt nur vor, wenn und soweit demjenigen Vermögen anfällt, der es ursprünglich durch Schenkung oder Übergabevertrag zugewandt hatte. Mit dieser Aussage werden zwei für § 13 I Nr 10 bedeutsame Merkmale angesprochen. Zum einen muss es in zwei Stufen zunächst zu einer Zuwendung und dann zu einem **Rückfall des Vermögensgegenstands** gekommen sein. Daran fehlt es, wenn die Zuwendung unwirksam war und das Vermögen folglich unverändert in der Zuständigkeit des Veräußerers geblieben ist. Einen zweifelhaften Fall behandelt das Hess FG (EFG 89, 518). Hier hatte ein Sohn Lebensversicherungsverträge auf den Erlebens- und Todesfall abgeschlossen und für den Todesfall seine Eltern als Bezugsberechtigte benannt. Die Versicherungsprämien hatten die Eltern bezahlt, denen dann auch beim Tod des Sohnes die Versicherungssumme zufiel. Man könnte meinen, dass die Eltern in diesem Fall nichts anderes als eine selbstfinanzierte, stets zum Bereich ihres Vermögens gehörende Versicherungsleistung vereinnahmt haben. Weil der Sohn die Versicherungsverträge abgeschlossen hatte und zu seinen Lebzeiten in der Lage gewesen war, den Versicherungswert durch Kündigung zu realisieren, sah das Hess FG dagegen die Versicherungen als Teil des Sohnesvermögens an und meinte, dass es zu einer Zuwendung der Eltern an den Sohn und zu einem Rückfall des Vermögens an die Eltern gekommen sei. Wenn dies richtig war, blieb als zweites Merkmal zu prüfen, ob das zugewandte Vermögen wirklich von beiden Elternteilen stammte und nun an beide Elternteile gleichmäßig zurückgefallen ist. Denn das Vermögen, das Eltern als gesetzlichen Erben ihres Kindes zu gleichen Teilen anfällt, ist 56 nur dann bei jedem Elternteil stfreier Vermögensrückfall, wenn und soweit es sich um solches handelt, das den Eltern gemeinsam gehört hat und somit von ihnen gemeinsam dem Kind durch Schenkung zugewandt worden ist, wie das zB bei einer gemeinsamen Schenkung der Eltern aus dem Gesamtgut ihres gütergemeinschaftlichen Vermögens zutrifft. Stammt das Vermögen nur aus der Schenkung eines Elternteils, so ist der Vermögensanfall des anderen Elternteils stpfl (RFH StuW 27 Nr 602). Stammt das Vermögen aus dem Gesamtgut der Eltern, dann ist es von jedem Elternteil zur Hälfte aufgebracht. Ist beim Erbfall nur noch ein Elternteil am Leben und fällt das Vermögen an ihn ungeteilt zurück, so ist der Rückfall nur zur Hälfte stbefreit (FG München EFG 07, 54).

57 Ein stfreier Vermögensrückfall setzt **keinen unmittelbaren Rückfall** vom Beschenkten an den Schenker voraus. Stfrei ist vielmehr auch der Rückfall von Vermögen, das beim vorzeitigen Tode des Kindes (Enkels) zunächst auf einen anderen als Erbe oder Vorerbe übergegangen ist und bei dessen Tode auf Grund eines Testaments des Kindes oder seines Erben an die Eltern (Großeltern) zurückfällt.

Beispiel: Der eine Schenkung der Eltern enthaltende Nachlass des verstorbenen Kindes geht zunächst auf dessen Ehegatten als Vorerbe und bei dessen Wiederverheiratung (s § 6 III) auf die Eltern als Nacherben über.

XIII. Verzicht auf den Pflichtteil (Abs 1 Nr 11)

58 Der Anspruch auf den Pflichtteil entsteht mit dem Tode des Erblassers (§§ 2317 BGB). Für den Anspruch entsteht nach § 3 I Nr 1 iVm § 9 I Nr 1 Buchst b erst dann eine ErbStPfl, wenn er **geltend gemacht** worden ist (s § 3 Anm 59 und § 9 Anm 32). Demzufolge können die Erben Verbindlichkeiten aus Pflichtteilen nach § 10 V Nr 2 auch erst dann als Nachlassverbindlichkeit abziehen (s § 10 Anm 48). Entsprechend dieser Regelung stellt das ErbStG den Verzicht auf die Geltendmachung dieses bürgerl-rechtl bereits entstandenen Anspruchs von der SchSt frei. Da der nicht geltend gemachte Pflichtteil ohnehin nicht stbar ist, hätte es dieser Klarstellung nicht bedurft. Dem Verzicht auf das Geltendmachen steht der Erlass des noch nicht geltend gemachten Anspruchs gleich. In dem bloßen Nichtgeltendmachen des Anspruchs durch Untätigkeit ist noch keine freigebige Zuwendung zu sehen (§ 7 Anm 10). Die Vorschrift erwähnt noch den Erbersatzanspruch, der früher von Vätern und Kindern geltend gemacht werden konnte, die durch nichteheliche Abstammung miteinander verbunden waren, und der mit Gesetz v 16. 12. 1997 abgeschafft worden ist (§ 3 Anm 43). – Wegen der StPfl von Abfindungen, die für den Verzicht gezahlt werden, und deren Abzug als Nachlassverbindlichkeit s § 3 Anm 115 ff.

XIV. Unterhalts- oder/und Ausbildungszuwendungen (Abs 1 Nr 12)

59 Bei der Befreiung nach Abs 1 Nr 12 handelt es sich um eine **Billigkeitsregelung** für Unterhalts- oder/und Ausbildungskosten, die ohne rechtliche Verpflichtung, also freiwillig übernommen werden, wenn sie eine freigebige Zuwendung iSd § 7 darstellen. Sofern der Unterhalt oder/und die Ausbildung auf Grund gesetzlicher Unterhaltspflicht gewährt werden (s §§ 1360 ff, 1601 ff und 1371 IV BGB), bedarf es keiner besonderen Befreiung, da insoweit überhaupt kein unter das ErbStG fallender Tatbestand vorliegt (RFH RStBl 33, 796). Das gilt auch, sofern die Unterhaltsverpflichtung durch Zuwendung eines ihr entsprechenden Kapitalbetrages abgegolten wird (RFH DVR 32, 13) und der Zweck der Zuwendung außer Zweifel steht (FG Bad-Württ EFG 88, 240). Gemäß ihrem eindeutigen Wortlaut findet die Vorschrift des Abs 1

Nr 12 **nur auf Zuwendungen unter Lebenden,** nicht auch auf entsprechende Zuwendungen von Todes wegen (wie Rentenvermächtnisse zur Sicherstellung des Lebensunterhalts des Bedachten) Anwendung (RFH RStBl 38, 571). Schenkungen auf den Todesfall fallen als Erwerbe von Todes wegen nicht unter den Befreiungstatbestand. Das soll auch für andere Schenkungen gelten, die erst mit dem Tod des Schenkers wirksam werden und damit den Charakter von Zuwendungen auf den Todesfall haben (FG Nürnberg EFG 90, 65). Dieser Linie entspricht es, dass auch eine Schenkung unter Lebenden dann keine steuerfreie Unterhalts- oder/und Ausbildungszuwendung mehr ist, wenn ihr eigentlicher Zweck in der völligen oder teilweisen **Vorwegnahme der Erbfolge** besteht. Solche Schenkungen sind – wie Zuwendungen von Todes wegen – stpfl (RFH RStBl 35, 904; BFH DVR 63, 165). Die Zuwendung eines größeren Kapitals zu Ausbildungszwecken an ein Kind ist regelmäßig als eine Vorwegnahme der Erbschaft anzusehen (RFH StuW Nr 45, Bespr in StuW 32 Sp 230). Das Gleiche gilt für Zuwendungen zum Zwecke der Anschaffung von Einrichtungsgegenständen (RFH RStBl 29, 601).

Eine Befreiung nach Abs 1 Nr 12 kann nur in Betracht kommen, wenn ein **Anlass** 60
zur Leistung des angemessenen Unterhalts oder/und der Ausbildung des Bedachten vorgelegen hat. Sie ist also nur zu gewähren, wenn der Bedachte der Zuwendung zum Zwecke des angemessenen Unterhalts **bedarf** (RFH RStBl 30, 819; 31, 141). Demzufolge kann keine Befreiung in Betracht kommen, wenn der Bedachte aus seinem eigenen Vermögen seinen Lebensbedarf bestreiten kann (RFH RStBl 33, 796). Eine Heranziehung des Vermögensstamms zur Bestreitung des Lebensunterhalts wird jedoch nur dann gefordert werden können, wenn sie dem Unterstützten nach billigem Ermessen zugemutet werden kann. Das wird nicht der Fall sein, wenn das Vermögen nicht erheblich ist und die einzige Einkommensquelle des Unterstützten bildet, so dass ihm ein Verzehr des Vermögens jede wirtschaftliche Selbstständigkeit nehmen und seine wirtschaftliche Lage nur noch mehr verschlechtern würde. Für laufende Unterhaltszuwendungen an die verheiratete Tochter ist kein ihre StBefreiung rechtfertigender Anlass anzuerkennen, wenn deren Unterhalt durch ihren Unterhaltsanspruch gegenüber ihrem Ehegatten angemessen gesichert ist (RFH RStBl 31, 897; 34, 1440).

Nach Abs 1 Nr 12 sind grundsätzlich **nur laufende Zahlungen** zur Bestreitung 61
des Unterhalts bzw. der Ausbildung des Bedachten stfrei (RFH RStBl 30, 819; BFH BStBl II 85, 333). Dies ergibt sich notwendigerweise aus der zeitlichen Beschränkung der Befreiung auf die Dauer, während der ein Anlass zu einer entsprechenden Leistung vorliegt. Dennoch kann ausnahmsweise auch die Zusage (Zuwendung) einer lebenslänglichen Rente dann nach Abs 1 Nr 12 befreit sein, wenn von vornherein feststeht, dass der Zuwendungsempfänger wegen seines hohen Alters, seiner Betreuungsbedürftigkeit oder seiner Vermögenslosigkeit keine Aussicht mehr hat, Einkommen zu beziehen und aus eigenen Mitteln seinen Lebensunterhalt bestreiten zu können, und auch kein Anhalt dafür besteht, dass sich seine wirtschaftlichen Verhältnisse in Zukunft wesentlich verbessern werden oder können (BFH BStBl III 54, 282; FG München UVR 94, 21). Die StFreiheit einer Zuwendung zum Zweck des Unterhalts ist nur dann anzuerkennen, wenn sie den Vermögensverhältnissen und der Lebensstellung des Bedachten entspricht und damit „angemessen" (Abs 2) ist.

Ausbildungszuwendungen sind unabhängig davon stfrei, ob sie angemessen er- 62
scheinen. Eine stfreie Ausbildungszuwendung liegt vor, wenn der Bedachte sich in der Ausbildung befindet und der Zuwendung bedarf. Das ist der Fall, wenn und soweit der Bedachte selbst und die zu seinem Unterhalt verpflichteten Personen nicht in der Lage sind, die Ausbildungskosten zu tragen. Der Begriff „Ausbildung" umfasst jede weitere Ausbildung, also auch eine besondere Fachausbildung (RFH RStBl 33, 1089). Nach diesem Urteil ist bei einer Ausbildungs- und Unterhaltszuwendung der Ausbildungsanteil (= tatsächliche Ausbildungskosten) unabhängig von seiner Angemessenheit, der darüber hinausgehende Teil (= **Unterhaltszuwendung**) nur bei An-

gemessenheit steuerfrei. Eine Zuwendung, die nur teilweise für die Bestreitung von Ausbildungskosten bestimmt ist, deren Verwendung im Übrigen im freien Ermessen des Bedachten steht, ist in vollem Umfang stpfl (RFH RStBl 29, 601). Die volle StPfl ist ein Gebot der Gleichbehandlung mit Unterhaltszuwendungen, die gem Abs 2 bei Überschreiten der Angemessenheit in vollem Umfang stpfl sind. Eine steuerfreie Unterhalts- oder/und Ausbildungszuwendung kann nicht mit späteren anderen Zuwendungen nach § 14 zusammengerechnet werden.

XV. Zuwendungen an Pensions- und Unterstützungskassen (Abs 1 Nr 13)

63 Die Befreiung von Zuwendungen an eine nach § 5 KStG von der KSt befreite **Pensions- und Unterstützungskasse** hat nur für solche Zuwendungen praktische Bedeutung, die der Kasse vom Unternehmer von Todes wegen oder die ihr von Dritten unter Lebenden oder von Todes wegen gemacht werden (R E 13.7 I 2 ErbStR). Die bei der Ermittlung des steuerlichen Gewinns als Betriebsausgaben abzugsfähigen Zuwendungen des Trägerunternehmens an die Kasse stellen von vornherein keine freigebige Zuwendung iSd § 7 dar und bedürfen daher keiner besonderen Befreiung. Dagegen gilt die im Falle einer sog Überdotierung einer Pensions- oder Unterstützungskasse entstehende **partielle Steuerpflicht** nach § 6 KStG im gleichen Verhältnis auch für die Zuwendungen an Pensions- und Unterstützungskassen (R E 13.7 II ErbStR).

64 **Ruhegehalte und ähnliche Zuwendungen.** Vor dem 1.1.1974 waren außer den Zuwendungen an Pensions- und Unterstützungskassen auch Ruhegehalte und ähnliche Zuwendungen befreit, die ohne rechtl Verpflichtung gezahlt wurden. Das ErbStG 1974 hat diese Befreiung nicht mehr beibehalten. Für Ruhegehalte, die ein Arbeitgeber zu Lebzeiten ohne rechtl Verpflichtung zahlt, ergibt sich nach wie vor keine SchStPfl, da sie Arbeitslohn und keine unter das ErbStG fallende freigebige Zuwendung sind (RFH RStBl 44, 205). Jedoch unterliegen Ruhegehalte und ähnliche Zuwendungen, die auf einem Testament beruhen und als **echtes Vermächtnis** und nicht lediglich als Bestätigung einer Ruhegehaltsverpflichtung anzusehen sind, seither der ErbSt. Im Gegensatz zu den Zahlungen zu Lebzeiten stellen sie keinen Arbeitslohn dar und unterliegen mithin nicht der LSt (s im Übrigen BTDrs VI/3418, 68). – Wegen der Hinterbliebenenbezüge auf Grund eines Anstellungsvertrages des Erblassers s § 3 Anm 94ff.

XVI. Übliche Gelegenheitsgeschenke (Abs 1 Nr 14)

65 Die Frage, ob ein **übliches Gelegenheitsgeschenk** vorliegt, hat der RFH früher nach dem allg Volksempfinden beurteilt (RFH RStBl 30, 765; bespr StuW 30 Sp 1068). Heute wird man die Verkehrsauffassung oder die Anschauungen weiterer Bevölkerungskreise entscheiden lassen. Für die Frage der üblichen Höhe ist nicht der reine Geldwert des Geschenks entscheidend, sondern das Gesamtbild des Falles, insb auch das Verhältnis des Geldwertes zur Leistungsfähigkeit des Schenkers. Die **relative Betrachtungsweise,** die die Leistungsfähigkeit des Schenkers in die Beurteilung einbezieht, kann indessen nicht dazu führen, dass bei guten Einkommens- und Vermögensverhältnissen des Schenkers auch ungewöhnlich hohe Geschenke noch als „üblich" anzusehen wären (RFH RStBl 26, 206; 29, 497; FG Köln EFG 01, 1154; FG Hessen EFG 05, 1146: 80.000 DM für Hausrenovierungen und 73.000 DM für die Anschaffung eines Pkw). Trotz dieser Einschränkung erscheint es fraglich, ob die relative Betrachtungsweise noch mit dem Grundsatz der Gleichmäßigkeit der Besteue-

rung zu vereinbaren ist (so auch *Moench/Kien-Hümbert* § 13 Rz 166). Nach ihr würde ein Geschenk, das in begüterten Kreisen noch als üblich gilt, stfrei bleiben, während das gleiche Geschenk stpfl wäre, wenn es von einem Schenker stammt, in dessen Kreisen solche Geschenke nicht üblich, also eine Ausnahme sind. Im Hinblick auf die Freibeträge des Abs 1 Nr 1 kommt der Befreiung nach Abs 1 Nr 14 allerdings nur geringe praktische Bedeutung zu. Das gilt umso mehr, als die Jubiläumsgeschenke im Arbeitnehmerbereich (s § 4 LStDV) grundsätzlich keine unter das ErbStG fallende freigebige Zuwendung darstellen (Anm 67). Gleichwohl wäre, wie Einzelfälle zeigen (s FG Hbg EFG 67, 131), eine betragsmäßige Begrenzung der Befreiung („Gelegenheitsgeschenke bis zum Betrag von … EUR") zweckmäßig. Solange eine betragsmäßige Begrenzung fehlt, sollte sich die Auslegung an dem Sinn des Geschenks im Verhältnis der Beteiligten zueinander auf dem Hintergrund üblicher Anschauungen orientieren. Übliche Gelegenheitsgeschenke werden als **Aufmerksamkeit bei besonderen Gelegenheiten** hingegeben. Sie sind schenkungstbefreit, weil sie nicht eine über das gewöhnliche Verhalten hinausgehende Freigebigkeit in sich tragen, weil sie nicht auf eine ins Gewicht fallende Bereicherung des Empfängers abzielen und weil sich der Schenker zu ihnen nach der Anschauung der Bevölkerungskreise, in denen er sich bewegt, verpflichtet fühlen muss. Als übliche Gelegenheitsgeschenke sind deshalb solche Zuwendungen nicht anzuerkennen, die außerhalb dessen liegen, was von dem Schenker üblicherweise erwartet werden konnte, zu denen es nach den Umständen keinen nahe liegenden Anlass gab, oder mit denen der Schenker besondere Ziele verfolgte, wie zB das Ziel, eine Änderung der Vermögensverhältnisse im Verhältnis zwischen Schenker und Beschenktem zu erreichen oder den Unterhalt des Beschenkten nachhaltig zu sichern. Auch wenn die frühzeitige Übertragung von Vermögen durch wertvolle Geschenke (Schmuck, Geld, Wertpapiere, Autos etc) in manchen Kreisen zur Gepflogenheit geworden sein mag, können Geschenke solcher Art doch regelmäßig nicht als Gelegenheitsgeschenke iSd § 13 I Nr 14 anerkannt werden.

Gelegenheitsgeschenke, die **nicht mehr dem Anlass angemessen** sind, deren 66
Wert also das übliche Maß überschreitet, sind in vollem Umfang stpfl (RFH RStBl 29, 497). Das Herauslösen eines noch als üblich anzusehenden Teilbetrags erlaubt der Gesetzeswortlaut nicht (FG Köln EFG 01, 1154). Ein Richtsatz für die „Angemessenheit" eines Gelegenheitsgeschenks besteht (lediglich) für die beim Stapellauf eines Schiffes üblichen „Patengeschenke". Diese werden – unabhängig vom Kaufpreis des gelieferten Schiffes – als übliches Gelegenheitsgeschenk angesehen, wenn ihr Wert 1500 EUR nicht übersteigt (inhaltlich gleich lautende Erl der Küstenländer Schl-H, Nds, Hbg und Bre). Die Betragsgrenze kann auch als Anhaltspunkt für angemessene Patengeschenke beim Stapellauf von Binnenschiffen angesehen werden. Die Frage, ob ein Gelegenheitsgeschenk „üblich" ist, kann sich ausnahmsweise auch bei einem **Staatsgeschenk** stellen, wenn nämlich der Amtsinhaber als der Beschenkte anzusehen ist, wie dies im Einzelfall zutreffen kann (s OLG Köln NJW 84, 2299). Soweit ein Staatsgeschenk bestimmungsgemäß in den Besitz des Bundes/des Landes übergeht, ist der Bund/das Land objektiv bereichert und subjektiv beschenkt. Das Geschenk ist dann nach Abs 1 Nr 15 stfrei.

Bei **Jubiläumsgeschenken an Arbeitnehmer** handelt es sich regelmäßig um 67
Arbeitslohn. Da Arbeitslohn und freigebige Zuwendungen sich gegenseitig ausschließen, ist insoweit kein unter das ErbStG fallender Tatbestand und somit von vornherein keine SchStPfl gegeben (RFH RStBl 29, 412; 30, 382; 31, 656; 31, 986; 32, 442; 33, 1196; 34, 568; BFH BStBl III 62, 281 u BFH BStBl II 85, 641; s auch *Richter,* BB 86, 171). Für ein Gelegenheitsgeschenk, das ein Arbeitgeber einem Arbeitnehmer aus privaten Gründen macht, gelten die allg Grundsätze (Anm 65, 66).

XVII. Zuwendungen an den Bund/ein Land/eine inländische Gemeinde oder zu deren Zwecken (Abs 1 Nr 15)

68 Die Befreiungsregelung setzt voraus, dass auch Erwerbe von Körperschaften des öffentlichen Rechts der ErbSt/SchSt unterliegen, soweit keine Befreiungsvorschrift eingreift. Für Zuwendungen an Berufsorganisationen des Handwerks ist keine Befreiungsregelung vorgesehen; sie unterliegen daher der SchSt (FG S-Anh EFG 00, 24; EFG 02, 1539; aufgeh durch BFH BStBl II 05, 311, da die Übertragung zwischen Handwerks- und Kreishandwerkskammer erfolgte und es in diesem Verhältnis regelmäßig an der Freigebigkeit fehle). Befreit sind außer den unmittelbaren Zuwendungen, bei denen die Verwendung derselben im Ermessen des Empfängers liegt, auch Zuwendungen, die einer natürlichen oder juristischen Person mit der ausdrücklichen Auflage gemacht worden sind, sie allg für Zwecke des Bundes, eines Landes oder einer inländischen Gemeinde oder für bestimmte Zwecke des Bundes usw zu verwenden. Nicht nach Nr 15 begünstigt sind jedoch Zuwendungen, die zwar an eine hier genannte Körperschaft geleistet werden, allerdings mit einer Auflage zugunsten anderer privaten Personen belastet sind. Dann kommt aber eine StBefreiung nach § 13 I Nr 17 in Betracht (FinMin Bad-Württ BB 02, 33).

Beispiel: A hat dem Bürgermeister seiner Heimatstadt einen Betrag von 100.000 EUR mit der Auflage vermacht, damit ein bestimmtes Jugendheim der Stadt zu renovieren und neu einzurichten. Es handelt sich bei dieser Zuwendung um ein Vermächtnis, das nach Abs 1 Nr 15 stfrei ist.

Zuwendungen an eine Gemeinde, die mit einer Grabpflegeauflage beschwert sind, sind wie entsprechende Zuwendungen an die Kirche usw ggf aufzuteilen (s Anm 60). *Felix* (DVR 86, 18) gibt zu überlegen, ob in Wahlkampfspenden an Bundestagsabgeordnete eine Zuwendung an den Bund gesehen werden kann. Diese Ansicht hat jedoch keine Zustimmung gefunden (*Manke,* FR 86, 223), da die Wahlkampfspenden den Wettstreit unter den Parteien beeinflussen sollen und diese Einflussnahme nicht im Rahmen einer Bundesaufgabe liegt.

XVIII. Zuwendungen an Kirchen und gemeinnützige, mildtätige oder kirchliche Institutionen (Abs 1 Nr 16)

69 Befreit sind nach **Absatz 1 Nr 16 Buchst a** Zuwendungen an inländische Religionsgesellschaften des öffentlichen Rechts und an inländische jüdische Kultusgemeinden, ohne dass es einer weiteren Prüfung der von diesen Gesellschaften und Gemeinden verfolgten Zwecke bedarf. Zuwendungen an andere Körperschaften, Personenvereinigungen und Vermögensmassen iSv **Absatz 1 Nr 16 Buchst b** sind dagegen von der St nur dann befreit, wenn sie im Besteuerungszeitpunkt gemeinnützigen Zwecken dienen. Unter den Voraussetzungen des **Absatz 1 Nr 16 Buchst c** werden auch Zuwendungen an ausländische Institutionen von der St freigestellt. Erfolgt die Zuwendung an einen der genannten Rechtsträger unter der Auflage, sie zu einem bestimmten Zweck zu verwenden, kann, wie *Moench/Kien-Hümbert* (§ 13 Rz 87) betont, eine Zweckzuwendung vorliegen, die zwar stpfl sein kann, aber im Zweifel nach Abs 1 Nr 17 ebenfalls befreit sein wird.

1. Inländische Religionsgemeinschaften und Kultusgemeinden (Abs 1 Nr 16 Buchst a)

70 Als Körperschaften des öffentlichen Rechts sind im Inland folgende Religionsgesellschaften anerkannt:

1. die Evangelische Kirche in Deutschland, die Vereinigte Evangelisch-Lutherische Kirche Deutschlands, die Evangelische Kirche der Union, die evangelischen Landeskirchen mit ihren Gemeinden, Gemeindeverbänden und Kirchenkreisen (Dekanaten, Probsteien usw) sowie einzelne evangelische Gemeinden mit besonderer bekenntnismäßiger Ausprägung, soweit sie der Evangelischen Kirche in Deutschland angeschlossen sind, und
2. die römisch-katholischen Kirchengemeinden, Kirchengemeindeverbände und Diözesanverbände, die Bischöflichen Stühle, Bistümer und Domkapitel.

Für die übrigen Religionsgemeinschaften wird der Nachweis der Eigenschaft als Körperschaft des öffentlichen Rechts durch Vorlage der Verleihungsurkunde zu führen sein. Bei **inländischen jüdischen Kultusgemeinden** wird der Status einer Körperschaft des öffentlichen Rechts nicht vorausgesetzt. Die persönliche Begünstigung der Religionsgemeinschaften erstreckt sich auf alle Organe und Einrichtungen, die notwendige Bestandteile der Religionsgesellschaften und zugleich selbstständige Träger des den Zwecken der Religionsgesellschaften dienenden Vermögens sind (s auch BFH BStBl III 51, 73 u 80). Nicht Bestandteile der Kirchen und Religionsgesellschaften und daher von ihnen zu unterscheiden sind geistliche Gesellschaften (Orden, Kongregationen, Bruderschaften, Klöster, Stifte), die sich besonderen Religionsausübungen widmen; diesen Anstalten wird jedoch regelmäßig Befreiung nach Abs 1 Nr 16 Buchst b zustehen (s Anm 71). Eine Religionsgesellschaft des Privatrechts verfolgt mit ihren eigenen religiösen Zwecken keine kirchlichen Zwecke und genießt keine StFreiheit (BFH BStBl III 51, 148).

2. Gemeinnützige, mildtätige oder kirchliche Institutionen (Abs 1 Nr 16 Buchst b)

Nach dieser Vorschrift werden Zuwendungen an inländische Institutionen begünstigt, wenn sie im Besteuerungszeitpunkt steuerbegünstigten Zwecken dienen. 71
Die Voraussetzungen der StFreiheit werden nach den §§ 51 ff AO beurteilt. Dieser schon immer geltende Grundsatz wurde durch die Aufnahme eines ausdrücklichen Verweises auf diese AO-Vorschriften durch das StÄndG 2015 (BGBl I 15, 1834) nun auch normativ klargestellt. Entscheidungen über die KStFreiheit sind somit auch hier zu beachten. Begünstigt werden Zuwendungen an Institutionen, die **kirchliche Zwecke** verfolgen, dh die Gesellschaften und Gemeinden nach Buchst a unterstützen. Begünstigt werden ferner Zuwendungen an Institutionen, die **gemeinnützigen Zwecken** dienen, sich insb der Förderung von Kunst und Kultur, Forschung und Wissenschaft, Bildung und Weiterbildung, Umwelt-, Landschafts- und Denkmalschutz verschrieben haben. Begünstigt werden schließlich auch Zuwendungen an Institutionen, die **mildtätige Zwecke** verfolgen, also insb körperlich, geistig oder seelisch unterstützungsbedürftige Personen fördern.

Die genannten Institutionen müssen nach ihrer Satzung, Verfassung, nach dem 72
Stiftungsgeschäft *und* nach ihrer tatsächlichen Geschäftsführung den begünstigten Zwecken **ausschließlich und unmittelbar** dienen. Fraglich ist, welche Bedeutung es hat, wenn die Institution sich nicht auf die ausschließliche und unmittelbare Förderung der begünstigten Zwecke beschränkt, sondern zusätzlich einen **wirtschaftlichen Geschäftsbetrieb** (§ 14 AO) oder Zweckbetrieb (§ 65 AO) unterhält. Denkbar wäre, dass damit die StBefreiung gänzlich entfällt (so BFH BStBl II 92, 41 zu § 7 I Nr 1 KVStG 1972 und BStBl II 12, 544). Die FinVerw ist dieser Entscheidung jedoch nicht gefolgt (vgl FinVerw NW DB 92, 1378). Nunmehr sieht R E 13.8 II ErbStR folgende Regelung vor: Die StBefreiung wird nicht dadurch ausgeschlossen, dass die begünstigte Institution einen Zweckbetrieb unterhält. Das gilt auch für Zuwendungen, die zur Verwendung in einem Zweckbetrieb bestimmt sind. Unterhält die Institution einen stpfl wirtschaftlichen Geschäftsbetrieb, ist dies ebenfalls unschädlich, solange nicht die Institution in erster Linie eigenwirtschaftliche Zwecke verfolgt.

Zuwendungen, die dem stpfl wirtschaftlichen Geschäftsbetrieb der Institution zugutekommen, werden allerdings von der Befreiungsregelung ausgenommen. Ist der wirtschaftliche Geschäftsbetrieb selbst der Gegenstand der Zuwendung, bleiben die Voraussetzungen für die StBefreiung für diese und weitere Zuwendungen an die Institution grundsätzlich erhalten. Führt die gemeinnützige Institution den wirtschaftlichen Geschäftsbetrieb fort, ist Voraussetzung für die Begünstigung weiterer Zuwendungen, dass die erwirtschafteten Überschüsse des Geschäftsbetriebs an den ideellen Bereich gelangen.

73 Bei Zuwendungen im Rahmen eines **Stiftungsgeschäfts unter Lebenden** werden hinsichtlich der StBefreiung regelmäßig keine Schwierigkeiten auftreten, da der Stifter die Satzung mit dem zuständigen FA abstimmen kann, so dass die Anerkennung der Stiftung als gemeinnützig, mildtätig oder kirchlich gesichert ist und er die Übertragung des Vermögens erst nach der Anerkennung vorzunehmen braucht, um jegliches Risiko auszuschließen. Bei einer vom **Erblasser angeordneten Stiftung** ist Voraussetzung für die StBefreiung, dass der Erblasser keine Anordnungen getroffen hat, die der Anerkennung der Stiftung als gemeinnützig, mildtätig oder kirchlich entgegenstehen. Der Erblasser kann ein Risiko hinsichtlich der StBefreiung dadurch ausschließen, dass er zwar die Zwecke, die die Stiftung verfolgen soll, festlegt, jedoch einen Testamentsvollstrecker ernennt, den er ermächtigt, die Satzung der Stiftung so zu gestalten, dass sie den Erfordernissen für eine Anerkennung als gemeinnützig, mildtätig oder kirchlich erfüllt, und dabei notfalls auch den Stiftungszweck entsprechend zu ändern. Die Stiftung kann stiftungsrechtlich auch als **Vorerbin** eingesetzt werden, wenn die Erfüllung der Stiftungszwecke trotz dieses zeitlich beschränkten Erwerbs gesichert ist, weil hierfür auch nach dem Eintritt des Nacherbfalls ausreichend Mittel zur Verfügung stehen (*Staudinger/Hüttemann/Rawert* § 83 BGB Rz 10). Das BayFinMin hält mangels dauerhafter Bindung des Vermögens die StBefreiung des § 13 I Nr 16 Buchst b jedoch nicht für anwendbar (ZEV 04, 65), was nicht überzeugen kann, wenn die Stiftung auch ohne die Vorerbschaft oder einen anderen zeitlich befristeten Erwerb die Stiftungszwecke erfüllen kann (*Söffing/Thoma,* BB 04, 855).

3. StNachentrichtung bei Wegfall der Befreiungs-Voraussetzungen (Abs 1 Nr 16 Buchst b S 2)

74 Rechtsgrundlage für die Nacherhebung der ErbSt/SchSt beim rückwirkenden Wegfall der Befreiung nach Abs 1 Nr 16 Buchst b ist § 175 I 1 Nr 2 AO. Wegfall mit „Wirkung für die Vergangenheit" bedeutet, dass die St nach dem Wert im Zeitpunkt des Übergangs des zugewendeten Vermögens auf die begünstigte Körperschaft usw nachzuentrichten ist. Nach Abs 1 Nr 16 Buchst b S 2 verbleibt es bei der ursprünglichen Befreiung, wenn bei Auflösung oder Aufhebung einer begünstigten Körperschaft usw innerhalb von 10 Jahren das Vermögen auf eine andere begünstigte Körperschaft übergeht oder für begünstigte Zwecke verwendet wird. Dies dürfte die Regel sein (s § 55 I Nr 4 AO). Bei der StFreiheit verbleibt es auch, soweit das Vermögen im Rahmen des nach § 55 I Nr 2 AO Zulässigen an den Schenker oder an die Erben des Schenkers/Erblassers zurückfällt. Der Wegfall der Befreiung ist damit auf den unwahrscheinlichen Fall beschränkt, dass eine begünstigte Körperschaft usw durch Satzungsänderung die Verfolgung der begünstigten Zwecke innerhalb von 10 Jahren aufgibt und ihr das Vermögen verbleibt. Soweit das Vermögen an den Schenker oder die Erben des Schenkers/Erblassers zurückfällt, kann es sich nur um einen Rückfall infolge einer entsprechenden **Rückfallklausel** bei der ursprünglichen Vermögensübertragung und somit um einen Fall des § 5 BewG handeln, der die ursprüngliche StFreiheit unberührt lässt. Der Vermögensrückfall an den Schenker wurde nach der früheren RsprLinie als Rückfall an sich selbst behandelt und damit von der St ausgenommen (BFH BStBl III 54, 178). Nunmehr ist jedoch die zum Recht der Familienstiftungen ergangene Entscheidung BFH BStBl II 93, 238 zu beachten, die zu einer

abweichenden Einordnung kommt. Soweit das Vermögen an die Erben des Schenkers/Erblassers fällt, liegt bei ihnen ein Erwerb infolge Eintritts einer aufschiebenden Bedingung iSd § 4 BewG vor (= Wirksamwerden der Rückfallklausel). Die Erwerbe der Erben unterliegen gem § 9 I Nr 1 Buchst a bzw Nr 2 iVm § 4 BewG als Vermögensanfälle von Seiten des Stifters (Erblasser/Schenker) der ErbSt/SchSt. Das gilt auch dann, wenn die 10-Jahresfrist des Abs 1 Nr 16 Buchst b S 2 bereits abgelaufen ist; denn insoweit liegen normale Erwerbe iSd § 4 BewG vor.

4. Ausländische Kirchen und gemeinnützige Körperschaften (Abs 1 Nr 16 Buchst c)

Bis 1992 galt: Zuwendungen an sie waren grundsätzlich nur iRd Abs 1 Nr 17, also bei einer entsprechenden **Zweckbestimmung** durch den Erblasser/Schenker stfrei (s Anm 76). Soweit ein DBA ein allg steuerliches Diskriminierungsverbot enthielt, konnte daraus keine Gleichstellung der ausländischen kirchlichen, gemeinnützigen und mildtätigen Institutionen mit den inländischen Institutionen und somit keine Anwendung des Abs 1 Nr 16 auf sie hergeleitet werden. Es blieb jedoch zu prüfen, ob der Erblasser-/Schenkerwille – ggf in Ergänzung des Testamentswortlauts – nicht eine Befreiung nach Abs 1 Nr 17 zulässt (s BFH BStBl II 84, 9). Es galt die These: Soweit bei testamentarischen Zuwendungen das Testament keine ausdrückliche Zweckbestimmung enthält, wird man grundsätzlich unterstellen können, dass die satzungsmäßige Verwendung der Zuwendung dem Willen des Erblassers entspricht; andernfalls hätte er die Zuwendung unterlassen. Hiervon ausgehend, hatten die Bundesrepublik Deutschland und einzelne Schweizer Kantone in besonderen Gegenseitigkeitserklärungen die wechselseitige Befreiung von Zuwendungen an ihre gemeinnützigen Institutionen usw vereinbart (s BStBl I 00, 464, 485). Ähnliche Gegenseitigkeitserklärungen zur Befreiung von Zuwendungen an kirchliche, gemeinnützige oder mildtätige Einrichtungen bestanden mit den Niederlanden und mit Dänemark (s DVR 64, 140). – Dann hat jedoch das StÄndG 1992 (BGBl I 92, 297) die Regelung des **§ 13 I Nr 16 Buchst c** eingeführt, die, sofern der ausländische Staat **Gegenseitigkeit** gewährt, die vollständige Freistellung der Zuwendungen auch an ausländische Kirchen und gemeinnützige Vermögensträger bewirkt. Nach der Neufassung der Nr 16 Buchst c durch das JStG 1997 wurde die Steuerfreiheit von dem förmlichen Austausch bestimmter Erklärungen abhängig gemacht (vgl dazu noch R E 13.9 ErbStR). Liegen diese Erklärungen nicht vor, war die Befreiung nach § 13 I Nr 17 zu prüfen. Der EuGH hat in der Rs *Missionswerk Werner Heukelbach eV* (DStRE 12, 175) einen Verstoß des belgischen ErbStG (Code des droits de succession) gegen die Kapitalverkehrsfreiheit angenommen, weil dort inländische und ausländische Institutionen unterschiedlich behandelt werden. Daran anknüpfend hat die EU-Kommision wegen der von § 13 I Nr 16 Buchst c nur für ausländische Institutionen geforderten Gegenseitigkeitserklärung ein Vertragsverletzungsverfahren gegen Deutschland eingeleitet. Daraufhin wurde das Gegenseitigkeitsmerkmal in S 1 ersatzlos gestrichen. Die Sätze 3 bis 5 wurden ergänzt (BGBl I 15, 1834). Diese Neuregelung gilt für Erwerbe ab dem 6.11.2015 (§ 37 X). S 2 wurde durch das StUmgBG (BGBl I 17, 1682) neugefasst. 75

Danach gelten nach § 13 I Nr 16 Buchst c folgende **Voraussetzungen** für die StBefreiung von Zuwendungen an ausländische Institutionen: Der Zuwendungsempfänger muss in seinem Ansässigkeitsstaat gemessen an deutschen Vorgaben (§§ 51 ff AO) gemeinnützigen, mildtätigen oder kirchlichen Zwecken dienen (S 1). Der Ansässigkeitsstaat muss Amtshilfe (S 2) leisten, was sich in der EU durch § 2 II des EU-AHiG ergibt (S 2). Mit Drittstaaten muss ein spezielles Amtshilfeabkommen bestehen (zB mit der Schweiz nicht vorhanden; es bestanden aber mit vielen Kantonen Gegenseitigkeitserklärungen iSd Rechtslage bis zum 6.11.2015). Zudem muss der Ansässigkeitsstaat auch bei der Beitreibung (S 3) unterstützen. Wenn eine Zweckverwirklichung nur im Ausland erfolgt, wird ein struktureller Inlandsbezug gefordert 76

(S 4). Der Nachversteuerungsvorbehalt des § 13 I Nr 16 Buchst b S 2 (Anm 75) ist auch hier zu beachten (S 5).

XIX. Zuwendungen zu gemeinnützigen, mildtätigen oder kirchlichen Zwecken (Abs 1 Nr 17)

77 Ebenso wie unmittelbare Zuwendungen an gemeinnützige Körperschaften usw (Anm 69) sind auch **Zweckzuwendungen iSd § 8,** die die Voraussetzungen des Abs 1 Nr 17 erfüllen, steuerfrei. Der Anwendungsbereich des Abs 1 Nr 17 ist allerdings nicht auf Zweckzuwendungen beschränkt (BFH BStBl II 02, 303; NV 97, 231).

Beispiel: Der Erblasser wendet dem Ortsgeistlichen 30.000 EUR mit der Auflage zu, diesen Betrag (oder die Zinsen des Betrages) für kranke und in Not geratene Mitglieder der Kirchengemeinde zu verwenden. Es liegt eine Zweckzuwendung vor, die steuerfrei bleibt, wenn die Voraussetzungen des Abs 1 Nr 17 erfüllt sind.

Die Befreiung ist nicht davon abhängig, dass die Zuwendung im Inland zu dem begünstigten Zweck zu verwenden ist (R E 13.10 I ErbStR). Voraussetzung für die Befreiung ist nur, dass es sich bei den Zwecken um solche iSd **deutschen StRechts** handelt und dass der Erblasser oder Schenker die Zweckbestimmung selbst ausdrücklich angeordnet hat (R E 13.10 I ErbStR). Demzufolge kann über Abs 1 Nr 17 auch für eine Zuwendung an eine ausländische Kirche oder gemeinnützige Institution, die nach Abs 1 Nr 16 mangels Gegenseitigkeit ausnahmsweise nicht befreit ist, StFreiheit erreicht werden, indem die Zuwendung unter der ausdrücklichen Auflage gemacht wird, sie für kirchliche, gemeinnützige oder mildtätige Zwecke zu verwenden. Beim Fehlen einer solchen Auflage wird im Verhältnis zu verschiedenen Kantonen der Schweiz, zu den Niederlanden und zu Dänemark ein entsprechender Wille des Erblassers unterstellt (s Anm 75). In anderen Fällen ist – wie bei einem mündlichen Testament (s BFH BStBl II 70, 119) – eine nach Abs 1 Nr 17 steuerfreie Zuwendung anzunehmen, wenn ein entsprechender Erblasser-Wille nach den Gesamtumständen des Falls nicht zweifelhaft sein kann (s BFH BStBl II 84, 9 in Ergänzung/Änderung von BFH BStBl II 77, 213; ferner: BFH/NV 97, 231). Das FG München (EFG 98, 492) hat die Anordnung, einen bestimmten Geldbetrag „dem Staate Israel zu spenden", noch nicht als ausreichende Zweckwidmung angesehen. Weil aber dort jetzt alle Nachlässe, die dem Staat zufallen, karitativen Zwecken zugeführt werden, ist die Rechtslage nunmehr anders zu sehen (FG München EFG 02, 852). Eine Zuwendung zur Instandsetzung eines dem Beschenkten gehörenden Kulturgutes ist keine steuerfreie Zweckzuwendung zu gemeinnützigen Zwecken; insoweit liegt vielmehr eine nach § 10 IX nicht abzugsfähige Auflage vor, sofern der Bedachte durch die Instandsetzung des Kulturguts bereichert wird (s § 10 Anm 78).

78 Die **Verwendung** einer Zuwendung zu kirchlichen, gemeinnützigen oder mildtätigen Zwecken wird als **gesichert angesehen** werden können, wenn sie erfolgt oder beaufsichtigt wird durch eine öffentliche Behörde oder einen öffentlichen Beamten in amtlicher Eigenschaft, eine Religionsgesellschaft oder einen Geistlichen kraft seiner kirchlichen Stellung. Die Verwendung ist dagegen nicht ohne Weiteres als gesichert anzusehen, wenn sie einem Erben, Testamentsvollstrecker oder einer anderen Privatperson oder einem nicht rechtsfähigen Verein aufgetragen ist, der nach seiner Organisation keine Gewähr für die dauernde Zweckerfüllung bietet und diesen Mangel nicht beseitigt. Um die zweckgerechte Verwendung zu sichern, verlangt die FinVerw die Bildung eines **selbstständigen Zweckvermögens** und betont, dass es auch bei einer auf die Verfolgung steuerbegünstigter Zwecke angelegten ausländischen Körperschaft nicht genügt, dass das zugewendete Vermögen zweckfreies Eigenvermögen wird, weil sich sonst die zweckgerichtete Verwendung der zugewendeten Mittel nicht kontrollieren lässt (R E 13.10 II ErbStR).

Was **gemeinnützige, mildtätige oder kirchliche Zwecke** iSd deutschen StRechts sind, ist in den §§ 52–54 AO geregelt. Danach sind 79

- **gemeinnützige Zwecke** insb die Förderung von Wissenschaft und Forschung, der Religion, des öffentlichen Gesundheitswesens, der Jugend- und Altenhilfe, von Kunst und Kultur, des Denkmalschutzes, der Erziehung, Volks- und Berufsbildung, des Naturschutzes, des Wohlfahrtswesens, der Hilfe für Verfolgte, Flüchtlinge usw, der Rettung aus Lebensgefahr, des Katastrophenschutzes, der Völkerverständigung, des Tierschutzes, der Entwickungszusammenarbeit, von Verbraucherberatung, der Fürsorge für Strafgefangene, der Gleichberechtigung von Frauen und Männern, des Schutzes von Ehe und Familie, der Kriminalprävention, des Sports, der Heimatpflege, der Tier- und Pflanzenzucht, der Kleingärtnerei, des traditionellen Brauchtums (Karneval), der Soldaten- und Reservistenbetreuung, des Amateurfunkens, des Modellflugs und des Hundesports, des inländischen demokratischen Staatswesens, des bürgerschaftlichen Engagements zugunsten gemeinnütziger, mildtätiger und kirchlicher Zwecke (§ 52 II 1 AO) sowie vergleichbaren Zwecke (Öffnungsklausel des § 52 II 2 AO);
- **mildtätige Zwecke** insb die Unterstützung von Personen, die infolge ihres körperlichen, geistigen oder seelischen Zustandes auf die Hilfe anderer angewiesen sind (§ 53 AO);
- **kirchliche Zwecke** insb die Errichtung, Ausschmückung und Unterhaltung von Gotteshäusern und kirchlichen Gemeindehäusern, die Abhaltung von Gottesdiensten, die Ausbildung von Geistlichen, die Beerdigung und die Pflege des Andenkens der Toten ua mehr (§ 54 II AO), soweit damit eine öffentlich-rechtliche Religionsgemeinschaft (= Kirche) gefördert wird oder die verfolgten Zwecke zumindest solche sind, denen sich auch die Kirche annimmt (Toten-Andenken).

Werden alle Erträge eines Vermögens auf Dauer für begünstigte Zwecke eingesetzt, wird das Vermögen selbst begünstigt verwendet (BFH BStBl II 02, 303).

XX. Zuwendungen an politische Parteien und Vereine (Abs 1 Nr 18)

Bis zum ErbStRG 2009 war nur eine StBefreiung für Zuwendungen an **politische Parteien** (iSd § 2 ParteiG) vorgesehen. Der Status als Partei geht verloren, wenn ein Verbot durch das BVerfG (Art 21 II, IV GG) erfolgt. Nach der Ergänzung des Art 21 GG (BGBl I 17, 2346) und der entsprechenden einfachgesetzlichen Regelung durch Änderung des ErbStG mWv 30.7.17 (BGBl I 17, 2730) sind nun Parteien von der staatlichen Finanzierung ausgeschlossen, die nach ihren Zielen oder dem Verhalten ihrer Anhänger darauf ausgerichtet sind, die freiheitliche demokratische Grundordnung zu beeinträchtigen oder zu beseitigen oder den Bestand der Bundesrepublik Deutschland zu gefährden (Abs 3). Auch hierüber entscheidet das BVerfG (Abs 4). Zugleich entfällt nach **Art 21 III 2 GG** damit die steuerliche Begünstigung dieser Parteien und von Zuwendungen an diese Parteien und damit auch die StBefreiung des Abs 1 Nr 18, auch wenn der Parteistatus des § 2 ParteiG erhalten bleibt. 80

Die Neufassung durch das ErbStRG 2009 geht auf eine Entscheidung des BVerfG zurück (BVerfG DStRE 08, 1206). In dieser auf Vorlage des Hess FG (EFG 05, 797) ergangenen Entscheidung hatte das BVerfG festgestellt, dass Abs 1 Nr 18 in der bis 2008 geltenden Fassung, das aus Art 3 I GG folgende Recht auf Chancengleichheit im Verhältnis zwischen politischen Parteien und kommunalen **Wählervereinigungen** und deren Dachverbänden verletzt. Die StFreiheit nach Abs 1 Nr 18 aF sollte bis zu einer Neuregelung auch für kommunale Wählervereinigungen und ihre Dachverbände gelten, soweit sie unter § 34g S 1 Nr 2 EStG fallen. Im Übrigen sei die Befreiungsnorm längstens bis zum 30.6.2009 anwendbar. Der Gesetzgeber hat den in 81 dieser Entscheidung liegenden Gesetzgebungsauftrag aufgegriffen und die StFreiheit des Abs 1 Nr 18 im Zuge des ErbStRG 2009 mWv 1.1.2009 auf Vereine erstreckt, die ihre Tätigkeit auf die Mitwirkung bei der politischen Willensbildung konzentrieren, sich an Wahlen auf Bundes-, Landes- oder Kommunalebene mit Erfolg beteiligen oder sich ernsthaft um eine Beteiligung bemühen (zur Nichtbegünstigung von Spenden an kommunale Wählervereinigungen nach § 10b II EStG s BFH BStBl II 17, 1122). Die Zuwendungen an Vereine unterliegen einem NachStVorbehalt (S 2). Für den Umfang der Befreiung hatte die FinVerw (FinMin NW DB 86, 621) folgende Grundsätze genannt:

a) Es sind alle Zuwendungen an die Parteien und ihre Gebietsverbände stfrei, die nicht auf Grund einer ausdrücklichen Auflage des Zuwendenden deren freier Verwendungsmöglichkeit entzogen sind. Bloße Verwendungswünsche des Zuwendenden beeinträchtigen die StFreiheit nicht. Zuwendungen unter der Auflage, sie an eine bestimmte Person (zB einen Abgeordneten) weiterzuleiten, gelten als Zuwendungen an den Abgeordneten. Zuwendungen an einen Abgeordneten mit der Auflage, sie an seine Partei weiterzuleiten, gelten als Zuwendungen an die Partei.
b) Zuwendungen an Abgeordnete oder an Kandidaten, die Abgeordnete werden wollen, unterliegen der SchSt auch dann, wenn sie mit der Verpflichtung verbunden sind, das Zugewendete für den Wahlkampf zu verwenden. Die Verpflichtung bedeutet eine dem Abgeordneten selbst zugutekommende Auflage, die nach § 10 IX nicht abzugsfähig ist (FG Berlin EFG 89, 415). Auch soweit – durch welche Auflagengestaltung auch immer – Zweckzuwendungen für parteipolitische Zwecke vorliegen, fallen diese nicht unter die Befreiungsvorschrift des Abs 1 Nr 18.

Für Zuwendungen an Abgeordnete oder Kandidaten und für Zweckzuwendungen tritt StPfl ein, soweit der Freibetrag des § 16 überschritten wird.

XXI. Angemessene Zuwendungen iSd Abs 1 Nrn 5 und 12 (Abs 2)

82 Der Erlass einer Unterhaltsschuld (Anm 42) und die unmittelbare Unterhaltszuwendung (Anm 59) sind nur bei „Angemessenheit" des gewährten Unterhalts steuerfrei. Nach Abs 2 trifft dies zu, wenn die Unterhaltsgewährung den Vermögensverhältnissen und der **Lebensstellung des Bedachten** (nicht des Schenkers/Erblassers) entsprochen hat bzw entspricht. Den Maßstab hierfür bildet das, was im Lebenskreise des Bedachten „üblich" ist, sofern es den Rahmen der allg Sitte nicht überschreitet. Ist diese Grenze innegehalten, so ist eine weitere Prüfung, ob das tatsächlich Übliche auch angemessen sei, nicht zulässig (RFH RStBl 32, 1147). Ist diese Grenze überschritten, so ist die Zuwendung in vollem Umfang stpfl (Abs 2 S 2). Die Angemessenheit einer Zuwendung an einen Bedachten, der seine frühere Lebensstellung hat aufgeben müssen, ohne sich eine neue schaffen zu können, wird nach dieser früheren Lebensstellung beurteilt werden können. Wenn bei einer freigebigen Vereinbarung laufenden Unterhalts an die geschiedene Ehefrau kein Rentenstammrecht begründet worden ist, als Gegenstand der Schenkung also die einzelnen Rentenbeträge (= laufende Unterhaltszahlungen iSd Abs 1 Nr 12) gelten, so ist für jede einzelne Rate gesondert zu prüfen, ob sie als Zuwendung zum Zweck des angemessenen Unterhalts von der St befreit ist. Zugunsten einer geschiedenen Frau ist ihre Lebensstellung während des Bestehens der Ehe zugrunde zu legen. Das Maß des angemessenen Unterhalts wird nicht allein deshalb überschritten, weil die Bedachte auch einmalige Zuwendungen anderer Zweckbestimmung erhalten hat (BFH BStBl II 68, 239).

XXII. Verzicht auf die Steuerfreiheit nach Abs 1 Nrn 2 und 3 (Abs 3)

83 Die Verzichtsmöglichkeit ist zur **Vermeidung von Besteuerungsnachteilen** beim Erwerb von Grundbesitz, dessen Erhaltung im öffentlichen Interesse liegt, geschaffen worden (s Anm 12). Zweifelhaft ist nach dem Wortlaut des Abs 3, ob der Erwerber auch teilweise (also beschränkt auf den überschuldeten befreiten/teilbefreiten Grundbesitz) auf die Befreiung/Teilbefreiung verzichten kann oder ob nur ein Gesamtverzicht auf Anwendung der Vorschrift des Abs 1 Nr 2 oder/und Nr 3 möglich ist. Nach dem Sinn und Zweck der Verzichtsmöglichkeit muss ein auf bestimmte Gegenstände des Erwerbs, also insb ein auf den Grundbesitz beschränkter Verzicht auf die Befreiung/Teilbefreiung zulässig sein (so jetzt auch R E 13.11 ErbStR). Antragsberechtigt ist nach dem Wortlaut des Abs 3 S 2 jeder Erwerber für die Gegenstände seines Erwerbs bzw für seinen Anteil an gemeinsam erworbenen Gegenständen. Bei mehreren Erben genügt ein gemeinsamer Verzicht im Rahmen einer gemeinsamen ErbSt-Erklärung (§ 31).

84 Die Verzichtsmöglichkeit gilt nur für die StBefreiung von Gegenständen des öffentlichen Interesses (Abs 1 Nrn 2 und 3). Bei **anderen stbefreiten Gegenständen** (zB dem Familienheim) kann aber auch eine Überschuldung bestehen und sich die Befreiung, die aufgedrängt wird, weil kein Wahlrecht oder Antragserfordernis und auch keine Verzichtsmöglichkeit besteht, aufgrund des beschränkten Schuldenabzugs (§ 10 VI 1 ff) als nachteilig erweisen. Nach § 13a VI ErbStG idF bis zum 31. 12. 2008 konnte auf die Regelverschonung für Betriebsvermögen verzichtet werden (s auch R 68 ErbStR 2003). Diese Regelung wurde durch das ErbStRG 2009 nicht übernommen. Auch hier kann sich eine **Schuldenfalle** ergeben, für die das Gesetz keine verfassungskonforme Lösung bietet und die daher anzupassen ist (*Piltz,* ZEV 17, 255). Nach *Kapp/Geck* § 10 Rz 168.1 ist der Schuldenüberhang in diesen Fällen abzugsfähig, da das Abzugsverbot nur bis zur Höhe des StWerts des Übertragungsgegenstands gelte. Folgt man dem nicht, kann de lege lata die ungewollte StBefreiung nur durch das Auslösen eines NachStTatbestandes beseitigt werden (zB Veräußerung des Familienheims).

XXIII. Sonstige Befreiungen

85 Zunächst sind §§ 13a und 13d zu beachten. Sodann sieht § 3 IV des Gesetzes zur Errichtung der Stiftung „Erinnerung, Verantwortung und Zukunft" (BGBl I 00, 1263) die StFreiheit von Zuwendungen vor (Näheres dazu bei *Moench/Kien-Hümbert* § 13 Rz 107). Im Übrigen gewährt die FinVerw aus Billigkeitsgründen StFreiheit für Literatur-, Film- und ähnliche Preise, die von einer öffentlich-rechtlichen Körperschaft unmittelbar aus öffentlichen Mitteln verliehen werden, um die Erziehung, Ausbildung, Wissenschaft oder Kunst zu fördern oder Personen wegen ihrer Verdienste auf diesen Gebieten (zB für ihre Gesamtleistung als Schriftsteller, Schauspieler usw) auszuzeichnen. Der StBefreiung bedarf es nur, wenn ernstlich erwogen werden könnte, die Preise in den Kreis der stpfl Zuwendungen nach § 7 I Nr 1 einzubeziehen, was regelmäßig wegen der öffentlichen Zweckwidmung der Preise nicht der Fall sein wird. Bei Preisen von Vereinen, Verbänden und sonstigen privaten Einrichtungen entscheidet die FinVerw von Fall zu Fall darüber, ob ihre Befreiung von der SchSt gem § 163 AO (= § 131 RAO) gerechtfertigt ist (DVR 61, 124). Wegen der StFreiheit für Preise der vorgenannten Art, die von einer Stiftung verliehen werden, s § 7 Anm 96, 121. Für Subventionen aus öffentlichen Mitteln bedarf es keiner besonderen Befreiung. Sie stellen keine freigebige Zuwendung iSd § 7 I Nr 1 dar, weil die

öffentl Hand insoweit nicht freigebig, ondern in Erfüllung ihr obliegender Aufgaben handelt (s auch *Müller,* DStR 65, 584). Weitere Befreiungen von der ErbSt/SchSt ergeben sich, soweit die persönl StPfl nach § 2 für bestimmte Personen durch ein internationales Abkommen oder einen bilateralen Vertrag aufgehoben oder eingeschränkt ist, wie für Nachlässe/Schenkungen und Erwerbe von Diplomaten nach Art 39 IV iVm Art 34, 37 WÜD (BGBl II 64, 957), von Konsularbeamten nach Art 51 WÜK (BGBl II 69, 1585) usw. Die Abkommen/Verträge erstrecken sich grundsätzlich auch auf die zum Haushalt des Diplomaten usw gehörenden Angehörigen. Sie finden keine Anwendung, soweit anderen Personen Vermögen des Diplomaten usw anfällt und nach § 2 I Nr 1 stpfl ist. Ebenso ist die beschränkte StPfl nach § 2 I Nr 3 durch die Abkommen/Verträge nicht eingeschränkt.

§ 13a Steuerbefreiung für Betriebsvermögen, Betriebe der Land- und Forstwirtschaft und Anteile an Kapitalgesellschaften

(1) [1]**Begünstigtes Vermögen im Sinne des § 13 b Absatz 2 bleibt vorbehaltlich der folgenden Absätze zu 85 Prozent steuerfrei (Verschonungsabschlag), wenn der Erwerb begünstigten Vermögens im Sinne des § 13 b Absatz 2 zuzüglich der Erwerbe im Sinne des Satzes 2 insgesamt 26 Millionen Euro nicht übersteigt.** [2]**Bei mehreren Erwerben begünstigten Vermögens im Sinne des § 13 b Absatz 2 von derselben Person innerhalb von zehn Jahren werden bei der Anwendung des Satzes 1 die früheren Erwerbe nach ihrem früheren Wert dem letzten Erwerb hinzugerechnet.** [3]**Wird die Grenze von 26 Millionen Euro durch mehrere innerhalb von zehn Jahren von derselben Person anfallende Erwerbe überschritten, entfällt die Steuerbefreiung für die bis dahin nach Satz 1 oder Absatz 10 als steuerfrei behandelten früheren Erwerbe mit Wirkung für die Vergangenheit.** [4]**Die Festsetzungsfrist für die Steuer der früheren Erwerbe endet nicht vor dem Ablauf des vierten Jahres, nachdem das für die Erbschaftsteuer zuständige Finanzamt von dem letzten Erwerb Kenntnis erlangt.**

(2) [1]**Der nach Anwendung des Absatzes 1 verbleibende Teil des begünstigten Vermögens bleibt außer Ansatz, soweit der Wert dieses Vermögens insgesamt 150 000 Euro nicht übersteigt (Abzugsbetrag).** [2]**Der Abzugsbetrag von 150 000 Euro verringert sich, soweit der Wert dieses Vermögens insgesamt die Wertgrenze von 150 000 Euro übersteigt, um 50 Prozent des diese Wertgrenze übersteigenden Betrags.** [3]**Der Abzugsbetrag kann innerhalb von zehn Jahren für von derselben Person anfallende Erwerbe begünstigten Vermögens nur einmal berücksichtigt werden.**

(3) [1]**Voraussetzung für die Gewährung des Verschonungsabschlags nach Absatz 1 ist, dass die Summe der maßgebenden jährlichen Lohnsummen (Sätze 6 bis 13) des Betriebs, bei Beteiligungen an einer Personengesellschaft oder Anteilen an einer Kapitalgesellschaft des Betriebs der jeweiligen Gesellschaft innerhalb von fünf Jahren nach dem Erwerb (Lohnsummenfrist) insgesamt 400 Prozent der Ausgangslohnsumme nicht unterschreitet (Mindestlohnsumme).** [2]**Ausgangslohnsumme ist die durchschnittliche Lohnsumme der letzten fünf vor dem Zeitpunkt der Entstehung der Steuer (§ 9) endenden Wirtschaftsjahre.** [3]**Satz 1 ist nicht anzuwenden, wenn**
1. **die Ausgangslohnsumme 0 Euro beträgt oder**
2. **der Betrieb unter Einbeziehung der in den Sätzen 11 bis 13 genannten Beteiligungen und Gesellschaften sowie der nach Maßgabe dieser Bestimmung anteilig einzubeziehenden Beschäftigten nicht mehr als fünf Beschäftigte hat.**

[4]An die Stelle der Mindestlohnsumme von 400 Prozent tritt bei
1. mehr als fünf, aber nicht mehr als zehn Beschäftigten eine Mindestlohnsumme von 250 Prozent,
2. mehr als zehn, aber nicht mehr als 15 Beschäftigten eine Mindestlohnsumme von 300 Prozent.

[5]Unterschreitet die Summe der maßgebenden jährlichen Lohnsummen die Mindestlohnsumme, vermindert sich der nach Absatz 1 zu gewährende Verschonungsabschlag mit Wirkung für die Vergangenheit in demselben prozentualen Umfang, wie die Mindestlohnsumme unterschritten wird. [6]Die Lohnsumme umfasst alle Vergütungen (Löhne und Gehälter und andere Bezüge und Vorteile), die im maßgebenden Wirtschaftsjahr an die auf den Lohn- und Gehaltslisten erfassten Beschäftigten gezahlt werden. [7]Außer Ansatz bleiben Vergütungen an solche Beschäftigte,
1. die sich im Mutterschutz im Sinne des Mutterschutzgesetzes in der Fassung der Bekanntmachung vom 20. Juni 2002 (BGBl. I S. 2318), das zuletzt durch Artikel 6 des Gesetzes vom 23. Oktober 2012 (BGBl. I S. 2246) geändert worden ist, befinden oder
2. die sich in einem Ausbildungsverhältnis befinden oder
3. die Krankengeld im Sinne des § 44 des Fünften Buches Sozialgesetzbuch – Gesetzliche Krankenversicherung – (Artikel 1 des Gesetzes vom 20. Dezember 1988, BGBl. I S. 2477, 2482), das zuletzt durch Artikel 3 des Gesetzes vom 30. Mai 2016 (BGBl. I S. 1254) geändert worden ist, beziehen oder
4. die Elterngeld im Sinne des Bundeselterngeld- und Elternzeitgesetzes in der Fassung der Bekanntmachung vom 27. Januar 2015 (BGBl. I S. 33) beziehen oder
5. die nicht ausschließlich oder überwiegend in dem Betrieb tätig sind (Saisonarbeiter);

diese im Zeitpunkt der Entstehung der Steuer (§ 9) einem Betrieb zuzurechnenden Beschäftigten bleiben bei der Anzahl der Beschäftigten des Betriebs im Sinne der Sätze 3 und 4 unberücksichtigt. [8]Zu den Vergütungen zählen alle Geld- oder Sachleistungen für die von den Beschäftigten erbrachte Arbeit, unabhängig davon, wie diese Leistungen bezeichnet werden und ob es sich um regelmäßige oder unregelmäßige Zahlungen handelt. [9]Zu den Löhnen und Gehältern gehören alle von den Beschäftigten zu entrichtenden Sozialbeiträge, Einkommensteuern und Zuschlagsteuern auch dann, wenn sie vom Arbeitgeber einbehalten und von ihm im Namen des Beschäftigten direkt an den Sozialversicherungsträger und die Steuerbehörde abgeführt werden. [10]Zu den Löhnen und Gehältern zählen alle von den Beschäftigten empfangenen Sondervergütungen, Prämien, Gratifikationen, Abfindungen, Zuschüsse zu Lebenshaltungskosten, Familienzulagen, Provisionen, Teilnehmergebühren und vergleichbare Vergütungen. [11]Gehören zum Betriebsvermögen des Betriebs, bei Beteiligungen an einer Personengesellschaft und Anteilen an einer Kapitalgesellschaft des Betriebs der jeweiligen Gesellschaft, unmittelbar oder mittelbar Beteiligungen an Personengesellschaften, die ihren Sitz oder ihre Geschäftsleitung im Inland, in einem Mitgliedstaat der Europäischen Union oder in einem Staat des Europäischen Wirtschaftsraums haben, sind die Lohnsummen und die Anzahl der Beschäftigten dieser Gesellschaften einzubeziehen zu dem Anteil, zu dem die unmittelbare oder mittelbare Beteiligung besteht. [12]Satz 11 gilt für Anteile an Kapitalgesellschaften entsprechend, wenn die unmittelbare oder mittelbare Beteiligung mehr als 25 Prozent beträgt. [13]Im Fall einer Betriebsaufspaltung sind die Lohnsummen und die Anzahl der Beschäftigten der Besitzgesellschaft und der Betriebsgesellschaft zusammenzuzählen.

(4) [1]Das für die Bewertung der wirtschaftlichen Einheit örtlich zuständige Finanzamt im Sinne des § 152 Nummer 1 bis 3 des Bewertungsgesetzes stellt die Ausgangslohnsumme, die Anzahl der Beschäftigten und die Summe der maßgebenden jährlichen Lohnsummen gesondert fest, wenn diese Angaben für die Erbschaftsteuer oder eine andere Feststellung im Sinne dieser Vorschrift von Bedeutung sind. [2]Bei Anteilen an Kapitalgesellschaften, die nach § 11 Absatz 1 des Bewertungsgesetzes zu bewerten sind, trifft die Feststellungen des Satzes 1 das örtlich zuständige Finanzamt entsprechend § 152 Nummer 3 des Bewertungsgesetzes. [3]Die Entscheidung über die Bedeutung trifft das Finanzamt, das für die Festsetzung der Erbschaftsteuer oder die Feststellung nach § 151 Absatz 1 Satz 1 Nummer 1 bis 3 des Bewertungsgesetzes zuständig ist. [4]§ 151 Absatz 3 und die §§ 152 bis 156 des Bewertungsgesetzes sind auf die Sätze 1 bis 3 entsprechend anzuwenden.

(5) [1]Ein Erwerber kann den Verschonungsabschlag (Absatz 1) und den Abzugsbetrag (Absatz 2) nicht in Anspruch nehmen, soweit er begünstigtes Vermögen im Sinne des § 13b Absatz 2 auf Grund einer letztwilligen Verfügung des Erblassers oder einer rechtsgeschäftlichen Verfügung des Erblassers oder Schenkers auf einen Dritten übertragen muss. [2]Gleiches gilt, wenn ein Erbe im Rahmen der Teilung des Nachlasses begünstigtes Vermögen im Sinne des § 13b Absatz 2 auf einen Miterben überträgt. [3]Überträgt ein Erbe erworbenes begünstigtes Vermögen im Sinne des § 13b Absatz 2 im Rahmen der Teilung des Nachlasses auf einen Dritten und gibt der Dritte dabei diesem Erwerber nicht begünstigtes Vermögen hin, das er vom Erblasser erworben hat, erhöht sich insoweit der Wert des begünstigten Vermögens des Dritten um den Wert des hingegebenen Vermögens, höchstens jedoch um den Wert des übertragenen Vermögens.

(6) [1]Der Verschonungsabschlag (Absatz 1) und der Abzugsbetrag (Absatz 2) fallen nach Maßgabe des Satzes 2 mit Wirkung für die Vergangenheit weg, soweit der Erwerber innerhalb von fünf Jahren (Behaltensfrist)

1. einen Gewerbebetrieb oder einen Teilbetrieb, eine Beteiligung an einer Gesellschaft im Sinne des § 15 Absatz 1 Satz 1 Nummer 2 und Absatz 3 oder § 18 Absatz 4 Satz 2 des Einkommensteuergesetzes, einen Anteil eines persönlich haftenden Gesellschafters einer Kommanditgesellschaft auf Aktien oder einen Anteil daran veräußert; als Veräußerung gilt auch die Aufgabe des Gewerbebetriebs. [2]Gleiches gilt, wenn wesentliche Betriebsgrundlagen eines Gewerbebetriebs veräußert oder in das Privatvermögen überführt oder anderen betriebsfremden Zwecken zugeführt werden oder wenn Anteile an einer Kapitalgesellschaft veräußert werden, die der Veräußerer durch eine Sacheinlage (§ 20 Absatz 1 des Umwandlungssteuergesetzes vom 7. Dezember 2006 (BGBl. I S. 2782, 2791), zuletzt geändert durch Artikel 6 des Gesetzes vom 2. November 2015 (BGBl. I S. 1834), in der jeweils geltenden Fassung) aus dem Betriebsvermögen im Sinne des § 13b erworben hat oder wenn eine Beteiligung an einer Gesellschaft im Sinne des § 15 Absatz 1 Satz 1 Nummer 2 und Absatz 3 oder § 18 Absatz 4 Satz 2 des Einkommensteuergesetzes oder ein Anteil daran veräußert wird, den der Veräußerer durch eine Einbringung des Betriebsvermögens im Sinne des § 13b in eine Personengesellschaft (§ 24 Absatz 1 des Umwandlungssteuergesetzes) erworben hat;
2. das land- und forstwirtschaftliche Vermögen im Sinne des § 168 Absatz 1 Nummer 1 des Bewertungsgesetzes und selbst bewirtschaftete Grundstücke im Sinne des § 159 des Bewertungsgesetzes veräußert. [2]Gleiches gilt, wenn das land- und forstwirtschaftliche Vermögen einem Betrieb der Land- und Forstwirtschaft nicht mehr dauernd zu dienen bestimmt ist

oder wenn der bisherige Betrieb innerhalb der Behaltensfrist als Stückländerei zu qualifizieren wäre oder Grundstücke im Sinne des § 159 des Bewertungsgesetzes nicht mehr selbst bewirtschaftet werden;

3. **als Inhaber eines Gewerbebetriebs, als Gesellschafter einer Gesellschaft im Sinne des § 15 Absatz 1 Satz 1 Nummer 2 und Absatz 3 oder § 18 Absatz 4 Satz 2 des Einkommensteuergesetzes oder als persönlich haftender Gesellschafter einer Kommanditgesellschaft auf Aktien bis zum Ende des letzten in die Fünfjahresfrist fallenden Wirtschaftsjahres Entnahmen tätigt, die die Summe seiner Einlagen und der ihm zuzurechnenden Gewinne oder Gewinnanteile seit dem Erwerb um mehr als 150 000 Euro übersteigen; Verluste bleiben unberücksichtigt. [2]Gleiches gilt für Inhaber eines begünstigten Betriebs der Land- und Forstwirtschaft oder eines Teilbetriebs oder eines Anteils an einem Betrieb der Land- und Forstwirtschaft. [3]Bei Ausschüttungen an Gesellschafter einer Kapitalgesellschaft ist sinngemäß zu verfahren;**
4. **Anteile an Kapitalgesellschaften im Sinne des § 13b Absatz 1 Nummer 3 ganz oder teilweise veräußert; eine verdeckte Einlage der Anteile in eine Kapitalgesellschaft steht der Veräußerung der Anteile gleich. [2]Gleiches gilt, wenn die Kapitalgesellschaft innerhalb der Frist aufgelöst oder ihr Nennkapital herabgesetzt wird, wenn diese wesentliche Betriebsgrundlagen veräußert und das Vermögen an die Gesellschafter verteilt wird; Satz 1 Nummer 1 Satz 2 gilt entsprechend;**
5. **im Fall des § 13b Absatz 1 Nummer 3 Satz 2 die Verfügungsbeschränkung oder die Stimmrechtsbündelung aufgehoben wird.**

[2]Der rückwirkende Wegfall des Verschonungsabschlags beschränkt sich in den Fällen des Satzes 1 Nummer 1, 2, 4 und 5 auf den Teil, der dem Verhältnis der im Zeitpunkt der schädlichen Verfügung verbleibenden Behaltensfrist einschließlich des Jahres, in dem die Verfügung erfolgt, zur gesamten Behaltensfrist entspricht. [3]In den Fällen des Satzes 1 Nummer 1, 2 und 4 ist von einer rückwirkenden Besteuerung abzusehen, wenn der Veräußerungserlös innerhalb der jeweils nach § 13b Absatz 1 begünstigungsfähigen Vermögensart verbleibt. [4]Hiervon ist auszugehen, wenn der Veräußerungserlös innerhalb von sechs Monaten in entsprechendes Vermögen investiert wird, das zum begünstigten Vermögen im Sinne des § 13b Absatz 2 gehört.

(7) **[1]Der Erwerber ist verpflichtet, dem für die Erbschaftsteuer zuständigen Finanzamt innerhalb einer Frist von sechs Monaten nach Ablauf der Lohnsummenfrist das Unterschreiten der Mindestlohnsumme (Absatz 3 Satz 1) anzuzeigen. [2]In den Fällen des Absatzes 6 ist der Erwerber verpflichtet, dem für die Erbschaftsteuer zuständigen Finanzamt den entsprechenden Sachverhalt innerhalb einer Frist von einem Monat, nachdem der jeweilige Tatbestand verwirklicht wurde, anzuzeigen. [3]Die Festsetzungsfrist für die Steuer endet nicht vor dem Ablauf des vierten Jahres, nachdem das für die Erbschaftsteuer zuständige Finanzamt von dem Unterschreiten der Mindestlohnsumme (Absatz 3 Satz 1) oder dem Verstoß gegen die Behaltensregelungen (Absatz 6) Kenntnis erlangt. [4]Die Anzeige ist eine Steuererklärung im Sinne der Abgabenordnung. [5]Sie ist schriftlich abzugeben. [6]Die Anzeige hat auch dann zu erfolgen, wenn der Vorgang zu keiner Besteuerung führt.**

(8) **Soweit nicht inländisches Vermögen zum begünstigten Vermögen im Sinne des § 13b Absatz 2 gehört, hat der Steuerpflichtige nachzuweisen, dass die Voraussetzungen für eine Steuerbefreiung im Zeitpunkt der Entstehung der Steuer (§ 9) und während der gesamten in den Absätzen 3 und 6 genannten Zeiträume bestehen.**

(9) [1]Für begünstigtes Vermögen im Sinne des § 13b Absatz 2 wird vor Anwendung des Absatzes 1 ein Abschlag gewährt, wenn der Gesellschaftsvertrag oder die Satzung Bestimmungen enthält, die
1. die Entnahme oder Ausschüttung auf höchstens 37,5 Prozent des um die auf den Gewinnanteil oder die Ausschüttungen aus der Gesellschaft entfallenden Steuern vom Einkommen gekürzten Betrages des steuerrechtlichen Gewinns beschränken; Entnahmen zur Begleichung der auf den Gewinnanteil oder die Ausschüttungen aus der Gesellschaft entfallenden Steuern vom Einkommen bleiben von der Beschränkung der Entnahme oder Ausschüttung unberücksichtigt und
2. die Verfügung über die Beteiligung an der Personengesellschaft oder den Anteil an der Kapitalgesellschaft auf Mitgesellschafter, auf Angehörige im Sinne des § 15 der Abgabenordnung oder auf eine Familienstiftung (§ 1 Absatz 1 Nummer 4) beschränken und
3. für den Fall des Ausscheidens aus der Gesellschaft eine Abfindung vorsehen, die unter dem gemeinen Wert der Beteiligung an der Personengesellschaft oder des Anteils an der Kapitalgesellschaft liegt,

und die Bestimmungen den tatsächlichen Verhältnissen entsprechen. [2]Gelten die in Satz 1 genannten Bestimmungen nur für einen Teil des begünstigten Vermögens im Sinne des § 13b Absatz 2, ist der Abschlag nur für diesen Teil des begünstigten Vermögens zu gewähren. [3]Die Höhe des Abschlags entspricht der im Gesellschaftsvertrag oder in der Satzung vorgesehenen prozentualen Minderung der Abfindung gegenüber dem gemeinen Wert (Satz 1 Nummer 3) und darf 30 Prozent nicht übersteigen. [4]Die Voraussetzungen des Satzes 1 müssen zwei Jahre vor dem Zeitpunkt der Entstehung der Steuer (§ 9) vorliegen. [5]Die Steuerbefreiung entfällt mit Wirkung für die Vergangenheit, wenn die Voraussetzungen des Satzes 1 nicht über einen Zeitraum von 20 Jahren nach dem Zeitpunkt der Entstehung der Steuer (§ 9) eingehalten werden; die §§ 13c und 28a bleiben unberührt. [6]In den Fällen des Satzes 1
1. ist der Erwerber verpflichtet, dem für die Erbschaftsteuer zuständigen Finanzamt die Änderungen der genannten Bestimmungen oder der tatsächlichen Verhältnisse innerhalb einer Frist von einem Monat anzuzeigen,
2. endet die Festsetzungsfrist für die Steuer nicht vor dem Ablauf des vierten Jahres, nachdem das für die Erbschaftsteuer zuständige Finanzamt von der Änderung einer der in Satz 1 genannten Bestimmungen oder der tatsächlichen Verhältnisse Kenntnis erlangt.

(10) [1]Der Erwerber kann unwiderruflich erklären, dass die Steuerbefreiung nach den Absätzen 1 bis 9 in Verbindung mit § 13b nach folgender Maßgabe gewährt wird:
1. In Absatz 1 Satz 1 tritt an die Stelle des Verschonungsabschlags von 85 Prozent ein Verschonungsabschlag von 100 Prozent;
2. in Absatz 3 Satz 1 tritt an die Stelle der Lohnsummenfrist von fünf Jahren eine Lohnsummenfrist von sieben Jahren;
3. in Absatz 3 Satz 1 und 4 tritt an die Stelle der Mindestlohnsumme von 400 Prozent eine Mindestlohnsumme von 700 Prozent;
4. in Absatz 3 Satz 4 Nummer 1 tritt an die Stelle der Mindestlohnsumme von 250 Prozent eine Mindestlohnsumme von 500 Prozent;
5. in Absatz 3 Satz 4 Nummer 2 tritt an die Stelle der Mindestlohnsumme von 300 Prozent eine Mindestlohnsumme von 565 Prozent;
6. in Absatz 6 tritt an die Stelle der Behaltensfrist von fünf Jahren eine Behaltensfrist von sieben Jahren.

[2]Voraussetzung für die Gewährung der Steuerbefreiung nach Satz 1 ist, dass das begünstigungsfähige Vermögen nach § 13b Absatz 1 nicht zu mehr als 20 Prozent aus Verwaltungsvermögen nach § 13b Absatz 3 und 4 besteht. [3]Der Anteil des Verwaltungsvermögens am gemeinen Wert des Betriebs bestimmt sich nach dem Verhältnis der Summe der gemeinen Werte der Einzelwirtschaftsgüter des Verwaltungsvermögens nach § 13b Absatz 3 und 4 zum gemeinen Wert des Betriebs.

(11) **Die Absätze 1 bis 10 gelten in den Fällen des § 1 Absatz 1 Nummer 4 entsprechend.**

Erbschaftsteuer-Richtlinien 2011: R E 13a.1–13a.14/H E 13a.1–13a.13
AEErbSt 2017: Abschnitte 13a.1 bis 13a.21

Übersicht

Schrifttum (zur ErbStReform 2016): *Bockhoff/Eick,* Analyse des RegE zur Anpassung des ErbStG und SchStG für ausgesuchte Familienunternehmen, DB 15, 1685; *Bäuml,* Erbschaftsteuerreform 16 – Überblick über die gesetzlichen Neuregelungen aus Sicht der Praxis, NWB 16, 3516; *Beznoska/Hentze,* Die Auswirkungen der ErbSt-Reform auf die Unternehmensnachfolge aus ökonomischer Sicht, DB 16, 2433; *Breyer,* Das neue Erbschaftsteuerrecht – Neuregelungen und Handlungsbedarf für die Nachfolgeplanung bei Familienunternehmen, FUS 16, 153; *Burwitz/Wobst,* Neuere Entwicklungen im Steuerrecht – Das neue Erbschaftsteuerrecht, NZG 16, 1176; *Crezelius,* Erbschaftsteuerreform 2016: Ein rechtssystematischer Überblick, ZEV 16, 541; *Geck,* Die neuen Voraussetzungen der Verschonung von Unternehmensvermögen unter Einschluss der Nachsteuertatbestände, ZEV 16, 546; *Hannes,* Neuregelungen zur Bewertung und zum Umfang der Verschonung, ZEV 16, 554; *Herbst,* Das neue Erbschaftsteuerrecht – erste Praxisbeispiele und erste Zweifelsfragen zur Ermittlung des begünstigten Vermögens, ErbStB 16, 347; *Heurung/Schmidt/Kollmann,* Kritische Aspekte zur geplanten Erbschaftsteuerreform bei begünstigten Betriebsübergängen, StB 16, 253; *Holtz,* Erbschaftsteuerreform 2016 – Das neue Verschonungssystem für Unternehmensvermögen, NJW 16, 3750; *Kaminski,* Neuregelung für Betriebsvermögen bei der Erbschaft- und Schenkungsteuer – Umsetzung des BVerfG-Urteils v. 17. 12. 2014, Stbg 16, 441; *Korezkij,* Neuer Verwaltungsvermögenstest im Konzern aus der Sicht eines Rechtsanwenders – Der Weg vom begünstigungsfähigen zum begünstigten Vermögen nach § 13b Abs. 2–10 ErbStG, DStR 16, 2434; *Kotzenberg/Jülicher,* Erbschaftsteuerreform: Die gesetzliche Neuregelung für die Unternehmensnachfolge, GmbHR 16, 1135; *Landsittel,* Die Erbschaftsteuerreform 2016 im praxisorientierten Überblick, ZErb 16, 383; *Ramb,* Erbschaftsteuerreform 2016 – Neue Verschonungsregeln für Einzelunternehmen, NWB 16, 749; *Reich,* Gestaltungen im neuen Unternehmenserbschaftsteuerrecht, DStR 16, 2447; *Reich,* Das neue Unternehmenserbschaftsteuerrecht, DB 16, 2647; *Riedel,* „Verschonungskonzepte" für Unternehmensvermögen nach dem ErbStG 2016, ZErb 16, 371; *M. Söffing,* Das ErbStG 2016 – Anmerkungen zu dem Gesetz der Anpassung des Erbschaft- und Schenkungsteuergesetzes an die Rechtsprechung des BVerfG, ErbStB 16, 339; *Stalleiken,* Erbschaftsteuerreform 2016, Ubg 16, 569; *Thonemann-Micker,* ErbSt-Reform: Das Ergebnis des Vermittlungsausschusses, DB 16, 2312; *St. Viskorf/Löscherbach/Jehle,* Die Erbschaftsteuerreform 2016 – Ein erster Überblick, DStR 2016, 2425; *Wachter,* Erbschaftsteuerreform 2016 – oder: Briefmarkensammlungen von GmbHs, GmbHR 16, Nr 21; *Kirschstein,* Berechnungen zur Ermittlung des steuerpflichtigen Betriebsvermögens gem. §§ 13a, b ErbStG nach der Erbschaftsteuerreform, ErbStB 17, 148; *Olbing/Stenert,* Der neue Verwaltungsvermögenstest im Detail, FR 17, 701.
(Zu den AEErbSt 2017): *Geck,* Der koordinierte Ländererlass zur Erbschaftsteuerreform vom 22. 6. 2017: eine Hilfestellung für die Beratungspraxis?, ZEV 17, 481; *Korezkij,* Anwendungserlasse zur Erbschaftsteuerreform: Eine erste Bestandsaufnahme, DStR 17, 1729; *Reich,* Der koordinierte Ländererlass zum Unternehmenserbschaftsteuerrecht aus Sicht der Beratungs- und Gestaltungspraxis, DStR 17, 1858; *Demuth/Bodden,* Der koord. Ländererlass zum neuen Unternehmenserbschaftsteuerrecht – Auswirkungen und erste Gestaltungsüberlegungen, KÖSDI 17, 20481; *Eisele,* Unternehmenserbschaftsteuerrecht: Die Anwendungserlasse zur Umsetzung der Erbschaftsteuerreform 2016, NWB 17, 2670, 2751; *Wachter,* Neue Erlasse der Finanzverwaltung zum ErbStG, GmbHR 17, 841; *Herbst,* Die koordinierten Ländererlasse der Finanzverwaltung zum neuen Erbschaftsteuer-

recht, ErbStB 17.2.78; *Stalleiken/Holtz,* Anwendungserlasse zum neuen Erbschaftsteuerrecht und aktuelle Änderungen des ErbStG, ErbR 17, 602.

Schrifttum zu Abs 3 (Lohnsummenkontrolle) vor Anm 34
Schrifttum zu Abs 4 (Gesonderte Feststellung) vor Anm 51
Schrifttum zu Abs 5 (Begünstigungsübergang bei Weiterleitung) vor Anm 52
Schrifttum zu Abs 6 (Behaltensbedingungen) vor Anm 59
Schrifttum zu Abs 7 (Anzeigepflichten) vor Anm 100
Schrifttum zu Abs 9 (Wertabschlag für qualifizierte Familiengesellschaften) vor Anm 103
Schrifttum zu Abs 10 (Vollverschonung) vor Anm 118.

I. Allgemeines

1. Regelungsinhalt und Stellung im Verschonungssystem

§ 13a regelt iVm § 13b die Begünstigung des Erwerbs unternehmerischen Vermögens. Die Begünstigung besteht in **Fortführung des seit dem 1.1.2009 geltenden Verschonungssystems** aus einem 85%igen Verschonungsabschlag (sog Regelverschonung) und auf Antrag des Stpfl aus einem 100%igen Verschonungsabschlag (sog Vollverschonung oder Optionsverschonung). Allerdings bezieht sich der Verschonungsabschlag nicht – wie noch nach dem bis zum 30.6.2016 geltenden Recht – auf das gesamte unverändert in § 13b I definierte unternehmerische Vermögen. Vielmehr ist dieses nunmehr sog begünstigungsfähige Vermögen aufzuteilen in einen begünstigten Teil und einen nicht begünstigten Teil. Der **Verschonungsabschlag bezieht sich nur auf den begünstigten Teil** des begünstigungsfähigen Vermögens. Der nicht begünstigte Teil unterliegt hingegen grundsätzlich der vollen Besteuerung. Eine Vollverschonung kommt allerdings nur in Betracht, soweit das begünstigungsfähige Vermögen nicht zu **mehr als 20%** aus Verwaltungsvermögen besteht (Abs 10). Demgegenüber wird die Regelverschonung scheinbar voraussetzungslos gewährt. Jedoch ist nach § 13b II 2 das begünstigungsfähige Vermögen vollständig nicht begünstigt, wenn – vereinfacht – das Verwaltungsvermögen **mindestens 90%** des gemeinen Werts des begünstigungsfähigen Vermögens beträgt. Da sich aber der Verschonungsabschlag im neuen Recht nur auf den begünstigten Teil des begünstigungsfähigen Vermögens bezieht, kommt in diesem Fall auch die Regelverschonung nicht zur Anwendung. Die schon aus dem alten Verschonungssystem bekannten Verschonungsabschläge (sog Normalverschonung) werden nach neuer Rechtslage zudem nur gewährt, wenn der Wert des Erwerbs des begünstigten Vermögens (zusammen mit entsprechenden Erwerben innerhalb der vorangegangenen zehn Jahre) **26 Mio EUR** nicht übersteigt. Wird diese Grenze überschritten, kommt anstelle der Normalverschonung nur als Begünstigung eine Verschonung nach § 13c (**Abschmelzung** des Verschonungsabschlags) oder nach § 28a (**Erlass** im Umfang der Bedürftigkeit des Erwerbers), die als besondere Verschonungsarten für Großerwerbe neben die §§ 13a, 13b getreten sind, in Betracht. 1

Neben den 85%igen Verschonungsabschlag entsprechend der Regelverschonung tritt als weitere Begünstigung ein ebenfalls bereits aus der Zeit vor dem 1.7.2016 bekannter **Abzugsbetrag** von 50.000 EUR. Der Abzugsbetrag mindert nochmals den nach Anwendung des 85%igen Verschonungsabschlags verbleibenden Wert des begünstigten Vermögens. Er reduziert sich jedoch um die Hälfte desjenigen Betrages, um den der nach Verschonungsabschlag verbleibende Wert des begünstigten Vermögens eine Wertgrenze von 150.000 EUR übersteigt (Abs 2). Ab einem Erwerb begünstigten Vermögens von 3 Mio EUR entfaltet er somit keine steuerbefreiende Wirkung mehr. 2

Beibehalten wurde auch die schon aus dem alten Recht bekannte **Nachsorgephase,** in welcher der Erwerber begünstigten Vermögens nachweisen muss, dass die mit der Verschonung angestrebten Gemeinwohlziele nachhaltig erfüllt werden. 3

Hierzu gehört zum einen die sog Lohnsummenkontrolle (Abs 3, 4 und 7) und zum anderen die Erfüllung der Behaltenspflichten (Abs 6 und 7). Die Nachsorgefristen betragen bei der Regelverschonung fünf Jahre und bei der Vollverschonung sieben Jahre. Im Rahmen der **Lohnsummenkontrolle** wird geprüft, ob der Betrieb die geforderte Mindestlohnsumme innerhalb des vorgenannten fünf- und siebenjährigen Zeitraums erbracht hat. Diese Mindestlohnsumme beträgt bei Inanspruchnahme der Regelverschonung 400% der jährlichen Lohnsummen der vor dem StEntstehungszeitpunkt abgeschlossenen Wirtschaftsjahre. Bei Inanspruchnahme der Vollverschonung beträgt sie 700%. Wird die Mindestlohnsumme nicht erreicht, erfolgt eine Kürzung des Verschonungsabschlags im Umfang des Unterschreitens. Eine Lohnsummenkontrolle findet jedoch nur bei Betrieben mit mehr als fünf Beschäftigten statt. Hat der Betrieb zwar mehr als fünf, aber nicht mehr als 15 Beschäftigte, ist die zu erbringende Mindestlohnsumme geringer. Mit den **Behaltenspflichten** (Abs 6) soll gewährleistet werden, dass der Erwerber das begünstigte Vermögen nicht kurz- bis mittelfristig zu Liquidität macht oder in sonstiges nicht verschonungswürdiges Vermögen eintauscht. Erfolgt innerhalb der Nachsorgefrist eine Veräußerung oder Substanzentnahme, wird der Verschonungsabschlag ebenfalls rückwirkend gekürzt, und zwar zeitanteilig nach den noch nicht abgelaufenen vollen Jahren der Behaltensfrist. Die in § 13a geregelten Nachsorgepflichten (Lohnsummenkontrolle und Behaltenspflicht) gelten aufgrund entsprechender Verweise auch für die besonderen Verschonungsarten für Großerwerbe (§ 13c II 1; § 28a IV 4 Nrn 1 und 2).

4 Mit dem Gesetz zur Anpassung des ErbStG an die Rspr des Bundesverfassungsgerichts v 4.11.2016 (BGBl I 16, 2464 – **ErbStRG 2016**) ist als dritte StBefreiung neben den Verschonungsabschlägen und dem Abzugsbetrag ein **Wertabschlag für qualifizierte Familiengesellschaften** eingeführt worden. Hiernach reduziert sich der gemeine Wert des begünstigten Vermögens um einen Abschlag, welcher sich nach der Abfindungsregelung im Gesellschaftsvertrag der Gesellschaft bestimmt, an der Anteile erworben wurden. Er entspricht der Differenz von Klauselwert und gemeinem Wert der Beteiligung, beträgt jedoch maximal 30%. Der Abschlag kann in Anspruch genommen werden, wenn der Gesellschaftsvertrag bestimmte Entnahme- oder Ausschüttungsbeschränkungen sowie Verfügungs- und Abfindungsbeschränkungen enthält. Der Wertabschlag erfolgt vor Anwendung des Verschonungsabschlags nach Abs 1 und des Abzugsbetrags nach Abs 2. Für ihn gelten nicht die Lohnsummenkontrolle und die Behaltenspflichten, jedoch entfällt der Wertabschlag, wenn seine Voraussetzungen innerhalb von 20 Jahren nach dem StEntstehungszeitpunkt entfallen.

2. Historie und verfassungsrechtliche Vorgaben

5 Eine besondere Begünstigung für den Erwerb unternehmerischen Vermögens wurde erstmals mit Wirkung zum 1.1.1994 eingeführt. Die Begünstigung beschränkte sich zunächst auf einen Freibetrag von 500.000 DM. Dieser wurde nur bei einem Erwerb von Betriebsvermögen (vergleichbar dem heutigen § 13b I Nr 2) gewährt und auch nur, wenn der Erwerb durch Erbanfall oder im Wege der vorweggenommenen Erbfolge erfolgte. Bereits zwei Jahre später aber wurde mit Wirkung zum 1.1.1996 der sachliche Anwendungsbereich erweitert. Der Betriebsvermögensfreibetrag sollte fortan auch bei dem Erwerb von Anteilen an Kapitalgesellschaften in Anspruch genommen werden können, an deren Nennkapital der Erblasser oder Schenker mindestens zu einem Viertel beteiligt war. Außerdem wurde die Begünstigung um einen Bewertungsabschlag von 25% erweitert. Allerdings erlangten diese Erweiterungen aufgrund rückwirkender Anordnung der wenig später ergangenen Nachfolgeregelung nie Wirkung.

6 Die eigentliche Geburtsstunde des § 13a fällt in das Jahr 1996. Bis dahin war die Begünstigung unternehmerischen Vermögens als sachliche StBefreiung in § 13 IIa geregelt. Der mit dem **JStG 1997** v 20.12.1996 (BGBl I 96, 2049) neu eingefügte § 13a galt rückwirkend bereits ab dem 1.1.1996. Er baute zwar auf der bisherigen Regelung auf, ent-

hielt jedoch wiederum einige Neuerungen, die sich zum Teil noch in den gegenwärtigen Verschonungsregelungen wiederfinden. So wurde die Begünstigung des Erwerbs von Anteilen an Kapitalgesellschaften leicht verschärft, indem geregelt wurde, dass der Erblasser oder Schenker nicht zu mindestens einem Viertel, sondern „zu mehr als einem Viertel" am Nennkapital der Kapitalgesellschaft beteiligt sein musste (so auch heute in § 13b I Nr 3). Der sachliche Anwendungsbereich der Begünstigung wurde nochmals erweitert auf luf Vermögen (vergleichbar dem heutigen § 13b I Nr 1). Außerdem wurde nach der Neuregelung jeder Erwerb von Todes wegen, insb also auch ein vermächtnisweiser Erwerb begünstigt. Die Begünstigung selbst wurde nochmals erweitert, nämlich der Bewertungsabschlag von 25% auf 40% erhöht. Flankierend hierzu wurde die Tarifbegünstigung des § 19a eingeführt. Die in einer fünfjährigen Nachsorgephase damals noch mit dem vollständigen Entfall von Betriebsvermögensfreibetrag und Bewertungsabschlag sanktionierten Behaltenspflichtverstöße wurden um die Veräußerung des neu privilegierten luf Vermögens sowie um Überentnahmen erweitert. Aus der mit § 13 IIa konzipierten Generationenbrücke war, wie *Kapp/Ebeling* (§ 13a Rz 4) es formulierte, eine Nachfolgebrücke geworden. Den Anstoß hierzu hatte das **Bundesverfassungsgericht in seiner zur Einheitsbewertung ergangenen Entscheidung v 22.6.1995** (BStBl II 95, 671) gegeben, indem es die Gemeinwohlgebundenheit und Gemeinwohlverpflichtung von Betrieben als wirtschaftlich zusammengehörige Funktionseinheiten betonte: „Derartige Betriebe [...] sind in besonderer Weise gemeinwohlgebunden und gemeinwohlverpflichtet: Sie unterliegen als Garant von Produktivität und Arbeitsplätzen [...] einer gesteigerten rechtlichen Bindung. Sie hat zur Folge, dass die durch die Erbschaftsteuer erfasste finanzielle Leistungsfähigkeit des Erben nicht seinem durch den Erbfall erworbenen Vermögenszuwachs voll entspricht. Die Verfügbarkeit über den Betrieb und einzelne dem Betrieb zugehörige Wirtschaftsgüter ist beschränkter als bei betrieblich ungebundenem Vermögen. Der Gleichheitssatz [...] fordert, diese verminderte Leistungsfähigkeit bei den Erben zu berücksichtigen, die einen solchen Betrieb weiterführen, also den Betrieb weder veräußern noch aufgeben, ihn vielmehr in seiner Sozialgebundenheit aufrechterhalten ...".

Die Ausführungen des Bundesverfassungsgerichts und die hierauf ergangene Re- **7**
gelung des § 13a sind nicht nur auf Zustimmung gestoßen (kritisch zB *Seer,* DStJG Bd 22 (99), 191). Vor allem der BFH sah die Neuregelung auch in verfassungsrechtlicher Hinsicht äußerst kritisch. In seiner Entscheidung v 25.1.2001 (BStBl II 01, 414) monierte er die uneingeschränkte Einbeziehung von Maßnahmen im Wege vorweggenommener Erbfolge und legte dieses Tatbestandsmerkmal restriktiv in der Weise aus, dass lebzeitige Erwerbe nur dann privilegiert sein sollten, wenn sie dem Übergang von Betriebsvermögen durch Erbanfall vergleichbar waren. Dies veranlasste den Gesetzgeber im Rahmen des Steueränderungsgesetzes 2001 das Tatbestandsmerkmal der vorweggenommenen Erbfolge zu streichen und die Begünstigung generell bei Erwerben durch Schenkung unter Lebenden zu gewähren.

Seine verfassungsrechtlichen Bedenken formulierte der **BFH** erstmals substantiiert in **8**
seinem Beitrittsbeschluss v 24.10.2001, dem sodann mit ausführlicher Begründung am 22.5.2002 der **Vorlagebeschluss** gem Art 100 S 1 Grundgesetz folgte (BStBl II 02, 598; hierzu *Meincke,* ZEV 02, 493). Zentrale Kritikpunkte waren zum einen die unterschiedlichen Bewertungsansätze für verschiedene Vermögensarten, der ungekürzte Schuldenabzug nach § 10 VI aF, das Fehlen von über die Behaltenspflichten hinausgehenden Nachsteuerregelungen sowie schließlich die Gewährung der Begünstigungen der §§ 13a, 19a auch für lediglich vermögensverwaltende aber steuerlich gewerblich geprägte Gesellschaften. Das **Bundesverfassungsgericht** folgte in seiner **Entscheidung v 7.11.2006** (BStBl II 07, 192) der Auffassung des BFH insoweit, als es in den bei wesentlichen Gruppen von Vermögensgegenständen unterschiedlichen Bewertungsmethoden einen Verstoß gegen den Gleichheitssatz des Art 3 I GG sah. Es erklärte das geltende ErbStG für verfassungswidrig und gab dem Gesetzgeber auf, bis zum 31.12.2008 eine Neuregelung zu schaffen. In seiner Begründung führte es aus, dass der Gesetzgeber in

der Wahl der Wertermittlungsmethode zwar grundsätzlich frei sei und bei der Ausgestaltung der Bewertungsregeln auch Praktikabilitätsgesichtspunkten Rechnung tragen, insb typisieren und pauschalieren könne. Jedoch müssten die Bewertungsregeln belastungsgleich und folgerichtig ausgestaltet sein. Dies aber verlange, dass alle Vermögensgegenstände mit einem Annäherungswert an den gemeinen Wert erfasst werden müssen. Das Gericht stellte weiterhin klar, dass der Gesetzgeber mit den Mitteln des Steuerrechts auch außerfiskalische Förderungs- und Lenkungsziele verfolgen könne und dass die Entlastung im Ausnahmefall sogar dazu führen könne, dass bestimmte StGegenstände vollständig von der St befreit werden. Voraussetzung sei jedoch, dass die Begünstigungen durch Gemeinwohlgründe gerechtfertigt sind, dass sie zielgenau erfolgen, dh auch bei einer Verfehlung des Leistungszwecks, zB durch Nachversteuerungsvorbehalte korrigiert werden können, und dass sie den Grundsatz der Normklarheit erfüllen, dh sich direkt von einer erkennbaren Entlastungsentscheidung des Gesetzgebers ableiten lassen und den Begünstigungsadressaten klar definieren. Das Bundesverfassungsgericht stellte fest, dass entsprechend dieser Maßstäbe die Bewertungsebene zur Verfolgung außerfiskalischer Förderungs- und Lenkungsziele im ErbStRecht bereits vom Ansatz her ungeeignet ist und eine Begünstigung (oder Mehrbelastung) aufbauend auf den verkehrswertnahen Werten erst in den dann nachfolgenden Schritten zu erfolgen habe; bei der Ermittlung der Bemessungsgrundlage insbesondere durch Freibeträge und Wertabschläge und beim StSatz durch unterschiedliche StKlassen, eine StProgression und Tarifbegrenzungen.

9 In Orientierung an diesen Leitlinien reformierte der Gesetzgeber mit dem **ErbStRG 2009 v 24.12.2008** (BGBl I 08, 3018) das erbstliche Bewertungsrecht grundlegend und überarbeitete im Zuge dessen auch die Begünstigungsregelungen für den Erwerb unternehmerischen Vermögens. Da das neue Bewertungsrecht mit dem gemeinen Wert als Bewertungsziel gerade bei unternehmerischem Vermögen zu einer deutlichen Erhöhung der Bemessungsgrundlage führte, sollte die Verschonung ausgeweitet, gleichzeitig aber auch zielgenauer gewährt werden. Zur Kompensation der mit dem neuen Bewertungsrecht verbundenen Mehrbelastungen führte der Gesetzgeber die auch im heute geltenden Recht noch maßgeblichen Verschonungsabschläge von 85% und 100% ein. Zur Bestimmung des begünstigten Vermögens wurde § 13b geschaffen. Inhaltlich blieb es jedoch bei den drei Vermögensarten luf Vermögen, Betriebsvermögen und Anteil an Kapitalgesellschaften, wobei im Rahmen verfassungskonformer Ausgestaltung der Begünstigungsregelung nunmehr auch bei dem Erwerb von in der EU oder dem EWR belegenem Vermögen die Begünstigung gewährt wurde. Neu eingeführt wurde auch die Möglichkeit, durch Abschluss einer Poolregelung die 25%-Hürde für Beteiligungen an Kapitalgesellschaften zu überwinden. Beide Neuregelungen finden sich auch noch im geltenden Recht.

10 Die **Zielgenauigkeit** der Verschonung sollte dadurch gewährleistet werden, dass die Begünstigungen nur gewährt wurden, wenn das begünstigte Vermögen den sog **Verwaltungsvermögenstest** bestand. Hiernach konnte die Regelverschonung mit dem 85%igen Verschonungsabschlag nur dann in Anspruch genommen werden, wenn das begünstigte Vermögen nicht zu mehr als 50% aus Verwaltungsvermögen bestand. Die Verwaltungsvermögensquote bestimmte sich nach dem Verhältnis der Summe der gemeinen Werte der Wirtschaftsgüter des Verwaltungsvermögens zum gemeinen Wert des Gesamtbetriebs. Mit dem Verwaltungsvermögen in wirtschaftlichem Zusammenhang stehende Verbindlichkeiten blieben bei diesem unberücksichtigt, minderten aber den Wert des Gesamtbetriebs und führten damit zu einer höheren Verwaltungsvermögensquote. Der Umfang des Verwaltungsvermögens war in einem abschließenden Katalog beschrieben, welchem in weiten Teilen noch der Verwaltungsvermögenskatalog des heutigen § 13b IV entspricht (nahezu unverändert blieben die Katalognummern 1, 2 und 4. Die Katalognummer 3 ist entfallen und die Katalognummer 5 findet sich mit Ergänzungen in der heutigen Katalognummer 3 wieder.) Wurde die 50%-Grenze überschritten, blieb der Erwerb insgesamt unverschont. Wurde die 50%-Grenze hingegen eingehalten, war der gesamte Erwerb, also einschließlich des an sich nicht verschonungs-

würdigen Verwaltungsvermögens, verschont (sog **Alles-Oder-Nichts-Prinzip**). Entsprechendes galt im Falle der Option zur Vollverschonung, die jedoch nur möglich war, wenn eine Verwaltungsvermögensquote von 10% nicht überschritten wurde. Das „Alles-Oder-Nichts-Prinzip" galt auch in Holdingstrukturen. Nach der sog Holdingklausel des § 13b II 2 Nr 3 aF qualifizierte eine Beteiligung an einer Tochtergesellschaft insgesamt als Verwaltungsvermögen, wenn diese ihrerseits mehr als 50% Verwaltungsvermögen hielt. In Durchbrechung des Alles-Oder-Nichts-Prinzips wurde jedoch Verwaltungsvermögen, welches dem Betrieb noch nicht länger als zwei Jahre zuzurechnen war, als sog junges Verwaltungsvermögen von der Begünstigung ausgenommen. In Konzernstrukturen behandelte die FinVerw junges Verwaltungsvermögen auf unteren Ebenen in der Weise, dass es zwar nicht von der Begünstigung ausgenommen wurde, aber beim Verwaltungsvermögenstest auf nächsthöherer Ebene als Verwaltungsvermögen berücksichtigt wurde, was angesichts des Wortlauts der Vorschrift und seiner systematischen Einbindung in die Verschonungsregelung kaum zu rechtfertigen war. Weiterhin wurden zur Gewährleistung der Zielgenauigkeit der Verschonung die schon aus den Vorgängerregelungen bekannten Behaltenspflichten um eine Lohnsummenkontrolle ergänzt. Dieser unterlagen jedoch nur Betriebe mit mehr als (zunächst) 10 Beschäftigten. Die Art der Lohnsummenkontrolle entsprach weitgehend der heutigen Rechtslage. Allerdings betrugen die für die Lohnsummenkontrolle und die Behaltenspflichten maßgeblichen Nachsorgefristen zunächst sieben (Regelverschonung mit einer Mindestlohnsumme von 650% der Ausgangslohnsumme) und zehn Jahre (Vollverschonung mit einer Mindestlohnsumme von 1000% der Ausgangslohnsumme).

Die ersten Änderungen der neuen Verschonungsregelung brachte bereits das **Wachstumsbeschleunigungsgesetz** v 22.12.2009 (BGBl I 09, 3950), welches rückwirkend, nämlich für alle Erwerbsvorgänge Anwendung fand, bei denen die St nach dem 31.12.2008 entstanden war. Von der Rückwirkung ausgenommen waren allerdings Übertragungen vor dem 1.1.2011, bei denen Gegenstand der Schenkung ein bereits vor dem 1.1.2007 zugewendeter Schenkungsgegenstand war, welcher aufgrund eines vertraglich vorbehaltenen Rückforderungsrechts wieder an den Schenker zurückgefallen war. Die Änderungen wirkten sich durchweg vorteilhaft für den Stpfl aus. So wurden die Nachsorgefristen auf fünf und sieben Jahre verkürzt. Damit einher ging eine Reduzierung der Mindestlohnsumme auf 400% bei der Regelverschonung und 700% bei der Vollverschonung. Die Lohnsummenkontrollgrenze wurde von 10 auf 20 Beschäftigte erhöht. 11

Das **Steuervereinfachungsgesetz 2011** v 1.11.2011 (BGBl I 11, 2131) brachte vor allem verfahrensrechtliche Neuerungen, die für alle Erwerber mit StEntstehungszeitpunkt nach dem 30.6.2011 Anwendung fanden. So sollten nach dem neu eingefügten § 13a Ia, der weitgehend dem heutigen § 13a IV entspricht, neben dem gemeinen Wert der betrieblichen Einheit auch die Ausgangslohnsumme, die Anzahl der Beschäftigten sowie die Summe der maßgeblichen jährlichen Lohnsummen gesondert von dem nach § 152 Nrn 1–3 BewG örtlich zuständigen FA festgestellt werden. Zu weiteren Einzelheiten zu dem bis zum Steuervereinfachungsgesetz 2011 bestehenden Rechtszustand wird auf die 16. Aufl verwiesen. 12

Die letzten materiell-rechtlichen Änderungen des § 13a vor dem ErbStRG 2016 brachte das **Amtshilferichtlinien-Umsetzungsgesetz** (AmtshilfeRLUmsG) **v 26.6.2013** (BGBl I 13, 1809). Sie betrafen die Berücksichtigung von Beschäftigten nachgeordneter Gesellschaften in Holdingstrukturen bei der Prüfung der für die Anwendung der Lohnsummenkontrolle maßgeblichen 20-Beschäftigten-Grenze. Während bisher bei der Ermittlung der Anzahl der Beschäftigten einer Holdinggesellschaft allein auf die bei der Holdinggesellschaft selbst beschäftigten Arbeitnehmer abzustellen war (FG Köln EFG 15, 1618 – Rev II R 34/15 und FG Düsseldorf EFG 16, 125 – Rev II R 57/15; aA FinVerw Erlass BStBl I 12, 1250), sind seitdem entsprechend der bisher allein für die Lohnsummenermittlung maßgeblichen Regelungen des § 13a IV 5 auch die Beschäftigten nachgeordneter Gesellschaften einzubeziehen. Dies galt, der 13 heutigen Regelung weitgehend entsprechend, allerdings nur, soweit es sich um Gesellschaften mit Sitz oder Geschäftsleitung im Inland, der EU oder dem EWR handelte und bei nachgeordneten Kapitalgesellschaften (str) eine unmittelbare oder mittelbare Beteiligung von mehr als 25% bestand.

14 Der **BFH** hielt jedoch auch das mit dem ErbStRG 2009 geschaffene Verschonungssystem für verfassungswidrig. Mit Beschluss v 5.10.2011 (BStBl II 12, 318, ZEV 11, 672 m Anm *Hannes*) forderte er das BMF zum Verfahrensbeitritt auf. Am 27.9.2012 (BStBl II 12, 899, ZEV 12, 599 m Anm *Hannes*) folgte sein **Vorlagebeschluss.** Darin erinnert der BFH an die Entscheidung des Bundesverfassungsgerichts v 7.11.2006, wonach eine Begünstigungsregelung durch Gründe des Gemeinwohls gerechtfertigt und der mit ihr verfolgte Lenkungszweck von einem erkennbaren gesetzgeberischen Willen getragen sein muss. Außerdem sei ein Mindestmaß an zweckgerechter Ausgestaltung der Verschonungstatbestände erforderlich. Diese seien insb zielgenau und normenklar zu fassen. Hieran gemessen machte der BFH bei den Verschonungsregelungen eine „Überprivilegierung" und einen „Begünstigungsüberhang" aus, die beide wegen Verstoßes gegen den Gleichheitssatz zur Verfassungswidrigkeit führen sollten.

15 Mit der Behauptung einer verfassungswidrigen **Überprivilegierung** knüpfte der BFH an seinen Vorlagebeschluss v 22.5.2002 (BStBl II 02, 598) an. Schon die damaligen Begünstigungen (Betriebsvermögensfreibetrag und Bewertungsabschlag) hatte er aus Gründen für verfassungswidrig gehalten, die mit der Reform 2009 aufgrund des noch weitergehenden Verschonungsabschlags in Höhe von 85% bzw 100% noch größere Relevanz erhalten hatten. Die zentrale Aussage des BFH lautete, dass eine pauschale Begünstigung des Erwerbs von unternehmerischem Vermögen nur dann gerechtfertigt sei, wenn anderenfalls die Betriebsfortführung gefährdet wäre. Damals wie heute sei die Verschonung zu weitgehend, um noch vom verfassungsrechtlich zulässigen Differenzierungsgrund „Schutz der Betriebe" gedeckt zu sein. Auch der vom Gesetzgeber angeführte Gemeinwohlgrund des Erhalts von Arbeitsplätzen sollte nach Auffassung des BFH die neue Verschonungsregelung nicht rechtfertigen können. Dies jedenfalls solange nicht, als die Regelung zur Lohnsummenkontrolle in 90% der Fälle wegen Unterschreitens der Beschäftigtengrenze überhaupt keine Anwendung finden sollte. Außerdem schulde der Erwerber und nicht das Unternehmen selbst die St, weshalb auch sonstiges von ihm ererbtes Vermögen und sein Eigenvermögen bei der Frage nach der Existenzbedrohung des Unternehmens zu berücksichtigen seien. Schließlich sei auch empirisch nicht belegbar, dass Betriebe durch die ErbSt ernsthaft gefährdet würden. Bei echter Gefährdung biete zudem die Stundungsregelung des § 28 ausreichenden Schutz.

16 Einen **Begünstigungsüberhang** der Verschonungsregelung sah der BFH darin, dass durch entsprechende Gestaltungen auch nicht begünstigungswürdiges Vermögen ohne größere sonstige Nachteile in die Verschonung gebracht und die Lohnsummenregelung unterlaufen werden konnte. Als Beispiel nannte er Gestaltungen mittels einer sog „Cash-GmbH", mit der sich die Gestaltungspraxis zu Nutzen machte, dass Geld, einschließlich Festgeld, nicht als Verwaltungsvermögen qualifizierte. Deshalb konnten mit Festgeld ausgestattete GmbHs (oder GmbHs & Co. KG) unter Inanspruchnahme der Vollverschonung steuerfrei übertragen werden. Der Gesetzgeber beseitigte diese Gestaltungsmöglichkeit mit dem AmtshilfeRLUmsG v 26.7.2013 (BGBl I 13, 1809) und damit noch vor der Entscheidung des Bundesverfassungsgerichts, indem er in den Verwaltungsvermögenskatalog eine neue Katalognummer 4a aufnahm. Hiernach qualifizierten Finanzmittel als Verwaltungsvermögen, soweit sie die Schulden des Unternehmens und 20% des Unternehmenswertes überstiegen (zur neuen Rechtslage § 13b Anm 70ff). Als ein Gestaltungsbeispiel zur Vermeidung der Lohnsummenkontrolle nannte der BFH das sog Betriebsaufspaltungsmodell. Hiernach wurde ein Betrieb einschließlich seiner Beschäftigten, aber unter Zurückbehaltung werthaltigen Anlagevermögens auf eine neu gegründete Betriebsgesellschaft übertragen und sodann beide Einheiten geschenkt. Die Betriebsgesellschaft war aufgrund ihrer Kaufpreisverbindlichkeit gegenüber der Besitzgesellschaft nahezu

wertlos und ein Lohnsummenverstoß somit unschädlich. Die werthaltige Besitzgesellschaft aber hatte keine oder jedenfalls nicht mehr als 20 Beschäftigte und unterlag auch deshalb keiner Lohnsummenkontrolle. Schließlich nannte der BFH auch Gestaltungen zur Ausnutzung des positiven Kaskadeneffekts bei Anwendung der Holdingklausel des § 13b II 2 Nr 3, die es ermöglichten, durch eine geschickte Verteilung von Verwaltungsvermögen auf den verschiedenen Ebenen unter Einhaltung der 50%igen Verwaltungsvermögensquote bis zu 80% Verwaltungsvermögen schon in dreistufigen Holdingstrukturen zu platzieren.

Das **Bundesverfassungsgericht** hat mit der Entscheidung **v 17.12.2014** (BStBl 17
II 15, 50) die §§ 13a und 13b jeweils iVm § 19 I als mit Art 3 I GG unvereinbar erklärt und dies bereits seit dem Inkrafttreten des ErbStRG 2009 zum 1.1.2009. Gleichzeitig hat es das bisherige, mit der Verfassung unvereinbare Recht bis zu einer Neuregelung, zu der es den Gesetzgeber bis spätestens zum 30.6.2016 verpflichtete, für weiterhin anwendbar erklärt. In seiner Begründung beschäftigte sich das Bundesverfassungsgericht intensiv mit den einzelnen Verschonungsvoraussetzungen: dem begünstigten Vermögen, dem Verwaltungsvermögenstest einschließlich der Sonderregelungen zum jungen Verwaltungsvermögen, der Lohnsummenkontrolle und den Behaltenspflichten.

Die **Festlegung der begünstigten Vermögensarten** in § 13b I war nach Auf- 18
fassung des Bundesverfassungsgerichts verfassungsrechtlich nicht zu beanstanden. Zulässig war und ist insb die generelle Verschonung luf Vermögens und die Verschonung mitunternehmerischer Personengesellschaftsanteile ohne die Festlegung einer Mindestquote. Auch die 25%-Grenze bei Anteilen an Kapitalgesellschaften hat das Gericht in seiner konkreten Ausgestaltung einschließlich der Poolregelung verfassungsrechtlich gebilligt. Lediglich hinsichtlich der Maßgeblichkeit der Beteiligungsquote des Erblassers oder Schenkers empfiehlt das Gericht nach einer Zeit zu überprüfen, ob sich die an diese Regelung knüpfenden Erwartungen des Gesetzgebers erfüllt haben oder nicht besser an die Beteiligungsquote des Erwerbers anzuknüpfen sei. Aus verfassungsrechtlicher Sicht bestand damit für den Gesetzgeber kein Änderungsbedarf. Dennoch enthielten die Entwürfe zum ErbStRG 2016 Neuregelungen zur Beschränkung der Begünstigungsfähigkeit von gewerblich geprägten Personengesellschaften und Kapitalgesellschaften, die lediglich Finanzmittel und Beteiligungen halten, auf die von ihnen gehaltenen Beteiligungen an begünstigungsfähigen Gesellschaften. Diese Änderungsvorschläge zu § 13b I, die insbesondere Nichtbeteiligungsvermögen auf Holdingebene sowie Beteiligungen an Drittlandsgesellschaften und Beteiligungen an Kapitalgesellschaften von 25% und weniger von der Begünstigungsfähigkeit ausgenommen hätten, wurden jedoch letztlich nicht umgesetzt. § 13b I ist vielmehr unverändert geblieben.

Die **Regelungen zum Verwaltungsvermögenstest** hielt das Bundesverfas- 19
sungsgericht zwar weitgehend für verfassungsgemäß, in einem grundsätzlichen Punkt jedoch für gleichheitswidrig. So erkannte es eine Verfassungswidrigkeit insbesondere in dem das Verschonungssystem von 2009 beherrschenden **Alles-Oder-Nichts-Prinzip** iVm der für die Regelverschonung maßgeblichen Verwaltungsvermögensquote von 50%. Hierdurch konnte nach Auffassung des Gerichts ein nicht zu rechtfertigender Teil nicht verschonungswürdigen Verwaltungsvermögens unter die Verschonung fallen. Umgekehrt wurde bei Überschreiten der Quote an sich verschonungswürdiges Betriebsvermögen von der Begünstigung ausgenommen. Gleichheitswidrig war damit auch die ebenfalls durch das Alles-Oder-Nichts-Prinzip und die 50%-Quote geprägte Holdingklausel des § 13b II 2 Nr 3. Unbeanstandet blieb hingegen die Definition des Verwaltungsvermögens im Verwaltungsvermögenskatalog des § 13b II 2, insbesondere auch die mit dem AmtshilfeRLUmsG neu geschaffene Katalognummer 4a. Mit dem **ErbStRG 2016** wurde dementsprechend das Alles-Oder-Nichts-Prinzip abgeschafft und das nicht verschonungswürdige Verwaltungsvermögen gänzlich von der Begünstigung ausgenommen. Die Holdingklausel

wurde gestrichen und durch eine Verbundvermögensaufstellung, nach der das Verwaltungsvermögen als nicht begünstigter Teil des begünstigungsfähigen Vermögens und der begünstigte Teil des begünstigungsfähigen Vermögens in Holdingstrukturen konsolidiert zu ermitteln sind, ersetzt. Die Kategorie des jungen Verwaltungsvermögens wurde trotz der generellen Herausnahme des Verwaltungsvermögens aus der Begünstigung beibehalten. Es nimmt im neuen System insb nicht an der neu eingeführten Schuldenverrechnung und der Umqualifizierung in unschädliches Verwaltungsvermögen (10%iger Kulanzpuffer) teil (zu weiteren Einzelheiten vgl § 13b Anm 96).

20 Verfassungsgemäß war nach Auffassung des Bundesverfassungsgerichts auch das Verfahren der **Lohnsummenkontrolle.** Insbesondere an der Dauer des Ermittlungszeitraums (fünf bzw sieben Jahre), den Vorschriften zur Ermittlung der Ausgangs- und Mindestlohnsumme sowie den Regelungen zur Reduzierung des Verschonungsabschlags bei Unterschreiten der Mindestlohnsumme war aus verfassungsrechtlicher Sicht nichts zu beanstanden. Als verfassungswidrig hat das Gericht jedoch die **20-Beschäftigten-Grenze** angesehen, die darüber entschied, ob überhaupt eine Lohnsummenkontrolle stattzufinden hatte. Wesentlicher Grund hierfür war, dass ansonsten mehr als 90% der Betriebsübergänge überhaupt nicht von der Lohnsummenkontrolle erfasst waren. Damit werde, so das Gericht, die zur Gewährleistung einer Zielgenauigkeit der Verschonung erforderliche Nachkontrolle, dass der Gemeinwohlzweck – hier: der Erhalt von Arbeitsplätzen – auch tatsächlich verwirklicht wird, von der verfassungsrechtlich gebotenen Regel zur Ausnahme gemacht. Mit dem **ErbStRG 2016** blieb das Verfahren zur Lohnsummenkontrolle weitgehend unverändert. Entsprechend der bisherigen Verwaltungsauffassung wurde lediglich geregelt, dass die für die Berücksichtigung von Arbeitnehmern in Beteiligungsgesellschaften maßgebliche 25%-Grenze nur für Kapitalgesellschaften und nicht für Personengesellschaften gilt. Zur Verhinderung von Gestaltungen entsprechend dem vom BFH in seinem Vorlagebeschluss angeführten Betriebsaufspaltungsmodell wurde die Regelung eingeführt, dass im Falle einer Betriebsaufspaltung die Lohnsummen und die Anzahl der Beschäftigten der Besitzgesellschaft und der Betriebsgesellschaft zusammenzuzählen sind. Außerdem wurde geregelt, dass Vergütungen an Beschäftigte in Mutterschutz, Auszubildende sowie Krankengeld- und Elterngeldbezieher bei der Ermittlung der Lohnsumme außer Ansatz bleiben. Die FinVerw sah dies bisher nur bei Saisonarbeitern vor. Auch bei der Ermittlung der dem Betrieb zuzurechnenden Beschäftigten blieben die vorgenannten Beschäftigtengruppen unberücksichtigt, was sich durch die Neuregelung aber nun änderte. Die Beschäftigtengrenze, bis zu der keine Lohnsummenkontrolle stattzufinden hat, wurde von 20 auf 5 Beschäftigte herabgesetzt. Bei Betrieben mit mehr als 5 und bis zu 10 Beschäftigten wurde die Mindestlohnsumme auf 250% (bei Vollverschonung 500%) und bei Betrieben mit mehr als 10, aber nicht mehr als 15 Beschäftigten wurde die Mindestlohnsumme auf 300% (bei Vollverschonung 565%) reduziert.

21 Keinerlei Beanstandungen hatte das Bundesverfassungsgericht bei den **Behaltensvorschriften** des Abs 5 (jetzt Abs 6). Insbesondere hielt es eine Verlängerung der Behaltensfristen von fünf und sieben Jahren, wie sie noch der BFH forderte, für nicht geboten. Die Behaltensvorschriften haben im Rahmen der jüngsten Reform daher auch keine Änderungen erfahren.

22 Nicht weniger intensiv hat sich das Bundesverfassungsgericht mit der Rechtsfolgenseite des neuen Verschonungssystems, also dem **Umfang der Verschonung,** beschäftigt. Es hielt entgegen dem BFH sowohl die Regelverschonung mit dem 85%igen Verschonungsabschlag als auch die Vollverschonung mit ihrem 100%igen Verschonungsabschlag grundsätzlich für verfassungskonform. Dies gilt uneingeschränkt für kleinere und mittlere Unternehmen. Deren Gefährdung durch eine Belastung mit ErbSt könne, so das BVerfG, unterstellt werden und ihre Verschonung bedarf daher keiner weiteren besonderen Rechtfertigung. Anderes gilt hingegen für die

Verschonung sehr großer Unternehmen. Deren Gefährdung durch ErbSt/SchSt darf nicht unwiderleglich vermutet werden, weshalb eine Verschonung im bisherigen Umfang zusätzlich einer besonderen Rechtfertigung bedarf. Die bisherige Regelung, die eine solche Rechtfertigung nicht vorsah, war nach dem Urteil des BVerfG daher verfassungswidrig. Es führt hierzu aus, dass schon eine betragsmäßig höhere StBefreiung zu einer größeren Ungleichbehandlung führt und insoweit eine höhere Rechtfertigungslast begründet. Die festgestellte Gleichheitswidrigkeit könne daher in zweifacher Weise beseitigt werden, zum einen durch eine Reduzierung oder Begrenzung der StBefreiung und zum anderen durch eine Erhöhung der Rechtfertigungslast. Das Bundesverfassungsgericht nennt beispielhaft unter gleichzeitiger Betonung des weiten Gestaltungsspielraums des Gesetzgebers die Einführung einer individuellen Bedürfnisprüfung bei Erwerben großer Unternehmen (Erhöhung der Rechtfertigungslast) sowie die Einführung einer Förderungshöchstgrenze von zB 100 Mio EUR pro Erwerb (Reduzierung und Begrenzung der StBefreiung). Der Gesetzgeber hat sich im **ErbStRG 2016** für gleich mehrere der vom Bundesverfassungsgericht aufgezeigten Lösungswege entschieden. Für kleinere und mittlere Erwerbe unternehmerischen Vermögens hat er es bei der Normalverschonung (Abs 1) belassen und für Großerwerbe das Abschmelzungsmodell (Reduzierung und Begrenzung der Verschonung) und das Erlassmodell (Erhöhung der Rechtfertigungslast) eingeführt.

II. Verschonungsabschlag (Abs 1)

AEErbSt 2017: Abschnitte § 13a.1 und 13a.2

1. Überblick

§ 13a I gewährt eine StBefreiung in Form eines 85%igen Verschonungsabschlags auf das begünstigte Vermögen iSd § 13b II. Voraussetzung hierfür ist, dass der Erwerb des begünstigten Vermögens – zuzüglich entsprechender Vorerwerbe innerhalb der letzten 10 Jahre – einen Wert von 26 Mio EUR nicht übersteigt. Ist diese Voraussetzung erfüllt, unterliegen somit nur 15% des – ggf zuvor um einen Abschlag nach § 13a IX geminderten – Wertes des begünstigten Vermögens der Besteuerung. Die Regelung enthält damit **zwei wesentliche Neuerungen** gegenüber der Rechtslage vor dem 1.7.2016: Zum einen bezieht sich der Verschonungsabschlag nicht mehr auf das gesamte begünstigungsfähige Vermögen iSd § 13b I, sondern nur noch auf den begünstigten Teil der begünstigungsfähigen Einheit. Zum anderen kommt der aus dem alten Recht bekannte 85%ige Verschonungsabschlag und genauso auch nach Option der 100%ige Verschonungsabschlag nur dann zur Anwendung, wenn der Wert des Erwerbs einschließlich relevanter Vorerwerbe die 26 EUR Mio nicht überschreitet. Die Einschränkung auf der Rechtsfolgenseite führt dazu, dass nunmehr das in der begünstigungsfähigen Vermögenseinheit enthaltene Verwaltungsvermögen voll zu versteuern ist. Die auf der Tatbestandsseite eingeführte Wertgrenze bewirkt, dass für Großerwerbe statt der Normalverschonung nur noch ein abgeschmolzener Verschonungsabschlag (§ 13c) oder ein StErlass im Umfang der Bedürftigkeit des Erwerbers (§ 28a) in Anspruch genommen werden kann. 23

2. Beschränkung der Verschonung auf den begünstigten Teil des begünstigungsfähigen Vermögens

Abs 1 S 1 beschränkt die StBefreiung auf das begünstigte Vermögen iSd § 13b II. 24
Danach ermittelt sich der begünstigte Teil des begünstigungsfähigen Vermögens in der Weise, dass vom begünstigungsfähigen Vermögen nach § 13b I der Nettowert des Verwaltungsvermögens (§ 13b VI) abgezogen und das sog unschädliche Verwaltungs-

vermögen (§ 13b VII 1) wieder hinzugerechnet wird. Unverschont und stpfl bleibt damit der gemeine Wert des in der begünstigungsfähigen Einheit enthaltenen Verwaltungsvermögens abzüglich anteiliger Schulden (§ 13b VI) und abzüglich des 10%igen Kulanzpuffers (§ 13b VII). Nicht zum Verwaltungsvermögen gehören allerdings Vermögen zur Rückdeckung von Pensionsverpflichtungen bis zur Höhe der Pensionsrückstellungen (§ 13b III) und auch nicht Finanzmittel nach Verrechnung mit nicht zuvor als Pensionsrückstellung verrechneter Schulden bis zur Höhe von 15% des Unternehmenswertes (§ 13b IV Nr 5). Demgegenüber bleiben Gegenstände des jungen Verwaltungsvermögens und junge Finanzmittel immer unverschont, da sie weder bei der Schuldenverrechnung berücksichtigt werden noch bis zur Höhe des 10%igen Kulanzpuffers in unschädliches Verwaltungsvermögen umqualifiziert werden dürfen. Die Beschränkung der Verschonung auf den begünstigten Teil des begünstigungsfähigen Vermögens betrifft Unternehmen jeder Größenklasse und entfaltet im Gegensatz zu der Neuregelung für Großerwerbe durchaus Breitenwirkung. Allerdings hat die Neuregelung nicht nur Nachteile. Denn sie hat zur Grundlage die Beseitigung des vom Bundesverfassungsgericht beanstandeten „Alles-Oder-Nichts-Prinzips", welches dem alten Verschonungssystem zu Grunde lag. Lag die Verwaltungsvermögensquote bei 50% oder darunter, war „alles" begünstigt, lag sie über 50%, war „nichts" begünstigt. Nach neuer Rechtslage gibt es zwar nun nicht mehr „alles", aber – zumindest grundsätzlich – auch nicht mehr „nichts". Auch wer im Zeitpunkt der StEntstehung mehr als 50% Verwaltungsvermögen in seinem Unternehmen hält, kann nach neuer Rechtslage für den begünstigten Teil des begünstigungsfähigen Vermögens die Verschonung in Anspruch nehmen. Eine Ausnahme hiervon schafft lediglich § 13b II 2, nach dessen Anordnung das begünstigungsfähige Vermögen insgesamt nicht begünstigt ist, wenn das Verwaltungsvermögen mindestens 90% des gemeinen Werts des begünstigungsfähigen Vermögens ausmacht.

3. 26 Mio-Euro-Grenze

25 Voraussetzung für die Inanspruchnahme des Verschonungsabschlags auf das begünstigte Vermögen ist, dass dieses zusammen mit innerhalb der letzten 10 Jahre von derselben Person erworbenem begünstigten Vermögen einen Wert von 26 Mio EUR nicht überschreitet. Hierbei handelt es sich um eine **Freigrenze.** Wird sie überschritten, kommt eine Verschonung nach Abs 1 nicht in Betracht. Der Erwerber ist auf die Verschonungsarten der §§ 13c, 28a und 28 verwiesen. Die Freigrenze von 26 Mio EUR entspricht im Übrigen der Wertstufe für den höchsten StSatz nach § 19, so dass im Rahmen des Erlassmodells (§ 28a) die Besteuerung immer in höchster Progression erfolgt. Aufgrund der Inbezugnahme des § 13b II ist im Rahmen der Prüfung der Einhaltung der 26 Mio-Euro-Grenze maßgeblich der gemeine Wert des begünstigungsfähigen Vermögens abzüglich des um das unschädliche Verwaltungsvermögen (10%iger Kulanzpuffer) gekürzten Nettowerts des Verwaltungsvermögens. Damit zählt auch der Wert des in unschädliches Verwaltungsvermögen umqualifizierten Verwaltungsvermögens und genauso zB auch Finanzmittel bis zur Höhe des Freibetrags von 15% des Unternehmenswertes als begünstigtes Vermögen mit. Die Freigrenze ist **erwerberbezogen,** so dass mit einer Verteilung des begünstigten Vermögens auf mehrere Erwerber einem Überschreiten der Freigrenze vorgebeugt werden kann. Dabei kann es zuweilen auch gestalterisch sinnvoll sein, hierzu neue Erwerber (etwa in Form einer Stiftung) zu schaffen. Möglich bleibt auch eine Aufspaltung unter Einhaltung des gesetzlich vorgegebenen Zehn-Jahresrhythmus. Da bei einer solchen zeitlichen Spaltung der Letzterwerb nicht planbar ist, ein Erwerb durch Erbfall vielmehr jederzeit unerwartet eintreten kann, empfiehlt sich flankierend hierzu eine testamentarische Regelung, welche zur Verhinderung einer Hinzurechnung nach Abs 1 S 2 das bei dem Erblasser verbliebene begünstigte Vermögen (zunächst) einem anderen Erwerber zuweist. Bei Vorliegen der Voraussetzungen des Abs 10 ist der sich nach § 13b II ergebende

Wert des begünstigten Vermögens „vor Anwendung des Abs 1" (Abs 9 S 1) um den dort gewährten Wertabschlag zu mindern. Da der Wertabschlag nach Abs 9 max 30% betragen kann, können bei entsprechender Abfindungsklausel im Gesellschaftsvertrag Erwerber begünstigten Vermögens von bis zu 37.142.857 EUR (./. 30% = 26 Mio EUR) noch der Normalverschonung unterliegen (da es tatsächlich erst ab 26.750.000 EUR zu einer Abschmelzung kommt, vgl. § 13c Anm 3, liegt die Grenze faktisch bei 38.214.284 EUR).

4. Hinzurechnung früherer Erwerbe

In Anlehnung an § 14 werden mehrere Erwerbe begünstigten Vermögens von derselben Person innerhalb von 10 Jahren zusammengerechnet. Übersteigt der Gesamtwert der Erwerbe die 26 Mio-Euro-Grenze, kommt eine StBefreiung entsprechend der Normalverschonung nicht in Betracht. Mit dieser Regelung soll offenbar einer zeitlichen Aufspaltung von Großerwerben in Normalerwerbe begegnet werden. Mit der 26 Mio-Euro-Grenze und der Anordnung, alle Erwerbe innerhalb eines 10-Jahreszeitraums zusammenzufassen, incentiviert der Gesetzgeber allerdings angesichts des bedeutenden StSpareffekts der Normalverschonung stärker noch als durch § 14 die frühzeitige Übertragung von Großvermögen, um möglichst häufig den vollen Verschonungsabschlag nutzen zu können. Gerade im unternehmerischen Bereich aber sind Schenkungen in frühen Lebensjahren außerhalb dieser stlichen Motivation in der Regel weder gewollt noch sinnvoll. 26

In der Literatur ist die Frage aufgeworfen worden, ob einem Erwerb auch frühere Erwerbe hinzuzurechnen sind, welche **vor dem 1.7.2016** erfolgten (für eine Hinzurechnung: *Troll/Jülicher* § 13a Rz 39; *von Oertzen/Stalleiken* § 13a Rz 35; *Hannes,* ZEV 16, 554; *Landsittel,* ZErb 16, 383, 389; *Zipfel/Lahme,* DStZ 16, 556, 569; *Oppel,* SteuK 16, 469, 477; gegen eine Hinzurechnung: *Wachter,* FR 16, 690, 703f; *Reich,* DStR 16, 2447, 2449 und BB 16, 1879; *Viskorf/Löcherbach/Jehle,* DStR 16, 2425, 2431; *Riedel,* ZErb 16, 371, 374f). Der Wortlaut des Abs 1 S 1 und 2 sieht dies so vor und die Anwendungsvorschrift des § 37 XII enthält hierzu keine einschränkende Anordnung. Nach § 37 XII findet § 13a zwar nur auf Erwerbe Anwendung, für die die St nach dem 30.6.2016 entsteht. Abs 1 S 1 und 2 regeln aber allein die Besteuerung des Letzterwerbs. Dieser Letzterwerb unterliegt der Normalverschonung, wenn er mit früheren Erwerben innerhalb der letzten 10 Jahre die 26 Mio-Euro-Grenze nicht überschreitet. Eine Einschränkung, dass dies nicht für frühere Erwerbe vor dem 1.7.2016 gelten soll, findet sich im Gesetz nicht. Die Einbeziehung von Erwerben vor dem 30.6.2016 stellt auch keine verfassungswidrige Rückwirkung dar, sondern nur eine verfassungsrechtlich zulässige **tatbestandliche Rückanknüpfung.** Dieses Wortlautverständnis wird auch dadurch bestätigt, dass entsprechend der Anwendungsregelung des § 37 XII 2 die Sätze 3 und 4 des Abs 1, also die Anordnung, dass frühere Erwerbe bei Überschreiten der 26 Mio-Euro-Grenze durch den Letzterwerb zu korrigieren sind und für diese Erwerbe deshalb keine Festsetzungsverjährung eintritt, nicht auf frühere Erwerbe vor dem 1.7.2016 Anwendung findet. Eine derartige Korrektur käme auch einer echten Rückwirkung gleich und wäre uE verfassungsrechtlich nicht zulässig. Dass der Gesetzgeber aber ausdrücklich nur die Korrektur der vor dem 1.7.2016 erfolgten früheren Erwerbe ausschließt, zeigt, dass für die Frage der Besteuerung des Letzterwerbs eine Hinzurechnung sämtlicher früherer Erwerbe, auch derjenigen vor dem 1.7.2016 stattzufinden hat, sofern der Letzterwerb nach der Anwendungsregelung des § 37 XII 1 unter das neue Recht fällt. Diejenigen, die sich gegen eine Hinzurechnung von vor dem 1.7.2016 erfolgten früheren Erwerben aussprechen, begründen dies überwiegend und durchaus zutreffend mit Problemen bei der praktischen Umsetzung der Hinzurechnungsanordnung. Hinzuzurechnen sind nämlich nur die früheren Erwerbe von begünstigtem Vermögen iSd § 13b II und dies auch nur mit ihrem früheren Wert. Das begünstigte Vermögen wurde aber mit 27 der ErbStReform 2016 neu definiert, bis dahin entsprach es dem im neuen Recht begünstigungsfähigen Vermögen (§ 13b I). Auch die Wertermittlung erfolgte in der Zeit vom 1.7.2006 bis zum 31.12.2008 und in der Zeit vom 1.1.2009 bis zum 31.12.2015 (bzw, wenn man, wofür viel spricht, die Anwendungsregel des § 205 I BewG für verfassungswidrig hält, bis zum 30.6.2016) in anderer Weise als nach dem heute geltenden Bewertungsrecht. So galt bis zum 31.12.2008 – ungeachtet der Option zum neuen Recht für Erbfälle in 2008 – für beispielsweise Anteile an Kapitalgesellschaften das Stuttgarter Verfahren. Für Beteiligungen an Personengesellschaften galt eine Bestands- und Bewertungsidentität der erbstlichen Vermögensaufstellung mit der StBilanz, die nur hinsichtlich der zum Betriebsvermögen gehörenden Immobilien und Beteiligungen an Kapitalgesellschaften durchbrochen wurde. Zwischen der ab dem 1.1.2009 geltenden Rechtslage und dem heutigen Recht bestand zumindest bei der Anwendung des vereinfachten Ertragswertverfahrens der Unterschied, dass bis zum 31.12.2015 ein jährlich variierender, von der Entwicklung des Basiszinses abhängiger Kapitalisierungsfaktor (von zuletzt gerundet 18) zur Anwendung kam und mit der ErbStReform 2016 ein fester Kapitalisierungsfaktor von 13,75 eingeführt wurde, der rückwirkend ab dem 1.1.2016 Anwendung finden soll. Die FinVerw hat mit Erlass v. 11.5.2017 (BStBl I 17, 751) diese uE verfassungswidrige Rechtslage entschärft (hierzu § 12 Anm 95). Doch sind uE diese Inkompatibilitäten der unterschiedlichen Rechtslagen nicht so gravierend, dass sie einer Umsetzung der Anwendungsregelung des § 37 XII entgegenstehen. Wenn im alten Recht auch das Verwaltungsvermögen mitbegünstigt war, so erscheint es nicht gänzlich unangemessen, wenn es bei der Frage, ob der Letzterwerb der Normalverschonung unterfallen soll, auch wertmäßig mitberücksichtigt wird. Auch erscheint es nicht widersprüchlich, das in der Zeit vor dem 1.1.2009 geringer bewertete begünstigte Vermögen nur mit dem geringeren Wert und das in der Zeit vor dem 1.1.2016 bei Anwendung des vereinfachten Ertragswertverfahrens höher bewertete begünstigte Vermögen mit dem höheren Wert bei der Hinzurechnung zu berücksichtigen, da ohne die seinerzeit gewährte Begünstigung eben dieser Wert des Erwerbs der Besteuerung unterlegen hätte. Insoweit erscheint auch eine fiktive Berechnung entsprechend der aktuellen Rechtslage nicht angezeigt (so aber *von Oertzen/Stalleiken* § 13a Rz 17; *Stalleiken* aaO weist zudem auf die „Zwitterstellung" einer Cash-GmbH hin, die bis zur Einführung des § 13b II 2 Nr 4a als begünstigtes Vermögen steuerfrei erworben werden konnte, die nun aber im Rahmen des Erlassmodells, welches auf Grund der in Abs 1 S 2 angeordneten Hinzurechnung maßgeblich werden kann, als verfügbares Eigenvermögen qualifiziert. Er hält dieses Ergebnis für widersinnig. UE hat der Gesetzgeber aber durchaus die Möglichkeit, mit Wirkung für die Zukunft – hier: die steuerliche Behandlung allein des Letzterwerbs – derartige Regelungen zu schaffen). Die **FinVerw** bezieht auch Vorerwerbe vor dem 1.7.2016 in die Zusammenrechnung ein, und zwar mit den sich nach den damaligen Regelungen für das damals begünstigt erworbene Vermögen ergebenden Werten, die den für die seinerzeitigen Erwerbe ergangenen Bescheiden ohne zusätzliche Ermittlungen entnommen werden können (A 13a.2 II 3ff AEErbSt 2017).

5. Korrektur früherer Erwerbe

28 Führt der Letzterwerb dazu, dass die 26 Mio-Euro-Grenze überschritten wird, entfällt die StBefreiung entsprechend der Normalverschonung für sämtliche zusammengefassten Erwerbe, also sowohl für den Letzterwerb als auch die Vorerwerbe, es sei denn, für diese ist die St bereits vor dem 1.7.2016 entstanden (§ 37 XII 2). Bei schon beschiedenen früheren Erwerben entfällt die StBefreiung rückwirkend, und im Rahmen der Neufestsetzung kann eine Abschmelzung des Verschonungsabschlags oder ein Erlass in Höhe der Bedürftigkeit des Erwerbers beantragt werden. Zusätzlich besteht die Möglichkeit zur Stundung nach § 28 I. Die Anwendung des § 28a auf die früheren Erwerbe erfolgt zum StEntstehungsstichtag des früheren Erwerbs. Zum verfügbaren Vermögen gehört somit nur das seinerzeit vorhandene verfügbare Eigenvermögen, nicht aber das nach dem Stichtag erworbene Eigenvermögen, es sei denn, der Erwerb erfolgte unentgeltlich (vgl § 28a IV Nr 3). Führt die Neufestsetzung zu einer Nachzahlung, so fallen mangels ausdrücklicher Anordnung keine zusätzlichen Zinsen an.

6. Verfahrensrechtliche Absicherung

Die Korrektur der früheren Erwerbe wird verfahrensrechtlich durch Abs 1 S 4 abgesichert. Hiernach endet die Festsetzungsfrist für die St auf die früheren Erwerbe nicht vor Ablauf des vierten Jahres, nach dem das für die ErbSt zuständige Finanzamt von dem Letzterwerb Kenntnis erlangt. **29**

III. Abzugsbetrag (Abs 2)

AEErbSt 2017: Abschnitt 13a.3

1. Grundlagen

Neben den Verschonungsabschlag tritt der Abzugsbetrag. Auch der Abzugsbetrag wird von Amts wegen gewährt und setzt keinen besonderen Antrag voraus. Er wird nur wirksam bei Inanspruchnahme der Regelverschonung nach Abs 1 und bezieht sich auf die verbleibenden stpfl 15% des begünstigten Vermögens. Im Rahmen der Optionsverschonung (Abs 10) greift der Abzugsbetrag nicht ein, weil in diesem Fall das ganze begünstigte Vermögen stbefreit ist. Soweit im Rahmen der Optionsverschonung der 100%ige Verschonungsabschlag bei geringem Überschreiten der Freigrenze abgeschmolzen wird und ein stpfl, nicht verschonter Teil bleibt (Bsp: Wert des begünstigten Vermögens 27 Mio; abgeschmolzener Verschonungsabschlag 99%; unverschonter Teil 270.000 EUR; denkbarer Abgeltungsbetrag 90.000 EUR), kommt eine Anwendung des Abzugsbetrags nicht in Betracht, da § 13c nur auf § 13a Abs 3 bis 9, nicht aber auf Abs 2 verweist. Umfasst der Wert des begünstigten Vermögens – ggf nach Abzug des Wertabschlags nach Abs 9 – nicht mehr als 150.000 EUR, dann könnte der Abzugsbetrag schon für sich genommen den Wert des Betriebsvermögens für die Besteuerung neutralisieren. Auf die Einhaltung der Mindestlohnsumme und auf deren Anforderungen, die nur beim Verschonungsabschlag eine Rolle spielen, müsste dann nicht mehr geachtet werden. Eine Entlastung des ganzen begünstigten Vermögens durch den Abzugsbetrag sieht Abs 2 S 1 jedoch nicht vor. Der Abzugsbetrag bleibt vielmehr immer nur auf den nicht verschonten Vermögensrest, den „nach Anwendung des Abs 1 verbleibenden Teil" bezogen und kann daher nicht an die Stelle des Verschonungsabschlags treten. **30**

2. Berechnung des Abzugsbetrags

Der Abzugsbetrag vermittelt eine StFreistellung in unterschiedlicher Höhe (Abs 2 S 2). Die StFreistellung soll eine Wertermittlung und aufwendige Überwachung von Klein- und Kleinstbetrieben unterhalb des Grenzwerts ersparen. Bei größeren Betrieben tritt dieser Vereinfachungseffekt zurück. Daher verringert sich mit steigenden Werten des begünstigten Vermögens der Abzugsbetrag. Als Ausgangswert legt das Gesetz einen Wert des begünstigten Vermögens von 1 Mio EUR zugrunde. 85% des Wertes oder 850.000 EUR werden in diesem Fall durch den Verschonungsabschlag von der St befreit. Die verbleibenden 150.000 EUR werden dann durch den Abzugs- **31** betrag in voller Höhe für die Besteuerung neutralisiert. Beträgt der Wert des begünstigten Vermögens 2 Mio EUR, werden 300.000 EUR nicht vom Verschonungsabschlag erfasst. Der Wert des nicht verschonten Vermögens übersteigt die Wertgrenze von 150.000 EUR um 150.000 EUR. Der Abzugsbetrag wird in diesem Fall um die Hälfte von 150.000 EUR, also um 75.000 EUR gekürzt. Folglich kann der Abzugsbetrag bei einem begünstigten Vermögen von 2 Mio EUR nur in Höhe von 75.000 EUR geltend gemacht werden. Beträgt der Wert des begünstigten Vermögens 2,5 Mio EUR, sinkt die Höhe des Abzugsbetrages auf 37.500 EUR herab. Und ab einem Wert des begünstigten Erwerbs von 3 Mio EUR, einem durch den Verschonungsabschlag abgedeckten Vermögensanteil von 2.550.000 EUR und einem nicht verschonten Vermögensanteil von 450.000 EUR liegt der Abzugsbetrag bei 0 EUR. Der Minderung des Abzugsbetrages steht bei Kleinerwerben bis zu 1 Mio EUR übrigens auch eine Erhöhung gegenüber, d. h. ein Ansteigen des Abzugsbetrags mit der Höhe des Erwerbs. Denn der Abzugsbetrag kann nur in der Höhe von 15% des begünstigten Vermögens zum Zuge kommen. Bei einem begünstigten Erwerb von 300.000 EUR ist der Abzugsbetrag also auf 45.000 EUR begrenzt. Jede weitere Steigerung des Erwerbs um 100.000 EUR erhöht den Abzugsbetrag um 15.000 EUR, bis der Wert des begünstigten Erwerbs 1 Mio EUR erreicht, so dass der maximale Abzugsbetrag von 150.000 EUR zur Anwendung kommen kann.

3. Sperrwirkung für zehn Jahre

32 Nach Abs 2 S 3 kann der Abzugsbetrag innerhalb von zehn Jahren für von derselben Person anfallende Erwerbe nur einmal berücksichtigt werden. Dadurch soll verhindert werden, so heißt es in der Gesetzesbegründung (BTDrs 16/7918, 34), dass durch ein Aufspalten einer größeren Zuwendung in mehrere Zuwendungen unterhalb des Abzugsbetrags ein nicht gerechtfertigter StVorteil erwachsen kann. Der Abzugsbetrag fällt im Falle eines Behaltensfristverstoßes nach Abs 6 wie der Verschonungsabschlag weg (*Troll/Jülicher* § 13a Rz 47 und 413; *Moench/Weinmann* § 13a Rz 153). Dies erscheint angesichts der Anordnung in Abs 6 S 1 (Wegfall „nach Maßgabe des Satzes 2") aber keineswegs zwingend. In S 2 ist nur angeordnet, dass der Verschonungsabschlag wegfällt. Dies kann zweierlei bedeuten: zum einen, dass nach dieser Maßgabe auch der Abzugsbetrag entfällt und zum anderen, dass sich der Wegfall des Abzugsbetrags nur als Folge des zeitanteiligen Wegfalls des Verschonungsabschlags entsprechend Abs 2 ergibt. Da die zweite Auslegungsvariante bei Kleinsterwerben, bei denen der zeitanteilige Wegfall des Verschonungsabschlags eine Erhöhung des Wertes des begünstigten Vermögens bis zu 450.000 EUR bewirkt, zu einer Erhöhung des Abzugsbetrags führen würde (s oben), erscheint allein die erste Auslegungsvariante dem Zweck der Behaltenspflichtregelung entsprechend. Solange aber ein Rest des Abzugsbetrags verbleibt, bleibt er auch „berücksichtigt" und damit zeitanteilig verbraucht. Die Sperrwirkung des Abzugsbetrags wirkt sich nur bei Transaktionen zwischen denselben Personen aus. Dabei muss der Erwerb jeweils von derselben Person anfallen. Wird daher (steuerlich ungünstig) Vermögen hin und her übertragen, kommt der Abzugsbetrag sowohl bei der Hingabe als auch bei der Rückgabe zum Zuge. Überträgt ein Unternehmer sein Betriebsvermögen an seine Tochter und sein landwirtschaftliches Vermögen an seine Frau, die es dann auf Grund eines eigenen Entschlusses an die Tochter weitergibt, kann die Tochter den Abzugsbetrag bei beiden Erwerben in Anspruch nehmen, weil die Erwerbe ihr nicht von derselben Person anfallen. Dasselbe gilt, wenn die Tochter einen Teil des Vermögens ihres Vaters als Erbin und einen anderen Teil als Nacherbin nach ihrer Mutter erwirbt, weil der Erwerb als Nacherbin dann, wenn der Tod der Mutter den Nacherbfall gebildet hat, als Erwerb von der Mutter gilt (§ 6 II 1). Der Abzugsbetrag kann, wie es in Abs 2 S 3 heißt, innerhalb von zehn Jahren nur einmal berücksichtigt werden. Der hier genannte Zehnjahreszeitraum kann frühestens am 1.1.2009 mit dem Inkrafttreten des ErbStRG 2009

beginnen, denn vorher gab es den Abzugsbetrag noch nicht. Dass der Abzugsbetrag dem früheren Betriebsvermögensfreibetrag nach § 13a I aF ähnelt, rechtfertigt es nicht, die vom Freibetragsverbrauch her laufende Frist auf den Abzugsbetrag zu erstrecken (so auch R E 13a.2 II 4 ErbStR; A 13a.3 II 5 AEErbSt 2017). Der Abzugsbetrag wird iSd gesetzlichen Formulierung berücksichtigt, wenn er sich bei der Besteuerung des Erwerbers auswirkt. Eine Auswirkung wird schon dann zu bejahen sein, wenn nur ein Teil des in Abs 2 S 1 genannten Betrages berücksichtigt werden konnte, weil der Wert des Erwerbs niedriger als 1 Mio EUR war und für einen Erwerb von zB 100.000 EUR nur einen Abzugsbetrag von 15.000 EUR erlaubte (so auch R E 13a.2 II 3 ErbStR; A 13a.3 II 2 AEErbSt 2017). Nach A 13a II 2 AEErbSt 2017 soll dies auch gelten, wenn sich der Abzugsbetrag aufgrund Abschmelzung nach § 13a II 2 auf 0 EUR verringert hat. Dies erscheint unangemessen, da im Rahmen des § 13c der Abzugsbetrag keine Anwendung findet (s oben) und daher auch nicht verbraucht werden kann.

Ist der Abzugsbetrag nachträglich in vollem Umfang weggefallen, ist damit auch jede Auswirkung dieses Betrages entfallen, so dass er nunmehr sogleich wieder ausgenutzt werden kann. Der Abzugsbetrag entfällt, soweit, was praktisch freilich eher selten der Fall sein wird, ein Nacherwerb dazu führt, dass die 26 Mio-Euro-Grenze überschritten wird und nach Abs 1 S 3 die StBefreiung entsprechend der Regelverschonung mit Wirkung für die Vergangenheit entfällt. Soweit die Summe der Erwerbe hingegen unter der Freigrenze des Abs 1 bleibt, findet keine Neuberechnung der Abzugsbeträge statt, weder zulasten noch zugunsten des Stpfl. Ein Unterschreiten der Mindestlohnsumme hat auf den Abzugsbetrag keine Auswirkung (R E 13a.4 I 7 ErbStR; A 13a.8 I 10 Nr 1 AEErbSt 2017), aus dem oben genannten Grund auch nicht reflexiv im Falle einer nachträglichen Erhöhung des Wertes des stpfl begünstigten Vermögens aufgrund einer Kürzung des Verschonungsabschlags. 33

IV. Lohnsummenkontrolle (Abs 3)

AEErbSt 2017: Abschnitte 13a.4 bis 13a.8

Schrifttum: *Dillberger/Fest,* Der Verschonungsabschlag nach § 13a ErbStG n. F. als Motiv für einen Personalabbau bei Betriebsübergaben, DStR 09, 671; *Esskandari,* Lohnsummenregelung des § 13a Abs. 4 ErbStG, ErbStB 11, 194; *Hannes/Steger/Stalleiken,* Lohnsummenkontrolle im Familienkonzern, BB 11, 2455; *Immes,* Die Lohnsumme im ErbStG – Stolperfalle für den Mittelstand?, Ubg 11, 855; *Korezkij,* Lohnsummenregelung im Konzern: Klarstellung und Neuerung durch die Ländererlasse v. 5.12.2012, DStR 13, 346; *Bron,* Ermittlung der Lohnsummen und der Anzahl der Beschäftigten bei Beteiligungsstrukturen, ErbStB 13, 84; *Hannes/Stalleiken,* Technik der Lohnsummenkontrolle in mehrstufigen Beteiligungsstrukturen, DB 13, 364; *Zipfel,* Der neue Lohnsummenerlass der Finanzverwaltung, BB 13, 535; *Hannes/Stalleiken,* Neue Erlasse der Finanzverwaltung zu Lohnsummenkontrolle und Behaltensfristverstößen in Umstrukturierungsfällen, DB 14, 259; *Reich,* Erbschaftsteuerliche Behaltefrist für Kapitalgesellschaftsbeteiligungen und Betriebsvermögen (§ 13a Abs. 5 ErbStG) sowie Lohnsummenermittlung in Einbringungs- und Umwandlungsfällen, ZEV 14, 81; *Rödder/Dietrich,* Erbschaftsteuerliche Begünstigung und Umstrukturierungen – ausgewählte Punkte der „November Erlasse" aus Sicht der Beratungspraxis, Ubg 14, 90; *Stein,* Insolvenzen von Tochtergesellschaften in der Lohnsummenprüfung, ZEV 16, 180.

1. Aufbau und Inhalt

Abs 3 beginnt mit einer, wie sich an späterer Stelle zeigt, unzutreffenden Rechtsfolgenaussage: Das Nichtunterschreiten der im Folgenden angeordneten Mindestlohnsumme sei nämlich „Voraussetzung für die Gewährung des Verschonungsabschlags nach Abs 1". Erst in S 5 wird dann klargestellt, dass ein Unterschreiten der Mindest- 34 lohnsumme einer Gewährung des Verschonungsabschlags keineswegs entgegensteht, lediglich vermindert sich der „nach Abs 1 zu gewährende Verschonungsabschlag" mit Wirkung für die Vergangenheit, und zwar in dem Verhältnis, in dem die „Summe der maßgebenden jährlichen Lohnsummen" in der fünfjährigen Lohnsummenfrist die Mindestlohnsumme unterschreitet. Zutreffender hätte der Gesetzgeber also formuliert, was Voraussetzung für die Gewährung des „vollständigen" Verschonungsabschlags ist. Voraussetzung hierfür ist, wie weiterhin in S 1 ausgeführt wird, dass die Summe der maßgebenden jährlichen Lohnsummen des erworbenen Betriebs oder des Betriebs der Gesellschaft, deren Beteiligung erworben wurde, innerhalb einer Lohnsummenfrist von fünf Jahren nach dem Erwerb insgesamt eine Mindestlohnsumme von 400% der Ausgangslohnsumme nicht unterschreitet. Die Ausgangslohnsumme wird sodann in S 2 definiert als die durchschnittliche (Jahres-)Lohnsumme der letzten fünf vor dem Zeitpunkt der StEntstehung endenden Wirtschaftsjahre. S 3 befreit von der Lohnsummenkontrolle, wenn die Ausgangslohnsumme 0 beträgt oder der Betrieb nicht mehr als fünf Beschäftigte hat. S 4 erleichtert die Lohnsummenkontrolle, indem er bei Betrieben mit mehr als 5 aber nicht mehr als 10 Beschäftigten die Mindestlohnsumme von 400% auf 250% und bei Betrieben mit mehr 10 aber nicht mehr als 15 Beschäftigten auf 300% der Ausgangslohnsumme reduziert. Die Sätze 6–10 konkretisieren, welche Vergütungen zur Lohnsumme gehören (Sätze 6 und 8–10) und welche nicht (S 7). Die Sätze 11 und 12 regeln die Ermittlung der Lohnsummen und der Anzahl der Beschäftigten in mehrstufigen Beteiligungsstrukturen, S 11 soweit zum Betrieb Beteiligungen an Personengesellschaften gehören und S 12, soweit hierzu Anteile an Kapitalgesellschaften gehören. S 13 regelt die Ermittlung der Lohnsumme und der Anzahl der Beschäftigten im Fall einer Betriebsaufspaltung. Wenn zur Vollverschonung optiert wird, beträgt nach Abs 10 die Lohnsummenfrist 7 Jahre und die Mindestlohnsumme 700% der Ausgangslohnsumme, bei erleichterter Lohnsummenkontrolle bei Betrieben mit bis zu 10 Beschäftigten 500% und bei Betrieben mit bis zu 15 Beschäftigten 565%.

2. Art der Lohnsummenkontrolle

35 Die Lohnsummenkontrolle dient der Feststellung, ob das mit der Verschonung verfolgte Gemeinwohlziel der Erhaltung von Arbeitsplätzen nachhaltig erreicht wurde. Die Zielgröße, die sog Mindestlohnsumme, bestimmt sich individuell nach den Verhältnissen des erworbenen Betriebs. Hierzu wird die sog **Ausgangslohnsumme** ermittelt. Sie entspricht der durchschnittlichen Lohnsumme der letzten fünf vor dem Zeitpunkt der Entstehung der St abgeschlossenen Wirtschaftsjahre. Die Ausgangslohnsumme ist also ein Jahreswert. Zu ihrer Ermittlung sind die jährlichen Lohnsummen der fünf vor dem Erbfall oder der Schenkung abgeschlossenen Wirtschaftsjahre festzustellen. Der Durchschnitt dieser fünf Jahressummen ergibt die Ausgangslohnsumme. Die **Mindestlohnsumme** beträgt nun 400% der Ausgangslohnsumme. Die Mindestlohnsumme beschreibt aber anders als die Ausgangslohnsumme keine Jahreslohnsumme, sondern die in der fünfjährigen Lohnsummenfrist mindestens zu erbringende Summe der Jahreslohnsummen. Beträgt also zB die Ausgangslohnsumme als durchschnittliche Jahreslohnsumme in den fünf Jahren vor dem StEntstehungszeitpunkt 125.000 EUR, so beträgt die in den fünf Jahren nach dem StEntstehungszeitpunkt insgesamt zu erbringende Mindestlohnsumme 400% davon, also 500.000 EUR. Dies ist die Zielgröße, an der sich der vom Erwerber erworbene Betrieb messen lassen muss. Dazu sind spätestens 6 Monate nach Ablauf der Lohnsummenfrist (s § 13a VII) die jährlichen Lohnsummen des Betriebs nach dem StEntstehungsstichtag zu ermitteln und zu einer Summe aufzuaddieren. Liegt die Summe der maßgebenden jährlichen Lohnsummen des Betriebs über der Mindestlohnsumme, im Beispiel also über 500.000 EUR, so ist die gesetzlich vorgegebene Zielgröße erreicht und nichts weiter zu veranlassen. Liegt die Summe der jährlichen

Lohnsummen hingegen unter der Mindestlohnsumme, so hat der Erwerber dies dem Finanzamt anzuzeigen (Abs 7 S 1). Zwar hat nach Abs 7 S 6 auch dann eine Anzeige zu erfolgen, wenn der Vorgang zu keiner Besteuerung führt. Dies kann aber nur für die Fälle gelten, in denen überhaupt eine **Anzeigepflicht** besteht. Nach Abs 7 S 1 besteht aber eben eine solche Pflicht nur bei einem Unterschreiten der Mindestlohnsumme. Die Anzeige ist schriftlich abzugeben, sie gilt als StErklärung (Abs 7 S 4, 5). Da nach Abs 7 S 3 keine Festsetzungsverjährung eintritt, bevor das Finanzamt von dem Unterschreiten der Mindestlohnsumme Kenntnis erlangt, kann es nun entsprechend Abs 3 S 5 den Verschonungsabschlag kürzen. Betrug im obigen Beispiel die Summe der maßgebenden jährlichen Lohnsummen 400.000 EUR und wurde somit die Mindestlohnsumme um 1/5 unterschritten, so vermindert sich auch der Verschonungsabschlag um 1/5 von 85% auf 68%. Die durch die Verminderung des Verschonungsabschlags entstehende Mehrsteuer ist nachzuentrichten, aber nicht zu verzinsen. Da die Lohnsummenkontrolle erst nach Ablauf der Lohnsummenfrist durchgeführt werden kann, verbleibt dem Erwerber auch bei Unterschreiten der Mindestlohnsumme also immer noch ein gewisser Zinsvorteil.

Der Gesetzgeber gewährt dem Erwerber bei der Regelverschonung einen Lohn- 36
summenpuffer. Da er im Ergebnis in fünf Jahren nur das Vierfache der (Jahres-)Ausgangslohnsumme zu erbringen hat, kann er sich in Höhe von 20% einen Abbau von Arbeitsplätzen leisten. Hinzu kommt, dass der Erwerber auch von künftigen Lohnsteigerungen profitiert, da die Ausgangslohnsumme **nicht indexiert,** also für die Festlegung der Mindestlohnsumme an ein sich veränderndes Lohnniveau angepasst wird. Zwar würde sich eine Reduzierung des Lohnniveaus entsprechend negativ auswirken. Jedoch ist es dazu in den letzten Jahrzehnten nicht gekommen und deshalb auch nicht in der Zukunft zu erwarten. Ein entsprechender Lohnsummenpuffer fehlt demjenigen, der zur Vollverschonung optiert. Er hat in sieben Jahren das 7-fache der Ausgangslohnsumme zu erbringen. Er profitiert aber aufgrund der längeren Lohnsummenfrist in noch stärkerem Maße von künftigen Lohnsteigerungen. So könnten mit einer durchschnittlichen Lohnsteigerung von 3% pro Jahr immerhin sukzessiv 21% der Arbeitsplätze abgebaut werden.

Die Ermittlung der für die Bestimmung der Mindestlohnsumme maßgeblichen 37
Ausgangslohnsumme und der Summe der maßgebenden jährlichen Lohnsummen erfolgt weitestgehend nach denselben Kriterien. Für beide gelten dieselben Lohnsummendefinitionen und dieselben Regelungen zur Lohnsummenermittlung in mehrstufigen Beteiligungsstrukturen sowie bei Vorliegen einer Betriebsaufspaltung. Zu beachten ist jedoch die **unterschiedliche Bestimmung des Lohnsummenermittlungszeitraums.** Für die Ausgangslohnsumme sind die letzten fünf vor dem StEntstehungszeitpunkt endenden Wirtschaftsjahre maßgeblich, so dass hier der Durchschnitt aus fünf abgeschlossenen Wirtschaftsjahren gebildet werden kann. Bei einer Umstellung auf ein abweichendes Wirtschaftsjahr rechnet die FinVerw die Lohnsumme des Rumpfwirtschaftsjahres auf ein volles Wirtschaftsjahr mit 12 Monaten hoch (R E 13a.4 V 4 ErbStR; A 13a.7 I 4 AEErbSt 2017). Bei Neugründungen in der Ausgangslohnsummenzeit kann die durchschnittliche Ausgangslohnsumme auch aus einem kürzeren Zeitraum berechnet werden (R E 13a.4 V 5 ErbStR; A 13a.7 I 5 AEErbSt) 2017. Die für die Summe der maßgebenden jährlichen Lohnsummen maßgeblichen fünf Jahre beginnen hingegen zum Stichtag der StEntstehung (§ 9), also taggenau. Die Lohnsummen in der Zeit zwischen dem Ende des Wirtschaftsjahres vor dem Stichtag und dem Stichtag selbst, das können bis zu 364 Tage sein, bleiben damit unberücksichtigt. Bei lebzeitigen Übertragungen kann so durch die Bestimmung des Schenkungszeitpunkts Einfluss auf die Höhe der Ausgangslohnsumme genommen werden. Zu vergleichen ist dazu die Summe des jeweils ersten und fünften abgeschlossenen Wirtschaftsjahres vor dem StEntstehungszeitpunkt (bei einer Schenkung zB zum 30.12.2017 also die Jahre 2016 und 2011 und bei einer Schenkung zum 2.1.2018 die Jahre 2017 und 2012).

38 Die FinVerw will die Lohnsummen einer in einem **Drittstaat** belegenen Betriebsstätte des Betriebes nicht in die Lohnsummenermittlung miteinbeziehen (R E 13a.4 V 7 ErbStR; A 13a.7 I 7 AEErbSt 2017). Dafür spricht, dass die im Drittstaat gelegene Betriebsstätte nicht zur begünstigungsfähigen Einheit gehört (vgl § 13b I Nr 2). Allerdings stellt § 13a III 1 nicht auf das Betriebsvermögen des Betriebes, welches im Inland, der EU oder dem EWR belegen sein muss, ab, sondern auf den Betrieb selbst, zu dem aber auch die Drittlandsbetriebsstätte gehört. Sofern mit der FinVerw die Lohnsumme der Drittlandsbetriebsstätte bei der Ermittlung der Ausgangslohnsumme dennoch unberücksichtigt bleibt, hat dies jedenfalls auch für die Ermittlung der Summe der maßgebenden jährlichen Lohnsumme zu gelten (die FinVerw verweist in R E 13a.4 ErbStR und A 13a.7 AEErbSt 2017 für die Ermittlung der Mindestlohnsumme – gemeint ist die Ermittlung der Summe der maßgebenden jährlichen Lohnsummen – allerdings nur auf R E 13a.4 VI und VII ErbStR bzw auf A 13a.7 II und III AEErbSt und nicht auf R E 13a.4 V 7 ErbStR bzw A 13a.7 I 7 AEErbSt 2017).

39 Werden mehrere betriebliche Einheiten vererbt oder in zeitlichem Zusammenhang schenkweise übertragen, sind nach Auffassung der FinVerw zunächst die Lohnsummen der einzelnen Einheiten separat zu ermitteln, sodann aber im nächsten Schritt zu einer Gesamtlohnsumme zusammenzufassen (R E 13a.4 III 2 und 3 ErbStR; A 13a.6 1 AEErbSt 2017). Aus dieser Gesamtlohnsumme ergibt sich die nach den Erwerben insgesamt einzuhaltende Mindestlohnsumme. Damit kann ein Lohnsummenverstoß in nur einer Einheit die Nachversteuerung auch bei anderen Einheiten hervorrufen. Umgekehrt ist es freilich auch denkbar, dass durch einen Arbeitsplatzabbau in einer der ererbten oder geschenkt erhaltenen Einheiten ein Arbeitsplatzabbau in einer anderen Einheit kompensiert wird. Aus dem Gesetzeswortlaut lässt sich eine solche **Gesamtlohnsummenermittlung** nicht unmittelbar ableiten. § 13a III ordnet die Lohnsummenkontrolle vielmehr für den erworbenen Betrieb und bei erworbenen Gesellschaftsbeteiligungen für den Betrieb der Gesellschaft an. Demgegenüber fehlt es an einer Anordnung, dass nach der Einzelermittlung die Lohnsummen der einzelnen Betriebe zusammenzufassen sind. Genauso erfolgt auch die Bewertung der erworbenen Betriebe getrennt und auch der Verwaltungsvermögenstest bezieht sich immer nur auf die einzelne wirtschaftliche Einheit (zur Frage, ob im Rahmen der Verbundvermögensaufstellung auch nebeneinanderliegende wirtschaftliche Einheiten als begünstigungsfähiges Vermögen zusammenzufassen sind, vgl § 13b Anm 99). Der Wortlaut des Abs 3 würde es deshalb nahelegen, die Lohnsummenkontrolle nur auf die jeweils erworbene wirtschaftliche Einheit zu beziehen und auch nur hierauf bezogen den Verschonungsabschlag zu kürzen. Belastungsrelevant wird die Frage einer Gesamt- oder Einzellohnsummenermittlung vor allem dann, wenn die verschiedenen erworbenen Einheiten unterschiedliche Werte und unterschiedliche Lohnsummenrisiken aufweisen. So wird insb eine werthaltige Einheit mit geringem Lohnsummenrisiko von der Lohnsummenreduzierung einer miterworbenen Einheit von nur geringem Wert bei einer Gesamtlohnsummenermittlung zum Nachteil des Stpfl infiziert. Bei einer Einzellohnsummenermittlung würde hingegen nur der Verschonungsabschlag auf die ohnehin nur geringwertige wirtschaftliche Einheit gekürzt. Gegenläufige Auswirkungen ergeben sich hingegen, wenn sich in der werthaltigen Einheit ein erhöhtes Lohnsummenrisiko realisiert (*Hannes/Steger/Stalleiken,* BB 11, 2455 mit einem Berechnungsbeispiel). Die Entscheidung zwischen Gesamt- und Einzellohnsummenermittlung kann sich also für den Stpfl positiv wie negativ auswirken. Während bis zur ErbStReform 2016 kein Grund bestand, vom Gesetzeswortlaut abzuweichen, könnte nun allerdings das neue Verschonungssystem für eine Gesamtlohnsummenermittlung sprechen. Denn nunmehr ist für die Entscheidung, welche Verschonungsart Anwendung findet (Normalverschonung oder Abschmelzungs- bzw. Erlassmodell) und wie hoch bei Überschreiten der 26 Mio-Euro-Grenze bei Wahl des Abschmelzungsmodells der Ver-

schonungsabschlag ausfällt, auch das begünstigte Vermögen mehrerer Einheiten zwingend zusammenzufassen. Eine isolierte Anwendung des Verschonungsabschlags auf die einzelne begünstigte Einheit, wie sie das alte Recht noch zugelassen hätte, ist hiernach nicht mehr möglich, zumal sich nunmehr der Verschonungsabschlag nicht mehr auf die gesamte begünstigungsfähige wirtschaftliche Einheit bezieht, sondern nur noch auf deren begünstigten Teil. Auch das Erlassmodell (§ 28a), welches den Erlass unter die auflösende Bedingung eines Unterschreitens der Mindestlohnsumme stellt, erfordert eine Zusammenfassung sämtlichen begünstigten Vermögens, auch soweit sich dieses aus mehreren wirtschaftlichen Einheiten zusammensetzt. Auf der Grundlage der Systematik des neuen Rechts scheint damit die von der FinVerw schon nach alter Rechtslage präferierte Gesamtlohnsummenermittlung geboten. Auf deren Grundlage lässt sich zudem auch die Verlagerung von Arbeitnehmern zwischen wirtschaftlichen Einheiten oder auch die Ausgliederung von wirtschaftlichen Einheiten mit Arbeitnehmern innerhalb des Ermittlungszeitraums befriedigend lösen, wie folgendes **Beispiel** (nach *Hannes/Steger/Stalleiken,* BB 11, 2455) zeigt:

Aus der X-GmbH mit 1500 Arbeitnehmern werden ein Jahr vor dem Erbfall im Rahmen einer Teilbetriebsausgliederung 500 Arbeitnehmer auf die neu gegründete Y-GmbH übertragen. In diesem Fall erscheint es allein angemessen, die Löhne und Gehälter der ausgegliederten Arbeitnehmer bis zur Ausgliederung allein bei der X-GmbH und danach allein bei der Y-GmbH – insgesamt im 5-Jahreszeitraum also nur einmal und insb ohne Hochrechnung der Löhne und Gehälter der Y-GmbH aus dem verkürzten Ermittlungszeitraum – zu erfassen (so wohl auch R E 13a.4 V 6 ErbStR; A 13a.7 I 6 AEErbSt 2017).

3. Befreiung von der Lohnsummenkontrolle (Abs 3 S 3)

Der Gesetzgeber verzichtet auf eine Lohnsummenkontrolle, wenn der erworbene Betrieb eine Ausgangslohnsumme von 0 oder nicht mehr als 5 Beschäftigte hat. Dies hat zum einen Praktikabilitätsgründe, erscheint zum anderen aber auch deshalb angemessen, weil der Verlust nur eines Arbeitnehmers bei einer solch geringen Beschäftigtenzahl bereits ganz erhebliche Auswirkungen auf die Lohnsumme hat. Gerade aber im Handwerk sind zumindest derzeit qualifizierte Fachkräfte nur schwer zu finden und der Verlust häufig nicht kurzfristig zu ersetzen. **40**

Bei einer **Ermittlung der Anzahl der Beschäftigten** sind auch die Beschäftigten in **Beteiligungsgesellschaften** mitzuzählen, soweit die Gesellschaft Sitz oder Geschäftsleitung im Inland, der EU oder dem EWR hat und soweit bei Kapitalgesellschaften die unmittelbare oder mittelbare Beteiligung hieran mehr als 25% beträgt (Abs 3 S 3 Nr 2 iVm Sätze 11 und 12). Im Falle einer Betriebsaufspaltung sind die Beschäftigten der Betriebs- und Besitzgesellschaft zusammenzuzählen (Abs 3 S 3 Nr 2 iVm S 13). Die zunächst nur für die Lohnsummenermittlung geltenden Regelungen zu Konzernstrukturen sind erst mit dem AmtshilfeRLUmsG v 26.6.2013 mit Wirkung zum 7.6.2013 auch auf die Ermittlung der Beschäftigtenzahl ausgedehnt worden. Auch im Übrigen sind mit den jüngsten Änderungen der ErbStReform 2016 die Ermittlung der Beschäftigten und die Lohnsummenermittlung gleichgeschaltet worden. Zwar hatte die FinVerw schon immer bei der Prüfung der Beschäftigtengrenze, die zunächst bei 20 Beschäftigten lag und erst mit der ErbStReform 2016 auf 5 reduziert wurde, auch die Beschäftigten in Beteiligungsgesellschaften mitberücksichtigt (R E 13a.4 II 9 und VI 1 ErbStR; A 13a.4 II 13 und 13a.7 II 1 AEErbSt 2017) und die Änderung durch das AmtshilfeRLUmsG deshalb nur als Klarstellung qualifiziert (FinVerw BStBl I 13, 1272; so auch die Begründung im Gesetzentwurf BRDrs 139/13, 222). Zutreffend geht jedoch das FG Köln (EFG 15, 1618 – Rev II R 34/15) und ihm folgend das FG Düsseldorf (EFG 16, 125 – Rev II R 57/15) davon aus, dass mit dem Begriff des Betriebs in Konzernstrukturen allein der Gewerbebetrieb und bei Erwerb einer Gesellschaftsbeteiligung allein der Betrieb der Obergesellschaft gemeint **41** ist und nur jeweils deren Beschäftigte zu berücksichtigen sind. Die Revisionsentscheidungen hierzu stehen noch aus.

42 Die Beschäftigtenzahl ist **stichtagsgenau** auf den Zeitpunkt der StEntstehung (§ 9) zu ermitteln. Die FinVerw will in Fällen, in denen kurzfristig „im Hinblick auf die Übertragung" vor einer Schenkung eine Minderung der Anzahl der Beschäftigten erfolgte, § 42 AO anwenden und offenbar die entlassenen Beschäftigten mitzählen (R E 13a.4 II 3 ErbStR; A 13a.4 II 4 AEErbSt 2017). Tatsächlich aber handelt es sich bei der Entlassung eines Arbeitnehmers nicht um eine rechtliche Gestaltung, denn der Arbeitnehmer steht tatsächlich nicht mehr dem Betrieb zur Verfügung. Daher dürfte, auch soweit die Entlassung durch die Vermeidung der Lohnsummenkontrolle motiviert ist, die Annahme eines Gestaltungsmissbrauchs nicht in Betracht kommen. Ein Missbrauch könnte allenfalls dann angenommen werden, wenn die Minderung der Arbeitnehmerzahl nur scheinbar erfolgt und der entlassene Arbeitnehmer absprachegemäß kurz nach der Übertragung wieder im Betrieb arbeitet. Die Ermittlung der Anzahl der Beschäftigten erfolgt **„nach Köpfen".** Es erfolgt keine Umrechnung von Teilzeitkräften auf Vollzeitkräfte. Auch der Gesellschafter-Geschäftsführer einer Kapitalgesellschaft zählt mit, selbst wenn er sozialversicherungsrechtlich nicht als Arbeitnehmer behandelt wird. Sofern er bei mehreren Kapitalgesellschaften beschäftigt ist, will die FinVerw ihn sogar bei jeder Gesellschaft berücksichtigen (H E 13a.4 II ErbStH; H 13a.4 AEErbSt 2017), was aber nach dem Sinn und Zweck der Regelung nicht sein kann, wenn sämtliche dieser Gesellschaften zum Erwerb gehören. Unberücksichtigt sollen hingegen Vergütungen an Gesellschafter-Geschäftsführer einer Personengesellschaft bleiben, selbst wenn sie sozialversicherungsrechtlich als Arbeitnehmer behandelt werden.

43 Die FinVerw hatte **Beschäftigte in Mutterschutz und Elternzeit, Langzeitkranke und Auszubildende** ebenfalls bei den beschäftigten Arbeitnehmern mitgezählt (H E 13a.4 II ErbStH). Der Gesetzgeber hat sich dagegen entschieden und im Zuge der ErbStReform 2016 in Abs 3 S 7 ausdrücklich geregelt, dass Beschäftigte, die sich in Mutterschutz oder in einem Ausbildungsverhältnis befinden, oder die Krankengeld oder Elterngeld beziehen, nicht mitzählen. Wie schon vor der Erbschaftsteuerreform 2016 bleiben auch Beschäftigte, die nicht ausschließlich oder überwiegend in dem Betrieb tätig sind, unberücksichtigt. Hier stellte sich die Frage, wie diese Regelung in Bezug auf **geringfügig Beschäftigte** (sog 450 Euro-Jobs) auszulegen ist, ob insb „nicht ausschließlich oder überwiegend" nur derjenige tätig ist, der eine geringfügige Beschäftigung neben einer Hauptbeschäftigung ausübt oder auch schon derjenige, der deutlich weniger als ein Vollzeitbeschäftigter tätig ist. Die FinVerw hatte generell die geringfügig Beschäftigten, auch die iSd § 8 SGB IV mitgezählt (H E 13a.4 II ErbStH und nun auch A 13a.4 II AEErbSt 2017). Diese Handhabung dürfte der Gesetzgeber nunmehr dadurch bestätigt haben, dass er die nicht ausschließlich oder überwiegend tätigen in einem neu eingefügten Klammerzusatz als „Saisonarbeiter" konkretisiert. Durchgehend Teilzeitbeschäftigte dürften danach entsprechend der bisherigen Verwaltungspraxis im Rahmen der Pro-Kopf-Betrachtung als volle Beschäftigte zählen, selbst wenn die Teilzeittätigkeit nur geringfügig ist. Saisonarbeiter waren hingegen von der FinVerw schon bisher wie Leiharbeiter unberücksichtigt geblieben.

44 Die Lohnsumme umfasst jegliche **Vergütungen für die von den Beschäftigten erbrachte Arbeit,** sei es in Form von Geld oder von Sachleistungen. Neben Löhnen und Gehältern sind auch andere Bezüge und sonstige Vorteile einzubeziehen. Das Gesetz nennt beispielhaft Sondervergütungen, Prämien, Gratifikationen, Abfindungen, Zuschüsse zu Lebenshaltungskosten, Familienzulagen, Provisionen und Teilnehmergebühren. Auch der vom Arbeitgeber abzuführende Teil der Sozialbeiträge, Einkommens- und Zuschlagssteuern ist in die Lohnsumme einzubeziehen. Weitere Beispiele zu Lohnbestandteilen finden sich im Anhang 1 der VO (EG) Nr 1503/2006 v 28.9.2006, an dem sich die FinVerw orientiert (R E 13a.4 IV 1 ErbStR;

A 13a.5 S 1 AEErbSt 2017) und den sie auszugsweise in ihrem Leitfaden zur Feststellung nach § 151 I 1 Nrn 2–4 BewG sowie nach § 13a I a und § 13b II a als Anlage 7 abgedruckt hat (sog Leit-Fest; s BeckVerw 277750; VO auch abgedruckt im Veranlagungshandbuch ErbSt und Bewertung 2017 als Anlage zu A 13a.5 AEErbSt 2017). Die FinVerw lässt es aus Vereinfachungsgründen zu, dass bei Gewerbebetrieben im Inland, der EU oder dem EWR die maßgebliche Jahreslohnsumme der Gewinn- und Verlustrechnung entnommen wird (R E 13a.4 IV und IX ErbStR; A 13a.5 und 13a.7 V AEErbSt 2017). Maßgeblich sind die dort als Personalaufwand ausgewiesenen Löhne und Gehälter (vgl für Deutschland § 275 II Nr 6 Buchst a HGB). Nicht zur Lohnsumme gehören hingegen die Sozialabgaben und Altersversorgungsaufwendungen, die, sofern es sich nicht um Entgeltumwandlungen handelt, gem § 275 II Nr 6 Buchst b HGB gesondert ausgewiesen werden. Der Verweis auf die Gewinn- und Verlustrechnung kann nur als Vereinfachungsregelung verstanden werden. Das Gesetz stellt auf den Abfluss beim Unternehmen und den Zufluss beim Beschäftigten ab. Nach Abs 3 S 6 umfasst die Lohnsumme alle Vergütungen, welche an die auf den Lohn- und Gehaltslisten erfassten Beschäftigten „gezahlt werden". Nach Abs 3 S 10 zählen zu den Löhnen und Gehältern alle „von den Beschäftigten empfangenen" Sondervergütungen, Prämien und vergleichbaren Vergütungen (*Hannes/Steger/Stalleiken,* BB 11, 2455).

Vergütungen von Gesellschafter-Geschäftsführern einer Kapitalgesellschaft sind zu berücksichtigen, nach Auffassung der FinVerw jedoch nur, soweit diese keine verdeckte Gewinnausschüttung darstellen (H 13a. 5 AEErbSt 2017), also nur in angemessenem, fremdüblichen Umfang. Hingegen sind Vergütungen der Gesellschafter-Geschäftsführer von Personengesellschaften Teil ihrer Gewinnbeteiligung und qualifizieren steuerlich als gewerbliche Einkünfte. Die hM (*Fischer/Wachter* § 13a Rz 317; *Troll/Jülicher* § 13a Rz 82) berücksichtigt sie deshalb nicht, weder bei ausdrücklicher Vereinbarung noch durch Ansatz eines kalkulatorischen Unternehmerlohns (so auch A 13a.7 VI AEErbSt 2017). Dies erscheint in den Konstellationen unangemessen, in denen der Erwerber selbst durch den Erwerb vom Arbeitnehmer zum Mitunternehmer wird. Während sein Gehalt bei der Ermittlung der Ausgangslohnsumme mitzählt, bleibt es bei der Ermittlung der Summe der maßgebenden jährlichen Lohnsummen unberücksichtigt, obwohl er unverändert für den Betrieb tätig ist und keine Arbeitsplätze vernichtet. Im Rahmen einer teleologischen Reduktion sollte in derartigen Fällen daher auch bei der Ermittlung der Ausgangslohnsumme sein Gehalt unberücksichtigt bleiben. 45

4. Erleichterung der Lohnsummenkontrolle

Bereits oben (Anm 40) wurde darauf hingewiesen, dass bei Betrieben mit geringer Beschäftigtenzahl der Verlust nur weniger Arbeitnehmer deutlich größere Auswirkungen hat als in einem Betrieb mit mehreren hundert Mitarbeitern. Wenn einem Betrieb mit zehn gleich bezahlten Arbeitnehmern kurz nach Erwerb zwei Arbeitnehmer verloren gehen und mittelfristig aufgrund Fachkräftemangels nicht ersetzt werden können, so führt allein dies schon zu einer Lohnsummenreduzierung von 20%. Offenbar um dieses Risiko etwas abzufedern, hat der Gesetzgeber die verfassungsrechtlich geforderte Herabsetzung der Beschäftigtengrenze von 20 auf 5 Beschäftigte zum Anlass genommen, **zwei Zwischenstufen** einzuführen, in denen zwar eine Lohnsummenkontrolle stattfindet, dies jedoch mit Erleichterungen bei der Mindestlohnsumme als Zielvorgabe. So beträgt bei Betrieben mit mehr als fünf und bis zu zehn Mitarbeitern die in der 5-jährigen Lohnsummenfrist zu erbringende Mindestlohnsumme 250% der nach allg Regeln berechneten Ausgangslohnsumme. Bei Betrieben mit mehr als 10 aber nicht mehr als 15 Beschäftigten beträgt die Mindestlohnsumme 300%. Bei Option der Vollverschonung mit einer Lohnsummenfrist von 7 Jahren sind es bei den Betrieben mit bis zu 10 Beschäftigten 500% und bei den Be- 46 trieben mit bis zu 15 Beschäftigten 565%. Die Ermittlung der Beschäftigten erfolgt entsprechend den zu Abs 3 S 3 dargestellten Grundsätzen.

5. Lohnsummenermittlung in mehrstufigen Beteiligungsstrukturen

47 Soweit zu einem Betriebsvermögen eines Betriebs oder des Betriebs einer Gesellschaft Beteiligungen an Gesellschaften gehören, die ihrerseits Arbeitnehmer beschäftigen, stellt sich im Rahmen der Lohnsummenermittlung die Frage, ob und in welchem Umfang die in diesen Gesellschaften erbrachten Lohnsummen zu berücksichtigen sind. Das Gesetz beantwortet dies in der Weise, dass grundsätzlich auch die Lohnsummen in Beteiligungsgesellschaften in die Lohnsummenermittlung einfließen, allerdings nur anteilig in Höhe der Beteiligung, bei mittelbaren Beteiligungen in Höhe der durchgerechneten Beteiligung an der jeweiligen Gesellschaft. Um die Lohnsummenermittlung in mehrstufigen Beteiligungsstrukturen praktikabel zu halten, sind jedoch die Lohnsummen nur von solchen Gesellschaften zu berücksichtigen, die ihren **Sitz oder ihre Geschäftsleitung im Inland, der EU oder dem EWR** haben. Hintergrund hiervon ist, dass weder dem Stpfl noch der FinVerw zugemutet werden soll, zB einer chinesischen Gewinn- und Verlustrechnung den entstandenen Personalaufwand zu entnehmen. Dies gilt für Personen- und Kapitalgesellschaften gleichermaßen. Für Kapitalgesellschaften enthält Abs 3 S 12 jedoch eine weitere Einschränkung. Deren Lohnsummen werden weiterhin nur berücksichtigt, wenn die zum Betriebsvermögen gehörende unmittelbare oder mittelbare Beteiligung **mehr als 25%** beträgt. Während bei der Definition des begünstigungsfähigen Vermögens in § 13b I mit der 25%-Grenze für Kapitalgesellschaften gewährleistet werden soll, dass nur Beteiligungen mit einer gewissen Einflussnahmemöglichkeit unter die Begünstigung fallen, dürfte dieser Aspekt bei der Lohnsummenermittlung keine Rolle spielen. Vielmehr kann Hintergrund auch dieser Regelung zur Eingrenzung der Lohnsummenermittlung nur darin zu sehen sein, den damit verbundenen Aufwand zu begrenzen und die Lohnsummenermittlung in umfänglichen Konzernstrukturen handhabbar zu machen. Aufgrund der ohnehin nur anteiligen Berücksichtigung der Lohnsummen von Beteiligungsgesellschaften erscheint es unverhältnismäßig, auch all diejenigen Gesellschaften zu untersuchen, an denen nur eine geringe Beteiligung besteht. Von daher ist es nicht verständlich, dass der Gesetzgeber mit der 25%-Grenze die Lohnsummenermittlung **nur hinsichtlich Kapitalgesellschaften** und nicht auch hinsichtlich Personengesellschaften eingrenzt. Bis zur ErbStReform 2016, mit der die zunächst in einem Satz zusammengefasste Regelung in zwei Sätze aufgeteilt wurde, war noch offen, ob die 25%-Grenze für sowohl Kapitalgesellschaften als auch Personengesellschaften oder nur für Kapitalgesellschaften gilt. Der Wortlaut ließ beide Auslegungen zu. Der offenbar mit der 25%-Grenze verfolgte Zweck sprach hingegen für eine Anwendung auch auf Personengesellschaften. Der Gesetzgeber hat dies nunmehr zumindest für die Zukunft anders entschieden. Nach nunmehr eindeutiger gesetzlicher Regelung gilt die 25%-Grenze nur für Kapitalgesellschaften (so die FinVerw auch schon für die Vergangenheit, R E 13a.4 VI – VIII ErbStR).

48 Unklarheiten bestehen jedoch auch nach der Neufassung der gesetzlichen Regelung zu der Frage, wie in mehrstufigen Strukturen im Rahmen der Prüfung, ob bei einer Beteiligungsgesellschaft die 25%-Grenze überschritten ist, die Beteiligungshöhe zu berechnen ist. Die FinVerw hat ihre Auffassung zunächst in den ErbStR 2011 und sodann ergänzend in ihrem **Ländererlass v 5.12.2012** (BStBl I 12, 1250) niedergelegt. Folgende **Kernaussagen** lassen sich hieraus zusammenfassen: Mehrere „horizontal" nebeneinander bestehende Beteiligungsstränge sind bei der Ermittlung, ob die 25%-Grenze einer Gesellschaft überschritten ist, nur dann zusammenzurechnen, wenn sie von einer gemeinsamen Holding gehalten werden, also zum Betrieb einer erworbenen Kapital- oder Personengesellschaft gehören, oder wenn sie zum Be-

triebsvermögen eines Gewerbebetriebs als übergeordneter begünstigungsfähiger wirtschaftlicher Einheit gehören. War zB Gegenstand des Erwerbs eine Beteiligung an der Mutter-GmbH und hält diese jeweils zu 100% vier Tochter-GmbHs, die ihrerseits mit jeweils 25% an einer Enkel-GmbH beteiligt sind, so sind die Lohnsummen der Enkel-GmbH in die Lohnsummenermittlung einzubeziehen, da die zum Betrieb der M-GmbH gehörende mittelbare Beteiligung an der E-GmbH durchgerechnet mehr als 25%, nämlich 100% beträgt. Wären Gegenstand des Erwerbs hingegen unmittelbar die 100%igen Beteiligungen an den Tochter-GmbHs gewesen, so wäre die Lohnsumme der Enkel-GmbH nicht zu berücksichtigen, da sich die Beteiligungshöhe an der Enkel-GmbH allein auf den Betrieb der jeweiligen Tochter-GmbH als einziger Obergesellschaft bezieht. Die FinVerw stellt weiterhin zutreffend klar, dass im Rahmen der Lohnsummenermittlung der Abschluss eines Poolvertrages für die Frage, ob die Beteiligungsgrenze von 25% überschritten ist, keine Rolle spielt. Zur Berechnung „vertikaler" Strukturen (Mutter-Tochter-Enkel) geht die FinVerw offenbar von einem Überschreiten der 25%-Grenze nicht nur dann aus, wenn durchgerechnet eine Beteiligung von über 25% besteht, sondern auch, wenn die 25%-Beteiligungsgrenze auf jeder einzelnen Stufe überschritten ist. Im Ländererlass heißt es hierzu in Tz 1.1.: „Unmittelbare Beteiligungen von mehr als 25% sind in jedem Fall zu berücksichtigen. Dies gilt in einem mehrstufigen Feststellungsverfahren auf jeder Stufe." Danach ist zB die Lohnsumme einer Enkel-GmbH in die Lohnsummenermittlung einzubeziehen, wenn diese zu 30% von einer Tochter-GmbH und diese wiederum zu 50% von der Mutter-GmbH gehalten wird. Zwar läge die durchgerechnete Beteiligungsquote nur bei 15%, auf jeder Stufe liegt aber die Beteiligung über 25%. Nach diesen Grundsätzen wäre sogar die Lohnsumme einer Enkel-GmbH einzubeziehen, die zu 30% von einer Tochterpersonengesellschaft und nur zu 1% von einer Mutterkapitalgesellschaft gehalten wird, da für die Beteiligung an Personengesellschaften die 25%-Grenze nicht gilt. Angesichts des Gesetzeswortlauts, der allein darauf abstellt, ob zum Betriebsvermögen des erworbenen Betriebs oder des Betriebs der erworbenen Gesellschaft eine (unmittelbare oder) mittelbare Beteiligung von mehr als 25% gehört, sind uE jedoch nur die Lohnsummen derjenigen Gesellschaften zu berücksichtigen, an denen eine durchgerechnete mittelbare Beteiligung von mehr als 25% besteht. Die Muttergesellschaft hält nun einmal die Beteiligung der Enkelgesellschaft nicht unmittelbar sondern nur mittelbar in ihrem Betriebsvermögen. Eine Stufenbetrachtung scheidet hiernach aus. Allerdings eröffnet die Stufenbetrachtung der FinVerw auch Gestaltungsmöglichkeiten. Hält zB eine Mutterkapitalgesellschaft eine 10%ige Beteiligung an einer Tochterkapitalgesellschaft und diese wiederum eine 90%ige Beteiligung an einer Enkelpersonengesellschaft, so soll nach Auffassung der FinVerw die Lohnsumme der Enkelpersonengesellschaft unberücksichtigt bleiben, da bereits die Lohnsumme der Tochterkapitalgesellschaft aufgrund des Unterschreitens der 25%-Grenze nicht einzubeziehen ist. Damit entfaltet eine Kapitalgesellschaftsbeteiligung von nicht mehr als 25% eine Abschirmwirkung für alle von ihr gehaltenen Gesellschaften. Die FinVerw bildet im Erlass zwar nur den Fall der Abschirmung einer nachgeordneten Personengesellschaft durch eine Beteiligung an einer Kapitalgesellschaft von nicht mehr als 25%. Jedoch wäre mit der Begründung der FinVerw zu demselben Ergebnis zu kommen, wenn es sich bei der nachgeschalteten Gesellschaft um eine Kapitalgesellschaft handelt oder wenn die der Enkelgesellschaft vorgeschaltete Tochtergesellschaft eine Drittlandskapitalgesellschaft wäre (zur Gestaltung der Installation einer „Blocker-GmbH" etwa in Form einer Drittlandskapitalgesellschaft *Korezkij,* DStR 13, 346).

Zutreffend und durchaus praktikabel hat die FinVerw hingegen die Probleme geregelt, die sich stellen, wenn sich durch den **Zukauf** oder den **Verkauf** von Beteiligungen innerhalb des Ausgangslohnsummenzeitraums oder des Mindestlohnsummenzeitraums der Beteiligungsbestand oder auch nur die Höhe einer Beteiligung ändert. Schon in den ErbStR 2011 hatte die FinVerw klargestellt, dass bei der Berech- 49 nung der Ausgangslohnsumme nur solche Beteiligungsgesellschaften einzubeziehen sind, die auch am Übertragungsstichtag noch zum begünstigten Vermögen gehören (R E 13a.4 VI 1 und VII 1 ErbStR; so auch nun A 13a.7 II 1 und III 1 AEErbSt 2017), Beteiligungen an Kapitalgesellschaften zudem nur, wenn die Beteiligungshöhe im Übertragungszeitpunkt 25% überschreitet. Jede andere Behandlung wäre auch unangemessen, da ansonsten ein Erwerber bereits bei Erwerb des begünstigten Vermögens mit einem erheblichen von ihm nicht zu vertretenden Lohnsummenrisiko belastet wäre. Problematisch bleibt danach allerdings immer noch der Fall, dass sich die Beteiligungssumme während des Berechnungszeitraums für die Ausgangslohnsumme reduziert. Derartige Beteiligungen sind durchaus in die Berechnung der Ausgangslohnsumme einzubeziehen und zwar mit der für das jeweilige Jahr bestehenden Beteiligungsquote. Trotzdem geht auf den Erwerber nur eine geringere Beteiligung über. Auch in diesen Fällen startet also der Erwerber mit einer „Lohnsummenhypothek" in den Mindestlohnsummenzeitraum. Der Gesetzeswortlaut bietet jedoch keine Grundlage dafür, die Ausgangslohnsumme nur anhand der verminderten Beteiligungshöhe, wie sie am Übertragungsstichtag besteht, zu berechnen. Für den Mindestlohnsummenzeitraum vertritt die FinVerw die ebenfalls zutreffende Auffassung, dass die Löhne und Gehälter auch in solchen Gesellschaften einzubeziehen sind, die zwar zum Übertragungsstichtag noch nicht zum Betrieb gehörten, aber innerhalb der Mindestlohnsummenfrist hinzugekommen sind (Ländererlass BStBl I 12, 1250, Tz 2.2.). Bei Kapitalgesellschaften erfolgt die Berücksichtigung allerdings erst bei Überschreiten der Beteiligungsquote von 25% (ausführlich zum Ganzen *Hannes/Stalleiken,* BB 13, 364).

50 In einem weiteren **Erlass v 21.11.2013** (BStBl I 13, 1510) beschäftigt sich die FinVerw mit der **Lohnsummenermittlung bei Umstrukturierungen** während des Mindestlohnsummenzeitraums. Der Erlass unterscheidet in seinem Aufbau **drei Fälle:** das Vorschalten einer Gesellschaft, Umstrukturierungen auf nachgeordneten Ebenen und Umwandlungsfälle, letztere wiederum einerseits auf der obersten Ebene und andererseits auf nachgeordneten Ebenen. **(1.)** Bei der Fallgruppe des **Vorschaltens einer Gesellschaft** geht es um Veränderungen auf der Ebene des Schenkungsgegenstandes. Wird aufgrund von Umstrukturierungsmaßnahmen im Lohnsummenzeitraum der geschenkten wirtschaftlichen Einheit eine Gesellschaft vorgeschaltet, so sind nach Auffassung der FinVerw dennoch die Lohnsummen dieser vorgeschalteten Gesellschaft einschließlich der nachgeordneten Gesellschaften in die Lohnsummenermittlung einzubeziehen. Allerdings will die FinVerw die einzubeziehende Lohnsumme auf den Umfang der Beteiligungsquote des Beschenkten an der Obergesellschaft begrenzen. Maßgeblich ist also nicht mehr die geschenkte wirtschaftliche Einheit, sondern die vorgeschaltete Einheit und die Beteiligung des Erwerbers an dieser vorgeschalteten Einheit. Mit diesem Wechsel von einer betriebsbezogenen Berechnung zu einer anteilsbezogenen Berechnung verlässt die FinVerw jedoch den Wortlaut des Gesetzes, der ausdrücklich auf den erworbenen Betrieb abstellt. Dies führt vor allem dann zu ungerechtfertigten Ergebnissen, wenn sich der begünstigt erworbene Anteil auf einen Anteil von weniger als 100% des Stammkapitals oder Festkapitals der Gesellschaft bezieht und kein Dritter eine weitere Einheit einbringt, die zusätzliches Lohnsummenpotenzial enthält. In derartigen Fällen wird bei konsequenter Anwendung der Erlassaussage dem Erwerber bei Vorschalten einer Gesellschaft zwangsläufig ein Teil der Lohnsumme abgeschnitten (ausführlicher hierzu und mit Beispielen *Hannes/Stalleiken,* DB 14, 259). Angemessener wäre es daher, in konsequenter Umsetzung des Gesetzeswortlauts an der Lohnsummenermittlung des erworbenen Betriebs festzuhalten. **(2.)** Bei **Umstrukturierungen** auf nachgeordneten Beteiligungsebenen gelten zum einen die für Zu- und Verkäufe von Beteiligungen innerhalb der Lohnsummenfrist aufgestellten Grundsätze des Erlasses v 5.12.2012 (BStBl I 12, 1250). Ergänzend stellt die FinVerw im Erlass v 21.11.2013 klar, dass die Lohnsummen nachgeordneter Gesellschaften auch nach Umstrukturierung zu be-

rücksichtigen sind, was uneingeschränkt für alle Gesellschaften gilt, die bereits vor der Umstrukturierung – nicht: zum StEntstehungszeitpunkt – einzubeziehen waren. Für neu hinzugekommene Beteiligungen gilt dies ebenso, bei Personengesellschaften generell, bei Kapitalgesellschaften allerdings nur, wenn die unmittelbare und mittelbare Beteiligung zusammen mehr als 25% beträgt. Dies erscheint vom Wortlaut des Gesetzes gedeckt. Ungeachtet dessen kann es aber auch hier zu einer Lohnsummenreduzierung kommen, wenn sich nämlich die mittelbare Beteiligung der erworbenen betrieblichen Einheit an der umstrukturierten Gesellschaft verringert und dies nicht durch zusätzliches Lohnsummenvolumen von dritter Seite kompensiert wird. Dieser Nachteil dürfte aber gesetzesimmanent sein. **(3.)** In der dritten Fallgruppe, den **Umwandlungsfällen,** gelten, je nachdem auf welcher Ebene die Umwandlung erfolgt, die dargestellten Kernaussagen zum Vorschalten einer Gesellschaft und zu den Umstrukturierungen auf nachgeordneten Ebenen entsprechend.

V. Gesonderte Feststellung (Abs 4)

AEErbSt 2017: Abschnitt 13a.9

Schrifttum: *Halaczinsky,* Änderung des ErbStG und des BewG durch das Steuervereinfachungsgesetz, UVR 11, 342; *Krause/Grootens,* Neuregelung des Feststellungsverfahrens, NWB-EV 1/12, 27; *Krause/Grootens,* Feststellungsverfahren unter Beteiligung von Gesellschaften, NWB-EV 10/12, 325.

Die bereits durch das StVereinfachungsgesetz 2011 (BGBl I 11, 2131) als Abs 1a **51** eingeführte Regelung ist im Zuge der ErbStReform 2016 in Abs 4 verlagert und um S 2, der die örtliche Zuständigkeit für die gesonderte Feststellung bei börsennotierten Anteilen an Kapitalgesellschaften betrifft, erweitert worden. Darüber hinaus erfolgten keine inhaltlichen Änderungen. Mit der Anordnung gesonderter Feststellungen über die Ausgangslohnsumme, die Anzahl der Beschäftigten und die Summe der maßgebenden jährlichen Lohnsummen werden die für die Lohnsummenkontrolle maßgeblichen drei Größen einem eigenständigen Verfahren zugeführt und so eine zeitnahe Erhebung und Prüfung dieser Daten gewährleistet. Vor Einführung dieser Regelung wurden nämlich die Lohnsummenparameter lediglich nachrichtlich vom örtlich zuständigen Finanzamt dem ErbStFA übermittelt. Dieses musste sich aber erst nach Ablauf der Lohnsummenfrist mit den erhobenen Daten beschäftigen. Eine abschließende und verfahrensrechtlich bindende Prüfung wäre daher oft erst viele Jahre später erfolgt. Auch nach der Neuregelung hat eine gesonderte Feststellung allerdings nur zu erfolgen, wenn die festzustellenden Angaben „für die Erbschaftsteuer oder eine andere Feststellung iSd Vorschrift von Bedeutung sind". Die Entscheidung hierüber trifft wiederum das ErbStFA. Dieses wird also beim FeststellungsFA die Feststellung der für die Lohnsummenkontrolle relevanten Größen anfordern. Das FeststellungsFA ist das auch für die Feststellung des gemeinen Wertes des Betriebsvermögens oder der Gesellschaft zuständige BetriebsFA. Dieses wird den Unternehmer, bei Kapitalgesellschaften die Gesellschaft und bei Personengesellschaften den stpfl Gesellschafter oder die Gesellschaft (vgl § 153 BewG) zunächst auffordern, eine entsprechende Feststellungserklärung abzugeben und auf dieser Grundlage den Bescheid erlassen. In mehrstufigen Beteiligungsstrukturen hat, wenn die Werte für die ErbSt von Bedeutung sind, eine gesonderte und einheitliche Feststellung für jede lohnsummenrelevante Gesellschaft durch das jeweils zuständige BetriebsFA zu erfolgen. Die Ermessensentscheidung mit der sich anschließenden Anforderung trifft hier entweder das ErbStFA oder das BetriebsFA der Gesellschaft, in deren Betriebsvermögen sich die Beteiligung befindet. Die Einführung eines gesonderten Feststellungsverfahrens hat allerdings auch zur Folge, dass der Feststellungsbescheid als Grundlagenbescheid für die Festsetzung der ErbSt/SchSt vom Stpfl zu einem Zeitpunkt geprüft und ggf angefochten werden muss, in dem er die Auswirkungen dieser Feststellung auf den Verschonungsabschlag noch nicht absehen kann. Wer zudem noch vor einer Schenkung Fragen zur Lohnsummenkontrolle hat und diese durch einen Antrag auf verbindliche Auskunft klären lassen möchte, muss sich dazu ebenfalls an das jeweils zuständige BetriebsFA wenden (FinVerw BStBl I 12, 712), was gerade bei mehrstufigen Beteiligungsstrukturen äußerst mühsam werden kann.

VI. Begünstigungsübergang bei Weiterleitung (Abs 5)

AEErbSt 2017: Abschnitt 13a.10

Schrifttum: *Wälzholz,* Erbauseinandersetzung und Teilanordnungen nach der Erbschaftsteuerreform, ZEV 09, 113; *Wälzholz,* Aktuelle erbschaftsteuerliche Gestaltungsprobleme der Erbauseinandersetzung, insbesondere nach der Erbschaftsteuerreform 2016, ZEV 2017, 135; *Jülicher,* „Begünstigungstransfer" im ErbStG – Systematik und Vergleich der Vorschriften, ZErb 17, 5.

1. Grundlagen

52 Mit § 13a V will der Gesetzgeber ergänzend zu den allg Vorschriften sicherstellen, dass die Verschonung nur demjenigen Erwerber zugutekommt, welcher das begünstigte Vermögen letztlich erhält. Abs 5 fasst die bisherigen Regelungen des § 13a III (nunmehr Abs 5 Sätze 1 und 2) und § 13b III (nunmehr Abs 5 S 3) zusammen. Die Sätze 1 und 2 betreffen nur den Ersterwerber. Sie ordnen an, dass er den Verschonungsabschlag und den Abzugsbetrag nicht in Anspruch nehmen kann, soweit er das begünstigte Vermögen aufgrund einer Verfügung des Erblassers oder Schenkers auf einen Dritten übertragen muss (S 1) oder als Erbe im Rahmen der Nachlassteilung auf einen Miterben überträgt (S 2). S 3 knüpft an den in S 2 geregelten Fall der Nachlassteilung an und trifft eine Anordnung für den Zweiterwerber, also für den Miterben – in S 3 „Dritter" genannt –, der im Rahmen der Nachlassteilung begünstigtes Vermögen erwirbt und dafür anderes, nicht begünstigtes Vermögen hingibt. Die Anordnung lautet, dass sich der Wert des von ihm mit dem Erbfall erworbenen begünstigten Vermögens um den Wert des im Rahmen der anschließenden Nachlassteilung hingegebenen Vermögens, höchstens aber um den Wert des dabei zusätzlich erhaltenen begünstigten Vermögens erhöht. Die Regelung wurde erst mit dem ErbStRG 2009 eingeführt. Bis dahin partizipierten die Miterben an den Begünstigungen für den Erwerb unternehmerischen Vermögens lediglich in Höhe ihrer Erbquote, auch wenn sie im Rahmen der Erbauseinandersetzung in überquotalem Umfang begünstigtes Vermögen erhielten. Die dem Erbfall nachfolgende Erbauseinandersetzung war für die erbstliche Abwicklung irrelevant. Dies wurde jedoch zu Recht als ungerecht empfunden, da die Sozialgebundenheit des begünstigten Vermögens allein den Letzterwerber trifft und nur er für die Erreichung des mit der Verschonung angestrebten Gemeinwohlziels verantwortlich sein kann. Es erscheint deshalb durchaus angemessen, wenn nur er in den Genuss der Verschonung kommt, aber auch nur ihn die damit verbundenen Nachsorgepflichten (Lohnsummenkontrolle und Behaltenspflichten) sowie nur ihn die mit ihrer Nichterfüllung verbundenen Sanktionen treffen.

2. Keine Verschonung bei Übertragungsverpflichtung (Abs 5 S 1)

53 Anders als im Fall der Nachlassteilung ist in den Fällen letztwilliger oder rechtsgeschäftlicher **Weiterleitungsverpflichtungen** die gesetzliche Anordnung eines Begünstigungstransfers eigentlich nicht erforderlich. Hier ergibt sich die Begünsti-

gung des Zweiterwerbers bereits aus den allg Vorschriften. Sofern nämlich die Weiterleitungsverpflichtung, wie das Gesetz es fordert, auf einer letztwilligen oder rechtsgeschäftlichen Verfügung des Erblassers oder Schenkers beruht, erwirbt der Zweiterwerber von diesem. Regelungsbedürftig ist allenfalls, dass der Erbe oder der Beschenkte, der das begünstigte Vermögen weiterübertragen muss, nicht in den Genuss der Verschonung kommt. Allerdings ist er auf diese in der Regel auch gar nicht angewiesen, da er im Falle seiner Verpflichtung zur Weiterübertragung den Wert des weiter zu übertragenden Nachlassgegenstandes als Nachlassverbindlichkeit von seinem Erwerb abziehen kann.

Dies zeigt exemplarisch der **Hauptanwendungsfall** des Abs 5 S 3, die Verpflichtung zur Weitergabe aufgrund einer **Vermächtnisanordnung.** Muss ein Erbe, der mit dem Erbfall begünstigtes Vermögen erworben hat, dieses aufgrund einer Vermächtnisanordnung einem Vermächtnisnehmer übertragen, so kann er nach Abs 5 S 1 die Verschonung nicht in Anspruch nehmen. Die Gesetzesbegründung (BTDrs 16/7918, 34) weist aber bereits zutreffend darauf hin, dass ihm durch den Wegfall der Verschonung kein Nachteil entsteht. Denn der Vermächtnisgegenstand ist für den Erben ein durchlaufender Posten, der letztlich seine Besteuerung unbeeinflusst lässt. Soweit der Vermächtnisgegenstand nämlich beim Erben steuerlich verschont bliebe, könnte die Vermächtnisschuld nicht abgezogen werden (§ 10 VI 1 und 4). Soweit die Verschonung (wieder) entfallen würde, stünde ihm aber auch (wieder) der Schuldenabzug zur Verfügung. Der Erbe kann daher den Erwerb entweder durch Inanspruchnahme der Verschonung oder durch Abzug der Vermächtnisverbindlichkeit für die Besteuerung neutralisieren. Letztlich spielt es daher für ihn keine Rolle, ob ihm die Begünstigung verbleibt oder nicht. Bedeutender ist hingegen die Frage, ob dem **Vermächtnisnehmer** der Verschonungsabschlag und der Abzugsbetrag zugutekommen. Dies aber ergibt sich bereits aus den allg Regeln. Der Vermächtnisnehmer erwirbt von Todes wegen vom Erblasser, auch wenn ihm der Vermächtnisgegenstand erst vom Erben übertragen werden muss. Zwar erwirbt er an sich nur einen Anspruch (§ 2174 BGB), der als solcher noch nicht als begünstigungsfähiges Vermögen qualifiziert und daher an sich nicht begünstigt wäre. Doch wird durch die Gesetzesbegründung (BTDrs 16/7918, 36), die Rspr (BFH BStBl II 08, 982, 985) und die FinVerw (R E 13a.3 I 5 ErbStR; A 13a.10 I 5 AEErbSt 2017) ausreichend bestätigt, dass die von § 13a vorgesehene Begünstigung auch für den Vermächtniserwerb gelten soll. 54

Die Begünstigung geht verloren, **„soweit“** der Erwerber das begünstigte Vermögen übertragen muss. Muss er nicht das ganze begünstigte Vermögen übertragen, sondern bspw nur die Hälfte, wird er so gestellt, als hätte er nur die ihm verbleibende Vermögenshälfte erworben. Für diese Hälfte kann er den Verschonungsabschlag uneingeschränkt in Anspruch nehmen. Der auf die andere Hälfte entfallende Verschonungsabschlag geht ihm dagegen verloren. Unrichtig wäre es allerdings, wenn man Abs 3 S 1 trotz seines Wortlauts („Ein Erwerber kann den Verschonungsabschlag (Abs 1) und den Abzugsbetrag (Abs 2) nicht in Anspruch nehmen, soweit …“) so verstehen wollte, dass dieselbe Rechtsfolge uneingeschränkt auch für den Abzugsbetrag gilt. Beim Abzugsbetrag kann die Teilweiterleitung des Erwerbs sogar im Gegenteil dazu führen, dass der Abzugsbetrag wegen der Abschmelzungsregelung in Abs 2 beim Erben nicht verloren geht, sondern erstmals entsteht. Hat der Erbe zB 4 Mio EUR begünstigtes Vermögen erworben, so konnte er ohne Vermächtnisverpflichtung keinen Abzugsbetrag geltend machen. Muss er dagegen die Hälfte des erworbenen Vermögens an einen Vermächtnisnehmer übertragen, dann verbleiben ihm 2 Mio EUR, worauf bei Anwendung der Regelverschonung ein Abzugsbetrag von 75.000 EUR entfällt. Die Anordnung des Abs 3 S 1 macht bezüglich des Abzugsbetrags also allenfalls dann Sinn, wenn der Erwerber sämtliches begünstigtes Vermögen weitergeben muss. 55

Nach dem Wortlaut der Vorschrift soll der Verlust der Begünstigung nur eintreten, soweit der Erbe das begünstigte Vermögen auf den Vermächtnisnehmer übertragen 56

„muss". Diese Formulierung könnte so verstanden werden, als wollte sie eine zivilrechtlich wirksame Übertragungspflicht zur Voraussetzung nehmen. Es gibt aber keinen Grund, warum zivilrechtlich unwirksame, aber ausgeführte Vermächtnisse, die einen stpfl Vorgang bilden, nicht auch im Rahmen des Abs 3 S 2 beachtet werden sollen.

57 Weitere Anwendungsfälle neben dem Sachvermächtnis sind das Vorausvermächtnis, die Auflage und das Schenkungsversprechen auf den Todesfall (R E 13a.3 I 3 ErbStR; A 13a.10 I 3 AEErbSt 2017). Bereits die mit den vorstehenden Anordnungen begründeten Übertragungsverpflichtungen führen zum Versagen des Verschonungsabschlags, nicht erst die Übertragung selbst. Auch bei zeitlicher Verzögerung der Erfüllung der Weitergabepflicht dürfte dies jedoch meist unproblematisch sein, da dem Ersterwerber in der Regel die Abzugsmöglichkeit nach § 10 V Nr 2 zusteht.

3. Begünstigungstransfer bei Nachlassteilung (Abs 5 S 2 und 3)

58 Im Falle einer **Nachlassteilung,** von der begünstigtes Vermögen iSd § 13b Abs 2 betroffen ist, ordnet Abs 5 S 2 an, dass derjenige Erbe, der das begünstigte Vermögen aufgibt, die Verschonungen der §§ 13a, 13b, 13c und 28a verliert. An seiner Stelle erlangt derjenige Miterbe, der das begünstigte Betriebsvermögen erhält, die Begünstigung (Abs 5 S 3). Dieser Miterbe muss nunmehr die Anforderungen der Lohnsummenkontrolle (Abs 3) sowie der Behaltensfrist (Abs 6) erfüllen. Die steuerlichen Folgen eines etwaigen Verstoßes hat er allein zu tragen (R E 13a.3 I 5 ErbStR; A 13a.2 I 5 AEErbSt 2017). Gleichgültig ist dabei, ob die Nachlassteilung auf einer Teilungsanordnung des Erblassers beruht oder einvernehmlich von den Erben vorgenommen wird (R E 13a.3 II 6 ErbStR; A 13a.3 II 6 AEErbSt 2017). Damit können sich die Steuerlasten der Miterben wesentlich verschieben (*Wälzholz* ZEV 09, 113, 115 und ZEV 17, 135), was ggf zwischen den Erben ausgeglichen werden sollte. Die FinVerw will bei einer freien Erbauseinandersetzung einen Begünstigungstransfer nur dann vornehmen, wenn die Auseinandersetzung innerhalb von sechs Monaten nach dem Erbfall erfolgt. Bei einer späteren Auseinandersetzung soll ein Begünstigungstransfer nur dann ausnahmsweise in Betracht kommen, wenn der Stpfl besondere Gründe für die Verzögerung darlegen kann (H E 13a.3 ErbStR und Ländererlass v 3.3.2016, BStBl I 2016, 280 sowie nun H 13a.10 AEErbSt 2017). Als solche Gründe nennt die FinVerw beispielhaft Erbstreitigkeiten oder die Erstellung von Gutachten. Diese Auffassung findet im Gesetz keine Grundlage. Dort ist der Begünstigungstransfer vielmehr unbefristet angeordnet. Auch der BFH (BStBl II 16, 225 zur Familienheimbefreiung, zitiert in H 13a.10 AEErbSt 2017) hat unter ausdrücklicher Ablehnung der Auffassung der FinVerw klargestellt, dass eine zeitliche Nähe zum Erbfall für die Teilung des Nachlasses nicht vorgeschrieben ist.

Abs 5 S 3 trifft in diesem Zusammenhang eine **Sonderregelung für die Bemessungsgrundlage.** Überträgt der eine Miterbe begünstigtes Vermögen auf einen anderen Miterben und gibt dieser andere Miterbe nicht begünstigtes Vermögen hin, so ist bei der Berechnung der Begünstigung der Wert des nicht begünstigten Vermögens anzusetzen, höchstens jedoch der Wert des begünstigten Vermögens. Zum begünstigten Vermögen zählt nach seit dem 1.7.2016 geltender Rechtslage nicht mehr das sog Verwaltungsvermögen (vgl § 13b II ErbStG). Wertverschiebungen im Bereich des Verwaltungsvermögens bleiben damit unberücksichtigt. Bei der Gestaltung der Erbauseinandersetzung sind zudem die über die Anwendung der verschiedenen Verschonungsarten entscheidenden Wertgrenzen – Normalverschonung bis 26 Mio EUR, Abschmelzung bis maximal 90 Mio EUR und unbegrenzt der Erlass – zu beachten. Dabei sind auch hinzuzurechnende Vorerwerbe von begünstigtem Vermögen (vgl Abs 1 S 2) zu berücksichtigen.

So kann durch eine überquotale oder unterquotale Zuweisung von begünstigtem Vermögen die Normalverschonung verloren gehen oder erlangt werden. Im Rahmen des sog Abschmelzungsmodells (§ 13c) hat eine solche Zuweisung unmittelbaren Einfluss auf die Höhe des Verschonungsabschlages. Beim sog Erlassmodell (§ 28a) kann sich zudem die Zuweisung von Verwaltungsvermögen sowie auch sonstigem nicht begünstigtem Vermögen außerhalb der begünstigungsfähigen Einheit auf die Höhe des Erlasses auswirken, da in Höhe der Hälfte des Wertes dieses sog verfügbaren Vermögens (vgl § 28a II Nr 1) kein Erlass in Anspruch genommen werden kann. Dies kann soweit gehen, dass durch die Zuweisung des gesamten begünstigten Vermögens an den einen und des gesamten nicht begünstigten Vermögens an den anderen Miterben statt einer vollen Besteuerung eine Vollbefreiung durch Erlass erlangt werden kann. Allerdings ist auch zu berücksichtigen, dass im Rahmen der Erlassberechnung bei der Ermittlung des verfügbaren Eigenvermögens (§ 28a II Nr 2) allein auf das Eigenvermögen des Miterben abzustellen ist, der letztlich den Erlass in Anspruch nehmen kann (zum Ganzen *Wälzholz* ZEV 17, 135, 137ff mit Berechnungsbeispielen).

VII. Behaltensbedingungen (Abs 6)

AEErbSt 2017: Abschnitte 13a.11 bis 13a.18

Schrifttum: *Crezelius,* Nachsteuertatbestände und Umwandlungssteuerrecht, FR 11, 401; *Stalleiken/Steger,* Umstrukturierung im Konzern nach Erbfall/Schenkung – Wann kommt es auf die Reinvestitionsklausel an?, DStR 11, 15353; *Hannes/Stalleiken,* Neue Erlasse der Finanzverwaltung zu Lohnsummenkontrolle und Behaltensfristverstößen in Umstrukturierungsfällen, DB 14, 259; *Steger/Königer,* Behaltensregelungen nach § 13a Abs 5 ErbStG bei Einbringungs- und Umwandlungsfällen – Eine kritische Analyse der gleich lautenden Erlasse v 20. 11. 2013, BB 14, 2711; *Pohl,* Die Veräußerung von wesentlichen Betriebsgrundlagen und die Reinvestitionsklausel des § 13a Abs 5 S 3 ErbStG, Auswirkungen des AmtshilfeRLUmsG, ErbStB 14, 197; *Reich,* Erbschaftsteuerliche Behaltefrist für Kapitalgesellschaftsbeteiligung und Betriebsvermögen (§ 13a Abs 5 ErbStG) sowie Lohnsummenermittlung in Einbringungs- und Umwandlungsfällen, ZEV 14, 81; *Weber/Schwind,* Betriebsvermögensbegünstigungen gem §§ 13a, 13b ErbStG als Umstrukturierungshindernis, ZEV 14, 408; *Urbach,* Behaltensfristen des § 13a ErbStG: Hinweise zur Vermeidung steuerschädlicher Handlungen, KÖSDI 14, 19136; *Viskorf,* Erbschaft- und schenkungsteuerliche Risiken in Umwandlungsfällen, ZEV 14, 633; *Crezelius,* UmwStG und ErbStG, DStZ 15, 399; *Dorn,* Offene Fragen zur Anwendung der Behaltensregelung und Reinvestitionsklausel des § 13a Abs 5 ErbStG bei Asset Deals und Share Deals in mehrstufigen Beteiligungsstrukturen, ZEV 15, 690; *Götz/Immes,* Gemischte Schenkung versus Schenkung unter Auflage im ErbStG, Ubg 15, 14; *Reich,* (Erbschaft-)Steuerfinanzierung für Gesellschafter von Familienunternehmen, DStR 15, 2353; *Müller/Dorn,* Schenkung- und erbschaftsteuerliche Fallstricke der Buchwertübertragung von Einzelwirtschaftsgütern nach § 6 Abs 5 S 3 EStG mit Rechtsträgerwechsel, DStR 16, 1063; *Söffing/Bron,* Ausschüttung aus dem steuerlichen Einlagekonto innerhalb der erbschaft- und schenkungsteuerlichen Behaltensfrist, DStR 16, 1913; *Wälzholz,* Der Überentnahmetatbestand des § 13a Abs. 6 Nr. 3 ErbStG nach der Erbschaftsteuerreform 2016, ZEV 17, 444.

1. Grundlagen

Der Verschonungsabschlag und der Abzugsbetrag fallen mit Wirkung für die Vergangenheit weg, wenn der Erwerber innerhalb einer Behaltensfrist von fünf Jahren gegen die in den Katalognummern 1–5 genannten **Behaltenspflichten** verstößt. Der Wegfall erfolgt allerdings nicht wie früher nach der bis zur ErbStReform 2009 geltenden Rechtslage „fallbeilartig“ insgesamt, sondern nur **zeitanteilig** und, dies allerdings schon immer, **gegenständlich beschränkt.** Die Behaltenspflichtregelung gehört zum Kern der Begünstigung unternehmerischen Vermögens. Sie war bereits Bestandteil der zum 1. 1. 1994 eingeführten StBefreiung für Betriebsvermögen iHv **59** damals 500.000 DM. **Grund der Regelung** war damals wie heute sicherzustellen, dass die mit den Betriebsvermögensprivilegien verfolgten Gemeinwohlziele auch tatsächlich erreicht werden. Schon sehr früh zeigte sich, dass der Zweck der Begünstigung nicht die schlichte StBefreiung produktiven und deshalb möglicherweise begünstigungswürdigen Vermögens sein soll. Von Beginn an stand vielmehr die Begünstigung der **Unternehmensnachfolge,** also eine Förderung und Gewährleistung der nachhaltigen Fortführung des Betriebs in den Händen des Erwerbers, im Vordergrund. So formulierte das Bundesverfassungsgericht schon in seiner Entscheidung v 22.6.1995 (BStBl II 95, 671): „Der Gleichheitssatz (Art 3 I GG) fordert, diese verminderte Leistungsfähigkeit bei den Erben zu berücksichtigen, die einen solchen Betrieb weiterführen, also den Betrieb weder veräußern noch aufgeben, ihn vielmehr in seiner Sozialgebundenheit aufrecht erhalten, …". An dieser Zielsetzung hat sich bis heute nichts geändert. So formulierte das Bundesverfassungsgericht auch noch in seiner jüngsten Entscheidung v 17.12.2014 (BStBl II 15, 50): „Deshalb will die Neuregelung diejenigen Unternehmensübergänge privilegieren, bei denen sichergestellt ist, dass die Unternehmensnachfolge nachhaltig ist und die Arbeitsplätze erhalten werden"). Damit aber kann allein der Erwerb unternehmerischen Vermögens die Begünstigung noch nicht rechtfertigen. Denn im Zeitpunkt des Erwerbs steht noch nicht fest, ob es tatsächlich zu einer nachhaltigen Betriebsfortführung kommt. Dies lässt sich vielmehr erst Jahre später in der Rückschau feststellen. Um aber die Möglichkeit einer erfolgreichen Unternehmensnachfolge nicht zu gefährden, erhält der Erwerber die StBefreiung sozusagen als Vorschuss. Wird später festgestellt, dass es nicht zu einer nachhaltigen Betriebsfortführung kam, wird der Vorschuss zurückgefordert: Der Erwerber hat die ErbSt, die er aufgrund der prognostizierten Betriebsfortführung nicht zahlen musste, in dem Umfang nachzuentrichten, in dem es nicht zur Betriebsfortführung kam. Das Bundesverfassungsgericht formuliert hierzu in seiner Entscheidung v 7.11.2006 (BStBl II 07, 192): „Wird der Lenkungszweck im Einzelfall verfehlt, kann dem über Nachversteuerungsvorbehalte wie zB in § 13a V Rechnung getragen und die durch die stliche Lenkung nicht mehr gerechtfertigte Ungleichbehandlung rückgängig gemacht werden." Nach der Wertung des Gesetzgebers ist bei der Regelverschonung das den 85%igen Verschonungsabschlag rechtfertigende Gemeinwohlziel einer nachhaltigen Unternehmensnachfolge erreicht, wenn der Erwerber den Betrieb fünf Jahre fortführt. Da die Vollverschonung einer höheren Rechtfertigung bedarf, ist bei deren Inanspruchnahme das Gemeinwohlziel erst bei einer siebenjährigen Betriebsfortführung vollständig erreicht. Wird dieses Ziel nur teilweise erreicht, sei es, dass der Betrieb nur drei Jahre statt fünf Jahre fortgesetzt wird, oder sei es, dass der Betrieb nur teilweise weitergeführt wird, so verbleibt dem Erwerber die StBefreiung im Umfang der Zielerreichung, also der zeitlichen und gegenständlichen Betriebsfortführung.

60 Mit dem Katalog der **Behaltenspflichten** formuliert der Gesetzgeber Tatbestände, bei deren Erfüllung nicht mehr von einer Betriebsfortführung ausgegangen werden kann. Die klassischen Fälle hierfür sind die Veräußerung und die Aufgabe des Betriebs. Bei einer solchen vollständigen Betriebseinstellung kommt es für die Berechnung des Wegfalls des Verschonungsabschlags lediglich darauf an, wann diese erfolgte. Denn für jedes volle Jahr der Betriebsfortführung bleibt bei der Regelverschonung 1/5 der StBefreiung erhalten und lediglich der Rest fällt weg; bei Option zur Vollverschonung sind es jedes Jahr 1/7. Daneben enthält der Katalog aber auch Tatbestände, nach denen der erworbene Betrieb nur teilweise fortgeführt wird. Hierzu gehört die Veräußerung von Teilbetrieben und Teilanteilen sowie die Veräußerung oder die Entnahme wesentlicher Betriebsgrundlagen. Auch wer außerhalb dieser Fälle Substanz entnimmt, also mehr als er an Gewinn erzielt, führt den Betrieb nicht im erworbenen Umfang fort. Die hierfür geschaffene Überentnahmeregelung der Katalognummer 3 galt zunächst nur für Einzel- und Mitunternehmer, wurde aber mit der ErbStReform 2009 auch auf Gesellschafter einer Kapitalgesellschaft erstreckt. Neu als

Behaltenspflichtverstoß eingeführt wurde in 2009 auch die Aufhebung einer Poolvereinbarung, da erst seit dieser Zeit durch eine solche Vereinbarung die 25%-Hürde für Kapitalgesellschaften überwunden werden kann. Der Gesetzgeber geht also offenbar davon aus, dass der Erwerber den Betrieb auch dann nicht fortführt, soweit er die durch den Pool vermittelte Einflussnahme in der Kapitalgesellschaft aufgibt.

Der Betrieb muss nach der Wertung des Gesetzes allerdings nicht in der Form fortgeführt werden, wie er erworben wurde. Der Gesetzgeber hat durchaus erkannt, dass auch die Unternehmensnachfolger kurzfristig auf sich ändernde Märkte reagieren können müssen. Ein Branchenwechsel würde schon nicht den Tatbestand eines Behaltenspflichtverstoßes erfüllen. Doch auch darüber hinaus ist es dem Erwerber gestattet, den Betrieb oder Teile davon zu veräußern und wieder zeitnah in anderes begünstigtes Vermögen zu investieren. Zwar stellt die Veräußerung zunächst einen Behaltenspflichtverstoß dar, jedoch wird dieser durch Reinvestitionen geheilt. Auch in diesem Fall sieht der Gesetzgeber also das Gemeinwohlziel einer nachhaltigen Unternehmensnachfolge erreicht. 61

2. Umfang des Wegfalls der Steuerbefreiung

Der Verschonungsabschlag und der Abzugsbetrag fallen nur insoweit weg, als das vom Gesetz mit einer fünfjährigen Betriebsfortführung konkretisierte Gemeinwohlziel zeitlich und gegenständlich nicht erreicht wird. Der Wegfall der beiden StBefreiungen wird sowohl **in zeitlicher Hinsicht** („auf den Teil, der dem Verhältnis der im Zeitpunkt der schädlichen Verfügung verbleibenden Behaltensfrist einschließlich des Jahres, in dem die Verfügung erfolgt, zur gesamten Behaltensfrist entspricht") **als auch gegenständlich** („soweit" der Erwerber gegen Behaltenspflichten verstößt) **begrenzt.** Betrifft die Veräußerung also nur einen Teil des begünstigten Vermögens, dann fällt auch nur der auf diesen Vermögensteil bezogene Verschonungsabschlag und Abzugsbetrag weg. Anderes gilt bei **Überentnahmen.** Diese ergeben sich erst als Saldo der in der fünfjährigen Behaltensfrist vorgenommenen Entnahmen und Einlagen und stehen damit erst nach Ablauf der Behaltensfrist fest. Sie werden entsprechend mit ihrem vollen Wert dem Wert des seinerzeit erworbenen Vermögens gegenübergestellt. Die Kürzung des Verschonungsabschlags erfolgt sodann im Verhältnis der Überentnahmen zum Wert des erworbenen Vermögens. 62

Der Gesetzgeber hat es leider versäumt, im Zuge der ErbStReform 2016 auch die Behaltenspflichtregelungen an die von ihm vorgenommenen Änderungen des Verschonungssystems anzupassen. Anders als nach bisheriger Rechtslage bezieht sich der Verschonungsabschlag nur noch auf den begünstigten Teil des begünstigungsfähigen Vermögens. Der nichtbegünstigte Teil des begünstigungsfähigen Vermögens unterlag damit bereits der vollen Versteuerung. Wenn sich aber der Verschonungsabschlag nur auf den begünstigten Teil des begünstigungsfähigen Vermögens bezog, so kann er entsprechend dem Sinn und Zweck der Behaltensregelung auch nur insoweit wegfallen als **begünstigtes Vermögen** veräußert wird. Das bedeutet für die Veräußerung von Teilen der begünstigungsfähigen Vermögenseinheit, zB der Hälfte des erworbenen 60%igen Mitunternehmeranteils, dass sich der Umfang des Wegfalls des Verschonungsabschlags entweder nach dem Verhältnis des damaligen Wertes des nunmehr veräußerten Teils der begünstigungsfähigen Einheit zum damaligen Wert der begünstigungsfähigen Einheit ergibt oder – das Ergebnis ist dasselbe – nach dem Verhältnis der damaligen Werte des nun mit dem Teil der begünstigungsfähigen Einheit mitveräußerten Teils des begünstigten Vermögens zum damaligen Wert des begünstigten Vermögens. Anders wird hingegen bei der Veräußerung von **wesentlichen Betriebsgrundlagen** zu verfahren sein. Da diese ausschließlich zum begünstigten Vermögen gehörten, sind sie zur Berechnung des Wegfalls des Verschonungsabschlags mit ihrem vollen Wert zum Erwerbszeitpunkt dem damaligen Wert (nur) des begünstigten Vermögens gegenüberzustellen. Die Entnahme von Verwaltungsvermögen, sei 63 es in Form einer Sachentnahme oder einer Geldentnahme, kann schon deshalb zu keinem Wegfall des Verschonungsabschlags führen, weil Verwaltungsvermögen nicht als wesentliche Betriebsgrundlage qualifiziert. Anderes gilt lediglich dann, wenn die Entnahme des Verwaltungsvermögens gleichzeitig zu einer Überentnahme führt. Da sich **Überentnahmen** immer auf die gesamte begünstigungsfähige Einheit beziehen, können sie einen Wegfall des Verschonungsabschlags allerdings nur in dem Verhältnis des Werts der Überentnahme zum Wert des begünstigungsfähigen Vermögens, nicht also zum Wert lediglich des begünstigten Vermögens, im Zeitpunkt der StEntstehung bewirken. Denn der auf den nichtbegünstigten Teil der begünstigungsfähigen Einheit entfallende Teil der Überentnahme wurde bereits beim Erwerb der begünstigungsfähigen Einheit voll versteuert. Soweit allerdings **Wirtschaftsgüter des jungen Verwaltungsvermögens** entnommen werden, können diese nach wie vor (vgl. R E 13a.8 I 6 ErbStR; A 13a.14 I 6 AEErbSt 2017) bereits bei der Ermittlung des Überentnahmevolumens unberücksichtigt bleiben.

64 Bei Personengesellschaften kann sich die gesellschaftsrechtlich grundsätzlich nur als eine Einheit anzusehende Beteiligung aus mehreren Erwerben mit unterschiedlichen Behaltensfristen oder auch aus einem entgeltlich oder vor mehr als fünf Jahren unentgeltlich erworbenen Teil und einem behaltefristverhafteten Teil zusammensetzen. Soweit von dieser Gesamtbeteiligung ein Teil veräußert wird, behandelt die FinVerw ähnlich einer „Fifo-Methode“ die Veräußerung so, als sei **zunächst der ältere Teil der Beteiligung** und erst zuletzt ein Teil des jüngst erworbenen Teils der Beteiligung veräußert werden (R E 13a.6 I 4 ErbStR, bestätigt durch BFH BStBl II 14, 581; A 13a.12 I 4 AEErbSt 2017). Diese für den Stpfl günstige Behandlung führt dazu, dass je nach Umfang der Teilveräußerung überhaupt nicht gegen Behaltenspflichten verstoßen wird oder zunächst der Verschonungsabschlag unter Zugrundelegung der längeren Betriebsfortführungszeit des früher erworbenen Teils der Beteiligung berechnet wird.

65 Die **Kürzung des Abzugsbetrages** soll nach Auffassung der FinVerw nicht entsprechend der Kürzung des Verschonungsabschlags im Umfang des gegenständlich begrenzten Behaltenspflichtverstoßes erfolgen. Vielmehr wird man R E 13a.12 I 6 ErbStR (A 13a.18 I 6 AEErbSt 2017) dahingehend verstehen müssen, dass zunächst der Verschonungsabschlag gekürzt wird und sich die Höhe des Abzugsbetrages entsprechend der erneuten Anwendung des Abs 2 ergibt. Bei Kleinerwerben bis zu 1 Mio EUR kann dies sogar vorteilhaft sein. Für eine solche Berechnung spricht, dass nach der Idee der Behaltenspflichtregelung im Rahmen der Neufestsetzung die St erhoben werden soll, die erhoben worden wäre, wenn die gegenständlich und zeitlich begrenzte Betriebsfortführung seinerzeit bekannt gewesen wäre.

66 Neben der gegenständlichen Begrenzung sieht Abs 6 S 2 auch eine **zeitanteilige Begrenzung** des Wegfalls des Verschonungsabschlags vor. Die Regelung gilt nicht für den Abzugsbetrag und findet auch keine Anwendung auf Behaltenspflichtverstöße durch Überentnahmen, da sich diese auf den gesamten Behaltensfristzeitraum beziehen und auch erst nach dessen Ablauf ermittelt werden können. Die Verhältnisrechnung erfolgt nicht taggenau, sondern nach vollen Jahren, wobei das Jahr des Behaltenspflichtverstoßes insgesamt als schädliches Jahr gilt. Im Ergebnis bleibt der Verschonungsabschlag somit nur für jedes abgeschlossene Jahr erhalten, in dem der Betrieb fortgeführt wurde. Der Fünfjahreszeitraum berechnet sich stichtagsgenau. Die Behaltensfrist beginnt entsprechend den allg Grundsätzen zur Fristenberechnung an dem Tag, der dem StEntstehungsstichtag folgt (§ 187 BGB) und sie endet fünf Jahre später an demselben Tag (§ 188 BGB), auch wenn der Tag auf einen Samstag oder Sonntag fällt. Erfolgte also zB der Erwerb durch Erbanfall am 30.6.2017 und veräußert der Erwerber den geerbten Betrieb am 30.6.2019, so entfällt mangels Vollendung des zweiten Jahres der Betriebsfortführung der Verschonungsabschlag iHv 4/5, also im gleichen Umfang wie bei einer Veräußerung bereits zum 1.7.2018. Diese Berechnungsart ist vor allem bei lebzeitigen Unternehmensnachfolgen zu be-

achten, bei denen zur Vermeidung von Zwischenbilanzen die Übertragung häufig aufschiebend bedingt auf den 31. 12. eines Jahres erfolgt. Eine Veräußerung innerhalb der Behaltensfrist sollte in diesen Fällen deshalb statt zum 31.12. zum 1.1. des jeweiligen Folgejahres vereinbart werden. Die zeitanteilige Kürzung des Verschonungsabschlags ist der gegenständlichen nachrangig. Wer also im Jahr 02 20% seiner erworbenen Unternehmensbeteiligung und im Jahr 04 weitere 30% veräußert, verliert 4/5 des Verschonungsabschlags bezogen auf 20% des begünstigten Vermögens und 2/5 des Verschonungsabschlags auf 30% des begünstigten Vermögens. Hinsichtlich der behaltenen Hälfte des begünstigten Vermögens bleibt ihm der Verschonungsabschlag in vollem Umfang erhalten. Von besonderer Relevanz ist somit für die Berechnung, zu welchem **Zeitpunkt** der Behaltenspflichtverstoß erfolgt. Dabei stellt sich insb die Frage, ob hierfür auf das Verpflichtungsgeschäft (so *Moench/Weinmann* § 13a Rz 79, 89) oder dessen Vollzug abzustellen ist. Der Vollzug wiederum kann in der dinglichen Rechtsübertragung oder bereits im Übergang des wirtschaftlichen Eigentums gesehen werden. Der Wortlaut („im Zeitpunkt der schädlichen Verfügung" und „einschließlich des Jahres, in dem die Verfügung erfolgt") spricht für die Maßgeblichkeit des Zeitpunkts des **dinglichen Vollzugs.** Auch nach dem Sinn und Zweck der Behaltensregelung kann es auf den Zeitpunkt des obligatorischen Geschäfts nicht ankommen. Das Gesetz gewährt den Verschonungsabschlag schlicht im Umfang der tatsächlichen Betriebsfortführung (mit der genannten Abrundung auf volle Jahre). Die Motive und Beweggründe des Erwerbers, den Betrieb nicht länger fortzuführen, sind dafür irrelevant. Auch die unverschuldete und vom Erwerber sicherlich nicht gewollte Insolvenz führt zum zeitanteiligen Wegfall des Verschonungsabschlags. Deshalb kann es nicht schädlich sein, wenn der Erwerber den Betrieb innerhalb der Behaltensfrist verkauft, aber die Übertragung des Betriebs erst nach Ablauf der Behaltensfrist erfolgt. Er hat in diesem Fall den Betrieb fünf Jahre fortgeführt. Demgegenüber könnte in Ansehung des mit der Behaltenspflichtregelung verfolgten Zwecks der Übergang des wirtschaftlichen Eigentums bereits einen Pflichtverstoß begründen. Denn wer nicht mehr selbst Nutzen und Lasten des betrieblichen Vermögens trägt, führt den Betrieb nicht mehr fort. Da jedoch beim Erwerb noch nicht der Übergang des wirtschaftlichen Eigentums, sondern erst der dingliche Rechtsübergang eine StPfl begründet und als maßgeblicher StEntstehungszeitpunkt die Behaltensfrist in Gang setzt, würde dies faktisch zu einer Fristverlängerung führen. Denn als wirtschaftlicher Eigentümer hätte der Erwerber bereits früher den Betrieb übernommen und fortgeführt. Wenn aber beim Fristbeginn die wirtschaftliche Betriebsübernahme unmaßgeblich bleibt, kann sie für das Fristende nicht maßgeblich werden. Deshalb ist ein Behaltenspflichtverstoß erst im Zeitpunkt des dinglichen Rechtsübergangs anzunehmen.

3. Katalog der Behaltenspflichtverstöße

Die Behaltenspflichtverstöße, die zu einem Wegfall des Verschonungsabschlags **67**
und des Abzugsbetrags führen können, sind in dem Katalog des Abs 6 S 1 zusammengefasst. Der Katalog ist **abschließend** und als belastende Regelung nicht durch Analogie erweiterbar. Der Katalog enthält fünf Nummern, in denen weitgehend differenziert nach den begünstigungsfähigen Vermögensarten des § 13b I die schädlichen Behaltenspflichtverstöße formuliert sind. Die Nr 1 betrifft das Betriebsvermögen iSd § 13b I Nr 2, die Nr 2 das luf Vermögen iSd § 13b I Nr 1 und die Nrn 4 und 5 die Anteile an Kapitalgesellschaften iSd § 13b I Nr 3. Der in der Katalognummer 3 beschriebene Behaltenspflichtverstoß der Überentnahme bezieht sich auf alle drei begünstigungsfähigen Vermögensarten. Die in dem Katalog beschriebenen Maßnahmen begründen nur dann einen Behaltenspflichtverstoß, wenn sie innerhalb der Behaltensfrist von fünf Jahren seit dem Zeitpunkt der StEntstehung (§ 9) erfolgen. Die Katalogtatbestände beschreiben Maßnahmen, die dazu führen, dass das erwor-

bene begünstigte Vermögen oder Teile davon nicht mehr der Betriebsfortführung gewidmet ist. Die Tatbestände sind **rein objektiv** formuliert. Auf Motive, Absichten oder gar ein Verschulden des Erwerbers kommt es nicht an. Dem Gesetzgeber geht es allein darum, den Zeitpunkt zu beschreiben, ab dem ein Betrieb – ganz oder teilweise – nicht mehr fortgeführt wird. Wer wesentliche Betriebsgrundlagen veräußert oder Überentnahmen tätigt, um die auf den eigenen Erwerb anfallende ErbSt bezahlen (BFH BStBl II 10, 315) oder Pflichtteilsansprüche erfüllen zu können (BFH BStBl II 14, 581 und BStBl II 16, 230), handelt genauso „schädlich" wie derjenige, der mit dem erzielten Veräußerungserlös oder dem entnommenen Kapital eine Weltreise unternimmt. Dementsprechend sieht der BFH sogar die Insolvenz als einen Behaltenspflichtverstoß, der zu einem zeitanteiligen Wegfall des Verschonungsabschlags führt (BFH BStBl II 05, 571 und BStBl II 10, 663 mit der Ergänzung, dass dies auch keine Billigkeitsmaßnahme rechtfertige; kritisch *Kapp/Geck,* § 13a Rz 69). Insoweit ist es auch eher verwirrend, wenn die Praxis (vgl die FinVerw in R E 13a.3 I ErbStR; A 13a.10 I AEErbSt 2017; *Moench/Weinmann* § 13a Rz 94 und auch dieser Kommentar der gängigen Übung folgend) von „Behaltenspflichten" oder dem „Verstoß gegen Behaltensregelungen" spricht. Doch muss man sich klarmachen: Das Gesetz verlangt vom Erwerber nicht, dass er den Betrieb fortführt. Wer die Begünstigung in Anspruch nimmt, kann dennoch den Betrieb jederzeit veräußern oder einstellen. Eine „Behaltenspflicht", gegen die er verstoßen könnte, gibt es nicht. Wer die Tatbestände des Abs 6 erfüllt, verstößt nicht gegen gesetzliche Pflichten und handelt auch nicht gegen ein gesetzliches Verbot, sondern er erfüllt lediglich die Voraussetzungen, die zum Wegfall des ihm gewährten Verschonungsabschlags und in der Folge zur Erhebung von NachSt führen. Das Erfüllen dieser NachStTatbestände aber ist ganz wertneutral. Zwar verlangt der Gesetzeswortlaut für die meisten der im Katalog genannten NachStTatbestände ein Handeln des Erwerbers, was zumindest einen Kausalitätszusammenhang zwischen der Handlung des Erwerbers und der Tatbestandsverwirklichung nahelegt, jedoch enthält der Katalog auch NachStTatbestände, in denen nicht ausdrücklich auf ein Erwerberhandeln abgestellt wird. So kommt es auch zum Wegfall des Verschonungsabschlags, wenn wesentliche Betriebsgrundlagen veräußert, in das Privatvermögen überführt oder anderen fremden Zwecken zugeführt werden oder wenn luf Vermögen einem Betrieb der LuF nicht mehr dauernd zu dienen bestimmt ist. Derartige NachStTatbestände sind auch dann erfüllt, wenn sie zB ohne Kenntnis oder sogar gegen den Willen des Erwerbers durch einen Geschäftsführer oder aufgrund Mehrheitsbeschluss verwirklicht werden. Auch die Aufhebung eines Poolvertrages durch Kündigung eines Poolmitglieds wird für den Erwerber dann NachSt auslösen, wenn er selbst am Pool festhalten wollte. Schließlich rechnet die FinVerw und auch die hM im Schrifttum dem Erwerber auch das Verhalten seines unentgeltlichen Rechtsnachfolgers zu. Zwar erfüllt die unentgeltliche Übertragung des erworbenen Anteils, sei es durch lebzeitige Maßnahme oder von Todes wegen, keinen NachStTatbestand, jedoch soll bei lebzeitigen Übertragungen und solange der Ersterwerber noch lebt, die mit seinem Erwerb in Gang gesetzte Behaltensfrist weiterlaufen (FG Münster EFG 13, 1781; R E 13a.12 V 1 u 2 ErbStR; A 13a.18 V 1, 2 AEErbSt 2017; kritisch hierzu *Willms/Söffing* § 13a Rz 24; *Crezelius,* FR 09, 881, 887). Zwar kann der Erwerber nicht mehr selbst die erwerberbezogenen NachStTatbestände auslösen, jedoch wird ihm eine Tatbestandserfüllung durch seinen Rechtsnachfolger zugerechnet. Vor Ablauf der fünf Jahre endet die Behaltensfrist hingegen im Fall des Versterbens des Erwerbers, unabhängig davon, ob er das von ihm erworbene begünstigte Vermögen erst im Erbwege überträgt oder bereits zuvor weitergeschenkt hat (R E 13a.12 VI ErbStR; A 13a.18 VI AEErbSt 2017). Gestalterisch kann den NachStRisiken durch die Vereinbarung von Widerrufsrechten begegnet werden. Dies empfiehlt sich dem Schenker vor allem für den Insolvenzfall, da er nach § 20 I 1 neben dem Beschenkten auch für die NachSt einzustehen hat. Die FinVerw will allerdings generell von einer Inanspruchnahme des Schenkers für die

NachSt absehen, soweit dieser sich nicht vertraglich zur Übernahme auch von NachSt verpflichtet hat (R E 13a.1 III ErbStR; A 13a.1 III AEErbSt 2017). Entsprechende Vorbehalte empfehlen sich auch dem Ersterwerber bei Weiterschenkung des begünstigten Vermögens innerhalb der Behaltensfrist. Der Widerruf und die Erfüllung des durch ihn ausgelösten Rückübertragungsanspruchs führt dazu, dass die auf den ursprünglichen Erwerb (teils rückwirkend) entfallende St erstattet wird (*Troll/Jülicher* § 13a Rz 241 und 248; *Kapp/Geck* § 13a Rz 75; *Piltz,* DStR 08, 2237). Stpfl bleibt lediglich der zwischenzeitliche Nutzungsvorteil des Erwerbers. Dem Risiko eines Versterbens des Schenkers vor Ausübung des Widerrufsrechts kann durch die Vererblichkeit des Widerrufsrechts mit Benennung eines Widerrufsberechtigten vorgebeugt werden. Bei Übertragung von begünstigtem Vermögen von Todes wegen kann sich als Schutz vor einer Auslösung des NachStTatbestandes durch Eintritt der Insolvenz ein aufschiebend auf die Erfüllung des Nachsteuertatbestandes bedingtes Vermächtnis an einen Dritten anbieten, da in diesem Fall der Ersterwerber von seinem Erwerb die Vermächtnislast im Wert im Zeitpunkt des Erbfalls abziehen kann und allenfalls den Nutzungsvorteil bis zum Bedingungseintritt zu versteuern hat (*Troll/Jülicher* § 13a Rz 242).

4. Die Nachsteuertatbestände im Einzelnen

a) Behaltensregelungen für Betriebsvermögen. S 1 der Katalognummer 1 68
definiert als Grundfall eines Behaltenspflichtverstoßes, dass der Erwerber innerhalb der Behaltensfrist einen Gewerbebetrieb, einen Teilbetrieb oder einen Mitunternehmeranteil veräußert. Mit dem Begriff der **Veräußerung** sind nur entgeltliche Übertragungen erfasst, bei welchen es also tatsächlich zu einer Versilberung des Betriebsvermögens kommt. Für den BFH stellt auch eine gemischte Schenkung eine (Teil-) Veräußerung dar. Hierzu gehört auch eine Vermögensübertragung gegen Versorgungsleistungen (BFH BStBl II 05, 532), die anteilig NachSt entstehen lässt (R E 13a.5 II 1 Nr 2 ErbStR; A 13a.11 II 1 Nr 2 AEErbSt 2017). Auch die Übertragung begünstigten Vermögens als Abfindung nach § 3 II Nr 4 soll als Veräußerung iSv Nr 1 S 1 gelten (R E 13a.5 III ErbStR; A 13a.11 III AEErbSt 2017). Neben der Veräußerung des ganzen Betriebes führt auch die Veräußerung eines Teilbetriebes zur NachSt. Dies gilt unabhängig davon, ob der Erwerber seinerseits nur einen Teilbetrieb übernommen hatte oder ob ihm ein ganzer Betrieb zugewiesen war. Die Aufnahme eines Gesellschafters wird man nur bei entsprechenden Zuzahlungen ins Privatvermögen des Erwerbers, nicht aber in Fällen der Bareinlage des eintretenden Gesellschafters als Veräußerung qualifizieren können. Schädlich ist nicht nur die Veräußerung eines ganzen Mitunternehmeranteils, sondern auch die Veräußerung eines Teilanteils. Soweit der Erwerber bereits vor seinem Erwerb an der Gesellschaft beteiligt war, unterstellt die FinVerw bei Veräußerung eines Teilanteils, dass er zunächst den älteren Anteil veräußert (R E 13a. 6 I 4 ErbStR; A 13a.12 I 4 AEErbSt 2017; ausführlicher hierzu bereits Anm 64).

Der Veräußerung gleichgestellt wird die **Aufgabe** des Gewerbebetriebs. Auch in 69
diesem Fall wird das Gemeinwohlziel der Betriebsfortführung nicht erreicht. Obwohl im Gesetz nicht ausdrücklich genannt, wird man auch die Aufgabe des erworbenen Mitunternehmeranteils als schädlich ansehen müssen (so auch die FinVerw in A 13a.12 I 2 AEErbSt 2017). Nach überwiegender Auffassung ist der Begriff der Aufgabe wie auch die meisten übrigen in Abs 6 verwendeten Begriffe **ertragsteuerlich** auszulegen (*Troll/Jülicher* § 13a Rz 206ff). Hiernach dürfte allerdings auch die Fortführung eines Gewerbebetriebs als sog ruhender Gewerbebetrieb im Rahmen einer Betriebsverpachtung trotz der tatsächlichen Einstellung der Betriebsfortführung durch den Erwerber noch keine Aufgabe darstellen (*Kapp/Geck* § 13a Rz 123). Zur Aufgabe kommt es erst, wenn entweder die Aufgabe ausdrücklich erklärt wird oder das Pachtverhältnis endet und der Verpächter den Betrieb nicht fortführt oder wenn

der Pächter den Betrieb so umgestaltet, dass er vom Verpächter nicht mehr fortgeführt werden kann, wobei nach der Neufassung des § 16 III b EStG für den Zeitpunkt der Aufgabe die Kenntnis des Finanzamtes maßgeblich ist. Im Rahmen einer normspezifischen Auslegung ließe sich aber wohl auch vertreten, bereits in dem Wechsel von der originär gewerblichen Tätigkeit zur Betriebsverpachtung eine Aufgabe im erbstlichen Sinne zu sehen. Weitere bedeutende Aufgabetatbestände sind die Beendigung einer Betriebsaufspaltung und – steuerpolitisch sicherlich zurecht umstritten – die Insolvenz (hierzu Anm 67).

70 Schädlich ist nicht nur die Veräußerung oder Aufgabe der erworbenen unternehmerischen Einheit. Vielmehr kommt es auch dann zum rückwirkenden Wegfall der Verschonung, wenn aus der unternehmerischen Einheit heraus **wesentliche Betriebsgrundlagen** veräußert oder in das Privatvermögen überführt werden. Als dritten NachStTatbestand nennt Nr 1 S 2, dass wesentliche Betriebsgrundlagen anderen betriebsfremden Zwecken zugeführt werden. Hierunter wird im Schrifttum auch die **Verbringung** wesentlicher Betriebsgrundlagen in einen anderen (inländischen) Betrieb des Erwerbers erfasst, da für die Frage der Betriebsfremdheit auf den konkreten erworbenen Betrieb abzustellen sei (*Moench/Weinmann* § 13a Rz 86; *Troll/Jülicher* § 13a Rz 289, der eine Ausnahme bei einer Verschiebung zwischen zwei Betrieben, die gleichzeitig im Rahmen eines Erbfalls erworben wurden, zulassen will). Dies erscheint zumindest insoweit zweifelhaft, als innerhalb derselben wirtschaftlichen Einheit die wesentliche Betriebsgrundlage durchaus, etwa bei einem Branchenwechsel, zu anderen betrieblichen Zwecken eingesetzt werden könnte. Solange der erworbene Betrieb auch bei Verlagerung der wesentlichen Betriebsgrundlage in ein anderes Betriebsvermögen des Stpfl erhalten bleibt (zur ErtragStNeutralität s die Tatbestände des § 6 V EStG), wäre es daher angemessen, allein auf eine abstrakte betriebliche Nutzung abzustellen und in entsprechender Anwendung der Surrogatsregel des Abs 6 Nr 1 S 2 einen Behaltenspflichtverstoß erst dann anzunehmen, wenn von dort das Wirtschaftsgut schädlich verwendet wird (so zumindest für den Fall einer Buchwertübertragung nach § 6 V EStG *Kapp/Geck* § 13a Rz 113). Allerdings ist zuzugeben, dass die Zulassung einer Übertragung von wesentlichen Betriebsgrundlagen in ein anderes Betriebsvermögen eine Kontrolle der Einhaltung der Behaltenspflichten hinsichtlich dieser Wirtschaftsgüter erheblich erschwert. Die Zuführung zu betriebsfremden Zwecken setzt hingegen keine Entnahme voraus, so dass man hierunter auch die Umwidmung wesentlicher Betriebsgrundlagen innerhalb der unternehmerischen Einheit – etwa die Fremdvermietung einer bisher betrieblich genutzten und als wesentliche Betriebsgrundlage qualifizierenden Immobilie – wird rechnen müssen; es sei denn auch der nunmehr mit dem Wirtschaftsgut verfolgte neue Zweck – zB eine Fremdvermietung – gehörte schon bisher zum Gegenstand des Unternehmens, worüber etwa die bisherige unternehmerische Tätigkeit sowie der im Gesellschaftsvertrag umschriebene Unternehmensgegenstand Aufschluss geben können. Denn das Gesetz verlangt die Zuführung zu einem betriebsfremden und nicht zu einem nicht-gewerblichen Zweck. Unschädlich dürfte daher bspw die Fremdvermietung einer Immobilie sein, die sich im Zeitpunkt des Erwerbs im Bau befand, deshalb (noch) nicht Dritten zur Nutzung überlassen war und somit auch nicht als Verwaltungsvermögen qualifizierte, da sie je nach Gegenstand des Unternehmens entweder zum StEntstehungszeitpunkt keine wesentliche Betriebsgrundlage war oder mit der (geplanten) Fremdvermietung nicht betriebsfremden Zwecken zugeführt wurde.

71 Die **Überführung in ein Privatvermögen** wird meist einer Entnahme gleichgestellt und dabei der ertragsteuerliche Entnahmebegriff zugrunde gelegt (*Troll/Jülicher* § 13a Rz 288; *von Oertzen/Stalleiken* § 13a Rz 144). Zwar wird man bei jeder Überführung in ein Privatvermögen von einer ertragstlichen Entnahme ausgehen können. Umgekehrt aber stellt nicht jede ertragstliche Entnahme eine Überführung in das Privatvermögen dar. Insbesondere wird mit einer fiktiven Entnahme – etwa nach § 4 I 3 EStG bei Wegfall des deutschen Besteuerungsrechts – keine NachSt ausgelöst. Auch kann in der Entnahmefiktion keine Zuführung zu betriebsfremden Zwecken gesehen werden, wenn die wesentlichen Betriebsgrundlagen unverändert betrieblich genutzt werden. In Nr 1 S 2 wird der Begriff der Entnahme gerade nicht verwendet, weshalb für einen Rückgriff auf ertragstliche Entnahmefiktionen kein Raum ist (aA *Moench/Weinmann* § 13a Rz 94; im Ergebnis wie hier *von Oertzen/Stalleiken* § 13a Rz 144).

Den Begriff der **wesentlichen Betriebsgrundlage** bestimmt die FinVerw nach 72 den Grundsätzen des ErtragStRechts (R E 13a.6 II 3 ErbStR; A 13a.12 II 3 AEErbSt 2017). Hiernach gilt eine funktionale Betrachtungsweise, die auch für den mit den Behaltensvorschriften verfolgten Zweck der Feststellung einer Betriebsfortführung durchaus tauglich erscheint. Wesentliche Betriebsgrundlagen sind hiernach Wirtschaftsgüter, die zur Erreichung des Betriebszwecks sachlich erforderlich sind und denen ein besonderes wirtschaftliches Gewicht für die Betriebsfortführung zukommt (H 16 V EStH mit Verweis auf BFH BStBl II 98, 388). Nicht funktional wesentlich sind damit Wirtschaftsgüter des Verwaltungsvermögens (*Fischer/Wachter* § 13a Rz 441) sowie dem Umlaufvermögen zuzuordnende Wirtschaftsgüter (*Kapp/Geck* § 13a Rz 118). Maßgeblich sind die Verhältnisse im Zeitpunkt der StEntstehung (vgl R E 13a.6 II 1 ErbStR; A 13a.12 II 1 AEErbSt 2017). Nach dem Erwerb hinzuerworbene, neugeschaffene oder wesentlich gewordene Betriebsgrundlagen können damit ohne StFolgen veräußert werden. Nach dem Sinn und Zweck der Regelung sollte aber auch die Veräußerung eines Wirtschaftsguts, welches zwar im Zeitpunkt der StEntstehung wesentlich war, aber im Zeitpunkt der Weiterveräußerung nicht mehr wesentlich ist, nicht zu einer NachSt führen. Denn weshalb sollte der Erwerber ein solches Wirtschaftsgut weiter halten, wenn es für die Betriebsfortführung nicht mehr von Bedeutung ist (so im Ergebnis auch *Kapp/Geck* § 13a Rz 118).

Umstrukturierungsmaßnahmen stellen zwar zivilrechtlich und ertragstlich in 73 der Regel Veräußerungen dar. Für die Zwecke der Feststellung eines Behaltenspflichtverstoßes wird man den Begriff der Veräußerung jedoch normspezifisch auslegen müssen, dh unter Berücksichtigung des Telos und der Systematik der Behaltenspflichtregelungen. Hiernach aber wird man in Umstrukturierungsfällen nur dann von einer Veräußerung ausgehen können, wenn diese dazu führt, dass sich der Erwerber durch die Umstrukturierungsmaßnahme von dem Vermögen der wirtschaftlichen Einheit trennt und eine Versilberung des von ihm begünstigt erworbenen Vermögens stattfindet. Entsprechend wird in Nr 1 S 2 angeordnet, dass die Sacheinlage von begünstigt erworbenem Vermögen in eine Kapitalgesellschaft nach § 20 UmwStG und auch die Einbringung von solchem Vermögen in eine Mitunternehmerschaft nach § 24 UmwStG erst dann zu einem Behaltenspflichtverstoß führen, wenn die für die Sacheinlage oder die Einbringung erhaltenen Beteiligungen veräußert werden **(Surrogatsregelung).** Die Umstrukturierungsmaßnahme selbst stellt somit nach der Wertung des Gesetzes noch keinen Behaltenspflichtverstoß dar. Tatsächlich wäre eine Nachversteuerung bereits der Umstrukturierungsmaßnahme auch mit dem Sinn und Zweck der Behaltenspflichtregelung nicht vereinbar, da das begünstigt erworbene Vermögen als betriebliche Einheit beim Erwerber verbleibt (vgl BTDrs 16/11107, 10). Es wechselt lediglich der Mantel, in dem es gehalten wird. Zutreffend formuliert auch der BFH (BStBl II 11, 545): „Wie sich aus den Regelungen des § 13a V Nr 1 S 2 ErbStG mittelbar ergibt, stellen die in dieser Vorschrift genannten Maßnahmen nach § 20 I und § 24 I UmwStG als solche keine [...] Veräußerungen dar. Dies beruht ersichtlich darauf, dass diese Maßnahmen die Bindung des begünstigt erworbenen Vermögens in einem Unternehmen unberührt lassen und daher der Zweck der StVergünstigung unverändert fortbesteht. Aufgrund der in § 13a V Nr 1 S 2 ErbStG mittelbar getroffenen Regelung [...] spielt es keine Rolle, wenn solche Maßnahmen ertragstlich tauschähnliche Vorgänge und somit Veräußerungen darstellen." Der BFH hält in seiner vorgenannten Entscheidung auch mehrere aufeinander folgende Umstrukturierungsmaßnahmen für unschädlich, da sie bereits keine

Veräußerungen darstellen. Nach dem Sinn und Zweck der Verschonungsregelung können nämlich, wie der BFH zutreffend ausführt, nur solche Verfügungen als schädliche Veräußerung qualifizieren, die letztlich dazu führen, dass „dieses Vermögen aus dem der Unternehmensnachfolge zugedachten Vermögen ausscheidet" (BFH aaO).

74 Nach diesen Grundsätzen stellen auch **Umstrukturierungen auf unteren Ebenen** und erst recht konzerninterne Umstrukturierungen bereits keine Veräußerung dar, da bei derartigen Maßnahmen immer gewährleistet ist, dass kein begünstigt erworbenes Vermögen aus der erworbenen Einheit ausscheidet. Sämtliche Vermögensgegenstände, die vor einer konzerninternen Umstrukturierungsmaßnahme auf unterer Ebene zum Unternehmensverbund gehörten, gehören auch danach noch dazu. Insbesondere findet auch keine Versilberung von begünstigt erworbenem Vermögen statt. Allerdings erscheint es angemessen, in Fortführung des Gedankens des Abs 6 S 1 Nr 1 S 2 Hs 2, der nur den Erwerb selbst und damit die oberste Ebene betrifft, die im Rahmen der Umstrukturierungsmaßnahme erhaltene Beteiligung weiterhin als wesentliche Betriebsgrundlage zu qualifizieren und deren Veräußerung als Behaltenspflichtverstoß nach Nr 1 S 2 Hs 1 zu sanktionieren. Die Surrogatsregelung des Abs 6 Nr 1 S 2 Hs 2 ist mit ihrer Beschränkung auf die Fälle der §§ 20 und 24 UmwStG ohnehin zu eng gefasst. Die FinVerw (R E 13a.6 III 2 ErbStR; A 13a.12 III 2 AEErbSt 2017) erstreckt sie auch auf sämtliche **Umwandlungsvorgänge iSd §§ 3–16 UmwStG,** was angemessen erscheint, da man entsprechend der oben genannten Grundsätze auch diese Maßnahmen nicht als Veräußerung qualifizieren kann. Daraus kann geschlossen werden, dass auch sie diese Vorgänge nicht als Veräußerung qualifiziert. Anderes gilt nach Auffassung der FinVerw jedoch wenn im Rahmen der Umstrukturierung neben Gesellschafterrechten auch sonstige Gegenleistungen gewährt werden. In diesem Fall kommt es im Umfang der sonstigen Gegenleistung zu einem NachStVerstoß (BayLfSt DStR 12, 1033). Da es insoweit tatsächlich zu einer Versilberung kommt, erscheint dies angemessen. Weniger nachvollziehbar ist hingegen die Auffassung der FinVerw, dass bereits eine schädliche Veräußerung dann vorliegen soll und es somit keiner Surrogatsregelung bedarf, wenn die übernehmende Gesellschaft Sitz und Geschäftsleitung im Drittland hat (Erlasse v 20.11.13, BStBl I 13, 1508, Tz. 1.1., 2.2. sowie nunmehr A 13a.12 III 3 AEErbSt 2017). Entsprechendes soll gelten, wenn die Umstrukturierung nicht wertäquivalent erfolgt, selbst wenn bei der einbringenden und aufnehmenden Gesellschaft eine Gesellschafter- und Beteiligungsidentität besteht (Erlasse BStBl I 13, 1508, Tz 1.2 und 1.3) In beiden Fällen kommt es aber tatsächlich zu keiner Versilberung des Anteils. Vielmehr wird der Betrieb unverändert, lediglich in neuem Mantel fortgeführt, weshalb auch hier keine Veräußerung iSd Behaltensregelung vorliegt und allein die Anwendung der Surrogatsregelung angemessen wäre (ausführlicher hierzu *Hannes/Stalleiken,* DB 14, 259; *Rödder/Dietrich,* Ubg 14, 90). Auch eine disquotale Einbringung wäre nicht anders zu behandeln, da diese in Höhe der Wertdifferenz als unentgeltliche Übertragung zu qualifizieren wäre, die einen eigenständig zu beurteilenden und idR auch stbaren Vorgang darstellt. Insbesondere würde bei einer inkongruenten Übertragung auf Kapitalgesellschaften entsprechend der Schenkungsfiktion des § 7 VIII eine Schenkung an die Gesellschafter der begünstigten Kapitalgesellschaft vorliegen, und bei Personengesellschaften käme bei einem entsprechenden Willen zur Freigebigkeit § 7 I Nr 1 zur Anwendung. Die FinVerw setzt sich mit der Annahme eines Behaltensfristverstoßes in solchen Fällen zudem in Widerspruch zu ihrer Auffassung, dass die unentgeltliche Weiterübertragung von erworbenen Anteilen gerade keine NachSt auslöst (*Kapp/Geck* § 13a Rz 111; *von Oertzen/Stalleiken* § 13a Rz 148). Auch die **Realteilung** von Personengesellschaften behandelt die FinVerw grundsätzlich nicht als Veräußerung und wendet stattdessen die Surrogatsregelung an. Ausnahmsweise soll hingegen von einer Veräußerung auszugehen sein, wenn der Realteiler Einzelwirtschaftgüter erhält (R E 13a.6 III 2 ErbStR; A 13a.12 III 2 AEErbSt 2017; aA *Kapp/Geck* § 13a Rz 115).

b) Behaltensregelungen für land- und forstwirtschaftliches Vermögen. Die Behaltensregelungen in Nr 2 entsprechen im Wesentlichen denen der Nr 1. Die Gesetzesformulierung trägt jedoch dem Umstand Rechnung, dass nach § 13b I Nr 1 das begünstigungsfähige Vermögen auf den **Wirtschaftsteil** iSd § 168 I Nr 1 BewG und **selbstbewirtschaftete Grundstücke** iSd § 159 BewG begrenzt ist. Nachsteuerschädlich sind somit nur Veräußerungen des Wirtschaftsteils oder von Teilen davon („soweit" der Erwerber). Da die zum Wirtschaftsteil gehörenden Stückländereien nicht zur begünstigungsfähigen Einheit gehören, kann ihre Veräußerung keine NachSt auslösen. Allerdings ist umgekehrt die Umwidmung von zum luf Vermögen gehörenden Grundstücken in Stückländereien nachsteuerschädlich (Nr 2 S 2 Hs 2). Als schädliche Verwendung gilt damit der Abschluss eines Pachtvertrages über einzelne Flächen für eine Dauer von 15 oder mehr Jahren (vgl § 160 VII BewG). Ähnlich der Aufgabe des Gewerbebetriebs oder der Überführung von wesentlichen Betriebsgrundlagen in ein Privatvermögen kommt es weiterhin zum Wegfall des Verschonungsabschlags, wenn das luf Vermögen dem Betrieb der LuF nicht mehr dauernd zu dienen bestimmt ist oder Grundstücke iSd § 159 BewG nicht mehr selbst bewirtschaftet werden. Anders als in der Nr 1 muss es sich dabei aber nicht um einen Teilbetrieb oder um wesentliche Betriebsgrundlagen handeln, vielmehr erfasst die NachStRegelung der Nr 2 jedes zum Wirtschaftsteil gehörende Wirtschaftsgut. 75

Die mit dem Behaltenspflichtverstoß verbundenen Nachteile können sich bei luf Vermögen noch dadurch verschärfen, dass nicht nur der Verschonungsabschlag teilweise wegfällt, sondern gem § 162 III 1 und IV 1 BewG iVm § 166 BewG das zunächst nach Ertragswertgesichtspunkten in der Regel sehr niedrig bewertete luf Vermögen rückwirkend mit dem Liquidationswert anzusetzen ist. Zu einer solchen **Wertkorrektur** kommt es sowohl bei einer Veräußerung des luf Betriebs als auch bei einer Umwidmung wesentlicher Wirtschaftsgüter dieses Betriebs, sofern es hierzu innerhalb von 15 Jahren nach dem Bewertungsstichtag kommt. Angesichts der deutlich kürzeren Behaltensfrist fällt somit die Kürzung des Verschonungsabschlags in der Regel mit der Wertkorrektur zusammen. Allerdings kann auch die Wertkorrektur durch Reinvestition verhindert werden (zu den Voraussetzungen s § 162 III 2 und IV 2 BewG). 76

c) Überentnahmen und Überausschüttungen. Der Nachsteuertatbestand der Nr 3 gilt für sämtliche begünstigungsfähigen Vermögensarten. Er sanktioniert – abgesehen von einer Bagatellgrenze – Entnahmen, welche die Substanz des erworbenen unternehmerischen Vermögens angreifen. Der Erwerber darf steuerunschädlich Entnahmen von Geld oder beliebigen anderen Wirtschaftsgütern nur im Umfang der ihm zuzurechnenden Gewinne und der Summe seiner Einlagen tätigen. Weitergehende Entnahmen sind ihm nur bis zu einem Betrag von **150.000 EUR** innerhalb der gesamten Behaltensfrist gestattet. Die Überentnahmeermittlung erfolgt erwerber- und betriebsbezogen (R E 13a.8 I 7 ErbStR; A 13a.14 I 7 AEErbSt 2017). Der Entnahme-Freibetrag steht daher jedem Erwerber zu und gilt für jede übertragene begünstigungsfähige Einheit. 77

Der **Entnahmekontrollzeitraum** ist nicht identisch mit der Behaltensfrist. Er endet vielmehr bereits „zum Ende des letzten in die 5-Jahresfrist fallenden Wirtschaftsjahres". Bei der Vollverschonung kommt es auf das Ende des letzten Wirtschaftsjahres an, das in den 7-jährigen NachStZeitraum fällt. Gemeint ist damit offenbar nur das Wirtschaftsjahr, welches noch insgesamt in den NachStZeitraum fällt. Der Entnahmekontrollzeitraum ist damit bei einem StEntstehungszeitpunkt innerhalb eines Wirtschaftsjahres kürzer als der NachStZeitraum (zur Berechnung FG Münster EFG 09, 1661). Die Berechnung der im Kontrollzeitraum getätigten Überentnahmen erfolgt stichtagsgenau. 78

Die Begriffe Entnahme, Einlage, Gewinn und Verlust beurteilt die FinVerw **nach den Grundsätzen des Ertragsteuerrechts** (R E 13a.8 I 4 ErbStR; A 13a.14 I 4 79

AEErbSt 2017). Unter den Entnahmebegriff fallen daher Sachentnahmen genauso wie Geldentnahmen. Bei Sachentnahmen erfolgt die Entnahme in Höhe des gemeinen Werts des entnommenen Wirtschaftsguts im Zeitpunkt der Entnahme. Soweit dieser über dem Buchwert des Wirtschaftsguts liegt, entsteht ein Entnahmegewinn und insoweit keine „Überentnahme“. Soweit es sich bei den entnommenen Wirtschaftsgütern um wesentliche Betriebsgrundlagen iSd Nr 1 oder Nr 4 oder um Vermögen iSd Nr 2 handelt, und die übrigen Voraussetzungen dieser NachStTatbestände erfüllt sind, bleiben diese bei der Bestimmung der Überentnahmen nach Nr 3 unberücksichtigt (R E 13a.8 I 6; A 13a.14 I 6 AEErbSt 2017); Entsprechendes hat dann aber auch für einen hierdurch entstehenden Entnahmegewinn zu gelten. Für die NachStErmittlung ist bei schädlichen Sachentnahmen nach den Nrn 1, 2 und 4 zwar nur der Wert im Zeitpunkt der StEntstehung relevant. Sie wirken sich gegenüber den Überentnahmen nach Nr 3 allerdings insoweit nachteiliger aus, als sie mangels Gegenrechnung des realisierten Gewinns auch in Höhe der stillen Reserven, wie sie bereits zum StEntstehungsstichtag bestanden, nachstrelevant werden.

80 Nach Auffassung der FinVerw zur Rechtslage vor dem 1.7.2016 sollte auch die **Entnahme von jungem Verwaltungsvermögen** bei der Ermittlung der Überentnahmen unberücksichtigt bleiben, „da dieses nicht zum begünstigungsfähigen Vermögen gehört“ (R E § 13a.8 I 6 ErbStR; A 13a.14 I 6 AEErbSt 2017). Nach der ab dem 1.7.2016 geltenden Rechtslage gehört aber junges Verwaltungsvermögen genauso wie das „normale“ Verwaltungsvermögen zum begünstigungsfähigen Vermögen, nimmt aber, wie nunmehr dieses auch, nicht an der Begünstigung teil. Anders als beim „normalen“ Verwaltungsvermögen findet beim jungen Verwaltungsvermögen allerdings weder eine allgemeine Schuldenverrechnung (§ 13b VI) noch eine Umqualifizierung in unschädliches Verwaltungsvermögen bis zur Höhe des 10%igen Kulanzpuffers (§ 13b VII) statt (§ 13b VIII). Dies rechtfertigt es, junges Verwaltungsvermögen nach wie vor bei der Ermittlung der Überentnahmen unberücksichtigt zu lassen. Hingegen dürfte einer Nichtberücksichtigung des normalen Verwaltungsvermögens, welches nach neuer Rechtslage eben auch nicht mehr begünstigt ist, die Schuldenverrechnung und der 10%ige Kulanzpuffer gerade entgegenstehen (*von Oertzen/Stalleiken,* § 13a Rz 165). Sie sind daher wie Geldentnahmen zu behandeln und führen zu einer NachSt im Verhältnis des Werts der Überentnahme zum Wert des begünstigungsfähigen Vermögens (s Anm 63).

81 Als Entnahme ist auch die **Tilgung von Gesellschafterdarlehen** anzusehen, insbesondere also die Entnahmen von einem als Fremdkapital qualifizierenden Gesellschafterdarlehenskonto. Entsprechendes gilt auch für die Entnahme von nicht-wesentlichen Betriebsgrundlagen. Mit dem Sinn und Zweck der Überentnahmeregelung unvereinbar ist hingegen die Berücksichtigung lediglich gesetzlich fingierter Entnahmen, zB nach § 4 I 3 EStG, da in diesem Fall die Wirtschaftsgüter in der Regel dem Betrieb erhalten bleiben. Soweit der Erwerber bereits vor seinem Erwerb an der Gesellschaft beteiligt war, unterstellt die FinVerw zugunsten des Stpfl, dass er zunächst Entnahmen zu Lasten seines bereits im Besteuerungszeitpunkt vorhandenen Alt-Kapitalkontos getätigt hat. Entsprechendes dürfte auch für Fremdkapitalkonten gelten. Einlagen und Gewinne während der Behaltenszeit rechnet die FinVerw anteilig der Alt-Beteiligung und der nachstverhafteten Neu-Beteiligung zu (R E 13a.8 III 2 u 3 ErbStR; A 13a.14 III 2 u 3 AEErbSt 2017). Unmaßgeblich ist, aus welchem Grund die Entnahme erfolgt. Auch Entnahmen zur Begleichung der ErbSt (BFH, BStBl. II 2010, 305; R E 13a.8 I 2 ErbStR; A 13a.14 I 2 AEErbSt 2017), zur Begleichung von Abfindungsansprüchen weichender Erben oder zur Erfüllung von Pflichtteilsansprüchen (R E 13a.5 III ErbStR; A 13a.11 III AEErbSt 2017) sind nachstschädlich. In diesen sowie in sonstigen Fällen erhöhten Liquiditätsbedarfs könnte sich der Gesellschafter allerdings ein Darlehen von der Gesellschaft gewähren lassen, welches bei Vereinbarung fremdüblicher Konditionen weder zu einer Entnahme noch zu einer verdeckten Gewinnausschüttung führt.

Da eine schädliche Überentnahme nur vorliegt, soweit die im Kontrollzeitraum getätigten Entnahmen die in dieser Zeit entstandenen Gewinne und getätigten Einlagen übersteigen, kann ein Entnahmeüberhang zum Ende des Kontrollzeitraums durch **Einlagen,** sei es in Form von Sacheinlagen oder Geldeinlagen, wieder ausgeglichen werden. Die FinVerw sieht dies nicht als Gestaltungsmissbrauch an (R E 13a.8 IV 1 ErbStR; A 13a.14 IV 1 AEErbSt 2017). Soweit die Einlage jedoch fremdfinanziert wird, prüft die FinVerw, ob die Verbindlichkeit als betriebliche Schuld oder negatives Sonderbetriebsvermögen qualifiziert, wodurch die Einlage wieder kompensiert würde (R E 13a.8 IV 2 u 3 ErbStR; A 13a.14 IV 2 u 3 AEErbSt 2017). Aufgrund der betriebsbezogenen Ermittlung der Überentnahmen (R E 13a.8 I 7 ErbStR; A 13a.14 I 7 AEErbSt 2017) können Entnahmen aus der einen betrieblichen Einheit nicht mit Einlagen in eine andere betriebliche Einheit verrechnet werden (*Fischer/Wachter,* § 13a Rz 449), selbst wenn beide Einheiten vom selben Erblasser oder Schenker erworben wurden (*von Oertzen/Stalleiken* § 13a Rz 161). Dies ist besonders misslich, wenn aus der einen erworbenen betrieblichen Einheit Mittel entnommen werden, um sie in die andere erworbene betriebliche Einheit gerade zu deren Stärkung und Bestandssicherung einzulegen. 82

Mit der ErbStReform 2009 wurde die bis dahin nur für Personengesellschaften geltende Überentnahmeregelung auf Kapitalgesellschaften erstreckt. Nr 3 S 3 ordnet an, bei Ausschüttungen an Gesellschafter einer Kapitalgesellschaft sinngemäß wie in den S 1 und 2 für Personengesellschaften geregelt zu verfahren. Damit sind auch Ausschüttungen an den Erwerber eines Kapitalgesellschaftsanteils schädlich, soweit sie die im Kontrollzeitraum (zur Berechnung s oben) erwirtschafteten Gewinne der Gesellschaft und die vom Erwerber erbrachten Einlagen über die Bagatellgrenze von 150.000 EUR hinaus überschreiten (sog **Überausschüttungen**). Im System der Kapitalgesellschaftsbesteuerung bedeutet dies, dass jedenfalls eine Veränderung von vor dem Erwerb gebildeten Gewinn- und Kapitalrücklagen ab Überschreiten der 150.000 EUR schädlich ist. Darüber hinaus dürfte bei sinngemäßer Anwendung aber auch die Ausschüttung von vor dem Erwerb erwirtschafteten Gewinnen zu Überentnahmen führen, für welche erst nach dem Erwerb ein Ausschüttungsbeschluss getroffen wird oder die nach dem Erwerb zunächst in eine Gewinnrücklage eingestellt werden, aber noch im Kontrollzeitraum ausgeschüttet werden. Umgekehrt erhöhen freilich auch die im letzten Wirtschaftsjahr des Kontrollzeitraums erwirtschafteten, aber noch nicht festgestellten und verwendeten Gewinne das Ausschüttungsvolumen und kompensieren dadurch eine möglicherweise im ersten Jahr vorgenommene Ausschüttung von Altgewinnen. 83

Fraglich ist, wie mit **verdeckten Gewinnausschüttungen** umzugehen ist. Im Schrifttum wird hierzu vertreten, dass verdeckte Gewinnausschüttungen, jedenfalls soweit sie zu einem Zufluss beim Gesellschafter führen, stets einer Entnahme gleichzusetzen sind. Denn sie führten zu einem Vermögensabfluss bei der Körperschaft, ohne dass dieser Abfluss den in dem Jahresabschluss ausgewiesenen Gewinn erfasse. Allerdings sei zur Sicherstellung einer Gleichbehandlung mit einem Mitunternehmer nur die um die AbgeltungsSt geminderte Ausschüttung als „Entnahme“ zu berücksichtigen (*Kapp/Geck* § 13a Rz 137). Andere Stimmen halten verdeckte Gewinnausschüttungen hingegen nicht für entnahmerelevant, da sie auf Ebene der Kapitalgesellschaft zu einer Gewinnerhöhung führten und somit den zulässigen Entnahmesaldo wieder erhöhten (*von Oertzen/Stalleiken* § 13a Rz 168). Davon geht wohl auch die FinVerw aus, wenn sie ausführt, dass ohne Verstoß gegen die Entnahmebeschränkung erzielte Gewinne, „ggf. erhöht um verdeckte Gewinnausschüttungen“ und getätigte Einlagen, ausgeschüttet werden können (R E 13a.8 VI 2 ErbStR; A 13a.14 VI 2 AEErbSt 2017). Hierauf wird sich der Stpfl berufen können. Ob damit allerdings sinngemäß wie beim Mitunternehmer verfahren wird, erscheint höchst zweifelhaft, da „verdeckte Entnahmen“ des Mitunternehmers in voller Höhe sein Entnahmepotenzial mindern und eine Kompensation allenfalls bei Sachentnahmen und nur bis zur 84

Höhe der stillen Reserven erfolgt. Das ertragstliche Verständnis der FinVerw, auch des Gewinnbegriffs, schafft weitere Gestaltungsspielräume. So können Gewinn- und Kapitalrücklagen aus Tochterkapitalgesellschaften durchaus an den Erwerber durchgeschüttet werden, da sie erst im Zeitpunkt der Ausschüttung aus der Tochtergesellschaft Gewinn auf Ebene der Muttergesellschaft und damit Gewinn des Erwerbers werden. Bei Personengesellschaften ist dies nicht anders, soweit diese Beteiligungen an Kapitalgesellschaften halten. Danach dürfte es auch zulässig sein, nach dem Erwerb eines Kapitalgesellschaftsanteils erst eine solche Struktur zu schaffen und diese – nach der Surrogatsregelung des Abs 6 Nr 1 S 2 unschädlich – in eine Gesellschaft einzubringen und sodann die Altgewinne aus der zur Tochtergesellschaft gewordenen Erwerbergesellschaft auszuschütten (*von Oertzen/Stalleiken* § 13a Rz 171). Bei einem Rechtsformwechsel wechselt die FinVerw von der Ausschüttungs- zur Entnahmebeschränkung und umgekehrt, stellt aber klar, dass der Freibetrag von 150.000 EUR nur einmal für den gesamten Kontrollzeitraum gewährt wird (R E 13a.8 VII ErbStR; A 13a.14 VII AEErbSt 2017).

85 **d) Behaltensregelungen für Anteile an Kapitalgesellschaften.** Die Behaltensregelungen der Katalognummer 4 betreffen Anteile an Kapitalgesellschaften iSd § 13b I Nr 3 und damit im steuerlichen Privatvermögen gehaltene Anteile, die nicht zu einem Betriebsvermögen oder Sonderbetriebsvermögen gehören und daher bereits von der Katalognummer 1 erfasst sind. Auch hier kommt es zur Nachsteuer, wenn der Anteil ganz oder teilweise veräußert wird. Hinsichtlich der Auslegung des Begriffs der **Veräußerung** kann auf die Ausführungen zu Nr 1 verwiesen werden (Anm 68ff), auf Grund des Verweises auf Nr 1 S 2 am Ende der Nr 4 auch auf die Ausführungen zur Surrogatsregelung. Danach stellt die Einbringung von Anteilen an einer Kapitalgesellschaft in eine andere Kapitalgesellschaft oder in eine Personengesellschaft gegen Gewährung von Gesellschaftsrechten sowie auch sonstige Umwandlungsvorgänge nach den §§ 3 bis 16 UmwStG bereits keine Veräußerung dar. Es kommt gerade nicht zu einer „Versilberung" des verschont erworbenen Vermögens. Vielmehr führt der Erwerber das Unternehmen in neuem Rechtsmantel fort. Auch hier kommt es erst dann zu einem Behaltenspflichtverstoß, wenn der Erwerber die ihm im Rahmen des Umwandlungsvorgangs gewährten Anteile veräußert (R E 13a.9 III ErbStR; A 13a.15 III AEErbSt 2017). Entgegen der Auffassung der FinVerw ist der Umwandlungsvorgang auch dann nicht als Veräußerung zu qualifizieren, wenn die übernehmende Gesellschaft Sitz und Geschäftsleitung im Drittland hat oder der Wert der dem Erwerber gewährten Anteile geringer ist als der Wert der eingebrachten Anteile (so aber Erlasse v 20.11.2013, BStBl I 13, 1508, Tz 1.1. und 1.2. sowie nunmehr auch A 13a.15 III 2 AEErbSt 2017; zur Kritik bereits Anm 74). Auch nach Auffassung der FinVerw ist er hingegen unschädlich, wenn ein im Rahmen des Umwandlungsvorgangs vom Erwerber erhaltener Anteil an einer Kapitalgesellschaft 25% oder weniger beträgt. Zu einem Behaltenspflichtverstoß nach Abs 6 Nr 4 kann es allerdings kommen, wenn Gegenstand des Umwandlungsvorgangs ein nur auf Grund Poolvereinbarung verschonter Anteil ist und die Poolvereinbarung im Rahmen des Umwandlungsvorgangs aufgehoben wird. Entgegen der insoweit zu generell formulierten Aussagen der FinVerw in BStBl I 13, 1508, Tz 1.5., sollte dies aber nicht gelten, wenn entweder die Poolvereinbarung auf unterer Ebene aufrechterhalten wird oder die Anteile an der neuen Gesellschaft Gegenstand der Poolvereinbarung werden. Generell unschädlich sollte es auch sein, wenn die Beteiligung des Pools auf 25% oder weniger sinkt, da auch bei verschontem Erwerb einer Beteiligung von über 25% diese Beteiligungshöhe nicht eingehalten werden muss. Wie im Rahmen der Katalognummer 1 können auch im Anwendungsbereich der Nr 4 ertragstliche fiktive Veräußerungstatbestände, insb der eine WegzugsSt begründende § 6 AStG, zu keinem Behaltenspflichtverstoß führen, da auch hier der Betrieb unverändert fortgeführt wird. Dies sollte sowohl für Wegzüge in den EU-Raum, für welche grundsätzlich die Möglich-

keit der Stundung der WegzugsSt besteht, als auch für Wegzüge in Drittstaaten gelten (*von Oertzen/Stalleiken* § 13a Rz 179). Entsprechendes gilt für einen „Wegzug" der Kapitalgesellschaft selbst (so auch *Kapp/Geck* § 13a Rz 153, jedoch beschränkt auf eine Sitzverlegung in das EU- oder EWR-Ausland). Auch im Rahmen der Nr 4 ist der Grund der Veräußerung gleichgültig, so dass auch eine Zwangsabtretung oder Zwangseinziehung, soweit sie gegen Abfindung erfolgt, NachSt auslöst.

Der Veräußerung der Anteile steht die **verdeckte Einlage** der Anteile in eine Ka- 86
pitalgesellschaft gleich. Entsprechendes gilt nach Nr 4 S 2 für die Auflösung der Kapitalgesellschaft, die **Herabsetzung ihres Nennkapitals** und wenn die Kapitalgesellschaft **wesentliche Betriebsgrundlagen veräußert.** Offenbar der Intransparenz der Kapitalgesellschaft Rechnung tragend, kommt es nach der gesetzlichen Regelung jedoch erst dann zu einem Behaltenspflichtverstoß, wenn nach derartigen Maßnahmen das **Vermögen an die Gesellschafter** verteilt wird. Der dies anordnende S 2 der Nr 4 ist allerdings stark komprimiert und grammatikalisch uneindeutig. Der Zusatz „und das Vermögen an die Gesellschafter verteilt wird" könnte zumindest theoretisch auch einen eigenen Behaltenspflichtverstoß darstellen, was angesichts der Regelung zu Überausschüttungen in Nr 3 jedoch keinen Sinn machen würde (*von Oertzen/Stalleiken* § 13a Rz 175). Er könnte sich weiterhin nur auf den Behaltenspflichtverstoß der Veräußerung wesentlicher Betriebsgrundlagen beziehen und diesen um das weitere Tatbestandsmerkmal der Verteilung des Vermögens ergänzen. In diesem Fall hätte es jedoch näher gelegen, statt einer Verteilung des Vermögens die Ausschüttung des Veräußerungsgewinns zu verlangen. Angesichts der Verwendung des abstrakteren Begriffs der Verteilung des Vermögens erscheint daher eine dritte Auslegungsvariante naheliegend, dass es sich hierbei nämlich um ein **zusätzliches Tatbestandsmerkmal** zu sämtlichen der drei vorstehend genannten Behaltenspflichtverstöße handelt. So macht die Sanktionierung einer Herabsetzung des Nennkapitals nur dann Sinn, wenn dem Gesellschafter tatsächlich auch das bis dahin als Kapital gebundene Vermögen der Gesellschaft zufließt (*Kapp/Geck* § 13a Rz 148). Auch die FinVerw möchte im Ergebnis zumindest von einer Nachversteuerung absehen, wenn es sich um eine nur nominelle Kapitalherabsetzung zum Zweck der Sanierung der Gesellschaft handelt und kein Kapital an den Gesellschafter zurückgezahlt wird (R E 13a.9 II ErbStR; A 13a.15 II AEErbSt 2017). Von einer Auflösung der Kapitalgesellschaft ist bereits mit dem Übergang in das Abwicklungsstadium auszugehen, sei es auf Grund der Eröffnung des Insolvenzverfahrens oder dessen Ablehnung mangels Masse oder sei es auf Grund eines Liquidationsbeschlusses (BFH/NV 07, 1321). Dies hindert den Gesetzgeber jedoch nicht – wie bei der Veräußerung wesentlicher Betriebsgrundlagen abweichend zur Katalognummer 1 – einen Behaltenspflichtverstoß nur und erst im Falle der anschließenden Verteilung des Vermögens an die Gesellschafter anzuordnen. Da sich bei einer intransparenten Einheit das wirtschaftliche Engagement des Erwerbers im Halten der Beteiligung erschöpft, ist es durchaus nachvollziehbar, wenn der Gesetzgeber erst dann von einem Behaltenspflichtverstoß ausgeht, wenn der Erwerber seinen Anteil entweder durch dessen Veräußerung oder den Entzug von Substanz aus der intransparenten Einheit versilbert. Schließlich macht die vom Gesetzgeber gewählte Formulierung der Verteilung des Vermögens in Ergänzung zu den beiden ersten Behaltenspflichtverstößen auch Sinn. Ungeachtet dessen geht die ganz hM aber davon aus, dass sich das Tatbestandsmerkmal der Verteilung des Vermögens an den Gesellschafter allein auf den Behaltenspflichtverstoß der Veräußerung wesentlicher Betriebsgrundlagen bezieht. Dem sollte in der Praxis Rechnung getragen werden.

e) Aufhebung der Verfügungsbeschränkung oder Stimmrechtsbünde- 87
lung. Die Katalognummer 5 bezieht sich wie die Katalognummer 4 auf das begünstigungsfähige Vermögen nach § 13b I Nr 3. Sie betrifft die Fälle, in denen der Erblasser oder Schenker nicht selbst mit mehr als 25% an der Kapitalgesellschaft beteiligt war

und die Anteile nur deshalb als begünstigungsfähig qualifizierten, weil er mit Mitgesellschaftern eine **Poolvereinbarung** iSd § 13b I Nr 3 S 2 geschlossen hatte und zusammen mit den übrigen Poolmitgliedern mehr als 25% der Anteile hielt. Denn nach den Vorstellungen des Gesetzgebers sind Anteile an Kapitalgesellschaften nur dann verschonungswürdig, wenn sie einen gewissen Einfluss im Unternehmen vermitteln, sei es unmittelbar oder über den Pool. Allerdings muss die durch eine mehr als 25%ige Beteiligung vermittelte Einflussnahme nur beim Erblasser oder Schenker vorliegen. Der Erwerber kann durchaus auch eine geringere Beteiligung verschont erwerben. Dennoch war dem Gesetzgeber offenbar daran gelegen, dass zumindest die Poolvereinbarung auch nach Erwerb aufrechterhalten bleibt. Diese besteht aus zwei Komponenten, der Vereinbarung von **Verfügungsbeschränkungen** und der Vereinbarung von **Stimmbindungen.** Aus der Katalognummer 5 ergibt sich, dass der Erwerber die ihm gewährte Verschonung nur behalten darf, wenn er beide Komponenten der Poolvereinbarung, also sowohl die Verpflichtung zu beschränkter Verfügung als auch die Verpflichtung, sein Stimmrecht nur einheitlich mit den übrigen Poolmitgliedern auszuüben, aufrechterhält. Die Aufhebung nur einer der beiden Verpflichtungen führt zum Wegfall der Verschonung. Dies allerdings – wie bei den Nrn 1, 2 und 4 – nur zeitanteilig (Abs 6 S 2) und zudem gegenständlich beschränkt („soweit") auf diejenigen Anteile, für die die Verfügungsbeschränkung oder Stimmrechtsbündelung aufgehoben wird.

88 Die gesetzliche Regelung enthält seit ihrer Einführung einen **grammatikalischen Fehler,** der auch mit der ErbStReform 2016 nicht korrigiert wurde: Dem Wortlaut nach soll der Verschonungsabschlag wegfallen, „soweit der Erwerber innerhalb von fünf Jahren (Behaltensfrist) […] im Fall des § 13b I Nr 3 S 2 die Verfügungsbeschränkung oder die Stimmrechtsbündelung aufgehoben wird". Damit bleibt offen, ob ein Kausalzusammenhang zwischen Erwerberhandeln und Aufhebung der Verfügungsbeschränkung oder Stimmrechtsbündelung vorausgesetzt wird (die Korrektur würde dann lauten: „… soweit der Erwerber … die Verfügungsbeschränkung oder die Stimmrechtsbündelung aufhebt") oder bereits die schlichte Aufhebung einer entsprechenden Poolabrede, die in manchen Konstellationen auch ohne Zutun oder sogar gegen den Willen des Erwerbers erfolgen kann, zum Wegfall der Verschonung führt (dann wäre zu korrigieren: „… soweit … die Verfügungsbeschränkung oder Stimmrechtsbündelung aufgehoben wird."). Die FinVerw hat sich für den weiten Anwendungsbereich entsprechend der zweiten Korrekturmöglichkeit entschieden (BayLfSt ZEV 10, 213). Vor dem Hintergrund, dass es sich hier um eine den Stpfl zusätzlich belastende Korrektur handelt, erscheint dies jedoch zweifelhaft. Offenbare grammatikalische Fehler des Gesetzgebers sollten zulasten des Staates gehen, erst recht, wenn sie über Jahre nicht korrigiert werden. Für das Folgende wird jedoch aus pragmatischen Gründen ebenfalls davon ausgegangen, dass die Nr 5 nicht erwerberbezogen zu verstehen ist.

89 Die **Aufhebung** der jeweiligen Verpflichtungen kann auf vielfältige Art erfolgen. So können die Poolmitglieder einvernehmlich beschließen, dass die Poolvereinbarung oder auch nur eine der beiden Komponenten aufgehoben wird. Da ein Pool als Innengesellschaft den Regelungen einer GbR unterliegt, führt zudem das Ausscheiden eines Poolmitglieds, sei es durch Kündigung, Ausschluss oder Versterben, zu einer Aufhebung des Pools, soweit in der Poolvereinbarung nichts Abweichendes vereinbart sein sollte. In der Regel werden die Poolmitglieder jedoch vereinbart haben, dass im Falle des Ausscheidens eines Poolmitglieds der Pool von den verbleibenden Poolmitgliedern und ggf dem Rechtsnachfolger des Ausscheidenden fortgesetzt wird. In diesem Fall führt die Kündigung eines Poolmitglieds nur zum Wegfall der Poolverpflichtungen bei ihm, nicht aber bei den anderen Poolmitgliedern. Nur die Kündigung des Erwerbers innerhalb der Behaltensfrist führt damit zum (zeitanteiligen) Wegfall der Verschonung. Denkbar ist auch, dass die Poolmitglieder nur hinsichtlich eines Teils der gebundenen Anteile die Poolvereinbarung aufheben und mit

den übrigen Anteilen, etwa zur Erhaltung eines bestimmten Stimmquorums, gebunden bleiben. In diesem Fall kommt es zum (zeitanteiligen) Wegfall der Verschonung nur für die dann nicht mehr gebundenen Anteile, im Übrigen bleibt die Verschonung erhalten. Genauso kann auch einzelnen Poolmitgliedern bereits in der Poolvereinbarung gestattet sein, einen Teil ihrer Anteile aus der Poolbindung zu lösen, so dass sie diese Anteile nach „Teilkündigung" frei veräußern können oder die Stimmrechte aus diesen Anteilen frei ausüben können. Auch in diesem Fall entfällt die Verschonung bereits im Falle einer solchen „Teilkündigung" nur für die jeweiligen Anteile, dies aber auch unabhängig davon, ob tatsächlich daraufhin eine Veräußerung erfolgt.

Gleiches gilt, wenn der Erwerber einen Teil seiner Anteile veräußert, sei es unter 90 Einhaltung der Verfügungsbeschränkungen (zB an nachfolgeberechtigte Personen oder mit Zustimmung der mehrheitlich beschließenden Gesellschafterversammlung), dann kommt es erst mit der Anteilsverfügung zum Behaltenspflichtverstoß, oder nach im Poolvertrag gestatteter Teilkündigung, was bereits einen Behaltenspflichtverstoß im Zeitpunkt der Teilkündigung bewirkt. Bei solchen Veräußerungen ist gleichzeitig die Behaltensbedingung der Katalognummer 4 erfüllt, die zu der Nr 5 aber in keinem Vorrangverhältnis steht. Vielmehr können auch zwei der im Gesetz genannten Behaltensbedingungen gleichzeitig erfüllt sein. Während allerdings der Behaltenspflichtverstoß nach der Katalognummer 4 durch Reinvestitionen geheilt werden kann, ist dies bei der Nr 5 nicht möglich, auch nicht im – praktisch freilich eher unwahrscheinlichen – Fall des erneuten Erwerbs gepoolter Anteile innerhalb der Sechs-Monats-Frist (vgl Abs 6 S 3).

Fraglich ist, welche Auswirkungen die **Einbringung des poolgebundenen Anteils** in eine Personen- oder Kapitalgesellschaft, an welcher der Erwerber sodann beteiligt ist, haben kann. Soweit die Gesellschaft, in welche der Anteil eingebracht wird, Poolmitglied wird, wird man die nunmehr mittelbare Stimmbindung und Verfügungsbeschränkung des Erwerbers genügen lassen können. Zwar kann der Erwerber ohne gesellschaftsvertraglich vereinbarte mittelbare Vinkulierungen nunmehr über seine Anteile an der Obergesellschaft verfügen, jedoch wird dies bei Einbringung in eine Personengesellschaft über die Surrogatsregelung der Nr 1 S 2 durch die Nr 1 und bei Einbringung in eine Kapitalgesellschaft durch die Nr 4, die auf Nr 1 S 2 verweist, sanktioniert. Hingegen dürfte die Einbringung in ein Betriebsvermögen nicht dazu führen, dass nunmehr allein die für Betriebsvermögen geltenden Behaltenspflichten zu beachten sind und die Poolabrede aufgehoben werden kann (aA *Kapp/Geck* § 13a Rz 159). Zwar betrifft die Katalognummer 5, wie oben ausgeführt, nicht Verfügungsbeschränkungen und Stimmbindungen auf unteren Ebenen, also iSd § 13b IV Nr 2. Erwerbsgegenstand bleibt aber der Anteil an der Kapitalgesellschaft, der durch die Einbringung in das Betriebsvermögen nicht nachträglich zu möglichem Verwaltungsvermögen mutiert. 91

Unschädlich sind Verfügungen, welche die Stimmbindung und die Beschränkung 92 von Verfügungen über den Anteil selbst unberührt lassen. Die FinVerw nennt beispielhaft die **Bestellung eines Nießbrauchs,** bei der das Stimmrecht beim Nießbrauchsbesteller verbleibt, und die **Verpfändung** des Anteils, bei der erst die Verwertung zum Wegfall der Poolbindung des Erwerbers führt. Misslich ist, wenn im Zweipersonenpool das andere Poolmitglied oder im Mehrpersonenpool nacheinander **alle anderen Poolmitglieder** aus dem Pool **ausscheiden.** Denn auch in diesem Fall endet für den als einziges Poolmitglied zurückbleibenden Erwerber die Stimmbindung und, wenn nicht auch im Gesellschaftsvertrag Entsprechendes vorgesehen ist, die Verfügungsbeschränkung, und es kommt zum zeitanteiligen Wegfall der Verschonung. Die FinVerw verzichtet ausnahmsweise dann auf die Erhebung von NachSt, wenn der Pool dadurch endet, dass die Anteile des vorletzten Poolmitglieds auf den Erwerber als letztes Poolmitglied übergehen. Angesichts des Gesetzeswortlauts wird man dies als Billigkeitsregelung sehen müssen, die auch angemessen erscheint. Für die FinVerw aber steht dahinter offenbar der Gedanke, dass mit dem Erwerb der Anteile vom vorletzten Poolmitglied dem Erwerber so viel Einfluss in der Gesellschaft bleibt, wie der Pool vermittelte. Tatsächlich aber zielt die Behaltensbedingung der Nr 5 nicht darauf, dem Erwerber die durch den Pool vermittelten Einflussmöglichkeiten zu erhalten. Ein solcher Einfluss wird schon nach dem Grundtatbestand des § 13b I Nr 3, wonach allein der Erblasser oder Schenker mit mehr als 25% an der Kapitalgesellschaft beteiligt sein muss, vom Erwerber gar nicht verlangt. Den eigentlichen Zweck der Katalognummer 5 wird man vielmehr in der Vermeidung von Missbrauch sehen müssen, dass nämlich ein Erblasser oder Schenker, der mit 25% oder weniger an einer Kapitalgesellschaft beteiligt ist, sich kurz vor einer Übertragung mit Mitgesellschaftern poolt, kurz nach der Übertragung aber der Pool wieder aufgehoben wird. Die Katalognummer 5 gewährleistet die Ernsthaftigkeit und Nachhaltigkeit der die Begünstigungsfähigkeit begründenden Poolverpflichtung, nicht aber eine Einflussnahmemöglichkeit des Erwerbers in der Gesellschaft.

93 Entgegen der FinVerw ist es daher auch unschädlich, wenn das **Nennkapital** der im Pool gebundenen Anteile **auf 25 % oder weniger sinkt.** Der Gesetzgeber hat die Aufrechterhaltung einer Mindestbeteiligung im Pool gerade nicht zur Bedingung gemacht, was auch nur konsequent ist, da auch der nichtpoolgebundene Erwerber eine ihm Einfluss vermittelnde 25%-Quote nicht einhalten muss. Er kann sogar von vornherein nur eine Minibeteiligung ohne jeglichen Einfluss verschont erwerben. Nichts anderes kann für einen Erwerber gelten, bei dem die Begünstigungsfähigkeit seines Erwerbs durch die Poolabrede vermittelt wurde. Die Auffassung der FinVerw, dass ein Erwerber die Verschonung verliert, wenn der Pool aufgrund Ausscheidens anderer Poolmitglieder oder sogar infolge einer Kapitalerhöhung, an der der Pool nicht oder nicht in ausreichendem Umfang teilnimmt, auf 25% oder weniger sinkt (R E 13a.10 II Nr 3 ErbStR; A 13a.16 II Nr 3 AEErbSt 2017), findet im Gesetz keine Grundlage (so im Ergebnis auch die herrschende Auffassung im Schrifttum, zB *Fischer/Wachter* § 13a Rz 470). Umgekehrt kann allerdings ein Hinzuerwerb von Anteilen bis zu einer Mindestbeteiligungsquote von mehr als 25% den Erwerber nicht vor einem Wegfall der Verschonung bei anschließender Aufhebung des Pools schützen (so aber *Kapp/Geck* § 13a Rz 158).

94 Unschädlich sind schlichte Änderungen der Poolabreden, solange es bei einer Verfügungsbeschränkung und Stimmbindung bleibt, welche die Anforderungen des § 13b I Nr 3 S 2 erfüllen. Auch einen **Verstoß gegen die in der Poolabrede vereinbarten Verpflichtungen** wird man grundsätzlich nicht als Aufhebung dieser Verpflichtungen und damit als NachSt auslösend ansehen können. Dies gilt unabhängig davon, ob in der Poolabrede hierfür konkrete Sanktionen vorgesehen sind. Wenn dem so ist, sollten diese aber auch verhängt werden und etwaige sich aus gesetzlichen Vorschriften ergebende Ansprüche geltend gemacht werden. Geschieht dies nicht, und kommt es insbesondere mehrmals zu von den Poolmitgliedern sanktionslos hingenommenen Pflichtverstößen, kann an der Ernsthaftigkeit der Poolvereinbarung insgesamt gezweifelt werden, was zwar nicht zu einem Behaltenspflichtverstoß nach Nr 5, wohl aber zu einer Nichtanerkennung der Poolvereinbarung als Begünstigungsvoraussetzung führen kann. Dies gilt vor allem dann, wenn an der Poolabrede ausschließlich Familienmitglieder beteiligt sind, da die stliche Anerkennung von Verträgen mit Familienangehörigen neben anderem die tatsächliche Durchführung des Vereinbarten voraussetzt.

95 Die Katalognummer 5 betrifft nach ihrem eindeutigen Wortlaut, nämlich der ausdrücklichen Inbezugnahme des § 13b I Nr 3 S 2, nur Poolabreden über den erworbenen Kapitalgesellschaftsanteil, nicht etwa **Poolabreden** iSd § 13b IV, also **über Anteile auf unteren Ebenen.** Die Qualifikation solcher Anteile als Verwaltungsvermögen ist, wie auch die Verwaltungsvermögensermittlung im Übrigen, streng stichtagsbezogen und der Gesetzgeber sah offenbar keine Notwendigkeit, auch für diese Frage die Ernsthaftigkeit und Nachhaltigkeit der getroffenen Abreden abzusichern. Zutreffend stellt auch die FinVerw klar, dass die Aufhebung einer solchen Poolverein-

barung nach dem Besteuerungszeitpunkt nicht dazu führt, dass die bis dahin gepoolten Anteile rückwirkend zu Verwaltungsvermögen werden (R E 13b.15 I 3 ErbStR; A 13b.20 I 3 AEErbSt 2017).

5. Reinvestition

Soweit gegen eine der in den Nrn 1, 2 und 4 angeordneten Behaltenspflichten verstoßen wird, kann dies nach Abs 6 S 3 und 4 durch eine Reinvestition geheilt werden. 96
Eine solche **Heilungsmöglichkeit** besteht hingegen nicht bei Behaltenspflichtverstößen nach den Nrn 3 und 5. Nach Abs 6 S 3 liegt eine wirksame Reinvestition vor und es ist von einer rückwirkenden Besteuerung abzusehen, wenn der Veräußerungserlös innerhalb der jeweils nach § 13b I begünstigungsfähigen Vermögensart verbleibt. Nach S 4 ist hiervon auszugehen, wenn der Veräußerungserlös innerhalb von sechs Monaten in entsprechendes Vermögen investiert wird, das zum begünstigten Vermögen iSd § 13b II gehört. S 4 schränkt nicht den Anwendungsbereich des Satzes 3 weiter ein (etwa im Sinne von „hiervon ist *nur* auszugehen …"), sondern konkretisiert diesen lediglich exemplarisch (etwa im Sinne von: „hiervon ist *jedenfalls* auszugehen …"). Ansonsten nämlich wäre S 3 entbehrlich. Der Gesetzgeber hätte schlicht formulieren können, dass er von einer rückwirkenden Besteuerung absieht, wenn der Veräußerungserlös innerhalb von sechs Monaten in entsprechendes Vermögen investiert wird, das zum begünstigten Vermögen iSd § 13b II gehört.

Tatsächlich aber kann es noch andere Fälle geben, in denen der Veräußerungserlös 97
in der begünstigungsfähigen Vermögensart verbleibt. Deshalb wird man auch die **Sechsmonatsfrist** des Satzes 4 **nicht als Ausschlussfrist** verstehen können (*von Oertzen/Stalleiken* § 13a Rz 208). Insbesondere in Fällen, in denen die Neuanschaffung länger dauert, etwa weil das Ersatzwirtschaftsgut – bspw. eine Spezialmaschine oder ein Flugzeug – erst noch hergestellt werden muss und dies eine längere Zeit erfordert, sollte es genügen, wenn das jeweilige Wirtschaftsgut bereits vor Ablauf der sechs Monate bestellt, also das dem Erwerb zu Grunde liegende Verpflichtungsgeschäft in dieser Zeit abgeschlossen wird, die Lieferung aber erst später erfolgt. Genauso dürfte es auch dem Sinn und Zweck der Regelung entsprechen, einen Erwerb des Ersatzwirtschaftsguts bereits vor Veräußerung der wesentlichen Betriebsgrundlage ausreichen zu lassen (*von Oertzen/Stalleiken* § 13a Rz 204), da sich viele Unternehmen eine Zeit ohne ein solches Wirtschaftsgut überhaupt nicht leisten können. Vielmehr kann die Produktion nur dann reibungslos fortgeführt werden, wenn die neue Maschine schon läuft, wenn die alte veräußert wird. Nach dem Wortlaut des Satzes 3 ist in Fällen der Veräußerung einer wesentlichen Betriebsgrundlage die Anschaffung eines Ersatzwirtschaftsguts sogar entbehrlich. Denn hiernach soll es ja gerade ausreichen, wenn der Veräußerungserlös, also der erhaltene Kaufpreis, innerhalb der begünstigungsfähigen Vermögensart verbleibt. Dennoch wird man nach dem Sinn und Zweck der Behaltensregelungen davon ausgehen müssen, dass jedenfalls in den Fällen, in denen der Erhalt des Kaufpreises oder auch schon der Anspruch auf Kaufpreiszahlung dazu führt, dass die Finanzmittelgrenze des § 13b IV Nr 5 überschritten ist, für eine wirksame Reinvestition auch die Anschaffung eines zum begünstigten Vermögen gehörenden Wirtschaftsgutes erforderlich ist. Die FinVerw ließ bis Ende 2013, durchaus zutreffend, als Reinvestition neben der Tilgung betrieblicher Schulden auch die Erhöhung betrieblicher Liquiditätsreserven genügen (R E 13a.11 S 3 und 5 ErbStR). Da jedoch seit der Einführung der Katalognummer 4a – heute: Katalognummer 5 – mit dem AmtshilfeRLUmsG 2013 auch Finanzmittel als Verwaltungsvermögen qualifizieren können, kann dies in dieser Generalität nicht mehr gelten. Die FinVerw geht jedoch zu weit, wenn sie in A 13a.17 S 5 und 6 AEErbSt 2017 meint, dass eine unschädliche Reinvestition in Liquiditätsreserven grundsätzlich nicht mehr möglich sei, und lediglich aus Vereinfachungsgründen von einer Nachversteuerung abzusehen sei, wenn diese innerhalb der sechs Monate in Vermögen investiert

werden, das nicht zum Verwaltungsvermögen gehört. Dabei unterstellt die FinVerw nämlich, dass „Finanzmittel zum Verwaltungsvermögen" gehören. Dies ist aber gerade nicht der Fall. Finanzmittel gehören vielmehr erst dann zum Verwaltungsvermögen, wenn sie die Schulden des Unternehmens und 15% seines Wertes übersteigen (näher hierzu § 13b IV 1 Nr 5). Die Erhöhung von Liquiditätsreserven sollte daher weiterhin als zulässige Reinvestition gelten, solange die Finanzmittelgrenze nicht überschritten wird, da nach der Wertung des Gesetzes erst ab einem Überschreiten dieser Grenze nicht mehr davon ausgegangen werden kann, dass es sich um betriebliche Liquiditätsreserven handelt.

98 Die FinVerw verlangte schon nach alter Rspr für eine heilende Reinvestition den Erwerb von begünstigtem Vermögen innerhalb **derselben begünstigungsfähigen Vermögensart,** also jeweils der Katalognummern 1, 2 oder 3 des § 13b I und veranlasste den Gesetzgeber im Zuge der ErbStReform 2016 zu einer entsprechenden Klarstellung („jeweils"). Nach dem Sinn und Zweck der Vorschrift hätte es hingegen ausgereicht, dass in begünstigungsfähiges Vermögen iSd § 13b I unabhängig von der jeweiligen dort genannten Vermögensart investiert wird. Denn letztendlich ist es gleichgültig, ob ein Betrieb im Rechtsmantel der Personengesellschaft oder der Kapitalgesellschaft fortgeführt wird. Entscheidend ist, dass die jeweilige begünstigungsfähige Vermögenseinheit wiederum begünstigtes Vermögen hält. In entsprechender Wertung qualifizieren die Behaltenspflichttatbestände einen Rechtsformwechsel, der immer auch einen Wechsel der in § 13b I genannten Vermögensarten bedeutet, nicht als Behaltenspflichtverstoß (s Nr 1 S 2). Der Gesetzeswortlaut erscheint aber nunmehr eindeutig.

99 Innerhalb der jeweiligen begünstigungsfähigen Vermögensart kann die Reinvestition auch in einer **anderen wirtschaftlichen Einheit** erfolgen. Wer also ein Einzelunternehmen veräußert, tätigt mit dem Erwerb einer mitunternehmerischen Kommanditbeteiligung eine wirksame Reinvestition. Entsprechendes sollte auch gelten, wenn der Erlös aus der Veräußerung einer wesentlichen Betriebsgrundlage in einer anderen wirtschaftlichen Einheit reinvestiert wird, jedenfalls wenn diese zu derselben Vermögensart gehört. Das Gesetz lässt allerdings offen, welche Wirkung die Reinvestition in begünstigungsfähige Einheiten entfaltet, die auch nichtbegünstigtes Vermögen enthalten. Im alten, bis zum 30.6.2016 geltenden Verschonungssystem stellte sich diese Frage nicht, da das Vermögen entweder insgesamt begünstigt oder insgesamt nicht begünstigt war. Im neuen Verschonungssystem wird hingegen die begünstigungsfähige Einheit in einen begünstigten und einen nichtbegünstigten Teil aufgeteilt. Der Gesetzgeber hat jedoch darauf verzichtet, die Wirkung der Reinvestition auf den Wert des begünstigten Teils der begünstigungsfähigen Einheit zu beschränken. Daher sollte eine Reinvestition in begünstigungsfähige Einheiten auch dann genügen, wenn diese teilweise aus nichtbegünstigtem Vermögen bestehen. Die FinVerw ergänzt das gesetzliche Erfordernis, das der Veräußerungserlös innerhalb der jeweiligen „begünstigungsfähigen" Vermögensart verbleibt, um den Zusatz, dass es sich bei dem Vermögen nicht um „nichtbegünstigtes Verwaltungsvermögen iSd § 13b Abs 3 und 4 ErbStG" handeln darf (A 13a.17 S 1 AEErbSt 2017), ohne aber weiter zu konkretisieren, wie sie mit vorgenannten Mischfällen umgehen will. Da damit aber auch begünstigungsfähige Einheiten mit überwiegend oder ausschließlich nichtbegünstigten Vermögen taugliche Reinvestitionsobjekte sein könnten, steht zu erwarten, dass die FinVerw eine Anpassung im Erlasswege nachholt und die Reinvestitionswirkung auf den begünstigten Teil beschränkt.

VIII. Anzeigepflichten und Festsetzungsfrist (Abs 7)

Schrifttum: *Mannek/Höne,* Anzeigepflichten und Anzeigefristen für Erwerber nach der Erbschaftsteuerreform, ZEV 09, 329; *Gohlisch,* Erbschaftsteuerliche und schenkungsteuerliche Anzeige- und Erklärungspflichten und die sich darauf ergebenden Folgen für den Eintritt der Festsetzungsverjährungsfrist, ZErb 11, 102.

Der Erwerber ist hinsichtlich des Entstehens der NachSt **anzeigepflichtig.** Das ergibt sich noch nicht aus § 30, weil die dort genannte Anzeige die FinVerw nur über den Erwerb aufklären soll, der dem FA unter den Voraussetzungen der NachSt aber bereits seit langem bekannt ist. In Abs 7 geht es vielmehr um den **Wegfall der** für den Erwerb gewährten **Begünstigung,** der zum Entstehen der NachSt führt. Regelmäßig wird der Erwerber die entsprechenden Kenntnisse haben, die die Anzeige voraussetzt. Hatte der Erwerber aber das begünstigte Vermögen verschenkt, dann kommt es darauf an, ob der Beschenkte das Vermögen während der fortlaufenden Fünfjahresfrist veräußert hat. Das ist dem anzeigepflichtigen Erwerber nicht ohne Weiteres bekannt. Der Erwerber soll dem FA bis spätestens fünfeinhalb Jahre nach dem Erwerb eine Anzeige zugehen lassen, wenn die Mindestlohnsumme unterschritten wurde (Abs 7 S 1). Die Anzeige stellt eine **Steuererklärung** dar (Abs 7 S 4) und ist schriftlich abzugeben (Abs 7 S 5). Die Meinungen über die Berechnung der Mindestlohnsumme können zwischen Erwerber und FA auseinandergehen. Nach dem Wortlaut des Gesetzes soll der Erwerber nur das Unterschreiten der Mindestlohnsumme anzeigen. Zugleich legt Abs 7 S 6 aber fest, dass die Anzeige auch dann zu erfolgen hat, wenn der Vorgang zu keiner Besteuerung führt. Jedoch erscheint es kaum denkbar, dass das Unterschreiten der Mindestlohnsumme zu keiner Besteuerung führt. Manches spricht daher dafür, dass das Gesetz eine Anzeige schon dann verlangen will, wenn ein Unterschreiten der Mindestlohnsumme nur im Bereich des Möglichen liegt. Auch nach den in Abs 6 genannten Vorgängen hat im Übrigen eine Anzeige zu erfolgen (Abs 7 S 2). Sie ist auf einen Monat befristet und soll die Mitteilung des entsprechenden Sachverhalts enthalten. Hatte der Erwerber das begünstigte Vermögen verschenkt, kommt es für das Entstehen der NachSt auf das Verhalten des Beschenkten an. Der Erwerber wird den Beschenkten auf die stlichen Pflichten aufmerksam machen müssen, die ihn als Erwerber treffen, um die Einhaltung der Anzeigefrist zu gewährleisten. Auch unter den Voraussetzungen des Abs 6 kann es im Übrigen durchaus zu Meinungsverschiedenheiten über die Ausdeutung des Sachverhalts kommen, wenn zB gefragt wird, ob bestimmte Posten, die veräußert wurden, wesentliche Betriebsgrundlagen betreffen. Auch hier wird man unter dem Blickwinkel des Abs 7 S 6 daher vorsichtshalber zu einer vorsorglichen Anzeige des Vorgangs raten. **100**

Mit S 3 wird die erhobene NachSt weiterhin dadurch gesichert, dass die Festsetzungsfrist nicht vor Ablauf des vierten Jahres endet, nachdem das Finanzamt von dem Unterschreiten der Mindestlohnsumme oder dem Verstoß gegen die Behaltensregelung Kenntnis erlangt hat. **101**

IX. Nachweispflichten bei Auslandsvermögen (Abs 8)

Seit der ErbStReform 2009 erstreckt sich die Verschonung auch auf den EU- und EWR-Raum. Soweit dort belegenes Vermögen zum begünstigten Vermögen iSd § 13b II gehört, hat der Stpfl zum einen nachzuweisen, dass zum Zeitpunkt der StEntstehung die Voraussetzungen der StBefreiung erfüllt sind, und zum anderen, dass sie auch in dem fünf- oder siebenjährigen Nachsorgezeitraum danach bestehen bleiben, es also nicht zu einem Behaltenspflichtverstoß kommt. **102**

X. Wertabschlag für qualifizierte Familiengesellschaften (Abs 9)

AEErbSt 2017: Abschnitt 13a.19

Schrifttum: *Steger/Königer,* Der Wertabschlag für Familienunternehmen nach § 13a Abs. 9 ErbStG – Papiertiger oder notwendiges Gestaltungsmittel?, BB 16, 3099; *Weber/Schwind,* Vorababschlag für Familienunternehmen gem § 13a Abs. 9 ErbStG: Vorschläge für eine gesellschaftsvertragliche Umsetzung, ZEV 16, 699; *Uhl-Ludäscher,* Vorababschlag für qualifizierte Familienunternehmen nach dem neuen ErbStG, ErbStB 17, 42; *Wachter,* Neuer Vorab-Abschlag beim Erwerb von Anteilen an qualifizierten Familienunternehmen, NZG 16, 1168; *Wälzholz,* Der Abschlag für Familienunternehmen nach § 13a Abs. 9 ErbStG, GmbH-StB 17, 54; *Weber,* Der Vorab-Abschlag für Familienunternehmen nach dem ErbStRefG 2016 – eine Regelung mit Tücken, DStZ 17, 13; *Watrin/Linnemann,* Vorwegabschlag nach § 13a Abs. 9 ErbStG als Gestaltungsziel für Großerwerbe – eine Analyse der steuerlichen Vor- und Nachteile anhand typischer Szenarien, Ubg 17, 461.

1. Grundlagen

103 Unter besonderen Voraussetzungen kann der Erwerber einer begünstigungsfähigen Beteiligung an einer Personen- oder Kapitalgesellschaft als dritte, aber noch vor dem Verschonungsabschlag und dem Abzugsbetrag anzuwendende StBefreiung einen Wertabschlag vornehmen. Mit dieser Neuregelung, die durch die Entscheidung des BVerfG v 14.12.2014 (BStBl II 15, 50) in keiner Weise veranlasst war, reagierte der Gesetzgeber auf Forderungen der Wirtschaft, bei der Bewertung und der Ausgestaltung der Verschonung in stärkerem Maße dem Umstand Rechnung zu tragen, dass insb Gesellschafter von Familiengesellschaften in der Regel gesellschaftsvertraglichen Kautelen unterworfen sind, welche es ihnen nicht gestatten, ihre Unternehmensbeteiligung zu Liquidität zu machen oder auch nur größere Beträge aus dem Unternehmen zu entnehmen. Tatsächlich erwerben Unternehmensnachfolger mit der Beteiligung an einer Familiengesellschaft häufig keinen marktgängigen Anteil. Auch ein Ausscheiden ist oft nur unter Hinnahme erheblicher Werteinbußen möglich. Gerade die Gesellschafter vieler großer deutscher Familiengesellschaften verstehen sich daher allenfalls als Treuhänder oder Sachwalter des erworbenen Vermögens. Der Gesetzgeber war allerdings zu einer Änderung des § 9 III BewG, der nach überwiegender Auffassung die Berücksichtigung derartiger Beschränkungen genauso ausschließt wie die Einbeziehung gesellschaftsvertraglicher Sonderrechte, nicht bereit. Stattdessen wurde offenbar der neue Wertabschlag geschaffen, der nur in Anspruch genommen werden kann, wenn ein Gesellschafter erheblichen **gesellschaftsvertraglichen Kautelen,** insb Entnahme-, Verfügungs- und Abfindungsbeschränkungen ausgesetzt ist, und der sich zudem unmittelbar aus der Abfindungsregelung des Gesellschaftsvertrags der Gesellschaft ableitet, deren Anteile erworben wurden (zum Ganzen: *Wachter,* NZG 16, 1168, 1169ff.). Die Regelung gilt freilich auch für Gesellschaften, deren Gesellschafter nicht familiär verbunden sind, lediglich erfüllen Familiengesellschaften praktisch häufiger die gesetzlichen Voraussetzungen. Die FinVerw verlangt für die Inanspruchnahme des Wertabschlags zwar vom Erwerber keinen ausdrücklichen Antrag, wohl aber den Nachweis des Vorliegens seiner Voraussetzungen (A 13a.19 I 2 AEErbSt 2017). Ob diese tatsächlich erfüllt sind, prüft das für die jeweilige Gesellschaft zuständige BetriebsFA und teilt dies dem ErbStFA nachrichtlich mit; eine ausdrückliche gesonderte Feststellung erfolgt nicht (A 13a.19 I 9 u 10 AEErbSt 2017).

104 Auch der Wertabschlag bezieht sich allerdings nur auf den begünstigten Teil des begünstigungsfähigen Vermögens, wie er sich nach § 13b II ergibt. Das in der begünstigungsfähigen Einheit enthaltene Verwaltungsvermögen bleibt, obwohl es ebenfalls den gesellschaftsvertraglichen Kautelen unterliegt, mit seinem vollen Wert stpfl.

105 Der Wertabschlag greift **bei allen** vom Gesetz zur Verfügung gestellten **Verschonungsarten.** Er gilt also nicht nur für die in § 13a geregelte Normalverschonung, sondern genauso auch im Falle der Option zur Abschmelzung, im Rahmen des Erlassmodells und bei Stundung. Während allerdings § 13c II 1 ausdrücklich auch auf § 13a IX verweist, fehlt in § 28a (Option zum Erlass) und in § 28 (Stundung) eine ausdrückliche Inbezugnahme der Wertabschlagsregelung. Beide Vorschriften regeln jedoch die Verschonung von „auf das begünstigte Vermögen iSd § 13b II entfallenden Steuern", sodass auch ohne ausdrücklichen Verweis die Anordnung des § 13a IX gilt, wonach für „begünstigtes Vermögen iSd § 13b II ErbStG" ein Abschlag gewährt wird. Auch die

FinVerw berücksichtigt den Wertabschlag vor Anwendung des Erlassmodells nach § 28a (A 13a.19 I 5 AEErbSt 2017). Bei dem Wertabschlag handelt es sich nicht um eine Bewertungsregel, sondern eine sachliche StBefreiung. Die FinVerw wendet deshalb auch die Schuldenkürzungsvorschrift des § 10 V 4 an (A 13a.19 V AEErbSt 2017). Anders als die übrigen Verschonungen unterliegt die Gewährung des Wertabschlags nicht der allg Nachkontrolle. Er bleibt also auch bei einem späteren Verstoß gegen Behaltenspflichten oder (wie auch der Abzugsbetrag nach Abs 2) bei Nichterreichen der Mindestlohnsumme erhalten. Allerdings müssen die Voraussetzungen seiner Gewährung noch deutlich länger als die üblichen Nachsorgefristen von 5 und 7 Jahren, nämlich für eine Dauer von 20 Jahren bestehen, ansonsten entfällt er rückwirkend.

2. Voraussetzungen des Wertabschlags

106 Voraussetzung für die Gewährung des Wertabschlags ist, dass der Gesellschaftsvertrag oder die Satzung – nach A 13a.19 II 1 AEErbSt 2017 genügen entsprechende Vereinbarungen in einem separaten Poolvertrag nicht – bestimmte Entnahme-, Verfügungs- und Abfindungsbeschränkungen vorsieht und diese Regelungen auch tatsächlich von den Gesellschaftern gelebt werden. Hiernach dürfen die **Entnahmen höchstens 37,5% des steuerrechtlichen Gewinnanteils** abzüglich der hierauf entfallenden St vom Einkommen betragen. Die FinVerw gestattet zur Vereinfachung bei der Berechnung der auf den strechtlichen Gewinnanteil entfallenden St von einem StSatz von 30% auszugehen (A 13a.19 II 2 Nr 1 S 3 AEErbSt 2017). Darüber hinaus sind Entnahmen zur Begleichung der auf den Gewinnanteil entfallenden ESt gestattet. Eine vergleichbare Regelung ist für Ausschüttungen aus Kapitalgesellschaften vorgesehen. Diese dürfen höchstens 37,5% des strechtlichen Gewinnanteils abzüglich der auf die Ausschüttungen entfallenden ESt, welche die FinVerw ebenfalls mit einem StSatz von 30% berechnet, betragen. Ausschüttungen zur Begleichung der hierauf entfallenden ESt sind darüber hinaus zulässig (ausführlicher hierzu *Steger/Königer,* BB 16, 3099, 3100ff.).

107 Abgestellt wird nicht, wie meist in Gesellschaftsverträgen üblich, auf den handelsrechtlichen, sondern den **steuerrechtlichen Gewinn.** Da mit dem Wertabschlag und der mit ihm gewährten StBefreiung vor allem dem Umstand Rechnung getragen werden soll, dass der Erwerber den erworbenen Anteil nur in sehr begrenztem Maße zu Liquidität machen kann und aus der Beteiligung auch nur beschränkt liquide Mittel erhält (vgl die Gesetzesbegründung in den Beschlussempfehlungen des BT-Finanzausschusses, BTDrs 18/8911), kann es uE nicht erforderlich sein, dass im Gesellschaftsvertrag ausdrücklich geregelt wird, dass höchstens 37,5% des stlichen Gewinns entnommen werden dürfen. Vielmehr sollte es ausreichen, wenn auch eine gänzlich anders gestaltete Entnahmeregelung „im Ergebnis" dazu führt, dass nicht mehr als 37,5% des steuerrechtlichen Gewinns (nach ESt) entnommen werden. Da aber für die Zukunft nicht sicher vorausgesagt werden kann, ob eine auf den handelsrechtlichen Gewinn abstellende Entnahmebeschränkung, selbst wenn sie strenger formuliert ist, immer dazu führen wird, dass nicht mehr als 37,5% des strechtlichen Gewinns nach St entnommen werden, empfiehlt es sich zumindest ergänzend zu bestehenden Entnahmeregelungen entsprechend dem Gesetzeswortlaut eine Entnahmehöchstgrenze in den Gesellschaftsvertrag aufzunehmen. Entsprechendes gilt für Ausschüttungsbeschränkungen bzw Thesaurierungsregelungen in Satzungen von Kapitalgesellschaften. Fraglich ist, ob sich in Personengesellschaften die Entnahmebeschränkung auch auf **Sonderbetriebseinnahmen** beziehen muss. Zwar sind auch Sonderbetriebseinnahmen Gewinnbestandteile, die entnommen oder thesauriert werden können, jedoch steht solchen Sonderbetriebseinnahmen regelmäßig eine Gegenleistung des jeweiligen Gesellschafters gegenüber (zB Darlehen, Vermietung, Geschäftsführertätigkeit). Es handelt sich gerade nicht um aus der gemeinsamen Zweckverfolgung erzielte Gewinne, die nach der Idee des Gesetzes in der gesamthänderisch gebundenen Vermögenssphäre bleiben sollen, um den Wertabschlag zu erhalten. Ihre Entnahme sollte daher der Inanspruchnahme des Wertabschlags nicht entgegenstehen. So sieht dies offenbar auch die FinVerw, die sowohl bei der Ermittlung des Gewinnanteils als auch der davon abzuziehenden Steuern die Ergebnisse aus Sonderbilanzen unberücksichtigt lässt; auch Ergebnisse aus Ergänzungsbilanzen sollen trotz der gesetzlichen Inbezugnahme des steuerlichen Gewinnanteils außen vor bleiben (A 13a.19 II 2 Nr 1 S 2 u 4 AEErbSt 2017).

108 Mit den gesetzlichen Anforderungen vereinbar erscheint auch eine Entnahmeregelung, nach der nicht ausgeschöpftes Entnahmepotential (Bsp: von den 37,5% entnehmbaren Gewinnen wird nur die Hälfte ausgeschüttet) gesondert, zB auf hierzu geschaffenen Unterkonten, auszuweisen ist und noch in späteren Jahren entnommen werden kann, selbst wenn dadurch im Entnahmejahr mehr als 37,5% des Gewinns des Entnahmejahres entnommen wird (*Steger/Königer,* BB 16, 3099, 3102). Die FinVerw äußert sich hierzu im AEErbSt 2017 jedoch nicht. Auch eine Entnahme oder Ausschüttung zur Begleichung der ErbSt rechtfertigt kein Überschreiten der 37,5%-Grenze. Die FinVerw wird hieran auch im Billigkeitswege nichts ändern (vgl. A 13a.19 II 2 Nr 1 S 5 AEErbSt 2017).

109 Als zweite Beschränkung muss der Gesellschaftsvertrag für den Erhalt des Wertabschlags vorsehen, dass Verfügungen über Gesellschaftsbeteiligungen **nur auf Mitgesellschafter, auf Angehörige iSd § 15 AO und auf Familienstiftungen** iSd § 1 I Nr 4 zulässig sind. Unter den Begriff der Verfügung wird man neben schlichten Anteilsübertragungen auch die Begründung einer Unterbeteiligung, die treuhänderische Übertragung sowie eine Nießbrauchsbestellung und eine Verpfändung fassen können. Die FinVerw versteht unter **Verfügung** allerdings nur die „Übertragung des Eigentums an einem Anteil" (A 13a.19 II 2 S 2 mit Verweis auf A 13b.6 IV AEErbSt 2017), sodass zumindest die Zulassung der Bestellung eines Nießbrauchs oder die Gewährung einer Unterbeteiligung zugunsten einer an sich nicht nachfolgeberechtigten Person dem Wertabschlag nicht entgegenstehen dürfte. Auch hier wird man davon ausgehen dürfen, dass keine Regelung verlangt wird, welche den Gesetzeswortlaut wiedergibt. Insbesondere wird auch eine strengere Regelung, etwa die Beschränkung der Verfügung auf Mitgesellschafter und Abkömmlinge zulässig sein. Zu weitreichend wäre hingegen die Zulassung von Anteilsverfügungen auf beispielsweise von Mitgesellschaftern gegründete Stiftungen, da damit auch Übertragungen auf gemeinnützige und privatnützige Stiftungen gestattet wären. Mit dem Verweis auf § 1 I Nr 4 ist der Stiftungsbegriff nämlich äußerst eng gefasst. Die FinVerw akzeptiert auch eine ausländische Familienstiftung als nachfolgeberechtigte Person. Dies zurecht (zu Unrecht aA noch *Hannes,* ZEV 16, 554), ergibt sich doch die Beschränkung der in § 1 I Nr 4 geregelten ErsatzErbSt auf eine inländische Familienstiftung erst aus § 2 I Nr 2. Eine Stiftung iSd § 1 I Nr 4 ist daher auch eine ausländische Familienstiftung, sie unterliegt lediglich nicht der persönlichen StPfl in Deutschland. Die Beschränkung des nachfolgeberechtigten Personenkreises auf inländische Familienstiftungen würde zudem nicht in das seit der letzten ErbStReform 2009 europarechtskonform ausgestaltete Verschonungssystem passen. In der GmbH wird man angesichts des § 15 GmbHG, der nicht dispositiv ist, auch dann von einer Verfügungsbeschränkung ausgehen dürfen, wenn entsprechend kautelarjuristischer Praxis eine erfolgte Verfügung durch Einziehungs- und Abtretungsklauseln korrigiert wird. Angesichts des Gesetzeswortlauts problematisch wird hingegen eine lediglich schuldrechtliche Verfügungsbeschränkung außerhalb des Gesellschaftsvertrages sein. Vor allem Inhaber von Nennbetragsaktien einer Aktiengesellschaft werden daher wohl nicht in den Genuss des Wertabschlags kommen können (so ausdrücklich die FinVerw in A 13a.19 I 4 Nr 2 AEErbSt 2017).

110 In der Praxis problematisch wird das Erfordernis der **Verfügungsbeschränkung** vor allem dadurch, dass „die Bestimmungen den tatsächlichen Verhältnissen entsprechen" müssen, und dies noch für eine Zeit von zwanzig Jahren nach der StEntstehung. Denn nach wortlautentsprechender Anwendung werden damit sogar einstimmig beschlossene Durchbrechungen der gesellschaftsvertraglichen Regelungen schädlich. Im Kern führt dies zu einer **zwanzigjährigen Umstrukturierungs-**

sperre. Denn jegliche Umstrukturierungsmaßnahmen, die eine Verfügung über die Beteiligung voraussetzen, vernichten den Wertabschlag. Dabei geht es nicht nur um Verfügungen einzelner Gesellschafter beispielsweise in Familienstammholdings, sondern genauso auch etwa um Fälle der Einbringung sämtlicher Anteile in eine übergeordnete Holding oder der Verschmelzung auf eine andere Gesellschaft. Dies gilt auch dann, wenn die jeweiligen neuen Gesellschaften, in welche die Anteile eingebracht werden, in ihren Gesellschaftsverträgen weiterhin die Voraussetzungen des § 13a IX erfüllen. Nach Auffassung der FinVerw würde einer Verfügungsbeschränkung sogar bereits entgegenstehen, wenn der Gesellschaftsvertrag die Verfügung auf nicht nachfolgeberechtigte Personen von der Zustimmung der übrigen Gesellschafter abhängig macht, wie es aber dem in der Praxis durchaus üblichen Regelungsmechanismus in Gesellschaftsverträgen von Familiengesellschaften entspricht. Auch die gesellschaftsvertragliche Gestattung einer Verfügung auf eine vermögensverwaltende Familiengesellschaft mit Angehörigen und somit an sich nachfolgeberechtigten Personen wird ausdrücklich für schädlich erklärt (A 13a.19 II 2 Nr 2 AEErbSt 2017).

Als dritte Voraussetzung für den Wertabschlag muss der Gesellschaftsvertrag vorsehen, dass ein ausscheidender Gesellschafter eine **Abfindung** erhält, die **unter dem gemeinen Wert** seiner Beteiligung liegt. Zwar würde hierzu auch schon eine geringe Beschränkung ausreichen. Tatsächlich aber macht nur eine höhere Abfindungsbeschränkung Sinn, da sie wiederum maßgeblich für die Höhe des Wertabschlags ist. Auch hier ist keine strenge Orientierung am Gesetzeswortlaut erforderlich. Obwohl nach dem Wortlaut für den Fall des Ausscheidens eine Abfindung vorzusehen ist, dürfte daher zB auch ein Abfindungsausschluss für den Fall des Ausscheidens eines Gesellschafters durch Tod der Gewährung des Wertabschlags nicht entgegenstehen. Nicht ausreichend ist hingegen nach Ansicht der FinVerw die gesellschaftsvertragliche Gestattung eines Verkaufs an nachfolgeberechtigte Personen zu einem unter dem gemeinen Wert liegenden Kaufpreis (A 13a.19 II 2 Nr 3 S 2 AEErbSt 2017), was wirtschaftlich mit einer Abfindungsbeschränkung durchaus vergleichbar ist. Angesichts des Wortlauts erscheint dies aber konsequent; auch bei der Bestimmung des Anwendungsbereichs des § 7 VII und § 3 I Nr 2 wird ein Verkauf unter dem gemeinen Wert dem Ausscheiden gegen eine reduzierte Abfindung zu Recht nicht gleichgestellt. 111

Da somit der Wertabschlag nur bei beschränkenden Regelungen im Gesellschaftsvertrag gewährt wird, kommen Einzelunternehmer nicht in den Genuss dieser StBefreiung (A 13a.19 I 4 Nr 1 AEErbSt 2017). Ihnen ist deshalb die Einbringung ihres Einzelunternehmens in eine Einmann-Gesellschaft (Kapitalgesellschaft oder GmbH & Co KG) zu empfehlen. 112

Soweit nur ein **Teil des begünstigten Vermögens** iSd § 13b II die Voraussetzungen des Abs 9 erfüllt, wird der Wertabschlag nur für diesen Teil gewährt und für das übrige begünstigte Vermögen nicht. Gemeint ist damit offenbar der Fall des Erwerbs mehrerer begünstigter Einheiten, etwa eines zum Nachlass gehörenden Einzelunternehmens, eines GmbH-Anteils und einer Beteiligung an einer mitunternehmerischen Personengesellschaft, die allesamt, etwa auch für Zwecke der Ermittlung der 26 Mio-Euro-Grenze, das begünstigte Vermögen ausmachen. Auf den Wert des Einzelunternehmens kann der Erwerber keinen Abschlag vornehmen, auf den Wert der jeweiligen Gesellschaftsbeteiligung nur, wenn der entsprechende Gesellschaftsvertrag die geforderten Entnahme-, Verfügungs- und Abfindungsbeschränkungen enthält. Fraglich ist, wie mit **Sonderbetriebsvermögen** umzugehen ist. Da Sonderbetriebsvermögen zum Mitunternehmeranteil gehört, wäre es naheliegend, es in den Wertabschlag genauso mit einzubeziehen wie den Verschonungsabschlag und den Abzugsbetrag, wenn die Mitunternehmerschaft die Voraussetzungen des Abs 9 erfüllt (*Hannes,* ZEV 16, 554, 558; aA *Eisele,* NWB 16, 3002 (3003f). Gegen eine Einbeziehung könnte aber sprechen, dass – nach der auch hier vertretenen Auffassung – Sonderbetriebseinnahmen nicht der Entnahmebeschränkung unterliegen müssen, um den Wertabschlag zu erhalten (s oben). Es spricht durchaus einiges dafür, dass derje- 113 nige, der sich nicht verpflichten muss, einen bedeutenden Teil (62,5% nach St) auch dieser Einnahmen im Gesellschaftsvermögen zu belassen, nicht den Wertabschlag auf das Vermögen erhalten soll, welches ihm diese Einnahmen verschafft. Die FinVerw lehnt eine Anwendung des Wertabschlags auch auf das Sonderbetriebsvermögen ausdrücklich ab (A 13a.19 III AEErbSt 2017; zur Berechnung des begünstigten Vermögens und des darauf anzuwendenden Wertabschlags bei Erwerb eines Mitunternehmeranteils mit Sonderbetriebsvermögen s H 13a.19 AEErbSt 2017).

114 Die vorgenannten gesellschaftsvertraglichen Bestimmungen müssen bereits mindestens **zwei Jahre** vor dem StEntstehungszeitpunkt vereinbart worden sein. Beteiligungen an Gesellschaften, deren Gesellschaftsverträge die vorgenannten Bestimmungen noch nicht enthalten, können somit frühestens zwei Jahre nach Änderung des Gesellschaftsvertrags mit Wertabschlag übertragen werden. Zur Sicherstellung des Wertabschlags auch bei in dieser Übergangszeit eintretenden Erbfällen sollte überlegt werden, durch testamentarische Gestaltung den StEntstehungszeitpunkt zu verschieben.

3. Höhe des Wertabschlags

115 Die Höhe des Wertabschlags bestimmt sich allein nach der Abfindungsregelung im Gesellschaftsvertrag der Gesellschaft, deren Anteile erworben werden. Sie entspricht der „prozentualen Minderung der Abfindung“ gegenüber dem gemeinen Wert der Beteiligung und beträgt höchstens 30%. Mit dem Begriff des **gemeinen Wertes** ist nicht der Verkehrswert der Beteiligung, sondern der sich nach **§ 9 iVm § 11 II BewG** ergebende Wert in Bezug genommen. Beide müssen nicht identisch sein. Enthält zB der Gesellschaftsvertrag die Regelung, dass die Abfindung 80% des sachverständig zu ermittelnden Verkehrswertes der Beteiligung betragen soll, so ergibt sich damit nicht zwingend ein Wertabschlag von 20%. Vielmehr ist der gemeine Wert der Beteiligung unter Beachtung der Hierarchie der Bewertungsarten des § 11 II BewG zu ermitteln. Ein zB aus Anteilsverkäufen des letzten Jahres ableitbarer Wert kann von dem Verkehrswert im Zeitpunkt der Schenkung durchaus abweichen. Auch könnte, soweit der Wert unter Berücksichtigung der Erträge der Gesellschaft zu ermitteln ist, der Stpfl das vereinfachte Ertragswertverfahren anwenden, sofern dieses nicht zu unzutreffenden Ergebnissen führt. Ist der sich hiernach ergebende Wert höher als ein sachverständig, regelmäßig nach dem Standard S 1 des IDW zu ermittelnder Wert, so fällt auch der Wertabschlag höher aus. Auch kann ein nach § 11 II BewG zwingend anzusetzender höherer Substanzwert zu einer Erhöhung des Wertabschlags führen. Problematisch erscheint allerdings die Ermittlung des Wertabschlags in Fällen, in denen der Gesellschaftsvertrag bei der Bestimmung der Abfindungshöhe nach Ausscheidensanlässen differenziert, also etwa bei einem Ausscheiden durch Kündigung eine Abfindung von 90%, bei einem Ausscheiden durch Ausschluss eine Abfindung von 75% und bei Ausscheiden durch Tod einen gänzlichen Abfindungsausschluss vorsieht. Die FinVerw legt in diesem Fall bei der Berechnung des Wertabschlags die höchste in Betracht kommende Abfindung zugrunde (A 13a.19 IV 4 AEErbSt 2017) und entscheidet sich damit für die für den Stpfl ungünstigste Auslegungsvariante.

4. Nachkontrolle

116 Die vorgenannten Voraussetzungen müssen auch noch für einen **Zeitraum von 20 Jahren** nach StEntstehung erfüllt bleiben, ansonsten entfällt der Wertabschlag und es kommt zur Neuberechnung und Nacherhebung der entstehenden Mehrbelastung. Wird durch eine Änderung des Gesellschaftsvertrages die Abfindung erhöht, will die FinVerw den Wertabschlag entsprechend kürzen (A 13a.19 VI 4 AEErbSt 2017). Schädlich wäre aber nicht nur eine gesellschaftsvertragliche Änderung, etwa die Gestattung höherer Entnahmen oder die Erweiterung des nachfolgeberechtigten Personenkreises, sondern auch bereits die Durchbrechung der gesellschaftsvertrag-

lichen Regelungen, etwa durch Zustimmung zur Aufnahme einer nicht nachfolgeberechtigten Person in die Gesellschaft oder durch Gestattung einer erhöhten Sonderentnahme. Auch bei einem Ausscheiden durch Verkauf zu einem Kaufpreis, der nicht unter dem gemeinen Wert der Beteiligung liegt, könnte bereits bezweifelt werden, ob den gesellschaftsvertraglichen Bestimmungen tatsächlich entsprochen wurde. Die FinVerw beanstandet in A 13a.19 II 2 Nr 2 AEErbSt 2017 ausdrücklich allerdings nur eine entsprechende gesellschaftsvertragliche Regelung.

Verfahrensrechtlich wird eine Nachversteuerung durch Wegfall des Verschonungsabschlags dadurch abgesichert, dass der Erwerber verpflichtet wird, **Änderungen** der genannten Bestimmungen oder der tatsächlichen Verhältnisse innerhalb einer Frist von einem Monat **anzuzeigen.** Dem Wortlaut nach gilt dies selbst dann, wenn die Änderung der gesellschaftsvertraglichen Regelungen sich nach wie vor im Rahmen des Abs 9 S 1 bewegen. Hinzu kommt, dass die Festsetzungsfrist nicht vor Ablauf des vierten Jahres nach Kenntnis des Finanzamts von der Änderung der gesellschaftsvertraglichen Regelung oder der tatsächlichen Verhältnisse endet. Unerheblich ist dabei, ob der Erwerber an der Änderung des Gesellschaftsvertrages mitwirkt oder einer schädlichen Änderung des Gesellschaftsvertrages ausdrücklich widerspricht, aber überstimmt wird. Er muss nach dem Wortlaut der Regelung im Zeitpunkt der Änderung des Gesellschaftsvertrages oder der tatsächlichen Verhältnisse nicht einmal mehr Gesellschafter sein (so auch A 13a.19 VI 3 AEErbSt 2017; zu den denkbaren Auswüchsen dieser Regelung das Beispiel bei *Hannes,* ZEV 16, 554, 559). 117

XI. Vollverschonung (Abs 10)

AEErbSt 2017: Abschnitt 13a.20

Schrifttum: *Reich,* Die sog „Optionsfalle“ der Finanzverwaltung im Rahmen der Begünstigung für unternehmerisches Vermögen iSd §§ 13a und 13b ErbStG – eine Systemfrage, DStR 14, 1424.

1. Option zur Vollverschonung

Der Erwerber kann beantragen, dass ihm statt des 85%igen Verschonungsabschlags ein **100%iger Verschonungsabschlag** gewährt wird. In diesem Fall verlängert sich die für die Lohnsummenkontrolle und die Behaltensbedingungen grundsätzlich 5-jährige Nachsorgefrist auf 7 Jahre. Die Lohnsummenkontrolle wird darüber hinaus in der Weise verschärft, dass in den 7 Jahren eine Lohnsumme von 700% der Ausgangslohnsumme (statt 400% in 5 Jahren) erreicht werden muss. Bei Betrieben mit mehr als 5, aber nicht mehr als 10 Beschäftigten beträgt die in den 7 Jahren zu erbringende Mindestlohnsumme 500% (statt 250% in 5 Jahren), bei mehr als 10, aber nicht mehr 15 Beschäftigten 565% (statt 300%). 118

2. Optionsvoraussetzungen

Die Vollverschonung wird dem Antrag entsprechend jedoch nur gewährt, wenn das begünstigungsfähige Vermögen nach § 13b I nicht zu mehr als 20% aus Verwaltungsvermögen nach § 13b III und IV besteht. Man sollte annehmen, dass hierzu der Wert des Verwaltungsvermögens zum Wert des begünstigungsfähigen Vermögens ins Verhältnis zu setzen ist. Stattdessen aber erklärt S 3 wie der Anteil des Verwaltungsvermögens am gemeinen Wert „des Betriebs“ bestimmt wird, nämlich nach dem **Verhältnis** der Summe **der gemeinen Werte der Einzelwirtschaftsgüter** des Verwaltungsvermögens **zum gemeinen Wert des Betriebs.** Das begünstigungsfähige Vermögen nach § 13b I aber kann durchaus mehrere Betriebe umfassen. Unklar bleibt, ob mit dem Begriff des Betriebs das gesamte begünstigungsfähige Vermögen 119 nach § 13b I gemeint ist oder für Zwecke der Quotenermittlung lediglich jeweils ein Betrieb, also jeweils eine wirtschaftliche Einheit innerhalb des begünstigungsfähigen Vermögens. Nach bisherigem Verständnis und auch bisheriger gesetzlicher Regelung (vgl § 13a VIII Nr 3 iVm § 13b II 1 aF) erfolgte die Ermittlung der Verwaltungsvermögensquote separat für jede wirtschaftliche Einheit. Mangels entgegenstehender Anhaltspunkte in der Gesetzesbegründung sollte daher davon ausgegangen werden, dass der Gesetzgeber hieran nichts ändern wollte. Insoweit wird man auch nach neuer Rechtslage die 20%-Quote als Voraussetzung der Vollverschonung für jede wirtschaftliche Einheit separat zu ermitteln haben (so auch die FinVerw: A13a.20 AEErbSt 2017 entspricht insoweit weitgehend R E 13a.13 ErbStR). Das kann dazu führen, dass für die eine wirtschaftliche Einheit die Vollverschonung in Anspruch genommen werden kann, für eine andere wirtschaftliche Einheit aufgrund Überschreitens der Verwaltungsvermögensquote aber nicht. Konsequenterweise sollte dann auch für jede Einheit die Option separat erklärt werden können. Demgegenüber lässt die FinVerw in R E 13a.13 II ErbStR und A 13a.20 I AEErbSt 2017 nur einen einheitlichen Antrag für alle erworbenen Einheiten zu, gleichgültig welcher begünstigungsfähigen Vermögensart sie angehören. Dabei werden sogar Betriebsübertragungen in mehreren Schenkungsverträgen zusammengefasst, sofern sie auf einem einheitlichen Schenkungswillen beruhen.

120 Die **Quotenermittlung** nach Abs 10 S 3 entspricht weder der Ermittlung des nichtbegünstigten Teils der begünstigungsfähigen Einheit noch der Ermittlung der 90%-Quote als Voraussetzung der Regelverschonung. Vielmehr ist dem gemeinen Wert des Betriebs der Aktivwert des Verwaltungsvermögens gegenüberzustellen, wie er sich nach Anwendung des § 13b III und IV, also auf dem Weg vom begünstigungsfähigen Vermögen zum begünstigten Vermögen sozusagen „auf halber Strecke" ergibt. Es kommt also zu keiner allg Schuldenverrechnung nach § 13b VI und zu keiner Reduzierung um das sog unschädliche Verwaltungsvermögen im Umfang des Kulanzpuffers nach § 13b VII. Die Durchführung einer noch vom Erblasser geplanten Investition oder die Verwendung von Finanzmitteln für Löhne in Saisonbetrieben nach dem Erbfall (§ 13b V) dürfte hingegen zu einer Quotenreduzierung führen, da hierdurch gerade das Verwaltungsvermögen (§ 13b III und IV) umqualifiziert wird.

3. Optionsfolgen

121 Der Antrag auf Vollverschonung bewirkt die genannte **Verlängerung der Nachsorgefrist** auf sieben Jahre und die **Verschärfung der Lohnsummenkontrolle.** Der Antrag ist **unwiderruflich,** so dass es bei diesen Verschärfungen auch bleibt, wenn wegen Überschreitens der 20%igen Verwaltungsvermögensquote trotz Antrag die Vollverschonung nicht gewährt wird. Auch steht die Unwiderruflichkeit einem Wechsel in die Regelverschonung mit ihren moderateren Nachsorgepflichten entgegen, wenn bspw im Laufe der Zeit festgestellt wird, dass die strengeren Lohnsummenanforderungen oder Behaltensfristen nicht einzuhalten sind. Anders als in dem bis zum 30.6.2016 geltenden Recht muss uE hingegen nicht befürchtet werden, dass bei Überschreiten der 20%-Quote auch die Regelverschonung verloren geht (zur aA der FinVerw aber noch Anm 122). Die 20%-Quote ist lediglich Voraussetzung für die Gewährung der Steuerbefreiung nach § 13b X 1. Wird sie nicht gewährt, tritt eben nicht der Verschonungsabschlag von 100% an die Stelle des Verschonungsabschlags von 85%, sondern es bleibt bei dem Verschonungsabschlag von 85%. Im alten Recht hingegen bewirkte der Antrag eine Änderung der Verschonungsvoraussetzung selbst. An die Stelle der für die Gewährung der Verschonung einzuhaltenden 50%-Quote trat aufgrund der Option eine 10%-Quote (vgl § 13a IX 1 Nr 3 ErbStG aF). Wurde diese überschritten, war das begünstigte Vermögen insgesamt von der Begünstigung ausgenommen (vgl § 13a II 1 ErbStG aF), was ohne Antrag erst bei Überschreiten der 50%-Grenze der Fall gewesen wäre. Insoweit wollte im alten Recht eine Antrag-

stellung wohl überlegt sein. Sie konnte nach dem Wortlaut des Gesetzes zum Verlust der gesamten Verschonung führen.

Die FinVerw (R E 13a.13 III ErbStR; A 13a.20 IV AEErbSt 2017; bestätigt durch FG Münster, EFG 14, 660; ablehnend hingegen das überwiegende Schrifttum *Scholten/Korezkij,* DStR 09, 73; *Hannes/Onderka,* ZEV 09, 421; *Kapp/Geck* § 13a Rz 216; *von Oertzen/Stalleiken* § 13a Rz 254f) hatte diese Rechtslage noch dadurch verschärft, dass sie – ohne konkrete Anhaltspunkte im Gesetz – einen Antrag **nur einheitlich für sämtliche wirtschaftliche Einheiten** zuließ. Damit stellte sich die Frage, wie beim Erwerb mehrerer Einheiten zu verfahren war, wenn für eine Einheit die (damals) 10%-Quote eingehalten werden konnte, für eine andere Einheit aber nicht. Die FinVerw entwickelte hierzu die These, dass für diejenige Einheit, für die die Quote eingehalten wurde, die Vollverschonung gewährt wurde, für die andere Einheit aber, in der die Quote überschritten wurde, keinerlei Verschonung, auch nicht die Regelverschonung in Anspruch genommen werden konnte. Dasselbe sollte gelten, wenn sich später, etwa im Rahmen einer Betriebsprüfung, ein Überschreiten der Quote herausstellen sollte. Andererseits aber sollte in den Fällen, in denen sämtliche erworbenen Einheiten die Quote überschritten, der Antrag ins Leere gehen und wiederum für alle Einheiten die Regelverschonung Anwendung finden. Dies sollte insbesondere auch bei Erwerb einer Einheit gelten. Wurde bei dieser die Verwaltungsvermögensquote überschritten, ging der Antrag ins Leere und es fand die Regelverschonung Anwendung. Damit lag beim Erwerb einer Einheit der Nachteil des Stpfl „nur“ in der Verschärfung der Nachkontrolle. Bei mehreren Einheiten aber konnte die Option zur Falle werden, insbesondere wenn aufgrund Einhaltung der Quote in einer geringwertigen Einheit der Antrag nicht ins Leere ging und für eine werthaltige Einheit wegen Überschreitens der Quote die Verschonung insgesamt verloren ging. Wie gezeigt, ergibt sich im neuen Recht dieses Risiko nicht. Hier tritt gerade nicht an die Stelle der 90%-Quote die 20%-Quote, sondern die 20%-Quote entscheidet allein über die Erhöhung des Verschonungsabschlags von 85% auf 100%. Die FinVerw ignoriert allerdings die Änderung der gesetzlichen Regelung und hält in A 13a.20 IV 2 AEErbSt 2017 an ihrer alten Auffassung fest, dass bei wirtschaftlichen Einheiten, welche über mehr als 20% Verwaltungsvermögen verfügen, die Option dazu führt, dass überhaupt keine Verschonung mehr in Anspruch genommen werden kann und stattdessen diese Einheit der vollen Besteuerung unterliegt. Eine Ausnahme soll, ebenfalls wie bisher, nur gelten, wenn alle wirtschaftlichen Einheiten die 20%-Quote überschreiten und die Option damit ins Leere geht. **122**

Doch auch nach neuer Rechtslage sollte wegen der Verschärfung der Nachsorgepflichten mit dem Antrag möglichst solange gewartet werden, bis das Lohnsummen- und Behaltensrisiko einigermaßen sicher abgeschätzt werden kann. Erst recht gilt dies, wenn man der (unzutreffenden) Auffassung der FinVerw zur **„Optionsfalle“** folgt. Mit dem Antrag, der nach wie vor nach Auffassung der FinVerw für alle wirtschaftlichen Einheiten nur einheitlich gestellt werden kann, kann bis zur materiellen Bestandskraft des Steuerbescheids gewartet werden (R E 13a.13 II 2 ErbStR; A 13a.20 II 2 AEErbSt 2017). Allerdings kann das Warten dazu führen, dass zunächst die ErbSt auf den nach Anwendung des 85%-Verschonungsabschlags verbleibenden Wert zu zahlen ist. Nach Antragstellung und Erfüllung der Vollverschonungsvoraussetzungen wird die Steuer zwar wieder erstattet, der Erstattungsbetrag aber nicht verzinst. Das BayLfSt (DStR 16, 1931) gestattet, trotz materieller Bestandskraft noch einen Antrag auf Optionsverschonung zu stellen, wenn sich aufgrund Änderungen eines Grundlagenbescheids die Verwaltungsvermögensquote reduziert und erst jetzt eine Inanspruchnahme der Vollverschonung möglich erscheint. Dies ist zwar zu begrüßen, noch angemessener wäre es aber, den Antrag bis zur materiellen Bestandskraft sämtlicher Bescheide zuzulassen, welche auf die Verwaltungsvermögensquote Einfluss haben. **123**

XII. Begünstigung bei Ersatzerbschaftsteuer (Abs 11)

124 Nach Abs 11 gelten die Absätze 1 bis 10 auch für die Ermittlung der gem § 1 I Nr 4 alle dreißig Jahre auf das Vermögen einer **inländischen Familienstiftung** oder eines inländischen Familienvereins anfallende ErsatzErbSt. Auch die Familienstiftung und der Familienverein (hierzu R E 1.2 ErbStR) profitieren damit von den drei in § 13a geregelten Verschonungsarten: dem Wertabschlag bei Beteiligung an einer qualifizierten Familiengesellschaft, dem Verschonungsabschlag in Form der Regel- und Vollverschonung und bei kleineren Vermögen dem Abzugsbetrag. Die Vergünstigungen beziehen sich freilich nur auf das begünstigte Vermögen der Stiftung und des Vereins.

§ 13b Begünstigtes Vermögen

(1) Zum begünstigungsfähigen Vermögen gehören

1. **der inländische Wirtschaftsteil des land- und forstwirtschaftlichen Vermögens (§ 168 Absatz 1 Nummer 1 des Bewertungsgesetzes) mit Ausnahme der Stückländereien (§ 160 Absatz 7 des Bewertungsgesetzes) und selbst bewirtschaftete Grundstücke im Sinne des § 159 des Bewertungsgesetzes sowie entsprechendes land- und forstwirtschaftliches Vermögen, das einer Betriebsstätte in einem Mitgliedstaat der Europäischen Union oder in einem Staat des Europäischen Wirtschaftsraums dient;**
2. **inländisches Betriebsvermögen (§§ 95 bis 97 Absatz 1 Satz 1 des Bewertungsgesetzes) beim Erwerb eines ganzen Gewerbebetriebs oder Teilbetriebs, einer Beteiligung an einer Gesellschaft im Sinne des § 15 Absatz 1 Satz 1 Nummer 2 und Absatz 3 oder § 18 Absatz 4 Satz 2 des Einkommensteuergesetzes, eines Anteils eines persönlich haftenden Gesellschafters einer Kommanditgesellschaft auf Aktien oder Anteils daran und entsprechendes Betriebsvermögen, das einer Betriebsstätte in einem Mitgliedstaat der Europäischen Union oder in einem Staat des Europäischen Wirtschaftsraums dient;**
3. **Anteile an einer Kapitalgesellschaft, wenn die Kapitalgesellschaft im Zeitpunkt der Entstehung der Steuer (§ 9) Sitz oder Geschäftsleitung im Inland oder in einem Mitgliedstaat der Europäischen Union oder in einem Staat des Europäischen Wirtschaftsraums hat und der Erblasser oder Schenker am Nennkapital dieser Gesellschaft unmittelbar zu mehr als 25 Prozent beteiligt war (Mindestbeteiligung). [2]Ob der Erblasser oder Schenker die Mindestbeteiligung erfüllt, ist nach der Summe der dem Erblasser oder Schenker unmittelbar zuzurechnenden Anteile und der Anteile weiterer Gesellschafter zu bestimmen, wenn der Erblasser oder Schenker und die weiteren Gesellschafter untereinander verpflichtet sind, über die Anteile nur einheitlich zu verfügen oder ausschließlich auf andere derselben Verpflichtung unterliegende Anteilseigner zu übertragen und das Stimmrecht gegenüber nichtgebundenen Gesellschaftern einheitlich auszuüben.**

(2) [1]Das begünstigungsfähige Vermögen ist begünstigt, soweit sein gemeiner Wert den um das unschädliche Verwaltungsvermögen im Sinne des Absatzes 7 gekürzten Nettowert des Verwaltungsvermögens im Sinne des Absatzes 6 übersteigt (begünstigtes Vermögen). [2]Abweichend von Satz 1 ist der Wert des begünstigungsfähigen Vermögens vollständig nicht begünstigt, wenn das Verwaltungsvermögen nach Absatz 4 vor der Anwendung des Absatzes 3 Satz 1, soweit das Verwaltungsvermögen nicht ausschließlich und dauerhaft der Erfüllung von Schulden aus durch Treuhandverhältnisse abgesicherten Altersversorgungsverpflichtungen dient und dem Zugriff aller übrigen nicht aus diesen Altersversorgungsverpflichtungen unmittelbar berechtigten Gläubi-

ger entzogen ist, sowie der Schuldenverrechnung und des Freibetrags nach Absatz 4 Nummer 5 sowie der Absätze 6 und 7 mindestens 90 Prozent des gemeinen Werts des begünstigungsfähigen Vermögens beträgt.

(3) [1]**Teile des begünstigungsfähigen Vermögens, die ausschließlich und dauerhaft der Erfüllung von Schulden aus Altersversorgungsverpflichtungen dienen und dem Zugriff aller übrigen nicht aus den Altersversorgungsverpflichtungen unmittelbar berechtigten Gläubiger entzogen sind, gehören bis zur Höhe des gemeinen Werts der Schulden aus Altersversorgungsverpflichtungen nicht zum Verwaltungsvermögen im Sinne des Absatzes 4 Nummer 1 bis 5.** [2]**Soweit Finanzmittel und Schulden bei Anwendung von Satz 1 berücksichtigt wurden, bleiben sie bei der Anwendung des Absatzes 4 Nummer 5 und des Absatzes 6 außer Betracht.**

(4) **Zum Verwaltungsvermögen gehören**

1. **Dritten zur Nutzung überlassene Grundstücke, Grundstücksteile, grundstücksgleiche Rechte und Bauten.** [2]**Eine Nutzungsüberlassung an Dritte ist nicht anzunehmen, wenn**
   a) **der Erblasser oder Schenker sowohl im überlassenden Betrieb als auch im nutzenden Betrieb allein oder zusammen mit anderen Gesellschaftern einen einheitlichen geschäftlichen Betätigungswillen durchsetzen konnte oder als Gesellschafter einer Gesellschaft im Sinne des § 15 Absatz 1 Satz 1 Nummer 2 und Absatz 3 oder § 18 Absatz 4 des Einkommensteuergesetzes den Vermögensgegenstand der Gesellschaft zur Nutzung überlassen hatte, und diese Rechtsstellung auf den Erwerber übergegangen ist, soweit keine Nutzungsüberlassung an einen weiteren Dritten erfolgt;**
   b) **die Nutzungsüberlassung im Rahmen der Verpachtung eines ganzen Betriebs erfolgt, welche beim Verpächter zu Einkünften nach § 2 Absatz 1 Satz 1 Nummer 2 und 3 des Einkommensteuergesetzes führt und**
      aa) **der Verpächter des Betriebs im Zusammenhang mit einer unbefristeten Verpachtung den Pächter durch eine letztwillige Verfügung oder eine rechtsgeschäftliche Verfügung als Erben eingesetzt hat oder**
      bb) **die Verpachtung an einen Dritten erfolgt, weil der Beschenkte im Zeitpunkt der Entstehung der Steuer (§ 9) den Betrieb noch nicht führen kann, und die Verpachtung auf höchstens zehn Jahre befristet ist; hat der Beschenkte das 18. Lebensjahr noch nicht vollendet, beginnt die Frist mit der Vollendung des 18. Lebensjahres.**

   [2]**Dies gilt nicht für verpachtete Betriebe, soweit sie vor ihrer Verpachtung die Voraussetzungen als begünstigtes Vermögen nach Absatz 2 nicht erfüllt haben und für verpachtete Betriebe, deren Hauptzweck in der Überlassung von Grundstücken, Grundstücksteilen, grundstücksgleichen Rechten und Bauten an Dritte zur Nutzung besteht, die nicht unter Buchstabe d fallen;**
   c) **sowohl der überlassende Betrieb als auch der nutzende Betrieb zu einem Konzern im Sinne des § 4h des Einkommensteuergesetzes gehören, soweit keine Nutzungsüberlassung an einen weiteren Dritten erfolgt;**
   d) **die überlassenen Grundstücke, Grundstücksteile, grundstücksgleichen Rechte und Bauten zum Betriebsvermögen, zum gesamthänderisch gebundenen Betriebsvermögen einer Personengesellschaft oder zum Vermögen einer Kapitalgesellschaft gehören und der Hauptzweck des Betriebs in der Vermietung von Wohnungen im Sinne des § 181 Absatz 9 des Bewertungsgesetzes besteht, dessen Erfüllung einen wirtschaftlichen Geschäftsbetrieb (§ 14 der Abgabenordnung) erfordert;**
   e) **die Grundstücke, Grundstücksteile, grundstücksgleichen Rechte und Bauten vorrangig überlassen werden, um im Rahmen von Lieferungs-**

verträgen dem Absatz von eigenen Erzeugnissen und Produkten zu dienen;
f) die Grundstücke, Grundstücksteile, grundstücksgleichen Rechte und Bauten an Dritte zur land- und forstwirtschaftlichen Nutzung überlassen werden;
2. Anteile an Kapitalgesellschaften, wenn die unmittelbare Beteiligung am Nennkapital dieser Gesellschaften 25 Prozent oder weniger beträgt und sie nicht dem Hauptzweck des Gewerbebetriebs eines Kreditinstitutes oder eines Finanzdienstleistungsinstitutes im Sinne des § 1 Absatz 1 und 1a des Kreditwesengesetzes in der Fassung der Bekanntmachung vom 9. September 1998 (BGBl. I S. 2776), das zuletzt durch Artikel 14 des Gesetzes vom 10. Mai 2016 (BGBl. I S. 1142) geändert worden ist, oder eines Versicherungsunternehmens, das der Aufsicht nach § 1 Absatz 1 Nummer 1 des Versicherungsaufsichtsgesetzes in der Fassung der Bekanntmachung vom 1. April 2015 (BGBl. I S. 434), das zuletzt durch Artikel 13 des Gesetzes vom 10. Mai 2016 (BGBl. I S. 1142) geändert worden ist, unterliegt, zuzurechnen sind. [2]Ob diese Grenze unterschritten wird, ist nach der Summe der dem Betrieb unmittelbar zuzurechnenden Anteile und der Anteile weiterer Gesellschafter zu bestimmen, wenn die Gesellschafter untereinander verpflichtet sind, über die Anteile nur einheitlich zu verfügen oder sie ausschließlich auf andere derselben Verpflichtung unterliegende Anteilseigner zu übertragen und das Stimmrecht gegenüber nichtgebundenen Gesellschaftern nur einheitlich auszuüben;
3. Kunstgegenstände, Kunstsammlungen, wissenschaftliche Sammlungen, Bibliotheken und Archive, Münzen, Edelmetalle und Edelsteine, Briefmarkensammlungen, Oldtimer, Yachten, Segelflugzeuge sowie sonstige typischerweise der privaten Lebensführung dienende Gegenstände, wenn der Handel mit diesen Gegenständen, deren Herstellung oder Verarbeitung oder die entgeltliche Nutzungsüberlassung an Dritte nicht der Hauptzweck des Betriebs ist;
4. Wertpapiere sowie vergleichbare Forderungen, wenn sie nicht dem Hauptzweck des Gewerbebetriebs eines Kreditinstitutes oder eines Finanzdienstleistungsinstitutes im Sinne des § 1 Absatz 1 und 1a des Kreditwesengesetzes in der Fassung der Bekanntmachung vom 9. September 1998 (BGBl. I S. 2776), das zuletzt durch Artikel 14 des Gesetzes vom 10. Mai 2016 (BGBl. I S. 1142) geändert worden ist, oder eines Versicherungsunternehmens, das der Aufsicht nach § 1 Absatz 1 Nummer 1 des Versicherungsaufsichtsgesetzes in der Fassung der Bekanntmachung vom 1. April 2015 (BGBl. I S. 434), das zuletzt durch Artikel 13 des Gesetzes vom 10. Mai 2016 (BGBl. I S. 1142) geändert worden ist, unterliegt, zuzurechnen sind;
5. der gemeine Wert des nach Abzug des gemeinen Werts der Schulden verbleibenden Bestands an Zahlungsmitteln, Geschäftsguthaben, Geldforderungen und anderen Forderungen (Finanzmittel), soweit er 15 Prozent des anzusetzenden Werts des Betriebsvermögens des Betriebs oder der Gesellschaft übersteigt. [2]Der gemeine Wert der Finanzmittel ist um den positiven Saldo der eingelegten und der entnommenen Finanzmittel zu verringern, welche dem Betrieb im Zeitpunkt der Entstehung der Steuer (§ 9) weniger als zwei Jahre zuzurechnen waren (junge Finanzmittel); junge Finanzmittel sind Verwaltungsvermögen. [3]Satz 1 gilt nicht, wenn die genannten Wirtschaftsgüter dem Hauptzweck des Gewerbebetriebs eines Kreditinstitutes oder eines Finanzdienstleistungsinstitutes im Sinne des § 1 Absatz 1 und 1a des Kreditwesengesetzes in der Fassung der Bekanntmachung vom 9. September 1998 (BGBl. I S. 2776), das zuletzt durch Artikel 14 des Gesetzes vom 10. Mai 2016 (BGBl. I S. 1142) geändert worden ist, oder eines Versiche-

rungsunternehmens, das der Aufsicht nach § 1 Absatz 1 Nummer 1 des Versicherungsaufsichtsgesetzes in der Fassung der Bekanntmachung vom 1. April 2015 (BGBl. I S. 434), das zuletzt durch Artikel 13 des Gesetzes vom 10. Mai 2016 (BGBl. I S. 1142) geändert worden ist, unterliegt, zuzurechnen sind. 4Voraussetzung für die Anwendung des Prozentsatzes von 15 Prozent des Satzes 1 ist, dass das nach Absatz 1 begünstigungsfähige Vermögen des Betriebs oder der nachgeordneten Gesellschaften nach seinem Hauptzweck einer Tätigkeit im Sinne des § 13 Absatz 1, des § 15 Absatz 1 Satz 1 Nummer 1, des § 18 Absatz 1 Nummer 1 und 2 des Einkommensteuergesetzes dient. 5Die Voraussetzungen des Satzes 4 sind auch erfüllt, wenn die Tätigkeit durch Gesellschaften im Sinne des § 13 Absatz 7, des § 15 Absatz 1 Satz 1 Nummer 2 oder des § 18 Absatz 4 Satz 2 des Einkommensteuergesetzes ausgeübt wird.

(5) **1Beim Erwerb von Todes wegen entfällt die Zurechnung von Vermögensgegenständen zum Verwaltungsvermögen im Sinne des Absatzes 4 Nummer 1 bis 5 rückwirkend zum Zeitpunkt der Entstehung der Steuer (§ 9), wenn der Erwerber innerhalb von zwei Jahren ab dem Zeitpunkt der Entstehung der Steuer (§ 9) diese Vermögensgegenstände in Vermögensgegenstände innerhalb des vom Erblasser erworbenen, begünstigungsfähigen Vermögens im Sinne des Absatzes 1 investiert hat, die unmittelbar einer Tätigkeit im Sinne von § 13 Absatz 1, § 15 Absatz 1 Satz 1 Nummer 1 oder § 18 Absatz 1 Nummer 1 und 2 des Einkommensteuergesetzes dienen und kein Verwaltungsvermögen sind. 2Voraussetzung hierfür ist, dass die Investition auf Grund eines im Zeitpunkt der Entstehung der Steuer (§ 9) vorgefassten Plans des Erblassers erfolgt und keine anderweitige Ersatzbeschaffung von Verwaltungsvermögen vorgenommen wird oder wurde. 3Beim Erwerb von Todes wegen entfällt die Zurechnung von Finanzmitteln zum Verwaltungsvermögen im Sinne des Absatzes 4 Nummer 5 Satz 1 rückwirkend zum Zeitpunkt der Entstehung der Steuer (§ 9), soweit der Erwerber diese Finanzmittel innerhalb von zwei Jahren ab dem Zeitpunkt der Entstehung der Steuer (§ 9) verwendet, um bei auf Grund wiederkehrender saisonaler Schwankungen fehlenden Einnahmen die Vergütungen im Sinne des § 13a Absatz 3 Satz 6 bis 10 zu zahlen. 4Satz 2 gilt entsprechend. 5Der Erwerber hat das Vorliegen der Voraussetzungen der Sätze 1 bis 4 nachzuweisen.**

(6) **1Der Nettowert des Verwaltungsvermögens ergibt sich durch Kürzung des gemeinen Werts des Verwaltungsvermögens um den nach Anwendung der Absätze 3 und 4 verbleibenden anteiligen gemeinen Wert der Schulden. 2Die anteiligen Schulden nach Satz 1 bestimmen sich nach dem Verhältnis des gemeinen Werts des Verwaltungsvermögens zum gemeinen Wert des Betriebsvermögens des Betriebs oder der Gesellschaft zuzüglich der nach Anwendung der Absätze 3 und 4 verbleibenden Schulden.**

(7) **1Der Nettowert des Verwaltungsvermögens wird vorbehaltlich des Satzes 2 wie begünstigtes Vermögen behandelt, soweit er 10 Prozent des um den Nettowert des Verwaltungsvermögens gekürzten gemeinen Werts des Betriebsvermögens nicht übersteigt (unschädliches Verwaltungsvermögen). 2Verwaltungsvermögen, das dem Betrieb im Zeitpunkt der Entstehung der Steuer (§ 9) weniger als zwei Jahre zuzurechnen war (junges Verwaltungsvermögen), und junge Finanzmittel im Sinne des Absatzes 4 Nummer 5 Satz 2 sind kein unschädliches Verwaltungsvermögen.**

(8) **1Eine Saldierung mit Schulden nach Absatz 6 findet für junge Finanzmittel im Sinne des Absatzes 4 Nummer 5 Satz 2 und junges Verwaltungsvermögen im Sinne des Absatzes 7 Satz 2 nicht statt. 2Eine Verrechnung von Schulden mit Verwaltungsvermögen ist bei wirtschaftlich nicht belastenden**

Schulden und darüber hinaus ausgeschlossen, soweit die Summe der Schulden den durchschnittlichen Schuldenstand der letzten drei Jahre vor dem Zeitpunkt der Entstehung der Steuer (§ 9) übersteigt; dies gilt nicht, soweit die Erhöhung des Schuldenstands durch die Betriebstätigkeit veranlasst ist. [3]Als Nettowert des Verwaltungsvermögens ist mindestens der gemeine Wert des jungen Verwaltungsvermögens und der jungen Finanzmittel anzusetzen.

(9) **[1]Gehören zum begünstigungsfähigen Vermögen im Sinne des Absatzes 1 Nummer 2 und 3 unmittelbar oder mittelbar Beteiligungen an Personengesellschaften oder Beteiligungen an entsprechenden Gesellschaften mit Sitz oder Geschäftsleitung im Ausland oder unmittelbar oder mittelbar Anteile an Kapitalgesellschaften oder Anteile an entsprechenden Kapitalgesellschaften mit Sitz oder Geschäftsleitung im Ausland, sind bei der Anwendung der Absätze 2 bis 8 anstelle der Beteiligungen oder Anteile die gemeinen Werte der diesen Gesellschaften zuzurechnenden Vermögensgegenstände nach Maßgabe der Sätze 2 bis 5 mit dem Anteil einzubeziehen, zu dem die unmittelbare oder mittelbare Beteiligung besteht. [2]Die unmittelbar oder mittelbar gehaltenen Finanzmittel, die Vermögensgegenstände des Verwaltungsvermögens im Sinne des Absatzes 4 Nummer 1 bis 4 sowie die Schulden sind jeweils zusammenzufassen (Verbundvermögensaufstellung); junge Finanzmittel und junges Verwaltungsvermögen sind gesondert aufzuführen. [3]Soweit sich in der Verbundvermögensaufstellung Forderungen und Verbindlichkeiten zwischen den Gesellschaften untereinander oder im Verhältnis zu dem übertragenen Betrieb oder der übertragenen Gesellschaft gegenüberstehen, sind diese nicht anzusetzen. [4]Absatz 4 Nummer 5 und die Absätze 6 bis 8 sind auf die Werte in der Verbundvermögensaufstellung anzuwenden. [5]Die Sätze 1 bis 4 sind auf Anteile im Sinne von Absatz 4 Nummer 2 sowie auf wirtschaftlich nicht belastende Schulden nicht anzuwenden; diese Anteile sind als Verwaltungsvermögen anzusetzen.**

(10) **[1]Das für die Bewertung der wirtschaftlichen Einheit örtlich zuständige Finanzamt im Sinne des § 152 Nummer 1 bis 3 des Bewertungsgesetzes stellt die Summen der gemeinen Werte der Finanzmittel im Sinne des Absatzes 4 Nummer 5 Satz 1, der jungen Finanzmittel im Sinne des Absatzes 4 Nummer 5 Satz 2, der Vermögensgegenstände des Verwaltungsvermögens im Sinne des Absatzes 4 Nummer 1 bis 4, der Schulden und des jungen Verwaltungsvermögens im Sinne des Absatzes 7 Satz 2 gesondert fest, wenn und soweit diese Werte für die Erbschaftsteuer oder eine andere Feststellung im Sinne dieser Vorschrift von Bedeutung sind. [2]Dies gilt entsprechend, wenn nur ein Anteil am Betriebsvermögen im Sinne des Absatzes 1 Nummer 2 übertragen wird. [3]Die Entscheidung, ob die Werte von Bedeutung sind, trifft das für die Festsetzung der Erbschaftsteuer oder für die Feststellung nach § 151 Absatz 1 Satz 1 Nummer 1 bis 3 des Bewertungsgesetzes zuständige Finanzamt. [4]Bei Anteilen an Kapitalgesellschaften, die nach § 11 Absatz 1 des Bewertungsgesetzes zu bewerten sind, trifft die Feststellungen des Satzes 1 das örtlich zuständige Finanzamt entsprechend § 152 Nummer 3 des Bewertungsgesetzes. [5]§ 151 Absatz 3 und die §§ 152 bis 156 des Bewertungsgesetzes sind auf die Sätze 1 bis 4 entsprechend anzuwenden.**

Erbschaftsteuer-Richtlinien 2011: R E 13b.1–13b.20/H E 13b.1–13b.20
AEErbSt 2017: A 13b.1 bis 13b.30

Übersicht

Schrifttum: Schrifttum zur ErbStReform 2016 und zum AEErbSt 2017 vor § 13a
Schrifttum zu Abs 1 (Begünstigungsfähiges Vermögen) vor Anm 2
Schrifttum zu Abs 2 (Begünstigtes Vermögen) vor Anm 33
Schrifttum zu Abs 3 (Altersversorgungsverpflichtungen) vor Anm 45
Schrifttum zu Abs 4 (Verwaltungsvermögen) vor Anm 47
Schrifttum zu Abs 5 (Investition von Verwaltungsvermögen) vor Anm 80
Schrifttum zu Abs 9 (Verbundvermögensfeststellung) vor Anm 97
Schrifttum zu Abs 10 (Verfahrensrechtliche Anordnung) vor Anm 113.

I. Regelungsinhalt und Stellung im Verschonungssystem

1 § 13b ergänzt die §§ 13a, 13c und 28a, welche für den Erwerb begünstigten Vermögens eine Verschonung gewähren. § 13b sagt, was begünstigtes Vermögen ist und wie es zu ermitteln ist. Was begünstigtes Vermögen ist und damit das Ziel der Ermittlungen definiert **Abs 2.** Hiernach ist das begünstigte Vermögen ein Teil des begünstigungsfähigen Vermögens, und zwar der Teil, der sich ergibt, wenn man vom gemeinen Wert des begünstigungsfähigen Vermögens den Nettowert des (schädlichen) Verwaltungsvermögens abzieht. Das begünstigungsfähige Vermögen nennt **Abs 1.** Es handelt sich um die **drei Vermögensarten** luf Vermögen, Betriebsvermögen einschließlich Beteiligungen an Mitunternehmerschaften sowie Anteile an Kapitalgesellschaften. Der vom begünstigungsfähigen Vermögen abzuziehende Nettowert des schädlichen Verwaltungsvermögens ergibt sich als Ergebnis eines mehrstufigen Ermittlungsprozesses, der in den Abs 3 bis 9 beschrieben wird (ein Überblick über die vorzunehmenden Arbeitsschritte findet sich in Anm 33ff). Ausgangspunkt ist die Definition des grundsätzlich schädlichen Verwaltungsvermögens im Katalog des **Abs 4.** Hierzu gehört Vermögen, welches typischerweise Privatiers als Kapitalanlage und nicht Unternehmern zur Ausführung einer produktiven und arbeitsplatzsichernden Tätigkeit dient. Im Einzelnen handelt es sich – jeweils mit zahlreichen Ausnahmetatbeständen – um Dritten zur Nutzung überlassene Immobilien, Anteile an Kapitalgesellschaften von 25% und weniger, Kunst, Edelmetalle und typischerweise der privaten Lebensführung dienende Gegenstände, Wertpapiere und diesen vergleichbare Forderungen sowie ab einer bestimmten Größenordnung auch Finanzmittel. **Abs 3** nimmt eine Umqualifizierung von Verwaltungsvermögen, welches die Erfüllung von Altersversorgungsverpflichtungen absichert, in begünstigtes Vermögen vor, jedoch nur bis zur Höhe der damit im Zusammenhang stehenden Schulden. **Abs 5** gestattet bei Erwerben von Todes wegen eine Umqualifizierung von Verwaltungsvermögen in begünstigtes Vermögen, soweit es entsprechend einem Plan des Erblassers innerhalb von zwei Jahren nach dem Erwerb in begünstigtes Vermögen investiert wird und soweit bei Saisonbetrieben Finanzmittel dazu verwendet werden, Löhne und Gehälter in der ertragsarmen Nebensaison zu zahlen. **Abs 6** verteilt die Schulden wertanteilig auf den begünstigten und den nicht begünstigten Teil der begünstigungsfähigen Einheit, allerdings nur soweit diese nicht bereits in vorangegangenen Arbeitsschritten mit Verwaltungsvermögen oder Finanzmitteln verrechnet wurden. Nach Minderung des Verwaltungsvermögens um die hierauf entfallenden Schulden verbleibt der sog Nettowert des Verwaltungsvermögens. Hiervon erklärt **Abs 7** aus Kulanzgründen einen Teil für unschädlich. Der durch Abs 7 gewährte Kulanzpuffer beträgt 10% des Wertes des begünstigten Teils der begünstigungsfähigen Einheit. **Abs 8** enthält Sonderregelungen für junges Verwaltungsvermögen, also Vermögen, welches dem Betrieb noch nicht länger als zwei Jahre zuzurechnen ist, und für junge Finanzmittel, also für Finanzmittel in Höhe des Saldos aus innerhalb der letzten zwei Jahre eingelegten und entnommenen Finanzmitteln. Diese sind insbesondere von der Schuldenverrechnung und der Umqualifizierung in unschädliches Verwaltungsvermögen ausgenommen und qualifizieren generell als schädliches Verwaltungsvermögen. **Abs 9** erläutert, wie die Ermittlung des begünstigten Vermögens in Holdingstrukturen zu erfolgen hat und ordnet eine konsolidierte Ermittlung durch Erstellung einer Verbundvermögensaufstellung an. **Abs 10** trifft ergänzende verfahrensrechtliche Anordnungen. (Zur Historie und zu den verfassungsrechtlichen Grundlagen des Verschonungssystems s § 13a Anm 5ff).

II. Begünstigungsfähiges Vermögen (Abs 1)

AEErbSt 2017: Abschnitte 13b.3 bis 13b.7

Schrifttum: *Geck,* Die unentgeltliche lebzeitige Übertragung von Anteilen an gewerblich geprägten Personengesellschaften nach der Erbschaftsteuerreform, ZEV 09, 601; *Noll,* Schenkungsteuerliche Fragen bei der Übertragung von Anteilen an Personengesellschaften im Lichte aktueller Entwicklungen, in: Festschrift für Harald Schaumburg, 09, 1025ff.; *Levedag,* Vorweggenommene Erbfolge in Personengesellschaften am Beispiel der GmbH & Co KG, GmbHR 10, 855; *Piltz/Stalleiken,* Gesellschafterfremdfinanzierung in der Erbschaftsteuer: Gravierende Rechtformunterschiede zwischen GmbH und KG/OHG, ZEV 11, 67; *Levedag,* Anwendung der Bewertungs- und Verschonungsregelung des BewG und des ErbStG auf inländische gewerbliche Personengesellschaften, GmbHR 11, 1306; *Esskandari,* Zum Betriebsvermögen iSv § 13b Abs 1 Nr 2 ErbStG, ErbStB 12, 306; *Dorn,* Erbschaftsteuerliche Begünstigung der Übertragung von Beteiligung an einer Zebragesellschaft?, ZEV 13, 372; *Dorn,* Beteiligung an anderen Unternehmen – erbschaftsteuerliche Begünstigung von Betriebsvermögen, BB 13, 993; *Götz,* Schenkungsteuerliche Risiken im Hinblick auf den Quotennießbrauch bei Mitunternehmeranteilen?, ZEV 13, 430; *Wälzholz,* Steuerliche Folgen der Vererbung von Anteilen an Personengesellschaften, mit Hinweisen auf die notarielle Gestaltungspraxis, notar 15, 39.

1. Allgemeines

Abs 1 definiert das begünstigungsfähige Vermögen, welches sodann entsprechend den nachfolgend in den Absätzen 2 bis 9 beschriebenen Arbeitsschritten in das begünstigte Vermögen und das nichtbegünstigte Vermögen aufzuteilen ist. Das Gesetz nennt **drei Arten begünstigungsfähigen Vermögens: (1.)** den Wirtschaftsteil eines luf Betriebs iSd § 168 I Nr 1 BewG sowie entsprechend bewirtschaftete Grundstücke iSd § 159 BewG, **(2.)** das Betriebsvermögen eines Einzelunternehmens und einer mitunternehmerischen Personengesellschaft sowie **(3.)** Anteile einer Kapitalgesellschaft, an deren Nennkapital der Erblasser oder Schenker unmittelbar zu mehr als 25% beteiligt war. Die Definition des begünstigungsfähigen Vermögens hat sich durch die ErbStReform 2016 nicht geändert. 2

Das begünstigungsfähige Vermögen ist **räumlich begrenzt.** Die Begünstigungsfähigkeit des luf Vermögens sowie des Betriebsvermögens setzt voraus, dass dieses im Inland belegen ist oder einer Betriebsstätte in einem Mitgliedsstaat der EU oder des EWR dient. Der Anteil an einer Kapitalgesellschaft ist begünstigt, wenn die Gesellschaft Sitz oder Geschäftsleitung im Inland oder in einem Mitgliedsstaat der EU oder des EWR hat; auf die Belegenheit des Vermögens der Kapitalgesellschaft kommt es hingegen nicht an. Der EuGH (C–31/11, *Scheunemann,* DStR 12, 1508) hat in dem Ausschluss von Anteilen an Drittlands-Kapitalgesellschaften von der erbstlichen Verschonung keinen Verstoß gegen Unionsrecht gesehen. Auch für die übrigen Vermögensarten des Abs 1 ist daher davon auszugehen, dass die Begrenzung der Verschonung auf das Inland und den EU/EWR nicht gegen die auch im Verhältnis zu Drittstaaten zu wahrende Kapitalverkehrsfreiheit verstößt und daher europarechtskonform ist. 3

Obwohl die StBefreiung allein den Erwerber und seinen Erwerb betrifft, genügt es nicht, dass das Vermögen erst mit dem Erwerb begünstigungsfähiges Vermögen wird. Vielmehr verlangt die Rspr, dass es **schon in den Händen des Erblassers oder Schenkers** als begünstigungsfähiges Vermögen qualifizierte und ohne Unterbrechung als begünstigungsfähiges Vermögen beim Erwerber ankommt (BFH/NV 16, 1565; BFH BStBl II 07, 443; ZEV 07, 292 mit ablehnender Anm *Meincke*). Konsequenz dieser Rspr ist, dass zB bei einer mittelbaren Schenkung begünstigungsfähigen Vermögens oder einem auf die Übertragung solchen Vermögens gerichteten Ver- 4 schaffungsvermächtnis eine Verschonung nicht in Betracht kommt (so auch die FinVerw in R E 13b.2 II 2 ErbStR; A 13b.2 II 2 AEErbSt 2017 und R E 13b.1 IV 3 ErbStR; A 13b.1 IV 3 AEErbSt 2017). Hinsichtlich eines Anteils an einer Kapitalgesellschaft ist dies nachvollziehbar, da es zu dessen Qualifikation als begünstigungsfähiges Vermögen gehört, dass der Erblasser oder Schenker an der Kapitalgesellschaft unmittelbar beteiligt war. Bei einem Erwerb von begünstigungsfähigem luf Vermögen und Betriebsvermögen aber fehlt es für eine Versagung der Verschonung an der gesetzlichen Grundlage. Der BFH begründete in seiner Entscheidung von 2007 seine Auffassung damit, dass der Gesetzgeber die durch Art 3 gebotene Rechtfertigung der StBefreiung dem BVerfG-Beschluss v 22.6.1995 (BStBl II 95, 671) entnommen habe, in welchem das Gericht die Begünstigung ausdrücklich auf solche Erwerber beschränkt habe, die den Betrieb „weiterführen", „aufrechterhalten" und „fortführen". Diese Wortwahl zeige, so der BFH, dass es dem Bundesverfassungsgericht um die Sozialgebundenheit des Betriebs des Erblassers oder des Schenkers und nicht um die Sozialgebundenheit des Betriebsvermögens als solches gegangen sei (BFH BStBl II 07, 443; ebenso jüngst FG Hessen EFG 16, 1277). Tatsächlich aber hat sich der Gesetzgeber spätestens mit der ErbStReform 2009 für ein Verschonungskonzept entschieden, welches gerade nicht den Betriebsübergang, sondern allein das Betriebsvermögen als verschonungswürdigen Erwerbsgegenstand in das Zentrum der StBefreiungsvorschrift rückt und dies mit einem Grad an Ausdifferenzierung, der seinesgleichen sucht. Es ist durchaus zuzugeben, dass mit den erb/schstlichen Verschonungsvorschriften vorrangig ein liquiditätsschonender Generationenübergang gewährleistet und damit die Unternehmensnachfolge in Familienunternehmen gesichert werden soll. Jedoch ist dies kein Selbstzweck. Die damit eigentlich verfolgten Gemeinwohlziele sind vielmehr die Sicherung der Arbeitsplätze in den Unternehmen sowie der Erhalt der jeweiligen unternehmerischen Einheiten und damit der Vielfalt der Unternehmenslandschaft in Deutschland. Maßgeblich für die Verschonungswürdigkeit ist daher in erster Linie der Erhalt des Betriebs und der damit verbundenen Arbeitsplätze. Dass dieser Betrieb vom Erblasser oder Schenker stammt, entspricht lediglich empirisch der Regel, ist aber im Hinblick auf die Erreichung der angestrebten Gemeinwohlziele keineswegs Voraussetzung. Auch der im Rahmen einer mittelbaren Schenkung oder eines Verschaffungsvermächtnisses erworbene Betrieb eines Dritten ist erhaltenswert und, soweit die strengen Voraussetzungen des § 13b erfüllt sind, verschonungswürdig. Angesichts des Umstandes, dass sich bei den Verschonungsarten der Nrn 1 und 2 im Gesetz kein konkreter Anhaltspunkt dafür findet, dass das Vermögen auch in der Hand des Erblassers oder Schenkers schon begünstigungsfähig gewesen sein muss, sollte noch einmal überdacht werden, ob dieses ungeschriebene Tatbestandsmerkmal tatsächlich aufrechterhalten werden kann.

2. Land- und forstwirtschaftliches Vermögen (Abs 1 Nr 1)

5 Als erste begünstigungsfähige Vermögensart ist in Abs 1 Nr 1 das luf Vermögen genannt. Es wird jedoch begrenzt auf den **Wirtschaftsteil iSd § 168 I Nr 1 BewG,** zu dem insb die in § 158 III BewG genannten Wirtschaftsgüter gehören, nämlich die land- und forstwirtschaftlich genutzten Flächen, die Wirtschaftsgebäude, die stehenden Betriebsmittel, der normale Bestand an umlaufenden Betriebsmitteln und die dazu gehörenden immateriellen Wirtschaftsgüter. Mit dem Verweis auf § 168 I Nr 1 BewG sind gleichzeitig die weiteren bewertungsrechtlich dem luf Betrieb zuzuordnenden Bestandteile von der Begünstigungsfähigkeit ausgenommen. Dies sind zum einen die Betriebswohnungen (§ 168 I Nr 2 BewG) und zum anderen der Wohnteil (§ 168 I Nr 3 BewG). Aufgrund der Beschränkung bereits der Begünstigungsfähigkeit auf dasjenige luf Vermögen, welches idR der eigentlichen unternehmerischen Tätigkeit dient, spielen die in den nachfolgenden Absätzen 2 bis 9 angeordneten Arbeitsschritte zur Aufteilung der begünstigungsfähigen Einheit in begünstigtes und nicht-

begünstigtes Vermögen in der Praxis regelmäßig eine nur noch untergeordnete Rolle. Bewertungsrechtlich bilden auch **Stückländereien** einen Betrieb der LuF. Hierbei handelt es sich um luf genutzte Flächen, die aber langfristig, nämlich für mindestens 15 Jahre, gerechnet ab dem StEntstehungszeitpunkt verpachtet sind. Sie werden in Abs 1 Nr 1 aber ausdrücklich von der Begünstigungsfähigkeit ausgenommen und unterliegen daher grundsätzlich wie sonstiges nichtbegünstigungsfähiges Vermögen der vollen Besteuerung. Soweit sie jedoch in einem Betriebsvermögen oder von einer Kapitalgesellschaft gehalten werden, können sie wiederum verschont sein, da sie, obwohl Dritten zur Nutzung überlassen, aufgrund der Rückausnahme des Abs 4 Nr 1 Buchst f als zur luf Nutzung überlassene Grundstücke nicht als Verwaltungsvermögen qualifizieren. Neben dem Wirtschaftsteil gehören auch **selbstbewirtschaftete Grundstücke** zum begünstigungsfähigen Vermögens, die bewertungsrechtlich nach § 159 nicht dem Wirtschaftsteil, sondern dem Grundvermögen zugerechnet werden, weil anzunehmen ist, dass sie in absehbarer Zeit anderen als luf Zwecken dienen werden (zur weiteren Differenzierung s § 159 BewG). Hierunter fällt vor allem Bauerwartungsland, aber auch bereits als Bauland festgesetzte Flächen, sofern sie im Zeitpunkt der StEntstehung tatsächlich noch luf genutzt werden.

Die Aussonderung lediglich der langfristig verpachteten Stückländereien aus der Begünstigungsfähigkeit zeigt, dass eine Selbstnutzung zu luf Zwecken gerade nicht erforderlich ist. Auch ein **verpachteter land- und forstwirtschaftlicher Betrieb** ist begünstigungsfähig. Maßgeblich ist allein, dass die Flächen luf genutzt werden. Nach Auffassung der FinVerw kann selbst eine einzelne verpachtete luf Fläche als luf Betrieb und damit als begünstigungsfähiges Vermögen qualifizieren (OFD Frankfurt DStR 13, 470). Unschädlich ist auch, wenn das luf Vermögen nicht in einem steuerlichen Betriebsvermögen, sondern im Privatvermögen gehalten wird oder die Eigennutzung oder Verpachtung ohne Gewinnerzielungsabsicht betrieben wird (Liebhabereibetrieb). In räumlicher Hinsicht beschränkt Abs 1 Nr 1 die Begünstigungsfähigkeit auf das Inland, die EU und den EWR. 6

3. Betriebsvermögen (Abs 1 Nr 2)

Begünstigungsfähig ist weiterhin inländisches Betriebsvermögen und Betriebsvermögen, das einer Betriebsstätte in der EU oder dem EWR dient. Um abzugrenzen, was zum Betriebsvermögen gehört, verweist Abs 1 Nr 2 auf die §§ 95–97 BewG. Diese verweisen weiter auf das EStRecht und die dort geregelte stliche Gewinnermittlung. Was bei der stlichen Gewinnermittlung zum Betriebsvermögen gehört, soll auch durch Abs 1 Nr 2 gefördert sein. Erfasst sind damit alle Teile eines Gewerbebetriebs iSd § 15 I und II EStG, die bei der stlichen Gewinnermittlung zum Betriebsvermögen gehören, ebenso das der Ausübung eines freien Berufs iSd § 18 I 1 Nr 1 dienende Vermögen sowie alle Vermögensgegenstände, die mitunternehmerischen Gesellschaften iSd § 15 I Nrn 2 und 3 und freiberuflichen Gesellschaften iSd § 18 IV 2 EStG gehören, einschließlich etwaigen Sonderbetriebsvermögens (§ 97 I 1 Nr 5 BewG). Allerdings ist das dort genannte Betriebsvermögen nur begünstigungsfähig „beim Erwerb" eines ganzen Gewerbebetriebs, eines Teilbetriebs oder eines Anteils oder Teilanteils an einer mitunternehmerischen oder freiberuflichen Gesellschaft oder als Anteil eines persönlich haftenden Gesellschafters einer KGaA. Damit gehört Betriebsvermögen, welches isoliert erworben wird, was insbesondere entsprechend § 6 V EStG durchaus ertragsteuerneutral erfolgen kann, nicht zum begünstigungsfähigen Vermögen. 7

Im Schrifttum wird es unter Verweis auf die Erwerbs- und Erwerberbezogenheit der Verschonungsregelungen als ausreichend angesehen, wenn ein **Teilbetrieb** erst beim Erwerber entsteht (*Tiedtke/Wälzholz,* ZEV 99, 170ff; *Kapp/Geck* § 13b Rz 15). Da die Rspr verlangt, dass die begünstigungsfähige Einheit bereits beim Zuwendenden bestanden haben und von ihm auf den Erwerber übergegangen sein muss (zur Kritik Anm 4) dürfte dies aber nur Fälle betreffen, in denen aus einer begünstigungs- 8 fähigen Einheit Einzelwirtschaftsgüter zugewendet werden, die beim Erwerber nur zusammen mit von ihm gehaltenen Wirtschaftsgütern einen Teilbetrieb begründen, also in ihrer Gesamtheit einen mit einer gewissen Selbstständigkeit ausgestatteten organisch geschlossenen Teil des Gesamtbetriebs des Erwerbers bilden, der für sich allein lebensfähig ist. Begünstigungsfähig ist nicht nur das Betriebsvermögen einer originär gewerblichen Personengesellschaft, sondern genauso die von einer **gewerblich geprägten und gewerblich infizierten Personengesellschaft** gehaltenen Wirtschaftsgüter. Insbesondere bei der gewerblich geprägten Personengesellschaft aber ist besonders darauf zu achten, dass die Prägung bereits im StEntstehungszeitpunkt besteht. Hierzu ist erforderlich, dass die Gesellschaft im Erwerbszeitpunkt bereits im Handelsregister eingetragen war, da erst ab diesem Zeitpunkt die Kommanditisten nicht mehr voll haften. Entsprechend hat der BFH in Fällen eines Erwerbs vor Eintragung mangels Übergang eines Mitunternehmeranteils die Gewährung der Verschonung abgelehnt (BFH/NV 16, 1565; BFH BStBl II 09, 600).

9 Als nicht frei von Risiken war auch der Einsatz einer **Einheits-GmbH & Co KG** als gewerblich geprägte Gesellschaft anzusehen, wenn man, wie in der Praxis häufig, dem Interessenkonflikt, der sich bei einer Einheitsgesellschaft dadurch ergibt, dass die Komplementär-GmbH als Organ der GmbH & Co KG die Gesellschafterrechte aus den Anteilen an ihrem Stammkapital selbst ausüben müsste, dadurch begegnet, dass die Ausübung dieser Gesellschafterrechte den Kommanditisten übertragen wird. Hier wurde zT eingewandt, dass damit auch Geschäftsführungsaufgaben nicht nur von der Komplementär-GmbH, sondern auch von den Kommanditisten wahrgenommen werden, was einer gewerblichen Prägung gerade entgegenstünde (so noch FG Münster EFG 15, 121). Geprägeschädlich wäre aber nur eine organschaftliche Geschäftsführungsbefugnis der Kommanditisten (BFH BStBl II 96, 523). Bei der Ausübung der Rechte aus den GmbH-Geschäftsanteilen handelt es sich nach hM im Schrifttum aber allenfalls um eine rechtsgeschäftliche Geschäftsführungsbefugnis oder eine solche sui generis. Denjenigen, die in kritischen Fällen nicht generell von einer Einheits-GmbH & Co KG absehen wollten (so die Empfehlung von *Kapp/Geck* § 13b Rz 15.2), war deshalb zu empfehlen, statt den Kommanditisten einem Beirat die Ausübung der Gesellschafterrechte zuzuweisen (zum Ganzen: *Hesselmann/Lüke* 199ff). Der BFH (BStBl II 17, 1126) hat aber aus der Entstehungsgeschichte und dem Sinn und Zweck des § 15 III Nr 2 EStG abgeleitet, dass auch die Übertragung der Geschäftsführungsbefugnis betreffend die Ausübung der Gesellschafterrechte an den von der KG gehaltenen Geschäftsanteilen an der Komplementär-GmbH auf die Kommanditisten einer gewerblichen Prägung nicht entgegensteht.

10 Da das Betriebsvermögen nur beim Erwerb einer Beteiligung an einer mitunternehmerischen Gesellschaft begünstigungsfähig ist, wird man den Erwerb einer betrieblichen Beteiligung an einer sog Zebragesellschaft nicht hierunter fassen können. Denn die **Zebragesellschaft** selbst ist eine vermögensverwaltende Gesellschaft und hält kein eigenes Betriebsvermögen. Entsprechend sind auch die Vorschriften des § 6 III und V EStG nicht auf sie anwendbar. Lediglich halten einzelne Gesellschafter ihre Beteiligung an der Gesellschaft im stlichen Betriebsvermögen (BFH BStBl II 85, 372). *Dorn* (ZEV 13, 372) will über den Wortlaut hinaus die Begünstigungsregeln hingegen anwenden, wenn sowohl der abgebende Gesellschafter als auch der erwerbende Gesellschafter die Beteiligung im Betriebsvermögen halten. Tatsächlich aber dürfte eine solche Übertragung der nicht privilegierten Übertragung eines Einzelwirtschaftsguts näher stehen als der von Sachgesamtheiten, deren Erhaltung die Verschonungsregelung gerade dienen soll.

11 Zu dem bei Erwerb eines Mitunternehmeranteils begünstigungsfähigen Vermögen gehört auch **Sonderbetriebsvermögen.** Dies ergibt sich bereits aus dem ausdrücklichen Verweis auf § 97 I BewG. Aber auch nach ständiger Rspr des BFH gehört Sonderbetriebsvermögen zum Mitunternehmeranteil. Erfasst und grundsätzlich begünstigt ist demnach Sonderbetriebsvermögen I, Sonderbetriebsvermögen II und auch

negatives Sonderbetriebsvermögen, jedoch immer nur als Teil des Mitunternehmeranteils, nicht also bei isolierter Übertragung. Wie beim Übergang von Betriebsvermögen ist nach herrschender Auffassung weiterhin Voraussetzung, dass das Sonderbetriebsvermögen beim Übergeber und beim Erwerber die Betriebsvermögensqualität erfüllt. Hingegen kommt es nicht darauf an, dass der Übergang ertragstneutral zu Buchwerten erfolgt. Begünstigt ist auch die unter- und überquotale Übertragung von Sonderbetriebsvermögen (R E 13b.5 III 5ff ErbStR; A 13b.5 III 5ff AEErbSt 2017, dort auch zu Folgendem). Auch die Zurückbehaltung von Sonderbetriebsvermögen, die Überführung in ein anderes Betriebsvermögen und auch die gleichzeitige Entnahme einer Begünstigung des Mitunternehmeranteils steht einer Begünstigung im Übrigen nicht entgegen. Keine Begünstigung wird freilich für mit dem Erwerb entnommenes Sonderbetriebsvermögen gewährt, wozu es insb in Betriebsaufspaltungskonstellationen kommen kann. Soweit allerdings **Anteile an Kapitalgesellschaften im Sonderbetriebsvermögen** gehalten werden, können diese im Fall einer Entnahme dennoch nach Abs 1 Nr 3 begünstigt sein, wenn die dortigen Voraussetzungen eingehalten werden (R E 13b.5 III 9 ErbStR; A 13b.5 III 9 AEErbSt 2017). Umgekehrt müssen bei Beibehaltung der Sonderbetriebsvermögensqualität die Anteile nicht gleichzeitig die Voraussetzungen der Nr 3 erfüllen. Allerdings würden Anteile, welche weder unmittelbar noch durch Poolvereinbarung die 25%-Grenze überschreiten, nach Abs 4 Nr 2 als Verwaltungsvermögen qualifizieren. Bei **doppelstöckigen Personengesellschaften** kann der Gesellschafter der Obergesellschaft auch Sonderbetriebsvermögen bei den Untergesellschaften halten. Dieses gehört zwar nicht zum geschenkten Mitunternehmeranteil. Denn erworben wird immer nur die Beteiligung an der Obergesellschaft. Jedoch sollte auch dieses Sonderbetriebsvermögen als Teil der begünstigungsfähigen wirtschaftlichen Einheit, nämlich der Obergesellschaft mit sämtlichen Untergesellschaften nach Sinn und Zweck der Verschonungsvorschriften ebenfalls von der Begünstigung erfasst sein. Erst recht gilt dies nach Einführung der Verbundvermögensaufstellung (Abs 9). Probleme können sich ergeben, wenn Wirtschaftsgüter des Sonderbetriebsvermögens zwei Mitunternehmerschaften zur Nutzung überlassen werden, aber nur Anteile an einer Mitunternehmerschaft zusammen mit dem Wirtschaftsgut übertragen werden. In diesen Fällen ist vor dem Erwerb zu klären, ob das mitgeschenkte Sonderbetriebsvermögen auch tatsächlich der geschenkten Mitunternehmerbeteiligung zuzuordnen ist.

Die Zugehörigkeit des Sonderbetriebsvermögens zum begünstigungsfähigen Ver- 12
mögen bietet einen bedeutenden **Rechtsformvorteil der Personengesellschaft** gegenüber der Kapitalgesellschaft. Letzterer zur Nutzung überlassene Wirtschaftsgüter sind dem stlichen Privatvermögen zuzurechnen und damit nicht begünstigungsfähig. Der Vorteil zeigt sich vor allem in den praktisch häufigen Fällen von **Gesellschafterfremdfinanzierungen.** Darlehen an die eigene Mitunternehmerschaft fallen unter die Verschonung, Darlehen an die eigene GmbH sind hingegen voll zu versteuern (ausführlich hierzu *Piltz/Stalleiken,* ZEV 11, 67). Allerdings ist schon an dieser Stelle darauf hinzuweisen, dass auch Sonderbetriebsvermögen als Verwaltungsvermögen qualifizieren kann. Gerade bei im Sonderbetriebsvermögen gehaltenen Darlehensforderungen sollte daher vor der Übertragung überprüft werden, dass eine Mitübertragung der Forderung nicht zu einem Überschreiten der Finanzmittelgrenze und damit zur Entstehung von Verwaltungsvermögen führt. Soweit werthaltige Wirtschaftsgüter einer fremden Mitunternehmerschaft überlassen werden, kann überlegt werden, diese durch den Erwerb eines Anteils an der Mitunternehmerschaft in die Begünstigung zu bringen. Da auch **gewillkürtes Sonderbetriebsvermögen** zum begünstigungsfähigen Vermögen gehört, besteht für einen Mitunternehmer grundsätzlich auch die Möglichkeit, durch Willkürung Vermögensgegenstände in das begünstigungsfähige Vermögen aufzunehmen.

Die Begünstigungsfähigkeit des Betriebsvermögens setzt nicht voraus, dass es zu- 13
sammen mit einem Gesellschaftsanteil im zivilrechtlichen Sinne erworben wird.

Anders als sonst im ErbStRecht beschreibt Abs 1 Nr 2 die Erwerbsgegenstände nicht mit zivilrechtlichen, sondern ertragstrechtlichen Begriffen und verweist hierzu auf die einschlägigen Vorschriften im EStG. Zwar wird bei **Erwerb eines Mitunternehmeranteils** im Regelfall auch ein Gesellschaftsanteil im zivilrechtlichen Sinne erworben, zwingend und Voraussetzung für die Begünstigungsfähigkeit ist dies aber nicht. Entsprechendes gilt auch für die in Bezug genommenen §§ 95–97 BewG. Auch § 97 I 1 Nr 5 verweist insoweit auf die einschlägigen Vorschriften zur Mitunternehmerschaft im EStG. Allerdings hatte die FinVerw zeitweise bei insbesondere **treuhänderisch gehaltenen Gesellschaftsbeteiligungen** als Erwerbs- und Bewertungsgegenstand nicht das Treugut, also den Gesellschaftsanteil, sondern lediglich den Herausgabeanspruch des Treugebers gegen den Treuhänder angesehen. Mit der Begründung, dass es sich hierbei nicht um einen Anteil an einer Personengesellschaft handelt, hatte sie deshalb in verschiedenen Ländererlassen in 2005 bei Erwerben treuhänderisch gehaltener Beteiligungen die Begünstigung versagt. Nachdem jedoch das NdsFG mit Urteil v 28.7.2010 (EFG 10, 1805) entschied, dass diese Auffassung im Gesetzeswortlaut keine Grundlage finde, hatte zunächst die BayFinVerw ihre Auffassung revidiert und festgestellt, dass sich die stliche Beurteilung und insb Bewertung des erworbenen Sachleistungsanspruchs an dem Gegenstand zu orientieren habe, auf welchen sich der Anspruch bezieht. Handelt es sich beim Treugut um begünstigtes Betriebsvermögen nach § 13b, so sei bei Vorliegen der übrigen Voraussetzungen auch die StBefreiung nach § 13a und der Entlastungsbetrag nach § 19a zu gewähren (BayFinMin v 16.9.2010). Das BayLfSt (DStR 13, 708) hat diese Auffassung nochmals bestätigt und ergänzt, dass der sich auf eine Beteiligung an einer inländischen Kommanditgesellschaft gerichtete Herausgabeanspruch auch stets zum inländischen Vermögen gehöre, unabhängig davon, ob sich das Vermögen der KG, zB ein Grundstück, im Inland oder Ausland befindet. Gleichfalls begünstigungsfähig ist das Betriebsvermögen einer als Mitunternehmerschaft qualifizierenden **atypischen Unterbeteiligung und atypischen stillen Beteiligung** (zuletzt BayLfSt DStR 13, 708). Voraussetzung hierfür ist freilich wie bei jeder Mitunternehmerschaft, dass deren Vermögen inländisches Betriebsvermögen darstellt oder einer Betriebsstätte in der EU oder dem EWR dient. Hierzu hat die FinVerw klargestellt, dass hinsichtlich der Zuordnung des Vermögens der atypischen stillen Gesellschaft zu einzelnen Betriebsstätten allein auf die Tätigkeit des Inhabers des Handelsgewerbes abzustellen ist. Dies gelte unabhängig von dessen Sitz oder dem Ort seiner Geschäftsleitung. Soweit daher das Vermögen der atypischen stillen Gesellschaft ganz oder teilweise einer Betriebsstätte im Drittland diene, gehöre auch die atypische stille Beteiligung ganz oder teilweise nicht zum begünstigungsfähigen Vermögen. Dass unter „einer Beteiligung einer Gesellschaft iSd § 15 I 1 Nr 2 und III" EStG nicht notwendig eine gesellschaftsrechtliche Beteiligung, sondern lediglich ein Mitunternehmeranteil iSd EStRechts zu verstehen ist, zeigt am deutlichsten die Rspr zum **Zuwendungsnießbrauch** (BFH BStBl II 13, 210), der auch die FinVerw gefolgt ist (BStBl I 12, 1101). Hiernach gehört auch ein erworbenes Nießbrauchsrecht an einer mitunternehmerischen Gesellschaftsbeteiligung zum begünstigungsfähigen Vermögen, wenn das Nießbrauchsrecht so ausgestaltet ist, dass der Nießbraucher, ohne selbst an der Gesellschaft beteiligt zu sein, ertragsteuerrechtlich Mitunternehmer wird. Dies ist insbesondere dann der Fall, wenn er als Nießbraucher in ausreichendem Maße Mitunternehmerrisiko trägt und Mitunternehmerinitiative entfalten kann. Das Nießbrauchsrecht gehört dann, wie die FinVerw in ihrem Erlass ausführt, als immaterielles Wirtschaftsgut zu seinem Sonderbetriebsvermögen. Während also die isolierte Übertragung von Sonderbetriebsvermögen grundsätzlich nicht begünstigungsfähig ist, kommt bei der Einräumung eines Nießbrauchsrechts dennoch eine Begünstigung in Betracht, weil hier der Mitunternehmeranteil ausschließlich aus dem Sonderbetriebsvermögen besteht.

14 Das Erfordernis des Erwerbs eines Mitunternehmeranteils im ertragstlichen Sinne macht zwar den Erwerb eines Gesellschaftsanteils im zivilrechtlichen Sinne entbehrlich.

Umgekehrt aber genügt auch der Erwerb eines zivilrechtlichen Gesellschaftsanteils nicht für die Qualifizierung des erworbenen Betriebsvermögens als begünstigungsfähiges Vermögen, wenn der Erwerber nicht gleichzeitig mit dem Erwerb Mitunternehmer wird. Der BFH verlangt im Anschluss an seine Rspr, dass das übertragene Vermögen bereits beim Zuwendenden begünstigungsfähig gewesen sein muss und ohne Unterbrechung beim Erwerber als begünstigungsfähiges Vermögen ankommt, als weitere Voraussetzung, dass die **Mitunternehmerstellung** gerade **durch das erworbene Vermögen vermittelt** sein muss (BFH BStBl II 10, 555). Dies erscheint angesichts des Wortlauts der Norm keineswegs zwingend. Dennoch ist angesichts dieser Rspr insbesondere bei der Gestaltung vorweggenommener Erbfolgen nicht nur darauf zu achten, dass der Schenkungs- und der Gesellschaftsvertrag so ausgestaltet sind, dass der Beschenkte Mitunternehmer wird, sondern auch, dass der Gegenstand des Erwerbs für sich betrachtet diese Mitunternehmerstellung vermittelt. Der Beschenkte wird Mitunternehmer, wenn er Mitunternehmerinitiative entfalten kann und Mitunternehmerrisiko trägt. Hierzu sind ihm zumindest annähernd die Rechte einzuräumen, die ihm nach dem Regelstatut des HGB als Kommanditisten zustehen würden. Zu diesen Rechten gehört insbesondere die unmittelbare Beteiligung am laufenden Gewinn und die mittelbare Teilnahme am Verlust der Gesellschaft durch Minderung zukünftiger Gewinnanteile, weiter die Beteiligung an stillen Reserven und Firmenwerten bei Ausscheiden, Gesamtveräußerung oder Liquidation, das Stimmrecht in der Gesellschafterversammlung, das Widerspruchsrecht gegenüber außergewöhnlichen Handlungen der Geschäftsführung und schließlich besondere Kontrollrechte, wie insbesondere die abschriftliche Mitteilung des Jahresabschlusses durch die Gesellschaft und deren Prüfung. Zur Anerkennung der Mitunternehmerstellung wird allerdings nicht vorausgesetzt, dass sämtliche der vorstehenden Rechte gewährt sind. Beschränkungen sind vielmehr möglich. Auch kann ein Weniger an Mitunternehmerinitiative durch ein Mehr an Mitunternehmerrisiko ausgeglichen werden, gleiches gilt umgekehrt. Andererseits kann eine Stärkung des einen Merkmals nicht das völlige Fehlen des anderen Merkmals ersetzen (zum Ganzen *Schmidt/Wacker* EStG § 15 Rz 261 ff mwN). Neuralgische Punkte in Schenkungsverträgen sind regelmäßig die Vereinbarung von Rückfallklauseln und der Vorbehalt eines Nießbrauchs.

Schädlich ist insbesondere die Vereinbarung eines freien Widerrufsvorbehalts. **15**
Denn wenn der Erwerber fürchten muss, bei missliebigem Stimmrechtsverhalten in der Gesellschaft seinen Anteil wieder zu verlieren, ist davon auszugehen, dass er sein Stimmrecht nicht frei ausüben und damit nicht in ausreichendem Maße Mitunternehmerinitiative entfalten kann; dies gilt nicht, wenn der Widerruf zeitlich begrenzt ist (so FG Münster EFG 06, 422 für einen auf sechseinhalb Monate begrenzten freien Widerrufsvorbehalt). Ansonsten dürften **Rückfallklauseln** nur dann problematisch sein, wenn sie faktisch einem freien Widerrufsvorbehalt gleichstehen. Davon ist auszugehen, wenn der Schenker in der Lage ist, unter normalen Bedingungen jederzeit den Widerrufsgrund und damit den Rückfall der Beteiligung herbeizuführen. Unkritisch ist der Rückfall bei Vorversterben des Beschenkten und auch bei den gesetzlichen Rückfallklauseln des Notbedarfs und des groben Undanks (BFH BStBl II 94, 635). Auch eine Scheidungsklausel hat der BFH als unkritisch angesehen (BFH BStBl II 98, 542 zur Qualifizierung einer beschenkten Ehefrau als auch wirtschaftliche Eigentümerin). Zwar kann der Schenker auch diesen Widerrufsgrund durch Trennung und Scheidung herbeiführen. Maßstab muss jedoch ein vernünftiges Handeln des Schenkers bleiben. Entsprechendes gilt bei StKlauseln, insb den Vorbehalt des Widerrufs für den Fall, dass es später zu erheblichen NachStForderungen, etwa aufgrund Nichterreichens der Mindestlohnsumme kommt. Auch hierauf kann ein Schenker, der Mehrheitsgesellschafter geblieben ist, theoretisch Einfluss nehmen. Es kann jedoch nicht unterstellt werden, dass jemand unnötig Arbeitsplätze abbaut, um eine Schenkung widerrufen zu können. Problematisch, weil einem faktischen Widerruf gleichstehend, könnten allenfalls Fälle sein, in denen im Zeitpunkt der Schenkung für alle Beteiligten feststeht, dass der Widerrufsgrund verwirklicht wird, bspw

SchSt in Höhe von zB 100 anfallen wird, dem Schenker aber langfristig oder sogar unbefristet ein Widerruf zustehen soll, wenn SchSt von mehr als 10 festgesetzt wird.

16 Der **Vorbehalt eines Nießbrauchs** steht der Mitunternehmerstellung des Beschenkten grundsätzlich nicht entgegen. Sofern sich die Vereinbarungen am gesetzlichen Leitbild orientieren, sind nach der Schenkung eines Mitunternehmeranteils vielmehr sowohl der Schenker als Nießbrauchsberechtigter als auch der Beschenkte als Gesellschafter und Nießbrauchsbesteller als Mitunternehmer zu qualifizieren. Beide tragen **Mitunternehmerrisiko,** beide können **Mitunternehmerinitiative** entfalten. Nach wie vor grundlegend für die Frage, wie sich nach dem gesetzlichen Regelungsmodell die Gesellschafterrechte auf den Gesellschafter und den Nießbraucher verteilen, ist die Entscheidung des BFH v 1.3.1994 (BStBl II 95, 241). Für die Frage der Verteilung des Mitunternehmerrisikos hatte der BFH zu untersuchen, inwieweit der Nießbrauch auf der einen Seite und der Nießbrauchsbesteller auf der anderen Seite am Erfolg oder Misserfolg des Unternehmens teilnehmen. Diese Aufteilung kann – vereinfacht – nach der Grundregel erfolgen, dass dem Beschenkten Wertveränderungen der Substanz zuzurechnen sind und dem Nießbraucher (Schenker) die Früchte zustehen. Insbesondere stehen dem Nießbraucher die entnahmefähigen Gewinne zu. Da diese sich durch Verlust reduzieren, nimmt er auch mittelbar am Verlust teil. Der Beschenkte erhält als Gesellschafter die Erträge aus der Realisierung stiller Reserven des Anlagevermögens und aus der Realisierung stiller Reserven und des Geschäftswerts bei Gesamtveräußerung und Liquidation. Auch am Verlust nimmt der Beschenkte als Gesellschafter spätestens bei Gesamtveräußerung oder Liquidation teil. Die Erfolgsbeteiligung ändert sich jedoch, wenn durch besondere vertragliche Vereinbarungen dem Nießbraucher auch die Erträge aus der Realisierung stiller Reserven zugewiesen werden. Geschieht dies uneingeschränkt, bleibt dem Gesellschafter nahezu keine Erfolgsbeteiligung mehr und von der Übernahme eines Mitunternehmerrisikos wird man nicht mehr sprechen können.

17 Offen ist die Bewertung in dem Fall, dass nur ein **Teil der Erträge** aus der Realisierung stiller Reserven dem Nießbraucher zugewiesen wird. In diesem Fall bleibt dem Gesellschafter eine Erfolgsbeteiligung, er trägt also **Mitunternehmerrisiko,** jedoch in **deutlich geringerem Maße.** Ob dies ausreicht, wird dann nur im Rahmen einer Gesamtbeurteilung zu klären sein, da, wie ausgeführt, ein Defizit an Mitunternehmerrisiko durchaus durch ein höheres Maß an Mitunternehmerinitiative ausgeglichen werden kann. Für die Frage, ob Nießbraucher und Nießbrauchsbesteller auch Mitunternehmerinitiative ausüben, hatte der BFH in vorgenannter Entscheidung (BStBl II 95, 241) eine Verteilung der dem Gesellschafter zustehenden Mitgliedschaftsrechte, insb der Stimm-, Kontroll- und Widerspruchsrechte zwischen Nießbrauchsbesteller und Nießbraucher vorzunehmen. Der BFH folgte dabei der herrschenden zivilrechtlichen Auffassung, dass mit der Nießbrauchsbestellung nicht einzelne Mitgliedschaftsrechte von der Mitgliedschaft gespalten werden, sondern die Ausübung dieser Mitgliedschaftsrechte auf den Gesellschafter und den Nießbraucher verteilt werden. Die Verteilung sieht nach dem gesetzlichen Regelungsmodell so aus (Einzelheiten sind freilich streitig), dass der Nießbraucher das Stimmrecht bei Beschlüssen über laufende Angelegenheiten ausüben kann. Eine Ausnahme gilt beim Nießbrauch am Kommanditanteil, da der Kommanditist von der laufenden Geschäftsführung ausgeschlossen ist. Weiterhin stehen ihm Informations- und Kontrollrechte zur Sicherung seines Fruchtziehungsrechts zu, und er ist zustimmungsberechtigt bei Maßnahmen des Gesellschafters, die sein Nießbrauchsrecht beeinträchtigen könnten. Dem Beschenkten bleibt damit aber als Gesellschafter das ausschließliche Stimmrecht bei Kernbereichsbeschlüssen sowie das Stimmrecht bei Beschlüssen über Grundlagengeschäfte und außergewöhnliche Geschäfte, ggf mit einem Zustimmungsrecht des Nießbrauchers, sowie die auf die vorgenannten Beschlussgegenstände bezogenen Informations- und Kontrollrechte. Vereinfacht kann man auch hier zusammenfassen, dass dem Nießbrauchsbesteller im Wesentlichen diejenigen Rechte zustehen, welche die Substanz, und dem Nießbraucher diejenigen, welche sein Fruchtziehungsrecht betreffen.

Auch im Bereich der **Mitunternehmerinitiative** ist Vorsicht geboten, wenn vom gesetzlichen Regelungsmodell abgewichen werden soll. Ungeachtet dessen sind Einschränkungen möglich. Der BFH hat aber in denjenigen Fällen eine Mitunternehmerstellung des Beschenkten verneint, in denen sich der Schenker vertraglich oder durch (unwiderrufliche) Stimmrechtsvollmacht die Stimmrechte auch für Grundlagengeschäfte, zu denen der BFH die Änderungen des Gesellschaftsvertrages und die auflösende Gesellschaft zählt, vorbehalten hatte (BFH BStBl II 09, 312; 10, 555; 13, 635; NV 15, 500; BStBl II 15, 821; NV 16, 1565). Das FG Düsseldorf (EFG 16, 1727) hat jedoch zutreffend ausgeführt, dass die Gewährung einer Stimmrechtsvollmacht nicht grundsätzlich der Ausübung von Mitunternehmerinitiative entgegensteht, solange der Beschenkte weiterhin auch selbst die ihm als Gesellschafter zustehenden Stimmrechte ausüben kann. In der Entscheidung BStBl II 10, 555 hat der BFH zudem verlangt, dass die Mitunternehmerstellung durch den erworbenen Anteil vermittelt werden müsse. In dem entschiedenen Fall war der Erwerber bereits Mitunternehmer, sodass er unmittelbar nach dem Erwerb entsprechend dem Grundsatz der Einheitlichkeit des Mitunternehmeranteils seine Mitunternehmerrechte auch bezüglich des zusätzlich erworbenen Anteils ausüben konnte. Dem BFH hat dies jedoch nicht genügt (jüngst bestätigt durch NV 16, 1565). Schließlich kann auch der **Verzicht auf ein vorbehaltenes Nießbrauchsrecht** zu einem begünstigungsfähigen Erwerb führen, wenn dadurch die Mitunternehmerstellung des Nießbrauchers auf den Gesellschafter übergeht (Ländererlass BStBl I 12, 1101). Dies sollte trotz der strengen Anforderungen des BFH nicht nur in den Fällen gelten, in denen der Gesellschafter aufgrund der Nießbrauchsbelastung noch nicht als Mitunternehmer zu qualifizieren war, sondern auch dann, wenn er bereits als Gesellschafter in ausreichendem Maße Mitunternehmerrisiko und Mitunternehmerinitiative entfalten konnte. Denn wenn das Nießbrauchsrecht, auf das verzichtet wird, für sich in ausreichendem Maße Mitunternehmerrechte vermittelte, werden auch bei einer erwerbsbezogenen Betrachtung eben diese ausreichenden Mitunternehmerrechte auf den Gesellschafter übertragen. 18

4. Anteile an Kapitalgesellschaften (Abs 1 Nr 3)

Das Vermögen von Kapitalgesellschaften ist zwar auch Betriebsvermögen (§ 97 I 1 Nr 1 iVm § 95 I BewG). Es wird von der Begünstigung in Abs 1 Nr 2 dennoch nicht unmittelbar erfasst. Denn die **Verselbstständigung** des Vermögens in der Kapitalgesellschaft führt zu einer Trennung des Vermögens von den Gesellschaftern, denen das Vermögen bei wirtschaftlicher Betrachtung gehört. Beim Tod des Gesellschafters wechselt der Rechtsträger des in der Kapitalgesellschaft gebundenen Vermögens nicht. Nur die Anteile an der Gesellschaft gelangen in den Erbgang und werden der ErbSt unterworfen. Nur auf den Erwerb der Anteile, nicht auf den unmittelbaren Erwerb des Betriebsvermögens der Kapitalgesellschaft, kann sich daher auch die Begünstigung beziehen. Auch das ErbStRecht behandelt damit die Kapitalgesellschaft als intransparent. Allerdings können die Anteile ihrerseits Teil eines Betriebsvermögens sein. Dann werden sie zusammen mit dem Betrieb, Teilbetrieb oder Personengesellschaftsanteil erworben und gehören zum begünstigungsfähigen Vermögen nach Abs 1 Nr 2. Die besonderen Begünstigungsmerkmale des Abs 1 Nr 3 gelten in diesem Fall nicht. Werden die Anteile jedoch im Privatvermögen gehalten oder werden sie außerhalb eines Betriebs, Teilbetriebs oder Personengesellschaftsanteils übertragen, dann kommt Abs 1 Nr 3 zum Zuge. 19

a) Das Merkmal der Mindestbeteiligung. Kapitalgesellschaftsanteile, die nicht schon als Teil eines begünstigungsfähigen Betriebsvermögens an den Erwerber gelangen, werden begünstigt, wenn die Gesellschaft zur Zeit der Entstehung der St ihren Sitz oder ihre Geschäftsleitung im Inland oder im europäischen Ausland (EU und die EWR-Staaten Island, Liechtenstein, Norwegen) hat und der Erblasser oder Schenker zum Zeitpunkt der Übertragung am Nennkapital der Gesellschaft zu mehr als einem 20

Viertel unmittelbar beteiligt war. Das zuletzt genannte Merkmal spricht die sog Mindestbeteiligung an. Sie wird **auf der Seite des Erblassers oder Schenkers,** nicht auf der Seite des Erwerbers verlangt. Die Übertragung eines Anteils, der 1% des Nennkapitals der Gesellschaft repräsentiert, ist begünstigt, wenn der Erblasser oder Schenker zZt der Transaktion zu 26% beteiligt war. Die Übertragung eines Anteils von 24% des Nennkapitals ist hingegen nicht begünstigt, wenn der Erblasser oder Schenker damit seinen gesamten Anteil übertragen hat, denn der gesamte Anteilsbestand entsprach in diesem Fall nicht den Anforderungen der Mindestbeteiligung. Das Bundesverfassungsgericht hat die 25%-Grenze verfassungsrechtlich akzeptiert. Allerdings hat es dem Gesetzgeber empfohlen, nach einiger Zeit zu überprüfen, ob sich die an die Regelung geknüpften Erwartungen des Gesetzgebers erfüllt haben oder nicht besser an die Beteiligungsquote des Erwerbers anzuknüpfen sei (BVerfG BStBl II 15, 50).

21 Auch bei der **Übertragung von Personengesellschaften** wird eine unternehmerische Einbindung in Abgrenzung zu einer privaten Vermögensanlage verlangt. Allerdings kommt es dort nicht auf die Beteiligungshöhe des Erblassers oder Schenkers an, sondern auf den Erwerb einer Mitunternehmerstellung durch den Nachfolger, wobei nach Auffassung der Rspr auch der Abgebende Mitunternehmer gewesen sein muss (vgl Anm 4). Deshalb ist das in Rechtsform der Personengesellschaft erworbene Betriebsvermögen nur dann begünstigungsfähig, wenn der Erwerber auch tatsächlich Mitunternehmerrisiko trägt und Mitunternehmerinitiative ausüben kann. Bei dem Erwerb von Anteilen an Kapitalgesellschaften kommt es hingegen auf eine aus den Anteilen ableitbare unternehmerische Einflussnahme überhaupt nicht an, weder beim Erblasser oder Schenker noch und angesichts des begünstigungsfähigen Erwerbs auch von nur geringen Beteiligungen erst recht nicht des Erwerbers. Für eine wirtschaftliche Betrachtungsweise ist daher im Bereich des rein **zivilrechtlich ausgestalteten Abs 1 Nr 3** kein Raum. Dies reduziert gegenüber der Übertragung von Mitunternehmeranteilen die Gestaltungsrisiken erheblich. Strenge Widerrufsvorbehalte bis hin zu einem freien Widerrufsvorbehalt und ein atypisch ausgestalteter Vorbehaltsnießbrauch stehen einem begünstigungsfähigen Erwerb nicht entgegen. Selbst wenn aufgrund besonderer vertraglicher Gestaltungen das wirtschaftliche Eigentum (§ 39 I Nr 1 AO) beim Erblasser oder Schenker bleiben soll, dürfte dies einen Vollzug der Schenkung (BFH BStBl II 83, 179 betreffend eine Grundstücksschenkung) und die Inanspruchnahme der Begünstigung nicht hindern (*Götz,* DStR 13, 448). Unsicherheit schafft allenfalls die Entscheidung BFH BStBl II 07, 662, nach der eine Schenkung nicht vollzogen sein soll, wenn der Beschenkte „nach den getroffenen Vereinbarungen und Regelungen für das Vermögen im Verhältnis zum Schenker nicht tatsächlich und rechtlich frei verfügen kann". Die Entscheidung erfolgte jedoch vor dem Hintergrund der damaligen StAmnestie und sollte sicherlich keine Grundlagenentscheidung zur Einführung einer wirtschaftlichen Betrachtungsweise in das zivilrechtlich geprägte ErbSt/SchStRecht sein. Für eine sich vom Zivilrecht lösende wirtschaftliche Betrachtung besteht hier vielmehr nur Raum, wo das Gesetz, wie zB in Abs 1 Nr 2, konkrete Anknüpfungspunkte bietet.

22 Angesichts der zivilrechtlichen Ausgestaltung des Abs 1 Nr 3 kommt es auch nicht darauf an, mit welchen Stimmrechten die Anteile des Erblassers ausgestattet sind. Wer am Nennkapital mit 25,5% beteiligt ist, kann auch dann begünstigungsfähige Anteile übertragen, wenn seine Anteile nur ein geringeres Stimmrecht repräsentieren oder es sich sogar um stimmrechtslose Anteile handelt. Allerdings kann umgekehrt ein Mehrstimmrecht einen zB 15%igen Anteil nicht begünstigungsfähig machen. Bei der Berechnung der Beteiligung am Nennkapital zählen nach Auffassung der FinVerw **eigene Anteile** der Kapitalgesellschaft nicht mit (R E 13b.6 II 2 ErbStR; A 13b.6 II 2 AEErbSt 2017; anders noch FG Hessen EFG 06, 1185). Für die übrigen Gesellschafter wirkt sich das quotenerhöhend aus. Hält also zB der Erblasser nur 24% der Anteile, die Gesellschaft selbst aber 10% eigene Anteile, so erhöht sich seine Beteiligungsquote auf 26,66%. Maßgeblich sind immer nur die von dem Erblasser oder Schenker **unmittel-**

bar gehaltenen Anteile. Wer also vor einer Schenkung etwa zur gesellschaftsvertraglichen Bindung seines Gesellschafterstammes seine Kapitalgesellschaftsanteile in eine GbR einlegt, nimmt den Anteilen ihre Verschonungsfähigkeit. Zwar hat das FG Köln (EFG 12, 1079) eine Zurechnung der Anteile entsprechend § 10 I 4 insoweit ausreichen lassen. Der BFH (BStBl II 13, 742) ist dem jedoch entgegengetreten und verlangt streng am Wortlaut eine zivilrechtlich unmittelbare Beteiligung am Nennkapital.

Fraglich ist vor diesem Hintergrund, ob auch an einen **Treuhänder** übertragene Anteile an Kapitalgesellschaften zum begünstigungsfähigen Vermögen des Treugebers gezählt werden können. Die BayFinVerw (DStR 10, 2084; 13, 708) hat den allg Grundsatz aufgestellt, dass sich die Beurteilung, ob begünstigungsfähiges Vermögen iSd § 13b vorliegt, nicht auf den Herausgabeanspruch, sondern das Treugut zu beziehen habe. Im Rahmen des Abs 1 Nr 3 kann es damit allein darauf ankommen, ob der Treuhänder unmittelbar mit mehr als 25% an der Kapitalgesellschaft beteiligt ist. Die Rspr hat sich allerdings zu dieser Frage noch nicht geäußert. Daher ist insoweit bei der Übertragung derartiger Treugeberpositionen Vorsicht geboten. 23

Die Mindestbeteiligung wird **auf den Besteuerungszeitpunkt** bezogen. Bei der Gestaltung von Anteilsübertragungen ist daher immer auch der beim Erblasser oder Schenker verbleibende Restanteil zu berücksichtigen. Wer mit 50% an einer GmbH beteiligt ist, sollte nicht im ersten Schritt dem älteren Sohn 25% übertragen, um dem jüngeren Sohn später die übrigen 25% übertragen zu können. Die zweite Schenkung wäre zumindest ohne Poolregelung nicht begünstigungsfähig. Bei strenger Wortlautanwendung könnte sogar bezweifelt werden, ob bei gleichzeitiger Schenkung des jeweils hälftigen Anteils an beide Kinder jedes der Kinder begünstigungsfähiges Vermögen erhält. Denn zumindest einer der beiden Empfänger müsste mit dem Einwand rechnen, dass die Schenkung an ihn einen selbstständigen Charakter hat, der Schenkung an den anderen Empfänger nachgefolgt ist und daher von einem Schenker stammt, der nur noch mit 25% beteiligt war. Es erscheint aber angemessen, für die Beurteilung der Beteiligungshöhe des Schenkers sämtliche, auch nacheinander erfolgenden Übertragungen zusammenzufassen, die in einem zeitlichen und wirtschaftlichen Zusammenhang stehen, insb auf einem einheitlichen Schenkungswillen beruhen. 24

Eine weitere Voraussetzung der Begünstigungsfähigkeit ist, dass auch tatsächlich **Anteile** erworben werden. Nicht ausreichend ist es daher, wenn der Erwerber lediglich eine Werterhöhung ihm bereits gehörender Anteile erfährt. Dementsprechend gewährt die FinVerw (R E 3.4 III 9 ErbStR) bei der Einziehung eines Anteils, die im Falle einer Abfindung unter dem gemeinen Wert einen nach § 3 I Nr 2 und § 7 VII stbaren Erwerb der verbleibenden Gesellschafter darstellt, keine Begünstigung. Angesichts des Wortlauts lässt sich dies gut damit begründen, dass bei der Einziehung der Anteil des ausscheidenden Gesellschafters vernichtet wird und daher nicht zum begünstigungsfähigen Vermögen gehören kann. Die in Satzungen von Kapitalgesellschaften meist vorgesehenen Einziehungs- und Abtretungsklauseln sollten daher vorsorglich dahingehend gestaltet werden, dass der ausscheidende Gesellschafter vorrangig zur Abtretung seines Anteils an die übrigen Gesellschafter im Verhältnis der Beteiligungsverhältnisse verpflichtet wird und eine Einziehung genauso wie eine abweichende Verteilung ausdrücklich unter vorhergehender Prüfung der erbstlichen Auswirkungen beschlossen werden muss. Entsprechend behandelt die FinVerw auch Werterhöhungen von Kapitalgesellschaftsanteilen, die eine an der Gesellschaft beteiligte Person dadurch erfährt, dass eine andere Person der Gesellschaft etwas zuwendet. Klassischer Fall einer solchen mittelbaren Zuwendung ist die überquotale Einlage eines Mitgesellschafters. Derartige Wertzuwächse werden seit Einführung des § 7 VIII mit Wirkung zum 14.12.2011 unabhängig von einem Schenkungswillen des Leistenden als fiktive freigebige Zuwendungen besteuert. Da auch hier kein Anteil erworben wird, finden die §§ 13a, 13b mangels Erwerb begünstigungsfähigen Vermögens keine Anwendung (Erlass BStBl I 12, 331 Tz 3.5). 25

Die Anteile gehören nur dann zum begünstigungsfähigen Vermögen, wenn die Kapitalgesellschaft ihren **Sitz oder den Ort ihrer Geschäftsleitung im Inland,** 26

der EU oder dem EWR hat. Auch insoweit wird die Kapitalgesellschaft als intransparente Einheit behandelt. Unmaßgeblich ist, wo sich das Vermögen der Gesellschaft befindet. So ist der Anteil an einer deutschen Kapitalgesellschaft, die in der Schweiz ein Unternehmen betreibt, in vollem Umfang begünstigt. Entsprechendes gilt für eine im europäischen Ausland ansässige Holding-Kapitalgesellschaft, die auch zahlreiche Drittlandsbeteiligungen hält. Umgekehrt kann für ein von einer Drittlandskapitalgesellschaft in Deutschland oder Europa betriebenes Unternehmen mit tausenden Beschäftigten keine Verschonung in Anspruch genommen werden. Vielmehr schirmt die Kapitalgesellschaft im Positiven wie im Negativen von jeder räumlichen Einordnung ihres Vermögens und auch des Vermögens ihrer Beteiligungsgesellschaften ab.

27 **b) Poolvereinbarungen.** Die Mindestbeteiligungsquote wird nach Nr 3 S 1 durch die vom Erblasser oder Schenker selbst unmittelbar gehaltenen Anteile bestimmt. S 2 fügt jedoch hinzu, dass unter bestimmten Umständen den von diesen selbst unmittelbar gehaltenen Anteilen die Anteile anderer Gesellschafter hinzugerechnet werden können. Diese Hinzurechnung ist möglich, wenn der Erblasser oder Schenker mit anderen Gesellschaftern eine Poolvereinbarung geschlossen hat, die insbesondere zwei Regelungsbereiche enthalten muss: Zum einen eine Verfügungsbeschränkung und zum anderen eine Stimmbindung. Die **Verfügungsbeschränkung** ist in zwei Varianten möglich. Nach der ersten Variante müssen sich die Poolmitglieder untereinander verpflichten, über ihre Anteile nur einheitlich zu verfügen. Bei der zweiten Variante dürfen die Anteile nur auf andere derselben Verpflichtung unterliegende Anteilseigner übertragen werden. Mit dem Erfordernis der **Stimmbindung** wird verlangt, dass sich die Poolmitglieder untereinander verpflichten, das Stimmrecht gegenüber nicht gebundenen Gesellschaftern einheitlich auszuüben. Die Vereinbarungen müssen nicht in einem einheitlichen separaten Vertragswerk getroffen werden, sondern können ganz oder teilweise auch in die Satzung aufgenommen werden. Die Poolvereinbarung muss zum Besteuerungszeitpunkt bestehen und kann nicht mit Rückwirkungsanordnung nachgeholt werden. Zwar fordert das Gesetz nicht ausdrücklich, dass der Erwerber spätestens mit seinem Erwerb der Poolvereinbarung beitreten muss, jedoch wird man dies aus der – grammatikalisch nach wie vor fehlerhaft formulierten – Behaltensbedingung des § 13a VI Nr 5 ableiten können, die einen zeitanteiligen Wegfall des Verschonungsabschlags bei Aufhebung der Poolvereinbarung innerhalb der Behaltensfrist anordnet (*von Oertzen/Stalleiken* § 13b Rz 57). Zwingend ist dies allerdings nicht, da das Gesetz auch im Normalfall der unmittelbaren Beteiligung nicht verlangt, dass auch der Erwerber durch eine mehr als 25%ige Beteiligung in die Kapitalgesellschaft unternehmerisch eingebunden bleibt. In vielen Fällen, insbesondere, wenn der Erblasser oder Schenker seinen gesamten Anteil überträgt, würde es jedoch bereits zur Aufhebung der Poolvereinbarung kommen, wenn der Erwerber nicht anstelle des Erblassers oder Schenkers in die Poolvereinbarung eintritt. Die Poolvereinbarung bedarf keiner besonderen **Form.** Um den Nachweis des rechtzeitigen Abschlusses sicherzustellen, empfiehlt sich jedoch zumindest eine schriftliche Vereinbarung. Im Schrifttum wird aufgrund der zu vereinbarenden Verfügungsbeschränkungen zum Teil die Notwendigkeit einer notariellen Beurkundung nach § 15 IV GmbHG gesehen (*Tiedtke/Wälzholz* § 13b Rz 52; *Fischer/Wachter* § 13b Rz 210ff). Jedoch muss in der Poolvereinbarung grundsätzlich keine Pflicht zur Verfügung über die Anteile vereinbart werden. Vielmehr sind lediglich verfügungsbeschränkte Regelungen aufzunehmen. Die FinVerw lässt jedenfalls für die stlichen Wirkungen Schriftlichkeit genügen (R E 13b.6 VI ErbStR; A 13b.6 VI AEErbSt). Das Problem erübrigt sich, wenn die Verfügungsbeschränkungen in die ohnehin beurkundungspflichtige Satzung aufgenommen werden und sich der Poolvertrag auf die Stimmbindungsvereinbarung beschränkt.

28 Mit der Poolvereinbarung soll vor allem Gesellschaftern von **Familienkapitalgesellschaften** ein Überspringen der 25%-Hürde erleichtert werden. Die Anforderungen orientieren sich deshalb an Regelungen, die häufig in Satzungen von Familiengesell-

schaften getroffen werden, um den bestimmenden Einfluss der Familie zu erhalten. Solche Grundsätze, so heißt es in der Gesetzesbegründung (BTDrs 16/7918, 35), bilden ein deutliches Gegengewicht zu Publikumsgesellschaften und erzielen weit mehr Beschäftigungswirkung. Deshalb erschien es dem Gesetzgeber angebracht, auch solche gepoolten Anteile in die Verschonungsregelung einzubeziehen. Ungeachtet dessen müssen die Poolmitglieder keineswegs verwandt sein, vielmehr gilt die Poolregelung, wie auch alle übrigen Regelungen des Verschonungssystems, auch für untereinander fremde Gesellschafter. Der Gesetzgeber hat sich gerade nicht für ein Sonderrecht für Familiengesellschaften entschieden, was trotz deren Vorbildfunktion im Rahmen der Gesetzgebung bei der Auslegung zu berücksichtigen ist. Aus unternehmerischer und gesellschaftsrechtlicher Sicht erscheint die **Poolvereinbarung** äußerst **problematisch.** Wird mit ihr doch aus Gründen, die mit dem Gegenstand der Gesellschaft selbst nichts zu tun haben, ganz erheblich in das Machtgefüge der Gesellschaft eingegriffen. Nicht selten wird es vorkommen, dass sich diejenigen Gesellschafter, die keines Pools zur Verschonung bedürfen, die Bereitschaft zum Abschluss einer Poolvereinbarung von den poolbedürftigen Gesellschaftern abkaufen lassen und sei es auch nur in Form der Zustimmung zu Beschlüssen, die ansonsten so nicht getroffen worden wären. Darüber hinaus kann der Abschluss von Poolvereinbarungen auch in anderen Bereichen nachteilige Wirkungen entfalten. Bei börsennotierten Aktiengesellschaften kann durch Stimmbindungsvereinbarungen ein Pflichtangebot nach WpHG begründet werden (*Wünsch* BB 11, 2315). Im Anwendungsbereich des § 8c KStG wird zum Teil die Stimmbindung als ein einer Anteilsübertragung oder Stimmrechtsübertragung vergleichbarer Sachverhalt interpretiert (*Meisel/Bokeloh* BB 08, 808, 810), so dass es, soweit man dem folgt (dagegen *Hannes/von Freeden* Ubg 08, 625, 628f; *Bron* FR 10, 208, 212), zu einer Vernichtung von kst-/gewstlichen Verlustvorträgen kommen kann.

Verfügungsbeschränkung. Der Erblasser oder Schenker und die weiteren Gesellschafter müssen untereinander verpflichtet sein, über die Anteile nur einheitlich zu verfügen oder sie ausschließlich auf andere derselben Verpflichtung unterliegende Anteilseigner zu übertragen. Unter Verfügung versteht die FinVerw die Übertragung des Eigentums am Anteil (R E 13b.6 IV 1 ErbStR; A 13b.6 IV 1 AEErbSt 2017). Was der Gesetzgeber unter einer **einheitlichen Verfügung** versteht, bleibt unklar. Auch die Gesetzesbegründung macht hierzu keine Aussage. Eine Interpretation des Begriffs iS einer einvernehmlichen Verfügung würde wohl zu kurz greifen. Andererseits würde die Verpflichtung zu einer Übertragung der von den betroffenen Gesellschaftern unterhaltenen Geschäftsanteile stets an denselben Erwerber, und das möglicherweise in vollem oder auch nur quotal entsprechendem Umfang, eine offenkundig zu hohe Hürde darstellen. Ziel der Regelung soll es ausweislich der Gesetzesbegründung sein, Familienkapitalgesellschaften gegenüber Publikumsgesellschaften abzugrenzen. Abgrenzungsmerkmal soll die übliche Praxis in solchen Familiengesellschaften sein. Diese ist aber vielfältig. Sie reicht von einer engen Begrenzung des nachfolgeberechtigten Personenkreises, etwa auf Mitgesellschafter und leibliche Abkömmlinge, über das Erfordernis eines zustimmenden Gesellschafterbeschlusses mit wiederum unterschiedlichen Stimmquoren bis hin zur lediglich durch Vorkaufsrechte von Mitgesellschaftern beschränkten freien Veräußerbarkeit. Um dieser Vielfalt Rechnung zu tragen, ist der Begriff der „einheitlichen Verfügung" in dem Sinne auszulegen, dass eine Verfügung der Poolmitglieder nach **einheitlichen Grundsätzen** zu erfolgen hat, deren Einhaltung für den Gesellschafter eine spürbare Beschränkung seiner Verfügungsfreiheit bedeutet. Die vorstehend beispielhaft genannten Vereinbarungen wären hierfür uE ausreichend. Unzureichend wäre hingegen wohl eine schlichte Anmeldepflicht bei der Gesellschaft oder der Geschäftsführung vor Veräußerung oder Ähnliches. Sobald aber durch die Vereinbarung der Erwerberkreis beschränkt wird, die Verfügung von der Zustimmung von Mitgesellschaftern abhängig gemacht wird oder der Gesellschafter Vermögenseinbußen bei einer Verfügung hinnehmen muss, sollte den gesetzlichen Anforderungen genügt sein. Auch nach Auffassung der FinVerw (R E 13b.6 IV 2 29

ErbStR; A 13b.6 IV 2 AEErbSt 2017) setzt eine einheitliche Verfügung lediglich voraus, dass in der Poolvereinbarung für die Poolmitglieder die gleichen Verfügungsregeln hinsichtlich der gepoolten Anteile festgelegt sind. Eine gleichzeitige Übertragung aller Poolmitglieder oder eine Übertragung auf dieselbe Person wird nicht verlangt. Die zu treffenden Verfügungsregeln konkretisiert die FinVerw allerdings dahingehend, dass die Anteile **nur an einen bestimmten Personenkreis,** zB Familienmitglieder, einen Familienstamm oder eine Familienstiftung, übertragen werden dürfen, oder dass eine Übertragung der **Zustimmung der Mehrheit** der Poolmitglieder bedarf. Dies dürfte angesichts der Vielfalt gesellschaftsvertraglicher Verfügungsbeschränkungen zwar **nur beispielhaft** gemeint sein. Dennoch sollte sich die Praxis hieran vorsorglich orientieren. Alternativ zur Vereinbarung einer einheitlichen Verfügung kann die für eine Zusammenrechnung erforderliche Verfügungsbeschränkung auch darin bestehen, dass die Anteile ausschließlich „auf andere derselben Verpflichtung unterliegende Anteilseigner" übertragen werden dürfen. Nach dem Wortlaut dieser Formulierung setzt dies voraus, dass es sich bei dem Erwerber des Anteils bereits um einen Anteilseigner handelt. Dies würde aber bedeuten, dass Anteilsübertragungen nur innerhalb des Kreises der von einer solchen Vereinbarung umfassten Gesellschafter möglich wären. Dies aber stünde im ausdrücklichen Widerspruch zu dem mit den Verschonungsregelungen auch verfolgten Zweck, zum Schutz des Unternehmens und dem Erhalt von Arbeitsplätzen die Unternehmensnachfolge auf die nächste Generation zu erleichtern. Zu Recht sieht deshalb auch die FinVerw es für die Tatbestandserfüllung als ausreichend an, wenn der Erwerber zeitgleich mit der Übertragung der Poolvereinbarung beitritt (R E 13b.6 IV 5 ErbStR; A 13b.6 IV 5 AEErbSt 2017).

30 **Stimmbindung.** Die zweite in der Poolvereinbarung zu treffende Verpflichtung ist die einheitliche Stimmrechtsausübung gegenüber nicht gebundenen Gesellschaftern. Ungeachtet des Gesetzeswortlauts („gegenüber nicht gebundenen Gesellschaftern") lässt die FinVerw auch einen **„100%-Pool"** zu, in dem sich alle Gesellschafter in einer Poolregelung zur einheitlichen Stimmrechtsausübung verpflichten (R E 13b.6 V 8 ErbStR; A 13b.6 V 8 AEErbSt 2017). Die sich ansonsten gestalterisch empfehlende Schaffung eines nicht gebundenen Gesellschafters, etwa durch die Beteiligung einer von wiederum allen Gesellschaftern gehaltenen Gesellschaft mit einer Minibeteiligung, wird dadurch entbehrlich. Für die Gesellschaft bedeutet ein solcher 100%-Pool den geringsten Eingriff. Denn die Stimmrechtsverhältnisse in der Gesellschaft werden lediglich im Pool gespiegelt. Das Machtgefüge in der Gesellschaft verändert sich hierdurch nicht. Die einheitliche Stimmrechtsausübung verlangt, dass sich die Poolmitglieder vor einer Gesellschafterversammlung in einer Poolversammlung über die einheitliche Stimmabgabe abstimmen. Die FinVerw gestattet eine solche Poolversammlung auch unmittelbar vor der Gesellschafterversammlung, verlangt aber eine Dokumentation (R E 13b.6 V 10 ErbStR; A 13b.6 V 10 AEErbSt 2017). Auf die Einhaltung dieser Formalien sollte insb auch bei einem 100%-Pool geachtet werden, auch wenn dort aufgrund identischer Stimmrechtsverteilung in Poolversammlung und Gesellschafterversammlung die Beschlüsse letzterer bereits vorweggenommen sind. Üblicherweise erfolgt die einheitliche Stimmrechtsausübung durch Beschluss der Poolversammlung und entsprechend der in der Poolvereinbarung vereinbarten Stimmquoren. Genauso aber kann die einheitliche Stimmrechtsausübung auch auf andere Weise herbeigeführt werden, beispielsweise durch Stimmrechtsverzicht oder die Bestimmung eines gemeinschaftlichen Poolsprechers.

31 Dagegen dürfen nach Auffassung der FinVerw **stimmrechtslose Anteile** nicht in die Poolvereinbarung einbezogen werden (R E 13b.6 V 1 Hs 2 ErbStR; A 13b.6 V 1 Hs 2 AEErbSt 2017). Die FinVerw leitet dies aus dem Begriff der einheitlichen Stimmrechtsausübung ab, der bedeute, dass die Einflussnahme einzelner Anteilseigner zum Zwecke einer einheitlichen Willensbildung zurücktreten müsse. Tatsächlich wird es aber kaum eine Konstellation geben, bei der die Einflussnahme der Anteilseigner mehr zurücktritt als bei stimmrechtslosen Anteilen. Vielmehr ist hier der von

der FinVerw zur einheitlichen Stimmrechtsausübung gestattete Verzicht auf das Stimmrecht bereits vorweggenommen. Auch die Gesetzeshistorie spricht gegen die Auffassung der FinVerw. So hatte der Gesetzgeber in seiner Begründung des Regierungsentwurfs zur ErbStReform 2009 (BTDr 16/7918, 35) ausdrücklich erläutert, dass eine einheitliche Stimmrechtsausübung auch dadurch erreicht werden könne, dass „die Anteile von vorneherein stimmrechtslos sind".

Das Gesetz verlangt nicht die Vereinbarung von Sanktionen bei Verstößen gegen die 32
Stimmbindung oder die Verfügungsbeschränkung. In der Praxis sollte aber dennoch darauf geachtet werden, dass die Vereinbarung auch tatsächlich gelebt wird. Ansonsten besteht die Gefahr, dass sie entsprechend der Grundsätze über die stliche Beurteilung von Verträgen mit Familienangehörigen nicht anerkannt wird. Der Poolvertrag muss auch **keine Kündigungsbeschränkungen** enthalten, wie dies etwa für die Dauer der Behaltensfrist naheliegen würde. Kündigungen werden vielmehr über die Behaltensbedingung des § 13a VI Nr 5 sanktioniert und stehen daher einer Anerkennung des Poolvertrages nicht entgegen. Dies muss auch für Teilkündigungen, etwa hinsichtlich bestimmter Anteile, gelten, da auch solche Sachverhalte von § 13a VI Nr 5 erfasst sind, wonach der Verschonungsabschlag wegfällt, „soweit" innerhalb der Behaltensfrist die Verfügungsbeschränkung oder die Stimmrechtsbündelung aufgehoben wird.

III. Begünstigtes Vermögen (Abs 2)

AEErbSt 2017: Abschnitte 13b.8 bis 13b.10

Schrifttum: *Korezkij,* Neuer Verwaltungsvermögenstest im Konzern aus der Sicht eines Rechtsanwenders – Der Weg vom begünstigungsfähigen zum begünstigten Vermögen nach § 13b Abs 2–10 ErbStG, DStR 16, 2434; *Brabender/Winter,* Vorsicht vor der 90%-Grenze nach § 13b Abs 2 S 2 ErbStG oder ist Verwaltungsvermögen gleich Verwaltungsvermögen?, ZEV 17, 81.

1. Der Weg vom begünstigungsfähigen zum begünstigten Vermögen

Inwieweit das begünstigungsfähige Vermögen nach Abs 1 tatsächlich begünstigt 33
ist, regelt Abs 2. Hiernach ist das begünstigte Vermögen lediglich eine Restgröße, die sich ergibt, wenn man von dem gemeinen Wert des begünstigungsfähigen Vermögens den gemeinen Wert des nichtbegünstigten Vermögens abzieht. Das nichtbegünstigte Vermögen definiert das Gesetz als „den um das unschädliche Verwaltungsvermögen iSd Abs 7 gekürzten Nettowert des Verwaltungsvermögens iSd Abs 6." In den nachfolgenden Absätzen 3–10 geht es allein um die Ermittlung dieses nichtbegünstigten Vermögens. Hierzu sind dem Aufbau des Gesetzes folgend vereinfacht die nachfolgenden **Arbeitsschritte** notwendig (eine umfängliche und detaillierte Darstellung der vorzunehmenden Arbeitsschritte findet sich bei *Korezkij,* DStR 16, 2434 und von der FinVerw in A 13b.9 II AEErbSt 2017 mit Berechnungsbeispielen in den sich anschließenden Hinweisen):

An **erster Stelle** sind im Rahmen des Abs 3 diejenigen Vermögensgegenstände zu 34
identifizieren und zu bewerten, die der Erfüllung von **Altersversorgungsverpflichtungen** dienen. Entsprechendes gilt für die Schulden aus solchen Altersversorgungsverpflichtungen.

Anschließend empfiehlt sich eine **Klassifizierung** dieser Vermögensgegenstände 35
in junges Verwaltungsvermögen, Verwaltungsvermögen (Abs 4 Nrn 1 bis 4), Finanzmittel (Abs 4 Nr 5) und sonstiges Vermögen, um sodann in Anwendung des Abs 3 eine Umqualifizierung (vorzugsweise) zunächst des jungen Verwaltungsvermögens, dann des übrigen Verwaltungsvermögens und schließlich der Finanzmittel durch Verrechnung mit den zuvor ermittelten Schulden aus Altersversorgungsverpflichtungen vorzunehmen. Soweit nach dieser Verrechnung ein Rest an Schulden verbleibt, kann

dieser vorrangig im Rahmen des Finanzmitteltests (Abs 4 Nr 5) und nachrangig der allg Schuldenverrechnung (Abs 6) verwendet werden. Bleibt ein Rest an jungem Verwaltungsvermögen, sonstigem Verwaltungsvermögen und Finanzmitteln, ist dieser zusammen mit dem anderen, nicht der Erfüllung von Altersversorgungsverpflichtungen dienenden Vermögen in den folgenden Arbeitsschritten zu verarbeiten.

36 Im **zweiten Schritt** erfolgt die Identifizierung und **Bewertung** des (nach Anwendung des Abs 3 verbliebenen, der Erfüllung von Altersversorgungsverpflichtungen dienenden und nicht dienenden) **Verwaltungsvermögens** entsprechend zunächst der Nrn 1 bis 4 des Verwaltungsvermögenskatalogs (Abs 4 Nrn 1–4). Zur Vorbereitung der nachfolgenden Arbeitsschritte, insbesondere der allg Schuldenverrechnung nach Abs 6 und der Umqualifizierung in unschädliches Verwaltungsvermögen nach Abs 7, empfiehlt sich auch bereits im Zuge dieses Arbeitsschritts festzustellen, welche der Vermögensgegenstände des Verwaltungsvermögens dem Betrieb noch nicht länger als zwei Jahre zuzurechnen sind und daher als junges Verwaltungsvermögen (zur Definition: Abs 7 S 2) qualifizieren.

37 In einem **dritten Schritt** ist das **Finanzmittel-Verwaltungsvermögen** zu ermitteln (Abs 4 Nr 5). Hierzu wird zunächst der gemeine Wert der (nach Abs 3 verbliebenen) Finanzmittel festgestellt. Sodann ist zu untersuchen, in welchem Umfang die Finanzmittel als junge Finanzmittel qualifizieren. Hierzu ist festzustellen, wie viel an Finanzmitteln der Erblasser oder Schenker (str) in den letzten zwei Jahren vor dem StEntstehungszeitpunkt in die begünstigungsfähige Einheit eingelegt und wieviel er aus ihr entnommen hat (die FinVerw stellt auf die Einlagen und Entnahmen sämtlicher Gesellschafter ab und will im Rahmen der Verbundsvermögensaufstellung offenbar auch konzerninterne Einlagen berücksichtigen; A 13b.29 AEErbSt 2017 enthält zumindest keine ausdrückliche Begrenzung auf Einlagen und Entnahmen „von außen"). In Höhe des Saldos, höchstens aber in Höhe der vorhandenen Finanzmittel (so auch die FinVerw in A 13b.23 III 3 und 13b.30 III 5 AEErbSt 2017; jedoch soll nach A 13b.29 IV 2 und 13b.30 III 6 AEErbSt in mehrstuftigen Beteiligungsstrukturen die Begrenzung erst auf der obersten Ebene erfolgen), jedoch vor Schuldensaldierung und 15%-Freibetrag (so die FinVerw in A 13b.23 III 3 AEErbSt; kritisch hierzu Anm 75), qualifizieren die Finanzmittel als junge Finanzmittel und damit als Verwaltungsvermögen (Nr 5 S 2).

38 **Anschließend** sind von den um die jungen Finanzmittel geminderten Finanzmitteln die (nach Abs 3 verbliebenen) **Schulden** abzuziehen. Bleiben hiernach Schulden übrig, können diese später bei der allg Schuldenverrechnung (Abs 6) verwendet werden. Bleibt hingegen ein Rest an Finanzmitteln, erfolgt in einem weiteren Arbeitsschritt die Minderung der nach Schuldensaldierung verbliebenen Finanzmittel um einen Finanzmittel-Freibetrag iHv 15% des gemeinen Wertes der begünstigungsfähigen Einheit. Bleiben auch hiernach Finanzmittel übrig, qualifizieren diese als Finanzmittel-Verwaltungsvermögen. Das Finanzmittel-Verwaltungsvermögen setzt sich dann also aus den normalen – um zunächst die jungen Finanzmittel, sodann die Schulden und schließlich den Freibetrag geminderten – Finanzmitteln und den jungen Finanzmitteln zusammen.

39 Soweit es sich bei dem Erwerb um einen Erwerb von Todes wegen handelt, erfolgt in einem **vierten Schritt** eine rückwirkende Umqualifizierung derjenigen Gegenstände des (jungen) Verwaltungsvermögens und derjenigen (jungen) Finanzmittel in begünstigtes Vermögen, die innerhalb von zwei Jahren nach StEntstehung entsprechend eines Plans des Erblassers wieder in begünstigtes Vermögen **investiert** wurden (Abs 5 Sätze 1 u 2). In gleicher Weise werden bei **Saisonbetrieben** Finanzmittel rückwirkend wieder in begünstigtes Vermögen umqualifiziert, die planmäßig wegen fehlender Einnahmen zu Lohnzahlungen verwendet wurden (Abs 5 Sätze 3 u 2).

40 In einem **fünften Schritt** sind die (nach den Verrechnungen entsprechend Abs 3 und Abs 4 Nr 5 verbliebenen) **Schulden** im Verhältnis des gemeinen Werts des Verwaltungsvermögens (einschließlich des jungen Verwaltungsvermögens und der jungen Finanzmittel) zum gemeinen Wert der begünstigungsfähigen Einheit zuzüglich der zu verteilenden Schulden **aufzuteilen** (Abs 6 S 2). Es folgt dann noch keine

Schuldenverrechnung, vielmehr ist zuvor noch das Verwaltungsvermögen um das junge Verwaltungsvermögen und um die jungen Finanzmittel zu reduzieren, da diese an der Schuldenverrechnung nicht teilnehmen (Abs 7 S 1). Erst hiernach ist das verbleibende (nicht junge) Verwaltungsvermögen um den zuvor ermittelten, auf das (gesamte) Verwaltungsvermögen entfallenden Schuldenanteil zu mindern. Zur Ermittlung des Nettowerts des Verwaltungsvermögens sind wiederum das junge Verwaltungsvermögen und die jungen Finanzmittel hinzuzurechnen, da diese zum Nettowert des Verwaltungsvermögens gehören und lediglich nicht an der Schuldenverrechnung teilnehmen.

In einem **sechsten Schritt** ist der **Nettowert** des Verwaltungsvermögens vom gemeinen Wert der begünstigungsfähigen Einheit abzuziehen. 10% des hiernach verbleibenden begünstigten Vermögens bilden einen Kulanzpuffer, in dessen Umfang das Verwaltungsvermögen in unschädliches Verwaltungsvermögen umqualifiziert wird. Da jedoch auch an dieser Umqualifizierung das junge Verwaltungsvermögen und die jungen Finanzmittel nicht teilnehmen, ist zunächst der Nettowert des Verwaltungsvermögens um eben dieses junge Vermögen zu mindern. Sodann kann der Kulanzpuffer von dem (geminderten) Nettowert des Verwaltungsvermögens abgezogen werden. Dem nach Umqualifizierung in Höhe des Kulanzpuffers verbleibenden Nettowert sind sodann allerdings wieder das junge Verwaltungsvermögen und die jungen Finanzmittel hinzuzurechnen, da auch sie zum Nettowert des Verwaltungsvermögens gehören. 41

In einem **siebten** und letzten **Arbeitsschritt** ergibt sich schließlich das begünstigte Vermögen durch Minderung des begünstigungsfähigen Vermögens um den (um den Kulanzpuffer geminderten) Nettowert des Verwaltungsvermögens. 42

2. Ausschluss der Verschonung durch 90%-Grenze (Abs 2 S 2)

Die Beschränkung der Verschonung auf den begünstigten Teil der begünstigungsfähigen Einheit trifft Erwerbe von Unternehmen jeder Größenklasse. Während die Beschränkung des Umfangs der Verschonung durch Abschmelzung des Verschonungsabschlags und der Erlass im Umfang der Bedürftigkeit nur Erwerbe von mehr als 26 Mio EUR und damit voraussichtlich weniger als 1% der deutschen Unternehmen betrifft, hat die Anordnung der generellen Besteuerung des im Unternehmen vorhandenen Verwaltungsvermögens durchaus Breitenwirkung. Allerdings hat die Neuregelung nicht nur Nachteile. Denn sie hat zur Grundlage die Beseitigung des vom Bundesverfassungsgericht beanstandeten „Alles-oder-Nichts-Prinzips", welches dem alten Verschonungssystem zugrunde lag. Lag die Verwaltungsvermögensquote bei 50% oder darunter, war alles begünstigt, lag sie über 50%, war nichts begünstigt. Zwar gibt es nun nicht mehr „alles", aber – zumindest grundsätzlich – auch nicht mehr „nichts". Wer also im Zeitpunkt der StEntstehung mehr als 50% Verwaltungsvermögen in seinem Unternehmen hält, kann für den begünstigten Teil des begünstigungsfähigen Vermögens die Verschonung in Anspruch nehmen. Hiervon schafft Abs 2 S 2 jedoch eine nicht unbedeutende Ausnahme. 43

Nach Abs 2 S 2 kann auch für den begünstigten Teil des begünstigungsfähigen Vermögens keine Verschonung in Anspruch genommen werden, wenn – vereinfacht – das Verwaltungsvermögen mindestens 90% des gemeinen Werts des begünstigungsfähigen Vermögens ausmacht. Hierzu ist jedoch nicht, was naheliegen würde, das nach den in Anm 33–42 genannten Arbeitsschritten ermittelte Verwaltungsvermögen dem Wert des begünstigungsfähigen Vermögens gegenüberzustellen. Vielmehr erfolgt die Ermittlung der zum Zwecke des gänzlichen Ausschlusses von der Verschonung relevanten Verwaltungsvermögensquote von 90% nach anderen Regeln. Zwar bestimmt sich auch hier das Verwaltungsvermögen nach Abs 4, jedoch wird das der Erfüllung von Schulden aus Altersversicherungsverpflichtungen dienende Verwaltungsvermögen nur dann mit den Schulden aus Altersversorgungsverpflichtungen saldiert (vgl Abs 3), 44 wenn die Altersversorgungsverpflichtungen durch Treuhandverhältnisse abgesichert sind. Die FinVerw will allerdings Verwaltungsvermögen, das der Erfüllung von Schulden aus Altersversicherungen dient, offenbar generell unberücksichtigt lassen; zumindest erwähnt sie in A 13b.10 S 5 AEErbSt 2017 das Treuhanderfordernis nicht. Bei der Ermittlung des Finanzmittel-Verwaltungsvermögens nach Abs 4 Nr 5 findet weder eine Schuldenverrechnung statt, noch kann der Freibetrag iHv 15% des Unternehmenswertes abgezogen werden. Damit aber qualifizieren sämtliche Zahlungsmittel, Geschäftsguthaben, Geldforderungen und andere Forderungen des Unternehmens als Finanzmittel-Verwaltungsvermögen. Schließlich findet auch keine allgemeine Schuldenverrechnung (Abs 6) statt und das Verwaltungsvermögen darf nicht um einen 10% igen Kulanzpuffer (Abs 7) gekürzt werden. Durch den **Ausschluss nahezu jeglicher Schuldenverrechnung** werden somit die Aktivwerte des Verwaltungsvermögens dem um die Schulden geminderten Gesamtwert des begünstigungsfähigen Vermögens gegenüber gestellt. Dabei wirkt sich besonders nachteilig aus, dass entgegen jedem mit den Verschonungsregeln verfolgten Sinn und Zweck Geld und Forderungen, insb auch solche aus Lieferungen und Leistungen, ungekürzt als Verwaltungsvermögen gelten. Besonders Handelsunternehmen mit hohem Bestand an Kundenforderungen und Verbindlichkeiten aus Lieferungen und Leistungen können durch die Nichtberücksichtigung der Verbindlichkeiten die Verschonung verlieren. Der Gesetzgeber behandelt ihre Forderungen aus Lieferungen und Leistungen wie das Wertpapierdepot des Privatiers. Das Bundesverfassungsgericht hat in drei Entscheidungen ausgeführt, dass ungeachtet der Verfassungswidrigkeit der konkreten Ausgestaltung des jeweils von ihm untersuchten Verschonungssystems, eine Verschonung des Erwerbs unternehmerischen Vermögens nicht nur verfassungsrechtlich gerechtfertigt, sondern verfassungsrechtlich geboten ist (BVerfG BStBl II 95, 671; hierzu und zu den Folgeentscheidungen ausführlicher § 1a Anm 6ff). Den Ausschluss von Unternehmen, insb durch die Qualifizierung ihrer Forderungen aus Lieferungen und Leistungen und damit von Forderungen originärer unternehmerischer Tätigkeit, erscheint daher nicht nur unverständlich, sondern bereits verfassungswidrig. Das Gesetz spricht zwar auch hier von dem begünstigungsfähigen Vermögen, meint aber, wie sich aus den Verweisen auf die nachfolgenden, meist betriebsbezogen formulierten Absätze schließen lässt, offenbar lediglich die jeweilige zum begünstigungsfähigen Vermögen gehörende wirtschaftliche Einheit. Man wird deshalb wohl davon ausgehen müssen, dass die 90%-Quote betriebsbezogen gilt und keine „Querverrechnung" zwischen verschiedenen wirtschaftlichen Einheiten, die an sich erst in ihrer Gesamtheit das begünstigungsfähige Vermögen ausmachen, möglich ist.

IV. Der Erfüllung von Altersversorgungsverpflichtungen dienendes Vermögen (Abs 3)

AEErbSt 2017: Abschnitt 13b.11

Schrifttum: *von Oertzen/Reich,* Erbschaftsteueroptimierung bei Plan- bzw. Deckungsvermögen für Altersversorgungsverpflichtungen, Ubg. 17, 1; *von Wolfersdorff,* ErbSt-Reform 2016: CTA Konstrukte der betrieblichen Altersversorgung im Gesellschafterkonflikt, DB 17, 935.

45 Abs 3 ist eine **Ausnahmevorschrift zu Abs 4.** Das in Abs 4 genannte Verwaltungsvermögen soll kein Verwaltungsvermögen sein, wenn es der Erfüllung von Schulden aus Altersversorgungsverpflichtungen dient und dem Zugriff von nicht aus den Altersversorgungsverpflichtungen unmittelbar berechtigten Gläubigern entzogen ist. Dies gilt jedoch nur bis zur Höhe des gemeinen Wertes der Schulden aus Altersversorgungsverpflichtungen. Es erfolgt also zunächst eine gegenständliche Feststel-

lung desjenigen Vermögens, für welches eine Umqualifizierung in begünstigtes Vermögen in Betracht kommt. Sodann wird jedoch der Umfang der Umqualifizierung betragsmäßig begrenzt. In S 2 wird angeordnet, dass in dem Umfang der Schulden, in dem eine Umqualifizierung stattgefunden hat, diese „verbraucht" sind und nicht mehr zu einer Schuldenverrechnung mit Finanzmitteln im Rahmen des Abs 4 Nr 5 und der allg Schuldenverrechnung nach Abs 6 zur Verfügung stehen. Allerdings nennt Abs 3 S 1 nicht das Verwaltungsvermögen als Gegenstand der Umqualifizierung, sondern „Teile des begünstigungsfähigen Vermögens". Hierzu könnten auch begünstigte Vermögensgegenstände, zB ein ungenutztes Grundstück gehören, die keiner Umqualifizierung bedürfen. Die Vorschrift ist jedoch einschränkend dahingehend auszulegen, dass insoweit mangels Umqualifizierung auch keine Schuldenverrechnung nach S 2 stattzufinden hat und daher insoweit auch keine Schulden „verbraucht" werden. Anderes gilt hingegen für Finanzmittel. Aus der Anordnung in S 2, dass bei Anwendung des S 1 berücksichtigte Finanzmittel beim Finanzmitteltest nach Abs 4 Nr 5 außer Betracht bleiben, ist nämlich zu schließen, dass diese bereits zu einem Zeitpunkt in begünstigtes Vermögen umqualifiziert und entsprechend auch mit Schulden verrechnet werden, zu dem mangels Anwendung des Abs 4 Nr 5 noch gar nicht feststeht, ob sie überhaupt als Verwaltungsvermögen qualifizieren. Soweit aufgrund der betragsmäßigen Begrenzung nicht das gesamte der Erfüllung von Altersversorgungsverpflichtungen dienende Verwaltungsvermögen und die diesen dienenden Finanzmittel umqualifiziert werden können, stellt sich die Frage, welches Vermögen denn vorrangig umqualifiziert wird. Denn mit dem Begriff „Teile des begünstigungsfähigen Vermögens" sind verschiedene Arten von Vermögen erfasst, die in den weiteren Arbeitsschritten der Abs 4 bis 9 unterschiedlich behandelt werden. Hierzu gehören, wenn man bereits begünstigtes Vermögen außen vor lässt (s oben), junges Verwaltungsvermögen, „normales" Verwaltungsvermögen und Finanzmittel. Da sich weder aus dem Sinn und Zweck der Vorschrift noch aus der Systematik des Verschonungssystems eindeutig eine Verrechnungsreihenfolge ableiten lässt, sollte es dem Stpfl überlassen bleiben, für welche Verwaltungsvermögensart er vorrangig eine Umqualifizierung vornimmt. In der Regel wird es ihm darum gehen, das Verwaltungsvermögen so gering wie möglich zu halten (zur Ausnahme im Abschmelzungsmodell vgl § 13c Anm 4), weshalb es sich empfiehlt, zunächst das junge Verwaltungsvermögen umzuqualifizieren, da dieses von einer weiteren Schuldenverrechnung und einer Anwendung des 10%igen Kulanzpuffers ausgeschlossen ist. Erst danach sollte eine Umqualifizierung des normalen Verwaltungsvermögens und zuletzt eine Berücksichtigung der Finanzmittel erfolgen. Entsprechend dieser Verwendungsreihenfolge will auch die FinVerw die Verrechnung und Umqualifizierung nach Abs 3 vornehmen (A 13b.11 IV AEErbSt 2017). Die Umqualifizierung und der Schuldenverbrauch führen nicht dazu, dass sich der Wert des begünstigten Vermögens erhöht. Denn dieser ergibt sich, wie Abs 2 anordnet, als Restgröße aus dem Abzug des Wertes des Verwaltungsvermögens vom Wert der begünstigungsfähigen Einheit. Wenn zB zu der begünstigungsfähigen Einheit im Wert von 10 nur der Erfüllung von Altersversorgungsverpflichtungen dienendes Verwaltungsvermögen von 100 und Schulden aus Altersversorgungsverpflichtungen von ebenfalls 100 gehören, so trifft Abs 3 lediglich die Aussage, dass der Wert des Verwaltungsvermögens 0 beträgt, nicht aber dass der Wert des begünstigten Vermögens 100 beträgt. Der Wert des begünstigten Vermögens ergibt sich vielmehr aus dem Wert des begünstigungsfähigen Vermögens (10 abzüglich des Verwaltungsvermögens von 0) und beträgt somit 10.

Der Begriff der **Altersversorgungsverpflichtungen** ist § 246 II 2 HGB entlehnt **46**
(BTDrs 18/8911, 40). Hierunter fallen neben klassischen Betriebsrenten auch Invaliditäts- und Hinterbliebenenversorgungen sowie Altersteilzeitverpflichtungen. (Zur Definition verweist die FinVerw – wie das IDW in RS HFA 30, Tz 7 zu § 246 II 2 HGB – in A 13b.11 Ia AEErbSt 2017 auf § 15 BetrAVG.) Begünstigte sind neben Angestellten auch freie Mitarbeiter, Organmitglieder sowie Gesellschaftergeschäftsführer. Umqualifi-

zierbar sind alle Vermögensgegenstände, mit denen entsprechend der vertraglichen Abreden künftig diese Verpflichtungen erfüllt werden. Ebenso muss geregelt sein, dass sie dem Zugriff sonstiger Gläubiger entzogen sind. In sog CTA-Strukturen werden diese Vermögensgegenstände typischerweise in eigenen Gesellschaften gehalten, deren Vermögen nicht für Verbindlichkeiten des Unternehmens haftet (*von Oertzen/Stalleiken* § 13b Rz 31ff). Nach A 13b.11 II 6f AEErbSt 2017 kommen für einen nachhaltigen Insolvenzschutz zugunsten der Versorgungsberechtigten, wie ihn Abs 3 fordert, aber auch andere Regelungen in Betracht, eine schlichte Rückdeckungsversicherung genügt hingegen nicht. Das Umqualifizierungspotential ergibt sich aus dem gemeinen Wert der Schulden. Unmaßgeblich sind etwaige niedrigere StBilanzwerte, die sich nach § 6a EStG bestimmen, aber gerade nicht den gemeinen Wert repräsentieren.

V. Das Verwaltungsvermögen (Abs 4)

AEErbSt 2017: Abschnitte 13b.12 bis 13b.23

Schrifttum: *von Oertzen/Reich,* Einkaufszentren und gewerblich vermietete Gebäudekomplexe als erbschaft- und schenkungsteuerlich begünstigungsfähiges Vermögen, DStR 11, 391; *von Oertzen/Reich,* Das Leben in der realisierten Cash-GmbH, BB 13, 1559; *Erkis/Mannek/van Lishaut,* Die „Cash-GmbH" und die Zukunft der Erbschaftsteuer, FR 13, 245; *Maack/Römer,* Einmal Cash-GmbH, immer Cash-GmbH?, DStR 13, 80; *Steger/Zöller,* Finanzmittel als Verwaltungsvermögen, BB 13, 3095; *Kroh/Weber,* Erbschaft- und einkommensteuerliche Optimierung der Nutzungsentscheidung von Immobilienvermögen im Erbfall, DStR 14, 1459; *Zantopp,* Die Betriebsverpachtung, NWB-EV 2/2014, 47; *Söffing,* Betriebsaufspaltung und Nachfolgeplanung, ErbStB 14, 253; *Wälzholz,* Gestaltungen zur Sicherung des Sonderbetriebsvermögens, NWB 43/14, 3266; *Mewes/Bockhoff,* Was sind Kredit- bzw. Finanzdienstleistungsinstitute im Sinne des § 13b ErbStG – Zum Zusammenspiel von Erbschaftsteuerrecht und Kreditwesengesetz, ZEV 14, 532; *Viskorf/Haag,* Abschaffung der Cash-GmbH und weitere Verschärfungen der Verschonungsregelung für Unternehmervermögen, ZEV 14, 21; *Milatz/Herbst,* Neues zur „Cash"-GmbH, GmbHR 14, 18; *Henning,* Die Betriebsaufspaltung in der Nachfolgeplanung – Grundlagen, Risiken und Gestaltungsmöglichkeiten, RNotZ 15, 127; *Korezkij,* Neuer Verwaltungsvermögenstext im Konzern aus der Sicht eines Rechtsanwenders – Der Weg vom begünstigungsfähigen zum begünstigten Vermögen nach § 13b Abs. 2–10 ErbStG, DStR 16, 2434; *Höne/Werthschulte,* Verwaltungsvermögen in der Unterbeteiligung und im Sonderbetriebsvermögen, NWB-EV 3/16, 88; *von Oertzen/Reich,* Neues Risiko für Kunstsammlungen des Unternehmers durch die Unternehmenserbschaftsteuerreform, BB 16, 356; *Betz/Zillmer,* Das Verwaltungsvermögen im neuen Erbschaftsteuerrecht – Neuregelung relevant für alle Unternehmen, NWB-EV 1/17, 9; *Stoklassa,* Ungeklärte Zweifelsfragen bei der Behandlung von Wohnungsunternehmen i. S. d. § 13b Abs. 4 Nr. 1 Satz 2 lit. d ErbStG n. F., ErbStB 17, 80.

1. Verwaltungsvermögenskatalog

47 Abs 4 definiert das Verwaltungsvermögen. In Vorentwürfen (zB BTDrs 15/5555, 7) zum ErbStRG 2009 wurde es auch als „nicht produktives Vermögen" bezeichnet. Gemeint ist Vermögen, dass in erster Linie der weitgehend risikolosen Renditeerzielung im Rahmen einer Vermögensverwaltung dient, das in der Regel weder die Schaffung von Arbeitsplätzen noch zusätzliche wirtschaftliche Leistungen bewirkt (BTDrs 16/7918, 35f). Derartiges, typischerweise nicht von Unternehmern, sondern privaten Kapitalanlegern gehaltenes Vermögen ist nach den Vorstellungen des Gesetzgebers nicht verschonungswürdig. Während es allerdings nach den bis zum 30.6.2016 geltenden Verschonungsregelungen bei Nichtüberschreiten der Verwaltungsvermögensquoten von 50% für die Regelverschonung und 10% für die Vollverschonung dennoch mitverschont war, wird es im neuen Verschonungssystem – vorbehaltlich einer Umqualifizierung aufgrund zeitnaher Investitionen in begünstigtes

Vermögen (Abs 5), einer anteiligen Verrechnung mit Schulden (Abs 6) und einer Umqualifizierung in unschädliches Verwaltungsvermögen in Höhe eines 10%igen Kulanzpuffers (Abs 7) – generell von der Verschonung ausgenommen und grundsätzlich voll versteuert. Die Ermittlung des Verwaltungsvermögens dient damit, deutlicher noch als früher, einer Grenzziehung zwischen dem begünstigten und dem nicht begünstigten Vermögen innerhalb der begünstigungsfähigen Einheit. Das grundsätzlich nicht begünstigte Verwaltungsvermögen wird nicht in einem abstrakt gefassten Obersatz, sondern konkret in einem **fünf Vermögensarten** umfassenden Katalog definiert. Der Katalog ist daher nicht lediglich beispielhaft formuliert. Er ist vielmehr **abschließend** und nicht durch Analogie erweiterbar. Dennoch prägt das mit dem Katalog verfolgte gesetzgeberische Ziel der Identifizierung desjenigen Vermögens, welches typischerweise einer privaten Vermögensverwaltung dient und daher nicht produktiv ist, die Auslegung der jeweiligen Katalogtatbestände. Nach der Wertung des Gesetzgebers gehören zu den nicht produktiven und deshalb auch **grundsätzlich nicht begünstigten Vermögensarten** Dritten zur Nutzung überlassene Immobilien (Nr 1), Anteile an Kapitalgesellschaften von 25% und weniger (Nr 2), Kunst, Edelmetalle und typischerweise der privaten Lebensführung dienende Gegenstände (Nr 3), Wertpapiere und diesen vergleichbare Forderungen (Nr 4) und ab einer bestimmten Größenordnung auch Finanzmittel, also vor allem Geld und Forderungen (Nr 5). Allerdings ist dem Gesetzgeber klar, dass auch derartiges Vermögen in Unternehmen produktiv eingesetzt werden kann. Für diesen Fall schafft er zu jeder Vermögensart **Ausnahmen** von der Qualifizierung eines hierzu gehörenden Vermögensgegenstandes als Verwaltungsvermögen. Besonders ausdifferenziert ist dies bei der Vermögensart der Dritten zur Nutzung überlassenen Immobilien. Aber auch bei den übrigen Vermögensarten wird klargestellt, dass diese nicht als Verwaltungsvermögen qualifizieren, wenn sie produktiv eingesetzt werden, insb dem Hauptzweck einer gewerblichen Tätigkeit dienen. Bei Kapitalgesellschaftsbeteiligungen, Wertpapieren, Geld und Forderungen ist dies beschränkt auf die gewerbliche Tätigkeit von Banken, Finanzdienstleistern und Versicherungsunternehmen. Bei der Vermögensart Kunst, Edelmetalle uÄ greift die Ausnahmevorschrift bei jedem, der damit Handel betreibt, oder Gegenstände dieser Vermögensart herstellt, verarbeitet oder anderen zur Nutzung überlässt. Typische Beispiele hierfür sind Kunstgalerien, Goldschmiedewerkstätten, Oldtimer-Händler oder Yachtvercharterer. Auch die Auslegung dieser Ausnahmetatbestände muss geprägt sein von der angestrebten Abgrenzung des begünstigten produktiven vom grundsätzlich nicht begünstigten nicht produktiven und privaten Kapitalanlagen zuzurechnenden Vermögen.

Die Prüfung des Verwaltungsvermögens erstreckt sich auf die gesamte begünstigungsfähige Einheit. **48** Wenn zum begünstigungsfähigen Vermögen Gesellschaftsbeteiligungen gehören, erfolgt die Ermittlung des Verwaltungsvermögens **anteils- und damit gesellschafterbezogen.** Dies gilt insb auch in mehrstufigen Strukturen. Das bedeutet, dass in jeder Gesellschaft, an welcher der Erwerber unmittelbar oder mittelbar beteiligt ist, das Verwaltungsvermögen zu identifizieren und zu bewerten ist, sodann aber dem Erwerber der gemeine Wert des identifizierten Verwaltungsvermögens nur in Höhe seiner unmittelbaren oder mittelbaren Beteiligung an der jeweiligen Gesellschaft zuzurechnen ist. Die noch bis zum 30.6.2016 im Verwaltungsvermögenskatalog enthaltene Holdingklausel (§ 13b II Nr 3 ErbStG aF), wonach in Holdingstrukturen entsprechend dem Alles-oder-Nichts-Prinzip die Beteiligung an einer Tochtergesellschaft insgesamt als Verwaltungsvermögen qualifizierte, wenn in der Tochtergesellschaft die Verwaltungsvermögensquote von 50% überschritten wurde, wurde im Zuge der ErbStReform 2016 gestrichen und durch die in Abs 9 angeordnete Verbundvermögensaufstellung ersetzt. Miterfasst und auf seine Qualifikation als Verwaltungsvermögen zu untersuchen ist auch das nach Abs 1 Nr 2 als Teil des Betriebsvermögens begünstigungsfähige **Sonderbetriebsvermögen.** Das Vorhandensein von Sonderbetriebsvermögen verlangt ebenfalls eine gesellschafterbezogene Ermittlung. Während dem Mitunternehmer das im Gesamthandsvermögen vorhandene Verwaltungsvermögen nur anteilig in Höhe seiner Beteiligung zuzurechnen ist, zählt das von ihm gehaltene Sonderbetriebsvermögen zu 100% zu seinem Verwaltungsvermögen. Auch dies ist mit der begünstigungsfähigen Einheit als Gegenstand der Ermittlung des Verwaltungsvermögens vorgegeben. Da Abs 1 Nr 2 das begünstigungsfähige Vermögen erwerbsbezogen definiert, nämlich als Betriebsvermögen „beim Erwerb" eines Gewerbebetriebs, Teilbetriebs oder Mitunternehmeranteils, kann zum Verwaltungsvermögen nur dasjenige Sonderbetriebsvermögen gehören, welches tatsächlich auf den Erwerber übergeht. Dies gilt insb auch für die Berechnung der für die Vollverschonung maßgeblichen 20%-Quote und der für die generelle Gewährung der Verschonung maßgeblichen 90%-Quote. Die Mitübertragung oder Zurückbehaltung von Sonderbetriebsvermögen – sowohl das ErtragStRecht (zur Inanspruchnahme der Buchwertfortführung) als auch das ErbStRecht (zur Erlangung der Verschonung) gestatten bei Teilanteilsübertragungen grundsätzlich neben einer quotenentsprechenden auch eine unterquotale und überquotale Mitübertragung – hat damit auch Einfluss auf die für die Verschonung und Vollverschonung relevanten Verwaltungsvermögensquoten.

2. Dritten zur Nutzung überlassene Immobilien (Abs 4 Nr 1)

49 Die Katalognummer 1 nennt als erste Verwaltungsvermögensart Grundstücke, Grundstücksteile und grundstücksgleiche Rechte und Bauten, die Dritten zur Nutzung überlassen werden. Der Gesetzgeber geht also davon aus, dass diese an Dritte überlassenen Objekte im Verband eines Betriebs weder die Schaffung von Arbeitsplätzen noch zusätzliche volkswirtschaftliche Leistungen bewirken, sondern der weitgehend risikolosen Renditeerzielung dienen. Die Renditeerzielung zur Absicherung risikoreicher Aktivitäten wird nicht als förderungswürdig angesehen. Dies passt allerdings dann nicht, wenn die **Grundstücksüberlassung mit anderen gewerblichen Leistungen verbunden** ist und sich damit als Teil einer einheitlichen gewerblichen Leistung darstellt. In solchen Fällen ist daher nach Auffassung der FinVerw bereits kein Verwaltungsvermögen anzunehmen. Als Beispiele nennt sie in R E 13b.9 S 3 ErbStR (A 13b.13 S 3 AEErbSt 2017) Beherbergungsbetriebe wie Hotels, Pensionen oder Campingplätze. Aber auch unabhängig von derartigen Einschränkungen geht die grundsätzliche Linie der Nr 1 zu weit. Daher hat der Gesetzgeber sechs Ausnahmetatbestände geschaffen, nach denen Dritten zur Nutzung überlassene Immobilien ausnahmsweise doch nicht als Verwaltungsvermögen zu qualifizieren sind.

50 Die Regelqualifizierung von Immobilien als Verwaltungsvermögen setzt eine **Nutzungsüberlassung an Dritte** voraus. Diese kann entgeltlich, aber auch unentgeltlich erfolgen. Hingegen verlangt das Gesetz bei Immobilien, die nicht zur Nutzung überlassen sind, keine betriebliche Nutzung. Soweit also ungenutzte Grundstücke zur begünstigungsfähigen Einheit gehören, sind diese begünstigt. „Dritter" kann jeder außer dem Eigentümer sein. Auch konzerninterne Nutzungsüberlassungen oder solche vom Gesellschafter an die Gesellschaft bewirken, dass die Immobilien grundsätzlich als Verwaltungsvermögen qualifizieren. Dies ergibt sich indirekt aus den dann folgenden Ausnahmetatbeständen, wonach insbesondere konzerninterne Nutzungsüberlassungen (Buchst c), Sonderbetriebsvermögen begründende Nutzungsüberlassungen sowie Nutzungsüberlassungen im Rahmen einer Betriebsaufspaltung (beide Buchst a) dazu führen, dass die Einordnung als Verwaltungsvermögen wieder zurückgenommen wird.

51 Als erste **Ausnahme** von der Qualifizierung einer Dritten zur Nutzung überlassenen Immobilie als Verwaltungsvermögen nennt Abs 4 Nr 1 **Buchst a** aus dem ErtragStRecht bekannte Betriebsaufspaltungs- und Sonderbetriebsvermögenskonstellationen, ohne jedoch diese ertragstlichen Begriffe zu verwenden. Die **Betriebsaufspaltungskonstellation** wird vielmehr in der Weise beschrieben, dass der Erblas-

ser oder Schenker sowohl in dem die Immobilie überlassenden Betrieb als auch im nutzenden Betrieb allein oder zusammen mit anderen Gesellschaftern einen einheitlichen geschäftlichen Betätigungswillen durchsetzen konnte. Weiterhin ist erforderlich, dass diese Rechtsstellung auf den Erwerber übergeht. Der Verzicht auf eine ausdrückliche Anknüpfung an den ertragstlichen Begriff der Betriebsaufspaltung macht deutlich, dass die von der Rspr für das ErtragStRecht entwickelten Grundsätze hierzu nicht unmittelbar übernommen werden können (aA wohl die FinVerw in R E 13b.10 I 4–8 ErbStR; A 13b.14 I 4–8 AEErbSt 2017). So kommt es uE nicht darauf an, dass es sich bei der überlassenen Immobilie um eine wesentliche Betriebsgrundlage handelt, wenn dies auch regelmäßig der Fall sein wird. Auch für ein Durchgriffsverbot bei nur mittelbarer Beteiligung an der Besitzgesellschaft über eine Kapitalgesellschaft (vgl BFH BStBl II 93, 134; zu Recht kritisch hierzu *Schmidt/Wacker* EStG § 15, 835) ist uE vorliegend kein Raum. Der Ausnahmetatbestand ist zudem rechtsformneutral gefasst und, anders als der zweite Ausnahmetatbestand des Buchst a, nicht auf nach Abs 1 Nr 2 begünstigungsfähige Einheiten beschränkt. Die FinVerw zählt hingegen die im Rahmen einer kapitalistischen Betriebsaufspaltung (Kapitalgesellschaft an Kapitalgesellschaft) oder einer umgekehrten Betriebsaufspaltung (Kapitalgesellschaft an Personengesellschaft) überlassenen Immobilien zum Verwaltungsvermögen (R E 13b.10 I 6–8 ErbStR; A 13b.14 I 6–8 AEErbSt 2017). Unerheblich ist auch, wo das Besitz- und Betriebsvermögen jeweils belegen ist, solange die Immobilie einer Betriebsstätte im Inland, in der EU oder dem EWR zuzurechnen ist. Von der Ausnahmeregelung erfasst sind auch vertikale Nutzungsüberlassungen von einer Muttergesellschaft auf eine von ihr beherrschte Tochtergesellschaft. Denn in derartigen Konstellationen kann zunächst der Erblasser oder Schenker und sodann der Erwerber zusammen mit seinen Mitgesellschaftern einen geschäftlichen Betätigungswillen sowohl in der Muttergesellschaft als auch in der Tochtergesellschaft durchsetzen.

Weiterhin entfällt nach Buchst a die Qualifikation der zur Nutzung überlassenen Immobilie als Verwaltungsvermögen, wenn sie vom Erblasser oder Schenker und nach der Übertragung vom Erwerber als Gesellschafter einer Mitunternehmerschaft überlassen wird, an welcher er selbst beteiligt ist, also in typischen **Sonderbetriebsvermögenskonstellationen.** Auch eine mittelbare Beteiligung, etwa bei der Nutzungsüberlassung einer Immobilie vom Gesellschafter direkt an eine über eine Muttergesellschaft gehaltene Tochtergesellschaft, sollte noch vom Wortlaut dieses zweiten Ausnahmetatbestandes des Buchst a erfasst sein (so auch *von Oertzen/Stalleiken* § 13b Rz 92; aA *Kapp/Geck* § 13b Rz 103). Wer aber sicher gehen will, sollte die Immobilie nicht direkt an die Tochtergesellschaft, sondern dieser über die Muttergesellschaft überlassen. Weder dem Wortlaut des ersten noch des zweiten Tatbestandes der Ausnahmevorschrift dürfte hingegen die Nutzungsüberlassung der Muttergesellschaft (nicht des Gesellschafters) an eine von dieser nicht beherrschte Tochtergesellschaft unterfallen. Auch die Konzernklausel nach Buchst c dürfte bei einer Minderbeteiligung an der Tochtergesellschaft keine Anwendung finden. *Stalleiken* (aaO) will in diesen Konstellationen den Ausnahmetatbestand dahingehend teleologisch erweitern, dass auch „Sonderbetriebsvermögen auf unteren Ebenen“, und zwar nicht nur Sonderbetriebsvermögen des Gesellschafters bei einer Gesellschaft unterer Ebene (s oben), sondern auch Sonderbetriebsvermögen der Muttergesellschaft bei der Tochtergesellschaft hiervon erfasst ist. Dafür spricht, dass die Immobilie von der Tochtergesellschaft tatsächlich produktiv genutzt wird. Gleiches gilt aber auch, wenn es sich bei der Tochtergesellschaft um eine GmbH handelt. In diesem Fall könnte die Muttergesellschaft die Immobilie nicht im Sonderbetriebsvermögen halten, der mit der Ausnahmevorschrift verfolgte Zweck wäre aber genauso erfüllt. Ob auch die Rspr zu einer solchen teleologisch erweiternden Auslegung der Ausnahmevorschrift bereit ist, erscheint derzeit noch offen. 52

In allen Konstellationen ist weiter Voraussetzung für die Qualifizierung der Immobilie als begünstigtes Vermögen, dass keine Nutzungsüberlassung an einen weiteren

Dritten erfolgt. Schädlich können insoweit allerdings nur Nutzungsüberlassungen sein, die nicht wiederum einer der sechs Ausnahmevorschriften unterfallen.

53 Nach Abs 4 Nr 1 **Buchst b** ist von einer Nutzungsüberlassung an Dritte dann nicht auszugehen, wenn sie im Rahmen einer **Betriebsverpachtung** im Ganzen erfolgt. Allerdings soll dies nicht generell, sondern nur gelten, wenn der Pächter nicht als außenstehender Dritter angesehen werden kann, weil der Verpächter ihn im Zusammenhang mit einer unbefristeten Verpachtung zum Erben eingesetzt hat (Buchst aa) oder wenn der Verpächter die Verpachtung nur für eine Übergangszeit von höchstens 10 Jahren vorgenommen hat, weil der mit dem Betrieb Beschenkte die Qualifikation zum Führen des Betriebs noch nicht erworben hat (Buchst bb). War der Beschenkte bei der Übertragung noch minderjährig, beginnt die 10-Jahres-Frist erst mit der Vollendung des 18. Lebensjahres.

54 Mit den beiden **Ausnahmetatbeständen** soll dem Gesetzesziel einer Verschonung der „eigentlichen Unternehmensnachfolge" Rechnung getragen werden. Bei näherem Hinsehen wird man die Regelung jedoch als misslungen bezeichnen müssen. Das offenbar vom Gesetzgeber tatsächlich Gewollte ist nur unzureichend umgesetzt worden. Gewollt war (nach dem Bericht des Finanzausschusses, BTDrs 16/11107, 11 zum damaligen Gesetzentwurf der Bundesregierung, BTDrs 16/7918) nämlich, dass Immobilien, die im Rahmen einer Betriebsverpachtung zur Nutzung überlassen werden, nicht zum Verwaltungsvermögen gehören, wenn der Pächter das Verpachtungsunternehmen erbt. Weiterhin sollte auch dann kein Verwaltungsvermögen vorliegen, wenn bei einer Schenkung der Beschenkte den Betrieb zunächst noch nicht selber führen kann, etwa weil er die erforderlichen Qualifikationen noch nicht hat und der Schenker deshalb den Betrieb für eine Übergangszeit verpachtet. Vor diesem Hintergrund erscheinen die beiden in das Gesetz aufgenommene Formulierungen insofern inhaltlich verfehlt, als nicht nachzuvollziehen ist, warum in Buchst aa nicht auch der Pächter verschont werden soll, der das Verpachtungsunternehmen zwar nicht erbt, aber geschenkt erhält. Und umgekehrt ist nicht einzusehen, warum unter Buchst bb der für eine Unternehmensnachfolge zu junge Erbe anders als der zu junge Beschenkte im Falle einer interimsweisen Verpachtung nicht unter die Ausnahmeregelung fallen soll. Dies wäre nämlich der wahrscheinlichere Fall, da es nur wenige Unternehmensverpächter geben wird, die ihr Verpachtungsunternehmen bereits auf ihren Abkömmling schenkweise übertragen, obwohl dieser noch zu jung oder nicht ausreichend qualifiziert ist. Dem gegenüber aber kann der Erbfall nicht geplant werden, weshalb es hier eher zu einem Übergang auf einen künftigen Unternehmensnachfolger kommen kann, der im Zeitpunkt des Erbfalls aber noch nicht in der Lage ist, den Betrieb fortzuführen. Mehr erklärend als Tatbestandsvoraussetzung dürfte die Formulierung unter Buchst bb sein, dass die Verpachtung an einen Dritten erfolgt, „weil der Beschenkte im Zeitpunkt der StEntstehung den Betrieb noch nicht führen kann". So wird man von dem Beschenkten kaum verlangen können, einen Kausalzusammenhang zwischen der Fremdverpachtung und seinem eigenen Unvermögen zur Betriebsfortführung nachzuweisen. Es kann nicht darauf ankommen, ob er mangels Qualifikation, aus Zeitgründen oder schlicht einer abweichenden Lebensplanung den Betrieb noch nicht fortführen kann.

55 Weitere praktische Probleme schaffen schließlich auch die nachfolgenden **„Ausnahmen" von der Ausnahme.** Hiernach soll es nämlich trotz Erfüllung einer der beiden Ausnahmetatbestände bei der Qualifikation der mitverpachteten Immobilie als Verwaltungsvermögen bleiben, wenn entweder der Verpachtungsbetrieb vor der Verpachtung kein „begünstigtes Vermögen" nach Abs 2 war (1. Rückausnahme) oder der Hauptzweck des Verpachtungsbetriebs in der Nutzungsüberlassung von Grundstücken an Dritte besteht, die nicht unter Buchst d fallen (2. Rückausnahme). Die Verwendung des Begriffs des begünstigten Vermögens nach Abs 2 in der ersten Rückausnahme lässt es notwendig erscheinen, auf den Zeitpunkt des Abschlusses des Pachtvertrages den gesamten Verwaltungsvermögenstest nach § 13b durchzuführen.

Auch wenn die Verpachtung bereits 25 Jahre zurückliegt, ist zu untersuchen, inwieweit der verpachtete Betrieb als begünstigtes Vermögen zu qualifizieren war. Fraglich sind auch die sich daraus ergebenden Rechtsfolgen. Soll, wenn der verpachtete Betrieb zu beispielsweise 80% aus begünstigtem Vermögen und 20% aus nicht begünstigtem Vermögen bestand, auch die zur Nutzung überlassene Immobilie nur zu 80% begünstigt sein, zu 20% aber als Verwaltungsvermögen qualifizieren? Nach Wegfall des Alles-oder-Nichts-Prinzips wäre es sicherlich angezeigt gewesen, nur auf die Qualifikation des verpachteten Betriebs als lediglich begünstigungsfähiges Vermögen abzustellen. Auch der Verweis lediglich auf Buchst d in der 2. Rückausnahme schafft mehr Verwirrung als Klarheit. So ist nicht nachzuvollziehen, warum nicht auch auf die Buchst e und f verwiesen wird. Denn entweder schaffen, was naheliegend erscheint, die Buchst d bis f eine eigenständige Ausnahme von der Qualifikation fremdvermieteter Immobilien als Verwaltungsvermögen, dann bedarf es des Verweises nicht, oder die Nutzungsüberlassung von Grundstücken als Hauptzweck des Verpachtungsbetriebs schließt auch die Ausnahmetatbestände nach den Buchst d bis f aus. Dann aber würde der fehlende Verweis auf die Buchst e und f dazu führen, dass sowohl luf Verpachtungsbetriebe als auch Verpachtungsbetriebe, bei denen die Grundstücke überlassen werden, um iRv Lieferungsverträgen dem Absatz von eigenen Erzeugnissen und Produkten zu dienen, als Verwaltungsvermögen zu qualifizieren wären.

Nach der dritten Ausnahmeregelung, dem **Buchst c,** ist eine Nutzungsüberlassung an Dritte auch dann nicht anzunehmen, wenn sowohl der die Immobilie überlassende Betrieb als auch der nutzende Betrieb, zu einem **Konzern iSd § 4h EStG** gehören und, wie bei der Ausnahme nach Buchst a, keine Nutzungsüberlassung an einen weiteren Dritten erfolgt. Aufgrund des Verweises auf einen Zinsschrankenkonzern nach § 4h EStG will die FinVerw offenbar nur die Nutzungsüberlassung zwischen vollkonsolidierungsfähigen Gesellschaften erfassen (H E 13b.12 ErbStH; H 13b.16 AEErbSt 2017 mit Verweis auf BMF BStBl I 08, 718 Rz 59–68). Danach scheiden diejenigen Immobilien aus, die an oder von einer Gesellschaft überlassen werden, an welcher die Konzernspitze nur zu 50% oder weniger beteiligt ist. *Stalleiken* (*von Oertzen/Stalleiken* § 13b Rz 121) will unter Verweis auf den Sinn und Zweck der Ausnahmeregelung und die mit der ErbStReform 2016 neu eingeführte Verbundvermögensaufstellung hingegen sämtliche konzerninternen Nutzungsüberlassungen unter diese Ausnahmevorschrift fassen. Dafür spricht, dass bei derartigen Nutzungsüberlassungen eine produktive Nutzung der Immobilie feststeht und das mit der Ausnahmeregelung verfolgte Abgrenzungsziel erreicht wird. Doch wird man auch hier abwarten müssen, ob die Rspr zu einer solch weiten teleologischen Auslegung bereit ist. 56

Nach der Ausnahmevorschrift des **Buchst d** begründet eine Nutzungsüberlassung auch dann kein Verwaltungsvermögen, wenn die Immobilie zum Betriebsvermögen eines Betriebs gehört, dessen Hauptzweck in der Vermietung von Wohnungen iSd § 181 IX BewG besteht und die Erfüllung dieses Hauptzwecks einen wirtschaftlichen Geschäftsbetrieb (§ 14 AO) erfordert (sog **Wohnungsunternehmen**). Mit „Betrieb“ ist in Verbundkonstellationen nicht die gesamte wirtschaftliche Einheit mit allen Beteiligungsgesellschaften gemeint. Vielmehr ist jeweils auf den Betrieb der jeweiligen zum Verbund gehörenden Gesellschaft abzustellen, zu deren Betriebsvermögen die Immobilie gehört. Auf diesen jeweiligen Betrieb bezogen ist sodann zu prüfen, ob dessen Hauptzweck in der Vermietung von Wohnungen besteht (so auch R E 13b.13 II 5 ErbStR; A 13b.17 II 5 AEErbSt 2017). Da nur der Hauptzweck des Betriebs in der Vermietung von Wohnungen bestehen muss, können in dem Betrieb auch noch andere „Nebenzwecke“ verfolgt werden. Zu diesen kann insb auch die Vermietung von Immobilien gehören, für welche keine Ausnahmevorschrift greift, und die deshalb an sich Verwaltungsvermögen iSd Abs 4 Nr 1 darstellen würden. Buchst d ordnet aber an, dass, solange der Hauptzweck des Betriebs in der Vermie- 57 tung von Wohnungen besteht, sämtliche zum Betriebsvermögen des Betriebs gehörenden Immobilien nicht als Verwaltungsvermögen qualifizieren. Damit gehören auch innerhalb eines solchen Betriebs vermietete Gewerbeimmobilien (zB Geschäfts- oder Bürohäuser) genauso wie die Wohnungsimmobilien nicht zum Verwaltungsvermögen.

58 Der **Hauptzweck** des Betriebs hat sich dem Wortlaut nach tätigkeitsbezogen zu bestimmen. Er muss in der Vermietung von Wohnungen bestehen. Das Gesetz lässt aber offen, nach welchen Kriterien dies zu bestimmen ist. In Betracht käme beispielsweise der für die Vermietung der Wohnungen erforderliche Arbeitseinsatz, die mit dieser Tätigkeit erzielten Umsätze oder Gewinne oder der Wert des betrieblich eingesetzten Vermögens. Die FinVerw hat sich für eine Ableitung des Hauptzwecks aus den **Wertverhältnissen** entschieden. Sie ordnet hierzu in R E 13b.13 II 3 ErbStR (A 13b.17 II 3 AEErbSt 2017) an, dass zur Hauptzweckbestimmung die Summe der Grundbesitzwerte der zu Wohnzwecken vermieteten Grundstücke oder Grundstücksteile zur Summe der Grundbesitzwerte aller vermieteten Grundstücke ins Verhältnis zu setzen sind. Aus dem weiteren Hinweis, dass die Wohnungsvermietung den „überwiegenden Teil" ausmachen muss, kann gefolgert werden, dass nach Auffassung der FinVerw von einer Wohnungsvermietung als Hauptzweck dann auszugehen ist, wenn der Wert der Wohnungsimmobilien mehr als 50% des Wertes sämtlicher Immobilien beträgt (*Troll/Jülicher* § 13b Rz 278; *von Oertzen/Stalleiken* § 13b Rz 105 mwN; vorsichtiger: *Fischer/Wachter* § 13b 263). Aus Gründen der Rechtssicherheit erscheint ein solcher Maßstab zumindest nicht unangemessen. Maßgeblich sind die gemeinen Werte der Immobilien. Verbindlichkeiten haben bei einer solchen Betrachtung unberücksichtigt zu bleiben, da sie keinen Rückschluss auf die mit den Immobilien verfolgte betriebliche Tätigkeit zulassen. Die FinVerw trifft allerdings keine Aussagen zu Fallkonstellationen, in denen in dem Betrieb auch noch gänzlich andere Tätigkeiten als die Vermietung von Immobilien ausgeübt werden. Hierzu kann die Eigenbewirtschaftung luf Flächen genauso gehören wie die Anlage von Wertpapieren oder das Halten von Beteiligungen an wiederum unternehmerisch tätigen Gesellschaften. Zwar erscheint auch hier iS einer einheitlichen Hauptzweckbestimmung ein Abstellen auf die Werte der zum Betriebsvermögen gehörenden Vermögensgegenstände naheliegend, keineswegs aber zwingend. So wird man bei einem Betrieb mit 100 Arbeitnehmern, von denen sich 98 mit der Herstellung von Waren und zwei mit der Vermietung eines größeren Wohnungsimmobilienbestandes beschäftigen, auch dann nicht ohne Weiteres davon ausgehen können, dass die Wohnungsvermietung den Hauptzweck des Betriebs ausmacht, wenn die Wohnimmobilien deutlich mehr wert sind als das operative Geschäft. Umgekehrt dürfte aber beispielsweise das Halten von Wertpapieren und Beteiligungen dem Hauptzweck der Wohnungsvermietung nicht entgegenstehen, wenn die Wohnungsimmobilien zwar weniger wert sind als die Wertpapiere, jedoch ein weit größerer Teil der Tätigkeit auf die Wohnungsvermietung als auf die Wertpapieranlage entfällt. Auf der Grundlage der Auffassung der FinVerw sollte jedoch auch in derartigen Konstellationen gleichzeitig auf die Erfüllung der geforderten Wertrelation geachtet werden.

59 Weitaus schwieriger ist eine rechtssichere Feststellung, wann die Erfüllung des Hauptzwecks der Vermietung von Wohnungen einen **wirtschaftlichen Geschäftsbetrieb erfordert.** Der Verweis des Gesetzes auf **§ 14 AO** ist insoweit mehr verwirrend als hilfreich. Denn danach wäre ein wirtschaftlicher Geschäftsbetrieb insb dann gegeben, wenn die Vermietungstätigkeit über den Rahmen einer Vermögensverwaltung hinausgeht. § 14 III AO stellt in diesem Zusammenhang jedoch die Regelvermutung auf, dass die Vermietung unbeweglichen Vermögens stets Vermögensverwaltung und somit keinen wirtschaftlichen Geschäftsbetrieb darstellt. Die Abgrenzung zwischen Vermögensverwaltung und wirtschaftlichem Geschäftsbetrieb hätte hiernach nicht quantitativ, also nach dem Umfang der zu vermietenden Wohnungsimmobilien, sondern ganz überwiegend nach qualitativen Kriterien zu erfolgen. Auf

die Größe des verwalteten Vermögens und den von der Größe des Vermögens abhängigen Umfang der Verwaltungstätigkeit käme es nicht an. Maßgeblich wäre vielmehr die Art der erbrachten Leistungen. Danach wäre tendenziell der Bereich der Vermögensverwaltung verlassen und ein wirtschaftlicher Geschäftsbetrieb erst dann begründet, wenn über die reine Vermietungstätigkeit hinaus weitere Leistungen angeboten werden. Hingegen ging der Wille des Gesetzgebers wohl eher in Richtung einer **quantitativen Abgrenzung.** So hieß es im Bericht des Finanzausschusses (BTDrs 16/11107, 14 zum damaligen Gesetzentwurf der Bundesregierung, BTDrs 16/7918), dass die „Überlassung der Wohnimmobilien im Rahmen eines in kaufmännischer Weise eingerichteten, dh wirtschaftlichen Geschäftsbetriebs erfolgt". Bei dem Merkmal des in kaufmännischer Weise eingerichteten Geschäftsbetriebs, der offensichtlich an das HGB angelehnt ist, kommt es aber nicht auf zusätzlich angebotene Serviceleistungen, sondern vor allem auf den Umfang des Immobilienvermögens und die Notwendigkeit einer professionellen Verwaltung an. Auch der Sinn und Zweck der Verschonungsregelung legt es nahe, darauf abzustellen, ob die Vermietung der Immobilien eine Größenordnung erreicht, die insb den Einsatz von Arbeitnehmern erfordert. Auch die FinVerw tendiert zu einer solchen quantitativen Abgrenzung (R E 13b.13 III ErbStR; A 13b.17 III AEErbSt 2017). Als Indizien für das Vorliegen eines wirtschaftlichen Geschäftsbetriebs nennt sie den Umfang der Geschäfte, das Unterhalten eines Büros, eine Buchführung zur Gewinnermittlung, eine umfangreiche Organisationsstruktur zur Durchführung der Geschäfte, die Bewerbung der Tätigkeit und das Anbieten der Dienstleistung und Produkte, vorwiegend also das Anbieten der Wohnungen zur Vermietung einer breiteren Öffentlichkeit gegenüber. Hingegen sind typische gewerbliche Zusatzleistungen, wie Reinigung, Bewachung oder Hausverwaltertätigkeiten nicht in dem Indizienkatalog aufgeführt. Der Schwerpunkt der quantitativen Betrachtung wird auch deutlich in der Aussage der FinVerw, dass von dem Erfordernis eines wirtschaftlichen Geschäftsbetriebs regelmäßig auszugehen ist, wenn zu dem Betrieb mehr als 300 eigene Wohnungen gehören. Zwar erscheint eine solche Größe frei gegriffen, sie schafft aber weitgehend Rechts- und Gestaltungssicherheit. Bei der Prüfung, ob die Grenze der FinVerw überschritten ist, wird man nur solche Wohnungen berücksichtigen können, die die Voraussetzungen des § 181 IX BewG erfüllen. Hiernach muss die Wohnung so beschaffen sein, dass die Führung eines selbstständigen Haushalts möglich ist. Dies setzt voraus, dass die hierzu notwendigen Nebenräume (Küche, Bad oder Dusche sowie Toilette) vorhanden sind und die Wohnfläche mindestens 23 m^2 beträgt. Da die Erfüllung des Hauptzwecks lediglich einen wirtschaftlichen Geschäftsbetrieb erfordern muss, kommt es nicht darauf an, dass in dem Betrieb, in dem die Immobilien gehalten werden, dieser Geschäftsbetrieb auch tatsächlich vorgehalten wird. Auch die FinVerw sieht es als unschädlich an, wenn die Vermietung und Verwaltung der eigenen Wohnungen im Rahmen einer Betriebsaufspaltung durch das Betriebsunternehmen, durch eine Tochtergesellschaft oder durch einen externen Dienstleister erfolgt (R E 13b.13 IV ErbStR; A 13b.17 IV AEErbSt 2017). Ungeachtet dieser quantitativen Kriterien der FinVerw haben sowohl das FG Düsseldorf (EFG 15, 1621) als auch das FG München (EFG 15, 1952) betont, dass im Rahmen einer Gesamtbetrachtung sowohl auf quantitative als auch auf qualitative Merkmale abzustellen sei. Konkret hatten die beiden Finanzgerichte allerdings auch das Erfordernis eines wirtschaftlichen Geschäftsbetriebs bei 37 Wohnungen bzw 45 Wohnungen verneint.

Die Inanspruchnahme der **erweiterten Kürzung nach § 9 Nr 1 S 2 GewStG** 60
steht der Feststellung des Erfordernisses eines wirtschaftlichen Geschäftsbetriebs nicht grundsätzlich entgegen. Die gewstliche Prüfung erfolgt vielmehr nach eigenen Kriterien. So hat etwa der BFH (BStBl II 17, 175) – allerdings zur Vermietung eines Einkaufszentrums – ausgeführt, dass trotz einer Vielzahl von Mietern, eines in kaufmännischer Weise eingerichteten Geschäftsbetriebs und der Übernahme der Verwaltung, Reinigung und Instandhaltung durch Angestellte, kein Gewerbebetrieb iSd Kür-

zungsvorschrift vorliegt, sofern diese Zusatzleistungen aufgrund eines überwiegenden Eigeninteresses erfolgen. Nichts anderes dürfte für ein Wohnungsunternehmen bei entsprechenden Zusatzleistungen zur Förderung der Vermietung von Wohnungen gelten. Umgekehrt wird sich allein mit der Versagung einer erweiterten Kürzung, die viele Gründe haben kann, nicht ohne Weiteres das „Erfordernis" eines wirtschaftlichen Geschäftsbetriebs begründen lassen.

61 Mit der ErbStReform 2016 wurde der **Buchst e** (der bish Buchst e wurde zu Buchst f) als fünfte Ausnahmeregelung eingeführt. Hiernach qualifizieren solche Immobilien nicht als Verwaltungsvermögen, welche vorrangig überlassen werden, um **iRv Lieferungsverträgen dem Absatz von eigenen Erzeugnissen und Produkten zu dienen.** Offenbares Vorbild der Regelung waren Brauereigrundstücke, welche an Gaststättenpächter im Rahmen eines Bierlieferungsvertrages verpachtet werden (A 13b.18 S 3 AEErbSt 2017 nennt als weiteres Beispiel Mineralölunternehmen, die Tankstellengrundstücke vermieten und daran Belieferungsvereinbarungen knüpfen). Das Gesetz verlangt, dass der Absatz der Erzeugnisse und Produkte gegenüber der Nutzungsüberlassung Vorrang hat. Gemeint ist damit offenbar, dass nach dem Gesamtbild des Betriebs die Nutzungsüberlassung Mittel zum Zweck des Absatzes der Erzeugnisse zu sein hat und nicht umgekehrt. Mit „eigenen" Erzeugnissen und Produkten dürften selbst hergestellte oder zumindest durch Verarbeitung weiter veredelte Produkte gemeint sein, so dass reine Handelsunternehmen die Ausnahmevorschrift nicht nutzen können. Nach dem Sinn und Zweck der Vorschrift sollte es unschädlich sein, wenn innerhalb des Verbunds der wirtschaftlichen Einheit die Immobilienvermietung, die Herstellung der Erzeugnisse und die Veräußerung der Produkte durch verschiedene Verbundgesellschaften erfolgt.

62 Nach **Buchst f** gelten schließlich auch Dritten **zur luf Nutzung überlassene Grundstücke** nicht als Verwaltungsvermögen. Neben den zu einem luf Betrieb gehörenden verpachteten Flächen sind hiervon insb auch in einem Betriebsvermögen (Abs 1 Nr 2) oder von einer GmbH (bei Erfüllung der Voraussetzungen des Abs 1 Nr 3) gehaltene Stückländereien erfasst, die als Teil eines luf Vermögens nicht nach Abs 1 Nr 1 begünstigungsfähig wären. Die Ausnahmevorschrift differenziert gerade nicht danach, ob die Grundstücke aus einem luf Vermögen oder aus einem begünstigungsfähigen Betriebsvermögen überlassen werden. Soweit die Nutzungsüberlassung jedoch aus einem Betriebsvermögen heraus im Rahmen einer Betriebsverpachtung im Ganzen erfolgt, sollen nach R E 13b.14 II 4 ErbStR (A 13b.19 II 4 AEErbSt 2017) die Ausnahmetatbestände nach Buchst b zu prüfen sein. Es ist jedoch nicht ersichtlich – möglicherweise aber von der FinVerw so gemeint –, dass damit eine Anwendung des Ausnahmetatbestandes nach Buchst f ausgeschlossen sein sollte.

3. Anteile an Kapitalgesellschaften von 25 % und weniger (Abs 4 Nr 2)

63 Soweit Anteile an einer Kapitalgesellschaft zu einem Betriebsvermögen iSd Abs 1 Nr 2 gehören, sind sie unabhängig von einer Mindestbeteiligung des Erblassers oder Schenkers als Teil dieses Betriebsvermögens begünstigungsfähig. Jedoch qualifizieren sie nach Abs 4 Nr 2 als Verwaltungsvermögen, wenn der Anteil **25 % oder weniger** beträgt. Damit wird der Gedanke des Abs 1 Nr 3 fortgeführt, dass mit einer Beteiligung in dieser Größenordnung keine unternehmerischen Ziele verfolgt werden. Dies soll offenbar unabhängig davon gelten, ob der Anteil in einem **Betriebsvermögen** (dann Abs 4 Nr 2) oder im Privatvermögen (dann Abs 1 Nr 3 bei unmittelbarer Beteiligung) gehalten wird. Ebenso kommt es nicht darauf an, von wem der Anteil gehalten wird, dem Erblasser oder Schenker, der Mitunternehmerschaft oder einer Gesellschaft innerhalb des Verbunds der wirtschaftlichen Einheit. Entsprechendes gilt für Anteile an Kapitalgesellschaften, die zum Verbund der nach Abs 1 Nr 3 privilegierten Einheit gehören, insb also für Anteile von 25% oder weniger, die von einer

Kapitalgesellschaft gehalten werden, an der der Schenker oder Erblasser mit mehr als 25% beteiligt ist. Im Gesamthandsvermögen und im Sonderbetriebsvermögen gehaltene Anteile an ein und derselben Kapitalgesellschaft können nicht zusammengerechnet werden (R E 13b.15 II 1 u 2 ErbStR; A 13b.20 II 1 u 2 AEErbSt 2017), da es auch hier, wie bei Abs 1 Nr 3, auf die „unmittelbare" Beteiligung am Nennkapital ankommt. Soweit eine Kapitalgesellschaft **eigene Anteile** von 25% oder weniger hält, zählen diese nicht zum Verwaltungsvermögen, da sich der gemeine Wert des Anteils der jeweiligen Oberkapitalgesellschaft nach dem Verhältnis des Anteils am Stammkapital der Gesellschaft zum gemeinen Wert des Betriebsvermögens bestimmt. Den eigenen Anteilen wird damit kein separater Wert zugemessen, der als Verwaltungsvermögen berücksichtigt werden könnte (*von Oertzen/Stalleiken* § 13b Rz 119). Wie zur Erlangung der Begünstigungsfähigkeit nach Abs 1 Nr 3 kann auch zur Vermeidung einer Qualifizierung des Anteils als Verwaltungsvermögen die 25%-Hürde durch Abschluss eines Poolvertrages überwunden werden (zu den weiteren Einzelheiten s bereits Anm 27 ff). Soweit potentielle **Poolmitglieder** ohnehin in einem Konzern unter **einheitlicher Leitung** stehen, ist nach R E 13b.15 I 2 ErbStR (A 13b.20 II 1 u 2 AEErbSt 2017) eine gesonderte Poolvereinbarung entbehrlich. Wann eine einheitliche Leitung vorliegt, ob hierbei insb auf den zivilrechtlichen Konzernbegriff nach §§ 17, 18 AktG (*Kapp/Geck* § 13b Rz 115) oder den steuerlichen Konzernbegriff des § 4h III EStG (*Zipfel/Lahme,* DStZ 09, 559, 568 f) abzustellen ist, ist hingegen umstritten. Mit *Stalleiken* (*von Oertzen/Stalleiken* § 13b Rz 125) wird man von einer einheitlichen Leitung iSd Vereinfachungsregelung der FinVerw jedenfalls dann ausgehen können, wenn eine Gesellschaft oder auch der Gesellschafter die jeweiligen Poolmitglieder aufgrund seiner Stimmrechte beherrscht. Die Aufhebung einer Poolvereinbarung „auf unteren Ebenen" innerhalb der 5- oder 7-jährigen Behaltensfrist löst **keine Nachsteuer** aus. § 13a VI 1 Nr 5 bezieht sich ausdrücklich nur auf den Fall des § 13b I Nr 3 S 2, nicht aber auf § 13b IV 2 Nr 2 S 2. Die Anteile werden bei Aufhebung der Poolvereinbarung auch nicht rückwirkend zu Verwaltungsvermögen (R E 13b.15 I 3 ErbStR; A 13b.20 I 3 AEErbSt 2017).

Ausnahmsweise qualifizieren Anteile an Kapitalgesellschaften von 25% und weniger nicht als Verwaltungsvermögen, wenn sie dem **Hauptzweck des Gewerbebetriebs eines Kreditinstituts oder eines Finanzdienstleistungsinstituts** iSd § 1 I und 1 a KWG **oder eines Versicherungsunternehmens,** das der Aufsicht nach § 1 I Nr 1 VAG unterliegt, zuzurechnen sind. Ein entsprechender Ausnahmetatbestand findet sich in der Katalognummer 4 für derart gewerblich genutzte Wertpapiere und vergleichbare Forderungen und in der Katalognummer 5 für Finanzmittel. § 1 I 1 KWG definiert Kreditinstitute als Unternehmen, die Bankgeschäfte gewerbsmäßig oder in einem Umfang betreiben, der einen in kaufmännischer Weise eingerichteten Geschäftsbetrieb erfordert. Zu den Finanzdienstleistungsinstituten gehören Unternehmen, die in entsprechender Weise Finanzdienstleistungen erbringen, aber keine Kreditinstitute sind. Was zu den Bankgeschäften gehört, ist in § 1 I 2 Nrn 1–12 KWG aufgeführt. Finanzdienstleistungen sind in § 1 I a 2 Nrn 1–11 KWG definiert. Die der Aufsicht nach § 1 I Nr 1 VAG unterliegenden Versicherungsunternehmen nennt § 7 Nr 33 und 34 VAG; hierzu zählen sowohl Erst- als auch Rückversicherungsunternehmen. Das Gesetz verlangt nicht, dass dem „KWG-Institut" bereits eine Erlaubnis der Bundesanstalt für Finanzdienstleistungsaufsicht vorliegt. Allerdings wird man umgekehrt bei erteilter Erlaubnis vom Vorliegen eines Kreditinstituts oder eines Finanzdienstleistungsinstituts ausgehen können. Da es allein auf die Erfüllung der Voraussetzungen des § 1 I und I a KWG ankommt, sind auch ausländische Institute vom Ausnahmetatbestand erfasst. Voraussetzung ist allerdings, dass sie zum begünstigungsfähigen Vermögen nach Abs 1 Nr 2 oder Nr 3 gehören. Soweit dies der Fall ist, können sie, insb auf unteren Ebenen eines Verbunds, auch im Drittland ansässig sein. Entsprechendes gilt auch für Versicherungsunternehmen, zumal § 7 Nr 34 VAG, auf den § 1 I Nr 1 VAG verweist, ausdrücklich Versicherungsunternehmen in 64

Drittstaaten nennt. Problematischer als die Beantwortung der Frage, wann ein „KWG-Institut" und ein Versicherungsunternehmen iSd Ausnahmeregelung vorliegt, ist die Prüfung, wann die Anteile an einer Kapitalgesellschaft (oder im Rahmen der Nr 4 und der Nr 5 die Wertpapiere und Finanzmittel) **dem Hauptzweck des Gewerbebetriebs** eines solchen Unternehmens **zuzurechnen** sind. Da nach dem Gesetzeswortlaut eine Zurechnung zum Gewerbebetrieb nicht ausreicht, wird man allein in der Zugehörigkeit des Wirtschaftsguts zum Vermögen eines als KWG-Institut oder Versicherungsunternehmen qualifizierenden Unternehmens noch keine Zurechnung zum Hauptzweck ableiten können (so aber *Troll/Jülicher* § 13b Rz 318). Vielmehr wird ein zumindest mittelbarer rechtlicher oder wirtschaftlicher Zusammenhang mit solche Unternehmen kennzeichnenden Bankgeschäften, Finanzdienstleistungen und Versicherungsgeschäften vorauszusetzen sein (s *Viskorf* § 13b Rz 243).

4. Kunstgegenstände und sonstige typischerweise der privaten Lebensführung dienende Gegenstände (Nr 3)

65 Die Katalognummer 3 zählt typischerweise der privaten Lebensführung dienende Gegenstände zum Verwaltungsvermögen, es sei denn der Handel mit diesen Gegenständen, ihre Herstellung, Verarbeitung oder entgeltliche Nutzungsüberlassung macht den Hauptzweck des Betriebs aus. Zur Orientierung, welche Gegenstände **typischerweise der privaten Lebensführung dienen,** nennt das Gesetz zahlreiche Beispiele: Kunstgegenstände, Kunstsammlungen, wissenschaftliche Sammlungen, Bibliotheken und Archive, Münzen, Edelmetalle und Edelsteine, Briefmarkensammlungen, Oldtimer, Yachten und Segelflugzeuge. Derartige Gegenstände zählen nach dem Wortlaut der Regelungen allerdings auch dann zum Verwaltungsvermögen, wenn sie der Erzielung gewerblicher Einkünfte dienen, nicht aber die Voraussetzungen der Rückausnahme erfüllen. So wird man den Oldtimer wohl auch dann zum Verwaltungsvermögen zählen müssen, wenn der Unternehmer mittels eines Fahrtenbuches nachweist, ihn ausschließlich zu betrieblich veranlassten Fahrten genutzt zu haben. In Abgrenzung dazu wird man hingegen gerade aufgrund der Aufnahme von „Oldtimern" in den Katalog davon ausgehen können, dass sonstige Kraftfahrzeuge nicht zu den typischerweise der privaten Lebensführung dienenden Gegenständen gehören, auch dann nicht, wenn sie besonders teuer sein sollten. Anders als ein Segelflugzeug sollten auch im Betriebsvermögen gehaltene Motorflugzeuge oder Hubschrauber nicht zum Verwaltungsvermögen gehören. Sie werden typischerweise nicht aus privaten Gründen angeschafft, sondern um zeitsparend geschäftliche Termine wahrnehmen zu können. Dies ist bei dem im Beispiel genannten Segelflugzeug aber gerade anders, weshalb bei diesem der Gesetzgeber zu Recht von einer typischerweise privaten Nutzung ausgeht. Besonders nachteilig kann sich die Qualifizierung von Kunstgegenständen, Kunstsammlung, wissenschaftlichen Sammlungen, Bibliotheken und Archiven als Verwaltungsvermögen auswirken, wenn diese nicht unmittelbar in einem Einzelunternehmen oder im Sonderbetriebsvermögen eines Gesellschafters bei einer Mitunternehmerschaft gehalten werden, sondern zum Betriebsvermögen einer Gesellschaft gehören. Denn in diesem Fall sind sie auch nicht nach § 13 I Nr 2 steuerbefreit, da Gegenstand des Erwerbs nicht der Kunstgegenstand oder die Bibliothek ist, sondern der Gesellschaftsanteil und § 10 I 4 auf Mitunternehmerschaften gerade keine Anwendung findet.

66 Die vorgenannten Gegenstände gelten jedoch ausnahmsweise dann nicht als Verwaltungsvermögen, wenn der Hauptzweck des Betriebs, zu dem sie gehören, darin besteht, mit solchen Gegenständen Handel zu treiben (Kunstgalerie, Oldtimerhandel), sie herzustellen oder zu verarbeiten (Kunstatelier, Goldschmiedewerkstatt) oder sie Dritten gegen Entgelt zur Nutzung zu überlassen (Bibliotheken, Oldtimervermietung, Yachtvercharterung). Die Aktivierung im Umlaufvermögen kann Indiz für eine solche Verwendung der jeweiligen Gegenstände sein (A 13b.21 I 3 AEErbSt 2017).

Bei wissenschaftlichen Sammlungen, Bibliotheken und Archiven wird man im Rahmen einer wenn auch extensiven, so doch teleologisch gebotenen Auslegung davon ausgehen können, dass Fachbibliotheken von zB Anwaltskanzleien oder wissenschaftliche Sammlungen und Archive von Forschungsunternehmen Gegenstand der Verarbeitung deren geistiger Produkte sind. Eine weitere Ausnahme nennt auf der Grundlage einer Protokollerklärung der Bundesregierung A 13b.21 II AEErbSt 2017: Hiernach zählen die vorgenannten Gegenstände auch dann nicht zum Verwaltungsvermögen, wenn sie als Bestandteile eines Museums für Unternehmensgeschichte für die Öffentlichkeit zugänglich sind und entweder vom Unternehmen selbst hergestellt, verarbeitet oder gehandelt wurden oder Teil des Herstellungs- oder Verarbeitungsprozesses oder Teil der Entstehungsgeschichte der von dem Unternehmen hergestellten, verarbeiteten oder gehandelten Produkte sind.

5. Wertpapiere und vergleichbare Forderungen (Nr 4)

Nach der Katalognummer 4 gehören zum Verwaltungsvermögen auch Wertpapiere und Wertpapieren vergleichbare Forderungen. Es wird jedoch nicht weiter konkretisiert, was unter einem **Wertpapier** zu verstehen ist. Insoweit ist auf Definitionen in anderen Rechtsgebieten zurückzugreifen. Im **Zivilrecht** versteht man unter Wertpapieren Urkunden, in denen ein privates Recht derart verbrieft ist, dass die Innehabung der Urkunde zur Ausübung des Rechts erforderlich ist. Man unterscheidet Inhaberpapiere, Orderpapiere und Rektapapiere. Im **Bilanzrecht** zählen zu den Wertpapieren Inhaber- und Orderpapiere, die nach Art und Ausstattung übertragbar und im Bedarfsfall verwertbar sind, wobei gesetzliche oder vertragliche Einschränkungen der Fungibilität unbeachtlich sein sollen (*BeckBil-Komm/Grottel/Krekler* HGB § 266 Rz 80). Mangels Verbriefung gehören hiernach nicht zu den Wertpapieren Genossenschaftsanteile und GmbH-Geschäftsanteile, weiterhin aber auch keine Rektapapiere, selbst wenn zur Übertragung teilweise zusätzlich die Übergabe der Urkunden erforderlich ist, wie bei Hypotheken- und Rentenschuldbriefen, soweit sie nicht ausnahmsweise auf den Inhaber lauten. Damit ist also weder die Verbriefung noch die Fungibilität entscheidendes Merkmal des bilanzrechtlichen Wertpapierbegriffs (*MünchKomm/Reiner/Haußer* HGB § 266 Rz 49ff, die als gemeinsames Merkmal aller Wertpapiere im bilanzrechtlichen Sinne ihre Eigenschaft als Kapitalanlage ausmachen). Ganz überwiegend wird jedoch auf die **kapitalmarktrechtlichen Definitionen** zum Wertpapierbegriff (vgl etwa § 2 I WpHG, § 2 II WpÜG, § 1 I Depotgesetz) zurückgegriffen. Kennzeichnendes Merkmal ist hier vor allem die Übertragbarkeit und die Handelbarkeit des Wertpapiers. Einen kapitalmarktrechtlichen Ansatz verfolgt auch die FinVerw, indem sie in R E 13b.17 ErbStR (A 13b.22 AEErbSt 2017) als Wertpapiere „ausschließlich auf dem Markt gehandelte Wertpapiere iSd § 2 I WpHG" definiert. Nach § 2 I WpHG gehören zu den Wertpapieren alle Gattungen von übertragbaren und verbrieften oder unverbrieften Papieren, die ihrer Art nach auf den Finanzmärkten handelbar sind. Zahlungsinstrumente werden hiervon ausdrücklich ausgenommen. Aus dem Gattungsbegriff leitet die kapitalmarktrechtliche Literatur zudem ab, dass die Papiere standardisiert sein müssen und nehmen deshalb individualisierte Produkte vom Wertpapierbegriff aus (*Assmann/Assmann* WpHG § 2 Rz 5). Zu den **vergleichbaren Forderungen** gehören damit nur solche, die nach § 2 I WpHG als Wertpapier gelten, über die aber keine Urkunden ausgegeben werden (R E 13b.17 I 3 ErbStR; A 13b.22 I 3 AEErbSt 2017). Zentrale Kennzeichen des Wertpapiers und auch der einem Wertpapier vergleichbaren Forderung sind damit die **Handelbarkeit, Übertragbarkeit** und die **standardisierte Ausgestaltung** (*von Oertzen/Stalleiken* § 13b Rz 148). Vor dem Hintergrund der mit dem Verwaltungsvermögenskatalog angestrebten Abgrenzung des allein verschonungswürdigen produktiven Vermögens von allein der Renditeerzielung dienenden Kapitalanlagen des Privatiers erscheint dies durchaus angemessen, da der Privatier, 67 der selbst nicht unternehmerisch tätig ist, sich zur Anlage seines Vermögens an den Markt wenden muss. Insbesondere die Handelbarkeit des Wertpapiers kann damit durchaus als wirksames Abgrenzungskriterium dienen. Nicht zu den Wertpapieren gehören hiernach abweichend vom zivilrechtlichen Wertpapierbegriff somit kaufmännische Orderpapiere wie Wechsel und Schecks sowie auf Order lautende Weisungen und Rektapapiere (R E 13b.17 I 4 ErbStR; A 13b.22 I 4 AEErbSt 2017).

68 **Aktien** gehören zwar zu den Wertpapieren, sind gleichzeitig aber auch Anteile an Kapitalgesellschaften iSd Katalognummer 2. Sie qualifizieren daher nur als Verwaltungsvermögen, wenn sie die dort genannte 25%-Grenze nicht überschreiten. Auch nach Auffassung der FinVerw ist die Regelung der Zuordnung von Anteilen an Kapitalgesellschaften in Abs 4 Nr 2 abschließend (R E 13b.17 I 5 ErbStR; A 13b.22 I 5 AEErbSt 2017). **Forderungen, die Wertpapieren nicht vergleichbar sind,** also nicht unter § 2 I WpHG fallen, gehören allerdings als „sonstige Forderungen" zu den Finanzmitteln iSd Katalognummer 5. Als solche qualifizieren sie jedoch grundsätzlich erst dann als Verwaltungsvermögen, wenn sie zusammen mit anderen Finanzmitteln die Schulden des Unternehmens und 15% des Unternehmenswertes übersteigen. Ausnahmen gelten für die sog jungen Finanzmittel. Die unterschiedliche Behandlung von Kapitalanlagen der Katalognummer 4 und Finanzmitteln der Katalognummer 5 legt es generell nahe, vor einer Übertragung schädliche Kapitalanlagen zu veräußern und auf diese Weise bis zur Freibetragsgrenze in Finanzmittel umzuwandeln. Dies gilt vor allem für solche Wertpapiere und vergleichbaren Forderungen, die dem Betrieb noch nicht länger als zwei Jahre zuzurechnen sind und deshalb als junges Verwaltungsvermögen qualifizieren. Denn als solches nehmen sie weder an der allg Schuldenverrechnung teil (Abs 6) noch werden sie von dem 10%igen Kulanzpuffer (Abs 7) erfasst. Nach einem Umtausch in Finanzmittel qualifiziert das neue Finanzmittelvermögen mangels Einlage nämlich nicht mehr als jung. Dies gilt selbst dann, wenn der Finanzmittelfreibetrag überschritten wird. Denn Finanzmittel-Verwaltungsvermögen ist nur dann und nur insoweit von der allg Schuldenverrechnung und dem Kulanzpuffer ausgenommen, als der Erblasser oder Schenker in den letzten zwei Jahren vor der Schenkung mehr Finanzmittel in das Unternehmen eingelegt als entnommen hat. Demgegenüber qualifizieren Wertpapiere und vergleichbare Forderungen relativ häufig als junges Verwaltungsvermögen, da die FinVerw bei der Prüfung ihrer Zugehörigkeit zum Betrieb wohl nicht, was angemessen wäre, auf die Gattung, sondern das konkrete Wertpapier abstellt, so dass auch der Tausch von Wertpapieren innerhalb eines Depots immer wieder zur Schaffung von jungem Verwaltungsvermögen führen soll (hierzu Anm 96).

69 Wie Vermögen der Katalognummern 2 und 5 stellen auch Wertpapiere und vergleichbare Forderungen ausnahmsweise dann kein Verwaltungsvermögen dar, wenn sie dem Hauptzweck des Gewerbebetriebes eines Kreditinstitutes oder eines Finanzdienstleistungsinstituts iSd § 1 I und I a KWG oder einem Versicherungsunternehmen, das der Aufsicht nach § 1 I Nr 1 VAG unterliegt, zuzurechnen sind (vgl Anm 64).

6. Finanzmittel (Nr 5)

70 In der Katalognummer 5 werden die Voraussetzungen genannt, unter denen auch Finanzmittel als Verwaltungsvermögen qualifizieren. Unter Finanzmitteln versteht das Gesetz **Zahlungsmittel, Geschäftsguthaben, Geldforderungen** und andere Forderungen. Derartiges Vermögen dient anders als die in den Katalognummern 1 bis 4 aufgeführten Vermögensarten gerade nicht in erster Linie der weitgehend risikolosen Renditeerzielung im Rahmen einer Vermögensverwaltung. Vielmehr sind solche Finanzmittel ganz wesentliche Grundlage auch unternehmerischen Handelns. Im Hinblick auf die mit dem Verwaltungsvermögen angestrebte Abgrenzung des verschonungswürdigen produktiven Vermögens vom nicht verschonungswürdigen Ka-

pitalanlagevermögen wird man die hier genannten Finanzmittel als „neutral" bezeichnen können. Entsprechend waren sie ursprünglich auch nicht in dem mit der ErbStReform 2009 eingeführten Verwaltungsvermögenskatalog genannt. Erst in der Praxis zu beobachtende Gestaltungen mittels sog **Cash-GmbHs** veranlassten den Gesetzgeber, auch Finanzmittel in den Verwaltungsvermögenskatalog aufzunehmen. Mit dem AmtshilfeRLUmsG v 26.7.2013 (BGBl I 13, 1809) wurden durch Einführung einer neuen Katalognummer 4a, aus welcher die heutige Katalognummer 5 hervorgegangen ist, erstmals auch Finanzmittel als Verwaltungsvermögen qualifiziert. Da jedoch auch der Gesetzgeber erkannte, dass jedes Unternehmen Zahlungsmittel, Geschäftsguthaben, Geld und Forderungen zum Wirtschaften benötigt, wurden sie nicht generell als Verwaltungsvermögen eingestuft, sondern erst ab einem gewissen Umfang. Der Gesetzgeber hat hierzu eine pauschale Grenze gezogen, bis zu der ein produktiver Einsatz der Finanzmittel unterstellt wird und ab deren Überschreitung die Finanzmittel einer privaten Kapitalanlage gleichgestellt werden.

Nach aktueller Regelung qualifizieren Finanzmittel als Verwaltungsvermögen, wenn ihr gemeiner Wert den gemeinen Wert der Schulden des Betriebs und 15% des Wertes des Betriebsvermögens des Betriebs oder der Gesellschaft übersteigt. Das **Finanzmittel-Verwaltungsvermögen** ergibt sich damit aus drei Größen: dem gemeinen Wert der Finanzmittel, den davon in Abzug zu bringenden Schulden und dem weiterhin davon abzuziehenden Sockelbetrag von 15% des Werts des Betriebsvermögens des Betriebs oder der Gesellschaft. 71

Zu den **Finanzmitteln** gehören Zahlungsmittel, Geschäftsguthaben, Geldforderungen und **andere Forderungen.** Zu den anderen Forderungen gehören sämtliche Forderungen, die keine Geldforderungen sind und die nicht Wertpapieren vergleichbar sind (vgl Katalognummer 4). Die FinVerw nannte bereits im Erlass v 10.10.2013 (BStBl I 13, 1272) und nennt nun in A 13b.23 II AEErbSt 2017 als Arten von Finanzmitteln beispielhaft Geld, Sichteinlagen, Spareinlagen, Festgeldkonten, Forderungen aus Lieferungen und Leistungen, Forderungen an verbundene Unternehmen, Ansprüche aus Rückdeckungsversicherungen, Forderungen eines Gesellschafters gegen seine Personengesellschaft sowie Forderungen der Personen- oder Kapitalgesellschaft gegen ihren Gesellschafter sowie sonstige auf Geld gerichtete Forderungen aller Art. Von der FinVerw nicht erwähnt sind Sachleistungsansprüche oder auch Ansprüche auf die Erbringung von Dienstleistungen. Derartige Forderungen haben zwar in der Regel nichts mit Kapitalanlagen zu tun. Da der Begriff der „anderen Forderungen" aber gerade in Abgrenzung zu Geldforderungen formuliert ist, wird man auch solche Forderungen grundsätzlich zu den Finanzmitteln zählen müssen. Im Rahmen einer teleologischen Reduktion sollten jedoch hiervon nur Forderungen auf solche Sachleistungen erfasst sein, die auf die Übertragung von Verwaltungsvermögen gerichtet sind. Die Forderung auf Lieferung einer Maschine liegt derart weit von dem mit dem Verwaltungsvermögenskatalog verfolgten Zweck entfernt, dass ihre Qualifizierung als Finanzmittel unangemessen wäre. 72

Ausdrücklich zu den „anderen Forderungen" zählt die FinVerw auch die **dem steuerlichen Sonderbetriebsvermögen zuzurechnende Darlehensforderung des Gesellschafters** an seine Gesellschaft. Die Guthaben auf den als echtes Fremdkapital ausgestalteten Darlehenskonten der Gesellschafter stellen damit immer Finanzmittel dar. Solange alle Gesellschafter ihre Darlehenskonten entsprechend ihren jeweiligen Beteiligungsquoten dotieren, führt dies zu keinen Nachteilen, da ihnen auch die mit den Darlehensforderungen korrespondierenden Verbindlichkeiten der Gesamthand anteilig zugerechnet und im zweiten Schritt saldiert werden. Wer jedoch im Vergleich zu seinen Mitgesellschaftern mehr Guthaben auf seinem Darlehenskonto stehen lässt, erhöht seinen Finanzmittelbestand und verschlechtert ggf seine Verwaltungsvermögensquote. Derartige Konstellationen sind gerade in Familiengesellschaften nicht selten, insbesondere wenn der Senior bereits Teilanteile übertragen, dabei aber zur Sicherung der eigenen Versorgung sein Darlehenskonto zurückbehal- 73 ten hat. Die FinVerw bestimmte den Anteil des Gesellschafters an den Darlehensverbindlichkeiten der Gesamthand in der Vergangenheit allein anhand des allg Gewinnverteilungsschlüssels (BStBl I 13, 1272, Tz 3 mit Verweis auf R E 13b.19 III 3 ErbStR). Dies konnte jedoch nicht überzeugen, da damit die substanzielle Beteiligung am Vermögen und damit auch an den Darlehensverbindlichkeiten der Gesellschaft nicht zutreffend abgebildet war. Mit dem AEErbSt 2017 ist sie jedoch zurecht dazu übergegangen, wie bei der Wertermittlung des Anteils nach § 97 Ia BewG die Zurechnung entsprechend der Beteiligung am Wert der Gesellschaft vorzunehmen (A 13b.23 IX AEErbSt 2017). Diese bestimmt sich durch zunächst eine Vorabzurechnung der individuellen Kapitalkonten und der Zuweisung erst des danach verbleibenden Wertes entsprechend dem maßgebenden Gewinnverteilungsschlüssel.

74 Nach S 2 ist der gemeine Wert der Finanzmittel um sog **junge Finanzmittel** zu verringern. Hierbei handelt es sich um den positiven Saldo der eingelegten und entnommenen Finanzmittel, welche dem Betrieb im Zeitpunkt der Entstehung der St weniger als zwei Jahre zuzurechnen waren. Außerdem wird in S 2 klargestellt, dass junge Finanzmittel Verwaltungsvermögen sind. Dennoch können die jungen Finanzmittel nur Teil der Finanzmittel sein, sodass sie tatsächlich nur in dem Umfang vorliegen können, **als überhaupt Finanzmittel vorhanden sind.** Junge Finanzmittel ohne das gleichzeitige Vorhandensein von Finanzmitteln wären fiktives Verwaltungsvermögen, welches mit dem Zweck der Absätze 3 bis 10, nämlich das in der begünstigungsfähigen Einheit tatsächlich vorhandene nichtbegünstigte Vermögen vom begünstigten Vermögen zu separieren, um Letzteres zu verschonen, nicht vereinbar wäre. Wer noch vor dem StEntstehungsstichtag eine Maschine mit Finanzmitteln anschafft, die er innerhalb der letzten zwei Jahre vor dem StEntstehungsstichtag eingelegt hatte, kann, jedenfalls soweit im StEntstehungszeitpunkt keine Finanzmittel mehr vorhanden sind, kein Verwaltungsvermögen halten. Dem folgt auch die FinVerw (A 13b.23 III 3 AEErbSt 2017). Unverständlich ist jedoch, dass sie im Rahmen der Verbundvermögensaufstellung die jungen Finanzmittel bei jeder zum Verbund gehörenden Gesellschaft ohne Begrenzung auf in der Gesellschaft vorhandene Finanzmittel ermitteln und sie erst auf oberster Ebene auf die insgesamt im Verbund vorhandenen Finanzmittel begrenzen will.

75 Nach dem Sinn und Zweck der Regelung sollte die Begrenzung bereits greifen, wenn zwar noch Finanzmittel vorhanden sind, diese aber nach Schuldensaldierung und Freibetrag nicht als Verwaltungsvermögen qualifizieren. Jedoch ist nach der Gesetzesformulierung unklar, ob mit dem gemeinen Wert der Finanzmittel, der um die jungen Finanzmittel zu verringern ist, lediglich der gemeine Wert der Zahlungsmittel, Geschäftsguthaben, Geldforderungen und anderen Forderungen, also **Finanzmittel im engeren Sinne** gemeint sind, **oder** der sich nach Anwendung des Satzes 1 der Katalognummer 5 ergebende gemeine Wert der Finanzmittel nach Schuldensaldierung und Abzug des 15%-Freibetrages, also das **Finanzmittel-Verwaltungsvermögen.** In der ersten, am Wortlaut orientierten Auslegungsvariante würden die jungen Finanzmittel weder mit Schulden saldiert noch vom Freibetrag profitieren können (so die FinVerw in A 13b.23 III 3 AEErbSt 2017). Die zweite Auslegungsvariante würde hingegen der Rechtslage nach Einführung des Finanzmitteltests mit dem AmtshilfeRLUmsG entsprechen. Hiernach galt – auch nach Auffassung der FinVerw (BStBl I 13, 1272, Tz 4) –, dass junge Finanzmittel nur in dem Umfang vorliegen können, als überhaupt Finanzmittel als Verwaltungsvermögen qualifizierten. Auch die Gesetzesbegründung ist insoweit nicht eindeutig. So heißt es zum einen, dass die mit dem AmtshilfeRLUmsG eingeführte Regelung mit lediglich „redaktionellen Änderungen und Aktualisierungen" der Verweise auf andere Gesetze in die neue Nr 5 übernommen wurde (BTDrs 18/8911, 42). Ein Ausschluss der jungen Finanzmittel von Schuldensaldierung und Freibetrag hätte aber eine ganz wesentliche inhaltliche Änderung zur Folge. Andererseits heißt es dann aber weiter in der Gesetzesbegründung, dass junge Finanzmittel „vom Finanzmitteltest ausgenommen" werden und als

Verwaltungsvermögen stets der Besteuerung unterliegen. Diese Aussage konkretisierend wird dann aber wiederum auf § 13b VIII verwiesen, der die jungen Finanzmittel lediglich von der allg Schuldenverrechnung nach Abs 6 ausnimmt. Der Telos der Vorschrift würde uE für die zweite Auslegungsvariante sprechen, da der Gesetzgeber die an sich neutralen Finanzmittel bis zur Höhe der Schulden und 15% des Unternehmenswertes pauschalierend als produktiv und damit verschonungswürdig qualifiziert. Die Regelungen zu den jungen Finanzmitteln sollen vor allem Missbrauch vorbeugen. Es soll vermieden werden, dass kurz vor einer Übertragung noch bis zur Grenze des Kulanzpuffers Finanzmittel in das Unternehmen eingelegt und sodann verschont übertragen werden, während sie außerhalb des Unternehmens von den jeweiligen Erwerbern voll zu versteuern wären. Wieso aber soll es missbräuchlich sein, wenn der Schenker vor einer Schenkung oder der Erblasser vor seinem Tod das Unternehmen in einem Umfang mit Finanzmitteln ausstattet, die auch nach der pauschalierenden Wertung des Gesetzgebers einer unternehmerischen Tätigkeit durchaus adäquat sind. Im Gegenteil würde die Übertragung einer unterkapitalisierten Unternehmenseinheit eine erfolgreiche Unternehmensnachfolge, die das Gesetz gerade fördern will, gefährden. Gerade vor dem Hintergrund, dem Erwerber unternehmerisches Vermögen mit einer angemessenen Eigenkapitalausstattung zu übertragen, sollte daher die Einlage von Finanzmitteln der Einlage von produktivem Vermögen solange gleichgestellt werden, als die eingelegten Finanzmittel (nach Abzug entnommener Finanzmittel) zusammen mit den vorhandenen „normalen" Finanzmitteln die Grenze des S 1 nicht überschreiten (aA aber FinVerw aaO). Nach dem reinen Wortlaut der Regelung wird man jedoch davon ausgehen müssen, dass im Sinne der ersten Auslegungsvariante der gemeine Wert der Finanzmittel vor Schuldensaldierung und Freibetrag um die jungen Finanzmittel zu reduzieren ist. Das Finanzmittel-Verwaltungsvermögen ergibt sich danach aus der Summe der normalen – um junge Finanzmittel, Schulden und Freibetrag geminderten – Finanzmittel und der jungen Finanzmittel.

Der Einlage- und Entnahmebegriff wird im Gesetz nicht weiter konkretisiert. Die 76
FinVerw berücksichtigt auch **Einlagen in das und Entnahmen aus dem Sonderbetriebsvermögen** (A 13b.23 IX 7 AEErbSt 2017). Daher ist auch die darlehensweise Gewährung von Mitteln vom Gesellschafter an die Gesellschaft als Einlage des Gesellschafters in sein Sonderbetriebsvermögen schädlich. Während Einlagen und Entnahmen in das und aus dem Sonderbetriebsvermögen nur anzusetzen sind, soweit sie die übertragene Beteiligung betreffen, berücksichtigt die FinVerw Einlagen und Entnahmen in das Gesamthandsvermögen von allen Gesellschaftern und zwar anteilig in Höhe der wertmäßigen Beteiligung des Erwerbers am Gesamthandsvermögen (A 13b.23 IX 5f AEErbSt 2017). Dies mag von dem abstrakt gefassten Wortlaut der Vorschrift gedeckt sein, ist aber mit dem Charakter der Regelung zu den jungen Finanzmitteln als Missbrauchsvermeidungsvorschrift nur schwer vereinbar. Angemessener wäre es, im Rahmen einer auch insoweit gesellschafterbezogenen Betrachtung allein die Einlagen und Entnahmen des Erblassers oder Schenkers zu berücksichtigen, dies allerdings auch in vollem Umfang bzw. bei dem Erwerb von Teilanteilen im Umfang der erworbenen Beteiligung.

Von dem gemeinen Wert der Zahlungsmittel, Geschäftsguthaben, Geldforderun- 77
gen und anderen Forderungen ist der gemeine Wert der **Schulden** abzuziehen. Was Schulden sind, wird nicht näher definiert. Der Begriff ist jedoch nicht lediglich mit Verbindlichkeiten gleichzusetzen, sondern erfasst das **gesamte Fremdkapital** des Betriebes und damit insb auch Rückstellungen. Dafür spricht zum einen die Historie. Schon die Begründung des Gesetzesantrags einzelner Bundesländer zur Einführung des Finanzmitteltests hatte vorgesehen, dass im Zuge der Schuldensaldierung „Verbindlichkeiten aus Lieferungen und Leistungen, Bankschulden oder zB auch Pensionsrückstellungen zugunsten von Arbeitnehmern gegengerechnet werden können". Auch der mit der Einführung der Finanzmittelregelung verfolgte Sinn und Zweck, nämlich die Verhinderung von Gestaltungen mit Cash-GmbHs, spricht für

eine weite Auslegung des Begriffs der Schulden. Denn in Bilanzen derartiger Gesellschaften finden sich regelmäßig keine Rückstellungen. Solche sind aber in mittelständischen Unternehmen angezeigt. Diese müssen gerade für die mit den Rückstellungen abgebildeten künftigen Belastungsrisiken Liquiditätsrücklagen auf der Aktivseite bilden können, ohne dass ihnen dies erbstlich zum Nachteil gereicht. Entsprechend weit fasst auch die FinVerw den Begriff der Schulden und zählt hierzu insb auch Rückstellungen, die einem steuerlichen Passivierungsverbot unterliegen (so bereits BStBl I 13, 1272 Tz 2.2.1 und nun auch A 13b.23 IV 2 AEErbSt 2017). Auch Darlehen der Gesellschaft gegenüber Gesellschaftern, insb aus Sicht der Gesellschaft auch ein als Fremdkapital qualifizierendes Darlehenskonto, zählen zu den Schulden und können von den Gesellschaftern anteilig den ihnen zuzurechnenden Finanzmitteln einschließlich der ihnen gegen die Gesellschaft zustehenden Forderungen gegengerechnet werden. Guthaben auf Darlehenskonten qualifizieren regelmäßig dann als Fremdkapital, wenn entsprechend der gesellschaftsvertraglichen Regelung oder sonstiger Vereinbarungen eine Verlustverrechnung ausgeschlossen ist. Weiteres Indiz ist eine Verzinsung der Kontenguthaben. Findet hingegen eine Verlustverrechnung statt, gehören die Guthaben zum Eigenkapital und bleiben beim Finanzmitteltest unberücksichtigt.

78 Der nach Abzug der Schulden verbleibende gemeine Wert der Finanzmittel qualifiziert erst dann als Verwaltungsvermögen, wenn er 15% des Wertes des Betriebsvermögens des Betriebs oder der Gesellschaft **(Finanzmittelfreibetrag)** übersteigt. Maßgeblich ist auch hier der gemeine Wert, wie er sich nach § 11 II BewG ergibt. Bezugsgröße ist das gesamte begünstigungsfähige Vermögen der jeweiligen wirtschaftlichen Einheit. Soweit im Rahmen der Bewertung Wahlrechte bestehen – etwa zwischen einem sachverständigen Ertragswert und einem sich nach dem vereinfachten Ertragswertverfahren ergebenden Wert – kann mit der Wahlrechtsausübung auch auf die Höhe des Freibetrages Einfluss genommen werden. Die Entscheidung für einen höheren Wert und damit einen höheren Freibetrag kann allerdings wiederum Nachteile bei der anzuwendenden Verschonungsart (26 Mio-Euro-Grenze) und vor allem bei später anfallender NachSt bringen.

Die Inanspruchnahme des 15%igen Freibetrages setzt nach Nr 5 S 4 voraus, dass das begünstigungsfähige Vermögen des Betriebs oder der nachgeordneten Gesellschaften nach seinem **Hauptzweck** einer luf, originär gewerblichen oder freiberuflichen Tätigkeit dient. Damit soll insb reinen Cash-Gesellschaften die ansonsten durch den Freibetrag vermittelte Begünstigung vorenthalten werden. Hingegen wird der Freibetrag gewährt, wenn entweder die Obergesellschaft (der Betrieb) oder (nicht: und) eine der nachgeordneten Gesellschaften nach ihrem Hauptzweck originär gewerblich, luf oder freiberuflich tätig ist. Die Bündelung von Finanzmitteln in einer Finanzierungsgesellschaft innerhalb eines Konzernverbunds steht damit einer Inanspruchnahme des Freibetrages nicht entgegen, solange die erworbene Obergesellschaft oder eine andere, mittelbar erworbene Konzerngesellschaft nach ihrem Hauptzweck die geforderten Tätigkeiten ausüben (aA *Kapp/Geck* § 13b Rz 150, der darauf abstellt, dass auch im Konzernverbund die einzelne Gesellschaft, welche Finanzmittel hält, die Voraussetzung des S 4 erfüllen muss).

79 Die Finanzmittel, auch die jungen, gehören auch bei Überschreiten des Finanzmittelfreibetrags nicht zum Verwaltungsvermögen, wenn sie dem Hauptzweck des Gewerbebetriebs eines **Kredit- oder Finanzdienstleistungsinstituts oder eines Versicherungsunternehmens** zuzurechnen sind (zu weiteren Einzelheiten s Anm 64).

VI. Investition von Verwaltungsvermögen (Abs 5)

AEErbSt 2017: Abschnitt 13b.24

Schrifttum: *Kowanda,* Die neue Investitionsklausel des § 13b Abs 5 ErbStG: Regelungslücken und ertragsteuerliche Gestaltungsmöglichkeiten, DStR 2017, 469; *Kowanda,* Das neue Erbschaftsteuerrecht in der Praxis: (Re)Investitionsklausel für Finanzmittel zur Lohnzahlung bei saisonalen Schwankungen, ErbStB 17, 48.

1. Grundlagen

80 Nach Abs 5 wird unter engen Voraussetzungen zum StEntstehungsstichtag vorhandenes, danach aber investiertes Verwaltungsvermögen nachträglich in begünstigtes Vermögen umqualifiziert. Der Gesetzgeber will mit dieser erstmals mit der ErbSt-Reform 2016 eingeführten Regelung **Härtefälle** im Zusammenhang mit **der Stichtagsbesteuerung abmildern** (BTDrs 18/8911, 42). Der Zeitpunkt der StEntstehung ist nicht nur maßgeblich für die Wertermittlung (§ 11). Vielmehr erfolgt auch die Ermittlung des in der begünstigungsfähigen Einheit enthaltenen begünstigten Vermögens streng stichtagsbezogen. Wer also über Jahre in seinem Betrieb Kapital angespart hat, um zB eine neue Maschine anschaffen zu können, aber kurz **vor Anschaffung verstirbt,** hinterlässt seinen Erben in hohem Umfang Verwaltungsvermögen, bei Finanzmitteln freilich erst, soweit diese die Schulden und 15% des Unternehmenswertes übersteigen, bei einer zwischenzeitlichen Anlage der angesparten Mittel in Wertpapiere hingegen in vollem Umfang. Die Idee des Abs 5 S 1 liegt nun darin, die als Verwaltungsvermögen qualifizierenden angesparten Kapitalanlagen wie die zum begünstigten Vermögen zählende Maschine zu behandeln, wenn es tatsächlich innerhalb von zwei Jahren nach dem Erwerb durch die Erben zur Anschaffung der Maschine kommt. Es wird also so getan, als sei die Maschine, deren Anschaffung zwar vom Erblasser geplant, aber aufgrund dessen vorzeitigen Todes erst von seinen Erben vorgenommen werden konnte, bereits im Zeitpunkt des Erbfalls anstelle der hierfür angesparten und später verwendeten Mittel vorhanden gewesen.

81 Ein ähnliches Stichtagsproblem stellt sich **bei Saisonbetrieben,** die in der Hauptsaison (zB die Eisdiele im Sommer und die Skihütte im Winter) Erträge erzielen, die sie in der Nebensaison zur Deckung ihrer Fixkosten verwenden müssen. Auch hier besteht bei zeitlich „ungünstigem" Versterben, etwa zum Ende der Hauptsaison, ein hoher Bestand an Finanzmitteln oder je nach Anlage sonstigem Verwaltungsvermögen. Auch diesen Stichtagsnachteil will die gesetzliche Neuregelung etwas abmildern, jedoch in beschränkterem Umfang. Nach Abs 5 S 3 ist Finanzmittel-Verwaltungsmögen, nicht allerdings sonstiges Verwaltungsvermögen in begünstigtes Vermögen umzuqualifizieren, soweit es nach dem Erbfall entsprechend dem Plan des Erblassers zur Zahlung von Löhnen und Gehältern eingesetzt wird. Soweit andere Fixkosten in der Nebensaison damit abgedeckt werden, findet hingegen keine Umqualifizierung statt.

82 Beide Regelungen gelten **nur für Erwerbe von Todes wegen.** Wer zum ungünstigen Stichtag schenkt, hat dies selbst zu verantworten und bedarf nach der offenbaren Ansicht des Gesetzgebers nicht seiner Hilfe (vgl auch A 13b.24 VI AEErbSt 2017). Die wiederum in S 1 formulierte Rechtsfolge der **Umqualifizierung** des investierten Verwaltungsvermögens in begünstigtes Vermögen hat den positiven Effekt, dass dieses Vermögen nicht unverschont zu versteuern ist. Jedoch erhöht sich durch die Umqualifizierung der Wert des begünstigten Vermögens, was zu einem nachteiligen Überschreiten der 26 Mio-Euro-Grenze oder sogar zu einer Verringerung des Verschonungsabschlags im Rahmen des Abschmelzungsmodells (s § 13c Anm 4) führen kann.

2. Investition in unternehmerisches Vermögen (Abs 5 S 2)

83 Nach Abs 5 S 1 entfällt die Zurechnung von Vermögensgegenständen zum Verwaltungsvermögen rückwirkend, wenn der Erwerber diese **innerhalb des von ihm erworbenen begünstigungsfähigen Vermögens** in Vermögensgegenstände **investiert,** die unmittelbar einer luf, originär-gewerblichen oder freiberuflichen Tätigkeit dienen und kein Verwaltungsvermögen sind. Mit dem Erfordernis, innerhalb des „vom Erblasser erworbenen" Vermögens zu investieren, verlangt das Gesetz eine Identität der Einheit, innerhalb der investiert wird, und der durch Erbfall erworbenen Einheit. Ein zwischenzeitlicher Rechtsformwechsel, der auch zu einem Wechsel der begünstigungsfähigen Vermögensart führen kann, dürfte hingegen unschädlich sein. Bei Erwerb mehrerer Einheiten kommt, soweit vom Plan des Erblassers gedeckt, jedenfalls dem Wortlaut nach, auch eine Investition von Verwaltungsvermögen aus einer der erworbenen begünstigungsfähigen Einheiten in Vermögensgegenstände bei einer anderen der erworbenen begünstigungsfähigen Einheiten in Betracht. Der neu angeschaffte Vermögensgegenstand muss unmittelbar einer luf, originär-gewerblichen oder freiberuflichen Tätigkeit dienen. Davon ist auch bei Investitionen in Vermögensgegenstände des Sonderbetriebsvermögens auszugehen, da das Sonderbetriebsvermögen zum Mitunternehmeranteil gehört und der Mitunternehmer dieses genauso wie das ihm anteilig zuzurechnende Gesamthandsvermögen unmittelbar zur Erzielung eigener gewerblicher Einkünfte einsetzt. Die Nutzungsüberlassung des Sonderbetriebsvermögens an die Gesamthand steht dem nicht entgegen. Fraglich ist, ob auch die Tilgung betrieblicher Schulden als Investition in einen Vermögensgegenstand anzusehen ist. Die FinVerw lässt dies im Rahmen des § 13a VI Sätze 3 u 4 genügen (R E 13a.11 S 3 ErbStR; A 13b.15 I 3 AEErbSt 2017). Da auch dort von der Investition in entsprechendes „Vermögen" gesprochen wird, erscheint es nicht fernliegend, dass sie auch vorliegend die Tilgung von Schulden als ausreichend ansieht (A 13b.24 AEErbSt 2017 trifft hierzu keine klare Aussage). Eine erst zu einem späteren Zeitpunkt vorzunehmende Schuldentilgung kann auch bei zu einer Tilgung in ausreichendem Maße vorhandenem Verwaltungsvermögen durchaus zum Plan des Erblassers gehören, wenn insb aufgrund kreditvertraglicher Bindungen eine vorzeitige Schuldentilgung Vorfälligkeitsentschädigungen ausgelöst hätte. Es erscheint daher angemessen, auch diesen Fall einer Investition gleichzustellen. Mit dem Erfordernis, dass „der Erwerber" in derartige Vermögensgegenstände investieren muss, kann außerhalb des vom Gesetz geregelten Grundfalls des Erwerbs eines Einzelunternehmens, insb also beim Erwerb von Gesellschaftsbeteiligungen, nicht der Erwerber in Person gemeint sein. Es kann allein darauf ankommen, dass dem Plan des Erblassers entsprechend innerhalb des begünstigungsfähigen Vermögens investiert wird. Ob dies bei Gesellschaften mit, ohne oder sogar gegen den Willen des Erwerbers erfolgt, sollte insoweit keine Rolle spielen. Entscheidend ist vielmehr, dass der Unternehmensträger, bei Beteiligungserwerben also die Gesellschaft, die Investition durchführt, sei es durch eine Maßnahme der Geschäftsführung oder auch nur sonstiger Mitarbeiter oder sei es auf der Grundlage eines Gesellschafterbeschlusses. Der Begriff des Erwerbers sollte insoweit mit dem des Unternehmensträgers gleichgestellt werden.

3. Plan des Erblassers (Abs 5 S 2)

84 Nach Abs 5 S 2 ist weitere Voraussetzung, dass die Investition aufgrund eines im Zeitpunkt der StEntstehung (man darf ergänzen: oder davor) gefassten Plans des Erblassers erfolgt. **Wie konkret** dieser Plan auszusehen hat, sagt das Gesetz nicht. Es lässt damit offen, ob sich der Plan auf die Anschaffung eines bestimmten Wirtschaftsguts („Ich, Erblasser, plane, die Maschine XY des Herstellers Z anzuschaffen."), das Wirtschaftsgut einer bestimmten Gattung („Ich, Erblasser, plane, eine Maschine zur Herstellung der Produkte XY anzuschaffen.") oder abstrakt auf die Anschaffung von Ver-

mögensgegenständen, die nach ihrem Hauptzweck einer zB gewerblichen Tätigkeit dienen („Ich, Erblasser, plane Vermögensgegenstände anzuschaffen, die der Erzielung von Einkünften im Rahmen meines Gewerbebetriebs dienen."), zu beziehen hat. Da das Gesetz keine besondere Konkretisierung fordert, kann das Planerfordernis nicht weiter gehen als die vom Gesetz aufgestellten Voraussetzungen der Investition. Tatsächlich werden in vielen Unternehmen Mittel angespart, um turnusmäßig diejenigen Maschinen, Fahrzeuge, Büromöbel uÄ ersetzen zu können, die aufgrund Verschleiß oder sonstiger Schäden oder etwa aufgrund technischen Fortschritts als erstes zu ersetzen sind. In diesen Fällen muss es als Konkretisierung ausreichend sein, wenn in den Budgets des Unternehmens entsprechende Investitionen betragsmäßig ausgewiesen sind. Ungeachtet dessen verlangt hingegen die FinVerw, dass der Plan bereits die zu erwerbenden oder herzustellenden Gegenstände beinhaltet (A 13b.24 III 2 AEErbSt 2017), ohne jedoch den Konkretisierungsgrad weiter zu beschreiben. Welche Gegenstände des Verwaltungsvermögens hierzu verwendet oder veräußert werden, bedarf hingegen auch nach Auffassung der FinVerw keiner Konkretisierung (A 13b.24 III 3 AEErbSt 2017).

Auch die Formulierung, dass die Investition auf einem Plan „des Erblassers" beruhen muss, orientiert sich – wie die Investition „des Erwerbers" – lediglich am Grundfall der Vererbung eines Einzelunternehmens. Nach dem Sinn und Zweck der Vorschrift wird man jedoch auf den **Unternehmensträger** abzustellen haben, also denjenigen, der die Investition vor dem Erbfall geplant, und denjenigen, der sie nach dem Erbfall durchgeführt hat. Denn der Gesetzgeber will mit diesem Erfordernis lediglich einen Beleg dafür haben, dass in der unternehmerischen Einheit die Mittel tatsächlich für eine unternehmerische Investition angespart wurden und deshalb bei ungünstigem Versterben der Stichtagsnachteil abzumildern ist. Er würde eine solche Abmilderung nicht gewähren, wenn im Unternehmen ohne eine solche Investitionsplanung Verwaltungsvermögen angesammelt wird und dann lediglich aus erbstlichen Gründen, also nur zur Reduzierung der Verwaltungsvermögenquote, innerhalb von zwei Jahren nach dem Erbfall bisher ungeplante Investitionen vorgenommen werden. Zum Beleg der unternehmerischen statt lediglich erbstlichen Motivation der Investition muss es aber genügen, dass der Unternehmensträger, bei dem Erwerb von Gesellschaftsbeteiligungen somit die Gesellschaft, die Investitionen geplant hat. Dabei sollte es sogar unerheblich sein, ob dies unter Mitwirkung des Erblassers geschah. Ein solcher Plan kann auch von dem Geschäftsführer oder einzelnen Mitarbeitern innerhalb des im Gesellschaftsvertrag oder ihrem Anstellungsvertrag gestatteten Budgets erfolgt sein oder durch einen Beschluss der Gesellschaft, an dem der Erblasser aufgrund Abwesenheit nicht oder nur als Minderheitsgesellschafter beteiligt war. Selbst eine Stimmabgabe des Erblassers als Minderheitsgesellschafter gegen die Investition sollte, wenn man im Rahmen eines teleologischen Verständnisses der Vorschrift den Unternehmensträger an die Stelle des Erblassers setzt, einer Erfüllung des Planerfordernisses nicht entgegenstehen, da damit das unternehmerisch motivierte Stichtagsrisiko belegt ist und eine Abmilderung des sich bei Realisierung dieses Risikos ergebenden Nachteils im Falle der planmäßig erfolgenden Investitionen geboten erscheint (so iE auch: *Fischer/Wachter* § 13b Rz 624). Die FinVerw rechnet zumindest in Fällen, in denen der Erblasser etwa als Minderheitsgesellschafter keinen Einfluss auf die Geschäftsleitung des Betriebs hatte, diesem einen konkreten Investitionsplan der Geschäftsleitung zu (A 13b.24 III 7f AEErbSt 2017). 85

Nach Abs 5 S 5 hat der Erwerber das Vorliegen der Voraussetzungen der Sätze 1 bis 4 und damit auch die **Existenz eines Plans nachzuweisen.** Problematisch kann dies vor allem bei kleinen und mittleren Unternehmen sein, die häufig keine förmlichen Pläne erstellen, der Plan vielmehr im Kopf des Unternehmers existiert. Der Schreiner, der für eine Furnierpresse spart, schreibt dies nicht auf. Den Realitäten des Wirtschaftslebens Rechnung tragend, sollten daher die Anforderungen an einen Nachweis nicht zu hoch gesetzt werden. Auch bspw die Einholung eines Finanzierungsangebots bei 86 einer Bank, die handschriftliche Bearbeitung eines Prospektes über zB Furnierpressen durch den Erblasser sollte insoweit als Nachweis ausreichen können. Dem potentiellen Erblasser ist freilich zu empfehlen, eine schriftliche Planung zu erstellen und diese jährlich, zB als Annex zum Jahresabschluss zu aktualisieren und sei es auch nur für den erbstlichen Nachweis.

4. Keine Ersatzbeschaffung für das investierte Verwaltungsvermögen

87 Weitere Voraussetzung der Umqualifizierung ist, dass neben der Investition von Verwaltungsvermögen in begünstigtes Vermögen **keine anderweitige Ersatzbeschaffung von Verwaltungsvermögen** vorgenommen wird oder wurde. Zwar nennt das Gesetz keinen ausdrücklichen Zeitraum, in dem eine Ersatzbeschaffung von Verwaltungsvermögen schädlich ist, jedoch wird man hierfür den für die Investition selbst vorgesehenen Zeitraum von zwei Jahren ab dem StEntstehungszeitpunkt als maßgeblich ansehen müssen. In der Zeit vor dem StEntstehungszeitpunkt können keine Ersatzbeschaffungen getätigt worden sein, da das in dieser Zeit angeschaffte Verwaltungsvermögen zum Stichtag vorhanden ist und ohnehin der unverschonten Versteuerung unterliegt. Eine Ausdehnung des Kontrollzeitraums für Ersatzbeschaffungen über den zweijährigen Investitionszeitraum hinaus in zeitlich unbegrenzte Zukunft wäre hingegen unverhältnismäßig. Auch ansonsten sind dem Stpfl, nicht zuletzt aus Gründen der Rechtssicherheit, innerhalb des Verschonungssystems immer klare Fristen (zB fünf, sieben, zehn oder zwanzig Jahre) gesetzt.

88 Mit dem Begriff der Ersatzbeschaffung verlangt das Gesetz einen **kausalen Zusammenhang** zwischen einerseits der Veräußerung von Verwaltungsvermögen zur Anschaffung von begünstigtem Vermögen und andererseits der Anschaffung des neuen Verwaltungsvermögens. Wer zB noch zur Zeit des Erblassers angespartes Finanzmittelverwaltungsvermögen verwendet oder in dieser Zeit angelegte Wertpapiere veräußert, um eine Maschine auch zu erwerben, beschafft sich keinen Ersatz, wenn er nach der Investition in die Maschine eine fremdvermiete Immobilie anschafft. Genauso wird man auch die Entstehung eines Finanzmittelüberhangs durch erfolgreiches Wirtschaften nicht als „Ersatzbeschaffung" ansehen können. Vielmehr soll mit dieser Voraussetzung offenbarem Missbrauch vorgebeugt werden, dass zB eine fremdvermietete Immobilie zur (geplanten) Anschaffung einer Maschine veräußert wird, um rückwirkend auf den Stichtag die Immobilie in begünstigtes Vermögen umqualifizieren zu können, und sodann mit weiteren vorhandenen Finanzmitteln „als Ersatz" für die veräußerte Immobilie wieder eine neue oder sogar dieselbe fremdvermietete Immobilie angeschafft wird. Generell sollte im Rahmen der Auslegung der sicherlich unter Zeitdruck und deshalb an vielen Stellen uneindeutig formulierten Vorschrift die dahinter stehende Idee der Abmilderung von Stichtagsnachteilen bei Versterben zu stlich ungünstigem Zeitpunkt nicht aus dem Blick verloren werden.

5. Verwendung von Finanzmitteln für Löhne in Saisonbetrieben (Abs 5 Sätze 3 u 4)

89 Die Umqualifizierung von Finanzmitteln setzt voraus, dass aufgrund wiederkehrender saisonaler Schwankungen Einnahmen fehlen. Dies dürfte bei klassischen Saisonbetrieben unproblematisch sein. Zum Nachweis dürfte es genügen, die Einnahmen der Nebensaison den Einnahmen der Hauptsaison gegenüberzustellen; soweit die Einnahmen der Nebensaison geringer sind, fehlen diese. Wenn dies der Fall ist, ist Finanzmittel-Verwaltungsvermögen iSd Abs 4 Nr 5 S 1 – also die Finanzmittel nach Schuldensaldierung und Freibetrag einschließlich des als junge Finanzmittel qualifizierenden Teils der Finanzmittel, welche nicht um Schulden und Freibetrag gemindert werden –, bei Verwendung zur Zahlung von Löhnen und Gehältern in be-

günstigtes Vermögen umzuqualifizieren. Trotz des Verweises auf lediglich S 1 der Nr 5, sind hiervon auch die in Nr 5 S 2 definierten jungen Finanzmittel erfasst (aA *Kowanda,* ErbStB 2017, 48). Denn Nr 5 S 2 bestimmt lediglich den Umfang, in dem die Finanzmittel nach S 1 nicht der Schuldensaldierung und dem Freibetrag unterliegen und deshalb von vornherein als Verwaltungsvermögen qualifizieren. Dessen ungeachtet handelt es sich aber auch bei diesen Finanzmitteln um Finanzmittel iSd Nr 5 S 1. Zudem wäre es abwegig, die Einlage von Finanzmitteln zur Sicherstellung der Zahlung von Vergütungen in der Nebensaison als missbräuchlich anzusehen, insb wenn diese, wie es Abs 5 S 3 verlangt, tatsächlich zur Zahlung der Löhne und Gehälter verwendet werden. Klargestellt sei, dass nach dem Wortlaut der Vorschrift die Finanzmittel nicht etwa aufgrund fehlender Einnahmen zur Zahlung der Löhne und Gehälter verwendet werden müssen. Lediglich müssen Einnahmen aufgrund wiederkehrender saisonaler Schwankungen fehlen. Die Umqualifizierung tatsächlich zur Zahlung von Löhnen und Gehältern verwendeten Finanzmittel-Verwaltungsvermögens ist daher nicht auf den Betrag fehlender Einnahmen begrenzt. Weiteres Erfordernis ist allerdings auch hier, dass die Verwendung der Finanzmittel zur Zahlung der Löhne entsprechend einem Plan des Erblassers erfolgt (Abs 5 S 4). Da es jedoch bei Saisonbetrieben selbstverständlich und daher nicht ausdrücklich planbedürftig ist, Überschüsse der Hauptsaison zur Deckung der Fixkosten in der Nebensaison zu verwenden, sollte die entsprechende Handhabung in der Vergangenheit als Nachweis, dass ein solcher „Plan" zumindest im Kopf des Erblassers bestand, ausreichen.

VII. Allgemeine Schuldenverrechnung (Abs 6 und 8)

AEErbSt 2017: Abschnitte 13b.25 und 13b.28

Nach **Abs 6** ist der gemeine Wert des Verwaltungsvermögens um die **anteilig** 90
hierauf entfallenden Schulden des Unternehmens **zu kürzen.** Nur so lässt sich eine angemessene Aufteilung des Wertes der begünstigungsfähigen Einheit in den voll zu versteuernden nichtbegünstigten Teil und den verschonten begünstigten Teil erreichen. Da der Wert der begünstigungsfähigen Einheit durch Schulden gemindert ist – im Ertragswertverfahren durch den ertragsmindernd zu berücksichtigenden Zinsaufwand und im Substanzwertverfahren durch Abzug der Verbindlichkeiten –, würde ein zu geringer Teil der begünstigungsfähigen Einheit verschont und ein zu hoher Teil voll besteuert, wenn bei der Ermittlung des begünstigten Vermögens (Abs 2) vom Wert der begünstigungsfähigen Einheit das Brutto-Verwaltungsvermögen abgezogen würde. Die Zuordnung der in der wirtschaftlichen Einheit vorhandenen Schulden zum Verwaltungsvermögen und damit indirekt auch zum begünstigten Vermögen erfolgt nicht nach wirtschaftlichen Finanzierungszusammenhängen. Vielmehr werden die Schulden nach dem Verhältnis der Bruttowerte einerseits des Verwaltungsvermögens und andererseits des begünstigten Vermögens auf diese verteilt. Verteilt und später verrechnet werden aber nur diejenigen Schulden, die nicht bereits nach Abs 3 mit Altersversorgungsverpflichtungen sicherndem Verwaltungsvermögen oder nach Abs 4 Nr 5 mit Finanzmitteln verrechnet wurden. In Abs 6 geht es also nur um die Aufteilung der bis dahin noch nicht verrechneten Schulden.

Den **Aufteilungsmaßstab** bestimmt Abs 6 S 2. Hiernach ist der gemeine Wert des 91
Verwaltungsvermögens zum gemeinen Wert des Betriebsvermögens des Betriebs oder der Gesellschaft zuzüglich der noch nicht nach den Abs 3 und 4 verrechneten Schulden ins Verhältnis zu setzen. Erfasst wird dabei der gemeine Wert des gesamten Verwaltungsvermögens, also einschließlich des jungen Verwaltungsvermögens und der jungen Finanzmittel. Diese sind gem Abs 8 S 1 lediglich von der Schuldenverrechnung ausgeschlossen. Die Hinzurechnung der noch nicht verrechneten Schulden zum gemeinen Wert der wirtschaftlichen Einheit erfolgt in positivem Nennbetrag und erhöht

damit den Wert der wirtschaftlichen Einheit. Die pauschale Schuldenaufteilung nach Werten erscheint aus Vereinfachungsgründen zwar angemessen, kann sich gegenüber einer Zuordnung entsprechend wirtschaftlicher Finanzierungszusammenhänge für den Erwerber aber stlich positiv wie negativ auswirken. Gehört zB zu einem Unternehmen im Wert von 10 Mio EUR eine noch mit 2,5 Mio EUR finanzierte fremdvermietete Immobilie im Wert von 4 Mio EUR, so entfallen, wenn das Unternehmen keine sonstigen Schulden hat, lediglich 800.000 EUR auf die Immobilie und 1.700.000 EUR auf das verbleibende begünstigte Vermögen, so dass hiernach (vorbehaltlich Abs 7) 3,2 Mio EUR voll zu versteuern sind und 6,8 Mio EUR verschont werden. Bei einer wirtschaftlichen Zuordnung wären lediglich 1,5 Mio EUR voll zu versteuern und 8,5 Mio EUR verschont. Positiv wirkt sich die Schuldenaufteilung nach Werten für den Stpfl hingegen dann aus, wenn die Schulden überproportional mit begünstigtem Vermögen in Zusammenhang stehen.

92 Die in Abs 6 angeordnete Schuldenkürzung wird durch **Abs 8 S 1** in der Weise modifiziert, dass junges Verwaltungsvermögen und junge Finanzmittel nicht an der Schuldenkürzung teilnehmen. Deshalb sind vor Abzug der dem Verwaltungsvermögen zugeordneten Schulden die gemeinen Werte des jungen Verwaltungsvermögens und der jungen Finanzmittel vom gemeinen Wert des Gesamt-Verwaltungsvermögens abzuziehen. Nur der hiernach verbleibende Rest des Verwaltungsvermögens ist um die dem Verwaltungsvermögen zugeordneten Schulden zu kürzen. Dies kann dazu führen, dass nicht alle Schulden verrechnet und damit stmindernd berücksichtigt werden können. Auch voll finanziertes junges Verwaltungsvermögen ist, obwohl im Saldo nichts wert, innerhalb einer begünstigungsfähigen Einheit voll zu versteuern. Nach Durchführung der Schuldenverrechnung sind einem etwaigen Rest an Verwaltungsvermögen die Werte des jungen Verwaltungsvermögens und der jungen Finanzmittel wieder hinzuzurechnen. Die Summe ergibt den Nettowert des Verwaltungsvermögens (siehe zum Ganzen auch A 13b.25 AEErbSt 2017).

93 Darüber hinaus schränkt **Abs 8 S 2** aber auch die Schuldenverrechnung mit „normalem" Verwaltungsvermögen ein. Nicht verrechnet werden dürfen **wirtschaftlich nicht belastende Schulden** und überdurchschnittliche Schulden, soweit sie nicht betrieblich veranlasst sind. Zwar verweist Abs 8 S 2 nicht noch einmal ausdrücklich auf die Schuldenverrechnung nach Abs 6, jedoch kann aus der Reihenfolge der Arbeitsschritte, dem entsprechenden Verweis auf Abs 6 im vorangehenden S 1 sowie der Bezugnahme auf den Nettowert des Verwaltungsvermögens im nachfolgenden S 3 geschlossen werden, dass Abs 8 allein die Abs 6 und 7 modifiziert und sich das Verrechnungsverbot nicht auf die Schuldenverrechnung entsprechend Abs 3 und Abs 4 Nr 5 bezieht. Schulden, die wirtschaftlich nicht belasten sollen, sind schwer vorstellbar. Nach den Vorstellungen des Gesetzgebers (BTDrs 18/8911, 44) handelt es sich hierbei um im Insolvenzverfahren nachrangige Forderungen sowie um Forderungen gegenüber nahestehenden Dritten, mit deren Geltendmachung nicht ernsthaft zu rechnen ist (so auch A 13b.28 II 2 AEErbSt 2017). In der zweiten Fallgruppe wird man allerdings nicht alleine aus dem Näheverhältnis schließen können, dass mit einer Geltendmachung nicht zu rechnen ist. Hierzu sind vielmehr weitere konkrete Anhaltspunkte erforderlich.

94 Die **überdurchschnittlichen Schulden** ergeben sich aus einem Vergleich des Schuldenstands zum Stichtag und dem durchschnittlichen Schuldenstand der letzten 3 Jahre. Grundlage hierfür dürften sowohl zum Stichtag als auch zu den Vorjahren die Schulden vor Schuldenverrechnung nach Abs 3 und Abs 4 Nr 5 sein, mit der Folge, dass die nach Anwendung des Abs 3 und des Abs 4 Nr 5 verbliebenen und aufgeteilten Schulden nur verrechnet werden können, soweit sie den überdurchschnittlichen Teil der Schulden übersteigen. Ansonsten müsste auch für jedes Vorjahr eine Verrechnung nach Abs 3 und ein Finanzmitteltest nach Abs 4 Nr 5 durchgeführt werden. Allerdings will die FinVerw den Betrag des durchschnittlichen Schuldenstandes um den Wert der zum StEntstehungsstichtag nach § 13b III verrechneten Schulden aus Altersver-

sorgungsverpflichtungen mindern (A 13b.28 II 5 AEErbSt 2017). Eine Rechtsgrundlage dafür ist hingegen nicht erkennbar. Zur Vereinfachung gestattet die FinVerw, den durchschnittlichen Schuldenstand aus den letzten drei vor dem StEntstehungsstichtag abgelaufenen Wirtschaftsjahren abzuleiten. Die hierbei zu berücksichtigenden Schulden entsprechen denen im Finanzmitteltest (A 13b.28 II 4 mit Verweis auf A 13b.23 AEErbSt 2017). Da auch überdurchschnittliche Schulden verrechnet werden dürfen, wenn sie betrieblich veranlasst waren, dürfte in den Wertkategorien des Verschonungssystems das Verrechnungsverbot im Ergebnis nur für solche Schulden gelten, die zum Erwerb oder zur Erhaltung von Verwaltungsvermögen aufgewendet wurden oder mit denen Gesellschafterentnahmen finanziert wurden. Hingegen setzt die FinVerw betrieblich mit betriebsnotwendig gleich und verneint auch bei Aufnahme von Schulden zur Anschaffung von Wirtschaftsgütern des nicht betriebsnotwendigen Betriebsvermögens iSd § 200 II BewG generell eine betriebliche Veranlassung.

VIII. Unschädliches Verwaltungsvermögen (Abs 7)

AEErbSt 2017: Abschnitte 13b.26 und 13b.27

Der Gesetzgeber hat erkannt, dass jedes Unternehmen zumindest zeitweise einen gewissen Bestand an Verwaltungsvermögen hält und zur Gewährleistung seiner unternehmerischen Unabhängigkeit und seines wirtschaftlichen Geschäftsbetriebs häufig auch halten muss (BTDrs 18/8911, 43). Er gewährt deshalb in Abs 7 einen **Kulanzpuffer,** bis zu dessen Höhe das Halten von Verwaltungsvermögen unschädlich ist. Dieser beträgt – vereinfacht – 10% des sich (vor Anwendung des Kulanzpuffers) ergebenden Wertes des begünstigten Teils der begünstigungsfähigen Einheit. Hierzu ist vom Wert der begünstigungsfähigen Einheit das in dieser enthaltene Verwaltungsvermögen mit dem nach Abs 6 iVm Abs 3 bis 5 und 8 ermittelten Nettowert abzuziehen. Sodann wird das Verwaltungsvermögen in Höhe des ermittelten Kulanzpuffers in unschädliches Verwaltungsvermögen und damit letztlich begünstigtes Vermögen umqualifiziert. Auch hiervon bleiben jedoch junges Verwaltungsvermögen und junge Finanzmittel ausgeschlossen (Abs 7 S 2), so dass diese vor Anwendung des Kulanzpuffers vom Nettowert des Verwaltungsvermögens abzuziehen und nach Anwendung des Kulanzpuffers wieder hinzuzurechnen sind. Wie bei der Schuldenverrechnung kann dies dazu führen, dass der Kulanzpuffer nicht voll ausgeschöpft wird und trotzdem nicht verschontes Verwaltungsvermögen in Form des jungen Verwaltungsvermögens und der jungen Finanzmittel verbleibt. 95

In Abs 7 S 2 wird zudem **das junge Verwaltungsvermögen** definiert als Verwaltungsvermögen, das dem Betrieb im Zeitpunkt der Entstehung der Steuer weniger als zwei Jahre zuzurechnen war. Obwohl auch mit den Regelungen zum jungen Verwaltungsvermögen Missbrauch verhindert werden soll, verlangt das Gesetz, anders als bei den jungen Finanzmitteln, keine Einlage von außen. Die FinVerw stellt offenbar für den Zeitpunkt der Zurechnung – angesichts des Telos der Vorschrift zu eng – auf das einzelne Wirtschaftsgut des Verwaltungsvermögens, nicht aber, was angemessener wäre, auf die Gattung ab (R E 13b.19 I 2 ErbStR; A 13b.27 S 2 AEErbSt 2017, jedenfalls wenn man zu den dort genannten „betrieblichen Mitteln" auch als Verwaltungsvermögen qualifizierende Mittel zählt). Das führt dazu, dass zB auch mit der Umschichtung von Wertpapieren in im Betriebsvermögen gehaltenen Depots immer wieder neues junges Verwaltungsvermögen geschaffen wird (zurecht aA *von Oertzen/Stalleiken* § 13b Rz 225 mwN). Demgegenüber begründet die Umwidmung eines dem Betriebsvermögen bereits länger als zwei Jahre zuzurechnenden Wirtschaftsguts in Verwaltungsvermögen keinen neuen Zurechnungszeitpunkt (R E 13b.19 I 3 ErbStR; A 13b.27 S 3 AEErbSt 2017). Daher entsteht zB durch die Fremdvermietung einer zuvor betrieblich genutzten Immobilie kein junges Verwaltungsvermögen, 96 wenn die Immobilie als solche bereits länger als zwei Jahre dem Betrieb zuzurechnen war.

Steuerpolitisch gehören die Regelungen zum jungen Verwaltungsvermögen (und auch zu den jungen Finanzmitteln) abgeschafft. Der Missbrauch, der mit ihnen verhindert werden soll, beschränkt sich im neuen Verschonungssystem nur noch auf die Schuldenverrechnung (Abs 4 Nr 5 und Abs 6) sowie auf die Ausschöpfung des Kulanzpuffers (Abs 7) und damit auf eine sowohl haushaltspolitisch als auch verfassungsrechtlich hinnehmbare Größenordnung. Auf der anderen Seite wird das Verschonungssystem durch die Regelungen in ganz erheblichem Maße verkompliziert. In großen begünstigungsfähigen Einheiten wird eine Ermittlung des begünstigten Vermögens hierdurch fast unmöglich gemacht. Mit dem vom Gesetzgeber gewährten Kulanzpuffer hätte sich gerade in den Fällen, in denen der Kulanzpuffer nicht annähernd ausgeschöpft wird, eine Vereinfachung in der Abwicklung erreichen lassen. Da aber junges Verwaltungsvermögen „bereits ab dem ersten Euro" voll zu versteuern ist, sind die Stpfl verpflichtet, diesen Euro an jungem Verwaltungsvermögen auch in der Urenkelgesellschaft in Südamerika zu suchen und zu erklären. Entsprechend wird den Finanzbehörden eine kaum noch zumutbare Prüfungstiefe abverlangt.

IX. Verbundvermögensaufstellung

AEErbSt 2017: Abschnitt 13b.29

Schrifttum: *Kirschstein,* Die Berechnung des steuerpflichtigen begünstigten Vermögens bei der Verbundvermögensaufstellung, § 13 Abs. 9 ErbStG, ErbStB 17, 206; *Königer,* Risiken und Nebenwirkungen der Verbundvermögensaufstellung des § 13b Abs. 9 ErbStG aus Sicht der Besteuerungspraxis, ZEV 17, 365; *Schwind,* Die Verbundvermögensaufstellung gem § 13b Abs. 9 ErbStG, WPg 17, 413; *Schneider,* Die Verbundvermögensaufstellung iSv § 13b Abs 9 ErbStG, UVR 17, 113.

1. Historie und Regelungsziel

97 Die mit der ErbStReform 2016 neu eingeführte Regelung zur Errichtung einer Verbundvermögensaufstellung soll die **Kaskadeneffekte,** die sich im alten, vom 1.1.2009 bis zum 30.6.2016 geltenden Verschonungssystem bei mehrstufigen Beteiligungsstrukturen ergeben hatten, **beseitigen.** Diese resultierten aus einer Kombination des sog Alles-oder-Nichts-Prinzips und der Holdingklausel des § 13b Abs 2 Nr 3 ErbStG aF. Das Bundesverfassungsgericht hatte bereits das **Alles-oder-Nichts-Prinzip** als verfassungswidrig eingestuft, da hierdurch bei Nichtüberschreiten der 50%igen Verwaltungsvermögensquote in großem Umfang vom Gesetz als gerade nicht verschonungswürdig qualifiziertes Verwaltungsvermögen dennoch verschont wurde und bei geringem Überschreiten der Quote verschonungswürdiges Betriebsvermögen keine Verschonung erhielt. In Holdingstrukturen verstärkte sich dieser Effekt noch einmal erheblich und erhöhte sich mit der Anzahl der Beteiligungsstufen. Nach der sog **Holdingklausel** qualifizierte nämlich die zu einem begünstigungsfähigen Betriebsvermögen gehörende Beteiligung an einer Gesellschaft insgesamt, also mit ihrem vollen Wert als Verwaltungsvermögen, wenn die Gesellschaft, an der die Beteiligung bestand, ihrerseits mehr als 50% Verwaltungsvermögen hielt. Umgekehrt galt die Beteiligung insgesamt als begünstigtes Vermögen, wenn die 50%ige Verwaltungsvermögensgrenze nicht überschritten war. Das bedeutete, dass auf jeweils nächsthöherer Ebene bis zur Höhe des Wertes der als begünstigtes Vermögen qualifizierenden Beteiligung wiederum Verwaltungsvermögen vorhanden sein konnte, ohne dass es auf dieser Ebene zu einer Überschreitung der Verwaltungsvermögensgrenze kam. Bei günstiger Verteilung des Verwaltungsvermögens in den jeweiligen Gesellschaften der verschiedenen Beteiligungsebenen konnte so deutlich mehr als

50% Verwaltungsvermögen untergebracht werden. So wäre es in einer dreistufigen Beteiligungsstruktur im Idealfall möglich gewesen, eine wirtschaftliche Einheit mit 87,5% Verwaltungsvermögen zu übertragen und dennoch die Regelverschonung in Anspruch zu nehmen (positiver Kaskadeneffekt; Bsp: Muttergesellschaft im Wert von 400, enthaltend 200 VerwVerm und 200 Beteiligung an Tochtergesellschaft; Tochtergesellschaft im Wert von 200, enthaltend 100 VerwVerm und 100 Beteiligung an Enkelgesellschaft; Enkelgesellschaft im Wert von 100, mit VerwVerm im Wert von 50). Die Vollverschonung hätte noch bei einem Verwaltungsvermögensanteil von rund 77% in Anspruch genommen werden können. Eine ungünstige Verteilung des Verwaltungsvermögens in einer solchen dreistufigen Holdingstruktur konnte hingegen dazu führen, dass bereits mit einem Verwaltungsvermögensanteil von knapp über 12,5% sogar die Regelverschonung verloren ging (negativer Kaskadeneffekt). Diese Effekte galt es zur Herstellung eines verfassungskonformen Rechts zu beseitigen (vgl BVerfG v 17.12.2014, BStBl II 15, 50, Rz 263)

Schon im ersten auf die Entscheidung des BVerfG ergangenen Gesetzentwurf der BReg fanden sich daher Regelungen zu einer **konsolidierten Ermittlung** des begünstigten Vermögens **mittels einer Verbundvermögensaufstellung.** In der Begründung hierzu wurde als Ziel der Neuregelung die Beseitigung ungerechtfertigter StBefreiungen durch die gestalterische Nutzung des beschriebenen Kaskadeneffekts genannt (BTDrs 18/5923, 25). Vielmehr sollte die Zuordnung des begünstigten und nicht begünstigten Vermögens „unabhängig von der Wahl der Gesellschaftsstruktur" erfolgen. Denn, so die Gesetzesbegründung, für eine Verschonung betrieblichen Vermögens macht es „keinen Unterschied, ob der Erwerber einen Anteil unmittelbar oder mittelbar innerhalb einer mehrstufigen Gesellschaftsstruktur hält" (BTDrs 18/5923, 29). An diesem Ziel hat sich bis zur endgültigen Verabschiedung der heute geltenden Regelung nichts geändert. Auch der Bundesrat nannte in seiner Begründung den Ausschluss der vom Bundesverfassungsgericht gerügten Gestaltungen durch den sog Kaskadeneffekt (BTDrs 18/6279, 7) und passte die Regelung zur Verbundvermögensaufstellung lediglich an die von ihm geforderte Beibehaltung des „alten Verwaltungsvermögenskonzepts" (statt der zunächst von der BReg entworfenen Abgrenzung des begünstigten vom nichtbegünstigten Vermögen nach dem sog Hauptzweckkriterium) an. Auch in der Begründung des Finanzausschusses zu dem von ihm empfohlenen Gesetzentwurf, der bereits die Endfassung der Regelung erhält, finden sich keine Ergänzungen zu dem bereits von der BReg formulierten Regelungsziel (BTDrs 18/8911, 44). Im Kern geht es also um eine weitgehend **rechtsform- und strukturneutrale Ermittlung des begünstigten Vermögens.** Der Einzelunternehmer soll so behandelt werden wie der Erwerber einer Gesellschaftsbeteiligung und der Erwerber einer Beteiligung an einer Gesellschaft ohne weitere Beteiligungsgesellschaften wie der Erwerber einer Beteiligung an einer Gesellschaft mit weiteren Beteiligungsgesellschaften. Das Halten von mittelbaren Beteiligungen soll gegenüber dem Halten von nur unmittelbaren Beteiligungen keine Vorteile bringen und damit aus fiskalischer Sicht nicht gestalterisch genutzt werden können. Es soll aber, wie aus verfassungsrechtlicher Sicht zu ergänzen ist, auch zu keinen Nachteilen führen. Dieser Telos wird bei der Auslegung der nicht eben eindeutigen Regelung des Abs 9 zu beachten sein. Die FinVerw betont im Anwendungserlass, dass es sich bei der Verbundvermögensaufstellung lediglich um eine Rechentechnik handelt (A 13b.29 I 1 u 2, II 4 AEErbSt 2017). Das ist insoweit zutreffend, als der Gesetzgeber mit der Verbundvermögensaufstellung keine inhaltlichen Änderungen gegenüber der Ermittlung des begünstigten Vermögens im in den Abs 2 bis 8 geregelten Grundfall des Erwerbs eines Einzelunternehmens (ohne Zugehörigkeit von Beteiligungen zur begünstigungsfähigen Vermögenseinheit) beabsichtigt. Gerade daraus aber ergibt sich der Auftrag, in Zweifelsfällen die rechentechnischen Arbeitsanweisungen so auszulegen, dass sie zu keinen inhaltlichen Änderungen führen. 98

2. Anwendungsbereich

99 Die Regelungen zur Verbundvermögensaufstellung finden Anwendung, wenn – verkürzt – zum begünstigungsfähigen Vermögen nach Abs 1 Nrn 2 und 3 unmittelbar oder mittelbar Beteiligungen an Gesellschaften gehören. Auch hier stellt sich, wie schon an anderen Stellen der Verschonungsregelungen, die Frage, ob mit dem **Verweis auf das begünstigungsfähige Vermögen** (hier nur das nach den Nrn 2 und 3) dieses, was der Wortlaut nahelegen würde, insgesamt in Bezug genommen ist oder aber jeweils nur die einzelnen zum begünstigungsfähigen Vermögen gehörenden wirtschaftlichen Einheiten. Gehören bspw zu einem Nachlass Beteiligungen an drei verschiedenen Kommanditgesellschaften, die ihrerseits an keinen weiteren Gesellschaften beteiligt sind („unmittelbare Beteiligungen an Personengesellschaften"), so dürfte nach dem Wortlaut der Anwendungsbereich des Abs 9 eröffnet und eine Verbundvermögensaufstellung zu erstellen sein. In diese wären, zumindest nach dem Wortlaut der Regelung, die Vermögensgegenstände der drei unmittelbar gehaltenen Gesellschaften (und nicht die Beteiligungen) mit ihrem gemeinen Wert anteilig im Umfang der jeweiligen Beteiligung einzubeziehen. Eine solche, sich auf das gesamte begünstigungsfähige Vermögen erstreckende (auch) horizontale Verbundbetrachtung hätte allerdings zahlreiche Folgewirkungen. Beispielsweise käme es zu einer Verrechnung von Forderungen und Verbindlichkeiten verschiedener wirtschaftlicher Einheiten. Ob dies der Intention des Gesetzgebers entspricht, erscheint hingegen zweifelhaft. So heißt es in der Gesetzesbegründung der BReg, dass eine konsolidierte Betrachtung zu erfolgen hat, soweit „ein Betrieb oder eine Gesellschaft" Beteiligungen an Gesellschaften hält. Dies spricht sehr dafür, dass die Rechtsformneutralität bei der Ermittlung des begünstigten Vermögens nur für die jeweilige einzelne wirtschaftliche Einheit angestrebt ist, nicht aber, dass der Erwerber mit der Gesamtheit seiner verschonungsfähigen Einheiten wie ein Einzelunternehmer oder ein Erwerber mit nur einer einzelnen Gesellschaftsbeteiligung behandelt werden soll. Die Verbundvermögensaufstellung bezieht sich damit immer nur auf eine zum begünstigungsfähigen Vermögen gehörende wirtschaftliche Einheit, sodass auch mehrere Verbünde gleichzeitig erworben werden können.

100 Allerdings setzt der Wortlaut und Telos der Norm nicht voraus, dass zur jeweiligen, einen Verbund begründenden wirtschaftlichen Einheit wiederum vom Erwerber mittelbar erworbene Beteiligungen gehören. Vielmehr dient Abs 9 einer Vereinheitlichung der Ermittlung des begünstigten Vermögens, unabhängig davon, ob es sich um mehrstufige Strukturen handelt oder nicht. Deshalb ist das begünstigte Vermögen auch dann entsprechend der Regelungen des Abs 9 zu ermitteln, wenn **nur eine unmittelbar gehaltene Beteiligung** zum begünstigungsfähigen Vermögen gehört, dh auch in diesem Fall sind bei Anwendung der Abs 2 bis 8 die gemeinen Werte der Vermögensgegenstände der Gesellschaft im Umfang der Beteiligung einzubeziehen. Zahlreiche der in Abs 9 getroffenen Arbeitsanweisungen werden allerdings in einer einstufigen Struktur nicht relevant. Dennoch hat aber bei einem Beteiligungserwerb die Ermittlung des begünstigten Vermögens nunmehr immer **beteiligungsbezogen** zu erfolgen, wobei, da es um die Verschonung des Erwerbs geht, allein auf die jeweils erworbene Beteiligung abzustellen ist, nicht auf die vom Erblasser gehaltene. Relevanz hat dies vor allem für die Ermittlung der für die generelle Verschonungsfähigkeit (Abs 2 S 2) und die Vollverschonung (§ 13a X) maßgeblichen Verwaltungsvermögensquoten. Während früher die Quotenermittlung grundsätzlich betriebsbezogen und lediglich bei vorhandenem Sonderbetriebsvermögen gesellschafter- oder beteiligungsbezogen erfolgte, gilt Letzteres nunmehr generell. Im Beispiel begründet danach jede Beteiligung an einer Kommanditgesellschaft einen Verbund. Soweit zu dem Vermögen einer Kommanditgesellschaft wiederum Beteiligungen an anderen Gesellschaften gehören, sind auch die gemeinen Werte von deren Vermögensgegenständen im Umfang der jeweiligen Beteiligung einzubeziehen. Es erfolgt dann eine vertikale Verbundbetrachtung der jeweiligen wirtschaftlichen Einheit.

Bei der Prüfung, ob Beteiligungen zum begünstigungsfähigen Vermögen gehören und damit eine Verbundvermögensaufstellung notwendig wird, bleiben Anteile an Kapitalgesellschaften, die nach Abs 4 Nr 2 als Verwaltungsvermögen qualifizieren, also weder unmittelbar noch über eine Poolregelung die 25%-Beteiligungsgrenze überschreiten und auch nicht der KWG-Ausnahme unterfallen, unberücksichtigt (Abs 9 S 5). 101

3. Die gesetzlichen Arbeitsanweisungen zur Erstellung der Verbundvermögensaufstellung

a) Transparenzbetrachtung. Die Grundregel zur Erstellung der Verbundvermögensaufstellung findet sich in Abs 9 S 1. Hiernach sind bei der Ermittlung des begünstigten Vermögens entsprechend der Abs 2 bis 8 nicht die gemeinen Werte der Gesellschaftsbeteiligungen anzusetzen, sondern stattdessen **anteilig** in Höhe der Beteiligung an der Gesellschaft die gemeinen Werte der zum Gesamthandsvermögen der Gesellschaft gehörenden **Vermögensgegenstände.** Lediglich Anteile an Kapitalgesellschaften, die nach Abs 4 Nr 2 als Verwaltungsvermögen qualifizieren, sind nicht nach dieser Grundregel zu behandeln, sondern als Verwaltungsvermögen anzusetzen (Abs 9 S 5). Wirtschaftlich nicht belastende Schulden bleiben, wie auch schon bei der Schuldenverrechnung nach Abs 7 (s Abs 8 S 2), bei der Verbundvermögensaufstellung unberücksichtigt. 102

Die Arbeitsanweisungen des Abs 9 legen nahe, die Verbundvermögensaufstellung **aus Sicht des Erwerbers** durchzuführen. Hat dieser bspw eine 80%ige Beteiligung an der Muttergesellschaft erworben, welche an der Tochtergesellschaft 50% und diese wiederum an der Enkelgesellschaft 30% hält, so sind die Vermögensgegenstände auf Ebene der Enkelgesellschaft entsprechend der mittelbaren erworbenen Beteiligung von 8% in die Vermögensaufstellung aufzunehmen, die Vermögensgegenstände an der Tochtergesellschaft mit (80% von 50% =) 40% und die Vermögensgegenstände der Muttergesellschaft entsprechend der Höhe der unmittelbar erworbenen Beteiligung mit 80%. Sodann sind die ermittelten Werte aufzuaddieren, auf oberster Ebene die Subsumtionen unter die Tatbestände der Abs 2 bis 8 vorzunehmen und der so ermittelte Wert des schädlichen Verwaltungsvermögens des gesamten Verbunds vom Wert der begünstigungsfähigen Einheit, welche den Verbund begründet hat, abzuziehen. Hiernach wird also ***eine*** **Verbundvermögensaufstellung** gefertigt, in die die Ergebnisse der unteren Ebene einfließen. Die FinVerw geht allerdings anders vor. Nach A 13b.29 II 4, 5 AEErbSt 2017 ist **auf jeder Beteiligungsstufe eine Verbundvermögensaufstellung** zu fertigen, die sich dann aber nur auf den unmittelbaren und mittelbaren Anteil der jeweiligen Obergesellschaft an den Beteiligungsgesellschaften der jeweiligen unteren Ebenen bezieht (vgl. auch das Rechenbeispiel zur Verbundvermögensaufstellung in H 13b.29 AEErbSt 2017). Erst die letzte Verbundvermögensaufstellung ist dann allerdings die maßgebliche. Die Ermittlungen auf den jeweiligen Beteiligungsebenen dürften dadurch aufwendiger werden, eine Addition der Ergebnisse der unteren Ebenen wird hingegen entbehrlich, da diese in der Verbundvermögensaufstellung der obersten Ebene bereits enthalten sind. 103

Da sich die Abs 2 bis 8 nur auf Vermögensgegenstände des Verwaltungsvermögens beziehen – das begünstigte Vermögen ergibt sich lediglich durch Abzug des gemeinen Wertes des schädlichen Verwaltungsvermögens vom gemeinen Wert der begünstigungsfähigen Einheit –, sind auch in die Verbundvermögensaufstellung lediglich die Vermögensgegenstände aufzunehmen, die für die Ermittlung des Verwaltungsvermögens maßgeblich sind. Dies sind nach Abs 9 S 2 die von der Gesellschaft unmittelbar und mittelbar gehaltenen Finanzmittel (Abs 4 Nr 5), die Vermögensgegenstände des Verwaltungsvermögens (Abs 4 Nrn 1 bis 4) und die Schulden. Soweit es sich dabei um junge Finanzmittel und junges Verwaltungsvermögen handelt, sind diese wegen ihrer besonderen Behandlung, insb im Rahmen des Finanzmitteltests nach Abs 4 Nr 5, der allg Schuldensaldierung nach Abs 7 und der Umqualifizierung in unschädliches Verwaltungsvermögen nach Abs 8, gesondert aufzuführen. 104

105 Die Qualifizierung des einzelnen Vermögensgegenstandes als Finanzmittel, Verwaltungsvermögen und Schuld und auch ihre Einordnung als jung hat nach den allg Regelungen, somit den Abs 2 bis 8 zu erfolgen. Fraglich ist, ob und inwieweit dies **gesellschaftsbezogen oder verbundbezogen** zu geschehen hat.

106 **b) Finanzmittel.** Die Feststellung der Finanzmittel bestimmt sich nach der Definition des Abs 4 Nr 5. Aufzuführen sind die anteiligen gemeinen Werte der Zahlungsmittel, Geschäftsguthaben, Geldforderungen und anderen Forderungen. Eine gesellschafts- und verbundbezogene Betrachtung führt insoweit zu keinen unterschiedlichen Ergebnissen. Abs 9 verlangt insb keine Ermittlung des Finanzmittel-Verwaltungsvermögens auf jeder Ebene, sodass die Schuldenverrechnung erst nach Addition der anteiligen Finanzmittel und Schulden der verschiedenen Ebenen und damit auf oberster Ebene durch das ErbStFA stattzufinden hat (so auch die Anordnung in Abs 9 S 4 und so im Ergebnis auch die FinVerw in A 13b.29 V 1 AEErbSt 2017).

107 **c) Junge Finanzmittel.** Der Umfang der jungen Finanzmittel ergibt sich aus dem Saldo der in den zwei Jahren vor dem StEntstehungsstichtag eingelegten und entnommenen Finanzmittel. Da es sich bei der Verbundvermögensaufstellung nur um eine Rechentechnik handelt, die zu keinen inhaltlichen Veränderungen bei der Ermittlung des begünstigten Vermögens führen soll, können insoweit **nur Einlagen und Entnahmen des Erblassers oder Schenkers** oder nach Lesart der FinVerw **aller Gesellschafter** (Anm 76), jedenfalls aber nur Einlagen von und Entnahmen nach außen, nicht aber konzerninterne Einlagen und Entnahmen von Finanzmitteln relevant werden. Eine verbundbezogene Betrachtung ist damit bereits vorgegeben. Die Berücksichtigung auch von konzerninternen Einlagen, etwa von der Tochtergesellschaft in eine Enkelgesellschaft, würde den in einer Holdingstruktur organisierten Erwerber gegenüber einem Einzelunternehmer oder einem in einer einstufigen Gesellschaftsstruktur organisierten Erwerber erheblich benachteiligen. Die FinVerw trifft hierzu zwar keine ausdrückliche Anordnung. Ihr Hinweis, dass die Begrenzung der jungen Finanzmittel auf den Wert der Finanzmittel (hierzu bereits Anm 74f) erst auf oberster Feststellungsebene zu erfolgen habe (A 13b.29 IV 2 AEErbSt 2017), deutet jedoch darauf hin, dass auch sie nur Einlagen „von oben“ und entsprechend auch nur Entnahmen der Gesellschafter der erworbenen Gesellschaft berücksichtigen will. Alles andere wäre mit dem Telos der Gewährleistung einer strukturneutralen Ermittlung des begünstigten Vermögens nicht vereinbar. Allerdings können **Einlagen** auch direkt **in Gesellschaften unterer Ebenen** erfolgen, weshalb auch bei diesen Gesellschaften die Feststellung junger Finanzmittel zu erfolgen hat. In der Praxis wird dies aber eher selten sein. Vielmehr wird in der Regel die Einlage auf oberster Ebene erfolgen und sodann bis in die Beteiligungsgesellschaft, die des Kapitalzuflusses bedarf, „durchgereicht“ werden. Im Rahmen der Erstellung der Verbundvermögensaufstellung ist hierzu allerdings festzustellen, von wem die Einlage stammte, ob es sich also um eine für die Bestimmung des Umfangs der jungen Finanzmittel relevante Einlage eines Gesellschafters der Obergesellschaft – nach der hier vertretenen Auffassung: des Erblassers oder Schenkers (Anm 76) – handelte (Bsp: Der Erblasser hatte vor 10 Monaten 100 unmittelbar in die Enkelgesellschaft eingelegt) oder lediglich um eine insoweit irrelevante Einlage einer zum Verbund gehörenden Gesellschaft als Gesellschafterin einer anderen Verbundgesellschaft (Bsp: Die Tochtergesellschaft, die als Finanzierungsgesellschaft der Unternehmensgruppe fungiert, hatte vor 10 Monaten 100 in die Enkelgesellschaft eingelegt. Sofern die Tochtergesellschaft die Mittel nach einer Einlage des Erblassers in die Muttergesellschaft von dieser erhalten haben sollte, wird die Einlage des Erblassers, aber auch nur diese, als junge Finanzmittel erfasst. Dies gilt auch, wenn die Muttergesellschaft selbst keine Finanzmittel hat, sondern diese auf untere Ebenen durchgereicht wurden und noch nicht verbraucht sind, da die Begrenzung der jungen Finanzmittel auf den Wert der Finanzmittel – bei einer Verbundbetrachtung durchaus zutreffend – erst auf oberster Ebene erfolgt).

108 **d) Verwaltungsvermögen.** Das Verwaltungsvermögen bestimmt sich auf jeder Beteiligungsstufe nach Abs 4 Nrn 1 bis 4. Die Frage, ob dies gesellschafts- oder verbundbezogen zu erfolgen hat, stellt sich in der Regel nicht oder wird durch den Tatbestand selbst beantwortet. Die Definitionen zur Identifizierung eines Vermögensgegenstandes als Verwaltungsvermögen sind insoweit neutral. Die Ausnahmetatbestände in den Katalognummern 1 bis 4 beziehen sich entweder auf den Betrieb der Gesellschaft, zu dem der Vermögengegenstand gehört (Nrn 1b, Buchst d, Buchst e, 2, 3, 4) oder es werden ausdrücklich Bezüge zur Unternehmensgruppe hergestellt (Nrn 1a und Buchst c), wobei auch hier Ausgangspunkt der Betrieb der Gesellschaft bleibt. Betriebsübergreifend ist hingegen Abs 3 ausgestaltet, der eine Umqualifizierung von Verwaltungsvermögen und Finanzmitteln vorsieht, die Altersversorgungsverpflichtungen absichern. Er bezieht sich nicht auf den Betrieb, sondern auf das begünstigungsfähige Vermögen und damit die Vermögensgegenstände des begünstigungsfähigen Vermögens insgesamt. Abs 3 ist damit der Identifizierung der Vermögensgegenstände als Verwaltungsvermögen auf den unteren Ebenen im Rahmen der Verbundvermögensaufstellung nachgelagert und kann daher erst auf oberster Ebene Anwendung finden. Dass Abs 9 S 4 nicht ausdrücklich auch auf Abs 3 verweist, sollte dem nicht entgegenstehen. Die FinVerw sieht dies jedoch anders: Sie ordnet in A 13b.29 IV AEErbSt 2017 an, dass das Ausscheiden von Verwaltungsvermögen und Schulden im Zusammenhang mit Altersversorgungsverpflichtungen auf „jeder Beteiligungsstufe“ anzuwenden sei. Ob damit auch eine inhaltliche Begrenzung der Umqualifizierung gemeint ist, etwa wenn Vermögensgegenstände der Gesellschaft einer Beteiligungsstufe der Absicherung von Pensionsverpflichtungen der Gesellschaft einer anderen Beteiligungsstufe dienen, bleibt unklar, wäre aber mit dem Gesetz nicht zu vereinbaren. Sie würde zudem auch dem Telos der Verbundvermögensaufstellung nicht gerecht. Die Organisation in einer mehrstufigen Unternehmensgruppe soll nach dem Willen des Gesetzgebers gegenüber einer Einheitsstruktur zu keinen Vorteilen, aber eben auch zu keinen Nachteilen bei der Ermittlung des begünstigten Vermögens führen.

109 **e) Junges Verwaltungsvermögen.** Besonders relevant wird die Frage einer gesellschaftsbezogenen oder verbundbezogenen Betrachtung allerdings bei der Qualifizierung von Verwaltungsvermögen als jung. Nach Abs 7 S 2 qualifiziert solches Verwaltungsvermögen als jung, welches „dem Betrieb“ im Zeitpunkt der Entstehung der Steuer weniger als zwei Jahre zuzurechnen war. Das Gesetz macht nicht kenntlich, ob im Rahmen der Erstellung der Verbundvermögensaufstellung mit dem Begriff des Betriebs der Betrieb der einzelnen Gesellschaft oder der Verbund, also die Zusammenfassung der Betriebe sämtlicher zum Verbund gehörenden Gesellschaften, zu verstehen ist. Ist also entscheidend, ob der als Verwaltungsvermögen qualifizierende Vermögensgegenstand noch keine zwei Jahre dem Betrieb der einzelnen Verbundgesellschafter zuzurechnen war – etwa der konkreten, vom zuständigen BetriebsFA zu untersuchenden Enkelgesellschaft, was relativ einfach deren Abschlüssen und Inventarlisten entnommen werden kann – oder kommt es darauf an, ob der Vermögensgegenstand innerhalb der letzten zwei Jahre zu dem Betriebsvermögen irgendeiner Verbundgesellschaft gehörte? Begründet also die konzerninterne Verlagerung von („altem“) Verwaltungsvermögen wieder junges Verwaltungsvermögen (Bsp: Die Tochtergesellschaft überträgt eine von ihr seit zehn Jahren gehaltene fremdvermietete Immobilie auf die Enkelgesellschaft; fünf Monate danach tritt der Erbfall ein)? Das mit der Verbundvermögensaufstellung verfolgte **Regelungsziel** einer strukturneutralen Ermittlung des begünstigten Vermögens spricht sicherlich gegen eine gesellschaftsbezogene Betrachtung und **verlangt als Betrieb den Verbund zu betrachten.** Nur so lässt sich eine Gleichbehandlung eines in einer Verbundstruktur organisierten Erwerbers mit einem in einer Einheitsstruktur organisierten Erwerber erreichen. Die FinVerw hat sich jedoch in H 13b.29 AEErbSt 2017 („Junges Verwaltungsvermögen im Verbund“) gegen eine solche verbundbezogene Ermittlung des jungen Verwal-

tungsvermögens entschieden und stellt für die Qualifizierung eines zum Verwaltungsvermögen zählenden Vermögensgegenstandes allein auf seine Zugehörigkeit zum Betrieb der konkreten zum Verbund gehörenden Gesellschaft ab **(gesellschaftsbezogene Betrachtung).** Diese Auffassung dürfte vor allem **verfahrensrechtlich motiviert** sein, da das zur Ermittlung des jungen Verwaltungsvermögens berufene BetriebsFA immer nur die Gesellschaft, nicht aber den Verbund im Blick haben kann. Es würden daher nach Feststellung, dass ein Vermögensgegenstand noch nicht mindestens zwei Jahre zum Betriebsvermögen der Gesellschaft gehört, weitere Recherchen im Verbund erforderlich, um festzustellen, ob der Vermögensgegensstand möglicherweise in der Zeit davor dem Betriebsvermögen einer anderen Verbundgesellschaft zuzurechnen war. Unter Praktikabilitätsgesichtspunkten ist das Verständnis der FinVerw also durchaus nachzuvollziehen. Eine verbundbezogene Betrachtung würde zudem dadurch weiteren Mehraufwand bringen, weil auch **Umstrukturierungsmaßnahmen,** etwa die Einbringung einer Gesellschaftsbeteiligung, zur Entstehung von jungem Verwaltungsvermögen führen könnte, wenn insb zum Betriebsvermögen der eingebrachten Gesellschaft schon seit vielen Jahren Verwaltungsvermögen gehört, welches aber nach Einbringung neu im Verbund und damit die folgenden zwei Jahre lang jung wäre. Auf der Grundlage der gesellschaftsbezogenen Betrachtung der FinVerw kommt es hingegen allein auf die Dauer der Zugehörigkeit des Verwaltungsvermögens bei der in den Verbund eingebrachten Gesellschaft an. Hält diese das Verwaltungsvermögen schon mindestens zwei Jahre, wird es von dem für die eingebrachte Gesellschaft zuständigen BetriebsFA als „normales" und nicht junges Verwaltungsvermögen festgestellt und nach oben gemeldet. Voraussetzung ist freilich, dass die eingebrachte Gesellschaftsbeteiligung nicht selbst, etwa nach Abs 4 Nr 2 wegen Nichtüberschreitens der 25%-Grenze, als Verwaltungsvermögen qualifiziert und damit zwei Jahre lang junges Verwaltungsvermögen darstellt. Auch materiellrechtlich stellt sich eine gesellschaftsbezogene Betrachtung somit zumindest im Hinblick auf Umstrukturierungsmaßnahmen als für den Stpfl durchaus vorteilhaft dar. Ob allerdings auch die Rspr einer solchen gesellschaftsbezogenen Betrachtung folgen wird, bleibt abzuwarten.

110 **f) Schulden.** Ebenfalls gesondert festgestellt werden auf jeder Beteiligungsstufe für jede Verbundgesellschaft die anteilig dem Erwerber zuzurechnenden Schulden. Wirtschaftlich nicht belastende Schulden sind nach Abs 9 S 5 nicht in die Verbundvermögensaufstellung aufzunehmen. Die FinVerw will die Begrenzung der nach Abs 7 verrechenbaren Schulden auf die wirtschaftlich belastenden, die durchschnittlichen und die betrieblich veranlassten überdurchschnittlichen Schulden auf jeder Beteiligungsstufe vornehmen (A 13b.29 IV AEErbSt 2017). Dies ist abzulehnen. Der Wortlaut gibt solches nicht vor. Im Gegenteil ordnet Abs 9 S 4 ausdrücklich an, dass Abs 8 auf die Werte in der Verbundvermögensaufstellung anzuwenden ist. Eine Begrenzung bereits auf Beteiligungsebene würde zudem zu einer dem Regelungsziel der Verbundvermögensaufstellung zuwider laufenden Benachteiligung des in einer Verbundstruktur organisierten Erwerbers führen.

111 **g) Verrechnung verbundinterner Forderungen und Verbindlichkeiten.** Abs 9 S 3 bestimmt, dass Forderungen und Verbindlichkeiten zwischen einzelnen Verbundgesellschaften, zwischen einer Verbundgesellschaft und dem übertragenen Betrieb sowie zwischen einer Verbundgesellschaft und der übertragenen Gesellschaft zu verrechnen und damit insoweit nicht mehr als Forderung der Gläubigergesellschaft bzw Verbindlichkeit der Schuldnergesellschaft gesondert festzustellen sind. Da auch dies für das BetriebsFA nur schwer zu erkennen ist, legt die FinVerw dem Stpfl, der eine solche Verrechnung begehrt, die Pflicht auf, den Verbundzusammenhang durch geeignete Unterlagen, in der Regel werden dies die den Gläubiger und Schuldner ausweisenden Darlehensverträge sein, nachzuweisen (A 13b.29 III 3 AEErbSt 2017). Von der Verrechnung ausgeschlossen sind wirtschaftlich nicht belastende Verbindlichkeiten, da Abs 9 S 5 generell für wirtschaftlich nicht belastende Schulden eine Anwendung der Sätze 1 bis 4 ausschließt. Die FinVerw nimmt zudem Forderungen und Verbindlichkeiten, die sich im Gesamthandsvermögen und im Sonderbetriebsvermögen einer Personengesellschaft gegenüberstehen, von der Verrechnung aus, da es sich nicht um eine Beteiligung handele (A 13b.29 AEErbStG 2017). Da aber das Sonderbetriebsvermögen genauso zum Betrieb gehört und die Gesellschaft als Verbundgesellschaft angesehen werden kann, sollte auch insoweit eine Verrechnung möglich sein.

h) Maßnahmen nach Verbundvermögensaufstellung. Nach den gesonderten Feststellungen auf allen Beteiligungsstufen sind die Abs 4 Nrn 5, 6 bis 8 auf die Werte der Verbundvermögensaufstellung anzuwenden (Abs 9 S 4). Nach hier vertretener Auffassung gilt dies auch für die Verrechnung von Schulden aus Altersversorgungsverpflichtungen mit diese absicherndem Verwaltungsvermögen und Finanzmitteln, auch wenn Abs 9 nicht ausdrücklich auch auf Abs 3 verweist. Für diese Arbeitsschritte (aufgeführt in A 13b.29 V 1 AEErbSt 2017) ist das ErbStFA zuständig. 112

X. Verfahrensrechtliche Anordnungen (Abs 10)

AEErbSt 2017: Abschnitt 13b.30

Schrifttum: *Halaczinsky,* Änderung des ErbStG und des BewG durch das Steuervereinfachungsgesetz 2011, UVR 11, 342; *Volquardsen,* Das erbschaftsteuerliche Feststellungsverfahren – geplante Änderungen durch das Steuervereinfachungsgesetz 2011, ZErb 11, 295; *Krause/Grootens,* Neuregelung des Feststellungsverfahrens, NWB-EV 01/12, 27; *Krause/Grootens,* Feststellungsverfahren und Beteiligung von Gesellschaften, NWB-EV 10/12, 325.

Abs 10 ordnet eine **gesonderte Feststellung** der Summen der gemeinen Werte der bei der Ermittlung des begünstigten Vermögens relevanten Größen Finanzmittel, jungen Finanzmittel, Verwaltungsvermögen, junges Verwaltungsvermögen und Schulden an. Er steht damit im Zusammenhang mit einerseits den §§ 151 ff BewG, in denen insb die gesonderten Feststellungen der Werte von begünstigungsfähigem Betriebsvermögen und Anteilen an Kapitalgesellschaften geregelt sind, und andererseits mit § 13a Abs 4, der eine gesonderte Feststellung der für die Lohnsummenkontrolle maßgeblichen Größen (Ausgangslohnsumme, Anzahl der Beschäftigten und Summe der maßgebenden jährlichen Lohnsummen) vorsieht. Inhaltlich entspricht Abs 10 weitgehend dem durch das Steuervereinfachungsgesetz 2011 eingeführten § 13b Abs 2 Buchst a aF, der lediglich um S 4 (Zuständigkeit bei Feststellung zu Anteilen an börsennotierten Kapitalgesellschaften) ergänzt wurde. 113

Örtlich zuständig für die gesonderte Feststellung ist in allen Fällen das BetriebsFA (§ 152 Nrn 1–3). Obwohl nach Abs 10 S 1 lediglich die Summen der gemeinen Werte der jeweiligen Vermögenskategorien festgestellt werden sollen, hat nach Auffassung der FinVerw das BetriebsFA auch über die insoweit vorrangige Zuordnung eines Wirtschaftsguts zu der jeweiligen Vermögenskategorie, also seine Qualifikation als Verwaltungsvermögen, junges Verwaltungsvermögen, Finanzmittel, junge Finanzmittel und Schuld zu entscheiden (Erlass v 21.6.2012, BStBl I 12, 712, Tz 1.3.2.6c). Allerdings hat eine solche gesonderte Feststellung nur zu erfolgen, wenn und soweit diese Werte für die ErbSt oder eine andere Feststellung iSd § 13b von Bedeutung sind. Die Entscheidung hierüber kann sowohl das ErbStFA als auch das BetriebsFA selbst treffen. Hierbei handelt es sich um eine Ermessensentscheidung, bei der das zuständige FA angesichts des mit den Ermittlungen häufig verbundenen Aufwands auch dem Verhältnismäßigkeitsgrundsatz Rechnung zu tragen hat. Vor allem bei Holdingstrukturen, bei denen eine Verbundsvermögenaufstellung zu er- 114 richten ist, kann die Beteiligung zahlreicher FÄ notwendig werden. Auch für den Stpfl erhöht sich durch die gesonderten Feststellungen der Aufwand erheblich. Für ihn ergeben sich nicht nur zahlreiche Erklärungspflichten. Vielmehr hat er auch verbindliche Auskünfte zu Qualifikation und Wert von Verwaltungsvermögen, Finanzmitteln und Schulden beim jeweilig zuständigen BetriebsFA zu beantragen und Rechtsmittel gegen gesonderte Feststellungen, die er für unzutreffend hält, bei den jeweils zuständigen Stellen einzulegen (vgl den Verweis in Abs 10 S 5 auf die §§ 152–156 BewG).

115 Nach A 13b.30 V AEErbSt 2017 haben die BetriebsFÄ außerdem nachrichtlich dem ErbStFA die folgenden Angaben mitzuteilen: Das Vorliegen der Voraussetzungen für die Inanspruchnahme des 15%igen Finanzmittelfreibetrages (Abs 4 Nr 5 S 4), das Vorliegen der Voraussetzungen des Wertabschlags für qualifizierte Familiengesellschaften (§ 13a IX) sowie den Wert des vom begünstigten Vermögen nach Abs 1 Nr 2 auszusondernden Drittlandsvermögens und Grundvermögens. Soweit es sich bei der obersten gesondert festzustellenden Einheit um eine Personengesellschaft handelt, soll das hierfür zuständige BetriebsFA weiterhin mitteilen, wieviel des festgestellten Wertes auf den übertragenen Anteil am Gesamthandvermögen und wieviel auf das übertragene Sonderbetriebsvermögen entfällt.

§ 13c Verschonungsabschlag bei Großerwerben von begünstigtem Vermögen

(1) [1]**Überschreitet der Erwerb von begünstigtem Vermögen im Sinne des § 13b Absatz 2 die Grenze des § 13a Absatz 1 Satz 1 von 26 Millionen Euro, verringert sich auf Antrag des Erwerbers der Verschonungsabschlag nach § 13a Absatz 1 oder Absatz 10 um jeweils einen Prozentpunkt für jede vollen 750 000 Euro, die der Wert des begünstigten Vermögens im Sinne des § 13b Absatz 2 den Betrag von 26 Millionen Euro übersteigt.** [2]**Im Fall des § 13a Absatz 10 wird ab einem Erwerb von begünstigtem Vermögen im Sinne des § 13b Absatz 2 in Höhe von 90 Millionen Euro ein Verschonungsabschlag nicht mehr gewährt.**

(2) [1]**§ 13a Absatz 3 bis 9 findet auf Absatz 1 entsprechende Anwendung.** [2]**Bei mehreren Erwerben begünstigten Vermögens im Sinne des § 13b Absatz 2 von derselben Person innerhalb von zehn Jahren werden für die Bestimmung des Verschonungsabschlags für den letzten Erwerb nach Absatz 1 die früheren Erwerbe nach ihrem früheren Wert dem letzten Erwerb hinzugerechnet.** [3]**Der nach Satz 2 ermittelte Verschonungsabschlag für den letzten Erwerb findet auf die früheren Erwerbe Anwendung, wenn die Steuerbefreiung für den früheren Erwerb nach § 13a Absatz 1 Satz 3 wegfällt oder dies bei dem jeweiligen Erwerb zu einem geringeren Verschonungsabschlag führt, es sei denn, für den früheren Erwerb wurde ein Antrag nach § 28a Absatz 1 gestellt.** [4]**Die bis dahin für frühere Erwerbe gewährte Steuerbefreiung entfällt insoweit mit Wirkung für die Vergangenheit.** [5]**§ 13a Absatz 1 Satz 4 findet Anwendung.** [6]**Der Antrag nach Absatz 1 ist unwiderruflich und schließt einen Antrag nach § 28a Absatz 1 für denselben Erwerb aus.**

(3) **Die Absätze 1 und 2 gelten in den Fällen des § 1 Absatz 1 Nummer 4 entsprechend.**

AEErbSt 2017: Abschnitte 13c.1 bis 13c.5

Übersicht

Schrifttum: *Korezkij,* Erbschaftsteuerreform: Finger weg vom Abschmelzungsmodell bei Erwerben begünstigten Vermögens ab 51 Mio Euro!, DStR 17, 189.

I. Verfassungsrechtliche Vorgaben und Regelungsinhalt

1 Die Regelung geht auf Vorgaben des Bundesverfassungsgerichts in seiner Entscheidung v 17.12.2014 (BStBl II 15, 50) zurück. Hierin hatte das Bundesverfassungsgericht für kleinere und mittlere Unternehmen den 85%igen Verschonungsabschlag und auch die Vollverschonung verfassungsrechtlich gebilligt. Bei **Erwerben von großen Unternehmen** sah das Gericht jedoch aufgrund des betragsmäßigen Ausmaßes der StBefreiung einen Verstoß gegen den Gleichheitssatz. Es führte aus, dass jede StBefreiung eine Ungleichbehandlung darstellt und deshalb einer Rechtfertigung bedarf. Umso höher die StBefreiung – nicht nur relativ, sondern auch betragsmäßig – ausfalle, desto größer sei die Ungleichbehandlung und desto höher auch die Last, diese zu rechtfertigen. Der Gleichheitssatz ist also nur erfüllt, wenn sich das Maß der Ungleichbehandlung und die Anforderung an ihre Rechtfertigung die Waage halten. Bei Großerwerben war dies nach Auffassung des Bundesverfassungsgerichts nicht mehr der Fall. Bei ihnen reicht eine abstrakte Gefährdung durch eine Belastung mit ErbSt nicht aus, um die Verschonung bisherigen Umfangs, wie sie sich abgesehen von der Vollversteuerung des Verwaltungsvermögens heute noch als sog Normalverschonung in § 13a I und X findet, zu rechtfertigen.

2 Um bei Großerwerben die StBefreiung und die damit verbundene Ungleichbehandlung auf der einen Seite und die Rechtfertigungslast auf der anderen Seite wieder in die Waage zu bringen, waren zwei Wege denkbar. Zum einen eine **Reduzierung der StBefreiung** und zum anderen eine **Erhöhung der Rechtfertigungslast.** Auch Mittelwege erschienen möglich. Entsprechend nannte auch das Bundesverfassungsgericht in seiner Entscheidung, freilich unter Betonung der Gestaltungsfreiheit des Gesetzgebers, zwei Lösungsansätze zur Beseitigung der übermäßigen Begünstigung großer Unternehmenserwerbe: Der erste lag in einer Reduzierung der StBefreiung, zB durch Einführung einer Förderhöchstgrenze, der zweite in der besonderen Rechtfertigung in der bestehenden StBefreiung des alten Rechts durch Einführung einer individuellen Bedürfnisprüfung. Der Gesetzgeber hatte sich sodann dafür entschieden, den Stpfl beide Lösungsansätze gleichzeitig anzubieten, allerdings nicht kumulativ, sondern alternativ. Die bisherige Verschonung, also den 85%igen und 100%igen Verschonungsabschlag, sollte es nur für kleine und mittlere Erwerbe geben. Die Grenze hierfür liegt nun bei 26 Mio EUR (§ 13a I 1). Bei Überschreiten dieser Wertgrenze kann der Erwerber wählen. Er kann sich einer Verschonungsbedarfsprüfung unterziehen und soweit er „bedürftig" ist, einen Erlass der St beantragen (Erhöhung der Rechtfertigunglast, vgl § 28a) oder er kann sich mit einer geringeren Verschonung zufrieden geben und das in § 13c geregelte Abschmelzungsmodell wählen (Reduzierung der StBefreiung). Nach dem Abschmelzungsmodell reduziert sich der Verschonungsabschlag um jeweils 1% für jede vollen 750.000 EUR, um die der Wert des Erwerbs die Wertgrenze von 26 Mio EUR übersteigt.

II. Abschmelzung (Abs 1)

3 Ausgangspunkt für die Abschmelzungsregelung ist die Anordnung in § 13a I 1, dass begünstigtes Vermögen iSd § 13b II nur dann iHv 85% – und unter den Voraussetzungen des § 13a X iHv 100% – verschont bleibt, wenn der Erwerb dieses Vermögens zuzüglich evtl Vorerwerbe einen Wert von 26 Mio EUR nicht übersteigt. § 13c I 1 ordnet nun an, dass im Falle des Überschreitens dieser Wertgrenze der Erwerber beantragen kann, dass sich der Verschonungsabschlag, sei es der 85%ige Verschonungsabschlag nach der Regelverschonung oder der 100%ige Verschonungsabschlag nach der Vollverschonung, um jeweils 1% für jede vollen 750.000 EUR, die der Wert des begünstigten Vermögens die Wertgrenze übersteigt, verringert und, was nicht ausdrücklich im Gesetz steht, sein Erwerb im Umfang dieses verringerten Verschonungsabschlags stfrei gestellt wird (zur Berechnung H 13c.1 AEErbSt 2017). Der Antrag kann sicherlich auch gestellt und der volle Verschonungsabschlag in Anspruch genommen werden, wenn die 26 Mio-Euro-Grenze um keine 750.000 EUR überschritten wird, und es daher tatsächlich zu keiner Verringerung des Verschonungsabschlags kommt. Die tatsächliche Wertgrenze für die Vollverschonung liegt aufgrund der Abschmelzungsregelung somit bei 26.749.999 EUR. Die Verminderung des Verschonungsabschlags in Wertstufen wird allerdings nicht durch eine etwa § 19 III vergleichbare Härteausgleichsregelung ergänzt.

4 Zu allein mit „Kopfrechnen" kaum erfassbaren Effekten kommt es zudem dadurch, dass sich die Reduzierung des Verschonungsabschlags immer auf den **gesamten Erwerb,** einschließlich auch der ersten 26 Mio EUR bezieht. *Korezkij* (DStR 17, 189) hat gezeigt, dass insbesondere die Umwandlung von nichtbegünstigtem Vermögen in begünstigtes Vermögen (zB durch die Umwandlung von Verwaltungsvermögen in Finanzmittel) im System des Abschmelzungsmodells sogar zu Mehrbelastungen führen kann. Dies liegt daran, dass im Umfang einer Umwandlung von jeweils 750.000 EUR zwar für diese 750.000 EUR nunmehr der (um 1% reduzierte) Verschonungsabschlag in Anspruch genommen werden kann, sich gleichzeitig aber für das gesamte übrige begünstigte Vermögen der Verschonungsabschlag um 1% mindert. Wird etwa bei einer begünstigungsfähigen Einheit mit begünstigtem Vermögen von 50 Mio EUR und nichtbegünstigtem Vermögen von 1,5 Mio EUR das nichtbegünstigte Vermögen in begünstigtes Vermögen umqualifiziert, so sind zwar die bisher in StKlasse I mit 27% vollversteuerten 1,5 Mio EUR nunmehr durch einen 66%igen Verschonungsabschlag begünstigt und damit betragsmäßig (405.000 EUR ./. 137.700 EUR =) 267.300 EUR geringer belastet. Gleichzeitig entsteht aber durch die Verringerung des Verschonungsabschlags auf die bisher mit 68% begünstigten 50 Mio um 2% eine Mehrbelastung von 270.000 EUR. Die „kritische Grenze", ab der der durch die Umwandlung von Verwaltungsvermögen in begünstigtes Vermögen angestrebte Vergünstigungseffekt im Abschmelzungsmodell kippt, hat *Korezkij* für die StKlasse I bei der Regelverschonung bereits bei 45 Mio EUR und bei der Vollverschonung bei 51 Mio EUR ausgemacht. Der Effekt ist gestalterisch nicht nur bei der Umqualifizierung von Verwaltungsvermögen in begünstigtes Vermögen und umgekehrt zu berücksichtigen, sondern auch bei der Teilung von Erwerben begünstigten Vermögens in der Zeit (10-Jahresrhythmus) und auf mehrere Erwerber. Denn sobald das begünstigte Vermögen die kritische Grenze erreicht, führt jedes zusätzliche begünstigte Vermögen im Abschmelzungsmodell zu einem höheren stpfl Erwerb und damit zu einer höheren Grenzsteuerbelastung als bei einem zusätzlichen Erwerb nichtbegünstigten Vermögens (auch hierzu *Korezkij,* aaO).

5 Während der 85%ige Verschonungsabschlag in 1%-Schritten auf Null abschmilzt, was bei einem Erwerb von mehr als 89.750.000 EUR erreicht ist, findet eine Abschmelzung des 100%igen Verschonungsabschlags nur bis zu einem Verschonungsab-

schlag von 15% statt. Abs 1 S 2 ordnet nämlich an, dass im Fall der Vollverschonung ab einem Erwerb von 90 Mio EUR ein Verschonungsabschlag nicht mehr gewährt wird. Ohne diese Begrenzung wäre der 100%ige Verschonungsabschlag erst ab einem Wert von 101 Mio EUR vollständig abgeschmolzen gewesen.

III. Verweis auf das Normalverschonungssystem (Abs 1 S 2)

Nach Abs 2 S1 finden auf den abgeschmolzenen Verschonungsabschlag die für die Normalverschonung geltenden Regelungen zur Lohnsummenkontrolle, zu den Behaltenspflichten, zum Verschonungstransfer bei Vermögensweitergabe und auch zum Wertabschlag (A 13c.1 I 2 AEErbSt 2017) entsprechende Anwendung. Insb der Wertabschlag kann im Abschmelzungsmodell einen erheblichen Entlastungseffekt bringen, da er die Bemessungsgrundlage in zweifacher Weise mindert, zum einen durch die Wertreduzierung und zum anderen durch die damit gleichzeitig bewirkte Erhöhung des Verschonungsabschlags. Bei einem begünstigten Vermögen im Wert von 65 Mio EUR bewirkt der max Wertabschlag in StKlasse I bei Option zur Vollverschonung eine StReduzierung von (10.140.000 EUR ./. 2.720.900 EUR =) 7.419.100 EUR. 6

IV. Abschmelzung bei mehreren Erwerben (Abs 2 Sätze 2–5)

Wie bei der Prüfung der Einhaltung der für die Normalverschonung relevanten Wertgrenze von 26 Mio EUR nach § 13a I 1 werden auch bei der Ermittlung des für die Abschmelzung maßgeblichen Werts des begünstigten Vermögens mehrere Erwerbe von derselben Person innerhalb eines 10-Jahreszeitraums zusammengerechnet. Dies gilt auch für frühere Erwerbe begünstigten Vermögens vor dem 1.7.2016 (A 13c.4 I 4 AEErbSt 2017; zum Streitstand s § 13a Anm 27. Jedoch findet die in Abs 2 S 3 und 4 angeordnete Korrektur der Besteuerung früherer Erwerbe entsprechend der Anwendungsregelung des § 37 XII 3 nur für solche früheren Erwerbe statt, für die die St nach dem 30.6.2016 entstanden ist. 7

Für solche früheren Erwerbe ist die St entweder erstmals mit einem abgeschmolzenen Verschonungsabschlag oder unter Zugrundelegung des sich durch den jüngsten Erwerb reduzierten Verschonungsabschlags neu zu berechnen. Für alle Erwerbe nach dem 30.6.2016 gilt somit ein einheitlicher Verschonungsabschlag, dessen Höhe sich nach dem Gesamtwert aller einzubeziehenden Erwerbe bestimmt. Die FinVerw ändert in diesem Fall zunächst die zu dem früheren Erwerb ergangene Steuerfestsetzung und führt sodann die erstmalige Steuerfestsetzung für den aktuellen Erwerb unter Berücksichtigung des Vorerwerbs nach § 14 durch (A 13c.4 II 4, 5 AEErbSt 2017 mit einem Rechenbeispiel in H 13c.4 AEErbSt 2017). Eine Ausnahme gilt nur für solche früheren Erwerbe, bei denen der Erwerber den Erlass im Umfang der Bedürftigkeit (§ 28a) beantragt hat. Für diese ist keine Neuberechnung vorzunehmen, für die Ermittlung des neuen Abschmelzungsbetrages bleiben aber auch diese Erwerbe relevant. Schließlich kommt es generell zu keiner Neuberechnung des Verschonungsabschlags und zu keiner Neufestsetzung der St auf die früheren Erwerbe, wenn der Erwerber für den jüngsten Erwerb nicht die Abschmelzung, sondern den Erlass in Höhe seiner Bedürftigkeit beantragt oder für den jüngsten Erwerb weder einen Antrag auf Abschmelzung noch einen Antrag auf Erlass stellt. 8

Die Korrektur der früheren Erwerbe wird durch den Verweis auf § 13a I 4 abgesichert, der anordnet, dass die Festsetzungsfrist für die St der früheren Erwerbe nicht vor dem Ablauf des vierten Jahres endet, nachdem das für die ErbSt zuständige Finanzamt von dem letzten Erwerb Kenntnis erlangt. 9

V. Antrag (Abs 2 S 6)

10 Der abgeschmolzene Verschonungsabschlag wird nur auf **Antrag des Erwerbers** gewährt. Hingegen ist der Schenker, obwohl ebenfalls StSchuldner (§ 21), nicht antragsberechtigt. Dies sollte bei der Gestaltung von Schenkungsverträgen, in denen häufig auch die Übernahme der SchSt durch den Schenker vorgesehen ist, beachtet werden. Wenn auch im Erlassmodell die sich aus einer Übernahme der SchSt ergebenden Risiken noch deutlich höher einzuschätzen sind (s hierzu § 28a Anm 6), so dürfte sich solches bei Großerwerben häufig nicht mehr empfehlen. Der Antrag auf Abschmelzung kann bis zur materiellen Bestandskraft (A 13c.1 II 2 AEErbSt 2017) gestellt werden und ist sodann **unwiderruflich.** Der Antrag kann nur für das begünstigte Vermögen insgesamt gestellt werden und damit für sämtliche hierzu gehörenden wirtschaftlichen Einheiten, unabhängig davon, zu welcher begünstigungsfähigen Vermögensart diese gehören. Die FinVerw will zudem über die gesetzliche Regelung hinaus bei mehreren Betriebsübertragungen in mehreren Schenkungsverträgen im Hinblick auf die Antragstellung von nur einer Schenkung ausgehen, wenn die Schenkungen auf einem einheitlichen Schenkungswillen beruhen (A 13c.1 III 4 AEErbSt 2017).

11 Sobald der Antrag auf Abschmelzung gestellt ist, kommt ein Antrag auf Erlass der St für denselben Erwerb nicht mehr in Betracht (vgl auch § 28a VIII). Demgegenüber könnte ein vom Erwerber erklärter Erlassantrag, etwa bei einem nachträglichen Erwerb begünstigten Vermögens, vor materieller Bestandskraft widerrufen und stattdessen ein Antrag auf Abschmelzung gestellt werden. Die **Unwiderruflichkeit** des Antrags und der damit verbundene endgültige Ausschluss des Erlassmodells erscheint vor allem in den Fällen **problematisch,** in denen ein Nacherwerb zu einer deutlichen Reduzierung bis hin zum Wegfall des Verschonungsabschlags führt. Man mag zB an den Fall denken, dass der als weiterer Unternehmensnachfolger vorgesehene jüngere Bruder aufgrund eines Unfalls verstirbt und deshalb weiteres begünstigtes Vermögen an den Erwerber fällt. Es wäre angemessen, im Billigkeitswege dem Erwerber auch für den Ersterwerb wieder das Erlassmodell zu öffnen (*Troll/Jülicher* § 13c Rz 23; *Thonemann-Micker/Kanders,* DStZ 15, 518).

VI. Abschmelzung bei Ersatzerbschaftsteuer

12 Wie die Normalverschonung und den Erlass im Umfang der Bedürftigkeit kann eine **inländische Familienstiftung** auch die Gewährung eines abgeschmolzenen Verschonungsabschlags zur Minderung der von ihr zu entrichtenden Ersatzerbschaftsteuer nach § 1 I Nr 4 beantragen (Abs 3).

§ 13d Steuerbefreiung für zu Wohnzwecken vermietete Grundstücke

(1) **Grundstücke im Sinne des Absatzes 3 sind mit 90 Prozent ihres Werts anzusetzen.**

(2) **[1]Ein Erwerber kann den verminderten Wertansatz nicht in Anspruch nehmen, soweit er erworbene Grundstücke auf Grund einer letztwilligen Verfügung des Erblassers oder einer rechtsgeschäftlichen Verfügung des Erblassers oder Schenkers auf einen Dritten übertragen muss. [2]Gleiches gilt, wenn ein Erbe im Rahmen der Teilung des Nachlasses Vermögen im Sinne des Absatzes 3 auf einen Miterben überträgt. [3]Überträgt ein Erbe erworbenes begünstigtes Vermögen im Rahmen der Teilung des Nachlasses auf einen Dritten und gibt der Dritte dabei diesem Erwerber nicht begüns-**

tigtes Vermögen hin, das er vom Erblasser erworben hat, erhöht sich insoweit der Wert des begünstigten Vermögens des Dritten um den Wert des hingegebenen Vermögens, höchstens jedoch um den Wert des übertragenen Vermögens.

(3) **Der verminderte Wertansatz gilt für bebaute Grundstücke oder Grundstücksteile, die**
1. **zu Wohnzwecken vermietet werden,**
2. **im Inland, in einem Mitgliedstaat der Europäischen Union oder in einem Staat des Europäischen Wirtschaftsraums belegen sind,**
3. **nicht zum begünstigten Betriebsvermögen oder begünstigten Vermögen eines Betriebs der Land- und Forstwirtschaft im Sinne des § 13a gehören.**

(4) **Die Absätze 1 bis 3 gelten in den Fällen des § 1 Abs. 1 Nr. 4 entsprechend.**

Erbschaftsteuer-Richtlinien 2011: R E 13 c/H E 13c

Schrifttum: *Halaczinsky,* Immobilien verschenken oder vererben nach Inkrafttreten der ErbSt-Reform, ZErb 09, 21; *Wachter,* Die Immobilie im neuen Erbschaft- und Schenkungsteuerrecht, FS Spiegelberger 09, 524; *Stöckel,* Steuerbefreiung für Wohngrundstücke – Bemessungsgrundlage für den Befreiungsabschlag nach § 13c ErbStG, NWB 10, 2090; *Billig,* Die neuere Rechtsprechung zum steuerbegünstigten Erwerb von zu Wohnzwecken vermieteten Grundstücken, UVR 14, 208; *Kroh/Weber,* Erbschaft- und einkommensteuerliche Optimierung der Nutzungsentscheidungen von Immobilienvermögen im Erbfall, DStR 14, 1459; *Wachter,* Steuerliche Verschonung des Erwerbs von vermieteten Wohnimmobilien, ZEV 15, 266; *Loose,* Verminderter Wertansatz nach § 13c ErbStG, ErbR 15, 304; *Halaczinsky,* Die Steuerbegünstigung für vermietete Immobilien des Privatvermögens gem § 13c ErbStG, ErbStB 15, 365; *Regierer/Vosseler,* Steuerbefreiung für Wohnimmobilien gem § 13c ErbStG – Analyse der BFH-Rechtsprechung v 11.12.2014, DStR 15, 1351.

1. Grundlagen

Der Erwerb von zu Wohnzwecken vermieteten Grundstücken soll nach dem Plan 1
des Gesetzgebers gefördert werden. Zu diesem Zweck sieht § 13d (bis zum ErbStRG 2016 § 13c) eine **Teilbefreiung des Erwerbs** vor. § 13d III spricht zwar von einem verminderten Wertansatz. Doch zeigt die Überschrift zu § 13d und die Stellung dieser Vorschrift im ErbStG und nicht im BewG, dass der Gesetzgeber mit § 13d nicht eine vom Verkehrswert abweichende, angesichts der BVerfG-Entscheidung (BStBl II 07, 192) problematische Bewertungsregelung einführen wollte, sondern dass er an eine StBefreiung gedacht hat. Die FinVerw (R E 13c III ErbStR) bevorzugt den Ausdruck „Befreiungsabschlag". § 13d wird in § 28 III durch eine Vorschrift ergänzt, die eine Stundungsmöglichkeit für die Steuer gewährt, die auf den nichtbefreiten Teil des Erwerbs entfällt. Die Stundung soll den Erwerber davor bewahren, dass er, um die ErbSt aufzubringen, seinen Erwerb veräußern muss. Die Teilbefreiung des § 13d will ihm dagegen die Steuerzahlung auch in anderen Fällen erleichtern. Die Stundung wird nur auf Antrag gewährt. Die Teilbefreiung tritt im Unterschied dazu ohne Weiteres ein. Die Stundung kann auch für selbstgenutztes Eigentum in Anspruch genommen werden. Die Teilbefreiung ist auf vermietete Grundstücke beschränkt. Die Stundung wird nur auf höchstens zehn Jahre eingeräumt. Die Teilbefreiung kennt eine solche zeitliche Begrenzung nicht. Damit sind einige Unterschiede zwischen den beiden Förderungsinstrumenten benannt. Eine wichtige Gemeinsamkeit ist die jeweils teilbefreiende Wirkung. Die Stundung wurde bis zum ErbStRG 2016 bei Erwerben von Todes wegen zinslos gewährt (§§ 28 III 5, I 2 aF), wodurch abgezinst über zehn Jahre nur ein sich der Hälfte nähernder Teilbetrag der St übrig blieb. Nach der Neufassung des § 28 gilt die Zinslosigkeit nur noch für den ersten Jahresbetrag (s § 28

Anm 10). Die Stundung stellt damit immer noch eine Teilbefreiung dar, deren Umfang aber erheblich eingeschränkt wurde. § 13c ist auch bei **mittelbaren Grundstücksschenkungen** anwendbar. Dagegen kann diese Erb/SchStBefreiung bei grunderwerbstpfl Auflagenschenkungen (§ 3 Nr 2 S 2 GrEStG) zu keiner Reduzierung der Bemessungsgrundlage führen (BFH/NV 17, 617). Gemäß § 1 I Nr 4 wird das Vermögen von Familienstiftungen und Familienvereinen in Zeitabständen von 30 Jahren der **ErsatzErbSt** unterworfen. **Abs 4** stellt klar, dass die StBefreiung auch hierbei zu berücksichtigen ist.

2. Gemeinwohlgründe

2 Der Gesetzgeber, der den Erwerb von Wohnimmobilien gezielt fördern will, muss sich dafür am Gemeinwohl orientieren. Denn andere als Gemeinwohlgründe können den Verstoß gegen die Belastungsgleichheit, der in jeder gezielten Förderung einzelner Erwerbe liegt, nicht legitimieren. Die Gesetzesbegründung (BTDrs 16/7918, 36) nennt **fünf Aspekte,** unter denen aus der Sicht des Gesetzgebers eine Förderung des Erwerbs vermieteter Wohnimmobilien gerechtfertigt werden kann. Zunächst wird die volkswirtschaftliche Bedeutung der privaten Vermieterleistungen hervorgehoben. Die Vermietung von Wohnimmobilien erlaube breiten Bevölkerungsschichten eine wünschenswerte Beteiligung am Produktionskapital und sichere eine angemessene Wohnraumversorgung der Bevölkerung auch in Zukunft. Zum zweiten wird die Situation am Markt als Argument genannt. Die Vererbung von Wohnimmobilien führe dazu, ein Marktungleichgewicht durch Marktkonzentration bei institutionellen Anbietern zu verhindern. Zum dritten wird speziell die Wettbewerbssituation zwischen den privaten Anbietern und der institutionellen Konkurrenz angesprochen. Private Anbieter müssten einen Wettbewerbsnachteil im Vergleich zu ihrer institutionellen Konkurrenz hinnehmen, die ihr Vermögen in der Trägerschaft juristischer Personen verwalte, die nicht sterben und daher auch keine ErbStBelastung auslösen. Dieser Wettbewerbsnachteil werde durch gezielte Förderung verringert. Schließlich liegt es nach Auffassung des Gesetzgebers viertens im Allgemeininteresse, die Investitionsfähigkeit der privaten Eigentümer von Wohnimmobilien zu erhöhen und zu verhindern, dass sie aufgrund der ErbSt-Belastung in einem langfristig orientierten Markt kurzfristig Entscheidungen treffen müssen. Am einleuchtendsten ist aber wohl der fünfte Gedanke, dass die Eigentümer privat vermieteter Wohnimmobilien nämlich so eine Art „kleiner Unternehmer" seien, so dass ihr Eigentum beim Transfer eine an das Betriebsvermögen angenäherte Förderung erlauben müsse. Damit wird allerdings zugleich die sonst eingehaltene Linie des Gesetzgebers, der die private Vermietungstätigkeit durchweg als nichtunternehmerische Vermögensverwaltung einstuft (§ 13b IV Nr 1), ein Stück weit verlassen.

3. Begünstigte Objekte (Abs 1 und 3)

3 Gefördert werden **zu Wohnzwecken vermietete bebaute Grundstücke und Grundstücksteile,** die im Inland oder im Ausland (EU-/EWR-Bereich) belegen sind und nicht zu einem schon durch § 13a begünstigten Betriebsvermögen gehören. Ist das Betriebsvermögen nicht begünstigt, kann die Förderung durch § 13d eingreifen (R E 13c II 5 ErbStR). Gehören die Wohnimmobilien zum Bestand einer Kapitalgesellschaft und werden sie nicht als solche transferiert, sondern im Rahmen einer Anteilsübertragung miterfasst, greift die Begünstigung nicht ein. Mit den Grundstücken und Grundstücksteilen werden die verschiedenen Grundstücksarten des § 181 BewG angesprochen. Es kann also der Erwerb von Ein- oder Zweifamilienhäusern, von Mehrfamilienhäusern oder von Wohnungseigentum gefördert werden. Der Erwerb eines Erbbaugrundstücks ist nicht begünstigt (BFH BStBl II 15, 343).

Die Förderung gilt für Grundstücke oder Grundstücksteile, die **vermietet „werden“,** nicht: die vermietet „sind“. Behaltensfristen gibt es nicht. Immer kommt es auf die Verhältnisse zum Zeitpunkt des Erwerbes an (BFH BStBl II 15, 344). Aber es ist nicht entscheidend, dass das Grundstück zu diesem Zeitpunkt tatsächlich vermietet ist. Es kommt vielmehr darauf an, dass es zu diesem Zeitpunkt als Grundstück angesprochen werden kann, dass vermietet wird, das also zur Vermietung bestimmt ist, auch wenn gerade zum Erwerbszeitpunkt eine Leerstandsphase durchlaufen werden muss (R E 13c III 4 ErbStR). Dagegen scheidet eine Begünstigung nach § 13c bei nicht bezugsfähigen Gebäuden (BFH BStBl II 15, 344) aus. Auch eine fehlende Bestimmung zur Vermietung (konkrete Vermietungsabsicht des Erblasser, mit deren Umsetzung begonnen wurde, was anhand objektiv nachprüfbarer Tatsachen erkennbar geworden sein muss) verhindert die Anwendung von § 13c (BFH BStBl II 15, 340). Umfasst das bebaute Grundstück Bereiche, die zu Wohnzwecken vermietet werden, und andere Bereiche, die zur geschäftlichen Nutzung oder zur Eigennutzung bestimmt sind, dann wird der Erwerb des Grundstücks anteilig bezogen auf den zur Vermietung bestimmten Wohnraum gefördert (R E 13c III 5ff ErbStR). 4

4. Übertragung des Erwerbs auf Dritte (Abs 2)

Die Vorschrift korrespondiert mit den Regelungen zum **Begünstigungstransfer** 5 in § 13 I Nrn 4b, 4c Sätze 2 bis 4 und § 13a Abs 5 (vgl dazu § 13 Anm 37, § 13a Anm 52ff). Ist der Erwerber vom Erblasser (zB durch Anordnung eines Sachvermächtnisses) zur Weitergabe des begünstigten Grundstücks verpflichtet worden, dann kann er den Grundstückserwerb auf der Bewertungsebene dadurch neutralisieren, dass er dem Erwerb die Weitergabeverpflichtung gegenüberstellt. Die Begünstigung kann bei ihm daher ohne Nachteil entfallen. Zugleich kommt die Begünstigung nun dem Erwerber zugute, der ja als Vermächtnisnehmer selbst vom Erblasser von Todes wegen erwirbt und der daher selbstständig von der Vergünstigung des § 13d profitiert. Wenn Abs 2 **S 1** hier auch den Fall erwähnt, dass der Beschenkte aufgrund einer der Schenkung hinzugefügten Bestimmung den Schenkungsgegenstand weiter übertragen muss, dann passt das für eine freigebige Zuwendung unter der bisherigen Rspr des BFH zur Schenkung unter Leistungsauflage nicht. Denn nach dieser Rspr kann die Weitergabeverpflichtung nicht mit einer freigebigen Zuwendung verbunden werden, weil die freigebige Zuwendung immer nur den verpflichtungsfreien Geschäftsteil umfasst (vgl § 7 Anm 32ff, § 10 Anm 23). Wird im Rahmen der **Nachlassteilung** das begünstigungsfähige Objekt auf einen der Miterben gegen Hingabe vom Erblasser stammenden nicht begünstigten Vermögens übertragen, dann verliert der übertragende Erbe die Begünstigung für das von ihm an den Miterben transferierte Vermögen **(S 2).** Dem Erwerber ist die Begünstigung nach **S 3** nun vollen Umfangs zuzusprechen (R E 13c V 5ff ErbStR), unabhängig davon, ob die Erbauseinandersetzung zeitnah erfolgt (BFH BStBl II 16, 225; entgegen R E 13c V 10 ErbStR; s auch Erlass v 3.3.2016, BStBl II 16, 280).

Abschnitt 3. Berechnung der Steuer

§ 14 Berücksichtigung früherer Erwerbe

(1) [1]Mehrere innerhalb von zehn Jahren von derselben Person anfallende Vermögensvorteile werden in der Weise zusammengerechnet, daß dem letzten Erwerb die früheren Erwerbe nach ihrem früheren Wert zugerechnet werden. [2]Von der Steuer für den Gesamtbetrag wird die Steuer abgezogen, die für die früheren Erwerbe nach den persönlichen Verhältnissen des Erwerbers und auf der Grundlage der geltenden Vorschriften zur Zeit des letzten Erwerbs zu erheben gewesen wäre. [3]Anstelle der Steuer nach Satz 2 ist die tatsächlich für die in die Zusammenrechnung einbezogenen früheren Erwerbe zu entrichtende Steuer abzuziehen, wenn diese höher ist. [4]Die Steuer, die sich für den letzten Erwerb ohne Zusammenrechnung mit früheren Erwerben ergibt, darf durch den Abzug der Steuer nach Satz 2 oder Satz 3 nicht unterschritten werden. [5]Erwerbe, für die sich nach den steuerlichen Bewertungsgrundsätzen kein positiver Wert ergeben hat, bleiben unberücksichtigt.

(2) [1]Führt der Eintritt eines Ereignisses mit Wirkung für die Vergangenheit zu einer Veränderung des Werts eines früheren, in die Zusammenrechnung einzubeziehenden Erwerbs, endet die Festsetzungsfrist für die Änderung des Bescheids über die Steuerfestsetzung für den späteren Erwerb nach § 175 Abs. 1 Satz 1 Nr. 2 der Abgabenordnung nicht vor dem Ende der für eine Änderung des Bescheids für den früheren Erwerb maßgebenden Festsetzungsfrist. [2]Dasselbe gilt für den Eintritt eines Ereignisses mit Wirkung für die Vergangenheit, soweit es lediglich zu einer Änderung der anrechenbaren Steuer führt.

(3) **Die durch jeden weiteren Erwerb veranlaßte Steuer darf nicht mehr betragen als 50 Prozent dieses Erwerbs.**

Erbschaftsteuer-Richtlinien 2011: R E 14.1–14.3/H E 14.1–14.3

Übersicht

Schrifttum: *Jülicher,* Zusammenrechnung mehrerer Erwerbe nach § 14 ErbStG, 1993 (mit Literaturübersicht S 169–173); *Weinmann,* Zusammenrechnung mehrerer Erwerbe, ZEV 97, 185; *Jülicher,* Ungelöste Probleme im Labyrinth des § 14 ErbStG, ZEV 97, 275; *Rose,* Vorteilhafte Zusammenrechnung mehrerer Erwerbe im neuen ErbStRecht, DB 97, 1485; *Pilz,* § 14 ErbStG – ein Steuergeschenk?, DStZ 98, 2; *Korezkij,* Wie groß ist das Steuergeschenk des § 14 Abs 1 S 3 ErbStG?, ZEV 98, 291; *Götz,* Besonderheiten bei der Zusammenrechnung mehrerer Schenkungen nach § 14 ErbStG, ZEV 01, 9; *Gebel,* Zusammenfassung mehrerer Zuwendungen bei der StBerechnung und der StFestsetzung, ZEV 01, 213; *Stempel,* Entlastungsbetrag nach § 19a ErbStG bei eingezogenen Vorerwerben, UVR 02, 11; *Götz/Jorde,* Rückwirkende Begünstigung von Betriebsvermögen, ZEV 02, 429; *Meincke,* Zusammenrechnung mehrerer Erwerbe im Erbschaft- und Schenkungsteuerrecht, DStR 07, 273; *Moench/Stempel,* Vermögensübertragungen vor und nach der ErbStReform – Zusammenrechnung mehrerer Erwerbe, DStR 08, 170; *Fliedner,* Die Berechnung der Steuer bei mehreren Erwerben nach § 14 ErbStG idF des ErbStRG, UVR 09, 304; *Meincke,* Zur Berechnung der Abzugsteuer nach § 14 Abs 1 Sätze 2 bis 4 ErbStG, ZEV 09, 604; *Werz/Sager,* Die Zusammenrechnung nach § 14 ErbStG bei Auslandssachverhalten, ErbStB 10, 304; *Beyer,* Falsche Angaben zu Vorschenkungen: Mehrfache Steuerhinterziehung und Verwendungsverbot, BB 15, 3040; *Brüggemann,* § 14 ErbStG bei Übernahme der Schenkungsteuer durch den Schenker, ErbBStg 15, 292.

I. Allgemeines

1. Standort

Mit § 14 beginnt der **3. Abschnitt** des Gesetzes unter der Überschrift **„Berechnung der Steuer"**. Gemeint ist hier: Berechnung der tariflichen St (vgl § 19a I) und damit eines StBetrages, der durch Anrechnungs- und Ermäßigungsvorschriften (§§ 21, 27) noch verändert werden kann. Die tarifliche St ergibt sich unter Anwendung des StSatzes auf die Bemessungsgrundlage. Da bereits der 2. Abschn die wichtigsten Rechnungsschritte zur Bestimmung der Bemessungsgrundlage geregelt hat, steht im 3. Abschn die Ermittlung des StSatzes im Vordergrund. Es geht hier um **Tarifvorschriften** (R E 14.1 III ErbStR). Als Zentralvorschrift des 3. Abschnitts kann daher die Vorschrift des § 19 angesprochen werden, welche die StSätze festlegt. § 19 wird ergänzt durch die Regelung des § 15, welche die für die Ermittlung des StSatzes bedeutsame Gruppierung der Erwerber nach StKlassen vornimmt. Weitere Ergän- 1 zungen bringen § 14, dessen Regelung für die dort genannten Zusammenrechnungsfälle auf die Anordnung einer Verbreiterung der Bemessungsgrundlage und damit verbunden ggf auch auf die Anordnung eines erhöhten StSatzes für den jeweils letzten Erwerb hinausläuft, sowie § 19a, der eine Korrektur der tariflichen St durch Abzug eines Entlastungsbetrags bezweckt. Die Freibetragsregelungen der §§ 16 bis 18 gehörten demgegenüber eigentlich nicht in den 3., sondern schon in den 2. Abschn des Gesetzes, weil die Freibeträge die Bemessungsgrundlage kürzen und daher auch schon im Anschluss an § 10 I 1 zu berücksichtigen sind. Wenn die Einzelregelungen zum Recht der Freibeträge dennoch erst im 3. Abschn erfolgen, so hängt das mit der Gesetzestechnik der §§ 16 und 17 zusammen, die auf die StKlasseneinteilung nach § 15 Bezug nimmt und die aus diesem Grunde an die Regelung des § 15 angeschlossen wird. Da § 14 nicht nur den StSatz für den jeweils letzten Erwerb verändern kann, sondern auch auf die Freibetragsberechnung von Einfluss ist, steht § 14 sowohl mit den §§ 19 und 19a als auch mit den §§ 16 und 17 in enger Verbindung.

2. Regelungszweck

2 Die Berücksichtigung früherer Erwerbe, wie sie heute in § 14 geregelt ist, geht auf § 14 ErbStG 1906 (RGBl 1906, 620, 654) zurück. Dort war die Zusammenrechnung allerdings nur in Missbrauchsfällen vorgeschrieben. Der Nachweis, dass Art und Weise der Zuwendung nur zur Vermeidung des höheren StSatzes oder zur Erlangung der StFreiheit gewählt worden ist, war problematisch, weswegen diese subjektive Voraussetzung für die Zusammenrechnung bereits 1919 gestrichen wurde. Zweck des § 14 ist seitdem allein noch, objektiv zu vermeiden, dass zur Ersparung einer höheren ErbSt eine Zuwendung in mehrere aufeinanderfolgende Zuwendungen zerlegt wird (BFH BStBl II 68, 239; Anm 4). Die Freibeträge (§ 16) und die StSätze (§ 19) sind mit dem jeweils einzelnen Erwerb verbunden. Für jeden Erwerb wird ein Freibetrag gewährt. Die StStufe im progressiven Tarif wird nach der Höhe des jeweils einzelnen Erwerbs bestimmt. Dieses Regelungskonzept würde nicht funktionieren, wenn es in der Hand des Stpfl läge, die Zahl der Erwerbe mit den genannten StFolgen willkürlich zu bestimmen. Ein zugedachter größerer Erwerb könnte dann in Teilerwerbe zerlegt werden, um so mehrere Freibeträge zu gewinnen und die StStufe des Erwerbs herabzudrücken. Um hier für **Gleichmäßigkeit** zu sorgen, verwirklicht § 14 ein Regelungskonzept, nach dem alle Erwerbe, die derselbe Empfänger innerhalb von zehn Jahren von demselben Geber erhält, im Ergebnis so besteuert werden, als seien sie als Teil eines einheitlich zu besteuernden Gesamterwerbs an den Empfänger gelangt. Die Folge dieser Betrachtungsweise ist dann, dass für alle Erwerbe innerhalb des Zehnjahreszeitraums zusammengenommen nur **ein Freibetrag** zur Verfügung steht und dass auch der StSatz so bemessen wird, dass er auf den Gesamterwerb bezogen ist.

3. Regelungstechnik

3 Um diesem Regelungszweck (Anm 2) zu genügen, nimmt § 14 den Einzelerwerben nicht den Charakter von selbstständigen stpfl Vorgängen. Bereits bestandskräftig gewordene Veranlagungen werden nicht wieder aufgerollt. § 14 fasst die in den Zehnjahreszeitraum fallenden Erwerbe **nicht zu einem einheitlichen Erwerb** zusammen (BFH BStBl II 05, 728; 06, 785; 12, 599; FG Münster EFG 13, 309; 15, 240). Darum eröffnet eine Änderung der StFestsetzung des Vorerwerbs auch keine Änderungsmöglichkeit für den nachfolgenden Erwerb (BFH BStBl II 17, 1120). Dem Vorerwerb durch Schenkung wird durch den nachfolgenden Erwerb von Todes wegen im Rahmen der Zusammenrechnung nicht der Charakter des Schenkungserwerbs genommen, so dass eine nur für den Schenkungserwerb geltende Befreiungsregelung nunmehr entfiele. Vielmehr wird nur die **Berechnung** der St für den jeweils **letzten Erwerb** gegenüber den, aus den §§ 16, 19, 19a folgenden allg Grundsätzen **abgeän-**

dert. Für die Besteuerung des jeweils ersten Erwerbs gelten keine Besonderheiten. Fallen zB in einen Zehnjahreszeitraum drei Erwerbe, so wird der erste Erwerb unter uneingeschränkter Anwendung der §§ 16, 19, 19a und ohne Rücksicht auf Besonderheiten des § 14 besteuert. Bei der Besteuerung des zweiten Erwerbs wird jedoch darauf Bedacht genommen, dass der Freibetrag (oder ein Teil desselben) bei der Besteuerung des ersten Erwerbs schon „verbraucht" (vgl § 6 II 4) worden ist und innerhalb des Zehnjahreszeitraums nicht noch ein zweites Mal gewährt werden kann. Außerdem wird die StStufe nunmehr nach dem Betrag ermittelt, der sich aus der Zusammenfassung der beiden Erwerbe ergibt. § 14 hat dabei die Wirkung eines zweiseitig wirkenden Progressionsvorbehalts (*Troll/Jülicher* § 14 Rz 2), der den Zweiterwerb wegen seines Zusammenhangs mit dem Ersterwerb auf die StStufe des Gesamterwerbs hebt und zugleich auch einen Zuschlag zum Ersterwerb enthält, um ihn so auf das Niveau des Gesamterwerbs zu bringen. Im Ergebnis wird damit der **zweite Erwerb höher besteuert,** als es ohne Berücksichtigung des Ersterwerbs angebracht wäre. Dieses Verfahren setzt sich beim dritten Erwerb entsprechend fort. Die Anordnung des § 14 läuft also darauf hinaus, jeweils den letzten Erwerb wegen des vorangehenden Erwerbs mit einer höheren St zu belegen, als sie ohne Rücksicht auf diesen vorangehenden Erwerb verwirklicht wäre (so auch BFH BStBl II 89, 733; 91, 522).

4. Geschützte Interessen

Die Zielsetzung des § 14, zu „verhindern, dass bei Teilung einer Zuwendung in mehrere innerhalb eines Zehnjahreszeitraums liegende Zuwendungen die Progression des StTarifs … vermieden wird und für jede dieser Zuwendungen ein persönlicher Freibetrag … zur Auswirkung kommen kann" (BFH BStBl II 78, 220, 221), „dass mehrere Teilerwerbe gegenüber einem einheitlichen Erwerb steuerlich begünstigt werden" (BFH BStBl II 99, 25), „dass die Freibeträge … nur einmal angewendet werden und sich für mehrere Erwerbe gegenüber einer einheitlichen Zuwendung in gleicher Höhe kein Progressionsvorbehalt ergibt" (BFH BStBl II 12, 599, „dass durch die Aufteilung einer beabsichtigten Zuwendung in mehrere zeitlich folgende Teilübertragungen durch mehrfache Gewährung der persönlichen Freibeträge und die Vermeidung der Steuerprogression Steuervorteile erlangt werden" (BFH BStBl II 17, 1120, 1122), liegt im **Interesse des StGläubigers,** der eine Umgehung der StPfl ausschließen will. Fraglich ist, ob die Zusammenrechnung nach § 14 auch Ziele im **Interesse des StSchuldners** verfolgt. Die FinVerw hielt es lange Zeit für möglich, § 14 mit der Zielsetzung zur Anwendung zu bringen, die sehr hohe Besteuerung eines Ersterwerbs im Wege der Zusammenrechnung durch eine entsprechend niedrige Besteuerung des Zweiterwerbs herabzudrücken. So hatte sie im Anwendungserlass zu § 37a ein Berechnungsbeispiel vorgelegt, in dem wegen der hohen Besteuerung des Ersterwerbs auf den Zweiterwerb überhaupt keine St mehr entfallen sollte (BStBl I 91, 142, 143). Auch in der Rspr des BFH (BStBl II 79, 740) fand sich die These, es sei Zweck des § 14 „sicherzustellen, dass mehrere einzelne Erwerbe (annähernd) gleich, keinesfalls aber höher besteuert werden als ein einziger Erwerb im Gesamtwert". Damit war der *jetzige* Gesamtwert gemeint. Die im Vergleich zur jetzigen Situation ungünstigere Besteuerung des Ersterwerbs sollte dem Stpfl gleichsam ein StGuthaben verschaffen, das er dann bei der Besteuerung des Zweiterwerbs zur Verrechnung bringen konnte. Für diese Betrachtungsweise fehlte jedoch jede aus dem Gesetzeszusammenhang abgeleitete Begründung. Die vom BFH in der Entscheidung BStBl II 79, 740 aus seiner These gezogene Schlussfolgerung für die Behandlung des dort vorliegenden Falls vermochte nicht zu überzeugen, der BFH (BStBl II 99, 25) hat sie inzwischen auch wieder aufgegeben (vgl Anm 22). Wäre es das Ziel des § 14, die StLast für mehrere Einzelerwerbe herabzudrücken, hätte § 14 I 5 negative Erwerbe von der Berücksichtigung nicht ausgeschlossen (vgl dazu BFH BStBl II 77, 50). Auch wäre dann eine Erstattungspflicht angebracht gewesen, während § 14 ge- 4 rade **keine Erstattungspflicht** kennt (BFH BStBl II 02, 52). Weil die St für den Letzterwerb aus der St für den Gesamterwerb abgeleitet wird und weil die St für den Gesamterwerb nach den Verhältnissen zur Zeit des Letzterwerbs zu berechnen ist, können für den Stpfl günstige Veränderungen (der Freibeträge oder StSätze) dazu führen, dass die St auf den Gesamterwerb durch die St für den Ersterwerb völlig aufgezehrt wird. Das bedeutet dann, dass der Letzterwerb entgegen dem Sinnzusammenhang des § 14 überhaupt nicht besteuert wird. Diese dem Stpfl günstige, lange Zeit von der FinVerw befürwortete, aber sinnwidrige Interpretation, die ohne innere Rechtfertigung stfreie Zuwendungen (im Rahmen eines Letzterwerbs) erlaubte, ließ sich bisher nur verhindern, wenn man sich zu einer **einschränkenden Interpretation** entschloss, nach der die St für den Letzterwerb den Betrag nicht unterschreiten darf, der ohne Berücksichtigung des § 14 auf den Letzterwerb entfällt. Diesen schon zum bisherigen Recht vorgebrachten, in die richtige Richtung zielenden, aber wegen der zu leichten Umgehungsmöglichkeiten (Anm 21) doch nicht voll überzeugenden Interpretationsvorschlag (14. Aufl § 14 Anm 4) hat der Gesetzgeber zum 1.1.2009 mit der Einfügung des § 14 I 4 aufgegriffen.

II. Die Voraussetzungen der Zusammenrechnung

1. Mehrere Erwerbe

5 Die Zusammenrechnung betrifft mehrere Vermögensvorteile, die in **selbstständigen Erwerben** angefallen sind. Es muss also *ein* stpfl Erwerb (dazu § 10 Anm 10) vorgekommen sein und diesem stpfl Erwerb muss mindestens *ein weiterer* stpfl Erwerb vorangehen. Für diesen vorangehenden, früheren Erwerb muss eine StPfl entstanden oder nur deswegen nicht entstanden sein, weil ein persönlicher Freibetrag die StPfl unter die Kleinbetragsgrenze (§ 22) herabgedrückt hat. War der Ersterwerb gar nicht stpfl, war die ursprünglich gegebene StPfl durch Rückgabe des Geschenks gem § 29 I Nr 1 oder durch Anrechnung iRd Zugewinnausgleichs gem § 29 I Nr 3 nachträglich erloschen, ging es um dasselbe Objekt, das nach Schenkung und Rückgabe an den Schenker nun von Todes wegen erneut an den Erwerber gelangt (BFH BStBl II 78, 217) oder war die StPfl des Ersterwerbs durch eine sog **qualitative StBefreiung** ausgeschlossen (RFH RStBl 34, 348; 35, 474; 39, 798; BFH BStBl III 52, 14; III 53, 145), greift die Zusammenrechnung nicht ein. Qualitative StBefreiungsvorschriften sind solche, die den Erwerb wegen seiner besonderen Art oder wegen seines besonderen Objekts unabhängig vom Wert dieses Objekts stfrei lassen. Unter dem Gesichtspunkt der qualitativen StBefreiung scheiden neben den Befreiungen nach §§ 13a und 13d die StBefreiungen nach § 13 I Nrn 4a, 4b, 4c und 5, die Unterhalts- oder Ausbildungszuwendungen nach § 13 I Nr 12 und die üblichen Gelegenheitsgeschenke nach § 13 I Nr 14 für eine Zusammenrechnung mit späteren Vermögensanfällen aus (vgl RFH RStBl 34, 348). Auch wertneutrale Erwerbe oder Erwerbe mit einem stlich negativen Wert bleiben bei der Zusammenrechnung unberücksichtigt (Abs 1 S 5 Anm 26). Dagegen werden Erwerbe, deren Wert nur durch eine **quantitative StBefreiung** für die Besteuerung neutralisiert wurde, in die Zusammenrechnung einbezogen (BFH BStBl III 59, 332). Als quantitative, auf einen bestimmten Geldbetrag begrenzte StBefreiungen gelten die persönlichen Freibeträge nach den §§ 16, 17 und die Freibeträge und Freigrenzen nach § 13 I Nr 1 (einschränkend *Troll/Jülicher* § 14 Rz 44ff).

2. Zusammenrechnungsfähige Erwerbe

6 Wechselt ein Ausländer ins Inland oder ein Inländer ins Ausland und **wechselt** damit zugleich **die persönliche StPfl,** so können die von ihm vor dem Wechsel und

nach dem Wechsel erworbenen Vermögensvorteile nicht uneingeschränkt zusammengerechnet werden. Vielmehr hat der BFH (BStBl II 77, 662; 81, 269) für den Wechsel von der unbeschränkten zur beschränkten StPfl entschieden, dass in diesem Fall mit dem beschränkt stpfl Erwerb nur die Vermögensvorteile aus den Vorschenkungen zusammengerechnet werden können, die Inlandsvermögen iSd § 121 BewG waren und daher auch dann der Besteuerung unterlegen hätten, wenn schon seinerzeit beschränkte StPfl bestanden hätte. In dieser Entscheidung ist der BFH davon ausgegangen, dass auch im umgekehrten Fall, also beim Wechsel von der beschränkten zur unbeschränkten StPfl, nur solche Vorerwerbe in die Zusammenrechnung einbezogen werden können, für die im Zeitpunkt ihres Anfalls eine beschränkte StPfl gegeben war. Entsprechendes muss gelten, wenn der Begriff des Inlandsvermögens in der Zwischenzeit erweitert worden ist (*Michel,* Inf 84, 361). In der Entscheidung des BFH wird weiter ausgesprochen, dass eine Zusammenrechnung dann nicht stattfinden kann, wenn durch zwischenzeitliche Gesetzesänderungen der frühere Erwerb, der damals nicht stbar war, beim späteren Erwerb der St unterliegt, oder wenn der frühere Erwerb, der damals stbar war, beim späteren Erwerb nicht mehr stpfl ist. Denn der früher nicht stbare Erwerb kann nicht nachträglich durch Zusammenrechnung zu einem stbaren Erwerb gemacht werden. Und der früher stbare Erwerb hat mit dem Entfallen der StPfl seinen Charakter als zusammenrechnungsfähiger Erwerb nachträglich verloren.

3. Identität der beteiligten Personen

Die Vermögensvorteile müssen **demselben Erwerber von demselben Erblasser oder Schenker** zufallen. Diese Beschränkung der Zusammenrechnung auf Zuwendungen von derselben Person an dieselbe Person entspricht dem System der deutschen ErbSt, deren Erhebung ausschließlich auf den Übergang des Vermögens von einer Person auf eine andere Person abgestellt ist. Das gilt auch für Zuwendungen von Eltern an Kinder. Zuwendungen vom Vater können somit nicht mit Zuwendungen von der Mutter zusammengerechnet werden und umgekehrt. Im Fall der Nacherbfolge beim Tod des Vorerben hat der Nacherbe den Erwerb, der zivilrechtlich als Erwerb vom Erblasser angesprochen wird, nach § 6 II 1 als Erwerb vom Vorerben zu versteuern. Der Erwerb ist daher mit einer früheren Zuwendung des Vorerben zusammenzurechnen, nicht mit Zuwendungen, die der Nacherbe früher vom Erblasser erhalten hat. Daran ändert sich nichts, wenn der Nacherbe den Antrag nach § 6 II 2 stellt. Als Folge dieses Antrags wird der Erwerb des Nacherben vom Vorerben hinsichtlich des StSatzes und der Höhe des Freibetrages so behandelt, als sei er dem Nacherben vom Erblasser angefallen. Im Übrigen bleibt es jedoch trotz dieser Fiktion dabei, dass das Gesetz den Erwerb des Nacherben auf den Vorerben und nicht auf den Erblasser zurückführt (RFH RStBl 37, 974; BFH BStBl II 11, 123; § 6 Anm 17). Wenn der BFH (BFHE 119, 492) dem früher für das ErbStG 1959 entgegengehalten hatte, die Zusammenrechnung des Nacherbschaftserwerbs mit Erwerben vom Vorerben sei sinnwidrig, weil der Nacherbschaftserwerb nicht auf dem Willen des Vorerben beruhe, so ist darauf zu verweisen, dass Zuwendungen des Vorerben an den Nacherben durchaus mit dem Nacherbschaftserwerb in Verbindung stehen können – so wenn der Vorerbe zB Teile des Vorerbschaftsvermögens schon vor dem Nacherbfall an den Nacherben gelangen lässt. Es liegt viel näher, derartige Zuwendungen mit dem Erwerb der Nacherbschaft als mit sonstigen Zuwendungen des Erblassers in eine Zusammenrechnung zu bringen. Ebenfalls keine Wirkung iRv § 14 misst der BFH der Fiktion des § 15 II zu (BStBl II 10, 237). 7

4. Der Zehnjahreszeitraum

8 Die Vermögensvorteile müssen in einem **Zehnjahreszeitraum** angefallen sein. Die Zehnjahresfrist ist **vom letzten Erwerb aus zurückzurechnen,** da § 14 eine besondere Besteuerung des letzten Erwerbs vorschreibt (oben Anm 3) und daher auch in den dort genannten einzelnen Merkmalen an den letzten Erwerb anknüpft. Für die Fristberechnung sind die §§ 187 ff BGB, die eine vorlaufende, nicht eine rücklaufende Frist zum Regelungsgegenstand haben, nicht unmittelbar anwendbar (aM FG Hamburg EFG 76, 509). Die Frist geht vom Datum der StEntstehung des letzen Erwerbs aus. Sie reicht sicher bis zum Vortag des Tages, der in seiner Benennung im Kalender dem Tag der StEntstehung für den letzten Erwerb entspricht. Die Rückrechnung vom 1. April 2017 reicht also sicher bis zum 2. April 2007. Fraglich war, ob sie auch noch die Erwerbe vom 1. April 2007 umfasst. *Troll,* der die Aufmerksamkeit auf diese Frage gelenkt hatte (ErbStG, 2. Aufl 1975, § 14 Rz 8), brachte dazu als Beispiel, dass ein Vater seinem Kind jedes Jahr zum Geburtstag (am 1. April) ein Geschenk im Wert eines Zehntels des Kinderfreibetrages macht. Nach *Troll* kommt es hier zu keinem stpfl Erwerb, weil die Zusammenrechnung nie mehr als den stfrei gestellten Betrag ergeben kann (wobei zwischenzeitliche Veränderungen der Freibetragshöhe hier unbeachtet bleiben sollen). Die Berechnungsweise, die die Zusammenrechnungsfrist bis zum 1. April 2007 zurückreichen lässt, würde jedoch zu elf in den Zusammenrechnungszeitraum fallenden Erwerben und damit zu einer StPfl führen. Der Berechnungsweise von *Troll* stimmt jetzt auch der BFH (BStBl II 12, 599) zu.

III. Die Methode der Zusammenrechnung

1. Der Gesamtbetrag der Erwerbe

9 Die Zusammenrechnung soll – wie es in der Überschrift zu § 14 heißt – die früheren Erwerbe bei der Besteuerung des Letzterwerbs berücksichtigen. Zu diesem Zweck werden die früheren Erwerbe mit dem letzten Erwerb bei der Berechnung der St für den letzten Erwerb in einem Gesamtbetrag der Erwerbe zusammengefasst. Die früheren Erwerbe werden dem letzten Erwerb hinzugerechnet. Dabei werden zwei grundsätzliche Weichenstellungen vorgenommen:

a) Zum Ersten werden die früheren Erwerbe mit ihrem **Bruttobetrag vor Abzug des persönlichen Freibetrages** dem späteren Erwerb hinzugesetzt. Denn von dem Gesamtbetrag der Erwerbe soll im Ergebnis nur *ein* persönlicher Freibetrag zum Abzug gelangen. Dieses Ziel würde nicht erreicht, wenn bereits bei jedem der hinzuzurechnenden Erwerbe der Freibetrag abgezogen wäre. Für jeden der früheren Erwerbe wird daher der Bruttobetrag hinzugesetzt. Erst dann wird von dem Gesamtbetrag der Erwerbe der Freibetrag zum Abzug gebracht.

b) Zum Zweiten werden die früheren Erwerbe nicht mit ihrem jetzigen, sondern **mit ihrem früheren Wert** dem Letzterwerb hinzugerechnet. Wertänderungen aus der Zwischenzeit bleiben unberücksichtigt. Das gilt für Wertsteigerungen. Denn sie sind nicht stpfl Erwerbe aus fremdem Vermögen, sondern stfreie Erwerbe aus eigenem Vermögen. Sie dürfen daher die St für den Letzterwerb nicht erhöhen. Unbeachtet bleiben aber auch Wertverluste. Selbst wenn der Vorerwerb in der Zwischenzeit ganz verloren gegangen ist, soll er die St für den Letzterwerb dennoch erhöhen. Das ist hart, wird aber, soweit ersichtlich, allseits akzeptiert. Die Selbstständigkeit der beiden Erwerbe wird bei allem nicht beseitigt. Die Bestandskraft des Ersterwerbs wird nicht angetastet. Der Ersterwerb wird nach den damaligen Wertverhältnissen erfasst. War seinerzeit die Bewertung unterblieben, muss sie jetzt auf den ggf weit zurückliegenden Besteuerungszeitpunkt nachgeholt werden. Nach Auffassung der FinVerw sind die damaligen Wertverhältnisse nach den damaligen Bewertungsvorschriften zu ermitteln. Das ist keineswegs selbstverständlich (aM *Kipp* § 13 Anm 7). So können jetzt bei der Zusammenrechnung noch die Bewertungsgrundsätze zum Zuge kommen, die das BVerfG (BStBl II 07, 192) gerade als mit der Verfassung unvereinbar verworfen hat. Dabei bleibt allerdings auch für die Ermittlung des früheren Werts der Standpunkt des letzten Erwerbs in gewisser Hinsicht von Bedeutung. Wenn der frühere Erwerb deswegen besonders günstig bewertet worden ist, weil er noch nicht mit dem späteren Erwerb verbunden worden war, dann wird diese günstige Bewertung nicht fortgeführt. Hat der Schenker zB einen Anteilsbesitz mit Einfluss auf die Geschäftsführung der Gesellschaft in Raten übertragen, die für sich genommen jeweils keinen Einfluss auf die Geschäftsführung erlaubten, dann kann dennoch bei der Zusammenrechnung ein Paketzuschlag (§ 11 III BewG; § 12 Anm 27) erfolgen. Der Standpunkt des letzten Erwerbs bleibt auch insoweit von Bedeutung, als der Wert, der bei der StFestsetzung für den früheren Erwerb seinerzeit tatsächlich zugrunde gelegt worden ist, für die Zusammenrechnung keine Verbindlichkeit hat (BFH BStBl II 91, 522). Vielmehr sind die früheren Erwerbe bei der Zusammenrechnung mit den ihnen damals zukommenden Werten anzusetzen, wie sie sich zZ des Letzterwerbs aus der Rückschau als richtig erweisen. Bewertungsfehler bei einer bestandskräftigen Erstschenkung lassen sich daher ggf im Zuge einer Zweitschenkung korrigieren!

2. Ermittlung der Steuer für den Gesamtbetrag

Aus der Zurechnung der früheren Erwerbe zum letzten Erwerb wird der Gesamtbetrag der Erwerbe gebildet. 10 Der Gesamtbetrag interessiert im Rahmen der Zusammenrechnung, weil aus ihm unter Abzug der Freibeträge (§ 10 I 1) die Bemessungsgrundlage entwickelt wird, aus der sich unter Anwendung des maßgeblichen StSatzes die „St für den Gesamtbetrag" ergibt. Zur Ermittlung der St für den Gesamtbetrag ist die Sicht zum **Zeitpunkt des Letzterwerbs entscheidend,** weil es um die Besteuerung des Letzterwerbs geht, die aus der Besteuerung des Gesamterwerbs entwickelt werden soll. Die StKlasse und mit ihr die Höhe des persönlichen Freibetrages, der den Gesamtbetrag kürzt, wird daher nach den Verhältnissen bei der StEntstehung für den Letzterwerb bestimmt. Maßgeblich ist der StSatz, der beim Letzterwerb zur Anwendung zu bringen wäre, wenn der Gesamtbetrag jetzt dem Erwerber zufiele. Nur hinsichtlich der Bewertung ist zu beachten, dass bei der Ermittlung des Gesamterwerbs dem letzten Erwerb mit seinem jetzigen Wert die früheren Erwerbe mit ihrem früheren Wert hinzugerechnet werden.

3. Abzug der Steuer für die früheren Erwerbe

Aus der St für den Gesamtbetrag wird die St für den Letzterwerb abgeleitet, um 11 deren Berechnung es bei der Zusammenrechnung nach § 14 im Ergebnis allein geht. Um die St für den Letzterwerb zu gewinnen, wird von der St für den Gesamtbetrag die St abgezogen, die auf die früheren Erwerbe entfällt. Da die St für den Gesamtbetrag der Erwerbe nach den Besteuerungsfaktoren zZ des letzten Erwerbs ermittelt wird (Anm 10), erschien es dem Gesetzgeber folgerichtig, dass für die in dem Gesamtbetrag enthaltenen Vorerwerbe auch nur die St abgezogen werden darf, welche für die früheren Erwerbe zZ des letzten zu erheben gewesen wäre. Diese St wird gern als „fiktive Steuer" bezeichnet (FinVerw R E 14.3 I ErbStR; *Moench/Weinmann* § 14 Rz 15), aber zu Unrecht. Sie hat keinen fiktiven Charakter. Mit ihr wird zwar nicht die damals effektiv gezahlte, aber die jetzt in der GesamtbetragsSt effektiv enthaltene St zur Anrechnung gebracht. Obwohl die anrechenbare St die früheren Erwerbe betrifft, wird sie zu Recht **aus der Sicht des Letzterwerbs** und nach den dann geltenden Besteuerungsfaktoren festgelegt. Denn mit ihr soll ein Teil der GesamtbetragsSt zum Abzug gebracht werden. Daher muss sich die anrechenbare St nach den Merkmalen der GesamtbetragsSt richten. Die Neufassung des **Abs 1 S 3** durch das JStG

1997 hat an dieser Stelle jedoch eine nach dem Gesetzeszusammenhang inadäquate Neuerung eingefügt. Ist die seinerzeit zu entrichtende St höher, soll sie zum Abzug gelangen. Das Anrechnungsvolumen, das sich der Stpfl mit der StZahlung auf den Ersterwerb – vergleichbar einer Vorauszahlung auf den Gesamterwerb – erworben hatte, soll ihm nicht wieder verloren gehen. Der Abzug konnte allerdings schon bisher höchstens bis zu dem Betrag der für den Gesamterwerb errechneten St stattfinden. War die für den Vorerwerb zu entrichtende St höher als die auf den Gesamterwerb entfallende St, war die St für den Letzterwerb mit 0 EUR anzusetzen. Nunmehr bestimmt der zum 1.1.2009 eingefügte **Abs 1 S 4,** dass der Abzug den Betrag unangetastet lassen muss, der sich für den Letzterwerb ohne Zusammenrechnung ergibt. Diese „Mindeststeuer" (R E 14.3 I ErbStR) soll stfreie Nachschenkungen unter Ausnutzung vorhandenen Abzugspotentials verhindern. Das erscheint nach dem Sinnzusammenhang des § 14 selbstverständlich, ist jedoch immer noch nicht befriedigend, weil sich diese Regelung bei freigebigen Zuwendungen leicht umgehen lässt (Anm 21) und weil damit im Ergebnis unter den Voraussetzungen des Satzes 4 jede Erhöhung der LetztbetragSt unterbleibt, obwohl eine solche Erhöhung durch die Zusammenrechnung doch gerade bewirkt werden soll (Anm 3).

4. Bemessungsgrundlage der Abzugssteuer

12 Zur Ermittlung der zum Abzug zugelassenen St werden die früheren Erwerbe **mit ihrem früheren Wert** angesetzt. Die Bewertung der früheren Erwerbe führt zur Ermittlung eines Bruttobetrags, der anschließend **um den vollen Freibetrag zu kürzen ist.** Die AbzugsSt ist als St für die früheren Erwerbe ein Teil der St für den Gesamterwerb. Dennoch kann die AbzugsSt den Freibetrag nicht nur anteilig berücksichtigen. Denn die AbzugsSt hat im System der Zusammenrechnung die Funktion, die auf die früheren Erwerbe entfallende St aus dem Rechnungszusammenhang herauszulösen. Soweit daher bei der Besteuerung der früheren Erwerbe ein voller Freibetrag berücksichtigt worden ist, muss der volle Freibetrag auch die Bemessungsgrundlage der AbzugSt kürzen. Der Freibetrag wird **nach den Verhältnissen zur Zeit des Letzterwerbs** berechnet (Anm 11). Die Kürzung der Bemessungsgrundlage der AbzugsSt um den vollen Freibetrag führt zu einer Verringerung des Anrechnungsvolumens und zu einer Erhöhung des auf den Letzterwerb entfallenden StBetrags. Die Einfügung des Freibetrags in die Berechnung der AbzugsSt wirkt sich damit für den Stpfl im Ergebnis nachteilig aus. Der Vorteil des Abzugs des Freibetrages kommt dem Stpfl bei der Bemessung der St auf den Letzterwerb nicht zugute. Der Freibetrag wird bei der Besteuerung der letzten Zuwendung im Ergebnis aus dem Rechnungszusammenhang „eliminiert" (BFH BStBl II 78, 220, 222), weil er schon bei der Besteuerung des Vorerwerbs berücksichtigt worden ist und daher als verbraucht gilt und weil als Grundsatz festgehalten werden kann, dass der Freibetrag, soweit er bei einem früheren Erwerb verbraucht worden ist, einen späteren Erwerb nicht kürzen kann. War der Freibetrag allerdings beim Vorerwerb nicht oder nicht vollen Umfangs verbraucht worden, darf er auch nicht oder nicht vollen Umfangs den Vorerwerb kürzen. Der BFH, der dieses Ergebnis früher mit der Einfügung eines Gegenpostens zum Freibetrag unter der Bezeichnung eines „wiederauflebenden Freibetrages" (BFH BStBl II 78, 220) begründet hatte, hat seine Argumentation inzwischen geändert. Das Gericht (BStBl II 05, 728) hebt nun hervor, dass der Freibetrag bei der Bemessung der AbzugsSt nur insoweit berücksichtigt werden kann, als er bei dem Vorerwerb auch tatsächlich verbraucht worden ist. Diese Auffassung leuchtet unmittelbar ein.

5. Probleme der Steuerberechnung bei Gesetzesänderung

Die St, die für die früheren Erwerbe jetzt zu erheben gewesen wäre, deckt sich bei gleich bleibenden persönlichen Verhältnissen mit der St, die seinerzeit erhoben u gezahlt worden ist, wenn das Gesetz in der Zwischenzeit keine Änderung erfahren hat. Haben sich dagegen die persönlichen Verhältnisse in der Zwischenzeit verändert (zB durch Heirat, Adoption; dazu Anm 20, 21) oder wurde das Gesetz in bedeutsamen Punkten neu gefasst, wie es insb beim Übergang vom ErbStG 1959 auf das ErbStG 1974 und beim Übergang vom ErbStG 1974 auf das ErbStG 1996 der Fall gewesen ist, stimmen die seinerzeit gezahlte u die jetzt anzurechnende St nicht überein. Dabei ergibt sich die eigentümliche Konsequenz, dass Rechtsänderungen, die den Stpfl begünstigen, sich im Rahmen des Anrechnungsverfahrens für ihn gerade **ungünstig auszuwirken** scheinen. Hatte der Stpfl zB nach den damaligen Verhältnissen für die früheren Erwerbe hohe StBeträge gezahlt, dann konnte er bei gleich bleibenden Verhältnissen diese hohen StBeträge zur Anrechnung bringen. Wurde jedoch die StLast inzwischen gemildert, musste damit auch sein – nach den jetzigen Verhältnissen berechnetes – Anrechnungspotential sinken. So konnte der Eindruck entstehen, dass dem Stpfl durch Erhöhung der Freibeträge, Milderung der StSätze und durch eine sonst günstige Neueinteilung der StKlassen ein Teil seines Anrechnungsvolumens verlorenging. Das erschien bedenklich. 13

Auf zwei Wegen hat die **Rspr** – unterstützt von der Gesetzgebung – versucht, der Problematik Herr zu werden. Um dem Stpfl bei Gesetzesänderungen, die günstigere StSätze zur Folge haben, die Anrechnung der auf den Vorerwerb gezahlten St zu erhalten, entwickelte der BFH (BStBl II 87, 717) die These, dass „von dem Gesamtbetrag" (gemeint ist die GesamtbetragsSt) „die für den früheren Erwerb damals festgesetzte Steuer abzuziehen ist, wenn diese wegen einer zwischenzeitlichen Gesetzesänderung höher war als die nach der jetzigen gesetzlichen Regelung festzusetzende Steuer" (zustimmend: BFH BStBl II 89, 733, 736). Oder in einer etwas anderen Formulierung: „Der Steuerpflichtige soll ... für den Letzterwerb insoweit keine Steuer zahlen, als er für den Vorerwerb bereits Steuer in (mindestens) dieser Höhe zu entrichten hatte" (BFH BStBl II 05, 728, 729). Diese auf den ersten Blick plausible RsprLinie kann jedoch bei näherem Betrachten nicht überzeugen. In ihr wird nämlich nicht ausreichend gewürdigt, dass Gesetzesänderungen, die zu günstigeren StSätzen führen, nicht nur das Anrechnungsvolumen vermindern, sondern auch den Ausgangsbetrag der Anrechnung, die GesamtbetragsSt, kürzen. Wäre die Einführung günstigerer StSätze unterblieben, hätte zwar ein höheres Anrechnungsvolumen zur Verfügung gestanden, aber mangels Entlastung wäre auch die GesamtbetragsSt höher gewesen. Durch die Kürzung des Abzugsbetrages infolge niedrigerer StSätze wird der Stpfl daher entgegen dem ersten Anschein nicht belastet. 14

Die Gesetzgebung hat trotzdem auf die Rspr reagiert und **Abs 1 S 3** ergänzt. Danach soll die tatsächlich für den Vorerwerb zu entrichtende St abgezogen werden, wenn sie höher ist als der nach S 2 berechnete Abzugsbetrag. Die „zu entrichtende Steuer" ist die St, die bei zutreffender Beurteilung der Sach- und Rechtslage für den Vorerwerb festzusetzen gewesen wäre und nicht die wirklich festgesetzte St (BFH BStBl II 09, 969; FG Münster DStRE 16, 861). Unzutreffend hohe StFestsetzungen für den Vorerwerb werden nicht fortgeführt. Aber es wird aus der GesamtbetragsSt ein höherer StBetrag für den Vorerwerb herausgelöst, als er in ihr enthalten ist. Mit dieser Regelung, die *Weinmann* (*Moench/Weinmann* § 14 Rz 21) zu Recht als ein StGeschenk bezeichnet hat, wurde einzelnen Stpfl eine Vergünstigung zugewandt, für die eine Rechtfertigung nicht ersichtlich ist. Mit der Einfügung des neuen Abs 1 S 4 zum 1. 1. 2009 ist diese Rechtsfolge entschärft worden. 15

6. Sicherung des Freibetrags für den Letzterwerb

16 Auch Gesetzesänderungen, die höhere Freibeträge zur Folge haben, führten früher zu Problemen. Denn bei der Ermittlung der St für den Letzterwerb wird der Freibetrag in dem jetzt maßgeblichen Umfang dem Vorerwerb zugewiesen, wo seine Berücksichtigung die AbzugsSt kürzt. Ein höherer Freibetrag vermindert damit das Abzugsvolumen und erhöht den StBetrag, der auf den Letzterwerb entfällt. Das ist in der Gesetzgebung, die zur Anhebung des Freibetrages führt, im Zweifel nicht intendiert. Zur Lösung des Problems hat der BFH (BStBl II 05, 728) die These aufgestellt, dass der Freibetrag bei der Berechnung der AbzugsSt nur in dem Umfang berücksichtigt werden darf, in dem er beim Vorerwerb verbraucht worden ist. Betrug der Freibetrag beim Vorerwerb 20.000 EUR und wurde er zwischenzeitlich auf 50.000 EUR angehoben, dann können beim Vorerwerb doch nur 20.000 EUR abgezogen werden, weil der Freibetrag nur in dieser Höhe verbraucht worden ist (vgl den Fall in BFH BStBl II 77, 664). Der BFH (BStBl II 05, 728) formuliert dies so: „§ 14 Abs 1 ErbStG hat … nicht … den Zweck, die steuermindernde Wirkung des dem Steuerpflichtigen zur Zeit des letzten Erwerbs nach § 16 ErbStG zustehenden Freibetrags auszuschließen, soweit der Freibetrag nicht für den Anfall von Vermögensvorteilen von derselben Person innerhalb von zehn Jahren vor diesem Erwerb verbraucht worden ist". Das leuchtet ein.

IV. Zuwendungen außerhalb des Zehnjahreszeitraums

1. Das Problem sich überschneidender Zehnjahreszeiträume

17 Zuwendungen, die außerhalb des Zehnjahreszeitraums liegen, bleiben bei der Besteuerung des Letzterwerbs grundsätzlich unbeachtet. Ausnahmsweise werden sie jedoch in die Betrachtung einbezogen, wenn sie mit einem Erwerb zusammenzurechnen waren, der in den Zehnjahreszeitraum fällt. Auf das Problem sich überschneidender Zehnjahreszeiträume hat vornehmlich die Entscheidung BFH BStBl II 78, 220 (mit Anm *Meincke* in StRK Anm 215) aufmerksam gemacht. Der BFH geht hier von der Anwendung des ErbStG 1959 aus, bringt als Beispiel drei in einem Sechsjahresabstand aufeinander folgende Schenkungen an ein Kind im Wert von 50.000 DM, 200.000 DM und wieder 50.000 DM und stellt fest: Unter Berücksichtigung der StKlasse I, des nach dem ErbStG 1959 geltenden Freibetrages von 30.000 DM und der in § 11 ErbStG 1959 niedergelegten StSätze würde sich dann im Fall der Zusammenrechnung eine StPfl für alle drei Erwerbe von insgesamt 17.050 DM (= 8717 EUR) ergeben, während die Zuwendungen nur eine StPfl von insgesamt 16.200 DM (= 8283 EUR) ausgelöst hätten, wenn sie innerhalb eines Zehnjahreszeitraums, also etwa in einem Dreijahresabstand erfolgt wären. Das Beispiel, das trotz der zwischenzeitlichen Gesetzesänderungen unveränderte Bedeutung hat, führt den BFH zu der These: Die Besteuerung des Letzterwerbs darf nicht deswegen höher ausfallen, weil der Vorerwerb seinerseits mit einem früheren Erwerb zusammengerechnet worden ist, der außerhalb des Zehnjahreszeitraums steht. Diese These ist unbestritten. Fraglich ist nur, auf welchem Wege das beanstandete Ergebnis vermieden werden kann.

2. Beseitigung der „Überprogression" im Freibetragsbereich

18 Das vom BFH beanstandete Ergebnis hängt mit dem Umstand zusammen, dass bei drei aufeinander folgenden Zuwendungen aus den Jahren 01, 07 und 13 die zweite Zuwendung aus dem Jahre 07 zweimal zur Zusammenrechnung herangezogen wird. Sie beeinflusst die Besteuerung der Zuwendung aus dem Jahre 13, ist aber ihrerseits

auch schon mit der Zuwendung aus dem Jahre 01 zusammengerechnet worden. Das hat die vom BFH gerügte „Überprogression" zur Folge. Sie besagt, dass die Anhebung der St auf den Letzterwerb, die die Zusammenrechnung bewirkt, bei Vorliegen von Zuwendungen außerhalb des Zehnjahreszeitraums ohne eine entsprechende Rechnungskorrektur über das von § 14 intendierte Maß hinausgehen kann. Dem Regelungsziel des § 14 ist jedoch nicht zu entnehmen, dass Erwerbe außerhalb des Zehnjahreszeitraums, jeweils beurteilt ab dem letzten Erwerb, Einfluss auf die Höhe der St haben sollen. So soll in der Zusammenrechnung der Erwerbe aus den Jahren 07 und 13 der Freibetrag bei dem Erwerb aus dem Jahr 07 abgezogen werden und damit dem Erwerb aus dem Jahre 13 nicht zugute kommen, weil der Freibetrag vom Erwerb aus dem Jahr 07 verbraucht wurde. Ist der Freibetrag beim Erwerb aus dem Jahr 07 aber nur deswegen verbraucht worden, weil der Erwerb aus dem Jahr 07 mit dem aus der Perspektive des Jahres 13 außerhalb des Zehnjahreszeitraums stehenden Erwerb 01 zusammengerechnet worden ist (während der Erwerb 07 für sich allein genommen wegen seines geringen Werts nur einen Teilverbrauch des Freibetrages gerechtfertigt hätte), dann muss man es so ansehen, dass der Freibetragsverbrauch im Jahre 07 nicht nur dem damals angefallenen Erwerb, sondern auch dem Erwerb aus dem Jahre 01 geschuldet war. Der Freibetragsverbrauch beim Erwerb 01 darf aber im Jahr 13 nicht mehr berücksichtigt werden. So kommt der BFH zu der These, dass der Erwerb 07 nur um den Teil des Freibetrages gekürzt werden darf, der dem Erwerb 07 auch tatsächlich zuzurechnen ist. Der BFH hatte früher vorgeschlagen, dennoch den vollen Freibetrag in die Rechnung einzustellen, den nicht auf den Erwerb im Jahr 07 entfallenden Freibetragsteil aber durch einen Gegenposten „wiederauflebender Freibetrag" zu neutralisieren (BFH BStBl II 78, 220). Von dieser Konzeption ist das Gericht inzwischen abgerückt. Es will jetzt von vornherein nur noch den Freibetragsteil zum Abzug bringen, der dem Erwerb des Jahres 07 zugerechnet werden kann (BStBl II 05, 728).

3. Korrekturschritte bei der Steuersatzberechnung

Korrekturschritte sieht der BFH (BStBl II 02, 316; 09, 538) nicht nur bei der **Freibetragsberechnung,** sondern auch bei der Ermittlung des **maßgeblichen StSatzes** vor. Als Beispiel mögen wieder die drei Erwerbe aus den Jahren 01, 07 und 13 dienen. Gesetzt der Vorerwerb aus dem Jahr 07 rechtfertigte für sich genommen die Belastung mit einem StSatz von 11%. Tatsächlich ist der Erwerb aber mit einem StSatz von 15% besteuert worden, weil er als Teil des Gesamtbetrags aus den Zuwendungen 01 und 07 erfasst worden ist. Soll nun die AbzugsSt, die für den Erwerb aus dem Jahr 07 bei der Errechnung der St für den Letzterwerb abgesetzt werden soll, anhand eines StSatzes von 11 oder 15% ermittelt werden? Die FinVerw hatte sich in dem vom BFH entschiedenen Fall für einen StSatz von 11% ausgesprochen, weil dies der richtige StSatz für den – isoliert gedachten – Vorerwerb aus dem Jahr 07 war. Der BFH hat sich dagegen für den höheren StSatz ausgesprochen, um die StStufe zur Geltung zu bringen, die für den Vorerwerb als Teil des Gesamtbetrags aus den Zuwendungen 01 und 07 seinerzeit tatsächlich maßgeblich gewesen ist. Und das Gericht betont, dass in diesem Zusammenhang die für den früheren Erwerb nach Abs 1 S 3 tatsächlich zu entrichtende St abgezogen werden muss (BStBl II 09, 538). Doch fehlt dieser These eine auf den Grundgedanken des § 14 bezogene überzeugende Begründung. In Wahrheit wird die Rspr des BFH an dieser Stelle nicht von dem Gedanken geleitet, dass einem außerhalb des Zehnjahreszeitraums stehenden Erwerb kein Einfluss auf die Berechnung der LetzterwerbSt zugemessen werden darf. In Wahrheit geht es dem Gericht an dieser Stelle allein darum, den vollen Abzug der beim Vorerwerb geleisteten StZahlung sicherzustellen. Dieser Gedanke ist aber dem Berechnungsschema des § 14 nicht adäquat (Anm 11). Die Linie der Rspr stimmt zurzeit noch mit dem unglücklichen Gesetzeswortlaut des Abs 1 S 3 überein. Abs 1 S 3 bedarf 19 jedoch dringend der Korrektur. Mit Blick darauf kann die Rspr des BFH daher nicht überzeugen. Nur wenn für den Erwerb 07 der StSatz zugrunde gelegt wird, der für diesen Erwerb maßgeblich sein musste, wenn er isoliert gedacht und nicht mit dem Erwerb 01 zusammengerechnet wird, ist ein Einfluss des Erwerbs 01 auf die St für den Erwerb 13 vermieden. Und diesen Einfluss zu vermeiden, hat die Rspr des BFH doch gerade zum Ziel. Die Rspr handelt ihrer eigenen Zielsetzung entgegen. Korrekturschritte bei der StSatzberechnung sollten daher unterbleiben (Näheres dazu bei *Meincke,* DStR 07, 273; ZEV 09, 604).

V. Geänderte persönliche Verhältnisse

1. Zuwendungen nach Heirat oder Scheidung

20 Zuwendungen an den Ehepartner (StKl I) sind ungeachtet der hohen Besteuerungsunterschiede mit Zuwendungen vor der Eheschließung (StKl III), Zuwendungen an den geschiedenen Partner (StKl II) sind mit Zuwendungen während der Ehe zusammenzurechnen (BFH BStBl II 68, 239). Ähnliches gilt für Zuwendungen **vor und nach der Adoption.** Die Problematik mag ein Beispiel erläutern. War für eine Zuwendung vor der Eheschließung eine hohe StBelastung angefallen, kann die St auf den Gesamtbetrag aus Erstzuwendung vor und Zweitzuwendung nach der Eheschließung niedriger sein, als der Betrag der AbzugsSt, um den die St auf den Gesamtbetrag nach § 14 I 3 vermindert werden darf. Hatte der Schenker seinem Partner zB vor und nach der Eheschließung je 1 Mio EUR zugewandt, betrug die für den Vorerwerb zu entrichtende St bei einem Freibetrag von 20.000 EUR und einem StSatz von 30% 294.000 EUR. Nach der Eheschließung entfielen dagegen auf den Gesamtbetrag der Erwerbe von (2 × 1 Mio =) 2 Mio EUR bei einem Freibetrag von 500.000 EUR und einem StSatz von 19% nur noch 285.000 EUR. Nach Abs 1 S 4 darf die St, die sich für den Zweiterwerb ohne Berücksichtigung des Vorerwerbs ergibt, nicht unterschritten werden. Ohne Berücksichtigung des Vorerwerbs hätte sich für den Ehegatten für den Zweiterwerb iHv 1 Mio EUR bei einem Freibetrag von 500.000 EUR und einem StSatz von 15% eine St von 75.000 EUR ergeben. Von der GesamtbetragsSt von 285.000 EUR dürfen daher bei der Zusammenrechnung als St für den Vorerwerb nicht mehr nach Abs 1 S 3 die damals zu entrichtenden 294.000 EUR, sondern nach Abs 1 S 4 nur noch 210.000 EUR abgezogen werden, damit nach Abzug der St für den Vorerwerb eine St iHv 75.000 EUR für den Letzterwerb übrig bleibt.

2. Begrenzte Wirkung des Abs 1 S 4

21 Man muss allerdings einräumen, dass sich die durch Abs 1 S 4 in das Gesetz eingefügte sinnvolle Begrenzung des Abzugs bei im Umfang beliebig dosierbaren freigebigen Zuwendungen angesichts des gegenwärtigen Gesetzeswortlauts nicht zufriedenstellend durchsetzen lässt. Denn hätte der Schenker, statt in der Ehe eine Zuwendung von 1 Mio EUR vorzunehmen, der Vorzuwendung nach der Eheschließung zwei Zuwendungen von je 500.000 EUR folgen lassen, dann wäre für diese beiden Zuwendungen isoliert betrachtet keine StBelastung angefallen. Die St, die auf diese Erwerbe entfiel, konnte daher durch den Abzug der St nach S 3 nicht unterschritten werden. Also bleibt dieser Abzug in derartigen Fällen gegenwärtig unangetastet, was dem Gesetzessinn zweifellos nicht entspricht.

VI. Einzelfragen

1. Zusammenrechnung von Nutzung und Substanz

Wird dem Erwerber zunächst das Nutzungsrecht an Vermögensgegenständen und dann die Vermögenssubstanz zugewandt, dann sollte nach der Entscheidung BFH BStBl II 79, 740 der Besteuerung insgesamt kein höherer Betrag zugrunde gelegt werden können, als wenn sogleich die Substanz zugewandt worden wäre. In dem der Entscheidung zugrunde liegenden Fall hatte ein Onkel seiner Nichte ein auf sieben Jahre befristetes unverzinsliches Darlehen gewährt und die Rückzahlung des Darlehens drei Jahre später erlassen. Fraglich war, ob sich bei der Zusammenrechnung des Zinsvorteils, der mit der Einräumung des Darlehens zugewandt war, mit der in dem Rückzahlungserlass liegenden Zuwendung ein Gesamtsteuerbetrag ergeben konnte, der die St überstieg, die bei sofortiger Schenkung des Geldes angefallen wäre. Der BFH ging von der aus der Sicht dieses Kommentars unzutreffenden These aus (vgl Anm 4), es sei Sinn und Zweck des § 14 sicherzustellen, dass mehrere einzelne Erwerbe (annähernd) gleich, keinesfalls aber höher besteuert werden als ein einziger Erwerb im Gesamtwert. Diese These führte ihn zu dem unbefriedigenden Ergebnis, dass bei einem gestreckten Erwerb von Nutzung und Substanz nur die Substanzschenkung besteuert werden kann. Dabei wurde übersehen, dass, wenn gleich die Substanz geschenkt wäre, auch gleich die St für den Substanzerwerb entstanden wäre, dass der Erwerber, der zunächst nur die Nutzung erhält, einen Zinsvorteil hinsichtlich der St bekommt, der bei der Zusammenrechnung berücksichtigt werden muss. Inzwischen hat das Gericht seine RsprLinie korrigiert (BFH BStBl II 99, 25). Danach sind nunmehr die Erwerbe bei der Zusammenrechnung mit den ihnen jeweils zukommenden Werten auch dann anzusetzen, wenn die Summe der Werte höher ist als der Wert der Substanz (zustimmend *Moench/Weinmann* § 14 Rz 38; *Troll/Jülicher* § 14 Rz 27). Eine rückwirkende Korrektur stlich ungünstiger Gestaltungen sieht § 14 gerade nicht vor. Die Nutzungszuwendung ist als selbstständiger ErbSt-Vorgang als Vorschenkung zu berücksichtigen. Zu § 14 iZm § 10 III s § 10 Anm 34. 22

2. Zusammenrechnung bei mehrfachem Erwerb desselben Vermögens (§ 27)

Sind Erwerbe zusammenzurechnen, deren St jeweils gem § 27 in unterschiedlicher Höhe zu ermäßigen ist, so ist im Rahmen der Zusammenrechnung jede Ermäßigung für sich zu gewähren. Dabei ist der Freibetrag den einzelnen Erwerben anteilig zuzurechnen. Ist die St für alle Erwerbe erstmals in einem gemeinsamen Bescheid festgesetzt worden, so sind die auf die Einzelerwerbe entfallenden anteiligen StBeträge gem dem jeweiligen Prozentsatz des § 27 zu ermäßigen (BFH BStBl II 80, 414). Sind getrennte Bescheide ergangen, so ist dasselbe Ergebnis bei der StFestsetzung für den letzten Erwerb im Rahmen der Zusammenrechnung herbeizuführen. 23

3. Zusammenrechnung mit Vermögen, für das eine Begünstigung nach den §§ 13 a, 19 a besteht

In die Zusammenrechnung werden stets die Bruttobeträge vor Abzug der persönlichen Freibeträge (§§ 16, 17) einbezogen (Anm 9). Andere sog qualitative Befreiungen werden dagegen vorweg zum Abzug gebracht (Anm 5). Das gilt auch für die Begünstigung nach § 13 a. Nur der die Begünstigung übersteigende Betrag wird zur Zusammenrechnung herangezogen. Die FinVerw (R E 14.2 II, III ErbStR) legt Gewicht darauf, dass die Zusammenrechnung nicht zu einer durch § 13 a nicht gedeckten Ausweitung der Begünstigung führen darf. Auch wenn ein Abzugsbetrag im 24

Rahmen eines Erwerbs nicht in voller Höhe ausgenutzt werden konnte, ist er dennoch mit Wirkung für die nächsten zehn Jahre verbraucht (§ 13a Anm 14) und kann im Rahmen der Zusammenrechnung nicht für später erworbenes Vermögen reaktiviert werden. Eine Auswirkung der Tarifbegrenzung nach § 19a wird von der FinVerw (aaO) im Fall der Zusammenrechnung nur anerkannt, soweit zum Letzterwerb tarifbegünstigtes Vermögen gehört.

4. Zusammenrechnung bei DBA

25 Wird durch ein DBA die Doppelbesteuerung nach der StAnrechnungsmethode beseitigt (wie in den DBA-Schweiz, -USA, -Dänemark und -Schweden), so ist die deutsche St wie in den Regelfällen der unbeschränkten oder beschränkten StPfl zu ermitteln, also wie in den Fällen des § 21. Dabei ist die Vorschrift des § 14 wie im Regelfall anzuwenden. Wird die Doppelbesteuerung nach der Freistellungsmethode, also durch Aufteilung der Besteuerungsrechte beseitigt (wie in Sonderfällen nach DBA-Schweiz), so dass ein Teil des im Übrigen unbeschränkt stpfl Erwerbs der inländischen Besteuerung entzogen ist, so ist die für den hier stpfl Erwerb sich ergebende St gem § 19 II nach dem StSatz zu erheben, der für den ganzen Erwerb gelten würde. Bei einer Zusammenrechnung mit Vorschenkungen ist wie folgt zu verfahren:

a) Für die Bestimmung des StSatzes ist der Gesamterwerb einschl der Vorschenkung maßgebend.
b) Der so ermittelte StSatz ist auf den der inländischen Besteuerung unterliegenden Teil des Erwerbs von Todes wegen unter Einbeziehung der Vorschenkung anzuwenden.
c) Von der so errechneten St ist gem § 14 I die St abzuziehen, die sich für die Vorschenkung zZ des Erwerbs von Todes wegen für ihren früheren Wert ergibt.
d) Der danach für den Erwerb von Todes wegen verbleibende StBetrag kann gem § 14 III nur erhoben werden, soweit er 50% des der inländischen Besteuerung unterliegenden Teils des Erwerbs von Todes wegen nicht übersteigt.

VII. Sonderregeln (Abs 1 S 5, Abs 2, 3)

1. Negative Erwerbe (Abs 1 S 5)

26 Zu wertneutralen Erwerben oder zu Erwerben, die den Erwerber bei einer Saldierung der mit dem Erwerb verbundenen Vor- und Nachteile mehr belasten, als dass sie ihm Vorteil bringen (= negative Erwerbe), kann es kommen, wenn der Erwerber mit dem Erwerb Belastungen übernehmen muss, die den Wert des Erwerbs ausgleichen oder übersteigen. Der BFH hat sich bisher dazu entschieden, mit Belastungen verbundene Schenkungen in einen unbelasteten und einen belasteten Teil aufzuspalten, die Belastungen einem für die SchSt unbeachtlichen entgeltlichen Geschäft zuzuweisen und nur den unbelasteten Teil in die Besteuerung einzubeziehen (§ 7 Anm 8f, 30ff, § 10 Anm 23). Damit wird der Bereich möglicher negativer Vorzuwendungen deutlich eingeschränkt. Insbesondere Grundstückszuwendungen mit negativem steuerlichen Wert werden damit für den Bereich der SchSt ausgeschlossen. Am ehesten wird es Erwerbe mit negativem Wert noch bei der schenkweisen Übertragung von Personengesellschaftsanteilen geben (*Moench/Weinmann* § 14 Rz 32), weil das den Anteilswert bestimmende Betriebsvermögen als negative Größe festgestellt werden kann. Außerdem sind zu den wertneutralen oder negativen Erwerben auch die zu zählen, deren Wert durch eine qualitative StBefreiung ausgeglichen wird (Anm 5). Die Vorschrift des Abs 1 S 5, dass negative Vorerwerbe bei der Zusammenrechnung unberücksichtigt bleiben, den nachfolgenden positiven Erwerb also nicht mindern, ist mWv 1.1.1974 eingeführt worden. S 5 gilt nur für zeitlich getrennt ausgeführte

Zuwendungen. Werden Vermögensgegenstände mit negativem StWert und solche mit positivem StWert durch einheitlichen Schenkungsvertrag zugewendet (= *ein* StFall), so sind die Werte auszugleichen (BFH BStBl II 81, 532; II 82, 351; kritisch zu diesen Entscheidungen *Gebel,* ZEV 01, 213, 215; vgl auch FG Hbg EFG 10, 341). Zu zwei selbstständigen Erwerbsvorgängen iSv § 14 I soll es auch beim zeitlichen Auseinanderfallen von Erb- und Vorausvermächtnisanfall kommen und eine Saldierung daher nicht möglich sein, auch wenn es sich um denselben Erwerb und denselben Erbfall handelt (FG Münster EFG 17, 1181 – Rev II R 29/17; s auch § 9 Anm 17). S 5 stellt gegenüber der früheren Rechtslage (= Berücksichtigung negativer Vorschenkungen, s BFH BStBl II 76, 785; 77, 50) statt bloßer „Klarstellung" derselben (s BTDrs VI/3418, 69) eine materielle Gesetzesänderung dar.

2. Ablauf der Festsetzungsfrist (Abs 2)

Abs 2 ist durch das ErbStRG 2009 mWv 2009 eingeführt worden. Geregelt wird der Ablauf der Festsetzungsfrist für einen Nacherwerb. Diese Frist wird hier für einen Sonderfall mit dem Ablauf der Festsetzungsfrist für den Vorerwerb abgestimmt. Der Sonderfall, den Abs 2 im Auge hat, ist der Fall, dass ein vergangenheitswirksames Ereignis eine Wertänderung des Vorerwerbs bewirkt. In diesem Fall ist der zum Vorerwerb ergangene StBescheid nach § 175 I 1 Nr 2 AO zu ändern. Für diese Änderung gibt es eine eigene Festsetzungsfrist. Nach Abs 2 soll sich nun die Festsetzungsfrist für den Nacherwerb dieser Frist für den Vorerwerb anpassen und nicht eher enden als die Frist für den Vorerwerb (FG Nürnberg DStRE 16, 607 zu einem Fall vor Ergänzung des neuen Abs 2). 27

3. Höchstbetrag der Steuer (Abs 3)

Mit der Einfügung des neuen Abs 2 wurde der bisherige Abs 2 in Abs 3 umbenannt. Abs 3 bringt eine dem § 19 III vergleichbare Höchstbetragsbegrenzung. Während der neue Abs 1 S 4 einen Mindestbetrag der St festlegt, der bei der Zusammenrechnung nicht unterschritten werden darf, regelt Abs 3 umgekehrt einen Höchstbetrag. Mehr als 50% des Letzterwerbs darf die LetzterwerbSt trotz Zusammenrechnung mit Vorerwerben nicht betragen. Ist also der Letzterwerb schon für sich genommen mit 50% zu besteuern, dann kann die Zusammenrechnung entfallen. 28

§ 15 Steuerklassen

(1) Nach dem persönlichen Verhältnis des Erwerbers zum Erblasser oder Schenker werden die folgenden drei Steuerklassen unterschieden:

Steuerklasse I:
1. **der Ehegatte und der Lebenspartner,**
2. **die Kinder und Stiefkinder,**
3. **die Abkömmlinge der in Nummer 2 genannten Kinder und Stiefkinder,**
4. **die Eltern und Voreltern bei Erwerben von Todes wegen;**

Steuerklasse II:
1. **die Eltern und Voreltern, soweit sie nicht zur Steuerklasse I gehören,**
2. **die Geschwister,**
3. **die Abkömmlinge ersten Grades von Geschwistern,**
4. **die Stiefeltern,**
5. **die Schwiegerkinder,**
6. **die Schwiegereltern,**
7. **der geschiedene Ehegatte und der Lebenspartner einer aufgehobenen Lebenspartnerschaft;**

Steuerklasse III:

alle übrigen Erwerber und die Zweckzuwendungen.

(1 a) **Die Steuerklassen I und II Nr. 1 bis 3 gelten auch dann, wenn die Verwandtschaft durch Annahme als Kind bürgerlich-rechtlich erloschen ist.**

(2) **[1]In den Fällen des § 3 Abs. 2 Nr. 1 und des § 7 Abs. 1 Nr. 8 ist der Besteuerung das Verwandtschaftsverhältnis des nach der Stiftungsurkunde entferntest Berechtigten zu dem Erblasser oder Schenker zugrunde zu legen, sofern die Stiftung wesentlich im Interesse einer Familie oder bestimmter Familien im Inland errichtet ist. [2]In den Fällen des § 7 Abs. 1 Nr. 9 Satz 1 gilt als Schenker der Stifter oder derjenige, der das Vermögen auf den Verein übertragen hat, und in den Fällen des § 7 Abs. 1 Nr. 9 Satz 2 derjenige, der die Vermögensmasse im Sinne des § 3 Abs. 2 Nr. 1 Satz 2 oder § 7 Abs. 1 Nr. 8 Satz 2 gebildet oder ausgestattet hat. [3]In den Fällen des § 1 Abs. 1 Nr. 4 wird der doppelte Freibetrag nach § 16 Abs. 1 Nr. 2 gewährt; die Steuer ist nach dem Prozentsatz der Steuerklasse I zu berechnen, der für die Hälfte des steuerpflichtigen Vermögens gelten würde.**

(3) **[1]Im Falle des § 2269 des Bürgerlichen Gesetzbuchs und soweit der überlebende Ehegatte oder der überlebende Lebenspartner an die Verfügung gebunden ist, ist auf Antrag der Versteuerung das Verhältnis des Schlusserben oder Vermächtnisnehmers zum zuerst verstorbenen Ehegatten oder dem zuerst verstorbenen Lebenspartner zugrunde zu legen, soweit sein Vermögen beim Tod des überlebenden Ehegatten oder des überlebenden Lebenspartners noch vorhanden ist. [2]§ 6 Abs. 2 Satz 3 bis 5 gilt entsprechend.**

(4) **[1]Bei einer Schenkung durch eine Kapitalgesellschaft oder Genossenschaft ist der Besteuerung das persönliche Verhältnis des Erwerbers zu derjenigen unmittelbar oder mittelbar beteiligten natürlichen Person oder Stiftung zugrunde zu legen, durch die sie veranlasst ist. [2]In diesem Fall gilt die Schenkung bei der Zusammenrechnung früherer Erwerbe (§ 14) als Vermögensvorteil, der dem Bedachten von dieser Person anfällt.**

Erbschaftsteuer-Richtlinien 2011: R E 15.2–15.3/H E 15.1–15.3

Übersicht

Schrifttum: *Michel,* Änderungen bei den StKlassen der ErbSt/SchSt, DStR 81, 218; *Piltz,* Stichwort: Berliner Testament, DStR 91, 43; *Binz/Sorg,* Aktuelle ErbStProbleme der Familienstiftung, DStR 94, 229; *Thömmes/Stockmann,* Familienstiftung und Gemeinschaftsrecht IStR 99, 261; *Meincke,* Stiefkindschaft und Schwägerschaft, Gedächtnisschrift Lüderitz, 2000, 515; *Halaczinsky,* Die Stieffamilie im ErbStRecht, ZErb 04, 149; *Kesseler/Thouet,* Berliner Testament und Rettung erbschaftsteuerlicher Freibeträge, NJW 08, 125; *Steiner,* Die Erwachsenenadoption im Lichte der ErbSt-Reform, ErbStB 08, 83; *Becker,* Die Erwachsenenadoption als Instrument der Nachlassplanung, ZEV 09, 25; *Billig,* Steuerrechtliche Behandlung von eingetragenen Lebenspartnern nach dem ErbStRecht, UVR 09, 183; *Wenzel,* Die eingetragene Lebenspartnerschaft im Steuerrecht, DStR 09, 2403; *Steiner,* Geldvermächtnisse zugunsten von Enkelkindern, ErbStB 12, 160; *Hölscher,* Die erbschaftsteuerlich motivierte Volljährigenadoption, ZErb 12, 253; *von Oertzen,* Vorbereitungen für den großen Ersatzerbschaftsteuertermin zum 1. Januar 2014, Beihefter DStR 12, 37; *Hübner,* Die nichtrechtsfähige Stiftung als Familienstiftung, DStR 13, 1966; *Götz,* Zuwendungen von Kapitalgesellschaften, ZEV 15, 624; *Jülicher,* Die ausländische Familienstiftung des ErbStG im Umbruch, ZErb 15, 357.

Schrifttum zu Abs 3 (gemeinschaftliches Ehegattentestament) vor Anm 31.

I. Allgemeines

1. Regelungszweck

§ 15 unterscheidet **drei StKlassen.** In den StKlassen werden Gruppen von StPfl zusammengefasst, die bei der Besteuerung unterschiedlich behandelt werden. Zwischen den Personen der StKl I und den Personen, die zur StKl II und III gehören, werden große Unterschiede gemacht. Der Gesetzgeber hatte mit dem ErbStRG 2009 die Unterschiede zwischen den Personen der StKl II und III weitgehend eingeebnet. Sie wurden in den beiden zentralen Fragen, nämlich hinsichtlich der Freibeträge und der StSätze gleichbehandelt. Mit dem WachstumsbeschleunigungsG (BGBl I 09, 3950) wurden jedoch die StSätze in der StKl II neu geordnet, so dass wieder ein Unterschied zwischen der StKl II und der StKl III besteht. Unverändert geblieben sind allerdings die StSätze in der wichtigen Erwerbsgruppe zwischen 600.000 und 6.000.000 EUR sowie die Freibeträge für beide Personengruppen. Die mit dem ErbStRG 2009 weiter verstärkten Unterschiede innerhalb der StKl I bestehen weiterhin. Das JStG 2010 hat den Gesetzestext zur StKl I Nr 1 und zur StKl II Nr 7 angepasst. Dem eingetragenen gleichgeschlechtlichen Lebenspartner, der in der Gesetzesterminologie abgekürzt einfach Lebenspartner heißt, wird seitdem in vollem Umfang die Stellung eines Ehegatten eingeräumt. Auf das BeitrRLUmsG (BGBl I 11, 2592) geht der Abs 4 zurück. 1

2 Zur **Rechtfertigung der StKlassen.** In den StKlassen werden Gruppen von Erwerbern nach dem Kriterium der Nähe zum Erblasser oder Schenker zusammengefasst. Dass die unterschiedliche Nähe zum Erblasser oder Schenker unterschiedliche Rechtsfolgen für die Erwerber rechtfertigen kann, ist ein Gesichtspunkt, der für die ErbSt als charakteristisch gilt. Mit der Berücksichtigung des persönlichen Verhältnisses des Erwerbers zum Erblasser oder Schenker wird insb im Hinblick auf Personen der StKl I dem Familienprinzip Rechnung getragen, das eine verfassungsrechtliche Grenze für das Maß der StBelastung bildet (BVerfG BStBl II 95, 671, 673). Das BVerfG hat dazu bemerkt: „Der erbschaftsteuerliche Zugriff bei Familienangehörigen der Steuerklasse I ist derart zu mäßigen, dass jedem dieser Steuerpflichtigen der jeweils auf ihn überkommene Nachlass – je nach dessen Größe – zumindest zum deutlich überwiegenden Teil oder, bei kleineren Vermögen, völlig stfrei zugutekommt“ (BStBl II 95, 671, 674). Die StKlasseneinteilung trägt darüber hinaus Unterschieden im sozialen Gehalt von Vermögenstransaktionen Rechnung. So lässt sich zur Begründung der Hervorhebung von Ehegatten anführen, dass der Erwerb aus dem Vermögen seines Partners dem Ehegatten nicht in demselben Umfang wie einem Außenstehenden Leistungsfähigkeit verschafft. Denn der Ehepartner wird mit dem auf ihn übergehenden Vermögen im Zweifel schon vor dem Erwerb in engem Kontakt gewesen sein. Er erwirbt mit dem Vermögen des Partners nicht etwas für ihn völlig Neues, nichts, was ihm nicht auch schon bisher (wenn auch oft nur eingeschränkt) zur Verfügung stand. Dieser Gesichtspunkt passt allerdings auf getrennt lebende Eheleute nicht. In der Begünstigung der Kinder und Enkelkinder kommt der alte Gedanke der Familienerbfolge zum Ausdruck, der die Weitergabe des Vermögens in der Familie für die im Regelfall allein angemessene Rechtsfolge im Todesfall erklärt, weil die Kinder schon zu Lebzeiten der Eltern „in gewisser Weise Eigentümer des Familienvermögens sind“ (Instutionen Iustinians 2, 19, 2) und der damit „eine im Erbrecht angelegte Mitberechtigung der Kinder am Familiengut“ (BVerfG BStBl II 95, 671, 674) anerkennt. Wurde Vermögen in der Familie gebildet, so war das nicht selten mit einem Verlust an gegenwärtigem Konsum und Lebensqualität für die unmittelbar Betroffenen verbunden. Dem trägt die Besserstellung beim Erwerb des Familienvermögens Rechnung. Schwieriger als die Unterschiede zu rechtfertigen, die mit der StKlasseneinteilung getroffen werden, ist es heute, die Gleichbehandlung von Erwerbern zu begründen, die in ganz ungleicher Nähe zum Erblasser oder Schenker stehen, deren persönliches Verhältnis zum Erblasser oder Schenker daher auch ganz unterschiedlich ist, wie es im Hinblick auf wichtige StSätze und den Freibetragsumfang für Eltern (bei Zuwendungen unter Lebenden) und Geschwister einerseits, für außenstehende Dritte andererseits gilt. Man kann dies sich nur so verständlich zu machen versuchen, dass den Beamten der FinVerw, die die Gesetzesvorlagen vorbereiten, und den Politikern, die sie beschließen, der Sinn für die persönliche Nähe und den engen Zusammenhalt in der Herkunftsfamilie nicht mehr ausreichend vor Augen steht. Sie beschränken die Familienbindungen auf die Kleinfamilie, zu der die Eltern und Geschwister des Erblassers nicht mehr gehören. Das erscheint unbefriedigend.

2. Maßgeblicher Zeitpunkt

3 § 15 geht davon aus, dass sich das die StKlasse bestimmende **persönliche Verhältnis** des Erwerbers zum Erblasser/Schenker für jeden Erwerb eindeutig bestimmen lässt. Diese Vorstellung passt jedoch nicht ohne Weiteres bei gestreckten Erwerben, die einen längeren Zeitraum umfassen, in dem sich das Verhältnis des Erwerbers zum Erblasser/Schenker geändert haben kann. Diese Problematik spielt bei der Zusammenrechnung mehrerer Erwerbe nach § 14 eine Rolle, ist jedoch nicht auf den Fall der Zusammenrechnung beschränkt. Wird zB ein Schenkungsversprechen an den Ehegatten erst nach der Scheidung erfüllt, so fragt sich, ob die Besteuerung des Schenkungserwerbs nach StKl I oder II vorzunehmen ist. Der RFH (RStBl 1940,

615) hat das Datum der StEntstehung mit Vollendung des Erwerbs für maßgeblich gehalten. Man könnte aber auch darauf abstellen, zu welchem Zeitpunkt der Rechtsgrund des Erwerbs begründet wurde. Im letzteren Fall wäre der Ehegattenerwerb nach StKl I zu beurteilen. Im Fall einer bedingten Zuwendung wird der Zeitpunkt des Bedingungseintritts zu Grunde gelegt (vgl § 9 Anm 46). Wird das persönliche Verhältnis rückwirkend nachteilig geändert, zB die Abstammung des Kindes vom Ehemann der Mutter durch rechtskräftige Ehelichkeitsanfechtung nachträglich aufgehoben, so dürfte sich eine StNachforderung aus diesem Anlass verbieten.

3. Erblasser/Schenker/Erwerber

§ 15 geht von der Besteuerung des Erwerbers aus und bestimmt die StKlasse des Erwerbers aus dessen Verhältnis zum Erblasser oder Schenker. Im Einzelfall kann zweifelhaft sein, wer als Erwerber, Schenker oder Erblasser iSv § 15 zu gelten hat. So ist bei Eintritt des Nacherbfalls nach Übertragung der Nacherbenanwartschaft an einen Dritten dieser Dritte und nicht der Nacherbe Erwerber iSv § 15 (BFH BStBl II 93, 158). Ob diese Linie auch bei Übertragung eines bedingten Vermächtnisanspruchs oder bei Abtretung eines noch nicht geltend gemachten Pflichtteilsanspruchs gilt, ist höchstrichterlich noch nicht geklärt (vgl § 3 Anm 12). Bei Abtretung eines Vermächtnisanspruchs nach Bedingungseintritt oder eines Pflichtteilsanspruchs nach Geltendmachen dieses Rechts bleibt der ursprüngliche Gläubiger Erwerber iSv § 15, weil er die bereits entstandene StPfl nicht durch Abtretung des Anspruchs von sich abwenden kann. Verzichtet ein zukünftiger gesetzlicher Erbe auf einen künftigen Pflichtteilsanspruch gegen Abfindung von einem anderen Erben, so liegt zwar eine freigebige Zuwendung des einen an den anderen Erben vor, die StKl bestimmt sich jedoch nach dem Verhältnis des Zuwendungempfängers zum künftigen Erblasser (BFH BStBl II 13, 922). Im Fall der Auflagenschenkung ist für die Besteuerung des Auflagebegünstigten dessen Verhältnis zum ursprünglichen Schenker, der die Auflage angeordnet hat, und nicht zu demjenigen, der die Auflage ausgeführt hat, entscheidend (BFH BStBl II 93, 523). Wird ein Schenkungsversprechen erst nach dem Tod des Schenkers von dessen Erben erfüllt, richtet sich die StKlasse doch nach dem Verhältnis des Beschenkten zum Verstorbenen und nicht nach dem Verhältnis zu dessen Erben (BFH BStBl II 83, 19). Bei Auflösung einer Stiftung ist Schenker des Stiftungsvermögens die Stiftung, nicht der Stifter. Doch sieht § 15 II 2 ausnahmsweise vor, dass für die Besteuerung des Anfallberechtigten nicht das Verhältnis zur Stiftung, sondern zum Stifter maßgeblich sein soll (BFH BStBl II 93, 238; 10, 237). Erblasser ist im Fall der Vor- und Nacherbfolge derjenige, der die Vor- und Nacherbfolge angeordnet hat. Doch ist nach § 6 II 1 im Fall der Nacherbfolge beim Tod des Vorerben das Verhältnis des Nacherben zum Vorerben und nicht das zum Erblasser zugrunde zu legen, sofern der Nacherbe nicht den Antrag nach § 6 II 2 gestellt hat. § 15 I knüpft die StKlasse an das Verhältnis des Erwerbers zum Schenker und geht damit von der StPfl des Erwerbers aus. An die StPfl des Schenkers (§ 20 I) ist dabei nicht unmittelbar gedacht. Regelungen wie § 15 I zeigen, dass das ErbStG die Besteuerung des Schenkers als eine aus der StPfl des Beschenkten abgeleitete Besteuerung versteht. Der Schenker fällt daher in die StKlasse, die die Besteuerung des Beschenkten bestimmt. Obwohl dem Gesetzeswortlaut nach in die StKl III neben den zur Ausführung der Zweckauflage Verpflichteten nur die „übrigen Erwerber" fallen, ist folglich auch der Schenker selbst zur StKl III zu zählen, wenn seine Besteuerung bei Geschenken an außenstehende Erwerber in Frage steht. 4

II. Steuerklasse I

1. StKl I Nr 1

5 Der **Ehegatte** fällt so lange in **StKl I Nr 1,** wie die Ehe rechtlich besteht. Die Zugehörigkeit zur StKl I geht also durch ein dauerndes Getrenntleben der Ehegatten nicht verloren. Ist die Ehe rechtskräftig geschieden, so fällt der geschiedene Ehegatte in StKl II. Auch die Partner einer nichtigen oder aufhebbaren Ehe sind Ehegatten iSd StKl I. Erst die Partner der rechtskräftig für nichtig erklärten Ehe fallen entsprechend der Regelung für geschiedene Ehegatten in StKl II (BFH BStBl II 87, 174). Schenkungen und Erwerbe von Todes wegen unter Verlobten sind nicht begünstigt. Das gilt nach Auffassung des BFH (BStBl II 98, 396) auch dann, wenn der zur Beurteilung stehende Erwerb erst nach der Bestellung des Aufgebots eingetreten ist. Dass die Verlobten nach § 15 I Nr 1 AO als Angehörige gelten, führt aus der Sicht des Gerichts zu keiner anderen Beurteilung. Der Erwerb von Verlobten ist jedoch dann als Erwerb nach StKl I einzustufen, wenn sie unter der aufschiebenden Bedingung der Eheschließung gemacht werden und somit erst mit diesem Zeitpunkt als ausgeführt gelten (s § 9 Anm 46). Die Partner einer nichtehelichen Lebensgemeinschaft fallen nach geltendem Recht in StKl III (BFH BStBl II 83, 114). Ihre Nichteinstufung in StKl I verstößt nicht gegen das GG (BVerfG BStBl II 84, 172; 90, 103; 764; FG Düsseldorf EFG 92, 346). Der Begriff des „Lebenspartners" erfasst ausschließlich **eingetragene Lebenspartner** iSd LPartG (BFH BFH/NV 16, 47). Geschwister können unabhängig von den tatsächlichen Lebensverhältnissen nicht wie Ehegatten oder Lebenspartner behandelt werden (BFH BStBl II 13, 633).

2. StKl I Nr 2

6 Zu den **Kindern** iSd **StKl I Nr 2** rechnen (ggf iVm Abs 1 a):

a) die früher sog **ehelichen** Kinder. Ein während der Ehe (§ 1592 Nr 1 BGB) oder bis zu 300 Tage nach der Auflösung der Ehe geborenes Kind (§ 1593 BGB) gehört zum Kreis dieser in der Ehe geborenen Kinder, es sei denn, dass der Mann, der zur Zeit der Geburt des Kindes mit der Mutter verheiratet war, nach rechtskräftiger Feststellung des Gerichts nicht der Vater ist;

b) die früher sog **nicht-ehelichen Kinder,** deren Mutter zur Zeit der Geburt nicht verheiratet war. Sie haben die Stellung als Kind zur Mutter – das ist die Frau, die das Kind geboren hat (§ 1591 BGB) – stets, im Verhältnis zum Vater nach Abstammungsrecht aber erst dann, wenn die Vaterschaft anerkannt oder festgestellt worden ist (§ 1592 Nrn 2, 3 BGB). Ohne diese rechtliche Vaterschaft wurde eine Zugehörigkeit zur StKl I Nr 2 bislang verneint (FG München EFG 87, 255). Nach FG Hessen ist dagegen die biologische Vaterschaft ausreichend (ZEV 17, 288). Auf dieser Linie gehört das von einer Leihmutter ausgetragene Kind auch im Verhältnis zur biologischen Mutter zur StKl I Nr 2 (zur Leihmutterschaft und Fällen der künstlichen Befruchtung näher *Troll/Jülicher* § 15 Rz 61). Ebenfalls zugehörig sind vor Juli 1949 geborene Kinder, die für Erbfälle bis Ende Mai 2009 (§ 3 Anm 41 ff) trotz Anerkennung oder gerichtlicher Feststellung von Gesetzes wegen kein Erbrecht gegenüber ihrem Vater haben, jedoch steuerlich uneingeschränkt als dessen Kinder behandelt werden;

c) die **Adoptivkinder,** und zwar unabhängig davon, ob die Adoption nach altem (vor 1977 geltendem) Recht oder nach dem neuen Adoptionsrecht erfolgt ist. Das neue Adoptionsrecht verstärkt die Stellung des Kindes in der neuen Familie und löst die Beziehungen des Kindes zu seiner natürlichen Verwandtschaft; die Auflösung der Verwandtschaft zu den natürlichen Eltern wird jedoch im StRecht (§ 15 I a) aus Gründen, die vornehmlich die Beziehungen der Großeltern zu ihrem nach dem Tod des Kindes zur Adoption fortgegebenen Enkelkind schützen, nicht anerkannt. Wird das Kind von einem Ehepaar angenommen, erhält es im Verhältnis zu den Eheleuten die Stellung eines gemeinschaftlichen Kindes. Ist es nur von einem der Ehepartner angenommen worden, ist zum anderen ein Stiefkind-Verhältnis begründet. War die Verwandtschaft vor dem Erwerb durch Aufhebung des Annahmeverhältnisses wieder erloschen, kommt die StKl I Nr 2 nicht zum Zuge (BFH BStBl II 10, 554).

Kinder iSd StKl I Nr 2 sind nur die Abkömmlinge ersten Grades. Auf das Alter des Kindes kommt es nicht an. Stirbt der 95jährige Vater, erbt seine 70jährige Tochter als Kind. Zu den Kindern gehören auch die Abkömmlinge, die jede Beziehung zu ihren Eltern abgebrochen hatten oder die von ihren Eltern verstoßen waren, wenn nur dennoch ein Erwerb von Todes wegen (zB ein Pflichtteilsanspruch) an sie gefallen ist. Anders als durch Fortgabe zur Adoption kann ein Eltern-Kind-Verhältnis zivilrechtlich nicht aufgehoben werden; und selbst dieser Aufhebungsgrund wird im StRecht nicht anerkannt (Abs 1 a).

Stiefkinder iSd StKlassenregelung sind die Kinder des anderen Ehepartners, und **7** zwar ohne Rücksicht darauf, ob es sich um in der Ehe oder außerhalb der Ehe geborene Kinder, Adoptivkinder oder sonstige Personen handelt, denen die rechtliche Stellung ehelicher Kinder zukommt (BFH BStBl II 73, 453 u 454). Das nur von einem Ehegatten adoptierte Kind ist daher im Verhältnis zum anderen Ehegatten Stiefkind iSd StKl I Nr 2 (BFH BStBl II 73, 453). Das Gleiche gilt für das außerhalb der Ehe geborene Kind des Ehemannes im Verhältnis zu dessen Ehefrau (BFH BStBl II 73, 453). Auch das Kind eines der Partner einer eingetragenen gleichgeschlechtlichen Partnerschaft hat als Stiefkind des anderen Partners zu gelten. Die Stiefkinder sind wegen der zugrunde liegenden Schwägerschaft (§ 1590 BGB) begünstigt. Die Schwägerschaft setzt kein nahes häusliches Zusammenleben voraus. Sie gilt unabhängig vom Alter der Beteiligten. Wird die Ehe erst in hohem Alter geschlossen, so rechnen zu den Stiefkindern auch die bereits erwachsenen Kinder des anderen Partners, die bereits eine eigene Familie haben und seit langem verselbstständigt sind. Da die Schwägerschaft nach § 1590 II BGB zivilrechtlich gesehen auch dann fortdauert, wenn die Ehe, auf der sie beruht, aufgelöst worden ist, bleibt dem Stiefkind auch mit der Ehescheidung der Mutter oder des Vaters die Position als Stiefkind gegenüber dem früheren Partner der Mutter oder des Vaters erhalten. Diese Begünstigung von Abkömmlingen des anderen Partners nach Scheidung der Ehe erscheint unangebracht, zumal die zugrunde liegende Beziehung der Eheleute zueinander durch die Ehescheidung ihrerseits mit steuerlicher Wirkung verändert wird. Es ist schwerlich einzusehen, dass das Kind des anderen Partners nach der Scheidung im Verhältnis zu dem Stiefelternteil besser dastehen sollte als der andere Partner selbst. Es gibt auch keinen vernünftigen Grund, der es rechtfertigen könnte, dass das Kind einer mehrfach verheirateten Frau auf Dauer in vom ErbStRecht begünstigten Stiefkindbeziehungen zu mehreren Männern gleichzeitig stehen soll (Näheres dazu bei *Meincke,* Gedächtnisschrift Lüderitz, 515ff). In der Begünstigung des Stiefkindes wird die enge Beziehung der Eheleute zueinander honoriert. Mit der Auflösung der Ehe fällt der Grund für die Begünstigung weg. Es ist auch nicht recht einzusehen, warum der zweite Ehemann zu den Kindern seiner geschiedenen Frau aus deren erster Ehe eine andere Beziehung haben soll als zu den Kindern seiner Frau aus deren dritter Ehe. Denn nach der Scheidung kann eine neue Stiefkindbeziehung nicht mehr begründet werden. Das ein Jahr nach der Scheidung geborene Kind ist daher kein Stiefkind des früheren Ehemannes. Begünstigt werden nur die Stiefkinder des Erblassers/Schenkers, nicht die Stiefkinder seines Ehegatten. Stiefkinder der Kinder des Erblassers/Schenkers werden in StKl I Nr 3 erfasst.

Pflegekinder gehören nicht zu den Kindern iSd StKl I Nr 2. Insoweit weicht die **8** ErbSt/SchSt von der ESt ab, deren Vergünstigungen für Kinder jeweils auch für Pflegekinder gelten (§ 32 I Nr 2 EStG). Die Abweichung wird damit begründet, dass die

Vergünstigung bei der ErbSt/SchSt nicht – wie bei der ESt – auf bestehende Pflegekindschaftsverhältnisse beschränkt werden könnte, sondern aus Gründen der Gleichmäßigkeit der Besteuerung auch ehemalige Pflegekindschaftsverhältnisse einbeziehen müsste. Einer solchen Regelung würden jedoch Beweisschwierigkeiten entgegenstehen. Diese Begründung erscheint wenig überzeugend.

3. Abkömmlinge der in Nr 2 genannten Kinder und Stiefkinder (StKl I Nr 3)

9 Soweit von Todes wegen oder durch Schenkung Vermögen auf das Kind eines verstorbenen Kindes oder Stiefkindes übergeht, unterlag der Erwerb schon bisher der Besteuerung nach StKl I (statt nach der sonst anzuwendenden früheren StKl II). Die durch das ErbStRG 1974 eingeführte Regelung begünstigte Kinder „verstorbener" Kinder oder Stiefkinder. Kinder, die nach Ausschlagung des Erbschaftserwerbs oder wegen Erbunwürdigkeitserklärung zivilrechtlich so behandelt werden, als hätten sie zur Zeit des Erbfalls nicht gelebt (§§ 1953 II, 2344 II BGB), rechneten nicht hierher (FG Berlin EFG 93, 45). Ihrem Wortlaut nach begünstigte die gesetzliche Regelung nur die „Kinder" von Kindern oder Stiefkindern. Das konnte so verstanden werden, als wenn die Stiefkinder von Kindern oder Stiefkindern nicht begünstigt werden sollten. Die Entstehungsgeschichte der Norm zeigte jedoch, dass eine solche Eingrenzung nicht beabsichtigt war. Der Ausdruck „Kinder" war daher in einem weiteren, auch die Stiefkinder umfassenden Sinn zu deuten (BFH BStBl II 89, 898). Dagegen wurden zu den „Kindern" nicht die entfernteren Abkömmlinge des Erblassers/Schenkers gezählt.

10 Im Hinblick auf die Besserstellung von Kindern verstorbener Kinder gegenüber Kindern noch lebender Kinder hatte *Michel* in der 8. Aufl dieses Kommentars (§ 15 Anm 8) **verfassungsrechtliche Bedenken** vorgebracht und sie wie folgt begründet: „Die Tatsache, dass einem Enkelkind das Vermögen an Stelle eines verstorbenen Elternteils anfällt, ist kein überzeugender Grund für die bevorzugte Besteuerung. Nicht selten werden aus familiären Erwägungen an Stelle der noch lebenden Kinder unmittelbar die Enkelkinder zu Erben eingesetzt. In beiden Fällen wird die ErbSt für einen Erbgang gespart. Die unterschiedliche Besteuerung stellt einen verfassungsrechtlich bedenklichen Verstoß gegen den Grundsatz der Gleichmäßigkeit der Besteuerung dar. Sie führt dazu, dass zwei gleichhohe Erwerbe von Halbwaisen je nachdem, welcher Elternteil verstorben ist, unterschiedlich hoch besteuert werden. Weitere Bedenken ergeben sich im Hinblick auf § 27, der für einen vergleichbaren Sachverhalt nur eine Ermäßigung der ErbSt vorsieht. So hängt zB die Höhe der ErbSt bei einem Autounfall, bei dem Großvater und Vater ums Leben kommen, davon ab, wer von beiden zuerst verstorben ist. Erbt der Enkel unmittelbar vom Großvater (weil sein Vater zuerst verstorben ist), so hat er nur ErbSt nach StKl I zu entrichten. Ist der Enkel Erbeserbe (weil zuerst der Großvater verstorben ist und somit sein Vater noch geerbt hat), so fällt für dasselbe Vermögen *zweimal* ErbSt nach StKl I an. Die St des Enkels erfährt nach § 27 nur eine Ermäßigung um 50%. Diese wenigen Hinweise zeigen, dass die Gleichmäßigkeit der Besteuerung nur gewahrt ist, wenn die Erwerbe von Enkeln entweder sämtlich nach StKl I oder sämtlich nach StKl II besteuert werden. Es bleibt abzuwarten, ob die Gerichte die Schlechterstellung der in StKl II fallenden Enkelkinder billigen werden". Diese Ausführungen hat der Gesetzgeber inzwischen berücksichtigt. Er hat die Eingruppierung der Enkelkinder in verschiedene StKlassen mit der Neufassung des ErbStG durch das JStG 1997 aufgegeben und die Enkelkinder wieder einheitlich in StKl I eingestuft. Die Abstufung bei der Zuordnung von Freibeträgen ist jedoch geblieben (§ 16 I Nr 2). Das hat gute Gründe für sich (§ 16 Anm 11).

11 Abkömmlinge der in StKl I Nr 2 genannten Kinder sind die **Enkel, Urenkel und Ur-Urenkel des Erblassers/Schenkers,** und zwar unabhängig davon, ob eine natürliche Verwandtschaft besteht oder ob die Verwandtschaft auf Adoption beruht.

Nimmt allerdings zu Lebzeiten des Urgroßvaters der Großvater eine erwachsene Person als Kind an, so wird zwischen dem Urgroßvater und dem Angenommenen und seinen Abkömmlingen kein Verwandtschaftsverhältnis begründet, so dass auch die maßgeblich von der Verwandtschaft oder Schwägerschaft bestimmte StKl I Nr 3 nicht zur Anwendung kommen kann. Die **Stiefkinder** werden in der Regelung zu StKl I Nr 3 nicht ausdrücklich erwähnt. Zwei Fragen waren in diesem Zusammenhang bisher zu unterscheiden. Zum einen war fraglich, ob zu den „Abkömmlingen" auch Stiefkinder der Kinder gerechnet werden sollen. Zum Zweiten fragte sich, ob in den Kreis der Abkömmlinge der „Kinder" auch Abkömmlinge der Stiefkinder fallen. Die zweite Frage ist jetzt durch Neufassung des Gesetzeswortlauts bejahend geklärt. Die erste Frage ist im Anschluss an die bisherige Interpretation der Regelung zu StKl I Nr 3 (Anm 9) ebenfalls zu bejahen.

4. Eltern und Voreltern (StKl I Nr 4)

Eltern und Voreltern fallen bei **Erwerben von Todes wegen** in die StKl I Nr 4. 12
Wie sich aus dem Zusatz bei StKl II Nr 1 ergibt, ist StKl I eine Besteuerungsalternative zu StKl II Nr 1. Dies bedeutet, dass *nur* die leiblichen Eltern/Voreltern und die Adoptiveltern/Voreltern bei Erwerben von Todes wegen in StKl I Nr 4 fallen, nicht auch die Stiefeltern (StKl II Nr 4) und die Schwiegereltern (StKl II Nr 6). Diese Interpretation legt der Gesetzeswortlaut nahe. Sie überzeugt inhaltlich jedoch deswegen nicht, weil § 15 Gewicht darauf legt, Kinder und Stiefkinder gleich zu behandeln. Dem müsste eigentlich eine Gleichbehandlung von Eltern und Stiefeltern entsprechen. Mit der Beschränkung der StKl I Nr 4 auf Erwerbe von Todes wegen sollte ausgeschlossen werden, dass Schenkungen unter Geschwistern (StKl II Nr 2) durch Zwischenschaltung der Eltern im Rahmen des höheren Freibetrags der StKl I schenkungsteuerfrei ausgeführt werden können. Die für Schenkungen an Eltern weiterhin geltende StKl II bedeutet aus der Sicht von *Michel* (8. Aufl dieses Kommentars, § 15 Anm 10), der damit die Motive des Gesetzgeber resümieren dürfte, keine Unbilligkeit: „Soweit Kinder (Enkel) den angemessenen Unterhalt ihrer Eltern (Großeltern) durch laufende Zuwendungen sicherstellen, sind diese Schenkungen nach § 13 I Nr 12 steuerfrei. Für darüber hinausgehende Schenkungen besteht – anders als bei der zwangsläufigen eintretenden StBelastung für Erwerbe von Todes wegen – kein größeres Schutzbedürfnis als für die übrigen Erwerbe innerhalb der StKl III" (jetzt StKl II). Diese Argumentation ist jedoch zu einer Zeit erfolgt, als die heutige Gleichstellung der schenkweisen Erwerbe von Eltern im Freibetragsbereich mit den Erwerben außenstehender Dritter noch außerhalb der Vorstellungswelt von *Michel* lag. Außerdem bedarf sie einer noch sorgfältigeren Abstimmung mit dem Zivilrecht, das den Eltern beim Tod eines kinderlosen Kindes nicht nur einen Pflichtteilsanspruch zuspricht, sondern ihnen mit dem Pflichtteilsergänzungsanspruch auch eine Teilhabe an dem bei Lebzeiten durch Schenkung fortgegebenen Vermögen einräumt, also eine besondere Schutzwürdigkeit im Hinblick auf Schenkungen des Kindes durchaus anerkennt.

III. Steuerklasse II

Zur StKl II gehörten bisher Erwerber, die nicht die volle Förderung der StKl I genießen sollten, aber auch nicht wie die „übrigen Personen" in StKl III zu behandeln waren. Die Mitglieder der StKl II sollten vor den „übrigen Personen" einen gewissen Vorzug genießen. Diese Linie hat der Gesetzgeber in der Zwischenzeit ein Stück weit verlassen. Zwar hat er eine Abstufung der Steuersätze wieder eingeführt. Im Hinblick auf die Freibeträge ist jedoch kein Vorzug mehr erkennbar. Vielmehr werden die Er- 13 werber, die zur StKl II gehören, nun hinsichtlich der Freibeträge wie die „übrigen Personen“ behandelt.

14 Zu den **Eltern (StKl II Nr 1)** gehören die leiblichen Eltern (einschließlich des sog nichtehelichen Vaters) und die Adoptiveltern, zu den Voreltern jeweils deren Eltern, Großeltern usw. Zu den **Geschwistern (StKl II Nr 2)** gehören die voll- und halbbürtigen Geschwister. Bei vollbürtigen Geschwistern haben die Geschwister und der Erblasser dasselbe Elternpaar, halbbürtige Geschwister haben nur einen gleichen Elternteil gemeinsam. Umstritten ist die Einordnung von Geschwistern ohne gemeinsamen Elternteil. Mangels Verwandtschaft wird eine Privilegierung in StKl II Nr 3 teilweise abgelehnt (*Moench/Weinmann* § 15 Rz 26 mwN), mit guten Gründen aber auch angenommen (*Troll/Jülicher* § 15 Rz 59; *von Oertzen/Stein* § 15 Rz 39). Zu den **Abkömmlingen „ersten Grades“ von Geschwistern (StKl II Nr 3)** gehören, da sich der Grad der Verwandtschaft nach der Zahl der sie vermittelnden Geburten bestimmt (§ 1589 BGB), nur die Kinder der Voll- und Halbgeschwister (Geschwisterkinder) einschließlich der Stiefkinder (BFH BStBl II 89, 898; H E 15.1 ErbStH), deren Abkömmlinge dagegen nicht mehr. Die StKl II Nr 1–3 gelten auch bei einer durch Adoption begründeten oder erloschenen Verwandtschaft (s Anm 15). **Stiefeltern (StKl II Nr 4)** sind der Ehemann der Mutter und die Ehefrau des Vaters im Verhältnis zu deren leiblichen Kindern aus einer früheren Ehe sowie auch im Verhältnis zu deren nichtehelichen Kindern und deren Adoptivkindern. **Schwiegerkinder (StKl II Nr 5)** sind der Mann im Verhältnis zu den Eltern seiner Frau und die Frau im Verhältnis zu den Eltern ihres Mannes. Auch der Ehegatte eines Stiefkindes wird als Schwiegerkind eingestuft (BFH BStBl II 89, 898). **Schwiegereltern (StKl II Nr 6)** sind jeweils die leiblichen Eltern oder Adoptiveltern eines Ehegatten im Verhältnis zum anderen Ehegatten. Da eine Schwägerschaft auch nach Auflösung der sie begründenden Ehe fortdauert (§ 1590 II BGB), gilt für Zuwendungen zwischen Schwiegereltern und Schwiegerkindern auch nach Auflösung der die Schwägerschaft begründenden Ehe weiterhin StKl II (s RFH RStBl 26, 115). Das erscheint wenig befriedigend. Der **geschiedene Ehegatte (StKl II Nr 7)** ist auch dann nach StKl II und nicht nach StKl I zu besteuern, wenn er nach der Scheidung in den gemeinsamen Haushalt zurückgekehrt ist und mit dem früheren Ehegatten ohne erneute Heirat wieder zusammenlebt (FG Münster EFG 91, 199). Während Schwiegereltern und Schwiegerkinder begünstigt werden, ist eine Begünstigung für Schwiegergeschwister (Geschwister des Schwiegerkindes) nicht vorgesehen. Dem geschiedenen Ehegatten (StKl II Nr 7) wird neuerdings der Lebenspartner gleichgestellt, an den nach Aufhebung der Lebenspartnerschaft ein Erwerb vom früheren Partner zufällt.

15 Nach **Abs 1a** (s Anm 18) gelten die Vorschriften zu StKl I und II Nrn 1–3 *„auch dann“*, wenn die **Verwandtschaft durch Adoption erloschen** ist. Die Regelung unterstellt, dass eine durch Adoption begründete Verwandtschaft ohne Weiteres die Zugehörigkeit des Adoptierten zu der dem jeweiligen neuen Verwandtschaftsverhältnis entsprechenden StKlasse zur Folge hat. Das mit vollen verwandtschaftlichen Wirkungen adoptierte Kind gehört somit

- im Verhältnis zu den leiblichen Kindern und/oder weiteren Adoptivkindern der Adoptiveltern zu den Geschwistern (bei Adoption durch nur einen Elternteil zu den Halbgeschwistern) und
- im Verhältnis zu den Geschwistern der Adoptiveltern zu den Geschwisterkindern.

Das gilt auch für Adoptivkinder nach altem Recht, soweit sie gem Art 12 § 2 des Adoptionsgesetzes die Rechtsstellung eines mit vollen verwandtschaftlichen Wirkungen adoptierten Kindes erlangt haben. Aber auch soweit durch die Adoption kein Verwandtschaftsverhältnis zu den Verwandten der Adoptiveltern bzw des Annehmenden begründet worden ist (s Anm 19), gehört das Adoptivkind auf Grund seiner Rechtsstellung als Kind der Adoptiveltern bzw des Annehmenden (§§ 1767 II, 1754 BGB) im Verhältnis zu den Geschwistern der Adoptiveltern/des Annehmenden zu den „Abkömmlingen ersten Grades von Geschwistern“ iSd StKl II Nr 3 (s BFH BStBl

II 86, 613). Das Adoptivkind müsste dann folgerichtig als Kind der Adoptiveltern/des Annehmenden im Verhältnis zu den anderen Kindern der Adoptiveltern/des Annehmenden – trotz fehlender Verwandtschaft mit diesen – zu den Geschwistern iSd StKl II Nr 2 gehören.

IV. Steuerklasse III

1. Natürliche und juristische Personen

16 In diese StKlasse fallen außer den natürlichen Personen, die nicht die Voraussetzungen für die günstigeren StKl I–II erfüllen, auch die juristischen Personen wie Verein, Stiftung, AG, GmbH, soweit sie zu den Erwerbern gehören. Sonderregeln gelten nach Abs 2 für den Erwerb bei Errichtung und Aufhebung einer Familienstiftung, bei der Auflösung eines Familienvereins und bei der Periodenbesteuerung der Familienstiftungen und -vereine (Anm 20 ff). Wegen der StKlasse beim Erwerb auf Grund eines Ehegattentestaments iSd § 2269 BGB (Berliner Testament) s Anm 31 ff.

2. Die Gesamthand als Erwerber

17 Nach dem BFH (BStBl II 89, 237) konnte eine OHG oder KG uneingeschränkt von Todes wegen oder durch Schenkung unter Lebenden erwerben, eine BGB-Gesellschaft konnte zumindest Erwerber durch Schenkung unter Lebenden und durch Vermächtnis sein (Näheres dazu § 1 Anm 6 ff). Diese Rspr, die besondere Probleme hinsichtlich der StKlassenzuordnung aufwarf, hat der BFH in der Zwischenzeit wieder aufgegeben (BFH BStBl II 95, 81; JZ 95, 1074 mit Anm *Meincke*). Die Probleme sind daher nicht aktuell, solange an dieser Rspr festgehalten wird (s auch § 1 Anm 7 f).

V. Durch Adoption erloschene Verwandtschaftsverhältnisse (Abs 1 a)

1. Abweichung vom Zivilrecht

18 Die Vorschrift des Abs 1 a gehört zu den Maßnahmen zur Anpassung der StKlassenregelung an das seit 1977 geltende Adoptionsrecht (s Anm 6 unter c). Soweit bei der Adoption die bisherigen Verwandtschaftsverhältnisse erlöschen und neue Verwandtschaftsverhältnisse begründet werden, hat dies für die neuen Verwandtschaftsverhältnisse ohne Weiteres die Zugehörigkeit des Adoptivkindes zu der ihm entsprechenden StKlasse zur Folge (s Anm 15). Im Verhältnis zu seinen bisherigen Verwandten würde das Adoptivkind dagegen in StKl III fallen. Der Gesetzgeber hat diese weitreichenden steuerlichen Folgen bei den erloschenen Verwandtschaftsverhältnissen aus Billigkeitserwägungen, mit denen er allerdings von der auf absolute Trennung ausgerichteten zivilrechtlichen Konzeption abweicht, nicht eintreten lassen. Entsprechend der Regelung in § 15 II Nr 2 AO, nach der die bisherigen Verwandten des Adoptivkindes weiterhin zu den „Angehörigen“ iSd StRechts gehören, bestimmt daher Abs 1 a für die ErbSt/SchSt das Gleiche für die weitere Zugehörigkeit zu den StKl I und II gem dem bisherigen durch die Adoption erloschenen Verwandtschaftsverhältnis. Die gilt nach dem BFH allerdings nicht für ehemalige Adoptionsverhältnisse (BFH BStBl II 10, 554). Die Personen der StKl II Nrn 4–7 werden in diesem Zusammenhang nicht genannt, weil sie nicht als Verwandte, sondern als sonstige nichtverwandte Angehörige aufgeführt werden. Daher kann im Verhältnis zu ihnen das Erlöschen der Verwandtschaft unmittelbar keine Rolle spielen. Doch kommt eine mittelbare Wirkung in Betracht, die der Gesetzgeber möglicherweise nicht ausreichend bedacht hat. Zu denken

ist zB an den Fall, dass die natürliche Mutter nach Aufdecken der natürlichen Verwandtschaftsbeziehung dem Ehepartner des zur Adoption fortgegebenen, inzwischen erwachsenen Kindes eine Zuwendung macht. Da eine Zuwendung an das Kind nach Abs 1 a privilegiert wäre, spricht manches dafür, auch auf den Ehepartner des Kindes die StKl II Nr 5 iVm Abs 1 a zur Anwendung zu bringen.

2. Zivilrechtliche Wirkungen der Adoption

19 Nach dem Adoptionsrecht treten durch eine Adoption folgende Wirkungen ein:

a) Bei **Adoption eines Minderjährigen** erlöschen sein Verwandtschaftsverhältnis und das seiner Abkömmlinge zu den bisherigen Verwandten im Regelfall ganz (Fälle des § 1755 BGB), ggf auch eingeschränkt (Fälle des § 1756 BGB). Das angenommene Kind erlangt mit der Adoption die rechtliche Stellung eines gemeinschaftlichen Kindes (Fälle des § 1754 I BGB) oder eines Kindes des Annehmenden (Fälle des § 1754 II BGB) mit allen daraus sich ergebenden verwandtschaftlichen und erbrechtlichen Folgen.

b) Bei **Annahme eines Volljährigen** treten die Wirkungen zu a) nur unter bestimmten Voraussetzungen mit Zustimmung des Familiengerichts ein (Fälle des § 1772 BGB). Im Regelfall erstrecken sich die Wirkungen der Adoption *nicht* auf die Verwandten des Annehmenden (§ 1770 I BGB). Umgekehrt werden auch die Rechte und Pflichten aus dem Verwandtschaftsverhältnis des Angenommenen und seiner Abkömmlinge zu ihren Verwandten durch die Adoption nicht berührt, soweit das Gesetz nichts anderes vorschreibt (§ 1770 II BGB).

VI. Errichtung einer Familienstiftung; Gründung eines Familienvereins (Abs 2 S 1)

1. Steuerklasse der Familienstiftung

20 Stiftungen können durch Verfügung von Todes wegen angeordnet oder begründet sein (Fall des § 3 II Nr 1) oder durch Stiftungsgeschäft unter Lebenden (Fall des § 7 I Nr 8) errichtet werden. Der Übergang des Vermögens auf die Stiftung unterliegt grundsätzlich der Besteuerung nach StKl III (s Anm 16). Für den Übergang des Vermögens auf eine **inländische rechtsfähige Familienstiftung** ist dagegen die StKlasse maßgebend, die sich nach § 15 I auf Grund des persönlichen Verhältnisses des Berechtigten zu dem Stifter ergibt (BFH BStBl II 93, 238, 239). Das Gesetz privilegiert an dieser Stelle wie auch in § 15 II 2 die Familienstiftungen durch Zubilligung eines günstigeren StSatzes, um dann, statt auf diese Begünstigung zu verzichten, die Stiftung zum Ausgleich für die ihr eingeräumten Vorteile mit einer zusätzlichen St, der ErsatzErbSt (§ 1 I Nr 4), zu überziehen. Da der ErsatzErbSt nur inländische Familienstiftungen unterliegen, sollen auch nur diese die Privilegierung des § 15 II 1 erfahren (FG Bad-Württ EFG 15, 1461 – Rev II R 6/16; für eine EU-Rechtswidrigkeit der Beschränkung auf inländische Stiftungen *Thömmes/Stöckmann,* IStR 99, 261; *Hey,* DStR 11, 1156; *Gierhake,* ZErb 16, 163). Ausländische Stiftungen sind danach nicht in den Anwendungsbereich des § 15 II 1 einzubeziehen. Gleiches gilt für nichtrechtsfähige Stiftungen. Im Schrifttum wurde eine Einbeziehung gefordert (*Hübner/Currle/Schenk,* DStR 13, 1966). Dem ist das FG Köln gefolgt (EFG 16, 1447), nicht aber der BFH im nachfolgenden Revisionsverfahren (DStR 17, 597).

21 Der Umfang der Vergünstigung liegt im Unterschied zwischen StKl III und der StKl, die sich für das **Verwandtschaftsverhältnis des nach der Stiftungsurkunde entferntest Berechtigten** zu dem Erblasser (Schenker) ergibt. Das Gesetz spricht von „Berechtigten", weil es unterstellt, dass bei einer Familienstiftung Angehörige des Stifters nach dem Inhalt des Stiftungsgeschäfts hinsichtlich der laufenden Erträge

der Stiftung und hinsichtlich des Vermögens bei Auflösung der Stiftung berechtigt sind. Unter „Verwandtschaftsverhältnis" ist das persönliche Verhältnis des entferntest Berechtigten zu dem Erblasser oder Schenker zu verstehen (RFH RStBl 30, 556), das auch auf Schwägerschaft beruhen kann. Der Übergang des Vermögens auf eine Familienstiftung, nach deren Satzung nur der überlebende Ehegatte, die Kinder und die Abkömmlinge der Kinder bezugsberechtigt sind (= Stiftung, die mit dem Tode des letzten Abkömmlings aufgehoben werden soll), ist nach StKl I zu versteuern. Sind außer den vorgenannten Personen auch andere Personen bezugsberechtigt, so ist der Übergang des Vermögens in vollem Umfang nach deren StKlasse zum Erblasser/Schenker zu versteuern (zB nach StKl II, wenn auch die Schwiegerkinder bezugsberechtigt sind, oder nach StKl III, wenn auch die Ehegatten der weiteren Abkömmlinge bezugsberechtigt sind). Die FinVerw (R E 15.2 I ErbStR) hat sich auf die Interpretation festgelegt, dass bei der Auslegung des § 15 II 1 die Bezugsberechtigung auch des entferntest Berechtigten beachtet werden muss, der zZt der Errichtung der Stiftung und ihrer Ausstattung mit Kapital noch gar nicht lebt, von dem noch nicht einmal feststeht, dass er je leben – und damit in den Status des „Berechtigten" eintreten – wird. Nicht die aktuelle Berechtigung jetziger, sondern die **potentielle Berechtigung** künftiger Generationen soll entscheidend sein. Alle Personen, die nach der Satzung „Vermögensvorteile aus der Stiftung erlangen" können, sollen als „entferntest Berechtigte" zu berücksichtigen sein, selbst wenn feststeht, dass sie nie einen klagbaren Anspruch haben werden und daher im Wortsinn nie zu den „Berechtigten" zählen können (so auch FG Münster EFG 17, 1208 – Rev II R 32/17). Weil Familienstiftungen neben den Kindern nicht selten auch deren Ehepartner begünstigen sollen, führt die Auffassung der FinVerw dazu, dass die Ausstattung der Stiftung mit Vermögen in diesen Fällen nicht nach StKl I, sondern nach StKl II oder III beurteilt werden muss. Auch der Grund für die Bezugsberechtigung (zB Mildtätigkeit) ist ohne Bedeutung (RFH RStBl 30, 115).

Zuwendungen, welche der Stifter einer rechtsfähigen Familienstiftung nachträglich über das Stiftungskapitel hinaus macht (sog **Zustiftungen**), gelten nicht als auf Grund eines Stiftungsgeschäfts gemacht, sondern sind gewöhnliche Schenkungen iSd § 7 I Nr 1 (RFH RStBl 31, 539; BFH BStBl II 10, 363). Sie unterliegen der Besteuerung nach StKl III und alsdann – als Bestandteil des Stiftungsvermögens – auch der ErsatzErbSt zu dem turnusmäßigen Besteuerungszeitpunkt (s Anm 28). Zustiftungen sind daher stlich nicht begünstigt (R E 15.2 III ErbStR). Das Gleiche gilt für Zuwendungen von dritter Seite. Keine Zustiftung wird angenommen, wenn spätere Zuwendungen des Stifters von vornherein verbindlich angekündigt oder in die Stiftungserrichtung einbezogen sind (*Moench/Weinmann* § 15 Rz 43). 22

2. Begriff der Familienstiftung iSd § 15 II 1

Unter einer Stiftung, die *„wesentlich"* im **Interesse einer Familie oder bestimmter Familien errichtet** ist, wurde ursprünglich die Familienstiftung gem Art 1 § 1 PreußAG zum BGB verstanden, bei der lediglich das Erfordernis der Ausschließlichkeit nicht erfüllt sein musste (s RFH RStBl 34, 75). Im Streitfall ging es um die Frage, ob eine zugunsten nur eines Familienmitgliedes errichtete Stiftung eine Familienstiftung ist. Der RFH hat dies verneint, gleichwohl aber die StVergünstigung des § 15 II 1 gewährt. Die gegenteilige Frage, inwieweit andere Personen als Familienmitglieder zu den Bezugsberechtigten gehören dürften, erlangt bei Errichtung einer Stiftung keine praktische Bedeutung, weil bei solchen Bezugsberechtigungen unabhängig von ihrem Umfang ohnehin nicht mehr die günstige StKl für Familienmitglieder, sondern statt dessen die für Nichtverwandte maßgebende StKl III anzuwenden ist (s Anm 20). Von erheblicher Bedeutung ist die Frage jedoch für die Periodenbesteuerung der Familienstiftung nach § 1 I Nr 4. Geht man von dem RFH-Urteil (aaO) aus, so unterscheidet sich die Familienstiftung iSd § 15 II 1 von 23 der Familienstiftung iSd Art 1 § 1 PreußAG zum BGB und demzufolge ggf auch von den Familienstiftungen iSd Stiftungsgesetze der Länder dadurch, dass sie nur „wesentlich" im Interesse einer Familie oder bestimmter Familien errichtet sein muss. Als „Familie" wird man die bei Errichtung der Stiftung lebenden Mitglieder der Familie (n) anzusehen haben, in deren Interesse die Stiftung errichtet worden ist, die Abkömmlinge dieser Personen, die Abkömmlinge bereits verstorbener Familienmitglieder und jeweils die Ehegatten der Abkömmlinge.

24 Größere Auslegungsschwierigkeiten ergeben sich hinsichtlich der Frage, wann eine Stiftung **„wesentlich"** im Interesse der betreffenden Familie(n) errichtet worden ist (§ 1 Anm 17). Dass estlich eine Beteiligung an einer Kapitalgesellschaft besteuert wird, wenn der Stpfl zu mehr als 1% an deren Grund- bzw Stammkapital beteiligt ist (s § 17 I EStG), dürfte keine entsprechende Auslegung des Begriffs „Familienstiftung" iSd § 15 II 1 rechtfertigen. Die in den vorgenannten Fällen maßgebende 1%-Grenze gilt nur in Bezug auf die *Beteiligung*. Lediglich diese ist bei Überschreiten der Grenze „wesentlich". Die Gesellschaft selbst, an der sie besteht, wird dadurch nicht „wesentlich" zu einer Gesellschaft des betreffenden Stpfl. Die Gesellschaft kann im Gegenteil eindeutig eine solche sein, die „wesentlich" im Interesse eines anderen Stpfl betrieben wird, wenn nämlich ein anderer Stpfl eine Mehrheitsbeteiligung hat. Bezogen auf das Ganze wird somit eine Stiftung nur dann im eigentlichen Wortsinn als „wesentlich" im Interesse einer Familie (bestimmter Familien) errichtet angesehen werden können, wenn deren Interesse im Vordergrund steht. Die Stiftung muss – gemäß dem eigentlichen Wortsinn – ihrem „Wesen", ihrer Eigenart nach als eine Stiftung dieser Familie(n) anzusehen sein. **Aus der Sicht des BFH** (BStBl II 98, 114, 116; NV 10, 898) dient die Stiftung Familieninteressen dann wesentlich, wenn nach der Satzung und ggf dem Stiftungsgeschäft ihr Wesen darin besteht, es den Familienangehörigen zu ermöglichen, das Stiftungsvermögen zu nutzen und die Stiftungserträge an sich zu ziehen. Hinsichtlich der Erträge genügt es, wenn ohne Satzungsverstoß 85% (so der dort entschiedene Fall) der Erträge an Familienangehörige ausgeschüttet werden können. Umfasst der Stiftungskatalog unterschiedliche Zwecke, so ist ihre tatsächliche Bedeutung für die Stiftung im Rückblick auf die letzten bis zu 30 Jahre vor dem StEntstehungsdatum zu würdigen. Dabei ist insb dem Einfluss der Familie auf die Geschäftsführung der Stiftung Bedeutung beizumessen (vgl auch § 1 Anm 17, 18).

3. Gründung eines Familienvereins

25 Die Vergünstigung des § 15 II 1 gilt *nur* für die Errichtung einer Familienstiftung, nicht auch für die Gründung eines Familienvereins, obwohl dieser wie die Familienstiftung der ErsatzErbSt nach § 1 I Nr 4 unterliegt. Grund für die unterschiedliche Behandlung ist, dass die Gründung solcher Vereine aus der Sicht des Gesetzgebers unerwünscht ist. Der Übergang von Vermögen auf einen Familienverein unterliegt somit der Besteuerung nach StKl III (s Anm 16). Lediglich die Auflösung eines Familienvereins und die Aufhebung einer Familienstiftung sind in § 15 II 2 gleichgestellt (s Anm 26).

VII. Aufhebung einer Familienstiftung; Auflösung eines Familienvereins oder einer Vermögensmasse ausländischen Rechts (Abs 2 S 2)

26 Nach § 7 I Nr 9 S 1 gilt als Erwerb durch Schenkung auch das, was jemand bei **Aufhebung einer Familienstiftung** oder bei **Auflösung eines Familienvereins** erwirbt. Ohne eine Sonderregelung würde der Erwerber den Vermögensanfall nach StKl III zu versteuern haben. § 15 II 2 bestimmt, dass die Erwerber ihren Vermögens-

anfall so zu versteuern haben, als fiele ihnen das Vermögen vom Stifter oder Vereinsgründer an. Abs 2 S 2 setzt die StKl-Privilegierung als Ausgleich für die ErsatzErbSt für diese Tatbestände fort, verweist aber ohne Einschränkung auf § 7 I Nr 9 S 1 und damit auch auf ausländische Stiftungen. Die StErmäßigung des § 26 gilt nur bei Aufhebung/Auflösung kurz nach Anfall von ErsatzErbSt (s § 26 Anm 3).

Privilegiert wird auch der Erwerb bei **Auflösung einer Vermögensmasse ausländischen Rechts,** deren Zweck auf die Bindung von Vermögen gerichtet ist, auch wenn diese nicht der ErsatzErbSt unterliegt. Um angenommene Besteuerungslücken zu schließen, ist die Bildung oder Ausstattung einer solchen Vermögensmasse (vor allem ausländischer Trusts) in § 3 II Nr 1 S 2 und § 7 I Nr 8 S 2 zum stpfl Vorgang erhoben. Bezweckt wurde damit vor allem der Einbezug von ausländischen Trusts. Deren Vermögen wird nun nicht mehr direkt von demjenigen, der den Trust gebildet oder ausgestattet hat, auf den Begünstigten übertragen. Vielmehr wird ein stpfl Zwischenerwerb des Trust angenommen (§ 20 I 2). Der Begünstigte erwirbt bei Auflösung oder während des Bestehens des Trust als sog Zwischenberechtigter (hierzu BFH BStBl II 13, 84) nach § 7 I Nr 9 S 2 damit jetzt vom Trust, nicht von dem, der den Trust gebildet oder ausgestattet hat. Die StKlasse soll sich jedoch nach dem Verhältnis zum Erblasser/Schenker richten. **27**

Kein stpfl Tatbestand war nach früherer Interpretation des § 15 II 2 dann gegeben, wenn die Familienstiftung (der Familienverein) noch zu Lebzeiten des Stifters (Vereinsgründers) aufgehoben (aufgelöst) wird und das Vermögen an den Stifter (Vereinsgründer) zurückfällt. Dieser **Vermögensrückfall** galt auf Grund der Regelung des § 15 II 2 als stfrei; denn in diesem Fall wurden der Schenker (= Stifter, Vereinsgründer) und der Beschenkte (= Stifter, Vereinsgründer) als identisch angesehen. Später hat der BFH (BStBl II 93, 238; 10, 237) jedoch entschieden, dass sich die Regelung des § 15 II 2 in der Bestimmung der maßgeblichen StKlasse erschöpft und – entgegen ihrem Wortlaut! – keine Aussage über die Person des Zuwendenden (= Schenker) trifft. Daraus schließt der BFH in Abweichung von der früheren RsprLinie (BFH BStBl III 54, 178), dass auch der Vermögensrückfall an den Stifter die Merkmale einer Schenkung unter Lebenden erfüllt und nach StKl III zu besteuern ist. Diese Rspr vermag nur schwer zu überzeugen (vgl § 7 Anm 123). Ob sie dem Sinn der gesetzlichen Regelung entspricht, bleibt undeutlich, weil sich der BFH zwar mit dem Wortlaut und der systematischen Stellung des § 15 II 2 auseinandersetzt, aber die Entstehungsgeschichte der Norm unberücksichtigt lässt (kritisch auch *Binz/Sorg,* DStR 94, 229). **28**

VIII. Die Behandlung der ErsatzErbSt (Abs 2 S 3)

1. Periodenbesteuerung der Familienstiftungen und -vereine

Während der Zeit des Bestehens einer Stiftung geht das Stiftungsvermögen nicht durch Erbfall oder Schenkung auf einen anderen über. Auch stellt der Wechsel in der Bezugsberechtigung durch den Tod eines Bezugsberechtigten oder aus anderen Gründen beim neuen Bezugsberechtigten keinen Erwerb durch Erbfall oder Schenkung dar, weil er sich satzungsgemäß vollzieht. Entsprechendes gilt für Familienvereine. Damit die so gebundenen Familienvermögen nicht über Generationen der ErbSt entzogen bleiben, unterliegen die **inländischen** Familienstiftungen und Familienvereine gem § 1 I Nr 4 iVm § 2 I Nr 2 einer **ErsatzErbSt,** die **alle 30 Jahre,** gerechnet vom Zeitpunkt der Errichtung der Stiftung bzw Gründung des Vereins, zu entrichten ist, jedoch nach § 9 I Nr 4 erstmals zum 1.1.1984 und dann danach alle 30 Jahre. Die so geregelte ErsatzErbStPfl wird oben § 1 Anm 13ff näher dargestellt. Die Besteuerung erfolgt so, als ginge das Vermögen auf zwei Personen der StKl I über. Wegen der Ermittlung der beiden stpfl Erwerbe s § 10 Anm 23. Wegen des Begriffs „Familienstiftung" s Anm 23; die Ausführungen gelten für Familienvereine ent- **29** sprechend. Voraussetzung für die StPfl nach § 1 I Nr 4 ist, dass es sich bei der Stiftung (dem Verein) am maßgebenden Besteuerungsstichtag um eine Familienstiftung (einen Familienverein) handelt. Die Umwandlung einer Familienstiftung bzw eines Familienvereins in eine gemeinnützige Institution, die den Wegfall der ErsatzErbStPfl zur Folge hat, kann gem § 13 I Nr 16 Buchst b steuerfrei vorgenommen werden.

2. Steuerklasse, Freibetrag, Steuersatz

30 § 15 beschränkt die hier geregelten Anordnungen an sich auf die Bestimmung der StKlasse. Daraus folgen dann im Rahmen der §§ 16, 19 Konsequenzen für die Höhe des Freibetrages und für den StSatz. Für den Bereich der ErsatzErbSt geht die Regelung des § 15 II 3 jedoch weiter. Da § 16 keinen Freibetrag für den Fall der ErsatzErbSt vorsieht, wird die Freibetragsregelung hier gleich selbst getroffen. Und zwar werden zwei Freibeträge der StKl I Nr 2 eingeräumt, weil die Besteuerung von der Fiktion ausgeht, dass das Stiftungs- oder Vereinvermögen im Abstand von 30 Jahren an zwei Personen der StKl I Nr 2 anfällt. Weil es bei einem Anfall an zwei Personen zum Ansatz von zwei Freibeträgen käme, werden zwei Freibeträge zugestanden. Aus demselben Grund wird auch der StSatz so gewählt, als würde das Vermögen in zwei selbstständig zu besteuernde Vermögensteile zerfallen. Die St ist daher nach dem Prozentsatz der StKl I zu berechnen, der auf die Hälfte des stpfl Vermögens entfällt.

IX. Das gemeinschaftliche Ehegattentestament (Abs 3)

Schrifttum: *Borgfeld,* Zweckmäßige Verfügungen in einem Ehegattentestament nach § 2269 BGB, Diss. Münster 1992, 143ff; *Flick/Schauhoff,* Das falsche Berliner Testament, DStR 92, 1794; *Jülicher,* Strenge Bindung des längstlebenden Ehegatten beim Berliner Testament, ZEV 96, 18; *Mayer,* Berliner Testament ade?, ZEV 98, 50; *Schuhmann,* Berliner Testament, Jastrowsche Klausel und die ErbStRichtlinien, UVR 00, 137; *Wien,* Das unglückselige Berliner Testament, DStZ 01, 29; *Everts,* Berliner Testament und Rettung erbschaftsteuerlicher Freibeträge, NJW 08, 557; *Steiner,* Erbschaftsteuerliche Probleme beim „Berliner Testament", ZErb 15, 165; *Keim,* „Super" oder „(super) falsch"? – Das „Supervermächtnis" zur Erbschaftsteuerersparnis beim Berliner Testament, ZEV 16, 6; *Mayer,* Auf der Suche nach dem Bindungswillen beim Berliner Testament – Hinweise aus der Praxis, ZEV 16, 420.

1. Normzweck – Neufassung durch das ErbStRG 2009

31 Abs 3 wurde durch das ErbStRG 2009 in dreierlei Richtung neu gefasst. Zum einen wurde die Bestimmung an das Zivilrecht angepasst. Das Zivilrecht hatte das Ehegattentestament auch für **eingetragene Lebenspartner** zugänglich gemacht (§ 10 IV 2 LPartG). Dem wurde nun auch im Rahmen dieser Bestimmung Rechnung getragen. Zum Zweiten hat das ErbStRG 2009 die Regelung des Abs 3 dem § 6 II durch **Einfügung eines Antragserfordernisses** angeglichen. Schließlich ist der **Sprachgebrauch** verbessert worden. Die Regelung knüpft an die Rechtslage an, die sich ergibt, wenn beide Eheleute verstorben sind. Dennoch war in der bisherigen Fassung des Abs 3 von dem verstorbenen und dem überlebenden Ehegatten die Rede, so als wenn sich das Gesetz auf einen Zeitpunkt vor dem Tod des zweitversterbenden Partners beziehen wollte. Auch in der Neufassung wird der zuletzt verstorbene Ehegatte noch als der überlebende Ehegatte bezeichnet (gemeint ist der längstlebende Ehegatte). Immerhin steht ihm aber nun nicht mehr der verstorbene, sondern der zuerst verstorbene Ehegatte (oder Lebenspartner) gegenüber. Das muss schon als ein Fortschritt gelten.

32 Erwerbe auf Grund eines gemeinschaftlichen Testaments iSv § 2269 BGB sind **in ihrer Struktur der Vor- und Nacherbfolge vergleichbar,** allerdings mit dem Unterschied, dass der längstlebende Ehegatte Vollerbe des erstverstorbenen Partners

wird (nicht dessen Vorerbe) und dass das Vermögen des längstlebenden Ehegatten bei dessen Tod, auch soweit es vom Partner stammt, als sein Vermögen und nicht als Vermögen des erstverstorbenen Ehegatten auf den Schlusserben übergeht. Die Schlusserbfolge beruht auf der Anordnung des längstlebenden Ehegatten, nicht auf der Anordnung seines erstverstorbenen Partners. Der Schlusserbe erwirbt daher alles, was ihm beim Tod des längstlebenden Ehegatten zufällt, von diesem längstlebenden Partner. Folglich hat er seinen Erwerb, wie es § 6 II 1 – dort allerdings unter Abweichung vom Zivilrecht – für den Fall der Nacherbfolge beim Tod des Vorerben bestimmt, als vom bisherigen Vermögensinhaber stammend zu versteuern. Abs 3 braucht das aber nicht besonders zu betonen, weil es sich unter den Voraussetzungen der Schlusserbfolge von selbst versteht. Abs 3 räumt nun dem Schlusserben wie im Fall der Nacherbfolge die Möglichkeit ein, für die Versteuerung seines Erwerbs, soweit er aus dem Vermögen des erstverstorbenen Ehegatten stammt, sein Verhältnis zum erstverstorbenen Ehepartner zugrunde zu legen. In dieser Anordnung entspricht Abs 3 genau dem, was § 6 II 2 für den Fall der Nacherbfolge zum Ausdruck bringt. Es ist daher nur konsequent, dass Abs 3 auch die an § 6 II 2 anschließenden Sätze 3 bis 5 für anwendbar erklärt. Was fehlt, ist allerdings eine dem § 7 I Nr 7 iVm § 7 II entsprechende Regelung für den Fall der lebzeitigen Weitergabe von Vermögen vor dem Schlusserbfall (FG Hbg EFG 95, 369).

Das in Abs 3 angesprochene Testament des § 2269 BGB wird auch das **Berliner** 33
Testament genannt und als Instrument zur Regelung der Erbfolge viel kritisiert. Insb *Flick* (zB DStR 93, 929, 931; Kritik auch bei *Troll/Jülicher* § 15 Rz 171) hat mehrfach auf die nachteiligen stlichen Folgen dieses Testaments hingewiesen. Doch gilt es zu unterscheiden. Das Berliner Testament sieht vor, dass das Vermögen des Erstversterbenden (Vater) zunächst auf den überlebenden Ehegatten (Mutter) übergeht und dann beim Tod des Überlebenden an die Kinder gelangt. Da die Mutter den Vater im Regelfall nur für wenige Jahre überleben wird, führt diese Anordnung dazu, dass das Vermögen des Vaters in relativ kurzem zeitlichen Abstand zweimal der ErbSt unterliegt, was – im Vergleich mit einer direkten Überleitung des Vermögens vom Vater auf die Kinder – zweifellos steuernachteilig ist. Haben sich die Eheleute im Interesse des überlebenden Ehegatten aber einmal gegen eine direkte Vererbung des Vermögens an die Kinder und für eine Einschaltung des überlebenden Ehegatten in die Erbfolge entschlossen, dann ist das Berliner Testament ein durchaus geeigneter und stlich durch die Regelung des § 15 III sogar noch begünstigter Weg, die Ziele der Eheleute umzusetzen und doch auch zugleich, soweit es geht, die Interessen der Kinder als Schlusserben zu wahren. Die Vor- und Nachteile des Berliner Testaments sind daher gegeneinander abzuwägen. Nach dem zweiten Erbfall ist zu prüfen, ob Pflichtteilsansprüche bezogen auf den ersten Erbfall geltend gemacht werden, um Freibetragspotential gegenüber dem Erstversterbenden nachträglich zu nutzen und Progressionsvorteile durch die Verteilung auf zwei Erwerbe (Pflichtteil nach dem Erstversterbenden und Erbanfall nach dem Längerlebenden) zu erreichen (s § 3 Anm 58). Die dem Besteuerungstatbestand des § 15 III zugrunde liegenden §§ 2269, 2270 BGB bestimmen Folgendes:

§ 2269 BGB Gegenseitige Einsetzung [Berliner Testament]

(1) Haben die Ehegatten in einem gemeinschaftlichen Testament, durch das sie sich gegenseitig als Erben einsetzen, bestimmt, dass nach dem Tode des Überlebenden der beiderseitige Nachlass an einen Dritten fallen soll, so ist im Zweifel anzunehmen, dass der Dritte für den gesamten Nachlass als Erbe des zuletzt versterbenden Ehegatten eingesetzt ist.

(2) Haben die Ehegatten in einem solchen Testament ein Vermächtnis angeordnet, das nach dem Tode des Überlebenden erfüllt werden soll, so ist im Zweifel anzunehmen, dass das Vermächtnis dem Bedachten erst mit dem Tode des Überlebenden anfallen soll.

§ 2270 BGB Wechselbezügliche Verfügungen

(1) Haben die Ehegatten in einem gemeinschaftlichen Testament Verfügungen getroffen, von denen anzunehmen ist, dass die Verfügung des einen nicht ohne die Verfügung des anderen getroffen sein würde, so hat die Nichtigkeit oder der Widerruf der einen Verfügung die Unwirksamkeit der anderen zur Folge.

(2) Ein solches Verhältnis der Verfügungen zueinander ist im Zweifel anzunehmen, wenn sich die Ehegatten gegenseitig bedenken oder wenn dem einen Ehegatten von dem anderen eine Zuwendung gemacht und für den Fall des Überlebens des Bedachten eine Verfügung zugunsten einer Person getroffen wird, die mit dem anderen Ehegatten verwandt ist oder ihm sonst nahe steht.

(3) Auf andere Verfügungen als Erbeinsetzungen, Vermächtnisse, Auflagen und die Wahl des anzuwendenden Erbrechts findet die Vorschrift des Absatzes 1 keine Anwendung.

§ 15 III gilt auch für **Erbverträge,** wenn dort dem Berliner Testament entsprechende Erbeinsetzungen und Bindungen vereinbart werden. Zivilrechtlich findet § 2269 BGB dann Anwendung (§ 2280 BGB), was auch erbstlich nachvollzogen wird (BFH BStBl II 09, 47). Beim Erbvertrag sind die vertragsmäßigen Verfügungen (§ 2278 BGB) bindend.

2. Voraussetzung des Abs 3

34 Die Voraussetzung des Abs 3, dass der überlebende Ehegatte an seine im gemeinschaftlichen Testament getroffene Verfügung gebunden ist, liegt nach § 2271 II 1 BGB dann vor, wenn das Recht zum Widerruf der eigenen wechselbezüglichen Verfügung für den überlebenden Ehegatten mit dem Tod seines Partners und mit der Annahme des ihm Zugewendeten erloschen ist. Die Bindung braucht nicht vorbehaltlos zu bestehen. So wird § 15 III seinem Sinn und Zweck nach auch dann für anwendbar gehalten, wenn die Schlusserbenbestimmung durch den überlebenden Ehegatten nur unter dem Vorbehalt der anderweitigen Verfügung nach dem Tod des Erstversterbenden getroffen worden ist. Dann bleibt entgegen der Regelung des § 2271 II 1 BGB das Recht zum Widerruf der eigenen Verfügung dem überlebenden Ehegatten erhalten. Dennoch soll auch in diesem Fall § 15 III anwendbar sein, wenn der überlebende Ehegatte von seinem Recht, anderweitig zu testieren, keinen Gebrauch gemacht hat (BFH BStBl II 83, 44). Gleiches gilt, wenn der Erbvertrag eine Änderungsbefugnis enthält, die nicht ausgeübt wird. Als entscheidend wird es angesehen, ob der überlebende Ehegatte die Erbquoten der Schlusserben unverändert lässt. Dann ist für den Erbschaftserwerb § 15 III 1 anwendbar (BFH BStBl II 09, 47). Macht der überlebende Ehegatte von der ihm eingeräumten Änderungsbefugnis allerdings dadurch Gebrauch, dass er einem der Schlusserben ein Vorausvermächtnis aussetzt, dann ist § 15 III für diesen Vermächtniserwerb nicht anwendbar (BFH BStBl II 99, 789). Den vorgenannten BFH-Urteilen entspricht es, dass Abs 3 auch dann anwendbar ist, wenn der überlebende Ehegatte zwar ein eigenes Testament errichtet, darin aber die Schlusserbenbestimmung des gemeinschaftlichen Testaments unverändert übernommen hat (FG Nürnberg EFG 86, 571; aM Hess FG EFG 95, 370). Dagegen soll nach Auffassung des BFH (BStBl II 90, 1067) die Vergünstigung des § 15 III dann entfallen, wenn der überlebende Ehegatte testamentarisch berechtigt war, über den Nachlass frei zu verfügen und wenn er durch eine letztwillige Verfügung die Erbfolge tatsächlich teilweise neu geregelt hat. Dies soll auch dann gelten, wenn der überlebende Ehegatte von seiner Testierfreiheit nur geringfügig und in Bezug auf andere Erben als den Stpfl Gebrauch gemacht hat. Diese Rspr leuchtet für den Fall nicht ein, dass die Einsetzung des Stpfl als Schlusserben, im Hinblick auf die die relative Bindung des überlebenden Ehegatten bestand, bei der nachfolgenden testamentarischen Anordnung inhaltlich unverändert geblieben ist. Dann müsste vielmehr aus den Gründen, die die Entscheidung des FG Nürnberg (EFG 86, 571) tragen, Abs 3 weiterhin an-

wendbar sein. Die Anwendbarkeit der BFH-Entscheidung wird auch dann verneint, wenn der überlebenden Ehefrau zwar die Änderung der Schlusserbenbestimmung frei stand, wenn sie sich dabei jedoch in dem durch das Testament vorgezeichneten Rahmen halten musste, der nur Familienangehörige des vorverstorbenen Ehemanns als Schlusserben zuließ (FG Köln EFG 97, 21).

3. Rechtsfolge

Die Rechtsfolge des § 15 III besteht darin, dass dem Schlusserben eine **Antragsbefugnis** zugewiesen wird. Mit dieser Antragsbefugnis kann er wählen, ob er den Erwerb einheitlich als Erwerb vom längstlebenden Ehegatten (Lebenspartner) versteuern will oder ob der Versteuerung sein Verhältnis zum erstverstorbenen Ehegatten (Lebenspartner) zugrunde gelegt werden soll. Die **Versteuerung nach dem Verhältnis zum erstverstorbenen Ehegatten** ist allerdings nur möglich, „**soweit ... Vermögen ...** (des erstverstorbenen Ehegatten beim Tod des längstlebenden Ehegatten) **noch vorhanden ist**". Man war sich einig darüber, dass es zur Beantwortung der Frage, ob beim Schlusserbfall noch Vermögen des Erstverstorbenen vorhanden ist, nicht auf die einzelnen, vom Erstverstorbenen hinterlassenen Gegenstände ankommen kann, sondern dass lediglich auf den Gesamtwert des Vermögens abzustellen ist, wie er sich nach Surrogationsgrundsätzen ergibt (BFH BStBl II 09, 47). Die zwischen Erbfall und Schlusserbfall erwirtschafteten und beim Schlusserbfall noch vorhandenen Vermögenserträge können jedoch nicht dem erstverstorbenen Ehegatten zugeordnet werden (R E 15.3 ErbStR). Unbeachtet war bisher eine andere Fragestellung geblieben, die das FG Köln in einer Entscheidung aus dem Jahre 2006 (EFG 06, 830) aufgedeckt hat. Der Fall stellte sich vereinfacht so dar: Der Schlusserbe hatte die längstlebende Ehefrau zur Hälfte ihres Nachlasses beerbt. Ihr Nachlass bestand zur Hälfte aus Vermögen, das vom erstverstorbenen Ehegatten stammte. Konnte der Schlusserbe die Versteuerung nach dem erstverstorbenen Ehegatten in diesem Fall für seinen ganzen Erwerb oder nur für die Hälfte seines Erwerbs in Anspruch nehmen? Das FG Köln hat die Parallele zur Vor- und Nacherbfolge herangezogen und gemeint, dass § 15 III den Schlusserben wie einen Nacherben stellen wollte. Wäre der Schlusserbe Nacherbe gewesen, hätte er die Versteuerung nach dem Erstverstorbenen für seinen ganzen Erwerb wählen können, weil ihm dann das ganze noch vorhandene Vermögen des Erstverstorbenen zugefallen wäre, und dieses ganze Vermögen des Erstverstorbenen hätte dann gerade die ihm gebührende Hälfte des Nachlasses der längstlebenden Ehefrau ausgemacht. Die FinVerw hatte dagegen gemeint, dass der Erwerb des Schlusserben aus dem zur Hälfte aus eigenem und zur Hälfte aus ererbtem Vermögen zusammengesetzten Nachlass der längstlebenden Ehefrau bestanden habe, so dass der Antrag nur für die Hälfte des Erwerbs gelten könne. Der BFH (BStBl II 09, 47) hat jedoch die Auffassung des FG Köln bestätigt und dem Schlusserben das Wahlrecht für den ganzen von ihm ererbten Nachlassanteil zuerkannt. 35

X. Schenkungserwerbe von einer Kapitalgesellschaft (Abs 4)

1. Maßgeblichkeit des Verhältnisses zum Schenkungsveranlasser

Kapitalgesellschaften werden aus eigenem betrieblichen Interesse heraus so leicht keine Schenkungen machen. Es muss vielmehr jeweils einen besonderen Anlass für stpfl Schenkungen der Gesellschaft geben. Denkbar ist in diesem Zusammenhang, dass eine an der Kapitalgesellschaft unmittelbar oder mittelbar beteiligte natürliche Person oder Stiftung Einfluss auf die Entscheidungsfindung in der Gesellschaft genommen und auf die Schenkung hingewirkt hat. Eine derartige Einflussnahme wird regelmäßig dann anzunehmen sein, wenn die durch die Schenkung begünstigte Per- 36 son einem Mitglied der Gesellschaft nahesteht. In einem solchen Fall könnte man schon gleich an eine Schenkung des veranlassenden Gesellschafters an den Begünstigten denken. Der BFH (BStBl II 08, 258; § 7 Anm 79) hat sich jedoch für die Kapitalgesellschaft als Schenker ausgesprochen (kritisch *Daragan,* DStR 11, 2079). Und die FinVerw (BStBl I 10, 1207) ist dieser Rechtsauffassung gefolgt. § 15 IV mildert nunmehr die Konsequenzen dieser RsprLinie im Interesse des Bedachten ab. Abgestellt wird insoweit auf den „Veranlasser". Danach soll bei Schenkungserwerben von einer Kapitalgesellschaft nicht die StKl III zum Zuge kommen, obwohl es keine die StKl I oder II rechtfertigenden persönlichen Beziehungen des Erwerbers zu der Kapitalgesellschaft als Schenker gibt. Um den Beschenkten zu entlasten, soll in diesem Fall statt des Verhältnisses des Beschenkten zum Schenker das Verhältnis des Beschenkten zu der die Schenkung veranlassenden natürlichen Person oder Stiftung für die Besteuerung maßgeblich sein. Veranlasst also ein Ehemann die Schenkung eines Grundstücks durch die Kapitalgesellschaft an seine Frau, so kann die Beschenkte den Freibetrag von 500.000 EUR in Anspruch nehmen. Der verbleibende stpfl Erwerb wird mit dem günstigen Tarif der StKl I besteuert. Stirbt die Erwerberin kurze Zeit später und vererbt sie das Grundstück auf ihre Tochter, kann sich diese auf die StErmäßigung nach § 27 berufen. Zu der in diesem Zusammenhang sich oftmals stellenden Problematik einer vGA s § 7 Anm 79.

2. Die Schenkung der Kapitalgesellschaft in der Zusammenrechnung

37 Die Besteuerung des Erwerbers nach dem persönlichen Verhältnis zum Veranlasser der Schenkung soll sich auch bei der Zusammenrechnung mehrerer Erwerbe nach § 14 auswirken. Nach § 14 sind nur Schenkungen desselben Schenkers an denselben Beschenkten in die Zusammenrechnung einzubeziehen. Da der Schenkungsveranlasser nicht Schenker ist, dürfen Schenkungen der Kapitalgesellschaft an sich nicht mit Schenkungen des veranlassenden Gesellschafters zusammengerechnet werden. Dem tritt § 15 IV entgegen. Weil die Besteuerung der Schenkung durch das persönliche Verhältnis des Beschenkten zum Schenkungsveranlasser bestimmt wird, soll die von der Kapitalgesellschaft stammende Schenkung mit Schenkungen oder Erwerben von Todes wegen von Seiten des Schenkungsveranlassers zusammengerechnet werden. Macht die Kapitalgesellschaft allerdings mehrere Schenkungen an denselben Beschenkten auf Veranlassung verschiedener Personen, muss die Zusammenrechnung damit unterbleiben.

§ 16 Freibeträge

(1) **Steuerfrei bleibt in den Fällen der unbeschränkten Steuerpflicht (§ 2 Absatz 1 Nummer 1) der Erwerb**

1. **des Ehegatten und des Lebenspartners in Höhe von 500 000 Euro;**
2. **der Kinder im Sinne der Steuerklasse I Nr. 2 und der Kinder verstorbener Kinder im Sinne der Steuerklasse I Nr. 2 in Höhe von 400 000 Euro;**
3. **der Kinder der Kinder im Sinne der Steuerklasse I Nr. 2 in Höhe von 200 000 Euro;**
4. **der übrigen Personen der Steuerklasse I in Höhe von 100 000 Euro;**
5. **der Personen der Steuerklasse II in Höhe von 20 000 Euro;**
6. *(aufgehoben)*

7. der übrigen Personen der Steuerklasse III in Höhe von 20 000 Euro.

(2) [1]**In den Fällen der beschränkten Steuerpflicht (§ 2 Absatz 1 Nummer 3) wird der Freibetrag nach Absatz 1 um einen Teilbetrag gemindert.** [2]**Dieser Teilbetrag entspricht dem Verhältnis der Summe der Werte des in demselben Zeitpunkt erworbenen, nicht der beschränkten Steuerpflicht unterliegenden Vermögens und derjenigen, nicht der beschränkten Steuerpflicht unterliegenden Vermögensvorteile, die innerhalb von zehn Jahren von derselben Person angefallen sind, zum Wert des Vermögens, das insgesamt innerhalb von zehn Jahren von derselben Person angefallen ist.** [3]**Die früheren Erwerbe sind mit ihrem früheren Wert anzusetzen.**

Übersicht

Schrifttum: *Moench,* Die Jahres-ErbSt beim Erwerb von Renten und Nießbrauchsrechten, DStR 85, 259; *Moench,* ErbSt-Belastung und ErbSt-Ersparnis in der „Otto-Normal-Familie", DStR 87, 139; *Vogt,* Der maximale ErbStFreibetrag, DStR 94, 17; 97, 1879; 01, 1148; *Meincke,* Freibeträge und Steuersätze im neuen ErbStRecht, ZEV 97, 52; *Schaumburg,* Problemfelder im internationalen ErbStRecht, RiW 01, 161; *Meincke,* Die steuerlichen Rahmenbedingungen von Verwandtenunterhalt und Pflichtteil, Verh zum 64. DJT, Bd II/1, 202; L 89; *Wachter,* Erbschaftsteuerfreibeträge und Europarecht, ErbStB 05, 357; *Jebens,* Die Ausnutzung der schenkungsteuerlichen Freibeträge unter Einsatz der Zugewinngemeinschaft, DStR 09, 519; *Corsten/Führich,* Europarechtliche Aspekte der Erbschaftsteuerreform, ZEV 09, 481; *Geck,* Der „doppelte Freibetrag" beim Vermächtnis mit unzureichendem Nachlass, ZEV 14, 630; *Eule,* Freibeträge bei beschränkter Erbschaft- und Schenkungsteuerpflicht aus deutscher und niederländischer Sicht, ZEV 15, 88; *Heurung/Fröhr/Bresgen,* Erbschaftsteuerliche Gleichstellung bei der Gewährung von Freibeträgen nach § 16 ErbStG, ISR 15, 20; *Bockhoff/Flecke,* Erhöhte Freibeträge für beschränkt steuerpflichtige Erwerbe durch das StUmgBG?, ZEV 17, 552.

I. Allgemeines

1. Persönliche Freibeträge

Während § 13 sachliche StBefreiungen vorsieht, die wegen des besonderen Gegenstandes oder Zwecks der Zuwendung gewährt werden, regelt § 16 persönliche Freibeträge, die jedem Erwerber ohne Rücksicht auf den Gegenstand oder Zweck seines Erwerbs zustehen und die die Bemessungsgrundlage der St (§ 10 I 1) um den Betrag des 1

Freibetrages kürzen. Dem überlebenden Ehegatten hatte das ErbStG in seinen verschiedenen Fassungen schon immer hohe Freibeträge (bis zur gänzlichen Freistellung seines Erwerbs) eingeräumt. Dem hat das JStG 2010 (BGBl I 10, 1768) den (eingetragenen gleichgeschlechtlichen) Lebenspartner gleichgestellt. Zum 1.10.2017 ist die gleichgeschlechtliche Ehe hinzugekommen (Änderung des § 1353 BGB durch Gesetz v 20.7.2017, BGBl I 17, 2787). Die Gewährung von nach dem Angehörigkeitsverhältnis zum Geber abgestuften Freibeträgen auch an alle anderen Erwerber ist erst nach dem 2. Weltkrieg eingeführt worden, kann aber heute wohl zusammen mit der Staffelung unterschiedlicher Tarife für Personen unterschiedlicher Nähe zum Erblasser/Schenker (§ 19) zu den ins Auge fallenden typischen Besonderheiten der ErbSt (insb im Vergleich mit der ESt) gerechnet werden. Die Anerkennung der persönlichen Freibeträge ist in ihrer grundsätzlichen Berechtigung, besonders aber in ihrer Einzelausgestaltung nicht unumstritten. Aus der Sicht der FinVerw sollen die Freibeträge in erster Linie die Verwaltung entlasten und die Zahl der StFestsetzungen entsprechend reduzieren (*Moench/Weinmann* § 16 Rz 4). Unter dem Gesichtspunkt der Besteuerung nach der durch den Erwerb erhöhten Leistungsfähigkeit lässt sich für die Freibeträge ins Feld führen, dass die Leistungskraft nahestehender Personen (insb des überlebenden Ehegatten) durch einen Erwerb nicht in dem gleichen Umfang erhöht wird, wie es für fernerstehende Personen gilt. Denn der nahestehende Erwerber wird schon vor seinem Erwerb den Zugang zu den übertragenen Vermögenswerten gehabt haben, so dass er von der Überführung des Erwerbs in die eigene Verfügungsmacht nicht in gleicher Weise wie ein Fernstehender profitiert. Jeder würde es als merkwürdig empfinden, wenn ein Ehegatte den Erwerb beim Tod seines Partners als „Bereicherung“ einstufen wollte. Das BVerfG (DStR 10, 1721) hat dennoch eine gewisse Skepsis diesem Begründungsversuch gegenüber nicht unterdrückt („Selbst wenn es zuträfe, dass … “: aaO Rz 95). Bedeutsamer ist aus seiner Sicht, dass die Ausgestaltung der Freibeträge das Familienprinzip berücksichtigt, aus dem folgt, dass der stliche Zugriff bei Familienangehörigen, insb bei Ehegatten und Kindern derart zu mäßigen ist, dass diesen der jeweils überkommene Nachlass zumindest zum deutlich überwiegenden Teil oder, bei kleineren Vermögen, völlig stfrei zugute kommt (BVerfG BStBl II 95, 671, 674). Die familiäre Nähe nach Maßgabe von Geburt, Heirat und eingetragener Lebenspartnerschaft sind danach die entscheidenden Kriterien für die Staffelung der Freibeträge, die das Gericht in einem Kernbereich für verfassungsrechtlich unveränderbar erklärt. Den Gedanken dagegen, dass die Ehe den Ausgangspunkt einer Generationenfolge bilden kann und als solche im Vergleich zu einer gleichgeschlechtlichen Partnerschaft eine besonders günstige Behandlung verdient, hat der Gesetzgeber im bis zum 31.12.2008 geltenden Recht aus der Sicht des Verfassungsgerichts nicht deutlich genug umgesetzt (Verfassungswidrigkeit der Ungleichbehandlung von Ehe und eingetragener Lebenspartnerschaft), so dass dieser Gedanke auch nicht als Grundlage einer unterschiedlichen Behandlung von Ehegatten und Lebenspartnern herangezogen werden kann (BVerfG DStR 10, 1721 Rz 107).

2. Ergänzende Regelungen

2 § 16 ist insofern unvollständig, als dort eine Freibetragsregelung für den Fall der Zweckzuwendung und für den Fall der ErsatzErbSt nach § 1 I Nr 4 fehlt. Diese letztere Regelung wird in § 15 II 3 getroffen; zum besseren Verständnis hätte in § 16 ein Hinweis auf § 15 II 3 eingefügt werden können. § 16 wird ergänzt durch die Bestimmungen des § 13 Nrn 15, 16 Buchst a und 18, soweit die dort genannten Erwerber für die ihnen zufließenden Zuwendungen ohne Rücksicht auf den Gegenstand und Zweck des Erwerbs freigestellt werden. Damit wird im Grunde eine persönliche StBefreiung in unbegrenzter Höhe vorgesehen, die in den Zusammenhang des § 16 gehört. Neben § 16 tritt im Übrigen unter den dort genannten Voraussetzungen der persönliche Freibetrag nach § 17, der, weil er zusätzlich zu dem allg persönlichen Freibetrag des § 16 zum Zuge kommt, als ein „besonderer“ Freibetrag gekennzeichnet wird.

II. Die Wirkungsweise der Freibeträge

1. Abzugsbeträge

§ 16 lässt den Erwerb in bestimmter Höhe „steuerfrei". Damit wird der Erwerb nicht ganz oder zum Teil aus der Besteuerung herausgenommen. Es wird nur der Einfluss des Erwerbs auf die Bemessungsgrundlage in der angegebenen Höhe durch einen Abzugsposten, den persönlichen Freibetrag, neutralisiert. Das StRecht unterscheidet Freibeträge und Freigrenzen. Im Fall von Freigrenzen bleiben die Beträge, die die Freigrenze nicht erreichen, vollen Umfangs unberücksichtigt, während die die Freigrenze übersteigenden Beträge vollen Umfangs (also auch in ihrem bis zur Freigrenze reichenden Betrag) berücksichtigt werden. Eine Haftungsfreigrenze findet sich zB in § 20 VII. Eine StFreigrenze bietet zB § 22. Liegt der StBetrag unter 50 EUR, wird von einer Festsetzung der St abgesehen. Liegt der StBetrag über 50 EUR, wird der volle – und nicht nur der 50 EUR übersteigende – Betrag festgesetzt. Im Unterschied dazu stehen Freibeträge wie die in § 16 genannten. Sie sind echte Abzugsbeträge, die sich in jedem Fall der Besteuerung durchsetzen. Die Freibeträge des § 16 kürzen den jeweiligen stpfl Erwerb (§ 10 I 1) und vermindern auf diese Weise die Bemessungsgrundlage, auf die der StSatz zur Anwendung kommt (vgl § 19 I). Durch den Einsatz als Abzugsposten werden die Freibeträge iSd gesetzlichen Terminologie für diesen Erwerb „verbraucht" (§ 6 II 4). Im Rahmen der Zusammenrechnung des § 14 wirkt sich der Verbrauch des Freibetrages für einen früheren Erwerb auch auf spätere Erwerbe aus. Um diese Auswirkung im Hinblick auf den Zehnjahreszeitraum des § 14 zu begrenzen, hatte der BFH (BStBl II 78, 220, 222) zeitweise neben dem Verbrauch auch ein „Wiederaufleben" des verbrauchten Freibetrages anerkannt. Von dieser Rspr ist das Gericht jedoch inzwischen wieder abgerückt (BFH BStBl II 05, 728; § 14 Anm 18). 3

2. Anknüpfung an den einzelnen Erwerb

Die Freibeträge des § 16 sind auf den einzelnen Erwerb bezogen. Die Erwerbe werden durch die Zeit, durch den Gegenstand und durch die am Erwerb beteiligten Personen voneinander abgegrenzt (§ 10 Anm 10). Für jeden einzelnen Erwerb kann ein Freibetrag nach § 16 in Anspruch genommen werden. Nur ausnahmsweise werden für einen Erwerb zwei (wenn auch miteinander verknüpfte) Freibeträge zugebilligt, wie es der BFH (BStBl II 99, 235) bei Interpretation des § 6 II 4 annimmt (vgl § 6 Anm 16). Sieht das Gesetz die Zusammenrechnung mehrerer Erwerbe vor (§ 14), so gehen damit Freibeträge verloren. Ähnliches galt, wenn die Rspr vorübergehend einen Vorgang, der in der bisherigen Deutung zu mehreren (Teil-)Erwerben von mehreren Gesellschaftern geführt hatte, dann als einheitlichen Erwerb einer Gesellschaft ansah (BFH BStBl II 89, 237). Von dieser Rspr hat sich der BFH inzwischen wieder abgewandt (BStBl II 95, 81). Wer zeitgleich von mehreren Personen erwirbt, macht mehrere Erwerbe und kann daher auch mehrere Freibeträge zum Abzug bringen. Wer ein Geschenk von seinen Eltern erhält, macht zwei Erwerbe. Denn der Erwerb wird in Teilerwerbe nach den Personen der Schenker aufgespalten, soweit die Zuwendung wirklich von beiden Elternteilen stammt. Beim Erwerb von den Eltern kann das Kind daher zwei Freibeträge in Anspruch nehmen. Bei Zahlung einer Abfindung für den Pflichtteilsverzicht eines zukünftigen Erben durch einen Dritten sollte sich bislang nicht nur die StKl nach dem Verhältnis des Zuwendungsempfängers zum zukünftigen Erblasser bestimmen (BFH BStBl II 13, 922), sondern auch der Freibetrag (FG Münster EFG 15, 1108), dem der BFH aber nicht (mehr) folgt (DStR 17, 1817). Sowohl der Freibetrag als auch die StKl (in Abweichung von der bisherigen Rspr) richten sich nach dem Verhältnis des Verzichtenden zum Abfindungszahlenden (vgl auch § 3 Anm 59). 4

3. Zeitgrenze

5 Trotz der Anknüpfung an die einzelnen Erwerbe kann jeder Erwerber den Freibetrag nach § 16 gegenüber demselben Erblasser/Schenker innerhalb eines Zeitraums von zehn Jahren nur einmal in Anspruch nehmen. Das folgt nicht aus § 16 selbst, folgt aber aus § 14. Dort wird nämlich vorgesehen, dass die Erwerbe, die von demselben Erblasser/Schenker an denselben Erwerber gelangen, in einem Zeitraum von zehn Jahren zu einem Erwerb zusammenzurechnen sind. Wenn alle in den Zehnjahreszeitraum fallenden Erwerbe zusammengefasst werden, dann kann auch der Freibetrag nur einmal anwendbar sein.

4. Steuerplanung

6 Wenn für jeden einzelnen Erwerb ein eigener Freibetrag eingeräumt wird, so ist es nicht nur aus Gründen der StProgression, sondern auch wegen der Freibetragsregelung aus der Sicht des Erblassers/Schenkers günstiger, denselben Betrag auf verschiedene Erwerber zu verteilen, um so mehrere Freibeträge wirksam werden zu lassen. Eine Großmutter, die ihrem Enkel unter Ausnutzung der Freibeträge Vermögen zuweisen will, kann daher den Erwerb durch Zuweisung an die Tochter und ihren Ehemann zunächst aufspalten, um so zwei Freibeträge zu gewinnen. Wenn dann die zunächst Bedachten später aus eigenem Antrieb (Abgrenzung zur sog Kettenschenkung; hierzu BFH BStBl II 13, 934) ihren Erwerb an den Enkelsohn weitergeben, dann kann er bei dieser Konstellation wiederum zwei Freibeträge geltend machen (vgl auch FG Hbg EFG 90, 639; BFH BStBl 93, 523).

5. Überblick

7 **Abs 1** unterscheidet fünf Freibetragsstufen, die mit den Beträgen von 500, 400, 200, 100 und 20 Tausend EUR verbunden sind. Den höchsten Freibetrag erhalten der überlebende Ehegatte und Lebenspartner. Hinter dem Ehegatten und dem Lebenspartner folgen die Kinder und die Enkel bereits verstorbener Kinder. An dritter Stelle stehen die Enkel nach noch lebenden Kindern. An vierter Stelle schließen sich die Eltern und Großeltern bei Erwerben von Todes wegen an. An fünfter Stelle rangieren alle übrigen Erwerber.

8 **Abs 2** sah bis zur Neuregelung durch das StUmgBG (BGBl I 17, 1682) einen Freibetrag von 2000 EUR für StAusländer bei beschränkter StPfl vor, soweit sie nicht für die unbeschränkte StPfl optiert haben (§ 2 III aF). Seit dem 25.6.2017 wird in Reaktion auf die vom EuGH trotz Optionsrecht nach § 2 III festgestellte Unionsrechtswidrigkeit (Rs *Hünnebeck,* DStR 16, 1360) auch bei beschränkter StPfl der stklassenabhängige Freibetrag des Abs 1 gewährt, dieser aber gekürzt (s Anm 14ff).

III. Die einzelnen Freibeträge

1. Ehegatten, Lebenspartner (Abs 1 Nr 1)

9 Der Ehegattenfreibetrag von **500.000 EUR** kommt jedem Ehegatten zugute, der zur Zeit des Erwerbs schon oder noch mit dem Schenker/Erblasser verheiratet ist, mögen die Eheleute auch seit langem getrennt leben. Wird im Zusammenhang mit der Hochzeit geschenkt, kann angenommen werden, dass die Zuwendung erst mit der Eheschließung und dem durch sie bewirkten Wechsel des Beschenkten in die stgünstige Position in StKl I wirksam wird (RFH RStBl 40, 615). Der Freibetrag steht dem Ehegatten noch bis zur Rechtskraft des Scheidungsurteils zu; die Sonderregeln, die die §§ 1933, 2077 BGB kennen und mit denen Wirkungen des Scheidungsausspruchs im Hinblick auf das Erbrecht vorverlagert werden, gelten für die Freibetrags-

regelung des § 16 nicht. Ehegatte iSd § 16 ist auch, wer in einer nichtigen oder aufhebbaren Ehe lebt, nicht aber der nichteheliche Partner, auch wenn die Partnerschaft über viele Jahrzehnte hinweg bestanden hat (BVerfG BStBl II 90, 103; 764), auch nicht der geschiedene Partner, der ohne erneute Heirat zu seinem früheren Ehegatten zurückgekehrt ist und mit ihm wieder einen gemeinsamen Haushalt führt (FG Münster EFG 91, 199). Dem eingetragenen gleichgeschlechtlichen Lebenspartner wird seit dem ErbStRG 2009 der volle für Ehepartner vorgesehene Freibetrag eingeräumt.

2. Abkömmlinge (Abs 1 Nrn 2, 3)

Die **Kinder und Stiefkinder** des Erblassers/Schenkers fallen in die zweithöchste Freibetragsstufe. Mit dem Freibetrag von **400.000 EUR** wird „eine im Erbrecht angelegte Mitberechtigung der Kinder am Familiengut" anerkannt (vgl BVerfG BStBl II 95, 671, 674). Mit ihrem Freibetrag von 400.000 EUR werden die Kinder allerdings doch deutlich ungünstiger als der Ehegatte des Erblassers/Schenkers behandelt. Diese Ungleichmäßigkeit verstärkt sich, wenn man auch noch die ebenfalls deutlich gestaffelten Versorgungsfreibeträge nach § 17 in die Betrachtung einbezieht. Zwischen Ehegatten kann zudem die Steuerfreiheit des Zugewinnausgleichs (§ 5) von erheblicher Bedeutung sein. Das BVerfG (HFR 89, 566 = UVR 89, 58) hat dennoch keinen Verfassungsverstoß anerkannt. In dem Kammerbeschluss heißt es wörtlich: „Art 3 Abs 1 GG (gebietet es) nicht, die BFin hinsichtlich der Freibetragsregelungen im ErbStG einer Ehefrau gleichzustellen. Zwischen den Vergleichsgruppen ‚Kinder' und ‚Ehegatten' besteht ein gewichtiger Unterschied, so dass die ungleiche gesetzliche Behandlung gerechtfertigt ist". Das BVerfG hat es in dieser Entscheidung ebenfalls als unbedenklich angesehen, dass die Freibetragsregelung an die formale familienrechtliche Stellung des Erben zum Erblasser anknüpft und nicht die Leistungen des Erben für den Erblasser oder die altersbedingte Bedürftigkeit des Erben in die Betrachtung einbezieht. 10

Enkel werden in § 16 unterschiedlich behandelt je nachdem, ob der Elternteil, der die Verwandtschaft zum Erblasser begründet, zum Erbfallszeitpunkt noch lebt (Nr 3: **200.000 EUR**) oder schon verstorben ist (Nr 2: **400.000 EUR**). Bis 1996 gab es für die beiden Gruppen von Enkeln auch unterschiedliche StSätze. Geblieben ist die unterschiedliche Freibetragsregelung. Sie sichert den Enkeln den Freibetrag des verstorbenen Elternteils und begünstigt damit die Stammeserbfolge. Die **Urenkel** hat der Gesetzgeber unerwähnt gelassen. Das könnte dafür sprechen, sie unterschiedslos zu den übrigen Personen der StKl I zu rechnen und ihnen nur einen Freibetrag in Höhe von 100.000 EUR zuzubilligen. Richtiger erscheint es jedoch, ihnen die Rechtsstellung von Enkeln einzuräumen. Denn für die Urenkel, deren Eltern und Großeltern bereits verstorben sind, erscheint nur der Freibetrag nach Abs 1 Nr 2 sachgerecht. 11

3. Eltern und Großeltern (Abs 1 Nrn 4, 5)

Wie die Enkel so werden auch die Eltern und Großeltern mit unterschiedlichen Freibeträgen bedacht. Als Unterscheidungskriterium ist hier jedoch die Art des Erwerbs gewählt. Bei **Erwerben von Todes wegen** wird ihnen ein Freibetrag von **100.000 EUR** (Nr 4) zugestanden, bei **Erwerben durch Schenkung unter Lebenden** soll ihnen dagegen nur ein Freibetrag von **20.000 EUR** (Nr 5 mangels Zugehörigkeit zur StKl § 15 I Nr 4) gewährt werden. Es muss als sehr zweifelhaft gelten, ob der unterschiedliche Charakter der beiden Erwerbe die Differenzierung rechtfertigen kann. § 1 II zeigt, dass das ErbStG beide Arten des Erwerbs grundsätzlich gleichbehandeln will. Die Vorschrift spricht daher gegen die vom Gesetz gewählte Differenzierung. Wenn der SchSt, wie häufig gesagt wird (zB BVerfG BStBl II 83, 779, 783), nur die Funktion zukommt, eine Umgehung der ErbSt durch Vermögensübertragungen unter Lebenden zu vermeiden, ist nicht verständlich, warum zur Verwirk- 12 lichung dieser Abschirmungsfunktion eine verstärkte Belastung der Schenkungserwerbe erforderlich sein soll. Hinzu kommt, dass das Kriterium der unterschiedlichen Erwerbsart nur gerade für Eltern und Voreltern eingeführt ist und dass die Gleichstellung der Eltern und Voreltern mit außenstehenden Dritten beim Erwerb durch Schenkung unter Lebenden das Verhältnis zum Schenker nicht angemessen widerspiegeln kann. Schenkungserwerbe sind zB die Abfindungserwerbe, die der Erblasser seinen Eltern zukommen lässt, um sie zu einem Erb- oder Pflichtteilsverzicht zugunsten seines Ehepartners zu bewegen. Besteuert wird hier die Abfindung als Surrogat des Erwerbs von Todes wegen. Der unterschiedliche Freibetragsumfang kann im Hinblick auf derartige Erwerbe schwerlich überzeugen.

4. Übrige Erwerber (Abs 1 Nrn 5, 7)

13 2009 wurden die Freibeträge zwischen den StKl II und III eingeebnet. Einheitlich wird ein Freibetrag von **20.000 EUR** gewährt. Dass Geschwister und Eltern bei der Zuerkennung von Freibeträgen wie Außenstehende behandelt werden sollen (Eltern nur soweit es nicht um Erwerbe von Todes wegen geht), weist daraufhin, dass das Verständnis für die Bedeutung enger Bindungen in der Herkunftsfamilie im Bereich der Gesetzgebung zunehmend verloren geht.

5. Beschränkte Steuerpflicht (Abs 2)

14 Bis zur Neuregelung durch das StUmgBG (BGBl I 17, 1682) zum 25.6.2017 verknüpfte § 16 die Staffelung der Freibeträge mit den Fällen der unbeschränkten StPfl nach § 2 I Nr 1 und III und mit der beschränkten StPfl nach § 2 I Nr 3. **§ 16 II aF** räumte auch nächsten Angehörigen nur einen Freibetrag iHv 2000 EUR ein, wenn es um einen Fall der beschränkten StPfl geht, wenn also an dem Erwerb lediglich StAusländer beteiligt sind. Diese Schlechterstellung von StAusländern (die ja ohne Weiteres auch deutsche Staatsangehörige sein können!) hing mit der Überlegung zusammen, dass die StAusländer wegen des Inlandserwerbs auch im Ausland einer Besteuerung unterliegen, wobei die deutsche St dann auf die im Ausland fällige St angerechnet werden kann. Ein hoher Freibetrag hier würde die deutsche StSchuld kürzen, aber dem Stpfl im Ergebnis doch nichts nützen. Denn eine niedrige deutsche Steuer würde nur das Anrechnungsvolumen im Ausland vermindern und damit dem ausländischen Staat auf Kosten des hiesigen StAufkommens zugutekommen. Da es jedoch zunehmend Staaten gibt, die keine oder nur eine geringfügige St erheben, bei denen das Anrechnungsargument daher nicht greift, geht die Überzeugungskraft dieses Begründungsversuchs zurück. Der BFH hat sich in der Entscheidung BStBl II 05, 875 mit dem Vorwurf auseinandergesetzt, dass § 16 gegen Verfassungsrecht verstoße. Das Gericht hat eine Kollision mit Art 3 I GG unter Hinweis darauf verneint, dass bei beschränkter StPfl nur das Inlandsvermögen der Besteuerung unterliege, bei unbeschränkter StPfl aber der gesamte Vermögensanfall. Dieser Unterschied rechtfertige die in § 16 II getroffene Differenzierung.

15 Zu einer möglichen **Kollision mit dem Unionsrecht** haben sich wiederholt Finanzgerichte geäußert. So haben das FG Düsseldorf (EFG 96, 1166), das FG Berlin (EFG 04, 215), das FG München (EFG 04, 410) und das FG Bad-Württ (EFG 09, 139) die Vereinbarkeit der Regelung mit dem Unionsrecht bejaht. Das FG Düsseldorf (EFG 09, 205) hat dagegen in einem Vorlagebeschluss an den EuGH seine Bedenken gegen die in § 16 getroffene Differenzierung zum Ausdruck gebracht. Der EuGH ist in der Rs *Mattner* (DStR 10, 861) dieser Linie gefolgt und hat verminderte Freibeträge für Schenkungen unter Gebietsfremden für nichtkonform mit dem EU-Recht erklärt (Verstoß gegen Art 63, 65 AEUV – Kapitalverkehrsfreiheit). Der Gesetzgeber hat diese Entscheidung allerdings nicht, wie erwartet, zum Anlass genommen, die Abstufung der Freibeträge ganz generell aufzuheben. Er hat dafür im BeitrRLUmsG (BGBl I 11, 2592) mit dem neuen § 2 III ein Wahlrecht eingeführt, das es Erwerbern, die der be-

schränkten StPfl unterliegen, erlaubt, für die unbeschränkte StPfl zu optieren und sich so die günstigeren Freibeträge für ihren Erwerb zu sichern (s § 2 Anm 25). Aufgrund der Beschränkung des eingeführten Optionsrechts für Erwerber mit Wohnsitz in einem EU- oder EWR-Staat hat der EuGH aber bereits wenig später in einem Drittstaatenfall einen Verstoß gegen EU-Recht angenommen (Rs *Welte,* DStR 13, 2269) und diese Entscheidung nochmals in einem Vertragsverletzungsverfahren (Art 258 AEUV) gegen Deutschland (DStR 14, 1818) bestätigt. Trotz Optionsrecht ist § 16 II danach unionsrechtswidrig geblieben. Der EuGH hat in den beiden Entscheidungen letztlich jede Differenzierung zwischen unbeschränkt und beschränkt Stpfl bei Gewährung der persönlichen Freibeträge verworfen. Das FG Düsseldorf (ZEV 16, 160) und das FG Bad-Württ (DStRE 15, 990) haben unter Berufung auf die Rs *Welte* in Drittstaaten-Fällen (Schweiz) den vollen Freibetrag trotz beschränkter StPfl gewährt und sind vom BFH in den jeweiligen Revisionsverfahren bestätigt worden (BFH/NV 17, 1319 und DStRE 17, 1226). Die FinVerw hatte einen quotalen Ansatz (Verhältnis Inlandserwerb zum Gesamterwerb) vertreten (vgl auch OFD NRW DB 14, 1840). Dagegen konnte das FG Düsseldorf (DStR 14, 2384) in einem EU-Fall (Wohnsitz in GB), da hier das vom EuGH noch nicht beurteilte Wahlrecht nach § 2 III bestand, nicht entscheiden und musste dem EuGH vorlegen, der in der Rs *Hünnebeck* § 2 III daraufhin für unionsrechtswidrig erklärt hat (DStR 16, 1360).

Um die Unionsrechtskonformität herzustellen, wurde mit dem **StUmgBG** (BGBl I 17, 1682) das Optionsrecht des § 2 III aufgehoben und **§ 16 II neu gefasst.** Seit dem 25.6.2017 ist in Fällen der beschränkten StPfl eine **Kürzung des Freibetrages** vorgesehen. Der Freibetrag soll nur anteilig, nämlich soweit er auf das der Besteuerung unterliegende Inlandsvermögen entfällt, gewährt werden. Dafür ist der Wert des nicht der beschränkten StPfl unterliegenden Vermögens ins Verhältnis zum Gesamtwerb (beschränkt und unbeschränkt stpfl Vermögen) zu setzen. Jeweils sind innerhalb von zehn Jahren von derselben Person angefallene Erwerbe mit ihren früheren Werten in die Berechnung einzubeziehen, um eine Umgehung durch Aufspaltung in zeitlich gestaffelte Zuwendungen zu verhindern. Dies erfordert eine Aufarbeitung der Erwerbe der letzten zehn Jahren, die bis dahin mangels StPfl nicht erfasst und nicht bewertet wurden. Der Gesetzgeber sieht es als inkonsequent und gleichheitswidrig an, wenn in Fällen der beschränkten StPfl, die sich nur auf den Erwerb einzelner Vermögensgegenstände bezieht, der bei Besteuerung des gesamten Vermögensanfalls unbeschränkte Freibetrag gewährt würde (BRDrs 816/16, 35). Für eine Freibetragskürzung ist die FinVerw bereits vorher eingetreten (s Anm 15; dafür auch *Moench/Weinmann* § 16 Rz 14), was der BFH mangels gesetzlicher Grundlage für eine Kürzung vor Neufassung des § 16 II aber ablehnt (BFH/NV 17, 1319; DStRE 17, 1226). Dabei hat der BFH nicht dazu Stellung genommen, ob eine Kürzung des Freibetrags von StAusländern unionsrechtskonform ist. Die Vorinstanz FG Düsseldorf hält diesen Ansatz für unionsrechtswidrig (ZEV 16, 160). Hierzu auch *Bockhoff/Flecke,* ZEV 17, 552, 555f. 16

§ 17 Besonderer Versorgungsfreibetrag

(1) [1]**Neben dem Freibetrag nach § 16 wird dem überlebenden Ehegatten und dem überlebenden Lebenspartner ein besonderer Versorgungsfreibetrag von 256 000 Euro gewährt.** [2]**Der Freibetrag wird bei Ehegatten oder bei Lebenspartnern, denen aus Anlass des Todes des Erblassers nicht der Erbschaftsteuer unterliegende Versorgungsbezüge zustehen, um den nach § 14 des Bewertungsgesetzes zu ermittelnden Kapitalwert dieser Versorgungsbezüge gekürzt.**

(2) [1]**Neben dem Freibetrag nach § 16 wird Kindern im Sinne der Steuerklasse I Nr. 2 (§ 15 Abs. 1) für Erwerbe von Todes wegen ein besonderer Versorgungsfreibetrag in folgender Höhe gewährt:**

1. bei einem Alter bis zu 5 Jahren in Höhe von 52 000 Euro;
2. bei einem Alter von mehr als 5 bis zu 10 Jahren in Höhe von 41 000 Euro;
3. bei einem Alter von mehr als 10 bis zu 15 Jahren in Höhe von 30 700 Euro;
4. bei einem Alter von mehr als 15 bis zu 20 Jahren in Höhe von 20 500 Euro;
5. bei einem Alter von mehr als 20 Jahren bis zur Vollendung des 27. Lebensjahres in Höhe von 10 300 Euro.

[2]Stehen dem Kind aus Anlaß des Todes des Erblassers nicht der Erbschaftsteuer unterliegende Versorgungsbezüge zu, wird der Freibetrag um den nach § 13 Abs. 1 des Bewertungsgesetzes zu ermittelnden Kapitalwert dieser Versorgungsbezüge gekürzt. [3]Bei der Berechnung des Kapitalwerts ist von der nach den Verhältnissen am Stichtag (§ 11) voraussichtlichen Dauer der Bezüge auszugehen.

(3) **[1]In den Fällen der beschränkten Steuerpflicht (§ 2 Absatz 1 Nummer 3) wird der besondere Versorgungsfreibetrag nach Absatz 1 oder 2 gewährt, wenn durch die Staaten, in denen der Erblasser ansässig war oder der Erwerber ansässig ist, Amtshilfe geleistet wird. [2]Amtshilfe ist der Auskunftsaustausch im Sinne oder entsprechend der Amtshilferichtlinie gemäß § 2 Absatz 11 des EU-Amtshilfegesetzes in der für den jeweiligen Stichtag der Steuerentstehung geltenden Fassung oder eines entsprechenden Nachfolgerechtsaktes.**

Erbschaftsteuer-Richtlinien 2011: R E 17/H E 17

Übersicht

Schrifttum: *Weinmann,* Der besondere Versorgungsfreibetrag gemäß § 17 Abs 1 ErbStG nach Neuordnung der Hinterbliebenenrenten aus der gesetzlichen Rentenversicherung, UVR 90, 47; *Kühn,* Erbschaftsteuerpflicht „durch die Hintertür" – Mindert die über Kreuz abgeschlossene Lebensversicherung den Versorgungsfreibetrag?, ZErb 12, 177; *Esskandari/Bick,* Vertragsverletzungsverfahren wegen Unionswidrigkeit von § 17 ErbStG, NWB 16, 404.

I. Allgemeines

1. Begriff

§ 17 gewährt einen zu dem Freibetrag des § 16 hinzutretenden „besonderen" Freibetrag, der vornehmlich dem überlebenden Ehegatten oder Lebenspartner bei seinem Erwerb von Todes wegen zugutekommt (Abs 1), aber sich auch bei dem Erwerb durch Kinder des Erblassers auswirken kann (Abs 2). Die Bezeichnung **„Versorgungsfreibetrag"** ist insofern nicht glücklich gewählt, weil sie den Eindruck vermittelt, der Versorgungsfreibetrag sei ein Freibetrag für Versorgungswerte oder für Versorgungszwecke, so wie der Hausratsfreibetrag (§ 13 I Nr 1 Buchst a) nur für den Erwerb von Hausrat gilt, oder wie der Zugewinnausgleichsfreibetrag (§ 5 I), den das Gesetz dem überlebenden Ehegatten nur im Hinblick auf den ihm gebührenden Zugewinnausgleich einräumt. Der Versorgungsfreibetrag ist demgegenüber – jedenfalls soweit er dem Ehegatten zugutekommt (Abs 1) – zunächst nichts anderes als ein ganz normaler Freibetrag, der Erwerbe jeder Art von der St freistellt und der unabhängig davon zum Zuge kommt, ob der stpfl Erwerb irgendwelche Versorgungswerte umfasst oder dem überlebenden Ehegatten zu Versorgungszwecken zugewandt worden ist. Die Besonderheit des Freibetrages für den überlebenden Ehegatten liegt erst in der **Anrechnungsanordnung,** die § 17 I mit dem Freibetrag verknüpft und die die Brücke zu der Versorgung des überlebenden Ehegatten schafft. Denn dieser Freibetrag wird um bestimmte Versorgungswerte des überlebenden Ehegatten gekürzt. Nicht zur Freistellung von Versorgungswerten wird der Freibetrag gewährt, sondern er wird gewährt, weil er dem Erwerber ein Anrechnungsvolumen für stfreie Versorgungswerte verschaffen will, die den Freibetrag kürzen. Bei dem Ehegattenfreibetrag nach Abs 1 handelt es sich daher im Grunde nicht um einen Versorgungsfreibetrag, vielmehr wird in § 17 I in Wahrheit ein Freibetrag für den Fall der nicht ausreichenden Versorgung mit stfreien Bezügen, also ein Nichtversorgungsfreibetrag, zur Verfügung gestellt. 1

2. Regelungszweck

Der **Ehegatten- oder Lebenspartnerfreibetrag** nach **§ 17 I** ist im Zusammenhang mit der Problematik der Besteuerung von vertraglich begründeten Renten nach § 3 I Nr 4 zu sehen (Näheres dazu § 3 Anm 84ff). Der Gesetzgeber des ErbStG 1974 wollte die Diskrepanz, dass vertraglich begründete Versorgungsrenten unter die Besteuerung nach § 3 I Nr 4 fallen, gesetzlich begründete Versorgungsrenten dagegen stfrei bezogen werden können, weder durch Freistellung der vertraglichen noch durch Besteuerung der gesetzlichen Versorgungsrenten aufheben. So hat er sich zu einer indirekten Besteuerung der gesetzlich begründeten Renten entschieden. Die Renten werden zwar weiterhin stfrei erworben, kürzen aber den Freibetrag nach § 17 I, was auf eine indirekte Besteuerung hinausläuft. Diese indirekte Besteuerung durch Kürzung des Freibetrages ist dennoch mit einer direkten Besteuerung nicht vollen Umfangs vergleichbar, so dass das Ziel der Gleichbehandlung von vertraglich und gesetzlich begründeten Versorgungsrenten auf diesem Wege von vornherein nicht uneingeschränkt erreichbar war. Ein Unterschied ist besonders charakteristisch: Der Freibetrag ist in seiner Höhe begrenzt. Die Anrechnung kann den Freibetrag allenfalls auf Null reduzieren, aber nicht über den Umfang des Freibetrags hinausreichen. Durch § 17 I werden daher nur gesetzliche Renten im Wert bis zu 256.000 EUR einer indirekten Besteuerung unterworfen; für den über 256.000 EUR hinausgehenden Kapitalwert der Rente wird der Vorteil des stfreien Erwerbs durch § 17 I nicht eingeschränkt. 2

Auch für die **Kinderfreibeträge** des **§ 17 II** gilt, dass auf sie bestimmte Versorgungsbezüge angerechnet werden müssen, so dass sie richtiger als Nichtversorgungs- 3 freibeträge bezeichnet würden. Im Übrigen tritt bei den Kinderfreibeträgen noch eine weitere Abstufung hinzu. Und zwar wird der Freibetrag in seiner Höhe nach dem Alter des Kindes zum Zeitpunkt des Erwerbs gestaffelt. Diese Staffelung fehlt bei Erwerben des überlebenden Ehegatten, obwohl der Wert des Erwerbs von Versorgungsbezügen mit höherem Alter sinkt, so dass der gleichbleibende Freibetrag bei Erwerbern verschiedener Altersstufen unterschiedliche Auswirkungen hat (kritisch daher *Troll/Jülicher* § 17 Rz 10).

II. Der Ehegattenfreibetrag (Abs 1)

1. Erwerb aus Anlass des Todes

4 Der Freibetrag wird in § 17 I 1 dem überlebenden Ehegatten oder Lebenspartner gewährt. In dem Hinweis auf das Überleben kommt zum Ausdruck, dass § 17 I an Erwerbe aus Anlass des Todes des erstversterbenden Partners denkt. Dies folgt ferner aus dem Zweck des § 17 I, die stliche Position des hinterbliebenen Partners zu verbessern, und lässt sich nicht zuletzt aus der Verknüpfung des Freibetrages mit der Anrechnung stfreier Versorgungsbezüge ableiten, die dem Ehegatten oder Lebenspartner, wie es ausdrücklich heißt, aus Anlass des Todes des Erblassers zustehen (Abs 1 S 2). Auf Erwerbe, die noch zu Lebzeiten der Ehegatten oder Lebenspartner zur Ausführung gelangen, wird § 17 I daher zu Recht nicht angewandt. Andererseits ist der Freibetrag nach § 17 I für Schenkungen auf den Todesfall, die § 3 I Nr 2 selbst zu den Erwerben von Todes wegen zählt, zu gewähren. Zweifelhaft ist, wie bei Schenkungen verfahren werden soll, die zwar nach der Systematik des § 7 zu den Schenkungen unter Lebenden gehören, aber doch erst nach dem Tod des erstversterbenden Ehegatten oder Lebenspartners vollzogen werden. Nach Auffassung des BFH (BStBl II 83, 19) ist § 17 I auf solche Schenkungen nicht anwendbar. Demgegenüber hat sich das FG Nürnberg (EFG 90, 65) für die Anwendbarkeit des § 17 I ausgesprochen, wenn eine Leibrente dem überlebenden Ehegatten so zugewandt ist, dass sie eine Schenkung auf den Todesfall darstellen würde, wenn sie nicht als Abfindung für einen Pflichtteilsverzicht (§ 7 I Nr 5) ausgestaltet wäre. Entgegen dem Eindruck, den die Entscheidung vermittelt, kommt es allerdings in diesem Zusammenhang auf den Versorgungszweck der Leibrente nicht an. Denn der Freibetrag des § 17 I soll nicht Versorgungsrenten begünstigen, sondern wird unabhängig von jedem Versorgungszweck des stpfl Erwerbs gewährt (Anm 1).

2. Erwerb des Ehegatten/Lebensparters

5 Der Freibetrag des § 17 I steht nur dem Ehegatten oder dem Lebenspartner des Verstorbenen zu. Entscheidend ist, dass der überlebende Ehegatte im Augenblick des Todes schon oder noch mit dem Verstorbenen verheiratet war. Ob ein gesetzliches (§ 1933 BGB) oder testamentarisches (§ 2077 I BGB) Erbrecht des überlebenden Ehegatten zur Zeit des Todes noch bestand, ist gleichgültig, wenn es nur überhaupt zu einem Erwerb des überlebenden Ehegatten aus Anlass des Todes seines Partners gekommen ist. Der nichteheliche Partner des Verstorbenen kann sich, folgt man der Rspr, auf § 17 I nicht berufen. Zwar hatte sich das FG Hbg (EFG 82, 253) dafür ausgesprochen, im Rahmen des § 17 I auch den langjährigen nichtehelichen Partner des Erblassers zu begünstigen. Es hat damit jedoch keine Gefolgschaft gefunden (Hess FG EFG 83, 125; BFH BStBl II 83, 114; BVerfG BStBl II 84, 172; II 90, 103; II 90, 764). Sobald sich allerdings in der gesetzlichen Rentenversicherung oder in der Beamtenversorgung Tendenzen durchsetzen sollten, dem nichtehelichen Partner stfreie Versorgungsbezüge zu gewähren, werden diese Entscheidungen im Interesse der Gleichbehandlung von nichtehelichen Partnern mit oder ohne stfreie Bezüge zu überdenken

sein. Unabhängig von den tatsächlichen Lebensverhältnissen ist es verfassungsrechtlich nicht geboten, Erwerber der StKl II (bspw Geschwister) wie Ehegatten/Lebenspartner zu behandeln (BFH BStBl II 13, 633).

3. Anrechnung nichtsteuerbarer Versorgungsbezüge

Nach Abs 1 S 2 wird der Freibetrag um nicht der ErbSt unterliegende Versorgungsbezüge gekürzt, die dem überlebenden Ehegatten aus Anlass des Todes des Erblassers zustehen. Gemeint sind in erster Linie Versorgungsbezüge, die als Rentenleistungen gewährt werden. Denn die Kürzung soll in Höhe des Kapitalwerts der Versorgungsbezüge nach § 14 BewG erfolgen. Der Kapitalwert nach § 14 BewG ist aber nur für lebenslängliche Nutzungen und Leistungen gedacht (FG Rh-Pf EFG 95, 128). Der BFH (BStBl II 97, 623) will jedoch trotz des Wortlauts der Vorschrift eine Begrenzung nur auf Versorgungsleistungen in Rentenform nicht akzeptieren und schließt sich der Auffassung der FinVerw (jetzt: R E 17 II ErbStR) an, nach der nichtsteuerbare Versorgungsleistungen aller Art zu berücksichtigen sind, unabhängig davon, ob diese in lebenslänglichen Leistungen, in Leistungen auf eine bestimmte Zeit oder in einem einzigen Betrag bestehen. Auch auflösend bedingt bis zur Wiederheirat zugewandte Versorgungsleistungen sind zu berücksichtigen (*Troll/Jülicher* § 17 Rz 21). Nicht der ErbSt unterliegen Versorgungsbezüge in dem von § 17 I gemeinten Sinn, wenn sie nicht durch einen stpfl Vorgang iSd § 1 I, insb nicht auf Grund eines vom Erblasser geschlossenen Vertrages nach § 3 I Nr 4, erworben werden, dennoch aber in ihrer grundsätzlichen Struktur stpfl Versorgungsrenten vergleichbar sind. Vergleichbar sind insb die Hinterbliebenenbezüge der Beamten, Richter und Abgeordneten, der in der gesetzlichen Renten- und Knappschaftsversicherung versicherten Angestellten und Arbeiter (einschließlich der Fälle der freiwilligen Weiter- und Höherversicherung) und der Freiberufler aus einer berufsständischen Pflichtversicherung sowie auch Hinterbliebenenbezüge aus einer betrieblichen Altersversorgung (BFH BStBl II 14, 323, wenn der Bezugsberechtigte Voraussetzungen für den Bezug einer Rente aus der gesetzlichen Rentenversicherung des verstorbenen Arbeitnehmers erfüllt). Diese Bezüge sind daher anzurechnen. Nicht anzurechnen sind dagegen durch besonderes Entgelt erworbene Versorgungsbezüge oder Versorgungsbezüge, für die der überlebende Ehegatte selbst die Versicherungsprämien aufgebracht hat. Denn sie würden auch als vertraglich gewährte Bezüge nicht unter § 3 I Nr 4 fallen (§ 3 Anm 84 ff). Nicht anzurechnen sind ferner solche Bezüge, die an sich unter § 3 I Nr 4 fallen, aber durch eine Befreiungsvorschrift ganz oder teilweise von der St freigestellt werden. Sonst würde die Wirkung der Befreiung durch die Anrechnung nach § 17 wieder rückgängig gemacht. Dagegen soll die auf einem Arbeitsverhältnis beruhende Hinterbliebenenrente des Arbeitnehmer-Ehegatten nach der Entscheidung BFH BStBl II 82, 27 (BStBl II 81, 715) den Freibetrag kürzen, obwohl sich der BFH in dieser Entscheidung nicht wirklich festlegt, ob die Arbeitnehmerwitwenrenten nicht stbar sind oder – in Fortführung der Rspr zum ErbStG 1959 (BStBl II 75, 539) – durch eine (derzeit ungeschriebene) Freibetragsregelung freigestellt werden. Für die Kürzung des Freibetrages durch Hinterbliebenenbezüge auf Grund eines zwischen dem Erblasser und seinem Arbeitgeber geschlossenen Einzelvertrages spricht sich auch die FinVerw aus (R E 17 I ErbStR). 6

4. Ermittlung des Kapitalwerts

Der Kapitalwert der lebenslänglichen Bezüge des überlebenden Ehegatten ist nach § 14 BewG zu ermitteln. Nach der Auffassung der FinVerw (R E 17 III ErbStR) ist der Kapitalwert auf der Grundlage der **jährlichen Bruttobezüge** zu ermitteln, die dem überlebenden Ehegatten unmittelbar nach dem Tode des Erblassers gezahlt werden. Die darauf entfallende LSt und ESt wird nicht zum Abzug zugelassen. Spätere 7

Änderungen in der Höhe der Bezüge sind danach nur zu berücksichtigen, wenn sie schon zZ des Todes des Erblassers mit Sicherheit vorauszusehen waren. Die FinVerw (aaO) geht weiterhin davon aus, dass zu den jährlichen Bruttobezügen auch **zusätzliche Leistungen** gehören (zB 13. Monatsgehalt) sowie auch Einmalbeträge (zB Sterbegelder, soweit sie nicht Erstattung für Beerdigungskosten sind), Kapitalabfindungen sowie Leistungen nach dem SGB VI wie Abfindungen bei Wiederheirat oder Beitragserstattungen bei nicht erfüllter Wartezeit.

5. Nachweis der Versorgungsbezüge

8 Die Hinterbliebenen haben die Höhe der ihnen zustehenden nicht erbstbaren Versorgungsbezüge auf Verlangen des FA durch Vorlage der Unterlagen über die Festsetzung bzw Gewährung der Witwen- und Waisenbezüge nachzuweisen (§ 97 I AO). Die Höhe der Witwen- und Waisenbezüge der Hinterbliebenen von Beamten wird durch besonderen Bescheid festgestellt. In einem gemeinsamen Bescheid über die Witwen- und Waisenbezüge werden das Witwengeld und die Waisengelder gesondert ausgewiesen. Entsprechend wird hinsichtlich der Hinterbliebenenbezüge nach den §§ 37 ff SGB VI und nach den §§ 64 ff SGB VI verfahren. Für die anderen nicht erbstbaren Hinterbliebenenbezüge dürften ähnliche Festsetzungs- oder Gewährungsmitteilungen mit Angaben über die Höhe der Bezüge und die Person des Zahlungsempfängers erteilt werden, so dass die Ermittlung der Kürzungsbeträge nach § 17 insoweit grundsätzlich keine Schwierigkeiten bereiten dürfte.

6. Vorzeitiger Wegfall der Versorgungsbezüge; Sonderfälle

9 § 17 sagt nichts darüber aus, wie zu verfahren ist, wenn der überlebende Ehegatte innerhalb der Berichtigungsfrist des § 14 II BewG verstirbt oder seine Versorgungsbezüge aus einem anderen Grund (zB wegen Wiederverheiratung, Wohnsitzverlegung in das Ausland) wegfallen oder ruhen. Obwohl § 17 I nicht ausdrücklich bestimmt, dass auf Antrag eine **Berichtigung** der StFestsetzung nach **§ 14 II BewG** zu erfolgen hat, wenn die Versorgungsbezüge innerhalb des Berichtigungszeitraumes dieser Vorschrift wegfallen, dürfte sich dieses von selbst verstehen; denn der nach § 14 BewG zu ermittelnde Kapitalwert ist der Wert, der seine Herabsetzung bei vorzeitigem Wegfall einschließt. Verstirbt somit der überlebende Ehegatte innerhalb der Berichtigungsfrist des § 14 II BewG, so können die Erben eine Berichtigung der StFestsetzung beantragen, weil in diesem Fall der Versorgungsfreibetrag um einen zu hohen Kapitalwert gekürzt worden ist. Er ist bei der Berichtigungsfestsetzung nur noch um den Betrag zu kürzen, der sich für die Zeit des *tatsächlichen* Bezugs durch den überlebenden Ehegatten ergibt. Die von dem überlebenden Ehegatten zu viel gezahlte St ist den Erben zu erstatten.

10 Entsprechend ist in den **anderen Fällen einer nachträglichen Änderung** des Versorgungsanspruchs zu verfahren, wobei der bisherige Versorgungsanspruch insoweit, als er sich mindert, auflösend bedingt war (§ 5 BewG), während eine Abfindung dem verbleibenden Kapitalwert der Bezüge als aufschiebend bedingt gewesener Einmalbetrag hinzuzusetzen ist (§ 4 BewG). Wiederauflebende Bezüge sind ebenfalls wie aufschiebend bedingte Ansprüche zu behandeln.

III. Der Kinderfreibetrag (Abs 2)

1. Voraussetzungen (Abs 2 S 1)

11 Kinder iSd StKl I Nr 2 sind die Abkömmlinge des Erblassers ersten Grades, also nicht die Enkelkinder, die in StKl I Nr 3 gehören. Ob die Stiefkinder des Erblassers

dazu zählen, ist zweifelhaft. Denn einerseits werden die Stiefkinder ebenfalls in StKl I Nr 2 aufgeführt, und diese Platzierung lässt erkennen, dass es dem StGesetzgeber auf eine Gleichstellung der Stiefkinder mit den natürlichen Kindern ankommt. Andererseits werden die Stiefkinder bei der StKl I Nr 2 gesondert aufgeführt und damit den in § 17 II allein genannten Kindern ausdrücklich gegenübergestellt. Zu den Kindern rechnen auch die durch Adoption angenommenen und die zur Adoption fortgegebenen Kinder. Zwar ist gegenüber den letzteren das Verwandtschaftsverhältnis zum Erblasser erloschen (§ 1755 BGB). Dennoch rechnet § 15 Ia die Kinder weiterhin zur StKl I Nr 2, wenn es um Erwerbe von ihren natürlichen Eltern geht. Die Abstufung nach dem Alter der Kinder ist aus der Sicht des Zeitpunkts der StEntstehung vorzunehmen (§ 9).

2. Anrechnung (Abs 2 S 2)

Angerechnet werden nur Versorgungsbezüge, die dem Kind selbst zustehen, nicht **12** solche, die dem überlebenden Ehegatten zukommen, auch wenn diese mit Rücksicht auf das Vorhandensein des Kindes in der jeweiligen Höhe berechnet sind. Während Abs 1 bei der Kürzung des Ehegattenfreibetrages in erster Linie an lebenslängliche Versorgungsleistungen denkt, wie der Hinweis auf § 14 BewG deutlich macht, sind bei Kindern zeitlich begrenzte Leistungen zur Anrechnung zu bringen. Daher wird hier auf § 13 BewG Bezug genommen.

3. Berechnung des Kapitalwerts (Abs 2 S 3)

Abs 2 S 3 geht davon aus, dass die nichtstbaren Versorgungsbezüge, die auf den **13** Freibetrag anzurechnen sind, dem Kind einerseits nicht auf Lebenszeit zustehen, sondern dass es Höchstzeiten der Ausnutzung dieser Bezüge gibt, so dass die Renten iSd § 13 I BewG auf bestimmte Zeit beschränkt sind. Andererseits ist aber auch nicht schon von vornherein sicher anzusehen, wann die Laufzeit endet, weil zB Ausbildungszeiten zu berücksichtigen sind, deren Dauer noch nicht feststeht. Die bestimmte zeitliche Beschränkung, von der § 13 I BewG spricht, bildet daher bei genauerer Betrachtung nur einen Rahmen, innerhalb dessen unterschiedliche Laufzeiten vorkommen können, so dass im Hinblick auf diese unterschiedlichen Laufzeiten zunächst auch von einer unbestimmten Dauer der Rentenlaufzeit gesprochen werden kann. Solche Renten unbestimmter Dauer sind nach § 13 II BewG mit dem 9,3fachen des Jahreswerts zu bewerten. § 17 II 3 ändert diese Anordnung dahin ab, dass statt der schematischen Berechnung nach § 13 II BewG eine Abschätzung des Rentenwerts nach der am Bewertungsstichtag voraussichtlichen Dauer der Bezüge stattzufinden hat.

IV. Beschränkte Steuerpflicht (Abs 3)

§ 17 gewährte in seiner Fassung bis zum 24.6.2017 den Versorgungsfreibetrag nur **14** im Fall der unbeschränkten StPfl. Darin hat die EU-Kommission eine ungerechtfertigte Einschränkung der Kapitalverkehrsfreiheit (Art 63 und 65 AEUV) gesehen und Deutschland aufgefordert, seine Vorschriften über besondere Versorgungsfreibeträge mit dem EU-Recht in Einklang zu bringen (**Vertragsverletzungsverfahren** Nr 2012/2158; hierzu *Esskandari/Bick,* NWB 404).

Um die Europarechtskonformität herzustellen, wurden mit dem **StUmgBG** (BGBl I **15** 17, 1682) die einschränkenden Verweise auf § 16 I Nr 1 (Abs 1) und § 16 I Nr 2 (Abs 2) gestrichen. Danach erhalten Ehegatten, Lebenspartner und Kinder auch in Fällen der beschränkten StPfl den Versorgungsfreibetrag, wenn die zusätzlichen Voraussetzungen des neu eingefügten Abs 3 erfüllt sind. Durch den Ansässigkeitsstaat des Erblassers oder des Erwerbers muss **Amtshilfe** geleistet werden. Damit soll sichergestellt werden, dass die FinVerw im Bedarfsfall Auskünfte von ausländischen Behörden hinsichtlich der vom Erwerber dort bezogenen, nicht der ErbSt unterliegenden Versorgungsbezüge erhalten kann. Der Erwerber bleibt aber nach § 90 II AO vorrangig abgabe- und beibringungspflichtig (BRDrs 816/16, 36; OFD Frankfurt DStR 17, 1879, 1880).

V. Verfassungsfragen

16 § 17 gehört zu den Bestimmungen, deren Vereinbarkeit mit der Verfassung ernsthaft angezweifelt wird. Bedenken gegen § 17 werden aus der Sicht des Gleichbehandlungsgrundsatzes nach **Art 3 I GG** vorgebracht. § 17 steht dabei unter zwei Zielrichtungen auf dem Prüfstand. Zum einen wird die Gleichbehandlung der Bezieher steuerbarer und nichtsteuerbarer Versorgungsrenten in Frage gestellt, zum zweiten wird die Ungleichbehandlung von Ehegatten und nichtehelichen Partnern gerügt. Angriffe wegen der Ungleichbehandlung von Ehegatten und nichtehelichen Partnern hat das BVerfG schon mehrfach zurückgewiesen (Anm 5). Zur Frage der unterschiedlichen Behandlung von steuerbaren und nichtsteuerbaren Versorgungsbezügen im Zusammenspiel von § 3 I Nr 4 und § 17 hat das BVerfG dagegen noch nicht Stellung genommen.

17 Im Hinblick auf den Ehegattenfreibetrag (Abs 1) hat der BFH (BStBl II 83, 19) die Verfassungsmäßigkeit bejaht. Die Bedenken wegen der Bevorzugung der Beamten-, Angestellten- und Arbeiterwitwen, die nichtsteuerbare und wegen der Begrenzung des Versorgungsfreibetrages auf 256.000 EUR häufig nur zu einem Teilbetrag anrechnungspflichtige Versorgungsbezüge beziehen, gegenüber den Witwen von Freiberuflern und Unternehmern, die ihre Hinterbliebenenbezüge voll versteuern müssen, hat das Gericht nach den damaligen Verhältnissen noch nicht als durchschlagend angesehen. Zu Abs 2 hat der BFH dagegen frühzeitig (BStBl II 79, 244) Zweifel daran geäußert, „ob es im Rahmen des § 17 ErbStG dem Gesetzgeber gelungen ist, die unterschiedliche erbschaftsteuerliche Behandlung der auf Gesetz beruhenden Waisengelder einerseits und der auf einem privatrechtlichen Anstellungsvertrag beruhenden Waisengelder andererseits im Grundsatz zu beseitigen und gleichzeitig auch denjenigen Hinterbliebenen einen angemessenen Ausgleich zu gewähren, denen aus Anlass des Todes des Erblassers keine oder nur geringe Versorgungsbezüge zustehen". Diese Frage ist bis heute noch nicht ausreichend geklärt.

§ 18 Mitgliederbeiträge

[1]Beiträge an Personenvereinigungen, die nicht lediglich die Förderung ihrer Mitglieder zum Zweck haben, sind steuerfrei, soweit die von einem Mitglied im Kalenderjahr der Vereinigung geleisteten Beiträge 300 Euro nicht übersteigen. [2]§ 13 Abs. 1 Nr. 16 und 18 bleibt unberührt.

1. Allgemeines

1 § 18 befreit Beiträge an solche Personenvereinigungen, die nicht unter die Befreiungsvorschrift des § 13 I Nrn 16 und 18 fallen, bis zum Jahresbeitrag von 300 EUR je Mitglied. Vorausgesetzt wird dabei, dass sich die Beitragsleistung überhaupt als ein stpfl Vorgang darstellt. Der RFH (RStBl 23, 400) hatte entschieden, dass Beiträge an Vereine, die ausschließlich ihre Mitglieder fördern, mit denen sich die Mitglieder daher im Ergebnis selbst begünstigen, nicht den Charakter von freigebigen Zuwendungen haben und daher nicht stpfl sind. Der Gesetzgeber hat daraus offenbar den Schluss gezogen, dass Beiträge an andere Vereine als stpfl Zuwendungen

einzuordnen sind. § 18 ist jedoch erkennbar nicht als StTatbestand, sondern als Befreiungstatbestand gefasst. Aus § 18 kann daher die StPfl nicht folgen, wenn sie sich nicht schon aus den § 1 I Nr 2 iVm § 7 ergibt (aM offenbar BFH BStBl II 07, 472, 478). Und das ist regelmäßig nicht der Fall. Denn Mitgliedsbeiträge werden in aller Regel nicht freigebig erbracht. Sie sind vielmehr Gegenleistungen für die von der Vereinigung zugewandten Vorteile (vgl *Kirchhof,* Bundessteuergesetzbuch, 2011, 750). Selbst die von einem privaten Berufsverband erhobenen Beiträge, die zur Förderung politischer Parteien bestimmt sind, erfüllen nach Auffassung des FG Köln (EFG 00, 1260) nicht die Merkmale einer freigebigen Zuwendung und bedürfen daher einer Freistellung nicht. Nur dort, wo bei näherem Betrachten die Einkleidung einer Schenkung in das Gewand eines Beitrages vorliegt (vgl § 7 IV), ist die StPfl dem Grunde nach zu bejahen, so dass nur in diesen Fällen § 18 Bedeutung gewinnt.

2. Verein iSd § 18

Als Verein iSd § 18 sollen sowohl die rechtsfähigen wie die nichtrechtsfähigen Vereine gelten (*Michel,* 8. Aufl dieses Kommentars, Anm 2). Bei nichtrechtsfähigen Vereinen gehört das Vereinsvermögen jedoch den Mitgliedern selbst. Leisten daher alle Mitglieder denselben Beitrag in das Vereinsvermögen, stellt sich der Beitrag für jedes Mitglied nur als eine Vermögensumschichtung dar, die den Anforderungen an eine freigebige Zuwendung nicht genügt. 2

§ 19 Steuersätze

(1) **Die Erbschaftsteuer wird nach folgenden Prozentsätzen erhoben:**

Wert des steuerpflichtigen Erwerbs (§ 10) bis einschließlich ... Euro	**Prozentsatz in der Steuerklasse**		
	I	**II**	**III**
75 000	**7**	**15**	**30**
300 000	**11**	**20**	**30**
600 000	**15**	**25**	**30**
6 000 000	**19**	**30**	**30**
13 000 000	**23**	**35**	**50**
26 000 000	**27**	**40**	**50**
über 26 000 000	**30**	**43**	**50**

(2) **Ist im Fall des § 2 Absatz 1 Nummer 1 ein Teil des Vermögens der inländischen Besteuerung auf Grund eines Abkommens zur Vermeidung der Doppelbesteuerung entzogen, ist die Steuer nach dem Steuersatz zu erheben, der für den ganzen Erwerb gelten würde.**

(3) **Der Unterschied zwischen der Steuer, die sich bei Anwendung des Absatzes 1 ergibt, und der Steuer, die sich berechnen würde, wenn der Erwerb die letztvorhergehende Wertgrenze nicht überstiegen hätte, wird nur insoweit erhoben, als er**
a) bei einem Steuersatz bis zu 30 Prozent aus der Hälfte,
b) bei einem Steuersatz über 30 Prozent aus drei Vierteln,
des die Wertgrenze übersteigenden Betrags gedeckt werden kann.

Erbschaftsteuer-Richtlinien 2011: H E 19

Übersicht

Schrifttum: *Felix,* Steuersätze der ErbSt und Gleichheitsgebot, DStR 96, 899; *Felix,* Neues Erbschaft-(Kompromiss-)Steuerrecht und aktuelle ErbSt-Planung, KÖSDI 97, 10 961, 10 963; *Carstens,* ErbStTarif 1996 mit kuriosen Überraschungen, Stbg 97, 57; *Meine,* Ist die Rückwirkung des ErbStTarifs ... verfassungswidrig?, ZEV 99, 210; *Kirschstein,* Anwendung der Härteregelung (§ 19 Abs. 3 ErbStG) im Rahmen der Vor- und Nacherbschaft, ZEV 01, 347.

I. Der Steuertarif (Abs 1)

1. Die drei Tarife

1 § 19 I fasst die dort geregelten StSätze zu mehreren StTarifen (= geordneten Folgen von StSätzen) zusammen. Alle drei Tarife beziehen sich ohne Unterschied auf Erwerbe von Todes wegen und durch Schenkung unter Lebenden und lassen die StSätze für den gesamten Erwerb einheitlich wirksam werden. § 19 kennt keine unterschiedlichen StSätze für unterschiedliche Teile des Erwerbs. Eine Sonderregelung bietet insoweit nur § 19a mit herabgestuften StSätzen für den Erwerb von Betriebsvermögen. Alle drei Tarife gelten unterschiedslos für Fälle der unbeschränkten und der beschränkten StPfl. Weil die begünstigten Tarife an persönliche Merkmale der Erwerber anknüpfen und damit die Gleichmäßigkeit der Besteuerung aller Erwerber in Frage stellen, bedürfen sie besonderer Begründung. Bemerkenswert ist dabei insbesondere, dass das Gesetz nur das Angehörigkeitsverhältnis der Erwerber zum Geber berücksichtigt, der wirtschaftlichen Situation der Erwerber dagegen keinen Einfluss auf die Ausgestaltung des Tarifs beimisst. Das ErbStRG 2009 hatte zum 1.1.2009 die Tarife II und III – nach dem BFH verfassungsrechtlich hinnehmbar (ZEV 12, 599; BFH/NV 15, 693) – vereinheitlicht. Diese Entscheidung hat das WachstumsbeschleunigungsG (BGBl I 09, 3950) zum 1.1.2010 wieder zurückgenommen, wenn auch in dem wichtigen Erwerbskorridor von 600.000 bis zu 6.000.000 EUR die Vereinheitlichung aufrecht erhalten geblieben ist.

2. Der Normaltarif

2 Der Normaltarif, der für alle Erwerber gilt, die nicht in einem besonderen Angehörigkeitsverhältnis zum Erblasser/Schenker stehen, ist der **Tarif III.** Der Tarif knüpft – wie das auch für die beiden anderen Tarife gilt – an den stpfl Erwerb als Bemessungsgrundlage an, also an den Nettobetrag, der nach Abzug der StBefreiungen von dem Erwerb des Stpfl übrig bleibt (§ 10 I). Die in dem Tarif zusammengefassten StSätze geben jeweils den Bruchteil der Bemessungsgrundlage an, der als „tarifliche ErbSt“ (§ 19a I)

die Ausgangsgröße für die Entwicklung der „festzusetzenden St" (vgl § 20 Anm 1) bildet. Der Tarif III war lange Zeit als Progressionstarif ausgestaltet mit nach der Höhe des Erwerbs ansteigenden StSätzen, die in Abständen von jeweils sechs Punkten bis zur vorletzten StStufe ansteigen und dann mit einem Abstand von drei Punkten die letzte StStufe erreichen. Die StSätze reichten von 17 bis 50%. Erwerbe mit einem Umfang von über 25,565 Mio EUR wurden unabhängig von ihrer Höhe gleichmäßig mit 50% belastet. Das ErbStRG 2009 hat die bisher sieben StStufen auf **zwei StStufen** zurückgeführt und lässt nun nur noch StSätze von **30%** (bis zu einer Wertgrenze von 6 Mio EUR) und **50%** (ab einer Wertgrenze von 6 Mio EUR) zu. Bei Einführung dieses neuen Tarifverlaufs ist die StBelastung durchweg angehoben worden. Doch sah § 19 in dem Wertkorridor von 512.000 EUR bis zu 5.113.000 EUR bisher einen StSatz von 35% und in dem Bereich zwischen 5.113.000 bis 6.000.000 EUR einen StSatz von 41% vor. Für beide Bereiche gilt nun der StSatz von 30%, so dass es an dieser Stelle zu einer Herabsetzung der Belastung gekommen ist.

3. Der Tarif für Steuerklasse II

Neben dem Normaltarif nach StKl III kennt § 19 I noch zwei weitere Tarife, die für die Personen der StKl I und II gelten. Der Tarif für die StKl II unterschied sich nach der Neuregelung durch das ErbStRG 2009 nicht mehr von dem Normaltarif nach StKl III. Auch im Tarif II wurden nur noch zwei StSätze von 30 und 50% anerkannt. Diese Gleichförmigkeit ist zu Recht auf Kritik gestoßen und durch das WachstumsbeschleunigungsG (BGBl I 09, 3950) mit Wirkung ab 2010 teilweise zurückgenommen worden (oben Anm 1). Dabei wurde der **EingangsStSatz** (Erwerbsbereich bis 75.000 Euro) von 30 auf **15%** abgesenkt. Auch in dem Erwerbsbereich zwischen 75.000 und 300.000 EUR ist der Tarif II mit 20 statt 30% noch deutlich günstiger als der Tarif III gehalten. In der nächsten Wertstufe zwischen 300.000 und 600.000 EUR sind es dagegen nur noch 5 Punkte (25 statt 30%), die den Tarif II von dem Tarif III unterscheiden. Und in der wichtigen vierten Wertstufe (zwischen 600.000 und 6.000.000 EUR) ist gar kein Unterschied zwischen den beiden Tarifen erhalten (30 zu 30%). Das ist schwer verständlich, wenn man bedenkt, dass es bei den Erwerbern einerseits um nahe Angehörige und andererseits um Außenstehende geht. Erst anschließend kommt es wieder zu einer Differenzierung, weil der StSatz im Tarif III für Erwerbe über 6.000.000 EUR unmittelbar von 30 auf 50% steigt, während sich der Tarif II mit wesentlich geringerer Steigung über 35% (Erwerbe zwischen 6.000.000 und 13.000.000 EUR) und 40% (Erwerbe zwischen 13.000.000 und 26.000.0000 EUR) nur bis zu 43% (Erwerbe über 26.000.000 EUR) bewegt. Der Tarif II basiert auf einer Fünferreihe (15–20–25–30–35–40) und fügt nur in der letzten Wertstufe eine Steigerung von 3% (40–43) hinzu. In **sieben StStufen** steigt der StSatz auf den **Höchstsatz von 43%.** 3

4. Der Tarif für Steuerklasse I

Während § 16 innerhalb der Personengruppe der StKl I differenziert und für den Ehepartner/Lebenspartner, die Kinder, die Enkel nach noch lebenden Kindern und für die Eltern bei Erwerben von Todes wegen unterschiedliche Freibeträge vorsieht, sind die StSätze für alle Personen der StKl I gleich. Der Tarif sieht genau wie der Tarif II **sieben StStufen** vor, die im Vergleich zu dem bis 2009 geltenden Recht geglättet und leicht angehoben sind und von **7 bis 30%** reichen. Während der Tarif II auf einer Fünferreihe basiert, wechselt der Tarif I von StStufe zu StStufe um vier Punkte (7–11–15–19–23–27) Nur in der letzten Stufe werden – wie in dem Tarif II – drei Punkte angeschlossen (27–30). Die Abstufungen zum Tarif II sind deutlich und aus der Sicht der nächsten Angehörigen begrüßenswert. Wenig überzeugend bleibt allerdings auch hier die Unterscheidung, die das Gesetz zwischen Erwerben der Eltern 4 von Todes wegen (StKl I) und unter Lebenden (StKl II) macht (§ 15 Anm 12). Erwirbt eine Mutter beim Unfalltod ihres Sohnes 150.000 EUR, muss sie für diesen Erwerb (unter Berücksichtigung des Freibetrages nach § 16 I Nr 4) 3500 EUR zahlen. Übergibt der Sohn ihr auf dem Totenbett denselben Betrag als Abfindung für einen Pflichtteilsverzicht, dann beträgt ihre StLast (150.000 – 20.000 = 130.000 × 0,2 =) 26.000 EUR, also mehr als das Siebenfache. Es fällt nicht leicht, einen Grund für diese unterschiedliche Besteuerung zu erkennen!

5. Stufentarif

5 Die Tarife des Abs 1 sind Stufentarife. Sie geben jeweils einen **einheitlichen StSatz für den gesamten Erwerb** an. Der stpfl Erwerb unterliegt dabei stets in vollem Umfang der Besteuerung mit dem StSatz, der für die Wertstufe gilt, in die er auf Grund seiner Höhe fällt. Ein stpfl Erwerb von 0,5 Mio EUR wird daher nicht in drei Teile aufgeteilt, in einen Erwerb bis 75.000 EUR, der mit 7% besteuert wird, in einen zweiten Teil von 225.000 EUR, der einer Besteuerung von 11% unterliegt, und in einen dritten Teil, der die letzten 200.000 EUR abdeckt und einen StSatz von 15% zur Anwendung bringt. Vielmehr wird der ganze Erwerb von 0,5 Mio EUR mit einem StSatz von 15% erfasst.

6. Tarif und Bemessungsgrundlage

6 In einem Stufentarif hat die Bemessungsgrundlage der St (§ 10 I 1) zwei Funktionen. Sie bezeichnet zum einen den Betrag, auf den der StSatz zur Anwendung kommt. Zum zweiten charakterisiert sie die StStufe, die wiederum den maßgeblichen StSatz bestimmt. Änderungen der Bemessungsgrundlage wirken sich regelmäßig auf beide Funktionen aus. Doch gibt es auch Änderungen der Bemessungsgrundlage, die nur den Ausgangsbetrag für die Anwendung des StSatzes kürzen, die StStufe aber unverändert lassen. Das sind die Fälle des Progressionsvorbehalts, wie er in § 6 II 5 (§ 6 Anm 21) und in § 19 II (Anm 7, 8) angesprochen wird.

II. Progressionsvorbehalt (Abs 2)

1. DBA mit Freistellungsmethode

7 Doppelbesteuerungsabkommen (DBA; Näheres dazu § 2 Anm 31 ff) versuchen, die Doppelbelastung des Stpfl, dessen Erwerb im Heimatstaat und im davon unterschiedenen Belegenheitsstaat aus Anlass desselben StFalls zweimal erfasst wird, durch Freistellung oder durch StAnrechnung aufzuheben. § 19 II denkt an DBA, die der Freistellungsmethode folgen und mit ihrer Hilfe einen Teil des der unbeschränkten inländischen Besteuerung unterliegenden Vermögens der inländischen Besteuerung entziehen. Derzeit sieht nur das DBA mit der Schweiz teilweise eine Freistellung mit Anwendung eines innerstaatlichen Progressionsvorbehalts (Art 10 Ia) vor (§ 2 Anm 46). Diese Freistellung soll die freigestellten Vermögensgegenstände von der auf sie entfallenden deutschen St entlasten, soll jedoch nicht zugleich die anderen, nicht freigestellten Teile des Erwerbs dadurch begünstigen, dass der Gesamterwerb wegen der partiellen Freistellung in eine günstigere StStufe gelangt. Der stpfl Resterwerb (ohne das freigestellte Vermögen) ist daher nach § 19 II nach dem StSatz zu besteuern, der für den ganzen Erwerb (einschließlich des freigestellten Vermögens) gelten würde.

2. Einzelfragen

Für die Anwendung des § 19 II ist es ohne Bedeutung, ob sich die unbeschränkte StPfl, die § 19 II voraussetzt, aus der Inländereigenschaft des Erblassers/Schenkers oder aus der des Erwerbers ergibt. Der Progressionsvorbehalt würde dann nicht greifen, wenn ein DBA ihn ausdrücklich ausschlösse. Das ist jedoch bei keinem der in Kraft befindlichen DBA (§ 2 Anm 31ff) der Fall. Die Anwendung des Progressionsvorbehalts verstößt nicht gegen den Gleichheitssatz des Art 3 I GG (BFH BStBl II 76, 662). Der Progressionsvorbehalt ist ohne Bedeutung, wenn ein DBA das Doppelbesteuerungsproblem ausschließlich durch gegenseitige Anrechnung löst (H E 19 ErbStH). 8

III. Härteausgleich (Abs 3)

1. Grundkonzeption

Beim Übergang von einer zur nächsten StStufe wird der ganze Erwerb von dem höheren StSatz der nächsten Stufe erfasst. Wer zB 75.000 EUR in StKl I erwirbt, wird mit (75.000 × 0,07 =) 5250 EUR belastet. Wer 76.000 EUR erwirbt, müsste auf diesen Erwerb (76.000 × 0,11 =) 8360 EUR zahlen. Wegen des Mehrerwerbs von 1000 EUR müsste er 3110 EUR an St mehr aufbringen. Das kann nicht richtig sein. § 19 III begrenzt daher die Belastung, die auf den Mehrerwerb nach Überschreiten der letzten StStufe fällt. Zu diesem Zweck wird die St auf den zur Beurteilung stehenden Erwerb (hier: 76.000 EUR) zum einen nach dem Prozentsatz der StStufe berechnet, die Abs 1 vorsieht (hier: 8360 EUR) und zum anderen nach dem Prozentsatz der letztvorhergehenden StStufe (hier: 76.000 × 0,07 = 5320 EUR). Der Unterschiedsbetrag zwischen den beiden StBeträgen beläuft sich auf (8360 – 5320 =) 3040 EUR. Dieser Unterschiedsbetrag wird nach § 19 III Buchst a im vorliegenden Fall nur erhoben, soweit er aus der Hälfte des die Wertgrenze übersteigenden Betrags gedeckt werden kann. Die Wertgrenze von 75.000 EUR wird um 1000 EUR überstiegen. Die Hälfte dieses übersteigenden Betrags ist 500 EUR. Die Rechnung nach § 19 III Buchst a ergibt daher, dass der Erwerb von 76.000 EUR (beim Vergleich der St aus der für ihn passenden StStufe mit der St aus der vorangehenden StStufe) nicht zusätzliche 3040 EUR, sondern nur zusätzliche 500 EUR an St mehr auslöst, dass der Erwerber für den Erwerb von 76.000 EUR nicht 8360 EUR, sondern nur (5320 + 500 =) 5820 EUR aufbringen muss. Immerhin: die zusätzlichen 1000 EUR Erwerb werden mit zusätzlichen 600 EUR, also mit 60% St belastet. Bei Erwerben von über 6 Mio EUR in der StKl III beträgt die Begrenzung nur 25%, so dass hier eine Belastung des Mehrerwerbs mit über 75% eintreten kann. 9

2. Grenzwerte

Der Härteausgleich wirkt nur, wenn der Erwerb in der Nähe des Betrages liegt, der zum Wechsel der StStufe führt. Ein entfernterer Betrag wird nicht mehr begünstigt. Umfasst der Erwerb in der StKl I zB nicht 76.000 EUR sondern 82.000 EUR, geht der Härteausgleich ins Leere. Denn in diesem Fall würde der Unterschiedsbetrag zwischen der St, die nach § 19 I zu zahlen ist (82.000 × 0,11 = 9020 EUR) und der St, die sich nach der StStufe 1 ergeben würde (82.000 × 0,07 = 5740 EUR) insgesamt 3280 EUR betragen. Dieser Unterschiedsbetrag darf dann insoweit erhoben werden, als er aus der Hälfte des die Wertgrenze von Stufe 1 zu Stufe 2 übersteigenden Betrags gedeckt werden kann. 82.000 EUR übersteigt die Wertgrenze von 75.000 EUR um 7000 EUR. Die Hälfte des übersteigenden Betrags sind 3500 EUR. Aus dem Betrag von 3500 EUR kann die zusätzliche St von 3280 EUR ohne Weiteres gedeckt wer- 10 den. Der Härteausgleich kommt daher in Fällen wie dem hier genannten nicht mehr zum Zuge. H E 19 ErbStH enthält eine Tabelle der maßgebenden Grenzwerte.

§ 19a Tarifbegrenzung beim Erwerb von Betriebsvermögen, von Betrieben der Land- und Forstwirtschaft und von Anteilen an Kapitalgesellschaften

(1) **Sind in dem steuerpflichtigen Erwerb einer natürlichen Person der Steuerklasse II oder III Betriebsvermögen, land- und forstwirtschaftliches Vermögen oder Anteile an Kapitalgesellschaften im Sinne des Absatzes 2 enthalten, ist von der tariflichen Erbschaftsteuer ein Entlastungsbetrag nach Absatz 4 abzuziehen.**

(2) **[1]Der Entlastungsbetrag gilt für den nicht unter § 13a Absatz 1 oder § 13c fallenden Teil des Vermögens im Sinne des § 13b Absatz 2. [2]Ein Erwerber kann den Entlastungsbetrag nicht in Anspruch nehmen, soweit er Vermögen im Sinne des Satzes 1 auf Grund einer letztwilligen Verfügung des Erblassers oder einer rechtsgeschäftlichen Verfügung des Erblassers oder Schenkers auf einen Dritten übertragen muss. [3]Gleiches gilt, wenn ein Erbe im Rahmen der Teilung des Nachlasses Vermögen im Sinne des Satzes 1 auf einen Miterben überträgt.**

(3) **Der auf das Vermögen im Sinne des Absatzes 2 entfallende Anteil an der tariflichen Erbschaftsteuer bemisst sich nach dem Verhältnis des Werts dieses Vermögens nach Anwendung des § 13a oder § 13c und nach Abzug der mit diesem Vermögen in wirtschaftlichem Zusammenhang stehenden abzugsfähigen Schulden und Lasten (§ 10 Absatz 5 und 6) zum Wert des gesamten Vermögensanfalls im Sinne des § 10 Absatz 1 Satz 1 und 2 nach Abzug der mit diesem Vermögen in wirtschaftlichem Zusammenhang stehenden abzugsfähigen Schulden und Lasten (§ 10 Absatz 5 und 6).**

(4) **[1]Zur Ermittlung des Entlastungsbetrags ist für den steuerpflichtigen Erwerb zunächst die Steuer nach der tatsächlichen Steuerklasse des Erwerbers zu berechnen und nach Maßgabe des Absatzes 3 aufzuteilen. [2]Für den steuerpflichtigen Erwerb ist dann die Steuer nach Steuerklasse I zu berechnen und nach Maßgabe des Absatzes 3 aufzuteilen. [3]Der Entlastungsbetrag ergibt sich als Unterschiedsbetrag zwischen der auf Vermögen im Sinne des Absatzes 2 entfallenden Steuer nach den Sätzen 1 und 2.**

(5) **[1]Der Entlastungsbetrag fällt mit Wirkung für die Vergangenheit weg, soweit der Erwerber innerhalb von fünf Jahren gegen die Behaltensregelungen des § 13a verstößt. [2]In den Fällen des § 13a Absatz 10 tritt an die Stelle der Frist nach Satz 1 eine Frist von sieben Jahren. [3]Die Festsetzungsfrist für die Steuer endet nicht vor dem Ablauf des vierten Jahres, nachdem die Finanzbehörde von dem Verstoß gegen die Behaltensregelungen Kenntnis erlangt. [4]§ 13a Absatz 7 Satz 4 bis 6 gilt entsprechend.**

Erbschaftsteuer-Richtlinien 2011: R E 19a.1–19a.3/H E 19a.2, 19a.3

Übersicht

I. Die Wirkungsweise der Tarifbegrenzung (Abs 1)

1. Grundlagen

1 Die in § 19a geregelte „Tarifbegrenzung" stellt eine **Belastungsbegrenzung** dar, mit deren Hilfe die Belastung eines Erwerbs in **StKl II oder III** für einen begünstigten Vermögensteil durch Einsatz eines Entlastungsbetrages (Abs 4) unter die aus § 19 folgende tarifliche St herabgedrückt werden kann. Die Einführung der Tarifbegrenzung durch das JStG 1997 geht auf Ausführungen des BVerfG zurück, das in seinem Beschluss zur ErbSt v 22.6.1995 (BStBl II 95, 671, 674) bemerkt hatte, die Leistungsfähigkeit des Erwerbers von Betriebsvermögen werde durch seinen Erwerb nicht in demselben Umfang wie bei einem Erwerber von Nichtbetriebsvermögen verstärkt. Der Gleichheitssatz des Art 3 I GG erfordere, „diese verminderte Leistungsfähigkeit bei den Erben zu berücksichtigen, die einen solchen Betrieb weiterführen, also den Betrieb weder veräußern noch aufgeben, ihn vielmehr in seiner Sozialgebundenheit aufrechterhalten, ohne dass Vermögen und Ertragskraft des Betriebes durch den Erbfall vermehrt würden. Die ErbStLast muss hier so bemessen werden, dass die Fortführung des Betriebes steuerlich nicht gefährdet wird. Diese Verpflichtung, eine verminderte finanzielle Leistungsfähigkeit erbschaftsteuerrechtlich zu berücksichtigen, ist unabhängig von der verwandtschaftlichen Nähe zwischen Erblasser und Erben". Damit wird die Abstufung der StBelastung zwischen den Erwerbern verschiedener StKlassen nach der Nähe zwischen Erblasser/Schenker und Erwerbern für den Erwerb von Betriebsvermögen nicht (oder nur in engen Grenzen) gebilligt. Diesem Votum ist der Gesetzgeber mit der Einführung der Tarifbegrenzung des § 19a gefolgt. Das ErbStRG 2009 hat den Vorschrifttext deutlich gestrafft, an die neuen §§ 13a und 13b angepasst und hat den zwischenzeitlich abgesenkten Entlastungsbetrag wieder auf die volle Höhe der ursprünglichen Fassung zurückgebracht. Mit Gesetz v 22.12.2009 (BGBl I 09, 3950) ist die Verhältnisrechnung des Abs 3 verdeutlicht worden. Außerdem wurden die Behaltensfristen in Abs 5 an die geänderten Fristen in § 13a V und VIII angepasst. Mit dem ErbStRG 2016 erfolgten lediglich redaktionelle Anpassungen.

2. Der Regelungsmechanismus

2 Die Tarifbegrenzung hat das Ziel, den Erwerb von begünstigtem Vermögen iSd § 13b II dem StTarif I zu unterwerfen. Dieses Ziel wird unabhängig von § 19a ohne weiteres erreicht, wenn der Erwerber schon nach seinem Angehörigkeitsverhältnis zum Erblasser/Schenker in den Kreis der Erwerber nach StKl I gehört. Kein größerer Aufwand ist auch dann zu treiben, wenn der Erwerber in die StKl II oder III einzustufen ist, sein ganzer Erwerb aber aus entlastungsfähigem Vermögen besteht. Er kann dann für seinen Erwerb ohne weiteres nach StKl I erfasst werden. Regelungsbedürftig ist dagegen der Fall, dass der Erwerber zu den Personen der StKl II oder III gehört und neben begünstigtem Vermögen auch nichtbegünstigtes Vermögen erworben hat. Dann muss sein Erwerb aufgeteilt werden. Für die beiden Erwerbsteile werden verschiedene StTarife zur Anwendung gebracht. Dabei gilt es, den Progressionsvor-

behalt zu wahren. Trotz der Zerlegung des Mischerwerbs in zwei Teile darf die StStufe, die für den Gesamterwerb gilt, nicht unberücksichtigt bleiben. Jeder Erwerbsteil ist daher so zu erfassen, dass er als Teilbetrag eines Gesamterwerbs besteuert wird. Um dieses Ziel zu erreichen, hat das Gesetz den Entlastungsbetrag eingeführt, mit dessen Hilfe der nach dem Angehörigkeitsverhältnis des Erwerbers zum Erblasser/Schenker zunächst stlich höher erfasste begünstigte Erwerb auf die Belastung nach dem Tarif I zurückgeführt werden kann.

3. Voraussetzungen

3 Es muss sich um den Erwerb einer Person der StKl II oder III handeln, weil nur bei diesen Personen ein Anlass zur Heraufstufung des Erwerbs nach dem StTarif I besteht. Nur der Erwerb von natürlichen Personen wird begünstigt (R E 19a.1 I 2 ErbStR), eine gesetzgeberische Entscheidung, die nicht ganz leicht zu begründen ist. Im Erwerb der natürlichen Person ist begünstigtes Vermögen enthalten. Das heißt regelmäßig: Es geht um einen Mischerwerb, der sowohl begünstigtes als auch nichtbegünstigtes Vermögen umfasst. Wird nur begünstigtes Vermögen übertragen, kann die Tarifentlastung einfach dadurch verwirklicht werden, dass der gesamte Erwerb nach StKl I besteuert wird. Im Übrigen ist die tarifliche St zu ermitteln, dh die St, die aus der Anwendung des ohne Berücksichtigung des § 19a ermittelten StSatzes auf die Bemessungsgrundlage entfällt. Von dieser tariflichen St ist dann der Entlastungsbetrag nach Abs 4 abzuziehen.

II. Der begünstigte Erwerb (Abs 2)

1. Sachliche Voraussetzungen (Abs 2 S 1)

4 Es geht um den Erwerb von Betriebsvermögen, luf Vermögen oder von Anteilen an Kapitalgesellschaften, der dem Grunde nach begünstigungsfähig ist (§ 13b I Nr 1–3) und auch zum begünstigten Vermögen iSd § 13b II gehört, für den sich aber trotzdem eine StBelastung ergibt, weil er **nach § 13a I oder § 13c nur teilweise verschont** ist. Nur hierfür soll der Entlastungsbetrag gelten. Versucht man diese Verweisung aufzulösen, so zeigt sich: Unter § 13a I fallen 85% des nach § 13b II begünstigten Vermögens (Regelverschonung). Der Entlastungsbetrag soll also nur für die restlichen 15% in Frage kommen. Denn dies ist der Teil des Vermögens, der nicht unter § 13a I fällt. Im Abschmelzungsmodell (§ 13c) unterliegt nur der Erwerb der Besteuerung, der nach dem abgeschmolzenen Verschonungsabschlag verbleibt. Die Beschränkung des Entlastungsbetrages auf den jeweils verbleibenden Teil leuchtet ein. Denn der Entlastungsbetrag hat das Ziel, die St für das begünstigte Vermögen herabzusetzen. Soweit überhaupt keine St auf das begünstigte Vermögen entfällt, kommt eine StHerabsetzung nicht in Betracht. Die Herabsetzung kann vielmehr nur für den Teilbetrag des Vermögens gelten, der trotz aller Begünstigungsvorschriften noch einer Besteuerung unterliegt. Damit zeigt sich zugleich, dass der Entlastungsbetrag dann, wenn es zu einer 100%igen StFreistellung kommt, keinen Anwendungsbereich hat. Es gibt dann keinen „nicht unter § 13a I fallenden Teil des Vermögens". Unter den Voraussetzungen des Optionsmodells der Begünstigung nach § 13a X kann es folglich keinen Entlastungsbetrag geben, es sei denn, bei einem Großerwerb wird nur ein nach § 13c abgeschmolzener Verschonungsabschlag gewährt. Dennoch hat der Gesetzgeber in Abs 5 S 2 eine Verweisung auf § 13a X aufgenommen. Das lässt sich nicht leicht verständlich machen.

5 Der Entlastungsbetrag gilt nur für **Vermögen iSd § 13b II.** Diese Verweisung beinhaltet die Vorgaben des § 13b I für die Begünstigungsfähigkeit von luf Vermögen, von Betriebsvermögen und von Kapitalgesellschaftsanteilen (§ 13b Anm 2ff). Wenn

der Erwerb von Kapitalgesellschaftsanteilen nur im Fall einer bestimmten Mindestbeteiligung des Erblassers oder Schenkers begünstigungsfähig ist, soll dies auch für den Entlastungsbetrag gelten. Inwieweit das begünstigungsfähige Vermögen tatsächlich begünstigt ist, regelt § 13b II (§ 13b Anm 33ff).

2. Weiterübertragung des Erwerbs (Abs 2 Sätze 2 und 3)

Der Entlastungsbetrag wird dem Erwerber nicht gewährt, der das begünstigte Ver- 6
mögen auf Grund einer letztwilligen Verfügung des Erblasser oder einer rechtsgeschäftlichen Verfügung des Erblassers oder Schenkers weiterübertragen muss (S 2). Diese Bestimmung korrespondiert mit § 13a V (hierzu § 13a Anm 52ff). Sie ist im Grunde inhaltsleer. Denn der Erwerber, der seinen Erwerb auf Grund einer Anordnung des Erblassers oder Schenkers weiterübertragen muss, kann seinen Erwerb durch Abzug der Weiterübertragungsverpflichtung schon auf der Bewertungsebene für die Besteuerung neutralisieren. Für eine Verschonung des Erwerbs einschließlich der Gewährung eines Entlastungsbetrags fehlt dann der Raum. Bedeutsam ist dagegen die neu hinzugefügte Bestimmung des Satzes 3. Denn hier wird die Begünstigung auch dem Erwerber abgesprochen, der das Vermögen im Rahmen der Nachlassteilung auf einen Miterben überträgt. Für diesen Fall soll Gleiches gelten, wie es in S 2 für den Fall festgestellt wurde, dass der Erbe Vermögen zB auf einen Vermächtnisnehmer übertragen muss. Das kann bedeuten, dass die Verpflichtung zur Vermögensübertragung im Rahmen der Nachlassteilung, die im Zweifel aus dem Auseinandersetzungsvertrag herrührt, wie eine Vermächtnisverpflichtung behandelt werden soll, so dass der Erbe auf den Entlastungsbetrag verzichten kann, weil sein Erwerb schon auf der Bewertungsebene durch die vermächtnisgleiche Verpflichtung neutralisiert wird. Was die Sätze 2 und 3 nicht ausdrücklich ansprechen, ist die Rechtsfolge, die der „Begünstigungstransfer" vom Erben auf den Vermächtnisnehmer oder Miterben haben muss. Die Begünstigung kommt nach dem Transfer dem Vermächtnisnehmer und mittelbar auch den Miterben zugute.

III. Die Ermittlung des Entlastungsbetrages (Abs 3, 4)

1. Die anteilige tarifliche Steuer

§ 19a stellt einen Mischerwerb in den Vordergrund, der sowohl begünstigtes wie 7
nichtbegünstigtes Vermögen umfasst. Für diesen Gesamterwerb ist zunächst die St nach der „tatsächlichen" StKlasse des Erwerbers zu berechnen, dh es ist der Tarif zur Anwendung zu bringen, der gelten würde, wenn das Vermögen nur aus nichtbegünstigtem Vermögen bestünde. Anschließend ist der Teil der tariflichen St, der auf das begünstigte Vermögen entfällt, auf den StTarif I umzurechnen. Der Differenzbetrag zwischen der St auf das begünstigte Vermögen, der nach der tatsächlichen StKlasse des Erwerbers berechnet ist und dem entsprechenden StBetrag, der sich bei Anwendung der StKl I ergibt, ist dem Erwerber gutzubringen. Also geht es darum, zunächst die St auf den Gesamtbetrag des Erwerbs nach der im Einzelfall einschlägigen StKl II oder III zu berechnen. Dann ist der Teil dieses StBetrages zu ermitteln, der auf das begünstigte Vermögen entfällt.

2. Die maßgebliche Verhältnisrechnung

Um den Teilbetrag der durch den Gesamterwerb ausgelösten St zu ermitteln, der 8
auf das begünstigte Vermögen entfällt, ist das Verhältnis des begünstigten zum nichtbegünstigten Vermögen am Gesamterwerb zu bestimmen. Dazu ist das begünstigte Vermögen dem Gesamterwerb gegenüberzustellen. In diesem Zusammenhang be-

stimmt **Abs 3** Einzelheiten darüber, wie die Verhältnisrechnung aufzumachen ist und trifft zwei Anordnungen. Zum einen schreibt Abs 3 vor, dass das Verhältnis des begünstigten Vermögens zum Wert des „gesamten Vermögensanfalls" ermittelt werden soll. Unter dem gesamten Vermögensanfall versteht Abs 3 aber nach der Neufassung durch das WachstumsbeschleunigungsG nicht mehr den Bruttoerwerb vor Abzug der Nachlassverbindlichkeiten – in diesem Sinn wird der Begriff in § 10 I 2 gebraucht –, sondern den Erwerb „nach Abzug der mit diesem Vermögen in wirtschaftlichem Zusammenhang stehenden Schulden und Lasten". Diesem um die Verbindlichkeiten und die StBefreiungen der §§ 13, § 13a, § 13d (vgl R E 19a.2 I 3 ErbStR) gekürzten Vermögensanfall soll also das begünstigte Vermögen gegenübergestellt werden. Dabei ist auch das begünstigte Vermögen um die ihm zugehörigen Schulden und Lasten zu kürzen. Es sind also zwei Nettobeträge miteinander zu vergleichen. Besonders bedeutsam ist aber sodann, dass das begünstigte Vermögen „nach Anwendung des § 13a oder § 13c" herangezogen werden soll. Mit dieser Anordnung wird der Anteil des begünstigten Vermögens am gesamten Vermögensanfall wegen des Abzuges, der sich aus § 13a oder § 13c ergibt, niedriger eingestuft, als wenn das Verhältnis des begünstigten Vermögens am gesamten Vermögensanfall vor Anwendung der Befreiungsregelung des § 13a oder § 13c ermittelt würde.

3. Der Entlastungsbetrag

9 Steht das Verhältnis des begünstigten Vermögens zum gesamten Vermögensanfall fest – zB 25 zu 100 –, dann folgt daraus ohne Weiteres, wie das Verhältnis des begünstigten zum nichtbegünstigten Vermögen – nämlich im Beispiel 25 zu 75 oder 1 zu 3 – einzustufen ist. In diesem Verhältnis ist dann nach **Abs 4 S 1** der StBetrag aufzuteilen, der sich nach der tatsächlichen StKlasse des Erwerbers für den Gesamterwerb ergeben hat. Anschließend ist die St auf den Gesamterwerb zu ermitteln, die sich ergeben würde, wenn der Gesamterwerb in StKl I einzustufen wäre. Auch von dieser gedachten St nach StKl I ist dann nach der oben genannten Verhältnisrechnung der Teilbetrag zu bestimmen, der auf das begünstigte Vermögen entfällt. Damit stehen zwei Geldgrößen fest, die miteinander verglichen werden können: die anteiligen StBeträge für das begünstigte Vermögen nach der tatsächlichen StKl (II oder III) und nach der StKl I. Der Differenzbetrag zwischen diesen beiden Beträgen wird dem Stpfl als Entlastungsbetrag bei der StBerechnung gutgebracht (Abs 1).

IV. Nachversteuerung (Abs 5)

10 Wie die Begünstigung nach § 13a so ist auch die Tarifbegrenzung nach § 19a mit einer Fristenregelung verbunden, um der Gefahr entgegenzuwirken, dass der Erwerber den begünstigten Betrieb nicht fortführt und dennoch die Vergünstigungen in Anspruch nimmt. Eine Behaltensregelung für den Veräußerer ist hier wie dort nicht vorgesehen. Der Schenker kann also das ihm verbleibende Vermögen (zB die ihm verbleibende Beteiligung an der Kapitalgesellschaft) nach der Schenkung alsbald veräußern, ohne die Begünstigung des Erwerbers damit zu gefährden. Abs 5 S 1 sieht vor, dass die Begünstigung durch den Entlastungsbetrag wegfällt, soweit der Erwerber innerhalb von fünf Jahren das begünstigte Vermögen veräußert oder sonstige begünstigungsschädliche Maßnahmen vornimmt. Die Nichteinhaltung der Lohnsummenvorgaben (§ 13a III) hat für den Entlastungsbetrag keine Auswirkung (R E 19a.3 I 2 ErbStR). S 2 fügt hinzu, dass in den Fällen des § 13a X an die Stelle der Fünfjahresfrist eine Frist von sieben Jahren treten soll. Unter den Voraussetzungen des § 13a X kommt die Regelung des § 19a jedoch überhaupt nicht zum Zuge (Anm 4). Es ist daher bisher auch nicht zu erkennen, welchen Sinn der Hinweis auf die Siebenjahresfrist haben kann.

Abschnitt 4. Steuerfestsetzung und Erhebung

§ 20 Steuerschuldner

(1) [1]Steuerschuldner ist der Erwerber, bei einer Schenkung auch der Schenker, bei einer Zweckzuwendung der mit der Ausführung der Zuwendung Beschwerte und in den Fällen des § 1 Abs. 1 Nr. 4 die Stiftung oder der Verein. [2]In den Fällen des § 3 Abs. 2 Nr. 1 Satz 2 und § 7 Abs. 1 Nr. 8 Satz 2 ist die Vermögensmasse Erwerber und Steuerschuldner, in den Fällen des § 7 Abs. 1 Nr. 8 Satz 2 ist Steuerschuldner auch derjenige, der die Vermögensmasse gebildet oder ausgestattet hat.

(2) Im Falle des § 4 sind die Abkömmlinge im Verhältnis der auf sie entfallenden Anteile, der überlebende Ehegatte oder der überlebende Lebenspartner für den gesamten Steuerbetrag Steuerschuldner.

(3) Der Nachlaß haftet bis zur Auseinandersetzung (§ 2042 des Bürgerlichen Gesetzbuchs) für die Steuer der am Erbfall Beteiligten.

(4) Der Vorerbe hat die durch die Vorerbschaft veranlaßte Steuer aus den Mitteln der Vorerbschaft zu entrichten.

(5) Hat der Steuerschuldner den Erwerb oder Teile desselben vor Entrichtung der Erbschaftsteuer einem anderen unentgeltlich zugewendet, haftet der andere in Höhe des Wertes der Zuwendung persönlich für die Steuer.

(6) [1]Versicherungsunternehmen, die vor Entrichtung oder Sicherstellung der Steuer die von ihnen zu zahlende Versicherungssumme oder Leibrente in ein Gebiet außerhalb des Geltungsbereichs dieses Gesetzes zahlen oder außerhalb des Geltungsbereichs dieses Gesetzes wohnhaften Berechtigten zur Verfügung stellen, haften in Höhe des ausgezahlten Betrags für die Steuer. [2]Das gleiche gilt für Personen, in deren Gewahrsam sich Vermögen des Erblassers befindet, soweit sie das Vermögen vorsätzlich oder fahrlässig vor Entrichtung oder Sicherstellung der Steuer in ein Gebiet außerhalb des Geltungsbereichs dieses Gesetzes bringen oder außerhalb des Geltungsbereichs dieses Gesetzes wohnhaften Berechtigten zur Verfügung stellen.

(7) Die Haftung nach Absatz 6 ist nicht geltend zu machen, wenn der in einem Steuerfall in ein Gebiet außerhalb des Geltungsbereichs dieses Gesetzes gezahlte oder außerhalb des Geltungsbereichs dieses Gesetzes wohnhaften Berechtigten zur Verfügung gestellte Betrag 600 Euro nicht übersteigt.

Übersicht

Schrifttum: *Mösbauer,* Zur Nachlasshaftung im ErbStRecht, UVR 98, 340; *Daragan,* Personengesellschaften als Steuersubjekte im ErbSt- und SchStRecht, ZEV 98, 367; *Werkmüller,* Der Nachlass mit Auslandsbezug, ZEV 01, 480; *Meincke,* Die steuerlichen Rahmenbedingungen von Verwandtenunterhalt und Pflichtteil, 64. DJT 2002, Bd. II/1, L 89; *Schmidt,* Die ErbStHaftung der Kreditinstitute für ausländische Erben, ZEV 03, 129; *Halaczinsky,* Haftung in Erbschaftsteuerangelegenheiten, ErbStB 07, 208; *Bruschke,* Die Haftung des Gewahrsamsinhabers für die Erbschaftsteuer, ErbStB 12, 22; *Bruschke,* Inanspruchnahme des Nachlasses, des Vorerben und des Beschenkten, ErbStB 12, 90; *Bruschke,* Die Realisierung der Erbschaft- und Schenkungsteuer über § 20 ErbStG, UVR 12, 365; *Schuhmann,* Erbschaft- und Schenkungsteuer: Wer zahlt, wer haftet?, ErbR 14, 156; *Billig,* Tod des Vorerben vor Erlass des Steuerbescheids – Wer schuldet die Erbschaftsteuer aus dem Vorerbfall?, UVR 15, 61; *Loose,* Geltendmachung der ErbSt im Nachlassinsolvenzverfahren, DB 16, 1343; *Jandl/Kraus,* Haftung für die Erbschaftsteuer im Vor- und Nacherbfall, DStR 16, 2265.

I. Allgemeines

1. Standort

1 Mit § 20 beginnt der **vierte Abschnitt** des Gesetzes mit der Überschrift: Steuerfestsetzung und Erhebung. Dieser Abschnitt fasst Regelungen durchaus unterschiedlichen Inhalts zusammen. Mit dem Stichwort „Steuerfestsetzung" ist nicht das Verfahren der Festsetzung gemeint. Zu ihm enthält die AO die maßgeblichen Vorschriften (§§ 155ff AO). Vielmehr sollen hier Merkmale angesprochen werden, die die „festzusetzende" St von der in den §§ 14ff angesprochenen „tariflichen" St (vgl § 19a III) unterscheiden. Die festzusetzende St – das Gesetz spricht bedeutungsgleich von der St, die „festzusetzen" (§ 22), „zu erheben" (§ 14 I 2) oder „zu entrichten" (§ 14 I 3) ist – wird unter Berücksichtigung von Anrechnungs-, Ermäßigungs- und Kürzungsbeträgen aus der tariflichen St entwickelt. Die §§ 20 bis 29 betreffen die StFestsetzung, die §§ 30 bis 35 die StErhebung. Am Beginn steht mit der Vorschrift über den StSchuldner eine Bestimmung, die Fragen betrifft, die der StFestsetzung und Erhebung genau genommen vorgelagert sind. Das ErbStG 1959 hatte für diese Fragen denn auch noch einen eigenen Abschnitt mit dem Titel StSchuld und StSchuldner vorgesehen (§§ 14, 15 ErbStG 1959). Im Zuge der Vereinfachung des Gesetzesauf-

baus mit Einführung des ErbStG 1974 wurde dieser Abschnitt jedoch aufgehoben. Die dort aufgenommene Vorschrift über die StEntstehung wurde in den ersten Abschnitt über die StPfl eingestellt (§ 9). In diesen Abschnitt hätte eigentlich auch die Vorschrift über den StSchuldner gehört, weil sie mit den dort behandelten stpfl Vorgängen in unmittelbarem Zusammenhang steht; sie wurde jedoch dem vierten Abschnitt zugewiesen (§ 20). Die früher ebenfalls in diesem Zusammenhang geregelten Bestimmungen über die Haftung bei gebundenem Vermögen (§ 16 ErbStG 1925) und über die Verjährung (§ 17 ErbStG 1925) sind inzwischen entfallen (vgl aber nunmehr zur Festsetzungsverjährung die §§ 169, 170 AO und dazu § 9 Anm 64ff).

2. Regelungsinhalt

§ 20 regelt die Frage, wen die schuldrechtliche Verpflichtung zur Entrichtung der St trifft (Abs 1, 2). Eine Regelung dieser Frage ist deswegen bedeutsam, weil das Gesetz die Verpflichtung auf Personen wie den Schenker erstreckt, die man nach der Grundkonzeption der St als St auf den Vermögenserwerb ohne besondere gesetzliche Anordnung nicht zum Kreis der StSchuldner rechnen würde. Vorgesehen wird in § 20 weiter, welches von zwei Vermögen, über das ein StSchuldner wie der Vorerbe verfügt, durch die StSchuld belastet werden soll, aus welchem Vermögen der Vorerbe als StSchuldner daher den für die StZahlung erforderlichen Betrag zu entnehmen hat (Abs 4). Sodann wird eine StHaftung von Personen festgelegt, die nicht StSchuldner sind (Abs 5, 6). Schließlich wird eine Nachlasshaftung angeordnet und damit bestimmt, dass wegen der StSchuld auch in Vermögen, das nicht allein dem StSchuldner zusteht, vollstreckt werden kann (Abs 3). 2

3. Erbschaftsteuer als zivilrechtliche Nachlassverbindlichkeit?

Für Nachlassverbindlichkeiten haftet der Erbe (§ 1967 I BGB). Hierzu gehören nicht nur vom Erblasser herrührende Schulden **(Erblasserschulden),** sondern nach § 1967 II BGB auch die sog **Erbfallschulden** (dort beispielhaft aufgezählt). Erbfallschulden entstehen aus Anlass des Erbfalls und in Bezug auf den Nachlass. Dagegen sind **Eigenschulden** des Erben – in seiner Person entstanden und sein Eigenvermögen berührend – keine Nachlassverbindlichkeiten. 3

Die zivilrechtliche Einordnung der **ErbSt** als Erbfallschuld (entsteht aus Anlass des Erbfalls) oder als Eigenschuld (persönliche Schuld des Erben) ist an verschiedenen Stellen von Bedeutung: Im Nachlassinsolvenzverfahren können nur Nachlassverbindlichkeiten geltend gemacht werden (§ 325 InsO). Auch die Beschränkung der Erbenhaftung auf den Nachlass (§§ 1975ff BGB) gilt nur für Nachlassverbindlichkeiten. Der Nachlasswert nach Abzug der Nachlassverbindlichkeiten war Grundlage für die Berechnung von Gerichts- und Notarkosten (vgl § 107 II 1 KostO; nach § 40 I 2 GNotKG sind nur noch Erblasserschulden abzugsfähig). Zudem kann die Einordnung im Rahmen der Testamentsauslegung (zB Vermächtnis in Höhe eines Teils des Nachlasswertes nach Begleichung aller Nachlassverbindlichkeiten) und der Pflichtteilsberechnung (ErbSt als Abzugsposten) von Bedeutung sein. 4

Das **Meinungsbild** hierzu ist uneinheitlich. Die zivilrechtliche Rspr (zur KostO OLG Hamm MDR 90, 1014; BayObLG ZEV 03, 26; OLG Frankfurt v 13.2.2003 – 20 W 35/02; aA Köln ZEV 01, 406; zum Pflichtteil OLG Düsseldorf FamRZ 99, 1465; OLG Koblenz v 14.12.2010 – 5 U 1116/10; zur Testamentsauslegung LG Heidelberg v 1.8.2014 – 1 O 29/14; aA OLG Naumburg ZEV 07, 381; offengelassen BGH NJW 14, 391 zur Nachlassinsolvenz) und das zivilrechtliche Schrifttum (*MK/Küpper* § 1967 Rn 16; *Palandt/Weidlich* § 1967 Rn 7; *Staudinger/Dutta* § 1967 Rn 33; aA *Erman/Schlüter* § 1967 Rn 6) sprechen sich überwiegend gegen eine Charakterisierung der ErbStSchuld als zivilrechtliche Nachlassverbindlichkeit aus (persönliche unbeschränkbare StSchuld des Erben unter Mithaftung des 5

Nachlasses). Dagegen ordnet der BFH – mit Hinweis auf frühere Entscheidungen und überzeugend – die aufgrund des Erbanfalls geschuldete ErbSt (§ 3 I Nr 1) als Nachlassverbindlichkeit ein, die im Nachlassinsolvenzverfahren geltend zu machen ist (BStBl II 16, 482; aA noch die Vorinstanz FG Münster EFG 14, 1363; BFH BStBl II 17, 971: Masseverbindlichkeit iSd § 55 I Nr 1 InsO bei Erwerben nach Insolvenzeröffnung). Dies entspricht der überwiegenden Auffassung der strechtlichen Literatur (*Troll/Gebel* § 20 Rz 50; *Loose,* DB 16, 1343; aA noch die Vorauflage) und dafür sprechen die besseren Gründe.

6 Der Erbe kann seine **Haftung** wegen der ErbSt damit auf den Nachlass **beschränken.** Das FA erhält im Insolvenzfall – wie die anderen Nachlassgläubiger auch – nur die Insolvenzquote. Andere Erwerber von Todes wegen oder unter Lebenden können dagegen die Haftung für die ErbSt/SchSt auf das erworbene Vermögen nicht beschränken, was im Fall von Wertverlusten zwischen dem Zeitpunkt der StEntstehung und der Verfügbarkeit des Erwerbs und wegen einer etwa zu der ErbSt zusätzlich hinzutretenden ESt-Schuld durchaus praktisch bedeutsam werden kann. Bei Wegfall der Vermögenssubstanz, aus der die ErbSt/SchSt errechnet worden ist, kommt hier nur ein Billigkeitserlass in Frage (hierzu FG Hessen EFG 07, 1534). Auch nach der Gegenansicht kann die Verpflichtung, die ErbSt eines Beteiligten zu tragen, den Charakter einer Nachlassverbindlichkeit annehmen. Dies gilt zum Beispiel dann, wenn der Erblasser die Begleichung der auf ein Vermächtnis entfallenden St dem Nachlass auferlegt hat (§ 10 II).

II. Steuerschuldner (Abs 1, 2)

1. Steuerschuldner ist der Erwerber

7 In dieser Regelung spiegelt sich die Konzeption der deutschen ErbSt wieder, die nicht den Nachlass als solchen erfasst, die auch nicht die Fortgabe des Vermögens durch Erbfall oder Schenkung belasten soll, sondern die den **Erwerb von Vermögen als stpfl Vorgang** beschreibt (§ 1 I Nr 1, 2) und die die Bemessungsgrundlage nach dem stpfl Erwerb bestimmt (§ 10 I 1). Solange es keinen Erwerber gibt, kommt eine StSchuld nach § 1 I Nrn 1 und 2 nicht in Betracht. Solange der Erwerber nicht bekannt ist, kann ErbSt nicht festgesetzt werden. Eine Ausnahme besteht bei Anordnung einer Nachlasspflegschaft für „noch unbekannte Erben". Der ErbStBescheid ist dann dem Nachlasspfleger, der die StErklärung abgegeben hat (§ 31 VI), als gesetzlichem Vertreter bekannt zu geben (§ 32 II 1; AEAO Nr 2.13.4 zu § 122; s auch § 32 Anm 9; aA *Sosnitza,* UVR 92, 342, 348). Erwerber ist derjenige, der beim **Erwerb von Todes** wegen mit dem Erbfall in die Position als Erbe, Vermächtnisnehmer, Pflichtteilsgläubiger usw unmittelbar einrückt, nicht derjenige, der als Außenstehender durch Rechtsgeschäft unter Lebenden späterhin die Stellung des Erben, Vermächtnisnehmers, Pflichtteilsgläubigers usw übernimmt. Der Erbe wird daher durch die Übertragung seines Erbanteils, der Pflichtteilsgläubiger durch die Abtretung seines Anspruchs aus seiner Position als StSchuldner nicht herausgelöst, während der Erbteilskäufer oder der Erwerber des Pflichtteilsanspruchs nicht in die Rolle des Erwerbers von Todes wegen verbunden mit der aus § 20 I folgenden StPfl eintritt. Eine Sonderregelung dazu bietet allerdings § 3 II Nr 6, weil nach der Konzeption dieser Vorschrift (§ 3 Anm 12, 118) die StPfl beim Nacherbfall den Erwerber der Nacherbenanwartschaft und nicht den ursprünglichen Nacherben trifft. Im Fall der **Schenkung unter Lebenden** ist Erwerber derjenige, dem das verschenkte Vermögen nach den zugrunde liegenden Absprachen zwischen den Parteien zugedacht ist, nicht derjenige, an den das Vermögen im Ergebnis tatsächlich gelangt. Überlässt der Beschenkte daher den Gegenstand der Schenkung einem Dritten, bleibt der Beschenkte doch selbst der Erwerber iSv § 20 I.

2. Die Gesamthand als Erwerber

8 Als Erwerber kommt jede natürliche oder juristische Person in Betracht, die an dem Erwerbsvorgang beteiligt ist. Auch der Bund, die Länder und die Gemeinden wären als Erwerber stpfl, wenn das Gesetz ihre Freistellung nicht ausdrücklich angeordnet hätte. Sogar gegenüber ausländischen Staaten, die durch Schenkung oder von Todes wegen erwerben, wird ein Besteuerungsrecht in Anspruch genommen (BFH BStBl II 77, 213). Dagegen sollte nach der früheren Rspr des BFH eine **OHG oder KG** nicht stpfl werden können, auch wenn sie schenkweise ein Grundstück erwirbt, das auf ihren Namen als Teil des Gesellschaftsvermögens im Grundbuch eingetragen wird. Eine Schenkung an die Gesellschaft wurde als Zuwendung an die Gesellschafter interpretiert; die OHG und KG wurden aus dem Kreis der möglichen Erwerber iSd § 20 I ausgegrenzt (RFH RStBl 28, 270; BFH BStBl III 60, 358). Gegen die diesen Standpunkt tragenden Argumente wurden in Vorauflagen dieses Kommentars Einwände vorgebracht (7. u 8. Aufl § 1 Anm 3). In der Folgezeit hatte sich der BFH der hier vertretenen Linie angeschlossen (BFH BStBl II 89, 237). Danach konnten die OHG und KG Erwerber sowohl von Todes wegen als auch durch Schenkung unter Lebenden sein, so dass die StPfl unmittelbar die Gesellschaften traf und die StSchuld aus dem Vermögen der Gesellschaften beigetrieben werden konnte, wenn die Auslegung der zugrunde liegenden privatrechtlichen Akte ergab, dass tatsächlich die Gesellschaft selbst der Erwerber sein sollte. Zweifelhaft blieb allerdings, ob dies auch für die **BGB-Gesellschaften** gelten sollte, die der BFH beiläufig ebenfalls in den Kreis der möglichen Erwerber einbezogen hatte. Denkbar war hier allenfalls, dass man die BGB-Gesellschaften als Beschenkte (vgl FG Düsseldorf EFG 91, 333) oder als begünstigte Dritte beim Vertrag zugunsten Dritter (FG Rh-Pf EFG 93, 390) oder als Vermächtnisnehmer ansah. Inzwischen hat der BFH (BStBl II 95, 81; JZ 95, 1074 mit Anm *Meincke*) seine Rspr jedoch erneut geändert und ist zu der alten Interpretation von vor 1989 zurückgekehrt. Danach kann eine Gesamthand weder Schenker sein (dazu jetzt BFH BStBl II 98, 630) noch zu den Erwerbern gehören. Vielmehr sind jeweils die Gesellschafter einzeln und anteilig als Erwerber anzusehen (Näheres dazu § 1 Anm 7). Der unter Hinweis auf die Zivilrechtslage aufgestellte Satz: **Eine Gesamthand kann wegen ihrer nicht ausreichenden Verselbstständigung weder Schenker noch Erwerber sein,** wirkt besonders eigentümlich, nachdem die ZivilRspr (BGHZ 146, 341 = DStR 01, 310) die Selbstständigkeit sogar der BGB-Gesellschaft betont, § 14 BGB die „Rechtsfähigkeit" von Personengesellschaften hervorhebt und auch § 20 I 2 ErbStG neuerdings ausdrücklich eine nichtrechtsfähige Vermögensmasse als Erwerber und StSchuldner anspricht. Der nichtrechtsfähige Verein wird dagegen als Erwerber anerkannt (FG Münster EFG 07, 1037).

9 **Zivilrechtliche Absprachen** heben die StPfl des Erwerbers nicht auf. Die StPfl des Erwerbers wird insbesondere nicht dadurch gegenstandslos, dass auf Grund einer StZahlungsklausel in einem Schenkungsvertrag, Testament oder Erbvertrag ein anderer die St zu übernehmen oder der Schenker für die StZahlung einzustehen hat. Derartige Absprachen entlasten den Erwerber gegenüber dem FA nicht, sie vergrößern sogar noch seine StSchuld, da die StKlausel dem Erwerber zusätzlich zu seinem Erwerb auch noch einen Anspruch auf Entlastung von der StSchuld verschafft und damit aus der Sicht des Gesetzgebers eine Erhöhung der Bereicherung des Erwerbers zur Folge hat (§ 10 II). Im Übrigen schuldet unabhängig von den zwischen den Parteien maßgeblichen zivilrechtlichen Absprachen jeder Erwerber gem § 20 I seine St. Der durch privatrechtliche Absprachen von der St „befreite" Erwerber hat lediglich einen Rückgriffsanspruch demjenigen gegenüber, der zur Zahlung der St intern verpflichtet ist. Soweit allerdings der Schenker die St selbst übernommen hat, wird das FA die St regelmäßig direkt von ihm anfordern, da er zugleich auch StSchuldner ist.

3. Der Schenker als Steuerschuldner

10 „Bei einer Schenkung", dh in den in § 7 aufgelisteten Schenkungsfällen, ist StSchuldner auch der Schenker. Nicht immer ist deutlich, wer im Einzelfall als Schenker anzusprechen ist. Für einen Zweifelsfall bestimmt § 15 II 2, dass bei Auflösung einer Familienstiftung der Stifter als Schenker gilt. Fällt das Stiftungsvermögen an den Stifter zurück, so soll auch dieser Vorgang nach Auffassung des BFH (BStBl II 93, 238; § 15 Anm 26) als Schenkung unter Lebenden zu interpretieren sein. Der Stifter wird dann offenbar zugleich als Schenker und als Beschenkter gedacht. Das kann wenig überzeugen. Ob § 20 I mit dem Ausdruck Schenkung auch die Schenkung auf den Todesfall anspricht, ist zweifelhaft. Nach § 20 I ist StSchuldner **auch** der Schenker. Das soll heißen: Auch im Fall der Schenkung ist als StSchuldner zunächst der Erwerber heranzuziehen (BFH BStBl III 62, 323; FG Köln EFG 01, 1154; FG Düsseldorf EFG 08, 961; FG Münster EFG 08, 1649). Daneben trifft jedoch auch den Schenker die StSchuld. Damit wird – sinnwidrig (vgl *Tipke,* Die StROrdnung II, 2. Aufl 2003, 878) – der Schenker in die Verantwortung für die StEntrichtung einbezogen. Er muss darauf hinwirken, dass der Beschenkte die St zahlt, um die eigene Inanspruchnahme zu vermeiden. In Zweifelsfällen muss er einen Teil der Schenkung zurückhalten, um eine Deckung für die StSchuld zu haben. Der Schenker haftet neben dem Beschenkten als Gesamtschuldner (§ 44 AO), doch muss sich das FA zunächst an den Beschenkten halten, den als Erwerber in erster Linie die StPfl trifft (BFH BStBl III 62, 323; NV 17, 980). Dem Beschenkten steht daher gegen den Schenker auch kein Ausgleichsanspruch nach § 426 I 1 BGB auf hälftige Erstattung der SchSt zu (OLG Saarbrücken ZEV 17, 462). Die **Inanspruchnahme** des Schenkers ist **nur in zweiter Linie** möglich, insbesondere dann, wenn der Schenker dies selbst beantragt, wenn er dem Beschenkten gegenüber die St übernommen hat (§ 10 II) oder wenn die Einziehung der St vom Beschenkten unmöglich oder aus triftigem Grund unzweckmäßig ist (FG Köln EFG 01, 1154). Die FinVerw hält die Inanspruchnahmemöglichkeit des Schenkers für unumgänglich, weil sonst Schenkungen, die dem Beschenkten keine Mittel zur StZahlung verschaffen, wie es beim schenkweisen Erlass von Schulden der Fall sein kann, keine Besteuerungsmöglichkeit eröffnen würden. Damit ist jedoch nur das fiskalische Interesse daran bezeichnet, noch andere Personen als nur den Beschenkten zur StZahlung heranziehen zu können. Der innere Grund, der den Zugriff gerade auf den Schenker erlaubt, wird damit noch nicht überzeugend beschrieben. Bemerkenswert bleibt immerhin, dass die Besteuerung des Schenkers für den BFH inzwischen so selbstverständlich ist, dass das Gericht in seiner bisher ausführlichsten Entscheidung zur StSchuldnerschaft des Schenkers (BStBl II 07, 472–480!) kein Wort über die Inanspruchnahmevoraussetzungen des Schenkers verloren hat. Verfassungsrechtlich ist § 20 I 1 nicht zu beanstanden (BVerfG ZEV 13, 99).

4. Die Rechtsstellung des Schenkers

11 Soweit der Schenker als StSchuldner herangezogen wird, muss er auch ohne Übernahme der St des Erwerbers und damit ohne Erhöhung seiner eigenen StLast auf die eigene StSchuld zahlen können (vgl *Meincke,* FS Lang, 2010, 825) und er muss auch im Hinblick auf die eigene StSchuld die dem Erwerber eingeräumten Rechte haben, zB das Recht, einen gegenüber dem Beschenkten ergangenen Bedarfswertbescheid anzufechten (BFH BStBl II 12, 5) oder zB das Wahlrecht nach § 23 I 1 (§ 23 Anm 7). Ob der Schenker dann, wenn der Erwerber vorgeschriebene Behaltensfristen nicht einhält, auch für die dann fällige NachSt als StSchuldner herangezogen werden kann, ist höchstrichterlich noch nicht geklärt. Das FG Münster (EFG 08, 1649) hat allerdings im Fall der Betriebsaufgabe wegen Insolvenz, die zu einer NachSt nach § 13a aF geführt hat, keine Bedenken gegen die Inanspruchnahme

des Schenkers erkennen können. Nach R E 13a.1 III ErbStR erfolgt aber keine Inanspruchnahme des Schenkers bei einem Verstoß eines Erwerbers gegen die Behaltensregelungen oder die Lohnsummenregelung für begünstigtes Vermögen, es sei denn, er hat die St nach § 10 II auch für diesen Fall selbst übernommen (so auch A § 13a.1 III AEErbSt 2017).Dem Schenker steht im Übrigen ein Abzugsrecht wohl nicht wegen seiner eigenen Vertragskosten, dafür aber wegen der Erwerbskosten des Beschenkten zu (§ 10 Anm 63). Der als StSchuldner herangezogene Schenker kann den StBetrag nach der für eine Schenkung typischen Risiko- und Kostenverteilung intern auf den Beschenkten verlagern (vgl § 426 I 1 BGB). Der Beschenkte ist im Zweifel verpflichtet, den Schenker von der Inanspruchnahme durch das FA freizustellen und schuldet daher gegebenenfalls sogar Schadensersatz, wenn dem Schenker aus der Inanspruchnahme durch das FA ein über den StBetrag hinausgehender Schaden entsteht. Weil der als StSchuldner in Anspruch genommene Schenker im Zweifel beim Beschenkten Rückgriff nehmen kann, liegt in der Inanspruchnahme des Schenkers keine Übernahme der StSchuld durch ihn. Der Schenker kann daher nur auf den StBetrag in Anspruch genommen werden, der sich für den Beschenkten aus der Bemessungsgrundlage nach § 10 I 1 ergibt. Fehlt eine besondere Übernahmeerklärung des Schenkers und liegt auch kein Verzicht auf den internen Rückgriff gegen den Beschenkten vor, kommt eine Inanspruchnahme des Schenkers aus der Bemessungsgrundlage des § 10 II nicht in Betracht. Unterlässt der Schenker den Rückgriff gegen den Beschenkten, kann allerdings eine weitere freigebige Zuwendung zu prüfen sein. Doch gilt der Grundsatz, dass eine bloße Untätigkeit noch keine freigebige Zuwendung enthält (§ 7 Anm 10).

5. Die Inanspruchnahme des Schenkers

Aus einem StBescheid gegen den Beschenkten kann das FA nicht gegen den Schenker vorgehen. Es kann aber, nachdem es zunächst einen StBescheid gegen den Beschenkten erlassen hat, sich dann anschließend noch gegen den Schenker wenden. Eine Festsetzung gegenüber dem Schenker scheidet aber aus, wenn der Beschenkte die SchSt entrichtet hat, auch wenn er danach durch unrichtige Angaben eine Erstattung erwirkt (BFH BStBl II 12, 489). Gleiches gilt bei einer StZahlung durch den Schenker (FG Düsseldorf EFG 17, 142). Durch Einspruch gegen den ihm gegenüber erlassenen StBescheid kann der Schenker dann auch noch all die Einwände vorbringen, die wegen Bestandskraft des StBescheides gegen den Beschenkten vom Beschenkten nicht mehr vorgebracht werden konnten (BFH BStBl II 88, 188). Der Schenker kann sich auch auf eine nur ihm gegenüber eingetretene Festsetzungsverjährung berufen (Hess FG EFG 05, 799). Andererseits soll das FA nach der zitierten Entscheidung des BFH in der Lage sein, Fehler der StBerechnung, die gegenüber dem Beschenkten nicht mehr korrigiert werden können, im Bescheid gegen den Schenker zu vermeiden (so auch BFH/NV 17, 980). Allein um diese Korrekturmöglichkeiten zu gewinnen, dürfte die Inanspruchnahme des Schenkers aber nicht zulässig sein. Hat der Schenker die St übernommen, kann das FA sich trotzdem in Ausnahmefällen noch an den Beschenkten halten. Es muss diese Ermessensentscheidung jedoch sorgfältig begründen (BFH BStBl II 08, 897; NV 17, 980). Ob das FA auch dann, wenn es zunächst den Schenker vergeblich in Anspruch genommen hatte, auch dann noch gegen den Beschenkten vorgehen kann, ist noch nicht ausreichend geklärt. Hat das FA den Schenker eines Nutzungsrechts zur StZahlung herangezogen, muss ihm das Recht zustehen, die Jahresversteuerung zu wählen. Hat er diese Wahl getroffen, kann das FA nicht später auf den Beschenkten wechseln und die JahresSt nun von ihm einfordern (§ 23 Anm 6f). Der Schenker ist zunächst nur in zweiter Linie und damit „potentiell“ StSchuldner. Ob diese potentielle StLast im Erbfall als Nachlassverbindlichkeit behandelt werden kann, hängt von der Wahrscheinlichkeit der Inanspruchnahme ab. 12

6. Der Beschenkte als Steuerschuldner

13 Hat der Schenker die StZahlung übernommen oder hat der Schenker die St einem Dritten auferlegt, so bleibt der Beschenkte als Erwerber stpfl; er schuldet nunmehr wegen dieser **StKlauseln** an sich sogar einen höheren StBetrag (Anm 9). Kommt es zur Inanspruchnahme des Beschenkten, weil der Schenker seine StPfl nicht erfüllt oder weil der Dritte der Verpflichtung zur Ablösung der St gem der StKlausel nicht entspricht, wird aber berücksichtigt werden müssen, dass der Beschenkte die Bereicherung, die ihm wegen der StKlausel zusätzlich zu seinem Erwerb zugerechnet wird, zunächst tatsächlich noch nicht erhalten hat. Die StÜbernahme ist nicht ausgeführt, so dass ihn die erhöhte St nicht trifft. Erst wenn es dem Erwerber später gelingt, die StZahlung entsprechend der StKlausel auf den Schenker oder auf den Dritten zu überwälzen, wird dem Beschenkten die Bereicherung in der vollen von § 10 II vorgezeichneten Höhe zugewandt.

14 Im Fall einer **Zweckzuwendung** (§ 1 I Nr 3, § 8) gibt es keinen Erwerber, dem die Zweckauflage unmittelbar zugutekommt. Daher muss die StPfl hier an anderer Stelle ansetzen. Die Zweckzuwendung hat bekanntlich eine **zweistufige Struktur:** Eine Zuwendung von A an B wird mit der Auflage verbunden, dass B einen Teil seines Erwerbs einem außerhalb seines eigenen Bereichs liegenden Zweck (zB zur Versorgung von Tieren) zuführen soll. Nach § 20 I soll StSchuldner für die auf die Zweckzuwendung entfallende St der B sein. Dies gilt nicht deswegen, weil B zur Ausführung der Zweckauflage verpflichtet ist, sondern weil B auf Grund der an ihn gelangten Zuwendung die Mittel zur Ausführung der Zweckauflage in Händen hat. Aus diesen Mitteln soll B die St erfüllen, er soll damit einen Teil der für die Zweckauflage vorgesehenen Mittel abzweigen, sie nicht dem gedachten Zweck, sondern der StZahlung zuführen. Das Gesetz geht dabei von der Vorstellung aus, dass der Zuwendungsempfänger B durch die StZahlung im Umfang des zur StZahlung verwendeten Betrags von der Erfüllung der Zweckauflage entlastet wird, was nicht selbstverständlich ist, aber wohl im Regelfall durch entsprechende Interpretation des Schenkungsvertrages begründet werden kann. Nur der mit der Ausführung Beschwerte wird zum StSchuldner erklärt, nicht derjenige, von dem die Zuwendung stammt. Bei der Zweckzuwendung unter Lebenden kann der Schenker daher für den mit der Auflage belasteten Teil der Zuwendung nicht in Anspruch genommen werden.

15 Schuldner der **ErsatzErbSt** nach § 1 I Nr 4 ist die Familienstiftung oder der Familienverein. Wird die St nach § 24 in Raten gezahlt und wird die Stiftung oder der Verein vor Ablauf der Ratenzahlungsperiode aufgehoben oder aufgelöst, so können die Destinatäre oder die Vereinsmitglieder, die das Vereinsvermögen erwerben, nach § 20 V in die StPfl einrücken.

16 Schuldner der St, die gem § 3 II Nr 1 S 1, § 7 I Nr 8 S 1 beim **Übergang von Vermögen auf eine Stiftung** entrichtet werden muss, ist die Stiftung als Erwerber sowie derjenige, der das Stiftungsgeschäft abschließt oder das Vermögen überträgt, als Schenker.

17 Schuldner der St, die **beim Übergang von Vermögen auf einen Trust** (= Vermögensmasse ausländischen Rechts, deren Zweck auf die Bildung von Vermögen gerichtet ist) nach § 3 II Nr 1 S 2 sowie nach § 7 I Nr 8 S 2 fällig wird, ist der Trust selbst, der – als Vermögensmasse – als Erwerber und Steuerschuldner behandelt wird (§ 20 I 2) sowie derjenige, der diese Vermögensmasse unter Lebenden gebildet oder ausgestattet hat und der daher als Schenker eingestuft werden muss (§ 20 I 2 aE). Mit der Anordnung, dass die Bildung oder Ausstattung eines Trust als selbstständiger stpfl Vorgang gewertet werden soll (§ 3 II Nr 1 S 2, § 7 I Nr 8 S 2), zu dem als weiterer stpfl Vorgang dann die Ausschüttung an Begünstigte hinzutritt, die als Zwischenberechtigte während des Fortbestehens des Trust oder als Endberechtigte nach Auflösung des Trust erwerben (§ 7 I Nr 9 S 2), hat der Gesetzgeber einen bis dahin als einstufig gedachten Vorgang in zwei stpfl Vorgänge aufgespalten (§ 3 Anm 108). Er hat damit

zugleich entschieden, dass der Erwerb an die Begünstigten auch im Fall des Nachlass-Trust nicht als Erwerb von Todes wegen, sondern als Erwerb durch Schenkung unter Lebenden gelangt. Damit verbunden ist eine zweifache Besteuerung des Trust-Vermögens, das nun zunächst beim Trustee und dann beim Zwischen- oder Endberechtigten der Besteuerung unterliegt. War der Erblasser Steuerinländer, liegen die Voraussetzungen der unbeschränkten StPfl vor (§ 2 I Nr 1), auch wenn der Trustee Ausländer ist, die Begünstigten keinen Bezug zum Inland haben und das Trust-Vermögen nur aus Auslandsvermögen besteht. Wie in einem solchen Fall der StAnspruch gegen den Trustee durchgesetzt werden soll, ist nicht leicht zu sehen.

7. Steuerschuldner bei fortgesetzter Gütergemeinschaft (Abs 2)

§ 4 regelt den Erwerb von Todes wegen bei fortgesetzter Gütergemeinschaft unter Eheleuten (§§ 1483 ff BGB). Das hier Gesagte gilt nunmehr auch für eingetragene Lebenspartner. § 4 unterscheidet zwei Fälle: den Erwerb beim Tod des erstversterbenden Ehegatten (Abs 1) und den Erwerb beim Tod eines anteilsberechtigten Abkömmlings (Abs 2). Beim Tod des erstversterbenden Ehegatten erwirbt der überlebende Ehegatte im Fall der fortgesetzten Gütergemeinschaft zivilrechtlich aus dem gemeinschaftlichen Vermögen nichts. Auch stlich werden allein die anteilsberechtigten Abkömmlinge als Erwerber behandelt (§ 4 I). Dennoch wird der überlebende Ehegatte nach § 20 II für den gesamten StBetrag als StSchuldner herangezogen. Der Ehegatte wird ferner für den Fall des Todes eines anteilsberechtigten Abkömmlings als StSchuldner benannt, obwohl er auch in diesem Fall regelmäßig nicht als Erwerber in Frage kommt (Näheres vgl § 4 Anm 8 f). Mit der Berücksichtigung des Ehegatten als StSchuldner soll die Zugriffsmöglichkeit auf das Gesamtgut sichergestellt werden. Denn nach § 1488 BGB haftet das Gesamtgut für die Verbindlichkeiten des überlebenden Ehegatten. Weil der überlebende Ehegatte nach § 1487 I BGB das Gesamtgut allein verwaltet, wird er auch zur Abgabe der StErklärung herangezogen (§ 31 III). Neben dem überlebenden Ehegatten werden die Abkömmlinge im Verhältnis der auf sie entfallenden Anteile am Gesamtgut als StSchuldner behandelt. Mit der Bezugnahme auf § 4 wird nur der Anteilserwerb am Gesamtgut angesprochen. Der Erwerb aus dem nicht zum Gesamtgut gehörenden Vermögen des Erblassers wird nicht erfasst (§ 4 Anm 10). Die StSchuldnerschaft des überlebenden Ehegatten nach § 20 II erstreckt sich daher auch nicht auf solche nicht aus dem Gesamtgut stammenden Erwerbe. 18

III. Haftung des Nachlasses (Abs 3)

1. Bedeutung und Zielsetzung

§ 20 III sieht eine **„Sicherungsmaßnahme zugunsten des StFiskus“** (RG RStBl 44, 131; BFH BStBl 16, 482; *Loose* DB 16, 1343, 1345) vor. Sie soll sicherstellen, dass auch das noch im ungeteilten Nachlass gebundene gemeinsame Vermögen der Miterben für die ErbSt zur Verfügung steht. Die gesamthänderische Verbundenheit der Miterben in einer Erbengemeinschaft verhindert den unmittelbaren Zugriff der einzelnen Miterben auf den Erwerb bis zur zivilrechtlichen Erbauseinandersetzung, die sich als äußerst schwierig und langwierig erweisen kann. Wegen des damit drohenden Liquiditätsmangels beim einzelnen Miterben eröffnet das Gesetz eine Zugriffsmöglichkeit auf den ungeteilten Nachlass. Damit erlangt der Fiskus einen Anteil aus der Erbengemeinschaft, der dem einzelnen Erben ohnehin zusteht. Bei Teilung des Nachlasses ist diese „Vorabauszahlung“ zu berücksichtigen. Die Formulierung des § 20 III ist an verschiedenen Stellen ungenau. Richtig wäre anzuordnen, dass die Erben (Anm 20) bis zur vollständigen Erbauseinandersetzung (Anm 21) eine Vollstre- 19 ckung in den Nachlass wegen Ansprüchen aus dem ErbStSchuldverhältnis (Anm 22 u 23) eines Erben dulden (Anm 24) müssen.

2. Am Erbfall Beteiligte

20 Am Erbfall beteiligt iSd § 20 III sind **nur die Erben,** nicht auch die Vermächtnisnehmer, Pflichtteilsgläubiger (anders die Terminologie in §§ 31, 35 II 2) oder gar alle Erwerber von Todes wegen, weil sie alle im Zusammenhang mit dem Erbfall (= Tod einer Person: § 1922 I BGB) erwerben. Unter den am Erbfall Beteiligten iSv § 20 III sind nur die am Erwerb durch Erbanfall Beteiligten (= Erben) zu verstehen. Denn es gibt keinen Grund, warum die Erben für die St der Vermächtnisnehmer oder die Vermächtnisnehmer für die St der Erben haften sollten (anders dagegen *Troll/Gebel* § 20 Rz 52, *Moench/Kien-Hümbert* § 20 Rz 14; wie hier aber *Mösbauer,* UVR 98, 340, 341 f). Das kommt in den Materialien zu § 20 III (BRDrs 140/72) deutlich genug zum Ausdruck, in denen es heißt, dass die Nachlasshaftung auf den ungeteilten Nachlass beschränkt worden sei, weil die bisherige Regelung, „nach der die Erben auch nach der Auseinandersetzung noch für die gegenseitigen StBeträge haften, unbillig" sei. Die bis dahin geltende „persönliche Haftung der Erben für ihre gegenseitigen StBeträge" sei daher aufgegeben worden. Von einer Haftung für die St der Vermächtnisnehmer etc ist nicht die Rede. Es würde auch die Nachlassauseinandersetzung übermäßig komplizieren, wenn vor der Nachlassteilung jederzeit noch damit gerechnet werden müsste, dass der Nachlass für die StSchulden von Vermächtnisnehmern etc in Anspruch genommen werden wird. Die Vermächtnisse dürften nicht mehr vollen Umfangs ausgezahlt werden (§ 32 Anm 15). Nachdem nunmehr StSchulden der Vermächtnisnehmer in Nachversteuerungsfällen noch Jahre nach dem Erbfall neu entstehen können, würde die Fortführung der ungeteilten Erbengemeinschaft nach Auskehrung der Vermächtnisse mit unzumutbaren Haftungsrisiken belastet. Der RFH (RStBl 28, 336) hat die Nachlasshaftung für Erwerbe nach § 3 I Nr 4 ausdrücklich ausgeschlossen (vgl BFH BStBl II 09, 783, 785).

3. Teilauseinandersetzung

21 Wird im Wege der sachlichen Teilauseinandersetzung ein Teil des Nachlasses aus der Gemeinschaftsbindung fortgegeben, ein anderer Teil im gemeinschaftlichen Vermögen zurückgehalten, dann dürfte die **Nachlasshaftung bis zur endgültigen Teilung** fortbestehen, wobei als Nachlass in diesem Fall nur die noch ungeteilte Masse anzusehen ist. Wird ein Erbe im Wege der persönlichen Teilauseinandersetzung hinsichtlich seines Anteils mit Nachlassmitteln abgefunden, so dass er aus der Erbengemeinschaft ausscheidet, dürfte die Nachlasshaftung für die ErbSt dieses Erben entfallen, weil der abgefundene Erbe nun frei über das ihm zugewiesene Vermögen verfügen kann. Verbraucht er dieses Vermögen, bevor er die ErbSt entrichtet hat, wäre es unsachgerecht, dieses Risiko des StGläubigers auf seine Miterben nur deshalb zu verlagern, weil sie unter sich noch ungeteilten Nachlass fortführen.

4. Erbschaftsteuer einschließlich Nebenleistungen

22 Die Nachlasshaftung gilt für die St der am Erbfall Beteiligten. Gemeint ist nur die **ErbSt,** nicht die ESt, die im Zuge der Realisierung von Nachlassposten bei der Erbauseinandersetzung anfallen kann. Ob der Nachlass auch für die erhöhte ErbSt einstehen muss, die sich für einzelne Erben aus der Zusammenrechnung mit Vorerwerben nach § 14 ergibt, ist noch nicht ausreichend geklärt. Die Zielsetzung der Norm (Anm 19) spricht dafür.

23 Zur St der am Erbfall Beteiligten gehören auch **stliche Nebenleistungen** (§ 3 IV AO). Auch darauf kann sich ein Duldungsbescheid (Anm 24) erstrecken (AEAO Nr 2

zu § 191). Aus Sinn und Zweck des § 20 III (Sicherungsmaßnahme zugunsten des Fiskus) folgt, dass sämtliche Anprüche aus dem ErbStSchuldverhältnis umfasst sind (so auch *Mösbauer,* UVR 98, 340, 344).

5. Verfahrensrechtliche Umsetzung

Der Nachlass selbst kann kein Haftungsschuldner sein. Vielmehr ist in § 20 III ein „Einstehenmüssen" für die Erfüllung von Ansprüchen aus dem ErbStSchuldverhältnis gemeint, das durch **Erlass eines Duldungsbescheids** (§§ 77 I, 191 I AO) gegenüber den einzelnen Miterben umgesetzt wird. Diese haben die Vollstreckung in den ungeteilten Nachlass zu dulden. 24

IV. Der Vorerbe als Steuerschuldner (Abs 4)

1. Der Vorerbe als Erwerber

Nach § 6 I gilt der Vorerbe als Erbe (§ 6 Anm 4). Er ist somit Erwerber durch Erbanfall, und als Erwerber ist er StSchuldner nach § 20 I (BFH BStBl II 16, 746). Diese Aussage ergänzt § 20 IV durch den Hinweis, dass der Vorerbe die ErbSt, die er als StSchuldner zu entrichten hat, zu **Lasten des Nacherben aus den Mitteln der Vorerbschaft** entnehmen kann (RFH RStBl 35, 1509). Ob die persönliche St des Vorerben aus zivilrechtlicher Sicht zu den Nachlassverbindlichkeiten gehört, wird bezweifelt (Anm 3 ff). Man könnte auch zweifeln, ob die ErbSt des Vorerben zu den außerordentlichen, auf den Stammwert der Nachlassgegenstände gelegten Lasten zu rechnen ist, die der Vorerbe nach § 2126 BGB auf den Nacherben verlagern kann. Wegen dieser Unsicherheit der zivilrechtlichen Rechtslage stellt § 20 IV ausdrücklich klar, dass aus stlicher Sicht die ErbSt des Vorerben den Nachlass (und damit den künftigen Erwerb des Nacherben) belasten soll, so dass im wirtschaftlichen Ergebnis nicht den Vorerben, sondern den Nacherben die durch den Vorerbfall ausgelöste St trifft (dazu § 6 Anm 7). Wenn der Vorerbe seine StLast vererbt, haften dessen Erben und die Nacherben gesamtschuldnerisch für die Vorerbfall-ErbSt (§ 6 Anm 8). Vom Vorerbfall ausgelöst ist auch der StBetrag, um den sich die St für das freie Vermögen dadurch erhöht hat, dass es mit dem StSatz für den gesamten Erwerb belegt wurde (§ 6 II 5). Aus den Mitteln der Vorerbschaft kann der Vorerbe daher nur den Betrag nicht entnehmen, der auf das freie Vermögen entfallen würde, wenn es allein zur Besteuerung käme (RFH RStBl 35, 1509). § 20 IV gilt gleichermaßen für die Fälle des § 6 II und § 6 III und bewirkt eine gegenständliche Haftungsbeschränkung (*Kipp* § 15 Anm 15). Der Vorerbe kann den StZugriff auf sein Privatvermögen abwehren. Sinkt der Wert der Vorerbschaft unter den StBetrag, so geht das zu Lasten des Fiskus, der den Ausfall nicht aus dem Privatvermögen des Vorerben beitreiben kann. 25

§ 20 IV wählt die Formulierung, dass der Vorerbe die St aus den Mitteln der Vorerbschaft zu entnehmen „hat". An sich, so könnte man meinen, sollte es dem Fiskus gleichgültig sein, wie der Vorerbe verfährt, wenn ihm nur das Recht, die Vorerbschaft zu belasten, eingeräumt wird, so dass § 20 IV „im Grunde nur für das Verhältnis des Vorerben zum Nacherben, nicht aber für das StRechtsverhältnis von Bedeutung ist" (*Troll/Gebel* § 20 Rz 7). Offenbar will § 20 IV jedoch noch mehr besagen und zum Ausdruck bringen, wie aus der Sicht des Gesetzgebers richtigerweise zu verfahren ist. Aus dieser Aussage ließe sich möglicherweise ableiten, dass der Vorerbe, der die St nicht aus den Mitteln der Vorerbschaft aufbringt, damit dem Nacherben einen Vorteil verschafft, der unter dem Gesichtspunkt der freigebigen Zuwendung seinerseits wieder stpfl sein kann, soweit es nicht im Nacherbfall zu einer Erstattung der St durch den Nacherben kommt (vgl BFH BStBl II 72, 462). Der Anspruch des Vorerben auf Erstattung der von ihm verauslagten St richtet sich nach § 2124 II BGB, ist ab dem 26

Nacherbfall zu verzinsen (§ 256 BGB) und stellt für den Nacherben eine Nachlassverbindlichkeit dar, für die er seine Haftung auf den Nachlass beschränken kann (§ 2144 III BGB). § 20 IV dürfte im Übrigen auch für den Vorerben gelten, der als Schenker nach § 7 I Nr 7 für die St in Anspruch genommen wird.

2. Entsprechende Anwendung des § 20 IV?

27 Stehen sich nicht der Vorerbe und der Nacherbe, sondern der Erbe und der **Erbschaftsnießbraucher** gegenüber, so fragt sich, ob der Erbe in entsprechender Anwendung des § 20 IV seine ErbSt aus den Nachlassmitteln entnehmen und damit das Vermögen, aus dem der Nießbraucher seine Erträge zieht, schmälern kann. Die Frage ist zu verneinen. Würde die Kürzung zugelassen, müsste der Nießbraucher neben seiner eigenen StSchuld mittelbar auch noch die StSchuld des Erben mittragen (RG RStBl 44, 131). Das Verhältnis vom Vorerben zum Nacherben ist nicht mit dem Verhältnis vom Erben zum Nießbraucher vergleichbar. Wollte man dem Erben gestatten, die Ertragsbasis des Nießbrauchers zu kürzen, so würde das eher dem Fall entsprechen, dass der Nacherbe seine St auf den Vorerben verlagert, was durch § 20 IV nicht zugelassen wird. Während der Erbe die Nießbrauchsbelastung bei seiner ErbSt abziehen kann (§ 10 I Nr 2), bleibt dem Vorerben ein mindernder Ansatz versagt (§ 6 Anm 6). Für einen **Vorvermächtnisnehmer** gilt § 20 IV aber entsprechend (FG Hamburg EFG 12, 1174).

V. Steuerhaftung des (späteren) Beschenkten (Abs 5)

1. Steuerschuld und Steuerhaftung

28 Von der Frage, wen als StSchuldner eine eigene StPfl trifft, ist die Frage zu unterscheiden, wer für eine fremde StSchuld einstehen muss. Das Einstehenmüssen für eine fremde StSchuld bezeichnen die **§§ 69ff AO** als Haftung. Diese Terminologie wird auch in § 20 V zugrunde gelegt, wenn hier auch in einer eher missverständlichen Ausdrucksweise – und im Unterschied zu Abs 6 – von einer „persönlichen" Haftung des Beschenkten gesprochen wird. Der Haftende – auch der persönlich Haftende iSv § 20 V – ist nicht zur StZahlung verpflichtet. Unterbleibt die StZahlung jedoch, kann der StGläubiger zum Zweck seiner Befriedigung gegen den Haftenden vorgehen und in dessen Vermögen vollstrecken, so als ob er StSchuldner wäre. Die Realisierung der StHaftung setzt allerdings voraus, dass die StZahlung von dem StSchuldner nicht beigetrieben werden kann, weil dieser zB unerreichbar oder mittellos geworden ist (§ 219 S 1 AO).

2. Der (spätere) Beschenkte als Haftungsschuldner

29 Zum Verständnis des § 20 V muss man zwei Vorgänge unterscheiden: den Ersterwerb durch den späteren Schenker und den Zweiterwerb durch den späteren Beschenkten. § 20 V befasst sich nur mit der StHaftung für die durch den Ersterwerb ausgelöste St. Vorausgesetzt wird, dass der Ersterwerb durch Schenkung an den Zweiterwerber weitergeleitet worden ist. Zwar könnte auch die Weitergabe im Erbfall als unentgeltliche Zuwendung iSd § 20 V gedeutet werden. Doch geht § 20 V davon aus, dass die **StHaftung des Zweiterwerbers** neben die fortbestehende StSchuld des Ersterwerbers tritt, während der Zweiterwerber im Fall der Erbfolge in die StSchuld des Ersterwerbers eintritt, so dass für eine zusätzliche StHaftung des Zweiterwerbers kein Raum bleibt. Unter den genannten Voraussetzungen ordnet § 20 V die StHaftung des Zweiterwerbers an. War der Ersterwerb eine Schenkung, so tritt die StHaftung des Zweiterwerbers neben die StPfl des Ersterwerbers und die

StPfl des Schenkers aus dem Ersterwerb. Der Zweiterwerber kann daher aus der Haftung nur dann in Anspruch genommen werden, wenn die beiden am Ersterwerb beteiligten Personen, der Beschenkte und der Schenker, unerreichbar oder mittellos geworden sind.

3. Beschenkter und Schenker als Steuerschuldner

Der Zweiterwerber haftet für die durch den Ersterwerb ausgelöste St. Und als Beschenkter ist er auch wegen des ihm zugewandten Zweiterwerbs StSchuldner. Unter den Voraussetzungen des § 20 V muss also der Beschenkte als Zweiterwerber die St für den Ersterwerb und für den Zweiterwerb tragen. Da er den Zweiterwerb nur als Folge des Ersterwerbs machen konnte, kann man sagen, dass die ihn treffenden Kosten des Ersterwerbs Erwerbskosten für den Zweiterwerb sind und so den Zweiterwerb in Anlehnung an **§ 10 V Nr 3** mindern. Der Ersterwerber schuldet die St für den Ersterwerb und als Schenker des Zweiterwerbs muss er auch die St für den Zweiterwerb tragen. So wie den Zweiterwerber, so trifft also auch den Ersterwerber die St für beide Erwerbe, wobei der Ersterwerber die durch den Zweiterwerb ausgelöste St von seinem Ersterwerb nicht zum Abzug bringen, wohl aber die St für den Zweiterwerb im selben Umfang wie der Zweiterwerber um Erwerbskosten kürzen kann (vgl § 10 Anm 63). 30

VI. Sonstige Haftungstatbestände (Abs 6, 7)

1. Versicherungsunternehmen

Versicherungsunternehmen **(Abs 6 S 1)** können durch Haftungsbescheid vom StGläubiger in Anspruch genommen werden, wenn sie eine **stpfl Versicherungssumme oder Leibrente ins Ausland** zahlen oder einem im Ausland wohnhaften Berechtigten zur Verfügung stellen, bevor die St entrichtet oder sichergestellt ist (BayLfSt ZEV 13, 164). Die Zahlung an einen im Ausland wohnhaften Berechtigten wird schon dann angenommen, wenn die Versicherungsleistung auf Grund einer Anweisung des ausländischen Berechtigten auf eine inländische Bank überwiesen wird (RFH RStBl 34, 925; *Troll/Gebel* § 20 Rz 61), löst aber die StHaftung nur aus, wenn der Berechtigte im Inland über keinen gewöhnlichen Aufenthaltsort verfügt (vgl FG München EFG 89, 465). Dass der Berechtigte außerhalb des Geltungsbereichs dieses Gesetzes einen Zweitwohnsitz hat, reicht also keinesfalls aus. Ob den Versicherungsunternehmen ein Verschulden zur Last fällt oder ob ihnen die Ausländereigenschaft des Berechtigten bekannt war, ist unerheblich (BFH BStBl II 81, 471). Die Versicherungsunternehmen haften für die St. Darunter wird die gesamte von den Erben aus Anlass des Erbfalls geschuldete St verstanden (FG Köln EFG 08, 475). Mit dem Merkmal „die Steuer“ ist nur die Hauptforderung des StGläubigers gemeint. Die Haftung erstreckt sich nicht auf Säumniszuschläge oder sonstige stliche Nebenleistungen (FG Münster EFG 91, 547). Die Versicherungsunternehmen haften in Höhe des ausgezahlten Betrages für die St. Das kann bedeuten, dass sie für die St haften, die auf den ausgezahlten Betrag entfällt. Die Formulierung kann aber auch zum Ausdruck bringen, dass sie vom StGläubiger in voller Höhe des ausgezahlten Betrages in Anspruch genommen werden können, wenn die StSchuld des Erwerbers in Höhe dieses Betrages offensteht. Der RFH (RStBl 28, 336) hat sich für die zuletzt genannte weitergehende Deutung ausgesprochen (zust *Troll/Gebel* § 20 Rz 63). Der Erlass des Haftungsbescheides (§ 191 AO) stellt eine Ermessensentscheidung des FA dar. Der Bescheid ist nur dann fehlerfrei, wenn das FA von seinem Ermessen in einer dem Zweck der Ermächtigung entsprechenden Weise Gebrauch gemacht hat (BFH BStBl II 81, 471). 31

2. Kreditinstitute

32 Kreditinstitute **(Abs 6 S 2)** haften wie die Versicherungsunternehmen, wenn sich in ihrem Gewahrsam Vermögen des Erblassers befindet und wenn sie dieses Vermögen vor Entrichtung oder Sicherstellung der St **ins Ausland** bringen oder einem im Ausland wohnhaften Berechtigten zur Verfügung stellen. Die Kreditinstitute sollten eine Unbedenklichkeitsbescheinigung vom FA einholen, ehe sie Vermögen ins Ausland transferieren. Selbst zweckgebundene Verfügungen (zB die Begleichung von Beerdigungskosten, Mietkosten des Erblasser oder die Auszahlung von Pflichtteilen) lässt die FinVerw nicht zu (BayLfSt ZEV 15, 185). Auch eine solche Bescheinigung nützt den Instituten allerdings nichts, wenn sie dem FA unvollständige Angaben über das verbleibende Vermögen machen, insb nicht deutlich werden lassen, dass ein Teil des verbleibenden Bankguthabens als Rentenzahlung für den Erblasser persönlich bestimmt war und daher nach dem Erbfall zurückgezahlt werden muss (BFH BStBl II 07, 788). Vorausgesetzt wird in Abs 6 S 2, dass es sich bei den zur Haftung herangezogenen Unternehmen um inländische Einrichtungen handelt und dass das in Frage stehende Vermögen zZt des Erbfalls im Inland lag. Denn nur dann kann es nachträglich ins Ausland gebracht oder (mit Nachteilen für die inländische Besteuerung) einem im Ausland wohnhaften Berechtigten zur Verfügung gestellt worden sein. Zwei Besonderheiten sind jedoch zu vermerken. Zum einen haften die Kreditinstitute (und sonstige Vermögensverwahrer) kraft ausdrücklicher gesetzlicher Anordnung nur, wenn ihnen **Vorsatz oder Fahrlässigkeit** zum Vorwurf zu machen ist (§ 20 VI 2; leichte Fahrlässigkeit genügt: BFH BStBl III 64, 647; sehr weitgehend in den Anforderungen an die Bankinstitute BFH BStBl II 07, 788). Zum anderen sieht § 20 VI 2 die Haftung nur in Erbfällen vor, weil die Vorschrift nur von Vermögen des Erblassers spricht und die FinVerw die Haftung nicht unter Hinweis auf § 1 II auch auf Schenkungsfälle erstreckt (FinMin Nds BB 65, 445; OFD Hannover v 30.7.80 StEK § 20 Nr 1). Die Haftung der Geldinstitute besteht daher nur, wenn **Nachlassvermögen** transferiert wird, nicht auch wenn Guthaben ins Ausland übertragen werden, die vom Erben im Wege der vorweggenommenen Erbfolge erworben sind. Kein Auslandstransfer findet bei einem ausländischen Erben statt, wenn die Überweisung direkt an den inländischen Vermächtnisnehmer erfolgt. Der BFH tritt im Übrigen für eine weitherzige Auslegung des § 20 VI 2 ein und lässt die Kreditinstitute nicht nur für die auf den Erbschaftserwerb entfallende St haften, sondern bezieht auch die St mit ein, die der Erbe für einen Erwerb nach § 3 I Nr 4 zu entrichten hat (BStBl II 09, 763). Die FinVerw steht auf dem Standpunkt, dass die Haftung der Kreditinstitute nach § 20 VI 2 auch dann eingreift, wenn sie dem Berechtigten den Inhalt des bei ihnen geführten Schließfaches zur Verfügung stellen, obwohl ein Gewahrsam der Bank an dem Inhalt des Schließfachs nicht besteht (OFD München DStR 91, 153). Den Kreditinstituten wird geraten, zur erstmaligen Öffnung der Schließfächer nach dem Tod des Berechtigten einen vom zuständigen FA beauftragten Beamten hinzuzuziehen. Die Haftung aus § 20 VI 2 trifft nur das Kreditinstitut, bei dem sich das Vermögen beim Tod des Erblassers befand (vgl aber BFH BStBl III 64, 647; II 94, 116). Durch die Weiterleitung von Geldern nach dem Tod des Erblassers an andere Kreditinstitute geht die Haftung nicht auf diese über (FG München EFG 89, 464). Auszahlungen auf Weisung eines Testamentsvollstreckers begründen keine Haftung der Kreditinstitute, auch wenn sie ins Ausland erfolgen (OFD Hannover ZEV 03, 161). Ob als Vermögen des Erblassers, auf das sich die Haftung bezieht, auch Vermögenssurrogate angesprochen werden können, die nach dem Erbfall an die Stelle von Erblasservermögen treten, ist offen. Der Kaufpreis für die Veräußerung eines Miterbenanteils gehört jedenfalls nicht hierher (BFH BStBl II 92, 348). Auch Anderkonten des Erblassers sind nicht betroffen (*Schmidt* ZEV 03, 129, 134).

3. Haftung anderer Personen

Neben den Versicherungsunternehmen und Kreditinstituten haften auch andere Personen, in deren Gewahrsam sich Erblasservermögen zum Erbfallszeitpunkt befindet, nach § 20 VI 2. Dies können **Anwälte oder Notare, StBerater oder Treuhänder** sein. Doch darf man nicht „die Anzahl der nach § 20 VI ErbStG Haftenden in einem vom Gesetz nicht gewollten Umfang erweitern" (FG Berlin EFG 90, 28, 29). Es ist also eher eine restriktive Auslegung angebracht (so auch FG Münster EFG 91, 547). Diese Auslegung hat darauf zu achten, dass die Vermögenswerte schon zum Erbfallszeitpunkt im Gewahrsam des Dritten gestanden haben und nicht erst nach dem Erbfall auf Weisung des Erben vom Dritten auf einem Konto zusammengezogen worden sind. Auch wenn man es für möglich hält, dass sich die haftungsbegründende Stellung auf Erblasserguthaben erstreckt, die erst nach dem Erbfall durch Einzahlungen Dritter begründet oder aufgestockt worden sind (offengelassen in BFH BStBl II 94, 116, unter Hinweis auf BFH BStBl III 64, 647), bleibt zu beachten, dass die Haftung endet, wenn das Geld dem Erben zur Verfügung gestellt worden ist (BFH BStBl II 94, 116). Nach Vorschriften der AO (§§ 34, 35 AO) kann im Übrigen eine Haftung insb **Testamentsvollstrecker, Nachlassverwalter** und **Nachlasspfleger** treffen, wenn sie den Nachlass vor Entrichtung oder Sicherstellung der St an die Berechtigten aushändigen (§ 32 Anm 13ff). Die Haftungsinanspruchnahme ist ermessensfehlerhaft, wenn die Aushändigung zur Tilgung von StSchulden des Erblassers oder zur Zahlung unaufschiebbarer Erbfallverbindlichkeiten erfolgt (FG München UVR 95, 153). Dieser Gedanke dürfte es auch ausschließen, dass Erben selbst wegen der Auszahlung von Vermächtnissen ins Ausland als Haftungsschuldner in Anspruch genommen werden. 33

4. Haftungsfreigrenze (Abs 7)

Eine dem Grunde nach gegebene Haftung ist gem Abs 7 nicht geltend zu machen, wenn der ausgezahlte oder zur Verfügung gestellte Betrag 600 EUR je „StFall" nicht übersteigt. Bei diesem Betrag handelt es sich um eine Freigrenze, nicht um einen Freibetrag. Sofern daher ein höherer Betrag als 600 EUR ausgezahlt oder zur Verfügung gestellt wird, greift die Haftung vollen Umfangs ein. Die Freigrenze gilt nicht für die Haftung nach den §§ 34, 35 iVm § 69 AO. Sie gilt für jeden StFall, dh für jeden einzelnen Erwerb, für den ein selbstständiger StBescheid zu erteilen ist (OFD Erfurt DB 93, 1060). Erwerben mehrere Personen, ist jeder Erwerber ein eigener StFall (BayLfSt ZEV 13, 164). 34

§ 21 Anrechnung ausländischer Erbschaftsteuer

(1) [1]**Bei Erwerbern, die in einem ausländischen Staat mit ihrem Auslandsvermögen zu einer der deutschen Erbschaftsteuer entsprechenden Steuer – ausländische Steuer – herangezogen werden, ist in den Fällen des § 2 Absatz 1 Nummer 1, sofern nicht die Vorschriften eines Abkommens zur Vermeidung der Doppelbesteuerung anzuwenden sind, auf Antrag die festgesetzte, auf den Erwerber entfallende, gezahlte und keinem Ermäßigungsanspruch unterliegende ausländische Steuer insoweit auf die deutsche Erbschaftsteuer anzurechnen, als das Auslandsvermögen auch der deutschen Erbschaftsteuer unterliegt.** [2]**Besteht der Erwerb nur zum Teil aus Auslandsvermögen, ist der darauf entfallende Teilbetrag der deutschen Erbschaftsteuer in der Weise zu ermitteln, daß die für das steuerpflichtige Gesamtvermögen einschließlich des steuerpflichtigen Auslandsvermögens sich ergebende Erbschaftsteuer im Verhältnis des steuerpflichtigen Auslandsvermögens zum steuerpflichtigen Gesamtvermögen aufgeteilt wird.** [3]**Ist das Auslandsvermö-**

gen in verschiedenen ausländischen Staaten belegen, ist dieser Teil für jeden einzelnen ausländischen Staat gesondert zu berechnen. [4]Die ausländische Steuer ist nur anrechenbar, wenn die deutsche Erbschaftsteuer für das Auslandsvermögen innerhalb von fünf Jahren seit dem Zeitpunkt der Entstehung der ausländischen Erbschaftsteuer entstanden ist.

(2) **Als Auslandsvermögen im Sinne des Absatzes 1 gelten,**

1. **wenn der Erblasser zur Zeit seines Todes Inländer war: alle Vermögensgegenstände der in § 121 des Bewertungsgesetzes genannten Art, die auf einen ausländischen Staat entfallen, sowie alle Nutzungsrechte an diesen Vermögensgegenständen;**
2. **wenn der Erblasser zur Zeit seines Todes kein Inländer war: alle Vermögensgegenstände mit Ausnahme des Inlandsvermögens im Sinne des § 121 des Bewertungsgesetzes sowie alle Nutzungsrechte an diesen Vermögensgegenständen.**

(3) **[1]Der Erwerber hat den Nachweis über die Höhe des Auslandsvermögens und über die Festsetzung und Zahlung der ausländischen Steuer durch Vorlage entsprechender Urkunden zu führen. [2]Sind diese Urkunden in einer fremden Sprache abgefaßt, kann eine beglaubigte Übersetzung in die deutsche Sprache verlangt werden.**

(4) **Ist nach einem Abkommen zur Vermeidung der Doppelbesteuerung die in einem ausländischen Staat erhobene Steuer auf die Erbschaftsteuer anzurechnen, sind die Absätze 1 bis 3 entsprechend anzuwenden.**

Erbschaftsteuer-Richtlinien 2011: R E 21/H E 21

Übersicht

Schrifttum: Vgl. die Schrifttumshinweise zu § 2. Ferner insbesondere: *Höninger,* Doppelbesteuerung im Erbschaft- und Schenkungsteuerrecht, 2003; *Hamdan,* Die Beseitigung internationaler Doppelbesteuerung durch § 21 ErbStG, 2007; *Schaumburg,* Problemfelder im internationalen ErbStRecht, RIW 01, 161; *Gebel,* Erbschaftsteuer bei deutsch-spanischen Nachlässen, IStR 01, 71; *Kamps,* Erb- und Schenkungsfälle mit Auslandsberührung, ErbStB 03, 29; *Hamdan,* Verfassungs- und europarechtliche Probleme der Anrechnungsmethode des § 21 ErbStG, ZEV 07, 401; *Hellwege,* Nichtanrechnung spanischer ErbSt in Deutschland gemeinschaftskonform, ErbStB 09, 252; *Strunk/Kaminski,* Internationale Aspekte des ErbStRechts, Stbg 09, 158; *Jülicher,* Anrechnung ausländischer Erbschaftsteuer nach § 21 ErbStG – eine Vorschrift im Wandel?, FS Frotscher, 2013, 273; *Kaminski,* Doppelbesteuerung in der Erbschaftsteuer, ErbR 16, 183.

I. Allgemeines

1. Erwerb von Auslandsvermögen

1 Unter den Voraussetzungen der unbeschränkten StPfl (§ 2 I Nr 1) kann es dazu kommen, dass der Erwerb von Auslandsvermögen durch einen deutschen oder einen ausländischen Erwerber der deutschen ErbSt unterliegt. Wird dieser Erwerb dann nicht nur von der deutschen, sondern auch noch von einer vergleichbaren ausländischen St erfasst, so kommt es zu einer Doppelbesteuerung desselben Erwerbs durch eine gleichartige ausländische und deutsche St. § 21 schließt diese Doppelbesteuerung nicht aus, erlaubt es aber, die aus der Doppelbesteuerung folgende zweifache Belastung des Stpfl zum Nachteil des deutschen StFiskus auf eine einfache Belastung zurückzuführen. § 21 ist nicht nur auf die ErbSt, sondern gem § 1 II auch auf die SchSt anwendbar.

2. Anrechnung

2 Als Verfahren zur Vermeidung der Doppelbelastung wird in § 21 die Anrechnung der ausländischen St auf die deutsche ErbSt genannt. Mit Hilfe dieser Anrechnung wird die auf den Auslandserwerb entfallende deutsche St um den anrechnungsfähigen Betrag der ausländischen St gekürzt **(Anrechnungsmethode).** Wenn § 21 zur Vermeidung der aus der Doppelbesteuerung folgenden Doppelbelastung das Anrech-

nungsverfahren zur Verfügung stellt, so kann dies bedeuten, dass die Doppelbelastung nur auf dem Weg der Anrechnung beseitigt (oder gemildert) werden soll (*Gebel,* ZEV 06, 131; *Hamdan,* ZEV 07, 405). Möglich ist jedoch auch die Interpretation, dass dem Stpfl ein **Wahlrecht** zustehen soll, mit dem er sich zwischen der Kürzung der StSchuld durch Anrechnung und dem Abzug der ausländischen St von der Bemessungsgrundlage nach § 10 V **(Abzugsmethode)** entscheiden kann. FinVerw (H E 10.11 ErbStH, aber Abzug anerkannt im Fall FG München EFG 06, 59; BFH BStBl II 08, 623) und Rspr (BFH BStBl II 13, 746; FG Nürnberg EFG 63, 311; FG Düsseldorf ZEV 09, 526; FG Bad-Württ EFG 14, 941; FG Rh-Pf EFG 14, 2057; offen gelassen im AdV-Beschluss München EFG 05, 1551 und wegen des Verböserungsverbots – nach Anerkennung des Abzugs durch das FA – FG München EFG 06, 59; BFH BStBl II 08, 623) vertreten, dass § 21 den Stpfl ausschließlich auf die Anrechnung verweist. Der Abzug von der Bemessungsgrundlage soll nach § 10 VIII ausgeschlossen sein. § 10 VIII sieht jedoch nur vor, dass die ausländische St nicht von der Bemessungsgrundlage für die Berechnung der ausländischen St, die inländische St nicht von der Bemessungsgrundlage zur Berechnung der inländischen St abgezogen werden kann. Über die hier interessierende Frage, ob die ausländische St die Bemessungsgrundlage für die Berechnung der inländischen St kürzen kann, sagt § 10 VIII nichts aus (§ 10 Anm 73). Regelmäßig ist die Anrechnung auf die StSchuld, die § 21 erlaubt, für den Stpfl günstiger, weil sie unmittelbar die StSchuld kürzt und nicht nur mittelbar über die Kürzung der Bemessungsgrundlage auf die StSchuld von Einfluss ist. Gelegentlich kann jedoch auch die Abzugsmethode günstiger sein, weil für sie die in § 21 geregelten Begrenzungen der Anrechnung (vgl Anm 19, 21, 31) nicht gelten und weil der Abzug von der Bemessungsgrundlage nicht nur den StBetrag, sondern auch die StStufe verändert, während die Anrechnung die StStufe unverändert lässt. Auch kann die Anrechnung wegen des engen Begriffs des Auslandsvermögens (Anm 29ff) scheitern, während der Abzug dann eine Auffanglösung bietet. Die §§ 10 und 21 schließen die Abzugsmethode nicht deutlich genug aus, deuten vielmehr mit dem Antragserfordernis (Anm 7) eher auf ein Wahlrecht hin. § 34c EStG räumt seit 1980 dem StSchuldner ausdrücklich die Wahl zwischen der Anrechnung und dem Abzug ein. Ein entsprechendes Wahlrecht sollte auch für die ErbSt gelten (so früher auch *Troll* § 21 Rz 8; anders dagegen jetzt *Troll/Jülicher* § 21 Rz 6; *Moench/Weinmann* § 21 Rz 21; *Fischer/Konrad* § 21 Rz 9; dagegen wie hier *Kapp/Eisele* § 21 Rz 3). Der BFH hat einen Abzug nach § 10 V Nr 1 (Erblasserschuld) nur für ausländische Steuern zugelassen, die vom Erblasser herrühren/noch in seiner Person entstanden sind (BStBl II 95, 540 für kanadische capital gains tax; DStRE 16, 1506 für „US-federal income tax withheld“ bei Auszahlungen aus einer Lebensversicherung). Nach BFH BStBl II 12, 790 ist eine Erblasserschuld auch gegeben, wenn der Erblasser in eigener Person den steuerrelevanten Tatbestand verwirklicht hat und deshalb für ihn als Stpfl eine St entsteht. Danach ist die ausländische St zu beurteilen, wenn ein Wahlrecht zum Abzug abgelehnt wird. Ansonsten verbleiben nur Billigkeitsmaßnahmen nach §§ 163, 227 AO, die auch der BFH bei übermäßiger Steuerbelastung als geboten ansieht (BStBl II 13, 746).

3. Erwerb von Inlandsvermögen

3 § 21 setzt den Erwerb von Auslandsvermögen voraus und greift nicht ein, wenn nur Inlandsvermögen oder nur Vermögen, das kein Inlandsvermögen ist, aber nach Abs 2 auch nicht als Auslandsvermögen gilt (neutrales Vermögen) erworben wird. Der ganze Problembereich wird nur mit dem Erwerb von Auslandsvermögen in Verbindung gebracht. Zur Abwendung von Nachteilen wird die Umwidmung von Auslandsvermögen in Inlandsvermögen empfohlen (*Kowallik,* DStR 99, 1129). Zu einer aus der Doppelbesteuerung folgenden Doppelbelastung kann es jedoch nicht nur beim Erwerb von Auslandsvermögen, sondern auch dann kommen, wenn der Er-

werb von Inlandsvermögen durch die deutsche und zugleich auch noch durch eine ausländische ErbSt erfasst wird. Inlandsvermögen unterliegt der ausländischen ErbSt, wenn der Erwerber, der im Inland beschränkt stpfl ist, im Ausland in den Kreis der unbeschränkt Stpfl fällt. Der Erwerb von Inlandsvermögen wird ferner dann im Inland und im Ausland besteuert, wenn für den Erwerb im Inland wie im Ausland die unbeschränkte StPfl gilt. Zum Erwerb doppelt belasteten neutralen Vermögens kann es zB kommen, wenn ein in Deutschland lebender Erblasser spanische Bankguthaben hinterlässt (BFH BStBl II 08, 623). Für Fälle der Doppelbelastung von Inlandsvermögen oder von neutralem Vermögen sieht § 21 keine Abhilfe vor. Denn es gilt als nicht sachgerecht, dass der deutsche StFiskus im Hinblick auf die Besteuerung des Erwerbs von Inlandsvermögen hinter andere Staaten zurücktritt und das eigene StAufkommen unter Berücksichtigung der StZahlung an andere Staaten auf dem Wege der Anrechnung der ausländischen St auf die inländische StSchuld kürzt. Die Doppelbelastung von inländischem Vermögenserwerb kann jedoch durch ausländische gesetzliche Regelungen oder durch DBA vermieden werden. Sieht weder eine ausländische gesetzliche Bestimmung noch ein DBA die Anrechnung der deutschen auf die ausländische St vor, bleibt ferner zu überlegen, ob die Zahlung der ausländischen St bei der Berechnung der deutschen St zumindest insoweit berücksichtigt werden kann, als die ausländische St unter dem Gesichtspunkt der Erwerbskosten zur Kürzung der Bemessungsgrundlage zugelassen wird (§ 10 V Nr 3). Dieser Weg eröffnet sich jedoch nur dann, wenn die ausländische St mit der hier (§ 10 Anm 73) vertretenen Auffassung bei der Bewertung des der inländischen St unterliegenden Vermögens nicht zu der nach § 10 VIII nichtabzugsfähigen eigenen ErbSt des Erwerbers zu rechnen ist. Die FinVerw war schon einmal bereit, diesen Weg dann zu gehen, wenn die ausländische St auf ein Vermögen entfällt, das § 21 II nicht als Auslandsvermögen anerkennt, so dass eine Anrechnung nicht in Frage kommt (FG München EFG 06, 59; BFH BStBl II 08, 623; s aber Anm 2).

4. Eingreifen von DBA

§ 21 I 1 beseitigt die aus der Doppelbesteuerung herrührende Doppelbelastung **unilateral** und beschränkt die Anrechnung daher auf solche Fälle des Erwerbs von Auslandsvermögen, die nicht unter die Vorschriften eines Abkommens zur Vermeidung der Doppelbesteuerung (Doppelbesteuerungsabkommen, DBA; Näheres dazu § 2 Anm 31 ff) fallen. Für die Fälle, in denen DBA eingreifen, die zur Anrechnung der ausländischen auf die deutsche ErbSt führen und damit die Doppelbelastung auf Grund **bilateraler** Maßnahmen ausschließen, wird in Abs 4 die entsprechende Anwendung der Abs 1 bis 3 vorgeschrieben. Dieses auf den ersten Blick überraschende Hin und Her wird verständlich, wenn man sich vor Augen führt, dass § 21 **zwei Funktionen** erfüllt. Zum einen regelt § 21 die **Zulassung der Anrechnung** und bestimmt damit, dass die deutsche St durch Anrechnung um den Betrag der ausländischen St gekürzt werden darf. Eine solche Regelung ist für die durch DBA erfassten Fälle nicht erforderlich, weil die DBA entweder der Freistellungsmethode folgen und die Anrechnung gerade nicht kennen oder zwar die Anrechnung vorsehen, dann aber die Grundnorm über die Zulassung der Anrechnung selbst enthalten. Neben der Zulassung regelt § 21 zum zweiten aber auch noch das **Verfahren der Anrechnung,** über das sich die DBA gegebenenfalls nicht näher aussprechen. Wegen der Einzelheiten des Verfahrens der Anrechnung wird § 21 daher nach seinem Abs 4 auch in den durch DBA erfassten Fällen herangezogen. 4

5. Überblick über die Anrechnungsvoraussetzungen

Die Anrechnung, die nur auf Antrag eines unbeschränkt Stpfl beansprucht werden kann, setzt die Ermittlung einer inländischen St voraus, deren Ausgangsbetrag im 5

Wege der Anrechnung auf einen zu zahlenden Restbetrag herabgesetzt werden soll. Zur Anrechnung zugelassen wird nur eine ausländische St und diese AuslandsSt auch nur dann, wenn sie die folgenden sechs Merkmale erfüllt. Sie muss **(1.)** der deutschen ErbSt entsprechen, sie darf **(2.)** nicht früher als fünf Jahre vor der inländischen St, auf die sie angerechnet werden soll, entstanden sein und sie muss **(3.)** vor der Anrechnung festgesetzt und bezahlt worden sein. Erforderlich ist ferner **(4.)**, dass die ausländische St auf Auslandsvermögen iSv Abs 2 entfällt, dessen Erwerb **(5.)** auch der inländischen Besteuerung unterliegt, wobei **(6.)** die ausländische St höchstens bis zu dem Betrag angerechnet werden kann, bis zu dem das Auslandsvermögen im Inland besteuert wird.

6. Überblick über den Gesetzesaufbau

6 Abs 1 S 1 geht von dem Grundfall eines vollständig aus ausländischem Vermögen bestehenden Erwerbs aus, bei dem das Auslandsvermögen nur mit einem einzigen ausländischen Staat verbunden ist, und regelt unter diesen Voraussetzungen die Anrechnung der ausländischen St. S 2 fügt dem den Fall des Mischerwerbs von ausländischem und inländischem Vermögen, S 3 den Fall eines mit verschiedenen ausländischen Staaten verbundenen Erwerbs hinzu. S 4 sieht eine Anrechnungssperre für den Fall vor, dass die inländische St mehr als fünf Jahre nach der ausländischen St entstanden ist. In Abs 2 wird das Auslandsvermögen näher bestimmt, im Hinblick auf dessen Besteuerung die Anrechnung beansprucht werden kann. Abs 3 zählt die Nachweise auf, die beigebracht werden müssen, um die Anrechnung der AuslandsSt zu erreichen. Abs 4 schließt die Anrechnungsvorschrift mit einer Bestimmung ab, die die entsprechende Anwendung der Anrechnungsregeln bei Geltung von DBA vorsieht.

II. Rein ausländischer Erwerb (Abs 1 S 1)

1. Antrag

7 Die Anrechnung setzt einen Antrag voraus, ein Umstand, der signalisiert, dass die Anrechnung Ausdruck einer Wahlrechts-Ausübung ist, die den Abzug der AuslandsSt als sinnvolle andere Alternative zur Voraussetzung hat (Anm 2). Antragsberechtigt ist jeder StSchuldner, auch der Schenker, der zur StZahlung herangezogen wird, auch der Testamentsvollstrecker, Nachlassverwalter oder Nachlasspfleger, der nach § 31 V oder VI die StErklärung abzugeben hat. Für den Antrag gibt es keine besondere Form oder Frist. Der Antrag kann schon vor Abgabe der StErklärung, zusammen mit der Erklärung oder nachträglich bis zur Bestandskraft des StBescheides gestellt werden. Der Antrag ist an das nach § 35 örtlich zuständige FA zu richten. Wird der Antrag nach Erlass des StBescheides gestellt, ist er mit einem Einspruch gegen den StBescheid zu verbinden. Die Anrechnung erfolgt im Festsetzungsverfahren. Wird die ausländische St, die zur Anrechnung kommen soll, erst nach Bestandskraft des StBescheids entrichtet, ist der StBescheid zu ändern. Die Zahlung der ausländischen St bildet dann ein rückwirkendes Ereignis, das nach § 175 I 1 Nr 2 AO beachtet werden kann (BFH BStBl II 11, 247; R E 21 III ErbStR).

2. Unbeschränkte Steuerpflicht

8 Die Anrechnung kann nur „in den Fällen des § 2 I Nr 1" verlangt werden, also dann, wenn der Erblasser zZ seines Todes, der Schenker zZ der Ausführung der Schenkung oder der Erwerber zZ der Entstehung der St Inländer ist. Zu den Inländern rechnen dabei alle diejenigen, die das Gesetz in § 2 I Nr 1 S 2 Buchst a–d in den Kreis der Inländer einbezieht. Mit der Verweisung auf § 2 I Nr 1 wird klargestellt, dass

§ 21 nur zum Zuge kommen soll, wenn der Erwerb der deutschen unbeschränkten StPfl unterliegt. Dieser ausdrücklichen Regelung hätte es nicht bedurft. Denn § 21 setzt voraus, dass inländische St auf den Erwerb von Auslandsvermögen entfällt. Diese Voraussetzung wird nur im Fall der unbeschränkten StPfl erfüllt. In den Fällen der beschränkten StPfl nach § 2 I Nr 3 einschließlich der erweiterten beschränkten StPfl nach § 4 AStG wird die Steuer demgegenüber nur auf den Erwerb von (unterschiedlich weit definiertem) Inlandsvermögen bezogen. Eine Anrechnung ausländischer St auf inländische St für Auslandsvermögen kommt daher in den Fällen der beschränkten StPfl von vornherein nicht in Betracht.

3. Kein Anrechnungsanspruch bei DBA

Nach § 21 I 1 „ist" die ausländische St anzurechnen. Das Gesetz räumt damit dem StSchuldner, der den Anrechnungsantrag stellt (Anm 7), einen Anspruch auf Anrechnung ein. Dieser Anspruch besteht nur, „sofern nicht die Vorschriften eines Abkommens zur Vermeidung der Doppelbesteuerung anzuwenden sind". Das Wort „sofern" ist im Sinne von „wenn und soweit" zu interpretieren. DBA, die nur die ErbSt betreffen, lassen daher Raum für die Anwendung des § 21 im SchStBereich (zustimmend *Moench/Weinmann* § 21 Rz 11). Im Verhältnis zu Griechenland findet § 21 außerdem auch auf das unbewegliche Nachlassvermögen Anwendung, da das DBA nur für bewegliches Nachlassvermögen gilt (§ 2 Anm 32). Wegen der entsprechenden Anwendung des § 21 im Bereich von DBA vgl im Übrigen Abs 4 (Anm 36 ff). 9

4. Ausländische Steuer

Anrechenbar ist die auf Auslandsvermögen (Anm 28 ff) entfallende ausländische St. Als ausländische St gilt die St, zu der der Erwerber „in einem ausländischen Staat" herangezogen wird. Wie der Wortlaut zeigt, muss es sich bei der St nicht notwendig um eine St des ausländischen Staates handeln, sondern es genügt, dass die St in dem Staat von Untergliederungen des Staates (Ländern, Provinzen, Kantonen, Gemeinden) erhoben wird. Auch wird nicht vorausgesetzt, dass die anzurechnende St in dem gesamten Staatsgebiet des ausländischen Staates gilt. Auch St, die nur in einzelnen Provinzen, Kantonen etc erhoben werden, sind daher nach § 21 anrechenbar (BFH BStBl III 64, 408; II 11, 247). 10

5. Entsprechungsklausel

Zur Anrechnung wird nur eine der deutschen ErbSt entsprechende St zugelassen. Der deutschen ErbSt entspricht nicht nur eine ausländische ErbanfallSt, sondern auch eine NachlassSt, die beim Erbfall von dem Nachlasswert erhoben wird (BFH BStBl II 90, 786 mwN). Der deutschen SchSt ist auch eine St gleichzusetzen, die aus Anlass einer Schenkung verwirklicht wird, aber nicht an die Bereicherung des Erwerbers, sondern an die Entreicherung des Schenkers anknüpft. Fraglich ist, ob auch eine ESt dann den Voraussetzungen der Entsprechungsklausel genügt, wenn sie den Erbfall als Gewinnrealisierungsvorgang bestimmt, soweit sie die mit dem Erbfall realisierten Gewinne erfasst. Die Frage ist für die kanadische capital gains tax diskutiert worden. Während zunächst die Entsprechung verneint wurde (Erl Hessen v 17. 1. 1979, StEK § 21 ErbStG 1974 Nr 2), mehrten sich sodann die Stimmen, die für eine Anrechenbarkeit iRd § 21 eintraten (vgl *Helmer,* DStR 89, 488). Das FG Münster (EFG 92, 540) hatte sich unter Hinweis auf die in der Entscheidung BFH BStBl II 90, 786 aufgestellten Kriterien für eine Anrechenbarkeit der kanadischen St ausgesprochen. Der BFH BStBl II 95, 540 hat die Anrechenbarkeit jedoch dann verneint. Dafür wird zumindest für diese St ein Abzug von der Bemessungsgrundlage als Nachlassverbindlichkeit zugelassen (*Moench/Weinmann* § 21 Rz 14; s auch Anm 2). 11

6. Auf denselben Erwerb entfallende Steuer

12 Nur die ausländische St ist anrechenbar, die denselben stpfl Erwerb (zB denselben Erwerb durch Erbanfall) betrifft. Diese Frage spielt bei Einschaltung eines Nachlasstrust eine Rolle. Nach englischem und amerikanischem Recht wird hier der Übergang des Vermögens auf den Trust, nach deutschem Recht wurde bisher der Übergang des Vermögens auf den Enderwerber besteuert. Es wurden damit zwar unterschiedliche Abschnitte des Vermögenstransfers erfasst. Doch waren die St einheitlich als St auf den Übergang des Vermögens vom Erblasser auf den Erben gedacht. Daher konnten die angelsächsischen St, die den Übergang des Vermögens auf den Trust belasteten, auf die deutsche St beim Erwerb des Endberechtigten angerechnet werden. Nachdem das deutsche Recht aber nun eine doppelte Besteuerung vorschreibt und den Übergang des Vermögens auf den Trust schon selbst als stpfl Vorgang ansieht (§ 3 II Nr 1 S 2, § 7 I Nr 8 S 2), kann die ausländische St auch nur noch auf diesen Erwerb angerechnet werden. Ausnahmsweise dann, wenn der Übergang von Vermögen auf den Trust die Merkmale eines in Deutschland stpfl Erwerbs (§ 2) nicht erfüllt, kann weiterhin an die Anrechnung auf den Erwerb des Endberechtigten (§ 7 I Nr 9 S 2) gedacht werden.

7. Auf den Erwerber entfallende Steuer

13 Nur die St ist anrechenbar, die auf den Erwerber entfällt. Erwerben mehrere, ist die St anteilig anrechenbar (BFH BStBl II 90, 786). Auf den Erwerber entfällt die St, die er vom wirtschaftlichen Ergebnis her gesehen zu tragen hat. Der Erwerber trägt im Ergebnis die St nicht, für die er zwar StSchuldner ist, die er aber zB im Gesamtschuldnerausgleich auf andere verlagern kann. Umgekehrt entfällt auf den Erwerber auch der StBetrag, für den er zwar nicht Schuldner ist, der ihn aber im wirtschaftlichen Ergebnis trifft. Die StZahlung aus dem Nachlass, die zB aus Anlass einer ausländischen NachlassSt aufzubringen ist, die den eigenen Erwerb anteilig kürzt, entfällt daher auf den Erwerber, auch wenn er nicht StSchuldner ist (vgl BFH BStBl II 82, 597). Eine StSubjektidentität im ausländischen und inländischen Recht wird nicht verlangt (R E 21 I ErbStR).

8. „Steuerfreier" Vermächtniserwerb

14 Fraglich ist, inwieweit ein StBetrag auf den Vermächtnisnehmer entfällt, wenn ihm das Vermächtnis nach einer Anordnung des Erblassers „steuerfrei" auszuzahlen oder auszuhändigen ist. Die FinVerw (FinMin NW DB 77, 566; zustimmend *Petzoldt* § 21 Rn 9) hatte bisher eine auf den Erwerb entfallende AuslandsSt nicht anerkannt. Demgegenüber hatte *Michel* (8. Aufl dieses Kommentars, § 21 Anm 6) für eine Anerkennung plädiert. Aus seiner Sicht ist nach § 10 I 1 (der den Besteuerungsgrundsatz des § 10 II einschließt) als stpfl Erwerb aus Vermächtnis der Erwerb anzusehen, der dem Betrag des ausgesetzten Vermächtnisses zuzüglich der vom Erben zu entrichtenden St auf das Vermächtnis entspricht. Die auf diesen Bruttoerwerb entfallende AuslandsSt sei dann auf die deutsche St anrechenbar, weil der Erwerber bei dieser Sachbehandlung wirtschaftlich wie im Fall der eigenen StZahlung mit der AuslandsSt belastet ist. Nunmehr ist der BFH (BStBl II 90, 786) dieser Auffassung gefolgt. Das Gericht lässt eine Anrechnung von AuslandsSt durch den Vermächtnisnehmer zu, wenn die AuslandsSt dem Vermächtniserwerb bei der Ermittlung der deutschen St hinzugerechnet wird. Die FinVerw (R E 21 I ErbStR) hat ihre frühere Weisung aufgehoben und sich der neuen RsprLinie angeschlossen.

9. „Steuerfreier" Pflichtteilserwerb

Auch hinsichtlich des Pflichtteilserwerbs kann es vorkommen, dass der Erblasser den Erben auferlegt, die StLast des Pflichtteilsberechtigten zu übernehmen. Wenn man dann als Pflichtteilserwerb den aus Pflichtteilszahlung und StÜbernahme zusammengesetzten Bruttobetrag versteht, kann man wie beim Vermächtniserwerb sagen, dass auf den Pflichtteilsberechtigten die vom Erben übernommene St im Ergebnis entfällt. Fraglich ist, ob dies auch dann gilt, wenn den Pflichtteilsberechtigten kraft Gesetzes keine StPfl trifft, wenn das Gesetz aber zugleich vorsieht, dass der Pflichtteil nach dem Wert des versteuerten Nachlasses berechnet werden soll. Hier greift jedoch der schon oben (Anm 13) hervorgehobene Grundsatz ein, dass die StZahlung aus dem Nachlass, die den Erwerb anteilig kürzt, auf den Erwerber entfällt, auch wenn er nicht StSchuldner ist. Im Übrigen gilt auch im Pflichtteilsrecht die von der Entscheidung BFH BStBl II 90, 786 vorgezeichnete Linie (Anm 14). 15

10. „Steuerfreie" Schenkung

Übernimmt der Schenker die St, kommt es auch in diesem Fall durch Zusammenrechnung des Schenkungserwerbs mit dem auf ihn entfallenden StBetrag zu einer Erhöhung der aus diesem Anlass verwirkten St. Doch trifft die erhöhte St im Ergebnis nicht den Beschenkten, weil sie nur wirksam wird, wenn der Schenker die St übernimmt und damit den Beschenkten von jeder StZahlung freistellt. Ob es genügt, dass der Schenker den Umfang des Geschenks mit der ihn treffenden StLast abgestimmt haben wird, um von einer Belastung des Beschenkten auszugehen, erscheint fraglich. 16

11. Endgültige Steuer

Anrechenbar ist die festgesetzte, gezahlte und keinem Ermäßigungsanspruch unterliegende ausländische St. Festgesetzt ist die St, die in ihrem Umfang amtlich fixiert und durch Bescheid fälliggestellt wurde. Gezahlt ist die St, wenn der StAnspruch durch Tilgungsleistungen erfüllt worden ist. Kann der StAnspruch auf andere Weise als durch Geldzahlung, zB durch Übereignung von Kunstgegenständen getilgt werden, gilt auch diese Tilgung als Zahlung iSd § 21 I 1. Auf die Frage, wer gezahlt hat, kommt es nicht an. Auch Drittleistungen sind Zahlungen im hier interessierenden Sinn. Keinem Ermäßigungsanspruch unterliegt die St, wenn der StSchuldner eine Herabsetzung der St und damit auch eine Rückzahlung der bereits gezahlten St nicht erreichen kann. Aus der Sicht der deutschen FinVerw ist davon auszugehen, dass eine im Ausland festgesetzte St richtig berechnet ist. Die deutsche FinVerw prüft die richtige Berechnung der ausländischen St ohne besondere Anhaltspunkte nicht nach. Daher ist auch im Zweifel anzunehmen, dass die ausländische St keinem Ermäßigungsanspruch unterliegt. Ein besonderer Nachweis über das Fehlen eines Ermäßigungsanspruchs braucht nicht erbracht zu werden (vgl Abs 3 S 1). Wird allerdings bekannt, dass der Stpfl einen Rechtsstreit führt mit dem Ziel, eine Herabsetzung der ausländischen St zu erreichen, ist die Anrechnung insoweit ausgeschlossen. 17

12. Umrechnungskurs

Um die Anrechnung durchführen zu können, muss die AuslandsSt ggf in Euro umgerechnet werden. Nach allg Meinung ist die Umrechnung auf der Grundlage des amtlichen Devisenkurses durchzuführen. Fraglich ist, auf welchen Stichtag die Umrechnung bezogen werden soll. Nach einer älteren Auffassung der FinVerw (FinMin NW DB 78, 819) und verschiedener FG (Hamburg EFG 89, 184; München EFG 89, 357) war für die Umrechnung der Tag der StZahlung maßgeblich. Für eine Umrechnung nach dem Stichtag der Entstehung der deutschen St ließ sich demgegenüber anführen, dass das Auslandsvermögen, nach dem die ausländische St berech- 18 net wird, bei der Bewertung für die Zwecke der Ermittlung der deutschen St mit seinem Wert zum Tag der StEntstehung angesetzt wird (§ 11). Aus der Sicht der deutschen St erschien es zweckmäßig, nicht nur die Bemessungsgrundlage, sondern auch den bei der StFestsetzung zu berücksichtigenden Anrechnungsbetrag nach den Gegebenheiten zum Zeitpunkt der Entstehung der deutschen St zu ermitteln. Nunmehr hat sich der BFH (BStBl II 91, 521; 95, 540) jedoch für die zweite Alternative entschieden und sich dafür ausgesprochen, den amtlichen, im Bundesanzeiger veröffentlichten Devisenkurs (Briefkurs) für den Tag der Umrechnung zugrunde zu legen, an dem die **deutsche ErbSt** für den Erwerb **entstanden** ist. Dem folgt unter Aufgabe ihres früheren Standpunkts jetzt auch die FinVerw (R E 21 II ErbStR).

13. Die durch Anrechnung zu kürzende inländische Steuer

19 Die berücksichtigungsfähige ausländische St ist auf die deutsche St anzurechnen. Um den Ausgangswert für die Anrechnung zu erhalten, ist die deutsche St so zu ermitteln, als würde es eine ausländische St auf den Auslandserwerb nicht geben. Die ausländische St darf die Bemessungsgrundlage der deutschen St im Anrechnungsverfahren nicht kürzen, weil es sonst zu einer doppelten Berücksichtigung der ausländischen St bei der Ermittlung der Bemessungsgrundlage der deutschen St und im Anrechnungsverfahren käme. Der Auslandserwerb ist daher als Bruttoerwerb vor Abzug der St in die Bemessungsgrundlage der inländischen St einzufügen. Gegebenenfalls muss die ausländische St dem als Reinerwerb ermittelten ausländischen Erwerb hinzugesetzt werden (BFH BStBl II 79, 438, 440). Die ausländische St darf die Bemessungsgrundlage der inländischen St im Anrechnungsverfahren auch nicht unter dem Gesichtspunkt der Erwerbsaufwendungen (§ 10 V Nr 3) vermindern. Da die Bemessungsgrundlage nicht nur den StBetrag, sondern auch den StSatz bestimmt, ist der StSatz für die inländische St im Fall der Beseitigung der Doppelbelastung durch Anrechnung im Zweifel höher, als er es im Fall des Abzugs der ausländischen St von der Bemessungsgrundlage ohne Anrechnung wäre, woraus sich ein Vorteil der Abzugsmethode gegenüber der in § 21 geregelten Anrechnungsmethode ergibt (vgl Anm 2). War der Pflichtteil des Stpfl von dem um die ausländische NachlassSt verminderten Nachlasswert berechnet worden oder ist dem Stpfl ein Vermächtnis zugefallen, das nach dem Testament des Erblassers nicht um die anteilige ausländische NachlassSt gekürzt werden dürfte, so gilt der Vorteil der Entlastung von der ausländischen St gem § 10 II als Teil des Erwerbs, der der Bemessungsgrundlage hinzugerechnet werden muss (BFH BStBl II 90, 786).

14. Begrenzung der Anrechnung

20 Mit der Anrechnung soll die aus einer Doppelbesteuerung folgende Doppelbelastung des Stpfl vermieden werden. Es wird also eine Doppelbesteuerung desselben Vermögenserwerbs bei der Zulassung der Anrechnung vorausgesetzt. An dieser Doppelbesteuerung fehlt es, wenn die deutsche St Auslandsvermögen erfasst, das im Ausland nicht besteuert wird. Dann entsteht insoweit keine AuslandsSt, die anrechenbar wäre. Besondere Beschränkungen der Anrechnung erübrigen sich. Umgekehrt liegt es, wenn die AuslandsSt Auslandsvermögen erfasst, das im Inland nicht besteuert wird. Auch in diesem Fall ist eine Doppelbesteuerung nicht gegeben. Würde die AuslandsSt dennoch angerechnet, würde der Zweck der Anrechnung verfehlt. § 21 lässt daher die Anrechnung nur insoweit zu, als das Auslandsvermögen zugleich im Ausland und im Inland der Besteuerung unterliegt. Hat der Stpfl also im Ausland St auf den Erwerb von Vermögen gezahlt, das im Inland zB wegen einer sachlichen StBefreiung nach § 13 nicht unter die deutsche StPfl fällt, so ist die auf diesen Teil des Erwerbs entfallende ausländische St nicht anrechnungsfähig. Für die Feststellung, dass Auslandsvermögen der inländischen St unterliegt, genügt der Umstand, dass das Ver-

mögen als stbares Gut angesetzt wird. Unterschiede in der Bewertung der Vermögensposten, unterschiedliche Freibeträge, Tarife und Abzüge von der Bemessungsgrundlage bleiben in diesem Zusammenhang außer Betracht (BFH BStBl III 63, 402; HFR 64, 12).

III. Mischerwerb (Abs 1 S 2)

1. Aufteilung der inländischen Steuer

Nach Abs 1 S 1 ist die ausländische St nur insoweit auf die inländische St anrechenbar, als das Auslandsvermögen der inländischen St unterliegt. Für den Fall des Mischerwerbs von ausländischem und inländischem Vermögen wird daraus gefolgert, dass die für den Auslandserwerb gezahlte AuslandsSt höchstens bis zu dem Betrag anrechenbar ist, der von der InlandsSt auf das ausländische Vermögen entfällt. Denn mit der Anrechnung soll nur die Doppelbelastung hinsichtlich des Erwerbs von Auslandsvermögen beseitigt werden. Der Anrechnungszweck ist daher bereits erfüllt, wenn die ganze im Inland auf das Auslandsvermögen entfallende St durch Anrechnung aufgehoben wird. Wird das Auslandsvermögen im Ausland hoch, im Inland niedrig besteuert und würde man die hohe AuslandsSt im Inland uneingeschränkt zur Anrechnung zulassen, so würde durch die Anrechnung nicht nur die niedrige InlandsSt auf das Auslandsvermögen aufgezehrt, es würde vielmehr bei einem Mischerwerb durch die Anrechnung auch noch ein Teil der St auf das Inlandsvermögen getilgt. Zu einem Vorteil bei der Besteuerung des Inlandsvermögens will § 21 dem Stpfl jedoch nicht verhelfen. Daher beschränkt § 21 die Anrechnung auf den Teil der inländischen St, der auf das Auslandsvermögen entfällt. Abs 1 S 1 regelt damit einen **Anrechnungshöchstbetrag,** der bei seinem Überschreiten einen nichtanrechenbaren StÜberhang zur Folge hat. Einen solchen StÜberhang würde es beim Abzug der ausländischen St von der Bemessungsgrundlage nach § 10 V nicht geben. Darin zeigt sich, dass die Anrechnung auf die StSchuld gegenüber dem Abzug von der Bemessungsgrundlage nicht notwendig vorteilhaft sein muss (vgl Anm 2). Um die in Abs 1 S 1 vorgesehene Beschränkung durchzuführen, muss die inländische St in einen auf das Inlandsvermögen und in einen auf das Auslandsvermögen entfallenden Teilbetrag aufgeteilt werden. Das Verfahren für diese Aufteilung der St regelt Abs 1 S 2. 21

2. Verfahren der Aufteilung

Für die Zwecke der Aufteilung ist zunächst das „steuerpflichtige Gesamtvermögen" zu ermitteln. Es besteht aus dem zum Erwerb gehörenden Auslands- und Inlandsvermögen. Stfreie Vermögensposten werden in das stpfl Gesamtvermögen nicht einbezogen (BFH HFR 64, 12). Im Übrigen bezeichnet der Begriff des stpfl Gesamtvermögens den Nettowert des Vermögensanfalls. Bei der Feststellung dieses Nettowerts bleiben aber die Freibeträge nach den §§ 16, 17 außer Betracht. Dem stpfl Gesamtvermögen ist das stpfl Auslandsvermögen gegenüberzustellen. Unter stpfl Auslandsvermögen ist der Wert zu verstehen, der sich für das Auslandsvermögen im Rahmen des Nettowerts des Vermögensanfalls als Nettobetrag ergibt. An dieser Stelle ist daher nicht nur der Vermögensanfall in inländischen und ausländischen aufzuteilen. Vielmehr sind auch die Schulden in solche, die zum Inlandsvermögen gehören und solche, die das Auslandsvermögen belasten, zu trennen. Bei dieser Trennung ist der Zusammenhang der Schulden mit bestimmten Vermögensposten zu beachten, der auch zB im Rahmen des § 10 VI zu berücksichtigen ist. Die Verhältniszahl von Auslandsvermögen und Gesamtvermögen gibt dann den Schlüssel an, nach dem die inländische ErbSt in einen auf das Auslandsvermögen und einen auf das Inlandsvermögen entfallenden Anteil aufzuteilen ist. 22

3. Errechnung des Höchstbetrages

23 Der Höchstbetrag der Anrechnung ausländischer Steuern errechnet sich somit nach folgender Formel:

$$\text{Höchstbetrag} = \frac{\text{deutsche ErbSt} \times \text{stpfl Auslandsvermögen}}{\text{stpfl Gesamtvermögen}}$$

Beispiel: Enkelkind, StKl I; Freibetrag 200.000 EUR. Es betragen

a) Stpfl Gesamtvermögen (Nettowert)	= 500.000 EUR
b) InlandsSt 17% von (500.000 ./. 200.000 EUR)	= 51.000 EUR
c) Stpfl Auslandsvermögen (Nettowert)	= 150.000 EUR
d) AuslandsSt für das Vermögen zu c)	= 25.000 EUR

Es ergibt sich folgende Rechnung:

$$\text{Höchstbetrag} = \frac{51.000 \times 150.000}{500.000} = 15.300 \text{ EUR.}$$

Im Beispielsfall ist die AuslandsSt in Höhe von 25.000 EUR also nur bis zum Höchstbetrag von 15.300 EUR auf die deutsche St anrechenbar. Ein Teilbetrag der AuslandsSt von 9700 EUR wird von der Anrechnung ausgeschlossen und geht daher dem Stpfl im Anrechnungsverfahren als Abzugsposten verloren, obwohl der Betrag tatsächlich gezahlt worden ist und daher auch den Stpfl belastet.

IV. Auslandsvermögen in mehreren Staaten (Abs 1 S 3)

1. Per-country-limitation

24 Nach Abs 1 S 2 ist die InlandsSt für die Zwecke der Anrechnung in Teilbeträge für das Inlandsvermögen und für das Auslandsvermögen zu untergliedern. Mit Hilfe dieser Aufteilung soll der Höchstbetrag ermittelt werden, bis zu dem die ausländische St auf die inländische St angerechnet werden kann. Als Höchstbetrag gilt der Teilbetrag der inländischen St, der auf das Auslandsvermögen entfällt (Anm 21 ff). Ohne besondere Anordnung würde der für das Auslandsvermögen anzusetzende Teilbetrag der inländischen St in einer Summe ausgewiesen. Abs 1 S 3 schreibt demgegenüber vor, dass die für das Auslandsvermögen ermittelte inländische St noch in weitere Teilbeträge untergliedert werden muss, wenn das Auslandsvermögen in verschiedenen Staaten belegen ist. Damit soll gesichert werden, dass die Höchstbetragsermittlung für jeden Staat einzeln erfolgt (sog per-country-limitation).

2. Kritik

25 Mit der per-country-limitation wird ein neuer Gesichtspunkt in die Höchstbetragsberechnung eingeführt. Während die Höchstbetragsermittlung an sich dazu dient, die inländische St auf Inlandsvermögen von der Anrechnung frei zu halten und zu verhindern, dass die hohe ausländische St auf dem Wege über die Anrechnung der St für im Inland niedrig besteuertes ausländisches Vermögen im Ergebnis auf die inländische Besteuerung von Inlandsvermögen durchschlägt, liegt der Höchstbetragsberechnung nach ausländischen Einzelstaaten das rein fiskalische Interesse zugrunde, die AuslandsSt auf Auslandsvermögen womöglich nur zu einem Teilbetrag zur Anrechnung zuzulassen. Ohne Aufteilung nach Einzelstaaten könnte, so ist die hinter der Gesetzesvorschrift stehende Überlegung, der Höchstbetrag für ein HochStLand mit der nicht ausgeschöpften Anrechnungskapazität eines NiedrigStLandes verrechnet werden. Durch die Aufteilung der inländischen St für Auslandsvermögen nach den Belegenheitsstaaten wird demgegenüber gesichert, dass die nicht ausgeschöpfte

Anrechnungskapazität eines NiedrigStLandes auch nicht im Hinblick auf anderswo belegenes Auslandsvermögen ausgenutzt werden kann.

Beispiel: Die Inlandssteuer für das Auslandsvermögen in den Staaten A, B und C beträgt je 20.000 EUR. Demgegenüber wird an Auslandssteuer gezahlt
a) im Staat A: 30.000 EUR
b) im Staat B: 25.000 EUR
c) im Staat C: 10.000 EUR.
Würde das Auslandsvermögen zusammengefasst berücksichtigt, wäre die Auslandssteuer von insgesamt 65.000 EUR bis zu einem Höchstbetrag von 60.000 EUR anrechenbar. Da der Höchstbetrag aber nach Einzelstaaten berechnet werden muss, ist für die Staaten A und B nur je 20.000 EUR, für Staat C nur 10.000 EUR anrechenbar. Der Höchstbetrag wird auf diese Weise von 60.000 EUR auf 50.000 EUR herabgesetzt.

Die erhebliche Komplizierung der Anrechnungsregeln durch Aufteilung der auf das Auslandsvermögen entfallenden St in Unterposten, die für den jeweiligen Belegenheitsstaat gelten, wird durch das fiskalische Interesse, den Anrechnungsbetrag niedrig zu halten, nicht ausreichend gerechtfertigt.

V. Fünfjahreszeitraum (Abs 1 S 4)

1. Zeitnahe Steuerentstehung

Nach Abs 1 S 4 ist die ausländische St nur anrechenbar, wenn die deutsche St zeitnah nach der ausländischen St entstanden ist. Als zeitnah gilt ein **Zeitraum von fünf Jahren.** Die Regelung ist im Hinblick auf Erwerbe konzipiert worden, die einem Inländer bei Auflösung eines Trust nach amerikanischem oder englischem Recht anfallen. Die amerikanische oder englische St wird in diesen Fällen mit dem Tod des Erblassers, also beim Übergang des Nachlassvermögens auf den Trust, erhoben. Die deutsche St eines inländischen Substanzerben entstand dagegen in der Regel erst bei Beendigung der Trust-Verwaltung (BFH BStBl II 86, 615). Mit der Regelung, dass die beim Vermögensübergang auf den Trust gezahlte AuslandsSt nur anrechenbar sein sollte, wenn sie innerhalb der 5-Jahres-Frist entstanden war, hatte der Gesetzgeber frühere Anrechnungszweifel (vgl BFH BStBl III 64, 408) beseitigt. Der Vorschrift kommt allerdings gegenwärtig kaum noch praktische Bedeutung zu, da die Besteuerung des Vermögensübergangs unter Einschaltung eines Trust im deutschen Recht geändert worden ist (Anm 12) und da die Besteuerung im Verhältnis zu den USA durch ein DBA geregelt wird, das auch für diese Fragen eine Bestimmung vorsieht, so dass für die entsprechende Anwendung des Abs 1 S 4 auf Grund des § 21 IV kein Raum bleibt (zu denkbaren Anwendungsfällen *Troll/Jülicher* § 21 Rz 56). 26

2. Einzelheiten

Der Wortlaut des Abs 1 S 4 ist nicht glücklich gefasst. Bei wortgetreuer Auslegung lässt Abs 1 S 4 die Anrechnung nämlich nur dann zu, wenn die deutsche St „innerhalb von fünf Jahren seit dem Zeitpunkt der Entstehung der ausländischen ErbSt entstanden ist". „Seit dem Zeitpunkt" meint „nach dem Zeitpunkt". Bei gleichzeitigem Entstehen beider St kann also genau genommen eine Anrechnung nicht stattfinden, weil die gleichzeitig entstandene deutsche St nicht „seit dem Zeitpunkt" entstanden ist. Das ist jedoch sicher nicht gemeint. Eindeutig dürfte der Wortlaut dagegen in dem Sinn sein, dass eine nach der deutschen St entstandene ausländische St nicht angerechnet werden darf. Entsteht daher nach einem ausländischen Recht die St für den Erbschaftserwerb erst mit der Annahme der Erbschaft, während das deutsche Recht die StEntstehung schon mit dem Erbfall verknüpft, dann ist die ausländische St – folgt 27 man dem Wortlaut der Bestimmung – nicht anrechenbar, weil sie nach der deutschen entstanden ist. Ein einleuchtender Grund für diese Regelung ist allerdings nicht erkennbar. Daher plädieren *Schaumburg* (RIW 01, 161, 168) und *Troll/Jülicher* (§ 21 Rz 58) zu Recht für eine analoge Anwendung des § 21 I 4 für den Fall, dass die ausländische ErbSt innerhalb von fünf Jahren nach der deutschen ErbSt entstanden ist; dem hat sich die FinVerw (DStR 12, 136) unter Hinweis auf FG Köln v 29.6.2011 (DStRE 11, 1392) angeschlossen.

VI. Begriff des Auslandsvermögens (Abs 2)

1. Zwei unterschiedliche Begriffe

28 In Abs 1 scheint von dem Auslandsvermögen iSe einheitlichen, feststehenden Begriffs die Rede zu sein. Abs 2 zeigt jedoch, dass im Rahmen des § 21 zwei verschiedene Begriffe des Auslandsvermögens zu unterscheiden sind. Und zwar wird danach unterschieden, ob der Erblasser/Schenker StInländer ist oder nicht. Für den Fall, dass der Erblasser/Schenker StInländer ist (auf die Inländereigenschaften des Erwerbers kommt es unter den Voraussetzungen dieser Alternative nicht an), wird ein **enger Begriff des Auslandsvermögens** zugrunde gelegt. Für den Fall, dass der Erblasser/Schenker nicht zum Kreis der StInländer gehört (in diesem Fall muss der Erwerber Inländer sein, damit § 21 überhaupt zur Anwendung kommen kann; vgl Anm 13), gilt dagegen ein **weiter Begriff des Auslandsvermögens.** Diese weite Fassung des Begriffs des Auslandsvermögens begünstigt den Erwerber in zweifachem Sinn. Wird der Begriff des Auslandsvermögens weiter gefasst, dann wächst zum einen der Betrag der AuslandsSt, der anrechenbar ist, weil er auf Auslandsvermögen entfällt. Zum zweiten steigt der Teilbetrag der inländischen St, die für Auslandsvermögen erhoben wird, wenn der weitere Begriff des Auslandsvermögens zur Anwendung kommt. Auf diese Weise wird der Höchstbetrag für die Anrechnung der ausländischen St angehoben. Das Gesetz räumt also im Ergebnis dem inländischen Erwerber, der von einem ausländischen Erblasser oder Schenker erwirbt, höhere Anrechnungsmöglichkeiten ein als dem in- oder ausländischen Erwerber, der seinen Erwerb von einem inländischen Erblasser oder Schenker erhält. Als Grund für diese Unterscheidung wird der Gesichtspunkt angeführt, dass bei einem Erblasser, der kein Inländer war, der Erwerb schon voll der ausländischen St unterlegen hat und insoweit (vom inländischen Fiskus) nur noch die St erhoben werden soll, die auf Inlandsvermögen entfällt. Dann entfällt eine Anrechnung der ausländischen St mit Ausnahme des deutschen Inlandsvermögens (weiter Auslandsvermögensbegriff). Bei StInländereigenschaft des Erblassers/Schenkers wird dagegen pauschal angenommen, dass im Ausland nur eine dem deutschen Verständnis entsprechende beschränkte StPfl besteht, weswegen nur die auf das dortige Inlandsvermögen anfallende St angerechnet wird (enger Auslandsvermögensbegriff).

2. Der enge Begriff des Auslandsvermögens (Abs 2 Nr 1)

29 War der **Erblasser** zZ seines Todes oder der **Schenker** zZ der Ausführung der Schenkung **Inländer,** rechnen zum Auslandsvermögen nur all die Vermögensgegenstände der in § 121 BewG genannten Art, die auf einen ausländischen Staat entfallen. Nach Abs 2 Nr 1 sind ferner die Nutzungsrechte an Vermögensgegenständen iSv § 121 BewG als Bestandteile des Auslandsvermögens anzusehen, doch ist dieser Hinweis überflüssig geworden, nachdem § 121 BewG die Nutzungsrechte in Nr 9 schon selbst aufzählt. § 121 BewG regelt das Inlandsvermögen, das bei beschränkter StPfl der Besteuerung unterliegt. Die hier getroffene Abgrenzung wird nach § 21 II Nr 1 für die Definition des Auslandsvermögens fruchtbar gemacht.

Durch die **entsprechende Anwendung des § 121 BewG** zur Bestimmung des Auslandsvermögens werden folgende Vermögensgegenstände zum Auslandsvermögen gezählt: 30
1. das ausländische land- und forstwirtschaftliche Vermögen;
2. das ausländische Grundvermögen;
3. das ausländische Betriebsvermögen. Als solches gilt das Vermögen, das einem im Ausland betriebenen Gewerbe dient, wenn hierfür im Ausland eine Betriebsstätte unterhalten wird oder ein selbstständiger Vertreter bestellt ist;
4. Anteile an einer Kapitalgesellschaft, wenn die Gesellschaft Sitz oder Geschäftsleitung im Ausland hat und der Gesellschafter (gegebenenfalls zusammen mit ihm nahestehenden Personen iSd § 1 II AStG) am Grund- oder Stammkapital der Gesellschaft mindestens zu einem Zehntel unmittelbar oder mittelbar beteiligt ist;
5. nicht unter Nr 3 fallende Erfindungen, Gebrauchsmuster und Topographien, die in ein ausländisches Buch oder Register eingetragen sind;
6. Wirtschaftsgüter, die nicht unter Nrn 1, 2 und 5 fallen und einem ausländischen gewerblichen Betrieb überlassen, insbesondere an diesen vermietet oder verpachtet sind;
7. Hypotheken, Grundschulden, Rentenschulden und andere Forderungen oder Rechte, wenn sie durch ausländischen Grundbesitz, durch ausländische grundstücksgleiche Rechte oder durch Schiffe, die in ein ausländisches Schiffsregister eingetragen sind, unmittelbar oder mittelbar gesichert sind. Ausgenommen sind Anleihen und Forderungen, über die Teilschuldverschreibungen ausgegeben sind;
8. Forderungen aus der Beteiligung an einem Handelsgewerbe als stiller Gesellschafter und aus partiarischen Darlehen, wenn der Schuldner Wohnsitz oder gewöhnlichen Aufenthalt, Sitz oder Geschäftsleitung im Ausland hat;
9. Nutzungsrechte an einem der in den Nrn 1 bis 8 genannten Vermögensgegenstände.

Der sich an § 121 BewG anlehnende engere Begriff des Auslandsvermögens umfasst also nicht die Gesamtheit der auf das Ausland entfallenden, im Ausland belegenen Vermögensposten, sondern nur einen Teil des Auslandsvermögens im untechnischen Sinn. Anteile an ausländischen Kapitalgesellschaften, die weniger als ein Zehntel des Grund- oder Stammkapitals umfassen, und private Forderungen im Ausland rechnen danach zB nicht zum Auslandsvermögen. Das kann insb bei ausländischen Bankguthaben und Wertpapierbeständen wirtschaftlich ins Gewicht fallen. Die St auf solche nicht zum Auslandsvermögen gehörenden Posten ist nach § 21 nicht anrechenbar. Damit wird die Funktion der Aufzählung von Vermögensposten in § 121 BewG in ihr Gegenteil verkehrt. Während die Funktion der Aufzählung an sich in einer Begrenzung der StPfl liegt und damit zu Gunsten des Stpfl wirkt, wird die Enumeration in § 21 II Nr 1 zur **Begrenzung der Anrechnungsmöglichkeiten** eingesetzt, was sich zum Nachteil des Stpfl auswirken muss. Im Ergebnis wird die Doppelbelastung des Erwerbers bei den von § 121 BewG nicht erfassten Gegenständen nicht beseitigt. Auch hier bleibt die Anrechnungsmethode gegenüber dem uneingeschränkten Abzug ausländischer St von der Bemessungsgrundlage zurück (vgl Anm 2). Das befriedigt nicht. Auch der Gesichtspunkt der Kapitalverkehrsfreiheit in der EU scheint betroffen. Der EuGH hat in der Rs *Block* (DStR 2009, 326) auf Vorlage des BFH (BStBl II 08, 623) jedoch entschieden, dass § 21 II Nr 1 nicht gegen Unionsrecht verstößt (hier: Bankguthaben in Spanien). 31

3. Der weite Begriff des Auslandsvermögens (Abs 2 Nr 2)

Gehörte der Erblasser zZ seines Todes oder der Schenker zZ der Ausführung der Schenkung nicht zum Kreis der Inländer, wie ihn § 2 I beschreibt, sondern zählt **allein** der **Erwerber** zu den **Inländern** iSd § 2 I, so rechnen alle Vermögensgegenstände zum Auslandsvermögen, die nicht iSv § 121 BewG Inlandsvermögen sind. 32

Wiederum wird also auf § 121 BewG Bezug genommen, doch hier in einer anderen Funktion. Während Abs 2 Nr 1 mit dem Verweis auf § 121 BewG umschreibt, welche einzelnen Vermögensposten zum Auslandsvermögen gehören, womit zugleich alle nicht aufgezählten Posten nicht Auslandsvermögen sind, bezeichnet Abs 2 Nr 2 mit der Verweisung auf § 121 BewG die Posten, die zum Inlandsvermögen gehören, und stellt damit fest, dass alle Posten, die von § 121 BewG nicht erfasst werden, zum Auslandsvermögen zu rechnen sind.

33 Während die Begriffsbestimmung des Abs 2 Nr 1 im Vergleich zu einem natürlichen Begriff des Auslandsvermögens zu eng gefasst erscheint, ist der Begriff des Auslandsvermögens in Abs 2 Nr 2 demgegenüber **sehr weit geraten.** Denn er umfasst auch Vermögensgegenstände, die mit dem Ausland nichts zu tun haben, wie inländische Beteiligungen, die nicht die 10%-Grenze des § 121 Nr 4 BewG erreichen, sowie nicht zu einem Betriebsvermögen gehörende Forderungen im Inland (einschließlich der in Wertpapieren verbrieften Ansprüche). Unter Zugrundelegung dieser Auslandsvermögensdefinition werden daher im Ergebnis AuslandsSt auf Vermögensposten zur Anrechnung zugelassen, die bei natürlicher Betrachtung auf das Inland entfallen. Auch das erscheint im Ergebnis nicht ausreichend durchdacht.

VII. Nachweise (Abs 3)

1. Nachweis des Auslandsvermögens

34 Der Erwerber, der die Anrechnung beantragt, hat dem FA gegenüber einen Nachweis über die Höhe des Auslandsvermögens zu führen. Nur das Vermögen braucht nachgewiesen zu werden, auf das sich der Anrechnungsantrag stützt. Steuerfreies Auslandsvermögen, das für die Anrechnung keine Rolle spielt, sowie Posten des Auslandsvermögens, auf deren Berücksichtigung der Antragsteller verzichtet, brauchen nicht nachgewiesen zu werden. Nachzuweisen sind das Vermögen und die Höhe des Vermögens. Demnach sind auch hinsichtlich der Bewertung des Vermögens Nachweise zu führen. Der Nachweis ist durch Urkunden zu führen. An den Nachweis sollten keine unnötigen Anforderungen gestellt werden. Soweit kraft der Regelung des Abs 2 Nr 2 auf das Inland entfallende Posten zum Auslandsvermögen gehören, sollte an den Nachweis dieser Posten kein höherer Anspruch gestellt werden, als er für den Nachweis inländischer Schulden bei Anwendung des § 10 V gilt.

2. Nachweis der ausländischen Steuer

35 Der Erwerber muss nicht nur über das Auslandsvermögen, sondern auch über die Festsetzung und Zahlung der ausländischen St dem FA gegenüber den Nachweis durch Urkunden führen. Damit wird nicht verlangt, dass in jedem Fall der StBescheid und ein Beleg über die geleistete Zahlung vorgelegt werden muss. Sofern der Erwerber den StBescheid nicht erhalten und die St nicht selbst gezahlt hat, genügt es, wenn er diejenigen Unterlagen vorlegt, die er selbst als Beleg über die Höhe seines Erwerbs und seines davon abgezogenen StAnteils erhalten hat. So wird die Endabrechnung eines ausländischen Testamentsvollstreckers, Rechtsanwalts oder Geldinstituts über die Abwicklung der Erbschaft im Allgemeinen den Anforderungen an den Urkundennachweis nach Abs 3 genügen.

VIII. Anrechnung und DBA (Abs 4)

1. Vorrang von DBA vor § 21

DBA gehen dem nationalen Gesetzesrecht vor. § 21 greift daher nur dort ein, wo einschlägige DBA fehlen oder für die Anwendung der Anrechnungsregeln des § 21 Raum lassen. Auf den erstgenannten Fall nimmt Abs 1 S 1 Bezug. Die direkte Anwendung des § 21 (I–III) wird hier auf Anrechnungsfälle aus dem DBA-freien Raum beschränkt. Der zweitgenannte Fall ist in Abs 4 angesprochen. Hiernach sind die Abs 1 bis 3 des § 21 im Geltungsbereich von DBA entsprechend anzuwenden, wenn die DBA die Anrechnung ausländischer St auf die inländische St zulassen, dabei aber das Anrechnungsverfahren nicht in den Einzelheiten regeln. § 21 I–III bestimmt in diesem Fall, wie die Anrechnung durchgeführt werden soll. 36

2. Entsprechende Anwendung der Anrechnungsregeln

Sieht ein DBA die Anrechnung ausländischer St für Auslandsvermögen auf die inländische, dasselbe Vermögen betreffende St vor, soll nach Abs 4 die Unterscheidung der verschiedenen Begriffe des Auslandsvermögens gem Abs 2 anwendbar sein. Es soll die Höchstbetragsgrenze des Abs 1 S 2 in ihrer Ausprägung als per-country-limitation (Abs 1 S 3) gelten. Der Fünf-Jahres-Zeitraum des Abs 1 S 4 soll beachtet werden. Nur das in beiden Staaten besteuerte Vermögen soll bei der Anrechnung berücksichtigungsfähig sein (Abs 1 S 1). 37

3. Anwendbarkeit bei der Anrechnung inländischer Steuer?

Abs 4 sieht die entsprechende Anwendung des § 21 im Bereich von DBA nur für die Anrechnung ausländischer St vor. Für die Anrechnung inländischer St auf die AuslandsSt werden im Zweifel ausländische Gesetze maßgeblich sein. § 21 ist in diesem Bereich nicht anwendbar. Undeutlich bleibt, ob § 21 auch in dem Fall anwendbar sein kann, dass ein DBA die Anrechnung ausländischer St für Inlandsvermögen auf die inländische St zulässt. Abs 4 erwähnt nicht ausdrücklich, dass die Anwendung der Abs 1 bis 3 nur für die Anrechnung von AuslandsSt für Auslandsvermögen zugelassen werden soll. Doch deutet der Verweis auf die Regelungen der Abs 1 und 2 in diese Richtung. 38

§ 22 Kleinbetragsgrenze

Von der Festsetzung der Erbschaftsteuer ist abzusehen, wenn die Steuer, die für den einzelnen Steuerfall festzusetzen ist, den Betrag von 50 Euro nicht übersteigt.

Erbschaftsteuer-Richtlinien 2011: H E 22

Schrifttum: *Vogt,* Der „maximale Erbschaftsteuerfreibetrag" nach Umstellung auf Euro, DStR 01, 1148.

Die Regelung dient der Verwaltungsvereinfachung. Bei der Kleinbetragsgrenze handelt es sich um einen Verzicht des StGläubigers auf StBeträge bis einschl 50 EUR je StFall, dh je stpfl Erwerb von Todes wegen oder durch Schenkung unter Lebenden. Der gesetzlich ausgesprochene Verzicht bedeutet gleichzeitig, dass der StSchuldner einen Rechtsanspruch darauf hat, dass ihm eine St bis einschl 50 EUR nicht abverlangt wird. Sollte ihm versehentlich ein solcher StBescheid zugehen, so kann er im 1

Wege des Einspruchs dessen Zurücknahme verlangen. Die Kleinbetragsgrenze ist jedoch nur eine **Freigrenze.** Ist der StBetrag höher als 50 EUR – und sei er noch so geringfügig höher –, so hat der StSchuldner den vollen Betrag (also nicht etwa lediglich den StBetrag nach Abzug von 50 EUR) zu entrichten. Die Abrundung des stpfl Erwerbs nach § 10 I 4 führt zu einem Grenzbetrag von 99,99 EUR. Daraus ergeben sich Höchstbeträge, die ohne ErbSt über den Freibeträgen nach § 15 zugewandt werden können (*Vogt,* DStR 01, 1148, 1149). § 22 wird durch die Kleinbetragsverordnung (BGBl I 16, 1679) ergänzt, die Mindestbeträge bei StÄnderungen vorsieht (25 EUR zuungunsten und 10 EUR zugunsten des Stpfl).

§ 23 Besteuerung von Renten, Nutzungen und Leistungen

(1) [1]**Steuern, die von dem Kapitalwert von Renten oder anderen wiederkehrenden Nutzungen oder Leistungen zu entrichten sind, können nach Wahl des Erwerbers statt vom Kapitalwert jährlich im voraus von dem Jahreswert entrichtet werden.** [2]**Die Steuer wird in diesem Fall nach dem Steuersatz erhoben, der sich nach § 19 für den gesamten Erwerb einschließlich des Kapitalwerts der Renten oder anderen wiederkehrenden Nutzungen oder Leistungen ergibt.**

(2) [1]**Der Erwerber hat das Recht, die Jahressteuer zum jeweils nächsten Fälligkeitstermin mit ihrem Kapitalwert abzulösen.** [2]**Für die Ermittlung des Kapitalwerts im Ablösungszeitpunkt sind die Vorschriften der §§ 13 und 14 des Bewertungsgesetzes anzuwenden.** [3]**Der Antrag auf Ablösung der Jahressteuer ist spätestens bis zum Beginn des Monats zu stellen, der dem Monat vorausgeht, in dem die nächste Jahressteuer fällig wird.**

Erbschaftsteuer-Richtlinien 2011: H E 23

Übersicht

Schrifttum: *Stempel,* Ermittlung des maßgeblichen Steuersatzes für die Durchführung der Jahresversteuerung nach § 23 ErbStG, UVR 00, 390; *Moench,* Vorsicht bei Wahl und Abwahl der JahresErbSt, ZEV 01, 303; *Korezkij,* JahresErbSt – ein Glücksspiel mit gezinkten Karten?, ZEV 01, 305; *Moench,* Stundung von ErbSt nach § 25 ErbStG in den Fällen der Jahresbesteuerung,

UVR 03, 229; *Kirnberger/Wertz,* Wahlrechte beim Erwerb von Renten, Nutzungen und Leistungen, ErbStB 04, 307; *Götz,* Die Ermittlung der JahresSt nach § 23 ErbStG bei Zusammenrechnung mit Vorerwerben, ZEV 06, 260; *Esskandari,* Die Besteuerung von Renten, Nutzungen und Leistungen nach dem ErbStRG, ZEV 08, 323; *Fuhrmann,* Doppelbelastung mit ESt und ErbSt, ErbStB 08, 244; *Geck,* Die JahresErbSt als Sonderausgabe?, DStR 10, 1977; *Ivens,* Grundstücksschenkung unter Nießbrauchsvorbehalt, ZEV 12, 71; *Bruschke,* Nachträgliche „Korrektur" des Wahlrechts nach § 23 ErbStG über eine Billigkeitsmaßnahme, ErbStB 15, 80.

I. Allgemeines

1. Grundgedanke

Erwirbt der Stpfl ein Nutzungsrecht, ein Recht auf Rentenzahlung oder auf andere wiederkehrende Leistungen, so entsteht die St mit dem Rechtserwerb. Die Bereicherung des Erwerbers, die er mit dem Rechtserwerb erzielt, ist durch Kapitalisierung und Abzinsung der laufenden künftigen Erträge nach Maßgabe der §§ 13ff BewG zu ermitteln. Die ErbSt erfasst damit den Kapitalwert des ihm zugefallenen Rechts. Obwohl der Stpfl die Nutzungen und Rentenleistungen erst in der Zukunft sukzessive realisiert, wird die St schon vorweg beim Erwerb des Rechts auf Bezug von Renten, Nutzungen oder Leistungen und dann auch in einem Einmalbetrag erhoben. Das kann beim Erwerber zu Schwierigkeiten führen, weil er sein auf die Zukunft gerichtetes Recht notfalls beleihen muss, um die vorab als Einmalzahlung fällige St zu tilgen. Hier gibt § 23 eine Abhilfemöglichkeit. § 23 erlaubt es, die St auf die Laufzeit des Rechts zu verteilen und auf den sukzessiven Eingang der Erträge mit einer **sukzessiven StZahlung** zu reagieren. Daneben muss der Erwerber nicht damit rechnen, dass er wegen eines in den Jahreszahlungen angeblich oder wirklich enthaltenen Zinsanteils neben der ErbSt auch noch zur ESt herangezogen wird (BFH/NV 10, 1793; *Schmidt/Weber-Grellet,* EStG § 22 Rz 66 zur Vermächtnisrente; BFH BStBl II 14, 56 zu Rentenzahlungen aufgrund eines vor Eintritt des Erbfalls erklärten Erb- und/oder Pflichtteilsverzichts). 1

2. Umsetzung des Grundgedankens

Um dem sukzessiven Eingang der Erträge bei der StZahlung Rechnung zu tragen, könnte das ErbStG verschiedene Wege einschlagen. Es könnte den StGegenstand verändern, nicht schon den Erwerb des Rechts, sondern erst den Erwerb der jährlichen Erträge (Nutzungen oder Rentenleistungen) als stpfl Vorgang behandeln, die St an den jährlichen Eingang der Nutzungen oder Rentenleistungen anknüpfen und so zu einer periodischen StEntstehung und -entrichtung gelangen. Das ErbStG könnte auch umgekehrt an der StEntstehung beim Rechtserwerb und an der Bewertung des Rechts mit dem Kapitalwert festhalten und dem Stpfl nur die Tilgung der St in Raten zubilligen, wie es § 24 unter den dort gegebenen Voraussetzungen vorsieht. Beide Wege werden in § 23 nicht eingeschlagen. § 23 verändert nicht den StGegenstand. Vielmehr bleibt es dabei, dass schon der Rechtserwerb und nicht erst der Erwerb der jährlichen Nutzungen und Rentenleistungen zur StEntstehung führt. Andererseits wird in § 23 auch nicht nur eine jährliche Ratenzahlung für die St auf den Kapitalwert vorgesehen. Vielmehr bringt § 23 eine **neue Berechnungsmodalität** (FG Hbg EFG 87, 130; FG Münster EFG 16, 1530) für die St auf den Rechtserwerb, beeinflusst damit nicht nur die **Zahlungsweise** (so aber BFH BStBl II 11, 680 im Anschluss an FG Münster EFG 03, 1029), sondern auch die Ermittlung des Umfangs der bereits entstandenen ErbSt. 2

3. Jahressteuer

3 § 23 verbindet also eine **besondere Bewertungsregelung** mit der Anordnung, die auf der Grundlage dieser Bewertungsregelung ermittelte St nicht nur einmal, sondern Jahr für Jahr zu entrichten. Die besondere Bewertungsregelung, mit der § 23 von § 12 I und von den dort herangezogenen §§ 13ff BewG abweicht, liegt in der Bestimmung, den Wert des Nutzungs- oder Rentenrechts, das mit einer Laufzeit von mehr als einem Jahr gedacht wird, statt mit dem auf die volle Laufzeit des Rechts bezogenen Kapitalwert nur mit dem auf eine Jahresleistung oder -nutzung bezogenen Jahreswert zu ermitteln. § 23 sieht also vor, dass das Nutzungs- oder Rentenrecht so bewertet werden soll, als wenn es dem Berechtigten nur für ein Jahr zustünde. Dabei wird jedoch der StSatz zur Anwendung gebracht, der für den gesamten Erwerb maßgeblich ist (Anm 14). Und der auf einen solchen Rechtserwerb entfallende StBetrag, die sog JahresSt (= vom Jahreswert des Rechts ermittelte St), soll dann aber über die ganze Laufzeit des Rechts hinweg Jahr für Jahr erhoben werden.

II. Jahreswert und Jahressteuer (Abs 1 S 1)

1. Renten, Nutzungen, Leistungen

4 Abs 1 S 1 setzt voraus, dass St vom Kapitalwert von Renten oder anderen wiederkehrenden Nutzungen oder Leistungen zu entrichten sind. Mit dem neutralen Ausdruck „Steuern“ wird nur die ErbSt/SchSt angesprochen. Renten sind nach der an das bürgerliche Recht (§ 759 BGB) anknüpfenden Definition auf einem Stammrecht beruhende, fortlaufend wiederkehrende, gleichmäßige, zahlen- oder wertmäßig festgelegte Leistungen in Geld oder vertretbaren Sachen, die von persönlichen Verhältnissen oder Beziehungen zwischen Gläubiger und Schuldner untereinander unabhängig sind. Nutzungen sind Früchte oder Gebrauchsvorteile einer Sache oder eines Rechts (§ 100 BGB). Sonstige wiederkehrende Leistungen sind insbesondere rentenähnliche Geldschulden, die aber zB nicht gleichmäßig, sondern in veränderlicher Höhe anfallen. In allen Fällen wird ein einheitliches Recht auf Bezug dieser Renten, Nutzungen oder Leistungen vorausgesetzt. Da zu den Nutzungen auch die Früchte eines Rechts gehören und da die einzelnen Rentenleistungen oder sonstigen Geldleistungen als Früchte des Stammrechts angesprochen werden können, passt der Begriff der Nutzungen in diesem Zusammenhang als Oberbegriff auch für die Renten und Leistungen. Das Recht auf Zahlung von Erbbaurechtszinsen wird derzeit im ErbStRecht nicht als ein neben dem Grundstückswert gesondert zu erfassendes Recht verstanden. Es fällt daher nicht unter § 23 (FG München EFG 00, 1265). Auch wenn der Erbbauzins für die Bewertung des erbbaurechtsbelasteten Grundstücks eine Rolle spielt, verkörpert das Grundstück dennoch kein Zinsstammrecht und lässt daher das Wahlrecht nach § 23 nicht zu (vgl BFH BStBl II 03, 944; H E 23 ErbStH).

2. Steuerpflichtiger Erwerb

5 Das Recht auf Nutzungen (Renten, sonstige Leistungen) muss von Todes wegen oder durch Schenkung unter Lebenden erworben sein und zu einem **stpfl Erwerb iSv § 10** gehören. Weiter wird vorausgesetzt, dass das Nutzungsrecht bei der Ermittlung des stpfl Erwerbs nach § 12 I iVm §§ 13 bis 16 BewG mit seinem **Kapitalwert** zu bewerten ist und dass auf den so ermittelten Erwerb tatsächlich St entfallen. Verzichtet der Schenker auf den von ihm vorbehaltenen Nießbrauch an dem Schenkungsobjekt, so erwirbt der Beschenkte nicht etwa das Nutzungsrecht, das bisher noch dem Schenker zustand, sondern das Nutzungsrecht erlischt, der Beschenkte ist

nunmehr als Eigentümer nutzungsbefugt, der Beschenkte erweitert seinen Rechtskreis nicht, sondern es fällt lediglich eine Belastung seines Erwerbs fort. Für den Vorteil des Beschenkten aus dem Nießbrauchsverzicht kann daher keine jährliche Versteuerung erfolgen (*Michel,* DStR 86, 462; so auch *Troll/Jülicher* § 23 Rz 5). Nach der Entscheidung des FG Hbg (EFG 78, 25) soll § 23 im Fall einer unverzinslichen in gleichmäßigen Raten zu tilgenden Kapitalforderung jeweils dann entsprechend anzuwenden sein, wenn die Resttilgungszeit beim Erbfall noch 7 Jahre beträgt und wenn die Tilgungsleistungen beim Empfänger der ESt unterliegen (s auch BFH/NV 10, 902).

3. Wahlrecht

6 Wird ein Nutzungsrecht (Anm 4) durch stpfl Erwerb (Anm 5) erworben, so besteht nach § 23 I 1 ein Wahlrecht des Erwerbers: Er kann statt der Bewertung des Rechts mit dem Kapitalwert die Bewertung mit dem Jahreswert wählen und hat dann die so ermittelte St statt durch Einmalzahlung jährlich zu entrichten. Das Wahlrecht wird mit einem **Antrag** ausgeübt, mit dem der **Erwerber** die Besteuerung nach dem Jahreswert verlangt. Unterbleibt dieser Antrag, wird die St nach dem Kapitalwert festgesetzt. Die Besteuerung nach dem Jahreswert kann solange gewählt werden, wie eine StFestsetzung nach dem Kapitalwert noch nicht bestandskräftig ist (vgl BFH BStBl II 68, 210; FG Hbg EFG 78, 25) oder unter dem Vorbehalt der Nachprüfung steht (FG Nürnberg EFG 03, 873). Später kann allenfalls auf der Grundlage der bestandskräftig festgestellten Besteuerungsgrundlagen (wie insb StSatz) die sofortige StZahlung in eine jährliche StZahlung umgewandelt werden (s RFH RStBl 38, 751). Bei einer Rente, Nutzung oder Leistung, die mehreren Personen gemeinsam zusteht, kann jeder Berechtigte für seinen Erwerb, also für seinen Anteil an der Rente usw zwischen den beiden Möglichkeiten der StEntrichtung wählen.

7 Das Wahlrecht steht dem Erwerber zu. Nimmt die FinVerw jedoch im Fall der Schenkung unter Lebenden den **Schenker** auf StZahlung in Anspruch, muss ihm das Wahlrecht nach § 23 zustehen. Kein Wahlrecht besteht bei der Übernahme der SchSt (§ 10 II; H E 23 ErbStH).

4. Jahreswert statt Kapitalwert

8 Mit dem Wahlrecht kann der Erwerber die Versteuerung seines Rechts nach dem Jahreswert statt nach dem Kapitalwert wählen. Die Besteuerungsgrundlagen werden mit dieser Wahl nicht verändert. Es geht um die Besteuerung desselben Rechts, das entweder mit dem Kapitalwert (= vervielfachten Jahreswert) oder mit dem Jahreswert (= einfachen Jahreswert) anzusetzen ist. Für die Bewertung sind einheitlich die Verhältnisse zum Zeitpunkt des Erwerbs des Rechts maßgeblich (§ 11). Es wird also nicht der jeweilige Jahreswert, sondern der bei Erwerb des Stammrechts maßgebliche Jahreswert ermittelt. Bei schwankenden Jahresbeträgen wird der Jahreswert mit dem Durchschnittsbetrag vom Bewertungsstichtag zugrunde gelegt (BFH BStBl III 57, 447; II 79, 562).

5. Jährliche Entrichtung statt Einmalzahlung

9 Die St vom Jahreswert entsteht wie die St vom Kapitalwert mit dem Erwerb des Rechts (§ 9; BFH BStBl III 51, 142). Die Besonderheit der St vom Jahreswert liegt darin, dass sie vom Gesetz als JahresSt ausgestaltet ist und als solche nicht nur einmal im Anschluss an den Erwerb, sondern jährlich neu aufgebracht werden muss. Jährlich bedeutet: Jahr für Jahr über die ganze Laufzeit des Rechts. Fraglich ist, von welchem Standpunkt aus die **Laufzeit des Rechts** beurteilt werden soll. Die Rspr und mit ihr das Schrifttum verfolgen in dieser Frage keine klare Linie. Bei Berechtigungen auf Le-

benszeit wird nicht die durchschnittliche, aus der Sicht des Rechtserwerbs zu erwartende, sondern die **tatsächliche Lebenszeit** zugrundegelegt. Lebt der Berechtigte länger, als es der durchschnittlichen Lebenserwartung entspricht, muss die JahresSt entsprechend länger entrichtet werden (so zB *Moench* § 23 Rz 23). Stirbt er vorzeitig, wird auch die StPfl vorzeitig beendet. Die St passt sich also in diesen Fällen der tatsächlichen Laufzeit des Rechts an.

10 In anderen Fällen soll dagegen allein die Laufzeit des Rechts aus der Sicht beim Rechtserwerb entscheidend sein. Erlischt das Recht vorzeitig durch **Verzicht** (FG Nürnberg EFG 71, 490; BFH BStBl II 89, 896) oder auf andere Weise, ist die JahresSt über den Erlöschenszeitpunkt hinaus fortzuentrichten (RFH RStBl 31, 141; *Troll/Jülicher* § 23 Rz 24), sofern nicht Gründe vorliegen, die auch bei einer Besteuerung nach dem Kapitalwert zu einer Berichtigung der Besteuerung Anlass geben würden (§ 5 II, 14 II BewG). Die St passt sich also in diesen Fällen der tatsächlichen Laufzeit des Rechts nicht an. Der BFH hat zu § 23 in der soeben zitierten Entscheidung trotz der abweichenden vorinstanzlichen Entscheidung des FG Köln nur in einem einzigen Satz Stellung genommen (BFH BStBl II 89, 896). Er hat damit die Problematik nicht ausgeschöpft. Die Frage der Laufzeit der St bedarf daher noch immer einer grundsätzlichen Überprüfung.

11 Dagegen besteht Einverständnis darüber, dass der Betrag der St auch bei **schwankendem Umfang des Rechts** unverändert bleibt. Der StBetrag passt sich dem jeweiligen Umfang des Rechts nicht an. Es besteht folglich kein Anspruch auf Herabsetzung der JahresSt, wenn der Jahresbetrag der Rente oder Nutzung, der der StFestsetzung zugrunde liegt, vorübergehend nicht mehr erzielt werden kann. Ob es allerdings richtig sein kann, dass die St nach dem Jahreswert weitergezahlt werden muss, auch wenn die die Grundlage der Besteuerung bildenden Rentenleistungen nicht mehr einbringlich sind, erscheint fraglich. Das FG München (UVR 00, 67) nimmt an, dass die JahresSt auch dann fortgezahlt werden muss, wenn eine RsprÄnderung klarstellt, dass der Erwerb noch nie stpfl war. Das FG Münster (EFG 08, 1813; 14, 727) verlangt unter Hinweis auf das Stichtagsprinzip (§ 11), dass die JahresSt auch dann fortzuzahlen ist, wenn der Rentenschuldner seine Zahlungen wegen Insolvenz eingestellt hat. Bei Bestandskraft der JahresStFestsetzung soll auch ein Billigkeitserlass (§ 163 AO) nicht möglich sein. Das kann schwerlich überzeugen. Der BFH hat nunmehr auch eine abweichende StFestsetzung aus sachlichen Billigkeitsgründen im Einzelfall (Antrag auf Ablösung der JahresSt wurde nach dem Zahlungsausfall gestellt, mit weiteren Zahlungen war nicht zu rechnen und geleistete Jahreszahlungen überstiegen den Betrag bei Sofortbesteuerung um mehr als das Doppelte) angenommen (BStBl II 15, 237).

6. Vor- und Nachteile der Wahl

12 Die jährliche Versteuerung bedeutet zunächst einen **Zahlungsvorteil** für den Erwerber. Er braucht die St nicht im Voraus für die gesamte, erst später realisierte Bereicherung zu entrichten, sondern kann sich auf die StZahlung beschränken, die der jährlich realisierten Bereicherung entspricht. Die SofortSt ist eine endgültige Entscheidung, während die Wahl der jährlichen Versteuerung aufgrund der Ablösungsmöglichkeit einen **vorläufigen Charakter** hat (Anm 18). Früher konnte die jährliche Entrichtung unter dem Gesichtspunkt zu einer Ersparnis führen, dass der Berechtigte die JahresSt bei der ESt als Sonderausgabe abziehen kann („dauernde Last" iSd § 10 I Nr 1 a EStG; vgl § 35 S 3 EStG aF; Nachweise aus der Rspr in der 15. Aufl). Doch hat sich der BFH (BStBl II 11, 680) den Stimmen angeschlossen, die den Abzug nach geltendem Recht ausschließen (*Geck,* DStR 10, 1977 mwN; so auch FG Bad-Württ EFG 14, 751).

13 Ein **Nachteil** der jährlichen Versteuerung ergibt sich, wenn die JahresSt bei auf die Lebenszeit des Berechtigten gestellten Renten und Nutzungen nach der tatsächlichen

Lebenszeit erhoben wird und wenn die tatsächliche Lebenszeit die durchschnittliche Lebenszeit aus der Sicht des Erwerbszeitpunkts, die bei der Besteuerung nach dem Kapitalwert zugrunde zu legen gewesen wäre, übersteigt (*Sosnitza,* UVR 92, 342, 347). Denn der nach dem Kapitalwert berechnete StBetrag bildet nicht die Grenze, bis zu der die Besteuerung nach dem Jahreswert erfolgen darf (BFH BStBl II 14, 263). Ein weiterer Nachteil würde sich ergeben, wenn man bei vorzeitigem Wegfall einer lebenslänglichen Rente, Nutzung oder Leistung, die im Fall der Sofortversteuerung nach dem Kapitalwert eine Berichtigung der ursprünglichen StFestsetzung zulassen würde (§ 14 II BewG), eine Anpassung der JahresSt nicht für möglich hielte (*Michel,* 8. Aufl dieses Kommentars, § 23 Anm 4). Dieser auf die Entscheidung RFH RStBl 31, 141 zurückgehenden Meinung ist jedoch nicht zu folgen (*Troll/Jülicher* § 23 Rz 22; *Moench,* UVR 91, 196, 198f). Vielmehr sollte die St nach dem Jahreswert den Regeln über die Behandlung der St nach dem Kapitalwert folgen.

III. Berechnung und Festsetzung der Jahressteuer (Abs 1 S 2)

1. Steuersatz

Die JahresSt ist nach dem StSatz zu ermitteln, der für den **gesamten Erwerb** 14
maßgeblich ist. Für die Ermittlung des StSatzes ist dabei die Rente, Nutzung oder wiederkehrende Leistung mit dem Kapitalwert anzusetzen. Ist dem Berechtigten kein weiteres Vermögen angefallen, gilt der StSatz, der bei einer Versteuerung nach dem Kapitalwert maßgebend wäre. Beim Anfall weiteren Vermögens ist der StSatz heranzuziehen, der sich für den Erwerb einschließlich des Kapitalwerts der Rente usw ergibt. § 23 I 2 verweist nur auf § 19. Beim Erwerb weiteren Vermögens ist jedoch ggf auch § 19a heranzuziehen (vgl *Moench* § 23 Rz 32). Kommt es zu einer Zusammenrechnung mit Vorerwerben (§ 14), gilt der StSatz, der für den Gesamterwerb unter Einrechnung der Vorerwerbe zur Anwendung zu bringen ist (BFH BStBl II 79, 562; H E 23 ErbStH).

2. Freibeträge

Die JahresSt wird nicht durch Anwendung des maßgeblichen StSatzes (Anm 14) 15
auf den stpfl Erwerb oder auf einen dem Kapitalwert des Rechts entsprechenden Teil des stpfl Erwerbs ermittelt, sondern durch Anwendung des StSatzes auf den Jahreswert des Rechts. Sie wird nicht vom stpfl Erwerb, sondern „vom Jahreswert" des Rechts erhoben (Abs 1 S 1). Damit fehlt die Einbindung der persönlichen Freibeträge in die StBerechnung, die sonst durch Kürzung der Bemessungsgrundlage bei Ermittlung des stpfl Erwerbs erfolgt. Dennoch ist unstreitig, dass die persönlichen Freibeträge (§§ 16, 17, aber auch § 5) auch bei der Berechnung der JahresSt nicht unbeachtet bleiben dürfen. Wenn weiteres Vermögen erworben wird, welches sofort zu besteuern ist, werden die Freibeträge vorrangig diesem Vermögen und damit der Sofortbesteuerung zugeordnet (H E 23 ErbStH). Die Freibeträge sind nach den Verhältnissen bei Erwerb des Stammrechts, also **zum Zeitpunkt der StEntstehung,** zu beurteilen. Nachträgliche Gesetzesänderungen bleiben unberücksichtigt. Dies gilt auch dann, wenn die Gesetzesänderung auf einer Verfassungsgerichtsentscheidung beruht (FG Münster EFG 03, 1029).

Zwei Methoden zur Berücksichtigung der Freibeträge werden unterschieden: die 16
Aufzehrmethode und die **Kürzungsmethode** (vgl *Moench* § 23 Rz 10ff). Die Aufzehrmethode geht auf die Entscheidung RFH RStBl 38, 397 zurück. Danach wird dem persönlichen Freibetrag des Erwerbers bei der JahresSt in der Weise Rechnung getragen, dass die St für die ersten Bezüge so lange unerhoben bleibt, bis der Bedachte Bezüge in Höhe des Freibetrags erhalten hat. Demgegenüber hat sich *Moench* (DStR

85, 259; ihm folgend FG Hamburg EFG 87, 130) für die Kürzungsmethode eingesetzt, die den Jahreswert des Rechts um einen aus dem Verhältnis dieses Werts zum Wert des gesamten Erwerbs ermittelten Teil des Freibetrages kürzt. Die Kürzungsmethode kann, wie *Moench* nachweist, in Einzelfällen zu befriedigenderen Ergebnissen führen (s auch ZEV 01, 303). Sie wird jetzt im Anschluss an eine Entscheidung des BFH (DStRE 98, 400) auf Antrag ebenfalls zugelassen (H E 23 ErbStH „Abzug persönlicher Freibeträge" – Bsp letzter Satz).

3. Festsetzung der Steuer, Zusammenrechnung

17 Bei Wahl der St nach dem Jahreswert ergeht wie bei der Wahl der St nach dem Kapitalwert nur **ein StBescheid,** der sich von dem StBescheid bei Sofortzahlung nur durch das Leistungsgebot unterscheidet. Während dieses sich bei Sofortversteuerung auf den Einmalbetrag an ErbSt/SchSt bezieht, erstreckt es sich bei jährlicher Versteuerung auf die insgesamt zu entrichtenden JahresStBeträge, die im Jahresturnus fällig gestellt werden. Haben zwei Personen ein Rentenrecht in der Weise erworben, dass jedem zunächst die Hälfte der Rente zustehen soll, dass aber beim Tod des Erstversterbenden der Gesamtbetrag der Rente dem Überlebenden zufällt, dann ist beim Tod des Erstversterbenden der bis dahin aufschiebend bedingt zugewandte Teil der Rente entsprechend der Vorschrift des § 9 I Nr 1 Buchst a als selbstständiger Erwerb zu behandeln, für den der Berechtigte dann erneut zwischen einer Sofortversteuerung und einer jährlichen Versteuerung wählen kann. Eine Zusammenrechnung der beiden Erwerbe kommt nur in Betracht, wenn sie auch bei einer Sofortversteuerung beider Erwerbe gegeben wäre (vgl § 14).

IV. Ablösung der Jahressteuer (Abs 2)

1. Wahlrecht

18 Während die Wahl der Sofortversteuerung nach dem Kapitalwert endgültigen Charakter trägt, hat die Wahl der jährlichen Versteuerung einen vorläufigen Charakter. Der Erwerber kann seinen Entschluss noch jederzeit revidieren und die laufende Besteuerung durch eine Einmalzahlung ablösen. Die nachträgliche Wahl der Einmalzahlung erfolgt durch einen Antrag auf Ablösung der JahresSt. Der Antrag muss **spätestens einen Monat vor dem Fälligkeitstermin des nächsten JahresStBetrages** gestellt werden, um noch für dieses Jahr die Einmalzahlung an die Stelle der JahresSt zu setzen (Abs 2 S 3). Wird der Schenker von der FinVerw in Anspruch genommen, muss ihm das Antragsrecht zustehen (Anm 7).

2. Berechnung des Ablösebetrages

19 Die JahresSt kann **nicht** dadurch abgelöst werden, dass sich der Erwerber nachträglich doch noch für die Besteuerung nach dem **Kapitalwert seines Rechts** entscheidet. Die Besteuerung des Rechts nach dem Kapitalwert ist ihm mit der Wahl der JahresSt verschlossen, sofern die Besteuerung nach dem Kapitalwert bestandskräftig geworden ist und nicht mehr unter dem Vorbehalt der Nachprüfung steht (Anm 6). Er kann jedoch die Ablösung der St nach dem **Kapitalwert der St** wählen. Für die Ermittlung des Kapitalwerts der St sind die §§ 13 und 14 BewG heranzuziehen. *Moench* (ZEV 01, 303) macht zu Recht auf nicht unerhebliche Nachteile aufmerksam, die sich aus der Wahl der JahresSt iVm der späteren Wahl eines Ablösungsbetrages im Vergleich zur Sofortversteuerung ergeben können. Die Nachteile folgen aus Zinseffekten und daraus, dass sich die SofortSt wie der Ablösungsbetrag an der durchschnittlichen Lebenserwartung des Stpfl orientiert. Weil die Lebenserwartung im

Hinblick auf das erreichbare Endalter mit dem Älterwerden steigt, ist bei der Ermittlung des Ablösungsbetrages im Zweifel ein höheres Endalter als bei der Wahl der SofortSt zugrunde zu legen (weitere Gesichtspunkte nennt *Korezkij,* ZEV 01, 305). Vorteile der Ablösung lassen sich im Übrigen ebenfalls entwickeln (vgl *Moench,* DStR 93, 898, 900).

§ 24 Verrentung der Steuerschuld in den Fällen des § 1 Abs. 1 Nr. 4

[1]In den Fällen des § 1 Abs. 1 Nr. 4 kann der Steuerpflichtige verlangen, daß die Steuer in 30 gleichen jährlichen Teilbeträgen (Jahresbeträgen) zu entrichten ist. [2]Die Summe der Jahresbeträge umfaßt die Tilgung und die Verzinsung der Steuer; dabei ist von einem Zinssatz von 5,5 Prozent auszugehen.

Schrifttum: *Troll,* ErbersatzSt als dauernde Last, BB 82, 1663; *Korezkij,* Familienstiftungen im neuen ErbSt-Recht, ZEV 99, 132; *van Randenborgh,* Unterliegt eine nicht-rechtskräftige Familienstiftung der Erbersatzsteuer?, BB 13, 2780.

§ 24 betrifft die **ErsatzErbSt** für Familienstiftungen und -vereine, die aus § 1 I Nr 4 folgt und die nach § 9 I Nr 4 in Zeitabständen von je 30 Jahren seit dem Zeitpunkt des ersten Übergangs von Vermögen auf die Stiftung oder auf den Verein zu erheben ist. Durch § 24 wird eine **Verrentung** dieser St zugelassen, obwohl das ErbStG sonst eine vergleichbare Regelung nicht kennt. § 24 zeigt deutlich, dass die ErsatzErbSt in das normale System des ErbStRechts nicht passt, sondern wie ein **Fremdkörper** innerhalb des Gesetzes steht (vgl § 1 Anm 15). Die Verrentung, die unter Berücksichtigung eines Zinssatzes von 5,5% erfolgt, wird von der FinVerw (FinMin Nds DB 84, 75) auch in Teilbeträgen zugelassen. Neben der Verrentung kann auch eine Stundung nach § 28 in Betracht gezogen werden. **1**

Nach Auffassung des BFH (BStBl II 95, 207) sind die auf die jährlichen Teilbeträge geleisteten Zahlungen weder in vollem Umfang noch mit dem hierin enthaltenen Zinsanteil bei der KSt der Stiftung abzugsfähig. **2**

§ 25 Besteuerung bei Nutzungs- und Rentenlast

(1) ***[1]Der Erwerb von Vermögen, dessen Nutzungen dem Schenker oder dem Ehegatten des Erblassers (Schenkers) zustehen oder das mit einer Rentenverpflichtung oder mit der Verpflichtung zu sonstigen wiederkehrenden Leistungen zugunsten dieser Personen belastet ist, wird ohne Berücksichtigung dieser Belastungen besteuert. [2]Die Steuer, die auf den Kapitalwert dieser Belastungen entfällt, ist jedoch bis zu deren Erlöschen zinslos zu stunden. [3]Die gestundete Steuer kann auf Antrag des Erwerbers jederzeit mit ihrem Barwert nach § 12 Abs. 3 des Bewertungsgesetzes abgelöst werden.***

(2) ***Veräußert der Erwerber das belastete Vermögen vor dem Erlöschen der Belastung ganz oder teilweise, endet insoweit die Stundung mit dem Zeitpunkt der Veräußerung.***

Erbschaftsteuer-Richtlinien 2011: R E 25/H E 25

Übersicht

Schrifttum: *Ebeling,* Ablösung zinslos gestundeter Schenkungsteuern, ZEV 04, 501; *Daragan,* Auflösend bedingter Nießbrauch statt Nießbrauchsverzicht, ZErb 04, 274; *Stempel,* Fälligkeit gestundeter ErbSt sowie Ermittlung des Ablösungsbetrages nach § 25 Abs 1 S 3 ErbStG im Fall der Gesamtgläubigerschaft, UVR 04, 189; *Korezkij,* Besteuerung des Erwerbs unter Nutzungsvorbehalt nach § 25 ErbStG, ZEV 05, 242; *Gebel,* Nießbrauchsrechte und Nießbrauchslasten im Erbschaft- und Schenkungsteuerrecht, ZErb 06, 122; *Geck,* Die Übertragung unter Nießbrauchsvorbehalt nach Aufhebung des § 25 ErbStG durch das ErbStRG, DStR 09, 1005; *Jebens,* Die Wirkung des Vorbehaltsnießbrauchs bei Schenkungen von Unternehmensanteilen, DStZ 09, 321; *Götz,* Die Bedeutung des § 14 Abs 2 BewG bei Zuwendungen unter Nießbrauchsvorbehalt, DStR 09, 2233; *Frenz/Lülsdorf,* Rückwirkendes Entfallen von § 25 ErbStG, StB 13, 205.

I. Allgemeines

1. Grundlagen

1 Das ErbStRG 2009 hat § 25 aufgehoben. Die in ihrer Anwendung komplizierte Vorschrift sollte aus der Sicht des Gesetzgebers Belastungsverzerrungen ausgleichen, die sich aus den bisherigen niedrigen Wertansätzen für bestimmtes Vermögen ergaben. Mit dem Ansatz des gemeinen Werts für alle Vermögensgegenstände, so heißt es in der Begründung zum Regierungsentwurf des ErbStRG 2009 (BTDrs 16/7918, 37), ist die Ursache für die Einführung des § 25 entfallen. Die Aufhebung der Vorschrift wird nach der Erwartung des Gesetzgebers zu einer deutlichen Vereinfachung der Praxis führen.

2. Das nicht mehr anwendbare Abzugsverbot (Abs 1 S 1)

2 Für Erb- und Schenkungsfälle, die nach dem 1.1.2009 eintreten, ist § 25 nicht mehr anwendbar. Mit dieser Anordnung hat die Vorschrift des Abs 1 S 1 ihre Geltung verloren. Sie sah vor, dass bestimmte, mit dem Erwerb verbundene Belastungen, die den Charakter von Nachlassverbindlichkeiten haben und daher nach § 10 I 2 den stpfl Erwerb an sich schmälern müssten, nicht abgezogen werden dürfen (Abzugsverbot).

Sofern nicht Abzugsverbote anderer Art (§ 10 VI) eingreifen, sind diese Belastungen nach Aufhebung des § 25 nunmehr wieder uneingeschränkt abziehbar.

3. Die nicht mehr neu einsetzende Stundungsregelung (Abs 1 S 2)

Mit § 25 I 1 ist auch § 25 I 2 zum 1.1.2009 außer Kraft getreten. Die Nichtabzieh- 3
barkeit von Belastungen nach Abs 1 S 1 führte dazu, dass der Wert des Vermögenserwerbs höher ausfiel, als wenn das Abzugsverbot nicht bestanden hätte. Der durch das Abzugsverbot veranlasste Mehrerwerb hatte einen höheren StBetrag zur Folge. Dieser StMehrbetrag, der nur geschuldet wurde, weil das Abzugsverbot bestand, war nach § 25 I 2 bis zum Erlöschen der nichtabziehbaren Belastungen zinslos zu stunden. Für einen Erwerb, der mit nach Abs 1 S 1 nicht abziehbaren Belastungen verbunden war, ergaben sich daher bis zum 31.12.2008 jeweils zwei StBeträge, die sofort fällige St, die auf den Vermögenserwerb unter Berücksichtigung der mit ihm verbundenen Belastungen entfiel, und die gestundete St, die auf den Mehrwert entfiel, den das Vermögen ohne Berücksichtigung der Belastungen hatte. Da das Abzugsverbot seit dem 1.1.2009 nicht mehr gilt, kann es zu einem durch das Abzugsverbot veranlassten Mehrwert des erworbenen Vermögens seit diesem Datum nicht mehr kommen. Ohne einen solchen Mehrwert sind die Voraussetzungen für eine diesen Mehrwert erfassende St entfallen. Damit fehlt auch für die Stundung nach § 25 I 2 künftig der Raum.

4. Die fortgeltenden Bestimmungen (Abs 1 S 3, Abs 2)

Der Regierungsentwurf zum ErbStRG 2009 hatte sich noch damit begnügt, ein- 4
fach nur die Aufhebung des § 25 anzuordnen. Damit blieb aber offen, wie hinsichtlich der Erwerbe, die vor dem 1.1.2009 vorgekommen waren, verfahren werden sollte. Bisher räumte § 25 I 3 dem Stpfl die Möglichkeit ein, die gestundete St vor Ablauf der Stundungszeit mit dem Barwert abzulösen und die St so unter Mitnahme von Abzinsungseffekten von einer gestundeten in eine sofort fällige St zu überführen. § 25 II sah ein vorzeitiges Ende der Stundungsfrist vor, wenn es zu einer vollständigen oder teilweisen Veräußerung des belasteten Vermögens kam. Beide Vorschriften wären bei einer einschränkungslosen Aufhebung des § 25 nicht mehr anwendbar gewesen. Diese Unstimmigkeit wurde aber noch rechtzeitig erkannt. Der schließlich Gesetz gewordene Text hat denn auch die Geltung der beiden zuletzt genannten Bestimmungen ausdrücklich aufrecht erhalten (§ 37 II 2).

5. Fortgeltende Bestimmungen aus der Zeit bis 1980

Die Fassung des § 25, die durch das ErbStRG 2009 aufgehoben worden ist, galt für 5
Erwerbe, für die die St nach dem 30.8.1980 entstanden war. Für vor diesem Datum verwirklichte Erwerbe galt weiterhin die Fassung des Gesetzes vom 17.4.1974, die neben der Sofortversteuerung und der Stundung auch noch eine Aussetzung der Besteuerung bis zum Erlöschen der Belastung kannte. Es sind also nunmehr drei Arten von Erwerben zu unterscheiden: **(1.)** Erwerbe aus der Zeit nach dem 1.1.2009. Sie sind ohne Berücksichtigung des § 25 zu besteuern. **(2.)** Altfälle aus der Zeit zwischen dem 31.8.1980 und dem 31.12.2008. Für sie gelten weiterhin die Bestimmungen des § 25 I 3 und des § 25 II in der zuletzt 1997 bekannt gemachten Fassung (BGBl I 97, 378). **(3.)** Uraltfälle aus der Zeit vor dem 31.8.1980. Für sie ist weiterhin § 25 idF des Gesetzes v 17.4.1974 (BGBl I 74, 933) anzuwenden (§ 37 II 1).

6. Schwerpunkte der Kommentierung

Auch nach dem 31.12.2008 kann es noch zu Anwendungsproblemen und zur 6
Auseinandersetzung über die Merkmale des § 25 I 1 kommen, soweit Erwerbe aus

der Zeit vor dem 1.1.2009 zur Beurteilung stehen. Wegen der Voraussetzungen des Abzugsverbots und der Merkmale der Stundung in Altfällen wird auf die 14. Aufl verwiesen. Die gegenwärtige Auflage konzentriert sich auf die Kommentierung der seit 2009 fortgeltenden Bestimmungen. Damit sind die Vorschriften des § 25 I 3 und des 25 II angesprochen.

II. Die Ablösung der gestundeten Steuer (Abs 1 S 3)

1. Die Steuerstundung

7 Bei Erwerben aus der Zeit vor 2009 konnte es unter den Voraussetzungen des § 25 I 1 und 2 zu einer zinslosen Steuerstundung kommen. Gestundet wurde der StMehrbetrag, der anfiel, weil § 25 I 1 die dort genannten Belastungen für nicht abzugsfähig erklärte. Die Stundung sollte die Auswirkungen des in § 25 I 1 geregelten Abzugsverbots begrenzen. Durch die Stundung wurde die Fälligkeit der von ihr erfassten St bis zum Ablauf der Stundungsfrist hinausgeschoben. Die Stundung beruhte auf der gesetzlichen Anordnung in § 25 I 2. Mit der Aufhebung dieser Vorschrift wurden jedoch die noch laufenden Stundungsfristen nicht beendet. Andernfalls wäre es zur Sofortfälligkeit von StBeträgen gekommen, deren Grund durch die Aufhebung des Abzugsverbots nach § 25 I 1 gerade beseitigt worden war. Das konnte nicht die Absicht des Gesetzgebers sein. Die Aufhebung des § 25 I 2 ist daher nur in dem Sinne zu verstehen, dass die Vorschrift nun keine Basis für die Neufestlegung einer StStundung mehr bieten kann. Auf die bereits laufenden Stundungsfristen muss die Aufhebung der Vorschrift jedoch ohne Einfluss bleiben.

2. Das regelmäßige Auslaufen der Stundungsfrist

8 Die Stundung soll die StFolgen des in § 25 I 1 normierten Abzugsverbots begrenzen. Das Abzugsverbot, dessen Auswirkungen begrenzt werden sollen, wirkt aber nur solange, wie die vom Abzug ausgeschlossenen Belastungen bestehen. Mit dem Erlöschen der Belastungen entfallen die Wirkungen des Abzugsverbots. Der Vermögenserwerber hat das Vermögen nun ohne die den Erwerb schmälernden Belastungen in der Hand. Für ein Verbot, die entfallenen Belastungen weiterhin zu berücksichtigen, fehlt der Raum. Damit entfällt auch der Anlass für eine weitere Stundung. Die Stundung endet daher mit dem Erlöschen der vom Abzugsverbot betroffenen Belastungen. Für das Erlöschen der Belastungen kann ein bestimmtes Datum gesetzt sein. Sind, wie häufig, die den Belastungen entsprechenden Rechte auf Lebenszeit eingeräumt, so erlöschen die Belastungen mit dem Tod des Berechtigten. Mit dem Erlöschen der Belastungen wird der gestundete Betrag sofort fällig. Damit dem Stpfl ausreichend Zeit für die StZahlung verbleibt, räumt ihm die FinVerw jedoch eine Zahlungsfrist von 1 Monat beginnend mit dem Zeitpunkt des Erlöschens der Belastung ein (R85 V 2 ErbStR 2003). Die FinVerw geht in diesem Zusammenhang von einer Verpflichtung des Stpfl aus, ihr den Wegfall der Belastung mitzuteilen (§ 153 II AO). Bei nach dem Wegfall des Stundungsgrundes entstandenen Säumniszuschlägen kann ein Erlass wegen sachlicher Unbilligkeit in Betracht kommen (FG Köln ZEV 17, 237).

3. Die Ablösung der gestundeten Steuer

9 Die Stundung erfolgt im Interesse des Stpfl. Der Stpfl ist daher nicht gehindert, auf die Stundung zu verzichten und den ausstehenden Betrag an das FA zu entrichten. Er kann jedoch auch den üblichen und günstigeren Weg der Ablösung der St nach ihrem Barwert wählen und auf diese Weise seine StSchuld durch Zahlung eines Teilbetrages

ihres Nennwerts erfüllen. Die Ablösung der gestundeten St mit ihrem Barwert setzt einen Antrag des Stpfl voraus. Dieser Antrag kann jederzeit gestellt werden. *Michel* (8. Aufl dieses Kommentars § 25 Anm 11; übereinstimmend *Moench/Weinmann* § 25 Rz 22) ist für die Zulässigkeit auch einer Teilablösung verbunden mit einer Herabsetzung der weiterhin gestundeten St auf einen Teilbetrag eingetreten. Die Ablösung ist nur so lange möglich, wie die Stundung fortbesteht. Sind die Belastungen erloschen, kommt eine Ablösung der inzwischen fällig gewordenen St nicht mehr in Betracht (BFH/NV 98, 1224).

4. Der Ablösungsbetrag

Die Ablösung ist zum Barwert der St, dh zu dem unter Berücksichtigung der voraussichtlichen Stundungsdauer abgezinsten Nennbetrag der St, vorgesehen. Zur Abzinsung ist nach § 12 III BewG ein Zinssatz von 5,5% heranzuziehen. Als Stichtag für die Ermittlung des Ablösebetrages gilt das Datum der Antragstellung. Wird der Antrag schon gleich mit der Abgabe der StErklärung gestellt, kommt es nach Auffassung des Nds FG (EFG 05, 642) und des Hess FG (EFG 06, 1186) für die Ermittlung des Ablösebetrages auf die Verhältnisse im Zeitpunkt der Entstehung der StSchuld an. Bei der Berechnung des Barwertes ist zu berücksichtigen, dass der gestundete StBetrag bis zur Fälligkeit nicht zu verzinsen ist. Steht für das Erlöschen der Belastungen und damit für das Ende der Stundung ein bestimmtes Datum fest, ist der Barwert in der Weise zu ermitteln, dass der Nennbetrag der StSchuld unter Berücksichtigung der Restlaufzeit der den Belastungen entsprechenden Rechte abgezinst wird. Sind die den Belastungen entsprechenden Rechte auf Lebenszeit eingeräumt, ist die Abzinsung unter Berücksichtigung der mittleren Lebenserwartung der Berechtigten vorzunehmen. Die mittlere Lebenserwartung ist nach Auffassung der Rspr (FG Münster EFG 07, 700), der sich die FinVerw angeschlossen hat (BStBl I 08, 646), aus der Sterbetafel des Statistischen Bundesamtes abzuleiten, deren Erhebungszeitraum dem Bewertungsstichtag für den Ablösungsbetrag vorausgeht (zur Berechnung Ländererlass v 18.11.2016, BStBl II 16, 1246). 10

5. Der Ablösungsbescheid

Über die Ablösung wird ein förmlicher Bescheid erteilt. Der Bescheid setzt an die Stelle der gestundeten St den geschuldeten Ablösebetrag. Der Fälligkeitszeitpunkt für den Ablösebetrag ergibt sich aus dem Ablösungsbescheid. Die FinVerw erteilt den Bescheid unter der auflösenden Bedingung, dass der Ablösungsbetrag fristgerecht bezahlt wird. Mit dem Bescheid wird ein Widerrufsvorbehalt verbunden. 11

III. Die Veräußerung des belasteten Vermögens (Abs 2)

1. Vorzeitiges Ende der Stundungsfrist

Die Stundung endet vorzeitig, wenn der Erwerber das belastete Vermögen veräußert. Unter Veräußerung wird hier nur die entgeltliche Vermögensübertragung verstanden. Eine stundungsschädliche Veräußerung war nach Auffassung der FinVerw auch dann gegeben, wenn nach den Absprachen der Parteien der das Vermögen belastende Nießbrauch im Fall der Veräußerung am Erlös aufrecht zu erhalten war. Dem hat der BFH (BStBl II 10, 504) widersprochen. Weil in diesem Fall lediglich der belastete Gegenstand ausgewechselt werde, der Nießbrauch aber bestehen bleibe, müsse auch die Stundung fortgelten. Nicht nur die Veräußerung des ganzen Vermögens, sondern auch die entgeltliche Fortgabe einzelner Vermögensteile soll die Stundung anteilig beenden. Doch dürfte eine solche entgeltliche Teilveräußerung nur sel- 12 ten zur Kenntnis der FinVerw gelangen. Selbst aus der Sicht der FinVerw (*Michel,* 8. Aufl dieses Kommentars, § 25 Anm 13) wird empfohlen, im Fall einer beabsichtigten Veräußerung zunächst die St zu ihrem Barwert abzulösen und erst dann die Veräußerung vorzunehmen.

2. Unentgeltlicher Vermögensübergang

13 Die unentgeltliche Vermögensübertragung gilt hier wie in anderen vergleichbaren Fällen nicht als Veräußerung iSd Abs 2. Wird daher das belastete Vermögen durch Erbgang oder durch Schenkung weiter übertragen, wird dadurch die Stundung nicht vorzeitig beendet. Im Fall der Schenkung bleibt der Schenker weiterhin stpfl. Veräußert der Beschenkte anschließend das belastete Vermögen, so dürfte damit die dem Schenker eingeräumte Stundung enden. Im Fall des Erbgangs tritt der Erbe in die StPfl des bisherigen Vermögensinhabers ein. Ihn treffen nunmehr zwei Verpflichtungen, die übernommene und die eigene StPfl. Was die übernommene StPfl angeht, so kann der Erbe sich auf die dem Erblasser gewährte Stundung berufen. Er kann die St aber auch jederzeit zu ihrem Barwert ablösen. Was die eigene StPfl angeht, so bildet die dem Erblasser gestundete St einen Abzugsposten hinsichtlich seines eigenen Erwerbs. Der Umfang dieses Abzugspostens dürfte nach dem Barwert der St zu bemessen sein, auch wenn der Erbe die Ablösung zum Barwert weder beantragt hat noch beantragen will.

IV. Rechtsfolgen des unentgeltlichen Nießbrauchsverzichts

1. Die Problematik

14 Für Erwerbe vor 2009 galt: Hat sich der Schenker den Nießbrauch an dem verschenkten Vermögen vorbehalten und verzichtet er später gegen entsprechendes Entgelt auf den Vorbehalt, dann erlischt die Belastung und die Stundungsfrist läuft aus. Der bisher gestundete StBetrag wird fällig. Dasselbe galt im Fall des unentgeltlichen Verzichts. Im Fall des unentgeltlichen Verzichts tritt jedoch noch eine anders geartete Problematik hinzu, die Frage nämlich, ob der Beschenkte nicht nur den bisher gestundeten StBetrag zu zahlen hat, sondern ob er zusätzlich auch noch die Besteuerung wegen einer im Verzicht liegenden freigebigen Zuwendung hinnehmen muss. Die in § 7 genannten Merkmale einer freigebigen Zuwendung sind im Fall des unentgeltlichen Verzichts regelmäßig erfüllt. Und doch bestanden – bezogen auf Erwerbe vor 2009 – gegen diese Besteuerung unter dem Gesichtspunkt des Wertungswiderspruchs Bedenken. § 25 I 1 hatte nämlich für Erwerbe vor 2009 bestimmt, dass die Besteuerung des Vermögenserwerbs ohne Berücksichtigung des Nießbrauchs erfolgen sollte. Und man kann argumentieren: Wenn der Werteabfluss, der beim Vermögenserwerb durch die Bestellung des Vorbehaltsnießbrauchs eintritt, bei der Besteuerung des Vermögenserwerbs nicht beachtet werden darf, kann dann der Wertezufluss, der sich als Folge des Nießbrauchsverzichts ergibt, ohne inneren Widerspruch der Besteuerung unterworfen werden? Liegt nicht in dem Verzicht auf den Nießbrauch lediglich die Rücknahme der Nießbrauchsbestellung? Und kann die Rücknahme der Bestellung steuerlich beachtlich sein, wenn die Bestellung selbst nicht beachtet werden durfte?

2. Die Stellungnahme des BFH

15 Das Gericht hat sich in einer Entscheidung v 17.3.2004 (BStBl II 04, 429) mit dieser Problematik befasst. Anders als einzelne Finanzgerichte (FG Rh-Pf ZEV 98, 405 mit Anm *Meincke;* FG München EFG 01, 147; FG Nürnberg EFG 01, 148; abweichend aber FG Hbg EFG 02, 285), die die uneingeschränkte Besteuerung des Nieß-

brauchsverzichts für unproblematisch hielten, weil es sich bei dem Erwerb des nießbrauchbelasteten Vermögens und bei dem späteren Nießbrauchsverzicht „um zwei unterschiedliche und eigenständige Vorgänge" handele (FG Nürnberg aaO), hat der BFH den inneren Zusammenhang zwischen der Behandlung der Nießbrauchsbestellung und des Nießbrauchsverzichts erkannt. Aus der Sicht des Gerichts gibt es jedoch keinen Weg, die Problematik bereits auf der Tatbestandsebene zu lösen und den Verzicht in Anlehnung an die Regelung des § 25 I 1 und entsprechend dem Vorschlag aus der 14. Aufl dieses Kommentars (§ 25 Anm 15) aus der Besteuerung nach § 7 herauszunehmen. Denn im Fall der Schenkung unter Nießbrauchsvorbehalt wirke sich das Abzugsverbot des § 25 I 1 nur auf der Ebene der Wertermittlung nach § 10 aus. Nur auf der Ebene des § 10 könnten daher auch Folgerungen für die Behandlung des Rechtsverzichts gezogen werden. Das ist konsequent, muss aber doch überraschen, wenn man sich daran erinnert, dass der BFH bisher nicht selten – zB bei der Einordnung der Schenkung unter Leistungsauflage als auflagenfreie Teilschenkung – Überlegungen aus der Ebene des § 10 ganz unbedenklich in den Tatbestand des § 7 hineingetragen hat.

3. Folgerungen des BFH

Im Fall der uneingeschränkten Besteuerung des Nießbrauchsverzichts besteht **16** nach Auffassung des BFH für Erwerbe vor 2009 die Gefahr einer Doppelbesteuerung des Erwerbs des Nutzungsrechts. Das Nutzungsrecht wird zunächst als Teil des dem Beschenkten anfallenden Erwerbs erfasst und dabei wegen des Abzugsverbots so behandelt, als sei es dem Beschenkten nicht nur zugefallen, sondern auch bei ihm verblieben. Und sodann wird angenommen, dass der Beschenkte das von ihm schon erworbene Nutzungsrecht beim Verzicht auf den Nießbrauch noch einmal erworben hat und als Folge des erneuten Erwerbs erneut versteuern muss. Eine derartige Doppelbesteuerung desselben Erwerbs widerspricht nach Auffassung des Gerichts dem Bereicherungsprinzip des § 10 I 1. Der Konflikt ist aus der Sicht des Gerichts dadurch zu lösen, dass auf die Bemessungsgrundlage für den Erwerb durch Rechtsverzicht der Betrag angerechnet wird, der wegen des Abzugsverbots bei dem Erwerb durch Vermögensübertragung unberücksichtigt geblieben ist. Der um die Freibeträge gekürzte Kapitalwert des Nießbrauchs beim Rechtsverzicht ist also um den Kapitalwert des Nießbrauchs zum Zeitpunkt der Vermögensübertragung zu kürzen. Wegen der zwischenzeitlichen Wertminderung des Nießbrauchs wird diese Kürzung in vielen Fällen dazu führen, dass im Ergebnis keine St auf den Erwerb durch Nießbrauchsverzicht zu erheben ist. Die FinVerw hat sich der Entscheidung des BFH und der dort vorgesehenen Berechnungsweise angeschlossen (BStBl I 04, 939; dazu *Weinmann* ZEV 04, 503). Diese Rechtsgrundsätze gelten nach dem BFH (BStBl II 14, 896) auch bei dem Verzicht auf eine Nießbrauch, der aufgrund der Abzugsbeschränkung des § 10 VI (teilweise) unberücksichtigt geblieben ist.

V. Aussetzungsfälle nach § 25 ErbStG 1974 und § 31 ErbStG 1959

Für die Abwicklung von Erwerben, die vor dem 31.8.1980 angefallen sind, gilt **17** nach der Übergangsbestimmung des § 37 II weiterhin § 25 ErbStG 1974, der auch auf die noch offenen Fälle nach § 31 ErbStG 1959 zur Anwendung gelangt. § 25 ErbStG 1974 hat folgenden Wortlaut:

§ 25 ErbStG 1974 Aussetzung der Versteuerung

(1) Beim Erwerb von Vermögen, dessen Nutzungen einem anderen als dem Erwerber zustehen oder das mit einer Rentenverpflichtung oder mit der Verpflichtung zu einer sonstigen Leistung belastet ist, ist die Versteuerung nach der Wahl des Erwerbers

a) bis zum Erlöschen der Belastung, höchstens jedoch zu dem Vomhundertsatz auszusetzen, zu dem der Jahresertrag des Vermögens durch die Belastung gemindert ist oder

b) nach den Verhältnissen im Zeitpunkt des Erwerbs ohne Berücksichtigung dieser Belastungen durchzuführen. [2]In diesem Fall ist die Steuer bis zum Erlöschen der Belastungen insoweit zu stunden, als sie auf den Kapitalwert der Belastungen entfällt.

(2) Geht im Fall des Absatzes 1 Buchstabe a das belastete Vermögen vor dem Erlöschen der Belastung durch Erbfolge auf einen anderen über, so wird die Steuer für diesen Übergang nicht erhoben; vielmehr tritt die gleiche Behandlung ein, wie wenn derjenige, dem das Vermögen zur Zeit des Erlöschens gehört, das Vermögen unmittelbar von dem ursprünglichen Erblasser oder Schenker erworben hätte.

(3) [1]Überträgt der Erwerber im Fall des Absatzes 1 Buchstabe a das belastete Vermögen vor dem Erlöschen der Belastung unentgeltlich, so endet für ihn insoweit die Aussetzung der Versteuerung mit dem Zeitpunkt der Ausführung der Zuwendung. [2]Die Steuer für seinen Erwerb bemißt sich nach dem Wert, der sich für das übertragene Vermögen nach Abzug der Belastung nach Absatz 1 in diesem Zeitpunkt ergibt. [3]Bei der Ermittlung der Belastung nach Absatz 1 kann als Jahreswert der Nutzung höchstens der achtzehnte Teil des Wertes angesetzt werden, der sich nach den Vorschriften des Bewertungsgesetzes für das belastete Vermögen, vermindert um sonstige Belastungen, ergibt, als abzugsfähiger Jahresbetrag der Rente höchstens der Betrag, der dem Verhältnis des Jahreswertes der Rente zum Jahresertrag des belasteten Vermögens entspricht.

(4) Veräußert der Erwerber das belastete Vermögen vor dem Erlöschen der Belastung ganz oder teilweise, so endet insoweit die Aussetzung der Versteuerung oder die Stundung mit dem Zeitpunkt der Veräußerung.

1. Aussetzung der Versteuerung

18 Die noch heute bedeutsame Besonderheit des § 25 ErbStG 1974 (sowie des § 31 ErbStG 1959) gegenüber der von 1980 bis Ende 2008 geltenden Fassung des § 25 lag darin, dass § 25 ErbStG 1974 (ebenso wie § 31 ErbStG 1959) die Möglichkeit der Aussetzung der Versteuerung bis zum Erlöschen der Belastung zuließ. Dem Erwerber wurde ein entsprechendes Wahlrecht eingeräumt. Entschied er sich für die Aussetzungsalternative, wurde damit nicht nur die Festsetzung, sondern auch die Entstehung der St auf den Zeitpunkt des Erlöschens der Belastung verschoben (§ 9 II). Der Erwerber wurde so behandelt, als hätte er den von der Aussetzung betroffenen Erwerb erst später gemacht. Die Voraussetzungen, unter denen die Aussetzung der Versteuerung gewählt werden konnte, die Vor- und Nachteile der Wahl und die Probleme der Abgrenzung des Teils des Erwerbs, für den die Aussetzung der Versteuerung galt, brauchen heute nicht mehr erläutert zu werden. Denn die StFälle aus der Zeit vor September 1980 sind insoweit abgeschlossen. Weiterhin interessiert jedoch, wann es zu einer Beendigung der Aussetzung der Versteuerung kommt und was im Fall der Beendigung der Aussetzung der Versteuerung zu gelten hat.

2. Versteuerung bei Erlöschen der Belastung

19 Soweit die Versteuerung für einen Erwerb ganz oder teilweise ausgesetzt worden ist, entsteht die St nach § 9 II mit dem Erlöschen der Belastung. Der Erwerber hat den Erwerb mit dem Wert zu versteuern, den dieser im Zeitpunkt des Erlöschens der Belastung hat (§§ 11, 12). Sofern sich der Wert des Erwerbs in der Zwischenzeit erhöht hat, unterliegt somit auch die Wertsteigerung der St, während umgekehrt eine zwischenzeitliche Wertminderung des Vermögens eine entsprechend niedrigere St

zur Folge hat. In den Fällen einer nur teilweisen Aussetzung der Versteuerung bilden beide Erwerbsteile selbstständige StFälle. Für beide Fälle kann damit der volle Freibetrag gewährt werden. Die StStufe (= der jeweilige Progressionssatz) ist für beide Fälle gesondert zu ermitteln. Nur im Rahmen des § 14 können die beiden Fälle zusammengerechnet werden mit der Folge, dass ein Freibetrag entfällt und dass sich die StStufe nach der Summe der beiden Erwerbe bestimmt.

3. Vorzeitiges Erlöschen der Belastung

Beim Erlöschen der Belastung wird der Erwerber unter den Voraussetzungen der **20** Aussetzung der Versteuerung so behandelt, als hätte er den Teil des Erwerbs, für den die Versteuerung ausgesetzt war, jetzt vom ursprünglichen Erblasser/Schenker erworben. Ist die Belastung durch den unentgeltlichen Verzicht des Nutzungs- oder Rentenberechtigten auf sein Recht vorzeitig erloschen, dann hält es die FinVerw für möglich, dass in dem Verzicht zugleich eine freigebige Zuwendung des Nutzungsberechtigten an den Vermögensinhaber zu sehen ist. Das hätte zur Folge, dass eine StPfl für den Erwerb nicht nur im Verhältnis zum ursprünglichen Erblasser/Schenker, sondern auch im Verhältnis zum Nutzungsberechtigten entsteht. Da der Erwerber die Vermögenssubstanz im Ergebnis nur einmal erhält, ist es ausgeschlossen, ihn aus Anlass des vorzeitigen Erlöschens der Belastung zweimal zu besteuern. Die FinVerw hält es aber für möglich, die jeweils höhere St zum Ansatz zu bringen (FinMin NW DB 78, 866). Richtiger erscheint es demgegenüber, den Tatbestand der freigebigen Zuwendung im Verhältnis zwischen dem Nutzungsberechtigten und dem Vermögensinhaber zu verneinen. Der Nutzungsberechtigte hat sein Recht vom Erblasser/Schenker erhalten und gibt es mit dem vorzeitigen Verzicht an den Erblasser/Schenker zurück, wovon es dann an den Vermögensinhaber gelangt. Der Vermögensinhaber wird nur durch den Erblasser/Schenker bereichert, so dass auch nur im Verhältnis zum Erblasser/Schenker eine Besteuerung erfolgen kann.

4. Versteuerung vor Erlöschen der Belastung

Wird das Vermögen von dem Erwerber **entgeltlich weitergegeben,** kommt es **21** zu einem vorzeitigen Ende der Aussetzungsfrist, auch wenn die Belastung noch fortbesteht (Abs 4). Wird das Vermögen von dem Erwerber **unentgeltlich weitergeleitet,** endet die Aussetzungsfrist ebenfalls vorzeitig, wenn die Fortgabe im Wege der Schenkung erfolgt (Abs 3). Das Gesetz sieht für diesen Fall Sonderregeln der Bewertung des Vermögens vor, das nunmehr versteuert werden muss, um dem Umstand Rechnung zu tragen, dass die Belastung in diesem Fall (anders als im Fall des Endes der Aussetzungsfrist wegen Erlöschen der Belastung) noch fortbesteht und bei der Bewertung berücksichtigt werden muss. Nach *Michel* (8. Aufl dieses Kommentars, § 25 Anm 22) sind die in Abs 3 für den Fall der Schenkung vorgesehenen Bewertungsbestimmungen auch im Fall der entgeltlichen Veräußerung nach Abs 4 zur Anwendung zu bringen. Neben der St für seinen Erwerb kann der Schenker im Übrigen auch noch für den Erwerb des Beschenkten haftbar sein (§ 20 I). Davon ist in § 25 III ErbStG 1974 nicht die Rede. Auch für die Besteuerung des Beschenkten wird keine Regelung getroffen. Wird das Vermögen **im Erbwege weitergeleitet,** bleibt davon die Aussetzungsfrist unberührt. Das Vermögen, das beim Erblasser von der Versteuerung noch nicht erfasst war, geht ohne Eingreifen einer neuen Versteuerung auf den Erben über (Abs 2). Diese Regelung hat in § 10 IV eine Parallele. Der Erbe wird so behandelt, als hätte er das Vermögen unmittelbar von dem Erblasser/Schenker erhalten.

§ 26 Ermäßigung der Steuer bei Aufhebung einer Familienstiftung oder Auflösung eines Vereins

In den Fällen des § 7 Abs. 1 Nr. 9 ist auf die nach § 15 Abs. 2 Satz 2 zu ermittelnde Steuer die nach § 15 Abs. 2 Satz 3 festgesetzte Steuer anteilsmäßig anzurechnen
a) mit 50 Prozent, wenn seit der Entstehung der anrechenbaren Steuer nicht mehr als zwei Jahre,
b) mit 25 Prozent, wenn seit der Entstehung der anrechenbaren Steuer mehr als zwei Jahre, aber nicht mehr als vier Jahre vergangen sind.

I. Allgemeines

1 Bei der in § 26 getroffenen Regelung handelt es sich um eine dem § 27 verwandte **Ermäßigungsvorschrift,** mit der die mehrfache Belastung desselben Vermögens in kurzen Abständen in ihren Auswirkungen abgeschwächt werden soll. Die Vorschrift ist jedoch zu engherzig konzipiert, der Vergünstigungszeitraum ist zu knapp bemessen, um zu einer angemessenen Entlastung zu führen. So wird üblicherweise empfohlen, lieber den Zeitpunkt der StEntstehung nach § 7 I Nr 9 hinauszuschieben, als die Ermäßigung nach § 26 in Anspruch zu nehmen.

II. Die ermäßigungsfähige Steuer

2 § 26 schafft die Möglichkeit der StErmäßigung nur für einen einzelnen Fall der SchStPfl. Nur die gerade auf § 7 I Nr 9 beruhende St kann nach § 26 herabgesetzt werden. Wegen anderer Fälle der StErmäßigung sei auf § 27 verwiesen. Die in § 26 in Bezug genommene Vorschrift des § 7 I Nr 9 bezieht sich auf den Fall der Aufhebung einer Stiftung, wobei hier wegen des Zusammenhangs mit § 1 I Nr 4, der sich aus der Verweisung des § 26 auf § 15 II 3 ergibt, nur die **Familienstiftung** in Frage kommen kann, sowie auf die Auflösung eines **Familienvereins.** Der Vereinsauflösung steht nach § 7 I Nr 9 S 3 der Formwechsel in eine Kapitalgesellschaft gleich. Im Fall der Aufhebung der Stiftung oder der Auflösung des Vereins wird das Vermögen an die in der Satzung bezeichneten Empfänger verteilt. Dieser Vorgang der Verteilung des Stiftungs- oder Vereinsvermögens an die dafür benannten Destinatäre wird von § 7 I Nr 9 als Fall der Schenkung unter Lebenden eingestuft. Die danach die Erwerber des Vermögens treffende SchStPfl wird unter den Voraussetzungen des § 26 herabgesetzt.

III. Voraussetzungen der Ermäßigung

3 § 26 geht von der Voraussetzung aus, dass das bei Aufhebung der Stiftung oder Auflösung des Vereins an die Erwerber fließende und dort der StPfl nach § 7 I Nr 9 unterliegende Vermögen kurz vor der Aufhebung der Stiftung oder Auflösung des Vereins schon einmal durch den Zugriff der ErbSt reduziert worden ist. Und zwar nimmt § 26 auf die **ErsatzErbSt nach § 1 I Nr 4** Bezug, nach der das Vermögen einer Familienstiftung oder eines Familienvereins im Turnus von 30 Jahren der Besteuerung unterliegt. Die St nach § 1 I Nr 4 wird in § 15 II 3 erwähnt, und auf diese Vorschrift wiederum verweist § 26 in dem dortigen ersten Halbsatz. Wenn das Stiftungs- oder Vereinsvermögen kurz vor der Aufhebung oder Auflösung durch die ErsatzErbSt des § 1 I Nr 4 belastet worden ist, soll die anschließende Besteuerung nach

§ 7 I Nr 9 der Ermäßigung unterliegen. § 26 ist eine Sonderbegünstigung zur Abmilderung der 1974 eingeführten ErsatzErbSt (genauso wie § 24) und ermäßigt nicht die bei Aufhebung/Auflösung anfallende SchSt kurz nach Errichtung. Hier kommt nur ein Erlöschen der bei Errichtung angefallenen SchSt (§ 7 I Nr 8) nach § 29 I Nr 1 wegen einer Störung der Geschäftsgrundlage (kurzfristiger Wegfall der auf Dauer angelegten Stiftung) in Betracht.

IV. Durchführung der Ermäßigung

Die Ermäßigung geschieht durch **Anrechnung der ErsatzErbSt auf die SchSt.** 4
Der Ermäßigungszeitraum beträgt 4 Jahre, nicht 10 Jahre wie es § 27 vorsieht. Maßgeblicher Ausgangszeitpunkt ist das Datum der Entstehung der ErsatzErbSt, die § 26 als anrechenbare St bezeichnet. Wenn seit der Entstehung der ErsatzErbSt nicht mehr als zwei Jahre bis zur Entstehung der SchSt aus § 7 I Nr 9 vergangen sind, wird die ErsatzErbSt mit 50%, sonst mit 25% angerechnet. Liegen zwischen der Entstehung der ErsatzErbSt und der Entstehung der SchSt nach § 7 I Nr 9 mehr als vier Jahre, ist für eine Ermäßigung nach § 26 kein Raum. Im Zeitraum von zwei Jahren werden 50%, im Zeitraum von vier Jahren 25% des vollen Betrages der ErsatzErbSt angerechnet, wenn das Vermögen der Stiftung oder des Vereins auf eine einzige Person übergeht. Wird das Vermögen auf verschiedene Personen verteilt, ist die anrechenbare St den Erwerbern anteilmäßig, dh im Verhältnis ihres Erwerbes zum gesamten verteilungsfähigen Vermögensbestand, anzurechnen.

V. Steuerermäßigung bei Aufhebung eines Trusts

Die gegenwärtige Textfassung des § 26 ist unzureichend und an zwischenzeitlich 5
erfolgte Gesetzesänderungen nicht ausreichend angepasst. Sie stammt aus einer Zeit, in der § 7 I Nr 9 nur einen Satz enthielt und nur einen Fall betraf, nämlich die Besteuerung des Vermögenserwerbs bei Aufhebung einer Stiftung oder bei Auflösung eines Vereins. Schon damals war die Vorschrift zu weit gefasst. Denn sie sollte nur den Vermögenserwerb bei Aufhebung gerade einer Familienstiftung oder eines Familienvereins treffen. Doch ließ sich diese Unstimmigkeit noch im Wege der Auslegung korrigieren (Anm 2). Inzwischen ist der Gesetzestext durch Inhaltsänderung des § 7 I Nr 9, auf den § 26 verweist, ganz unzureichend geworden. Denn § 7 I Nr 9 wurde zum 5.3.1999 um einen zweiten Satz ergänzt. Dieser, den § 26 dem Wortlaut nach nun ebenfalls heranzieht, behandelt die Steuerfolgen des Erwerbs, der bei Auflösung einer Vermögensmasse ausländischen Rechts (dh eines Trusts) anfällt, sowie des Erwerbs von Zwischenberechtigten während des Bestehens des Trusts. Auf diese Erwerbe passt § 26 von vornherein nicht. Denn § 26 sieht nur die Anrechnung von Steuern vor, die nach § 1 I Nr 4 iVm § 15 II 3 als ErsatzErbSt festgesetzt worden sind. Auf die Bildung oder Ausstattung eines Trusts oder auf den Erwerb von Zwischenberechtigten eines Trusts entfällt aber keine ErsatzErbSt. Daher scheidet die Anrechnung einer ErsatzErbSt in diesen Fällen von vornherein aus. Demgegenüber hätte bedacht werden sollen, ob die nach § 3 II Nr 1 S 2 oder nach § 7 I Nr 8 S 2 festgesetzte St, die den Trust bei seiner Bildung oder Ausstattung gekürzt hat, an Stelle der ErsatzErbSt angerechnet werden kann. Zu dieser Problematik findet sich jedoch in § 26 kein Wort. Die Vorschrift ist daher dringend überarbeitungsbedürftig. Dies ist bei den ErbStReformen seit Ergänzung der Norm um S 2 bedauerlicherweise übersehen worden, selbst als durch das ErbStRG 2009 ein weiterer Satz ergänzt wurde (S 3 zur Umwandlung eines Vereins in eine Kapitalgesellschaft).

§ 27 Mehrfacher Erwerb desselben Vermögens

(1) **Fällt Personen der Steuerklasse I von Todes wegen Vermögen an, das in den letzten zehn Jahren vor dem Erwerb bereits von Personen dieser Steuerklasse erworben worden ist und für das nach diesem Gesetz eine Steuer zu erheben war, ermäßigt sich der auf dieses Vermögen entfallende Steuerbetrag vorbehaltlich des Absatzes 3 wie folgt:**

um … Prozent	**wenn zwischen den beiden Zeitpunkten der Entstehung der Steuer liegen**
50	**nicht mehr als 1 Jahr**
45	**mehr als 1 Jahr, aber nicht mehr als 2 Jahre**
40	**mehr als 2 Jahre, aber nicht mehr als 3 Jahre**
35	**mehr als 3 Jahre, aber nicht mehr als 4 Jahre**
30	**mehr als 4 Jahre, aber nicht mehr als 5 Jahre**
25	**mehr als 5 Jahre, aber nicht mehr als 6 Jahre**
20	**mehr als 6 Jahre, aber nicht mehr als 8 Jahre**
10	**mehr als 8 Jahre, aber nicht mehr als 10 Jahre**

(2) **Zur Ermittlung des Steuerbetrags, der auf das begünstigte Vermögen entfällt, ist die Steuer für den Gesamterwerb in dem Verhältnis aufzuteilen, in dem der Wert des begünstigten Vermögens zu dem Wert des steuerpflichtigen Gesamterwerbs ohne Abzug des dem Erwerber zustehenden Freibetrags steht.**

(3) **Die Ermäßigung nach Absatz 1 darf den Betrag nicht überschreiten, der sich bei Anwendung der in Absatz 1 genannten Prozentsätze auf die Steuer ergibt, die der Vorerwerber für den Erwerb desselben Vermögens entrichtet hat.**

Erbschaftsteuer-Richtlinien 2011: R E 27/H E 27

Übersicht

Schrifttum: *Biergans/Sigloch,* Zur Problematik der Ermittlung der ErbSt-Ermäßigung bei mehrfachem Erwerb desselben Vermögens (§ 27 ErbStG), DB 75, 758; *Steiger,* Die erbschaftsteuerliche Behandlung mehrfachen Vermögensanfalls, DVR 84, 147, 162; *Korezkij/Thomer,* Berücksichtigung von nach dem StraBEG besteuerten Erwerben in den §§ 14 und 27 ErbStG, ZErb 06, 24.

I. Allgemeines

1. Normzweck

1 Fallen einem Empfänger innerhalb von 10 Jahren von demselben Erblasser oder Schenker mehrere Erwerbe zu, so führt dies nach § 14 zu einer Anhebung der St auf den letzten Erwerb. Wird nicht derselbe Erwerber durch verschiedene Erwerbe begünstigt, sondern wechselt derselbe Erwerb innerhalb von 10 Jahren durch verschiedene Hände, so gibt dies nach § 27 umgekehrt Anlass, die St auf den letzten Erwerb herabzusetzen. § 27 hängt mit der Überlegung zusammen, dass das ErbStG, wenn es beim Erbfall Liquidität abschöpft, von nur einem Inhaberwechsel hinsichtlich des der Erbfolge unterliegenden Vermögens im Abstand einer Generation ausgeht. Diese Konzeption liegt auch der ErsatzErbSt nach § 1 I Nr 4 zugrunde: Erst mit dem Ablauf von 30 Jahren wird ein Inhaberwechsel hinsichtlich des in der Stiftung gebundenen Vermögens unterstellt. Damit bleibt dem belasteten Vermögen die Zeit, sich von dem StZugriff zu erholen und Reserven für den nächsten Erbfall zu bilden. Tritt der Inhaberwechsel dagegen schneller ein, so führt die Belastung mit ErbSt zu nicht mehr aufholbaren Eingriffen in die Substanz. Dies geht so weit, dass bei mehrfacher Vererbung desselben Vermögens kurz nacheinander im Wesentlichen das ganze Vermögen durch den StZugriff aufgezehrt werden kann. Diese Rechtswirkung versucht § 27 abzumildern. Gegenüber dem Grundgedanken des § 27 werden dabei jedoch wesentliche Einschränkungen vorgenommen.

2. 10-Jahresfrist

2 § 27 begünstigt nur den Inhaberwechsel, der sich innerhalb eines Zeitraums von 10 Jahren vollzieht. Obwohl das ErbStG, wie § 1 I Nr 4 zeigt, von einem „normalen" Inhaberwechsel in der Abfolge einer Generation, also von 30 Jahren, ausgeht, so dass auch schon ein Wechsel, der sich innerhalb von 15 Jahren vollzieht, außerordentlichen Charakter trägt und damit begünstigungsfähig sein könnte, beschränkt § 27 die StErmäßigung auf Erwerbe, die innerhalb von 10 Jahren anfallen. Innerhalb dieses Zeitraums wird noch weiter unterschieden. Für Erwerbe, die mehr als 5 Jahre auseinanderliegen, wird nur eine geringe Ermäßigung im Umfang von 25 bis 10% des StBetrages eingeräumt. Bei einem kurzfristigen Vermögenswechsel kann demgegenüber die Ermäßigung bis zu 50% erreichen.

3. Erwerbe innerhalb der engeren Familie

3 Obwohl die StBelastung gerade bei Erwerben Außenstehender besondere Höhen erreicht, so dass bei Erwerben von Personen, die in StKl III fallen und damit steuerlich als Außenstehende zu behandeln sind (zB die nichteheliche Partnerin: BFH BStBl II 83, 114; BVerfG BStBl II 84, 172; II 90, 103), der StZugriff das erworbene Vermögen besonders nachdrücklich reduziert, greift die StErmäßigung in diesen Fällen nicht ein, sondern wird auf den Vermögenswechsel innerhalb der engeren Familie be-

grenzt. Die StErmäßigung wird damit als eine Begünstigung für den Kreis der engeren Familie verstanden und nicht ausreichend mit ihrem Grundgedanken, Überbelastungen des vererbten Vermögens bei außerordentlichem (= zu schnell aufeinander folgendem) Erwerb zu mildern, in Verbindung gebracht. Bemerkenswert erscheint auch, dass § 27 nicht zwischen Vererbungen innerhalb derselben Generation und Erbfolgen im Generationswechsel differenziert. Denn es ist klar: Wird das Vermögen zunächst in derselben Generation weitergegeben und zB von dem Ehemann an die Ehefrau weitervererbt, so entspricht es der Lebenserfahrung, dass der zweite Vererbungsvorgang in diesem Fall nicht 30 Jahre auf sich warten lassen wird. Wird das Vermögen dagegen sogleich an die nächste Generation transferiert und zB vom Vater an das Kind vererbt, so ist ein längerer Zeitraum der Innehabung zu erwarten, so dass ein schneller nächster Erbfall als außerordentlicher Vorgang gewertet und steuerlich privilegiert werden kann. § 27 lässt es jedoch bei der Unterscheidung von Vermögenswechseln innerhalb und außerhalb der engeren Familie genügen, ohne die Frage, in welcher Generation sich der Vermögenswechsel vollzieht, zu problematisieren. Auch insoweit bedarf die richtige Ausgestaltung der StErmäßigungsvorschrift noch weiterer Diskussion.

4. Letzterwerb von Todes wegen

4 § 27 greift nur in den Fällen ein, in denen der Letzterwerb von Todes wegen erfolgt. Zwar kann man auf § 1 II verweisen, wonach die Vorschriften über Erwerbe von Todes wegen auch für Schenkungen unter Lebenden gelten (vgl *Naarmann,* Das Verhältnis der SchSt zur ErbSt, Diss Köln 1985, 161 ff mwN). Doch steht die Rspr auf dem Standpunkt, dass § 27 iSv § 1 II „etwas anderes bestimmt" und daher für Letzterwerbe durch Schenkung unter Lebenden keine Vergünstigung vorsieht (BFH BStBl II 87, 785; 97, 625). Der Grundgedanke dieser in der Vorgängervorschrift des § 21 ErbStG 1959 noch nicht enthaltenen Beschränkung dürfte darin liegen, dass der schnelle Vermögenswechsel bei Erwerben durch Schenkung unter Lebenden typischerweise freiwillig, bei Erwerben von Todes wegen typischerweise unfreiwillig erfolgt, wobei das Gesetz eine Ermäßigung nur für die Fälle des unfreiwilligen Wechsels vorsehen muss. Die Tragfähigkeit dieser Argumentation ist jedoch begrenzt. Denn der Gesetzgeber muss für eine angemessene Besteuerung auch in den Fällen sorgen, in denen der Stpfl durch Unterlassen der stpfl Transaktion die Besteuerung vermeiden könnte. Der Umstand, dass der Stpfl, um die beabsichtigte Transaktion durchzuführen, die Besteuerung in Kauf nimmt, rechtfertigt noch nicht eine beliebige Ausgestaltung der StLast. Der BFH (BStBl II 97, 625) hat jedoch zu Recht darauf verwiesen, dass die Beschränkung des § 27 auf Letzterwerbe von Todes wegen in der Absicht des historischen Gesetzgebers lag. Unstreitig ist in jedem Fall, dass der **Ersterwerb auch ein Erwerb durch Schenkung unter Lebenden** gewesen sein kann.

II. Die Steuerermäßigung nach Abs 1

1. Mehrfacher Erwerb desselben Vermögens

5 § 27 I setzt in seinem ersten Merkmal voraus, dass ein Vermögen innerhalb von 10 Jahren zweimal den Inhaber gewechselt hat. Als „Vermögen" kommen hier sowohl einzelne Vermögensgegenstände als auch ein größerer Bestand von Gütern in Betracht. Wenn „das" (= dasselbe) Vermögen im Zehnjahreszeitraum mehreren Erwerbern nacheinander angefallen sein muss, so ist damit nicht gemeint, dass das Vermögen beim Zweiterwerb noch notwendig dieselbe Form wie beim Ersterwerb aufzuweisen hatte (vgl BFH BStBl II 80, 46 unter Bezugnahme auf BFH BStBl II 74, 658, wonach sogar bloßer Werterhalt genügt, um weiterhin von demselben Vermö-

gen zu sprechen). Es gelten vielmehr die Grundsätze der **Surrogation,** die das Zivilrecht für den Erhalt der Vermögensidentität im Hinblick auf Erbschaftsbesitzer (§ 2019 BGB), Miterben (§ 2041 BGB) und Vor- und Nacherben (§ 2111 BGB) aufstellt. An die Stelle eines vom ersten Erwerber verkauften Gegenstandes tritt deshalb bei der Weiterübertragung „des" Vermögens der Verkaufserlös (RFH RStBl 31, 297; BFH BStBl III 66, 356; FG Berlin EFG 92, 470). An die Stelle einer dem ersten Erwerber angefallenen Nacherbenanwartschaft tritt der bei Übertragung der Anwartschaft erzielte Verkaufserlös (BFH BStBl II 80, 46). Demzufolge sieht die FinVerw eine zwischenzeitliche Änderung der Rechtsform bei einem gewerblichen Betrieb als unschädlich an, sofern und soweit es sich bei dem Vermögen wirtschaftlich noch um dasselbe Vermögen handelt (FinMin NW DB 73, 1826).

2. Erwerb durch nahe Angehörige

Das Vermögen muss beim mehrfachen **Inhaberwechsel durch die Hand von Personen der StKl I** gegangen sein (FG Köln DStRE 12, 1011, 1015f). Zur StKl I gehören der Ehegatte, der gleichgeschlechtliche eingetragene Lebenspartner, die Kinder und Stiefkinder (einschließlich der Abkömmlinge von Kindern und Stiefkindern) sowie die Eltern und Voreltern des Erblassers, sofern es um Erwerbe von Todes wegen geht (bei Schenkungen gehören die Eltern und Voreltern des Schenkers in die StKl II: § 15 I). Nur diese Angehörigen zählen beim Zweiterwerb zu den durch die StErmäßigung begünstigten Personen. Auch beim Ersterwerb muss das Vermögen einem dieser nahen Angehörigen zugefallen sein. Das Angehörigkeitsverhältnis ist jeweils **aus der Sicht des einzelnen Erwerbsvorgangs** zu bestimmen. Die StErmäßigung greift daher ein, wenn der erste Erwerber zum ursprünglichen Vermögensinhaber und wenn der zweite zum ersten Erwerber in den Kreis der nahen Angehörigen gehört, auch wenn der Zweiterwerber im Verhältnis zum ursprünglichen Vermögensinhaber nicht begünstigt ist (Beispiel: Vermögensübergang vom Vater auf die Tochter, von der Tochter auf deren Ehemann). Umgekehrt reicht es nicht aus, dass beide Erwerber im Verhältnis zum ursprünglichen Vermögensinhaber in die StKl I gehören, wenn sie untereinander nicht in diesem Verhältnis stehen (Beispiel: Vermögensübergang vom Vater auf die Tochter und von der Tochter auf deren Bruder – BFH/NV 11, 1881). Für die Bestimmung des Angehörigkeitsverhältnisses ist der Zeitpunkt des Erwerbs entscheidend, für den die Ermäßigung in Anspruch genommen wird. Hat sich das Angehörigkeitsverhältnis zwischen dem Vorerwerb und dem Letzterwerb geändert oder ist der Personenkreis, der in die StKl I fällt, zwischen dem Vorerwerb und dem Letzterwerb ausgeweitet worden (FG Berlin EFG 92, 470), so ist die Sicht des Letzterwerbs entscheidend. 6

3. Die am Erwerb beteiligten Personen

Weil es für die Anwendung der StErmäßigung auf das Angehörigkeitsverhältnis des Erwerbers zum Veräußerer (Erblasser/Schenker) ankommt, spielt die richtige Bestimmung der am Erwerb beteiligten Personen hier eine bedeutsame Rolle. Wer in den gesetzlich normierten stpfl Vorgängen des § 1 von wem erwirbt, ergibt sich regelmäßig ohne große Schwierigkeiten aus der Einzelausgestaltung der **Tatbestände in den §§ 3 und 7.** In Einzelfällen bedarf es dennoch genauerer Bestimmung. So erwirbt der Drittbegünstigte bei der Schenkung unter verbindlicher Auflage vom Schenker, während er bei der Schenkung mit unverbindlicher Weiterschenkklausel vom Beschenkten erwirbt (vgl § 7 Anm 68, 102). Beim Erbverzicht gegen Abfindung (§ 7 I Nr 5) erwirbt der Verzichtende vom Erblasser, auch wenn die Abfindung von einem Dritten geleistet ist (§ 7 Anm 117). Im Fall der Vor- und Nacherbfolge erwirbt der Nacherbe unter den Voraussetzungen des § 6 II 1 vom Vorerben. Stellt er jedoch den Antrag nach § 6 II 2, wird sein Erwerb nunmehr im Hinblick auf die StKlasse – 7 und damit auch im Hinblick auf die an die StKlasse anknüpfende Vorschriften wie § 27 I – als Erwerb vom Erblasser behandelt. Ähnliches gilt nach § 15 III beim Erwerb des Schlusserben im Fall eines Berliner Testaments iSv § 2269 BGB (RFH RStBl 41, 45). Hat der Erblasser dagegen die Nacherbfolge nicht mit dem Tod des Vorerben verknüpft (§ 6 III), gibt es für den Nacherben kein Wahlrecht. Die StKlasse wird ausnahmslos nach dem Verhältnis zum Erblasser bestimmt. Das Angehörigkeitsverhältnis zum Vorerben spielt beim Erwerb von Nacherbschaftsvermögen keine Rolle (vgl R E 27 III ErbStR).

4. Zweimaliger steuerpflichtiger Erwerb

8 Der Übergang des Vermögens auf die als Angehöriger begünstigte Person muss jeweils einen stpfl Vorgang iSv § 1 I gebildet haben. Für den Zweiterwerb wird ein Erwerb von Todes wegen vorausgesetzt (Anm 4). Der Ersterwerb kann dagegen auch ein Erwerb durch Schenkung unter Lebenden gewesen sein. Indem Abs 1 den letzten und den diesem letzten Erwerb vorangehenden Erwerb ins Auge fasst, geht die Vorschrift von zwei aufeinander folgenden Erwerben aus. Die StErmäßigung greift jedoch auch bei jedem weiteren innerhalb des 10-Jahres-Zeitraums liegenden Erwerb ein. § 27 I verlangt nicht, dass die stpfl Erwerbe unmittelbar aufeinander folgen. Dazwischen können auch Inhaberwechsel aus anderen Gründen liegen. Wird daher ein Betrieb zunächst von A auf B vererbt, dann von B an C veräußert und schließlich von C an D im Wege der Erbfolge weitergegeben, ist § 27 anwendbar, wenn die beiden Vererbungsvorgänge zwischen A und B sowie zwischen C und D innerhalb des 10-Jahres-Zeitraums liegen. Auch bei mehrfachem Erwerb desselben Vermögens durch dieselbe Person kann § 27 eingreifen (Beispiel: Schenkung von A an B, Rückübertragung von B an A, Vererbung von A an B).

5. Steuerzugriff bei beiden Erwerben

9 Die StErmäßigung will die auf den **Zweiterwerb** entfallende St um einen Teilbetrag kürzen. Sie kommt daher nur in Betracht, wenn auf den Zweiterwerb tatsächlich eine St entfällt. Wird die StPfl dagegen schon durch das Eingreifen einer sachlichen StBefreiung oder durch einen persönlichen Freibetrag ausgeschlossen, ist für die StErmäßigung kein Raum.

10 Die Ermäßigung wird gewährt, um den doppelten StZugriff beim ersten und beim zweiten Erwerb abzuschwächen. Sie setzt daher voraus, dass nicht nur der zweite Erwerb tatsächlich zu einer StErhebung führt, sondern dass auch schon der erste Erwerb einen StZugriff ausgelöst hat, dass eine St für den **Ersterwerb** nicht nur, wie es in Abs 1 heißt, „zu erheben war", sondern dass sie auch, wie Abs 3 voraussetzt, der Stpfl tatsächlich „entrichtet hat". Wurde daher die Besteuerung des Ersterwerbs versäumt, kann eine Ermäßigung für den Zweiterwerb nicht verlangt werden. Dasselbe gilt, wenn die Besteuerung des Ersterwerbs aus Billigkeitsgründen (§§ 163, 227 AO) erlassen oder wegen der Ausübung eines Rückforderungsrechts gem § 29 nachträglich aufgehoben wird. Dagegen kann die Ermäßigung in Anspruch genommen werden, wenn die St für den Ersterwerb festgesetzt, aber gestundet war. Auch hinsichtlich des Zweiterwerbs ist die Stundung der St unschädlich. Ein nach dem bis Ende 2008 geltenden § 25 I 1 zu stundender Betrag war daher entsprechend zu ermäßigen (FG Bad-Württ EFG 85, 25). Auch bei der Wahl der Jahresbesteuerung nach § 23 kommt es auf die tatsächlich entrichtete St an (FG Münster EFG 16, 1530 – Rev II R 25/16).

11 § 27 I verlangt zudem, dass für den Ersterwerb **„nach diesem Gesetz"** eine Steuer zu erheben war. Danach scheidet eines Steuerermäßigung aus, wenn der Vorerwerb von einem anderen Staat besteuert wurde. Der BFH (BStBl II 15, 497) hatte dem EuGH die Frage zur Vorabentscheidung vorgelegt, ob diese Beschränkung mit

der **Kapitalverkehrsfreiheit** (Art 63, 65 AEUV) vereinbar ist, was der EuGH bejaht hat (Rs *Feilen* – BStBl II 17, 424). Der BFH hat im daraufhin fortgeführten Revisionsverfahren im Hinblick auf den nach ausländischem Recht besteuerten Vorerwerb keine Steuerermäßigung nach § 27 gewährt (BStBl II 17, 411).

6. Erwerb innerhalb von 10 Jahren

Der zweimalige Inhaberwechsel hinsichtlich des übertragenen Vermögens muss sich innerhalb von 10 Jahren vollzogen haben, um die StErmäßigung auszulösen. Mit dem 10-Jahres-Zeitraum wird eine Zeitspanne für bedeutsam erklärt, die auch sonst im Erbrecht (§ 2325 BGB) und im ErbStRecht (§ 14) eine Rolle spielt. § 27 I lässt es nicht bei dem Hinweis auf den 10-Jahres-Zeitraum bewenden, sondern trifft innerhalb des 10-Jahres-Zeitraums noch weitere zeitliche Eingrenzungen, mit denen der für die Ermäßigung bedeutsame Prozentsatz der St auf den Zweiterwerb nach dem Zeitraum gestaffelt wird, der zwischen den beiden Erwerben liegt. Maßgeblich für die zeitliche Einordnung der Erwerbe ist das jeweilige Datum der StEntstehung (§ 9). 12

III. Aufteilung der Steuer für den Zweiterwerb (Abs 2)

1. Grundsatz

Geht in den beiden Erwerbsfällen ausschließlich dasselbe Vermögen auf den Erwerber über, ist die Ermittlung des Ermäßigungsbetrages nach einem Prozentsatz der auf das begünstigte Vermögen beim Zweiterwerb entfallenden St im Grundsatz unproblematisch (vgl aber auch Anm 15). Wird dagegen beim Zweiterwerb neben dem begünstigten Vermögen noch weiteres Vermögen auf den Erwerber übertragen, muss zunächst die St ermittelt werden, die auf das begünstigte Vermögen beim Zweiterwerb entfällt, damit auf sie der Prozentsatz des § 27 I zur Anwendung gebracht werden kann. Die St auf das begünstigte Vermögen ist in diesen Fällen ein Teil der St, die der Zweiterwerber für den Gesamterwerb (begünstigtes Vermögen zuzüglich sonstiger Erwerb) zu zahlen hat. Es bedarf also einer Aufteilung der St für den Gesamterwerb, wie sie auch im Rahmen des § 19a erforderlich wird und die nach Abs 2 zunächst in dem Verhältnis zu erfolgen hat, in dem der Wert des begünstigten Vermögens zum Wert des Gesamterwerbs steht. Sind also zwei Grundstücke im StWert von je 400.000 EUR Gegenstand des Zweiterwerbs eines Enkelkindes, und ist eines dieser Grundstücke innerhalb der letzten zehn Jahre schon einmal in dem nach Abs 1 begünstigten Personenkreis verschenkt oder vererbt worden, dann ist zunächst die St auf den Gesamterwerb des Enkelkindes festzustellen. Der Gesamterwerb beträgt 800.000 EUR abzüglich des Enkelkinderfreibetrages von 200.000 EUR = 600.000 EUR. Der StSatz ist 15% (§ 19), die St auf den Gesamterwerb beträgt also 90.000 EUR. Dieser StBetrag ist nach Abs 2 S 1 im Verhältnis des begünstigten Erwerbs (400.000 EUR) zum Gesamterwerb (800.000 EUR), also im Verhältnis von 1 : 2 aufzuteilen, so dass nach dieser Rechnung die Hälfte des StBetrages von 90.000 EUR = 45.000 EUR auf das begünstigte Vermögen entfällt. Zur Berücksichtigung von Schulden und Lasten, die mit dem mehrfach erworbenen Vermögen in wirtschaftlichem Zusammenhang stehen, vgl R E 27 II ErbStR. 13

2. Die Zuweisung des Freibetrages im Rahmen der Aufteilungsrechnung

Bei der Ermittlung der Verhältniszahl, die zur Aufteilung der St auf den Gesamterwerb in einen für die StErmäßigung bedeutsamen und einen nicht bedeutsamen 14

Teilbetrag führt, ist nach Abs 2 der Wert des begünstigten Vermögens dem Wert des Gesamterwerbs gegenüberzustellen. Dabei wird der für die StBerechnung maßgebliche Freibetrag unberücksichtigt gelassen. Der Freibetrag kann auch außer Betracht bleiben, weil er zwar in die StBerechnung, nicht aber in die Rechnung zur Aufteilung der St auf zwei verschiedene Erwerbsteile hineingehört. Der Gesetzgeber hatte sich früher anders entschieden. Die früheren Bestimmungen, die die Steuerberechnung unnötig komplizierten, hat der Gesetzgeber jedoch mit dem JStG 1997 aus Vereinfachungsgründen aufgehoben.

3. Aufteilung der Steuer bei identischem Erst- und Zweiterwerb?

15 Nach Abs 1 kann nur der auf das zweimal übertragene Vermögen entfallende StBetrag ermäßigt werden. Daher muss der ermäßigungsfähige StBetrag durch Aufteilung der St auf den Zweiterwerb ermittelt werden, wenn der Zweiterwerb neben dem zweimal transferierten Vermögen noch sonstiges Vermögen enthält. Nach Auffassung von *Michel* (8. Aufl dieses Kommentars, § 27 Anm 5) soll es zur Aufteilung der St auch dann kommen, wenn der Zweiterwerb zwar mit dem Ersterwerb identisch ist, aber in der Zwischenzeit zwischen dem Ersterwerb und dem Zweiterwerb eine Wertsteigerung erfahren hat. Für diese Auffassung fehlt ein genügender Anhaltspunkt im Gesetz. Sie würde im Übrigen die Berechnung des Ermäßigungsbetrages noch über die gesetzliche Regelung hinaus komplizieren. Das zeigt auch eine Entscheidung des FG Berlin (EFG 92, 470), die *Michel* zustimmt und zugleich einräumt, dass die Aufteilung „praktisch nicht durchführbar“ ist, so dass zu einer Schätzung nach § 162 AO gegriffen werden muss. Zur Abwehr von überhöhten Ermäßigungsbeträgen im Fall von Wertsteigerungen des übertragenen Vermögens sieht schon Abs 3 eine Regelung vor. Die Regelung des Abs 2 ist demgegenüber bei identischem Erst- und Zweiterwerb nicht zur Anwendung zu bringen. Das muss erst recht dann gelten, wenn die Wertsteigerung nur darauf beruht, dass der Gesetzgeber an Stelle bisher niedrigerer Steuerwerte nunmehr den gemeinen Wert zur Anwendung bringt. Anders aber wohl R E 27 I ErbStR.

IV. Die Ermäßigungshöchstgrenze (Abs 3)

1. Zwischenzeitliche Wertsteigerung

16 Nach Abs 3 stellt die St, die der Vorerwerber für das begünstigte Vermögen gezahlt hat, den Höchstbetrag der Ermäßigungsgrundlage dar. Ist also beim Ersterwerb eine St von 150 fällig geworden, ergibt sich ein Ermäßigungshöchstbetrag von 75, der es ausschließt, dass die tarifliche St von 200 für den innerhalb eines Jahres verwirklichten, durch Ansteigen der Börsenkurse im Wert erhöhten Zweiterwerb auf 100 ermäßigt wird. Die Höchstgrenze hat das Ziel, zu vermeiden, dass die Ermäßigung auch auf Wertsteigerungen desselben Vermögens, die in der Zeit zwischen dem Ersterwerb und dem Zweiterwerb eingetreten sind, bezogen werden kann. Denn diese Wertsteigerungen sind nicht doppelt besteuert worden, weil sie beim Ersterwerb noch nicht zu berücksichtigen waren. Daher ist auch eine Ermäßigung für den auf sie entfallenden StBetrag nicht angebracht.

2. Ausgleich der Wertsteigerung durch höheren Freibetrag

17 Entfällt auf den identischen, aber zwischenzeitlich im Wert gestiegenen Zweiterwerb keine höhere St als beim Ersterwerb, weil ein höherer Freibetrag die zwischenzeitliche Wertsteigerung kompensiert, so bildet Abs 3 dem Wortlaut nach keine Schranke, die die Einbeziehung der Wertsteigerung in die Ermäßigungsgrundlage

ausschließt. *Michel* wollte jedoch in der 8. Aufl dieses Kommentars (§ 27 Anm 5) nach dem Sinn und Zweck des § 27 III eine Ausgliederung der Wertsteigerung aus der Ermäßigungsgrundlage auch in diesem Fall vorsehen. Doch begegnen dieser Betrachtungsweise Bedenken.

V. Berechnung der Ermäßigung in Sonderfällen

§ 27 kommt auch in Fällen eines Zusammentreffens mit **§ 14** zum Zuge. So kann sich schon der Ersterwerb aus Teilen zusammensetzen, die nach § 14 zusammenzurechnen sind. Für die StErmäßigung beim Zweiterwerb sind dann trotz der Zusammenrechnung die verschiedenen StEntstehungsdaten der Teilerwerbe zu beachten. Die St für den Vorerwerb iSv Abs 3 ist jedoch unter Berücksichtigung der Zusammenrechnung zu ermitteln. Denkbar ist auch, dass der Zweiterwerb zu verschiedenen Zeiten auf den Stpfl übergeht, so dass auch hinsichtlich des Zweiterwerbs eine Zusammenrechnung nach § 14 stattzufinden hat. Möglich ist schließlich sogar, dass der Erst- und der Zweiterwerb im Verhältnis zueinander die Voraussetzungen der Zusammenrechnung erfüllen, wenn zB zunächst A an B Vermögen verschenkt, dann B an A das Vermögen schenkweise zurückgibt und wenn schließlich immer noch innerhalb des 10-Jahres-Zeitraums das Vermögen von A an B nunmehr vererbt worden ist. In diesem Fall würde bei wörtlicher Anwendung der Bestimmungen eine StSchärfung unter dem Gesichtspunkt des § 14 mit einer StErmäßigung unter dem Gesichtspunkt des § 27 zusammentreffen. Nach Auffassung des BFH (BStBl II 78, 217) ist § 14 jedoch in diesem Fall nicht anwendbar. Zum Verhältnis des § 14 zu § 27 vgl ferner BFH BStBl II 89, 414; BFHE 150, 445 sowie *Moench/Weinmann* § 14 Rz 39. Zum Zusammentreffen mit **§ 21** s R E 14.1 V ErbStR und zu § 27 bei **Übernahme der Schenkungsteuer durch einen Dritten** s *Troll/Jülicher* § 27 Rz 28f. 18

§ 28 Stundung

(1) [1]Gehört zum Erwerb von Todes wegen begünstigtes Vermögen im Sinne des § 13b Absatz 2, ist dem Erwerber die darauf entfallende Erbschaftsteuer auf Antrag bis zu sieben Jahre zu stunden. [2]Der erste Jahresbetrag ist ein Jahr nach der Festsetzung der Steuer fällig und bis dahin zinslos zu stunden. [3]Für die weiteren zu entrichtenden Jahresbeträge sind die §§ 234 und 238 der Abgabenordnung ab dem zweiten Jahr nach der Festsetzung der Steuer anzuwenden. [4]§ 222 der Abgabenordnung bleibt unberührt. [5]Die Stundung endet, sobald der Erwerber, ausgehend vom Zeitpunkt der Entstehung der Steuer (§ 9), den Tatbestand nach § 13a Absatz 3 nicht einhält oder einen der Tatbestände nach § 13a Absatz 6 erfüllt. [6]Wurde ein Antrag nach § 13a Absatz 10 oder nach § 28a Absatz 1 gestellt, ist bei der Anwendung des Satzes 3 § 13a Absatz 10 entsprechend anzuwenden. [7]Satz 1 ist nicht auf die Erbschaftsteuer anzuwenden, die der Erwerber zu entrichten hat, weil er den Tatbestand nach § 13a Absatz 3 nicht eingehalten oder einen der Tatbestände nach § 13a Absatz 6 erfüllt hat. [8]Die Stundung endet, sobald der Erwerber den Betrieb oder den Anteil daran überträgt oder aufgibt.

(2) Absatz 1 findet in den Fällen des § 1 Abs. 1 Nr. 4 entsprechende Anwendung.

(3) [1]Gehört zum Erwerb begünstigtes Vermögen im Sinne des § 13d Absatz 3, ist dem Erwerber die darauf entfallende Erbschaftsteuer auf Antrag bis zu zehn Jahren zu stunden, soweit er die Steuer nur durch Veräußerung dieses Vermögens aufbringen kann. [2]Satz 1 gilt entsprechend, wenn zum Erwerb ein Ein- oder Zweifamilienhaus oder Wohneigentum gehört, das der

Erwerber nach dem Erwerb zu eigenen Wohnzwecken nutzt, längstens für die Dauer der Selbstnutzung. [3]Nach Aufgabe der Selbstnutzung ist die Stundung unter den Voraussetzungen des Satzes 1 weiter zu gewähren. [4]Die Stundung endet in den Fällen der Sätze 1 bis 3, soweit das erworbene Vermögen Gegenstand einer Schenkung im Sinne des § 7 ist. [5]Absatz 1 Satz 2 und 3 gilt entsprechend.

Erbschaftsteuer-Richtlinien 2011: R E 28/H E 28

AEErbSt 2017: Abschnitt 28

Übersicht

Schrifttum: *Höne,* Die Stundung nach § 28 ErbStG: Neuregelungen für den Erwerb von Immobilien, ZEV 10, 565; *Eich,* Die Stundung von Erbschaft- und Schenkungsteuer, ErbStB 11, 114.

I. Einführung

1. Allgemeines

1 Die mit dem ErbStG 1974 eingeführte Bestimmung geht auf ältere Vorbilder (§ 63 ErbStG 1919, § 40 ErbStG 1922, § 37 ErbStG 1925) zurück und gehört zu den Vorschriften, die von der mittelständischen Wirtschaft in der Vergangenheit immer wieder angesprochen wurden, wenn es um Vorschläge zur Verbesserung der Situation mittelständischer Unternehmen im Erbfall ging (zB *v. Wartenberg,* BFuP 93, 237). Die StStundung zur Erhaltung des Betriebs, so wurde argumentiert, sei zu wenig. Die Stundung müsse mit einer Abschmelzungsregelung verbunden werden, die das Unternehmen nach Ablauf der Stundungsfrist von der St ganz freistelle. Dies sei erforderlich, um das hohe Maß an Leistungsmotivation, das in den Familienbetrieben freigesetzt werde und das als Motor der Volkswirtschaft diene, zu erhalten. Einschränkungen der Familienbetriebe oder gar ein Zwang zur Veräußerung von Unternehmensteilen durch die ErbSt, so argumentieren die zahlreich tätigen Lobbyisten, seien gemeinwohlschädlich. Dabei wurde nicht immer genügend bedacht, dass der Zwang zur Einschränkung oder Veräußerung auch Nischen für Jungunternehmer schaffen kann, deren Interessen von den etablierten Standesvertretern gern übergangen werden. Der Wunsch, die „Firma", diesen „vergötterten Begriff" *(Thomas Mann)* über die Generationen hinweg im Familienbesitz ungeschmälert zu erhalten, hat nicht nur Leistungsmotivation freigesetzt, sondern hat auch immer wieder mit der Indienstnahme unwilliger oder ungeeigneter Angehöriger das persönliche Glück und die freie Entfaltung dieser Menschen zugunsten des überpersönlichen, von Vorfahren nach ihren Vorstellungen bestimmten Zwecks ohne ausreichende Rechtfertigung hintangesetzt. Ein Gesetzgeber mit hinreichend weitem Horizont sollte daher auch gegenüber den Repräsentanten von Familienunternehmen und ihren Forderungen

einen hinreichenden Abstand wahren. Insgesamt bleibt es ein nicht unbedenklicher Schritt, dem Betriebsvermögen im Erbgang eine Sonderrolle zuzuweisen und es stlich vor anderen Vermögen zu privilegieren. Der BFH hat bereits 2002 die **Begünstigung für Betriebsvermögen** als „zu weitgehend" charakterisiert (BStBl II 02, 598, 608). Angesichts ihres Ausmaßes und der eröffneten Gestaltungsmöglichkeiten wurden diese dann auch vom BVerfG in seinem Beschluss v 17.12.2014 (BStBl II 15, 50) für verfassungswidrig erklärt. Daraufhin wurden mit dem ErbStRG 2016 die Stundungsregelungen in **Abs 1** angepasst. Bereits vorher hatten diese trotz aller düsteren Schilderungen der Wirtschaftsvertreter über die zerstörerische Wirkung der ErbSt für Familienbetriebe bisher kaum praktische Bedeutung erlangt. Auch nach der Neuregelung wird die Bedeutung des § 28 für begünstigtes Betriebsvermögen gering bleiben, insb angesichts der Beschränkung der Zinsfreiheit auf das erste Stundungsjahr und das darauf folgende (aktuell hohe) Zinsniveau von 6% pro Jahr.

Durch das ErbStRG 2009 ist eine neue Stundungsmöglichkeit in den Kreis der 2
durch § 28 begünstigten Objekte hinzugekommen. Sie gilt nach **Abs 3** in erster Linie für zu Wohnzwecken vermietete Hausgrundstücke **(§ 13 d)** und soll es den Vermietererben ersparen, dass sie das Mietobjekt, nur um die ErbSt aufzubringen, veräußern müssen. Sie gilt darüber hinaus auch für anderes, nicht vermietetes, sondern vom Erwerber zu **eigenen Wohnzwecken** genutztes Wohneigentum.

2. Verhältnis zu § 222 AO

§ 28 tritt selbstständig neben die Stundungsvorschrift des § 222 AO, ohne diese zu 3
verdrängen (Abs 1 S 4, auf den auch Abs 3 S 5 verweist). § 222 AO erlaubt der FinVerw, die St ganz oder teilweise zu stunden, wenn die Einziehung bei Fälligkeit eine erhebliche Härte für den Schuldner bedeuten würde und der Anspruch durch die Stundung nicht gefährdet erscheint. § 28 schreibt eine **Höchstdauer** vor (sieben Jahre in Abs 1 und zehn Jahre in Abs 3), verlangt keinen Härtefall und gewährt dem Schuldner einen **Rechtsanspruch auf Stundung,** während § 222 AO die Stundung in das Ermessen der FinVerw stellt. Für die Stundung nach § 28 ist im Übrigen – im Gegensatz zu der Stundung nach § 222 AO – **keine Sicherheitsleistung** vorgesehen. Nach allem liegt die eigentliche Bedeutung des § 28 darin, dass diese Vorschrift die FinVerw stärker als § 222 AO zu einer mittelfristigen Stundung verpflichtet (vgl auch BTDrs IV/3518, 75) und eine Stundung ohne Sicherheitsleistung erlaubt.

II. Stundungsvoraussetzungen

1. Begünstigtes unternehmerisches und luf Vermögen (Abs 1)

Eine Stundung für den Erwerb von unternehmerischem und luf Vermögen 4
(§ 13b I) sieht Abs 1 nur für den begünstigten Teil (§ 13b II) und nur bei einem **Erwerb von Todes wegen** vor. Früher war zweifelhaft, ob § 28 auch für Schenkungen unter Lebenden gelten könne. Dies wurde zunächst durch das StReformG 1992 und die damit verbundene Textänderung des § 28 I dahingehend entschieden, auch Schenkungen unter Lebenden genügen zu lassen. Nach der ErbStReform 2016 werden ausdrücklich nur noch Erwerbe von Todes wegen erfasst. Der Streit, ob sich auch der Schenker auf die Stundungsmöglichkeit berufen kann (bejahend die Vorauflage Anm 5, aA FinVerw R E 28 IV 4 ErbStR, A 28 III 4 AEErbSt 2017) ist damit für Abs 1 obsolet geworden und nur noch im Bereich des Abs 3 relevant (Anm 8).

Die Stundung bezieht sich nach **S 1** nur auf das **begünstigte Vermögen iSd** 5
§ 13b II. Bei der von Todes wegen erworbenen betrieblichen Einheit muss es sich um dem Grunde nach begünstigungsfähiges Vermögen handeln (§ 13b I), also um luf Vermögen (Nr 1), Betriebsvermögen (Nr 2) oder Anteile an Kapitalgesellschaften

mit der geforderten Mindestbeteiligung von mehr als 25% (Nr 3), jeweils begrenzt auf den EU-/EWR-Raum. Die Stundungsmöglichkeit besteht jedoch hinsichtlich des nach § 13b II begünstigten Teils dieses Vermögens. Für die auf das (junge) nichtbegünstigte Verwaltungsvermögen und die jungen Finanzmittel entfallende ErbSt (vgl § 13b Anm 52ff) verbleibt nur eine Stundung nach § 222 AO. Trotz der StBefreiungen verbleibt eine ErbSt auf begünstigtes Vermögen im Fällen der Regelverschonung und bei Großerwerben, wenn nur ein abgeschmolzender Verschonungsabschlag gewährt wird (§ 13c), kein vollständiger Erlass erfolgt (§ 28a) oder kein Verschonungsantrag nach § 13c I 1 oder § 28a I 1 gestellt wird (A 28 I 1 AEErbSt 2017). Die danach verbleibende („begünstigte") ErbSt ist **anteilig aus der GesamtSt herauszurechnen** (A 28 IV, H 28 IV AEErbSt 2017; *Moench/Weinmann* § 28 Rz 12; *Kapp/Eisele* § 28 Rz 2.1). Nach dem ErbStRG 2016 ist eine **Notwendigkeit der Stundung zur Erhaltung des Betriebes nicht mehr erforderlich.** Dies war bis dahin zwingendes Tatbestandmerkmal von Abs 1 S 1 (hierzu Anm 5f der Vorauflage).

2. Wohnraum (Abs 3)

6 Im Fall des Abs 3 kann die auf den Erwerb – von Todes wegen oder als Schenkung unter Lebenden – von Wohnraum entfallende St gestundet werden. **S 1** sieht die Stundung für den Erwerb **vermieteten** Wohnraums vor. **S 2** fügt dem eine Stundungsmöglichkeit für den Erwerb **selbstgenutzten** Wohnraums in einem Ein- oder Zweifamilienhaus oder im Wohneigentum hinzu. Immer kommt es auf das Handeln des Erwerbers an, also darauf, dass der Erwerber bestehende Mietverträge über den erworbenen Mietwohnraum fortführt, das Haus oder die Wohnung neu vermietet oder zu eigenen Wohnzwecken nutzt. Die Stundung kann daher nicht für eine Wohneinheit in Anspruch genommen werden, die zwar der Erblasser/Schenker vermietet oder selbst genutzt hat, die der Erwerber aber nicht vermieten, nicht als Wohnraum nutzen oder nicht behalten will. Bei einem Zweifamilienhaus wird der Alleinerbe, der eine der beiden Wohnungen selbst nutzt, die Stundung wohl nur für die St verlangen können, die gerade auf den von ihm genutzten Hausteil entfällt.

7 Die St **ist** zu stunden, soweit sie **nur durch Veräußerung des Wohnraums aufgebracht werden kann.** Nur dann ist der Stpfl stundungswürdig, was durch das ErbStRG 2016 unverändert geblieben ist. Die StStundung **kann** für den Erwerb von Wohnraum nur erfolgen, wenn die Stundung erforderlich ist, um dem Erwerber eine kurzfristige Veräußerungsentscheidung zu ersparen. Soweit der Erwerber die St aus anderen Teilen des Erwerbs oder aus seinem sonstigen Vermögen aufbringen kann, wird ihm die Stundung versagt. Diese Merkmale sind für den Tag des Stundungsantrags zu prüfen. Späterer Gelderwerb schließt bei fortlaufender Vermietung oder fortlaufender Selbstnutzung das Weiterlaufen der Stundung nicht aus.

8 Liegen die Stundungsvoraussetzungen beim Beschenkten vor, sollte die **Stundung auch dem Schenker** im Fall seiner Inanspruchnahme zugute kommen. Denn es gibt keinen Grund, den Schenker stärker als den Beschenkten zu belasten. Kann der Beschenkte die St nur bei Veräußerung des dort begünstigten Vermögens aufbringen, so gibt die Mithaftung des Schenkers keinen Grund, die Stundungsvoraussetzungen für ihn zu verneinen. Andererseits darf der Schenker nicht allein deswegen in Anspruch genommen werden, um die Stundung beim Beschenkten zu vermeiden. Die Stundung darf dem Schenker auch nicht deswegen versagt werden, weil die Stundungsvoraussetzungen bei ihm nicht vorliegen. Aus Gleichbehandlungsgründen muss sich der Schenker vielmehr auf die Stundung berufen können, wenn sie dem Beschenkten zu gewähren wäre. Eine grundsätzlich andere Linie vertritt die FinVerw (R E 28 IV 4 ErbStR, A 28 III 4 AEErbSt 2017), die die Stundungsvoraussetzungen verneint, wenn der Schenker leistungsfähig ist und in Anspruch genommen werden kann.

3. Stundungsantrag

Auf Antrag ist die ErbSt bis zu sieben Jahre (Abs 1) bzw bis zu zehn Jahre (Abs 3) zu stunden. Das Gesetz normiert damit jeweils eine **Höchstdauer,** die der Stpfl ausnutzen kann aber nicht muss. Er entscheidet über die Dauer der Stundung und kann den Antrag zB nur auf das zinslose erste Jahr beschränken. Einigkeit besteht, dass § 28 einen **Rechtsanspruch** auf Stundung gewährt. Die Bindung der FinVerw soll sich aber nicht auf die beantragte Stundungsdauer beziehen (*Kapp/Eisele* § 28 Rz 7; *Wilms/Jochum* § 28 Rz 38). Dieses Ermessen ist aber dadurch begrenzt, dass regelmäßig von der Richtigkeit der Erklärung des Stpfl auszugehen ist (vgl BFH BStBl II 06, 835, 836), so dass eine Abweichung von der beantragten Dauer nur in Ausnahmefällen in Betracht kommt, wenn sich der Antrag als unplausibel darstellt. 9

III. Stundungszinsen, Steuerzahlung, Erlass

Abs 1 S 2 und 3 regeln die **Zinspflicht während der Stundung.** Abs 3 S 5 verweist hierauf. Für beide Stundungsarten gelten damit die gleichen Zinsregelungen. Die zinslose Stundung über den gesamten Zeitraum bei Erwerben von Todes wegen ist durch das ErbStRG 2016 entfallen. Nach S 2 ist der erste Jahresbetrag ein Jahr nach der Festsetzung der Steuer fällig und bis dahin zinslos zu stunden. Damit wird nur das erste Jahr von der Zinspflicht ausgenommen. S 3 verweist für die Restdauer auf die §§ 234, 238 AO. Die Höhe der Zinsen beträgt danach **0,5 % pro Monat** oder 6% im Jahr (§ 238 I 1 AO). Dies stellt sich für einen Erben als wesentlicher Nachteil verglichen mit der vorherigen Gesetzeslage dar. Gerade bei einem niedrigen Zinsniveau wird die Stundung damit wirtschaftlich uninteressant. Bislang wird die typisierte Verzinsung als verfassungsrechtlich unbedenklich angesehen (BVerfG NVwZ 10, 902: Zeitraum bis 2006; BFH BStBl II 15, 986; NV 16, 223: Zeitraum bis Ende 2011; NV 17, 1409: Zeitraum 2004–2006; FG Düsseldorf EFG 16, 1053, Rev III R 10/16: Zeitraum April bis Juli 2013; FG Münster EFG 17, 1638: Zeitraum bis 2016). Die Zinsen sind **mit dem Stundungsende in einer Summe fällig** und nicht mit den in S 2 angeordneten jährlichen StZahlungen zu entrichten (*Moench/Kien-Hümbert* § 28 Rz 13; *Troll/Jülicher* § 28 Rz 8; s auch AEAO zu § 234 III AO; aA *Wilms/Jochum* § 28 Rz 32). 10

Mit dem ErbStRG 2016 wurde neben der Verzinsung (Anm 10) auch die **StZahlungpflicht** geändert. Bislang musste der gesamte StBetrag endfällig geleistet werden. Aus Abs 1 S 2 und 3 (iVm Abs 3 S 5) folgt nunmehr aber die **Entrichtung von Jahresbeträgen** und damit nur noch eine Stundung auf Raten (vgl auch A 28 I 1 AEErbSt 2017). Der erste Jahresbetrag ist ein Jahr nach der StFestsetzung fällig (*Troll/Jülicher* § 28 Rz 8). Das Gesetz verpflichtet damit zu StZahlungen in (mindestens) gleichen Jahresraten. Der Stpfl entscheidet mit seinem Antrag über die Stundungsdauer (Anm 9). Damit legt er auch die mindestens zu zahlenden Jahresbeträge fest. Dies hindert aber keine vorzeitige StRückzahlung, um den Lauf der Zinsen, die ertragstlich nicht abziehbar sind, zu beenden. Die FinVerw (AEAO zu § 234 I AO) und das FG Schl-H (EFG 15, 962) gehen jedoch von Sollzinsen aus, die bei vorzeitiger Zahlung nach § 234 II AO erlassen werden müssen. 11

§ 234 II AO kommt auch in anderen Fällen in Betracht. Danach kann auf die Zinsen ganz oder teilweise verzichtet werden, wenn ihre Erhebung nach Lage des einzelnen Falls unbillig wäre. Aber nicht nur die Stundungszinsen können ganz oder teilweise erlassen werden. Es kann auch der **Erlass des StAnspruchs selbst** aus Billigkeitsgründen in Betracht kommen. Dieser Erlass ist die gegenüber der Stundung deutlich weiterreichende Maßnahme und wird nur in Ausnahmefällen möglich sein. Die gesetzliche Grundlage bieten die §§ 163, 227 AO. Zu denken ist an Fälle, in denen das übernommene Vermögen die St nicht deckt, weil zB ein Kurssturz an der 12

Börse die Verwertbarkeit des Vermögens drastisch beeinträchtigt hat. Denkbar war auch, dass der Vorgang, der zu dem Erwerb des Vermögens geführt hat (Erbfall), mit schwerwiegenden Beeinträchtigungen des Erwerbers verbunden ist, die seine wirtschaftliche Leistungsfähigkeit so stark nachteilig beeinflussen, dass angesichts des nunmehr erhöhten Bedarfs die StZahlung in vollem Umfang unbillig erscheinen muss (Unfall mit Tod eines und schwerer Verletzung mit Dauerschäden und erhöhter Bedürftigkeit des anderen Partners). Die Gerichte sind hierbei aber sehr zurückhaltend (§ 9 Anm 11, § 11 Anm 6f). Zum Erlass des StAnspruchs vgl auch *Meincke,* DStR 04, 573.

IV. Stundungsende

13 Die Stundung endet mit **Ablauf der beantragten Dauer** (Anm 9), also spätestens nach sieben Jahren (Abs 1) bzw zehn Jahren (Abs 3). Sie endet in beiden Fällen schon vorher mit der **vorzeitigen StZahlung** (Anm 11).

14 In **Abs 1** Sätze 5 bis 8 sind Beendigungstatbestände für die Stundung nach Abs 1 aufgeführt. Nach **S 5** endet die Stundung, wenn die Lohnsummenkontrolle (§ 13a III) nicht eingehalten oder gegen die Behaltensfrist (§ 13a VI) verstoßen wird. Nach **S 6** sind bei beantragter Vollverschonung (§ 13a X) und im Erlassmodell (§ 28a I) die erweiterten Vorgaben des § 13a X zu beachten (A 28 III 1 Nr 3 AEErbSt 2017), auch wenn redaktionell falsch auf S 3 verwiesen wird, was aber keinen Sinn macht. Da die Einhaltung der Lohnsummenvorgaben nach § 13a III 1 erst nach Ablauf der fünf- oder siebenjährigen Frist festgestellt wird, kommt auch erst damit ein Stundungsende in Betracht, im Fall der Vollverschonung aufgrund des Gleichlaufs von Frist und Stundungshöchstdauer also überhaupt nicht. Eine schlechte Lohnsummenprognose kann noch nicht zum Stundungsende führen. NachSt infolge eines Lohnsummen- oder Behaltensfristverstoßes kann nicht gestundet werden **(S 7).** Schließlich bestimmt **S 8** das Stundungsende bei Übertragung und Aufgabe des Betriebes. Hier weicht das Gesetz von § 13a VI ab. Eine unentgeltliche Übertragung führt zu keinem Behaltensfristverstoß (nur bei Veräußerung) aber zum Ende der Stundung. S 5 wird damit erweitert.

15 Die Stundung nach **Abs 3** endet, wenn der Erwerber die Vermietung oder Selbstnutzung aufgibt und im letzteren Fall nicht eine Vermietung an die Stelle der Selbstnutzung treten lässt (Sätze 2 und 3). Sie endet nach S 4 ferner, wenn der Erwerber das ihm zugefallene Grundstück verschenkt. Kann der Erwerber die dann fällige St nicht zahlen, wird es nicht möglich sein, nun nachträglich noch den Schenker zur StZahlung heranzuziehen.

IV. Sonstiges

16 Der Stundung in ihren Wirkungen weitgehend vergleichbar ist die **Aussetzung der Vollziehung des StBescheids.** Hat der Erwerber gegen den StBescheid Einspruch eingelegt (§ 347 AO), so wird dadurch seine Verpflichtung zur Zahlung der festgesetzten St nicht berührt. Die FinVerw kann jedoch die Vollziehung des angefochtenen StBescheids ganz oder teilweise aussetzen und den Erwerber damit wie bei einer Stundung von der sofortigen StZahlung befreien (§ 361 AO). Die Aussetzung kann von einer Sicherheitsleistung abhängig gemacht werden. Einem Antrag des Erwerbers auf Aussetzung der Vollziehung soll entsprochen werden, wenn ernstliche Zweifel an der Rechtmäßigkeit des Bescheides bestehen oder seine Vollziehung unbillig wäre (§ 69 FGO). Bei Ablehnung des Antrags durch das FA kann das FG die Vollziehung des StBescheids ganz oder teilweise aussetzen (§ 69 III FGO).

Die entsprechende Anwendung des Abs 1 bei **Familienstiftungen und -vereinen (Abs 2)** bedeutet, dass für das zu ihrem Vermögen gehörende unternehmische Vermögen und luf Vermögen unter den Voraussetzungen des Abs 1 ebenfalls ein **Rechtsanspruch auf Stundung** gegeben ist. Da § 24 jedoch für die ErsatzErbSt die gegenüber der Stundung zu 6% Zinsen günstigere Möglichkeit der Verrentung der St zu 5,5% Zinsen vorsieht, dürfte dem § 28 II in der Praxis nur für eine zinslose Stundung im ersten Jahr Bedeutung zukommen. 17

§ 28a Verschonungsbedarfsprüfung

(1) [1]**Überschreitet der Erwerb von begünstigtem Vermögen im Sinne des § 13b Absatz 2 die Grenze des § 13a Absatz 1 Satz 1 von 26 Millionen Euro, ist die auf das begünstigte Vermögen entfallende Steuer auf Antrag des Erwerbers zu erlassen, soweit er nachweist, dass er persönlich nicht in der Lage ist, die Steuer aus seinem verfügbaren Vermögen im Sinne des Absatzes 2 zu begleichen.** [2]**Ein Erwerber kann den Erlass nicht in Anspruch nehmen, soweit er begünstigtes Vermögen im Sinne des § 13b Absatz 2 auf Grund einer letztwilligen Verfügung des Erblassers oder einer rechtsgeschäftlichen Verfügung des Erblassers oder Schenkers auf einen Dritten übertragen muss.** [3]**Satz 2 gilt entsprechend, wenn ein Erbe im Rahmen der Teilung des Nachlasses begünstigtes Vermögen auf einen Miterben überträgt.** [4]**Überträgt ein Erbe erworbenes begünstigtes Vermögen im Sinne des § 13b Absatz 2 im Rahmen der Teilung des Nachlasses auf einen Dritten und gibt der Dritte dabei diesem Erwerber nicht begünstigtes Vermögen hin, das er vom Erblasser erworben hat, erhöht sich insoweit der Wert des begünstigten Vermögens des Dritten um den Wert des hingegebenen Vermögens, höchstens jedoch um den Wert des übertragenen Vermögens.**

(2) **Zu dem verfügbaren Vermögen gehören 50 Prozent der Summe der gemeinen Werte des**

1. **mit der Erbschaft oder Schenkung zugleich übergegangenen Vermögens, das nicht zum begünstigten Vermögen im Sinne des § 13b Absatz 2 gehört, und**
2. **dem Erwerber im Zeitpunkt der Entstehung der Steuer (§ 9) gehörenden Vermögens, das nicht zum begünstigten Vermögen im Sinne des § 13b Absatz 2 gehören würde.**

(3) [1]**Die nach Anwendung des Absatzes 1 Satz 1 verbleibende Steuer kann ganz oder teilweise bis zu sechs Monate gestundet werden, wenn die Einziehung bei Fälligkeit eine erhebliche Härte für den Erwerber bedeuten würde und der Anspruch nicht gefährdet erscheint.** [2]**Eine erhebliche Härte liegt insbesondere vor, wenn der Erwerber einen Kredit aufnehmen oder verfügbares Vermögen im Sinne des Absatzes 2 veräußern muss, um die Steuer entrichten zu können.** [3]**Die §§ 234 und 238 der Abgabenordnung sind anzuwenden.** [4]**§ 222 der Abgabenordnung und § 28 bleiben unberührt.**

(4) [1]**Der Erlass der Steuer nach Absatz 1 Satz 1 steht unter der auflösenden Bedingung, dass**

1. **die Summe der maßgebenden jährlichen Lohnsummen des Betriebs, bei Beteiligungen an einer Personengesellschaft oder Anteilen an einer Kapitalgesellschaft des Betriebs der jeweiligen Gesellschaft, innerhalb von sieben Jahren nach dem Erwerb (Lohnsummenfrist) insgesamt die Mindestlohnsumme nach § 13a Absatz 10 Nummer 3 bis 5 unterschreitet.** [2]**§ 13a Absatz 3 Satz 2 und 6 bis 13 gilt entsprechend.** [3]**Unterschreitet die Summe der maßgebenden jährlichen Lohnsummen die Mindestlohnsumme, vermindert sich der nach Absatz 1 Satz 1 zu gewährende Erlass der Steuer**

mit Wirkung für die Vergangenheit in demselben prozentualen Umfang, wie die Mindestlohnsumme unterschritten wird;

2. der Erwerber innerhalb von sieben Jahren (Behaltensfrist) gegen die Behaltensbedingungen entsprechend § 13a Absatz 6 Satz 1 verstößt. [2]§ 13a Absatz 6 Satz 2 bis 4 gilt entsprechend;

3. der Erwerber innerhalb von zehn Jahren nach dem Zeitpunkt der Entstehung der Steuer (§ 9) weiteres Vermögen durch Schenkung oder von Todes wegen erhält, das verfügbares Vermögen im Sinne des Absatzes 2 darstellt. [2]Der Erwerber kann erneut einen Antrag nach Absatz 1 stellen. [3]Das verfügbare Vermögen nach Absatz 2 ist um 50 Prozent des gemeinen Werts des weiteren erworbenen Vermögens zu erhöhen.

[2]Der Verwaltungsakt nach Absatz 1 Satz 1 steht unter dem Vorbehalt des Widerrufs (§ 120 Absatz 2 Nummer 3 der Abgabenordnung). [3]Der Verwaltungsakt über den Erlass nach Absatz 1 Satz 1 ist bei Eintritt der auflösenden Bedingung nach Satz 1 mit Wirkung für die Vergangenheit ganz oder teilweise zu widerrufen; § 131 Absatz 4 der Abgabenordnung gilt entsprechend.

(5) **[1]Der Erwerber ist verpflichtet, dem für die Erbschaftsteuer zuständigen Finanzamt innerhalb einer Frist von sechs Monaten nach Ablauf der Lohnsummenfrist das Unterschreiten der Mindestlohnsumme (Absatz 4 Satz 1 Nummer 1) anzuzeigen. [2]In den Fällen des Absatzes 4 Satz 1 Nummer 2 und 3 ist der Erwerber verpflichtet, dem für die Erbschaftsteuer zuständigen Finanzamt den entsprechenden Sachverhalt innerhalb einer Frist von einem Monat, nachdem der jeweilige Tatbestand verwirklicht wurde, anzuzeigen. [3]Die Anzeige ist eine Steuererklärung im Sinne der Abgabenordnung. [4]Sie ist schriftlich abzugeben. [5]Die Anzeige hat auch dann zu erfolgen, wenn der Vorgang nur teilweise zum Widerruf des Verwaltungsaktes nach Absatz 4 führt.**

(6) **Die Zahlungsverjährungsfrist für die nach Anwendung des Absatzes 1 Satz 1 verbleibende Steuer endet nicht vor dem Ablauf des fünften Jahres, nachdem das für die Erbschaftsteuer zuständige Finanzamt von dem Unterschreiten der Mindestlohnsumme (Absatz 4 Satz 1 Nummer 1) oder dem Verwirklichen eines Tatbestands nach Absatz 4 Satz 1 Nummer 2 und 3 Kenntnis erlangt.**

(7) **Die Absätze 1 bis 6 gelten in den Fällen des § 1 Absatz 1 Nummer 4 entsprechend.**

(8) **Die Absätze 1 bis 7 gelten nicht, wenn ein Antrag nach § 13c gestellt wurde.**

AEErbSt 2017: Abschnitte 28a.1 bis 28a.6

Übersicht

Schrifttum: *von Oertzen/Reich,* Die unternehmensverbundene Familienstiftung – „Gewinnerin" der Erbschaftsteuerreform?, Ubg. 15, 629; *von Oertzen/Reich,* Neues Risiko für die Kunstsammlung des Unternehmers durch die Unternehmenserbschaftsteuerreform, BB 16, 356; *Maier,* Die Verschonungsbedarfsprüfung gem. § 28a ErbStG bei Großerwerben: Tatbestand, Rechtsfolgen und Entscheidungskriterien für Gestaltungsmaßnahmen, ZEV 17, 10; *Theuffel-Werhahn,* Familienstiftungen als Königsinstrument für die Nachfolgeplanung aufgrund der Erbschaftsteuerreform, ZEV 17, 17; *Königer,* Die Verschonungsbedarfsprüfung des § 28a bei (erweitert) beschränkter Steuerpflicht, ZEV 17, 556.

I. Allgemeines

1. Regelungsinhalt und Stellung im Verschonungssystem

1 Zu der in § 28a ErbStG geregelten Verschonungsbedarfsprüfung kommt es, wenn der Wert des begünstigten Vermögens iSd § 13b II die für die Inanspruchnahme der Normalverschonung (85%iger und 100%iger Verschonungsabschlag) maßgebliche Wertgrenze von 26 Mio EUR (§ 13a I 1) überschreitet und der Erwerber nicht zum Abschmelzungsmodell optiert, sondern stattdessen einen **Erlass** der von ihm auf das begünstigte Vermögen zu entrichtenden St **im Umfang seines Verschonungsbedarfs** beantragt. Nach der wertenden Vorgabe des Gesetzes „bedarf" der Erwerber nur insoweit einer Verschonung, als er persönlich nicht in der Lage ist, die St aus seinem verfügbaren Vermögen zu begleichen. Zum verfügbaren Vermögen gehört jegliches vom Erwerber zusammen mit dem begünstigten Vermögen erworbenes oder ihm bereits gehörendes nichtbegünstigtes Vermögen, jedoch nur in Höhe der Hälfte seines Wertes (Abs 2). Nicht verfügbar ist nach der Wertung des Gesetzes somit die andere Hälfte des nichtbegünstigten Vermögens und das begünstigte Vermögen. Bei einer Weitergabe des begünstigten Vermögens, zB durch Erfüllung einer Vermächtnislast oder im Rahmen einer Nachlassteilung, geht wie bei den anderen Verschonungsarten auch die Verschonung mittels Erlass auf den Letzterwerber über (Abs 1 Sätze 2 und 3). Für die nach Erlass verbleibende StSchuld kann in Härtefällen eine Stundung in Anspruch genommen werden, jedoch nur für sechs Monate und voll verzinslich (Abs 3). Auch die Begünstigung durch Erlass unterliegt der Lohnsummenkontrolle und den Behaltenspflichten. Hierzu steht der Erlass unter der auflösenden Bedingung des Unterschreitens der Mindestlohnsumme und eines Verstoßes gegen die Behaltenspflichten (Abs 4 S 1 Nrn 1 und 2). Darüber hinaus steht er unter der auflösenden Bedingung, dass der Erwerber innerhalb von 10 Jahren nach StEntstehung durch Schenkung oder von Todes wegen weiteres verfügbares Vermögen erwirbt (Abs 4 S 1 Nr 3). Bei Eintritt einer der Bedingungen ist der Erlass vom FA zu widerrufen, bei Unterschreiten der Mindestlohnsumme im Umfang des Unterschreitens und bei einem Behaltenspflichtverstoß zeitanteilig und begrenzt auf den Verstoß. Bei einem nachträglichen Erwerb verfügbaren Vermögens wird der Erlass zwar insgesamt widerrufen, kann dann aber unter Berücksichtigung des hinzuerworbenen verfügbaren Vermögens erneut beantragt werden. Verfahrensrechtlich wird die Verschonung mittels Erlass abgesichert durch Anzeigepflichten des Erwerbers (Abs 5) und eine Hemmung der Zahlungsverjährungsfrist (Abs 6). Der Erlass kann auch von inländischen Familienstiftungen in Anspruch genommen werden, soweit die von ihr zu entrichtende ErsatzErbSt auf begünstigtes Vermögen entfällt (Abs 7).

2. Verfassungsrechtliche Vorgaben

2 Die Begünstigung durch Erlass im Umfang des Verschonungsbedarfs des Erwerbers hat keine gesetzlichen Vorläufer. Sie geht vielmehr auf einen Vorschlag des Bundesverfassungsgerichts in seiner Entscheidung v 17.12.2014 (BStBl II 15, 50) zur Be-

seitigung einer übermäßigen Begünstigung von Erwerbern großer Unternehmen zurück. Das Bundesverfassungsgericht hatte darin festgestellt, dass eine Verschonung im Umfang eines 85%igen und 100%igen Verschonungsabschlags zwar bei kleinen und mittleren Unternehmen mit deren abstrakter Gefährdung durch die Belastung mit ErbSt ausreichend gerechtfertigt sei, eine derartige Verschonung großer Unternehmen aber einer zusätzlichen besonderen Rechtfertigung bedürfe. Zur Herstellung eines verfassungsgemäßen Zustandes war deshalb entweder für Großerwerber die Verschonung zu reduzieren (siehe hierzu § 13c) oder im Rahmen der Formulierung der Voraussetzungen einer bis zu 100%igen Verschonung die Rechtfertigungslast zu erhöhen. Zur Konkretisierung dieses zweiten Lösungsansatzes hatte das Bundesverfassungsgericht eine **individuelle Bedürfnisprüfung** bei Erwerbern großer Unternehmen vorgeschlagen. Nur diejenigen Erwerber, die tatsächlich (und nicht nur abstrakt) nicht in der Lage sind, die Erb/SchSt auf das erworbene begünstigte Vermögen zu erbringen, sollten hiernach von der St auf dieses Vermögen verschont werden. Etwas widersprüchlich hatte sich das Bundesverfassungsgericht zu der Frage ausgedrückt, ob bei der Prüfung der individuellen Bedürftigkeit nur auf das von dem Erben oder Beschenkten erworbene Vermögen abzustellen ist oder auch dessen Eigenvermögen in die Prüfung mit einbezogen werden soll. So heißt es an einer Stelle der Entscheidung (BStBl II 15, 50 Rz 153), dass eine „Ausdehnung der Bedürfnisprüfung auf das bereits vorhandene Vermögen des Erben oder Beschenkten [...] in erheblichem Widerspruch zur Systematik des ErbStRechts" stünde, welches „für die Bemessung der St allein auf die Bereicherung durch das durch den Erbfall oder die Schenkung erworbene abstellt und auch sonst Befreiungen ohne Rücksicht auf die Bedürftigkeit des Erwerbers im Übrigen gewährt." An einer anderen Stelle (BStBl II 15, 50 Rz 125), in der es konkret um die Ausgestaltung der Bedürfnisprüfung geht, trägt das Bundesverfassungsgericht dem Gesetzgeber hingegen auf zu erwägen, ob dabei auch „schon vor dem Erwerb vorhandenes eigenes Vermögen miteinbezogen werden soll, mit der Folge, dass der Erwerber dies zur Begleichung einer StSchuld aus dem Unternehmensübergang einzusetzen hätte." Die Einbeziehung des Eigenvermögens des Erwerbers war denn auch steuerpolitisch höchst umstritten. Letztlich aber hat der Gesetzgeber die vom Bundesverfassungsgericht erwogenen durchaus zutreffenden systematischen Bedenken hintangestellt und sich für eine Einbeziehung des Eigenvermögens entschieden. Er ist sogar noch weiter gegangen und hat auch diejenigen Bereicherungen um verfügbares Vermögen miteinbezogen, die der Erwerber noch 10 Jahre nach der StEntstehung auch von dritter Seite erfährt, womit in fragwürdiger Weise zumindest faktisch auch in das durch Art 14 I 1 GG gewährleistete Eigentums- und Erbrecht des als Erblasser am Erbgang oder als Schenker an einer Schenkung beteiligten Dritten eingegriffen wird. Zwar dient sowohl das Eigenvermögen des Erwerbers als auch das später durch Schenkung oder von Todes wegen von Dritten erworbene Vermögen nur als Rechengröße zur Ermittlung der St auf den Erwerb des begünstigten Vermögens. Dennoch steht dahinter der Gedanke, dass der Erwerber dieses „verfügbare" Vermögen zur Begleichung seiner StSchuld aus dem Erwerb des begünstigten Vermögens einsetzt (vgl die Formulierungen des BVerfG in BStBl II 15, 50 Rz 175).

II. Erlass im Umfang des Verschonungsbedarfs

3 Nach § 28a I ist die auf das begünstigte Vermögen entfallende St unter **drei Voraussetzungen** zu erlassen: Der Wert des Erwerbs überschreitet die 26 Mio-Euro-Grenze nach § 13a I 1, der Erwerber weist nach, dass er persönlich nicht in der Lage ist, die St aus seinem verfügbaren Vermögen zu begleichen und er stellt einen Antrag auf Erlass im Umfang seines Verschonungsbedarfs.

4 Der Verweis auf „die Grenze des § 13a I 1 von 26 Mio EUR" ist unglücklich formuliert. So will der Gesetzgeber offenbar nicht lediglich auf die Wertgrenze von

26 Mio EUR verweisen, sondern **insgesamt** auf die **Regelung des § 13a I 1.** Danach kommt es nicht lediglich darauf an, ob der aktuell zu versteuernde Erwerb die 26 Mio-Euro-Grenze überschreitet, sondern der Erwerb zuzüglich der Erwerbe innerhalb der 10 Jahre vor dem StEntstehungszeitpunkt (§ 13a I 2). Damit ist uE auch der Wertabschlag des § 13a IX bei der Ermittlung des für die Anwendung des Erlassmodells begünstigten Vermögens zu berücksichtigen (so auch A 28a.I 4 AEErbSt 2017). Denn nach § 13a IX 1 wird für begünstigtes Vermögen iSd § 13b II „vor Anwendung des Absatzes 1 ein Abschlag gewährt". Durch die Bezugnahme auf das nach § 13b II begünstigte Vermögen sind zudem sämtliche Arbeitsschritte des § 13b durchzuführen. Nicht erlassfähig ist der nichtbegünstigte Teil der begünstigungsfähigen Einheit. Er ist vielmehr voll zu versteuern und mindert darüber hinaus in Höhe der Hälfte seines Wertes als verfügbares Vermögen den Erlass auf den begünstigten Teil.

Ein Erlass kommt nur in Betracht, wenn der Erwerber nachweist, dass er die auf das 5
begünstigte Vermögen entfallende St nicht oder zumindest nicht vollständig aus seinem verfügbaren Vermögen begleichen kann. Nur dann und nur in diesem Umfang bedarf er einer Verschonung. Die Höhe des Erlasses bestimmt sich somit nach dem konkreten Verschonungsbedarf des Erwerbers. Er ergibt sich aus der Differenz aus der auf das begünstigte Vermögen entfallenden St (s zu deren Ermittlung A 28a.1 V und H 28a.1 AEErbSt 2017) und dem gemeinen Wert des verfügbaren Vermögens. Der Erlassprüfung hat damit eine StFestsetzung vorauszugehen. Antrag und Gewährung des Erlasses sind daher erst **Teil des StErhebungsverfahrens.** Da die Festsetzung der St unverschont erfolgt und das Erlassmodell erst bei Überschreiten der Wertgrenze von 26 Mio EUR greift, findet die Besteuerung immer in höchster Progression statt. Dieser Progressionsnachteil überträgt sich auch auf miterworbenes nichtbegünstigtes Vermögen, das zusammen mit dem bei der StFestsetzung noch unverschonten begünstigten Vermögen ebenfalls in höchster Wertstufe besteuert wird. Bei der Inanspruchnahme der Normalverschonung oder auch eines abgeschmolzenen Verschonungsabschlags ist dies anders. Hier profitiert das nichtbegünstigte Vermögen von dem durch den Verschonungsabschlag bewirkten Progressionsvorteil. Denn einen „Progressionsausgleich" sehen die §§ 13a und 13c nicht vor.

Der Erlass wird nur „auf Antrag des Erwerbers" gewährt. Der Schenker kann, ob- 6
wohl ebenfalls StSchuldner (§ 21), keinen Erlass beantragen. Dies lässt sich damit erklären, dass der Verschonungsbedarf als Erlassvoraussetzung rein erwerberbezogen ist und insbesondere eine **Offenlegung des gesamten Vermögens des Erwerbers** voraussetzt. Auch ist der Erlass für den Erwerber mit Anzeigepflichten verbunden, deren Verletzung strafbewährt ist. Der Erwerber muss deshalb selbst entscheiden können, ob er sich diesen Offenlegungs- und Anzeigepflichten aussetzt oder die St zahlt und auf einen Erlass verzichtet. Von einer in der Praxis ansonsten häufig anzutreffenden Übernahme der SchSt durch den Schenker ist im Rahmen des Erlassmodells abzuraten. Zwar könnte die Übernahme angesichts der Antragsberechtigung allein des Erwerbers vorsorglich auf den Teil beschränkt werden, der sich bei einer Beantragung des Erlasses ergeben würde. Jedoch stellt die Übernahme der sich noch nach Erlass ergebenden SchSt wiederum eine eigenständige Schenkung dar und dies von nichtbegünstigtem Vermögen. Die Hälfte des übernommenen SchStBetrags würde daher als verfügbares Vermögen den Erlass mindern. Dies kann auch § 10 II nicht verhindern, da mit ihm lediglich eine weitere Kaskadenbesteuerung vermieden wird. Entsprechendes gilt, wenn der Erblasser testamentarisch die Zahlung der Erbschaft einem Dritten auferlegt. Auch davon sollte bei voraussichtlicher Inanspruchnahme des Erlassmodells abgesehen werden. Soweit durch eine spätere Reduzierung des Erlasses aufgrund nachträglichen unentgeltlichen Erwerbs verfügbaren Vermögens NachSt erhoben werden sollte, sollte auch diese vom Beschenkten zu übernehmen sein.

Das **Antragsrecht** des Erwerbers ist **nicht befristet.** Da der Erlass ein eigenstän- 7
diger Verwaltungsakt neben dem StBescheid ist, kann der Erlassantrag – anders als etwa der Antrag auf Vollverschonung und Abschmelzung – auch noch nach formeller

und materieller Bestandskraft des StBescheids gestellt werden (aA *Kapp/Eisele* § 28a Rz 4: „Bis zur materiellen Bestandskraft des Bescheids analog § 13a X iVm R E 13a.13 II 2 ErbStR 2011"). Auch nach Auffassung der FinVerw ist bis zum Eintritt der Zahlungsverjährung – zumindest theoretisch – noch ein Erlassantrag möglich (A 28a.1 II 2 AEErbSt 2017). Allerdings kann, soweit der (unverschonte) StBescheid bestandskräftig geworden ist, nicht mehr zur Abschmelzung optiert werden. In der Praxis wird man sich daher bis spätestens zur materiellen Bestandskraft des StBescheids zwischen dem Abschmelzungsmodell und dem Erlassmodell zu entscheiden haben. Mangels einer ausdrücklichen Anordnung der Unwiderruflichkeit des Antrags, wie sie zB für die Option zur Vollverschonung und zur Abschmelzung vorgesehen ist, wird man zudem davon ausgehen können, dass der Antrag jederzeit widerruflich ist (so auch A 28a.1 II 2 AEErbSt 2017).

III. Erlass bei Weitergabeverpflichtung und Nachlassteilung

8 Wie nach § 13a V der Verschonungsabschlag, so soll auch nach § 28a I 2–4 die Verschonung mittels Erlass nur dem **Letzterwerber** des begünstigten Vermögens zustehen. Wer also aufgrund letztwilliger Verfügung oder eines Rechtsgeschäfts verpflichtet ist, das begünstigte Vermögen weiterzugeben, kann keinen Erlass beantragen. Entsprechendes gilt bei einer Übertragung des begünstigten Vermögens im Rahmen einer Erbauseinandersetzung auf einen Miterben. Für weitere Einzelheiten wird auf die Kommentierung zu § 13a V verwiesen.

IV. Verfügbares Vermögen (Abs 2)

9 Der Verschonungsbedarf und damit der Umfang des Erlasses ergibt sich aus der Differenz aus der auf das begünstigte Vermögen entfallenden St und dem gemeinen Wert des verfügbaren Vermögens. Verfügbar ist nach der Definition des Abs 2 sämtliches von dem Erwerber mit der Erbschaft oder der Schenkung erworbenes sowie sämtliches ihm bereits gehörendes Vermögen, das nicht zum begünstigten Vermögen iSd § 13b II gehört, dies jedoch nur in Höhe der Hälfte seines gemeinen Wertes. Erfasst sind damit alle Vermögensgegenstände, die innerhalb der begünstigungsfähigen Einheit dem nichtbegünstigten Vermögen zuzurechnen waren (Nettowert des Verwaltungsvermögens nach Kulanzpuffer), weiterhin das gesamte nicht-begünstigungsfähige Vermögen, welches vor allem in Erbfällen zusätzlich zur begünstigungsfähigen Einheit erworben wird, wie zB das zu eigenen Wohnzwecken genutzte Einfamilienhaus, ein fremdvermietetes Mehrfamilienhaus, ein Festgeldkonto, ein Wertpapierdepot, der Hausrat oder eine Kunstsammlung sowie schließlich auch Vermögen, welches, etwa mangels unbeschränkter StPfl und mangels Qualifizierung als Inlandsvermögen oder aufgrund DBA, nicht der Erbschaftsbesteuerung unterliegt (s zur Abgrenzung auch A 28a.2 II AEErbSt 2017). Nicht „mit der Erbschaft" übergegangen ist das von einem Ehegatten ererbte Vermögen im Umfang des nach § 5 I fiktiv zu berechnenden Zugewinnausgleichanspruchs. Denn insoweit gilt der Erwerb nach der ausdrücklichen Anordnung des Gesetzes nicht als Erwerb von Todes wegen (*M. Söffing,* ErbStB 16, 234, 241; zustimmend *Kapp/Eisele* § 28a Rz 8). Auch wird man diesen Teil des Vermögens nicht zum verfügbaren Eigenvermögen des Ehegatten rechnen können.

10 Nach dem Sinn und Zweck der Regelung sind auch **Schulden** unter den Vermögensbegriff zu fassen, soweit sie zugleich mit der Erbschaft oder der Schenkung auf den Erwerber übergegangen sind. Auch wenn die Schuld bereits den Wert des stpfl Erwerbs gemindert hat, ist sie bei der Ermittlung des verfügbaren Vermögens zur Hälfte zu berücksichtigen. Denn genauso erhöht auch der Erwerb nichtbegünstigten Aktivvermögens den Wert des stpfl Erwerbs mit der Folge einer entsprechend höhe-

ren StLast und gilt dennoch in Höhe der Hälfte seines Wertes als verfügbares Vermögen. Da sowohl bei einer gemischten Schenkung als auch im Erbfall die vom Erwerber vertraglich übernommene oder geerbte Schuld nicht zum begünstigten Vermögen iSd § 13b II gehört, ist sie insgesamt zur Hälfte als „negatives verfügbares Vermögen" mindernd zu berücksichtigen. Für eine Aufteilung – etwa entsprechend der gemeinen Werte des begünstigten und nichtbegünstigten Vermögens oder entsprechend eines wirtschaftlichen Zusammenhangs der Schuld zum begünstigten oder nichtbegünstigten Vermögen – lässt das Gesetz keinen Raum. Eine derartige Aufteilung wäre auch nicht angemessen, da der Erwerber im Umfang der gesamten, ihn persönlich treffenden Schuld tatsächlich nicht leistungsfähig ist (so wohl auch die FinVerw in A 28a.2 II 4 AEErbSt 2017). Wer begünstigtes Vermögen im Wert von 100 und Geldvermögen im Wert von 10 erbt, gleichzeitig aber mit einem Geldvermächtnis von 10 belastet ist, hat „in der Summe der gemeinen Werte" kein verfügbares Vermögen. Entsprechendes gilt für den mit einem Geldvermächtnis von 10 belasteten Erben, der begünstigtes Vermögen im Wert von 100 und ein Mehrfamilienhaus von 10 erbt, und auch für den mit einem entsprechenden Geldvermächtnis belasteten Erben, der eine begünstigungsfähige Einheit von 110 erbt, die zu 100 aus begünstigtem und zu 10 aus nichtbegünstigtem Vermögen besteht.

Fraglich ist jedoch, wann eine Schuld als **„zugleich" mit der Erbschaft oder Schenkung** übergegangen anzusehen ist. Unproblematisch ist dies bei zum Nachlass gehörenden Nachlassverbindlichkeiten und bei normalen Vermächtnissen. Zweifelhaft ist bei strenger Anwendung des Gesetzeswortlauts hingegen die Berücksichtigung von zB aufschiebend bedingten Vermächtnissen, die erst mit Bedingungseintritt anfallen, von Pflichtteilsansprüchen, denen der Unternehmenserbe erst mit Geltendmachung ausgesetzt ist, und von durch den Erbfall oder die Schenkung erst ausgelösten Erb/SchSt. Sowohl das Bereicherungs- als auch das Leistungsfähigkeitsprinzip verlangen jedoch eine verfassungskonforme Auslegung dahingehend, dass als „negatives verfügbares Vermögen", also als das verfügbare Vermögen mindernde Verbindlichkeiten, **jegliche Verbindlichkeiten** zu berücksichtigen sind, welche durch den Erbfall oder die Schenkung ausgelöst sind. Unabhängig davon, ob sie bereits im Zeitpunkt des Erbfalls oder erst danach entstehen. Wer begünstigtes Vermögen von 100 und Geldvermögen von 20 erbt, hat auch dann kein verfügbares Vermögen, wenn er erst zwei Jahre nach dem Erbfall Pflichtteilsansprüchen seines Geschwisterteils in Höhe von 20 ausgesetzt wird. Entsprechendes gilt bei einem erst nach dem Erbfall anfallenden Vermächtnis. Allerdings wird man derartige, erst mit späterem Bedingungseintritt oder mit späterer Geltendmachung entstehende Schulden auch erst dann berücksichtigen können, sei es erst auf Antrag im Wege der Korrektur analog § 6 iVm § 5 II BewG oder als durch Schenkung oder von Todes wegen innerhalb der Zehnjahresfrist des Abs. 4 Nr. 3 erworbenes „weiteres (negatives) verfügbares Vermögen". Letzteres würde jedoch einen Widerruf des Finanzamts mit anschließendem Antrag auf einen neuen Erlass voraussetzen, sodass eine Anwendung der §§ 5 und 6 BewG praktikabler erscheint. Bei aufschiebend befristeten und betagten Verbindlichkeiten kommt schließlich auch eine sofortige Berücksichtigung zum abgezinsten Wert (§ 12 BewG) in Betracht. Auch die auf den Erwerb durch Erbfall oder Schenkung entstehende ErbSt mindert die Leistungsfähigkeit des Erwerbers und sollte obwohl nicht vom Erblasser stammend bei der Ermittlung des für den Erwerber verfügbaren Vermögens mindernd berücksichtigt werden (ablehnend die FinVerw in A 28a.2 II 6 AEErbSt 2017). Zudem hat der BFH (BStBl II 16, 482) ausdrücklich klargestellt, dass die vom Erben aufgrund eines Erbanfalls geschuldete **ErbSt** als Nachlassverbindlichkeit iSd § 1967 BGB qualifiziert und alle Voraussetzungen einer Erbfallschuld erfüllt, da sie „allein aus Anlass des Erbfalls und ohne Zutun des Erben" entstehe. Dabei sei es unerheblich, dass sie gegen den Erben und nicht gegen den Nachlass als solchen festgesetzt werde. Entsprechendes sollte auch für **ErtragStBelastungen** gelten, soweit diese durch den Erbfall oder die Schenkung ausgelöst werden (auch insoweit ablehnend A 28a.2 II 10 AEErbSt 2017). Demgegenüber können latente StLasten nicht als „negatives verfüg- 11 bares Vermögen" berücksichtigt werden; denn bei ihnen hat sich, anders als bei aufschiebend bedingten oder befristeten Lasten, die Schuld noch in keiner Weise konkretisiert; sie könnten allenfalls – freilich entgegen der herrschenden Meinung – den gemeinen Wert des verfügbaren Vermögens selbst mindern.

12 Zum verfügbaren Vermögen gehört nach Abs 2 Nr 2 auch die **Hälfte des Wertes des eigenen Vermögens** des Erwerbers, soweit es nicht als begünstigtes Vermögen iSd § 13b II zu qualifizieren ist. Soweit der Erwerber bereits an anderen Unternehmen beteiligt ist und seine Beteiligung als begünstigungsfähiges Vermögen qualifiziert, ist auch für diese eine umfängliche Verwaltungsvermögensermittlung durchzuführen, da der auf den Erwerber entfallende Anteil am Nettowert des Verwaltungsvermögens (§ 13b VI) nach Abzug des 10%igen Kulanzpuffers (§ 13b VII) in Höhe der Hälfte seines Wertes als verfügbares Vermögen qualifiziert. Da der Erwerber hinsichtlich seines Verschonungsbedarfs **nachweispflichtig** ist, trifft ihn der damit verbundene Aufwand und er muss dafür sorgen, dass er an die zur Durchführung der Ermittlung des begünstigten Vermögens notwendigen Informationen kommt. Unklar sind allerdings die Rechtsfolgen, wenn ihm dieser Nachweis nicht gelingt oder nur mit unverhältnismäßigem Aufwand zu führen wäre, etwa bei einer Geringstbeteiligung an einem ausländischen Fonds in Rechtsform einer gewerblichen Personengesellschaft. Statt einer Versagung eines Erlasses mangels Nachweis dürfte hier zumindest der Verhältnismäßigkeitsgrundsatz verlangen, dass anstelle einer Ermittlung des in der Einheit vorhandenen Verwaltungsvermögens die Fondsbeteiligung insgesamt als verfügbares Vermögen berücksichtigt werden kann und im Übrigen der Erlass zu gewähren ist.

13 Mit dem Verweis auf § 13b II sind auch in der Vergangenheit unter Inanspruchnahme der Verschonung nach §§ 13a, 13b ErbStG aF erworbene **Cash-Gesellschaften** als verfügbares Eigenvermögen zu qualifizieren. Dies wird vor allem dann problematisch, wenn aufgrund noch laufender Behaltensfristen das in den Cash-Gesellschaften geparkte Vermögen nicht entnommen werden kann (*Korezkij,* DStR 15, 1337, 1342; *Wachter,* FR 16, 690, 706).

14 Verfügbar iSd Abs 2 heißt nicht liquidierbar. Vielmehr ist **auch illiquides Vermögen** verfügbar und verhindert in Höhe der Hälfte seines Wertes den Erlass der St (so auch A 28a.2 II 9 AEErbSt 2017). Illiquid ist häufig das Verwaltungsvermögen einer Gesellschaft, in welcher sich der Erwerber als Minderheitsgesellschafter nicht durchsetzen kann. Auch die in § 13a IX zur Erlangung des Wertabschlags erforderlichen gesellschaftsvertraglichen Entnahme- und Verfügungsbeschränkungen können einer Liquidierbarkeit entgegenstehen. Ebenso wird man ein lebenslanges oder zeitlich begrenztes Nießbrauchs- oder Rentenrecht in Höhe seines Kapitalwerts dem verfügbaren Vermögen zurechnen müssen, obwohl der Erwerber erst in der Zukunft sukzessive dieses Vermögen erhält. Das Gesetz trägt dem Umstand der Illiquidität lediglich durch die Stundungsmöglichkeit des Abs 3 Rechnung. Hingegen wird man erworbene oder im Eigenvermögen befindliche Anwartschaften und aufschiebend bedingte Ansprüche (noch) nicht zum verfügbaren Vermögen zählen können. Sie können aber später bei Eintritt der Bedingung eine Korrektur nach §§ 5, 6 BewG bewirken oder, soweit bereits zum Eigenvermögen gehörend, bei Bedingungseintritt innerhalb der nächsten 10 Jahre zu einer Anwendung des Abs 4 Nr 3 führen, wenn ihr Rechtsgrund eine Schenkung oder ein Erwerb von Todes wegen war (so Anm 11).

15 Verfügbar heißt auch nicht etwa stpfl. Auch **stbefreites Vermögen** gehört zum verfügbaren Vermögen. Familienheime, Kunst- und Kulturgüter und sogar Hausrat mindern in Höhe der Hälfte ihres Wertes den Erlass. Auch die persönlichen Freibeträge (§§ 16, 17) bleiben unberücksichtigt (A 28a.2 II 11 AEErbSt 2017). Im Hinblick auf nacheinander erfolgende Erwerbe ist zu beachten, dass sich das verfügbare Vermögen nicht dadurch „verbraucht", dass es bei einem Erwerb das Erlassvolumen in Höhe der Hälfte seines Wertes mindert. Vielmehr ist es bei Folgeerwerben wiederum als verfügbares Vermögen zu berücksichtigen (vgl die Beispiele bei *Hannes,* ZEV 16, 554; *von Oertzen/Stalleiken* § 28a Rz 25). Bei gleichzeitigem Erwerb begünstigten

Vermögens oberhalb der 26 Mio EUR von unterschiedlichen Schenkern, zB Vater und Mutter, wird das verfügbare miterworbene Vermögen und Eigenvermögen jeweils zur Hälfte herangezogen und ist damit, obwohl selbst stpfl, in Gänze für die St auf die erworbenen begünstigten Vermögen „einzusetzen". Auch dies verdeutlicht noch einmal, insbesondere vor dem Hintergrund der Leistungsfähigkeit, die Notwendigkeit, zumindest die auf das nichtbegünstigte und damit jeweils zur Hälfte verfügbare Vermögen entfallende St vorher zum Abzug zuzulassen.

V. Stundung in Härtefällen

Nach Abs 3 kann die nach Erlass verbleibende St, soweit sie auf das begünstigte Vermögen entfällt (A 28a.3 S 1 AEErbSt 2017), ganz oder teilweise bis zu **6 Monate gestundet** werden. Voraussetzung hierfür ist jedoch, dass eine Einziehung der St bereits bei Fälligkeit für den Erwerber eine erhebliche Härte bedeuten würde und dass durch die Stundung der Anspruch nicht gefährdet erscheint. Die Gewährung der Stundung liegt im Ermessen des für die ErbSt zuständigen FA. Mit der Stundungsmöglichkeit soll dem Stpfl offenbar Gelegenheit gegeben werden, sich die zur Zahlung der St auf das begünstigte Vermögen notwendige Liquidität dadurch zu verschaffen, dass er verfügbares Vermögen veräußert oder einen Kredit aufnimmt. Soweit er nämlich auf solche Maßnahmen angewiesen ist, geht das Gesetz von einer erheblichen Härte aus. Die Stundungsmöglichkeit nach Abs 3 dürfte in der Praxis nur bei Schenkungen eine Rolle spielen, da bei Erwerben von Todes wegen auch eine im ersten Jahr zinslose und darüber hinaus voraussetzungslose Stundung zu ebenfalls einem Zinssatz von 6% für insgesamt 7 Jahre beantragt werden kann. Die Stundung nach Abs 3 erfolgt hingegen von Beginn an mit einer Verzinsung von 6%/Jahr (Abs 3 S 3 iVm §§ 234 und 238 AO). Nach Ablauf der 6 Monate bleibt dem Stpfl auch immer noch die Stundungsmöglichkeit nach § 222 AO. 16

VI. Lohnsummenkontrolle und Behaltenspflichten (Abs 4 Nrn 1 und 2)

Auch im Erlassmodell gibt es eine Nachsorgephase mit Lohnsummenkontrolle und Behaltenspflichten. Rechtstechnisch ist dies jeweils als auflösende Bedingung gestaltet. Der Erlass entfällt in dem Umfang, in dem die Mindestlohnsumme unterschritten wird. Unabhängig von der tatsächlichen Höhe des Erlasses gelten die strengen Lohnsummenkriterien der Vollverschonung (§ 13a X). Je nach Beschäftigtenzahl beträgt die in der 7 jährigen Nachsorgephase zu erbringende Mindestlohnsumme somit 500%, 565% und 700%. Wird die Mindestlohnsumme unterschritten, entfällt der Erlass im Umfang des Unterschreitens. Auch die Behaltensfrist beträgt wie bei der Vollverschonung 7 Jahre. Im Falle eines Behaltenspflichtverstoßes entfällt der Erlass in entsprechender Anwendung des § 13a VI 2–4 zeitanteilig und auf den Umfang des Verstoßes beschränkt. Der den Erlass gewährende Verwaltungsakt, der kraft Gesetzes unter Widerrufsvorbehalt steht, ist bei Eintritt der auflösenden Bedingung im Umfang des Wegfalls des Erlasses mit Wirkung für die Vergangenheit zu widerrufen. Hinsichtlich weiterer Einzelheiten wird auf die Kommentierung zu § 13a III (Lohnsummenkontrolle) und § 13a VI (Behaltensbedingungen) verwiesen. 17

VII. Späterer Erwerb verfügbaren Vermögens (Abs 4 Nr 3)

Als **dritte auflösende Bedingung** nennt Abs 4 Nr 3, dass der Erwerber innerhalb von 10 Jahren nach seinem Erwerb durch Schenkung oder Erwerb von Todes wegen 18

weiteres verfügbares Vermögen erwirbt, und zwar gleichgültig von wem und wieviel. Mit Eintritt der auflösenden Bedingung – dem Wortlaut nach könnte dies auch nur ein Geburtstags- oder Weihnachtsgeschenk sein (s aber A 28a.4 II 2 AEErbSt 2017) – verliert der Erlass seine Wirksamkeit und der Verwaltungsakt, mit dem der Erlass gewährt wurde, ist zu widerrufen. Der Erwerber ist danach wieder zur Zahlung der vollen St verpflichtet. Er kann aber einen neuen Erlassantrag stellen. Bei der Berechnung des neuen Erlasses wird dem verfügbaren Vermögen, das er zum Zeitpunkt der StEntstehung bereits hatte und das er miterworben hatte, das nun zusätzlich erworbene verfügbare Vermögen mit dem Wert im Zeitpunkt des Hinzuerwerbs (A 28a.4 II 8 AEErbSt 2017) hinzugerechnet. Auch hier ist wiederum fraglich, ob zu dem erworbenen verfügbaren Vermögen auch die auf dieses entfallene ErbSt-Last als Schuld gehört (ablehnend die FinVerw in A 28a.4 II 9 AEErbSt 2017). Angemessen wäre dies. Der Wortlaut dürfte aber eher dagegen sprechen, da der Erwerber die ErbStSchuld nicht „durch Schenkung oder von Todes wegen erhält". Doch sollte auch hier dem der Erlassregelung innewohnenden Leistungsfähigkeitsgedanken Rechnung getragen und die Regelung dahin ausgelegt werden, dass auch jegliche durch einen schenkweisen oder von Todes wegen erfolgten Erwerb ausgelöste **Verbindlichkeiten** das verfügbare Vermögen mindern.

19 Da der neue Erwerb nicht vom ursprünglichen Erblasser oder Schenker stammen muss, beeinflusst die Regelung gleichzeitig auch die **Nachfolgeplanung Dritter,** soweit diese nämlich einem erlassbelasteten Unternehmensnachfolger schenkweise oder von Todes wegen verfügbares Vermögen zuwenden möchten. Vielfach wird diesen Dritten aber überhaupt nicht bekannt oder zumindest nicht bewusst sein, dass nach der Vorgabe des Gesetzes ihr dem Unternehmensnachfolger zugedachtes Vermögen zur Hälfte zur Erbringung der St auf von einer ganz anderen Person erworbenes begünstigtes Vermögen „einzusetzen ist". Vererbt zB die Großtante ihrem Großneffen, der ein paar Jahre zuvor von seinem Vater eine Unternehmensbeteiligung erworben hat und dem die hierauf entfallene ErbSt iHv 8 Mio EUR erlassen wurde, ein Mehrfamilienhaus im gemeinen Wert von 10 Mio EUR, so erhält der Neffe bei wortlautgetreuer Anwendung des § 28 IV Nr 3 im Ergebnis nichts: Denn 5 Mio EUR muss er in StKlasse III an ErbSt für den Erwerb von seiner Großtante zahlen und die übrigen 5 Mio EUR zahlt er nach Erlasskorrektur auf seinen Erwerb vom Vater. Soweit man im Rahmen der Auslegung der Minderung seiner Leistungsfähigkeit durch ErbSt auf den Erwerb von der Großtante Rechnung trägt und diese ErbStSchuld als „negatives verfügbares Vermögen" berücksichtigt (anders die FinVerw, s Anm 11), blieben ihm wertmäßig vom Vermächtnis der Tante 2,5 Mio EUR. Die Regelung des Abs 4 Nr 3 greift damit ganz wesentlich in den Schutzbereich der Erbrechtsgarantie des Art 14 I 1 GG ein, der nicht nur den Erben, sondern auch den Erblasser erfasst. Auch bei derartigen Nacherwerben kommt der gleichzeitige Einsatz des Vermögens für die St auf den Nacherwerb und einen (oder sogar mehrere) Vorerwerbe in Betracht. Erwirbt wie im Beispiel der erlassbelastete Neffe eine begünstigungsfähige Einheit im Wert von 60 Mio EUR, die nichtbegünstigtes und damit verfügbares Vermögen im Wert von 10 Mio EUR enthält, so muss der Neffe – bei wortlautgetreuer Anwendung des Abs 1 und 2 auf den Erwerb von der Tante und des Abs 4 auf den Erwerb vom Vater – nach Zahlung von ErbSt auf den nichtbegünstigten Teil von (10 Mio EUR × 50% =) 5 Mio EUR weitere 5 Mio EUR (bzw nach der hier vertretenen Auslegung: 2,5 Mio EUR) als St auf das von der Tante erworbene begünstigte Vermögen und nochmals 5 Mio EUR (bzw 2,5 Mio EUR) als St auf den begünstigten Vorerwerb vom Vater verwenden. Sofern er auch noch einen erlassbelasteten Vorerwerb von seiner Mutter hatte, würde auch auf diesen der Abs 4 Nr 3 Anwendung finden (weitere Beispiele bei *von Oertzen/Stalleiken* § 28a Rz 37). Derart unbilligen Ergebnissen sollte die FinVerw im Erlasswege begegnen.

20 Für die praktische Umsetzung der Vorschrift erweist sich zudem als problematisch, dass sie **keinerlei Erheblichkeitsschwelle** vorsieht. Nach dem Wortlaut würde sogar der Erwerb eines Gelegenheitsgeschenks zum Eintritt der auflösenden Bedingung

führen und eine entsprechende Anzeigepflicht nach Abs 5 begründen. Die FinVerw lässt aber zumindest Gelegenheitsgeschenke iSd § 13 I Nr 14 unberücksichtigt (A 28 a.4 II 3 AEErbSt 2017), womit allerdings die in der Praxis häufig streitige Frage, ob (noch) ein Gelegenheitsgeschenk vorliegt, in den § 28 a getragen wird. Die Festlegung einer betragsmäßigen Bagatell- oder Nichtaufgriffsgrenze wäre insoweit sicherlich hilfreicher gewesen.

VIII. Verfahrensrechtliche Absicherung der Erlasskorrektur (Abs 5 und 6)

21 Nach Abs 5 ist der Erwerber verpflichtet, innerhalb einer Frist von 6 Monaten nach Ablauf der 7-jährigen Lohnsummenfrist dem Finanzamt ein Unterschreiten der Mindestlohnsumme anzuzeigen. Eine entsprechende **Anzeigepflicht** besteht bei einem Behaltenspflichtverstoß und einem Nacherwerb verfügbaren Vermögens. Jedoch hat in diesen beiden Fällen die Anzeige binnen Monatsfrist zu erfolgen. Die Anzeige gilt als **StErklärung** und ist schriftlich abzugeben. Sie hat auch dann zu erfolgen, wenn der Erlass nur teilweise entfällt.

22 Abs 6 **hemmt** den Ablauf der Zahlungsverjährungsfrist. Diese endet für die nach auflösender Bedingung nicht mehr dem Erlass unterliegende St nicht vor Ablauf von 5 Jahren, nachdem das Finanzamt vom Eintritt der Bedingung Kenntnis erlangt hat.

IX. Ersatzerbschaftsteuer, Verhältnis zu § 13 c (Abs 7 und 8)

23 Das Erlassmodell kann, wie die Normalverschonung und das Abschmelzungsmodell, auch zur Verschonung von ErsatzErbSt auf das begünstigte Vermögen einer **inländischen Familienstiftung** in Anspruch genommen werden. Familienstiftungen werden aber zukünftig besonders darauf zu achten haben, bis zum ErsatzErbStTermin ihr verfügbares Vermögen weitestgehend zu reduzieren, denn es geht ihnen ansonsten iHv zumindest 65% und ohne Vorwegabzug der auf das verfügbare Vermögen entfallenden ErsatzErbSt sogar iHv 80% verloren.

24 In Abs 8 wird klargestellt, dass das Abschmelzungsmodell und das Erlassmodell nicht kumulativ, sondern nur **alternativ** zur Anwendung kommen können. Bei der Entscheidung zwischen den beiden Verschonungsarten ist zu beachten, dass der Antrag auf Abschmelzung unwiderruflich ist.

§ 29 Erlöschen der Steuer in besonderen Fällen

(1) **Die Steuer erlischt mit Wirkung für die Vergangenheit,**

1. **soweit ein Geschenk wegen eines Rückforderungsrechts herausgegeben werden mußte;**
2. **soweit die Herausgabe gemäß § 528 Abs. 1 Satz 2 des Bürgerlichen Gesetzbuchs abgewendet worden ist;**
3. **soweit in den Fällen des § 5 Abs. 2 unentgeltliche Zuwendungen auf die Ausgleichsforderung angerechnet worden sind (§ 1380 Abs. 1 des Bürgerlichen Gesetzbuchs). [2]Entsprechendes gilt, wenn unentgeltliche Zuwendungen bei der Berechnung des nach § 5 Abs. 1 steuerfreien Betrags berücksichtigt werden;**
4. **soweit Vermögensgegenstände, die von Todes wegen (§ 3) oder durch Schenkung unter Lebenden (§ 7) erworben worden sind, innerhalb von 24 Monaten nach dem Zeitpunkt der Entstehung der Steuer (§ 9) dem Bund, einem Land, einer inländischen Gemeinde (Gemeindeverband) oder**

einer inländischen Stiftung zugewendet werden, die nach der Satzung, dem Stiftungsgeschäft oder der sonstigen Verfassung und nach ihrer tatsächlichen Geschäftsführung ausschließlich und unmittelbar als gemeinnützig anzuerkennenden steuerbegünstigten Zwecken im Sinne der §§ 52 bis 54 der Abgabenordnung mit Ausnahme der Zwecke, die nach § 52 Abs. 2 Nr. 23 der Abgabenordnung gemeinnützig sind, dient. [2]Dies gilt nicht, wenn die Stiftung Leistungen im Sinne des § 58 Nr. 5 der Abgabenordnung an den Erwerber oder seine nächsten Angehörigen zu erbringen hat oder soweit für die Zuwendung die Vergünstigung nach § 10b des Einkommensteuergesetzes, § 9 Abs. 1 Nr. 2 des Körperschaftsteuergesetzes oder § 9 Nr. 5 des Gewerbesteuergesetzes in Anspruch genommen wird. [3]Für das Jahr der Zuwendung ist bei der Einkommensteuer oder Körperschaftsteuer und bei der Gewerbesteuer unwiderruflich zu erklären, in welcher Höhe die Zuwendung als Spende zu berücksichtigen ist. [4]Die Erklärung ist für die Festsetzung der Erbschaftsteuer oder Schenkungsteuer bindend.

(2) **Der Erwerber ist für den Zeitraum, für den ihm die Nutzungen des zugewendeten Vermögens zugestanden haben, wie ein Nießbraucher zu behandeln.**

Übersicht

Schrifttum: *Kamps,* Steuerneutrale Rückabwicklung von Schenkungen, ZErb 02, 174, 212; *Ebeling,* Schenkungsteuerliche Rückabwicklungen auf de Grundlage des neuen Schuldrechts, DB 02, 553; *Wachter,* Störungen der Geschäftsgrundlage im SchStRecht, ZEV 02, 176; *Fuhrmann,* Rückgängigmachung von Schenkungen, ErbStB 03, 17; *Kamps,* Steuerneutrale Rückabwicklung von Schenkungen, ErbStB 03, 69; *Söffing,* Begleichung der ErbSt durch Kunstgegenstände, ErbStB 04, 392; *Carlé,* Widerrufs- und Rückfallklauseln, ErbStB 06, 72; *Kirchhain,* Das Rückabwicklungsverbot des § 29 Abs 1 Nr 4 S 2 ErbStG bei Stiftungsleistungen im Sinne des § 58 Nr 5 AO, ZErb 06, 413; *Wachter,* Schenkung von Betriebsvermögen, ErbStB 06, 236, 259; *Wachter,* Das Ende für Steuerklauseln in der ErbSt?, ErbStB 06, 312; *Lüdicke,* Das Nämlichkeitsprinzip im Rahmen der Steuerbefreiung für die Überführung von Vermögensgegenständen in den gemeinnützigen Bereich, ZEV 07, 254; *Piltz,* Die verunglückte Rückabwicklung einer Schenkung: der größte anzunehmende Unfall, ZEV 09, 70; *Reich,* Die rückwirkende Begründung der Zugewinngemeinschaft und ihre Auswirkung auf § 29 I Nr. 3 ErbStG und § 1380 BGB, ZEV 11, 59; *Demuth/Schreiber,* Wege aus der „Schenkungsteuerfalle Oder-Konto", ZEV

12, 405; *Fuhrmann,* Beendigung der Zugewinngemeinschaft als Gestaltungsmittel, KÖSDI 13, 18538; *Pauli,* Unternehmensnachfolge unter Vorbehalt von Rückforderungsrechten, ZEV 13, 289; *Geck,* Erlöschen der Schenkungsteuer in Sonderfällen sowie die Bedeutung von Steuerklauseln, KÖSDI 14, 18725; *Halaczinsky,* Steuerbefreiungen bei Zuwendungen an steuerbegünstigte Körperschaften, ErbStB 14, 170; *von Oertzen/Schienke-Ohletz,* Verbrauchsstiftungen als begünstigte Empfänger im Sinne des § 29 Abs. 1 Nr. 4 ErbStG, ZEV 15, 609; *Thonemann-Micker,* Steuerliche Konzequenzen des „Schenkungswiderrufs" – ein Überblick über die Ausübung von Rückforderungssrechten bei Schenkungen und ihre erbschaft-/schenkungsteuerlichen, grunderwerbsteuerlichen und ertragsteuerlichen Konsequenzen, ErbR 15, 590; *Holtz,* Der Zugewinnausgleich in der Erbschaft- und Schenkungsteuer, SAM 15, 44; *Götz,* Widerrufsklauseln in Schenkungsverträgen, NWB 15, 3097; *Götz,* Ertragsteuerliche Folgen von Widerrufsklauseln in Schenkungsverträgen, FR 15, 972; *Bodden,* Steuerliche Probleme bei der Rückabwicklung von Schenkungen, KÖSDI 16, 19852; *Blusz,* Reparatur unentgeltlicher Zuwendungen unter Ehegatten, ZEV 16, 626; *Bruschke,* Das Erlöschen der Erbschaftsteuer in besonderen Fällen, ErbStB 17, 85; *Geck,* Rückgängigmachung von Schenkungen, ZEV 17, 371.

I. Allgemeines

Die St (= der staatliche StAnspruch) erlischt durch Zahlung, durch Festsetzungs- oder Zahlungsverjährung (§§ 47, 232 AO), durch Eintritt einer auflösenden Bedingung (§ 47 AO), ferner durch Aufrechnung, durch Übereignung an Zahlungs statt (§ 224 a AO), durch Befriedigung im Vollstreckungsverfahren oder durch Erlass. In Ergänzung zu den in § 47 AO normierten allg Erlöschensgründen sieht die in ihrem Kern aus dem ErbStG 1919 stammende, später um die Regelungen in Abs 1 Nr 3 und 4 erweiterte Vorschrift des § 29 spezielle, in erster Linie für die SchSt geltende Erlöschensgründe vor. § 29 soll vornehmlich dem Umstand Rechnung tragen, dass unentgeltliche Zuwendungen im Zivilrecht eine geringere Bestandskraft haben als entgeltliche Erwerbe, so dass der unentgeltliche Erwerber die empfangene Bereicherung nicht selten wieder herausgeben muss. Steht der Erwerb zusätzlich zu dieser unsicheren Bestandskraft auch noch unter einer auflösenden Bedingung, so wird die mit dem Eintritt der Bedingung verbundene Vermögensänderung schon nach § 12 I ErbStG iVm § 5 II BewG beachtet. Die auf den bedingten Erwerb entfallende Steuer wird auf Antrag nach dem tatsächlichen Wert des Erwerbs berichtigt. Einer Heranziehung des § 29 bedarf es nicht. Wird einer Zuwendung durch nachträgliche Vereinbarung unter den Vertragspartnern und Leistung eines Entgelts der freigebige Charakter genommen (zur nachträglichen Vereinbarung eines Rückforderungsrechts Anm 9), ist noch ungeklärt, ob dieser Fall auch zu einem Erlöschen der St wegen nachträglichen Wegfalls des StTatbestandes führen kann (vgl § 7 Anm 63 und BFH BStBl II 08, 260, 261). 1

Unter den Voraussetzungen des **Abs 1** erlischt die St **mit Wirkung für die Vergangenheit.** Das bedeutet, dass die bisherige StFestsetzung nach § 175 I 1 Nr 2 AO aufzuheben oder entsprechend der Erlöschenswirkung zu ändern ist, so als ob der zunächst besteuerte Vorgang nie stpfl gewesen wäre. Die etwa noch ausstehende StZahlung wird nicht mehr geschuldet, die Anforderung von Stundungszinsen oder Säumniszuschlägen entfällt. Die bereits gezahlte St ist samt den aufgebrachten Stundungszinsen und Säumniszuschlägen dem zu erstatten, von dem die StZahlung stammt. Hatte der Schenker die StZahlung übernommen, ist er auch Gläubiger der Erstattungspflicht. 2

Unter den Voraussetzungen des **Abs 2** erlischt die StPfl nicht vollständig. Der Erwerber, dem Nutzungen des zugewendeten Vermögens zugestanden haben, ist wie ein Nießbraucher zu behandeln. Die ursprüngliche StPfl bleibt in Höhe des Nutzungsvorteils bestehen (aA noch die Vorauflage: neue, auf den Nutzungsvorteil bezogene StPfl). Der stpfl Vorgang ist die Überlassung des Vermögens zur Nutzung, nicht die spätere Herausgabe, Anrechnung oder Weiterleitung des ursprünglichen Erwerbs. 3

Daher ist auch der Zehnjahreszeitraum für die Zusammenrechnung der Nutzungsüberlassung mit sonstigen Erwerben nach § 14 aus der Sicht des Zeitpunkts der ursprünglichen Vermögensübertragung zu bemessen (näher Anm 25ff).

II. Herausgabe von Geschenken (Abs 1 Nr 1)

4 Abs 1 Nr 1 nennt **drei Voraussetzungen,** von denen die Erlöschenswirkung abhängig ist. **(1.)** Ein Geschenk ist besteuert worden. **(2.)** Das Geschenk ist herausgegeben worden. **(3.)** Die Herausgabe wurde durch ein Rückforderungsrecht erzwungen.

1. Besteuerung wegen eines Geschenks

5 Erste Voraussetzung ist also, dass eine Besteuerung wegen eines Geschenks stattgefunden hat. Geschenk iS dieser Bestimmung ist jeder stpfl Vorgang, der nach § 1 I Nr 2 iVm **§ 7** eine Besteuerung auslöst. Ferner dürfte auch die Schenkung auf den Todesfall nach § 3 I Nr 2 hierher gehören. Dagegen ist die Festsetzung von SchSt nach einer strafbefreienden StraBEG-Erklärung nicht von § 29 I Nr 1 erfasst (FG München EFG 15, 1824 – Rev II R 8/16).

2. Herausgabe des Geschenks

6 Die St erlischt, wenn das Geschenk herausgegeben worden ist. Erst mit der Herausgabe erlischt der StAnspruch. § 29 I Nr 1 ist daher erst anwendbar, sobald die Herausgabe des Geschenks **tatsächlich stattgefunden** hat, nicht vorher (*Kipp* § 42 Anm 1 aE). Dies gilt auch im Fall der Nichtigkeit oder des späteren Unwirksamwerdens der Schenkung und des mit der Schenkung verbundenen Ausführungsgeschäfts, weil der Erwerber, solange er das Geschenk nicht zurückgegeben hat, sich nach § 41 AO als Erwerber einer rechtsbeständigen Schenkung behandeln lassen muss (vgl *Kipp* aaO). Vorausgesetzt wird dabei, dass es einer Herausgabe bedarf, um die Wirkungen der Ausführung der Zuwendung zurückzunehmen. Kommt eine Herausgabe (= Besitzübertragung) nach der Natur der Zuwendung nicht in Betracht, muss der Empfänger vielmehr andere Mitwirkungshandlungen vornehmen, um die Wirkungen der Zuwendung zu annullieren, erlischt die St, wenn der Erwerber diese Mitwirkungshandlungen vornimmt (zB entsprechende Erklärungen abgibt). Kann die Zuwendung ohne Mitwirkung des Erwerbers vom Schenker zurückgenommen werden, erlischt die St, wenn die Wirkung des Geschenks (zB die Verschaffung eines Bankguthabens, die Abtretung eines Rechts) durch einseitige Handlungen des Schenkers aufgehoben worden ist. Allein eine Verurteilung zur Herausgabe reicht nicht (FG Hamburg DStRE 12, 1453)

3. Rückforderungsrecht

7 Die Herausgabe hat die Erlöschenswirkung nur dann zur Folge, wenn ein Rückforderungsrecht die Herausgabe erzwungen hat, so dass das Geschenk wegen des Rückforderungsrechts herausgegeben werden musste (kritisch *Sosnitza,* UVR 92, 342, 348, der eine dem § 16 GrEStG vergleichbare Regelung für freiwillige Rückübertragungen vermisst). Eine freiwillige Rückübertragung, die nicht durch ein Rückforderungsrecht erzwungen wurde, lässt die StPfl des Geschenks unberührt (FG Düsseldorf EFG 08, 1644; FG Bln-Bbg DStRE 08, 1339). Die Feststellungslast für die Tatsachen, die den Anspruch auf Rückgabe begründen, hat der Stpfl zu tragen (*Moench/Weinmann* § 29 Rz 2 unter Hinweis auf BFH/NV 90, 234). Wird ein Geschenk kurz nach der Zuwendung freiwillig wieder zurückgewährt, so bleibt allerdings immer zu prüfen, ob wirklich schon eine Ausführung der Zuwendung mit der

Folge des Entstehens der StPfl vorgekommen war. Dies kann im Einzelfall zu verneinen sein (vgl BFH/NV 00, 1095; vgl auch FG Bbg EFG 01, 985).

§ 29 I Nr 1 spricht von einem *Rück*forderungsrecht, meint jedoch auch Ansprü- 8
che, die nicht im strengen Sinne auf Rückleistung, sondern auf Herausgabe gerichtet sind, wobei es nicht darauf ankommt, dass das Geschenk an den Geber zurückgelangt, sondern dass es bei dem Empfänger nicht verbleiben kann (zustimmend BFH/NV 01, 39). § 29 I Nr 1 ist daher auch bei gesetzlichen **Herausgabeansprüchen Dritter** anwendbar (§§ 816 I 2, 2287, 2329 BGB). Als Rückforderungsrecht hat ferner das Anfechtungsrecht in und außerhalb des Insolvenzverfahrens zu gelten. Ferner gehört das Rückerstattungsrecht für eingebrachtes Vermögen bei Auflösung einer Gütergemeinschaft gem § 1478 BGB hierher (*Meincke,* DStR 77, 363, 366f; *Moench,* DStR 89, 344). Zu den gesetzlichen Rückforderungsrechten gehören die Rückerstattungsansprüche aus den §§ 346ff BGB (im Fall des Rücktritts) und der §§ 812ff BGB (bei nichtigem oder nicht wirksam zustande gekommenem oder unwirksam gewordenem Rechtsgeschäft). Ferner kommen Rückforderungsrechte nach den speziell auf das SchR bezogenen Bestimmungen der §§ 527, 528, 530/531, 1301 und 2114 BGB in Betracht. Die Anwendung des § 29 führt auch im Fall des § 2287 BGB zu einer StErstattung (§ 3 Anm 119; *Moench/Weinmann* § 29 Rz 5). Wird der Erbe als Beschenkter zur Pflichtteilsergänzung wegen des Geschenks herangezogen (§ 2325 BGB), dann kann er diese Belastung nur im Rahmen seines Erbschaftserwerbs zum Abzug bringen (BFH BStBl II 04, 234, ZEV 04, 124 mit Anm *Meincke*). Wird vom Beschenkten zur Abwendung der Zwangsvollstreckung in das Geschenk die Pflichtteilsergänzungsschuld nach § 2329 BGB in Höhe eines Teilbetrages des Geschenks gezahlt, dann dürfte es dem Wortlaut des § 29, der eine Herausgabe des Geschenks verlangt, eher entsprechen, wenn nicht § 29 zur Anwendung gebracht wird, sondern wenn die Berücksichtigung der Geldzahlung unter dem Gesichtspunkt des § 10 V Nr 2 bei der Besteuerung der Schenkung erfolgt (BFH BStBl II 04, 234 und § 10 Anm 54).

Nicht nur gesetzliche, sondern auch **vertragliche Rückforderungsrechte** kön- 9
nen im Fall der Herausgabe des Geschenks zu einem Erlöschen der StPfl führen. Doch muss das vertragliche Rückforderungsrecht seine Grundlage in dem ursprünglichen Vertragsschluss haben. Die nachträgliche Vereinbarung einer Rückforderungsmöglichkeit führt nicht zu einem Erlöschen der StPfl. Weil auch vertragliche Rückforderungsrechte die Anwendung des § 29 I Nr 1 rechtfertigen können, ist diese Bestimmung auch im Fall der Schenkung unter Widerrufsvorbehalt heranzuziehen. Früher war bei Schenkungen unter freiem Widerrufsvorbehalt vielfach schon die StPfl der Zuwendung verneint worden. Dagegen hatte dieser Kommentar die StPfl bejaht (9. Aufl § 7 Anm 28 mwN). Dem hat sich der BFH angeschlossen (BStBl II 89, 1034; 07, 669, 672). Bejaht man die StPfl, muss dann allerdings im Fall der Ausübung des Widerrufs auch § 29 I 1 anwendbar sein (zustimmend: *Moench/Weinmann* § 29 Rz 6).

Die zivilrechtlichen Grundsätze über die **Folgen des Fehlens oder des nach-** 10
träglichen Wegfalls der Geschäftsgrundlage (§ 313 BGB) gelten auch für Schenkungen (BGH NJW 72, 248; vgl auch BGH NJW-RR 90, 387) und für schenkungsteuerlich bedeutsame Übergabeverträge (BGHZ 40, 334; FG München EFG 87, 571). Aus ihnen kann ein Rückforderungsanspruch des Schenkers folgen, der im Rahmen des § 29 I Nr 1 zu beachten ist (BFH BStBl II 73, 14; II 78, 217; *Moench/Weinmann* § 29 Rz 8). Das gilt jedoch nicht, wenn sich die Vertragspartner auf ein riskantes Geschäft in Kenntnis des Risikos eingelassen hatten (FG München UVR 94, 330). Inwieweit der beiderseitige Irrtum über die SchStBelastung der freigebigen Zuwendung zur Anwendung der Grundsätze über das Fehlen oder den Wegfall der Geschäftsgrundlage führen kann, ist zweifelhaft (verneinend: FG Münster EFG 78, 602; bejahend: *Kapp,* FR 88, 352; ihm folgend FG Rh-Pf DStR 01, 765). Fraglich ist auch, inwieweit die Nichtanerkennung der Rechtsfolgen einer schenkweisen Vermögensübertragung im EStRecht – zB der schenkweisen Zuwendung eines Geldbetrages, der gleich anschließend als Darlehen zurückgewährt werden soll, oder der schenk-

weisen Übertragung eines Gesellschaftsanteils an Kinder – ein Rückforderungsrecht nach den Grundsätzen über das Fehlen oder den Wegfall der Geschäftsgrundlage gewährt. Das Kammergericht (BB 82, 944) hält den beiderseitigen Irrtum über die StFolgen des Geschäfts dann für bedeutsam, wenn die StFolgen beim Vertragsschluss ausdrücklich erörtert und damit eindeutig zur Grundlage oder zum Inhalt des Vertrages gemacht worden sind. Bloß einseitige steuerliche Erwartungen einer Partei sollen dagegen unerheblich sein. Zum Ganzen vgl auch FG München DStRE 99, 234; *Kamps,* FR 01, 717; *Wachter,* ZEV 02, 176; *Piltz,* ZEV 09, 70.

III. Abwendung der Herausgabe (Abs 1 Nr 2)

11 Der Tatbestand des Abs 1 Nr 2 ist gegeben, wenn der Beschenkte eine Rückforderung der Schenkung wegen Verarmung des Schenkers nach **§ 528 I 2 BGB** durch Zahlung des für den Unterhalt des Schenkers erforderlichen Betrags abgewendet hat. Die Schenkung wird in diesem Fall im Umfang der Abwendungsleistung nicht mehr als freigebige Zuwendung angesehen, so dass die StPfl in entsprechendem Umfang entfällt.

IV. Anrechnung auf Zugewinnausgleich (Abs 1 Nr 3)

12 **Unentgeltliche Zuwendungen unter Ehegatten,** die im gesetzlichen Güterstand der Zugewinngemeinschaft leben, haben, wenn sie vom später ausgleichspflichtigen Ehepartner stammen, im Zweifel den Charakter von Vorauszahlungen auf den Zugewinnausgleichsanspruch (§ 1380 I BGB). Da die Ausgleichsforderung erst mit der Beendigung des Güterstandes entsteht (§ 1378 III BGB) und da auch erst bei Beendigung des Güterstandes ermittelt werden kann, ob der Empfänger ausgleichsberechtigt und damit Anspruchsgläubiger ist, können die Vorauszahlungen zunächst den Charakter unentgeltlicher Zuwendungen haben. Sie werden dann von der SchSt erfasst. Kommt es später zur Anrechnung der Zuwendung auf die Ausgleichsforderung, wird nunmehr der wahre Charakter der Zuwendung als Vorauszahlung auf einen gesetzlichen Anspruch aufgedeckt. Damit steht nunmehr fest, dass der Zuwendung der freigebige Charakter fehlt, so dass die StPfl erlöschen muss. Nichts anderes darf gelten, wenn die Zuwendung bei Berechnung der fiktiven Ausgleichsforderung nach § 5 I als Vorauszahlung auf den Zugewinnausgleich gewertet wird. Das stellt Abs 1 Nr 3 S 2 nunmehr ausdrücklich fest.

13 Frühere stpfl Zuwendungen können somit durch einen Güterstandswechsel (Beendigung der Zugewinngemeinschaft durch ehevertragliche Vereinbarung von Gütertrennung) nachträglich steuerfrei gestellt werden. Gezahlte SchSt ist zu erstatten und eine nichterfüllte StPfl entfällt. § 29 I Nr 3 fordert unter Verweis auf **§ 1380 I BGB,** dass *„unentgeltliche Zuwendungen auf die Ausgleichsforderung angerechnet worden sind"* (zu Vorausempfängen iSv § 1380 BGB s § 5 Anm 20ff). Eine sog **überhöhte Vorwegleistung** (der eigentlich Ausgleichsberechtigte hat Vorausempfänge erhalten, deren Wert seine Zugewinnausgleichsforderung übersteigen) führt nach hM zivilrechtlich zu einer Berechnung ohne Anwendung von § 1380 BGB. Der Zuwendungsempfänger ist Schuldner des Ausgleichsanspruchs und muss den überschießenden Wert der Zuwendungen teilweise erstatten (vgl *MK/Koch* § 1380 Rz 2 mwN; differenzierend *Palandt/Brudermüller* § 1380 Rz 17). Diese zivilrechtliche Besonderheit hindert die stlichen Folgen von § 29 I Nr 3 jedoch nicht. Ohne Vorausempfänge wäre die Ausgleichsforderung nicht stbar (§ 5 II). In gleichem Maße entfällt die SchSt. Der überhöhte Teil (die zeitlich letzten Vorausempfänge) bleibt stpfl bestehen. Bei **wechselseitigen Zuwendungen** wird zur Berechnung iRv § 1380 BGB eine Saldierung vertreten (hM *Palandt/Brudermüller* § 1380 Rz 14 mwN; aA *Grünenfeld,* NJW 89, 109, 112). Auch dies darf aus gleichen Gründen die stlichen Folgen von

§ 29 I Nr 3 jedoch nicht hindern. Die SchSt erlischt mit Wirkung für die Vergangenheit, soweit eine Ausgleichsforderung bestand.

Beispiel: Anfangsvermögen hatte keiner der Ehegatten (M und F). Alleinverdiener M hat während der Ehe 100 verdient. Sein Endvermögen beträgt 90. Das Endvermögen von F beträgt 10. M hat F während der Ehe 20 geschenkt. F hat M später 10 „zurückgeschenkt". Die Saldierung führt dazu, dass nur 10 angerechnet werden. Wie bei „überhöhter Vorwegleistung" weicht eine strenge Anknüpfung an das ZivilR aber vom richtigen Ergebnis ab. Unabhängig von der Zuwendung der F entfällt die SchSt auf die Zuwendung des M. Wenn M seiner Ehefrau 60 geschenkt hat, würde der BGH zivilrechtlich keine Anrechnung nach § 1380 BGB vornehmen. Aus den Endvermögen von 60 (F) und 40 (M) würde sich dann ein Anspruch des M gegen F von 10 ergeben. Ungeachtet dessen stellt § 29 I Nr 3 die Zuwendungen des M stfrei, soweit die Ausgleichsforderung ohne Berücksichtigung der Vorausempfänge reicht, also iHv 50.

§ 29 II kommt iRv § 29 I Nr 3 nicht zur Anwendung (Anm 28). Bei stverstrickten Vorausempfängen führt die Umqualifikation von unentgeltlicher Zuwendung zu (entgeltlichem) Zugewinnausgleich zu keinen **ertragstlichen Folgen** (*Troll/Jülicher* § 29 Rz 93; *Stein,* DStR 12, 1734; dagegen zur Erfüllung des Ausgleichs an Erfüllungs statt s § 5 Anm 52). § 1380 BGB ist auch bei einer rückwirkend vereinbarten Zugewinngemeinschaft (s § 5 Anm 29) anzuwenden (*Reich,* ZEV 11, 59; *Milatz/Herbst,* DStR 11, 706, 708). Ob § 29 I Nr 3 auch zum Entfallen eines Strafvorwurfs führt, ist ungeklärt (*Götz,* DStR 01, 417, 421). Eine Verzinsung des ab dem Zeitpunkt der Schenkung bis zur Beendigung der Zugewinngemeinschaft bestehenden StAnspruchs besteht mangels Vollverzinsung der SchSt/ErbSt (keine Aufzählung in § 233a I 1 AO) nur bei Annahme einer vorsätzlichen StHinterziehung – Hinterziehungszinsen nach § 238 I 1 AO (0,5% pro Monat ab Eintritt der StVerkürzung). Auch wenn eine strafrechtliche Verurteilung nicht erforderlich ist, muss der Tatbestand der StHinterziehung in objektiver und subjektiver Hinsicht erfüllt sein (BFH BStBl II 75, 129; *Kruse/Loose* AO, § 235 Rz 3). Die erstmalige Festsetzung von Nebenleistungen, also auch von Hinterziehungszinsen (vgl § 3 IV AO), nach rückwirkendem Entfallen der StSchuld ist unzulässig (*Troll/Jülicher* § 29 Rz 91; *Blusz,* ZEV 16, 626, 629f; s auch AEAO Nr 2.4 S 1 zu § 235 AO). 14

V. Weitergabe an öffentliche oder gemeinnützige Träger (Abs 1 Nr 4)

1. Normzweck

Durch das **Kultur- und Stiftungsförderungsgesetz** v 13.12.1990 (BGBl I 90, 2775) wurde § 29 um die Regelung des Abs 1 Nr 4 ergänzt. In der Gesetzesbegründung heißt es zu dieser Bestimmung: „Mit dieser Vorschrift sollen Erwerber, denen eine stpfl Zuwendung von Todes wegen oder unter Lebenden gemacht worden ist, ermutigt werden, die in der Vorschrift genannten Einrichtungen durch Zuwendungen zu fördern. Sie sollen deshalb nicht nur mit ihren eigenen Zuwendungen an diese Einrichtungen, sondern in gleichem Umfang auch mit ihrem eigenen Erwerb von der Belastung mit ErbSt freigestellt werden" (BTDrs 11/7833; *Troll,* DB 91, 672). Wer eine stpfl Zuwendung erhalten hat und sie in der in § 29 I Nr 4 genannten Zweijahresfrist an die öffentliche oder gemeinnützige Einrichtung weitergibt, wird von der StPfl für den von ihm bezogenen und weitergeleiteten Erwerb freigestellt, so als wenn er als unselbstständige Mittelsperson gewirkt und die unmittelbare Zuwendung zwischen dem Geber und der begünstigten Einrichtung als Empfänger nur vermittelt hätte. Beruht der Erwerb auf einer Schenkung, so wird im Fall der Weitergabe des geschenkten Vermögens an die öffentliche oder gemeinnützige Einrichtung nicht nur der Beschenkte, sondern auch der Schenker von der ihn treffenden StPfl freigestellt. 15

16 Abs 1 Nr 4 richtet sich an solche Erwerber, deren Erwerb nicht schon nach dem im Zuwendungsakt dokumentierten Willen des Erblassers/Schenkers unmittelbar einem gemeinnützigen Zweck zufließen soll. Dann wäre nämlich schon nach allg Grundsätzen unter Anwendung der §§ 10 I u 13 I die StFreiheit des Zwischenerwerbers sichergestellt. § 29 I Nr 4 soll vielmehr die Erwerber, die keinen entsprechenden Bindungen durch den Geber unterliegen, dazu ermuntern, **nach eigenem Entschluss** das ihnen zugefallene Vermögen den begünstigten Zwecken zukommen zu lassen. Die auf den eigenen Erwerb entfallende St wird in dem Umfang zurückgezahlt, wie diese St auf den inzwischen weitergeleiteten Erwerb entfällt. Die Spende des Erwerbers wird damit im Ergebnis einer direkten Spende des Erblassers/Schenkers gleichgestellt.

2. Voraussetzungen (Satz 1)

17 Der Entschluss kann nur **innerhalb von 24 Monaten** nach dem Zeitpunkt der Entstehung der St umgesetzt werden. Nicht immer ist es dem Erben oder Vermächtnisnehmer möglich, diese Frist einzuhalten, so wenn der Erbe (als Ersatzerbe nach Ausschlagung durch in erster Linie berufene Erben; vgl § 9 Anm 11) oder der Vermächtnisnehmer (wenn die Erfüllung des Vermächtnisses verzögert wird) erst längere Zeit nach dem Erbfall die uneingeschränkte Verfügungsmacht über das ihm zugefallene Vermögen erlangt. Zur Übertragung des Vermögens an eine Stiftung wird im Zweifel ein Erbschein benötigt, der nach einer gerichtlichen Auseinandersetzung über das Erbe möglicherweise erst erreicht werden kann, wenn die Zweijahresfrist bereits verstrichen ist. In diesen Fällen sollte der FinVerw eine Verlängerungsmöglichkeit zustehen. Zumindest sollte es genügen, wenn der Erwerber von Todes wegen innerhalb der Zweijahresfrist sich für den Fall seines Erwerbs zur Übertragung des Vermögens an die Stiftung verpflichtet hat.

18 Diese Gleichstellung einer Spende des Empfängers mit einer direkten Spende des Erblassers/Schenkers unter Einschaltung des Empfängers als bloßer Mittelsperson wird allerdings nicht für den ganzen Anwendungsbereich des § 13 I Nrn 15 bis 18 durchgeführt. Vielmehr werden als **Endbegünstigte** neben dem Bund, den Ländern, Gemeinden und Gemeindeverbänden nur gemeinnützige inländische Stiftungen genannt, wobei die FinVerw (ZEV 03, 239) die Übertragung an eine nichtrechtsfähige Stiftung genügen lässt. Auch Verbrauchsstiftungen sind begünstigt (*Kapp/Geck* § 29 Rz 59.3; *von Oertzen/Schienke-Ohletz,* ZEV 15, 609). Immer muss aber mit der Zuwendung an die Stiftung ein **Rechtsträgerwechsel** einhergehen. Die Widmung unverändert eigenen Vermögens zu einem begünstigten Stiftungszweck reicht nicht aus. Früher wurden nicht alle gemeinnützigen Zwecke begünstigt. Vielmehr wurden aus dem Katalog der §§ 52 bis 54 AO nur die wissenschaftlichen und kulturellen Zwecke hervorgehoben, so dass der gesamte Bereich der kirchlichen und mildtätigen Zwecke, aber auch wichtige Bereiche der in § 52 AO definierten Gemeinnützigkeit aus dem Anwendungsbereich des § 29 I Nr 4 ausgeschlossen waren. Das Gesetz zur weiteren steuerlichen Förderung von Stiftungen v 14.7.2000 (BGBl I 00, 1034) hat diese Einschränkung mWv 1.1.2000 gestrichen. Damit sind jetzt alle gemeinnützigen Zwecke mit Ausnahme der in § 52 II Nr 23 AO genannten (Tier- und Pflanzenzucht, Kleingärtnerei, Brauchtum, Soldatenbetreuung, Amateurfunk, Modellflug, Hundesport) in die Begünstigung einbezogen.

19 § 29 I Nr 4 spricht von Vermögensgegenständen und nicht allg von Vermögen. Fraglich ist daher, ob das Erlöschen der St auch dann eintritt, wenn nicht die übernommenen Vermögensgegenstände selbst, sondern an die Stelle dieser Vermögensgegenstände getretene **Surrogate** weitergeleitet werden. Früher wurde in enger Auslegung eine Nämlichkeit zwischen weitergebenen und den unentgeltlich erworbenen Vermögensgegenständen vertreten (*Troll,* DB 91, 672, 673). Nach dem Zweck des § 29 I Nr 4 dürfte sich jedoch eine großzügige Auslegung empfehlen (so das heutige

Schrifttum *Kapp/Ebeling* § 29 Rz 59.4; *Moench/Weinmann* § 29 Rz 16; *Troll/Jülicher* § 29 Rz 99; *Lüdicke,* ZEV 07, 254).

Verstirbt der Erwerber innerhalb der Zweijahresfrist, dann kann er die Voraussetzungen des § 29 I Nr 4 auch noch durch Weitergabe des Vermögens an eine Stiftung durch **Verfügung von Todes wegen** erfüllen (*Moench/Weinmann* § 29 Rz 19). Hat der Erblasser diese Verfügung nicht mehr selbst getroffen, kann der Erbeserbe die Weiterleitung des Vermögens an die Stiftung beschließen und so die St des Erblassers (= Ersterwerbers) und die eigene St zum Erlöschen bringen. 20

3. Ausschlusstatbestände (Sätze 2–4)

Trotz Erweiterung der denkbaren Begünstigten (Anm 18) wird nach wie vor besonderes Gewicht darauf gelegt, dass der Erwerber das an die Stiftung weitergeleitete Vermögen nicht mittelbar für eigene Zwecke einsetzen kann. Daher werden Stiftungen aus dem Geltungsbereich des § 29 I Nr 4 ausgenommen, die **Leistungen iSd § 58 Nr 5 AO** an den Erwerber oder seine nächsten Angehörigen erbringen. Die dort genannten Leistungen (Unterhaltsaufwendungen und Aufwendungen zur Grabpflege) mussten deswegen gesondert genannt werden, weil sie in § 58 Nr 5 AO ausdrücklich als steuerunschädliche Betätigungen gekennzeichnet sind. 21

Hat der Stpfl für die Weiterleitung des Erwerbs bereits einen **StVorteil im ESt-Recht** (§ 10b EStG: Sonderausgabenabzug von Spenden) oder im **KStRecht** (§ 9 I Nr 2 KStG) wahrgenommen, kann er nicht auch noch eine StErstattung nach § 29 I Nr 4 verlangen. Nach der Neufassung des § 29 I Nr 4 S 2 durch das StÄndG 1992 (erneut geringfügig angepasst durch das JStG 1996) wird nun an dieser Stelle auch noch der StVorteil nach § 9 Nr 5 **GewStG** genannt. Dem Stpfl wird ein Wahlrecht eingeräumt, ob er die Freistellung von der ErbSt oder den Spendenabzug bei der ESt/KSt/GewSt in Anspruch nehmen will (FinMin NW DStR 91, 384). Das Wahlrecht ist in der StErklärung unwiderruflich auszuüben (S 3) und hat Bindungswirkung für die ErbSt/SchSt (S 4). 22

Nach *Troll* (DB 91, 672, 673) soll die nach § 29 I Nr 4 erloschene St rückwirkend wieder aufleben und damit die StErstattung wieder zurückzuzahlen sein, wenn nach Weiterleitung des Erwerbs an die Stiftung dort die Voraussetzungen für die Anerkennung als gemeinnützig entfallen. *Troll* beruft sich auf die Regelung des § 13 I Nr 16 Buchst b, die jedoch hier keine Anwendung finden kann, weil es nicht um die StBefreiung der Stiftung, sondern um die Befreiung des Schenkers geht, der an die Stiftung geleistet hat und in dessen Hand es nicht liegt, ob die Stiftung ihren gemeinnützigen Charakter behält. Daher gibt es **keinen Nachsteuervorbehalt** zum Nachteil des Abgebenden (*Troll/Jülicher* § 29 Rz 110) und auch keine Anzeigepflichten bei späteren Veränderungen. 23

4. Vergleich mit § 224 a AO

Der Stpfl kann sich nicht nur durch Weitergabe der Vermögensgegenstände nach § 29 I Nr 4 von der StPfl lösen. Er kann nunmehr auch nach französischem Vorbild Gegenstände von Kunst und Wissenschaft dem Land, dem das StAufkommen zusteht (vgl dazu § 35 Anm 1), an Zahlungs statt übereignen und so seine StPfl zum Erlöschen bringen. Im Fall des § 224 a AO kann der Stpfl allerdings nicht eine Stiftung fördern, sondern er muss die Gegenstände dem Land überlassen. Er kann sich auch nicht als (stbegünstigter) Spender fühlen, sondern er erfüllt mit der Übertragung der Gegenstände seine StPfl. § 224 a AO setzt ein öffentliches Interesse am Erwerb der Gegenstände voraus. Es muss ein Vertrag geschlossen werden, zu dem es der Zustimmung der obersten Finanzbehörde des Landes bedarf. Ein Rechtsanspruch auf den Vertragsschluss dürfte nicht bestehen. Solange nicht feststeht, ob es zum Vertragsschluss kommt, ist die Besteuerung ohne Rücksicht auf das Angebot zur Eigentumsübertra- 24 gung an Zahlungs statt vorzunehmen. Der StAnspruch „kann" jedoch nach § 222 AO gestundet werden. Kommt der Vertrag zustande, ist für die Dauer der Stundung auf die Erhebung von Stundungszinsen zu verzichten (§ 224a IV AO).

V. Besteuerung des Nutzungsvorteils (Abs 2)

1. Grundgedanke

25 Die Besteuerung nach Abs 2 geht von der Überlegung aus, dass dem Stpfl trotz der Herausgabe des Geschenks Vorteile verbleiben können, die es angemessen erscheinen lassen, die Rechtsfolge des Abs 1, das Erlöschen der StPfl für den Erwerb, zu begrenzen, so dass eine Besteuerung des Nutzungsvorteils verbleibt (FG Düsseldorf ZEV 17, 171; FG Schl-H EFG 09, 40; *Troll/Jülicher* § 29 Rz 122 unter Verweis auf BRDrs 140/72). Selbst wenn man davon ausgeht, dass Abs 2 zum Entstehen einer StPfl für die Nutzung des Erwerbs führt (so noch die Vorauflage Anm 3, 16), kann sich durch Abs 2 keine höhere als die ursprüngliche StBelastung ergeben.

2. Kritik

26 Die Regelung des Abs 2 ist keineswegs selbstverständlich. Denn so wie dem Beschenkten nach der Herausgabe des Geschenks ein Nutzungsvorteil verbleiben kann, so wird auch dem Staat für die Zeit zwischen StZahlung und StRückerstattung regelmäßig ein Nutzungsvorteil (Zinsvorteil) zustehen, der ihm trotz StRückerstattung verbleibt. Mit der StRückerstattung ist nämlich im System der Teilverzinsung (§ 233 AO) keine Vergütung für die zwischenzeitlich gezogenen oder entgangenen Zinsen verbunden, und das System der Vollverzinsung (§ 233a AO) gilt für den Bereich der ErbSt nicht. § 29 II führt daher zu einer Ungleichbehandlung, weil diese Vorschrift den Nutzungsvorteil beim Stpfl abschöpft, dem Staat jedoch zugleich den von ihm erwirtschafteten Nutzungsvorteil belässt. Anders wäre es nur, wenn man die dem Stpfl entgehenden Zinsen auf den nunmehr zu erstattenden StBetrag als bereicherungsmindernden Posten bei der Besteuerung nach Abs 2 zum Abzug bringen könnte. Doch wird eine solche Abzugsmöglichkeit bisher noch nicht anerkannt. Die Regelung des Abs 2 lässt auch dann eine Ungleichbehandlung erkennen, wenn man sie mit dem Parallelfall der Nachversteuerung eines zunächst steuerbefreiten Vorgangs vergleicht (zB § 13 I Nr 2 S 2; §§ 13a, 19a). Denn das ErbStG lässt hier nicht etwa den Nutzungsvorteil, der in die Zeit der steuerbefreiten Innehabung fällt, unversteuert, vielmehr wird die Besteuerung in vollem Umfang nachgeholt.

3. Anwendungsbereich

27 Seinem Wortlaut nach setzt Abs 2 nur voraus, dass dem Erwerber für die Zeit der Innehabung des Geschenks Nutzungen zugestanden haben. Damit wird jedoch der Anwendungsbereich des Abs 2 nicht zutreffend umschrieben. Abs 2 geht nämlich wie selbstverständlich von der Vorstellung aus, dass die Nutzungen, die dem Erwerber während des Zeitraums der Innehabung des Geschenks zugestanden haben, ihm auch nach der Herausgabe des Geschenks verbleiben, so dass es zu einer **endgültigen Bereicherung hinsichtlich des Nutzungsvorteils** kommt. Muss der Empfänger dagegen mit dem Geschenk auch die gezogenen Nutzungen herausgeben oder vergüten, verbleibt ihm kein Nutzungsvorteil, der nach § 29 II besteuert werden könnte. Abs 2 ist daher in diesem Fall nicht anwendbar. Nun verweisen jedoch die meisten Rückforderungsrechte auf das Bereicherungsrecht und damit auch auf die Vorschrift des § 818 I BGB, die die Herausgabepflicht auf die gezogenen Nutzungen erstreckt. Der Anwendungsbereich des § 29 II ist daher von vornherein sehr begrenzt.

4. Keine Anwendung im Fall des Abs 1 Nr 3

Der Anwendungsbereich des Abs 2 wird noch dadurch weiter eingeschränkt, dass die Vorschrift unter den Voraussetzungen des Abs 1 Nr 3, wie *Troll* (DB 90, 498, 500) gezeigt hat, nicht zur Anwendung zu bringen ist. Die Besteuerung des Nutzungsvorteils setzt nämlich voraus, dass der Vorteil dem Erwerber nicht nur verbleibt, sondern dass er auch weiterhin als Folge des Geschenks anzusehen und damit zum Bereich des unentgeltlichen Erwerbs zu rechnen ist. Wird dagegen nach Abs 1 Nr 3 das Geschenk mit Rückwirkung (vgl den Einleitungssatz zu Abs 1) in eine Vorauszahlung auf den Zugewinnausgleich umgedeutet, dann erfasst diese Umdeutung auch die Nutzungen, die nunmehr als Nutzungen der Vorauszahlungsleistung in das Vermögen des Beschenkten gelangt sind. Als Nutzungen einer Vorauszahlungsleistung rechtfertigen sie jedoch genauso wenig wie der Vorauszahlungsbetrag selbst eine Besteuerung. Daher muss unter den Voraussetzungen des Abs 1 Nr 3 mit dem Geschenk selbst auch der von dem Geschenk ausgelöste Nutzungsvorteil aus der Besteuerung herausfallen (zustimmend *Götz,* DStR 01, 417, 420f). 28

§ 30 Anzeige des Erwerbs

(1) **Jeder der Erbschaftsteuer unterliegende Erwerb (§ 1) ist vom Erwerber, bei einer Zweckzuwendung vom Beschwerten binnen einer Frist von drei Monaten nach erlangter Kenntnis von dem Anfall oder von dem Eintritt der Verpflichtung dem für die Verwaltung der Erbschaftsteuer zuständigen Finanzamt schriftlich anzuzeigen.**

(2) **Erfolgt der steuerpflichtige Erwerb durch ein Rechtsgeschäft unter Lebenden, ist zur Anzeige auch derjenige verpflichtet, aus dessen Vermögen der Erwerb stammt.**

(3) [1]**Einer Anzeige bedarf es nicht, wenn der Erwerb auf einer von einem deutschen Gericht, einem deutschen Notar oder einem deutschen Konsul eröffneten Verfügung von Todes wegen beruht und sich aus der Verfügung das Verhältnis des Erwerbers zum Erblasser unzweifelhaft ergibt; das gilt nicht, wenn zum Erwerb Grundbesitz, Betriebsvermögen, Anteile an Kapitalgesellschaften, die nicht der Anzeigepflicht nach § 33 unterliegen, oder Auslandsvermögen gehört.** [2]**Einer Anzeige bedarf es auch nicht, wenn eine Schenkung unter Lebenden oder eine Zweckzuwendung gerichtlich oder notariell beurkundet ist.**

(4) **Die Anzeige soll folgende Angaben enthalten:**

1. **Vorname und Familienname, Identifikationsnummer (§ 139b der Abgabenordnung), Beruf, Wohnung des Erblassers oder Schenkers und des Erwerbers;**
2. **Todestag und Sterbeort des Erblassers oder Zeitpunkt der Ausführung der Schenkung;**
3. **Gegenstand und Wert des Erwerbs;**
4. **Rechtsgrund des Erwerbs wie gesetzliche Erbfolge, Vermächtnis, Ausstattung;**
5. **persönliches Verhältnis des Erwerbers zum Erblasser oder zum Schenker wie Verwandtschaft, Schwägerschaft, Dienstverhältnis;**
6. **frühere Zuwendungen des Erblassers oder Schenkers an den Erwerber nach Art, Wert und Zeitpunkt der einzelnen Zuwendung.**

Erbschaftsteuer-Richtlinien 2011: R E 30

Übersicht

Schrifttum: *Ebeling,* Keine Anzeigepflicht bei der Erbersatzbesteuerung von Familienstiftungen, DStR 99, 665; *Hartmann,* § 30 Abs. 3 ErbStG – eine problematische Rechtsvorschrift, UVR 00, 169; *Jülicher,* Verfahrensrecht bei der ErbSt: Anzeigepflichten im ErbStG, ZErb 01, 6; *Bernhardt/ Protzen,* (Keine) Anzeigepflicht bei „klar und eindeutig steuerfreien Erwerben", ZEV 01, 426; *Halaczinsky,* Rechte und Pflichten des Gesamtrechtsnachfolgers bei nachträglich aufgedeckten Erbschaft- und Schenkungsteuersachverhalten, DStR 06, 828; *Stahl/Durst,* Verschwiegenes Vermögen im Erbfall, ZEV 08, 467; *Mannek/Höne,* Anzeigepflichten und Anzeigefristen für Erwerber nach der ErbStReform, ZEV 09, 329; *Gohlisch,* Erbschaftsteuerliche und schenkungsteuerliche Anzeige- und Erklärungspflichten und die sich daraus ergebenden Folgen für den Eintritt der Festsetzungsfrist, ZErb 11, 102; *Sackreuther,* Strafrechtliche Besonderheiten bei ErbSt-Hinterziehung, PStR 11, 254; *Halaczinsky/Füllsack,* Verletzung der Anzeige- und Berichtigungspflicht nach § 153 AO im Erbschaftsteuerrecht, BB 11, 2839; *Scheffler,* Anzeigepflicht gemäß § 30 Abs 1 ErbStG, ErbBstg 13, 241; *Warlich,* Steuerliche Pflichten des Erben in Bezug auf „schwarzes" Nachlassvermögen, ZErb 13, 254, 281; *Kamps,* Festsetzungsverjährung sowie Anzeige- und Erklärungspflichten in Schenkung- und Erbschaftsteuerfällen, ErbR 14, 16; *Milatz/Wegmann,* Risiko der Nacherklärung bei Erbfällen, wistra 15, 417; *Schulze-Borges,* Familienstiftungen und Trusts: Verletzung von Anzeige- bzw Erklärungspflichten und ihre Auswirkungen auf die Schenkung- und Erbschaftsteuer, ZEV 17, 190; *Einemann,* Verschiedene Tatbestandskonstellationen zur Verwirklichung der Erbschaftsteuerhinterziehung, ZEV 17, 316; *Bruschke,* Die besondere Anzeigepflicht nach § 30 ErbStG, ErbStB 17, 16.

I. Normzweck und Bedeutung

1 Mit § 30 beginnt der zweite Teil des vierten Abschnitts des Gesetzes, das sich in den §§ 30 bis 35 mit der (Steuer-) Erhebung befasst. § 30 normiert eine **Anzeigepflicht** (bis 1974: Anmeldepflicht) des Erwerbers (Abs 1) und des Schenkers (Abs 2). Diese Regelung wird durch die Anordnung von Anzeigepflichten für den Vermögensgeber (§ 30 II) sowie für andere private (§ 33) und öffentliche Stellen (§ 34) ergänzt. Die Anzeige soll den StFall zur Kenntnis des FA bringen und damit die Durchsetzung des staatlichen StAnspruchs im Interesse einer gleichmäßigen und effektiven StErhebung erleichtern. Dem FA soll die Prüfung erleichtert werden, ob und wen es im Einzelfall zu einer StErklärung aufzufordern hat. Die Prüfung ist deswegen bedeutsam, weil es für den Bereich der ErbSt/SchSt keine allgemeine StErklärungspflicht für den Erwerber gibt, sondern eine Erklärungspflicht nur für den besteht, der hierzu vom FA aufgefordert wird.

2 Ein weiterer Anlass zu Anzeigen ist dann gegeben, wenn die Voraussetzungen für eine StBefreiung, StErmäßigung oder sonstige StVergünstigung nachträglich entfallen. Dies wird insb in **Nachversteuerungsfällen** (§ 13 I Nr 2 S 2, Nr 3 S 2, Nr 4b S 5, Nr 4c S 5, Nr 13 S 3, Nr 16 Buchst b, Nr 18 S 2, § 13a VI, § 19a V) bedeutsam.

Die Anzeigepflicht ergibt sich dann, soweit das Gesetz keine Sonderregelung vorsieht (§ 13a VII), aus § 153 II AO.

Mit der Anzeigepflicht wird dem Stpfl ein Handeln gegen sein eigenes Interesse zugemutet und damit eine schwierige Aufgabe gestellt. Bei Erbfällen und bei notariell beurkundeten Transaktionen ist die Anzeige oftmals entbehrlich, weil das FA auf anderem Wege, nämlich über die nach § 34 anzeigeverpflichteten Gerichte, Behörden und Notare informiert wird (hierzu Anm 11 zu Abs 3). Formlose Schenkungen können dagegen im Zweifel nur durch die Anzeige der Beteiligten zur Kenntnis des FA gebracht werden. Über die Höhe der Dunkelziffer nicht angezeigter StFälle liegen Schätzungen nicht vor. Doch ist mit einer nicht unerheblichen Dunkelziffer zu rechnen. Für die Anzeigewilligkeit ist das Klima der öffentlichen Meinung bedeutsam, das Nichtanzeigen zu verhindern sucht, toleriert, akzeptiert oder gar honoriert. Für die öffentliche Meinung wiederum ist bedeutsam, ob die StTatbestände so ausgestaltet sind, dass die Steuerbarkeit ohne Weiteres einleuchtet, oder ob man der Anordnung der Steuerbarkeit mit Unverständnis gegenübersteht, wie es gegenwärtig zB für Transaktionen innerhalb der Familie (Unterstützungsleistungen zwischen Geschwistern usw) vielfach der Fall sein wird. *Sosnitza* (DVR 78, 50) hat 1978 aus der Sicht der FinVerw resignierend festgestellt: „Die gesetzlich normierte Anzeigepflicht des Erwerbers hat … keinen praktischen Wert". Aufgrund der Bedeutung der Anzeige für den Ablauf der Festsetzungsfrist (zur Verjährung der StSchuld § 9 Anm 64ff) und der Folgen bei schuldhafter Verletzung der Anzeigepflicht (Anm 9) sind zumindest die mittelbaren Folgen beachtlich. 3

II. Anzeigepflicht des Erwerbers (Abs 1)

1. Anzeigeempfänger

Anzeigeempfänger ist das **FA, das zur Verwaltung der St zuständig ist.** Zuständig ist nach § 35 das ErbStFA aus dem Bereich des Erblassers/Schenkers. Der Empfänger des Erwerbs muss also seine Anzeige bei dem FA des Gebers einreichen. Auch eine Anzeige bei einem unzuständigen FA, zB dem EStFA, erfüllt die Anzeigepflicht. Von dort hat eine verwaltungsinterne Weiterleitung an das örtlich und funktionell zuständige ErbStFA zu erfolgen. Die Festsetzungsfrist (§ 170 V AO) läuft aber erst mit dem dortigen Eingang. Ein Verzeichnis der für die Verwaltung der ErbSt/SchSt zuständigen FÄ wird in Anhang 3 mitgeteilt. 4

2. Anzeigepflichtiger

Nach § 30 I trifft die Anzeigepflicht den **Erwerber,** bei Zweckzuwendungen den Empfänger der Zuwendung und Auflageschuldner. Die Pflicht des Erwerbers gilt auch für gesetzliche **Vertreter und Verfügungsberechtigte (§§ 34, 35 AO)** sowie für Vermögensverwalter, soweit ihre Verwaltung reicht (§ 34 III AO). Sie gilt auch für Bevollmächtigte (§ 80 AO), wenn diese gleichzeitig Verfügungsberechtigte sind (§ 35 AO). Eine Anzeigepflicht hinsichtlich der ErsatzErbSt (§ 1 I Nr 4) wird in § 30 nicht normiert, sofern man nicht auch diese Besteuerung als Besteuerung eines „Erwerbs" versteht (so auch *Ebeling,* DStR 99, 665; aM *Moench/Kien-Hümbert* § 30 Rz 3). Ein Testamentsvollstrecker ist nicht anzeigepflichtig, auch wenn eine Verpflichtung zur Abgabe der StErklärung besteht (§ 31 V). 5

3. Frist

Für die Erfüllung der Pflicht nennt Abs 1 eine **Anzeigefrist von drei Monaten.** 6
Die Frist beginnt mit dem Zeitpunkt, in dem der zur Anzeige Verpflichtete von dem

Erbfall oder von der Schenkung Kenntnis hat (RFH RStBl 34, 89). Der Zeitpunkt der Kenntniserlangung in § 30 I stimmt mit dem für den Beginn der Festsetzungsfrist in § 170 V Nr 1 AO normierten Zeitpunkt überein (Nds FG EFG 86, 27; FG Hbg EFG 87, 572). Nach dem Ende der Anzeigefrist kann das Unterlassen sanktioniert werden (Anm 9). Die Anzeigepflicht besteht unabhängig vom Fristablauf fort.

Bei **Verfügungen von Todes** wegen ist eine zuverlässige Kenntnis von dem Anfall in der Regel jedenfalls noch nicht anzunehmen, solange eine letztwillige Verfügung noch nicht eröffnet worden ist und die Frist für die Ausschlagung der Erbschaft noch nicht begonnen hat (BFH BStBl II 82, 277). Auch solange die Ausschlagungsfrist (§ 1944 BGB) läuft, kann eine Anzeige nicht erwartet werden, weil während des Fristenlaufs der Erwerb noch nicht endgültig ist und die Anzeige als Annahme der Erbschaft gewertet werden könnte. Der Erwerber muss mit einer solchen Zuverlässigkeit und Gewissheit von seinem unangefochtenen Erwerb Kenntnis erlangt haben, dass von ihm erwartet werden kann, nunmehr das FA zu verständigen. Im Fall gesetzlicher Erbfolge muss er sicher wissen, dass ein Verwandter einer vorhergehenden Ordnung nicht vorhanden ist und zu welchem Anteil er am Nachlass beteiligt wird. Er muss sicher sein, dass sein Erwerb unangefochten bleibt und anerkannt wird. Bei völlig unklaren Verhältnissen kann demgegenüber im Einzelfall Kenntnis erst mit der Erteilung des Erbscheins vorliegen (BFH/NV 90, 444).

Zum Tatbestand der **freigebigen Zuwendung** gehört nach der Rspr (§ 7 Anm 12) die Kenntnis des Erwerbers vom freigebigen Charakter der Zuwendung nicht. Im Fall der freigebigen Zuwendung kann es also vorkommen, dass der Erwerber den stpfl Charakter seines Erwerbs falsch einschätzt, zB weil er das Geschäft für entgeltlich hält, das die FinVerw auf Grund einer Wertdifferenz von Leistung und Gegenleistung als gemischte freigebige Zuwendung einstuft (§ 7 Anm 98). Von einer Kenntnis des Anfalls kann aber erst dann die Rede sein, wenn auch der Charakter der Zuwendung als stpfl Vorgang für den Empfänger offenliegt. Erst dann kommt auch eine Anzeigepflicht des Empfängers in Frage.

Unklar ist, inwieweit ein noch nicht verwirklichter, nur möglicher Erwerb anzeigepflichtig sein kann. Dies gilt für Erwerbe, die unter einer **aufschiebenden Bedingung** zugewandt sind. Man könnte meinen, dass solche Erwerbe erst bei Bedingungseintritt und mit dem Entstehen der St (§ 9 I Nr 1 Buchst a) anzeigepflichtig werden. Der BFH (BStBl II 97, 73) hat jedoch ausgesprochen, dass für einen aufschiebend bedingten Erwerb, der auf einer amtlich eröffneten Verfügung von Todes wegen beruht, die Anzeigepflicht nach Maßgabe des Abs 3 entfällt und dass der spätere Bedingungseintritt keine neue Anzeigepflicht auslöst. Das Gericht hat damit die Anzeigepflicht schon auf den bedingten Erwerb bezogen, auch wenn der Erwerb zu diesem Zeitpunkt noch unsicher ist und noch keine StPfl zur Folge hat.

4. Umfang der Anzeigepflicht

7 Anzuzeigen ist jeder der ErbSt unterliegende Erwerb. § 30 I verweist in diesem Zusammenhang auf die Regelung der steuerbaren Erwerbe in § 1. Damit wird zweierlei ausgesagt:

Nur der iSv § 1 steuerbare Vorgang ist anzuzeigen. Abweichend von § 34 I ist nicht jeder Vorgang anzeigepflichtig, der der ErbSt unterliegen könnte. Bestehen ernstliche Zweifel an der StPfl, kann das Risiko aus der Nichtanzeige nicht ohne Weiteres dem Erwerber aufgebürdet werden. Vgl zu dieser Problematik auch die Entscheidungen RFH RStBl 34, 32 und BFH BStBl III 58, 118, 340.

Jeder iSv § 1 steuerbare Erwerb unterliegt der Anzeigepflicht. Ob dieser Erwerb auch einen stpfl Erwerb iSv § 10 auslöst und damit zu einer StZahlungspflicht für den Erwerber führen kann, ist unerheblich. Auch Zuwendungen, die durch einen Freibetrag für die StPfl neutralisiert werden, sind, nimmt man § 30 I beim Wort, anzeigepflichtig. Das ist in der Bevölkerung weithin nicht bekannt. Irrtümer liegen daher nahe. Im Übrigen erscheint es ausgeschlossen, dass § 30 I in seiner Aussage wirklich ernst genommen werden kann. Es würde die Anzeige aller Spenden an gemeinnützige Organisationen und auch der (steuerbaren, wenn auch steuerbefreiten) Gelegenheitsgeschenke erzwingen und damit den Kindern auferlegen, eine Liste ihrer Weihnachtsgeschenke an das FA zu senden. § 30 I verlangt daher eine Handhabung, die über den zu weit geratenen Wortlaut den Regelungszweck der Rechtsnorm nicht aus dem Auge verliert und die Anzeigepflicht entfallen lässt, wenn einwandfrei und klar feststeht, dass der Erwerb weder gegenwärtig eine StPfl auslösen kann (BFH BStBl III 58, 339; *Moench/Kien-Hümbert* § 30 Rz 3) noch später im Zusammenhang mit der Zusammenrechnung mehrerer Erwerbe (§ 14) als Vorerwerb bedeutsam werden wird.

Der Umfang der Anzeige ist zudem **begrenzt durch den von § 30 geschützten Unterrichtungszweck.** § 30 verpflichtet nicht zu sinnlosen Gesten. Ist das FA bereits aus anderen Quellen unterrichtet, entfällt die Anzeigepflicht (Hess FG EFG 95, 56). Für die dort genannten Fälle sieht Abs 3 dies ausdrücklich vor. Es muss jedoch ganz allg gelten, dass die Anzeige dem FA bereits bekannter Umstände nicht verlangt werden kann, wobei allerdings zu beachten ist, dass die Rspr eine Kenntnis des FA nur dann annimmt, wenn die organisatorisch für die ErbSt zuständige Stelle im FA unterrichtet ist. Die Kenntnis der ErbSt-Stelle soll dabei nicht der SchSt-Stelle im selben FA zuzurechnen sein (BFH BStBl II 07, 954). Zudem wird positive Kenntnis verlangt. Die Prüfung, ob ein schenkungstpfl Vorgang vorliegt, muss ohne weitere Ermittlungen möglich sein (BFH BStBl II 17, 751 zu einem Fall der mittelbaren Geldschenkung). Bei einem Erwerb mit mehreren Beteiligten trifft die Anzeigepflicht jeden einzelnen Erwerber. Keiner kann sich darauf berufen, dass er auf die Anzeige durch einen anderen Erwerber vertraut habe. Jeder wird jedoch dadurch von seiner Anzeigepflicht entlastet, dass einer der Verpflichteten tatsächlich angezeigt hat. Das gilt auch für einen Pflichtteilsberechtigten, wenn der Erbe den geltend gemachten Pflichtteil bei seiner Anzeige berücksichtigt hat (BFH BStBl II 97, 11). 8

5. Unterlassen der Anzeige

Das Unterlassen der Anzeige wird nicht schon selbst als Ordnungswidrigkeit iSv § 377 AO eingestuft. Wird jedoch in Folge der unterlassenen Anzeige die St nicht oder nicht rechtzeitig oder nicht in voller Höhe festgesetzt, kann dies zu einer Sanktion wegen **StHinterziehung (§ 370 AO)** oder wegen StVerkürzung führen. Ein finanzieller Ausgleich für Verspätungen durch unterlassene Anzeigen kann – mangels Vollverzinsung bei der ErbSt (vgl § 233 a AO) – nur durch die Festsetzung von **Hinterziehungszinsen (§ 235 AO)** erfolgen. Verspätungszuschläge können nicht erhoben werden, da sich § 152 AO nur auf formalisierte StErklärungen (§ 150 AO) bezieht. Dagegen bestimmt § 13a VII 4, dass die Anzeige eines Lohnsummen- oder Behaltensverstoßes eine AO-StErklärung ist. Dies auch als neuen § 30 V ins Gesetz aufzunehmen, wurde im Rahmen der ErbStReform 2016 vom BR vorgeschlagen (Stellungnahme v 25.9.2015), danach aber nicht weiter verfolgt. 9

III. Sonderregeln (Abs 2 bis 4)

1. Anzeigepflicht des Schenkers (Abs 2)

Neben dem nach Abs 1 anzeigepflichtigen Erwerber ist nach Abs 2 auch der Schenker zur Anzeige verpflichtet. Gegen diese Regelung bestehen Bedenken. Denn nach der für einen Schenkungsvertrag typischen Kosten- und Risikoverteilung hat im Verhältnis zwischen den Vertragspartnern regelmäßig der Beschenkte für die Erfüllung der StPfl zu sorgen. Der Schenker wird daher häufig gar nicht auf den Ge- 10 danken kommen, sich selbst an das FA zu wenden. Und doch droht ihm ein Verfahren wegen StHinterziehung (§ 370 AO), wenn er seine Anzeigepflicht nicht erfüllt und wenn dem Fiskus deswegen eine Nachricht über die Ausführung der Zuwendung entgeht. Das Gesetz baut hier an versteckter Stelle eine StFalle für den Schenker auf, die ihn unvermittelt in eine Straftat hineintappen lässt. Das muss unbefriedigend erscheinen. Nach Auffassung des Nds FG (EFG 03, 789) kann die Nennung des Namens des Schenkers vom Beschenkten trotz der Soll-Bestimmung durch Androhung eines Zwangsgeldes erzwungen werden. **Anzuzeigen** ist im Übrigen **der nach § 1 für steuerbar erklärte Erwerb.** Die Regelung des § 9 über die Entstehung der St bei Schenkungen wird so gedeutet, dass vor der Ausführung der Schenkung noch kein stpfl Vorgang iSv § 1 vorliegt (*Moench/Kien-Hümbert* § 30 Rz 6). Daher ist das Schenkungsversprechen noch nicht anzeigepflichtig (RFH RStBl 34, 472). Dafür muss dann aber die Ausführung der Zuwendung anzeigepflichtig sein. Wurde der Abschluss des Versprechensvertrages angezeigt, kann die Anzeige der Ausführung unterbleiben, wenn sich aus dem Vertrag das Datum der Ausführung hinreichend deutlich ergibt. Die Anzeigepflicht trifft neben dem Schenker auch denjenigen, aus dessen Vermögen der Erwerb stammt. Diese Bestimmung kann unter den Voraussetzungen des § 7 I Nr 5 bedeutsam werden. Wird nämlich bei einem Erbverzicht gegen Abfindung die Abfindung von einem Dritten aufgebracht, so sieht das Gesetz die Abfindungsleistung doch als Geschenk des Erblassers an den Verzichtenden an (BFH BStBl II 77, 730; § 7 Anm 107), obwohl diese Schenkung nicht aus dem Vermögen des Schenkers stammt. § 30 II erstreckt unter diesen Voraussetzungen die Anzeigepflicht auf den Vermögensgeber. Zur Entscheidung darüber, welcher Erwerb iSd § 30 II als Erwerb durch Rechtsgeschäft unter Lebenden angesprochen werden muss, ist nicht nach der zivilrechtlichen, sondern nach der steuerlichen Einordnung zu fragen. Der Erwerb nach § 3 I Nr 4, der zivilrechtlich dem Bereich der Rechtsgeschäfte unter Lebenden angehört, ist stlich den Erwerben von Todes wegen zuzuordnen und begründet daher nicht die in Abs 2 für den Geber vorgesehene Anzeigepflicht.

2. Entfallen der Anzeigepflicht (Abs 3)

11 Die Anzeigepflicht ist kein Selbstzweck und keine sinnlose Geste. Sie soll der Unterrichtung der FinVerw dienen und kann daher entfallen, wenn dem FA der Inhalt der Anzeige bereits bekannt ist (Anm 8) oder wenn der Kenntniserwerb auf anderem Wege als genügend gesichert erscheint. Nach § 34 I sind inländische Gerichte, Behörden, Beamte und Notare – bei ausländischen Stellen bleibt es bei Abs 1 und 2 (R E 30 II ErbStR) – zur Anzeige der in ihrem Bereich bekannt gewordenen, für die ErbSt bedeutsamen Umstände verpflichtet. Dadurch wird die Unterrichtung des FA gesichert. Einer Anzeige des Stpfl bedarf es daher nicht, wenn der dem Erwerb zugrunde liegende Vorgang bereits von den genannten inländischen Amtspersonen zur Anzeige zu bringen ist. Durch eine Ergänzung des Abs 3 hat das ErbStRG 2009 klargestellt, dass die Kenntnis des FA bei solchen Erwerben von Todes wegen nicht gesichert ist, zu denen **Grundbesitz, Betriebsvermögen, Anteile an Kapitalgesellschaften,** die nicht der Anzeigepflicht nach § 33 unterliegen, oder **Auslandsvermögen** gehört. Bei derartigen Erwerben dürfen die Beteiligten daher auf eine **Anzeige nicht verzichten.** Wenn sich aus einem Schenkungsversprechen der Zeitpunkt der Ausführung der Schenkung nicht klar ergibt, dann wird die Ausführung selbst anzeigepflichtig sein (Anm 10). Diese Anzeige wird dann noch nicht durch die Anzeige des Notars von der Beurkundung des Schenkungsversprechens ersetzt. Im Übrigen bedarf es jedoch einer Anzeige nicht, wenn der bereits früher angezeigte Erwerb von Todes wegen erst viele Jahre nach dem Erbfall stpfl wird (BFH BStBl II 97, 73) oder wenn sich nach dem Erbfall unerwartet größere Werte im Nachlass finden (FG Düsseldorf EFG 99, 1239; BFH/NV 02, 917). Die Anzeigepflicht entfällt nach Abs 3 für Personen, deren Erwerb auf einer Verfügung des Erblassers „beruht". Dies gilt auch

für Personen, deren gesetzliche Berechtigung ein Testament nur bestätigt. Ob auch Pflichtteilsansprüche iSv Abs 3 auf der Verfügung „beruhen“, ist dagegen zweifelhaft. Um die Wirkungen des Abs 3 herbeizuführen, muss sich aus der Verfügung das „Verhältnis“ des Erwerbers zum Erblasser unzweifelhaft ergeben. Nach einer Entscheidung des BFH (BStBl II 97, 73) ist damit nicht das persönliche Verhältnis des Erwerbers zum Erblasser/Schenker gemeint, sondern das Rechtsverhältnis, das den StTatbestand ausgelöst hat. Es ist daher ohne Bedeutung, wenn die Verwandtschaftsbeziehung zwischen Erblasser und Erwerber („Nichte“) falsch bezeichnet worden ist. Nach Auffassung des FG Hbg (EFG 91, 131) kann auch die Übersendung der monatlichen Totenliste von den Standesämtern an das zuständige ErbStFA gem § 4 III Nr 2 ErbStDV (§ 34 Anm 2) die Voraussetzungen des § 30 III erfüllen und die Anzeigepflicht des Erwerbers entfallen lassen.

3. Inhalt der Anzeige (Abs 4)

12 Die Anzeige des Erwerbs konnte früher formlos erfolgen, ist jetzt jedoch **schriftlich** oder in elektronischer Form gem § 87a IV 1 AO zu erstatten und soll die in Abs 4 aufgeführten Angaben enthalten. Die Anzeige ist von der StErklärung zu unterscheiden (§ 31). Sie „soll keinesfalls eine ErbStErklärung vorwegnehmen und deshalb das FA auch noch nicht in die Lage versetzen zu prüfen, ob und ggf. in welcher Höhe durch den angezeigten Vorgang Erbschaft- oder Schenkungsteuer unter Berücksichtigung der entsprechenden Freibeträge angefallen ist“ (BFH BStBl II 97, 73, 74; zustimmend BFH BStBl II 05, 244; 09, 232). Es genügt daher im Ergebnis ein Hinweis an das FA, der den StFall zur Kenntnis bringt und der dem FA die Prüfung erlaubt, ob ein stpfl Vorgang vorliegt oder nicht (FG München UVR 92, 154). Die Abgabe einer ErbSt/SchStErklärung (§ 31) gilt zugleich als Anzeige. Nach Auffassung des Nds FG (EFG 92, 112) reicht die Übersendung eines Erbauseinandersetzungsvertrages als Anzeige des Erbschaftserwerbs nicht aus. Auf jeden Fall dürfte es nicht genügen, dass Vertragspartner komplizierte Verträge routinemäßig dem FA übersenden, um damit ihrer Anzeigepflicht wegen der in diesen Verträgen möglicherweise enthaltenen gemischten Schenkungen nachzukommen.

13 § 30 geht davon aus, dass der Erwerber die von ihm verlangten Angaben ohne Schwierigkeiten machen kann, die Einzelheiten kennt oder sich das Wissen ohne großen Aufwand verschaffen kann. Gegebenenfalls kann der Erwerber die einzelnen Punkte – wie zB Beruf oder Sterbeort des Erblassers oder auch Wert und Zeitpunkt früherer Zuwendungen – mit Nicht(mehr-)wissen beantworten. Abs 4 ist lediglich als **Soll-Vorschrift** ausgestaltet. Damit wird zum Ausdruck gebracht, dass die Anzeige nicht notwendig alle geforderten Angaben enthalten muss (BFH BStBl II 97, 73, 74; vgl auch FG Bad-Württ EFG 00, 1021). Hinsichtlich der dem FA bereits bekannten Punkte (früher bereits angezeigte Zuwendungen) kann der Erwerber das FA auch auf das dort gespeicherte Wissen verweisen. Nicht alle gesetzlich geforderten Angaben leuchten ein. So ist nicht klar, warum der Beruf des Anzeigenden, der Rechtsgrund des Erwerbs oder ein bestehendes Dienstverhältnis angegeben werden soll oder warum auch außerhalb des Zehnjahreszeitraums des § 14 stehende frühere Zuwendungen des Erblassers oder Schenkers interessieren. Mit dem JStG 2015 (BGBl I 15, 1834) wurde die Angabe der Identifikationsnummer (§ 139b AO) ergänzt. Ziel ist eine leichtere Zuordnung der Anzeige und der beteiligten Personen.

14 Die **Kosten der Anzeige** sind nicht Teil der ErbSt. Sie unterliegen daher auch nicht dem Abzugsverbot des § 10 VIII und müssten folglich als Erwerbsaufwendungen nach § 10 V Nr 3 berücksichtigungsfähig sein. Die FinVerw lehnt die Zuordnung zu den Nachlassverbindlichkeiten nach § 10 V jetzt nicht mehr ab (vgl § 10 Anm 58). Auf jeden Fall sollte der Erwerber für die Anzeige keine größeren Kosten (Wertgutachten: Abs 4 Nr 3) aufwenden und sich in Zweifelsfällen zunächst mit ungefähren Angaben begnügen. Der Anzeigepflichtige muss das angeben, was er weiß. Ob aus

§ 30 IV Nr 6 auch eine Pflicht, sich frühere Daten und Vorgänge zu merken und für die Anzeigeerstattung verfügbar zu halten, entnommen werden kann, erscheint zweifelhaft.

§ 31 Steuererklärung

(1) [1]**Das Finanzamt kann von jedem an einem Erbfall, an einer Schenkung oder an einer Zweckzuwendung Beteiligten ohne Rücksicht darauf, ob er selbst steuerpflichtig ist, die Abgabe einer Erklärung innerhalb einer von ihm zu bestimmenden Frist verlangen.** [2]**Die Frist muß mindestens einen Monat betragen.**

(2) **Die Erklärung hat ein Verzeichnis der zum Nachlaß gehörenden Gegenstände und die sonstigen für die Feststellung des Gegenstands und des Werts des Erwerbs erforderlichen Angaben zu enthalten.**

(3) **In den Fällen der fortgesetzten Gütergemeinschaft kann das Finanzamt die Steuererklärung allein von dem überlebenden Ehegatten oder dem überlebenden Lebenspartner verlangen.**

(4) [1]**Sind mehrere Erben vorhanden, sind sie berechtigt, die Steuererklärung gemeinsam abzugeben.** [2]**In diesem Fall ist die Steuererklärung von allen Beteiligten zu unterschreiben.** [3]**Sind an dem Erbfall außer den Erben noch weitere Personen beteiligt, können diese im Einverständnis mit den Erben in die gemeinsame Steuererklärung einbezogen werden.**

(5) [1]**Ist ein Testamentsvollstrecker oder Nachlaßverwalter vorhanden, ist die Steuererklärung von diesem abzugeben.** [2]**Das Finanzamt kann verlangen, daß die Steuererklärung auch von einem oder mehreren Erben mitunterschrieben wird.**

(6) **Ist ein Nachlaßpfleger bestellt, ist dieser zur Abgabe der Steuererklärung verpflichtet.**

(7) [1]**Das Finanzamt kann verlangen, daß eine Steuererklärung auf einem Vordruck nach amtlich bestimmtem Muster abzugeben ist, in der der Steuerschuldner die Steuer selbst zu berechnen hat.** [2]**Der Steuerschuldner hat die selbstberechnete Steuer innerhalb eines Monats nach Abgabe der Steuererklärung zu entrichten.**

Erbschaftsteuer-Richtlinien 2011: H E 31

Übersicht

Schrifttum: *Piltz/Holtz* in *Bengel/Reimann,* Handbuch der Testamentsvollstreckung, 8. Kapitel (Testamentsvollstreckung im Steuerrecht); *Kapp,* Rechte und Pflichten des Testamentsvollstreckers im Besteuerungsverfahren, DStR 85, 725; *Häfke,* Steuerliche Pflichten, Rechte und Haftung des Testamentvollstreckers, ZEV 97, 429; *Seidenfus/Huber,* Der Testamentsvollstrecker im Steuerrecht, Inf 01, 385; *Gluth,* Der Testamentsvollstrecker im Einspruchs- und Klageverfahren, AO-StB 02, 206; *Eich,* Verfahrensrechtliche Aspekte bei der ErbSt, ErbStB 06, 158; *Tolksdorf/Simon,* Erbschaftsteuerliche Rechte und Pflichten des Testamentsvollstreckers, ErbStB 08, 336; *Siebert,* Der Testamentsvollstrecker und das Steuerrecht, ZEV 10, 121; *Billig,* Testamentsvollstreckung aus erbschaftsteuerlicher Sicht, UVR 12, 178; *Holtz,* Steuerliche Pflichten des Testamentsvollstreckers, SAM 15, 178; *Kamps,* Der Testamentsvollstrecker im Visier der Steuerfahndung, ErbStB 16, 11, 52.

I. Erklärungspflicht der Beteiligten (Abs 1)

1. Bedeutung der Steuererklärung

Die StErklärung ist von der Anzeige (§ 30) zu unterscheiden. Die Anzeige soll keinesfalls eine ErbStErklärung vorwegnehmen (BFH BStBl II 97, 73, 74). Sie soll vielmehr dem FA nur eine erste Unterrichtung über den StFall bringen und ihm die Möglichkeit zur eigenen Initiative eröffnen. Mit der StErklärung wird demgegenüber die **Basis für die genaue Berechnung des StBetrages und für die Festsetzung der St** durch StBescheid (§ 155 I 1 AO) geschaffen. Die ErbSt/SchSt entsteht zwar regelmäßig bereits mit dem Erbfall oder mit dem Datum der Ausführung der Zuwendung (§ 9). Sie kann jedoch zu diesem Zeitpunkt noch nicht erhoben werden, ist daher auch noch nicht fällig, solange die Berechnung und Festsetzung des geschuldeten StBetrages fehlt. Die StBerechnung geschieht auf der Grundlage der Angaben des Stpfl in der StErklärung, zu der § 31 (in Ergänzung der §§ 149, 150 AO) nähere Einzelheiten bringt. Die StErklärung muss wegen ihrer Bedeutung für die StBerechnung mehr Details über den StFall enthalten als die Anzeige. Während die Anzeige in einer selbst gewählten Textfassung erfolgen kann, ist die StErklärung auf einem amtlichen Vordruck abzugeben (§ 150 I 1 AO). Zur Anzeige sind die in § 30 genannten Personen ohne Weiteres verpflichtet, während die Pfl zur Abgabe einer StErklärung für den in § 31 genannten Personenkreis der nur „potentiell Erklärungspflichtigen" (BFH BStBl II 93, 580) zwar auf gesetzlicher Anordnung beruht (BFH/NV 94, 213), aber erst dann aktuell wird, wenn das FA an den Beteiligten mit einem entsprechenden Verlangen herangetreten ist (BFH BStBl II 13, 924). 1

Erklärungspflichtig ist jeder an einem Erbfall, an einer Schenkung oder an einer Zweckzuwendung Beteiligte. Die Erklärungspflicht besteht jedoch nur dann, wenn das FA die Aufforderung zur Abgabe einer Erklärung an ihn gerichtet und die „potentielle" damit in eine „aktuelle" Erklärungspflicht umgewandelt hat. Für die Beteiligten an dem Vorgang, der eine ErsatzErbSt iSv § 1 I Nr 4 auslöst, ist in § 31 I keine Erklärungspflicht bestimmt. Das FA kann die Abgabe einer StErklärung von den Beteiligten verlangen, es kann aber auch auf das Anfordern der Erklärung verzichten, wenn ihm die für den StBescheid bedeutsamen Angaben bereits aus anderen Quellen bekannt sind. Das FA kann die Anzeige des StFalls (§ 30) abwarten, es kann die Auf- 2 forderung zur StErklärung jedoch auch schon vor Eingang der Anzeige an die Beteiligten richten. Auch ohne Aufforderung zur Abgabe der StErklärung durch das FA wird das Anlaufen der vierjährigen Festsetzungsfrist für die ErbSt gem § 170 II Nr 1 AO gehemmt (BFH BStBl II 93, 580; 05, 244; aM noch FG Hbg EFG 91, 131; zur Festsetzungsverjährung vgl auch § 32 Anm 24).

2. Beteiligte

3 Die StErklärung ist auf Verlangen des FA von den am StFall Beteiligten abzugeben. Nach § 31 I 1 kann das FA auch solche Beteiligte zur Abgabe einer StErklärung auffordern, die selbst nicht stpfl sind. Andererseits würde das Anfordern einer StErklärung dann gegen Recht und Billigkeit verstoßen, „wenn einwandfrei und klar feststeht, dass eine StPfl nicht gegeben ist" (BFH BStBl III 58, 339). Danach dürften zu den Beteiligten iSv § 31 I 1 nur solche Personen gehören, die zumindest potentiell in den Kreis der Stpfl fallen (vgl BFH BStBl II 93, 580; zustimmend *Viskorf/Schuck,* § 31 Rz 7), nicht aber auch solche, für die eine StPfl aus dem stpfl Vorgang von vornherein nicht erwachsen kann. Im Fall der Veräußerung der Nacherbenanwartschaft dürfte daher zB der Anwartschaftserwerber, der das nach § 3 II Nr 6 stpfl Entgelt aufbringt, nicht zu den Beteiligten zählen, von denen das FA eine StErklärung verlangen kann. Im Fall des § 3 II Nr 7 kann das FA eine Erklärung nicht von dem Anspruchsschuldner verlangen. Derjenige, von dem die Mittel stammen, die bei der Zweckzuwendung unter Lebenden (§ 8) dem Zweck zugutekommen sollen, ist nicht mit der Ausführung der Zuwendung beschwert (§ 20 I). Er ist daher bezogen auf diese Mittel nicht stpfl (§ 20 Anm 14) und kann daher auch zu einer StErklärung nicht herangezogen werden. Dagegen kann das FA auch solche Personen auf Abgabe einer StErklärung in Anspruch nehmen, die die St erst in zweiter Linie schulden (wie der Schenker) oder die als Erwerber nach den Wertverhältnissen des Erwerbs oder wegen entsprechender Freibeträge unter den gegebenen Umständen selbst nicht stpfl sind. Im Fall mehrerer Beteiligter sollte das FA nicht, um seine Kontrollmöglichkeiten zu erweitern, die Beteiligten gleichzeitig und unabhängig voneinander zur Abgabe der StErklärung auffordern, sondern es sollte sich zunächst an den Erwerber halten, der die St in erster Linie schuldet und der auch am besten über den stpfl Vorgang und den aus ihm resultierenden Erwerb Auskunft geben kann. Unter mehreren Erwerbern ist jeder nur hinsichtlich seines Erwerbs erklärungspflichtig (BFH/NV 99, 1341). Ein Erbe ist nicht erklärungspflichtig, wenn an seiner Stelle den Testamentsvollstrecker die Erklärungspflicht trifft. Der Erbe kann jedoch vom FA verpflichtet werden, die Erklärung des Testamentsvollstreckers zu unterschreiben (Abs 5, Anm 19).

3. Erbfall, Schenkung, Zweckzuwendung

4 § 31 I setzt voraus, dass ein Erbfall, eine Schenkung oder eine Zweckzuwendung vorgekommen ist, und erlaubt dem FA dann, an die Beteiligten die Aufforderung zur Abgabe der StErklärung zu richten. Fraglich ist, wie das FA zu verfahren hat, wenn es sich erst Gewissheit darüber verschaffen will, ob ein stpfl Vorgang gegeben ist, wenn also zB aus der Sicht des FA unklar ist, ob ein Veräußerungsvorgang eine gemischte Schenkung enthält. Nach ganz hM soll das FA schon dann eine StErklärung verlangen dürfen, wenn nach seinem pflichtgemäßen Ermessen die Möglichkeit eines stpfl Vorgangs besteht (RFH RStBl 29, 515; BFH BStBl III 51, 209; *Moench/Kien-Hümbert* § 31 Rz 2). Diese Ansicht hat Gründe der Praktikabilität auf ihrer Seite, wird aber durch den Wortlaut des § 31 I nicht ohne Weiteres gedeckt.

4. Erklärungsfrist

§ 31 I erlaubt es dem FA, dem Stpfl eine Frist für die Abgabe der Erklärung zu setzen. Den Fristbeginn legt das FA fest. Er darf nicht vor dem Zugang des Erklärungsvordrucks beim Empfänger liegen. Die Frist muss mindestens einen Monat betragen. Das FA sollte die Umstände bedenken und in schwierigeren Fällen von vornherein eine über die Mindestfrist hinausgehende Frist setzen (*Moench/Kien-Hümbert* § 31 Rz 4). Die einmal gesetzte Frist kann im Übrigen verlängert werden (§ 109 AO). In begründeten Fällen sollte das FA dem Verlängerungsantrag entsprechen. Notfalls muss der Stpfl innerhalb der Frist die Erklärung hinsichtlich noch nicht genau ermittelter Werte „vorläufig" abgeben (FG München UVR 00, 431). Kommt der Stpfl der Pflicht zur Abgabe der StErklärung nicht fristgerecht nach, kann ein Verspätungszuschlag erhoben werden, der zu der ErbSt/SchSt hinzutritt (§ 152 AO) und der bis zu 10% der festgesetzten St, höchstens 25.000 EUR, ausmachen kann. Auch bleibt die Schätzung des StBetrages möglich (§ 162 AO). 5

II. Inhalt der Erklärung (Abs 2)

1. Inventar

Die StErklärung ist auf einem amtlichen Vordruck abzugeben (§ 150 I 1 AO; vgl auch Abs 7). Der Vordruck berücksichtigt die in Abs 2 genannten Punkte. Angaben, die der Vordruck nicht verlangt, können unterbleiben. Nach dem amtlichen Vordruck ist in der ErbStErklärung eine nach Vermögensgruppen (Land- und Forstwirtschaft, Grundvermögen, Betriebsvermögen, übriges Vermögen) geordnete Übersicht über die zum Nachlass gehörenden oder außerhalb des Nachlasses angefallenen Vermögensgegenstände zu geben. Zu den Gegenständen, die hier abgefragt werden, gehören nicht nur die körperlichen Objekte, sondern auch sonstige Posten von Vermögenswert. Auch Verbindlichkeiten sind Gegenstände iSd § 31 II und sind daher in der StErklärung aufzuführen. Die Gegenstände sind einzeln zu bezeichnen. Gleichartige Posten können zu Gruppen zusammengefasst werden. Ein solches Nachlassverzeichnis kann allerdings nur Bestandteil der StErklärung eines Erben sein. Die StErklärung anderer Erwerber von Todes wegen hat, wenn sie einzeln und getrennt von der StErklärung des Erben erfolgt (vgl Abs 4), nur die Posten zu umfassen, die diesen Erwerbern zugefallen sind (BFH/NV 99, 1341). Für den Fall der Anordnung von Testamentsvollstreckung, Nachlassverwaltung oder Nachlasspflegschaft vgl Abs 5 und 6. Im Fall einer SchStErklärung sind die Posten aufzuführen, die Gegenstand der Zuwendung sind. Der amtliche Vordruck erwähnt weiterhin die übernommenen Verbindlichkeiten, Auflagen und Gegenleistungen, die früher als Abzugsposten zu berücksichtigen waren, nach der Rspr des BFH (§ 7 Anm 30ff) aber zZ noch das Zuwendungsobjekt kürzen. 6

2. Wertangaben

Während § 30 für die Anzeige die Angabe des Werts des Erwerbs verlangt (§ 30 IV Nr 3), sieht § 31 II vor, dass die StErklärung die für die Feststellung des Werts des Erwerbs erforderlichen Angaben zu enthalten hat. Der Unterschied in der Formulierung kann darauf hindeuten, dass der Stpfl sich in der StErklärung darauf beschränken darf, dem FA das Material für dortige Wertfeststellungen zu liefern, ohne dass er selbst zu Wertangaben angehalten wird. Der Stpfl wird jedenfalls nicht gezwungen, Sachverständige zu bezahlen, um die geforderten Wertangaben liefern zu können (*Fischer/Pahlke* § 31 Rz 13). Bringt er doch entsprechende Gutachterkosten auf, handelt es sich für ihn um Kosten der Erlangung des Erwerbs, die nach § 10 V Nr 3 abzugsfähig sind (BFH BStBl II 13, 738; H E 10.7 ErbStH). 7

3. Ausübung von Wahlrechten

8 Über den Wortlaut des § 31 II hinaus soll die StErklärung auch Angaben zur Ausübung von Wahlrechten enthalten, wie sie zB nach §§ 6 II, 13a X, 21, 23, 28 von dem Stpfl wahrgenommen werden können. Durch diese Angaben wandelt die StErklärung ihr Bild von einer Wissens- in eine Gestaltungserklärung. Zugleich wird damit ihr personenbezogener Charakter deutlich, da nur der jeweilige StSchuldner das entsprechende Wahlrecht ausüben kann. *Troll/Jülicher* (§ 31 Rz 13) empfiehlt, mit der Ausübung von Wahlrechten bis zur näheren Aufklärung des Sachverhalts und der Werte abzuwarten.

4. Vermutung der Richtigkeit

9 Die Angaben in der StErklärung sind wahrheitsgemäß und nach bestem Wissen und Gewissen abzugeben. Die Richtigkeit und Vollständigkeit seiner Erklärung hat der Stpfl schriftlich zu versichern (§ 150 II AO). Auf Grund dieser Versicherung wird vermutet, dass die Angaben des Stpfl in seiner StErklärung vollständig und richtig sind (BFH BStBl III 60, 291; II 69, 474). Das FA hat erst dann weitere Ermittlungen vorzunehmen, wenn Umstände vorliegen, die gegen die Richtigkeit und Vollständigkeit sprechen (BFH BStBl II 79, 57). Die bloße Möglichkeit, dass der erklärte Sachverhalt auch anders gelagert sein kann, rechtfertigt für sich genommen noch keine Zweifel an der Erklärung des Stpfl.

III. Sonderregel bei fortgesetzter Gütergemeinschaft (Abs 3)

10 In den Fällen der fortgesetzten Gütergemeinschaft (Abs 3) kann das FA die StErklärung allein von dem überlebenden Ehegatten oder dem eingetragenen Lebenspartner verlangen, obwohl auch die Abkömmlinge im Verhältnis der auf sie entfallenden Anteile StSchuldner sind (§ 20 II). Darin liegen zwei Aussagen: Zum einen kann die **StErklärung von dem überlebenden Ehegatten** auch insoweit verlangt werden, als sie den Erwerb der Abkömmlinge betrifft. Abs 3 weicht damit von dem Grundsatz ab (Anm 3), dass jeder Stpfl nur hinsichtlich seines Erwerb erklärungspflichtig ist. Die Abweichung rechtfertigt sich daraus, dass der überlebende Ehegatte das Gesamtgut allein verwaltet und deswegen auch für die ErbSt der Abkömmlinge in Anspruch genommen werden kann (§ 20 II). Abs 3 trifft noch eine zweite Aussage, wenn man die Regelung so versteht, dass allein (im Sinne von: ausschließlich, nur) der überlebende Ehegatte in Anspruch genommen werden kann. Dann würde die Bestimmung besagen, dass die Abkömmlinge nicht zur Erklärung herangezogen werden dürfen. *Pahlke* (*Fischer/Pahlke* § 31 Rz 25) tritt demgegenüber für eine Interpretation ein, die das Wort „kann" als Ermessenszuweisung versteht und dem FA das Recht einräumt, die StErklärung entweder allein von dem überlebenden Ehegatten bzw Lebenspartner oder von dem Ehegatten bzw Lebenspartner und den Abkömmlingen zu verlangen. Dieser Interpretation ist der Vorzug zu geben.

IV. Sonderregel bei mehreren Erben (Abs 4)

11 Mehrere Erben können die von ihnen verlangte StErklärung je einzeln abgeben (vgl auch H E 31 ErbStH). Sie können jedoch auch nach Abs 4 sich auf eine **gemeinsame Erklärung** verständigen, was schon aus Vereinfachungsgründen sinnvoll ist. In diesem Fall ist die StErklärung von allen Erben zu unterschreiben. Sonstige am Erbfall beteiligte Personen (Vermächtnisnehmer, Pflichtteilsberechtigte) können nach Abs 4 S 3 in die gemeinsame StErklärung der Erben einbezogen werden. Dies kann nicht

gegen ihren Willen geschehen. Sie müssen sich daher freiwillig für die Einbeziehung entscheiden. Für die Einbeziehung müssen zudem die Erben ihr Einverständnis erklären. Es können auch von mehreren Beteiligten einzelne sich zu einer gemeinsamen Erklärung zusammenschließen, während andere eigene Erklärungen abgeben. Wird ein Pflichtteilsberechtigter mit seinem Einverständnis in die gemeinsame StErklärung einbezogen, dürfte in dem Einverständnis zur Einbeziehung das Geltendmachen des Pflichtteils liegen (vgl § 9 Anm 32ff). Inwieweit mehrere Beschenkte von der Vereinfachungsregelung des Abs 4 Gebrauch machen können, wird durch den Gesetzestext nicht geklärt.

V. Testamentsvollstrecker, Nachlassverwalter und Nachlasspfleger (Abs 5, 6)

1. Erbschaftsteuerliche Pflichten aufgrund Amtstätigkeit

Nach dem Erbfall können andere Personen als der Erwerber verwaltungs- und verfügungsberechtigt über den Nachlass sein. Ein vom Erblasser benannter **Testamentsvollstrecker** hat gem § 2205 S 1 BGB den Nachlass zu verwalten. Ein vom Nachlassgericht bestellter **Nachlassverwalter** ist gem § 1985 BGB verpflichtet, den Nachlass zu verwalten und die Nachlassverbindlichkeiten aus dem Nachlass zu berichtigen. Ein **Nachlasspfleger** (§ 1960 BGB) wird vom Nachlassgericht bestellt, wenn bei unbekannten Erben ein Bedürfnis zur Sicherung des Nachlasses besteht. Die genannten Personen führen ein privatrechtliches Amt und sind kraft ihres Amtes zur Verwaltung und Verfügung hinsichtlich des Nachlasses befugt. Diese Amtstätigkeit beinhaltet stliche Pflichten, auch wenn der stliche Status des Erwerbers als StSchuldner unverändert bleibt. Zu diesen Pflichten gehört nicht die Anzeige des Erwerbs gem § 30. Die in den Abs 5, 6 genannten Vollstrecker, Verwalter und Pfleger sind aber zur Abgabe der StErklärung verpflichtet. Ergänzend zu der in § 31 V, VI normierten Erklärungspflicht schreibt § 32 eine Bekanntgabe des StBescheides an Testamentsvollstrecker und Nachlassverwalter (Abs 1) sowie Nachlasspfleger (Abs 2) vor und verpflichtet diese Amtspersonen zur Zahlung der ErbSt und zur Sicherheitsleistung (§ 32 I 2, 3 iVm II 2). Zudem kann § 20 III (dort Anm 19ff) u § 20 VI 2 (dort Anm 32) von Bedeutung sein. Daraus ergibt sich ein Kreis von ErbStG-Pflichten, die gegenüber den allg AO-Regelungen vorrangig sind. 12

Der Gesetzestext differenziert zwischen Testamentsvollstrecker/Nachlassverwalter (§§ 31 V, 32 I) und Nachlasspfleger (§§ 31 VI, 32 II), unterscheidet sich jedoch inhaltlich allein in der Pflicht der Erben zur Mitunterschrift (§ 31 V 2), die bei der Pflegschaft für unbekannte Erben nicht gilt. Eine rechtliche Unterscheidung zwischen beiden **Gruppen der Amtsinhaber** ergibt sich aus der Stellung des Nachlasspflegers als gesetzlicher Vertreter des (unbekannten) Erben. Dagegen haben Testamentsvollstrecker (*„Stellung eines Treuhänders und Inhaber eines privaten Amtes"*, BGH NJW 01, 3781) und Nachlassverwalter (*„amtlich bestelltes Organ zur Verwaltung einer fremden Vermögensmasse"*, OLG Hamm NJW-RR 10, 1595) eine eigene Parteistellung. Auf der anderen Seite erstrecken sich die Amtsbefugnisse von Nachlassverwalter und Nachlasspfleger auf die Verwaltung des ganzen Nachlasses. Dagegen ergeben sich bei der Testamentsvollstreckung oftmals inhaltliche (Aufgabenkreis), gegenständliche (Umfang der Verwaltung), personelle (nur einzelne Erwerber sind betroffen) oder zeitliche Beschränkungen durch die letztwilligen Anordnungen des Erblassers, für den weitgehende Gestaltungsfreiheit besteht. Dies kann auch bei der ErbSt eine differenzierte Betrachtung bedingen (Anm 16f). 13

Ein **Nachlassinsolvenzverwalter** wird vom Nachlassgericht bei Zahlungsunfähigkeit oder Überschuldung des Nachlasses bestellt. Mit Eröffnung des Insolvenzverfahrens über den Nachlass geht die Verwaltungs- und Verfügungsbefugnis auf ihn über 14

(§§ 80 I InsO, 1988 I BGB). Auch der Nachlassinsolvenzverwalter ist ein Nachlassverwalter iSv § 31 V und sollte auch zur Abgabe der StErklärung verpflichtet sein (aA wohl *Fridgen,* NZI 16, 415). Ihm ist auch der StBescheid bekanntzugeben (§ 32 I 2). Die Pflicht zur Bezahlung der ErbSt als Nachlassinsolvenzforderung (BFH BStBl II 16, 482; II 17, 971; hierzu auch § 20 Anm 3 ff) wird dagegen von den insolvenzrechtlichen Bestimmungen überlagert und reduziert sich auf eine Bezahlung nach Quote.

2. Inhalt und Umfang der Erklärungspflicht

15 Die in den Abs 5 und 6 genannten Amtsinhaber sind – wie die Beteiligten nach Abs 1 auch – **erst nach Aufforderung** durch das FA zur Abgabe der StErklärung verpflichtet (BFH BStBl II 13, 924; noch ausdrücklich offen gelassen in BFH BStBl II 99, 529; 00, 233). Einer zusätzlichen Aufforderung der Erben bedarf es nicht (BFH BStBl II 00, 233). Wird während der Dauer der Testamentsvollstreckung Nachlassverwaltung angeordnet, wird damit dem Testamentsvollstrecker die Verwaltung des Nachlasses entzogen. In diesem Fall dürfte auch die Pflicht zur Abgabe der StErklärung allein beim Nachlassverwalter liegen. Sind mehrere Vollstrecker vorhanden, kann sich das FA an jeden von ihnen wenden (RFHE 15, 146).

16 Die in den Abs 5 und 6 genannten Amtsinhaber sind zur Abgabe der StErklärung **nur im Rahmen ihrer Amtsbefugnisse** berechtigt und verpflichtet. Die Amtsbefugnisse des Nachlassverwalters und Nachlasspflegers erstrecken sich auf die Verwaltung des ganzen Nachlasses, aber auch nicht darüber hinaus; über Erwerbe von Todes wegen, die außerhalb des Nachlasses anfallen (zB die Lebensversicherung; § 3 I Nr 4), können sie und auch der Testamentsvollstrecker keine Auskunft geben. Auch andere Angaben, zB über Vorschenkungen (§ 14), können nicht aus eigenem Wissen gemacht werden. Hier besteht nach hM ein Auskunftsrecht nach § 242 BGB. Auch um kein steuerstrafrechtliches Risiko einzugehen, ist das FA auf fehlende direkte Kenntnisse hinzuweisen, welches sich dann unmittelbar an die Erwerber wenden und die Mitunterzeichnung der StErklärung nach § 31 V 2 verlangen kann (*Bengel/Reimann,* VIII Rz 63). Angaben zu den persönlichen Besteuerungsgrundlagen der unbekannten Erben sind dem Nachlasspfleger nicht möglich. Hier kann das FA nach Wahrscheinlichkeitsgrundsätzen schätzen (FG Saarland EFG 13, 1947).

17 Der Testamentsvollstrecker ist nur im Umfang der ihm vom Erblasser gestellten Aufgaben verwaltungs- und verfügungsbefugt. Das StR verpflichtet nur, soweit die zivilrechtlichen Befugnisse (kraft Testaments und/oder Gesetzes) reichen. **Das ZivilR bestimmt das StR und nicht umgekehrt.** Auch die Erklärungspflicht aus § 31 V ist dadurch beschränkt (BFH BStBl II 99, 529; 13, 924). Wenn der Erblasser keine abweichenden Bestimmungen trifft, obliegt dem Testamentsvollstrecker die Abwicklung des gesamten Nachlasses (§§ 2203, 2204 BGB). Dies beinhaltet die Erfüllung von Vermächtnissen. Auch dann muss aber ein Vermächtnisnehmer seinen Erwerb selbst erklären. Nur eine weitergehende Verwaltung durch den Testamentsvollstrecker führt zu dessen Erklärungspflicht (BFH BStBl II 13, 924). Der Pflichtteil untersteht nur iRv § 2338 BGB („Beschränkung in guter Absicht") der Verwaltung des Testamentsvollstreckers und unterliegt nur dann seiner Erklärungspflicht. Bei gegenständlicher Beschränkung der Testamentsvollstreckung, zB auf unternehmerisches Vermögen oder Inlandsvermögen, sind zwei getrennte oder – vorzugswürdig – eine gemeinsame Erklärung (der Erbe für das „freie" und der Testamentsvollstrecker für das „verwaltete" Vermögen) abzugeben. Bei einer Erbteilsvollstreckung erklärt der Testamentsvollstrecker die ErbSt nur für seine Erben. Ein vom Erblasser bestimmter Endtermin für eine Testamentsvollstreckung beendet auch die stlichen Pflichten eines Testamentsvollstreckers.

18 **Wahlrechte** im ErbStG, zB §§ 6 II, 13a X, 21, 23, 28, kann nur der Stpfl selbst ausüben (*Bengel/Reimann,* VIII Rz 47 f).

3. Erklärungspflichten des Erben in Fällen der Abs 5, 6

Soweit die Erklärungspflicht der in den Abs 5, 6 genannten Vollstrecker, Verwalter und Pfleger reicht (vgl Anm 17), sind die Erben zur selbstständigen Abgabe einer Erklärung weder berechtigt noch verpflichtet. Auch hier ist die Zuordnung der Verwaltungs- und Verfügungsrechte zu beachten, mit der eine Verdrängung des Abs 1 einhergeht (aA *Moench/Kien-Hümbert* § 31 Rz 12). Das FA kann jedoch nach Abs 5 S 2 die Mitunterschrift eines oder mehrerer Erben verlangen und sich auf diese Weise bestätigen lassen, dass die Unterzeichner mit der Ausübung von Wahlrechten in der StErklärung in dem geschehenen Umfang einverstanden sind. Nach Auffassung des BGH (NStZ 08, 411) muss der Erbe die StErklärung des Testamentsvollstreckers berichtigen, wenn er erkennt, dass sie unrichtig ist. 19

VI. Sonstiges (Abs 7)

1. Selbstberechnung der Steuer

In Abs 7 kommt im Anschluss an § 150 I 1 AO noch einmal gesondert zum Ausdruck, dass das FA dem Stpfl die Abgabe der StErklärung auf einem amtlichen Vordruck aufgeben kann. Der Stpfl kann sich bei der Ausfüllung des Vordrucks gegebenenfalls der Hilfe der Amtsstelle des FA bedienen (§ 151 AO). Abs 7 räumt darüberhinaus dem FA die Möglichkeit ein, von dem Stpfl im Rahmen der StErklärung die Selbstberechnung der von ihm geschuldeten St zu verlangen. Von dieser Ermächtigung hat die FinVerw jedoch bisher noch keinen Gebrauch gemacht. 20

2. Zusätzliche Auskunftspflicht (§§ 88 ff AO)

Die FÄ können auch über die StErklärung hinaus alle Angaben von dem StSchuldner verlangen, die für die Ermittlung des stpfl Erwerbs erforderlich sind (§ 90 AO). Soweit der StSchuldner den Abzug von Schulden und Lasten (zB Nießbrauchs- oder Rentenlasten) geltend macht, kann das FA verlangen, dass er die Gläubiger oder Berechtigten genau bezeichnet. Die FinVerw kann auch sonst Auskünfte jeder Art von den Beteiligten einholen, die sie nach pflichtgemäßem Ermessen zur Ermittlung des Sachverhaltes für erforderlich hält (§ 92 AO). 21

§ 32 Bekanntgabe des Steuerbescheids an Vertreter

(1) [1]**In den Fällen des § 31 Abs. 5 ist der Steuerbescheid abweichend von § 122 Abs. 1 Satz 1 der Abgabenordnung dem Testamentsvollstrecker oder Nachlaßverwalter bekanntzugeben.** [2]**Diese Personen haben für die Bezahlung der Erbschaftsteuer zu sorgen.** [3]**Auf Verlangen des Finanzamts ist aus dem Nachlaß Sicherheit zu leisten.**

(2) [1]**In den Fällen des § 31 Abs. 6 ist der Steuerbescheid dem Nachlaßpfleger bekanntzugeben.** [2]**Absatz 1 Satz 2 und 3 ist entsprechend anzuwenden.**

Erbschaftsteuer-Richtlinien 2011: H E 32

AEAO zu § 122 AO

Übersicht

Schrifttum: Angaben wie zu § 31; ferner: *Pietsch,* Die Bekanntgabe des Erbschaftsteuerbescheides an den Testamentsvollstrecker, UVR 91, 237; *Piltz,* Zur steuerlichen Haftung des Testamentvollstreckers, ZEV 01, 262; *Tolksdorf/Simon,* Erbschaftsteuerliche Rechte und Pflichten des Testamentsvollstreckers, ErbStB 08, 360; *Wefers,* Bekanntgabe des Steuerbescheids an Vertreter (§ 32 ErbStG, § 122 AO) und Rechtsbehelfsbefugnis, ErbR 08, 346; *Nebe,* Bekanntgabe eines ErbSt-Bescheides gegen dem Testamentsvollstrecker, Stbg 11, 317; *Purracher,* Die Haftung des Testamentsvollstreckers für die sog. Nachsteuer, ZErb 11, 363; *Steiner,* Die Steuerhaftung des Testamentsvollstreckers, ErbStB 11, 201, 235; *Blum/Schauer,* Haftung des Testamentsvollstreckers für die Nachsteuer, ZEV 12, 92; *Weidmann,* Vermächtniserfüllung durch Testamentsvollstrecker: steuerliche Haftungsgefahren und Vermeidungsstrategien, ZEV 14, 404; *Worgulla/Eismann,* Umfasst die Haftung des Testamentsvollstreckers für die Erbschaftsteuer stets auch die sog Nachsteuer auf begünstigtes Vermögen nach § 13b ErbStG?, DStR 16, 2084.

I. Bekanntgabe an den Steuerschuldner (AO-Regelfall)

1. Bedeutung der Bekanntgabe des Steuerbescheids

1 Durch den StBescheid wird die St festgesetzt oder die volle oder teilweise Freistellung von der St verbindlich festgestellt (§ 155 I AO). Mit der Bekanntgabe des StBescheids wird die darin bezeichnete StSchuld sofort oder mit Ablauf der im Bescheid gesetzten Frist fällig gestellt (§ 220 II AO). Mit der Bekanntgabe beginnt die Rechtsbehelfsfrist zu laufen (§ 355 I 1 AO). Die AO bestimmt zudem, dass die Bekanntgabe regelmäßig an den Stpfl als unmittelbar Betroffenen zu erfolgen hat (§ 122 I 1 AO). Der Adressat der Bekanntgabe stimmt mit dem Adressaten des StBescheids überein. Ist der Adressat des StBescheides nicht richtig bezeichnet, ist der StBescheid nicht hinreichend bestimmt und damit als nichtig anzusehen (§§ 119 I, 125 I AO; *Moench/Kien-Hümbert* § 32 Rz 2). Der StBescheid kann im Übrigen auch dann nichtig sein, wenn er mehrere StFälle ungesondert zusammenfasst (BFH/NV 14, 716), sofern nicht die Aufgliederung der St als Reaktion auf die Verletzung der Mitwirkungspflicht des Stpfl ausnahmsweise entbehrlich ist (BFH BStBl II 08, 46).

2. Bekanntgabe bei mehreren Erwerbern

2 Sind mehrere StSchuldner vorhanden, so ist der StBescheid jedem einzelnen Erwerber bekanntzugeben. Dies gilt auch dann, wenn die Erben und sonstigen Erwerber eine gemeinsame StErklärung nach § 31 IV abgegeben haben. Auch die Bekannt-

gabe in diesem Fall in Form eines „zusammengefassten" StBescheids mit Leistungsgebot für jeden Erwerber ist unzulässig (vgl *Troll/Jülicher* § 32 Rz 6), weil die mehreren Erwerber nicht Gesamtschuldner (bei solchen gilt § 153 II AO) sind. Außerdem würde es, da jeder Erwerber einen Bescheid erhalten müsste, keine Verwaltungsvereinfachung bewirken (vgl *Moench,* DStR 87, 38). Bei Schenkungen unter Lebenden ist der StBescheid zunächst dem Erwerber bekanntzugeben (BFH BStBl III 62, 323). Dem Schenker soll der StBescheid bekanntgegeben werden, wenn er es beantragt, wenn er die StErklärung auf Anfordern des FA abgegeben oder wenn er die St übernommen hat. Hat der Schenker die St übernommen, kann er nicht darauf vertrauen, dass er vom FA nicht in Anspruch genommen wird. Dies gilt selbst dann, wenn das FA zunächst dem Beschenkten einen zu niedrig berechneten Bescheid zugesandt hatte, der inzwischen bestandskräftig geworden war (BFHE 149, 514). StBescheiden, die an eine Erbengemeinschaft gerichtet werden – zB gesonderte und einheitliche Feststellungen von Grundbesitzwerten (§ 151 I 1 Nr 1 BewG) – muss klar und eindeutig entnommen werden können, gegen welche Beteiligten der Erbengemeinschaft sich die Feststellungen richten (BFH BStBl II 16, 637; s auch AEAO zu § 122 AO).

3. Bekanntgabe an gesetzliche Vertreter

Ist ein gesetzlicher Vertreter vorhanden, so ist der StBescheid ihm bekanntzugeben. 3
Gleiches kann sich für die anderen in §§ 34, 35 AO genannten Personen ergeben (hierzu insgesamt AEAO zu § 122 AO). Dann muss aus dem StBescheid hervorgehen, wer StSchuldner und wer Vertreter/Verfügungsberechtigter ist (BFH BStBl II 70, 826). Es genügt, wenn im Anschriftenfeld des Bescheides nur der Name des Vertreters/Verfügungsberechtigten erscheint und sich die StSchuldnerschaft aus dem sonstigen Inhalt des Bescheids zweifelsfrei ergibt (BFH BStBl II 74, 648). Bei minderjährigen StSchuldnern ist es für eine rechtswirksame Bekanntgabe des StBescheids ausreichend, wenn dieser einem der beiden zur gesetzlichen Vertretung befugten Elternteile bekannt gegeben wird (§ 1629 I 2 BGB; § 6 III VwZG; AEAO Nr 2.2.2 zu § 122 AO).

4. Bescheid unter Vorbehalt und vorläufiger Bescheid

Der StBescheid kann als endgültiger Bescheid (§§ 155, 157 AO), als Bescheid 4
unter dem **Vorbehalt der Nachprüfung (§ 164 AO)** oder als vorläufiger Bescheid (§ 165 AO) ergehen. Ein Bescheid unter dem Vorbehalt der Nachprüfung, bei dem die St vorbehaltlich der Nachprüfung auf der Grundlage der StErklärung (§ 31) festgesetzt wird, ist ohne Begründung zulässig. Er kann, solange der Vorbehalt wirksam ist, jederzeit aufgehoben oder geändert werden. Auch der Stpfl kann jederzeit seine Aufhebung oder Änderung beantragen. Mit der Aufhebung des Vorbehalts wird die StFestsetzung endgültig. Ohne eine formelle Aufhebung des Vorbehalts wird die StFestsetzung mit Ablauf der Festsetzungsfrist endgültig; der Vorbehalt entfällt (§ 164 IV AO).

Eine **vorläufige StFestsetzung (§ 165 AO)** ist zulässig, wenn und soweit unge- 5
wiss ist, ob und inwieweit die Voraussetzungen für die Entstehung der ErbSt/SchSt eingetreten sind. Das FA muss in diesen Fällen den Umfang und den Grund der Vorläufigkeit angeben. Die vorläufige StFestsetzung kann jederzeit aufgehoben oder geändert werden. Sobald die Ungewissheit beseitigt ist, derentwegen die StFestsetzung vorläufig erfolgt ist, ist ein endgültiger StBescheid zu erlassen bzw der vorläufige StBescheid für endgültig zu erklären.

II. Bekanntgabe in den ErbStG-Sonderfällen

1. Testamentsvollstrecker

6 § 32 regelt die Bekanntgabe in den Sonderfällen des § 31 V, VI; insb dann, wenn der Testamentsvollstrecker die StErklärung abgegeben hat, ist der StBescheid diesem bekanntzugeben. Gemeint ist hier der StBescheid, der sich an den Erben als StSchuldner richtet und der daher dem Erben bekanntzugeben wäre, wenn **§ 32 I 1** nicht abweichend von § 122 I 1 AO die Bekanntgabe an den Testamentsvollstrecker vorsehen würde. § 32 I 1 erwähnt also den Testamentsvollstrecker als **Adressat der Bekanntmachung,** nicht als Adressat des StBescheids (Bsp in AEAO Nr 2.13.4.1 zu § 122 AO). Wird der Testamentsvollstrecker als StSchuldner in Anspruch genommen, weil er zB selbst zu den Erben gehört und als Erwerber stpfl ist, gilt § 32 I 1 nicht. Vielmehr ist in diesem Fall der Testamentsvollstrecker selbst Adressat des StBescheids, so dass die Bekanntgabe an ihn nicht „abweichend von § 122 I 1 AO" erfolgt. Ob der Testamentsvollstrecker als Adressat des StBescheids oder nur als Adressat der Bekanntmachung den StBescheid zugesandt erhält, ist im StBescheid deutlich hervorzuheben (BFH BStBl II 86, 524). Einer besonderen Hervorhebung der Testamentsvollstreckereigenschaft bedarf es demgegenüber nicht, wenn der Testamentsvollstrecker nach den Umständen als StSchuldner nicht in Betracht kommen kann (BFH/NV 98, 855).

7 Der Testamentsvollstrecker ist nicht Vertreter des Erblassers oder der Erben, sondern Inhaber eines privatrechtlichen Amts (vgl § 31 Anm 13). Insofern ist die Überschrift zu § 32 missverständlich. Der Testamentsvollstrecker handelt nicht im Namen des Erben, sondern im eigenen Namen unter Hinweis auf sein Amt. Dennoch sieht ihn der BFH in seiner Rechtsstellung als Adressat der Bekanntgabe nach § 32 I als **Zugangsvertreter des Erben** an (BFH BStBl II 91, 52). Dem Testamentsvollstrecker wird der StBescheid nicht informationshalber neben dem Erben bekanntgegeben (so aber FG Schl-H BB 89, 764), sondern an Stelle des Erben, dem durch die Bekanntmachung an den Testamentsvollstrecker der Bescheid zugleich auch persönlich bekanntgemacht wird, so dass es unter den Voraussetzungen des § 32 I 1 einer eigenständigen Bekanntgabe an den Erben nicht bedarf. In der Praxis wird jedoch dem Erben eine Kopie des Bescheids zur Kenntnis gebracht, damit er seine Rechtsbehelfsbefugnis wahrnehmen kann (*Sosnitza,* UVR 92, 342, 348).

8 Der StBescheid ist an den Testamentsvollstrecker mit Wirkung für und gegen den Erwerber nur bekanntzugeben, wenn eine StErklärungspflicht nach § 31 V bestand. Die hier geltenden Beschränkungen (§ 31 Anm 16 u 17) schlagen auf die Bekanntgabe durch. Für **Dritterwerber,** die, ohne Erben zu sein, von Todes wegen Vermögenswerte erhalten, hat die Bekanntgabe des StBescheids an den Testamentsvollstrecker entgegen dem Eindruck, den § 32 I 1 vermittelt, keine Wirkung (BFH BStBl II 91, 49). Dies gilt für **Vermächtnisnehmer, Pflichtteilsberechtigte** und Erwerber, deren Erwerb aus einem vom Erblasser geschlossenen Vertrag zugunsten Dritter auf den Todesfall stammt. Ist allerdings der Dritterwerber zugleich auch an dem unter Testamentsvollstreckung stehenden Nachlass als Erbe beteiligt, so soll die Bekanntgabe des StBescheids an den Testamentsvollstrecker ihm gegenüber vollen Umfangs wirksam sein (BFH BStBl II 91, 52). Wurde trotz **beschränkter Testamentsvollstreckung** und dadurch beschränkter StErklärungspflicht dennoch die Erklärung für den gesamten Nachlass abgegeben, kommt dem Testamentsvollstrecker hinsichtlich des nicht unter Testamentsvollstreckung stehenden Teils nicht die Position eines Zugangsvertreters zu, so dass ihm der StBescheid auch nicht mit Wirkung gegenüber solchen außenstehenden Erben bekanntgegeben werden kann (BFH BStBl II 91, 52). Ist der Testamentsvollstrecker trotz Aufforderung einer bestehenden StErklärungspflicht nicht nachgekommen, ist ihm ein Schätzungsbescheid bekanntzugeben (AEAO Nr 2.13.4.1 zu § 122 AO).

2. Nachlassverwalter und Nachlasspfleger

Für Nachlassverwalter (auch Nachlassinsolvenzverwalter, s § 31 Anm 14) und Nachlasspfleger gilt das für den Testamentsvollstrecker Gesagte sinngemäß. Auch diese Personen können nur im Rahmen ihres Amtes als Zugangsvertreter für den Erben agieren und die Bekanntgabe des StBescheids mit Wirkung gegen den StSchuldner entgegennehmen (zum Nachlasspfleger FG Düsseldorf EFG 17, 1525 – Rev II R 40/17). 9

III. Steuerzahlung und Steuererstattung

1. Bezahlung der ErbSt

Die in § 32 genannten Amtsträger werden nicht nur als Adressaten der Bekanntgabe des StBescheids genannt. Ihnen wird auch die **Sorge für die Bezahlung der ErbSt** auferlegt **(§ 32 I 2, II 2).** Auch diese Verpflichtung beruht auf Zweckmäßigkeitsüberlegungen, da die genannten Personen die Verfügungsbefugnis über den Nachlass haben und somit in der Lage sind, den geschuldeten StBetrag aus dem Nachlass zu entnehmen. Durch die Anordnung der Sorge für die StZahlung soll ihnen zugleich die zivilrechtliche Befugnis vermittelt werden, die StZahlung mit Nachlassmitteln zu bewirken. Auch hier ist die Einstufung der ErbStSchuld der Erben als Nachlassverbindlichkeit von Relevanz (vgl zum Abzugsverbot des § 10 VIII dort Anm 59 und zur zivilrechlichen Beurteilung § 20 Anm 3ff). Aus dem Nachlass zu bewirken ist die ErbSt dann, wenn der Erblasser angeordnet hat, dass die St für ein Vermächtnis aus dem Nachlass entnommen werden soll (§ 10 II; *Moench/Kien-Hümbert* § 32 Rz 14). Doch wird durch eine solche Anordnung des Erblassers keine StPfl des Nachlasses begründet. Die Verpflichtung des Nachlasses hat vielmehr den Charakter einer Vermächtnisschuld, die in Höhe des StBetrages durch Leistung an den Fiskus zu erfüllen ist. Bei der ErbStSchuld handelt es sich dagegen um eine **persönliche Verpflichtung der Erwerber** von Todes wegen. Diese StSchuldnerschaft (§ 20 I 1) bleibt durch eine Testamentsvollstreckung, Nachlassverwaltung und -pflegschaft unberührt. Die Pflichten aus § 32 I 2, II 2 stehen daneben. Bei Ablehnung der Möglichkeit, die ErbStHaftung auf den Nachlass zu beschränken (dagegen § 20 Anm 3ff), muss der Nachlassverwalter, der die StSchuld der Erben aus dem Nachlass bewirkt, im Interesse der Nachlassgläubiger Erstattung in den Nachlass von dem Erben verlangen, so dass dann § 32 I 2 nicht mehr als die Befugnis zur vorläufigen Verauslagung des StBetrages aus dem Nachlass verschaffen würde. Zum Nachlassinsolvenzverwalter auch § 31 Anm 14. 10

Das FA kann den Amtsinhaber durch Bescheid auffordern, der Bezahlungspflicht nachzukommen, dh die ErbSt von ihm – für Rechnung des Erwerbers – fordern. Der Bescheid muss die Inanspruchnahme der zur StZahlung nach § 32 verpflichteten Person erkennen lassen (BFH BStBl II 86, 524). Wird die ErbSt weder vom Erwerber noch vom Amtsinhaber bezahlt, ist ein Duldungsbescheid (§ 77 I AO) zur **Vollstreckung** in den Nachlass zu erlassen. 11

Die Sorge für die Bezahlung der ErbSt gilt nur unter den Voraussetzungen der §§ 32 I 1, 31 V, dh **nur im Rahmen der Amtsbefugnisse.** Die Beschränkungen der StErklärungspflicht (§ 31 Anm 16, 17) sind auch hier zu beachten. Insb hat der Testamentsvollstrecker im Regelfall nur für die Bezahlung der ErbSt der Erben, nicht der Vermächtnisnehmer zu sorgen. Eine Haftung für die ErbSt der Vermächtnisnehmer kommt hier nur über § 20 III in Betracht (Anm 15). 12

2. Haftung bei Nichtbezahlung

13 Der Testamentsvollstrecker haftet für die ErbSt persönlich, wenn er seine Pflicht, für die Bezahlung der ErbSt zu sorgen, vorsätzlich oder grob fahrlässig verletzt und deswegen die St nicht oder nicht rechtzeitig festgesetzt wird **(§§ 69, 34 III AO).** Einfache Fahrlässigkeit begründet keine Haftung (FG München UVR 00, 113; *Piltz,* ZEV 01, 262). Die Inanspruchnahme erfolgt durch Haftungsbescheid (§ 191 I AO), wozu es einer vorherigen Vollstreckung beim Erben nicht bedarf (§ 219 S 2 AO). Bei Berufsträgern muss vorher die zuständige Berufskammer gehört werden (§ 191 II AO). Eine Haftung droht, wenn der Nachlass vor Festsetzung und Bezahlung der ErbSt verteilt wird (Hess FG EFG 96, 666; vom BFH BStBl II 96, 760 nur wegen fehlender Anhörung nach § 191 II AO aufgehoben). Wenn nachträgliche ErbStBerichtigungen nicht ausgeschlossen sind, muss sich der Testamentsvollstrecker absichern, zB durch eine Verständigung mit dem FA oder Zusicherungen der Erben (näher *Bengel/Reimann* VIII Rz 94).

14 Ein besonderes Problem ergibt sich, wenn ErbStBegünstigungen in Anspruch genommen werden, die später wieder entfallen können (insb §§ 13a, 19a, aber auch §§ 13 I Nrn 2, 4b, 4c und 16). Besteht hier eine **Nachsteuerhaftung?** Die NachSt ist keine eigenständige St, sondern gehört zur ErbSt iSv § 32 I 2, auf die vorläufig eine Verschonung gewährt wird (aA *Worgulla/Eismann,* DStR 16, 2084). Aber der Umfang der Pflicht zur ErbStZahlung wird auch hier durch das ZivilR bestimmt (§ 31 Anm 17). Mit dem Ende des Amtes enden auch die stlichen Pflichten, die selbst keine Verlängerung bewirken können. Solange die Testamentsvollstreckung aber (zivilrechtlich) noch andauert, sind etwaige Nachsteuern zu beachten (näher *Bengel/Reimann,* VIII Rz 95ff). Das BayLfSt (ZEV 16, 231) stellt allein darauf ab, ob bereits zum Zeitpunkt der Nachlassverteilung Umstände bekannt sind, die eine Nachversteuerung wahrscheinlich machen. Nur dann sei eine voreilige Verteilung pflichtwidrig. Damit erfolgt eine Haftungseinschränkung erst auf Ebene des Verschuldens, was impliziert, dass eine Pflicht aus § 32 I 2 besteht und eine Testamentsvollstreckung trotz Erledigung aller Aufgaben andauert, weil bis zum Ende der Behaltensfrist ein Mitteleinbehalt für etwaige NachSt erfolgen müsste. Dies ist wie ausgeführt abzulehnen.

15 Der Testamentsvollstrecker darf bei **Auskehrung von Vermächtnissen** auch keine entsprechenden StBeträge zurückhalten. Wer allerdings auf dem Standpunkt steht, der Nachlass hafte nach **§ 20 III** auch für die St der Vermächtnisnehmer (dagegen § 20 Anm 20), kann dies anders entscheiden (*Weidmann,* ZEV 14, 404). Das OLG Karlsruhe (NJW-RR 16, 390) hat die Streitfrage um die Einbeziehung der Vermächtnisnehmer in § 20 III offen gelassen, aber im Fall einen Freistellungsanspruch gegen den Vermächtnisnehmer und ein Zurückbehaltungsrecht des Testamentsvollstreckers abgelehnt, da noch überhaupt keine Inanspruchnahme des Nachlasses nach § 20 III erfolgt sei.

3. Verpflichtung zur Sicherheitsleistung

16 Gem **§ 32 I 3, II 2** ist auf Verlangen des FA für die ErbSt aus dem Nachlass Sicherheit zu leisten. Art, Wirkung und Einzelheiten der Sicherheitsleistung richten sich nach §§ 241ff AO.

4. Steuererstattung

17 Weil § 32 I 2 dem Testamentsvollstrecker die Sorge für die StZahlung des Erben auferlegt, wird der Testamentsvollstrecker auch als legitimiert angesehen, Erstattungsleistungen des FA mit befreiender Wirkung für die FinVerw entgegenzunehmen (BFH BStBl II 86, 704, 706). Dabei spielt die Überlegung eine Rolle, dass die Erstattungsforderung Nachlassbestandteil ist und als Nachlassposten der Verwaltung und Verfügung des Testamentsvollstreckers unterliegt. Diese Erwägung passt jedoch nur für

Erstattungsforderungen, die aus der Sphäre des Erblassers stammen und im Wege der Erbfolge auf den Erben übergegangen sind. Erstattungsforderungen im Hinblick auf die eigene ErbStSchuld des Erben fallen dagegen nicht in den Nachlass, unterliegen der Testamentsvollstreckung nicht. Daher erscheint die Legitimation des Testamentsvollstreckers zur Entgegennahme solcher Erstattungszahlungen zweifelhaft.

IV. Rechtsbehelfe

1. Allgemeines

Gegen einen ErbSt/SchStBescheid ist als Rechtsbehelf der Einspruch gegeben 18 (§ 347 I Nr 1 AO). Der Einspruch kann innerhalb eines Monats beim FA eingelegt werden (§ 355 I AO). Der StBescheid enthält eine entsprechende Belehrung (§ 157 I AO). Das Einspruchsverfahren ist gebührenfrei. Gibt das FA dem Einspruch statt, erlässt es einen berichtigten StBescheid. Hält es den Einspruch für sachlich nicht begründet, muss es dem StSchuldner eine schriftliche Einspruchsentscheidung mit entsprechender Begründung und einer Belehrung über die hiergegen zulässige Klage beim FG erteilen (§§ 366, 367 AO). Durch den Einspruch wird die Vollziehung des angefochtenen StBescheids nicht gehemmt, die Erhebung der St nicht aufgehalten (§ 361 I AO). Doch kann das FA die Vollziehung des angefochtenen Bescheids ganz oder teilweise aussetzen. Ein Bescheid, der keine oder eine unrichtige Rechtsmittelbelehrung enthält, kann noch innerhalb eines Jahres seit Bekanntgabe des Bescheids angefochten werden; in Ausnahmefällen ist sogar noch nach Ablauf der Jahresfrist eine Anfechtung möglich (§ 356 II AO).

2. Rechtsbehelfsbefugnis und Fristenlauf

In den von § 32 I angesprochenen Fällen, in denen der **Testamentsvollstrecker** 19 nur Adressat der Bekanntmachung, aber nicht zugleich Adressat des StBescheids ist (vgl Anm 6), steht ihm mangels Beschwer **keine eigene Rechtsbehelfsbefugnis** zu (BFH BStBl II 82, 262; H E 32 ErbStH). Der Testamentsvollstrecker kann daher nur dann wirksam für die Erben Rechtsbehelfe einlegen, wenn ihm von den Erben eine entsprechende Vollmacht erteilt worden ist. Eine postmortale (= für die Zeit nach dem Tod erteilte) Vollmacht des Erblassers dürfte zur Einlegung von Rechtsbehelfen im Hinblick auf die ErbStSchuld der Erben nicht genügen, da der Erblasser nur für den von ihm stammenden Bereich Vollmacht erteilen kann, während die ErbSt den persönlichen Bereich der Erben betrifft.

Ist die Bekanntgabe des ErbStBescheids an den Testamentsvollstrecker dem Erben 20 gegenüber wirksam, so wird durch die Bekanntgabe mit Wirkung gegen den Erben die **Rechtsbehelfsfrist** in Lauf gesetzt (BFH BStBl II 91, 49; AEAO Nr 2.12.4.3 S 1 zu § 122 AO; aM FG München EFG 88, 373). Der Testamentsvollstrecker ist verpflichtet, den Erben von der Bekanntgabe und von dem Inhalt des StBescheids zu unterrichten. Versäumt der Testamentsvollstrecker die Unterrichtung, kann der Erbe gegen den Fristablauf gem § 110 AO die Wiedereinsetzung in den vorherigen Stand verlangen, sofern nicht schon ein Jahr nach dem Ende der Rechtsbehelfsfrist verstrichen ist (§ 110 III AO; BFH BStBl II 91, 49). Ein Verschulden des Testamentsvollstreckers ist dem Erben mangels Vertretereigenschaft nicht zuzurechnen.

Die vorstehenden Ausführungen gelten auch für den **Nachlassverwalter.** Da- 21 gegen ist der **Nachlasspfleger** gesetzlicher Vertreter der noch unbekannten Erben und als deren Vertreter rechtsbehelfsbefugt (BGH BStBl II 82, 687), nicht aber im eigenen Namen (FG Düsseldorf EFG 17, 1525 – Rev II R 40/17). Ein Verschulden des Nachlasspflegers ist den Erben zuzurechnen (AEAO Nr 2.13.4.3 S 4 zu § 122 AO).

3. Heilung eines fehlerhaften Steuerbescheids

22 Wird der StBescheid zu Unrecht dem Testamentsvollstrecker bekanntgegeben, ist der Bescheid unwirksam. Legt der StSchuldner anschließend Einspruch gegen den unwirksamen StBescheid ein, so wird mit der richtig zugestellten Einspruchsentscheidung der Fehler der falschen Bekanntmachung des StBescheids geheilt, wenn die Einspruchsentscheidung den Inhalt des StBescheids zutreffend wiedergibt, so dass dem Stpfl nun auf dem Weg der Einspruchsentscheidung der Inhalt des StBescheids zur Kenntnis gelangt (BFH BStBl II 91, 49). Denn die Einspruchsentscheidung ist an den Stpfl, nicht an den Testamentsvollstrecker, zu adressieren (H E 32 ErbStH; FinMin Saarland DStR 01, 1033; FG München EFG 07, 1303) und wird daher auch von dem Stpfl selbst zur Kenntnis genommen. In einem anschließenden Klageverfahren ist dann der ursprüngliche, unwirksame Bescheid in der Gestalt der wirksamen Entscheidung über den außergerichtlichen Rechtsbehelf auf seine Rechtmäßigkeit zu überprüfen.

V. Änderung des Steuerbescheids, Festsetzungsverjährung

23 Ein bestandskräftiger ErbSt/SchStBescheid kann unter den folgenden **sechs Voraussetzungen** geändert werden:

1. Bei Schreibfehlern, Rechenfehlern oder einer ähnlichen offenbaren Unrichtigkeit, die auch im Fall eines Vergreifens bei Anwendung der StKlasse oder der StStufe vorliegen kann (§ 129 AO).

2. Bei Aufhebung oder Änderung eines der Besteuerung zugrundegelegten Grundbesitzwerts (§ 175 I 1 Nr 1 AO).

3. Bei Eintritt eines Ereignisses, das steuerliche Wirkung für die Vergangenheit hat (§ 175 I 1 Nr 2 AO), wie es insbesondere in den Fällen des § 29 in Betracht kommt, aber auch dann zu gelten hat, wenn wegen Ausschlagung der Erbschaft die ErbSt entfällt (BFH/NV 05, 1310), oder wenn die Bereicherung aus einem auf unbestimmte Zeit gewährten zinslosen Darlehen infolge Darlehenskündigung geschmälert wird (BFH BStBl II 79, 631).

4. Bei nachträglichem Bekanntwerden neuer Tatsachen oder Beweismittel (§ 173 I AO). Die Voraussetzung eines nachträglichen Bekanntwerdens neuer Tatsachen wird selbst dann bejaht, wenn die neue Tatsache zwar bereits in der FinVerw bekannt war, aber die für die Festsetzung der ErbSt/SchSt organisatorisch zuständige Stelle bisher noch keine Kenntnis hatte (Hess FG EFG 90, 217). Bei einer Berichtigung zugunsten des Stpfl wird weiterhin verlangt, dass ihn kein grobes Verschulden daran trifft, dass die Tatsachen oder Beweismittel erst nachträglich bekannt geworden sind (§ 173 I Nr 2 AO; vgl dazu BFH BStBl II 05, 451; FG München EFG 07, 1454).

5. Bei Änderung des stpfl Erwerbs durch Eintritt einer aufschiebenden oder auflösenden Bedingung (§§ 5 bis 8 BewG).

6. Bei vorzeitigem Wegfall einer lebenslänglichen Nutzung oder Leistung (§ 14 II BewG).

24 **Zur Festsetzungsverjährung** vgl § 9 Anm 64ff.

§ 33 Anzeigepflicht der Vermögensverwahrer, Vermögensverwalter und Versicherungsunternehmen

(1) [1]**Wer sich geschäftsmäßig mit der Verwahrung oder Verwaltung fremden Vermögens befaßt, hat diejenigen in seinem Gewahrsam befindlichen Vermögensgegenstände und diejenigen gegen ihn gerichteten Forderungen, die beim Tod eines Erblassers zu dessen Vermögen gehörten oder über die**

dem Erblasser zur Zeit seines Todes die Verfügungsmacht zustand, dem für die Verwaltung der Erbschaftsteuer zuständigen Finanzamt schriftlich anzuzeigen. [2]Die Anzeige ist zu erstatten:
1. **in der Regel: innerhalb eines Monats, seitdem der Todesfall dem Verwahrer oder Verwalter bekanntgeworden ist;**
2. **wenn der Erblasser zur Zeit seines Todes Angehöriger eines ausländischen Staats war und nach einer Vereinbarung mit diesem Staat der Nachlaß einem konsularischen Vertreter auszuhändigen ist: spätestens bei der Aushändigung des Nachlasses.**

(2) **Wer auf den Namen lautende Aktien oder Schuldverschreibungen ausgegeben hat, hat dem Finanzamt schriftlich von dem Antrag, solche Wertpapiere eines Verstorbenen auf den Namen anderer umzuschreiben, vor der Umschreibung Anzeige zu erstatten.**

(3) **Versicherungsunternehmen haben, bevor sie Versicherungssummen oder Leibrenten einem anderen als dem Versicherungsnehmer auszahlen oder zur Verfügung stellen, hiervon dem Finanzamt schriftlich Anzeige zu erstatten.**

(4) **Zuwiderhandlungen gegen diese Pflichten werden als Steuerordnungswidrigkeit mit Geldbuße geahndet.**

Erbschaftsteuer-Richtlinien 2011: H E 33

Übersicht

Schrifttum: *Canaris,* Missbrauch der Norm des § 33 ErbStG durch die FinVerw, StVj 90, 283; *Kottke,* Vermiedene Anzeige der Bank an das Finanzamt bei Abräumen des Kontos vor dem Tode, BB, 92, 1694; *Carl/Klos,* Zulässigkeit des Kontrollmitteilungsverfahrens nach § 33 ErbStG im Erbfall, NWB F 10, 651 (1992); *Jülicher,* Verfahrensrecht bei der ErbSt, ZErb 01, 6; *Gärditz,* Erbschaftsteuerliche Anzeigepflicht und ausländisches Bankgeheimnis im Lichte des Völker-, Europa- und Verfassungsrechts, WM 10, 437; *Gohlisch,* Erbschaftsteuerliche und schenkungsteuerliche Anzeige- und Erklärungspflichten und die sich daraus ergebenden Folgen für den Eintritt der Festsetzungsfrist, ZErb 11, 102; *Müller,* Anzeigepflichten für Berufsträger in Erbfällen und bei Schenkungen – Änderung der ErbStDV, ErbStB 11, 29; *Bruschke,* Pflichten der Kreditinstitute im Besteuerungsverfahren, ErbStB 17, 219; *Roth,* Informationsquellen der Steuerfahndung, DStZ 17, 496.

I. Überblick

1. Allgemeines

§ 33 gehörte eine zeitlang zu den besonders nachhaltig diskutierten Vorschriften des ErbStG. In der Diskussion ging es jedoch nicht unmittelbar um die Auslegung dieser Bestimmung. § 33 verpflichtet die Banken, den Stand der bei ihnen geführten Konten des Erblassers dem ErbStFA anzugeben. Das ErbStFA gibt die dadurch erlangte Kennt- 1 nis an das EStFA des Erblassers im Wege der sog **Kontrollmitteilung** weiter und erlaubt es so, die StAkten des Erblassers im Hinblick auf die Deklaration der Zinseinkünfte zu überprüfen. Diese an § 33 ErbStG anschließende Praxis der Kontrollmitteilungen (hierzu FinVerw BStBl I 03, 392 und auch die ErbStVA der FinVerw, BStBl I 12, 712 mit Änderung BStBl I 15, 546) hatte in der Literatur zu heftigen Auseinandersetzungen geführt. Dabei ging es vornehmlich um die Vereinbarkeit der Kontrollmitteilungen mit Sinn und Zweck des 1988 eingeführten (und mW v 25.6.2017 durch G v 23.6.2017, BGBl I 17, 1682 aufgehobenen) § 30a AO, der das Vertrauensverhältnis zwischen Bank und Kunde besonders schützen soll (sog Bankgeheimnis). Diese Literatur hat in der Zwischenzeit an Gewicht verloren, weil das BVerfG in seiner Entscheidung v 27.6.1991 (BStBl II 91, 654) die Bedeutung der gleichmäßigen Erfassung der Zinseinkünfte unter dem Gesichtspunkt der StGerechtigkeit nachdrücklich betont und die Bedeutung des Schutzes des Bankgeheimnisses eingeschränkt hat. Nach dieser Entscheidung sind die Bedenken, die gegen die an § 33 anknüpfende Praxis der Kontrollmitteilungen nicht selten in sehr heftiger Form erhoben worden waren (*Canaris,* StVj 90, 283: „eklatanter Fall von Normenmissbrauch"), als überholt einzustufen. Wird doch in der Entscheidung des BVerfG ausdrücklich festgestellt, „dass steuerliche Kontrollmitteilungen und Auskunftspflichten mit den Grundrechten der Banken und Bankkunden vereinbar sind" und dass die „im Steuerrecht verankerten Auskunfts- und Anzeigepflichten sowie die Ermächtigung zur Ausschreibung von Kontrollmitteilungen (§§ 93 I, 194 III, 208 I AO)… hinreichend bestimmt (sind) und … dem Grundsatz der Verhältnismäßigkeit" entsprechen (BVerfG BStBl II 91, 654, 668). In diesem Sinn hat anschließend auch der BFH (BStBl II 92, 616) entschieden, dass die Praxis der FÄ, bei der Veranlagung zur ESt Mitteilungen der ErbSt-Stellen auf Grund von Anzeigen nach § 33 auszuwerten, mit dem geltenden Recht vereinbar ist.

2. Normzweck

2 Um das FA von dem StFall in Kenntnis zu setzen und um ihm die Möglichkeit zu geben, sich mit dem Verlangen auf Abgabe einer StErklärung an die Beteiligten zu wenden, sieht § 30 die Verpflichtung des Erwerbers (bei Schenkungen auch: des Schenkers) zur Anzeige vor. § 33 ergänzt diese Bestimmung durch die Regelung einer Anzeigepflicht insbesondere für Banken und Versicherungsunternehmen. Diese Anzeigepflicht ist unumgänglich, will man eine gleichmäßige Besteuerung im Erbfall sicherstellen. Die Anzeigepflicht der Banken und Versicherungsunternehmen wirkt auf die Anzeigepflicht des Stpfl ein, der weiß, dass die Nichtanzeige von Vermögenswerten, die unter der Kontrolle von Banken oder Versicherungsunternehmen stehen, ihm nichts nützen wird. Sie erlaubt dem ErbStFA eine Kontrolle darüber, ob die ErbStErklärung des Erben oder sonstigen Erwerbers im Umfang der Anzeigepflicht vollständig und richtig ist. Sie ermöglicht außerdem eine nachträgliche Kontrolle beim Erblasser, ob er zu seinen Lebzeiten das angezeigte Vermögen und dessen Erträge bestimmungsgemäß versteuert hat (dazu schon Anm 1).

II. Anzeigepflicht der Kreditinstitute (Abs 1)

1. Vermögensverwahrer/-verwalter

3 Vermögensverwahrer und -verwalter, die sich geschäftsmäßig mit der Verwahrung oder Verwaltung fremden Vermögens befassen – also nicht Privatpersonen, die aus Hilfsbereitschaft oder als Angehörige, Freunde oder Bekannte für den Erblasser Vermögen in Verwahrung oder Verwaltung genommen haben –, sind zur Anzeige an das zuständige ErbStFA (§ 35) verpflichtet. Die Anzeigepflicht gilt in erster Linie für die **Kreditinstitute** (einschließlich der Postbanken und Bausparkassen). Die Kreditinsti-

tute (zu Niederlassungen im Ausland Anm 8) werden als Vermögensverwahrer und -verwalter angesehen, auch soweit sie lediglich Geldkonten führen und sich dabei als Darlehensnehmer zur Rückzahlung der eingezahlten Beträge verpflichten. Es wäre zu wünschen, dass bei einer Überarbeitung des Gesetzestextes die Geschäftstätigkeit der Kreditinstitute, die sie zur Anzeige verpflichtet, klarer bezeichnet werden könnte.

Die Anzeigepflicht gilt auch für **Steuerberater, Rechtsanwälte, Notare und** 4
Wirtschaftsprüfer, soweit sie Vermögensgegenstände des Erblassers in ihrem Gewahrsam haben, die sie verwahren oder verwalten. Die Steuerberater, Rechtsanwälte, Notare und Wirtschaftsprüfer betreiben zwar kein Gewerbe, können aber doch iSv § 33 I geschäftsmäßig handeln. Die genannten Personen haben auch gegen sie gerichtete (Geldzahlungs-)Forderungen des Erblassers anzuzeigen, die zu dessen Vermögen gehören. Damit können aber nur unstreitige Forderungen gemeint sein. Forderungen, die von ihnen nicht anerkannt werden, können nicht anzeigepflichtig sein, sofern nicht schon eine erste gerichtliche Entscheidung gegen sie ergangen ist. Die Anzeigepflicht nach § 33 gilt nicht für den Testamentsvollstrecker. Lediglich wenn dieser schon vor dem Erbfall für den Erblasser tätig war, kann er dazu verpflichtet sein.

Grundstücksverwaltungs-GmbHs, die als Treuhänder die Rechte der Kom- 5
manditisten eines Immobilienfonds geschäftsmäßig verwalten, die ein Treugeberregister über alle Treugeber und die beteiligungsbezogenen Daten führen und verpflichtet sind, das treuhänderisch gehaltene Vermögen getrennt von ihrem sonstigen Vermögen zu verwalten, sind beim Tod eines Kommanditisten anzeigepflichtig (FinMin Bad-Württ ZEV 99, 25). Auch für **Bestattungsunternehmen,** die auf Grund sog Bestattungs-Vorsorgeverträge Guthaben verwalten, kommt eine Anzeigepflicht in Frage (H E 33 ErbStH). Für die Betreiber von Wohn- und Altenheimen gilt die Anzeigepflicht nicht.

2. Inhalt der Anzeige

Die Einzelheiten der Anzeigepflicht werden in **§ 1 ErbStDV** (Anhang 2) geregelt. 6
Danach ist die Anzeige auf einem Formblatt zu erstatten. Sie hat auch die Vermögenswerte zu umfassen, an denen der Erblasser nur mitberechtigt war. Im Hinblick auf den Inhalt von Schließfächern genügt die Angabe, dass ein entsprechendes Schließfach vorhanden ist. Bei entsprechender Kenntnis ist der Versicherungswert anzugeben. Die Anzeige von Wirtschaftsgütern, die dem Erblasser nur als Treuhänder zustanden, kann unterbleiben. Die Anzeige ist ferner dann unnötig, wenn der Wert der anzuzeigenden Wirtschaftsgüter 5000 EUR nicht übersteigt.

Inländische Kreditinstitute haben den **Kontenstand** des Erblassers vom Beginn des 7
Todestages oder vom Vortag anzugeben (BMF DB 89, 605). In die Anzeige aufzunehmen sind nur die Guthaben des Erblassers, die noch bei seinem Tode bestanden, nicht solche, die mit seinem Einverständnis kurz vor seinem Tode „abgeräumt" worden sind. Anzeigepflichtig sind auch solche Vermögensposten, die dem Erblasser nur im wirtschaftlichen Sinn zustanden, weil er das rechtliche Eigentum einem Treuhänder übertragen hatte. Eine Anzeigepflicht besteht auch in den Fällen, in denen der Konto- bzw Depotinhaber durch einen **Vertrag zugunsten Dritter (§§ 328, 331 BGB)** mit seinem Geldinstitut vereinbart hat, dass die für ihn verwahrten Vermögensgegenstände oder dass sein Kontoguthaben mit seinem Tod auf einen Dritten übergehen soll (BMF DStR 99, 1814). Die auf das Todesjahr entfallenden **Guthabenzinsen oder Stückzinsen** sind dem FA bekanntzugeben (§ 1 I 3 ErbStDV). Ebenfalls mitzuteilen ist das **Vorhandensein eines Bankschließfachs** (§ 1 III ErbStDV). Die Anzeige ist innerhalb eines Monats nach Bekanntwerden des Todes eines Kunden zu erstatten (§ 33 I 2 Nr 1). Die Anzeige ist nicht mehr erforderlich, wenn der Todesfall mehr als fünfzehn Jahre zurückliegt (FinVerw DB 93, 2059).

Die Anzeigepflicht umfasst alle inländischen Zweigstellen. Der BFH hat mit Urteil 8
v 31.5.2006 auch eine **Anzeigepflicht unselbstständiger ausländischer Nieder-**

lassungen inländischer Kreditinstitute bejaht (BStBl II 07, 49). Gleiches soll nach FinVerw auch für inländische Niederlassungen einer ausländischen Bank gelten, auch wenn diese unselbstständig sind (FinMin Bad-Württ DB 00, 252). Der BFH hatte dem EuGH die Frage vorgelegt, ob die Anzeigepflicht der ausländischen unselbstständigen Niederlassungen auch besteht, wenn im anderen Mitgliedstaat keine vergleichbare Anzeigepflicht besteht und Kreditinstitute dort einem strafbewehrten Bankgeheimnis unterliegen oder dem die Niederlassungsfreiheit (Art 49 AEUV) entgegensteht (DStR 14, 2338) und sich dabei selbst gegen einen Unionsrechtsverstoß ausgesprochen, insb wegen des Rechtfertigungsgrunds wirksamer stlicher Kontrollen. Der EuGH hat in der Rs *Sparkasse Allgäu* am 14.4.2016 ebenso entschieden (BStBl II 17, 421). Danach muss ein inländisches Kreditinstitut auch das von einer unselbstständigen Zweigniederlassung im Ausland verwahrtes oder verwaltetes Vermögen anzeigen, selbst wenn dort ein strafbewehrtes Bankgeheimnis zu beachten ist (BFH BStBl II 17, 413).

III. Anzeigepflicht von Wertpapieremittenten und Versicherungsunternehmen (Abs 2, 3)

9 **Abs 2** gilt für **Wertpapieremittenten** nur im Fall der Emission von Namenspapieren. Die Anzeigepflicht besteht dann, wenn der Ausgeber um Umschreibung der Namenspapiere vom Verstorbenen auf den Namen eines Nachfolgers gebeten wird. Die Umschreibung darf erst nach der Anzeige erfolgen. Die Anzeige kann unterbleiben, wenn der Wert der Papiere 5000 EUR nicht übersteigt (§ 2 S 2 ErbStDV). Weitere Einzelheiten sind in § 2 ErbStDV (Anhang 2) niedergelegt.

10 **Versicherungsunternehmen** sind zur Anzeige verpflichtet, bevor sie Versicherungssummen oder Leibrenten einem anderen als dem Versicherungsnehmer auszahlen oder zur Verfügung stellen **(Abs 3).** Dies gilt insbesondere bei Versicherungsverträgen auf den Todesfall (Lebensversicherung). Die Anzeigepflicht besteht auch dann, wenn der Versicherungsvertrag nach dem Tod des Versicherungsnehmers von einem Hinterbliebenen fortgeführt wird. Denn auch mit der Vertragsfortführung wird dem Hinterbliebenen im Ergebnis die Versicherungssumme zur Verfügung gestellt. Bei verbundenen Lebensversicherungen von Eheleuten wird eine Anzeigepflicht angenommen, wenn eine Auszahlung an den Überlebenden erfolgt. Zu den Versicherungsunternehmen gehören auch betriebliche Pensions- und Sterbekassen, soweit sie einen Rechtsanspruch auf Leistungen gewähren; Unterstützungskassen, die ohne Rechtsanspruch Leistungen erbringen, gehören nicht hierher (BMF DB 77, 1438). Von einer Anzeige kann abgesehen werden, wenn der auszuzahlende Betrag bei Kapitalversicherungen insgesamt 5000 EUR nicht übersteigt (§ 3 III 2 ErbStDV). Die Anzeige darf ferner bei Pensionszahlungen an den überlebenden Ehegatten und an Kinder des Erblassers unterbleiben, wenn der monatlich zu zahlende Betrag 150 EUR nicht übersteigt (vgl FinMin NW DB 77, 566). Bei Zahlungen an den Versicherungsnehmer besteht keine Anzeigepflicht (vgl dazu auch BFH BStBl II 75, 841). Einzelheiten der Anzeigepflicht werden in § 3 ErbStDV (Anhang 2) angesprochen. Zur Anzeigepflicht berufständischer Versorgungswerke, zu verbundenen Lebensversicherungen und die Anzeigepflicht bei Vertragsfortführung vgl H E 33 ErbStH.

IV. Verletzung der Anzeigepflicht (Abs 4)

11 Nach Abs 4 werden Zuwiderhandlungen gegen die in den Abs 1 bis 3 geregelten Anzeigepflichten mit **Geldbuße** geahndet. Die Einzelheiten richten sich nach dem **Ordnungswidrigkeitengesetz** (vgl § 377 II AO), das nur für den Fall des vorsätz-

lichen Handelns eine Geldbuße vorsieht. Bei fahrlässiger Anzeigeversäumung kommt nur unter den Voraussetzungen des § 378 II AO eine Buße in Betracht, wenn der Anzeigepflichtige zugleich selbst für die StZahlung einstehen muss (§ 34 III AO: Vermögensverwahrer, die zugleich Vermögensverwalter sind). Bei Versicherungsunternehmen ist daneben eine Haftung nach § 20 VI 1 zu beachten (dort Anm 32).

Im Recht der Ordnungswidrigkeiten gilt das **Opportunitätsprinzip.** Danach kann die FinVerw tätig werden, sie kann aber auch von der Ahndung durch eine Geldbuße absehen. Die Formulierung des § 33 IV scheint auf eine Verpflichtung hinzudeuten, die die FinVerw zur Auferlegung einer Geldbuße hat. Doch dürfte insoweit ein Redaktionsversehen vorliegen (*App,* StVj 90, 101). 12

§ 34 Anzeigepflicht der Gerichte, Behörden, Beamten und Notare

(1) **Die Gerichte, Behörden, Beamten und Notare haben dem für die Verwaltung der Erbschaftsteuer zuständigen Finanzamt schriftlich Anzeige zu erstatten über diejenigen Beurkundungen, Zeugnisse und Anordnungen, die für die Festsetzung einer Erbschaftsteuer von Bedeutung sein können.**

(2) **Insbesondere haben anzuzeigen:**

1. die Standesämter:
die Sterbefälle;

2. die Gerichte und die Notare:
die Erteilung von Erbscheinen, Europäischen Nachlasszeugnissen, Testamentsvollstreckerzeugnissen und Zeugnissen über die Fortsetzung der Gütergemeinschaft, die Beschlüsse über Todeserklärungen sowie die Anordnung von Nachlaßpflegschaften und Nachlaßverwaltungen;

3. die Gerichte, die Notare und die deutschen Konsuln:
die eröffneten Verfügungen von Todes wegen, die abgewickelten Erbauseinandersetzungen, die beurkundeten Vereinbarungen der Gütergemeinschaft und die beurkundeten Schenkungen und Zweckzuwendungen.

Übersicht

Schrifttum: *Schuck,* Die Änderung der ErbStDV, ZEV 99, 99; *Klöckner,* Die Anzeigepflichten der Notare gem § 34 ErbStG, ZEV 11, 299.

I. Allgemeines

1 § 34 ergänzt das **System der Anzeigepflichten,** mit denen sich die FinVerw Kenntnis von den stpfl Vorgängen verschafft. Während § 30 die Erwerber und potentiellen StSchuldner und § 33 die privaten Institutionen, die typischerweise in Vermögenstransaktionen eingeschaltet sind (Banken, Versicherungsunternehmen), zur An-

zeige verpflichtet, sieht § 34 eine Anzeigepflicht für Gerichte, Behörden, Beamte und Notare vor, die im Rahmen ihrer Amtstätigkeit erlangte, steuerlich bedeutsame Kenntnisse an die ErbStFÄ weiterzugeben haben. § 30 verpflichtet die Erwerber zur Anzeige des Vermögensanfalls, die Anzeigepflicht nach § 33 richtet sich auf die Angabe des beim Todesfall verwahrten Erblasservermögens sowie auf die Anzeige von Umschreibungsanträgen für Wertpapiere und Auszahlungsforderungen von Drittbegünstigten im Hinblick auf das Erblasservermögen, nach § 34 sind Angaben über Beurkundungen, Zeugnisse und Anordnungen, die für die ErbSt von Bedeutung sein können, an das ErbStFA weiterzugeben. Unter „Beurkundungen" werden entsprechend § 39 BeurkG auch Unterschriftsbeglaubigungen gefasst (FinMin Bad-Württ v 21.6.2010 3-S 3844/38; *Klöckner,* ZEV 11, 299, 300). Das deutsche ErbStG kann selbstverständlich nur inländische Gerichte, Behörden, Beamte und Notare zur Anzeige verpflichten.

II. Anzeigepflicht der Standesämter (Abs 2 Nr 1)

2 Einzelheiten der Anzeigepflicht sind in den **§§ 4, 5 ErbStDV** (Anhang 2) geregelt. Nach diesen Vorschriften besteht eine umfassende Anzeigepflicht gegenüber dem ErbStFA, in dessen Bezirk sich das Standesamt befindet, hinsichtlich aller Sterbefälle, die dem Standesamt zwecks Eintragung in das amtliche Sterberegister zu melden sind, sowie auch hinsichtlich aller Sterbefälle von Personen, die außerhalb Deutschlands verstorben sind, jedoch hier ihren Wohnsitz oder gewöhnlichen Aufenthaltsort hatten oder denen Vermögen im Bezirk des Standesamtes zustand.

III. Anzeigepflicht der Gerichte bei Todeserklärungen (Abs 2 Nr 2)

3 Die Gerichte haben dem zuständigen ErbStFA (§ 35) die Beschlüsse über Todeserklärungen anzuzeigen. Näheres regelt **§ 6 ErbStDV** (Anhang 2). Danach sind die Gerichte verpflichtet, dem FA eine beglaubigte Abschrift der Beschlüsse über die Todeserklärung Verschollener oder über die Feststellung des Todes und der Todeszeit zu übersenden. Wegen der Bedeutung der Todeserklärung für die ErbStPfl vgl § 3 Anm 5.

IV. Anzeigepflicht der Gerichte, Notare und sonstigen Urkundspersonen in Erbfällen (Abs 2 Nrn 2, 3)

4 Die Einzelheiten der Anzeigepflicht sind in **§ 7 ErbStDV** (Anhang 2) geregelt. Danach sind dem zuständigen ErbStFA (§ 35) eine beglaubigte Abschrift der eröffneten Verfügungen von Todes wegen, ferner Erbscheine, Europäische Nachlasszeugnisse, Testamentsvollstreckerzeugnisse und Zeugnisse über die Fortsetzung von Gütergemeinschaften und der Beschlüsse über die Einleitung oder Aufhebung einer Nachlasspflegschaft und Nachlassverwaltung zu übersenden und die Abwicklung von Erbauseinandersetzungen anzuzeigen. Auch sind Angaben über die Zusammensetzung und die Höhe des Nachlasses zu machen. Für Notare besteht eine Anzeigepflicht in Erbfällen nur, wenn ihnen Geschäfte des Nachlassgerichts übertragen sind, in deren Rahmen sie die Abwicklung der Erbauseinandersetzung auf Grund besonderer Beauftragung als Nachlassgericht vornehmen (§ 7 V ErbStDV). Hinsichtlich der sonstigen von ihnen beurkundeten Erbauseinandersetzungsverträge besteht eine Anzeigepflicht nur dann, wenn die Auseinandersetzung zugleich eine freigebige Zu-

wendung zum Gegenstand hat. Für die FinVerw ist die Vermutung einer freigebigen Zuwendung ausreichend (BayLfSt, Merkblatt über stliche Beistandspflichten der Notare v 1.1.2016, Rz 2.3).

V. Anzeigepflicht der Gerichte, Notare und sonstigen Urkundspersonen bei Schenkungen und Zweckzuwendungen unter Lebenden (Abs 2 Nr 3)

§ 8 ErbStDV (Anhang 2) verpflichtet die Gerichte (Entsprechendes gilt nach § 8 IV ErbStDV für Notare, Bezirksnotare und sonstige Urkundspersonen) zur Übersendung einer beglaubigten Abschrift der Urkunde über eine Schenkung – auch Schenkungsversprechen (BayLfSt-Merkblatt, Rz 2.2, s Anm 4) – oder Zweckzuwendung unter Lebenden, die von ihnen aufgenommen worden ist. Mitzuteilen sind auf einem Mustervordruck ferner Feststellungen über das Verwandtschaftsverhältnis zwischen Geber und Empfänger und bei Grundstückszuwendungen über den Grundbesitzwert oder den letzten Einheitswert. Schließlich ist der Wert der Zuwendung und der der Kostenberechnung zugrunde gelegte Gegenstandswert mitzuteilen. Diese Anzeigen können in Bagatellfällen (§ 8 III ErbStDV: Wert von Hausrat bis 12.000 EUR, Wert von sonstigem Vermögen bis 20.000 EUR) unterbleiben. 5

§ 8 ErbStDV verpflichtet die Gerichte, Notare und sonstigen Urkundspersonen ferner, bei der Beurkundung von Schenkungen und Zweckzuwendungen unter Lebenden die Beteiligten auf die mögliche StPfl hinzuweisen und sie über Punkte, die Inhalt der Anzeigepflicht sind, zu befragen. Die **Hinweis- und Befragungspflichten** werden auch für den Fall der Beurkundung von Rechtsgeschäften vorgeschrieben, die teilweise (oder auch der Form nach voll) entgeltlich sind, wenn Anhaltspunkte für eine Schenkung oder Zweckzuwendung unter Lebenden vorliegen. Da der Verordnungsgeber auf der Grundlage des § 36 I Nr 1 Buchst e nur ermächtigt war, Anzeige-, Mitteilungs- oder Übersendungspflichten im Verhältnis zur FinVerw zu regeln, bleibt die Ermächtigungsgrundlage für manche der in die ErbStDV aufgenommenen Regelungen im Dunkeln (§ 36 Anm 1). Zumindest die Pflicht zum Hinweis auf StFolgen, die in das Beurkundungsgesetz gehörte, erscheint in § 8 ErbStDV falsch platziert. *Schuck* (ZEV 99, 99f) betrachtet die Bestimmungen der ErbStDV, für die sich eine Ermächtigungsgrundlage nur schwer auffinden lässt, als verfassungswidrig (ebenso *Klöckner,* ZEV 11, 299, 302f.). Jedoch gibt es Zivilrechtsprechung, die eine Notarhaftung wegen Unterlassung der Pflichten aus der ErbStDV bejaht (OLG Oldenburg DNotZ 10, 312). 6

VI. Anzeigepflicht der deutschen Auslandsstellen (Abs 2 Nr 3)

Die diplomatischen Vertreter und Konsuln Deutschlands haben dem Bundesfinanzministerium (nicht dem ErbStFA) anzuzeigen die ihnen bekannt gewordenen Sterbefälle von Deutschen ihres Amtsbezirks und die ihnen bekannt gewordenen Zuwendungen ausländischer Erblasser oder Schenker an Personen, die in Deutschland einen Wohnsitz oder ihren gewöhnlichen Aufenthaltsort haben (**§ 9 ErbStDV,** Anhang 2). Die zuletzt genannten Anzeigen dürften jedoch mehr zufälligen Charakter haben, da sich die Auslandsvertretungen mit der zuverlässigen Sammlung entsprechender Nachrichten über Zuwendungen an Inländer kaum befassen werden. 7

VII. Anzeigepflicht der Genehmigungsbehörden

8 Unmittelbar aus § 34 I iVm **§ 10 ErbStDV** (Anhang 2) besteht eine Anzeigepflicht für Behörden, die Stiftungen oder Zuwendungen von Todes wegen und unter Lebenden an juristische Personen oder dergl genehmigen, hinsichtlich der genehmigten Transaktionen. Die Anzeigen sind insbesondere für die StPfl nach § 3 II Nr 1, 3, nach § 7 I Nr 3, 8 und nach § 8 (jeweils iVm § 1) von (geringer) praktischer Bedeutung.

§ 35 Örtliche Zuständigkeit

(1) [1]**Örtlich zuständig für die Steuerfestsetzung ist in den Fällen, in denen der Erblasser zur Zeit seines Todes oder der Schenker zur Zeit der Ausführung der Zuwendung ein Inländer war, das Finanzamt, das sich bei sinngemäßer Anwendung des § 19 Abs. 1 und des § 20 der Abgabenordnung ergibt.** [2]**Im Fall der Steuerpflicht nach § 2 Abs. 1 Nr. 1 Buchstabe b richtet sich die Zuständigkeit nach dem letzten inländischen Wohnsitz oder gewöhnlichen Aufenthalt des Erblassers oder Schenkers.**

(2) **Die örtliche Zuständigkeit bestimmt sich nach den Verhältnissen des Erwerbers, bei Zweckzuwendungen nach den Verhältnissen des Beschwerten, zur Zeit des Erwerbs, wenn**
1. **bei einer Schenkung unter Lebenden der Erwerber, bei einer Zweckzuwendung unter Lebenden der Beschwerte, eine Körperschaft, Personenvereinigung oder Vermögensmasse ist oder**
2. **der Erblasser zur Zeit seines Todes oder der Schenker zur Zeit der Ausführung der Zuwendung kein Inländer war.** [2]**Sind an einem Erbfall mehrere inländische Erwerber mit Wohnsitz oder gewöhnlichem Aufenthalt in verschiedenen Finanzamtsbezirken beteiligt, ist das Finanzamt örtlich zuständig, das zuerst mit der Sache befaßt wird.**

(3) [1]**Bei Schenkungen und Zweckzuwendungen unter Lebenden von einer Erbengemeinschaft ist das Finanzamt zuständig, das für die Bearbeitung des Erbfalls zuständig ist.** [2]**Satz 1 gilt auch, wenn eine Erbengemeinschaft aus zwei Erben besteht und der eine Miterbe bei der Auseinandersetzung eine Schenkung an den anderen Miterben ausführt.**

(4) **In den Fällen des § 2 Absatz 1 Nummer 3 ist das Finanzamt örtlich zuständig, das sich bei sinngemäßer Anwendung des § 19 Absatz 2 der Abgabenordnung ergibt.**

Schrifttum: *Zauner/Berg,* Die Zuständigkeitsregelung des § 35 Abs. 3 ErbStG n. F., ZEV 09, 63.

1. Die Zuständigkeitsregelung im staatlichen Bereich

1 § 35 regelt zunächst die eher technische, den Verwaltungsablauf betreffende Frage, welches unter mehreren sachlich zuständigen FÄ die Bearbeitung eines StFalls auf dem Gebiet der ErbSt/SchSt zu übernehmen hat, weil es unter örtlichen Gesichtspunkten dem Fall am nächsten steht. **§ 35 verteilt** damit **Aufgaben innerhalb der FinVerw.** Dem Wortlaut nach beschränkt sich § 35 dabei auf eine Zuständigkeitsregelung für die **Steuerfestsetzung.** Gemeint ist aber die Zuständigkeit für die gesamte Bearbeitung des StFalls von der Entgegennahme und Verwahrung von Anzeigen (§§ 30, 33, 34) bis zur StErhebung. Weil § 35 somit die örtliche Zuständigkeit für die StErhebung einschließt und weil sich aus der örtlichen Zuständigkeit für die StEr-

hebung ergibt, wo die St vereinnahmt wird, beeinflusst die Zuständigkeitsregelung des § 35 auch das an die Vereinnahmung der St anknüpfende **hochpolitische Problem der Verteilung des StAufkommens unter den Ländern** (Art 107 I GG). Dabei zeigt sich ein eigentümliches Phänomen. Obwohl die St als BereicherungsSt ihrer Konzeption nach den Zufluss beim Erwerber erfasst, wird die Bearbeitung des StFalls und damit das StAufkommen nach § 35 im Zweifel dem Land zugewiesen, aus dem der Vermögensanfall stammt. Aus der Sicht des § 35 wird die ErbSt/SchSt damit als eine St auf die Fortgabe und nicht auf den Empfang des Vermögens gedeutet. Das wird sich, solange ein Wohlstandsgefälle zwischen den verschiedenen Regionen Deutschlands besteht, zum Nachteil der wirtschaftlich schwächeren Länder auswirken. Die Grundstruktur des § 35 bedarf daher gerade unter den gegenwärtigen Verhältnissen der Überprüfung.

2. Bedeutung für den Steuerpflichtigen

Die örtliche Zuständigkeit ist für den Stpfl unter dem Gesichtspunkt von Interesse, 2
bei welchem FA er seinen Erwerb anzuzeigen hat (§ 30) und von welchem FA der StFall bearbeitet werden wird (s Liste der ErbSt/SchSt-FÄ im Anhang 3). Liegt das zuständige FA weit vom Wohnsitz des Stpfl entfernt, kann sich aus der Sicht des Stpfl eine umständliche Korrespondenz mit dem FA ergeben. Seine möglicherweise guten Kontakte zu dem WohnsitzFA kommen ihm nicht zugute. Auch aus der Sicht des Stpfl erscheint die Regelung des § 35, die die örtliche Zuständigkeit mit dem Wohnsitz des Erblassers/Schenkers verbindet, wenig sachgerecht. Eine **Anzeige (§ 30)** beim örtlich unzuständigen FA ist von dort an das zuständige ErbStFA weiterzuleiten. Die Festsetzungsfrist (§ 170 V AO) läuft jedoch erst mit Eingang beim zuständigen ErbStFA. Bei **Verletzung der Zuständigkeitsregeln durch die Finanzbehörden** ist der Bescheid rechtswidrig und nicht nichtig (§ 125 III Nr 1 AO). Eine Aufhebung kommt nur in Betracht, wenn in der Sache eine andere Entscheidung hätte getroffen werden können (§ 127 AO).

3. Inländischer Erblasser/Schenker (Abs 1)

Abs 1 bestimmt die Zuständigkeit für den Regelfall der Besteuerung, in dem der 3
Erblasser/Schenker **StInländer** ist. Der Begriff des StInländers wird durch **§ 2 I Nr 1 S 2** näher festgelegt. Inländer sind nach **Buchst a** die Personen, die ihren Wohnsitz oder gewöhnlichen Aufenthalt im Inland haben. Bei Erwerben, die von diesen StInländern stammen, richtet sich die örtliche Zuständigkeit nach § 19 AO. Diese unnötig undurchsichtig formulierte Regelung besagt, dass das WohnsitzFA des Erblassers/Schenkers (genauer: das für den Wohnsitzbereich zuständige ErbStFA) die Besteuerung durchführen soll. In den Fällen des § 2 I Nr 1 S 2 **Buchst b** (erweiterte unbeschränkte StPfl), in denen Personen zum Kreis der Inländer gehören, die keinen Wohnsitz oder gewöhnlichen Aufenthaltsort im Inland haben, entscheidet nach **Abs 1 S 2** der letzte inländische Wohnsitz oder gewöhnliche Aufenthaltsort des Erblassers/Schenkers über die örtliche Zuständigkeit. Für deutsche Auslandsbedienstete (§ 2 I Nr 1 S 2 **Buchst c**) ist das ErbStFA zuständig, in dessen Bezirk sich die Dienstbezüge zahlende öffentliche Kasse befindet (§ 19 I 3 AO). Ist der Schenker eine Körperschaft, Personenvereinigung oder Vermögensmasse (§ 2 I Nr 1 S 2 **Buchst d**), ist nach § 20 I AO vorrangig der Sitz der Geschäftsleitung maßgeblich (Ersatzzuständigkeiten in den weiteren Absätzen des § 20 AO).

4. Personenvereinigung als Beschenkte (Abs 2 Nr 1)

Abs 2 Nr 1 bringt eine Sonderregelung gegenüber Abs 1 für bestimmte Fälle der 4
Schenkung und der Zweckzuwendung unter Lebenden. Nach Abs 1 würde an sich

der Wohnort oder gewöhnliche Aufenthaltsort des Schenkers die örtliche Zuständigkeit bestimmen. An die Stelle des FA aus dem Wohnortbereich des Schenkers soll nach Abs 2 Nr 1 das FA im Bereich des Sitzes des Beschenkten treten, wenn der Beschenkte eine **Personenvereinigung, Körperschaft oder Vermögensmasse** ist. Für diese Regelung waren Zweckmäßigkeitserwägungen maßgebend. Bei den Körperschaften, Personenvereinigungen und Vermögensmassen, denen eine Zuwendung gemacht wird, handelt es sich idR um eine gemeinnützige Institution. Solche Zuwendungen sind nach § 13 I Nr 16 Buchst b stfrei. Da für alle Zuwendungen, die diese Institutionen erhalten, das ErbStFA zuständig ist, in dessen Bereich sich die Geschäftsleitung der Institution befindet, sind diesem ErbStFA idR die steuerfreien Institutionen seines Bereichs auf Grund vorangehender Zuwendungen bekannt. Es kann daher aus eigener Kenntnis darüber entscheiden, ob die Voraussetzungen für die StFreiheit erfüllt sind, während das WohnsitzFA des Schenkers in vielen Fällen zunächst beim FA der Körperschaft usw Rückfrage halten müsste.

5. Ausländischer Erblasser/Schenker (Abs 2 Nr 2)

5 **Abs 2 Nr 2** sieht eine Abs 1 ergänzende Regelung für den Fall vor, dass der Erblasser/Schenker **nicht** zum Kreis der **StInländer** gehört. In diesem Fall kann die örtliche Zuständigkeit nicht an den Wohnsitz oder gewöhnlichen Aufenthaltsort des Erblassers/Schenkers im Inland anknüpfen, weil es einen solchen inländischen Wohnsitz oder Aufenthaltsort nicht gibt. Daher soll sich in diesem Fall die örtliche Zuständigkeit nach den Verhältnissen des Erwerbers richten. Das FA, das auf Grund dieser Zuständigkeitsregelung mit einem Erwerb befasst wird, hat auch die mit diesem Erwerb zusammenhängenden anderen Erwerbe zu betreuen, sofern nicht bereits vorher ein anderes FA mit einem der Erwerbe befasst worden war; im letzteren Fall ist die StFestsetzung und -erhebung an das FA abzugeben, das als erstes – und sei es auch nur bei einem ganz kleinen Erwerb – im Bereich der zusammenhängenden Erwerbe tätig geworden ist. Die betroffenen FÄ können mit Zustimmung der Stpfl eine Zuständigkeitsvereinbarung nach § 27 AO treffen. Als Erwerbe, die mit anderen Erwerben iS dieser Zuständigkeitsregelung zusammenhängen, nennt Abs 2 Nr 2 nur die Erwerbe mehrerer an einem Erbfall beteiligter Personen. Nach § 1 II dürfte diese Regelung jedoch auch für mehrere Schenkungsbeteiligte gelten.

6. Erbengemeinschaft (Abs 3)

6 **Abs 3** regelt für den Fall, dass „von einer **Erbengemeinschaft**“ – da eine Erbengemeinschaft nicht Schenker sein kann, ist gemeint: von Miterben aus dem Nachlass – eine Schenkung gemacht wird oder dass die Miterben mit einer Zweckauflage belastet sind, die Zuständigkeit aus Zweckmäßigkeitsgründen in der Weise, dass das FA, das für die Bearbeitung der mit einem Erbfall zusammenhängenden Erwerbe zuständig ist oder zuständig wäre, die Zuständigkeit auch für die Bearbeitung des Schenkungsfalls und des Falls der Zweckzuwendung mitübernehmen soll. Die FinVerw (Bad-Württ ZEV 99, 58) hatte § 35 III auch dann angewendet, wenn bei einer Zwei-Personen-Erbengemeinschaft der eine Erbe dem anderen im Zuge der Auseinandersetzung mehr überlässt, als ihm nach seiner Erbquote zusteht. Das ErbStRG 2009 hat diese Regelung nun in den Gesetzestext übernommen (vgl zur Neufassung *Zauner/Berg,* ZEV 09, 63).

7. Örtliche Zuständigkeit bei beschränkter Steuerpflicht (Abs 4)

7 Im Fall beschränkter StPfl bestimmt **Abs 4** die sinngemäße Anwendung von § 19 II AO. Damit wird das FA für örtlich zuständig erklärt, in dessen Bereich sich das für die beschränkte StPfl maßgebliche Inlandsvermögen oder der wertvollste Teil des In-

landsvermögens befindet. Nur: Welches FA ermittelt, wo der wertvollste Teil des Inlandsvermögens liegt? In gleicher Weise bestimmt sich die örtliche Zuständigkeit, wenn nach § 2 III die Anwendung der Regelungen der unbeschränkten StPfl beantragt wird (FinVerw BStBl I 12, 328).

Abschnitt 5. Ermächtigungs- und Schlußvorschriften

§ 36 Ermächtigungen

(1) **Die Bundesregierung wird ermächtigt, mit Zustimmung des Bundesrates**

1. **zur Durchführung dieses Gesetzes Rechtsverordnungen zu erlassen, soweit dies zur Wahrung der Gleichmäßigkeit bei der Besteuerung, zur Beseitigung von Unbilligkeiten in Härtefällen oder zur Vereinfachung des Besteuerungsverfahrens erforderlich ist, und zwar über**
   a) **die Abgrenzung der Steuerpflicht,**
   b) **die Feststellung und die Bewertung des Erwerbs von Todes wegen, der Schenkungen unter Lebenden und der Zweckzuwendungen, auch soweit es sich um den Inhalt von Schließfächern handelt,**
   c) **die Steuerfestsetzung, die Anwendung der Tarifvorschriften und die Steuerentrichtung,**
   d) **die Anzeige- und Erklärungspflicht der Steuerpflichtigen,**
   e) **die Anzeige-, Mitteilungs- und Übersendungspflichten der Gerichte, Behörden, Beamten und Notare, der Versicherungsunternehmen, der Vereine und Berufsverbände, die mit einem Versicherungsunternehmen die Zahlung einer Versicherungssumme für den Fall des Todes ihrer Mitglieder vereinbart haben, der geschäftsmäßigen Verwahrer und Verwalter fremden Vermögens, auch soweit es sich um in ihrem Gewahrsam befindliche Vermögensgegenstände des Erblassers handelt, sowie derjenigen, die auf den Namen lautende Aktien oder Schuldverschreibungen ausgegeben haben;**
2. **Vorschriften durch Rechtsverordnung zu erlassen über die sich aus der Aufhebung oder Änderung von Vorschriften dieses Gesetzes ergebenden Rechtsfolgen, soweit dies zur Wahrung der Gleichmäßigkeit der Besteuerung oder zur Beseitigung von Unbilligkeiten in Härtefällen erforderlich ist.**

(2) **Das Bundesministerium der Finanzen wird ermächtigt, den Wortlaut dieses Gesetzes und der zu diesem Gesetz erlassenen Durchführungsverordnung in der jeweils geltenden Fassung satzweise nummeriert mit neuem Datum und neuer Paragraphenfolge bekanntzumachen und dabei Unstimmigkeiten des Wortlauts zu beseitigen.**

1 **Abs 1** Nr 1 ermächtigt zum Erlass von Durchführungsverordnungen. Auf dieser Ermächtigungsgrundlage beruht die Neufassung der ErbStDV, die am 8.9.1998 auf der Grundlage des § 36 I Nr 1 Buchst e von der Bundesregierung erlassen wurde und rückwirkend zum 1.8.1998 in Kraft getreten und zuletzt durch das Gesetz zum Internationalen Erbrecht v 29.6.2015 (BGBl I 15, 1042) geändert worden ist. Die Neufassung der ErbStDV ist übersichtlicher gestaltet und in manchen Punkten deutlicher gefasst. Sie erweitert jedoch auch den Kreis der Angaben, die iRv Anzeigepflichten gegenüber der FinVerw zu machen sind. Der Hintergrund dieser Erweiterung von Mitteilungspflichten wird darin gesehen, dass die FinVerw durch den Wegfall der Vermögensteuer entstandene Informationsdefizite ausgleichen will. Insbesondere den Notaren werden bei Zuwendungen unter Lebenden zusätzliche Angaben abverlangt. Wie schon bisher werden ihnen Hinweis- und Befragungspflichten gegenüber ihren Mandanten auferlegt. Zumindest für die zuletzt genannten Anordnungen dürfte die ausreichende Ermächtigung in § 36 I Nr 1 Buchst b fehlen (§ 34 Anm 6).

Abs 2 ermächtigt das Bundesministerium der Finanzen, den Wortlaut des ErbStG und der ErbStDV in der jeweils geltenden Fassung neu bekannt zu machen und dabei auch gewisse redaktionelle Korrekturen und Umstellungen vorzunehmen. Auf der Grundlage dieser Ermächtigung ist seinerzeit eine Neufassung des ErbStG unter dem Datum des 18. Februar 1991 im BGBl I 91, 468 veröffentlicht worden. Bei dieser Publikation wurden einzelne Unstimmigkeiten des Textes bereinigt. So war § 2 III durch Gesetz v 25.6.1990 (BGBl II 90, 518) aufgehoben worden, in § 2 I war jedoch versehentlich noch eine Verweisung auf Abs 3 stehengeblieben. § 12 II verwies wegen der Grundbesitzbewertung auf § 20 BewG, doch hatte schon Art 6 EGAO 1977 an die Stelle von § 20 den jetzt geltenden § 19 BewG gesetzt, so dass die Verweisung auf § 20 BewG irreführend geworden war. Diese Korrekturen waren durch § 36 II gedeckt. § 36 II ermächtigt das Finanzministerium dagegen nicht dazu, vom Abdruck geltender Bestimmungen abzusehen, weil sie aus der Sicht der FinVerw nur noch geringe praktische Bedeutung haben. Die Nichtveröffentlichung des Wortlauts der §§ 38, 39 ErbStG in dieser Bekanntmachung war daher mit der Ermächtigungsnorm des § 36 II damals nicht ausreichend abgestimmt. Inzwischen sind die §§ 38 und 39 auch förmlich aufgehoben worden. Das BMF hat, gestützt auf § 36 II, die Neufassung des ErbStG unter dem 27.2.1997 bekanntgemacht (BGBl I 97, 378), die zwei Jahre unverändert gelten konnte, inzwischen aber durch die weiteren, in den Erläuterungen zu § 39 aufgeführten Gesetze erneut geändert worden ist. 2

§ 37 Anwendung des Gesetzes

(1) **Dieses Gesetz in der Fassung des Artikels 6 des Gesetzes vom 22. Dezember 2009 (BGBl. I S. 3950) findet auf Erwerbe Anwendung, für die die Steuer nach dem 31. Dezember 2009 entsteht.**

(2) **[1]In Erbfällen, die vor dem 31. August 1980 eingetreten sind, und für Schenkungen, die vor diesem Zeitpunkt ausgeführt worden sind, ist weiterhin § 25 in der Fassung des Gesetzes vom 17. April 1974 (BGBl. I S. 933) anzuwenden, auch wenn die Steuer infolge Aussetzung der Versteuerung nach § 25 Abs. 1 Buchstabe a erst nach dem 30. August 1980 entstanden ist oder entsteht. [2]In Erbfällen, die vor dem 1. Januar 2009 eingetreten sind, und für Schenkungen, die vor diesem Zeitpunkt ausgeführt worden sind, ist weiterhin § 25 Abs. 1 Satz 3 und Abs. 2 in der Fassung der Bekanntmachung vom 27. Februar 1997 (BGBl. I S. 378) anzuwenden.**

(3) **[1]Die §§ 13a und 19a Absatz 5 in der Fassung des Artikels 6 des Gesetzes vom 22. Dezember 2009 (BGBl. I S. 3950) finden auf Erwerbe Anwendung, für die die Steuer nach dem 31. Dezember 2008 entsteht. [2]§ 13a in der Fassung des Artikels 6 des Gesetzes vom 22. Dezember 2009 (BGBl. I S. 3950) ist nicht anzuwenden, wenn das begünstigte Vermögen vor dem 1. Januar 2011 von Todes wegen oder durch Schenkung unter Lebenden erworben wird, bereits Gegenstand einer vor dem 1. Januar 2007 ausgeführten Schenkung desselben Schenkers an dieselbe Person war und wegen eines vertraglichen Rückforderungsrechts nach dem 11. November 2005 herausgegeben werden musste.**

(4) **§ 13 Absatz 1 Nummer 1, § 13b Absatz 2 Satz 6 und 7 und Absatz 3, § 15 Absatz 1, § 16 Absatz 1 und § 17 Absatz 1 Satz 1 in der Fassung des Artikels 14 des Gesetzes vom 8. Dezember 2010 (BGBl. I S. 1768) sind auf Erwerbe anzuwenden, für die die Steuer nach dem 13. Dezember 2010 entsteht.**

(5) **Soweit Steuerbescheide für Erwerbe von Lebenspartnern noch nicht bestandskräftig sind, ist**

1. § 15 Absatz 1 in der Fassung des Artikels 14 des Gesetzes vom 8. Dezember 2010 (BGBl. I S. 1768) auf Erwerbe, für die die Steuer nach dem 31. Juli 2001 entstanden ist, anzuwenden;
2. § 16 Absatz 1 Nummer 1 in der Fassung des Artikels 14 des Gesetzes vom 8. Dezember 2010 (BGBl. I S. 1768) auf Erwerbe, für die die Steuer nach dem 31. Dezember 2001 und vor dem 1. Januar 2009 entstanden ist, mit der Maßgabe anzuwenden, dass an die Stelle des Betrages von 500 000 Euro ein Betrag von 307 000 Euro tritt;
3. § 16 Absatz 1 Nummer 1 in der Fassung des Artikels 14 des Gesetzes vom 8. Dezember 2010 (BGBl. I S. 1768) auf Erwerbe, für die die Steuer nach dem 31. Juli 2001 und vor dem 1. Januar 2002 entstanden ist, mit der Maßgabe anzuwenden, dass an die Stelle des Betrages von 500 000 Euro ein Betrag von 600 000 Deutsche Mark tritt;
4. § 17 Absatz 1 in der Fassung des Artikels 14 des Gesetzes vom 8. Dezember 2010 (BGBl. I S. 1768) auf Erwerbe, für die die Steuer nach dem 31. Dezember 2001 und vor dem 1. Januar 2009 entstanden ist, anzuwenden;
5. § 17 Absatz 1 in der Fassung des Artikels 14 des Gesetzes vom 8. Dezember 2010 (BGBl. I S. 1768) auf Erwerbe, für die die Steuer nach dem 31. Juli 2001 und vor dem 1. Januar 2002 entstanden ist, mit der Maßgabe anzuwenden, dass an die Stelle des Betrages von 256 000 Euro ein Betrag von 500 000 Deutsche Mark tritt.

(6) **§ 13a Absatz 1a und § 13b Absatz 2 und 2a in der Fassung des Artikels 8 des Gesetzes vom 1. November 2011 (BGBl. I S. 2131) sind auf Erwerbe anzuwenden, für die die Steuer nach dem 30. Juni 2011 entsteht.**

(7) [1]**§ 2 Absatz 1 Nummer 1 und 3 und Absatz 3, § 7 Absatz 8, § 15 Absatz 4, § 16 Absatz 1 und 2, § 19 Absatz 2, § 21 Absatz 1 und § 35 Absatz 4 in der Fassung des Artikels 11 des Gesetzes vom 7. Dezember 2011 (BGBl. I S. 2592) finden auf Erwerbe Anwendung, für die die Steuer nach dem 13. Dezember 2011 entsteht.** [2]**§ 2 Absatz 1 Nummer 1 und 3 und Absatz 3, § 16 Absatz 1 und 2, § 19 Absatz 2, § 21 Absatz 1 und § 35 Absatz 4 in der Fassung des Artikels 11 des Gesetzes vom 7. Dezember 2011 (BGBl. I S. 2592) finden auf Antrag auch auf Erwerbe Anwendung, für die die Steuer vor dem 14. Dezember 2011 entsteht, soweit Steuerbescheide noch nicht bestandskräftig sind.**

(8) **§ 13a Absatz 1 Satz 4, Absatz 4 Satz 5 und § 13b Absatz 2 in der Fassung des Artikels 30 des Gesetzes vom 26. Juni 2013 (BGBl. I S. 1809) sind auf Erwerbe anzuwenden, für die die Steuer nach dem 6. Juni 2013 entsteht.**

(9) **§ 34 Absatz 2 Nummer 2 in der Fassung des Artikels 17 des Gesetzes vom 29. Juni 2015 (BGBl. I S. 1042) ist auf Erwerbe anzuwenden, für die die Steuer nach dem 16. August 2015 entsteht.**

(10) [1]**§ 13 Absatz 1 Nummer 16 Buchstabe b und c und § 30 Absatz 4 Nummer 1 in der am 6. November 2015 geltenden Fassung sind auf Erwerbe anzuwenden, für die die Steuer nach dem 5. November 2015 entstanden ist.** [2]**§ 13 Absatz 1 Nummer 16 Buchstabe b und c in der am 6. November 2015 geltenden Fassung ist auch auf Erwerbe anzuwenden, für die die Steuer vor dem 6. November 2015 entsteht, soweit Steuerbescheide noch nicht bestandskräftig sind.**

(11) **§ 13 Absatz 1 Nummer 2 Buchstabe b Doppelbuchstabe bb in der am 6. August 2016 geltenden Fassung ist auf Erwerbe anzuwenden, für die die Steuer nach dem 5. August 2016 entstanden ist.**

(12) [1]**Die §§ 10, 13a bis 13d, 19a, 28 und 28a in der Fassung des Artikels 1 des Gesetzes vom 4. November 2016 (BGBl. I S. 2464) finden auf Erwerbe**

Anwendung, für die die Steuer nach dem 30. Juni 2016 entsteht. [2]§ 13a Absatz 1 Satz 3 und 4 in der Fassung des Artikels 1 des Gesetzes vom 4. November 2016 (BGBl. I S. 2464) findet auf frühere Erwerbe Anwendung, für die die Steuer nach dem 30. Juni 2016 entsteht. [3]§ 13c Absatz 2 Satz 3 bis 5 in der Fassung des Artikels 1 des Gesetzes vom 4. November 2016 (BGBl. I S. 2464) findet auf frühere Erwerbe Anwendung, für die die Steuer nach dem 30. Juni 2016 entsteht.

(13) **[1]§ 17 in der am 25. Juni 2017 geltenden Fassung ist auf Erwerbe anzuwenden, für die die Steuer nach dem 24. Juni 2017 entsteht. [2]§ 17 in der am 25. Juni 2017 geltenden Fassung ist auch auf Erwerbe anzuwenden, für die die Steuer vor dem 25. Juni 2017 entstanden ist, soweit Steuerbescheide noch nicht bestandskräftig sind.**

(14) **§ 2 Absatz 1 Nummer 3, § 3 Absatz 2 Nummer 4, § 9 Absatz 1 Nummer 1 Buchstabe f, § 13 Absatz 1 Nummer 16 Buchstabe c Satz 2 und § 16 Absatz 1 und 2 in der am 25. Juni 2017 geltenden Fassung sind auf Erwerbe anzuwenden, für die die Steuer nach dem 24. Juni 2017 entsteht.**

(15) **§ 13 Absatz 1 Nummer 18 Buchstabe a in der Fassung des Artikels 6 des Gesetzes vom 18. Juli 2017 (BGBl. I S. 2730) ist auf Erwerbe anzuwenden, für die die Steuer nach dem 29. Juli 2017 entsteht.**

Erbschaftsteuer-Richtlinien 2011: H E 37

Im Zusammenhang mit der Verabschiedung eines Bundesgesetzes unterscheidet man herkömmlich drei Zeitpunkte: das Datum des Zustandekommens des Gesetzes in den gesetzgebenden Körperschaften (Art 78 GG), das Datum der Verkündung des Gesetzes im Bundesgesetzblatt (Art 82 I GG) und das Datum des Inkrafttretens (Art 82 II GG), vgl § 39 Anm 2. § 37 fügt dem als weitere Zeitpunkte die Daten der erstmaligen oder letztmaligen Anwendung des Gesetzes hinzu. Dabei geht § 37 von der Vorstellung aus, dass ein in Kraft getretenes Gesetz noch nicht oder nicht mehr anwendbar sein kann oder dass ein Gesetz seinen Anwendungszeitraum über den Zeitpunkt des Inkrafttretens oder Außerkrafttretens hinaus ausdehnen kann, so dass das Gesetz auf Vorgänge vor dem Inkrafttreten oder nach dem Außerkrafttreten anwendbar wird. Die genaue gedankliche Erfassung der dem § 37 zu Grunde liegenden Vorstellung bedarf noch weiterer Diskussion. 1

§ 37a Sondervorschriften aus Anlaß der Herstellung der Einheit Deutschlands

(1) (weggefallen)

(2) **[1]Für den Zeitpunkt der Entstehung der Steuerschuld ist § 9 Abs. 1 Nr. 1 auch dann maßgebend, wenn der Erblasser in dem in Artikel 3 des Einigungsvertrages genannten Gebiet vor dem 1. Januar 1991 verstorben ist, es sei denn, daß die Steuer nach dem Erbschaftsteuergesetz der Deutschen Demokratischen Republik vor dem 1. Januar 1991 entstanden ist. [2]§ 9 Abs. 2 gilt entsprechend, wenn die Versteuerung nach § 34 des Erbschaftsteuergesetzes (ErbStG) der Deutschen Demokratischen Republik in der Fassung vom 18. September 1970 (Sonderdruck Nr. 678 des Gesetzblattes) ausgesetzt wurde.**

(3) (weggefallen)

(4) **Als frühere Erwerbe im Sinne des § 14 gelten auch solche, die vor dem 1. Januar 1991 dem Erbschaftsteuerrecht der Deutschen Demokratischen Republik unterlegen haben.**

(5) **Als frühere Erwerbe desselben Vermögens im Sinne des § 27 gelten auch solche, für die eine Steuer nach dem Erbschaftsteuerrecht der Deutschen Demokratischen Republik erhoben wurde, wenn der Erwerb durch Personen im Sinne des § 15 Abs. 1 Steuerklasse I erfolgte.**

(6) **§ 28 ist auch anzuwenden, wenn eine Steuer nach dem Erbschaftsteuerrecht der Deutschen Demokratischen Republik erhoben wird.**

(7) **[1]Ist in dem in Artikel 3 des Einigungsvertrages genannten Gebiet eine Steuerfestsetzung nach § 33 des Erbschaftsteuergesetzes der Deutschen Demokratischen Republik in der Weise erfolgt, daß die Steuer jährlich im voraus von dem Jahreswert von Renten, Nutzungen oder Leistungen zu entrichten ist, kann nach Wahl des Erwerbers die Jahressteuer zum jeweils nächsten Fälligkeitstermin mit ihrem Kapitalwert abgelöst werden. [2]§ 23 Abs. 2 ist entsprechend anzuwenden.**

(8) **Wurde in Erbfällen, die vor dem 1. Januar 1991 eingetreten sind, oder für Schenkungen, die vor diesem Zeitpunkt ausgeführt worden sind, die Versteuerung nach § 34 des Erbschaftsteuergesetzes der Deutschen Demokratischen Republik ausgesetzt, ist diese Vorschrift weiterhin anzuwenden, auch wenn die Steuer infolge der Aussetzung der Versteuerung erst nach dem 31. Dezember 1990 entsteht.**

1 Die aus Anlass der Wiedervereinigung geschaffene Vorschrift sollte als Übergangsregelung für die Besteuerung in den neuen Bundesländern nach der Erweiterung des Bundesgebiets wirken. Ihre Bedeutung ist heute gering. Zur Erläuterung wird auf die Vorauflagen des Kommentars verwiesen.

§ 38 Berlin-Klausel

(weggefallen)

1 Bundesgesetze galten wegen der Vorbehalte der alliierten Siegermächte früher in Berlin (West) nur, wenn das Gesetz seinen Anwendungsbereich in einer Berlin-Klausel ausdrücklich auf Berlin erstreckte. Mit der Vereinigung Deutschlands und der Aufhebung des Sonderstatus von Berlin hat die Berlin-Klausel für die Zukunft ihre Bedeutung verloren. Vgl G v 25.9.1990 (BGBl I 90, 2106) zur Überleitung von Bundesrecht nach Berlin (West). Das StÄndG 1992 (BGBl I 92, 297) hat § 38 gestrichen.

§ 39 Inkrafttreten

(weggefallen)

1 § 39 enthielt ursprünglich eine Bestimmung über das Inkrafttreten des Gesetzes zum 1. Januar 1974. Diese Bestimmung wurde inzwischen für entbehrlich gehalten und aufgehoben. Eine Vorschrift über das Inkrafttreten fehlt damit gegenwärtig im Gesetz. Zu den Inkrafttretensbestimmungen der einzelnen Änderungsgesetze s dort.

2 **Inkrafttreten der Änderungen.** Das Gesetz, dessen Inkrafttreten § 39 zum 1. Januar 1974 vorsah, war das ErbStG vom 17.4.1974 (BGBl I 74, 933). Seit dem Erlass dieser ersten Fassung ist das ErbStG bisher fünfunddreißigmal geändert und zweimal neugefasst (Bek vom 19.2.1991, BGBl I 91, 468; Bek vom 27.2.1997, BGBl I 97, 378) worden. Für das Inkrafttreten der Änderungsgesetze gilt folgende Übersicht:

(1) Art 16 des Gesetzes vom 14.12.1976 (BGBl I 76, 3341); in Kraft getreten am 1.1.1977.

(2) Art 7 des Gesetzes vom 18.8.1980 (BGBl I 80, 1537); in Kraft getreten am 29.8.1980.

(3) Art 3 des Gesetzes vom 22.12.1983 (BGBl I 83, 1583); in Kraft getreten am 29.12.1983.

(4) Art 18 des Gesetzes vom 19.12.1985 (BGBl I 85, 2436); in Kraft getreten am 1.1.1986.

(5) Art 13 des Gesetzes vom 25.6.1990 (BGBl II 90, 518); in Kraft getreten am 1.7.1990.

(6) Art 1 des Gesetzes vom 23.9.1990 in Verbindung mit Anlage I Kapitel IV Sachgebiet B Abschnitt II Nr 28 des Einigungsvertrages vom 31.8.1990 (BGBl II 90, 885, 985); in Kraft getreten am 29.9.1990.

(7) Art 5 des Gesetzes vom 13.12.1990 (BGBl I 90, 2775); in Kraft getreten am 22.12.1990; Bekanntmachung der Neufassung am 19.2.1991 (BGBl I 91, 468).

(8) Art 16 des Gesetzes vom 25.2.1992 (BGBl I 92, 297); in Kraft getreten am 29.2.1992.

(9) Art 6 des Gesetzes vom 9.11.1992 (BGBl I 92, 1853); in Kraft getreten am 13.11.1992.

(10) Art 13 des Gesetzes vom 13.9.1993 (BGBl I 93, 1569); in Kraft getreten am 18.9.1993.

(11) Art 18 des Gesetzes vom 21.12.1993 (BGBl I 93, 2310); in Kraft getreten am 30.12.1993.

(12) Art 5 des Gesetzes vom 27.9.1994 (BGBl I 94, 2624); in Kraft getreten am 1.12.1994.

(13) Art 24 des Gesetzes vom 11.10.1995 (BGBl I 95, 1250); in Kraft getreten am 21.10.1995.

(14) Art 2 des Gesetzes vom 20.12.1996 (BGBl I 96, 2049); in Kraft getreten am 28.12.1996; Bekanntmachung der Neufassung am 27.2.1997 (BGBl I 97, 378).

(15) Art 10 des Gesetzes vom 24.3.1999 (BGBl I 99, 402); in Kraft getreten am 1.1.1999.

(16) Art 6 des Gesetzes vom 14.7.2000 (BGBl I 00, 1034); in Kraft getreten am 15.7.2000.

(17) Art 19 des Gesetzes vom 19.12.2000 (BGBl I 00, 1790); in Kraft getreten am 1.1.2002.

(18) Art 16 des Gesetzes vom 20.12.2001 (BGBl I 01, 3794); in Kraft getreten am 21.12.2001.

(19) Art 2 des Gesetzes vom 15.7.2002 (BGBl I 02, 2634); in Kraft getreten am 1.9.2002.

(20) Art 27 des Gesetzes vom 21.8.2002 (BGBl I 02, 3322); in Kraft getreten am 22.8.2002.

(21) Art 13 des Gesetzes vom 29.12.2003 (BGBl I 03, 3076); in Kraft getreten am 1.1.2004.

(22) Art 8 des Gesetzes vom 10.10.2007 (BGBl I 07, 2332); in Kraft getreten am 1.1.2007.

(23) Art 1 des Gesetzes vom 24.12.2008 (BGBl I 08, 3018); in Kraft getreten am 1.1.2009.

(24) Art 6 des Gesetzes vom 22.12.2009 (BGBl I 09, 3950); in Kraft getreten am 1.1.2010.

(25) Art 14 des Gesetzes vom 8.12.2010 (BGBl I 10, 1768); in Kraft getreten am 9.12.2010.

(26) Art. 8 des Gesetzes vom 1.11.2011 (BGBl I 11, 2131); in Kraft getreten am 1.1.2012.

(27) Art. 11 des Gesetzes vom 7.12.2011 (BGBl I 11, 2592): in Kraft getreten am 14.12.2011.
(28) Art. 5 des Gesetzes vom 15.3.2012 (BGBl II 12, 178): in Kraft getreten am 1.5.2013.
(29) Art. 30 des Gesetzes vom 26.6.2013 (BGBl I 13, 1809): in Kraft getreten am 30.6.2013.
(30) Art. 17 des Gesetzes vom 29.6.2015 (BGBl I 15, 1042): in Kraft getreten am 17.8.2015.
(31) Art. 10 des Gesetzes vom 2.11.2015 (BGBl I 15, 1834): in Kraft getreten am 6.11.2015.
(32) Art. 8 des Gesetzes vom 31.7.2016 (BGBl I 16, 1914): in Kraft getreten am 6.8.2016.
(33) Art. 1 des Gesetzes vom 4.11.2016 (BGBl I 16, 2464): in Kraft getreten am 1.7.2016.
(34) Art. 4 des Gesetzes vom 24.6.2017 (BGBl I 17, 1682): in Kraft getreten am 25.6.2017.
(35) Art. 6 des Gesetzes vom 18.7.2017 (BGBl I 17, 2730): in Kraft getreten am 29.7.2017.

Anhang 1
Bewertungsgesetz (BewG)

idF der Bekanntmachung vom 1.2.1991 (BGBl I 91, 230)
zuletzt geändert durch Gesetz vom 4.11.2016 (BGBl I 16, 2464)
– Auszug –

Erster Teil. Allgemeine Bewertungsvorschriften

§ 1 Geltungsbereich

(1) Die allgemeinen Bewertungsvorschriften (§§ 2 bis 16) gelten für alle öffentlich-rechtlichen Abgaben, die durch Bundesrecht geregelt sind, soweit sie durch Bundesfinanzbehörden oder durch Landesfinanzbehörden verwaltet werden.

(2) Die allgemeinen Bewertungsvorschriften gelten nicht, soweit im Zweiten Teil dieses Gesetzes oder in anderen Steuergesetzen besondere Bewertungsvorschriften enthalten sind.

§ 2 Wirtschaftliche Einheit

(1) [1]Jede wirtschaftliche Einheit ist für sich zu bewerten. [2]Ihr Wert ist im ganzen festzustellen. [3]Was als wirtschaftliche Einheit zu gelten hat, ist nach den Anschauungen des Verkehrs zu entscheiden. [4]Die örtliche Gewohnheit, die tatsächliche Übung, die Zweckbestimmung und die wirtschaftliche Zusammengehörigkeit der einzelnen Wirtschaftsgüter sind zu berücksichtigen.

(2) Mehrere Wirtschaftsgüter kommen als wirtschaftliche Einheit nur insoweit in Betracht, als sie demselben Eigentümer gehören.

(3) Die Vorschriften der Absätze 1 und 2 gelten nicht, soweit eine Bewertung der einzelnen Wirtschaftsgüter vorgeschrieben ist.

§ 3 Wertermittlung bei mehreren Beteiligten

[1]Steht ein Wirtschaftsgut mehreren Personen zu, so ist sein Wert im ganzen zu ermitteln. [2]Der Wert ist auf die Beteiligten nach dem Verhältnis ihrer Anteile zu verteilen, soweit nicht nach dem maßgebenden StGesetz die Gemeinschaft selbständig steuerpflichtig ist.

§ 3a *(aufgehoben)*

§ 4 Aufschiebend bedingter Erwerb

Wirtschaftsgüter, deren Erwerb vom Eintritt einer aufschiebenden Bedingung abhängt, werden erst berücksichtigt, wenn die Bedingung eingetreten ist.

§ 5 Auflösend bedingter Erwerb

(1) [1]Wirtschaftsgüter, die unter einer auflösenden Bedingung erworben sind, werden wie unbedingt erworbene behandelt. [2]Die Vorschriften über die Berechnung des Kapitalwerts der Nutzungen von unbestimmter Dauer (§ 13 Abs. 2 und 3, § 14, § 15 Abs. 3) bleiben unberührt.

(2) [1]Tritt die Bedingung ein, so ist die Festsetzung der nicht laufend veranlagten Steuern auf Antrag nach dem tatsächlichen Wert des Erwerbs zu berichtigen. [2]Der Antrag ist bis zum Ablauf des Jahres zu stellen, das auf den Eintritt der Bedingung folgt.

§ 6 Aufschiebend bedingte Lasten

(1) Lasten, deren Entstehung vom Eintritt einer aufschiebenden Bedingung abhängt, werden nicht berücksichtigt.

(2) Für den Fall des Eintritts der Bedingung gilt § 5 Abs. 2 entsprechend.

§ 7 Auflösend bedingte Lasten

(1) Lasten, deren Fortdauer auflösend bedingt ist, werden, soweit nicht ihr Kapitalwert nach § 13 Abs. 2 und 3, § 14, § 15 Abs. 3 zu berechnen ist, wie unbedingte abgezogen.

(2) Tritt die Bedingung ein, so ist die Festsetzung der nicht laufend veranlagten Steuern entsprechend zu berichtigen.

§ 8 Befristung auf einen unbestimmten Zeitpunkt

Die §§ 4 bis 7 gelten auch, wenn der Erwerb des Wirtschaftsguts oder die Entstehung oder der Wegfall der Last von einem Ereignis abhängt, bei dem nur der Zeitpunkt ungewiß ist.

§ 9 Bewertungsgrundsatz, gemeiner Wert

(1) Bei Bewertungen ist, soweit nichts anderes vorgeschrieben ist, der gemeine Wert zugrunde zu legen.

(2) [1]Der gemeine Wert wird durch den Preis bestimmt, der im gewöhnlichen Geschäftsverkehr nach der Beschaffenheit des Wirtschaftsgutes bei einer Veräußerung zu erzielen wäre. [2]Dabei sind alle Umstände, die den Preis beeinflussen, zu berücksichtigen. [3] Ungewöhnliche oder persönliche Verhältnisse sind nicht zu berücksichtigen.

(3) [1]Als persönliche Verhältnisse sind auch Verfügungsbeschränkungen anzusehen, die in der Person des Steuerpflichtigen oder eines Rechtsvorgängers begründet sind. [2]Das gilt insbesondere für Verfügungsbeschränkungen, die auf letztwilligen Anordnungen beruhen.

§ 10 Begriff des Teilwerts

[1]Wirtschaftsgüter, die einem Unternehmen dienen, sind, soweit nichts anderes vorgeschrieben ist, mit dem Teilwert anzusetzen. [2]Teilwert ist der Betrag, den ein Erwerber des ganzen Unternehmens im Rahmen des Gesamtkaufpreises für das einzelne Wirtschaftsgut ansetzen würde. [3]Dabei ist davon auszugehen, daß der Erwerber das Unternehmen fortführt.

§ 11 Wertpapiere und Anteile

(1) [1]Wertpapiere und Schuldbuchforderungen, die am Stichtag an einer deutschen Börse zum Handel im regulierten Markt zugelassen sind, werden mit dem niedrigsten am Stichtag für sie im regulierten Markt notierten Kurs angesetzt. [2]Liegt am Stichtag eine Notierung nicht vor, so ist der letzte innerhalb von 30 Tagen vor dem Stichtag im regulierten Markt notierte Kurs maßgebend. [3]Entsprechend sind die Wertpapiere zu bewerten, die in den Freiverkehr einbezogen sind.

(2) [1]Anteile an Kapitalgesellschaften, die nicht unter Absatz 1 fallen, sind mit dem gemeinen Wert anzusetzen. [2]Lässt sich der gemeine Wert nicht aus Verkäufen unter fremden Dritten ableiten, die weniger als ein Jahr zurückliegen, so ist er unter Berücksichtigung der Ertragsaussichten der Kapitalgesellschaft oder einer anderen anerkannten, auch im gewöhnlichen Geschäftsverkehr für nichtsteuerliche Zwecke üblichen Methode zu ermitteln; dabei ist die Methode anzuwenden, die ein Erwerber der Bemessung des Kaufpreises zugrunde legen würde. [3]Die Summe der gemeinen Werte der zum Betriebsvermögen gehörenden Wirtschaftsgüter und sonstigen aktiven Ansätze abzüglich der zum Betriebsvermögen gehörenden Schulden und sonstigen Abzüge (Substanzwert) der Gesellschaft darf nicht unterschritten werden; die §§ 99 und 103 sind anzuwenden. [4]Die §§ 199 bis 203 sind zu berücksichtigen.

(2a) *(aufgehoben)*

(3) Ist der gemeine Wert einer Anzahl von Anteilen an einer Kapitalgesellschaft, die einer Person gehören, infolge besonderer Umstände (z. B. weil die Höhe der Beteiligung die Beherrschung der Kapitalgesellschaft ermöglicht) höher als der Wert, der sich auf Grund der Kurswerte (Absatz 1) oder der gemeinen Werte (Absatz 2) für die einzelnen Anteile insgesamt ergibt, so ist der gemeine Wert der Beteiligung maßgebend.

(4) Anteile oder Aktien, die Rechte an einem Investmentvermögen im Sinne des Kapitalanlagegesetzbuchs verbriefen, sind mit dem Rücknahmepreis anzusetzen.

§ 12 Kapitalforderungen und Schulden

(1) [1]Kapitalforderungen, die nicht in § 11 bezeichnet sind, und Schulden sind mit dem Nennwert anzusetzen, wenn nicht besondere Umstände einen höheren oder geringeren Wert begründen. [2]Liegen die besonderen Umstände in einer hohen, niedrigen oder fehlenden Verzinsung, ist bei der Bewertung vom Mittelwert einer jährlich vorschüssigen und jährlich nachschüssigen Zahlungsweise auszugehen.

(2) Forderungen, die uneinbringlich sind, bleiben außer Ansatz.

(3) [1]Der Wert unverzinslicher Forderungen oder Schulden, deren Laufzeit mehr als ein Jahr beträgt und die zu einem bestimmten Zeitpunkt fällig sind, ist der Betrag, der vom Nennwert nach Abzug von Zwischenzinsen unter Berücksichtigung von Zinseszinsen verbleibt. [2]Dabei ist von einem Zinssatz von 5,5 Prozent auszugehen.

(4) [1]Noch nicht fällige Ansprüche aus Lebens-, Kapital- oder Rentenversicherungen werden mit dem Rückkaufswert bewertet. [2]Rückkaufswert ist der Betrag, den das Versicherungsunternehmen dem Versicherungsnehmer im Falle der vorzeitigen Aufhebung des Vertragsverhältnisses zu erstatten hat. [3]Die Berechnung des Werts, insbesondere die Berücksichtigung von ausgeschütteten und gutgeschriebenen Gewinnanteilen kann durch Rechtsverordnung geregelt werden.

§ 13 Kapitalwert von wiederkehrenden Nutzungen und Leistungen

(1) [1]Der Kapitalwert von Nutzungen oder Leistungen, die auf bestimmte Zeit beschränkt sind, ist mit dem aus Anlage 9a zu entnehmenden Vielfachen des Jahreswerts anzusetzen. [2]Ist die Dauer des Rechts außerdem durch das Leben einer oder mehrerer Personen bedingt, darf der nach § 14 zu berechnende Kapitalwert nicht überschritten werden.

(2) Immerwährende Nutzungen oder Leistungen sind mit dem 18,6fachen des Jahreswerts, Nutzungen oder Leistungen von unbestimmter Dauer vorbehaltlich des § 14 mit dem 9,3fachen des Jahreswerts zu bewerten.

(3) [1]Ist der gemeine Wert der gesamten Nutzungen oder Leistungen nachweislich geringer oder höher, so ist der nachgewiesene gemeine Wert zugrunde zu legen. [2]Der

Ansatz eines geringeren oder höheren Werts kann jedoch nicht darauf gestützt werden, daß mit einem anderen Zinssatz als 5,5 Prozent oder mit einer anderen als mittelschüssigen Zahlungsweise zu rechnen ist.

§ 14 Lebenslängliche Nutzungen und Leistungen

(1) [1]Der Kapitalwert von lebenslänglichen Nutzungen und Leistungen ist mit dem Vielfachen des Jahreswerts nach Maßgabe der Sätze 2 bis 4 anzusetzen. [2]Die Vervielfältiger sind nach der Sterbetafel des Statistischen Bundesamtes zu ermitteln und ab dem 1. Januar des auf die Veröffentlichung der Sterbetafel durch das Statistische Bundesamt folgenden Kalenderjahres anzuwenden. [3]Der Kapitalwert ist unter Berücksichtigung von Zwischenzinsen und Zinseszinsen mit einem Zinssatz von 5,5 Prozent als Mittelwert zwischen dem Kapitalwert für jährlich vorschüssige und jährlich nachschüssige Zahlungsweise zu berechnen. [4]Das Bundesministerium der Finanzen stellt die Vervielfältiger für den Kapitalwert einer lebenslänglichen Nutzung oder Leistung im Jahresbetrag von einem Euro nach Lebensalter und Geschlecht der Berechtigten in einer Tabelle zusammen und veröffentlicht diese zusammen mit dem Datum der Veröffentlichung der Sterbetafel im Bundessteuerblatt.

(2) [1]Hat eine nach Absatz 1 bewertete Nutzung oder Leistung bei einem Alter

1.	bis zu 30 Jahren	nicht mehr als 10 Jahre,
2.	von mehr als 30 Jahren bis zu 50 Jahren	nicht mehr als 9 Jahre,
3.	von mehr als 50 Jahren bis zu 60 Jahren	nicht mehr als 8 Jahre,
4.	von mehr als 60 Jahren bis zu 65 Jahren	nicht mehr als 7 Jahre,
5.	von mehr als 65 Jahren bis zu 70 Jahren	nicht mehr als 6 Jahre,
6.	von mehr als 70 Jahren bis zu 75 Jahren	nicht mehr als 5 Jahre,
7.	von mehr als 75 Jahren bis zu 80 Jahren	nicht mehr als 4 Jahre,
8.	von mehr als 80 Jahren bis zu 85 Jahren	nicht mehr als 3 Jahre,
9.	von mehr als 85 Jahren bis zu 90 Jahren	nicht mehr als 2 Jahre,
10.	von mehr als 90 Jahren	nicht mehr als 1 Jahr

bestanden und beruht der Wegfall auf dem Tod des Berechtigten oder Verpflichteten, so ist die Festsetzung der nicht laufend veranlagten Steuern auf Antrag nach der wirklichen Dauer der Nutzung oder Leistung zu berichtigen. [2]§ 5 Abs. 2 Satz 2 gilt entsprechend. [3]Ist eine Last weggefallen, so bedarf die Berichtigung keines Antrags.

(3) Hängt die Dauer der Nutzung oder Leistung von der Lebenszeit mehrerer Personen ab und erlischt das Recht mit dem Tod des zuletzt Sterbenden, so ist das Lebensalter und das Geschlecht derjenigen Person maßgebend, für die sich der höchste Vervielfältiger ergibt; erlischt das Recht mit dem Tod des zuerst Sterbenden, so ist das Lebensalter und Geschlecht derjenigen Person maßgebend, für die sich der niedrigste Vervielfältiger ergibt.

(4) [1]Ist der gemeine Wert der gesamten Nutzungen oder Leistungen nachweislich geringer oder höher als der Wert, der sich nach Absatz 1 ergibt, so ist der nachgewiesene gemeine Wert zugrunde zu legen. [2]Der Ansatz eines geringeren oder höheren Werts kann jedoch nicht darauf gestützt werden, daß mit einer kürzeren oder längeren Lebensdauer, mit einem anderen Zinssatz als 5,5 Prozent oder mit einer anderen als mittelschüssigen Zahlungsweise zu rechnen ist.

§ 15 Jahreswert von Nutzungen und Leistungen

(1) Der einjährige Betrag der Nutzung einer Geldsumme ist, wenn kein anderer Wert feststeht, zu 5,5 Prozent anzunehmen.

(2) Nutzungen oder Leistungen, die nicht in Geld bestehen (Wohnung, Kost, Waren und sonstige Sachbezüge), sind mit den üblichen Mittelpreisen des Verbrauchsorts anzusetzen.

(3) Bei Nutzungen oder Leistungen, die in ihrem Betrag ungewiß sind oder schwanken, ist als Jahreswert der Betrag zugrunde zu legen, der in Zukunft im Durchschnitt der Jahre voraussichtlich erzielt werden wird.

§ 16 Begrenzung des Jahreswerts von Nutzungen

Bei der Ermittlung des Kapitalwerts der Nutzungen eines Wirtschaftsguts kann der Jahreswert dieser Nutzungen höchstens den Wert betragen, der sich ergibt, wenn der für das genutzte Wirtschaftsgut nach den Vorschriften des Bewertungsgesetzes anzusetzende Wert durch 18,6 geteilt wird.

Zweiter Teil. Besondere Bewertungsvorschriften

§ 17 Geltungsbereich

(1) Die besonderen Bewertungsvorschriften sind nach Maßgabe der jeweiligen Einzelsteuergesetze anzuwenden.

(2) Die §§ 18 bis 94, 122 und 125 bis 132 gelten für die Grundsteuer und die §§ 121 a und 133 zusätzlich für die Gewerbesteuer.

(3) [1]Soweit sich nicht aus den §§ 19 bis 150 etwas anderes ergibt, finden neben diesen auch die Vorschriften des Ersten Teils des Gesetzes (§§ 1 bis 16) Anwendung. [2]§ 16 findet auf die Grunderwerbsteuer keine Anwendung.

§ 18 Vermögensarten

Das Vermögen, das nach den Vorschriften des Zweiten Teils dieses Gesetzes zu bewerten ist, umfaßt die folgenden Vermögensarten:
1. Land- und forstwirtschaftliches Vermögen (§§ 33 bis 67, § 31),
2. Grundvermögen (§§ 68 bis 94, § 31),
3. Betriebsvermögen (§§ 95 bis 109, § 31).
4. *(aufgehoben)*

Erster Abschnitt. Einheitsbewertung

A. Allgemeines

§ 26 Umfang der wirtschaftlichen Einheit bei Ehegatten oder Lebenspartnern

Die Zurechnung mehrerer Wirtschaftsgüter zu einer wirtschaftlichen Einheit (§ 2) wird beim Grundbesitz im Sinne der §§ 33 bis 94, 99 und 125 bis 133 nicht dadurch ausgeschlossen, daß die Wirtschaftsgüter zum Teil dem einen, zum Teil dem anderen Ehegatten oder Lebenspartner gehören.

§ 29 Auskünfte, Erhebungen und Mitteilungen

(1) [1]Die Eigentümer von Grundbesitz haben der Finanzbehörde auf Anforderung alle Angaben zu machen, die sie für die Sammlung der Kauf-, Miet- und Pachtpreise braucht. [2]Bei dieser Erklärung ist zu versichern, daß die Angaben nach bestem Wissen und Gewissen gemacht sind.

(2) [1]Die Finanzbehörden können zur Vorbereitung einer Hauptfeststellung und zur Durchführung von Feststellungen der Einheitswerte des Grundbesitzes örtliche Erhebungen über die Bewertungsgrundlagen anstellen. [2]Das Grundrecht der Unver-

letzlichkeit der Wohnung (Artikel 13 des Grundgesetzes) wird insoweit eingeschränkt.

(3) [1]Die nach Bundes- oder Landesrecht zuständigen Behörden haben den Finanzbehörden die rechtlichen und tatsächlichen Umstände mitzuteilen, die ihnen im Rahmen ihrer Aufgabenerfüllung bekannt geworden sind und die für die Feststellung von Einheitswerten des Grundbesitzes, für die Feststellung von Grundbesitzwerten oder für die Grundsteuer von Bedeutung sein können; mitzuteilen sind auch diejenigen Umstände, die für die Erbschaftsteuer oder die Grunderwerbsteuer von Bedeutung sein können, sofern die Finanzbehörden dies anordnen. [2]Den Behörden stehen die Stellen gleich, die für die Sicherung der Zweckbestimmung der Wohnungen zuständig sind, die auf der Grundlage des Zweiten Wohnungsbaugesetzes, des Wohnungsbaugesetzes für das Saarland oder auf der Grundlage des Wohnraumförderungsgesetzes gefördert worden sind.

(4) [1]Die Grundbuchämter teilen den für die Feststellung des Einheitswerts zuständigen Finanzbehörden für die in Absatz 3 bezeichneten Zwecke mit

1. die Eintragung eines neuen Eigentümers oder Erbbauberechtigten sowie bei einem anderen als rechtsgeschäftlichen Erwerb auch die Anschrift des neuen Eigentümers oder Erbbauberechtigten; dies gilt nicht für die Fälle des Erwerbs nach den Vorschriften des Zuordnungsrechts,
2. die Eintragung der Begründung von Wohnungseigentum oder Teileigentum,
3. die Eintragung der Begründung eines Erbbaurechts, Wohnungserbbaurechts oder Teilerbbaurechts.

[2]In den Fällen der Nummern 2 und 3 ist gleichzeitig der Tag des Eingangs des Eintragungsantrags beim Grundbuchamt mitzuteilen. [3]Bei einer Eintragung aufgrund Erbfolge ist das Jahr anzugeben, in dem der Erblasser verstorben ist. [4]Die Mitteilungen können der Finanzbehörde über die für die Führung des Liegenschaftskatasters zuständige Behörde oder über eine sonstige Behörde, die das amtliche Verzeichnis der Grundstücke (§ 2 Abs. 2 der Grundbuchordnung) führt, zugeleitet werden.

(5) [1]Die mitteilungspflichtige Stelle hat die Betroffenen vom Inhalt der Mitteilung zu unterrichten. [2]Eine Unterrichtung kann unterbleiben, soweit den Finanzbehörden Umstände aus dem Grundbuch, den Grundakten oder aus dem Liegenschaftskataster mitgeteilt werden.

§ 31 Bewertung von ausländischem Sachvermögen

(1) [1]Für die Bewertung des ausländischen land- und forstwirtschaftlichen Vermögens, Grundvermögens und Betriebsvermögens gelten die Vorschriften des Ersten Teils dieses Gesetzes, insbesondere § 9 (gemeiner Wert). [2]Nach diesen Vorschriften sind auch die ausländischen Teile einer wirtschaftlichen Einheit zu bewerten, die sich sowohl auf das Inland als auch auf das Ausland erstreckt.

(2) [1]Bei der Bewertung von ausländischem Grundbesitz sind Bestandteile und Zubehör zu berücksichtigen. [2]Zahlungsmittel, Geldforderungen, Wertpapiere und Geldschulden sind nicht einzubeziehen.

D. Betriebsvermögen

§ 95 Begriff des Betriebsvermögens

(1) Das Betriebsvermögen umfasst alle Teile eines Gewerbebetriebs im Sinne des § 15 Abs. 1 und 2 des Einkommensteuergesetzes, die bei der steuerlichen Gewinnermittlung zum Betriebsvermögen gehören.

(2) Als Gewerbebetrieb gilt unbeschadet des § 97 nicht die Land- und Forstwirtschaft, wenn sie den Hauptzweck des Unternehmens bildet.

(3) *(aufgehoben)*

§ 96 Freie Berufe

Dem Gewerbebetrieb steht die Ausübung eines freien Berufs im Sinne des § 18 Abs. 1 Nr. 1 des Einkommensteuergesetzes gleich; dies gilt auch für die Tätigkeit als Einnehmer einer staatlichen Lotterie, soweit die Tätigkeit nicht schon im Rahmen eines Gewerbebetriebs ausgeübt wird.

§ 97 Betriebsvermögen von Körperschaften, Personenvereinigungen und Vermögensmassen

(1) [1]Einen Gewerbebetrieb bilden insbesondere alle Wirtschaftsgüter, die den folgenden Körperschaften, Personenvereinigungen und Vermögensmassen gehören, wenn diese ihre Geschäftsleitung oder ihren Sitz im Inland haben:
1. Kapitalgesellschaften (Aktiengesellschaften, Kommanditgesellschaften auf Aktien, Gesellschaften mit beschränkter Haftung, Europäische Gesellschaften);
2. Erwerbs- und Wirtschaftsgenossenschaften;
3. Versicherungsvereinen auf Gegenseitigkeit;
4. Kreditanstalten des öffentlichen Rechts;
5. Gesellschaften im Sinne des § 15 Abs. 1 Nr. 2 und Abs. 3 oder § 18 Abs. 4 Satz 2 des Einkommensteuergesetzes. [2]Zum Gewerbebetrieb einer solchen Gesellschaft gehören auch die Wirtschaftsgüter, die im Eigentum eines Gesellschafters, mehrerer oder aller Gesellschafter stehen, und Schulden eines Gesellschafters, mehrerer oder aller Gesellschafter, soweit die Wirtschaftsgüter und Schulden bei der steuerlichen Gewinnermittlung zum Betriebsvermögen der Gesellschaft gehören (§ 95); diese Zurechnung geht anderen Zurechnungen vor.

[2]§ 34 Abs. 6a und § 51a bleiben unberührt.

(1a) Der gemeine Wert eines Anteils am Betriebsvermögen einer in § 97 Abs. 1 Satz 1 Nr. 5 genannten Personengesellschaft ist wie folgt zu ermitteln und aufzuteilen:
1. Der nach § 109 Abs. 2 ermittelte gemeine Wert des der Personengesellschaft gehörenden Betriebsvermögens (Gesamthandsvermögen) ist wie folgt aufzuteilen:
   a) die Kapitalkonten aus der Gesamthandsbilanz sind dem jeweiligen Gesellschafter vorweg zuzurechnen;
   b) der verbleibende Wert ist nach dem für die Gesellschaft maßgebenden Gewinnverteilungsschlüssel auf die Gesellschafter aufzuteilen; Vorabgewinnanteile sind nicht zu berücksichtigen.
2. [1]Für die Wirtschaftsgüter und Schulden des Sonderbetriebsvermögens eines Gesellschafters ist der gemeine Wert zu ermitteln. [2]Er ist dem jeweiligen Gesellschafter zuzurechnen.
3. Der Wert des Anteils eines Gesellschafters ergibt sich als Summe aus dem Anteil am Gesamthandsvermögen nach Nummer 1 und dem Wert des Sonderbetriebsvermögens nach Nummer 2.

(1b) [1]Der gemeine Wert eines Anteils an einer in § 97 Abs. 1 Satz 1 Nr. 1 genannten Kapitalgesellschaft bestimmt sich nach dem Verhältnis des Anteils am Nennkapital (Grund- oder Stammkapital) der Gesellschaft zum gemeinen Wert des Betriebsvermögens der Kapitalgesellschaft im Bewertungsstichtag. [2]Dies gilt auch, wenn das Nennkapital noch nicht vollständig eingezahlt ist. [3]Richtet sich die Beteiligung am Vermögen und am Gewinn der Gesellschaft aufgrund einer ausdrücklichen Vereinbarung der Gesellschafter nach der jeweiligen Höhe des eingezahlten Nennkapitals, bezieht sich der gemeine Wert nur auf das tatsächlich eingezahlte Nennkapital. [4]Abweichend von Satz 1 sind bei der Wertermittlung des Anteils vorbehaltlich des § 9

Absatz 2 und 3 Regelungen zu berücksichtigen, die sich auf den Wert des Anteils auswirken, wie insbesondere eine vom Verhältnis des Anteils am Nennkapital (Grund- oder Stammkapital) abweichende Gewinnverteilung.

(2) Einen Gewerbebetrieb bilden auch die Wirtschaftsgüter, die den sonstigen juristischen Personen des privaten Rechts, den nichtrechtsfähigen Vereinen, Anstalten, Stiftungen und anderen Zweckvermögen gehören, soweit sie einem wirtschaftlichen Geschäftsbetrieb (ausgenommen Land- und Forstwirtschaft) dienen.

(3) *(aufgehoben)*

§§ 98, 98a *(aufgehoben)*

§ 99 Betriebsgrundstücke

(1) Betriebsgrundstück im Sinne dieses Gesetzes ist der zu einem Gewerbebetrieb gehörige Grundbesitz, soweit er, losgelöst von seiner Zugehörigkeit zu dem Gewerbebetrieb,
1. zum Grundvermögen gehören würde oder
2. einen Betrieb der Land- und Forstwirtschaft bilden würde.

(2) *(aufgehoben)*

(3) Betriebsgrundstücke im Sinne des Absatzes 1 Nr. 1 sind wie Grundvermögen, Betriebsgrundstücke im Sinne des Absatzes 1 Nr. 2 wie land- und forstwirtschaftliches Vermögen zu bewerten.

§§ 100 bis 102 *(aufgehoben)*

§ 103 Schulden und sonstige Abzüge

(1) Schulden und sonstige Abzüge, die nach § 95 Abs. 1 zum Betriebsvermögen gehören, werden vorbehaltlich des Absatzes 3 berücksichtigt, soweit sie mit der Gesamtheit oder einzelnen Teilen des Betriebsvermögens im Sinne dieses Gesetzes in wirtschaftlichem Zusammenhang stehen.

(2) Weist ein Gesellschafter in der Steuerbilanz Gewinnansprüche gegen eine von ihm beherrschte Gesellschaft aus, ist bei dieser ein Schuldposten in entsprechender Höhe abzuziehen.

(3) Rücklagen sind nur insoweit abzugsfähig, als ihr Abzug bei der Bewertung des Betriebsvermögens für Zwecke der Erbschaftsteuer durch Gesetz ausdrücklich zugelassen ist.

§§ 103a bis 107 *(aufgehoben)*

§ 108 *(weggefallen)*

§ 109 Bewertung

(1) [1]Das Betriebsvermögen von Gewerbebetrieben im Sinne des § 95 und das Betriebsvermögen von freiberuflich Tätigen im Sinne des § 96 ist jeweils mit dem gemeinen Wert anzusetzen. [2]Für die Ermittlung des gemeinen Werts gilt § 11 Abs. 2 entsprechend.

(2) [1]Der Wert eines Anteils am Betriebsvermögen einer in § 97 genannten Körperschaft, Personenvereinigung oder Vermögensmasse ist mit dem gemeinen Wert anzusetzen. [2]Für die Ermittlung des gemeinen Werts gilt § 11 Abs. 2 entsprechend.

(3), (4) *(aufgehoben)*

Zweiter Abschnitt. Sondervorschriften und Ermächtigungen

§ 121 Inlandsvermögen

Zum Inlandsvermögen gehören:
1. das inländische land- und forstwirtschaftliche Vermögen;
2. das inländische Grundvermögen;
3. das inländische Betriebsvermögen. [2]Als solches gilt das Vermögen, das einem im Inland betriebenen Gewerbe dient, wenn hierfür im Inland eine Betriebsstätte unterhalten wird oder ein ständiger Vertreter bestellt ist;
4. Anteile an einer Kapitalgesellschaft, wenn die Gesellschaft Sitz oder Geschäftsleitung im Inland hat und der Gesellschafter entweder allein oder zusammen mit anderen ihm nahestehenden Personen im Sinne des § 1 Abs. 2 des Außensteuergesetzes in der jeweils geltenden Fassung am Grund- oder Stammkapital der Gesellschaft mindestens zu einem Zehntel unmittelbar oder mittelbar beteiligt ist;
5. nicht unter Nummer 3 fallende Erfindungen, Gebrauchsmuster und Topographien, die in ein inländisches Buch oder Register eingetragen sind;
6. Wirtschaftsgüter, die nicht unter die Nummern 1, 2 und 5 fallen und einem inländischen Gewerbebetrieb überlassen, insbesondere an diesen vermietet oder verpachtet sind;
7. Hypotheken, Grundschulden, Rentenschulden und andere Forderungen oder Rechte, wenn sie durch inländischen Grundbesitz, durch inländische grundstücksgleiche Rechte oder durch Schiffe, die in ein inländisches Schiffsregister eingetragen sind, unmittelbar oder mittelbar gesichert sind. [2]Ausgenommen sind Anleihen und Forderungen, über die Teilschuldverschreibungen ausgegeben sind;
8. Forderungen aus der Beteiligung an einem Handelsgewerbe als stiller Gesellschafter und aus partiarischen Darlehen, wenn der Schuldner Wohnsitz oder gewöhnlichen Aufenthalt, Sitz oder Geschäftsleitung im Inland hat;
9. Nutzungsrechte an einem der in den Nummern 1 bis 8 genannten Vermögensgegenstände.

Fünfter Abschnitt. Gesonderte Feststellungen

§ 151 Gesonderte Feststellungen

(1) [1]Gesondert festzustellen (§ 179 der Abgabenordnung) sind
1. Grundbesitzwerte (§§ 138, 157),
2. der Wert des Betriebsvermögens oder des Anteils am Betriebsvermögen (§§ 95, 96, 97),
3. der Wert von Anteilen an Kapitalgesellschaften im Sinne des § 11 Abs. 2,
4. der Anteil am Wert von anderen als in den Nummern 1 bis 3 genannten Vermögensgegenständen und von Schulden, die mehreren Personen zustehen,

wenn die Werte für die Erbschaftsteuer oder eine andere Feststellung im Sinne dieser Vorschrift von Bedeutung sind. [2]Die Entscheidung über eine Bedeutung für die Besteuerung trifft das für die Festsetzung der Erbschaftsteuer oder die Feststellung nach Satz 1 Nr. 2 bis 4 zuständige Finanzamt.

(2) In dem Feststellungsbescheid für Grundbesitzwerte sind auch Feststellungen zu treffen
1. über die Art der wirtschaftlichen Einheit,
2. über die Zurechnung der wirtschaftlichen Einheit und bei mehreren Beteiligten über die Höhe des Anteils, der für die Besteuerung oder eine andere Feststellung von Bedeutung ist; beim Erwerb durch eine Erbengemeinschaft erfolgt die Zu-

rechnung in Vertretung der Miterben auf die Erbengemeinschaft. [2]Entsprechendes gilt für die Feststellungen nach Absatz 1 Satz 1 Nr. 2 bis 4.

(3) [1]Gesondert festgestellte Werte im Sinne des Absatzes 1 Satz 1 Nummer 1 bis 4 sind einer innerhalb einer Jahresfrist folgenden Feststellung für dieselbe wirtschaftliche Einheit unverändert zu Grunde zu legen, wenn sich die für die erste Bewertung maßgeblichen Stichtagsverhältnisse nicht wesentlich geändert haben. [2]Der Erklärungspflichtige kann eine von diesem Wert abweichende Feststellung nach den Verhältnissen am Bewertungsstichtag durch Abgabe einer Feststellungserklärung beantragen.

(4) Ausländisches Vermögen unterliegt nicht der gesonderten Feststellung.

(5) [1]Grundbesitzwerte (Absatz 1 Satz 1 Nr. 1) sind auch festzustellen, wenn sie für die Grunderwerbsteuer von Bedeutung sind. [2]Absatz 1 Satz 2 gilt entsprechend. [3]Absatz 2 ist nicht anzuwenden.

§ 152 Örtliche Zuständigkeit

Für die gesonderten Feststellungen ist örtlich zuständig:

1. in den Fällen des § 151 Abs. 1 Satz 1 Nr. 1 das Finanzamt, in dessen Bezirk das Grundstück, das Betriebsgrundstück oder der Betrieb der Land- und Forstwirtschaft oder, wenn sich das Grundstück, das Betriebsgrundstück oder der Betrieb der Land- und Forstwirtschaft auf die Bezirke mehrerer Finanzämter erstreckt, der wertvollste Teil liegt;
2. in den Fällen des § 151 Abs. 1 Satz 1 Nr. 2 das Finanzamt, in dessen Bezirk sich die Geschäftsleitung des Gewerbebetriebs, bei Gewerbebetrieben ohne Geschäftsleitung im Inland das Finanzamt, in dessen Bezirk eine Betriebsstätte – bei mehreren Betriebsstätten die wirtschaftlich bedeutendste – unterhalten wird, und bei freiberuflicher Tätigkeit das Finanzamt, von dessen Bezirk aus die Berufstätigkeit vorwiegend ausgeübt wird;
3. in den Fällen des § 151 Abs. 1 Satz 1 Nr. 3 das Finanzamt, in dessen Bezirk sich die Geschäftsleitung der Kapitalgesellschaft befindet, bei Kapitalgesellschaften ohne Geschäftsleitung im Inland oder, wenn sich der Ort der Geschäftsleitung nicht feststellen lässt, das Finanzamt, in dessen Bezirk die Kapitalgesellschaft ihren Sitz hat;
4. in den Fällen des § 151 Abs. 1 Satz 1 Nr. 4 das Finanzamt, von dessen Bezirk die Verwaltung des Vermögens ausgeht, oder, wenn diese im Inland nicht feststellbar ist, das Finanzamt, in dessen Bezirk sich der wertvollste Teil des Vermögens befindet.

§ 153 Erklärungspflicht, Verfahrensvorschriften für die gesonderte Feststellung, Feststellungsfrist

(1) [1]Das Finanzamt kann von jedem, für dessen Besteuerung eine gesonderte Feststellung von Bedeutung ist, die Abgabe einer Feststellungserklärung verlangen. [2]Die Frist zur Abgabe der Feststellungserklärung muss mindestens einen Monat betragen.

(2) [1]Ist der Gegenstand der Feststellung mehreren Personen zuzurechnen oder ist eine Personengesellschaft oder Kapitalgesellschaft dessen Eigentümer, kann das Finanzamt auch von der Gemeinschaft oder Gesellschaft die Abgabe einer Feststellungserklärung verlangen. [2]Dies gilt auch, wenn Gegenstand der Feststellung ein Anteil am Betriebsvermögen ist. [3]Das Finanzamt kann in Erbbaurechtsfällen die Abgabe einer Feststellungserklärung vom Erbbauberechtigten und vom Erbbauverpflichteten verlangen. [4]Absatz 4 Satz 2 ist nicht anzuwenden.

(3) In den Fällen des § 151 Abs. 1 Satz 1 Nr. 3 kann das Finanzamt nur von der Kapitalgesellschaft die Abgabe einer Feststellungserklärung verlangen.

(4) [1]Der Erklärungspflichtige hat die Erklärung eigenhändig zu unterschreiben. [2]Hat ein Erklärungspflichtiger eine Erklärung zur gesonderten Feststellung abgegeben, sind andere Beteiligte insoweit von der Erklärungspflicht befreit.

(5) § 181 Abs. 1 und 5 der Abgabenordnung ist entsprechend anzuwenden.

§ 154 Beteiligte am Feststellungsverfahren

(1) [1]Am Feststellungsverfahren sind beteiligt
1. diejenigen, denen der Gegenstand der Feststellung zuzurechnen ist,
2. diejenigen, die das Finanzamt zur Abgabe einer Feststellungserklärung aufgefordert hat,
3. diejenigen, die eine Steuer als Schuldner oder Gesamtschuldner schulden und für deren Festsetzung die Feststellung von Bedeutung ist.

[2]Gegenüber mehreren Beteiligten nach Satz 1 erfolgt eine gesonderte und einheitliche Feststellung (§ 179 Absatz 2 Satz 2 der Abgabenordnung)

(2) In den Fällen des § 151 Abs. 1 Satz 1 Nr. 3 ist der Feststellungsbescheid auch der Kapitalgesellschaft bekannt zu geben.

(3) [1]Soweit der Gegenstand der Feststellung einer Erbengemeinschaft in Vertretung der Miterben zuzurechnen ist, ist § 183 der Abgabenordnung entsprechend anzuwenden. [2]Bei der Bekanntgabe des Feststellungsbescheids ist darauf hinzuweisen, dass die Bekanntgabe mit Wirkung für und gegen alle Miterben erfolgt.

§ 155 Rechtsbehelfsbefugnis

[1]Zur Einlegung von Rechtsbehelfen gegen den Feststellungsbescheid sind die Beteiligten im Sinne des § 154 Abs. 1 sowie diejenigen befugt, für deren Besteuerung nach dem Grunderwerbsteuergesetz der Feststellungsbescheid von Bedeutung ist. [2]Soweit der Gegenstand der Feststellung einer Erbengemeinschaft in Vertretung der Miterben zuzurechnen ist, sind § 352 der Abgabenordnung und § 48 der Finanzgerichtsordnung entsprechend anzuwenden.

§ 156 Außenprüfung

Eine Außenprüfung zur Ermittlung der Besteuerungsgrundlagen ist bei jedem Beteiligten (§ 154 Abs. 1) zulässig.

Sechster Abschnitt. Vorschriften für die Bewertung von Grundbesitz, von nicht notierten Anteilen an Kapitalgesellschaften und von Betriebsvermögen für die Erbschaftsteuer ab 1. Januar 2009

A. Allgemeines

§ 157 Feststellung von Grundbesitzwerten, von Anteilswerten und von Betriebsvermögenswerten

(1) [1]Grundbesitzwerte werden unter Berücksichtigung der tatsächlichen Verhältnisse und der Wertverhältnisse zum Bewertungsstichtag festgestellt. [2]§ 29 Abs. 2 und 3 gilt sinngemäß.

(2) Für die wirtschaftlichen Einheiten des land- und forstwirtschaftlichen Vermögens und für Betriebsgrundstückeim Sinne des § 99 Abs. 1 Nr. 2 sind die Grundbesitzwerte unter Anwendung der §§ 158 bis 175 zu ermitteln.

(3) [1]Für die wirtschaftlichen Einheiten des Grundvermögens und für Betriebsgrundstücke im Sinne des § 99 Abs. 1 Nr. 1 sind die Grundbesitzwerte unter Anwendung der §§ 159 und 176 bis 198 zu ermitteln. [2]§ 70 gilt mit der Maßgabe, dass der Anteil des Eigentümers eines Grundstücks an anderem Grundvermögen (zum Beispiel an gemeinschaftlichen Hofflächen oder Garagen) abweichend von Absatz 2 Satz 1 dieser Vorschrift in das Grundstück einzubeziehen ist, wenn der Anteil zusammen mit dem Grundstück genutzt wird. [3]§ 20 Satz 2 ist entsprechend anzuwenden.

(4) [1]Der Wert von Anteilen an Kapitalgesellschaften im Sinne des § 11 Abs. 2 Satz 2 (Anteilswert) wird unter Berücksichtigung der tatsächlichen Verhältnisse und der Wertverhältnisse zum Bewertungsstichtag festgestellt. [2]Der Anteilswert ist unter Anwendung des § 11 Abs. 2 zu ermitteln.

(5) [1]Der Wert von Betriebsvermögen oder des Anteils am Betriebsvermögen im Sinne der §§ 95, 96 und 97 (Betriebsvermögenswert) wird unter Berücksichtigung der tatsächlichen Verhältnisse und der Wertverhältnisse zum Bewertungsstichtag festgestellt. [2]Der Betriebsvermögenswert ist unter Anwendung des § 109 Abs. 1 und 2 in Verbindung mit § 11 Abs. 2 zu ermitteln.

B. Land- und forstwirtschaftliches Vermögen

I. Allgemeines

§ 158 Begriff des land- und forstwirtschaftlichen Vermögens

(1) [1]Land- und Forstwirtschaft ist die planmäßige Nutzung der natürlichen Kräfte des Bodens zur Erzeugung von Pflanzen und Tieren sowie die Verwertung der dadurch selbst gewonnenen Erzeugnisse. [2]Zum land- und forstwirtschaftlichen Vermögen gehören alle Wirtschaftgüter, die einem Betrieb der Land- und Forstwirtschaft zu diesem Zweck auf Dauer zu dienen bestimmt sind.

(2) [1]Die wirtschaftliche Einheit des land- und forstwirtschaftlichen Vermögens ist der Betrieb der Land- und Forstwirtschaft. [2]Wird ein Betrieb der Land- und Forstwirtschaft in Form einer Personengesellschaft oder Gemeinschaft geführt, sind in die wirtschaftliche Einheit auch die Wirtschaftsgüter einzubeziehen, die einem oder mehreren Beteiligten gehören, wenn sie dem Betrieb der Land- und Forstwirtschaft auf Dauer zu dienen bestimmt sind.

(3) [1]Zu den Wirtschaftsgütern, die der wirtschaftlichen Einheit Betrieb der Land- und Forstwirtschaft zu dienen bestimmt sind, gehören insbesondere
1. der Grund und Boden,
2. die Wirtschaftsgebäude,
3. die stehenden Betriebsmittel,
4. der normale Bestand an umlaufenden Betriebsmitteln,
5. die immateriellen Wirtschaftsgüter,
6. die Wohngebäude und der dazu gehörende Grund und Boden.

[2]Als normaler Bestand an umlaufenden Betriebsmitteln gilt ein solcher, der zur gesicherten Fortführung des Betriebs erforderlich ist.

(4) Zum land- und forstwirtschaftlichen Vermögen gehören nicht
1. Grund und Boden sowie Gebäude und Gebäudeteile, die nicht land- und forstwirtschaftlichen Zwecken dienen,
2. Kleingartenland und Dauerkleingartenland,
3. Geschäftsguthaben, Wertpapiere und Beteiligungen,
4. über den normalen Bestand hinausgehende Bestände an umlaufenden Betriebsmitteln,
5. Tierbestände oder Zweige des Tierbestands und die hiermit zusammenhängenden Wirtschaftsgüter (zum Beispiel Gebäude und abgrenzbare Gebäudeteile mit den da-

zugehörenden Flächen, Betriebsmittel), wenn die Tiere weder zur landwirtschaftlichen Nutzung noch nach § 175 zu den übrigen land- und forstwirtschaftlichen Nutzungen gehören. [2]Die Zugehörigkeit der landwirtschaftlich genutzten Flächen zum land- und forstwirtschaftlichen Vermögen wird hierdurch nicht berührt,
6. Geldforderungen und Zahlungsmittel,
7. Pensionsverpflichtungen.

(5) Verbindlichkeiten gehören zum land- und forstwirtschaftlichen Vermögen, soweit sie nicht im unmittelbaren wirtschaftlichen Zusammenhang mit den in Absatz 4 genannten Wirtschaftsgütern stehen.

§ 159 Abgrenzung land- und forstwirtschaftlich genutzter Flächen zum Grundvermögen

(1) Land- und forstwirtschaftlich genutzte Flächen sind dem Grundvermögen zuzurechnen, wenn nach ihrer Lage, den am Bewertungsstichtag bestehenden Verwertungsmöglichkeiten oder den sonstigen Umständen anzunehmen ist, dass sie in absehbarer Zeit anderen als land- und forstwirtschaftlichen Zwecken,insbesondere als Bauland, Industrieland oder Land für Verkehrszwecke, dienen werden.

(2) Bildet ein Betrieb der Land- und Forstwirtschaft die Existenzgrundlage des Betriebsinhabers, so sind dem Betriebsinhaber gehörende Flächen, die von einer Stelle aus ordnungsgemäß nachhaltig bewirtschaftet werden, dem Grundvermögen nur dann zuzurechnen, wenn mit großer Wahrscheinlichkeit anzunehmen ist, dass sie spätestens nach zwei Jahren anderen als land- und forstwirtschaftlichen Zwecken dienen werden.

(3) [1]Flächen sind stets dem Grundvermögen zuzurechnen, wenn sie in einem Bebauungsplan als Bauland festgesetzt sind, ihre sofortige Bebauung möglich ist und die Bebauung innerhalb des Plangebiets in benachbarten Bereichen begonnen hat oder schon durchgeführt ist. [2]Satz 1 gilt nicht für die Hofstelle und für andere Flächen in unmittelbarem räumlichen Zusammenhang mit der Hofstelle bis zu einer Größe von insgesamt 1 Hektar.

§ 160 Betrieb der Land- und Forstwirtschaft

(1) Ein Betrieb der Land- und Forstwirtschaft umfasst
1. den Wirtschaftsteil,
2. die Betriebswohnungen und
3. den Wohnteil.

(2) [1]Der Wirtschaftsteil eines Betriebs der Land- und Forstwirtschaft umfasst
1. die land- und forstwirtschaftlichen Nutzungen:
   a) die landwirtschaftliche Nutzung,
   b) die forstwirtschaftliche Nutzung,
   c) die weinbauliche Nutzung,
   d) die gärtnerische Nutzung,
   e) die übrigen land- und forstwirtschaftlichen Nutzungen,
2. die Nebenbetriebe,
3. die folgenden nicht zu einer Nutzung nach den Nummern 1 und 2 gehörenden Wirtschaftsgüter:
   a) Abbauland,
   b) Geringstland,
   c) Unland.

[2]Der Anbau von Hopfen, Tabak und Spargel gehört nur zu den Sondernutzungen, wenn keine landwirtschaftliche Nutzung im Sinne des Satzes 1 Nr. 1 Buchstabe a vorliegt.

(3) Nebenbetriebe sind Betriebe, die dem Hauptbetrieb zu dienen bestimmt sind und nicht einen selbständigen gewerblichen Betrieb darstellen.

(4) Zum Abbauland gehören die Betriebsflächen, die durch Abbau der Bodensubstanz überwiegend für den Betrieb der Land- und Forstwirtschaft nutzbar gemacht werden (Sand-, Kies-, Lehmgruben, Steinbrüche, Torfstiche und dergleichen).

(5) Zum Geringstland gehören die Betriebsflächen geringster Ertragsfähigkeit, für die nach dem Bodenschätzungsgesetz vom 20. Dezember 2007 (BGBl. I S. 3150, 3176) keine Wertzahlen festzustellen sind.

(6) Zum Unland gehören die Betriebsflächen, die auch bei geordneter Wirtschaftsweise keinen Ertrag abwerfen können.

(7) [1]Einen Betrieb der Land- und Forstwirtschaft bilden auch Stückländereien, die als gesonderte wirtschaftliche Einheit zu bewerten sind. [2]Stückländereien sind einzelne land- und forstwirtschaftlich genutzte Flächen, bei denen die Wirtschaftsgebäude oder die Betriebsmittel oder beide Arten von Wirtschaftsgütern nicht dem Eigentümer des Grund und Bodens gehören, sondern am Bewertungsstichtag für mindestens 15 Jahre einem anderen Betrieb der Land- und Forstwirtschaft zu dienen bestimmt sind.

(8) Betriebswohnungen sind Wohnungen, die einem Betrieb der Land- und Forstwirtschaft zu dienen bestimmt, aber nicht dem Wohnteil zuzurechnen sind.

(9) Der Wohnteil eines Betriebs der Land- und Forstwirtschaft umfasst die Gebäude und Gebäudeteile, die dem Inhaber des Betriebs, den zu seinem Haushalt gehörenden Familienangehörigen und den Altenteilern zu Wohnzwecken dienen.

§ 161 Bewertungsstichtag

(1) Für die Größe des Betriebs, für den Umfang und den Zustand der Gebäude sowie für die stehenden Betriebsmittel sind die Verhältnisse am Bewertungsstichtag maßgebend.

(2) Für die umlaufenden Betriebsmittel ist der Stand am Ende des Wirtschaftsjahres maßgebend, das dem Bewertungsstichtag vorangegangen ist.

§ 162 Bewertung des Wirtschaftsteils

(1) [1]Bei der Bewertung des Wirtschaftsteils ist der gemeine Wert zu Grunde zu legen. [2]Dabei ist davon auszugehen, dass der Erwerber den Betrieb der Land- und Forstwirtschaft fortführt. [3]Bei der Ermittlung des gemeinen Werts für den Wirtschaftsteil sind die land- und forstwirtschaftlichen Nutzungen, die Nebenbetriebe, das Abbau-, Geringst- und Unland jeweils gesondert mit ihrem Wirtschaftswert (§ 163) zu bewerten. [4]Dabei darf ein Mindestwert nicht unterschritten werden (§ 164).

(2) Der Wert des Wirtschaftsteils für einen Betrieb der Land- und Forstwirtschaft im Sinne des § 160 Abs. 7 wird nach § 164 ermittelt.

(3) [1]Wird ein Betrieb der Land- und Forstwirtschaft oder ein Anteil im Sinne des § 158 Abs. 2 Satz 2 innerhalb eines Zeitraums von 15 Jahren nach dem Bewertungsstichtag veräußert, erfolgt die Bewertung der wirtschaftlichen Einheit abweichend von den §§ 163 und 164 mit dem Liquidationswert nach § 166. [2]Dies gilt nicht, wenn der Veräußerungserlös innerhalb von sechs Monaten ausschließlich zum Erwerb eines anderen Betriebs der Land- und Forstwirtschaft oder eines Anteils im Sinne des § 158 Abs. 2 Satz 2 verwendet wird.

(4) [1]Sind wesentliche Wirtschaftsgüter (§ 158 Abs. 3 Satz 1 Nr. 1 bis 3 und 5) dem Betrieb der Land- und Forstwirtschaft innerhalb eines Zeitraumes von 15 Jahren nicht mehr auf Dauer zu dienen bestimmt, erfolgt die Bewertung der Wirtschaftsgüter abweichend von den §§ 163 und 164 mit dem jeweiligen Liquidationswert nach § 166. [2]Dies gilt nicht, wenn der Veräußerungserlös innerhalb von sechs Monaten ausschließlich im betrieblichen Interesse verwendet wird.

§ 163 Ermittlung der Wirtschaftswerte

(1) [1]Bei der Ermittlung der jeweiligen Wirtschaftswerte ist von der nachhaltigen Ertragsfähigkeit land- und forstwirtschaftlicher Betriebe auszugehen. [2]Ertragsfähigkeit ist der bei ordnungsmäßiger Bewirtschaftung gemeinhin und nachhaltig erzielbare Reingewinn. [3]Dabei sind alle Umstände zu berücksichtigen, die bei einer Selbstbewirtschaftung den Wirtschaftserfolg beeinflussen.

(2) [1]Der Reingewinn umfasst das ordentliche Ergebnis abzüglich eines angemessenen Lohnansatzes für die Arbeitsleistung des Betriebsinhabers und der nicht entlohnten Arbeitskräfte. [2]Die im unmittelbaren wirtschaftlichen Zusammenhang mit einem Betrieb der Land- und Forstwirtschaft stehenden Verbindlichkeiten sind durch den Ansatz der Zinsaufwendungen abgegolten. [3]Zur Berücksichtigung der nachhaltigen Ertragsfähigkeit ist der Durchschnitt der letzten fünf abgelaufenen Wirtschaftsjahre vor dem Bewertungsstichtag zu Grunde zu legen.

(3) [1]Der Reingewinn für die landwirtschaftliche Nutzung bestimmt sich nach der Region, der maßgeblichen Nutzungsart (Betriebsform) und der Betriebsgröße nach der Europäischen Größeneinheit (EGE). [2]Zur Ermittlung der maßgeblichen Betriebsform ist das Klassifizierungssystem nach der Entscheidung 85/377/EWG der Kommission vom 7. Juni 1985 zur Errichtung eines gemeinschaftlichen Klassifizierungssystems der landwirtschaftlichen Betriebe (ABl. EG Nr. L 220 S. 1), zuletzt geändert durch Entscheidung der Kommission vom 16. Mai 2003 (ABl. EU Nr. L 127 S. 48), in der jeweils geltenden Fassung heranzuziehen. [3]Hierzu sind die Standarddeckungsbeiträge der selbst bewirtschafteten Flächen und der Tiereinheiten der landwirtschaftlichen Nutzung zu ermitteln und daraus die Betriebsform zu bestimmen. [4]Die Summe der Standarddeckungsbeiträge ist durch 1200 Euro zu dividieren, so dass sich die Betriebsgröße in EGE ergibt, die einer der folgenden Betriebsgrößenklassen zuzuordnen ist:

1. Kleinbetriebe von	0 bis unter 40 EGE,
2. Mittelbetriebe von	40 bis 100 EGE,
3. Großbetriebe über	100 EGE.

[5]Das Bundesministerium der Finanzen veröffentlicht die maßgeblichen Standarddeckungsbeiträge im Bundessteuerblatt. [6]Der entsprechende Reingewinn ergibt sich aus der Spalte 4 der Anlage 14 in Euro pro Hektar landwirtschaftlich genutzter Fläche (EUR/ha LF).

(4) [1]Der Reingewinn für die forstwirtschaftliche Nutzung bestimmt sich nach den Flächen der jeweiligen Nutzungsart (Baumartengruppe) und den Ertragsklassen. [2]Die jeweilige Nutzungsart umfasst:

1. Die Baumartengruppe Buche, zu der auch sonstiges Laubholz einschließlich der Roteiche gehört,
2. die Baumartengruppe Eiche, zu der auch alle übrigen Eichenarten gehören,
3. die Baumartengruppe Fichte, zu der auch alle übrigen Nadelholzarten mit Ausnahme der Kiefer und der Lärche gehören,
4. die Baumartengruppe Kiefer und Lärchen mit Ausnahme der Weymouthskiefer,
5. die übrige Fläche der forstwirtschaftlichen Nutzung,

[3]Die Ertragsklassen bestimmen sich für

1. die Baumartengruppe Buche nach der von Schober für mäßige Durchforstung veröffentlichten Ertragstafel,
2. die Baumartengruppe Eiche nach der von Jüttner für mäßige Durchforstung veröffentlichten Ertragstafel,
3. die Baumartengruppe Fichte nach der von Wiedemann für mäßige Durchforstung veröffentlichten Ertragstafel,

4. die Baumartengruppe Kiefer nach der von Wiedemann für mäßige Durchforstung veröffentlichten Ertragstafel.

[4]Der nach Satz 2 und 3 maßgebliche Reingewinn ergibt sich aus der Spalte 4 der Anlage 15 in Euro pro Hektar (EUR/ha).

(5) [1]Der Reingewinn für die weinbauliche Nutzung bestimmt sich nach den Flächen der jeweiligen Nutzungsart (Verwertungsform). [2]Er ergibt sich aus der Spalte 3 der Anlage 16.

(6) [1]Der Reingewinn für die gärtnerische Nutzung bestimmt sich nach dem maßgeblichen Nutzungsteil, der Nutzungsart und den Flächen. [2]Er ergibt sich aus der Spalte 4 der Anlage 17.

(7) Der Reingewinn für die Sondernutzungen Hopfen, Spargel, Tabak ergibt sich aus der Spalte 3 der Anlage 18.

(8) [1]Der Reingewinn für die sonstigen land- und forstwirtschaftlichen Nutzungen, für Nebenbetriebe sowie für Abbauland ist im Einzelertragswertverfahren zu ermitteln, soweit für die jeweilige Region nicht auf einen durch statistische Erhebungen ermittelten pauschalierten Reingewinn zurückgegriffen werden kann. [2]Der Einzelertragswert ermittelt sich aus dem betriebsindividuellen Ergebnis und dem Kapitalisierungszinssatz nach Absatz 11.

(9) Der Reingewinn für das Geringstland wird pauschal mit 5,40 Euro pro Hektar festgelegt.

(10) Der Reingewinn für das Unland beträgt 0 Euro.

(11) [1]Der jeweilige Reingewinn ist zu kapitalisieren. [2]Der Kapitalisierungszinssatz beträgt 5,5 Prozent und der Kapitalisierungsfaktor beträgt 18,6.

(12) Der kapitalisierte Reingewinn für die landwirtschaftliche, die forstwirtschaftliche, die weinbauliche, die gärtnerische Nutzung oder für deren Nutzungsteile, die Sondernutzungen und das Geringstland ist mit der jeweiligen Eigentumsfläche des Betriebs zum Bewertungsstichtag zu vervielfältigen, der dieser Nutzung zuzurechnen ist.

(13) [1]Die Hofflächen und die Flächen der Wirtschaftsgebäude sind dabei anteilig in die einzelnen Nutzungen einzubeziehen. [2]Wirtschaftswege, Hecken, Gräben, Grenzraine und dergleichen sind in die Nutzung einzubeziehen, zu der sie gehören; dies gilt auch für Wasserflächen soweit sie nicht Unland sind oder zu den übrigen land- und forstwirtschaftlichen Nutzungen gehören.

(14) Das Bundesministerium der Finanzen wird ermächtigt, durch Rechtsverordnung mit Zustimmung des Bundesrates die Anlagen 14 bis 18 zu diesem Gesetz dadurch zu ändern, dass es die darin aufgeführten Reingewinne turnusmäßig an die Ergebnisse der Erhebungen nach § 2 des Landwirtschaftsgesetzes anpasst.

§ 164 Mindestwert

(1) Der Mindestwert des Wirtschaftsteils setzt sich aus dem Wert für den Grund und Boden sowie dem Wert der übrigen Wirtschaftsgüter zusammen und wird nach den Absätzen 2 bis 4 ermittelt.

(2) [1]Der für den Wert des Grund und Bodens im Sinne des § 158 Abs. 3 Satz 1 Nr. 1 zu ermittelnde Pachtpreis pro Hektar (ha) bestimmt sich nach der Nutzung, dem Nutzungsteil und der Nutzungsart des Grund und Bodens. [2]Bei der landwirtschaftlichen Nutzung ist dabei die Betriebsgröße in EGE nach § 163 Abs. 3 Satz 4 Nr. 1 bis 3 zu berücksichtigen. [3]Der danach maßgebliche Pachtpreis ergibt sich jeweils aus der Spalte 5 der Anlagen 14, 15 und 17 sowie aus der Spalte 4 der Anlagen 16, 18 und ist mit den Eigentumsflächen zu vervielfältigen.

(3) Der Kapitalisierungszinssatz des regionalen Pachtpreises beträgt 5,5 Prozent und der Kapitalisierungsfaktor beträgt 18,6.

(4) [1]Der Wert für die übrigen Wirtschaftsgüter im Sinne des § 158 Abs. 3 Satz 1 Nr. 2 bis 5 (Besatzkapital) bestimmt sich nach der Nutzung, dem Nutzungsteil und der Nutzungsart des Grund und Bodens. [2]Bei der landwirtschaftlichen Nutzung ist dabei die Betriebsgröße in EGE nach § 163 Abs. 3 Satz 4 Nr. 1 bis 3 zu berücksichtigen. [3]Der danach maßgebliche Wert für das Besatzkapital ergibt sich jeweils aus der Spalte 6 der Anlagen 14, 15a und 17 sowie aus der Spalte 5 der Anlagen 16 und 18 und ist mit den selbst bewirtschafteten Flächen zu vervielfältigen.

(5) Der Kapitalisierungszinssatz für die übrigen Wirtschaftsgüter (§ 158 Abs. 3 Satz 1 Nr. 2 bis 5) beträgt 5,5 Prozent und der Kapitalisierungsfaktor beträgt 18,6.

(6) [1]Der kapitalisierte Wert für den Grund und Boden und der kapitalisierte Wert für die übrigen Wirtschaftsgüter sind um die damit in wirtschaftlichem Zusammenhang stehenden Verbindlichkeiten zu mindern. [2]Der Mindestwert, der sich hiernach ergibt, darf nicht weniger als 0 Euro betragen.

(7) Das Bundesministerium der Finanzen wird ermächtigt, durch Rechtsverordnung mit Zustimmung des Bundesrates die Anlagen 14 bis 18 zu diesem Gesetz dadurch zu ändern, dass es die darin aufgeführten Pachtpreise und Werte für das Besatzkapital turnusmäßig an die Ergebnisse der Erhebungen nach § 2 des Landwirtschaftsgesetzes anpasst.

§ 165 Bewertung des Wirtschaftsteils mit dem Fortführungswert

(1) Der Wert des Wirtschaftsteils wird aus der Summe der nach § 163 zu ermittelnden Wirtschaftswerte gebildet.

(2) Der für einen Betrieb der Land- und Forstwirtschaft anzusetzende Wert des Wirtschaftsteils darf nicht geringer sein als der nach § 164 ermittelte Mindestwert.

(3) Weist der Steuerpflichtige nach, dass der gemeine Wert des Wirtschaftsteils niedriger ist als der nach den Absätzen 1 und 2 ermittelte Wert, ist dieser Wert anzusetzen; § 166 ist zu beachten.

§ 166 Bewertung des Wirtschaftsteils mit dem Liquidationswert

(1) Im Falle des § 162 Abs. 3 oder Abs. 4 ist der Liquidationswert nach Absatz 2 zu ermitteln und tritt mit Wirkung für die Vergangenheit an die Stelle des bisherigen Wertansatzes.

(2) Bei der Ermittlung des jeweiligen Liquidationswerts nach Absatz 1

1. ist der Grund und Boden im Sinne des § 158 Abs. 3 Satz 1 Nr. 1 mit den zuletzt vor dem Bewertungsstichtag ermittelten Bodenrichtwerten zu bewerten. [2]§ 179 Satz 2 bis 4 gilt entsprechend. [3]Zur Berücksichtigung der Liquidationskosten ist der ermittelte Bodenwert um 10 Prozent zu mindern;
2. sind die übrigen Wirtschaftsgüter im Sinne des § 158 Abs. 3 Satz 1 Nr. 2 bis 5 mit ihrem gemeinen Wert zu bewerten. [2]Zur Berücksichtigung der Liquidationskosten sind die ermittelten Werte um 10 Prozent zu mindern.

§ 167 Bewertung der Betriebswohnungen und des Wohnteils

(1) Die Bewertung der Betriebswohnungen und des Wohnteils erfolgt nach den Vorschriften, die für die Bewertung von Wohngrundstücken im Grundvermögen (§§ 182 bis 196) gelten.

(2) Für die Abgrenzung der Betriebswohnungen und des Wohnteils vom Wirtschaftsteil ist höchstens das Fünffache der jeweils bebauten Fläche zu Grunde zu legen.

(3) Zur Berücksichtigung von Besonderheiten, die sich im Falle einer engen räumlichen Verbindung von Wohnraum mit dem Betrieb ergeben, ist der Wert des

Wohnteils und der Wert der Betriebswohnungen nach den Absätzen 1 und 2 um 15 Prozent zu ermäßigen.

(4) [1]Weist der Steuerpflichtige nach, dass der gemeine Wert des Wohnteils oder der Betriebswohnungen niedriger ist als der sich nach den Absätzen 1 bis 3 ergebende Wert, ist der gemeine Wert anzusetzen. [2]Für den Nachweis des niedrigeren gemeinen Werts gelten grundsätzlich die auf Grund des § 199 Abs. 1 des Baugesetzbuchs erlassenen Vorschriften.

§ 168 Grundbesitzwert des Betriebs der Land- und Forstwirtschaft

(1) Der Grundbesitzwert eines Betriebs der Land- und Forstwirtschaft besteht aus
1. dem Wert des Wirtschaftsteils (§ 160 Abs. 2),
2. dem Wert der Betriebswohnungen (§ 160 Abs. 8) abzüglich der damit im unmittelbaren wirtschaftlichen Zusammenhang stehenden Verbindlichkeiten,
3. dem Wert des Wohnteils (§ 160 Abs. 9) abzüglich der damit im unmittelbaren wirtschaftlichen Zusammenhang stehenden Verbindlichkeiten.

(2) Der Grundbesitzwert für Stückländereien als Betrieb der Land- und Forstwirtschaft (§ 160 Abs. 7) besteht nur aus dem Wert des Wirtschaftsteils.

(3) Der Grundbesitzwert für einen Anteil an einem Betrieb der Land- und Forstwirtschaft im Sinne des § 158 Abs. 2 Satz 2 ist nach Absätzen 4–6 aufzuteilen.

(4) [1]Der Wert des Wirtschafteils ist nach den beim Mindestwert (§ 164) zu Grunde gelegten Verhältnissen aufzuteilen. [2]Dabei ist
1. der Wert des Grund und Bodens und der Wirtschaftsgebäude oder ein Anteil daran (§ 158 Abs. 3 Satz 1 Nr. 1 und 2) dem jeweiligen Eigentümer zuzurechnen. [2]Im Falle des Gesamthandseigentums ist der Wert des Grund und Bodens nach der Höhe der gesellschaftsrechtlichen Beteiligung aufzuteilen;
2. der Wert der übrigen Wirtschaftsgüter (§ 158 Abs. 3 Satz 1 Nr. 3 bis 5) nach dem Wertverhältnis der dem Betrieb zur Verfügung gestellten Wirtschaftsgüter aufzuteilen. [2]Im Falle des Gesamthandseigentums ist der Wert der übrigen Wirtschaftsgüter nach der Höhe der gesellschaftsrechtlichen Beteiligung aufzuteilen;
3. der Wert der zu berücksichtigenden Verbindlichkeiten (§ 164 Abs. 4) dem jeweiligen Schuldner zuzurechnen. [2]Im Falle des Gesamthandseigentums ist der Wert der zu berücksichtigenden Verbindlichkeiten nach der Höhe der gesellschaftsrechtlichen Beteiligung aufzuteilen.

(5) [1]Der Wert für die Betriebswohnungen ist dem jeweiligen Eigentümer zuzurechnen. [2]Im Falle des Gesamthandseigentums ist der Wert nach der Höhe der gesellschaftsrechtlichen Beteiligung aufzuteilen.

(6) [1]Der Wert für den Wohnteil ist dem jeweiligen Eigentümer zuzurechnen. [2]Im Falle des Gesamthandseigentums ist der Wert nach der Höhe der gesellschaftsrechtlichen Beteiligung aufzuteilen.

II. Besonderer Teil

a) Landwirtschaftliche Nutzung

§ 169 Tierbestände

(1) [1]Tierbestände gehören in vollem Umfang zur landwirtschaftlichen Nutzung, wenn im Wirtschaftsjahr

für die ersten 20 Hektar	nicht mehr als	10 Vieheinheiten
für die nächsten 10 Hektar	nicht mehr als	7 Vieheinheiten
für die nächsten 20 Hektar	nicht mehr als	6 Vieheinheiten
für die nächsten 50 Hektar	nicht mehr als	3 Vieheinheiten
und für die weitere Fläche	nicht mehr als	1,5 Vieheinheiten

je Hektar der vom Inhaber des Betriebs regelmäßig landwirtschaftlich genutzten Flächen erzeugt oder gehalten werden. [2]Die Tierbestände sind nach dem Futterbedarf in Vieheinheiten umzurechnen.

(2) [1]Übersteigt die Anzahl der Vieheinheiten nachhaltig die in Absatz 1 bezeichnete Grenze, so gehören nur die Zweige des Tierbestands zur landwirtschaftlichen Nutzung, deren Vieheinheiten zusammen diese Grenze nicht überschreiten. [2]Zunächst sind mehr flächenabhängige Zweige des Tierbestands und danach weniger flächenabhängige Zweige des Tierbestands zur landwirtschaftlichen Nutzung zu rechnen. [3]Innerhalb jeder dieser Gruppen sind zuerst Zweige des Tierbestands mit der geringeren Anzahl von Vieheinheiten und dann Zweige mit der größeren Anzahl von Vieheinheiten zur landwirtschaftlichen Nutzung zu rechnen. [4]Der Tierbestand des einzelnen Zweiges wird nicht aufgeteilt.

(3) [1]Als Zweig des Tierbestands gilt bei jeder Tierart für sich

1. das Zugvieh,
2. das Zuchtvieh,
3. das Mastvieh und
4. das übrige Nutzvieh.

[2]Das Zuchtvieh einer Tierart gilt nur dann als besonderer Zweig des Tierbestands, wenn die erzeugten Jungtiere überwiegend zum Verkauf bestimmt sind. [3]Ist das nicht der Fall, so ist das Zuchtvieh dem Zweig des Tierbestands zuzurechnen, dem es überwiegend dient.

(4) [1]Die Absätze 1 bis 3 gelten nicht für Pelztiere. [2]Pelztiere gehören nur dann zur landwirtschaftlichen Nutzung, wenn die erforderlichen Futtermittel überwiegend von den vom Inhaber des Betriebs landwirtschaftlich genutzter Flächen gewonnen werden.

(5) [1]Für die Umrechnung der Tierbestände in Vieheinheiten sowie für die Gruppen der mehr flächenabhängigen oder weniger flächenabhängigen Zweige des Tierbestands sind die in Anlage 19 und 20 aufgeführten Werte maßgebend. [2]Das Bundesministerium der Finanzen wird ermächtigt, durch Rechtsverordnung mit Zustimmung des Bundesrats die Anlagen 19 und 20 zu diesem Gesetz dadurch zu ändern, dass der darin aufgeführte Umrechnungsschlüssel und die Gruppen der Zweige eines Tierbestands an geänderte wirtschaftliche oder technische Entwicklungen angepasst werden können.

§ 170 Umlaufende Betriebsmittel

Bei landwirtschaftlichen Betrieben zählen die umlaufenden Betriebsmittel nur soweit zum normalen Bestand als der Durchschnitt der letzten fünf Jahre nicht überschritten wird.

b) Forstwirtschaftliche Nutzung

§ 171 Umlaufende Betriebsmittel

[1]Eingeschlagenes Holz gehört zum normalen Bestand an umlaufenden Betriebsmitteln, soweit es den jährlichen Nutzungssatz nicht übersteigt. [2]Bei Betrieben, die nicht jährlich einschlagen (aussetzende Betriebe), tritt an die Stelle des jährlichen Nutzungssatzes ein den Betriebsverhältnissen entsprechender mehrjähriger Nutzungssatz.

§ 172 Abweichender Bewertungsstichtag

Bei der forstwirtschaftlichen Nutzung sind abweichend von § 161 Abs. 1 für den Umfang und den Zustand des Bestands an nicht eingeschlagenem Holz die Verhältnisse am Ende des Wirtschaftsjahres zu Grunde zu legen, das dem Bewertungsstichtag vorangegangen ist.

c) Weinbauliche Nutzung

§ 173 Umlaufende Betriebsmittel

(1) Bei ausbauenden Betrieben zählen die Vorräte an Weinen aus den Ernten der letzten fünf Jahre vor dem Bewertungsstichtag zum normalen Bestand an umlaufenden Betriebsmitteln.

(2) Abschläge für Unterbestand an Weinvorräten sind nicht zu machen.

d) Gärtnerische Nutzung

§ 174 Abweichende Bewertungsverhältnisse

(1) [1]Die durch Anbau von Baumschulgewächsen genutzte Betriebsfläche wird nach § 161 Abs. 1 bestimmt. [2]Dabei sind die zum 15. September feststellbaren Bewirtschaftungsverhältnisse zu Grunde zu legen, die dem Bewertungsstichtag vorangegangen sind.

(2) [1]Die durch Anbau von Gemüse, Blumen und Zierpflanzen genutzte Betriebsfläche wird nach § 161 Abs. 1 bestimmt. [2]Dabei sind die zum 30. Juni feststellbaren Bewirtschaftungsverhältnisse zu Grunde zu legen, die dem Bewertungsstichtag vorangegangen sind.

(3) Sind die Bewirtschaftungsverhältnisse nicht feststellbar, richtet sich die Einordnung der Flächen nach der vorgesehenen Nutzung.

e) Übrige land- und forstwirtschaftliche Nutzungen

§ 175 Übrige land- und forstwirtschaftliche Nutzungen

(1) Zu den übrigen land- und forstwirtschaftlichen Nutzungen gehören
1. die Sondernutzungen Hopfen, Spargel, Tabak und andere Sonderkulturen,
2. die sonstigen land- und forstwirtschaftlichen Nutzungen.

(2) Zu den sonstigen land- und forstwirtschaftlichen Nutzungen gehören insbesondere
1. die Binnenfischerei,
2. die Teichwirtschaft,
3. die Fischzucht für Binnenfischerei und Teichwirtschaft,
4. die Imkerei,
5. die Wanderschäferei,
6. die Saatzucht,
7. der Pilzanbau,
8. die Produktion von Nützlingen,
9. die Weihnachtsbaumkulturen.

C. Grundvermögen

I. Allgemeines

§ 176 Grundvermögen

(1) Zum Grundvermögen gehören
1. der Grund und Boden, die Gebäude, die sonstigen Bestandteile und das Zubehör,
2. das Erbbaurecht,

3. das Wohnungseigentum, Teileigentum, Wohnungserbbaurecht und Teilerbbaurecht nach dem Wohnungseigentumsgesetz,

soweit es sich nicht um land- und forstwirtschaftliches Vermögen (§§ 158, 159) oder um Betriebsgrundstücke (§ 99) handelt.

(2) In das Grundvermögen sind nicht einzubeziehen
1. Bodenschätze,
2. die Maschinen und sonstigen Vorrichtungen aller Art, die zu einer Betriebsanlage gehören (Betriebsvorrichtungen), auch wenn sie wesentliche Bestandteile sind. [2]Einzubeziehen sind jedoch die Verstärkungen von Decken und die nicht ausschließlich zu einer Betriebsanlage gehörenden Stützen und sonstigen Bauteile wie Mauervorlagen und Verstrebungen.

§ 177 Bewertung

Den Bewertungen nach den §§ 179 und 182 bis 196 ist der gemeine Wert (§ 9) zugrunde zu legen.

II. Unbebaute Grundstücke

§ 178 Begriff der unbebauten Grundstücke

(1) [1]Unbebaute Grundstücke sind Grundstücke, auf denen sich keine benutzbaren Gebäude befinden. [2]Die Benutzbarkeit beginnt im Zeitpunkt der Bezugsfertigkeit. [3]Gebäude sind als bezugsfertig anzusehen, wenn den zukünftigen Bewohnern oder sonstigen Benutzern zugemutet werden kann, sie zu benutzen; die Abnahme durch die Bauaufsichtsbehörde ist nicht entscheidend.

(2) [1]Befinden sich auf dem Grundstück Gebäude, die auf Dauer keiner Nutzung zugeführt werden können, gilt das Grundstück als unbebaut. [2]Als unbebaut gilt auch ein Grundstück, auf dem infolge von Zerstörung oder Verfall der Gebäude auf Dauer kein benutzbarer Raum mehr vorhanden ist.

§ 179 Bewertung der unbebauten Grundstücke

[1]Der Wert unbebauter Grundstücke bestimmt sich regelmäßig nach ihrer Fläche und den Bodenrichtwerten (§ 196 des Baugesetzbuchs). [2]Die Bodenrichtwerte sind von den Gutachterausschüssen nach dem Baugesetzbuch zu ermitteln und den Finanzämtern mitzuteilen. [3]Bei der Wertermittlung ist stets der Bodenrichtwert anzusetzen, der vom Gutachterausschuss zuletzt zu ermitteln war. [4]Wird von den Gutachterausschüssen kein Bodenrichtwert ermittelt, ist der Bodenwert aus den Werten vergleichbarer Flächen abzuleiten.

III. Bebaute Grundstücke

§ 180 Begriff der bebauten Grundstücke

(1) [1]Bebaute Grundstücke sind Grundstücke, auf denen sich benutzbare Gebäude befinden. [2]Wird ein Gebäude in Bauabschnitten errichtet, ist der fertiggestellte Teil als benutzbares Gebäude anzusehen.

(2) Als Grundstückim Sinne des Absatzes 1 gilt auch ein Gebäude, das auf fremdem Grund und Boden errichtet oder in sonstigen Fällen einem anderen als dem Eigentümer des Grund und Bodens zuzurechnen ist, selbst wenn es wesentlicher Bestandteil des Grund und Bodens geworden ist.

§ 181 Grundstücksarten

(1) Bei der Bewertung bebauter Grundstücke sind die folgenden Grundstücksarten zu unterscheiden:
1. Ein- und Zweifamilienhäuser,
2. Mietwohngrundstücke,
3. Wohnungs- und Teileigentum,
4. Geschäftsgrundstücke,
5. gemischt genutzte Grundstücke und
6. sonstige bebaute Grundstücke.

(2) [1]Ein- und Zweifamilienhäuser sind Wohngrundstücke, die bis zu zwei Wohnungen enthalten und kein Wohnungseigentum sind. [2]Ein Grundstück gilt auch dann als Ein- oder Zweifamilienhaus, wenn es zu weniger als 50 Prozent, berechnet nach der Wohn- oder Nutzfläche, zu anderen als Wohnzwecken mitbenutzt und dadurch die Eigenart als Ein- oder Zweifamilienhaus nicht wesentlich beeinträchtigt wird.

(3) Mietwohngrundstücke sind Grundstücke, die zu mehr als 80 Prozent, berechnet nach der Wohn- oder Nutzfläche, Wohnzwecken dienen, und nicht Ein- und Zweifamilienhäuser oder Wohnungseigentum sind.

(4) Wohnungseigentum ist das Sondereigentum an einer Wohnung in Verbindung mit dem Miteigentumsanteil an dem gemeinschaftlichen Eigentum, zu dem es gehört.

(5) Teileigentum ist das Sondereigentum an nicht zu Wohnzwecken dienenden Räumen eines Gebäudes in Verbindung mit dem Miteigentum an dem gemeinschaftlichen Eigentum, zu dem es gehört.

(6) Geschäftsgrundstücke sind Grundstücke, die zu mehr als 80 Prozent, berechnet nach der Wohn- und Nutzfläche, eigenen oder fremden betrieblichen oder öffentlichen Zwecken dienen und nicht Teileigentum sind.

(7) Gemischt genutzte Grundstücke sind Grundstücke, die teils Wohnzwecken, teils eigenen oder fremden betrieblichen oder öffentlichen Zwecken dienen und nicht Ein- und Zweifamilienhäuser, Mietwohngrundstücke, Wohnungseigentum, Teileigentum oder Geschäftsgrundstücke sind.

(8) Sonstige bebaute Grundstücke sind solche Grundstücke, die nicht unter die Absätze 2 bis 7 fallen.

(9) [1]Eine Wohnung ist die Zusammenfassung einer Mehrheit von Räumen, die in ihrer Gesamtheit so beschaffen sein müssen, dass die Führung eines selbständigen Haushalts möglich ist. [2]Die Zusammenfassung einer Mehrheit von Räumen muss eine von anderen Wohnungen oder Räumen, insbesondere Wohnräumen, baulich getrennte, in sich abgeschlossene Wohneinheit bilden und einen selbständigen Zugang haben. [3]Außerdem ist erforderlich, dass die für die Führung eines selbständigen Haushalts notwendigen Nebenräume (Küche, Bad oder Dusche, Toilette) vorhanden sind. [4]Die Wohnfläche muss mindestens 23 Quadratmeter (m^2) betragen.

§ 182 Bewertung der bebauten Grundstücke

(1) Der Wert der bebauten Grundstücke ist nach dem Vergleichswertverfahren (Absatz 2 und § 183), dem Ertragswertverfahren (Absatz 3 und §§ 184 bis 188) oder dem Sachwertverfahren (Absatz 4 und §§ 189 bis 191) zu ermitteln.

(2) Im Vergleichswertverfahren sind grundsätzlich zu bewerten
1. Wohnungseigentum,
2. Teileigentum,
3. Ein- und Zweifamilienhäuser.

(3) Im Ertragswertverfahren sind zu bewerten
1. Mietwohngrundstücke,
2. Geschäftsgrundstücke und gemischt genutzte Grundstücke, für die sich auf dem örtlichen Grundstücksmarkt eine übliche Miete ermitteln lässt.

(4) Im Sachwertverfahren sind zu bewerten
1. Grundstücke im Sinne des Absatzes 2, wenn kein Vergleichswert vorliegt,
2. Geschäftsgrundstücke und gemischt genutzte Grundstücke mit Ausnahme der in Absatz 3 Nr. 2 genannten Grundstücke,
3. sonstige bebaute Grundstücke.

§ 183 Bewertung im Vergleichswertverfahren

(1) [1]Bei Anwendung des Vergleichswertverfahrens sind Kaufpreise von Grundstücken heranzuziehen, die hinsichtlich der ihren Wert beeinflussenden Merkmale mit dem zu bewertenden Grundstück hinreichend übereinstimmen (Vergleichsgrundstücke). [2]Grundlage sind vorrangig die von den Gutachterausschüssen im Sinne der §§ 192ff. des Baugesetzbuchs mitgeteilten Vergleichspreise.

(2) [1]Anstelle von Preisen für Vergleichsgrundstücke können von den Gutachterausschüssen für geeignete Bezugseinheiten, insbesondere Flächeneinheiten des Gebäudes, ermittelte und mitgeteilte Vergleichsfaktoren herangezogen werden. [2]Bei Verwendung von Vergleichsfaktoren, die sich nur auf das Gebäude beziehen, ist der Bodenwert nach § 179 gesondert zu berücksichtigen.

(3) Besonderheiten,insbesondere die den Wert beeinflussenden Belastungen privatrechtlicher und öffentlich-rechtlicher Art, werden im Vergleichswertverfahren nach den Absätzen 1 und 2 nicht berücksichtigt.

§ 184 Bewertung im Ertragswertverfahren

(1) Bei Anwendung des Ertragswertverfahrens ist der Wert der Gebäude (Gebäudeertragswert) getrennt von dem Bodenwert auf der Grundlage des Ertrags nach § 185 zu ermitteln.

(2) Der Bodenwert ist der Wert des unbebauten Grundstücks nach § 179.

(3) [1]Der Bodenwert und der Gebäudeertragswert (§ 185) ergeben den Ertragswert des Grundstücks. [2]Es ist mindestens der Bodenwert anzusetzen. [3]Sonstige bauliche Anlagen, insbesondere Außenanlagen, sind regelmäßig mit dem Ertragswert des Gebäudes abgegolten.

§ 185 Ermittlung des Gebäudeertragswerts

(1) [1]Bei der Ermittlung des Gebäudeertragswerts ist von dem Reinertrag des Grundstücks auszugehen. [2]Dieser ergibt sich aus dem Rohertrag des Grundstücks (§ 186) abzüglich der Bewirtschaftungskosten (§ 187).

(2) [1]Der Reinertrag des Grundstücks ist um den Betrag zu vermindern, der sich durch eine angemessene Verzinsung des Bodenwerts ergibt; dies ergibt den Gebäudereinertrag. [2]Der Verzinsung des Bodenwerts ist der Liegenschaftszinssatz (§ 188) zugrunde zu legen. [3]Ist das Grundstück wesentlich größer, als es einer den Gebäuden angemessenen Nutzung entspricht, und ist eine zusätzliche Nutzung oder Verwertung einer Teilfläche zulässig und möglich, ist bei der Berechnung des Verzinsungsbetrags der Bodenwert dieser Teilfläche nicht zu berücksichtigen.

(3) [1]Der Gebäudereinertrag ist mit dem sich aus der Anlage 21 ergebenden Vervielfältiger zu kapitalisieren. [2]Maßgebend für den Vervielfältiger sind der Liegenschaftszinssatz und die Restnutzungsdauer des Gebäudes. [3]Die Restnutzungsdauer wird grundsätzlich aus dem Unterschiedsbetrag zwischen der wirtschaftlichen Gesamtnut-

zungsdauer, die sich aus der Anlage 22 ergibt, und dem Alter des Gebäudes am Bewertungsstichtag ermittelt. [4]Sind nach Bezugsfertigkeit des Gebäudes Veränderungen eingetreten, die die wirtschaftliche Gesamtnutzungsdauer des Gebäudes verlängert oder verkürzt haben, ist von einer der Verlängerung oder Verkürzung entsprechenden Restnutzungsdauer auszugehen. [5]Die Restnutzungsdauer eines noch nutzbaren Gebäudes beträgt regelmäßig mindestens 30 Prozent der wirtschaftlichen Gesamtnutzungsdauer.

§ 186 Rohertrag des Grundstücks

(1) [1]Rohertrag ist das Entgelt, das für die Benutzung des bebauten Grundstücks nach den am Bewertungsstichtag geltenden vertraglichen Vereinbarungen für den Zeitraum von zwölf Monaten zu zahlen ist. [2]Umlagen, die zur Deckung der Betriebskosten gezahlt werden, sind nicht anzusetzen.

(2) [1]Für Grundstücke oder Grundstücksteile,
1. die eigengenutzt, ungenutzt, zu vorübergehendem Gebrauch oder unentgeltlich überlassen sind,
2. die der Eigentümer dem Mieter zu einer um mehr als 20 Prozent von der üblichen Miete abweichenden tatsächlichen Miete überlassen hat,

ist die übliche Miete anzusetzen. [2]Die übliche Miete ist in Anlehnung an die Miete zu schätzen, die für Räume gleicher oder ähnlicher Art, Lage und Ausstattung regelmäßig gezahlt wird. [3]Betriebskosten sind nicht einzubeziehen.

§ 187 Bewirtschaftungskosten

(1) Bewirtschaftungskosten sind die bei gewöhnlicher Bewirtschaftung nachhaltig entstehenden Verwaltungskosten, Betriebskosten, Instandhaltungskosten und das Mietausfallwagnis; durch Umlagen gedeckte Betriebskosten bleiben unberücksichtigt.

(2) [1]Die Bewirtschaftungskosten sind nach Erfahrungssätzen anzusetzen. [2]Soweit von den Gutachterausschüssen im Sinne der §§ 192ff. des Baugesetzbuchs keine geeigneten Erfahrungssätze zur Verfügung stehen, ist von den pauschalierten Bewirtschaftungskosten nach Anlage 23 auszugehen.

§ 188 Liegenschaftszinssatz

(1) Der Liegenschaftszinssatz ist der Zinssatz, mit dem der Verkehrswert von Grundstücken im Durchschnitt marktüblich verzinst wird.

(2) [1]Anzuwenden sind die von den Gutachterausschüssen im Sinne der §§ 192ff. des Baugesetzbuchs ermittelten örtlichen Liegenschaftszinssätze. [2]Soweit von den Gutachterausschüssen keine geeigneten Liegenschaftszinssätze zur Verfügung stehen, gelten die folgenden Zinssätze:
1. 5 Prozent für Mietwohngrundstücke,
2. 5,5 Prozent für gemischt genutzte Grundstücke mit einem gewerblichen Anteil von bis zu 50 Prozent, berechnet nach der Wohn- und Nutzfläche,
3. 6 Prozent für gemischt genutzte Grundstücke mit einem gewerblichen Anteil von mehr als 50 Prozent, berechnet nach der Wohn- und Nutzfläche, und
4. 6,5 Prozent für Geschäftsgrundstücke.

§ 189 Bewertung im Sachwertverfahren

(1) [1]Bei Anwendung des Sachwertverfahrens ist der Wert der Gebäude (Gebäudesachwert) getrennt vom Bodenwert nach § 190 zu ermitteln. [2]Sonstige bauliche Anlagen, insbesondere Außenanlagen, und der Wert der sonstigen Anlagen sind regelmäßig mit dem Gebäudewert und dem Bodenwert abgegolten.

(2) Der Bodenwert ist der Wert des unbebauten Grundstücks nach § 179.

(3) [1]Der Bodenwert und der Gebäudesachwert (§ 190) ergeben den vorläufigen Sachwert des Grundstücks. [2]Dieser ist zur Anpassung an den gemeinen Wert mit einer Wertzahl nach § 191 zu multiplizieren.

§ 190 Ermittlung des Gebäudesachwerts

(1) [1]Bei der Ermittlung des Gebäudesachwerts ist von den Regelherstellungskosten des Gebäudes auszugehen. [2]Regelherstellungskosten sind die gewöhnlichen Herstellungskosten je Flächeneinheit. [3]Durch Multiplikation der jeweiligen nach Absatz 2 an den Bewertungsstichtag angepassten Regelherstellungskosten mit der Brutto-Grundfläche des Gebäudes ergibt sich der Gebäuderegelherstellungswert. [4]Die Regelherstellungskosten sind in der Anlage 24 enthalten.

(2) [1]Die Anpassung der Regelherstellungskosten erfolgt anhand der vom Statistischen Bundesamt veröffentlichten Baupreisindizes. [2]Dabei ist auf die Preisindizes für die Bauwirtschaft abzustellen, die das Statistische Bundesamt für den Neubau in konventioneller Bauart von Wohn- und Nichtwohngebäuden jeweils als Jahresdurchschnitt ermittelt. [3]Diese Preisindizes sind für alle Bewertungsstichtage des folgenden Kalenderjahres anzuwenden. [4]Das Bundesministerium der Finanzen veröffentlicht die maßgebenden Baupreisindizes im Bundessteuerblatt.

(3) Das Bundesministerium der Finanzen wird ermächtigt, durch Rechtsverordnung mit Zustimmung des Bundesrates die Anlage 24 zu diesem Gesetz dadurch zu ändern, dass es die darin aufgeführten Regelherstellungskosten nach Maßgabe marktüblicher gewöhnlicher Herstellungskosten aktualisiert, soweit dies zur Ermittlung des gemeinen Werts erforderlich ist.

(4) [1]Vom Gebäuderegelherstellungswert ist eine Alterswertminderung abzuziehen. [2]Diese wird regelmäßig nach dem Verhältnis des Alters des Gebäudes am Bewertungsstichtag zur wirtschaftlichen Gesamtnutzungsdauer nach Anlage 22 bestimmt. [3]Sind nach Bezugsfertigkeit des Gebäudes Veränderungen eingetreten, die die wirtschaftliche Gesamtnutzungsdauer des Gebäudes verlängert haben, so ist von einem entsprechenden späteren Baujahr auszugehen. [4]Bei bestehender Abbruchverpflichtung für das Gebäude ist bei der Ermittlung der Alterswertminderung von der tatsächlichen Gesamtnutzungsdauer des Gebäudes auszugehen. [5]Der nach Abzug der Alterswertminderung verbleibende Gebäudewert ist regelmäßig mit mindestens 30 Prozent des Gebäuderegelherstellungswerts anzusetzen.

§ 191 Wertzahlen

(1) Als Wertzahlenim Sinne des § 189 Abs. 3 sind die Sachwertfaktoren anzuwenden, die von den Gutachterausschüssen im Sinne der §§ 192ff. des Baugesetzbuchs für das Sachwertverfahren bei der Verkehrswertermittlung abgeleitet wurden.

(2) Soweit von den Gutachterausschüssen keine geeigneten Sachwertfaktoren zur Verfügung stehen, sind die in der Anlage 25 bestimmten Wertzahlen zu verwenden.

IV. Sonderfälle

§ 192 Bewertung in Erbbaurechtsfällen

[1]Ist das Grundstück mit einem Erbbaurecht belastet, sind die Werte für die wirtschaftliche Einheit Erbbaurecht (§ 193) und für die wirtschaftliche Einheit des belasteten Grundstücks (§ 194) gesondert zu ermitteln. [2]Mit der Bewertung des Erbbaurechts (§ 193) ist die Verpflichtung zur Zahlung des Erbbauzinses und mit der Bewertung des Erbbaurechtsgrundstücks (§ 194) ist das Recht auf den Erbbauzins abgegolten; die hiernach ermittelten Grundbesitzwerte dürfen nicht weniger als 0 Euro betragen.

§ 193 Bewertung des Erbbaurechts

(1) Der Wert des Erbbaurechts ist im Vergleichswertverfahren nach § 183 zu ermitteln, wenn für das zu bewertende Erbbaurecht Vergleichskaufpreise oder aus Kaufpreisen abgeleitete Vergleichsfaktoren vorliegen.

(2) In allen anderen Fällen setzt sich der Wert des Erbbaurechts zusammen aus einem Bodenwertanteil nach Absatz 3 und einem Gebäudewertanteil nach Absatz 5.

(3) [1]Der Bodenwertanteil ergibt sich aus der Differenz zwischen
1. dem angemessenen Verzinsungsbetrag des Bodenwerts des unbelasteten Grundstücks nach Absatz 4 und
2. dem vertraglich vereinbarten jährlichen Erbbauzins.

[2]Der so ermittelte Unterschiedsbetrag ist über die Restlaufzeit des Erbbaurechts mit dem sich aus Anlage 21 ergebenden Vervielfältiger zu kapitalisieren.

(4) [1]Der angemessene Verzinsungsbetrag des Bodenwerts des unbelasteten Grundstücks ergibt sich durch Anwendung des Liegenschaftszinssatzes, der von den Gutachterausschüssen im Sinne der §§ 192ff. des Baugesetzbuchs ermittelt wurde, auf den Bodenwert nach § 179. [2]Soweit von den Gutachterausschüssen keine geeigneten Liegenschaftszinssätze zur Verfügung stehen, gelten die folgenden Zinssätze:
1. 3 Prozent für Ein- und Zweifamilienhäuser und Wohnungseigentum, das wie Ein- und Zweifamilienhäuser gestaltet ist,
2. 5 Prozent für Mietwohngrundstücke und Wohnungseigentum, das nicht unter Nummer 1 fällt,
3. 5,5 Prozent für gemischt genutzte Grundstücke mit einem gewerblichen Anteil von bis zu 50 Prozent, berechnet nach der Wohn- und Nutzfläche, sowie sonstige bebaute Grundstücke,
4. 6 Prozent für gemischt genutzte Grundstücke mit einem gewerblichen Anteil von mehr als 50 Prozent, berechnet nach der Wohn- und Nutzfläche, und
5. 6,5 Prozent für Geschäftsgrundstücke und Teileigentum.

(5) [1]Der Gebäudewertanteil ist bei der Bewertung des bebauten Grundstücks im Ertragswertverfahren der Gebäudeertragswert nach § 185, bei der Bewertung im Sachwertverfahren der Gebäudesachwert nach § 190. [2]Ist der bei Ablauf des Erbbaurechts verbleibende Gebäudewert nicht oder nur teilweise zu entschädigen, ist der Gebäudewertanteil des Erbbaurechts um den Gebäudewertanteil des Erbbaugrundstücks nach § 194 Abs. 4 zu mindern.

§ 194 Bewertung des Erbbaugrundstücks

(1) Der Wert des Erbbaugrundstücks ist im Vergleichswertverfahren nach § 183 zu ermitteln, wenn für das zu bewertende Grundstück Vergleichskaufpreise oder aus Kaufpreisen abgeleitete Vergleichsfaktoren vorliegen.

(2) [1]In allen anderen Fällen bildet der Bodenwertanteil nach Absatz 3 den Wert des Erbbaugrundstücks. [2]Dieser ist um einen Gebäudewertanteil nach Absatz 4 zu erhöhen, wenn der Wert des Gebäudes vom Eigentümer des Erbbaugrundstücks nicht oder nur teilweise zu entschädigen ist.

(3) [1]Der Bodenwertanteil ist die Summe des über die Restlaufzeit des Erbbaurechts abgezinsten Bodenwerts nach § 179 und der über diesen Zeitraum kapitalisierten Erbbauzinsen. [2]Der Abzinsungsfaktor für den Bodenwert wird in Abhängigkeit vom Zinssatz nach § 193 Abs. 4 und der Restlaufzeit des Erbbaurechts ermittelt; er ist Anlage 26 zu entnehmen. [3]Als Erbbauzinsen sind die am Bewertungsstichtag vereinbarten jährlichen Erbbauzinsen anzusetzen; sie sind mit dem sich aus Anlage 21 ergebenden Vervielfältiger zu kapitalisieren.

(4) Der Gebäudewertanteil des Erbbaugrundstücks entspricht dem Gebäudewert oder dem anteiligen Gebäudewert, der dem Eigentümer des Erbbaugrundstücks bei

Beendigung des Erbbaurechts durch Zeitablauf entschädigungslos zufällt; er ist nach Maßgabe der Anlage 26 auf den Bewertungsstichtag abzuzinsen.

§ 195 Gebäude auf fremdem Grund und Boden

(1) In Fällen von Gebäuden auf fremdem Grund und Boden sind die Werte für die wirtschaftliche Einheit des Gebäudes auf fremdem Grund und Boden (Absatz 2) und die wirtschaftliche Einheit des belasteten Grundstücks (Absatz 3) gesondert zu ermitteln.

(2) [1]Das Gebäude auf fremdem Grund und Boden wird bei einer Bewertung im Ertragswertverfahren mit dem Gebäudeertragswert nach § 185, bei einer Bewertung im Sachwertverfahren mit dem Gebäudesachwert nach § 190 bewertet. [2]Ist der Nutzer verpflichtet, das Gebäude bei Ablauf des Nutzungsrechts zu beseitigen, ist bei der Ermittlung des Gebäudeertragswerts der Vervielfältiger nach Anlage 21 anzuwenden, der sich für die am Bewertungsstichtag verbleibende Nutzungsdauer ergibt. [3]§ 185 Abs. 3 Satz 5 ist nicht anzuwenden. [4]Ist in diesen Fällen der Gebäudesachwert zu ermitteln, bemisst sich die Alterswertminderung im Sinne des § 190 Absatz 4 Satz 1 bis 3 nach dem Alter des Gebäudes am Bewertungsstichtag und der tatsächlichen Gesamtnutzungsdauer. [5]§ 190 Absatz 4 Satz 5 ist nicht anzuwenden.

(3) [1]Der Wert des belasteten Grundstücks ist der auf den Bewertungsstichtag abgezinste Bodenwert nach § 179 zuzüglich des über die Restlaufzeit des Nutzungsrechts kapitalisierten Entgelts. [2]Der Abzinsungsfaktor für den Bodenwert wird in Abhängigkeit vom Zinssatz nach § 193 Abs. 4 und der Restlaufzeit des Nutzungsverhältnisses ermittelt; er ist Anlage 26 zu entnehmen. [3]Das über die Restlaufzeit des Nutzungsrechts kapitalisierte Entgelt ergibt sich durch Anwendung des Vervielfältigers nach Anlage 21 auf das zum Bewertungsstichtag vereinbarte jährliche Entgelt.

§ 196 Grundstücke im Zustand der Bebauung

(1) [1]Ein Grundstück im Zustand der Bebauung liegt vor, wenn mit den Bauarbeiten begonnen wurde und Gebäude und Gebäudeteile noch nicht bezugsfertig sind. [2]Der Zustand der Bebauung beginnt mit den Abgrabungen oder der Einbringung von Baustoffen, die zur planmäßigen Errichtung des Gebäudes führen.

(2) Die Gebäude oder Gebäudeteile im Zustand der Bebauung sind mit den bereits am Bewertungsstichtag entstandenen Herstellungskosten dem Wert des bislang unbebauten oder bereits bebauten Grundstücks hinzuzurechnen.

§ 197 Gebäude und Gebäudeteile für den Zivilschutz

Gebäude, Teile von Gebäuden und Anlagen, die wegen der in § 1 des Zivilschutzgesetzes vom 25. März 1997 (BGBl. I S. 726), das zuletzt durch Artikel 2 des Gesetzes vom 27. April 2004 (BGBl. I S. 630) geändert worden ist, in der jeweils geltenden Fassung bezeichneten Zwecke geschaffen worden sind und im Frieden nicht oder nur gelegentlich oder geringfügig für andere Zwecke benutzt werden, bleiben bei der Ermittlung des Grundbesitzwerts außer Betracht.

V. Nachweis des niedrigeren gemeinen Werts

§ 198 Nachweis des niedrigeren gemeinen Werts

[1]Weist der Steuerpflichtige nach, dass der gemeine Wert der wirtschaftlichen Einheit am Bewertungsstichtag niedriger ist als der nach den §§ 179, 182 bis 196 ermittelte Wert, so ist dieser Wert anzusetzen. [2]Für den Nachweis des niedrigeren gemeinen Werts gelten grundsätzlich die auf Grund des § 199 Abs. 1 des Baugesetzbuchs erlassenen Vorschriften.

D. Nicht notierte Anteile an Kapitalgesellschaften und Betriebsvermögen

§ 199 Anwendung des vereinfachten Ertragswertverfahrens

(1) Ist der gemeine Wert von Anteilen an einer Kapitalgesellschaft nach § 11 Abs. 2 Satz 2 unter Berücksichtigung der Ertragsaussichten der Kapitalgesellschaft zu ermitteln, kann das vereinfachte Ertragswertverfahren (§ 200) angewendet werden, wenn dieses nicht zu offensichtlich unzutreffenden Ergebnissen führt.

(2) Ist der gemeine Wert des Betriebsvermögens oder eines Anteils am Betriebsvermögen nach § 109 Abs. 1 und 2 in Verbindung mit § 11 Abs. 2 Satz 2 unter Berücksichtigung der Ertragsaussichten des Gewerbebetriebs oder der Gesellschaft zu ermitteln, kann das vereinfachte Ertragswertverfahren (§ 200) angewendet werden, wenn dieses nicht zu offensichtlich unzutreffenden Ergebnissen führt.

§ 200 Vereinfachtes Ertragswertverfahren

(1) Zur Ermittlung des Ertragswerts ist vorbehaltlich der Absätze 2 bis 4 der zukünftig nachhaltig erzielbare Jahresertrag (§§ 201 und 202) mit dem Kapitalisierungsfaktor (§ 203) zu multiplizieren.

(2) Können Wirtschaftsgüter und mit diesen in wirtschaftlichem Zusammenhang stehende Schulden aus dem zu bewertenden Unternehmen im Sinne des § 199 Abs. 1 oder 2 herausgelöst werden, ohne die eigentliche Unternehmenstätigkeit zu beeinträchtigen (nicht betriebsnotwendiges Vermögen), so werden diese Wirtschaftsgüter und Schulden neben dem Ertragswert mit dem eigenständig zu ermittelnden gemeinen Wert oder Anteil am gemeinen Wert angesetzt.

(3) Hält ein zu bewertendes Unternehmen im Sinne des § 199 Abs. 1 oder 2 Beteiligungen an anderen Gesellschaften, die nicht unter Absatz 2 fallen, so werden diese Beteiligungen neben dem Ertragswert mit dem eigenständig zu ermittelnden gemeinen Wert angesetzt.

(4) Innerhalb von zwei Jahren vor dem Bewertungsstichtag eingelegte Wirtschaftsgüter, die nicht unter die Absätze 2 und 3 fallen, und mit diesen im wirtschaftlichen Zusammenhang stehende Schulden werden neben dem Ertragswert mit dem eigenständig zu ermittelnden gemeinen Wert angesetzt.

§ 201 Ermittlung des Jahresertrags

(1) [1]Die Grundlage für die Bewertung bildet der zukünftig nachhaltig zu erzielende Jahresertrag. [2]Für die Ermittlung dieses Jahresertrags bietet der in der Vergangenheit tatsächlich erzielte Durchschnittsertrag eine Beurteilungsgrundlage.

(2) [1]Der Durchschnittsertrag ist regelmäßig aus den Betriebsergebnissen (§ 202) der letzten drei vor dem Bewertungsstichtag abgelaufenen Wirtschaftsjahre herzuleiten. [2]Das gesamte Betriebsergebnis eines am Bewertungsstichtag noch nicht abgelaufenen Wirtschaftsjahres ist anstelle des drittletzten abgelaufenen Wirtschaftsjahres einzubeziehen, wenn es für die Herleitung des künftig zu erzielenden Jahresertrags von Bedeutung ist. [3]Die Summe der Betriebsergebnisse ist durch drei zu dividieren und ergibt den Durchschnittsertrag. [4]Das Ergebnis stellt den Jahresertrag dar.

(3) [1]Hat sich im Dreijahreszeitraum der Charakter des Unternehmens nach dem Gesamtbild der Verhältnisse nachhaltig verändert oder ist das Unternehmen neu entstanden, ist von einem entsprechend verkürzten Ermittlungszeitraum auszugehen. [2]Bei Unternehmen, die durch Umwandlung, durch Einbringung von Betrieben oder Teilbetrieben oder durch Umstrukturierungen entstanden sind, ist bei der Ermittlung des Durchschnittsertrags von den früheren Betriebsergebnissen des Gewer-

bebetriebs oder der Gesellschaft auszugehen. [3]Soweit sich die Änderung der Rechtsform auf den Jahresertrag auswirkt, sind die früheren Betriebsergebnisse entsprechend zu korrigieren.

§ 202 Betriebsergebnis

(1) [1]Zur Ermittlung des Betriebsergebnisses ist von dem Gewinn im Sinne des § 4 Abs. 1 Satz 1 des Einkommensteuergesetzes auszugehen (Ausgangswert); dabei bleiben bei einem Anteil am Betriebsvermögen Ergebnisse aus den Sonderbilanzen und Ergänzungsbilanzen unberücksichtigt. [2]Der Ausgangswert ist noch wie folgt zu korrigieren:

1. Hinzuzurechnen sind
   a) Investitionsabzugsbeträge, Sonderabschreibungen oder erhöhte Absetzungen, Bewertungsabschläge, Zuführungen zu steuerfreien Rücklagen sowie Teilwertabschreibungen. [2]Es sind nur die normalen Absetzungen für Abnutzung zu berücksichtigen. [3]Diese sind nach den Anschaffungs- oder Herstellungskosten bei gleichmäßiger Verteilung über die gesamte betriebsgewöhnliche Nutzungsdauer zu bemessen. [4]Die normalen Absetzungen für Abnutzung sind auch dann anzusetzen, wenn für die Absetzungen in der Steuerbilanz vom Restwert auszugehen ist, der nach Inanspruchnahme der Sonderabschreibungen oder erhöhten Absetzungen verblieben ist;
   b) Absetzungen auf den Geschäfts- oder Firmenwert oder auf firmenwertähnliche Wirtschaftsgüter;
   c) einmalige Veräußerungsverluste sowie außerordentliche Aufwendungen;
   d) im Gewinn nicht enthaltene Investitionszulagen, soweit in Zukunft mit weiteren zulagebegünstigten Investitionen in gleichem Umfang gerechnet werden kann;
   e) der Ertragsteueraufwand (Körperschaftsteuer, Zuschlagsteuern und Gewerbesteuer);
   f) Aufwendungen, die im Zusammenhang stehen mit Vermögen im Sinne des § 200 Abs. 2 und 4, und übernommene Verluste aus Beteiligungen im Sinne des § 200 Abs. 2 bis 4;
2. abzuziehen sind
   a) gewinnerhöhende Auflösungsbeträge steuerfreier Rücklagen sowie Gewinne aus der Anwendung des § 6 Abs. 1 Nr. 1 Satz 4 und Nr. 2 Satz 3 des Einkommensteuergesetzes;
   b) einmalige Veräußerungsgewinne sowie außerordentliche Erträge;
   c) im Gewinn enthaltene Investitionszulagen, soweit in Zukunft nicht mit weiteren zulagebegünstigten Investitionen in gleichem Umfang gerechnet werden kann;
   d) ein angemessener Unternehmerlohn, soweit in der bisherigen Ergebnisrechnung kein solcher berücksichtigt worden ist. [2]Die Höhe des Unternehmerlohns wird nach der Vergütung bestimmt, die eine nicht beteiligte Geschäftsführung erhalten würde. [3]Neben dem Unternehmerlohn kann auch fiktiver Lohnaufwand für bislang unentgeltlich tätige Familienangehörige des Eigentümers berücksichtigt werden;
   e) Erträge aus der Erstattung von Ertragsteuern (Körperschaftsteuer, Zuschlagsteuern und Gewerbesteuer);
   f) Erträge, die im Zusammenhang stehen mit Vermögen im Sinne des § 200 Abs. 2 bis 4;
3. hinzuzurechnen oder abzuziehen sind auch sonstige wirtschaftlich nicht begründete Vermögensminderungen oder -erhöhungen mit Einfluss auf den zukünftig nachhaltig zu erzielenden Jahresertrag und mit gesellschaftsrechtlichem Bezug, soweit sie nicht nach den Nummern 1 und 2 berücksichtigt wurden.

(2) [1]In den Fällen des § 4 Abs. 3 des Einkommensteuergesetzes ist vom Überschuss der Betriebseinnahmen über die Betriebsausgaben auszugehen. [2]Absatz 1 Satz 2 Nr. 1 bis 3 gilt entsprechend.

(3) Zur Abgeltung des Ertragsteueraufwands ist ein positives Betriebsergebnis nach Absatz 1 oder Absatz 2 um 30 Prozent zu mindern.

§ 203 Kapitalisierungsfaktor

(1) Der in diesem Verfahren anzuwendende Kapitalisierungsfaktor beträgt 13,75.

(2) Das Bundesministerium der Finanzen wird ermächtigt, durch Rechtsverordnung mit Zustimmung des Bundesrates den Kapitalisierungsfaktor an die Entwicklung der Zinsstrukturdaten anzupassen.

§ 205 Anwendungsvorschriften

(1) Dieses Gesetz in der Fassung des Artikels 7 des Gesetzes vom 1. November 2011 (BGBl. I S. 2131) ist auf Bewertungsstichtage nach dem 30. Juni 2011 anzuwenden.

(2) Soweit die §§ 40, 41, 44, 55 und 125 Beträge in Deutscher Mark enthalten, gelten diese nach dem 31. Dezember 2001 als Berechnungsgrößen fort.

(3) § 145 Absatz 3 Satz 1 und 4, § 166 Absatz 2 Nummer 1, § 179 Satz 4 und § 192 Satz 2 in der Fassung des Artikels 10 des Gesetzes vom 7. Dezember 2011 (BGBl. I S. 2592) sind auf Bewertungsstichtage nach dem 13. Dezember 2011 anzuwenden.

(4) Anlage 1, Anlage 19 und Teil II der Anlage 24 in der Fassung des Artikels 10 des Gesetzes vom 7. Dezember 2011 (BGBl. I S. 2592) sind auf Bewertungsstichtage nach dem 31. Dezember 2011 anzuwenden.

(5) § 11 Absatz 4 in der Fassung des Artikels 3 des Gesetzes vom 18. Dezember 2013 (BGBl. I S. 4318) ist auf Bewertungsstichtage ab dem 22. Juli 2013 anzuwenden.

(6) § 48a in der Fassung des Artikels 20 des Gesetzes vom 26. Juni 2013 (BGBl. I S. 1809) ist auf Bewertungsstichtage ab dem 1. Januar 2014 anzuwenden.

(7) § 26 in der Fassung des Artikels 6 des Gesetzes vom 18. Juli 2014 (BGBl. I S. 1042) ist auf Bewertungsstichtage ab dem 1. August 2001 anzuwenden, soweit Feststellungsbescheide noch nicht bestandskräftig sind.

(8) § 97 Absatz 1b Satz 4 in der am 6. November 2015 geltenden Fassung ist auf Bewertungsstichtage nach dem 31. Dezember 2015 anzuwenden.

(9) § 154 Absatz 1 Satz 1 Nummer 3 und Satz 2 in der am 6. November 2015 geltenden Fassung ist auf Bewertungsstichtage nach dem 31. Dezember 2015 anzuwenden.

(10) Die §§ 190, 195 Absatz 2 Satz 4 und 5 sowie die Anlagen 22, 24 und 25 in der am 6. November 2015 geltenden Fassung sind auf Bewertungsstichtage nach dem 31. Dezember 2015 anzuwenden.

(11) § 203 in der Fassung des Artikels 2 des Gesetzes vom 4. November 2016 (BGBl. I S. 2464) ist auf Bewertungsstichtage nach dem 31. Dezember 2015 anzuwenden.

Anhang 2
Erbschaftsteuer-Durchführungsverordnung (ErbStDV)

idF der Bekanntmachung vom 8.9.1998
(BGBl I 98, 2658)
zuletzt geändert durch Gesetz vom 29.6.2015 (BGBl I 15, 1042)

BGBl. III/FNA 611-8-2-2-1

Zu § 33 ErbStG

§ 1 Anzeigepflicht der Vermögensverwahrer und der Vermögensverwalter

(1) [1]Wer zur Anzeige über die Verwahrung oder Verwaltung von Vermögen eines Erblassers verpflichtet ist, hat die Anzeige nach § 33 Abs. 1 des Gesetzes mit einem Vordruck nach Muster 1 zu erstatten. [2]Wird die Anzeige in einem maschinellen Verfahren erstellt, kann auf eine Unterschrift verzichtet werden. [3]Die Anzeigepflicht bezieht sich auch auf die für das Jahr des Todes bis zum Todestag errechneten Zinsen für Guthaben, Forderungen und Wertpapiere (Stückzinsen). [4]Die Anzeige ist bei dem für die Verwaltung der Erbschaftsteuer zuständigen Finanzamt (§ 35 des Gesetzes) einzureichen.

(2) Die Anzeigepflicht besteht auch dann, wenn an dem in Verwahrung oder Verwaltung befindlichen Wirtschaftsgut außer dem Erblasser auch noch andere Personen beteiligt sind.

(3) Befinden sich am Todestag des Erblassers bei dem Anzeigepflichtigen Wirtschaftsgüter in Gewahrsam, die vom Erblasser verschlossen oder unter Mitverschluß gehalten wurden (z. B. in Schließfächern), genügt die Mitteilung über das Bestehen eines derartigen Gewahrsams und, soweit er dem Anzeigepflichtigen bekannt ist, die Mitteilung des Versicherungswerts.

(4) Die Anzeige darf nur unterbleiben,

1. wenn es sich um Wirtschaftsgüter handelt, über die der Erblasser nur die Verfügungsmacht hatte, insbesondere als gesetzlicher Vertreter, Betreuer, Liquidator, Verwalter oder Testamentsvollstrecker, oder
2. wenn der Wert der anzuzeigenden Wirtschaftsgüter 5000 Euro nicht übersteigt.

§ 2 Anzeigepflicht derjenigen, die auf den Namen lautende Aktien oder Schuldverschreibungen ausgegeben haben

[1]Wer auf den Namen lautende Aktien oder Schuldverschreibungen ausgegeben hat, hat unverzüglich nach dem Eingang eines Antrags auf Umschreibung der Aktien oder Schuldverschreibungen eines Verstorbenen dem für die Verwaltung der Erbschaftsteuer zuständigen Finanzamt (§ 35 des Gesetzes) unter Hinweis auf § 33 Abs. 2 des Gesetzes anzuzeigen:

1. die Wertpapier-Kennummer, die Stückzahl und den Nennbetrag der Aktien oder Schuldverschreibungen,
2. die letzte Anschrift und die Identifikationsnummer des Erblassers, auf dessen Namen die Wertpapiere lauten,
3. den Todestag des Erblassers und – wenn dem Anzeigepflichtigen bekannt – das Standesamt, bei dem der Sterbefall beurkundet worden ist,

4. den Namen, die Identifikationsnummer, die Anschrift und, soweit dem Anzeigepflichtigen bekannt, das persönliche Verhältnis (Verwandtschaftsverhältnis, Ehegatte oder Lebenspartner) der Person, auf deren Namen die Wertpapiere umgeschrieben werden sollen.

[2]Die Anzeige darf nur unterbleiben, wenn der Wert der anzuzeigenden Wertpapiere 5000 Euro nicht übersteigt.

§ 3 Anzeigepflicht der Versicherungsunternehmen

(1) [1]Zu den Versicherungsunternehmen, die Anzeigen nach § 33 Abs. 3 des Gesetzes zu erstatten haben, gehören auch die Sterbekassen von Berufsverbänden, Vereinen und anderen Anstalten, soweit sie die Lebens-(Sterbegeld-) oder Leibrenten-Versicherung betreiben. [2]Die Anzeigepflicht besteht auch für Vereine und Berufsverbände, die mit einem Versicherungsunternehmen die Zahlung einer Versicherungssumme (eines Sterbegeldes) für den Fall des Todes ihrer Mitglieder vereinbart haben, wenn der Versicherungsbetrag an die Hinterbliebenen der Mitglieder weitergeleitet wird. [3]Ortskrankenkassen gelten nicht als Versicherungsunternehmen im Sinne der genannten Vorschrift.

(2) [1]Dem für die Verwaltung der Erbschaftsteuer zuständigen Finanzamt (§ 35 des Gesetzes) sind mit einem Vordruck nach Muster 2 alle Versicherungssummen oder Leibrenten, die einem anderen als dem Versicherungsnehmer auszuzahlen oder zur Verfügung zu stellen sind, und, soweit demAnzeigepflichtigen bekannt, das persönliche Verhältnis (Verwandtschaftsverhältnis, Ehegatte oder Lebenspartner) der Person, an die die Auszahlung oder Zurverfügungstellung erfolgt, anzuzeigen. [2]Zu den Versicherungssummen rechnen insbesondere auch Versicherungsbeträge aus Sterbegeld-, Aussteuer- und ähnlichen Versicherungen. [3]Bei einem Wechsel des Versicherungsnehmers vor Eintritt des Versicherungsfalls sind der Rückkaufswert der Versicherung sowie der Name, die Identifikationsnummer, die Anschrift und das Geburtsdatum des neuen Versicherungsnehmers anzuzeigen.

(3) [1]Die Anzeige unterbleibt bei solchen Versicherungssummen, die auf Grund eines von einem Arbeitgeber für seine Arbeitnehmer abgeschlossenen Versicherungsvertrages bereits zu Lebzeiten des Versicherten (Arbeitnehmers) fällig und an diesen ausgezahlt werden. [2]Die Anzeige darf bei Kapitalversicherungen unterbleiben, wenn der auszuzahlende Betrag 5000 Euro nicht übersteigt.

Zu § 34 ErbStG

§ 4 Anzeigepflicht der Standesämter

(1) [1]Die Standesämter haben für jeden Kalendermonat die Sterbefälle jeweils durch Übersendung der Sterbeurkunde in zweifacher Ausfertigung binnen zehn Tagen nach Ablauf des Monats dem für die Verwaltung der Erbschaftsteuer zuständigen Finanzamt, in dessen Bezirk sich der Sitz des Standesamtes befindet, anzuzeigen. [2]Dabei ist die Ordnungsnummer (§ 5 Abs. 2) anzugeben, die das Finanzamt dem Standesamt zugeteilt hat. [3]Die in Satz 1 genannten Urkunden sind um Angaben zu den in Muster 3 genannten Fragen zu ergänzen, soweit diese Angaben bekannt sind.

(2) Sind in dem vorgeschriebenen Zeitraum Sterbefälle nicht beurkundet oder bekannt geworden, hat das Standesamt innerhalb von zehn Tagen nach Ablauf des Zeitraumes unter Angabe der Nummer der letzten Eintragung in das Sterberegister eine Fehlanzeige mit einem Vordruck nach Muster 4 zu übersenden.

(3) Die Oberfinanzdirektion kann anordnen,

1. daß die Anzeigen von einzelnen Standesämtern für einen längeren oder kürzeren Zeitraum als einen Monat übermittelt werden können,

2. daß die Standesämter die Sterbefälle statt der Anzeigen nach Absatz 1 und 2 durch eine Totenliste (Absatz 4) nach Muster 3 anzeigen können,
3. daß auf die zweite Ausfertigung der Sterbeurkunde verzichtet werden kann.

(4) [1]Totenlisten nach Absatz 3 Nr. 2 sind vorbehaltlich des Absatzes 3 Nr. 1 für jeden Kalendermonat aufzustellen. [2]In die Totenlisten sind einzutragen:
1. die Sterbefälle nach der Reihenfolge der Eintragungen in das Sterberegister,
2. die dem Standesamt sonst bekanntgewordenen Sterbefälle von Personen, die im Ausland verstorben sind und bei ihrem Tod einen Wohnsitz oder ihren gewöhnlichen Aufenthalt oder Vermögen im Bezirk des Standesamtes gehabt haben.

[2]Das Standesamt hat die Totenliste binnen zehn Tagen nach dem Ablauf des Zeitraumes, für den sie aufgestellt ist, nach der in dem Muster 3 vorgeschriebenen Anleitung abzuschließen und dem für die Verwaltung der Erbschaftsteuer zuständigen Finanzamt, in dessen Bezirk sich der Sitz des Standesamtes befindet, einzusenden. [3]Dabei ist die Ordnungsnummer (§ 5 Abs. 2) anzugeben, die das Finanzamt dem Standesamt zugeteilt hat. [4]Sind in dem vorgeschriebenen Zeitraum Sterbefälle nicht beurkundet worden oder bekanntgeworden, hat das Standesamt innerhalb von zehn Tagen nach Ablauf des Zeitraumes diesem Finanzamt eine Fehlanzeige nach Muster 4 zu übersenden. [5]In der Fehlanzeige ist auch die Nummer der letzten Eintragung in das Sterberegister anzugeben.

§ 5 Verzeichnis der Standesämter

(1) [1]Die Landesregierungen oder die von ihnen bestimmten Stellen teilen den für ihr Gebiet zuständigen Oberfinanzdirektionen Änderungen des Bestandes oder der Zuständigkeit der Standesämter mit. [2]Von diesen Änderungen geben die Oberfinanzdirektionen den in Betracht kommenden Finanzämtern Kenntnis.

(2) Die Finanzämter geben jedem Standesamt ihres Bezirks eine Ordnungsnummer, die sie dem Standesamt mitteilen.

§ 6 Anzeigepflicht der Gerichte bei Todeserklärungen

(1) [1]Die Gerichte haben dem für die Verwaltung der Erbschaftsteuer zuständigen Finanzamt (§ 35 des Gesetzes) eine beglaubigte Abschrift der Beschlüsse über die Todeserklärung Verschollener oder über die Feststellung des Todes und der Todeszeit zu übersenden. [2]Wird ein solcher Beschluß angefochten oder eine Aufhebung beantragt, hat das Gericht dies dem Finanzamt anzuzeigen.

(2) Die Übersendung der in Absatz 1 genannten Abschriften kann bei Erbfällen von Kriegsgefangenen und ihnen gleichgestellten Personen sowie bei Erbfällen von Opfern der nationalsozialistischen Verfolgung unterbleiben, wenn der Zeitpunkt des Todes vor dem 1. Januar 1946 liegt.

§ 7 Anzeigepflicht der Gerichte, Notare und sonstigen Urkundspersonen in Erbfällen

(1) [1]Die Gerichte haben dem für die Verwaltung der Erbschaftsteuer zuständigen Finanzamt (§ 35 des Gesetzes) beglaubigte Abschriften folgender Verfügungen und Schriftstücke mit einem Vordruck nach Muster 5 zu übersenden:
1. eröffnete Verfügungen von Todes wegen mit einer Mehrausfertigung der Niederschrift über die Eröffnungsverhandlung,
2. Erbscheine,
3. Testamentsvollstreckerzeugnisse,
4. Zeugnisse über die Fortsetzung von Gütergemeinschaften,
5. Beschlüsse über die Einleitung oder Aufhebung einer Nachlaßpflegschaft oder Nachlaßverwaltung,

6. beurkundete Vereinbarungen über die Abwicklung von Erbauseinandersetzungen.

[2]Eine elektronische Übermittlung der Anzeige ist ausgeschlossen. [3]Die Anzeige hat unverzüglich nach dem auslösenden Ereignis zu erfolgen. [4]Auf der Urschrift der Mitteilung oder Anzeige ist zu vermerken, wann und an welches Finanzamt die Abschrift übersandt worden ist.

(2) Jede Mitteilung oder Übersendung soll die folgenden Angaben enthalten:
1. den Namen, die Identifikationsnummer, den Geburtstag, die letzte Anschrift, den Todestag und den Sterbeort des Erblassers,
2. das Standesamt, bei dem der Sterbefall beurkundet worden ist, und die Nummer des Sterberegisters.

(3) Soweit es den Gerichten bekannt ist, haben sie mitzuteilen:
1. den Beruf und den Familienstand des Erblassers,
2. den Güterstand bei verheirateten oder in einer Lebenspartnerschaft lebenden Erblassern,
3. die Anschriften und die Identifikationsnummern der Beteiligten sowie das persönliche Verhältnis (Verwandtschaftsverhältnis, Ehegatte oder Lebenspartner) zum Erblasser,
4. die Höhe und die Zusammensetzung des Nachlasses in Form eines Verzeichnisses,
5. später bekanntgewordene Veränderungen in der Person der Erben oder Vermächtnisnehmer, insbesondere durch Fortfall von vorgesehenen Erben oder Vermächtnisnehmern.

(4) Die Übersendung der in Absatz 1 erwähnten Abschriften und die Erstattung der dort vorgesehenen Anzeigen dürfen unterbleiben,
1. wenn die Annahme berechtigt ist, dass außer Hausrat (einschließlich Wäsche und Kleidungsstücke) im Wert von höchstens 12000 Euro nur noch anderes Vermögen im reinen Wert von höchstens 20000 Euro vorhanden ist,
2. bei Erbfällen von Kriegsgefangenen und ihnen gleichgestellten Personen sowie bei Erbfällen von Opfern der nationalsozialistischen Verfolgung, wenn der Zeitpunkt des Todes vor dem 1. Januar 1946 liegt,
3. wenn der Erbschein lediglich zur Geltendmachung von Ansprüchen auf Grund des Lastenausgleichsgesetzes beantragt und dem Ausgleichsamt unmittelbar übersandt worden ist,
4. wenn seit dem Zeitpunkt des Todes des Erblassers mehr als zehn Jahre vergangen sind. [2]Das gilt nicht für Anzeigen über die Abwicklung von Erbauseinandersetzungen.

(5) Die vorstehenden Vorschriften gelten entsprechend für Notare (Bezirksnotare) und sonstige Urkundspersonen, soweit ihnen Geschäfte des Nachlaßgerichtes übertragen sind.

§ 8 Anzeigepflicht der Gerichte, Notare und sonstigen Urkundspersonen bei Schenkungen und Zweckzuwendungen unter Lebenden

(1) [1]Die Gerichte haben dem für die Verwaltung der Erbschaftsteuer zuständigen Finanzamt (§ 35 des Gesetzes) eine beglaubigte Abschrift der Urkunde über eine Schenkung (§ 7 des Gesetzes) oder eine Zweckzuwendung unter Lebenden (§ 8 des Gesetzes) unter Angabe des der Kostenberechnung zugrunde gelegten Werts mit einem Vordruck nach Muster 6 zu übersenden. [2]Eine elektronische Übermittlung der Anzeige ist ausgeschlossen. [3]Enthält die Urkunde keine Angaben darüber, sind die Beteiligten über
1. das persönliche Verhältnis (Verwandtschaftsverhältnis, Ehegatte oder Lebenspartner) des Erwerbers zum Schenker und
2. den Wert der Zuwendung

zu befragen und die Angaben in der Anzeige mitzuteilen. [4]Die Anzeige hat unverzüglich nach der Beurkundung zu erfolgen. [5]Auf der Urschrift der Urkunde ist zu vermerken, wann und an welches Finanzamt die Abschrift übersandt worden ist. [6]Die Gerichte haben bei der Beurkundung von Schenkungen und Zweckzuwendungen unter Lebenden die Beteiligten auf die mögliche Steuerpflicht hinzuweisen.

(2) Die Verpflichtungen nach Absatz 1 erstrecken sich auch auf Urkunden über Rechtsgeschäfte, die zum Teil oder der Form nach entgeltlich sind, bei denen aber Anhaltspunkte dafür vorliegen, daß eine Schenkung oder Zweckzuwendung unter Lebenden vorliegt.

(3) Die Übersendung einer beglaubigten Abschrift von Schenkungs- und Übergabeverträgen und die Mitteilung der in Absatz 1 vorgesehenen Angaben darf unterbleiben, wenn Gegenstand der Schenkung nur Hausrat (einschließlich Wäsche und Kleidungsstücke) im Wert von höchstens 12000 Euro und anderes Vermögen im reinen Wert von höchstens 20000 Euro ist.

(4) Die vorstehenden Vorschriften gelten entsprechend für Notare (Bezirksnotare) und sonstige Urkundspersonen.

§ 9 Anzeigepflicht der Auslandsstellen

[1]Die diplomatischen Vertreter und Konsuln des Bundes haben dem Bundeszentralamt für Steuern anzuzeigen:
1. die ihnen bekannt gewordenen Sterbefälle von Deutschen ihres Amtsbezirks,
2. die ihnen bekannt gewordenen Zuwendungen ausländischer Erblasser oder Schenker an Personen, die im Inland einen Wohnsitz oder ihren gewöhnlichen Aufenthalt haben.

[2]Eine elektronische Übermittlung der Anzeige ist ausgeschlossen.

§ 10 Anzeigepflicht der Genehmigungsbehörden

[1]Die Behörden, die Stiftungen anerkennen oder Zuwendungen von Todes wegen und unter Lebenden an juristische Personen und dergleichen genehmigen, haben dem für die Verwaltung der Erbschaftsteuer zuständigen Finanzamt (§ 35 des Gesetzes) über solche innerhalb eines Kalendervierteljahres erteilten Anerkennungen oder Genehmigungen unmittelbar nach Ablauf des Vierteljahres eine Nachweisung zu übersenden. [2]Eine elektronische Übermittlung der Anzeige ist ausgeschlossen. [3]Die Verpflichtung erstreckt sich auch auf Rechtsgeschäfte der in § 8 Abs. 2 bezeichneten Art. [4]In der Nachweisung sind bei einem Anerkennungs- oder Genehmigungsfall anzugeben:
1. der Tag der Anerkennung oder Genehmigung,
2. die Anschriften und die Identifikationsnummern des Erblassers (Schenkers) und des Erwerbers (bei einer Zweckzuwendung die Anschrift und die Identifikationsnummer des mit der Durchführung der Zweckzuwendung Beschwerten),
3. die Höhe des Erwerbs (der Zweckzuwendung),
4. bei Erwerben von Todes wegen der Todestag und der Sterbeort des Erblassers,
5. bei Genehmigung einer Stiftung der Name, der Sitz (der Ort der Geschäftsleitung), der Zweck der Stiftung und der Wert des ihr gewidmeten Vermögens,
6. wenn bei der Anerkennung oder Genehmigung dem Erwerber Leistungen an andere Personen oder zu bestimmten Zwecken auferlegt oder wenn von dem Erwerber solche Leistungen zur Erlangung der Anerkennung oder Genehmigung freiwillig übernommen werden: Art und Wert der Leistungen, die begünstigten Personen oder Zwecke und das persönliche Verhältnis (Verwandtschaftsverhältnis, Ehegatte oder Lebenspartner) der begünstigten Personen zum Erblasser (Schenker).

[5]Als Nachweisung kann eine beglaubigte Abschrift der der Stiftung zugestellten Urkunde über die Anerkennung als rechtsfähig dienen, wenn aus ihr die genannten Angaben zu ersehen sind.

§ 11 Anzeigen im automatisierten Verfahren

Die oberste Finanzbehörde eines Landes kann anordnen, daß die Anzeigen den Finanzämtern ihres Zuständigkeitsbereichs in einem automatisierten Verfahren erstattet werden können, soweit die Übermittlung der jeweils aufgeführten Angaben gewährleistet und die Richtigkeit der Datenübermittlung sichergestellt ist.

Schlußvorschriften

§ 12 Anwendung der Verordnung

(1) Diese Verordnung in der Fassung des Artikels 5 der Verordnung vom 17. November 2010 (BGBl. I S. 1544) ist auf Erwerbe anzuwenden, für die die Steuer nach dem 31. Dezember 2010 entsteht.

(2) § 7 Absatz 3 Nummer 2 und die Muster 3 und Muster 5 in der Fassung des Artikels 16 des Gesetzes vom 18. Juli 2014 (BGBl. I S. 1042) sind auf Erwerbe anzuwenden, für die die Steuer nach dem 23. Juli 2014 entsteht.

(3) § 2 Satz 1 Nummer 2 und 4, § 3 Absatz 2 Satz 3, § 7 Absatz 2 Nummer 1 und Absatz 3 Nummer 3, § 10 Satz 4 Nummer 2 sowie die Muster 1, 2, 5 und 6 in der am 30. Dezember 2014 geltenden Fassung sind auf Erwerbe anzuwenden, für die die Steuer nach dem 29. Dezember 2014 entsteht.

(4) § 7 Absatz 1 Satz 1 Nummer 2a und Muster 5 in der Fassung des Artikels 18 des Gesetzes vom 29. Juni 2015 (BGBl. I S. 1042) sind auf Erwerbe anzuwenden, für die die Steuer nach dem 16. August 2015 entsteht.

§ 13 Inkrafttreten, Außerkrafttreten

[1]Diese Verordnung tritt am 1. August 1998 in Kraft. [2]Gleichzeitig tritt die Erbschaftsteuer-Durchführungsverordnung in der im Bundesgesetzblatt Teil III, Gliederungsnummer 611-8-1, veröffentlichten bereinigten Fassung, zuletzt geändert durch Artikel 3 des Gesetzes vom 20. Dezember 1996 (BGBl. I S. 2049), außer Kraft.

Muster 1
(§ 1 ErbStDV)

....
Firma

Erbschaftsteuer

An das
Finanzamt ....
– Erbschaftsteuerstelle –

Anzeige
über die Verwahrung oder Verwaltung fremden Vermögens (§ 33 Abs. 1 ErbStG und § 1 ErbStDV)

1. **Erblasser** Name, Vorname, Identifikationsnummer ....

Geburtstag ....

Anschrift ....

Todestag .... Sterbeort ....

Standesamt .... Sterberegister-Nr. ....

2. **Guthaben und andere Forderungen, auch Gemeinschaftskonten**

IBAN	Nennbetrag am Todestag ohne Zinsen für das Jahr des Todes (volle EUR)	Aufgelaufene Zinsen bis zum Todestag (volle EUR)	Hat der Kontoinhaber mit dem Kreditinstitut vereinbart, daß die Guthaben oder eines derselben mit seinem Tod auf eine bestimmte Person übergehen? Wenn ja: Name und genaue Anschrift dieser Person
1	2	3	4

Von den Angaben in Spalte 1 entfallen auf unselbständige Zweigniederlassungen im Ausland:
IBAN:

3. **Wertpapiere, Anteile, Genußscheine und dergleichen, auch solche in Gemeinschaftsdepots**

Bezeichnung der Wertpapiere usw. Wertpapierkenn-Nr.	Nennbetrag am Todestag (volle EUR)	Kurswert bzw. Rücknahmepreis am Todestag (volle EUR)	Stückzinsen bis zum Todestag (volle EUR)	Bemerkungen
1	2	3	4	5

Von den Angaben in Spalte 1 entfallen auf unselbständige Zweigniederlassungen im Ausland:
Bezeichnung der Wertpapiere usw., Wertpapierkenn-Nr.:

4. Der Verstorbene hatte **kein – ein Schließfach/... Schließfächer** Versicherungswert .... EUR

5. **Bemerkungen**/z. B. über Schulden des Erblassers beim Kreditinstitut ....
....
....

....
Ort, Datum Unterschrift

Muster 2
(§ 3 ErbStDV)

....
Firma

Erbschaftsteuer

An das
Finanzamt ....
– Erbschaftsteuerstelle –

Anzeige
über die Auszahlung oder Zurverfügungstellung von Versicherungssummen oder Leibrenten an einen anderen als den Versicherungsnehmer (§ 33 Abs. 3 ErbStG und § 3 ErbStDV)

1. Versicherter	**und Versicherungsnehmer** (wenn er ein anderer ist als der Versicherte)
a) Name und Vorname, Identifikationsnummer	....
b) Geburtsdatum	....
c) Anschrift	....
d) Todestag	....
e) Sterbeort	....
f) Standesamt und Sterberegister-Nr.	....

Zeitpunkt der Auszahlung beziehungsweise Zurverfügungstellung in Fällen, in denen der Versicherungsnehmer nicht verstorben ist:

2. Versicherungsschein-Nr. ....

3. a) Bei Kapitalversicherung

Auszuzahlender Versicherungsbetrag (einschließlich Dividenden und dergleichen abzüglich noch geschuldeter Prämien, vor der Fälligkeit der Versicherungssumme gewährter Darlehen, Vorschüsse und dergleichen .... EUR

b) Bei Rentenversicherung

Jahresbetrag .... EUR Dauer der Rente ....

4. Zahlungsempfänger ist ....

- ☐ als Inhaber des Versicherungsscheins*
- ☐ als Bevollmächtigter, gesetzlicher Vertreter des* ....
- ☐ als Begünstiger*
- ☐ aus einem anderen Grund (Abtretung, Verpfändung, gesetzliches Erbrecht, Testament und dergleichen) und welchem?* ....

* Zutreffendes ist anzukreuzen

5. Nach der **Auszahlungsbestimmung des Versicherungsnehmers,** die als Bestandteil des Versicherungsvertrags anzusehen ist, ist/sind bezugsberechtigt ....

6. Bei **Wechsel des Versicherungsnehmers**

Neuer Versicherungsnehmer ist ....

Rückkaufswert .... EUR

7. Bemerkungen (z. B. persönliches Verhältnis
– Verwandtschaftsverhältnis, Ehegatte oder Lebenspartner – der Beteiligten) ....

....

....
Ort, Datum Unterschrift

Muster 3
(§ 4 ErbStDV)

....
Standesamt und Ordnungsnummer

Erbschaftsteuer
Totenliste

des Standesamtsbezirks ....
für den Zeitraum vom .... bis .... einschließlich
Sitz des Standesamts ....

Anleitung für die Aufstellung und Einsendung der Totenliste

1. Die Totenliste ist für den Zeitraum eines Monats aufzustellen, sofern nicht die Oberfinanzdirektion die Aufstellung für einen kürzeren oder längeren Zeitraum angeordnet hat. Sie ist **beim Beginn des Zeitraums** anzulegen. Die einzelnen Sterbefälle sind darin **sofort nach ihrer Beurkundung** einzutragen.
2. In die Totenliste sind aufzunehmen
   a) alle beurkundeten Sterbefälle nach der Reihenfolge der Eintragungen im Sterberegister,
   b) die dem Standesbeamten glaubhaft bekanntgewordenen Sterbefälle im Ausland, und zwar von Deutschen und Ausländern, wenn sie beim Tod einen Wohnsitz oder ihren gewöhnlichen Aufenthalt oder Vermögen im Bezirk des Standesamtes hatten.
3. Ausfüllen der Spalten:
   a) Spalte 1 muß **alle Nummern des Sterberegisters** in ununterbrochener Reihenfolge nachweisen. Die Auslassung einzelner Nummern ist in Spalte 7 zu erläutern. Auch der Sterbefall eines Unbekannten ist in der Totenliste anzugeben.
   b) In den Spalten 5 und 6 ist der Antwort stets der Buchstabe der Frage voranzusetzen, auf die sich die Antwort bezieht.
   c) Fragen, über die das Sterberegister keine Auskunft gibt, sind zu beantworten, soweit sie der Standesbeamte aus eigenem Wissen oder nach Befragen des Anmeldenden beantworten kann.
   d) Bezugnahmen auf vorhergehende Angaben durch „dsgl." oder durch Strichzeichen („) usw. sind zu vermeiden.
   e) Spalte 8 ist nicht auszufüllen.
4. Einlagebogen sind in den Titelbogen einzuheften.
5. Abschluß der Liste:
   a) Die Totenliste ist hinter der letzten Eintragung mit Orts- und Zeitangabe und der Unterschrift des Standesbeamten abzuschließen.
   b) Sind Sterbefälle der unter Nummer 2 Buchstabe b bezeichneten Art nicht bekanntgeworden, ist folgende Bescheinigung zu unterschreiben:

      Im Ausland eingetretene Sterbefälle von Deutschen und Ausländern, die beim Tod einen Wohnsitz oder ihren gewöhnlichen Aufenthalt oder Vermögen im Bezirk des Standesamtes hatten, sind mir nicht bekanntgeworden.

      ....
      Ort, Datum (Standesbeamter/Standesbeamtin)

   c) Binnen **zehn Tagen** nach Ablauf des Zeitraums, für den die Liste aufzustellen ist, ist sie dem Finanzamt einzureichen. Sind in dem Zeitraum Sterbefälle **nicht** anzugeben, ist dem Finanzamt binnen zehn Tagen nach Ablauf des Zeitraums eine Fehlanzeige nach besonderem Muster zu erstatten.

An das
Finanzamt ....
– Erbschaftsteuerstelle –

(Seite 2)

Nummer des Sterberegisters	a) Familienname ggf. auch Geburtsname b) Vornamen c) Beruf d) Anschrift e) bei minderjährigen Kindern Name, Beruf und Anschrift (soweit von d) abweichend) des Vaters und der Mutter	a) Todestag b) Geburtstag c) Geburtsort	a) Familienstand b) bei Verheirateten oder bei Lebenspartnern Name, Beruf, Geburtstag, ggf. abweichende Anschrift des anderen Ehegatten oder Lebenspartners c) bei Verwitweten oder bei hinterbliebenen Lebenspartnern Beruf des verstorbenen Ehegatten oder Lebenspartners
	des Verstorbenen		
1	2	3	4

(Seite 3)

Lebten von dem Verstorbenen am Todestag a) Kinder? Wie viele? b) Abkömmlinge von verstorbenen Kindern? Wie viele? c) Eltern oder Geschwister? (Nur angeben, wenn a) und b) verneint wird) d) Sonstige Verwandte oder Verschwägerte? (Nur angeben, wenn a) bis c) verneint wird) e) Wer kann Auskunft geben? Zu a) bis e) bitte Name und Anschrift angeben	Worin besteht der Nachlaß und welchen Wert hat er? (kurze Angabe) a) land- und forstw. Vermögen (bitte Lage und Größe der bewirtschafteten Fläche angeben) b) Grundvermögen (bitte Lage angeben) c) Betriebsvermögen (bitte die Firma und Art des Betriebs, z. B. Einzelhandelsgeschäft, Großhandel, Handwerksbetrieb, Fabrik angeben angeben) d) Übriges Vermögen	Bemerkungen	Nummer und Jahrgang der Steuerliste
5	6	7	8

Muster 4
(§ 4 ErbStDV)

....
Standesamt und Ordnungsnummer

Erbschaftsteuer

An das
Finanzamt ....
– Erbschaftsteuerstelle –

Fehlanzeige

Im Standesamtsbezirk ....
sind für die Zeit vom .... bis .... einschließlich
Sterbefälle nicht anzugeben.

Der letzte Sterbefall ist beurkundet im Sterberegister unter Nr. ....

Im Ausland eingetretene Sterbefälle von Deutschen und von Ausländern, die beim Tod einen Wohnsitz oder ihren gewöhnlichen Aufenthalt oder Vermögen im Bezirk des Standesamtes hatten, sind mir nicht bekanntgeworden.

Bemerkungen ....
....

....
Ort, Datum (Unterschrift)

Muster 5
(§ 7 ErbStDV)

....
Amtsgericht/Notariat

Erbschaftsteuer

An das
Finanzamt ....
– Erbschaftsteuerstelle –

Die anliegende ... beglaubigte ... Abschrift .../Ablichtung ... wird/werden mit folgenden Bemerkungen übersandt:

Erblasser Name, Vorname, Identifikationsnummer	....
Geburtstag	....
letzte Anschrift	....
Beruf	....
Familienstand	....
Güterstand (bei Verheirateten oder bei Lebenspartnern)	....
Todestag und Sterbeort	....
Standesamt und Sterberegister-Nr.	....
Testament/Erbvertrag vom	....
Tag der Eröffnung	....

Die **Gebühr** für die	**Errichtung**	**Verwahrung**	**Erteilung eines Erbscheins**
ist berechnet nach dem Wert von	EUR	EUR	EUR ....

Grund der Übersendung

Eröffnung einer	☐ Verfügung von Todes wegen*			
Erteilung eines	☐ Erbscheins*	☐ Europäischen Nachlasszeugnisses*	☐ Testamentvollstreckerzeugnisses*	☐ Zeugnisses über die Fortsetzung von Gütergemeinschaften*
Beurkundung einer	☐ Erbauseinandersetzung*			
Beschluß über die	☐ Einleitung oder Aufhebung einer Nachlaßpflegschaft*		☐ Einleitung oder Aufhebung einer Nachlaßverwaltung*	

Die Namen und Anschriften der Beteiligten und das persönliche Verhältnis (Verwandtschaftsverhältnis, Ehegatte oder Lebenspartner) zum Erblasser sowie Veränderungen in der Person der Erben, Vermächtnisnehmer, Testamentsvollstrecker usw. (durch Tod, Eintritt eines Ersatzerben, Ausschlagung, Amtsniederlegung des Testamentsvollstreckers und dergleichen) und Änderungen in den Verhältnissen dieser Personen (Namens-, Berufs-, Anschriftenänderungen und dergleichen)

☐ ergeben sich aus der beiliegenden Abschrift der Eröffnungsverhandlung.*

☐ sind auf einem gesonderten Blatt angegeben.*

☐ Zur Höhe und Zusammensetzung des Nachlasses ist dem Gericht/Notariat folgendes bekanntgeworden:*

....

....

☐ Ein Verzeichnis der Nachlaßgegenstände ist beigefügt.*

* Zutreffendes ist anzukreuzen

....	....
Ort, Datum	Unterschrift

Muster 6
(§ 8 ErbStDV)

....
Amtsgericht/Notariat

Schenkungsteuer

An das
Finanzamt ....
– Erbschaftsteuerstelle –

Die anliegende beglaubigte Abschrift/Ablichtung wird mit folgenden Bemerkungen übersandt:

1. Schenker Name, Vorname, Identifikationsnummer ....
Geburtstag ....
Anschrift ....

2. Beschenkter Name, Vorname, Identifikationsnummer ....
Geburtstag ....
Anschrift ....

3. Vertrag vom .... Urkundenrolle-Nr. ....

4. Ergänzende Angaben (§ 34 ErbStG, § 8 ErbStDV)
Persönliches Verhältnis (Verwandtschaftsverhältnis, Ehegatte oder Lebenspartner) des Erwerbers zum Schenker (z. B. Kind, Geschwisterkind, Bruder der Mutter, nicht verwandt) ....

Verkehrswert des übertragenen Vermögens	Bei Grundbesitz: letzter Einheitswert/ Grundbesitzwert (Nichtzutreffendes ist zu streichen)	Wert, der der Kostenberechnung zugrunde liegt
EUR	EUR	EUR
....	....	....

5. Sonstige Angaben
Zur Verfahrensvereinfachung und Vermeidung von Rückfragen werden mit Einverständnis der Urkundsparteien folgende Angaben gemacht, soweit sie nicht bereits aus dem Vertrag ersichtlich sind:

Valutastand der übernommenen Verbindlichkeiten am Tag der Schenkung	Jahreswert von Gegenleistungen wie z. B. Nießbrauch	Höhe der Notargebühren
EUR	EUR	EUR
....	....	....

....
Ort, Datum Unterschrift

Anhang 3
Verzeichnis der für die Verwaltung der Erbschaftsteuer und Schenkungsteuer zuständigen Finanzämter

Stand: 1.10.2017

Name und Anschrift des Erbschaftsteuer-(Schenkungsteuer-)Finanzamts	Bezirk des Erbschaftsteuer-(Schenkungsteuer-)Finanzamts
Baden-Württemberg	
Aalen Bleichgartenstraße 17 73431 Aalen PLZ-Großk.-Nr. 73428 Aalen	Bezirke der Finanzämter Aalen, Heidenheim, Schorndorf, Schwäbisch Gmünd, Schwäbisch Hall, Ulm und Waiblingen
Freiburg-Land Stefan-Meier-Straße 133 79104 Freiburg PLZ-Großk.-Nr. 79095 Freiburg	Bezirke der Finanzämter Emmendingen, Freiburg-Land, Freiburg-Stadt, Lahr, Lörrach, Müllheim und Offenburg
Karlsruhe-Durlach Prinzessenstraße 2 76227 Karlsruhe PLZ-Großk.-Nr. 76225 Karlsruhe	Bezirke der Finanzämter Baden-Baden, Bruchsal, Calw, Ettlingen, Freudenstadt, Karlsruhe-Durlach, Karlsruhe-Stadt, Mühlacker, Pforzheim und Rastatt
Mosbach Pfalzgraf-Otto-Straße 5 74821 Mosbach *Erbschaftsteuerstelle:* Albert-Schneider-Straße 1 74731 Walldürn	Bezirke der Finanzämter Heidelberg, Mannheim-Neckarstadt, Mannheim-Stadt, Mosbach, Schwetzingen, Sinsheim und Weinheim
Reutlingen Leonhardsplatz 1 72764 Reutlingen PLZ-Großk.-Nr. 72705 Reutlingen	Bezirke der Finanzämter Bad Urach, Böblingen, Esslingen, Göppingen, Leonberg, Nürtingen, Reutlingen und Tübingen
Sigmaringen Karlstraße 31 72488 Sigmaringen Postfach 1250 72481 Sigmaringen	Bezirke der Finanzämter Balingen, Biberach, Ehingen, Friedrichshafen, Ravensburg, Sigmaringen, Überlingen und Wangen

Name und Anschrift des Erbschaftsteuer-(Schenkungsteuer-)Finanzamts	Bezirk des Erbschaftsteuer-(Schenkungsteuer-)Finanzamts
Tauberbischofsheim Dr.-Burger-Straße 1 97941 Tauberbischofsheim PLZ-Großk.-Nr. 97933 Tauberbischofsheim *Erbschaftsteuerstelle:* Außenstelle Bad Mergentheim Schloss 7 97980 Bad Mergentheim PLZ-Großk.-Nr. 97962 Bad Mergentheim	Bezirke der Finanzämter Backnang, Bietigheim-Bissingen, Heilbronn, Ludwigsburg, Öhringen, Stuttgart I, Stuttgart II, Stuttgart III, Stuttgart-Körperschaften und Tauberbischofsheim
Villingen-Schwenningen Weiherstraße 7 78050 Villingen-Schwenningen PLZ-Großk.-Nr. 78045 Villingen-Schwenningen	Bezirke der Finanzämter Konstanz, Rottweil, Singen, Tuttlingen, Villingen-Schwenningen und Waldshut-Tiengen
Bayern	
Amberg Kirchensteig 2 92224 Amberg Postfach 14 52 92204 Amberg	Bezirke der Finanzämter Amberg, Cham, Hersbruck, Hilpoltstein, Neumarkt i.d.OPf., Nürnberg-Nord, Nürnberg-Süd, Zentralfinanzamt Nürnberg, Regensburg, Schwabach, Schwandorf, Waldsassen und Weiden i.d.OPf.
Eggenfelden Pfarrkirchnerstraße 71 84307 Eggenfelden Postfach 11 60 84301 Eggenfelden	Bezirke der Finanzämter Berchtesgaden, Burghausen, Deggendorf, Dingolfing, Ebersberg, Eggenfelden, Grafenau, Kelheim, Landshut, Miesbach, Mühldorf a. Inn, Passau, Rosenheim, Straubing, Traunstein und Zwiesel
Hof Ernst-Reuter-Straße 60 95030 Hof Postfach 13 68 95012 Hof	Bezirke der Finanzämter Bamberg, Bayreuth, Coburg, Erlangen, Forchheim, Hof, Kronach, Kulmbach, Lichtenfels und Wunsiedel
Kaufbeuren Remboldstraße 21 87600 Kaufbeuren Postfach 12 60 87572 Kaufbeuren	Bezirke der Finanzämter Garmisch-Partenkirchen, Kaufbeuren, Kempten (Allgäu), Landsberg a. Lech, Lindau (Bodensee), München, Starnberg, Weilheim-Schongau und Wolfratshausen

Name und Anschrift des Erbschaftsteuer-(Schenkungsteuer-)Finanzamts	Bezirk des Erbschaftsteuer-(Schenkungsteuer-)Finanzamts
Lohr am Main Rexrothstraße 14 97816 Lohr a. Main Postfach 14 65 97804 Lohr am Main	Bezirke der Finanzämter Ansbach, Aschaffenburg, Bad Kissingen, Bad Neustadt a.d. Saale, Fürth, Gunzenhausen, Kitzingen, Lohr a. Main, Obernburg a. Main, Schweinfurt, Uffenheim, Würzburg und Zeil a. Main
Nördlingen Tändelmarkt 1 86720 Nördlingen Postfach 15 21 86715 Nördlingen	Bezirke der Finanzämter Augsburg-Land, Augsburg-Stadt, Dachau, Dillingen a. d. Donau, Eichstätt, Erding, Freising, Fürstenfeldbruck, Günzburg, Ingolstadt, Memmingen, Neu-Ulm, Nördlingen, Pfaffenhofen a.d. Ilm und Schrobenhausen
Berlin	
Schöneberg Potsdamer Straße 140 10783 Berlin *Erbschaftsteuerstelle:* Sarrazinstraße 4 12159 Berlin	Bezirke der Finanzämter Charlottenburg, Friedrichshain-Kreuzberg, Lichtenberg, Marzahn-Hellersdorf, Mitte/ Tiergarten, Neukölln, Pankow/Weißensee, Prenzlauer Berg, Reinickendorf, Schöneberg, Spandau, Steglitz, Tempelhof, Treptow-Köpenick, Wedding, Wilmersdorf, Zehlendorf, Finanzamt für Körperschaften I bis IV
Brandenburg	
Frankfurt (Oder) Müllroser Chaussee 53 15236 Frankfurt (Oder)	Bezirke der Finanzämter Angermünde, Brandenburg, Calau, Cottbus, Eberswalde, Frankfurt (Oder), Fürstenwalde, Königs Wusterhausen, Kyritz, Luckenwalde, Nauen, Oranienburg, Potsdam und Strausberg
Bremen	
Bremerhaven Schifferstraße 2–8 27568 Bremerhaven Postfach 12 02 42 27516 Bremerhaven	Bezirke der Finanzämter Bremen, Bremen-Nord und Bremerhaven

Name und Anschrift des Erbschaftsteuer-(Schenkungsteuer-)Finanzamts	Bezirk des Erbschaftsteuer-(Schenkungsteuer-)Finanzamts
Hamburg	
Finanzamt für Verkehrsteuern und Grundbesitz in Hamburg Gorch-Fock-Wall 11 20355 Hamburg Postfach 30 17 21 20306 Hamburg	Bezirke der Finanzämter Hamburg-Altona, Hamburg-Am Tierpark, Hamburg-Barmbeck-Uhlenhorst, Hamburg-Eimsbüttel, Hamburg für Großunternehmen, Hamburg-Hansa, Hamburg-Harburg, Hamburg-Mitte, Hamburg-Nord, Hamburg-Oberalster, Hamburg-Ost
Hessen	
Fulda Königstraße 2 36037 Fulda Postfach 13 46 36003 Fulda	Bezirke der Finanzämter Bad Homburg v.d.Höhe, Bensheim, Darmstadt, Dieburg, Frankfurt am Main I bis IV, Frankfurt/M. V-Höchst, Fulda, Gelnhausen, Groß-Gerau, Hanau, Hofheim, Langen, Limburg-Weilburg, Michelstadt, Offenbach a. M. I, Offenbach a. M. II, Rheingau-Taunus, Wiesbaden I und II
Kassel II-Hofgeismar Goethestraße 43 34119 Kassel Postfach 10 12 29 34012 Kassel	Bezirke der Finanzämter Eschwege-Witzenhausen, Hersfeld-Rotenburg, Kassel II-Hofgeismar, Kassel-Spohrstraße, Korbach-Frankenberg und Schwalm-Eder
Wetzlar Frankfurter Straße 59 35578 Wetzlar Postfach 15 20 35525 Wetzlar	Bezirke der Finanzämter Alsfeld-Lauterbach, Dillenburg, Friedberg, Gießen, Marburg-Biedenkopf, Nidda und Wetzlar
Mecklenburg-Vorpommern	
Ribnitz-Damgarten Sandhufe 3 18311 Ribnitz-Damgarten Postfach 10 61 18301 Ribnitz-Damgarten	Bezirke der Finanzämter Greifswald, Güstrow, Hagenow, Neubrandenburg, Pasewalk, Ribnitz-Damgarten, Rostock, Schwerin, Stralsund, Waren und Wismar
Niedersachsen	
Aurich Hasseburger Straße 3 26603 Aurich Postfach 12 60 26582 Aurich	Bezirke der Finanzämter Aurich, Emden, Leer (Ostfriesland), Norden und Wittmund

Name und Anschrift des Erbschaftsteuer-(Schenkungsteuer-)Finanzamts	Bezirk des Erbschaftsteuer-(Schenkungsteuer-)Finanzamts
Braunschweig-Altewiekring Altewiekring 20 38102 Braunschweig Postfach 32 29 38022 Braunschweig	Bezirke der Finanzämter Braunschweig-Altewiekring, Braunschweig-Wilhelmstraße, Goslar, Helmstedt, Peine und Wolfenbüttel
Hannover-Mitte Lavesallee 10 30169 Hannover Postfach 143 30001 Hannover	Bezirke der Finanzämter Burgdorf, Hameln, Hannover-Land I und II, Hannover-Mitte, Hannover-Nord, Hannover-Süd, Nienburg (Weser), Sulingen, Syke und Stadthagen
Hildesheim Kaiserstraße 47 31134 Hildesheim Postfach 10 04 55 31104 Hildesheim	Bezirke der Finanzämter Alfeld (Leine), Bad Gandersheim, Göttingen, Herzberg (Harz), Hildesheim, Holzminden und Northeim
Lüneburg Am Alten Eisenwerk 4a 21339 Lüneburg Postfach 15 40 21305 Lüneburg	Bezirke der Finanzämter Buchholz i. d. Nordheide, Celle, Gifhorn, Lüchow, Lüneburg, Soltau, Uelzen und Winsen (Luhe)
Oldenburg (Oldb.) 91er Straße 4 26121 Oldenburg (Oldb.) Postfach 24 45 26014 Oldenburg	Bezirke der Finanzämter Cloppenburg, Delmenhorst, Nordenham, Oldenburg, Vechta, Westerstede und Wilhelmshaven
Osnabrück-Stadt Süsterstraße 48 49074 Osnabrück Postfach 19 20 49009 Osnabrück	Bezirke der Finanzämter Bad Bentheim, Lingen (Ems), Osnabrück-Stadt, Osnabrück-Land, Papenburg und Quakenbrück
Stade Harburger Straße 113 21680 Stade Postfach 13 40 21677 Stade	Bezirke der Finanzämter Cuxhaven, Osterholz-Scharmbeck, Rotenburg (Wümme), Stade, Verden (Aller), Wesermünde und Zeven

Name und Anschrift des Erbschaftsteuer-(Schenkungsteuer-)Finanzamts	Bezirk des Erbschaftsteuer-(Schenkungsteuer-)Finanzamts
Nordrhein-Westfalen	
Aachen-Stadt Krefelder Straße 210 52070 Aachen Postfach 10 18 33 52018 Aachen	Bezirke der Finanzämter Aachen-Stadt, Aachen-Kreis, Bonn-Außenstadt, Bonn-Innenstadt, Düren, Erkelenz, Euskirchen, Geilenkirchen, Jülich, St. Augustin und Schleiden
Arnsberg Rumbecker Straße 36 59821 Arnsberg PLZ-Großk.-Nr. 59818 Arnsberg	Bezirke der Finanzämter Altena, Arnsberg, Brilon, Hagen, Iserlohn, Lippstadt, Lüdenscheid, Meschede, Olpe, Siegen und Soest
Bochum-Süd Königsallee 21 44789 Bochum Postfach 10 07 64 44707 Bochum	Bezirke der Finanzämter Bochum-Mitte, Bochum-Süd, Bottrop, Dortmund-Hörde, Dortmund-Ost, Dortmund-Unna, Dortmund-West, Gelsenkirchen-Nord, Gelsenkirchen-Süd, Hamm, Hattingen, Herne, Marl, Recklinghausen, Schwelm und Witten
Detmold Wotanstraße 8 32756 Detmold PLZ-Großk.-Nr. 32754 Detmold	Bezirke der Finanzämter Bielefeld-Außenstadt, Bielefeld-Innenstadt, Bünde, Detmold, Gütersloh, Herford, Höxter, Lemgo, Lübbecke, Minden, Paderborn, Warburg und Wiedenbrück
Duisburg-West Friedrich-Ebert-Straße 133 47226 Duisburg Postfach 14 13 55 47203 Duisburg	Bezirke der Finanzämter Dinslaken, Duisburg-Hamborn, Duisburg-Süd, Duisburg-West, Essen-Nord-Ost, Essen-Süd, Moers, Mühlheim an der Ruhr, Oberhausen-Nord, Oberhausen-Süd und Wesel
Köln-West Haselbergstraße 20 50931 Köln Postfach 41 04 69 50864 Köln	Bezirke der Finanzämter Bergheim, Bergisch Gladbach, Brühl, Gummersbach, Köln-Altstadt, Köln-Mitte, Köln-Nord, Köln-Ost, Köln-Porz, Köln-Süd, Köln-West, Leverkusen, Siegburg und Wipperfürth
Krefeld Grenzstraße 100 47799 Krefeld Postfach 10 06 65 47706 Krefeld	Bezirke der Finanzämter Geldern, Grevenbroich, Kempen, Kleve, Krefeld, Mönchengladbach, Neuss und Viersen

Name und Anschrift des Erbschaftsteuer-(Schenkungsteuer-)Finanzamts	Bezirk des Erbschaftsteuer-(Schenkungsteuer-)Finanzamts
Münster-Innenstadt Münzstraße 10 48143 Münster Postfach 61 03 48136 Münster	Bezirke der Finanzämter Ahaus, Beckum, Borken, Coesfeld, Ibbenbüren, Lüdinghausen, Münster-Außenstadt, Münster-Innenstadt, Steinfurt und Warendorf
Velbert Nedderstraße 38 42549 Velbert Postfach 10 13 10 42513 Velbert	Bezirke der Finanzämter Düsseldorf-Altstadt, Düsseldorf-Mettmann, Düsseldorf-Mitte, Düsseldorf-Nord, Düsseldorf-Süd, Hilden, Remscheid, Solingen, Velbert, Wuppertal-Barmen und Wuppertal-Elberfeld
Rheinland-Pfalz	
Kusel-Landstuhl Trierer Straße 46 66869 Kusel Postfach 12 51 66864 Kusel	Bezirke der Finanzämter Altenkirchen-Hachenburg, Bad Kreuznach, Bad Neuenahr-Ahrweiler, Bernkastel-Wittlich, Bingen-Alzey, Bitburg-Prüm, Daun, Frankenthal, Ida-Oberstein, Kaiserslautern, Koblenz, Kusel-Landstuhl, Landau, Ludwigshafen, Mainz-Mitte, Mainz-Süd, Mayen, Montabaur-Diez, Neustadt, Neuwied, Pirmasens-Zweibrücken, Sankt Goarshausen-Sankt Goar, Simmern-Zell, Speyer-Germersheim, Trier und Worms-Kirchheimbolanden
Saarland	
Kusel-Landstuhl Trierer Straße 46 66869 Kusel Postfach 12 51 66864 Kusel	Bezirke der Finanzämter Homburg, Merzig, Neunkirchen, Saarbrücken Am Stadtgraben, Saarlouis und St. Wendel
Sachsen	
Bautzen Wendischer Graben 3 02625 Bautzen PLZ-Großk.-Nr. 02621 Bautzen	Bezirke der Finanzämter Bautzen, Dresden Nord, Dresden Süd, Freital, Görlitz, Hoyerswerda, Löbau, Meißen und Pirna
Chemnitz-Mitte Straße der Nationen 2–4 09111 Chemnitz PLZ-Großk.-Nr. 09097 Chemnitz	Bezirke der Finanzämter Annaberg, Chemnitz-Mitte, Chemnitz-Süd, Freiberg, Hohenstein-Ernstthal, Mittweida, Plauen, Schwarzenberg, Stollberg, Zschopau und Zwickau

Name und Anschrift des Erbschaftsteuer-(Schenkungsteuer-)Finanzamts	Bezirk des Erbschaftsteuer-(Schenkungsteuer-)Finanzamts
Leipzig I W.-Liebknecht-Platz 3–4 04105 Leipzig Postfach 10 02 26 04002 Leipzig	Bezirke der Finanzämter Döbeln, Eilenburg, Grimma, Leipzig I und II und Oschatz
Sachsen-Anhalt	
Staßfurt Atzendorfer Straße 20 39418 Staßfurt Postfach 13 55 39404 Staßfurt	Bezirke der Finanzämter Bitterfeld-Wolfen, Dessau-Roßlau, Eisleben, Genthin, Haldensleben, Halle (Saale), Magdeburg, Merseburg, Naumburg, Quedlinburg, Salzwedel, Staßfurt, Stendal und Wittenberg
Schleswig-Holstein	
Kiel Feldstraße 23 24105 Kiel PLZ-Großk.-Nr. 24095 Kiel	Bezirke der Finanzämter Bad Segeberg, Dithmarschen, Eckernförde-Schleswig, Elmshorn, Flensburg, Itzehoe, Kiel, Lübeck, Neumünster, Nordfriesland, Ostholstein, Pinneberg, Plön, Ratzeburg, Rendsburg und Stormarn
Thüringen	
Gotha Reuterstraße 2 a 99867 Gotha Postfach 10 03 01 99853 Gotha	Bezirke der Finanzämter Altenburg, Eisenach, Erfurt, Gera, Gotha, Ilmenau, Jena, Mühlhausen, Pößneck, Sondershausen, Sonneberg und Suhl

Sachregister

Die fetten Ziffern bezeichnen die Paragraphen des Erbschaftsteuergesetzes, die mageren Ziffern die Anmerkungen. Die Abkürzung **Einf** verweist auf die Einführung, die Abkürzung **Anh** auf den Anhang.